Tipke/Lang · Steuerrecht

Steuerrecht

begründet von

Prof. Dr. Klaus Tipke
Universitätsprofessor (em.)
in Köln

fortgeführt von

Prof. Dr. Joachim Lang
Direktor des Instituts für Steuerrecht
der Universität zu Köln

14. völlig überarbeitete Auflage

Verlag
Dr. Otto Schmidt
Köln

Mitarbeiter der 14. Auflage

Richter am BFH Dr. Heinz-Jürgen *Pezzer* (§ 11: Körperschaftsteuer); Richter am FG Dr. Michael *Balke,* (§ 12: Bewertungsgesetzabhängige Steuerarten [ohne Gewerbesteuer]); Rechtsanwalt, Steuerberater und Wirtschaftsprüfer Dr. Manfred *Orth* (§ 12 D II: Gewerbsteuer); Prof. Dr. Wolfram *Reiß* (§ 13: Umsatzsteuer; § 14: Spezielle Verkehrsteuern); Dipl.-Kfm. Heinrich *Montag,* Abteilungsdirektor der VEBA AG (§§ 16–18: Besteuerung der Unternehmen); Wiss. Ass. Dr. Roman *Seer* (§§ 22, 23: Steuerverfahrensrecht; §§ 24, 25: Steuerstraf- und Steuerordnungswidrigkeitenrecht).

1. Auflage 1973
2. Auflage 1974
3. Auflage 1975
4. Auflage 1977
5. Auflage 1978
6. Auflage 1978
7. Auflage 1979
8. Auflage 1981
9. Auflage 1983
10. Auflage 1985
11. Auflage 1987
12. Auflage 1989
13. Auflage 1991
14. Auflage 1994

Die Deutsche Bibliothek – CIP-Einheitsaufnahme

Tipke, Klaus:

Steuerrecht / begr. von Klaus Tipke. Fortgef. von Joachim Lang. – 14., völlig überarb. Aufl. – Köln: O. Schmidt, 1994

ISBN 3-504-20048-0 brosch.
ISBN 3-504-20047-2 Gb.

NE: Lang, Joachim:

Verlag Dr. Otto Schmidt KG
Postfach 51 10 26, 50946 Köln
Tel.: 02 21/9 37 38-01, Fax: 02 21/9 37 38-9 21

Gesamtherstellung: Bercker Graphischer Betrieb GmbH, Kevelaer

Printed in Germany

„Die gerechte Verteilung der Gesamtsteuerlast auf die einzelnen Bürger ist ein Imperativ der Ethik …
Die vornehmste Aufgabe eines Rechtsstaates ist es, für gerechte Regeln zu sorgen und sie durchzusetzen, seine Bürger vor Unrecht zu schützen.“

Klaus Tipke, Die Steuerrechtsordnung, S. 261

Vorwort zur 14. Auflage

Das Erscheinen der „Steuerrechtsordnung" von *Klaus Tipke* veranlaßte dazu, von dem zweijährigen Turnus der Überarbeitung abzuweichen, um die „Steuerrechtsordnung" angemessen auswerten zu können. Der bisherige Publikationstermin vor Beginn des Sommersemesters wurde vor das Wintersemester verlegt.

Die Bearbeitung der 14. Auflage lehrte mich, daß der Mensch, wenn es sein muß, mit sehr wenig Schlaf auskommen kann und daß eine Sieben-Tage-Arbeitswoche auch über einen längeren Zeitraum hinweg nicht gesundheitsschädlich ist. Im Gegenteil: Die Herausforderung, das Werk meines verehrten Lehrers fortführen zu dürfen, stärkte mein physisches Wohlbefinden.

Der außerordentliche Arbeitsanfall der 14. Auflage hatte mehrere Gründe. Erstens: *Klaus Tipke*, der 1973 mit der 1. Auflage begonnen hatte, stand für die 14. Auflage nicht mehr zur Verfügung. Dies war schon vor der 12. Auflage abgesprochen worden. Ich danke meinem Lehrer herzlich, daß er mir bei der 12. und 13. Auflage noch zur Seite stand, mir Zeit ließ, die Staffel ganz in meine Hand zu nehmen.

Zweitens: Seit 1991, dem Erscheinungsjahr der 13. Auflage, hat der Gesetzgeber ganz besonders gewütet. Gesetz zur Umsetzung des Föderalen Konsolidierungsprogramms, Standortsicherungsgesetz, Mißbrauchsbekämpfungs- und Steuerbereinigungsgesetz sowie viele andere kleinere und größere Steueränderungsgesetze verliehen dem vielzitierten Steuerchaos und der über Jahrzehnte fruchtlos geführten Diskussion um Steuervereinfachung eine neue Qualität. Wie weit wir allerdings von dem Crash entfernt sind, der den Gesetzgeber zum Handeln zwingt, vermag niemand zu prognostizieren. Bei der Anhörung zur Vereinfachung des Steuerrechts vor dem Finanzausschuß des Bundestages im Juni 1994 waren die Meinungen, ob eine grundlegende Steuervereinfachung notwendig ist oder ob punktuelle Einzelmaßnahmen genügen, immer noch geteilt. Einiges deutet darauf hin, daß auch die Zukunft den „kreativen Chaoten" gehört (vgl. das Vorwort zur 13. Auflage des Kommentars „Einkommensteuergesetz" von *Ludwig Schmidt*).

Drittens: Nicht nur die Gesetzgebung, auch Rechtsprechung, Verwaltung und Literatur trugen wirksam zur Schlafverkürzung bei. Um nur einige Beispiele und Anlässe für die Neuverfassung von Texten zu nennen: Die dramatisch zunehmende Bedeutung des Europarechts und der europäischen Judikatur, u.a. fokussiert im Grenzpendlerproblem, die Rechtsprechung des Bundesverfassungsgerichts zum Existenzminimum, die nach wie vor kontroverse Diskussion um die Besteuerung der Familie, die Fortentwicklung der Mitunternehmerdogmatik, die Rechtsprechung des Bundesfinanzhofs zu Erbauseinandersetzung, vorweggenommener Erbfolge und wiederkehrenden Bezügen.

Das Kapitel „Grundlagen der Steuerrechtsordnung" wurde in weiten Teilen neu verfaßt, zum einen, weil *Klaus Tipke* einen Teil seiner Texte in die „Steuerrechtsordnung" übernommen, dort erweitert und vertieft hatte, zum anderen, um gerade die „Steuerrechtsordnung" von *Klaus Tipke* als Fundament dieses Lehrbuches zu verdeutlichen. Zentrales Anliegen dieses Lehrbuches ist und bleibt es, das System des Steuerrechts im *Tipke*'schen Sinne zu vermitteln. Die trotz Verzögerung der Neubearbeitung anhaltende Nachfrage, die durch Nachdruck der 13. Auflage befriedigt werden mußte, beweist das Bedürfnis nach einer systematischen Gesamtdarstellung, die den Stoff nicht nur technisch gliedert und ordnet, sondern wesentlich von dem inneren System der Steuerrechtsordnung, von der folgerichtigen Entfaltung von Rechtsprinzipien lebt. Angesichts der Chaotisierung des Steuerrechts hat sich meine Überzeugung vertieft, daß das Steuerrecht wie andere Rechtsgebiete Prinzipien und Struktur aufweist, und daß es besonders dann, wenn der

Ordnungscharakter des Steuerrechts von „kreativen Chaoten" verschüttet wird, darum geht, das innere System zu verteidigen und zu verdeutlichen.

Das Ringen um inneres System des Rechts gebietet der rechtsstaatliche Gerechtigkeitsauftrag. Steuergerechtigkeit ist kein politisch manipulierbares Schlagwort, sondern ein konkretes Ziel rechtlicher Dogmatisierung, ein konkreter Auftrag an alle Rechtsgestalter und Rechtsanwender, das Steuerrecht für den Steuerzahler einsichtig, verstehbar und akzeptabel zu machen. Auch die Aufgabe der Steuervereinfachung bildet keinen Gegensatz zur Aufgabe der Steuergerechtigkeit; sie ist vielmehr dem Gerechtigkeitsauftrag unterworfen, wie ich in meinem Beitrag in der Festschrift für Dietrich Meyding näher begründet habe. Nach wie vor beherrscht die bewährte und zukunftsweisende *Tipke*'sche Gerechtigkeitsdogmatik den Systemansatz dieses Buchs, den ich vor allem in § 4 (Rechtsstaatliche Ordnung des Steuerrechts) erläutert habe. Dabei habe ich den Gerechtigkeitsanspruch des Steuerzahlers weitergehend als *Klaus Tipke* auch im Legalitätsprinzip verankert, das m.E. nicht auf die formale Rechtsstaatlichkeit beschränkt ist (s. § 4 Rz. 63).

Das Steuerrecht in einem einzigen Band darzustellen und dabei gleichzeitig die von diesem Buch erwarteten Informationen zu liefern, ist immer schwieriger zu bewerkstelligen. In diesem Buch sind nämlich nicht nur die Grundlagen der Steuerrechtsordnung abzuhandeln, sondern auch das allgemeine und besondere Steuerrecht so darzustellen, daß die wichtigsten in Theorie und Praxis behandelten Fragen angemessen erörtert sind. Bei den Hauptsteuerarten, insbesondere bei der Einkommen- und Umsatzsteuer, erwartet der Leser eine besondere Detaillierung. Die Kriterien der Stoffauswahl orientieren sich an dem Ziel des Buches, eine systematische Gesamtübersicht zu bieten. Den Einstieg in das Steuerrecht soll der neuverfaßte § 2 leisten; er gibt einen Überblick über die Gebiete und Gesetze der Steuerrechtsordnung. In § 2 (Rz. 31 ff.) habe ich auch knapp das Internationale Steuerrecht angesprochen, um eine Brücke zwischen diesem Buch und einem anderen Werk der „Kölner Schule", dem „Internationalen Steuerrecht" von *Harald Schaumburg* zu schlagen.

Neuverfaßt wurde auch § 8, der in die einzelnen Steuerarten, das besondere Steuerschuldrecht einführt. In § 8 werden die Grundsätze zur Ausgestaltung eines rationalen Steuersystems dargelegt, und zwar beginnend mit den klassischen, von *Adam Smith* postulierten Steuermaximen, die bis heute ihre Richtigkeit bewahrt haben, auch wenn sie die Steuerpolitik vergessen zu haben scheint. Das Wissen um solche Grundsätze ist für den interdisziplinären Meinungsaustausch unerläßlich. Bewußt nicht fortgeführt wurde der Abschnitt über die Vereinheitlichung des Steuerrechts im vereinigten Deutschland (S. 184 ff. der 13. Auflage), da die steuerliche Spaltung Deutschlands in Ost und West nach einem unvermeidlichen Übergangszeitraum mit unserem Systemverständnis nicht zu vereinbaren ist.

Die bisher von *Klaus Tipke* bearbeiteten Kapitel 6 (Steuerverfahrensrecht) und 7 (Steuerstraf- und Steuerordnungswidrigkeitenrecht) hat mein Habilitand *Roman Seer* übernommen, dessen prozeßrechtliche Dissertation mit dem Albert-Hensel-Preis 1992 der Deutschen Steuerjuristischen Gesellschaft ausgezeichnet worden ist. Mit *Roman Seer* verbindet mich schon seit längerem eine fruchtbare und freundschaftlich-kollegiale Zusammenarbeit. Das Steuerverfahrensrecht war von *Klaus Tipke* bewußt nur im Überblick dargestellt worden, weil das Lehrbuch ursprünglich für Juristen gedacht war, deren Vorbildung eine verkürzte Darstellung des Verfahrensrechts zuläßt. Da dieses Buch aber auch von Nichtjuristen benutzt wird und selbst Jurastudenten mir gegenüber den Wunsch nach einer ausführlichen Darstellung des Steuerverfahrensrechts geäußert haben, bat ich *Roman Seer*, das Steuerverfahrensrecht in dem von mir in meinen Vorlesungen angebotenen Umfange abzuhandeln.

Trotz der Erweiterungen des 6. und 7. Kapitels ist der *Tipke/Lang* ein Band geblieben, der das Steuerrecht angesichts des gesamten Stoffes gewiß nur grundrißartig darzustellen vermag. Für *Klaus Tipke* barg der Untertitel „Ein systematischer Grundriß" das Programm einer systematisierenden, auf das Ganze und Grundsätzliche des Steuerrechts bezogenen Darstellung (s. hierzu *Frank Balmes*, StVj 1990, 382). Deshalb ist der Untertitel bis zur 13. Auflage beibehalten worden, obgleich sich das Buch mit wachsendem Volumen immer weiter von der bibliographischen Bedeutung des Begriffs „Grundriß" entfernte. Um künftig buchhändlerische Mißverständnisse zu vermeiden, entschieden wir uns nunmehr auf Empfehlungen des Verlages, auf den Untertitel zu verzichten. Dadurch werden selbstverständlich Programm und Systemanspruch des Buches nicht berührt.

Den bewährten Autoren *Michael Balke*, *Heinrich Montag*, *Manfred Orth*, *Heinz-Jürgen Pezzer* und *Wolfram Reiß* danke ich sehr herzlich für die trotz der eminenten Stoffanhäufung pünktliche Bearbeitung ihres Anteils an diesem Buch. Auch danke ich meinen Assistenten sowie den studentischen Hilfskräften im Institut für Steuerrecht für das große Engagement, ohne das die besonders aufwendige Bearbeitung der 14. Auflage nicht termingerecht hätte abgeschlossen werden können. *Wolfgang Schick* bereitete sorgfältig die Literaturauswertung vor. *Roman Seer*, *Norbert Lemaire* und *Regina Schmitz*, die auch das Stichwortverzeichnis anfertigte, befaßten sich kritisch mit den Texten, gaben wertvolle Hinweise und Anregungen und sorgten schließlich für die einwandfreie, technische Durchführung des Projekts. Last not least gilt mein besonderer Dank meiner Sekretärin *Dorothee Zara-Moldenhauer*, die umsichtig und präzise die technische Redaktion der Manuskripte und Korrekturfahnen leitete und mit der erforderlichen Gelassenheit dafür sorgte, daß die Teamarbeit im Institut für Steuerrecht während der hektischen Phasen nicht ineffizient wurde.

Köln, im Juli 1994

Joachim Lang

Aus dem Vorwort zur 12. Auflage

Als ich 1973 die erste Auflage dieses Grundrisses vorlegte, war ich mir nicht sicher, ob es je eine zweite Auflage geben würde. Wenn mir damals jemand gesagt hätte, bis 1989 würden 12 große Auflagen erscheinen, hätte ich gewiß erheblich an seinem Realitätssinn gezweifelt.

Das Buch hat Eigenarten, von denen man - jedenfalls 1973 - nicht sicher sein konnte, ob sie angenommen werden würden. Der bloße Steuertechniker, der über das unkritische Subsumieren einzelner Fälle und Verfahrensförmeleien nicht hinaus will, kommt nicht auf seine Kosten. Ohnehin lassen sich die technischen Details des Steuerrechts weder auf 500 noch auf 800 Seiten darstellen. Im übrigen gibt es technische Darstellungen, die durchaus ihren eigenen Wert haben, zur Genüge. Praktiker sind in der Regel daran gewöhnt, mit Spezialkommentaren zu arbeiten, weniger mit systematischen Büchern. Das ist verständlich. In der Tat kann eine systematische Gesamtübersicht über das Steuerrecht die Kommentare nicht ersetzen. Das systematische Buch ist ein aliud. Das Buch konnte auch nicht mit dem Zuspruch derer rechnen, die Orientierung an Prinzipien und teleologische Auslegung für Rechtspolitik oder für Ideologie halten und den Subsumtionsautomaten als idealen Steuerrechtler ansehen. Im juristischen Universitätsbereich mußte allein die Tatsache, daß das Steuerrecht bloß ein Wahlfach zusammen mit anderen Fächern ist, bloß ein Wahlfachteil mit anderen Worten, dem Erfolg des Buches Grenzen setzen.

Und doch, das Buch muß in eine Lücke hineingeraten sein; anders wäre sein bisheriger Erfolg nicht zu erklären. Die Eigenart des Buches besteht im folgenden: Es bemüht sich, das Steuerrecht als Ganzes zu erfassen und aufzufassen, das Steuerrecht als eine Einheit zu sehen und zu verstehen, seine Prinzipien aufzudecken und sich an ihnen zu orientieren. Das Buch enthält zur Erhellung systematischer Mängel auch Ausführungen de lege ferenda. Aber primär ist es ein dogmatisches Werk. Dogmatik arbeitet systemimmanent, nicht systemtranszendent. Aber Dogmatik besteht eben auch nicht bloß aus einer Summe streng wörtlich zu nehmender Normen, sondern in der Erfassung und dem systematischen Inbeziehungsetzen des gesamten Normengefüges. Will Steuerrechtswissenschaft eine rationale Disziplin sein, so muß sie dogmatisch-systematisch wirken und eine systemadäquate Terminologie entwickeln. Steuerrechtswissenschaft muß rechtliche Unordnung kritisieren und versuchen, eine systematische Ordnung aufzuzeigen, und zwar eine Wertordnung. Sonst ist die blendendste Rhetorik, ist auch der größte Zitatenwald wertlos.

Steuerrechtswissenschaft darf es nicht hinnehmen, daß der Inhalt der Steuergesetze kurzfristig nur an der nächsten Wahl orientiert wird. Politischer Opportunismus braucht rechtliche Gegengewichte, soll das Recht nicht ethisch verkrüppeln.

Das Buch beläßt es nicht bei generellen, abstrakten Ausführungen, es geht auch auf das Besondere ein. Aber es kann und will den Spezialisten nicht ersetzen, sondern auch zeigen: Spezialisierung, die die speziellen Teile nicht als eingebunden in das Ganze sieht, die Sekundärregeln des Spezialgebiets nicht als Folgeregeln von übergreifenden Primärregeln versteht, kann rechtlich borniert sein. Mancher Spezialist sieht kein Bedürfnis, sich um Regeln zu kümmern, die über sein Spezialgebiet hinausgreifen, vorrausgesetzt er interessiert sich überhaupt für Regeln. Der Spezialist für Bilanzsteuerrecht mag das Maßgeblichkeitsprinzip als das Fundamentalprinzip des Steuerrechts ansehen. Der Spezialist für Versicherungsrecht mag diese Materie a priori für gerecht halten und die Frage gar nicht erst aufkommen lassen, inwieweit sich Versicherungsrecht mit dem Leistungsfähigkeitsprinzip vereinbaren lasse.

Das Buch kann auf 800 Seiten nur begrenzt Stoff anhäufen. Aber maximale Stoffanhäufung ist auch nicht das Anliegen des Buches. Bloße Stoffanhäufung kann dazu führen, daß viel gelernt werden muß, nicht selten aber wenig begriffen wird. Viel lernen und wenig verstehen ist aber das Gegenteil eines akademischen Lehr- und Lernideals.

Seit Mai 1988 bin ich von Lehr- und Prüfungsverpflichtungen in der Universität befreit. Ermöglicht worden ist mir das durch den *Stifterverband für die Deutsche Wissenschaft*, dem ich auch an dieser Stelle aufrichtig danke. Um möglichst viel Kraft für meine Forschungsarbeit freisetzen zu können, hat mein Lehrstuhlnachfolger *Joachim Lang* die Gesamtverantwortung für das Buch übernommen. Eine solche Gesamtverantwortung ist unentbehrlich, soll ein Buch aus einem Guß entstehen.

Ich bin zuversichtlich, daß *Joachim Lang* das systematisch-dogmatische Konzept der bisherigen elf Auflagen erfolgreich weiterführen und vertiefen wird. Seine Einführung in die einzelnen Steuerarten (S. 154 ff.) zeigt die rechtliche Gesamtschau des Steuersystems auf. Steuern sind danach keine beziehungslosen Singularitäten. Steuern wirken in ihrer Vielheit zusammen. Sie belasten die Bürger und die Unternehmen punktuell ganz unterschiedlich; teils lassen sie Belastungslücken, teils belasten sie mehrfach. Die Systematisierung im Dienste einer rechtsethisch fundierten Fortentwicklung des Steuerrechts muß nach den Zwecken und Belastungswirkungen der Steuern fragen (S. 159 f.), um Inkonsistenzen aufzeigen zu können. Einkommen, Vermögen und Konsum sind die Maßgrößen steuerlicher Leistungsfähigkeit (S. 160 f.). Es geht darum, die steuerliche Belastungsfähigkeit von Einkommen, Vermögen und Konsum zu eruieren. Das am Markt erwirtschaftete, realisierte Einkommen ist ein besonders geeigneter und zugleich praktikabler Indikator steuerlicher Leistungsfähigkeit. Hingegen bewirkt die Besteuerung des ruhenden Vermögens einschließlich der nicht realisierten Wertzuwächse häufig Übermaßbesteuerung. Die Unwägbarkeiten der Bewertung erzeugen zudem ungleichmäßige Besteuerung (S. 162). Da die Besteuerung der Einkommen und Vermögen mit vielen Mängeln behaftet ist, muß die Besteuerung des Konsums verstärkt in das Blickfeld der Verteilungsgerechtigkeit gerückt werden (S. 164). Gegliedert nach der Teilhabe des Staates am erwirtschafteten Vermögenszuwachs, am Vermögensbestand und am Konsum stellt *Joachim Lang* erstmals eine Gesamtklassifikation der Steuerarten vor (S. 165 ff., insb. Schaubild S. 175); dieser Gesamtklassifikation folgt eine rechtspolitische Bewertung und Rechtfertigung von Steuerarten (S. 176 ff.). Die Einführung schließt mit kritischen Anmerkungen zum Steuerreformgesetz 1990 und einem Überblick über die einzelnen Maßnahmen (S. 188 ff.). In die Darstellung der Einkommensteuer (S. 192 ff.) hat *Joachim Lang* die Erkenntnisse seiner Habilitationsschrift „Die Bemessungsgrundlage der Einkommensteuer" eingearbeitet. Berücksichtigt worden sind auch die Beschlüsse des 57. Deutschen Juristentages in Mainz im September letzten Jahres. Diese Beschlüsse ließen sich nahtlos einfügen und zitieren, denn sie bestätigten die in diesem Buch vertretenen Grundpositionen. Der Konsens über das richtige Einkommensteuerrecht ist unter Juristen weiter gediehen als es die Bonner Reformpolitik zur Zeit erkennen läßt.

Das Generelle läßt sich ohne Kenntnis der speziellen Details - auch wenn diese nicht sämtlich ausgebreitet werden - nicht zuverlässig darstellen. Auch zur 12. Auflage haben daher wiederum bewährte Mitarbeiter beigetragen, die voll hinter dem Gesamtkonzept des Buches stehen. *Heinz-Jürgen Pezzer* und *Heinrich Montag* waren einmal wissenschaftliche Mitarbeiter des damals von mir geleiteten Instituts für Steuerrecht der Universität zu Köln. *Michael Balke* ist es gegenwärtig noch. *Heinz-Jürgen Pezzer* hat inzwischen einige Jahre Erfahrungen als wissenschaftlicher Mitarbeiter des Bundesverfassungsgericht gesammelt und ist gegenwärtig Finanzrichter. Durch seine Dissertation „Die verdeckte Gewinnausschüttung im Körperschaftsteuerrecht", Köln 1986, hat er sich einmal mehr als Körperschaftsteuerexperte ausgezeichnet. *Heinrich Montag* theoretisiert nicht nur über das so praxisrelevante Thema „Besteuerung und Unternehmensform". Als Abteilungsdirektor der Abteilung Konzern- und Außensteuerrecht der VEBA AG ist er auch praktisch mit den Querschnittfragen der Steuerplanung befaßt. Was die Umsatzsteuer betrifft, so verdeutlicht die Gesamtklassifikation (S. 171 f.) noch einmal, daß die Umsatzsteuer nach ihrem Zweck und ihrer Belastungswirkung allgemeine Verbrauchsteuer ist. Genau so sieht es auch *Wolfram Reiß*, der die Abschnitte „Umsatzsteuer" und „spezielle Verkehrsteuern" überarbeitet hat.

Köln, im März 1989

Klaus Tipke

Inhaltsübersicht

Viertes Kapitel: Besteuerung der Unternehmen

Seite

Fünftes Kapitel: Steuervergünstigungen

Sechstes Kapitel: Steuerverfahrensrecht

Siebentes Kapitel: Steuerstraf- und Steuerordnungswidrigkeitenrecht

Inhaltsverzeichnis

§ 4 Rechtsstaatliche Ordnung des Steuerrechts

§ 5 Rechtsanwendung im Steuerrecht

Zweites Kapitel: Das Steuerrechtsverhältnis

§ 6 Grundbegriffe des Steuerrechtsverhältnisses

§ 7 Allgemeines Steuerschuldrecht

§ 8 Einführung in das besondere Steuerschuldrecht

Drittes Kapitel: Die einzelnen Steuerarten

§ 9 Einkommensteuer

Seite

§ 14 Spezielle Verkehrsteuern

§ 15 Spezielle Verbrauch- und Aufwandsteuern

Viertes Kapitel: Besteuerung der Unternehmen

§ 16 Grundsätzliche Unterschiede in der Besteuerung von Personenunternehmen und Kapitalgesellschaften

§ 17 Besteuerung zusammengesetzter Unternehmensformen

§ 18 Harmonisierung der Unternehmensbesteuerung in der Europäischen Gemeinschaft

Sechstes Kapitel: Steuerverfahrensrecht

§ 22 Durchführung der Besteuerung

Siebentes Kapitel: Steuerstraf- und Steuerordnungswidrigkeitenrecht

§ 24 Materielles Steuerstraf- und -ordnungswidrigkeitenrecht

Seite

Abkürzungsverzeichnis

a. A. (A. A.)	andere(r) Ansicht
a. a. O.	am angegebenen Ort
AB	Ausführungsbestimmung(en)
abl.	ablehnend
ABl. EG	Amtsblatt der Europäischen Gemeinschaften
Abs.	Absatz
Abschn.	Abschnitt
abw.	abweichend
AcP	Archiv für die civilistische Praxis (Zeitschrift)
a. E.	am Ende
a. F.	alte(r) Fassung
AfA	Absetzung für Abnutzung
AFG	Arbeitsförderungsgesetz
AfK	Archiv für Kommunalwissenschaften (Zeitschrift)
AG	Aktiengesellschaft; auch „Die Aktiengesellschaft" (Zeitschrift); mit Ortsbezeichnung: Amtsgericht
AktG	Aktiengesetz
allg.	allgemein
Alt.	Alternative
amtl.	amtlich(e)
AnfG	Anfechtungsgesetz
Anm.	Anmerkung
AO	Abgabenordnung
AöR	Archiv für öffentliches Recht (Zeitschrift)
Art.	Artikel
ASA	Archiv für Schweizerisches Abgaberecht (Zeitschrift)
AStG	Außensteuergesetz
Aufl.	Auflage
AufwAG	Gesetz über einen Ausgleich für Folgen der Aufwertung der Deutschen Mark auf dem Gebiet der Landwirtschaft (Aufwertungsausgleichsgesetz) v. 23. 12. 1969
ausf.	ausführlich
AuslInvG	Auslandsinvestitionsgesetz
AWD, AWD BB	Außenwirtschaftsdienst des Betriebs-Beraters (Zeitschrift)
AWG	Außenwirtschaftsgesetz
AZO	Allgemeine Zollordnung
Bad. Württ.	Baden-Württemberg
BAföG	Bundesausbildungs-Förderungsgesetz
BAG	Bundesarbeitsgericht
BayRS	Bayerische Rechtssammlung Bd. I–V
BayVBl.	Bayerische Verwaltungsblätter (Zeitschrift)
BayVerfGH	Bayerischer Verfassungsgerichtshof
BB	Betriebs-Berater (Zeitschrift)
BBauG	Bundesbaugesetz
BBG	Bundesbeamtengesetz
BBK	Buchführung, Bilanz, Kostenrechnung, Zeitschrift für das gesamte Rechnungswesen
Bd., Bde.	Band, Bände
BdF	Bundesminister der Finanzen
BergPG	Bergmannsprämiengesetz
BerlinFG	Berlinförderungsgesetz
bes.	besonders
bestr.	bestritten

betr.	betrifft, betreffend
BewÄndG	Bewertungsänderungsgesetz
BewDV	Bewertungs-Durchführungsverordnung
BewG	Bewertungsgesetz
BewRGr	Richtlinien für die Bewertung des Grundvermögens
BewRL	Bewertungs-Richtlinien für das land- und forstwirtschaftliche Vermögen
BFG	Beweissicherungs- und Feststellungsgesetz
BFH	Bundesfinanzhof
BFHE	Sammlung der Entscheidungen des Bundesfinanzhofs
BFH-EntlG	Gesetz zur Entlastung des BFH v. 8. 7. 1975, BGBl. I 1861
BFH/NV	Sammlung amtlich nicht veröffentlichter Entscheidungen des Bundesfinanzhofs
BFuP	Betriebswirtschaftliche Forschung und Praxis (Zeitschrift)
BGB	Bürgerliches Gesetzbuch
BGBl.	Bundesgesetzblatt
BGE	Entscheidungen des schweizerischen Bundesgerichts
BGHSt	Amtliche Sammlung von Entscheidungen des Bundesgerichtshofs in Strafsachen
BGHZ	Amtliche Sammlung von Entscheidungen des Bundesgerichtshofs in Zivilsachen
BierStG	Biersteuergesetz
BIFD	Bulletin for International Fiscal Documentation (Zeitschrift)
BKGG	Bundeskindergeldgesetz
BlStSozArbR	Blätter für Steuerrecht, Sozialversicherung und Arbeitsrecht (Zeitschrift)
BMF	Bundesminister(ium) der Finanzen
BMWi.	Bundesminister(ium) für Wirtschaft
BMWF	Bundesminister(ium) für Wirtschaft und Finanzen
Bp	Betriebsprüfung
Bpo	Betriebsprüfungsordnung
BR	Bundesrat
BRAGO	Bundesgebührenverordnung für Rechtsanwälte
BRD	Bundesrepublik Deutschland
BR-Drucks.	Bundesrat-Drucksache
BranntwMonG	Branntweinmonopolgesetz
BranntwStÄndG	Branntweinsteueränderungsgesetz
BRRG	Beamtenrechtsrahmengesetz
BSG	Bundessozialgericht
BSHG	Bundessozialhilfegesetz
BSP	Bruttosozialprodukt
BStBl.	Bundessteuerblatt
BT	Bundestag
BT-Drucks.	Bundestag-Drucksache
BTR	British Tax Review (Zeitschrift)
BuW	Betrieb und Wirtschaft (Zeitschrift, ab 1991)
BVerfG	Bundesverfassungsgericht
BVerfGE	Amtliche Sammlung von Entscheidungen des Bundesverfassungsgerichts
BVerfGG	Bundesverfassungsgerichtsgesetz vom 12. 3. 1951 i. d. Neufassung vom 12. 12. 1985, BGBl. I 2230
BVerwG	Bundesverwaltungsgericht
BVerwGE	Amtliche Sammlung von Entscheidungen des Bundesverwaltungsgerichts
BZRG	Bundeszentralregistergesetz
CDFI	Cahiers de Droit Fiscal International (Zeitschrift)
CGI	Code général des impôts
CIR	Code des impôts sur les revenues
DATEV	Datenverarbeitungsorganisation des steuerberatenden Berufs in der Bundesrepublik Deutschland e.V., Nürnberg
DB	Der Betrieb (Zeitschrift)

DBA	Doppelbesteuerungsabkommen
DBW	Die Betriebswirtschaft (Zeitschrift)
DDR	Deutsche Demokratische Republik
DDR-IG	Gesetz zum Abbau von Hemmnissen bei Investitionen in der Deutschen Demokratischen Republik einschl. Berlin (Ost) (DDR-Investitionsgesetz)
ders.	derselbe
dgl.	dergleichen
DGStZ	Deutsche Gemeindesteuer-Zeitung (Zeitschrift)
d. h.	das heißt
d. i.	das ist
dies.	dieselbe
Dig.	Digesten
DIHT	Deutscher Industrie- und Handelstag
Diss.	Dissertation
DJT	Deutscher Juristentag
DNotZ	Deutsche Notar-Zeitschrift
DÖV	Die Öffentliche Verwaltung (Zeitschrift)
DR	Deutsches Recht (Zeitschrift)
DRiZ	Deutsche Richterzeitung
Drucks.	Drucksache
DStB	Der Steuerbeamte (Zeitschrift)
DStBl.	Deutsches Steuerblatt (Zeitschrift)
DStG	Deutsche Steuergewerkschaft
DStJG Bd. 1	Tipke (Hrsg.), Übertragung von Einkunftsquellen im Steuerrecht, 2., unveränderte Aufl., Köln 1979
DStJG Bd. 2	Kruse (Hrsg.), Die Grundprobleme der Personengesellschaft im Steuerrecht, Köln 1979
DStJG Bd. 3	Söhn (Hrsg.), Die Abgrenzung der Betriebs- oder Berufssphäre von der Privatsphäre im Einkommensteuerrecht, Köln 1980
DStJG Bd. 4	Ruppe (Hrsg.), Gewinnrealisierung im Steuerrecht, Köln 1981
DStJG Bd. 5	Tipke (Hrsg.), Grenzen der Rechtsfortbildung durch Rechtsprechung und Verwaltungsvorschriften im Steuerrecht, Köln 1982
DStJG Bd. 6	Kohlmann (Hrsg.), Strafverfolgung und Strafverteidigung im Steuerstrafrecht, Köln 1983
DStJG Bd. 7	Raupach (Hrsg.), Werte und Wertermittlung im Steuerrecht, Köln 1984
DStJG Bd. 8	Vogel (Hrsg.), Grundfragen des Internationalen Steuerrechts, Köln 1985
DStJG Bd. 9	Stolterfoht (Hrsg.), Grundfragen des Lohnsteuerrechts, Köln 1986
DStJG Bd. 10	Schulze-Osterloh (Hrsg.), Rechtsnachfolge im Steuerrecht, Köln 1987
DStJG Bd. 11	Kruse (Hrsg.), Zölle, Verbrauchsteuern, europäisches Marktordnungsrecht, Köln 1988
DStJG Bd. 12	Friauf (Hrsg.), Steuerrecht und Verfassungsrecht, Köln 1989
DStJG Bd. 13	Woerner (Hrsg.), Umsatzsteuer in nationaler und europäischer Sicht, Köln 1990
DStJG Bd. 14	Doralt (Hrsg.), Probleme des Steuerbilanzrechts, Köln 1991
DStJG Bd. 15	Kirchhof (Hrsg.), Umweltschutz im Abgaben- und Steuerrecht, Köln 1993
DStJG Bd. 16	Lang (Hrsg.), Unternehmensbesteuerung in EU-Staaten, Köln 1994
DStJG Bd. 17	Wassermeyer (Hrsg.), Grundfragen der Unternehmensbesteuerung, Köln 1994
DStR	Deutsches Steuerrecht (Zeitschrift)
DStRu	Deutsche Steuer-Rundschau, bis 1961 (Zeitschrift)
DStZ	Deutsche Steuer-Zeitung (seit 1980)
DStZA und B	Deutsche Steuer-Zeitung Ausgabe A und B (bis 1979)
DStZ/E	Deutsche Steuer-Zeitung/Eildienst (seit 1980)
dtv	Deutscher Taschenbuch-Verlag
d. V.	der Verfasser
DV (DVO)	Durchführungsverordnung
DVBl.	Deutsches Verwaltungsblatt (Zeitschrift)
DVR	Deutsche Verkehrsteuer-Rundschau (Zeitschrift)

EAG	Europäische Atomgemeinschaft
EAO 1974	Regierungsentwurf einer Abgabenordnung von 1974
Ed.	Editor (Herausgeber)
EDV	Elektronische Datenverarbeitung
E-EStG	Entwurf eines Einkommensteuergesetzes
EFG	Entscheidungen der Finanzgerichte
EFTA	Europäische Freihandelsassoziation
e. G.	eingetragene Genossenschaft
EG	Europäische Gemeinschaft
EGAO	Einführungsgesetz zur AO
EGBGB	Einführungsgesetz zum Bürgerlichen Gesetzbuch
EGHGB	Einführungsgesetz zum Handelsgesetzbuch
EGKS	Europäische Gemeinschaft für Kohle und Stahl
EGV	Vertrag zur Gründung der Europäischen Gemeinschaft
Einf.	Einführung
Einl.	Einleitung
EMRK	Europäische Menschenrechtskonvention
entspr.	entsprechend
EntwHStG	Entwicklungshilfesteuergesetz
EntwLStG	Gesetz über steuerliche Maßnahmen zur Förderung von privaten Kapitalanlagen in Entwicklungsländern
ErbStDV	Erbschaftsteuer-Durchführungsverordnung
ErbStG	Erbschaft- und Schenkungsteuergesetz
ErbStRG	Erbschaft- und Schenkungsteuerreformgesetz
ESA	European Space Agency
EStDV	Einkommensteuer-Durchführungsverordnung
EStG	Einkommensteuergesetz
EStR 1990	Einkommensteuerrichtlinien in der Fassung für 1990
EStR 1993	Einkommensteuerrichtlinien in der Fassung für 1993
ET	European Taxation (Zeitschrift)
EU	Europäische Union
EuGH	Europäischer Gerichtshof
EuR	Europarecht (Zeitschrift)
EuStZ	Europäische Steuerzeitung
EuZW	Europäische Zeitschrift für Wirtschaftsrecht
e.V.	eingetragener Verein
evtl.	eventuell
EVwVfG	Musterentwurf eines Verwaltungsverfahrensgesetzes
EWG	Europäische Wirtschaftsgemeinschaft
EWGV	EWG-Vertrag
EWIV	Europäische Wirtschaftliche Interessenvereinigung
EWS	Europäisches Wirtschafts- und Steuerrecht (Zeitschrift)
EZ	Erhebungszeitraum
f., ff.	folgend, fortfolgend
FA	Finanzamt
FAGO	Geschäftsordnung für die Finanzämter
FamRZ	Zeitschrift für das gesamte Familienrecht
FAZ	Frankfurter Allgemeine Zeitung
FeuerschStG	Feuerschutzsteuergesetz
FG	Finanzgericht
FGEntlG	Gesetz zur Entlastung der Gerichte in der Verwaltungs- und Finanzgerichtsbarkeit v. 31. 3. 1978, BGBl. I 446
FGO	Finanzgerichtsordnung
Fifo	First in – first out
FinArch.	Finanzarchiv (Zeitschrift)
FinMin.	Finanzministerium
FKPG	Gesetz zur Umsetzung des Föderalen Konsolidierungsprogramms
Fn.	Fußnote

FR	Finanz-Rundschau (bis 1990); Finanz-Rundschau für Einkommensteuer, Körperschaftsteuer und Gewerbesteuer (seit 1991) (Zeitschrift)
FS	Festschrift
FuSt	Finanzen und Steuern
FVG	Gesetz über die Finanzverwaltung
GDL	Gesetz über die Ermittlung des Gewinns aus Land- und Forstwirtschaft nach Durchschnittssätzen
GemVO	Gemeinnützigkeitsverordnung
GenG	Genossenschaftsgesetz
GewArch.	Gewerbearchiv (Zeitschrift)
GewStDV	Gewerbesteuer-Durchführungsverordnung
GewStG	Gewerbesteuergesetz
GewStR	Gewerbesteuer-Richtlinien
GFRG	Gemeindefinanzreformgesetz
GG	Grundgesetz
ggf.	gegebenenfalls
GKG	Gerichtskostengesetz
gl. A.	gleicher Ansicht
GmbH	Gesellschaft mit beschränkter Haftung
GmbHG	Gesetz betreffend die GmbH
GmbHR	GmbH-Rundschau (Zeitschrift)
GmSOGB	Gemeinsamer Senat der obersten Gerichtshöfe des Bundes
GNOFÄ	Grundsätze zur Neuorganisation der Finanzämter und zur Neuordnung des Besteuerungsverfahrens
GrEStDV	Grunderwerbsteuer-Durchführungsverordnung
GrEStG	Grunderwerbsteuergesetz
GrS	Großer Senat
GrStG	Grundsteuergesetz
GS	Gesetzessammlung
GuV	Gewinn und Verlust
GVBl.	Gesetz- und Verordnungsblatt
GVG	Gerichtsverfassungsgesetz
Halbs.	Halbsatz
HdBI	Handbuch der Bauherrengemeinschaften und geschlossenen Immobilienfonds
HdU	Handbuch der Unternehmensbesteuerung
HdWW	Handbuch der Wirtschaftswissenschaften
Hess.	Hessen
HFA	Hauptfachausschuß
HFA des IdW	Hauptfachausschuß des Instituts der Wirtschaftsprüfer
HFR	Höchstrichterliche Finanzrechtsprechung
HGB	Handelsgesetzbuch
HHR	Herrmann/Heuer/Raupach, Komm. zum EStG/KStG (Loseblatt)
HHSp	Hübschmann/Hepp/Spitaler, Komm. zur AO (Loseblatt)
Hifo	Highest in – first out
h. L.	herrschende Lehre
h. M.	herrschende Meinung
Hrsg., hrsg.	Herausgeber, herausgegeben(e)
Hs.	Halbsatz
HStR, I	J. Isensee/P. Kirchhof (Hrsg.), Handbuch des Staatsrechts der Bundesrepublik Deutschland, Band I, Grundlagen von Staat und Verfassung, Heidelberg 1987
HStR, II	J. Isensee/P. Kirchhof (Hrsg.), Handbuch des Staatsrechts der Bundesrepublik Deutschland, Band II, Demokratische Willensbildung – Die Staatsorgane des Bundes, Heidelberg 1987
HStR, III	J. Isensee/P. Kirchhof (Hrsg.), Handbuch des Staatsrechts der Bundesrepublik Deutschland, Band III, Das Handeln des Staates, Heidelberg 1988

HStR, IV	J. Isensee/P. Kirchhof (Hrsg.), Handbuch des Staatsrechts der Bundesrepublik Deutschland, Band IV, Finanzverfassung – Bundesstaatliche Ordnung, Heidelberg 1990
HStR, VI	J. Isensee/P. Kirchhof (Hrsg.), Handbuch des Staatsrechts der Bundesrepublik Deutschland, Band VI, Freiheitsrechte, Heidelberg 1989
HStruktG	Gesetz zur Verbesserung der Haushaltsstruktur (Haushaltsstrukturgesetz)
HWB	Handwörterbuch der Betriebswirtschaftslehre
HWStR	Handwörterbuch des Steuerrechts
i. d. F.	in der Fassung
i. d. R.	in der Regel
i. d. S.	in dem (diesem) Sinne
IdW	Institut der Wirtschaftsprüfer
i. e. S.	im engeren Sinne
IFA	International Fiscal Association
IFA-Bulletin	Bulletin for International Fiscal Documentation, Amsterdam
INF	Die Information über Steuer und Wirtschaft (Zeitschrift)
insb.	insbesondere
Inst. FuSt	Institut „Finanzen und Steuern“
InvZulG	Investitionszulagengesetz
I.R.C.	Internal Revenue Code
i. S.	im Sinne
i. S. d.	im Sinne des/der
IStR	Internationales Steuerrecht (Zeitschrift)
ITJ, USA	The international Tax Journal (Zeitschrift)
i. V.	in Verbindung
i. V. m.	in Verbindung mit
IWB	Internationale Wirtschafts-Briefe
i. w. S.	im weiteren Sinne
JA	Juristische Arbeitsblätter
Jb.	Jahrbuch
JbFSt.	Jahrbuch der Fachanwälte für Steuerrecht
JfB	Journal für Betriebswirtschaft
Jg.	Jahrgang
JGG	Jugendgerichtsgesetz
Jhdt.	Jahrhundert
JöR	Jahrbuch des öffentlichen Rechts der Gegenwart
Jura	Juristische Ausbildung (Zeitschrift)
JuS	Juristische Schulung
JW	Juristische Wochenschrift (Zeitschrift)
JZ	Juristenzeitung
KAG	Kommunalabgabengesetz
KapErhG	Gesetz über die Kapitalerhöhung aus Gesellschaftsmitteln und über die Verschmelzung von Gesellschaften mit beschränkter Haftung
KapErhStG	Gesetz über steuerrechtliche Maßnahmen bei Erhöhung des Nennkapitals aus Gesellschaftsmitteln
KartStV	Kartellsteuer-Verordnung
KFR	Kommentierte Finanzrechtsprechung
Kfz.	Kraftfahrzeug
KG	Kommanditgesellschaft
KGaA	Kommanditgesellschaft auf Aktien
KiStG	Kirchensteuergesetz
KJB	Karlsruher Juristische Bibliographie
KO	Konkursordnung
Komm.	Kommentar
KÖSDI	Kölner Steuerdialog (Zeitschrift)
KraftStG	Kraftfahrzeugsteuergesetz
krit.	kritisch

KritV	Kritische Vierteljahresschrift für Gesetzgebung und Rechtswissenschaft
KS	Kirchhof/Söhn, EStG-Komm. (Loseblatt)
KSt	Körperschaftsteuer
KStDV	Körperschaftsteuer-Durchführungsverordnung
KStG	Körperschaftsteuergesetz
KStR	Körperschaftsteuer-Richtlinie
KStZ	Kommunale Steuer-Zeitschrift
KVStDV	Kapitalverkehrsteuer-Durchführungsverordnung
KVStG	Kapitalverkehrsteuergesetz
LAF	Lastenausgleichsfonds
LAG	Lastenausgleichsgesetz
LeuchtmStG	Leuchtmittelsteuergesetz
Lfg.	Lieferung
Lifo	Last in – first out
li. Sp.	linke Spalte
LStDV	Lohnsteuer-Durchführungsverordnung
lt.	laut
m. a. W.	mit anderen Worten
MDR	Monatsschrift für Deutsches Recht (Zeitschrift)
MinöStG	Mineralölsteuergesetz
m. R.	mit Recht
MRK	Menschenrechtskonvention (s. EMRK)
MSchrKrim	Monatsschrift für Kriminologie und Strafrechtsform
m. w. N.	mit weiteren Nachweisen
NB	Neue Betriebswirtschaft
n. F.	neue(r) Fassung
N.F.	Neue Folge
NJW	Neue Juristische Wochenschrift (Zeitschrift)
NSt	Neues Steuerrecht von A–Z
NV	Nicht-Veranlagung
NVwZ	Neue Zeitschrift für Verwaltungsrecht
NW	Nordrhein-Westfalen
NWB	Neue Wirtschafts-Briefe
o. ä.	oder ähnlich(es)
OECD	Organization for Economic Cooperation and Development
österr. EStG (öEStG)	österreichisches Einkommensteuergesetz
ÖStZ	Österreichische Steuerzeitung
öVwGH	Österreichischer Verwaltungsgerichtshof
OFD(en)	Oberfinanzdirektion(en)
OFH	Oberster Finanzgerichtshof
OHG	Offene Handelsgesellschaft
o. J.	ohne Jahresangabe
OLG	Oberlandesgericht
OR-Geschäfte	Geschäfte ohne Rechnung
OVG	Oberverwaltungsgericht
OVGE	Entscheidungen der Oberverwaltungsgerichte
OVGSt	Entscheidungen des preuß. OVG in Staatssteuersachen
OWiG	Ordnungswidrigkeitengesetz
Pkw	Personenkraftwagen
Preuß. (pr.)	preußisch
PrStBK	Praxis der steuerbegünstigten Kapitalanlagen
PrVBl.	Preußisches Verwaltungsblatt
RAO	Reichsabgabenordnung
RechtsVO	Rechtsverordnung
RennwLottG	Rennwett- und Lotteriegesetz
re. Sp.	rechte Spalte

RFH	Reichsfinanzhof
RFHE	Sammlung der Entscheidungen des Reichsfinanzhofs
RGBl.	Reichsgesetzblatt
RGSt.	Amtliche Sammlung von Entscheidungen des Reichsgerichts in Strafsachen
RGZ	Amtliche Sammlung von Entscheidungen des Reichsgerichts in Zivilsachen
RIW/AWD	Recht der Internationalen Wirtschaft/Außenwirtschaftsdienst (Zeitschrift)
RJF, Frankreich	Revue de Jurisprudence Fiscale (Zeitschrift)
RL	Richtlinie
RLA	Rundschau für den Lastenausgleich
Rnr./Rnrn.	Randnummer/Randnummern
RS	Rechtssammlung
Rspr.	Rechtsprechung
RStBl.	Reichssteuerblatt
RT	Reichstag
RWP	Rechts- und Wirtschaftspraxis (Zeitschrift bis 1991)
s.	siehe
S.	Satz/Seite
SalzStG	Salzsteuergesetz
sc.	scilicet (nämlich)
SchaumweinStG	Schaumweinsteuergesetz
sec.	section
SGB	Sozialgesetzbuch
SGb	Sozialgerichtsbarkeit (Zeitschrift)
SGG	Sozialgerichtsgesetz
Slg.	Sammlung von Entscheidungen des RFH und des BFH
sog.	sogenannt
SolZG	Solidaritätszuschlagsgesetz
Sp.	Spalte
SparPG	Spar-Prämiengesetz
St	Steuer
StabG	Stabilitätsgesetz (Stabilisierungsgesetz)
StädteBFG	Städtebauförderungsgesetz
StÄndG	Steueränderungsgesetz
StandOG	Gesetz zur Verbesserung der steuerlichen Bedingungen zur Sicherung des Wirtschaftsstandortes Deutschland im Europäischen Binnenmarkt (Standortsicherungsgesetz)
StAnpG	Steueranpassungsgesetz
StB	Der Steuerberater (Zeitschrift)
StBerG	Steuerberatungsgesetz
Stbg.	Die Steuerberatung (Zeitschrift)
StbJb.	Steuerberater-Jahrbuch
StbKongrRep.	Steuerberaterkongreß-Report (seit 1977)
StBp.	Die steuerliche Betriebsprüfung
StEd.	Steuer-Eildienst (Zeitschrift)
StEK	Steuererlasse in Karteiform (Hrsg.: Felix/Carlé)
StGB	Strafgesetzbuch
StJ	Steuerliches Journal (Zeitschrift)
StKongrRep.	Steuerkongreß-Report (bis 1976)
StMBG	Mißbrauchsbekämpfungs- und Steuerbereinigungsgesetz
StNoG	Gesetz zur Neuordnung von Steuern vom 16. 12. 1954
StPO	Strafprozeßordnung
StQ	Quintessenz des Steuerrechts
str.	strittig
StrbEG	vgl. ZStAmnG
StRG	Steuerreformgesetz 1990
StrGüVerkStG	Straßengüterverkehrsteuergesetz
StRev, Schweiz	Steuer-Revue (Zeitschrift)
StRK	Steuerrechtskartei

StRO I	K. Tipke, Die Steuerrechtsordnung, Band I, Wissenschaftsorganisatorische, systematische und grundrechtlich-rechtsstaatliche Grundlagen, Köln 1993
StRO II	K. Tipke, Die Steuerrechtsordnung, Band II, Steuerrechtfertigungstheorie, Anwendung auf alle Steuerarten, sachgerechtes Steuersystem, Köln 1993
StRO III	K. Tipke, Die Steuerrechtsordnung, Band III, Föderative Steuerverteilung, Rechtsanwendung und Rechtsschutz, Gestalter der Steuerrechtsordnung, Köln 1993
StSäumG	Steuersäumnisgesetz
StStud	Steuer und Studium (Zeitschrift)
StuW	Steuer und Wirtschaft (Zeitschrift)
StVj	Steuerliche Vierteljahresschrift (Zeitschrift)
StWa	Steuer-Warte (Zeitschrift)
SWI	Steuer & Wirtschaft International (Zeitschrift)
TLR, USA	Tax Law Review (Zeitschrift)
TNI	Tax Notes International (Zeitschrift)
TPI, USA	Tax Planning International (Zeitschrift)
Tz.	Textziffer
u.	und
u. a.	und andere, unter anderem
u. ä.	und ähnliche(s)
u. a. m.	und anderes mehr
u. E.	unseres Erachtens
UmwG	Umwandlungsgesetz
UmwStG	Umwandlungssteuergesetz
UR	Umsatzsteuer-Rundschau (Zitierweise seit 1984) (Zeitschrift)
USt	Umsatzsteuer
UStÄndG	Umsatzsteueränderungsgesetz
UStDV	Umsatzsteuer-Durchführungsverordnung
UStG	Umsatzsteuergesetz
USt-IdNr.	Umsatzsteuer-Identifikationsnummer
UStKongrBericht	Umsatzsteuerkongreß-Bericht
UStR	Umsatzsteuer-Rundschau (Zitierweise bis 1983) (Zeitschrift)
UStRi	Umsatzsteuer-Richtlinien
UTB	Uni-Taschenbücher
UVR	Umsatz- und Verkehrsteuer-Recht (Zeitschrift)
v.	von, vom
VAG	Versicherungsaufsichtsgesetz
VAT	Value added tax
VermBG	Vermögensbildungsgesetz
VersR	Versicherungsrecht, Juristische Rundschau für die Individualversicherung
VersStG	Versicherungsteuergesetz
VerwArch.	Verwaltungsarchiv (Zeitschrift)
Vfg.	Verfügung
VG	Verwaltungsgericht
VGFGEntlG	Gesetz zur Entlastung der Gerichte in der Verwaltungs- und Finanzgerichtsbarkeit v. 31. 3. 1978, BGBl. I 446
VGH	Verwaltungsgerichtshof
vgl.	vergleiche
v. H.	von Hundert
VJSchrStFR	Vierteljahresschrift für Steuer- und Finanzrecht (Zeitschrift)
VO	Verordnung
VOL	Verordnung über die Aufstellung von Durchschnittssätzen für die Ermittlung des Gewinns aus Land- und Forstwirtschaft
Vol.	Volume
Vorb.	Vorbemerkung
VSF	Vorschriftensammlung Bundesfinanzverwaltung
VStDV	Vermögensteuer-Durchführungsverordnung

VStG	Vermögensteuergesetz
VStR	Vermögensteuer-Richtlinien
v. T.	vom Tausend
VVDStRL	Veröffentlichungen der Vereinigung der Deutschen Staatsrechtslehrer
VwGO	Verwaltungsgerichtsordnung
VwVfG	Verwaltungsverfahrensgesetz
VwZG	Verwaltungszustellungsgesetz
VZ	Veranlagungszeitraum
WEG	Gesetz über das Wohnungseigentum und das Dauerwohnrecht (Wohnungseigentumsgesetz)
WeinG	Weingesetz
WFR, Niederlande	Weekblad voor Fiscal Recht (Zeitschrift)
WiB	Wirtschaftliche Beratung (Zeitschrift, ab 1994)
wistra	Zeitschrift für Wirtschaft, Steuer, Strafrecht
Wj.	Wirtschaftsjahr
WM	Wertpapier-Mitteilungen (Zeitschrift)
WoBauG	Wohnungsbaugesetz
WoPG	Wohnungsbauprämiengesetz
WPg	Die Wirtschaftsprüfung (Zeitschrift)
WRV	Weimarer Reichsverfassung
WStDV	Wechselsteuer-Durchführungsverordnung
WStG	Wechselsteuergesetz
WÜRV	Wiener Übereinkommen über das Recht der Verträge
z. B.	zum Beispiel
ZDF	Zweites Deutsches Fernsehen
ZEV	Zeitschrift für Erbrecht und Vermögensnachfolge (ab 1994)
ZevKR	Zeitschrift für evangelisches Kirchenrecht
ZfB	Zeitschrift für Betriebswirtschaft
ZfbF	Schmalenbachs Zeitschrift für betriebswirtschaftliche Forschung
ZfgK	Zeitschrift für das gesamte Kreditwesen
ZfhF	Zeitschrift für handelswissenschaftliche Forschung
ZfZ	Zeitschrift für Zölle und Verbrauchsteuern
ZG	Zollgesetz
ZGR	Zeitschrift für Unternehmens- und Gesellschaftsrecht
ZHR	Zeitschrift für das gesamte Handels- und Wirtschaftsrecht
ZK	Zivilkammer, Zollkasse
ZKF	Zeitschrift für Kommunalfinanzen
ZonenRFG	Zonenrandförderungsgesetz
ZPO	Zivilprozeßordnung
ZPr.	Die Zollpraxis (Zeitschrift)
ZRP	Zeitschrift für Rechtspolitik
ZStAMnG	Zinssteueramnestiegesetz – Gesetz über die strafbefreiende Erklärung von Einkünften aus Kapitalvermögen und von Kapitalvermögen, Art. 17 des Steuerreformgesetzes vom 25. 7. 1988, BGBl. I 1093
ZStW	Zeitschrift für die gesamte Staatswissenschaft
ZuckStG	Zuckersteuergesetz
zutr.	zutreffend
z. Z.	zur Zeit

Erstes Kapitel: Grundlagen der Steuerrechtsordnung

§ 1 Einführung

1. Über die Bedeutung der Steuern und des Steuerrechts in der Rechts- und Wirtschaftsordnung

In keinem Rechtsgebiet begegnet der Bürger dem Staat häufiger als im Steuerrecht. Der Bürger tritt bereits mit seiner Geburt in ein Dauer-Steuerrechtsverhältnis zum Staat ein, das sich, sobald das Erwerbsleben beginnt, zu sukzessiven Schuldverhältnissen verdichtet. Das Steuerrecht beeinflußt **jede wirtschaftliche Betätigung.** Die Möglichkeiten der Bürger zu investieren, zu sparen oder zu konsumieren, werden durch eine Vielheit von Steuerlasten stark beschnitten. Leistungsbeziehungen zwischen Bürgern und deren Unternehmen bewirken zumeist mehrere Steuerfolgen. 1

Beispiel: Die Lieferung dieses Buches ist zunächst mit Umsatzsteuer belastet, die im Preis auf den Erwerber übergewälzt wird. Der Ertrag des Buchhändlers ist relevant für die Einkommensteuer, Kirchensteuer, Gewerbesteuer. Der Erwerber kann die Aufwendungen für dieses Buch u. U. als Betriebsausgaben, Werbungskosten oder Sonderausgaben i. S. d. §§ 10 I Nr. 6 oder 7 EStG abziehen; für den Unternehmer kommt der umsatzsteuerliche Vorsteuerabzug (§ 15 UStG) in Betracht. 2

Personen und wirtschaftliche Vorgänge sind mit Steuern **sehr unterschiedlich** belastet. Dies veranlaßt den Bürger dazu, sein wirtschaftliches Handeln so zu gestalten, daß die Steuerlasten möglichst gering sind. Soweit das Steuerrecht die unterschiedlichen Belastungen direkt oder indirekt an zivilrechtliche Gestaltungen knüpft, wirkt das Steuerrecht auf das Zivilrecht ein, indem eine möglichst steuergünstige Rechtsform oder Vertragsgestaltung gewählt wird. 3

Wenn demnach der wirtschaftlich handelnde Bürger dem Staat im Steuerrecht alltäglich begegnet, so wird der Staat im Steuerrecht alltäglich auf die Probe gestellt, wieviel Recht und wieviel Gerechtigkeit er dem Bürger zu vermitteln vermag. Deshalb ist es zentrales Anliegen dieses Buchs, das Steuerrecht als **Teil einer rechtsstaatlichen Ordnung des Rechts** und besonders als **Recht mit der Aufgabe der Steuergerechtigkeit,** kurzum als Steuerrechtsordnung zu entfalten, wie sie umfassender Erkenntnisgegenstand von *Klaus Tipke,* dem Begründer dieses Buches war und ist[1]. Je mehr der Staat Mittel benötigt, desto mehr wird der Staat zum Steuerstaat, desto mehr findet der Rechtsstaat im Steuerstaat wesentlichen Ausdruck[2]. Der Rechtsstaat erschöpft sich nicht in formellen Institutionen. Es genügt nicht, daß Behörden nach dem Gesetz verfahren und daß es Gerichte gibt, die für die Einhaltung der Gesetze sorgen. Der Rechtsstaat muß auch Staat des Rechts sein und die Idee der Gerechtigkeit verbürgen. Das Grundgesetz bindet nach den Erfahrungen mit dem nationalsozialistischen Unrechtsstaat die vollziehende Gewalt und die Rechtsprechung an „Gesetz und Recht“ (Art. 20 III GG); dadurch wird die formal 4

---

1 S. *K. Tipke,* Die Steuerrechtsordnung (StRO I–III), Band I (Wissenschaftsorganisatorische, systematische und grundrechtlich-rechtsstaatliche Grundlagen), Band II (Steuerrechtfertigungstheorie, Anwendung auf alle Steuerarten, sachgerechtes Steuersystem), Band III (Föderative Steuerverteilung, Rechtsanwendung und Rechtsschutz, Gestalter der Steuerrechtsordnung), Köln 1993.

2 Grundlegend *J. Isensee,* Steuerstaat als Staatsform, in: FS für H. P. Ipsen, Tübingen, 1977, 426 („Die Steuerhoheit ist gegenwärtig die eigentliche, wesensprägende Erscheinungsform obrigkeitlicher Staatsgewalt“); *K. Vogel,* Der Finanz- und Steuerstaat, HStR, I, 1151, 1173 ff. („Steuerstaat“ als Staatstyp). Vgl. auch BVerfGE 78, 249, 266 f.

rechtsstaatliche Gesetzmäßigkeit in den Dienst der *materiellen Gerechtigkeit* gestellt[3] und die Steuergerechtigkeit zu einem wesentlichen Aspekt der Rechtsstaatlichkeit.

5 Das Steuerrecht ist **Teil einer freiheitlich verfaßten Rechtsordnung.** Besteuerung ist Teilhabe am *Privateigentum,* am privaten Wirtschaften[4]. Steuern sind nicht erforderlich, wenn dem Staat bereits alles gehört und wenn die Wirtschaft allein vom Staat betrieben wird. Daher wird die Privatnützigkeit des Eigentums und der Wirtschaft durch die Institution der Besteuerung bestätigt. Die Frage, *wieviel* das freiheitlich verfaßte Gemeinwesen von dem privaten Erwerb beanspruchen und Privatkonsum beschneiden kann, hängt von dem Ausmaß der **Sozialpflichtigkeit** ab, das Verfassung (Art. 14 II GG) und Gesellschaft dem Privateigentum abverlangen.

6 Der **klassisch-liberale Zweck** der Besteuerung erstreckt sich lediglich auf den **eigenen Finanzbedarf des Staates,** der benötigt wird, um die Rechts- und Wirtschaftsordnung zu verwirklichen, die das Individuum schützt und ihm den institutionellen Rahmen für die Entfaltung der Persönlichkeit bietet. Danach sind Steuern der Preis für den Schutz des Staates, für die institutionelle Sicherheit[5], die für das private Wirtschaften erforderlich ist[6]. Ein Staat, der wie die Bundesrepublik Deutschland eine führende Position in der Weltwirtschaft einnimmt, hat bereits einen großen **institutionellen Finanzbedarf.** Seine Bürger erwarten von ihm ein hohes Niveau innerer Sicherheit und Funktionstüchtigkeit seiner Organe, und die Völkergemeinschaft bindet ihn in ein dichtes Netz internationaler Verpflichtungen und Verantwortlichkeiten ein. Die aktive, eben auch finanziell bedeutsame Teilnahme an kollektiven Sicherheitssystemen und internationalen Hilfsprogrammen ist wesentlicher Faktor für die Prosperität der Privatwirtschaft in einer eng verflochtenen Weltwirtschaft.

7 Aus Art. 20 I, 28 I 1 GG ergibt sich, daß die Bundesrepublik Deutschland ein **Sozialstaat** ist. Obgleich das Grundgesetz damit **keine bestimmte Wirtschaftsverfassung** vorschreibt[7], gibt es in der Bundesrepublik Deutschland einen breiten gesellschaftlichen Konsens über die „soziale Marktwirtschaft“ und ein hohes Maß staatlich gewährleisteter sozialer Sicherheit. Das bedeutet, daß zu dem institutionellen Finanzbedarf ein **sozialer Finanzbedarf** der sozialen Sicherung, Fürsorge, Vorsorge und Umverteilung hinzutritt, der Steuerlasten zum **beherrschenden Faktor der Wirtschaftsordnung** macht.

8 Zudem wird die Spürbarkeit von Steuerlasten dadurch verstärkt, daß Steuergesetze weitgehend zur **wirtschafts-, sozial- und kulturpolitischen Lenkung** eingesetzt werden (s. § 4 Rz. 21). Die Vorstellung, das Steuerrecht könne beliebig als Vehikel der Sozialgestaltung eingesetzt werden, hat das Steuerrecht sozialpolitisch überfrachtet. Es wird dazu mißbraucht, Gruppen- und Individualinteressen zu befriedigen, denn wählerorientierte

3 S. *K. Stern,* Das Staatsrecht der BRD, Bd. I[2], München 1984, 798 ff.

4 Zur Rechtfertigung der Steuer in einer privatnützigen Eigentumsordnung grundlegend *P. Kirchhof,* Staatliche Einnahmen, HStR, IV, 87, 129 f.

5 Institutionelle Sicherheit als wesentliche Voraussetzung für die Effizienz einer Volkswirtschaft hat insb. der Wirtschaftshistoriker und Nobelpreisträger *Douglass C. North* nachgewiesen. S. *D. C. North,* Theorie des institutionellen Wandels, Tübingen 1988.

6 So fordert *Adam Smith* (Fn. 70) in seiner ersten Steuermaxime (s. § 4 Rz. 82, dort Fn. 29, sowie § 8 Rz. 2), daß Steuern nach dem Einkommen, das die Bürger „jeweils unter dem Schutz des Staates erzielen“, bemessen werden sollten. Zu den sog. Assekuranztheorien des 17. Jahrhunderts s. *F. K. Mann,* Steuerpolitische Ideale, Vergleichende Studien zur Geschichte der ökonomischen und politischen Ideen und ihres Wirkens in der öffentlichen Meinung 1600–1935, 1937, Nachdruck: Stuttgart/New York 1978, 105 ff.

7 Dazu *H.-J. Papier,* Grundgesetz und Wirtschaftsordnung, in: Handbuch des Verfassungsrechts, Berlin/New York 1983, 609.

Steuerpolitik ist anfällig, gruppenorientierte Steuerpolitik zu sein. Angesichts dieser Steuerpolitik gehen die Steuermoral und das Rechtsbewußtsein des Steuerzahlers gänzlich verloren: Gerecht sind solche Steuern, die von den anderen bezahlt werden. Das damit legitimierte Bestreben, die eigene Steuerbelastung möglichst gering zu halten, macht Gegenmaßnahmen des Gesetzgebers erforderlich. Der für und wider gesellschaftliche Gruppen agierende Aktionismus der Steuergesetzgebung macht das Steuerrecht zum vielzitierten Steuerchaos[8].

Je höher jedoch der Finanzbedarf des Staates ist, der von seinen Bürgern zu tragen ist, desto **gerechter** muß die Verteilung der Steuerlasten sein, desto strikter ist die **Allgemeinheit und Gleichheit der Besteuerung** zu handhaben. Wer viel Steuern zu zahlen hat, erwartet, daß er nicht auch noch die Steuern der anderen mitbezahlt. Er vermag nur die Verteilung von Steuerlasten zu akzeptieren, die sich von Gruppen- und Individualinteressen sichtbar distanziert. Und wenn das Steuerrecht schon durch die Größe des Finanzbedarfs zum beherrschenden Faktor der Wirtschaftsordnung wird, dann sollte der Steuergesetzgeber tunlichst davon absehen, die infolge hoher Steuerlasten unvermeidbaren Lenkungswirkungen nicht noch durch Lenkungsmaßnahmen zu verstärken. Er sollte sich darauf besinnen, daß Steuern vornehmlich für die institutionelle Sicherheit der Wirtschaftsplanung erhoben werden, die durch die Hektik der Steueränderungsgesetzgebung untergraben wird. Die Qualität einer **Ordnung des Rechts** bietet auch **Rechtssicherheit** (s. § 4 Rz. 53). Die institutionelle Unsicherheit des Steuerrechts, die Planungsunsicherheit, die permanente Veränderung von Investitionsbedingungen beeinträchtigen die Effizienz der Volkswirtschaft, ohne daß dadurch ein einziger Pfennig für das Steueraufkommen gewonnen wird. 9

2. Steuerrecht als Teil der Rechtsordnung

2.1 Steuerrecht als öffentliches Finanzrecht, selbständiger Zweig des Verwaltungsrechts und öffentliches Schuldrecht

a) Das Steuerrecht ist die Gesamtheit der Rechtsnormen, die Rechte und Pflichten im Steuerrechtsverhältnis (s. § 6) regeln[9]. Es ist **öffentliches Recht,** denn die Normen des Steuerrechts sind **Trägern hoheitlicher Gewalt**[10], den nach Art. 106, 107 GG steuerberechtigten Körperschaften (s. § 3 Rz. 38 ff.) und den nach Art. 108 GG verwaltenden Behörden zugeordnet. Das Steuerrecht ist ein Teil des öffentlichen Finanzrechts. Das öffentliche Finanzrecht umfaßt das Finanzverfassungsrecht, das Abgabenrecht, das Recht des Haushalts-, des Kassen-, Rechnungs- und Kreditwesens, das Währungsrecht und das 10

8 Dazu näher *J. Lang,* FR 93, 661, 665 f. (Steuerchaos als Produkt steuergesetzlicher Sozialpolitik) und Stbg. 94, 10.

9 Dazu kann in einem weiteren Sinne auch das Recht der im Steuerrechtsverhältnis Mitwirkenden, das Standesrecht der steuerberatenden Berufe gerechnet werden. Hingegen ist das Steuerstraf- und Steuerordnungswidrigkeitenrecht (dazu unten §§ 24, 25) Straf- und Ordnungswidrigkeitenrecht, das lediglich an die Verwirklichung von Normen des Steuerrechts anknüpft. Zur Abgrenzung des Steuerrechts im weiteren *K. Tipke,* StRO I, 77 ff.

10 So die herrschende, von *H. J. Wolff* begründete Subjekts- oder Sonderrechtstheorie, nach der öffentliches Recht ein Sonderrecht von Trägern öffentlicher Gewalt ist (s. *Wolff/Bachof,* Verwaltungsrecht I[9], München 1974, § 22 II c). Das Steuerrecht ist auch öffentliches Recht, weil es dem öffentlichen und nicht dem privaten Interesse dient (so die auf Ulpian zurückgehende Interessentheorie). Schließlich ist das Steuerrecht öffentliches Recht, weil es Verhältnisse rechtlicher Überordnung des Staates zum Bürger regelt (Subjektions- oder Subordinationstheorie). S. *von Münch,* in: Erichsen/Martens, Allgemeines Verwaltungsrecht[9], Berlin/New York 1992, § 2 I 1; *H. Maurer,* Allgemeines Verwaltungsrecht[9], München 1994, § 3 Rn. 12 ff.

Subventionsrecht[11]. Das **Abgabenrecht** besteht aus dem Steuerrecht, dem Recht der Gebühren, Beiträge, Sonderabgaben sowie dem Abgabenrecht der EG[12].

11 b) Das Steuerrecht ist **Verwaltungsrecht**[13], und zwar ebenso wie z. B. das Polizeirecht Recht der Eingriffsverwaltung. Dieser Charakter des Steuerrechts wird besonders im Steuerverfahren deutlich. Die Finanzbehörden handeln durch Verwaltungsakte (§ 118 AO)[14], die sie selbst vollstrecken können. Sie erlegen den Steuerpflichtigen nicht nur Geldleistungs-, sondern auch Mitwirkungspflichten auf. Bei der Durchführung der Besteuerung greifen die Finanzbehörden nicht nur in die Vermögenssphäre, sondern auch in die nichtvermögensrechtliche Privatsphäre ein[15]. Charakteristisch für das Steuerrecht als Eingriffsrecht sind die *rechtsstaatlichen Anforderungen* an die Steuergesetzgebung und Steuerverwaltung (s. § 4 Rz. 50 ff.), sind besonders die überragende Bedeutung des Gleichheitssatzes (*Gleichmäßigkeit* der Besteuerung), die *Abwehrfunktion* der Grundrechte, die rechtsstaatliche *Rechtssicherheit* und der *strenge Gesetzesvorbehalt.* Die Ansprüche aus dem Steuerschuldverhältnis entstehen allein aufgrund Verwirklichung des gesetzlichen Tatbestandes (§ 38 AO); dieser anspruchsbegründende Tatbestand räumt grundsätzlich kein Verwaltungsermessen ein (§ 5 AO gilt hauptsächlich für Verfahrensakte). Schließlich ist die Finanzgerichtsbarkeit ein Zweig der *besonderen Verwaltungsgerichtsbarkeit* (§ 1 FGO). In wesentlichen Teilen (z. B. im System der Klagen gegen Verwaltungshandeln) stimmt die Finanzgerichtsordnung mit der Verwaltungsgerichtsordnung überein.

12 c) Innerhalb des Verwaltungsrechts bildet jedoch das Steuerrecht ein **eigenständiges rechtliches Subsystem**[16] mit gesetzlichen Vorschriften im Umfange von drei Ordnern der Beck'schen Textausgaben (s. Rz. 52), mit einer *eigenen,* speziell ausgebildeten *Verwaltung,* eigenen Gerichtsbarkeit, der *Finanzgerichtsbarkeit,* und mit eigenen Berufen, wie z. B. der des Steuerberaters oder des Fachanwalts für Steuerrecht. Wie andere große Rechtsgebiete ist das Steuerrecht von spezifischen Zwecken und Wertungen geprägt. Wirtschaftliche Begriffe wie Einkommen, Gewinn, Umsatz, Vermögen, Wirtschaftsgut und Materien eines speziellen wirtschaftlichen Wissens wie insb. die verschiedenen Formen der Rechnungslegung spielen im Steuerrecht eine zentrale Rolle und versperren ökonomiefremd ausgebildeten Juristen den Zugang zum Steuerrecht, was sich etwa in der Steuerstrafjustiz fatal zu Lasten des Rechtsstaats auswirken kann. Mitunter werden bei Schadensersatzprozessen steuerrechtliche Gutachten eingeholt, das Steuerrecht außerhalb des Grundsatzes „iura novit curia" wie ausländisches Recht (§ 293 ZPO) behandelt. Die Steuerberatung liegt überwiegend in den Händen von Nichtjuristen. Dieser Befund darf den Blick nicht dafür verstellen, daß Steuerrecht Verwaltungsrecht par excellence ist, dessen Grundfragen verwaltungsrechtlicher Natur und häufig auch (ebenso wie im Wirtschaftsverwaltungsrecht) vom Standpunkt des Verfassungsrechts zu lösen sind. Das verfassungsrechtlich abgeleitete Fundamentalprinzip des Steuerrechts, das Prinzip der Besteuerung nach der wirtschaftlichen Leistungsfähigkeit (s. § 4 Rz. 81 ff.) wird konkretisiert in einer **wirtschaftlich orientierten Begrifflichkeit** und **Teleologie,** die das Steuerrecht als **selbständigen Rechtszweig**[17] von dem übrigen Verwaltungsrecht

11 Dazu *F. Klein* (Hrsg.), Öffentliches Finanzrecht[2], Berlin 1993; *K. Tipke,* StRO I, 80.
12 Dazu *F. Kirchhof,* Grundriß des Abgabenrechts, Heidelberg 1991, 107 ff.
13 Dazu *K. Tipke,* StRO I, 80/81.
14 Zur Anpassung von Vorschriften der AO an die Verwaltungsverfahrensgesetze s. § 2 Rz. 12.
15 Vgl. dazu *F. v. Hammerstein,* Der verfassungsrechtliche Schutz der Privatsphäre im Steuerrecht, Diss. Heidelberg 1993. Im weiteren § 4 Rz. 203, 204.
16 *K. Tipke,* StRO I, 81 (mit zahlr. Nachw. in Fn. 10).
17 Zum Steuerrecht als selbständiger Zweig des Verwaltungsrechts mit historischen Hinweisen *H. W. Kruse,* Lehrbuch des Steuerrechts, Bd. I, Allgemeiner Teil, München 1991, 18 ff.

abheben, wo wirtschaftliche Begriffe eine untergeordnete Rolle spielen oder wo wirtschaftliche Begriffe wie etwa der des Einkommens gern vom Steuerrecht übernommen werden. Die wirtschaftliche Orientierung des Steuerrechts setzt Ökonomen instand, das Steuerrecht kompetent anzuwenden. Allerdings muß die wirtschaftliche Orientierung des Steuerrechts bei seiner Anwendung stets auf **juristische Methoden** zurückgeführt werden. So ist die sog. wirtschaftliche Betrachtungsweise oder wirtschaftliche Auslegung des Steuergesetzes eine teleologische Methode zur Verwirklichung des Gesetzeszwecks, einen wirtschaftlichen Vorgang oder Zustand erfassen zu wollen (s. § 5 Rz. 65). Allgemein zielt die wirtschaftliche Betrachtungsweise in ihrer verwaltungsrechtlichen Funktion darauf ab, wirtschaftliche Leistungsfähigkeit gleichmäßig zu erfassen und damit die Steuergleichheit zu verwirklichen.

d) Steuerrecht ist ebenso wie das Sozialrecht und das Subventionsrecht **öffentliches** 13
Schuldrecht[18]. Das **Steuerschuldverhältnis** (§§ 37 ff. AO) ist ein *gesetzliches* Schuldverhältnis, das ebenso wie die Schuldverhältnisse des Sozial- und Subventionsrechts vermögensrechtliche Ansprüche statuiert. Dadurch bestehen zwischen dem Steuerrecht und Rechtsgebieten der sog. Leistungsverwaltung dogmatische Gemeinsamkeiten, die teils auf zivilrechtliche Institutionen zurückgreifen, teils eine eigenständige übergreifende Terminologie hervorbringen[19] und die teils als verwaltungsrechtliche Besonderheiten wie z. B. die Dogmatik von Geldleistungsverwaltungsakten (s. § 22 Rz. 50 ff.) bewältigt werden müssen. Gegenüber dem gesetzlichen Anspruch einer Privatperson ist der Anspruch aus dem Steuerschuldverhältnis wesentlich durch das **Durchsetzungsgebot** charakterisiert. Während die Privatperson auf ihren gesetzlichen Anspruch (als zivilrechtlich Unterhaltsberechtigte oder Sozialhilfeberechtigte) verzichten kann, zwingen Legalitätsprinzip und Gleichheitssatz den Steuergläubiger grundsätzlich dazu, den Steueranspruch durchzusetzen. Die Rechtsstaatlichkeit läßt es auch nicht zu, die Verjährung eines Anspruchs disponibel zu gestalten. Deshalb begründet die Verjährung nicht lediglich eine Einrede; sie bewirkt vielmehr das Erlöschen des Anspruchs (s. § 7 Rz. 7).

Gleichwohl deutet die Verwendung des Begriffs „Steuerschuldrecht" in der Abgaben- 14
ordnung auf viele Gemeinsamkeiten des Steuerschuldrechts mit dem zivilrechtlichen Schuldrecht hin[20]. Dies ist wesentlich *Enno Becker*, dem Schöpfer der Reichsabgabenordnung zuzuschreiben (s. § 2 Rz. 14).

2.2 Verhältnis des Steuerrechts zu anderen Rechtsgebieten

Das Steuerrecht als Teil der Rechtsordnung ist mit vielen Rechtsgebieten mehr oder 15
weniger eng verflochten. Im Bereich des Internationalen Steuerrechts hat es partiell die Qualität von **Völkerrecht** (s. § 2 AO) und **Europarecht** (s. im weiteren § 2 Rz. 47 ff.). Die Tatbestände des Steuerstrafrechts und des **Steuerordnungswidrigkeitenrechts** sind als sog. *Blankettvorschriften* dadurch gekennzeichnet, daß sie ohne Rückgriff auf das Steuerrecht nicht angewendet werden können. Enge Bezüge in der Lösung von Grundfragen bestehen auch zwischen Steuerrecht und **Wirtschaftsverwaltungsrecht** auf den Gebieten des Wirtschaftsverfassungsrechts, namentlich des Grundrechtsschutzes von Unternehmen, der Wirtschaftslenkung (zu direkten/indirekten Subventionen s. § 19 Rz. 2) und des Rechtsschutzes (z. B. Konkurrentenklage)[21]. Soweit im übrigen Steuerge-

18 S. *K. Tipke*, StRO I, 81 f.
19 Zum Einkommen als zentraler Begriff des öffentlichen Schuldrechts § 9 Rz. 49 ff.
20 Vgl. *H. W. Kruse*, Lehrbuch des Steuerrechts (Fn. 17), 93 ff.
21 Vgl. hierzu *R. Stober*, Wirtschaftsverwaltungsrecht[7], Stuttgart/Berlin/Köln 1991, 45 ff. (Wirtschaftsverfassungsrecht), 172 ff. (Wirtschaftsförderung), 266 ff. (Subventionsrecht); *H.-W. Arndt*, Wirtschaftsverwaltungsrecht, in: Steiner (Hrsg.), Besonderes Verwaltungsrecht[3], Hei-

setze zur Lenkung eingesetzt werden, wird das Steuerrecht in der Rechtsordnung vielfältig vernetzt mit dem **Umweltrecht** (s. § 8 Rz. 56 ff.), dem **Parteienrecht** (s. § 21 Rz. 17 ff.) und mit allen vom Gemeinnützigkeits- und Spendenrecht (s. § 21) begünstigten Rechtsgebieten (z. B. Wissenschaftsrecht[22], Schulrecht, Denkmalschutzrecht). In einem ausführlicher zu behandelnden Verhältnis steht das Steuerrecht zum **Zivilrecht** und zum **Sozialrecht.**

2.2.1 Steuerrecht und Zivilrecht

Literatur: *K. Ball,* Steuerrecht und Privatrecht, Theorie des selbständigen Steuerrechtssystems, Mannheim 1924; *W. Flume,* Steuerwesen und Rechtsordnung, 1952 (Nachdruck: Köln 1986); *K. Tipke,* Steuerrecht und Bürgerliches Recht, JuS 70, 149; *J. P. Meincke,* Bürgerliches Recht und Steuerrecht, JuS 76, 693; *W. R. Walz,* Steuergerechtigkeit und Rechtsanwendung, Grundlinien einer relativ autonomen Steuerrechtsdogmatik, Heidelberg/Hamburg 1980; *ders.,* Die steuerrechtliche Herausforderung des Zivilrechts, ZHR Bd. 147 (1983), 281; *G. Crezelius,* Steuerrechtliche Rechtsanwendung und allgemeine Rechtsordnung, Herne/Berlin 1983; *P. Locher,* Grenzen der Rechtsfindung im Steuerrecht, Bern 1983, 152; *B. Knobbe-Keuk,* Das Steuerrecht – eine unerwünschte Quelle des Gesellschaftsrechts?, Köln 1986; *J. Schulze-Osterloh,* Zivilrecht und Steuerrecht, AcP Bd. 190 (1990), 139; *H. G. Ruppe,* Einkommensteuer und Privatrecht, HHR, Einf. ESt. Anm. 451; *K. Tipke,* Die Steuerrechtsordnung, Bd. I (StRO I), Köln 1993, 89 (mit zahlr. w. Nachw.).

16 Obwohl Steuerrecht öffentliches Recht ist, bestehen enge Beziehungen zwischen Steuerrecht und Zivilrecht, die seit jeher kontrovers diskutiert werden. Die namentlich von *G. Crezelius*[23] vertretene Auffassung bewertet das Steuerrecht als Annexrecht oder Folgerecht des Zivilrechts. Mithin lebe das Steuerrecht weitgehend von der Teleologie und Dogmatik des Zivilrechts. Das Zivilrecht sei dem Steuerrecht prävalent[24]. Die herrschende, namentlich von *K. Tipke*[25] fundierte Meinung, der sich auch das BVerfG[26] angeschlossen hat, entwickelt das Verhältnis des Steuerrechts zum Zivilrecht wie folgt:

17 a) Entsprechend dem verfassungsrechtlich abgeleiteten Fundamentalprinzip der Besteuerung nach der wirtschaftlichen Leistungsfähigkeit knüpfen Steuergesetze durchweg an **wirtschaftliche Vorgänge oder Zustände** an, wie Einkommen, Vermögen, Bereicherung, Verbrauch, Aufwand. Diese wirtschaftlichen Vorgänge und Zustände werden weitgehend durch Zivilrecht gestaltet. Das Zivilrecht liefert die Institutionen für den Rechtsverkehr, der für die am Rechtsverkehr Beteiligten **wirtschaftliche Ergebnisse** hervorbringt, an die das Steuerrecht anknüpft[27]. Die Anknüpfung an einen zivilrechtlich vorge-

---

delberg 1986, 633, 642 ff. (Wirtschaftsverfassung und Wirtschaftssystem), 676 ff. (Subventionsrecht), 682 f. (Wirtschaftslenkung durch Steuerrecht), die Habilitationsschriften von *P. Selmer,* Steuerinterventionismus und Verfassungsrecht, Frankfurt 1972, und *R. Wendt,* Eigentum und Gesetzgebung, Hamburg 1985, sowie *I. v. Lishaut,* Die Konkurrentenklage im Steuerrecht, Zugleich eine Untersuchung zum subjektiven öffentlichen Recht und zum funktionalen Schutzbereich der Grundrechte, Diss. Köln 1992.

22 Vgl. *J. Lang/R. Seer,* Die Besteuerung der Drittmittelforschung, StuW 93, 47, 54 f. (Forschung als Hoheitsbetrieb i. S. d. § 4 V 1 KStG).

23 Extreme Positionen werden vertreten in der Habilitationsschrift von *G. Crezelius,* Steuerrechtliche Rechtsanwendung und allgemeine Rechtsordnung, Herne/Berlin 1983 (dazu kritisch *J. Schulze-Osterloh,* StuW 86, 74; *ders.,* AcP Bd. 190 [1990], 139 ff.). Ausgewogener *G. Crezelius,* Steuerrecht II, München 1991, 6 ff.

24 So leitet insb. *W. Flume,* Steuerwesen und Rechtsordnung, 1952 (Nachdruck: Köln 1986) aus einem Gebot der Kongruenz des Steuerrechts zur allgemeinen Rechtsordnung einen Vorrang der Zivilrechtsordnung vor der Steuerrechtsordnung ab, leugnet allerdings nicht, daß das Steuerrecht eine eigenständige, vom Zivilrecht abgelöste Begrifflichkeit statuieren kann (1986, 24).

25 StRO I, 89 ff.

26 StuW 92, 186 ff. (mit Anm. von *J. P. Meincke*).

27 So auch *G. Crezelius,* Steuerrecht II (Fn. 23), 6.

gebenen wirtschaftlichen Vorgang oder Zustand[28] bringt der steuergesetzliche Tatbestand unterschiedlich zum Ausdruck.

Teils bezieht sich das Steuergesetz ausdrücklich auf zivilrechtliche Institutionen, z. B. auf das Eigentum (§ 39 I AO, § 1 I Nr. 3 GrEStG), den Erwerb durch Erbfall i. S. d. § 1922 BGB (§ 3 I Nr. 1 ErbStG), durch Schenkung auf den Todesfall i. S. d. § 2301 BGB (§ 3 I Nr. 2 ErbStG), auf die Begriffe „Kaufvertrag", „Auflassung", „Meistgebot im Zwangsversteigerungsverfahren" (§ 1 I GrEStG). Der Aufbau der vorgenannten Vorschriften verstärkt den zivilrechtlichen Bezug, indem der zivilrechtlich orientierte Tatbestand durch einen Tatbestand ergänzt wird, der erkennbar abweichend von der Zivilrechtslage an bestimmte wirtschaftliche Sachverhalte anknüpft (z. B. § 39 I AO im Verhältnis zu den Tatbeständen des § 39 II AO). Zum weit überwiegenden Teil verwenden jedoch die Steuergesetze Begriffe zivilrechtlicher Herkunft wie Vermietung, Verpachtung, Nießbrauch, Leibrente, Veräußerung, ohne eine Maßgeblichkeit des zivilrechtlichen Begriffsinhalts für den steuerlichen Tatbestand erkennbar zu machen. 18

b) Bei der **Auslegung** zivilrechtlich vorgegebener Begriffe ist zunächst davon auszugehen, daß es **keine teleologische Prävalenz des Zivilrechts** gibt; das dem Zivilrecht *nebengeordnete* Steuerrecht hat seine eigene Teleologie, die bei der Interpretation von Steuergesetzen zu entfalten ist[29]. Dazu konstatiert das BVerfG, daß steuerrechtliche Tatbestandsmerkmale, auch wenn sie einem anderen Rechtsgebiet entnommen sind, nach dem steuerrechtlichen Bedeutungszusammenhang, nach dem Zweck des jeweiligen Steuergesetzes und dem Inhalt der Einzelregelung zu interpretieren seien; es bestünde weder eine Vermutung für ein übereinstimmendes noch für ein abweichendes Verständnis[30]. Damit bestätigt das BVerfG[31] für das Steuerrecht den **allgemeinen methodologischen** Ansatz, daß nach Zweck und Wertung der anzuwendenden Norm zu bestimmen ist, ob und gegebenenfalls wieviel die anzuwendende Norm von dem Regelungsinhalt des anderen Rechtsgebiets übernommen hat. Diese Fragen stellen sich in allen Rechtsgebieten (z. B. Relevanz des zivilrechtlichen Eigentumsbegriffs für den Diebstahlstatbestand) und eben auch im Steuerrecht, wo die sog. wirtschaftliche Betrachtungsweise (besser: **wirtschaftliche Auslegung**) als teleologische Methode die Maßgeblichkeit zivilrechtlicher Regelungsinhalte zu begrenzen hat (s. § 5 Rz. 65 ff.). 19

aa) Danach ist der zivilrechtliche Regelungsinhalt maßgeblich, wenn er wirtschaftliche Vorgänge oder Zustände konstituiert, an die das Steuergesetz knüpft. Zivilrechtlich zwangsläufige Unterhaltspflichten mindern die steuerliche Leistungsfähigkeit und sind deshalb im Steuerrecht realitätsgerecht zu berücksichtigen (im weiteren Rz. 31). Verträge zwischen Familienangehörigen müssen zivilrechtlich wirksam geschlossen worden sein, denn die zivilrechtliche Wirksamkeit ist Indiz dafür, daß die Parteien den Vertrag auch wirklich durchführen wollen (s. § 9 Rz. 164). Dort, wo Steuergesetze **ausdrücklich an zivilrechtliche Institutionen** anknüpfen, hat der Rechtsanwender die Rezeption der zivilrechtlichen Institution zu beachten. Er darf beispielsweise die in § 1 I Nr. 1 KStG abschließende Aufzählung von Kapitalgesellschaftsformen nicht um die Publikums GmbH & Co. KG erweitern (s. § 11 Rz. 8). Jedoch kann auch bei einer strikten Anknüpfung an zivilrechtliche Institutionen eine **spezifisch steuerrechtliche Würdigung** des Sachverhalts geboten sein, so etwa im Falle wirtschaftlicher Betätigung vor dem Entstehen einer juristischen Person (§ 11 Rz. 9) oder im Falle von Steuersparkonstruktionen[32]. 20

---

28 Dazu ausf. *K. Tipke*, StRO I, 90 f.

29 BVerfG (Fn. 26), 187, im Anschluß an *H. G. Ruppe, J. Schulze-Osterloh, Tipke/Lang:* Zivilrecht und Steuerrecht seien nebengeordnete, gleichrangige Rechtsgebiete, „die denselben Sachverhalt aus einer anderen Perspektive und anderen Wertungsgesichtspunkten beurteilen".

30 BVerfG (Fn. 26), 187 unter Berufung auf *H. W. Kruse, H. G. Ruppe, Tipke/Lang.*

31 Unter Berufung auf *K. Engisch*, Einführung in das juristische Denken[8], Stuttgart u. a. 1983, 78, 156 ff. (sog. Relativität der Begriffe: Begriffe haben in verschiedenen Rechtssätzen jeweils eine verschiedene Bedeutung).

32 So BVerfG (Fn. 26), zum Fall eines Bauherrenmodells: „Die Grenzen der Auslegung sind nicht deshalb überschritten, weil § 1 Abs. 1 Nr. 1 GrEStG an zivilrechtliche Rechtsgeschäfte anknüpft, das Finanzgericht den Gegenstand des Erwerbs aber nach dem Erfolg beurteilt, der

21 bb) In aller Regel aber verwenden Steuergesetze Begriffe zivilrechtlicher Herkunft a priori **nicht in Übereinstimmung mit dem Zivilrecht,** sondern sind auf den **steuerrechtlichen Normzweck** zugeschnitten. Der Katalog von Einkünften aus Vermietung und Verpachtung in § 21 I EStG enthält nicht ausschließlich Vermietungen und Verpachtungen im zivilrechtlichen Sinne. Der Spekulationstatbestand des § 23 EStG wird bereits durch das obligatorische Rechtsgeschäft verwirklicht (s. § 9 Rz. 596), was dem sachenrechtlichen Verständnis des Begriffs „Veräußerung" zuwiderläuft; dieses würde es besonders dem Immobilienveräußerer erleichtern, die zivilrechtliche Vollendung des Veräußerungstatbestandes jenseits der Spekulationsfrist zu gestalten. In dieser Weise sind die meisten Begriffe als **spezifisch steuerrechtliche** zu erkennen, auch wenn sie in anderen Rechtsgebieten verwendet werden wie der in § 15 II EStG definierte Begriff des Gewerbebetriebs, wie die Begriffe Unternehmen (steuerrechtlich insb. spezifiziert durch den Begriff der Mitunternehmerschaft), Rente, Nießbrauch, Zinsen, wie Begriffe des Handels- und Gesellschaftsrechts (Lieferung, Werklieferung, Einlage, Entnahme, Gewinnanteil), des Arbeitsrechts, dessen Arbeitnehmerbegriff von dem steuerrechtlichen erheblich abweicht.

22 Indessen gebietet auch die Interpretation spezifisch steuerrechtlicher Begriffe, daß der Rechtsanwender genau erklärt, welche **Wirkungen die zivilrechtliche Regelung auf den wirtschaftlichen Vorgang oder Zustand** entfaltet. Dazu ist es erforderlich, daß die Zivilrechtslage selbst genau eruiert wird. Wenn etwa verdeckte Gewinnausschüttung infolge Verletzung eines Wettbewerbsverbots durch den beherrschenden Gesellschafter angenommen wird, dann ist zuvor das zivilrechtliche Bestehen eines solchen Wettbewerbsverbots zu klären (s. § 11 Rz. 62). Bei der Bestimmung von Einkünften aus einer Mitunternehmerschaft wirkt sich das Gesellschaftsrecht maßgeblich aus, weil die zivilrechtliche Regelung der Rechtszuständigkeiten auch die wirtschaftliche Zurechnung der Vorgänge mitkonstituiert (s. § 9 Rz. 500 ff.). Gleichwohl darf der Rechtsanwender bei dem Rückgriff auf das Zivilrecht die Aufgabe, ein Steuergesetz zu interpretieren, nicht aus dem Auge verlieren. So hätte die Regelung des § 15 I Nr. 2 S. 2 EStG zur doppelstöckigen Personengesellschaft auch de lege lata gewonnen werden können, weil es nach steuerrechtlichem Verständnis auf die Unmittelbarkeit von Vergütungen nicht ankommen kann.

23 Neben dem Einfluß des Zivilrechts auf das Steuerrecht läßt sich umgekehrt auch ein **Einfluß des Steuerrechts auf das Zivilrecht** registrieren[33]. Zum Abbau der Spannungen Zivilrecht – Steuerrecht hat beigetragen, daß die wirtschaftliche Betrachtungsweise auch in das Zivilrecht eingedrungen ist. Im übrigen kann ein Steuerrecht, das seine eigene Teleologie mißachtet, das Zivilrecht erheblich stören (s. Rz. 32).

2.2.2 Steuerrecht und Sozialrecht

Literatur: *D. Birk,* Steuergerechtigkeit und Transfergerechtigkeit, ZRP 79, 221; *P. Kirchhof,* Steuergerechtigkeit und sozialstaatliche Geldleistungen, JZ 82, 305; *J. Martens,* Sozialrechtsnormen im Steuerrecht, StVj 89, 199; *M. Lehner,* Einkommensteuerrecht und Sozialhilferecht, Bausteine zu einem Verfassungsrecht des sozialen Steuerstaates, Tübingen 1993; *K. Tipke,* Die Steuerrechtsordnung, Bd. I (StRO I), 1993, 83; *H. Reiter,* Die Bedeutung des Steuerrechts im Sozialrecht, in: FS für den BFH, Bonn 1993, 545.

24 a) Die Beziehungen zwischen Steuerrecht und Sozialrecht bewegen sich zunächst auf **verfassungsrechtlicher Ebene:** Soweit der Sozialstaat von Verfassungs wegen das materielle sog. sozial-kulturelle Existenzminimum zu gewährleisten hat[34], wirken die sozial-

---

aufgrund der zivilrechtlichen Gestaltung in der Person des Erwerbers letztlich eintreten soll" (3. Leitsatz).

33 Dazu *J. P. Meincke,* JuS 76, 693; *ders.,* AcP Bd. 190 (1990), 358 (insb. zum Finanzierungsleasing); *W. R. Walz,* ZHR Bd. 147 (1983), 281 ff.; *B. Knobbe-Keuk,* Das Steuerrecht – eine unerwünschte Quelle des Gesellschaftsrechts?, Köln 1986; *J. Schulze-Osterloh,* AcP Bd. 190 (1990), 139 ff.

34 Formuliert in § 9 Sozialgesetzbuch – Allgemeiner Teil –: „Wer nicht in der Lage ist, aus eigenen Kräften seinen Lebensunterhalt zu bestreiten oder in besonderen Lebenslagen sich selbst zu helfen, und auch von anderer Seite keine ausreichende Hilfe erhält, hat ein Recht auf persönliche und wirtschaftliche Hilfe, die seinem besonderen Bedarf entspricht, ihn zur Selbsthilfe befähigt, die Teilnahme am Leben in der Gemeinschaft ermöglicht und die Führung eines menschenwürdigen Lebens sichert".

rechtlichen Maßstäbe auf das Steuerrecht ein[35]: Der Staat darf dem Bürger nicht etwas nehmen, was er ihm zu geben hat, wenn es ihm fehlt. Dem hat das BVerfG im Grundsatz entsprochen: „Die Höhe des steuerlich zu verschonenden Existenzminimums hängt von den allgemeinen wirtschaftlichen Verhältnissen und dem in der Rechtsgemeinschaft anerkannten Mindestbedarf ab. Der Steuergesetzgeber muß dem Einkommensbezieher von seinen Erwerbsbezügen mindestens das belassen, was er dem Bedürftigen zur Befriedigung seines existenznotwendigen Bedarfs aus öffentlichen Mitteln zur Verfügung stellt[36]." Der Sozialstaat und das ihm immanente Subsidiaritätsprinzip[37] werden auf den Kopf gestellt, wenn die **Steuerfreiheit des Existenzminimums** unter dem Niveau des Sozialhilferechts angesetzt und damit der sich selbst versorgende Steuerzahler schlechter gestellt wird als der Sozialhilfeempfänger[38]. § 22 III BSHG ordnet an, daß die Sozialhilfe die Bezüge (Lohn/Kindergeld/Wohngeld) von Niedrigverdienern zu unterschreiten hat. Dementsprechend müßte die Steuerfreiheit des Existenzminimums über dem Sozialhilfeniveau angesetzt werden[39]. Der soziale Steuerstaat gefährdet seine finanzielle Grundlage, zerstört die Steuermoral, öffnet der Ausbeutung der sozialstaatlichen Einrichtungen Tür und Tor, ermutigt die Nichtbedürftigen zum Trittbrettfahren, wenn er den, der für sich selbst und die Gesellschaft erwirbt, nicht besser stellt als den, der von der Gesellschaft ohne eigenen Beitrag lebt.

b) Obgleich das Sozialrecht auf verfassungsrechtlicher Ebene auf das Steuerrecht einwirkt, sind Sozialrecht und Steuerrecht **gleichrangig**[40]. Das bedeutet, daß das Steuerrecht sozialrechtlich relevante Sachverhalte wohl möglichst in Abstimmung mit dem Sozialrecht, jedoch **eigenständig** und **ungebunden an das Sozialrecht** zu regeln hat. Wenn z. B. die Sozialhilfe so stark gekürzt wird, daß sie das verfassungsrechtlich gewährleistete Existenzminimum nicht mehr abdeckt, dann ist der Gesetzgeber nicht befugt, dem Sozialrecht im Steuerrecht nachzufolgen; er hat vielmehr den verfassungswidrigen Zustand des Sozialhilferechts zu beseitigen. 25

c) Die **grundlegende Wesensverwandtschaft** zwischen Sozialrecht und Steuerrecht ist darin begründet, daß das Fundamentalprinzip der Besteuerung, die Besteuerung nach wirtschaftlicher Leistungsfähigkeit, sein Spiegelbild im Sozialrecht hat[41]: Das Steuerrecht nimmt den wirtschaftlich Leistungsfähigen Mittel; das Sozialrecht gewährt den wirtschaftlich Bedürftigen Mittel. Bedürftigkeit ist **negative Leistungsfähigkeit.** Daraus ergibt sich die Notwendigkeit, Indikatoren der steuerrechtlichen Leistungsfähigkeit und sozialrechtlichen Bedürftigkeit aufeinander abzustimmen. Zahlreiche Sozialleistungsge- 26

---

35 Dazu umfassend die Habilitationsschrift von *M. Lehner,* Einkommensteuerrecht und Sozialhilferecht, Tübingen 1993.

36 Leitsatz 2 des Beschlusses vom 25. 9. 1992, BVerfGE 87, 153 (dazu § 9 Rz. 81 ff.).

37 Dazu umfassend *J. Isensee,* Subsidiaritätsprinzip und Verfassungsrecht, Eine Studie über das Regulativ des Verhältnisses von Staat und Gesellschaft, Berlin 1968.

38 *J. Isensee,* Sitzungsbericht N zum 57. Deutschen Juristentag, München 1988, 42: „Es waltet Schizophrenie zwischen Kleinlichkeit im steuerrechtlichen Nehmen und Großzügigkeit im sozialrechtlichen Geben. Hier verletzt das Steuerrecht das grundrechtlich sanktionierte Subsidiaritätprinzip: den Vorrang von Eigenleistung und Privateigentum vor staatlicher Hilfe und staatlichem Eigentumsersatz."

39 So auch Beschluß des 57. Deutschen Juristentags (Fn. 38), 215 („Das steuerliche ‚Existenzminimum' darf von Verfassungs wegen nicht unter dem sozialrechtlichen, sondern muß um der Grundrechte willen deutlich über diesen liegen"), im Anschluß an *P. Kirchhof,* Gutachten F zum 57. Deutschen Juristentag, München 1988, 51.

40 *K. Tipke,* StRO I, 84 f., gegen *J. Martens,* StVj 89, 199 ff., der einen „Vorrang des Sozialrechts" damit begründet, daß der Gesetzgeber Regeln, die er im Sozialrecht festgelegt habe, konsequenterweise auch im Steuerrecht gelten lassen müsse.

41 *K. Tipke,* StRO I, 84 (m. zahlr. Nachw.).

setze (Bundessozialhilfegesetz, Bundeskindergeld-, -erziehungsgeldgesetz, Bundesausbildungsförderungsgesetz, Wohngeldgesetz, Wohnungsbau-Prämiengesetz etc.) verweisen auf den steuerrechtlichen Einkommensbegriff und modifizieren ihn sehr unterschiedlich, so daß eine unübersehbare Vielheit von Einkommensbegriffen und damit auch ein starkes Bedürfnis nach Vereinheitlichung entsteht[42]. Das Chaos der Einkommensbegriffe ist nun durch den besonderen Einkommensbegriff bei niedrigen Erwerbseinkommen (§ 32d EStG) noch vertieft worden; bei vielen Sozialleistungsgesetzen stimmen angesichts des § 32d EStG die Verweisungen auf das EStG nicht mehr. Die sozialgesetzlichen Modifikationen des steuerrechtlichen Einkommensbegriffs beruhen im wesentlichen darauf, daß der sozialhilferechtliche Einkommensbegriff auf die **bedarfsorientierten Nettogrößen** (unter Anrechnung von Steuern) zugeschnitten ist, während der steuerrechtliche Einkommensbegriff primär an die Einkommensentstehung anknüpft[43]. Demnach wäre der Weg zu einer Harmonisierung der Einkommensbegriffe eröffnet, wenn der steuerrechtliche Einkommensbegriff die Bedarfssituation des Steuerpflichtigen so berücksichtigen würde, wie es das Leistungsfähigkeitsprinzip gebietet (§ 4 Rz. 113 ff.; § 9 Rz. 68 ff.). Hieran zeigt sich die Spiegelbildlichkeit von steuerlicher Leistungsfähigkeit und sozialrechtlicher Bedürftigkeit.

27 d) Schließlich ist das Steuerrecht mit dem Sozialrecht auch durch die steuergesetzlichen **Sozialzwecknormen** (s. § 4 Rz. 21) verbunden, soweit diese in Fällen der Bedürftigkeit gezielte Steuerentlastung gewähren. Im allgemeinen sollten bedürftige Bürger durch sozialrechtliche Maßnahmen, finanziell durch Transferzahlungen gefördert werden, weil das steuerrechtliche Instrumentarium die Bedürftigsten, nämlich die Einkommens- und Vermögenslosen gar nicht zu erfassen vermag. Besondere **Abzüge von der Bemessungsgrundlage** sind zur Förderung nach dem Bedürftigkeitsprinzip am wenigsten geeignet, weil sie dem Steuerzahler mit dem höchsten Einkommen im Widerspruch zum Bedürftigkeitsprinzip den höchsten finanziellen Vorteil verschaffen.

28 Gänzlich verfehlt ist indessen die Bewertung des Kinderfreibetrages als Sozialsubvention; der Kinderfreibetrag ist Pauschale für den existenznotwendigen Regelbedarf des Kindes und unentbehrlicher Baustein für die Steuerfreiheit des verfassungsrechtlich gewährleisteten Existenzminimums (s. § 9 Rz. 92). Ein **Dualismus zwischen Kindergeld und Kinderfreibetrag**[44] besteht nur insofern, als im Umfange staatlicher Finanzierung des Existenzminimums ein Kinderfreibetrag nicht erforderlich ist (s. § 9 Rz. 93).

2.3 Steuerrecht und „Einheit der Rechtsordnung"

29 Das Steuerrecht ist Teil der Gesamtrechtsordnung. Wesentliches Element einer Ordnung ist die **Widerspruchsfreiheit** ihrer **Grundwertungen des Rechts und der Gerechtigkeit:** Wenn der Gesetzgeber solche Grundwertungen in einem Teil der Rechtsordnung festgelegt hat, dann muß er sie in anderen Teilen der Rechtsordnung beachten. Diese wertungsmäßige Widerspruchsfreiheit der Rechtsordnung als Ordnungselement des Rechts wird mit dem Postulat „Einheit der Rechtsordnung" zum Ausdruck gebracht[45]. Die „Einheit der Rechtsordnung" ist in folgenden Fällen von Bedeutung:

---

42 Dazu *J. Giloy*, Vieldeutige Einkommensbegriffe, Herne/Berlin 1978; Inst. FuSt, Einkommensbegriffe und Einkommensermittlung in Transfergesetzen, Brief Nr. 252, Bonn 1985; *A. Pestke*, Stbg 86, 276; *C. Franz*, StuW 88, 17; *W. Burger*, Der Einkommensbegriff im öffentlichen Schuldrecht, Berlin 1991.

43 Dazu ausf. *M. Lehner*, Einkommensteuerrecht und Sozialhilferecht (Fn. 35), 137 ff.

44 Dazu ausf. *M. Lehner*, Einkommensteuerrecht und Sozialhilferecht (Fn. 35), 239 ff.

45 Dazu insb. *K. Engisch*, Einführung in das juristische Denken (Fn. 31), 160 ff.; *C.-W. Canaris*, Systemdenken und Systembegriff in der Jurisprudenz entwickelt am Beispiel des deutschen Privatrechts, Berlin 1969, 13 ff. (Die wertungsmäßige Folgerichtigkeit und innere Einheit der

a) Die Regelungen der verschiedenen Rechtsgebiete sind von einer einzigen, rechtsgebietübergreifend wirksamen Grundwertung, insb. von einer verfassungsrechtlichen Grundwertung betroffen. Demzufolge sind die betroffenen Regelungen in einer sog. **Werteinheit** verklammert. Die „Werteinheit der Rechtsordnung" prägt insb. die Beziehungen zwischen Steuerrecht und Sozialrecht, soweit das sozialrechtliche Bedürfnisprinzip als Spiegelbild zum steuerrechtlichen Leistungsfähigkeitsprinzip Platz greift (s. Rz. 26). So ist der Gesetzgeber insb. verpflichtet, die verfassungsrechtliche Gewährleistung des Existenzminimums im Sozialhilferecht wie im Steuerrecht zu vollziehen, wobei ein über dem Sozialhilferecht liegendes steuerrechtliches Existenzminimum eine auch im Sozialrecht gültige Grundwertung befriedigt (s. Rz. 24). 30

b) Die „Einheit der Rechtsordnung" wird auch gestört, wenn das Steuerrecht **Grundwertungen anderer Rechtsgebiete** nicht beachtet, die jedoch nach der eigenen Teleologie des Steuerrechts zu beachten sind. So mindern z. B. zivilrechtlich zwangsläufige Unterhaltspflichten die steuerliche Leistungsfähigkeit. Wenn sie nicht realitätsgerecht im Steuerrecht berücksichtigt werden, so wird dadurch nicht nur die steuerrechtliche Grundwertung des Familien-Nettoprinzips verletzt (s. § 9 Rz. 74 f.), sondern auch die „Einheit der Rechtsordnung" negiert[46]. Demnach gerät die „Einheit der Rechtsordnung" immer dann in Gefahr, wenn die Steuernorm wirtschaftliche Ergebnisse von Regelungen anderer Rechtsgebiete entgegen der eigenen Grundwertung unberücksichtigt läßt. 31

Die Mißachtung der steuerrechtlichen Grundwertung führt häufig zu **erheblichen Störungen** der vom Steuerrecht betroffenen Rechtsgebiete. So veranlaßt die ungleiche steuerliche Belastung der verschiedenen Unternehmensformen (s. § 16) zur Gestaltung gesellschaftsrechtlich zweifelhafter Gesellschaftsformen[47]. Die steuerrechtlich inadäquate Rechtsprechung zur doppelstöckigen Personengesellschaft (s. § 9 Rz. 545) hätte ohne Eingreifen des Gesetzgebers eine massenhafte Gründung doppelstöckiger Familienpersonengesellschaften bewirkt. Die steuerliche Freistellung von Streikunterstützungen (§ 9 Rz. 553, dort Fn. 93) beeinträchtigt das Arbeitskampfrecht, die ungleiche Besteuerung der Alterseinkünfte macht es schwer, die „richtige" Rentenformel zu finden. Ein eherechtswidriges „Steuersparmodell Scheidung" beruht auf unkoordinierten Steuerabzügen (s. § 9 Rz. 729 ff.). Und schließlich dürfen Eheleute nicht zur vermögensteuerlichen Zusammenveranlagung (§ 14 I Nr. 1 VStG) gezwungen werden, wenn sie Gütertrennung gewählt haben. 32

c) Am schwierigsten ist die „Einheit der Rechtsordnung" in den Fällen der **Wertekonkurrenz** einzuhalten. Das Steuerrecht darf Grundwertungen anderer Teile nicht durchkreuzen oder unterlaufen, sofern dies durch die eigene Teleologie nicht hinreichend gerechtfertigt ist. Demnach muß eine **„Werteabwägung"** vorgenommen werden[48], um die im Schrifttum häufig heftig gerungen wird. Beispiel hierfür sind die Abzugsverbote für Geldbußen, Ordnungsgelder und Verwarnungsgelder (s. § 9 Rz. 277). Das Nettoprinzip hat hier gegenüber den Wertungen des Straf- und Ordnungswidrigkeitsrechts zurückzutreten, um die dort angeordneten Sanktionen für rechtswidriges Verhalten nicht durch steuerliche Abzugsfähigkeit zu entkräften. 33

Rechtsordnung als Grundlage des juristischen Systems). Für das Steuerrecht insb. *K. Tipke,* StRO I, 101 ff., und eindringlich auch *W. Flume,* Steuerwesen und Rechtsordnung (Fn. 24), 10: Als „Recht" seien „die Steuergesetze Teil der Rechtsordnung und unterliegen damit dem Gesetz der Einheit der Rechtsordnung, dem Gesetz der Kongruenz. Wird das Gesetz der Kongruenz nicht gewahrt, so ergibt sich statt Ordnung Unordnung . . .".

46 *W. Zeidler,* Ehe und Familie, in: Benda/Maihofer/Vogel, Handbuch des Verfassungsrechts der BRD, Berlin/New York 1983, 555, 604: „Die Rechtsordnung kann nicht, ohne in einen massiven inneren Widerspruch zu verfallen, einerseits rechtliche Unterhaltspflichten statuieren und ihnen andererseits die steuerrechtliche Beachtlichkeit versagen; denn auch insoweit wird für den Leistenden in einer rechtserheblichen Weise die persönliche Leistungsfähigkeit als Grundlage der Besteuerung gemindert."

47 Dazu insb. *B. Knobbe-Keuk,* Das Steuerrecht – Eine unerwünschte Quelle des Gesellschaftsrechts?, Köln 1986.

48 Dazu *K. Tipke,* StRO I, 102 f.

3. Steuern als Gegenstand von Forschung und Lehre

3.1 Steuerwissenschaftliche Disziplinen

34 a) Die Steuerrechtswissenschaft[49] befaßt sich mit der rechtlichen Ordnung der Besteuerung. Sie eruiert die Besteuerung als Rechtsverhältnis zwischen Staat und Bürger, der vom Staat erwartet, daß die Steuerlasten gerecht verteilt werden. Dadurch wird die Steuerrechtswissenschaft, wenn sie ihre Verantwortung gegenüber Bürgern, Staat und Gesellschaft wahrnimmt, notwendig zur **Steuergerechtigkeitswissenschaft**[50]. Zu den Aufgabengebieten der Steuerrechtswissenschaften gehören:

35 aa) **Steuerverfassungsrecht:** Das Verfassungsrecht durchdringt das Steuerrecht als in die Vermögens- und Privatsphäre des Bürgers tief eingreifendes öffentliches Recht (s. Rz. 11). Damit haben nahezu alle Grundfragen des Steuerrechts verfassungsrechtliche Ausgangspunkte. Steuerrechtswissenschaft ist also zu einem bedeutenden Teil *Verfassungsrechtswissenschaft*[51]. Sie dogmatisiert und kommentiert das Finanzverfassungsrecht (s. § 3) und entfaltet für das Steuerrecht die Grundrechte und die Strukturprinzipien der Verfassung[52], besonders das Rechtsstaatsprinzip und das Sozialstaatsprinzip.

36 bb) Das Steuerverfassungsrecht bildet die Grundlage für die von *K. Tipke* begründete und in der „Steuerrechtsordnung"[53] weiterentwickelte **steuerrechtswissenschaftliche Systemlehre,** die dem Rechtsstaatsprinzip einen umfassenden Auftrag zu einer wirklichen Ordnung des Steuerrechts entnimmt, dessen System von Prinzipien formaler und materialer Rechtsstaatlichkeit getragen wird (s. § 4 Rz. 50 ff.). Diese Lehre fordert vom Gesetzgeber und vom Anwender der Steuergesetze den *folgerichtigen Vollzug systemtragender Prinzipien*[54], ein folgerichtig entwickeltes *Steuersystem sachgerechter Regeln*[55], das Steuergerechtigkeit, Rechtssicherheit im Steuerrecht und auch Zweckmäßigkeit der Besteuerung verbürgt[56]. Die Notwendigkeit einer solchen Lehre erwächst besonders aus der realen Unordnung des Steuerrechts, dem sog. Steuerdschungel oder Steuerchaos[57]. Vor allem hat die Steuerrechtswissenschaft dem Gesetzgeber zu verdeutlichen, daß Steuern in einem rechtsstaatlich ausgerichteten Steuerstaat nicht beliebig eingeführt und gestaltet werden können. Dies leistet die **Steuerrechtfertigungslehre**[58].

---

49 Ausführlich zur Entwicklung von Forschung und Lehre im Steuerrecht *K. Tipke,* StRO I, 26 ff. Vgl. auch *H. W. Kruse,* Lehrbuch des Steuerrechts, Bd. I (Allgemeiner Teil), München 1991, 18 ff. (Steuerrecht und Steuerrechtswissenschaft); *E. Höhn,* Steuerrecht[7], Grundriß des schweizerischen Steuerrechts, Bern/Stuttgart/Wien 1993, § 5 (Steuerrechtswissenschaft).

50 So die Besprechung der „Steuerrechtsordnung" (Fn. 1) von *K. Vogel,* Steuerrechtswissenschaft als Steuergerechtigkeitswissenschaft, JZ 93, 1123. Vgl. auch *J. Lang,* Verantwortung der Rechtswissenschaft für das Steuerrecht, StuW 89, 201, 203.

51 Zu den verfassungsrechtlichen Grundlagen des Steuerrechts insb. die Beiträge in: *Isensee/Kirchhof* (Hrsg.), Handbuch des Staatsrechts (HStR), Heidelberg 1987 f., von *K. Vogel,* Der Finanz- und Steuerstaat, § 27 (Bd. I, 1987); *ders.,* Grundzüge des Finanzrechts des Grundgesetzes, § 87 (Bd. IV, 1990); *P. Kirchhof,* Staatliche Einnahmen, § 88 (Bd. IV); *R. Wendt,* Finanzhoheit und Finanzausgleich, § 104 (Bd. IV).

52 *K. Stern,* Das Staatsrecht der BRD[2], München 1984, 556 ff.

53 S. Fn. 1.

54 *K. Tipke,* StRO I, 281 ff. (Gerechtigkeit durch systemtragende Prinzipien), 288 (Konsequentes Zu-Ende-Denken).

55 *K. Tipke,* StRO I, 296 ff. (Sachgerechtigkeit als auf die Sache bezogene, sachangemessene Gerechtigkeit).

56 *K. Tipke,* StRO I, 143 ff.

57 Zutr. *K. Vogel* (Fn. 50): Der Zustand der Steuergesetzgebung stelle die „Steuerrechtswissenschaft vor ein Problem, wie es die anderen Teil-Rechtswissenschaften, zumindest in vergleichbarem Ausmaß nicht kennen . . . Will sie sich nicht auf eine Kartographie des ‚Dschungels' beschränken, will sie ihren Anspruch, dogmatische Rechtswissenschaft zu sein, also aufrechterhalten, so muß die Steuerrechtswissenschaft – viel mehr als alle anderen Rechtswissenschaften, das Sozialrecht allenfalls ausgenommen – System und Sachgesetzlichkeiten und Spannung zum Gesetz entwickeln. Das heißt: sie muß auf zwei Ebenen gleichzeitig arbeiten, der des positiven Gesetzes und der des sachgesetzlichen Systems . . .".

58 Dazu *K. Tipke,* StRO II (Fn. 1).

37 cc) Wie die anderen Rechtswissenschaften ist die Steuerrechtswissenschaft rechtstheoretische, -praktische und didaktische **Normenlehre.** Sie unterscheidet zwischen Fiskalzweck-, Sozialzweck- und Vereinfachungszwecknormen (s. § 4 Rz. 19 ff.), beschäftigt sich mit methodischen und praktischen Fragen der Rechtsanwendung (s. § 5), dogmatisiert, systematisiert und kommentiert das *geltende Steuerrecht* und vermittelt den Stoff des geltenden Steuerrechts in Kommentaren, Lern- und Lehrbüchern. Indessen veranlaßt der gegenwärtige Zustand der Steuergesetzgebung auch dazu, sich *de lege ferenda* mit dem Steuerrecht zu befassen, weil ordnungswidrige Steuergesetze den rechtswissenschaftlichen Ordnungsauftrag verhindern. Das Rechtssystem der Besteuerung muß also notgedrungen in Spannung zum geltenden Gesetz[59] entwickelt werden. Je tiefer das Steuerrecht im Chaos versinkt, desto unabweisbarer fällt der Steuerrechtswissenschaft die Aufgabe zu, auf die Erneuerung des Rechts hinzuarbeiten[60]. Das ideale Ergebnis einer Rechtsreform wäre ein *Steuergesetzbuch.* Alle großen Kodifikationen des Rechts gingen aus einer gesteigerten Unordnung des Rechts hervor (s. § 4 Rz. 8).

38 dd) Das Steuerrecht hat besondere Bedeutung für die **Rechtsberatung und Rechtsgestaltung**[61]. Die (internationale) Planung von Unternehmensstrukturen und -standorten, Investitionsplanungen und -entscheidungen, Gestaltungen von Gesellschaftsverträgen, Testamenten u. a. ökonomisch bedeutsamen Rechtsgeschäften von Vermögensübertragungen und -nachfolgen bedürfen wesentlich auch der steuerrechtlichen Würdigung, nicht allein zum Zwecke der Steuerminimierung, sondern auch aus Gründen der *finanziellen Planungssicherheit,* auch zur Absicherung gegen *steuerstrafrechtliche Vorwürfe.* Wegen des engen Zusammenhangs mit dem Steuerrecht befaßt sich die Steuerrechtswissenschaft auch mit dem Recht der Steuerberatung und mit dem Steuerstraf- und Ordnungswidrigkeitenrecht (s. §§ 24, 25).

39 ee) Die Internationalität des Wirtschaftsverkehrs führt die Steuerrechtswissenschaft auf die Felder des **Völkerrechts** und des **Europarechts** (s. § 2 Rz. 40 ff.) sowie der **Rechtsvergleichung.** Ein Teilgebiet des Steuerrechts, das wegen seiner Komplexität in diesem Buch nicht dargestellt werden kann, ist das **Internationale Steuerrecht**[62] (s. dazu § 2 Rz. 31 ff.).

40 ff) Auch vermag dieses Buch aus Platzgründen keine zusammenhängende Darstellung der **Steuerrechtsgeschichte** anzubieten[63], weist jedoch geschichtliche Entwicklungen dort nach, wo sie für das geltende Steuerrecht besondere Bedeutung haben, denn Recht ist fixierte Geschichte, so daß sich Bedeutung und Inhalt rechtlicher Institutionen ohne Kenntnis ihrer Geschichte nicht ausmessen lassen. Gesamtdarstellungen der Steuergeschichte haben hauptsächlich Ökonomen[64] verfaßt. Von Juristen sind vornehmlich begrenzte Zeitabschnitte und spezielle Themen bearbeitet worden[65].

---

59 So *K. Vogel* (Fn. 50).

60 Eindringlich hierzu *K. Tipke,* StRO III, 1493 ff. (Entwicklung einer Gesetzgebungswissenschaft). Vgl. auch *P. Kirchhof,* Die Kunst der Steuergesetzgebung, NJW 87, 3217; *J. Lang,* Entwurf eines Steuergesetzbuchs, BMF-Schriftenreihe, Heft 49, Bonn 1993.

61 Dazu *J. Lang,* Das Steuerrecht als Fach einer rechtswissenschaftlichen Ausbildung, StuW 76, 76; *E. Höhn,* Die Aufgabe des Juristen bei der Steuerplanung im internationalen Bereich, StuW 77, 170; *ders.,* Steuerrecht (Fn. 49).

62 Dieses Buch ergänzt *H. Schaumburg,* Internationales Steuerrecht, Köln 1993.

63 Vgl. hierzu die kurzen Abrisse von *D. Birk,* Steuerrecht I, Allgemeines Steuerrecht, München 1988, § 1; *H. W. Kruse,* Lehrbuch des Steuerrechts (Fn. 17), § 1, I, sowie *W. Schomburg,* Lexikon der deutschen Steuer- und Zollgeschichte, Abgaben, Dienste, Gebühren, Steuern und Zölle von den Anfängen bis 1806, München 1992. Unterhaltsame und zugleich lehrreiche Einblicke in die Steuergeschichte bieten die Buchreihe von *Pausch/Pausch,* Kleine Weltgeschichte der Steuerzahler/der Steuerobrigkeit/der Steuerberatung, Köln 1988, 1989, 1990; *A. Pausch,* Persönlichkeiten der Steuerkultur, Steuergeschichte in Lebensbildern von Miquel bis Spitaler, Herne/Berlin 1992; *U. Schultz* (Hrsg.), Mit dem Zehnten fing es an, Eine Kulturgeschichte der Steuer, München 1986.

64 Eine ausführliche Ideengeschichte der Besteuerung der Zeit von 1600 bis 1636 enthält *F. K. Mann* (Fn. 6). Im weiteren *A. Wagner,* Finanzwissenschaft[3], 3. Teil, 1. Buch: Steuergeschichte vom Altertum bis zur Gegenwart, Leipzig 1910 (Nachdruck Glashütten/Taunus 1973); *Webber/Wildavsky,* A History of Taxation and Expenditure in the Western World, New York 1986; *H. Kolms,* Geschichte der Steuern, in: HdWW, Bd. VII, 310 ff. (m. w. Nachw.).

65 Insb. *K. H. Lang,* Historische Entwicklung der teutschen Steuerverfassungen seit der Karolinger bis auf unsere Zeiten, Berlin/Stettin 1793; *B. Fuisting,* Die geschichtliche Entwicklung des

Somit bestehen auf dem Gebiete des Steuerwesens zahlreiche Lücken rechtshistorischer Forschung[66] und das Bedürfnis nach einer rechtshistorischen Gesamtdarstellung.

41 Mit dem Phänomen der „Steuern" befaßt sich nicht nur die Steuerrechtswissenschaft. Die klassische Steuerlehre mit einer bedeutenden geschichtlichen Tradition ist die **Finanzwissenschaftliche Steuerlehre;** sie ist ein Teil der Volkswirtschaft (früher: Nationalökonomie) und daher makroökonomisch orientiert. Hingegen hat die **betriebswirtschaftliche Steuerlehre** die Steuerbelastung des mikroökonomischen Wirtschaftens zum Gegenstand. Der mikroökonomische Ansatz ist der rechtswissenschaftlichen Sicht insofern ähnlich, als die aus Rechtsverhältnissen resultierenden Steuerbelastungen eruiert werden. Im Bereich der betriebswirtschaftlichen Steuerberatungswissenschaft wird naturgemäß auch mit juristischen Methoden gearbeitet, vermengt sich das betriebswirtschaftliche und juristische Schrifttum. Das Steuerberaterexamen ist juristisch ausgerichtet.

42 Die **interdisziplinäre Kooperation** der Steuerwissenschaften[67] dient dem Ziel, die *ökonomische Rationalität* des Steuerrechts zu verbessern. Das Steuerrecht ist ökonomisches Recht; deshalb beruht seine Sachlogik nicht zuletzt auch auf ökonomischen Sachgesetzlichkeiten. Daher kann das Steuerrecht eine sachlogische Struktur nur entwickeln, wenn es ökonomisch rational verfaßt ist und besonders auch das utilitaristische Verhalten des Menschen hinreichend berücksichtigt. Mithin sollten Ökonomen und Juristen in ihren Zielen, ein „gutes" Steuersystem zu gestalten, nicht auseinanderstreben und vermeintliche Gegensätze aufbauen, sondern sich darum bemühen, grundsätzliche Mißverständnisse der interdisziplinären Diskussion aufzuklären.

43 b) Die **finanzwissenschaftliche Steuerlehre**[68] hat die Finanzierung des öffentlichen Sektors zum Gegenstand. Dabei geht es ihr um die volkswirtschaftlich optimale Verteilung der Steuerlasten, um die Minimierung von Wohlfahrtsverlusten, von negativen Steuerwirkungen auf Produktion, Konsum, Preisgestaltung, Wettbewerb, Konjunktur, Wachstum, Beschäftigung, Kapitalbildung, Sparen und Investieren. Es lassen sich zwei Hauptströmungen, eine *normative* und eine *positive*[69] unterscheiden:

Preußischen Steuersystems und systematische Darstellung der Einkommensteuer[2], Berlin 1984; *J. Jenetzky,* System und Entwicklung des materiellen Steuerrechts in der wissenschaftlichen Literatur des Kameralismus von 1680–1860, Berlin 1978; *W. R. Walz,* Steuergerechtigkeit und Rechtsanwendung, Hamburg 1980, Erster Teil: Rekonstruktion der Steuerrechtsgeschichte in rechtspraktischer Absicht; *B. Großfeld,* Die Einkommensteuer, Geschichtliche Grundlage und rechtsvergleichender Ansatz, Tübingen 1981; *Metzger/Weingarten,* Einkommensteuer und Einkommensteuerverwaltung in Deutschland, Ein historischer und verwaltungswissenschaftlicher Überblick, Opladen 1989; *K. Tipke,* StRO I, § 2 (Die Entwicklung von Forschung und Lehre im Steuerrecht).

66 Die 75-Jahr-Feier des RFH/BFH machte darauf aufmerksam, daß der Einfluß des Nationalsozialismus auf das Steuerrecht noch zu wenig erforscht ist. Hierzu *G. Felix,* BB 93, 1297 ff., 1597 ff.; *K. Tipke,* BB 93, 1813 ff., 1664 f.; *J. H. Kumpf,* StuW 94, 15.

67 Dazu *J. Popitz,* Finanzrecht und Finanzwissenschaft, in: Festgabe für v. Schanz, Bd. I, Tübingen 1928, 39; *E. Höhn/A. Meier,* Steuerrechtswissenschaft und finanzwissenschaftliche Steuerlehre, in: FS für Keller, Bern/Stuttgart 1971, 123; *R. Elschen,* Entscheidungsneutralität, Allokationseffizienz und Besteuerung nach der Leistungsfähigkeit, Gibt es ein gemeinsames Fundament der Steuerwissenschaften?, StuW 91, 99.

68 S. dazu Handbuch der Finanzwissenschaft[3], Bd. I–IV, Tübingen 1977–1983. Lehrbücher der Finanzwissenschaft von *N. Andel*[2], Tübingen 1990; *D. Brümmerhoff*[5], München/Wien 1990; *G. Hedtkamp*[2], Neuwied 1977; *Musgrave/Musgrave* (Fn. 71); *Stiglitz/Schönfelder*[2], München 1989; *W. Wittmann,* Einführung in die Finanzwissenschaft, Bd. 1–4[2], Stuttgart 1975–1977. Steuerlehre: *Schmölders/Hansmeyer,* Allgemeine Steuerlehre[5], Berlin 1980, und die in Fn. 70–72 zit. Literatur.

69 Vgl. *N. Andel* (Fn. 68), § 2.

aa) Die **klassische nationalökonomische Steuerlehre**[70] war stets auch normativ ethisch angelegt. Ihre Werke sollte jeder Steuerjurist kennen, der sich wissenschaftlich mit dem Steuerrecht beschäftigt. Die klassischen Steuermaximen von *Adam Smith* (Gleichheit, Bestimmtheit, Bequemlichkeit und Wohlfeilheit der Besteuerung, s. § 8 Rz. 2) können durchaus auch als rechtliche Grundsätze der Ausgestaltung von Steuern verstanden werden. Die Erkenntnisse, die *David Ricardo, John Stuart Mill, Adolph Wagner* zur Steuergleichheit, Steuergerechtigkeit und Besteuerungsmoral gewonnen haben, sind steuerrechtswissenschaftlich unmittelbar verwertbar. In jüngerer Zeit ist die normativethische Seite der Besteuerung herausragend von *Fritz Neumark, Heinz Haller* und *Richard A. Musgrave* erfaßt und herausgearbeitet worden[71]. Auch die *Steuersoziologie* und *-psychologie*[72] bedürfen einer normativ-ethischen Fundierung. 44

bb) Demgegenüber operiert die sog. **positive Finanzwissenschaft** *wertfrei quantifizierend*, zumeist in mathematischen Modellen. Zu dieser Richtung gehört die **Optimalsteuertheorie**, deren Forschungsgegenstand sich auf die Steuerwirkungen, auf eine wohlfahrtsoptimale Verteilung (Allokation) der Steuerlasten konzentriert. An erster Stelle steht die *Effizienz* (das Steuersystem soll die effiziente Allokation der Ressourcen nicht behindern) und an letzter Stelle ein normatives Verständnis von Gerechtigkeit[73]. Wichtigstes Ergebnis der Optimalsteuertheorie ist die Konsumorientierung des Steuersystems[74] (s. § 4 Rz. 110 ff.), die besonders in einem Spannungsverhältnis zur *Umverteilungsgerechtigkeit* steht, weshalb sie von normativ-ethisch denkenden Finanzwissenschaftlern mit Skepsis betrachtet wird[75]. In der Tat sind die Erkenntnisse der Optimalsteuertheorie einer normativ orientierten Steuerrechtswissenschaft, -praxis und -politik schwer zu vermitteln, wie umgekehrt Optimalsteuertheoretiker normative Bedingungen, rechtliche und gesellschaftliche Realitäten weitgehend außer acht lassen, was die „wertfreie" Forschung augenscheinlich realitätsfremd macht. Bei näherer Betrachtung liefern jedoch die optimal-taxation-Analysen sehr wohl rechtlich verwertbare Erkenntnisse, weil eine ökonomisch richtig wirkende Besteuerung nicht nur zur Steuergleichheit, sondern auch zur verfahrenstechnischen Vereinfachung des Steuerrechts beiträgt[76]. 45

c) Die **Betriebswirtschaftliche Steuerlehre**[77] befaßt sich mit dem Einfluß der Besteuerung auf ökonomische Entscheidungen, und zwar als Disziplin der Entscheidungstheo- 46

---

70 Insb. *Adam Smith,* An Inquiry into the Nature and Causes of the Wealth of Nations, erstmals veröffentlicht im Jahre 1776, besonders zu empfehlen die von H. Recktenwald hrsg. dt. Ausgabe: Der Wohlstand der Nationen[5], München 1990, 703 ff. (5. Buch, 2. Kap., 2. Teil: Steuern); *John Stuart Mill,* Grundsätze der politischen Ökonomie, dt. Ausgabe von A. Soetbeer, Leipzig 1869 (3. Band, 5. Buch, 2. Kap.: Von den allgemeinen Grundsätzen der Besteuerung); *David Ricardo,* Grundgesetze der Volkswirtschaft und Besteuerung, dt. Ausgabe von E. Baumstark, Leipzig 1877 (Achtes Hauptstück: Von den Steuern); *Adolf Wagner,* Finanzwissenschaft (Fn. 64), 5. Buch: Allgemeine Steuerlehre oder Theorie der eigentlichen Besteuerung.

71 *H. Haller,* Die Steuern[3], Grundlinien eines rationalen Systems öffentlicher Abgaben, Tübingen 1981; *F. Neumark,* Grundsätze gerechter und ökonomisch rationaler Steuerpolitik, Tübingen 1970; *R. A. Musgrave/P. B. Musgrave,* Public Finance in Theory an Practice[5], New York u. a. 1989 (dt. Ausgabe: *Musgrave/Musgrave/Kullmer,* Die öffentlichen Finanzen in Theorie und Praxis, Bde. 1–4, Tübingen 1985–1990, zu Steuern insb. Bd. 2).

72 *F. K. Mann,* Beiträge zur Steuersoziologie, FinArch. N. F. Bd. 2 (1934), 281, und m. w. Nachw. *G. Schmölders,* Finanz- und Steuerpsychologie, Reinbek 1970.

73 So *Stiglitz/Schönfelder,* Finanzwissenschaft[2], München/Wien 1989, 408 (s. § 8 Rz. 4, Fn. 6), im Gegensatz zu *Musgrave/Musgrave/Kullmer* (Fn. 71), Bd. 2, Kap. 10, B (Anforderungen an ein „gutes Steuersystem"), die der Steuergerechtigkeit Vorrang vor Effizienz und Wohlfeilheit einräumen. S. im weiteren § 8 Rz. 2 ff.

74 Dazu insb. *M. Rose* (Hrsg.), Konsumorientierte Neuordnung des Steuersystems, Heidelberg 1991.

75 *H. Haller,* Bemerkungen zu einigen Ergebnissen der Optimal Taxation- und Excess Burden-Analysen, FinArch. Bd. 46 (1988), 236; *ders.,* Umstrittene Fragen der „Leistungsfähigkeitsbesteuerung", in: FS für Pohmer, Tübingen 1990, 21, 31 ff.; *R. A. Musgrave,* Zur Wahl der „richtigen" Steuerbemessungsgrundlage, in: M. Rose (Fn. 74), 35, 37: „Das gute Steuersystem ist, wie Adam Smith, klar, klarer noch als unsere gegenwärtige Diskussion, erkannte, keine Frage der Ökonomie alleine. Es ist auch eine Frage der Verteilungsgerechtigkeit . . ."

76 Zur Umsetzung von optimal taxation-Konzepten in die Steuergesetzgebung *J. Lang,* Entwurf eines Steuergesetzbuchs (Fn. 60), 93, 129 ff., 140 f.

77 *R. Federmann,* Betriebswirtschaftliche Steuerlehre als angewandte Wissenschaftsdisziplin, Schriftenreihe ZfB Bd. 7, Wiesbaden 1977; *D. Dziadkowski,* Die Entwicklung der Betriebswirt-

rie, der Steuerberatung und Beratung der Steuergesetzgebung nicht nur mit dem Einfluß der Besteuerung auf unternehmerische Entscheidungen. Vielmehr untersucht sie unter dem mikroökonomischen Aspekt des Verhaltens einzelner Wirtschaftssubjete das gesamte, auch private Vermögensdispositionen erfassende Spektrum der Besteuerung. Ihr Ausgangspunkt ist das Bestreben der Wirtschaftssubjekte, das Nettoergebnis des Handelns zu maximieren, und ihr steuerpolitisches Ideal die *Entscheidungsneutralität der Besteuerung*[78]. In der Theorie pflegt sich die Betriebswirtschaftliche Steuerlehre als „wertfreie" Wissenschaft zu verstehen[79]; tatsächlich ist sie jedoch bei der Ermittlung von Steuerfolgen und im steuerpolitischen Bereich zwangsläufig *normative* Wissenschaft. Die Betriebswirtschaftliche Steuerlehre hat folgende Aufgaben[80]:

47 aa) Die **Betriebswirtschaftliche Steuerwirkungslehre**[81] untersucht den Einfluß der Besteuerung auf betriebliche Zustände und Vorgänge. Sie untersucht die Abhängigkeit der Steuerbelastung von bestimmten betrieblichen Dispositionen, von der Art betrieblicher Organisation, der Wahl der Rechtsform und des Standorts, Beschaffung, Produktion, Absatz, Finanzierung und Investition. Dabei ermittelt die Betriebswirtschaftliche Steuerlehre die *Gesamtbelastung aller Steuerfolgen* einer betrieblichen Größe oder Disposition (zur sog. Teilsteuerrechnung § 16 Rz. 26 ff.).

48 bb) Die **betriebswirtschaftliche Steuergestaltungslehre**[82] (Steuerplanung und Steuerpolitik, insb. Bilanzpolitik) zieht die Schlußfolgerungen aus der Steuerwirkungslehre. Sie untersucht, welche betrieblichen Dispositionen getroffen werden müssen, damit die steuerliche Belastung minimiert wird. Dabei hat sie den Steuerfaktor in der Rangfolge der Entscheidungsparameter ökonomisch optimal einzustufen und zu gewichten. Steuerlich vorteilhafte Standorte, Rechts- und Finanzierungsformen, Investitionen können im übrigen so nachteilhaft sein, daß sie als optimale Entscheidungsalternativen ausscheiden. Besonders problematisch ist die *Ungewißheit der Steuergestaltung*[83] durch Nichtanerkennung von Steuergestaltungen und durch die permanente Veränderung des Steuerrechts; dabei erweist sich die bereits angesprochene (Rz. 9) institutionelle Unsicherheit des Steuerrechts als erheblich wirtschaftsschädlicher Faktor.

49 cc) Die **Steuerberatungswissenschaft**[84] zieht die praktischen Schlußfolgerungen aus der Steuerwirkungslehre und Steuergestaltungslehre. Der standesrechtliche Aufgabenbereich der Steuerbera-

---

schaftlichen Steuerlehre von einer ‚Steuerbetriebslehre' zu einer unternehmenstheoretisch orientierten Steuerwissenschaft, DB 83, 2045; *D. Schneider,* Betriebswirtschaftliche Steuerlehre als Steuerplanungslehre oder als ökonomische Analyse des Steuerrechts?, in: FS für Scherpf, Wiesbaden 1983, 21 ff.; *G. Rose,* Betriebswirtschaftliche Steuerlehre[3], Wiesbaden 1992; *ders.,* Betrieb und Steuer (Rz. 59); *G. Wöhe,* Betriebswirtschaftliche Steuerlehre[3] (Rz. 59); *Wöhe/Bieg,* Grundzüge der Betriebswirtschaftlichen Steuerlehre[3], München 1991.

78 Dazu *R. Elschen* (Fn. 67); *F. W. Wagner,* Neutralität und Gleichmäßigkeit als ökonomische und rechtliche Kriterien steuerlicher Normkritik, StuW 92, 2.

79 Dazu *G. Wöhe,* Die Aufgaben der Betriebswirtschaftlichen Steuerlehre und das Postulat der Wertfreiheit, in: FS für Scherpf (Fn. 77), 21.

80 Dazu ausf. *G. Wöhe,* Betriebswirtschaftliche Steuerlehre (Rz. 59), Bd. I, 7 ff. Vgl. auch *G. Rose,* Betriebswirtschaftliche Steuerlehre (Fn. 77), 16 ff.

81 Dazu *D. Schneider,* Investition, Finanzierung und Besteuerung[7], Wiesbaden 1992; *T. Siegel,* Steuerwirkungen und Steuerpolitik in der Unternehmung, Würzburg/Wien 1982.

82 Dazu *G. Rose,* Der BFH und die betriebswirtschaftliche Steuerplanung, in: FS für v. Wallis, Bonn 1985, 275; *T. Rödder,* Gestaltungssuche im Ertragsteuerrecht, Entwicklung von Gestaltungsmöglichkeiten und Gestaltungsbeispiele, Wiesbaden 1991; *D. Schneider* (Fn. 77); *T. Siegel* (Fn. 81); *Wagner/Dirrigl,* Die Steuerplanung der Unternehmung, Stuttgart/New York 1980.

83 Dazu *G. Rose,* Der Steuerberater im Spannungsfeld permanenter Steuerrechtsänderungen durch Gesetzgebung und Rechtsprechung, StbKongrRep. 1992, 37; *ders.,* Steuerrechtssprünge und Betriebswirtschaftliche Steuerplanung, in: FS für Wöhe, München 1989, 289; *ders.,* Verunsicherte Steuerpraxis, StbJb. 75/76, 41; *K. Tipke,* Zu Gerd Roses Bemühen um mehr Steuerplanungssicherheit, in: FS für Rose, Wiesbaden 1991, 91.

84 Dazu *G. Rose,* Die Betriebswirtschaftliche Steuerlehre als Steuerberatungswissenschaft, StbKongrRep. 1977, 191; *ders.,* Einführung in den Beruf des Steuerberaters, Köln 1989; *G. Schulz,* Steuerberatungslehre in den Vereinigten Staaten von Amerika und der Bundesrepublik Deutschland, Wiesbaden 1980; *A. Söffing,* Gestaltung der steuerlichen Beratung, Ein Ansatz

tung macht diese weitgehend zur *Rechtsberatung*. Besonders die externen Aufgaben, die sich aus der Vertretung der Wirtschaftssubjekte gegenüber Behörden und Gerichten ergeben, die sog. Steuerdeklarationsberatung und die Durchsetzung steuerrechtlicher Auffassungen, werden mit juristischen Methoden und Kenntnissen erfüllt, was auch den Charakter der Steuerberaterprüfung prägt. Hingegen greift die interne, zukunftsorientierte Beratung des Wirtschaftssubjekts auf spezifisch betriebswirtschaftliche Methoden zurück.

dd) Das **steuerliche Rechnungswesen**[85] basiert zunächst auf einer propädeutisch gelehrten kaufmännischen Technik des Rechnens und Kalkulierens, der Buchführung und Bilanzierung. Diese auf kaufmännischer Praxis und Übung beruhende Technik wird sodann durch akademische Methoden und Erkenntnisse angereichert und zu einer betriebswirtschaftlichen *bilanznormbildenden* Disziplin, die auf die Fortbildung des Bilanzsteuerrechts wesentlich Einfluß nimmt. Die betriebswirtschaftliche Steuerbilanzlehre hat zum einen die *analytische* Aufgabe, betriebswirtschaftliche Erkenntnisse in Normen externer Rechnungslegung umzusetzen und zum anderen die *gestaltende* Aufgabe der Bilanzpolitik, der Entwicklung von Normen interner Rechnungslegung für die Finanz-, insb. die Investitionsplanung der Unternehmung. 50

ee) Schließlich fällt der betriebswirtschaftlichen Steuerlehre auch die normbildende Aufgabe einer **Gesetzeswissenschaft** zu, die betriebswirtschaftliche Erkenntnisse bei der *Interpretation* und *rechtspolitischen Gestaltung* von Steuergesetzen fruchtbar macht. Hier geht es um die betriebswirtschaftlich orientierte Kommentierung von Steuergesetzen namentlich des Bilanzsteuerrechts, sodann um Grundfragen der Steuerrechtsordnung[86] und um die Mitwirkung an Entscheidungsprozessen der Steuergesetzgebung. 51

3.2 Steuerrechtliche Bibliographie[87]

a) **Steuergesetze** und **Verwaltungsvorschriften** sind im Bundessteuerblatt Teil I (Veröffentlichungen des BMF und der obersten Finanzbehörden der Länder) veröffentlicht. Die umfassendste, nichtamtliche, jedoch mit vorzüglichen redaktionellen Hinweisen, Verweisungen und Sachverzeichnissen ausgestattete Sammlung von Steuergesetzen bieten die *Beck'schen* Textausgaben[88] „Steuergesetze I" (die für die allgemeine Steuerpraxis gebräuchlichen Gesetze[89]) und „Steuergesetze II" (seit der 13. Ergänzungslieferung März 1994 in die zwei Bände „Doppelbesteuerungsabkommen" und „Zölle und Verbrauchsteuern" aufgeteilt). Die steuerrechtlichen Verwaltungsvorschriften des Bundes enthält die *Beck'sche* Textausgabe „Steuerrichtlinien". Umfassend systematisch zusammenge- 52

zur Begründung der institutionell-orientierten Steuerlehre als Teilbereich der Betriebswirtschaftlichen Steuerlehre, Köln 1993; *F. W. Wagner*, Perspektiven der Steuerberatung: Steuerrechtspflege oder Planung der Steuervermeidung?, DB 91, 1.

85 Dazu insb. *G. Wöhe*, Betriebswirtschaftliche Steuerlehre (Fn. 77), Bd. I, 2. Halbband: Der Einfluß der Besteuerung auf das Rechnungswesen des Betriebs[7], München 1992.

86 Pars pro toto: *G. Rose*, Überlegungen zur Steuergerechtigkeit aus betriebswirtschaftlicher Sicht, StuW 85, 330; *D. Schneider*, Gewinnermittlung und steuerliche Gerechtigkeit, ZfbF 71, 352; *F. W. Wagner*, Der gesellschaftliche Nutzen einer betriebswirtschaftlichen Steuervermeidungslehre, FinArch. Bd. 44 (1986), 32; *ders.*, Die zeitliche Erfassung steuerlicher Leistungsfähigkeit, in: Hax/Kern/Schröder, Zeitaspekte in betriebswirtschaftlicher Theorie und Praxis, Stuttgart 1989; *ders.* (Fn. 78), sowie der Streit um die subjektive Leistungsfähigkeit (s. § 4 Rz. 113 ff.; § 9 Rz. 77 f.).

87 Umfassende Nachweise besonders der historischen Bibliographie des Steuerrechts in: *K. Tipke*, StRO I, 66–76. Aktuelle Fachliteratur zum Steuerrecht weisen auch nach die jährlich erscheinenden Titeldokumentationen des Buchhandels, insb. *Schweitzer's Vademecum* und die Kompendien von *Deubner*.

88 Loseblatt. Für den Lehrbetrieb besonders geeignet ist die gebundene und preiswerte *Beck'sche* Textausgabe „Aktuelle Steuergesetze". Gebundene Textsammlungen genießen den Vorzug, daß sie die Geltung von Steuergesetzen für einen bestimmten Zeitraum dokumentieren und somit der Bearbeitung zurückliegender Fälle (z. B. bei Betriebsprüfungen und Prozessen) dienen.

89 Einschließlich Steuerberatungsgesetz/Wirtschaftsprüfungsordnung. Leider enthält die Sammlung nicht mehr den Text des Grundgesetzes.

stellt sind die Erlasse und Verfügungen der Finanzverwaltung in der StEK (Steuererlasse in Karteiform)[90], Köln, (Loseblatt).

53 b) Die **Entscheidungen des Bundesfinanzhofs** sind im Bundessteuerblatt Teil II[91] veröffentlicht, das in seinem Anhang auch Entscheidungen des **Bundesverfassungsgerichts**[92] und des **Bundesverwaltungsgerichts** in Steuersachen publiziert.

54 Die „Höchstrichterliche Finanzrechtsprechung" (HFR) enthält BFH-Entscheidungen in Kurzform mit Anmerkungen, die Steuerrechtsprechung des BVerfG, anderer oberster Gerichtshöfe des Bundes sowie des EuGH. Das umfassendste, nach Paragraphen geordnete Nachschlagewerk ist die StRK (Steuerrechtsprechung in Karteiform); es vermittelt einen schnellen Zugriff zu dem Bestand von Entscheidungen, die zu einer bestimmten Rechtsfrage ergangen sind. Eine wichtige Ergänzung stellt die „Sammlung amtlich nicht veröffentlichter Entscheidungen des Bundesfinanzhofs" (BFH/NV) dar. Die Qualifizierung als NV-Entscheidung weist aber darauf hin, daß die Entscheidung für die Fortentwicklung der höchstrichterlichen Rechtsprechung geringere Bedeutung hat.

55 Die **Rechtsprechung der Finanzgerichte** ist in EFG (Entscheidungen der Finanzgerichte) dokumentiert[93].

56 c) Das **steuerrechtliche Schrifttum** hat den einem großen Rechtsgebiet mit eigener Fachverwaltung, eigener Gerichtsbarkeit und eigenen Berufen (s. Rz. 12) entsprechenden Umfang.

57 aa) **Aktuelle Lehrbuch- und Studienliteratur:** *D. Birk,* Steuerrecht I, Allgemeines Steuerrecht, München 1988; *G. Crezelius,* Steuerrecht II, Besonderes Steuerrecht, München 1991; *H. W. Kruse,* Lehrbuch des Steuerrechts, Bd. I, Allgemeiner Teil, München 1991 (Bd. II in Vorbereitung); zu Sondergebieten des Steuerrechts (s. § 2 Rz. 28 ff.) sind besonders zu empfehlen: *B. Knobbe-Keuk,* Bilanz- und Unternehmenssteuerrecht[9], Köln 1993; *H. Schaumburg,* Internationales Steuerrecht, Außensteuerrecht, Doppelbesteuerungsrecht, Köln 1993 (s. im übrigen die weiteren Literaturübersichten in diesem Buch). **Lernbücher:** *Arndt/Zierlinger,* Steuerrecht, Schaeffers Grundriß des Rechts und der Wirtschaft, Heidelberg 1991; *Dölfel/Forster/Bilsdorfer,* Steuerrecht für Juristen[3], Eine Einführung in das System[94], Berlin 1993; *H. Hahn,* Fälle zum Steuerrecht, München 1987; *Schurmann/Buchbinder,* Die Assessorklausur im Steuerrecht, München 1989. Über die Möglichkeiten der akademischen und nichtakademischen Aus- und Fortbildung in den steuerlichen Berufen informieren *Balke/Hasselmann/Säckel/Klos,* Studienführer Steuerrecht[2], Herne/Berlin 1994.

58 **Österreichische und schweizerische Lehrbücher:** *Doralt/Ruppe,* Grundriß des österreichischen Steuerrechts, Wien, Bd. I[4], (ESt/KSt/GewSt/USt), 1989; Bd. II[2] (Bewertungsrecht, Vermögensteuern, Verkehrsteuern, Zölle/Verbrauchsteuern, Allgemeiner Teil), 1988; *Blumenstein/Locher,* System des Steuerrechts[4], Zürich 1992; *E. Höhn,* Steuerrecht[7], Ein Grundriß des schweizerischen Steuerrechts für Unterricht und Selbststudium, Bern 1993.

59 Bedeutende **betriebswirtschaftliche Lehrwerke:** *G. Rose,* Betrieb und Steuer, Grundlagen zur Betriebswirtschaftlichen Steuerlehre, Wiesbaden: 1. Buch: Die Ertragsteuern[13], 1994; 2. Buch: Die Verkehrsteuern[11], 1993; 3. Buch: Die Substanzsteuern[9], 1993; 4. Buch: Grundzüge des Besteuerungsverfahrens[2], 1991; 5. Buch: Grundzüge des Internationalen Steuerrechts[2], 1991, sowie

---

90 Bearbeitet von *Felix/Carlé* i. V. m. dem Deutschen Wissenschaftlichen Steuerinstitut der Steuerberater und Steuerbevollmächtigten e. V., Bonn.

91 Auch dieser Teil ist vom BMF, einem Organ der Exekutive, herausgegeben. Von den Mitgliedern des BFH herausgegeben ist BFHE (Sammlung der Entscheidungen und Gutachten des BFH). Wegen seiner weiten Verbreitung ist jedoch das BStBl. die am meisten benutzte und zitierte Entscheidungssammlung.

92 Auch im steuerrechtswissenschaftlichen Schrifttum ist es üblich, die amtliche Sammlung von Entscheidungen des BVerfG (BVerfGE) zu zitieren.

93 In der EFG sind die Entscheidungen mit z. T. erheblich gekürzten Gründen veröffentlicht, die die einzelnen Finanzgerichte und Finanzrichter der Redaktion zuleiten.

94 Es handelt sich um ein Lernbuch zur Vorbereitung auf die bayerische Assessorklausur, nicht um eine Einführung in das System des Steuerrechts.

G. Wöhe, Betriebswirtschaftliche Steuerlehre, München: Bd. I/1: Grundlagen der Besteuerung des Unternehmens[6], 1988; Bd. I/2: Der Einfluß der Besteuerung auf das Rechnungswesen des Betriebes[7], 1992; Bd. II/1: Der Einfluß der Besteuerung auf die Wahl und den Wechsel der Rechtsform des Betriebes[5], 1990; Bd. II/2: Der Einfluß der Besteuerung auf Unternehmenszusammenschlüsse und Standortwahl im nationalen und internationalen Bereich[3], 1982.

Historische Lehrbuchliteratur[95]: *F. v. Myrbach-Rheinfeld*, Grundriß des Finanzrechts, Leipzig 1906 (gilt als erstes deutschsprachiges Lehrbuch des Steuerrechts); *G. Strutz*, Grundlehren des Steuerrechts, Berlin 1922; *K. Ball*, Einführung in das Steuerrecht, Mannheim/Berlin/Leipzig 1925; *H. Mirbt*, Grundriß des deutschen und preußischen Steuerrechts, Leipzig/Erlangen 1926; *W. Merk*, Steuerschuldrecht, Tübingen 1926; *A. Hensel*, Steuerrecht, Berlin 1924 (3. Aufl., 1933); *O. Bühler*, Lehrbuch des Steuerrechts I, Berlin 1927; *ders.*, Lehrbuch des Steuerrechts II: Einzelsteuerrecht (Besonderer Teil des Steuerrechts), Berlin 1938 (3. Aufl.: Wiesbaden 1958); *O. Bühler/G. Strickrodt*, Steuerrecht I, Wiesbaden 1959/60. 60

bb) **Zeitschriften speziell zum Steuerrecht:** Vierteljahresschrift für Steuer- und Finanzrecht (1927–1933)[96]; Steuer und Wirtschaft, Zeitschrift für die gesamten Steuerwissenschaften (StuW); Steuerliche Vierteljahresschrift (StVj, 1989–1993); Deutsches Steuerrecht (DStR); Deutsche Steuerzeitung (DStZ); Steuer & Studium, Zeitschrift für die Aus- und Fortbildung im Steuerrecht (StStud); Kölner Steuerdialog (KÖSDI); Die Information über Steuer und Wirtschaft (Inf.); Neues Steuerrecht von A–Z (NSt); Die steuerliche Betriebsprüfung (StBp.); Finanz-Rundschau für Einkommensteuer mit Körperschaftsteuer und Gewerbesteuer (FR); Umsatzsteuer-Rundschau (UR); Umsatzsteuer- und Verkehrsteuerrecht (UVR)[97]; Kommunale Steuerzeitschrift (KStZ); Zeitschrift für Kommunalfinanzen (ZKF)[98]; Zeitschrift für Zölle und Verbrauchsteuern (ZfZ); Die Zollpraxis (ZPr); Der Steuerberater (StB); Die Steuerberatung (Stbg.); Steuerliches Journal (StJ); Die Steuer-Gewerkschaft (DStG); Steuer-Warte (StWa); Der Steuerzahler. 61

Zeitschriften mit Beiträgen zum Steuerrecht: Betriebs-Berater (BB); Der Betrieb (DB); GmbH-Rundschau (GmbHR); Die Aktiengesellschaft (AG); Zeitschrift für Unternehmens- und Gesellschaftsrecht (ZGR); Zeitschrift für das gesamte Handels- und Wirtschaftsrecht (ZHR); Wirtschaftliche Beratung (WiB), Zeitschrift für Wirtschaftsanwälte und Unternehmensjuristen (ab 1994); Zeitschrift für Erbrecht und Vermögensnachfolge (ZEV, ab 1994); Neue Wirtschafts-Briefe (NWB); Rechts- und Wirtschafts-Praxis (RWP); ab 1991: Betrieb und Wirtschaft (BuW), Zeitschrift für Rechnungswesen, Steuern, Wirtschafts-, Arbeits- und Sozialrecht im Betrieb; Zeitschrift für Wirtschaft, Steuer, Strafrecht (wistra). 62

Steuerlich bedeutsame wirtschaftswissenschaftliche Periodika: Finanz-Archiv (FinArch); Betriebswirtschaftliche Forschung und Praxis (BFuP); Die Wirtschaftsprüfung (WPg); Zeitschrift für Betriebswirtschaft (ZfB); Schmalenbachs Zeitschrift für betriebswirtschaftliche Forschung (ZfbF). 63

Internationale und ausländische Zeitschriften: Internationales Steuerrecht (IStR); Internationale Wirtschafts-Briefe (IWB); Recht der Internationalen Wirtschaft (RIW)[99]; Steuer & Wirtschaft International (SWI); Europäische Zeitschrift für Wirtschaftsrecht (EuZW); Europäisches Wirtschafts- und Steuerrecht (EWS); Intertax, European Tax Review, Deventer/Niederlande und Bonn[100]; European Taxation (ET, Niederlande); Bulletin for International Fiscal Documentation (BIFD, Niederlande); Tax Notes International (TNI); Cahiers de Droit Fiscal International (CDFI, Niederlande); Weekblad voor Fiscaal Recht (WFR, Niederlande); Österreichische Steuer-Zeitung (ÖStZ); Archiv für Schweizerisches Abgabenrecht (ASA); Steuer-Revue (StRev, Schweiz); Droit Fiscal (Frankreich); Revue de Jurisprudence Fiscale (RJF, Frankreich); British Tax Review (BTR); The International Tax Journal (ITJ, USA); Tax Law Revue (TLR, USA); Tax Planning International (TPI, USA[101]). 64

95 Dazu *K. Tipke*, StRO I, 28 ff. Vgl. auch *H. W. Kruse*, Lehrbuch des Steuerrechts (Fn. 17), 18 ff.

96 Die 1927 von *Max Lion* unter Mitwirkung von *E. Becker*, *H. Dorn*, *A. Hensel* und *J. Popitz* (die bedeutendsten Steuerrechtler ihrer Zeit) begründete VJSchrStFR und StuW waren Pionierzeitschriften der Steuerrechtswissenschaft, die dem Nationalsozialismus 1933 zum Opfer fielen (s. *K. Tipke*, StRO I, 42 f.; *H. Kumpf*, StVj 91, 79, 82; *ders.*, StuW 94, 15, 20).

97 Vor 1989: Deutsche Verkehrsteuer-Rundschau (DVR).

98 Vor 1981: Deutsche Gemeindesteuer-Zeitung (DGStZ).

99 Vor 1975: Außenwirtschaftsdienst des Betriebs-Beraters (AWD).

100 Vor 1973: Europäische Steuer-Zeitung (EuStZ), Heidelberg und Deventer/Niederlande.

101 S. im weiteren den Nachweis von 37 US-amerikanischen Steuerzeitschriften in StuW 86, 303 f.

65 cc) **Jahrbücher:** Jahrbuch der Deutschen Steuerjuristischen Gesellschaft (DStJG); Jahrbuch der Fachanwälte für Steuerrecht (JbFSt.); Steuerberater-Jahrbuch (StbJb.); Steuerberaterkongreß-Report[102] (StbKongRep.); Deutscher Steuerberatertag, Protokolle.

66 dd) **Festschriften** (ab 1991[103]) für *Gerd Rose,* Betriebswirtschaftliche Steuerlehre und Steuerberatung, Wiesbaden 1991; für *Erich Loitlsberger,* Aktuelle Fragen der Finanzwirtschaft und der Unternehmensbesteuerung, Wien 1991; zum 40jährigen Bestehen der *Bundesfinanzakademie,* Perspektiven der Finanzverwaltung, Analysen und Prognosen im Spiegel von Wissenschaft und Praxis, Köln 1992; für *Gerhard Mann,* Betriebswirtschaftslehre, Unternehmenspolitik und Unternehmensbesteuerung, Berlin 1993; für *Ludwig Schmidt,* Ertragsbesteuerung, München 1993; 75 Jahre *Reichsfinanzhof – Bundesfinanzhof,* Bonn 1993.

67 ee) **Nachschlagewerke und Dokumentationen:** Handwörterbuch des Steuerrechts[2], 2 Bde., hrsg. von Strickrodt/Wöhe/Flämig/Felix/Sebiger, München/Bonn 1981; Steuerfundhefte, hrsg. von Ziemer/Kalbhenn/Felix; Karlsruher Juristische Bibliographie (KJB); Steuerrechtsdatenbanken Lexinform und Juris[104]. Dissertationen werden regelmäßig in der KJB und in StuW nachgewiesen. Die „Quintessenz des Steuerrechts“ (StQ) berichtet in Kurzform über den Inhalt von Zeitschriftenaufsätzen.

102 Hrsg. von der Bundessteuerberaterkammer. Bis 1976: Steuerkongreß-Report, hrsg. von der Bundeskammer der Steuerbevollmächtigten.

103 Festschriften bis 1990 s. Vorauflage und *K. Tipke,* StRO I, 73 f.

104 Dazu *B. Flechsenhar,* Steuerrechtsdatenbanken, Aufbereitung und Abfrage von Dokumenten einer Steuerrechtsdatenbank, StStud 92, 48.

§ 2 Überblick über die Gebiete und Gesetze der Steuerrechtsordnung

1. Überblick über den Lehrstoff des Steuerrechts

Der Lehrstoff des Steuerrechts besteht aus einem allgemeinen Teil, dem allgemeinen Steuerrecht, und aus einem besonderen Teil, dem besonderen Steuerrecht. 1

a) Das **allgemeine Steuerrecht** umfaßt drei Teile, die hier im ersten Kapitel abgehandelten Grundlagen der Steuerrechtsordnung, das allgemeine Steuerschuldrecht und das Steuerverfahrensrecht. 2

aa) Die **Grundlagen der Steuerrechtsordnung** werden weitgehend durch das **Verfassungsrecht** bestimmt. Das Steuerrecht wird zunächst durch den Steuerbegriff (s. § 3 Rz. 9 ff.) abgegrenzt, der zwar in der Abgabenordnung (§ 3 I AO) normiert ist, jedoch hauptsächlich für die Anwendung des Finanzverfassungsrechts Bedeutung hat, das für Steuern gilt. Dieses regelt in den Art. 105–108 GG die Aufteilung der steuerlichen Staatsgewalten, der Steuerhoheiten (s. § 3 Rz. 1 ff.) zwischen Bund und Ländern. Außerhalb der Finanzverfassung gibt es keine steuerspezifischen Bestimmungen des Grundgesetzes (s. § 3 Rz. 7). Es entspricht jedoch dem Charakter des Steuerrechts als öffentlichem Eingriffsrecht (s. § 1 Rz. 11), daß die *Grundrechte,* besonders in Art. 1–3, 6, 12–14 GG, und die *Strukturprinzipien der Verfassung,* besonders das Rechtsstaatsprinzip und das Sozialstaatsprinzip das rechtsstaatliche System des Steuerrechts tragen (s. § 4). 3

Weitere Gebiete des Grundlagenteils sind die **steuerliche Rechtsquellenlehre** (s. § 5 Rz. 1 ff.), die sich mit dem am rechtsstaatlichen Legalitätsprinzip orientierten Gesetzesbegriff (§ 4 AO) und mit den Arten von Rechtsnormen des Steuerrechts befaßt, die Anwendung der juristischen Methodenlehre auf die Auslegung und Fortbildung von Steuergesetzen (s. § 5 Rz. 40 ff.), sowie die allgemeine Dogmatik und Begrifflichkeit des Steuerrechtsverhältnisses (s. § 6). 4

bb) Das **allgemeine Steuerschuldrecht** ist im zweiten Teil der Abgabenordnung (§§ 33 bis 77) geregelt; jedoch enthält dieser mit „Steuerschuldrecht" betitelte Teil nicht nur Steuerschuldrecht, auch nicht nur allgemeines Steuerschuldrecht; er regelt das allgemeine Steuerschuldrecht auch nicht abschließend. Steuerrecht ist öffentliches Schuldrecht (§ 1 Rz. 13). Daher regelt sein materieller Teil wie das zweite Buch des BGB das Recht von Schuldverhältnissen, im Unterschied zum BGB jedoch ausschließlich *gesetzliche Schuldverhältnisse des öffentlichen Rechts.* Die Ansprüche aus dem Schuldverhältnis mit dem Steueranspruch als Hauptanspruch sind in § 37 AO zusammengestellt (s. § 7 Rz. 1). 5

Das Steuerschuldrecht ist zunächst von den **übergreifenden Normen des Steuerrechtsverhältnisses** abzugrenzen. So gehören die Regelungen über den Steuerpflichtigen (§§ 33–36 AO) nicht zum Steuerschuldrecht. Bereits aus der Lektüre des § 33 AO ist zu erkennen, daß mit dem Begriff des Steuerpflichtigen das Verfahrenspflichtverhältnis (s. § 6 Rz. 5) miterfaßt ist. Sodann ist das Steuerschuldrecht vom **Steuerverfahrensrecht,** dem verwaltungsverfahrensrechtlichen Vollzug der Steuerschuldverhältnisse abzugrenzen. Die Abgabenordnung verknüpft zahlreiche steuerschuldrechtliche Institutionen mit dem Verfahrensrecht, so insb. das Erlöschen von Ansprüchen aus dem Steuerschuldverhältnis (§ 47 AO). 6

Ein besonderes didaktisches Problem ist die **Abgrenzung** des allgemeinen Steuerschuldrechts **zum besonderen Steuerrecht.** Die Zuordnung aller für mehr als eine Steuerart 7 geltenden Normen zum allgemeinen Steuerschuldrecht hätte zur Folge, daß in der Vorlesung zum allgemeinen Steuerrecht auch sehr komplizierte Spezialmaterien gelehrt werden müßten wie das Gemeinnützigkeits- und Spendenrecht, das Umwandlungssteuerrecht, das Außensteuerrecht und das Recht des Bewertungsgesetzes, dessen § 1 darüber hinwegtäuscht, daß das BewG ein Sonderrecht für die bewertungsgesetzabhängigen Steuern beinhaltet (s. § 12). Da diese Spezialmaterien die genaue Kenntnis des Rechts der einzelnen Steuerarten voraussetzen, erweist es sich als zweckmäßig, sie dem besonderen Steuerrecht zuzuordnen und das allgemeine Steuerschuldrecht auf die *allgemeine Regelung der Steuerschuldverhältnisse in der Abgabenordnung* zu begrenzen, also die Materien von Gemeinnützigkeitsrecht (§§ 51 ff. AO) und Spezialgesetzen (UmwStG, AStG, BewG, Fördergebietsgesetz etc.) auszuscheiden.

8 cc) Das **Steuerverfahrensrecht** umfaßt das Recht der Behördenorganisation, die Lehre vom Verwaltungshandeln, das Steuerfestsetzungs- und Erhebungsverfahren sowie den Rechtsschutz im Steuerrecht (s. Rz. 17 ff.).

9 b) Das **besondere Steuerrecht** umfaßt das besondere Steuerschuldrecht sowie die Sondergebiete des Steuerrechts, die gewöhnlich in besonderen Lehrveranstaltungen vermittelt werden, wie das Unternehmenssteuerrecht und das Internationale Steuerrecht.

2. Gebiete und Gesetze des allgemeinen Steuerrechts

2.1 Die Abgabenordnung als Teilkodifikation (Mantelgesetz) des Steuerrechts

Literatur: *W. Jakob,* Abgabenordnung, Steuerverwaltungsverfahren und finanzgerichtliches Verfahren, München 1991, und Kommentare zur Abgabenordnung von *Enno Becker*[7], Berlin 1930, mit Ergänzungsband, Berlin 1931 (ein historisches Dokument); *Hübschmann/Hepp/Spitaler,* Köln, (Loseblatt); *Kühn/Kutter/Hofmann*[16], Stuttgart 1990; *Tipke/Kruse,* Köln (Loseblatt); *Klein/Orlopp*[4], München 1989; *Koch/Scholtz*[4], Köln u. a. 1993; *Schöll,* Loseblatt; *Schwarz,* Loseblatt.

10 Das bedeutendste Gesetz des Steuerrechts ist die Abgabenordnung, eine Teilkodifikation des allgemeinen Steuerrechts, die auch als *Mantelgesetz* des Steuerrechts bezeichnet wird. Sie „zieht" diejenigen Materien „vor die Klammer", die für alle oder doch für mehrere Steuern gemeinsam gelten. Dadurch soll sie die Einzelsteuergesetze entlasten, Wiederholungen und widersprüchliche Regelungen vermeiden. Sie regelt in ihrem Ersten Teil **Grundbegriffe des Steuerrechts,** sodann das **Steuerschuldrecht** (Zweiter Teil), das **Steuerverfahren** (§§ 16 ff. AO, sowie Dritter bis Siebenter Teil) und schließlich das nicht dem Steuerrecht angehörende (s. § 1 Rz. 10, Fn. 9) **Steuerstraf- und Steuerordnungswidrigkeitenrecht** (Achter Teil).

11 Die geltende Abgabenordnung ist als **AO 1977** am 1. 1. 1977 in Kraft getreten[1] und hat die bis dahin geltende **Reichsabgabenordnung von 1919** abgelöst[2]. Die Reichsabgabenordnung geht auf einen im Sommer 1918 gefaßten Beschluß des Reichsschatzamtes zurück, ein Mantelgesetz für das Steuerrecht zu schaffen, in dem die allgemeinen und sich zum Teil widersprechenden Vorschriften der Einzelsteuergesetze zusammengefaßt werden sollten[3]. Es war ein Glücksfall für die Steuergesetzgebung, daß mit dieser Aufgabe allein *Enno Becker* betraut wurde, der hauptamtlich Zivilrichter und nebenamtlich zwölf

1 AO 1977 vom 16. 3. 1976, BGBl. I 76, 613. Materialien: EAO 1974, BT-Drucks. VI/1982; BR-Drucks. 23/71; BT-Drucks. 7/1979; BR-Drucks. 726/75; *Mittelsteiner/Schaumburg,* Abgabenordnung 1977, Köln 1976. Krit. zur AO 1977 *K. Tipke,* StbKongrRep. 1976, 121.

2 Ausführlich zur Entstehungsgeschichte der RAO und AO 1977 *H. Söhn,* HHSp, Einf. AO, und zur RAO *H. Cordes,* Untersuchungen über Grundlagen und Entstehung der Reichsabgabenordnung vom 23. 12. 1919, Diss. Köln 1971; BT-Drucks. VI/1982, 92 f.; *K. Tipke,* StRO I, 32 ff.

3 So Einleitungssatz der Begr. des EAO 1974 (Fn. 1).

Jahre (1906–1918) Richter am Oberverwaltungsgericht Oldenburg war, wo er u. a. auch mit Steuerstreitsachen befaßt war. *Enno Becker* war deshalb kein betriebsblinder Steuerspezialist, ohne störende politische Vorgaben ausschließlich der juristischen Ordnungsaufgabe verpflichtet. Er erarbeitete in kurzer Zeit (November 1918 bis Sommer 1919) den Entwurf einer RAO, ohne sich auf ein wissenschaftliches Fundament stützen zu können[4]. Durch zahlreiche Novellen war die 1931 noch einmal neugefaßte Reichsabgabenordnung inzwischen geändert worden; einige Teile waren in Nebengesetze, insb. in das Steueranpassungsgesetz von 1934 und das Finanzverwaltungsgesetz von 1951, ausgelagert worden. Das **Steueranpassungsgesetz** sollte das Steuerrecht nationalsozialistischen Rechtsgrundsätzen unterwerfen; tatsächlich enthielt es aber überwiegend der Reichsabgabenordnung entnommene ideologiefreie Vorschriften.

Da die Reichsabgabenordnung zahlreiche systematische und terminologische Mängel aufwies, die zum Teil aus der Hast der Entwurfsarbeit zu erklären waren[5], ersuchte der Bundestag die Bundesregierung 1963, das allgemeine Steuerrecht zu reformieren, dabei Systematik und Terminologie zu verbessern und die Abgabenordnung als Mantelgesetz wiederherzustellen. Der Regierungsentwurf einer Abgabenordnung 1974 – EAO 1974[6] –, ist vom sechsten Bundestag nicht mehr verabschiedet worden. Es wurde im siebenten Bundestag mit dem Ergebnis der AO 1977 neu eingebracht[7].

Die Abgabenordnung wird zu Unrecht als **Steuergrundgesetz** bezeichnet. Die Grund- 12
normen der Steuerrechtsordnung ergeben sich aus der Verfassung. Anders als etwa der allgemeine Teil des Sozialgesetzbuchs enthält die AO wenig Grundsätzliches, die rechtsstaatlichen Grundsätze der Besteuerung werden nur bruchstückhaft (z. B. in den §§ 30, 85 AO) angesprochen[8]. Die *Gliederung* der Abgabenordnung ist im Ganzen akzeptabel, wenngleich auch nicht optimal[9], so wenn etwa Vorschriften zum Steuerrechtsverhältnis (§§ 33 ff. AO) und zur Rechtsanwendung (§§ 39 ff. AO) mit dem Steuerschuldrecht vermengt oder wenn grundlegende Vorschriften zum Verwaltungshandeln (§§ 118 ff. AO) hinter Vorschriften zum Verfahrensablauf (Beweismittel, Fristen, Termine) angeordnet werden[10]. Die **Anpassung** der AO an Vorschriften des **Verwaltungsverfahrensgesetzes** ist teilweise mißglückt[11]: So sind z. B. die steuerspezifischen Vorschriften über die Steuerpflichtigen (§§ 33 ff. AO) nicht mit den Regelungen über die Beteiligung am Verfahren (§§ 78 ff. AO, 11 ff. VwVfG) abgestimmt worden, unbrauchbar für das Steuerverfahren sind z. B. die Begriffe „Antragsteller/-gegner" (§ 78 Nr. 1 AO). Der Steuererklärungspflichtige (§ 33 I AO) ist kein Antragsteller; er begehrt nicht den Steuerbescheid, sondern er erfüllt eine mißliebige Mitwirkungspflicht. Auch ist die Tauglichkeit bzw. Entbehrlichkeit von Vorschriften über die „Verwaltungsakte" (§§ 118 ff. AO) nicht

4 Dazu ausf. *H. Cordes* (Fn. 2); *K. Tipke,* StuW 90, 74; *A. Pausch,* Persönlichkeiten der Steuerkultur, Herne/Berlin 1992, 44 ff.

5 Dazu *K. Tipke,* Reformbedürftiges allgemeines Abgabenrecht, StbJb. 1968/69, 69 ff.; *ders.,* 50 Jahre Reichsabgabenordnung, AöR Bd. 94 (1969), 224 ff., 235 ff.

6 BT-Drucks. VI/1982; BR-Drucks. 23/71; dazu *K. Tipke,* Systematisierung des allgemeinen Steuerrechts, StuW 71, 95 ff.

7 BT-Drucks. 7/79 vom 25. 1. 1973 (93 ff.: Übernahme BT-Drucks. VI/1982).

8 Vgl. *K. Tipke,* StRO I, 109; *J. Lang,* Entwurf eines Steuergesetzbuchs, Schriftenreihe des BMF, Heft 49, Bonn 1993, §§ 3–7 (Grundsätze der Besteuerung).

9 So die gegenüber der früheren Einzelkritik (Fn. 5, 6) mildere Bewertung von *K. Tipke* (Fn. 8).

10 Unzutreffend die Abschnittsüberschrift „Verfahrensgrundsätze" für die §§ 78–117 AO und signifikant für das Grundsatzdefizit. Vgl. i. e. Kritik und Vorschläge von *K. Tipke,* FR 70, 240; StuW 71, 96, sowie die Gliederung in Grundvorschriften und Vorschriften der einzelnen Verfahrensstationen von *J. Lang* (Fn. 8), 349 ff., und im weiteren Rz. 19.

11 S. i. e. *K. Tipke* (Fn. 1); *H. W. Kruse,* JbFSt. 1976/77, 53; *ders.,* Lehrbuch des Steuerrechts, Bd. I (Allgemeiner Teil), München 1991, 212 f.

hinreichend überprüft worden. Entbehrlich ist z. B. der Begriff der Allgemeinverfügung (§ 118 S. 2 AO), und für Steuerverwaltungsakte sind die Korrekturvorschriften (§§ 130, 131 AO) nur bedingt tauglich[12].

13 Die Abgabenordnung (1977) gilt **nicht für alle Steuern,** sondern nach § 1 I AO nur für solche Steuern (einschließlich Steuervergütungen), die durch Bundesrecht (Art. 105 GG) oder Recht der Europäischen Gemeinschaften geregelt werden, soweit sie durch Bundesfinanzbehörden oder Landesfinanzbehörden verwaltet (Art. 108 GG) werden (s. dazu § 3 Rz. 50).

Für Realsteuern (§ 3 II) gilt die Abgabenordnung nach § 1 I insoweit, wie sie durch Landesfinanzbehörden (Finanzämter) verwaltet werden; diese Verwaltung erstreckt sich auf das Verfahren zur Festsetzung und evtl. zur Zerlegung des Steuermeßbetrages (§§ 22 I, 184 III, 185 AO). Außer in den Stadtstaaten obliegt die Festsetzung, Erhebung und Beitreibung dieser Steuern den steuerberechtigten Gemeinden (s. Art. 108 IV 2 GG); insoweit regelt § 1 II AO den Anwendungsbereich der Abgabenordnung.

Für die von den Gemeinden verwalteten kommunalen Steuern (insb. Vergnügungssteuer, Hundesteuer, Getränkesteuer, Jagdsteuer, Schankerlaubnissteuer, Fremdenverkehrsteuer) gilt die Abgabenordnung nur, soweit in den Landesgesetzen über die kommunalen Steuern die Abgabenordnung für anwendbar erklärt worden ist. Zu beachten sind insb. die Kommunalabgabengesetze[13].

Der sprachlich mißglückte § 1 III AO will ausdrücken, daß für die Verwaltung der steuerlichen Nebenleistungen (§ 3 III AO) nicht ein anderes Gesetz gilt, sondern auch die Abgabenordnung (insb. auch §§ 130, 131 AO).

2.2 Allgemeines Steuerschuldrecht

14 Der Lehrstoff des allgemeinen Steuerschuldrechts umfaßt nach den oben (Rz. 2) durchgeführten Abgrenzungen das **allgemeine Recht der Steuerschuldverhältnisse;** dieses ist in der Abgabenordnung geregelt. Die Verwendung des Begriffs „Steuerschuldrecht" (zweiter Teil der AO) deutet auf die Gemeinsamkeiten des Steuerschuldrechts mit dem zivilrechtlichen Schuldrecht hin[14]. Dies ist wesentlich *Enno Becker* zu verdanken, der bis 1918 hauptamtlicher Zivilrichter war (s. Rz. 11). In der Zeit nach Inkrafttreten der RAO

12 Vgl. hierzu *J. Lang* (Fn. 8), 219 ff.

13 Baden-Württemberg: KAG vom 15. 2. 1982, GVBl. 57 (dazu Kommentare von *Kübler/Fröhner,* Stuttgart, Loseblatt; *Katz/Dois,* Stuttgart, Loseblatt); Bayern: KAG vom 4. 2. 1977, BayRS 2024 – 1 – I (dazu Kommentare von *Donhauser/Hürholz/Schwinghammer,* München, Loseblatt; *Schieder/Happ/Moezer,* Köln, Loseblatt; *Heichele,* Das Bayerische Kommunalabgabenrecht, Diss. Würzburg 1976); Hessen: KAG vom 17. 3. 1970, GVBl. 225 (dazu Kommentar von *Ermel*[2], Köln u. a. 1978); Niedersachsen: KAG vom 8. 2. 1973, GVBl. 41 (dazu *Hatopp,* Nds. Kommunalabgabgengesetz, Loseblatt, Wiesbaden seit 1976); Nordrhein-Westfalen: KAG vom 21. 10. 1969, GVBl. 712 (dazu Kommentare von *Bauernfeind/Zimmermann*[2], Köln u. a. 1979; *Loening/Schmitz,* Stuttgart u. a. 1970); Rheinland-Pfalz: KAG vom 5. 5. 1986, GVBl. 103 (dazu Kommentare von *Rumetsch,* Wiesbaden, Loseblatt; *Bogner/Steenbock,* Köln, Loseblatt); Saarland: KAG vom 15. 6. 1985, Amtsblatt 729; Schleswig-Holstein: KAG vom 17. 3. 1978, GVBl. 71 (dazu Kommentare von *H. Thiem,* Köln u. a. seit 1971, und *Bitterberg/Gosch*[2], Wiesbaden 1981); länderübergreifender Kommentar: *Driehaus* (Hrsg.), Herne/Berlin 1989. In den früher preußischen Gebieten gilt, soweit inzwischen keine Länder-KAG erlassen worden sind, noch das preußische Gesetz vom 14. 7. 1893, GS 152 (dazu Kommentar von *Suren,* Berlin 1957, Nachdruck der Ausgabe 1950). – Vgl. auch *O. Kinzl,* Gemeindesteuerrecht unter Berücksichtigung der AO '77, Köln 1979; *H. Thiem,* Allgemeines kommunales Abgabenrecht, Köln 1981; *Engelhardt,* Das Kommunale Abgabenrecht und die Anwendung allgemeinen Steuerverfahrensrechts, Diss. Würzburg 1982; *David,* Die kommunalen Steuern in der Rechtsprechung des Bundesverwaltungsgerichts, StVj 90, 164 ff.

14 Vgl. *H. W. Kruse,* Lehrbuch des Steuerrechts (Fn. 11), 93 f.

wurde das Steuerschuldrecht mehr in **Kategorien des Zivilrechts** als des öffentlichen Rechts entwickelt[15]. So erinnert die Regelung der *Ansprüche aus dem Steuerschuldverhältnis* (§ 37 AO) an das Zivilrecht. § 37 AO knüpft an den Inhalt des § 241 S. 1 BGB an: Kraft des Schuldverhältnisses ist der Gläubiger berechtigt, von dem Schuldner eine Leistung zu fordern. In dem Steuerschuldverhältnis entsteht der Anspruch als das Recht des Gläubigers, von dem Schuldner eine konkrete Geldleistung i. S. d. § 37 AO zu fordern, rechtsstaatlich kraft Gesetzes (§ 38 AO). Auf der passiven Seite des Steuerschuldverhältnisses muß der *Steuerschuldner* (s. § 7 Rz. 10 ff.) als der Adressat des Steueranspruchs (§ 241 S. 1 BGB) von anderen Schuldnern unterschieden werden, so z. B. von dem *Haftungsschuldner*, der akzessorisch für eine fremde Steuerschuld einzustehen hat (s. § 7 Rz. 48 ff.)[16]. Auch das Schicksal der Ansprüche aus dem Steuerschuldverhältnis ist in Anlehnung an die zivilrechtliche Terminologie geregelt, die *Fälligkeit* (§§ 220 ff. AO), das *Erlöschen* (§ 47 AO) durch Zahlung (§§ 224–225 AO), *Aufrechnung* (§ 226), *Erlaß* (§§ 163, 227 AO) und *Verjährung* (§§ 169–171, 228–232 AO), im weiteren die *Gesamtschuldnerschaft* (§ 44 AO), die *Gesamtrechtsnachfolge* (§ 45 AO), sowie die *Abtretung, Verpfändung* und *Pfändung* (§ 46 AO).

Diese Terminologie darf nun nicht den Blick auf den Charakter des Steuerschuldrechts als **öffentliches Recht** verstellen. Dieser Charakter tritt hervor in der strengen **Gesetzmäßigkeit** der Ansprüche aus dem Steuerschuldverhältnis (§ 38 AO), sodann in dem bereits erwähnten (§ 1 Rz. 13) **Durchsetzungsgebot**; hierbei muß die rechtsstaatlich gesetzliche Anspruchsentstehung von der Anspruchsverwirklichung durch Verwaltungshandeln unterschieden werden. Wenn etwa eine Steuerschuld abweichend vom Gesetz festgesetzt wird, so wird dadurch der materiell-rechtliche Bestand des Steueranspruchs nicht berührt[17]. Vielmehr beruht die Regelung der Bestandskraft von Verwaltungsakten auf der allein verfahrensrechtlich notwendigen Begrenzung der Gesetzmäßigkeit der Verwaltung durch die rechtsstaatlichen Grundsätze der Rechtssicherheit und des Vertrauensschutzes (s. § 22 Rz. 83 ff.). Das bedeutet, daß ein materiell-rechtlich weiterhin bestehender Anspruch seitens der Behörde nicht mehr durchgesetzt werden kann. 15

Indessen besteht die Besonderheit des Steuerschuldrechts gerade darin, daß seine Normen auf die **Rechtsstaatlichkeit des Verwaltungshandelns** zugeschnitten sein müssen. Wenn demnach die Behörde im Interesse des Rechtsfriedens Steueransprüche nicht mehr verfolgen soll, dann ist es zweckmäßig, auch ihr Erlöschen anzuordnen. So bewirkt der Eintritt der Festsetzungsverjährung nicht nur eine verfahrensrechtliche Festsetzungssperre (§ 169 I 1 AO), sondern auch das Erlöschen der Steuerschuld (§ 47 AO); die zivilrechtliche Regelung, daß dem Verpflichteten lediglich eine Einrede zusteht (§ 222 I BGB), die er geltend zu machen hat, ist mit Durchsetzungsgebot und Untersuchungsgrundsatz (§ 88 AO) nicht zu vereinbaren. Im weiteren orientieren sich die Voraussetzungen für die Inanspruchnahme von Schuldnern gem. § 44 AO im Rahmen des Auswahlermessens sowie die Voraussetzungen für Stundung und Erlaß von Steueransprüchen an spezifisch öffentlich-rechtlichen Maßstäben der Gerechtigkeit und Billigkeit. Die 16

15 Vgl. dazu insb. die Schrift von *W. Merk*, Steuerschuldrecht, Tübingen 1926. Die öffentlichrechtliche Rechtsnatur des Steuerschuldverhältnisses war zwar erkannt (*W. Merk*, 8 ff.), jedoch vermochte man noch keine verwaltungsrechtlich brauchbaren Ergebnisse, etwa zum Verhältnis von Tatbestandsverwirklichung und Steuerfestsetzung zu gewinnen.

16 Mit der Begründung einer eigenen Schuldnerposition durch Verwirklichung eines Haftungstatbestandes (§§ 69 ff. AO) weicht das Steuerrecht von der zivilrechtlichen Unterscheidung von Schuld und (beschränkter/unbeschränkter) Haftung ab. Hierzu ausf. *W. Merk* (Fn. 15), 74 ff.; *R. Hess*, Schuld und Haftung im Abgabenrecht, Diss. Köln 1972.

17 So die von *R. Schranil*, Besteuerungsrecht und Steueranspruch, Leipzig/Wien 1925, begründete Lehre, daß die Steuerschuld durch eine rechtlich wirksame Steuerfestsetzung zur Steuerzahlungsschuld konkretisiert werde. Vgl. hierzu *P. Fischer*, HHSp, AO, § 38 Rz. 10 ff.

Verzahnung des Steuerschuldrechts mit dem Verwaltungshandeln findet schließlich auch ihren Niederschlag in der Plazierung steuerschuldrechtlicher Vorschriften in den Abschnitten der Abgabenordnung über das Verfahren (z. B. §§ 152, 163, 169 ff., 220 ff., 228 ff., 233 ff., 240 AO).

2.3 Steuerverfahrensrecht

17 Die Ansprüche aus dem Steuerschuldrecht müssen durchgesetzt, die Gesetze des materiellen Steuerrechts in einem rechtsstaatlichen Verfahren vollzogen werden. Das Steuerverfahren ist ein **Verwaltungsverfahren;** deshalb bestand das Bedürfnis, die verfahrensrechtlichen Vorschriften der Abgabenordnung an das Verwaltungsverfahrensgesetz[18] anzugleichen, was allerdings teilweise mißglückt ist (s. Rz. 12).

18 a) Verwaltungsverfahren ist nach der Definition des **§ 9 VwVfG** „die nach außen wirkende Tätigkeit der Behörden“, demnach **Verwaltungshandeln.** Daher hat das Steuerverfahrensrecht zunächst das Handeln der Behörden im Steuerrechtsverhältnis, und zwar die Zuständigkeit zum Verwaltungshandeln (s. § 22 Rz. 38 ff.) und die Formen rechtsverbindlichen Handelns durch Steuerverwaltungsakt (s. § 22 Rz. 50 ff.) zu regeln. Die sachliche Zuständigkeit der Finanzbehörden (§ 6 II AO) ist im **Gesetz über die Finanzverwaltung**[19] geregelt, das die Verteilung der Verwaltungshoheiten auf Bund und Länder in Art. 108 GG vollzieht (s. hierzu das Schaubild in § 3 Rz. 50 sowie § 22 Rz. 30 ff.).

19 b) Sodann sind die einzelnen Stationen des Steuerverfahrens[20] zu regeln. Die Abgabenordnung unterscheidet die **Durchführung der Besteuerung** (Vierter Teil) und das **Erhebungsverfahren** (Fünfter Teil) und markiert damit zwei Phasen des Steuerverfahrens, die erste Phase bis einschließlich der Feststellung der gesetzlich fixierten Ansprüche aus dem Steuerschuldverhältnis durch Steuerverwaltungsakte **(Steuerfestsetzungsverfahren)** und die zweite Phase der Verwirklichung von Ansprüchen aus dem Steuerschuldverhältnis auf der Grundlage der anspruchsfeststellenden Steuerverwaltungsakte i. S. d. § 218 I AO **(Steuererhebungsverfahren).** Nach dieser Grundunterscheidung ergeben sich folgende Stationen des Steuerverfahrens:

20 aa) **Vorbereitung der Steuerfestsetzung:** Die Feststellung von Ansprüchen aus dem Steuerschuldverhältnis (Steuerfestsetzung i. w. Sinne) wird zunächst vorbereitet durch die Erfassung der Steuerpflichtigen (§§ 134 ff. AO), die Mitwirkung der Steuerpflichtigen (§§ 90; 134 ff. AO), besonders durch die Abgabe einer Steuererklärung (§§ 149 ff. AO), sodann durch die Sachaufklärung und Beweiserhebung (§§ 88; 91 ff.[21] AO), gegebenenfalls durch besondere Verfahren der Sachaufklärung (§§ 193–207 AO: Außenprüfung; §§ 208–217 AO: Steuer-/Zollfahndung/Steueraufsicht).

21 bb) **Steuerfestsetzung,** d. i. die Steuerfestsetzung i. e. S. (§§ 155–157 AO) und abweichend von § 157 II AO die gesonderte Feststellung von Besteuerungsgrundlagen (§§ 179–183 AO), die Festsetzung, Zerlegung und Zuteilung von Steuermeßbeträgen (§§ 184 ff. AO), ferner der Erlaß von Haftungsbescheiden (§§ 191; 192 AO) und Festsetzung steuerlicher Nebenleistungen (§ 3 III AO); dabei findet die Beweiswürdigung statt,

---

18 VwVfG vom 25. 5. 1976, BGBl. I 76, 1253, etwa zeitgleich mit der AO 1977 vom 16. 3. 1976 (Fn. 1).

19 FVG i. d. F. vom 30. 8. 1971, BGBl. I 71, 1426.

20 Vgl. hierzu den Aufbau in: *J. Lang* (Fn. 8), 360 ff.

21 Diese Vorschriften gehören nicht in einen Abschnitt über „Verfahrensgrundsätze“; die Sachaufklärung und Beweiserhebung müßten vielmehr in einem gesonderten Abschnitt *nach* der Mitwirkung des Stpfl. (insb. durch Steuererklärung) und *vor* der Steuerfestsetzung geregelt sein.

die in den §§ 158–162 AO lediglich rudimentär und ohne eine dem § 96 I 1 FGO entsprechende Generalklausel geregelt ist[22].

cc) **Steuererhebung,** d. i. die Verwirklichung von Ansprüchen aus dem Steuerschuldverhältnis auf der Grundlage von Steuerverwaltungsakten mit Titelfunktion (s. § 22 Rz. 310). Die Steuererhebung geschieht durch Zahlung an die Finanzbehörde (§ 224 AO), z. B. durch Abschlußzahlungen gem. Einkommensteuerbescheid (§ 36 IV EStG), oder durch Vorauszahlungen gem. Vorauszahlungsbescheid (§ 37 III EStG), durch Quellenabzug, z. B. durch Steuerabzug vom Arbeitslohn (§§ 38 ff. EStG), durch Aufrechnung (§ 226 AO) und schließlich durch Vollstreckung (Sechster Teil der AO), die zwangsweise Verwirklichung von Ansprüchen aus dem Steuerschuldverhältnis. 22

Das Steuerverfahren ist nicht ausschließlich in der Abgabenordnung geregelt. Vielmehr enthalten die **Einzelsteuergesetze** steuerartspezifische Verfahrensvorschriften über Mitwirkungspflichten, über Art und Zeitraum von Steuerfestsetzungen sowie über Steuererhebungsformen, insb. Vorauszahlungen und Quellenabzüge. 23

c) Der Rechtsstaat gewährt gegen die rechtswidrige Tätigkeit, auch rechtswidrige Untätigkeit (§§ 349 II AO, 46 FGO) seiner Behörden **Rechtsschutz,** indem das Verwaltungshandeln in einem *besonderen Rechtsbehelfsverfahren* überprüft wird, wenn das Verwaltungshandeln durch Rechtsbehelf von dem beanstandet wird, der die Verletzung seiner Rechte geltend macht. 24

aa) Im rechtsstaatlichen System der Gewaltenteilung wird die Rechtmäßigkeit des Verwaltungshandelns grundsätzlich von unabhängigen, allein Gesetz und Recht (Art. 20 III GG) unterworfenen **Gerichten** überprüft; dabei hat der gerichtliche Rechtsschutz nach Maßgabe des **Art. 19 IV GG** lückenlos zu sein. Den Rechtsschutz in Steuersachen nehmen hauptsächlich die *Finanzgerichte* wahr (s. § 33 FGO). Das durch den Rechtsbehelf der Klage eingeleitete Verfahren vor den Finanzgerichten, der Steuerprozeß, ist in der Finanzgerichtsordnung geregelt. Im Finanzrechtsweg (Rechtsweg vor den Finanzgerichten) wird zunächst nach § 33 I Nr. 1, 2 FGO nur das Handeln von Bundes- und Landesfinanzbehörden überprüft. Demnach ist besonders in Gemeinde- und Kirchensteuersachen gem. § 33 I Nr. 4 FGO zu prüfen, ob die **Ausführungsgesetze der Länder zur Finanzgerichtsordnung**[23] den Finanzrechtsweg angeordnet haben oder ob (i. d. R. in Gemeindesteuersachen) die Generalklausel des § 40 I 1 VwGO Platz greift und der Rechtsweg vor den *allgemeinen Verwaltungsgerichten* (Verwaltungsrechtsweg, § 40 VwGO) eröffnet ist, für den die **Verwaltungsgerichtsordnung**[24] (VwGO) gilt (s. im weiteren § 23 Rz. 6). 25

bb) Dem Steuerprozeß ist nach Maßgabe der §§ 44 I FGO, 68 ff. VwGO ein **Vorverfahren** vorgeschaltet, in dem die *Behörde* selbst prüfen soll, ob sie das Recht richtig angewandt, ein ihr eingeräumtes Ermessen richtig (§ 5 AO) ausgeübt hat. In Abgabenangelegenheiten der AO (§ 347 I Nr. 1 i. V. m. § 1 AO) sind die Vorschriften der §§ 347–368 AO über das *außergerichtliche Rechtsbehelfsverfahren anzuwenden* (s. im weiteren § 23 Rz. 9). 26

22 S. *K. Tipke,* StRO III, 1192 ff.; *J. Lang* (Fn. 8), 227 f.

23 S. die Gesetzessammlungen der Länder, z. B. *von Hippel/Rehborn,* Gesetze des Landes Nordrhein-Westfalen, Loseblatt, München, Nr. 135.

24 In aktueller Fassung mit Nachweis der Ausführungsgesetze zur VwGO abgedruckt in *Sartorius I,* Verfassungs- und Verwaltungsgesetze der BRD, Loseblatt, München, Nr. 600.

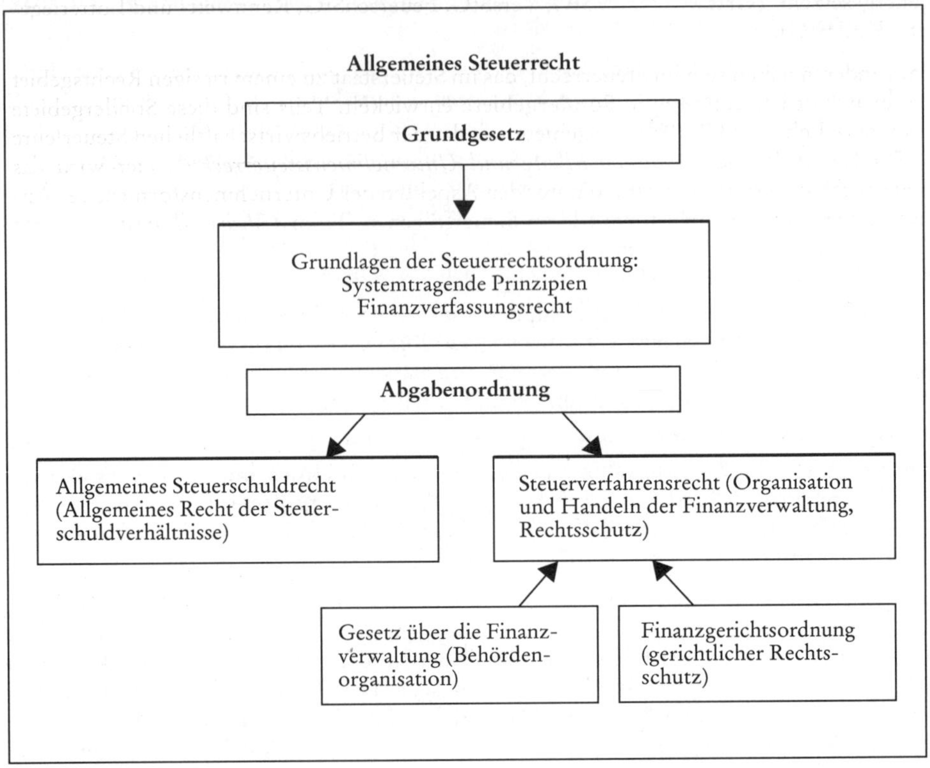

3. Gebiete und Gesetze des besonderen Steuerrechts

3.1 Besonderes Steuerschuldrecht und Sondergebiete des Steuerrechts

27 Wie bereits oben (Rz. 9) angesprochen, entfaltet sich das besondere Steuerrecht in zwei Richtungen: Zum einen regelt es die **Steuerschuldverhältnisse der einzelnen Steueransprüche,** vergleichbar mit der Regelung der einzelnen Schuldverhältnisse in den §§ 433–853 BGB (Kauf, Tausch, Schenkung, Miete, Pacht etc.). Die einzelnen Steueransprüche, ihr Entstehen aufgrund eines zumeist sehr normenreichen Tatbestandes i. S. d. § 38 AO, ihre Fälligkeit und Tilgung (verknüpft mit steuerartspezifischen Verfahrensvorschriften) sind in den sog. **Einzelsteuergesetzen** geregelt. In Anlehnung an die zivilrechtliche Terminologie wird die Regelung der Einzelsteuergesetze als besonderes Steuerschuldrecht bezeichnet. Es umfaßt das *Recht der Steuern auf das Einkommen,* geregelt im EStG, KStG und in den Kirchensteuergesetzen[25], das *Recht der bewertungsgesetzabhängigen Steuerarten* (s. § 12), geregelt im Bewertungsgesetz (s. Rz. 7), im VStG, ErbStG, GrStG, GewStG, und das *Recht der Steuern auf die Verwendung von Einkommen und Vermögen,* geregelt im UStG, in den Verbrauchsteuergesetzen[26] sowie in den Verkehr-

25 Bisher abgedruckt in Steuergesetze II (§ 1 Rz. 52), Nr. 500 ff.; demnächst integriert in Steuergesetze I (§ 1 Rz. 52).

26 Bisher abgedruckt in Steuergesetze II (§ 1 Rz. 52), Nr. 300 ff.; nunmehr im Einzelband „Zölle und Verbrauchsteuern“. Die örtlichen Verbrauch- und Aufwandsteuern werden zukünftig in den Gesetzessammlungen der einzelnen Bundesländer veröffentlicht.

steuergesetzen[27] (GrEStG, KapVStG, VersStG, FeuerschStG, Rennwett- und Lotteriegesetz, KraftStG).

28 Zum anderen haben sich im Steuerrecht, das im Steuerstaat zu einem riesigen Rechtsgebiet ausgewuchert ist, umfassende **Sondergebiete** entwickelt. Teils sind diese Sondergebiete besondere Lehr- und Forschungsgebiete wie das der betriebswirtschaftlichen Steuerlehre (s. § 1 Rz. 46 ff.) nahestehende *Bilanz-und Unternehmenssteuerrecht*[28]; hier wird das Steuerrecht steuerartübergreifend unter den Aspekten der Unternehmensformen, der Änderung der Unternehmensform (deren Steuerfolgen z. T. im *Umwandlungsteuergesetz* geregelt sind) und der einzelnen Unternehmensvorgänge behandelt und es werden steuerliche Gesamtbelastungen ermittelt (s. §§ 16, 17). Teils sind die Sondergebiete rechtliche Spezialgebiete mit einer eigenständigen teleologischen Struktur aufgrund spezifischer Prinzipien und Wertungen wie das Steuersubventionsrecht und das Internationale Steuerrecht.

29 Das **Steuersubventionsrecht** besteht aus *Sozialzwecknormen*, die auf den verschiedensten außersteuerrechtlichen Prinzipien und Wertungen beruhen (§ 4 Rz. 124 ff.). Dem Steuersubventionsrecht gehört insb. das *Gemeinnützigkeits- und Spendenrecht* an. Es ist allgemein im Zweiten Teil der AO „Steuerschuldrecht" (§§ 51–68 AO) und im besonderen in den Einzelsteuergesetzen geregelt (s. § 20). Wegen seiner außersteuerrechtlichen Qualität gehört es jedoch materiell nicht zum Steuerschuldrecht. Dort sind seine sozial- und kulturpolitisch motivierten Steuervergünstigungen nur eingebaut; diese verbauen und gefährden die Statik des Steuerschuldrechts.

30 Das **Internationale Steuerrecht** wird zum Sondergebiet durch die Erweiterung der Rechtsquellen auf völkerrechtliche und supranationale Normen (s. § 5 Rz. 14 f.) und durch seine Aufgabe, die nationalen Steuerrechtsordnungen aufeinander abzustimmen. Die Darstellung des stoff- und normenreichen Internationalen Steuerrechts kann nur von einem Speziallehrbuch geleistet werden[29], so daß das Sondergebiet des Internationalen Steuerrechts hier nur wie folgt kurz skizziert werden kann:

3.2 Internationales Steuerrecht

Literatur: *O. Bühler*, Prinzipien des Internationalen Steuerrechts, München/Berlin 1964; *K. Vogel* (Hrsg.), Grundfragen des Internationalen Steuerrechts, DStJG Bd. 8, Köln 1985; *Fischer/Warneke*, Internationale Betriebswirtschaftliche Steuerlehre[3], Berlin 1988; *O. H. Jacobs*, Internationale Unternehmensbesteuerung[2], Handbuch zur Besteuerung deutscher Unternehmen mit Auslandsbeziehungen, München 1991; *G. Rose*, Grundzüge des Internationalen Steuerrechts[2], Doppelbesteuerung, Internationale Minderbesteuerung, Unternehmensaktivitäten im Ausland, Wiesbaden 1991; *V. Kluge*, Das deutsche Internationale Steuerrecht[3], München 1992; *Mössner/Baumhoff/Fischer-Zernin/Greif/Henkel/Menck/Piltz/Schröder/Tillmanns*, Steuerrecht international tätiger Unternehmen, Köln 1992; *E. Höhn* (Hrsg.), Handbuch des Internationalen Steuerrechts der Schweiz[2], Stuttgart/Wien 1993; *H. Schaumburg*, Internationales Steuerrecht, Außensteuerrecht – Doppelbesteuerungsrecht, Köln 1993; *G. Burmester*, Grundlagen internationaler Regelungskumulation und -kollision, unter besonderer Berücksichtigung des Steuerrechts, Baden-Baden 1993.

31 a) Über den **Begriff** des Internationalen Steuerrechts (IStR) wird seit Jahrzehnten relativ fruchtlos gestritten[30], was mit der Vielfalt der Aufgabe zusammenhängt, die nationalen Steuerrechtsordnungen aufeinander abzustimmen. Der Ausgangspunkt ist die Notwen-

---

27 Abgedruckt in Steuergesetze I (§ 1 Rz. 52), Nr. 600 ff.

28 Abgehandelt insb. von *B. Knobbe-Keuk*, Bilanz- und Unternehmenssteuerrecht[9], Köln 1993.

29 Dieses Buch wird ideal ergänzt durch das Lehrbuch des *Tipke*-Schülers und langjährigen Lehrbeauftragten an der Universität zu Köln *H. Schaumburg*, Internationales Steuerrecht, Außensteuerrecht, Doppelbesteuerungsrecht, Köln 1993.

30 Vgl. *H. Schaumburg*, Internationales Steuerrecht, Köln 1993, § 1, und *V. Kluge*, Das deutsche Internationale Steuerrecht[3], München 1992, § 1.

digkeit, Wirtschaftssubjekte nicht mit einem prohibitiven Übermaß an Steuern zu belasten, wenn sie sich grenzüberschreitend betätigen. Aus dieser Sicht ist das Internationale Steuerrecht zunächst vergleichbar dem Internationalen Privatrecht *Kollisions- bzw. Konfliktrecht* mit der Funktion, die Steuertatbestände gegeneinander abzugrenzen und eintretende Mehrfachbelastungen zu beseitigen[31].

32 Ein derart enger Begriff des IStR wird der Aufgabe nicht gerecht, die das IStR infolge der zunehmenden Verdichtung des internationalen Wirtschaftsverkehrs zu bewältigen hat. Es geht nicht nur darum, den internationalen Wirtschaftsverkehr vor Steuererdrosselung zu bewahren. Vielmehr bedeutet die Aufgabe, die nationalen Steuerrechtsordnungen aufeinander abzustimmen, daß die grenzüberschreitende Besteuerung auf der Grundlage des **Gleichheitssatzes** in Gestalt diverser verfassungs-, völker- und europarechtlicher **Diskriminierungsverbote**[32] nach international einheitlichen Regeln gestaltet ist. Diese Aufgabe reicht weit in die nationalen Steuerrechtsordnungen hinein; sie erfaßt alle Normen des nationalen Rechts, die Steuerfolgen für den grenzüberschreitenden Wirtschaftsverkehr haben. Diese Steuerfolgen sind nicht nur kollisionsrechtlich aufeinander abzustimmen, sondern auch in einer Weise zu harmonisieren, daß Diskriminierungseffekte möglichst nicht eintreten und der Wettbewerb nach dem **Prinzip der Wettbewerbsneutralität** möglichst wenig gestört wird. Der so beschriebenen Aufgabe[33] entspricht nur ein weiter Begriff des IStR, der **alle Normen mit Steuerfolgen für den internationalen, d. h. grenzüberschreitenden Wirtschaftsverkehr** einschließt[34].

33 b) **Abgrenzungsfunktion** des nationalen IStR: Dem IStR stellt sich grundsätzlich das Problem, daß die nationalen Steuerhoheiten (s. § 3 Rz. 28 ff.) über das Staatsgebiet hinausreichen[35]: Das Völkerrecht verbietet zwar die Vornahme von Hoheitsakten im Ausland (**Grundsatz der formellen Territorialität**). Hingegen gibt es völkerrechtlich kein Prinzip materieller Territorialität, das es verbieten würde, Rechtsfolgen des innerstaatlichen Rechts auch an ausländische Sachverhalte anzuknüpfen, z. B. die ausländischen Einkünfte einer Person mit Wohnsitz im Inland zu besteuern (s. § 9 Rz. 25). Dieser Fall zeigt aber, daß die formelle Territorialität dazu zwingt, die Besteuerung ausländischer Sachverhalte mit **inländischen Zugriffsmerkmalen** auszustatten (Besteuerung von Exporten/Importen an der Staatsgrenze, Besteuerung von ausländischen Einkommen und Vermögen bei inländischen Steuerschuldnern). Besteuerte der Staat rigoros alles, was ihm im Rahmen seiner formellen Territorialität möglich ist, würde der internationale Wirtschaftsverkehr erliegen. Daher hängt die Entwicklung der nationalen Volkswirtschaften und der Weltwirtschaft wesentlich davon ab, ob und inwieweit die Ausübung der Steuerhoheiten vom **Grundsatz der internationalen Rücksichtnahme**[36] bestimmt

---

31 So insb. *O. Bühler*, Prinzipien des Internationalen Steuerrechts, München/Berlin 1964, 1 ff. (IStR i. e. S.: völkerrechtlich begründete Normen des Kollisionsrechts; IStR i. w. S.: völker- und internationalrechtliche Kollisionsnormen).

32 Dazu ausf. *H. Schaumburg* (Fn. 30), 25 ff.

33 *T. Menck*, in: Mössner u. a., Steuerrecht international tätiger Unternehmen, Köln 1992, Rz. A 3: „Durch die Besteuerungsverhältnisse im internationalen Raum sollten *Gleichmäßigkeit und Wettbewerbsneutralität* in möglichst weitem Umfang gesichert werden. Es sollten einerseits hemmende Schranken für die internationale Wirtschaftstätigkeit ausgeschlossen sein; es sollte aber auch der allein im nationalen Raum Tätige nicht dadurch benachteiligt werden, daß der international Tätige ungerechtfertigte Steuervorteile erlangt."

34 Ähnlich auch *H. Schaumburg* (Fn. 30), 2 (alle Normen, die auslandsbezogene Sachverhalte erfassen) und *V. Kluge* (Fn. 30), 2 (Rechtsgebiet der internationalen Steuerfälle).

35 Zum folgenden insb. *K. Vogel*, Der räumliche Anwendungsbereich der Verwaltungsrechtsnorm, Frankfurt/M 1965, 101 ff.; *ders.*, Doppelbesteuerungsabkommen (Fn. 47), Einl. Rz. 7 ff. (m. w. Nachw.). S. auch *G. Burmester*, Grundlagen internationaler Regelungskumulation und -kollision (zit. vor Rz. 31); *dies.*, Zur Jurisdiktionshoheit der Staaten im Steuerrecht, JZ 93, 698.

36 S. *T. Menck* (Fn. 33).

ist. Die Beschränkung der Besteuerung durch die formelle Territorialität und die im vitalen wirtschaftlichen Interesse aller Handelsstaaten liegende internationale Rücksichtnahme finden im IStR folgenden Niederschlag:

aa) Das **Recht der Zölle** (Steuern gem. § 3 I 2 AO) liefert das archaische Beispiel für 34
steuerrechtliche Verhinderung des internationalen Wirtschaftsverkehrs in Gestalt sog. *Schutzzölle,* die dem Zweck dienen, die inländische Wirtschaft gegen ausländische Konkurrenz abzuschirmen (s. § 8 Rz. 53, dort Fn. 66). Nach den Prinzipien der liberalen Wirtschaftsordnung, die im **GATT** (General Agreement on Tariffs and Trade) ihren Ausdruck finden, dient das Zollrecht heutzutage nicht mehr der Warenstromerdrosselung, sondern allenfalls der Warenstromregulierung (bestenfalls müßten Zölle ganz abgeschafft werden). Es gelten die Grundsätze des *nichtdiskriminierenden Marktzuganges* und der *Verhältnismäßigkeit*[37].

bb) Das IStR der **indirekten Steuern** (zum Begriff s. § 8 Rz. 20), insb. des *Umsatz- und* 35
Verbrauchsteuerrechts ist seit jeher von dem Grundsatz geprägt, die Steuerbelastung auf das Staatsgebiet zu begrenzen. Technisch geschieht dies durch Umsatzsteuerbefreiung von Exporten sowie durch Verbrauchsteuerbefreiungen und -vergütungen. Die Begrenzung der Steuerbelastung auf das Staatsgebiet macht das Recht der indirekten Steuern prinzipiell kollisionsfrei, so daß es nach älterer (in Fn. 31 zit.) Auffassung in das IStR nicht einbezogen wird.

cc) Die praktischen und didaktischen Schwerpunkte des IStR liegen im Recht der **direk-** 36
ten Steuern auf das Einkommen und Vermögen (ESt, KSt, GewSt, VSt, Erbschaft-/Schenkungsteuer). Das IStR der vorgenannten Steuern ist von den Grundsätzen der **Quellenbesteuerung** (source taxation) und der **weltweiten Besteuerung** (worldwide taxation) beherrscht[38]. Die durchgängige Befolgung des Quellenprinzips, nur inländische Steuergüter zu besteuern, würde auch das Recht der direkten Steuern kollisionsfrei machen. Hingegen bewirkt das Prinzip der weltweiten Besteuerung Überschneidungen der Steuertatbestände und damit steuerliche Mehrfachbelastungen, die durch die sog. Doppelbesteuerungsabkommen zu vermeiden bzw. zu beseitigen sind (s. Rz. 40 ff.).

Das Prinzip der weltweiten Besteuerung, konkretisiert duch das **Welteinkommensprin-** 37
zip und das **Weltvermögensprinzip,** wird auf den Umstand formeller Territorialität gestützt, daß der Steuerpflichtige im Staatsgebiet residiert, d. h. dort Wohnsitz, gewöhnlichen Aufenthalt, Geschäftsleitung, Sitz (§§ 7–11 AO) hat. Dies befähigt den Staat, die steuerliche Leistungsfähigkeit des Steuerpflichtigen umfassend zu besteuern, weil er den besten Zugriff auf die Gesamtverhältnisse hat, so in den Fällen *unbeschränkter* Einkommen-, Körperschaft-, Vermögensteuerpflicht. Demgegenüber reduziert sich der Zugriff auf die inländischen Steuergüter, wenn der Steuerpflichtige im Ausland residiert, wie in den Fällen *beschränkter* Steuerpflicht. Die Besteuerung erfolgt dann zwangsläufig nach dem **Quellenprinzip,** auch Ursprungs- oder Territorialitätsprinzip genannt. Danach werden nur inländische Einkünfte (§ 49 EStG) und Inlandsvermögen (§§ 121 BewG; 2 II, 4 I Nr. 2 VStG; 2 I Nr. 3 ErbStG) besteuert. Nach § 2 I 1 GewStG unterliegen der Gewerbesteuer nur Gewerbebetriebe, soweit sie im Inland betrieben werden. Das Gewerbesteuerobjekt ist damit nach dem Territorialitätsprinzip abgegrenzt[39]. Das Zusammenspiel von Quellenprinzip und Prinzip weltweiter Besteuerung zeigt sich im System der Vermeidung von Doppelbesteuerungen (s. Rz. 40 ff.).

---

37 Vgl. *E.-U. Petersmann,* Verfassungsrechtliche Grundprobleme bei der rechtlichen Regelung der Instrumente der Handelspolitik, DStJG Bd. 11 (1988), 5, 9 ff.

38 Dazu *O. Bühler* (Fn. 31), 161 ff., *K. Vogel,* DStJG Bd. 8 (1985), 3 ff., 17 ff., *ders.,* World-wide vs. Source Taxation of Income – A Review and Reevaluation of Arguments, Intertax 1988, 216, und m. w. Nachw. *H. Schaumburg* (Fn. 30), 58 ff.

39 Dazu *H. Schaumburg* (Fn. 30), 240 ff.

38 Ein besonderes Problem der Hochsteuerländer ist die **Steuerflucht in Niedrigsteuerländer.** Das **Außensteuergesetz**[40] ist ein Maßnahmegesetz gegen den *Wohnsitzwechsel* (§§ 2–6 AStG) und *Einkünfteverlagerungen* (§§ 1, 7 ff. AStG) in niedrigbesteuernde Gebiete (§§ 2–6 AStG). Das AStG ist ungemein kompliziert und schwierig zu handhaben. Es geht um eine z. T. überspannte, die Selbständigkeit von Kapitalgesellschaften bewußt negierende Verwirklichung des Quellenprinzips: Es sollen die in der Bundesrepublik Deutschland erwirtschafteten Einkommen und Vermögen dem deutschen Steuerzugriff trotz entgegenwirkender Gestaltungen erhalten bleiben. Die Maßnahmen des AStG gipfeln in der *Hinzurechnungsbesteuerung* der §§ 14 ff. AStG, die thesaurierte Gewinne sog. Zwischengesellschaften in Niedrigsteuerländern zum Zwecke der Besteuerung in der Bundesrepublik Deutschland als *ausgeschüttet fingiert*[41]. Das Quellenprinzip wird schließlich konkretisiert durch die **Grundsätze internationaler Einkünftezuordnung**[42]; teils liegen sie dem § 1 AStG zugrunde. Hauptsächlich handelt es sich aber um international anerkannte Methoden der Aufteilung von Steuerquellen, z. B. um Methoden zur Abgrenzung von Betriebsstättengewinnen[43].

39 Die Gesamtheit der Normen einer nationalen Steuerrechtsordnung, die dazu dienen, die Besteuerung auslandsbezogener Sachverhalte zu bestimmen und abzugrenzen, wird als **Außensteuerrecht** bezeichnet[44]. Das nationale Außensteuerrecht enthält kollisionsbegründende[45] Normen, das sind Normen, die sich mit Steuernormen einer ausländischen Rechtsordnung überschneiden und Doppelbesteuerung auslösen.

40 c) Dadurch gewinnt das IStR **kollisionsauflösende**[46] **Funktion,** die hauptsächlich durch völkerrechtliche, zu innerstaatlichem Recht (s. § 5 Rz. 14) gewordene Verträge zur Vermeidung der Doppelbesteuerung (**Doppelbesteuerungsabkommen**[47], DBA) vollzogen wird[48]. Doppelbesteuerungsabkommen *begründen keine Steueransprüche.* Sie bilden vielmehr ein durch Musterabkommen[49] entwickeltes Normensystem, das die Steuertatbestände kollisionsauflösend beschränkt[50]. Vor Anwendung eines DBA muß also immer zuerst das Bestehen des nationalen Steueranspruchs geprüft werden. DBA-Normen gehen schon kraft ihrer Spezialität den Normen der Einzelsteuergesetze vor (klarstellend § 2 AO). Soweit sie nicht Platz greifen, kommen kollisionsauflösende Normen des nationalen Rechts, die sog. **unilateralen Maßnahmen zur Vermeidung der Doppelbesteuerung** in Betracht.

---

40 Gesetz über die Besteuerung bei Auslandsbeziehungen vom 8. 9. 1972, BGBl. I 72, 1713. Dazu *Flick/Wassermeyer/Becker,* Kommentar zum Außensteuerrecht, Loseblatt; *Brezing/Krabbe/Lempenau/Mössner/Runge,* Außensteuerrecht, Herne/Berlin 1991.

41 Dazu ausf. die in Fn. 40 zit. Kommentarliteratur und *H. Schaumburg* (Fn. 30), 288 ff.

42 Dazu insb. *H. Schaumburg* (Fn. 30), 765 ff.

43 S. *H. Schaumburg* (Fn. 30), 773 ff.

44 So schon *O. Bühler* (Fn. 31), 44 ff.; *H. Schaumburg* (Fn. 30), 2, teilt das IStR (Gesamtheit der Normen, die auslandsbezogene Sachverhalte erfassen) in Doppelbesteuerungsrecht und Außensteuerrecht auf.

45 *H. Schaumburg* (Fn. 30), 4 ff.

46 *H. Schaumburg* (Fn. 30), 4 ff.

47 Dazu insb. *K. Vogel,* Doppelbesteuerungsabkommen[2], Kommentar auf der Grundlage der Musterabkommen, München 1990; *Korn/Debatin,* Doppelbesteuerung, Sammlung und Kommentierung der mit der BRD geschlossenen DBA, Loseblatt, München.

48 Einen steuerlichen Sonderstatus kraft allgemeiner Regeln des Völkerrechts (Art. 25 GG) und völkerrechtlicher, zumeist multilateraler Abkommen (Wiener Übereinkommen, Nato-Truppenstatut etc.) gibt es für Diplomaten, UN-/EG-Bedienstete und Angehörige von Streitkräften (dazu die Kommentierungen des § 1 EStG).

49 In erster Linie OECD-Musterabkommen. Dazu näher *K. Vogel* (Fn. 47), Einl. Rz. 16 ff.

50 S. *K. Vogel* (Fn. 47), Einl. Rz. 45; BFH BStBl. 72, 785, 789.

Es gibt zwar keine allgemeine völkerrechtliche Verpflichtung, Doppelbesteuerungen zu beseitigen. Jedoch ergibt sich aus dem international anerkannten Normensystem der DBA, welche Art von Doppelbesteuerungen vermieden sein sollen. Allgemein dient das kollisionsauflösende IStR dem Ziel, die Kollision gleichartiger Steuern verschiedener Hoheitsträger auf Einkünfte und Vermögen, die demselben Steuersubjekt zuzuordnen sind, zu beseitigen. Maßgeblich für die kollisionsauflösende Funktion des IStR ist also ein **Begriff der Doppelbesteuerung**[51] mit folgendem Inhalt: Identität von Steuerobjekt und Steuersubjekt; Gleichartigkeit von Steuern verschiedener Hoheitsträger[52]. Liegt eine derartige Doppelbesteuerung vor, so soll das Steuerobjekt im Verhältnis der verschiedenen Hoheitsträger nur einmal besteuert werden **(Grundsatz der Einmalbesteuerung).** 41

Im wesentlichen gibt es **zwei Methoden,** mit denen Doppelbesteuerung beseitigt werden kann, die *Freistellungsmethode* und die *Anrechnungsmethode*[53]. Mit der Freistellungsmethode verzichtet der freistellende Staat auf die Besteuerung; er gewährt eine sachliche Steuerbefreiung, eine „Ausgrenzungs"-Befreiung (s. § 7 Rz. 19). Beispiel: Die Bundesrepublik Deutschland stellt ausländische Betriebsstätteneinkünfte steuerfrei, weil diese im Quellenstaat besteuert werden. Nach der Anrechnungsmethode wird die auf das Steuerobjekt entfallende ausländische gleichartige Steuer auf die eigene Steuer angerechnet (s. z. B. die unilateralen Maßnahmen in den §§ 34c I EStG; 26 KStG; 11 VStG; 21 ErbStG). 42

Im **System der Vermeidung der Doppelbesteuerung** haben das Prinzip der weltweiten Besteuerung und das Quellenprinzip folgende Bedeutung:

aa) Der **Wohnsitzstaat** beansprucht das *Prinzip weltweiter Besteuerung* (s. Rz. 37). Er will aber nicht nur das Welteinkommen oder Weltvermögen besteuern, sondern die Umstände steuerlicher Leistungsfähigkeit einschließlich der persönlichen Lebensumstände umfassend berücksichtigen. Dem Prinzip weltweiter Besteuerung entspricht die *Anrechnungsmethode,* weil sie das Konzept der Steuerbemessung nach dem Welteinkommen oder Weltvermögen aufrechterhält. Dieses Konzept gibt der Wohnsitzstaat selbst dann nicht vollständig auf, wenn er Einkünfte freistellt, weil die Besteuerung dem Quellenstaat überlassen ist; in diesem Fall berücksichtigt er die freigestellten Einkünfte bei der Anwendung des progressiven Steuersatzes (sog. *Progressionsvorbehalt,* s. § 9 Rz. 745). 43

bb) Der **Quellenstaat** beansprucht das *Quellenprinzip* (s. Rz. 37) und will die unter seinem Schutz erwirtschafteten Einkünfte und belegenen Vermögen besteuern. Dieser Anspruch ist unabweisbar in einer auf gegenseitiger Anerkennung der Souveränität und gegenseitiger Rücksichtnahme basierenden Völkergemeinschaft. Daher verdient das Quellenprinzip den grundsätzlichen Vorrang vor dem Prinzip weltweiter Besteuerung[54]. Soll also im Interesse des internationalen Wirtschaftsverkehrs der *Grundsatz der Einmalbesteuerung* gelten, so gebührt dem Quellenstaat das Besteuerungsrecht. Das fiskalisch motivierte Ziel des Wohnsitzstaates, steuerliche Leistungsfähigkeit für die eigene (progressive) Besteuerung total zu erfassen, hat gegenüber dem Ziel des IStR, übermäßige Besteuerung zu vermeiden und zugleich die Steuerquellen fair unter den Staaten aufzuteilen, zurückzutreten. Die *Anrechnungsmethode* trägt beiden Zielen Rechnung, weshalb 44

---

51 Dazu *A. Spitaler,* Das Doppelbesteuerungsproblem bei den direkten Steuern, Amsterdam 1936 (Neudruck: Köln 1967), 74 ff.; *H. Schaumburg* (Fn. 30), 423 ff.; *K. Vogel* (Fn. 47), Einl. Rz. 2 ff.

52 So auch der Begriff der „juristischen Doppelbesteuerung" im amtlichen Kommentar zu Art. 23 OECD-Musterabkommen, Tz. 1: Dieselben Einkünfte oder dasselbe Vermögen werden bei derselben Person durch mehr als einen Staat besteuert.

53 Ausf. *O. H. Jacobs,* Internationale Unternehmensbesteuerung[2], München 1991, 17 ff.; *J. Mössner,* Die Methoden zur Vermeidung der Doppelbesteuerung, DStJG Bd. 8 (1985), 135; *H. Schaumburg* (Fn. 30), 439 ff.; *K. Vogel* (Fn. 47), Art. 23; *C. Wasmer,* StStud 94, 63.

54 So die h. M., s. *H. Schaumburg* (Fn. 30), 61 f., und *K. Vogel* (Fn. 38).

sie auch als unilaterale Maßnahme üblich ist. Hingegen befolgt die *Freistellungsmethode* konsequent das Quellenprinzip, weil sie allein dem Quellenstaat das Besteuerungsrecht beläßt. Im übrigen verwirklicht auch das Quellenprinzip die Totalität der Besteuerung, eben nur nicht zugunsten eines einzigen Staates. Die Totalität der Besteuerung nach dem Quellenprinzip kann aber von einem einzigen Staat zu leisten sein: Im Falle der sog. *Grenzgängerbesteuerung* (s. § 9 Rz. 28 ff.) stellt sich nämlich die Frage, ob der Quellenstaat nicht verpflichtet ist, die gesamten Umstände steuerlicher Leistungsfähigkeit zu berücksichtigen, wenn sämtliche Einkünfte im Quellenstaat erwirtschaftet werden.

45 d) **Harmonisierungsfunktion des IStR:** Die o. g. (Rz. 32) Prinzipien der *Steuergleichheit* und *Wettbewerbsneutralität* gebieten schließlich die Harmonisierung von Steuerfolgen. Die Verschiedenheit der Steuerrechtsordnungen läßt sich durch ein IStR, das Steueransprüche in bezug auf die grenzüberschreitende Tätigkeit abgrenzt und Anspruchskollisionen beseitigt, nur sehr bedingt ausgleichen. Besteuerung ist ein mehr oder weniger erheblicher *Standortfaktor,* der wesentlich außerhalb des herkömmlichen IStR angesiedelt ist, weil die meisten Steuersubjekte nicht grenzüberschreitend tätig werden. Je größer jedoch der Anteil internationaler Betätigung wird, desto stärker wird der Druck auf die Staaten, für internationale Steuergleichheit und Wettbewerbsneutralität zu sorgen. Aus dem sog. Wettbewerb der Steuersysteme in der zunehmenden Globalisierung der Märkte[55] wachsen dem IStR neue Aufgaben der Harmonisierung von Steuerrechtsordnungen zu.

46 Die **Neutralitätseffekte** des kollisionsauflösenden IStR sind begrenzt[56]. Die Anrechnungsmethode hat den Effekt, daß binnenwirtschaftlich tätige Unternehmen und Exportunternehmen gleichgestellt werden (sog. *Kapitalexportneutralität*). Die Freistellungsmethode verwirklicht die sog. *Kapitalimportneutralität,* indem ausländische Investoren und ihre Konkurrenten gleicher Besteuerung unterworfen werden. Derartige Neutralitätseffekte verbessern nur geringfügig die internationale Steuerneutralität, nach der es steuerlich gleichgültig wäre, an welchem Ort, im Inland- oder im Ausland, sodann in welchen Ländern die wirtschaftliche Tätigkeit entfaltet wird. Antworten auf die Frage, in welchem Umfang die sog. Globalisierung der Märkte dazu zwingt, die Verschiedenheit der Steuerrechtsordnungen zugunsten der internationalen Steuerneutralität preiszugeben, liefert exemplarisch der **Europäische Binnenmarkt** und damit die **Entwicklung des europäischen Steuerrechts.** Während das kollisionsauflösende IStR die nationalen Steuertatbestände wohl beschränkt (Rz. 40), im übrigen aber auf den *Inhalt des nationalen Steuerrechts* nicht einwirkt, ist das europäische Steuerrecht darauf angelegt, die nationalen Steuerrechtsordnungen inhaltlich anzugleichen und damit der internationalen Steuerneutralität eine gegenüber dem kollisionsauflösenden IStR *fortgeschrittene Qualität* zu vermitteln[57]. Demnach ist das europäische Steuerrecht **Teil des IStR,** soweit es harmonisierend die Besteuerung des internationalen Wirtschaftsverkehrs gestaltet und damit die Aufgabe des IStR erfüllt, die nationalen Steuerrechtsordnungen möglichst diskriminationsfrei und wettbewerbsneutral aufeinander abzustimmen (Rz. 32)[58]. Soweit

55 Dazu *H. Becker,* Unternehmensbesteuerung als Standortproblem, DStJG Bd. 17 (1994), 195.

56 Ausf. zur Kapitalexport-/Kapitalimportneutralität *O. H. Jacobs* (Fn. 53), 24 ff.; *H. Schaumburg* (Fn. 30), 442/444; *K. Vogel* (Fn. 47), Einl. Rz. 24, Art. 23 Rz. 40, und krit. *ders.* (Fn. 57), StuW 93, 386 ff. (verfehlte Unterscheidung).

57 Grundsätzlich hierzu *K. Vogel,* Harmonisierung des Internationalen Steuerrechts in Europa als Alternative zur Harmonisierung des (materiellen) Körperschaftsteuerrechts, StuW 93, 380. *K. Vogel* präferiert die Freistellungsmethode und konstatiert (385/386): „Nur soweit das Internationale Steuerrecht Neutralität nicht gewährleisten kann, ist eine Angleichung des materiellen Steuerrechts zulässig."

58 Zum Verhältnis des Internationalen Steuerrechts zum Europarecht *K. Vogel* (Fn. 57); *ders.,* Taxation of Cross-Border Income, Harmonization, and Taxation, and Tax Neutrality under

das europäische Steuerrecht Normen mit Steuerfolgen außerhalb des internationalen Wirtschaftsverkehrs erfaßt, reicht es über den Begriff des IStR (s. Rz. 32) hinaus.

3.3 Europäisches Steuerrecht

Literatur: (bis 1990: s. Vorauflage S. 187); *R. Voß*, Steuern in Europa, DStR 91, 925; *N. Dautzenberg*, Der Europäische Gerichtshof und die direkten Steuern, BB 92, 2400; *R. Voß*, Europäisches und nationales Steuerrecht, StuW 93, 155; *G. Saß*, Steuerharmonisierung in der EG – Perspektiven für eine Harmonisierung der Körperschaftsteuer und der Gewinnermittlung, DB 93, 113; *K. Tipke*, Die Steuerrechtsordnung, Bd. I (StRO I), 86 ff. (Steuerrecht und Europarecht); *B. Knobbe-Keuk*, Bilanz- und Unternehmenssteuerrecht[9], Köln 1993, § 8b (Gemeinschaftsrechtliche Aspekte der Unternehmensbesteuerung); *N. Krawitz*, Stand der EG-Steuerharmonisierung, SteuerStud 93, 93; *W. Schön*, Die Auslegung europäischen Steuerrechts, Das harmonisierte Steuerrecht zwischen nationalem Zivilrecht und europäischem Gemeinschaftsrecht, Köln 1993; *Streck/Olgemöller*, Das Recht der Europäischen Gemeinschaft und seine Durchsetzung in der Steuerberaterpraxis, DStR 93, 417; *J. Lang* (Hrsg.), Unternehmensbesteuerung in EU-Staaten, DStJG Bd. 16, Köln 1994.

a) Grundlage des europäischen Steuerrechts ist der **Vertrag zur Gründung der Europäischen Gemeinschaft** vom 25. 3. 1957 (EGV)[59], zuletzt reformiert durch den am 7. 2. 1992 in Maastricht unterzeichneten **Vertrag über die Europäische Union** (EUV)[60]. 47

Durch den EUV wurde die „Europäische Union" als ein den europäischen Einigungsprozeß tragender Staatenverbund[61] mit fest umrissenen Zielen[62] gegründet. Die „Grundlage der Union"[63] bilden die „Europäischen Gemeinschaften", das sind die durch den EGV konstituierte „Europäische Gemeinschaft" (EG, vormals EWG: „Europäische Wirtschaftsgemeinschaft"), die „Europäische Gemeinschaft für Kohle und Stahl" (EGKS) und die „Europäische Atomgemeinschaft" (EAG). Obgleich es üblich geworden ist, auch im steuerlichen Kontext nur noch von Staaten der „Europäischen Union" (EU-Staaten) zu sprechen, geschieht die *Harmonisierung des Steuerrechts* durch die „Europäische Gemeinschaft" (EG) auf der Grundlage des für die EG geltenden EGV. Das BVerfG hat den EUV mit Urteil vom 12. 10. 1993[64] gebilligt. Es fordert insb. eine ausreichende Verwirklichung des *Demokratieprinzips* innerhalb des Staatenverbundes, was durch Rückkoppelung des Handelns europäischer Organe an die Parlamente der EU-Staaten bzw. an das Europäi-

European Community Law, An Institutional Approach, (with comments by *J. Brands/K. v. Raad*), Deventer 1994; *Herzig/Dautzenberg*, Der EWG-Vertrag und die Doppelbesteuerungsabkommen, DB 92, 2519; *Lehner/Thömmes*, Europarecht und Internationales Steuerrecht, Münchener Schriften zum Internationalen Steuerrecht, München 1993.

59 Die alte Bezeichnung „Vertrag zur Gründung der Europäischen Wirtschaftsgemeinschaft" wurde durch den Vertrag von Maastricht in „Vertrag zur Gründung der Europäischen Gemeinschaft" umbenannt. Kommentare von *Grabitz* (Hrsg.), Loseblatt; *v. d. Groeben/v. Boeckh/Thiesing/Ehlermann* (Hrsg.), EWG-Vertrag[4], 2 Bde., 1991, und Kurzkommentar von *R. Geiger*, München 1993. Studienliteratur: *T. Oppermann*, Europarecht, München 1991 (ausf. über Steuern in § 16); *H. W. Arndt*, Europarecht, Schaeffers Grundriß des Rechts und der Wirtschaft, Heidelberg 1994.

60 Zustimmungsgesetz vom 28. 12. 1992, BGBl. II 92, 1251.

61 Art. A S. 3, 4 EUV: „Grundlage der Union sind die Europäischen Gemeinschaften, ergänzt durch die mit diesem Vertrag eingeführten Politiken und Formen der Zusammenarbeit. Aufgabe der Union ist es, die Beziehungen zwischen den Mitgliedstaaten sowie zwischen ihren Völkern kohärent und solidarisch zu gestalten."

62 Art. B EUV, u. a. Schaffung eines wirtschaftlichen und sozialen Raumes ohne Binnengrenzen, insb. einer Währungsunion mit dem Fernziel einer einheitlichen Währung, gemeinsame Außen- und Sicherheitspolitik, Entwicklung einer engen Zusammenarbeit in den Bereichen Justiz und Inneres.

63 S. Fn. 61.

64 BVerfGE 89, 155.

sche Parlament zu geschehen habe. Mit einer solchen Anforderung ist die gegenwärtige demokratieferne Rechtsetzungspraxis nicht zu vereinbaren.

48 **Rechtsquellen** des europäischen Steuerrechts sind die Verordnungen und Richtlinien des *Rates* der Europäischen Gemeinschaften, also keine Rechtsquellen des Europäischen Parlaments[65], sondern eines von den Regierungen der Mitgliedstaaten gebildeten Organs[66]. **Verordnungen** sind EG-Rechtsakte, die allgemeine Geltung haben, in allen Teilen verbindlich sind und unmittelbar in jedem Mitgliedstaat gelten (Art. 189 II EGV). Durch Verordnungen wurde die Europäische Zollunion (Art. 9 EGV) verwirklicht. Verordnungen sind der *Gemeinsame Zolltarif*[67] und der alle grundlegenden zollrechtlichen Vorschriften zusammenfassende *Zollkodex*[68]. **Richtlinien** sind EG-Rechtsakte, die für jeden Mitgliedstaat, an den sie gerichtet sind, hinsichtlich des zu erreichenden Zieles verbindlich sind, jedoch den innerstaatlichen Stellen die Wahl und Form der Mittel überlassen (Art. 189 III EGV).

49 Üblicherweise wird die Aufgabe, die nationalen Steuerrechtsordnungen anzugleichen, durch Richtlinien vollzogen. Art. 99 EGV enthält nur für die **indirekten Steuern** ein ausdrückliches Harmonisierungsgebot. Die Harmonisierung der **direkten Steuern** wird auf das *allgemeine Rechtsangleichungsgebot* in Art. 100 EGV gestützt. Der Rat hat die Richtlinien **einstimmig** (Art. 99, 100 i. V. m. 100a II EGV) auf Vorschlag der *Kommission*[69] zu erlassen. **Ziel der Steuerharmonisierung** ist die Beseitigung steuerlicher Diskriminierung auf der Grundlage der im EGV niedergelegten Diskriminierungsverbote[70] und damit zugleich die Verwirklichung der *vier Grundfreiheiten des Binnenmarkts:* Freiheit des Warenverkehrs, Freiheit der Dienstleistungen, Freiheit des Personenverkehrs und Freiheit des Kapitalverkehrs (Art. 7a II EGV[71]).

---

65 Das Europäische Parlament wird lediglich angehört (s. Fn. 69).

66 Der Rat ist das wichtigste Beschlußorgan der EG, bestehend aus jeweils einem Regierungsvertreter (Minister, Staatssekretäre) jedes Mitgliedstaats. Die Regierungsvertreter werden jeweils fachbezogen entsandt (z. B. der für Steuern zuständige Rat der Wirtschafts- und Finanzminister: ECOFIN-Rat). S. *T. Oppermann* (Fn. 59), Rz. 244 ff.; *H.-W. Arndt* (Fn. 59), 21 ff.

67 VO Nr. 2658/87 des Rates vom 23. 7. 1987, ABl. Nr. L 256/1. Das supranationale Recht wird ergänzt durch die Zolltarifverordnung vom 24. 9. 1986, BGBl. I 86, 896, die den nationalen Tarifteil regelt.

68 VO Nr. 2913/92 des Rates zur Festlegung des Zollkodex der Gemeinschaften vom 12. 10. 1992, ABl. Nr. L 302, 1, VSF Z 0200. Der Zollkodex gilt ab dem 1. 1. 1994 und löst das nationale allgemeine Zollrecht weitgehend ab. In der BRD ist insb. das Zollgesetz von 1961 außer Kraft getreten. S. *P. Witte* (Hrsg.), Zollkodex, Kommentar, München 1994; *V. Olbrich,* Der Zollkodex im Überblick, Eine Einführung in die Systematik, München 1994.

69 Die Kommission mit einem Verwaltungsapparat von ca. 15 000 Bediensteten ist Vertreterin des Gemeinschaftsinteresses und soll das „ordnungsgemäße Funktionieren und die Entwicklung des Gemeinsamen Marktes" (Art. 155 EGV) gewährleisten; sie besteht aus 17 Kommissaren, die von den Regierungen im gegenseitigen Einvernehmen ernannt werden (Einzelheiten: Art. 157 ff. EGV); *T. Oppermann* (Fn. 59), Rz. 290 ff.; *H.-W. Arndt* (Fn. 59), 26 ff. Art. 99, 100 EGV schreiben außerdem die Anhörung des Europäischen Parlaments und des Wirtschafts- und Sozialausschusses (gem. Art. 193 II EGV Vertreter der verschiedenen Gruppen des wirtschaftlichen und sozialen Lebens).

70 Hauptsächlich für *indirekte* Steuern Art. 95–98 (insbes. Warendiskriminierung) und hauptsächlich für *direkte* Steuern die Diskriminierungsverbote folgender Grundfreiheiten: Freizügigkeit der Arbeitnehmer (Art. 48 EGV), Niederlassungsfreiheit (Art. 52 EGV), Dienstleistungsfreiheit (Art. 59 EGV) und Freiheit des Kapitalverkehrs (Art. 67 EGV), sowie das allgemeine, durch die speziellen Diskriminierungsverbote weitgehend verdrängte Diskriminierungsverbot des Art. 6 EGV (Verbot jeder Diskriminierung aus Gründen der Staatsangehörigkeit).

71 Art. 7a II (vormals Art. 8a II) EGV lautet: „Der Binnenmarkt umfaßt einen Raum ohne Binnengrenzen, in dem der freie Verkehr von Waren, Personen, Dienstleistungen und Kapital gemäß den Bestimmungen dieses Vertrages gewährleistet ist".

Obgleich der Vertrag von Maastricht einerseits den Staatenverbund der EG verdichtete, festigte er andererseits die nationale Identität der Mitgliedstaaten und deren Befugnisse, indem er die **gemeinschaftsrechtlichen Grundsätze der Subsidiarität** und der **Erforderlichkeit** ausdrücklich in einem neuen Art. 3b EGV festschrieb. Das gemeinschaftsrechtliche Subsidiaritätsprinzip besagt, daß die EG in Bereichen, für die sie nicht von vorneherein ausschließlich zuständig ist, nur tätig werden darf, sofern und soweit die Ziele der in Betracht gezogenen Maßnahmen auf Ebene der Mitgliedstaaten nicht ausreichend und besser als auf Gemeinschaftsebene erreicht werden können (Art. 3b II EGV)[72]. Im weiteren dürfen die Maßnahmen der Gemeinschaft nicht über das erforderliche Maß hinausgehen (Art. 3b III EGV). 50

b) Die in Art. 99 EGV ausdrücklich angeordnete **Harmonisierung der indirekten Steuern** ist bereits weit fortgeschritten. Das gilt besonders für das *Umsatzsteuerrecht.* Hingegen ist die Freiheit des Warenverkehrs immer noch erheblich gestört durch die unterschiedlichen *Umsatzsteuersätze*[73]. Verwaltungstechnisch z. T. unerträglich ist die mit Umsatzsteuer-Binnenmarktgesetz vom 25. 8. 1992 (BGBl. I 92, 2150) umgesetzte Übergangsregelung für grenzüberschreitende Umsätze im Europäischen Binnenmarkt, die zum 1. 1. 1997 durch eine endgültige Regelung ersetzt werden soll (s. § 13 Rz. 15, 38). 51

Mit der Richtlinie 92/12/EWG des Rates vom 25. 2. 1992 über das **allgemeine Verbrauchsteuersystem** (sog. *Systemrichtlinie*)[74] wurde grundsätzlich das künftige, gemeinschaftsweit geltende System der Verbrauchsteuern fixiert; es soll nurmehr die Verbrauchsteuern auf Mineralöle, Alkohol, alkoholische Getränke und Tabakwaren umfassen[75]. **Örtliche** Verbrauch- und Aufwandsteuern (Art. 105 IIa GG) fallen grundsätzlich nicht in das Harmonisierungsgebot, da sie (wie z. B. die Hunde-, Vergnügungs-Zweitwohnungsteuer, Verpackungsteuer) als „Steuern mit örtlich bedingtem Wirkungskreis" (s. § 3 Rz. 33) keine Wirkung auf den grenzüberschreitenden Warenverkehr haben. 52

c) Die **Harmonisierung der direkten Steuern** aktiviert mit besonderer Intensität die in Art. 3b EGV niedergelegten Grundsätze der *Subsidiarität* und *Erforderlichkeit.* Während indirekte Steuern Waren und Dienstleistungen relativ losgelöst von nationalen Strukturen und Institutionen belasten, erstrecken sich die direkten Steuern auf das Einkommen und Vermögen umfassend auf die wirtschaftlichen Verhältnisse der Bürger und ihrer Unternehmen und bringen weit mehr als die indirekten Steuern die landesspezifischen Vorstellungen von Steuergerechtigkeit und Umverteilungsgerechtigkeit zum Ausdruck. Demnach sind direkte Steuern eng mit den Eigenarten einer nationalen Rechts- und Gesellschaftsordnung, mit der „nationalen Identität" eines Mitgliedsstaates verflochten. Mithin gehören die Materien der direkten Steuern grundsätzlich auf die Ebene der 53

---

72 Das EU-Urteil des BVerfG (Fn. 64) beschäftigt sich ausf. mit dem Subsidiaritätsprinzip als einem die Befugnisse der EG *beschränkenden* Prinzip. Es verpflichtet die Bundesregierung, ihren Einfluß zugunsten einer strikten Handhabung des Art. 3b II EGV geltend zu machen und damit die ihr durch Art. 23 I 1 GG auferlegte Verfassungspflicht zu erfüllen.

73 Die Richtlinie 92/77/EWG vom 19. 10. 1992 zur Ergänzung des gemeinsamen Mehrwertsteuersystems und zur Änderung der 6. EG-Richtlinie, ABl. Nr. L 316, schreibt bis zum 1. 1. 1997, dem Ende der Binnenmarkt-Übergangsregelung einen Normalsatz von mindestens 15 Prozent vor. Gegenwärtig schwanken die Umsatzsteuersätze zwischen 15 Prozent (BRD, Luxemburg, Spanien) und 25 Prozent (Dänemark).

74 ABl. Nr. L 76 vom 23. 3. 1992, 1. Zu dieser Richtlinie und den weiteren Richtlinien s. *E. Stobbe,* Die Harmonisierung der besonderen Verbrauchsteuern in der Europäischen Gemeinschaft, ZfZ 93, 170 ff., 194 ff.

75 Dazu und zum Verbrauchsteuer-Binnenmarktgesetz vom 21. 12. 1992 (BGBl. I 92, 2150): § 15 Rz. 2.

Mitgliedstaaten, so daß eine *umfassende* Harmonisierung der direkten Steuern[76] dem Subsidiaritätsgrundsatz zuwiderlaufen würde.

54 Von diesem Geiste der **Subsidiarität** sind die „Leitlinien zur Unternehmensbesteuerung" der EG-Kommission von 1990[77] getragen: Obgleich das Ausmaß der Marktstörungen durch unterschiedliche nationale Unternehmensteuern sehr wohl erkannt wird, möchte sich die EG-Kommission auf diejenigen Maßnahmen beschränken, die nach ihrer Meinung für den freien Verkehr innerhalb des Europäischen Binnenmarkts unerläßlich sind. Im übrigen will die EG-Kommission mit einem Weniger der Maßnahmen ein Mehr der Einstimmigkeit (Art. 99, 100, 100a II EGV) erreichen. Einer solchen Strategie entspricht das vom Rat am 23. 7. 1990[78] verabschiedete Paket der Fusionsrichtlinie, Mutter-Tochter-Richtlinie und der Schiedsverfahrens-Konvention (s. § 18 Rz. 25 ff.).

55 Die Begrenzung der EG-Befugnisse durch die Grundsätze der Subsidiarität und Erforderlichkeit schafft Raum für den sog. **Wettbewerb der Steuersysteme,** die Angleichung der nationalen Steuerrechtsordnungen infolge des politischen Drucks, den Steuersubjekte durch Allokationsentscheidungen ausüben. Dadurch wird der nationale Gesetzgeber auch ohne Brüsseler Aktivitäten immer stärkeren Handlungszwängen ausgesetzt. Vor diesem Hintergrund stellen sich zwei Grundfragen: Welche Elemente der Besteuerung lassen sich aus dem Kontext der nationalen Rechts- und Gesellschaftsordnungen so herauslösen, daß sie Gegenstand europaeinheitlicher Regelungen werden *können?* Und welche Elemente *müssen* Gegenstand europaeinheitlicher Regelungen werden, damit die Grundfreiheiten des Binnenmarkts Steuerwirklichkeit werden?

56 Diese Grundfragen stellen sich besonders bei der **Besteuerung von Unternehmen.** Hierzu hat das *Ruding*-Komitee[79] bemerkenswerte Perspektiven zur Angleichung der Körperschaftsteuersysteme entwickelt. Die Körperschaftsteuer besteuert die Einkommen von Unternehmen, *ohne* die persönlichen Verhältnisse der Anteilseigner zu erfassen. Damit eröffnet der Dualismus von Einkommensteuer und Körperschaftsteuer grundsätzlich die Möglichkeit, die landesspezifischen sozialpolitischen Besteuerungsmerkmale der progressiven Einkommensteuer zuzuweisen und die Körperschaftsteuern zu einem die Grundfreiheiten des Binnenmarktes nicht beeinträchtigenden System der Unternehmensbesteuerung mit einheitlichen Bemessungsgrundlagen und angeglichenen Proportionalsteuersätzen auszubauen. Diese Lösung ist allerdings nur entwicklungsfähig, wenn im wesentlichen *alle* Unternehmen der Körperschaftsteuer unterfallen. In allen EG-Mitgliedstaaten dominieren die körperschaftsteuerpflichtigen Unternehmen[80], *ausgenommen* Deutschland, wo nahezu 86 Prozent der Unternehmen *Personen*unternehmen sind[81]. Solange diese Ausnahme, etwa durch Erweiterung der Körperschaftsteuer zu einer unternehmensformneutralen Unternehmensteuer (s. § 16 Rz. 57 ff.) nicht bewältigt ist, vermag die Bundesrepublik Deutschland die sog. Europatauglichkeit ihres weitgehend

76 Von der EG-Kommission in ihrem 1967 veröffentlichten „Programm zur Harmonisierung der direkten Steuern", Bulletin der EG; Supplement 8/1967, angestrebt. Die EG-Kommission empfahl in diesem Programm u. a. die Vereinheitlichung von ESt und KSt.

77 BR-Drucks. 360/90. Dazu ausf. *H.-J. Krebs,* Die Harmonisierung der direkten Steuern für Unternehmen in der EG, BB 90, 1945, 1949 ff.

78 ABl. Nr. L 225 vom 20. 8. 1990.

79 Report of the Committee of Independent Experts (Onno Ruding, chairman; Donal de Buitléir, Jean-Louis Descours, Lorenzo Gascon, Carlo Gatto, Kenn Messere, Albert Rädler, Frans Vanistendael) on Company Taxation, Commission of the European Communities, Office for Official Publications of the European Communities, Brussels/Luxembourg 1992. Schlußfolgerungen und Empfehlungen des Ruding-Ausschusses: DB-Beilage Nr. 5/92. Zum Ruding-Bericht ausf. *A. J. Rädler,* Perspektiven der Unternehmensbesteuerung im Binnenmarkt, StbJb. 92/93, 31.

80 Vgl. *A. J. Rädler* (Fn. 79), 59/60.

81 S. *Zeitler,* BB 93, 1704, 1705.

mit dem progressiven Einkommensteuertarif verknüpften Unternehmensteuerrechts nicht herzustellen[82].

d) Die Einführung **neuer Umweltsteuern**[83] wie die von der EG-Kommission[84] empfoh- 57
lene Engergie-/CO_2-Steuer ist mit Ausnahme der örtlichen Umweltsteuern (s. Rz. 52) nur **gemeinschaftsweit** möglich, da nationale Alleingänge den grenzüberschreitenden Wettbewerb im Binnenmarkt schwer beeinträchtigen würden. Eine hohe Hürde für die Einführung neuer Steuern bildet auch das **Einstimmigkeitserfordernis** der Art. 99, 100, 100a II EGV.

e) Schließlich erhält das nationale Steuerrecht durch die **Rechtsprechung des Europäi-** 58
schen Gerichtshofs (EuGH) und der nationalen Gerichte ein europäisches Gesicht[85], indem die Verletzung von EG-Diskriminierungsverboten geltend gemacht wird wie z. B. im Falle der Besteuerung von Grenzpendlern (s. § 9 Rz. 28 ff.) und indem Steuergesetze **richtlinienkonform** ausgelegt werden (s. § 5 Rz. 60).

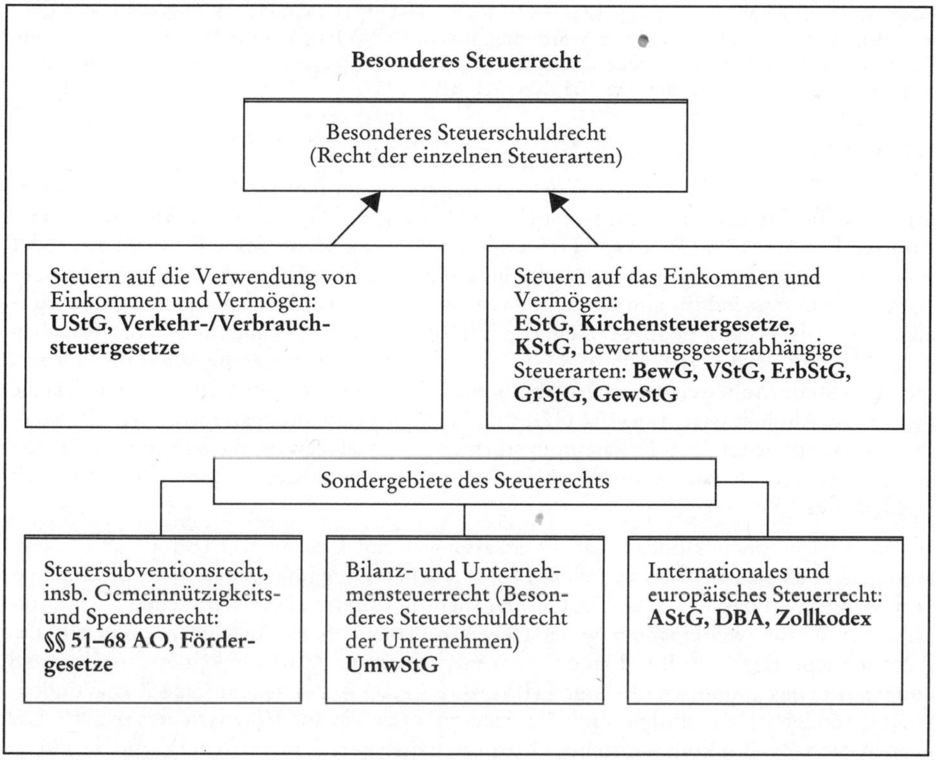

82 Dazu *J. Lang*, Das Standortsicherungsgesetz auf dem Prüfstand, StbJb. 93/94, 9 ff.

83 Dazu *M. Hilf*, Umweltabgaben als Gegenstand von Gemeinschaftsrecht und -politik, in: *Breuer/Kloepfer/Marburger/Schröder*, Umweltschutz durch Angaben und Steuern, UTR-Schriftenreihe, Bd. 16, Heidelberg 1992, 121; *M. Schröder*, Zusammenwirken von Gemeinschaftsrecht und nationalem Recht auf dem Gebiet der Umweltabgaben, DStJG Bd. 15 (1993), 87.

84 S. Mitteilung vom 14. 10. 1991, SEC (91) 1744 endg, sowie Richtlinienvorschlag vom 2. 6. 1992, ABl. Nr. C 196 vom 3. 8. 1992: Die Energie-/CO_2-Steuer mit einem Aufkommen von 50 Mrd. ECU soll durch Senkung anderer Steuern ausgeglichen werden (Grundsatz der fiskalischen Neutralität). Zu dieser Steuer *M. Hilf* (Fn. 83); *Kloepfer/Thull*, DBVBl. 92, 195; DStJG Bd. 15 (1993), 81 ff. (*P. G. Flockermann*), 91 ff. (*M. Schröder*), 134 ff., 150/151 (*J. Lang*), m. w. Nachw.

85 So *W. Schön*, Die Auslegung europäischen Steuerrechts, Köln 1993, 1.

§ 3 Finanzverfassungsrechtliche Grundlagen der Steuerrechtsordnung

Literatur: *G. Wacke*, Das Finanzwesen der Bundesrepublik, Tübingen 1950; *K. H. Friauf*, Die Finanzverfassung in der Rechtsprechung des Bundesverfassungsgerichts, Festgabe für das BVerfG, Bd. II, Tübingen 1976, 300; *K. Stern*, Das Staatsrecht der BRD, Bd. II, München 1980, 1047, 1087; Kommentierungen der Art. 105–108 GG von *K. Vogel* i. V. m. *H. Walter* (Art. 105, 106), *P. Kirchhof* (Art. 107) u. *M. Wachenhausen* (Art. 108), Zweitbearbeitung, Bonner Kommentar, Loseblatt, Heidelberg; *H. Fischer-Menshausen*, I. v. Münch (Hrsg.), GG-Kommentar[2], 1983; *T. Maunz*, Maunz/Dürig/Herzog/Scholz, Loseblatt, München; *F. Klein*, Schmidt/Bleibtreu/Klein[6], Neuwied 1983; *D. Birk*, Grundzüge der Finanzverfassung der BRD, StStud 87, 290; *K. Vogel*, Der Finanz- und Steuerstaat, HStR I (1987), 1151; *D. Birk*, Alternativkommentar, Bd. II, Neuwied 1989; *K. Vogel*, Grundzüge des Finanzrechts des Grundgesetzes, HStR IV (1990), 3 ff.; *R. Wendt*, Finanzhoheit und Finanzausgleich, HStR IV (1990), 1021; *P. Selmer/F. Kirchhof*, Grundsätze der Finanzverfassung des vereinten Deutschlands, VVDStRL 52 (1993), 10, 74; *F. Klein*, Grundlagen des staatlichen Finanzrechts (Finanzverfassungsrecht), in: F. Klein (Hrsg.), Öffentliches Finanzrecht, Neuwied u. a. 1993, 1; *K. Tipke*, Die Steuerrechtsordnung, Bd. III (StRO III), Köln 1993, 1082 ff.; *ders.*, Vom Konglomerat herkömmlicher Steuern zum System gerechter Steuern, Steuerreformen und Gleichheitssatz unter dem Aspekt der Art. 105, 106 GG, BB 94, 437.

1. Einführung

1 a) Abschnitt X (Das Finanzwesen) des Grundgesetzes umfaßt zwei Komplexe: das **bundesstaatliche Finanzverfassungsrecht** (Art. 104a–108 GG) und das **Haushaltsverfassungsrecht** (Art. 109–115 GG)[1]. Das Finanzverfassungsrecht des GG regelt nach der *Ausgabenzuständigkeit* von Bund und Ländern in Art. 104a GG nicht die Einnahmenzuständigkeit umfassend für alle Arten von Abgaben (Steuern, Gebühren, Beiträge, Sonderabgaben), wie es aus heutiger Sicht im Hinblick auf den Wildwuchs von Abgaben sinnvoll wäre[2]. In den Art. 105–108 GG sind vielmehr nur Zuständigkeiten für Steuern, die sog. **Steuerhoheiten** normiert: die Steuergesetzgebungshoheit (Art. 105 GG), die Steuerertragshoheit (Art. 106, 107 GG) und die Steuerverwaltungshoheit (Art. 108 GG). Diese Steuerhoheiten sind Erscheinungsformen der Staatsgewalt, die sich auf das Staatsgebiet erstreckt. Deshalb kann die Steuerhoheit zunächst als eine *räumliche* verstanden werden (s. § 2 Rz. 33).

2 Indessen ist in einem Bundesstaat die Staatsgewalt auf Gesamtstaat (Bund) und Gliedstaaten (Länder) *sachlich* zu verteilen. Einem solchen Regelungszweck dient das Finanzverfassungsrecht der Art. 105–108 GG. Es sucht in differenzierter, und eben auch komplizierter Weise zwei einander widerstrebende Prinzipien auszugleichen, einerseits das Autonomieprinzip, das Bund und Ländern gesonderte Zuständigkeiten zuweist, und andererseits das „bündische Prinzip" (BVerfGE 72, 330), das gemeinsame Zuständigkeiten begründet[3]. Demzufolge sind die Steuern nach einem *Mischsystem* verteilt[4]: Die großen Steuern (Einkommensteuer, Körperschaftsteuer, Umsatzsteuer) sind in einem Verbundsystem der **Gemeinschaftsteuern** (Art. 106 III 1 GG) mit quotenmäßiger Aufteilung zusammengefaßt (s. Art. 106 III, IV GG u. Rz. 42). Die übrigen Steuern werden

1 *K. Stern*, Das Staatsrecht der BRD, Bd. II, München 1980, 1051 f.

2 So *F. Kirchhof*, VVDStRL 52 (1993), 95 ff.

3 *K. Vogel*, HStR IV (1990), 10 f.

4 Idealtypisch kann die Steuerhoheit allein beim Gesamtstaat liegen, der sodann den Gliedstaaten die nötigen Mittel zuweist (*Gesamtverbundsystem*), oder die Steuerhoheit liegt allein bei den Gliedstaaten, die dem Gesamtstaat die nötigen Mittel überweisen (*Überweisungssystem*), oder jede Körperschaft hat Steuerautonomie für alle Steuergüter, so daß sich innerstaatliche Doppelbesteuerungen ergeben (*Konkurrenz- oder Parallelsystem*). Dazu näher *K. Tipke*, StRO III, Köln 1993, 1079 ff.

nach einem Trennsystem entweder vollständig dem Bund (s. Art. 106 I GG u. Rz. 39) oder vollständig den Ländern (s. Art. 106 II GG u. Rz. 40) zugewiesen.

b) Demnach ist das bundesstaatliche Finanzverfassungsrecht **Staatsorganisationsrecht,** 3
dessen Funktion nicht in einer materiellen Ausgestaltung der Steuerrechtsordnung besteht. Der Katalog der Steuerarten in Art. 106 GG bildet lediglich eine historische Bestandsaufnahme von Steuern und beruht nicht auf konkreten Wertentscheidungen des Verfassungsgebers zu einer gerechten Aufteilung der Steuerlasten auf die Steuerpflichtigen[5]. Schon die mangelnde Systematik des Art. 106 GG läßt klar erkennen, daß der Verfassungsgeber nicht über ein für die Steuerschuldner gerechtes oder gar nur zweckmäßiges Steuersystem mit dem Ziel reflektiert hat, eine **ethisch rationale** und damit **zeitlos gültige Steuergrundordnung** schaffen zu wollen[6]. Er hatte vielmehr nur die andere Seite, die der Steuergläubiger (s. § 2 Rz. 14), im Blickfeld und verteilte unter die Gebietskörperschaften der bundesstaatlichen Ordnung das Aufkommen aus einem historischen Konglomerat real existierender Steuern.

Allerdings sind die Fragen lebhaft **umstritten,** ob und ggf. inwieweit die Regelung des Art. 106 GG 4
das sog. **Steuererfindungsrecht** der nach Art. 105 GG gesetzgebungsbefugten Körperschaften **limitiert,** der Einführung neuer Steuern oder gar einer Fundamentalrevision der Steuerrechtsordnung entgegensteht. *G. Wacke*[7] hat die Auffassung begründet, daß der Abschnitt „Finanzwesen" des Grundgesetzes das Steuersystem verfassungsrechtlich festlege. Die h. M.[8] folgt zwar nicht der Meinung von *G. Wacke,* daß die Finanzverfassung den Bestand der herkömmlichen Steuern sichere[9]; jedoch soll die Einführung *neuer* Steuern nur zulässig sein, soweit sie unter einen der Begriffe des Art. 106 GG subsumiert werden können. Demgegenüber vertreten namentlich *H. Fischer-Menshausen*[10], *R. Wendt*[11] und nachdrücklich *K. Tipke*[12] den Standpunkt, daß Art. 106 GG nicht als abschließender Katalog verfassungsrechtlich zulässiger Steuern interpretiert werden dürfe[13]. Derartige Beschränkungen enthalte die Regelung der Gesetzgebungshoheit in Art. 105 GG nicht. Führe demnach der nach Maßgabe des Art. 105 GG befugte Gesetzgeber eine neue Steuer ein, die sich einer der in Art. 106 GG aufgeführten Steuerarten nicht zuordnen lasse, so entstünde in Art. 106 GG eine nachträgliche Lücke, die der Verfassungsgeber zu schließen habe[14].

In einer rechtsstaatlichen Ordnung muß die **gerechte Verteilung der Gesamtsteuerlast** 5
auf die Steuerpflichtigen grundsätzlich **Vorrang vor der angemessenen Verteilung des Steueraufkommens** auf Bund, Länder und Gemeinden haben[15]. Jedoch hängt die Regelung des Steuertatbestandes insofern von einer Regelung in Art. 106 GG ab, als dort die *Gläubigerseite* normiert ist. Ein Steueranspruch ist erst dann vollstandig normiert, wenn bestimmt ist, wer den Steueranspruch innehat. Die Regelung der Ertragshoheit ist im Rahmen der bundesstaatlichen Verteilung des Steueraufkommens dem Verfassungsgeber vorbehalten, so daß **Art. 106 GG** dem Steuergesetzgeber einen **Handlungsrahmen** vorgibt. Dieser Handlungsrahmen dient aber **nur dem Zweck der Aufkommensverteilung**

5 Grundlegend *K. Tipke,* StRO III, 1088 ff.; *ders.,* BB 94, 437.
6 *R. Wendt,* Finanzhoheit und Finanzausgleich, HStR IV (1990), 1021, 1040 f.
7 Das Finanzwesen der Bundesrepublik, Tübingen 1950, 62 ff. Im wesentlichen zustimmend *Vogel/Walter,* Bonner Kommentar, Art. 106 Rnrn. 159 ff. mit zahlr. Nachw. der krit. Literatur.
8 *Vogel/Walter* (Fn. 7), Rnrn. 209 ff. (verfassungskräftige Gestalt der Steuertypen); *D. Birk,* Alternativkommentar, Art. 106, Rnr. 6; *K. Stern* (Fn. 1), 1119, 1120; *K. Vogel* (Fn. 3), 3, 23 f.; *ders.,* JZ 93, 1125.
9 Vgl. *K. Vogel* (Fn. 3), 24 (dort Fn. 108).
10 *I. v. Münch,* GG-Kommentar, Bd. 3[2], 1983 Art. 106 Rnrn. 16 f.
11 S. Fn. 6.
12 S. Fn. 5.
13 So insb. auch *F. Klein,* Schmidt-Bleibtreu/Klein, Kommentar zum GG[7], Neuwied 1990, Art. 106 Rn. 7. Abw. von der h. M. auch *T. Maunz,* Maunz/Dürig, GG, Art. 106 Rn. 19/20: Zuordnung zu einer Gruppe der Steuern vom Einkommen, vom Vermögen etc. genügt.
14 *K. Tipke,* StRO III, 1095.
15 *K. Tipke,* StRO III, 1093.

und kann deshalb nicht dazu dienen, herkömmliche Steuerarten oder herkömmliche Besteuerungsformen verfassungsrechtlich zu institutionalisieren. Das bedeutet, daß Steuern abgeschafft werden können und daß die in Art. 106 GG verwendeten Begriffe der Steuerarten *materiellen Minimalgehalt* haben, die gegenüber dem Wandel der Anschauungen über Formen „richtiger" Besteuerung weit offen sind; dementsprechend gestattet Art. 106 GG die Einführung neuer, auch neuartiger Steuern und grundlegende Reformen bestehender Steuern[16], kurzum fundamentale Steuerreformen, die i. d. R. nur überparteilich geleistet werden können, so daß der realpolitische Rahmen weit enger als der des Art. 106 GG gesteckt ist.

6 Beispiele: In der Vergangenheit sind insb. Steuern des Art. 106 I GG, die Straßengüterverkehrsteuer, die Gesellschaftsteuer (als Kapitalverkehrsteuer), die Wechselsteuer und die Lastenausgleichsabgaben abgeschafft worden, was von der h. M.[17] verfassungsrechtlich nicht beanstandet wird. Der Wechsel von der Allphasen-Brutto-Umsatzsteuer zur Mehrwertsteuer (s. § 13 Rz. 3) war fundamental und gleichwohl verfassungsrechtlich zulässig[18]. Dementsprechend würde die Umgestaltung der Einkommensteuer in eine Steuer auf das *konsumierte Einkommen*[19] oder die Erweiterung der Körperschaftsteuer zu einer rechtsformneutralen *Unternehmensteuer*[20] ohne Änderung des Art. 106 III GG und damit der Gläubigerregelung als Gemeinschaftssteuer zulässig sein. Hingegen würde eine nationale Energie-/CO_2-Steuer (s. § 2 Rz. 57) den Handlungsrahmen des Art. 106 GG sprengen[21]. Diese Steuer ist nicht nur eine Produktionsmittelsteuer, die sich dem Verbrauchsteuerbegriff in Art. 106 I Nr. 2 GG nicht zuordnen läßt (s. Rz. 32). Sie soll zudem nach dem Grundsatz der fiskalischen Neutralität zu Lasten anderer Steuern aufkommensneutral sein[22], und müßte u. U. in das Verbundsystem der Gemeinschaftsteuern (Art. 106 III GG) einbezogen werden. Dazu bedarf es einer Änderung des Art. 106 GG, entweder vorher oder uno actu mit dem Gesetz zur Einführung der neuen Steuer, das vor Angleichung des Handlungsrahmens verfassungswidrig wäre[23].

7 c) Nach alledem sind die für den Steuerpflichtigen relevanten **materiellen Grundwertungen** der Steuerrechtsordnung nicht dem Finanzverfassungsrecht, sondern anderen Teilen des Grundgesetzes, so insb. dem Abschnitt I (Die Grundrechte) und den Strukturpinzipien der Verfassung (Rechtsstaatsprinzip, Sozialstaatsprinzip) zu entnehmen (siehe § 4). Zu materiellen Grundwertungen der Steuerrechtsordnung enthält das Grundgesetz *keine ausdrücklichen* Bestimmungen.

8 Demgegenüber war in Art. 134 WRV die Besteuerung nach der Leistungsfähigkeit festgeschrieben[24]. Auch in vielen geltenden Verfassungen ist das Leistungsfähigkeitsprinzip entsprechend dem

---

16 A. A. die in Fn. 8 zit. h. M., die an „geschichtlich entwickelte, präkonstitutionelle Steuerbilder" anknüpft und neue Steuern nur zuläßt, wenn sie den in Art. 106 GG genannten Steuertypen gleichartig (wie Art. 105 IIa GG) sind, oder wenn bei der Reform bestehender Steuern der Gleichartigkeitsrahmen nicht überschritten wird (grundl. *Vogel/Walter,* Fn. 7, Rnrn. 209 ff.).

17 Insoweit abweichend von *G. Wacke* (Fn. 7).

18 Nach h. M. wurde hier der Gleichartigkeitsrahmen nicht überschritten (s. *Vogel/Walter,* Fn. 7, Rnr. 212).

19 Vgl. *K. Tipke,* StRO II, 570 ff., sowie erst recht der Entwurf einer sparbereinigten Markteinkommensteuer in: *J. Lang,* Entwurf eines Steuergesetzbuchs, BMF-Schriftenreihe, Heft 49, Bonn 1993, insb. Rz. 473 ff. Entgegen der Auffassung von *D. Birk,* Verfassungsrechtliche Grenzen der Konsumbesteuerung, in: *M. Rose* (Hrsg.), Konsumorientierte Neuordnung des Steuersystems, Heidelberg 1991, 351, 358 ff., würde ich selbst die außerhalb jeder politischen Realisierbarkeit angesiedelte persönliche Ausgabensteuer als Variante der Einkommensteuer (sog. konsumbasierte ESt) anerkennen.

20 Entweder ohne Anrechnungsverfahren (so *K. Tipke,* StRO II, 1025 ff.; *ders.,* BB 94, 442) oder mit Anrechnungsverfahren (so *J. Lang,* Fn. 19, 179 ff.). Der Wortlaut „Körperschaftsteuer" bildet auch nach *Vogel/Walter* (Fn. 7), Rnr. 210, kein Hindernis.

21 Dazu näher *Kloepfer/Thull,* DVBl. 92, 195; *J. Lang,* DStJG Bd. 15 (1993), 134 ff.

22 S. § 2 Rz. 57, Fn. 84, und *J. Lang,* DStJG Bd. 15 (1993), 150 f.

23 So die h. M., zuletzt *K. Vogel,* JZ 93, 1125. A. A. *K. Tipke,* StRO III, 1095; *ders.,* BB 94, 442.

24 S. das Zitat in § 4 Rz. 82 und *A. Hensel* (§ 4 Rz. 82 Fn. 32).

Vorbild in Art. 13 der französischen Erklärung der Menschen- und Bürgerrechte von 1798 ausdrücklich verankert[25]. Darüber hinaus enthalten einige Verfassungen konkrete materielle Festlegungen, z. B. die Progressivität der Besteuerung (u. a. Italien, Spanien), das Verbot steuerlicher Privilegierung (Art. 112 I der belgischen Verfassung) oder gar ein konkretes Steuerprogramm wie das Ziel „egalitärer Vermögens- und Einkommensverteilung" (Art. 106 I der portugiesischen Verfassung). Die praktischen Erfahrungen und besonders auch der Streit um Art. 106 GG lehren, daß **konstitutionelle Konkretisierungen oder Begrenzungen der Besteuerung**[26] nicht den Effekt haben, die Situation des Steuerrechts zu verbessern, z. B. das belgische Steuerrecht privilegienfrei zu gewährleisten, die Besteuerung nach der Leistungsfähigkeit oder ein sozialistisches Steuerprogramm[27] zu effektuieren. Vielmehr wird das Ringen um ein besseres Steuerrecht lediglich zum Thema verfassungsrechtlicher Zulässigkeit gemacht, was die Prozeßflut anschwellen läßt, den Fortschritt des Steuerrechts aber eher hemmt als fördert[28]. Daher ist das Schweigen des Grundgesetzes zu materiellen Inhalten der Besteuerung nicht als Nachteil zu bewerten, eine Einfügung steuerrechtlicher Programmsätze in das Grundgesetz nicht erforderlich[29]. Letztlich liegt es überall nicht so sehr am Verfassungstext als vielmehr an der durch Legislative, Rechtsprechung und Exekutive geschaffenen *Verfassungswirklichkeit,* wieviel Recht und Gerechtigkeit eine Steuerrechtsordnung gewährt.

2. Der Steuerbegriff; Abgrenzung von anderen Abgaben

Literatur: Kommentare zu Art. 105 GG (vor Rz. 1) und zu § 3 AO (s. § 2 vor Rz. 10); *G. Wacke,* Das Finanzwesen der Bundesrepublik, Tübingen 1950; *K.-H. Friauf,* Verfassungsrechtliche Grenzen der Wirtschaftslenkung und Sozialgestaltung durch Steuergesetze, Tübingen 1966; *P. Selmer,* Steuerinterventionismus und Verfassungsrecht, Frankfurt/M 1972; *W. Knies,* Steuerzweck und Steuerbegriff, München 1976; *K. Stern,* Das Staatsrecht der Bundesrepublik Deutschland, II, München 1980, 1094 ff.; *D. Birk,* Steuerrecht und Steuerbegriff, StStud 86, 162; *ders.,* Steuerrecht I, Allgemeines Steuerrecht, München 1988, 26 ff.; *P. Kirchhof,* Staatliche Einnahmen, HStR IV (1990), 110 ff.; *H. W. Kruse,* Lehrbuch des Steuerrechts, Bd. I, Allgemeiner Teil, München 1991, 29 ff.; *K. Tipke,* Die Steuerrechtsordnung, Bd. III (StRO III), Köln 1993, 1051 ff.

2.1 Verfassungsrechtlicher Inhalt und Bedeutung des Steuerbegriffs

Die Legaldefinition der Steuer in § 3 I 1 AO hat in der Steuerpraxis keine nennenswerte 9
Bedeutung[30]. Der Steuerbegriff wird vielmehr hauptsächlich für die **Abgrenzung** der in den Art. 105–108 GG normierten **Steuerhoheiten** benötigt. Er ist relevant für die Fragen der verfassungsrechtlichen Zulässigkeit von Abgaben, die als Steuer, aber auch als Gebühren, Beiträge oder Sonderabgaben qualifiziert werden können. Im übrigen kann der

25 Art. 13 der Erklärung der Menschen- und Bürgerrechte vom 26. 8. 1789, und z. B. Art. 53 I der italienischen, Art. 31 der spanischen, Art. 4 V der griechischen Verfassung. Umfassender Überblick von *K. Tipke,* StRO I, 485 ff.

26 Dazu *K. Vogel,* Verfassungsgrenzen für Steuern und Staatsausgaben?, in: FS für Maunz, 1981, 424; *ders.,* Der Finanz- und Steuerstaat, HStR I (1987), 1183 f.; *K. Tipke,* StRO I, 461 ff. (zur Situation in den USA und der Schweiz); *Schemmel/Borell,* Verfassungsgrenzen für Steuerstaat und Staatshaushalt, Ein Beitrag zur Reform der Finanverfassung, Wiesbaden 1992; *J. Lang* (Fn. 19), 14 ff., sowie die von *H. U. Schneider* angeregte Diskussion zur Aufnahme von Leistungsfähigkeitsprinzip und Steuergrenzen in die Verfassung, StuW 94, 58 ff. (*K. Tipke*).

27 Die Verfassung hat Portugal nicht daran gehindert, auf Madeira eine Steueroase für flüchtendes Kapital einzurichten.

28 Auch *K. Tipke,* StuW 94, 60, befürchtet eine Flut von Steuer- und Verfassungsprozessen, wenn nicht mit einer Einführung des Leistungsfähigkeitsprinzips in die Verfassung zugleich ein Steuergesetzbuch verabschiedet wird, das dem Leistungsfähigkeitsprinzip durchgehend entspricht.

29 Der Bericht der Gemeinsamen Verfassungskommission, BT-Drucks. 12/6000 vom 5. 11. 1993, hat sich mit Fragen der Finanzverfassung aus Zeitgründen nicht befassen können (s. S. 114). *F. Kirchhof* (Fn. 2), 74, lehnt die Aufnahme des Leistungsfähigkeitsprinzips in die Verfassung nachdrücklich ab.

30 *K. Tipke,* StRO III, 1052: „Viele Steuerberater und Steuerbeamte werden ein Berufsleben lang nicht mit der Frage konfrontiert, was den Begriff der Steuer ausmacht . . .".

Steuerbegriff überall dort verfassungsrechtlich relevant werden, wo der verfassungsrechtliche Inhalt steuerbegriffsabhängiger Institutionen zu eruieren ist[31].

10 Das BVerfG[32] vertritt in st. Rspr. die Auffassung, daß der Verfassungsgeber den einfachgesetzlichen Steuerbegriff in § 1 der Reichsabgabenordnung von 1919 (s. § 2 Rz. 11) übernommen habe (sog. Rezeptionsargument)[33]. Der auf *Otto Mayer* zurückgehende Steuerbegriff der RAO[34] brachte indessen nicht hinreichend zum Ausdruck, daß Steuern auch wirtschaftslenkenden Charakter haben können. Insoweit bedurfte der historische Steuerbegriff der Ergänzung. Der verfassungsrechtliche Steuerbegriff hat auch der Notwendigkeit Rechnung zu tragen, „daß die Steuer in der modernen Industriegesellschaft zwangsläufig auch zum zentralen Lenkungsinstrument aktiver staatlicher Wirtschafts- und Gesellschaftspolitik geworden ist“[35] (s. §§ 19, 20). Der Gesetzgeber der AO 1977 (s. § 2 Rz. 11) hat dem Lenkungscharakter der Steuer durch Anfügung des § 3 I 1 2. Halbsatz AO Rechnung getragen. § 3 I 1 2. Halbsatz AO läßt es zu, daß der fiskalische Hauptzweck „Erzielung von Einnahmen“ gegenüber dem von der Steuer in erster Linie verfolgten Sozialzweck (s. § 4 Rz. 21 f.) zu einem Nebenzweck degradiert wird. Der Fiskalzweck „Erzielung von Einnahmen“ darf aber nicht gänzlich wegfallen. Der Steuerbegriff ist nicht erfüllt, wenn die Abgabe lediglich dem Zweck dienen soll, den Betroffenen wirtschaftlich zu „erdrosseln“[36]. Insofern korrespondiert das Verbot der Erdrosselungssteuer (s. § 4 Rz. 213) mit dem Steuerbegriff.

11 Das klassische Beispiel für eine Sozialzwecksteuer mit fiskalischem Nebenzweck (sog. **Lenkungsteuer**) ist der Schutzzoll[37]. Er dient heutzutage nicht mehr der Warenstromerdrosselung, sondern der -regulierung (s. § 2 Rz. 34). Eine typische Lenkungsteuer ist auch die Werkfernverkehrsteuer[38]. Steuern zum Schutze der Umwelt (sog. Öko-Steuern, s. § 8 Rz. 58 ff.) sind Lenkungsteuern mit wachsender Bedeutung. Tabaksteuern und Alkoholsteuern können als Lenkungsteuern zum Schutze der Volksgesundheit qualifiziert werden.

Im einfachgesetzlichen Bereich hat der Steuerbegriff vor allem Bedeutung für den Anwendungsbereich der Abgabenordnung (§ 1 AO), die Aufgaben der Finanzverwaltung nach dem Gesetz über die Finanzverwaltung (s. § 22 Rz. 30 ff.) und die Art des Rechtsschutzes (Einspruch/Beschwerde nach den §§ 347 ff. AO sowie Finanzrechtsweg nach § 33 FGO).

---

31 Beispiel: Geltung des Steuergeheimnisses gegenüber Parlamentarischen Untersuchungsausschüssen (vgl. BVerfGE 67, 100, 143).

32 BVerfGE 3, 407, 435; 4, 7, 13 f.; 7, 244, 251 f.; 8, 274, 317; 10, 372, 380 f.; 29, 402, 408 f.; 36, 66, 70; 38, 61, 79 f.; 42, 223, 228; 49, 343, 353; 55, 274, 299; 65, 325, 344 (Zweitwohnungsteuer); 67, 256, 282 (Investitionshilfeabgabe).

33 Dazu *D. Birk,* Steuerrecht I, Allgemeines Steuerrecht, München 1988, 26 ff.; *W. Knies,* Steuerzweck und Steuerbegriff, München 1976.

34 S. *H. W. Kruse,* Lehrbuch des Steuerrechts, Bd. I, München 1991, 29 f.

35 So BVerfGE 67, 256, 282 (Investitionshilfeabgabe). Zum wirtschaftslenkenden Charakter von Steuern BVerfGE 3, 407, 436; 6, 55, 81; 7, 244, 251; 13, 331, 345 f.; 16, 147, 161; 19, 101, 114; 19, 119, 125; 30, 250, 264; *K.-H. Friauf,* Verfassungsrechtliche Grenzen der Wirtschaftslenkung und Sozialgestaltung durch Steuergesetze, 1966; *P. Selmer,* Steuerinterventionismus und Verfassungsrecht, 1972; *W. Knies* (Fn. 33); *K. Vogel,* JbFSt. 1968/69, 225; *K. Vogel/H. Walter,* Bonner Kommentar zum GG, Art. 105 Rnrn. 47 ff.; *C. Starck,* in: FS für G. Wacke, Köln 1972, 193 ff.; *H. G. Ruppe,* Das Abgabenrecht als Lenkungsinstrument . . ., in: Verhandlungen des 8. österr. Juristentages in Graz (1982), Bd. I, 1. Teil A, Wien 1982.

36 Dazu ausf. m. w. Nachw. *Tipke/Kruse,* AO, § 1 Tz. 13.

37 Dazu *W. Knies* (Fn. 33), 8 ff.

38 BVerfGE 16, 147. Exemplarisch auch die Investitionshilfe der gewerblichen Wirtschaft (BGBl. I 52, 7; BVerfGE 4, 7) und der Konjunkturzuschlag (BGBl. I 70, 1125; BVerfGE 29, 402, 409).

2.2 Die Merkmale des Steuerbegriffs in § 3 I 1 AO

12 a) Die Legaldefinition des Steuerbegriffs in § 3 I 1 AO lautet: Steuern sind Geldleistungen, die nicht eine Gegenleistung für eine besondere Leistung darstellen und von einem öffentlich-rechtlichen Gemeinwesen zur Erzielung von Einnahmen allen auferlegt werden, bei denen der Tatbestand zutrifft, an den das Gesetz die Leistungspflicht knüpft; die Erzielung von Einnahmen kann Nebenzweck sein.

b) Demnach bestimmt § 3 I 1 AO folgende Merkmale des Steuerbegriffs:

13 aa) Die Steuer ist eine **Geldleistung;** nicht erfaßt werden also Natuaralleistungen, Hand- und Spanndienste, Wehrdienst, Feuerwehrdienst, Melde-, Anzeige- und andere Mitwirkungspflichten, Schöffenpflicht etc.

Da Naturalleistungen, wie Hand- und Spanndienste, Wehrdienst, Feuerwehrdienst, sich nach Zweck und Wirkung *wirtschaftlich* nicht von Steuern unterscheiden, verlangt die ausgleichende Gerechtigkeit jedoch, daß solche Naturalleistungen entweder auf die Steuerschuld angerechnet oder alle diejenigen, die keine Naturalleistungen erbringen, mit einer Ausgleichsteuer belegt werden. Das geschieht indessen durchweg nicht. Eine Ausgleichsabgabe ist allerdings die Feuerwehrabgabe.

14 bb) Die Steuer dient der **allgemeinen Deckung** des öffentlichen Finanzbedarfs, der Erfüllung öffentlicher Aufgaben. Sie ist **keine Gegenleistung für eine besondere Leistung** einer öffentlich-rechtlichen Körperschaft; sie ist nicht auf individuelle Äquivalenz angelegt; dadurch unterscheidet sie sich von der Gebühr (s. Rz. 18, 19) und vom Beitrag (s. Rz. 20), den sog. Kausalabgaben.

Da die Steuer keine Kausalabgabe ist, die Bürger die Wohltaten der öffentlichen Hand auch erhalten, wenn sie die geschuldete Steuer hinterziehen, geben nicht wenige dem Anreiz zur Steuerhinterziehung nach; sie werden zu „Trittbrettfahrern" („freeridern").

15 cc) Die Geldleistung muß **von einem öffentlich-rechtlichen Gemeinwesen** (Bund, Land, Gemeinde, Kirche) – hoheitlich – **auferlegt** sein; folglich scheiden vertragliche und freiwillige Zahlungen sowie Zahlungen an andere Institutionen aus.

16 dd) Die Geldleistung muß – mindestens nebenzwecklich – zur Erzielung von Einnahmen auferlegt sein, zur Deckung des Finanzbedarfs. Folglich werden nicht erfaßt: Geldstrafen, Bußgelder, Zwangsgelder, Säumnis- und Verspätungszuschläge, Zinsen, Kosten; solche in Steuergesetzen vorgesehenen Geldschulden werden aber zum Teil als Ansprüche aus dem Steuerschuldverhältnis (§ 37 I i. V. mit § 3 III AO) den Steuern gleichbehandelt (vgl. etwa §§ 222, 226, 227, 228 AO).

Die Einnahmen müssen endgültig erzielt werden, dürfen nicht zur Rückzahlung vorgesehen sein. Daher war die sog. Zwangsanleihe nach dem Haushaltsbegleitgesetz 1983 *keine Steuer*[39].

17 ee) Die Geldleistung muß **allen** auferlegt sein, bei denen der **Tatbestand** zutrifft, an den das Gesetz die Leistungspflicht knüpft. Dieser Passus zielt auf Gleichmäßigkeit (Allgemeinheit) und Tatbestandsmäßigkeit (Gesetzmäßigkeit) der Besteuerung (s. § 4 Rz. 65).

2.3 Gebühren

Literatur: *Schröter,* Der Rechtsbegriff der Gebühr, VJSchrStFR 1931, 718 ff.; *Lambert,* Die Grundzüge eines modernen Rechts der gemeindlichen Gebühren und Beiträge, Diss. Köln 1967; *Hansmeyer/Fürst,* Die Gebühren, Stuttgart u. a. 1968 (finanzwissenschaftlich), *Kreft,* Die begriffli-

39 BVerfGE 67, 256, 281 ff.

che Abgrenzung von Steuer und Gebühr, Diss. Göttingen 1968; *Uffhausen,* Die Benutzungsgebühr, Diss. Göttingen 1970; *M. Klöpfer,* Die lenkende Gebühr, AöR Bd. 97 (1972), 232; *D. Wilke,* Gebührenrecht und Grundgesetz, München 1973; *R. Wendt,* Die Gebühr als Lenkungsmittel, Hamburg 1974; *G. Clausen,* Das gebührenrechtliche Kostendeckungsprinzip, Frankfurt/M. 1978; *J. Pietzcker,* Abgrenzungsprobleme zwischen Benutzungsgebühr, Verleihungsgebühr, Sonderabgabe und Steuer – Das Beispiel „Wasserpfennig" –, DVBl. 87, 774; *K. Vogel,* Vorteil und Verantwortlichkeit. Der doppelte Gebührenbegriff des Grundgesetzes, in: FS für W. Geiger, Tübingen 1989, 518 ff.; *P. Kirchhof,* HStR V (1990), 166; *K. Tipke,* Die Steuerrechtsordnung, Bd. III (StRO III), Köln 1993, 1065 ff.; *D. Birk,* HHSp, AO § 3, Rz. 136 ff.

18 Von der Steuer unterscheidet sich die Gebühr durch die kausale Verknüpfung mit einer Leistung oder Gewährung. Die Verknüpfung kann gelockert sein; ist sie gelöst, so handelt es sich um eine Steuer. Gebühren sind nämlich Geldleistungen, die zur Finanzbedarfsdeckung hoheitlich auferlegt werden, und zwar als Gegenleistung

a) für eine besondere Leistung der Verwaltung. Als besondere Leistungen kommen in Betracht:
   - aa) Amtshandlungen, z. B. Erteilung von Bescheinigungen, Genehmigungen, Erlaubnissen, Bauabnahmen;
   - bb) sonstige Tätigkeiten;

b) für die Inanspruchnahme von öffentlichen Einrichtungen oder Anlagen, etwa von Krankenhäusern, Büchereien, Parks, Häfen, Fernsprechanlagen, Schlachthöfen.

19 Je nachdem, ob die Gebühr eine Leistung der Verwaltung abgilt oder eine Benutzung öffentlicher Einrichtungen oder Anlagen, spricht man von Verwaltungs- oder Nutzungsgebühr.

Eine Legaldefinition der Gebühr findet sich in den Kommunalabgabengesetzen; s. z. B. § 4 II KAG Nordrhein-Westfalen.

Während früher das Kostendeckungsprinzip das Gebührenrecht beherrschte, hat das Sozialstaatsprinzip inzwischen auch in das Gebührenrecht Eingang gefunden. Es gibt auch nach Leistungsfähigkeit abgestufte und lenkende (interventionistische) Gebühren. Wenn die Vermischung von Fiskal- und Sozialzwecken bei Steuern zulässig ist (s. § 4 Rz. 22), ist sie auch bei Gebühren zulässig.

2.4 Beiträge

Literatur: *Lambert,* Die Grundzüge eines modernen Rechts der gemeindlichen Gebühren und Beiträge, Diss. Köln 1967; *Eyben,* Die Abgabenform des Beitrags und ihre praktischen Schwerpunkte, Diss. Göttingen 1969; *P. Kirchhof,* HStR IV (1990), 180 ff.

20 Beiträge sind hoheitlich zur Finanzbedarfsdeckung auferlegte **Aufwendungsersatzleistungen**

a) für die Herstellung, Anschaffung oder Erweiterung öffentlicher Einrichtungen und Anlagen;

b) für die Verbesserung von Straßen, Wegen und Plätzen, nicht für deren laufende Unterhaltung und Instandsetzung.

Eine Legaldefinition des Beitrags findet sich in den Kommunalabgabengesetzen; s. z. B. § 8 II KAG Nordrhein-Westfalen.

Der Aufwendungsersatz wird erhoben, *weil* (kausale Verknüpfung!) eine konkrete Gegenleistung, ein konkreter wirtschaftlicher Vorteil, in Anspruch genommen werden *kann,* die *Möglichkeit* hierzu geboten wird.

2.5 Sonderabgaben

Literatur: *K.-H. Friauf,* Öffentliche Sonderlasten und Gleichheit der Steuerbürger, in: FS für Jahrreiß, Köln u. a. 1974, 45 ff.; *P. Selmer,* Die parafiskalischen Abgaben . . ., DStZA 75, 396; s. auch GewArch. 81, 41; *Eberlein,* Die Ausgleichsabgabe, Diss. Mainz 1975; *K.-H. Friauf,* Zur Zulässigkeit von außersteuerlichen Sonderabgaben, in: FS für Haubrichs, Bad Wörishofen 1977, 103 ff.; *W. Richter,* Zur Verfassungsmäßigkeit von Sonderabgaben, Baden-Baden 1977; *Schemmel,* Quasi-Steuern, hrsg. vom Karl-Bräuer-Institut des Bundes der Steuerzahler, Heft 46, Wiesbaden 1980; *Auer,* Sonderabgaben, Bern/Stuttgart 1980; *Caesar,* „Pfennigabgaben" (eine finanzwissenschaftliche Analyse), FinArch. N. F. Bd. 38 (1980), 385; *K.-H. Friauf,* Zur Zulässigkeit von Sonderabgaben, JA 81, 261; *J. Isensee,* Nichtsteuerliche Abgaben – ein weißer Fleck in der Finanzverfassung, in: Hansmeyer (Hrsg.), Staatsfinanzierung im Wandel, Berlin 1983, 435 ff.; *H.-W. Arndt,* Steuern, Sonderabgaben und Zwangsanleihen, Köln 1983; *Henseler,* Begriffsmerkmale und Legitimation von Sonderabgaben, Baden-Baden 1984; *Loritz,* Das GG und die Grenzen der Besteuerung, NJW 86, 1, 2; *Meßerschmidt,* Sonderabgaben und Bundesverwaltungsgericht, DVBl. 87, 925; *F. Kirchhof,* Vom Steuerstaat zum Abgabenstaat?, Die Verwaltung 88, 137, 143 f.; *P. Kirchhof,* HStR IV (1990), 184 ff.; *W. Schmidt,* Sonderabgaben in der neueren Rechtsprechung des BVerfG, NVwZ 91, 36; *Tipke/Kruse,* AO § 1, Tz. 23a (1991); *H. W. Kruse,* Lehrbuch des Steuerrechts, Bd. I, Allgemeiner Teil, München 1991, 87 f.; *D. Birk,* HHSp, AO § 3, Rz. 110 ff. (1993); *K. Tipke,* Die Steuerrechtsordnung, Bd. III (StRO III), Köln 1993, 1070 ff.

a) Während Steuern dazu dienen, den allgemeinen, in den Haushaltsplänen ausgewiesenen Finanzbedarf der Steuergläubiger zu decken, sind Sonderabgaben **Abgaben zur Finanzierung besonderer Aufgaben,** die nicht in den Haushaltsplänen erfaßt sind (sog. *parafiskalische Abgaben*). Sonderabgaben werden von bestimmten Gruppen von Bürgern erhoben und einem Sonderfonds außerhalb des Haushaltsplanes zugeleitet. Da Sonderabgaben keine Steuern sind, ergibt sich die Sonderabgabenhoheit nicht aus den Art. 105 ff. GG, sondern aus den allgemeinen Sachzuständigkeiten der Art. 73 ff. GG (BVerfGE 67, 256, 274, m. w. Nachw.). Die Anerkennung einer Abgabenkompetenz außerhalb der Finanzverfassung birgt die Gefahr, daß die Abgabenbelastung völlig unüberschaubar wird[40]. Außerdem durchbricht die Parafiskalität der Sonderabgabe den Verfassungsgrundsatz der Vollständigkeit des Haushaltsplans und entzieht die Verwendung des Abgabenaufkommens der fortlaufenden parlamentarischen Kontrolle[41]. Deshalb läßt die Rspr. des BVerfG Sonderabgaben nur als **„seltene Ausnahme"** (BVerfGE 55, 274, 308) unter folgenden Voraussetzungen[42] zu: 21

aa) **Homogene Gruppe der Abgabepflichtigen:** Eine gesellschaftliche Gruppe kann nur dann mit einer Sonderabgabe in Anspruch genommen werden, wenn sie durch eine gemeinsame, in der Rechtsordnung oder in der gesellschaftlichen Wirklichkeit vorgegebene Interessenlage oder durch besondere gemeinsame Gegebenheiten von der Allgemeinheit und anderen Gruppen abgrenzbar ist. 22

bb) **Gruppenverantwortung:** Der nach a) abgrenzbaren Gruppe von Abgabenpflichtigen muß eine besondere Verantwortung zugewiesen werden, weil sie dem Abgabenzweck evident nähersteht als jede andere Gruppe oder die Allgemeinheit der Steuerzahler. Aus dieser *Sachnähe zum Erhebungszweck* muß eine besondere Gruppenverantwortung für die Erfüllung der mit der außersteuerlichen Abgabe zu finanzierenden Aufgabe entspringen. 23

cc) **Gruppennützigkeit:** Das Abgabenaufkommen muß im Interesse der Gruppe der Abgabepflichtigen, also gruppennützig verwendet werden. 24

---

40 BVerfGE 67, 256, 288, 289: „Die Finanzverfassung des Grundgesetzes bildet eine in sich geschlossene Rahmen- und Verfahrensordnung. Sie zeichnet sich durch Formenklarheit aus und ist auf Formenbindung angelegt . . . Sie ist . . . Teil der funktionsgerechten Ordnung eines politisch sensiblen Sachbereichs, verwirklicht damit ein Stück Gemeinwohlgerechtigkeit und entfaltet eine Schutzwirkung auch für den Bürger . . ." Dem hätte es eigentlich entsprochen, die Sonderabgabe *gänzlich für unzulässig* zu erklären, weil sie den Steuerbegriff i. S. d. Art. 105 ff. GG nicht erfüllt. Vgl. *P. Kirchhof,* HStR IV (1990), 187; *K. Tipke,* StRO III, 1071.

41 Vgl. *P. Kirchhof* (Fn. 40).

42 Dazu zusammenfassend und grundlegend BVerfGE 67, 256, 276 f.; *P. Kirchhof* (Fn. 40), 188 f.

b) Das **BVerfG**[43] unterscheidet

25 aa) Sonderabgaben mit **Finanzierungszweck:** diese sollen Belastungen innerhalb eines bestimmten Erwerbs- oder Wirtschaftszweiges ausgleichen (Beispiele: Ausgleichsabgabe zur Sicherung des Steinkohleneinsatzes, sog. Kohlepfennig; Abgabe zur Finanzierung der Mineralölbevorratung, sog. Ölpfennig, Filmabgabe nach dem Filmförderungsgesetz; Hebammenabgabe zur gleichmäßigen Versorgung der Bevölkerung in Stadt und Land mit Hebammenhilfe; Milchausgleichsabgabe zum Ausgleich unterschiedlicher Betriebserträge);

26 bb) Sonderabgaben mit **Lenkungsfunktion,** die zu einem bestimmten Verhalten anreizen oder Fehlverhalten sanktionieren sollen (Beispiel: Ausgleichsabgabe nach dem Schwerbehindertengesetz[44], wenn Arbeitgeber nicht die vorgeschriebene Zahl Schwerbehinderter beschäftigen und Sonderabgaben zum Schutze der Umwelt[45]). Bei Sonderabgaben mit Lenkungsfunktion hat das BVerfG die Erfordernisse der Gruppenverantwortung und Gruppennützigkeit gelockert[46], weil Anlaß der Abgabe nicht die Finanzierung einer besonderen Aufgabe sei.

27 So sehr es zunächst einleuchtet, wenn denjenigen, die für eine bestimmte Aufgabe gesellschaftlich verantwortlich sind, die Finanzierung dieser Aufgabe zugewiesen wird, oder wenn das Aufkommen von Umweltabgaben für Umweltzwecke verwendet wird, so sind Sonderabgaben **wegen ihrer finanzverfassungsrechtlichen Bedenklichkeit und ökonomischen Ineffizienz abzulehnen** und die Steuer als die der Sonderabgabe überlegene Alternative zu bewerten. Besonders auf dem Feld der **Umweltabgaben** kann die Opferbereitschaft der Bürger leicht mißbraucht werden. Die Töpfchenwirtschaft der Sonderfonds, das Fehlen der parlamentarischen Kontrolle und des Ausgabenwettbewerbs in Haushaltsdebatten bergen große Gefahren der Mittelverschwendung und Verschleierung der Staatstätigkeit[47]. Im übrigen kann die Effizienz einer Umweltabgabe nicht nach Kriterien der Verantwortung oder Verursachung bemessen werden; der Lenkungseffekt richtet sich allein nach der *Höhe des Preises,* den der Abgabepflichtige für sonderbelastetes Verhalten zu entrichten bereit ist bzw. zahlen kann und welche Vermeidungsalternativen bestehen (s. § 8 Rz. 64).

3. Die Steuergesetzgebungshoheit (Art. 105 GG)

28 a) Der Bund hat nach Art. 105 I GG die **ausschließliche** Gesetzgebung (dazu Art. 71 GG) über

aa) **Zölle;** das sind Steuern (§ 3 I 2 AO), die nach Maßgabe des Zolltarifs an die Warenbewegung über die Grenze vom Ausland in das Inland (= Einfuhr) geknüpft werden[48],

---

43 Zusammenfassend BVerfGE 67, 256, 277 f., sowie zu Einzelfällen BVerfGE 8, 1, 27, 274, 316 f. (Preisausgleichsabgaben); 17, 287, 292 (Hebammenabgabe); 18, 315, 328 (Milchausgleichsabgabe); 57, 139, 153 (Schwerbehindertenabgabe). S. auch die Systematisierungen von *P. Kirchhof* (Fn. 40), 190 ff. und *P. Henseler,* Begriffsmerkmale und Legitimation von Sonderabgaben, Baden-Baden 1984, im weiteren *D. Birk,* HHSp, AO, § 3 Rz. 119 ff.

44 Dazu *R. Wendt,* Der verfassungsrechtliche Rahmen der Schwerbehindertenabgabe, Zeitschrift für Sozialreform, 1992, 541.

45 Dazu *Borell/Stern,* Sonderabgaben für den Umweltschutz? Sieben Vorschläge auf dem Prüfstand, Wiesbaden 1990; *W. Köck,* Die Sonderabgabe als Instrument des Umweltschutzes, Zugleich ein Beitrag zur Dogmatik des Abgabenrechts, Düsseldorf 1991; *Tewinkel/Hansjürgens,* Sonderabgaben zur Verbesserung der Umweltsituation?, Wirtschaftsdienst 91, 149.

46 BVerfGE 57, 139, 167 (Schwerbehindertengesetz), bestätigt durch BVerfGE 67, 256, 277 ff. Dazu *R. Wendt* (Fn. 44), 553 f.

47 Dazu bereits überzeugend die Studie des Karl-Bräuer-Instituts von *L. Schemmel,* Quasi-Steuern, Gegen den Wildwuchs steuerähnlicher Sonderabgaben, Wiesbaden 1980. S. auch *Borell/Stern* (Fn. 45).

48 BVerfGE 8, 260, 269 f.; BFH BStBl. 70, 246, 250. Ausf. *D. Birk,* HHSp, AO, § 3 Rz. 192 ff.

bb) **Finanzmonopole;** ein Finanzmonopol ist das Exklusivrecht des Staates, zur Erzielung von Einnahmen bestimmte Waren herzustellen oder zu vertreiben. Es gibt zur Zeit noch ein Finanzmonopol, nämlich das Branntweinmonopol (Gesetz vom 8. 4. 1922, RGBl. I 22, 335, 405, zuletzt geändert durch Verordnung vom 9. 12. 1988, BGBl. I 88, 2231[49]). Das Zündwarenmonopol ist durch Gesetz vom 27. 8. 1982 (BGBl. I 82, 1241) abgeschafft worden.

Branntwein unterliegt einer besonderen Verbrauchsteuer (s. § 15 Rz. 1, 6).

b) Der Bund hat nach Art. 105 II GG die **konkurrierende** Gesetzgebung (dazu Art. 72 GG) über alle übrigen Steuern, vorausgesetzt, daß 29

aa) ihm das Aufkommen dieser Steuern ganz oder zum Teil zusteht (dazu Art. 106, 107 GG) oder

bb) die Voraussetzungen des Art. 72 II GG vorliegen; tatsächlich ergeben sich aus dieser Vorschrift keine wirklichen Schranken;

cc) es sich nicht um örtliche Verbrauch- und Aufwandsteuern (Art. 105 IIa GG) handelt (s. Rz. 31 ff.);

dd) es sich nicht um die Kirchensteuer handelt; aus Art. 140 GG i. V. mit Art. 137 VI Weimarer Reichsverfassung ergibt sich, daß die öffentlich-rechtlichen Religionsgesellschaften ihr Besteuerungsrecht „nach Maßgabe der *landes*rechtlichen Bestimmungen“ ausüben[50].

Im Bereich der konkurrierenden Gesetzgebung haben die Länder die Befugnis zur Gesetzgebung, solange und soweit der Bund von seinem Gesetzgebungsrecht keinen Gebrauch macht (Art. 72 I GG). Macht der Bund von seiner Befugnis Gebrauch, so tritt für die Länder eine Sperrwirkung ein für solche Steuern, die den Steuern gleichartig sind, die der Bund im Wege der konkurrierenden Gesetzgebung geregelt hat. Ne bis in idem! Die Frage, ob Steuern gleichartig sind oder nicht, ist also eine Frage der Konkurrenz von Steuertatbeständen oder Steueransprüchen (s. § 7 Rz. 41 ff.). Mit dem **Gleichartigkeitsverbot** wird zweierlei bezweckt: 30

- Es soll verhindert werden, daß die einem Steuerberechtigten zugewiesenen Steuerquellen von einem anderen Steuerberechtigten gleichfalls ausgeschöpft werden. Konkret: Die Länder sollen die dem Bund zugewiesenen Steuerquellen nicht ausschöpfen.
- Es soll der Steuerbürger vor Mehrfachbelastung, vor übermäßiger, unkoordinierter Besteuerung und damit zugleich auch vor ungleichmäßiger Belastung durch mehrere Steuerberechtigte geschützt werden. Solcher Schutz ist nicht neu. Er wurde bereits durch das Doppelsteuergesetz vom 22. 3. 1909, RGBl. 1909, 329, 332, das Landessteuergesetz vom 30. 3. 1920, RGBl. 20, 402 (dazu RFHE 7, 266 f.; 9, 123, 127) und § 2 Finanzausgleichsgesetz vom 23. 6. 1923 (dazu RFHE 13, 28, 30 f.) gewährt; s. jetzt Art. 106 III 4 Nr. 2 GG.

c) Die **Länder** haben 31

aa) nach Art. 105 II GG die Befugnis zur **konkurrierenden** Gesetzgebung, solange und soweit der Bund von seinem Gesetzgebungsrecht keinen Gebrauch gemacht hat (Art. 72 I GG). Entsprechendes gilt, wenn der Bund im Bereich der konkurrierenden Gesetzgebung ein Gesetz aufhebt; dadurch gibt er der Landesgesetzgebung den Weg frei;

bb) nach Art. 105 IIa GG die **ausschließliche** Befugnis zur Gesetzgebung über die **örtlichen Verbrauch- und Aufwandsteuern;** diese Befugnis erstreckt sich jedoch nur auf solche Steuern, die bundesgesetzlich geregelten Steuern **nicht gleichartig** sind.

---

49 Dazu BVerfGE 14, 105. Die Finanzmonopole können nicht an Art. 12 I GG gemessen werden; Art. 105 I GG ist lex specialis zu Art. 12 I i. V. mit Art. 19 II GG (*Maunz/Dürig/Herzog/Scholz,* Komm. zum GG, Art. 105 Rz. 38).

50 Dazu BFH BStBl. 69, 419.

32 Verbrauch- und Aufwandsteuern[51] sind Steuern, die den **Privatkonsum** belasten. Während die Verbrauchsteuern[52] den Güterverbrauch, also im Rahmen der europäischen Verbrauchsteuerharmonisierung den Verbrauch von Mineralölen, den Alkohol- und Tabakkonsum (s. § 2 Rz. 52) belasten, sind Aufwandsteuern Steuern auf den Privatkonsum, auch wenn damit keine Güter verbraucht werden, wie die Haltung eines Hundes oder einer Zweitwohnung, der Besuch von Kinos, Diskotheken oder der Gebrauch von Spielautomaten. Daher sind Hunde-, Zweitwohnungs-, Vergnügungs-, Spielautomatensteuer keine Verbrauch-, sondern Aufwandsteuern. Das BVerfG[53] charakterisiert die Aufwandsteuern als „Steuern auf die in der Einkommensverwendung für den persönlichen Lebensbedarf zum Ausdruck kommende wirtschaftliche Leistungsfähigkeit." Maßgebend für den Charakter einer Steuer als Aufwandsteuer sei es also, „daß die in der Einkommensverwendung zum Ausdruck kommende wirtschaftliche Leistungsfähigkeit getroffen werden soll". Diese Anerkennung des Privatkonsums als **Indikator steuerlicher Leistungsfähigkeit** ist so fundamental für die Struktur des Steuersystems, daß sie nicht nur auf die Aufwandsteuer bezogen werden kann, sondern alle Steuern auf die Einkommensverwendung erfaßt (s. § 4 Rz. 111). Daher gilt diese Aussage auch für die Umsatzsteuer als *allgemeine* Verbrauchsteuer (s. § 13 Rz. 1) und für die in den Art. 105 IIa; 106 I 2 GG aufgeführten *speziellen* Verbrauchsteuern[54]. Zumindest läßt sich aus der Zusammenfassung „Verbrauch- und Aufwandsteuern" der Zugriff auf den gleichen Indikator steuerlicher Leistungsfähigkeit ableiten. Damit sind Steuern, die etwas anderes als den Privatkonsum belasten wie insb. Produktionsmittelsteuern keine Verbrauchsteuern. So fällt die Belastung genußuntauglicher medizinischer oder technischer, für die Herstellung von Kosmetika verwendeter Alkohole[55] sowie die oben (Rz. 6) erwähnte Energie-/CO_2-Steuer[56] aus dem verfassungsrechtlichen Verbrauchsteuerbegriff heraus.

33 **Gleichartigkeit** liegt vor, wenn Steuertatbestände oder Steueransprüche miteinander konkurrieren, indem sie die *gleiche Quelle* steuerlicher Leistungsfähigkeit ausschöpfen (s. § 8 Rz. 24, im weiteren § 7 Rz. 41 ff.). Das Merkmal der Örtlichkeit charakterisiert Steuern mit örtlich bedingtem Wirkungskreis[57]. z. B. Steuern, die den „Verzehr an Ort und Stelle" belasten[58]. Örtlichkeitsmerkmal und Gleichartigkeitsverbot dürfen nicht miteinander vermengt werden (BVerfGE 40, 56, 61; 58, 230, 239). Örtlichkeit bedeutet nicht schon Ungleichartigkeit. Auch örtliche Steuern können daher bundesgesetzlich geregelten Steuern gleichartig sein. Die Bedeutung des Örtlichkeitsmerkmals zeigt sich besonders bei der

51 Grundlegend für die Rspr. des BVerfG *G. Schmölders*, Das Verbrauch- und Aufwandsteuersystem, Handbuch der Finanzwissenschaft[2], Bd. II, Tübingen 1956, 635.

52 Dazu insb. *Birk/Förster*, Kompetenzrechtliche Grenzen des Gesetzgebers bei der Regelung der Verbrauchsteuer, DB-Beilage 17/85; *J. Förster*, Die Verbrauchsteuern, Geschichte, Systematik, finanzverfassungsrechtliche Vorgaben, Heidelberg 1989; *K. Tipke*, StRO II, 952 ff.

53 BVerfGE 16, 64, 74; 49, 343, 354; 65, 325, 346, im Anschluß an *G. Schmölders* (Fn. 51), 652.

54 Ebenso *K. Tipke*, StRO II, 964, und *G. Schmölders* (Fn. 51), 652: „Verbrauchsteuern sind Steuern auf die in der Einkommensverwendung für den persönlichen Lebensbedarf zum Ausdruck kommende wirtschaftliche Leistungsfähigkeit; dies gilt auch dann, wenn sie aus erhebungstechnischen Gründen nicht unmittelbar vom Verbraucher, sondern vom Hersteller oder Lieferanten der besteuerten Erzeugnisse erhoben werden." Zur Abwälzbarkeit der Verbrauchsteuer BVerfGE 14, 76, 96; 27, 375, 384 (Abwälzbarkeit auf den Verbraucher gehört zum Wesen der Verbrauchsteuer, jedoch muß sie nicht tatsächlich abgewälzt werden können).

55 Dazu insb. *Birk/Förster* (Fn. 52); *K. Tipke*, StRO II, 993 ff. (gegen BFHE 141, 369).

56 Ausf. zum Charakter der Energie-/CO_2-Steuer als Produktionsmittelsteuer *J. Lang* (Fn. 21).

57 So die präzise Formulierung in Art. 105 GG vor der Einfügung des Art. 105 IIa GG durch Finanzreformgesetz vom 12. 5. 1969, BGBl. I 69, 359; sie gilt als in Art. 105 IIa GG rezipiert (so BVerfGE 40, 56, 60 f.; 65, 325, 343).

58 Z. B. Abgabe von Getränken zum Verzehr an Ort und Stelle (dazu BVerfGE 44, 216, 226 ff.; 69, 174, 183 betr. Hamburgische Getränkesteuer).

Ausgestaltung der kommunalen Verpackungsteuer[59]: Die kommunale Sonderbelastung z. B. von Bierdosen bewirkt, daß der Verbraucher in Nachbargemeinden einkauft und die Dose zu Hause entsorgt, so daß für die Steuergläubigerin der angestrebte Zweck der Abfallverminderung nicht eintritt. Nur bei „Verzehr an Ort und Stelle“[60] (z. B. an Imbißständen, Automaten, in Hotels und Gaststätten) entfaltet die Verpackungsteuer ihre Wirkung[61].

d) Die **Gemeinden** haben nach der abschließenden Regelung des Art. 105 GG kein eigenes Recht zur Steuergesetzgebung, kein eigenes Steuererfindungsrecht; sie dürfen lediglich die **Hebesätze für die Realsteuern** (im Rahmen der Realsteuergesetze) festsetzen (Art. 106 VI 2 GG). Aus Art. 28 II GG läßt sich kein Steuererfindungsrecht der Gemeinden ableiten[62]. 34

In Landesverfassungen und Kommunalabgabengesetzen der Länder wird den Gemeinden indessen vielfach das Recht auf Erschließung eigener Steuerquellen eingeräumt. Das geschieht aber immer unter dem Vorbehalt anderweitiger Landes- oder Bundesgesetzgebung und ist regelmäßig von Genehmigungen durch Landesbehörden abhängig. Da das gemeindliche Steuererfindungsrecht auch unter dem Vorbehalt des Art. 105 II, IIa GG steht (s. auch Art. 31 GG), können die Länder den Gemeinden keine Befugnisse übertragen, die sie selbst nicht haben. 35

Allgemein wird angenommen, daß die Länder ihr Steuererfindungsrecht für die örtlichen Verbrauch- und Aufwandsteuern (Art. 105 IIa GG) jedenfalls den Gemeinden delegieren können[63]. 36

Das geschieht z. B. in den Kommunalabgabengesetzen (dazu § 2 Rz. 13 Fn. 13), so in § 3 I KAG Nordrhein-Westfalen. Die Gemeinden erlassen Steuersatzungen, die der Genehmigung der Aufsichtsbehörden bedürfen (s. § 2 II KAG Nordrhein-Westfalen); als Richtschnur dienen den Aufsichtsbehörden Mustersatzungen (Mustersteuerordnungen), sie sind keine Rechtsnormen, können aber von den Genehmigungsbehörden durchgesetzt werden. Die Steuersatzungen können keine Steuern festsetzen, für die die Länder kein Steuererfindungsrecht haben; folglich kann dieses auch nicht übertragen werden.

Weitere Literatur: *Wixforth,* Die gemeindliche Finanzhoheit und ihre Grenzen, Siegburg 1964; *H. Meyer,* Die Finanzverfassung der Gemeinden, Stuttgart 1969; Gutachten zum Gemeindesteuersystem und zur Gemeindesteuerreform in der Bundesrepublik Deutschland, erstattet vom Wissenschaftlichen Beirat beim BFM, Bonn 1968; *Friedr. Klein,* Die verfassungsrechtliche Gewährleistung der gemeindlichen Finanzhoheit im Spiegel der Rechtsprechung, FinArch. Bd. 27 (1968), 271; *Elsner/Schüler,* Das Gemeindefinanzreformgesetz, Hannover 1970; *J. W. Schmidt,* Gemeindefinanzreformgesetz (Kommentar), Köln 1970; *G. Fock,* Die Gemeindefinanzreform, Notwendigkeit, Ziele und Auswirkungen der gesetzlichen Maßnahmen der Jahre 1969/70, Diss. Göttingen 1972; *Pagenkopf,* Kommunalsteuersystem und Grundgesetz, in: Gedächtnisschrift für Friedr. Klein, München 1977, 355 ff.; *Püttner* (Hrsg.), Handbuch der kommunalen Wissenschaft und Praxis, Bd. 6: Kommunale Finanzen[2], Berlin u. a. 1985.

e) Zusammenfassend läßt sich feststellen, daß – im Interesse der Einheit der Wirtschaftsordnung (und der Lebensverhältnisse sowie der Einheit der Gesetzesanwendung) – die **Kompetenz des Bundes** *gänzlich dominiert.* Bundesgesetze über Steuern, deren Aufkommen den Ländern oder Gemeinden ganz oder zum Teil zufließt (dazu Art. 106 II GG), bedürfen allerdings der Zustimmung des Bundesrates (Art. 105 III GG). 37

---

59 Erstmals 1992 in Kassel eingeführt; sie belastet Einwegbehältnisse/-besteck/-geschirr. Literatur: *Osterloh/Brodersen,* JuS 86, 53; *R. Corsten,* ZKF 89, 2; *Benkmann/Gaulke,* ZKF 90, 98; *P. Tiedemann,* DÖV 90, 1; *R. Eckert,* DÖV 90, 1006; *T. Palm,* KStZ 91, 81; *A. Dahmen,* KStZ 92,1.

60 Diese „örtliche Radizierung“ (BVerfGE 40, 61) verlangt VG Minden vom 28. 11. 1990, ZKF 91, 111. Dazu *T. Palm,* KStZ 91, 81.

61 Zu örtlichen Verbrauch- und Aufwandsteuern im weiteren *J. David,* Die kommunalen Steuern in der Rechtsprechung des BVerwG, StVj 90, 164; *K. Tipke,* StRO III, 1101 ff., 1108 (zu einzelnen Gemeindesteuern).

62 S. *K. Stern* (Fn. 1), 1124; *R. Wendt* (Fn. 6), 1049; *K. Tipke,* StRO III, 1107.

63 *K. Stern* (Fn. 1), 1124; *D. Birk,* StStud 87, 292; *R. Wendt* (Fn. 6), 1049.

Wird gegen die Kompetenzordnung des Art. 105 GG verstoßen, indem Bund, Länder oder Gemeinden zu Unrecht eine Kompetenz in Anspruch nehmen oder aufgrund Art. 105 GG eine nichtfiskalische Abgabe auferlegen, so ist der Steuerpflichtige, der aus einem solchen Gesetz in Anspruch genommen wird, in seinem Recht auf Handlungsfreiheit (Art. 2 I GG) verletzt; er kann Klage und Verfassungsbeschwerde erheben, dies allerdings mit Erfolg nur dann, wenn sich die Kompetenz nicht aus einer anderen Vorschrift ergibt, etwa aus Art. 74 Nr. 11 GG. Allein wegen falscher Etikettierung ist ein Gesetz nicht verfassungswidrig.

4. Die Steuerertragshoheit (Art. 106, 107 GG)

38 a) Art. 106 GG verteilt das Steueraufkommen nach Steuerarten. Er definiert nicht die einzelnen Steuerarten, sondern übernimmt die überkommenen, traditionellen Begriffsinhalte des Steuerrechts. Auch das Bundesverfassungsgericht geht davon aus, daß die sich in den Einzelsteuergesetzen widerspiegelnden Begriffe dem Art. 106 GG zugrunde liegen[64].

39 b) Die Erträge (das Aufkommen) aus folgenden Abgaben (Bundesabgaben, Bundesertragsabgaben) stehen dem **Bund** zu (Art. 106 I GG):

(1) Finanzmonopole (s. Rz. 28);

(2) Zölle (s. Rz. 28);

(3) Verbrauchsteuern (s. Rz. 32), die nicht den Ländern (so die Biersteuer), Bund und Ländern (so die Umsatzsteuer) oder den Gemeinden zustehen: nämlich Branntweinsteuer, Schaumweinsteuer, Tabaksteuer, Kaffeesteuer, Mineralölsteuer. Keine Verbrauchsteuern sind Produktionsmittelsteuern (s. Rz. 32). Steuern, die nicht die Einkommensverwendung, sondern den Vermögensbestand belasten, sind ebenfalls keine Verbrauchsteuern i. S. des Art. 106 I Nr. 2 GG. Danach ist die sog. Endverbraucher-Nachsteuer der Art. 1 II, 2 II Minöl-BranntwStÄndG 1981 verfassungswidrig[65].

(4) Straßengüterverkehrsteuer (inzwischen ausgelaufen);

(5) Kapitalverkehrsteuern, Versicherungsteuer,

(6) einmalige Vermögensabgaben und zur Durchführung des Lastenausgleichs erhobene Ausgleichsabgaben; Gesetz über den Lastenausgleich vom 14. 8. 1952, BGBl. I 52, 446, neugefaßt durch Gesetz vom 2. 6. 1993, BGBl. I 93, 845;

(7) die Ergänzungsabgabe zur Einkommen- und zur Körperschaftsteuer: Solidaritätszuschlag, wiedereingeführt mit Wirkung vom 1. 1. 1995 durch Gesetz vom 23. 6. 1993, BGBl. I 93, 944, 975.

(8) Abgaben im Rahmen der Europäischen Gemeinschaften, sog. Abschöpfungen.

(9) Außerdem erhält der Bund einen Anteil an der Gewerbesteuer, sog. Gewerbesteuerumlage (Art. 106 VI 4, 5 GG; dazu unten Rz. 45).

40 c) Die Erträge aus folgenden Steuern (Landessteuern, Landesertragsteuern) stehen den **Ländern** zu (Art. 106 II GG):

(1) Vermögensteuer

(2) Erbschaftsteuer

(3) Kraftfahrzeugsteuer

(4) Verkehrsteuern, soweit sie nicht dem Bund (so die ausgelaufene Straßengüterverkehrsteuer) oder Bund und Ländern gemeinsam (so die Umsatzsteuer) zustehen: Grunderwerbsteuer, Feuerschutzsteuer, Rennwett- und Lotteriesteuer,

die Umsatzsteuer wird zweimal ausgeschaltet, zum einen durch Art. 106 I Nr. 2 GG als Verbrauchsteuer, zum anderen durch Art. 106 II Nr. 4 GG als Verkehrsteuer (dazu § 13 Rz. 1);

(5) Biersteuer

(6) Spielbankabgabe.

---

64 BVerfGE 7, 244, 251 f.; 14, 76, 91; BStBl. 84, 858.

65 *Birk/Förster*, DB 85, Beilage Nr. 17 zu Heft 30.

Das Aufkommen dieser Steuern steht den einzelnen Ländern insoweit zu, als die Steuern von den Finanzbehörden in ihrem Gebiet (endgültig) vereinnahmt werden, sog. örtliches Aufkommen (Art. 107 I 1 GG).

d) Außerdem erhalten die Länder einen Anteil an der Gewerbesteuer, sog. Gewerbesteuerumlage (Art. 106 VI 4, 5 GG; dazu unten Rz. 45). 41

e) **Gemeinschaftsteuern,** d. h. solche, deren Aufkommen Bund und Ländern gemeinsam zusteht, sind (Art. 106 III GG): 42

(1) **Einkommensteuer, Körperschaftsteuer,** soweit das Aufkommen aus der Einkommensteuer nicht den Gemeinden zugewiesen ist (s. Rz. 44). Am Aufkommen der Einkommensteuer und der Körperschaftsteuer sind der Bund und die Länder je zur Hälfte beteiligt (Art. 106 III 2 GG); s. aber auch Rz. 44.

Der Länderanteil am Aufkommen der Einkommensteuer und der Körperschaftsteuer steht den einzelnen Ländern insoweit zu, als die Steuern von den Finanzbehörden in ihrem Gebiet vereinnahmt werden (Art. 107 I 1 GG; s. auch §§ 19, 20 AO). Durch Bundesgesetz, das der Zustimmung des Bundesrates bedarf, sind für die Körperschaftsteuer und die Lohnsteuer nähere Bestimmungen über die Abgrenzung sowie über Art und Umfang der Zerlegung des örtlichen Aufkommens zu treffen (Art. 107 I 2 GG). Das ist geschehen durch das Zerlegungsgesetz i. d. F. vom 25. 2. 1971, BGBl. I 71, 145 mit Änderung vom 31. 8. 1990, BGBl. I 90, 889, 967.

(2) **Umsatzsteuer:** Die Anteile von Bund und Ländern werden durch Bundesgesetz festgesetzt, das der Zustimmung des Bundesrates bedarf. Das Grundgesetz bestimmt in Art. 106 III 3, 4 GG Richtmaße für die Umsatzsteuerverteilung. Die Anteile sind neu festzusetzen, wenn sich das Verhältnis zwischen Einnahmen und Ausgaben des Bundes und der Länder wesentlich anders entwickelt (Art. 106 IV 1 GG). Ab 1995 betragen der Bundesanteil 56 v. H. und der Länderanteil 44 v. H.[66]

Der Länderanteil am Umsatzsteueraufkommen steht den einzelnen Ländern nach Maßgabe ihrer Einwohnerzahl zu; für einen Teil, höchstens für ein Viertel des Länderanteils, können Ergänzungsanteile für die Länder vorgesehen werden, deren Aufkommen aus Einkommensteuer und Körperschaftsteuer je Einwohner unter dem Länderdurchschnitt liegt (Art. 107 I letzter Satz GG; s. Rz. 43).

Für die Aufteilung der Umsatzsteuer auf die neuen Länder (auf dem Gebiet der ehemaligen DDR) gelten Übergangsvorschriften (s. Art. 7 II Nr. 1, III des Einigungsvertrages i. V. mit Gesetz vom 23. 9. 1990, BStBl. I 90, 654, 657).

Zusätzlicher Finanzausgleich[67]: Zum Ausgleich des Steuergefälles zwischen steuerstarken und steuerschwachen Ländern sind zusätzlich vorgesehen: 43

(1) **Horizontaler** Finanzausgleich

a) durch Umsatzsteuer-Ergänzungsanteile (Art. 107 I letzter Satz GG);

b) durch zusätzliche Ausgleichsleistungen zwischen den Ländern (Art. 107 II 1, 2 GG).

(2) **Vertikaler** Finanzausgleich durch Ergänzungszuweisungen des Bundes (Art. 107 II 3 GG).

Nachdem das Bundesverfassungsgericht (BVerfGE 72, 330, NJW 86, 2629; dazu *Patzig,* DÖV 86, 1037) den zweiten Abschnitt des zu Art. 107 GG ergangenen Finanzausgleichsgesetzes vom 28. 8. 1969, BGBl. I 69, 1432, für verfassungswidrig erklärt hatte, hat der Gesetzgeber das Finanzausgleichsgesetz durch Gesetz vom 28. 1. 1988, BGBl. I 88, 94, neu gefaßt. Das Gesetz regelt insb. die Verteilung des Länderanteils an der Umsatzsteuer unter den Ländern (§ 2), den Finanzausgleich unter den Ländern (§§ 4–11, 12–16) und die Ergänzungszuweisungen des Bundes (§ 11a).

Für die neuen Länder gelten Übergangsregelungen (s. Art. 7 III des Einigungsvertrages i. V. mit Gesetz vom 23. 9. 1990, BStBl. I 90, 654, 657).

---

66 § 1 Finanzausgleichsgesetz i. d. F. des FKPG; BGBl. I 93, 944, 977.

67 Dazu insb. BVerfG vom 27. 5. 1992, BVerfGE 86, 148 (dazu *H.-W. Arndt,* JZ 92, 962; *H.-G. Henneke,* Jura 93, 129; *U. Häde,* DÖV 93, 461; *T. Maunz,* BayVBl. 93, 449); *P. Selmer* und *F. Kirchhof,* Grundsätze der Finanzverfassung des vereinten Deutschlands, VVDStRL 52, 11, 42 ff.; 74, 74, 88 ff.; *M. Kilian,* Das System des Länderfinanzausgleichs und die Finanzierung der neuen Bundesländer, JZ 91, 425; *U. Häde,* Die Neuordnung der bundesstaatlichen Finanzbeziehungen, JZ 94, 76.

Die **Gemeinden** erhalten:

44 (1) einen Anteil am Aufkommen der **Einkommensteuer** (Art. 106 V GG i. V. mit §§ 1–5, 7 Gemeindefinanzreformgesetz i. d. F. vom 28. 1. 1985, BGBl. I 85, 201, zuletzt geändert durch Art. 19 des Gesetzes vom 13. 9. 1993 (Standortsicherungsgesetz, BGBl. I 93, 1569). Das Gemeindefinanzreformgesetz sieht folgendes vor:

Die Gemeinden erhalten 15 v. H. des Aufkommens an Lohnsteuer und veranlagter Einkommensteuer sowie 12 v. H. des Aufkommens aus dem Zinsabschlag. Der Gemeindeanteil wird nach den Steuerbeträgen bemessen, die von den Finanzbehörden im Gebiet des Landes unter Berücksichtigung der Zerlegung nach Art. 107 I GG vereinnahmt werden (§ 1 Gemeindefinanzreformgesetz). Dieses Aufkommen wird anhand einer Schlüsselzahl auf die einzelnen Gemeinden verteilt. Die Schlüsselzahl ergibt sich aus dem Anteil der Gemeinde an den durch Bundesstatistiken ermittelten Einkommensteuerbeträgen, die auf das zu versteuernde Einkommen ihrer Einwohner bis zu einem Höchstbetrag von jährlich 40 000 DM, bei Zusammenveranlagung von Ehegatten 80 000 DM entfallen (§ 3 Gemeindefinanzreformgesetz)[68]. Die Einkommensgrenzen bei der Berechnung der Schlüsselzahl dienen dazu, Steuerkraftunterschiede zwischen den Gemeinden in einem politisch gewünschten Umfang zu nivellieren. Damit andererseits die Angleichung nicht zu stark ausfällt, werden die Höchstbeträge von Zeit zu Zeit an die gesamtwirtschaftliche Einkommensentwicklung angepaßt. Der darüberhinausgehende Gemeindeanteil wird nach Einwohnerzahl verteilt.

45 (2) das Aufkommen der **Realsteuern** (Art. 106 VI 1 GG), d. h. der Gewerbesteuer und der Grundsteuer (s. § 3 II AO). Bund und Länder werden jedoch durch Gesetz an dem Gewerbesteueraufkommen beteiligt, sog. Gewerbesteuerumlage (Art. 106 VI 4, 5 GG). Die Umlage steht den Ländern insoweit zu, als die Gewerbesteuer in dem Gebiet des einzelnen Landes vereinnahmt wird (§ 3 Finanzausgleichsgesetz vom 28. 1. 1988, BGBl. I 88, 94). Die Höhe der Umlage ergibt sich aus § 6 Gemeindefinanzreformgesetz i. d. F. vom 28. 1. 1985, BGBl. I 85, 201, zuletzt geändert durch Einigungsvertrag vom 31. 8. 1990, BGBl. I 90, 889, 967. Sie wird dadurch ermittelt, daß das Istaufkommen der Gewerbesteuer im Kalenderjahr durch den von der Gemeinde festgesetzten Hebesatz geteilt und mit 52 v. H. vervielfältigt wird.

Beispiel: Gemeinde B setzt für 1988 einen Hebesatz von 322 v. H. fest. Ihr Gewerbesteueraufkommen 1988 beträgt 4 906 666 DM. Die Gewerbesteuerumlage beträgt

$$\frac{4\,906\,666 \text{ DM}}{322 \text{ v. H.}} \times 52 \text{ v. H.} = 792\,380 \text{ DM.}$$

Das sind 16,1 v. H. des Istaufkommens.

46 (3) das Aufkommen der **örtlichen Verbrauch- und Aufwandsteuern** (s. dazu Rz. 31 ff.) nach Maßgabe der Landesgesetzgebung (s. Art. 106 VI 1 GG);

47 (4) vom **Länderanteil** am Gesamtaufkommen der *Gemeinschaftsteuern* (s. dazu unter Rz. 42) einen von der Landesgesetzgebung zu bestimmenden Hundertsatz (Art. 106 VII 1 GG);

48 (5) einen **Anteil** am Aufkommen der **Landessteuern** (s. Rz. 40), soweit es die Landesgesetzgebung vorsieht (Art. 106 VII 2 GG)[69].

---

68 Erhöhung der Höchstbeträge von 32 000 DM/64 000 DM auf 40 000 DM/80 000 DM ab 1. 1. 1994 durch Gesetz zur Änderung des Gemeindefinanzreformgesetzes vom 7. 3. 1994, BGBl. I 94, 416.

69 Eine Delegation der Ertragsberechtigung an andere juristische Personen des öffentlichen Rechts ist über die im Grundgesetz ausdrücklich zugelassenen Fälle (besonders Art. 106 VII 2 GG) hinaus spätestens seit Ergänzung des Art. 106 a. F. GG durch Gesetz vom 24. 12. 1956, BGBl. I 56, 1077 nicht mehr zulässig (s. auch bei Abtretung) – so *K. Vogel/Walter,* Bonner Kommentar zum GG, Art. 105 (Zweitbearbeitung 1971) Rnr. 39.

49 Die Verfassungen der Länder verpflichten die Landesgesetzgeber zu einem kommunalen **Finanzausgleich,** der die Finanzkraftunterschiede der Gemeinden abmildern soll[70].

Für die Beteiligung der Gemeinden in den neuen Ländern (auf dem Gebiet der ehemaligen DDR) gelten Übergangsregelungen (s. Art. 7 II Nrn. 2, 3 des Einigungsvertrages i. V. mit Gesetz vom 23. 9. 1990, BStBl. I 90, 654, 657).

Ertragshoheit gem. Art. 106 GG
über die zur Zeit erhobenen Steuern

	Bund (Art. 106 I GG	**Länder** (Art. 106 II GG)	**Gemeinden und Gemeindeverbände** (Art. 106 IV GG)
	– Einnahmen aus den Finanzmonopolen (z. Zt. nur Branntweinmonopol) – Zölle – Verbrauchsteuern i. S. des Art. 106 II Nr. 2 GG: – BranntweinSt – KaffeeSt – MineralölSt – SchaumweinSt – TabakSt – VersicherungSt – Solidaritätszuschlag (Ergänzungsabgabe i. S. des Art. 106 I Nr. 6 GG) – Abgaben im Rahmen der EU	– VermögenSt – Erbschaft- und SchenkungSt – KfZ-St – Verkehrsteuern i. S. des Art. 106 II Nr. 3: – GrunderwerbSt – Rennwett- und LotterieSt – FeuerschutzSt – BierSt – Spielbankenabgabe	– Realsteuern (GrundSt und GewerbeSt) unter Berücksichtigung der GewerbeSt-Umlage an Bund und Länder – örtliche Verbrauch- und Aufwandsteuern (z. B. HundeSt, VergnügungSt)
	Gemeinschaftsteuern gem. Art. 106 III GG		
Einkommensteuer **– Lohnsteuer/ veranlagte Einkommensteuer**	42,5%	42,5%	15%
– Zinsabschlagsteuer	44%	44%	12%
Körperschaftsteuer	50%	50%	–
Umsatzsteuer (ab 1995)	56%	44%	–

70 Dazu *Renfert,* Rechtsprobleme des Finanz- und Lastenausgleichs und ihre Bedeutung für die Gemeinden, Diss. Köln 1960; *Kinkel,* Die Lehre von Popitz für die Gestaltung des gemeindlichen Finanzausgleichs und ihr Verhältnis zum gegenwärtigen Rechtszustand in der Bundesrepublik, Diss. Köln 1964; *Pikullik,* Das System des kommunalen Finanzausgleichs in der Bundesrepublik Deutschland, Diss. Marburg 1966; *K.-H. Jäger,* Kommunale Aufgabenstellung und staatliche Finanztransfers an die Gemeinden, Diss. Frankfurt 1968; *v. Mutius/Hennecke,* Verfassungsrechtliche Anforderungen an die Durchführung des kommunalen Finanzausgleichs – dargestellt am Beispiel Nordrhein-Westfalens, AfK 85, 261 ff.; *W. Hoppe* (Hrsg.), Reform des kommunalen Finanzausgleichs, Köln 1985; *Münstermann,* Kommunaler Finanzausgleich in den Bundesländern – Aktuelle Entwicklungstendenzen und Verteilungsprobleme, ZKF 88, 74 ff., 102 ff.

5. Die Steuerverwaltungshoheit (Art. 108 GG)

Literatur: *Leidel,* Die Begründung der Reichsfinanzverwaltung, Diss. Köln, Bonn 1964; Von der Reichsschatzkammer zum Bundesfinanzministerium, hrsg. vom Bundesministerium der Finanzen (Bearbeiter *A. Pausch*), Köln 1969; *Schweigert,* Die Finanzverwaltung Westdeutschlands in der Zeit vom Ende des 2. Weltkriegs bis zu ihrer Neuordnung durch das Grundgesetz, Diss. Köln 1969; Fünfzig Jahre deutsche Steuerfachverwaltung, hrsg. vom Bund Deutscher Steuerbeamter (Bearbeiter *A. Pausch*), Düsseldorf 1970; *Franz Klein,* Das Bundesministerium der Finanzen[3], Bonn 1970; *Weyhausen,* Steuerverwaltung und bundesstaatliche Verfassungsordnung, Köln 1982 (Diss.); *Klos,* Die Organisation der Finanzverwaltung, StStud 88, 36; Bundesministerium der Finanzen (Hrsg.), 40 Jahre Verantwortung für die Finanzen des Bundes, München 1989; *K. Tipke,* Die Steuerrechtsordnung, Bd. III (StRO III), Köln 1993, 1127 ff.

50 Die Steuern werden entweder von Bundesfinanzbehörden oder von Landesfinanzbehörden verwaltet, wobei die Verwaltung durch Landesfinanzbehörden zum Teil im Auftrag des Bundes erfolgt (sog. Auftragsverwaltung). Über Bundes- und Landesfinanzbehörden s. § 6 AO und §§ 1, 2 FVG.

Es werden verwaltet:

von **Bundesfinanzbehörden**: Zölle, bundesgesetzliche Verbrauchsteuern (einschließlich Einfuhrumsatzsteuer und Biersteuer), Abgaben im Rahmen der EG (s. Art. 108 I GG);

von **Landesfinanzbehörden im Auftrage des Bundes:** Steuern, die ganz oder zum Teil dem Bund zufließen: Versicherungsteuer, Einkommensteuer, Körperschaftsteuer, Umsatzsteuer (s. Art. 108 III GG);

von **Landesfinanzbehörden:** Vermögensteuer, Erbschaftsteuer, Kraftfahrzeugsteuer, Grunderwerbsteuer, Feuerschutzsteuer, Rennwett- und Lotteriesteuer, Spielbankabgabe, Gewerbesteuer, Grundsteuer, örtliche Verbrauch- und Aufwandsteuern (s. Art. 108 II 1 GG).

Durch Gesetz kann ein Zusammenwirken von Bund und Ländern vorgesehen werden (Art. 108 IV GG).

Die Verwaltung von Steuern, die den Gemeinden zufließen, kann von den Ländern ganz oder zum Teil – durch nachkonstitutionelles Landesgesetz[71] – den Gemeinden übertragen werden (Art. 108 IV 2 GG). Das ist (außer in den Stadtstaaten) geschehen hinsichtlich der Realsteuerfestsetzung (= Anwendung der Realsteuerhebesätze auf die Realsteuermeßbescheide) und der Verwaltung der kommunalen (sog. örtlichen) Verbrauch- und Aufwandsteuern, wie Vergnügungsteuer, Hundesteuer, Getränkesteuer.

Das Ausführungsgesetz zu Art. 108 GG ist das **Finanzverwaltungsgesetz** i. d. F. des Finanzanpassungsgesetzes vom 30. 8. 1971, BGBl. I 71, 1426, zuletzt geändert durch Gesetz vom 7. 7. 1992, BGBl. I 92, 1222. Es sieht vor

- als Bundesfinanzbehörden: Bundesfinanzministerium, Bundesamt für Finanzen, Oberfinanzdirektionen, Hauptzollämter, Zollfahndungsämter (§ 1 FVG);
- als Landesfinanzbehörden: Landesfinanzministerien, Oberfinanzdirektionen, Finanzämter (§ 2 FVG).

71 BVerwG BStBl. 84, 236.

Die Steuerverwaltungshoheit gem. Art. 108 GG und ihre organisatorische Umsetzung im FVG[1]

Verwaltung durch Bundesbehörden (Art. 108 I GG)	**Bundesministerium der Finanzen (§ 3 I FVG):** Leitung der Bundesfinanzverwaltung **Bundesamt für Finanzen (§ 5 FVG):** Aufgaben, deren zentrale Erledigung zweckmäßig ist (Art. 108 IV 1 GG), z.B. Entlastung von deutschen Abzugsteuern aufgrund von DBA, Erstattung von USt an ausländische Organisationen, Vergabe von USt-Identifikationsnummern, Mitwirkung bei Außenprüfungen (§ 19 FVG) **Hauptzollämter (§ 12 FVG):** Verwaltung der Zölle, der Abgaben im Rahmen der EU und der bundesgesetzlich geregelten Verbrauchsteuern (BierSt, BranntweinSt, KaffeeSt, MineralölSt, SchaumweinSt, TabakSt) einschließlich Einfuhr-USt
	Oberfinanzdirektionen (§ 8 FVG): Leitung der Finanzverwaltung des Bundes und der Länder in ihrem Bezirk (deshalb zugleich Bundes- und Landesbehörden)
Verwaltung durch Landesbehörden (Art. 108 II, III GG)	**Landesfinanzministerien bzw. -senatoren (§ 3 II FVG):** Leitung der Landesfinanzverwaltung **Finanzämter (§ 17 FVG)** → Bundesauftragsverwaltung gem. Art. 108 III i. V. m. Art. 85 GG: ESt und KSt einschl. Solidaritätszuschlag[2], USt ohne Einfuhr-USt (Gemeinschaftsteuern i. S. des Art. 106 III GG) und VersicherungsSt → Verwaltung gem. Art. 108 II GG: VSt, ErbSt, FeuerschutzSt, GrunderwerbSt, KfZ-St, Rennwett- und LotterieSt, Spielbankenabgabe, bezüglich der Realsteuern (GewSt und GrundSt) Ermittlung und Festsetzung der Besteuerungsgrundlagen → Erlaß von Grundlagenbescheiden
Verwaltung durch die Gemeinden (Art. 108 IV 2 GG)	**Steuerämter** delegiert durch Kommunalabgabengesetze: örtliche Verbrauch- und Aufwandsteuern (z. B. HundeSt, JagdSt, ZweitwohnungsSt, VergnügungsSt) Festsetzung und Erhebung der Realsteuern durch Anwendung des Hebesatzes (§ 184 III AO) → Erlaß des Folgebescheides

[1] Zur Hierarchie der Bundes- und Landesbehörden s. §§ 1, 2 FVG und unten § 22 Rz. 30 ff.
[2] Der Solidaritätszuschlag wird ab dem Veranlagungszeitraum 1995 erneut erhoben, s. SolZG 1995, BGBl. I 93, 944/975.

§ 4 Rechtsstaatliche Ordnung des Steuerrechts

A. System des Steuerrechts

Literatur: *C.-W. Canaris*, Systemdenken und Systembegriff in der Jurisprudenz entwickelt am Beispiel des deutschen Privatrechts, Berlin 1969; *K. Tipke*, Steuerrecht – Chaos, Konglomerat oder System?, StuW 71, 2; *K. Larenz*, Methodenlehre der Rechtswissenschaft[6], Berlin u. a. 1991, Kap. 6 (Begriffs- und Systembildung in der Jurisprudenz), 437 ff.; *K. Tipke*, Die Steuerrechtsordnung (StRO), Köln 1993.

1. Problemstellung: Rechtsstaatliche Systemhaftigkeit oder Chaos der Besteuerung?

1 Das Stakkato der Steueränderungsgesetzgebung verleiht der das Forscherleben von *K. Tipke* beherrschenden Frage „Steuerrecht – Chaos, Konglomerat oder System?"[1] brennende Aktualität. Das Steuerrecht wird nicht als Materie des Rechts gehandhabt, sondern zum Vehikel von parteipolitischen Positionen[2] und Gruppeninteressen gemacht, die in der pluralistischen Demokratie das Gemeinwohl verdrängen[3]. Die **unübersehbare Vielzahl der verschiedensten** parteilich geltend gemachten **gesellschaftlichen Interessen** determinieren das sog. *Steuerchaos,* eine Unordnung der Besteuerung, in der unbestimmt und unbestimmbar wie das Wetter ist, welche Interessen welcher gesellschaftlichen Gruppe wann und mit welcher Intensität auf die Änderung welchen Steuergesetzes einwirken[4]. Die Folgen sind nicht nur Steuer*un*recht, sondern auch erhebliche Steuer*un*sicherheit. Die institutionelle Unsicherheit der Besteuerung erzeugt Planungsunsicherheit und vermittelt dem Steuerzahler das Gefühl, Besteuerung lasse sich beliebig manipulieren. Der Bürger empfindet den Steuerstaat nicht als Rechtsstaat, sondern als unersättlichen Leviathan. Folglich sieht er sich legitimiert, skrupellos nach mehr oder weniger legalen Steuertips und Steuertricks zu fahnden. Unseriöse Steuer-Ratgeber erzielen Millionenauflagen. Der Betrug des Staates, die Steuerhinterziehung gilt als Kavaliersdelikt.

2 Es müßte eigentlich im allseitigen Interesse liegen, daß Besteuerung als Recht mit den Eigenschaften von **gerechter Ordnung und Sicherheit** verstanden und gestaltet wird. Das liegt nicht nur im rechtlichen, sondern auch im ökonomisch-ordnungspolitischen Interesse an der Effizienz einer Wirtschaftsordnung. Für die Agenten und Vertreter des Staates (Steuerpolitiker, Finanzbeamte, Finanzrichter) erhebt sich die Forderung, daß der Rechtsstaat dort sein Handeln rechtfertigt, wo er dem Bürger alltäglich begegnet und ihm dabei etwas wegnimmt. Für das Steuer*rechts*bewußtsein der Bürger ist unabdingbar, daß ihnen der Rechtsstaat die Überzeugung vermittelt, sie müßten die Steuern der anderen nicht mitbezahlen.

3 Die Systemlehre von *K. Tipke*[5], auf der dieses Buch basiert, stellt an das Steuerrecht die Anforderungen von **Gerechtigkeit und Rechtssicherheit,** die ganz allgemein das Wesen

---

1 So der programmatische Titel der Abhandlung (StuW 71,2) zu Beginn der StuW-Herausgebertätigkeit.

2 Dazu *S. F. Franke,* Steuerpolitik in der Demokratie, Das Beispiel der Bundesrepublik Deutschland, Berlin 1993.

3 Dazu grundlegend *H. H. v. Arnim,* Gemeinwohl und Gruppeninteressen, Die Durchsetzungsschwäche allgemeiner Interessen in der pluralistischen Demokratie, Ein Beitrag zu verfassungsrechtlichen Grundfragen der Wirtschaftsordnung, Frankfurt 1977.

4 Dazu näher *J. Lang,* FR 93, 661, 664 f. (Steuerchaos als Produkt des Interessenpluralismus); *ders.,* Stbg. 94, 10.

5 Umfassend ausgebreitet in dem dreibändigen Werk „Die Steuerrechtsordnung" (s. § 1 Fn. 1).

des „richtigen" Rechts ausmachen. Der Weg von einer Unordnung des Steuerrechts zu einer rechtsstaatlichen Ordnung des Steuerrechts, zur rechtsstaatlichen Systemhaftigkeit der Besteuerung ist kein Sonder- oder gar Königsweg des Steuerrechts. Das Steuerrecht hat die Ordnung zu leisten, die ebenso den anderen Rechtsgebieten abverlangt wird. Deshalb kann auch im Steuerrecht auf die allgemeinen Systemlehren namentlich von *C.-W. Canaris* und *K. Larenz* zurückgegriffen werden[6].

Das vielzitierte Steuerchaos kennzeichnet einen **historischen Entwicklungsstand** des Steuerrechts, das trotz biblischen Alters des Steuerwesens ein junges, durch Rechtstradition noch wenig gefestigtes Rechtsgebiet ist. Da es im Zentrum der Sozialgestaltung durch den Gesetzgeber steht, findet es kaum die Ruhe, sich zu stabilisieren. Im übrigen entfaltete sich die *juristisch systematisierende* Erkenntnis des besonderen Steuerschuldrechts (s. § 2 Rz. 27), des Rechts der einzelnen Steuerarten und Steuerzugriffsformen, die Beschäftigung mit den einzelnen Rechtsprinzipien des besonderen Steuerschuldrechts erst in den siebziger Jahren[7]; auf dementsprechend jungen juristischen Forschungsergebnissen ist die Rechtfertigungslehre von *K. Tipke* zu den einzelnen Steuerarten[8] aufgebaut. Mithin ergibt sich das Steuerchaos nicht zwingend aus der pluralistischen Demokratie; es folgt vielmehr aus einer rechtlichen Rückständigkeit, die früher oder später jeder rechtsstaatlich verfaßte Steuerstaat zu überwinden hat. 4

2. Das äußere System[9]

Das äußere System betrifft die Art der formalen Stoffanordnung, die technische Gliederung und Ordnung des Stoffes, die möglichst übersichtlich sein soll. Elemente des äußeren Systems sind die Ordnungsbegriffe des Gesetzes[10], der Gesetzesaufbau und die Stellung des einzelnen Rechtssatzes in der Gliederung des Gesetzes. Mit diesen Elementen operiert die sog. **systematische Methode der Gesetzesauslegung** (s. § 5 Rz. 58). Die Rechtserkenntnis aus dem äußeren System hängt von dem juristischen Reifegrad des anzuwendenden Gesetzes ab. Je präziser Begriffe und Gliederung eines Gesetzeswerks auf der Grundlage ausgefeilter juristischer Dogmatik die vom Gesetzgeber gewollten Rechtsfolgen verdeutlichen und die rationale Fortentwicklung des Rechts und der Rechtsdogmatik gestatten, desto eher werden Juristen geneigt und in der Lage sein, mit dem äußeren System zu argumentieren[11]. 5

Die juristische Qualität der Steuergesetze leidet besonders unter der Chaotisierung des Steuerrechts durch eine an tagespolitischen Zielen orientierten Steueränderungsgesetzgebung. Mitunter bekommen die Steuergesetze die Qualität von Wegwerfgesetzen. Dadurch erweisen sich Argumente aus dem äußeren System der Steuergesetze häufig als untauglich, so daß für die Gewinnung akzeptabler Rechtsfolgen zwangsläufig andere Methoden eingesetzt werden müssen. 6

---

6 *C.-W. Canaris*, Systemdenken und Systembegriff in der Jurisprudenz entwickelt am Beispiel des deutschen Privatrechts, Berlin 1969; *K. Larenz*, Methodenlehre der Rechtswissenschaft[6], Berlin u. a. 1991, 437 ff.

7 Dazu *K. Tipke*, Die Steuerrechtsordnung, Bd. I (StRO I), Köln 1993, 46 ff.

8 *K. Tipke*, Die Steuerrechtsordnung (Fn. 7), Bd. II (StRO II).

9 Dazu *P. Heck*, Begriffsbildung und Interessenjurisprudenz, Tübingen 1932, 52 ff., 142 ff.; *C.-W. Canaris* (Fn. 6), 19; *K. Larenz* (Fn. 6), 437 ff.; *K. Tipke*, StRO I, 105 ff.

10 Im Sinne von *P. Heck* (Fn. 9), 52 ff. Vgl. auch *K. Larenz* (Fn. 6): Das äußere oder „abstrakt-begriffliche" System.

11 Die Vorliebe für Argumente aus dem äußeren System ist besonders bei Juristen zu bemerken, die auf Gebieten des klassischen, im BGB geregelten Zivilrechts tätig sind. *K. Larenz* (Fn. 6), 439: „Auch heute noch vermögen sich nur wenige Juristen, auch wenn sie Anhänger einer 'Wertungsjurisprudenz' sind, der Faszination durch das abstrakt-begriffliche System zu entziehen . . ."

7 Entsprechend dem verschiedenen Entwicklungsstand des Steuerrechts verwirklichen die Steuergesetze das äußere System in **unterschiedlicher Qualität.** Das äußere System der Abgabenordnung ist trotz der oben (§ 2 Rz. 12) aufgezeigten Mängel im Großen und Ganzen ausgereift. Stellenweise schlimm ist die Qualität der Steuergesetze, die die einzelnen Steuerarten regeln. Z. B. läßt der Aufbau des EStG den Funktionszusammenhang von Vorschriften nicht erkennen. So sind z. B. die privaten Abzüge i. S. d. § 2 V EStG (s. § 9 Rz. 700 ff.) an verschiedenen Stellen geregelt. Grundlegende Merkmale einkommensteuerbarer Einkünfte wie die Markteinkommensqualität (s. § 9 Rz. 52) sind im EStG nur partiell, in § 15 II EStG positiviert.

8 Das äußere System des Steuerrechts fände seinen idealen Ausdruck in einem **Steuergesetzbuch**[12]. Es ist geeignet, das innere, inhaltliche System optimal in eine formale und sprachliche Ordnungsstruktur umzusetzen. Es gewährleistet eine in sich stimmige Terminologie und macht die Besteuerung *juristisch transparent.* Es verschafft nämlich dem Steuerzahler Überblick über die Gesamtheit seiner Belastung. Schließlich trägt es dazu bei, das Steuerrecht *materiell* zu *stabilisieren.* Die Zeit ist reif für eine Kodifikation des Steuerrechts. Auf der einen Seite hat der desolate Zustand der Steuergesetze in den letzten Jahrzehnten dazu herausgefordert, bedeutende Fortschritte in der Rechtserkenntnis der Besteuerung zu erzielen, die für die Formulierung des Steuergesetzbuchs nutzbar gemacht werden können[13]. Auf der anderen Seite erweckt der Zustand der Unordnung ein entsprechendes Ordnungsbedürfnis. Das Steuerchaos bildet einen typischen Entstehungsgrund für die Kodifikation: Alle großen Kodifikationen des Rechts hatten einen Zustand gesteigerter Unordnung des geltenden Rechts zu überwinden, dienten der Rechtsbereinigung, -vereinheitlichung und -vereinfachung, der Corpus juris civilis Justinians I, der Code civil Napoleons und das BGB, das die Verschiedenheit der deutschen Land- und Provinzrechte ablöste.

Das Ziel konsequenter Umsetzung eines inneren und sachgesetzlichen Systems in ein äußeres System verfolgt *J. Lang,* Entwuf eines Steuergesetzbuchs, BMF-Schriftenreihe, Heft 49, Bonn 1993. Der Entwurf benötigt für das Kernsteuerrecht (Abgabenordnung, Einkommensteuer, Unternehmensteuer, Umsatzsteuer, Verbrauchsteuern auf Mineralöle, Alkohol und Tabak, Grund-/Grunderwerbsteuer) nur 428 Paragraphen, z. B. für die Einkommensteuer nur 37 Paragraphen mit einem Textumfang von etwa zehn Prozent des geltenden deutschen EStG. Der Kodifikationsrahmen des Gesetzbuchs weist zwar 1700 Paragraphen aus; dies ist darauf zurückzuführen, daß Hauptabschnitte mit runden Paragraphenzahlen beginnen und auch aus Gründen der Ergänzbarkeit Zahlenräume frei gelassen worden sind.

3. Das inhaltliche oder innere System[14]

9 Nach dem Verständnis der herrschenden Wertungsjurisprudenz[15] beruhen die Regeln einer Rechtsordnung auf bestimmten **Wertungen,** nach denen die Rechtsgemeinschaft ihre Verhältnisse ordnet. Diese Wertungen bilden das inhaltliche oder innere System einer Rechtsordnung. Ein inneres System kommt grundsätzlich nur dann zustande, wenn die verschiedenen Wertungen aufeinander abgestimmt sind und in den Regeln der Rechtsordnung folgerichtig vollzogen werden[16].

10 Sodann entwickelt sich ein **gerechtes,** von der **Rechtsgemeinschaft allgemein akzeptiertes** Rechtssystem nur auf der Grundlage sachgerechter Wertungen, das sind Wertungen,

---

12 Nachdrücklich gefordert von *K. Tipke,* StRO I–III, 110, 117, 536, 1047 f., 1497 ff.; *P. Kirchhof,* Die Kunst der Gesetzgebung, NJW 87, 3217, 3223 ff.

13 Auf die steuerpolitische Ordnungsaufgabe der Steuerrechtswissenschaft weist *K. Vogel* in seiner Rezension der StRO von *K. Tipke* eindringlich hin (s. das Zitat in § 1 Rz. 36, dort Fn. 57).

14 Dazu *C.-W. Canaris* (Fn. 6), 40 ff. (Entwicklung des Systembegriffs aus dem Gedanken der wertungsmäßigen Folgerichtigkeit und inneren Einheit der Rechtsordnung); *K. Larenz* (Fn. 6), 474 ff., und *K. Tipke,* dessen Lebenswerk auf die Erforschung des inneren steuerrechtlichen Systems angelegt ist. Zum Begriff des inhaltlichen oder inneren Systems *K. Tipke,* StRO I, 110 ff.

15 Umfassend dazu *K. Larenz* (Fn. 6).

16 Grundlegend *C.-W. Canaris* (Fn. 6), 40 ff.

die zum einen den *rechtsethischen Konsens* der Rechtsgemeinschaft zum Ausdruck bringen und zum anderen der *Sachlogik* des Regelungsgegenstandes gerecht werden, daher sachbezogen oder sachangemessen sind[17]. Bei dem ökonomischen Regelungsgegenstand der Besteuerung ist die **ökonomische Rationalität** ein bedeutender Faktor der Sachgerechtigkeit. Das Steuerchaos zeigt, daß ökonomisch unvernünftige Besteuerungsformen meist auch ungerechte sind (s. Rz. 99 ff.). Demnach sollten sich juristische Wertungen den z. T. „wertfrei“ (s. § 1 Rz. 45, 46) gewonnenen Erkenntnissen der ökonomischen Wissenschaften nicht verschließen, vielmehr ökonomische Wirkungsmechanismen und natürliche Verhaltensweisen des homo oeconomicus einkalkulieren. Darum hat die interdisziplinäre Kooperation der Steuerwissenschaften (s. § 1 Rz. 42) für die Erkenntnis ökonomischer Rationalität des Steuerrechts so eminente Bedeutung.

3.1 Prinzipien als Träger des inhaltlichen oder inneren Systems

a) Das inhaltliche oder innere System der Rechtsordnung wird getragen von den Prinzi- 11
pien als **ordnungsstiftende Grundwertungen;** sie sind richtunggebende Maßstäbe, die durch den rechtsethischen Konsens rechtliche Entscheidungen zu rechtfertigen vermögen[18]. Derartige **Rechtsprinzipien** oder Rechtsgrundsätze, auch bezeichnet als (allgemeine) Rechtsgedanken, Ausprägungen der Rechtsidee bedürfen durchweg der *Konkretisierung;* sie bestimmen *keine Rechtsfolgen;* dadurch unterscheiden sie sich von den **Einzelwertungen** und Rechtssätzen (**Normen, Regeln**)[19]. Die Einzelwertung liegt dem Rechtssatz zugrunde, der die Rechtsfolge anordnet.

Während Regeln oder Normen und die ihnen zugrundeliegenden Einzelwertungen ent- 12
weder erfüllen oder nicht erfüllen, anwendbar oder nicht anwendbar sind, gebieten Rechtsprinzipien als Richtwerte die optimale Verwirklichung des ihnen immanenten rechtsethischen Konsenses; demnach sind sie **Optimierungsgebote.** Jedoch sind Rechtsprinzipien auch dadurch charakterisiert, daß sie in unterschiedlichen Graden erfüllt werden können[20], weil die Ordnung des Rechts nicht prinzipien*monistisch,* sondern *-pluralistisch* zusammengefügt ist. Deshalb können die verschiedenen Rechtsprinzipien in einer Regel zusammenwirken, sich ergänzen oder einander widersprechen[21]. Rechtsprinzipien haben entweder einen *konstruktiven* Inhalt (z. B. Besteuerung nach der Leistungsfähigkeit) oder einen *prohibitiven* Inhalt (z. B. verfassungsrechtliche Schranken der Besteuerung); dabei wirken häufig konstruktive und prohibitive Prinzipien zusammen (z. B. Verbot einer übermäßigen Besteuerung nach der Leistungsfähigkeit).

Rechtsprinzipien haben unterschiedlichen Rang und unterschiedliche Wirkkraft. Das 13
inhaltliche oder innere System der Steuerrechtsordnung wird durch folgende **Hierarchie von Prinzipien** bestimmt:

---

17 Grundlegend für das Steuerrecht *K. Tipke,* Steuergerechtigkeit in Theorie und Praxis. Vom politischen Schlagwort zum Rechtsbegriff und zur praktischen Anwendung, Köln 1981, sowie vertiefend *ders.,* StRO I, 296 ff.

18 *K. Larenz,* Richtiges Recht, Grundzüge eines Rechtsethik, München 1979, 23 ff.; *ders.* (Fn. 6), 474.

19 Dazu ausf. *R. Alexy,* Theorie des Grundrechts, Frankfurt 1986, 71 ff. (Regeln und Prinzipien); *J. Esser,* Grundsatz und Norm in der richterlichen Fortbildung des Privatrechts[3], Tübingen 1974, 39 ff., 141 ff. *K. Larenz* (Fn. 6), 474 ff. Grundrechtsnormen haben *Doppelcharakter:* Als Normen der Verfassung sind sie auf einfachgesetzlicher Ebene auch richtunggebende Wertmaßstäbe (s. *R. Alexy,* a. a. O., 122 ff.).

20 So die Unterscheidung von *R. Alexy* (Fn. 19), 75 f., der allgemein zugestimmt wird (s. *K. Larenz,* Fn. 6, 475, m. w. Nachw.).

21 Dazu grundlegend *C.-W. Canaris* (Fn. 6), 112 ff.

aa) **Systemtragende Prinzipien des Steuerrechts** sind Rechtsprinzipien, die das steuerrechtliche System *im Ganzen* tragen. Es handelt sich um Prinzipien, die der Rechtsstaat verbürgt, um die Prinzipien **formaler und materialer Rechtsstaatlichkeit**[22]. Diese Prinzipien sind zunächst die verfassungsrechtlichen Prinzipien, das sind im Grundgesetz normierte Prinzipien wie der Gleichheitsgrundsatz, das Legalitätsprinzip, das prohibitive Übermaßverbot oder das konstruktive sozialstaatliche Prinzip der sozial gerechten Besteuerung. Die verfassungsrechtlichen Prinzipien werden sodann **steuerspezifisch konkretisiert** durch das **Prinzip der Besteuerung nach der Leistungsfähigkeit.** Das Leistungsfähigkeitsprinzip wird in erster Linie als Vergleichsmaßstab des Gleichheitssatzes entfaltet und wird deshalb im Zusammenhang mit dem Gleichheitssatz abgehandelt (Rz. 81 ff.). Es wirkt aber auch mit anderen verfassungsrechtlichen Prinzipien zusammen, etwa mit dem Übermaßverbot (s. Rz. 209 ff.), dem Verbot der Benachteiligung von Ehe und Familie (s. Rz. 215 ff.) und dem Sozialstaatsprinzip (s. Rz. 200 f.). Wenngleich das Leistungsfähigkeitsprinzip nicht ausdrücklich in der Verfassung normiert ist (s. § 3 Rz. 8), so erhält es verfassungsrechtliche Verbindlichkeit und Wirkkraft durch die Anwendung des Gleichheitssatzes und anderer steuerrelevanter Verfassungsnormen. Im Ergebnis ist also festzustellen, daß systemtragende Prinzipien des Steuerrechts **verfassungskräftige Prinzipien** sind. Sie sind demnach aus der **Wertordnung des Grundgesetzes** abgeleitet; diese Wertordnung prägt die Ordnung des Steuerrechts als öffentliches Recht.

14 bb) **Verfassungskräftige Subprinzipien:** Die systemtragenden Prinzipien des Steuerrechts werden durch steuerrechtliche Subprinzipien konkretisiert, die nur für *einzelne Normgruppen* des Steuerrechts gelten. Auch sie haben (mit eingeschränkter Intensität) verfassungsrechtliche Wirkkraft, weil sie Wertungen der Verfassung konkretisieren (Beispiele zur Einkommensteuer: Universalitätsprinzip, Totalitätsprinzip, Prinzip der Individualbesteuerung, objektives/subjektives Nettoprinzip).

15 cc) **Einfachgesetzliche Prinzipien** schließlich detaillieren das inhaltliche oder innere System des Steuerrechts, ohne daß dies so verfassungsrechtlich geboten wäre. Keine verfassungsrechtliche Verbindlichkeit genießen z. B. das Markteinkommensprinzip (verfassungsrechtlich zulässig wäre auch eine Einkommensteuer auf den gesamten Reinvermögenszugang einschließlich Schenkungen und Erbschaften), das Nominalwertprinzip (dem Leistungsfähigkeitsprinzip entspräche besser ein Realwertprinzip) oder Bilanzierungsprinzipien. Einfachgesetzliche Prinzipien habe vor allem Bedeutung für die rechtsdogmatisch folgerichtige Weiterentwicklung von Teilgebieten des Steuerrechts.

16 Die **Konkretisierungsbedürftigkeit** der Rechtsprinzipien hängt von ihrer Stellung in der Prinzipienhierarchie ab. Hochrangige Prinzipien wie das Leistungsfähigkeitsprinzip sind ihrem Rang entsprechend abstrakt und daher vieldeutig. Für die rechtsethische Überzeugungskraft, für die Transparenz und Planbarkeit des Steuerrechts kommt es darauf an, auf welche Weise der Konkretisierungsspielraum ausgefüllt wird, ob die Schritte der Konkretisierung auf den verschiedenen Stufen der Prinzipienhierarchie folgerichtig, systemkonsequent vollzogen, Systembrüche in Gestalt unbegründeter Prinzipverletzungen vermieden werden.

17 b) Nach der **Art der Prinzipienqualität** lassen sich unterscheiden:

aa) **Normierte** und **normkonzipierende** (normsinnkonzipierende, normsinnkonstituierende, normdirgierende, norminspirierende) **Prinzipien.**

---

22 Grundlegend *K. Tipke,* StRO I, 135 ff. (grundrechtlich-rechtsstaatliche Prinzipien des Steuerrechts), 281 ff. (Gerechtigkeit durch systemtragende Prinzipien).

- Normierte Prinzipien sind unmittelbar in einem Rechtssatz niedergelegt. Sie finden sich vor allem im Grundgesetz (z. B. Sozialstaatsprinzip, Gleichheitssatz [besser: Gleichheits*grundsatz*], Rechtssicherheitsprinzip), in allgemeinen Gesetzen, im allgemeinen Teil eines Gesetzes.
- Bloß normkonzipierende Prinzipien liegen den gesetzlichen Regelungen als sinnstiftende Wertung, Regel, Motivation, Leitidee oder Zweckgedanke zugrunde (ohne normiert, positiviert zu sein). Das Gesetz selbst nennt die normkonzipierenden Prinzipien nicht ausdrücklich, es ist aber Inkarnation oder Ausfluß solcher Prinzipien. Die normkonzipierenden Prinzipien sind nicht selbst Normen, sie wirken durch die Normen, werden durch diese – das Prinzip konkretisierend – in das Normative umgesetzt (Beispiele: Rechtsstaatsprinzip, Prinzip der Rechtssicherheit, Leistungsfähigkeitsprinzip, Markteinkommensprinzip, Nettoprinzip, Grundsatz von Treu und Glauben, Bilanzierungsprinzipien).

bb) **Wertende** und **technische Prinzipien,** oder mit anderen Worten: Prinzipien der Gerechtigkeit (z. B. Leistungsfähigkeitsprinzip) und Prinzipien der Zweckmäßigkeit. Die Vereinfachungsvorschriften etwa sind durch Zweckmäßigkeit motiviert; sie entsprechen dem Prinzip der Verwaltungsrationalität und -praktikabilität (s. Rz. 23, 130 ff.). Vereinfachungsvorschriften können allerdings auch die Gleichmäßigkeit der Besteuerung positiv beeinflußen; Vorschriften, die wegen ihrer Kompliziertheit praktisch nicht richtig angewendet werden, beeinträchtigen die Gleichmäßigkeit der Besteuerung. Prinzipien bloßer Zweckmäßigkeit sind auch das Stichtagsprinzip und das Jahresabschnitts- oder Annuitätsprinzip. 18

Technische Prinzipien haben nicht die gleiche Wertigkeit wie das (ethische) Leistungsfähigkeitsprinzip (s. Rz. 130). Der Gesetzgeber muß insoweit gleichmäßig zurückstecken, wie die totale Durchführung des Leistungsfähigkeitsprinzips verwaltungstechnisch unmöglich oder mit unverhältnismäßigem Verwaltungsaufwand verbunden wäre.

3.2 Die steuergesetzlichen Normgruppen im System

Literatur: *K. Vogel,* Die Abschichtung von Rechtsfolgen im Steuerrecht, StuW 77, 97; *D. Birk,* Das Leistungsfähigkeitsprinzip als Maßstab der Steuernormen, Köln 1983, 67 ff., 153 ff., 194 ff., 232 ff.; *Mc Daniel/Surrey,* International Aspects of Tax Expenditures: A Comparative Study, Deventer/Frankfurt u. a. 1985; *H. G. Ruppe,* HHR, Einf. ESt Anm. 52–57, 65–69; *K. Tipke,* Die Steuerrechtsordnung, Bd. I (StRO I), Köln 1993, 119 ff.

3.2.1 Drei Normgruppen

Bei der Aufdeckung der den Steuergesetzen zugrunde liegenden (normkonzipierenden) Prinzipien ist zunächst zu berücksichtigen, daß die in den Steuergesetzen enthaltenen Normen verschieden grundmotiviert, Ausfluß verschiedener Prinzipien sind. Das System ist also nicht monistisch, sondern pluralistisch oder multifunktional. 19

Zu unterscheiden sind Fiskalzwecknormen, Sozialzwecknormen und Vereinfachungszwecknormen. Mit *einem* Steuergesetz oder *einer* Norm kann allerdings auch ein Doppel- oder Mehrfachzweck verfolgt werden.

Nur aus didaktischen Gründen werden die Vereinfachungszwecknormen hier als besondere (dritte) Gruppe genannt. Sie bleiben trotz ihres Vereinfachungszwecks auch Fiskal- oder Sozialzwecknormen.

a) Fiskalzwecknormen

Die meisten Normen der Steuergesetze sind Fiskalzwecknormen (Finanz- oder Ertragszwecknormen, fiskalische oder fiskalisch motivierte Normen). Sie dienen dazu, den 20 notwendigen Finanzbedarf der öffentlichen Haushalte zu decken (Primärfunktion). Sie treffen konkrete Steuerwürdigkeitsentscheidungen nach Kriterien austeilender (besser: zuteilender) Gerechtigkeit, wobei selbstredend die Grundrechte zu berücksichtigen sind. Die Fiskalzwecknormen orientieren sich überwiegend am Leistungsfähigkeitsprinzip oder sollten dies tun (s. Rz. 81 ff.). Auch Fiskalzwecknormen haben wirtschaftliche und soziale Auswirkungen (Nebenwirkungen); aber sie verfolgen primär keinen solchen Zweck. Die wirtschaftlichen und sozialen Auswirkungen von Fiskalzwecknormen sind Folge, nicht Zweck dieser Normen. So haben z. B. die Fiskalzwecknormen des Einkommen- und Umsatzsteuerrechts *nicht* den *Zweck,* die wirtschaftliche Tätigkeit, die Investition, das Sparen, das Konsumieren zu behindern.

Eine verfassungswidrige Fiskalzwecknorm kann nicht als Sozialzwecknorm (s. b) aufrechterhalten werden; dies schon deshalb nicht, weil Lenkung oder Intervention immer etwas Bezwecktes, Finales ist.

b) Sozialzwecknormen

21 Die Steuergesetze sind nicht unerheblich durchsetzt mit Sozialzwecknormen (i. w. S.[23]). Das sind lenkende (regulative, dirigistische, interventionistische, instrumentalistische) Normen, die sozialpolitisch (insb. wohlstandskorrigierend oder redistributiv), wirtschaftspolitisch, kulturpolitisch, gesundheitspolitisch, berufspolitisch etc., nicht fiskalisch motiviert sind. Sie treffen keine Steuerwürdigkeitsentscheidungen. Sie können Steuerentlastungen durch Steuervergünstigungen (s. § 7 Rz. 36 ff.), aber auch zusätzliche Steuerbelastungen (z. B. § 9 I 3 Nr. 4 EStG; Verlustausgleichs- und -abzugsbeschränkungen) oder Sondersteuern schaffen. Wer sich „sozial erwünscht" verhält, wird steuerlich entlastet, wer sich „sozial unerwünscht" verhält, wird steuerlich sonderbelastet. Da es nicht nur Sozialzwecksteuern (wie Alkoholsteuern, Tabaksteuer, Hundesteuer), sondern viele in Steuergesetze eingestreute Einzel-Sozialzwecknormen gibt, machen die Sozialzwecknormen das Steuerrecht unübersichtlich und schwer verständlich, zumal sie nicht nach dem Normzweck zusammengefaßt und geordnet, sondern dort plaziert sind, wohin sie bloß technisch gehören (Beispiele: §§ 10b, 10e EStG). Die Sozialzwecknormen können sich an den verschiedensten Prinzipien der Gerechtigkeit oder der Zweckmäßigkeit orientieren, z. B. am Bedürfnisprinzip oder am Verdienstprinzip (s. Rz. 124).

Die wichtigsten Sozialzwecknormen sind
- lenkende Normen (regulative, dirigistische oder interventionistische Normen),
- Umverteilungsnormen (wohlstandkorrigierende oder redistributive Normen).

22 **Materiell** gehören die Sozialzwecknormen nicht zum Steuerrecht, sondern zum Wirtschaftsrecht, Sozialrecht oder anderen Bereichen.

Soweit mit Hilfe von Normen, die Steuerentlastungen oder zusätzliche Steuerbelastungen schaffen, Wirtschaftslenkung betrieben, auf Produktion, Distribution, Preisgestaltung, Konsum etc. eingewirkt werden soll, handelt es sich um wirtschaftsrechtliche Normen, die lediglich steuergesetzlich eingekleidet sind, sich der Technik der Steuergesetze bedienen. Da es für die rechtliche Qualifizierung *nicht auf technische Äußerlichkeiten* ankommen kann, ergibt sich die grundgesetzliche Kompetenz zum Erlaß solcher Normen nicht aus der Steuerkompetenz der Art. 105 ff. GG, sondern aus Art. 74 Nr. 11 GG[24]. Die entlastenden Normen (auch als Verschonungssubventionsnormen bezeichnet) sind – wie andere Subventionen (Transferzahlungen) auch – nach den üblichen wirtschaftsrechtlichen (subventionsrechtlichen) Maßstäben zu beurteilen. Aus § 33 II FGO kann man schließen, daß gleichwohl der Finanzrechtsweg gegeben sein soll[25].

---

23 „Sozial" meint hier nicht bloß die Unterstützung einkommensloser oder einkommensschwacher Gruppen, sondern soviel wie: zum Nutzen der Allgemeinheit oder der Gesellschaft, im öffentlichen Interesse, das Zusammenleben der Bürger fördernd.

24 Zutreffend *Bayer,* StuW 72, 149 ff.; s. auch *K. Vogel,* StuW 77, 99 re. Sp.

25 Vgl. auch § 23 Rz. 93.

Die Sozialzwecksteuern (z. B. Branntweinsteuer, Tabaksteuer, Hundesteuer) haben im allgemeinen neben dem Sozialzweck – sekundär – auch einen Fiskalzweck.

Steuerentlastende Sozialzwecknormen bewirken Steuervergünstigungen (s. § 19); sie werden auch als Steuersubventionen oder Steuervorteile bezeichnet. Von Steuersubventionen i. e. S. lassen sich Steuerprämien unterscheiden.

Ist eine steuerentlastende Sozialzwecknorm nicht gerechtfertigt, so liegt eine *Privilegierung* (und damit ein Steuergeschenk), ist eine steuer(sonder-)belastende Sozialzwecknorm nicht gerechtfertigt, so liegt eine *Diskriminierung* vor. Noch nicht ausdiskutiert ist, ob ungültige Sozialzwecknormen als Fiskalzwecknormen aufrechterhalten werden können, wenn sie objektiv dem Leistungsfähigkeitsprinzip entsprechen[26].

c) Vereinfachungszwecknormen

Sie sollen aus technisch-ökonomischen Gründen die Steuerrechtsanwendung erleichtern, 23
vereinfachen, praktikabler oder ökonomischer gestalten; sie sollen Überkompliziertheit und Undurchführbarkeit des Gesetzes vermeiden, etwa durch Typisierungen, Pauschalierungen, gewisse Freibeträge, Freigrenzen. Zur Wertigkeit s. Rz. 130 ff.

Zu a–c: Die Erkenntnis der Notwendigkeit der Unterscheidung der aufgeführten Normgruppen 24
beginnt sich allmählich durchzusetzen, allerdings noch kaum in der Rechtsprechung. Die Terminologie ist jedoch nicht einheitlich. *K. Vogel*[27] unterscheidet zwischen Lastenausteilungs- und Lenkungsnormen, *H. G. Ruppe*[28] zwischen Normen mit Ertragsfunktion und Normen mit Lenkungsfunktion. Weitere Differenzierungen hat die österreichische Steuerreformkommission vorgenommen[29].

Die Erkenntnis, daß zu unterscheiden sei zwischen (dem Fiskalzweck dienenden, an der Gerechtigkeit zu orientierenden) revenue provisions with fairness and equality function, (dem Sozialzweck dienenden) policy provisions with regulatory or redistributive function und (dem Vereinfachungszweck dienenden) simplification provisions with efficiency and simplicity function breitet sich offenbar nach und nach auch weltweit aus[30].

3.2.2 Relevanz der richtigen Einordnung

Die Einordnung der Normen in die richtige Gruppe (s. Rz. 19) ist relevant[31] 25

- für die Prüfung der *verfassungsrechtlichen Kompetenz* (insb. Art. 105 ff. oder Art. 74 Nr. 11 GG);
- für die Beurteilung der Frage, ob eine *Steuervergünstigung* vorliegt. Fiskalzwecknormen, die das Leistungsfähigkeitsprinzip ausführen, enthalten keine Steuervergünstigung, auch dann nicht, wenn Ausgaben, die die Leistungsfähigkeit mindern, zum Abzug von der Bemessungsgrundlage zugelassen werden; die *Beweislast* für die tatsächlichen Voraussetzungen von Steuervergünstigungen hat, wer die Vergünstigung geltend macht (s. dazu § 22 Rz. 222);
- für die *Rechtsanwendung:* die teleologische Auslegung oder Auslegung aufgrund von Prinzipien setzt die Kenntnis des Normzwecks voraus (s. § 5 Rz. 50);
- für die Bewertung der einzelnen Norm unter dem Gesichtspunkt der individuell *gerechten* Verteilung von Lasten und Vorteilen, insb. unter dem Aspekt des *Gleichheitssatzes* (s. Rz. 81, 85); für Fiskalzwecknormen gelten andere Prinzipien der Sachgerechtigkeit als für Sozialzwecknor-

---

26 Dazu *K. Vogel*, StuW 77, 97 ff.; *D. Birk*, Das Leistungsfähigkeitsprinzip als Maßstab der Steuernormen, Köln 1983, 236 ff.; *Birk* unterscheidet auch nach Normwirkungen (s. auch *D. Birk*, Steuerrecht I, München 1988, § 7 Rn. 18 ff., § 11 Rn. 17 f.).

27 StuW 77, 97 ff.

28 Verhandlungen des 8. österr. Juristentages, 1982, Bd. I, 1. Teil A.

29 *Helige* (Hrsg.), Dokumentation zur Steuerreformkommission II (1980–1983), Wien 1983, 192 ff. (Arbeitsausschußvorsitzender: *Ruppe*).

30 Dazu *McDaniel/Surrey*, International Aspects of Tax Expenditures: A Comparative Study, Deventer/Frankfurt u. a. 1985.

31 Dazu auch *H. G. Ruppe*, HHR, Einf. ESt Anm. 55.

men (s. Rz. 124 ff.); wer etwa *Sonder*abschreibungsvorschriften unzutreffend den Fiskalzwecknormen zuordnet, vermag nicht einzusehen, daß der Abschreibungsvorteil mit der Höhe des Einkommens wachsen darf;

- für die Grenzen der *Maßgeblichkeit der Handelsbilanz* für die Steuerbilanz (§ 141 I 2 AO; § 5 I EStG). Die Maßgeblichkeit gilt nicht für Sozialzwecknormen, soweit nicht ausdrücklich etwas anderes angeordnet ist;
- für die Beurteilung von *Steuerbefreiungen und Steuerfreibeträgen.* Sie können sein: Fiskalzweck-, Sozialzweck- oder Vereinfachungszweckbefreiungen oder -freibeträge[32],
- evtl. in *Zurechnungsfragen;* so ist es verfehlt, etwa Zusammenveranlagungsgrundsätze (§§ 26, 26b EStG) auf Subventionsnormen anzuwenden;
- für die Anwendung des *§ 40*[33] *AO;* diese Vorschriften gelten nur für Fiskalzwecknormen (s. § 5 Rz. 94), ob § 41 I AO auf Steuervergünstigungen angewendet werden kann, ist zweifelhaft;
- für die *subjektive Zurechnung* und die *Rechtsnachfolge* (Tod, Verschmelzung etc.). Zu berücksichtigen ist der Sozial- oder Vergünstigungszweck. Davon hängt auch ab, ob die Personengesellschaft oder ihre Gesellschafter begünstigt werden sollen;
- für die Erkenntnis *wirtschaftlicher Effekte* (diese Effekte soll insb. der Subventionsbericht darstellen);
- für *Sozialgesetze,* die an den *Einkommensbegriff* des Einkommensteuergesetzes *anknüpfen*[34].

26 Die Einordnung in die richtige Normengruppe ist in **Grenzfällen** schwierig[35].

In der Rechtsanwendungspraxis werden Fiskalzwecknormen, Sozialzwecknormen und Vereinfachungszwecknormen oft nicht auseinandergehalten. So wird einerseits etwa der Sozialzweck der Hundesteuer übersehen; so wird etwa § 10e EStG für eine Fiskalzwecknorm gehalten. Andererseits wird z. B. nicht gesehen, daß der Verlustrücktrag keine interventionistische, wirtschaftsfördernde Steuervergünstigung ist, sondern, wie der Verlustvortrag, eine am Prinzip der steuerlichen Leistungsfähigkeit orientierte Maßnahme, die das technische Kalenderjahrprinzip aus Gerechtigkeitsgründen überwindet. Sozialzwecknormen werden in der Praxis zu Unrecht teleologisch oft nicht anders behandelt als Fiskalzwecknormen[36]. Zugleich verschüttet der Gesetzgeber die Trennungslinien immer mehr (Beispiel: nur partielle Besteuerung der privaten Renten und der Einkünfte nichtbuchführender Landwirte, die sich subventionsgleich auswirkt). Läßt sich die Zuordnung zur richtigen Normgruppe aufgrund des Zweckes nicht ohne weiteres vornehmen, ist von der Normwirkung auf den Normzweck zu schließen.

4. Die Effizienz des Systemgedankens

27 Ein systematisiertes Steuerrecht ist keine Frage bloßer juristischer Ästhetik oder Kosmetik. Es hat gegenüber einem nichtsystematisierten Steuerrecht auch nicht nur den Vorteil größerer Stimmigkeit, Übersichtlichkeit, Klarheit, Durchsichtigkeit, Verständlichkeit, Praktikabilität, Lehr- und Lernbarkeit, Prüfbarkeit und Übersetzbarkeit. Fehlt das innere System, die rechtsethische Prinzipienordnung, so ist das Steuerrecht auch keine **Gerechtigkeitsordnung**[37]. Systematisches Denken, eine systematische Konzeption, ist daher unentbehrliche Voraussetzung für eine gute *Steuergesetzgebung.*

---

32 Dieser Unterscheidung folgen auch *v. Beckerath,* KS, EStG § 3, und *Traxel,* Die Freibeträge des Einkommensteuergesetzes, Frankfurt a. M./Bern/New York 1986.

33 A. A. BFH BStBl. 90, 251, 252.

34 Z. B. Bundessozialhilfegesetz, BAföG. Knüpfen solche Gesetze an den Einkommensbegriff des Einkommensteuergesetz an, so müssen aus dem Begriff die Sozialzwecknormen ausgeklammert werden (dazu *Brandis,* FR 83, 371).

35 Dazu *K. Vogel,* StuW 77, 97 ff.; *D. Birk,* Das Leistungsfähigkeitsprinzip als Maßstab der Steuernormen, Köln 1983; *K. Tipke,* StRO I, 125 ff.

36 Dazu *K. Tipke,* StRO I, 127 ff.

37 Dazu umfassend *K. Tipke,* StRO I, 46 ff., und die Rezension von *K. Vogel* (Fn. 13).

Darüber hinaus ist die **Methode der Rechtsanwendung** systemabhängig. Insbesondere verhilft das innere System mit seinen Prinzipien dazu, 28

a) die teleologischen **Orientierungsmaßstäbe zu gewinnen,** die für die Gesetzesauslegung erforderlich sind; denn das innere System ist eine teleologische Prinzipienordnung. Im Wege (und in den Grenzen; Grenze: möglicher Wortsinn!) der Auslegung ist der im System und seinen Prinzipien wurzelnde Wert- oder Zweckgedanke zur Geltung zu bringen. Auslegung als Ermittlung des Sinns einer Norm ist die Ermittlung des wertungsmäßigen Gehalts oder des technischen Zwecks der Norm. Erst bei Berücksichtigung der Grund- und Einzelwertungen oder Zwecke erschließt sich der teleologische Gehalt von Rechtsvorschriften. Eine Auslegung, die das innere System nicht berücksichtigt, entartet leicht zum freischwebenden methodischen Vagabundieren (Gefühlsjurisprudenz, im Steuerrecht oft unter dem Deckmantel sog. „wirtschaftlicher Betrachtungsweise"), oder sie erweist sich als blinde Begriffsjurisprudenz (s. § 5 Rz. 48 ff.); damit ist nichts gegen die „wirtschaftliche Betrachtungsweise" bei der Auslegung gesagt. Richtig verstanden ist diese wirtschaftliche Betrachtungsweise nichts weiter als der Reflex des Prinzips der Besteuerung nach der wirtschaftlichen Leistungsfähigkeit und damit teleologische Auslegung;

b) die **Gesetzeslücken aufzudecken und auszufüllen.** Sie kommen dadurch zustande, daß der Gesetzgeber von bestimmten Prinzipien oder Wertungen ausgeht, das Prinzip aber bei der Umsetzung in gesetzliche Tatbestände nicht konsequent zu Ende führt. Das Prinzip ist dann tatbestandlich (normativ) nicht voll abgedeckt; es ist inkonsequent oder lückenhaft ausgeführt. Dadurch werden die wertungsmäßige Einheit und die Folgerichtigkeit der Rechtsordnung gestört, man spricht von einem Systembruch. Die Gesetzeslücke läßt sich mit Hilfe des (zu Ende geführten) Prinzips ausfüllen (s. Rz. 184 ff.; § 5 Rz. 71 ff.); dies nennt man auch analoge Anwendung des Gesetzes; 29

c) die **Verstöße gegen den Gleichheitssatz** (Art. 3 I GG) aufzudecken. Dadurch erweist sich der Systemgedanke als eine dynamische Kraft. Der Gleichheitssatz verlangt eine folgerichtige, durchgängige Anwendung der gesetzgeberischen Wertungen. Eine unterschiedliche Wertung gleicher Sachverhalte verletzt den Gleichheitssatz. Allerdings ist ein Systembruch (Verstoß gegen den Gleichheitssatz) gerechtfertigt, wenn sachliche Gründe für eine Wertungsdifferenzierung vorliegen (insbesondere in Fällen von wertungsmäßig atypisch liegenden Tatbeständen), 30

d) das **Ermessen** entsprechend § 5 AO **auszuüben.** 31

Einstweilen frei. 32–49

B. Rechtsstaatlichkeit des Steuerrechts

Literatur: Allgemeine: *K. Stern,* Das Staatsrecht der Bundesrepublik Deutschland, Bd. I[2], München 1984, § 20; *E. Schmidt-Aßmann,* Der Rechtsstaat, HStR I (1987), 987 ff.

Besondere: *K. Vogel,* Verfassungsrecht und Steuerrecht, JbFSt. 1970/71, 49; *P. Kirchhof,* Besteuerungsgewalt und Grundgesetz, Frankfurt/M 1973; *K. Vogel,* Steuergerechtigkeit und soziale Gestaltung, DStZ/A 75, 409; *K. H. Friauf,* Unser Steuerstaat als Rechtsstaat, StbJb. 1977/78, 39; *K.-G. Loritz,* Das Grundgesetz und die Grenzen der Besteuerung, NJW 86, 1; *G. F. Schuppert,* Verfassungsrechtliche Prüfungsmaßstäbe bei der verfassungsgerichtlichen Überprüfung von Steuergesetzen, Ein Beitrag zu den verfassungsrechtlichen Bindungen des Steuerrechts, in: FS für Zeidler, Bd. 1, Berlin/New York 1987, 691; *K. H. Friauf,* Verfassungsrechtliche Anforderungen an die Gesetzgebung über die Steuern vom Einkommen und Ertrag, DStJG Bd. 12 (1989), 3; *K. Vogel,* Der Verlust des

Rechtsgedankens im Steuerrecht als Herausforderung an das Verfassungsrecht, DStJG Bd. 12 (1989), 123; *K. Tipke,* Die Steuerrechtsordnung, Bd. I (StRO I), Köln 1993, 133 ff.

1. Formale und materiale Rechtsstaatlichkeit

50 Alle Staatsgewalten[1], so auch Steuergesetzgebung, -verwaltung und -rechtsprechung sind an die rechtsstaatliche Ordnung des Grundgesetzes und besonders die Grundrechte gebunden (Art. 1 III; 20 III GG), und Art. 20 III 2. Hs. GG bindet die vollziehende Gewalt und die Rechtsprechung, so auch die Steuerverwaltung und die Steuerrechtsprechung an **„Gesetz und Recht“.** Die durch das Änderungsverbot des Art. 79 III GG besonders geschützte Rechtsstaatlichkeit bedeutet, daß die Ausübung der geteilten staatlichen Macht nur auf der Grundlage einer die Grundrechte gewährleistenden Verfassung und von formell und materiell verfassungsmäßigen erlassenen Gesetzen mit dem Ziel der Gewährleistung von Gerechtigkeit und Rechtssicherheit zulässig ist[2].

51 Der Rechtsstaat hat eine formale und materiale Seite[3]. Historisch entwickelte sich zunächst der **formale Rechtsstaat,** der die Gewaltenteilung (s. Fn. 1), die Herrschaft des Gesetzes (rule of law), die Gesetzmäßigkeit der Verwaltung und den Rechtsschutz gegen Akte öffentlicher Gewalt durch unabhängige Gerichte anerkennt[4]. Der formale Rechtsstaat verwirklicht vornehmlich die *Rechtssicherheit.* Die Deformierung des Rechtsstaats durch den Nationalsozialismus machte klar, daß ein Rechtsstaat ohne Gewährleistung materialer Gerechtigkeit undenkbar ist. Das Grundgesetz der BRD hat die formalen Elemente des Rechtsstaats übernommen, jedoch aufgrund der negativen Erfahrungen mit der Weimarer Verfassung **wesentliche materiale Elemente** hinzugefügt. Der Rechtsstaat des Grundgesetzes ist zwar auch Gesetzesstaat; er verbürgt aber zugleich auch den *materialen* Rechtsstaat, der dem Ziel der *Gerechtigkeit* dient, was insb. in der Bindung an Gesetz *und Recht* (Art. 20 III GG) zum Ausdruck gebracht ist[5]. Die Gerechtigkeit wird durch die **Wertordnung des Grundgesetzes** substantiiert. Damit gewährleistet der materiale Rechtsstaat vor allem die *Grundrechte,* die *Menschenwürde,* die *Gleichheit* und *Freiheit* der Menschen; ohne solche Menschenrechte ist der Rechtsstaat undenkbar. Zudem dient der soziale Rechtsstaat (Art. 20, 28 I GG) dem Ziel *sozialer Gerechtigkeit*[6].

52 Die historische Entwicklung von formalen zum materialen Rechtsstaat findet auch im **Steuerrecht** seinen Niederschlag. Während der Weimarer Zeit befaßte sich die Steuer-

1 Der Rechtsstaat wirkt zunächst dem Mißbrauch staatlicher Gewalt durch die Teilung der Gewalten entgegen. Allgemein durchgesetzt hat sich die auch Art. 1 III; 20 III GG zugrundeliegende *Dreiteilung der Gewalten* nach dem 1748 in Genf veröffentlichten „De l'esprit des Lois“ von *Charles de Montesquieu:* Gesetzgebung (puissance législative), vollziehende Gewalt (puissance exécutrice) und Rechtsprechung (puissance de juger). Die geteilten Gewalten des Staates sollen sich gegenseitig begrenzen und kontrollieren, besonders soll die Rechtsprechung die Rechtmäßigkeit des Verwaltungshandels kontrollieren und gewährleisten. Zum rechtsstaatlichen Gewaltenteilungsgrundsatz *K. Stern,* Das Staatsrecht in der BRD, Bd. I[2], 1984, 792 ff., und ausf. Bd. II, München 1980, § 36; *E. Schmidt-Aßmann,* Der Rechtsstaat, HStR I (1987), 987, 1009 ff.

2 Zum Begriff der Rechtsstaatlichkeit ausf. m. w. Nachw. *K. Stern* (Fn. 1), Bd. I[2], 781 ff.

3 Dazu *K. Stern* (Fn. 1), Bd. I[2], 772 ff.; *E. Schmidt-Aßmann* (Fn. 1), 997 f.; *E. Benda* (Fn. 6), 477 ff. (vom 'formalen' zum 'materialen' Rechtsstaat), und grundlegend für das Steuerrecht *K. Tipke,* StRO I, Köln 1993, 135 ff.

4 *E. Schmidt-Aßmann* (Fn. 1), 997.

5 *E. Schmidt-Aßmann* (Fn. 1), 1007: „Mit der getragenen, aber unscharfen Formel von 'Gesetz und Recht' will die Verfassung ... auf eine Grundfrage aller Rechtsstaatlichkeit, auf die Idee der Gerechtigkeit hinführen ...“. Ausf. *K. Stern* (Fn. 1), Bd. I[2], 796 ff.

6 Dazu *E. Benda,* Der soziale Rechtsstaat, in: Benda/Maihofer/Vogel (Hrsg.), Handbuch des Verfassungsrechts der BRD, Berlin/New York 1983, 477; *K. Hesse,* Grundzüge des Verfassungsrechts der BRD[18], Heidelberg 1991, 77 ff., 85 ff.

rechtswissenschaft hauptsächlich mit den Elementen der *formalen* Rechtsstaatlichkeit, mit der Gesetzmäßigkeit der Besteuerung, der Lehre vom Steuertatbestand (§ 38 AO), dem verfahrensrechtlichen Steuergeheimnis und Fragen des Rechtsschutzes, des rechtlichen Gehörs etc.[7]. Erst in der Nachkriegszeit, unter der Geltung des Grundgesetzes rückten die Themen der *materialen* Rechtsstaatlichkeit, der Steuergerechtigkeit und Rechtfertigung von Steuern, der gleichmäßigen Besteuerung nach der Leistungsfähigkeit[8] und der freiheitsrechtlichen Steuereingriffsschranken in den Vordergrund, wurde die Steuerrechtswissenschaft, soweit sie sich mit den vorgenannten Themen befaßte, zur *Steuergerechtigkeitswissenschaft*[9].

2. Verwirklichung formaler Rechtsstaatlichkeit im Steuerrecht

a) Das Ziel des formalen Rechtsstaats, dem Bürger Rechtssicherheit zu gewähren, verwirklicht im Steuerrecht zunächst der **Grundsatz der Gesetzmäßigkeit der Besteuerung** (s. Rz. 150 ff.), konkretisiert durch das Prinzip der Bestimmtheit von Steuergesetzen (s. Rz. 167 ff.) und das Verbot rückwirkender Steuergesetze (s. Rz. 170 ff.). Indessen dürfen u. E. Lücken in einem mißglückten Gesetzestext ausgefüllt werden, um den Zweck des Steuergesetzes bei seiner Anwendung beachten zu können. Demnach gibt es u. E. **kein Lückenausfüllungs- oder Analogieverbot,** weil hier das formal-rechtsstaatliche Ziel der Rechtssicherheit gegenüber der materialen Rechtsstaatlichkeit zurückzutreten hat (s. Rz. 184 ff.). 53

b) Der formale Rechtsstaat schützt das **Vertrauen in behördliches Verhalten.** Deshalb darf die Finanzverwaltung aus Gründen der Rechtssicherheit Verwaltungsvorschriften nicht rückwirkend verschärfen (s. Rz. 181). Sie ist an **Zusagen** gebunden (s. § 22 Rz. 14 ff.). Der formal-rechtsstaatliche Vertrauensschutzgrundsatz begründet die **Bestandskraft** von Steuerverwaltungsakten, nach der wirksame Verwaltungsakte nur noch unter besonderen Voraussetzungen zum Nachteil des Bürgers aufgehoben oder geändert werden dürfen (s. § 22 Rz. 381 ff.). Hier wirkt die formale Rechtsstaatlichkeit und das Ziel der Rechtssicherheit zu Lasten der materialen Rechtsstaatlichkeit über die Gesetzmäßigkeit hinaus, denn auch rechtswidrige Steuerverwaltungsakte, die mit dem Gesetz nicht zu vereinbaren sind, wachsen in Bestandskraft (s. § 22 Rz. 83 ff.). Der Rechtssicherheit wird der Vorrang gegenüber der im Gesetz niedergelegten Gerechtigkeit (s. Rz. 150 f.) eingeräumt. 54

c) Schließlich genießt der Steuerpflichtige im formal-rechtsstaatlichen System der Gewaltenteilung **lückenlosen Rechtsschutz** (s. bereits § 2 Rz. 25 und § 23). 55

Einstweilen frei. 56–59

3. Verwirklichung materialer Rechtsstaatlichkeit im Steuerrecht

3.1 Steuergerechtigkeit und Rechtfertigung von Steuern

Literatur: *K. Vogel,* Steuergerechtigkeit und soziale Gestaltung, DStZ/A 75, 409; *D. Birk,* Steuergerechtigkeit und Transfergerechtigkeit, ZRP 79, 221; *W. R. Walz,* Steuergerechtigkeit und Rechtsanwendung, Grundlinien einer relativ autonomen Steuerrechtsdogmatik, Hamburg 1980; *K. Tipke,* Steuergerechtigkeit in Theorie und Praxis, Vom politischen Schlagwort zum Rechtsbegriff und zur

---

7 S. *K. Tipke,* StRO I, 37 ff. (zu *A. Hensel*), 137 f.

8 In bezug auf Art. 134 WRV (s. § 3 Rz. 8) grundlegend schon *A. Hensel,* Verfassungsrechtliche Bindungen des Gesetzgebers, Besteuerung nach der Leistungsfähigkeit – Gleichheit vor dem Gesetz, VJSchrStFR 30, 441.

9 So *K. Vogel* (oben Rz. 8, dort Fn. 13).

praktischen Anwendung, Köln 1981; *P. Kirchhof,* Steuergerechtigkeit und sozialstaatliche Geldleistungen, JZ 82, 305; *K. Vogel,* Rechtfertigung der Steuern: Eine vergessene Vorfrage, Zugleich zur „heimlichen Steuerrevolte“ und zum Dreieck Staat/Wirtschaft/Gesellschaft, Der Staat 86, 481; *J. Martens,* Grundrecht auf Steuergerechtigkeit?, KritV 87, 39; *K. Vogel,* Der Verlust des Rechtsgedankens im Steuerrecht als Herausforderung an das Verfassungsrecht, DStJG Bd. 12 (1989), 123; *K. Tipke,* Die Steuerrechtsordnung, Bd. I (StRO I), Köln 1993, 253 ff.

60 Der materiale Rechtsstaat wirft die Fragen über Steuergerechtigkeit und die Rechtfertigung von Steuern auf. Die Frage, *ob* Steuern überhaupt gerechtfertigt sind[10], wird im Steuerstaat ohne weiteres bejaht. Gerungen wird um die Fragen des **„wie“ der Besteuerung** in einem Vielsteuersystem, um die Fragen der Rechtfertigung einzelner Besteuerungsformen, Steuerarten, der gerechten Ausgestaltung von Bemessungsgrundlagen[11] und der Begrenzung der Steuerlasten. Letztere Frage, mit der sich insb. *K. Vogel*[12] beschäftigt hat, lenkt auf die Staatsausgaben[13] hin: Je drückender die Steuerlasten für den Bürger werden, desto schwieriger ist Steuergerechtigkeit gegen Steuerwiderstand, -vermeidung und -verdrossenheit durchzusetzen, und desto mehr empört die **Steuerverschwendung**[14], die der Rechtfertigung von Steuern den Boden entzieht: die mißbräuchliche Verwendung von Steuermitteln durch Sorglosigkeit im Umgang mit fremden, aber doch anvertrauten Geldern, durch Fehlplanung, durch Inkompetenz, Selbstherrlichkeit, Trägheit, Gleichgültigkeit von Politikern und Verwaltern, durch faule politische Kompromisse und der Sucht, Individual- und Gruppeninteressen auf Kosten der Gemeinschaft zu befriedigen und Eigenverantwortlichkeiten dem Staat aufzubürden.

61 Im materialen Rechtsstaat lassen sich Steuern nur rechtfertigen, wenn sie **gerecht** im Sinne der **verfassungsrechtlichen Wertordnung** ausgestaltet sind[15]. Die Gerechtigkeit von Steuern wird auf folgenden zwei Stufen geklärt:

a) Auf der ersten Stufe ist der *Inhalt* der verfassungsrechtlichen Wertordnung zu erforschen, der durch die **Prinzipien materialer Rechtsstaatlichkeit** bestimmt wird[16]. Es handelt sich um systemtragende Prinzipien (s. Rz. 13), die als richtunggebende Maßstäbe (s. Rz. 11) die Gerechtigkeit der Steuerrechtsordnung bestimmen.

62 b) Sodann sind auf der zweiten Stufe die Schlußfolgerungen aus den Ergebnissen der ersten Stufe zu ziehen, indem die **einzelnen Steuern** daraufhin untersucht werden, ob ihre Existenz sowie ihre Art der Auswahl der Steuersubjekte, der Auswahl, Bemessung und Belastung der Steuergüter mit den Prinzipien materialer Rechtsstaatlichkeit vereinbart werden kann[17]. Dabei führt die Steuerrechtfertigung notwendig über den Rahmen

10 Nach *K. Tipke,* StRO I, 253, die allgemeine Steuerrechtfertigungstheorie, mit der sich insb. auch *K. Vogel,* Rechtfertigung der Steuern: Eine vergessene Vorfrage, Der Staat 86, 481 ff., befaßt hat.
11 Dazu umfassend *K. Tipke,* StRO II (Steuerrechtfertigungstheorie, Anwendung auf alle Steuerarten, sachgerechtes Steuersystem).
12 *K. Vogel,* Verfassungsgrenzen für Steuern und Staatsausgaben?, in: FS für T. Maunz, 1981, 415; *ders.* (Fn. 10); *ders.,* Der Finanz- und Steuerstaat, HStR I (1987), 1151, 1183 ff.
13 Zu dem Zusammenhang zwischen Steuern und Staatsausgaben grundlegend auch *H. H. v. Arnim,* Besteuerung und Eigentum, VVDStRL 39 (1981), 286, 311 ff. (zur Notwendigkeit eines Durchgriffs auf die Steuerverwendung).
14 Dazu insb. *K. Tipke,* Steuergerechtigkeit in Theorie und Praxis, 1981, 171 ff.
15 So *D. Birk,* Gleichheit und Gesetzmäßigkeit der Besteuerung, StuW 89, 212: „Rechtfertigung der Steuern heißt, . . . sie gerecht auszugestalten. Dabei stellen wir die Gerechtigkeitsfrage als Verfassungsfrage, d. h. wir suchen die Antwort auf die uralte Frage nach der gerechten steuerlichen Belastung innerhalb eines normativen Bezugsrahmens, der Verfassung.“ Hingegen stellt *K. Tipke,* StRO I, 253 ff., die Frage der Rechtfertigung von Steuern grundsätzlich vor der Frage nach der gerechten Steuerlastverteilung.
16 Dazu umfassend *K. Tipke,* StRO I, 251 ff. (Prinzipien materialer Rechtsstaatlichkeit), 281 ff. (Gerechtigkeit durch systemtragende Prinzipien).
17 Dazu umfassend *K. Tipke* (Fn. 11).

des verfassungsrechtlich Zulässigen hinaus[18], weil in der Verfassung die Steuerrechtsordnung zu wenig konkret festgeschrieben ist, um das BVerfG instandzusetzen, vom Gesetzgeber ein gerechtes Steuersystem zu erzwingen. Die formal-rechtsstaatliche Begrenzung der Richtermacht gegenüber dem Gesetzgeber erzeugt Gerechtigkeitslücken, die die **Rechtfertigungslehre** aufzudecken hat. Die Vermögensteuer, die Grundsteuer und die Gewerbesteuer mögen verfassungsrechtlich zulässig sein. Deshalb sind sie aber noch nicht durch die Prinzipien materialer Rechtsstaatlichkeit gerechtfertigt[19]. Die Rechtfertigungslehre muß also über die formal-rechtsstaatliche Kompetenz des BVerfG hinaus entwickelt werden, um den Gesetzgeber bei seinen Schritten aus dem Steuerchaos wirksam unterstützen zu können. Damit wendet sich die Steuerrechtswissenschaft einer Aufgabe zu, die der Suche der ökonomischen Wissenschaften nach Kriterien ökonomischer Rationalität von Besteuerung und Reaktion auf Besteuerung gleichgerichtet ist[20] (s. § 1 Rz. 42 ff.).

3.2 Konkretisierung materialer Rechtsstaatlichkeit in systemtragenden Prinzipien des Steuerrechts

a) Die Steuergerechtigkeit wird wesentlich durch **Gleichmäßigkeit** und **Gesetzmäßigkeit** der Besteuerung bestimmt. Im materialen Rechtsstaat genügt die formal-rechtsstaatliche Funktion des Legalitätsprinzips nicht mehr. Das Gesetz hat vielmehr auch die material-rechtsstaatliche Funktion der Gerechtigkeit zu erfüllen, wie in der oben (Rz. 50, 51) zit. Formel „Gesetz und Recht" zum Ausdruck gebracht ist. Komponenten der **Gesetzesgerechtigkeit** sind die verfassungsmäßige Ordnung und diese ausfüllend die demokratischen Wertentscheidungen des Gesetzgebers. Die Gesetzesgerechtigkeit ist für die **Rechtsanwendungsgleichheit** („Equal Justice under Law") maßgeblich, die unmittelbar der allgemeine Gleichheitssatz normiert: „Alle Menschen sind vor dem Gesetz gleich" (Art. 3 I GG). Freilich ergibt sich aus Art. 1 III; 20 III GG, daß der Gesetzgeber selbst an den Gleichheitssatz und die in ihm verankerte Steuergerechtigkeit gebunden ist, gleichheitswidrige Steuergesetze verfassungswidrig sind. Der Kontext zwischen Steuergleichheit und Gesetzmäßigkeit bei der Rechtsanwendungsgleichheit und die Verfassungsmäßigkeit als Voraussetzung für die rechtsstaatliche Geltungskraft eines Gesetzes erweitern den ursprünglich formal-rechtsstaatlichen Grundsatz der Gesetzmäßigkeit der Besteuerung (s. Rz. 53) zu einem *systemtragenden Prinzip*, das sowohl *formalrechtsstaatlichen* als auch *material-rechtsstaatlichen* Gehalt hat[21]. 63

Mit dem material-rechtsstaatlichen Gehalt des Legalitätsprinzips ist der wertungsfreie, gerechtigkeitsfreie Gesetzespositivismus nicht zu vereinbaren. Der Steuergesetzgeber muß sich bei der Ausübung seines Gestaltungsrechts **primär von Gerechtigkeitserwä-** 64

18 Vgl. die Rezension von *M. Sachs,* StVj 93, 283, 287 (*K. Tipke* ginge es „letztlich nicht um die Verfassungsmäßigkeit, sondern um die Gerechtigkeit der Steuerrechtsordnung").

19 S. *K. Tipke,* StRO II, 769 ff. (Vermögensteuer), 809 ff. (Grundsteuer), 822 ff. (Gewerbesteuer), und § 4 Rz. 100 ff.

20 Vgl. *F. Neumark,* Grundsätze gerechter und ökonomisch rationaler Steuerpolitik, Tübingen 1970; *H. Haller,* Die Steuern[3], Grundlinien eines rationalen Systems öffentlicher Abgaben, Tübingen 1981; *G. Rose,* Überlegungen zur Steuergerechtigkeit aus betriebswirtschaftlicher Sicht, StuW 85, 330; *K. Walzer,* Steuergerechtigkeit, Berlin 1987; *R. Elschen,* Steuerliche Gerechtigkeit – Unzulässiger oder unzulänglicher Forschungsgegenstand der Steuerwissenschaften, StuW 88, 1 ff.; *S. F. Franke,* Steuerpolitik in der Demokratie, Berlin 1993, 39 ff.

21 Dieser Doppelcharakter entspricht m. E. dem Anliegen der *Tipke*'schen Gerechtigkeitslehre besser als die historische Beschränkung des Legalitätsprinzips auf die formale Rechtsstaatlichkeit.

gungen leiten lassen[22]. Das Gesetz hat seinen Platz auf der Seite der Gerechtigkeit. So stehen z. B. bei der Regelung der oben (Rz. 54) erwähnten Bestandskraft von Verwaltungsakten die formal-rechtsstaatliche *Rechtssicherheit* und die material-rechtsstaatliche *Gerechtigkeit des Gesetzes* im Widerstreit. Versagt der Gesetzgeber bei der Aufgabe, die von ihm gestaltete Gerechtigkeit im Gesetzeswortlaut auszudrücken, so hat ihm der Rechtsanwender zu helfen; mit dem material-rechtsstaatlichen Gehalt des Legalitätsprinzips ist das (in Rz. 53) erwähnte Lückenausfüllungs- oder Analogieverbot nicht zu vereinbaren.

65 Die **Abgabenordnung** erinnert an zentralen Stellen an die das Wesen der material-rechtsstaatlichen Steuer prägenden systemtragenden Prinzipien der Steuergleichheit und der Gesetzmäßigkeit der Besteuerung sowie an den Kontext beider systemtragender Prinzipien, so in der Legaldefinition des Steuerbegriffs (§ 3 I 1 AO) und in § 85 AO, der „Besteuerungsgrundsätze" regelt. Nach § 3 I 1 AO muß die Steuer *allen* auferlegt sein, bei denen der Tatbestand zutrifft, an den das *Gesetz* die Leistungsfähigkeit knüpft. Dieser Passus der Legaldefinition enthält keine *Begriffsmerkmale* der Steuer, denn eine Abgabe ist auch dann eine Steuer, wenn sie die Anforderungen der Steuergleichheit und Gesetzmäßigkeit nicht erfüllt[23]. Er bringt vielmehr das Wesen der material-rechtsstaatlichen Steuer *programmatisch, appellhaft* zum Ausdruck. Diesen Appell sollte sich der chaoserzeugende Steuergesetzgeber zu Herzen nehmen.

66 b) Die systemtragenden Prinzipien der Steuergleichheit und der Gesetzmäßigkeit der Besteuerung werden ergänzt durch das Prinzip **sozialstaatlich gerechter Besteuerung** (s. Rz. 200 f.) und durch die **prohibitiven Prinzipien der Steuereingriffsschranken.** Steuereingriffsschranken ergeben sich aus

- dem grundrechtlichen Schutz der **Menschenwürde** (Art. 1 I GG) und dem Schutz des **allgemeinen Persönlichkeitsrechts** (Art. 2 I i. V. m. Art. 1 I GG), aus dem u. a. das *Steuergeheimnis* abgeleitet wird (s. Rz. 205 ff.);
- dem rechtsstaatlichen und grundrechtlichen **Übermaßverbot** (s. Rz. 209 ff.), u. a. in seiner Ausprägung als *Verbot der Erdrosselungssteuer,* das aus den Art. 12 I; 14 I GG abgeleitet ist (s. Rz. 213 f.);
- dem in dem Schutzgebot des Art. 6 I GG verankerten **Verbot der Benachteiligung von Ehe und Familie** (s. Rz. 215 f.).

67–69 Einstweilen frei.

C. Die systemtragenden Prinzipien rechtsstaatlichen Steuerrechts

1. Gleichmäßigkeit der Besteuerung

1.1 Bedeutung und Inhalt des allgemeinen Gleichheitssatzes (Art. 3 I GG) im Steuerrecht

Literatur: Allgemeine: Kommentare zu Art. 3 GG, hier wegen der ausführlichen Behandlung der Steuergleichheit besonders zu empfehlen die Kommentierung von *W. Rüfner,* Bonner Kommentar (67. Lfg. 1992); *G. Leibholz,* Die Gleichheit vor dem Gesetz[2], München/Berlin 1959; *R. Zippelius/G. Müller,* Der Gleichheitssatz, VVDStRL 47 (1989), 7, 37; *P. Kirchhof,* Der allgemeine Gleichheitssatz, HStR V (1992), 837; *ders.,* Gleichheit in der Funktionenordnung, HStR V (1992), 973; *S. Huster,* Rechte und Ziele, Zur Dogmatik des allgemeinen Gleichheitssatzes, Berlin 1993.

22 *K. Tipke,* StRO II, 539.
23 *H. W. Kruse,* Lehrbuch des Steuerrechts, Bd. I, München 1991, 42.

Besondere: *F. Klein,* Gleichheitssatz und Steuerrecht, Köln 1966; *K. Vogel,* Verfassungsgericht und Steuerrecht, JbFSt. 1970/71, 49; *P. Kirchhof,* Steuergleichheit, StuW 84, 297; *H.-W. Arndt,* Gleichheit im Steuerrecht, NVwZ 88, 787; *D. Birk,* Gleichheit und Gesetzmäßigkeit der Besteuerung, StuW 89, 212; *H. W. Kruse,* Über die Gleichmäßigkeit der Besteuerung, StuW 90, 332; *ders.,* Lehrbuch des Steuerrechts, Bd. I, Allgemeiner Teil, München 1991, 42 ff.; *K. Klett,* Der Gleichheitssatz im Steuerrecht, Zeitschrift für Schweizerisches Recht 1992, 2. Hbd., 1; *K. Tipke,* Gleichmäßigkeit der Steuerrechtsanwendung, Ein Postulat im Interesse der Solidargemeinschaft der Steuerzahler, in: H. Vogelgesang (Hrsg.), Perspektiven der Finanzverwaltung, Köln 1992, 95; *ders.,* Die Steuerrechtsordnung, Bd. I (StRO I), Köln 1993, 133 ff.

70 a) Die Steuergerechtigkeit wird hauptsächlich aus dem allgemeinen Gleichheitssatz (Art. 3 I GG, zit. in Rz. 63) abgeleitet[1]. Dies entspricht der Bedeutung des Gleichheitssatzes als einer grundlegenden Gerechtigkeitsvorstellung des GG[2]. Die Regelung des Art. 3 I GG gebietet die Gleichheit **vor dem Gesetz,** bezieht sich also unmittelbar auf Gesetzesanwendung. Demnach schreibt Art. 3 I GG die gleichmäßige Anwendung der Steuergesetze durch die Finanzbehörden[3] und die Finanzgerichte vor (sog. **Rechtsanwendungsgleichheit**[4]). Wie schon in Rz. 63 ausgeführt, ist gem. Art. 1 III; 20 III GG auch der Steuergesetzgeber an den Gleichheitssatz gebunden[5]. Das Gebot dieser sog. **Rechtssetzungsgleichheit** richtet an den Gesetzgeber den am Wertsystem des Grundgesetzes orientierten Gerechtigkeitsauftrag. Dieser Auftrag muß gleichheits*effizient* erfüllt werden: Stellt sich beim Gesetzesvollzug heraus, daß die Gleichmäßigkeit der Besteuerung de lege lata nicht hergestellt werden kann, so ist der Gesetzgeber verpflichtet, die Rechtsanwendungsgleichheit durch hierfür geeignete Gesetze herzustellen.

71 Das Erfordernis der **Gleichheitseffizienz** hat grundlegend das Zinssteuer-Urteil des BVerfG vom 27. 6. 1991 (BVerfGE 84, 239, 268 ff.) substantiiert. Nach dieser Entscheidung verlangt der Gleichheitssatz „für das Steuerrecht, daß die Steuerpflichtigen durch ein Steuergesetz rechtlich und tatsächlich gleich belastet werden. Die Besteuerungsgleichheit hat mithin als ihre Komponenten die Gleichheit der normativen Steuerpflicht ebenso wie die Gleichheit bei deren Durchsetzung in der Steuererhebung. Daraus folgt, daß das materielle Steuergesetz in ein normatives Umfeld eingebettet sein muß, welches die Gleichheit der Belastung auch hinsichtlich des tatsächlichen Erfolges prinzipiell gewährleistet“ (so der erste Leitsatz). Die steuerliche Lastengleichheit fordere, „daß das materielle Steuergesetz die Gewähr seiner regelmäßigen Durchsetzbarkeit so weit wie möglich in sich selbst trägt“ (BVerfGE 84, 271). Demnach verletze eine gesetzliche Regelung den Gleichheitssatz, wenn das „Ziel der Gleichheit im Belastungserfolg prinzipiell nicht zu erreichen“ sei (BVerfGE 84, 272). Der Gesetzgeber müsse die Steuerehrlichkeit durch „hinreichende, die steuerliche Belastungsgleichheit gewährleistende Kontrollmöglichkeiten abstützen. Im Veranlagungsverfahren bedarf das Deklarationsprinzip der Ergänzung durch das Verifikationsprinzip“ (BVerfGE 84, 273). Nach diesen Grundaussagen befindet sich die durch Sparer-Freibetrag (§ 20 IV EStG) und Verlagerung von Vermögen in das Ausland ausgehölte Zinsbesteuerung nach wie vor in einem gleichheitswidrigen Zustand (s. § 9 Rz. 563).

---

1 BVerfGE 6, 70; 9, 9; 13, 202, 298, 338; 23, 253; 26, 310; 29, 335; 35, 335; 36, 330; 43, 118; 47, 29; 49, 360; 50, 391; 65, 354; 66, 223; *K. Tipke,* StRO I, 313 f. (Verhältnis von Gerechtigkeit und Gleichheit).

2 Dazu *W. Rüfner,* Bonner Kommentar, GG, Art. 3 I Rnrn. 2 ff.; *R. Zippelius,* VVDStRL 47 (1989), 23 ff. (Gleichheitssatz als Schlüsselbegriff der Gerechtigkeit); *G. Müller,* VVDStRL 47 (1989), 42 f.; *S. Huster,* Rechte und Ziele, Zur Dogmatik des allgemeinen Gleichheitssatzes, Berlin 1993, 29 ff.

3 § 85 AO: „Die Finanzbehörden haben die Steuern nach Maßgabe der Gesetze gleichmäßig festzusetzen und zu erheben. Insbesondere haben sie sicherzustellen, daß Steuern nicht verkürzt, zu Unrecht erhoben oder Steuererstattungen und Steuervergütungen nicht zu Unrecht gewährt oder versagt werden.“

4 Dazu *K. Tipke,* Gleichmäßigkeit der Steuerrechtsanwendung, in: *H. Vogelgesang* (Hrsg.), Perspektiven der Finanzverwaltung, Köln 1992, 95.

5 BVerfGE 1, 52; 32, 360; 34, 328; 42, 72; *P. Kirchhof,* Gleichheit in der Funktionsordnung, HStR V (1992), 977 f.; *S. Huster* (Fn. 2), 15 ff.

72 **Gesetzwidrige Verwaltungspraxis** verletzt sowohl das Prinzip der Gesetzmäßigkeit als auch den Gleichheitssatz in Gestalt der Rechtsanwendungsgleichheit. Beispiel: Steuervereinbarungen (s. Rz. 163). Die Gleichheit vor dem geltenden, das Recht verkörpernden Gesetz gewährt grundsätzlich **keine Gleichheit im Unrecht**[6]. Daher kann sich der Steuerpflichtige nicht auf eine gesetzwidrige Verwaltungspraxis berufen und verlangen, ebenso wie andere Steuerpflichtige entgegen dem Gesetz begünstigt zu werden. Beispiel: Mangelnde Kontrollen bei einer Gruppe von Steuerpflichtigen vermitteln Steuerpflichtigen einer anderen Gruppe keinen Anspruch, daß bei ihr auch der Untersuchungsgrundsatz (§ 88 AO) verletzt wird. Schöpft die Verwaltung verfassungswidrig die ihm vom Steuergesetz eingeräumten Möglichkeiten nicht aus, so kann der Steuerpflichtige nicht verlangen, ebenso wie andere verschont zu werden. Eine Klagebefugnis besitzt er jedoch dann, wenn die Ungleichbehandlung nicht nur auf einem im Massenverfahren jederzeit vorkommenden Vollzugsmangel, sondern auf einem *strukturellen, dem Gesetzgeber zurechenbaren Vollzugsdefizit* beruht (zur Klagebefugnis s. § 23 Rz. 127). In diesem Fall führt die gleichheitswidrige Verwaltungspraxis sogar zur Verfassungswidrigkeit der materiellen Gesetzesnorm selbst (s. BVerfGE 84, 239, 272). Beruht aber die Verwaltungspraxis auf **verfassungswidrigen Gesetzen,** die vom BVerfG noch nicht verworfen oder lediglich mit dem GG für unvereinbar erklärt worden sind, so bleibt das Steuergesetz Maßstab der Gleichbehandlung, bis der Gesetzgeber die Verfassungswidrigkeit beseitigt hat.

73 b) Die **Rechtsprechung des Bundesverfassungsgerichts** interpretiert den Gleichheitssatz als **Willkürverbot**[7]. Das BVerfG geht davon aus, daß der Gleichheitssatz die allgemeine Weisung enthalte, bei steter Orientierung am Gerechtigkeitsgedanken Gleiches gleich, Ungleiches seiner Eigenart entsprechend verschieden zu behandeln[8]. Danach sei der Gleichheitssatz verletzt, wenn sich ein vernünftiger, sich aus der Natur der Sache ergebender oder sonstwie sachlich einleuchtender Grund für die gesetzliche Differenzierung oder Gleichbehandlung nicht finden lasse, kurzum, wenn die Bestimmung als willkürlich bezeichnet werden müsse[9]. Es dürfe weder wesentlich Gleiches *willkürlich ungleich,* noch dürfe wesentlich Ungleiches *willkürlich gleich* behandelt werden[10]. Seit längerem bezieht der Erste Senat des BVerfG das Willkürverbot auf die **Gleichbehandlung von Gruppen:** Der Gleichheitssatz sei dann verletzt, wenn eine Gruppe von Normadressaten anders behandelt werde, obwohl zwischen beiden Gruppen keine Unterschiede von solcher Art und solchem Gewicht bestehen, daß sie die ungleiche Behandlung rechtfertigen können[11] (sog. **neue Formel**).

74 Die Bildung von Vergleichsgruppen liefert an sich den richtigen Ansatz, um der in Rz. 1 angesprochenen chaoserzeugenden Übermacht der Gruppeninteressen im Steuerrecht Herr zu werden. Die Frage ist nur, wie konsequent die neue Formel eingesetzt wird, d. h.

6 Dazu ausf. *P. Kirchhof* (Fn. 5), 1002 ff.

7 Dazu *Leibholz/Rinck/Hesselberger,* GG für die BRD, Kommentar an Hand der Rechtsprechung des BVerfG, Loseblatt, Köln, Art. 3 Rz. 21; *W. Rüfner* (Fn. 2), 16 ff.; *P. Kirchhof* (Fn. 5), 874 ff.; *G. Müller* (Fn. 2), 43 f.; *S. Huster* (Fn. 2), 45 ff.

8 Grundlegend BVerfGE 3, 135. Vgl. ferner BVerfGE 9, 244; 18, 46; 37, 114; 38, 257; 42, 72; 49, 283; 54, 26.

9 St. Rspr. des BVerfG (s. *Leibholz/Rinck/Hesselberger,* Fn. 7, Rz. 21, 27).

10 S. *Leibholz/Rinck/Hesselberger* (Fn. 7), Rz. 27.

11 BVerfGE 55, 88; 60, 134; 62, 274; 65, 112 f.; 65, 384; 66, 242; 67, 236; 68, 301; 70, 239 f.; 72, 89 f.; 73, 321; 74, 24; 75, 105; 75, 300; 78, 247; 81, 236; 82, 146; 83, 401; 84, 157; 84, 199; 84, 359; 88, 87, 96 f.; 89, 15, 22 f. (§ 3b EStG); *W. Rüfner* (Fn. 2), 25 ff.; *S. Huster* (Fn. 2), 61 ff. In ähnlicher Weise stellt auch der Zweite Senat des BVerfG auf den Gruppenvergleich ab (s. *W. Böckenförde,* VVDStRL 47 [1989], 96 f.). Im Ansatz ähnlich schon *A. Podlech,* Gehalt und Funktionen des allgemeinen verfassungsrechtlichen Gleichheitssatzes, Berlin 1971, 64 ff., 262 ff.

wie konsequent der Gleichheitssatz als ein **Schlüsselbegriff der Gerechtigkeit** entfaltet wird[12]. Das Ausmaß der Gruppenungleichheit im Steuerrecht führt die Praxis des BVerfG immer wieder an einen Scheideweg, ob es sich auf die formal-rechtsstaatliche Gewaltenteilung beruft, den Grundsatz richterlicher Zurückhaltung (den sog. judicial self-restraint[13]) bemüht, die Weite des dem Gesetzgeber eingeräumten Gestaltungsspielraums beton[14], oder ob er dem Steuergesetzgeber abverlangt, daß er die ihm eingeräumte Gerechtigkeitskompetenz wahrnimmt, indem er die Gerechtigkeitswertungen der Verfassung befolgt und die von ihm selbst gesetzten Wertungen und Sachgesetzlichkeiten system- und wertungskonsequent vollzieht[15]. Das Erfordernis der **Systemkonsequenz** bestätigt das (in Rz. 71) zit. Zinssteuer-Urteil: Der Gesetzgeber habe „zwar bei der Auswahl des Steuergegenstandes und bei der Bestimmung des Steuersatzes einen weitreichenden Entscheidungsspielraum. Bei der Ausgestaltung dieses Ausgangstatbestandes hat er die einmal getroffene Belastungsentscheidung dann aber folgerichtig im Sinne der Belastungsgleichheit umzusetzen" (BVerfGE 84, 271).

c) Die System- und Wertungskonsequenz sichert besonders im Steuerrecht die Gerech- 75
tigkeitsfunktion des Gleichheitssatzes; sie gebietet den Verzicht auf Differenzierungen, die nur schiere Individual- und Gruppeninteressen befriedigen. Im Steuerrecht stört die Gerechtigkeit nicht ein *Zuwenig* der Differenzierungen[16], sondern ein **Zuviel der Differenzierungen,** nämlich ein Zuviel der auf Individual- und Gruppeninteressen Rücksicht nehmenden Differenzierungen. Die Gleichmäßigkeit der Besteuerung wird durch folgende **System- und Wertungskonsequenz** der Gleichbehandlung von Steuerpflichtigen verwirklicht[17]:

Ob Gemeinsamkeiten oder Unterschiede zwischen den zu vergleichenden Gruppen 76
relevant sind, hängt zunächst von dem **Vergleichsmaßstab** (tertium comparationis) ab, der bei dem Gruppenvergleich eingesetzt wird. Der Gleichheitssatz ist insofern ein Blankett, als er den Vergleichsmaßstab selbst nicht liefert. Der Vergleichsmaßstab muß **richtig,** d. h. eine von der Rechtsgemeinschaft anerkannte *Gerechtigkeitswertung* sein.

Gleichheitsrelevante Gerechtigkeitswertungen sind die **systemtragenden Prinzipien,** das 77
sind (s. Rz. 13) die im Grundgesetz normierten Prinzipien[18] sowie das Prinzip der Besteuerung nach der wirtschaftlichen Leistungsfähigkeit als *steuerspezifischer* Vergleichsmaßstab (s. Rz. 81 ff.). An diese verfassungsrechtlich verankerten Gerechtigkeitswertungen ist der Steuergesetzgeber gebunden. Im übrigen hat der Steuergesetzgeber **wertungsmäßigen Gestaltungsspielraum,** auf welche Weise er die systemtragenden Prinzipien konkretisiert, für die Besteuerung sachgerechte Subprinzipien auswählt und begrenzt, sachgerechte Besteuerungsformen konstituiert. Zwei Kriterien des inneren Systems bestimmen seinen Gestaltungsspielraum, erstens das Kriterium der **Sachgerechtigkeit** als einer auf den Regelungsgegenstand, die vorgefundende Ordnungsstruktur bezogenen,

12 *R. Zippelius* (Fn. 2), 23, ihm zustimmend *W. Böckenförde,* VVDStRL 47 (1989), 95 (Gleichheitssatz als Gerechtigkeitsauftrag).

13 Dazu *M. Kriele,* Grundrechte und demokratischer Gestaltungsspielraum, HStR V (1992), 101, 105 ff.

14 Vgl. *Leibholz/Rinck/Hesselberger* (Fn. 7), Rz. 64; BVerfG BStBl. 94 II, 133, 136, betr. Grundbesitzeinheitswerte, unter Berufung auf die unterschiedliche Besteuerung der Einkünfte.

15 Dazu umfassend *K. Tipke,* StRO I, 339 ff., 354 ff.

16 Ein Zuwenig der Differenzierung beeinträchtigt nach verbreiteter Meinung die sog. Einzelfallgerechtigkeit (s. § 4 Rz. 131).

17 Dazu i. e. *K. Tipke* (Fn. 15).

18 Zur Interdependenz zwischen Gleichheitssatz und anderen Wertungen des GG *Leibholz/Rinck/Hesselberger* (Fn. 7), Rz. 50 ff.; *W. Rüfner* (Fn. 2), Rnrn. 66 ff., und grundlegend *P. Kirchhof,* Der allgemeine Gleichheitssatz, HStR V (1992), 837, 905 ff. (Gleichheit im Umfeld der Gesamtverfassung).

sachangemessenen Gerechtigkeit[19], und zweitens das Kriterium der **Folgerichtigkeit**[20]: Der Gesetzgeber muß das sachgerechte Prinzip, für das er sich entschieden hat, konsequent umsetzen und die einmal getroffene Wertentscheidung folgerichtig durchhalten[21].

78 d) Demnach ist **Basis für die Effizienz** des Gleichheitssatzes im Steuerrecht die Erkenntnis, daß das Steuerrecht ebenso wie andere Teilrechtsgebiete auf sachgerechten Prinzipien und besonders die Steueranknüpfung auf einer **Sachlogik** beruht, der sich der Gesetzgeber nicht beliebig widersetzen kann[22], daß die Steuerarten *verfassungsrechtlich vorstrukturiert* sind[23].

So gilt z. B. für die **Einkommensteuer:** Steuergleichheit bedeutet Allgemeinheit der Besteuerung. Die Steuerbefreiung von Monarchen wird heutzutage nicht mehr als gerecht empfunden. Also ist es richtig, daß *alle* Bürger **(Universalitätsprinzip)** ihr *gesamtes* Einkommen **(Totalitätsprinzip)** versteuern (s. § 9 Rz. 1). Die Begrenzung auf das Markteinkommen ist eine verfassungsrechtlich wohlbegründete Gestaltung des Gesetzgebers[24]. Von Verfassungs wegen ist es geboten, daß der für den existenznotwendigen Lebensbedarf zu verwendende Teil des Einkommens, das sog. indisponible Einkommen, ausgegrenzt wird (s. § 9 Rz. 42). Somit ist die in § 2 EStG normierte dualistische Struktur des zu versteuernden Einkommens verfassungsrechtlich vorstrukturiert; wird sie gestört, indem z. B. Erwerbsbezüge als Teilgrößen des Markteinkommens mit der Endgröße „zu versteuerndes Einkommen" wie in § 32d EStG gleichgestellt werden, so ergeben sich Verletzungen des Gleichheitssatzes aus der Verkürzung des Nettoprinzips für Niedrigverdiener (dazu § 9 Rz. 83). Die *Sachlogik* oder Sachgesetzlichkeit der Besteuerung von Einkommen wird auch durch die *Gesetze der Ökonomie,* durch ökonomische Rationalität bestimmt. Demzufolge versagt die inflationsblinde Form der Besteuerung von Zinsen in der ökonomischen Lebenswirklichkeit (s. § 9 Rz. 564).

79 e) Werden Sachgerechtigkeit und Sachlogik der Besteuerung grundsätzlich anerkannt, so vermag sich der Gleichheitssatz auch im Steuerrecht als **Rechtfertigungsgebot** zu entfalten: Die Durchbrechung des Prinzips, der *Systembruch,* bedarf der Rechtfertigung durch ein anderes sachgerechtes Prinzip. Außerdem muß die Durchbrechung von ihrem Zweck her erforderlich, sie muß geeignet und verhältnismäßig sein. Daß Normen den Finanzbedarf des Staates decken sollen, rechtfertigt keine Durchbrechung des Gleichheitssatzes. Der Fiskalzweck heiligt nicht beliebige Mittel, rechtfertigt nicht beliebige Besteuerung. Der Fiskalzweck kann und muß gerade mit einem strengen Verständnis des Gleichheitssatzes erfüllt werden, damit dem Steuerzahler das Bewußtstein vermittelt ist, er müsse die Steuern der anderen nicht mitentrichten.

80 f) **Gleichmäßige Besteuerung und Steuerföderalismus:** Sowenig der Gleichheitssatz dadurch verletzt werden kann, daß ausländische Staaten höhere oder niedrigere Steuern erheben als der Inlandsstaat, sowenig kann er durch unterschiedliche Steuerlasten in den Ländern und Gemeinden – als *verschiedenen* Steuerberechtigten – verletzt werden. Die unterschiedlichen Lasten haben ihre Ursache insoweit in der Gesetzgebungsautonomie

19 Dazu *K. Tipke,* StRO I, 296 ff., und allgemein *P. Kirchhof* (Fn. 18), 929 ff. (Sachgerechtigkeit).

20 Dazu insb. *P. Kirchhof* (Fn. 18), 937 ff. (Folgerichtigkeit gewährleistet Gleichheit in der vorgefundenen Ordnung, verlangt logische Konsequenz bei der Einführung des Rechtssatzes in das jeweilige Teilrechtsgebiet und in der Gesamtrechtsordnung).

21 *K. Tipke,* StRO I, 354 ff.

22 Grundsätzlich a. A. *H. W. Kruse,* Lehrbuch des Steuerrechts, Bd. I, München 1991, 45 ff. (fehlende Sachgesetzlichkeit der Steueranknüpfung); *J. A. Brinkmann,* Tatbestandsmäßigkeit der Besteuerung und formeller Gesetzesbegriff, 1982, 77 ff., 115: „Mangels geeigneter Vergleichsmaßstäbe ist nicht vorgegeben, welche Sachverhalte für die Besteuerung gleich zu behandeln sind."

23 *P. Kirchhof,* Staatliche Einnahmen, HStR IV (1990), 147 ff.

24 *P. Kirchhof* (Fn. 23), 152 ff.; *R. Wittmann,* Das Markteinkommen – einfachgesetzlicher Strukturbegriff und verfassungsdirigierter Anknüpfungsgegenstand der Einkommensteuer?, Augsburg 1992. S. auch § 4 Rz. 108.

der Länder und der Hebesatzautonomie der Gemeinden. Die steuerliche Gesetzesgleichheit endet also an der Grenze der zuständigen Gebietskörperschaften[25].

Da die Steuergesetzgebungskompetenz indessen ganz überwiegend beim Bund liegt (s. § 3 Rz. 28 f.), sind die Steuerpflichtigen weitgehend gegen von Land zu Land ungleichmäßige Steuerbelastung und den sich daraus für den wirtschaftlichen Wettbewerb und die Einheitlichkeit der Lebensverhältnisse ergebenden nachteiligen Folgen geschützt. Eine Hauptausnahme bilden die unterschiedlichen **Realsteuerhebesätze.**

1.2 Das Leistungsfähigkeitsprinzip als allgemein anerkanntes Fundamentalprinzip gerechter Besteuerung

1.2.1 Das Leistungsfähigkeitsprinzip als systemtragender Vergleichsmaßstab für Fiskalzwecknormen

Literatur: *D. Birk,* Das Leistungsfähigkeitsprinzip als Maßstab der Steuernormen, Ein Beitrag zu den Grundfragen des Verhältnisses Steuerrecht und Verfassungsrecht, Köln 1983; *P. Kirchhof,* Der verfassungsrechtliche Auftrag zur Besteuerung nach der Leistungsfähigkeit, StuW 85, 319; *H. Söhn,* Verfassungsrechtliche Aspekte der Besteuerung nach der subjektiven Leistungsfähigkeit im Einkommensteuerrecht: Zum persönlichen Existenzminimum, FinArch 46 (1988), 154; *J. Costede,* Zur dogmatischen Leistungsfähigkeit des Leistungsfähigkeitsprinzips, in: Festgabe für G. Felix, Köln 1989, 17; *P. Kirchhof,* Staatliche Einnahmen, HStR IV (1990), 87, 138 ff.; *K. Vogel,* Grundzüge des Finanzrechts des Grundgesetzes, HStR IV (1990), 3, 64 ff.; *K. Tipke,* Die Steuerrechtsordnung, Bd. I (StRO I), Köln 1993, 469 ff. (m. w. Literaturnachw. besonders der ökonomischen und ausländischen Literatur).

a) Nach st. Rspr. des BVerfG[26] fordert der im allgemeinen Gleichheitssatz (Art. 3 I GG) 81
verankerte Grundsatz der Steuergerechtigkeit, daß die Steuerlasten auf die Steuerpflichtigen im Verhältnis der wirtschaftlichen Leistungfähigkeit verteilt werden; dies gelte insbesondere im Einkommensteuerrecht, das auf die Leistungsfähigkeit des einzelnen Steuerpflichtigen hin angelegt sei[27]. Die Anerkennung des Leistungsfähigkeitsprinzips als Fundamentalprinzip der Steuergerechtigkeit und demzufolge als obersten Vergleichsmaßstab steuerlicher Lastengleichheit (s. Rz. 76) greift die Entwicklung von Jahrhunderten auf.

Die **Entwicklung des Leistungsfähigkeitsprinzips**[28] zu einem fundamentalen Maßstab steuerlicher 82
Lastengleichheit hielt 1776 bereits *Adam Smith* in seiner ersten Steuermaxime der Steuergleichheit („equality of taxation“) fest[29]. Sodann war wegweisend für viele Verfassungen[30] in Art. 13 der

---

25 Zur Gemeindesatzung BVerfGE 10, 354, 371; 12, 319, 324; 17, 319, 331; 21, 54, 68. Im weiteren BVerfGE 27, 175, 179; 32, 346, 360; 51, 43, 59; *K. Tipke,* StRO I, 375 ff. (m. w. Nachw.).

26 Insb. BVerfGE 6, 55, 67 (Haushaltsbesteuerung); 8, 51, 68 f. (Parteispenden); 9, 237; 243; 13, 290, 297; 14, 34, 41; 27, 58, 64; 32, 333, 339; 36, 66, 72; 43, 108, 118 ff. (Kinderfreibetrag); 47, 1, 29; 55, 274, 302; 61, 319, 343 ff. (Ehegattensplitting); 66, 214, 223 (Unterhaltsaufwendungen); 68, 143, 152 f.; 82, 60, 86 f. (Familienexistenzminimum).

27 S. insb. BVerfGE 61, 319, 343 f.; 82, 60, 86.

28 Hierzu insb. *D. Birk,* Das Leistungsfähigkeitsprinzip als Maßstab der Steuernormen, Köln 1983, 6 ff.; *Pohmer/Jurke,* Zu Geschichte und Bedeutung des Leistungsfähigkeitsprinzips unter besonderer Berücksichtigung der Beiträge im Finanzarchiv und der Entwicklung der deutschen Einkommensbesteuerung, FinArch 42 (1984), 445, und das Zinssteuer-Urteil des BVerfG vom 27. 6. 1991, BVerfGE 84, 239, 268 ff.

29 Wohlstand der Nationen (s. § 1 Rz. 44, dort Fn. 70), S. 703 (Ausgabe *H. Recktenwald*): Die Bürger sollen Steuern im Verhältnis zu ihren Fähigkeiten („in proportion to their respective abilities“) zahlen, und zwar besonders im Verhältnis zum Einkommen, das sie unter dem Schutze des Staates genießen. Letzterer Halbsatz spricht *auch,* nicht nur, wie *H. W. Kruse* (Fn. 22), 50, meint, das Äquivalenzprinzip an (s. § 4 Rz. 87). Zu den Steuermaximen von *A. Smith* s. § 8 Rz. 2.

30 S. *K. Tipke,* StRO I, 485 ff.

französischen Erklärung der Menschen- und Bürgerrechte vom 3. 11. 1789 niedergelegt: „Für die Unterhaltung der Streitmacht und für die Kosten der Verwaltung ist ein gemeinschaftlicher Beitrag unerläßlich; dieser soll unter alle Bürger des Staates im Verhältnis zu ihren Vermögensverhältnissen[31] auf gleiche Weise verteilt werden." Art. 134 der Weimarer Reichsverfassung vom 11. 8. 1919 lautete: „Alle Bürger ohne Unterschied tragen im Verhältnis ihrer Mittel zu allen öffentlichen Lasten nach Maßgabe der Gesetze bei."[32] Das *Grundgesetz* enthält keine dem Art. 134 WRV entsprechende Spezialnorm, so daß das Gebot gleichmäßiger Besteuerung aus dem allgemeinen Gleichheitssatz abgeleitet wird.

83 Das Leistungsfähigkeitsprinzip wird weltweit und in allen steuerwissenschaftlichen Disziplinen als Fundamentalprinzip gerechter Besteuerung anerkannt[33]. Gegen das Leistungsfähigkeitsprinzip wird allerdings eingewendet, es sei zu **vieldeutig,** um aus ihm konkrete Schlüsse ziehen zu können[34]. Diese Auffassung verkennt, daß das Leistungsfähigkeitsprinzip entsprechend seinem hohen Rang in der Prinzipienhierarchie **konkretisierungsbedürftig** ist (s. § 4 Rz. 16). Es ist zwar *unbestimmt,* jedoch keineswegs *unbestimmbar*[35]. Es impliziert vielmehr einen unmittelbar einsehbaren, rechtsethisch klugen und ökonomisch rationalen Richtwert, der für eine vernünftige Strukturierung des Steuerrechts sorgt und zu dem es keine Alternative eines geeigneten Prinzips, sondern nur die Alternative fundamentaler Prinzipienlosigkeit gibt[36].

84 Diese Bewertung setzt allerdings ein adäquates rechtsdogmatisches Verständnis des Leistungsfähigkeitsprinzips voraus. Im 19. Jahrhundert ist das Leistungsfähigkeitsprinzip als klassenkämpferisches Prinzip zur Rechtfertigung der Steuerprogression entwickelt worden. Wer sich auf derartige *ideologische* Inhalte des Leistungsfähigkeitsprinzips bezieht[37] und die *dogmatische Leistungsfähigkeit* des Leistungsfähigkeitsprinzips[38] a priori leugnet[39], verstellt den Blick für die *tatsächlich* doch bereits *weit fortgeschrittene* Dogmatisierung des Steuerrechts auf der Grundlage des Leistungsfähigkeitsprinzips, wie sie besonders in Bd. II des Werks „Die Steuerrechtsordnung" von *K. Tipke* nachgewiesen wird. Die dort anvisierte **rechtliche Dogmatisierung** des Leistungsfähigkeitsprinzips zielt auf ein von Sozialzwecknormen möglichst entlastetes Steuersystem ab, in dem *gleiche wirtschaftliche Vorgänge möglichst gleich belastet* sein sollen[40]. Bei der juristischen Konkretisierung des Leistungsfähigkeitsprinzips geht es nicht um Steuerprogression und Umverteilung[41], um

---

31 „En raison de leurs facultés" bezog sich nach dem historischen Sprachgebrauch nicht allgemein auf die Leistungsfähigkeit, sondern auf die Vermögensverhältnisse (vgl. BVerfGE 84, 239, 269).

32 Dazu *A. Hensel,* Verfassungsrechtliche Bindungen des Gesetzgebers, Besteuerung nach der Leistungsfähigkeit – Gleichheit vor dem Gesetz, VJSchrStFR 1930, 441.

33 Dazu *K. Tipke,* StRO I, 478 ff.

34 So BVerfGE 43, 108, 120 (Kinderfreibetrag), im Anschluß an *H. Haller, D. Pohmer* und *K. Schmidt; K. Littmann,* Ein Valet dem Leistungsfähigkeitsprinzip, in: FS für F. Neumark, Tübingen 1970, 113; *H.-W. Arndt,* Steuerliche Leistungsfähigkeit und Verfassungsrecht, in: FS für O. Mühl, Stuttgart u. a. 1981, 17 ff.; *ders.,* Gleichheit im Steuerrecht, NVwZ 88, 787; *J. Martens,* Grundrecht auf Steuergerechtigkeit?, Die Rechtsprechung des BVerfG zum Leistungsfähigkeitsprinzip, KritV 87, 39 ff.

35 Dazu *K. Tipke,* StRO I, 493 ff.

36 Dazu umfassend *K. Tipke,* StRO I, § 10 (Auf der Suche nach einem sachgerechten Fundamentalprinzip sozial gerechter Besteuerung).

37 S. *W. Leisner,* Von der Leistung zur Leistungsfähigkeit – die soziale Nivellierung, Ein Beitrag wider das Leistungsfähigkeitsprinzip, StuW 83, 97; *ders.,* Der Gleichheitsstaat, Macht durch Nivellierung, Berlin 1980, 189. Hiergegen *D. Birk,* StuW 83, 293; *S. F. Franke,* StuW 84, 32. Ausf. *S. F. Franke,* Steuerpolitik in der Demokratie, Berlin 1993, 39 ff.

38 Vgl. *J. Costede,* Zur dogmatischen Leistungsfähigkeit des Leistungsfähigkeitsprinzips, in: FS für G. Felix, Köln 1989, 17, mit dem zutr. Ergebnis, daß die konkrete Rechtsfolge aus der Norm, nicht aus dem normkonzipierenden Prinzip abgeleitet werden kann (s. Rz. 11).

39 Insb. *H. W. Kruse* (Fn. 22), 50 ff.

40 So auch die Zielsetzung von *J. Lang,* Entwurf eines Steuergesetzbuchs, BMF-Schriftenreihe, Heft 49, Bonn 1993.

41 Vgl. *P. Kirchhof* (Fn. 23), 122 f. (Ungeeignetheit des derzeitigen Steuerrechts als Instrument der Umverteilung).

Schröpfung des Steuerzahlers, sondern um leistungsfähigkeitsgerechte Steuerarten und konsistent ausgeformte **Indikatoren steuerlicher Leistungsfähigkeit,** auch um die Schonung des Steuerpflichtigen, soweit (wie im Falle des Existenzminimums) steuerlich belastbare Leistungsfähigkeit zu verneinen ist. Das Leistungsfähigkeitsprinzip ist nicht nur Zugriffs-, sondern auch Schutzprinzip. *D. Birk*[42] schlägt mit seiner Steuerwirkungslehre die Brücke zur *ökonomischen* Steuertheorie. Danach läßt sich das juristische Verständnis des Leistungsfähigkeitsprinzips in der Formel „Gleiche Besteuerung gleicher wirtschaftlicher Sachverhalte mit gleicher Belastungswirkung" zusammenfassen und entspricht damit dem Effizienzpostulat, das Ökonomen heutzutage an die erste Stelle zu setzen pflegen (s. § 8 Rz. 4). Das Ideal einer *entscheidungsneutralen* Besteuerung[43] ist mit den historischen Vorstellungen des Leistungsfähigkeitsprinzips sicher nicht zu vereinbaren. Es entspricht aber ziemlich exakt dem modernen rechtlichen Verständnis einer gleichmäßigen Besteuerung nach der Leistungsfähigkeit, das u. a. in der Rechtsformneutralität der Besteuerung seinen Niederschlag findet.

b) Das Leistungsfähigkeitsprinzip ist der fundamentale Vergleichsmaßstab für **Fiskal-** 85
zwecknormen (s. Rz. 20); für Sozialzwecknormen gelten Prinzipien, die geeignet sind, Abweichungen vom Leistungsfähigkeitsprinzip zu rechtfertigen. *P. Kirchhof*[44] verneint die Anwendbarkeit des Leistungsfähigkeitsprinzips bei den indirekten Steuern (s. § 8 Rz. 20). U. E. gilt das Leistungsfähigkeitsprinzip für alle Steuern, auch die **indirekten Steuern** auf den Konsum, der auch nach der bereits oben (§ 3 Rz. 32) zit. Auffassung des BVerfG wirtschaftliche Leistungsfähigkeit indiziert. Die Überwälzung (s. § 8 Rz. 20) verschlechtert zwar die Qualität des Zugriffs auf die steuerliche Leistungsfähigkeit, rechtfertigt indessen nicht die völlige Ausschaltung des Leistungsfähigkeitsprinzips. Auch die indirekte Besteuerung des Verbrauchs bedarf der Rechtfertigung[45]; sie muß im inneren System der Steuerrechtsordnung mit der Besteuerung der Einkommen abgestimmt werden[46]. Das Leistungsfähigkeitsprinzip muß als Schutzprinzip wirksam gemacht werden: Auch indirekte Steuern sollten das Existenzminimum nicht antasten[47]. Selbst bei *Sozialzwecksteuern* darf der Leistungsfähigkeitsaspekt nicht außer acht gelassen werden[48]. Sozialzwecke wie etwa die des Umweltschutzes rechtfertigen es nicht, auch dann zu besteuern, wenn steuerliche Leistungsfähigkeit nicht vorhanden ist[49].

c) Als Alternativen zum Leistungsfähigkeitsprinzip scheiden insb. das **Kopfsteuerprin-** 86
zip und das **Äquivalenzprinzip** aus. Eine pro Kopf gleiche, egalitäre Steuer, die Sozialhilfeempfänger, Rentner, Studenten und Einkommensmillionäre gleichstellt und jedwedes Unterscheidungsmerkmal negiert, verletzt das Willkürverbot, durch rüde Besteuerung des Existenzminimums die Menschenwürde und Minimalanforderungen sozialer Steuergerechtigkeit; sie ist dem allgemein herrschenden Gerechtigkeitsdenken völlig fremd, wie die heftigen Proteste gegen die Gemeindekopfsteuer (Poll Tax = Wahlsteuer) der *Thatcher*schen Gemeindefinanzreform 1989/90 gezeigt haben[50].

---

42 (Fn. 28), 76 ff., 153 ff.

43 Dazu *R. Elschen,* Entscheidungsneutralität, Allokationseffizienz und Besteuerung nach der Leistungsfähigkeit, Gibt es ein gemeinsames Fundament der Steuerwissenschaften?, StuW 91, 99; *F. W. Wagner,* Neutralität und Gleichmäßigkeit als ökonomische und rechtliche Kriterien steuerlicher Normkritik, StuW 92, 2.

44 (Fn. 23), 141 f.; *ders.,* StuW 85, 319, 324.

45 Dazu *K. Tipke,* StRO II, 899 ff. (Steuergerechtigkeit und indirekte Verbrauchsteuer).

46 *K. Tipke,* StRO I, 116 ff., StRO II, 905, 925 ff.

47 *K. Tipke,* StRO II, 922 ff.; *J. Lang* (Fn. 40), 101, 334 (Vergütung der den existenznotwendigen Lebensbedarf belastenden USt).

48 Vgl. *D. Birk* (Fn. 28), 240 f.

49 Vgl. *J. Lang,* Verwirklichung von Umweltschutzzwecken im Steuerrecht, DStJG Bd. 15 (1993), 115, 126 f. A. A. *L. Osterloh,* NVwZ 91, 823; *W. Köck,* JZ 91, 692.

50 Dazu und zum Kopfsteuerprinzip *K. Tipke,* StRO I, 473 ff.

87 Das **Äquivalenzprinzip**[51] ist das gegenüber dem Leistungsfähigkeitsprinzip ältere Prinzip. Es hat sich aus den *Assekuranztheorien*[52] des 17. Jahrhunderts entwickelt, die Steuern als Prämien für staatlichen Schutz rechtfertigen. Nach dem Äquivalenzprinzip wird die Steuer als Äquivalent (Gegenwert) zu den Leistungen des Staates, auch als Ausgleich staatlicher Kosten aufgefaßt. Im Unterschied zur gebührenrechtlichen Individualäquivalenz, die sich auf staatliche Leistungen bezieht, die dem einzelnen Abgabenschuldner zugerechnet werden können, kommt für die Besteuerung nur eine *Gruppenäquivalenz,* die Zurechnung staatlicher Leistungen einer Gruppe von Abgabeschuldnern in Betracht[53]. Da es in aller Regel kaum möglich ist, die Gruppe der Nutznießer mit der Gruppe der Steuerschuldner in Übereinstimmung zu bringen (Beispiel: Nutznießer der kommunalen Infrastruktur sind nicht nur die gewerbesteuerpflichtigen Gewerbetreibenden), wurde das Äquivalenzprinzip vom Leistungsfähigkeitsprinzip schon Ende des 18. Jahrhunderts kontinuierlich verdrängt. Während die erste Steuermaxime von *Adam Smith* (s. Rz. 82, Fn. 29) noch den Übergang von einem noch assekuranztheoretisch fundierten Äquivalenzprinzip zum Leistungsfähigkeitsprinzip abbildet, hat sich die französische Erklärung der Menschen- und Bürgerrechte von 1789 schon ganz dem Leistungsfähigkeitsprinzip zugewandt.

88 Für **Generalsteuern** wie die allgemeinen, nicht auf bestimmte Gruppen von Steuerpflichtigen bezogenen Steuern auf das Einkommen, das Vermögen und den Verbrauch scheidet das Äquivalenzprinzip von vorneherein aus[54]. Hingegen hat das Äquivalenzprinzip dort noch seine Bedeutung, wo Steuern einen **Sondernutzen** oder **Sonderschaden** abgelten sollen[55]. Mit dem Äquivalenzprinzip werden Gemeindesteuern[56], insb. die Gewerbesteuer[57] (danach ist sie allerdings in ihrer engen Ausgestaltung nicht zu rechtfertigen!), die Kraftfahrzeugsteuer und Mineralölsteuer[58] gerechtfertigt. Schließlich dient das Äquivalenzprinzip auch der Rechtfertigung von Umweltsteuern (s. § 8 Rz. 63 f.). Für alle Äquivalenzsteuern hat aber auch das Leistungsfähigkeitsprinzip zu gelten, d. h. die Gruppengerechtigkeit ist nicht geeignet, die durch den Gleichheitssatz gebotene Individualgerechtigkeit zu beseitigen. So ist beispielsweise die Ertragsunabhängigkeit der Gewerbesteuer nicht zu rechtfertigen. Der individuell nicht zurechenbare Nutzen oder Schaden rechtfertigt es nicht, die Äquivalenzsteuer bei Individuen zu erheben, die steuerlich nicht leistungsfähig sind.

1.2.2 Konkretisierungen des Leistungsfähigkeitsprinzips

89 Das abstrakte Leistungsfähigkeitsprinzip bedarf sowohl in persönlicher als auch sachlicher Hinsicht der Konkretisierung. Es ist danach zu fragen, wer **Zuordnungssubjekt** steuerlicher Leistungsfähigkeit sein kann, nur der Mensch (Art. 3 I GG) oder auch

51 Dazu *K. Tipke,* StRO I, 475 ff.

52 Dazu *F. K. Mann,* Steuerpolitische Ideale, Jena 1937 (Nachdruck Stuttgart/New York 1978), 103 ff.

53 *K. Tipke,* StRO I, 475.

54 *K. Tipke,* StRO I, 475 ff., 478.

55 *K. Tipke,* StRO I, 477: „Partikulär ist eine Anwendung des Äquivalenzprinzips indessen nicht nur denkbar, sondern auch geboten. Sofern eine Leistung des Gemeinwesens eine Sonderleistung ist, auf die der Bürger nicht angewiesen ist und die nur ein Teil der Bürger in Anspruch nimmt, ist es nicht nur vertretbar, sondern auch angezeigt, als Äquivalent eine Abgabe zu erheben. So lassen sich Kraftfahrzeugsteuer und Mineralölsteuer als Äquivalenzsteuern rechtfertigen."

56 Vgl. Gutachten des Wissenschaftlichen Beirats beim BMF zur Reform der Gemeindesteuern in der BRD, BMF-Schriftenreihe, Heft 31, Bonn 1982, 32 ff.

57 Dazu ausf. *H. Zitzelsberger,* Grundlagen der Gewerbesteuer, Köln 1990, 146 ff.

58 *K. Tipke,* StRO I (Fn. 55), und StRO II, 1000 ff.

Unternehmen, zumindest in der Rechtsform juristischer Personen (Art. 19 III GG). Im weiteren ist danach zu fragen, **wie** steuerliche Leistungsfähigkeit zu **bemessen** ist, nach dem Einkommen, nach dem Vermögen oder nach dem Konsum, oder in einer Kombination der vorgenannten Indikatoren steuerlicher Leistungsfähigkeit.

1.2.2.1 Zuordnungssubjekte steuerlicher Leistungsfähigkeit

So wie die Gleichheit ein Recht des Bürgers und Menschen ist, beziehen sich Steuergleichheit und Leistungsfähigkeitsprinzip auf die **natürliche Person,** auf den Menschen und Bürger. Indessen gilt der Gleichheitssatz gem. Art. 19 III GG grundsätzlich auch für inländische **juristische Personen.** Art. 19 III GG gibt aber auf die Frage, für wen das Leistungsfähigkeitspostulat gilt, insofern keine zutreffende Antwort, als die Ausgrenzung *ausländischer* juristischer Personen vom Leistungsfähigkeitspostulat nicht zu vertreten ist. Letztlich hat auch Art. 19 III GG die Grundrechte des durch Rechtsformen handelnden Menschen im Blickfeld[59]. Aus der Sicht der Menschen als Grundrechtsträger erhebt sich zunächst die Forderung aus dem Totalitätsprinzip und dem Prinzip der Wettbewerbsgleichheit, daß der Besteuerung alle Steuergüter, nicht nur die der Menschen unterworfen werden. Insofern besteht z. B. ein Bedürfnis, die Besteuerung der Einkommen auf **Körperschaftsteuersubjekte** zu erstrecken, das sind neben juristischen Personen auch nichtrechtsfähige Körperschaften, Personenvereinigungen, Vermögensmassen, Betriebe gewerblicher Art (§ 1 I KStG) sowie ausländische rechts- und nichtrechtsfähige Gebilde (§ 2 Nr. 1 KStG). Um eine derart weitgreifende Besteuerung und Verteilung der Steuerlasten zu legitimieren, erscheint es im Interesse der Menschen zutreffend, auch die **Unternehmen** als Zuordnungssubjekte steuerlicher Leistungsfähigkeit anzuerkennen[60], damit der steuerlichen Gleichbehandlung von Unternehmen ein Vergleichsmaßstab an die Hand gegeben ist. 90

Soweit jedoch das wirtschaftliche Schicksal des Unternehmens die Einkommen u. a. **Steuergüter natürlicher Personen** beeinflußt, rückt die *ursprüngliche menschenbezogene Bedeutung* des Leistungsfähigkeitsprinzips in den Vordergrund. Das bedeutet z. B., daß die steuerliche Vorbelastung des Einkommens, das die Körperschaft an die Anteilseigner ausschüttet, nicht negiert werden darf. Mithin dient das körperschaftsteuerliche Anrechnungsverfahren cum grano salis dem Zweck, die steuerliche Gleichbelastung aller von der natürlichen Person bezogenen Einkünfte herzustellen; dies gebietet das Leistungsfähigkeitsprinzip für die natürliche Person. 91

1.2.2.2 Konkretisierung des Leistungsfähigkeitsprinzips im Vielsteuersystem durch Besteuerung von Einkommen, Vermögen und Konsum

Literatur: *J. Mitschke,* Über die Eignung von Einkommen, Konsum und Vermögen als Bemessungsgrundlagen der direkten Besteuerung, Eine meßtechnische Analyse, Berlin 1976; *H. Haller,* Die Steuern, Grundlinien eines rationalen Systems öffentlicher Abgaben[3], Tübingen 1981; *J. Lang,* Die Bemessungsgrundlage der Einkommensteuer, Rechtssystematische Grundlagen steuerlicher Leistungsfähigkeit im deutschen Einkommensteuerrecht, Köln 1981/88; *J. Mitschke,* Steuer- und Transferordnung aus einem Guß, Entwurf einer Neugestaltung der direkten Steuern und Sozialtransfers in der BRD, Baden-Baden 1985; *S. Bach,* Die Perspektiven des Leistungsfähigkeitsprinzips im gegenwärtigen Steuerrecht, StuW 91, 116; *M. Rose* (Hrsg.), Konsumorientierte Neuordnung des Steuersystems, Heidelberg 1991; *M. Kaiser,* Konsumorientierte Reform der Unternehmensbesteuerung, Heidelberg 1992; *R. Schwinger,* Einkommens- und konsumorientierte Steuersysteme, Wirkungen auf Investition, Finanzierung und Rechnungslegung, Heidelberg 1992; *ders.,* Konsum oder Einkommen als Bemessungsgrundlagen direkter Steuern?, StuW 94, 39; *J. Lang,* Entwurf eines

---

59 BVerfGE 21, 262; 61, 82; *K. Stern,* Das Staatsrecht der BRD, Bd. III/1, München 1988, 1075 ff., 1102 ff.; *W. Rüfner,* Grundrechtsträger, HStR V (1992), 485, 501.

60 So *K. Tipke,* StRO II, 732 ff. (m. w. Nachw.).

Steuergesetzbuchs, Schriftenreihe des BMF, Heft 49, Bonn 1993; *K. Tipke,* Die Steuerrechtsordnung, Bd. II (StRO II), Köln 1993.

92 a) Das Leistungsfähigkeitsprinzip wird wesentlich durch die **Auswahl und Gestaltung der Steuerbemessungsgrundlagen** konkretisiert. Der Inhalt einer gleichmäßigen Besteuerung nach der Leistungsfähigkeit hängt nämlich davon ab, welchen wirtschaftlichen Vorgängen und Zuständen steuerlich belastbare wirtschaftliche Leistungsfähigkeit zugeordnet wird. Die **Auffassungen zum geeignetsten Steuergut** als Gegenstand der Steueranknüpfung und Indikator steuerlicher Leistungsfähigkeit haben sich in der Steuergeschichte erheblich gewandelt. Im 17. Jahrhundert galt **Grund und Boden** als das geeignetste Steuergut. Im 19. Jahrhundert setzte die soziale Revolution nach dem Umbruch von der Feudalgesellschaft zur Industriegesellschaft das **Kapital** an die erste Stelle der Steuergüter. Die Steuertheorie zum Ausgang dieses Jahrhunderts wendet sich zunehmend dem (umweltschädlichen) **Konsum** als dem geeignetsten Indikator steuerlicher Leistungsfähigkeit zu.

93 Der theoretischen Überzeugung, daß es überhaupt ein für die Indikation steuerlicher Leistungsfähigkeit geeignetstes Steuergut gibt, entspricht die Idee, das gesamte Steueraufkommen mit einer einzigen Steuer (einer sog. **Alleinsteuer**) zu bestreiten. Die Idee der Alleinsteuer geht davon aus, daß jede Steuer von den Erträgen der Volkswirtschaft abgeschöpft werden muß. Demnach sollte die Steuer nur an das Steuergut anknüpfen, das mit den Erträgen der Volkswirtschaft am besten identifiziert werden kann. Als ein solches galt im 17. Jahrhundert der „produit net" des *Grund und Boden,* der durch die physiokratische „impôt unique" belastet werden sollte[61]. Im 19. Jahrhundert wurde das Ideal einer einzigen Einkommensteuer erdacht, weil sich die Überzeugung durchsetzte, daß das als *Vermögens*zuwachs definierte *Einkommen* der ideale Indikator steuerlicher Leistungsfähigkeit sei[62]. Im 20. Jahrhundert wird die Idee der Alleinsteuer vor allem im Zusammenhang mit der persönlichen Ausgabensteuer diskutiert, weil deren Verfechter annehmen, daß sich die Produktivität einer Volkswirtschaft letztlich im individuellen Konsum niederschlägt[63].

94 Die Alleinsteuer ist nicht nur deshalb eine Utopie, weil das Steueraufkommen eines Steuerstaates nicht mit einer einzigen Steuer zu akquirieren ist, sondern weil die Vorstellung, es gäbe ein bestqualifiziertes Steuergut, schon theoretisch falsch ist. Vielmehr haben die einzelnen Steuergüter ihre Vor- und Nachteile, so daß die weltgeschichtliche Steuerwirklichkeit (die Alleinsteuer wurde noch in keinem Land verwirklicht), die Steuerlasten in einem **Vielsteuersystem** auf mehrere Steuergüter zu verteilen, auch in der Theorie richtig ist[64]. Das Vielsteuersystem genießt den Vorzug, daß durch die Kombination verschiedener Steuergüter die Eigenschaften des Steuersystems optimiert werden können. Die Gerechtigkeit der direkten Steuern wird durch die Unmerklichkeit der indirekten Konsumsteuern ergänzt. Das Steueraufkommen kann auf die einzelnen Steuerarten so verteilt werden, daß keine Steuer als zu drückend empfunden wird. Die Anknüpfung an eine Mehrheit von Steuergütern bietet schließlich auch die beste Gewähr für die gleichmäßige Austeilung der Steuerlasten, weil sich niemand jeder Steuer entziehen kann. Wer Einkommensteuer hinterzieht, sein Einkommen in der Schattenwirtschaft erzielt,

61 Dieses Ideal der Alleinsteuer wurde insb. in Frankreich und England entwickelt. Dazu ausf. *F. K. Mann* (Fn. 52), 166 ff.

62 *F. K. Mann* (Fn. 52), 249 ff. (Das Ideal einer einzigen Einkommensteuer); *Wilke,* Die Entwicklung der Theorie des staatlichen Steuersystems in der deutschen Finanzwissenschaft des 19. Jahrhunderts, Diss. Greifswald 1921, 18 ff.; *Auerswald,* Beiträge zur Lehre von einer einzigen Steuer, Greifswald 1922.

63 *I. Fisher,* Income in Theory and Income Taxation in Practice, Econometrica, Wisc., 5 (1937), 1 ff.; *N. Kaldor,* An Expenditure Tax, London 1955; *G. Krause-Junk,* Steuern, IV: Verteilungslehren, HdWW Bd. 7, 341.

64 So auch *K. Tipke,* StRO II, 1021 ff.

trägt im Zeitpunkt der Einkommensverwendung immerhin noch durch die Umsatzsteuer zur Finanzierung des Staates bei. Je größer allerdings die Vollzugsdefizite bei den direkt die steuerliche Leistungsfähigkeit erfassenden Steuern sind und je mehr demzufolge die auf Überwälzbarkeit angelegten indirekten Steuern dominieren (wie insb. in den osteuropäischen Staaten), desto weniger gewährleistet das Vielsteuersystem die Besteuerung nach der individuellen wirtschaftlichen Leistungsfähigkeit.

b) Grundsätzlich lassen sich **drei Leistungsfähigkeitsindikatoren** unterscheiden, die 95
– dynamische Stromgröße **„Einkommen"** (Vermögenszugang);
– statische Bestandsgröße **„Vermögen"** (Konsum- und Investitionsfonds);
– dynamische Stromgröße **„Konsum"** (Güterverbrauch).

Einwirkung der Steuern auf Einkommen, Vermögen, Konsum

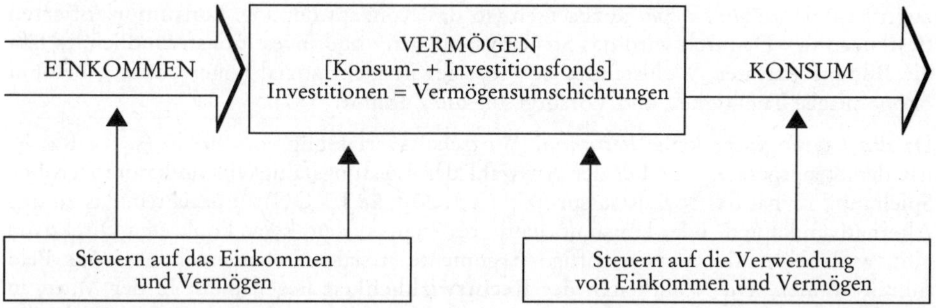

96 *Jeder* der Indikatoren „Einkommen", „Vermögen" und „Konsum" wird durch *jede* Steuer belastet: Eine Steuer auf das Einkommen reduziert nicht nur das Einkommen, sondern ebenso auch die Konsummöglichkeiten des Steuerzahlers. Eine Steuer auf den Konsum belastet nicht nur den Konsum, sondern im nachhinein auch das Einkommen, indem sie die Verwendung des Einkommens belastet. Und jede Steuer wird schließlich aus einem (u. U. fremdfinanzierten) Vermögen entrichtet. Der Umstand, daß jede Steuer Einkommen, Vermögen und Konsum belastet, läßt nun **verschiedene Ansätze der Rechtfertigung von Steuern** zu: *K. Tipke*[65] entwickelt seine Rechtfertigungstheorie nach der Prämisse, das Einkommen sei Indikator steuerlicher Leistungsfähigkeit: „Immer kommt es darauf an, die Leistungsfähigkeit des Bürgers als Einzelperson zu messen. Da Steuern **nur aus dem Einkommen** oder aus dem Vermögen als gespeichertem Einkommen gezahlt werden können, ist die Frage nur, welchen Anteil seines Einkommens oder Vermögens der Bürger unter dem Aspekt gerechter Steuerlastverteilung als Steuer abführen muß"[66]. Demgegenüber konstatiert *M. Rose*[67]: „Die endgültige Reallast einer Steuerzahlung ist immer ein **Konsumopfer.** Folglich sind die Konsumenten die einzigen Träger realer Steuerlasten". *M. Rose* formuliert damit den steuertheoretischen Paradigmenwechsel von einer *kapital-* zu einer *konsumorientierten* Besteuerung[68].

65 StRO I, 496 ff.
66 *K. Tipke,* StRO I, 496.
67 Plädoyer für ein konsumbasiertes Steuersystem, in: M. Rose (Hrsg.), Konsumorientierte Neuordnung des Steuersystems, Heidelberg 1991, 14.
68 Dazu die von *M. Rose* (Fn. 67) hrsg. Beiträge auf dem Heidelberger Kongreß „Konsumorientierte Neuordnung des Steuersystems" im Juni 1989; *H. Naust* und *D. Schneider,* FinArch. Bd. 49 (1991/92), 501 ff., 534 ff., sowie die vor § 4 Rz. 92 zit. ausgezeichneten Dissertationen von *M. Kaiser* und *R. Schwinger.*

97 Von der Auswahl der Leistungsfähigkeitsindikatoren hängen nun entscheidend die **Wirkungen** des Steuersystems ab. Da im Prinzip jede Steuer jeden Leistungsfähigkeitsindikator belastet, bestimmt die Auswahl des Leistungsfähigkeitsindikators nach der ökonomischen Steuerwirkungslehre eigentlich nur den **Zeitpunkt** des Steuerzugriffs in dem Ablauf der ökonomischen Verhältnisse des Bürgers, wie das obenstehende Schaubild zeigt. Bei den Überlegungen, zu welchem Zeitpunkt die Steuer zugreifen soll, ist nunmehr von Bedeutung, für welche Gesellschaft das Steuersystem geschaffen werden soll. Wird auf ein *hohes Maß an Umverteilung* Wert gelegt, auf die Einebnung von reich und arm, auf egalitäre Verteilung des Volksvermögens, dann muß der Anteil des Staates *möglichst früh,* möglichst **vor dem Konsum,** also in den Zeitpunkten abgeschöpft werden, in denen Vermögen entsteht oder noch nicht verwendet worden ist (Konzept der sog. **kapitalorientierten Besteuerung**). Soll jedoch die Gesellschaft möglichst freiheitlich und individualistisch nach dem Subsidiaritätsprinzip konzipiert sein[69] und in erster Linie dem Bürger die Verantwortung für seinen Wohlstand und „pursuit of happiness" zugewiesen sein, dann hat der Staat abzuwarten, *bis* der Bürger konsumiert. Der Steuerzugriff ist als *möglichst spät* anzusetzen (so das Konzept der sog. **konsumorientierten Besteuerung**). Dadurch wird das Steuersystem spar- und investitionsfreundlich; es läßt die Bildung privaten Wohlstandes zu (was gewiß nicht sozial ungerecht ist), belohnt ökonomische Tüchtigkeit und Vorsorge für die Zukunft.

98 Da das Grundgesetz keine *bestimmte* Wirtschaftsverfassung vorschreibt (s. § 1 Rz. 7), hat der Steuergesetzgeber bei der Auswahl der Leistungsfähigkeitsindikatoren großen Spielraum. Er hat das Sozialstaatsprinzip (Art. 20 I; 28 I 1 GG) zu beachten, das zu den Alternativen kapital- oder konsumorientiertes Steuersystem keine konkreten Direktiven gibt, weil beide Alternativen triftige Argumente sozialer Steuergerechtigkeit ins Feld führen können. Die Wahrheiten der **Rechtswirklichkeit** liegen meist in der Mitte, in einer Synthese von Extrempositionen, in einem Vielsteuersystem, das die Ziele der Freiheit und Umverteilung in ein ausgewogenes Verhältnis zueinandersetzt, wie es der sog. **„sozialen Markwirtschaft"** angemessen ist, dabei vor allem eines verwirklicht: Rechtsstaatliche, privilegienfeindliche Steuergleichheit.

99 c) **Kapitalorientierte Besteuerung:** Das dem geltenden Steuerrecht weltweit noch zugrundegelegte Verständnis von Steuergerechtigkeit ist im 19. Jahrhundert geprägt worden und ist demzufolge *kapitalorientiert:* Dem Konzept kapitalorientierter Besteuerung entsprechen die Steuern auf den *Vermögensbestand* (sog. Substanzsteuern, s. § 8 Rz. 22) und die nach der Reinvermögenszugangtheorie (s. § 8 Rz. 32, § 9 Rz. 50) ausgestaltete *Einkommensteuer* (sog. Kapitaleinkommensteuer[70]).

100 aa) **Steuern auf den Vermögensbestand** (Vermögensteuer, Gewerbekapitalsteuer, Grundsteuer): Die besondere Steuerbelastung des Vermögens rechtfertigt das BVerfG (BVerfGE 43, 1, 7) mit der zählebigen finanzwissenschaftlichen Differenzierung zwischen „fundiertem" Vermögenseinkommen und „unfundiertem" Arbeitseinkommen[71]. Es sei verfassungsrechtlich nicht zu beanstanden, „wenn das in der Regel weitgehend

69 Dafür plädieren insb. die Nobelpreisträger *Friedrich A. von Hayek* (grundlegend: The Constitution of Liberty, Chicago und London 1960), *Milton Friedman* und *James M. Buchanan* (grundlegend: The Limits of Liberty, Chicago 1975). S. *R. Zintl,* Individualistische Theorien und die Ordnung der Gesellschaft, Berlin 1983.

70 Gegen diese Besteuerungsform insb. *H. W. Sinn,* Kapitaleinkommensbesteuerung, Eine Analyse der intertemporalen, internationalen und intersektoralen Allokationswirkungen, Tübingen 1985, sowie die Vertreter der konsumorientierten Besteuerung (pars pro toto: *J. Mitschke, M. Rose, F. W. Wagner, E. Wenger, O. Sievert,* sowie die in Fn. 94 zit. Befürworter der Cash-Flow-Steuer).

71 Ausf. zu dieser sog. „Fundustheorie" mit zahlr. Nachw. *K. Tipke,* StRO II, 775 ff.

‚leistungslos' aus dem Vermögen fließende Einkommen durch die Einkommen- und Vermögensteuer stärker besteuert wird als das Einkommen, das aus der Verwendung der Arbeitskraft fließt". Dieser „klassischen" Rechtfertigung der Vermögensteuer ist bereits entgegenzuhalten, daß die Besteuerung nach der Leistungsfähigkeit grundsätzlich nicht danach differenziert werden kann, ob Einkommen *mit viel* oder *wenig Aufwand* erworben wurde, ob die Erwerbstätigkeit *viel oder wenig Freizeit* läßt[72] (man stelle sich nur die Mühsalerläuterungen in der Steuererklärung vor!). Im übrigen haben sich die Klischees der leicht und sicher verdienten Vermögenseinkünfte und der unsicher, schwer verdienten Arbeitseinkünfte überlebt. Sport-, Film- und Fernsehstars erwirtschaften mitunter in sehr kurzer Zeit horrend hohe Arbeitseinkünfte.

Wenngleich der dem Gesetzgeber eingeräumte Gestaltungsspielraum (einschließlich der Befugnis zur Umverteilung) das BVerfG[73] davon abhalten dürfte, die Steuern auf den Vermögensbestand als verfassungwidrig zu verwerfen (s. Rz. 62), so scheidet gleichwohl eine **Rechtfertigung** dieser Steuern **aus dem Gleichheitssatz,** konkretisiert durch das Leistungsfähigkeitsprinzips, aus folgenden Gründen aus[74]: 101

(1) Steuern auf den Vermögensbestand knüpfen an einen **Soll-Ertrag** an. Die Ertragsunabhängigkeit der Besteuerung ist aber insofern mit dem Leistungsfähigkeitsprinzip nicht zu vereinbaren, als das Leistungsfähigkeitsprinzip an **Ist- und Realwerte** anzuknüpfen hat. Steuern, die an eine Soll-Ertragskraft anknüpfen, begünstigen prinzipiell den wirtschaftlich Tüchtigen, den Untüchtigen bringen sie hingegen leicht zum wirtschaftlichen Exitus. Der Soll-Ertragsteuergedanke negiert, daß auch wirtschaftlich gesunde Unternehmen in Rezessionszeiten und in Phasen der Umstrukturierung (insb. bei der Erschließung neuer Märkte) gewinnlos sein können und zudem alle Liquidität benötigen, um im Wettbewerb bestehen zu können. Jedenfalls bewirkt die ertragsunabhängige Besteuerung in den ertraglosen Phasen des Vermögens eine **Entreicherung,** die auch das materielle Übermaßverbot (s. Rz. 209 ff.) verletzt, und in kritischen Phasen unternehmerischer Betätigung existenzbedrohlich werden kann, so daß die Steuer zur Erdrosselungssteuer wird (s. Rz. 213). 102

(2) Steuerliche Leistungsfähigkeit setzt **Liquidität** der Steuerzahlung voraus. Im Falle der Ertraglosigkeit sind häufig liquide Mittel nicht vorhanden. Dadurch können dem Steuerpflichtigen zusätzlich zur Steuerlast weitere Vermögensnachteile, z. B. Kreditkosten entstehen, weil die Fähigkeit zur Steuerzahlung einfach unterstellt wird. 103

(3) Im weiteren negiert die kapitalorientierte Besteuerung die **laufende Geldentwertung** (Inflation). Dies hängt damit zusammen, daß die Besteuerung aus währungspolitischen und praktischen Gründen vom *Nominalwertprinzip* (Grundsatz: 1 DM = 1 DM) nicht abweichen kann (s. § 9 Rz. 56). Das Leistungsfähigkeitsprinzip ist aber ein **Realwert-, kein Nominalwertprinzip;** daher ist nach dem Leistungsfähigkeitsprinzip an Realvermögen und Realeinkünfte (Realgewinn, Realzins usw.) anzuknüpfen[75]. Die Inflationsblindheit kapitalorientierter Besteuerung macht besonders die ertragsunabhängige Besteuerung des Geldvermögens mit dem Leistungsfähigkeitsprinzip unvereinbar. 104

---

72 Für die Steuerrelevanz der Freizeit insb. *H. Haller,* Die Steuern [3], 1981, 45 ff. (m. w. Nachw.).

73 Etwa unter Berufung auf *P. Kirchhof,* VVDStRL 39 (1981), 273: „Die Besteuerung eines ertraglosen und eines mit Verlust arbeitenden Eigentums ist nicht schlechthin verfassungswidrig." S. im weiteren die Rechtfertigung von Steuern auf den Vermögensbestand von *P. Kirchhof* (Fn. 23), 121, 154 ff.

74 Überzeugend *K. Tipke,* StRO II, 769 ff. (Vermögensteuer), 809 ff. (Grundsteuer), 822 ff. (Gewerbesteuer).

75 Dazu ausf. *K. Tipke,* StRO I, 503 ff. (Leistungsfähigkeitsprinzip und Inflation).

105 (4) Schließlich erweist sich die **Bewertung des ruhenden Vermögens** als ein *permanenter Quell der Ungleichbehandlung:* So gibt es keine Bewertungsgleichheit zwischen Wirtschaftsgütern, die einen Nennwert (wie z. B. Geld oder Kapitalforderungen), amtlichen Börsenwert (wie z. B. Aktien) oder sonst leicht und sicher feststellbaren Wert haben, und Wirtschaftsgütern mit mehr oder weniger *latenten* Wertfaktoren. Die augenscheinliche Rationalität von Bewertungsverfahren täuscht darüber hinweg, daß die Bewertung ruhender Sachwerte häufig zu hypothetisch und spekulativ ist, um einen wahren Wert hervorbringen zu können. Erst die Veräußerung, die *Realisation des Wertes am Markt* bewahrheitet den Sachwert. Ein Grundstückswert beispielsweise, der nach allen Regeln der Kunst ermittelt worden ist, kann sich bei dem Verkauf des Grundstücks als völlig falsch herausstellen. Mithin ist eine Besteuerung, die nicht an dynamische, unmittelbar durch das Marktgeschehen bestätigte Stromgrößen, realisierte Werte, sondern an **ruhende Wert-Bemessungsgrundlagen**[76] anknüpft, a priori auf Ungleichheit, ungleiche Bemessung steuerlicher Leistungsfähigkeit angelegt.

106 Nach alledem versagt nicht nur *K. Tipke*[77] den Steuern auf den Vermögensbestand die Rechtfertigung. Ihre Abschaffung wird mittlerweile von vielen Seiten (von der Finanzverwaltung insb. auch wegen des Mißverhältnisses von Aufkommen und Verwaltungsaufwand) gefordert[78].

107 bb) **Kapitaleinkommensteuer** (s. Rz. 99): Das Ideal der Reinvermögenszugangstheorie (s. § 8 Rz. 32) hat sich nirgendwo auch nur annäherungsweise durchsetzen können, so auch im deutschen Einkommensteuerrecht (s. § 8 Rz. 32 f.). Nach diesem Ideal wäre eine globale, alle realisierten und *nichtrealisierten* Wertsteigerungen erfassende **Wertzuwachssteuer** die richtige Steuer. Eine Steuer auf den nichtrealisierten Wertzuwachs wäre mit den (in Rz. 103–105) ausgeführten Substanzsteuermängeln behaftet. Die Wertzuwachssteuer hat sich in der Rechtswirklichkeit nicht durchgesetzt; in Gestalt einer kommunalen Steuer auf Bodenwertsteigerungen, auch Planungswertausgleich genannt, wird sie immer wieder einmal von steuerunwissenden Ideologen ins Spiel gebracht[79].

---

76 Dazu *K. Tipke,* StRO II, 847 ff. S. auch *W. Jakob,* Rechtsgutachten zu Möglichkeiten einer Vereinfachung der Bewertung des Grundbesitzes sowie Untersuchung einer befristeten Anwendung von differenzierten Zuschlägen zu den Einheitswerten, Schriftenreihe des BMF, Heft 48, Bonn 1993; *K. Schelle,* Die Einheitsbewertung des Grundbesitzes, Grundlagen, Probleme, Reformvorschläge, Karl-Bräuer-Institut, Wiesbaden 1993.

77 (Fn. 74).

78 Insb. *K. Barth,* Wird das deutsche Vielsteuersystem in seiner heutigen Gestalt den Anforderungen an eine tragbare Unternehmensbelastung gerecht?, DStR 76, 299; *G. Rose,* Ärgernis Substanzbesteuerung, FR 75, 77; *ders.,* FR 76, 389; *ders.,* FR 77, 537; *D. Schneider,* Bezugsgrößen steuerlicher Leistungsfähigkeit und Vermögensbesteuerung, FinArch. Bd. 37 (1979), 26; *K. Schelle,* Vermögensteuer, Ein Störfaktor im Steuersystem, Karl-Bräuer-Institut, Wiesbaden 1990; Gutachten der Kommission zur Verbesserung der steuerlichen Bedingungen für Investitionen und Arbeitsplätze, Schriftenreihe des BMF, Heft 46, 71 ff., 86 ff.; *D. Meyding,* Überlegungen zur möglichen Abschaffung der Vermögensteuer und der Einheitsbewertung, DStR 91, 1269; *ders.,* 92, 1113 ff.; *ders.,* Stbg. 93, 550; *B. Knobbe-Keuk,* Bilanz- und Unternehmenssteuerrecht[9], Köln 1993, 955 f.

79 S. *Kumpmann,* Wertzuwachssteuer, Tübingen 1907; *Müthling,* Wertzuwachssteuerrecht[4], Berlin 1943; *Tuntke,* Die Behandlung der Bodenwertsteigerungen im englischen Recht, Diss. Köln 1969; *Sachse,* DB 71, 1179; *v. Schalburg,* BB 71, 695; *Zink/Liedschulte,* StuW 71, 45; *K.-H. Peters,* Die Bodenreform, Hamburg 1971; *Ostendorf,* Einführung in die Bodenwertzuwachssteuer, FR 71, 137; *Troll,* Grund und Boden, Politik und Steuer, Heidelberg 1972; *K. H. Friauf,* Steuergesetzgebung als Instrument der Bodenordnung (Bodenwertzuwachssteuer), DVBl. 72, 652; *Zink,* Die Probleme einer Wertzuwachsbesteuerung, StuW 73, 150; *v. Nell-Breuning,* Handbuch der Finanzwissenschaft, Bd. 2[2], Tübingen 1956, 557 ff. (s. auch 521 ff.); *Friedr. Klein,* Bodenwertzuwachssteuer und Art. 14 GG, DÖV 73, 433; *Liedschulte/Zink,* Die Erfassung von Wertzuwächsen im Rahmen der Einkommens- und Ertragsbesteuerung, Opladen 1973; *Ruck,*

Die geltende Einkommensteuer erfaßt das **Markteinkommen,** eine praktikable und verfassungsrechtlich wohlbegründete[80] Beschränkung der Reinvermögenszugangstheorie[81] auf das *erwirtschaftete, am Markt realisierte* Einkommen (s. § 9 Rz. 52); besonders die Beschränkung auf das realisierte, durch den Markt wertbestätigte Einkommen sichert die Vergleichbarkeit der Leistungsfähigkeitsindikation, mindert die Gefahr der Ungleichbehandlung durch Ungleichbewertung von Einkommen. Allerdings wird auch die auf das Markeinkommen zurückgenommene Reinvermögenszugangstheorie unvollständig verwirklicht, durch die Quellentheorie (s. § 9 Rz. 50) weiter eingeschränkt, nach der private Veräußerungseinkünfte prinzipiell nicht erfaßt sind (zu diesem Dualismus der Einkünfteermittlung s. § 9 Rz. 181 ff.). Im übrigen tragen zahlreiche Steuervergünstigungen des Einkunftsartenrechts (Befreiungen, Freibeträge, Bewertungsfreiheiten, Ermäßigungen etc., s. § 9 Rz. 130 ff., 746 ff.) dazu bei, die Indikatoren des Kapitaleinkommens zu durchlöchern. 108

Deshalb wird heutzutage der „Niedergang des Einkommensteuerrechts", die Chaotisierung des Einkommensteuerrechts beklagt[82]. Die Ergiebigkeit der Einkommensteuer (40 v. H. des gesamten Steueraufkommens, s. § 8 Rz. 19) ist die offene Flanke ihrer Gerechtigkeit: Extremer Steuerwiderstand, Steuervermeidungskunst, die nicht nur dem dummen oder denkfaulen Steuerzahler, sondern auch dem Lohnsteuerzahler, dem unattraktiven Steuermandanten unzugänglich ist, übermäßiger Beratungs- und Verwaltungsaufwand, die Flut der Steuerprozesse, Steuer-, Kapitalflucht- und Steuerhinterziehungssyndrome, Defizite des Rechtsbewußtseins, zivilrechtlich unzweckmäßige Vertragsgestaltungen, kapitalfehlleitende Steuerminimierungsstrategien und unerträgliche Verkomplizierung der Gesetzgebung und Rechtsanwendung sind die Kennzeichen überhöhter, ungleich verteilter Steuerbelastung der nur partiell erfaßten Einkommen. 109

d) **Konsumorientierte Besteuerung:** Die weltweit anzutreffenden Mißstände im Bereich der Besteuerung von Einkommen und die Erkenntnisse der Optimalsteuertheorie (s. § 1 Rz. 45) haben den erwähnten (Rz. 96) steuertheoretischen Paradigmenwechsel von einer kapital- zu einer *konsumorientierten* Besteuerung bewirkt. Bei der Konsumorientierung des Steuersystems[83] ist die Konsumorientierung der Steuern auf das Einkommen von der Steuerbelastung des Konsums durch die erwähnten (Rz. 94 a. E.) *indirekten,* auf Überwälzbarkeit angelegten Steuern zu unterscheiden. 110

aa) **Indirekte Steuern auf den Konsum** sind die Umsatzsteuer (s. § 13) und die speziellen Verbrauchsteuern (s. § 15). Sie belasten die in der Einkommensverwendung zum Ausdruck kommende wirtschaftliche Leistungsfähigkeit[84]. Indirekte Steuern auf den 111

Die Problematik der Besteuerung des Bodenwertzuwachses, BB 73, 1037; *v. Arnim/Borell/Schelle,* Zur Reform der Bodenbesteuerung, Heft 27 der Schriftenreihe des Bundes der Steuerzahler, Wiesbaden 1974; *Figel,* Die Problematik einer Bodenwertzuwachssteuer in steuerrechtlicher und verfassungsrechtlicher Sicht, Diss. Würzburg 1975; *H. Paulick,* Zur verfassungsrechtlichen Problematik einer Bodenwertzuwachssteuer, in: Gedächtnisschrift für F. Klein, München 1977, 384 ff.; *Leutner,* Wirtschafts- und finanzpolitische Probleme einer Bodenwertzuwachsbesteuerung, Göttingen 1977; *Mohl/Steinfort,* Abgaben auf Grundstücke und Gebäude als bodenpolitisches Instrument, ZKF 93, 170; *W.-D. Drosdzol,* Baulandsteuer und Bodenwertsteuer – Neue Perspektiven für die Grundsteuer?, DStZ 94, 205.

80 Grundlegend *P. Kirchhof,* Gutachten F zum 57. deutschen Juristentag, München 1988, 16 f., 20 f. Ausf. *R. Wittmann* (Fn. 24).

81 So auch *K. Tipke,* StRO II, III, 565 ff., 1541 („Da der im Sinne des Leistungsfähigkeitsprinzips ideale Einkommensbegriff sich jedoch nicht gleichmäßig praktizieren läßt, muß im wesentlichen gleichmäßig auf das Markteinkommen zurückgesteckt werden"), allerdings mit deutlicher Kritik an der Auffassung von *P. Kirchhof* (557 ff.).

82 Dazu die Beiträge von *A. Raupach* und *K. Tipke* in *Raupach/Tipke/Uelner,* Niedergang oder Neuordnung des deutschen Einkommensteuerrechts?, Köln 1985; *J. Lang,* Einkommensteuer – quo vadis?, FR 93, 661; *ders.,* Stbg. 94, 10 (m. w. Nachw.).

83 Dazu die in Fn. 68 zit. Beiträge.

84 So BVerfG, zit in § 3 Rz. 32. Ausf. *K. Tipke,* StRO II, 903 ff.

Konsum sind mit dem Nachteil behaftet, daß sie die persönlichen Verhältnisse des Konsumenten, auf den die Steuer überwälzt worden ist, nicht berücksichtigen können. Dieser Umstand verschlechtert die Gerechtigkeitsqualität der indirekten Steuern erheblich. Gleichwohl belastet die indirekte Steuer einen Indikator wirtschaftlicher Leistungsfähigkeit; sie müßte zumindest insoweit vergütet werden, als sie den existenznotwendigen Lebensbedarf belastet (s. bereits Rz. 85).

112 Das historische Konglomerat der **speziellen Verbrauchsteuern** leidet besonders unter der *willkürlichen* Auswahl der Güter[85]. Durch die grundsätzliche Beschränkung auf Steuergüter wie Mineralöle, Alkohol, alkoholische Getränke und Tabakwaren, die gemäß den **Sozialzwecken** des Umweltschutzes und der Gesundheit sonderbelastungswürdig sind, gewinnt das europäisch harmonisierte Verbrauchsteuersystem (s. § 2 Rz. 52) an Rechtfertigungsqualität, indem die speziellen Verbrauchsteuern zunehmend den Charakter von Sozialzwecksteuern gewinnen.

113 bb) Die geltende **Einkommensteuer** ist nicht nur kapital-, sondern auch *konsum*orientiert ausgestaltet, denn ihre Bemessungsgrundlage ist im wesentlichen **zweistufig** aufgebaut: Auf der ersten Stufe (§ 2 I–III EStG) erfaßt sie im Tatbestand „Summe der Einkünfte" das Markteinkommen, und auf der zweiten Stufe soll der indisponible, für die Steuerzahlung nicht verfügbare Teil des Einkommens und damit die indisponible Einkommensverwendung in Gestalt privater Abzüge i. S. d. § 2 IV, V EStG ausgegrenzt werden (s. § 9 Rz. 68 ff.). Diese dualistische, kapital- und konsumorientierte Konzeption ist vornehmlich *Adolph Wagner* zu verdanken; er erkannte: „Die wirtschaftliche Leistungsfähigkeit einer Person liegt in zwei Reihen von Momenten, solchen, welche den Erwerb und Besitz von Sachgütern, und solchen, welche die Verwendung dieser Güter zu eigener oder anderer pflichtgemäß zu ermöglichender Bedürfnisbefriedigung betreffen"[86]. Infolge dieser dualistischen Konzeption des EStG hat die Steuerrechtswissenschaft[87] die **Lehre vom indisponiblen Einkommen** entwickelt: Nach dem sog. *privaten Nettoprinzip* ist der für den notwendigen Lebensbedarf verwendete und demnach für die Steuerzahlung nicht verfügbare Teil des Markteinkommens aus der Bemessungsgrundlage auszuscheiden. Diese Lehre bestätigt das BVerfG seit 1982 (s. § 9 Rz. 70 ff., 75) und stellt an das Einkommensteuerrecht grundsätzlich folgende zwei Anforderungen (dazu i. e. § 9 Rz. 68 ff.):

- die realitätsgerechte, mit dem Sozialhilferecht abgestimmte Steuerfreiheit des Existenzminimums (*allgemeines privates Nettoprinzip*), und
- die realitätsgerechte Berücksichtigung von Unterhaltsverpflichtungen (*spezielles Familien-Nettoprinzip*).

114 Allerdings sind beide Anforderungen im geltenden Einkommensteuerrecht infolge kapitalorientierten Denkens nur rudimentär und konglomerathaft verwirklicht. Diesem Denken entspricht es, die Steuerfreiheit des Existenzminimums nicht in der Bemessungsgrundlage, sondern **im Tarif** (§§ 32a; 32d EStG), dort zu niedrig und die Bezieher der niedersten Einkommen diskriminierend zu regeln (s. § 9 Rz. 82 ff.). Und die politischen Anfeindungen des Kinderfreibetrages, einer sachgerechten Familienbesteuerung (s. § 9 Rz. 74 ff., 98 ff.) haben ihre Wurzel im kapitalorientierten Umverteilungsdenken, in der

85 Dazu *K. Tipke*, StRO II, 952 ff.

86 *A. Wagner*, Finanzwissenschaft, Bd. II[2], Leipzig 1890, 444. Zur Entwicklung dieses Ansatzes auch *J. V. Bredt*, Die Besteuerung nach der Leistungsfähigkeit, Ein Beitrag zur Systematik und Reform der direkten Steuern in Preußen und dem Reiche, Leipzig 1912; *J. Lang*, Die Bemessungsgrundlage der Einkommensteuer, Köln 1981/88, 34 f.; *R. Jüptner*, StVj 90, 307, 315 ff.

87 Grundlegend *K. Tipke* schon in der 1. Auflage dieses Buchs (vgl. die Zitate in: *K. Tipke*, StRO II, 674 ff., mit zahlr. Nachw.).

verfehlten Vorstellung, private Aufwendungen seien für die Messung steuerlicher Leistungsfähigkeit irrelevant.

Ungeachtet der Tatsache, daß die jüngeren ökonomischen Theorien von dem Konzept der Kapitaleinkommensbesteuerung deutlich abrücken, scheint die Vorstellung, die „richtige" Bemessungsgrundlage der Einkommensteuer sei das Kapitaleinkommen in Gestalt des Reinvermögenszuganges oder des Markteinkommens, in den Köpfen vieler Ökonomen fest eingebrannt zu sein. So charakterisiert *D. Schneider*[88] die Bemessungsgrundlage der Einkommensteuer als „Markteinkommen abzüglich der Sozialausgaben für Unterhaltsberechtigte", will heißen, die sog. privaten Abzüge seien sozialpolitisch motivierte Steuervergünstigungen, die die Maßgröße des Markteinkommens als Ausdruck einer „objektiven Leistungsfähigkeit" verfälschen. Und die scharfe Kritik des *Schneider*-Schülers *P. Bareis*[89] an der Rspr. des BVerfG beruht auf der Behauptung, das „Markteinkommen" sei der ökonomisch richtige Maßstab. 115

Während die Relevanz des indisponiblen Konsums für die Dogmatik des Einkommensteuerrechts mittlerweile juristisch weitgehend geklärt ist, befindet sich die Frage einer **Konsumorientierung des Einkunftsartenrechts** noch im Vorfeld juristischer Erörterung, d. h. weitgehend in der ökonomischen Grundsatzdiskussion. Das ökonomische Ideal der direkten Steuer auf den Konsum ist die **Ausgabensteuer**[90]. Die Alternative einer Ausgabensteuer scheidet a priori aus, weil sich Privatkonsum nur mit unverhältnismäßigem Aufwand rechnungslegungstechnisch festhalten läßt; auch ist die Einführung einer Ausgabensteuer nicht in das Geflecht des Internationalen Steuerrechts zu integrieren[91].

Realistischerweise geht es darum, ob eine **Konsumorientierung des Markeinkommens**[92] dazu beitragen kann, dem Gleichheitssatz und dem Leistungsfähigkeitsprinzip im Einkunftsartenrecht mehr Geltung zu verschaffen. In Betracht kommt nur eine vorsichtige, die Strukturen des Einkommensteuerrechts und insb. das *Markteinkommensprinzip* bewahrende, zunächst auch limitierte Konsumorientierung des Einkunftsartenrechts, und zwar nur dort, wo die Kapitalorientierung zu den oben (Rz. 109) aufgeführten Mißständen geführt hat. Das Konzept zum Ausgleich der übersteigerten und daher gescheiterten Kapitalorientierung des Einkommensteuersystems lautet: Solange Einkommen gespart wird, bleibt es steuerlich verschont. Erst die Auszahlungen aus dem Gesparten werden besteuert. Eine solche sog. **Sparbereinigung** der Bemessungsgrundlage[93] sollte gezielt 116

---

88 Leistungsfähigkeitsprinzip und Abzug von der Bemessungsgrundlage, StuW 84, 356; *ders.*, Maß und Ausmaß der Steuervergünstigungen, DB 92, 1737. S. auch *D. Schneider*, zit. in § 9 Rz. 78, dort Fn. 71.

89 Transparenz bei der Einkommensteuer – Zur systemgerechten Behandlung sog. „notwendiger Privatausgaben", StuW 91, 38; *ders.*, FR 91, 405; DStR 91, 1164; 91, 1399; 91, 1434.

90 Dazu *I. Fisher* (Fn. 63); *N. Kaldor* (Fn. 63); *P. Zumstein*, Die Ausgabensteuer, Diss. St. Gallen 1977; *R. Peffekoven*, Persönliche allgemeine Ausgabensteuer, in: Handbuch der Finanzwissenschaft, Bd. II[3], Tübingen 1980, 418; *ders.*, FinArch. Bd. 37 (1979), 148; *J. Mitschke*, Methoden der indirekten Konsummessung für Zwecke einer persönlichen allgemeinen Ausgabensteuer, FinArch. Bd. 38 (1980), 274; *ders.*, Steuer- und Transferordnung aus einem Guß, Baden-Baden 1985; *W. E. Weisflog*, StuW 83, 337; *J. K. McNulty*, StuW 89, 120, 123 ff.; *H. Pollack*, Anmerkungen zur Gerechtigkeit der Konsumausgabensteuer, in: FS für Pohmer, Tübingen 1990, 69, sowie die Beiträge von *D. Birk* (351, 353 f., 358 f.), *H. Pollack* (373 ff.), *Hinterberger/Müller/Petersen* (399 ff.), *P. B. Musgrave* (535 ff.) in: M. Rose (Hrsg./Fn. 67).

91 Vgl. dazu *Joseph/Vollrath*, Anwendbarkeit des Internationalen Steuerrechts bei Einführung einer Ausgabensteuer, München 1991.

92 Hierfür offen *K. Tipke*, StRO II, 570 ff. (Konsumierbares oder konsumiertes Einkommen?).

93 Dazu insb. *M. Rose*, Reform der Besteuerung des Sparens und der Kapitaleinkommen, BB-Beilage 5/1992; *J. Lang*, Entwurf eines Steuergesetzbuchs (Fn. 40), 128 ff.; *ders.*, Stbg. 94, 10, 20 ff.

dort eingesetzt werden, wo die Mängel des Einkunftsartenrechts am deutlichsten zutagetreten:

117 (1) Ziel der Sparbereinigung ist es, die Gleichmäßigkeit, Inflationsneutralität und intertemporale Neutralität der Besteuerung von Einkünften zu verbessern. Dazu bietet sich als technische Lösung die konsequente Verwirklichung der Überschußrechnung nach dem Zufluß- und dem Abflußprinzip an (s. § 9 Rz. 192 ff., s. auch § 9 Rz. 474), die dem Konzept der **Cash-flow-Steuer** zugrundeliegt[94]. Der Steuerabzug der Ersparnisse und die Versteuerung der Auszahlungen aus dem Gesparten macht die Besteuerung inflationsneutral. Wer sein Lebenseinkommen in kurzer Zeit erwirtschaftet wie z. B. ein Sportstar oder ein Freiberufler mit langen Ausbildungszeiten, der kann durch entsprechende Zukunftsvorsorge die Besteuerung des kurzfristig erwirtschafteten Einkommens auf die Lebenszeit verteilen; er ist damit nicht mehr durch übermäßig progressive Besteuerung diskriminiert (sog. *intertemporale Neutralität*).

118 (2) Das BVerfG hat bereits 1980 (BVerfGE 54, 11) die **Ungleichmäßigkeit der Besteuerung von Alterseinkünften** moniert (s. § 9 Rz. 599 ff.). Nach dem Konzept der sparbereinigten Einkommensteuer ist der Beamte richtig besteuert. Sein für das Alter erwirtschaftetes Einkommen wird während seines Erwerbslebens nicht besteuert. Erst die Versorgungsbezüge sind der Besteuerung unterworfen. Beamte und Arbeitnehmer sind aber erst gleichbehandelt, wenn Beiträge zur gesetzlichen Rentenversicherung als Werbungskosten voll abziehbar und später die Rentenzahlungen voll zu versteuern sind[95].

119 (3) In engem Zusammenhang mit der Besteuerung von Alterseinkünften steht die Behandlung der **Vorsorgeaufwendungen** (s. § 9 Rz. 708 f.). Die komplizierten Regelungen in den §§ 10; 10c EStG privilegieren nur bestimmte Vorsorgeformen. Im übrigen sind Vorsorgeaufwendungen keine Konsumausgaben, sondern *Zukunftsinvestitionen,* so daß der spätere Rückfluß des Gesparten ebenso wie bei Rentenbezügen besteuert sein muß. In diesem Sinne sind Steuergleichheit und Steuerneutralität zwischen den verschiedenen Vorsorgeformen (einschließlich der Einzahlungen in gesetzliche Rentenversicherungen) erst hergestellt, wenn einerseits alles, was auf ein Sparkonto, in eine Bausparkasse, in eine Lebensversicherung, in ein Wertpapierdepot eingezahlt wird, abzugsfähig, demnach der Abzug von Vorsorgeaufwendungen generalisiert ist, und andererseits alle Auszahlungen der Besteuerung unterworfen werden[96]. Der sparformneutrale Abzug von Vorsorgeaufwendungen bewirkt also nur einen *Aufschub der Besteuerung.*

120 (4) Dringend reformbedürftig ist die **Besteuerung der Zinsen,** die infolge ihrer Blindheit gegenüber der Inflation die Substanz des Sparvermögens verzehrt und Kapitalflucht auslöst[97]. Das Konzept der Sparbereinigung vermag diese Mängel zu beseitigen, indem gesparte bzw. reinvestierte Zinsen zum Abzug als Vorsorgeaufwendungen mit der Folge des Besteuerungsaufschubs zugelassen werden.

---

94 Dazu *F. W. Wagner,* Die zeitliche Erfassung steuerlicher Leistungsfähigkeit, in: Hax/Kern/Schröder (Hrsg.), Zeitaspekte in betriebswirtschaftlicher Theorie und Praxis, Stuttgart 1989, 261, 270 ff. Befürworter der Cash-Flow-Steuer sind insb. auch *D. Cansier,* in FS für Pohmer, Tübingen 1990, 143; *H. W. Sinn* (Fn. 70); *W. F. Richter, W. Wiegard, P. Swoboda, R. Schwinger,* in: M. Rose (Hrsg./Fn. 67). Ausf. m. w. Nachw. *R. Schwinger* (Fn. 68); *M. Kaiser* (Fn. 68), 36 ff.

95 So insb. Gutachten des Wissenschaftlichen Beirats beim BMF zur einkommensteuerlichen Behandlung der Alterseinkünfte, Schriftenreihe des BMF, Heft 38, Bonn 1989; *H. Söhn,* StuW 86, 324; *K. Tipke,* StRO II, 663 ff.; *J. Lang,* Entwurf eines Steuergesetzbuchs (Fn. 40), 160/161, 172, §§ 108 Nr. 2; 120 Abs. 3 Nr. 4.

96 Vgl. *J. Lang,* Entwurf eines Steuergesetzbuchs (Fn. 40), 170 ff., § 123.

97 Dazu grundsätzlich *E. Wenger,* Das Quellensteuerexperiment von 1987, Theoretische Einsichten, empirische Befunde und steuerpolitische Schlußfolgerungen, Zeitschrift für Bankrecht und Bankwirtschaft 1990, 117.

(5) Ein Besteuerungsaufschub empfiehlt sich schließlich auch bei der **Schließung von Besteuerungslücken** und dem **Abbau von Steuervergünstigungen.** Die lückenlose Besteuerung privater Veräußerungseinkünfte oder das Streichen der Steuerermäßigungen für außerordentliche Einkünfte in § 34 EStG würde das Problem der inflationsbedingten Substanzbesteuerung ohne Besteuerungsaufschub dramatisch verschärfen. 121

Im Ergebnis soll also die aufgezeigte Konsumorientierung des Markteinkommens die ungleiche Besteuerung von Alterseinkünften und Sparformen sowie die inflationsbedingte Substanzbesteuerung des Sparvermögens beseitigen, im übrigen die intertemporale Neutralität der Besteuerung von Einkommen herstellen. Zugleich soll die Einkommensteuer durch strikte Beseitigung von Steuervergünstigungen **vereinfacht** werden und **fiskalisch ergiebig** bleiben. Und es soll auch dem von BVerfG (BVerfGE 84, 273) postulierten Verifikationsprinzip (s. Rz. 71) gedient und die **Verwaltungseffizienz** verbessert werden: Da selbstverständlich die steuerlich unbelasteten Sparvermögen den Finanzbehörden gegenüber wie bei dem Abzug von Vorsorgeaufwendungen offengelegt werden müssen, vermittelt das System der sparbereinigten Steuer einen natürlichen Anreiz zur Selbstdeklaration. Die Bequemlichkeit, den Zeitpunkt der Steuerzahlung durch Sparen selbst bestimmen zu können, wird durch Bereitschaft zur Steuerehrlichkeit ergänzt. 122

cc) Schließlich wird die Konsumorientierung des Steuersystems auch durch die zunehmende **Verwirklichung von Umweltschutzzwecken** gefördert[98]. Ende des 20. Jahrhunderts findet die sog. Ökologisierung der Wirtschaft, die Bewahrung von Gütern und Ressourcen immer mehr gesellschaftliche Zustimmung. Demzufolge wird auch das Steuersystem ökologisiert werden, was in zwei Richtungen geschehen kann, zum einen durch den von der Besteuerung nach der Leistungsfähigkeit abweichenden Ausbau von *Sozialzwecknormen/-steuern* (Sonderabschreibungen für den Umweltschutz, Erhöhung der Mineralölsteuer, Einführung neuer Ökosteuern wie z. B. der kommunalen Verpackungsteuer), zum anderen aber auch durch eine Reform von *Fiskalzwecknormen* mit dem Ziel, die Steuergleichheit bzw. -neutralität zwischen dem Sparen/Investieren einerseits und dem Gegenwartskonsum herzustellen, was derzeit nicht der Fall ist[99]. Den ökologischen Ansatz der Gegenfinanzierung einer derartigen Reform bietet die aufkommensneutrale Einführung einer Energie-/CO_2-Steuer nach dem Grundsatz der „fiskalischen Neutralität" (s. § 2 Rz. 57, Fn. 84). 123

1.3 Gemeinwohl-, Bedürfnis- und Verdienstprinzip als systemtragende Vergleichsmaßstäbe für Sozialzwecknormen

Sozialzwecknormen (s. Rz. 21 f.) weichen vom Leistungsfähigkeitsprinzip gezielt ab. Steuervergünstigungen (s. §§ 19–21) verschonen steuerliche Leistungsfähigkeit. Steuerverschärfungen durch Sozialzwecksteuern und gezielte Benachteiligungen wie eine aus ökologischen Gründen bewußt zu niedrig angesetzte Kilometerpauschale (§ 9 I 3 Nr. 4 EStG) belasten über dem Niveau vorhandener steuerlicher Leistungsfähigkeit. Der zu niedrige Ansatz der Kilometerpauschale durchbricht das Nettoprinzip, ein das Leistungsfähigkeitsprinzip konkretisierendes Prinzip (s. § 9 Rz. 259). 124

Derartige Prinzipdurchbrechungen bedürfen der **Rechtfertigung.** Das rechtfertigende Prinzip bildet für die Sozialzwecknorm den Vergleichsmaßstab, nach dem zu prüfen ist, ob die steuerliche Bevorzugung oder Benachteiligung gerechtfertigt werden kann. Grundsätzlich darf der Gesetzgeber mit Steuern *ordnend* und *lenkend* in das Wirt- 125

98 Dazu näher die Beiträge in: *P. Kirchhof,* Umweltschutz im Abgaben- und Steuerrecht, DStJG Bd. 15 (1993).

99 Dazu näher *J. Lang,* DStJG Bd. 15 (1993), 144 ff.

schaftsleben eingreifen (s. § 3 Rz. 10). Demnach sind auch Abweichungen vom Leistungsfähigkeitsprinzip zulässig; es dürfen aber entsprechend dem Willkürverbot keine beliebigen Gründe sein. *D. Birk*[100] hat im Rahmen einer „zweigleisigen" Steuernormüberprüfung herausgearbeitet, daß der Rechtfertigungsgrund gegen die Verletzung des Leistungsfähigkeitsprinzips abgewogen werden und Interessen des Gemeinwohls dienen muß. Die Rechtfertigung kann auf folgende Prinzipien gestützt werden:

126 a) Das **Gemeinwohlprinzip** ist das Generalprinzip. Da das Steuerrecht Gemeinlasten verteilt, muß letztlich jede Gestaltung der Verteilung von Steuerlasten mit Gründen und Interessen des Gemeinwohls erklärt werden können. Eine allein im Interesse einzelner Bürger und Gruppen liegende steuerliche Sonderbehandlung ist nicht einsehbar. Daher orientiert sich das Gemeinnützigkeitsrecht (s. § 21) an einem die Sozialzwecknormen übergreifend beherrschenden Prinzip. **Benachteiligungen** durch Sozialzwecksteuern (z. B. Werkfernverkehrsteuer, Tabak-, Alkohol-, Ökosteuern), Abzugsverbote, erhöhte Steuersätze etc. müssen durch Gemeinwohlgründe wie die Sicherung der öffentlichen Infrastruktur und Daseinsvorsorge, die Erhaltung der Volksgesundheit, der Umwelt u. a. *Sonderbelastungsgründe des Gemeinwohls* gerechtfertigt sein. Bei Sonderbelastungen erweist sich die Richtigkeit der *Birk*'schen Relativitätstheorie: Das Leistungsfähigkeitsprinzip kann eingeschränkt, es darf indessen nicht völlig ausgeschaltet werden. So rechtfertigt selbst der hochrangige Gemeinwohlwert des Umweltschutzes keine existenzgefährdenden Steuerbelastungen. Z. B. darf die Mineralölsteuer nicht so erhöht werden, daß einkommensschwache Personen notwendige Fahrten mit dem PKW in Regionen, die mit öffentlichen Verkehrsmitteln unterversorgt sind, nicht mehr unternehmen können[101].

127 b) Das **Bedürfnisprinzip**[102] berücksichtigt wirtschaftliche Bedürftigkeit durch Steuerentlastung. Sozialzwecknormen, die das Bedürfnisprinzip verwirklichen, sind scharf zu unterscheiden von Fiskalzwecknormen, die nicht vorhandene steuerliche Leistungsfähigkeit berücksichtigen wie z. B. Normen zur steuerlichen Freistellung des Existenzminimums. Die Steuerentlastung durch eine Bedürfnisnorm muß also eine zusätzliche zur Berücksichtigung steuerlicher Leistungs*un*fähigkeit sein wie z. B. die Eigenheimförderung der Familien durch ein sog. Baukindergeld (§ 34f EStG) oder die Förderung von Vermögensbeteiligungen der Arbeitnehmer (§ 19a EStG). Derartige Förderungen liegen nicht nur im Interesse der Familien oder Arbeitnehmer. Es liegt vielmehr auch im Interesse der Allgemeinheit, daß die Lebensverhältnisse der Familie materiell gesichert sind (vgl. Art. 6 I GG) und daß soziale Gegensätze zwischen Arbeitnehmern und Unternehmenseignern abgebaut werden.

128 Die Bedürfnisnorm muß ihrem **Zweck** angemessen sein. Steuervergünstigungen, die die Bemessungsgrundlage verkürzen, bewirken infolge des Degressionseffekts (als Kehrseite der Progression), daß der *Vergünstigungseffekt mit wachsenden Einkommen* steigt. Solche Vergünstigungen pervertieren das Bedürfnisprinzip, indem sie den am wenigsten Bedürftigen die höchste Steuerentlastung zuweisen. Daher lassen sich Abzüge von der Bemessungsgrundlage nicht als Bedürfnisnormen rechtfertigen. So ist z. B. die Eigenheimförderung nach § 10e EStG nicht zu rechtfertigen (s. § 20 Rz. 41).

---

100 (Fn. 28), 232 ff.

101 Zu solchen Grenzen näher *J. Lang* (Fn. 99), 157 f.

102 *K. Tipke*, Steuergerechtigkeit in Theorie und Praxis, 1981, 16 ff., hat das Bedürfnis- und Verdienstprinzip nach den Regeln von *Chaim Perelmann*, Über die Gerechtigkeit, München 1967, 16 ff. (Jedem nach seinen Bedürfnissen, Jedem nach seinen Verdiensten) entwickelt. S. auch *K. Tipke*, StRO I, 286 f., 513 f.

c) Das **Verdienstprinzip** (s. Fn. 102) will ein bestimmtes, dem Allgemeininteresse dienendes Verhalten belohnen. Zu einem solchen Verhalten sollen die am Verdienstprinzip ausgerichteten Sozialzwecknormen anreizen wie insb. Steuervergünstigungen für Investitionen in wirtschaftsschwachen Regionen oder für Gemeinwohlzwecke wie z. B. den Denkmal- und Umweltschutz. Mit dem Zweck der Kapitallenkung sind Abzüge von der Bemessungsgrundlage wie insb. erhöhte Absetzungen und Sonderabschreibungen i. S. d. § 7a EStG zu vereinbaren, denn dieser Zweck richtet sich ja gerade an diejenigen, die fähig sind, Kapital gemeinnützig einzusetzen. 129

1.4 Vereinbarkeit von Vereinfachungszwecknormen mit dem Gleichheitssatz

Auch eine von sachgerechten Prinzipien geprägte Rechtsordnung muß praktikabel sein. 130
Insbesondere eine Massenfall-Verwaltung wie die Steuerverwaltung kommt ohne Vereinfachungszwecknormen nicht aus. Solche Normen sollen das „Massengeschäft" der Besteuerung ermöglichen oder erleichtern; sie sollen Überkompliziertheit und Undurchführbarkeit der Gesetze oder unverhältnismäßigen Verwaltungsaufwand verhindern **(Praktikabilitätsprinzip)**. Da Gesetze, die nicht praktikabel sind, nicht gleichmäßig durchgeführt werden können, dienen Vereinfachungszweckvorschriften letztlich auch dem Gleichheitssatz. Das Praktikabilitätsprinzip hat – als primäres Zweckmäßigkeitsprinzip – allerdings nicht die gleiche Wertigkeit wie ethische Prinzipien. Der Gewinn an Praktikabilität darf nicht durch einen beträchtlichen Verlust an Einzelfallgerechtigkeit erkauft werden.

Die Bestrebungen, dem Steuerchaos zu entfliehen und das Steuerrecht grundlegend zu 131
vereinfachen, gehen von einem Spannungsverhältnis zwischen Steuervereinfachung und Einzelfallgerechtigkeit aus[103]. Dieses Spannungsverhältnis besteht, wenn mit Einzelfallgerechtigkeit die Befriedigung von Individualinteressen identifiziert wird. Demgegenüber sind die Ziele von Steuergerechtigkeit und Steuervereinfachung gleichgerichtet, soweit das Steuerrecht auf rechtsstaatliche Regelhaftigkeit zurückgeführt und alle Sondertatbestände der diversen Individual- und Gruppeninteressen beseitigt werden. Insoweit gilt die Devise **„Steuergerechtigkeit durch Steuervereinfachung"**[104].

Zur Entlastung der Steuerverwaltung arbeitet der Gesetzgeber mit **Typisierungen** und 132
Pauschalierungen (= Typisierung rechnerischer Grundlagen), Durchschnittssätzen, Vereinfachungsbefreiungen, Freibeträgen und Freigrenzen. Alle diese Vereinfachungszwecknormen sollen eine *Durchschnittsnormalität* fixieren; dadurch erzeugen sie im Einzelfall Ungleichbehandlung (Beispiel: Ein Werbungskosten-Pauschbetrag mit dem Betrag X behandelt nur die Fälle nach dem Nettoprinzip richtig, in denen die Werbungskosten X betragen; alle übrigen Fälle werden entweder bevorzugt oder benachteiligt). Das BVerfG läßt die „vergröbernde, die Abwicklung von Massenverfahren erleichternde Typisierung" (BVerfGE 87, 172) grundsätzlich zu[105]. Es muß indessen für die Typisierung ein Bedürfnis bestehen; sie muß zur Vereinfachung geeignet sein und sie darf nicht unverhältnismäßig sein. Danach dürfen Pauschbeträge nicht unverhältnismäßig hoch oder niedrig angesetzt sein. So ist z. B. die Pauschalierung des Existenzminimums grund-

103 Vgl. *Borell/Schemmel,* Steuervereinfachung, Notwendigkeit, Grundlagen, Vorschläge, Karl-Bräuer-Institut, Wiesbaden 1986, 70 ff.; *R. Herzog,* StbJb. 1985/86, 37 ff. (Normenflut und Einzelfallgerechtigkeit); *S. Tiemann,* Steuerchaos – und kein Ende?, Stbg. 93, 435.

104 Dazu näher *J. Lang,* Steuergerechtigkeit durch Steuervereinfachung, in: FS für Meyding, Heidelberg 1994.

105 BVerfGE 13, 331, 341; 21, 12, 27; 63, 119, 128; 65, 325, 354; 71, 146, 157; 75, 108, 162; 82, 60, 91 ff.; 85, 264, 317; 87, 153, 172.

sätzlich so zu bemessen, daß es in möglichst allen Fällen den existenznotwendigen Bedarf abdeckt (BVerfGE 87, 172). Treten in Einzelfällen **unbillige Härten** auf, so kann ein Billigkeitserlaß (§ 227 AO) in Betracht kommen[106]. Pauschalierungen können auch einen Beitrag zur Steuer*gerechtigkeit* leisten: So verringert die Pauschalierung von Erwerbsaufwendungen[107] die ungleiche Gewährung von Steuerabzügen im Massenverfahren, denn das Massenverfahren begünstigt die gut informierten Steuerstrategen, die mitunter durch unseriöse Steuersparliteratur angereizt werden, mit falschen Tatsachen zu operieren.

133–149 Einstweilen frei.

2. Gesetzmäßigkeit der Besteuerung

Literatur: *G. Wacke*, Gesetzmäßige und gleichmäßige Besteuerung, StuW 47, 22; *H. W. Kruse*, Gesetzmäßige Verwaltung, tatbestandsmäßige Besteuerung, in: G. Felix (Hrsg.), Vom Rechtsschutz im Steuerrecht, Düsseldorf 1960, 93; *H. J. Papier*, Die finanzrechtlichen Gesetzesvorbehalte und das grundgesetzliche Demokratieprinzip, Berlin 1973; *J. A. Brinkmann*, Tatbestandsmäßigkeit der Besteuerung und formeller Gesetzesbegriff, Köln 1982; *H. Hahn*, Die Grundsätze der Gesetzmäßigkeit und der Tatbestandsmäßigkeit der Besteuerung in rechtsvergleichender Sicht, Berlin 1984; *L. Widmer*, Das Legalitätsprinzip im Abgaberecht, Zürich 1988; *D. Birk*, Gleichheit und Gesetzmäßigkeit der Besteuerung, StuW 89, 212; *H. W. Kruse*, Lehrbuch des Steuerrechts, Bd. I Allgemeiner Teil, München 1991, 54 ff.; *K. Tipke*, Die Steuerrechtsordnung, Bd. I (StRO I), Köln 1993, 150 ff.

2.1 Bedeutung und Herkunft des steuerrechtlichen Legalitätsprinzips

150 Gesetz und Recht sind in einem demokratischen Rechtsstaat keine Antinomien. So hat das Steuergesetz nicht nur *Rechtssicherheit* (s. § 4 Rz. 53), sondern auch *Gerechtigkeit* zu gewähren (s. § 4 Rz. 63). Gesetzmäßigkeit der Besteuerung bedeutet zweierlei:

(1) Die Auferlegung von Steuerlasten ist dem Gesetz vorbehalten; sie ist nur zulässig, sofern und soweit sie durch Gesetz angeordnet ist (sog. **Vorbehalt des Gesetzes**). Die Festsetzung einer Steuer setzt voraus, daß ein gesetzlicher Tatbestand erfüllt ist, an den das Gesetz als Rechtsfolge eine Steuer knüpft (**Tatbestandsmäßigkeit der Besteuerung**). Aber auch die Rechtsfolge muß sich aus dem Gesetz ergeben.

(2) Rechtsverordnungen und Verwaltungsakte dürfen nicht gegen das Gesetz verstoßen (sog. **Vorrang des Gesetzes**).

Steuerpflichtige, Steuerbeamte und Steuerrichter sind der Herrschaft eines abschließenden Normensystems unterworfen.

151 Wie der allgemeine Gesetzesvorbehalt für Eingriffe in Freiheit und Eigentum hat auch der steuerrechtliche Gesetzesvorbehalt zwei Komponenten, die formal-rechtsstaatliche Komponente der **Rechtssicherheit**[1] und die material-rechtsstaatliche Komponente **demokratisch legitimierter Gerechtigkeit**[2]. Entwicklungsgeschichtlicher Vorläufer des

106 BVerfGE 16, 147, 177; 21, 54, 71; 27, 375, 385; 38, 61, 95.

107 Hierfür insb. *P. Kirchhof*, Gutachten (Fn. 80), 47 ff.; *Borell/Schemmel* (Fn. 103), 162 ff.; *J. Lang*, Entwurf eines Steuergesetzbuchs (Fn. 40), § 125 (fünf Prozent der Erwerbseinnahmen bis zu einem Höchstbetrag).

1 Dazu insb. *K. Tipke*, StRO I, 150 ff.

2 Dazu insb. *H. J. Papier*, Die finanzrechtlichen Gesetzesvorbehalte und das grundgesetzliche Demokratieprinzip, Berlin 1973, und aus ökonomischer Sicht: *S. F. Franke*, Steuerpolitik in der Demokratie, Das Beispiel der BRD, Berlin 1993.

Prinzips „Keine Steuer ohne Gesetz" („nullum tributum sine lege") war die ständische Steuerbewilligung[3]. Nachdem zur Zeit des Absolutismus das Steuerbewilligungsrecht der Stände praktisch aufgehoben war, war es schon zur Zeit der konstitutionellen Monarchie der Volksvertretung vorbehalten, Steuergegenstand und Steuersatz durch Gesetz zu beschließen[4]. Erst recht ist das durch das Parlament vertretene Volk in einer Demokratie legitimiert, selbst bestimmen zu können, mit welchen Steuern es sich belasten will; Rechtsstaatsprinzip und Demokratiegebot (Art. 20 I, II; 28 I GG) sind die beiden tragenden verfassungsrechtlichen Säulen des Gesetzesvorbehalts[5], also bestehend aus dem **rechtsstaatlichen Gesetzesvorbehalt** und dem **Parlamentsvorbehalt**[6]. Der rechtsstaatliche Gesetzesvorbehalt bindet die Gesetzgebung an die *verfassungsmäßige Ordnung* (Art. 20 III GG). Demnach ist der durch das BVerfG kontrollierte Gesetzgeber nicht befugt, gegen die verfassungsrechtliche Wertordnung zu agieren und *gesetzliches Unrecht* zu beschließen. Das Steuerrecht lebt nur insoweit aus dem „Dictum des Gesetzgebers"[7], als es den von der Verfassung vorgegebenen Gestaltungsspielraum ausschöpft und nicht überschreitet. Durch *Gewohnheitsrecht* können Steueransprüche nicht begründet oder verschärft werden (s. § 5 Rz. 12).

2.2 Rechtsgrundlagen des steuerrechtlichen Legalitätsprinzips

Anders als viele ausländische Verfassungen[8] ordnet das GG den steuerrechtlichen **Gesetzesvorbehalt** nicht ausdrücklich an. Der Gesetzesvorbehalt wird aber abgeleitet aus: 152

(1) **Art. 2 I GG:** Die ökonomische Handlungsfreiheit als Ausfluß der freien Entfaltung der Persönlichkeit (BVerfGE 6, 32, 36, sog. Elfes-Urteil) darf nur eingeschränkt werden aufgrund der – durch verfassungsmäßige Gesetze verkörperten – verfassungsmäßigen Ordnung. Zur Handlungsfreiheit „gehört auch das Grundrecht des Bürgers, nur aufgrund solcher Rechtsvorschriften zur Steuer herangezogen zu werden, die materiell und formell der Verfassung gemäß sind und deshalb zur verfassungsmäßigen Ordnung gehören"[9]. Da die Besteuerung die ökonomische Freiheit – die Freiheit zu investieren, zu konsumieren, zu sparen – einschränkt, ist die Besteuerung außerhalb des Gesetzes (extra legem) oder gegen das Gesetz (contra legem) verfassungswidrig und daher unzulässig. 153

Ein *verfassungswidriger* Verstoß gegen den Grundsatz der Gesetzmäßigkeit der Besteuerung liegt nicht vor, wenn ein vorhandenes Gesetz von der Behörde oder vom Gericht unzutreffend ausgelegt wird. Das Bundesverfassungsgericht hält sich nicht für zuständig in Fragen der Auslegung einfacher Gesetze; es versteht sich nicht als Superrevisionsinstanz (BVerfGE 7, 198, 207; ständige Rechtsprechung).

(2) **Art. 20 III GG:** Danach sind die vollziehende Gewalt und die Rechtsprechung an Gesetz und Recht gebunden. In dieser Vorschrift drückt sich zugleich die Gewaltenteilung aus. 154

---

3 Dazu *K. H. Friauf*, Der Staatshaushaltsplan im Spannungsfeld zwischen Parlament und Regierung, Bad Homburg/Berlin/Zürich 1968, 21 ff., 28 ff.; *D. Jesch*, Gesetz und Verwaltung[2], Tübingen 1968, 104 ff.; *H. J. Papier* (Fn. 2), 19 ff.; *J. A. Brinkmann*, Tatbestandsmäßigkeit der Besteuerung und formeller Gesetzesbegriff, Köln 1982, 28 ff.

4 S. *J. A. Brinkmann* (Fn. 3), 53 ff.

5 So *F. Ossenbühl*, Vorrang und Vorbehalt des Gesetzes, HStR III (1988), 315, 332.

6 S. *F. Ossenbühl* (Fn. 5), 332 ff.

7 BVerfGE 13, 318, 328 im Anschluß an *Bühler/Strickrodt*, Steuerrecht I, 2. Hb.[3], 658.

8 Dazu ausf. *K. Tipke*, StRO I, 157 ff.

9 BVerfGE 9, 3, 11; s. auch BVerfGE 19, 206, 215 ff., 225; 19, 226, 241 f.; 19, 243, 247; 19, 248, 251; 19, 268, 273; 31, 314, 333 f.

Art. 20 III GG wird für den Gerichtsbereich ergänzt durch Art. 92 und Art. 97 I GG. Dem Richter obliegt nicht die Rechtsetzung, sondern die Rechtsprechung (Art. 92 GG); er ist dem Gesetz unterworfen (Art. 97 I GG).

Das Gesetzmäßigkeitsprinzip wird verletzt, wenn Beamte oder Richter das Gesetz korrigieren, weil sie es subjektiv für ungerecht oder sonst für verfehlt halten. Die Fundamentalprinzipien der Gerechtigkeit sind in den Grundrechten des Grundgesetzes verkörpert. Sieht das Finanzgericht Grundrechte als verletzt an, so hat es die Entscheidung des Bundesverfassungsgerichts einzuholen (Art. 100 I GG).

155 (3) **Ergänzung aus Art. 14 I 2, III 2 GG:** Nach Art. 14 I 2 GG werden Inhalt und Schranken des Eigentums und des Erbrechts durch die Gesetze bestimmt; nach Art. 14 III 2 GG darf eine Enteignung nur durch Gesetz oder aufgrund eines Gesetzes erfolgen, das Art und Ausmaß der Entschädigung regelt. Da die Besteuerung jedenfalls insofern ein schwererer Eingriff ist als die Enteignung, als sie ohne Entschädigung durchgeführt wird, ist die verfassungsmäßige Bindung an das Gesetz auch im Verhältnis zu Art. 14 III GG konsequent (s. Rz. 213).

156 (4) **Ausdruck im einfachen Gesetz:** Der Grundsatz der Gesetzmäßigkeit der Besteuerung kommt aber auch im einfachen Gesetz zum Ausdruck, und zwar in § 3 I AO (s. Rz. 65) und in § 38 AO. Nach dieser Vorschrift entsteht der Steueranspruch und entstehen andere Ansprüche aus dem Steuerschuldverhältnis durch Verwirklichung des *Tatbestands,* an den das *Gesetz* die Leistungspflicht knüpft. Die Steuerschuld ist obligatio ex lege.

2.3 Inhalt und Grenzen des steuerrechtlichen Legalitätsprinzips

157 Gesetzmäßigkeit der Besteuerung in der Form des Gesetzesvorbehalts heißt: Exekutive und Judikative dürfen keine Steuern erfinden. Jede Steuer braucht eine gesetzliche Grundlage.

158 Die Gesetzmäßigkeit der Besteuerung verlangt, daß sowohl der **Tatbestand** als auch die **Rechtsfolge** im Gesetz niedergelegt sein müssen. Der in der steuerrechtlichen Literatur noch oft gebrauchte Begriff der *Tatbestandsmäßigkeit der Besteuerung* greift daher zu kurz. Er dürfte dem Tatbestandsmäßigkeits-Begriff des Strafrechts nachgebildet sein. Während im Strafrecht aber weite Strafrahmen zugelassen werden[10], dürfen Steuerbeamte und Steuerrichter die Steuer nicht nach ihrem Ermessen festsetzen; die Steuer muß sich auch der Höhe nach aus dem Gesetz ergeben. Ausnahmen bedürfen gesetzlicher Ermächtigung.

159 Mit dem Begriff der Tatbestandsmäßigkeit der Besteuerung wird aber auch noch ein anderer Sinn verbunden: Steuersubjekt, Steuerobjekt, Steuerbemessungsgrundlage und Steuersatz sollen sich aus einem **formellen Gesetz** – nicht aus irgendeinem Rechtssatz – ergeben müssen[11]. Das läuft auf einen Parlamentsvorbehalt hinaus. § 4 AO, wonach Gesetz jede Rechtsnorm ist, gilt insoweit also nicht. Dieser Auffassung ist im Ergebnis beizupflichten. Das Ergebnis folgt heute aber aus Art. 80 I GG, der auch für das Steuerrecht gilt[12]. Nach Art. 80 I GG sind Ermächtigungen des (formellen) Gesetzgebers an den Verordnungsgeber nur zulässig, wenn die Ermächtigung nach Inhalt, Zweck und Ausmaß hinreichend bestimmt ist. Das ist sie aber nur, wenn sie das Steuersubjekt, das Steuerobjekt, die Steuerbemessungsgrundlage und den Steuersatz festlegt.

---

10 S. z. B. § 370 I 1 AO: „Mit Freiheitsstrafe bis zu 5 Jahren oder mit Geldstrafe wird bestraft, wer ...“.

11 *D. Jesch* (Fn. 3), 107 f.; *H. W. Kruse,* Lehrbuch des Steuerrechts, Bd. I, München 1991, 54 ff.; *K. Tipke,* StRO I, 161 f.

12 *K. Tipke,* StRO I, 162 (m. w. Nachw.).

Der Grundsatz der Gesetzmäßigkeit der Besteuerung erstreckt sich auch auf Steuerbefreiungen, Steuerermäßigungen und sonstige **Steuervergünstigungen**[13]. Folglich dürfen weder Behörden noch Gerichte die Steuerschuld ohne gesetzliche Grundlage (begünstigend) herabsetzen. Parlamentsjournalisten erhalten aus durchsichtigen Gründen aufgrund einer Verwaltungsvorschrift contra legem einen Freibetrag[14]. Die begünstigenden Verwaltungsvorschriften werden nicht etwa den Parlamentariern verheimlicht, sondern sie ergehen – unter Ausschluß öffentlicher Beratung – mit deren Wissen und/oder Willen[15]. Ein rechtsstaatliches Kraut ist gegen diese Methode nicht gewachsen. Die Begünstigten klagen nicht, sie sind auch nicht beschwert. Nichtbegünstigte sind im Regelfall nicht beschwert und daher nicht klagebefugt (zu dem Satz „keine Gleichheit im Unrecht!" s. Rz. 72). Hier haben wir es tatsächlich mit einer offenen Flanke des Rechtsstaats zu tun. 160

Steueransprüche können auch nicht auf *Gewohnheitsrecht* gestützt werden. Selbst wenn man das nicht aus dem Gesetzesvorbehalt ableiten wollte, mindestens Art. 105 GG läßt nicht zu, Steuerrecht auf Gewohnheitsrecht zu gründen[16].

Der Verzicht auf Steuern aus *Billigkeitsgründen* oder aus Gründen steuertechnischer *Vereinfachung* bedarf ebenfalls der gesetzlichen Ermächtigung. Solche Ermächtigungen enthalten die §§ 163, 227; 156 AO.

Die Besteuerung „nach Wahl"[17] unterläuft nicht nur die gleichmäßige Besteuerung nach der Leistungsfähigkeit, sondern auch die Strenge des Legalitätsprinzips. Wenn aber das Gesetz dem Steuerpflichtigen kein Wahlrecht einräumt, so dürfen Verwaltungsvorschriften, dürfen Beamte oder Richter solches Wahlrecht gewähren.

Der Grundsatz der Gesetzmäßigkeit der Besteuerung steht einer **Gesetzesauslegung** selbstredend nicht im Wege: Er verträgt aber keine Gesetzeserweiterung oder Gesetzeskorrektur, keine Entscheidung extra oder contra legem. Umstritten ist, ob eine Ausfüllung von Lücken im Gesetz durch Analogie zulässig ist (dazu § 5 Rz. 71 ff.).

2.4 Pflicht der Behörde zur Durchführung des Gesetzes; Verbot der Steuervereinbarung

Literatur: *K. Maaßen*, Regelungen mit dem Finanzamt, Köln 1959; *W. Schick*, Vergleiche und sonstige Vereinbarungen zwischen Staat und Bürger im Steuerrecht, München 1967; *H. J. Bauer*, Der „Vergleich" im Steuerveranlagungsverfahren, Diss. Heidelberg 1969; *K. H. Knepper*, Der Vergleich im Steuerrecht, BB 86, 168; *J. Martens*, Vergleichsvertrag im Steuerrecht?, StuW 86, 97; *J. S. Sontheimer*, Der verwaltungsrechtliche Vertrag im Steuerrecht, Köln 1987; *P. Rickli*, Die Einigung zwischen Behörde und Privaten im Steuerrecht, Diss. Basel 1987; *K. Vogel*, Vergleich und Gesetzmäßigkeit der Verwaltung im Steuerrecht, in: FS für Döllerer, Düsseldorf 1988; *K. Tipke*, Die Steuerrechtsordnung, Bd. I (StRO I), Köln 1993, 165 ff.

Aus der Gesetzmäßigkeit der Besteuerung ergibt sich nicht bloß ein *Verbot*, sondern auch ein *Gebot*: „Der Gesetzesvollzug steht nicht zur Disposition der Verwaltung. Vielmehr besteht eine Ausführungspflicht. Die Verwaltung muß alles tun, um den Willen des Gesetzgebers in die Wirklichkeit umzusetzen."[18] Die Steuerbehörden sind danach nicht nur berechtigt, sondern auch verpflichtet, die gesetzlich geschuldeten Steuern fest- 161

13 *K. Tipke*, StRO I, 162 f. (m. w. Nachw.).

14 Dazu *Raupach/Tipke/Uelner*, Niedergang oder Neuordnung des deutschen Einkommensteuerrechts?, Köln 1985, 152, 214 f.

15 S. auch *Brandenberg*, FR 88, 543 zum Zonenrand-Erlaß.

16 *K. Tipke*, StRO I, 163 f.

17 Dazu *D. Birk*, „Besteuerung nach Wahl" als verfassungsrechtliches Problem, NJW 84, 1325; *H. Weber-Grellet*, Die Qual der Wahl – Zur steuerrechtlichen Behandlung von Wahlrechten, DStR 92, 1417.

18 *F. Ossenbühl* (Fn. 5), 318.

zusetzen und zu erheben, soweit keine Ausnahmeermächtigungen bestehen. Das Gesetz ist nicht nur Schranke, sondern auch Antrieb des Verwaltungshandelns[19]. § 85 Satz 1 AO schreibt dementsprechend vor: „Die Finanzbehörden *haben* die Steuern nach Maßgabe der Gesetze . . . festzusetzen und zu erheben." Unzulässig „ist nicht nur die Besteuerung außerhalb des Gesetzes, sondern auch die Nichtbesteuerung trotz gesetzlicher Anordnung". Gesetzmäßigkeit und Gleichheit fordern nicht nur eine einheitliche Geltung der Norm, sondern auch die Gewißheit, daß die Norm von allen Betroffenen befolgt wird. Der Staat, der die Verbindlichkeit einer Steuernorm festlegt, muß auch die Normbefolgung garantieren[20].

162 Schulden mehrere Personen die Steuerschuld als **Gesamtschuldner** (s. § 44 AO), so kann die Finanzbehörde nach ihrem Ermessen wählen, welchen der Gesamtschuldner sie in Anspruch nehmen will; sie muß aber einen der Gesamtschuldner heranziehen[21].

163 Nach der (noch) überwiegenden Auffassung sind **Steuervereinbarungen** (Steuerverträge, Steuervergleiche) unzulässig[22]. Aus der fehlenden Übernahme der §§ 54–62 VwVfG wird gefolgert, daß die Abgabenordnung keinen **öffentlich-rechtlichen Vertrag** kenne. Jedoch sehen §§ 224a, 78 Nr. 3 AO nunmehr den öffentlich-rechtlichen Vertrag ausdrücklich vor. Den Materialien zur Abgabenordnung kann keine bewußte Entscheidung des Gesetzgebers dahingehend entnommen werden, daß außerhalb des § 224a AO ein generelles *Handlungsformverbot* für den öffentlich-rechtlichen Vertrag im Steuerrecht bestehen soll[23]. Die h. M. unterscheidet nicht hinreichend zwischen der *Handlungsform* und dem *zulässigen Inhalt* des Vertrages. Die Verwaltung kann in der Handlungsform des Verwaltungsakts ebenso leicht ihre Gesetzesbindung (Rz. 161) unterlaufen wie in der Handlungsform des Verwaltungsvertrages. Die Folgen eines solchen Verstoßes sind keine Frage der Handlungsform, sondern der Fehlerlehre[24], die freilich für Verwaltungsverträge selbst im Bereich des allgemeinen Verwaltungsrechts noch einer intensiven Aufarbeitung bedarf.

164 Steuervereinbarungen sind wegen Verletzung des Gesetzmäßigkeitsprinzipes und des Gleichheitssatzes unzulässig und *nichtig,* wenn ihr Inhalt gegen zwingendes Recht verstößt. Finanzbehörden können daher auf die Erhebung einer nach dem Gesetz geschuldeten Steuer nicht einfach durch Steuervereinbarung ganz oder teilweise verzichten. Hierzu bedarf es nach §§ 163, 227 AO eines persönlichen oder sachlichen Billigkeitsgrundes (dazu § 22 Rz. 333 ff.). Deshalb verletzt eine Gemeinde das Gesetzmäßigkeitsprinzip und das sog. **Koppelungsverbot,** wenn sie sich gegenüber einem Unternehmen vertraglich verpflichtet, als Gegenleistung für dessen Ansiedlung im Gemeindegebiet die Gewerbesteuer für einen bestimmten Zeitraum zu erlassen[25].

---

19 *O. Bühler,* Lehrbuch des Steuerrechts, I. Bd., Berlin 1927, 70 f.; *J. Isensee,* in: FS für Flume, Bd. II, Köln 1978, 133; *H. Hahn,* Die Grundsätze der Gesetzmäßigkeit der Besteuerung und der Tatbestandsmäßigkeit der Besteuerung in rechtsvergleichender Sicht, Berlin 1984, 69 ff.; *D. Birk,* Steuerrecht I, Allg. Steuerrecht, München 1988, § 14 Rn. 84; *ders.,* StuW 89, 212, 213.

20 *D. Birk,* StuW 89, 212, 213 ff.

21 *Tipke/Kruse,* AO, § 44 Tz. 13.

22 Vgl. RFH RStBl. 38, 74; BFH BStBl. 55, 92; 55, 251; 64, 88; *J. Martens,* StuW 1986, 97, 102 f.; *P. Fischer,* HHSp, AO, § 38 Rz. 68 ff.; *H. Söhn,* HHSp, AO, § 78 Rz. 39; *K. Tipke,* StRO I, 165 ff. m. w. Nachw.

23 Insoweit zutreffend *J. Sontheimer,* Der verwaltungsrechtliche Vertrag im Steuerrecht, Köln 1987, 135 f.; *K. Vogel,* in: FS für G. Döllerer, 690.

24 Dazu allgemein *F. Hufen,* Fehler im Verwaltungsverfahren[2], Baden-Baden 1991; für Steuerverwaltungsakte s. § 22 Rz. 109 ff.

25 Im Ergebnis daher zutreffend BVerwGE 8, 329, 332; BVerwG BStBl. I 63, 794; DVBl. 64, 122; BStBl. 75, 679, 682; DVBl. 84, 192, 193; OVG Lüneburg EVGE 6, 297; OVG Rheinland-Pfalz KStZ 70, 96; OVG Koblenz NVwZ 86, 68.

Trotz weitgehender Gesetzesbindung bleiben im Steuerrecht auch nach sorgfältiger Sachaufklärung durch die Finanzbehörde nicht selten erhebliche *Feststellungsspielräume* (insb. Schätzungs- und Bewertungsunsicherheiten) auf der Tatbestandsebene bestehen. Hier gestattet die Rechtsprechung[26] nunmehr eine sog. **tatsächliche Verständigung** (dazu näher § 22 Rz. 18 ff.) über Sachverhaltsfragen, während sie Vereinbarungen über Rechtsfragen für unzulässig hält[27]. Zwar kommt die Rechtsprechung damit einem Bedürfnis der Praxis entgegen, das sich insb. im Anschluß von Außenprüfungen zeigt. Die Rechtsprechung läßt aber eine überzeugende rechtsdogmatische Grundlegung für das von ihr kreierte Rechtsinstitut und die daraus folgenden Bindungswirkungen vermissen. 165

Dagegen wird die tatsächliche Verständigung in der Literatur zunehmend als **Vergleichsvertrag** eingestuft[28]. Der Charakter des Vergleichsvertrages besteht darin, daß die Beteiligten eine bei verständiger Würdigung des Sachverhaltes oder der Rechtslage bestehende Unsicherheit durch gegenseitiges Nachgeben beseitigen (s. § 55 VwVfG). Verbleiben nach hinreichender Sachaufklärung Feststellungsspielräume, so kann innerhalb dieser Bandbreite sich die Finanzbehörde ohne Verstoß gegen das Gesetzmäßigkeitsprinzip der Position des Steuerpflichtigen annähern. Darüber hinausgehend will *K. Vogel*[29] auch Vergleichsverträge über *Auslegungsdivergenzen* „im Rahmen vertretbarer Auslegung" zulassen (s. auch § 55 VwVfG). Fraglich erscheint aber, ob überhaupt ein „Vergleich" vorliegt, wenn sich die Behörde nach anfänglicher Auslegungs- und Beurteilungsdivergenz schließlich der ebenfalls vertretbaren Auffassung des Steuerpflichtigen anschließt[30]. 166

2.5 Rechtssicherheit durch Gesetzesbestimmtheit

Literatur: *H. J. Papier*, Der Bestimmtheitsgrundsatz, DStJG Bd. 12 (1989), 61 ff.; *J. Voß*, Ungewißheit im Steuerrecht, 1992; *K. Tipke*, StRO I, 169.

(1) Der Grundsatz der Gesetzmäßigkeit der Besteuerung wird ergänzt durch den Grundsatz der Gesetzesbestimmtheit der Besteuerung. Auch das Prinzip der Rechtssicherheit, das ein Ausfluß des Rechtsstaatsprinzips ist, verlangt Gesetzesbestimmtheit[31]. Schließlich kann die Gewaltenteilung berührt sein; je unbestimmter nämlich ein Gesetz ist, desto mehr Spielraum eröffnet es der Exekutive und der Judikative. 167

Das Bestimmtheitserfordernis gilt sowohl für den **Tatbestand** als auch für die **Rechtsfolge**[32].

Ermessensentscheidungen müssen durch die Ermessensermächtigung soweit vorbestimmt sein, daß eine Ermessensausübung i. S. des § 5 AO möglich ist[33]. Das trifft nicht zu, wenn nicht herausgefunden werden kann, was der Zweck der Ermächtigung ist. Daran krankt z. B. § 122 I 3 AO[34].

26 BFH BStBl. 85, 354, 357 f.; 91, 45, 46; 91, 673, 674.

27 Zur tatsächlichen Verständigung im Steuerstrafverfahren s. *A. Eich*, Die tatsächliche Verständigung im Steuerverfahren und im Steuerstrafverfahren, Diss. Köln 1992, 69 ff.

28 *G. Rößler*, DB 85, 1861, 1862 f.; *ders.*, DB 91, 2458 ff.; *K. H. Knepper*, BB 86, 168, 169; *J. Sontheimer* (Fn. 23), 53 ff.; *K. Vogel*, in: FS für G. Döllerer, 677, 680 ff.; *A. Eich* (Fn. 27), 19 ff.; *A. v. Wedelstädt*, DB 91, 515; *S. Iwanek*, DStR 93, 1394 ff.; *G. Frotscher*, Schwarz, AO, § 201 Rdn. 2; *W. Schick*, HHSp, AO, § 201 Rz. 171; s. nun auch FG Hamburg EFG 92, 379, 380; FG Baden-Württemberg EFG 92, 706 f.

29 *K. Vogel*, in: FS für Döllerer, 685 ff.

30 Vgl. *K. Tipke*, StRO I, 168 f.

31 *G. Wacke*, StbJb. 1966/67, 104; *K. Stern*, Staatsrecht I[2], 1984, § 20 IV 4b ß, 805 f.; *Doralt/Ruppe*, Grundriß des österreichischen Steuerrechts II[2], Wien 1988, 150; *L. Widmer*, Das Legalitätsprinzip im Abgaberecht, Zürich 1988, 20.

32 Zustimmend *H. J. Papier*, DStJG Bd. 12 (1989), 63.

33 *Tipke/Kruse*, AO, § 122 Tz. 21.

34 S. § 22 Rz. 69.

168 (2) Die Rechtsprechung des **Bundesverfassungsgerichts**[35] hält keine klare Linie. Zum Steuerrecht hat es entschieden: Der Grundsatz der Tatbestandsmäßigkeit als Ausdruck des Rechtsstaatsprinzips verlange, daß steuerbegründende Tatbestände so bestimmt sein müssen, daß der Steuerpflichtige die auf ihn entfallende Steuerlast vorausberechnen kann[36]. Nach dieser Formel müßten viele Vorschriften des Steuerrechts verfassungswidrig sein. Das Bundesverfassungsgericht hat jedoch in anderen Entscheidungen[37] Einschränkungen gemacht und tatsächlich noch in keinem Fall eine Norm des Steuerrechts wegen zu großer Unbestimmtheit für verfassungswidrig erklärt. Auch sehr unbestimmte Klauseln hat es sämtlich gebilligt[38].

169 *H. J. Papier*[39] bewertet die Situation so: „Verfassungsrecht und Wirklichkeit klaffen selten so stark auseinander wie beim Bestimmtheitsgrundsatz allgemein und bei seiner Anwendung auf das Steuerrecht im besonderen. Seine Unangefochtenheit und ‚verbale Glorifizierung' in Rechtsprechung und Literatur stehen in einem auffälligen Mißverhältnis zur tatsächlichen Beachtung in der Gesetzgebung und zur faktischen Durchsetzung seitens der Judikatur." – Durch einzelne Standards sind freilich auch zu hohe Erwartungen geweckt worden. Ein Steuerrecht, das es sogar dem Laien ermöglicht, seine Steuerlast „vorauszuberechnen", ist nicht „machbar", gibt es auch nirgends in der Welt. Ein mehr oder minder hohes Abstraktionsniveau ist unvermeidbar. Auch auf Generalklauseln und unbestimmte Rechtsbegriffe kann nicht gänzlich verzichtet werden. Allerdings sind Gesetzesvorschriften wegen extremer Unbestimmtheit u. E. verfassungswidrig, wenn sie schlechterdings nicht anwendbar, nicht befolgbar, nicht justitiabel sind.

2.6 Rechtssicherheit in Fällen der Rückwirkung, Änderung oder Aufhebung von Gesetzen

2.6.1 Rechtssicherheit durch prinzipielles Verbot rückwirkender Gesetze

Literatur: *K. H. Friauf,* Gesetzesankündigung und rückwirkende Gesetzgebung im Steuer- und Wirtschaftsrecht, BB 72, 669; *Selmer,* Rückwirkung von Gesetzen, Verwaltungsanweisungen und Rechtsprechung, StKongrRep. 1974, 83; *K. Vogel/Walter,* Bonner Kommentar zum Grundgesetz, Art. 105, Lfg. Februar 1971, Rn. 136; *H. Hahn,* Zur Rückwirkung im Steuerrecht, Inst.FuSt, Bonn 1987; *K. Vogel,* Rechtssicherheit und Rückwirkung zwischen Vernunftrecht und Verfassungsrecht, JZ 87, 833; *H. Vogel,* Zur Zurückwirkung von Regelungen in Abkommen zur Vermeidung der Doppelbesteuerung, in: FS für O. L. Walter, Osnabrück 1988, 81; *H. Maurer,* Kontinuitätsgewähr und Vertrauensschutz, HStR III, § 60; *K. Tipke,* Die Steuerrechtsordnung, Bd. I (StRO I), Köln 1993, 178.

170 Das Grundgesetz enthält nicht expressis verbis ein Rückwirkungsverbot für Steuergesetze. Art. 103 II GG bezieht sich nur auf das Strafrecht und ist nicht entsprechend auf das Steuerrecht anwendbar[40].

171 Nicht ganz fern liegt die Auffassung, die Steuerpflichtigen sollten – ohne Rücksicht auf die Steuergesetze – das wirtschaftlich Vernünftige tun und dann die an das wirtschaftliche Ergebnis geknüpften Steuern zahlen. Solange das Steuerrecht aber nicht rechtsform-

---

35 BVerfGE 1, 14, 45; 21, 73, 79; 25, 216, 227; 35, 348, 359; 38, 69, 82; 45, 400, 420; 49, 168, 181; 56, 1, 12; 59, 104, 114; 60, 135, 155; 62, 162, 183.

36 BVerfGE 19, 253, 267; 34, 348, 365; 49, 343, 362.

37 BVerfGE 3, 225, 243 f.; 11, 126, 130; 21, 209, 215; 31, 255, 264.

38 BVerfGE 13, 153, 161 („wenn die Darlehensgewährung eine durch die Sachlage gebotene Kapitalzuführung ersetzt"); 21, 1, 3 („außergewöhnliche Belastung"); 26, 1, 10 („Zinsen für Schulden, die . . . der nicht nur vorübergehenden Verstärkung des Betriebskapitals dienen"); 48, 210, 222 f. („wenn es aus volkswirtschaftlichen Gründen zweckmäßig ist"; a. A. BFHE 85, 399, 406; 99, 378, 376).

39 DStJG Bd. 12 (1989), 61.

40 *Kimminich,* JZ 62, 518 f.; *Pieroth,* Rückwirkung und Übergangsrecht, Berlin 1981, 131; *Kunig,* Das Rechtsstaatsprinzip, Tübingen 1986, 417 f.; s. auch BVerfGE 7, 89, 95.

und wettbewerbsneutral ist, zahlreiche Verstöße gegen den Gleichheitssatz enthält, Wahlrechte einräumt und ein bestimmtes Verhalten voraussetzende Vergünstigungen gewährt, muß den Steuerpflichtigen zugebilligt werden, daß sie sich möglichst steuergünstig einrichten. Dazu müssen sie aber **im Zeitpunkt der steuerrelevanten Sachverhaltsgestaltung** die sich an den Sachverhalt knüpfenden steuerrechtlichen Folgen kennen. Auch für die Preisgestaltung ist das von Bedeutung. Daher ist ein Steuerrückwirkungs- oder Steuerrückanknüpfungsverbot (Verbot retroaktiver Steuergesetze; Erfordernis der lex praevia) gerechtfertigt[41].

Das **Bundesverfassungsgericht** leitet – auch für das Steuerrecht – aus dem Rechtssicherheitsprinzip als Subprinzip des Rechtsstaatsprinzips differenzierende **Regeln zur Beurteilung** rückwirkender belastender Gesetze (i. S. des § 4 AO: Gesetze, Verordnungen, Satzungen) ab[42]. 172

Eine Rechtsnorm wirkt *zurück*, wenn der Beginn ihrer Anwendung auf einen Zeitpunkt festgelegt wird, der vor dem Beschluß des Gesetzes liegt[43]. *Belastend* sind auch Gesetze, die eine Vergünstigung einschränken oder aufheben[44]. Nicht belastend sind Gesetze, die lediglich eine schon bisher praktizierte Rechtsüberzeugung festschreiben[45]. 173

Das Bundesverfassungsgericht unterscheidet zwischen **echter (retroaktiver)** und **unechter (retrospektiver) Rückwirkung**[46] und knüpft an die echte Rückwirkung den höheren Vertrauensschutz. In der neueren Terminologie des II. Senats des Bundesverfassungsgerichts wird unterschieden zwischen *„Rückbewirkung"* (statt echter Rückwirkung) und *„tatbestandlicher Rückanknüpfung"* (statt unechter Rückwirkung)[47]. Die Terminologien des Bundesverfassungsgerichts sind nicht eben anschaulich. Sie machen die Problematik auch dadurch nicht wesentlich einsichtiger, daß es heißt: Rückwirkung liegt vor, wenn das Gesetz nachträglich ändernd in bereits abgewickelte, der Vergangenheit angehörende Sachverhalte eingreift; unechte Rückwirkung liegt vor, wenn nur auf gegenwärtige, noch nicht abgeschlossene Sachverhalte für die Zukunft eingewirkt wird und dadurch Rechtspositionen beeinträchtigt werden[48]. Was diese Unterscheidung zwischen echter Rückwirkung (oder Rückbewirkung) und unechter Rückwirkung (oder tatbestandlicher Rückanknüpfung) bedeutet, wird erst klar, wenn man weiß, was das Bundesverfassungsgericht konkret-steuerrechtlich daraus gemacht hat: Da der Anspruch auf periodische Steuern am Ende des Kalenderjahres entsteht, auf das sich der Anspruch bezieht, nimmt das Verfassungsgericht unechte Rückwirkung an, wenn das Gesetz noch vor Jahresende mit Wirkung auf den Jahresanfang beschlossen wird. Echte Rückwirkung soll hingegen vorliegen, wenn das Gesetz rückwirkend auf das Vorjahr erst im folgenden Jahr beschlossen wird[49]. 174

Beispiel: Die Einkommensteuer 01 entsteht am Ende des Jahres 01. Obwohl die Sachverhalte, die zu Einkünften führen, während des ganzen Jahres verwirklicht werden, soll es zulässig sein, z. B. noch am 31. 12. 01 den Einkommensteuertarif 01 zu verschärfen. Darin sieht das Bundesverfassungsgericht eine bloß unechte Rückwirkung oder tatbestandliche Rückanknüpfung. Würde der Gesetzgeber hingegen am 2. 1. 02 beschließen, den Steuersatz für 01 zu erhöhen, so läge eine echte Rückwirkung vor. – Unter Vertrauensschutzaspekten sind die Fälle jedoch wesentlich gleich.

---

41 Ausführlicher dazu *K. Tipke,* in: FS für G. Rose, Köln 1991, 135 ff.

42 BVerfGE 43, 242, 286; 63, 343, 356 f.; 67, 1, 14 f.

43 BVerfGE 37, 363, 397 f.; 43, 291, 392; 63, 343, 353; 67, 1, 15; 72, 241, 261.

44 BVerfGE 30, 367, 386; 38, 61, 83; s. auch BVerfGE 50, 177, 193; 68, 193, 222.

45 BFH BStBl. 86, 518 f.; 86, 811, 812 f.; 86, 845, 847.

46 BVerfGE 11, 139, 145 f.; 14, 288, 297; 18, 135, 144; 22, 241, 248; 25, 142, 154; 36, 73, 82; 51, 356, 362; 57, 361, 391; 68, 287, 306; 69, 272, 309; 72, 175, 196; 74, 129, 155; 75, 246, 279 f.

47 BVerfGE 72, 200, 249 ff.; 72, 302, 321 ff.; 76, 256, 345 ff.

48 BVerfGE 11, 139, 145 f. und ständig; 69, 272, 309; 72, 175, 196; 72, 200, 253.

49 BVerfGE 11, 139, 145 f.; 13, 261, 272 ff.; 13, 274, 278; 13, 279, 282, 283; 14, 76, 104; 18, 135, 143; 27, 375, 386; 38, 61, 83; 72, 200, 253.

Beispiel: In dem Solidaritätsgesetz vom 24. 6. 1991, BGBl. I 91, 1318, wurde ein befristeter Solidaritätszuschlag (als sog. Annexsteuer zur Einkommen- und Körperschaftsteuer, dazu § 8 Rz. 36) für die Jahre 1991 und 1992 eingeführt. – A hat seinen Gewerbebetrieb im ganzen am 30. 1. 1991 veräußert. Der dadurch ausgelöste Gewinn aus der Betriebsveräußerung unterliegt nach dem SolzG nicht nur der Einkommensteuer, sondern auch dem Solidaritätszuschlag. – Folgt man dem Bundesverfassungsgericht, so läge hier eine unechte Rückwirkung oder tatbestandliche Rückanknüpfung vor[50]. Dieses BVerfG-Ergebnis ist unter dem Vertrauensschutzaspekt unbefriedigend.

175 Die Unterscheidung des Bundesverfassungsgerichts für **periodische Steuern** ist verfehlt; sie ist mit Recht immer wieder kritisiert worden[51]. Das Bundesverfassungsgericht vermengt den – am Jahresende entstehenden – gesetzlichen Steuerschuldtatbestand[52] mit der Sachverhaltsentstehung. Die steuerrechtsrelevante Sachverhaltsgestaltung und -entstehung – an sie muß Vertrauensschutz anknüpfen – vollzieht sich während des ganzen Jahres und nicht etwa erst am Ende des Jahres. Da es in Fällen, in denen ein Gesetz während des Jahres beschlossen wird, nicht praktikabel ist, die Sachverhaltskette in Sachverhalte vor und nach dem Gesetzesbeschluß zu zerlegen, ist es angemessen zu verlangen: Periodische Steuern müssen aufgrund derjenigen Gesetze erhoben werden, die am Beginn des Steuerjahres bestehen.

176 **Echte Rückwirkung** läßt das Bundesverfassungsgericht ausnahmsweise zu, und zwar (alternativ) dann, wenn die Betroffenen mit der Rückwirkung rechnen mußten, wenn der entstehende Schaden unerheblich ist, wenn das geltende Recht verworren war, wenn durch das rückwirkende Gesetz eine nichtige Vorschrift ersetzt wurde, oder wenn zwingende Gründe des Gemeinwohls es erforderlich machten[53]. Die **unechte Rückwirkung** hingegen wird grundsätzlich zugelassen, jedoch wird die Bedeutung des rückwirkend beschlossenen gesetzgeberischen Anliegens mit dem Gewicht des Vertrauens der vom Gesetz betroffenen „abgewogen"[54]. Auch die zugelassenen Durchbrechungen sind immer wieder kritisiert worden[55]. *K. Stern* nennt die Rechtsprechung des Bundesverfassungsgerichts „diffizil, beinahe sogar diffus". Diese Rechtsprechung sei selbst nicht mehr berechenbar und vorhersehbar und schaffe das Gegenteil von Rechtssicherheit[56].

177 U. E. ist es gerechtfertigt, rückwirkende Steuergesetze – rückwirkend jedenfalls bis zum Beginn des Steuerjahres – dann zuzulassen und den Vertrauensschutz der Steuerpflichtigen zu opfern, wenn ein erst **während des Steuerjahres aufgekommenes, nicht vorhersehbares Bedürfnis** nach zusätzlichen Steuermitteln die Rückwirkung im Interesse des Gemeinwohls zwingend erforderlich macht.

2.6.2 Rechtssicherheit bei Aufhebung oder Änderung von Gesetzen

Literatur: *Pieroth,* Rückwirkung und Übergangsrecht, Berlin 1981; *Aschke,* Übergangsregelungen als verfassungsrechtliches Problem, Frankfurt/M. u. a. 1987; *K. H. Friauf,* Steuerrechtsänderungen und Altinvestitionen, StbJb. 1986/87, 279; *Walz,* Verbotene Rückwirkungen, geborene Übergangsreglung . . ., in: Finsinger/Simon (Hrsg.), Recht und Risiko, München 1988, 254; *P. Haas,* Vertrauensschutz im Steuerrecht, Diss. Saarland 1988; *St. Muckel,* Kriterien des verfassungsrechtlichen Vertrauensschutzes bei Gesetzesänderungen, Diss. Köln, Berlin 1989.

---

50 So BFH BStBl. 92, 702, 703. Literatur in § 8 Rz. 36, dort Fn. 41.

51 Nachweise bei *Bauer,* JuS 84, 244 Fn. 56 ff.; *K. H. Friauf,* StbJb. 1986/87, 286 f.; *H. Hahn,* Inst. FuSt Nr. 269 von Juli 87, 38 ff., 53 ff., 71 ff.; *K. Vogel,* JZ 88, 833, 838 ff.; *St. Muckel,* JA 94, 14 ff.

52 § 38 AO i. V. mit §§ 36 I, 37 I 2, 38 II 2, 44 I 2 EStG; § 48 KStG; § 5 II VStG; §§ 18, 21 GewStG; § 13 UStG.

53 BVerfGE 13, 206, 213; 13, 261, 272 f.; 18, 429, 439; 19, 187, 196 f.; 24, 75, 101; 27, 167, 173 f.; 30, 367, 387 f.; 390 f.; 37, 363, 397 f.; 45, 142, 174; 48, 1, 20; 50, 173, 193 f.; 72, 200, 258 f., 260.

54 BVerfGE 39, 128, 144 f.; 50, 386, 395; 51, 356, 363; 70, 69, 84 f.; 71, 255, 273; 74, 129, 155.

55 Nachweise bei *Bauer,* JuS 84, 244 ff.

56 *K. Stern* (Fn. 31), § 20 IV 4f und f y, 833–836.

178 Die Rechtssicherheit kann aber nicht nur durch rückwirkende Gesetze beeinträchtigt werden. Sie kann auch betroffen sein, wenn ein Gesetz, in dessen Fortbestand die Adressaten vertraut haben, – für die Zukunft – aufgehoben oder eingeschränkt wird. Das gilt zumal für **Steuervergünstigungen.**

179 Das Bundesverfassungsgericht hat dazu ständig entschieden, ein **schutzwürdiges Vertrauen** könne grundsätzlich nicht anerkannt werden[57]. Der Bürger dürfe nicht darauf vertrauen, daß Steuervergünstigungen immer und uneingeschränkt auch für die Zukunft aufrechterhalten würden. Die Verfassung bewahre nicht vor jeder Enttäuschung[58], allerdings müßten – wie bei der unechten Rückwirkung oder tatbestandlichen Rückanknüpfung – das Wohl der Allgemeinheit und das Vertrauensschutzinteresse der Betroffenen gegeneinander abgewogen werden[59]. Regelmäßig hat das Bundesverfassungsgericht wirtschafts- und sozialpolitische Bedürfnisse sowie Erfordernisse der öffentlichen Finanzwirtschaft höher bewertet als Einzelinteressen[60]. Den Abbau von Steuervergünstigungen hat das Bundesverfassungsgericht selbst dann zugelassen, wenn schwebende Verträge davon betroffen waren[61]. Bei unzumutbaren Härten könne, so das Gericht, eine Übergangsregelung angebracht sein[62].

Zu dieser Problematik existiert auch allgemeine[63] und besondere – das Steuerrecht betreffende[64] – Literatur. Eine gründliche, umfassende Untersuchung zum Steuerrecht steht jedoch noch aus. *K. H. Friauf*[65] wendet sich gegen die Abwägung des betroffenen Einzelinteresses gegen das Gemeinwohl. „Das Beharrungsinteresse der betroffenen ‚Altinvestoren' – so *K. H. Friauf* – ist nicht gegen das Reforminteresse des Gesetzgebers als solches abzuwägen, sondern lediglich gegen seine Entscheidung, die Reform auch für Altfälle übergangslos durchzusetzen."[66]

2.6.3 Rechtssicherheit und rückwirkende Gesetzesanwendung

Literatur: *Selmer,* Rückwirkung von Gesetzen, Verwaltungsanweisungen und Rechtsprechung, StKongrRep. 1974, 82, 107; *H. W. Arndt,* Probleme rückwirkender Rechtsprechungsänderung, Frankfurt/M. 1974 (zum Steuerrecht 53–95); *Rüberg,* Vertrauensschutz gegenüber rückwirkender Rechtsprechungsänderung, Diss. Köln 1977, Hamburg 1977 (zum Steuerrecht 218–266); *Bischoff,* Das Problem der Rückwirkung bei einer Änderung der Rechtsprechung, eine rechtstheoretische Untersuchung für den Bereich der Finanzgerichtsbarkeit, Diss. Münster 1980; *K. Vogel,* Rechtssicherheit und Rückwirkung zwischen Vernunftsrecht und Verfassungsrecht, JZ 88, 833, 835 f.; *P. Kirchhof,* Kontinuität und Vertrauensschutz bei Änderungen der Rechtsprechung, DStR 89, 263; *F. Willibald,* Vertrauensschutz bei verschärfender Rechtsprechung im Bereich des Steuerrechts, DStZ 91, 442.

180 Die Rechtsanwendung in Steuersachen durch Verwaltungsbeamte und Angehörige steuerberatender Berufe pflegt sich an **Verwaltungsvorschriften** und an der **Rechtsprechung** zu orientieren. Obwohl Verwaltungsvorschriften rechtlich nur an die Behörden gerichtet sind und Urteile Rechtskraft nur gegenüber den Prozeßbeteiligten erlangen,

---

57 BVerfGE 13, 31, 45 f.; 14, 76, 104; 28, 66, 88; 30, 367, 387; 38, 61, 83; 48, 403, 416 f.; 68, 193, 222.
58 BVerfGE 14, 288, 299; 18, 135, 144; 22, 241, 252; 48, 403, 416 f.; 50, 386, 396; 63, 312, 330 f.
59 BVerfGE 21, 173, 184; 24, 220, 230 f.; 30, 367, 387 ff.; 48, 403, 416; 50, 386, 394 f.
60 BVerfGE 18, 135, 144.
61 BVerfGE 48, 403, 415; 50, 386, 394 f.; 72, 176, 196 ff.
62 BVerfGE 21, 173, 183; 24, 220, 230; 36, 281, 293.
63 *Kloepfer,* DÖV 78, 225; *Götz,* in: BVerfG-Festgabe, Bd. II 1976, 421 ff., 442 f.; *Pieroth,* Rückwirkung und Übergangsrecht, Berlin 1981; *Aschke,* Übergangsregelungen als verfassungsrechtliches Problem, Frankfurt/M. u. a. 1987.
64 *Schmidt-Bleibtreu,* BB 78, 1254; *Giemulla,* DStZ 81, 252; *K. H. Friauf,* StbJb. 1986/87, 279; *Walz,* Verbotene Rückwirkungen, gebotene Übergangsregelung . . . bei Steuerrechtsänderungen, in: Finsinger/Simon (Hrsg.), Recht und Risiko, München 1988, 254.
65 StbJb. 1986/87, 279, 288 ff.
66 Anders *Walz* (Fn. 64). Die Einzelheiten des ausführlichen, gedankenreichen Beitrages müssen dort nachgelesen werden.

bilden Verwaltungsvorschriften und Urteile **faktisch** doch eine **Vertrauensbasis** für die Steuerpflichtigen und ihre Berater. Diese pflegen sich an ihnen zu orientieren. Das gilt vor allem für BFH-Urteile. Erst aus den das Gesetz auslegenden Verwaltungsvorschriften und Urteilen ergibt sich die „*Rechtslage*".

181 Verwaltungsvorschriften pflegen sich im allgemeinen keine Rückwirkung beizulegen. Es kommt aber vor, daß **Steuerrichtlinien** für ein bestimmtes Jahr erst am Ende des Jahres bekanntgegeben werden. Soweit sie Verschärfungen enthalten, berührt das den Vertrauensschutz der Steuerpflichtigen. Da das Rückwirkungsverbot **nicht gesetzgebungsspezifisch** geprägt ist, sondern grundsätzlich allgemein vor Entwertung von Dispositionen durch rückwirkende **Hoheitsakte jeder Art** schützt, müssen für die Rückwirkung von Verwaltungsvorschriften die gleichen Regeln gelten wie für die Rückwirkung von Gesetzen. § 176 II AO bezieht sich nur auf die *Korrektur* von Steuerbescheiden und greift damit zu kurz. *Selmer* vertritt die Auffassung, Vertrauensschutz sei nicht zu gewähren, wenn eine rückwirkende Verwaltungsvorschrift eine Verwaltungsvorschrift ersetze, die eindeutig rechtswidrig war[67]. Abgesehen davon indessen, daß die Meinungen darüber, was „eindeutig gesetzwidrig" ist, oft auseinandergehen, gewichten §§ 130 II; 176 II AO offenbar zugunsten des Vertrauensschutzes auch in Fällen rechtswidriger Hoheitsakte.

182 Die **Rechtsprechung des Bundesfinanzhofs** spricht sich für die rechtliche Rückwirkung auch **rechtsverschärfender Urteile** aus, da Urteile kein neues Recht schaffen und Wirkung nur gegenüber den Verfahrensbeteiligten haben[68]. Im übrigen würde, so der Bundesfinanzhof, ein Rückwirkungsverbot für Urteile eine Erstarrung der Rechtsprechung auslösen, Rechtsfortbildung partiell unterbinden[69]. Auch § 176 I Nr. 3 AO gehe von der Rückwirkung der verschärfenden Rechtsprechung aus[70]. Allerdings sei es Sache der obersten Verwaltungsbehörden, aufgrund der §§ 163, 227 AO nach ihrem Ermessen oder ohne Ermessensspielraum durch Übergangsregelungen unbillige Auswirkungen rückwirkender, verschärfender Rechtsprechung zu vermeiden[71].

183 Die **Literatur** folgt dieser Auffassung indessen ganz überwiegend[72] nicht. Einer Erstarrung der Rechtsprechung will sie – zum Teil in Anlehnung an die US-amerikanische Praxis des prospective overruling[73] – dadurch vorbeugen, daß die Gerichte – es geht vor allem um den Bundesfinanzhof – im konkreten, anhängigen Fall die Rechtsprechung nicht verschärfen, die Verschärfung aber für die Zukunft ankündigen und so die alte Vertrauensgrundlage beseitigen und eine neue schaffen. Der Literatur ist zuzustimmen. Der Hinweis des Bundesfinanzhofs, das Gericht schaffe kein neues Recht und spreche Recht nur für die Parteien, ist formal-juristisch richtig, trifft aber nicht den **Vertrauensschutzaspekt.** Faktisch ändert der Bundesfinanzhof durch seine Änderungs-Rechtsprechung die Rechtslage und damit die Vertrauensbasis. § 176 I Nr. 3 AO kann – als Vorschrift einfachen Rechts – die *verfassungs*rechtliche Frage, ob Urteile zurückwirken dürfen, nicht beeinflussen. Die dem US-amerikanischen Vorbild folgende ex nunc-Technik sehen die deutschen Prozeßordnungen zwar nicht expressis verbis vor, auch Prozeßrecht läßt sich aber rechtsstaatlich fortbilden.

---

67 *Selmer,* StKongrRep. 1974, 112 ff.

68 BFH BStBl. 64, 342 f.; 65, 545, 547; s. auch BFH BStBl. 79, 455 f.

69 BFH BStBl. 65, 545, 547; GrS BStBl. 84, 751, 757.

70 BFH BStBl. 79, 455 f.

71 BFH BStBl. 64, 342 f.; 64, 602, 609; 67, 700, 705; 67, 760, 761; 79, 455, 457; GrS BStBl. 84, 751, 757. S. auch BVerfGE 18, 224, 240 f. einerseits und BVerfGE 59, 128, 164; 74, 155, 160 andererseits.

72 Außer der am Kopf angegebenen Literatur *Knittel,* Zum Problem der Rückwirkung bei einer Änderung der Rechtsprechung, Bielefeld 1965; *Grunsky,* Grenzen der Rückwirkung bei einer Änderung der Rechtsprechung, Karlsruhe 1970; *Wipprecht,* Die Änderung der Rechtsprechung mit Wirkung nur für künftige Fälle, Diss. Köln 1973; *Söhn,* FR 71, 222, 224; *Robbers,* JZ 88, 481.

73 *Knittel* (Fn. 72); *Bischoff,* Das Problem der Rückwirkung bei einer Änderung der Rechtsprechung, eine rechtstheoretische Untersuchung für den Bereich der Finanzgerichtsbarkeit, Diss. Münster, 1980, 202 ff.; *K. H. Friauf,* DStJG Bd. 5 (1982), 59.

2.7 Rechtssicherheit durch Lückenausfüllungs- oder Analogieverbot?

Literatur: *W. Flume,* Richterrecht im Steuerrecht, StbJb. 1964/65, 55, 68 ff.; *H. J. Papier,* Die finanzrechtlichen Gesetzesvorbehalte und das grundgesetzliche Demokratieprinzip, Berlin 1973, § 8; *Walz,* Steuergerechtigkeit und Rechtsanwendung, Heidelberg/Hamburg 1980, 142 ff.; *K. Tipke,* Rechtssetzung durch Steuergerichte und Steuerverwaltungsbehörden?, StuW 81, 189; *G. Crezelius,* Verkappte Analogien in der Finanzrechtsprechung, StuW 81, 117; *Tanzer,* Das „Analogieverbot" im Steuerrecht, StuW 81, 201 ff.; *K. Tipke* (Hrsg.), Grenzen der Rechtsfortbildung durch Rechtsprechung und Verwaltungsvorschriften im Steuerrecht, DStJG Bd. 5 (1982), mit Beiträgen von *K. Tipke, L. Woerner, K. H. Friauf, H. W. Kruse, Felix, Pelka, Stolterfoht; G. Crezelius,* Steuerrechtliche Rechtsanwendung und allgemeine Rechtsordnung, Herne/Berlin 1983, § 9; *P. Locher,* Grenzen der Rechtsfindung im Steuerrecht, Bern 1983, 76 ff.; *K. Offerhaus,* Zur Analogie im Steuerrecht, BB 84, 993; *Pflugfelder,* Das Analogieverbot im Steuerrecht, StStud 84, 90; *Hegelau,* Analogie im Steuerrecht, Inst.FuSt Brief 243, Bonn 1985; *H. W. Kruse,* Über Rechtsgefühl, Rechtsfortbildung und Richterrecht im Steuerrecht, BB 85, 1077; *K. Tipke,* Über teleologische Auslegung, Lückenfeststellung und Lückenausfüllung, in: FS für v. Wallis, Bonn 1985, 133, 142 ff.; *W. Flume,* Steuerrechtsprechung und Steuerrecht, StbJb. 1985/86, 277, 290; *Gern,* Analogie im Verwaltungsrecht, DÖV 85, 558; *Völker,* Zum Ausfüllen von Gesetzeslücken im Steuerrecht – Eine Stellungnahme für die Praxis, DStZ 89, 235; *H. Weber-Grellet,* Auf den Schultern von Larenz . . ., DStR 91, 438; *P. Fischer,* Grundlagen und Grenzen der Rechts(fort)bildung im Steuerrecht, StVj. 92, 3; *L. Woerner,* Verfassungsrecht und Methodenlehre im Steuerrecht, FR 92, 226; *K. Tipke,* Die Steuerrechtsordnung, Bd. I (StRO I), Köln 1993, 202.

a) Unbestritten ist: Steuerbeamte und Steuerrichter haben das Gesetz auf den Einzelfall anzuwenden; sie dürfen es nicht extra legem oder contra legem erweitern; sie dürfen und müssen es aber durch **Auslegung** oder wertende Zuordnung konkretisieren. Dieser „Ausbau", nicht „Anbau", des Gesetzes ist auch im Steuerrecht zulässig und geboten. 184

Bestritten ist aber, ob **unbewußte** oder **bewußte Gesetzeslücken** – praeter legem – durch analoge Rechtsanwendung (argumentum a simile) geschlossen werden dürfen. Unbewußte Gesetzeslücken bestehen in planwidrigen, mit dem Gesetzeszweck nicht zu vereinbarenden Unvollständigkeiten des Gesetzestextes: Der Gesetzgeber hat einen bestimmten Plan gehabt, einen bestimmten Gesetzeszweck realisieren wollen; es ist ihm dies aber nicht gelungen. Das Gesetz oder einzelne Gesetzesvorschriften sind, gemessen am zugrundeliegenden systematischen Plan oder Zweck, unbewußt lückenhaft geblieben; der verfolgte Zweck ist durch den Gesetzes*text* nicht oder nicht voll abgedeckt. Es handelt sich um eine Panne bei der Umsetzung des Plans oder Zwecks in gesetzliche Tatbestände, sei es, daß der Gesetzgeber nicht alle Sachverhalte bedacht hat, sei es, daß er sie nicht bedenken konnte, weil sie zur Zeit des Gesetzesbeschlusses noch nicht vorkamen, sei es, daß es ihm sprachlich nicht gelungen ist, seinen Plan umzusetzen. *Bewußte* Gesetzeslücken entstehen, wenn der Gesetzgeber bewußt keine Regelung trifft, insbesondere weil er die Materie nicht für gesetzesreif hält und die Rechtsfolgenbestimmung einstweilen Rechtsprechung und Lehre überlassen möchte. Der Gesetzgeber hat z. B. in der Abgabenordnung 1977 Zusage und Steuerklausel bewußt nicht geregelt, sondern diese Rechtsinstitute der Rechtsprechung und Lehre weiterhin überlassen wollen[74]. 185

Gesetzeslücken lassen sich ausfüllen durch **Analogie.** Sie besteht darin, daß das Prinzip, das dem Gesetz oder das einer Rechtsvorschrift oder mehreren Rechtsvorschriften zugrunde liegt, über das mögliche Wortverständnis der Gesetzesbegriffe hinaus[75] in der vom Gesetzeswortlaut eingeschlagenen Richtung angewendet wird. 186

b) Die Rechtsprechung des **Reichsfinanzhofs** war eher analogiefreundlich[76], sie ging nicht selten über die Grenzen des möglichen Gesetzeswortsinns und sogar über die vom Gesetzeszweck gezo- 187

74 BT-Drucks. VI/1982, 95.
75 Dazu § 5 Rz. 71 ff.
76 S. schon RFHE 4, 243, 252; 6, 292, 298 f.

genen Grenzen hinweg, ohne das methodisch zu reflektieren. Nicht selten wurde die „wirtschaftliche Betrachtungsweise" bemüht. Auch in der Rechtsprechung des **Bundesfinanzhofs** lassen sich solche Fälle noch nachweisen[77]. Expressis verbis hat die Rechtsprechung des Bundesfinanzhofs sich aber ganz überwiegend zum Analogieverbot bekannt[78]. Klar für die Zulässigkeit der Analogie hat sich nur BFH BStBl. 84, 221, 224 (IV. Senat) ausgesprochen. BFH BStBl. 68, 650 hat die „zweischneidige Analogie" zugelassen. Die „zweischneidige Analogie" betrifft Normen, die sich je nach Einzelfall günstig oder ungünstig auswirken können.

Die Rechtsprechung des **Bundesverfassungsgerichts** hat bisher keine Klarheit geschaffen. Nach BVerfGE 7, 89, 95 gilt Art. 103 II GG nur für das Strafrecht, nicht für das Steuerrecht. BVerfGE 13, 318, 328 ist vage. BVerfGE 69, 188, 203 – die Entscheidung billigt die BFH-Rechtsprechung zur Betriebsaufspaltung – knüpft an BVerfGE 34, 269 an; diese Entscheidung (zum Zivilrecht) billigt sogar freie Rechtsfindung jenseits von Analogie[79].

188 c) Die Annahme, daß Analogie zu Lasten des Bürgers unzulässig sei, entsprach **formalrechtsstaatlichem** Denken[80]. Dieses Denken ist nach dem 2. Weltkrieg im Staatsrecht und im Verwaltungsrecht – man lese die Ausführungen über Rechtsstaatsprinzip, Gewaltenteilung, Gesetzesvorbehalt, Rechtssicherheitsprinzip, Rechtsfortbildung, Richterrecht – nicht fortgesetzt worden. Auch Arbeits- und Sozialrecht wissen offenbar nichts von einem Analogieverbot. Nur im Steuerrecht hat sich trotz des Übergangs zum *materialen* Rechtsstaat die positivistische Tradition fortgesetzt, nicht zuletzt durch die Annahme eines Verbots steuerverschärfender Analogie. Zur Begründung werden angeführt: das Rechtsstaatsprinzip, das Prinzip der Gesetz- und Tatbestandsmäßigkeit, daß Prinzip der Rechtssicherheit, das Prinzip der Tatbestandsbestimmtheit oder Normenklarheit, das Prinzip der Voraussehbarkeit[81].

Darüber hinausgehend hat *W. Flume*[82] die **Analogiefähigkeit** des Steuerrechts mit der Begründung verneint, die „radikale Positivität des Steuerrechts", der Umstand, daß Steuertatbestände an sich willkürlich seien, lasse Analogie nicht zu. Dem haben sich *H. W. Kruse*[83] und Schüler *Kruses*[84] angeschlossen. Die Auffassung von der Analogieunfähigkeit des Steuerrechts hat sich jedoch nicht durchgesetzt[85].

189 d) Es ist evident, daß es auch **im Steuerrecht analogiefähige Prinzipien** gibt[86]. Die Frage nach Zulässigkeit oder Unzulässigkeit der Analogie ist keine Frage der Gesetzesanwendungsmethode, sondern eine Verfassungsfrage, nämlich eine Frage des **Gesetzesvorbehalts.** Die Lückenausfüllung durch Analogie entspricht dem Demokratieprinzip, nämlich dem lückenhaft oder sprachlich unvollkommen zum Ausdruck gekommenen Willen des demokratischen Gesetzgebers. Der lückenausfüllende Rechtsanwender bestreitet dem Gesetzgeber nicht seine Kompetenz, verdrängt ihn nicht unter Verstoß gegen das Gewaltenteilungsprinzip, tritt nicht in Konkurrenz zu ihm, sondern handelt „nachbessernd" i. S. der Intention des Gesetzgebers. Die Vervollkommnung des unvoll-

77 *G. Crezelius,* Steuerrechtliche Rechtsanwendung und allgemeine Rechtsordnung, Herne/Berlin 1983, 162 ff.

78 S. etwa BFH BStBl. 69, 736 f.; 76, 246, 248; 77, 524 f.; 78, 628, 630; 84, 315, 316 f.

79 S. auch *R. Herzog,* StbJb. 1985/86, 43 (Analogieverbot im Steuerrecht „mehr als zweifelhaft").

80 *Anschütz,* VerwArch. Bd. 14 (1906), 315, 329 f.; *Hensel,* in: Bonner Festgabe für Zitelmann, 1923, 217, 246; *Bühler,* Lehrbuch des Steuerrechts I, 1927, 52 f.

81 *Bühler/Strickrodt,* Steuerrecht I, 1. Hb.[3], 1959, 218; *R. Thiel,* StbJb. 1963/64, 181 und FR 76, 53; *K. Vogel/Walter,* Bonner Kommentar zum GG (Loseblatt), Art. 105 Rn. 135; *H. J. Papier,* Die finanzrechtlichen Gesetzesvorbehalte und das grundgesetzliche Demokratieprinzip, Berlin 1973, 171 ff.; *K. H. Friauf,* StbJb. 1977/78, 58 ff.

82 StbJb. 1964/65, 55, 68 ff.; 1967/68, 63, 65 ff.; 76 ff.; 1985/86, 277, 279 ff., 290 ff.

83 Steuerrecht I, München 1991, § 2 III, 60 ff.

84 *Brinkmann,* Tatbestandsmäßigkeit der Besteuerung und formeller Gesetzesbegriff, Köln 1982, 95 ff., 102, 106, 109 ff., 120 ff.; *Danzer,* Die Steuerumgehung, Köln 1981, 59 ff., 76 ff.

85 Dazu m. w. Nachw. *K. Tipke,* StRO I, 211 ff.

86 Zum folgenden *K. Tipke,* StRO I, 202 ff.

kommenen Gesetzes zu einem prinzipiell-stimmigen Konzept gehört zum Auftrag eines denkenden Gehorsam übenden Rechtsanwenders. Die Zulässigkeit der Schließung bewußter Lücken könnte nicht erklärt werden, wenn das Demokratieprinzip der Lückenausfüllung schlechthin im Wege stünde.

In Anbetracht der demokratischen Wurzel des steuerlichen Gesetzesvorbehalts müßte 190
das Analogieverbot konsequenterweise auch auf **steuerentlastende, steuerbegünstigende Tatbestände** erstreckt werden. Daß das überwiegend abgelehnt wird, zeigt, daß es – wie schon in den Tagen des ständischen Steuerbewilligungsrechts – noch immer hauptsächlich um die möglichst niedrige Steuer geht. Die Unterscheidung zwischen unzulässiger steuerverschärfender Analogie und zulässiger steuerentlastender Analogie stößt auch deshalb auf Schwierigkeiten, weil nicht wenige Rechtssätze je nach Einzelfall belastend oder begünstigend, zweischneidig wirken können.

Bei der Frage „Analogieverbot oder nicht?“ geht es in Wahrheit um den **Konflikt** 191
zwischen formaler und materialer Rechtsstaatlichkeit. Die Analogie dient dem *Gleichheitssatz* durch konsequentes Weiterdenken von Prinzipien, die dem Gesetz unterliegen; sie dient damit der Steuergerechtigkeit. Das Analogieverbot wird überwiegend aus dem Prinzip der Rechtssicherheit abgeleitet. Die Rechtssicherheit soll es gebieten, daß es mit der an den Grenzen des möglichen Wortsinns endenden Auslegung sein Bewenden hat. Die jenseits der Auslegung beginnende Analogie soll unzulässig sein. Damit wird an der Barriere des möglichen Wortsinns ein Denk- oder Konsequenzverbot errichtet.

Der Widerstreit zwischen Prinzipien formaler und materialer Rechtsstaatlichkeit ist 192
u. E. – zumal wegen des – in diesem Zusammenhang – geringen Gewichts des Rechtssicherheitsarguments – zugunsten der materialen Rechtsstaatlichkeit (und damit der Analogie) zu entscheiden. Weder Steuerpflichtige noch ihre Berater verlassen sich allein auf den Wortlaut von Gesetzestexten. Abgesehen davon, daß die große Mehrheit der Steuerpflichtigen keinen Gesetzestext besitzt: Der Inhalt des Rechts läßt sich **nicht allein** aus dem **Gesetzestext** oder gar aus isolierten Textstellen ablesen. Die Vorschriften des Gesetzes sind in ihren Beziehungen und Abhängigkeiten als Ganzes und unter Beachtung des Gesetzeszweckes zu verstehen. Das gilt nicht nur für Generalklauseln, unbestimmte Rechtsbegriffe und Typusbegriffe. Wie ein Gesetz zu verstehen ist, ergibt sich maßgeblich aus Verwaltungsvorschriften und aus der Rechtsprechung, eventuell auch aus der Literatur. Die Anwendungsgrenze des möglichen Wortsinns schafft ohnehin nur bedingt Rechtssicherheit, da es innerhalb der Wortsinngrenze i. d. R. auch mehrere Sinn- und Auslegungsvarianten gibt. Analogie ist keine freie Rechtsfindung, sondern eine ebenso **stringente teleologische Methode** wie die Auslegung. Wenn der Steuergesetzgeber die wesentlichen Merkmale des Steuertatbestandes (Steuersubjekt, Steuerobjekt, Steuerbemessungsgrundlage, Steuersatz) vorgibt, so ist die Konkretisierung durch das dogmatische Aufeinanderabstimmen der einzelnen Vorschriften durch Auslegung und Ausfüllung sicher erkennbarer Lücken keine Neuschöpfung oder Erweiterung des Steuertatbestandes.

Liegt in der Anwendung von Analogie eine **Verschärfung** der Rechtslage, so müssen die 193
Regeln über das *Rückwirkungsverbot* entsprechend beachtet werden. Gegen Analogieentscheidungen ex nunc bestehen u. E. keine Bedenken.

Wer meint, daß das Prinzip der Gesetz- und Tatbestandsmäßigkeit oder das Prinzip der Tatbestandsbestimmtheit oder Normenklarheit die Analogie ausschließe, dürfte auch die Analogie zugunsten der Steuerpflichtigen nicht zulassen.

Einstweilen frei. 194–199

3. Sozialstaatlich gerechte Besteuerung[1]

200 Aus Art. 20 I, 28 I 1 GG ergibt sich, daß die Bundesrepublik Deutschland ein Sozialstaat ist. Das Sozialstaatsprinzip postuliert ein sog. **Staatsziel**, einen *Gestaltungsauftrag* an den Gesetzgeber, für eine gerechte Sozialordnung zu sorgen[2]. Da sich das Grundgesetz nicht auf eine bestimmte Wirtschaftsverfassung festgelegt hat, hat der Gesetzgeber einen großen Spielraum sozialstaatlicher Gestaltung: Art. 20 I, 28 I 1 GG bestimmen nur das „Was", das Ziel, die gerechte Sozialordnung; er läßt aber für das „Wie", d. h. für die Erreichung des Ziels, alle Wege offen (so BVerfGE 22, 204). Im wesentlichen ist das Sozialstaatsgebot auf einen *Ausgleich sozialer Ungleichheiten* ausgerichtet und es gewährleistet zur Sicherung der Menschenwürde, also i. V. m. Art. 1 I 1 GG *soziale Mindeststandards* (BVerfGE 35, 355 f.). Danach besteht ein verfassungsrechtlicher Anspruch auf Sozialhilfe (BVerfGE 40, 133). Das Sozialstaatsprinzip entfaltet sich im Spannungsverhältnis zur freiheitlichen Verfassung des Rechtsstaats: Der Abbau sozialer Ungleichheiten kann nicht auf absolute soziale Gleichheit, auf die egalitäre Einebnung der Vermögenverhältnisse abzielen, wie sie durch eine mit den Art. 14 I, 12 I GG unvereinbare konfiskatorische Besteuerung (BVerfGE 87, 169) bewerkstelligt werden müßte.

201 Analog zur verfassungsrechtlichen Begründung des Anspruchs auf Sozialhilfe gebietet das Sozialstaatsprinzip die **Steuerfreiheit des Existenzminimums in Höhe der Sozialhilfe** (s. § 1 Rz. 24)[3]. Im übrigen dient das Sozialstaatsprinzip der **Rechtfertigung von Steuernormen,** die dem sozialen Ausgleich dienen und auf die Belange der wirtschaftlich schwächeren Schichten der Bevölkerung Rücksicht nehmen (BVerfGE 29, 412). Das Steuerrecht trägt zum Abbau des sozialen Gefälles bei durch Umsetzung des Leistungsfähigkeitsprinzips, durch die progressive Einkommensteuer sowie durch die Erbschaft- und Schenkungssteuer. Der progressive Einkommensteuertarif ist Umverteilungsnorm und damit Sozialzwecknorm (s. Rz. 21); die Erbschaft- und Schenkungsteuer ist Umverteilungssteuer und damit Sozialzwecksteuer (s. § 8 Rz. 41). Durch die umverteilende, wohlstandskorrigierende Besteuerung wird das Mehr der Mittel entzogen, das für Transferleistungen an Bedürftige erforderlich ist. Diese Umverteilung ist durch das Sozialstaatsprinzip gerechtfertigt. Allerdings folgt der **progressive Tarif** nicht *zwingend* aus dem Leistungsfähigkeitsprinzip. Auch eine proportionale Steuer wird dem Leistungsfähigkeitsprinzip gerecht. Das Sozialstaatsprinzip, die soziale Komponente der Steuergerechtigkeit, läßt es aber zu, das Leistungsfähigkeitsprinzip durch einen progressiven Tarif zu konkretisieren[4].

---

1 Dazu *K. Tipke*, StRO I, Köln 1993, 406 ff.

2 Dazu *K. Stern*, Das Staatsrecht der BRD, Bd. I[2], München 1984, § 21 (Das sozialstaatliche Prinzip); *H. F. Zacher*, Das soziale Staatsziel, HStR I (1987), 1045.

3 BVerfGE 82, 60, 84: Ebenso wie der Staat nach Art. 1 I GG i. V. m. dem Sozialstaatsprinzip verpflichtet sei, dem mittellosen Bürger die Mindestvoraussetzungen für ein menschenwürdiges Dasein erforderlichenfalls durch Sozialleistungen zu sichern (Hinweis auf BVerfGE 40, 121, 133), dürfe er dem Bürger das selbst erzielte Einkommen bis zur Höhe des Existenzminimums nicht entziehen. Diesen Ansatz bestätigt die Grundfreibetragsentscheidung des Zweiten Senats vom 25. 9. 1992 (s. das Zitat in § 1 Rz. 24).

4 *K. Tipke*, StRO I, 411 ff.; *U. Moebus*, Die verfassungsrechtliche Begründung der progressiven Einkommensteuer und ihre systemgerechte Durchführung, Diss. Frankfurt/M. 1974. Abw. BVerfGE 8, 51, 68 f.

4. Verfassungsrechtliche Schranken der Besteuerung

4.1 Beschränkung der Besteuerung durch den Schutz der Menschenwürde und des allgemeinen Persönlichkeitsrechts

4.1.1 Bedeutung der Art. 1, 2 GG für das Steuerrecht

a) In der Wertordnung des GG ist die durch Art. 1 I GG geschützte Menschenwürde der oberste Wert[5]. Dies hat auch die rechtsstaatliche Ordnung des Steuerrechts zu beachten. Insofern ist es unerträglich, daß das Steuerrecht die materiellen Mindestvoraussetzungen für ein menschenwürdiges Dasein nicht verschont[6]. Die verfassungsrechtliche Wertigkeit des Postulats, das **Existenzminimum** steuerfrei zu halten, wird von den fiskalischen Bestrebungen, die Steuerfreiheit des Existenzminimums zu minimalisieren, völlig verkannt. Haushaltsgesichtspunkte haben gegenüber der Verwirklichung einer verfassungsrechtlichen Primärwertung im Steuerrecht zurückzutreten[7]. Auch *indirekte* Steuern sollten das Existenzminimum nicht antasten (s. Rz. 85, Fn. 46). 202

b) Art. 2 I GG hat im Steuerrecht zunächst Bedeutung für den **Gesetzesvorbehalt** (s. Rz. 150) und begründet im gesetzesfreien Raum ein „Grundrecht auf Steuerfreiheit"[8]. Art. 2 I GG schützt i. V. m. Art. 1 I GG auch das allgemeine Persönlichkeitsrecht[9]; insb. gewährt die st. Rspr. des BVerfG[10] dem Bürger einen **unantastbaren Bereich privater Lebensgestaltung.** Mit diesen Inhalten entfaltet Art. 2 I GG seinen Schutz im **Steuerverfahrensrecht**[11]: Der Steuerpflichtige darf im Steuerverfahren nicht herabwürdigend behandelt werden. Bei Außenprüfungen (§§ 193 ff. AO), Steuerfahndungen (§ 208 AO) und bei der Einnahme eines Augenscheins (§§ 98, 99 AO) hat der Steuerbeamte darauf zu achten, daß die Integrität und Intimsphäre des Steuerpflichtigen gewahrt bleibt; er hat insb. verletzende Äußerungen, einen rüden Umgangston und die Herabwürdigung des Steuerpflichtigen gegenüber Familien- und Betriebsangehörigen zu unterlassen. 203

Allerdings paßt der Topos „Bereich privater Lebensgestaltung" oder „Privatsphäre" im Steuerrecht insofern nicht, als die Tatbestandsmerkmale von Steueransprüchen häufig intime Tatsachen der privaten Lebensgestaltung (Krankheitskosten i. S. d. § 33 EStG, Kosten eines häuslichen Arbeitszimmers etc.) erfassen, die von der Steuerverwaltung überprüft werden müssen[12]. Insofern bewegt sich die Ermittlung der steuerrelevanten Sachverhalte notwendig in der **grundrechtlich geschützten Privatsphäre**[13]. Der „unantastbare Bereich" läßt sich auch nicht von einem Bereich „marktoffener Vorgänge" abgrenzen[14], weil die Steuergesetze nicht nur marktoffene Merkmale enthalten. Art. 2 I GG als Grundlage der Legalität kann nicht die Durchsetzung der Legalität behindern, so 204

---

5 BVerfGE 6, 32, 41; 12, 45, 53; 27, 1, 6; 30, 1, 39; 30, 173, 193; 32, 98, 106, 108; 37, 57, 65 f.; 45, 187, 227; 50, 166, 175; *K. Stern,* Das Staatsrecht der BRD, Bd. III/1, München 1988, 23 ff.; *ders.,* Idee der Menschenrechte und Positivität der Grundrechte, HStR V (1992), 6 f.

6 Vgl. BVerfG (Fn. 3). Zur Unantastbarkeit des Existenzminimums *K. Tipke,* StRO I, 427 ff.

7 A. A. die Grundfreibetragsentscheidung vom 25. 9. 1992, BVerfGE 87, 153, 178 f. (dazu § 9 Rz. 71 ff.).

8 So die überspitzte Formulierung von *G. Wacke,* Verfassungsrecht und Steuerrecht, Das Finanz- und Steuerrecht als Bestandteil der Verfassungsordnung, StbJb. 1966/67, 75, 107. Dazu krit. *K. Tipke,* StRO I, 158 f.

9 Dazu ausf. *K. Stern,* Das Staatsrecht der BRD (Fn. 5), 646 ff.

10 BVerfGE 6, 41; 27, 6; 27, 344, 350; 32, 378 f.; 33, 376; 34, 245; 35, 39, 232; 38, 320; 54, 146 f.; 80, 373.

11 Dazu *F. v. Hammerstein,* Der verfassungsrechtliche Schutz der Privatsphäre im Steuerrecht, Diss. Heidelberg (von *P. Kirchhof* betreut) 1993.

12 *K. Tipke,* StRO I, 430 ff. (Keine Steuereingriffsgrenze „Privatsphäre").

13 Zutr. *F. v. Hammerstein* (Fn. 11), 197.

14 So *P. Kirchhof,* Staatliche Einnahmen, HStR IV (1990), 87, 146.

daß der Persönlichkeitsschutz nicht die Überprüfung „privater" Tatbestandsmerkmale untersagt, sondern mehr die **Art und Weise der Überprüfung** i. V. m. dem Übermaßverbot bestimmt. Schließlich eröffnet der Steuerpflichtige selbst seine sog. Privatsphäre, wenn er Aufwendungen aus seiner Privatsphäre geltend macht. Er setzt sich z. B. in Widerspruch, wenn er Arbeitszimmeraufwendungen deklariert und anschließend deren Überprüfung in seiner Privatwohnung verweigert. Die nichtangemeldete Besichtigung eines häuslichen Arbeitszimmers ist zulässig (zutr. Ns. FG EFG 94, 182).

4.1.2 Schutz des Rechts auf informationelle Selbstbestimmung durch das Steuergeheimnis[15]

205 a) **Verfassungsrechtliche Grundlagen** des Steuergeheimnisses: Art. 2 I i. V. m. Art. 1 I GG begründet ein Persönlichkeitsrecht auf informationelle Selbstbestimmung[16]. Aus diesem Persönlichkeitsrecht kann das *Steuergeheimnis* (§ 30 AO) abgeleitet werden[17]. Demnach ist die Geheimhaltung steuerlicher Angaben und Tatsachen prinzipiell grundrechtlich verbürgt; insoweit hat § 30 AO einen verfassungsrechtlich verbindlichen Inhalt. Das grundsätzliche Recht des Bürgers, über die Verwendung der von der Finanzbehörde ermittelten Daten informiert zu sein, kann **nur „im überwiegenden Allgemeininteresse" eingeschränkt** werden (BVerfGE 65, 44). In diesem Sinne ist § 30 AO verfassungskonform ausgestaltet. Auch verlangt das Rechtsstaatsprinzip, daß behördliche Eingriffe meßbar, die Folgen für den Betroffenen absehbar sind. Das wären sie nicht, wenn das den Finanzbehörden Offenbarte für beliebige Zwecke verwertet werden dürfte. Allerdings ist in anderen Rechtsstaaten auch eine völlig andere Sicht anzutreffen: Es wird auch die *Steuerpublizität,* die öffentliche Auslegung von Steuerlisten für rechtsstaatlich und für den besten Weg gehalten, die Gleichmäßigkeit und Gesetzmäßigkeit der Besteuerung zu erreichen[18].

206 b) **Inhalt** des Steuergeheimnisses: Nach § 30 AO dürfen *Amtsträger* (Begriff: § 7 AO) von Behörden (nicht nur von Steuerbehörden), für den öffentlichen Dienst besonders Verpflichtete, Sachverständige und Kirchenbedienstete (s. § 30 III AO) nicht offenbaren oder verwerten:

1. *Verhältnisse* (weit auszulegen, sie müssen nicht unmittelbar steuerlich relevant sein) eines anderen[19], die ihnen
   a) in einem Verwaltungsverfahren oder in einem gerichtlichen Verfahren in Steuersachen,
   b) in einem Strafverfahren wegen einer Steuerstraftat oder in einem Bußgeldverfahren wegen einer Steuerordnungswidrigkeit,
   c) aus einem anderen Anlaß durch Mitteilung einer Finanzbehörde oder durch die gesetzlich vorgeschriebene Vorlage eines Steuerbescheides oder durch eine Bescheinigung über die bei der Besteuerung getroffenen Feststellungen

   bekanntgeworden sind, oder
2. ein fremdes Betriebs- oder Geschäftsgeheimnis, das ihnen in einem der obengenannten Verfahren bekanntgeworden ist.

Ferner dürfen sie durch das Steuergeheimnis geschützte Daten im automatisierten Verfahren nicht unbefugt abrufen (§ 30 II Nr. 3 AO).

Offenbarung liegt nicht vor, wenn das Mitgeteilte bereits bekannt war.

---

15 Zum Steuergeheimnis ausf. mit internationalem Rechtsvergleich *K. Tipke,* StRO I, 234 ff. Zu § 30a AO s. § 22 Rz. 199.

16 Grundlegend das Volkszählungsurteil vom 15. 12. 1983, BVerfGE 65, 1, 41 ff.

17 Grundlegend BVerfG vom 17. 4. 1984, BVerfGE 67, 100, 142 ff. (Art. 2 I i. V. m. Art. 1 I GG und Art. 14 GG, ggf. i. V. m. Art. 19 III GG).

18 Dazu *K. Tipke,* StRO I, 239 ff.

19 *Andere* sind die, die im konkreten Fall nicht Amtsträger sind: nicht bloß Steuerpflichtige, sondern auch andere Personen, z. B. sog. V-Leute (insoweit aber § 30 V AO).

Die Offenbarung ist **ausnahmsweise zulässig** (§ 30 IV AO): 207

- zur Durchführung eines Besteuerungsverfahrens (s. auch § 31 I AO), eines Steuerprozesses eines Steuerstraf- oder Steuerordnungswidrigkeitenverfahrens (§ 30 IV Nr. 1 AO); in Betracht kommen insb. Amtshilfe und Kontrollmitteilungen;
- soweit ein Gesetz es zuläßt (§ 30 IV Nr. 2 AO); die Offenbarung ist gesetzlich insb. zulässig, wenn Ämter für Ausbildungsförderung, Arbeitsämter, Behörden der inneren Verwaltung, Bundesanstalt für Arbeit, Träger der Sozialhilfe, Träger der Sozialversicherung und Versorgungsämter Daten über Einkommen und Vermögen zur Festsetzung von Vorsorgungsleistungen benötigen[20]. Die Abgabenordnung regelt zwei wichtige Fälle gesetzlich zugelassener Offenbarung, die durch das StMBG vom 21. 12. 1993, BGBl. I 93, 2310, erweitert worden sind: Die Mitteilung von Besteuerungsgrundlagen an Körperschaften des öffentlichen Rechts als Abgabenbasis (§ 31 AO) und Mitteilungen zur Bekämpfung der illegalen Beschäftigung und des Leistungsmißbrauchs (§ 31a AO). Wegen der Einzelheiten sind die Kommentare zu § 30 AO zu Rate zu ziehen. Die Gesetze, die vom Steuergeheimnis dispensieren, ergeben einen seitenlangen Katalog;
- soweit der Betroffene zustimmt (§ 30 IV Nr. 3 AO);
- zur Durchführung eines (nichtsteuerlichen) Strafverfahrens unter einschränkenden Voraussetzungen (§ 30 IV Nr. 4 AO);
- soweit für sie ein zwingendes öffentliches Interesse besteht (Einzelheiten § 30 IV Nr. 5 AO); ein zwingendes öffentliches Interesse besteht insb. an der Verfolgung von Verbrechen, bestimmten schweren Vergehen und bestimmten Wirtschaftsstraftaten; eigens zur Bekämpfung der Schwarzarbeit ist § 31a AO erlassen worden. Ob ein zwingendes öffentliches Interesse auch besteht, wenn parlamentarische Untersuchungsausschüsse behauptete Mißstände in der Steuerverwaltung aufklären möchten, war umstritten[21]. BVerfGE 67, 100 ff. hat § 30 IV Nr. 5c AO verfassungskonform so aufgefaßt, daß er auch den Fall des Aktenvorlageverfahrens des parlamentarischen Untersuchungsausschusses erfaßt, mit dem das Parlament in der Öffentlichkeit verbreiteten, möglicherweise die Steuermoral nachhaltig erschütternden Zweifeln an der Vertrauenswürdigkeit der Finanzverwaltung nachgeht. Von § 30 IV Nr. 5c AO ist im übrigen bisher kaum Gebrauch gemacht worden, da die obersten Finanzbehörden äußerst zurückhaltend sind. Möglicherweise drängt BVerfGE 67, 100 ff. die zugrundeliegenden „Datenschutzängste" künftig etwas zurück und läßt die Auswirkungen auf die Steuermoral gebührend ins Blickfeld kommen.

Wenn jemand der Finanzbehörde vorsätzlich falsche Angaben über die steuerlichen Verhältnisse eines anderen macht (im Volksmund: ihn „denunziert"), darf die Finanzverwaltung die falschen Angaben den Strafverfolgungsbehörden (Polizei, Staatsanwaltschaft) mitteilen, damit ein Verfahren wegen falscher Verdächtigung (§ 164 StGB) durchgeführt werden kann; das will § 30 V AO besagen.

Die **vorsätzliche Verletzung** des Steuergeheimnisses ist **strafbar** nach § 355 StGB; sie ist auch Amtspflichtverletzung i. S. des § 839 BGB. 208

Das Steuergeheimnis ist ursprünglich aus *fiskalischen Gründen* eingeführt worden. Der Steuerpflichtige hat im Steuerrecht weitgehende Mitwirkungs- und Offenbarungspflichten. Er muß selbst solches Einkommen und Vermögen offenbaren, das er aufgrund von strafbaren Handlungen, Ordnungswidrigkeiten oder gegen die guten Sitten verstoßendes Verhalten erworben hat (§ 40 AO). Damit er sich den Finanzbehörden wirklich ehrlich offenbart, wird ihm weitgehend zugestanden, daß die Finanzbehörden ihr Wissen nicht anderen Behörden oder Personen mitteilen. Der Steuerpflichtige soll insb. keinen Grund haben, aus Furcht vor Weiterungen (Strafen, außersteuerlichen Vermögensnachteilen usw.) steuerrechtlich relevante Verhältnisse zu verschweigen. Ob die fiskalische, von Ressortegoismus nicht freie Rechnung aufgeht, ist sehr zweifelhaft. Kriminelle, auch Wirtschaftskriminelle, lassen sich durch §§ 40 und 30 AO im allgemeinen nicht beeindrucken. Ohnehin irritieren die zahlreichen Durchbrechungen des Steuergeheimnisses (§ 30 IV AO).

---

20 Nachweise bei *Tipke/Kruse*, AO, § 30 Tz. 47.

21 Einerseits *R. Scholz*, AöR Bd. 105 (1980), 564 ff. und *Seibert*, NJW 84, 1001 ff. (Offenbarung an Untersuchungsausschüsse zulässig), andererseits *K. Stern*, AöR Bd. 109 (1984), 199 ff. (Offenbarung unzulässig). Die Untersuchungen zeigen einmal mehr, welchen Spielraum der Begriff „zwingendes öffentliches Interesse" und die Grundrechte subjektiven Wertungen lassen.

4.2 Beschränkung der Besteuerung durch das Übermaßverbot[22]

4.2.1 Rechtsstaatlicher und grundrechtlicher Inhalt des Übermaßverbots

209 Das Übermaßverbot oder der Grundsatz der Verhältnismäßigkeit ist verfassungsrechtlich begründet im Rechtsstaatsprinzip[23] und in den Grundrechten[24], und zwar für die Besteuerung besonders in Art. 14 I GG, aber auch in Art. 12 I GG[25]. Das Übermaßverbot gilt grundsätzlich für jede staatliche Maßnahme, also für Maßnahmen der Gesetzgebung, der Verwaltung und der Rechtsprechung. Es beschränkt den Eingriff in die freiheitlich geschützte Sphäre des Bürgers auf Maßnahmen, die das gewählte Mittel in ein vernünftiges Verhältnis zum angestrebten Zweck setzen. Diese **Rationalität der Zweck-Mittel-Relation** wird durch die Kriterien der *Geeignetheit, Erforderlichkeit* und *Zumutbarkeit* konkretisiert. Besondere praktische Bedeutung hat das Übermaßverbot im Steuerverfahren; dort ist es wie folgt anzuwenden[26]:

210 a) **Geeignetheit:** Die Finanzbehörde darf keine Maßnahmen ergreifen, mit denen der angestrebte Zweck nicht erreicht werden kann. Unzulässig ist die Ermittlung von Tatsachen, die für den konkret zu prüfenden Steuertatbestand nicht relevant sind. So dürfen z. B. die Einzelheiten einer Erkrankung nicht ermittelt werden, wenn feststeht, daß die Aufwendungen i. S. d. § 33 EStG geleistet worden sind. Bei der Durchführung einer Außenprüfung dürfen keine Mitarbeiter des geprüften Betriebes befragt werden, die über die steuerlich relevanten Verhältnisse des Inhabers nicht hinreichend informiert sind.

211 b) **Erforderlichkeit:** Die Finanzbehörde ist verpflichtet, von mehreren geeigneten Maßnahmen nur diejenige zu ergreifen, die den Betroffenen *am geringsten* belastet. So ist die Befragung von Betriebsangehörigen nicht erforderlich, soweit der Betriebsinhaber Auskünfte zu erteilen vermag; die §§ 93 I 3; 202 I 3 AO entsprechen dem Übermaßverbot. Auswahl und Umfang von Vollstreckungsmaßnahmen müssen den Vollstreckungsschuldner so gering als möglich belasten.

212 c) **Zumutbarkeit** (Verhältnismäßigkeit i. e. Sinne): Auch eine erforderliche, den Betroffenen so gering als möglich belastende Maßnahme kann eine Belastung des Betroffenen zur Folge haben, die außer Verhältnis zur Bedeutung des angestrebten Zwecks steht, so daß die Maßnahme dem Betroffenen als nicht mehr zumutbar erscheint. Unverhältnismäßiger Verwaltungsaufwand kann die Mitwirkung des Beteiligten unzumutbar machen. In diesem Sinne befolgt die Anerkennung von Kostenpauschalen (z. B. Reisekostenpauschalen) das Übermaßverbot. Unzumutbar kann auch die Benennung von Zahlungsempfängern sein, besonders wenn in den Fällen von Fluchthelfern und Geheimdienstagenten die Preisgabe der Anonymität mit Gefahr für Leib und Leben der Benannten verbunden ist; das Übermaßverbot begründet eine Ausnahme von § 160 AO (s. § 22 Rz. 201).

---

22 Dazu *K. Tipke,* StRO I, 232 ff., 423 ff.; *H. Söhn,* HHSp, AO, § 88 Anm. 52 ff.; *P. Kirchhof* (Fn. 14), 131 f.

23 BVerfGE 23, 137, 133 (Grundsätze der Verhältnismäßigkeit und des Übermaßverbots ergeben sich als übergreifende Leitregeln allen staatlichen Handelns zwingend aus dem Rechtsstaatsprinzip und haben daher Verfassungsrang); *K. Stern,* Das Staatsrecht der BRD (Fn. 2), 861 ff.

24 Dazu insb. *R. Wendt,* Der Garantiegehalt der Grundrechte und das Übermaßverbot, Zur maßstabsetzenden Kraft der Grundrechte in der Übermaßprüfung, AöR (1979), 414.

25 S. *P. Kirchhof* (Fn. 14). *K. Tipke* (Fn. 22) unterscheidet ein aus der formalen Rechtsstaatlichkeit abgeleitetes formelles Übermaßverbot (232 ff.) und ein aus den Art. 1 I; 2 I; 12 I; 14 I GG abgeleitetes materielles Übermaßverbot, identisch mit den verfassungsrechtlichen Grenzen der Besteuerung (423 ff.).

26 Ausf. *H. Söhn* (Fn. 22).

4.2.2 Das Verbot der Erdrosselungssteuer

Literatur: *W. Knies*, Steuerzweck und Steuerbegriff, München 1976, 129 ff.; Tipke/*Kruse*, AO, § 3 Tz. 13; *R. Mußgnug*, Verfassungsrechtlicher und gesetzlicher Schutz vor konfiskatorischen Steuern, JZ 91, 993.

Aus der **Garantie des Eigentums** und des **Erbrechts** (Art. 14 I GG) sowie aus der Garantie der **Berufsfreiheit** (Art. 12 I GG) ergibt sich das Verbot der Erdrosselungssteuer. 213

BVerfG vom 25. 9. 1992 (BVerfGE 87, 153, 169) hat zum Grundfreibetrag entschieden: „Steuergesetze sind in ihrer freiheitsbeschränkenden Wirkung jedenfalls an Art. 2 Abs. 1 GG zu messen. Dabei ist indes zu berücksichtigen, daß Steuergesetze in die allgemeine Handlungsfreiheit gerade in deren Ausprägung als persönliche Entfaltung im vermögensrechtlichen und im beruflichen Bereich (Art. 14 Abs. 1, Art. 12 Abs. 1 GG) eingreifen. Dies bedeutet, daß ein Steuergesetz keine ‚erdrosselnde' Wirkung haben darf: Das geschützte Freiheitsrecht darf nur so weit beschränkt werden, daß dem Grundrechtsträger (Steuerpflichtigen) ein Kernbestand des Erfolges eigener Betätigung im wirtschaftlichen Bereich in Gestalt der grundsätzlichen Privatnützlichkeit des Erworbenen und der grundsätzlichen Verfügungsbefugnis über die geschaffenen vermögenswerten Rechtspositionen erhalten bleibt" (BVerfGE 87, 169).

Über das Verbot einer Erdrosselungssteuer hinaus hat das BVerfG bisher Art. 14 I GG 214
und Art. 12 I GG nicht entfaltet. Art. 12 I GG schützt die Erwerbsbetätigung, Art. 14 GG das Erworbene. Beide Schutzbereiche könnten im Steuerrecht große Bedeutung haben[27]. Jedoch aktiviert das BVerfG Art. 12 I GG nur als Maßstabsnorm für *berufsregelnde* Gesetze; dabei genügt es, wenn das Steuergesetz mittelbar berufsregelnden Charakter hat[28]. Seit Beginn der siebziger Jahre ist die Staatsrechtslehre[29] darum bemüht, die Eigentums-/Erbrechtsgarantie des Art. 14 GG als Vermögensschutzgarantie gegen übermäßige Besteuerung auszubauen und damit auch die eingangs (§ 1 Rz. 5) erwähnte freiheitliche Funktion der Besteuerung zu verdeutlichen. Eine über das Enteignungsverbot hinausreichende Garantie wäre eine wirksame Waffe gegen Substanzsteuerbelastung und Inflationsblindheit der kapitalorientierten Besteuerung (s. Rz. 99 ff.). Es geht nicht um eine niedrige Steuerquote, sondern um Besteuerungsformen, die der „Eigentümerfreiheit" adäquat sind; es geht um eine „eigentumsschonende Deckung des staatlichen Finanzbedarfs" (*P. Kirchhof*, VVDStRL 39 [1981], 281).

4.3 Das Verbot der Benachteiligung von Ehe und Familie

a) Nach **Art. 6 I** stehen Ehe und Familie unter dem besonderen Schutze des Staates. 215
Diesen Schutz hat das BVerfG zum einen als *Benachteiligungsverbot* und zum anderen als *Förderungsgebot* entfaltet[30]. Das Benachteiligungsverbot konkretisiert den Gleich-

27 Dazu *K. Tipke*, StRO I, 436 ff. (Besteuerung und Berufsfreiheit), 442 ff. (Gewährleistung des Eigentums), 456 f. (Geldentwertung), 457 ff. (Gewährleistung des Erbrechts).

28 BVerfGE 13, 181, 186; 14, 76, 100; 16, 147, 162; 26, 1, 12; 37, 1, 17; 38, 61, 79; 42, 374, 384 ff.; 46, 120, 137; 47, 1, 21.

29 Insb. *W. Rüfner*, Die Eigentumsgarantie als Grenze der Besteuerung, DVBl. 70, 881; *K. H. Friauf*, Steuergesetzgebung und Eigentumsgarantie, JurA 1970, 299; *ders.*, Substanzeingriff durch Steuer-Kumulation und Eigentumsgarantie, StuW 77, 59; *ders.*, DStJG Bd. 12 (1989), 3, 19 ff.; *R. Wendt*, Besteuerung und Eigentum, NJW 80, 2111; *P. Kirchhof/H. H. v. Arnim*, Besteuerung und Eigentum, VVDStRL 39 (1981), 210, 286; *P. Kirchhof* (Fn. 14), 126 ff. Krit. zu der Steuerrechtfertigung von *P. Kirchhof* aus Art. 14 GG: *K. Tipke*, StRO II, 528 ff.

30 Grundlegend BVerfG vom 17. 1. 1957, BVerfGE 6, 55, 76 (Haushaltsbesteuerung). Ausf. *W. Lingemann*, Das rechtliche Konzept der Familienbesteuerung, Berlin 1994, 60 ff.

heitssatz, d. h. die gleichmäßige Besteuerung nach der Leistungsfähigkeit[31]. Hingegen räumt das BVerfG[32] dem Gesetzgeber bei der Erfüllung des Förderungsgebots *weiten Gestaltungsspielraum* ein. Im Steuerrecht hat das Förderungsgebot praktisch keine Bedeutung. Konkrete Ansprüche auf bestimmte Sozialzwecknormen lassen sich aus dem Förderungsgebot des Art. 6 I GG nicht herleiten (BVerfGE 82, 81).

216 b) Im einzelnen ergibt sich aus dem **Benachteiligungsverbot** des Art. 6 I GG: Die *Kumulierung der Ehegatteneinkünfte* durch die den Grundsatz der Individualbesteuerung (Konkretisierung des Leistungsfähigkeitsprinzips!) verletzende Haushaltsbesteuerung ist verfassungswidrig (BVerfGE 8, 55, 67; 9, 20, 34 f.); hingegen ist das *Ehegattensplitting* verfassungsmäßig (s. § 9 Rz. 94).

Eltern und Kinder (auch Alleinerziehende und Kinder) bilden eine **Familie** und werden durch Art. 6 I GG ebenfalls geschützt. Daher dürfen wegen der nachteiligen Progressionswirkung für Einkommensteuerzwecke auch die Einkommen von Eltern und Kindern nicht kumuliert werden (BVerfGE 18, 97, 106).

Zulässig ist hingegen die **Zusammenveranlagung** (Kumulation der Vermögen) von Eheleuten sowie von Eltern und Kindern **zur Vermögensteuer** (§ 14 VStG), denn sie wirkt wegen des proportionalen Vermögensteuersatzes regelmäßig nicht nachteilig (BFH BStBl. 64, 598, 599; 68, 332, 334).

Art. 6 I GG schützt zwar Ehe und *Familie;* daraus ergibt sich aber nicht, daß das Ehegattensplitting auch auf Alleinstehende mit Kindern ausgedehnt werden dürfte und müßte; Kinder stehen wirtschaftlich nicht Eheleuten gleich (BVerfGE 61, 319, 345, 348).

Es ist mit Art. 6 I GG vereinbar, daß bei Ehegatten die zusammengerechneten *Sonderausgaben* nur insoweit berücksichtigt werden, als sie den doppelten Sonderausgaben-Pauschbetrag übersteigen (BVerfGE 32, 260 ff.).

Tatsächlich durchgeführte **Verträge** zwischen Ehegatten oder zwischen Eltern und Kindern sind – auch steuerrechtlich – grundsätzlich wie Verträge zwischen Fremden zu behandeln (s. § 9 Rz. 163 f.). An den Nachweis der Vertragsdurchführung dürfen jedoch forcierte Anforderungen gestellt werden. Zwischen Familienangehörigen vereinbarte Entgelte dürfen auf ihre Angemessenheit geprüft werden (s. § 9 Rz. 164). Auf „verdeckte" Unterhaltsverträge zwischen Eltern und Kindern ist § 12 Nr. 2 EStG anzuwenden. Es ist unzulässig, bei der Beurteilung der personellen Verflechtung zwischen Besitz- und Betriebsunternehmen (s. § 17 Rz. 12 ff.) für die Annahme einer Betriebsaufspaltung davon auszugehen, daß Ehegatten gleichgerichtete Interessen verfolgen (BVerfGE 69, 185, 188). Auch sonst hat das Bundesverfassungsgericht alle steuergesetzlichen Vorschriften aufgehoben, die an die Ehe irgendwelche benachteiligenden Besonderheiten knüpften (BVerfGE 16, 203 ff.; 26, 321 ff.; 29, 104 ff.).

Art. 6 I GG garantiert auch gegenüber der Steuergewalt das familiäre Existenzminimum, den Abzug von unvermeidbaren Unterhaltslasten von der Bemessungsgrundlage (s. § 9 Rz. 74 ff.).

31 Dazu ausf. *K. Tipke,* StRO I, 377 ff.

32 BVerfGE 11, 105, 126; 21, 1, 6; 39, 316, 326; 43, 108, 123 f.; 48, 346, 366; 59, 231, 263; 75, 348, 360; 82, 60, 81.

§ 5 Rechtsanwendung im Steuerrecht

A. Rechtsnormen des Steuerrechts

Literatur: Tipke/*Kruse*, zu § 4 AO; *H. List*, Die Rechtsquellen des modernen Steuerrechts, StbKongrRep. 1975, 139 ff.; *P. Kirchhof*, Stichwort „Rechtsquelle“, in: HWStR[2], München/Bonn 1981; *N. Achterberg*, Allgemeines Verwaltungsrecht[2], Heidelberg 1986, § 15, 213 ff.; *F. Ossenbühl*, Die Quellen des Verwaltungsrechts, in: Erichsen/Martens (Hrsg.), Allg. Verwaltungsrecht[9], Berlin/New York 1992, 101 ff.; *Ruppe*, HHR, Einf. ESt Anm. 600–612.

Steuerrechtliche Rechtsanwendung setzt Gesetze i. S. von Rechtsnormen voraus (§ 4 Rz. 150). Nach § 4 AO ist Gesetz „jede Rechtsnorm“. Normen sind Regeln, Vorschriften oder Maßstäbe; sie können rechtsverbindlich sein oder nicht. *Rechts*normen sind für von ihnen betroffene Bürger rechtsverbindlich. Rechtsnormen – auch als Rechtssätze oder Rechtsquellen bezeichnet – sind – genau definiert – abstrakte und generelle (d. h. für eine unbestimmte Vielzahl von Fällen geltende) Anordnungen, die in einem bestimmten örtlichen Bereich zu einer bestimmten Zeit *für die Betroffenen verbindlich* sind und von einer staatlichen Autorität garantiert werden. Für den Bereich des Steuerrechts sind solche Rechtsnormen: förmliche Gesetze, Rechtsverordnungen, autonome Satzungen, Doppelbesteuerungsabkommen und supranationale Normen. Nicht rechtsverbindlich sind die moralischen oder ethischen Normen. 1

Dem **Rang** nach steht die Verfassung mit ihren Grundnormen als „geistiger Überbau“ über den einfachen Gesetzen, die einfachen Gesetze stehen über den Rechtsverordnungen und den Satzungen (sog. Stufenbau der Rechtsordnung). 2

Bundesrecht bricht Landesrecht (Art. 31, 105 II GG; s. aber auch Art. 105 IIa GG).

Konkurrieren Gesetze gleichen Ranges, so gelten folgende ungeschriebene Regeln: Jüngere Gesetzesvorschriften gehen älteren vor; speziellere Gesetzesvorschriften gehen generelleren vor (s. auch § 2 AO); generellere jüngere Gesetzesvorschriften gehen spezielleren älteren vor. Läßt sich ein Widerspruch mit diesen Regeln nicht lösen, heben sich die sich widersprechenden Vorschriften gegenseitig auf; es entsteht dann eine ausfüllungsbedürftige Lücke im Gesetz.

1. Förmliche Gesetze

Literatur: *K. Stern*, Das Staatsrecht der Bundesrepublik Deutschland, II, München 1980, § 37, 557 ff.

Förmliche oder formelle Gesetze sind Rechtsnormen, die in einem förmlichen Gesetzgebungsverfahren zustande kommen, ordnungsmäßig ausgefertigt und in den dafür vorgeschriebenen amtlichen Blättern verkündet werden (für Bundesgesetze s. Art. 76–78, 82, 105 III GG). 3

Dem Rang nach ist zwischen Verfassungsgesetzen und einfachen Gesetzen, der Gesetzgebungshoheit nach ist zwischen Bundes- und Landesgesetzen (dazu Art. 105 GG betr. Steuergesetzgebungshoheit) zu unterscheiden.

Verfassungsgesetz ist das **Grundgesetz** vom 23. 5. 1949. Es enthält die rechtliche Grundordnung. Die Grundrechte enthalten Grundwertungen, sie begründen eine Wertordnung. Das Grundgesetz hat Vorrang vor einfachen Gesetzen: Die Grundrechte binden Gesetzgebung, vollziehende Gewalt und Rechtsprechung an unmittelbar geltendes Recht (Art. 1 III GG; s. auch Art. 20 III GG). Bei Verletzung der Besteuerungskompetenzen nach Art. 105 GG ist das Grundrecht des Art. 2 I GG verletzt. 4

5 Nur ein Gericht, nicht eine Verwaltungsbehörde[1], darf ein einfaches Gesetz auf seine **Verfassungsmäßigkeit** prüfen. Das Gericht kann die Verfassungsmäßigkeit allerdings nur bejahen, aber nicht selbst verneinen. Hält ein Gericht (gleich welcher Instanz, also FG, BFH) ein (nachkonstitutionelles) Gesetz, auf dessen Gültigkeit es bei der Entscheidung ankommt für verfassungswidrig, so hat es das Verfahren auszusetzen und die Entscheidung des Verfassungsgerichts einzuholen (Art. 100 I GG). Verwaltungsbehörden haben diese Möglichkeit nicht; theoretisch können sie allerdings ein Normenkontrollverfahren der Regierung (Art. 93 I Nr. 2 GG) auslösen. Der Steuerpflichtige kann mit der Behauptung, durch die öffentliche Gewalt in einem seiner Grundrechte oder in einem seiner in Art. 20 IV, 33, 38, 101, 103, 104 GG enthaltenen Rechte verletzt zu sein, Verfassungsbeschwerde beim BVerfG erheben (Art. 93 I Nr. 4a GG; §§ 13 Nr. 8a, 90 I BVerfGG); grundsätzlich muß vorher der Rechtsweg ausgeschöpft worden sein (§ 90 II BVerfGG); zum Verfahren s. §§ 90 ff. BVerfGG und unten § 23 Rz. 273.

Über Inkrafttreten und Außerkrafttreten von Gesetzen Tipke/*Kruse*, AO, § 4 Tz. 6 ff., 11 ff. Rechtsgrundlage zum Inkrafttreten: Art. 82 GG.

Zum Problem der Rückwirkung von Steuergesetzen s. § 4 Rz. 170 ff.

2. Rechtsverordnungen

Literatur: *Friedr. Klein,* Grenzen gesetzlicher Ermächtigungen zum Erlaß steuerlicher Rechtsverordnungen, Inst. FuSt Heft 10, Bonn 1951; *B. Wolff,* Die Ermächtigung zum Erlaß von Rechtsverordnungen nach dem GG, AöR Bd. 78 (1953), 194; *G. Wacke,* Staatsrechtliche Prüfung der Zusatzsteuer, Köln 1957; *Link,* Die Bestimmtheit der Rechtsetzungsermächtigungen in der Steuergesetzgebung der Bundesrepublik Deutschland, Diss. Heidelberg 1967; *Henneka,* Gesetzliche Ermächtigung zum Erlaß von RechtsVOen in der Rechtsprechung des Bundesverfassungsgerichts, in: FS des Bundesfinanzhofs, Bonn/München 1968, 70 ff.; *H. J. Papier,* Die finanzrechtlichen Gesetzesvorbehalte und das grundgesetzliche Demokratieprinzip, Berlin 1973; *Wilke,* Bundesverfassungsgericht und Rechtsverordnungen, AöR Bd. 98 (1973), 196; Tipke/*Kruse,* AO, § 4 Tz. 20 ff.; *K. Stern,* Das Staatsrecht der Bundesrepublik Deutschland, II, München 1980, § 38, 646 ff.; *M. App,* Änderungen von Rechtsverordnungen durch den Steuergesetzgeber, StVj 90, 361.

6 Rechtsverordnungen sind Rechtsnormen, die nicht in einem förmlichen Gesetzgebungsverfahren zustande kommen, sondern von der **Exekutive** (im Steuerrecht: Bundesregierung, Bundesfinanzminister) erlassen werden. Die meisten Rechtsverordnungen über Steuern bedürfen der Zustimmung des Bundesrates (s. Art. 80 II i. V. mit Art. 105 III, 108 GG).

7 Im Steuerrecht wurde und wird die Auffassung vertreten, die wesentlichen Merkmale des Steuertatbestandes (Steuerobjekt, Steuersubjekt, Steuerbemessungsgrundlage, Steuersatz) müßten sich aus einem formellen Gesetz ergeben[2].

Die **Notverordnungen** des Reichspräsidenten aufgrund Art. 48 II Weimarer Reichsverfassung in der Wirtschaftskrise von 1930 liefen der Auffassung, daß der Steuertatbestand im wesentlichen durch das (formelle) Gesetz selbst fixiert werden müsse, indessen gründlich zuwider. Durch Notverordnung vom 1. 12. 1930, RGBl. I 30, 517, 545 wurde die Ermächtigung des § 12 RAO eingeführt, wonach der Reichsminister der Finanzen Rechtsverordnungen und Verwaltungsvorschriften auch zur *Ergänzung* der Gesetze erlassen konnte.

---

1 S. aber *G. Felix,* BB 88, 1500, 1502 m. w. N.

2 *O. Mayer,* Deutsches Verwaltungsrecht [1]1895, Bd. I, 388 ff.; [3]1924 (Nachdruck Berlin 1961), Bd. I, 315 ff.; *Jesch,* Gesetz und Verwaltung[2], Tübingen 1968, 107 f.; *H. W. Kruse,* Gesetzmäßige Verwaltung, tatbestandsmäßige Besteuerung, in: Felix (Hrsg.), Vom Rechtsschutz im Steuerrecht, Düsseldorf 1960, 93, 109 ff.; *G. Wacke,* Staatsrechtliche Prüfung der Zusatzsteuer, Köln 1957, 49 f. – mit einem Überblick auch über ausländische Rechtsordnungen; *E. Höhn,* Steuerrecht[7], Ein Grundriß des schweizerischen Steuerrechts für Unterricht und Selbststudium, Bern u. a., 1993, 78 ff.; *H. J. Papier,* Die finanzrechtlichen Gesetzesvorbehalte und das grundgesetzliche Demokratieprinzip, Berlin 1973, 67 ff., 177 ff.; *Brinkmann,* Tatbestandsmäßigkeit der Besteuerung und formeller Gesetzesbegriff, Köln 1982. S. jetzt auch die Wesentlichkeitstheorie des Bundesverfassungsgerichts (etwa BVerfGE 49, 89, 126 f.; 57, 295, 320 f., nicht das Steuerrecht betreffend).

In Reaktion auf die Mißstände der Notverordnungszeit der Weimarer Republik und die Abschaffung des parlamentarischen Gesetzgebers durch den nationalsozialistischen Staat (sog. Ermächtigungsgesetz) wurde Art. 80 I GG geschaffen und dadurch allgemein ein Rechtszustand eingeführt, wie er für das Steuerrecht – traditionell oder gar gewohnheitsrechtlich – schon früher gegolten hatte[3], sieht man von der Zwischenphase der Notverordnungszeit und des Dritten Reiches ab. Dem Art. 80 I 2 GG würde es nämlich nicht entsprechen, wenn der Gesetzgeber es dem Verordnungsgeber überlassen würde, Steuersubjekt, Steuerobjekt, Steuerbemessungsgrundlage und/oder Steuersatz zu bestimmen.

Art. 80 I GG macht die **Wirksamkeit von Rechtsverordnungen** von folgenden Voraussetzungen abhängig: 8

a) Es muß eine gesetzliche **Ermächtigung** vorliegen (Art. 80 I 1 GG), evtl. auch eine Unterermächtigung (Art. 80 I 4 GG). Beispiele für Ermächtigungen: § 156 I AO; § 51 EStG; § 53 KStG.

b) Die Ermächtigung muß nach Inhalt, Zweck und Ausmaß **hinreichend bestimmt** sein (Art. 80 I 2 GG). Art. 80 GG durchbricht zwar das Prinzip der Gewaltenteilung, zieht der Durchbrechung aber Grenzen:

„Das Parlament soll sich seiner Verantwortung als gesetzgebende Körperschaft nicht dadurch entschlagen können, daß es einen Teil der Gesetzgebungsmacht der Regierung überträgt, ohne genau die Grenzen dieser übertragenen Kompetenzen bedacht und bestimmt zu haben. Die Regierung soll nicht, gestützt auf unbestimmte Ermächtigungen zum Erlaß von Verordnungen, an die Stelle des Parlaments treten" (BVerfGE 1, 14, 60).

„Art. 80 GG soll den Gesetzgeber zwingen, die für die Ordnung eines Lebensbereichs entscheidenden Vorschriften selbst zu setzen" (BVerfGE 7, 282, 301). Die Ermächtigung muß so bestimmt sein, „daß schon aus ihr und nicht erst aus der auf sie gestützten Verordnung erkennbar und vorhersehbar sein muß, was von dem Bürger gefordert werden kann" (BVerfGE 7, 282, 302; 10, 251, 258; 14, 174, 185; s. auch BVerfGE 19, 354, 362; 49, 89, 126 f.). – Das heißt für das Steuerrecht im Ergebnis, daß – als Tatbestandsgerippe – Steuersubjekt, Steuerobjekt, Steuerbemessungsgrundlage und Steuersatz im förmlichen Gesetz festgelegt sein müssen[3]. Hingegen soll ermöglicht werden, das Gesetz von fachspezifischen, insb. technischen Details zu entlasten oder Begriffe zu konkretisieren, zu spezifizieren, zu differenzieren oder zu detaillieren (= das Gesetz durchzuführen). Unzulässig sind hingegen gesetzesvertretende und gesetzesändernde oder gesetzesergänzende Rechtsverordnungen (unstr.).

Der **Inhalt** der Ermächtigung betrifft das durch die Rechtsverordnung zu regelnde Sachgebiet, die zu regelnde Materie (BVerfGE 7, 265, 274). Der **Zweck** meint das Ziel (die Tendenz), das (die) der Verordnungsgeber zu verfolgen hat (BVerfGE 5, 56, 76). Das **Ausmaß** der Ermächtigung bestimmt die Grenzen, die der Verordnungsgeber bei seiner inhaltlichen Regelung beachten muß (BVerfGE 5, 56, 76). Es genügt, wenn Inhalt, Zweck und Ausmaß durch Auslegung dem Gesetz im ganzen zu entnehmen sind (BVerfGE 8, 274, 307; 10, 20, 51; 20, 296, 304). Die Ermächtigung ist zu unbestimmt, wenn nicht mehr vorausgesehen werden kann, mit welcher Tendenz von ihr Gebrauch gemacht werden, welchen Inhalt die Rechtsverordnung haben könnte. Beispiele aus dem Steuerrecht, in denen diese Voraussetzungen nicht gegeben waren: BVerfGE 23, 62 ff. und BFH BStBl. 74, 205.

c) Die Verordnung muß ihre **Rechtsgrundlage** (Ermächtigungsgrundlage) angeben (Art. 80 I 3 GG).

d) Die Verordnung muß ordnungsmäßig **verkündet** sein, im Bundesgesetzblatt (Art. 82 I 2 GG) oder im Bundesanzeiger (Gesetz vom 30. 1. 1950, BGBl. I 50, 23); Veröffentlichung im Bundessteuerblatt genügt nicht.

Bei Verstößen gegen die in a)–d) aufgeführten Voraussetzungen sind Rechtsverordnungen unwirksam[4]. Die Gerichte haben die Verordnungen selbst auf ihre Gültigkeit zu 9

3 Vgl. Fn. 2.
4 S. etwa BFH BStBl. 74, 205.

prüfen und evtl. als unwirksam zu behandeln, ohne das Verfassungsgericht anrufen zu müssen.

10 Rechtsverordnungen sind die insb. zu den größeren Steuergesetzen ergangenen **Durchführungsverordnungen,** wie EStDV, LStDV, KStDV, BewDV, GewStDV, UStDV, ErbStDV. Die meisten Ermächtigungen zu Rechtsverordnungen sind am Schluß eines Gesetzes zusammengefaßt, z. B. § 51 EStG, § 53 KStG, § 35c GewStG.

Der Wegfall einer Ermächtigung berührt die aufgrund der weggefallenen Ermächtigung ergangenen Verordnungen nicht; die Verordnungen überdauern ihre Ermächtigung.

Nicht wenige gesetzliche Ermächtigungen empfehlen sich zur kritischen Überprüfung an Art. 80 GG. Geht es um Rechtsverordnungen, so sollte in kritischen Fällen stets geprüft werden, ob die Verordnung auf einer hinreichenden gesetzlichen Ermächtigung beruht und ob sie die Grenzen der Ermächtigung einhält. Die Kommentare zu Steuergesetzen sind insoweit durchgehend zu enthaltsam.

Über sog. (auf § 13 RAO beruhende) *Milderungsanordnungen* s. 1.–6. Auflage, zuletzt S. 78, und Tipke/*Kruse*, AO, § 4 Tz. 29 ff.

3. Autonome Satzungen

Literatur: Tipke/*Kruse*, AO, § 4 Tz. 28.

11 Autonome Satzungen sind Rechtsnormen, die von einer dem Staat inkorporierten juristischen Person des öffentlichen Rechts im Rahmen ihrer Autonomie erlassen werden.

Für das Steuerrecht relevant ist die Autonomie der **Gemeinden** (s. Art. 28 II GG und Gemeindeordnungen). Die Gemeindeautonomie enthält allerdings nicht die Befugnis zur Auferlegung von Steuern. Diese Befugnis ergibt sich auch nicht unmittelbar aus Art. 28 II GG (bestr.). Es bedarf dazu vielmehr einer besonderen gesetzlichen, hinreichend bestimmten Ermächtigung. Da solche Ermächtigungen durch Art. 105, 106 VI 2 GG begrenzt sind, verbleibt den Gemeinden über die Festsetzung der Realsteuerhebesätze (s. Art. 106 VI 2 GG) hinaus kein Spielraum[5]. Allerdings wird angenommen, daß die Länder ihr begrenztes Steuererfindungsrecht (s. Art. 105 II a GG) auf die Gemeinden übertragen könnten. Nähere Bestimmungen über kommunale Steuersatzungen enthalten die Kommunalabgabengesetze[6]. Die Kommunalabgabengesetze sehen eine Genehmigung der Steuersatzungen durch die Aufsichtsbehörde vor.

Die Mustersatzungen oder Mustersteuerordnungen sind keine Rechtsnormen; sie dienen den Genehmigungsbehörden lediglich als Richtlinien für die Genehmigung von Steuersatzungen[7].

4. Gewohnheitsrecht

Literatur: *H. W. Kruse,* Über Gewohnheitsrecht, StuW 59, 209; *ders.,* Über Kirchensteuer und Gewohnheitsrecht, StuW 61, 57 ff.; *E. Höhn,* Gewohnheitsrecht im Verwaltungsrecht, Bern 1960; Tipke/*Kruse*, AO, § 4 Tz. 39; *H. Paulick,* Lehrbuch des allgemeinen Steuerrechts[3], Köln u. a. 1977, Rnrn. 244 ff.; *H. O. Freitag,* Gewohnheitsrecht und Rechtssystem. Eine rechtstheoretische und verfassungsrechtliche Untersuchung zum Gewohnheitsrecht, insb. in der Eingriffsverwaltung, Berlin 1976.

12 Gewohnheitsrecht besteht aus ungeschriebenen Rechtsnormen, die sich durch langandauernde **Übung** (meist veranlaßt durch eine langjährige ständige Rechtsprechung) gebildet haben und von dem allgemeinen Rechtsbewußtsein bestätigt worden sind. Die

---

5 Vgl. § 3 Rz. 44 ff. – Zur gemeindlichen Satzungsbefugnis: *Bleckmann,* DVBl. 87, 1085; *Starck,* Verfassungsmäßigkeit der Vergnügungssteuer?, München 1973, 39 ff.; *H. J. Papier,* Die finanzrechtlichen Gesetzesvorbehalte . . ., Berlin 1973, 137 ff.; s. auch *K. Stern,* Das Staatsrecht der Bundesrepublik Deutschland, II, München 1980, § 46 III, 1123 ff.

6 Für Nordrhein-Westfalen vgl. § 2 KAG vom 21. 10. 1969.

7 Dazu *Schink,* Mustersatzungen, ZG 86, 33 ff.

Übung muß solange bestanden haben, daß sich die allgemeine Rechtsüberzeugung gebildet hat, die Übung sei Rechtens. Vorausgesetzt wird ferner die *Formulierbarkeit* der Übung als Rechtssatz.

Die Frage, ob und inwieweit Steuerrecht auf Gewohnheitsrecht beruhen kann, ist umstritten. Während *H. Paulick*, a. a. O., die Möglichkeit von Gewohnheitsrecht sowohl für Steuerbelastungen als auch für Steuervergünstigungen ablehnt, verneint *H. W. Kruse*, a. a. O., lediglich die Möglichkeit sog. steuerschaffenden Gewohnheitsrechts[8]. Offenlassend BFH GrS BStBl. 84, 751, 764.

U. E. bindet Art. 105 GG die **Steuergesetzgebung** an das parlamentarische Gesetz. 13
Daher ist Steuergewohnheitsrecht nicht mit Art. 105 GG vereinbar[9]. Im Steuerrecht könnte sich Gewohnheitsrecht überhaupt nur auf der Basis von Richterrecht bilden. Auch wenn man dies für zulässig hält, müßte man es an dessen Grenzen (s. § 4 Rz. 157 ff.) binden.

Kein Gewohnheitsrecht (und keine Rechtsnorm) ist die *Verkehrssitte.* Das gilt auch für die im Geschäftsverkehr unter Kaufleuten gebräuchliche Verkehrssitte, den *Handelsbrauch* (§ 346 HGB).

5. Völkerrecht und Europäisches Gemeinschaftsrecht

Literatur: Kommentare zu § 2 AO; *J. Lang*, Stichwort „Supranationales Steuerrecht“, in: HWStR[2], München/Bonn 1981; *Seidl-Hohenveldern*, Völkerrecht[6], Köln u. a. 1987, 68 ff.; *F. Ossenbühl*, Gesetz und Recht, HStR III (1988), 281, 310 ff.; *E. Grabitz*, Das Verhältnis des Europarechts zum nationalen Recht, DStJG Bd. 11 (1988), 33; *Ipsen*, Völkerrecht[3], München 1990, 94 ff., 188 ff.; *T. Oppermann*, Europarecht, München 1991, 151 ff.; *F. Ossenbühl*, in: Erichsen/Martens, Allgemeines Verwaltungsrecht[9], Berlin/New York 1992, 165 ff. (Europäisches Gemeinschaftsrecht), 168 ff. (Völkerrecht); *H. Schaumburg*, Internationales Steuerrecht, Außensteuerrecht, Doppelbesteuerungsrecht, Köln 1993, 10 ff.; *H. Maurer*, Allgemeines Verwaltungsrecht[9], München 1994, 75 ff.

a) Das Internationale Steuerrecht (s. § 2 Rz. 31 ff.) besteht nicht nur aus nationalen 14
Rechtsnormen, sondern auch aus Normen des Völkerrechts. Zu den Völkerrechtsnormen zählen die in § 2 AO angesprochenen völkerrechtlichen Verträge sowie die allgemeinen Regeln des Völkerrechts, die nach Maßgabe des Art. 25 GG als Bestandteil des Bundesrechts Vorrang vor dem einfachen Bundesrecht und Landesrecht (einschließlich Landesverfassungsrecht) haben. Im Steuerrecht hat vor allem das **Völkervertragsrecht** besonders in Gestalt von **Doppelbesteuerungsabkommen** (s. § 2 Rz. 40 ff.) Bedeutung. Zustandekommen und Wirkungen der völkerrechtlichen Verträge ist in dem Wiener Übereinkommen über das Recht der Verträge (WÜRV) vom 23. 5. 1969 geregelt[10]. Völkerrechtlich kommen Verträge durch die Zustimmungserklärungen der vertragsschließenden Staaten zustande. Die Zustimmungskompetenz steht gem. Art. 59 I GG dem Bundespräsidenten zu. Mit der Unterzeichnung und dem Austausch besonderer Urkunden (sog. Ratifikation) wird der Vertrag bestätigt und endgültig beschlossen. Ihre innerstaatliche Rechtsnormqualität im Range eines Bundesgesetzes erhalten sie durch Zustimmungsgesetz gem. Art. 59 II 1 GG. Als Spezialnormen gehen sie den anderen Steuergesetzen vor, wie § 2 AO klarstellt. **Allgemeine Regeln des Völkerrechts** i. S. d. Art. 25 GG sind das völkerrechtliche Gewohnheitsrecht und allgemein anerkannte Rechtsgrundsätze des Völkerrechts. Als Völkergewohnheitsrecht hat sich das Verbot für jeden Staat herausgebildet, seine Steuerpflicht ohne irgend eine räumliche oder persönli-

8 Vgl. auch RFHE 33, 57; BFHE 68, 462, 465; 82, 8, 12; 94, 186, 189; 135, 538, 540 (bejahend zu R. 35 EStR 1993).

9 Gl. A. *H. O. Freitag*, Gewohnheitsrecht und Rechtssystem, Berlin 1976; s. auch *P. Kirchhof*, Stichworte „Gewohnheitsrecht“ und „Rechtsquelle“, in: HWStR[2], München/Bonn 1981.

10 Vgl. hierzu *K. Vogel*, Doppelbesteuerungsabkommen[2], Kommentar, München 1990, Einl. Rz. 28 ff.

che Anknüpfung zum regelnden Staat auszudehnen[11]. Ursprünglich waren auch die Steuerbefreiungen für Angehörige diplomatischer und konsularischer Vertretungen völkergewohnheitsrechtlich begründet. Sie sind jetzt völkervertraglich im Wiener Übereinkommen geregelt (s. § 3 Nr. 29 EStG; Abschnitt 6 Nr. 18 EStR 1990). Allgemeine Rechtsgrundsätze des Völkerrechts spezifizieren vor allem die Rechtsanwendung wie rechtslogische Regeln (Analogieschluß u. a. argumenta, s. § 5 Rz. 61; lex posterior derogat legi priori; lex specialis derogat legi generali), das Verbot des Rechtsmißbrauchs und der Grundsatz von Treu und Glauben.

15 b) Das Europäische Steuerrecht (s. § 2 Rz. 47 ff.) beruht primär auf völkerrechtlichen Verträgen (s. § 2 Rz. 47). Von diesem **primären Gemeinschaftsrecht** der Gründungsverträge ist das **sekundäre Gemeinschaftsrecht** zu unterscheiden, das die von den Organen der Europäischen Gemeinschaften aufgrund der Gründungsverträge erlassenen Rechtsvorschriften umfaßt (s. § 2 Rz. 48). Diese Rechtsvorschriften müssen den Gründungsverträgen entsprechen, um wirksam zu sein. Solche Rechtsnormen, die von supranationalen Organisationen kraft ihrer eigenen Rechtssetzungsbefugnis erlassen werden, werden als **supranationale Rechtsnormen** bezeichnet. Die BRD hat die Rechtssetzungsbefugnis gem. Art. 24 I GG an die supranationalen Organisationen übertragen. Art. 59 GG ist auf supranationale Rechtsnormen anwendbar. Während EG-Verordnungen (s. § 2 Rz. 48) unmittelbar in jedem Mitgliedstaat gelten, müssen EG-Richtlinien (s. § 2 Rz. 48) erst durch nationale Gesetze (Beispiel: durch Reform des UStG) umgesetzt werden. Jedoch hat der EuGH (BB 82, 480 f.; DB 82, 411; UStR 82, 70; RIW 82, 186) entschieden: Würden Richtlinien vom Mitgliedstaat nicht (fristgerecht) in nationales Recht umgesetzt, so könnten die Bürger sich unmittelbar auf die Richtlinien berufen. Diesen Standpunkt hat das BVerfG (BVerfGE 75, 223) bestätigt. Das supranationale Recht geht dem nationalen Recht vor. Das BVerfG (BVerfGE 73, 339) hat entschieden, Gemeinschaftsrecht sei nicht auf seine Vereinbarkeit mit den Grundrechten des Grundgesetzes zu überprüfen, solange der EuGH solche Grundsätze beachte.

16–19 Einstweilen frei.

6. Keine Rechtsnormen

6.1 Verwaltungsvorschriften

Literatur: *Jaenke,* Verwaltungsvorschriften im Steuerrecht – die Bedeutung der Richtlinien, Diss. Köln, Düsseldorf 1959; *Kampe,* Verwaltungsvorschriften und Steuerprozeß, Stuttgart 1965; *F. Ossenbühl,* Verwaltungsvorschriften und Grundgesetz, Bad Homburg/Berlin/Zürich 1968; *Hoepffner,* Gesetzverdrängung durch Verwaltungshandeln im Steuerrecht, Diss. Würzburg 1970; *Vogel/Wachenhausen,* Bonner Kommentar zum Grundgesetz, Art. 108 (Zweitbearbeitung 1971) Rnrn. 172 ff.; *Jaehnike,* Die Bindung der Finanzgerichte an Verwaltungsvorschriften, StuW 79, 293; Tipke/*Kruse,* AO, § 4 Tz. 32 ff.; *J. Martens,* Verwaltungsvorschriften zur Beschränkung der Sachverhaltsermittlung, Köln 1980; Beiträge von *J. Martens, Pelka, Schulze-Osterloh, Stolferfoht, Kohlmann, Trzaskalik, Möllinger,* in: Tipke (Hrsg.), Grenzen der Rechtsfortbildung . . . durch Verwaltungsvorschriften im Steuerrecht, DStJG Bd. 5 (1982); *Leisner,* Verwaltungsvorschriften als „Nebengesetze“ im Steuerrecht?, Köln 1982; *F. Ossenbühl,* Autonome Rechtsetzung der Verwaltung, HStR III, Heidelberg 1988, § 65; *L. Osterloh,* Gesetzesbindung und Typisierungsspielräume bei der Anwendung der Steuergesetze, Habil., Baden-Baden 1992; *G. Juchum,* Verwaltungsvorschriften im Einkommensteuerrecht, ZG 91, 56; *K. Tipke,* Die Steuerrechtsordnung, Bd. III (StRO III), Köln 1993, 1162.

20 Verwaltungsvorschriften (Verwaltungsanordnungen, Verwaltungsverordnungen) können einen Einzelfall betreffen, aber auch eine Vielzahl von Fällen. Auch wenn sie, wie

11 Vgl. *H. Schaumburg,* Internationales Steuerrecht, 1993, 13.

häufig, eine Vielzahl von Fällen betreffen, sind sie keine Rechtsnormen. Sie sind nicht für die Staatsbürger (s. Rz. 1), sondern **nur für die Verwaltungsbehörden** verbindlich.

Soweit Verwaltungsvorschriften als Rechtsnormen oder Rechtssätze bezeichnet werden, weil sie nicht außerhalb der Rechtsordnung stehen, sondern Teil der Rechtsordnung sind und angewiesene Behörden rechtlich binden (*F. Ossenbühl, Jaehnike*), bedeutet dies nur eine terminologische Abweichung. Eine Bindung der Staatsbürger (und der Gerichte) an Verwaltungsvorschriften wird daraus nicht hergeleitet.

Verwaltungsvorschriften werden von übergeordneten Behörden (oder Vorgesetzten) kraft ihrer **Organisations- und Geschäftsleitungsgewalt** erlassen. 21

Nach Art. 108 VII GG kann die **Bundesregierung** alle Verwaltungsvorschriften erlassen, und zwar mit Zustimmung des Bundesrats auch, soweit die Verwaltung von Bundessteuerrecht den Landesfinanzbehörden oder Gemeinden obliegt. Die Kompetenz der Bundesfinanzverwaltung für ihren eigenen Bereich ist selbstverständlich; jedoch wird durch Art. 108 VII GG eine (von der Zustimmung des Bundesrats abhängige) Kompetenz auch für den Bereich der Verwaltung von Bundessteuern durch Länder und Gemeinden begründet, und zwar mit Vorrang vor Verwaltungsvorschriften der Länder. Auf Art. 108 VII GG beruhen die Richtlinien zu den großen Steuergesetzen. Aufgrund Art. 108 III 2 i. V. mit Art. 85 III, IV GG kann auch das Bundesministerium der Finanzen Verwaltungsvorschriften erlassen[12].

Die **Finanzverwaltung** ist nicht ermächtigt, Verwaltungsvorschriften zu erlassen, 22

- die die Aufklärungstätigkeit der Finanzbehörden in einer Weise einschränken, die die Gleichmäßigkeit der Besteuerung und damit den Gleichheitssatz (Art. 3 GG) verletzt[13]; Praktikabilitätsgesichtspunkte dürfen in Grenzen berücksichtigt werden[14]. Durch Verwaltungsvorschriften festgesetzte Pauschbeträge sind rechtswidrig, wenn durch sie eine offensichtlich unzutreffende Besteuerung bewirkt wird[15];
- durch die außerhalb des Gesetzes (autonom) Wirtschafts- und Sozialpolitik betrieben wird.

Im Sprachgebrauch der Praxis erläßt die Bundesregierung Richtlinien und offenbaren sich die Ministerien in Erlassen und Schreiben[16], die OFDen erlassen Verfügungen. 23

Inhaltlich lassen sich unterscheiden:

a) **Organisationsvorschriften;** sie betreffen die innere Organisation oder den Geschäftsgang von Behörden;

b) **Gesetzesanwendungsvorschriften,** und zwar norminterpretierende Anordnungen, Ermessensanordnungen und Anordnungen zur Sachverhaltsermittlung (Schätzungsrichtlinien, Bewertungsrichtlinien, Typisierungs- und Vereinfachungsvorschriften):

   aa) allgemeine, z. B. Einkommensteuer-Richtlinien, allgemeine Erlasse und Verfügungen; sie behandeln problematische Gesetzesanwendungsfragen von allgemeiner Bedeutung;

   bb) Erlasse und Verfügungen im Einzelfall.

Die Gesetzesanwendungsvorschriften enthalten die Verwaltungsauffassung über gesetztes Recht, sie setzen nicht selbst Recht.

---

12 Dazu ausführlich *Vogel/Wachenhausen,* Bonner Kommentar zum Grundgesetz, Art. 108 (Zweitbearbeitung 1971) Rnr. 183.

13 Dazu *J. Martens,* Verwaltungsvorschriften zur Beschränkung der Sachverhaltsermittlung, Köln 1980.

14 Vgl. § 4 Rz. 23 f.; 130 ff.

15 S. BFH BStBl. 82, 302.

16 Dazu kritisch *Schöck,* Innerstaatliche Kooperation beim Vollzug von Steuergesetzen, StuW 77, 22 ff.; außerdem unten § 22 Rz. 36.

24 Finanzministerien und OFDen pflegen jährlich etwa 2000 Verwaltungsvorschriften zu erlassen. Insgesamt existieren etwa 40 000 solcher Verwaltungsvorschriften.

Die **Vielzahl der Verwaltungsvorschriften** wird oft aus bürokratischer Reglementiersucht und als Aktivitätsdemonstration der Oberbehörden erklärt. Jedoch dürfen folgende Wirkungen der Verwaltungsvorschriften nicht übersehen werden:

- Verwaltungsvorschriften engen die Freiheit des Beamten zur Individualentscheidung wohl ein, sie tragen aber wesentlich zur **Gleichmäßigkeit der Besteuerung** bei. Solche Einengung kann sich in *Ermessensfällen* allerdings verbieten. Ermessensspielräume dienen gerade dazu, die Berücksichtigung der Umstände des Einzelfalles zu ermöglichen. Der auf den Einzelfall abgestellten Ermessensermächtigung des Gesetzes laufen ermessensregulierende abstrakte Verwaltungsvorschriften oft zuwider;
- Verwaltungsvorschriften haben **Entlastungswirkung** für Verwaltungsbeamte und Steuerberater. Sie kommentieren das Gesetz unter Berücksichtigung von BFH-Urteilen oder enthalten Tabellen oder Pauschbeträge und ermöglichen es auf diese Weise, das „Veranlagungsgeschäft" (die Finanzverwaltung erläßt etwa 120 Mio. Verwaltungsakte pro Jahr) zu beschleunigen. Zugleich nehmen sie den mit der juristischen Gesetzesanwendungsmethode nicht vertrauten Gesetzesanwendern die Schwierigkeiten der Anwendungsarbeit ab. Das mag erklären, warum das Gros der Steuerberater sich an den Steuerrichtlinien wie an Rechtsnormen orientiert. Auch in der Steuerberaterprüfung wird Richtlinienwissen verlangt[17];
- Verwaltungsvorschriften erhöhen die **Rechtssicherheit.** Das Verhalten der Verwaltungsbehörden wird voraussehbar.

25 Verwaltungsvorschriften binden grundsätzlich **nur die nachgeordneten Behörden und Bediensteten** kraft ihrer Gehorsamspflicht (s. insb. § 55 BBG; § 37 BRRG).

Verwaltungsvorschriften binden grundsätzlich nicht die Steuerpflichtigen und die Gerichte. Sie begründen insb. keine Rechte und Pflichten für die Steuerpflichtigen. S. allerdings § 176 II AO.

Norminterpretierende Vorschriften der Verwaltung haben für das Gericht prinzipiell kein größeres Gewicht als Äußerungen in der Literatur. Das Gericht darf eine Verwaltungsvorschrift auch dann nicht anwenden, wenn sie für den Steuerpflichtigen günstiger ist als der Standpunkt des Gerichts. Eine dadurch entstehende Verletzung des Gleichheitssatzes gegenüber dem Betroffenen kann die Verwaltung bis zur gebotenen Aufhebung der Verwaltungsvorschrift durch eine Billigkeitsmaßnahme nach § 227 AO ausgleichen (s. § 22 Rz. 336).

Besondere Probleme ergeben sich bei **Bewertungsrichtlinien** und **Typisierungsvorschriften** (AfA-Tabellen, Richtsätzen, Pauschbeträgen). An sie sind die Gerichte zwar auch nicht gebunden. Da richterliche Erfahrung i. d. R. auch nicht ausreicht, solche Richtlinien zu „widerlegen", setzt die Abweichung von ihnen aufwendige Sachverständigenarbeit voraus. Die Gerichte wenden solche Richtlinien jedenfalls insoweit an, als ihnen die Größen vertretbar erscheinen und nicht offensichtlich unzutreffend sind[18].

26 **Ermessensanordnungen** betreffen einen Bereich, in dem die Verwaltung einen gewissen Spielraum hat, in den das Gericht nur beschränkt eindringen darf (§ 102 FGO). Legt sich die Verwaltung durch Ermessensanordnung – zulässigerweise – fest, so bindet sie sich selbst dahin, daß sie ihre Anordnung allgemein anwenden muß; andernfalls verletzt sie

17 Das von einem Steuerberater-Institut herausgegebene Veranlagungshandbuch enthält neben den Gesetzen nur Verwaltungsvorschriften. Auch das Buch von *Grass/Litfin,* Die Prüfung der steuerberatenden Berufe[14], Ludwigshafen 1990, ist einseitig an den Steuerrichtlinien orientiert.

18 Dazu *Jaehnike,* StuW 79, 293, 300 ff.; Tipke/*Kruse,* AO, § 4 Tz. 37; *J. Martens,* DStJG Bd. 5 (1982), 165, 193 ff.; *Seeger,* BB 84, 51 ff.; *L. Osterloh,* Gesetzesbindung und Typisierungsspielräume, Baden-Baden 1992, 451 ff.; *dies.,* StuW 93, 342 ff.; BFH BStBl. 82, 302; 82, 500; 86, 200; 88, 780; 92, 1000.

den Gleichtheitssatz des Art. 3 I GG (sog. *Selbstbindung der Verwaltung*[19]). Über den Gleichheitssatz können und müssen auch die Gerichte fehlerfreie Ermessensanordnungen beachten. Eine ermessensfehlerhafte[20] Ermessensausübung löst keine Selbstbindung aus (keine Gleichheit im Unrecht![21]).

6.2 Entscheidungen der Steuergerichte

Literatur: *W. Leisner,* Die allgemeine Bindung der Finanzverwaltung an die Rechtsprechung. Zur „normgleichen Präjudizienwirkung" höchstrichterlicher Urteile, Wiesbaden 1980; *F. Klein,* BFH-Rechtsprechung – Anwendung und Berücksichtigung durch die Finanzverwaltung, DStZ 84, 55; *W. Jakob/R. Jüptner,* Zur Problematik sog. Nichtanwendungsverfügungen im Steuerrecht, StuW 84, 148; *K. A. Bettermann,* Bindung der Verwaltung an die höchstrichterliche Rechtsprechung, in: FS für H. Meilicke, 1985, 1; *O. Buhs,* Die allgemeine Bindung der Finanzverwaltung an die Rechtsprechung des Bundesfinanzhofs. Die Zulässigkeit sog. Nichtanwendungserlasse der Finanzverwaltung, Diss. Kiel 1986; *A. Krüger,* Die Bindung der Verwaltung an die höchstrichterliche Rechtsprechung, dargestellt am Beispiel der Nichtanwendungserlasse in der Finanzverwaltung, Diss. München 1987; *M. Kreft,* Der Nichtanwendungserlaß, Akzeptanz und Bindungswirkung der Finanzrechtsprechung in der Finanzverwaltung, Diss. Bayreuth 1989; *J. Lang,* Reaktion der Finanzverwaltung auf mißliebige Entscheidungen des Bundesfinanzhofs, StuW 92, 14; *ders.,* DRiZ 92, 365; *H. Weber-Grellet,* Tendenzen der BFH-Rechtsprechung, StuW 93, 195; *K. Tipke,* Die Steuerrechtsordnung, Bd. III (StRO III), Köln 1993, 1181.

Dadurch, daß viele Urteile, insb. solche des Bundesfinanzhofs, **„grundsätzliche Bedeutung"** (s. § 115 II Nr. 1 FGO) haben und die Finanzverwaltung die wichtigsten BFH-Urteile in die Richtlinien aufnimmt, erhalten diese große Breitenwirkung. Auch die Wissenschaft beachtet die Urteile nicht bloß als Fallmaterial, sondern als Präjudizien[22]. Die Urteile der Steuergerichte erzeugen jedoch – vom Sonderfall des § 176 I AO abgesehen – keine allgemeine rechtliche Bindung (s. § 110 FGO)[23]. Das bedeutet indessen nicht, daß es im Belieben der Finanzverwaltung stünde, BFH-Urteile über den Einzelfall hinaus zu beachten oder nicht. 27

Gelegentlich erläßt die Finanzverwaltung sog. **Nichtanwendungsverfügungen.** Dem in Art. 20 II 2 GG verankerten Gewaltenteilungsprinzip entspricht es, daß die Finanzverwaltung in ihrem Aufgabengebiet eine eigenständige Verantwortung für die zutreffende Rechtsfindung trägt. Deshalb hat sie selbständig und eigenverantwortlich darüber zu entscheiden, ob sie ein Judikat zu ihrer Verwaltungspraxis macht oder ihm die Gefolgschaft versagt. Die Entscheidung hierüber darf sich jedoch nicht nach dem Fiskalinteresse richten. Zur Abweichung von der BFH-Rechtsprechung ist die Finanzverwaltung dann legitimiert, wenn sie von der inhaltlichen Richtigkeit der Rechtsprechung nicht überzeugt ist und diese für eine rechtsdogmatische Fehlentwicklung hält[24].

Die Gerichte sind an die Gesetze gebunden (Art. 20 III, 97 I GG); nicht aber ist der Gesetzgeber an Gerichtsentscheidungen gebunden. In der jüngeren Vergangenheit hat die Finanzverwaltung auf ihr mißliebige Entscheidungen vermehrt mit der Initiative von

---

19 Dazu *H.-U. Erichsen,* in Erichsen/Martens (Hrsg.), Allgemeines Verwaltungsrecht[9], Berlin/New York 1992, § 10 Rz. 20 ff.; BFHE 81, 666. Vgl. auch Rz. 120.

20 Dazu Rz. 119.

21 Dazu mit Nachweisen *v. Mangoldt/Klein/Starck,* GG[3], Art. 3 Rn. 184; *H.-U. Erichsen,* in Erichsen/Martens (Fn. 19), § 10 Rz. 21; FG Hamb. EFG 85, 508.

22 Dazu *H. Weller,* Die Bedeutung der Präjudizien im Verständnis der deutschen Rechtswissenschaft, Berlin 1979.

23 Dazu *Bydlinski,* Hauptpositionen zum Richterrecht, JZ 85, 149 ff.; s. aber auch *H. W. Kruse,* BB 85, 1078 ff.; und unten § 23 Rz. 263.

24 Dazu *J. Lang,* StuW 92, 14 ff.

sog. **Nichtanwendungsgesetzen** reagiert[25]. Dazu empfiehlt und entwirft das Bundesfinanzministerium als Fachberater der Regierung und des Parlaments Gesetzesänderungen, die eine höchstrichterliche Rechtsprechung revidieren. Beispiele rechtsprechungsbrechender Gesetzgebung sind u. a.: Gesetz vom 25. 7. 1984 (BGBl. I 84, 1006) über Steuerabzugsverbote für Geldstrafen und Geldbußen (dazu § 9 Rz. 277); Gesetz vom 19. 12. 1985 (BGBl. I 85, 2436) zur Wiederherstellung der sog. Gepräge-Rechtsprechung (dazu § 9 Rz. 517) und zuletzt Gesetz vom 25. 2. 1992 (BGBl. I 92, 297) zur doppelstökkigen Personengesellschaft (dazu § 9 Rz. 504 f.). Die antijustizielle Gesetzgebung findet ihre Rechtfertigung in der eigenständigen Verantwortung der Gewalten für das Recht, wenn sie rechtsdogmatische Fehlurteile korrigieren soll. Besitzt sie dagegen lediglich eine rein fiskalische Motivation, so erweist sie sich als illoyal und rechtsstaatswidrig.

Die Rechtsprechung des Bundesfinanzhofs sollte nicht erstarren; jedoch ist im Interesse der Rechtssicherheit eine gewisse Kontinuität wünschenswert. Eine gefestigte höchstrichterliche Rechtsprechung sollte nur wegen rechtsdogmatisch überzeugender und gründlich durchdachter Überlegungen geändert werden.

28–39 Einstweilen frei.

B. Rechtsanwendung; Methoden der Gesetzesauslegung

Allgemeine Literatur: *Fikentscher,* Methoden des Rechts, Bd. IV, Tübingen 1977; *Coing,* in: Staudinger, BGB[12], Berlin 1980, Einleitung VI, VII (betr. Auslegung, Richterrecht); *Koch/Rüßmann,* Juristische Begründungslehre, München 1982; *Bydlinski,* Juristische Methodenlehre und Rechtsbegriff, Wien/New York 1982; *Engisch,* Einführung in das juristische Denken[8], Stuttgart u. a. 1983; *K. Larenz,* Methodenlehre und Rechtswissenschaft[6], Berlin/Heidelberg/New York 1991; *Jescheck,* Lehrbuch des Strafrechts, Allg. Teil[4], Berlin 1988, § 17; *F. Müller,* Juristische Methodik[4], Berlin 1990.

Steuerrechtliche Literatur: *Hensel,* Gesetz und Gesetzesanwendung im Steuerrecht, VJSchrStFR 1931, 115; *Hartz,* Die Auslegung von Steuergesetzen, Herne 1956; *R. Thiel,* Gedanken zur Methode der steuerlichen Rechtsfindung, StbJb. 1963/64, 161; Beiträge zur Auslegung, in: Spitaler-Gedächtnisschrift „Die Auslegung der Steuergesetze in Wissenschaft und Praxis", hrsg. von Thoma und Niemann, Köln 1965; *Gassner,* Interpretation und Anwendung der Steuergesetze, Wien 1972; *H. J. Papier,* Die finanzrechtlichen Gesetzesvorbehalte und das grundgesetzliche Demokratieprinzip, Berlin 1973, 171 ff.; *Beisse,* Wirtschaftliche Betrachtungsweise im Steuerrecht nach Wegfall des § 1 StAnpG, Inf. 77, 433; *W. Maaßen,* Privatrechtsbegriffe in den Tatbeständen des Steuerrechts, Berlin 1977; *P. Fischer,* Steuergesetz und richterliche Wertung, StuW 79, 347; *Walz,* Steuergerechtigkeit und Rechtsanwendung, Heidelberg/Hamburg 1980, insb. 211 ff.; *Beisse,* Stichwort „Auslegung", HWStR[2], München/Bonn 1981; *K. Tipke* (Hrsg.), Grenzen der Rechtsfortbildung durch Rechtsprechung und Verwaltungsvorschriften im Steuerrecht, DStJG Bd. 5 (1982) mit Beiträgen von *K. Tipke, L. Woerner, K. Friauf, H. W. Kruse, G. Felix, J. Martens, J. Pelka* u. a.; *K. Vogel,* Doppelbesteuerungsabkommen und ihre Auslegung, StuW 82, 111 ff., 286 ff. und DBA-Kommentar[2], München 1990, Einl. Rnrn. 58 ff.; *P. Locher,* Grenzen der Rechtsfindung im Steuerrecht, Bern 1983; *Hartmann/Walter,* Auslegung und Anwendung von Steuergesetzen, Berlin 1984; *K. Tipke,* Über teleologische Auslegung, Lückenfeststellung und Lückenausfüllung im Steuerrecht, in: FS für v. Wallis, Bonn 1985, 133 ff.; *H. W. Kruse,* Über Rechtsgefühl, Rechtsfortbildung und Richterrecht im Steuerrecht, BB 85, 1077; *G. Felix,* Die Auslegung der Steuergesetze aus dem Blickwinkel der Steuerberatung, Stbg. 88, 15; Tipke/*Kruse,* AO, § 4 Tz. 70 ff.; *H. G. Ruppe,* HHR, Einf. ESt Anm. 630 ff.; *H. Weber-Grellet,* Auf den Schultern von Larenz: Demokratisch-rechtsstaatliche Rechtsanwendung und Rechtsfortbildung im Steuerrecht, DStR 91, 438; *P. Fischer,* Grundlagen und Grenzen der Rechts(fort)bildung im Steuerrecht, StVj 92, 3; *L. Woerner,* Verfassungsrecht und

25 Dazu *B. Knobbe-Keuk,* BB 1985, 820, 941; BB 1988, 1086; *G. Felix,* BB 1988, 1500; *G. Crezelius,* Rechtsprechungsüberholende Gesetzgebung und gesetzesüberholende Rechtsprechung, in: Festgabe für G. Felix, Köln 1989, 36 ff.; *F. Klein,* in: FS für H. Sendler, München 1991, 493 ff.; *J. Lang* (Fn. 24), StuW 92, 14, 18 f.

Methodenlehre im Steuerrecht, FR 92, 226; *K. Tipke*, Die Steuerrechtsordnung, Bd. III (StRO III), Köln 1993, 1229.

1. Einführung

Da das Recht erst durch seine Anwendung auf den Einzelfall konkretisiert wird, können Gesetzmäßigkeit der Besteuerung (s. § 4 Rz. 150 ff.), Rechtssicherheit, insb. Gesetzesbestimmtheit (s. § 4 Rz. 167 ff.), und Gleichmäßigkeit der Besteuerung (s. § 4 Rz. 70 ff.) sich nur dann voll entfalten, wenn die Rechtsanwendung, insb. die Gesetzesauslegung sich einer disziplinierten Methode bedient und nicht in den gesetzesfreien Raum (s. Rz. 71 ff.) eindringt. 40

Je weniger sich Beamte und Richter bei der Gesetzesauslegung exakt an die methodischen Regeln halten, je mehr sie unkontrolliert bloß ihrem **eigenen „Rechtsgefühl"**, ihrer subjektiven „Überzeugung" oder „Werthaltung" folgen, mit bloß rhetorischen oder bildhaften Wendungen operieren oder sonst unpräzise, undiszipliniert oder emotional subsumieren oder deduzieren, desto stärker leiden insb. die Rechtssicherheit (auch die Steuerplanungssicherheit) und evtl. die Gleichmäßigkeit der Besteuerung, empfinden die Beteiligten das Entscheidungsergebnis als „Glückssache", muß auch jede Entscheidungsprognose „Glückssache" bleiben. Der sich modern gebende Hinweis, der Richter (für Beamte müßte das wohl erst recht angenommen werden) folge in Wirklichkeit nicht einer Methode, sondern nur seinem „Vorverständnis", trifft nicht generell zu. Im übrigen ist es gerade der Zweck der Methode, unkontrollierte „Vorverständnis"-Ergebnisse, irrationale oder emotionale Resultate zu verhindern. 41

Freilich ist die **Methode der Gesetzesauslegung** nicht im Gesetz festgelegt. Die Methode ist der Lehre und im Einzelfall der Rechtsprechung überlassen. Die „Methodenlehre" ist sich nicht einig darüber, ob bei der Auslegung der subjektive Wille des Gesetzgebers oder der objektive Zweck des Gesetzes zu berücksichtigen ist (s. Rz. 55). Allgemein wird gelehrt, daß die Auslegung vom Gesetzeswortlaut auszugehen habe (grammatische Auslegung), aber von der Entstehungsgeschichte des Gesetzes (historisch-genetische Methode), von der Stellung der auszulegenden Vorschrift im Gesetz (systematische Methode) und vom Zweck der auszulegenden Vorschrift (teleologische Methode) mitbestimmt werde, daß eine Reihenfolge dieser Methoden jedoch nicht aufgestellt werden könne. Folglich pflegt der Gesetzesanwender, um ein aus seiner Sicht befriedigendes Ergebnis zu erreichen, bald die Entstehungsgeschichte, bald die Gesetzessystematik, bald den Gesetzeszweck in den Vordergrund zu schieben. Über die Grenzen der Auslegung (Rz. 53) und über die Frage, ob bei lückenhaftem Gesetz Analogie zulässig ist (§ 4 Rz. 184 ff.), bestehen ebenfalls Meinungsverschiedenheiten. Selbstredend haben auch nicht alle Richter oder Spruchkörper die gleichen methodischen Auffassungen. Wenn Wissenschaftler ihnen dies ankreiden, so ist das unfair, da Wissenschaftler selbst auch unterschiedliche Methoden lehren. Die Senate des Bundesfinanzhofs stützen sich übrigens besonders oft auf die Methodenlehre von *K. Larenz* (ebenso die Senate des Bundessozialgerichts). 42

Die **Rechtsanwendung** (Gesetzesanwendung) besteht darin, daß geprüft wird, ob ein konkreter Lebenssachverhalt unter den abstrakten Gesetzestatbestand des Rechtssatzes (der Rechtsnorm) paßt, von ihm (ihr) erfaßt wird, in seinen Geltungsbereich fällt, unter ihn subsumiert oder ihm zugeordnet werden kann. Während des Subsumtionsversuchs „wandert der Blick hin und her"[1] zwischen der möglicherweise anwendbaren Rechtsnorm und dem Sachverhalt. Der Steuerplaner muß dem Gesetz gedachte Sachverhalte zuordnen. 43

Die (Voll-)Norm besteht aus dem **Tatbestand** und der **Rechtsfolgeanordnung.** Der Tatbestand enthält in der Regel mehrere Begriffe. Jeder Begriff ist eine *Zweck*schöpfung insofern, als er den Tatbestand aufbauen und die Grundwertung, die diesem Tatbestand zugrunde liegt, verwirklichen soll. In diesem Sinne ist jeder Begriff teleologisch eingebunden und folglich teleologisch (final, tendenziös, intentional) zu verstehen. 44

1 *Engisch*, Logische Studien zur Gesetzesanwendung[3], Heidelberg 1963, 15.

Gelingt die Subsumtion, paßt der Sachverhalt unter den abstrakten Gesetzestatbestand, so ergibt sich die in dieser Norm angeordnete Rechtsfolge.

Logisch stellt sich die Rechtsanwendung als eine Anwendung der syllogistischen Schlußfigur des (seit der Scholastik) so genannten modus barbara dar[2].

	modus barbara	
Obersatz (Prämisse)	Für T gilt R	
Untersatz	S ist T	(= Subsumtion)
Schlußfolgerung (Konklusion)	Für S gilt R[3]	

Dieser Syllogismus gibt den Vorgang der Rechtsfolgebestimmung in vereinfachter Weise wieder. Oft handelt es sich nämlich nicht um eine Subsumtion im eigentlichen Sinne, sondern um ein wertendes In-Beziehung-Setzen, um eine **wertende Zuordnung,** um Qualifikation. Das gilt vor allem für die Zuordnung zu **Wertbegriffen** (wertausfüllungsbedürftigen oder normativen Begriffen), zumal in Generalklauseln und unbestimmten Gesetzesbegriffen (wie Ordnungsmäßigkeit der Buchführung; Gemeinnützigkeit; zwingendes öffentliches Interesse; berechtigtes Interesse; Billigkeit; Zumutbarkeit; Vertrauenswürdigkeit; Angemessenheit; wichtiger Grund; Treu und Glauben; schwerwiegender Fehler; grobes Verschulden; verständige Würdigung; volkswirtschaftlich wertvoll). Es ist eine wesentliche Aufgabe der Rechtsprechung, solche unbestimmten, vagen Begriffe unter Orientierung am Gesetzeszweck durch Fallgruppenbildung und Fallvergleich allmählich anzureichern und auf diese Weise zu konkretisieren[4].

45 Wertende Zuordnung verlangen aber auch die sog. **Typusbegriffe.** Typusbegriffe haben noch nicht die Stufe eines abstrakten (klassifikatorischen) Begriffs erreicht. Im Gegensatz zum abstrakten Begriff ist der Typus offen. Die ihn repräsentierenden Merkmale brauchen im Einzelfall nicht sämtlich vorzuliegen. Der Typus ist nicht im strengen Sinne definiert. Von den Merkmalen, die insgesamt als typisch, als für den Typus charakteristisch angesehen werden, kann im Einzelfall das eine oder andere fehlen oder von minderer Bedeutung sein, ohne daß damit die Zugehörigkeit zum Typus in Frage gestellt zu sein braucht. Ein abstrakter Begriff wird definiert durch die erschöpfende Aufzählung seiner unabdingbaren Merkmale. Unter diese Merkmale wird subsumiert. Dem Typus wird die Einzelerscheinung nicht subsumiert, sondern zugeordnet, und zwar dadurch, daß sie als ihm mehr oder weniger entsprechend erkannt wird. Die Abstufbarkeit ist ein wesentliches Merkmal des Typus. Im Gegensatz zur Begriffsabgrenzung sind die Grenzen der Typen fließend; es gibt Übergangsformen. Entscheidend ist das Gesamtbild. Bei den abstrakten Begriffen stellt sich die Subsumtionsfrage so, daß es nur ein Ja oder Nein gibt. Im Bereich der Typen haben wir es hingegen mit verschwommenen Grenzen und fließenden Übergängen zu tun; daher gibt es eine Zugehörigkeit „bis zu einem gewissen Grade". Was die Merkmale des Typus ausmacht, kann durch repräsentative Beispiele exemplifiziert oder umschrieben werden, die dann als repräsentativer Typus den Maßstab, das Muster oder Modell angeben, an dem der Vergleich oder die Ähnlichkeitsprüfung zu orientieren ist[5]. Vielfach geht das typologische Denken dem abstrakt-begrifflichen Denken voraus; es ist eine Vorstufe. Überall da, wo es in besonderem Maße um Rechtssicherheit und Berechenbarkeit geht, sollte der Gesetzgeber den offenen Typus baldmöglichst durch einen abstrakten Begriff ersetzen[6]. Typus-„Begriffe" sind z. B. die Begriffe „Unternehmer"; „Mitunternehmer" (§ 9 Rz. 503 ff.); „Selbständigkeit"/„Unselbständigkeit" (§ 9 Rz. 552); „Vermögensverwaltung". Auch der

2 Näheres bei *K. Larenz,* Methodenlehre[6], Berlin/Heidelberg/New York 1991, 271 ff.

3 T = Gesetzestatbestand; R = Rechtsfolge; S = Sachverhalt.

4 Dazu *K. Tipke,* Auslegung unbestimmter Rechtsbegriffe, in: Leffson/Rückle/Großfeld (Hrsg.), Handwörterbuch unbestimmter Rechtsbegriffe im Bilanzrecht des HGB, Köln 1986, 1 ff.

5 Vgl. etwa § 18 I Nr. 1 EStG.

6 Zum Typus *K. Larenz* (Fn. 2), 461 ff.; *Engisch,* Die Idee der Konkretisierung[2], Heidelberg 1968, 237 ff., 242 ff.; *F. Bydlinski,* Juristische Methodenlehre und Rechtsbegriff, Wien/New York 1982, 543 ff.; *Leenen,* Typus und Rechtsfindung, Berlin 1971; *J. Isensee,* Die typisierende Verwaltung, Berlin 1976, 68 ff.; speziell zum Steuerrecht *K. Vogel,* StuW 71, 308, 313 ff.; *Salditt,* StuW 71, 191, 193; *M. Streck,* FR 73, 297, 300 f.; *Walz,* Steuergerechtigkeit und Rechtsanwendung, Heidelberg/Hamburg 1980, 181 ff.

Begriff „Gewerbebetrieb“ gehörte ursprünglich hierher; er hat jedoch nach vorangegangener Ausformung durch die Rechtsprechung in § 15 II EStG die Stufe eines abstrakten Begriffs erreicht[7]. Wenn das Einkommensteuergesetz verlangt, daß etwas „ähnlich“ (§§ 13 I Nr. 4, 17 I 2, 18 I Nr. 1 Satz 2), „gleichartig“ (§ 19 II Nr. 1) oder „vergleichbar“ (§ 22 Nr. 4) sei, so verlangt es den Vergleich mit einem Typus.

46 Kompliziert wird die Rechtsanwendung im Steuerrecht u. a. durch ein **verwickeltes Rechtssatzgefüge**[8]. Kaum ein Lebenssachverhalt wird durch eine einzige Norm geregelt. Meist muß eine Vielzahl von Normen herangezogen werden: Normen, die das Steuerobjekt, das Steuersubjekt, die Steuerbemessungsgrundlage und den Steuersatz betreffen; Grundnormen mit Ergänzungsnormen; Gegen- oder Ausnahmenormen[9]; rechtshemmende, rechtshindernde, rechtsvernichtende, erläuternde Normen (Definitionsnormen) und verweisende Normen; steuerbegründende, steuererhöhende und steuermindernde Normen oder Normelemente. Zuweilen sind Rechtsfolgeanordnungen zugleich Tatbestand für andere Rechtsfolgen (Beispiel: die nach der Einkommensteuerschuld zu bemessende Kirchensteuer). Die steuerrechtliche Rechtsanwendung ist daher im ganzen wesentlich komplizierter als etwa die strafrechtliche.

Gleichwohl kann auch im Steuerrecht die Sachaufklärung im Einzelfall erheblich schwieriger sein als die Subsumtion.

47 In der **Rechtsliteratur** (in Kommentaren, Lehrbüchern, Aufsätzen) werden **Auslegungsvorschläge** gemacht. Solche Vorschläge greifen die Gerichte nicht selten auf, um sie im Einzelfall zu verwenden (und evtl. zu zitieren)[10]. Durch das Zitat zeigt der Rechtsanwender, daß er keine singuläre, subjektive Meinung vertritt, sondern sich in der Gesellschaft anderer Autoritäten befindet. Der Jurist zitiert, um, wenn schon nicht die Objektivität, so doch die Intersubjektivität seines Standpunkts darzutun. Auch der Einzelfall trägt zum Verständnis des Gesetzes bei; er ist ein Testfall für die Bewährung von Auslegungsvorschlägen. Da der Gesetzgeber nicht alle Fälle im voraus bedenken kann, erweist sich am Einzelfall die Norm nicht selten als zu eng oder zu weit. Wer mit kontroversen Auslegungsvorschlägen konfrontiert wird, gerät in Verlegenheit, wenn er selbst keine Kenntnisse über die Gesetzesanwendungsmethode hat.

2. Auslegungsmethoden im einzelnen

48 Die Subsumtion unter den Gesetzestatbestand setzt dessen Auslegung voraus.

Die **Begriffsjurisprudenz** des 19. Jahrhunderts (*Puchta, Windscheid,* der jüngere *Ihering*) war zum einen um präzise, exakte Rechtsanwendung bemüht, um Begriffslogik und Ausschaltung begrifflicher Widersprüche und Unmöglichkeiten; sie leitete Ergebnisse „begriffsnotwendig“ ab und rechnete mit Gesetzesbegriffen wie mit Zahlen; aus formalen Begriffen glaubte sie, Rechtserkenntnisse konstruieren oder deduzieren zu können. Richtiges Operieren mit den Begriffen – ohne Rücksicht auf Telos und Kontext – sollte genügen, um zur richtigen Entscheidung zu kommen. Das führte zu formaler, lebensfremder Paragraphenschusterei.

Mit dem älteren *Ihering* setzte die Überwindung des „juristischen Begriffshimmels“ der Begriffsjurisprudenz ein. *Ihering* warf die Frage nach dem Zweck im Recht auf. Es entwickelte sich die **Interessenjurisprudenz** (*Heck, Rümelin, Stoll, Müller-Erzbach*). Die Interessenjurisprudenz geht davon aus, daß die Rechtsordnung aus Geboten besteht und daß es Zweck dieser Gebote ist, das Leben zu gestalten. Die Forderungen des Lebens seien die Interessen (materielle und ideelle). Diese Interessen wollten die Gesetze durchsetzen oder schützen. – Die Interessenjurisprudenz hat sich inzwischen zur **Wertungsjurisprudenz** weiterentwickelt. Der Ausdruck „Wertungsjurisprudenz“

7 Dazu § 9 Rz. 488 f.
8 S. auch § 4 Rz. 19 ff.; § 7 Rz. 17 ff. und *K. Vogel,* StuW 77, 97.
9 Dazu § 7 Rz. 19.
10 Dazu *Drosdeck,* Die herrschende Meinung – Autorität als Rechtsquelle, Berlin 1989.

berücksichtigt besser, daß es nicht nur um materielle Interessen geht, sondern auch um ideelle und soziale.

Eine Überreaktion auf die Begriffsjurisprudenz war die **Freirechtsbewegung** (*Ehrlich, H. Kantorowicz, E. Fuchs, Isay*). Sie hat (wie die Interessenjurisprudenz) die Begriffsjurisprudenz, den Buchstabenkult, den Begriffsgötzendienst, die Wortklauberei und Begriffshaarspalterei mit Recht bekämpft. Die Freirechtsbewegung ist jedoch weit über das Ziel hinausgeschossen. Da das Wissen um Recht und Billigkeit aus dem Rechtsgefühl kommen sollte, entzog sich die Rechtsfindung oder Rechtsgestaltung dieser Schule jeglicher Methode und damit der rationalen Nachprüfung. Rechtsanwendung sollte ars boni et aequi sein. Die Grenzen zur Rechtspolitik wurden überschritten. Juristische Legitimation verlangt aber Rationalität der Begründung. Die Lehren der Freirechtsbewegung, die statt „Richterkönigtum" Kadijustiz, statt möglichst rationaler Rechtsfindung rechtlichen Irrationalismus, Voluntarismus, Subjektivismus und Dezisionismus beschert haben, statt den Geist des Gesetzes jeweils der Herren Rechtsanwender eigenen Geist, sind gewiß nicht zu vereinbaren mit Gesetzmäßigkeit, Tatbestandsmäßigkeit und Tatbestandsbestimmtheit der Besteuerung, mit dem Rückwirkungsverbot und dem Gesetzeserweiterungsverbot. Was würden diese Ausflüsse der Rechtssicherheit nützen, wenn die Rechtsanwender sich als Freirechtler betätigen dürften? § 227 AO wäre übrigens überflüssig, wenn die Rechtsanwendung schlechthin nur ars boni et aequi wäre. Die Tatbestandsbestimmtheit darf nicht durch freirechtliche Auslegungsextravaganzen ausgehöhlt werden[11].

49 *Enno Becker,* der Schöpfer der Reichsabgabenordnung von 1919, wollte eine Entscheidung im Methodenstreit treffen, und zwar gegen die Begriffsjurisprudenz für eine „teleologische Wirklichkeitsjurisprudenz". Er schuf daher den **§ 4 RAO 1919,** den Vorläufer des § 1 II StAnpG, eine Vorschrift, die von der allgemeinen juristischen Methodenlehre allerdings kaum beachtet worden ist. Nach § 1 II StAnpG waren bei der Auslegung „die Volksanschauung, der Zweck und die wirtschaftliche Bedeutung der Steuergesetze und die Entwicklung der Verhältnisse zu berücksichtigen". Die Volksanschauung war in § 4 AO 1919 noch nicht erwähnt.

Enno Becker sah in § 4 AO 1919 „einen Sieg *Iherings* gegen seine wissenschaftlichen Gegner"[12]. Er wollte mit ihr aus der Steuerrechtsanwendung Begriffshaarspalterei und Buchstabenkult, Paragraphenschusterei, Konstruktionalismus und Formalismus, Auslegung „mit dem toten Gesetzgeber" verbannen. Seitdem die Begriffsjurisprudenz als methodische Theorie auf allen Rechtsgebieten überwunden war, lief § 1 II StAnpG leer. Die Abgabenordnung 1977 hat Auslegungsregeln daher als entbehrlich nicht mehr aufgenommen (s. BT-Drucks. 7/4292, 15 zu § 4).

50 **Ziel der Gesetzesauslegung** ist es, den Sinn der Gesetzesworte zu ermitteln und klarzustellen. Die Auslegung darf nicht am buchstäblichen Sinn einzelner Ausdrücke haften, darf nie isolierte Wortphilologie sein, sondern muß den wirklichen Sinn des Rechtssatzes erforschen. Das geschieht vom **Gesetzeszweck** her. Gesetze sind nämlich Zweckschöpfungen, sind Mittel zum Zweck. Der Gesetzgeber will mit seinen Worten sagen, was er bezweckt. Daher muß die Auslegung sich am Gesetzeszweck orientieren, muß teleologisch ausgelegt werden. Durch teleologische Auslegung wird das teleologische (oder innere) System des Rechts stabilisiert, durch bloße Wortphilologie wird das teleologische System leicht verfehlt und destabilisiert.

51 Folglich ist es nicht richtig, grammatische, historische/genetische und systematische Auslegung *neben* die teleologische Auslegung zu setzen. Eine grammatische, historische/genetische, systematische Auslegung ohne Rückgriff auf den Gesetzeszweck ist

11 Näheres zur Begriffsjurisprudenz, Interessenjurisprudenz und Freirechtsschule bei *K. Larenz* (Fn. 2), 19 ff., 49 ff.; *Ph. Heck,* Das Problem der Rechtsgewinnung; Gesetzesauslegung und Interessenjurisprudenz; Begriffsbildung und Interessenjurisprudenz, Bd. 2 der Studien und Texte zur Theorie und Methodologie des Rechts, redigiert von Dubischar, Bad Homburg v. d. H./Berlin/Zürich 1968 (insb. 52 ff.); *Wieacker,* Privatrechtsgeschichte der Neuzeit[2], Göttingen 1967, 430 ff., 574 ff.; *W. Fikentscher,* Methoden des Rechts, Bd. III, 87 ff., 361 ff.

12 *Becker,* Komm. zur RAO[7], § 4 Anm. 1a a. E.

verfehlt. Grammatik, Genesis und Systematik sind nur Mittel zur Feststellung des Gesetzeszwecks[13].

Allgemein wird gelehrt (auch von *K. Larenz,* Methodenlehre[6], 320 ff.), der Interpret habe sich zuerst mit dem **Wortsinn** zu befassen (grammatische, philologische, sprachliche oder textliche Interpretation). Auch der Bundesfinanzhof pflegt so zu verfahren, und nicht selten hat er nach der Feststellung, der Wortlaut sei klar und eindeutig, die Auslegung abgebrochen. Indessen sind, von Zahlbegriffen abgesehen, alle Begriffe mehr oder weniger mehr- oder vieldeutig; Worte sind symbolisch, bildhaft, metaphorisch, nur annähernde Beschreibungen; sie haben regelmäßig einen gewissen Bedeutungsspielraum mit mehreren Bedeutungsvarianten und sind daher grundsätzlich interpretationsbedürftig (*K. Larenz,* Methodenlehre[6], 320 ff., 343, 354). Selbst Legaldefinitionen oder authentische Interpretationen (s. z. B. §§ 3 I–III, 4, 6 ff. AO; §§ 13 ff. EStG) sind unbestimmt. Aber auch wenn der Interpret ausnahmsweise zu dem Ergebnis kommt, das Gesetz sei grammatisch-philologisch eindeutig und klar, kann er den Auslegungsvorgang nicht beenden. Die Gesetzessprache hat nämlich eine spezifische Übermittlungsfunktion; sie soll dazu dienen, den Zweck der Norm zu verwirklichen. Jeder Begriff symbolisiert den Gesetzeszweck, kann daher nur vom Zweck der Norm her verstanden werden. Jeder Begriff intendiert die Verwirklichung des Gesetzeszwecks, ist insofern **teleologisch,** tendenziös, final, intentional. Da die Begriffe ihre inhaltliche Bestimmtheit nur vom Gesetzeszweck her erhalten können, kein Rechtssatz um seiner selbst willen erlassen wird, ist eine Auslegung, die nicht nach dem Zweck des Gesetzes fragt, sondern „begriffsnotwendig" etwas für richtig hält, immer unvollkommen. Daher empfiehlt es sich, zur Ermittlung des Sinns der Gesetzesworte damit zu beginnen, den Zweck des Gesetzes zu eruieren. Ohne Rücksicht auf den Gesetzeszweck mit dem Wortlaut zu beginnen, ist umständlich und verleitet leicht dazu, die Auslegung mit dem (unzutreffenden) Hinweis, der Wortlaut sei eindeutig und klar, vorzeitig abzubrechen. Ob der Wortlaut eindeutig ist, ist selbst eine Frage der Auslegung; sie kann ohne Berücksichtigung des Gesetzeszwecks nicht beurteilt werden. Gleich nach dem Gesetzeszweck zu fragen, bringt hingegen den größten Informationsgewinn. 52

Beispiele: Begriff „Arbeitslohn": Umfaßt er auch Tantiemen, Gratifikationen, Pensionen? – Begriff „Betrieb" (§ 4 I EStG): Umfaßt er jeden Einzelbetrieb oder die Gesamtheit der Betriebe einer Einkunftsart oder die Gesamtheit der Betriebe aller Gewinn-Einkunftsarten? (s. § 9 Rz. 439) – Begriff „Betriebsaufgabe" (§ 16 III EStG): Ist er ein Vehikel, stille Reserven zu erfassen? Setzt er eine Handlung voraus? Worin müßte sie bestehen? – Begriff „Teilbetrieb" (§ 16 I Nr. 1 EStG): eine teleologisch freischwebende Auslegung ist ziellos und der Auslegungsstreit endlos[14]. – Begriff „Wirtschaftsgut": Setzt er Verkehrsfähigkeit voraus oder genügt Einzelbewertbarkeit[15]?

Abweichend von der hier betonten Orientierung am Gesetzeszweck bevorzugen etliche Richter des Bundesfinanzhofs das linguistische Element besonders; ihnen genügt es, den Fall „auf den Begriff zu bringen"; dazu werten sie die in der Gerichtsbibliothek vorhandenen Wörterbücher der deutschen Sprache sorgfältig aus[16]. Daß die Gesetzesvorbereiter diese Wörterbücher auch heranziehen, ist indessen kaum anzunehmen. Ausgelegt werden kann allerdings nur ein Text. Von ihm darf Auslegung sich nicht gänzlich lösen; Auslegung ist Rechtsanwendung secundum legem. Löst die Rechtsanwendung sich vom Text, so wird sie zur Gesetzes- oder Rechtsfortbildung (s. § 4 Rz. 184 ff. u. unten Rz. 71 ff.). Der Wortlaut steckt die äußersten Grenzen vertretbarer Sinn- oder Auslegungsmöglichkeiten ab. Der mögliche (im Sinne von: noch mögliche) oder äußerste Wortsinn, d. h. derjenige Sinn, der nach dem Sprachgebrauch eben noch mit einem mehr- oder vieldeu- 53

---

13 So auch *Coing,* Staudinger, BGB[12], Einl. Tz. 195: „Es gilt der Primat der teleologischen Methode. Hilfsmittel . . . sind aber die übrigen Methoden: die sprachlich-grammatische, die logisch-systematische, die historisch-genetische . . ."

14 Dazu *L. Schmidt,* EStG[13], § 16 Anm. 14 ff. m. w. N.

15 Dazu *Ramcke,* Die Einheitlichkeit des Wirtschaftsgut-Begriffes als überflüssiges, dem jeweiligen Normzweck nicht entsprechendes Postulat, DStR 88, 476 ff.

16 Dazu *Glosse:* Da mihi lexikon, dabo tibi ius!, FR 87, 247. S. auch *Uelner,* DStR 77, 119, 123 („M. E. ist es eine bedenkliche Entwicklung der BFH-Rechtsprechung gewesen, die reine Wortinterpretation der Steuergesetze in den Vordergrund treten zu lassen . . . Das Aufspüren von Lücken im Wortlaut . . . ist . . . nur eine Frage von Zeit und Geld."); *Walz,* StuW 84, 170 („Der Buchstabe tötet . . ."); *J. Lang,* StuW 89, 201, 206.

tigen Ausdruck verbunden werden kann, bildet die Grenze der Auslegung[17]. Dem Einwand, es gäbe keine **Wortsinngrenze,** ist entgegenzuhalten: Wörter sind keine willkürlichen Lautungen, sondern Mittel der Sprachkonvention; zwar enthalten fast alle Wörter Bedeutungsvarianten und -nuancen; könnte aber jedem Wort ein beliebiger Sinn beigelegt werden, hätte ein Wort keine Sinngrenzen, so wäre Verständigung gar nicht möglich. Die Wortsinngrenzen ergeben sich aus den Konventionen der Sprachgemeinschaft. Was diese nicht mehr versteht, liegt jenseits der Grenzen des möglichen Wortsinns. Die Grenzen der sprachlichen (oder fachsprachlichen) Konvention darf der Rechtsanwender nicht überschreiten[18]. Daher ist es z. B. gewiß nicht zulässig, den Begriff „Arbeitgeber" als „Arbeitnehmer", den Begriff „eigenes Kraftfahrzeug" als „eigenes und fremdes" Kraftfahrzeug zu interpretieren.

Vom Gesetzeszweck hängt der Gesetzessinn (innerhalb des möglichen Wortsinns) ab. Je unbestimmter die Begriffe sind, desto wichtiger ist die Orientierung am Gesetzeszweck.

54 Im Steuerrecht ist es besonders wichtig, zwischen **Fiskalzwecknormen,** Sozialzwecknormen und Vereinfachungsnormen zu unterscheiden (s. § 4 Rz. 19 ff.). Freilich hat die Auslegung sich nicht am Fiskalzweck, am Zweck des Steuerrechts, Einnahmen zu erzielen, auszurichten, sondern an dem Zweck der Fiskalzwecknormen, die Gesamtsteuerlast nach einem bestimmten Maßstab auf die einzelnen Steuerpflichtigen zu verteilen[19]. In Betracht kommt als Maßstab für den Fiskalzwecknormenkomplex insb. das *Leistungsfähigkeitsprinzip* mit seinen Subprinzipien, speziell für die Umsatzsteuer das Verbrauchsteuerprinzip[20].

Anders wird auch im Strafrecht nicht verfahren. Auch die Auslegung von Straftatbeständen fragt nicht nach dem Strafzweck, sondern nach dem geschützten Rechtsgut, so wie bei der Auslegung von Fiskalzwecknormen nach dem insb. die Leistungsfähigkeit erfassen wollenden Steuergut (s. § 7 Rz. 24) zu fragen ist. Auch die Auslegung des § 903 BGB fragt nicht nach dem Zweck des Zivilrechts[21]. Auch im Steuerrecht kann i. d. R. nach dem Zweck der einzelnen Norm gefragt werden: Was wird damit bezweckt, daß originäre immaterielle Wirtschaftsgüter nicht aktiviert werden dürfen (s. § 5 II EStG), daß Entnahmen mit dem Teilwert zu bewerten sind (s. § 6 I Nr. 4 EStG), daß unangemessene Ausgaben nicht als Betriebsausgaben abgesetzt werden dürfen (s. § 4 V Nr. 7 EStG)? Zu welchem Zweck wird der Verlustausgleich gewährt, usf.

Sozialzwecknormen sind nach ihrem Sozialzweck, Lenkungsnormen insb. nach ihrem Lenkungszweck auszulegen.

Die im Steuerrecht oft hervorgehobene Auslegung nach **wirtschaftlicher Betrachtungsweise** ist, richtig verstanden, nichts weiter als am wirtschaftlichen Gesetzeszweck orien-

---

17 So auch BVerfGE 1, 299, 312; 10, 234, 244; 11, 126, 129 ff.; BFH BStBl. 65, 82; 65, 261 f.; 68, 216; 69, 550, 552; 69, 736; 70, 119, 120; 70, 597, 598; 70, 600 f.; 71, 187 f.; 71, 509 f.; 72, 455, 457; 74, 295, 296 f.; 74, 572, 576; 80, 97, 98; BFHE 91, 511; BGHSt 4, 144, 148; *K. Larenz* (Fn. 2), 324, 343, 366 ff., 375 f., 426 f.; *Engisch,* Einführung in das juristische Denken[8], Stuttgart u. a. 1983, 82, 150, 153; *F. Müller,* Juristische Methodik[3], Berlin 1989, 102 f., 182 ff.; *Wackernagel,* in: Festgabe für Ruck, Basel 1952, 229, 232 ff.; *ders.,* in: FS für E. Blumenstein, Zürich 1946, 13, 15; *C.-W. Canaris,* Die Feststellung von Lücken im Gesetz[2], Berlin 1983, 20 ff.; *Gassner,* Interpretation und Anwendung der Steuergesetze, Wien 1972, 13; *Beisse,* Stichwort „Auslegung", in: HWStR[2], München/Bonn 1981; *ders.,* DStR 76, 176 und Inf. 77, 435; *Sigloch,* JbFSt. 1971/72, 224 ff.; *Woerner,* BB 72, 603; *W. Flume,* StbJb. 1973/74, 56; *H. W. Kruse,* BB 85, 1077; weitere Nachweise in DStJG Bd. 5 (1982), 27, 31, 35, 39 ff., 60, 139, 145, 278; *F. Bydlinsky* (Fn. 6), 467 ff.; a. A: *Salditt,* StuW 74, 61; *Danzer,* Die Steuerumgehung, Köln 1981, 83 ff., 95; *P. Kirchhof,* JbFSt. 1979/80, 257 f., 291: Auslegung am Gesetzeszweck werde durch die Wortsinngrenze nicht eingeschränkt. Es komme ohne Rücksicht auf den Wortsinn allein auf den Normsinn an.

18 Dazu näher *Walz,* StRK-Anm. EntwHStG 1968 § 1 R. 2 S. 4–7.

19 Dazu *K. Vogel,* DStZA 77, 8 ff.

20 Dazu § 13 Rz. 1; *W. Reiß,* DStJG Bd. 13 (1990), 3, 26 ff.

21 So auch *Danzer* (Fn. 17), 33 f.

tierte oder – mit anderen Worten – auf Erfassung wirtschaftlicher Leistungsfähigkeit gerichtete Auslegung (s. Rz. 65 ff.). Kodifizierte Beispiele: § 3 V UStG (Gehaltslieferung); § 3 X UStG (Umtauschmüllerei).

Da dem Zivilrecht, dem Steuerrecht und anderen Zweigen des öffentlichen Rechts ein je eigenes System mit je unterschiedlichen Teleologien zugrunde liegt, kann die teleologische Auslegung desselben (in allen diesen Rechtszweigen verwendeten) Begriffs zu unterschiedlichen Ergebnissen führen; derselbe Begriff kann einen verschiedenen Sinn und Inhalt haben.

Umstritten ist, ob es darauf ankommt, was der *Gesetzgeber* im Zeitpunkt der Verabschiedung des Gesetzes mit diesem bezweckte **(subjektive Theorie),** oder ob es auch einen davon unabhängigen objektiven Zweck des Gesetzes zu berücksichtigen gilt **(objektive Theorie).** Was unter dem objektiven Zweck des Gesetzes zu verstehen ist, ist freilich recht unklar. Durchweg wird mit rhetorischen, romantischen oder mystisch anmutenden Bildern mehr verdunkelt als erklärt[22]. 55

Bezeichnend *Binding*[23]: „Das Gesetz denkt und will, was der vernünftig auslegende Volksgeist aus ihm entnimmt." Mit seinem Erlaß löse sich das Gesetz von seinem Urheber, der ganze Unterbau von Absichten und Wünschen verschwinde. „Und das ganze Gesetz ruht von nun an auf sich, gehalten durch die eigene Kraft und Schwere, erfüllt von eigenem Sinn, oft klüger, oft weniger klug als sein Schöpfer, oft reicher, oft ärmer als dessen Gedanken, oft glücklicher im Ausdruck, als dieser zu vermuten wagte . . ."

Welche Theorie ist vorzuziehen, die objektive oder die subjektive?

Das **Bundesverfassungsgericht** hat zuerst in BVerfGE 1, 299, 312 (s. auch 10, 234, 244; 11, 126, 129 ff.) geäußert, es komme auf den in der Gesetzesvorschrift zum Ausdruck kommenden objektivierten Willen des Gesetzgebers an, der aus der Entstehungsgeschichte zu entnehmenden subjektiven Vorstellung der am Gesetzgebungsverfahren Beteiligten komme hingegen keine entscheidende Bedeutung zu. Dieser Passus wird von allen Gerichten häufig zitiert. Weder das Bundesverfassungsgericht[24] selbst noch die anderen Gerichte halten sich aber durchgehend an ihn. Er ist auch mehrdeutig, kann auch bloß besagen: Der bloß intern gebliebene Wille des Gesetzgebers darf nicht berücksichtigt werden; relevant ist nur der im Gesetzeswortlaut irgendwie objektivierte Wille. Jedenfalls messen Bundesverfassungsgericht und andere Gerichte der Entstehungsgeschichte nicht selten entscheidende Bedeutung bei.

Die subjektive Theorie entspricht besser dem Demokratieprinzip; die objektive Theorie stellt den Gesetzesanwender freier, ermöglicht es ihm, sich vom subjektiven Willen des demokratischen Gesetzgebers zugunsten objektiver Kriterien zu lösen. Die objektive Theorie vermag allerdings den Anforderungen der Gerechtigkeit und Gleichheit unmittelbar besser zu entsprechen. Doch auch die subjektive Theorie nötigt nicht zu wertblinden Lösungen. Läßt sich mit der subjektiven Methode ein gerechtes, dem Gleichheitssatz entsprechendes Ergebnis nicht erreichen, so hat der Richter die Sache dem Bundesverfassungsgericht vorzulegen. Das Bundesverfassungsgericht ist der Hüter der in den Grundrechten des Grundgesetzes verkörperten Gerechtigkeits- oder Wertordnung. Die objektive Methode ist in Gefahr, die Prärogative des Bundesverfassungsgerichts zu unterlaufen. Läßt sich der Wille des Gesetzgebers, der von ihm verfolgte Gesetzeszweck nicht feststellen, so neigt die objektive Theorie dazu, für vernünftig gehaltene Zwecke zu substituieren; die subjektive Methode wird sich in solchem Fall mehr auf den Wortlaut des Gesetzes zurückziehen und evtl. das Bundesverfassungsgericht bemühen müssen. Den Anforderungen an die **Rechtssicherheit** vermögen beide Theorien nur mit Einbußen zu genügen. Diese Einbußen ergeben sich bei der subjektiven Theorie daraus, daß der Wille des Gesetzgebers oft nicht klar ist und nur umständlich (zumal aufgrund der Entstehungsgeschichte) festgestellt werden kann; jedoch lassen sich die Einbußen begrenzen, wenn man vom Gesetzgeber oder von der Regierung eine klare Gesetzesbegründung verlangt und den Gesetzesanwender zum Zwecke der Aufklärung des Willens des Gesetzgebers, des vom Gesetzgeber verfolgten Zwecks, nicht zum Rechtshistoriker macht, sondern ihm im Zweifel

22 Kritisch *C. Schmitt*, Gesetz und Urteil[2], München 1969, 31 ff.; *Chr. Starck*, VVDStRL Heft 34 (1976), 72; *Koch/Rüßmann*, Juristische Begründungslehre, München 1982, 176 ff.

23 Handbuch des Strafrechts, Bd. 1, 1885, 457.

24 Dazu *Sachs*, DVBl. 84, 73 ff.

erlaubt, sich auf den Wortlaut zurückzuziehen. Die Rechtssicherheitseinbuße der objektiven Theorie ist eher größer. Die Richtmaße für die objektive Methode sind doch recht nebelhaft und luftig. Zumal die Orientierung an der Natur der Sache oder die „Gleichbewertung des Gleichsinnigen" läßt sich auch einsetzen für eine (verdeckte) subjektive Wertung des Gesetzesanwenders. Der Einwand, es gebe gar keinen Willen des demokratischen Gesetzgebers, da der Gesetzgeber aus vielen Personen bestehe, ist nicht stichhaltig. Maßgeblich ist der Wille der Mehrheit. Wer nicht widerspricht, unterwirft sich damit der evtl. durch Ausschußberichte modifizierten Regierungsbegründung des Gesetzentwurfs.

U. E. ist keine der beiden Theorien ausschließlich anzuwenden. Soweit feststellbar, kommt es auf das an, was der Gesetzgeber mit dem Gesetz bezweckt hat. Zeit- und gesellschaftsbedingt wertende Begriffe (etwa Ordnungsmäßigkeit, Unbilligkeit, sittliche Verpflichtung, öffentliches Interesse, Kunstwerk, Luxusgut) sind hingegen zeitgemäß, d. h. nach den Wertvorstellungen der Gegenwart zu beurteilen. Gerade von einem demokratischen Gesetzgeber sind solche wertenden Begriffe nicht als absolut und zeitlos gedacht.

56 Mit einer Gesetzesnorm können auch **mehrere Zwecke** verfolgt werden, auch ein Hauptzweck und ein Nebenzweck.

Das vom Gesetzgeber Bezweckte, der teleologische Orientierungsmaßstab, liegt durchweg nicht offen. Es gibt verschiedene Methoden (Hilfsmittel, Möglichkeiten) zu eruieren, was mit dem Gesetz bezweckt ist, um auf diese Weise den Sinn der Gesetzesworte klarzustellen (Auslegungsziel). Diese Möglichkeiten sind gleichwertig. Sie müssen, wie die Beweismittel im Prozeß, alle berücksichtigt und gewürdigt werden. Daraus folgt, daß es eine bestimmte **Reihenfolge** der Auslegungsmethoden oder -hilfsmittel zur Zweckermittlung nicht geben kann.

57 Die einzelnen Methoden sind:

(1) Die **historische Methode:** Sie sucht den vom Gesetzgeber verfolgten Zweck (hier kurz: Gesetzeszweck) aus seiner Entstehungsgeschichte (daher auch als genetische Methode bezeichnet), insb. aus den Gesetzesmaterialien zu ergründen: aus Vorarbeiten und Entwürfen oder aus sonstigen Quellen, aus denen sich die Motivation ergibt, aus der amtlichen Begründung des Regierungsentwurfs (§ 37 I 1 der Gemeinsamen Geschäftsordnung der Bundesministerien)[25], aus der Stellungnahme des Bundesrates und der Gegenäußerung der Bundesregierung, aus Parlamentsausschuß-Beratungsprotokollen und -Berichten, aus Protokollen über Plenarsitzungen. Aufschlußreich sein können auch Zeitpunkt und Umstände der Gesetzesinitiative, ferner die Entwicklungsgeschichte einer Vorschrift (auch in früheren Gesetzen). Juristische Kommentare, die nur Änderungsdaten und Änderungswortlaute, nicht aber Änderungsmotive mitteilen, geben nichts her.

Der Gesetzgeber würde den Gesetzesanwendern die Arbeit sehr erleichtern, wenn er nicht nur das Gesetz selbst veröffentlichen, sondern mit ihm auch eine dem Gesetzesverständnis dienende Begründung liefern würde[26]. Die Regierungsbegründung gibt für sich keine Gewähr dafür, daß sie zur Gesetzesbegründung geworden ist. Solange es aber keine **amtliche Gesetzesbegründung** gibt, darf der Gesetzesanwender davon ausgehen, daß der Gesetzgeber sich die Begründung des Regierungsentwurfs oder des Entwurfs anderer Gesetzesinitiatoren zueigen gemacht hat, es sei denn, aus späteren Materialien (insb. dem Bericht des Finanzausschusses) ergäbe sich etwas anderes.

Dem Gesetzesanwender ist zwar zuzumuten, sich mit der amtlichen Begründung des Regierungsentwurfs sowie der Stellungnahme des Bundesrats und der Äußerung des Finanzausschusses zu befassen. Ihm ist u. E. aber nicht zuzumuten, sich (zur Entscheidung eines Einzelfalls oft tagelang) mit der Entwicklung einer Vorschrift (eventuell seit ihrer Entstehung im vorigen Jahrhundert) wie

25 Dazu *Korn*, Über den Wert von Gesetzesbegründungen . . ., in: Festgabe für G. Felix, Köln 1989, 165 ff.

26 Dazu *Höger*, Die Bedeutung von Zweckbestimmungen in der Gesetzgebung der Bundesrepublik Deutschland, Berlin 1976. – In EG-VOen wird der Zweck oft in Präambeln festgehalten.

ein Rechtshistoriker sowie mit den verstreuten Äußerungen einzelner Referenten, Regierungsmitglieder, Ausschußmitglieder, Bundestagsabgeordneter und Bundesratsmitglieder zu befassen. Ein solches Verfahren ist nicht nur unökonomisch, die Einzelstimmen sind auch irrelevant[27].

Läßt sich dem Gesetz kein Zweck, kein Prinzip entnehmen (oder wird er/es ihm nicht entnommen), so stellen sich leicht Entscheidungen ein, die keinen vernünftigen Sinn haben, Nonsens-Entscheidungen[28].

(2) Die **systematische Methode:** Sie versucht, Erkenntnisse über den Gesetzeszweck aus dem äußeren System oder Kontext zu gewinnen, aus der Stellung des Rechtssatzes in der Rechtsordnung, im Gesetz, im Gesetzesabschnitt, im Paragraphenzusammenhang. Auch aus der Überschrift über Gesetzen, Gesetzesabschnitten oder Gesetzesvorschriften können sich Fingerzeige ergeben. 58

Die Ableitung des Gesetzeszwecks aus (äußerem) System und Kontext entnimmt diesen Zweck zu Recht nicht bloß dem Wortlaut einer isolierten Vorschrift. Die bloßen Gesetzesworte der einzelnen Vorschrift spiegeln, zumal in Gesetzen mit unvollkommener, unausgereifter Terminologie, das System mit seinen Prinzipien oft nur bruchstückhaft oder lückenhaft wider. Die Vervollkommnung des unvollkommenen Textes zu einem regelhaften, stimmigen Konzept liegt im Auftrage einer „denkenden Gehorsam“ übenden Rechtsanwendung. Der Gesetzeszweck kann auch induktiv mehreren Gesetzesvorschriften entnommen werden. Dem wohlverstandenen Auftrag des Gesetzesanwenders würde es nicht entsprechen, wenn dieser das Gesetz als willkürliches Nebeneinander isolierter Vorschriften begreifen würde. Wenn es dem Gesetzgeber nicht gelingt, das Gesetz zusammenzustimmen, darf der Gesetzesanwender es stimmig interpretieren. Er darf Zusammenhänge aufdecken und Querverbindungen herstellen. Im Zweifel darf er davon ausgehen, daß der Gesetzgeber keine Wertungswidersprüche hat auslösen, sondern insb. neu erlassene Vorschriften in das bestehende Gesetz oder in die Rechtsordnung widerspruchsfrei hat einfügen wollen. Zur systematischen Auslegung gehört es auch, Zweckkollisionen und Zweckkonkurrenzen aufzulösen.

Aus dem äußeren Gesetzesaufbau kann allerdings nur mit Vorsicht auf das innere System mit seinen Prinzipien und Zwecken geschlossen werden. Beispiele für verfehlte systematische Stellung: §§ 3 IV, 5, 33, 34, 158–160 AO; §§ 13a, 15 IV EStG.

(3) **Verfassungskonforme Auslegung:** Ergeben sich mehrere Auslegungsmöglichkeiten, so gebührt derjenigen der Vorzug, die mit dem Grundgesetz vereinbar ist oder dem Grundgesetz am besten entspricht; es kann nämlich davon ausgegangen werden, daß der Gesetzgeber im Zweifel etwas bezweckt hat, was im Sinne des Grundgesetzes ist (sog. verfassungskonforme Auslegung). Schon deshalb, weil Systemkonformität und Gleichheitssatz des Grundgesetzes eng miteinander zusammenhängen, Systembrüche Gleichheitssatzverletzungen indizieren (§ 4 Rz. 74 ff.), kann man dem Gesetzgeber im Zweifel auch unterstellen, daß er nur solche Vorschriften erlassen wollte, die sich harmonisch in das System einfügen (systemkonforme Auslegung). Geht die grundgesetzkonforme Lösung jedoch über den möglichen Wortsinn und damit über die Grenzen der Auslegung hinaus, so scheidet verfassungskonforme Auslegung aus[29]; es kommt allenfalls verfassungskonforme Analogie in Betracht. Ist diese Teleologie des Gesetzes eindeutig, so darf sie nicht unter Berufung auf die Verfassung geändert werden. 59

27 Eine gewisse Orientierung geben die Gesetzgebungsberichte („Aus der Arbeit des Steuergesetzgebers“) in „Steuer und Wirtschaft“.

28 Dazu die Beispiele in: FS für v. Wallis, Bonn 1985, 136 ff.

29 Dazu BVerfGE 2, 266, 282; 2, 336, 340 f.; 2, 380, 398 f.; 8, 28, 34; 8, 38, 41; 9, 194, 200; 10, 59, 80; 18, 97, 111; 19, 248, 253; 20, 162, 218; 21, 292, 305; 25, 296, 305; 38, 41, 49; 67, 70, 88; 75, 201, 217 ff.; BFH BStBl. 87, 625; 87, 670. *Prümm,* Verfassung und Methodik, Berlin 1977; *Campiche,* Die verfassungskonforme Auslegung, Zürich 1978; *Zippelius,* Verfassungskonforme Auslegung von Gesetzen, in: Bundesverfassungsgericht und Grundgesetz, Festgabe zum 25jährigen Bestehen des Bundesverfassungsgerichts, Bd. 2, Tübingen 1976, 108 ff.; *v. Mangoldt/Klein/Starck,* GG[3], München 1985, Art. 1 Rnrn. 205 ff.; *Bettermann,* Die verfassungskonforme Auslegung, Heidelberg 1986. Speziell zum Steuerrecht *D. Birk,* StuW 90, 300 ff.

60 (4) **Richtlinienkonforme Auslegung:** Vorschriften, die auf der Umsetzung von EG-Richtlinien (s. § 2 Rz. 48) beruhen wie insb. Vorschriften des Umsatzsteuer- und Verbrauchsteuerrechts, sind richtlinienkonform auszulegen, da im Zweifel anzunehmen ist, daß der nationale Gesetzgeber die EG-Richtlinie vollziehen wollte. Auf dieser Grundlage wird auch die EuGH-Rechtsprechung verbindlich[30]. Nur wenn der Gesetzgeber erkennbar die EG-Richtlinie nicht befolgen wollte, scheidet eine richtlinienkonforme Interpretation des nationalen Gesetzes aus. In derartigen Fällen kann sich aber der Steuerpflichtige u. U. direkt auf die Richtlinie berufen (s. Rz. 15).

61 (5) **Argumente der juristischen Logik**[31] dienen dazu, den Zweck des Gesetzes in bezug auf den Wortlaut des Gesetzes zu ermitteln. Neben dem Analogieschluß (argumentum a simile: Erweiterung der Rechtsfolge auf Fälle, die nach dem Gesetzeszweck, insb. nach einem allgemeinen Rechtsgedanken zu erfassen sind) kommen in Betracht der Umkehrschluß (argumentum e contrario: Aus der Beschränkung des Gesetzeswortlauts wird gefolgert, daß die Rechtsfolge nicht eintreten soll), der Schluß vom Mehr auf das Weniger (argumentum a maiore ad minus: Ist das Mehr gestattet oder verboten, so erst recht das Weniger) sowie das Gegenstück, der Schluß vom Weniger auf das Mehr (argumentum a minore ad maius).

62 (6) **Praktikabilität** und typisierende Rechtsanwendung: Es entspricht der Gesetzesvernunft, daß Gesetze praktikabel, d. h. durchführbar, nicht lebensfremd ausgelegt werden. In diesem Zusammenhang hat der Rechtsanwender auch Spielräume der Typisierung[32].

63 (7) Führen alle vorgenannten Erkenntnismethoden nicht weiter, so bleibt nur die Orientierung am **Gesetzeswortlaut** selbst (z. B. häufig notwendig bei Steuervergünstigungen mit detaillierten Tatbestandsvoraussetzungen, deren Zweck nur sehr allgemein aus der amtlichen Begründung zu entnehmen ist). Es kommt zunächst darauf an, den Sprachgebrauch herauszufinden, den fachsprachlichen oder umgangssprachlichen – je nachdem, aus welchem Bereich der Begriff stammt. Falls nichts anderes festzustellen ist, kann davon ausgegangen werden, daß in der Gesetzessprache bereits bekannte Begriffe den Sinn haben sollen, der ihnen auch früher beigemessen worden ist. Die Berufung auf die **Verkehrsauffassung** (Verkehrsanschauung) darf, da letztes Mittel, nicht dazu führen, daß die Berücksichtigung des Gesetzeszwecks unterbleibt; anders, wenn der Gesetzgeber ausnahmsweise selbst die Verkehrsauffassung für maßgeblich erklärt hat. Nur zu oft ist die Berufung auf die meist gar nicht feststellbare Verkehrsauffassung bloß ein funktionsloses Schlagwort.

Die Verkehrsauffassung ist die Volksanschauung eines begrenzten Kreises, etwa des Handels (man spricht hier auch von Handelsbrauch) oder des Handwerks. Die Berufung auf die Verkehrsauffassung setzt voraus, daß diese vorher tatsächlich festgestellt worden ist; erforderlich sind Repräsentativerhebungen. Richter pflegen – unter Berufung auf ihre Lebenserfahrung – die Verkehrsauffassung manchmal zu behaupten, auch wenn auf der Hand liegt, daß es sich um einen Verkehrsbereich außerhalb ihres Erfahrungshorizonts handelt.

Erst wenn ein Fach-Sprachgebrauch nicht festzustellen ist, kommt zu allerletzt eine grammatisch-philologische, eine literale Sinngebung in Betracht, der Rückzug auf das Wörterbuch. Bleiben danach noch Zweifel, so gehen sie zu Lasten des Fiskus. Ausnahmevorschriften sind nicht anders auszulegen als andere Vorschriften auch. Daß sie stets eng auszulegen seien, ist unzutreffend.

---

30 Vgl. hierzu *W. Meilicke,* Zur Bedeutung der richtlinienkonformen Auslegung für das deutsche Steuerrecht, BB 92, 969, und ausf. *W. Schön,* Die Auslegung europäischen Steuerrechts, Köln 1993.

31 Vgl. hierzu *U. Klug,* Juristische Logik[4], Berlin u. a. 1982, 109 ff.; Tipke/*Kruse,* § 4 AO Tz. 113 ff.

32 Dazu *L. Osterloh,* Gesetzesbindung und Typisierungsspielräume bei der Anwendung der Steuergesetze, Baden-Baden 1992; *dies.,* StuW 93, 342 ff.

(8) **Auslegungsergebnis:** Schöpft die Auslegung die Wortsinngrenzen voll aus, so spricht man von extensiver Auslegung, entscheidet sie sich für eine enge Sinnvariante, so spricht man von restriktiver Auslegung. 64

Zur **Methode der Praxis:** Man hat die freirechtliche Methode gern als die Standesideologie der Rechtspraktiker bezeichnet. In der Tat haben freirechtliche Allüren in der Zeit vor 1945 eine Rolle gespielt. Auch heute ist ein ergebnisorientierter, gefühlsmäßiger Pragmatismus in der ständig überlasteten Finanzverwaltung nicht ganz abhanden gekommen. In der Steuerrechtsprechung finden sich heute aber eher mehr Zeugnisse für rechtspositivistische, begriffsjuristische Begründungen. Es gibt keine Anzeichen dafür, daß die Gerichte der Finanzgerichtsbarkeit nicht wirklich unabhängig entscheiden. Wer ihnen generell „Kassenjustiz" vorwirft oder sie als „Lobby der Finanzämter" bezeichnet, urteilt gewiß nicht objektiv.

Insbesondere in spektakulären Fällen von großer fiskalischer oder politischer Tragweite kommt es auch vor, daß sich in den Entscheidungen der Finanzverwaltung Erwartungen der politischen Führungsspitze niederschlagen, wobei die rechtliche Begründung zumindest strapaziert erscheint. Rechts-(Partei-)politik und Rechtsanwendung werden dabei vermengt[33]. Beispiele für die offenbar erfolgreiche Einmischung von Parteien und Verbänden in die Steuerrechtsanwendung sind die Parteispendenaffäre, der Bankenerlaß und die einkommensteuerrechtliche Behandlung der Arbeitnehmerrabatte.

Nicht selten wird in der Eile der Besteuerungspraxis bei nicht ganz eindeutigem Gesetz **in dubio pro fisco** entschieden. Die Beamten dürfen sich aber nicht vorschnell auf eine fiskalisch günstige Position zurückziehen, rechtliche Zweifel profiskalisch liquidieren und sich damit beruhigen, daß es eine Finanzgerichtsbarkeit gibt (von der sich übrigens wegen der unzumutbar langen Prozeßdauer nicht wenige Steuerpflichtige abgeschreckt fühlen). Die in-dubio-pro-fisco-Regel ist keine legitime Auslegungsregel, sondern unzulässige Kapitulation vor Auslegungsschwierigkeiten durch Meistbegünstigung des Fiskus. Vor allem ist schikanöse oder auf mangelndem Mut zur Verantwortung beruhende Verweisung auf den Rechtsweg zu mißbilligen.

K. Vogel[34] meint, die Finanzbehörde dürfe „auf dem Wege gegenseitigen Nachgebens im Interesse des Rechtsfriedens eine vertretbare Rechtsauffassung des Steuerpflichtigen" übernehmen, „auch ohne daß sie von seiner Rechtsauffassung überzeugt worden ist". In der Tat sollte eine Behörde wegen einer zwar nicht unzweifelhaften, aber doch mit guten Gründen vertretbaren Rechtsauffassung des Steuerpflichtigen nicht das Gericht bemühen, es sei denn, es bestünde eine Bindung an Verwaltungsvorschriften. Von einem Rechts*vergleich* würden wir gleichwohl nicht sprechen. Worin besteht das Nachgeben des Steuerpflichtigen?

3. Wirtschaftliche Betrachtungsweise (wirtschaftliche Auslegung)

Literatur: *M. Groh,* Die wirtschaftliche Betrachtungsweise im rechtlichen Sinne, StuW 89, 227; *A. Moxter; Zur* wirtschaftlichen Betrachtungsweise im Bilanzrecht, StuW 89, 232; *K. Tipke,* Die Steuerrechtsordnung, Bd. III (StRO III), Köln 1993, 1308.

a) Soweit die Steuergesetze wirtschaftliche Vorgänge oder Zustände erfassen wollen, ist diesem Vorhaben durch teleologische Auslegung Rechnung zu tragen[35]. 65

33 Politische Einflußnahmen, die den Beamten zumuten, die Grenzen der Auslegung zu überschreiten, sind scharf zu mißbilligen. Es ist ein besonders verwerflicher Vorgesetztenakt, Untergebene dazu anzuhalten oder auch nur dazu zu verführen, das Gesetz gegenüber politisch einflußreichen Personen aus Opportunität nicht anzuwenden, oder ihnen zu suggerieren, die Parteien stünden über Verfassung und Gesetz. Der Rechtsstaat (auch der Rechtsstaat sozialer Prägung) muß sich klar von der Diktatur abheben, in der solche Einflußnahmen gang und gäbe sind (dazu auch *Rüthers,* Die unbegrenzte Auslegung, Zum Wandel der Privatrechtsordnung im Nationalsozialismus, Frankfurt/M. 1973; ferner *B. Knobbe-Keuk,* Die Finanzminister höchstpersönlich und das Legalitätsprinzip, BB 81, 565 ff.; *Tipke*/Kruse, AO, § 85 Tz. 10).

34 FS für Döllerer, Düsseldorf 1988, 677, 688.

35 Dazu allgemein *Beisse,* Inf. 77, 433 ff. u. StuW 81, 1 ff.; *Grimm,* DStZA 78, 283; *Döllerer,* JbFSt. 1986/87, 37. – Für das Zivilrecht gilt insoweit nichts anderes; dazu *Rittner,* Die sog. wirtschaftliche Betrachtungsweise in der Rechtsprechung des Bundesgerichtshofs, Karlsruhe 1975.

Ihre eigentliche Bedeutung hat diese „wirtschaftliche Betrachtungsweise" dort, wo Steuergesetze Begriffe verwenden, die dem Zivilrecht entnommen sind. Die wirtschaftliche Betrachtungsweise anwenden, heißt hier: prüfen, ob dem Gesetzesausdruck, der synonym ist mit einem **Begriff des Zivilrechts,** nicht ein vom Zivilrecht abweichender wirtschaftlicher Sinn beizumessen ist. Der wirtschaftlichen Betrachtungsweise des deutschen Rechtskreises (Bundesrepublik Deutschland, Österreich[36], Schweiz[36]) entspricht die Regel substance over form des amerikanischen Steuerrechts.

Bei Inkrafttreten der Reichsabgabenordnung legte die Rechtsprechung durchweg die im Steuerrecht verwendeten zivilrechtlichen Begriffe so aus wie das Zivilrecht[37]. Dem wollte § 4 RAO 1919, später § 1 II StAnpG („wirtschaftliche Bedeutung berücksichtigen"), entgegenwirken. Durch die ersatzlose Aufhebung des § 1 II StAnpG hat sich nichts geändert, da die Auslegung nach „wirtschaftlicher Betrachtungsweise" eine spezifisch teleologische Auslegung ist.

Die Auffassungen über die Tragweite des Gebots wirtschaftlicher Auslegung der Steuergesetze gehen auseinander, haben vor allem im Laufe der Zeit gewechselt.

66 *Version a:* Die wirtschaftliche Betrachtungsweise sei ein **„allgemeines Korrektiv"** (*E. Becker,* StuW 32, 481, 542 f.); sie diene der allgemeinen Transformation, der Umsetzung der zivilrechtlichen Begriffe ins spezifisch Steuerrechtliche, d. h. ins Wirtschaftliche, vollständiger: ins für eine Besteuerung nach der wirtschaftlichen Leistungsfähigkeit Geeignete. Der zivilrechtliche Begriff gebe für das Steuerrecht nur den Begriffskern ab, um ihn herum befinde sich ein Begriffsfeld, das alle Sachverhalte erfasse, die dem Kernsachverhalt wirtschaftlich gleichgelagert seien. Werde z. B. in einem Steuergesetz der Begriff „Vermietung" verwendet, so sei das nur die schlaglichtartige Bezeichnung für eine wirtschaftliche Interessenlage, wie sie insb. bei einem Mietverhältnis anzutreffen sei. Die Verwendung zivilrechtlicher Begriffe im Steuerrecht sei ein Notbehelf, die zivilrechtliche Tatbestandsumschreibung sei nur ein Hilfsmittel, den Typus einer wirtschaftlichen Veranstaltung oder eines wirtschaftlichen Zustands zu umschreiben[38]. Soweit Verträge zu prüfen seien, komme es nicht auf deren äußere Aufmachung an, sondern auf den wirtschaftlichen Gehalt (gesetzliche Beispiele: § 3 V, X UStG).

Konsequent ist diese Auffassung freilich nie angewandt worden.

Z. B. sind die familienrechtlichen Statusverhältnisse nie angetastet worden. So ist die Onkelehe auch steuerrechtlich nie der bürgerlichen Ehe gleichgestellt worden; es ist nie eine Erbschaft im wirtschaftlichen Sinne angenommen worden; die Selbständigkeit der juristischen Person ist prinzipiell immer geachtet worden (Trennung zwischen Kapitalgesellschaft und Gesellschaftern; sog. Trennungsprinzip[39]). Die Einmann-GmbH wird nicht als wirtschaftliches Einzelunternehmen behandelt.

67 *Version b:* Soweit die Steuergesetze sich der Begriffssprache des Zivilrechts bedienen, seien die Begriffsinhalte gleich. Geboten sei daher eine **zivilrechtskonforme Auslegung.** Die wirtschaftliche Betrachtungsweise scheide gerade insoweit aus. Mitunter wird hinzugefügt: Das Steuerrecht sei Folgerecht des Zivilrechts. Schlagwort: **Primat des Zivilrechts.**

---

36 Zu Österreich s. *Doralt/Ruppe,* Grundriß des österr. Steuerrechts, II[2], Wien 1988, 169 ff.; zur Schweiz s. *E. Höhn,* Steuerrecht, Ein Grundriß des schweizerischen Steuerrechts[7], Bern/Stuttgart/Wien 1993, § 3 Rz. 50 ff.; *P. Locher,* Grenzen der Rechtsfindung im Steuerrecht, Bern 1983, 182 ff.

37 Dazu *Merk,* in: Festgabe der jur. Fakultäten zum 50jährigen Bestehen des Reichsgerichts, Bd. IV, Berlin/Leipzig 1929, 73 ff., 84 ff., 95 ff.

38 Vertreter dieser Version insb. *K. Ball,* Steuerrecht und Privatrecht, Theorie des selbständigen Steuerrechtsystems, Mannheim/Berlin/Leipzig 1924; *E. Becker,* Reichsabgabenordnung[7], Berlin 1930, § 4, und *ders.,* Zur wirtschaftlichen Einstellung der Rechtsprechung des Reichsfinanzhofs, in: FS zum 10jährigen Bestehen des Steuer-Instituts an der Handels-Hochschule Leipzig, Berlin/Wien 1931, 24 ff.; *ders.,* StuW 32, 481; 34, 299; 35, 705; 39, 745; viele Urteile des RFH.

39 Kritisch dazu *Boles/Walz,* GmbHR 86, 435 ff.

Etwa ab Mitte der fünfziger Jahre machte sich in der Rechtsprechung des BFH die Tendenz bemerkbar, im Interesse der „Einheit der Rechtsordnung" und der Rechtssicherheit zivilrechtliche Begriffe im zivilrechtlichen Sinne aufzufassen und die spezifische Teleologie der Steuergesetze zu vernachlässigen. Seit längerem hat der Strom aber wieder zu kehren begonnen[40].

Version c: Wirtschaftliche Betrachtungsweise als wirtschaftliche Auslegung enthalte ein **Gebot zu teleologischer Auslegung.** Es sei von Fall zu Fall durch Auslegung zu ermitteln, welchen Inhalt ein Zivilrechtsbegriff im Rahmen eines Steuergesetzes habe. Eine Abweichung vom Zivilrecht komme in Betracht, wenn das dem erkennbaren Zweck des Rechtssatzes entspreche[41]. 68

b) *Eigene Auffassung* (s. auch § 1 Rz. 17 ff.): Die Version, daß die dem Zivilrecht entnommenen Begriffe (oft sind es Rechtsgeschäftstypen wie: Miete/Pacht, Rente, Nießbrauch) stets wie im Zivilrecht zu verstehen seien (Version b), ist abzulehnen. Die unreflektierte Berufung auf Schlagworte wie „Einheit der Rechtsordnung" und „Primat des Zivilrechts" schadet mehr als sie nützt. Es gibt **keine teleologische Prävalenz des Zivilrechts;** das Steuerrecht hat seine eigene Teleologie, sein eigenes inneres System. Wie bereits ausgeführt, hängt die Richtigkeit der Auslegung vom **Normzweck** ab. Jeder Begriff ist nur verständlich aus seiner Rolle, der Verwirklichung eines bestimmten Normzwecks zu dienen. Das gilt auch für das Bilanzrecht[42]. Auch gleichlautende Begriffe sind innerhalb der Rechtsordnung variant, relativ; sie sind je nach der zu ordnenden Materie unterschiedlich (teleologisch) ausgerichtet, von der jeweiligen spezifischen Regelungsaufgabe geprägt. Folglich müssen auch die dem Zivilrecht entnommenen Begriffe aus dem *steuer*rechtlichen Bedeutungszusammenhang heraus, aus dem Zweck, der Funktion des jeweiligen Steuergesetzes und seiner Normen heraus verstanden werden. Erst dadurch gelangt man zum spezifischen Inhalt. Es ist freilich nicht notwendig, zivilrechtliche Begriffe abweichend vom Zivilrecht zu verstehen, wenn sie adäquater Ausdruck der wirtschaftlichen Gestaltung sind. Ein spezifisch steuerrechtlicher Zweck, der eine abweichende Interpretation rechtfertigen würde, läßt sich nicht immer nachweisen. So ist der Begriff „Ehe" auch im Steuerrecht nicht als bloß wirtschaftliche Lebensgemeinschaft zu verstehen. Die Version a schafft die Gefahr, an die Stelle exakter teleologischer Auslegung eine das Gesetz sprengende, freischwebende, sich auf das Wirtschaftliche berufende Gefühlsjurisprudenz zu setzen. Der Version c ist daher im wesentlichen zuzustimmen[43]. 69

Wichtig ist in allen Fällen **zunächst,** daß der Sachverhalt **zivilrechtlich qualifiziert** wird. Die rechtsgeschäftlichen Erklärungen sind nach zivilrechtlichen Grundsätzen (§§ 133, 157 BGB) auszulegen. 70

Auch Steuerrechtlern sollte nicht entgehen, daß das Zivilrecht heute nicht mehr ohne weiteres die begriffliche Qualifikation der Parteien hinnimmt. Auch im Zivilrecht wird die Rechtsfolge heute so bestimmt, daß sie den einverständlich gewollten wirtschaftlichen Zielen und Interessen der Parteien entspricht. Vgl. im übrigen Rz. 89 ff.

---

40 Vertreter der Version b in der Lehre ist gegenwärtig *G. Crezelius,* Steuerrechtliche Rechtsanwendung und allgemeine Rechtsordnung, Herne/Berlin 1983. Vertreter der Version c sind gegenwärtig *H. J. Papier,* Die finanzrechtlichen Gesetzesvorbehalte . . ., Berlin 1973, 185 ff.; *Doralt/Ruppe* (Fn. 36), 169 ff.; *P. Locher* (Fn. 36), 177 ff.; *Walz,* Steuergerechtigkeit und Rechtsanwendung, Heidelberg/Hamburg 1980, 211 ff. Mehr oder weniger den Versionen b oder c haben in der Vergangenheit zugeneigt: *Boethke,* StuW 28, 1203 ff.; *A. Hensel,* StuW 25, 1963 ff.; *ders.,* Steuerrecht[3], Berlin 1933, 52 ff.; *ders.,* in: Festgabe für Zitelmann, München/Leipzig 1923, 240 ff.; *Geiler,* StuW 27, 497 ff., insb. 514 ff.; *Liebisch,* Steuerrecht und Privatrecht, Köln 1933; *Lion,* VJSchrStFR Bd. 1 (1927), 132 ff.

41 S. Fn. 35.

42 Dazu *A. Moxter,* StuW 89, 232 ff.

43 So wohl auch *Ruppe,* HHR, Einf. ESt Anm. 457.

Zu den Aufgaben der Steuerrechtswissenschaft gehört es, die zivilrechtliche Terminologie des Steuerrechts möglichst durch eine Besteuerung nach der wirtschaftlichen Leistungsfähigkeit adäquate Terminologie zu ersetzen, z. B.: Lieferung; Wirtschaftsgut; Einkünfte aus Gebrauchs- oder Nutzungsüberlassung (statt Einkünfte aus Vermietung/Verpachtung); Einkünfte aus Vermögen (statt Einkünfte aus der Beteiligung als stiller Gesellschafter und Einkünfte aus Vermietung/Verpachtung).

4. Gesetzeslücken und ihre Ausfüllung; rechtsfreier Raum[44]

71 Von der Auslegung ist die jenseits des möglichen Wortverständnisses beginnende Ausfüllung von – unbewußten oder bewußten – Gesetzeslücken durch Gesetzesergänzung (Rechtsfindung, Rechtsfortbildung[45], Rechtsschöpfung) zu unterscheiden.

72 **Unbewußte** Gesetzeslücken bestehen in *planwidrigen*, mit dem Gesetzeszweck nicht zu vereinbarenden Unvollständigkeiten des Gesetzes: Der Gesetzgeber hat einen bestimmten Plan gehabt, einen bestimmten Gesetzeszweck realisieren wollen; es ist ihm dies aber nicht gelungen; das Gesetz oder einzelne Gesetzesvorschriften sind, gemessen am zugrundeliegenden Plan oder Zweck, lückenhaft geblieben, der verfolgte Zweck ist tatbestandlich nicht oder nicht voll abgedeckt. Es handelt sich um eine Panne bei der Umsetzung des Plans oder Zwecks in gesetzliche Tatbestände, sei es, daß der Gesetzgeber nicht alle Lebenssachverhalte bedacht hat, sei es, daß er sie nicht bedenken konnte, weil sie im Zeitpunkt der Gesetzesbeschließung noch nicht vorkamen. Die auf diese Weise entstandenen Lücken sind Lücken praeter legem[46]. Die Lücken praeter legem dürfen vom Rechtsanwender nicht freischwebend, autonom, subjektiv, ausgefüllt werden. Maßstäblich für die Lückenausfüllung ist vielmehr das (normkonzipierende) Prinzip (die Wertung), das (die) im Wege der **Analogie** zur Geltung gebracht wird. Die Analogie besteht darin, daß das Prinzip, das dem Gesetz oder einem oder mehreren Rechtssätzen zugrunde liegt, über das mögliche Wortverständnis des Gesetzes hinaus in der vom Gesetz eingeschlagenen Richtung weitergeführt oder zu Ende geführt wird. Analogie ist danach in jedem Fall teleologische oder am Prinzip orientierte Rechtsanwendung, die im Wortlaut (im möglichen Wortsinn oder Wortverständnis) des Gesetzes keine Stütze mehr findet. Die Analogie bewirkt, daß an Sachverhalte, die vom gleichen Prinzip erfaßt werden, die gleichen Rechtsfolgen geknüpft werden[47]. Sie dient damit der Erfüllung des Gleichheitssatzes (argumentum a simile oder pari). Gesetzliche Fiktionen sind oft gesetzlich angeordnete Analogien.

73 Unterschieden wird zwischen **Rechtsanalogie** und **Gesetzesanalogie.** Die Rechtsanalogie bedient sich eines Prinzips, das einer Mehrheit von Rechtssätzen gemeinsam zugrunde liegt[48]. Die Gesetzesanalogie wendet auf einen vom möglichen Wortverständnis nicht mehr erfaßten Fall ein Prinzip an, das einem einzelnen Rechtssatz zugrunde liegt, der einen ähnlichen Fall erfaßt[49]. *Canaris* spricht von teleologischer Extension statt von Analogie, wenn es nur darum geht, den Gesetzeszweck einer

---

44 Dazu *K. Larenz* (Fn. 2), 370 ff.; *Canaris*, Die Feststellung von Lücken im Gesetz[2], Berlin 1983; *K. Tipke*, Über teleologische Auslegung, Lückenfeststellung und Lückenausfüllung im Steuerrecht, in: FS für v. Wallis, Bonn 1985, 133 ff.

45 § 11 IV FGO spricht von Rechtsfortbildung.

46 Von den hier behandelten Lücken praeter legem werden die Lücken *intra legem* unterschieden; darunter versteht man Lücken innerhalb des Gesetzes, die dadurch entstehen, daß das Gesetz Generalklauseln und unbestimmte Rechtsbegriffe (insb. wertende Begriffe) verwendet oder es sonst an Regelungsdichte fehlt (s. Rz. 78).

47 Vgl. auch § 4 Rz. 11 ff., 27 ff., 74 ff.; 184 ff.; dazu BFH BStBl. 74, 295, 297; 84, 221, 223 f.

48 Liegt dieses Prinzip nicht offen zutage, so muß es nicht selten erst im Wege der Induktion sichtbar gemacht werden (S_1, S_2, S_3, S_4 = P [Prinzip]; alle S sind P, oder S_1 = P; S_2 = P; etc.; alle S sind P).

49 Beispiel: Anders als § 16 I Nr. 1 EStG erwähnt §16 III EStG nicht den Teilbetrieb. Es liegt eine Gesetzeslücke vor. Entsprechend § 16 I Nr. 1 EStG ist auch § 16 III EStG auf den Teilbetrieb anzuwenden.

einzelnen Norm auf Fälle anzuwenden, die vom möglichen Wortsinn nicht mehr erfaßt werden. Aber auch in diesem Fall wird die (auf den Wortsinn begrenzte) Norm analog angewendet[50].

In manchen Fällen trifft der Gesetzgeber **bewußt** keine Regelung, insb. weil er die Materie nicht für gesetzesreif hält und die Rechtsfolgenbestimmung einstweilen Rechtsprechung und Lehre überlassen will. Es liegt dann eine bewußte Lücke vor. 74

Beispiel: Der Gesetzgeber hat in der Abgabenordnung die allgemeine Zusage und die Steuerklausel bewußt nicht geregelt; es liegt eine bewußte Gesetzeslücke vor (BT-Drucks. VI/1982, 95).

Von einer **verdeckten Gesetzeslücke** spricht man, wenn ein Sachverhalt vom Gesetzeswortlaut erfaßt wird, wenn der Gesetzeswortlaut über den Gesetzeszweck aber in einer Weise hinausgreift, daß eine zweckgerechte Einengung den möglichen Wortsinn sprengen würde. Statt restriktiver Auslegung kommt dann **teleologische Reduktion** in Betracht (*K. Larenz*, Methodenlehre[6], 391 ff.). Die (durch die Reduktion entstehende) Lücke muß u. U. ebenfalls durch Analogie geschlossen werden. 75

Beispiel: Auf die allgemeine Zusage eines bestimmten Steuerbescheids läßt sich der Wortlaut des § 130 II AO ohne weiteres anwenden, da die Zusage begünstigender Verwaltungsakt ist. Da aber die allgemeine Zusage in der Abgabenordnung nicht geregelt ist, kann auch § 130 AO die allgemeine Zusage nicht erfassen wollen. Es liegt eine verdeckte Lücke vor. Der Wortlaut des § 130 AO ist entsprechend zu reduzieren. Die Lücke ist durch analoge Anwendung der §§ 206, 207 AO zu schließen. – S. auch den Fall BFHE 117, 195, 197 und unten § 22 Rz. 17.

Übersicht 1

Auslegung	*Lückenausfüllung*
(innerhalb des möglichen Wortsinns)	(außerhalb des möglichen Wortsinns)
ausdehnende oder extensive	durch Analogie
einengende oder restriktive	durch Reduktion und Analogie

Je nachdem, ob sich an den anzuwendenden Tatbestand eine belastende oder eine begünstigende Rechtsfolge knüpft, kann die Analogie die Belastung verschärfen oder die Begünstigung erweitern; die teleologische Reduktion kann die Belastung vermindern oder die Begünstigung einschränken und dadurch belastend wirken. 76

Bevor eine Lücke ausgefüllt werden kann, muß festgestellt werden, daß sie existiert. Die Lücke darf nicht bloß behauptet oder für möglich gehalten werden. Zur **Feststellung einer Lücke** sind zu berücksichtigen: Der Gesetzeszweck (hat der Gesetzgeber etwas über den möglichen Wortsinn Hinausgehendes bezweckt?), im einzelnen die Entstehungsgeschichte, systematische Gesichtspunkte sowie die in Rz. 59 ff. (für die Auslegung) genannten Hilfsgesichtspunkte[51]. 77

Bei erheblichem Zweifel ist davon auszugehen, daß nicht eine Lücke, sondern **rechtsfreier Raum** vorliegt. Das ist der Raum, der vom Gesetzgeber bewußt und planvoll (jedenfalls nicht planwidrig) nicht erfaßt wird, in dem folglich nach dem Willen und Konzept des Gesetzgebers kein das Steuerrecht regelnder Rechtssatz besteht. Nicht erfaßt ist ein Raum (Sachverhaltsgebiet), wenn in ihm keine Steuerrecht regelnden Rechtsnormen existieren und der Gesetzgeber die Regelung auch nicht bewußt Lehre und Rechtsprechung überlassen wollte. Der steuerrechtsfreie Raum beginnt z. B. jenseits der steuerbaren Tatbestände.

Er beginnt z. B. jenseits der sieben Einkunftsarten des Einkommensteuergesetzes; steuerrechtsfreier Raum besteht auch im Recht der besonderen Verbrauch- und Aufwandsteuern: Wer etwa kein Bier trinkt, sondern Wein, befindet sich im (verbrauch-)steuerrechtsfreien Raum (dazu *K. Tipke*, BB 73, 158 ff.). Wer statt eines Hundes eine Katze hält, vermeidet die Hundesteuer.

50 *Canaris* (Fn. 44), 90.
51 Dazu *K. Tipke,* in: FS für v. Wallis, Bonn 1985, 133, 139 ff.

78 Von rechtsfreiem Raum kann man *nicht* sprechen, wo ein Tatbestand im Umriß (mit seinen wesentlichen Elementen) vorhanden ist, aber wegen fehlender Regelungsdichte im Detail der Ausführung durch Dogmatik und Rechtsprechung bedarf (Beispiele: Zurechnung von Einkünften; Details der Gewinnermittlung und Gewinnrealisierung).

Übersicht 2

Lücke		*Nichtlücke (rechtsfreier Raum)*
ausfüllbar durch Analogie	nicht ausfüllbar bei Anlogieverbot	in keinem Fall ausfüllbar Umkehrschluß erforderlich

Übersicht 3

Gesetzeslücke	*Rechtsfreier Raum*
Planwidrige Nichterfassung	Planmäßige bzw. nicht planwidrige Nichterfassung
Antwort fehlt im Gesetz	Gesetz gibt negative Antwort
Ausfüllung durch Gesetzesfortbildung (praeter legem) ist zulässig	Eindringen wäre unzulässige Rechtsschöpfung, wäre contra legem Unähnlichkeitsschluß (argumentum e contrario) geboten
Fehler bei der tatbestandlichen Verfestigung des gesetzgeberischen Plans, Konzepts oder Zweckgedankens	Vielleicht rechtspolitischer Fehler oder Gleichheitsverstoß

79 Rechtsfreie Räume sind für den Gesetzesanwender tabu. Auch wenn diese Räume, was vorkommt, auf einen rechtspolitischen Fehler zurückzuführen sind, als unvernünftig, unbefriedigend oder als Verletzung des Rechtsgefühls empfunden werden oder gar gegen die Grundrechte verstoßen: Das Eindringen von Finanzbeamten und -richtern in diesen Raum ist unzulässig, es wäre **unzulässige Rechtsschöpfung contra legem.** In Betracht kommt in solchen Fällen nicht der Analogieschluß, sondern der **Umkehrschluß** (argumentum e contrario)[52]. Bei Verstößen nachkonstitutioneller Gesetze gegen Grundrechte haben Gerichte der Finanzgerichtsbarkeit das Bundesverfassungsgericht anzurufen (s. § 23 Rz. 280).

K. Larenz, Methodenlehre[6], 413 ff. will unter bestimmten Voraussetzungen die Rechtsfortbildung über den Plan des Gesetzgebers hinaus zulassen, nämlich mit Rücksicht auf die Bedürfnisse des Rechtsverkehrs, mit Rücksicht auf die Natur der Sache und mit Rücksicht auf ein rechtsethisches Prinzip. Im Steuerrecht kommt eine über den Plan des Steuergesetzgebers hinausgehende Rechtsfortbildung nur in Betracht, wenn die „Einheit der Gesamtrechtsordnung" dies verlangt (dazu § 1 Rz. 29 ff.).

5. Einfluß des Rechtsgefühls

80 Sobald der Rechtsanwender mit einem Fall konfrontiert wird, wird er – noch bevor er Gesetzesvorschriften heranzieht – oft spontan ein erstes Gefühl dafür haben, wie der Fall gerecht zu entscheiden ist, mindestens aber dafür, ob eine Lösung ungerecht ist. Dieses subjektive, oft bloß emotionale Rechts- oder Unrechtsgefühl muß er jedoch am Gesetz bewähren, indem er die einschlägigen Vorschriften und die oben beschriebene Methode der Gesetzesanwendung befolgt.

81 Indessen pflegt der Gesetzesanwender wiederum bei dem methodisch gefundenen Ergebnis oft nicht stehen zu bleiben, wenn dieses Ergebnis für sein Rechtsgefühl unbefrie-

52 Jedes T ist R; kein Non-T ist R.

digend ist. Freilich hängt das vom **Methodenideal des Rechtsanwenders** ab. Wer meint, dem Steuerrecht lägen keinerlei Wertungen zugrunde, das Steuerrecht sei „völlig wertfrei“, „völlig wertneutral“, es habe keine Teleologie, das Leistungsfähigkeitsprinzip zumal sei metajuristische Ideologie, wird sich bevorzugt am Wortlaut orientieren; das Ergebnis seiner Gesetzesanwendung wird ihn „kalt lassen“. Er wird nicht dazu neigen, Lücken im Gesetz zu entdecken, zumal dann nicht, wenn sich mit seinem Positivismus die Neigung paart, die Qualität der Gesetzgebung gehörig zu überschätzen. Die Mehrheit der Rechtsanwender pflegt das Rechtsgefühl jedoch nicht auszuschalten. Wenn bei der Auslegung nicht selten bald dieses (z. B. Entstehungsgeschichte), bald jenes Auslegungsmittel (z. B. System, Kontext) in den Vordergrund geschoben wird, wenn die Lückenfrage aufgeworfen wird, so erklärt sich das häufig aus dem Bemühen, das Entscheidungsergebnis mit dem Rechtsgefühl zu harmonisieren. Dabei geht es dem professionellen Rechtsanwender nicht um ein subjektives Rechtsgefühl, sondern um intersubjektives Werten. Auch die Berufung auf eine ständige Rechtsprechung, auf Literaturmeinungen oder gar die herrschende Meinung dient dazu, dies darzutun.

Das Gefühl, jede Entscheidung müsse möglichst die Staatskasse begünstigen, spielt heute 82
kaum noch eine Rolle. Nur wer meint, im Konflikt Steuerpflichtiger – Fiskus gehe es essentiell um das Gewichten dieser Beziehung (nicht um Steuergerechtigkeit unter den Steuerpflichtigen), wird überhaupt vor der Frage stehen: in dubio pro fisco („Kassenjustiz“) oder in dubio pro libertate. Wer hingegen davon überzeugt ist, daß es essentiell um die gleiche Belastung von Steuerpflichtigen in gleichen wirtschaftlichen Verhältnissen geht, d. h. aber um die Beziehung zu anderen Steuerpflichtigen, wird der gleichmäßigen Besteuerung i. d. R. erhebliche Bedeutung beimessen, damit vor allem das Verhältnis der Steuerpflichtigen untereinander in Betracht ziehen, aber weder Kassen- noch Klassenjustiz treiben. Gesellschaftspolitische Parteinahme, politischer Aktivismus in schwarzer oder roter Robe, ist den Richtern der Finanzgerichtsbarkeit schwerlich vorzuwerfen.

C. Steuergesetzliche Vorschriften zur wirtschaftlichen Betrachtungsweise

Vorbemerkung: Unter wirtschaftlicher Betrachtungsweise wird nicht selten (auch) die Berücksichtigung des wirtschaftlichen Zwecks bei der Auslegung von Steuergesetzen (Rz. 65 ff.) verstanden. Die Bezeichnung der wirtschaftlichen Auslegung als wirtschaftliche Betrachtungsweise verdunkelt indessen nur, daß es sich um einen normalen teleologischen Vorgang handelt. Die wirtschaftliche Betrachtungsweise des Steuerrechts ist kein Gegensatz oder aliud zu einer rechtlichen Betrachtungsweise; sie ist die spezifisch steuerrechtliche, steuerrechtsteleologische, konkret: der Erfassung wirtschaftlicher Leistungsfähigkeit dienende Betrachtungsweise.

Die wirtschaftliche Betrachtungsweise wirkt der steuersparenden Zivilrechtsgestaltung 83
entgegen. Ius civile scriptum est vigilantibus gilt nicht für das Steuerrecht. Die wirtschaftliche Betrachtungsweise dient der gleichmäßigen Erfassung wirtschaftlicher Leistungsfähigkeit und damit dem **Gleichheitssatz**[1].

1. Wirtschaftliche Betrachtungsweise bei Divergenz zwischen wirtschaftlichem Verhalten und juristischem Zustand (§ 41 AO)[2]

Läßt sich auch meist zwischen Form und Inhalt, zwischen äußerer Hülle und wahrem 84
Gehalt von Rechtsgeschäften nicht unterscheiden, so gibt es doch unwirksame (nichtige)

1 In diesem Sinne auch *Herzog*, StbJb. 1985/86, 27, 44 f.
2 Literaturhinweis bei *Ruppe*, HHR, Einf. ESt vor Anm. 458.

und hinfällige Rechtsgeschäfte, die nicht durchgeführt werden. An sie kann das Steuerrecht, das wirtschaftliche Vorgänge oder Zustände erfassen will, nicht anknüpfen; insoweit muß es das **wirtschaftliche „Ist"** zur Basis nehmen. Die wirtschaftliche Betrachtungsweise ist der Reflex der Anknüpfung der Besteuerung an die wirtschaftliche Leistungsfähigkeit.

85 **1.1 Unwirksame (nichtige) Rechtsgeschäfte** lösen gleichwohl steuerliche Folgen aus, soweit und solange die Beteiligten das *wirtschaftliche* Ergebnis des unwirksamen Rechtsgeschäfts, trotz der Unwirksamkeit, eintreten und bestehen lassen (§ 41 I AO), das Rechtsgeschäft also durchführen und dadurch die wirtschaftliche Leistungsfähigkeit beeinflussen[3].

Beispiel: Durchführung von Rechtsgeschäften, die wegen Verstoßes gegen ein gesetzliches Verbot (§ 134 BGB) oder wegen Verstoßes gegen die guten Sitten (§ 138 I BGB) nichtig sind.

(Nicht ausdrücklich genannte[4]) Prämisse des § 41 I AO ist, daß mit Hilfe des Rechtsgeschäfts ein wirtschaftlicher Vorgang oder Zustand erfaßt werden soll.

Eine nichtige, gleichwohl durchgeführte Ehe rechtfertigt danach keine Zusammenveranlagung, wenn das Gesetz die Ehe im bürgerlichen Sinne meint.

Die Rechtsprechung des BFH wendet § 41 I AO nicht an, wenn es um formungültige Verträge zwischen Familienangehörigen geht[5]. Richtig ist: Auch wenn Familienangehörige Leistungen gewähren oder austauschen, kann diesen Leistungen tatsächlich eine causa zugrunde liegen, die der durch den (unwirksamen) Vertrag vorgespiegelten nicht entspricht. Die wahre causa ist bei Familienangehörigen und einander sonst nahestehenden Personen sorgfältig zu prüfen. Beispiel: Auch wenn ein Kind die in einem formungültigen Gesellschafts- oder Arbeitsvertrag vorgesehenen Beträge wirklich erhält, muß die wahre causa dieser Zahlungen keine gesellschafts- oder arbeitsrechtliche sein.

86 Ist ein Rechtsgeschäft nicht von vornherein unwirksam, sondern wird es erst **nachträglich unwirksam,** etwa durch Anfechtung, Wandlung, Minderung, Wegfall der Geschäfsgrundlage oder andere Rechtsgeschäfte mit dinglicher Rückwirkung (schuldrechtliche Vertragsaufhebung wird nicht erfaßt), so gilt ebenfalls das wirtschaftliche „Ist" (§ 41 I 1 AO: „. . . oder wird es unwirksam"). Im Steuerrecht spricht man auch von Rückgängigmachung des Geschäftsvorfalls. – Die Einzelsteuergesetze regeln einige Sonderfälle[6, 7]. Das verfahrensrechtliche Pendant zu § 41 I 1 AO ist § 175 I 1 Nr. 2 AO (dazu s. § 22 Rz. 439).

87 Da **Scheingeschäfte** und **Scheinhandlungen** keinen wirtschaftlichen oder tatsächlichen Effekt auslösen, Scheingeschäfte nicht durchgeführt werden, sind sie steuerrechtlich unerheblich (§ 41 II AO). Wird durch ein Scheingeschäft ein anderes Rechtsgeschäft verdeckt, so ist das verdeckte Rechtsgeschäft für die Besteuerung maßgebend (§ 41 II 2 AO). Das entspricht freilich auch dem bürgerlichen Recht (§ 117 II BGB); auch das bürgerliche Recht will es eben nicht mit bloßen Hüllen zu tun haben.

Ein Scheingeschäft liegt nur vor, wenn es den Parteien am ernsthaften Geschäftswillen fehlt, wenn sie die *Rechts*folgen, die das Geschäft gewöhnlich auslöst, nicht wollen. Ein Scheingeschäft liegt nicht vor, „wenn die Beteiligten den Eintritt der Rechtsfolge wollen, nur nicht den regelmäßig damit verbundenen wirtschaftlichen oder sonstigen tatsächlichen Erfolg" (*K. Larenz,* Allg. Teil des

3 Beispiel: BFH BStBl. 74, 340.

4 § 41 I 2 AO schränkt den Geltungsbereich allerdings durch Verweisung auf andere Regelungen ein („Dies gilt nicht, soweit sich aus den Steuergesetzen etwas anderes ergibt.").

5 Dazu ausführliche Kritik von *Tipke*/Kruse, AO, § 41 Tz. 14; *H. W. Kruse,* JbFSt. 1977/78, 82 ff.; s. auch *Görlich,* Die steuerrechtliche Behandlung von Vertragsgestaltungen zwischen Angehörigen, Berlin 1979, 120 ff.; *Wassermeyer,* StuW 79, 215; *Ruppe,* HHR, Einf. ESt Anm. 459.

6 Vgl. § 16 UStG 1967; § 16 GrEStG; § 9 VersStG; § 11 WechsStG.

7 *Potthast,* Die Rückgängigmachung von Rechtsgeschäften und ihre steuerlichen Wirkungen, Münster/Köln 1952; *Beker,* Hinfällige Rechtsgeschäfte im Steuerrecht, München 1969.

Bürgerlichen Rechts[7], München 1989, 366). Ein Rechtsgeschäft ist nicht deshalb ein Scheingeschäft, weil eine atypische Rechtsform gewählt worden ist. Formungültige Rechtsgeschäfte sind nicht stets Scheingeschäfte. Formmangel ist allenfalls Indiz für Schein. Von den Rechtsfolgen, auf die das Scheingeschäft abstellt, sind die tatsächlichen oder wirtschaftlichen Folgen, ist die *tatsächliche Durchführung* des Geschäfts zu unterscheiden. Auf sie kommt es im Steuerrecht hauptsächlich an (s. Rz. 91). Daß die Scheinhandlung für unerheblich erklärt wird, ist daher für das Steuerrecht wichtiger, als daß das Scheingeschäft für unerheblich erklärt wird. Die Anknüpfung an das Scheingeschäft trifft, genau genommen, nicht die steuerrechtliche Sachlage; denn im Steuerrecht geht es nicht um den Gegensatz zwischen scheinbarem und ernsthaftem Geschäftswillen, sondern um den Gegensatz zwischen vorgespiegeltem und tatsächlichem wirtschaftlichen Ergebnis[8].

Scheinhandlungen sind Handlungen, die einen bestimmten tatsächlichen Erfolg nur vortäuschen. Das Vortäuschen kann eine bestimmte Person oder die Art, die Zeit oder den Ort der Handlung betreffen.

§ 41 I AO und § 41 II AO ließen sich wie folgt zusammenfassen: Fallen Rechtsgeschäft und wirtschaftliche Durchführung auseinander, so kommt es auf das wirtschaftlich Durchgeführte an. Das entspricht dem angloamerikanischen substance over form.

1.2 Ergänzende Ableitungen

§§ 39 II Nr. 1, 41, 42 AO enthalten lückenhafte Ausführungen des Prinzips, daß es unter dem Aspekt der Besteuerung nach der wirtschaftlichen Leistungsfähigkeit auf die Erfassung des **wirtschaftlichen** oder des **sonstigen tatsächlichen Verhaltens** ankommt. Denkt man dieses lückenhaft ausgeführte Prinzip weiter, so ergibt sich: 88

(1) Ist ein Rechtsgeschäfts zwar *wirksam,* wird es aber nicht *tatsächlich durchgeführt,* so ist es **steuerrechtlich irrelevant** (so auch die Rechtsprechung). 89

Dieser Ausfluß des Prinzips, daß es auf das wirtschaftliche „Ist" ankommt, ist im Gesetz nicht artikuliert; § 41 AO ist insoweit lückenhaft. – Soweit die Verkehrsteuergesetze an obligatorische Rechtsgeschäfte anknüpfen, wird das Prinzip auch nicht angewendet; § 16 GrEStG bestimmt eine Ausnahme. – Der Rechtssatz, daß es auf die wirtschaftliche oder sonstige tatsächliche Durchführung ankommt und daß tatsächlich nicht Durchgeführtes irrelevant ist, ist für das Steuerrecht wichtiger als der Rechtssatz, daß Scheingeschäfte unbeachtlich sind (§ 41 II AO); dies deshalb, weil es im Steuerrecht regelmäßig nicht auf die Rechtsfolgen eines Rechtsgeschäfts, sondern auf dessen tatsächliche Folgen ankommt. Entfaltet werden müssen daher vor allem die Möglichkeiten des Satzes, daß Scheinhandlungen unbeachtlich sind (s. oben).

(2) Da es auf das wirtschaftliche „Ist" ankommt, ist die **Rückdatierung** von Verträgen (= Einsetzen eines falschen Datums) und die **Rückbeziehung** von Verträgen (= Inkraftsetzen mit Rückwirkung) steuerrechtlich irrelevant. Es fehlt in der Zeit der Rückdatierung/Rückbeziehung an wirtschaftlicher Durchführung. 90

Bei Rückdatierung eines Arbeitsvertrages liegt rechtlich Nichtigkeit wegen anfänglicher objektiver Unmöglichkeit der Leistung vor (§ 306 BGB); folglich ist § 41 I AO anwendbar (s. auch § 7 Rz. 15).

Aus der Rechtsprechung: Keine rückwirkende Inkraftsetzung von Arbeitsverträgen (BFH BStBl. 59, 172 f.) oder speziell von Gehaltsvereinbarungen (BFH BStBl. 56, 17); keine rückwirkende Inkraftsetzung von Gesellschaftsverträgen (BFH BStBl. 60, 157 f.; 61, 94 f.; 73, 389); keine rückwirkende Pachtzinserhöhung (BFH BStBl. 60, 513); keine rückwirkende Änderung der Gewinnverteilung (BFH BStBl. 80, 723).

(3) Für die **Bestimmung des Inhalts** des Rechtsgeschäfts ist maßgeblich, **wie** die Beteiligten das Rechtsgeschäft tatsächlich durchführen. 91

Ständige Rechtsprechung: RFHE 1, 1; BFH BStBl. 61, 133; 63, 239; 67, 175 (betr. Vergleich); a. A. FG Düsseldorf EFG 70, 227; auch dieser Grundgedanke hätte durch § 41 AO erfaßt werden sollen.

8 Vgl. auch *Walz,* Steuergerechtigkeit und Rechtsanwendung, Heidelberg/Hamburg 1980, 228 ff., 247.

2. Wirtschaftliche Betrachtungsweise bei gesetzwidrigem oder sittenwidrigem Verhalten

92 Für die Besteuerung ist es unerheblich, ob ein Verhalten, das den Tatbestand eines Steuergesetzes ganz oder zum Teil erfüllt, gegen ein gesetzliches Gebot oder Verbot oder gegen die guten Sitten verstößt (§ 40 AO)[9].

Damit soll nicht zum Ausdruck gebracht werden, daß das Steuerrecht wertfrei sei. Das Steuerrecht ist **nicht wertfrei,** sonst wäre es kein Recht[10]. § 40 AO will dem Steuerpflichtigen den Einwand abschneiden, der Vorgang dürfe nicht besteuert werden, weil der Staat sonst Verbotenes oder Anstößiges legalisiere. Wegen des Steuergeheimnisses (§ 30) dürfen die Finanzämter im allgemeinen nicht dafür sorgen, daß das durch gesetzwidriges oder sittenwidriges Verhalten Erworbene zurückgegeben wird. Durch die Anknüpfung an das wirtschaftliche „Ist" auch in Fällen gesetzwidriger oder sittenwidriger Handlungsweise soll erreicht werden, daß illegales oder unanständiges Verhalten vor legalem, anständigem Verhalten nicht begünstigt wird. Ein Wertungswiderspruch zum Zivil- oder Strafrecht ist darin nicht zu erblicken. § 40 AO unterstützt die Rechtsordnung. Das Steuerrecht würde das Unrecht, den Verstoß gegen die guten Sitten begünstigen und ermutigen, wenn illegal oder sittenwidrig erzieltes Einkommen oder Vermögen unbesteuert bliebe.

Freilich ist es sehr unwahrscheinlich, daß Banditen, Mafiosi, Wirtschaftskriminelle, Zuhälter etc. sich von sich aus dem § 40 AO entsprechend verhalten. Sie pflegen sowohl gegen allgemeines Strafrecht als auch gegen Steuerrecht und Steuerstrafrecht zu verstoßen, durchgehend an der Gesellschaft zu schmarotzen.

93 Zum Verstoß gegen gesetzliches Verbot s. § 134 BGB, zum Verstoß gegen die guten Sitten s. § 138 BGB.

Beispiele: Biersteuerpflicht trotz verbotenen Wasserzusatzes; Umsatzsteuerpflicht auch bei Lieferung gestohlener Ware; Einkommensteuerpflicht auch bei unerlaubter Steuerberatung oder sonstiger Rechtsberatung, bei Verstoß gegen Mietpreisrecht, bei Verstoß gegen das Gesetz über Wettbewerbsbeschränkungen oder gegen das Gesetz über unlauteren Wettbewerb, bei Marktordnungsverstößen oder Unterlassen der Anzeige gewerblicher Tätigkeit, bei Verstoß gegen Wirtschaftsstrafgesetze, bei erpreßten Einnahmen, bei Einnahmen aus gewerblicher Unzucht (BFHE GrS 80, 73; 108, 103).

Das „Verhalten", von dem § 40 AO spricht, kann zu Einnahmen und Ausgaben, zu positiven Wirtschaftsgütern oder Schulden führen. Ausgaben und Schulden, die mit dem illegalen oder sittenwidrigen Verhalten zusammenhängen, dürfen von der Bemessungsgrundlage abgezogen werden. § 40 AO ist nicht einseitig. Rückzahlungs- oder Herausgabeverpflichtungen können nur bei wirtschaftlicher Belastung berücksichtigt werden.

Allerdings sind bei Zahlungen ohne Rechnung und bei Schmiergeldzahlungen § 160 AO und §4 V Nr. 1 EStG zu beachten.

Die neutrale deutsche Lösung ist nicht zwingend. Es wäre z. B. zulässig, die Einnahmen zu erfassen, Ausgaben, die gegen die Gesetze der Marktwirtschaftsordnung oder sonst gegen die Rechtsordnung verstoßen, aber vom Abzug auszuschließen. So kennt das U.S.-amerikanische Steuerrecht in § 162e–g I. R. C. public policy deduction exceptions[11].

§§ 4 V Nr. 8; 9 V; 12 Nr. 4 EStG verbieten nur den Abzug von Geldbußen und Strafen.

94 § 40 AO ist insoweit teleologisch zu reduzieren, als es um **Steuervergünstigungen** geht. Aufgrund illegalen oder sittenwidrigen Verhaltens kann niemand Steuervergünstigungen beanspruchen. Steuervergünstigungen wollen Gemeinwohlverhalten fördern oder prämieren, nicht asoziales, sittenwidriges oder gar strafbares Verhalten[12].

---

9 Dazu *R. Claßen,* Besteuerung des Unrechts, Diss. Bonn 1981; *H. G. Ruppe,* Korruption und Steuerrecht, in: Korruption und Kontrolle, Graz 1981, 593 ff.; *ders.,* Unerlaubte Provisionen, Zuwendungen und Vorteile in steuerrechtlicher Sicht, in: Krejci/Ruppe/Schick, Unerlaubte Provisionen, Wien 1982, 87 ff.; Tipke/*Kruse,* AO, § 40; *H. G. Ruppe,* HHR, Einf. ESt Anm. 464.

10 Dazu *Walz* (Fn. 8), 202 ff.

11 Dazu *Kroll,* StuW 84, 260 ff.

12 S. auch *J. Lang,* JbFSt. 1983/84, 195, 207, 209; *ders.,* StuW 84, 15, 20; a. A. BFH BStBl. 90, 251 m. w. N. zur Gegenmeinung.

3. Wirtschaftliche Betrachtungsweise bei Wahl einer unangemessenen, vom Steuergesetzgeber bei der Formulierung des Gesetzestatbestands nicht erfaßten Rechtsgestaltung (§ 42 AO)

Literatur: *Hensel,* Zur Dogmatik des Begriffs „Steuerumgehung", in: Bonner Festgabe für Zitelmann, München/Leipzig 1923, 217 ff.; *Böhmer,* Erfüllung und Umgehung des Steuertatbestands, Diss. Köln, Düsseldorf 1958; *H. Paulick,* Steuereinsparung und Steuerumgehung, StbJb. 1963/64, 371; *K. Tipke,* An den Grenzen der Steuerberatung: Steuervermeidung, Steuerumgehung, Steuerhinterziehung, StbJb. 1972/73, 510; *E. Höhn,* Steuereinsparung und Steuerumgehung, Steuer-Revue 74, 141; K. Tipke/*H. W. Kruse,* AO, zu § 42 AO; *H. W. Kruse,* Steuerumgehung zwischen Steuervermeidung und Steuerhinterziehung, StbJb. 1978/79, 443 ff.; *Danzer,* Die Steuerumgehung, Köln 1981; *P. Kirchhof,* Steuerumgehung und Auslegungsmethoden, StuW 83, 173; *K. Vogel,* Steuerumgehung nach innerstaatlichem Recht und Abkommensrecht, StuW 85, 369; *H. G. Ruppe,* HHR, Einf. ESt Anm. 465–467; *P. Fischer,* HHSp, AO, § 42; *K. Tipke,* Die Steuerrechtsordnung, Bd. III (StRO III), Köln 1993, 1323; zum österreichischen Recht: *Gassner,* ÖStZ 81, 262.

§ 42 AO bestimmt: „Durch Mißbrauch von Gestaltungsmöglichkeiten des Rechts kann 95
das Steuergesetz nicht umgangen werden."

3.1 Allgemeine Erklärung

Die Umgehung von Steuergesetzen durch Mißbrauch rechtlicher Gestaltungsmöglich- 96
keiten ist ein **Unterfall der Gesetzesumgehung.** Die Gesetzesumgehung besteht darin, daß jemand sich so verhält, daß das Gesetz (in Anbetracht der Begrenzung der Auslegung durch den möglichen Wortsinn[13]) nicht anwendbar ist, obwohl sein Verhalten dem Zweck des Gesetzes entspricht oder widerspricht. Die Gesetzesumgehung läßt sich auch durch analoge Anwendung des Gesetzes bekämpfen. Hält man das auch im Steuerrecht für zulässig (s.§ 4 Rz. 188 ff.), so erweist sich § 42 AO als deklaratorisch[14]. Immerhin enthält er für Fälle typischer Steuergesetzesumgehung (nämlich der Umgehung mit Hilfe des Zivilrechts) eine besondere Technik zur Verhinderung der Umgehung. Mit anderen Worten: § 42 AO trägt der Tatsache Rechnung, daß nach gegenwärtig herrschender Meinung die Auslegung am möglichen Wortsinn endet und ein Verbot steuerbelastender Analogie besteht. Dadurch eröffnen sich Möglichkeiten zur Gesetzesumgehung durch Lückenausnutzung, die § 42 AO für eine besondere Fallgruppe (Mißbrauch von Rechtsgestaltungsmöglichkeiten) unterbindet. § 42 AO bezweckt nicht, die Methodenlehre der Rechtsanwendung in ihrer Entwicklung zu behindern. Einer Verhinderung der Gesetzesumgehung durch eine über den möglichen Wortsinn hinausgreifende Rechtsanwendung steht § 42 AO nicht entgegen. Die relativ seltene Anwendung des § 42 AO durch die Rechtsprechung erklärt sich daraus, daß die Rechtsprechung häufig zu unreflektierter „unbegrenzter" Auslegung oder zu verkappter Analogie greift und auf diese Weise Gesetzeslücken schließt und Umgehungen verhindert. Auslegung über den möglichen Wortsinn hinaus und Analogie lassen § 42 AO leerlaufen, machen ihn überflüssig[15].

Z. B. bekämpfen Dänemark, Japan, Portugal und die USA die Steuerumgehung, ohne 97
daß eine Vorschrift nach Art des § 42 AO besteht. Dem deutschen § 42 AO ähnliche Vorschriften existieren in Israel, Schweden und Finnland[16].

Der Sonderfall der Gesetzesumgehung, den der Gesetzgeber durch die Generalklausel des § 42 AO bekämpft, erklärt sich aus der Technik der Steuergesetze, unmittelbar oder mittelbar an Gestal-

---

13 Vgl. Rz. 71 ff.

14 In diesem Sinne auch *Danzer,* Die Steuerumgehung, Köln 1981, der allerdings (wie *Canaris,* Die Feststellung von Lücken im Gesetz[2], Berlin 1983) von Extension statt von Analogie spricht, wenn zwar der Normsinn, aber nicht der Wortsinn erfüllt ist.

15 Dazu näher Tipke/*Kruse,* AO, § 42 Tz. 2–4, 9, 24.

16 Dazu Tipke/*Kruse,* AO, § 42 Tz. 23.

tungsmöglichkeiten (Rechtsverhältnisse, Rechtsgeschäfte) vor allem des Zivilrechts anzuknüpfen, als Prämisse aber „wirtschaftliche Vorgänge oder Verhältnisse" im Auge zu haben. Viele steuerliche Gesetzestatbestände versuchen, die als steuerwürdig angesehenen wirtschaftlichen Sachverhalte in ihrer typischen zivilrechtlichen Gestaltung zu umschreiben. Sie errichten den „Schlagbaum des Steuertatbestandes" an dem zivilrechtlichen Normalwege, auf dem der Verkehr ein bestimmtes wirtschaftliches Ziel zu erreichen strebt. Dadurch entstehen Gesetzeslücken. Es ist nämlich nicht selten möglich, in Anbetracht der Privatautonomie (Freiheit der Typenwahl, Typenfreiheit, Vertragsfreiheit) den nämlichen wirtschaftlichen Effekt, den das Gesetz eigentlich erfassen will, zivilrechtlich auf verschiedene Weise zu erreichen, insb. auch durch atypische, unangemessene Rechtsgestaltungen. Je strikter sich die steuerrechtliche Auslegung an das zivilrechtliche Verständnis von zivilrechtlichen Begriffen und Rechtsgeschäften hält, desto größer ist der Anwendungsraum des § 42 AO. Je mehr solche Begriffe und Rechtsgeschäfte autonom-steuerrechtlich verstanden werden, desto mehr wird das Ziel des § 42 AO bereits durch steuerrechtliche Auslegung erreicht.

98 Das Steuerrecht respektiert grundsätzlich die gewählte zivilrechtliche Gestaltung. Jedoch setzt es der Manipulation, der freien zivilrechtlichen Kombination eine Schranke: Es erkennt nur solche Gestaltungen an, die ein **angemessenes Mittel** für den bezweckten und erreichten wirtschaftlichen Effekt sind. Wer den wirtschaftlichen Effekt herbeiführt, den das Gesetz erfassen will, sich aber einer zivilrechtlichen Gestaltung bedient, die vom Wortsinn des Gesetzes nicht mehr erreicht wird, weil die Gestaltung unangemessen (atypisch) ist, wird steuerrechtlich so behandelt, als habe er die angemessene, vom Gesetz erfaßte Gestaltung gewählt. Maßgeblich ist hier also der wirtschaftliche Effekt; insofern kann man von einer wirtschaftlichen Betrachtungsweise sprechen. Trotz der eigenartigen Technik des § 42 AO (Rekurrieren auf die angemessene rechtliche Gestaltung) liegt ein **Unterfall der Analogie** vor[17]. Es geht im Grunde darum, daß auch andere als die im Gesetz genannten oder erfaßten rechtlichen Gestaltungen erfaßt werden, wenn diese unangemessen sind.

99 Prämisse des § 42 AO ist, daß ein wirtschaftlicher Tatbestand (der erfaßt werden soll) über den normierten, zivilrechtlich formulierten Tatbestand hinausschießt. Gibt es gar kein überschießendes wirtschaftliches Prinzip, so liegt keine Gesetzeslücke vor. § 42 AO ist daher unanwendbar, denn er dient unter den in ihm genannten Voraussetzungen der Lückenausfüllung (s. daher unten Rz. 102); er erlaubt nicht das Eindringen in den gesetzesfreien Raum.

Den effektivsten Beitrag zur Vermeidung von Gesetzesumgehungen würde der Steuergesetzgeber leisten, wenn er die zivilrechtliche Terminologie möglichst vermeiden würde.

100 Der Generalklausel des § 42 AO gehen **Spezialklauseln** zur Bekämpfung der Steuerumgehung vor: etwa § 7b I 4 EStG; § 1 I Nrn. 5–7, II, III GrEStG; §§ 3 I Nrn. 2 ff.; 7 I Nrn. 2 ff. ErbStG; § 25 UmwStG; Bestimmungen des Außensteuergesetzes.

§ 42 AO ist verfassungsmäßig. Er dient der Gleichmäßigkeit der Besteuerung. Er ist auch hinreichend bestimmt, wenn er als Mittel der – an Zweck oder Prinzip des Gesetzes orientierten – Lückenausfüllung angesehen wird.

§ 42 AO ist nur auf Fiskalzwecknormen, nicht auf Sozialzwecknormen zugeschnitten. Wer eine Steuervergünstigung (s. § 7 Rz. 36 ff.) erschleicht, erhält sie mit den allgemeinen methodischen Mitteln abgesprochen.

3.2 Tatbestand

101 a) Das Steuergesetz muß – direkt oder indirekt – anknüpfen an **Gestaltungsmöglichkeiten** (Rechtsvorgänge, Rechtsverhältnisse) **des (außersteuerlichen) Rechts,** insb. des Zivilrechts.

17 Zu dieser Technik ausführlich *K. Tipke*, StbJb. 1972/73, 510 ff., 516 ff.; Tipke/*Kruse*, AO, § 42 Tz. 5–7.

Eine direkte Anknüpfung liegt vor, wenn das Gesetz unmittelbar die Begriffe des Zivlrechts oder sonstigen Rechts verwendet. In den Fällen indirekter Anknüpfung verwendet es einen spezifisch steuerrechtlichen Begriff, etwa den der Lieferung (§§ 1 I Nr. 1, 3 I UStG); der steuerrechtliche Begriff wird aber regelmäßig ausgefüllt durch zivilrechtliche Rechtsgeschäfte, etwa durch Erfüllungsgeschäfte aufgrund bestimmter zivilrechtlicher Verträge. Eine Umgehung kommt hier erst in Betracht, wenn der Steuerpflichtige eine zivilrechtliche Gestaltung wählt, die dem steuerrechtlichen Begriff, etwa dem der Lieferung, nicht mehr unterfällt, wohl aber dem Gesetzeszweck.

b) Das Steuergesetz muß die bezeichneten oder erfaßten Rechtsvorgänge (Rechtsverhält- 102
nisse) nicht als solche meinen, sondern – **als Prämisse** – die mit ihnen verknüpften **wirtschaftlichen Vorgänge oder Verhältnisse.**

Wenn Steuergesetze den Begriff „Ehe" verwenden und damit exakt die „bürgerliche Ehe" meinen, nicht aber die wirtschaftliche Lebensgemeinschaft der Eheleute, so scheidet eine Umgehung der „Ehe" durch andere rechtliche Gestaltungen von vornherein aus. – Es ist freilich eine andere Frage, ob es ideal ist, wenn das Steuerrecht die Anknüpfung an das bürgerliche Recht und nicht die damit verbundene wirtschaftliche Veranstaltung intendiert.

c) Die vom Gesetzgeber gemeinten wirtschaftlichen Vorgänge und Verhältnisse müssen 103
durch die vom Gesetz bezeichneten oder erfaßten Rechtsvorgänge (Rechtsverhältnisse) **nicht voll erfaßt** sein.

d) Der Steuerpflichtige muß sich als Umgehungsmittel mißbräuchlicher Gestaltungs- 104
möglichkeiten des Rechts (des Nicht-Steuerrechts, insb. des Zivilrechts) bedienen.

Nicht das wirtschaftliche oder das tatsächliche Verhalten, sondern die **rechtliche Gestaltung** ist auf ihre Angemessenheit zu beurteilen. Wer nicht arbeitet und daher weder Einkommen noch Umsatz erzielt, wird nicht erfaßt. Wer sein gesamtes Einkommen verbraucht, kann auch nicht zur Vermögensteuer herangezogen werden. Ohnehin fallen diese Fälle in den steuerrechtsfreien Raum.

Rechtliche Gestaltungen sind nicht nur Rechtsgeschäfte, sondern auch (rechtsgeschäftliche) Handlungen, die einen rechtlichen Erfolg herbeiführen, etwa die Wohnsitzverlegung.

Die Rechtsgestaltung muß wirksam sein, sie darf insb. **kein Scheingeschäft** sein, sonst greift schon § 41 AO ein.

Die Tatsache, daß Scheingeschäfte steuerrechtlich nichts bewirken, begründet keine Vermutung für ein Umgehungsgeschäft gegen ein Scheingeschäft. Scheingeschäfte werden mit dem Ziel abgeschlossen, die Steuerbehörde möge sie nicht entdecken. Solange Scheingeschäfte und Umgehungsgeschäfte von der Behörde nicht entdeckt sind, erfüllen sie ihren Zweck. Ist ein Umgehungsgeschäft entdeckt, so bewirkt es ebensowenig wie ein Scheingeschäft.

e) Die Rechtsgestaltung muß **mißbräuchlich** sein. 105

Bevor Mißbräuchlichkeit geprüft wird, sollte jeweils untersucht werden, ob das zivilrechtliche Geschäft nicht „umzudeuten" ist. U. U. kann schon eine solche **„Umdeutung"** die Anwendung des Steuergesetzes ermöglichen.

Was unter einem Mißbrauch zu verstehen ist, läßt sich aus § 42 Satz 2 AO rückschließen: Mißbräuchlich ist eine zivilrechtliche Gestaltung, die den wirtschaftlichen Vorgängen (oder Zuständen) gegenüber unangemessen ist. Unangemessen ist eine zivilrechtliche Gestaltung, die verständige Parteien zur Erreichung des erstrebten wirtschaftlichen Ziels unter den gegebenen Umständen nicht gewählt haben würden. Damit sind die Parteien nicht auf ein Schema festgelegt. Unangemessen sind in jedem Fall abwegige Kniffe und Schliche. Angemessene Rechtsgestaltungen pflegen das Ziel auf einem mehr oder minder geraden Weg zu verfolgen; sie pflegen einfach, zweckmäßig und übersichtlich zu sein. Unangemessene Rechtsgestaltungen benutzen nicht selten Umwege; sie sind oft umständlich, kompliziert, schwerfällig, unökonomisch, gekünstelt, unnatürlich, undurchsichtig, widersinnig, wenig effektiv oder gar überflüssig. In der englischsprachigen

Literatur findet man Ausdrücke wie: artificial, unusual, unnatural, not commensurate, economicly meaningless, complicated, complex[18]. Komplexe wirtschaftliche Vorgänge oder Zustände können allerdings auch eine komplizierte rechtliche Gestaltung erfordern.

106 Der BFH (insb. der 2. Senat) hat wiederholt entschieden, maßgeblich sei, daß durch einen ungewöhnlichen Weg ein steuerlicher Erfolg erreicht werden solle, der bei sinnvoller, Zweck und Ziel der Rechtsordnung (!) berücksichtigender Auslegung (!) vom Gesetz mißbilligt werde[19]. Möglicherweise soll dieser Satz ausdrücken, daß das Verfahren nach § 42 AO (§ 6 StAnpG) ein Analogie-Verfahren ist, bei dem es eben darauf ankommt, den Gesetzesgedanken im Rahmen des Gesetzeszwecks weiterzudenken. Analogie ist aber eben nicht Auslegung, und auf den Zweck der Gesamtrechtsordnung anstatt auf den Zweck des einzelnen Rechtssatzes oder von Rechtssätzen kann es nicht ankommen.

107 Eine rechtliche Gestaltung ist nicht allein deshalb **unangemessen,** weil sie aus steuerlichen Gründen gewählt worden ist. Das wirtschaftliche oder sonstige **Motiv** für die Wahl der Rechtsgestaltung ist **unerheblich;** es kommt allein auf die Unangemessenheit der Rechtsgestaltung gegenüber den erstrebten und erreichten wirtschaftlichen Vorgängen oder Zuständen an. Sein wirtschaftliches Verhalten kann der Steuerpflichtige im Rahmen der Wirtschaftsordnung frei wählen und gestalten; das Steuerrecht schränkt diese wirtschaftliche Freiheit nicht ein, es respektiert sie und knüpft an sie an. Die Erfahrung lehrt allerdings, daß rechtliche Gestaltungen, die lediglich aus steuerrechtlichen Gründen gewählt werden, nicht selten keinen „wirtschaftlichen Vorgang" bewirken; sie sind daher von vornherein unangemessen; Angemessenheit setzt stets einen wirtschaftlichen Vorgang voraus, auf den sich die Angemessenheit bezieht. Fehlt jeglicher wirtschaftliche Vorgang, so ist allerdings auch § 41 II AO zu prüfen.

Von mehreren angemessenen rechtlichen Gestaltungen darf der Steuerpflichtige die günstigste wählen.

Unangemessen sein kann eine Gesamtgestaltung, etwa die Gründung einer bestimmten Gesellschaft, die Wahl einer bestimmten Gesellschaftsform; unangemessen sein kann auch eine Einzelgestaltung im Rahmen einer Gesamtgestaltung.

108 Das Mißbrauchen ist eine **finale Handlung**[20]. Die unangemessene Rechtsgestaltung muß gewählt worden sein, um das Steuergesetz zu umgehen. Der Steuerpflichtige muß mit **Umgehungsabsicht** gehandelt haben, er muß sozusagen bösgläubig sein, dolos oder fraudulös gehandelt haben. Wer sich nicht bewußt ist, daß er den Normsinn, nicht aber den Wortsinn erfüllt, umgeht das Gesetz nicht.

Das drücken auch die englischen Begriffe abuse oder misuse, und der französische Begriff abus (de droit) aus. Der Steuergesetzumgeher handelt in fraudem legis. Gestaltungsmißbrauch ist nicht bloß Gestaltungsfehlgebrauch.

§ 42 AO setzt voraus, daß durch die Umgehung ein steuergesetzlicher Vorteil entsteht.

§ 42 AO führt nicht zur Besteuerung eines fiktiven oder fingierten Sachverhalts, sondern zur Besteuerung des wahren, wirtschaftlichen Sachverhalts. Das ist nur aus der Sicht des vom Zivilrecht her denkenden Formalisten eine Fiktion.

---

18 Dazu *Boidmann,* International Tax Avoidance, IFA-Bulletin 81, 435 ff.; Cahiers de droit fiscal international Vol. LXVIIIa: Tax avoidance/Tax evasion, Deventer 1982; Tipke/*Kruse,* AO, § 42 Tz. 23; s. auch *K. Vogel,* StuW 85, 369 f.

19 BFH BStBl. 58, 97, 99; 64, 667, 669; 65, 697 f.; 66, 148, 150; 66, 509 f.; 70, 675; 71, 721 f.; 72, 322, 324; 74, 521; 77, 261, 262 f.; 77, 263 f.; 77, 754, 756; 77, 843 f.; 79, 77; 80, 28; 80, 247 f.

20 A. A. *Danzer* (Fn. 14), 101 ff.

3.3 Rechtsfolge

§ 42 Satz 2 AO verhindert den Umgehungserfolg dadurch, daß er bestimmt, der Steueranspruch entstehe so, wie er bei einer den wirtschaftlichen Vorgängen (oder Verhältnissen) angemessenen rechtlichen Gestaltung entstanden wäre. Die nicht gewählte, aber angemessene Rechtsgestaltung wird der Besteuerung zugrunde gelegt. Die Beweislast dafür, daß § 42 AO erfüllt ist, hat die Behörde. 109

Die Steuerumgehung ist für sich nicht strafbar. Steuerhinterziehung kommt aber in Betracht, wenn der Steuerpflichtige den Sachverhalt, den das Finanzamt braucht, um § 42 AO anwenden zu können, verschleiert oder verheimlicht (sog. unehrliche Steuerumgehung)[21].

4. Wirtschaftliche Zurechnung statt Maßgeblichkeit der zivilrechtlichen Berechtigung (§ 39 AO)

Literatur: *Ahlbäumer,* Treuhandverhältnisse im Steuerrecht, Berlin 1935; *O. Schmidt,* Das Treuhandeigentum, Diss. Heidelberg 1940; *Seeliger,* Der Begriff des wirtschaftlichen Eigentums im Steuerrecht, Diss. Göttingen, Stuttgart 1962; *Gädeke,* Die Behandlung der Sicherungsübereignung im Steuerrecht, Diss. Heidelberg 1972; *Werndl,* Wirtschaftliches Eigentum, Köln 1983; *Bordewin,* Leasing im Steuerrecht[3], Wiesbaden 1989; Kommentare zu § 39 AO.

Während es im privaten Recht vor allem um den privaten Rechtsfrieden geht, u. a. um die Bestimmung der Rechte von Eigentümern und Forderungsinhabern und den Schutz solcher Titel, kommt es im Steuerrecht auf die (wirtschaftliche) Zurechnung von Gegenständen (Wirtschaftsgütern, wirtschaftlichen Potenzen) zum **Vermögen** des Steuerpflichtigen an; denn im Steuerrecht geht es darum, die **Indikatoren wirtschaftlicher Leistungsfähigkeit** zu finden. In Anbetracht dieser unterschiedlichen Teleologie ist das Schlagwort von der „Einheit der Rechtsordnung“ hier fehl am Platze. 110

Nach § 39 I AO sind Wirtschaftsgüter zwar grundsätzlich dem **Eigentümer** zuzurechnen. § 39 II Nr. 1 Satz 1 AO durchbricht diese Rechtsregel aber: Übt ein anderer als der Eigentümer die **tatsächliche Herrschaft** über ein Wirtschaftsgut in der Weise aus, daß er den Eigentümer im Regelfall für die gewöhnliche Nutzungsdauer von der Einwirkung auf das Wirtschaftsgut ausschließen kann, so ist ihm das Wirtschaftsgut zuzurechnen[22]. 111

Von erheblicher praktischer Bedeutung ist die Zurechnung von Wirtschaftsgütern in den Fällen des Leasing[23]. Nießbrauchern[24], Mietern und Pächtern sind die ihnen überlassenen Wirtschaftsgüter regelmäßig nicht zuzurechnen, wohl aber dem mit einem Eigentumsvorbehalt des Veräußerers Erwerbenden.

Bei **Treuhandverhältnissen**[25] – kennzeichnend für sie ist eine die Innenbindung überschießende Zuständigkeit nach außen – sind die Wirtschaftsgüter dem Treugeber, beim 112

21 Dazu *K. Tipke,* StbJb. 1972/73, 510, 520 ff.

22 Im Anschluß an *Seeliger,* Der Begriff des wirtschaftlichen Eigentums im Steuerrecht, Stuttgart 1962.

23 Dazu BFH BStBl. 70, 264; BdF-Erlasse BStBl. I 71, 264; 72, 188; 92, 13; Inst.FuSt, Leasing, Heft 74, Bonn 1964, und Heft 99, Bonn 1971; *Herber,* Leasing, Zur zivilrechtlichen und steuerrechtlichen Problematik im Deutschen Recht, Diss. Zürich 1971; *Richter,* Leasing im Steuerrecht[8], Köln 1987; *Hagenmüller/Stoppok,* Leasing-Handbuch[5], Frankfurt a. M. 1988; *H.-U. Bull,* BB 1992, 1755.

24 Dazu *Fendt,* Der Nießbrauch in betriebswirtschaftlicher und steuerrechtlicher Sicht, Diss. Würzburg 1966, 84 ff.; *D. Meyer,* Einkommensteuerliche Behandlung des Nießbrauchs und anderer Nutzungsüberlassungen, Diss. Herne/Berlin 1984, 128 ff.; *Stengel,* Die persönliche Zurechnung von Wirtschaftsgütern im Einkommensteuerrecht, Rheinfelden/Berlin 1990.

25 Dazu *Kirsten/Matheja,* Treuhand und Treuhänder im Steuerrecht[2], Herne/Berlin 1978; *U. Blaurock,* Unterbeteiligung und Treuhand an Gesellschaftsanteilen, Habil., Baden-Baden 1981; *Eden,* Treuhandschaft an Unternehmen und Unternehmensanteilen[2], Bielefeld 1989.

Sicherungseigentum (Unterart der Treuhand) sind sie dem Sicherungsgeber (wirtschaftlich ist der Sicherungsgeber „Eigentümer“, der Sicherungsnehmer Pfandgläubiger) und beim Eigenbesitz (§ 872 BGB) sind sie dem Eigenbesitzer zuzurechnen (§ 39 II Nr. 1 Satz 2 AO).

113 Wirtschaftsgüter, die mehreren zur **gesamten Hand** zustehen, werden den Beteiligten anteilig zugerechnet, soweit eine getrennte Zurechnung für die Besteuerung erforderlich ist (§ 39 II Nr. 2 AO).

Bei der Gesamthand ist eine Mehrheit von Personen Träger eines diesen Personen *gemeinschaftlich* zustehenden Vermögens. § 39 II Nr. 2 AO löst, soweit steuerrechtlich erforderlich (Hauptbeispiel: Vermögensteuer; vermögensteuerrechtlich ist nicht die Gesamthand, sondern sind die Gesamthänder Steuersubjekte), für Steuerzwecke die Gesamthand gedanklich auf: die gemeinschaftliche Berechtigung am ganzen Vermögen oder am Vermögensgegenstand wird rechnerisch aufgeteilt in Bruchteile[26]. Die Frage, wie im einzelnen aufzuteilen ist, beantwortet sich nach den Einzelsteuergesetzen oder nach den gesetzlichen und vertraglichen Regelungen des jeweiligen Gesamthandverhältnisses.

§ 39 AO betrifft die Zurechnung von Wirtschaftsgütern, nicht die Zurechnung von Einkünften (s. dazu § 9 Rz. 150 ff.).

D. Ermessensausübung (§ 5 AO)

Literatur: *H. H. Lohmann,* Die Zweckmäßigkeit der Ermessensausübung als verwaltungsrechtliches Rechtsprinzip, Berlin 1972; *Sethy,* Ermessen und unbestimmte Rechtsbegriffe, 1973; *Soell,* Das Ermessen der Eingriffsverwaltung, Heidelberg 1973; *H.-J. Koch,* Unbestimmte Rechtsbegriffe und Ermessensermächtigungen im Verwaltungsrecht, Frankfurt/M. 1979; *Künstler,* Die Ermessensentscheidungen im materiellen Steuerrecht, Diss. Göttingen 1961; *Stoll,* Ermessen im Steuerrecht, Verhandlungen des 4. Österr. Juristentages, Wien 1970; *Hoepffner,* Gesetzesverdrängung durch Verwaltungshandeln im Steuerrecht, Diss. Würzburg 1971; *Achterberg,* Allgemeines Verwaltungsrecht[2], Heidelberg 1986, § 18 III, 282 f.; Tipke/*Kruse,* AO, zu § 5.

114 a) Das Ermessen verschafft den Finanzbehörden eine gewisse Elastizität.

Die eigentlichen Steuertatbestände[1] enthalten grundsätzlich keine **Ermessensermächtigungen.** Tatbestand i. e. S. und Rechtsfolge werden – sieht man von Pauschalierungen ab – durchweg vom Gesetzgeber mehr oder weniger genau bestimmt. Auch die Rechtsfolgen sind (anders als im Strafrecht) grundsätzlich nicht dem Ermessen überlassen. Im übrigen ist dem Steuerrecht die Einräumung von Ermessen aber nicht unbekannt. Es **kann** z. B. eine Steuer gestundet (§ 222 AO) oder erlassen (§ 227 AO) werden. Es *kann* ein Verspätungszuschlag festgesetzt werden (§ 152 AO). Es *können* Zwangsmittel angewendet werden (§ 328 I 1 AO). Auch im Verfahrensrecht spielt das Ermessen eine erhebliche Rolle (s. § 22 Rz. 56, 136, 170, 226 ff.). Nicht geklärt sind die Ermessensgrenzen bei der Auswahl von Unternehmen für die Außenprüfung[2]. Der Gesetzgeber pflegt Ermessen durch Vokabeln wie: die Finanzbehörde „kann“, „darf“, „ist berechtigt“, „ist befugt“ einzuräumen. Das **„soll“** (s. etwa § 361 II 2 AO) verstärkt die Ermessensbindung. „Soll“ drückt aus: in der Regel, d. h. außer in atypischen Fällen, besteht ein Anspruch des Bürgers.

115 b) Von der Ermessensermächtigung ist der **unbestimmte Rechtsbegriff** zu unterscheiden. Der Begriff ist insofern irreführend, als alle Rechtsbegriffe mehr oder minder unbestimmt sind. Ganz gleich, wie groß der Grad der Unbestimmtheit ist: in der Unbe-

26 Dazu *H. W. Kruse,* JbFSt. 1983/84, 237 ff.
1 Vgl. § 7 Rz. 17 ff.
2 Dazu *Tipke*/Kruse, AO, § 193 Tz. 8; und unten § 22 Rz. 233 ff.

stimmtheit liegt keine Ermessensermächtigung; der unbestimmte Begriff muß durch Auslegung präzisiert werden[3].

Mitunter *koppelt* das Gesetz einen „unbestimmten Rechtsbegriff" mit einer Ermessensermächtigung. Im Falle des § 227 AO hat BFH BStBl. 62, 290 angenommen, daß das Ermessen („kann") durch den unbestimmten Rechtsbegriff „unbillig" nicht eingeschränkt werde; die Unbilligkeit sei lediglich Ermessensrichtmaß. Diese Auffassung ist im Ergebnis vom Gemeinsamen Senat der obersten Gerichtshöfe des Bundes bestätigt worden (BFHE 105, 101; BFH BStBl. 72, 603; BVerwGE 39, 355); dazu auch unten § 22 Rz. 331.

Ermessen wird i. d. R. nicht auf der Tatbestandsseite, sondern auf der **Rechtsfolgenseite** einer Rechtsnorm eingeräumt. Die Rechtsfolge wird in das Ermessen der Behörde gestellt.

Beispiel: Gegen denjenigen, der seiner Verpflichtung zur Abgabe einer Steuererklärung nicht oder nicht fristgemäß nachkommt,	Tatbestand
kann ein Verspätungszuschlag festgesetzt werden ... Der Verspätungszuschlag darf 10 v. H. der festgesetzten Steuer ... nicht übersteigen ... (§ 152 AO).	Rechtsfolge

c) Durch die Ermessensermächtigung wird der Behörde ein Entscheidungsspielraum eingeräumt, der zunächst darin besteht, ob die vom Gesetz angeordnete Rechtsfolge überhaupt vollzogen werden soll (sog. **Entschließungsermessen**). So kann die Finanzbehörde von der ihr durch § 152 I AO eingeräumten Möglichkeit, einen Verspätungszuschlag festzusetzen, überhaupt absehen. Im weiteren kann der Finanzbehörde auch eine Auswahl zwischen verschiedenen Rechtsfolgen zustehen (sog. **Auswahlermessen**), entweder in *sachlicher* Hinsicht, indem sie in der Person eines Normadressaten unterschiedliche Rechtsfolgen vollziehen kann, z. B. einen Verspätungszuschlag in unterschiedlicher Höhe festsetzen kann, oder in *persönlicher* Hinsicht, indem sie zwischen mehreren Normadressaten auswählt, z. B. die Auswahl zwischen mehreren Gesamtschuldnern (§ 44 AO) trifft, oder bestimmte Personen für die Außenprüfung auswählt. 116

d) Die Einräumung von Ermessen durchbricht das **Gewaltenteilungsprinzip** insofern, als innerhalb des Ermessensspielraums die Verwaltung aus der strikten Bindung an das Gesetz entlassen und zu autonomer Bestimmung der Rechtsfolge befugt ist. Im Rahmen der Ermessensermächtigung trifft die Behörde keine nur fremdbestimmte, sondern eine in Grenzen selbstbestimmte (autonome) Entscheidung. Der Gesetzgeber kann Ermessen einräumen, wenn er sich nicht in der Lage sieht, abstrakt eine bestimmte Rechtsfolge anzuordnen, die den besonderen Gegebenheiten der Einzelfälle gerecht wird, wenn er vielmehr glaubt, daß eine dem jeweiligen Einzelfall adäquate Entscheidung nur von beruflich vorgebildeten Beamten unter Berücksichtigung aller Umstände des Einzelfalles getroffen werden könne. Gemessen an diesem Prinzip[4] ist im Steuerrecht allerdings ein Übermaß an Ermessenseinräumung festzustellen[5]. 117

e) Fehlt es an dem für die Ermessensermächtigung vorausgesetzten Tatbestand (Beispiel: verspätete Abgabe der Steuererklärung), so liegt eine normale Rechtsverletzung vor (der Verspätungszuschlag ist rechtswidrig); mit dem Ermessen hat diese Verletzung nichts zu tun. 118

Eine Rechtsverletzung liegt auch vor, wenn der Behörde ein Ermessen eingeräumt ist, sie bei ihrer Entscheidung aber davon ausgeht, kein Ermessen ausüben zu dürfen.

Die Ermessensentscheidung ist **keine Entscheidung nach Belieben.** Ermessen heißt auch nicht: Freiheit der Zweckwahl. Die Finanzbehörde muß ihr Ermessen entsprechend dem

3 Dazu *K. Tipke,* Auslegung unbestimmter Rechtsbegriffe, in: Leffson/Rückle/Großfeld (Hrsg.), Handwörterbuch unbestimmter Rechtsbegriffe im Bilanzrecht des HGB, Köln 1986, 1 ff.

4 Ausfluß des Rechtsstaatsprinzips und der Gewaltenteilung.

5 Beispiele dafür sind die §§ 222, 227 AO.

Zweck der Ermessensermächtigung des Gesetzgebers ausüben und die **gesetzlichen Grenzen** des Ermessens einhalten (§ 5 AO). Das setzt voraus, daß der Ermessenszweck feststellbar ist; andernfalls ist die Ermächtigung unwirksam (analog Art. 80 I GG).

Beispiele: Zweck des Verspätungszuschlages ist es, den Steuerpflichtigen zur rechtzeitigen Abgabe der Steuererklärung anzuhalten (s. § 152 II 2 AO; dazu § 22 Rz. 187). Zweck der Stundung ist es, erhebliche Härten für den Schuldner möglichst zu vermeiden (s. § 222 AO; dazu § 22 Rz. 314 f.). Zweck des Billigkeitserlasses ist es, die Einziehung einer Steuer zu vermeiden, wenn dies nach Lage des Falles unbillig wäre (s. § 227 I AO; dazu § 22 Rz. 333 ff.). Zweck der Zwangsmittel ist es, Mitwirkungsverpflichtungen (die keine Geldleistungsverpflichtungen sind), die der Verpflichtete nicht erfüllt hat, zu erzwingen (s. § 328 AO, auch §§ 330, 335 AO: „nicht erfüllt", „erfüllt"). Aus § 122 I 3 AO über Bekanntgabe an den Bevollmächtigten läßt sich kein Zweck entnehmen; die Ermächtigung ist daher unwirksam.

Will die Behörde dem Zweck der Ermächtigung entsprechen, so muß sie im konkreten Einzelfall diejenige Rechtsfolgen-Alternative wählen, die am besten geeignet ist, den Zweck der Ermessensvorschrift zu verwirklichen. Aus der Zweckbindung ergibt sich, daß nach sachlichen Kriterien entschieden werden muß, daß die Ermessensermächtigung aber keinen Spielraum läßt für Laune und Willkür, für Sympathie und Antipathie oder gar für Schikanen.

119 Daraus ergeben sich zwei Arten von Ermessensfehlern oder Fehlern bei der Ermessensausübung:

- **Ermessensfehlgebrauch** (auch gebräuchlich, aber ungenau: Ermessensmißbrauch) = Gebrauch des Ermessens in einer Weise, die dem Zweck der Ermächtigung nicht entspricht; daher auch Fehlmotivation oder Widerzwecklichkeit.

  Beispiele: Einem Steuerpflichtigen wird die Steuer erlassen, weil er mit einem einflußreichen Bundestagsabgeordneten befreundet ist, der auf den Erlaß drängt; Billigkeitserlaß wird abgelehnt, weil Steuerpflichtiger vorbestraft ist oder der DKP angehört. – Diese Entscheidungen sind im Bereich des Steuerrechts sachfremd. Sie müssen am Prinzip der (Einzelfall-)Leistungsfähigkeit orientiert werden.

- **Ermessensüberschreitung** = Überschreitung der gesetzlichen Grenzen des Ermessens = Wahl einer Rechtsfolge, die nicht zu den im Gesetz zugelassenen Rechtsfolgen gehört.

  Beispiel: Im Falle des § 152 AO steht es im Ermessen der Behörde, entweder keinen Verspätungszuschlag festzusetzen oder einen Verspätungszuschlag festzusetzen, und zwar einen Verspätungszuschlag bis zu 10 v. H. – Ermessensüberschreitung liegt vor, wenn die Behörde einen Verspätungszuschlag von 15 v. H. festsetzt. Ermessensüberschreitung ist auch gegeben, wenn die 5000 DM-Grenze des § 329 AO überschritten („überstiegen") wird.

120 f) Der Beamte, der Ermessen ausübt, muß seine Ermessensentscheidung – ebenso wie der Gesetzgeber – auch an den **Grundrechten,** insb. am Gleichheitssatz[6], am Sozialstaatsprinzip[7] und am Übermaßverbot[8], orientieren (s. Art. 1 III GG); andernfalls liegt Ermessensfehlgebrauch vor. Die Ermessensausübung regelnden Verwaltungsvorschriften erzeugen über den Gleichheitssatz eine **Selbstbindung** der Verwaltungsbehörden[9]. Allerdings kann Gleichheit im Unrecht nach h. M. nicht verlangt werden[10].

Die Steuerpflichtigen haben einen Anspruch darauf, daß die Behörde ein ihr zustehendes Ermessen auch tatsächlich ausübt und daß sie es fehlerfrei ausübt. Übt die Behörde das ihr eingeräumte Ermessen nicht aus oder schöpft sie den Ermessensspielraum nicht aus,

6 Dazu § 4 Rz. 70 ff.
7 Dazu § 4 Rz. 50 ff.
8 Dazu § 4 Rz. 209 ff.
9 Dazu § 5 Rz. 26; *Pietzcker,* NJW 81, 2087.
10 Dazu § 4 Rz. 72.

so spricht man von **Ermessensunterschreitung;** sie macht den Verwaltungsakt rechtswidrig.

Der Verwaltungsakt ist auch rechtswidrig, wenn die Ermessensausübung sich in rechtserheblicher Weise auf einen Sachverhalt gründet, der nicht zutrifft.

Die Finanzgerichte dürfen im Rechtsbehelfsverfahren nicht an die Stelle des Ermessens der Behörde ihr eigenes Ermessen setzen; sie dürfen die behördliche Ermessensentscheidung *nur* auf Ermessensfehler (Ermessensüberschreitung, Ermessensfehlgebrauch) nachprüfen[11].

11 § 102 FGO.

Zweites Kapitel: Das Steuerrechtsverhältnis

§ 6 Grundbegriffe des Steuerrechtsverhältnisses

1. Inhalt des Steuerrechtsverhältnisses

1 Das Steuerrechtsverhältnis besteht aus einem formellen Teil, dem Verfahrenspflichtverhältnis, und aus einem materiellen Teil, dem Steuerschuldverhältnis. Schuldet der Steuerpflichtige verschiedene Steuern (Einkommensteuer, Vermögensteuer, Grundsteuer etc.), so bestehen mehrere Steuerschuldverhältnisse. Jeder Anspruch aus dem Steuerschuldverhältnis ist im übrigen geeignet, ein im Hinblick auf den Leistungsbescheid und das Rechtsbehelfsverfahren abgrenzbares Verfahrenspflichtverhältnis zu begründen.

2 a) Das **Steuerschuldverhältnis** umgrenzt § 37 AO (s. unten § 7 Rz. 1 ff.). § 37 AO enthält eine abschließende Aufzählung der Geldleistungsansprüche, die bei der Geltendmachung des Steueranspruchs in Betracht kommen. Das ist der Steueranspruch selbst, sodann der sichernde Haftungsanspruch, die Ansprüche auf steuerliche Nebenleistungen[1], der Steuervergütungsanspruch (s. § 7 Rz. 68 f.) und der Erstattungsanspruch (s. § 7 Rz. 70 f.).

3 b) Außer dem Steuerschuldverhältnis regelt die AO das **Verfahrenspflichtverhältnis.** Das Verfahrenspflichtverhältnis beinhaltet die Pflichten und auch Rechte (z. B. Auskunftsverweigerungsrecht, Recht auf Gehör), die der Durchsetzung von Ansprüchen aus dem Steuerschuldverhältnis dienen. Dazu gehören insb. die Pflichten und Rechte, die der Sachaufklärung dienen. Sie sind geregelt in den §§ 90 ff., 134 ff., 140 ff., 200, 208 I, 211 AO (s. § 22 Rz. 172 ff., 243 ff.).

Die verfahrensrechtlichen Pflichten zu einem Tun, Dulden oder Unterlassen, auch als Finanzpflichten oder Hilfspflichten bezeichnet, können sich unmittelbar aus dem Gesetz ergeben, aber auch aufgrund eines gesetzlich fundierten Verwaltungsakts. Ein solcher Verwaltungsakt wurde früher als Finanzbefehl bezeichnet.

2. Beteiligte des Steuerrechtsverhältnisses

4 Beteiligt am Steuerrechtsverhältnis[2] sind der Steuerberechtigte (Bund, Länder, Gemeinden, steuerberechtigte Kirchen) als Ertrags- oder Verwaltungsberechtigter (= Inhaber der Ertragshoheit oder der Verwaltungshoheit) und der Steuerpflichtige.

5 **Steuerpflichtig** ist die Privatperson (private rechtsfähige und nichtrechtsfähige Vereinigungen eingeschlossen, s. unten § 6 Rz. 16), die im Steuerrechtsverhältnis Träger von Rechten und Pflichten ist. Sie ist m. a. W. steuerrechtsfähig (s. unten § 6 Rz. 14). Die Rechte und Pflichten können schuldrechtlicher oder verfahrensrechtlicher Natur sein. Die umständlichere, aber konkretere Definition des § 33 I AO lautet:

„Steuerpflichtiger ist, wer eine Steuer schuldet, für eine Steuer haftet, eine Steuer für Rechnung eines Dritten einzubehalten und abzuführen hat[3], wer eine Steuererklärung abzugeben, Sicherheit zu leisten, Bücher und Aufzeichnungen zu führen oder andere ihm durch die Steuergesetze auferlegte Verpflichtungen zu erfüllen hat."

Die Privatpersonen haben im Steuerrechtsverhältnis indessen nicht nur Pflichten, sondern auch Rechte; da die Pflichten jedoch gänzlich überwiegen (weswegen nicht selten verkürzt vom Steuer-

---

1 Dazu unten § 7 Rz. 1.
2 Nicht zu verwechseln mit der verfahrensrechtlichen Beteiligung (§ 78 AO).
3 Betrifft Lohnsteuer, Kapitalertragsteuer, Versicherungsteuer.

pflichtverhältnis statt vom Steuerrechtsverhältnis gesprochen wird), ist die Bezeichnung Steuerpflichtiger signifikant. Steuerbürger ist eine der Gesetzessprache nicht bekannte Bezeichnung für Steuerpflichtiger.

§ 33 II AO stellt klar, daß Steuerpflichtiger nicht ist, wer in **fremder Steuersache** bei der Sachaufklärung mitzuwirken hat (sog. Dritter oder andere Person). 6

Die *Finanzwissenschaft* pflegt die Steuerpflichtigen als *Zensiten* zu bezeichnen.

Der Begriff „Steuerpflichtiger" ist umfassend. Er bezieht sich auf sämtliche Rechte und Pflichten.

Begrifflich lassen sich differenzieren: 7

(1) **Steuerschuldner:** Wer Steuerschuldner (§ 43 AO) ist, ist auch Steuerpflichtiger (§ 33 I AO); wer Steuerpflichtiger ist, muß aber nicht Steuerschuldner sein. Der Begriff des Steuerpflichtigen ist der weitere: der Begriff Steuerschuldner meint nur den Träger vermögensrechtlicher Rechte und Pflichten; Steuerpflichtiger ist auch, wer Träger nichtvermögensrechtlicher Rechte und Pflichten ist.

Die Steuergesetze sprechen nicht selten auch dann vom Steuerpflichtigen, wenn sie den Steuerschuldner meinen.

(2) **Steuerentrichtungspflichtiger:** Er hat die Steuer einzubehalten und abzuführen (zu entrichten, § 43 Satz 2 AO). Der Steuerentrichtungspflichtige ist Steuerpflichtiger im Sinne des § 33 I AO. Er schuldet die Steuer aber nicht; er handelt als Dritter **für Rechnung** des Steuerschuldners: Arbeitgeber hinsichtlich Lohnsteuer[4]; Schuldner von Kapitalerträgen sind inländische Zahlstellen (Kreditinstitute) hinsichtlich Kapitalertragsteuer; Versicherer hinsichtlich Versicherungsteuer. Die Steuerentrichtungspflicht ist nicht verfassungswidrig[5]. 8

(3) **Steuerträger** (kein Ausdruck des Gesetzes): Er trägt die Steuer *wirtschaftlich.* Wird die Steuer vom Steuerschuldner auf einen anderen überwälzt, so sind Steuerschuldner und Steuerträger nicht identisch; so regelmäßig bei der Umsatzsteuer (Mehrwertsteuer) und den Verbrauchsteuern, auch als indirekte Steuern bezeichnet. Steuerschuldner ist der Unternehmer, indirekt trifft die Steuer aber den Verbraucher. Der Steuerträger ist kein Steuerpflichtiger im Sinne des § 33 I AO. 9

(4) **Haftungsschuldner:** Er haftet für eine fremde Schuld aus dem Steuerschuldverhältnis (s. § 7 Rz. 48 ff.). 10

3. Die Steuerrechtsfähigkeit[6]

Wer als – natürliche oder juristische – Privatperson (im Gegensatz zur steuerberechtigten Körperschaft) Träger von Rechten und Pflichten im Steuerrechtsverhältnis (Steuerschuldverhältnis oder Steuerpflichtverhältnis) sein kann, ist steuerrechtsfähig, ist Steuerpflichtiger, Steuerrechtssubjekt, Steuersubjekt, Steuerrechtsperson oder Steuerperson. Alle diese **Begriffe** bezeichnen dasselbe. Die Abgabenordnung verwendet die Begriffe 11

4 Vgl. auch § 9 Rz. 766; ferner § 43 Satz 2 AO. Literatur: *Rinner,* Die Lohnsteuer, Theorie und Technik beim Steuerabzug vom Arbeitslohn, Berlin 1929; *Riepen,* Die Rechtsstellung des Arbeitgebers im Lohnsteuerabzugsverfahren, Köln 1966; *Mösch,* Über die Erhebung der Lohnsteuer durch den Arbeitgeber, Diss. Erlangen-Nürnberg 1968. Über Einwirkungen des Lohnsteuerrechts auf das Arbeitsverhältnis, *Stolterfoht,* DStJG Bd. 9 (1986), 175 ff.

5 BFH BStBl. 1963, 468; BVerfGE 22, 380; s. aber auch *Trzaskalik,* DStJG Bd. 12 (1989), 157 ff.

6 Der im Steuerrecht mitunter verwendete Begriff „Steuerfähigkeit" ist nicht präzise und signifikant; er sollte aber auch deshalb nicht verwendet werden, weil er bereits von der Finanzwissenschaft okkupiert ist; diese versteht darunter die steuerliche Leistungsfähigkeit.

„steuerrechtsfähig“ oder „Steuerrechtsfähigkeit“ nicht. Da im Steuerrechtsverhältnis die Pflichten gänzlich überwiegen, spricht sie vom „Steuerpflichtigen“ (§ 33 AO). Aber der Steuerpflichtige ist steuerrechtsfähig.

12 Rechtsfähigkeit ist nichts allgemein Vorgegebenes, sondern ein technisches Instrument, das der Teleologie des jeweiligen Rechtszweiges adäquat sein sollte. Die steuerliche Rechtsfähigkeit deckt sich denn auch nicht mit der bürgerlich-rechtlichen (s. § 1 BGB). Die Steuerrechtsfähigkeit ist eine von der BGB-Rechtsfähigkeit **unabhängige Sonder-Rechtsfähigkeit**[7]. Die bei der Einheit der Rechtsordnung ansetzende Kritik daran ist verfehlt; sie berücksichtigt nicht genügend die spezifischen Bedürfnisse des Steuerrechts. Steuerperson kann jedes Subjekt sein, das sich dazu eignet, steuergesetzliche Rechte und Pflichten zu übernehmen. Im Steuer(schuld-)recht geht es darum, solche Gebilde zu Steuerrechtssubjekten zu deklarieren, in denen sich wirtschaftliche Leistungsfähigkeit verkörpert (Beispiele: EStG, KStG) oder über die technisch wirtschaftliche Leistungsfähigkeit erfaßt werden kann (Beispiele: UStG, besondere Verbrauchsteuergesetze).

13 Im Steuerrecht sind die **steuerrechtsfähigen Subjekte** nicht allgemein bestimmt, ihr Kreis ist je nach Einzelsteuergesetz (Steuerart) verschieden. Je nach Einzelsteuergesetz können auch (bürgerlich-rechtlich) nichtrechtsfähige Personenvereinigungen und Vermögensmassen steuerrechtsfähig sein (s. etwa § 34 AO; § 1 I Nr. 5 KStG; § 2 I UStG).

Beispiele: Steuerrechtsfähig sind z. B. bei der

Einkommensteuer: Natürliche Personen (§ 1 EStG);

Körperschaftsteuer: Insb. juristische Personen, auch nichtrechtsfähige Vereine, Anstalten, Stiftungen und andere Zweckvermögen (§ 1 KStG);

Vermögensteuer: Wie Einkommensteuer und Körperschaftsteuer (§ 1 VStG);

Umsatzsteuer: Unternehmer, gleich in welcher Rechtsform das Unternehmen betrieben wird, z. B. auch BGB-Gesellschaften und Personengesellschaften des Handelsrechts (s. § 13 II UStG).

14 Der Steuergesetzgeber scheut sich noch, die besondere steuerrechtliche Rechtsfähigkeit mit dem Begriff „Rechtsfähigkeit“ zu bezeichnen. Die an verschiedenen Stellen der Steuergesetze verwendeten Begriffe „rechtsfähig“ oder „nichtrechtsfähig“ oder „juristische Person“ (z. B. §§ 1 I Nr. 5; 3 I KStG; 3 Nr. 9 GewStG; 1 I Nr. 2e VStG; 2 II Nr. 2 UStG) meinen die Rechtsfähigkeit im Sinne des bürgerlichen Rechts. – Die Begriffe „steuerrechtsfähig“, „Steuerrechtsperson“ oder „juristische Person des Steuerrechts“ erscheinen nirgends in den geltenden Steuergesetzen.

15 Aus Gründen prinzipieller Wettbewerbsneutralität des Steuerrechts sind die **gewerblichen Betriebe von Körperschaften des öffentlichen Rechts** zu steuerrechtsfähigen Personen erhoben und den privaten Gewerbebetrieben gleichgestellt worden[8].

16 Bei **natürlichen Personen** beginnt die Steuerrechtsfähigkeit mit der Geburt; sie endet mit dem Tode. Wegen Verschollenheit s. die Todestagsfiktion des § 49 AO. Durch § 49 AO sollen Berichtigungen von Steuerbescheiden und Steuererstattungen vermieden werden.

Wird die Gründung und Existenz einer an sich steuerrechtsfähigen **Gesellschaft** aufgrund §§ 41, 42 AO nicht anerkannt, so wird auf die Gesellschafter durchgegriffen[9].

Wie im bürgerlichen Recht, so ist auch im Steuerrecht zwischen Rechtsfähigkeit und Geschäftsfähigkeit (Handlungsfähigkeit)[10] zu unterscheiden.

---

7 Literatur: *Liebisch,* Steuerrecht und Privatrecht. Ein Beitrag zur Förderung der Rechtseinheit, Köln 1933; *Faller,* Die Rechtsfähigkeit im Steuerrecht, Diss. Würzburg 1939; *Dornfeld,* Die Steuerfähigkeit der Unternehmung, Diss. rer. pol. Köln 1966.

8 Vgl. § 11 Rz. 11.

9 Dazu *A. Raupach,* Der Durchgriff im Steuerrecht, München 1968; *H.-J. von Beckerath,* Der Durchgriff im deutschen Außensteuerrecht, Berlin 1978.

10 Vgl. dazu § 22 Rz. 156 ff.

17 Bei **Gesamtrechtsnachfolge** gehen die Rechte und Pflichten aus dem Steuerrechtsverhältnis auf den Rechtsnachfolger über. § 45 I AO, der sich nur auf das Steuerschuldverhältnis bezieht (s. dazu oben Rz. 2), ist zu eng. In ihm kommt aber ein analogiefähiges Prinzip zum Ausdruck; s. auch § 153 I 2 AO[11].

11 Dazu *H. W. Kruse*, Die Ansprüche aus dem Steuerschuldverhältnis bei Gesamt- und Einzelrechtsnachfolge, DStJG Bd. 10 (1987), 1 ff.

§ 7 Allgemeines Steuerschuldrecht

Literatur: *Schranil,* Besteuerungsrecht und Steueranspruch, Leipzig/Wien 1925; *W. Merk,* Steuerschuldrecht, Tübingen 1926; *Mirbt,* Beiträge zur Lehre vom Steuerschuldverhältnis, FinArch. Bd. 44 (1927), 1 ff.; *Stoll,* Das Steuerschuldverhältnis, Wien 1972; *H. W. Kruse,* Lehrbuch des Steuerrechts, Bd. I (Allgemeiner Teil), München 1991, 91 ff.

1. Inhalt des Steuerschuldverhältnisses

1 Wie bereits oben (§ 6 Rz. 2) ausgeführt, umgrenzt **§ 37 AO abschließend** den Inhalt des Steuerschuldverhältnisses. Danach umfaßt das einzelne Steuerschuldverhältnis folgende „Anprüche aus dem Steuerschuldverhältnis" (so die Überschrift zu § 37 AO):

(1) Steueranspruch = steuerschuldverhältnisbegründender Hauptanspruch (§ 37 I AO);

(2) Haftungsanspruch (§§ 37 I, 69 ff., 191 AO, s. Rz. 48 ff.);

(3) Steuervergütungsanspruch (§ 37 I AO, s. Rz. 68 f.);

(4) Erstattungsanspruch (§ 37 I, II AO, s. Rz. 70 f.);

(5) Ansprüche auf steuerliche Nebenleistungen (§ 37 I AO), das sind nach § 3 III AO Ansprüche auf Verspätungszuschläge (§ 152 AO, s. § 22 Rz. 187 ff.), Zinsen (§§ 233–237 AO, s. § 22 Rz. 347 ff.), Säumniszuschläge (§ 240 AO, s. § 22 Rz. 366 ff.), Zwangsgelder (§ 329 AO, s. § 22 Rz. 377) und Kosten (§§ 178, 337–345 AO). § 3 IV AO bestimmt den Gläubiger der Nebenleistungen; die Vorschrift ist falsch lokalisiert.

2 Der Begriff „Ansprüche aus dem Steuerschuldverhältnis" wird z. B. verwendet in den §§ 38, 47, 218, 220, 222, 226, 227, 228 AO. Jedes Steuerschuldverhältnis wird konkretisiert und abgegrenzt durch den einzelnen Anspruch mit bestimmten Beteiligten (Gläubiger/Schuldner). Verschiedene Steuern begründen verschiedene Steuerschuldverhältnisse; bei periodischen Steuern wird für jedes Jahr ein neues Schuldverhältnis begründet.

2. Entstehung

3 Die Ansprüche aus dem Steuerschuldverhältnis entstehen, sobald der *Tatbestand* verwirklicht ist, an den das *Gesetz* die Leistungspflicht knüpft (§ 38 AO); über die Rechtswirkungen der Anspruchsentstehung s. Rz. 13; über die Entstehung des Steueranspruchs s. Rz. 11 ff.

Das Steuerschuldverhältnis ist ein **gesetzliches Rechtsverhältnis** (obligatio ex lege). Es entsteht kraft Gesetzes; das Gesetz ersetzt das private Willensmoment, die Parteivereinbarung.

Über die Entstehung des Haftungsanspruchs s. Rz. 50; über die Entstehung des Erstattungsanspruchs s. Rz. 71.

Ermessensabhängige Ansprüche (auf Verspätungszuschlag, Zwangsgeld und Kosten nach § 178 I AO) entstehen erst mit der (positiven) Ausübung des Ermessens und der Bekanntgabe der Entscheidung.

§ 38 AO ist lückenhaft; er erfaßt Ermessensentscheidungen nicht. Bei Ermessensentscheidungen wird die Leistungspflicht nicht allein an das Gesetz geknüpft, nicht allein durch das Gesetz, sondern erst durch die Ermessensentscheidung ausgelöst.

3. Gläubiger- und Schuldnerwechsel, Verpfändung, Pfändung

3.1 Vorgänge kraft Gesetzes

Literatur: *G. Felix,* Die Nachfolge des Unternehmers, StbKongrRep. 1977, 333 ff.; *Schulze-Osterloh* (Hrsg.), Rechtsnachfolge im Steuerrecht, DStJG Bd. 10 (1987) mit Beiträgen von *Kruse, Meincke, Ruppe, Heinicke, Groh, Pöllath, Brenner, Brezing; Reiß,* Rechtsnachfolge im Umsatzsteuerrecht, StVj 89, 103; *Gassner,* Die Bedeutung der Rechtsnachfolge im Steuerrecht, in: FS für G. Stoll, Wien 1990, 317.

Bei **Gesamtrechtsnachfolge** (= Übergang des gesamten Vermögens kraft Gesetzes, insb. durch Erbfolge, Verschmelzung oder Umwandlung von Gesellschaften) gehen die Forderungen und Schulden aus dem Steuerschuldverhältnis auf den Rechtsnachfolger über. Im Falle der Erbfolge gilt dies jedoch nicht für Zwangsgelder (§ 45 I 2 AO)[1]. 4

Erben haben für auf sie übergegangene, aus dem Nachlaß zu erfüllende Schulden des Erblassers (aus dem Steuerschuldverhältnis) nach den Vorschriften des bürgerlichen Rechts über die Haftung der Erben für Nachlaßverbindlichkeiten (§§ 1967 ff., 2058 ff. BGB) einzustehen, d. h. Haftungsbeschränkung auf den Nachlaß ist möglich. Vorschriften durch die eine steuerrechtliche Haftung der Erben begründet wird, bleiben unberührt (§ 45 II 2 AO[2]; s. etwa die Fälle §§ 69, 71 AO).

Grundsätzlich gehen die Forderungen und Schulden aus dem Steuerschuldverhältnis *nicht* über die *Einzel*rechtsnachfolge.

Eine Ausnahme gilt für die Sachhaftung nach § 76 AO. Eine andere Ausnahme: Bedingte Verbrauchsteuerschulden gehen jeweils auf den berechtigten Erwerber über, wenn die Waren vom Steuerschuldner vor Eintritt der Bedingung im Rahmen der vorgesehenen Zweckbestimmung an ihn weitergegeben werden (§ 50 II AO)[3].

3.2 Vorgänge kraft Rechtsgeschäft, Pfändung

Privatpersonen können nach § 46 I AO bestimmte Ansprüche, nämlich Ansprüche auf Erstattung von Steuern, von Haftungsbeträgen und von steuerlichen Nebenleistungen (§ 37 II AO) sowie Ansprüche auf Steuervergütungen abtreten (§ 398 BGB), verpfänden (§ 1273 BGB) und pfänden (§§ 829, 835 ZPO). 5

Die Abtretung wird erst wirksam, wenn der Gläubiger sie formgerecht der Finanzbehörde anzeigt (s. § 46 II, III AO; s. auch § 46 V AO).

Der geschäftsmäßige Erwerb von Erstattungs- und Vergütungsansprüchen zum Zwecke der Verwertung auf eigene Rechnung ist grundsätzlich zulässig (§ 46 IV AO).

Zur Pfändung s. auch § 46 VI, VII AO.

Leistungen aus dem Steuerschuldverhältnis gegenüber der Finanzbehörde können auch durch **Dritte** bewirkt werden (§ 48 I AO). Dritte können sich vertraglich verpflichten, für solche Leistungen einzustehen (§ 48 II AO), etwa um ein eigenes Recht oder den Besitz an Gegenständen nicht zu verlieren. In Betracht kommen kumulative (nicht privative) Schuldübernahme, Schuldversprechen, Garantievertrag, Bürgschaft[4]. 6

Durch (kumulative) Schuldübernahme eines Dritten wird der gesetzliche Steuerschuldner nicht frei.

Wer sich vertraglich verpflichtet hat (§ 48 II AO), kann nur nach den Vorschriften des bürgerlichen Rechts in Anspruch genommen werden (§ 192 AO). Bei Nichterfüllung muß die Finanzbehörde vor dem Zivilgericht klagen.

1 Dazu *H. W. Kruse,* Die Ansprüche aus dem Steuerschuldverhältnis bei Gesamt- und Einzelrechtsnachfolge, DStJG Bd. 10 (1987), 1 ff.

2 Dazu *Haake,* § 8 I, II StAnpG und § 120 I 1 RAO, Diss. Berlin 1969.

3 Dazu *M. Peters,* Zur bedingten Steuerschuld, ZfZ 71, 33 ff.

4 Zur Bürgschaft *Friedrich,* StuW 79, 259 ff.

Erfüllt der Dritte in Ausübung eines Ablösungsrechts die Schuld, so geht der Anspruch als privatrechtlicher auf ihn über (s. §§ 268 III 1; 774 I 1; 1143 I 1; 1150; 1225 Satz 1; 1249 Satz 2 BGB)[5].

4. Erlöschen

7 Ansprüche aus dem Steuerschuldverhältnis (§ 37 I AO) erlöschen nach **§ 47 AO** insb. durch Zahlung (§§ 224, 224a, 225 AO), Aufrechnung (§ 226 AO), Erlaß (§§ 163, 227 AO) und Verjährung (§§ 169–171; 228–232 AO), ferner durch Eintritt der Bedingung bei auflösend bedingten Ansprüchen (§ 50 AO)[6].

§ 47 AO regelt das Erlöschen nicht abschließend. Ein weiterer Erlöschungsgrund ist die Rückgängigmachung von steuerlich relevanten Rechtsgeschäften mit dinglicher Wirkung[7].

§ 47 AO ist insofern zu weit, als für Verspätungszuschläge, Säumniszuschläge (sie werden nicht festgesetzt) und Zwangsgeld keine Festsetzungsverjährungsfrist existiert. Erlöschen durch Festsetzungsverjährung kommt insoweit nicht in Betracht. Insoweit muß § 47 AO teleologisch reduziert werden. Für Zinsen sieht § 239 I AO Festsetzungsverjährung vor.

Leistungen aus dem Steuerschuldverhältnis gegenüber der Finanzbehörde können auch dadurch erlöschen, daß sie durch Dritte bewirkt werden (§ 48 I AO). Dritte können sich vertraglich verpflichten, für solche Leistungen einzustehen (§ 48 II AO).

Im Falle der Verwirkung des Anspruchs (s. § 22 Rz. 23 ff.) erlischt dieser zwar nicht; er kann aber nicht mehr geltend gemacht werden.

5. Zum Steuerschuldverhältnis im engeren Sinne

8 Das Steuerschuldverhältnis i. w. S., das alle Ansprüche aus dem Steuerschuldverhältnis umfaßt (§ 37 I AO), ist zu unterscheiden von dem Schuldverhältnis i. e. S., das nur den **Steueranspruch** – als Kehrseite der Steuerschuld – beinhaltet.

5.1 Beteiligte

9 Beteiligte des Steuerschuldverhältnisses i. e. S. sind der Steuergläubiger (Steuerberechtigter) und der Steuerschuldner.

(1) **Steuergläubiger** ist diejenige Körperschaft, der die Steuer oder ein Anteil daran zusteht.

Das Grundgesetz bedient sich in Art. 106, 107 keiner schuldrechtlichen Terminologie. Es spricht – uneinheitlich – von „Aufkommen *zustehen*" (Art. 106 I Nr. 2), „gemeinsam *zusteht,* soweit es nicht den Gemeinden *zugewiesen* wird" (Art. 106 III 1), von „Anteilen", mit denen Bund und Länder „am Aufkommen" beteiligt werden (Art. 106 III, IV). Die Gemeinden „erhalten einen Anteil" am Aufkommen der Einkommensteuer (Art. 106 V); vom Länderanteil am Gemeinschaftsteueraufkommen „fließt" ihnen ein Teil „zu" (Art. 106 VII).

Bei den **Gemeinschaftsteuern** handelt es sich um eine mehrseitige Berechtigung, um eine Art Mehrheit auf der Gläubigerseite, um eine **Gläubigergemeinschaft** (Gemeinschaftsgläubigerschaft Bund/Länder). Hingegen sind Bund und Länder wegen der Gemeinschaftsteuern nicht Gesamtgläubiger; es können nicht sowohl der Bund als auch das beteiligte Land die ganze Steuerschuld fordern, sie können auch keinen Anteil an der Einzelforderung geltend machen, sondern nur gemeinsam das Ganze durch die nämliche Steuerbehörde verlangen. Ein anderer Weg ist wegen der einheitlichen Steuerverwaltung auch praktisch nicht denkbar. Bund und Länder als Gläubigergemeinschaft sind nicht identisch mit Bund und Ländern als Einzelgläubigern.

Zweifelhaft ist, ob auch die **Gemeinden** zu den Gemeinschaftsgläubigern der Gemeinschaftsteuern gehören. Daß sich der Anteil der einzelnen Gemeinden erst aus dem Länderanteil ergibt (Art. 106 VII GG), spricht gegen die Gläubigerschaft der Gemeinden und für bloße Finanzzuweisungen.

5 Dazu *Stolterfoht,* JZ 75, 658 ff.
6 Spielt im Verbrauchsteuerrecht eine Rolle (s. § 50 AO).
7 Dazu Rz. 15.

(2) **Steuerschuldner** ist, wer durch Einzelsteuergesetz dazu bestimmt wird (s. auch § 43 Satz 1 AO). Prinzipiell wird in den Steuergesetzen zum Steuerschuldner bestimmt, wer den Tatbestand verwirklicht, an den das Gesetz die Leistungspflicht knüpft (s. auch § 38 AO). Jedoch gibt es Ausnahmen[8]. Dadurch wird es notwendig, den Steuerschuldner wie folgt zu bestimmen: „Steuerschuldner ist das Rechtssubjekt[9] eines Steuergesetzes (Steuersubjekt), dem das Steuerobjekt (Steuergegenstand) dieses Gesetzes kraft gesetzlicher Anordnung zugerechnet wird." Idealiter sollte es ein Träger steuerlicher Leistungsfähigkeit (dazu § 4 Rz. 81 ff.) sein. 10

Kein Steuerschuldner ist, wer die Steuer für Rechnung des Steuerschuldners einzubehalten und an das Finanzamt abzuführen (zu entrichten) hat; er ist **Entrichtungspflichtiger** (s. § 33 I AO).

Entrichtungspflichtig sind z. B. der Arbeitgeber für die Lohnsteuer (§ 38 III EStG), der Schuldner der Kapitalerträge oder die die Kapitalerträge auszahlenden Stellen für die Kapitalertragsteuer (§ 44 V 1 EStG), der Versicherer für die Versicherungsteuer (§ 7 I VersStG).

5.2 Zur Entstehung

(1) Die Steuerschuld entsteht, sobald der **Tatbestand verwirklicht** ist, an den *das Gesetz* die Leistungspflicht knüpft (s. oben Rz. 3). 11

Der Entstehungszeitpunkt wird i. d. R. durch die Einzelsteuergesetze konkretisiert (s. §§ 36 I, 37 I 2, 38 II 2, 44 I 2 EStG; § 48 KStG; § 5 II VStG; §§ 18, 21 GewStG; § 9 II GrStG; § 9 ErbStG; § 13 UStG).

Die Höhe der Steuerschuld kann nicht nur durch die Gestaltung des realen Lebenssachverhalts, sondern auch durch Rechtsgestaltung, insb. durch Anträge oder Ausübung von Wahlrechten[10], etwa bei Aufstellung der Bilanz, beeinflußt werden[11]. Auf den Willen, einen bestimmten Lebenssachverhalt zu gestalten, kommt es grundsätzlich nicht an; auch der Irrtum über steuerliche Folgen ist grundsätzlich unbeachtlich (s. aber unten unter Rz. 15).

(2) Daß die Steuerschuld **kraft Gesetzes** entsteht, bedeutet auch, daß sie nicht kraft Verwaltungsakts oder kraft Vertrags entsteht. Dadurch wird sichergestellt, daß für die Entstehungsfolgen (s. unten Rz. 13) der gleiche Stichtag für alle Steuerpflichtigen maßgeblich ist und der ganz unterschiedliche Zeitpunkt der Steuerfestsetzung keine Rolle spielt. 12

Der Steuerbescheid, durch den die Steuer festgesetzt wird, ist deklaratorisch (rechtsfeststellend), soweit er lediglich dem Gesetz entsprechend die Steuerschuld konkretisiert. Er wirkt allerdings konstitutiv (rechtserzeugend – aufgrund der Wirkungen der Bestandskraft), soweit die festgesetzte Steuer über die gesetzliche Steuerschuld hinausgeht (dazu § 22 Rz. 83 ff.)[12].

(3) **Rechtswirkungen** der Anspruchsentstehung sind: 13

(a) *Gehaftet* wird prinzipiell nur für entstandene Steueransprüche (Akzessorietät der Haftung). Ausnahme: § 76 II AO; danach Haftung mit Beginn der Herstellung statt mit Entfernung aus dem Betrieb (= Anspruchsentstehung).

8 Vgl. etwa die Lohnsteuerpauschalierung (§§ 40 ff. EStG): Steuerschuldner ist der Arbeitgeber (§§ 40 III 2, 40a V, 40b IV EStG), den Steuertatbestand verwirklicht aber der Arbeitnehmer (§ 19 I Nr. 1 EStG).

9 Vgl. in den Darstellungen des besonderen Steuerschuldrechts jeweils unter „Steuersubjekt".

10 Z. B. §§ 10 IV; 10a; 26 I, II; 33; 33a; 34 I 1, 3; 46 II Nr. 8; 46a EStG.

11 Dazu *W. Klemp*, Öffentlich-rechtliche Willenserklärungen Privater im Steuerrecht, Diss. Köln 1971.

12 S. dazu *P. Kirchhof*, Der bestandskräftige Steuerbescheid im Steuerverfahren und im Steuerstrafverfahren, NJW 85, 2977 ff.

(b) Die *Festsetzungsfrist* beginnt grundsätzlich mit Ablauf des Kalenderjahres, in dem der Anspruch entstanden ist (§ 170 I AO).

(c) Der Anspruch, gegen den *aufgerechnet* (dazu § 22 Rz. 322 ff.) wird, muß entstanden sein (§ 226 I AO i. V. mit § 387 BGB).

(d) Nur entstandene Steuerschulden gehen auf den *Gesamtrechtsnachfolger* über (§ 45 I AO).

(e) *Dinglicher Arrest* ist ab Anspruchsentstehung zulässig, nicht erst ab Fälligkeit (§ 324 I AO).

(f) Nur der entstandene Steueranspruch fällt in die *Konkursmasse* (§ 1 I KO); s. auch § 49 I Ziff. 1 KO.

(g) Soweit keine Sondervorschriften bestehen, wird die Steuerschuld mit der Entstehung *fällig* (§ 220 II AO).

(h) Entstehung der Steuerschuld beeinflußt die *bilanzielle* Behandlung.

14 (4) Die Steuerschuld entsteht **unabhängig von der Fälligkeit** (zur Fälligkeit s. § 220 AO).

15 (5) Die Steuerschuld entsteht durch Tatbestandserfüllung grundsätzlich **unabänderlich.** Ein realer Lebenssachverhalt (tatsächliches Geschehen) läßt sich nach seiner Verwirklichung ohnehin nicht mehr rückwirkend ändern.

Tatsächliche Vorgänge sind z. B. Beförderung, Einfuhr, Inverkehrbringen.

Von der Unabänderlichkeit gibt es jedoch **Ausnahmen:**

(a) Die Steuergesetze knüpfen nicht nur unmittelbar an reale Lebenssachverhalte an, sondern häufig auch an *Rechtsgeschäfte, Verwaltungsakte* oder *Rechtsverhältnisse* des privaten oder öffentlichen Rechts. Solche Vorgänge jedoch lassen sich mit rückwirkender Kraft aufheben oder ändern, etwa durch Verwaltungsakt oder Gesetz, durch Wandlung, Minderung, Anfechtung, Wegfall der Geschäftsgrundlage, Gerichtsentscheidung. Soweit es sich um Fälle **dinglicher Rückwirkung** oder um ex tunc-Beseitigung von Rechtsgeschäften handelt, greift § 41 AO („wird es unwirksam") i. V. mit § 175 I 1 Nr. 2 AO (dazu § 22 Rz. 439 ff.) ein. Die Rückwirkung wird berücksichtigt. Sie wird jedoch nicht berücksichtigt, wenn es sich um eine Einwirkung nur durch schuldrechtliche Verträge handelt, denen rückwirkende Kraft beigelegt wird[13].

Von der „Rückgängigmachung" durch schuldrechtlichen Vertrag ist die **bloße Rückdatierung** des Vertrages (= Einsetzen eines falschen Datums) und die Rückbeziehung des Vertrages (= Inkraftsetzen mit Rückwirkung) zu unterscheiden. In diesen Fällen entspricht die formelle Behandlung nicht der wirtschaftlichen Durchführung; auf die wirtschaftliche Durchführung kommt es aber an[14]. Bei Rückdatierung eines Arbeitsvertrages liegt anfängliche objektive Unmöglichkeit der Leistung vor, die zur Nichtigkeit nach § 306 BGB führt, folglich zur steuerlichen Nichtberücksichtigung nach § 41 I AO. – Stornieren ist Aufheben einer Fehlbuchung durch Gegenbuchung (erforderlich, da Durchstreichen und Radieren unzulässig); es betrifft nur den Buchungsvorgang, nicht den rechtlichen oder wirtschaftlichen Vorgang, der der Buchung zugrunde liegt.

Ausnahme von § 41 I AO: § 41 I AO ist nicht anzuwenden, „soweit sich aus den Steuergesetzen etwas anderes ergibt" (§ 41 I 2 AO). Die h. M. nimmt unter Bezug auf § 41 I 2 AO an, daß § 41 I 1, 2. Alt. AO („wird es unwirksam") keinen Einfluß hat auf die Einkünfteermittlung durch Ertrag/Einnahmen oder Aufwand/Ausgaben.

---

13 Dazu *Beker,* Die Einwirkung der Rückgängigmachung von Rechtsgeschäften auf Steueransprüche, Diss. Würzburg 1965, wesentlicher Inhalt veröffentlicht unter dem Titel „Hinfällige Rechtsgeschäfte im Steuerrecht", München 1969; *HHR,* EStG, § 4 Anm. 34 ff.

14 S. dazu § 5 Rz. 90.

(b) **Sonderfälle** der Berücksichtigung rückgängig gemachter Rechtsgeschäfte regeln §§ 29 ErbStG, 17 UStG, 16 GrEStG, 9 VersStG.

(6) Ob sog. **Steuerklauseln** geeignet sind, die Steuerschuld rückwirkend zu beeinflussen, ist umstritten[15]. U. E. sind Steuerklauseln unechte auflösende Bedingungen, die einem bürgerlich-rechtlichen Vertrag hinzugefügt werden; die Gültigkeit des Vertrags wird davon abhängig gemacht, daß die steuerlichen Folgen, von denen die Parteien ausgehen, – gemessen an der Steuerfestsetzung des Finanzamts – zutreffen. Treffen sie nicht zu, folgt das Finanzamt der Rechtsauffassung des Steuerpflichtigen nicht, so ist der Vertrag von vornherein unwirksam. Wird er nicht durchgeführt, so ergeben sich aus ihm keine steuerlichen Folgen (arg. § 41 I AO). Der Bescheid ist dann analog § 175 I 1 Nr. 2 AO zu korrigieren. Die Rechtsprechung steht Steuerklauseln dagegen bisher mißtrauisch gegenüber. Sie befürchtet offenbar, daß Steuerpflichtige mit dem Instrument der Satzungs- und Steuerklauseln darauf spekulieren werden, ob die Finanzverwaltung die mit der Steuerklausel versehene Rechtsgestaltung bemerkt, um sich erst dann auf die Steuerklausel zu berufen, wenn die unerwünschte Besteuerung eingetreten ist. Immerhin schließt die Rechtsprechung nunmehr im Anschluß an einen Vorschlag von *W. Flume* nicht mehr aus, einer Steuerklausel wenigstens dann steuerrechtlich Rückwirkung beizumessen, wenn der Steuerpflichtige sie von vornherein bei der ersten für das fragliche Geschäft relevanten Erklärung gegenüber der Finanzverwaltung offenbart hat (sog. **Beachtlichkeitsvorbehalt**)[16]. 16

5.3 Der Steuertatbestand im weiteren Sinne

Literatur: *Hensel,* Steuerrecht[3], Berlin 1933, 56 ff.; *Wilh. Merk,* Steuerschuldrecht, Tübingen 1926, §§ 4, 8; *Geyler,* Steuerliche Mehrfachbelastungen und ihre normative Abwehr, Leipzig 1931, 34 ff.; *ders.,* in: FS zum 10jährigen Bestehen des Steuerinstituts an der Handels-Hochschule Leipzig, Berlin/Wien 1931, 62; *J. Lang,* Systematisierung der Steuervergünstigungen. Ein Beitrag zur Lehre vom Steuertatbestand, Berlin 1974; *H. Hahn,* Die Grundsätze der Gesetzmäßigkeit der Besteuerung und der Tatbestandsmäßigkeit der Besteuerung in rechtsvergleichender Sicht, Berlin 1984; *H.-W. Bayer,* Der Stufenbau des Steuertatbestandes, FR 85, 337; *Ruppe,* HHR, Einf. ESt Anm. 631 ff.

Der Steuertatbestand i. w. S., die steuererzeugende Rechtsgrundlage, ist der **Inbegriff** der in den materiellen Steuerrechtsnormen enthaltenen Tatbestandsmerkmale, die die Steuerschuld auslösen. 17

Die Steuertatbestände sind durchweg überaus kompliziert (s. § 5 Rz. 46) und pflegen sich aus zahlreichen positiven (steuerbegründenden, steuererhöhenden) und negativen (steuermindernden) Elementen zusammenzusetzen. Während der strafrechtliche Tatbestand sich meist in einem oder wenigen Paragraphen ausdrücken läßt, benötigt das Steuerrecht für einen Tatbestand durchweg ein ganzes Gesetz (Beispiele: Einkommensteuergesetz, Umsatzsteuergesetz). 18

Alle Gesetze sind von zahlreichen Ausnahmebestimmungen durchsetzt.

15 Vgl. die Nachweise bei *K. Tipke,* NJW 68, 865 ff.; *W. Flume,* DB 70, 77 und Sonderheft zum 18. Deutschen Notartag; *Paulick,* in: FS für K. Barth, 1971, 347 ff.; *Wiebe,* Steuerklausel und Satzungsklausel, Diss. Münster 1972; *E. Hellmuth,* Die Zulässigkeit und die Wirkungen von Steuerklauseln und Satzungsklauseln, Diss. Münster 1972; *HHR,* EStG, § 4 Anm. 34j–t; *Flick,* StKongrRep. 1974, 429 ff.; Tipke/*Kruse,* AO, § 41 Tz. 21 ff.; *Meyer-Arndt,* JbFSt. 1979/80, 297 ff.; *Lagemann,* Die Steuerklausel, Diss. Gießen 1979; Inst. FuSt Brief 105; *Kottke,* Inf. 82, 224 ff.; *Zenthöfer,* DStZ 87, 185 ff., 217 ff.; *Schieber,* DStR 89, Beilage zu Heft 21; *F. Balmes,* DStZ 93, 620 ff.

16 BFH BStBl. 93, 296; so bereits früher *W. Flume,* Sonderheft Notarzeitung (Fn. 15), 48; ebenso *B. Knobbe-Keuk,* Bilanz- und Unternehmenssteuerrecht[9], Köln 1993, 672 ff.; ablehnend gegenüber Satzungsklauseln bisher im Bereich der verdeckten Gewinnausschüttung BFH BStBl. 84, 723; 85, 345; 87, 733, 735.

19 Folgende **Ausnahmebestimmungen** sind zu unterscheiden:

a) **formelle** oder **technische:** Sie betreffen Fälle, in denen der Wortlaut des Grund- oder Regeltatbestandes, gemessen am Steuerwürdigkeitsprinzip, das der Gesetzgeber gesetzlich realisieren möchte, zu weit ist, so daß weitere Vorschriften erforderlich sind, die den Grundtatbestand auf das Prinzip reduzieren (sog. „Ausgrenzungs"-Befreiungen);

b) **scheinbare:** Sie ordnen nichts an, was vom Grundtatbestand differiert oder ihm gar zuwiderläuft. Vielmehr detaillieren, präzisieren, differenzieren oder deklarieren sie den prinzipiellen Grundtatbestand (der meist eine Steuerwürdigkeitsentscheidung enthält), ohne dessen Rahmen zu sprengen;

c) **echte** oder **inhaltliche:** Sie weichen inhaltlich von der Regelvorschrift des Grundtatbestandes und dem darin statuierten Prinzip ab oder laufen ihm gar zuwider. Häufig handelt es sich um Interventionsnormen oder um Vereinfachungsnormen.

20 Werden die Merkmale des gesetzlichen Steuertatbestands bewußt nicht erfüllt, so werden sie vermieden; man spricht von **Steuervermeidung,** sie ist legal. Eine systematisch betriebene Steuervermeidung oder Steuerverminderung verlangt Steuerplanung. Von der Steuervermeidung ist die **Steuerumgehung** (§ 42 AO) zu unterscheiden; die Umgehung wird so behandelt, als sei das Gesetz nicht umgangen worden (s. § 5 Rz. 95 ff.). Werden die Merkmale des Steuertatbestands zwar erfüllt, der Finanzbehörde aber vorsätzlich verschwiegen oder leichtfertig vorenthalten, so liegt **Steuerhinterziehung** oder leichtfertige Steuerverkürzung (§§ 370, 378 AO, dazu § 24 Rz. 20 ff.; 90 ff.) vor. Sie ist illegal.

21 **Steuerflucht** ist kein präziser Begriff. Steuerflucht besteht in einem Verhalten, das bewirkt, daß das Steuerfluchtland den Zugriff auf das Steuergut verliert, das Steuer*zu*fluchtland (i. d. R. ein Niedrigsteuerland) ihn erhält. Steuerflucht kann Steuervermeidung, Steuerumgehung oder Steuerhinterziehung sein.

Die Abgabenordnung definiert allgemeine, in mehreren Steuergesetzen wiederkehrende Begriffe, die den Steuertatbestand i. w. S. mitkonstituieren: Wohnsitz (§ 8 AO), gewöhnlicher Aufenthalt (§ 9 AO)[17], Geschäftsleitung (§ 10 AO), Sitz (§ 11 AO), Betriebsstätte (§ 12 AO)[18], ständiger Vertreter (§ 13 AO), wirtschaftlicher Geschäftsbetrieb (§ 14 AO)[19].

Der Tatbestand läßt sich differenzieren in:

5.3.1 Das Steuersubjekt

22 Steuersubjekt (hier im Sinne von Steuerschuldner) ist das Rechtssubjekt eines Steuergesetzes, dem ein Steuerobjekt und die damit verbundene Steuerschuld zugerechnet wird[20]. Frage: **Wer** ist Steuerschuldner?

Als Steuersubjekte kommen – theoretisch – in Betracht: Einzelpersonen, Haushalte (nicht nach deutschem Recht), Personengesellschaften, Kapitalgesellschaften, Genossenschaften[21], nicht rechtsfähige Personenvereinigungen, Unternehmen beliebiger Rechtsform, überhaupt alle Gebilde, die etwas erwirtschaften und/oder über Wirtschaftsgüter verfügen, die m. a. W. wirtschaftlich leistungsfähig sind.

Werden aus der allgemeinen Bestimmung des Kreises der Steuerschuldner bestimmte Steuerschuldner eliminiert, so daß ihnen das Steuerobjekt nicht zugerechnet wird und

17 Dazu *Siep,* Der gewöhnliche Aufenthalt im deutschen internationalen Privatrecht, Diss. Köln 1981; *Deppe,* StuW 82, 332 ff.

18 Dazu *Kolck,* Der Betriebsstättenbegriff im nationalen und internationalen Steuerrecht, Diss. Münster 1974.

19 Zu diesen Begriffen im übrigen die Kommentare zur Abgabenordnung.

20 Vgl. auch Rz. 29.

21 Dazu *P. Kirchhof,* Die Eigenständigkeit der Genossenschaft als Steuerrechtssubjekt, Tübingen 1980.

folglich die angeordnete Rechtsfolge für sie (ausnahmsweise) nicht eintritt, so spricht man von **subjektiver** oder **persönlicher Steuerbefreiung.**

Beispiele: § 5 KStG; § 3 VStG; § 3 GewStG.

Genaugenommen gehört auch die Bestimmung des Steuergläubigers zum Steuertatbestand i. w. S., denn ohne Gläubiger kann es keinen Anspruch und keine Schuld geben. Wer Steuergläubiger (Steuerberechtigter oder Inhaber der Ertragshoheit ist, ist jedoch nicht in den Einzelsteuergesetzen geregelt, sondern in der Verfassung (Art. 106, 107 GG; Art. 140 GG i. V. mit Art. 137 VI WRV). § 1 I GrStG; § 1 GewStG sind lediglich deklaratorisch.

5.3.2 Das Steuerobjekt

Das Steuerobjekt (= Steuergegenstand = Steuertatbestand oder Entstehungstatbestand im engeren Sinne = Anknüpfungstatbestand = (be-)steuerbarer Tatbestand) ist der Inbegriff der sachlichen Voraussetzungen der Entstehung der Steuerschuld. Frage: **Was** ist (be-)steuerbar[22]? 23

Der Begriff „Steuergegenstand" wird verwendet in den Überschriften zu § 2 GrStG; § 2 GewStG; § 1 KraftStG; § 1 FeuerschutzStG.

Die Besteuerung knüpft an an dem Gesetzgeber geeignet erscheinende wirtschaftliche Vorgänge oder Zustände[23], etwa daran, daß jemand Einkommen erzielt hat. Erzieltes Einkommen ist der steuerwirtschaftliche oder besteuerungswürdige Tatbestand, auch als Steuergut oder Besteuerungsgut bezeichnet. Der Gesetzgeber beschreibt durch den Steuertatbestand im engeren Sinne, in welcher Weise er das Steuergut erfassen will. Dadurch wird das (wirtschaftliche) Steuergut zum (rechtlichen) Steuerobjekt oder Steuergegenstand. 24

Steuerobjekte sind **nicht Handlungen** (Tätigkeiten) des Steuerpflichtigen[24], sondern ökonomische Daten, in denen sich Leistungsfähigkeit ausdrückt, insb. Einkommen und Vermögen. Niemand wird wegen irgendwelcher Handlungen besteuert, sondern wegen ihm zuzurechnender wirtschaftlicher Verhältnisse oder Zustände, die freilich auf Handlungen des Steuerpflichtigen beruhen können, nicht müssen. Gäbe es im Steuerrecht ein „Handlungsprinzip", so müßte es im übrigen konsequent zu Ende gedacht werden können. Das ist aber nicht möglich. Es gibt viele unbesteuerte Handlungen. Es gibt auch steuerbare Einkünfte und steuerbare Vermögen, die nicht auf Handlungen des Beziehers oder Inhabers beruhen. So beruhen Renten- oder Unterhaltseinkünfte nicht auf Handlungen des Einkommensteuerpflichtigen. Dem Vermögensteuerpflichtigen wird auch geschenktes oder geerbtes Vermögen zugerechnet. Die Vermögensteuer erfaßt das Vermögen eben nicht, weil es durch Handlungen erwirtschaftet worden ist, sondern weil sich im Vermögen eines Steuerpflichtigen Leistungsfähigkeit ausdrückt. Richtig ist allerdings, daß die Frage, wer durch seine Handlungen etwas erwirtschaftet hat, eine Rolle spielt bei der Zurechnung erwirtschafteter Einkünfte. Richtig ist auch, daß die strafbare Handlung dogmatisch im Mittelpunkt des Strafrechts steht. Deswegen die „steuerbare Handlung" dogmatisch in den Mittelpunkt des Steuerrechts zu stellen, ist aber verfehlt. Steuerpflichtige werden nicht wegen ihrer Handlungen besteuert, sondern wegen der wirtschaftlichen und steuerlichen Leistungsfähigkeit, über die sie, aus welchem Grunde auch immer, verfügen[25]. 25

Das Steuerobjekt erfaßt nicht selten, etwa aus technischen Gründen, das Steuergut nicht zur Gänze. So bleibt das auf sieben Einkunftsarten (§ 2 I EStG) begrenzte **Steuerobjekt** „Einkommen" hinter dem **Steuergut** „Einkommen" zurück. Steuerobjekt und Steuergut können aus technischen Gründen auch ganz auseinanderfallen[26]. So ist Steuergut der Umsatzsteuer der Verbrauch oder Aufwand durch Nichtunternehmer. Steuerobjekt ist aber der Umsatz der Unternehmer[27]. – Juristen neigen

---

22 Der im Steuerrecht verwendete (verkürzte) Ausdruck „steuerbar" ist mißverständlich.
23 Dazu § 5 Rz. 65 ff., 83 ff.
24 So aber *W. Bayer*, FR 85, 337 ff.; BB 88, 1 ff., 141 ff., 213 ff.
25 Wie hier *P. Kirchhof*, KS, EStG, § 2 Rdn. A 366.
26 Dazu *Haaser*, Die wirtschaftliche und juristische Bedeutung der Lehre vom Steuertatbestand, Diss. Freiburg 1937.
27 Dazu § 13 Rz. 39.

dazu, die steuertechnische Anknüpfung für das Wesentliche zu halten oder sie mit dem steuerwirtschaftlichen Tatbestand oder Steuergut zu identifizieren oder zu vermengen.

26 Der Gesetzgeber muß solche Steuergüter erfassen, die wirkliche Indikatoren der steuerlichen Leistungsfähigkeit (dazu § 4 Rz. 95 ff.) sind, und zwar muß er sie im Interesse einer gleichmäßigen Besteuerung möglichst voll erfassen.

Zum Steuerobjekt gehören auch Bestimmungen, die bei periodischen Steuern das Steuergut *zeitlich* abgrenzen.

27 Das *quantifizierte* Steuerobjekt ist die **Steuerbemessungsgrundlage** (s. unten Rz. 31 f.). Quantifizierte Berechnungsgrundlagen von Teilen des Steuerobjekts bezeichnet man auch als *Besteuerungsgrundlagen* (Beispiele: Einkünfte bei der Einkommensteuer, aber auch Einnahmen, Werbungskosten, Sonderausgaben; Gewerbeertrag und Gewerbekapital bei der Gewerbesteuer).

Die Terminologie ist jedoch nicht gesichert. Auch die Steuerbemessungsgrundlage (s. unten Rz. 31 f.) wird nicht selten als Besteuerungsgrundlage bezeichnet. Die Abgabenordnung (§§ 157 II, 162 I, 163 I) verwendet den Begriff nicht einheitlich. Die Definition des § 199 I AO paßt nur für die Außenprüfung. Statt von „Besteuerungsgrundlage" wird in der Literatur auch von „Steuermerkmal" oder „Steuerfaktor" gesprochen.

28 Werden aus dem Grundtatbestand i. e. S. besondere Tatbestände eliminiert, so daß die angeordnete Rechtsfolge für einen Teil des Steuerobjekts (ausnahmsweise) nicht eintritt, so spricht man von objektiver oder sachlicher **Steuerbefreiung.**

Beispiele: §§ 3 ff. EStG; §§ 4 ff. UStG; § 18 RennwLottG; § 4 VersStG; § 3 KraftStG; § 7 BierStG; § 8 SchaumwStG.

Eine Steuerbefreiung kann aus Gründen fehlender steuerlicher Leistungsfähigkeit ausgesprochen sein, sie kann aber auch Vereinfachungsbefreiung oder Sozialzweckbefreiung (s. § 4 Rz. 21) sein; über die der Wirtschaftslenkung dienende Befreiung: *Bayer,* StuW 72, 149.

Eine Befreiung eigener Art, die in mehreren Steuergesetzen wiederkehrt, ist die Befreiung wegen ausschließlicher und unmittelbarer Verfolgung gemeinnütziger, mildtätiger oder kirchlicher Zwekke durch Körperschaften (z. B. § 5 I Nr. 9 KStG; § 3 I Nr. 12 VStG; § 3 Nr. 6 GewStG; § 3 I Nr. 3b GrStG; § 4 Nr. 18 UStG).

5.3.3 Die Zurechnung

29 Durch sie wird festgelegt, welchem Steuerschuldner das Steuerobjekt zuzurechnen (zuzuordnen) ist. Durchweg ergibt sich die Zurechnung aus dem oder in Zusammenhang mit der **Bestimmung des Steuerschuldners** selbst; die Bestimmung des Steuerschuldners wiederum orientiert sich i. d. R. am Steuerobjekt.

Das Einkommensteuergesetz schreibt inhaltlich vor: Natürliche Personen haben das von ihnen erzielte Einkommen zu versteuern. Die Zurechnung wird hier durch das Wort „bezogene" hergestellt. Der Einkommensbezieher ist Steuerschuldner, ihm wird das Einkommen zugerechnet. Bei Einkommensverlagerungen kann sich die Zurechnung komplizieren (s. § 9 Rz. 150 ff.).

Zahlreich sind die Spezialnormen, die die Zurechnung für Teile des Steuerobjekts[28] oder für eine bestimmte Steuerperiode[29] bestimmen.

Allgemeine Zurechnungsnormen sind § 39 AO und bestimmte Vorschriften des Bewertungsgesetzes[30].

28 Etwa §§ 22 Nr. 1 Satz 2, 24 EStG; § 14 KStG; § 7 AStG. – §§ 26–28 EStG enthalten, sieht man durch die Technik hindurch, subjektive Zurechnungsnormen.

29 Etwa § 11 EStG.

30 §§ 26; 34 III–VII; 70 II; 94 I 1; 95 I; 102; 119; 121 II BewG.

5.3.4 Die abstrakten Merkmale des inländischen Steuerschuldverhältnisses

30 Sie bestimmen die **Grenzen** der Zugehörigkeit zur **inländischen Steuergewalt.** Allgemein wird unterschieden zwischen unbeschränkter Steuerpflicht, die an Wohnsitz, gewöhnlichen Aufenthalt[31], Sitz oder Geschäftsleitung anknüpft (persönliche Zugehörigkeit)[32] und in einer Zurechnung des vollen Steuerobjekts besteht, gleich, ob es inlands- oder auslandsradiziert ist, und der beschränkten Steuerpflicht, die nur das inlandsradizierte Steuerobjekt erfaßt (wirtschaftliche Zugehörigkeit)[33].

Das Außensteuergesetz vom 8. 9. 1972, BGBl. I 72, 1713, hat die beschränkte Steuerpflicht bei Wegzug in Steueroasenländer erweitert und eine Durchgriffsmöglichkeit bei Beteiligung an ausländischen Basisgesellschaften geschaffen (s. § 2 Rz. 38).

Fragen: Wer ist im Inland steuerpflichtig? Was ist im Inland (be-)steuerbar?

Merkmale der beschränkten und unbeschränkten Steuerpflicht sind genaugenommen unselbständige Teile der Steuersubjekt- bzw. Steuerobjektbeschreibung. Abgehoben worden sind sie hier aus Gründen der besseren Übersicht. Das Objekt der beschränkten Steuerpflicht gehört zum Steuerobjekt, was der gegenwärtige Aufbau der Steuergesetze nicht zu berücksichtigen pflegt.

Das Nebeneinander von unbeschränkter und beschränkter Steuerpflicht führt zu internationaler **Doppelbesteuerung.** Beispiel: A hat seinen Wohnsitz in der Schweiz, er hat aber Erträge auch aus in der Bundesrepublik gelegenem Grundeigentum. Mit den Grundeigentum-Erträgen ist er in der Schweiz unbeschränkt, in der Bundesrepublik beschränkt steuerpflichtig. Die Doppelbesteuerung wird durch völkerrechtliche Abkommen vermieden (s. § 2 Rz. 40 ff.). – Wegen unterschiedlicher nationaler Anknüpfungen kommen auch Kollisionen zwischen unbeschränkter und unbeschränkter sowie zwischen beschränkter und beschränkter Steuerpflicht vor (dazu ausf. § 2 Rz. 31 ff.).

5.3.5 Die Steuerbemessungsgrundlage

31 Die Steuerbemessungsgrundlage bilden diejenigen Normen, die das Steuerobjekt als Ganzes quantifizieren. Der numerische Charakter der Steuer setzt voraus, daß das, was zu besteuern ist, in einer **Zahl** ausgedrückt wird. Das geschieht durch die Steuerbemessungsgrundlage (Besteuerungsgrundlage, Steuermaßstab, maßgeblicher Wert). Die Steuergesetze verwenden unterschiedliche Begriffe. Mehrere Steuergesetze sehen überhaupt von der Verwendung eines besonderen Begriffs für die Quantifizierung des Steuertatbestands ab.

Der Begriff „Besteuerungsgrundlage“ für Steuerbemessungsgrundlage sollte vermieden werden; er ist mehrdeutig (s. auch Rz. 27) und wird auch in der Abgabenordnung nicht einheitlich gebraucht (§§ 157 II; 162 I; 163 I; 199 I AO).

Der Ausdruck „Steuermaßstab“ ist ebenfalls unscharf, er verleitet zur Verwechslung mit „Steuersatz“.

32 Unterscheiden lassen sich Steuerbemessungsgrundlagen, die an den **Wert** des Merkmals eines Steuerobjekts anknüpfen (Wert, Entgelt, Gegenleistung), und **technische Bemessungsgrundlagen** (Stückzahl, Menge, Gewicht, Hohlmaß, Flächenmaß).

Frage: Was ist Steuerbemessungsgrundlage?

Eine Besonderheit: Um den Gemeinden die Festsetzung der Realsteuern zu ermöglichen, bilden die Finanzämter aufgrund der Realsteuer-Besteuerungsgrundlagen (Gewerbeertrag, Gewerbekapital) mit Hilfe der Steuermeßzahl den Steuermeßbetrag[34].

Die Bemessungsgrundlage setzt sich aus Faktoren zusammen, die die Grundlage erhöhen oder mindern.

---

31 Dazu *Deppe,* StuW 82, 332 ff.

32 Vgl. z. B. § 1 EStG; § 1 KStG; § 1 VStG. – Für die erwähnten Anknüpfungen enthalten §§ 8 ff. AO Legaldefinitionen.

33 Vgl. z. B. §§ 1 IV, 49 ff. EStG; § 2 KStG; § 2 VStG; dazu §§ 8–11 AO.

34 Dazu § 12 Rz. 189 ff.; 285 ff.

Steuervergünstigungen (s. Rz. 36 ff.) können an die Steuerbemessungsgrundlage anknüpfen, indem sie die Steuerbemessungsgrundlage reduzieren.

Soweit die Steuerbemessungsgrundlage das Steuerobjekt nicht voll erfaßt (mangelnde Bemessungsgrundlagenwahrheit), wird auch die Steuersatz- oder Tarifwahrheit verletzt, denn der Steuersatz oder -tarif (s. Rz. 33 ff.) baut auf der Bemessungsgrundlage auf.

5.3.6 Der Steuersatz

33 Das ist diejenige Größe, aus der sich der Steuerbetrag **in bezug auf die Steuerbemessungsgrundlage** ergibt. Er ist die funktionelle Beziehung zwischen Steuerbemessungsgrundlage und Steuerbetrag.

Der Steuersatz ist entweder – meist bei technischen Steuereinheiten – ein fester Geldbetrag, bezogen auf eine bestimmte Größe der Bemessungsgrundlage, oder – bei der Mehrheit der Steuern – ein vom Hundert- bzw. Tausendsatz. Die Steuergesetze bezeichnen eine Mehrheit von Steuersätzen als Steuertarif. So die Überschriften zu Abschnitt IV EStG, III KStG. Die Bezeichnung ist allerdings nicht konsequent durchgeführt (vgl. § 10 VStG; § 19 ErbStG).

34 Der Tarif kann sein **proportional** (Durchschnittssteuersatz gleichbleibend), **progressiv** (Durchschnittssteuersatz steigt mit wachsender Bemessungsgrundlage) oder **regressiv** (Durchschnittssteuersatz fällt mit wachsender Bemessungsgrundlage). Diese Tariftypen können auch kombiniert werden.

Die aktuellen Steuern sind unterschiedlich angelegt. Die Einkommensteuer ist progressiv[35], die Vermögensteuer proportional, die Erbschaftsteuer progressiv (sie nimmt aber auch Rücksicht auf den Verwandtschaftsgrad), die Verbrauchsteuern wirken regressiv.

Der Steuersatz oder Steuertarif ist in besonderem Maße abhängig von axiomatischen Gerechtigkeitsvorstellungen[36]. Er muß die folgenden Vor-Gegebenheiten berücksichtigen: Wirtschaftslage und soziale Verhältnisse, Haushaltsnotwendigkeiten. Ein progressiver Tarif, der den Leistungswillen in einer Weise schwächt, daß an die Nicht- oder Weniger-Leistungsfähigen statt mehr weniger umverteilt werden kann, ist verfehlt.

Der Gesetzgeber bevorzugt einen Einheitstarif für alle Sozialgruppen; er neigt aber zu einer Manipulierung der Bemessungsgrundlage zugunsten einzelner Gruppen. Ein gerechter Tarif setzt aber eine unmanipulierte Bemessungsgrundlage voraus.

35 Die tarifären Steuervergünstigungen (s. Rz. 36 ff.) heißen **Steuerermäßigungen.** Zu unterscheiden sind *Steuersatz*ermäßigungen, die für besondere Fälle einen milderen Steuersatz vorsehen[37], und *Steuerbetrags*ermäßigungen, die bestimmte Kürzungen der Steuerschuld zulassen[38].

5.3.7 Die Steuervergünstigungen[39]

36 Die Steuervergünstigungen gehören zu den Sozialzwecknormen (s. § 4 Rz. 21 ff.). Der **Begriff** „Steuervergünstigung" oder (im Sprachgebrauch der Steuersparbranche und der Politiker) „Steuervorteil" wird irreführend oft als Sammel- oder Oberbegriff für alle die Steuerbemessungsgrundlage und/oder die Steuerschuld mindernden Normen mit Ausnahmecharakter (Steuerbefreiungen[40], Steuerermäßigungen, Steuererleichterungen, Be-

35 Einzelheiten § 9 Rz. 740 ff.

36 Vgl. dazu § 4 Rz. 201; § 9 Rz. 742; ferner *Pollak*, Steuertarife, in: Handbuch der Finanzwissenschaft, Bd. II[3], Tübingen 1980, 239 ff.

37 Z. B. §§ 32c, 34, 34b EStG; § 23 II KStG; § 12 II UStG.

38 Z. B. §§ 34c, 35 EStG; § 26 KStG.

39 Dazu *J. Lang*, Systematisierung der Steuervergünstigungen, Berlin 1974.

40 Es gibt allerdings Ausgrenzungsbefreiungen; sie schränken den Steuertatbestand – aus formulierungstechnischen Gründen – nur scheinbar ein (dazu oben Rz. 19).

wertungsfreiheiten[41], Sonderabschreibungen, Freibeträge[42] und Freigrenzen[38], sonstige Abzüge von der Bemessungsgrundlage) verwendet.

Tatsächlich ist es nicht gerechtfertigt, Abzüge, die die Bemessungsgrundlage wegen verminderter Leistungsfähigkeit mindern (wie Betriebsausgaben/Werbungskosten, Sonderausgaben, persönliche Freibeträge), als Vergünstigungen zu bezeichnen. Auch die Einordnung der Steuervergütungen (s. Rz. 68 f.) als Vergünstigungen durch § 178 II Nr. 3a AO erscheint verfehlt. Der Begriff „Steuervergünstigung" sollte auf solche Vorschriften beschränkt werden, die den Steuerpflichtigen in Durchbrechung des steuerartbegründenden Prinzips, insb. in Durchbrechung des Leistungsfähigkeitsprinzips bevorzugen wollen und bevorzugen[43]. Unerheblich für die Qualifizierung als Vergünstigung ist die angewendete Technik; unerheblich ist auch, wie hoch die Zahl der Begünstigten ist. Setzt etwa der Deutsche Gewerkschaftsbund für alle Arbeitnehmer einen durch das Leistungsfähigkeitsprinzip nicht gerechtfertigten Freibetrag durch, so ist trotz der hohen Zahl der Begünstigten eine Vergünstigung gegeben. Geschieht die Vergünstigung ohne zureichende Rechtfertigung, so handelt es sich um ein **Privileg** oder Steuergeschenk. Nicht gerechtfertigt sind Steuervergünstigungen, die einer Gruppe von Steuerpflichtigen nur um der Vorteile dieser Gruppe willen gewährt werden, nicht aber (mittelbar) aus Gemeinwohlgründen[44]. Was nicht (be-)steuerbar ist, kann verdeckte Begünstigung oder Privilegierung sein. 37

Danach sind insb. die aus sozialen, wirtschaftlichen oder aus anderen Gemeinwohlgründen gewährten Steuervorteile Steuervergünstigungen. Insb. werden auch die aus Gründen der **Gemeinnützigkeit** gewährten Steuervorteile (§§ 51 ff. AO) mit Recht als Steuervergünstigungen bezeichnet[45]. 38

Allerdings ist die Bezeichnung „Steuervergünstigungen" insofern irreführend, als diese Vergünstigungen mit der Besteuerung nach der Leistungsfähigkeit nichts zu tun haben. Durch sie wird keine Steuerwürdigkeitsentscheidung getroffen, sondern ein sozialer oder wirtschaftlicher **Lenkungszweck,** kein Besteuerungszweck verfolgt. Da die in die Steuergesetze eingestreuten Lenkungsvorschriften innerlich nichts mit der Besteuerung zu tun haben, können sie auch nicht an Prinzipien der *Steuer*gerechtigkeit gemessen werden (s. daher das Sonderkapitel § 20). Daher ist es vom Ansatz her falsch, davon zu sprechen, daß diese Lenkungsvergünstigungen die Steuergerechtigkeit stören. Von Steuervergünstigungen zu sprechen, ist nur deshalb gerechtfertigt, weil es sich um Vergünstigungen handelt, die in *Steuer*gesetze eingestreut sind. Da sie mangels Offenlegung im Haushaltsplan nach Tendenz und Effekt für die Öffentlichkeit und selbst für viele Parlamentarier nicht klar erkennbar, der Erfolgskontrolle im Rahmen der jährlichen Haushaltsberatungen entzogen sind, nennt man diese Vergünstigungen auch verschleierte, verdeckte, unsichtbare oder indirekte Subventionen[46].

Steuervergünstigungen werden häufig im Rahmen des Steuerbescheids gewährt und nicht quantifiziert. Sie können, wenn das Gesetz es anordnet, aber auch aufgrund eines selbständigen Verwaltungsakts (s. § 348 I Nr. 3 AO), gewährt werden. 39

41 Etwa §§ 45 II; 102; 111; 114 II; 115 II, III; 116 BewG; § 6 II EStG.

42 Der Freibetrag bleibt bei der Besteuerung unberücksichtigt (Beispiele: §§ 3 Nrn. 15, 51; 13 III; 16 IV; 17 III EStG). Wird auch der unterhalb der Grenze liegende Betrag steuerlich erfaßt, wenn die Grenze überschritten wird, so handelt es sich um eine Freigrenze (Beispiele: § 110 I Nrn. 6c, 8, 9, 11, 12 BewG). – Dazu auch *Knief,* Steuerfreibeträge als Instrumente der Finanzpolitik, Köln/Opladen 1968.

43 Eine Steuervergünstigung liegt auch nicht vor, wenn aus einem (gemessen am Leistungsfähigkeitsprinzip) zu umfassenden Tatbestand – sozusagen in einem weiteren Arbeitsgang – etwas wieder aus dem Tatbestand ausgegrenzt wird. Die Frage, ob eine Steuervergünstigung vorliegt, darf nicht nach der Tatbestandstechnik beurteilt werden.

44 *K. Tipke,* StuW 80, 286, 288.

45 Dazu ausf. *J. Lang,* Gemeinnützigkeitsabhängige Steuervergünstigungen, StuW 87, 221 ff.

46 Dazu *Bayer,* StuW 72, 149 ff.

40 Das Pendant zu den Steuervergünstigungen sind die **Steuerbenachteiligungen;** das sind steuerbelastende Ausnahmevorschriften, sie wirken wie Prohibitivabgaben[47]. Ungerechtfertigte Steuerbenachteiligungen sind *Steuerdiskriminierungen.*

5.4 Konkurrenz der Steuertatbestände oder Steueransprüche

41 Wird ein Steuersubjekt im gleichen Zeitraum mit demselben Steuerobjekt mehrfach zu einer gleichen oder gleichartigen Steuer herangezogen, so liegt nach herrschender Lehre **Doppelbesteuerung** (Mehrfachbesteuerung) vor.

Die Doppelbesteuerung ist mit der strafrechtlichen Idealkonkurrenz vergleichbar. Dementsprechend ist Doppelbesteuerung die mehrfache Erfassung ein und desselben Steuergutes durch die Steuerobjekte verschiedener Steuergesetze oder durch das Steuerobjekt eines Gesetzes[48].

Die herrschende Lehre spricht von Doppelbesteuerung nur bei Schuldneridentität. Sie spricht von Doppelbelastung, wenn ein und dasselbe wirtschaftliche Substrat belastet wird, ohne daß die Schuldner identisch sind.

42 Die Krux der Untersuchungen über die Frage, ob eine Doppelbesteuerung (mit mehreren gleichartigen) Steuern vorliegt, hat bisher darin bestanden, daß unter Vernachlässigung des Vergleichszwecks bloße Steuertechniken hauptsächlich ins Auge gefaßt, die **Steuerwirkungen** aber vernachlässigt oder nur sekundär berücksichtigt wurden (etwa weil Juristen irrtümlich annahmen, sonst die Grenze zur Finanzwissenschaft zu überschreiten). Auf formaljuristische oder tatbestandstechnische Übereinstimmungen (auf die Steuerobjekte) kann es aber nicht ankommen. Da die Belastungswirkungen sich aus dem Steuergut ergeben, sind die **Steuergüter** zu vergleichen. Sie verkörpern den besteuerungswürdigen, eine bestimmte Steuerkraft repräsentierenden Sachverhalt, die Quelle der Leistungsfähigkeit. Geprüft werden muß, ob die Steuer die gleiche Quelle steuerlicher Leistungsfähigkeit (erzieltes oder verwendetes Einkommen, Vermögen, Bereicherung durch Erbschaft/Schenkung) „anzapft" und ob sie die gleiche Wirkung auf Konsum, Investition, Sparen hat.

> Beispiele für Belastung durch mehrere Steuergesetze: Mehrfachbesteuerung des Verbrauchs oder Aufwandes mit Umsatzsteuer und speziellen Verbrauchsteuern; Doppelbelastung des Kfz-Aufwands durch Kraftfahrzeugsteuer und Mineralölsteuer. Beispiel für Belastung durch ein Steuergesetz: Vermögensteuer-Doppelbelastung des Vermögens zum einen bei der Kapitalgesellschaft, zum anderen bei den Anteilseignern.

Die Mehrfacherfassung führt zur Mehrfachbelastung des nämlichen Steuergutes. Auf die Identität des Steuerschuldners und der Steuerperiode kommt es nicht an. Damit entfällt die übliche Unterscheidung zwischen Doppel*besteuerung* und Doppel*belastung.*

43 Danach sind auch **Vergnügungssteuer** und **Getränkesteuer** der Umsatzsteuer gleichartig. Sie alle belasten als Verbrauch- und Aufwandsteuern die Einkommensverwendung. Dagegen spricht nicht, daß Vergnügungs- und Getränkesteuer einen besonderen Aufwand besteuern, weil auch schon das Umsatzsteuergesetz die Art des Aufwands durch verschiedene Steuersätze berücksichtigt; eine Zusatzbelastung über 15 v. H. Umsatzsteuer hinaus darf von den Ländern nicht eingeführt werden. Auch Sondereinkommensteuern dürften nicht mit der Begründung eingeführt werden, erfaßt werde durch die Sondersteuer ein besonderes, qualifiziertes (etwa müheloses) Einkommen. Die Entscheidung, welches Einkommen wie hoch belastet werden soll, ist bereits durch das Bundeseinkommensteuergesetz getroffen worden (s. aber zur abweichenden Praxis § 3 Rz. 32 f.).

Steuern, mit denen wesentlich auch ein sozialpolitischer Zweck i. w. S. verfolgt wird (etwa Hundesteuer, Alkoholsteuer, Tabaksteuer), die insb. gar nicht an das Leistungsfähigkeitsprinzip anknüpfen, sind mit Leistungsfähigkeitssteuern nicht gleichartig.

---

47 Beispiele: §§ 4 V Nr. 6; 9 I Nr. 4 EStG; dazu unten § 9 Rz. 277.

48 *J. Lang* (Fn. 39), 36 ff.

Die Doppelbesteuerung kann demselben Steuergläubiger, sie kann auch verschiedenen Steuergläubigern zugute kommen (Bund, Ländern, Gemeinden; verschiedenen Völkerrechtssubjekten), sog. **mehrfachberechtigte Doppelbesteuerung.** Ist ein anderes Völkerrechtssubjekt beteiligt, so spricht man von internationaler Doppelbesteuerung[49]. 44

Im **nationalen Bereich** wird eine mehrfachberechtigte Doppelbesteuerung durch Art. 105 II, IIa GG vermieden (s. § 3 Rz. 30, 32 f.). Beispiele für die Vermeidung einer einfachberechtigten Doppelbelastung sind § 4 Nrn. 9, 10 UStG; §§ 10 I Nr. 4; 35 EStG; § 3 Nr. 2 GrEStG. 45

Ausführlich über das Verhältnis der Einkommensteuer zur Körperschaftsteuer, Gewerbesteuer, Kirchensteuer, Erbschaftsteuer, Umsatzsteuer, Vermögensteuer *Ruppe,* HHR, Einf. ESt Anm. 400–434.

6. Die Gesamtschuldnerschaft

Literatur: *Bregger,* Die Solidarität im Steuerrecht, Diss. Bern 1948; *Lauter,* Gesamtschuld im Steuerrecht, Diss. Köln 1966; *Preißer,* Die Gesamtschuld im Steuerrecht nach der AO 1977, Diss. Passau, München 1985.

Der **Sicherung des Steuereingangs** dient auch die Gesamtschuldnerschaft. § 44 AO erklärt zu Gesamtschuldnern: 46

a) Personen, die nebeneinander **dieselbe Steuer** schulden oder für dieselbe Steuer haften (auch ein Schuldner *und* ein Haftender sind Gesamtschuldner, was sich aus dem Gesetz nicht klar ergibt).

Beispiele: § 20 I ErbStG (Schenker und Beschenkter); § 13 Nrn. 1, 2 GrEStG (Veräußerer und Erwerber); § 10 III GrStG (mehrere Grundstückseigentümer).

b) Personen, die zu **einer Steuer** zusammen zu veranlagen sind. Dazu §§ 26 ff. EStG; § 14 VStG.

Soweit nichts anderes bestimmt ist, schuldet jeder Gesamtschuldner die **gesamte Leistung** (§ 44 I 2 AO). S. aber auch § 219 AO betr. Haftung. 47

Mit Rücksicht auf Art. 6 GG ist eine Beschränkung der Vollstreckung in den Fällen der Zusammenveranlagung von Eheleuten durch Aufteilung in **Teilschulden** vorgesehen (§§ 268–280 AO). §§ 268 ff. AO sind nicht folgerichtig. Das Ehegattensplitting wird damit begrundet, daß jedem Ehegatten wirtschaftlich die Hälfte der Ehegatteneinkünfte zustünde (s. § 9 Rz. 758 ff.). Dann kann aber für die Vollstreckung nichts anderes gelten.

Erfüllung, Aufrechnung und Sicherheitsleistung durch einen Gesamtschuldner wirken auch für die übrigen Schuldner; andere Tatsachen – wie Erlaß, Verjährung[50], Stundung, Verwirkung, Niederschlagung – wirken **nur in persona** (§ 44 II AO). Ein Gesamtschuldner kann nicht mit der Forderung eines anderen Gesamtschuldners aufrechnen. Säumniszuschläge entstehen nur gegenüber säumigen Gesamtschuldnern[51]. Das gleiche gilt für Zinsen.

7. Der Haftungsanspruch

Literatur: *Piper,* Steuerschuld und Haftung, Diss. Münster 1964; *Kopecky,* Die Haftung im österreichischen Steuerrecht, Wien 1971; *R. Hess,* Schuld und Haftung im Abgabenrecht, Diss. Köln 1972; *Goutier,* Die Haftung im Steuerrecht, Herne/Berlin 1978; *Fichtelmann,* Haftung für Steuerschulden, Köln 1979; *Guth/Ling,* Steuerrechtliche Haftung, Stuttgart 1982; *Goutier/Cammerer,* Die Haftung im Steuerrecht[2], Herne/Berlin 1986; *Bock/Becker,* Die Haftung für Steuerschulden, StStud 86, 197; *A. Brune,* Die steuerliche Haftung beim Unternehmenserwerb, Diss. Osna-

49 Zur Beseitigung der internationalen Doppelbesteuerung s. § 2 Rz. 31 ff., 47 ff.

50 S. aber § 191 V AO.

51 Vgl. dazu aber § 240 IV AO.

brück, Köln u. a. 1990; *H. Mösbauer,* Die Steuerhaftung bei Unternehmensveräußerung, BB-Beilage 90, Nr. 3; *ders.,* Die Haftung für Steuerschulden, München 1990; *E. Bax,* Die Haftung nach allgemeinem Abgabenrecht aus steuer- und verfassungsrechtlicher Sicht, Diss., Baden-Baden 1992; *C. Brodersen,* Haftung und Schuld im Steuerrecht, in: FS für W. Thieme, Köln u. a. 1993, 895.

7.1 Allgemeines

48 Das Schulden besteht in einem „Leistenmüssen". Wer leisten muß, haftet, d. h. er muß einstehen für die Erfüllung der eigenen Schuld und sich für den Fall, daß er nicht leistet, den Zugriff des Gläubigers auf den Haftungsgegenstand – prinzipiell das gesamte Vermögen – gefallen lassen (Eigenhaftung). Naturalobligationen kennt das Steuerrecht nicht. Es gilt: Wer schuldet, haftet; **keine Steuerschuld ohne Haftung.**

Steuergesetze pflegen die Erfüllung der Steuerschuld (und evtl. auch anderer Ansprüche aus dem Steuerschuldverhältnis) zusätzlich dadurch zu sichern, daß sie Haftungs- (haftungsbegründende) Tatbestände schaffen, Dritte für die Steuerschuld haften lassen **(Fremdhaftung).**

49 Die Steuergesetze lassen denjenigen, der den Haftungstatbestand erfüllt, für eine fremde Steuerschuld einstehen und gewähren dem Steuergläubiger den Zugriff auf Vermögensgegenstände des Haftenden oder Haftungsschuldners (Fremdhaftung). Solche Haftungstatbestände finden sich in §§ 69–76 AO, aber auch in Einzelsteuergesetzen.

Das Haftungsrecht regelt,

(1) wer wegen welcher Handlungen oder Zustände für die Erfüllung welcher Schulden (Haftungstatbestand) haften soll (Rz. 51 ff.);

(2) womit gehaftet werden soll: unbeschränkte, beschränkte Haftung, Sachhaftung (Rz. 64);

(3) in welchem Umfang die Haftung akzessorisch sein soll (Rz. 65);

(4) ob für die Inanspruchnahme von Haftungsschuldnern das Legalitäts- oder das Opportunitätsprinzip gelten soll (Rz. 66);

(5) ob primär oder subsidiär gehaftet werden soll (Rz. 67).

50 Der Haftungsanspruch entsteht, sobald der Tatbestand verwirklicht ist, an den das Gesetz die Haftung knüpft (§ 38 AO i. V. mit § 37 I AO), jedoch entsteht der Haftungsanspruch nicht vor Entstehung des Hauptanspruchs, für den gehaftet wird; insoweit ist der **Haftungsanspruch akzessorisch.** Über Akzessorietät des Haftungsanspruchs s. im übrigen unten zu Rz. 65. S. auch den Sonderfall § 76 II AO. Hauptschuldner (für dessen Schuld gehaftet wird) und Haftungsschuldner sind Gesamtschuldner (§ 44 AO). Zu unterscheiden sind von der Entstehung des Haftungsanspruchs Erlaß des Haftungsbescheides nach § 191 AO (nicht an die Voraussetzungen des § 219 Satz 1 AO geknüpft) und Inanspruchnahme aufgrund des Haftungsbescheides (als Titel) nach § 219 AO (s. dazu § 22 Rz. 136 ff.).

Jede Prüfung von Haftungsfällen muß folgende Paragraphenkette berücksichtigen: §§ 69 ff.; 44; 191; 219 AO. Ist die Hauptschuld erloschen, so sind §§ 44 II; 191 V AO besonders zu beachten.

7.2 Haftungstatbestände

51 a) Die Haftungstatbestände knüpfen zum einen daran an, daß **Dritte** – zumal durch **Pflichtverletzungen** – Ursachen dafür setzen, daß die Möglichkeit der Realisierung des Anspruchs sich verschlechtert, der Anspruch gefährdet wird. Insb. wer Ursachen dafür setzt, daß Steuern verkürzt werden, oder wer gar Mittäter oder Teilnehmer der Steuerhinterziehung ist, gefährdet den Anspruch; denn es ist fraglich, ob sich der Anspruch bei Aufdeckung der Tat noch realisieren läßt.

aa) **Gesetzliche Vertreter,** Geschäftsführer[52] (evtl. Vereinsmitglieder oder Gesellschafter), Vermögensverwalter und als Verfügungsberechtigte Auftretende haften nach § 69 AO i. V. mit §§ 34, 35 AO insoweit, als Ansprüche aus dem Steuerschuldverhältnis (§ 37 AO) infolge vorsätzlicher oder grob fahrlässiger Verletzung der ihnen auferlegten Pflichten nicht oder nicht rechtzeitig festgesetzt oder erfüllt werden oder soweit infolgedessen Steuervergütungen oder Steuererstattungen ohne rechtlichen Grund gezahlt werden. Über die Pflichten des genannten Personenkreises s. §§ 34, 35 AO. 52

Nach BFH BStBl. 80, 375 gilt § 69 Satz 1 AO auch für Verspätungszuschläge; kein Umkehrschluß aus § 69 Satz 2 AO, da Satz 2 kein Verschulden voraussetzt.

bb) § 71 AO begründet eine Haftung des **Steuerhinterziehers,** des Steuerhehlers oder des Teilnehmers an einer solchen Tat für die verkürzten Steuern und die zu Unrecht gewährten Steuervorteile sowie für die Zinsen nach § 235 AO[53]. Voraussetzung für die Haftung ist, daß der Täter oder Teilnehmer den objektiven und subjektiven Tatbestand einer vollendeten Steuerhinterziehung oder Steuerhehlerei verwirklicht hat (dazu unten § 24 Rz. 23 ff.; 40 ff.; 82 f.). 53

cc) § 72 AO begründet eine Haftung dessen, der vorsätzlich oder fahrlässig nach **Verletzung der Kontenwahrheit** Guthaben, Wertsachen oder Stahlkammerinhalt herausgibt (Zuwiderhandlung nach § 154 III AO), und zwar insoweit, als durch die Handlung die Verwirklichung von Steueransprüchen beeinträchtigt wird. 54

dd) Haftungstatbestände außerhalb der AO: **Steuerentrichtungspflichtige** haften für die einzubehaltenden und abzuführenden Steuern (§ 42d EStG betr. Arbeitgeber[54]; §§ 44 V 1; 45a VI EStG betr. Schuldner und die auszahlende Stelle der Kapitalerträge; § 7 I 2 VersStG betr. Versicherer; § 50a V 4, 5 EStG betr. Schuldner der Aufsichtsratsvergütung). Hat der Erbschaftsteuerschuldner die Erbschaft vor Entrichtung der Erbschaftsteuer einem anderen unentgeltlich zugewendet, so haftet dieser andere für die Erbschaftsteuer (§ 20 V ErbStG). 55

b) **Haftung Vertretener:** Ein anderer Gedanke liegt dem § 70 I AO zugrunde. Er läßt diejenigen haften, deren steuerliche Rechte und Pflichten durch solche Dritte (s. §§ 34, 35 AO) wahrgenommen werden, die sich der Steuerhinterziehung schuldig machen, und zwar für die durch die Tat verkürzten Steuern und die zu Unrecht gewährten Steuervorteile. Die Vorschrift wirkt sich nur im Bereich der Zölle und Verbrauchsteuern aus, da in anderen Fällen der Vertretene bereits Schuldner und damit Eigenhafter ist. 56

c) Eine letzte Gruppe von Haftungsvorschriften knüpft daran an, daß die **Haftungssubstanz,** auf die normalerweise zurückgegriffen werden kann (und mit deren Hilfe die Umsätze und Erträge meist erzielt werden), sich **in fremder Hand** befindet (befunden hat). 57

aa) Nach § 73 AO haftet eine **Organgesellschaft** für solche Steuern des Organträgers, für welche die Organschaft zwischen ihnen steuerlich von Bedeutung ist (also nicht nur 58

---

52 Zur Haftung des GmbH-Geschäftsführers *Wilcke,* StVj 90, 146; *Beermann,* FR 92, 262.

53 Dazu *W. Joechs,* Die Haftung des Steuerhinterziehers, wistra 87, 248 ff.; *H. Lohmeyer,* Die Haftungsansprüche aus §§ 70, 71 AO, Inf. 88, 1 ff.; *Buß,* Die Haftung des Steuerhinterziehers nach § 71 AO, Diss. Kiel 1991; über Haftungsrisiken des Steuerberaters bei Beteiligung an der Steuerhinterziehung des Mandanten s. *M. Streck/Mack,* Stbg. 89, 300.

54 Dazu *K. Offerhaus,* BB 82, 793 ff.; *W. Schick,* BB 83, 1041 ff.; *H. Hahn,* Zur Problematik der Haftung der Arbeitgeber für die Lohnsteuer, Inst.FuSt Brief 241, Bonn 1985; *B. Gast-de Haan,* DStJG Bd. 9 (1986), 141 ff.; *H. Schäfer,* Die Dreiecksbeziehung zwischen Arbeitnehmer, Arbeitgeber und Finanzamt beim Lohnsteuerabzug, Diss. Köln, Berlin 1990; *K. J. v. Bornhaupt,* BB-Beilage 1/90; *ders.,* FR 91, 365; *T. Rainer,* DStR 92, 1156, 1192; *C. Trzaskalik,* KS, § 42d EStG.

für die Beträge, die auf die Organgesellschaft entfallen). In Betracht kommen: Körperschaftsteuer, Umsatzsteuer und Gewerbesteuer.

S. dazu § 14 KStG; § 2 II Nr. 2 UStG; § 2 II 2 GewStG.

59 bb) Nach § 74 AO haftet eine an einem **Unternehmen** *wesentlich* (= zu mehr als einem Viertel am Grund- oder Stammkapital oder am Vermögen des Unternehmens – s. § 74 II AO) **beteiligte Person** mit den ihr als Eigentümerin gehörenden, dem Unternehmen dienenden (etwa Umsätze und Erträge auslösenden) Gegenständen für die in der Zeit der wesentlichen Beteiligung entstandenen betrieblichen Steuern (Umsatzsteuer, Gewerbesteuer, Verbrauchsteuern).

60 cc) Nach § 75 AO haftet, wer ein Unternehmen oder einen in der Gliederung des Unternehmens **gesondert geführten Betrieb** im ganzen übereignet erhält (gilt nicht für Erwerbe aus Konkurs- oder Vergleichsmasse oder für Erwerbe im Vollstreckungsverfahren, s. § 75 II AO), und zwar für betriebliche Steuern (Umsatzsteuer, Gewerbesteuer, Verbrauchsteuern) und für Steuerabzugsbeträge (Lohnsteuer, Kapitalertragsteuer), vorausgesetzt, daß die Steuerschuld seit dem Beginn des letzten vor der Übereignung liegenden Kalenderjahres entstanden ist und bis zum Ablauf von einem Jahr (beginnend mit der Anmeldung des Betriebes durch den Erwerber) festgesetzt (§ 155 AO) oder angemeldet (§§ 167, 168 AO) wird. Die Haftung beschränkt sich auf den Bestand des übernommenen Vermögens[55].

Nach wohl einhelliger Ansicht muß ein lebendes, fortführbares Unternehmen übereignet werden. Diese Einschränkung ist teleologisch nicht gerechtfertigt.

61 dd) Nach den §§ 113, 120 AO 1931 bestand eine **Haftung für Steuerschulden** auch aufgrund **zivilrechtlicher Vorschriften.** Zwar sind diese Vorschriften nicht in die Abgabenordnung 1977 übernommen worden. Wie sich aus § 191 I 1 AO („kraft Gesetzes") i. V. m. § 191 IV AO („Ergibt sich die Haftung nicht aus Steuergesetzen . . .") und der Gesetzesbegründung (s. BT-Drucks. VI/1982, 159, zu § 172) ergibt, sollte nach Vorstellung des Gesetzgebers die Haftung für Steuerschulden nach Zivilrecht gleichwohl weiterbestehen. Dementsprechend wenden Rechtsprechung und h. M. die zivilrechtlichen Haftungsvorschriften auch innerhalb der Abgabenordnung 1977 an[56]. Als zivilrechtliche Haftungsvorschriften kommen insb. in Betracht: §§ 31, 419, 421, 427 (i. V. m. 714), 2382 BGB; §§ 25, 27, 28, 128, 161, 171 ff. HGB; §§ 93, 116, 117, 278, 309, 317, 318 AktG; §§ 9, 11, 24, 30–32b GmbHG; 34 GenG.

Die allenfalls rudimentär im Gesetz verankerte Verweisung ist rechtsstaatlich wegen ihrer **Unbestimmtheit** (zum Bestimmtheitsgebot s. § 4 Rz. 167) mangelhaft[57]. Als eine Art *dynamische Verweisung* erhält sie den Charakter eines konturenlosen Globaltitels, der die grundrechtsrelevante Inhaftungnahme durch einseitigen Hoheitsakt (Haftungsbescheid, dazu § 22 Rz. 136 ff.) nicht zu rechtfertigen vermag. Die mit den zivilrechtlichen Haftungsvorschriften verfolgten Schutzzwecke bedürfen zudem der Abstimmung mit dem durch die steuerrechtliche Haftung verfolgten Sicherungszweck. Dieser Reflektion wäre es dienlich, wenn der Gesetzgeber die Haftung für Steuerschulden allein durch spezifisch steuerrechtliche Haftungstatbestände zu verwirklichen suchen würde.

---

55 Dazu *H. Speer,* Die Haftung des Erwerbers eines Unternehmens für die Steuerschulden des früheren Unternehmers, Diss. Erlangen 1938; *K.-F. Dietz,* Die Abgrenzung der Begriffe ‚Teilbetrieb' und ‚ein in der Gliederung eines Unternehmens gesondert geführter Betrieb' im Steuerrecht, Frankfurt/M. 1980; *A. Brune,* Die steuerliche Haftung beim Unternehmenserwerb, Diss. Osnabrück, Köln u. a. 1990; *H. Mösbauer,* BB-Beilage 3/90; *G. Commandeur,* Betriebs-, Firmen- und Vermögensübernahme, München 1990, 232 ff.

56 Vgl. BFH BStBl. 86, 156; 86, 383; 89, 952; 90, 939; BVerfG StRK AO 1977 § 191 R. 72; Tipke/*Kruse,* AO, Vor § 69 Tz. 10 ff.; § 191 Tz. 12; *H. B. Boeker,* HHSp, AO, § 191 Rz. 19; *H. Mösbauer,* Die Haftung für die Steuerschuld, Köln u. a., 175.

57 S. *W. Schick,* Haftung für Steuerschulden aufgrund Privatrechts, Köln 1993, 28 ff.

Erben haften für die aus dem Nachlaß zu entrichtenden Schulden aus dem Steuerschuldverhältnis nach den Vorschriften des bürgerlichen Rechts über die Haftung des Erben für Nachlaßverbindlichkeiten (§ 45 II AO).

ee) Mit **Waren,** die einer **Verbrauchsteuer** oder einem **Zoll** unterliegen, wird – ohne Rücksicht darauf, wem sie gehören – für die darauf ruhenden Verbrauchsteuern und den Zoll gehaftet (§ 76 AO). 62

ff) Vgl. auch noch die außerhalb der Abgabenordnung geregelten Haftungsfälle § 55 UStDV; § 7 II VersStG; § 12 GrStG; § 20 V, VI ErbStG. 63

7.3 Haftungsumfang

Wenn nicht ausdrücklich etwas anderes angeordnet ist, richtet sich der Umfang der Haftung nach dem Umfang der Steuerschuld. Für diese Steuerschuld wird in der Regel unbeschränkt, d. h. mit dem ganzen Vermögen, gehaftet. Die Sachhaftung besteht in dem Recht, sich aus einer Sache zu befriedigen. Jedoch bestehen auch **Haftungsbeschränkungen.** Der wesentlich Beteiligte (§ 74 AO) haftet nur mit den eingebrachten Gegenständen. Nach § 75 AO haftet der Betriebsübernehmer nur mit dem Bestand des übernommenen Vermögens. Die Sachhaftung des § 76 AO erstreckt sich nur auf die Waren, auf denen die Steuer ruht. 64

§§ 69, 72 AO erstrecken die Haftung auf alle Ansprüche aus dem Steuerschuldverhältnis (§ 37 AO); §§ 73 Satz 2; 74 I 3 AO erfassen neben den Steuern nur Ansprüche auf Erstattung von Steuervergütungen.

§ 76 AO ist antiquiert gefaßt. Waren (Sachen) können nicht steuerpflichtig sein oder sonst Pflichten haben. Es gibt auch keinen Leistungsanspruch gegen Sachen. Nur Personen können Pflichten haben und Schuldner sein.

7.4 Akzessorietät der Haftung

Der Haftungsanspruch ist insofern akzessorisch, als er nur entstehen kann, wenn (mindestens gleichzeitig) der Anspruch aus dem Steuerschuldverhältnis, für den gehaftet werden soll, entstanden ist. Die Entstehung des Haftungsanspruchs setzt die Verwirklichung des Schuldtatbestands und des Haftungstatbestands (s. oben Rz. 50) voraus (Ausnahme: § 76 II AO). 65

Die Auswirkungen des Erlöschens eines Anspruchs aus dem Steuerschuldverhältnis auf den Haftungsanspruch ergeben sich aus der Gesamtschuldnerqualität des Haftenden (s. § 44 I AO[58]), und zwar aus § 44 II AO. Vgl. im übrigen aber auch § 191 V AO (dazu S. 711).

Nach § 44 II 1, 2 AO bringen Erfüllung (Zahlung) und Aufrechnung der Hauptschuld auch die Haftungsschuld zum Erlöschen; Verjährung und Billigkeitserlaß (= „andere Tatsachen“) bringen sie nicht zum Erlöschen, jedoch können Verjährung und Billigkeitserlaß nach § 191 V AO dazu führen, daß ein Haftungsbescheid nicht mehr ergehen darf.

7.5 Legalitätsprinzip oder Opportunitätsprinzip

Das „kann“ in § 191 I 1 AO will u. E. nur dem Umstand Rechnung tragen, daß Steuerschuldner und Haftender Gesamtschuldner (§ 44 I AO) sind und die Finanzbehörde nach ihrem Ermessen entscheiden kann, welchen Gesamtschuldner sie in Anspruch nehmen will **(Auswahlermessen).** Es will hingegen nicht besagen, daß die Finanzbehörde, wenn beim Schuldner „nichts zu holen ist“, auch darauf verzichten könne, den 66

58 Dazu Rz. 46 f.

Haftenden in Anspruch zu nehmen. Das widerspräche dem Zweck der Haftungsvorschriften und dem Legalitätsprinzip[59].

7.6 Subsidiarität der Haftung

67 Nach § 219 Satz 1 AO darf ein Haftungsschuldner, wenn nichts anderes bestimmt ist, aufgrund eines Haftungsbescheides nur in Anspruch genommen werden, soweit die **Vollstreckung in das bewegliche Vermögen** des Steuerschuldners ohne Erfolg geblieben oder anzunehmen ist, daß die Vollstreckung aussichtslos sein würde. Wichtige Ausnahmen ergeben sich aus § 219 Satz 2 AO.

8. Der Steuervergütungsanspruch

68 Eine Steuervergütung liegt dann vor, wenn das Gesetz eine rechtmäßig[60] gezahlte Steuer an eine Person zurückgewährt, die nicht der Steuerschuldner ist. Grundsätzlich kommen folgende zwei Fälle in Betracht:

a) **Beseitigung der Steuerbelastung bei Überwälzung:** Steuerschuldner pflegen indirekte Steuern im Preis auf die Empfänger von Waren zu überwälzen (s. § 8 Rz. 20). Nun gibt es Fälle, in denen Anlaß besteht, die überwälzte Steuer zurückzugewähren. Der wichtigste Fall dieser Art von Steuervergütung ist der (prinzipiell durch Verrechnung mit der Umsatzsteuerschuld gewährte) Vorsteuerabzug (s. § 13 Rz. 122 ff.). Entsprechend der Intention des Umsatzsteuergesetzes, den Endverbraucher zu belasten, soll der vorsteuerabzugsberechtigte Unternehmer mit Umsatzsteuer nicht belastet, also kein Steuerträger bzw. kein Steuerdestinator sein. Mithin ist auf den Steuervergütungsgläubiger die Steuer zwar überwälzt worden. Die Steuervergütung beseitigt jedoch hier die Steuerbelastung, die durch Überwälzung entstanden ist.

Weitere wichtige Fälle sind die Verbrauchsteuervergütungen, die bei Ausfuhr der verbrauchsteuerbelasteten Waren dem exportierenden Händler gewährt werden, auf den die Verbrauchsteuer überwälzt worden ist (vgl. z. B. § 133 Branntweinverwertungsordnung; § 7 Kaffee- und Teesteuergesetz; § 11 Mineralölsteuergesetz).

69 b) **Beseitigung der Steuerbelastung bei Mehrfachbesteuerung:** Eine Steuervergütung gewährt das Gesetz auch dann, wenn es eine Mehrfachbesteuerung beseitigen will. So hat die Körperschaftsteuerreform die Vergütung anrechenbarer Körperschaftsteuer eingeführt (s. § 11 Rz. 3). Nicht die Kapitalgesellschaft als Schuldnerin der Körperschaftsteuer, sondern der Anteilseigner ist Gläubiger der Steuervergütung.

Schema zum Steuervergütungsanspruch bei Überwälzung

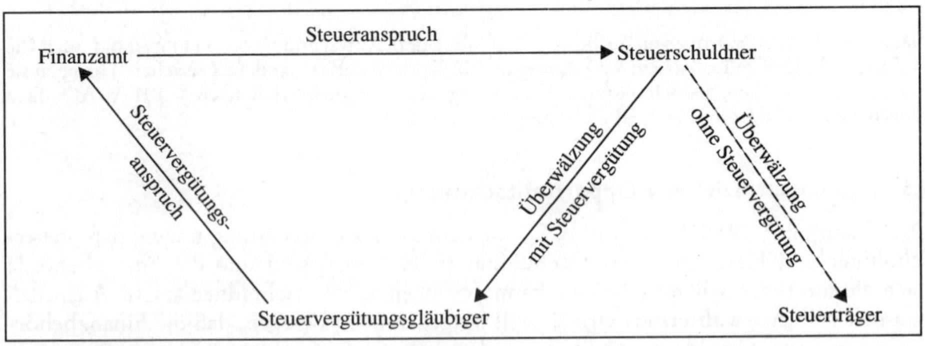

59 Vgl. § 4 Rz. 161 ff.
60 Im Unterschied zum Erstattungsanspruch.

Die AO setzt den Begriff der Steuervergütung voraus (s. etwa §§ 1 I; 37; 43; 46; 155 AO). Da der Steuervergütungsanspruch ein Anspruch aus dem Steuerschuldverhältnis ist (§ 37 I AO), gelten die für solche Ansprüche bestehenden Regeln.

9. Der Steuererstattungsanspruch[61]

Ist eine Steuer, eine Steuervergütung, ein Haftungsbetrag oder eine steuerliche Nebenleistung **ohne rechtlichen Grund** gezahlt oder zurückgezahlt worden, so entsteht für den, auf (gemeint ist: für) dessen Rechnung gezahlt worden ist (das ist i. d. R. der, dessen – vermeintliche – Schuld getilgt werden sollte), ein Erstattungsanspruch gegen den Leistungsempfänger (§ 37 II AO). 70

§ 37 II AO erfaßt folgende Fälle:

(1) Zahlung einer Steuer durch den Steuerpflichtigen oder Entrichtungspflichtigen;
(2) Rückzahlung einer Steuer durch das Finanzamt;
(3) Zahlung einer Steuervergütung durch das Finanzamt;
(4) Rückzahlung einer Steuervergütung durch den Vergütungsgläubiger;
(5) Zahlung eines Haftungsbetrages durch einen Haftenden;
(6) Rückzahlung eines Haftungsbetrages durch das Finanzamt;
(7) Zahlung einer steuerlichen Nebenleistung (s. Rz. 1) durch den Leistungspflichtigen;
(8) Rückzahlung einer steuerlichen Nebenleistung (s. Rz. 1) durch das Finanzamt.

} jeweils ohne rechtlichen Grund

Zahlung ohne rechtlichen Grund liegt nach h. M. vor, wenn mehr gezahlt worden ist, als nach dem Verwaltungsakt, der die Leistung festsetzt, geschuldet wird. Ist der Verwaltungsakt nichtig, ist ohne rechtlichen Grund gezahlt worden; ist der Verwaltungsakt sonst rechtswidrig, aber nicht aufgehoben oder geändert worden, so ist das aufgrund dieses Verwaltungsakts Gezahlte nicht ohne rechtlichen Grund gezahlt worden[62]. Nur wenn die Leistung ausnahmsweise unmittelbar auf dem Gesetz basiert, ein Verwaltungsakt zur Festsetzung der Leistung nicht vorgesehen ist, ist das „ohne rechtlichen Grund" unmittelbar am Gesetz zu messen. 71

Der Erstattungsanspruch entsteht, wenn – gemessen am zugrunde liegenden (nicht nichtigen) Verwaltungsakt – zuviel gezahlt wird oder wenn der Anspruch durch Änderung des Verwaltungsakts herabgesetzt wird. Nur wenn zur Festsetzung der Leistung kein Verwaltungsakt vorgesehen ist, entsteht der Erstattungsanspruch, wenn mehr gezahlt wird, als das Gesetz vorsieht[63].

61 Dazu *Drenseck,* Das Erstattungsrecht der AO 1977, Köln 1977 (beruht auf Bochumer Diss.).

62 Hingegen sind Tipke/*Kruse,* AO, § 37 Tz. 11, 12, und *Drenseck* (Fn. 61), 64 sowie *Hein,* DStR 90, 301, der Auffassung: Ohne rechtlichen Grund sei gezahlt, wenn auf die Leistung nach Steuerschuldrecht kein Anspruch bestanden habe oder dieser später weggefallen sei. Mit dieser Zahlung über das Gesetz hinaus entstehe der Erstattungsanspruch; er werde aber erst fällig, wenn der Verwaltungsakt geändert worden sei. BFH BStBl. 90, 523, 524 m. w. N. hat die Frage offengelassen.

63 S. Fn. 62.

§ 8 Einführung in das besondere Steuerschuldrecht

1. Grundsätze der Gestaltung von Steuerarten

Literatur[1]: *F. Neumark*, Grundsätze gerechter und ökonomisch rationaler Steuerpolitik, Tübingen 1970; Handbuch der Finanzwissenschaft[3], Bd. I–IV, Tübingen 1977–1983; *Schmölders/Hansmeyer*, Allgemeine Steuerlehre[5], Berlin 1980; *H. Haller*, Die Steuern, Grundlinien eines rationalen Systems öffentlicher Abgaben[3], Tübingen 1981; *Musgrave/Musgrave/Kullmer*, Die öffentlichen Finanzen in Theorie und Praxis, Bd. 2, Tübingen 1985; *Stiglitz/Schönfelder*, Finanzwissenschaft[2], München 1989, 408 ff.; *J. Lang*, Entwurf eines Steuergesetzbuchs, Schriftenreihe des BMF, Heft 49, Bonn 1993; *K. Tipke*, Die Steuerrechtsordnung, Bd. II (StRO II), Köln 1993.

1 a) Das besondere Steuerschuldrecht, d. h. die Gesamtheit der die einzelnen Steueransprüche, hauptsächlich ihren Entstehungstatbestand (§ 38 AO, s. § 7 Rz. 3) regelnden Vorschriften (s. § 2 Rz. 27), gestaltet die material-rechtsstaatliche Qualität der Steuerrechtsordnung und bestimmt die ökonomischen Wirkungen der Verteilung von Steuerlasten. Ob die Verteilungswirkungen gerecht oder ungerecht sind, ob die Wirtschaft schonend behandelt oder geschröpft wird, ob die Bildung privaten Wohlstands gefördert oder gehemmt wird, dies alles hängt davon ab, welche Steueransprüche der Steuerstaat statuiert, wie er ihre Tatbestandsvoraussetzungen gestaltet, welches Steueraufkommen er mit der Verwirklichung welcher Steueransprüche schöpft, kurzum: für welches **System von Steueransprüchen** sich der Steuerstaat entscheidet. Deshalb führt das besondere Steuerschuldrecht zu **materiellen Grundfragen der Besteuerung,** die Ökonomen und Juristen gleichermaßen interessieren und diskutieren. Ein „gutes Steuersystem" kann nur ein *interdisziplinär* durchdachtes sein.

2 Die Finanzwissenschaft reflektiert seit jeher über die optimale, ökonomisch rationale Gestaltung von Steuern, über ein sog. „gutes" oder „rationales" Steuersystem[2]. *Adam Smith* entwickelte in seinem 1776 publizierten Werk „Wohlstand der Nationen"[3] folgende vier Besteuerungsgrundsätze:

- **Gleichheit der Besteuerung:** Die Bürger sollen Steuern im Verhältnis zu ihren Fähigkeiten zahlen, und zwar besonders im Verhältnis zum Einkommen, das sie unter dem Schutze des Staates genießen.
- **Bestimmtheit der Besteuerung:** Zahlungstermin, Zahlungsart und Zahlungsbetrag sollen jedermann klar und deutlich sein.
- **Bequemlichkeit der Besteuerung:** Die Steuer soll zu der Zeit und in der Weise erhoben werden, die dem Bürger am bequemsten ist.
- **Wohlfeilheit der Besteuerung:** Die Kosten der Steuererhebung sollten möglichst gering sein.

3 Bis heute haben diese, von *John Stuart Mill*[4] sog. **klassischen Steuermaximen** nichts von ihrer Richtigkeit eingebüßt. Die beiden ersten Steuermaximen beinhalten die Steuergleichheit (s. § 4 Rz. 70 ff.) und die Bestimmtheit von Steuergesetzen (s. § 4 Rz. 167 ff.). Das Bequemlichkeitspostulat enthält die rechtsstaatliche Komponente des Übermaßverbots (§ 4 Rz. 209 ff.) und die Komponente der **Effizienz** und **Entscheidungsneutralität** der Besteuerung. Wird nämlich die Steuer in einer dem Steuerpflichtigen „unbequemen" Weise und zum „unbequemen" Zeitpunkt erhoben, dann aktiviert sie den Steuerwiderstand und das Ausweichverhalten des Bürgers. Die Besteuerung wird zum wesentlichen Entscheidungsfaktor und beeinträchtigt dadurch die effiziente Allokation

1 S. zunächst die oben (§ 1 Rz. 44, dort Fn. 70) zit. Klassiker sowie das oben (§ 4 vor Rz. 92) zit. Schrifttum zur Konsumorientierung des Steuersystems.

2 Demgegenüber befaßt sich die Rechtswissenschaft erst in jüngster Zeit mit der juristisch rationalen Gestaltung von Steuerarten, die über die Dogmatisierung des vorgefundenen Steuerartenrechts hinausgeht. Band II der StRO von *K. Tipke* ist der erste, umfassende und detaillierte Entwurf zu einem juristisch rationalen System von Steuerarten.

3 An Inquiry into the Nature and Causes of the Wealth of Nations (s. § 1 Rz. 44, dort Fn. 70), S. 703 ff. (Ausgabe H. Reckenwald).

4 Grundsätze der politischen Ökonomie, zit. in § 1 Rz. 44, dort Fn. 70.

der Ressourcen und das Aufblühen der Wirtschaft. Schließlich fordert die vierte Steuermaxime die **Praktikabilität** und **Einfachheit** der Besteuerung. Die vierte Steuermaxime scheint der Gesetzgeber völlig aus den Augen verloren zu haben.

Während die Vertreter der klassischen nationalökonomischen Lehre (s. § 1 Rz. 44) den normativ-ethischen Besteuerungsgrundsätzen wie *Adam Smith* stets einen hohen Stellenwert eingeräumt haben[5], pflegt die moderne finanzwissenschaftliche und betriebswirtschaftliche Steuerlehre die **Effizienz** an die erste Stelle und das normativ-ethische Postulat der **Gerechtigkeit** an die letzte Stelle zu setzen[6]. Daß die Gerechtigkeit auf dem letzten Platz steht, ist unangemessen[7]. 4

b) Mit dem Blick auf die vorgenannten „klassischen" und „modernen" Steuermaximen lassen sich an die Gestaltung von Steuerarten folgende vier Grundanforderungen ökonomischer und rechtsstaatlicher Rationalität stellen[8]: 5

- **Gerechtigkeit** (einschließlich wirtschaftlicher Effizienz);
- **Ergiebigkeit** (einschließlich Flexibilität);
- **Unmerklichkeit** (einschließlich Bequemlichkeit);
- **Praktikabilität** (einschließlich Bestimmtheit, Transparenz, Einfachheit und Wohlfeilheit).

aa) Gerechtigkeit (einschließlich wirtschaftlicher Effizienz): Erste Voraussetzung für die Rationalität und Akzeptanz einer Steuer ist ihre Gerechtigkeit. In einem Rechtsstaat gilt der **Primat der Gerechtigkeit;** eine ungerechte Steuer ist in einem Rechtsstaat nicht zu rechtfertigen, auch wenn sie im übrigen alle Steuermaximen optimal erfüllt[9]. 6

Die Maxime der Steuergerechtigkeit ist in das rechtsstaatliche Postulat der **Steuergleichheit** eingebunden und beinhaltet gleichmäßige Besteuerung nach der wirtschaftlichen Leistungsfähigkeit (s. § 4 Rz. 70 ff., 81 ff.). Steuergerechtigkeit im Rechtssinne ist der **systemkonsequente Vollzug** der Steuergleichheit und der Prinzipien, die den Gleich- 7

---

5 In dieser Tradition insb. *Musgrave/Musgrave/Kullmer,* Die öffentlichen Finanzen in Theorie und Praxis, Bd. II, Tübingen 1985, 8 f. (An 1. Stelle: „Die Verteilung der Steuerlast soll gerecht sein. Jeder soll seinen ‚gerechten Anteil' zahlen müssen"), und umfassend *F. Neumark,* Grundsätze gerechter und ökonomisch rationaler Steuerpolitik, Tübingen 1970. *F. Neumark* unterscheidet: I. Fiskalisch-budgetäre Besteuerungsgrundsätze; II. Ethisch-sozialpolitische Besteuerungsgrundsätze (1. Gerechtigkeitsprostulate: Allgemeinheit, Gleichmäßigkeit der Besteuerung, Verhältnismäßigkeitsgrundsatz oder Prinzip der Besteuerung nach der persönlich-individuellen Leistungsfähigkeit; 2. Grundsatz der steuerlichen Umverteilung von Einkommen und Vermögen); III. Wirtschaftspolitische Besteuerungsgrundsätze; IV. Steuerrechtliche und steuertechnische Grundsätze (1. Grundsatz der Widerspruchslosigkeit und Systemhaftigkeit der Steuermaßnahmen; 2. Grundsatz der Steuertransparenz; 3. Grundsatz der Praktikabilität der Steuermaßnahmen; 4. Grundsatz der Stetigkeit des Steuerrechts; 5. Grundsatz der Wohlfeilheit der Besteuerung; 6. Grundsatz der Bequemlichkeit der Besteuerung).

6 So exemplarisch *Stiglitz/Schönfelder,* Finanzwissenschaft[2], München/Wien 1989, 408 ff.: 1. Wirtschaftliche Effizienz: Das Steuersystem sollte die effiziente Allokation der Ressourcen nicht behindern; 2. Verwaltungstechnische Einfachheit („Wohlfeilheit"): Das Steuersystem sollte einfach, und es sollte relativ billig sein, die Steuern einzutreiben; 3. Flexibilität: Das Steuersystem sollte relativ geräuschlos (vielleicht sogar automatisch) auf Veränderungen der wirtschaftlichen Lage reagieren; 4. Transparenz der Besteuerung: Das Steuersystem sollte so konzipiert sein, daß die Bürger wissen, wieviel sie zahlen, so daß der politische Willensbildungsprozeß die Präferenzen der Bürger so genau wie möglich widerspiegelt; 5. Gerechtigkeit: Das Steuersystem sollte die verschiedenen Individuen gerecht behandeln (auf den S. 417 ff. mit banalen Ausführungen zum Thema der Steuergerechtigkeit, als ob es um die unterschiedliche Besteuerung von Vanille- und Schokoladeneis ginge).

7 *K. Tipke,* StRO II, 543.

8 Dazu ausführlicher *J. Lang,* Entwurf eines Steuergesetzbuchs, 1993, 93 ff.

9 *K. Tipke,* StRO II, 543 f.

heitssatz konkretisieren[10]. Wie bereits oben (§ 4 Rz. 84) ausgeführt, zielt die rechtliche Dogmatisierung des Leistungsfähigkeitsprinzips auf ein von Sozialzwecknormen möglichst entlastetes Steuersystem ab, in dem wirtschaftlich gleiche Sachverhalte möglichst gleich mit gleicher Belastungswirkung besteuert werden; das rechtliche Verständnis von Steuergleichheit kann um so besser mit dem **ökonomischen Effizienzpostulat** vereinbart werden, je strenger es gehandhabt wird.

8 Indessen verflüchtigt sich die Zielharmonie von Steuergerechtigkeit und ökonomischer Effizienz, wenn die sozialstaatliche, auf den Ausgleich sozialer Ungleichheiten (s. § 4 Rz. 200) gerichtete Steuergerechtigkeit in Gestalt der **Umverteilungsgerechtigkeit** ins Spiel gebracht wird. In der ökonomischen Literatur ist es üblich geworden, das Postulat der Steuergerechtigkeit mit dem sozialethischen Postulat der Umverteilung zu identifizieren und sodann hinter das erstrangige Ziel der Effizienz zu setzen[11]. Die Wohlstandskorrektur durch Umverteilung ist jedoch nach ökonomischer[12] wie auch nach juristischer Auffassung[13] ein **Sozialzweck** der Besteuerung (s. § 4 Rz. 21), der von der gleichmäßigen Besteuerung nach der Leistungsfähigkeit abzuschichten ist. So ergibt sich insb. die *Progressivität* des Einkommensteuerrechts nicht aus dem Leistungsfähigkeitsprinzip (s. § 4 Rz. 201). Die Umverteilungsintensität kapitalorientierter Besteuerung stört nicht nur die Effizienz, sondern wegen der Substanzsteuer- und Steuerwiderstandseffekte auch die gleichmäßige Besteuerung nach der Leistungsfähigkeit (s. § 4 Rz. 99 ff., 109). Die von der effizienzorientierten Optimalsteuertheorie (s. § 1 Rz. 45) geforderte Konsumorientierung des Steuersystems läßt sich auch juristischen Argumenten gleichmäßiger Besteuerung nach der Leistungsfähigkeit fundieren (s. § 4 Rz. 110 ff.); welches Gewicht die sozialstaatlich begründete Umverteilung im Steuersystem haben, ob das Steuersystem mehr kapital- oder mehr konsumorientiert sein soll, obliegt der Gestaltungsfreiheit des demokratischen Gesetzgebers. Angesichts der sozialpolitischen Überfrachtung des Steuerrechts (s. § 1 Rz. 8) vermag man auch als Jurist das Effizienzpostulat als Komponente der Steuergerechtigkeit zu verstehen und die sozialschädlichen Effekte einer zu umverteilungsintensiven Besteuerung zu erkennen[14].

9 bb) **Ergiebigkeit** (einschließlich Flexibilität[15]): Eine Steuer dient der Deckung des Finanzbedarfs. Also sollte sie ergiebig sein. Indessen verhindert ein Fiskalismus, der auf die Leistungskraft der Wirtschaft keine Rücksicht nimmt und die ökonomischen Eigenschaften und Wirkungen eines Steuersystems negiert, das Wachstum der Wirtschaft und richtet sich letztlich gegen sich selbst, weil der Staat nur an dem teilhaben kann, was erwirtschaftet worden ist. Deshalb sollte das Steuersystem **flexibel** sein, d. h. möglichst ohne die mittlerweile gefürchtete Steueränderungsgesetzgebung auf Veränderungen der wirtschaftlichen Lage reagieren können, zumal es wegen politischer Kontroversen und Durchsetzbarkeit häufig unmöglich ist, per Änderung von Steuergesetzen zur rechten

10 Der von *F. Neumark* (Fn. 5) aufgestellte „steuerrechtliche" Grundsatz der Widerspruchslosigkeit und Systemhaftigkeit der Steuermaßnahmen (IV.1) konkretisiert also das Gerechtigkeitspostulat der Gleichheit (II.1). Vgl. auch *K. Tipke,* StRO II, 542.

11 So z. B. *D. Schneider,* Reform der Unternehmensbesteuerung aus betriebswirtschaftlicher Sicht, StuW 89, 329 (1. Effizienz; 2. Gleichmäßigkeit als Aufgabe einer Verteilungspolitik; 3. Einfachheit der Besteuerung).

12 Vgl. die Einteilung der „ethisch-sozialpolitischen" Besteuerungsgrundsätze (II.) von *F. Neumark* (Fn. 5), sowie *R. Elschen,* Entscheidungsneutralität, Allokationseffizienz und Besteuerung nach der Leistungsfähigkeit, StuW 91, 99; *F. W. Wagner,* Neutralität und Gleichmäßigkeit als ökonomisch und rechtliche Kriterien steuerlicher Normkritik, StuW 92, 2.

13 *P. Kirchhof,* Staatliche Einnahmen, HStR IV (1990), 87, 122 f., ist sogar der Meinung, daß das derzeitige Steuerrecht überhaupt nicht mit dem Ziel der Umverteilung gerechtfertigt werden könne.

14 Prägnant *D. Schneider* (Fn. 11): „Das Steuerrecht unter den Vorrang der Effizienz zu stellen, heißt zugleich, einer ersten Stufe von Gerechtigkeit zu genügen; denn ein Wachstum des Kuchens Volkseinkommen erlaubt, den Ärmsten mehr zu geben, ohne den anderen ihr Bisheriges zu nehmen."

15 Dazu *F. Neumark* (Fn. 5), 283 ff. (Grundsatz der aktiven Flexibilität), 295 ff. (Grundsatz der passiven [„eingebauten"] Flexibilität); *Stiglitz/Schönfelder* (Fn. 6), 413 ff.

Zeit das ökonomisch Richtige zu tun. Im Idealfall ist also die Flexibilität im Steuertatbestand eingebaut (sog. **built-in-flexibility)**, d. h. das Steueraufkommen entwickelt sich ohne Steueränderungsgesetzgebung konjunkturgerecht; die Steuer wirkt *konjunkturstabilisierend.*

Die beste built-in-flexibility haben die **Steuern auf die konjunkturabhängigen Einkommen** (ESt/KSt). Die Flexibilitätseigenschaft der ESt/KSt wird durch konjunkturdämpfende Zusatzsteuern wie z. B. den Stabilitätszuschlag (s. Rz. 36) verstärkt bzw. verfälscht, wenn die Zusatzsteuer wie z. B. der Solidaritätszuschlag (s. Rz. 36) zur Unzeit, d. h. während einer Rezession erhoben wird. In einer Periode der Stagflation (Stagnation + Inflation) verschlechtert sich die Flexibilitätseigenschaft der ESt/KSt, weil deren Belastung infolge nominaler Erhöhung der Einkommen steigt, obwohl die Senkung der Ertragsteuerbelastung konjunkturgerecht wäre. Die ertragsunabhängigen Steuern auf den Vermögensbestand (Vermögensteuer, Gewerbekapitalsteuer, Grundsteuer) reagieren relativ wenig auf die Konjunktur und werden daher besonders in der Rezession unerträglich. Die **indirekten Steuern auf den Konsum** wie insb. die Umsatzsteuer vermögen besonders in Bezug auf den notwendigen Konsum nicht konjunkturgerecht zu reagieren. Die steuerliche Entlastung des Existenzminimums in Höhe der Sozialhilfe sowohl bei der Einkommensteuer (s. § 4 Rz. 113 ff.) als auch bei der Umsatzsteuer (s. § 4 Rz. 85; 111) würde die Konjukturgerechtigkeit des Steuersystems erhöhen, im übrigen auch die sog. Sparbereinigung der Einkommensteuerbemessungsgrundlage (s. § 4 Rz. 116 ff.), deren Aufkommen zum richtigen Zeitpunkt steigt, nämlich dann, wenn genügend Mittel für den Konsum erwirtschaftet worden sind und die Zeit reif für eine Konsumdämpfung ist. 10

cc) **Unmerklichkeit** (einschließlich Bequemlichkeit): Unmerklich ist eine Steuer, wenn ihre Belastung vom Bürger nicht oder kaum bemerkt wird. Als unmerklich gelten **indirekte** Steuern; sie werden im Preis versteckt und überwälzt (s. Rz. 20). Für den Bürger sind sie insofern „bequeme" Steuern, als er die Steuerlasten durch sein Konsumverhalten steuern kann. Durch endgültigen oder vorübergehenden Konsumverzicht kann er die für ihn „unbequeme" Steuer vermeiden oder zu einem späteren, für ihn „bequemen" Zeitpunkt tragen. Indirekte Steuern auf den **notwendigen Konsum** verletzen das Unmerklichkeits- und Bequemlichkeitspostulat, weil der Bürger die Steuer tragen *muß*. Als merklich und unbequem gelten **direkte** Steuern, namentlich die **progressive Einkommensteuer.** Bei dieser Steuer ist der *circulus vitiosus* von Merklichkeit und Steuerwiderstand am deutlichsten zu beobachten: Die Merklichkeit aktiviert den Steuerwiderstand. Der Steuerwiderstand bricht durch Einwirkung auf den Gesetzgeber, steuerminimierende Rechtsgestaltung und Steuerhinterziehung Lücken in die Besteuerung; die dadurch notwendigen hohen Steuersätze verschärfen den Steuerwiderstand. Durch die oben (§ 4 Rz. 116 ff.) dargelegte Sparbereinigung der Einkommensteuer wird deren Bequemlichkeit bedeutend verbessert: Durch Konsumverzicht kann die Besteuerung aufgeschoben werden; entsprechend dem klassischen Bequemlichkeitspostulat entsteht die Einkommensteuer zum ökonomisch „richtigen" Zeitpunkt. Dies ist sowohl aus traditioneller opfertheoretischer Sicht (s. § 9 Rz. 741) als auch aus moderner optimalsteuertheoretischer Sicht der Zeitpunkt, in dem das Einkommen für den Konsum verfügbar ist und das Konsumopfer erbracht werden kann, und nicht ein Zeitpunkt während der Phase des Sparens und der Sicherung des zukünftigen Konsums. 11

dd) **Praktikabilität** (einschließlich Bestimmtheit, Transparenz, Einfachheit und Wohlfeilheit): Steuern sind sowohl für den Staat als auch für den Bürger vorteilhaft, wenn sie praktikabel, d. h. ihre gesetzlichen Tatbestände einfach und verständlich, die Steuerbelastung transparent und die Kosten der Steuererhebung gering sind. Die Praktikabilität der 12

Besteuerung hängt also von mehreren Bedingungen „klassischer“ und „moderner“ Steuermaximen ab[16]:

13 (1) Praktikabilität setzt zunächst **rechtsstaatliche Bestimmtheit** voraus: Unklare, unverständlich formulierte Steuergesetze verunsichern die Steuerpraxis, werfen überflüssige Zweifelsfragen auf, verzögern Entscheidungsprozesse, erschweren die Vorhersehbarkeit von Verwaltungs- und Gerichtsentscheidungen.

14 (2) Eng verknüpft mit dem klassischen (rechtsstaatlich fundierten) Bestimmtheitspostulat ist die moderne Forderung der **Transparenz**[17]: In einem rechtstechnisch schwierigen Gebiet wie dem Steuerrecht sind dem Bemühen um **einfache Gesetze** mit **bürgernaher Sprache** Grenzen gesetzt. Aber Steuergesetze müssen nicht so kompliziert formuliert und verklausuliert sein, daß ihre Texte selbst von Steuerexperten nicht mehr verstanden werden. Die Kompliziertheit und Undurchschaubarkeit der Steuergesetze ist wesentlich der Zerklüftung des Steuerrechts durch Gruppeninteressen zuzuschreiben (s. § 4 Rz. 1), stört damit wesentlich auch die Gerechtigkeit in Gestalt der Gleichheit; zudem mindern komplizierte Steuergesetze die Gerechtigkeitsqualität einer Steuer, weil nur der Wohlinformierte, der gut Beratene die vom komplizierten Gesetz gewährten Möglichkeiten der Steuervermeidung ausschöpfen kann (sog. Dummensteuereffekt). Gegenwärtig gilt die Devise: **„Steuergerechtigkeit durch Steuervereinfachung“** (s. § 4 Rz. 131).

15 (3) Komplizierte Steuergesetze vereiteln schließlich die **Wohlfeilheit** der Besteuerung, nach der die Kosten der Steuererhebung möglichst gering sein sollen, denn der Staat muß zu viele Finanzbeamte und Richter beschäftigen, um Steueransprüche mit komplizierten Tatbestandsvoraussetzungen durchzusetzen; für den Steuerpflichtigen ist der Beratungsaufwand zu hoch. Im allgemeinen verursachen **indirekte Steuern** (s. Rz. 20) weniger Verwaltungsaufwand als direkte Steuern, weil indirekte Steuern wegen ihrer Unmerklichkeit weniger Steuerwiderstand erzeugen und von relativ wenigen Steuerschuldnern, z. B. nur von den Herstellern und Importeuren verbrauchsteuerpflichtiger Waren (s. § 15 Rz. 3) erhoben werden. Die Relation von Aufkommen und Verwaltungsaufwand ist besonders günstig bei der Mineralölsteuer und Tabaksteuer, weil nur sehr wenige Unternehmen Steuerschuldner sind und die Bürger infolge ihrer Gewohnheiten bereit sind, einen hohen Preis für Autofahren und Rauchen zu bezahlen. Demgegenüber verursacht die Erhebung der direkten Steuern einen fragwürdig hohen Verwaltungsaufwand; dieser könnte in bedeutendem Umfange verringert werden, wenn die Steuertatbestände von Sozialzwecknormen entlastet und auf Grundstrukturen gleichmäßiger Lastenausteilung zurückgeschnitten werden würden[18]. Besonders ungünstig ist die Relation von Verwaltungsaufwand und Aufkommen bei den *Substanzsteuern*, wo der Verwaltungsaufwand zudem noch für die Ungleichheiten der Bewertung verschwendet wird (s. § 4 Rz. 105).

16 c) **Gerechtigkeit** und **Ergiebigkeit** einer Steuer sind Eigenschaften, welche die *materielle* Rationalität einer Steuer bestimmen. **Unmerklichkeit** und **Praktikabilität** bestimmen die *formelle* Rationalität. Die direkten Steuern auf das Einkommen haben prinzipiell eine hohe materielle Rationalität; sie sind am besten geeignet, die gleichmäßige Besteuerung nach der Leistungsfähigkeit zu verwirklichen und sie sind ergiebig. Indessen entfaltet sich die materielle Rationalität zu Lasten der formellen Rationalität, zu Lasten der Unmerklichkeit und Praktikabilität. Hingegen sind die indirekten Steuern auf die Verwendung von Einkommen wohl unmerklich, praktikabel und ergiebig, allerdings zu Lasten der Gerechtigkeit. In einem Rechtsstaat ist aber auch bei den indirekten Steuern darauf zu achten, daß die Grundanforderung der Steuergerechtigkeit nicht ausgehöhlt wird (vgl. § 4 Rz. 111 f.).

17 Rechtsstaatlich inakzeptabel ist die Vernachlässigung der Gerechtigkeit dort, wo sie im Steuersystem am besten verwirklicht werden könnte: Die Einkommensteuer wird wegen ihrer Gerechtigkeit und Ergiebigkeit als „Königin“ der Steuern bezeichnet[19]. Der desola-

---

16 Zu den verschiedenen Aspekten der Praktikabilität *F. Neumark* (Fn. 5), 368 ff.

17 Vgl. *Stiglitz/Schönfelder* (Fn. 6), 416 ff.

18 Vgl. dazu *J. Lang* (Fn. 8).

19 *J. Popitz*, Einkommensteuer, in: Handwörterbuch der Staatswissenschaften, 3. Bd.[4], Jena 1926, 400; *A. Raupach*, in: Raupach/Tipke/Uelner, Niedergang oder Neuordnung des deutschen Einkommensteuerrechts?, Köln 1985, 18.

te Zustand des Einkommensteuerrechts (s. § 4 Rz. 109) hat die Ergiebigkeit der Einkommensteuer nicht beeinträchtigt[20], wohl aber hat die Einkommensteuer auf dem Wege zur ergiebigsten Steuerart (s. Rz. 19) ihre Krone verloren: die Gerechtigkeit. Zudem hat die Art des Verlustes von Gerechtigkeit, die Verkomplizierung und Durchlöcherung des Einkommensteuertatbestandes, ihrer Praktikabilität so geschadet, daß die Inpraktikabilität zu einem Preis für Ungerechtigkeit entartet ist.

d) **Zusammenfassend** ist festzustellen, daß es keine Steuerart gibt, welche die Grundan- 18
forderungen materieller und formeller Rationalität optimal zu erfüllen vermag. Deshalb ist das **Vielsteuersystem** das theoretisch richtige System (s. § 4 Rz. 94), weil in einem solchen System die unterschiedlich strukturierten Steuerarten in ihren Eigenschaften ergänzt und Rationalitätsdefizite einzelner Steuerarten im ganzen Steuersystem aufgefangen und ausgeglichen werden können. Das Rationalitätsdefizit des sog. Steuerchaos, der Steuerrechts*un*ordnung (s. § 4 Rz. 1) beruht indessen nicht auf dem Syllogismus von Gerechtigkeit, Ergiebigkeit und damit notwendig verknüpfter Merklichkeit und Inpraktikabilität; es bringt vielmehr Ungerechtigkeit um den Preis von Merklichkeit und Inpraktikabilität hervor.

Schema der Steuerartenbewertung

materielle Rationalität der Steuer	Gerechtigkeit	Unmerklichkeit	formelle Rationalität der Steuer
	Ergiebigkeit	Praktikabilität	

2. Steueraufkommen, Steuerquote und Steuerarten in Deutschland

a) Im Jahre **1992** betrug in Deutschland das Steueraufkommen insgesamt 748,9 Mrd. 19
DM und die Steuerquote[21] 24,8 v. H. Allein die Einkommensteuer deckte 40 v. H. des gesamten Steueraufkommens ab. Die sieben aufkommenstärksten Steuern (s. linke Sp. der folg. Abb.) erbrachten nahezu 90 v. H. des Steueraufkommens. Im einzelnen verteilt sich das Steueraufkommen 1992 auf die einzelnen Steuerarten wie folgt (Beträge in Mio. DM)[22]:

20 Dies hebt hervor *A. Uelner*, in: Raupach/Tipke/Uelner (Fn. 19), 183.

21 Die Steuerquote ist Teil der sog. Staatsquote, des prozentualen Anteils der Steuern und Sozialversicherungsbeiträge am Bruttosozialprodukt, d. i. der Wert aller während einer Periode von der Volkswirtschaft produzierten Güter (Waren und Dienstleistungen) abzüglich der Güter, die als Vorleistungen bei der Produktion verbraucht wurden. Es schließt die aus dem Ausland bezogenen Einkommen ein. Hingegen enthält es nicht die in das Ausland fließenden Einkommen. 1982 erreichte die Staatsquote mit 50,1 v. H. ihr höchstes Niveau seit 1949, fiel dann von 1983 bis 1989 auf 45,3 v. H., und steigt seit 1990 infolge von Aufbaulasten der deutschen Einheit und Rezession. Vgl. *H. Schmidt*, Entwicklung der Staatsquote und der Abgabenquote, ZKF 90, 29; Institut FuSt, Entwicklung wesentlicher Daten der öffentlichen Finanzwirtschaft in der BRD, Bonn 1992.

22 Dem BMF, Referat Kommunikation danke ich für die Mitteilung des endgültigen Ist-Ergebnisses. Zu den Daten des Steueraufkommens einschließlich dem internationalen Vergleich der Steuerquoten s. die jährlich vom BMF herausgegebenen Finanzberichte. Aktuelle Auskünfte, besonders zu unbekannten Steuerarten, gibt die vom BMF jährlich hrsg. Schrift „Unsere Steuern von A–Z“.

Einkommensteuer[23]:	300 126	Versicherungsteuer:	8 094
Umsatzsteuer:	197 711	Vermögensteuer:	6 750
Mineralölsteuer:	55 166	Branntweinabgaben:	5 544
Gewerbesteuer:	44 848	Grunderwerbsteuer:	5 137
Körperschaftsteuer[24]:	31 184	Erbschaft- und Schenkungsteuer:	3 030
Tabaksteuer:	19 253	Lotteriesteuer:	2 625
Kirchensteuer:	17 156	Kaffeesteuer:	2 125
Kraftfahrzeugsteuer:	13 317	Biersteuer:	1 625
Solidaritätszuschlag:	13 027	Sonstige Steuern	11 386
Grundsteuer:	10 782	(inkl. Zölle: 7 742)	

b) Es werden folgende **Steuerarten** unterschieden:

20 aa) **Direkte und indirekte Steuern:** Bei direkten Steuern sind Steuerschuldner und Steuerträger identisch. Indirekte Steuern werden vom Steuerschuldner auf einen anderen, den Steuerträger, überwälzt; Steuerschuldner und Steuerträger sind also verschiedene Personen oder Subjekte. Im allgemeinen gilt, daß Steuern auf das Einkommen und Vermögen direkte Steuern sind, also nicht überwälzt werden, während Steuern auf die Verwendung von Einkommen und Vermögen (Umsatzsteuer, Verbrauch- und Verkehrsteuern) im Preis der umsatz-, verbrauch-, verkehrsteuerbelasteten Ware überwälzt werden. So enthält z. B. der Benzinpreis die überwälzte Umsatzsteuer und Mineralölsteuer. Allerdings kann je nach Marktlage jede Steuer „überwälzt" werden. Beispiele: Überwälzung der Grundsteuer auf den Mieter, Nettolohnvereinbarung des Arbeitnehmers.

21 bb) **Personal- und Realsteuern:** Personal- oder Subjektsteuern sind auf die Person zugeschnitten; sie berücksichtigen die persönlichen Verhältnisse des Steuerschuldners (wie Familienstand, Anzahl der Kinder, Alter, Krankheit). Beispiele: Einkommensteuer, Vermögensteuer der natürlichen Personen. Real- oder Objektsteuern belasten Steuergüter losgelöst von den persönlichen Verhältnissen des Steuerschuldners. Der Gesetzgeber verwendet den Begriff der Realsteuern nur für zwei Gemeindesteuern: die Grundsteuer und die Gewerbesteuer (§ 3 II AO).

Die Unterscheidung zwischen Personal- und Realsteuern ist für eine Systematisierung der Steuerarten nur begrenzt tauglich, da selbst Subjektsteuern wie die Einkommensteuer in bestimmten Fällen objektsteuerartigen Charakter annehmen können. Beispiel: Beschränkte Einkommensteuerpflicht.

22 cc) **Ertrag- und Substanzsteuern**: Ertragsteuern knüpfen an Einkünfte an. Der Begriff „Ertragsteuer" rekurriert auf den historischen Begriff des Reinertrages, zu verstehen als Gewinn[25]. Die betriebswirtschaftliche Steuerlehre[26] hat diesen historischen Inhalt des Ertragsteuerbegriffs übernommen und bezeichnet Steuern, die an den erwirtschafteten Gewinn eines Betriebes anknüpfen, als Ertragsteuern, so die Einkommensteuer, die Kirchensteuer als Annex zur Einkommensteuer, die Körperschaftsteuer und die Gewerbeertragsteuer.

23 Davon Lohnsteuer 247 322 Mio. DM und Kapitalertragsteuer 11 273 Mio. DM.

24 Ohne Kapitalertragsteuer (s. Fn. 23).

25 Vgl. *K. Bräuer*, Ertragsteuern, in: Handbuch der Finanzwissenschaft, 2. Bd., Tübingen 1927, 3.

26 *G. Rose*, Betrieb und Steuer, Grundlagen der Betriebswirtschaftlichen Steuerlehre, 1. Buch: Die Ertragsteuern[13], Wiesbaden 1994; *F. W. Wagner*, Besteuerung, in: J. Baetge u. a., Kompendium der Betriebswirtschaftslehre, Bd. 2, München 1984, 414 ff.

Während sich die ältere finanzwissenschaftliche Literatur[27] im wesentlichen darauf beschränkte, den Gegensatz der Ertragsteuer zur Einkommensteuer als einer Steuer auf mehrere Einkunftsarten herauszustellen, differenziert die betriebswirtschaftliche Steuerlehre zwischen Ertragsteuern und Substanzsteuern, um die Belastungswirkungen der Steuern zu verdeutlichen[28]. Gemeinsam ist den Substanzsteuerarten die Anknüpfung an Roh- und Reinvermögensgrößen; diese Anknüpfung kann Steuern zur Folge haben, die nicht aus den Vermögenserträgen entrichtet werden können. In diesem Falle schöpft die Steuerlast Vermögenssubstanz ab (s. § 4 Rz. 99 ff.). Substanzsteuern i. S. d. betriebswirtschaftlichen Steuerlehre sind die Vermögensteuer, die Grundsteuer, die Gewerbekapitalsteuer, die Erbschaft- und Schenkungsteuer.

dd) **Generelle** und **spezielle Steuern:** Generelle Steuern erfassen das Gesamteinkommen, das Gesamtvermögen, den Gesamtumsatz. Spezielle Steuern erfassen nur Teile des Einkommens (z. B. Gewerbeertragsteuer), des Vermögens (z. B. Grundsteuer) oder einzelne Verkehrsvorgänge (z. B. spezielle Verkehrsteuern). Verbrauch- und Aufwandsteuern belasten speziellen Konsum (z. B. das Rauchen, Biertrinken, Halten eines Hundes). 23

Häufig konkurriert eine generelle Steuer mit speziellen Steuern. Es gilt aber nicht der Satz „tributum speciale derogat tributo generali". Vielmehr belastet die spezielle Steuer das Steuergut i. d. R. zusätzlich zur Steuerbelastung durch die allgemeine Steuer. Beispiele: Belastung des Benzinverbrauchs durch Mineralölsteuer und Umsatzsteuer; Belastung des Rauchens durch Tabaksteuer und Umsatzsteuer. In Einzelfällen hat der Gesetzgeber indessen Doppelbelastungen beseitigt (vgl. z. B. § 4 Nrn. 9, 10 UStG). Steuersystematisch ist zu bedenken, daß Sonderbelastungen durch spezielle Steuern besonderer Rechtfertigung durch zusätzliche Leistungsfähigkeit oder durch Sozialzwecke bedürfen.

ee) **Gleichartige** und **nicht gleichartige Steuern:** Steuern sind gleichartig, wenn sie aus der gleichen Quelle steuerlicher Leistungsfähigkeit stammen und die gleiche wirtschaftliche Wirkung haben. Auf unterschiedliche Steuertechniken kommt es nicht an; zu vergleichen sind die Steuergüter. Die Unterscheidung zwischen gleichartigen und nicht gleichartigen Steuern hat vor allem Bedeutung für die Frage, ob die Länder gemäß Art. 105 IIa GG die Gesetzgebungskompetenz für eine örtliche Verbrauch- oder Aufwandsteuer haben (s. § 3 Rz. 31; 33). 24

ff) **Periodische** Steuern (z. B. Einkommensteuer, Umsatzsteuer) und **nichtperiodische** Steuern (z. B. Erbschaftsteuer, Grunderwerbsteuer). 25

gg) **Proportionale** und **progressive** Steuern, je nachdem, ob der Steuersatz proportional oder progressiv ist. 26

hh) Verwaltungstechnische Unterscheidungen: 27

(1) Die Organisation der Finanzverwaltung unterscheidet die Besitz- und Verkehrsteuerverwaltung einerseits sowie die Zoll- und Verbrauchsteuerverwaltung andererseits (Beispiel: § 8 II 1 FVG). Im verwaltungsorganisatorischen Sinne sind **Besitzsteuern** die Steuern vom Einkommen, vom Ertrag, vom Vermögen sowie die Erbschaft- und Schenkungsteuer, **Verkehrsteuern** die Umsatzsteuer sowie die speziellen Verkehrsteuern.

27 Z. B. *K. Bräuer* (Fn. 25).

28 *G. Rose*, Die Steuerbelastung der Unternehmung, Grundzüge der Teilsteuerrechnung, Wiesbaden 1973; *ders.*, Betrieb und Steuer, 3. Buch: Die Substanzsteuern[9], Wiesbaden 1993; *ders.*, Betriebswirtschaftliche Steuerlehre, Eine Einführung für Fortgeschrittene[3], Wiesbaden 1992, 38 ff.; *F. W. Wagner/H. Dirrigl*, Die Steuerplanung der Unternehmung, Stuttgart/New York 1980; *Andreas A. Georgi*, Steuern in der Investitionsplanung, Eine Analyse der Entscheidungsrelevanz von Ertrag- und Substanzsteuern, Hamburg 1986.

Nach dieser verwaltungsorganisatorischen Terminologie differenzieren steuerschuldrechtliche (z. B. § 169 II AO) und verfahrensrechtliche (z. B. § 172 I AO) Vorschriften.

(2) Zu unterscheiden sind die Steuerart und die **Erhebungsform.** Insb. sind die Lohnsteuer und die Kapitalertragsteuer keine eigenen Steuerarten, sondern lediglich Erhebungsformen der Einkommensteuer. Statistisch werden das Lohnsteuer- und das Kapitalertragsteueraufkommen gesondert von dem Aufkommen aus der veranlagten Einkommensteuer ausgewiesen. Das Lohnsteueraufkommen dominiert das übrige Einkommensteueraufkommen. Schon von daher wird verständlich, daß die Besteuerung des Arbeitnehmers in einem Massenverfahren abgewickelt werden muß. Dadurch entsteht ein unter dem Aspekt der Steuergleichheit bedenkliches Sonder-Einkommensteuerrecht für Arbeitnehmer[29].

Die Formen der Steuererhebung schöpfen häufig an der Quelle wirtschaftlicher Leistungsfähigkeit, so die Lohnsteuer in Gestalt eines Abzuges vom Arbeitslohn, den der Arbeitgeber einzubehalten und an das Finanzamt abzuführen hat (vgl. §§ 38 ff. EStG). Eine solche Form der Steuererhebung bezeichnet man als **Quellensteuer.** Auch die Kapitalertragsteuer (vgl. §§ 43 ff. EStG) ist eine Quellensteuer.

(3) Die Unterscheidung zwischen **Veranlagungs- und Fälligkeitssteuern** ist steuerstrafrechtlich relevant (s. § 24 Rz. 30 ff.).

28 ii) Die jährlich vom Bundesfinanzministerium herausgegebenen **Finanzberichte** unterscheiden

- *Steuern auf das Einkommen und Vermögen,* unterteilt in Steuern vom Einkommen (Einkommensteuer, Körperschaftsteuer, Ergänzungsabgaben zur ESt und KSt), Steuern vom Vermögensbesitz (Vermögensteuer, Grundsteuer, Feuerschutzsteuer, Vermögensabgabe, Hypothekengewinnabgabe, Kreditgewinnabgabe) und in Steuern vom Gewerbebetrieb (Gewerbesteuer, Lohnsummensteuer);
- *Steuern auf den Vermögensverkehr* (Erbschaft- und Schenkungsteuer, Grunderwerbsteuer, Wechselsteuer, Kapitalverkehrsteuern);
- *Steuern auf die Einkommensverwendung,* unterteilt in Steuern vom Umsatz (Umsatzsteuer, Versicherungsteuer), Kraftfahrzeugsteuer, Mineralölsteuer, Zölle sowie in sonstige Steuern vom Verbrauch und Aufwand (u. a. Tabaksteuer, Branntweinabgaben).

29 jj) Entsprechend der oben (§ 4 Rz. 95 ff.) dargelegten Einwirkung der Steuern auf Einkommen, Vermögen und Konsum lassen sich die Steuern in Deutschland in folgende zwei Hauptgruppen einteilen:

(1) **Steuern auf das Einkommen und Vermögen:** Im Zeitpunkt der *Entstehung* von Vermögen (s. § 4 Rz. 97) setzen an die Einkommensteuer, die Körperschaftsteuer, die Kirchensteuer, sowie die Annexsteuern zur Einkommensteuer/Körperschaftsteuer (Art. 106 I Nr. 6 GG: Ergänzungsabgabe, z. B. in Gestalt eines Stabilitäts- bzw. Solidaritätszuschlages, s. Rz. 36). Steuern auf den *Vermögensbestand* (sog. Substanzsteuern, s. Rz. 43 f.; § 4 Rz. 99 ff.) sind die Vermögensteuer, die Gewerbekapitalsteuer und die Grundsteuer (s. § 12 Rz. 180 ff.), schließlich auch die Erbschaft- und Schenkungsteuer, die den Vermögens*transfer* besteuert (s. Rz. 38 ff.).

(2) **Steuern auf die Verwendung von Einkommen und Vermögen:** Diese Steuern setzen nach der Entstehung von Vermögen an (s. Schaubild in: § 4 Rz. 95); sie belasten grundsätzlich den Verbrauch (Privatkonsum) wie die Umsatzsteuer als allgemeine Ver-

---

29 Dazu *J. Lang,* Die Einkünfte des Arbeitnehmers, Steuerrechtssystematische Grundlegung, DStJG Bd. 9 (1986), 16 ff.

brauchsteuer (s. § 3 Rz. 1 f.) sowie die speziellen Verbrauch- und Aufwandsteuern (s. § 15). Die speziellen Verkehrsteuern belasten auch die nicht konsumtive Vermögensumschichtung.

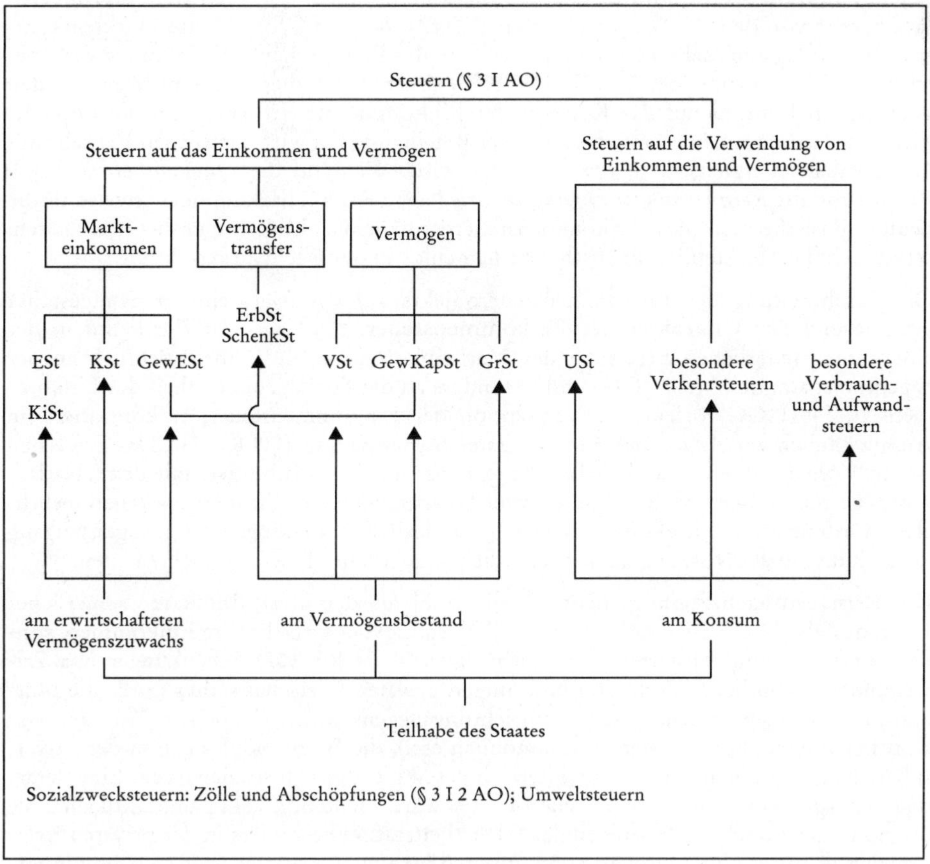

3. Steuern auf das Einkommen und Vermögen

3.1 Steuern auf das Markteinkommen

a) Universelle Erfassung der Markteinkommen durch die Einkommensteuer und Körperschaftsteuer

aa) Anknüpfung an das Markteinkommen: Die Einkommensteuer knüpft nicht an den Reinvermögenszugang an. Der Gesetzgeber des EStG 1925 hat die von *v. Schanz* entwickelte Theorie (s. § 9 Rz. 50) zugunsten eines pragmatischen, aus einem enumerativen Katalog von zunächst acht (EStG 1925), sodann sieben (ab EStG 1934) Einkunftsarten bestehenden Einkommensbegriffs verworfen[30]. Gemeinsames Merkmal dieser Einkunftsarten ist, „daß die ihnen zugrunde liegenden Tätigkeiten oder Vermögensnutzungen auf eine größere Zahl von Jahren gesehen der Erzielung positiver Einkünfte oder 30

30 Dazu *J. Lang*, Die Bemessungsgrundlage der Einkommensteuer, Köln 1981/88, 39 ff. S. im weiteren § 9 Rz. 53.

Überschüsse dienen". Diese Formulierung des Großen Senats (BFH BStBl. 84, 766) beruht auf ständiger höchstrichterlicher Rechtsprechung seit dem Grundsatzurteil des RFH vom 14. 3. 1929 (RStBl. 29, 329). Damit hat die Judikatur das Einkommensteuerobjekt **„Summe der Einkünfte"** als sog. Markteinkommen[31] konkretisiert. Der im Ansatz bereits von dem Nationalökonomen *Wilhelm Roscher*[32] formulierte Markteinkommensbegriff lag auch schon der Rechtsprechung des Preußischen OVG zum Gewerbebetriebsbegriff zugrunde, den § 15 II 1 EStG rezipiert hat[33]; diese Vorschrift enthält den deutlichsten Hinweis auf das Konzept der Einkommensteuer, nach dem die Einkommensteuer Einkommen erfaßt, das aus einer Beteiligung am wirtschaftlichen Verkehr mit Gewinnabsicht erzielt, d. h. erwirtschaftet wird. Während die *Quellentheorie* (s. § 9 Rz. 50) und die *Reinvermögenszugangstheorie* (s. § 9 Rz. 50) herkömmlicherweise als die beiden Basistheorien des einkommensteuergesetzlichen Einkommensbegriffs gelten, setzte sich die Markteinkommenstheorie namenlos in der Rechtspraxis durch[34].

31 Die Beschränkung des Einkommensteuerobjekts auf das Markteinkommen gestaltet grundlegend den **Charakter der Einkommensteuer.** *Paul Kirchhof*[35] erkennt in der einkommensteuerlichen Erfassung des Markeinkommens die freiheitsrechtlich an der Eigentumsgarantie (Art. 14 GG) und besonders an der Sozialgebundenheit des Einkommens (§ 14 II GG) orientierte Konzeption der Einkommensteuer; er konstatiert im Ansatz ähnlich wie *Adam Smith* in der ersten Steuermaxime (§ 8 Rz. 2): „Das Erwerben ist ein Vorgang des wirtschaftlichen Begegnens mit dem Mitbürger, mit dem staatlich organisierten und geförderten Markt unter Nutzung der vom Staat angebotenen rechtlichen Ordnung . . . Einkommenserwerb ist deshalb individueller Vermögenszugang durch individuelle Nutzung gemeinschaftlich angebotener Erwerbsmöglichkeiten."[36]

32 Die **Reinvermögenszugangstheorie**[37] gilt wohl als der ideale Indikator steuerlicher Leistungsfähigkeit[38]: Sie erfaßt nicht nur das realisiert erwirtschaftete Einkommen, sondern auch die nichtrealisierten Wertsteigerungen (s. § 4 Rz. 107), Schenkungen u. a. Zuwendungen, sämtliche Werte von Nutzungen privater Wirtschaftsgüter (z. B. die Nutzungen von Eigenheimen, privaten Einrichtungsgegenständen, die private Nutzung von Kraftfahrzeugen, Sportbooten, Wohnmobilen etc.), die Wertschöpfungen in der Privatsphäre (sog. imputed income) einschließlich des Werts der Hausfrauenarbeit. Eine derartige Extension des Einkommensteuerobjekts wäre nicht nur völlig unpraktikabel; sie programmierte auch Verletzungen des Gleichheitssatzes besonders in der privaten Konsumsphäre, wenn Nutzungswerte und imputed income nur partiell (z. B. nur Nutzungswerte von Eigenheimen) erfaßt oder ungleich bewertet werden. Auch verletzen die

---

31 Dazu ausf. *R. Wittmann*, Das Markteinkommen – einfachgesetzlicher Strukturbegriff und verfassungsdirigierter Anknüpfungsgegenstand der Einkommensteuer?, Augsburg 1992; *ders.*, StuW 93, 35. Zur rechtsdogmatischen Bedeutung der Markteinkommenstheorie im weiteren § 9 Rz. 52.

32 System der Volkswirtschaft, Bd. 1: Grundlagen der Nationalökonomie[17], 1883, § 144 (Der Einkommensbegriff umfasse nur „Einnahmen, die aus einer wirthschaftlichen Thätigkeit herrühren").

33 Dazu *J. Lang* (Fn. 30), 235 ff.

34 Als ich den Begriff „Markteinkommenstheorie" 1980 in einem Vortrag auf der Jahrestagung der Deutschen Steuerjuristischen Gesellschaft in den steuerjuristischen Sprachgebrauch einführte (s. DStJG Bd. 4 [1980], 54 ff.), bemängelte ein prominenter Vertreter der Finanzverwaltung, daß man das Einkommensteuerrecht mit solchen neumodischen Begriffen nicht erklären könne.

35 Gutachten F zum 57. Deutschen Juristentag, München 1988, 16 f., 20 ff. Krit. zu diesem Ansatz *K. Tipke*, StRO II, 531 ff., 558 ff., 567 f., ausf. auch *R. Wittmann* (Fn. 31), 106 ff.; StuW 93, 40 ff.

36 *P. Kirchhof* (Fn. 35), 16 f.

37 Literaturnachweise unten § 9 Rz. 50, Fn. 19.

38 Dazu ausf. *K. Tipke*, StRO II, 562 ff.

Substanzsteuereffekte der Reinvermögenszugangstheorie das Leistungsfähigkeitsprinzip (s. § 4 Rz. 107).

Demgegenüber ist der **Markteinkommensbegriff** ein praktikabler Begriff, weil sich Marktvorgänge relativ gut erfassen lassen[39]. Wenn es schon schwierig ist, die Steuergleichheit in den Bereichen „marktoffenbaren Erwerbens“[40], z. B. der Zins- und Schattenwirtschaftseinkünfte herzustellen, so erscheint dies in der privaten Wertschöpfungssphäre faktisch unmöglich. Auf welche Weise soll der Wert einer Haus- und Ehefrauentätigkeit erfaßt und bewertet werden? Was soll bei einem solchen Wert angesetzt werden? Der Markteinkommensbegriff erfaßt grundsätzlich nur die **realisierten,** am Markt bestätigten Einkommen und vermeidet dadurch die bereits oben (§ 4 Rz. 103 ff., 107) bemängelten *Substanzsteuereffekte.* Anders als der nicht realisierte Wertzuwachs ist das realisierte Einkommen ein sicherer Indikator steuerlicher Leistungsfähigkeit. Allerdings kommt das Einkommensteuerrecht nicht ganz ohne die Erfassung von Wertzuwächsen aus, wie in den Fällen der Entnahme und der Betriebsaufgabe (s. § 9 Rz. 402 ff.). 33

Die **Körperschaftsteuer** knüpft über § 8 I KStG an das Markteinkommen an. Infolge der Anknüpfung an das Markteinkommen sind die Einkommensteuer und die Körperschaftsteuer im wesentlichen Steuern auf den erwirtschafteten und realisierten Vermögenszuwachs. 34

bb) **Dualismus Einkommensteuer/Körperschaftsteuer:** Die Einkommensteuer erfaßt die Einkommen natürlicher Personen, die Körperschaftsteuer die Einkommen juristischer Personen (insb. Kapitalgesellschaften) und anderer Körperschaften, Personenvereinigungen und Vermögensmassen i. S. d. § 1 KStG. Das Körperschaftsteuerrecht basiert darauf, daß juristische Personen als solche (unabhängig von ihren Mitgliedern) im Wirtschaftsverkehr auftreten und Gewinne erzielen, die sich vom Einkommen der Teilhaber unterscheiden. Das Körperschaftsteuerrecht knüpft prinzipiell an die juristische und wirtschaftliche Selbständigkeit der juristischen Personen und sonstigen Körperschaften an und erfaßt auf diese Weise deren nicht ausgeschütteten Gewinn. Damit verwirklicht der Dualismus Einkommensteuer/Körperschaftsteuer die totale **Besteuerung aller Markteinkommen**. Dies gebietet die Wettbewerbsgleichheit besonders bei Körperschaftsteuersubjekten, die Einkommen nicht für bestimmte natürliche Personen erwirtschaften, das sind insb. Betriebe gewerblicher Art von juristischen Personen des öffentlichen Rechts, Vereine, Anstalten und Stiftungen. 35

Bei Körperschaftsteuersubjekten wie insb. Kapitalgesellschaften, die Einkommen für einkommen-/körperschaftsteuerpflichtige Anteilseigner erwirtschaften, tritt grundsätzlich Doppelbesteuerung ein. Zu ihrer Vermeidung hat der Gesetzgeber 1977 das „Anrechnungsverfahren“ eingeführt (s. § 11 Rz. 140 ff.). Da der Dualismus Einkommensteuer/Körperschaftsteuer an bestimmte Rechtsformen anknüpft (s. § 11 Rz. 7 ff.), bewirkt er eine **rechtsformabhängige** Besteuerung, die eine ungleiche Belastung wirtschaftlich gleichgelagerter Sachverhalte bewirken kann (s. § 16 Rz. 1 ff.).

b) **Annexsteuern zur Einkommensteuer und Körperschaftsteuer** 36

Die Markteinkommen von Einkommen- und Körperschaftsteuersubjekten werden zusätzlich durch die sog. Annexsteuern belastet. Annexsteuern sind Steuern, die nach der Einkommensteuer- bzw. Körperschaftsteuerschuld bemessen werden, so die Kirchensteuer (s. § 10) und die Ergänzungsabgaben i. S. d. Art. 106 I Nr. 6 GG: 1968–1976 Ergänzungsabgabe; 1973/74: Stabilitätszuschlag; 1991/92 Solidaritätszuschlag von

39 Zur praktischen Relativierung der Reinvermögenszugangstheorie einschließlich Markteinkommenstheorie *K. Tipke*, StRO II, 565 ff.

40 *P. Kirchhof* (Fn. 35), 29.

3,75 v. H. (Vorauszahlungen/Lohnsteuer/Kapitalertragsteuer ab 1. 7. 1991: 7,5 v. H.)[41], und ab 1995: Solidaritätszuschlag von 7,5 v. H.[42].

37 c) **Zusatzbelastung der gewerblichen Gewinne durch die Gewerbeertragsteuer**

Die Gewerbesteuer soll nach dem Äquivalenzprinzip dem Zweck dienen, durch Gewerbebetriebe verursachte Infrastrukturlasten der Gemeinden zu finanzieren[43]. Sie knüpft an zwei völlig verschiedene Maßgrößen steuerlicher Leistungsfähigkeit an, erstens an den Gewinn i. S. d. EStG/KStG (§ 7 GewStG) und zweitens an das Gewerbekapital (§ 12 I GewStG: Einheitswert des gewerblichen Betriebs i. S. d. Bewertungsgesetzes).

Die Ausrichtung der Gewerbesteuer am Äquivalenzprinzip hat zur Folge, daß die Gewerbesteuer auch steuerlich nicht leistungsfähige Unternehmen belastet. Durch Hinzurechnungen (§ 8 GewStG) wird die Maßgröße des erwirtschafteten Gewinns verfälscht, indem Aufwand negiert wird. Das Ergebnis ist eine Gewerbeertragsteuer mit **erheblichem Substanzsteuereffekt.** Die Anknüpfung an das Gewerbekapital bekräftigt den Charakter der Gewerbesteuer als einer Substanz-Ertragsteuer, die in den Vermögensbestand eingreift (s. § 4 Rz. 100 ff.).

3.2 Besteuerung des Vermögenstransfers durch die Erbschaft- und Schenkungsteuer

38 Nach der Reinvermögenszugangstheorie sind Erbschaften und Schenkungen Einkommen. Daher ist die Erbschaft- und Schenkungsteuer eine Steuer auf das Einkommen[44], nämlich im Gegensatz zu den Steuern auf das erwirtschaftete Einkommen eine Steuer auf das **zugewendete Einkommen.** Ein Fundamentalprinzip der Erbschaft- und Schenkungsteuer ist das **Bereicherungsprinzip** (§ 10 ErbStG)[45]. Der Qualifikation der Erbschaft- und Schenkungsteuer als Steuer auf das Einkommen entspricht die technische Anknüpfung an den Erbanfall beim einzelnen Erben (sog. Erbanfallsteuer, s. § 12 Rz. 113).

Eine Erbschaftsteuer kann technisch aber auch an den Nachlaß anknüpfen, und zwar unabhängig davon, wieviele Erben daran teilhaben und in welchem verwandtschaftlichen Verhältnis sie zum Erblasser standen (sog. Nachlaßsteuer, s. § 12 Rz. 113). In diesem Falle wäre die Erbschaftsteuer aus der Sicht des Erblassers zu klassifizieren. Sie wäre Steuer auf die Verwendung von bereits versteuerten Einkommen des Erblassers.

39 Indessen wird auch die geltende Erbschaft- und Schenkungsteuer nicht allein aus dem Blickwinkel der Reinvermögenszugangstheorie und der Bereicherung beurteilt. Dieser Blickwinkel erweist sich für die ökonomische und juristische Beurteilung der Erbschaft- und Schenkungsteuer als zu eng. Der Staat beteiligt sich mit der Erbschaft- und Schenkungsteuer nicht am Bruttosozialprodukt, sondern an dem bereits produzierten Vermögen. Mithin schöpft die Erbschaft- und Schenkungsteuer von einem Vermögensbestand ab, und zwar mit dem **Substanzsteuereffekt**[46], daß dem Steuerpflichtigen zusätzlich zur

41 Solidaritätszuschlaggesetz vom 24. 6. 1991, BGBl. I 91, 1318, nach BFH BStBl. 92, 702, nicht verfassungswidrig (s. § 4 Rz. 174, 2. Beispiel). Ausführlich zur verfassungsrechtlichen Problematik des Solidaritätszuschlages *H.-W. Arndt,* BB 91, 877; *K.-R. Wagner,* BB 92, 2043; *J. Wieland,* StVj 92, 97; *H. Nieland,* DStZ 92, 193. Einzelheiten: *R. E. Keßler,* DStR 91, 1209; *M. Orth,* DB 91, 779; *Scheuermann-Kettner/Dötsch,* DB 91, 1591 ff., 1644 ff.; *H. Wendland,* Inf. 91, 347; *ders.,* Inf. 92, 131; *W. F. Jost,* DB 92, 1260 (Berlin). Zu den Belastungswirkungen *Reinhardt/Sievers,* DStR 91, 887; *T. Rödder,* DB 91, 921; *B. Riegler,* DB 91, 1949.

42 Solidaritätszuschlaggesetz (Art. 31 des Gesetzes zur Umsetzung des Föderalen Konsolidierungsprogramms vom 23. 6. 1993, BGBl. I 93, 944). Dazu *J.-E. Graf,* StStud 94, 153.

43 Dazu krit. *K. Tipke,* StRO II, 823 ff.

44 Dazu ausf. *K. Tipke,* StRO II, 745 ff.

45 Dazu ausf. *K. Tipke,* StRO II, 752 ff.

46 *Oberhauser,* Erbschaft- und Schenkungsteuern, in: Handbuch der Finanzwissenschaft, Bd. III[3], Tübingen 1980, 487, 488: „Steuersystematisch kann die Erbschaftsteuer als eine Ver-

Steuerlast weitere Vermögensnachteile infolge Illiquidität oder Fehlbewertung des Vermögens entstehen können. Diesen Umstand berücksichtigt z. B. § 28 I ErbStG, der eine Stundung der Erbschaftsteuer vorsieht, soweit dies zur Erhaltung eines Betriebs notwendig ist. Die Betriebswirtschaftlehre beurteilt die Erbschaft- und Schenkungsteuer aus der Sicht des Betriebes als Substanzsteuer[47].

Der Finanzbericht klassifiziert die Erbschaft- und Schenkungsteuer als eine Steuer auf den *Vermögensverkehr* (s. oben Rz. 28). BFH BStBl. 83, 179, 180, zählt sie zu den *Verkehrsteuern*[48]. Der Gesetzgeber bestätigt diese Betrachtungsweise, indem er eine Grunderwerbsteuerbefreiung für den Grundstückserwerb von Todes wegen und für Grundstücksschenkungen unter Lebenden im Sinne des Erbschaft- und Schenkungsteuergesetzes gewährt (§ 3 Nr. 2 GrEStG).

U. E. kann die Vielzahl der Klassifikationsmöglichkeiten nur dann auf einen gemeinsa- 40
men Nenner gebracht werden, wenn die Erbschaft- und Schenkungsteuer weder einseitig aus der Sicht des Zuwendenden noch einseitig aus der Sicht des Zuwendungsempfängers qualifiziert und damit auch nicht von der technischen Anknüpfung abhängig gemacht wird. Steuersystematisch gesehen liegt bei Zuwendungen (z. B. auch bei Unterhaltsleistungen, s. § 9 Rz. 88 ff.) ein **Transfer steuerlicher Leistungsfähigkeit** vor. Der Bereicherung des Zuwendungsempfängers entspricht die Entreicherung des Zuwendenden. Demnach ist die Maßgröße steuerlicher Leistungsfähigkeit, die durch die Erbschaft- und Schenkungsteuer belastet wird, ein transferierter Vermögensbestand. Nach Auffassung des BVerfG (BVerfGE 67, 86) will der Gesetzgeber „den wirtschaftlichen Vorgang des Substanzübergangs besteuern".

Mithin ist die Erbschaft- und Schenkungsteuer zwischen den Steuern auf das Einkom- 41
men und den Steuern auf das Vermögen anzusiedeln. Sie erfaßt den Vermögenstransfer[49], auf den sich insb. die Erbrechtsgarantie in Art. 14 I GG bezieht. Der Staat nimmt den Vermögenstransfer zum Anlaß, den Vermögensbestand umzuverteilen. Die Erbschaft- und Schenkungsteuer hat also **Umverteilungsfunktion.** Bei einem Anteil von weniger als einem halben Prozent am Steueraufkommen ist aber der Umverteilungseffekt der Erbschaft- und Schenkungsteuer so gering, daß die Umverteilung *kein Primärzweck* der Erbschaft- und Schenkungsteuer sein kann[50]. Deshalb ist die Erbschaft- und Schenkungsteuer in erster Linie **Fiskalzwecksteuer,** deren Rechtfertigung aus der Bereicherung des Zuwendungsempfängers abzuleiten ist[51].

Sowohl das Leistungsfähigkeitsprinzip als auch der Sozialzweck der Umverteilung gebieten **strikte** 42
Wertgleichheit. Nicht zu rechtfertigen sind Privilegierungen wie der Freibetrag von 500 000 DM für Betriebsvermögen in § 13 IIa ErbStG[52]. Die oben (§ 4 Rz. 105) kritisierte Bewertung des ruhenden Vermögens wird zwar dadurch erleichtert, daß bei Erbauseinandersetzungen Werte häufig durch Wertabrechnung zwischen den Miterben aufgedeckt werden. Gleichwohl bleibt auch die Wert-Bemessungsgrundlage der Erbschaft- und Schenkungsteuer mit dem grundsätzlichen Makel behaftet, daß sie keine „wahren", d. h. am Markt realisierten Sachwerte beinhaltet. Deshalb vermag eine Angleichung der Grundbesitzwerte an Verkehrswerte die Wertgleichheit nur bedingt zu verwirklichen; wird sie zu wesentlichen Steigerungen des Erbschaft- und Schenkungsteueraufkommens genutzt, so dürfte der Substanzsteuercharakter der Erbschaft- und Schenkungsteuer soviel Gewicht erhalten, daß die Erbschaft- und Schenkungsteuer nicht mehr ohne weiteres mit dem Leistungsfähigkeitsprinzip gerechtfertigt werden kann. Die Erbschaft- und Schenkungsteuer würde zunehmend zu einer der Erbrechtsgarantie des Art. 14 GG zuwiderlaufenden Sozialzweck-, näm-

---

mögenssubstanzsteuer angesehen werden, da sie einen Teil des Vermögensüberganges . . . abschöpft und im allgemeinen aus der Vermögenssubstanz getragen werden muß."

47 *G. Rose,* Die Substanzsteuern (Fn. 28), 19 ff., 147 ff.

48 A. A. BFH BStBl. 73, 329, 349; 84, 27, 28.

49 Zum Transfersteuergedanken *Timm,* FinArch. Bd. 42 (1984), 571 ff.

50 Vgl. *K. Tipke,* StRO II, 748 ff.

51 *K. Tipke* (Fn. 44, 45).

52 Eingeführt durch StandOG vom 13. 9. 1993, BGBl. I 93, 1569.

lich Umverteilungssteuer. Die Bereicherung durch Markteinkommen, durch erwirtschafteten Vermögenszuwachs indiziert besonders im Hinblick auf die Liquidität eine für die Steuerzahlung sehr viel geeignetere Größe wirtschaftlicher Leistungsfähigkeit als die Bereicherung durch Vermögenstransfer. Diesem Unterschied wird das relativ bescheidene Erbschaft- und Schenkungsteueraufkommen durchaus gerecht.

3.3 Besteuerung des Vermögensbestandes durch Substanzsteuern

43 Der Vermögensbestand wird laufend wie folgt belastet:

- Durch eine allgemeine Steuer, die **Vermögensteuer,** wird die *Soll-Ertragskraft* des *gesamten Vermögens* (i. S. d. § 4 VStG) belastet[53].
- Durch besondere Steuern, die **Gewerbekapitalsteuer** und die **Grundsteuer,** werden die *Soll-Ertragskraft* des Gewerbekapitals (i. S. d. § 12 GewStG) und des Grundbesitzes (§ 2 GrStG: Betriebe der Land- und Forstwirtschaft sowie Grundstücke i. S. d. Bewertungsgesetzes) belastet.

44 Substanzsteuern sind aus den bereits oben (§ 4 Rz. 100 ff.) ausgeführten Gründen nicht mit der Besteuerung nach der wirtschaftlichen Leistungsfähigkeit zu vereinbaren[54]. Im Kreise der Substanzsteuern nimmt aber die **Grundsteuer** insofern eine Sonderstellung ein, als die Höhe der Grundsteuer die Grundstückspreise beeinflußt. Höhere Grundsteuern bewirken entsprechend niedrigere Anschaffungskosten für Grundstücke. Der Eigentümerstatus wird durch Grundsteuererhöhungen wirtschaftlich dem Status eines Erbbauberechtigten angenähert. Dadurch erhält die Grundsteuer eine **äquivalenztheoretische Rechtfertigung,** die sich auf die *Überlassung des Grund und Bodens durch den Staat* bezieht[55] und dementsprechend den sozialgebundenen Status des Eigentums an Grundstücken (Art. 14 GG) konkretisiert. Allerdings tritt der Substanzsteuereffekt nur dann nicht ein, wenn die Bemessungsgrundlage der Grundsteuer auf das beschränkt wird, was der Staat dem Bürger überläßt: die *Nutzung* von Grund und Boden. Erstreckt sich die Grundsteuer darüber hinaus auch auf den Wert des vom Bürger selbst geschaffenen Gebäudes, so bewirkt diese Erweiterung *Substanzbesteuerung.* Sie belastet nämlich die Substanz des vom Bürger selbst geschaffenen Vermögens. Die höhere Grundsteuer wird durch niedrigere Herstellungskosten nicht ausgeglichen. Nach alledem läßt sich m. E. allein eine Grundsteuer auf den **Bodenwert**[56] nach dem Äquivalenzprinzip (s. § 4 Rz. 88) rechtfertigen. Bei land- und forstwirtschaftlichen Betrieben wären auch alle Betriebsmittel mit Ausnahme des Bodens auszuscheiden. Eine solche Äquivalenzsteuer wäre auch einfach zu verwalten, weil sich die Bewertung auf Bodenrichtwerte beschränken könnte.

4. Steuern auf die Verwendung von Einkommen und Vermögen

45 a) Die Verwendung von Einkommen und Vermögen wird besteuert

- durch die Umsatzsteuer als allgemeine Verbrauchsteuer (s. § 13 Rz. 1 f.);
- durch spezielle Verkehrsteuern (s. § 14), und
- durch spezielle Verbrauch- und Aufwandsteuern (s. § 15).

---

53 Dazu *K. Tipke,* StRO II, 775 ff.

54 Überzeugend *K. Tipke,* StRO II, 769 (Vermögensteuer), 809 ff. (Grundsteuer), 822 ff. (Gewerbesteuer).

55 Ich stimme *K. Tipke* (StRO II, 809 ff.; BB 94, 441) darin zu, daß die Grundsteuer nicht mit Infrastrukturleistungen der Gemeinde gerechtfertigt werden kann; hierfür zahlt der Eigentümer schon (Erschließungs)beiträge und Gebühren.

56 S. *J. Lang,* Entwurf eines Steuergesetzbuchs (Fn. 8), §§ 700 ff.

b) **Spezielle Verkehrsteuern** sind nach der gebräuchlichen Terminologie 46

- die *Rechts*verkehrsteuern: Sie knüpfen an Vorgänge des Rechtsverkehrs an, an vertragliche oder gesetzliche Beziehungen, aufgrund welcher Personen Lieferungen oder sonstige Leistungen oder Rechtsansprüche erhalten. Rechtsverkehrsteuern sind die *Grunderwerbsteuer* (s. § 14 Rz. 1 ff.), die *Versicherungsteuer* (s. § 14 Rz. 25 f.), die *Feuerschutzsteuer* (s. § 14 Rz. 27), die *Rennwett- und Lotteriesteuer* (s. § 14 Rz. 28). Durch das Finanzmarktförderungsgesetz vom 22. 2. 1990 (BGBl. I 90, 266) wurden ab 1. 1. 1991 die Börsenumsatzsteuer und die Wechselsteuer, ab 1. 1. 1992 die Gesellschaftsteuer abgeschafft. Es handelt sich um Steuern i. S. d. Art. 106 I Nr. 4 GG;
- die *Real*verkehrsteuern: Sie knüpfen an einen Akt des technischen Verkehrs an. Realverkehrsteuern sind die *Kraftfahrzeugsteuer* (s. § 14 Rz. 29 ff.) und die 1969 bis 1971 erhobene Straßengüterverkehrsteuer (Art. 106 I Nr. 3 GG);
- die *Spielbankabgabe* (Art. 106 II Nr. 6 GG) knüpft an den Spielumsatz an (s. Rz. 50).

Im Anschluß an *L. Mirre*[57] hat man Rechtsverkehrsteuern mit der sog. **Bewertungsdifferenztheorie** zu rechtfertigen versucht: Der Erwerber eines Gegenstandes bewerte diesen regelmäßig höher als der Veräußerer; diese Bewertungsdifferenz könne der Staat für sich ausnutzen[58]. Derartige fiskalische Rechtfertigungsversuche nach dem Prinzip „hole, wo etwas zu holen ist" machen den Staat zum Wegelagerer. Die bloße Tatsache, daß Steuerpflichtige in der Lage oder gezwungen sind, sich an einem Akt des Rechtsverkehrs zu beteiligen, ergibt keinen sachgerechten Besteuerungsmaßstab[59]. Die Belastung steuerlicher Leistungsfähigkeit wird durch den Rechts- oder Realverkehrsakt allein nicht indiziert. 47

Die Umsatzsteuerbefreiungen des § 4 Nr. 9, 10 UStG verstehen die **Grunderwerbsteuer** und **Versicherungsteuer** als besondere Umsatzsteuern. Diese Annahme träfe aber nur dann zu, wenn ein besonderer Verbrauch belastet werden würde. Da indessen die vorgenannten Steuern nicht in das Mehrwertsteuersystem mit Vorsteuerabzug einbezogen sind, belasten sie auch unternehmerische Investitionen und das Vermögen. Derartige **Sonderbelastungen** bedürfen besonderer Rechtfertigung[60]; dabei scheidet das Leistungsfähigkeitsprinzip aus, weil weder der Grunderwerb noch der Abschluß von Versicherungen auf eine hervorgehobene wirtschaftliche Leistungsfähigkeit schließen lassen; beides kann u. U. dem existenznotwendigen Lebensbedarf zugerechnet werden. Die Grunderwerbsteuer könnte äquivalenztheoretisch wie die Grundsteuer gerechtfertigt werden[61]. Nicht zu rechtfertigen sind die Versicherungsteuer und Feuerschutzsteuer[62]: Versicherungen werden vornehmlich für Gefahren geschlossen, gegen die der Staat keinen ausreichenden Schutz bietet. Bei Naturkatastrophen werden den Geschädigten billigkeitshalber Ertragsteuern erlassen; dem widerspricht die Steuerbelastung der Hagelversicherung. Schließlich pervertiert die Steuerbelastung der Versicherung gegen den Einbruchsdiebstahl den Gedanken, daß die Steuern für den Schutz des Staates gezahlt werden, denn das Versicherungsbedürfnis steigt mit zunehmender Unfähigkeit des Staates, Einbruchsdiebstähle zu verhindern. 48

57 *L. Mirre,* Allgemeine Steuer-Rundschau 22, 296; *ders.,* in: Handbuch der Finanzwissenschaft, Bd. 2, Tübingen 1927, 274, 279 f., 287.
58 Krit. zur Bewertungsdifferenztheorie *K. Tipke,* StRO II, 934.
59 *K. Tipke,* StRO II, 934.
60 Vgl. *K. Tipke,* StRO II, 943, 950 ff.
61 Vgl. *J. Lang,* Entwurf eines Steuergesetzbuchs (Fn. 8), 765, §§ 720 ff. (Annexsteuer zur Grundsteuer).
62 Dazu *K. Tipke,* StRO II, 946 ff.

49 Die **Kraftfahrzeugsteuer** ist wie die Hundesteuer eine **direkte Aufwandsteuer.** Das Halten eines Kraftfahrzeuges ist Konsum wie das Halten eines Hundes. Jedoch wirkt die Kraftfahrzeugsteuer bei Betriebsfahrzeugen auch als Unternehmensteuer in Gestalt einer Produktionsmittelsteuer. Ebenso wie die Mineralölsteuer wird die Kraftfahrzeugsteuer zunehmend als Ökosteuer gerechtfertigt (s. § 14 Rz. 29).

50 Die **Spielbankabgabe** ist eine Steuer, die von den öffentlichen Spielbanken *an Stelle* der Steuern vom Einkommen, vom Vermögen und vom Umsatz erhoben wird. Rechtsgrundlage ist die Verordnung über öffentliche Spielbanken vom 27. 7. 1938, RGBl. I 38, 955. Die Spielbankabgabe wird vom Bruttospielertrag berechnet, d. h. von dem täglichen Saldo aus den Einsätzen und Gewinnen der Spieler. Sie beträgt in der Regel 80 v. H. der Bruttospielerträge und wird von den Spielbanken an die von den zuständigen Landesbehörden bestimmten Kassen abgeführt. Das Verfahren ist einfach zu praktizieren, da der Spielbankbetrieb ständig überwacht wird. Die Spielbanken sind landesgesetzlich von der Spielgerätesteuer befreit. Tatsächlich ist die Spielbankabgabe wie die Spielgerätesteuer (s. Rz. 52) eine **Aufwandsteuer** und kann im Hinblick auf die Folgen, die Spielsucht für den Spieler und seine Angehörigen haben kann, als *Sozialzwecksteuer* gerechtfertigt werden. Sie ist von hoher Unmerklichkeit gekennzeichnet, weil der Bürger den Staat „spielend" finanziert, verdeutlicht aber auch das rechtsethische Problem solcher Steuern, mit denen der Staat von sozialschädlichem Konsum profitiert. *Nicht zu rechtfertigen* ist die Spielbankabgabe als Surrogat für Steuern der Spielbank. Die pauschale Abgeltung verletzt den Gleichheitssatz und auch das Legalitätsprinzip, weil die persönlichen Steuerbefreiungen in den Einzelsteuergesetzen geregelt sein müßten.

51 c) **Spezielle Verbrauchsteuern** (s. § 15) sind im wesentlichen **Warensteuern**[63], die als indirekte Steuern den Privatkonsum belasten. Es verletzt die Steuergleichheit, wenn Waren willkürlich für eine Sonderbelastung ausgewählt werden[64]. Indessen lassen sich die Verbrauchsteuern im Rahmen der europäischen Harmonisierung (s. §§ 2 Rz. 52; 4 Rz. 112) als *Sozialzwecksteuern* rechtfertigen: Alkohol und Tabak sind entbehrliche, gesundheits- und sozialschädliche (z. B. passives Rauchen, Belastung des Gesundheitswesens) Genußmittel. Ihre negativen Wirkungen zeigen sich insb. bei übermäßigem Genuß. Daher darf der Staat ihren Konsum durch *Sonderbelastung* einschränken. Die Sonderbelastung muß allerdings das *Sonderbelastungsprinzip* folgerichtig befolgen: Jede Art von genußfähigem Alkohol und jedes Tabakprodukt müßte nach dem Maß des Alkohol- und Nikotingehalts besteuert werden.

52 d) **Aufwandsteuern** sind Steuern, die an den Gebrauch von Wirtschaftsgütern und Dienstleistungen anknüpfen und dadurch die in diesem Gebrauch zum Ausdruck kommende wirtschaftliche Leistungsfähigkeit belasten[65]. Aufwandsteuern sind vor allem kommunale Steuern, so z. B. die Hundesteuer, die Jagdsteuer, die Vergnügungsteuer, die Spielgerätesteuer, die Fremdenverkehrsteuern und die Zweitwohnungsteuer. Diese nach Art. 105 IIa GG in die Kompetenz der Landesgesetzgebung fallenden kommunalen Aufwandsteuern sind entweder in Gemeindesatzungen nach Maßgabe von Landesgesetzen (Kommunalabgabengesetzen, spezielle Ermächtigungsgesetze) oder abschließend in Landesgesetzen (z. B. Vergnügungsteuergesetzen) normiert (s. Beck'sche Textausgabe Steuergesetze II, ONrn. 600 ff.). Die nicht dem europäischen Harmonisierungsgebot unterworfenen örtlichen Aufwandsteuern bilden ein Konglomerat, dessen Willkür nicht zu rechtfertigen ist.

63 Dazu *R. Voß*, Strukturelemente der Verbrauchsteuern, DStJG Bd. 11 (1988), 262.
64 Dazu ausf. *K. Tipke*, StRO II, 952 ff.
65 Vgl. BVerfGE 65, 345 f.; *G. Schmölders*, in: Handbuch der Finanzwissenschaft, Bd. II[2], Tübingen 1956, 635, 639 ff.

5. Besondere Sozialzwecksteuern

5.1 Zölle und Abschöpfungen

Literatur: *Bail/Schädel/Hutter,* Zollrecht der BRD und der Europäischen Gemeinschaften, Einfuhrumsatzsteuerrecht, Marktordnungsrecht (Loseblatt), Bonn; *Schwarz/Wockenfoth/Rahn,* Zollrecht mit Einfuhrumsatzsteuerrecht, EWG-Zollrecht und EWG-Marktordnungsrecht (Loseblatt), Köln u. a.; *H. W. Kruse* (Hrsg.), Zölle, Verbrauchsteuern, europäisches Marktordnungsrecht, DStJG Bd. 11 (1988); *Witte/Wolfgang,* Lehrbuch des Zollrechts, 1991; *V. Olbrich,* Der Zollkodex im Überblick, Eine Einführung in die Systematik, München 1994.

53 Zölle und Abschöpfungen sind Steuern (§ 3 I 2 AO), und zwar **Sozialzwecksteuern,** bei denen die Einnahmeerzielung Nebenzweck ist (§ 3 I 1 2. Hs. AO)[66]. Zölle und Abschöpfungen dürfen lediglich der Warenstrom*regulierung* dienen (vgl. § 2 Rz. 34); die Warenstromerdrosselung durch prohibitive Schutzzölle ist nach dem Verbot der Erdrosselungsteuer (§ 4 Rz. 213) nicht zulässig (s. auch § 3 Rz. 11).

54 Zölle sind Steuern, die nach Maßgabe des Zolltarifs von der Warenbewegung über die Zollgrenze erhoben werden[67]. Infolge der **Europäischen Zollunion** (s. § 2 Rz. 48) sind Zölle auf den Warenverkehr zwischen den EG-Mitgliedstaaten abgeschafft. Gegenüber Drittstaaten werden Einfuhrzölle nach Maßgabe des Gemeinsamen Zolltarifs der EG (s. § 2 Rz. 48) erhoben. Die ausschließliche Gesetzgebungskompetenz des Bundes für Zölle (Art. 105 I GG) ist zurückgedrängt durch die Ausschöpfung der supranationalen Kompetenz der EG (s. § 5 Rz. 15). Der ab 1. 1. 1994 geltende **Zollkodex** löst das nationale allgemeine Zollrecht weitgehend ab (s. § 2 Rz. 48, dort Fn. 68).

55 **Abschöpfungen** regulieren die Differenz zwischen Weltmarktpreis von landwirtschaftlichen Waren und Preis innerhalb der EG. Ist der Weltmarktpreis niedriger (was die Regel ist), so wird die Differenz bei der Einfuhr als Abschöpfung erhoben und bei der Ausfuhr dem Exporteur erstattet. Ist der Weltmarktpreis ausnahmsweise höher, so wird die Differenz bei der Einfuhr erstattet und bei der Ausfuhr als Abschöpfung erhoben. Rechtsgrundlagen sind das Abschöpfungserhebungsgesetz vom 25. 7. 1962 (BGBl. I 62, 453), Verordnungen der EG und Festsetzungsverordnungen der EWG-Kommission.

5.2 Umweltsteuern

Literatur: *K. Meßerschmidt,* Umweltabgaben als Rechtsproblem, Berlin 1986; *D. Teufel,* Öko-Steuern als marktwirtschaftliches Instrument im Umweltschutz, Vorschläge zu einer ökologischen Steuerreform, ZRP 88, 373; *K. Schmidt* (Hrsg.), Öffentliche Finanzen und Umweltpolitik I und II, Berlin 1988 und 1989; *Nutzinger/Zahrnt* (Hrsg.), Öko-Steuern, Umweltsteuern und -abgaben in der Diskussion, Karlsruhe 1989; *Hansmeyer/Ewringmann,* Das Steuer- und Abgabesystem unter der ökologischen Herausforderung, in: Staatswissenschaften und Staatspraxis, 1990, 34; *Benkert/Bunde/Hansjürgens,* Umweltpolitik mit Öko-Steuern?, Marburg 1991; *D. Gosch,* Juristische Beurteilung von Öko-Steuern, StuW 90, 201; *S. F. Franke,* Ökonomische und politische Beurteilung von Öko-Steuern, StuW 90, 217; *S. Wilhelm,* Ökosteuern, Ein Bericht über Vorschläge und Absichten der Parteien, BB 90, 751; *ders.,* Ökosteuern, Marktwirtschaft und Umweltschutz, München 1990; *W. Köck,* Umweltsteuern als Verfassungsproblem, JZ 91, 692; *ders.,* Umweltabgaben – Quo vadis?, JZ 93, 59; *L. Osterloh,* „Öko-Steuern" und verfassungsrechtlicher Steuerbegriff, NVwZ 91, 823; *R. Breuer* u. a. (Hrsg.), Umweltschutz durch Abgaben und Steuern, Heidelberg 1992; *N. Steiner,* Umweltabgaben im Spannungsfeld von Politik, Wissenschaft und Verfassungsrecht, StVj 92, 205; *C. Trzaskalik,* Der instrumentelle Einsatz von Abgaben, StuW 92, 135; *W. Höfling,* Verfassungsfra-

66 *W. Dänzer-Vanotti,* DStJG Bd. 11 (1988), 77: „Die ausschließlich wirtschaftspolitische Zielsetzung der Zollerhebung ist ein Grundsatz, der das Zollrecht prägt und ausschlaggebend für seine Konzipierung und Auslegung ist . . ." Zur geschichtlichen Entwicklung der wirtschaftspolitischen Instrumentalisierung der Zölle besonders in Gestalt von Schutzzöllen s. *W. Knies,* Steuerzweck und Steuerbegriff, München 1976, 5 ff.

67 BVerfGE 8, 260, 269; BFH BStBl. 70, 246, 250. Ausf. *M. Lux,* DStJG Bd. 11 (1988), 162 ff.

gen einer ökologischen Steuerreform, StuW 92, 242; *B. Hansjürgens,* Umweltabgaben im Steuersystem, Baden-Baden 1992; *P. Kirchhof* (Hrsg.), Umweltschutz im Abgaben- und Steuerrecht, DStJG Bd. 15 (1993); Podiumsdiskussion, StuW 94, 62 ff.; *M. Rodi,* Umweltsteuern, Das Steuerrecht als Instrument der Umweltpolitik, Baden-Baden 1993; *Blöckliger/Staehlin-Witt,* „Ökologische Steuerreform“: Die konflikträchtige Verknüpfung von Umwelt- und Fiskalpolitik, StVj 93, 370; *K. A. Vallender,* Gedanken zur Ökologisierung des Steuerrechts, ASA 1994, 641.

56 a) Überblick: Die Gefahren, die der Menschheit aus der Verschmutzung der Umwelt erwachsen, treten immer klarer und dramatischer zutage. Das Ringen um die Sicherung der natürlichen Lebensgrundlagen wirft auch die Frage nach einer Instrumentalisierung des Steuerrechts zum Schutze der Umwelt auf. Hierbei sind folgende Alternativen zu unterscheiden:

57 aa) Primär zuständig und geeignet für den Umweltschutz ist das **Ordnungsrecht,** mit dessen Mitteln der Staat Umweltstandards präzise verwirklichen kann[68]. Die ordnungsrechtlichen Instrumente sind Gebote, Auflagen, Verbote, Vereinbarungen, Empfehlungen, die Haftung für Umweltschäden und aktive staatliche Maßnahmen der Planung, Aufsicht und Sicherung der Umwelt.

58 bb) Diesem vielfältigen ordnungsrechtlichen Instrumentarium steht das sog. **marktwirtschaftliche Instrumentarium**[69] gegenüber, das dem Zweck dient, die Entscheidung des Marktteilnehmers für umweltfreundliches Verhalten ökonomisch rentabel zu machen. Marktwirtschaftliche Instrumente des Umweltschutzes sind:

(1) Das **handelbare Verschmutzungszertifikat,** d. sind staatliche, veräußerbare Lizenzen für bestimmte umweltschädliche Emissionen, deren Preis von der ordnungsrechtlich zugelassenen Emissionsmenge abhängt. Die schrittweise Reduktion der Emissionsmenge bewirkt einen zunehmenden Kostendruck, der die emissionsfreie Produktion rentabel macht;

(2) **direkte Subventionen** in Gestalt von Zweckzuwendungen für umweltschützede Investitionen, sowie die

(3) abgabenrechtlichen Instrumente, d. sind Umweltsonderabgaben, Umweltgebühren/-beiträge und Umweltsteuern (sog. **Öko-Steuern**); im weiteren wird das Steuerrecht durch **Öko-Steuervergünstigungen**[70] (z. B. Sonderabschreibungen) und **Öko-Steuerverschärfungen** (z. B. partielles Abzugsverbot von Kfz-Aufwendungen durch eine zu niedrig angesetzte Kilometer-Pauschale, erhöhte Steuersätze für umweltschädlichen Verbrauch) instrumentalisiert[71].

59 b) **Ordnungsrecht versus Steuerrecht:** Die Alternative des ordnungsrechtlichen Instrumentariums zur Umweltsteuer wird durch das *Verbot der Erdrosselungssteuer* (s. § 4 Rz. 213) bestimmt[72]: Eine Umweltsteuer, deren Zweck auf ein Null-Aufkommen ausge-

68 So grundsätzlich im Verhältnis zu Umweltabgaben *P. Kirchhof,* Verfassungsrechtliche Grenzen durch Umweltabgaben, DStJG Bd. 15 (1993), 3 ff.

69 Dazu ausf. im Vergleich zum Ordnungsrecht *B. Hansjürgens,* Umweltabgaben im Steuersystem, Baden-Baden 1992, 33 ff. Vgl. auch *S. F. Franke,* StuW 90, 219 f.; *C. Trzaskalik,* StuW 92, 136 ff.; *D. Dickertmann,* Erscheinungsformen und Wirkungen von Umweltabgaben aus ökonomischer Sicht, DStJG Bd. 15 (1993), 33.

70 Dazu ausf. *M. Rodi,* Steuervergünstigungen als Instrument der Umweltpolitik, StuW 94, 204 ff.

71 Ausführlich zur Verwirklichung von Umweltschutzzwecken im Steuerrecht *J. Lang,* DStJG Bd. 15 (1993), 115. Aus ökonomischer Sicht *D. Dickertmann,* Maßnahmen für den Umweltschutz im Rahmen des bestehenden Steuersystems, Eine Bestandsaufnahme, in: K. Schmidt (Hrsg.), Öffentliche Finanzen und Umweltpolitik I, Berlin 1988, 91.

72 Dazu *K. Meßerschmidt,* Umweltabgaben als Rechtsproblem, Berlin 1986, 86, 113 ff.; *W. Köck,* JZ 91, 695; *P. Selmer,* in: R. Breuer (Hrsg.), Umweltschutz durch Abgaben und Steuern, Heidelberg 1992, 15, 32 f.; *J. Lang,* in: R. Breuer (Hrsg.), 68 ff., *ders.* (Fn. 71), 125 (m. w. Nachw.).

richtet ist, verbietet die Verfassung. Wenn ein bestimmtes Verhalten nicht mehr zu akzeptieren ist, dann ist das verfassungsrechtlich zulässige Mittel das ordnungsrechtliche Gebot bzw. Verbot. Der Lenkungszweck darf also schon von Verfassungs wegen den Fiskalzweck nicht völlig verdrängen.

Da die Umweltsteuer keine erdrosselnde Wirkung haben darf, bleibt dem Steuerpflichtigen die Entscheidung überlassen, ob er sich umweltfreundlich verhält. Demnach arbeitet das Instrument der Umweltsteuer **nicht zielgenau**[73]; es bleibt ungewiß, ob der Steuerpflichtige durch die Steuerbelastung tatsächlich zu dem vom Steuergesetzgeber angestrebten umweltfreundlichen Verhalten veranlaßt wird. Gleichwohl setzt sich bei Ökonomen die Auffassung durch, daß die Umwelt nicht allein vom Ordnungsrecht gesichert werden kann[74]; eine **Ergänzung durch marktsteuernde Instrumente** sei für die Optimierung des Umweltschutzes unerläßlich. Dem ist grundsätzlich zuzustimmen: Gebote, Auflagen und Verbote dienen im wesentlichen dem Zweck, den *gegenwärtig erreichten* Stand der Technik zu sichern; dabei wird dieser Zweck durch *ordnungsrechtliche Vollzugsdefizite* beeinträchtigt. Hingegen sind Instrumente, die dem Bürger den ökonomischen Handlungsspielraum belassen, geeigneter, den Stand der Technik zu *verbessern,* denn sie stimulieren die Kreativität des Menschen. Umweltbewußtsein wird auch besser durch freiwillige Einsichten und Überzeugungen als durch staatlichen Zwang vermittelt. Werden z. B. Emissionen ordnungsrechtlich nur bis zu einem bestimmten Grenzwert zugelassen, so wird sich der Betriebsinhaber nicht um weitere Emissionsverminderungen bemühen, wenn er die Emissionsnorm erfüllt hat. Demgegenüber wird er die weitere Reduktion der Emissionen anstreben, wenn jede Emission mit besonderen Kosten belastet ist. 60

Aus rechtlicher Sicht hat das abgabenrechtliche Instrumentarium dort seinen **Anwendungsbereich,** wo das Ordnungsrecht ein bestimmtes Verhalten *nicht vorschreiben soll* oder *kann,* weil das rechtsstaatliche Übermaßverbot (s. § 4 Rz. 209 ff.) entgegensteht. Die dem Ordnungsrecht immanenten Schranken lassen also Spielraum für die abgabenrechtliche Instrumentalisierung des Umweltschutzes, solange ein ordnungsrechtliches Gebot oder Verbot den Normadressaten nicht zugemutet werden kann. Demnach stellt die steuerinterventionistische Maßnahme im Verhältnis zum Ordnungsrecht eine **Übergangslösung** dar. 61

Beispiele: Emissionen können nicht ganz verboten werden, wenn der Stand der Technik dies nicht zuläßt; demgegenüber stimuliert die Emissionsabgabe die Verbesserung der Filtertechnik. Nicht zulässig wäre es, von heute auf morgen den Katalysator als Voraussetzung für die Zulassung von Kraftfahrzeugen anzuordnen. Hier vermag die Kraftfahrzeugsteuerbefreiung für Katalysatorfahrzeuge oder eine besonders hohe Kraftfahrzeugsteuer für Fahrzeuge ohne Katalysator darauf hinzuwirken, daß sich der Markt rasch auf Katalysatorfahrzeuge umstellt. Ein Verbot von Einwegverpackungen wirkt für Unternehmen, die sich auf andere Verpackungsformen nicht sofort umstellen können, existenzvernichtend. Der Verpackungsteuer leistet zwar aktuell einen sehr viel geringeren Beitrag zur Müllverringerung als ein Verbot von Einwegverpackungen, ermöglicht jedoch eine maßvoll dosierte Politik des Umsteigens auf umweltfreundliche Verpackungsformen. 62

c) **Rechtfertigung von Umweltsteuern:** Die Sicherung der natürlichen Lebensgrundlagen liegt im überragenden Interesse der Allgemeinheit, so daß umweltschützende Sozial- 63

---

73 So *P. Kirchhof* (Fn. 68), 7: „Das Abgabenrecht ist als Instrument der Umweltpolitik auch deshalb nur bedingt tauglich, weil die Zielgenauigkeit des Schutzes unter dem Abgabentatbestand leidet."

74 *Hansmeyer/Ewringmann,* Das Steuer- und Abgabesystem unter der ökologischen Herausforderung, in: Staatswissenschaft und Staatspraxis, 1990, 34. Ausf. mit zahlr. Nachw. *B. Hansjürgens* (Fn. 69), 23 ff.

zwecksteuern grundsätzlich durch das *Gemeinwohl* gerechtfertigt sind (s. § 4 Rz. 126); sie sind dort gerechtfertigt, wo der Markt versagt, wo also der Preis künstlich erhöht werden muß, um die markteffiziente Bewirtschaftung der knappen und marktmäßig unterbewerteten Umweltgüter herzustellen. Als **Sozialzwecksteuer** durchbricht die Umweltsteuer das Leistungsfähigkeitsprinzip[75]; dieses darf indessen nicht völlig ausgeschaltet werden (s. bereits § 4 Rz. 126)[76]. Im übrigen werden Umweltsteuern auch *äquivalenztheoretisch* (s. § 4 Rz. 88) gerechtfertigt, indem den Steuerpflichtigen Verantwortung für die Schädigung der Umwelt zugewiesen wird.

64 In dieser Weise rechtfertigte bereits der britische Nationalökonom *Arthur Cecil Pigou*[77] Umweltsteuern. Er plädierte dafür, daß Kosten, die der *Gemeinschaft* durch individuelle Güternutzung und -verbrauch entstehen und die deshalb für das Individuum *externe* Kosten sind, mittels Besteuerung *internalisiert,* d. h. zu internen Kosten des Individuums werden. Das Konzept der Pigou-Steuer scheitert jedoch daran, daß sich die tatsächlichen gegenwärtigen und zukünftigen Folgekosten umweltschädlichen Verhaltens kaum quantifizieren, geschweige denn individuell zurechnen lassen. Da im übrigen die Pigou-Rechtfertigung auf dem Verursacherprinzip basiert, kommt sie für Steuern im Rechtssinne ohnehin nicht in Betracht. Demgegenüber verzichtet der moderne, auch für die juristische Rechtfertigung taugliche „Standard-Preis-Ansatz" vom *Baumol/Oates* bewußt auf eine individuelle Verantwortlichkeit für Umweltkosten[78]. Er stellt darauf ab, welchen Umweltstandard der Steuergesetzgeber anstrebt, und bemißt danach die Höhe der Steuer. Ob beispielsweise die Mineralölsteuer einen Benzinpreis von 2, 5 oder 10 DM bewirken soll, ist Frage der über den Preismechanismus angestrebten Verbrauchsminderung und nicht der vom Mineralölverbraucher verursachten externen Kosten.

65 Da sich die Folgen umweltschädlichen Verhaltens schwerlich bestimmten Individuen oder bestimmten Gruppen zuordnen lassen, ist eine Umweltsteuer regelmäßig leichter zu rechtfertigen als **Umweltvorzugslasten** (Gebühren und Beiträge)[79] oder **Umweltsonderabgaben;** letztere parafiskalische Abgabenart ist besonders anfällig, daß der hohe Gemeinwohlwert des Umweltschutzes abgabenpolitisch mißbraucht wird[80]. Während Vorzugslasten und Sonderabgaben andere Abgaben nicht kompensieren können, eignen sich Steuern für *Umschichtungen* im Abgabensystem nach dem von der EG-Kommission aufgestellten Grundsatz der „fiskalischen Neutralität" (s. § 2 Rz. 54, dort Fn. 84). So könnten z. B. notwendige ertragsteuerliche Entlastungen durch Umweltsteuern gegenfinanziert werden (s. § 4 Rz. 123). Gerade das Programm eines „ökologischen Umbaus" des Abgabensystems will den Bürgern nicht Mehrbelastungen zumuten; es will Abgabenlasten umschichten.

---

75 Prägnant *P. Kirchhof* (Fn. 68), 3: „Wer Abgaben zahlt, schützt nicht die Umwelt; und wer die Umwelt stört, ist deshalb nicht steuerlich belastbar."

76 Dazu näher *J. Lang* (Fn. 71), 126 f. A. A. *P. Selmer* (Fn. 72), 30 (der Aspekt der steuerlichen Leistungsfähigkeit dürfe durch umweltpolitische Aspekte ersetzt werden), und ebenso: *L. Osterloh*, NVwZ 91, 826 f.; *W. Köck*, JZ 91, 697: Überhaupt krit. gegen die umweltpolitische Instrumentalisierung der Steuer *C. Trzaskalik,* StuW 92, 139 ff.

77 *A. C. Pigou,* The Economics of Welfare, London 1920 (4. Aufl.: London 1932). Zur Pigou-Steuer *Hansmeyer/Ewringmann* (Fn. 74); *D. Dickertmann* (Fn. 69), 36 ff., und ausf. m. w. Nachw. *B. Hansjürgens* (Fn. 69), 27 ff.

78 *W. J. Baumol/W. E. Oates,* The Use of Standards and Prices for the Protection of the Environment, in: Swedish Journal of Economics, 1971, 42. Zum „Standard-Preis-Ansatz" insb. *K. H. Hansmeyer,* Abgaben und steuerliche Instrumente der Umweltpolitik – Wirkungsweise, Erfahrungen, Möglichkeiten, ZfU 87, 251, 253 ff.; *B. Hansjürgens* (Fn. 69), 31 ff., 137 ff.; *D. Dickertmann* (Fn. 69), 38 ff.

79 Dazu m. w. Nachw. *J. Lang,* in: R. Breuer (Hrsg.), Umweltschutz durch Abgaben und Steuern, Heidelberg 1992, 55, 59 ff. Vgl. auch den Streit um den baden-württembergischen „Wasserpfennig": *F. Kirchhof,* NVwZ 87, 1031; *J. Pietzcker,* DVBl. 87, 774; *E. Sander,* DVBl. 90, 18.

80 Dazu *J. Lang* (Fn. 79), 63 ff. m. w. Nachw. S. auch § 3 Rz. 21 ff., 27.

d) Die **gegenwärtige Steuerpolitik** führt bereits *bestehende* Steuern ökologischen Rechtfertigungen zu[81]. So werden insb. die Mineralölsteuer und die Kraftfahrzeugsteuer ökologisch umgewidmet[82]. Die Einführung *neuer* Umweltsteuern wird durch die Formenstrenge der Finanzverfassung begrenzt. So ist die kommunale Verpackungsteuer nur als örtliche Aufwandsteuer i. S. d. Art. 105 IIa GG zulässig (s. § 3 Rz. 33). Die von der EG-Kommission empfohlene Energie-/CO_2-Steuer erfordert eine Änderung des Art. 106 GG (s. § 3 Rz. 6). Die *regional* oder gar *lokal* begrenzte Einführung von Umweltsteuern ist relativ ineffizient, da sich die Aufgabe des Umweltschutzes letztlich auf den gesamten Lebensraum der Menschheit erstreckt. Territorial begrenzte Umweltsteuern beeinträchtigen vor allem in Gestalt von Produktionsmittelsteuern[83] die internationale Wettbewerbsfähigkeit der belasteten Unternehmen. Aus diesen Gründen sollten Umweltsteuern einen *möglichst weiten territorialen Geltungsbereich* haben, am besten weltweit eingeführt werden. 66

81 Dazu ausf. *D. Dickertmann* (Fn. 71).

82 Dazu *D. Dickertmann* (Fn. 71), 122 ff.; *J. Lang* (Fn. 71), 127 ff.

83 Dazu näher *J. Lang* (Fn. 71), 134 ff., 137 f. (Unterschied zur exportvergüteten Privatkonsumsteuer).

Drittes Kapitel: Die einzelnen Steuerarten

§ 9 Einkommensteuer

Rechtsgrundlagen: Einkommensteuergesetz; Einkommensteuer-Durchführungsverordnung; Lohnsteuer-Durchführungsverordnung. Nebenverordnungen sind im Text genannt. Die Einkommensteuer-Richtlinien sind Verwaltungsvorschriften zum Einkommensteuergesetz.

Literatur: Kommentare: *Herrmann/Heuer/Raupach*, Kommentar zur Einkommensteuer und Körperschaftsteuer, Köln (Loseblatt); *Blümich*, EStG/KStG/GewStG, München (Loseblatt); *Littmann/Bitz/Hellwig*, Das Einkommensteuerrecht, Stuttgart (Loseblatt); *Kirchhof/Söhn*, Einkommensteuergesetz, Heidelberg (Loseblatt); *Doralt*, Österreichisches Einkommensteuergesetz, Teil I (§§ 1–14), Wien 1990; *L. Schmidt*, Einkommensteuergesetz [13], München 1994.

Handbücher und Monographien: *E. Becker*, Die Grundlagen der Einkommensteuer, München/Berlin 1940, Nachdruck Herne/Berlin 1982; *Neumark*, Theorie und Praxis der modernen Einkommensbesteuerung, Bern 1947 (finanzwissenschaftlich); *Leif Mutén*, Zur Entwicklung der Einkommensteuer nach dem ersten Weltkrieg, Amsterdam 1967; *B. Großfeld*, Die Einkommensteuer, Geschichtliche Grundlage und rechtsvergleichender Ansatz, Tübingen 1981; *J. Lang*, Die Bemessungsgrundlage der Einkommensteuer, Rechtssystematische Grundlagen steuerlicher Leistungsfähigkeit im deutschen Einkommensteuerrecht, Köln 1981/88; *Metzger/Weingarten*, Einkommensteuer und Einkommensteuerverwaltung in Deutschland, Ein historischer und verwaltungswissenschaftlicher Überblick, Opladen 1989; *M. Lehner*, Einkommensteuerrecht und Sozialhilferecht, Tübingen 1993; *K. Tipke*, Die Steuerrechtsordnung, Bd. II (StRO II), Köln 1993, 549 ff.; *BMF* (Hrsg.), Amtliches Einkommensteuer-Handbuch 1993, Bonn 1994.

Lehr-/Lernbücher: *K. Tiedtke*, Einkommensteuer- und Bilanzsteuerrecht, Berlin/New York 1983; *K.-G. Loritz*, Einkommensteuerrecht, Ein Lehrbuch, Heidelberg 1988; *W. Jakob*, Einkommensteuer, München 1991; *Zenthöfer/Schulze zur Wiesche*, Einkommensteuer[2], Stuttgart 1991; *E. Biergans*, Einkommensteuer und Steuerbilanz[6], München 1992; *Beckermann/Kussmann/Martin*, Lehrbuch der Einkommensteuer[7], Herne/Berlin 1991; *Plückebaum/Wendt/Ehmcke*, Einkommensteuer[17], Achim 1992; *B. Knobbe-Keuk*, Bilanz- und Unternehmenssteuerrecht[9], Köln 1993; *O.-G. Lippross*, Einkommensteuerrecht[5], Münster 1994; *G. Rose*, Betrieb und Steuer, Erstes Buch: Die Ertragsteuern[13], Wiesbaden 1994, 27 ff.; *Schmidt-Liebig/Bilsdorfer*, Einkommensteuerrecht in Frage und Antwort, München 1994.

Abhandlungen: *J. Popitz*, Art. „Einkommensteuer", in: Handwörterbuch der Staatswissenschaften[4], Bd. III, Jena 1926, 400 ff.; *J. Schumpeter*, Ökonomie und Soziologie der Einkommensteuer, Der deutsche Volkswirt IV, 1929, 380; *N. Andel*, Einkommensteuer, in: Handbuch der Finanzwissenschaft, Bd. II[3], Tübingen 1980, 331; *K.-G. Loritz*, Die systemgerechte Einkommensteuer – ein unerreichbares Ziel?, NJW 86, 9; *K. Tipke*, Einkommensteuer-Fundamentalreform – Notwendigkeit und Möglichkeiten – Zum Vorbild des amerikanischen Reformvorhabens, StuW 86, 150; *Arndt/Schumacher*, Einkommensbesteuerung und Grundrechte, Zum Einfluß grundrechtlicher Entscheidungen des BVerfG auf die Entwicklung der Einkommensbesteuerung in der BRD, AöR 118 (1993), 513.

Literatur zur Lohnsteuer: Loseblatt-Kommentare von *Horowski/Altehoefer; Hartz/Meeßen/Wolf; Oeftering/Görbing; J. N. Stolterfoht*, Lohnsteuer und Lohnsteuerabführungspflicht, Baden-Baden 1975; *ders.* (Hrsg.), Grundfragen des Lohnsteuerrechts, DStJG Bd. 9 (1986); *H. Hessler*, Lohnsteuer, Ein Lehr- und Lernbuch, München/Wien 1990; *Ranft/Lange*, Lohnsteuer[11], Achim 1992.

Reformliteratur: (bis 1984: s. Voraufl.); *Raupach/Tipke/Uelner*, Niedergang oder Neuordnung des deutschen Einkommensteuerrechts?, Köln 1985; *J. W. Gaddum*, Steuerreform: einfach und gerecht! Für ein besseres Einkommensteuerrecht, Stuttgart 1986; *J. Lang*, Reformentwurf zu Grundvorschriften des Einkommensteuergesetzes, Köln 1985; *ders.*, Die einfache und gerechte Einkommensteuer, Köln 1987; *57. Deutscher Juristentag*, Empfiehlt es sich, das Einkommensteuerrecht zur Beseitigung von Ungleichbehandlungen und zur Vereinfachung neu zu ordnen?: Gutachten von *P. Kirchhof*, München 1988; Sitzungsbericht, München 1989; *Birk*, JZ 88, 820; *J. P. Meincke*, DB 88, 1869; *K. Tipke*, NJW 88, 2090; *H. Söhn*, ZRP 88, 344; *Wendt*, DÖV 88, 710; *Mellinghoff*, StVj 89, 130; *J. Lang*, Entwurf eines Steuergesetzbuchs, BMF-Schriftenreihe, Heft 49, Bonn 1993, §§ 100–140.

A. Allgemeine Charakterisierung

a) Idealiter hat die Einkommensteuer von allen Steuern die **höchste Gerechtigkeitsqualität**[1]. Sie ist am besten geeignet, nicht nur die objektive, sondern auch die subjektive Leistungsfähigkeit des Steuerpflichtigen zu berücksichtigen. Der hohe Gerechtigkeitswert in Gestalt einer gleichmäßigen Besteuerung nach der Leistungsfähigkeit wird allerdings nur erreicht, wenn ausnahmslos alle natürlichen Personen **(Universalitätsprinzip)** ihr gesamtes disponibles Einkommen versteuern müssen **(Totalitätsprinzip)**[2] und der Staat auch (z. B. im Bereich der Besteuerung von Zinsen) für die Verwirklichung des Universalitäts- und des Totalitätsprinzips sorgt. 1

Theoretisch ist die deutsche Einkommensteuer am Universalitäts- und am Totalitätsprinzip ausgerichtet. Es gibt keine (z. B. den in den § 5 KStG, § 3 VStG vergleichbaren) persönlichen Steuerbefreiungen von der Einkommensteuer, wie sie Fürsten, Monarchen und Diktatoren (z. B. Hitler) gewährt worden sind. Im internationalen Vergleich[3] gehört die deutsche Einkommensteuer zur Gruppe der „global income taxes“ (Steuern auf das Gesamteinkommen). Diese Steuern sind dadurch gekennzeichnet, daß sie **synthetisch** die Gesamtheit der Einkünfte (Summe der Einkünfte i. S. d. § 2 I–III EStG) in einer einheitlichen Bemessungsgrundlage (§ 2 V EStG) berücksichtigen; diese einheitliche Bemessungsgrundlage bildet die Ausgangsgröße für einen einheitlich belastenden Einkommensteuertarif.

Im Gegensatz zur synthetischen Gesamteinkommensteuer steht die **analytische Schedulensteuer.** Sie erfaßt die zu versteuernden Einkünfte nach Art ihrer Einkunftsquellen (gewerbliche Einkünfte, Grundbesitz-, Arbeitseinkünfte etc.) auf mehreren Listen (schedules); die so aufgeteilten Einkünfte werden unterschiedlich besteuert, indem die Schedulensteuer die Einkünfte jeder Liste einem gesonderten Einkommensteuertarif unterwirft. Wegen der daraus resultierenden ungleichmäßigen Steuerbelastung gelten „schedular income taxes“ als rückständig. Die Gesamteinkommensteuer mit einem einheitlichen Steuertarif hat sich in den westlichen Industriestaaten allgemein durchgesetzt, während die Schedulenbesteuerung in Lateinamerika und in den Entwicklungsländern noch weit verbreitet ist.

Realiter verknüpft jedoch das geltende Einkommensteuerrecht mit den einzelnen Einkunftsarten so viele unterschiedliche Bemessungsfaktoren und begünstigende/belastende Sondervorschriften, daß die deutsche Einkommensteuer ins Schedulenhafte zurückfällt, wenngleich der Einheitstarif noch besteht.

b) Politisches Kernstück der Einkommensteuer ist der **progressive Steuertarif.** Die Bemessungsgrundlage „Einkommen“ ist rechtsdogmatisch bestimmbar, der Tarif hingegen hauptsächlich Ausdruck einer bestimmten Gesellschaftspolitik. Die Progression der Einkommensteuer verwirklicht sozialstaatliche Umverteilungsgerechtigkeit (s. § 4 Rz. 201). 2

---

1 *J. Schumpeter,* Ökonomie und Soziologie der Einkommensteuer, Der deutsche Volkswirt IV, 1929, 380, bezeichnete sie als die reinste, technisch und juristisch schönste Gestalt des Steuergedankens, als den „Höhepunkt der Steuerkunst des liberalen Bürgertums“. Vgl. hierzu *A. Raupach,* in: Raupach/Tipke/Uelner, Niedergang oder Neuordnung des deutschen Einkommensteuerrechts?, Köln 1985, 18 f., und *K. Tipke,* StRO II, 551 ff., jew. m. w. Nachw.

2 Zur gleichmäßigen Erfassung des Markteinkommens nach dem Universalitätsprinzip und dem Totalitätsprinzip *J. Lang,* Die Bemessungsgrundlage der Einkommensteuer, Köln 1981/88, 167 ff.

3 Dazu *N. Andel,* Einkommensteuer, in: Handbuch der Finanzwissenschaft, Bd. II[3], Tübingen 1980, 331, 333/334; *A. Mennel,* Steuerrecht und Steuersysteme im internationalen Vergleich, StuW 73, 1, 5 f.; *O. Oldman/R. Bird,* The Transition to a Global Income Tax: A Comparative Analysis, IFA-Bulletin 77, 439; *Sylvain R. F. Plasschaert,* First Principles about Schedular and Global Frames of Income Taxation, IFA-Bulletin 76, 99.

3 c) Die Einkommensteuer ist die **ergiebigste Steuer** (s. § 8 Rz. 19) mit hoher automatischer Anpassungsfähigkeit (built-in-flexibility) an die jeweilige wirtschaftliche Lage (s. § 8 Rz. 10). Ihre *konjunkturstabilisierende* Wirkung könnte durch antizyklische Zu- und Abschläge von der Einkommensteuerschuld verstärkt werden. Ergänzungsabgaben zur Einkommensteuer wie der Solidaritätszuschlag (s. § 8 Rz. 36) haben konjunkturdämpfende Wirkung. Deshalb ist es verfehlt, sie während einer Rezession zu erheben.

4 Die Achillesferse der Einkommensteuer ist ihre **formelle Rationalität** (s. § 8 Rz. 18): Als die *merklichste* Steuer provoziert die Einkommensteuer erheblichen Steuerwiderstand. Dadurch wird sie nicht nur zur *verwaltungsaufwendigsten* Steuer. Der Steuerwiderstand durch Lobbyismus und steuerminimierende Gestaltungen verschlechtert dramatisch die *Gerechtigkeitsqualität* der Einkommensteuer. Der desolate Zustand des Einkommensteuerrechts (s. § 4 Rz. 109) veranlaßt zur Reflexion über Besteuerungsformen, die zum einen weniger Steuerwiderstand auslösen und zum anderen die Gleichmäßigkeit und Totalität der Besteuerung von Einkommen erhöhen (s. § 4 Rz. 116 ff.). Die einstige „Königin" der Steuern (s. § 8 Rz. 17) ist zu einer Dummensteuer degeneriert, die jene am stärksten trifft, die am schlechtesten informiert oder beraten sind oder die der Besteuerung wie z. B. die Lohnsteuerzahler am wenigsten ausweichen können.

5 d) Zur **Geschichte der Einkommensteuer:** Ihre Herkunft verdankt die Einkommensteuer nicht der Gerechtigkeit, sondern der Ergiebigkeit. An der Wiege der Einkommensteuer stand der Krieg Großbritanniens gegen Napoleon. Die erste, von *William Pitt* geforderte und 1799 in Kraft getretene Steuer auf das Gesamteinkommen[4] war eine *Kriegsteuer* (bis 1982 hieß die Einkommensteuer der Schweiz „Wehrsteuer"). Sie wurde die Steuer, die Napoleon schlug[5]. Auch die Anfänge der Einkommensbesteuerung auf deutschem Boden waren von der Finanznot durch Krieg geprägt. *Karl Freiherr vom Stein* propagierte 1806 als Kriegsteuer eine progressive Steuer auf das Gesamteinkommen mit Selbstdeklaration; er erkannte sie als die „gleichförmigste und einträglichste Abgabe"[6]. Unter seinem Einfluß wurde sie 1808 in Preußen, Litauen und Königsberg eingeführt[7]. Steuern auf Einkommen (zunächst nur auf bestimmte Einkünfte) wurden auch in den Königreichen Sachsen (ab 1834) und Württemberg (ab 1820) sowie in Nassau (1848), Bayern (1848), Hessen (1869) und Baden (1884) eingeführt[8]. Allerdings wurde nach dem Sieg über Napoleon 1814 die erste, unter dem Einfluß der französischen Erklärung der Menschen- und Bürgerrechte von 1789 (s. § 4 Rz. 82) rechtsethisch fundierte preußische Einkommensteuer wegen des großen Steuerwiderstandes und der verbreiteten Unehrlichkeit bei der Selbstdeklaration wieder abgeschafft. 1820 wurde in Preußen die **Klassensteuer** eingeführt, welche die Steuerpflichtigen in fünf Klassen nach äußeren Wohlstandsmerkmalen einteilte[9], was die verhaßte Selbstdeklaration erübrigte. Ab 1851 wurde der Steu-

4 *W. Pitt* forderte 1798: „A general tax shall be imposed upon all the leading branches of income."

5 Vgl. *B. Großfeld,* Die Einkommensteuer, Geschichtliche Grundlage und rechtsvergleichender Ansatz, Tübingen 1981, 8.

6 Zitiert nach *B. Großfeld* (Fn. 5), 31 (m. w. Nachw.).

7 Vgl. *B. Großfeld* (Fn. 5), 29 ff.; *C.-H. Heuer,* Karl Freiherr vom Stein als Wegbereiter des deutschen Einkommensteuerrechts, Heidelberg 1988; *A. Pausch,* Von der Einkommensteuer zur Deklarationsberatung, FR 79, 441.

8 Zur Geschichte der deutschen Einkommensteuer *K. Dieterici,* Zur Geschichte der Steuerreform in Preußen von 1810–1820; *B. Fuisting,* Die geschichtliche Entwicklung des Preußischen Steuersystems und systematische Darstellung der Einkommensteuer[2], 1894; *J. Popitz,* Einkommensteuer, in: Handwörterbuch der Staatswissenschaften[4], Bd. III, Jena 1926, 400; *G. Strutz,* Kommentar zum EStG 1925, Einleitung, III.: Abriß der Geschichte der Einkommensteuer, 55 ff.; *H. Teschemacher,* Die Einkommensteuer und die Revolution in Preußen, Tübingen 1912; *B. Großfeld* (Fn. 5), 26 ff.; *Metzger/Weingarten,* Einkommensteuer und Einkommensteuerverwaltung in Deutschland, Opladen 1989.

9 Gesetz vom 30. 5. 1820, Gesetz-Sammlung für die Königlichen Preußischen Staaten, 1820, 140: V.: Lohnarbeiter, gemeines Gesinde und Tagelöhner; IV.: geringere Bürger und Bauernstand; III.: wohlhabende Bürger; II.: vorzüglich wohlhabende Einwohner; I.: reiche Einwohner. Der Steuersatz bewegte sich zwischen 0,5 (V) und 48 (I) Talern.

ermaßstab auf das öffentlich eingeschätzte Einkommen umgestellt (**klassifizierte Einkommensteuer**).

Den Durchbruch zur modernen Einkommensteuer leisteten das sächsische EStG vom 2. 7. 1878[10] und das **preußische EStG vom 24. 6. 1891**[11]. Das EStG von 1891 war Teil der epochalen Steuerreform unter dem Finanzminister *Johannes von Miquel*[12], der sein Reformprogramm einer progressiven Einkommensteuer vornehmlich mit der Steuergerechtigkeit begründete[13]. Mit der *Miquel*'schen Steuerreform war das Konzept der progressiven Gesamteinkommensteuer (die Grundsubstanz der geltenden Einkommensteuer) und das Prinzip der Besteuerung nach der wirtschaftlichen Leistungsfähigkeit[14] in der Steuerrechtsordnung fest installiert, allerdings mit einer noch sehr bescheidenen Progression von 0,67–4 Prozent; durch unterschiedliche Kommunalzuschläge reichte die Spitzenbelastung bis zu 12 Prozent. 6

Eine völlig neue Qualität erhielt die Einkommensteuer mit dem EStG vom 29. 3. 1920[15]. Die Lasten des verlorenen Ersten Weltkrieges zwangen dazu, das Steueraufkommen um das Fünffache zu steigern. Der im preußischen EStG von 1891 an der Quellentheorie (s. Rz. 50) ausgerichtete Einkünftekatalog wurde nach der Reinvermögenszugangstheorie (s. Rz. 50) erweitert[16] und der Einkommensteuertarif drastisch auf 10–60 Prozent angehoben. Mit dem **EStG vom 10. 8. 1925** (RGBl. I 25, 189) wurde im Prinzip der heute geltende, sowohl auf der Quellen- als auch auf der Reinvermögenszugangstheorie beruhende Einkünftekatalog eingeführt. Schließlich begründete das **EStG vom 16. 10. 1934** (RGBl. I 34, 1005) die Gesetzesstruktur des geltenden EStG. Seitdem gab es keine große Rechtsreform der Einkommensteuer mehr; die Tarifreform 1990 war eine politische Reform, keine Rechtsreform i. S. einer Gerechtigkeits- und Vereinfachungsreform (s. Vorauflage, S. 181 ff.). Daher hat sich der rechtliche Zustand des EStG seit 1934 durch die Steueränderungsgesetzgebung kontinuierlich verschlechtert. 7

Zur Eruierung der Entstehungsgeschichte empfiehlt es sich, auf folgende historische Kommentare und Materialien zurückzugreifen: 8

Zum Preuß. Gesetz von 1891; Komm. von *Fuisting*, Berlin 1892; *Fuisting/Strutz*[8], Berlin 1915.

Zum Gesetz von 1920: Amtl. Begründung in: Verfassungsgebende Deutsche Nationalversammlung 1920, Drucks. 1624; Komm. von *Strutz*[2], Berlin 1920/22.

Zum Gesetz von 1925: Amtl. Begründung in Reichstag-Drucks. III Nr. 795 (1924/25); Komm. von *E. Becker*, Stuttgart 1933; *Blümich/Schachian*, Berlin 1925; *Pißel/Koppe*, Berlin/Wien 1932; *Strutz*, Berlin 1927.

Zum Gesetz von 1934: Amtl. Begründung in RStBl. 35, 33 ff.; Komm. von *Blümich*[2], Berlin 1937; *Vangerow*, Stuttgart 1936.

Einstweilen frei. 9–19

---

10 Gesetz- und Verordnungsblatt für Sachsen, 1878, 129; vgl. *B. Großfeld* (Fn. 5), 43 f.; *Metzger/Weingarten* (Fn. 8), 47 ff.

11 Gesetz-Sammlung für die Königlichen Preußischen Staaten, 1891, 175.

12 Dazu *A. Wagner*, Die Reform der direkten Staatsbesteuerung in Preußen im Jahre 1891, Fin Arch. 2 (1891), 71; *A. Pausch*, Johannes von Miquel, Sein Leben und Werk, Stuttgart 1964, 32 ff.; *ders.*, Persönlichkeiten der Steuerkultur, Herne/Berlin 1992, 10 ff.

13 Im April 1889 stützte *J. v. Miquel* im Preußischen Herrenhaus sein Reformprogramm auf die Annahme, daß die gleichmäßigere Verteilung der Steuerlasten vom ganzen Volke begrüßt werde: „Diese günstige Stimmung liegt vor allem in unserem deutschen Gerechtigkeitsgefühl. Man beschwert sich nicht so sehr über hohe Steuern, wenn man sie nur gerecht findet, wohl aber, wenn sie ungleich sind ..." (zit. nach *A. Pausch*, Johannes von Miquel, Fn. 12, 33).

14 Dazu *Pohmer/Jurke*, Zur Geschichte und Bedeutung des Leistungsfähigkeitsprinzips, FinArch. 42 (1984), 445.

15 RGBl. 20, 359. Das EStG 1920 war Teil der Reform von 1919/1920 unter dem Reichsfinanzminister *Matthias Erzberger*. Diese letzte große Steuerreform führte innerhalb von neun Monaten zur Verkündung von 16 Einzelsteuergesetzen, darunter die *Becker*'sche Reichabgabenordnung (s. § 2 Rz. 11). Zu M. Erzberger und seiner Reform *A. Pausch*, StStud 89, 341; *ders.*, (Fn. 12), 32 ff.; *H. W. Kruse*, Lehrbuch des Steuerrechts, Bd. I (Allgemeiner Teil), München 1991, 9 ff.

16 Zum Einfluß der Einkommenstheorien auf die Rechtsentwicklung ausf. *J. Lang* (Fn. 2), 36 ff.

B. Steuerpflicht

1. Natürliche Personen als Steuersubjekte

20 Steuersubjekt und Schuldnerin der Einkommensteuer ist nach § 1 EStG die natürliche Person. Das System gerechter Lastenausteilung bezieht sich letztlich auf den Menschen, auf den finanziell leistungsfähigen Staatsbürger. Schon von daher lebt die Gerechtigkeit des Steuerstaates wesentlich von der Gerechtigkeit der Einkommensteuer, wird die Gerechtigkeit des Steuerstaates am empfindlichsten durch Einkommensteuer-Ungerechtigkeiten gestört. Das Einkommensteuerschuldverhältnis beginnt mit der Geburt und endet mit dem Tode (§ 1 EStG)[1]. Geschäftsfähigkeit, Staatsangehörigkeit und Wohnsitz/gewöhnlicher Aufenthalt sind für das Bestehen des Einkommensteuerschuldverhältnisses irrelevant. Wohnsitz/gewöhnlicher Aufenthalt und Staatsangehörigkeit (§ 1 II EStG) sind lediglich Kriterien für die Art der Einkommensteuerpflicht (unbeschränkte/beschränkte Einkommensteuerpflicht).

21 Auch **zusammenzuveranlagende Ehegatten** sind je für sich Steuersubjekt[2]. § 26b EStG ist insofern irreführend formuliert[3].

Kapitalgesellschaften, Erwerbs- und Wirtschaftsgenossenschaften und sonstige **Körperschaften** sind Subjekte der Körperschaftsteuer (s. § 1 KStG). Das gilt auch für die Einmann-GmbH. Kapitalgesellschaften sind allerdings insofern auch Einkommensteuersubjekte, als sie Lohnsteuer (eine Art der Einkommensteuer) einzubehalten und abzuführen haben (s. § 42d EStG).

Personengesellschaften (z. B. OHG, KG; BGB-Gesellschaft) oder **Gemeinschaften** sind weder Einkommensteuer- noch Körperschaftsteuerschuldner. Die von ihnen erzielten Gewinne werden den Gesellschaftern (Gemeinschaftern) zugerechnet und bei diesen einkommensteuerlich oder körperschaftsteuerlich erfaßt (§ 15 I 1 Nr. 2 EStG; dazu Rz. 500 ff.). Technisch geschieht das im Verfahren der gesonderten und einheitlichen Gewinnfeststellung (§§ 179, 180 AO; dazu § 22 Rz. 121 ff.). Das Einkommensteuerrecht negiert die Personengesellschaft oder Gemeinschaft aber nicht. Die Bündelung von Leistungsbeziehungen in der Rechtszuständigkeit der Gesellschaft oder Gemeinschaft läßt zwar die Steuersubjekteigenschaft unberührt, hat jedoch Konsequenzen bei der *Qualifikation, Zurechnung und Ermittlung von Einkünften* (s. Rz. 500 ff.).

22 Nach dem Grundsatz der **Individualbesteuerung** sind Bemessungsgrundlage und progressiver Tarif der Einkommensteuer auf die *einzelne natürliche Person* zu beziehen. Der Einkommensteuertarif ist für die einzelne natürliche Person festgelegt, so daß die Zusammenrechnung der Einkommen von Ehegatten als Bemessungsgrundlage eines Einzelpersonentarifs eine überhöhte progressive Steuerbelastung bewirkt, die Eheleute gegenüber anderen Einkommensteuerpflichtigen verfassungswidrig diskriminiert[4]. Im weiteren folgt aus dem Grundsatz der Individualbesteuerung, daß *jede Person die von ihr erwirtschafteten Einkünfte zu versteuern hat.* Daher ist eine Übertragung von Einkünften oder Einkunftsquellen grundsätzlich nicht möglich; vielmehr stellt sich in der Person eines jeden Einkommensteuersubjekts die Frage, welche Einkünfte die Person erwirtschaftet

---

1 Den Todestag bei Verschollenheit regelt § 49 AO.

2 Dazu ausf. *J. Lang,* Die Bemessungsgrundlage der Einkommensteuer, Köln 1981/88, 620 ff., 624 f. (m. w. N.).

3 Vgl. *J. Lang* (Fn. 2), 624 f.; Schmidt/*Seeger,* EStG[13], § 26b Anm. 2: Der den Bereich der Einkünfteerzielung und -ermittlung betreffende Grundsatz der Individualbesteuerung werde durch § 26b EStG nicht berührt.

4 Diese bis 1957 geltende sog. *Haushaltsbesteuerung* wurde von BVerfGE 8, 55, wegen Verletzung des Art. 6 I GG für verfassungswidrig erklärt (s. § 4 Rz. 216). Daraufhin entschloß sich der Gesetzgeber, das geltende Ehegatten-Splitting (s. Rz. 756 ff.) einzuführen. S. *J. Becker,* Der „Grundsatz der Individualbesteuerung" im deutschen Einkommensteuerrecht, Diss. Münster 1970; *J. Lang* (Fn. 2), 624 ff.; *K. Tipke,* StRO I, 391 ff.

hat. Dies ist eine Frage der *persönlichen Zurechnung* von Einkünften. Die Verlagerung von Einkünften zwischen Angehörigen ist nach Zurechnungsregeln zu beurteilen, denen der Grundsatz der Individualbesteuerung zugrundeliegt (s. Rz. 162 ff.).

Der Grundsatz, daß die Einkünfte von dem zu versteuern sind, der sie erwirtschaftet hat, kann indessen **nicht ausnahmslos** durchgehalten werden. Vielmehr begründet die sachgerechte Verwirklichung des Leistungsfähigkeitsprinzips folgende Ausnahmen: So verlangt das Totalitätsprinzip, daß Einkünfte nach dem Tode der Person, die die Einkünfte erwirtschaftet hat, von dem Rechtsnachfolger (Erben, Witwe) zu versteuern sind (vgl. §§ 24 Nr. 2; 35 EStG); dementsprechend ist auch ein Verlustabzug (§ 10d EStG) durch den Erben zu rechtfertigen, wenn der Erbe den übernommenen Verlust tatsächlich trägt (s. Rz. 65). Die oben (§ 4 Rz. 105) dargelegten Schwierigkeiten bei der Bewertung ruhenden Vermögens zwingen auch zu einer intersubjektiven Übertragung stiller Reserven und zum Aufschub der Besteuerung von stillen Reserven (s. Rz. 402 ff.). 23

Das Prinzip der individuellen Besteuerung nach der Leistungsfähigkeit wird verletzt durch das **Korrespondenzprinzip.** Danach soll gelten: Was der Geber von der Bemessungsgrundlage abziehen darf, muß der Nehmer versteuern; was der Geber nicht abziehen darf, braucht der Nehmer nicht zu versteuern. Diese Korrespondenz zwischen verschiedenen Steuersubjekten findet zwar Ausdruck in § 22 Nr. 1 Satz 2 i. V. m. § 12 Nr. 2 EStG; sie ist aber verfehlt und läßt sich nicht verallgemeinern. Beispiele: Der Mieter einer Wohnung darf die gezahlte Miete nicht abziehen, der Vermieter muß sie gleichwohl versteuern. Der (private) Darlehensnehmer darf die gezahlten Zinsen nicht abziehen, der Darlehensgeber muß sie gleichwohl versteuern[5]. 24

2. Internationale Abgrenzung der Steuerpflicht durch die unbeschränkte und beschränkte Steuerpflicht

Je nachdem, ob die natürliche Person im Inland einen Wohnsitz oder gewöhnlichen Aufenthalt hat oder nicht (sog. **Wohnsitzprinzip**), wird zwischen unbeschränkter und beschränkter Steuerpflicht unterschieden (§ 1 I, IV EStG). 25

a) **Unbeschränkte Steuerpflicht:** Steuerpflichtiger hat Wohnsitz oder gewöhnlichen Aufenthalt (§§ 8, 9 AO) im Inland (einschließlich Anteil der BRD am Festlandsockel, s. § 1 I 2 EStG): Steuerobjekt ist das „Welteinkommen" (s. § 2 Rz. 37).

Ausländische juristische Personen dürfen in der Bundesrepublik nicht unbeschränkt besteuert werden (§ 1 KStG). Ist ein Inländer jedoch an einer (von ihm zwischengeschalteten) Basisgesellschaft beteiligt, so wird ihm das nicht ausgeschüttete Einkommen dieser Gesellschaft qua Durchgriff als eigenes (anteilig) zugerechnet, wenn das Einkommen nicht aus aktiver Wirtschaftstätigkeit stammt (s. §§ 7 ff. AStG).

Erweiterte unbeschränkte Steuerpflicht: Wie Inländer werden bestimmte Auslandsbedienstete inkl. Angehörige behandelt (§ 1 II, III EStG); das entspricht völkerrechtlichen, diplomatischen und konsularischen Abkommen[6].

b) **Beschränkte Steuerpflicht**[7]: Steuerpflichtiger hat keinen Wohnsitz oder gewöhnlichen Aufenthalt im Inland: Steuerobjekt sind nach § 1 IV EStG nur die inländischen Einkünfte i. S. d. § 49 EStG – auch als inlandsradizierte Einkünfte (= im Inland wurzelnde Einkünfte; radix = Wurzel) bezeichnet. 26

Die in § 49 EStG enumerierten Einkünfte haben ihren Ursprung im territorialen Hoheitsbereich, im Inland (Ursprungs- oder Territorialitätsprinzip). Das **Ursprungsprinzip** bestimmt bei Vorliegen der beschränkten Steuerpflicht den Umfang des Steuerobjekts. Dabei bleiben die persönlichen Verhältnisse des Steuerschuldners weitgehend unberücksichtigt. Durch Ausschaltung von Steuerab-

5 Ausführlicher *K. Tipke*, StuW 80, 8; *H. Söhn*, StuW 85, 405 f.; s. auch *P. Kirchhof*, KS, EStG, § 2 Rnr. A 189.
6 Dazu *Gérard/Söffing*, FR 74, 362 f.; *Pogge – v. Strandmann/Kieschke*, DStZA 74, 332.
7 Dazu *F. Wassermeyer*, DStJG Bd. 8 (1985), 49 ff.; *H. Schaumburg*, Internationales Steuerrecht, Köln 1993, 78 ff.

zügen, die an die persönliche Leistungsfähigkeit des Steuerschuldners anknüpfen (s. § 50 I EStG), wird die Einkommensbesteuerung bei beschränkter Steuerpflicht objektsteuerähnlich, verliert aber nicht den Charakter der Personensteuer, da die persönliche Seite des Steuertatbestandes unbeschadet der Einschränkungen nach dem Ursprungsprinzip bestehen bleibt.

27 **Erweiterte beschränkte Steuerpflicht:** Gibt der Steuerpflichtige die Bindung zum Inland (wie sie sich in Staatsangehörigkeit und langjähriger vorangegangener Inlandsansässigkeit ausdrückt) trotz seines Wegzugs in ein niedrig besteuerndes Ausland nicht auf, indem er den Schwerpunkt seines wirtschaftlichen Lebens- und Interessenkreises im Inland aufrechterhält, ist er nach Wegzug noch 10 Jahre einkommensteuerpflichtig mit allen Einkünften i. S. § 2 I 1 EStG (= Welteinkommen), die nicht ausländische Einkünfte i. S. § 34c I EStG sind (s. § 2 EStG), ferner unter gewissen Voraussetzungen mit dem Einkommen, das aus nicht aktiver Wirtschaftstätigkeit einer ausländischen Basisgesellschaft stammt (§ 5 AStG). Das Steuerobjekt „Welteinkommen" abzüglich ausländischer Einkünfte i. S. § 34c I EStG ist größer als das Steuerobjekt „inländische Einkünfte" i. S. § 49 EStG[8].

28 **Besteuerung von Grenzpendlern:** Die objektsteuerähnliche Besteuerung ist nicht zu rechtfertigen, wenn das „Welteinkommen" (nahezu) ausschließlich im Inland erwirtschaftet wird. Dies ist insb. der Fall bei sog. Grenzpendlern, die im Inland erwerbstätig sind und nicht im Inland wohnen. Das Problem einer angemessenen Besteuerung von Grenzpendlern ist seit jeher bei Arbeitnehmern bekannt und daher bilateral in DBA geregelt[9]. In jüngerer Zeit wurde es zum gemeinschaftsrechtlichen Thema der **Verletzung von Diskriminierungsverboten** gemacht, die sich aus der Freizügigkeit der Arbeitnehmer (Art. 48 EGV) und der Niederlassungsfreiheit (Art. 52 EGV) ergeben (s. § 2 Rz. 49, dort. Fn. 70)[10]. BFH BStBl. 90, 701, verneinte zwar noch im Falle eines freiberuflich tätigen Grenzpendlers Verletzung des Art. 52 EGV, räumte jedoch einen Anspruch auf Steuererlaß ein. Hingegen bejahte der EuGH in dem *Biehl*-Urteil vom 8. 5. 1990[11] die Diskriminierung Nichtgebietsansässiger. Infolge dieser wegweisenden Entscheidung legten das FG Köln[12] und der BFH[13] dem EuGH Grenzgängerfälle vor. Zum Vorlagebeschluß des FG Köln hat nunmehr der EuGH[14] entschieden, daß Art. 52 EGV nicht verletzt sei, wenn ein in den Niederlanden wohnender *deutscher* Staatsangehöriger von seinem eigenen Land höher besteuert werde als ein unbeschränkt steuerpflichtiger Deutscher.

29 Diese Entscheidung des EuGH hat am eigentlichen Problem vorbeijudiziert. Ein derart eng gestecktes Verständnis der Steuergleichheit zeigt, daß das Europarecht aus der Diskriminierung nicht

8 Dazu *Salditt*, Steuerlast und Wanderlust, StuW 72, 12 ff.; *Flick/Wassermeyer/Becker*, Komm. zum Außensteuerrecht, Köln (Loseblatt), §§ 2, 5 AStG; *H. Schaumburg* (Fn. 7), 140 ff.

9 Dazu *G. Zwick*, Die Einkommensbesteuerung von Grenzgängern, Berlin 1986 (Diss. Konstanz 1985); *Albeseder/Baumgartner/Weiler*, Zur Besteuerung der Grenzgänger zwischen Deutschland/Österreich/Schweiz mit Hinweisen auf andere Länder, DStR 88, 491, und für die Schweiz: *D. Metzger*, Zur Besteuerung der Grenzgänger, ASA 93, 117; *M. Faulhaber*, Neuregelung der Grenzgängerbesteuerung durch das DBA Deutschland/Schweiz 1994, Inf 94, 265. Niederlande: AG Grenzgänger NL, BStBl. I 88, 725; *W. Kaefer*, IStR 92, 11. Vgl. auch BT-Drucks. 12/6476 vom 21. 12. 1993, 8 ff.

10 Insb. *G. Saß*, StuW 88, 362; *F Wassermeyer*, EuZW 90, 393; *B. Knobbe-Keuk*, DB 90, 25, 73; *dies.*, EuZW 91, 649; *dies.*, DStR 93, 425; *R. Prokisch*, RIW 91, 396; *W. Kaefer*, DStR 91, 671; *ders.*, IStR 93, 145; *ders.*, IStR 93, 255; *G. Morgenthaler* (Fn. 14); *A. Waterkamp* (Fn. 16).

11 DStR 91, 454 betr. Art. 7; 48 EGV (Ausschluß des deutschen Staatsangehörigen Klaus Biehl vom Lohnsteuerjahresausgleich in Luxemburg). Dazu insb. *B. Knobbe-Keuk*, DB 90, 346; *W. Kaefer*, DStR 91, 671; *T. Müller*, StuW 92, 163.

12 Vorlagebeschluß vom 10. 1. 1991, EFG 91, 406, betr. Art. 7; 52 EGV (deutscher Zahnarzt mit Praxis in Aachen und Familienwohnsitz in den Niederlanden, Fall Werner). Dazu *T. Müller*, StuW 92, 164 ff.

13 BFH vom 14. 4. 1993, BStBl. 94, 27, betr. Art. 48 (Belgier mit Familienwohnsitz in Belgien und Einkünften aus nichtselbständiger Arbeit in der BRD). Dazu *W. Kaefer*, IStR 93, 255. Vgl. auch BFH vom 1. 12. 93, DStR 94, 535, betr. Art. 52 EGV (Rechtsanwalt mit Wohnsitz in Belgien und Praxis in der BRD).

14 Beschluß vom 26. 1. 1993, IStR 93, 72. Dazu *B. Knobbe-Keuk*, DStR 93, 425; *W. Kaefer*, IStR 93, 145; *G. Morgenthaler*, Beschränkte Steuerpflicht und Gleichheitssatz, Zur verfassungsrechtlichen Beurteilung des Falles Werner, IStR 93, 258.

herausführt. Die Unangemessenheit objektsteuerähnlicher Besteuerung kann nämlich nicht isoliert nur für Angehörige ausländischer Staaten oder gar nur für Angehörige von EU-Staaten, auch nicht isoliert für Grenzpendler beseitigt werden. Eine Sonderregelung für die vorgenannten Gruppen würde den Gleichheitssatz verletzen (s. § 4 Tz. 73), weil die Unangemessenheit objektsteuerähnlicher Besteuerung alle Steuerpflichtigen mit (nahezu) ausschließlich inländischen Einkünften betrifft, also auch die Nicht-Pendler (Beispiel: Unternehmer mit Wohnsitz in Paris, der einen von Angestellten geleiteten Gewerbebetrieb in Düsseldorf unterhält). Sind (nahezu) *alle* Einkünfte im Inland zu versteuern, so gebietet das Leistungsfähigkeitsprinzip i. V. m. dem Übermaßverbot, daß auch die *subjektive* Leistungsfähigkeit *in vollem Umfange* berücksichtigt, d. h. das duale System des § 2 EStG (s. § 4 Rz. 113, und unten Rz. 68 ff.) *uneingeschränkt aktiviert* wird.

Die sachgerechte Regelung kann daher nur in einer **Erweiterung der unbeschränkten Einkommensteuerpflicht** bestehen: Unbeschränkt einkommensteuerpflichtig sollte auch die im Ausland lebende Person sein, wenn die Summe der Einkünfte (§ 2 I–III EStG) im wesentlichen aus *inländischen* Einkünften besteht[15]. Wegen § 26 I EStG sollte auch der Ehegatte als unbeschränkt einkommensteuerpflichtig behandelt werden, wenn dieser keine eigenen bzw. nur inländische Einkünfte hat[16]. 30

Das Grenzpendlergesetz[17] sieht in seiner Kernregelung (Änderung des § 50 IV EStG durch Art. 1 Nr. 6c des Gesetzes) vor, daß ein beschränkt Steuerpflichtiger auf Antrag die privaten Abzüge i. S. d. § 50 I 5 EStG abziehen kann, wenn die Summe der Einkünfte (§ 2 I–III EStG) mindestens zu 90 Prozent aus inländischen Einkünften besteht und die nicht der deutschen ESt unterliegenden Einkünfte den Betrag von 12 000 DM überschreiten. Das Gesetz geht zutreffend davon aus, daß die Regelung nicht auf Angehörige von EU-Staaten beschränkt werden kann (vgl. dazu BT-Drucks. 12/6476, 9). Das Ehegattensplitting versagt das Grenzpendlergesetz mit der Begründung, daß die Grenzpendler gegenüber den unbeschränkt steuerpflichtigen Gastarbeitern nicht bessergestellt werden dürften (vgl. BT-Drucks. 12/6476, 9 f.). Dem ist zuzustimmen, jedoch mit der Schlußfolgerung, daß auch den Gastarbeitern das Ehegattensplitting zu gewähren ist, wenn die Einkünfte der Eheleute (nahezu) ausschließlich der deutschen ESt unterworfen sind. 31

c) Durch das Nebeneinander von unbeschränkter und beschränkter Steuerpflicht überschneiden sich die Steueransprüche von Wohnsitz- und Quellenstaat (s. § 2 Rz. 36 ff.). Die **Kollision** der Steuertatbestände wird entweder bilateral durch Doppelbesteuerungsabkommen oder unilateral durch Steueranrechnung (§§ 34c I EStG; 68a–68c EStDV) beseitigt (s. § 2 Rz. 40 ff.). 32

Einstweilen frei. 33–39

---

15 So im Ansatz bereits *F. Wassermeyer* (Fn. 7), 64. Vgl. auch *J. Lang*, Entwurf eines Steuergesetzbuchs, BMF-Schriftenreihe, Heft 49, Bonn 1993, § 101 IV (auf Antrag und wegen der Verwaltungskontrolle aufgrund eines bilateralen Abkommens).

16 Dazu insb. *A. Waterkamp*, Freizügigkeit und Ehegattensplitting, Zum Einfluß des EG-Rechts auf das Einkommensteuerrecht, FR 93, 825.

17 Gesetz zur einkommensteuerlichen Entlastung von Grenzpendlern und anderen beschränkt steuerpflichtigen natürlichen Personen und zur Änderung anderer gesetzlicher Vorschriften (Grenzpendlergesetz) vom 24. 6. 1994 (BGBl. I 94, 1395); vgl. auch Beschlußempfehlung und Bericht des Finanzausschusses BT-Drucks. 12/7427 vom 27. 4. 1994 sowie den Regierungsentwurf in BT-Drucks. 12/6476 vom 21. 12. 1993 und BR-Drucks. 359/94 vom 29. 4. 1994. Dazu *W. Kaefer*, Regierungsentwurf Grenzpendlergesetz, Hintergründe, Darstellung und Kritik, BB 94, 613.

C. Objekt und Bemessungsgrundlage der Einkommensteuer

Literatur: Kommentare zu § 2 EStG; *J. Lang,* Die Bemessungsgrundlage der Einkommensteuer, Rechtssystematische Grundlagen steuerlicher Leistungsfähigkeit im deutschen Einkommensteuerrecht, Köln 1981/88; *K. Tipke,* Die Steuerrechtsordnung, Bd. II (StRO II), Köln 1993, 560 ff.

1. Grundelemente des § 2 EStG

1.1 Bedeutung des § 2 EStG für den Einkommensteuertatbestand

40 § 2 EStG ist durch das EStRG 1974[1] als Zentralvorschrift geschaffen worden, welche die „Elemente der Steuerbemessungsgrundlage, ihr Verhältnis zueinander und den Weg für die Ermittlung der Jahreseinkommensteuerschuld normiert“[2].

§ 2 EStG bestimmt zunächst das Objekt der Einkommensteuer, indem er das Besteuerungsgut, den **ökonomischen Einkommensbegriff,** in § 2 I–II EStG grundlegend rechtlich erfaßt (s. oben § 7 Rz. 23 ff.)[3]. Dem ökonomischen Einkommensbegriff entspricht der Rechtsbegriff „Summe der Einkünfte“ (§ 2 III EStG). In diesem Rechtsbegriff entfalten sich die ökonomischen Einkommenstheorien (Reinvermögenszugangs-, Quellen-, Markteinkommenstheorie). Das Einkommensteuerobjekt ist deshalb auch nicht die Erwerbstätigkeit selbst[4], sondern die „Summe der Einkünfte“ als das Ergebnis von Erwerbstätigkeit(en).

41 Jedoch eignet sich als *Bemessungsgrundlage* nicht allein das Markteinkommen (s. § 8 Rz. 30 ff.), sondern nur das für die *Steuerzahlung disponible Einkommen.* Deshalb ist die Bemessungsgrundlage der Einkommensteuer **zweistufig** aufgebaut (s. bereits § 4 Rz. 113 ff.): § 2 I–III EStG erfaßt zunächst im Tatbestand „Summe der Einkünfte“ das Markteinkommen; sodann scheiden die *privaten Abzüge* i. S. d. § 2 IV, V EStG die *indisponible Einkommensverwendung* aus. Dieses Grundkonzept des § 2 EStG ist allerdings nicht konsequent verwirklicht. Der Stufenaufbau des § 2 EStG ist von Sozialzwecknormen durchsetzt; er könnte verkürzt, vereinfacht und systematisch erheblich verbessert werden[5].

1.2 Disponibles Einkommen als Maßstab objektiver und subjektiver Leistungsfähigkeit

42 a) Die Bemessungsgrundlage der Einkommensteuer hat die steuerliche Leistungsfähigkeit der natürlichen Person möglichst richtig zu messen und soll das für die Steuerzahlung disponible Einkommen möglichst richtig ausweisen. Das **dualistische Konzept** „Markteinkommen ./. private Abzüge“ verwirklicht die beiden Aufgaben, die objektive und die subjektive Leistungsfähigkeit zu messen (s. bereits § 4 Rz. 113 ff.).

aa) Die „Summe der Einkünfte“ mißt die objektive Leistungsfähigkeit. Sie beinhaltet im Idealfall die Gesamtheit des erwirtschafteten Einkommens. Gleichmäßige Besteuerung

1 Gesetz zur Reform der Einkommensteuer, des Familienlastenausgleichs und der Sparförderung vom 5. 8. 1974, BGBl. I 74, 1545.

2 BT-Drucks. 7/1470, 238.

3 Dazu näher *J. Lang,* Die Bemessungsgrundlage der Einkommensteuer, Köln 1981/88, 34 ff.

4 Die Auffassung von *H.-W. Bayer,* Die Erwerbstätigkeit – der Steuergegenstand des Einkommensteuerrechts, BB 88, 1 ff., 141 ff., 213 ff., ist mit der eindeutigen Geltungsanordnung des Gesetzes nicht zu vereinbaren. Zur „Stufenbaulehre“ von *Bayer* s. *Stollenwerk,* StVj 89, 217; *Raupach/Schenking,* HHR, EStG, § 2 Anm. 15, 51 (m. w. N.).

5 Vgl. dazu *J. Lang,* Entwurf eines Steuergesetzbuchs, BMF-Schriftenreihe, Heft 49, Bonn 1993, §§ 104 ff.

nach der Leistungsfähigkeit bedeutet hier, daß sich der Staat möglichst an allen erwirtschafteten Einkommen beteiligt (s. oben § 4 Rz. 81 ff.). Für die Steuerzahlung nicht disponibel ist der Teil der erwirtschafteten Bezüge (Erwerbsbezüge), der im Zusammenhang mit der Erwerbstätigkeit ausgegeben werden muß. Daher mindern Erwerbsaufwendungen (Betriebsausgaben/Werbungskosten) die zu versteuernden Einkünfte. Es gilt das Prinzip der Reineinkünfte und der Berücksichtigung von Verlusten (sog. **objektives Nettoprinzip,** s. unten Rz. 54 f.).

bb) Private Abzüge berücksichtigen die subjektive, d. h. die durch die persönlichen Verhältnisse des Steuerpflichtigen begründete Leistungsfähigkeit. Für die Steuerzahlung nicht disponibel ist das, was der Steuerpflichtige für seine eigene Existenz oder für die Existenz seiner Familie oder aus anderen Gründen aufwenden muß. Daher müssen das Existenzminimum (s. unten Rz. 81 ff.) und Unterhaltsverpflichtungen (s. unten Rz. 88 ff.) die Bemessungsgrundlage mindern. Es gilt das Prinzip der Abziehbarkeit unvermeidbarer Privatausgaben (sog. **privates oder subjektives Nettoprinzip,** s. unten Rz. 68 ff.).

b) Die richtige Messung steuerlicher Leistungsfähigkeit ist wesentliche Voraussetzung 43
für die Entscheidung des Gesetzgebers über die Steuerlast, die durch den **Steuertarif** getroffen wird. Der Steuertarif teilt dem Bürger die Steuerlast abhängig von der Höhe des zu versteuernden Einkommens zu. Diese Zuteilung wird verfälscht, wenn und soweit die Bemessungsgrundlage Faktoren steuerlicher Leistungsfähigkeit nicht oder realitätsfremd berücksichtigt oder wenn Sozialzwecknormen (z. B. Sonderabschreibungen, § 10e EStG) das Maß, das für alle Bürger gleich geeicht sein sollte, interventionistisch verändern.

Normen der Bemessungsgrundlage wirken durch den progressiven Steuertarif auf die Steuerschuld unterschiedlich ein. Wenn die prozentuale Belastung infolge des progressiven Tarifs mit steigendem Einkommen zunimmt, so nimmt sie mit abnehmendem Einkommen degressiv ab. Diese sog. **Degressionswirkung** von Normen der Bemessungsgrundlage ist ein Reflex der progressiven Belastung bei zunehmendem Einkommen. Die Degressionswirkung ergibt sich aus dem sog. Grenzsteuersatz (prozentuale Belastung der zuletzt hinzuaddierten DM des zu versteuernden Einkommens). Bei der Beurteilung der Degressionswirkung müssen Fiskalzwecke und Sozialzwecke streng auseinandergehalten werden. Dienen Normen der Bemessungsgrundlage dem Zweck, steuerliche Leistungsfähigkeit zu messen, so ergibt die Degressionswirkung den Betrag der Übermaß- oder Untermaßbelastung, wenn steuerliche Leistungsfähigkeit falsch gemessen wird. Soweit insb. Betriebsausgaben, Werbungskosten oder Unterhaltsverpflichtungen nicht in der wirklichen Höhe berücksichtigt werden, ergibt die Degressionswirkung den Betrag, mit dem die Abzugsberechtigten im Übermaß belastet sind. Diese Bedeutung der Degressionswirkung verkennen offenbar diejenigen, die behaupten, die Reichen hätten durch Unterhaltsabzüge, wie z. B. Kinderfreibeträge, einen größeren Steuervorteil oder eine größere Steuervergünstigung als andere, was sozial ungerecht sei. Nur bei Sozialzwecknormen kann eine solche Argumentation zutreffen. Die Degressionswirkung von Sozialzwecknormen ergibt den Betrag der Subvention oder Sonderbelastung. Ist eine Förderung wie z. B. die Wohneigentumsförderung an dem Bedürfnisprinzip auszurichten, so ist die Degressionswirkung, daß Steuerpflichtige mit geringem Einkommen weniger Steuersubvention erhalten als Steuerpflichtige mit hohem Einkommen, sachlich nicht zu rechtfertigen[6].

1.3 Periodizität der Einkommensteuer und Jahressteuerprinzip (§ 2 VII EStG)

a) Die Einkommensteuer erfaßt nicht erst das Totaleinkommen einer natürlichen Person 44
während der gesamten Erwerbszeit, sondern periodisch und sukzessiv das Jahreseinkommen. Die Einkommensteuer ist eine periodische Steuer in Gestalt einer Jahressteuer (§ 2 VII 1 EStG). Der in § 32a EStG bestimmte Tarif ist ein Jahrestarif. Das Jahressteuerprin-

6 Dazu *J. Wieland,* Steuerliche Wohneigentumsförderung, Finanzverfassung und Gleichheitssatz, in: FS für Zeidler, Berlin/New York 1987, 735 ff.; *Drenseck,* DStR 86, 379. Vgl. auch *K.-G. Loritz,* Einkommensteuerrecht, Heidelberg 1988, 29 f.

zip (§ 2 VII 1 EStG) konkretisiert das sog. Periodizitätsprinzip. Das Periodizitätsprinzip ist kein Wertungsprinzip, sondern ein technisches Prinzip, das die ideale Besteuerung nach der wirtschaftlichen Leistungsfähigkeit einschränkt[7], denn steuerliche Leistungsfähigkeit müßte idealiter nach dem Lebenseinkommen bemessen werden[8]. Indessen ist der Fiskus auf den sukzessiven Eingang von Steuern angewiesen. Da das Periodizitätsprinzip ein technisches Prinzip ist, können sich aus ihm unbillige Härten ergeben, die einen Billigkeitserlaß erfordern (s. § 22 Rz. 329 ff.).

45 b) Entsprechend dem Jahressteuerprinzip ist das Kalenderjahr grundsätzlich **Ermittlungszeitraum** für das zu versteuernde Einkommen (§ 2 VII 2 EStG). Besteht die unbeschränkte oder beschränkte Einkommensteuerpflicht wegen Geburt, Tod, Zuzug aus dem Ausland oder Wegzug in das Ausland nicht während eines ganzen Kalenderjahrs, so verkürzt § 2 VII 3 EStG den Ermittlungszeitraum. Daraus ergibt sich insofern eine Vergünstigung, weil der Jahrestarif auf ein Teiljahreseinkommen angewendet wird[9].

46 c) Von dem materiell-rechtlichen Ermittlungszeitraum ist der verfahrensrechtliche **Veranlagungszeitraum** zu unterscheiden. Veranlagungszeitraum ist kraft Legaldefinition in § 25 I EStG stets das Kalenderjahr[10]. Bei verkürztem Ermittlungszeitraum kann aber die Veranlagung bei Wegfall der Steuerpflicht sofort vorgenommen werden (§ 25 II 2 EStG). Beim Wechsel der unbeschränkten/beschränkten Steuerpflicht sind für den Veranlagungszeitraum zwei Veranlagungen durchzuführen; dabei ist jeweils der Jahrestarif anzuwenden[11].

47 d) Von dem Ermittlungszeitraum für das zu versteuernde Einkommen (§ 2 VII 2 EStG) sind schließlich noch die **Einkünfte-Ermittlungszeiträume** zu unterscheiden. § 2 VII 2 EStG regelt zwar grundsätzlich auch die Einkünfteermittlung. Jedoch kann insb. der Gewinnermittlungszeitraum vom Ermittlungszeitraum nach § 2 VII 2 EStG abweichen, so in den Fällen eines vom Kalenderjahr abweichenden Wirtschaftsjahrs (§ 4a EStG) und eines Rumpfwirtschaftsjahrs (§ 6 EStDV). In derartigen Fällen müssen die Einkünfte eines Einkünfte-Ermittlungszeitraumes entweder aufgeteilt (§ 4a II Nr. 1 EStG) oder dem Kalenderjahr, in dem das Wirtschaftsjahr endet, zugeordnet werden (§ 4a II Nr. 2 EStG). Kraft Verlustvortrags und -rücktrags (§ 10d EStG) können schließlich Verluste abgezogen werden, die vor bzw. nach dem Zeitraum i. S. d. §§ 2 VII 2, 25 I EStG ermittelt worden sind.

1.4 Periodischer Entstehungszeitpunkt der Einkommensteuer

48 Die Einkommensteuer entsteht jährlich mit Ablauf des Veranlagungszeitraums, sofern nichts anderes bestimmt ist (§ 36 I EStG). Vor Ablauf des Veranlagungszeitraumes

7 So *K. Tipke*, StRO II, 668 ff.; *Lang* (Fn. 3), 186 ff. (m. w. Nachw.); *K.-G. Loritz* (Fn. 6), 48 ff. A. A. *P. Kirchhof*, Gutachten zum 57. Deutschen Juristentag, München 1988, 75 ff. Zum Periodizitätsprinzip vgl. auch *Schmidlin,* Das Prinzip der Periodizität in der Gewinnbesteuerung, Diss. St. Gallen, Zürich/St. Gallen 1956; *Gottschalk,* Der Grundsatz der periodengerechten Gewinnabgrenzung im Steuerrecht, Diss. Münster 1972; *Giloy,* FR 79, 133; *M. Orth,* Interperiodische Verlust-Kompensation im Gewerbesteuerrecht, Frankfurt u. a. 1980, 113 ff.; *Birtel,* Die Zeit im Einkommensteuerrecht, Berlin 1985.

8 Dazu insb. *Hackmann,* Die Besteuerung des Lebenseinkommens, Ein Vergleich von Besteuerungsverfahren, Tübingen 1979; *ders.,* FinArch. Bd. 34 (1975), 1 ff.; *ders.,* StuW 80, 318; *Mitschke,* StuW 80, 122 ff.; *ders.,* StuW 80, 252; *ders.,* StuW 88, 111.

9 Dazu näher *J. Lang* (Fn. 3), 91 ff.

10 So die h. M. BFH BStBl. 72, 621; 72, 877; 84, 587; Abschnitt 227 EStR; *Scholtz,* Der Veranlagungszeitraum bei der Einkommensteuer, DStZ 82, 487; *M. Orth,* FR 83, 2; Schmidt/*Seeger,* EStG[13], § 25 Anm. 6. A. A. BFH BStBl. 73, 544.

11 BFH BStBl. 72, 877; R. 227 EStR 1993.

bestehen insb. ESt-Vorauszahlungen (§ 37 I 2 EStG), die Lohnsteuer (§ 38 II 2 EStG) und die Kapitalertragsteuer (§§ 44 I 2, 45c EStG). Bei Ehegatten wird der Einkommensteuertatbestand materiell durch die Art der Veranlagung mitbestimmt (§§ 26 ff.; 32a V, VI EStG). Daher kann die Einkommensteuer von Ehegatten erst aufgrund des Einkommensteuerbescheides entstehen[12].

2. Das Einkommensteuerobjekt: Summe der Einkünfte (§ 2 I–III EStG)

2.1 Zur rechtlichen Bestimmung des Steuerguts „Einkommen"

2.1.1 Das Einkommen als zentraler Begriff des öffentlichen Schuldrechts

„Einkommen" ist ein ursprünglich **ökonomischer Begriff.** Seine rechtliche Relevanz erhält er dadurch, daß mit dem Einkommen als Indikator wirtschaftlicher Leistungsfähigkeit Pflichten und Rechte verknüpft werden. Einkommen ist ein zentraler Begriff des öffentlichen Schuldrechts[13]. Er ist relevant nicht nur für das Einkommensteuerrecht, sondern auch für das Sozialrecht[14], Strafrecht[15], Prozeßrecht (einkommensabhängige Prozeßkostenhilfe/Grenzen der Unpfändbarkeit) und für die Bemessung des Unterhalts nach § 1610 BGB. Die Einkommensbegriffe der vorgenannten Rechtsbegriffe sind sehr unterschiedlich verfaßt; innerhalb des Sozialrechts operieren die verschiedenen Sozialleistungsgesetze mit verschiedenen Einkommensbegriffen, knüpfen mit unterschiedlichen Modifikationen an den Einkommensbegriff des EStG an[16]. Die **„Einheit der Rechtsordnung"** gebietet die rechtseinheitliche Bemessung wirtschaftlicher Leistungsfähigkeit und Bedürftigkeit sowohl im Verhältnis des Steuerrechts zum Sozialrecht (s. § 1 Rz. 26) als auch im Verhältnis des Steuerrechts zum Unterhaltsrecht (s. § 1 Rz. 31). Da die vorgenannten Rechtsgebiete einschließlich des Steuerrechts in die wirtschaftliche Leistungsfähigkeit/Bedürftigkeit den Lebensbedarf miteinbeziehen, kommt rechtseinheitlich nur eine **bedarfsorientierte Maßgröße** in Betracht; der pure Rückgriff auf das Markteinkommen erfordert Modifikationen und führt zwangsläufig zur Zersplitterung der Einkommensbegriffe (s. § 1 Rz. 26; § 4 Rz. 113 ff.). 49

2.1.2 Reinvermögenszugangs-, Quellen- und Markteinkommenstheorie[17]

a) Das Einkommensteuerobjekt „Summe der Einkünfte" erfaßt das Einkommen im **ökonomischen** Sinne. Auf die Rechtsentwicklung des Einkommensteuerobjekts übten zunächst die Quellentheorie[18], sodann die Reinvermögenszugangstheorie[19] den stärksten Einfluß aus[20]. 50

---

12 Schmidt/*Heinicke*, EStG[13], § 2 Anm. 17a (im Anschluß an FG Rheinland-Pfalz EFG 85, 50).

13 Dazu *K. Tipke*, Das Einkommen als zentraler Begriff des öffentlichen Schuldrechts, JuS 85, 345; *P. Brandis*, Einkommen als Rechtsbegriff, StuW 87, 289; *W. Burger*, Der Einkommensbegriff im öffentlichen Schuldrecht, Berlin 1991.

14 Dazu *M. Lehner*, Einkommensteuerrecht und Sozialhilferecht, Tübingen 1993, 137 ff.; *W. Burger*, Einheitlicher Einkommensbegriff im Sozialrecht – ein unerreichbares Ziel?, VSSR 91, 205. S. auch oben § 1 Rz. 26.

15 Dazu *P. Brandis*, Geldstrafe und Nettoeinkommen, Zugleich ein Beitrag zur Ausgestaltung eines Einkommensbegriffs im Öffentlichen Schuldrecht, Köln 1987.

16 Dazu *C. Franz*, StuW 88, 17; Inst. FuSt, Brief 252: Einkommensbegriffe und Einkommensermittlung in den Transfergesetzen, Bonn 1985; *A. Pestke*, Stbg 86, 276; *W. Burger* (Fn. 14).

17 Dazu grundsätzlich *K. Tipke*, StRO II, 563 ff.

18 Grundlegend *B. Fuisting*, Die Preußischen direkten Steuern, 4. Bd.: Grundzüge der Steuerlehre, Berlin 1902, 110, 147 ff.

19 Grundlegend *G. v. Schanz*, Der Einkommensbegriff und die Einkommensteuergesetze, FinArch. 13. Jg. (1896), 1 ff.; *ders.*, Der privatwirtschaftliche Einkommensbegriff, FinArch. 39. Jg. (1922), 505 ff. In den USA sind insb. *Haig* und *Simons* die Hauptvertreter der Reinvermögens-

Die **Quellentheorie** macht die Frage, ob etwas Einkommen ist, vom Vorhandensein einer ständig fließenden Einkommensquelle abhängig. Einkommen ist danach die „Gesamtheit der Sachgüter, welche in einer bestimmten Periode (Jahr) dem einzelnen als Erträge dauernder Quellen der Gütererzeugung zur Bestreitung der persönlichen Bedürfnisse für sich und für die auf den Bezug ihres Lebensunterhaltes von ihm gesetzlich angewiesenen Personen (Familie) zur Verfügung stehen“[21]. Hingegen sollen Vermögensveränderungen „im Zustande einer Quelle, welche nicht in ihrer bestimmungsmäßigen Verwendung zur Ertragserzielung ihren Ursprung haben“, nicht zum Einkommen gehören[22]. Die Quellentheorie unterscheidet also im wesentlichen zwischen den als Einkommen zu qualifizierenden laufenden Einkünften und den nicht zum Einkommen gehörenden Wertveränderungen im sog. Stammvermögen (Quellenvermögen) einschließlich der Wertrealisation durch Veräußerung.

Nach der **Reinvermögenszugangstheorie** (s. § 8 Rz. 32) ist Einkommen der „Zugang von Reinvermögen in einer Wirtschaft während einer gegebenen Periode“[23]. *G. v. Schanz*[24] rechnete zum Einkommen alle „Reinerträge“ einschließlich der unrealisierten „Wertsteigerungen“, alle Nutzungswerte, also „auch jeder unmittelbare Verbrauch, der in der Benutzung eines eigenen Hauses, eigener Pferde, eines eigenen Gartens oder auch nur in dem Genusse der Möglichkeit einer solchen Benutzung liegt“, „geldwerte Leistungen Dritter, alle Geschenke, Erbschaften, Legate, Lotteriegewinne, Versicherungskapitalien, Versicherungsrenten, Konjunkturgewinne jeder Art . . .“

Der Wesensunterschied zwischen Reinvermögenszugangstheorie und Quellentheorie prägt den Dualismus der Gewinneinkünfte (§ 2 II Nr. 1 EStG) und Überschußeinkünfte (§ 2 II Nr. 2 EStG); cum grano salis sind die Gewinneinkünfte an der Reinvermögenszugangstheorie und die Überschußeinkünfte an der Quellentheorie ausgerichtet (s. unten Rz. 181 ff.).

51 b) Demnach haben sich weder die Quellentheorie noch die Reinvermögenszugangstheorie als rechtsdogmatisches Konzept für alle Einkunftsarten durchsetzen können. Das Preuß. EStG vom 24. 6. 1891 folgte prinzipiell der Quellentheorie; ihr Hauptvertreter *B. Fuisting* hatte als Referent im Finanzministerium die *Miquel*sche Steuerreform maßgeblich mitgestaltet. Das Reichseinkommensteuergesetz vom 29. 3. 1920 lehnte sich an die *v. Schanz*sche Reinvermögenszugangstheorie an. Von diesem Konzept wich das Reichseinkommensteuergesetz vom 10. 8. 1925 wieder ab; es begründete das Konzept des geltenden EStG, indem es acht Einkunftsarten abschließend aufzählte.

Weder die Quellentheorie noch die Reinvermögenszugangstheorie liefern ein rechtsdogmatisch überzeugendes Konzept. Die Quellentheorie begründet einen zu engen Einkommensbegriff. Die Ausgrenzung der Wertveränderungen im sog. Stammvermögen ist mit dem Leistungsfähigkeitsprinzip nicht zu vereinbaren. Hingegen ist der Einkommensbegriff der Reinvermögenszugangstheorie zu weit. Insb. der Erfassung unrealisierter Wert-

zugangstheorie: *R. M. Haig*, The Concept of Income, in: The Federal Income Tax, New York 1921; *H. C. Simons*, Personal Income Taxation, Chicago 1938. Zum Meinungsstand in Deutschland *N. Andel*, Einkommensteuer, in: Handbuch der Finanzwissenschaft, Bd. II[3], Tübingen 1980, 331, 334 ff.; *J. Hackmann*, Die Bestimmung des steuerrechtlichen Einkommensbegriffs aus finanzwissenschaftlicher Sicht, in: Hansmeyer (Hrsg.), Staatsfinanzierung im Wandel, Berlin 1982, 661 ff. (m. w. Nachw.).

20 Zur Entwicklung des steuerrechtlichen Einkommensbegriffs *P. Kirchhof*, KS, EStG, § 2 Rnrn. A 285 ff.; *J. Lang* (Fn. 3), 36 ff.

21 *B. Fuisting* (Fn. 18), 110.

22 *B. Fuisting* (Fn. 18), 147.

23 *G. v. Schanz*, FinArch. 13. Jg. (1896), 7; *R. M. Haig* (Fn. 19), 7: „Income is the money value of the net accretion of one's economic power between two points of time“.

24 FinArch. 13 Jg. (1896), 7, 24.

steigerungen haften die oben (§ 4 Rz. 103 ff.) dargelegten Substanzsteuermängel an (s. § 4 Rz. 107). Die Besteuerung aller Nutzungswerte ist technisch nicht möglich. Die Besteuerung des Eigenheim-Nutzungswerts ist zu Recht als singulärer Fall ab 1. 1. 1987 beseitigt worden (s. Rz. 573). Die Reinvermögenszugangstheorie ist ungeeignet, das Einkommensteuerobjekt zum Erbschaftsteuer-/Schenkungsteuerobjekt abzugrenzen.

c) Die Theorie, die das Wesen des Einkommensteuerobjekts am besten charakterisiert 52
und daher prinzipiell geeignet ist, alle Einkünfte zu substantiieren, ist die **Markteinkommenstheorie** (s. bereits § 8 Rz. 30 f.). Sie hat fundamentale Bedeutung für das Wesen der Einkommensteuer als Element einer freiheitlich organisierten Steuerrechtsordnung[25]. Die Rechtsprechung zur Liebhaberei[26] legte erste Grundlagen zur Begrenzung des Einkommensteuerobjekts auf das Markteinkommen. *H. G. Ruppe*[27] dogmatisierte sodann die Zurechnung von Einkünften wegweisend nach der Einsicht, daß nur das am Markt erwirtschaftete Einkommen der Einkommensteuer unterworfen ist[28]. Diese Einsicht hat sich inzwischen allgemein durchgesetzt[29]. Danach unterliegen der Einkommensteuer *Einkünfte, die durch eine Erwerbstätigkeit mit der Absicht, einen Überschuß von Einnahmen/Erträge über Aufwendungen zu erzielen, erwirtschaftet worden sind.*

Die Markteinkommenstheorie bestimmt die Rechtsdogmatik aller Einkunftsarten und trägt zur Lösung folgender Problemkomplexe bei:

aa) die **Abgrenzung der einkommensteuerbaren Einkünfte** zu den nicht einkommensteuerbaren Einkünften, insb. zu den Liebhabereieinkünften, Erbschaften und Schenkungen (dazu unten Rz. 121 ff.);

bb) die **persönliche Zurechnung** der Einkünfte; Einkünfte sind demjenigen persönlich zuzurechnen, der den Tatbestand der Einkünfteerzielung erfüllt, oder einfacher ausgedrückt: der die Einkünfte erwirtschaftet hat (dazu unten Rz. 150 ff.);

cc) die Abgrenzung von **Erwerbsbezügen** und **Erwerbsaufwendungen** (Betriebsausgaben/Werbungskosten) nach der Veranlassungstheorie (dazu unten Rz. 206 ff.);

dd) die **prinzipielle Erfassung** nur der realisierten Einkünfte (dazu unten Rz. 404 ff.).

2.1.3 Pragmatische Legaldefinition des Einkommens durch den Einkünftekatalog

Da den Gesetzgeber weder die Quellentheorie noch die Reinvermögenszugangstheorie 53
überzeugten, bestimmte er das Einkommensteuerobjekt pragmatisch[30]:

---

25 Grundlegend *P. Kirchhof,* zit. § 8 Rz. 31, dort Fn. 35.

26 Dazu näher *J. Lang,* StuW 81, 223.

27 Möglichkeiten und Grenzen der Übertragung von Einkunftsquellen als Problem der Zurechnung von Einkünften, DStJG Bd. 1 (1978), 7, 17 ff.

28 So später *H. G. Ruppe,* HHR, Einf. ESt Anm. 17.

29 Dazu mit zahlr. Nachw. *R. Wittmann,* Das Markteinkommen – einfachgesetzlicher Strukturbegriff und verfassungsdirigierter Anknüpfungspunkt der Einkommensteuer?, Augsburg 1992; *ders.,* StuW 93, 35; *H. G. Ruppe* (Fn. 28); *ders.,* Grundriß des österreichischen Steuerrechts[4], Wien 1989, 17. (Das öEStG besteuere „prinzipiell nur das am Markt erworbene Einkommen"); *J. Lang* (Fn. 3), 18 f., 87 ff., 229 f., 235 ff.; *ders.,* Reformentwurf zu Grundvorschriften des EStG, Köln 1985, 31 ff.; *ders.* (Fn. 5), § 105; *Blumenstein/Locher,* System des Steuerrechts[4], Zürich 1992, 142 (Die Reinvermögenszugangstheorie sei durch das „Markteinkommenskonzept von Roscher" zu ergänzen); *W. Jakob,* Einkommensteuer, München 1991, 2 f.; *K. Tipke,* StRO II, 566 ff.

30 Begr. zuletzt in BT-Drucks. 7/1470, 211: „Der vorliegende Entwurf macht sich – ebensowenig wie frühere Einkommensteuergesetze – keine der zahlreichen Lehrmeinungen zum Begriff des Einkommens zu eigen, sondern umgrenzt den Einkommensbegriff wie bisher pragmatisch allein für die Zwecke der Besteuerung als Ergebnis ganz bestimmter, mit den gegenwärtigen Einkunftsarten übereinstimmender Einkünfte."

Nach § 2 I 1 EStG unterliegen der Einkommensteuer

1. Einkünfte aus Land- und Forstwirtschaft, 2. Einkünfte aus Gewerbebetrieb, 3. Einkünfte aus selbständiger Arbeit,	Gewinneinkünfte (§ 2 II Nr. 1 EStG)
4. Einkünfte aus nichtselbständiger Arbeit, 5. Einkünfte aus Kapitalvermögen, 6. Einkünfte aus Vermietung und Verpachtung, 7. sonstige Einkünfte (nur) im Sinne des § 22 EStG,	Überschußeinkünfte (§ 2 II Nr. 2 EStG)

die der Steuerpflichtige erzielt (= erwirtschaftet).

2.2 Bestimmung der Einkünfte nach dem objektiven Nettoprinzip

54 Nach § 2 II EStG unterliegen der Einkommensteuer nur Reineinkünfte, nämlich

1. bei den Einkünften aus Land- und Forstwirtschaft, Gewerbebetrieb und selbständiger Arbeit der Gewinn (§§ 4–7g EStG), das sind die sog. **Gewinneinkünfte,** und
2. bei den Einkünften aus nichtselbständiger Arbeit, Kapitalvermögen, Vermietung und Verpachtung sowie sonstigen Einkünften i. S. d. § 22 EStG der Überschuß der Einnahmen über die Werbungskosten (§§ 8–9a EStG), das sind die sog. **Überschußeinkünfte.**

Die Definition der Einkünfte in § 2 II EStG als Rein- oder Nettoeinkünfte positiviert das objektive Nettoprinzip[31]. Ausdruck steuerlicher Leistungsfähigkeit sind niemals nur die erwirtschafteten Vermögenszugänge; steuerlich belastbar ist vielmehr nur das wirtschaftliche Ergebnis einer Erwerbstätigkeit. In diesem Sinne sind Einkünfte Salden aus positiven und negativen Faktoren[32], und zwar Unterschiedsbeträge zwischen Erwerbsbezügen und Erwerbsaufwendungen (Bezüge und Aufwendungen, beide Faktoren veranlaßt durch eine bestimmte mit Gewinn-/Überschußabsicht ausgeübte Erwerbstätigkeit). Das objektive Nettoprinzip gebietet die uneingeschränkte Berücksichtigung der Erwerbsaufwendungen, folglich auch der Verluste (s. unten Rz. 60 ff.).

55 1988 hat der Deutsche Juristentag[33] mit der h. M. im Schrifttum beschlossen: „Das Nettoprinzip gehört zu den identitätskonstituierenden Merkmalen der Einkommensteuer. Als solches steht es nicht zur Disposition des Gesetzgebers." Demgegenüber erkennt das BVerfG wohl an, daß dem Einkommensteuerrecht ein „Prinzip der Nettobesteuerung" zugrundeliege, läßt jedoch bei Vorliegen gewichtiger Gründe Abweichungen vom Nettoprinzip zu[34].

31 Dazu *K. H. Friauf,* StuW 73, 97; *H. Söhn,* DStJG Bd. 3 (1980), 18; *H. G. Ruppe,* DStJG Bd. 3 (1980), 103, 105 ff., 144 ff.; *P. Kirchhof,* KS, EStG, § 2 Rnr. A 127; *J. Lang,* StuW 85, 16; *ders.* (Fn. 3), 60 ff., 183 ff.; *K.-G. Loritz,* Einkommensteuerrecht, Heidelberg 1988, 39; *Raupach/Schenking,* HHR, EStG, § 2 Anm. 503; *J. P. Meincke,* LBH, EStG, § 2 Rnrn. 35 f.; *G. Söffing,* StbJb. 1988/89, 121; *W. Jakob* (Fn. 29), 6; *K. Tipke,* StRO II, 591 ff.; *Arndt/Schumacher,* AöR 118 (1993), 513, 520 ff.; *A. Uelner,* in: FS für L. Schmidt, München 1993, 21, 25.

32 *K. Tipke,* Bezüge und Abzüge im Einkommensteuerrecht, StuW 80, 1.

33 Sitzungsbericht N, München 1988, 214.

34 Grundlegend BVerfGE 27, 64 ff. (Kilometer-Pauschale), im weiteren BVerfGE 34, 115; 43, 119; BVerfG vom 23. 1. 1990 betr. § 4 V Nr. 8 EStG, BVerfGE 81, 228, 238 (keine Entscheidung darüber, ob das Nettoprinzip verfassungsrechtlich vorgeschrieben ist. „Selbst wenn es das wäre, könnte es der Gesetzgeber beim Vorliegen gewichtiger Gründe durchbrechen." Zu dieser Rspr. *R. Herzog,* StbJb. 1985/86, 38 ff.; *Arndt/Schumacher,* AöR 118 (1993), 520 ff.

2.3 Ermittlung der Einkünfte nach dem Nominalwertprinzip

Die Ermittlung der Einkünfte ist eine **Geldrechnung.** Systemtragendes Prinzip der Geldordnung ist das *Nominalwertprinzip* (Grundsatz: 1 DM = 1 DM). Dieses Geldordnungsprinzip kollidiert insofern mit dem Leistungsfähigkeitsprinzip, als dieses ein *Realwertprinzip* ist (s. § 4 Rz. 104)[35]. Es verlangt, daß die Einkünfteermittlung die wirkliche Leistungsfähigkeit erfaßt, was durch die Nominalwertrechnung nur bei absoluter Geldwertstabilität gewährleistet ist. Geldentwertung verfälscht die DM-Rechnungsgrößen und damit auch die Maßgrößen steuerlicher Leistungsfähigkeit[36]: Nominelle Vermögenswertsteigerungen bewirken bei der Veräußerung **Scheingewinne**, d. h. der Nominalgewinn ist nur zum Teil *Realgewinn* oder er verdeckt gar einen Realverlust. Demgegenüber entstehen auf der Schuldnerseite *Realgewinne*, die eine Nominalwertrechnung nicht erfaßt. Besonders steuergünstig ist die hohe Fremdfinanzierung von Immobilien in Inflationszeiten. Die Rückzahlung der Kredite ist mit nicht besteuerten Realgewinnen verknüpft und die Immobilien-Wertsteigerungen werden bei Veräußerung außerhalb der Spekulationsfrist (§ 23 I Nr. 1a EStG) ebenfalls nicht besteuert. Bilanzierende Unternehmer können durch Fremdfinanzierung von Investitionen die Scheingewinne auf der Aktivseite mit nominell nicht erfaßten Realgewinnen auf der Passivseite ausgleichen. 56

Die Ermittlung der Einkünfte nach dem Nominalwertprinzip rechtfertigt die Entscheidung des BVerfG vom 9. 12. 1978[37] hauptsächlich **steuertechnisch und währungspolitisch:** Die **Inflationsbereinigung** der Einkünfteermittlung durch Verwendung von Indexwerten sei unter Praktikabilitätsgesichtspunkten abzulehnen und habe unabsehbare Auswirkungen auf das gesamte Wirtschaftssystem. In der Tat zeigen insb. die Erfahrungen in südamerikanischen Staaten, daß Indexierungen der bilanziellen Rechnungslegung die Inflation beschleunigen. Auch sind die herkömmlichen Methoden und Überlegungen zur Inflationsbereinigung so kompliziert angelegt[38], daß sie nicht allen Steuerpflichtigen offenstehen. Danach liegt die Nominalwertrechnung auch im Interesse der Steuergleichheit. Die Gründe der zit. Entscheidung des BVerfG sind jedoch im Hinblick auf die jüngste ökonomische Erkenntnis, daß die *konsequente Verwirklichung der Überschußrechnung* Inflationsneutralität der Besteuerung bewirkt (s. § 4 Rz. 117), obsolet. Die *steuertechnisch einfache* Überschußrechnung ist eine währungspolitisch unbedenkliche Nominalwertrechnung *ohne Indexierung von Werten;* gleichwohl ist sie *inflationsneutral,* wenn sie konsequent verwirklicht wird. Mithin läßt sich die im juristischen Schrifttum[39] seit langem als verfassungswidrig beurteilte Substanzbesteuerung besonders des privaten Wertpapiervermögens einfach und ohne negative Auswirkungen auf den Geldwert beseitigen. 57

35 Dazu *K. Tipke,* StRO I, 503 ff. Vgl. auch *P. Kirchhof,* Gutachten F zum 57. Deutschen Juristentag, München 1988, 37 f.

36 Zu diesem Thema insb. IFA-Kongreß 1977: Inflation und Besteuerung, Cahiers de droit fiscal international, Vol. LXLLa, Deventer (NL) 1977; *F. W. Wagner,* Kapitalerhaltung, Geldentwertung und Gewinnbesteuerung, Berlin/Heidelberg 1978; *P. Gurtner,* Inflation, Nominalwertprinzip und Einkommensteuerrecht unter besonderer Berücksichtigung des Gewinnsteuerrechts, Berlin/Stuttgart 1980; *D. Pohmer,* Vermögenssicherung, Inflation und Einkommensbesteuerung, in: FS für K. Brandt, Freiburg 1983, 383; *J. Lang* (Fn. 3), 176 ff. (Ermittlung der Einkünfte nach dem Nominalwertprinzip); *G. Rose,* StuW 85, 342 f. (m. w. Nachw. der betriebswirtschaftlichen Literatur); *H. G. Ruppe,* HHR, Einf. ESt Anm. 39 (ESt und Geldentwertung), 550 (Nominalwertprinzip und ESt), mit zahlr. Nachw.

37 BVerfGE 50, 57. Dazu *J. Lang* (Fn. 3), 177 f.; *Arndt/Schumacher,* AöR 118 (1993), 542 ff.

38 Vgl. *C. Flämig,* StKongrRep. 69, 425; *D. Pohmer* (Fn. 36).

39 Ins. *H. H. v. Arnim,* BB 73, 621; *ders.,* Die Besteuerung von Zinsen bei Geldentwertung, Wiesbaden 1978 (mit umfassenden Literaturnachweisen, 96 ff.); *ders.,* ZRP 80, 201; *K. H. Friauf,* StbJb. 1971/72, 425; *ders.,* StuW 75, 260; *ders.,* StbJb. 1977/78, 50 ff.; *K. Vogel,* NJW 79, 1158; *J. Lang* (Fn. 3), 176 ff.

2.4 Zeitliche Zuordnung der Einkünfte

58 Einkünfte müssen dem oben (Rz. 45) dargelegten Ermittlungszeitraum (§ 2 VII 2 EStG) zugeordnet werden. Dabei sind zwei Systeme zeitlicher Zuordnung zu unterscheiden:

a) Grundsätzlich gilt das in § 11 EStG verankerte **System der Vereinnahmung und Verausgabung.** Dieses System ist beherrscht vom Zuflußprinzip und vom Abflußprinzip. Danach kommt es grundsätzlich auf das Zufließen (Erlangen der wirtschaftlichen Verfügungsmacht über Wirtschaftsgüter) und Abfließen von Wirtschaftsgütern (Verlust der wirtschaftlichen Verfügungsmacht über Wirtschaftsgüter) an[40]. Die Grundbegriffe für diese Zahlungsströme sind die Einnahmen und die Ausgaben. Das prinzipielle Abstellen auf Zahlungsströme ist nicht nur technisch einfach (Vorbild: Kassenrechnung); die Zahlungsstrom-Rechnung weist auch die Liquidität zur Steuerzahlung am besten aus. Nachteilhaft ist, daß das System der Vereinnahmung und Verausgabung Zahlungsstrom-Schwankungen nicht auffangen kann. Dadurch kann das Periodizitätsprinzip zu Härten führen. Deshalb sind die Einnahmen-/Ausgaben-Rechnungen (sog. Überschußrechnungen) des EStG keine reinen Zahlungsstrom-Rechnungen. Insb. sind Anschaffungs- und Herstellungskosten für Wirtschaftsgüter nicht im Zeitpunkt der Verausgabung abzusetzen (vgl. §§ 4 III 3, 4; 9 I 3 Nr. 6 Satz 2, Nr. 7 EStG).Weitere Ausnahmen regelt § 11 I 2, II 2 EStG.

Überschußeinkünfte werden ausnahmslos durch Überschußrechnung (§ 2 II Nr. 2 EStG: Einnahmen-/Werbungskosten-Überschußrechnung, s. unten Rz. 464 ff.), Gewinneinkünfte ausnahmsweise durch Überschußrechnung (§ 4 III EStG, s. unten Rz. 451 ff.) ermittelt (s. zunächst Rz. 192 ff.).

59 b) Bilanzierungspflichtige und freiwillig bilanzierende Unternehmer haben auch für die Besteuerung Bücher zu führen und Jahresabschlüsse (§ 242 III HGB: Bilanz, Gewinn- und Verlustrechnung) zu erstellen. Sie haben einen **Betriebsvermögensvergleich** (§§ 4 I, 5 EStG) durchzuführen (s. unten Rz. 300 ff.). Das nahezu vollständig in den §§ 238 ff. HGB positivierte System der Grundsätze ordnungsmäßiger Buchführung (s. Rz. 310 ff.) sorgt u. a. dafür, daß die Ergebnisse des Wirtschaftens periodengerecht zugeteilt werden. Die einzelnen Perioden stehen nicht separat da. Durch Bilanz-, Bewertungs- und Unternehmenskontinuität ist für Anschluß gesorgt (s. Rz. 315). Zahlungsstrom-Schwankungen und Härten des Periodizitätsprinzips werden ausgeglichen.

2.5 Verluste

2.5.1 Verlustausgleich und Verlustabzug (Verlustrücktrag/-vortrag)

60 a) Nach dem objektiven Nettoprinzip haben Verluste die Bemessungsgrundlage zu mindern. Verluste sind Bilanzverluste, Überschüsse der Betriebsausgaben über die Betriebseinnahmen (vgl. § 4 III 1 EStG) und Überschüsse der Werbungskosten über die Einnahmen (vgl. § 2 II 2 EStG). Der Verlustbegriff ist in der Terminologie des EStG unzulänglich eingebettet. Allgemein definiert sind Verluste negative Einkünfte, nämlich Überschüsse der Erwerbsaufwendungen über die Erwerbsbezüge.

61 b) In der „Summe der Einkünfte" (§ 2 I–III EStG) sind zunächst positive und negative Einkünfte zu saldieren. Diese Saldierung heißt **Verlustausgleich.** Der Verlustausgleich hat Einkünfte desselben Ermittlungszeitraums zum Gegenstand. Man unterscheidet zwischen dem echten, vertikalen Verlustausgleich (= Verrechnung von negativen und positiven Einkünften aus verschiedenen Einkunftsarten) und dem unechten, horizontalen Verlustausgleich (= Verrechnung von negativen und positiven Einkünften innerhalb einer Einkunftsart).

---

40 Dazu ausf. *J. Lang* (Fn. 3), 275 ff., 290 ff., 298 ff., 320 ff.

Beispiel:

Einkünfte aus Gewerbebetrieb	
– Gewinn aus einem Einzelunternehmen (§ 15 I 1 Nr. 1 EStG)	50 000 DM
– Verlust aus gewerblicher Mitunternehmerschaft (§ 15 I 1 Nr. 2 EStG)	./. 10 000 DM
Einkünfte aus Gewerbebetrieb nach horizontalem Verlustausgleich	40 000 DM
Einkünfte aus Kapitalvermögen (§ 20 EStG)	20 000 DM
Verlust aus Vermietung (§ 21 EStG)	./. 10 000 DM
Summe der Einkünfte nach vertikalem Verlustausgleich	50 000 DM

Der Verlustausgleich ist keine Steuervergünstigung, sondern ein Akt richtiger Leistungsfähigkeitsbemessung nach dem objektiven Nettoprinzip. Das verkennen Sozialtransfergesetze, die jeden Verlustausgleich verbieten[41].

c) Verluste, die bei der Ermittlung des Gesamtbetrags der Einkünfte nicht ausgeglichen 62
werden, sind nach Maßgabe des § 10d EStG überperiodisch durch **Verlustabzug** (Verlustvortrag/Verlustrücktrag) zu berücksichtigen. Die zeitliche Beschränkung für den Verlustvortrag hat das StRefG 1990 aufgehoben, „um die Liquidität kleiner und mittlerer Unternehmen nach Verlustjahren zu verbessern"[42]. Indessen ist auch der Verlustabzug nach § 10d EStG keine Wirtschaftssubvention[43], sondern Fiskalzwecknorm. Idealiter müßte sich nämlich die Messung der Leistungsfähigkeit auf das Lebenseinkommen beziehen (s. oben Rz. 44). Das technische Prinzip der Periodizität (s. oben Rz. 44 ff.) wird durch den überperiodischen Verlustabzug eingeschränkt, um die Verwirklichung des objektiven Nettoprinzips nicht abzuschneiden[44].

aa) § 10d I 1 EStG sieht zunächst den **Verlustrücktrag** vor. Abzugsfähig ist der Betrag, 63
der sich bei der Saldierung der positiven und negativen Einkünfte sowie der bei der Ermittlung des Gesamtbetrages der Einkünfte anzusetzenden Hinzurechnungs- und Abzugsbeträge ergibt (vgl. Abschnitt 115 II 2 EStR). Dieser Betrag ist bis zu 10 Mio. DM „wie Sonderausgaben" vom Gesamtbetrag des *zweiten* dem Veranlagungszeitraum vorangegangenen Veranlagungszeitruams abzuziehen (§ 10d I 1, 1. Hs. EStG). Der nicht abziehbare Verlust kann sodann vom Gesamtbetrag der Einkünfte des *ersten* dem Veranlagungszeitraum vorangegangenen Veranlagungszeitraums abgezogen werden (§ 10d I 1, 2. Hs. EStG). Soweit nicht ausgeglichene Verluste nicht zurückgetragen worden sind, gestattet § 10d II EStG den **Verlustvortrag** in die auf das Verlustjahr folgenden, frühestmöglichen Veranlagungszeiträume.

Beispiel: Verteilung eines Verlustes von 30 Mio. DM

Verlustrücktrag (§ 10 I 1 EStG: zwei Rücktrags-VZ mit insges. 10 Mio. DM):

Jahr 01:	Gesamtbetrag der Einkünfte	7,5 Mio. DM
	Verlustabzug	./. 7,5 Mio. DM
Jahr 02:	Gesamtbetrag der Einkünfte	7,0 Mio. DM
	Verlustabzug	./. 2,5 Mio. DM
Jahr 03:	Verlustjahr (Betrag i. S. d. § 10d I 1 EStG: 30 Mio. DM)	

41 So auch *P. Brandis*, FR 83, 371; *ders.*, FR 86, 60; *M. Balke*, FR 84, 459. A. A. BVerfGE 82, 60 ff. (dazu krit. *J. Lang*, StuW 90, 345).

42 BT-Drucks. 11/2536, 78. Dazu *J. Bahlau*, Der Verlustabzug nach dem Steuerreformgesetz 1990, FR 88, 565.

43 Zur subventionell begründeten Einführung des Verlustrücktrags (Gesetz vom 20. 4.1976, BGBl. I 76, 1054) BT-Drucks. 7/3667, 6; *R. Kreile*, DStZA 76, 195; *G. Söffing*, FR 76, 209, 211 ff.; *W. Schick*, Der Verlustrücktrag, München 1976; im weiteren *G. Söffing*, StbKongrRep. 1977, 131 ff.; *W. Ritter*, FR 78, 397 ff.; *M. Orth*, FR 81, 525.

44 So insb. *J. Lang* (Fn. 3), 188 ff.; *K. Tipke*, StRO II, 669 ff.; *K.-G. Loritz* (Fn. 6), 448 f. A. A. *W. Schick* (Fn. 43), 7 ff.; *P. Kirchhof* (Fn. 7), 448 F.

Verlustvortrag (§ 10 II EStG: frühestmöglich, aber unbegrenzt):

Jahr 04:	Gesamtbetrag der Einkünfte	13,5 Mio. DM
	Verlustabzug	./. 13,5 Mio. DM
Jahr 05:	Gesamtbetrag der Einkünfte	10,0 Mio. DM
	Verlustabzug	./. 6,5 Mio. DM

64 bb) **Ausübung des Verlustabzuges:** Für ab 1994 entstehende Verluste hat der Steuerpflichtige ein **Rücktragswahlrecht** (§ 10d I 4 EStG)[45]: Er kann per Antrag auf den Verlustrücktrag zugunsten des Verlustvortrages ganz oder teilweise verzichten bzw. ist in der Verteilung der Verluste auf die beiden Rücktrags-Veranlagungszeiträume frei. Im Antrag ist die Höhe des abzuziehenden Verlustes und der Veranlagungszeiträume anzugeben, in dem der Verlust abgezogen werden soll (§ 10 I 5 EStG). Nach Ausübung des Verlustabzuges sind bereits erlassene Steuerbescheide zu ändern (s. § 10d I 2, 3 EStG). Der am Schluß eines Veranlagungszeitraums verbleibende Verlustabzug ist gesondert festzustellen (s. § 10d III EStG). Da das Gesetz für die Ausübung des Rücktragswahlrechts keine Selbstbindung vorsieht und § 10 III 4 EStG Änderungen abgezogener Beträge zuläßt, ist die Ausübung des Rücktragswahlrechts auch nach dem Eintritt der Bestandskraft betroffener Steuerbescheide widerruflich.

65 cc) **Verlustabzugsberechtigung:** Der Verlustabzug steht grundsätzlich nur demjenigen Steuerpflichtigen zu, der den Verlust erlitten hat (BFH BStBl. 87, 308; 87, 310; 92, 432, 433). Daher ist ein Verlustabzug rechtsgeschäftlich nicht disponibel und übertragbar. Indessen kann der Erbe Verluste des Erblassers abziehen, soweit sie beim Erblasser nicht ausgeglichen, auch nicht durch Verlustrücktrag abgezogen werden können und soweit der Erbe den Verlust auch tatsächlich trägt (BFH BStBl. 72, 621; Abschnitt 115 I EStR 1990)[46]. Diese Rechtsprechungs- und Verwaltungspraxis beruht auf der bereits oben (Rz. 23) angesprochenen Konsequenz des Totalitätsprinzips, die Einkunftsgrundlagen über die Beendigung der Steuerpflicht durch Tod des Steuerschuldners hinaus in der Person des Rechtsnachfolgers fortzuführen.

2.5.2 Beschränkungen des Verlustausgleichs und Verlustabzugs

66 a) Nicht ausgleichsfähig und nicht abzugsfähig sind Verluste,
- die keinen Einkünftetatbestand i. S. d. § 2 I EStG verwirklichen, z. B. Liebhabereiverluste, Verluste aus der Veräußerung von Privatvermögen (dazu unten Rz. 120 ff.);
- die mit steuerfreien Einnahmen in unmittelbarem wirtschaftlichen Zusammenhang stehen (§ 3c EStG);
- deren Ausgleich/Abzug das Gesetz verbietet (§§ 2a, 13 V, 15 IV, 15a, 18 IV, 20 I Nr. 4, 21 I 2, 22 Nr. 3 letzter Satz, 23 IV 3, 50 II EStG).

67 b) Verlustausgleichs- und Verlustabzugsverbote[47] durchbrechen grundsätzlich das objektive Nettoprinzip und sind daher verdächtig, den **Gleichheitssatz** zu verletzen. Besonders zweifelhaft ist die Verfassungsmäßigkeit[48] des § 2a I EStG[49]. Zweifelhaft ist auch

45 Eingeführt durch StandOG v. 13. 9. 1993, BGBl. I 93, 1569.

46 Grundsätzlich a. A. *C. Trzaskalik*, StuW 79, 97; *H. G. Ruppe*, DStJG Bd. 10 (1987), 45, 94 ff. (m. w. Nachw.).

47 Dazu insb. *J. Schulze-Osterloh*, Gute Verluste – Böse Verluste, Ausschluß und Beschränkung des Verlustausgleichs und -abzugs, JbFSt. 1984/85, 267 ff.; *M. Kröner*, Verrechnungsbeschränkte Verluste im Ertragsteuerrecht, Wiesbaden 1986; *K.-G. Loritz* (Fn. 6), 234 ff.

48 Dazu insb. *K. Vogel*, BB 83, 180; *K. Manke*, DStZ 84, 235; *K. H. Friauf*, StuW 85, 308; *H. Krabbe*, DStJG Bd. 8 (1985), 83 ff.; *H. Jehner*, DStR 86, 279. Verfassungsmäßigkeit bejaht BFH BStBl. 91, 136; 91, 704; 92, 192.

49 § 2a II EStG hebt die Verletzung des Nettoprinzips durch § 2a I EStG partiell wieder auf. § 2a III, IV EStG sind durch das StRefG 1990 eingefügt worden. Sie sollen nach der Aufhebung des

die Rechtfertigung des § 15 IV EStG. Der Sozialzweck, die herkömmlichen landwirtschaftlichen Betriebe zu schützen, reicht u. E. nicht aus[50]. Die Verlustausgleichs- bzw. -abzugsverbote der §§ 22 Nr. 3 letzter Satz, 23 IV letzter Satz, 50 II EStG sind ebenfalls der schedulenhafte Ausdruck einer nicht das Gesamteinkommen erfassenden Besteuerung nach der Leistungsfähigkeit.

Sachlich ausreichend gerechtfertigt sind indessen die Verlustausgleichs- und Verlustabzugsverbote im Hinblick auf die sog. **Verlustzuweisungsgesellschaften** (§§ 15a, 18 IV, 20 I Nr. 4, 21 I 2 EStG). Der Gesetzgeber ist berechtigt, solche Verluste nicht zum Ausgleich zuzulassen, die auf betriebswirtschaftlich und/oder volkswirtschaftlich unsinnigen Aufwendungen beruhen und den Steuerpflichtigen anreizen, sich übermäßig zu verschulden. § 15a EStG hat sich inzwischen als sehr wirksame Maßnahme herausgestellt. Gleichwohl handelt es sich um ein Beispiel mißglückter Gesetzgebung[51], weil der Gesetzgeber das Übel nicht an der Wurzel geregelt[52] und damit auch „normale" Kommanditgesellschaften in Mitleidenschaft gezogen hat. § 15 II 2 EStG zeigt, daß nur ein einziger Satz erforderlich gewesen wäre, um Kapitalfehlleitungsgesellschaften wirksam zu bekämpfen.

3. Die Bemessungsgrundlage der Einkommensteuer: Das zu versteuernde Einkommen i. S. d. § 2 V EStG

3.1 Private Abzüge i. S. d. § 2 IV, V EStG

Literatur: *J. Lang,* Familienbesteuerung, StuW 83, 103; *K. Tipke,* Neuordnung der Familienbesteuereung, StbKongrRep. 1983, 39; *ders.,* Unterhalt und sachgerechte Einkommensteuerbemessungsgrundlage, ZRP 83, 25; *Tipke/Lang,* Zur Reform der Familienbesteuerung StuW 84, 127; *K. Vogel,* Zwangsläufige Aufwendungen – besonders Unterhaltsaufwendungen – müssen realitätsgerecht abziehbar sein, StuW 84, 197; *W. Zeidler,* Verfassungsrechtliche Fragen zur Besteuerung von Familien- und Alterseinkommen, StuW 85, 1; *P. Kirchhof,* Der Schutz von Ehe und Familie, Essener Gespräche zum Thema Staat und Kirche[21], Münster 1986, 7; *E.-W. Böckenförde,* Steuergerechtigkeit und Familienlastenausgleich, StuW 86, 335; *H.-J. Pezzer,* Verfassungsrechtliche Perspektiven der Familienbesteuerung, in: FS für Zeidler, Berlin/New York 1987, 757; *F. Klein,* Ehe und Familie im Steuerrecht als verfassungsrechtliches Problem, in: FS für Zeidler, Berlin/New York 1987, 773; *ders.,* Die unzureichende steuerliche Berücksichtigung der Minderung der Leistungsfähigkeit durch Kinder, DStR 87, 779; *H. Söhn,* Verfassungsrechtliche Aspekte der Besteuerung nach der subjektiven Leistungsfähigkeit im Einkommensteuerrecht: Zum persönlichen Existenzminimum, FinArch. Bd. 46 (1988), 154; *H.-J. Pezzer,* Familienbesteuerung und Grundgesetz, StuW 89, 219; *G. Niemeyer,* Der verfassungskonforme Familienlastenausgleich als gesetzgeberisches Ziel, Schwerpunkt: Steuerrecht, FuR 90, 2; *J. Lang,* Verfassungsrechtliche Gewährleistung des Familienexistenzminimums im Steuer- und Kindergeldrecht, StuW 90, 331; *M. Moderegger,* Der verfassungsrechtliche Familienschutz und das System des Einkommensteuerrechts, Baden-Baden 1991; *B. Janssen,* Zur Gerechtigkeit in der Familienbesteuerung in Theorie und Praxis, DStZ 91, 13; *N. Rieger,* Ehe, Familie und die (Verfassungs-)Widrigkeiten des Einkommensteuerrechts, Frankfurt/M u. a. 1992; *W. Oepen,* Aktuelle Probleme der Familienbesteuerung, FR 92, 149; *ders.,* Gedanken zur Familienbesteuerung, DStZ 92, 684; *G. Vorwold,* Neuorientierung der Ehe- und Familienbesteuerung, FR 92, 789; *ders.,* FR 92, 264; *M. Lehner,* Einkommensteuerrecht und Sozialhilferecht, Tübingen 1993; *K. Tipke,* Die Steuerrechtsordnung, Bd. II (StRO II), Köln 1993, 672 ff.; *R. Donath,* Ehe, Familie und Steuern, Rabels Zeitschrift für ausländisches und internationales

---

Auslandsinvestitionsgesetzes die Verrechnung von Verlusten ausländischer Betriebsstätten erhalten. Dazu BT-Drucks. 11/2536, 76.

50 Vgl. *J. Schulze-Osterloh* (Fn. 47), 287 f.

51 Dazu *B. Knobbe-Keuk,* StuW 81, 97; *J. Schulze-Osterloh* (Fn. 47), 295; *ders.,* JbFSt. 1981/82, 238, 256 ff.; *ders.,* HHR, EStG, § 15a Anm. 141; *Kaligin,* DStZ 84, 521; *L. Schmidt,* EStG[13], § 15a Anm. 8; *K.-G. Loritz* (Fn. 6), 247 f.

52 Vgl. *J. Lang,* Reformentwurf (Fn. 29), 59.

Steuerrecht, 1993, 401; *A. Uelner,* Zur Konkretisierung des subjektiven Nettoprinzips im Einkommensteuerrecht, in: FS für L. Schmidt, München 1993, 21; *W. Lingemann,* Das rechtliche Konzept der Familienbesteuerung, Berlin 1994; *Arndt/Schumacher,* Unterhaltslast und Einkommensteuerrecht, Widersprüchliche Rechtsprechung der Senate des BVerfG?, NJW 94, 961; *H. Schlee,* Einkommensteuerliche Behandlung von Transferzahlungen, Zur Neuordnung der Familienbesteuerung sowie der Besteuerung von Versicherungsleistungen und Sozialtransfers, Frankfurt/M u. a. 1994; *J. Lang,* Reform der Familienbesteuerung, in: FS für F. Klein, Köln 1994, 437.

3.1.1 Berücksichtigung unvermeidbarer Privataufwendungen nach dem privaten oder subjektiven Nettoprinzip

68 a) Wie bereits oben (§ 4 Rz. 113; § 9 Rz. 41) ausgeführt, ist die Bemessungsgrundlage der Einkommensteuer dualistisch aufgebaut: Bis zum Gesamtbetrag der Einkünfte (§ 2 I–III EStG) wird die objektive Leistungsfähigkeit berücksichtigt, ab dem Gesamtbetrag der Einkünfte die subjektive Leistungsfähigkeit durch private Abzüge (§ 2 IV, V EStG). Die Berücksichtigung persönlicher Verhältnisse durch private Abzüge wird durch folgende zwei Postulate (s. bereits § 4 Rz. 113) bestimmt:

69 aa) **Allgemeines privates Nettoprinzip:** Das systemtragende Prinzip der Abziehbarkeit von privaten Abzügen ist das *private* oder *subjektive* Nettoprinzip; nach diesem Prinzip ist der für den notwendigen Lebensbedarf verwendete und demnach für die Steuerzahlung nicht verfügbare Teil des Markteinkommens aus der Bemessungsgrundlage auszuscheiden. Diese bereits oben (§ 4 Rz. 113) angesprochene Lehre hat sich in der Steuerrechtswissenschaft allgemein durchgesetzt[53]. Infolgedessen faßte der 57. Deutsche Juristentag[54] 1988 folgenden Beschluß:

„Der Einkommensteuer unterliegt nur der Teil des Erwerbseinkommens, der für den Steuerpflichtigen disponibel ist. Die unvermeidbaren Aufwendungen für die eigene Existenzsicherung und den Unterhalt der Familienangehörigen müssen deshalb von der Besteuerung freigestellt sein. Erst auf das sich danach ergebende zu versteuernde Einkommen ist der Tarif anzuwenden. Die Degressionswirkung bei steuermindernden Abzügen ist keine Steuervergünstigung, sondern die systemnotwendige Kehrseite der Progression bei den steuerbegründenden Zuflüssen".

70 Diesen Konsens der Juristen hat der **Erste Senat des BVerfG** mit Beschluß vom 25. 5. 1990[55] nachdrücklich bestätigt. Ausgangspunkt dieser Entscheidung ist der aus Art. 1 I GG i. V. m. dem Sozialstaatsprinzip abgeleitete Grundsatz, „daß der Staat dem Steuerpflichtigen sein Einkommen insoweit steuerfrei belassen muß, als es zur Schaffung der Mindestvoraussetzungen für ein menschenwürdiges Dasein benötigt wird" (BVerfGE 82, 60). Sodann stellt das BVerfG fest: „Ebenso wie der Staat nach diesen Verfassungsnormen verpflichtet ist, dem mittellosen Bürger diese Mindestvoraussetzungen erforderlichenfalls durch Sozialleistungen zu sichern . . ., darf er dem Bürger das selbst erzielte Einkommen bis zu diesem Betrag . . . nicht entziehen. Aus den genannten Verfassungsnormen, zusätzlich aber auch aus Art. 6 I GG, folgt ferner, daß bei der Besteuerung einer Familie das Existenzminimum sämtlicher Familienmitglieder steuerfrei bleiben muß . . ." (BVerfGE 82, 60).

53 So einhellig das vor Rz. 68 zit. Schrifttum. Nach *K. Tipke,* StRO II, 675, hängt dieser Konsens „nicht nur mit einem entsprechenden Verständnis des Leistungsfähigkeitsprinzips zusammen, sondern auch mit dem Einfluß verfassungsrechtlicher Grundwertungen (Schutz der Menschenwürde, Sozialstaatsprinzip)". Zur Entwicklung des subjektiven Nettoprinzips in Lehre und Rspr. des BVerfG insb. *A. Uelner,* in: FS für L. Schmidt, München 1993, 21, 25 ff.; *Arndt/Schumacher,* AöR 118 (1993), 525 ff.

54 Sitzungsbericht N, München 1988, 214.

55 BVerfGE 82, 60 ff. (Kindergeldbeschluß); BVerfG v. 12. 6. 1990, BVerfGE 82, 198 ff. (Kinderfreibetragsbeschluß).

Zur Bemessung des steuerfrei zu belassenden Erwerbseinkommens rekurriert der Erste Senat (BVerfGE 82, 60, 94 ff.) auf das **Sozialhilferecht**[56]. Der Zweite Senat des BVerfG bekräftigte die Maßgeblichkeit des Sozialhilferechts für das Einkommensteuerrecht in dem Beschluß vom 25. 9. 1992[57] zum **Grundfreibetrag**: Der Steuergesetzgeber müsse dem Einkommensbezieher von seinen Erwerbsbezügen zumindest das belassen, was er dem Bedürftigen zur Befriedigung seines existenznotwendigen Bedarfs aus öffentlichen Mitteln zur Verfügung stellt (Leitsatz 2, vollständig zit. oben § 1 Rz. 24). Die Maßgröße für das einkommensteuerliche Existenzminimum sei „demnach der im Sozialhilferecht jeweils anerkannte Mindestbedarf, der allgemein durch Hilfen zum notwendigen Lebensunterhalt an jeden Bedürftigen befriedigt wird“ (BVerfGE 87, 171). Dabei sei das steuerlich zu verschonende Existenzminimum im Rahmen einer Typisierung grundsätzlich so zu bemessen, „daß es in möglichst allen Fällen den existenznotwendigen Bedarf abdeckt, kein Steuerpflichtiger also infolge einer Besteuerung seines Einkommens darauf verwiesen wird, seinen existenznotwendigen Bedarf durch Inanspruchnahme von Staatsleistungen zu decken“ (Leitsatz 3). 71

Verfassungsrechtliche Maßstäbe des allgemeinen privaten Nettoprinzips sind der Gleichheitssatz (Art. 3 I GG) mit dem Leistungsfähigkeitsprinzip als Vergleichsmaßstab (s. § 4 Rz. 113), die Unantastbarkeit der Menschenwürde (Art. 1 I GG, s. § 4 Rz. 202), das freiheitsrechtlich (Art. 2 I; 12 I, Art. 14 I GG) begründete Verbot der Erdrosselungssteuer[58] und das Sozialstaatsprinzip (Art. 20 I, 28 I 1 GG, s. § 4 Rz. 201). 72

Die Eliminierung indisponiblen Einkommens aus der Bemessungsgrundlage ist **keine Steuervergünstigung** oder *Steuersubvention,* sondern realisierte Besteuerung nach der Leistungsfähigkeit. Wenn aber der indisponible Teil des Markteinkommens aus der Bemessungsgrundlage eliminiert ist, dann erübrigt sich ein *tariflicher* Grundfreibetrag. Meßfunktion der Bemessungsgrundlage und Belastungsfunktion des Tarifs müssen klar gegeneinander abgegrenzt werden[59]: 73

nicht disponibel	disponibel
existenznotwendiger Lebensbedarf in Höhe des Sozialhilferechts[60]	Die Bemessungsgrundlage legt das für die Steuerzahlung disponible Einkommen fest. Disponibel ist insb. der Teil des Einkommens, der für disponiblen Konsum (insb. Freizeit- und Luxuskonsum) zur Verfügung steht. Der *Tarif* legt fest, welchen Anteil des disponiblen Einkommens der Steuerpflichtige als Steuer abführen soll (Belastungsentscheidung des Gesetzgebers)

56 Dazu bereits oben § 1 Rz. 24 ff.; *P. Kirchhof,* VVDStRL 39 (1981), 221, 420; *ders.,* JZ 82, 305, 309 f.; *J. Lang,* Bemessungsgrundlage (Fn. 3), 191 ff.; 202 ff.; *ders.,* StuW 83, 119; *M. Lehner,* Einkommensteuerrecht und Sozialhilferecht, Tübingen 1993; *W. Lingemann,* Das rechtliche Konzept der Familienbesteuerung, Berlin 1994, 105 ff.

57 BVerfGE 87, 153. Zu dieser Entscheidung *G. Felix,* StRK-Anm. R. 87 EStG 1975 Allg.; *M. Lehner,* DStR 92, 1641; *B. Sangmeister,* BB 92, 2341; *P. Bilsdorfer,* Inf. 93, 10; *H.-W. Arndt,* StVj 93, 1; *L. Schemmel,* StuW 93, 70; *K. Tipke,* StRO II, 688 ff.; *Arndt/Schumacher,* NJW 94, 962 f.

58 So grundlegend BVerfG v. 25. 9. 1992 (Fn. 57), zit. in § 4 Rz. 213. Zur freiheitsrechtlichen Begründung der Steuerfreiheit des Existenzminimums auch *M. Lehner* (Fn. 56), 337 ff.; 364 ff.; *ders.,* DStR 92, 1642 f.

59 Dazu *J. Lang,* Bemessungsgrundlage (Fn. 3), 212 ff.; *ders.,* Reformentwurf (Fn. 29), 19 ff.; *K. Tipke,* StRO II, 687 ff.; *W. Lingemann* (Fn. 56), 131 ff.

60 BVerfGE 82, 60, 90 ff.; 87, 153, 171 ff. Zur Quantifizierung des existenznotwendigen Lebensbedarfs im Steuerrecht *J. Lang,* Reformentwurf (Fn. 29), 69 ff.; *ders.,* StuW 90, 344; *ders.,* Entwurf eines Steuergesetzbuchs (Fn. 5), § 133; *M. Lehner* (Fn. 56), 71 ff.; *W. Lingemann* (Fn. 56), 112 ff.

74 bb) **Spezielles Familien-Nettoprinzip** (s. bereits § 4 Rz. 113): Hat ein Steuerpflichtiger nicht nur sich selbst, sondern auch andere zu unterhalten, für das Existenzminimum anderer zu sorgen, so vermindert sich dadurch seine steuerliche Leistungsfähigkeit, der Unterhaltsbezieher hingegen wird leistungsfähiger[61]. Die Verwirklichung des Familien-Nettoprinzips ist dadurch gekennzeichnet, daß der *Transfer wirtschaftlicher Leistungsfähigkeit durch zivilrechtlich zwangsläufige Unterhaltsleistungen* im Steuerrecht abgebildet werden muß, denn die Rechtsordnung ist mit dem Makel eines massiven inneren Widerspruchs behaftet, wenn sie einerseits rechtliche Unterhaltspflichten statuiert und diesen Unterhaltspflichten andererseits die steuerrechtliche Beachtlichkeit versagt[62]. Was der Unterhaltspflichtige an den Unterhaltsberechtigten abführen muß, kann er nicht an den Staat abführen. Zivilrechtlich zwangsläufige Unterhaltsleistungen können auch nicht auf eine Ebene mit dem disponiblen Konsum gestellt werden[63].

75 Im Zuge dieser Erkenntnisse[64] hat das BVerfG[65] das Postulat der **realitätsgerechten Berücksichtigung von Unterhaltsverpflichtungen** entwickelt, und der 57. Deutsche Juristentag[66] faßte einstimmig den Beschluß, daß die realitätsgerechte Berücksichtigung von Unterhaltsverpflichtungen *keine Steuervergünstigung, sondern ein zwingendes Gebot der einkommensteuerrechtlichen Belastungsgleichheit* sei; realitätsgerechte Berücksichtigung bedeute *Abzug in Höhe der gesetzlichen Unterhaltspflichten von der Bemessungsgrundlage,* Unterhaltsbezüge sollten „im tatbestandlichen Rahmen der Einkunftsarten“ versteuert werden[67]. Damit bestätigte der Deutsche Juristentag die Notwendigkeit, den Transfer wirtschaftlicher Leistungsfähigkeit durch Unterhaltsleistungen steuerrechtlich zu berücksichtigen.

76 b) **Verwirklichung des privaten Nettoprinzips:** Die juristische Überzeugungskraft der Lehre vom indisponiblen Einkommen hat es nicht vermocht, in der **Steuerpolitik** einen grundsätzlichen Konsens über die dringend notwendige Reform der privaten Abzüge und der Familienbesteuerung hervorzubringen. De lege lata besteht ein **Konglomerat privater Abzüge,** in dem steuerliche Leistungsfähigkeit nach unterschiedlichen Konzepten berücksichtigt wird (s. Rz. 700) und in dem Steuervergünstigungen (z. B. §§ 10b; 10e

61 *K. Tipke,* StRO II, 693.

62 So eindringlich der frühere Präsident des BVerfG *W. Zeidler,* zit. oben § 1 Rz. 31, dort Fn. 46.

63 Dazu eindringlich *E. W. Böckenförde,* Steuergerechtigkeit und Familienlastenausgleich, StuW 86, 335, 336: Die Zuweisung der Erziehungs- und Unterhaltskosten für Kinder in den Bereich privater Lebenshaltung und individuellen Konsums sei höchst bedenklich. Sie stelle „die Ausgaben für Kinder auf eine Ebene mit denen für Auto, Segelboot, Surfbrett oder Yacht.“

64 Dazu insb. *K. Tipke,* StuW 71, 16 f.; *K. Vogel,* NJW 74, 2105; *ders.,* DStR 77, 31; *ders.,* StuW 84, 197; *K. Tipke,* ZRP 83, 25; *J. Lang* (Fn. 3), 558 ff., 650 ff.; *ders.,* StuW 83, 103 ff.; *W. Zeidler,* StuW 85, 1; *E. W. Böckenförde* (Fn. 63); *P. Kirchhof,* Der Schutz von Ehe und Familie, Münster 1986, 7 ff.; *H.-J. Pezzer,* in: FS für W. Zeidler Berlin/New York 1987, 757 ff.; *ders.,* StuW 89, 219; *H. Söhn,* FinArch. Bd. 46 (1988), 154.

65 BVerfGE 61, 319 (dazu *J. Lang,* StuW 83, 103; *K. Tipke,* StbKongrRep. 83, 39), 344 („Aus der Besteuerung nach der Leistungsfähigkeit ergibt sich, daß auch solche Ausgaben einkommensteuerrechtlich von Bedeutung sind, die außerhalb der Sphäre der Einkommenserzielung – also im privaten Bereich – anfallen und für den Steuerpflichtigen unvermeidbar sind. Die wirtschaftliche Belastung durch Unterhaltsverpflichtungen gegenüber Kindern ist ein besonderer, die Leistungsfähigkeit der Eltern beeinträchtigender Umstand. Diese unabweisbare Sonderbelastung darf der Gesetzgeber ohne Verstoß gegen die Steuergerechtigkeit nicht außer acht lassen“); BVerfGE 66, 214 (dazu *K. Vogel,* StuW 84, 197), 223 („Daraus folgt, daß er für die steuerliche Berücksichtigung zwingender Unterhaltsverpflichtungen nicht realitätsfremde Grenzen ziehen darf“); BVerfGE 67, 290 (dazu *K. Tipke,* StuW 85, 78); BVerfGE 68, 143, 152 f.; BVerfGE von 1990 (Fn. 55); BVerfG BStBl. 94, 307; *Arndt/Schumacher,* NJW 94, 961 ff.

66 Sitzungsbericht N, München 1988, 215.

67 Beschluß des 57. DJT (Fn. 54), 213.

EStG) mit Fiskalzwecknormen vermischt sind, Fiskalzwecknormen wie z. B. der Abzug von Vorsorgeaufwendungen zu Steuerprivilegien werden, weil nur bestimmte Vorsorgeformen in den Steuerabzug fallen (s. § 4 Rz. 119).

Die Schwierigkeiten, das private Nettoprinzip mit allen seinen Konsequenzen zu erkennen und anzuerkennen, beruhen auf der bereits oben (§ 4 Rz. 114 ff.) kritisierten Sicht **kapitalorientierter Besteuerung.** Nach dieser Sicht gilt das Markteinkommen als der „richtige" Indikator steuerlicher Leistungsfähigkeit (s. § 4 Rz. 115). Mitunter wird (besonders in den Medien) noch roher argumentiert; es wird das objektive Nettoprinzip (s. Rz. 54) mißachtet und die steuerliche Leistungsfähigkeit allein nach den Erwerbsbezügen (z. B. bezeichnet als „Lohneinkommen") gemessen[68]. Von dem aus dem 19. Jahrhundert überlieferten Konzept der sog. Kapitaleinkommensteuer (s. § 4 Rz. 99) ist der historische Aufbau des EStG geprägt, die Abschichtung eines viel zu niedrigen und alle Steuerpflichtigen über einen Leisten spannenden Existenzminimum-Grundfreibetrages (§ 32a I Nr. 1 EStG) in den *Tarif*, die Behandlung von privaten Abzügen als *Tarifnormen* (§§ 32, 33 ff. EStG) und die Verkürzung des Abzuges nach § 33 EStG durch eine *zumutbare Belastung* (§ 33 I, III EStG), die auf der verfehlten Vorstellung beruht, § 33 EStG sei eine Billigkeitsvorschrift (s. unten Rz. 721). Aus kapitalorientierter Sicht sind die den progressiven Tarif reflektierenden (s. oben Rz. 43) privaten Abzüge Privilegien für Besserverdienende. 77

Diese Sicht behindert besonders die **Reform der Familienbesteuerung**[69]. In den Wahlprogrammen der Parteien und auch innerhalb der Parteien ist die längst überfällige Strukturreform der Familienbesteuerung umstrittener denn je. So wird die *Meßfunktion* des Kinderfreibetrages als Existenzminimumpauschale für das Kind verkannt und als eine vom Gesetzgber frei disponible Variante im Fördersystem des sog. *Familienlastenausgleichs* zugeordnet[70]. Daher tritt die SPD nach wie vor dafür ein, die Kinderfreibeträge zu streichen, obgleich viele engagierte und profilierte Sozialdemokraten wie *Wolfgang Zeidler* (s. Fn. 62) und *Ernst-Wolfgang Böckenförde* (s. Fn. 63) nachdrücklich für ein mit dem Unterhaltsrecht abgestimmtes Steuerrecht plädiert haben. Das steuerpolitische Unverständnis des privaten Nettoprinzips zeigt sich auch daran, daß sich die Parteien relativ leicht auf den Steuerabzug von Aufwendungen für die Freizeitgestaltung (§ 52 II Nr. 4 AO: Tier-/Pflanzenzucht, Karneval, Amateurfunken, Modellflug, Hundesport) einigen können (s. § 21 Rz. 3), während dort Streit herrscht, wo die Abzugsfähigkeit von Verfassungs wegen hergestellt werden müßte. Ein Gespür für die unerträgliche Wertungsschieflage zwischen dem Steuerabzug von Frei zeitaufwendungen und der Nichtabzugsfähigkeit von gesetzlich zwangsläufigen Unterhaltsaufwendungen scheint völlig zu fehlen. Es herrscht der *präsozialstaatliche Privatheitsgrundsatz*, den der Nationalökonom *Friedrich List* vor 150 Jahren in dem berühmten Satz zum Ausdruck gebracht hat: „Wer Schweine aufzieht, ist nach ökonomischer Betrachtung ein produktives, wer Menschen aufzieht, ein unproduktives Mitglied der Gesellschaft"[71] (§ 52 II Nr. 4 AO stellt sogar den Hobby-Tierzüchter besser als § 32 VI EStG die Eltern, deren Aufwendungen für das Kind immer noch unter dem Sozialhilfeniveau abziehbar sind). 78

68 In politischen Diskussionen werden allerdings Brutto- und Nettoeinkünfte auch unabsichtlich durcheinandergebracht.

69 Dazu ausf. *W. Lingemann* (Fn. 56), 139 ff., im weiteren *K. Tipke*, StRO II, 676 ff.; *J. Lang*, Reform der Familienbesteuerung; in: FS für F. Klein, Köln 1994 (im Druck).

70 Vgl. pars pro toto *W. Albers*, Familienlastenausgleich in der BRD, FinArch. Bd. 49 (1991/92), 407; *Willeke/Onken*, Allgemeiner Familienlastenausgleich in der BRD, Eine empirische Analyse zu drei Jahrzehnten monetärer Familienpolitik, Frankfurt/New York 1990; *dies.*, Familienlastenausgleich mit variablem Kindergeld, StuW 91, 3; *F.-U. Willeke*, Profile des Familienlastenausgleichs, in: Jahrbücher für Nationalökonomie und Statistik, Stuttgart 1993, 193.

71 Ähnlich *D. Schneider*, StuW 84, 364 f.: Gerade die Menschenwürde verlange, „das Markteinkommen und nicht das zur Vermögensvermehrung disponible Einkommen zu besteuern; denn das Kinderaufziehen ist kein ökonomischer Sachverhalt, vergleichbar dem Füttern junger Kälber zur Erhaltung der Viehherde als Vermögensstamm . . ."

79 Private Abzüge, die den für die Steuerzahlung nicht verfügbaren Teil des Einkommens von der Besteuerung ausnehmen, sind **keine Sozialzwecknormen**, sind nicht Bestandteil eines bevölkerungspolitisch oder sonstwie konzipierten Fördersystems, ebensowenig wie der Betriebsausgabenabzug von PKW-Aufwendungen die Automobilindustrie fördern soll. Niemand kommt auf die Idee, den Abzug von Werbungskosten oder Betriebsausgaben als Steuervergünstigung zu bewerten. Jedoch lassen sich private Abzüge im Hinblick auf ihre verfassungsrechtliche Fundierung (s. Rz. 72) noch zwingender rechtfertigen als Abzüge von Erwerbsaufwendungen.

80 Private Abzüge dienen der sog. **horizontalen Steuergerechtigkeit**: Bei gleicher Leistungsfähigkeit müssen Steuerpflichtige auch *gleich hoch* besteuert werden[72]. Das Maß der Einkommensteuer muß auf *allen* Einkommensebenen *richtig geeicht* sein. Auch der Einkommensmillionär hat indisponibles Einkommen, das für die Steuerzahlung nicht zur Verfügung steht. Ein Einkommensmillionär mit Kindern ist weniger leistungsfähig als ein kinderloser Einkommensmillionär. Wer ein Markteinkommen von 200 000 DM und 100 000 DM nicht versicherte Krankheitskosten aufzubringen hat, ist steuerlich so leistungsfähig wie der gesunde Bezieher eines Markteinkommens von 100 000 DM. Die Bemessung steuerlicher Leistungsfähigkeit ist nur dann richtig, wenn sie *frei von allen Sozialzwecknormen alle* positiven und negativen Faktoren steuerlicher Leistungsfähigkeit erfaßt, und zwar auf der Stufe *objektiver* Leistungsfähigkeit alle Erwerbsbezüge und Erwerbsaufwendungen und auf der Stufe *subjektiver* Leistungsfähigkeit alle Privatbezüge (staatliche Zuwendungen, Unterhaltsbezüge) und Privatabzüge (Lebensbedarf- und Unterhaltsabzüge)[73]. Danach ergibt sich für das Beispiel einer vierköpfigen Einverdienerfamilie folgendes Schema:

	Einverdiener	Ehegatte	Kind	Kind
(a) Markteinkommen	+ a			
(b) Staatliche Zuwendungen, Wohn-/Kindergeld u. a.	+ b			
(c) Unterhaltsleistungen	− c		$+ c_1$	$+ c_2$
(d) Sozialhilferechtlicher Lebensbedarf	$- d_1$	$- d_2$	$- d_3$	$- d_4$
Zu versteuerndes Einkommen (Indikator steuerlicher Leistungsfähigkeit)	jeder Ehegatte: $\frac{a + b - c - (d_1 + d_2)}{2}$		$c_1 - d_3$	$c_2 - d_4$

3.1.2 Berücksichtigung des existenznotwendigen Lebensbedarfs

81 a) **Existenzminimum-Grundbedarf**[74]: Der Einkommensteuertarif berücksichtigt in einem *Grundfreibetrag* (§ 32a I Nr. 1 EStG) einen jährlichen Existenzminimum-Grundbedarf von 5616 DM. Dieser Betrag ist nach dem oben (Rz. 71) zit. Beschluß des BVerfG

72 BVerfGE 82, 60, 89 (Hinweis auf *D. Birk*, Das Leistungsfähigkeitsprinzip als Maßstab der Steuernormen, Köln 1983, 165, 170).

73 Vgl. *J. Lang*, Entwurf eines Steuergesetzbuchs (Fn. 5), §§ 106; 133; 134.

74 Dazu insb. *D. Dziadkowski*, Plädoyer für einen transparenten und realitätsbezogenen („bürgernahen") Einkommensteuertarif, BB-Beilage Nr. 9/1985; *ders.*, DStZ 87, 131; *ders.*, 91, 805; *ders.*, DStR 91, 8; *ders.*, FR 91, 281; *L. Schemmel*, DStZ 91, 481; *ders.*, StuW 93, 70; *H. Söhn*, FinArch. Bd. 46 (1988), 154; *K. Tipke*, Einkommensteuerliches Existenzminimum auch für Reiche?, FR 90, 349; *ders.*, StRO II, 683 ff.

zu niedrig angesetzt. Das BVerfG verpflichtete den Gesetzgeber, spätetens ab 1. 1. 1996 eine Neuregelung zu treffen, jedoch schon ab dem Veranlagungszeitraum 1993 sicherzustellen, daß bei der Einkommensbesteuerung dem Steuerpflichtigen die Erwerbsbezüge belassen werden, die er zur Deckung des sozialhilferechtlichen Mindestbedarfs benötigt[75].

Die **Übergangsregelung** bis 1996 enthält § 32d EStG[76] (s. auch Rz. 749). Nach dieser Vorschrift beträgt das steuerlich zu verschonende Existenzminimum für 1993 10 529 DM (1994: 11 069 DM; 1995: 11 555 DM) der Erwerbsbezüge i. S. d. § 32d II EStG; diese Beträge verdoppeln sich bei Anwendung des Ehegatten-Splittings (§§ 32d I; 32a V, VI EStG). § 32d II EStG definiert die Erwerbsbezüge als das zu versteuernde Einkommen (§ 2 V EStG) zuzüglich Verlustabzugsbeträge nach § 10d EStG (§ 32d II Nr. 2 EStG), steuerfreien Bezügen (Nrn. 2–8), Sonderabschreibungen, erhöhte Absetzungen, soweit sie die Normal-AfA übersteigen (Nr. 9) sowie pauschal besteuerte Bezüge nach § 40a EStG (Nr. 10). 82

Mit der **Legaldefinition der Erwerbsbezüge** verbiegt § 32d II EStG den Aufbau des Einkommensteuertatbestandes, indem der Einkünftefaktor „Erwerbsbezüge" (s. oben Rz. 54) terminologisch mit der in § 2 V EStG niedergelgten Endgröße des zu versteuernden Einkommens verknüpft wird. Sodann rechnet § 32d II EStG nach der *Manier von Sozialleistungsgesetzen* kasuistisch Beträge hinzu, die die Bemessungsgrundlage aufgrund von Normen unterschiedlicher Qualität gemindert haben: Teils handelt es sich um *Fiskalzwecknormen,* die wie der Verlustabzug das objektive Nettoprinzip verwirklichen (s. oben Rz. 62). Hier liegt es auf der Hand, daß eine Hinzurechnung, die der Gruppe der Steuerpflichtigen mit dem niedersten Einkommen das objektive Nettoprinzip versagt, mit dem Gleichheitssatz nicht zu vereinbaren ist. Evident gleichheitswidrig ist auch die gruppenspezifische Wiederherstellung der internationalen Doppelbesteuerung durch Hinzurechnung von DBA-befreiten Einkünften, die dem Progressionsvorbehalt unterliegen (§§ 32d II Nr. 7; § 32b I Nr. 2 EStG). Aber auch das Rückgängigmachen von *Sozialzwecknormen* (§ 32d II Nrn. 2–9 EStG) und *Vereinfachungszwecknormen* (Nr. 10) für die Gruppe der Niederstverdiener erzeugt eine sehr viel gravierendere Gruppenungleichheit als die von BVerfGE 89, 15, 24 ff., beanstandete Differenzierung in § 3b EStG 1975. 83

Mit der Bezugnahme auf den Begriff „Erwerbsbezüge" knüpft der Gesetzgeber an das oben (Rz. 71) zit. Votum an. Im Anschluß an *P. Kirchhof*[77] geht der Grundfreibetragsbeschluß von einem verfassungsrechtlichen **Vorrang der Existenzminimum-Abzüge** vor dem Abzug von Erwerbsaufwendungen aus. Dieser Vorrang ist insofern begründet, als sich Existenzminimum-Abzüge verfassungsrechtlich stringenter begründen lassen als Werbungskosten und Betriebsausgaben (s. oben Rz. 79). Indessen zeigt die Übergangsregelung des § 32d EStG, daß die Verbiegung des tatbestandlichen Aufbaus verfassungswidrige Diskriminierungen zur Folge hat; dabei ist der Gesetzgeber noch nicht so weit gegangen, bei dem Niederstverdiener keine Erwerbsaufwendungen zu berücksichtigen. 84

75 BVerfGE 87, 154/155, Entscheidungsformel, Nr. 2, nach der im übrigen die mit dem GG für unvereinbar erkannten Regelungen bis zum Inkrafttreten der endgültigen Neuregelung ab 1996 weiterhin anwendbar sind.

76 In der Hektik der Steueränderungsgesetzgebung zunächst eingeführt als § 32c EStG durch FKPG vom 23. 6. 1993, BGBl. 93, S. 944, und geändert in § 32d EStG durch StandOG vom 13. 9. 1993, BGBl. I 93, 1569. Zu den Fassungen des § 32d I EStG s. § 52 XXIV 1 EStG. Zu § 32d EStG BMF vom 26. 10. 1993, BStBl. I 93, 895, und zur Übergangsregelung *H.-W. Arndt,* BB 93, 977.

77 Gutachten F zum 57. Deutschen Juristentag, München 1988, 52: „Der existenzsichernde Aufwand geht logisch und systematisch dem erwerbssichernden Aufwand vor. Einkommen sichert zunächst die Existenz des Menschen und erst danach seinen Erwerb . . .", und *P. Kirchhof,* Stbg 93, 509: „In einer verfassungsrechtlichen Systematik des Einkommensteuerrechts muß also das erzielte Einkommen zunächst um die existenzsichernden Aufwendungen und danach um die erwerbssichernden Aufwendungen gemindert werden und ist erst dann besteuerbar . . ."

85 Entsprechend dem **Verbot einer Erdrosselungssteuer** (s. oben Rz. 71 f., dort Fn. 57) erstreckt das BVerfG die Steuerfreiheit des Existenzminimums nur auf die *Einkommensbasis,* so daß Erwerbsbezüge über dem Sozialhilfeniveau den vom BVerfG manifestierten Schutz nicht genießen. Allerdings untersagt BVerfGE 87, 170 Progressionssprünge, die die *vertikale* Steuergerechtigkeit verletzen. Hingegen begründe hier die von BVerfGE 82, 60, 89 (s. oben Rz. 80) geforderte *horizontale* Steuergerechtigkeit anders als im Verhältnis Kinderloser zu Eltern keine zusätzlichen verfassungsrechtlichen Anforderungen. Nach dieser Auffassung ist es verfassungsrechtlich zulässig, den Grundfreibetrag bei höheren Einkommen gleitend abzubauen[78].

86 Indessen zeigt die als Grundfreigrenze gestaltete Übergangsregelung des § 32d EStG, daß nur ein für **alle Steuerpflichtigen einheitlicher Tatbestandsaufbau** (s. Rz. 83) und nur ein **einheitlicher Tarif** Verletzungen des Gleichheitssatzes und des Übermaßverbots ausschließen. Unvermeidlich sind Progressionssprünge am Übergang von Grundfreigrenze in die allgemeine Tarifbelastung[79]; die vertikale Steuergerechtigkeit des Progressionsprinzips gebietet aber den kontinuierlichen Anstieg des Steuersatzes, was durch das Nebeneinander von zwei Tarifen niemals gewährleistet werden kann. Der gleitende Abbau einer Existenzminimum-Pauschale tangiert nur solange die horizontale Steuergerechtigkeit nicht, als diese Pauschale für alle Steuerpflichtigen gleich hoch angesetzt ist. Sobald der Gesetzgeber diese roheste Form der Typisierung aufgibt und den Existenzminimum-Grundbedarf nach persönlichen und örtlichen Unterschieden pauschaliert, werden die Existenzminimum-Pauschalen zu notwendigen Faktoren der Bemessungsgrundlage[80].

87 b) Die Existenzminimum-Pauschale des Grundfreibetrages wird aufgestockt durch

- den Kinderfreibetrag (§ 32 VI EStG), den Haushaltsfreibetrag (§ 32 VII EStG) und den allgemeinen Unterhaltsabzug (§ 33a I EStG); diese Abzüge berücksichtigen den Grundbedarf unterhaltsberechtigter Personen (s. Rz. 89 ff.);
- Berücksichtigung von Sonderausgaben[81] (s. unten Rz. 706 ff.);
- Berücksichtigung außergewöhnlicher Belastungen (s. unten Rz. 721 ff.). Bei der Angleichung privater Abzüge an das Sozialhilferecht (s. oben Rz. 71) sind die Abzüge außergewöhnlicher Belastungen nach den §§ 33 ff. EStG vergleichbar mit der Sozialhilfe in besonderen Lebenslagen[82]. Einkommensteuersystematisch geht es darum, den Grundfreibetrag, der den *regelmäßigen Grundbedarf* zu berücksichtigen hat, durch Pauschalen für den *regelmäßigen Mehrbedarf* in besonderen Lebenslagen, z. B. der Ausbildung (§ 33a II EStG), Behinderung, Pflegebedürftigkeit (§ 33b EStG), und durch *Abzüge für zwangsläufige größere Aufwendungen, die zusätzlich zum regelmäßigen Lebensbedarf in einer besonderen Lebenslage anfallen* (s. die Beispiele unten Rz. 723), zu ergänzen[83].

---

78 So auch *K. Tipke,* StRO II, 684 ff., jedoch sei mit der Verneinung der Verfassungswidrigkeit „nicht gesagt, daß die Abschaffung des Grundfreibetrages für höhere Einkommen oder die Einführung eines Grundfreibetrages unter dem Aspekt des Leistungsfähigkeitsprinzips systemgerecht-konsequent wäre (die Inkonsequenz träfe nur alle gleichmäßig)", 686.

79 Dazu krit. bereits *J. Lang,* StuW 90, 347 f.

80 Vgl. *J. Lang* (Fn. 75), § 133.

81 Zur Aufstockung des Grundfreibetrages durch die Sonderausgabentatbestände s. *M. Lehner* (Fn. 56), 183 ff.

82 Hierzu ausf. rechtsvergleichend *M. Lehner* (Fn. 56), 199 ff.

83 Dazu *J. Lang,* Bemessungsgrundlage (Fn. 3), 202 ff., 549 ff.; *ders.,* Entwurf eines Steuergesetzbuchs (Fn. 5), § 133.

3.1.3 Berücksichtigung von Unterhaltsleistungen; Reform der Familienbesteuerung

88 a) Im **geltenden Einkommensteuerrecht** sind Unterhaltsleistungen folgenden Regeln unterworfen[84]:

aa) **§ 12 Nr. 2 EStG** scheidet zunächst Unterhaltsaufwendungen systemgerecht aus dem Einkommensteuerobjekt „Summe der Einkünfte", der Maßgröße *objektiver* Leistungsfähigkeit (s. oben Rz. 42) aus. § 12 Nr. 2 EStG konkretisiert und erweitert den Rechtssatz des § 12 Nr. 1 S. 1 EStG, daß Aufwendungen für den Unterhalt der Familienangehörigen *nicht als Erwerbsaufwendungen* abzugsfähig sind (dazu unten Rz. 242).

89 bb) **Abzugsregeln** in der Maßgröße *subjektiver* Leistungsfähigkeit auf den Stufen des § 2 IV, V EStG (s. Rz. 41):

(1) **§ 33a I EStG** gewährt den *allgemeinen Unterhaltsabzug* bis zu einem Höchstbetrag von 6300 DM (§ 33a I 1 Nr. 2 EStG). Ist der Unterhaltsberechtigte minderjährig oder wird für ihn ein Ausbildungsfreibetrag (§ 33a II EStG) gewährt, so wird der Höchstbetrag auf 4104 DM verkürzt (§ 33a I Nr. 1 EStG).

90 Der allgemeine Unterhaltsabzug ist nur geeignet, den *existenznotwendigen Grundbedarf* abzudekken. Er greift grundsätzlich nicht Platz, soweit das EStG an anderer Stelle den existenznotwendigen Grundbedarf des Berechtigten berücksichtigt. So darf für den Berechtigten *kein Kinderfreibetrag* (§ 32 VI EStG) gewährt werden (§ 33a I 1 EStG). Ferner konsumieren *Ehegattensplitting* (§ 32a V EStG)[85] und *Realsplitting* für geschiedene oder dauernd getrennt lebende Ehegatten (§§ 10 I Nr. 1; 33 II 2 EStG) den allgemeinen Unterhaltsabzug. Im wesentlichen gilt der allgemeine Unterhaltsabzug für Unterhaltsleistungen an Berechtigte, die im *Ausland* leben, ist § 33a I Nr. 1 EStG *Kinderfreibetragsersatz* für Auslandskinder. Nicht zu rechtfertigen ist die Voraussetzung, daß die unterhaltene Person *kein oder nur geringes Vermögen besitzt* (§ 33a I 2 EStG), und die Verkürzung des Höchstbetrages bei *eigenen Einkünften oder Bezügen* (§ 33a I 3 EStG), wenn die Vermögens- und Einkommenssituation des Berechtigten die Unterhaltsverpflichtung nicht unter die Höchstbeträge mindert. Es verletzt den Grundsatz der Individualbesteuerung (s. Rz. 22), wenn die Höhe des Unterhaltsabzugs nicht ausschließlich nach der Belastung des Steuerpflichtigen, sondern auch nach der Leistungsfähigkeit der unterhaltenen Personen bemessen wird, die ist auch im Vergleich zur Kinderfreibetragsregelung willkürlich.

91 (2) Der **Unterhalt für Kinder** wird primär durch den *Kinderfreibetrag* in Höhe von 4104 DM ab 1992 (§ 32 VI EStG) berücksichtigt; daneben enthält der Einkommensteuertatbestand ein Konglomerat sog. *kindbedingter Erleichterungen* in den §§ 10 I Nr. 8 (Aufwendungen für Hausgehilfinnen, s. Rz. 718); 32 VII (Haushaltsfreibetrag, s. Rz. 736); 33 III (Verkürzung der zumutbaren Belastung, s. Rz. 721), 33a II (Ausbildungsfreibetrag, s. Rz. 737); 33a III/33b V, VI (Krankheit/Körperbehinderung, s. Rz. 738); 33c (Kinderbetreuungskosten, s. Rz. 739); 34f (Sozialzwecknorm des sog. Baukindergeldes, vgl. Rz. 755); 51a II (Zuschlagsteuern); 52 XXV EStG.

92 Der Gesetzgeber hat den **Kinderfreibetrag** in einem sog. *dualen System des Familienlastenausgleichs* mit dem **Kindergeld** nach dem Bundeskindergeldgesetz verknüpft[86]. Die denklogische Verknüpfung von Kindergeld und Kinderfreibetrag entspringt dem Kapitaleinkommenskonzept (s. oben Rz. 77) und begründet den Kinderfreibetrag infolge seiner Komplementärfunktion zum Kindergeld als *Sozialsubvention.* Dadurch wird die steuersystematische Bedeutung des Kinderfreibetrages verfälscht. Er berücksichtigt den *existenznotwendigen Grundbedarf* des Kindes und muß ebenso wie der Grundfreibetrag nach den Maßstäben des *Sozialhilferechts* bemessen werden (s. Rz. 71)[87]. Dem Gesetzgeber steht es frei, die kindesbedingte Minderung der Leistungsfähigkeit auch im Sozialrecht zu berücksichtigen (BVerfGE 82, 60, 84).

---

84 Vgl. *K. Tipke*, StRO II, 692 ff.

85 BFH GrS BStBl. 89, 164; *J. Lang*, Bemessungsgrundlage (Fn. 3), 565.

86 Dazu BVerfGE 82, 60, 78 ff.; *J. Lang*, StuW 90, 339 ff.; *R. Jüptner*, StVj 90, 308 ff.; *W. Löwer*, StVj 91, 101 ff.; *M. Lehner* (Fn. 56), 239 ff.; *W. Lingemann* (Fn. 56), 206 ff.

87 Dazu BVerfGE 82, 60, 94 ff.; *J. Lang*, StuW 90, 346 f.; *ders.*, Recht der Jugend und des Bildungswesens, 91, 395; *L. Schemmel*, Die verfassungsgerichtlichen Maßstäbe für das Existenzminimum

93 Die von BVerfGE 82, 60, 92 ff. empfohlene **Umrechnung des Kindergeldes in einen fiktiven Kinderfreibetrag** ist jedoch verfehlt[88]: Diese Methode scheitert bereits daran, daß es nicht möglich ist, der Umrechnung einen bestimmten Steuersatz zugrundezulegen[89]. Zudem wird der Blick auf die *existenzsichernde* Funktion des Kinderfreibetrages verstellt. Wenn Eltern Markteinkommen und Kindergeld in Höhe des sozialhilferechtlichen Familienexistenzminimums haben, dann darf keine Einkommensteuer entstehen, was jedoch nach der Umrechnungsmethode der Fall ist: sie bewertet nämlich das Kindergeld als Steuererstattung, was wiederum die Niederstverdiener diskriminiert, weil nur bei ihnen das Kindergeld substituiert wird. Die Empfehlung der Umrechnungsmethode zeigt, daß selbst dem BVerfG, indem es die Prämisse eines dualen Systems von Kindergeld und Kinderfreibetrag akzeptierte, die existenzsichernde Funktion des Kinderfreibetrages noch nicht ganz klar geworden ist. Nur eine **Anrechnungsmethode** sichert das Familienexistenzminimum: Soweit Kindergeld gezahlt und das Kindexistenzminimum staatsfinanziert ist, braucht es nicht von den Eltern finanziert zu werden, so daß ein Kinderfreibetrag *im Umfange der Kindergeldzahlung* zu mindern ist.

94 (3) Der **Ehegattenunterhalt** wird bei *intakter Ehe unbeschränkt Einkommensteuerpflichtiger* (s. § 26 EStG) durch ein *tarifliches Splitting* berücksichtigt: Gem. § 32a V EStG beträgt die tarifliche Einkommensteuer das Zweifache des Steuerbetrages, der sich für die Hälfte des von den Ehegatten gemeinsam zu versteuernden Einkommens (§ 26b EStG) ergibt. Nach BVerfGE 61, 319, 345 f., ist das Ehegattensplitting *keine Steuervergünstigung*[90]; es entspräche vielmehr „dem Grundsatz der Besteuerung nach der Leistungsfähigkeit. Es geht davon aus, daß zusammenlebende Eheleute eine Gemeinschaft des Erwerbs und des Verbrauchs bilden, in der ein Ehegatte an den Einkünften und Lasten des anderen wirtschaftlich jeweils zur Hälfte teilhat . . . Damit knüpft das Splitting an die wirtschaftliche Realität der intakten Durchschnittsehe an, in der ein Transfer steuerlicher Leistungsfähigkeit zwischen den Partnern stattfindet.“[91]. Demnach beinhaltet das Ehegattensplitting eigentlich eine Regelung der *Verteilung des Einkommens* zwischen den Eheleuten, die über das Unterhaltsrecht hinausreicht und insb. auch *eherechtlich* begründet ist (s. im weiteren Rz. 759); eine derartige Regelung gehört nicht in den Tarif[92], sondern in die *Bemessungsgrundlage*[93].

95 Für den Unterhalt **geschiedener** oder **dauernd getrennt** lebender und **unbeschränkt einkommensteuerpflichtiger Ehegatten** sehen §§ 10 I Nr. 1; 22 Nr. 1a EStG ein *begrenztes Realsplitting* vor: Der Geber kann jährlich Unterhaltsleistungen bis zu 27 000 DM als Sonderausgaben abziehen, wenn der Empfänger *zustimmt.* Der Empfänger hat die Unterhaltsleistungen zu versteuern, soweit sie nach § 10 I Nr. 1 EStG vom Geber abgezogen werden können (§ 22 Nr. 1a EStG).

96 Der Gesetzgeber wollte mit diesem **Realsplitting** den Wegfall des Ehegattensplittings nach dem Scheitern der Ehe abfedern[94]. Im Prinzip wird durch das Realsplitting der *Transfer wirtschaftlicher Leistungsfähigkeit durch zwangsläufige Unterhaltsleistungen* (s. Rz. 74) sachgerecht berücksichtigt. Die Geschiedenen und Getrenntlebenden werden jedoch insofern privilegiert, als die sachgerechte Regelung des Realsplittings *für alle Unterhaltsgemeinschaften* geboten ist (s. Rz. 707). Indessen ist

---

eines Kindes, DStZ 91, 481; *M. Lehner* (Fn. 56), 245 ff.; *W. Lingemann* (Fn. 56), 105 ff. und Vorlage an das BVerfG: BFH BStBl. 93, 755.

88 Krit. insb. *H.-J. Pezzer,* StuW 89, 222 f.; *J. Lang,* StuW 90, 340; *M. Moderegger,* Der verfassungsrechtliche Familienschutz und das System des Einkommensteuerrechts, Baden-Baden 1991, 102; *M. Lehner* (Fn. 56), 266 ff. (m. w. Nachw.). Zustimmend *R. Jüptner,* StVj 90, 310 f.

89 In einer tabellarischen Übersicht präsentiert BVerfGE 82, 60, 96, exemplarisch drei Steuersätze: 30, 40 und 56 Prozent.

90 So auch Beschluß des 57. DJT (Fn. 54), 215, mit der Empfehlung, das Ehegattensplitting uneingeschränkt beizubehalten.

91 So BVerfGE 61, 346, im Anschluß an *J. Lang* (Fn. 3), 627 ff.

92 Auch ein Resultat der in Rz. 77 krit. Sicht kapitalorientierter Besteuerung.

93 Vgl. *J. Lang,* Entwurf eines Steuergesetzbuchs (Fn. 5), § 104 II.

94 BT-Drucks. 8/2100, 60. Dazu *A. Uelner,* StbKongrRep. 79, 99, 115 ff.

gegen § 10 I Nr. 1 EStG einzuwenden, daß eine *Begrenzung* auf 27 000 DM nicht gerechtfertigt ist, wenn ein Rechtstitel über einen höheren Betrag vorliegt. Umgekehrt fehlt die Tatbestandsvoraussetzung der *Zwangsläufigkeit:* Ein Realsplitting in Höhe von 27 000 DM ist nicht zu rechtfertigen, wenn die Verpflichtung den Betrag von 27 000 DM unterschreitet. Gänzlich verfehlt ist es, den Abzug als Sonderausgaben von der Zustimmung des Empfängers abhängig zu machen (ebensogut könnte man den Abzug als Betriebsausgaben von der Zustimmung des Geschäftspartners abhängig machen).

(4) Der Tatbestand der **wiederkehrenden Bezüge** (§ 22 Nr. 1 EStG) erfaßt auch *Unterhaltsbezüge.* Nach § 22 Nr. 1 S. 2 EStG sind jedoch Unterhaltsbezüge nicht dem Empfänger zuzurechnen, wenn der Geber unbeschränkt einkommen-/körperschaftsteuerpflichtig ist (s. Rz. 583). 97

Wörtlich genommen ergibt diese Regelung keinen Sinn. Soll denn der Geber die Unterhaltsleistung versteuern? In der Tat beruht § 22 Nr. 1 S. 2 EStG auf dem Gedanken, Doppelbesteuerung zu vermeiden[95]: aus dem versteuerten Einkommen geleistete *Zuwendungen* sollen nicht noch einmal versteuert werden. Die Fehlformulierung des Gesetzes ist darauf zurückzuführen, daß der Tatbestand der „wiederkehrenden Bezüge" *quellentheoretisch* fundiert ist[96] und daher auch die Quelle eines Rechts auf Unterhalt erfaßt. Dadurch werden die Maßgrößen objektiver Leistungsfähigkeit („Summe der Einkünfte", s. Rz. 42) und subjektiver Leistungsfähigkeit (Transfer steuerlicher Leistungsfähigkeit, s. Rz. 74) *vermengt.* Systematisch richtig ist es jedoch, auch die Einkünfte aus wiederkehrenden Bezügen auf *erwirtschaftete* Einkünfte zu beschränken[97] und *Zuwendungen* auszuscheiden, die grundsätzlich der Erbschaft- und Schenkungsteuer unterfallen bzw. als *Unterhaltsleistungen* in der Maßgröße subjektiver Leistungsfähigkeit anzusiedeln sind. Allerdings fehlt hierzu ein Rechtsinstitut „Privatbezüge"[98], ohne das Unterhaltsbezüge nur „im tatbestandlichen Rahmen der Einkunftsarten"[99], so in § 22 Nr. 1, 1a EStG erfaßt werden können.

b) **Reform der Familienbesteuerung:** Nach *K. Tipke* (StRO II, 694) ist die Regelung des „Unterhalts-Steuerrechts" konzeptionslos, unsystematisch-inkonsequent, verworren und unübersichtlich. In der Tat ist das Bedürfnis nach einer Strukturreform der Familienbesteuerung unabweisbar. Die Vielfalt der Diskriminierungen, auch Privilegierungen bestimmter Gruppen von Steuerpflichtigen in dem verworrenen Konglomerat von Unterhaltsabzügen und Splitting-Regelungen ist nur durch eine Reform zu beseitigen, die von dem überholten, mit dem verfassungsrechtlichen Wertsystem (vgl. Rz. 72) unvereinbaren Konzept Abschied nimmt, nur das Markteinkommen oder gar nur Erwerbsbezüge würden abschließend die steuerliche Leistungsfähigkeit messen (s. Rz. 77). Als Indikator steuerlicher Leistungsfähigkeit ist nur eine *bedarfsorientierte* Maßgröße des für die Steuerzahlung wirklich verfügbaren Einkommens tauglich; es gilt nichts anderes als im Sozialrecht, wo wirtschaftliche Bedürftigkeit zu messen ist (s. § 1 Rz. 26), und es gilt die *Werteinheit der Rechtsordnung* (s. § 1 Rz. 30). Die Reform hat zweierlei zu leisten: 98

- Zunächst muß zur **Bemessung der individuellen Leistungsfähigkeit** sowohl der Verpflichteten als auch der Berechtigten der *Transfer steuerlicher Leistungsfähigkeit durch zwangsläufige Unterhaltsleistungen* in der Bemessungsgrundlage der Einkommensteu- 99

95 Dazu *P. Fischer,* KS, EStG, § 22 Rnrn. B 351 ff.

96 Dazu *P. Fischer* (Fn. 95), Rnrn. A 71.

97 Dazu *J. Lang* (Fn. 3), 49 ff.; *P. Fischer* (Fn. 95), Rn. B 29. Im weiteren unten Rz. 575 ff.

98 Vgl. *J. Lang,* Entwurf eines Steuergesetzbuchs (Fn. 5), § 106: „Privatbezüge" müßten auch öffentlich-rechtliche Unterhalts- und Versorgungsleistungen (Sozialhilfe, Wohngeld, Kindergeld) erfassen, m. E. aber nur bis zu dem Betrag des einkommensteuerrechtlich berücksichtigten Lebensbedarfs (s. § 106 II 3 meines Entwurfs). Hingegen hat der 57. DJT (Fn. 54), 213, beschlossen, „Sozialbezüge, Subventionen, Unterhaltsbezüge" im „tatbestandlichen Rahmen der Einkunftsarten" unbegrenzt zu erfassen. Das Rechtsinstitut „Privatbezüge" ist auch erforderlich, um die Erstattung und Rückzahlung von Aufwendungen der Privatabzüge zu erfassen (s. § 106 I Nr. 3 meines Entwurfs, sowie unten Rz. 702 ff.).

99 So DJT, zit. in Fn. 66 und 98.

er abgebildet werden. Hierfür ist die sachgerechte Regelung das Realsplitting[100], das zu einem **Familien-Realsplitting** (s. Schaubild, Ebene c, in Rz. 80) ausgebaut werden müßte[101].

100 – Sodann ist bei jedem Individuum der **existenznotwendige Lebensbedarf** durch *private Abzüge* nach den *Maßstäben des Sozialhilferechts* zu berücksichtigen (s. Schaubild, Ebene d, in Rz. 80); dabei sind die rohe, alle Steuerpflichtigen über einen Leisten spannende tarifliche Nullzone (sog. Grundfreibetrag, § 32a I Nr. 1 EStG) sowie die „Tarifvorschriften" der §§ 32; 33–33b EStG durch ein mit dem Sozialhilferecht kompatibles System von Lebensbedarfabzügen (s. Rz. 87) zu ersetzen.

101 Die Steuerpolitik krankt daran, daß sie sich aus den herkömmlichen Denkmustern nicht herauszulösen vermag. Warum wird eigentlich immer noch das **tarifliche Familiensplitting** aus der Klamottenkiste kapitalorientierter Besteuerung ins Spiel gebracht, nachdem seit langem bekannt ist, daß tarifliche Divisoren von der unterhaltsrechtlichen Einkommensverteilung bedeutend abweichen und daher ungerechtfertigte Steuervorteile bewirken, und daß der Zwang zur Zusammenveranlagung Familienstreit erzeugt[102]?

102 Das **Familien-Realsplitting** ist die einzige Reform-Alternative, die den Transfer steuerlicher Leistungsfähigkeit durch zwangsläufige Unterhaltsleistungen realitätsgerecht abzubilden vermag. Gewiß: Nach dem herkömmlichen, auf das Markteinkommen als Leistungsfähigkeitsindikator bezogenen Denkmuster werden Unterhaltspflichten immer noch als steuerlich irrelevante Privatangelegenheit bewertet und daraus Privilegien für höhere Einkommen abgeleitet[103]; dabei geht es doch um *horizontale Steuergerechtigkeit* zwischen Eltern und Kinderlosen! Selbst BVerfGE 82, 60, 91, erkennt für den Steuergesetzgeber keine verfassungsrechtliche Verpflichtung, Unterhaltsleistungen „in der vollen Höhe des bürgerlich-rechtlichen Unterhaltsanspruchs, der sich regelmäßig nach der Lebensstellung der Eltern bestimmt", zu berücksichtigen. Dabei läßt BVerfGE 82, 60, 91, allerdings die Komponente der Versteuerung von Unterhaltsbezügen unerwähnt, die für die realitätsgerechte Abbildung des Unterhaltsverhältnisses im Steuerrecht unentbehrlich ist.

103 Gerade auch die **soziale Gleichheit** gebietet das Familien-Realsplitting; ein solches wird nämlich längst durch *Übertragung von Einkunftsquellen* (s. unten Rz. 523 ff.) für Familien mit Unternehmen und Vermögen hergestellt; dabei werden Existenzminima doppelt berücksichtigt. Wer z. B. seinem frisch geborenen Kinde den Nießbrauch an einer vermieteten Eigentumswohnung einräumt, der macht den Säugling steuerlich zum erwachsenen Niederstverdiener; sodann wird die Steuerfreiheit des § 32d EStG aufgestockt durch den bei den Eltern abziehbaren Kinderfreibetrag (§ 32 VI EStG). Demgegenüber stellt das Familien-Realsplitting sicher, daß der existenznotwendige Lebensbedarf (s. Schaubild, Ebene d, in Rz. 80) *nur einmal* und zudem *in richtiger Höhe* berücksichtigt wird.

---

100 *K. Tipke,* StRO II 693, zu dem in Rz. 95 f. erörterten Realsplitting der §§ 10 I Nr. 1; 22 Nr. 1a EStG: „Warum diese Aufnahme nicht zum allgemeinen, dem Leistungsfähigkeitsprinzip entsprechenden Unterprinzip erhoben wird, ist nicht erfindlich."

101 S. *J. Lang,* Bemessungsgrundlage (Fn. 3), 650 ff.; *ders.,* Entwurf eines Steuergesetzbuchs (Fn. 5), §§ 106 (Summe der Privatbezüge und Privatabzüge); 134 (Unterhaltsabzüge); 1003/1004 (Familiensteuerbescheide); *J. Martens,* StVj 89, 214; *M. Moderegger* (Fn. 88), 164, 176 ff.; *W. Oepen,* DStZ 92, 692; *G. Vorwold,* FR 92, 789 ff.; *M. Lehner* (Fn. 56), 166 f.; *Arndt/Schumacher,* AöR 118 (1993), 576 ff. (mögliche Konzepte der Familienbesteuerung); *W. Lingemann* (Fn. 56), 156 ff., sowie die in Fn. 77 zit. Beschlüsse des 57. DJT und die Beschlüsse von Familienverbänden in Bad Boll, StuW 92, 195.

102 Vgl. dazu Gutachten der Steuerreformkommission 1971, BMF-Schriftenreihe, Heft 17, Bonn 1971, Tz. II 572 ff.; *J. Lang* (Fn. 3), 650 ff.; *ders.,* StuW 83, 116 f.; *M. Moderegger* (Fn. 88), 165 ff.; *B. Janssen,* DStZ 91, 21; *W. Oepen,* DStZ 92, 690 f.; *G. Vorwold,* FR 92, 794; *A. Waterkamp,* Ehegattenveranlagung und Freizügigkeit in der Europäischen Gemeinschaft, Köln u. a. 1993, 259 ff.; *M. Lehner* (Fn. 56), 165 f.; *Arndt/Schumacher,* AöR 118 (1993), 576 f.; *W. Lingemann* (Fn. 56), 187 ff.

103 So beurteilen *Arndt/Schumacher,* AöR 118 (1993), 581, das Familien-Realsplitting zwar als das einzige „echte Reformmodell", befürchten jedoch, daß eine mit dem Einkommen steigende Abzugsfähigkeit von Unterhaltszahlungen politisch nicht durchsetzbar sei.

Gegen das Familien-Realsplitting werden Einwände der **Praktikabilität** erhoben[104]; insb. sei problematisch, in welcher Höhe Unterhaltsabzüge/-bezüge anzusetzen seien. Dem ist zunächst entgegenzuhalten, daß ein Familien-Realsplitting der Übertragung von Einkunftsquellen und damit einer massenhaften Rechtsgestaltung den Boden entzieht, die permanenter Quell von Streitigkeiten um die steuerliche Anerkennung von Verträgen ist[105]. Im weiteren macht eine Reform der Familienbesteuerung nur Sinn, wenn das bestehende Vorschriftenchaos der §§ 10 ff.; 32 ff. EStG durch wenige, folgerichtig konzipierte Normen ersetzt wird, die selbstverständlich *überall dort Pauschalierungen* vorsehen, wo Einzelnachweise nicht zugemutet werden können. Bei der Pauschalierung von Unterhaltsabzügen/-bezügen geht es darum, die unterhaltsrechtlichen, z. B. in der Düsseldorfer Tabelle sich niederschlagenden Pauschalierungsbedürfnisse mit den steuerrechtlichen Pauschalierungsbedürfnissen in einer rechtsgebietübergreifenden **Unterhaltsordnung** zu vereinigen[106]. Schließlich wird eine durchgreifende Vereinfachung erreicht durch **Familiensteuerbescheide** mit Steuerpflicht nur für die *Unterhaltsverpflichteten*[107] und *Verzicht auf Progression* im unteren Einkommensbereich (dazu näher unten Rz. 740 ff.). 104

3.2 Tatbestandstechnischer Aufbau des zu versteuernden Einkommens

Tatbestandstechnisch ist die Bemessungsgrundlage der Einkommensteuer wie folgt aufgebaut (s. Abschn. 3 EStR). 105

Summe der Einkünfte aus sieben Einkunftsarten	Markteinkommen
+ nachzuversteuernder Betrag (§ 10a EStG)	Rückgängigmachung einer Steuervergünstigung
– Verlustabzugsbetrag sowie	
+ Hinzurechnungsbetrag nach §§ 2 I Auslandsinvestitionsgesetz; 2a III, IV EStG	
– Altersentlastungsbetrag (§ 24a EStG)	Steuervergünstigung der Alterseinkünfte bis 3720 DM
– Freibetrag für Land- und Forstwirte (§ 13 III EStG)	Steuerprivileg (Beseitigung läßt sich politisch nicht durchsetzen)
– ausländische Steuern vom Einkommen (§ 34c II, III, VI EStG)	Maßnahme zur Milderung internationaler Doppelbesteuerung, s. Rz. 752
Gesamtbetrag der Einkünfte (§ 2 III EStG)	
– Sonderausgaben (§§ 10, 10b, 10c EStG)	private Abzüge
– steuerbegünstigter nicht entnommener Gewinn (§ 10a EStG)	Steuervergünstigung
– außergewöhnliche Belastungen (§§ 33 bis 33c EStG)	private Abzüge

104 Insb. *Borell/Stern*, Zur Neuregelung der Familienbesteuerung, Karl-Bräuer-Institut des Bundes der Steuerzahler, Wiesbaden 1983, 47 ff.; *B. Janssen*, DStZ 91, 21 f.; *A. Waterkamp* (Fn. 102), 262 ff.

105 *B. Janssen*, DStZ 91, 22, weist zwar zutreffend daraufhin, daß die Übertragung von Einkunftsquellen auch jenseits von Unterhaltspflichten stattfinde (auch das Ehegatten-Splitting hat Ehegatten-Verträge nicht total erledigt). Jedoch dürfte die Häufigkeit der Übertragung von Einkunftsquellen nach Einführung eines Familien-Realsplittings drastisch zurückgehen, ebenso wie die Häufigkeit von Ehegatten-Verträgen nach Abschaffung oder Kappung des Ehegatten-Splittings drastisch zunehmen würde.

106 Vgl. *J. Lang*, Entwurf eines Steuergesetzbuchs (Fn. 5), § 134 III. Die Bedenken von *B. Janssen*, DStZ 91, 22, die Unterhaltsleistungen seien schwierig zu quantifizieren, lassen sich also ausräumen.

107 Vgl. *J. Lang*, Entwurf eines Steuergesetzbuchs (Fn. 5), §§ 1003; 1004. Der im Schrifttum (Fn. 104) befürchtete Veranlagungsmehraufwand entsteht also bei entsprechender Ausgestaltung des Steuerverfahrens nicht. Im Gegenteil: Die in meinem Entwurf (Fn. 5) empfohlenen Pauschalierungen ermöglichen sogar automatisierte Einkommensteuerbescheide, die Arbeitnehmern u. a. Steuerpflichtigen mit steuerabzugspflichtigen Einkünften vor einer Steuererklärung zugesandt werden (§ 1006).

– steuergesetzliche Förderung des Wohneigentums (§ 10e EStG)	höhere Einkommensbezieher privilegierende Steuervergünstigung (s. § 4 Rz. 128)
– Verlustabzug (§ 10d EStG)	keine Steuervergünstigung; Fiskalzwecknorm zur Verwirklichung des objektiven Nettoprinzips
Einkommen (§ 2 IV EStG)	
– Kinderfreibetrag (§ 32 VI EStG)	Pauschale für den existenznotwendigen Grundbedarf des Kindes (s. oben Rz. 92)
– Haushaltsfreibetrag (§ 32 VII EStG)	Verdoppelung des Grundfreibetrags für die Halbfamilie
zu versteuerndes Einkommen (§ 2 V EStG)	

106 **Hinweise zur Fallösung:**

Die Lösung eines Einkommensteuerfalles hat von dem einzelnen Einkommensteuerschuldverhältnis auszugehen. Das zu versteuernde Einkommen i. S. d. § 2 V EStG ist einer natürlichen Person als Steuersubjekt und Schuldnerin der Einkommensteuer zuzuordnen. Bei mehreren natürlichen Personen ist die Fallösung grundsätzlich nach den Steuersubjekten zu gliedern. Bei Ehegatten ist zu Beginn der Fallösung zu prüfen, welche Veranlagungsart nach § 26 EStG gewählt worden ist: Zusammenveranlagung (§ 26b EStG), getrennte Veranlagung (§ 26a EStG) oder besondere Veranlagung für den Zeitraum der Eheschließung (§ 26c EStG). Im Falle des § 26b EStG ist das zu versteuernde Einkommen der Ehegatten in einem Abschnitt der Fallösung zu ermitteln. Für die Fallösung besorgt man sich das Schema zur Berechnung der Einkommensteuer in den amtlichen Anleitungen zum Antrag auf Lohnsteuer-Jahresausgleich und zur Einkommensteuererklärung.

Nach Feststellung des Steuersubjekts ist die Art der Steuerpflicht (unbeschränkte/beschränkte Steuerpflicht) zu prüfen. Von dem Ergebnis der Prüfung hängt ab, in welchem Umfange das Einkommen der deutschen Besteuerung unterliegt. Im Falle unbeschränkter Steuerpflicht erfährt die in § 2 EStG niedergelegte Bemessungsgrundlage der Einkommensteuer keine Einschränkungen, im Falle beschränkter Steuerpflicht sind die Vorschriften der §§ 49, 50 EStG anzuwenden. Nach Feststellung der Einkommensteuerpflicht ist das zu versteuernde Einkommen der unbeschränkt/beschränkt einkommensteuerpflichtigen natürlichen Person bzw. zusammenveranlagter Ehegatten zu ermitteln.

107–119 Einstweilen frei.

D. Bestimmung steuerpflichtiger Einkünfte

1. Einführung

120 Die Ermittlung des zu versteuernden Einkommens beginnt mit der Prüfung, welche Einkünfte die natürliche Person erzielt hat. Auch bei zusammenveranlagten Ehegatten sind die Einkünfte zunächst getrennt zu qualifizieren und zu quantifizieren. Erst nachdem alle steuerpflichtigen Einkünfte der zusammenveranlagten Ehegatten festgestellt sind, werden sie nach § 26b EStG in einer „Summe der Einkünfte" saldiert.

Die „Summe der Einkünfte" bildet die Gesamtheit der steuerpflichtigen positiven Einkünfte und der unter den Einkünftekatalog des § 2 I EStG subsumierbaren negativen Einkünfte. Bei der Feststellung von Einkünften, die in der „Summe der Einkünfte" zu berücksichtigen sind, ist zunächst zu prüfen, ob die Einkünfte den Tatbestand einer Einkunftsart i. S. d. § 2 I Nrn. 1– 7 EStG verwirklichen. Bejaht man dies, so liegen steuerbare Einkünfte vor. Sodann ist zu prüfen, ob Einkünfte (insb. nach §§ 3–3c EStG) sachlich steuerbefreit sind. Verneint man dies, so liegen dem Grunde nach steuerpflichtige Einkünfte vor; diese Einkünfte sind zu quantifizieren. Die sog. Ermittlung der Einkünfte geschieht nach §§ 2 II, 4 ff., 8 ff. EStG (s. unten Rz. 188 ff.). Auf der Quantifikationsebene wird die Steuerpflicht einzelner Einkunftsarten partiell durch Freibeträge und Freigrenzen eingeschränkt (s. unten Rz. 138 ff.)

2. Steuerbare Einkünfte

a) Steuerbare Einkünfte werden durch zwei Merkmalgruppen bestimmt. Die erste Merkmalgruppe gilt für alle Einkunftsarten: Einkünfte sind allgemein nur dann steuerbar, wenn sie durch eine Erwerbstätigkeit erwirtschaftet worden sind (s. oben Rz. 52). Die zweite Merkmalgruppe umschreibt die einzelnen Einkunftsarten (dazu unten Rz. 477 ff.). 121

b) Die erste Merkmalgruppe ist in § 2 I 1 EStG verankert, und zwar in dem Begriff des **Erzielens.** Mit diesem Begriff positiviert das Gesetz den Kausalzusammenhang zwischen Einkünften und einer Erwerbstätigkeit[1]. Einkünfte beruhen auf zielgerichteten Handlungen. Durch diese Handlungen werden sie erwirtschaftet. Rechtsdogmatisch kann man davon ausgehen, daß Einkunftserzielung auf vorsatzgesteuertem Handeln beruht[2]. Das Erwirtschaften ist in hohem Maße planmäßiges Handeln. Durch planloses oder fahrlässiges Handeln entstehen in aller Regel keine Einkünfte. Die historische Unterscheidung zwischen Arbeits- und Vermögenseinkünften ist rechtsdogmatisch untauglich. Die einkünfteerzielende Person ist stets tätig. Der Kapitaleinsatz ist allerdings höchst unterschiedlich, beim Arbeitnehmer relativ klein (z. B. auf die Beschaffung geringwertiger Arbeitsmittel beschränkt), beim Aktionär, Sparer, Vermieter relativ hoch. Jedoch müssen auch der Kuponschneider und Vermieter tätig sein, um nach Möglichkeit die günstigsten Finanzanlagen zu erwerben bzw. Wohnungen zu vermieten. Die Überlassung von Kapital, die Vermietung und Verpachtung sind ziel- und zweckgerichtete, vorsatzgesteuerte Erwerbstätigkeiten. 122

Rechtlich besteht die Erwerbstätigkeit aus einem objektiven und subjektiven Tatbestand.

aa) **Objektiver Tatbestand** ist die **„Beteiligung am allgemeinen wirtschaftlichen Verkehr“.** § 15 II 1 EStG enthält ein für alle Einkunftsarten gültiges Tatbestandsmerkmal[3]. Dies ist u. a. auch ein Grund dafür, warum die Abgrenzung der Einkünfte aus Gewerbebetrieb zu den Einkünften aus Vermögensverwaltung mitunter sehr schwierig ist (dazu Rz. 489, 565, 571 f.). Das durch Beteiligung am wirtschaftlichen Verkehr erwirtschaftete Einkommen ist das Markteinkommen (s. oben Rz. 52). 123

Diesen objektiven Tatbestand erfüllen nicht:

- Erbschaften und Schenkungen (sie werden vom Erbschaft- und Schenkungsteuergesetz erfaßt);
- Vermögensmehrungen durch private und staatliche Unterhaltsbezüge. § 22 Nrn. 1, 1a EStG erfassen allerdings ausnahmsweise auch nicht erwirtschaftete Bezüge. Diesen Systembruch gleicht ein umfangreicher Katalog von Steuerbefreiungen staatlicher Zuwendungen (§ 3 Nrn. 2, 4–8, 11, 18–20, 22–24, 42–44, 48, 58–61 EStG) aus;
- Eigenleistungen (sog. Schatteneinkommen oder imputed income), das ist die Wertvermehrung für eigene private Zwecke ohne Beteiligung am wirtschaftlichen Verkehr, z. B. durch Arbeit der Hausfrau, Gemüseanbau für die Familie, Reparatur des eigenen Autos, Hausbau (unter Verwendung von Fertighausbausätzen). Handwerklich befähigte Leute machen die Erfahrung, daß es sich lohnt, die Arbeitskraft hauptsächlich dem Eigenleistungseinkommen zu widmen;
- Entschädigungen außerhalb der Beteiligung am wirtschaftlichen Verkehr, dies stellt u. a. § 24 Nr. 1 EStG klar;

---

1 Dazu *P. Kirchhof*, KS, EStG, § 2 Rnrn. A 363 ff.; *J. Lang*, Die Bemessungsgrundlage der Einkommensteuer, Köln 1981/88, 229 ff. (m. w. N.).

2 Dazu *J. Lang* (Fn. 1), 306 ff., unter Heranziehung der finalen Handlungslehre von *H. Welzel* (s. Rz. 216, dort Fn. 31). Zu dogmatischen Gemeinsamkeiten der Einkunftsarten *K. Tipke*, StRO II, 601 ff.

3 Dazu *J. Lang* (Fn. 1), 237 ff.

– sonst nicht erwirtschaftete Bezüge, z. B. Aussteuern, Ausstattungen und andere Bezüge im Bereich der Lebensführung.

124 bb) **Subjektiver Tatbestand** ist die Absicht, durch die **Erwerbstätigkeit einen Überschuß der Bezüge über die Aufwendungen zu erzielen** (Einkünfteerzielungsabsicht)[4]. § 15 II 1 EStG verlangt ausdrücklich „die Absicht, Gewinn zu erzielen"; sie kann indessen Nebenzweck sein (§ 5 II 3 EStG). § 15 II 1 EStG ist hier ebenfalls Ausdruck eines allgemeinen, alle erwirtschafteten Einkünfte beherrschenden Prinzips. Für die land- und forstwirtschaftlichen Einkünfte, die freiberuflichen Einkünfte und die Einkünfte aus anderer selbständiger Arbeit ergibt sich das schon daraus, daß sie alle Merkmale der gewerblichen Einkünfte erfüllen, weswegen § 15 II 1 EStG diese Einkünfte ausklammert. § 9 EStG unterstellt grundsätzlich ebenfalls das Streben, Einnahmen zu erzielen, die die Werbungskosten übersteigen. Auch bei verfassungskonformen, am Gleichheitssatz orientierten Gesetzesverständnis kommt man zu dem Ergebnis, daß allen erwirtschafteten Einkünften die Einkünfteerzielungsabsicht immanent ist.

125 Bei der Beurteilung des subjektiven Tatbestandes kommt es grundsätzlich darauf an, welchen Plan der Steuerpflichtige für die **gesamte Dauer der Erwerbstätigkeit** verfolgt. Ein Versicherungsangestellter kann Abende, Nächte, Sonn- und Feiertage damit verbringen, einen Bestseller schreiben zu wollen. Er kann dies Jahrzehnte erfolglos tun. Gleichwohl handelt er rein subjektiv betrachtet mit Einkünfteerzielungsabsicht. Er unterhält einen Betrieb i. S. d. §§ 4, 18 I Nr. 1 EStG. Maßgeblich für die Einkünfteerzielungsabsicht ist also das Ergebnis der Totalperiode von dem Beginn bis zum Ende einer Erwerbstätigkeit, z. B. die Summe aller periodisch erwirtschafteten Ergebnisse eines Betriebs von seiner Gründung bis zur Veräußerung/Aufgabe/Liquidation[5].

126 Die Einkünfteerzielungsabsicht muß gemäß §§ 88, 90 AO ermittelt werden. Das ist häufig schwierig. Der Steuerpflichtige neigt dazu, die für ihn steuergünstige Absicht geltend zu machen. Einem Feierabend-Schriftsteller dürfte es kaum gelingen, dem Finanzamt plausibel zu machen, daß er mit Einkünfteerzielungsabsicht schreibt, bevor das Buch gewinnbringend veröffentlicht ist. In solchen Fällen läßt sich das Finanzamt von der Einkünfteerzielungsabsicht erst überzeugen, wenn sich objektiv herausstellt, daß ein erfolgreiches Buch verfaßt worden ist. In der Tat ist eine **objektivierende Beurteilung** unerläßlich. Die Einkünfteerzielungsabsicht ist nämlich eine innere Tatsache, die „wie alle sich in der Vorstellung von Menschen abspielenden Vorgänge nur anhand äußerlicher Merkmale beurteilt werden kann" (BFH GrS BStBl. 84, 767).

127 Die ermittelten äußeren Merkmale bilden die Grundlage für eine **prognostische Beurteilung.** Es muß zwangsläufig bei jeder Veranlagung geprüft werden, ob ein Totalüberschuß der Erwerbsbezüge über die Erwerbsaufwendungen zu erwarten ist. Die Prognosebeurteilung muß aber laufend angepaßt werden. Stellt sich im Falle des Buchautors heraus, daß der Steuerpflichtige Einkünfteerzielungsabsicht hatte, so ist der Kauf des

4 Dazu insb. BFH BStBl. 84, 751, 765 ff.; 86, 289; 86, 293; 87, 668; 87, 744; 88, 778; 91, 333; 91, 564; 92, 328; *Raupach/Schenking,* HHR, EStG, § 2 Anm. 376 ff.; *Schmidt/Seeger,* EStG[13], § 2 Anm. 10; *J. P. Meincke,* LBH, EStG, § 2 Rnrn. 57 ff.; *M. Groh,* DB 84, 2424; *G. Rose,* StbJb. 1985/86, 177; *M. R. Theisen,* StuW 88, 39; *Jakob/Hörmann,* FR 89, 665; *dies.,* FR 90, 33; *G. Pferdmenges,* Einkünfteerzielungsabsicht, Eine steuerrechtliche Analyse unter besonderer Berücksichtigung der Besteuerung von Personengesellschaften, Düsseldorf 1990; *G. Söffing,* StVj 92, 235; *K. Vinzenz,* DStR 93, 550; *H. Weber-Grellet,* DStR 93, 980; *S. F. Seeger,* Die Gewinnerzielungsabsicht – ein unmögliches Tatbestandsmerkmal, in: FS für L. Schmidt, München 1993, 37.

5 BFH GrS BStBl. 84, 766; BFH BStBl. 87, 774, 776; 88, 778, 779; *G. Pferdmenges,* Die steuerrechtliche Totalperiode als Charakteristikum der Einkünfteerzielungsabsicht, StuW 90, 240; *Raupach/Schenking,* HHR, EStG, § 2 Anm. 386 ff.; *S. F. Seeger* (Fn. 4), 42 ff.

Papiers bei Beginn der schriftstellerischen Tätigkeit ein betrieblicher Vorgang. Der Bucherfolg ist ein Ereignis i. S. d. § 175 I 1 Nr. 2 AO. Das objektive Nettoprinzip wird verletzt, wenn die Honorare als Betriebseinnahmen angesetzt, nicht jedoch die zuvor geleisteten Aufwendungen als Betriebsausgaben anerkannt werden. Die objektivierende Beurteilung darf nicht zur fiskalischen Beurteilung denaturieren. Das gilt insb. auch für die Abgrenzung gewerblicher Gewinnerzielungsabsicht zur Absicht, positive Vermietungseinkünfte zu erzielen[6].

Eine reine Steuerminimierungsabsicht ist keine Absicht i. S. steuerbarer Einkünfte. Verluste aus reinen Steuerminimierungstätigkeiten sind weder ausgleichs- noch abzugsfähig. § 15 II 2 EStG enthält einen allgemeinen, für alle Einkunftsarten geltenden Rechtsgedanken[7].

c) Einkünfte, die nicht mit Einkünfteerzielungsabsicht erwirtschaftet worden sind, sind keine einkommensteuerbaren positiven oder negativen Einkünfte. Daher sind **nicht einkommensteuerbar:** 128

aa) Einkünfte aus gemeinnütziger Tätigkeit[8];

bb) Einkünfte aus Liebhaberei[9]; Liebhaberei ist eine Tätigkeit aus privater Hingabe oder Neigung (Hobby) ohne Einkünfteerzielungsabsicht. Künstler wie *van Gogh,* der zu Lebzeiten kein Bild verkaufte, oder *Franz Kafka,* der alle seine Manuskripte verbrennen wollte, waren wohl „Liebhaber“ im steuerlichen Sinne. Es ging ihnen um Kunst, nicht um Einkünfte. Der „Liebhaber“ ist im Ergebnis Konsument; Liebhabereiverluste sind Konsumeinkünfte[10]. Die Aufwendungen für eine ideelle Tätigkeit werden nur zum Teil mit Einnahmen finanziert (Beispiel: Verchartern einer Yacht, die man überwiegend selbst in der Freizeit fährt). Maßgeblich ist der Gesamtplan, ebenso wie die Gesamtdauer und das Gesamtergebnis der Liebhaberei- oder Erwerbstätigkeit maßgeblich ist. Keine Liebhaberei liegt vor, wenn der Verlust bloß die unbeabsichtigte Folge wirtschaftlicher Fehlentscheidungen oder Mißmanagements ist. Wohin die Absicht tatsächlich ging, kann nur aufgrund von äußeren Merkmalen erhärtet werden (s. oben Rz. 126).

Beispiele für mögliche Liebhaberei: Luxusgüter, Rennställe, Gestüte, Bienenzucht, Brieftaubenzucht, Privatjagd, Kunstmalerei[11].

---

6 Dazu *J. Lang,* StbKongrRep. 1988, 49 ff.

7 BFH GrS BStBl. 84, 765; BT-Drucks. 10/336, 26; *K. Tipke,* FR 83, 580. Zur Vermutung, daß Verlustzuweisungsgesellschaften keine Gewinnerzielungsabsicht haben: BFH BStBl. 91, 564; 92, 328 (dazu *K.-G. Loritz,* DB 92, 1156).

8 BFH BStBl. 88, 75; *J. Lang,* StuW 87, 228 ff.; *ders.* (Fn. 1), 272 (gemeinnützige und ehrenamtliche Betätigungen).

9 *H. W. Kruse,* StuW 80, 226; *ders.,* BB 85, 1080, 1081; *H.-W. Bayer,* Die Liebhaberei im Steuer recht, Tübingen 1981; *J. Lang,* StuW 81, 223; *ders.* (Fn. 1), 267 ff.; *J. Schulze-Osterloh,* Gemeinschaftliche Einkunftserzielung oder Liebhaberei, FR 85, 197; *ders.,* JbFSt. 1984/85, 223 ff.; *Jakob/Hörmann,* FR 89, 665; *Raupach/Schenking,* HHR, EStG, § 2 Anm. 350 ff.; *I. Schwarz,* DStZ 91, 202; *ders.,* DStR 91, 401; *R. Wittmann,* in: FS für W. Jakob, Augsburg 1991, 119; *B. Paus,* StVj 92, 128; *G. Söffing,* StVj 92, 235; *H. Weber-Grellet,* DStR 1992, 561 ff., 602 ff.; *S. Schuck,* DStR 93, 975; *K. Tipke,* StRO II, 603 ff.; *H. Grögler,* StStud 94, 13; *J. Lüdicke,* FR 94, 110.

10 *J. Lang* (Fn. 1), 258, 267 ff.; *K. Tipke,* StRO II, 603 ff.

11 Jüngere Rspr. zur Liebhaberei: BFH BStBl. 85, 205 (Reitschule); 85, 399 (Gestüt); 85, 424 (Erfinder); 85, 455 (Gästehaus); 85, 515 (Schriftsteller); 86, 293 (Pferdezucht); 86, 808 (kein Nachweis eines landwirtschaftlichen Liebhabereibetriebs durch § 13a EStG); 87, 89 (Kleinviehhaltung); 87, 774 (Mietkaufmodell; 88, 10 (Motorboot); 88, 778 (Ferienwohnung); 89, 234 (§ 13a EStG); 91, 333 (Trabrennstall); 91, 452 (LuF); 92, 23 (Ferienwohnung); 93, 303 (Sport); BFH/NV 93, 8 (Märchenwald); EFG 93, 515 (Überkreuzvermietung); 93, 723 (Segelyacht); 94, 102 (Segelsportservice).

129 d) Schließlich gibt es Einkünfte, die mit Einkünfteerzielungsabsicht erwirtschaftet werden und dennoch nicht steuerbar sind. Dazu gehören insb. Einkünfte aus Sport, Spiel, Lotterien und Wetten. Bei derartigen Tätigkeiten soll bereits der **objektive Tatbestand** (s. Rz. 123) **mangels Leistungsaustausch** nicht verwirklicht sein (so bereits RFHE 21, 244, betr. Rennwetten und RFH RStBl. 1928, 181, betr. Spielgewinne). Eine solche Beurteilung erfahren auch Differenz- und Devisentermingeschäfte (BFH BStBl. 82, 618; 84, 132; 88, 248; 89, 39). Bei diesen Geschäften liegt jedoch u. E. wie bei Berufssportlern und Berufsspielern eine Beteiligung am wirtschaftlichen Verkehr vor. Steuerbarkeit kann u. E. nur verneint werden, wenn der Steuerpflichtige nach objektivierender Beurteilung (s. Rz. 126) ein überhöhtes Verlustrisiko hinnimmt, um ein privates Spiel-, Sport- oder Wettbedürfnis befriedigen zu können. Die der Konsumsphäre zuzuordnende Spiel- und Wettleidenschaft beherrscht die Absicht, höchst unsichere Gewinne zu erzielen. Daher geht es auch hier um die Ausgrenzung von Konsumeinkünften, von subjektiv nicht steuerbaren Einkünften[12].

3. Steuerfreie Einkünfte

Literatur: *H. G. Ruppe,* Die Ausnahmebestimmungen des Einkommensteuergesetzes, Wien 1971, 217 ff.; *J. Koether,* Die Steuerbefreiungen von Einnahmen aus nichtselbständiger Arbeit, Diss. Köln 1972; *H. Kirchner,* Objektive Befreiungen von der Einkommensteuer in den EG-Ländern Deutschland, Frankreich, Italien, Belgien, Niederlande und Luxemburg, Diss. Köln 1974; *K. Tipke,* Die Steuerrechtsordnung, Bd. II (StRO II), Köln 1993, 713 f.

3.1 Objektive Befreiungen[13]

130 § 3 EStG erklärt etwa 50 Positionen von Einnahmen für steuerfrei. Die Steuerbefreiung von Einnahmen greift in Verbindung mit § 3c EStG Platz: Soweit Ausgaben mit steuerfreien Einnahmen „in unmittelbarem wirtschaftlichen Zusammenhang stehen“, dürfen sie nicht als Betriebsausgaben oder Werbungskosten abgezogen werden. Die kausalrechtliche Formulierung ist unscharf: Gemeint ist die Steuerbefreiung bestimmter Einkünfte als Unterschiedsbetrag von Einnahmen und Aufwendungen; diese Einkünfte müssen auf eine bestimmte begünstigte Tätigkeit (z. B. Nachtarbeit) oder einen begünstigten Vorgang (z. B. Auflösung des Dienstverhältnisses) bezogen werden. Die Befreiungen in den §§ 3; 3b EStG sind **nicht systematisch geordnet.** Sozialzwecknormen (s. § 4 Rz. 21 f.) sind vermengt mit Fiskalzwecknormen (s. § 4 Rz. 20) und Vereinfachungszwecknormen (§ 4 Rz. 23). Eine eindeutige Zuordnung zu den vorgenannten Normkategorien ist nicht immer möglich.

131 a) **Fiskalzwecknormen** (also keine Steuervergünstigungen) sind Befreiungen, die den Einkommensteuertatbestand völkerrechtlich abgrenzen wie die Befreiungen zur Vermeidung der internationalen Doppelbesteuerung (s. § 2 Rz. 42, die konstitutive Regelung in den DBA wurde früher in § 3 Nr. 41 EStG registriert) oder die Befreiungen für Angehörige diplomatischer und konsularischer Vertretungen (§ 3 Nr. 29 EStG, s. § 5 Rz. 14). Befreiungen haben klarstellenden Charakter, soweit sie *nicht erwirtschaftete,* d. h. **nicht steuerbare** Bezüge (s. zu wiederkehrenden Bezügen oben Rz. 97) ausgrenzen wie staatliche Unterhaltsleistungen (§ 3 Nr. 11, insb. Sozialhilfe; Nr. 24: Kindergeld; Nr. 44 EStG: Stipendien); teils sind diese Bezüge aber durch die Erwerbstätigkeit veranlaßt wie die Beihilfe für Beamte (§ 3 Nr. 11 EStG) oder für beruflich veranlaßte Stipendien (§ 3 Nr. 44 EStG), so daß ihre Befreiung mit dem Hinweis auf den Zuwendungscharakter nicht gerechtfertigt werden kann. Fiskalzwecknormen sind auch insofern gegeben, als die

12 Dazu *J. Lang* (Fn. 1), 271 f.; *K. Tipke,* StRO II, 605 f.

13 Dazu *Schmidt/Heinicke,* EStG[13], § 3; *v. Beckerath,* KS, EStG, § 3.

befreiten Bezüge die steuerliche Leistungsfähigkeit nicht erhöhen wie z. B. Leistungen zum Ausgleich von Kosten, die durch Krankheit oder Unfall verursacht sind (z. B. § 3 Nr. 1a EStG und auch die Beihilfe für Beamte, die den Abzug nach § 33 EStG verkürzt). Derartige Befreiungen werden aber dadurch zu Steuerprivilegien, daß der Befreiungsgrund nicht folgerichtig für alle gleichgelagerten Fälle verwirklicht wird. Z. B. läßt sich entgegen BVerfGE 83, 395, die Sonderbehandlung der Beamtenbeihilfen gegenüber anderen, den Abzug nach § 33 EStG verkürzenden Beihilfen des Arbeitgebers nicht rechtfertigen. Fiskalzwecknormen sind schließlich Befreiungen zur Vermeidung einer Übermaßbesteuerung wie z. B. die Befreiung von Sanierungsgewinnen (§ 3 Nr. 66 EStG).

b) **Vereinfachungsbefreiungen** sind insb. die Befreiungen, die Auslagenersatz und Auf- 132
wandsentschädigungen betreffen (§ 3 Nrn. 12, 13, 16, 64 – Kaufkraftausgleich – EStG). Sie verkürzen die Überschußrechnung um den Ansatz von Einnahmen und von Werbungskosten in gleicher (z. T. typisierender) Weise. Der sog. *Übungsleiterfreibetrag* (§ 3 Nr. 26 EStG) in Höhe von 2400 DM ist keine Vereinfachungszwecknorm in Gestalt einer Betriebsausgaben-/Werbungskostenpauschale (so BT-Drucks. 8/3688, 16), die Aufwand realistisch pauschaliert; es handelt sich vielmehr um eine *Sozialzwecknorm* zur mittelbaren Förderung gemeinnütziger u. ä. Institutionen[14].

c) **Sozialzwecknormen** (also echte Steuervergünstigungen) sind nach dem Gemeinwohl- 133
prinzip (s. § 4 Rz. 126), dem Bedürfnisprinzip (§ 4 Rz. 127 f.) und dem Verdienstprinzip (§ 4 Rz. 129) zu rechtfertigen oder sie lassen sich überhaupt nicht rechtfertigen. Der Gleichheitssatz kann auch verletzt sein, wenn Steuerpflichtige nach dem *Zweck der Steuervergünstigung* in nicht zu rechtfertigender Weise ungleich behandelt werden. So erkennt BVerfGE 89, 15, in der Besserstellung von tarifvertraglichen Zuschlägen gegenüber solchen durch Arbeitsvertrag oder Betriebsvereinbarung in § 3b EStG 1975 einen Verstoß gegen Art. 3 I GG, weil sich die Ungleichbehandlung der begünstigten Personengruppen nicht rechtfertigen lasse. Die Anwendung der sog. neuen Formel (s. § 4 Rz. 73) begründet aber auch in vielen anderen Fällen die Unvereinbarkeit der Befreiung mit dem Gleichheitssatz; so sind eben auch die Beamten durch die Steuerfreiheit der Beihilfe gleichheitssatzwidrig privilegiert (s. Rz. 131). Sozialzwecknormen (z. T. mit gemischten Charakter) sind insbesondere:

aa) Versicherungs-, Versorgungs- und Entschädigungsbezüge, soziale Beihilfen (§ 3 Nrn. 1–3, 6–8, 134
11, 19, 20, 23, 24, 25, 26, 42–44, 47, 48, 49, 57, 58, 60, 61, 67 EStG).

Soweit es sich um Ersatzleistungen für entgangene oder entgehende Einnahmen handelt (§ 24 Nr. 1a EStG) oder um Leistungen mit Ersatzcharakter, läßt sich die Steuerbefreiung insoweit rechtfertigen, als die Ersatzleistungen erst zusammen mit der Steuerersparnis (durch Befreiung) die Bruttoeinkünfte erreichen, die ohne Krankheit oder Unfall erzielt worden wären. Allerdings wäre insoweit ein Progressionsvorbehalt (s. Rz. 745) angebracht. § 32b I Nr. 1 EStG ist zu singulär.

Die Steuerfreiheit der sonstigen Versorgungs- und Entschädigungsleistungen (§ 3 Nrn. 2, 6–8, 19, 23 EStG) und der Beiträge zum Unterhalt (§ 3 Nrn. 11, 24, 42, 43, 44, 48, 61, 67 EStG) ist gerechtfertigt, soweit durch diese Leistungen eine Verminderung der Erwerbsfähigkeit ausgeglichen werden soll und die gewährten Leistungen nicht den Bruttobetrag, sondern höchstens den Nettobetrag erreichen, den der Steuerpflichtige hätte erzielen können, wenn das leistungsmindernde Ereignis (Kriegsbeschädigung, Haft etc.) nicht eingetreten wäre. Die Steuerfreiheit bestimmter Sozialleistungen wird durch Progressionsvorbehalt eingeschränkt (vgl. die abschließende Aufzählung in § 32b I Nr. 1 EStG).

---

14 Dazu Gutachten der Unabhängigen Sachverständigenkommission zur Prüfung des Gemeinnützigkeits- und Spendenrechts, BMF-Schriftenreihe, Heft 40, Bonn 1988, 217 ff.; *K. Tipke,* StRO II, 635 f., und ausf. *W. Bergkemper,* HHR, EStG, § 3 Nr. 26. Art. 3 Nr. 1 Vereinsförderungsgesetz (BStBl. I 89, 499) erweiterte § 3 Nr. 26 EStG auf die nebenberufliche Pflege alter, kranker oder behinderter Menschen. Diese Erweiterung bestätigt den Charakter einer Sozialzwecknorm.

Gerechtfertigt ist die Steuerfreiheit der Ausgleichsleistungen, Renten und Zinsen im Zusammenhang mit Entschädigungen oder Konversionen von Wertpapieren, die durch die Währungsreform oder im Gefolge des verlorenen Zweiten Weltkrieges erforderlich geworden sind (§ 3 Nrn. 7, 21, 54, 59 EStG).

135 bb) Zum Teil fragwürdig ist die **Steuerfreiheit besonderer Leistungen an Arbeitnehmer** einschließlich der Lohnersatz- und Arbeitsförderungsleistungen (§ 3 Nrn. 2, 2a, 9, 10, 15, 30, 31, 32, 46, 51, 52 EStG). Es handelt sich um Einnahmen aus nichtselbständiger Arbeit[15], deren Steuerbefreiung gegenüber Beziehern anderer Einkunftsarten prinzipiell nicht zu rechtfertigen ist.

Die Befreiung der **Zuschläge für Sonntags-, Feiertags- und Nachtarbeit** (§ 3b EStG) ist unter dem Aspekt des Leistungsfähigkeitsprinzips – so wie das Gesetz es prinzipiell handhabt – nicht gerechtfertigt, weil auch viele andere Steuerpflichtige sonntags, feiertags und nachts arbeiten, ohne durch eine partielle Steuerbefreiung ihrer Einkünfte prämiert zu werden[16]. Der Erste Senat (BVerfGE 89, 15) hätte eigentlich § 3b EStG im Ganzen als ungerechtfertigte Gruppenprivilegierung verwerfen sollen.

136 cc) **Aus wirtschaftspolitischen Gründen befreite Einnahmen** sind die Erträge aus (niedrig verzinslichen) Wertpapieren (§ 3 Nrn. 18, 54; § 3a EStG), durch die der Kapitalmarkt gefördert, insb. der Markt für festverzinsliche Wertpapiere aktiviert werden sollte (durch Steuerbefreiung Annäherung an die Rendite höherverzinslicher Papiere), außerdem **Sanierungsgewinne** (§ 3 Nr. 66 EStG); ferner ist steuerbefreit die unentgeltliche oder verbilligte Überlassung bestimmter Vermögensbeteiligungen an Arbeitnehmer bis zu 500 DM (s. § 19a EStG)[17].

137 dd) Der Subventionierung wissenschaftlicher oder künstlerischer Tätigkeit dienen § 3 Nrn. 11, 43, 44 EStG. § 3 Nr. 27 EStG subventioniert die Einstellung landwirtschaftlicher Erwerbstätigkeit bis 36 000 DM Ausgleichsgeld und Produktionsaufgaberente.

3.2 Freibeträge/Freigrenzen

Literatur: *W. Traxel,* Die Freibeträge des Einkommensteuergesetzes, Frankfurt a. M./Bern/New York 1986.

138 a) Die Einkünfte aus **Land- und Forstwirtschaft** werden bei der Ermittlung des Gesamtbetrags der Einkünfte nur berücksichtigt, soweit sie den Betrag von 2000 DM (bei Ehegatten: 4000 DM, auch wenn nur einer der beiden Eheleute in der Landwirtschaft arbeitet) übersteigen. Dieser Freibetrag entfällt, wenn das Einkommen ohne Berücksichtigung des Freibetrags 50 000 DM übersteigt (§ 13 III 2 EStG). Es handelt sich um einen **Subventionsfreibetrag**[18]. Ein Betrieb, der mit Verlust arbeitet, erhält keine Subvention.

139 b) Der **Arbeitnehmer-Pauschbetrag** (§ 9a Nr. 1 EStG) ist mit Wirkung ab 1990 eingeführt worden und konsumierte dabei einen Arbeitnehmer-Freibetrag von 480 DM (§ 19 IV EStG a. F.) und einen Werbungskosten-Pauschbetrag von 564 DM. Hierdurch sollte

---

15 Zur Qualifizierung der nach § 3 Nr. 2, 2a EStG steuerbefreiten Bezüge als Einnahmen aus nichtselbständiger Arbeit s. Rz. 553, Fn. 93. Mit der Rechtfertigung der Steuerbefreiung von Einnahmen aus nichtselbständiger Arbeit befaßt sich insb. die Dissertation von *J. Koether.* Die Steuerbefreiungen von Einnahmen aus nichtselbständiger Arbeit, Köln 1972. *J. Koether* kommt zu dem Ergebnis: § 3 Nrn. 4c erster Halbsatz, 4d, 11, 46 verstießen gegen den Gleichheitssatz. Nr. 5 soll mit sozialen Gründen, Nrn. 17, 51 sollen mit Vereinfachungsgründen zu rechtfertigen sein. Die Nrn. 4a, 4b, 4c zweiter Halbsatz, 4d, 9, 10, 15, 50 sind nach *J. Koether* deklaratorisch; sie betreffen nichtsteuerbare Einnahmen.

16 Krit. zu § 3b EStG insb. *K. Tipke,* StRO II, 714 ff.

17 Dazu *Giloy,* BB 83, 1463; *Altehoefer,* DStZ 84, 61.

18 Zur Entstehungsgeschichte des § 13 III EStG: *Blümich,* EStG 1934[2], Berlin 1937; *Felsmann/Pape,* Die Einkommensbesteuerung der Land- und Forstwirte[3], Bonn (Loseblatt), Abschn. A, Anm. 386 ff.; *HHR,* EStG, § 13 Anm. 160; Bericht der Einkommensteuerkommission (sog. Durchforstungskommission), Schriftenreihe des BdF, Heft 7, 173 ff.; *P. Fischer,* in: Blümich, EStG[13], § 13 Rz. 275.

eine bedeutende Vereinfachung des Besteuerungsverfahrens erreicht werden (BT-Drucks. 11/2157, 143). Eine Pauschalierung von Erwerbsaufwendungen in dieser Höhe ist als Vereinfachungszwecknorm nicht zu rechtfertigen (s. unten Rz. 281).

c) Durch die Steuerreform 1990 sind die sog. **gesetzlosen Steuerbefreiungen** im Lohn- 140
steuerrecht[19] reduziert worden, so ist z. B. der Essensfreibetrag (Abschnitt 19 LStR a.F.) gestrichen worden. Mit der Besteuerung der Personalrabatte nach § 8 III EStG ist jedoch eine nicht zu rechtfertigende Personalrabatt-Freigrenze von 2400 DM eingeführt worden (s. Rz. 469). Verkappte gesetzlose Freibeträge enthalten auch die in Verwaltungsvorschriften geregelten Werbungskosten- und Betriebsausgaben-Pauschalierungen (s. Rz. 283 ff.).

d) Freibeträge werden auch bei **Betriebsveräußerungen** zugestanden (§ § 14 Satz 2, 14a, 141
16 IV, 18 III 2 EStG), ferner bei der Veräußerung von Anteilen an Kapitalgesellschaften bei wesentlicher Beteiligung (§ 17 III EStG).

Wird der Betrieb einer Personengesellschaft oder ein Mitunternehmeranteil oder ein Teilbetrieb veräußert, so wird den Beteiligten nur ein Anteil am Freibetrag gewährt; über die Berechnung BFH BStBl. 80, 566; 80, 642; 80, 721.

Die Freibeträge der verschiedenen Vorschriften sind unterschiedlich hoch. § 16 IV 3 EStG hat in § 17 III EStG keine Entsprechung. Gründe sind nicht ersichtlich.

e) Mit dem **Zinsabschlaggesetz** vom 9. 11. 1992 ist der *Sparer-Freibetrag* (§ 20 IV EStG) 142
von ursprünglich 600 DM verzehnfacht worden. Er beträgt nunmehr 6000 DM (zusammenveranlagte Ehegatten: 12 000 DM). Die „gesteigerte Inflationsanfälligkeit" der Einkünfte aus Kapitalvermögen (so BVerfGE 84, 239, 282) rechtfertigt keinen Freibetrag; die Inflationsbereinigung der Zinseinkünfte muß auf andere Weise geregelt werden (dazu und zur Kritik des Zinsabschlaggesetzes unten Rz. 562 ff.).

f) Sonstige Einkünfte aus Leistungen sind steuerfrei, wenn (Freigrenze) sie weniger als 143
500 DM im Jahr betragen (§ 22 Nr. 3 EStG). Die beabsichtigte Vereinfachung wird u. E. nicht erreicht[20].

g) Gewinne aus **Spekulationsgeschäften** bleiben steuerfrei, wenn (Freigrenze) sie weni- 144
ger als 1000 DM im Jahr betragen (§ 23 IV 2 EStG). Wohl Vereinfachungsbefreiung.

Bei Zusammenveranlagung werden einige Freibeträge verdoppelt (§§ 13 III 3; 14a I Nr. 2 Satz 2, IV Nr. 2 letzter Halbsatz, 20 IV 2 EStG), andere nicht (§§ 16 IV, 17 III, 23 IV 2 EStG).

Die Freibeträge verstoßen zum Teil deshalb gegen den Gleichheitssatz, weil infolge des progressiven Einkommensteuertarifs der Effekt der Begünstigung mit steigender Leistungsfähigkeit wächst. Je leistungsfähiger der Steuerpflichtige ist, desto stärker wird er begünstigt. Das ist nur insoweit sachgerecht, als der Freibetrag der Verminderung der Leistungsfähigkeit Rechnung trägt. Es ist nicht sachgerecht für Subventions-Freibeträge.

Einstweilen frei. 145–149

E. Die persönliche Zurechnung von Einkünften

Literatur: *L. Schmidt,* „Väter und Söhne" – Möglichkeiten und Grenzen der Einkommensverlagerung zwischen Eltern und Kindern, StbJb. 1975/76, 149; *K. Tipke,* Übertragung von Einkunftsquellen, StuW 77, 293; *K. Tipke* (Hrsg.), Übertragung von Einkunftsquellen, mit Beiträgen von *H. G. Ruppe, L. Schmidt, Meincke, Groh, Söffing, Beimert, Ault, van Dijck, A. Mennel* u. a., DStJG Bd. 1 (1978); *F. Wassermeyer,* Die Übertragung von Einkunftsquellen zwischen nahestehenden

19 *K. Offerhaus,* Gesetzlose Steuerbefreiungen im Lohnsteuerrecht?, DStJG Bd. 9 (1986), 117 ff.

20 Dazu *H. G. Ruppe,* Die Ausnahmebestimmungen des Einkommensteuergesetzes, Wien 1971, 251; *K. Tipke,* StuW 71, 13.

Personen, StuW 79, 209; *L. Schmidt,* Subjektive Zurechnung von Einkünften, StbJb. 1980/81, 115; *H. Stadie,* Die persönliche Zurechnung von Einkünften, Berlin 1983; *F. Wassermeyer,* Der Nießbrauch im Einkommensteuerrecht, FR 83, 157; *Schulze-Osterloh* (Hrsg.), Rechtsnachfolge im Steuerrecht, DStJG Bd. 10 (1987), insb. die Beiträge von *Kruse, Meincke, Ruppe, Heinicke, Groh; W. Steinberg,* Zur Frage der Einkunftsquelle und ihrer Zurechnung, DStZ 88, 315; *F. Wassermeyer,* Zum Besteuerungsgegenstand der Einkünfte aus Kapitalvermögen, StuW 88, 283; *Raupach/Schenking/Jansen,* HHR, EStG, § 2 Anm. 100–340; *R.-D. Scholtz,* Zurechnung von Einnahmen aus Kapitalvermögen, insb. bei Veräußerung von Kapitalanlagen, DStZ 90, 523; *ders.,* Vereinbarungen über die Zurechnung von Einnahmen aus Kapitalvermögen, DStZ 90, 602; *W. Jakob,* Einkommensteuer, München 1991, 31 ff.; *G. Crezelius,* Steuerrecht II, München 1991, 111 f.; *H. J. Herrmann,* Die Zurechnung von Vermietungseinkünften und deren Verlagerung auf Angehörige und Gesellschafter – Möglichkeiten und Grenzen, DB 92, 2104; *E. Biergans,* Zur personellen Zurechnung latenter Einkünfte, in: FS für L. Schmidt, München 1993, 75.

1. Allgemeine Zurechnungsregeln

150 Nach § 2 I 1 EStG sind die Einkünfte der Person zuzurechnen, die sie **„erzielt“.** Das Merkmal des Erzielens wird im Kontext mit dem Einkünftekatalog des § 2 I EStG wie folgt konkretisiert:

a) Das Prinzip der Gesetzmäßigkeit der Besteuerung (s. § 4 Rz. 150 ff.) und die pragmatische Legaldefinition des Einkommens durch den Einkünftekatalog (s. Rz. 53) begründen zunächst die Regel, daß Einkünfte dem persönlich zuzurechnen sind, der den konkreten Tatbestand der Einkunftserzielung erfüllt[1]. Das Merkmal des Erzielens wird also konkretisiert durch die einzelnen Einkünftetatbestände (§ 38 AO; § 2 I 1 EStG i. V. m. §§ 2 I 3; 13–24 EStG).

151 b) Im weiteren wird das Merkmal des Erzielens dadurch konkretisiert, daß der Einkünftekatalog prinzipiell nur Markteinkommen erfaßt (s. Rz. 52). Folglich sind die Einkünfte grundsätzlich dem zuzurechnen, der sie **erwirtschaftet.** Erwirtschaftet werden, Einkünfte von dem, der die Einkünfte aufgrund seiner Betätigung, d. h. auf Grund seiner Arbeit und (oder) seines Vermögenseinsatzes unter Beteiligung am wirtschaftlichen Verkehr, (s. Rz. 122 ff.) erzielt[2]. Die eingesetzte Arbeitskraft und das genutzte Vermögen lassen sich auch als Einkunftsquellen bezeichnen. Man kann die geleistete Arbeit als persönliche Einkunftsquelle und das zur Nutzung überlassene Vermögen als sachliche Einkunftsquelle bezeichnen.

152 Der Begriff des Erwirtschaftens bezieht sich auf **Tätigkeiten:** Arbeitseinkünfte sind grundsätzlich dem zuzurechnen, der die entgeltliche, selbständige oder nichtselbständige Tätigkeit ausgeübt hat. Auch Vermögenseinkünfte werden durch Tätigkeiten erzielt, nämlich durch Tätigkeiten der Vermietung, Verpachtung und anderer Überlassung von Vermögen zur Nutzung (Tätigkeiten sog. privater Vermögensverwaltung). Die Einkünfte i. S. d. §§ 20, 21 EStG werden sowohl durch verwaltende Tätigkeit als auch durch

1 Grundlegend *K. Tipke,* StuW 77, 293, 298, übernommen in den drei Nießbrauchsurteilen des 8. BFH-Senats v. 13. 5. 1980 (BStBl. 81, 295, 297, 299). Die Nießbrauchsrechtsprechung kennzeichnet exemplarisch die Rechtsentwicklung zur Zurechnung von Vermögenseinkünften (dazu *R. Jansen,* HHR, EStG, § 2 Anm. 202 ff.)

2 Grundlegend *H. G. Ruppe,* Möglichkeiten und Grenzen der Übertragung von Einkunftsquellen als Problem der Zurechnung von Einkünften, DStJG Bd. 1 (1978), 7, 18: „Wenn das verbindende Element der (meisten) Einkunftsquellen des Einkommensteuergesetzes tatsächlich die Teilnahme am Marktgeschehen, der Umsatz von Leistungen ist, so muß als Zurechnungssubjekt doch offenbar der angesehen werden, der über diese Teilnahme, über die Leistungserstellung disponieren kann, d. h. die Möglichkeit hat, Marktchancen zu nutzen, Leistungen zu variieren, im Extremfall auch zu verweigern, indem er seine Tätigkeit einstellt, Kapital zurückzieht, Mietverhältnisse kündigt etc.“

Vermögenseinsatz erzielt. Der Beitrag der Arbeit zu den Vermögenseinkünften kann jedoch gering und im Extremfall überhaupt nicht vorhanden sein. In solchen Fällen läßt sich aus dem Begriff des Erwirtschaftens für das Merkmal des Erzielens keine aussagekräftige Konkretisierung mehr ableiten. Dies gilt besonders bei reinen Vermögeneinkünften wie z. B. wiederkehrenden Bezügen (§ 22 Nrn. 1, 1a EStG), bei denen das Recht auf wiederkehrende Bezüge (z. B. das Rentenstammrecht oder der Unterhaltsanspruch) die alleinige Quelle der Einkünfte ist.

c) Somit entsteht bei **Vermögenseinkünften** das Bedürfnis nach weiteren Zurechnungs- 153
regeln, die das Merkmal des Erzielens konkretisieren. Bei Vermögenseinkünften ist die Frage, wer die einkünfterelevante Erwerbstätigkeit, die Überlassung von Vermögen zur Nutzung, ausübt, untrennbar mit der zivilrechtlichen Dispositionsbefugnis verknüpft[3]. Die Dispositionsbefugnis wird im Steuerrecht auch durch Kriterien wirtschaftlicher Zurechnung bestimmt (s. § 5 Rz. 110 ff.). § 39 AO regelt nicht unmittelbar die Zurechnung von Einkünften, sondern die Zurechnung von Wirtschaftsgütern. Bei den Vermögenseinkünften kann jedoch § 39 AO bei der Frage, wer Vermögen zur Nutzung überläßt, die Einkünftezurechnung mitbestimmen[4]. Bei reinen Vermögenseinkünften kann die Dispositionsbefugnis allein maßgeblich für die Einkünftezurechnung werden. So erzielt z. B. der Inhaber des Rentenstammrechts die Renteneinkünfte.

2. Konkretisierung der Zurechnungsregeln bei einzelnen Einkunftsarten

Die dargelegten allgemeinen Zurechnungsregeln konkretisieren sich bei den einzelnen 154
Einkunftsarten wie folgt:

a) Bezüge aus einem **landwirtschaftlichen** oder **gewerblichen** Betrieb sind dem zuzurechnen, der diese Bezüge als Unternehmer (Stichworte: Unternehmerinitiative, Unternehmensrisiko) erwirtschaftet. Als Unternehmer wirtschaften kann auch der Pächter oder Nießbraucher eines Betriebs; Zwangs- und Konkursverwaltung ändern nichts an der Unternehmereigenschaft des Betriebsinhabers.

Beispiele: a) Gewerbetreibender G tritt eine Kaufpreisforderung an seinen studierenden Sohn ab. – b) Gewerbetreibender G beteiligt seinen Sohn als Kommanditisten an seinem Unternehmen. – c) Landwirt L verpachtet seinen Betrieb an seinen Sohn; dieser bewirtschaftet den Betrieb.

Im Fall a sind die Bezüge dem G zuzurechnen. Er, nicht sein Sohn, hat sie als Unternehmer erwirtschaftet, dem Sohn fließen lediglich von G erwirtschaftete Bezüge kraft Abtretung zu.

Im Fall b ist dem Sohn der angemessene Gewinnanteil als eigener Bezug zuzurechnen, wenn der Sohn Kommanditist und Mitunternehmer ist.

Im Fall c erwirtschaftet der Sohn als Pächter eigene Bezüge aus Landwirtschaft. Daß er nicht Hofeigentümer ist, ist unerheblich. Ob L noch Bezüge aus Landwirtschaft hat, hängt davon ab, ob er den Betrieb endgültig aufgegeben hat oder nicht (s. Rz. 443).

b) Bezüge aus **selbständiger** und **nichtselbständiger** Arbeit sind dem zuzurechnen, der 155
sie durch seine eigene Arbeit erwirtschaftet hat. Die Einkunftsquelle „Arbeit" ist nicht übertragbar. Abtretung (auch Vorausabtretung) oder Pfändung der Bezüge ist Einkommensverwendung. § 24 Nr. 2 EStG enthält eine Ausnahme (s. Rz. 608).

Beispiele: a) Rechtsanwalt R tritt eine Honorarforderung an seinen studierenden Sohn ab. – b) Beamter B tritt einen Teil seines Gehalts im voraus an seinen studierenden Sohn ab.

---

3 BFH GrS BStBl. 83, 272, 274; BFH BStBl. 82, 540, 541; 88, 521, 524. Vgl. auch *F. Wassermeyer,* Zum Besteuerungsgegenstand der Einkünfte aus Kapitalvermögen, StuW 88, 283.

4 Vgl. *Raupach/Schenking,* HHR, EStG, § 2 Anm. 144; *R. Jansen* (Fn. 1), Anm. 212; *R.-D. Scholtz,* FR 77, 26; DStZ 90, 523; DStZ 90, 602. § 39 AO beeinflußt auch über die Bilanzierung von Wirtschaftsgütern (s. Rz. 356) die Einkünfteerzielung zwischen zivilrechtlichem Eigentümer (z. B. Leasing-Geber) und wirtschaftlichem Eigentümer (z. B. Leasing-Nehmer).

Sowohl im Fall a als auch im Fall b werden die Bezüge durch die Arbeit der abtretenden Väter erwirtschaftet. Ihnen sind die Bezüge zuzurechnen, den Söhnen fließen sie aufgrund der Abtretung bloß zu. Ohnehin können die Söhne nicht als Rechtsanwalt bzw. als Beamter arbeiten, da ihnen dafür die Qualifikation fehlt.

Beispiel: Unternehmer U veräußert an die Ehefrau F seines Spitzenmanagers AN (Arbeitnehmer) ein Grundstück zu einem Preis, der erheblich unter dem Verkehrswert liegt, und zwar um die Tätigkeit von AN besonders zu honorieren. Den Kaufpreisvorteil hat AN durch seine Arbeit erwirtschaftet. Ihm ist für seine Tätigkeit ein „Vorteil" (s. § 19 I Nr. 1 EStG) gewährt worden, der als Sachbezug i. S. d. § 8 II EStG nach § 8 III EStG zu bewerten ist (s. Rz. 468). Daß das Grundstück unmittelbar der Ehefrau übereignet worden ist, ist – wie in Abtretungsfällen – unerheblich.

156 c) Bezüge aus **Kapitalvermögen** und aus **Vermietung/Verpachtung** sind dem zuzurechnen, der die Bezüge durch die Überlassung des Vermögens zur Nutzung erwirtschaftet.

Beispiele: a) Sp unterhält ein Sparkonto bei der Stadtsparkasse. Die Zinsen tritt er im voraus an seinen Sohn ab. – b) E vermietet ein Haus an M, M untervermietet mehrere Zimmer an UM.

Im Fall a erwirtschaftet Sp die Zinsen, denn er überläßt einen Teil seines Vermögens der Sparkasse. Folglich sind ihm die Zinsen zuzurechnen. Die Abtretung bewirkt nur, daß dem Sohn die Zinsen zufließen. – Im Fall b erwirtschaften sowohl E als auch M Mietzinsen. Beide überlassen Vermögen zur Nutzung. Daß dem M das überlassene Vermögen nicht selbst gehört, ist unerheblich. Vermögen kann anderen derjenige zur Nutzung überlassen, wer daran dinglich (als Eigentümer, Nießbraucher i. S. der §§ 1030 ff. BGB, Wohnberechtigter i. S. des § 1093 BGB) oder schuldrechtlich (insb. als Mieter, Pächter) beteiligt ist.

§ 20 II Nrn. 2–4 EStG und § 21 I Nr. 4 EStG sind Ausfluß der allgemeinen Zurechnungsregel.

Veräußert der Inhaber des Stammrechts Dividenden- oder Zinsscheine, so sind die Bezüge aus der Veräußerung dem Veräußerer als Kapitaleinkünfte zuzurechnen (§ 20 II Nrn. 2, 3 EStG); diese Bezüge substituieren die Dividenden- und Zinseinkünfte, die der Veräußerer durch seinen Kapitaleinsatz in der Zeit vor der Veräußerung erwirtschaftet hat. – Der Veräußerer eines Vermietungsobjekts, der Mietforderungen (die sich auf die Zeit vor der Besitzübergabe beziehen) entgeltlich abtritt, muß den Veräußerungspreis insoweit versteuern, als er an die Stelle der abgetretenen Mietzinsforderungen tritt (§ 21 I Nr. 4 EStG). – Soweit dem Veräußerer die Einkünfte zugerechnet werden (bis zur Veräußerung), hat der Erwerber sie nicht zu versteuern; ihm sind sie nicht zuzurechnen.

157 d) **Wiederkehrende Bezüge** (Renten, Unterhaltsbezüge) sind demjenigen zuzurechnen, der sie erwirtschaftet (s. oben Rz. 97) hat, d. i. der Inhaber des Rechts auf die wiederkehrenden Bezüge, besonders derjenige, der ein Rentenstammrecht erwirtschaftet hat.

158 e) **Nießbrauch**[5]. Der Nießbrauch ist das unbeschränkte (dingliche) Recht auf Nutzung von Sachen (§§ 1030 ff. BGB), Rechten (§§ 1068 ff. BGB) oder an einem Vermögen (§§ 1085 ff. BGB). Unterschieden werden Zuwendungsnießbrauch, Vorbehaltsnießbrauch und Vermächtnisnießbrauch. Die Verlagerung von Einkünften durch Nießbrauchsbestellung ist ein beliebtes Steuersparmittel unter Angehörigen, zumal der Nießbrauchsbesteller das Nießbrauchsobjekt nicht verliert und es sich wirtschaftlich bloß um die dingliche Sicherung der Abtretung künftiger Forderungen handelt. Daher bereitet die Zurechnung von Einkünften in den Fällen des unentgeltlichen Nießbrauchs besondere Schwierigkeiten, auch Beweisschwierigkeiten. Das seit Jahrzehnten umfängliche Schrift-

5 Dazu seit 1986 pars pro toto *U. Ley,* Besteuerung des Nießbrauchs an Betriebsgrundstücken, Privatgrundstücken und an Wertpapieren, Bergisch Gladbach/Köln 1986; *D. Meyer-Scharenberg,* StuW 87, 103; *P. Brandis,* JuS 89, 784; *Jansen,* HHR, EStG, § 2 Anm. 201–315, mit einer umfassenden Übersicht auch des älteren Schrifttums (vor Anm. 201); *J. Wüst,* Die Zurechnung der Einkünfte beim Nießbrauch, Diss. Köln 1994.

tum[6] belegt, daß die Nießbrauchsgestaltungen unter Angehörigen praktisch und rechtsdogmatisch kaum in den Griff zu bekommen sind. Sie würden weitgehend unterbleiben, wenn die zwangsläufigen Unterhaltsaufwendungen realitätsgerecht, d. h. durch Familien-Realsplitting (s. Rz. 102 ff.) berücksichtigt werden würden. Exemplarische Bedeutung haben folgende Nießbrauchsfälle[7]:

159 aa) In den Fällen des **Grundstücksnießbrauchs**[8] hat der BFH[9] die oben (Rz. 151) dargelegte Tatbestandsregel in seine Rechtsprechung übernommen. Den Tatbestand des § 21 I Nr. 1 EStG verwirklicht der Nießbraucher, wenn er ein Grundstück anderen entgeltlich überläßt und dadurch Einkünfte erwirtschaftet. Im Falle des Zuwendungsnießbrauchs erwirtschaftet der Grundstückseigentümer und Nießbrauchbesteller keine Einkünfte. Verpflichtet er sich, die dem Nießbraucher nach §§ 1041, 1045 und 1047 BGB obliegenden Kosten und Lasten zu tragen (sog. Bruttonießbrauch), so sind diese Teil der Zuwendung und Privatausgaben. Der zuwendende Eigentümer kann demnach keine Werbungskosten, insb. keine AfA (§§ 7 IV, V; 7a ff. EStG i. V. m. § 9 I 3 Nr. 7 EStG) geltend machen (BFH BStBl. 81, 299). Werbungskosten (einschließlich AfA) kann nur der Nießbraucher als Einkunftserzieler haben. Bei ihm stellt sich die Frage, ob er Aufwendungen des Nießbrauchsbestellers als sog. Drittaufwand absetzen kann (s. unten Rz. 220 ff.).

160 bb) Im Falle des **unentgeltlichen Zuwendungsnießbrauchs an Wertpapieren**[10] sind die Kapitalerträge nach BFH BStBl. 77, 115, dem Nießbrauchbesteller und nicht dem Nießbraucher zuzurechnen. Diese Rechtsprechung ist durch die Nießbrauchurteile v. 13. 5. 1980[11] überholt und insb. mit der jüngeren Judikatur[12] zur Zurechnung von Einkünften aus Kapitalvermögen nicht zu vereinbaren. Den Tatbestand der Erzielung von Kapitaleinkünften verwirklicht der Nießbraucher und nicht der Nießbrauchbesteller.

161 cc) Der (zivilrechtlich mögliche[13]) **Unternehmensnießbrauch**[14] begründet nur dann Einkünfte des Nießbrauchers, wenn dieser die unternehmerische Tätigkeit ausübt und die unternehmerischen Tatbestände der Einkunftserzielung verwirklicht, also Unternehmerinitiative entfalten kann und Unternehmerrisiko trägt (s. Rz. 490). Bestellt beispielsweise ein Unternehmer seinem studierenden Sohn schenkweise einen Quoten-Nießbrauch an seinem Einzelunternehmen, der lediglich eine Gewinnbeteiligung von ⅓ enthält und den Sohn weder zur Mitarbeit im Unternehmen verpflichtet noch in die Haftung für das Unternehmen einbezieht, so sind die Einkünfte aus Gewerbebetrieb allein dem Unternehmer zuzurechnen. Der Sohn verwirklicht nicht den Tatbestand eines (Mit-)Unternehmers. Er hat Unterhaltsbezüge. Der Tatbestand unternehmerischer Einkunftserzielung kann nicht auf ein Gewinnbezugsrecht reduziert werden[15].

---

6 Vgl. *R. Jansen* (Fn. 1), § 2 Anm. 201–315.
7 Dazu *R. Jansen* (Fn. 1), § 2 Anm. 231 ff.
8 Dazu *U. Ley* (Fn. 5); *P. Brandis*, JuS 89, 784; *B. Brandenberg*, DB 90, 1835.
9 A. a. O. (Fn. 1).
10 Dazu *Witte*, Zur einkommensteuerrechtlichen Behandlung des Nießbrauchs an Wertpapieren, Diss. Göttingen, Berlin 1985; *Schmidt/Heinicke*, EStG[13], § 20 Anm. 5; *U. Ley* (Fn. 5); *Jansen* (Fn. 1), § 2 Anm. 259 ff.
11 Fn. 1.
12 Fn. 3.
13 Davon geht z. B. BFH BStBl. 81, 396 (m. Nachw.) aus.
14 Dazu *J.-A. Lohr*, Der Nießbrauch an Unternehmen und Unternehmensanteilen, Grundlagen und Gestaltungsmöglichkeiten für Anteilseigner und deren Angehörige aus ertrag- und erbschaftsteuerlicher Sicht, Diss. Köln, Düsseldorf 1989; *Wittmann*, Die einkommensteuerrechtliche Beurteilung des Nießbrauchs an gewerblichen Einzelunternehmen, Diss. Würzburg 1984.
15 BFH BStBl. 75, 498; *L. Schmidt*, EStG[13], § 15 Anm. 31b, 55; *H. W. Kruse*, AG 80, 216, 219.

Hat die unternehmerische Tätigkeit eine besonders typische Eigenart, so erleichtert diese die Zurechnung. Bestellt ein Bauer seinem Sohn einen unentgeltlichen Nießbrauch am Hof, so sind dem Sohn die Einkünfte aus Landwirtschaft (§ 13 I Nr. 1 EStG) nur zuzurechnen, wenn er den Hof bewirtschaftet und sich der Bauer aufs Altenteil zurückzieht. Bestellt ein Rechtsanwalt seinem Sohn einen Quotennießbrauch an seiner Praxis, so sind dem Sohn nur dann Einkünfte aus freiberuflicher Tätigkeit (§ 18 I Nr. 1 EStG) zuzurechnen, wenn er in der Anwaltspraxis aufgrund eigener Zulassung leitend und eigenverantwortlich tätig sein kann.

3. Zurechnung von Einkünften unter Familienangehörigen

162 a) Die Nießbrauchsfälle zeigen, daß die persönliche Zurechnung von Einkünften besonders dann zum Problem wird, wenn eine Übertragung von Einkunftsquellen zwischen Familienangehörigen bezweckt wird. Mit dieser Steuergestaltung vermag ein Teil der Steuerpflichtigen die unterhaltsrechtliche Verteilung des Einkommens innerhalb der Familie steuerrechtlich zu vollziehen. Im Hinblick darauf gebieten Art. 3 I, 6 I GG, daß das EStG den Transfer steuerlicher Leistungsfähigkeit für alle Unterhaltsgemeinschaften regelt (s. oben Rz. 103).

163 Art. 3 I, 6 I GG gebieten allerdings auch, daß Verträge zwischen Familienangehörigen steuerlich anzuerkennen sind[16]. Vertragsbeziehungen zwischen Familienangehörigen dürfen nicht gegenüber Vertragsbeziehungen zwischen fremden Dritten diskriminiert werden. Familiäre Vertragsbeziehungen werden aber insoweit nicht diskriminiert, als an die Gestaltung der Vertragsbeziehungen Anforderungen gestellt werden, die es ausschließen sollen, daß durch Verträge des Leistungsaustausches Unterhaltszahlungen und andere private Einkommensverwendungen verdeckt werden. Daher setzt die Anerkennung von Verträgen zwischen Familienangehörigen[17] zu Recht folgendes voraus:

164 aa) Das Rechtsgeschäft **muß wirksam** geschlossen worden sein[18]. Diese Anforderung ist Indiz für die Ernstlichkeit des Rechtsgeschäfts. Unwirksame Rechtsgeschäfte ermöglichen es dem Verpflichteten, Zahlungen einzustellen und das Geleistete zurückzufordern. Die Unwirksamkeit eines Gesellschaftsvertrages soll auch nicht erst nach Beendigung laufender Unterhaltsverpflichtungen (z. B. nach Beendigung eines Studiums) geltend gemacht werden können. Hier ist § 41 I AO insofern nicht anwendbar, als durch die zivilrechtliche Wirksamkeit gerade belegt werden soll, daß die Beteiligten das wirtschaftliche Ergebnis eines auf Leistungsaustausch gerichteten Rechtsgeschäfts bestehen lassen wollen.

bb) Das Rechtsgeschäft muß **wirklich durchgeführt** worden sein[19]. Leistung und Gegenleistung müssen tatsächlich erbracht worden sein.

---

16 BVerfGE 13, 290; 16, 243; 29, 112. Dazu *W. Görlich,* Die steuerliche Behandlung von Vertragsgestaltungen zwischen Angehörigen, Verfassungsrechtliche, methodische und steuerrechtliche Grundlagen, Berlin 1979; *K. Tipke,* StRO I, 385 f. Indessen werden Art. 3 I, 6 I GG nicht verletzt, wenn an Verträge zwischen Angehörigen strenge Anforderungen der Ernstlichkeit gestellt werden und diese Verträge dem Fremdvergleich unterworfen werden (so BVerfG HFR 88, 242; 92, 426).

17 S. zunächst die vor Rz. 150 zit. Literatur und insb. *D. Schulze zur Wiesche,* Vereinbarungen unter Familienangehörigen und ihre steuerlichen Folgen[7], Heidelberg 1992; *R. Märkle,* Angehörige als Darlehensgeber, stille Gesellschafter, Kommanditisten, BB-Beilage Nr. 2/1993.

18 St. Rspr. insb. zu Gesellschaftsverträgen (dazu insb. *B. Knobbe-Keuk,* Bilanz- und Unternehmenssteuerrecht[9], Köln 1993, 505 ff.) und zu Arbeitsverhältnissen: BFH BStBl. 87, 121; 88, 632; 90, 162; EFG 89, 274 (dazu *Rößler,* DStZ 90, 141); EFG 90, 344. Vgl. auch BFH BStBl. 89, 137 (Darlehensvertrag).

19 Durch die Rspr. insb. zum Ehegatten-Arbeitsverhältnis entschieden: BFH GrS BStBl. 90, 160; BFH BStBl. 89, 354 (wechselseitiger Ehegattenarbeitsvertrag); 89, 655; 90, 636; 90, 548; HFR 90, 483, 484.

cc) Der Vertrag muß nach Inhalt und Ausführung dem entsprechen, was unter Fremden üblich ist. Dieser sog. **Fremdvergleich** entspricht insofern Art. 3 I, 6 I GG, als die Familienangehörigen mit fremden Dritten gleichgestellt, gegenüber diesen also weder benachteiligt noch bevorzugt werden. Der Fremdvergleich ist erforderlich für die Frage, ob ein Leistungsaustauschverhältnis wirklich gewollt ist oder ob der Vertrag auf familiären bzw. familienrechtlichen Beziehungen beruht[20]. So werden Ehegattenarbeits- oder Mietverträge nicht anerkannt, wenn der Arbeitslohn oder die Miete auf ein Konto eingezahlt wird, über das jeder der beiden Ehegatten allein verfügungsberechtigt ist (BFH BStBl. 90, 160; 90, 741).

dd) **Schriftform** ist dringend zu empfehlen, jedoch nicht zwingend erforderlich, wenn auch mündliche Abreden zivilrechtlich wirksam sind und die Umstände auf eine klare und eindeutige Vereinbarung schließen lassen[21].

165 b) **Verträge zwischen Ehegatten**[22] haben unterschiedliche steuerliche Auswirkungen, je nachdem, ob die Ehegatten die Zusammenveranlagung (§ 26b EStG) oder getrennte Veranlagung (§ 26a EStG) wählen (§ 26 EStG). Im Falle getrennter Veranlagung haben die Ehegatten Interesse daran, durch Übertragung von Einkunftsquellen ihre getrennt zu versteuernden Einkommen zu egalisieren. Im Falle der Zusammenveranlagung leistet bereits das Splitting des § 32a V EStG diese Egalisierung, indem eine paritätische Gemeinschaft des Erwerbs und Verbrauchs angenommenen bzw. typisierend unterstellt wird (s. oben Rz. 94). Jedoch sind auch im Falle der Zusammenveranlagung die von den Ehegatten erzielten Einkünfte getrennt zu ermitteln und erst dann nach § 26b EStG zusammenzurechnen. Steuerlich vorteilhaft im Falle der Zusammenveranlagung ist besonders der Arbeitsvertrag mit einem gewerbetreibenden Ehegatten. Die Lohnkosten einschließlich steuerfreier Anteile des Arbeitgebers mindern nicht nur die Einkommensteuer, sondern auch die Gewerbeertragsteuer. Ferner kann der Arbeitnehmer-Ehegatte den Arbeitnehmer-Pauschbetrag von 2000 DM (§ 9a Nr. 1 EStG) absetzen. Besonders vorteilhaft sind auch die Pauschalierungen nach den §§ 40; 40a; 40b EStG.

166 Bestehen zwischen Ehegatten **keine besonderen Verträge,** so ist die Zurechnung der Einkünfte nach den allgemeinen Zurechnungsregeln zu beurteilen. Bewirtschaftet z. B. ein Bauer den seiner Ehefrau gehörenden Hof, so sind ihm zumindest ein Teil der Einkünfte aus Landwirtschaft zuzurechnen. Die Auffassung von BFH BStBl. 89, 504, daß die Einkünfte allein der Ehefrau als Eigentümerin zuzurechnen seien, überzeugt nicht. Die Eheleute bilden vielmehr hier eine konkrete Erwerbsgemeinschaft, bei der die Frau Kapital und der Mann Arbeitskraft einsetzt. Dementsprechend sind die Einkünfte anteilig zuzurechnen.

c) Realsplittingeffekt haben insb. **Verträge zwischen Eltern und Kindern**[23]. Bei dem Abschluß von Verträgen mit minderjährigen Kindern ist darauf zu achten, daß für nicht lediglich rechtlich vorteilhafte Rechtsgeschäfte (§ 107 BGB) gemäß § 1909 BGB ein Ergänzungspfleger bestellt werden muß (vgl. R. 23 IV EStR 1993). Die häufigsten Verträge zwischen Eltern und Kindern sind neben den bereits behandelten Nießbrauchbe-

20 Dazu grundsätzlich BFH GrS BStBl. 90, 160.

21 BFH BStBl. 83, 663; 89, 137.

22 Dazu *A. Schmidt-Liebig,* Eheliche Güterstände in ertragsteuerlicher Sicht, Bielefeld 1989; *ders.,* Grenzbereiche von Einkunftsqualifikation, Einkunftszurechnung, Unternehmer- und Mitunternehmerbegriff – ausgelotet am Beispiel der ehelichen Gütergemeinschaft, StuW 89, 110. Nach BFH BStBl. 88, 670, können die für Eheleute geltenden Grundsätze nicht auf Verträge zwischen Partnern einer nichtehelichen Lebensgemeinschaft übertragen werden. Diese Auffassung diskriminiert u. E. die intakte Ehe.

23 Dazu grundlegend *L. Schmidt,* StbJb. 1975/76, 149 ff.

stellungen Gesellschaftsverträge[24], Arbeitsverträge[25], Darlehensverträge[26], stille Beteilungen[27] und Übertragungen von Sparguthaben[28].

4. Zurechnung von Einkünften im Erbfall

167 Bezüge aus der (ehemaligen) Betätigung (Arbeit, Vermögensüberlassung) eines Verstorbenen sind dem Erben (Rechtsnachfolger) zuzurechnen, wenn sie diesem zufließen (§§ 19 I Nr. 2, 24 Nr. 2 EStG)[29].

Beispiel: Die Witwe des verstorbenen Arbeitnehmers A erhält Witwengeld. Dieses Witwengeld ist ihr als Einkünfte aus nichtselbständiger Arbeit zuzurechnen, obwohl sie es nicht selbst erwirtschaftet hat. Das ergibt sich aus § 19 I Nr. 2 EStG; § 24 Nr. 2 EStG ist insoweit deklaratorisch.

Beispiel: Bei der Witwe des Rechtsanwalts R gehen rückständige Honorare ein. – Das Honorar hat R durch seine Arbeit erwirtschaftet. Ihm kann das Honorar aber nach seinem Tode nicht mehr zugerechnet werden. Obwohl die Witwe die Honorare nicht erwirtschaftet hat, muß sie sie versteuern; denn § 24 Nr. 2 EStG (der Wortlaut ist nicht klar) rechnet die Einkünfte der Witwe in diesem Sonderfall entgegen der allgemeinen Regel (die bei Tod eines Steuersubjekts versagt) zu. Trotz der Zurechnung zur Witwe bleiben die Einkünfte solche aus freiberuflicher Tätigkeit.

168–179 Einstweilen frei.

F. Ermittlung der Einkünfte

Literatur: *K. Barth,* Die Entwicklung des deutschen Bilanzrechts, Bd. II 1: Steuerrecht, Stuttgart 1955, 181 ff., 208 ff.; *K. Tipke,* Die dualistische Einkünfteermittlung nach dem Einkommensteuergesetz – Entstehung, Motivation und Berechtigung, in: FS für Paulick, Köln 1973, 391 ff.; *D. Schneider,* Steuerbilanzen, Wiesbaden 1978; *K. Merkenich,* Die unterschiedlichen Arten der Einkünfteermittlung im deutschen Einkommensteuerrecht, Diss. Köln, Berlin 1982; *Raupach/Tipke/Uelner,* Niedergang oder Neuordnung des deutschen Einkommensteuerrechts?, Köln 1985; *J. Lang,* Die Bemesssungsgrundlage der Einkommensteuer, Köln 1981/88; *K. Tipke,* Einkommensteuer-Fundamentalreform, StuW 86, 150; *H. Jehner,* Der gesetzliche Gegensatz als systematische Grundlage der Einkommensbesteuerung in Deutschland, DStR 88, 267; *K. Tipke,* Die Steuerrechtsordnung, Bd. II (StRO II), Köln 1993, 645 ff.

---

24 Dazu *B. Knobbe-Keuk* (Fn. 18); *R. Märkle* (Fn. 17), 8 ff.

25 Dazu *G. Stuhrmann,* NWB Fach 3, 6757. Bei minderjährigen Kindern ist die Mitwirkung eines Ergänzungspflegers erforderlich. So EFG 89, 27; 91, 66; *K. Tiedtke,* DStZ 90, 478. A. A. FG Köln EFG 90, 344.

26 Dazu BFH BStBl. 91, 291; 91, 391; 91, 581; 91, 838; 91, 882; 91, 911; 92, 468; BMF vom 1. 12. 92, DB 92, 2525; *B. Katterbe,* Neuere Rspr. zu Darlehen zwischen nahen Angehörigen – zugleich ein Beitrag zum Fremdvergleich, FR 93, 113; *A. M. Broudré,* Darlehensverträge zwischen Angehörigen, DB 93, 8; *D. Schulze zur Wiesche,* Angehörigendarlehen unter Berücksichtigung des Zinsabschlaggesetzes, DB 93, 1108.

27 Dazu BFH 90, 10; 90, 68; 93, 289; *R. Märkle* (Fn. 17), 12 f.

28 BFH BStBl. 90, 539.

29 Dazu C. *Trzaskalik,* StuW 79, 108 ff.; *Meincke, Ruppe, Heinicke, Groh,* DStJG Bd. 10 (1987).

I. Unterschiedliche Ermittlung der Einkünfte

1. Einführung

Wenn das (disponible) Einkommen ein geeigneter Indikator der steuerlichen Leistungs- 180
fähigkeit ist, so muß das Gesetz sicherstellen, daß bei allen Steuersubjekten das gesamte Einkommen erfaßt und ermittelt wird. Die definitorische Ausklammerung eines Teils der Einkünfte aus dem Einkommensbegriff, Befreiungen, Freibeträge, Freigrenzen und unterschiedliche Vorschriften über die Einkünfteermittlung führen indessen dazu, daß das Einkommen nur partiell erfaßt wird. Dadurch wird die wirkliche Steuerbelastung verfälscht. Der Einkommensteuertarif, der ein Einheitstarif für alle Einkunftsarten sein soll, belastet Einkünfte, je nachdem, ob sie nicht, partiell oder gänzlich erfaßt sind, realiter von null Prozent bis zum vollen Steuersatz. Für die verschiedenen Einkunftsarten gelten also jeweils **besondere Realtarife**[1].

Die Fülle der Differenzierungen zerklüftet das Belastungsprofil. Dadurch verschwendet der Steuergesetzgeber gewaltige Steuerberatungs-, Finanzverwaltungs- und Justizkapazität. Wieviel Steuern der Bürger zu entrichten hat, hängt von seinem Informationsstand, hängt davon ab, wie gut oder wie schlecht er beraten ist. Die Einkommensteuer, die „Königin der Steuern", denaturiert zur Steuer der Unwissenden, zur sog. Dummensteuer. Auch der Strafanspruch des Staates bei Steuerdelikten ist tangiert: Wie soll ein vernünftig Denkender die nicht verstehbaren Belastungsunterschiede in sein Unrechtsbewußtsein aufnehmen können[2]?

2. Der Dualismus der Einkünfteermittlung

Den wesentlichsten Belastungsunterschied bewirkt der Dualismus der Einkünfteermitt- 181
lung. § 2 II EStG spaltet den Einkünftekatalog in folgende zwei Einkünftebegriffe auf:

Gewinneinkünfte (§ 2 II Nr. 1 EStG): Die unternehmerischen Einkünfte (Einkünfte aus Land- und Forstwirtschaft, Gewerbebetrieb und selbständiger Arbeit) werden identifiziert mit dem Gewinn (§§ 4–7g EStG). Der Gewinnbegriff (§ 4 I 1 EStG) beruht auf der Reinvermögenszugangstheorie. Nach dieser Theorie erfaßt der Gewinnbegriff i. S. der §§ 2 II Nr. 1, 4 I 1 EStG das Gesamtergebnis einer unternehmerischen Betätigung einschließlich Gewinne und Verluste aus der Veräußerung von Wirtschaftsgütern des Betriebsvermögens.

Überschußeinkünfte (§ 2 II Nr. 2 EStG): Die übrigen (nichtunternehmerischen) Einkünfte (Einkünfte aus nichtselbständiger Arbeit, aus Kapitalvermögen, aus Vermietung und Verpachtung und sonstige Einkünfte i. S. des § 22 EStG) werden identifiziert mit dem Überschuß der Einnahmen über die Werbungskosten (§§ 8, 9, 9a EStG). Das zugrundeliegende Konzept ist die Quellentheorie[3]. Nach dieser Theorie sollen nur die „Erträge ständig fließender Quellen", nicht hingegen die Quellen selbst wirtschaftliche Leistungsfähigkeit indizieren. Das sog. Stammvermögen, das der Erzielung dauerhafter Einkünfte zu dienen hat und deshalb nicht dazu bestimmt ist, veräußert zu werden, soll nicht zur Einkommenssphäre gehören. Diese quellentheoretische Konzeption der Einkünfte hat grundsätzlich zur Folge, daß Veräußerungseinkünfte sowie Substanz- und Wertverluste des Stammvermögens, insb. Substanzverluste privat verwalteten Vermietungs- und Kapitalvermögens, ausgegrenzt werden. Folglich kann es auch keine Einlagen, Entnahmen und Teilwertabschreibungen geben.

1 Dazu *K. Tipke,* StuW 86, 152.
2 S. hierzu auch § 24 Rz. 42.
3 S. oben Rz. 50.

182 Der Dualismus der Einkünfteermittlung entspricht also dem theoretischen Gegensatz zwischen **Reinvermögenszugangs-** und **Quellentheorie.** Diesen Theoriengegensatz berücksichtigt die Rechtsprechungs- und Verwaltungspraxis durchaus. Sie grenzt beispielsweise private Vermögensverwaltung vom Gewerbebetrieb danach ab, ob Wertsteigerungen des Stammvermögens laufend durch Veräußerungen realisiert werden. Einkünfte sind grundsätzlich nur dann Quelleneinkünfte (und damit keine Einkünfte aus Gewerbebetrieb), wenn die Ausnutzung der substantiellen Vermögenswerte durch Anschaffungs- und Veräußerungsgeschäfte gegenüber der reinen Fruchtziehung nicht in den Vordergrund tritt (s. Rz. 489, 571 f.).

183 Der quellentheoretische Rahmen der Überschußeinkünfte wird indessen erweitert durch die Besteuerung der Einkünfte aus Spekulationsgeschäften (§§ 22 Nr. 2, 23 EStG, s. Rz. 595 f.) sowie der Einkünfte aus der Veräußerung von wesentlichen Beteiligungen an Kapitalgesellschaften (§ 17 EStG, s. Rz. 592 ff.). Dadurch entsteht für Veräußerungseinkünfte ein besonderer Ermittlungstypus, der in den §§ 17 II, 23 IV EStG normiert ist und die quellentheoretische Ermittlung der Einkünfte systematisch zu ergänzen hat (s. Rz. 196 ff.).

184 **Rechtsentwicklung**[4]: Praktikabilitätserwägungen haben den Dualismus der Einkünfteermittlung begründet. Gegen die quellentheoretisch konzipierte Überschußrechnung, die der Hauptvertreter der Quellentheorie, Referent im preußischen Finanzministerium und Mitverfasser des pr. EStG 1891 *B. Fuisting* auch für das „Einkommen aus Handel und Gewerbe" (§ 14 pr. EStG 1891) durchsetzen wollte, wehrte sich die Unternehmer-Lobby; sie drängte erfolgreich (wie § 14 pr. EStG 1891 zeigt) darauf, den Gewinn mit dem Ergebnis der kaufmännischen (handelsrechtlichen) Buchführung zu identifizieren, wie dies bereits in § 21 des sächsischen EStG von 1874 geschehen war. Die volle Tragweite der Lobby-Forderung war allerdings damals insofern nicht zu erkennen, als der sehr bescheidene progressive Tarif (0,67–4 v. H.) des pr. EStG 1891 dem Argument der steuerlichen Mehrbelastung noch keine Durchschlagskraft vermittelte. Den Dualismus hielten § 33 II EStG 1920 und §§ 7 II, 13 EStG 1925 aufrecht. Der Gesetzgeber des EStG 1925 rechtfertigte den Dualismus freilich nicht nur mit Praktikabilitätserwägungen zugunsten der Unternehmer; er hat auch versucht, eine adäquate Beziehung zwischen Einkunftsart und Einkünfteermittlung herzustellen: Anders als bei den unternehmerischen Einkünften handelt es sich bei den Überschußeinkunftsarten entweder um Einkünfte ohne nennenswerten Kapitaleinsatz (so bei den Einkünften aus nichtselbständiger Arbeit) oder um Einkünfte aus privater Vermögensverwaltung, wo es auf „die Veränderung der Vermögensgegenstände" nicht ankomme, „sondern lediglich auf die Erträge, die sie abwerfen"[5]. Diese Fruchtziehungsthese dient – wie oben ausgeführt – noch heute der Quelleneinkünfte-Qualifikation. Mit der Übernahme in das EStG 1934 ist der Dualismus der Einkünfteermittlung endgültig zum strukturellen Bestandteil des deutschen Einkommensteuerrechts geworden.

185 Demnach hat der Gesetzgeber das **duale System** bewußt und gewollt geschaffen. Die Rechtsprechung tendiert denn auch dahin, die beiden Subsysteme separat auszubauen, statt Unterschiede einzuebnen. Das gilt vor allem für das Bundesverfassungsgericht, das den Einkünftedualismus bisher nicht als gleichheitswidrig verworfen hat[6]. Auch die Gerichte der Finanzgerichtsbarkeit haben bisher an dem Dualismus keinen Anstoß genommen, obwohl die sich aus ihm ergebenden Belastungsungleichheiten mit Händen zu greifen sind.

186 Beispiel: Der verheiratete Facharzt A hat in 1993 ein zu versteuerndes Basiseinkommen von 120 000 DM, das nach Splitting-Tabelle mit 28 846 DM ESt belastet ist. Vor vielen Jahren hat A ein Stadthaus geerbt, das er als Arztpraxis nutzt. In 1993 erleidet er einen Herzanfall und verlegt deshalb seine Praxis in einen ruhigen Vorort der Stadt. Das Stadthaus veräußert er mit einem Veräußerungsgewinn von 500 000 DM. Das zu versteuernde Einkommen von 620 000 DM

4 Dazu ausführlich m. w. N. *K. Tipke*, in: FS für Paulick, Köln 1973, 393 ff.
5 Volles Zitat der amtlichen Begründung bei *K. Tipke* (Fn. 4), 395 f.
6 BVerfGE 26, 302, 310 ff.; 27, 111 ff.; 28, 227 ff. Zur Kritik dieser Entscheidungen insb. *K. Tipke*, StRO II, 645 ff.

(500 000 DM + 120 000 DM) ist mit 282 872 DM ESt belastet. Realtarif für den Veräußerungsgewinn: 50,81 Prozent.

Das tapfere Weiterarbeiten muß A teuer bezahlen. Würde er nämlich seine ärztliche Tätigkeit ganz aufgeben, dann reduzierte sich der Realtarif für den Veräußerungsgewinn nach Maßgabe der §§ 16 III, IV; 34 EStG auf die Hälfte des durchschnittlichen Steuersatzes, das sind 22,8 Prozent. ESt: 142 914 DM (vgl. Abschnitt 198 EStR).

Hätte nicht A, sondern die Ehefrau B das Haus geerbt und es an ihren Ehemann vermietet, betrüge der Realtarif für den Veräußerungsgewinn 0 Prozent; denn der Gewinn aus der Veräußerung vermieteter Häuser ist nicht steuerbar, wenn die Spekulationsfrist von zwei Jahren in § 23 I Nr. 1a EStG überschritten wird.

Hätte A das Haus geerbt und sodann seiner Frau geschenkt, damit sie es an ihn vermieten kann, so würde die Schenkung und das Vertrauen in die Frau mit 254 026 DM ESt-Ersparnis belohnt.

Tatsächlich verstößt eine Einkünfteermittlung, die mit zweierlei Maß mißt, in Wirklichkeit zwei Einkommensbegriffe schafft, **gegen den Gleichheitssatz**[7]. Die Willkür des Einkünftedualismus setzt sich in der Willkür der Abgrenzung des Gewerbebetriebs zur Vermögensverwaltung, in willkürlich geschöpften Kriterien wie etwa dem einer Drei-Objekt-Grenze (s. Rz. 571) fort, weil der Einkünftedualismus nicht plausibel erklärt werden kann. Tatsächlich nehmen Finanzverwaltung und Finanzgerichtsbarkeit, weil die unterschiedliche steuerliche Behandlung als unbefriedigend und ungerecht empfunden wird, eine **Grenzverschiebung im dualen System** vor, indem sie den Begriff des Gewerbebetriebs strapazieren und vermögensverwaltende Einkünfte in solche aus Gewerbebetrieb umfunktionieren. Ein derartiges Vorgehen verletzt die Gesetzmäßigkeit der Besteuerung. Der Einkünftedualismus kann *nur vom Gesetzgeber selbst* überwunden werden: Das Gesetz hat Einkünfte aus der Veräußerung von Wirtschaftsgütern des privaten Erwerbsvermögens ebenso uneingeschränkt zu erfassen wie betriebliche Veräußerungseinkünfte[8] (dazu unten Rz. 597 f.). 187

Im Ausland[9] gibt es zahlreiche Beispiele für die Besteuerung privater Veräußerungseinkünfte, welche die Behauptung widerlegen, der Dualismus sei praktische Notwendigkeit. **Frankreich** besteuert seit 1. 1. 1977 die Gewinne aus der Veräußerung von privaten Immobilien, Metallen, Schmuck, Kunst- und Sammlungsgegenständen, Antiquitäten sowie seit 1. 1. 1978 von Wertpapieren[10]. Das **US-amerikanische** Bundeseinkommensteuerrecht unterscheidet seit jeher nicht zwischen betrieblicher und privater Sphäre. Es erfaßt – durchweg mit ermäßigtem (von der Besitzdauer – holding period – abhängigem) Steuersatz – die Gewinne (sog. capital gains) aus der Veräußerung sowohl betrieblicher als auch privater Wirtschaftsgüter (sog. capital assets), zu denen im betriebli-

---

7 So gegen die in Fn. 6 zit. Rspr. insb. *K. Tipke*, StRO II, 649 ff., im weiteren *P. Zimmermann*, Das Problem der Gerechtigkeit in der Einkommensbesteuerung, dargestellt und untersucht an den Beispielen der Ermittlung der Einkünfte aus Gewerbebetrieb und nichtselbständiger Arbeit, Frankfurt u. a. 1982; *K. Merkenich*, Die unterschiedlichen Arten der Einkünfteermittlung im deutschen Einkommensteuerrecht, Berlin 1982; *J. Lang*, Entwurf eines Steuergesetzbuchs, Schriftenreihe des BMF, Heft 49, Bonn 1993, 138 f. Grundsätzlich a. A. *T. Durchlaub*, Zur Steuerpflicht der Gewinne aus der Veräußerung von Privatvermögen, Berlin 1993 (dazu unten Rz. 597 f.).

8 Zutr. weist *J. P. Meincke*, LBH, EStG, § 2 Rz. 101, darauf hin, daß der Einkünftedualismus nur durch Erweiterung der Steuerbarkeit überwunden werden kann. Gleichwohl ist der Einkünftedualismus besonders im Hinblick auf die oben (Rz. 184) dargelegte Rechtsentwicklung auch ermittlungstechnisch begründet (vgl. *J. Lang*, Die Bemessungsgrundlage der Einkommensteuer, Köln 1981/88, 221 f.). Demnach muß eine Reform sowohl die Steuerbarkeit von Einkünften als auch den in Rz. 183 angesprochenen Ermittlungstypus (besonders hinsichtlich der Verluste im privaten Erwerbsvermögen) erweitern. Vgl. *J. Lang* (Fn. 7), §§ 109 I Nr. 2, IV; 115; 116; 122.

9 Vgl. Gutachten der Steuerreformkommission 1971, Schriftenreihe des BdF, Heft 17, 927 ff.; *A. Mennel*, DStZA 73, 89 ff., *dies.*, Steuern in Europa, USA, Kanada und Japan, Herne/Berlin 1980 (Loseblatt); *J. M. Mössner*, RIW 78, 95 ff.; *P. Böckli*, DStJG Bd. 3 (1980), 344 ff.; *ders.*, ASA Bd. 45 (1976/77), 433 ff.

10 Vgl. Intertax 76, 384 ff.; *P. Böckli* (Fn. 9).

chen Bereich nur die Gewinne aus der Veräußerung von (bestimmtem) Anlagevermögen gehören (s. sec. 1201, 1221 ff. I. R. C.)[11].

II. System der Einkünfteermittlung

1. Typen der Einkünfteermittlung

188 Im wesentlichen ist das System der Einkünfteermittlung durch zwei Hauptgegensätze gekennzeichnet,

- erstens den Gegensatz zwischen der ermittlungstechnisch komplizierten Bilanzierung und der ermittlungstechnisch einfachen Überschußrechnung nach den Grundsätzen der Kassenrechnung, und
- zweitens den Gegensatz zwischen der Totalerfassung der Einkünfte nach der Reinvermögenszugangstheorie und der Teilerfassung der Einkünfte nach der Quellentheorie.

1.1 Ermittlung der Einkünfte durch Bilanzierung

189 Die Reinvermögenszugangstheorie verwirklicht der allgemeine Gewinnbegriff des § 4 I 1 EStG. Diese Vorschrift ordnet den **Betriebsvermögensvergleich** an. Der allgemeine Gewinnbegriff normiert den Vergleich zweier Schlußbilanzen (Unterschiedsbetrag zwischen dem Betriebsvermögen am Schluß des Wirtschaftsjahres und dem Betriebsvermögen am Schluß des vorangegangenen Wirtschaftsjahres), ergänzt durch eine spezifisch steuerliche Wertabgrenzung des Betriebsvermögens (vermehrt um den Wert der Entnahmen und vermindert um den Wert der Einlagen).

Demnach erfordert der allgemeine Gewinnbegriff die Ermittlung der Einkünfte durch Bilanzierung. Eine solche basiert auf dem Normensystem der **Grundsätze ordnungsmäßiger Buchführung** (GoB). Allerdings rezipiert nur § 5 I 1 EStG für den speziellen Betriebsvermögensvergleich der Gewerbetreibenden die handelsrechtlichen Grundsätze ordnungsmäßiger Buchführung. Jedoch benötigt auch der Betriebsvermögensvergleich nach § 4 I EStG die handelsrechtlichen GoB. Ohne das HGB-Normensystem der Buchführung und des Jahresabschlusses ist ein Vergleich zweier Schlußbilanzen nicht möglich. Daher beruht der allgemeine Betriebsvermögensvergleich (§ 4 I EStG) ebenso wie der spezielle Betriebsvermögensvergleich für Gewerbetreibende (§ 5 EStG) auf den „Grundsätzen ordnungsmäßiger Buchführung" (§ 4 II EStG); diese sind bis auf wenige Bewertungsregeln (etwa die in § 6 I Nr. 2 Satz 4 EStG angesprochenen land- und forstwirtschaftlichen GoB) handelsrechtliche GoB[12].

190 Grundsätzlich ist der Betriebsvermögensvergleich nach den §§ 4 I, 5 EStG für Unternehmer (Gewerbetreibende, Land- und Forstwirte, Selbständige i. S. des § 18 EStG) vorgesehen, die entweder gesetzlich verpflichtet sind, Bücher zu führen und regelmäßig Jahresabschlüsse (§ 242 III HGB: Bilanz, Gewinn- und Verlustrechnung) zu machen, oder die dies freiwillig tun (§§ 5 I 1; 4 III 1 EStG). Wer weder gesetzlich buchführungspflichtig ist, noch freiwillig bilanziert und auch nicht für die vereinfachte Gewinnermittlung nach § 4 III EStG optiert hat, dessen Betriebsergebnis wird aber auch nach Maßgabe des § 4 I

11 Dazu *E. Krause-Nehring*, Die steuerliche Behandlung der langfristigen capital gains und losses im Bundessteuerrecht der USA, Diss. Berlin 1972. Eine selektierte internationale Bibliographie zur Besteuerung der capital gains enthält das IFA-Bulletin 78, 72 ff.

12 Dazu *J. Lang*, DStJG Bd. 4 (1981), 45, 60 ff.; *G. Pickert*, Gelten die handelsrechtlichen GoB auch für die steuerbilanzielle Gewinnermittlung nach § 4 I EStG?, DStR 89, 374; *G. Wichmann*, BB 90, 1448.

1 EStG geschätzt (so BFH BStBl. 90, 287, 290), weil § 4 I 1EStG den Gewinnbegriff im allgemeinen regelt.

Das Wesen des Bilanzvergleichs nach den §§ 4 I, 5 EStG ist die **Periodisierung** der Erfolgsrechnung. Der Bilanzvergleich weist nicht die Differenz zwischen Vermögenszuflüssen (Betriebseinnahmen) und -abflüssen (Betriebsausgaben) aus, wie man bei dem Hinweis auf die Vorschriften über die Betriebsausgaben (§ 4 I 6 EStG) annehmen könnte. Die in § 11 EStG verankerten Prinzipien des Zu- und Abflusses gelten beim Bilanzvergleich nicht (§ 11 I 4, II 3 EStG). Vielmehr wird der Gewinn oder Verlust i. S. der §§ 4 I, 5 EStG durch die Aufwendungen und die Erträge bestimmt, die dem Wirtschaftsjahr „unabhängig von den Zeitpunkten der entsprechenden Zahlungen" (§ 252 I Nr. 5 HGB) zuzuordnen sind. Diese genaue Ermittlung des Periodenerfolgs erfordert die komplizierte Rechnungslegung nach den GoB, die eben nur solchen Steuerpflichtigen zugemutet werden kann, die ohnehin bilanzierungspflichtig sind oder freiwillig bilanzieren. Andererseits birgt die Bilanzierung eine Reihe von Vorzügen, die den Rechnungslegungsaufwand belohnen. Die periodengerechte Gegenüberstellung von Aufwand und Ertrag ist zunächst unerläßlich für die betriebswirtschaftliche Aussagefähigkeit der Rechnungslegung. Die steuerliche Vorteilhaftigkeit der Bilanzierung gegenüber der Überschußrechnung ergibt sich aus dem Glättungseffekt der Periodisierung bei starken Einnahmen-/Ausgabenschwankungen, die im Falle der Überschußrechnung überhöhte progressive Steuerbelastung bewirken. 191

1.2 Überschußrechnungen nach dem Zufluß- und dem Abflußprinzip (§§ 4 III, 8 ff., 11 EStG)

Eine Rechnungslegung, welche die positiven und negativen Erfolgsbeiträge periodisch genau zuzuordnen vermag, ist so schwierig, daß sie nur von Fachleuten praktiziert werden kann. Umfangreiche Literatur belegt die Verwissenschaftlichung einer Materie, die ursprünglich einmal von nicht akademisch ausgebildeten Buchhaltern relativ routinemäßig bewältigt worden ist. Daher muß das ohnehin viel zu komplizierte Einkommensteuergesetz eine Art der Einkünfteermittlung bereithalten, die auch ein buchführungsfachlich nicht vorgebildeter Steuerpflichtiger vollziehen kann, obgleich dies (besonders auch wegen der Umsatzsteuer) immer schwieriger wird. 192

Die Überschußrechnungen nach den §§ 4 III, 8 ff., 11 EStG dienen grundsätzlich dem Zweck einer möglichst einfachen, den Steuerpflichtigen nicht übermäßig strapazierenden Einkünfteermittlung. Die Vereinfachungstechnik ist die sog. **Kassenrechnung,** die lediglich einen Unterschiedsbetrag der Einnahmen und Ausgaben festhält (Beispiele: Rz. 455 f.). Grundvorschrift der Kassenrechnung ist § 11 EStG. § 11 I 1 EStG normiert das sog. Zuflußprinzip, nach dem die Einnahmen innerhalb des Kalenderjahres bezogen sind, in dem sie dem Steuerpflichtigen zugeflossen sind[13]. § 11 II 1 EStG normiert das sog. Abflußprinzip, nach dem die Ausgaben für das Kalenderjahr abzusetzen sind, in dem sie geleistet worden sind. 193

Einfachheit wird somit dadurch erreicht, daß die Kassenrechnung vorrangig eine **Geldrechnung** ist (Einzelheiten s. Rz. 456 ff., 465). Es gibt jedoch Vermögenszu- und -abgän- 194

13 Dazu *Nittka*, Begriff und Bedeutung des Zufließens im Einkommensteuergesetz, Diss. rer. pol. Frankfurt 1932; *Kleese*, Begriff und Bedeutung des Zufließens, Diss. rer. pol. Leipzig 1937; *C. H. Muller*, Zum Begriff des Zufließens unter besonderer Berücksichtigung der Einkünfte aus Kapitalvermögen (§ 11 Abs. 1 EStG), Diss. Köln 1965; *C. Trzaskalik*, Zuflußprinzip und periodenübergreifende Sinnzusammenhänge, StuW 85, 222; *Crezelius/Uelner/Woerner*, JbFSt. 1988/89, 175 ff.; *W. Schürmann*, Das Zu- und Ablußprinzip des § 11 EStG, StStud 92, 83.

ge, die nicht in Geld bestehen, wie z. B. Sachbezüge (dazu näher Rz. 456 f., 468 f.), so daß das vereinfachende Prinzip der Geldrechnung partiell zugunsten der Vollständigkeit der Einkünfteermittlung aufgegeben werden muß. Dadurch verkompliziert sich die Überschußrechnung. Insb. werden schwierige Bewertungen erforderlich.

195 Im weiteren würde eine uneingeschränkte Verwirklichung des Zufluß- und des Abflußprinzips die periodisch erwirtschafteten Ergebnisse allzusehr verfälschen, so daß gewisse Abweichungen vom Zuflußprinzip und vom Abflußprinzip unumgänglich sind. Bereits § 11 EStG enthält Einschränkungen: Regelmäßig wiederkehrende Einnahmen und Ausgaben (z. B. Mieten, Zinsen, Renten, Zahlungen der Kassenärztlichen Vereinigung)[14] sind dem Kalenderjahr der wirtschaftlichen Zugehörigkeit zuzuordnen (§ 11 I 2, II 2 EStG).

Die periodisch erwirtschafteten Ergebnisse würden vor allem dann untragbar mit der Folge falscher Tarifbelastung verzerrt, wenn Anschaffungs- bzw. Herstellungskosten für abnutzbare Wirtschaftsgüter des Anlagevermögens im Zeitpunkt des Abflusses in voller Höhe abzusetzen wären. Daher müssen Abschreibungsvorschriften grundsätzlich auch für Überschußrechnungen gelten (§§ 4 III 3, 9 I 3 Nr. 7 EStG).

1.3 Ergänzende Ermittlung von Veräußerungseinkünften (§§ 16, 17, 23 EStG)

196 Die Vorschriften der bilanziellen Gewinnermittlung und der Überschußrechnungen nach dem Zufluß- und dem Abflußprinzip werden ergänzt durch spezielle Vorschriften über die Ermittlung bestimmter Veräußerungseinkünfte.

a) Im Bereich der **Gewinneinkünfte** sichert der Gewinnbegriff des § 4 I 1 EStG die vollständige Erfassung aller Veräußerungseinkünfte sowie die Wertabgrenzung des Betriebsvermögens durch Einlagen und Entnahmen. Somit wären die Gewinne oder Verluste aus der Veräußerung von ganzen Betrieben, Teilbetrieben, Mitunternehmeranteilen sowie die sog. Totalentnahme der Betriebsaufgabe[15] (s. Rz. 443 ff.) auch ohne die Regelungen der §§ 14, 16, 18 III EStG zu versteuern. Die konstitutive Bedeutung dieser Vorschriften besteht darin, den Gewinn aus der Abrechnung stiller Reserven am Ende eines (mit)unternehmerischen Engagements partiell freizustellen (§ 16 IV EStG) und sodann nur mit einem ermäßigten Steuersatz (§ 34 I, II Nr. 1 EStG) zu belasten. Damit verfolgen die §§ 14, 16, 18 III EStG zwei Normzwecke, zum einen den Fiskalzweck, einer übermäßigen Steuerprogression entgegenzuwirken, die durch die Aufdeckung von mitunter langfristig entstandenen stillen Reserven ausgelöst werden kann[16], zum anderen den Sozialzweck, kleinere Veräußerungsgewinne steuerlich zu verschonen (BT-Drucks. VI/1901, 12). § 14a EStG dient zudem dem Sozialzweck, die Agrarstruktur in der Bundesrepublik Deutschland zu verbessern sowie Land- und Forstwirten, deren Betrieb auf die Dauer keine ausreichende Existenzgrundlage bietet, durch Gewährung eines Freibetrages einen Anreiz zur Veräußerung oder Aufgabe des Betriebes zu geben (BT-Drucks. a. a. O.). Die erwähnten Normzwecke der §§ 14, 14a, 16, 18 III EStG gebieten eine

14 Vgl. BFH BStBl. 87, 16 (dazu Rz. 459).

15 So die h. M.: BFH BStBl. 61, 436; 65, 576; 67, 70; *Stuhrmann*, Blümich, EStG[13], § 16 Rz. 2; *Hörger*, LBH, EStG, § 16 Rz. 2; *Söffing*, Lademann/Söffing/Brockhoff, EStG, § 6 Anm. 5; *Dötsch*, Einkünfte aus Gewerbebetrieb nach Betriebsveräußerung. . ., Köln 1987, 13. A. A. *B. Knobbe-Keuk*, Bilanz- und Unternehmenssteuerrecht[9], Köln 1993, 777 ff. (besonderer gesetzlicher Gewinnrealisierungstatbestand); *L. Schmidt*, EStG[13], § 16 Anm. 2 (für Aufgabegewinne); *W. Reiß*, KS, EStG, § 16 Rnrn. A 31 f.

16 Vgl. BFH BStBl. 67, 70; 71, 688; 75, 848; 80, 239, 241: Es würde zu Härten führen, „wenn durch die Aufdeckung aller stillen Reserven eines Betriebes jahrelang aufgestaute Gewinne in einem Zuge mit dem normalen Steuersatz versteuert werden müßten".

exakte Abgrenzung des laufenden Gewinns bis zum Zeitpunkt des Betriebs-, Teilbetriebs-, Anteilsveräußerung oder der Betriebsaufgabe von dem Veräußerungsgewinn, der an eine Steuerbilanz zum Veräußerungs- bzw. Aufgabezeitpunkt anknüpft.

b) Im Bereich der **Überschußeinkünfte** durchbrechen die Tatbestände, die Veräußerungseinkünfte erfassen, die quellentheoretische Ausgestaltung des Einkünftekatalogs. Daher konstituieren die §§ 17, 22 Nr. 2 EStG i. V. mit § 23 EStG die Steuerbarkeit der Veräußerungseinkünfte (s. Rz. 592 ff.). Die Gewinne und Verluste aus der Veräußerung von Anteilen an Kapitalgesellschaften bei wesentlicher Beteiligung rechnet § 17 I 1 EStG zu den Einkünften aus Gewerbebetrieb. Tatsächlich hat aber die wesentliche Beteiligung i. S. des § 17 EStG keine Betriebsvermögensqualität. Sie gehört vielmehr zum Stammvermögen i. S. des § 20 EStG. Daher müßten die Vorschriften des § 17 EStG rechtssystematisch richtig in einem § 20a EStG plaziert sein (s. auch Rz. 592). 197

Der Gewinn oder Verlust i. S. der §§ 17 II 1, 23 IV 1 EStG ist wie folgt zu ermitteln:

Veräußerungspreis
./.Veräußerungskosten
Nettoerlös
./. Anschaffungs-/Herstellungskosten
Veräußerungsgewinn oder -verlust

Veräußerungspreis ist der Wert der Gegenleistung, die der Veräußerer durch den Abschluß des Veräußerungsgeschäfts am maßgebenden Stichtag erlangt[17]. Den Begriff der **Veräußerungskosten** verwendet nur § 17 II 1 EStG. Jedoch sind **Werbungskosten** i. S. des § 23 IV 1 EStG ebenfalls nur Aufwendungen, die im Zusammenhang mit der Veräußerung angefallen sind[18], z. B. Makler-, Notar- und Grundbuchgebühren. Keine Werbungskosten i. S. des § 23 IV 1 EStG, sondern typische Aufwendungen zur Erzielung von Quelleneinkünften sind die AfA (§§ 7, 9 I 3 Nr. 7 EStG) sowie der Erhaltungsaufwand. Einen Werbungskosten-Pauschbetrag sieht § 9a EStG für §§ 17, 23 EStG nicht vor. 198

Der **Schuldzinsenabzug** verdeutlicht exemplarisch die Zuordnungsproblematik zwischen Veräußerungs- und Quelleneinkünften. Nach § 9 I 3 Nr. 1 EStG kommt es auf den „wirtschaftlichen Zusammenhang“ mit einer Einkunftsart an. Die Rspr. des BFH[19] stellt auf den Zweck der Erwerbstätigkeit ab. Kann „auf Dauer gesehen ein Überschuß der Einnahmen über die Ausgaben erwartet werden“ (BStBl. 82, 37, 40; 86, 597), so läßt der BFH den Abzug bei den Einkünften i. S. der §§ 20, 21 EStG zu. Die Erwerbstätigkeit ist auf die Erzielung von Quelleneinkünften gerichtet. Sind hingegen positive Quelleneinkünfte nicht zu erwarten, so ist nach dem BFH davon auszugehen, daß der fremdfinanzierte Erwerb der Realisierung von Wertsteigerungen dient. Die Schuldzinsen sind den Veräußerungseinkünften zuzuordnen und daher nur im Rahmen des § 23 IV 1 EStG abziehbar. 199

---

17 So zu § 17 EStG RFH RStBl. 33, 1010; BFH BStBl. 62, 85; 66, 110; 75, 58, 60. Zinsen für die Stundung des Kaufpreises gehören zu den Einnahmen aus Kapitalvermögen. Das spätere Schicksal der Kaufpreisforderung ist einkommensteuerrechtlich unbeachtlich, da die Kaufpreisforderung zum Privatvermögen gehört (h. M.; vgl. BFH BStBl. 77, 127; 81, 464; *Erdweg*, HHR, EStG § 16 Anm. 193; *Hörger*, LBH, EStG, § 17 Rn. 71. A. A. *Schmidt/Drenseck*, EStG[13], § 17 Anm. 22a a. E.; *Theisen*, DStR 88, 403). Minderungen oder Erhöhungen des Kaufpreises, die ihre Ursache im Veräußerungsgeschäft haben (z. B. Kaufpreisminderung wegen Sach- und Rechtsmängel) verändern den Veräußerungsgewinn/-verlust rückwirkend mit der Folge einer Berichtigung nach § 175 I Nr. 2 AO. Ausführlich m. w. N. auch *Blümich*, EStG[13], § 17 Anm. 191; *Frotscher*, § 17 EStG, Anm. 85 ff.; HHR, EStG, § 17 Anm. 177 ff. Bei § 23 EStG kann nichts anderes gelten, denn die Rechtslage der Abgrenzung zu den Quelleneinkünften und steuerbaren Veräußerungseinkünften im Privatvermögen ist bei den §§ 17 II 1, 23 IV 1 EStG gleichgelagert.

18 Vgl. *Schmidt/Heinicke*, EStG[13], § 23 Anm. 9d; *D. Schulze zur Wiesche*, FR 82, 446.

19 BFH BStBl. 82, 36; 82, 37; 82, 40; 82, 463; 85, 517, 519; 86, 596.

Zu einem anderen Ergebnis gelangt der BFH (BStBl. 86, 596) im Falle von Schuldzinsen beim Erwerb einer wesentlichen GmbH-Beteiligung i. S. des § 17 EStG: Wegen der steuerlichen Erfassung der Veräußerungsgewinne durch § 17 EStG und des systematischen Zusammenhangs zwischen § 17 EStG und § 20 EStG (s. Rz. 592) erkennt der BFH Werbungskosten bei den Einkünften aus Kapitalvermögen auch dann an, wenn keine Kapitalerträge, sondern nur Wertsteigerungen zu erwarten sind. U. E. handelt es sich um Stammvermögensaufwendungen, die den Quelleneinkünften i. S. des § 20 EStG nicht zugeordnet werden dürfen. Zur Abgrenzung der Stammvermögensaufwendungen zu den Werbungskosten s. Rz. 181, 466.

200 **Unentgeltliche Veräußerungen** (Schenkungen/Erbschaften) erfordern Sonderregelungen, da die Komponente des Veräußerungspreises bzw. der Anschaffungskosten fehlt. Nach § 17 II 2 EStG sind die Anschaffungskosten des letzten entgeltlichen Anteilserwerbs maßgebend für die Ermittlung des Gewinns/Verlusts aus der nächsten entgeltlichen Veräußerung. Gemischte Schenkungen sind in voll entgeltliche und in voll unentgeltliche Anteils-Übertragungen aufzuspalten. Bei Spekulationsgeschäften ist der unentgeltliche Erwerb keine Anschaffung i. S. des § 23 I EStG; maßgeblich ist die Frist zwischen Anschaffung durch den Erblasser (Schenker) und Verkauf durch den Erben/Beschenkten (s. Rz. 596). Bei gemischter Schenkung kann ein Spekulationsgewinn hinsichtlich des entgeltlich erworbenen Teils anfallen[20].

201 Die Steuerrechtsfolgen für den Veräußerungsgewinn/-verlust i. S. des § 17 EStG sind denen des § 16 EStG angeglichen. § 17 III EStG gewährt einen **Freibetrag** von 20 000 DM, wenn eine 100prozentige Beteiligung veräußert wird; diesen Freibetrag zehren Veräußerungsgewinne ab 80 000 DM auf, so daß Veräußerungsgewinne ab 100 000 DM keinen Freibetrag mehr genießen. Bei Beteiligungen unter 100 Prozent vermindern sich die Beträge von 20 000 DM/80 000 DM entsprechend.

Der nach Abzug des Freibetrages gemäß § 17 III EStG steuerpflichtige Veräußerungsgewinn unterliegt einem **ermäßigten Steuersatz** (§ 34 I, II Nr. 1 EStG). Wird die wesentliche Beteiligung gegen Rente veräußert, so räumt die Finanzverwaltung (Abschnitt 140 VII 8 EStR) dem Steuerpflichtigen ebenso wie bei § 16 EStG ein Wahlrecht zwischen ermäßigter Sofortbesteuerung und laufender, nicht ermäßigter Besteuerung der Rentenbezüge ein. Veräußerungsverluste i. S. des § 17 EStG sind in vollem Umfange ausgleichs- und abzugsfähig.

Demgegenüber dürfen Verluste aus **Spekulationsgeschäften** nur mit Spekulationsgewinnen ausgeglichen werden; ein Verlustabzug nach § 10d EStG ist nicht zulässig (§ 23 IV 3 EStG). Spekulationsgewinne bleiben steuerfrei, wenn der aus Spekulationsgeschäften im Kalenderjahr erzielte Gesamtgewinn unterhalb der Bagatellfreigrenze von 1 000 DM liegt (§ 23 IV 2 EStG). Im Falle einer *Konkurrenz* der §§ 17; 23 I Nr. 1b EStG (Anschaffung und Veräußerung einer wesentlichen Beteiligung innerhalb von sechs Monaten) tritt § 17 EStG zurück (§ 23 III 2 EStG, eingefügt durch StMBG vom 21. 12. 1993, BGBl. I 93, 2310, s. FN 147 zu Rz. 595).

1.4 Einheitswertabhängige Erfolgsrechnungen

202 Die Pauschalierung des Nutzungswerts der selbstgenutzten Wohnung im eigenen Haus nach dem letztmals für den Veranlagungszeitraum 1986[21] anzuwendenden § 21a EStG und die land- und forstwirtschaftliche Gewinnermittlung nach Durchschnittssätzen (§ 13a EStG, dazu Rz. 486 f.) knüpfen an **Sollertragswerte,** insb. an einheitswertabhängige Sollertragswerte an. Derartige Sollertragsrechnungen erfassen die tatsächlich erwirtschafteten Einkünfte nicht. Sie verfälschen die ist-ertragsteuerliche Bemessungsgrundlage der Einkommensteuer und wirken entweder privilegierend oder diskriminierend, je nachdem, ob das Ergebnis der Sollertragsrechnung über oder unter dem Ist-Ergebnis liegt.

20 Dazu m. w. N. *Schmidt/Heinicke*, EStG[13], § 23 Anm. 5d, dd.
21 Zur Weitergeltung des § 21a EStG für Altobjekte s. § 52 XXI EStG.

Übersicht über die Typen der Einkünfteermittlung

Typenart	Gewinneinkünfte (§ 2 II Nr. 1 EStG)	Überschußeinkünfte (§ 2 II Nr. 2 EStG)
Bilanzvergleich	Betriebsvermögensvergleich nach §§ 4 I, 5 EStG (periodengerechte Erfolgsrechnung nach der Reinvermögenszugangstheorie)	
Kassenrechnung	Betriebseinnahmen/-ausgaben-Überschußrechnung nach § 4 III EStG (Vereinfachte Erfolgsrechnung nach der Reinvermögenszugangstheorie)	Einnahmen/Werbungskosten-Überschußrechnung nach §§ 8 ff. EStG (Vereinfachte Erfolgsrechnung nach der Quellentheorie)
Ergänzende Erfolgsrechnungen	Ermittlung der Einkünfte aus Betriebsveräußerung und -aufgabe nach §§ 14, 16, 18 III EStG (Ergänzende Erfolgsrechnung zum Zwecke der Steuerermäßigung)	– Ermittlung der Einkünfte aus Spekulationsgeschäften nach § 23 EStG – Ermittlung der Einkünfte aus der Veräußerung wesentlicher Beteiligungen nach § 17 EStG (Ergänzende Erfolgsrechnungen nach der Reinvermögenszugangstheorie)
Einheitswertabhängige Erfolgsrechnungen	Land- und forstwirtschaftliche Gewinnermittlung nach § 13a EStG (verdeckte Privilegierung/Diskriminierung durch sytemwidrige Sollertragsrechnung)	Letztmals 1986: Pauschalierung des Nutzungswerts der selbstgenutzten Wohnung im eigenen Haus nach § 21a EStG (systemwidrige Sollertragsrechnung für eine systemwidrige Einkunftsart)

1.5 Personelle Zuordnung der Gewinnermittlungsarten

Während im Bereich der Überschußeinkünfte (§ 2 I Nr. 4–7, II Nr. 2 EStG) für einen Einkünftetatbestand jeweils nur eine Ermittlungsart angeordnet ist, kommen im Bereich der Gewinneinkünfte (§ 2 I Nr. 1–3, II Nr. 1 EStG) für jede Einkunftsart mehrere Gewinnermittlungsarten in Betracht. Deshalb bestimmt sich die anzuwendende Gewinnermittlungsart nicht nur nach der Zuordnung der Einkünfte zu einer Gewinneinkunftsart, sondern im weiteren auch danach, ob der Steuerpflichtige gesetzlich buchführungspflichtig ist oder freiwillig Bücher führt. Daraus ergibt sich folgende personelle Zuordnung der Gewinnermittlungsarten: 203

Personenkreis	Gewinnermittlungsart
Land- und Forstwirte, gesetzlich buchführungspflichtig (insb. nach § 141 AO) oder freiwillig buchführend Freiberufler, freiwillig buchführend	Allgemeiner Betriebsvermögensvergleich (§ 4 I EStG)
Gewerbetreibende, gesetzlich buchführungspflichtig (insb. Vollkaufleute/Handelsgesellschaften/Buchführungspflichtige nach § 141 AO) oder freiwillig buchführend	Betriebsvermögensvergleich für Gewerbetreibende (§ 5 EStG)
Freiberufler, nicht buchführend Gewerbetreibende, weder gesetzlich buchführungspflichtig (insb. Kleingewerbetreibende) noch freiwillig buchführend Land- und Forstwirte, weder gesetzlich buchführungspflichtig noch freiwillig buchführend und die Überschußrechnung nach § 13a II 1 Nr. 2 EStG beantragend	Betriebseinnahmen/-ausgaben-Überschußrechnung nach § 4 III EStG
Land- und Forstwirte, welche die Voraussetzungen des § 13a I EStG erfüllen und nach § 13a II EStG keine andere Gewinnermittlungsart wählen	Gewinnermittlung nach Durchschnittssätzen (§ 13a EStG)

1.6 Schätzung

204 Soweit die Besteuerungsgrundlagen – zumal deshalb, weil der Steuerpflichtige keine Bücher oder Aufzeichnungen geführt hat – nicht ermittelt oder berechnet werden können, sind sie zu schätzen (§ 162 AO). § 162 AO begründet keinen eigenständigen Typus der Einkünfteermittlung. Der Schätzung sind vielmehr die Vorschriften der jeweils einschlägigen Ermittlungsart zugrunde zu legen. Diese ist bei den Gewinneinkünften der Betriebsvermögensvergleich nach § 4 I EStG, weil in dieser Vorschrift der allgemeine Gewinnbegriff niedergelegt ist, der auch dann anzuwenden ist, wenn sich der Steuerpflichtige nicht für die vereinfachte Gewinnermittlung entschieden hat[22].

2. Grundbegriffe der Einkünfteermittlung

2.1 Das terminologische System der Erwerbsbezüge und Erwerbsaufwendungen

Literatur: *F. Eisenmann,* Die Grundbegriffe Einnahmen – Einkünfte – Einkommen im Einkommensteuerrecht, Diss. Tübingen 1977; *R. Jüptner,* Leistungsfähigkeit und Veranlassung, Heidelberg 1989; *P. Kirchhof,* KS, EStG, § 2 Rnrn. A 30 ff., A 51 ff.; *H. Kröger,* Zum Veranlassungsprinzip im Einkommensteuerrecht, StuW 78, 289; *ders.,* Abgrenzung beruflicher von privater Veranlassung, DStR 79, 400; *J. Lang,* Die Bemessungsgrundlage der Einkommensteuer, Köln 1981/88, 299 ff., 318 ff.; *J. Lange,* Kausalität und Verschulden im Steuerrecht, BB 71, 405; *H. Söhn* (Hrsg.), Die Abgrenzung der Betriebs- oder Berufssphäre von der Privatsphäre im Einkommensteuerrecht, DStJG Bd. 3 (1980) mit Beiträgen von *Tipke, Söhn, Ruppe, v. Bornhaupt, Kirchhof, Tanzer, Streck,*

22 BFH BStBl. 81, 301; 90, 287, 289; Abschnitt 12 II 5 EStR; *W. Mathiak,* DStR 90, 259. S. oben Rz. 190.

Rönitz, Wassermeyer, Böckli, Mennel, Cagianut, Walter, Vogel; K. Tipke, Zur Abgrenzung der Betriebs- oder Berufssphäre von der Privatsphäre, StuW 79, 193; *ders.,* Bezüge und Abzüge im Einkommensteuerrecht, Ein kritischer Beitrag zum Aufbau und zur Terminologie des Einkommensteuergesetzes, StuW 80, 1; *F. Wassermeyer,* Das Erfordernis objektiver und subjektiver Tatbestandsmerkmale in der ertragsteuerlichen Rechtsprechung des BFH, StuW 82, 352.

Die zu ermittelnden Einkünfte bestehen aus positiven und negativen Faktoren. Die Einkünfte sind Salden aus solchen positiven und negativen Faktoren. 205

Die positiven Faktoren der Einkünfte (Erträge, Betriebseinnahmen, Einnahmen) lassen sich terminologisch zusammenfassen zum Begriff **Erwerbsbezüge;** die negativen Faktoren (Aufwendungen, Betriebsausgaben, Werbungskosten) lassen sich zusammenfassen zum Begriff **Erwerbsaufwendungen**[23]. Erwerbsbezüge und Erwerbsaufwendungen sind als Bestandteile einkommensteuerbarer Einkünfte durch eine konkrete *Erwerbstätigkeit veranlaßt;* die Rechtsdogmatik steuerbarer Einkünfte (s. oben Rz. 121 ff.) beherrscht also notwendig auch die Terminologie der Einkünfte-Faktoren. In dieser Weise sind die Erwerbsbezüge von *Privatbezügen,* den *nicht erwirtschafteten Zuwendungen* wie den Unterhaltsbezügen (s. Rz. 97), Erbschaften und Schenkungen abzugrenzen[24]. Erwerbsaufwendungen sind von den *Privat*aufwendungen, insb. von den Aufwendungen für die Lebensführung (§ 12 Nr. 1 EStG) zu unterscheiden.

2.1.1 Die Abgrenzung der Erwerbssphäre zur Privatsphäre

a) Finalität und Kausalität des Handelns

Die Zuordnung von Bezügen und Aufwendungen zur Erwerbssphäre oder Privatsphäre muß von der Erkenntnis ausgehen, daß alles Wirtschaften (jegliche Erwerbstätigkeit, jegliche Teilnahme am wirtschaftlichen Verkehr), aber auch jegliche private Lebensführung in motiviertem (veranlaßtem) oder finalem Handeln besteht. Das Wirtschaften ist **Handeln in Erwerbsabsicht,** d. h. in Gewinnerzielungsabsicht oder in der Absicht, wirtschaftliche Vorteile zu erzielen, in profitabler Absicht (profit related, profit oriented activity). Das wirtschaftende Handeln kann Vermögenszugänge und/oder -abgänge ver- 206

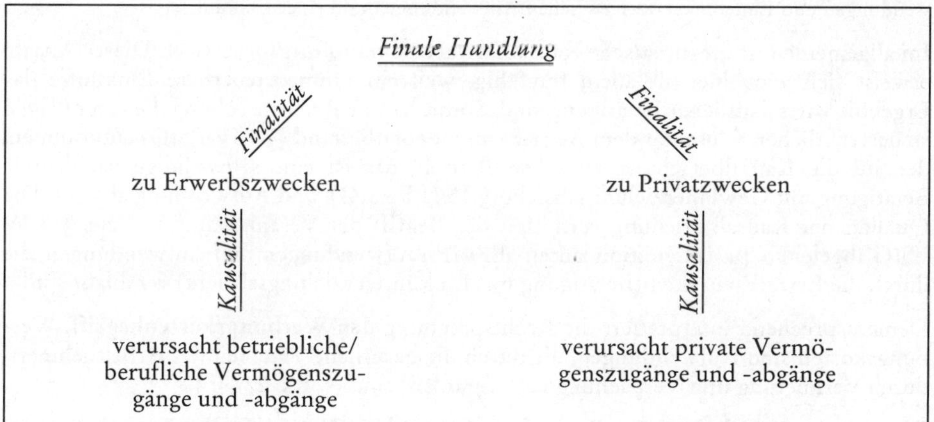

23 Dazu *K. Tipke,* StuW 80, 1; *ders.,* StRO II, 617 ff.

24 Erwirtschaftete Zuwendungen sind betrieblich veranlaßte Zuwendungen i. S. d. § 7 II EStDV, Zuwendungen an Geschäftspartner (s. BFH BStBl. 89, 641) und betrieblich veranlaßte Geldpreise (s. BFH BStBl. 75, 558 betr. Architektenentwurf; 89, 650 betr. Handwerker-Förderpreis). Nach BFH BStBl. 85, 427, sollen Preise, die das Gesamtwerk oder eine bestimmte Forschungstätigkeit würdigen (Beispiel: Nobelpreis), keine Erwerbseinnahmen sein. M. E. sind auch derartige Preise erwirtschaftete Zuwendungen.

ursachen. Die meisten Vermögenszugänge und -abgänge lassen sich unmittelbar und wesentlich auf solches Handeln zurückführen.

207 Demnach ist die Problematik der Zuordnung von Bezügen und Aufwendungen zur Erwerbssphäre **kausalrechtlicher Art.** Im letzten Jahrzehnt haben sich eine umfangreiche Rechtsprechung und zahlreiche Beiträge im Schrifttum darum bemüht, die dogmatischen Grundlagen steuerrechtlicher Kausalität abzuklären. Obgleich wesentliche Fortschritte erzielt worden sind, erscheint die Problematik noch nicht gänzlich gelöst. Da die historisch überlieferte Terminologie des EStG keine dogmatische Basis hat (s. *K. Tipke*, StuW 80, 1 ff.), ist es von vornherein verfehlt, der Problematik mit begriffsjuristischen Mitteln (zumal dem Wörterbuch) beikommen zu wollen. Es gehört zur Aufgabe des denkenden Gehorsam übenden Rechtsanwenders, aus dem dürren und uneinheitlichen terminologischen Gerippe eine sachgerechte, konsequente Dogmatik aufzubauen. Dies liegt auch im wohlverstandenen Interesse des Gesetzgebers. Dabei sind die kausalrechtlichen Vorschriften rechtsdogmatisch einheitlich zu interpretieren. Das bedeutet, daß die Zuordnung von Bezügen und Aufwendungen zur Erwerbssphäre auf den gleichen Kausalitätskriterien zu beruhen hat. Diese lassen sich nämlich nicht beliebig handhaben. Sie bilden wie in jedem Rechtsgebiet so auch im Steuerrecht die Kristallisationskerne einer terminologisch widerspruchsfrei strukturierenden Rechtsdogmatik. Daß bei ihrer einheitlichen Entfaltung der historische Gesetzestext häufig versagt, hat die Rechtsprechung bei der inhaltsgleichen Interpretation der unterschiedlichen Wortlaute in den §§ 4 IV, 9 I 1 EStG exemplarisch vorgeführt.

208 **Kausalitätsformulierungen:** § 8 I EStG: „Einnahmen sind alle Güter, die . . . im Rahmen einer der Einkunftsarten . . . zufließen"; § 4 IV EStG: „Betriebsausgaben sind die Aufwendungen, die durch den Betrieb veranlaßt sind"; § 9 I 1 EStG: „Werbungskosten sind Aufwendungen zur Erwerbung, Sicherung und Erhaltung der Einnahmen"; § 3c EStG: „Soweit Ausgaben mit steuerfreien Einnahmen in unmittelbarem wirtschaftlichem Zusammenhang stehen, dürfen sie nicht als Betriebsausgaben oder Werbungskosten abgezogen werden"; § 9 I 3 Nr. 1 Satz 1 EStG: „Schuldzinsen . . ., soweit sie mit einer Einkunftsart in wirtschaftlichem Zusammenhang stehen". Welche Kausalbeziehung ist maßgeblich? Zwischen einer Handlung (Tätigkeit) und Bezügen/Aufwendungen, zwischen Aufwendungen und Einnahmen oder zwischen Aufwendungen und einer Einkunftsart?

209 Im allgemeinen ist die juristische Kausalitätstheorie **handlungsorientiert.** Dieser Ansatz erweist sich auch hier als allein tragfähig, weil einkommensteuerbare Einkünfte das Ergebnis wirtschaftlicher Betätigung sind. Somit hat die Rechtsprechung die Grundlagen steuerrechtlicher Kausalität dem Betriebsausgabentatbestand (§ 4 IV EStG) entnommen, der auf die Kausalbeziehung zwischen Betrieb, das ist eine selbständige nachhaltige Betätigung mit Gewinnerzielungsabsicht (§ 15 II 1 EStG), und Aufwendung abstellt. Die Qualität der Kausalbeziehung vermittelt der Begriff der Veranlassung. Die aus § 4 IV EStG abgeleitete Basisdefinition lautet: „Erwerbsaufwendungen sind Aufwendungen, die durch die Erwerbstätigkeit (Betätigung mit Einkünfteerzielungsabsicht) veranlaßt sind".

210 Dementsprechend interpretiert die Rechtsprechung den **Werbungskostenbegriff.** Werbungskosten sind Aufwendungen, die durch die berufliche Tätigkeit des Arbeitnehmers, durch Vermietung und Verpachung etc. veranlaßt sind (s. Rz. 227 ff.).

211 Die veranlassungstheoretische Rechtsfigur formt auch den Begriff der **Erwerbsbezüge;** diese sind zu definieren als Bezüge, die durch die Erwerbstätigkeit veranlaßt sind. Eine derartige kausalrechtliche Symmetrie des Einkünftebegriffs hat sich aber noch nicht allgemein durchgesetzt. Die Rechtsdogmatik der Bezüge hinkt hier hinter der Rechtsdogmatik der Aufwendungen her. So substantiiert zwar das Veranlassungsprinzip unstreitig den Begriff des Arbeitslohns. Jedoch soll nicht der Veranlassungszusammenhang zwischen Einnahme und Erwerbstätigkeit, sondern zwischen Einnahme und Dienstverhältnis maßgeblich sein (dazu Rz. 230).

b) Einzelne Ursachen[25]

Die juristisch relevante Kausalität baut zwar auf dem Kausalitätsbegriff der philosophischen Logik und der Naturwissenschaften auf (conditio sine qua non), ist jedoch sodann nur durch **wertende, teleologische Auswahl** näher zu bestimmen[26]. Hier geht es darum, das leistungsfähigkeitsindizierende Ergebnis einer Erwerbstätigkeit möglichst exakt zu erfassen. Dazu sind folgende Ursachen relevant bzw. nicht relevant: 212

aa) **Subjektiv-finale Ursachen** (Motive und Zwecke): Die besondere Qualität der Veranlassung wird in der finalen (zweckbestimmten) Verursachung gesehen, denn nur der Mensch kann etwas „veranlassen"[27]. Wie bereits oben (Rz. 122) festgestellt, entstehen Einkünfte durch planmäßiges Wirtschaften. Daher lassen sich Vermögenszugänge und -abgänge in aller Regel auf ein konkretes Erwerbs- oder Privatmotiv bzw. einen konkreten Erwerbs- oder Privatzweck zurückführen. Mithin erscheint es sachgerecht, das Ergebnis einer wirtschaftlichen Betätigung in erster Linie subjektiv-final zu bestimmen[28]. Daraus, daß es ursächlich auf die Motivation des Steuerpflichtigen, auf den von ihm verfolgten Zweck ankommt, ergibt sich, daß Erwerbshandlungen nicht nur solche sind, die objektiv der Erwerbstätigkeit dienen, sondern auch solche, die ihr vom Standpunkt des Handelnden aus dienen. So hat der Handelnde insb. bei Aufwendungen grundsätzlich Beurteilungsspielraum. Auf die betriebliche/berufliche Notwendigkeit, Üblichkeit oder Zweckmäßigkeit der Handlung kommt es grundsätzlich nicht an. 213

bb) **Objektive Ursachen:** Indessen verlangt die Rechtsprechung auch einen objektiven Zusammenhang mit der Erwerbstätigkeit[29]. Dabei handelt es sich, richtig verstanden, um eine Beweisfrage. Will die Rechtsprechung sich nicht bloßen Behauptungen über Motive und Zwecke ausliefern, so muß sie verlangen, daß der subjektive Tatbestand durch objektive Kriterien erwiesen wird. 214

cc) **Willensunabhängige Ursachen:** Jedoch gibt es in der Erwerbssphäre auch Vermögensmehrungen und -minderungen, die willensunabhängig, unplanmäßig, sogar wider den ausdrücklich erklärten Willen des Erwerbstätigen geschehen, so z. B. die sog. windfall profits, Vermögenseinbußen durch Blitzschlag u. a. Naturereignisse, Schädigungen durch Diebstahl u. a. strafbares Verhalten Dritter, unfreiwillige Zahlungen nach einem verlorenen Prozeß. In derartigen Fällen stellt der BFH ausschließlich auf den objektiven Zusammenhang mit der Erwerbstätigkeit ab[30]. 215

Eine derartige Objektivierung prinzipiell finaler Beurteilung von Kausalzusammenhängen beruht vor allem auf der strafrechtsdogmatisch[31] herausgearbeiteten Erkenntnis, daß jedes zweckgerichtete, finale Handeln von **Nebenfolgen** begleitet ist, die vom Willen des Handelnden nicht beherrscht sind. Während es im Strafrecht umstritten bleiben mag, ob mit nicht gewollten Nebenfolgen ein Schuldvorwurf verknüpft werden kann, dürfte die Anwendung der finalen Handlungslehre im Steuerrecht eigentlich keine Schwierigkeiten 216

25 Zur Dogmatik juristischer Kausalität in bezug auf die Konkretisierung des Leistungsfähigkeitsprinzips *R. Jüptner,* Leistungsfähigkeit und Veranlassung, Heidelberg 1989.
26 Dazu m. w. N. *H. Söhn,* DStJG Bd. 3 (1980), 19 ff. (dort insb. Fn. 41).
27 *K. Tipke,* StRK-Anm. EStG § 4 R. 344; HHR, EStG, § 4 Anm. 46g (1).
28 So insb. *K. Tipke,* StuW 79, 199 ff.; *F. Wassermeyer,* StuW 82, 352 ff.
29 S. Rz. 229 (objektive und subjektive Komponente des Betriebsausgaben- und Werbungskostenbegriffs).
30 Wegweisend BFH BStBl. 82, 442 (Krimineller zerstört Privateigentum eines Polizisten, um sich an ihm zu rächen).
31 Grundlegend *H. Welzel,* Um die finale Handlungslehre, Eine Auseinandersetzung mit ihren Kritikern, Tübingen 1949.

bereiten[32]. Der Erwerbstätige handelt grundsätzlich mit **Risiko** und nimmt dieses Risiko in sein Kalkül mit auf. Das Vermögensrisiko ist also Bestandteil eines konkreten Plans, Einkünfte zu erwirtschaften. Das objektive Nettoprinzip gebietet sachgerechte Berücksichtigung auch der willensunabhängigen Folgen eines risikobehafteten Handelns. Die betriebliche/berufliche Nutzung von Wirtschaftsgütern bei Eintritt des Schadensereignisses, die Betriebs- oder Berufsfahrt, während der ein Unfall geschieht, die Realisierung von windfall profits geschieht willentlich und final. Es geht darum, das Ergebnis einer risikobehafteten Erwerbstätigkeit sachgerecht zu bestimmen[33].

217 dd) **Wesentliche/unwesentliche Ursachen**: Kompliziert wird die Zuordnung von Bezügen und Aufwendungen dann, wenn sie auf Privat- und Erwerbsursachen zurückzuführen sind. Läßt sich aus der Mehrheit dieser Ursachen eine quantitative Aufteilung der Bezüge oder Aufwendungen nicht ableiten, so ist die Differenzierung nach wesentlichen und unwesentlichen Ursachen unerläßlich[34], um die Grenze zwischen Erwerbs- und Privatsphäre hinreichend scharf bestimmen zu können. Es ist eine juristisch-normative Ursachenauslese[35] zu treffen und danach zu entscheiden, welche Ursache als die juristisch-wesentliche das rechtliche Ergebnis tragen soll.

Beispiele: Im Zustande der Trunkenheit verhält sich der Steuerpflichtige während einer Berufsfahrt verkehrswidrig und führt dadurch einen Unfall herbei. Unfallkosten Erwerbsaufwendungen, weil ohne Berufsfahrt kein Unfall? Oder Unfallkosten Privataufwendungen, weil ohne Alkoholgenuß kein Unfall? Der BFH[36] bestimmt die private Bedürfnisbefriedigung als die wesentliche Ursache und läßt den Steuerabzug der Unfallkosten nicht zu. Raucht hingegen der Steuerpflichtige während der Berufsfahrt und verursacht er einen Unfall, weil ihm die Zigarette herunterfällt, so bewertet der BFH[37] die Ursache privater Bedürfnisbefriedigung als unwesentlich und erkennt den Steuerabzug der Unfallkosten an.

218 Eine abstrakte Bestimmung der Wesentlichkeit ist bisher nicht gelungen. Das bei der Entscheidung des Einzelfalles jeweils Platz greifende Judiz (Alkoholgenuß wesentlich/Rauchen unwesentlich) ist einer dogmatischen Systematisierung kaum zugänglich. Besonders bei Abzugsbeschränkungen und -verboten hat der Gesetzgeber selbst die Frage entschieden, welche Ursache er für die wesentliche hält.

c) Verschulden[38]

219 Das Leistungsfähigkeitsprinzip gebietet, Einkünfte auch aus einer illegalen, sittenwidrigen oder sonst vorwerfbaren Betätigung zu besteuern (§ 40 AO). Daher sind Vorwerf-

---

32 Dazu ausführlich *J. Lang,* Die Bemessungsgrundlage der Einkommensteuer, Köln 1981/88, 306 ff. (u. a. Auswertung der Lehren von *H. Welzel* und *A. Kaufmann*).

33 Zu den willensunabhängigen Erwerbsaufwendungen s. Rz. 234.

34 Die Theorie der wesentlichen Bedingung (rechtlich relevante Ursachen sind nur diejenigen Bedingungen, die zu dem Erfolg wesentlich beigetragen haben) wurde vom Reichsversicherungsamt für das Recht der gesetzlichen Unfallversicherung entwickelt und liegt der ständigen Rechtsprechung des BSG zugrunde. Vgl. hierzu *F. Haueisen,* Die Theorie der wesentlichen Bedingung – eine wichtige Ursachenlehre, JZ 61, 9; *Barta,* Kausalität im Sozialrecht – Entstehung und Funktion der sogenannten Theorie der wesentlichen Bedingung, Berlin 1983; *K. E. Böhm,* Überholende Kausalität im Sozialrecht, Zugleich ein Beitrag zum sozialrechtlichen Schadensbegriff und zur Lehre von der wesentlichen Bedingung, Diss. Köln 1976; *H. Söhn,* DStJG Bd. 3 (1980), 69 ff. (m. w. N. in Fn. 270); *K. Tipke,* StRK-Anm. EStG § 4 R. 344; *ders.,* StuW 79, 201; *M. Tanzer,* ÖStZ 75, 54. An diese Ursachenlehre knüpft BFH GrS BStBl. 78, 108, 109, an; sie ist von *H. Söhn,* ebenda, überzeugend vertieft worden.

35 Vgl. *H. Söhn,* DStJG Bd. 3 (1980), 71, 74 ff.; *H. Kröger,* DStR 79, 400.

36 BFH GrS BStBl. 78, 105, 109; 84, 434.

37 BFH GrS BStBl. 78, 105, 108.

38 Dazu *W. Barwitz,* Verschulden im Steuerrecht, Eine Untersuchung zu Vorsatz und Fahrlässigkeit im formellen und materiellen Steuerrecht, exemplarisch vertieft anhand des Einkommensteuergesetzes, Berlin 1987.

barkeitskriterien, insb. das Verschulden grundsätzlich ungeeignet, die Erwerbssphäre von der Privatsphäre abzugrenzen. Erwerbsbezüge und Erwerbsaufwendungen werden nicht infolge Unrechtsverhaltens zu Privatbezügen und Privataufwendungen[39].

Beispiele: Ein Gewerbetreibender steckt seine alte Werkstatt in Brand, um mit Hilfe der Versicherungssumme eine moderne Werkstatt zu bauen. Betrieblich veranlaßter Aufwand/Ertrag[40]. – Ein Gewerbetreibender probiert, ohne mit der Bedienungsanleitung vertraut zu sein, eine neue Maschine aus und beschädigt sie dadurch fahrlässig. Betrieblich veranlaßter Aufwand. – Ein Arzneimittelgroßhändler bringt per Pkw Medikamente zu einer Apotheke; infolge überhöhter Geschwindigkeit kommt es zu einem Unfall. Unfallkosten und Ersatzleistungen der Versicherung sind betrieblich veranlaßter Aufwand und Ertrag[41].

2.1.2 Die persönliche Zurechnung von Erwerbsbezügen, Erwerbsaufwendungen und von sog. Drittaufwand

Aus dem Veranlassungszusammenhang zwischen Erwerbstätigkeit und Einkünften ergibt sich auch für die einzelnen Einkünfte-Faktoren die **Zurechnungsregel,** daß nur derjenige Erwerbsbezüge und Erwerbsaufwendungen hat, der den *Tatbestand der Einkunftserzielung* verwirklicht (s. Rz. 150 ff.). Demnach können Erwerbsaufwendungen nur bei demjenigen berücksichtigt werden, der die Erwerbstätigkeit ausübt[42]. So ist z. B. geklärt, daß der Eigentümer eines Grundstücks, der seinem Sohn einen unentgeltlichen Nießbrauch einräumt und dabei weiterhin die Kosten des Grundstücks trägt (sog. Bruttonießbrauch, s. Rz. 159), diese Kosten nicht als Werbungskosten (einschließlich AfA gem. § 9 I 3 Nr. 7 Satz 1 EStG) absetzen kann, weil der Sohn als Nießbraucher und nicht der Vater als Nießbrauchbesteller den Tatbestand der Einkunftserzielung verwirklicht[43]. 220

Für die Zuordnung der Aufwendung zu einem bestimmten Tatbestand der Einkunftserzielung und zu einer bestimmten Erwerbstätigkeit ist die **Herkunft der Mittel** gleichgültig. Unerheblich ist, ob die Aufwendungen aus Eigen- oder Fremdmitteln bestritten werden. Nimmt der Steuerpflichtige von einem Verwandten ein Darlehen auf, um davon Erwerbsaufwendungen zu bestreiten, so sind diese in vollem Umfange absetzbar. Lebhaft umstritten ist allerdings die Frage, ob Erwerbsaufwendungen auch dann abgesetzt werden können, wenn sie wirtschaftlich von einem Dritten getragen werden (sog. Drittaufwand).

Bei der Beurteilung von sog. **Drittaufwand**[44] wird die aus der allgemeinen Zurechnungsdogmatik abgeleitete Regel, daß nur der *Einkünfteerzieler* Erwerbsaufwendungen haben kann (s. Rz. 220), nicht außer Kraft gesetzt. Im weiteren kann der Einkünfteerzieler *nur* 221

---

39 Vgl. BFH GrS BStBl. 78, 105, 109; *K. Tipke,* StuW 79, 199; *J. Lang,* BB 71, 405, 408; *ders.,* DB 78, 1854 ff.; *J. Lang,* StuW 85, 19 (m. w. N.). Zu Geldbußen/Geldstrafen s. Rz. 277.

40 Jedoch keine Rücklage für Ersatzbeschaffung, da Brand nicht durch „höhere Gewalt" verursacht (vgl. Abschnitt 35 II EStR; FG Düsseldorf EFG 67, 497). Dazu unten Rz. 418 f.

41 BFH GrS BStBl. 78, 105, 108, 109. Zum Kfz-Unfall im weiteren Rz. 245 ff.

42 Dazu insb. *E. Biergans,* Überlegungen zur personellen Zurechnung von Betriebsausgaben und Werbungskosten, FR 84, 297; *K. J. v. Bornhaupt,* KS, EStG, § 9 Rnrn. B 46 ff.; *Schmidt/Heinicke,* EStG[13], § 4 Anm. 96; *Schmidt/Drenseck,* EStG[13], § 9 Anm. 2n; *Wolff-Diepenbrock,* LBH, EStG, §§ 4, 5, Rnrn. 1632 ff., § 9, Rnrn. 10 ff.

43 BFH BStBl. 81, 299; *Schmidt/Drenseck,* EStG[13], § 7 Anm. 3e.

44 Dazu das in Fn. 42 zit. Schrifttum, im weiteren *E. Biergans,* FR 86, 365; *H. G. Ruppe,* DStJG Bd. 10 (1987), 71 f.; *W. Jakob,* DStR 87, 784; *ders.,* Einkommensteuer, München 1991, 35 f.; *Jakob/Jüptner,* FR 88, 141; *P. Brandis,* StuW 90, 57; *R. Stephan,* StbJb. 1988/89, 207; *Märkle/Franz,* BB 91, 661; *Diemer,* BB 92, 36; *G. Söffing,* FR 92, 801; *J. Christ,* Drittaufwand, Werbungskosten und Einkommensteuersystem, Herne/Berlin 1992; *ders.,* StVj 93, 227; *T. Kaiser,* Die Abzugsfähigkeit des Drittaufwandes, Köln u. a. 1993; *ders.,* FR 93, 557; *H. Weber-Grellet,* StuW 93, 207 f.; *R. Beiser,* DStR 93, 789; *C. Trzaskalik,* in: FS für L. Schmidt, München 1993, 51.

eigene Aufwendungen absetzen, d. h. er muß den *Aufwendungstatbestand* verwirklichen, so daß Aufwendungen Dritter nach dem sog. **Kostentragungsprinzip** grundsätzlich nicht abziehbar sind[45]. Der Streit um den „Drittaufwand“ resultiert jedoch aus der irreführenden Handhabung des Begriffs „Drittaufwand“ bei eigenen Aufwendungen des *Einkünfteerzielers,* die durch die *Zuwendung* eines Dritten finanziert worden sind. Die Lösung der Drittaufwand-Frage hängt demnach entscheidend davon ab, wie der Aufwendungstatbestand, das wirtschaftliche Tragen von Kosten nach dem sog. Kostentragungsprinzip von der *Mittelherkunft* auf der Grundlage des sog. *Zuwendungsgedankens*[46] abzugrenzen ist. Da die Mittelherkunft für die Zuordnung der Aufwendung grundsätzlich gleichgültig ist (s. Rz. 220), schließen sich Zuwendung und Kostentragung nicht aus: Die privat veranlaßte Zuwendung des Dritten verschafft dem Steuerpflichtigen die Mittel, die dieser bei der Einkunftserzielung verbraucht. Demnach sind Mittel*herkunft* durch Zuwendung und Mittel*abfluß* durch Kostentragung auseinanderzuhalten; dies bereitet keine Schwierigkeiten, wenn Zuwendender und Aufwendender *unzweifelhaft verschiedene* Personen sind. Wer mit geschenktem Geld Aufwendungen bestreitet, der verwirklicht unstreitig den Aufwendungstatbestand (Beispiel: Der Vater schenkt dem Sohn Geld, damit dieser Mitarbeiter im Betrieb bezahlen kann; es liegen unstreitig Betriebsausgaben des Sohnes vor). Bei der Schenkung eines vom Beschenkten betrieblich genutzten Wirtschaftsguts hat der Beschenkte Betriebsausgaben; ihm steht die AfA von den nach § 7 EStDV anzusetzenden Werten zu. Für außerbetriebliche Wirtschaftsgüter gilt § 11d EStDV. Der Streit um den „Drittaufwand“ wird entfacht, wenn der *Zuwendende* den Aufwendungstatbestand verwirklicht.

Beispiele: Der Vater schließt eine Haftpflichtversicherung für den PKW seines Sohnes ab, den der Sohn ausschließlich betrieblich nutzt. Soll entsprechend BFH BStBl. 89, 862, der Sohn die Prämie für die Haftpflichtversicherung nicht als Betriebsausgaben absetzen können? Ein Richter hat ein Arbeitszimmer in einer Eigentumswohnung, die ihm und seiner Frau gehört. Nach BFH BStBl. 87, 623, kann er die auf das Arbeitszimmer entfallenden Wohnungskosten auch insoweit abziehen, als diese auf den Miteigentumsanteil der Frau entfallen. Ein Arzt betreibt seine Praxis in einem Haus, das im hälftigen Miteigentum des Arztes und seiner Frau steht. Soll der Arzt, obgleich er sämtliche Anschaffungs-/Herstellungskosten und den laufenden Grundstücksaufwand trägt, Betriebsausgaben nur im Umfange seines Miteigentums geltend machen können? (so der Vorlagebeschluß BFH BStBl. 92, 948).

222 In derartigen Fällen ist danach zu fragen, ob und inwieweit die *einkünfteerzielende* Person den **Aufwendungstatbestand** verwirklicht, denn nur sie vermag zugleich den Tatbestand einer *Erwerbs*aufwendung zu erfüllen. Hierbei sind auch die wirtschaftlichen Wirkungen *zivilrechtlich begründeter Rechtszuständigkeiten* zu beachten (s. § 1 Rz. 22). Anschaffungs- und Herstellungskosten eines Grundstücks und Gebäudes fallen grundsätzlich in die Rechtszuständigkeit der Eigentümer bzw. Miteigentümer. Sie profitieren von der Wertschöpfung der Investitionen und tragen dementsprechend auch den Wertverzehr, so daß die Rechtsprechung eine sog. **DrittAfA** wohl zu Recht ablehnt[47]. Der

45 *P. Brandis,* Drittaufaufwand als Aufwand des Steuerpflichtigen?, StuW 90, 57; *J. Christ,* StVj 93, 241 f.; *T. Kaiser,* FR 93, 559 f., *H. G. Ruppe* (Fn. 44), 71 (Nach dem Kostentragungsprinzip sind die Aufwendungen demjenigen zuzurechnen, der sie verausgabt bzw. getragen hat); *H. Weber-Grellet,* StuW 93, 208 (Nur Aufwendungen, die der Einkünfteerzieler selbst auf den Gegenstand der Einkunftserzielung macht, sind abziehbar).

46 *H. G. Ruppe* (Fn. 44); *W. Jakob,* DStR 87, 784; *Jakob/Jüptner,* FR 88, 141; *P. Brandis,* StuW 90, 60 f.; *J. Christ,* StVj 93, 241 f.; *T. Kaiser,* FR 93, 559 f.; *C. Trzaskalik,* KS, EStG, § 11 Rnrn. C 13 ff.; *ders.*(Fn. 44), 57 ff.

47 BFH BStBl. 88, 764, 765 (die AfA stehe grundsätzlich den Miteigentümern entsprechend ihren Anteilen zu. Diese Annahme träfe „gemäß zivilrechtlichen Grundsätzen“ gerade auf Eheleute zu. So sei auch dann davon auszugehen, daß die Objektkosten entsprechend den Miteigentumsanteilen getragen werden, wenn ein Ehegatte „kein für den Erwerb oder die Herstellung eines

Arzt, der sämtliche Grundstückskosten übernimmt, wendet seiner nicht berufstätigen Ehefrau aus privatem Anlaß die Beträge zu, die die Ehefrau als Miteigentümerin zu entrichten hätte; er verwirklicht nur im Umfange seines Miteigentums den Tatbestand der Betriebsausgaben (so BFH BStBl. 92, 948); das Gleiche gilt für die Arbeitszimmerkosten des Richters (a. A. BFH BStBl. 87, 623).

Dementsprechend kann die AfA im oben (Rz. 220) aufgeführten Fall des **Bruttonießbrauchs** steuerlich nicht geltend gemacht werden, weil der Eigentümer *keine Einkünfte erzielt* und dem *einkünfteerzielenden* Nießbraucher die AfA nicht zusteht. Die *unentgeltliche* Überlassung von Wirtschaftsgütern zur *Nutzung* hat zur Folge, daß die mit dem Wirtschaftsgut zusammenhängenden Kosten als Privataufwendungen in der Person des Zuwendenden entstehen und der einkünfteerzielende Nutznießer keine Aufwendungen hat, insb. ein Nutzungsrecht nicht abschreiben kann, seitdem BFH GrS BStBl. 88, 348, die Einlagefähigkeit von Nutzungen verneint hat (s. BFH BStBl. 91, 82).

Auch in dem o. a. Fall der Haftpflichtversicherung zugunsten des *einkünfteerzielenden* Sohnes wird man schwerlich leugnen können, daß der zuwendende Vater als Versicherungsnehmer den Aufwendungstatbestand verwirklicht. Damit entfällt für den einkünfteerzielenden Sohn der Betriebsausgabenabzug (so BFH BStBl. 89, 862). Schließt indessen der Sohn selbst die Haftpflichtversicherung für seinen Betriebs-PKW ab, so verwirklicht er infolge seiner Verpflichtung aus dem Versicherungsverhältnis den Aufwendungstatbestand. Bezahlt der Vater gleichwohl die Prämie für den Sohn direkt an die Versicherung, so wendet er dem Sohn Geld zur Begleichung einer betrieblichen Verbindlichkeit zu, das er *unter Abkürzung des Zahlungsweges* unmittelbar an den Gläubiger leistet; in derartigen Fällen bleibt es dabei, daß nicht der Zuwendende, sondern die einkünfteerzielende Person den Aufwendungstatbestand verwirklicht und demzufolge Erwerbsaufwendungen abziehen kann (so BFH BStBl. 87, 623; 91, 82, 83; 92, 948, 953). 223

Die vorerörterten Fälle zeigen, daß es eigentlich nur eine Frage **geschickter Rechtsgestaltung** ist, den Abzug von Erwerbsaufwendungen zu sichern, z. B. Wirtschaftsgüter nicht unentgeltlich, sondern entgeltlich zu überlassen. Dieser „Dummensteuereffekt“ sowie die zu befürchtende Flut von steuerlich zu überprüfenden Verträgen[48] spricht für die Auffassung, den durch eine Erwerbstätigkeit veranlaßten „Drittaufwand“ zuzulassen. Indessen führt die vollständige Verwirklichung des objektiven Nettoprinzips durch eine *intersubjektive* Erweiterung des Veranlassungsprinzips[49] zu so gravierenden Durchbrechungen der subjektbezogenen Einkünfteermittlung, daß sie nur aufgrund einer ausdrücklichen Bestimmung im Gesetz (s. Fn. 48) folgerichtig und für alle Fälle widerspruchsfrei möglich wäre. Deshalb muß de lege lata daran festgehalten werden, daß 224

Hauses einsetzbares eigenes Einkommen oder Vermögen“ habe); 90, 888 (dazu *W. Drenseck*, FR 90, 587: „Die Rechtsprechung des BFH zum Abzug der sog. DrittAfA ist und bleibt wohl nun noch einige Zeit unbefriedigend, bis eine überzeugende Begründung dafür gefunden worden ist, warum die DrittAfA nicht abzugsfähig sein soll“); 91, 82; 92, 890; 92, 948; 94, 319, 320. Eindringlich für die Anerkennung einer DrittAfA *Jakob/Jüptner* (Fn. 44); *Schmidt/Drenseck* (Fn. 43).

48 Vgl. *Schmidt/Drenseck* (Fn. 43); *L. Schmidt*, DStR 89, 577; *ders.*, DStR 90, 766 (zu BFH BStBl. 91, 82): „Wieder einmal ist eine schöne Chance vertan, im Wege vorsichtiger Rechtsfortbildung harmlosen Steuerpflichtigen auf direktem Wege zu steuerrechtlichen Ergebnissen zu verhelfen, die diese auf gekünstelten Wegen ohnehin erreichen können – vorausgesetzt nur, daß sie nur rechtzeitig auf Schleichwege verwiesen werden . . .“.

49 So insb. *H. Stadie*, Die persönliche Zurechnung von Einkünften, Berlin 1983, 35; *ders.*, DB 84, 578, 579; *ders.*, FR 86, 42; *E. Biergans* (Fn. 42, 44); *Diemer* (Fn. 44), sowie die Vorauflage, S. 249, und de lege ferenda *J. Lang*, Entwurf eines Steuergesetzbuchs (Fn. 7), § 111 II (Erwerbsaufwendungen sind demjenigen zuzurechnen, dem auch die Erwerbseinnahmen aus einer Erwerbstätigkeit zuzurechnen sind, und zwar gleichgültig, von wem die Ausgabe geleistet worden ist).

Erwerbsaufwendungen nur abziehen kann, wer sowohl den Tatbestand der Einkunftserzielung als auch den Aufwendungstatbestand in eigener Person verwirklicht.

2.1.3 Die zeitliche Zuordnung von Erwerbsbezügen und Erwerbsaufwendungen

225 Die zeitliche Zuordnung von Erwerbsbezügen und Erwerbsaufwendungen zum Ermittlungszeitraum i. S. des § 2 VII EStG hängt davon ab, ob der Steuerpflichtige bilanziert oder einen Unterschiedsbetrag von Einnahmen und Ausgaben nach dem Zufluß- und dem Abflußprinzip ermittelt. Im Falle der **Bilanzierung** wird das Jahresergebnis durch den in der Gewinn- und Verlustrechnung (vgl. § 275 HGB) ausgewiesenen Unterschiedsbetrag der Erträge und Aufwendungen nach Maßgabe der „Grundsätze ordnungsmäßiger Buchführung" (GoB) bestimmt. Aus dem Normensystem der GoB, namentlich den Erfolgsausweisgrundsätzen (s. Rz. 314 ff.), modifiziert durch steuergesetzliche Vorschriften (vgl. § 5 VI EStG), ergibt sich die zeitliche Zuordnung von Vermögensveränderungen in Gestalt von Aufwendungen und Erträgen, die „unabhängig von den Zeitpunkten der entsprechenden Zahlungen im Jahresabschluß zu berücksichtigen" (§ 252 I Nr. 5 HGB) sind. Demgegenüber knüpfen die Einnahmen/Ausgaben-Überschußrechnungen nach § 11 EStG an den Zufluß und den Abfluß von Zahlungen an.

2.1.4 Zusammenfassung

226 Nach alledem ist festzustellen, daß Erwerbsbezüge (Erträge/Einnahmen) und Erwerbsaufwendungen (Aufwand/Ausgaben) allgemein durch den Veranlassungszusammenhang mit einer Erwerbstätigkeit, die mit Einkünfteerzielungsabsicht ausgeübt wird, determiniert werden. Somit sind Erwerbsbezüge und Erwerbsaufwendungen Vermögensveränderungen, die durch Erwerbstätigkeit mit Einkünfteerzielungsabsicht veranlaßt sind. Der Terminus der betrieblichen Veranlassung meint die Veranlassung durch eine selbständige, nachhaltige Erwerbstätigkeit (vgl. § 15 II 1 EStG), das ist eine Erwerbstätigkeit i. S. der Gewinneinkunftsarten (§ 2 II Nr. 1 EStG).

Die verschiedene zeitliche Zuordnung von Vermögensveränderungen kennzeichnet die Wesensverschiedenheit der Begriffspaare Erträge/Aufwendungen und Einnahmen/Ausgaben. Die zeitliche Zuordnung von Vermögensänderungen in Gestalt von Erträgen und Aufwendungen geschieht durch eine Vielheit bilanzrechtlicher und bilanzsteuerrechtlicher Normen. Hingegen schafft § 11 EStG im Vergleich zur Gewinn- und Verlustrechnung (§ 275 HGB) eine einfache Rechtslage: Geht man von der steuerlich definierten kleinsten Vermögenseinheit, dem Wirtschaftsgut aus, so sind nach dem Zuflußprinzip Erwerbseinnahmen (Betriebseinnahmen/Einnahmen i. S. des § 8 EStG) Zuflüsse von Wirtschaftsgütern, die durch Erwerbstätigkeit mit Einkünfteerzielungsabsicht veranlaßt sind. Nach dem Abflußprinzip sind Erwerbsausgaben (Betriebsausgaben/Werbungskosten) Abflüsse von Wirtschaftsgütern (Ausnahme: Abschreibungen nach §§ 4 III 3, 9 I 3 Nr. 7 EStG), die durch Erwerbstätigkeit mit Einkünfteerzielungsabsicht veranlaßt sind. Der Begriff „Aufwendung" ist in einem engeren und einem weiteren Sinne zu verstehen, in einem engeren bilanzrechtlichen Sinne als Aufwand (vgl. § 252 I Nr. 5 HGB) und in einem weiteren steuerrechtlichen Sinne als Oberbegriff für Aufwand (kraft steuerrechtlicher Geltung des GoB-Normensystems) und Ausgaben (vgl. §§ 4 IV, 9 I 1, 12 Nr. 1 Satz 2 EStG). Den Begriff „Kosten" (Anschaffungs-/Herstellungs-/Werbungskosten) verwendet das EStG als Synonym für „Ausgaben".

Übersicht über die Erwerbsbezüge und Erwerbsaufwendungen

Art der Einkünfteermittlung	Erwerbsbezüge	Erwerbsaufwendungen
Betriebsvermögensvergleich (§§ 4 I, 5 EStG)	*Erträge* = Erhöhungen des Jahresüberschusses/Minderungen des Jahresfehlbetrages nach Maßgabe der GoB und unabhängig von den Zeitpunkten der entsprechenden Zahlungen (§ 252 I Nr. 5 HGB) Das Zuflußprinzip gilt also nicht (s. § 11 I 4 EStG) Steuerlich zu erfassen sind betrieblich veranlaßte Erträge, ausgenommen die steuerfreien Betriebserträge (z. B. § 3 Nr. 66 EStG)	*Aufwendungen* = Minderungen des Jahresüberschusses/Erhöhungen des Jahresfehlbetrages nach Maßgabe der GoB und unabhängig von den Zeitpunkten der entsprechenden Zahlungen (§ 252 I Nr. 5 HGB) Das Abschlußprinzip gilt also nicht (s. § 11 II 3 EStG) Steuerlich zu erfassen sind betrieblich veranlaßte Aufwendungen, ausgenommen nicht abziehbare Betriebsaufwendungen (vgl. z. B. § 4 V EStG)
Betriebseinnahmen-/-ausgaben-Überschußrechnung	*Betriebseinnahmen* = betrieblich veranlaßte Zuflüsse von Wirtschaftsgütern (§§ 4 IV, 8 I EStG analog; § 11 I 1 EStG)	*Betriebsausgaben* = betrieblich veranlaßte Abflüsse von Wirtschaftsgütern (§§ 4 IV, 11 II 1 EStG)
Einnahmen-/Werbungskosten-Überschußrechnung nach §§ 8 ff. EStG	*Einnahmen* = durch Erwerbstätigkeit i. S. d. Überschußeinkunftsarten (§ 2 II Nr. 2 EStG) veranlaßte Zuflüsse von Wirtschaftsgütern (§§ 8 I, 11 I 1 EStG)	*Werbungskosten* = durch Erwerbstätigkeit i. S. d. Überschußeinkunftsarten (§ 2 II Nr. 2 EStG) veranlaßte Abflüsse von Wirtschaftsgütern (§§ 9 I 1, 2; 11 II 1 EStG)

2.2 Abgrenzung der Betriebsausgaben/Werbungskosten zu den Privatausgaben

Literatur: *K. Bauer,* Der Dualismus Betriebsausgaben – Werbungskosten, München 1974; *M. Tanzer,* Die Kausalität im Betriebsausgabenbegriff, ÖStZ 75, 50; *K. Offerhaus,* Zur steuerrechtlichen Abgrenzung zwischen betrieblich (beruflich) veranlaßten und durch die Lebensführung veranlaßten Aufwendungen, BB 79, 617 f., 667 ff.; *W. Görlich,* Zur Systematik der Begriffe Betriebsausgaben, Werbungskosten und Aufwendungen für die Lebensführung, DB 79, 711; *H. Kröger,* Zur steuerrechtlichen Abgrenzung zwischen betrieblich (beruflich) veranlaßten und durch die Lebensführung veranlaßten Aufwendungen, BB 79, 1284; *K. J. v. Bornhaupt,* Der Begriff der Werbungskosten unter besonderer Berücksichtigung seines Verhältnisses zum Betriebsausgabenbegriff, DStJG Bd. 3 (1980), 149; *H. G. Ruppe,* Die Abgrenzung der Betriebsausgaben/Werbungskosten von den Privatausgaben, DStJG Bd. 3 (1980), 103; *H. Söhn,* Betriebsausgaben, Privatausgaben, gemischte Aufwendungen, DStJG Bd. 3 (1980), 13; *ders.,* Bürgerliche Kleidung, typische Berufskleidung und Werbungskosten, FR 80, 301; *H. W. Kruse,* Über Werbungskosten, FR 81, 473 (s. a. *Kruse/Groh,* JbFSt. 1981/82, 164 ff., 190 ff.); *J. Lang,* Die Bemessungsgrundlage der Einkommensteuer, Köln 1981/88, 299 ff., 318 ff.; *F. Wassermeyer,* Rechtssystematische Überlegungen zum Werbungskostenbegriff, StuW 81, 245; *K. J. v. Bornhaupt,* Zur Problematik des Werbungskostenbegriffs, FR 82, 313; *R. Curtius-Hartung,* Zur Abgrenzung des Werbungskostenbegriffs im Einkommensteuerrecht, StbJb. 1982/83, 11; *K. J. v. Bornhaupt,* Ermittlung des Werbungskostenbegriffs nach dem Veranlassungsprinzip im Wege der Rechtsfortbildung, DStR 83, 11; *H. Söhn*, Werbungskosten wegen doppelter Haushaltsführung (§ 9 Abs. 1 Nr. 5 EStG) und allgemeiner Werbungskostenbegriff (§ 9 Abs. 1 Satz 1 EStG), StuW 83, 193; *U. Prinz*, Werbungskosten bei den Einkünften aus Vermietung und Verpachtung, Gelsenkirchen 1984; *G. Felix*, Betriebsausgaben- und Werbungskostenabzug nach der reinen Steuerrechtslehre, KÖSDI 85, 5938; *M. Kröner*, Differenzierende Betrachtungsweise zum Betriebsausgaben- und Werbungskostenbegriff, StuW 85, 115; *U. Prinz*, Grundsatzbetrachtungen zum Werbungskostenbegriff, FR 86, 397; *R. W. Walz*, Steuerrechtliches Case Law oder Dictum des Gesetzgebers? Am Beispiel der Betriebsausgaben und Werbungskosten im Einkommensteuerrecht, StuW 86, 21; *H.-W. Arndt*, Einkommensteuerliche Behandlung gemischter Aufwendungen, StStud 87, 361; *W. Drenseck*, Die Abgrenzung der Betriebsausgaben und Werbungskosten von den Lebenshaltungskosten, DB 87, 2483; *G. Felix*, Gemischte Ausgaben: Ausnahmen vom Aufteilungs- und Abzugsverbot (§ 12 Nr. 1 S. 2 EStG), KÖSDI 87, 6733; *E. Wanner*, Der einkommensteuerrechtliche Zurechnungszusammenhang steuerbarer Wertabgänge, StuW 87, 302; *J. Kammergruber*, Die teleologische Struktur des Betriebsausgabenabzugs, Regensburg 1988; *R. Jüptner*, Leistungsfähigkeitsprinzip und Veranlassung, Heidelberg 1989; *G. Söffing*, Die Angleichung des Werbungskostenbegriffs an den Betriebsausgabenbegriff, DB 90, 2086. S. auch die vor Rz. 205 angegebene Literatur[50].

2.2.1 Inhaltsgleiche Interpretation des Betriebsausgaben- und des Werbungskostenbegriffs nach dem Veranlassungsprinzip

227 a) Rechtsprechung und h. M. im Schrifttum interpretieren den Betriebsausgaben- und den Werbungskostenbegriff trotz unterschiedlichen Gesetzeswortlauts (§§ 4 IV, 9 I 1 EStG) inhaltsgleich nach dem Veranlassungsprinzip[51]. Diese Interpretation der Erwerbsaufwendungen bildet einen Kristallisationspunkt der finalen Lehre, die sich am besten in das Einkommensteuersystem einfügt. Die kausalrechtliche Maßgeblichkeit zweckgerichteten Tuns entspricht der Idee selbstbestimmten planvollen Wirtschaftens. Sie anerkennt einerseits die individuellen Entscheidungen des wirtschaftenden Bürgers[52] und negiert andererseits nicht die oben (Rz. 215 f.) angesprochene willensunabhängige Risikosphäre der Einkunftserzielung.

Damit wird der **streng objektiven Theorie** von *H. Söhn*[53] nicht gefolgt, wonach „Aufwendungen, die in einem objetiven (wirtschaftlichen) Zusammenhang mit der beruflichen (betrieblichen) Tätigkeit stehen, Werbungskosten (Betriebsausgaben) sein müssen, selbst wenn der Steuerpflichtige subjektiv Privatausgaben tätigen will, während umgekehrt Ausgaben, die in einem objektiven (wirtschaftlichen) Zusammenhang nur mit der Privatsphäre stehen, Privatausgaben sein müssen, selbst wenn sie der Steuerpflichtige subjektiv in der Absicht tätigt, seinen Beruf (Betrieb) zu fördern“. Der Steuerpflichtige

50 Zur Rechtsvergleichung s. *Böckli, Mennel, Cagianut, Walter, Vogel*, DStJG Bd. 3 (1980), 339–392; *Gerhards*, Der Begriff der Betriebsaugaben nach deutschem und schweizerischem Einkommensteuerrecht, Diss. rer. pol. Freiburg (Schweiz), Düsseldorf 1964; *P. Funk*, Der Begriff der Gewinnungskosten nach schweizerischem Einkommensteuerrecht, Grüsch 1989; *McGregor*, Business Deductions under the Income Tax, Canadian Tax Foundation, Toronto 1958; *Michielse*, Die Abgrenzung der Betriebsausgaben/Werbungskosten von den Privatausgaben im niederländischen Steuerrecht, StuW 87, 216; *Popkin*, The Deduction for Business Expenses and Losses, International Tax Program, Harvard Law School, Cambridge 1973; *Doralt/Ruppe*, Grundriß des österreichischen Steuerrechts, Bd. I[4], Wien 1989, 131 ff. (m. w. N. der österreichischen Literatur); *K. J. v. Bornhaupt*, Die unterschiedliche Entwicklung des Werbungskostenbegriffs in Deutschland und Österreich, StVj 89, 311; *K. Tipke*, The Demarcation between Professional Expenses and Personal Expenses in Income Tax Law, Skatterett 84, 144 ff.

51 Wegweisend für die Rspr. insb. *K. J. v. Bornhaupt*, DStJG Bd. 3 (1980), 149; *K. Offerhaus*, BB 79, 621. Ausführlich m. w. N. *K. J. v. Bornhaupt*, KS, EStG, § 9 Rnrn. B 165 ff.; *G. Söffing*, DB 90, 2086.

52 *P. Kirchhof*, VVDStRL Bd. 39 (1981), 231 ff.; *ders.*, Gutachten F zum 57. Deutschen Juristentag, München 1988, 14 ff.

53 Insb. StuW 83, 193 ff., 196 (Zitat).

dürfte das objektive Nettoprinzip nicht „manipulieren". Diese objektive Theorie birgt die Gefahr, daß dem Steuerpflichtigen die Auffassung von Verwaltung und Rechtsprechung über die Zweckmäßigkeit des Aufwendungsverhaltens oktroyiert wird.

Indessen lassen sich Erwerbsaufwendungen auch nicht rein subjektiv bestimmen[54]. Sowohl in formeller als auch in materieller Hinsicht sind objektive Umstände von Bedeutung:

aa) Leitend für die Qualifikation von Erwerbsaufwendungen ist zwar der konkrete Plan 228
der Einkunftserzielung. Dieser Plan muß jedoch sowohl bei der Abgrenzung steuerbarer Einkünfte (s. Rz. 121 ff.) als auch hier bei der Ermittlung der Einkünfte durch **objektive Kriterien** nachgewiesen werden (formelle Bedeutung objektiver Umstände).

bb) Im weiteren kann der oben (Rz. 215 f.) geschilderte **willensunabhängige Bereich** 229
der Einkunftserzielung nur durch einen objektiven Zusammenhang der Aufwendung mit einem konkreten Handeln des Menschen bestimmt werden (materielle Bedeutung objektiver Umstände).

Somit ist der ständigen Rechtsprechung des **BFH**[55] insofern zuzustimmen, als diese den Begriff der Erwerbsaufwendungen **subjektiv** und **objektiv** bestimmt: Danach sind Aufwendungen Betriebsausgaben, d. h. „durch den Betrieb veranlaßt" (§ 4 IV EStG), wenn sie objektiv mit dem Betrieb zusammenhängen und subjektiv dem Betrieb zu dienen bestimmt sind (BFH GrS BStBl. 84, 163). Diesen Inhalt des Veranlassungsbegriffs überträgt der BFH auf den Werbungskostenbegriff, der in § 9 I 1 EStG lückenhaft formuliert ist; deshalb bedarf die Legaldefinition nach dem objektiv-teleologischen Maßstab des Gleichheitssatzes der Lückenausfüllung[56]. Demzufolge definiert der BFH[57] Werbungskosten eines Arbeitnehmers in Übereinstimmung mit der Rechtsprechung zum Betriebsausgabenbegriff als Aufwendungen, die *objektiv* durch die spezifischen beruflichen Verhältnisse veranlaßt sind und *subjektiv* zur Förderung des Berufs getätigt werden.

b) Indessen praktiziert die Rechtsprechung das **Konzept des Veranlassungszusammenhangs** der 230
Aufwendung mit einer Erwerbshandlung nicht konsequent. So versagt BFH vom 8. 11. 1984[58] bei **Geschenken** leitender Angestellter oder Beamter an Mitarbeiter den Werbungskostenabzug mit der Begründung, daß solche Geschenke die Höhe der Einkünfte nicht beeinflussen würden. Damit kehrt der BFH zum Wortlaut des § 9 I 1 EStG und der Verschiedenheit des Betriebsausgaben- und des Werbungskostenbegriffs zurück, indem er auf die Kausalbeziehung zwischen Aufwendungen und Einnahmen (nicht zwischen Aufwendungen und Tätigkeit) abstellt. Eine solche Argumentation weist übrigens das Parteienfinanzierungsurteil vom 4. 3. 1986 (BStBl. 86, 373, 375) nachdrücklich zurück, und zwar dezidiert gegen die Auffassung von *K. Tipke* (StuW 85, 185 f.; 280 ff., 283), Aufwendungen seien nur dann Erwerbsaufwendungen, wenn sie dem Zweck dienten, Einnahmen zu erwerben, zu sichern oder zu erhalten. Das Konzept des Veranlassungszusammenhangs mit einer Erwerbshandlung bleibt auch unbeachtet, wenn bei gescheiterter Vermietung oder Verpachung auf einen ausreichend bestimmten wirtschaftlichen Zusammenhang zwischen Aufwendungen und Einkunftsart oder „eine erkennbare Beziehung zu den angestrebten Einkünften" abgestellt wird[59].

---

54 Vgl. *F. Wassermeyer,* StuW 82, 352 ff.

55 Grundlegend BFH GrS BStBl. 78, 105. Im weiteren z. B. BFH BStBl. 80, 75; 81, 369; 81, 510; 81, 735; 82, 442; 82, 467; 84, 160; 315; 84, 557; 85, 453; 86, 373.

56 Nach BFH BStBl. 86, 375, hat die Rechtsprechung „den Werbungskostenbegriff über den Wortlaut des § 9 Abs. 1 Satz 1 EStG hinaus dem Betriebsausgabenbegriff des § 4 Abs. 4 EStG angeglichen, dessen Merkmal die betriebliche Veranlassung der Aufwendungen ist . . .". Vgl. auch *K. J. v. Bornhaupt,* KS, EStG, § 9 Rnrn. B 173 ff.; *H. W. Kruse,* FR 81, 474.

57 BFH GrS BStBl. 79, 213; BFH BStBl. 84, 557; 93, 837, 838; 93, 838; 839.

58 BStBl. 85, 286. Dazu kritisch *G. Söffing,* FR 85, 275; *J. Lang,* DStJG Bd. 9 (1986), 75 f.

59 BFH BStBl. 84, 307, 308 (m. w. Nachw.); BFH GrS BStBl. 90, 830, 836 (Aufwendungen, „um Einnahmen aus Vermietung und Verpachtung zu erzielen"); BFH BStBl. 93, 751, 752 (Rückgriff auf den Wortlaut des § 9 I 1 EStG).

231 c) Im wesentlichen stimmt das Konzept des BFH, die Veranlassung subjektiv und objektiv zu determinieren, mit der hier vertretenen **finalen Handlungslehre,** die auch objektive Umstände verwertet, überein. Im einzelnen gilt folgendes:

Selbstbestimmung der Aufwendungen: Der Steuerpflichtige kann grundsätzlich frei entscheiden, welche Aufwendungen er für Erwerbszwecke leisten will (BFH BStBl. 86, 374). Die Höhe der Aufwendungen, ihre Notwendigkeit, ihre Üblichkeit und ihre Zweckmäßigkeit sind für die Anerkennung von Erwerbsausgaben grundsätzlich ohne Bedeutung (BFH a. a. O.). Fehlende Notwendigkeit, Unüblichkeit, Unzweckmäßigkeit können aber darauf hinweisen, daß Aufwendungen privat mitveranlaßt sind[60]. Daher hat der Gesetzgeber in § 4 V Nr. 7 EStG klargestellt, daß Aufwendungen, die die Lebensführung berühren, den Gewinn nicht mindern dürfen, soweit sie nach allgemeiner Verkehrsauffassung als unangemessen anzusehen sind (s. Rz. 252).

232 **Vergeblichkeit der Aufwendungen:** Das Scheitern des Erwerbszwecks macht die Erwerbshandlung nicht zu einer Privathandlung. Daher sind Aufwendungen auch dann als Betriebsausgaben oder Werbungskosten anzuerkennen, wenn sie durch eine Erwerbshandlung veranlaßt sind, die nicht in ein Ertragsstadium gelangt ist („Außer Spesen nichts gewesen"). Hier kommt es darauf an, ob der Steuerpflichtige subjektiv Gewinn erwirtschaften wollte, obwohl ihm dies objektiv nicht geglückt ist.

Beispiele: Zwei Bauunternehmer schließen sich zu einer Arbeitsgemeinschaft zusammen, um einen öffentlichen Großauftrag zu erhalten. Den Auftrag erhält die Konkurrenz. Sämtliche Kosten der Arbeitsgemeinschaft sind Betriebsausgaben. – Ein Steuerpflichtiger schließt einen Vorvertrag über den Erwerb einer Wäscherei und verpflichtet sich zu einer Vertragsstrafe von 10 000 DM, wenn er die Gewerbelizenz für die Wäscherei nicht erwirbt. Nach Abschluß des Vorvertrages erkennt der Steuerpflichtige die Unwirtschaftlichkeit des Objekts und zieht die Vertragsstrafe der endgültigen Übernahme der Wäscherei vor. U. E. Betriebsausgaben, denn der Abschluß des Vorvertrages ist Erwerbshandlung mit der Absicht, gewerbliche Gewinne zu erwirtschaften. – Vertragsstrafen im Zusammenhang mit dem Nichterwerb eines Immobilienobjekts i. S. des § 21 EStG sollen hingegen nach BFH (BStBl. 84, 307, 309) keine Werbungskosten sein, weil die Vertragsstrafe durch eine Handlung ausgelöst worden sei, welche die Aufnahme einer auf Erzielung von Einkünften aus Vermietung und Verpachtung gerichteten Tätigkeit verhindern sollte. U. E. ist die Vertragsstrafe einer gescheiterten Erwerbshandlung mit Einkünfteerzielungsabsicht i. S. des § 21 EStG zuzuordnen und der Werbungskostenabzug zu bejahen. Es erscheint nicht sachgerecht, das Risiko des Scheiterns hier nicht anzuerkennen. Zutreffend BFH BStBl. 81, 470; 84, 307: Reisekosten zur Besichtigung eines Hauses, das man nicht erwirbt, sind Werbungskosten bei den Einkünften aus Vermietung und Verpachtung. – Reisekosten eines Arbeitnehmers im Rahmen einer erfolglosen Bewerbung sind unzweifelhaft Werbungskosten. Im Ergebnis (zur Begründung s. Fn. 59) auch zutreffend BFH GrS BStBl. 90, 830: Vergebliche Herstellungsaufwendungen wegen Konkurs des Bauunternehmers sind Werbungskosten bei den Einkünften aus Vermietung und Verpachtung.

233 **Vorab entstandene** und **nachträgliche Betriebsausgaben/Werbungskosten**[61]: Da die Veranlassungsbeziehung zwischen Erwerbshandlung und Ausgabe, nicht zwischen Ausgabe und Einnahme besteht, kann es Betriebsausgaben/Werbungskosten vor und nach dem Zeitraum geben, in dem Einnahmen zufließen bzw. Erträge erwirtschaftet werden. Bei vorab entstandenen Betriebsausgaben/Werbungskosten ist zu bedenken, daß der Erwerbstätige häufig zuerst etwas aufwenden muß, bevor er die Früchte seiner Tätigkeit und seiner Investitionen ernten kann. Es kommt entscheidend darauf an, ob die Ausgaben einer konkreten Erwerbshandlung mit Einkünfteerzielungsabsicht zugeordnet werden können (vgl. BFH/NV 91, 25). Das ist nicht der Fall, wenn bei Würdigung des gesamten Zeitraums der konkreten Erwerbstätigkeit ein Überschuß der Einnahmen/Erträge über die Aufwendungen nicht zu erwarten ist (keine Total-Einkünfteerzielungsabsicht[62]). Während der

60 Vgl. BFH BStBl. 74, 200; 77, 238, 239; *K. Offerhaus,* BB 79, 621.

61 Vgl. dazu insb. *U. Prinz,* HHR EStG, § 9 Anm. 161 ff.; *Wolff-Diepenbrock,* LBH, EStG, Rnrn. 1644 ff., 1648 f., sowie EStG, § 9 Rnrn. 97 ff., 105 ff.; *K. J. v. Bornhaupt,* KS, EStG, § 9 Rnrn. B 124 ff.; *Schmidt/Drenseck,* EStG[13], § 9 Anm. 2j; *K. Vogel,* Werbungskosten nach Beendigung des Dienst- oder Arbeitsverhältnisses, Pensionierung und Entpflichtung, DStR 90, 191; *H.-H. Klumpp,* Vorab entstandene Werbungskosten beim Erwerb von Bauerwartungsland, DStR 91, 1306.

62 Diese bestimmt BFH GrS BStBl. 84, 765, nach den objektiven Verhältnissen. Vgl. dazu *M. Groh,* DB 84, 2424.

Ausbildungsphase nimmt der Gesetzgeber eine konkrete Erwerbshandlung nicht an (§ 10 I Nr. 7 EStG: Aufwendungen für Berufsausbildung/Weiterbildung in einem nicht ausgeübten Beruf, s. Rz. 260). Typische vorab entstandene Betriebsausgaben sind Aufwendungen für die Ingangsetzung des Geschäftsbetriebs; sie dürfen nach § 269 HGB in der Handelsbilanz als Bilanzierungshilfe aktiviert werden (s. Rz. 328). Bei nachträglichen Betriebsausgaben unterscheidet die Rechtsprechung[63] zwischen Betriebsaufgabe i. S. des § 16 III EStG, Vollbeendigung der betrieblichen Tätigkeit und dem Fortwirken der früheren gewerblichen Tätigkeit. U. E. ist eine Abgrenzung nur zur Anwendung des § 16 III EStG, im übrigen nicht erforderlich[64]. So sind z. B. die Zahlung von Zinsen und die Tilgung von Betriebsschulden nach Betriebsaufgabe letzte Akte der gewerblichen Betätigung und daher entgegen BFH BStBl. 90, 213, als Betriebsausgaben abzugsfähig. Allgemein läßt sich feststellen, daß die einkommensteuerrelevante Erwerbstätigkeit spätestens mit der ersten Aufwendungshandlung beginnt und frühestens mit der letzten Aufwendungshandlung beendet ist.

Willensunabhängige Aufwendungen[65] verdeutlichen ebenso wie die vergeblichen Aufwendungen die Risikosphäre der Erwerbstätigkeit. Es handelt sich hier um Nebenfolgen zweckgerichteten Tuns i. S. der finalen Handlungslehre (s. Rz. 216). Derartige Nebenfolgen müssen sachgerecht nach dem anzuwendenden Rechtsprinzip zugeordnet werden. Während im Strafrecht die Vorwerfbarkeit mit dem Kriterium der Vorhersehbarkeit begründet werden muß, gebietet das objektive Nettoprinzip im Steuerrecht, die Risikosphäre der Erwerbstätigkeit vollständig, also auch nicht vorhersehbare Nebenfolgen zu erfassen. Die Berücksichtigung unfreiwilliger Ausgaben und Zwangsaufwendungen nach dem objektiven Nettoprinzip bedeutet also vollständige **Berücksichtigung der Risikosphäre.** 234

Beispiele: Kosten eines Betriebs-Berufsunfalls (s. Rz. 245 ff.); Krimineller zerstört Privateigentum eines Polizisten, um sich an ihm zu rächen[66]; Zerstörung von Wirtschaftsgütern durch Naturereignisse (z. B. Blitzschlag) während ihrer betrieblichen Nutzung[67]; Verlust von Geld als Folge eines Verkehrsunfalles während einer Berufsfahrt (s. Rz. 249); Prozeßkosten; Vertragsstrafen wegen unpünktlicher Warenlieferung[68].

d) Zum **gegenwärtigen Stand der Veranlassungstheorie** im Steuerrecht: Die Problematik der Kausalität entfaltet sich im Kernbereich der Rechtsfolgenzuordnung und gehört daher in fast jedem Rechtsgebiet zu den „ewigen" Themen der Rechtsdogmatik. 235

Die Maßgeblichkeit „subjektiver" und/oder „objektiver" Kriterien ist noch nicht ausdiskutiert. Die Betrachtung der Kasuistik zeigt, daß eine objektiv orientierte Lehre ohne subjektive Zuordnungskriterien nicht auskommt[69], ebensowenig wie die subjektive Theorie auf objektive Zuordnungen verzichten kann, wenn die willensunabhängige Risikosphäre zu bestimmen ist.

Bevor jedoch die Gegensätzlichkeit oder Ergänzungsbedürftigkeit subjektiver und objektiver Kriterien weiter abgeklärt wird, muß Einigkeit und Konsequenz bezüglich der **kausalrechtlichen Grundfigur** erreicht werden. In diesem Sinne muß das terminologische System der Einkünfte symmetrisch angelegt sein; die Symmetrie ist Zeichen einer einheitlichen Kausalrechtsdogmatik. Die kausalrechtliche Grundfigur stellt ab auf den Veranlassungszusammenhang der Erwerbstätigkeit mit Einkünften, zergliedert in positive Faktoren (durch Erwerbstätigkeit veranlaßte Bezüge) und negative Faktoren (durch 236

63 BFH BStBl. 81, 460 (zu Zinszahlungen nach Aufgabe des Gewerbebetriebs); 81, 461 (zu nachträglichen Hypothekenzinsen, wenn privates Einfamilienhaus mit Hypothek für Betriebsschuld belastet ist).

64 Zutreffend *Wolff-Diepenbrock* (Fn. 61), §§ 4, 5 EStG Anm. 1648.

65 Grundsätzlich dazu *H. Söhn*, DStJG Bd. 3 (1980), 28; *ders.*, StuW 83, 196; *K. Tipke*, StuW 79, 201 f.; *F. Wassermeyer*, StuW 81, 252; *ders.*, StuW 82, 360; *M. Kröner*, StuW 85, 121 ff. (m. w. N.).

66 U. E. kein Fall des § 9 I 3 Nr. 7 EStG (so BFH BStBl. 82, 443), da auch nicht abschreibbare Wirtschaftsgüter als Risikofolge der beruflichen Tätigkeit zerstört werden können.

67 Vgl. *H. Söhn*, DStJG Bd. 3 (1980), 32 ff.; *K. Tipke*, StuW 79, 201 f.

68 §§ 4 V Nr. 8, 12 Nr. 4 EStG betreffen nur staatliche Unrechtssanktionen.

69 Vgl. *H. Söhn*, DStJG Bd. 3 (1980), 28 f.

Erwerbstätigkeit veranlaßte Aufwendungen). Die Abweichungen von der kausalrechtlichen Grundfigur, indem Veranlassungszusammenhänge von Aufwendungen und Einnahmen, der Einnahmen und Ausgaben mit Dienstverhältnissen, Wirtschaftsgütern, mit dem Betriebs- oder Privatvermögen, mit einer bestimmten Einkunftsart (anstelle der Erwerbstätigkeit i. S. einer bestimmten Einkunftsart) etc. bemüht werden, behindern bereits im Ansatz den Reifeprozeß der steuerrechtlichen Kausallehren.

237 Die Handhabung des Veranlassungsbegriffs zeigt schließlich, daß die juristische Bewertung von Kausalverläufen häufig in rechtsethischen Grundüberzeugungen des Rechtsanwenders wurzelt, die sich nicht positivistisch aus dem Gesetz ableiten lassen. Mithin bildet sich **steuerrechtliches Case Law,** das nicht vom Dictum des Gesetzgebers, sondern von der rechtsethischen Verantwortung gegenüber dem Einzelfall lebt[70]. Das bedeutet die Verantwortung, durch Präjudizien den Einkünftebegriff leistungsfähigkeitsgerecht, ökonomisch vernünftig (z. B. durch Anerkennung der ökonomischen Risiken des Wirtschaftens), praktikabel und mit dem Blick auf die Gesamtrechtsordnung zu bestimmen[71]. Gelingt dies nicht, so ist freilich der Gesetzgeber zur Intervention berufen, wie dies etwa anläßlich der Abziehbarkeit von Geldbußen (§§ 4 V Nr. 8, 9 V EStG) oder der Parteienfinanzierung (§§ 4 VI, 9 V EStG) geschehen ist.

238 e) Die kausalrechtliche Grundfigur des Veranlassungszusammenhangs zwischen einer bestimmten Erwerbstätigkeit und Aufwendungen bedarf der quellentheoretischen Ergänzung bei der **Abgrenzung** der Werbungskosten zu den **Aufwendungen des nicht steuerbaren Privatvermögens.** Derartige Aufwendungen sind zwar durch eine Erwerbstätigkeit im Rahmen privater Vermögensverwaltung veranlaßt. Sie sind aber nach der quellentheoretischen Konzeption der Überschußeinkünfte, Mehrungen und Minderungen des sog. Stammvermögens nicht zu erfassen, aus der Ermittlung steuerbarer Überschußeinkünfte auszuscheiden. Zu diesen Stammvermögensaufwendungen s. Rz. 466.

2.2.2 Gemischt veranlaßte Aufwendungen

239 Die gemischt veranlaßten Aufwendungen liefern die „Nagelprobe"[72] der steuerrechtlichen Kausalitätstheorie. Dabei ist der Rechtsanwender in der Bewertung der Kausalverhältnisse relativ frei, soweit er die **Generalklauseln** des Betriebsausgaben- und des Werbungskostenbegriffs (§§ 4 IV, 9 I 1 EStG) anwendet. Den Bereich gemischter Kausalität regeln jedoch zahlreiche **spezielle Abzugsverbote,** welche die kausalrechts-dogmatische Vertiefung des Falles erübrigen. Die juristische Bewertung ist dem Rechtsanwender aus der Hand genommen. Allerdings können Abzugsverbote durchaus **Rechtsgrundsätze** vermitteln, die einen allgemeinen Beitrag zur Beurteilung gemischter Kausalität leisten. So beruht z. B. § 4 V Nr. 7 EStG, der die Nichtabziehbarkeit unangemessener, die Lebensführung berührende Betriebsausgaben anordnet, auf dem Angemessenheitsprinzip, das ein Fundamentalprinzip zur Aufteilung von Aufwendungen ist (s. Rz. 251 f.). Die Abzugsverbote für Geldbußen, Geldstrafen u. a. Unrechtsfolgen (§§ 4 V Nr. 8, 9 V, 12 Nr. 4 EStG) befolgen den Grundsatz „Einheit der Rechtsordnung", der die Negation betrieblicher bzw. beruflicher Veranlassung gebietet (s. unten Rz. 277 ff.). Derartige rechtsgrundsätzliche Abzugsverbote bilden jedoch die Minderheit. Die Mehrheit der Abzugsverbote ist aus irgendeinem tagespolitischem Anlaß geschaffen worden; sie sind verdächtig, das Nettoprinzip zu verletzen.

---

70 Dazu ausführlich *R. W. Walz,* StuW 86, 21.
71 Überzeugend *R. W. Walz,* StuW 86, 43.
72 *H. Söhn,* DStJG Bd. 3 (1980), 32.

Beispiel: Kürzung des Bewirtungskostenabzuges nach § 4 V Nr. 2 EStG, um die Tarifsenkung der Steuerreform 1990 zu finanzieren.

Zweckmäßigerweise ist die **Lösung eines Falles** in folgenden Schritten zu vollziehen: Es ist zunächst die Anwendbarkeit eines speziellen Abzugsverbots zu prüfen. Hat der Gesetzgeber den Fall nicht speziell geregelt, so ist zu prüfen, welche Arten von Handlungen (Erwerbs- oder/und Privathandlungen) Aufwendungen bewirkt haben könnten. In einem zweiten Schritt ist sodann nach der **Wesentlichkeitstheorie** zu prüfen, ob Aufwendungen wesentlich durch Erwerbs- und/oder Privathandlungen veranlaßt sind. Ergibt diese zweite Stufe der Veranlassungsqualifikation, daß Aufwendungen wesentlich durch eine konkrete Erwerbshandlung i. S. einer Einkunftsart des § 2 I EStG und zugleich wesentlich durch Privathandlung veranlaßt sind, so ist über die Aufteilung der Aufwendungen zu entscheiden. 240

2.2.2.1 Bedeutung des § 12 EStG

Aufwendungen, die nicht wesentlich durch eine konkrete Erwerbshandlung i. S. einer Einkunftsart des § 2 I EStG veranlaßt sind, können weder Betriebsausgaben noch Werbungskosten sein. Kann eine Aufwendung auch nicht unter einen Abzugstatbestand i. S. des § 2 IV, V EStG subsumiert werden, so ist sie in der Einkommensteuerbemessungsgrundlage (§ 2 I – V EStG) überhaupt nicht abziehbar. 241

Vor diesem Hintergrund der Tatbestandsmäßigkeit der Besteuerung (§ 38 AO) muß die Bedeutung des § 12 EStG erkannt werden: Diese Grundvorschrift liefert zunächst eine wichtige **Interpretationshilfe** zur näheren Bestimmung des objektiven Nettoprinzips[73], in dem sie der positiven Umschreibung der Erwerbsaufwendungen in den §§ 4 IV, 9 I 1 EStG die negative Umschreibung „Aufwendungen für die Lebensführung" (§ 12 Nr. 1 Satz 2 EStG) gegenüberstellt. § 12 EStG hat in zwei Richtungen **klarstellende Bedeutung:** § 12 EStG stellt erstens klar, daß **Aufwendungen für die Lebensführung** (die Lebensführung bildet die Gesamtheit der Privathandlungen) grundsätzlich aus der Maßgröße objektiver Leistungsfähigkeit (der Summe der Einkünfte, s. Rz. 42) auszuscheiden sind, und § 12 EStG stellt zweitens klar, daß die Aufwendungen für die Lebensführung nur dann abziehbar sind, wenn sie ein besonderer Abzugstatbestand in der Maßgröße subjektiver Leistungsfähigkeit erfaßt. § 12 Satz 1 Halbsatz 1 EStG erwähnt §§ 10 I Nrn. 1, 2–7; 10b; 33–33c EStG. § 12 EStG fixiert damit auch die Grenze zwischen dem Erwirtschaften (§ 2 I 1 EStG: Erzielen) und dem Verwenden der Einkünfte. Diese klarstellenden Bedeutungen des § 12 EStG erstrecken sich expressis verbis auf folgende **Privataufwendungen:** Aufwendungen für den Haushalt (§ 12 Nr. 1 Satz 1 EStG), Zuwendungen (§ 12 Nr. 2 EStG)[74], insb. Unterhaltsleistungen (§ 12 Nr. 1 Satz 1; Nr. 2 EStG, s. Rz. 88). Ferner stellt § 12 Nr. 3 EStG klar, daß **Personensteuern** (insb. Einkommen-, Kirchen-, Vermögen-, Erbschaft- und Schenkungsteuer[75]) das disponible Einkommen belasten und deshalb nicht abziehbar sein sollen[76]. Nach § 12 Nr. 3 Halbsatz 2 EStG erstreckt sich das Abzugsverbot in § 12 Nr. 3 EStG auch auf die Nebenleistungen i. S. des § 3 III AO, ausgenommen die nach § 10 I Nr. 5 EStG abziehbaren Zinsen i. S. der 242

---

73 So *H. G. Ruppe,* DStJG Bd. 3 (1980), 121.

74 Vgl. dazu *K. Heister,* Die nicht abzugsfähigen Ausgaben der Vorschrift des § 12 Nr. 2 EStG, Diss. Münster 1970; *H. Weber-Grellet,* DStR 93, 1010; BFH BStBl. 84, 100: „Zuwendungen i. S. des § 12 Nr. 2 EStG sind Leistungen, denen keine oder nur eine geringfügige Gegenleistung gegenübersteht . . ." Dies bedeutet nach der Wesentlichkeitstheorie: Eine unwesentliche Gegenleistung macht die Zuwendungshandlung nicht zur relevanten Erwerbshandlung.

75 Vgl. BFH BStBl. 84, 27.

76 Daher qualifiziert *G. Strutz,* EStG 1925, § 17 Anm. 29 a. E., den Kirchensteuerabzug gemäß § 17 I Nr. 5 EStG 1925 (§ 10 I Nr. 4 EStG) als völlig „systemwidrig", weil es sich bei Kirchensteuern „ebenso wie bei der Einkommensteuer selbst um echte Aufwendungen von Einkommen für persönliche Zwecke" (sprich: Verwendung disponiblen Einkommens) handle.

§§ 233a, 234, 237 AO. Schließlich weist § 12 Nr. 4 EStG **Geldstrafen** u. a. Kriminalsanktionen klarstellend der privaten Opfersphäre zu (s. Rz. 277).

243 Streitig ist, ob § 12 Nr. 1 Satz 2 EStG **konstitutiven Charakter** hat. Nach der h. M. im Schrifttum[77] bestätigt § 12 Nr. 1 Satz 2 EStG die Wesentlichkeitstheorie: § 12 Nr. 1 Satz 2 EStG versage klarstellend den Abzug der sog. Repräsentationsaufwendungen[78], die zwar betrieblich bzw. beruflich mitveranlaßt, jedoch wesentlich privat veranlaßt seien. Demgegenüber praktiziert die ständige Rechtsprechung des BFH[79] § 12 Nr. 1 Satz 2 EStG als konstitutives Abzugsverbot für alle gemischten Aufwendungen, bei denen die Interessen privater Lebensführung gegenüber der betrieblichen/beruflichen Veranlassung ins Gewicht fallen und die sich nicht leicht und einwandfrei in Privat- und Erwerbsaufwendungen aufteilen lassen (Kritik unten Rz. 250).

2.2.2.2 Zur Bestimmung wesentlicher Veranlassung durch Erwerbshandlungen und/oder Privathandlungen

244 Die ständige Rechtsprechung des BFH zu § 12 Nr. 1 Satz 2 EStG fußt also insofern auf der Wesentlichkeitstheorie, als eine unwesentliche private Mitveranlassung den Betriebsausgaben-/Werbungskostenabzug nicht einschränkt. Andererseits setzt der Betriebsausgaben-/Werbungskostenabzug voraus, daß die Aufwendung wesentlich durch eine konkrete Erwerbshandlung i. S. einer Einkunftsart des § 2 I EStG veranlaßt ist.

245 **Fallrechtsentwicklung:** Die theoretische Auseinandersetzung mit der Problematik gemischter Veranlassung entzündete sich an den Kfz-Verkehrsunfällen[80]. Der Große Senat des BFH (BStBl. 78, 108, 109) knüpfte an die im Unfallversicherungsrecht entwickelte Theorie der wesentlichen Bedingung an[81]. Erwerbshandlung ist die Betriebs- bzw. Berufsfahrt. Tritt eine Privathandlung hinzu, so stellt sich die Wesentlichkeitsfrage. Zweifellos sind Rauchen und Trinken Privathandlungen. Der Große Senat (BStBl. 78, 109) stellte fest, daß Unfallkosten „in den meisten Fällen" als „maßgeblich" privat veranlaßt zu behandeln seien, wenn Alkoholgenuß die Fahrtüchtigkeit beeinträchtigt hat. Hingegen soll das Herabfallen einer Zigarette den Unfall unwesentlich mitverursachen und daher den Betriebsausgaben-/Werbungskostenabzug nicht beeinträchtigen (BStBl. 78, 108).

246 Zu § 40 AO stellte der Große Senat fest, daß **Verschulden wertungsneutral** sei und deshalb eine Handlung nicht a priori zur Privathandlung mache (BStBl. 78, 109, s. oben Rz. 219). Somit schließe

---

77 Insb. *H. G. Ruppe,* DStJG Bd. 3 (1980), 124; *H. Söhn,* DStJG Bd. 3 (1980), 49 ff.; *K. Tipke,* StuW 79, 203 f.; *K. Kottke,* Zur Irrlehre vom Aufteilungs- und Abzugsverbot im Einkommensteuerrecht, DStR 92, 129.

78 So die amtl. Begründung in: RStBl. 35, 41 (Zitat in: StuW 79, 204) Beispiele in Fn. 101.

79 Grundlegend BFH GrS BStBl. 71, 17. Ausführlich *K. Offerhaus,* BB 79, 667 ff.; *Schmidt/Drenseck,* EStG[13], § 12 Anm. 5 (m. w. N.).

80 Vgl. dazu *J. Lange,* Kausalität und Verschulden im Steuerrecht, BB 71, 405; *K. Tiedtke,* Unfallkosten als Betriebsausgaben und Werbungskosten, FR 78, 493; *K. Offerhaus,* BB 79, 670 ff.; *K. Tipke,* StuW 79, 200 ff.; *H. Söhn,* DStJG Bd. 3 (1980), 78 ff.; *H. G. Ruppe,* DStJG Bd. 3 (1980), 139 f.; *Endlich,* Der Kfz-Unfall des Arbeitnehmers, Stuttgart 1985; *Richter,* Die Bedeutung der beruflichen Zielvorstellung des Arbeitnehmers bei einem Autounfall, DStR 86, 24; BFH BStBl. 78, 108; 84, 434; 88, 706; 89, 967.

81 Vgl. hierzu insb. *K. Tiedtke,* FR 78, 495 ff.; *K. Tipke,* StuW 79, 198; *H. Söhn,* DStJG Bd. 3 (1980), 69ff.; *H. G. Ruppe,* DStJG Bd. 3 (1980), 136 f. Im Unfallversicherungsrecht geht es ähnlich wie im Steuerrecht darum, die betriebliche von der privaten Sphäre zu trennen, da Versicherungsleistungen nur bei Nachweis eines Arbeitsunfalles bzw. einer Berufskrankheit erbracht werden. Dabei ist ebenso wie im Steuerrecht meistens eine Mehrheit privater und betrieblicher conditio-sine-qua-non-Bedingungen zu bewerten, so daß sich die Wesentlichkeitsfrage in beiden Rechtsgebieten geradezu aufdrängt. Vgl. *Tomandl,* Der Wegeunfall in der österreichischen und deutschen Unfallversicherung – zugleich ein Beitrag zur Theorie der wesentlichen Bedingung, in: Tomandl (Hrsg.), Sozialversicherung, Wien 1975, 137 ff.; *ders.,* Die Minderung der Leistungsfähigkeit im Recht der Sozialversicherung, Wien 1978, 25 ff. (m. w. N.); *Wallerath,* Die Kausalität im Recht der gesetzlichen Unfallversicherung, NJW 71, 228 ff.

das Fahren mit verkehrswidrig überhöhter Geschwindigkeit, um einen Berufstermin pünktlich wahrnehmen zu können, den Betriebsausgaben-/Werbungskostenabzug nicht aus[82]. Jedoch scheint sich ab einer bestimmten Intensität des Unrechtsverhaltens das Rechtsgefühl gegen den Betriebsausgaben-/Werbungskostenabzug zu sträuben. So wird der Betriebsausgaben-/Werbungskostenabzug bezweifelt, wenn der Steuerpflichtige vorsätzlich gegen Verkehrsvorschriften verstößt, z. B. bewußt ein Rotlicht überfährt, ein verkehrsuntaugliches (nicht TÜV-geprüftes) Fahrzeug benutzt etc.[83]. Indessen wird die Wertungsneutralität nicht ab einem bestimmten Grad der Vorwerfbarkeit aufgehoben[84].

Ebensowenig wie das Verschulden vermag ein **physischer Zustand** des Steuerpflichtigen den privaten Charakter einer Handlung zu begründen. Übermüdung[85] und Schwächeanfälle[86] beseitigen nicht als wesentliche Privatursachen die betriebliche/berufliche Veranlassung eines Unfalls. Dies wird besonders dort deutlich, wo die berufliche Belastung dazu zwingt, auf körperliches Befinden keine Rücksicht zu nehmen. Wird z. B. ein Arzt aus einer Stammtischrunde heraus an ein Krankenbett gerufen, so rechtfertigt es das Risiko des Arztes, die vorgeplante Freizeit unterbrechen zu müssen, den unaufschiebbaren Krankenbesuch und nicht den Alkoholgenuß als die wesentliche Ursache eines Unfalls zu bewerten und damit den Betriebsausgabenabzug der Unfallkosten anzuerkennen[87]. 247

Nach der BFH-Rechtsprechung zu den Berufsverbänden umfaßt der Kreis der Erwerbsaufwendungen auch Aufwendungen, die **günstige Rahmenbedingungen für die Erwerbstätigkeit** schaffen[88]. Damit ändert der BFH vor allem (mit dem Blick auf die mittelbare Parteienfinanzierung) seine Berufsverbände-Rechtsprechung[89]. Nach dieser Rechtsprechung sind Erwerbsklimaaufwendungen (Beiträge zu Berufsverbänden, die neben den berufsständischen Zielen auch allgemein-politische Aufgaben verfolgen[90], Zuwendungen an Geschäftsfreunde, Aufwendungen für Werbefeldzüge, Incentive-Reisen etc.) wesentlich betrieblich/beruflich veranlaßt und (wenn überhaupt) nur unwesentlich privat veranlaßt. Im nichtunternehmerischen Bereich legt der BFH seinem Judiz allerdings andere Kausalitätskriterien zugrunde. So versagt die bereits oben (Rz. 230) kritisierte Entscheidung des BFH (BStBl. 85, 286) den Werbungskostenabzug von Weihnachtsgeschenken eines Chefarztes an Mitarbeiter mit der Begründung, daß solche Geschenke die Höhe der Einkünfte nicht beeinflussen würden. Damit rekurriert die Entscheidung auf den Zusammenhang der Aufwendungen mit Einnahmen. Die Kausalrechtsdogmatik „Veranlassung durch Erwerbshandlung" muß auch bei Aufwendungen eingehalten werden, die den Erfolg der Erwerbstätigkeit auf längere Sicht unterstützen sollen. Das Rekurrieren auf eine unmittelbare oder gar zeitnahe Beziehung zwischen Aufwand und Ertrag verkennt, daß langfristige erwerbswirtschaftliche Strategien nicht nur dem Unternehmer 248

---

82 BStBl. 78, 109 (li. Sp.): „Daß der berufliche Zweck unter Mißachtung gesetzlicher Vorschriften erstrebt wird, macht dieses Streben noch nicht zu einer Angelegenheit der privaten Lebensführung . . ." Sei dagegen der Stpfl. auf einer „an sich" beruflichen Fahrt deshalb zu schnell gefahren, weil er aus sportlichem Ehrgeiz eine Wettfahrt mit einem anderen Verkehrsteilnehmer durchgeführt hat, so seien die Unfallkosten als Betriebsausgaben oder Werbungskosten nicht abzugsfähig.

83 Vgl. etwa *Wolff-Diepenbrock*, LBH, EStG, §§ 4, 5 Rz. 2042 (a. E.).

84 *H. Söhn*, DStJG Bd. 3 (1980), 83; Selbst eine bewußte und gewollte Verletzung von Verkehrsvorschriften stelle die alleinige betriebliche/berufliche Veranlassung nicht in Frage. Vgl. auch *K. Offerhaus*, BB 79, 671.

85 Vgl. *K. Tiedke*, FR 78, 496; *K. Offerhaus*, BB 79, 670; *K. J. v. Bornhaupt*, in: KS, EStG, § 9 Rnr. B 471.

86 Vgl. BFH BStBl. 78, 381; *K. Offerhaus*, BB 79, 671: „Der Schwächeanfall, der den Unfall (mit-)verursachte, ändert aber nichts an der beruflichen Zielvorstellung bei der Fahrt des Steuerpflichtigen".

87 Gl. A. *K. Offerhaus*, BB 79, 671.

88 BFH BStBl. 86, 373, 375, im Anschluß an BFH BStBl. 85, 92. Vgl. auch BFH B 89, 155.

89 Gegen BFH BStBl. 52, 228, insb. BFH BStBl. 86, 375. Dazu insb. *List/Arndt*, StRK-Anm. § 4 Abs. 4 EStG 1975 R. 61; *G. Felix*, DStZ 86, 282 ff.; *ders.*, FR 85, 309 ff.; *K. Tipke*, StuW 85, 185 ff. (gegen BFH BStBl. 85, 92), 280 f. (gegen FG Köln EFG 85, 335).

90 Vgl. BFH BStBl. 86, 375, sowie einerseits *G. Felix* und *List/Arndt* (Fn. 89), und andererseits *K. Tipke* (Fn. 89). Kausalrechtsdogmatisch ausführlich m. w. N. *Jakob/Jüptner*, Steuerfragen der mittelbaren Parteienfinanzierung über Organisationen, Stuttgart 1986, 61 ff. Vgl. auch BFH BStBl. 89, 97.

anstehen, sondern ebenso bestimmte Laufbahnen nichtselbständiger Berufe bestimmen können. Die Lebensführung des Chefarztes ist nur unwesentlich berührt, wenn er zu bestimmten Anlässen Geschenke verteilt, die von den Mitarbeitern üblicherweise erwartet werden. Es kommt immer wieder vor, daß Führungskräfte ihre Einkunftsquellen verlieren, wenn sie das Betriebsklima vernachlässigen und dadurch die Loyalität ihrer Mitarbeiter einbüßen.

249 Kausalrechtsdogmatisch ungeklärt ist schließlich die Abgrenzung der Erwerbsaufwendung zu **Privatvermögensverlusten** (s. auch Rz. 267). BFH VI. Senat (BStBl. 86, 771) versagte einem Arbeitnehmer den Werbungskostenabzug für den Verlust einer Geldbörse während einer Vortragsreise im Ausland mit der Begründung, das entwendete Geld sei kein Arbeitsmittel und der Geldverlust sei nicht aus in der Berufssphäre liegenden Gründen, sondern nur „gelegentlich" der Vortragsreise eingetreten. Indessen hielt der VI. Senat die berufliche Veranlassung eines Geldverlustes für denkbar, wenn mitgeführtes Geld bei einem Verkehrsunfall oder einem Eisenbahnunglück verbrennt (BStBl. 86, 772). In dem Urteil vom 25. 5. 1992[91] bejahte der VI. Senat den Werbungskostenabzug für den Schaden, der einem Arbeitnehmer durch den Diebstahl seines privaten Pkw während einer Dienstreise entstand. Anders als im Falle des Geldverlustes sei der Pkw-Diebstahl beruflich veranlaßt.

Stellungnahme: Die Differenzierung danach, ob der Verlust eines privaten Wirtschaftsguts beruflich veranlaßt oder nur „gelegentlich" eines beruflichen Ereignisses eingetreten ist, läßt sich kaum willkürfrei praktizieren. Bei Wirtschaftsgütern, deren Nutzung nicht a priori spezifisch beruflich ist wie die Nutzung von Arbeitsmitteln (§ 9 I Nr. 6 EStG), ergibt sich die berufliche Veranlassung aus einer dem objektiven Nettoprinzip gerecht werdenden Abgrenzung der beruflichen **Risikosphäre** (s. oben Rz. 215 f., 234): So liegen Erwerbsaufwendungen unstreitig vor, wenn ein Krimineller sich an einem Polizisten rächt, indem er dessen privaten Pkw in Brand setzt (BFH, Fn. 66), oder wenn Hausrat bei einem beruflich veranlaßten Umzug verloren geht[92], oder wenn während einer Dienstreise aus dem privaten Pkw Schmuck oder Kleidungsstücke gestohlen werden[93]. Ein Transport oder eine Reise erhöht das Risiko, etwas zu verlieren oder bestohlen zu werden. Ist der Transport oder die Reise beruflich veranlaßt, so sind die Aufwendungen eines derart erhöhten Risikos Erwerbsaufwendungen, denn nach dem objektiven Nettoprinzip sind die Gesamtkosten einer Erwerbshandlung zu erfassen, dabei ist es gleichgültig, ob eine Geldbörse oder ein Pkw gestohlen wird. Es handelt sich um Schäden aus transport- bzw. reisespezifischen Gefährdungen[94]. Je mehr Gefahren die Erwerbstätigkeit birgt, desto deutlicher schält sich die berufliche Veranlassung heraus[95].

2.2.2.3 Aufteilung von Aufwendungen nach dem Angemessenheitsprinzip

250 Aufwendungen, die wesentlich durch eine Erwerbshandlung und zugleich wesentlich durch die Lebensführung veranlaßt sind, dürfen bei konsequentem Vollzug des objektiven Nettoprinzips weder in vollem Umfange der Erwerbssphäre noch in vollem Umfange der Privatsphäre zugeordnet werden.

---

91 BStBl. 93, 44. Dazu *K. J. v. Bornhaupt,* DStZ 92, 777.

92 *K. J. v. Bornhaupt,* KS, EStG, § 9 Rz. B 617; *ders.,* DStZ 92, 778.

93 *K. J. v. Bornhaupt,* DStZ 92, 778 (im Anschluß an *Loy,* BB 88, 21).

94 So BFH BStBl. 94, 256, 258 (im Zusammenhang mit steuerfreien Ersatzleistungen des Arbeitgebers nach § 3 Nr. 16 EStG): Für die Steuerfreiheit sei „erforderlich, daß sich der geltend gemachte Schaden als Konkretisierung einer typischen Gefahr des Reisens (z. B. Diebstahls-, Transport- oder Unfallschaden) erweist. Denn nur dann, wenn sich eine reisespezifische Gefährdung zu einem Schaden konkretisiert hat, ist ein ausreichend enger Zusammenhang zwischen der beruflichen Tätigkeit, nämlich der beruflich veranlaßten Reise, und dem eingetretenen Schaden anzunehmen".

95 Vgl. die Anmerkung zu BFH BStBl. 86, 771, von *G. Söffing,* FR 86, 543: „Wie hätte wohl der Senat entschieden, wenn das Geld einem Arzt gestohlen worden wäre, der nachts zu einem Schwerverletzten in eine abseits gelegene Gegend gerufen, dort überfallen und seines Geldes beraubt worden wäre?"; *J. Lang,* DStJG Bd. 9 (1986), 57 (zu einem Journalisten, der in Beirut bestohlen oder beraubt wird).

Die ständige Rechtsprechung des BFH[96] schließt indessen aus § 12 Nr. 1 Satz 2 EStG, daß gemischt veranlaßte Aufwendungen prinzipiell in vollem Umfange als nichtabziehbare Aufwendungen der Lebensführung zu behandeln seien, wenn eine Aufteilung nicht leicht und einwandfrei durchgeführt werden könne. Diese technischen Aufteilungsvoraussetzungen begründet der Große Senat mit Gerechtigkeitsüberlegungen[97]. Doch gerade die Steuergerechtigkeit, hier konkretisiert durch das objektive Nettoprinzip, verbietet die Negation wesentlicher Erwerbsursachen[98]. Technische Kriterien sind ungeeignet, das objektive Nettoprinzip sachgerecht auszufüllen[99]. Sie bieten Einbruchstellen für kasuistische Willkür und diskriminieren besonders investitionsschwache Steuerpflichtige, die sich nur ein Nachschlagewerk, Musikinstrument, Auto, Telefon etc. leisten und deshalb die Nutzungen technisch nicht trennen können. Richtigerweise kann der Betriebsausgaben-/Werbungskostenabzug nur dann versagt werden, wenn die Aufwendungen wesentlich privat und nur unwesentlich betrieblich/beruflich veranlaßt sind[100]. Dies ist der Fall bei den sog. Repräsentationsaufwendungen (§ 12 Nr. 1 Satz 2 EStG)[101], bei Kosten der Kleidung, die nicht wesentlich betrieblich/beruflich, insb. nicht zusätzlich zu der im Rahmen der Lebensführung benötigten Kleidung getragen wird; abziehbar sind also vor allem Aufwendungen für die typische Berufskleidung (s. Rz. 262). Wesentlich beruflich veranlaßt sind die Aufwendungen für das Klavier einer Musiklehrerin (s. Rz. 254) und das Nachschlagewerk eines Lehrers (s. Rz. 254). Die wesentliche betriebliche/berufliche Mitveranlassung und Zulässigkeit der Aufteilung erkennt der BFH an für Kraftfahrzeug-, Reise- und Telefonkosten (s. Rz. 263 ff.). Demgegenüber leuchtet nicht ein, warum die auf eine Arbeitszimmereinrichtung entfallenden Kosten eines im übrigen privat veranlaßten Umzuges nicht abziehbar sein sollen (so BFH BStBl. 89, 972). Eine wesentliche berufliche Mitveranlassung der Umzugskosten läßt sich nicht leugnen. Sie lassen sich aufgrund der Spediteurrechnung auch mindestens so leicht und einwandfrei aufteilen wie Kraftfahrzeug-, Reise- und Telefonkosten.

Der grundlegende Aufteilungsmaßstab ist das **Angemessenheitsprinzip.** Dieses Prinzip 251
durchzieht das gesamte Steuerrecht und fungiert überall dort, wo das besteuerungsrelevante Wesen eines wirtschaftlichen Vorgangs durch besteuerungsirrelevante Umstände überlagert oder verdeckt wird. Der Angemessenheitsmaßstab ist das Skalpell, mit dem der Sachverhalt für die Subsumtion unter die Steuerrechtsnorm freipräpariert wird. Er wird u. a. eingesetzt bei **unangemessenen Rechtsgestaltungen** (§ 42 AO), bei unangemessenen Gewinnverteilungen (s. unten Rz. 525), bei verdeckten Gewinnausschüttungen (s. § 11 Rz. 50 ff.) und bei der Beurteilung von Verträgen zwischen Familienangehörigen durch den sog. Fremdvergleich (s. oben Rz. 164). Dieser am Angemessenheitsmaßstab

96 Grundlegend GrS (Fn. 79).

97 BFH GrS BStBl. 71, 20: „Entscheidend ist, daß das Abzugs- und Aufteilungsverbot in erster Linie der steuerlichen Gerechtigkeit und der Gleichmäßigkeit der Besteuerung dient und nicht einzelne Steuerpflichtige gegenüber anderen Steuerpflichtigen mit gleichartigen Aufwendungen der Lebensführung begünstigen will, und daß es deshalb noch gerechtfertigt werden kann, das Aufteilungsverbot seinem Sinn und Zweck nach in denjenigen Fällen nicht anzuwenden, in denen eine gerechte und der Sachlage entsprechende Aufteilung nach objektiven und leicht nachprüfbaren Maßstäben möglich erscheint und eine Verletzung des Grundsatzes der Gleichbehandlung, wenn überhaupt, nur in sehr beschränktem Umfang zu befürchten ist."

98 *K. Offerhaus,* BB 79, 668: „Dient dieses Verbot aber wirklich der steuerlichen Gerechtigkeit? Ja, soweit Steuerpflichtige private Aufwendungen nicht in den beruflichen Bereich verlagern dürfen; nein, soweit das Verbot bewirkt, daß eindeutig betrieblich veranlaßte Aufwendungen nicht abgezogen werden können."

99 *H. G. Ruppe,* DStJG Bd. 3 (1980), 141.

100 Das von *H. Söhn,* DStJG Bd. 3 (1980), 38 f., entwickelte Kriterium der „Untrennbarkeit" ist eigentlich Bestandteil der Wesentlichkeitsqualifikation.

101 Beispiele: Kosten der Bewirtung von Mandanten, Geschäftsfreunden, Kollegen und Mitarbeitern aus Anlaß eines „runden" Geburtstags (BFH BStBl. 92, 359: GmbH-Geschäftsführer; 92, 524: Rechtsanwalt; BFH v. 19. 2. 1993, StRK EStG 1975 § 12 Nr. 1 R. 82: hoher Beamter), auch aus Anlaß der Amtseinführung oder Beförderung (BFH StRK EStG 1975 § 12 Nr. 1 R. 79, 82, zur Kritik an dieser Rspr. Rz. 257); Aufwendungen für Ausschmückung des Dienstzimmers (BFH BStBl. 91, 340; 91, 837; 93, 506); Aufwendungen für Amt eines Honorarkonsuls (EFG 94, 99).

orientierte Fremdvergleich ist schließlich auch im Außensteuerrecht (z. B. in § 1 AStG) institutionalisiert.

252 Bei der Subsumtion gemischt veranlaßter Aufwendungen unter den Betriebsausgaben-/Werbungskostentatbestand isoliert der Angemessenheitsmaßstab den wesentlich durch die Erwerbshandlung veranlaßten Teil der Aufwendungen. Wohlgemerkt greift er nur dann Platz, wenn nicht alle wesentlichen Bedingungen in die Erwerbssphäre fallen. Daher sind auch **wirtschaftlich unangemessene Aufwendungen** in vollem Umfange Betriebsausgaben/Werbungskosten. Auf die betriebliche/berufliche Notwendigkeit, Üblichkeit oder Zweckmäßigkeit des Handelns kommt es grundsätzlich nicht an[102]. Wirtschaftlich unangemessene Aufwendungen sind jedoch nur dann uneingeschränkt abziehbar, wenn die *Lebensführung nicht berührt* ist. Ist eine wirtschaftlich unangemessene Aufwendung auch privat mitveranlaßt, so ist sie nur in wirtschaftlich angemessener Höhe Erwerbsaufwendung, im übrigen *Privataufwendung*[103]. § 4 V Nr. 7 EStG, der sinngemäß auch bei Werbungskosten gilt (§ 9 V EStG), ist Ausdruck eines **allgemeinen Aufteilungsgrundsatzes** (s. Rz. 272 f.).

Im Falle **verdeckter Zuwendungen** wird die wirtschaftlich angemessene Höhe durch den erwähnten *Fremdvergleich* bestimmt: Angemessen und damit absetzbar ist, was voneinander unabhängige Dritte unter gleichen oder ähnlichen Umständen miteinander als Entgelt[104], Gewinnanteil (s. Rz. 535), Arbeitslohn[105], Miete, Pacht, Zins vereinbart hätten. Dieser Fremdvergleich dient auch der Ausgrenzung von Aufwendungen zur Förderung *staatspolitischer Zwecke* (§§ 4 VI; 9 V EStG). Ein wesentlich staatspolitisch mitveranlaßtes Gutachtenhonorar kann nur insoweit als Betriebsausgabe abziehbar sein, als das Gutachten für den Betrieb auch konkret brauchbar ist; im übrigen liegt eine verdeckte Parteizuwendung vor[106].

2.3 Praktisch besonders bedeutsame Erwerbsaufwendungen

253 Die rechtsdogmatisch einheitliche Abgrenzung der Erwerbsaufwendungen (Betriebsausgaben/Werbungskosten) wird zunächst gestört durch **Sondervorschriften über die Abziehbarkeit bzw. Nichtabziehbarkeit von Aufwendungen:** Mit den historisch gewachsenen Katalogen der §§ 4 V, VI; 9 I 3 EStG versucht der Gesetzgeber den Rechtsanwender von schwierigen Handhabungen der allgemeinen Regeln zu entlasten, die er indessen nur teilweise bestätigt, wie etwa in § 4 V Nr. 7 EStG den bereits in Rz. 252 erwähnten Grundsatz angemessener Aufteilung oder in § 9 I 3 Nr. 1–3, 6 EStG den allgemeinen Werbungskostenbegriff (§ 9 I 1 EStG). Teils *typisiert* er verdeckte private (Mit)veranlassungen durch nichtabziehbare Betriebsausgaben (s. Rz. 276). Durch das punktuelle, typisierende Vorgehen des Gesetzgebers wird aber die Rechtsanwendung nicht stets vereinfacht. Vielmehr entwickeln sich aufgrund der Sondervorschriften umfängliche Spezialmaterien wie etwa das kaum mehr durchschaubare Recht der doppelten Haushaltsfüh-

---

102 *K. Tipke,* StRO II, 620; *J. Lang,* Bemessungsgrundlage (Fn. 32), 328. Zu dieser Selbstbestimmung der Aufwendungen bereits oben Rz. 231.

103 Sie ist nach der oben (Rz. 250) zit. Rspr. in vollem Umfange Privataufwendung i. S. d. § 12 Nr. 1 S. 2 EStG, wenn die Aufteilung nicht leicht und einwandfrei durchgeführt werden kann.

104 Dazu *F. Salditt,* Das fingierte Entgelt – creation of income?, StuW 71, 107; *H. D. Höppner,* Das Steuerrecht und der gerechte Preis, in: FS für G. Wacke, Köln 1972, 125.

105 Abschnitt 23 I Nr. 3 S. 1 EStR: „Die Vergütung für ein steuerrechtlich anzuerkennendes Arbeitsverhältnis kann nur insoweit als Arbeitslohn behandelt werden, als sie angemessen ist und nicht den Betrag übersteigt, den ein fremder Arbeitnehmer für eine gleichartige Tätigkeit erhalten würde".

106 Vgl. BFH BStBl. 86, 373, 374 (II.2).

rung (§ 9 I 3 Nr. 5), so daß hier die Rückkehr zu den allgemeinen Regeln durch Streichen der Sondervorschrift wohl vereinfachend wirken würde.

Teils weicht der **Gesetzgeber** aber auch gezielt von den allgemeinen Regeln ab, indem er besondere Abzugsverbote zum Schutze der Gesamtrechtsordnung konstituiert (s. Rz. 277 ff.) oder den Abzug von Kfz-Aufwendungen aus verkehrs- und umweltpolitischen Gründen begrenzt (insoweit sind die §§ 4 V Nr. 6; 9 I 3 Nr. 4 EStG *Sozialzwecknormen*, s. Rz. 259). Die Neufassung des § 9 V EStG durch StÄndG 1992 hat den Streit erledigt, ob die Abzugsverbote für Betriebsausgaben in § 4 V EStG auch für Werbungskosten sinngemäß gelten.

Schließlich verstärkt die **Rechtsprechung** die gesetzlich vorgegebenen Unterschiede, indem sie z. B. das Abzugs- und Aufteilungverbot des § 12 Nr. 1 S. 2 EStG berufsbild- und einkunftsartbezogen handhabt, so daß Arbeitnehmer z. B. bei Arbeitszimmeraufwendungen, Bewirtungen von Mitarbeitern und Kollegen strenger behandelt werden als Unternehmer bei gleichartigen Aufwendungen. Indessen läßt die erwähnte Neufassung des § 9 V EStG den Willen des Gesetzgebers erkennen, daß die Kriterien für die Abziehbarkeit oder Nichtabziehbarkeit von Aufwendungen *einkunftsartübergreifend* zu bestimmen sind. Für die praktisch besonders bedeutsamen Erwerbsaufwendungen gilt folgendes:

Praktisch besonders bedeutsam sind folgende Erwerbsaufwendungen:

Arbeitsmittel: § 9 I 3 Nr. 6 EStG regelt eine spezielle Gruppe von Aufwendungen für beruflich genutzte Wirtschaftsgüter, die Arbeitsmittel, z. B. Werkzeuge und typische Berufskleidung (s. Kleidung). Ob ein Arbeitsmittel in der Privatwohnung beruflich genutzt wird, ist oft schwer zu beurteilen. Daher pflegt die Rechtsprechung die Art der Nutzung typisierend festzustellen[107] und das Aufteilungsverbot des § 12 Nr. 1 Satz 2 EStG anzuwenden; beides führt in eine unübersehbare Kasuistik[108]. 254

U. E. muß die betriebliche und berufliche Nutzung von Wirtschaftsgütern kausalrechtlich einheitlich beurteilt werden. Mithin ist auch im Bereich der Überschußeinkünfte ein sog. **Einkunftserzielungsvermögen** anzunehmen[109]. Bei Umwidmung eines Wirtschaftsguts von der privaten zur beruflichen Nutzung (Beispiel: Umstellen eines Bücherschrankes vom Wohnzimmer in das Arbeitszimmer) sind nach der Rspr. des BFH[110] die Anschaffungs-/Herstellungskosten linear nach § 7 I i. V. m. § 9 I 3 Nr. 7 Satz 1 EStG auf die gesamte Nutzungsdauer zu verteilen. Diese Lösung ist

---

107 Vgl. z. B. BFH BStBl. 57, 328, 329: „Die Bfin. (Beschwerdeführerin) mag das Nachschlagewerk tatsächlich für ihren Beruf benutzen. Ihr Anerbieten, notfalls darüber Buch zu führen, zeigt aber, wohin es käme, wollte man für die Beurteilung auf die Verhältnisse des jeweiligen Falles und nicht auf das Typische abstellen . . ." Dazu m. w. N. *W. Birkenfeld*, DStJG Bd. 9 (1986), 245 ff.; *J. Lang*, Die Bemessungsgrundlage der Einkommensteuer, Köln 1981/88, 148 f.; *ders.*, DStJG Bd. 9 (1986), 80 ff.

108 Beispiele: Nach BFH BStBl. 57, 328; 59, 292; 77, 716 Nachschlagewerk eines Lehrers nicht abziehbar. Hingegen bejaht BFH BStBl. 82, 67, Werbungskosten für „Encyclopaedia Britannica" bei einem Englischlehrer. Grundsätzlich nicht abziehbar Aufwendungen für Tageszeitungen, Wochenzeitschriften, Radio (BFH BStBl. 90, 19), hingegen abziehbar Aufwendungen für „Handelsblatt" (BFH DB 83, 372) und für Tageszeitungen eines Kfz-Markt-Analytikers (EFG 94, 199). Konzertflügel einer Lehrerin nach BFH BStBl. 78, 459, kein Arbeitsmittel. Hingegen kann der Steinway-Flügel einer Konservatorium-Dozentin nach BFH BStBl. 89, 356, Arbeitsmittel sein. Aufwendungen für Videorecorder bei entsprechenden Nachweisen absetzbar (BFH 92, 195), ebenso Aufwendungen für typischen Spielecomputer, wenn eine private Nutzung von ganz untergeordneter Bedeutung ist (BFH BStBl. 93, 348). Zu Heimcomputern s. auch BFH/NV 88, 708, sowie *W. Kruse*, Steuerliche Anerkennung der Aufwendungen für Computer, StStud 91, 137.

109 *Schmidt/Drenseck*, EStG[13], § 9 Anm. 11b; *J. P. Meincke*, LBH, EStG, § 7 Rnr. 65; *J. Lang*, DStJG Bd. 9 (1986), 53 ff., sowie ausf. *M. Alt*, Das Überschußvermögen im Einkommensteuerrecht, Heidelberg 1994. S. auch unten Rz. 471.

110 BFH BStBl. 90, 684, im Anschluß an BFH BStBl. 89, 922; *K. J. v. Bornhaupt*, BB 89, 1534.

wohl praktikabel, weil sie die Bewertung des Wirtschaftsguts zu Beginn der beruflichen Nutzung entbehrlich macht. Eine Gleichstellung mit der betrieblichen AfA wird indessen nur erreicht, wenn das Wirtschaftsgut zu Beginn der beruflichen Nutzung bewertet wird und dann nicht nur linear, sondern auch degressiv nach § 7 II EStG i. V. m. § 9 I 3 Nr. 7 Satz 1 abgeschrieben werden kann[111]. Hat das Arbeitsmittel nicht mehr als 800 DM gekostet, so können die Aufwendungen in voller Höhe im Beschaffungsjahr abgesetzt werden (§ 9 I 3 Nr. 7 S. 2 i. V. m. § 6 II EStG). Bei **geschenkten Arbeitsmitteln** gilt nach BFH BStBl. 90, 883; Abschnitt 44 III 8, 9 LStR der auf den Zeitraum vor der Schenkung entfallende Teil der Anschaffungs-/Herstellungskosten als abgesetzt[112]; dabei kann der volle Restwert abgesetzt werden, wenn er 800 DM nicht übersteigt.

255 **Arbeitszimmer:** Aufwendungen für ein häusliches Arbeitszimmer sind grundsätzlich nur dann abzugsfähig, wenn das Zimmer nahezu ausschließlich betrieblich oder beruflich genutzt wird[113]. Eine untergeordnete private Nutzung ist unschädlich[114]. Ansonsten soll nach der Rechtsprechung das Abzugsverbot des § 12 Nr. 1 Satz 2 EStG Platz greifen, so daß eine *wesentlich* betriebliche oder berufliche *Mit*benutzung eines Privatraumes negiert wird[115]. So kann z. B. eine zum Wohnzimmer hin offene Galerie mangels räumlicher Trennung vom privaten Wohnbereich steuerlich nicht als häusliches Arbeitszimmer anerkannt werden (BFH BStBl. 92, 304). Absetzbar sind die Wohnungskosten, die sich nach dem Verhältnis des Arbeitszimmers zur gesamten Wohnfläche der Wohnung einschließlich des Arbeitszimmers ergeben (BFH BStBl. 87, 500). Seit 1992 gilt § 4 V Nr. 7 EStG sinngemäß auch für Werbungskosten (§ 9 V EStG), so daß unangemessene Aufwendungen für ein Arbeitszimmer auszuscheiden sind. Im Vergleich zu Unternehmern behandelt aber die Rechtsprechung Arbeitnehmer zu engherzig: Aufwendungen für die Ausschmückung des Dienst- oder Arbeitszimmers mit Kunstgegenständen im weitesten Sinne (Gobelinbild, Poster und Drucke) wird der Werbungskostenabzug versagt (BFH BStBl. 91, 340; 91, 837; 93, 506)[116].

Ausbildung (s.: Fortbildung, Rz. 260).

256 **Berufsverbände:** Beiträge an Berufsverbände sind als Betriebsausgaben/Werbungskosten abziehbar, wenn der Berufsverband nach seiner Satzung Ziele verfolgt, welche die Erhaltung und Fortentwicklung des Betriebes/der Erwerbstätigkeit betreffen und die tatsächliche Geschäftsführung des Verbandes mit den satzungsmäßigen Zielen übereinstimmt (BFH BStBl. 85, 92; 89, 97). Die wesentliche Veranlassung der Beiträge durch die Berufstätigkeit des Steuerpflichtigen ist notwendiger Inhalt der Begriffe „Berufsstände“ und „Berufsverbände“ in § 9 I 3 Nr. 3 EStG, so daß diese Vorschrift keine unterschiedliche Rechtslage bei Überschuß- und Gewinneinkünften schafft. Berufsverbände (oder allgemein ausgedrückt: Erwerbsverbände) sind z. B. Handwerks-, Steuerberater-, Rechtsanwaltskammern, Beamtenbund, Hochschulverband, Deutsche Steuerjuristische Gesellschaft, Gewerkschaften, Haus- und Grundbesitzerverein.

---

111 U. E. führt die analoge Anwendung des § 7 EStG durch § 9 I 3 Nr. 7 Satz 1 EStG zum Ansatz fiktiver AfA in Gestalt des gemeinen Werts (§ 9 BewG), da ein anderer Wert i. S. des § 1 II BewG nicht eingreift. Insb. verneint BFH BStBl. 89, 924, zu Recht analoge Anwendung des § 6 I Nr. 5 Satz 1 EStG und Ansatz des Teilwerts, der per definitionem betrieblich genutzten Wirtschaftsgütern vorbehalten ist. Demnach kann bei anfänglich privat genutzten Wirtschaftsgütern nur der gemeine Wert Bemessungsgrundlage der AfA i. S. des § 9 I 3 Nr. 7 Satz 1 EStG sein.

112 Nach der hier vertretenen Auffassung ist der gemeine Wert im Schenkungszeitpunkt anzusetzen.

113 BFH BStBl. 84, 110; 84, 112; 85, 467; Abschnitt 45 LStR; *H. W. Arndt,* KS, EStG, §12 Rnr. B 115; *Schmidt/Drenseck,* EStG[13], § 19 Anm. 12 (Arbeitszimmer); *B. Paus,* Das häusliche Arbeitszimmer, Inf 92, 289.

114 Zu Durchgangszimmern BFH BStBl. 84, 110; 88, 1000; EFG 90, 305 („Herrenzimmer“ kein Arbeitszimmer); 90, 347; 91, 186.

115 Im Unterschied zur anteiligen Zuordnung gemischt genutzter Grundstücke zum Betriebsvermögen (s. Rz. 362). Dazu krit. und für Werbungskostenabzug der anteiligen Aufwendungen *J. Lang,* DStJG Bd. 9 (1986), 81 f.; *K.-H. Günther,* DStZ 88, 328, 330. Hingegen bejaht BFH BStBl. 90, 901 die Aufteilung von Arbeitszimmerkosten beim Zusammentreffen von Werbungskosten und Sonderausgaben i. S. d. § 10 I Nr. 7 EStG, weil hier das Aufteilungs- und Abzugsverbot des § 12 Nr. 1 S. 2 EStG nicht gelte.

116 Zur Ausstattung eines Arbeitszimmers im weiteren *W. Apitz,* DStR 91, 1301; *J. Wolff-Diepenbrock,* DStZ 91, 295; *P. Paus,* Inf. 92, 293; EFG 94, 235 (Aufwendungen für wertvollen Teppich keine Werbungskosten); EFG 94, 236 (AfA für Orientteppich bejahend).

Beiträge an **parteinahe Berufsverbände** sind nur dann als Erwerbsaufwendungen abziehbar, wenn der Verband spezifisch berufliche Interessen nicht nur nach seiner Satzung vertritt, sondern wenn der Verband die beruflichen Interessen der Beitragszahler *auch tatsächlich* wahrnimmt[117]. Werden hingegen im wesentlichen tatsächlich allgemein-politische Ziele verfolgt, so sind die Beiträge als Aufwendungen zur Förderung staatspolitischer Zwecke zu qualifizieren, die nach den §§ 4 VI; 9 V EStG weder Betriebsausgaben noch Werbungskosten sind[118].

Bewirtung: Die §§ 4 V Nr. 2; 9 V EStG begrenzen den Betriebsausgaben-/Werbungskostenabzug 257
von Aufwendungen für die Bewirtung von Personen aus geschäftlichem Anlaß auf einen angemessenen Betrag und schließen davon 20 v. H. vom Steuerabzug aus. Entsprechend der früheren Fassung des § 4 V Nr. 2 EStG sollen Aufwendungen für die Bewirtung von *Arbeitnehmern* des Steuerpflichtigen auf Betriebsfesten u. dergl. uneingeschränkt abziehbar sein[119]. Die sinngemäße Anwendung des § 4 V Nr. 2 EStG auf Werbungskosten (§ 9 V EStG) seit 1992 verbietet unterschiedliche Maßstäbe der Rspr. für Arbeitnehmer und Selbständige: So ist es nicht zu rechtfertigen, wenn ein angestellter Chefarzt oder Direktor Aufwendungen für die Bewirtung seiner Mitarbeiter auf einem Betriebsfest nicht als Werbungskosten absetzen kann[120]. Aufwendungen für Bewirtungen aus Anlaß eines Geburtstages, der Amtseinführung oder Beförderung fallen nach der oben (Fn. 101) zit. Rspr. in das Aufteilungs- und Abzugsverbot des § 12 Nr. 1 S. 2 EStG. M. E. sind Bewirtungen wegen Amtseinführung oder Beförderung rein beruflich veranlaßt, so daß die Abzugsfähigkeit der Aufwendungen zu bejahen ist. Ab dem 30. 6. 1994 stellt die Finanzverwaltung an den Nachweis der Bewirtungskosten erhöhte Anforderungen (vgl. dazu R. 21 VII 12, 13 EStR 1993). Die in Anspruch genommenen Leistungen sind ab dem 1. 7. 1994 nach Art, Umfang, Entgelt und Tag der Bewirtung in der Rechnung gesondert zu bezeichnen. Darüber hinaus ist ab dem 1. 1. 1995 eine maschinell erstellte und registrierte Rechnung erforderlich, so daß die bisher üblichen handschriftlichen Rechnungen über „Speisen und Getränke“ den gesetzlichen Anforderungen nicht mehr gerecht werden.

Doppelte Haushaltsführung (§ 9 I 3 Nr. 5 EStG)[121]: Abziehbar sind die notwendigen (rechtsdog- 258
matisch: angemessenen) Mehraufwendungen, wenn die doppelte Haushaltsführung aus beruflichem Anlaß begründet worden ist. Hingegen sind die Mehraufwendungen unabhängig davon abziehbar, aus welchen (beruflichen oder privaten) Gründen die doppelte Haushaltsführung beibehalten wird (§ 9 I 3 Nr. 5 Satz 1 Halbsatz 2 EStG). Die Negation privater Veranlassung im Interesse der Steuerpraktikabilität ist u. E. nicht zu rechtfertigen.

Durch enge Interpretation des Begriffs „eigener Hausstand“als „Familienhausstand“ verneint die Rechtsprechungs- und Verwaltungspraxis (Abschnitt 43 III LStR) doppelte Haushaltsführung in den Fällen, in denen fehlende persönliche Bindungen es ermöglichen, den Wohnsitz an den Beschäftigungsort zu verlegen, so daß ein zweiter Wohnsitz nicht als beruflicher Mehraufwand zu qualifizieren ist. Dies ist seit langem für Junggesellen entschieden (BFH BStBl. 72, 132; 72, 155; 75, 606; EFG 94, 201). Nach jüngerer Rspr. (BFH BStBl. 88, 582; 89, 293; 89, 561; EFG 94, 202) haben auch nichteheliche Lebensgemeinschaften keinen „Familienhausstand“, es sei denn, die Lebensgefährten haben mindestens ein gemeinsames Kind (BFH BStBl. 90, 313). U. E. begründet das Zusammenleben mit Personen, zu denen eine nicht nur vorübergehende persönliche Bindung besteht, die

117 So BFH BStBl. 94, 33 (Wirtschaftsrat der CDU), im Anschluß an BFH BStBl. 89, 97; BFH/NV 90, 360.

118 Dabei mag dahinstehen, ob sie der Erwerbsphäre zuzurechnen sind (dies verneint BFH BStBl. 94, 35). Nach der insb. von *K. Tipke*, StuW 85, 185 ff., 280 ff., kritisierten Judikatur bis 1985 (BFH BStBl. 81, 29; 81, 368; 82, 465; 85, 92; 86, 373; EFG 85, 335) war es für die berufliche Veranlassung unschädlich, wenn der Verband im Rahmen seiner berufsständischen Aufgaben allgemein-politische Ziele verfolgte (dazu ausf. *G. Felix*, FR 85, 309).

119 R. 21 IV 1 EStR 1993 (Nicht geschäftlich, sondern allgemein betrieblich veranlaßt sei die Bewirtung von Arbeitnehmern) im Anschluß an Äußerungen im Gesetzgebungsverfahren (BT-Drucks. 11/2529, 226; 11/2536, 76). Der Ausschluß von Arbeitnehmer-Bewirtungen ist allerdings im Gesetz nicht hinreichend zum Ausdruck gebracht.

120 Vgl. BFH BStBl. 73, 634; 84, 557; EFG 85, 69; 85, 552. Demgegenüber BFH BStBl. 85, 288: Chefarzt in freiberuflicher Eigenschaft steht Betriebsausgabenabzug zu. Zu dieser Ungleichbehandlung kritisch *J. Lang*, DStJG Bd. 9 (1986), 75 f.

121 Dazu grundsätzlich *H. Söhn*, Werbungskosten wegen doppelter Haushaltsführung und allgemeiner Werbungskostenbegriff, StuW 83, 193; *ders.*, Werbungskosten wegen doppelter Haushaltsführung bei Wegverlegung des Familienwohnsitzes, FR 84, 25. Zur Entwicklung der höchstrichterlichen Rspr. *R. Sunder-Plassmann*, FR 90, 598. Einzelheiten: Abschnitt 43 LStR.

Notwendigkeit einer zweiten Wohnung am Beschäftigungsort. Die Ausgrenzung nichtehelicher Lebensgemeinschaften ist wohl steuerpraktisch motiviert, enthält aber eine moralische Wertung, die für die Konkretisierung beruflichen Mehraufwandes untauglich ist[122].

Der Steuerabzug der Mehraufwendungen wegen doppelter Haushaltsführung steht nicht nur Arbeitnehmern zu. § 9 I 3 Nr. 5 EStG gilt für alle Überschußeinkunftsarten (§ 9 III EStG) und nach zutreffender Praxis in vollem Umfange auch für die Gewinneinkunftsarten, obgleich § 4 V Nr. 6 EStG nur auf die Regelung der Familienheimfahrten in § 9 I 3 Nr. 5 Sätze 3, 4 EStG verweist (Einzelheiten: R. 23 IV EStR 1993 i. V. mit Abschnitt 43 LStR).

259 **Fahrten zwischen Wohnung und Erwerbsstätte** (§§ 4 V Nr. 6; 9 I 3 Nr. 4, III EStG)[123]: Diese Fahrten weist der Gesetzgeber typisierend der Erwerbssphäre zu[124]. Daher sind die Fahrtkosten grundsätzlich in voller *Höhe* abziehbar[125]. Den Kreis der betrieblich/beruflich veranlaßten Fahrten begrenzt § 9 I 3 Nr. 4 Satz 2 und 3 EStG. § 9 I 3 Nr. 4 Satz 4 EStG begrenzt aus *verkehrs- und umweltpolitischen* Gründen den Steuerabzug bei Fahrten mit einem eigenen oder zur Nutzung überlassenen Kraftfahrzeug auf Pauschalen pro Entfernungskilometer[126], welche die tatsächlichen gewöhnlichen[127] Kfz-Kosten nicht abdecken; insoweit ist § 9 I 3 Nr. 4 EStG *Sozialzwecknorm,* die das objektive Nettoprinzip einschränkt[128]. Diese Einschränkung macht die Sozialzwecknorm des § 9 II EStG für *Körperbehinderte* partiell rückgängig. Ab 1994 beträgt die Pauschale für Autos 0,70 DM und für Motorräder/-roller 0,33 DM.

260 **Fortbildung**[129]: Aufwendungen für die Aneignung von Fachwissen sind nur dann Erwerbsaufwendungen, wenn sie durch eine konkret ausgeübte Erwerbstätigkeit veranlaßt sind (sog. Fortbildungskosten). Im Gegensatz dazu stehen die sog. Ausbildungskosten, die der Gesetzgeber der Privatsphäre zuordnet, weil ein konkreter Veranlassungszusammenhang fehlt; es handelt sich um die als Sonderausgaben begrenzt abziehbaren Aufwendungen für die Berufsausbildung und die Weiterbildung in einem *nicht ausgeübten* Beruf (§ 10 I Nr. 7 EStG). Zu den als Betriebsausgaben/Werbungskosten abziehbaren Fortbildungsaufwendungen zählen die Aufwendungen für die Teilnahme an

---

122 Dazu *M. Völlmeke,* Die doppelte Haushaltsführung und der gleichheitswidrige Begünstigungsausschluß Nichtverheirateter, DStR 93, 1129.

123 Dazu *Schmidt/Drenseck,* EStG[13], § 9 Anm. 7; *Wolff-Diepenbrock,* LBH, EStG, § 9 Rnrn. 239 ff.; Abschnitt 42 LStR.

124 BFH BStBl. 83, 306, 309 (Typisierung mit der Folge, daß § 9 I Nr. 4 EStG als lex specialis zu § 12 Nr. 1 S. 2 EStG zu werten sei). *W. Drenseck,* DB 87, 2485; *Schmidt/Drenseck* (Fn. 123, dort m. w. Nachw.) erkennt von vorneherein keinen Bezug zur Lebensführung, da Fahrten zwischen Wohnung und Arbeitsstätte unumgänglich seien. Zum Rechtsvergleich s. *K. Tipke,* StRO II, 625 f.: Das US-amerikanische Steuerrecht behandelt z. B. Fahrten zwischen Wohnung und Arbeitssätte als Privatfahrten und versagt demzufolge den Steuerabzug.

125 Z. B. Aufwendungen für Taxi (BFH BStBl. 80, 582) u. a. öffentliche Verkehrsmittel (Abschnitt 42 VII LStR) sowie außergewöhnliche Kfz-Kosten, die durch die Pauschalen nicht abgedeckt sind wie insb. Kosten eines Unfalls auf der Fahrt zwischen Wohnung und Erwerbsstätte. Dazu *Schmidt/Drenseck* (Fn. 123, dort b); Abschnitt 42 V LStR.

126 Nach § 9 I 3 Nr. 4 S. 4, 2. Hs. EStG ist maßgebend die kürzeste benutzbare Straßenverbindung. BFH BStBl. 75, 852, läßt eine längere, aber offensichtlich verkehrsgünstigere Strecke zu. Zu Einzelheiten, insb. Fahrgemeinschaften, s. Abschnitt 42 IV LStR.

127 S. oben Fn. 125. Nach BFH BStBl. 78, 595, kommt es auf die Außergewöhnlichkeit des Ereignisses und nicht auf die Höhe der Kosten an (so auch *Schmidt/Drenseck,* Fn. 123, dort b).

128 Zur verkehrspolitischen Rechtfertigung s. die amtliche Begründung zum StÄndG 1966 in: BT-Drucks. IV/2661, 87; V/1068, 23, und zur umweltpolitischen Rechtfertigung s. *J. Lang,* DStJG Bd. 15 (1993), 120, sowie oben § 8 Rz. 58. Zur Verfassungsmäßigkeit der Kilometer-Pauschale BVerfG vom 2. 10. 1969, BVerfGE 27, 58, 64/65. Kritisch insb. *L. Schemmel,* Besteuerung des Straßenverkehrs – ohne Maß und ohne Grenzen?, Karl-Bräuer-Institut, Wiesbaden 1981; *U. Prinz,* HHR, EStG, § 9 Anm. 443 m. w. Nachw.

129 Dazu *U. Herb,* Berufliche Ausbildung und Fortbildung im Einkommensteuerrecht. Eine Darstellung anhand ausgewählter Beispiele unter besonderer Berücksichtigung der typisierenden Betrachtungsweise, Diss. Augsburg 1986; *B. Gast-de Haan,* Weiterbildungskosten, Abgrenzung unter besonderer Berücksichtigung von Umschulungs- und Studienaufwendungen, in: FS für L. Schmidt, München 1993, 105. Nach BVerfG HFR 93, 671, ist die steuerrechtlich unterschiedliche Behandlung von Berufsausbildungskosten und Fortbildungskosten verfassungsrechtlich nicht zu beanstanden.

Lehrgängen als Verwaltungsangestellter (BFH BStBl. 67, 792), Finanzanwärter (BFH BStBl. 67, 761) oder Referendar (BFH BStBl. 72, 643) sowie die Aufwendungen für die Vorbereitung auf Prüfungen, mit deren Ablegung der Steuerpflichtige seinen bisherigen beruflichen Status verbessert oder erweitert, ohne die *Art des Berufs zu wechseln*[130]. Hingegen sind nach Auffassung des BFH Promotionskosten i. d. R. Ausbildungskosten, es sei denn, die Promotion ist Gegenstand eines konkreten Dienstverhältnisses[131]. Habilitationskosten sind regelmäßig Werbungskosten (BFH BStBl. 67, 778). In das Abzugs- und Aufteilungsverbot des § 12 Nr. 1 S. 2 EStG fallen Aufwendungen für das Erlernen einer gängigen Fremdsprache, mit der man sich eben auch privat verständigt[132], sowie Aufwendungen für Lehrgänge mit Erholungs-, Freizeit- und Hobbycharakter[133].

Geldstrafen/-bußen und andere Unrechtsfolgen (§§ 4 V Nr. 8, 9 V, 12 Nr. 4 EStG): s. Rz. 277.

Geldverlust (s.: unfreiwilliger Verlust von Wirtschaftsgütern, s. Rz. 267).

Geschenke sind nur im Rahmen der §§ 4 V Nr. 1; 9 V EStG abziehbar. Danach sind Geschenke an Personen, die keine Arbeitnehmer des Steuerpflichtigen sind, nicht abziehbar, wenn die Anschaffungs-/Herstellungskosten aller Geschenke, die ein Empfänger im Wirtschaftsjahr erhalten hat, den Betrag von 75 DM übersteigen (Einzelheiten: R. 21 II, III EStR 1993). Die sinngemäße Anwendung des § 4 V Nr. 1 EStG auf Werbungskosten nach § 9 V EStG stellt den leitenden Arbeitnehmer und den Unternehmer gleich, so daß Geschenke angestellter Chefärzte, Direktoren etc. an Mitarbeiter als Werbungskosten anzuerkennen sind[134]. 261

Kleidung gehört zum existentiell unvermeidbaren Privatbedarf[135]. Daher sind Erwerbsaufwendungen grundsätzlich nur Aufwendungen für typische Berufskleidung (so die Klarstellung durch StRefG 1990 in § 9 I 3 Nr. 6 Satz 1 EStG), wie z. B. Aufwendungen für eine Uniform, eine Amtstracht, einen Schutzhelm[136]. Ausnahmsweise können jedoch auch die Mehraufwendungen für bürgerliche Kleidung als Betriebsausgaben/Werbungskosten berücksichtigt werden, wenn der Mehraufwand (insb. besonders hoher Verschleiß) nach objektiven Maßstäben zutreffend und in leicht nachprüfbarer Weise abgegrenzt werden kann[137]. 262

---

130 BFH BStBl. 81, 216; 89, 616; 90, 572 (Vorbereitung eines in einem WP/Stb-Unternehmen angestellten Dipolom-Kaufmanns auf die Steuerberaterprüfung); 92, 556 (abw. von 81, 439: Studium eines Lehrers der Sekundarstufe I für das Lehramt der Sekundarstufe II); 92, 962 (abw. von 81, 439: Studium einer Hauptschullehrerin für das Lehramt an Realschulen); 93, 108 (Steuerberaterprüfung eines Finanzbeamten, also auch bei einem Wechsel der Steuerfront kein Wechsel der Berufsart, da die während der Ausbildung erworbenen Kenntnisse weiterhin verwendet und erweitert werden).

131 BFH BStBl. 91, 637; 93, 115. Krit. zu dieser Rspr. *Theisen/Salzberger*, Die steuerliche Behandlung von Promotionskosten, DStR 91, 1333.

132 BFH 93, 787 (Italienisch-Grundkurs einer Reiseverkehrskauffrau); 94, 114 (Aufwendungen einer Englischlehrerin für eine britische Hauslehrerin).

133 BFH BStBl. 89, 19 (Steuerberater-Symposium auf Fährschiff); 90, 306 (Privatpilotenlizenz eines Flugmechanikers); 90, 134; 90, 736 (Sportmediziner-Lehrgang in Wintersportort); 90, 134; 90, 736 (Sportmediziner-Lehrgang in Wintersportort); 90, 1059 (Zahnärzte-Kongreß in Davos); 92, 898 (Fortbildungsveranstaltung in Meran im Anschluß an einen Urlaubsaufenthalt). Zu dem Fortbildungstourismus *K. Tipke*, StRO II, 624 f. („Wer würde sich wohl ernstlich in dieser Weise auf ein Examen vorbereiten?“).

134 Demnach müßte die oben (Fn. 120) zit. Rspr. revidiert werden.

135 Dazu grundsätzlich *H. Söhn*, Bürgerliche Kleidung, typische Berufskleidung und Werbungskosten, FR 80, 301; *K. Tipke*, StuW 79, 202.

136 BFH BStBl. 59, 328 (Amtstracht); 72, 379 (Uniform); 79, 519 (schwarzer Anzug des Oberkellners); BFH/NV 90, 288 (schwarzer Anzug eines Geistlichen). Keine typische Berufskleidung: BFH BStBl. 91, 348; BFH/NV 91, 377 (Arztkleidung nur dann Berufskleidung, wenn außerberufliche Verwendung wegen funktionalen Charakters ausgeschlossen); BFH BStBl. 91, 751 (Abendkleid einer Instrumentalsolistin); 93, 192 (klimabedingte Kleidung); 93, 193 (Brille für Bildschirmtätigkeit); BFH StRK, EStG 1975, § 19 R. 143 (Tropenkleidung). Ausf. *Schmidt/Drenseck*, EStG[13], § 9 Anm. 10. Zu BFH BStBl. 93, 192 *M. Völlmeke*, DB 93, 159.

137 Dazu insb. BFH BStBl. 90, 49; *H. Söhn* (Fn. 135); *Schmidt/Drenseck* (Fn. 136); *H.-W. Arndt*, KS, EStG, § 12 Rnr. B 150 (Kleidung); *U. Prinz*, HHR, EStG, § 9 Anm. 551; *P. Conradi*, LBH, § 12 Anm. 51 ff.

263 **Kraftfahrzeugkosten** fallen bei gemischter Nutzung grundsätzlich nicht unter das Abzugsverbot des § 12 Nr. 1 Satz 2 EStG[138], wohl aber sind unangemessene Kfz-Aufwendungen nach Maßgabe des § 4 V Nr. 7 EStG auszuscheiden (s. Rz. 273). Bei überwiegend betrieblich genutzten Kraftfahrzeugen setzt die Verwaltung im Regelfall den betrieblichen Nutzungsanteil mit 65 bis 70 v. H. der Gesamtnutzung an (dazu und zu besonderen Umständen R. 118 EStR 1993). Besondere Kosten (insb. Unfallkosten) während einer Privatfahrt (z. B. Urlaubsfahrt) sind Privatausgaben (s. Abschnitt 118 III EStR 1990). Aufwendungen für Fahrten zwischen Wohnung und Betrieb sind herauszurechnen und auf die Pauschalen des § 9 I 3 Nr. 4 i. V. m. § 4 V Nr. 6 EStG herabzukürzen (Einzelheiten: R. 23 EStR 1993 i. V. mit Abschnitt 42 LStR 1993). Arbeitnehmer können für beruflich veranlaßte Reisen entweder Kilometersätze, die auf Grund jährlicher Gesamtkosten errechnet worden sind, oder ohne Nachweis der Gesamtkosten Kilometer-Pauschalen als Werbungskosten abziehen (s. Abschnitt 38 II LStR 1993: PKW: 0,52 DM; Motorrad/-roller: 0,23 DM; Moped/Mofa: 0,14 DM). Hingegen sind die *tatsächlichen Kosten* anzusetzen, wenn die Pauschalen wegen hoher Jahresfahrleistung zu einer offensichtlich unzutreffenden Besteuerung führen[139]. Nach BFH BStBl. 92, 1000, werden die tatsächlichen Kosten unzutreffend ermittelt, wenn für private PKW, die auf Dienstreisen eingesetzt werden, eine Nutzungsdauer von vier Jahren zugrundegelegt wird[140]. Die Verwaltung ist der Empfehlung des BFH, der AfA für private PKW eine achtjährige Nutzungsdauer zugrundezulegen, nicht gefolgt und hat nunmehr in BStBl. I 92, 734; 93, 483 (es handelt sich um sog. Nichtanwendungserlasse), eine für Betriebs- und Privat-PKW einheitliche Nutzungsdauer von *fünf* Jahren festgelegt, die bei einer hohen Fahrleistung kürzer angesetzt werden kann. Zulässig ist ein mit Schätzung kombinierter Teilnachweis der tatsächlichen Kosten[141].

264 **Reisekosten** sind Betriebsausgaben/Werbungskosten, wenn die Reise ausschließlich betrieblich/beruflich veranlaßt ist (Beispiele: Geschäftsreisen, Dienstreisen, Dienstantrittsreisen, Bewerbungsreisen, Umzugsreisen). Im Fall gemischt veranlaßter Reisen (z. B. mit touristischem Beiprogramm) stellt die Rechtsprechung strenge Anforderungen an die Abgrenzbarkeit der betrieblich/beruflich veranlaßten Aufwendungen[142]. Einzelheiten zum Umfang der Reisekosten: R. 119 EStR 1993; Abschnitte 37 ff. DStR 1993.

265 **Telefonkosten** sind im Falle gemischter Veranlassung grundsätzlich schätzweise wie Pkw-Kosten aufteilbar. Dies gilt nicht nur bei Betriebstelefonen, sondern auch bei privaten Telefonanschlüssen in der Wohnung eines Arbeitnehmers[143]. Die schätzweise Aufteilung der Grund- und Gesprächsgebühren ist selbst dann zulässig, wenn keine Aufzeichnungen über die dienstlichen und privaten Gespräche geführt werden[144].

266 **Umzugskosten** sind Erwerbsaufwendungen, wenn der Umzug betrieblich oder beruflich veranlaßt ist (Einzelheiten: Abschnitt 41 LStR 1993). Bei einem privat veranlaßten Umzug fallen die anteili-

138 Grundsätzlich BFH GrS BStBl. 71, 21. Ausführlich *H.-W. Arndt,* KS, EStG, § 12 Rnrn. B 17 ff.

139 BFH BStBl. 92, 105. Nach dieser Entscheidung soll die Überprüfung bei einer Jahresfahrleistung ab 40 000 km ansetzen. Im entschiedenen Fall eines bereits abgeschriebenen PKW betrugen die tatsächlichen Kosten nur 0,22 DM.

140 Zu der Abweichung von der amtlichen AfA-Tabelle (die für Gerichte nicht verbindlich ist) und der unterschiedlichen AfA für Betriebs- und Privat-PKW durch BFH BStBl. 92, 1000: *R. Freudenberg,* BFH-Rechtsprechung mit zweierlei Maß, Inf. 92, 148; *E. Schmidt,* DB 92, 502 (Erwiderung von *G. Rößler,* DB 92, 1211); *M. R. Theisen,* StStud 92, 179.

141 BFH BStBl. 92, 854 (dazu *K. J. v. Bornhaupt,* FR 92, 511); Abschnitt 38 II LStR 1993.

142 Grundlegend BFH GrS BStBl. 79, 213, und z. B. BFH BStBl. 91, 92 (Kosten eines Schulbuchautors für Amerikareise nur absetzbar, wenn die Reisetage wie Arbeitstage gestaltet werden); 91, 575 (konkreter Bezug zur beruflichen Tätigkeit durch Forschungs-/Lehrauftrag oder Buchprojekt); 93, 612 (ausreichende berufliche Veranlassung verneinend bei Japanreise von Richtern und Staatsanwälten). Ausf. *H.-W. Arndt,* KS, EStG, § 12 Rnrn. B 65 ff., sowie *D. Carl,* DStR 89, 519; *R. Halaczinsky,* Inf 90, 147; *H. Schwarz,* StBp 91, 5. S. auch Abschnitt 35 LStR und oben Fn. 133.

143 BFH BStBl. 81, 131; *H. Söhn,* DStJG Bd. 3 (1980), 59 f.; *K. Tipke,* StuW 79, 205.

144 BFH (Fn. 143) und im einzelnen: Nds. FG EFG 83, 348. Zur steuerlichen Behandlung der vom Arbeitgeber getragenen Kosten für Telefonanschluß in der Wohnung des Arbeitnehmers: BdF BStBl. 80 I, 252.

gen Kosten für Arbeitszimmereinrichtung, Fachbibliothek etc. nach BFH BStBl. 89, 972, unter das Aufteilungsverbot des § 12 Nr. 1 S. 2 EStG (s. bereits oben Rz. 250). Abschnitt 41 II LStR erkennt die nach *Bundesumzugskostenrecht erstattungsfähigen* Kosten als Werbungskosten an. Indessen ist das öffentliche Umzugskostenrecht auch im Hinblick auf die Steuerbefreiung von Umzugskostenvergütungen nach § 3 Nr. 13 EStG für die einkunftsartunabhängigen Kriterien des Steuerabzuges unmaßgeblich[145], zumal auch Arbeitnehmer privater Arbeitgeber und Unternehmer umziehen. Die Steuerbefreiung des § 3 Nr. 13 EStG ist *Vereinfachungszwecknorm* (s. oben Rz. 132) und erfaßt demzufolge nur solche Vergütungen, die als Werbungskosten abgezogen werden können; die Begrenzung des § 3 Nr. 13 EStG auf den Werbungskostenabzug gebietet der Gleichheitssatz[146]. Umgekehrt können Aufwendungen, die den Betriebsausgaben- oder Werbungskostenbegriff erfüllen, jedoch beamtenrechtlich nicht erstattungsfähig sind, abgesetzt werden (vgl. BFH BStBl. 94, 323).

Unfallkosten (s. bereits oben Rz. 245 ff. und nächste Rz. a. E.).

Verlust von Wirtschaftsgütern[147] durch höhere Gewalt, Diebstahl, Unfall u. dergl. gehören 267
grundsätzlich zu den Nebenfolgen risikobehafteten ökonomischen Handelns (s. bereits oben Rz. 216). Nach dem objektiven Nettoprinzip ist die Risikosphäre der Erwerbstätigkeit vollständig zu berücksichtigen (s. oben Rz. 232).

Bei den **Gewinneinkünften** gilt folgendes: Wird ein zum Betriebsvermögen gehörendes Wirtschaftsgut zerstört oder entwendet, so ist der Buchwert Aufwand, wenn das Wirtschaftsgut nicht privat genutzt wird. Wird das Wirtschaftsgut des Betriebsvermögens auch privat genutzt, so ist der Buchwert nach dem pauschal festgelegten Verhältnis betrieblicher/privater Nutzung aufzuteilen, wenn eine konkrete betriebliche oder private Veranlassung nicht feststellbar ist (Beispiel: Zerstörung eines Pkw durch Blitzschlag in der Garage). Der private Anteil des Buchwerts ist Wertfaktor der Nutzungsentnahme in ihrer Funktion als Kostenkorrekturtatbestand (s. Rz. 370). Für eine pauschale Aufteilung des Buchwerts ist hingegen kein Raum, wenn das Wirtschaftsgut infolge einer *konkreten* Betriebs- oder Privathandlung zerstört wird. Im Falle konkret betrieblicher Veranlassung ist der Buchwert des gemischtgenutzten Wirtschaftsguts in vollem Umfange betrieblicher Aufwand. Im Falle konkret privater Veranlassung (z. B. Totalbeschädigung eines Betriebsfahrzeuges während einer Urlaubsfahrt) ist der Buchwert in vollem Umfange Wertfaktor der *Nutzungsentnahme.* Da sich nach BFH BStBl. 90, 8, auch die privat veranlaßte (Total)beschädigung des Wirtschaftsguts als mit den tatsächlichen Selbstkosten zu bewertende Nutzungsentnahme darstellt, wird bezüglich der *Substanz* des Wirtschaftsguts der Entnahmetatbestand mit der Folge der steuerlichen Aufdeckung stiller Reserven zum Teilwert nicht verwirklicht. Die Substanz verbleibt vielmehr im Bereich betrieblicher Veranlassung mit der Konsequenz, daß Entschädigungen, Versicherungsleistungen und Schrottwerterlöse als Betriebseinnahmen zu qualifizieren sind (so BFH BStBl. 90, 10).

Bei den **Überschußeinkünften** ist zunächst im Interesse einer einheitlichen kausalrechtlichen Beurteilung von einem sog. *Einkunftserzielungsvermögen* auszugehen (s. bereits oben Rz. 254), jedoch die Entscheidung des Gesetzgebers für den Einkünftedualismus (s. Rz. 181 ff.) zu respektieren und die Risikosphäre *quellentheoretisch* zu begrenzen. Daher reicht im Gegensatz zu den Gewinneinkünften die schlichte Nutzung des Wirtschaftsguts nicht aus, um bei seinem Verlust einen Werbungskostenabzug zu begründen. So liegt z. B. einkommensteuerrechtlich irrelevanter Stammvermögensverlust vor, wenn ein Mietshaus durch Brand zerstört wird. Auch Verluste von Wirtschaftsgütern zur Erzielung von Kapitaleinkünften (Aktien, GmbH-Anteile, Darlehensforderungen) stellen Stammvermögensverluste dar. Wird jedoch das Wirtschaftsgut einem *spezifischen Risiko der Erwerbshandlung* ausgesetzt und tritt infolgedessen sein Verlust ein, so muß dieser Verlust als negativer Erfolgsbeitrag der Einkünfteerzielung bewertet (s. bereits oben Rz. 249) und Werbungskostenabzug in Höhe des gemeinen Werts des untergegangenen Wirtschaftsguts bejaht werden. In dieser Weise sind als Werbungskosten zu berücksichtigen die bereits oben (Rz. 249) aufgeführten Verluste privater Wirtschaftsgüter (PKW, Geld, Kleidung, Schmuck), der Verlust eines arbeitsplatz-

145 BFH BStBl. 87, 188; 93, 192; 94, 323, 324 (das Beamtenrecht hebe weder den Betriebsausgaben- noch den Werbungskostenbegriff noch das Aufteilungverbot des § 12 Nr. 1 S. 2 EStG aus den Angeln); *K. J. v. Bornhaupt,* KS, EStG, § 9 Rnrn. B 613 f.

146 Ebenso *M. Völlmeke,* Der Werbungskostenbegriff und der Umfang der Steuerbefreiung des Umzugskostenersatzes bei verfassungskonformer Auslegung, DB 93, 1590.

147 Dazu *K. Tipke,* StuW 79, 201 f.; *H. Söhn,* DStJG Bd. 3 (1980), 32 f.; *F. Wassermeyer,* DStJG Bd. 3 (1980), 324 f.; *Schmidt/Heinicke,* EStG[13], § 4 Anm. 99 (Verlust).

sicherenden Arbeitnehmer-Darlehens[148] und die (Total)beschädigung des privaten PKW durch Unfall während einer Dienstfahrt oder einer Fahrt zwischen Wohnung und Arbeitsstätte (s. oben Fn. 125)[149].

268 **Verpflegungsmehraufwendungen** sind nur bis 140 v. H. der höchsten Tagegeldbeträge des Bundesreisekostengesetzes abziehbare Betriebsausgaben (§ 4 V Nr. 5 EStG) bzw. Werbungskosten (§ 9 IV EStG).

269 **Zinsen**[150]: a) **Gewinneinkünfte:** Zinsen sind Betriebsausgaben, wenn das Darlehen für Erwerbszwecke verwendet wird. Dient das Darlehen auch privaten Zwecken, so sind die betrieblich und privat veranlaßten Zinsen nach der sog. Zinsstaffelmethode aufzuteilen[151]. Bei dieser Methode kann (soweit in der Kontokorrentabrede nichts anderes vereinbart ist) unterstellt werden, daß vorrangig die *privaten* Schuldenteile getilgt werden[152]. Da indessen der BFH[153] dem Steuerpflichtigen *Finanzierungsfreiheit* in dem Sinne eingeräumt, daß er bestimmen kann, ob er private oder betriebliche Wirtschaftsgüter/Aufwendungen fremdfinanziert und wie hoch er seinen Betrieb verschuldet, kann er durch Einrichtung getrennter Bankkonten (sog. *Zwei/Drei-Konten-Modelle*[154]) die auf das einzelne Bankkonto bezogene kausalrechtliche Zuordnung (so auch BMF BStBl. 93, 931) gestalten, die komplizierte Zinsstaffelmethode überflüssig machen und den Fremdfinanzierungsbedarf in den betrieblichen Bereich verlagern. Die daraus erwachsende Benachteiligung der Nicht-Unternehmer erzeugt das Bedürfnis, den Sonderausgabenabzug für Schuldzinsen wieder einzuführen (dazu unten Rz. 720).

270 b) **Überschußeinkünfte:** Die vom Großen Senat (Fn. 151) entwickelten Grundsätze gelten auch für Überschußeinkünfte (BStBl. 90, 830). Dogmatische Schwierigkeiten bereitet aber immer wieder die

---

148 Dazu *B. Paus,* FR 83, 502; *B. Knobbe-Keuk,* DStZ 84, 335; *J. Lang,* DStJG Bd. 9 (1986), 58; BFH BStBl. 89, 382 (dazu *G. Söffing,* FR 89, 277; *K. J. v. Bornhaupt,* FR 89, 423); 91, 758 (Bürgschaft); 93, 663; BFH/NV 94, 165, sowie *Engel/Kölsch,* Inf. 94, 141. In die richtige Richtung weist BFH BStBl. 93, 663: Es kommt nicht auf die Verzinslichkeit, sondern allein darauf an, ob der Arbeitnehmer das Risiko des Kapitalverlusts eingeht, um seinen Arbeitsplatz zu erhalten, und daher die Kapitalanlagefunktion des Darlehens gegenüber dem „risikobehafteten Einsatz" (so BFH BStBl. 93, 664) in den Hintergrund tritt.

149 Dazu *Schmidt/Drenseck,* EStG[13], § 19 Anm. 12 (Unfallkosten). Nach BFH BStBl. 80, 655; 92, 401; Abschnitt 42 V LStR kann ein Arbeitnehmer die Wertminderung durch AfaA (§ 7 I 5 i. V. m. § 9 I 3 Nr. 7 EStG) berücksichtigen, wenn er das Fahrzeug nicht reparieren läßt. Im Falle vollständiger Reparatur kann aber der merkantile Minderwert nicht angesetzt werden, weil dieser keine endgültige Wertminderung darstellt (zutr. BFH BStBl. 92, 403, dort 5.). Neben Reparaturkosten kann AfaA geltend gemacht werden, soweit die Reparaturkosten die Substanzeinbuße i. S. d. § 7 I 5 EStG nicht beseitigen.

150 Dazu *A. Beater,* Die Umwandlung von Privatschulden in Betriebsschulden im Zusammenhang mit dem Schuldzinsenabzug, Diss. jur. Göttingen 1988; *R. Beiser,* Der Abzug von Schuldzinsen in der Einkommensteuer, Die Zuordnung von Verbindlichkeiten, Berlin 1990.

151 So grundlegend zur Kontokorrentverbindlichkeit BFH GrS BStBl. 90, 817, 826 ff. Zu dieser Entscheidung *A. Bordewin,* DStR 90, 685; *G. Söffing,* FR 90, 693; *M. Kempermann,* DB 91, 669; *R. Beiser,* DStZ 91, 197; *K. Rudolph,* DStZ 91, 199; *R. Wacker,* BB 91, 248. Im weiteren BFH BStBl. 91, 226; 91, 390; 91, 505; 91, 514; 92, 141; BFH/NV 91, 377; 91, 731; 92, 12; 92, 14; 92, 226; 92, 447, sowie BMF BStBl. 93, 930.

152 So BFH GrS (Fn. 151), 828 (vgl. auch BFH BStBl. 91, 226; 91, 390). Dazu stellt BFH BStBl. 92, 141, 143, klar, daß dieses Diktum des GrS nicht den Grundsatz postuliere, daß vorrangig die privat veranlaßten Schuldenteile getilgt würden. Vielmehr seien bei der Fremdfinanzierung eines gemischt genutzten Grundstücks die Zins- und Tilgungsleistungen entsprechend der Nutzung aufzuteilen.

153 GrS (Fn. 151), 825; vgl. auch BFH BStBl. 92, 532, 636.

154 Dazu *G. Söffing,* DStR 91, 665; *K. Weber,* DStZ 91, 611; *Fuchs/Schwabe,* DStZ 92, 759; *Pfalzgraf/Meyer,* DStR 93, 1501; *R. Seer,* FR 93, 453. Drei-Bankkonten-Modell: 1. Konto bei Bank A für betriebliche Aufwendungen/Investitionen; 2. Konto bei Bank B für betriebliche Erträge und Entnahmen und 3. Konto bei Bank C für private Aufwendungen/Investitionen. Die Kontokorrentverbindlichkeit wird gegenüber Bank A eingegangen, und bei Konto B entspr. BFH GrS BStBl. 90, 825, den Entnahmen der Vorrang gegenüber Zahlungen auf Konto A eingeräumt (s. Schaubild von *Pfalzgraf/Meyer,* DStR 93, 1502).

kausalrechtliche Zuordnung von Zinsen zum privaten *Einkunftserzielungsvermögen* (s. Rz. 254). So versagt neuerdings der BFH (BStBl. 93, 275; 93, 434; 93, 751) den Schuldzinsenabzug, wenn zum Erwerb von Kapital- und Vermietungsvermögen Erbfall- und Zugewinnausgleichsschulden eingegangen werden. U. E. handelt es sich um Werbungskosten, weil die Erbfall- und Zugewinnausgleichsschulden primär durch die Anschaffung von Erwerbsvermögen veranlaßt sind[155]. Der Einkünftedualismus zwingt schließlich zu einer verschiedenen Qualifikation von Zinsen bei der Fremdfinanzierung von Wertpapieren, die zum Kapitalvermögen i. S. d. § 20 EStG, aber auch zum Spekulationsvermögen i. S. d. § 23 EStG oder gar zum nicht steuerbaren Wertsteigerungsvermögen gehören können (s. BFH BStBl. 93, 18, 20). BFH (19 f.) will grundsätzlich auf jedes einzelne Wertpapier abstellen und demonstriert damit erneut, welche praktisch unüberwindlichen Schwierigkeiten der Einkünftedualismus immer wieder bereitet.

2.4 Nichtabziehbare Erwerbsaufwendungen

2.4.1 Allgemeine Regeln

Unter nichtabziehbaren Betriebsausgaben und Werbungskosten[156] versteht man Aufwendungen, die zwar durch die Erwerbstätigkeit veranlaßt sind, die jedoch kraft eines **gesetzlichen Abzugsverbots** nicht abziehbar sind. Derartige Aufwendungen können auch nicht in Privatabzügen berücksichtigt werden, weil diese grundsätzlich Betriebsausgaben oder Werbungskosten nicht erfassen (§§ 10 Einleitungssatz; 33 II 2 EStG). Indessen regeln gesetzliche Abzugsverbote häufig Aufwendungen, die nicht ausschließlich durch die Erwerbstätigkeit, sondern auch (offensichtlich oder versteckt) privat mitveranlaßt sind. 271

a) Nach § 4 V Nr. 7 EStG dürfen Aufwendungen, die die Lebensführung des Steuerpflichtigen oder anderer Personen berühren, den Gewinn nicht mindern, soweit sie nach allgemeiner Verkehrsauffassung als unangemessen anzusehen sind[157]. Diese Vorschrift formuliert das oben (Rz. 251 f.) dargelegte Angemessenheitsprinzip. Damit ist § 4 V Nr. 7 EStG eine **Grundvorschrift,** die den unangemessenen Teil der Aufwendungen vom Steuerabzug ausschließt, weil dieser Teil verdeckt *privat* veranlaßt ist[158]. § 4 V Nr. 7 EStG ist insofern fehlplaziert, als er eigentlich den § 4 V EStG einleiten müßte, weil er einen allgemeinen Grundsatz postuliert, der durch die speziellen Abzugsverbote in § 4 V EStG konkretisiert wird. Dies zeigt exemplarisch die Bewirtung von Geschäftsfreunden in Nachtlokalen, deren Kosten BFH BStBl. 90, 575, als nach § 4 V Nr. 7 EStG nichtabziehbar entschieden hat. In derartigen Fällen tritt der betriebliche Anlaß gegenüber dem Privatvergnügen in den Hintergrund. Gemäß § 9 V EStG i. d. F. des StÄndG 1992 gilt die Grundvorschrift des § 7 V Nr. 7 EStG auch für *Werbungskosten.* 272

Der **Umfang** des nichtabziehbaren (u. E. verdeckt privat veranlaßten) Teils der Aufwendungen ergibt sich aus der allgemeinen Verkehrsauffassung (§ 4 V Nr. 7 Halbsatz 2 EStG). Bei der Auslegung dieses Begriffs stellt die jüngste Rechtsprechung des BFH[159] stärker als die frühere Rechtsprechungs- und Verwaltungspraxis auf die Umstände des Einzelfalles ab. So werden z. B. Kfz-Anschaffungskosten nicht mehr bereits als unangemessen beurteilt, wenn bestimmte Betragsgrenzen überschritten werden. Vielmehr 273

155 Dazu näher *R. Seer,* Die Wende der BFH-Rechtsprechung zum Schuldzinsenabzug bei Erbfall- und Zugewinnausgleichsschulden – eine Notwendigkeit?, ZEV 94, 88.

156 Dazu *P. Kirchhof,* Gesetzlich nicht abzugsfähige Betriebsausgaben und Werbungskosten, DStJG Bd. 3 (1980), 201.

157 Dazu *U. Helkenberg,* Die Unangemessenheit von Betriebsausgaben nach § 4 Abs. 5 Nr. 7 EStG, Frankfurt u. a. 1994.

158 Vgl. *K. Tipke,* StRO II, 622; *J. Lang,* Bemessungsgrundlage (Fn. 32), 328 f.; *ders.,* Entwurf eines Steuergesetzbuchs (Fn. 7), § 113 III (Erwerbsausgaben, die die Lebensführung berühren, sind nicht abziehbar, soweit sie erwerbswirtschaftlich unangemessen sind).

159 BFH BStBl. 86, 904; 87, 108; 87, 853; 88, 629.

kommt es nach Auffassung des BFH auf die gegebenen betrieblichen (Größe des Unternehmens, Bedeutung des Aufwandes für den Geschäftserfolg) und privaten Umstände (Umfang und Häufigkeit der privaten Nutzung, Dominanz der privaten Motivation, z. B. bei motorsporttauglichen Fahrzeugen) an (s. BFH BStBl. 87, 853 ff.). Diese Abwägung trägt sachgerecht dem Zweck des § 4 V Nr. 7 EStG Rechnung, gemischt veranlaßte Aufwendungen aufzuteilen.

274 b) Nach § 160 AO sind Betriebsausgaben und Werbungskosten regelmäßig nicht zu berücksichtigen, wenn der Steuerpflichtige den Empfänger nicht benennt (dazu § 22 Rz. 200 ff.).

275 c) Nach § 3c EStG dürfen Ausgaben, die mit **steuerfreien Einnahmen** in unmittelbarem wirtschaftlichen Zusammenhang stehen, nicht als Betriebsausgaben oder Werbungskosten abgezogen werden. Nach ständiger Rechtsprechung[160] enthält § 3c EStG einen allgemeinen Rechtsgrundsatz. Daher ist § 3c EStG analog auf Ausgaben anzuwenden, die mit nicht steuerbaren Einnahmen zusammenhängen. Die Formulierung des § 3c EStG stimmt indessen mit der Veranlassungstheorie ebensowenig überein wie § 9 I 1 EStG. Bei der Abgrenzung von Nettoeinkünften (als Unterschiedsbeträge von Erwerbsbezügen und -aufwendungen) kommt es auf den Kausalzusammenhang zwischen Tätigkeit und Bezügen/Aufwendungen, nicht zwischen Bezügen und Aufwendungen an.

2.4.2 Besondere Regeln für verdeckt privat mitveranlaßte Erwerbsaufwendungen

276 Die Vorschriften in § 4 V Nrn. 1–5 EStG regeln verdeckt privat mitveranlaßte Betriebsausgaben.

Nach § 4 V Nr. 1 EStG werden Geschenke an Personen, die nicht Arbeitnehmer des Steuerpflichtigen sind, nur bei Anschaffungs- oder Herstellungskosten bis 75 DM zum Betriebsausgabenabzug zugelassen (s. Rz. 261).

Unangemessene und nicht formularmäßig nachgewiesene Bewirtungskosten dürfen den Gewinn nach § 4 V Nr. 2 EStG überhaupt nicht mindern. Die durch StRefG 1990 eingeführte Begrenzung des Betriebsausgabenabzugs auf 80 Prozent der angemessenen und nachgewiesenen Aufwendungen will dem Umstand Rechnung tragen, daß durch die Bewirtung die Lebensführung der daran teilnehmenden Personen berührt ist[161].

Nicht abziehbar sind auch die mit der Freizeitgestaltung zusammenhängenden Aufwendungen für Gästehäuser (§ 4 V Nr. 3 EStG), Jagd, Fischerei, Segel- und Motorjachten (§ 4 V Nr. 4 EStG). Auch die Begrenzung des Betriebsausgaben-/Werbungskostenabzugs für Verpflegungsmehraufwendungen (§§ 4 V Nr. 5, 9 IV EStG) kann damit begründet werden, daß die das Bundesreisekostengesetz übersteigenden Beträge besondere private Essensbedürfnisse befriedigen.

Da sich in derartigen Fällen die Anteile der privaten und betrieblichen/beruflichen Veranlassung nicht zwingend bestimmen lassen, hat der Gesetzgeber einen relativ weiten Gestaltungsspielraum[162].

2.4.3 Besondere Regeln zum Schutz der Gesamtrechtsordnung

277 a) Nach §§ 4 V Nr. 8; 9 V EStG dürfen von einem Gericht oder einer Behörde oder von EG-Organen festgesetzte Geldbußen, Ordnungsgelder und Verwarnungsgelder nicht abgezogen werden; dasselbe gilt für Leistungen zur Erfüllung berufsgerichtlicher Auflagen und Weisungen. Nach § 12 Nr. 4 EStG dürfen Geldstrafen, sonstige Rechtsfolgen

160 BFH BStBl. 77, 507; 86, 401; 87, 385; 89, 351.

161 BT-Drucks. 11/2157, 138. S. oben Rz. 257 und rechtsvergleichend *K. Tipke,* StRO II, 623.

162 Vgl. auch das Hearing zu den Bewirtungskosten: BT-Drucks. 11/2536, 14, sowie den Beschluß des 57. Deutschen Juristentages, Sitzungsbericht N, München 1988, 214: „Belastende Typisierungen bei einzelnen Arten der Erwerbsaufwendungen sind nur in engen Grenzen rechtfertigungsfähig; sinnvoll ist Typisierung im Grenzgebiet zur privaten Lebensführung".

vermögensrechtlicher Art, bei denen der Strafcharakter überwiegt, und Leistungen zur Erfüllung von Auflagen und/oder Weisungen (z. B. solche nach § 153a StPO) nicht abgezogen werden. § 12 Nr. 4 EStG regelt klarstellend Aufwendungen der privaten Opfersphäre[163]. Mit den **Sanktionsabzugsverboten** reagierte der Gesetzgeber auf BFH GrS BStBl. 84, 160, 166, der abweichend von einer jahrzehntelangen Praxis Geldbußen zum Abzug als Betriebsausgaben zuließ. Die Abzugsverbote tragen dem Postulat „Einheit der Rechtsordnung" Rechnung (s. § 1 Rz. 33); deshalb greift das Abzugsverbot des § 12 Nr. 4 EStG nicht Platz, wenn die von einem *ausländischen* Gericht festgesetzte Geldstrafe dem sog. ordre public, d. h. wesentlichen Grundsätzen der deutschen Rechtsordnung, widerspricht (BFH BStBl. 92, 85). Die Regelung des § 4 V Nr. 8 Satz 4 EStG, daß sich das Abzugsverbot nicht auf die *Abschöpfung des wirtschaftlichen Vorteils vor Steuern* erstreckt, ist durch StÄndG 1992 eingefügt worden und entspricht den Vorgaben des BVerfG (BStBl. 90, 483).

b) **Zinsen auf hinterzogene Betriebsteuern** sind nach § 4 V Nr. 8a EStG nicht abziehbar. Diese durch StRefG 1990 eingeführte Regelung begründete der Finanzausschuß mit dem Hinweis auf das Abzugsverbot für Geldbußen[164]. Zinsen haben an sich keine Sanktionsfunktion. Mit der Nichtabziehbarkeit verleiht ihnen aber der Gesetzgeber Sanktionscharakter. 278

c) Aufwendungen zur Förderung staatspolitischer Zwecke (§ 10b II EStG: **Mitgliedsbeiträge und Spenden an politische Parteien**) sind keine Erwerbsaufwendungen. Diese Feststellung in den §§ 4 VI, 9 V EStG ist eine Reaktion auf die Auffassung, Parteispenden könnten Betriebsausgaben sein[165]. Diese Auffassung hat BFH BStBl. 88, 220, verworfen. Die gesetzliche Klärung in den §§ 4 VI, 9 V EStG schützt die Chancengleichheit der Parteien[166]. 279

d) **Resümee:** Wie die §§ 4 V Nr. 8, 8a, VI; 9 V EStG zeigen, ist der aus § 40 AO abgeleitete Satz von der Wertneutralität des Steuerrechts nicht durchgängig richtig. Vielmehr darf das Steuerrecht Grundwertungen des Verfassungsrechts (z. B. Chancengleichheit der Parteien), des Strafrechts und anderer Teile der Rechtsordnung nicht durchkreuzen. Eine Verbesserung der Abstimmung auf die außersteuerrechtliche Wertordnung wäre es, wenn (nach US-amerikanischem Vorbild[167]) auch Bestechungs-, Schmier- und andere Aufwendungen, soweit sie die guten Sitten oder deutsches Recht verletzen, nicht zum Abzug zugelassen würden. Die Marktwirtschaft sollte keine korrupte Wirtschaft sein; sie ist es weithin auch nicht. 280

---

163 Dazu insb. *Tanzer,* DStJG Bd. 3 (1980), 227; *ders.,* Die gewinnmindernde Abzugsfähigkeit von Geldstrafen im Abgabenrecht. Eine rechtsvergleichende Untersuchung über die Methoden und Grenzen der steuerlichen Rechtsfindung, Wien 1983.

164 BT-Drucks. 11/2536, 77. Verfassungsrechtliche Bedenken gegen § 4 V Nr. 8a EStG äußert *B. Gast-de Haan,* StVj 90, 76.

165 So insb. *H. v. Wallis,* DStZ 83, 135; *G. Felix,* NJW 85, 1935; *H. Otto,* KÖSDI 85, 5984; *Jakob/Jüptner,* Steuerfragen der mittelbaren Parteifinanzierung über Organisationen, Stuttgart 1986, 125 ff. Gegen diese Auffassung insb. *K. Tipke,* StuW 85, 280; *D. Birk,* NJW 85, 1939; *Gérard,* FR 84, 254; *Schünemann,* ZRP 84, 137, 140. BFH BStBl. 86, 373: Zuwendungen an politische Parteien seien „im allgemeinen nicht als Betriebsausgaben abziehbar. . ." (dazu *G. Felix,* DStZ 86, 282; *List,* StRK-Anm. EStG 1975 § 4 Abs. 4 R. 61). Materialsammlung zur Parteispendenproblematik: *Horlemann,* DStZ 86, 35; DStZ 88, 116.

166 Dazu ausführlich m. w. N. *H. H. v. Arnim,* Verfassungsfragen der Parteienfinanzierung, JA 85, 121 ff., 207 ff. Zur Verfassungsmäßigkeit des Parteienfinanzierungsgesetzes v. 22. 12. 1983 (BGBl. I 83, 1577) s. BVerfGE 73, 40.

167 Dazu *W. R. Kroll,* StuW 84, 260; *K. Tipke,* StRO II, 627.

2.5 Pauschalierung von Erwerbsaufwendungen

281 Gesetz und Verwaltungsvorschriften erzeugen erhebliche Ungleichheit, indem sie für bestimmte Arten von Erwerbsaufwendungen Pauschalierungen vorsehen. Die wichtigsten Pauschalierungen, insb. Jahrespauschbeträge, sind folgende:

a) **Gesetzliche Pauschalierungen:**

- § 3 Nr. 26 EStG: Steuerfreie Aufwandsentschädigungen für nebenberuflich tätige Übungsleiter, Ausbilder, Erzieher, etc. bis 2 400 DM (s. Rz. 132).
- Kilometer-Pauschbeträge nach §§ 9 I 3 Nr. 4 Satz 4, 4 V Nr. 6 EStG (s. Rz. 263).
- § 9a Satz 1 Nr. 1 EStG: Arbeitnehmer-Pauschbetrag von 2 000 DM.

In diesem ab 1990 geltenden Pauschbetrag werden der bisherige Werbungskosten-Pauschbetrag von 564 DM, der Weihnachts-Freibetrag von 600 DM (§ 19 III EStG a. F.) und der Arbeitnehmer-Freibetrag von 480 DM (§ 19 IV EStG a. F.) zusammengefaßt. Nach der Regierungsbegründung (BT-Drucks. 11/2157, 143) sollen etwa 75 v. H. der Arbeitnehmer davon befreit werden, ihre Werbungskosten zu ermitteln. Dies besagt, daß der Gesetzgeber bei 75 v. H. der Arbeitnehmer verkappte Vereinfachungsbefreiungen (soweit die Summe der tatsächlich entstandenen Werbungskosten hinter dem Pauschbetrag von 2 000 DM zurückbleibt) in Kauf nimmt. Die verkappten Steuerbefreiungen werden durch offene Steuerbefreiungen von Werbungskostenersatz durch den Arbeitgeber (§ 3 Nrn. 12, 13, 16, 30–32 EStG) aufgestockt (zur Kritik an dieser Rechtslage s. Rz. 284).

- § 9a Satz 1 Nr. 2 EStG: Werbungskosten-Pauschbetrag von 100 DM (zusammenveranlagte Ehegatten: 200 DM) bei den Einkünften aus Kapitalvermögen.
- § 9a Satz 1 Nr. 3 EStG: Werbungskosten-Pauschbetrag von 200 DM bei den sonstigen Einkünften i. S. des § 22 Nr. 1, 1a EStG:
- § 51 EStDV: Betriebsausgaben-Pauschsätze von 65 bzw. 40 v. H. der Einnahmen aus Holznutzungen für forstwirtschaftliche Betriebe, die ihre Einkünfte nicht nach § 4 I EStG ermitteln bzw. zu ermitteln haben.

282 b) **Pauschalierung durch Verwaltungsvorschriften:**

- Werbungskosten-Pauschsätze für bestimmte Berufsgruppen nach Abschnitt 47 LStR[168].
- Reisekostenpauschalierungen (R. 119 EStR 1993, Abschnitte 39–40 LStR).
- Betriebsausgaben-Pauschalierungen bei Einkünften aus selbständiger wissenschaftlicher, schriftstellerischer und künstlerischer Nebentätigkeit (einschließlich Vortrags- und nebenberuflicher Lehr- und Prüfungstätigkeit) in Höhe von 25 v. H. der Betriebseinnahmen, höchstens 1 200 DM[169], und im Falle
- hauptberuflicher selbständiger schriftstellerischer oder journalistischer Tätigkeit in Höhe von 30 v. H. der Betriebseinnahmen, höchstens 4 800 DM[170].
- Werbungskosten-/Betriebsausgaben-Pauschalierung bei Einkünften von Parlamentsjournalisten in Höhe von 35 v. H. der Einnahmen, höchstens 10 200 DM/ 10 800 DM[171].
- Betriebsausgaben-Pauschalierung bei Einkünften der sog. Tagesmütter der Höhe nach abhängig von dem Umfang der Betreuung bis 7 440 DM für jedes betreute Kind (s. BStBl. I 84, 134).

---

168 Zum Verhältnis der Werbungskosten-Pauschsätze für bestimmte Berufsgruppen zum allgemeinen Werbungskosten-Pauschbetrag *D. Breidecker*, FR 89, 10.

169 StEK EStG § 4 BetrAusg. Nr. 188. Dieser Betriebsausgaben-Pauschbetrag wird nur gewährt, soweit § 3 Nr. 26 EStG nicht Platz greift. Diesen Betriebsausgaben-Pauschbetrag gewährt die Verwaltung auch Lehrern, die außerhalb ihrer haupt- und nebenberuflich ausgeübten Lehrtätigkeit Nachhilfestunden erteilen (StEK EStG § 4 BetrAusg. Nr. 205).

170 StEK EStG § 4 BetrAusg. Nr. 30; DB 62, 1028.

171 StEK EStG § 9 Nr. 270. Dazu *K. Tipke,* in: Raupach/Tipke/Uelner, Niedergang oder Neuordnung des deutschen Einkommensteuerrechts?, Köln 1985, 152.

– Der **Deutsche Juristentag** hat gegen den Vorschlag von *P. Kirchhof,* „den Abzug individuellen Aufwandes durch typisierende Aufwandstatbestände zu ersetzen"[172], folgenden Beschluß gefaßt: „Die generelle Typisierung der absetzbaren Betriebsausgaben und Werbungskosten ist abzulehnen. Sie würde die Identität der Einkommensteuer als Subjektsteuer antasten und mit der grundrechtlich geschützten Freiheit des Eigentumsgebrauchs und der Investition kollidieren"[173]. 283

Die exakte Erfassung von Erwerbsbezügen und Erwerbsaufwendungen gehört grundsätzlich zu den unverzichtbaren Bedingungen einer gleichmäßigen Besteuerung nach der Leistungsfähigkeit, denn nur die exakte Einkünfteermittlung gewährleistet die Vergleichbarkeit der Einkommen als Voraussetzung einer gerechten Belastung durch den Tarif. Pauschalierungen haben Begünstigungseffekt, wenn sie – bezogen auf den Einzelfall – zu hoch angesetzt sind, und Sonderbelastungseffekt, wenn sie – wie im Falle der verkehrspolitisch begründeten Kilometer-Pauschbeträge (s. Rz. 259) – den Steuerabzug höherer Aufwendungen nicht zulassen.

Grundsätzlich lassen sich Pauschalierungen nur als **Vereinfachungszwecknormen** (s. § 4 Rz. 132) rechtfertigen. Die Besteuerung nach der Leistungsfähigkeit darf nicht das Übermaßverbot verletzen. Insofern ist es nicht nur zulässig, sondern auch geboten, die Überkompliziertheit und Undurchführbarkeit des Gesetzes dort zu vermeiden, wo ein bestimmter durchschnittlicher Aufwand anzunehmen und es dem Steuerpflichtigen nicht zuzumuten ist, ihn im einzelnen zu belegen (s. § 4 Rz. 130). **Verkappte Steuerbefreiungen** einzelner Gruppen von Steuerpflichtigen durch Pauschalierung von Erwerbsaufwendungen lassen sich grundsätzlich als Vereinfachungszwecknormen nicht rechtfertigen[174]. In derartigen Fällen ist zu prüfen, ob die Steuerbefreiung als Sozialzwecknorm gerechtfertigt werden kann. Beispiel: Die Steuerfreiheit von Aufwandsentschädigungen für Übungsleiter, etc. bis 2 400 DM (§ 3 Nr. 26 EStG) ist keine Betriebsausgaben/Werbungskostenpauschale, sondern eine Steuervergünstigung zur Förderung gemeinnütziger Zwecke (s. Rz. 132). Hingegen ist der **Arbeitnehmer-Pauschbetrag** von 2 000 DM (§ 9a Satz 1 Nr. 1 EStG) weder als Vereinfachungszwecknorm noch als Sozialzwecknorm zu rechtfertigen. Er privilegiert Arbeitnehmer, deren Werbungskosten den Betrag von 2 000 DM nicht erreichen, und diskriminiert Steuerpflichtige wie z. B. Selbständige, die ihre Aufwendungen auf den Pfennig genau verbuchen müssen. Im weiteren entzieht der Arbeitnehmer-Pauschbetrag auch den Steuerbefreiungen des Werbungskostenersatzes (§ 3 Nrn. 12, 13, 16, 30–32 EStG) den Boden, weil Aufstockungen eines bereits zu hohen Pauschbetrages augenfällig jenseits der Vereinfachungsrechtfertigung ansetzen[175]. Gleichwohl erweiterte das StRefG 1990 § 3 Nr. 16 EStG um die bisher in Abschnitt 8 III LStR 1987 geregelten steuerfreien Vergütungen des Arbeitgebers von Mehraufwendungen wegen doppelter Haushaltsführung. Jedoch wies die Begründung darauf hin, daß „weitergehende Verwaltungsregelungen über die Steuerfreiheit von Werbungskostenersatzleistungen" ab 1990 nicht fortgeführt werden sollen, weil diese angesichts des Arbeitnehmer-Pauschbetrages „zu einer nicht vertretbaren Begünstigung derjenigen 284

172 Gutachten F zum 57. Deutschen Juristentag, München 1988, 48.

173 57. Deutscher Juristentag, Sitzungsbericht N, München 1988, 214.

174 Dazu *K. Tipke,* (Fn. 171), 146 ff.

175 Dies veranlaßte den VI. Senat (BFH BStBl. 93, 551), den Arbeitnehmer-Pauschbetrag (§ 9a Satz 1 Nr. 1 EStG) dem BVerfG vorzulegen. Die Anhebung der Werbungskostenpauschale auf den Betrag von 2 000 DM sei zwar noch verfassungsgemäß; jedoch verletze § 9a Satz 1 Nr. 1 EStG i. V. m. der Steuerbefreiung oder niedrigen Pauschalversteuerung (§ 40 II 2 EStG) von Ersatzleistungen des Arbeitgebers den Gleichheitssatz. Dazu ausf. *H.-W. Arndt,* StVj 93, 311; *R. Eckhoff,* DStR 93, 1506; *L. Schemmel,* Arbeitnehmer-Pauschbetrag und Werbungskostenersatz, Karl-Bräuer-Institut des Bundes der Steuerzahler, Wiesbaden 1994.

Arbeitnehmer führen würden, denen die Werbungskosten vom Arbeitgeber in vollem Umfang ersetzt werden"[176]. Damit ist auch die Gleichheitssatzwidrigkeit der gesetzlichen Befreiung amtlich begründet worden.

285 Verkappte Steuerbefreiungen bestimmter Gruppen von Steuerpflichtigen durch Verwaltungsvorschriften verletzen nicht nur den Gleichheitssatz, sondern auch die Gesetzmäßigkeit der Besteuerung. Hingegen sind die Reisekostenpauschalierungen in R. 119 EStR 1993 sowie Abschnitt 39 LStR nicht zu beanstanden. Sie begrenzen den Ermittlungsaufwand i. S. des Übermaßverbots.

286–299 Einstweilen frei.

III. Betriebsvermögensvergleich nach §§ 4 I, 5 I EStG

Literatur: *Lion,* Das Bilanzsteuerrecht[2], Berlin 1923; Handelsbilanz und Steuerbilanz, Bde. I und II, Referate des dritten österreichischen Juristentages, Wien 1967; *Kormann,* Die neue Handels- und Steuerbilanz[2], Berlin 1970; *Bühler/Scherpf,* Bilanz und Steuer[7], München 1971; *Freericks,* Bilanzierungsfähigkeit und Bilanzierungspflicht in Handels- und Steuerbilanz, Köln u. a. 1976; *D. Schneider,* Steuerbilanzen, Wiesbaden 1978; *Wöhe,* Bilanzierung und Bilanzpolitik[6], München 1984; *Moxter,* Bilanzlehre I u. II[3], Wiesbaden 1984/86; Wirtschaftsprüfer-Handbuch 1985/86, Bd. I, Düsseldorf 1985; Bd. II, Düsseldorf 1986, *Leffson/Rückle/Großfeld* (Hrsg.), Handwörterbuch unbestimmter Rechtsbegriffe im Bilanzrecht des HGB, Köln 1986; *Heinen,* Handelsbilanzen[12], Wiesbaden 1986; *Adler/Düring/Schmaltz,* Rechnungslegung und Prüfung der Unternehmen[5], Stuttgart 1987; *C. Meyer,* Bilanzierung nach Handels- und Steuerrecht, Darstellung, Kontrollfragen, Aufgaben, Lösungen[6], Herne/Berlin 1987; *Biergans,* Einkommensteuer und Steuerbilanz[4], München 1988; *Bauch/Oestreicher,* Handels- und Steuerbilanzen[4], Heidelberg 1989; *Mellwig/Moxter/Ordelheide* (Hrsg.), Handelsbilanz und Steuerbilanz, Wiesbaden 1989; *H. Beisse,* Die steuerrechtliche Bedeutung der neuen deutschen Bilanzgesetzgebung, StVj 89, 295; *ders.,* Grundsatzfragen der Auslegung des neuen Bilanzrechts, BB 90, 2007; *Coenenberg,* Jahresabschluß und Jahresabschlußanalyse[11], München 1990; *J. Thiel,* Bilanzrecht[4], Heidelberg 1990; *Küting/Weber* (Hrsg.), Handbuch der Rechnungslegung[3], Stuttgart 1990; *Budde/Clemm/Pankow/Sarx,* Beck'scher Bilanz-Kommentar, Der Jahresabschluß nach Handels- und Steuerrecht[2], München 1990; *Castan/Heymann/Müller/Ordelheide/Scheffler,* Beck'sches Handbuch der Rechnungslegung, Loseblatt, München; *B. Großfeld,* Bilanzrecht[2], Heidelberg 1990; *Wöhe,* Die Handels- und Steuerbilanz[2], München 1990; *Brönner/Bareis,* Die Bilanz nach Handels- und Steuerrecht[9], Stuttgart 1991; *W. Doralt* (Hrsg.), Probleme des Steuerbilanzrechts, DStJG 14 (1991); *Federmann,* Bilanzierung und Handels- und Steuerrecht[9], Berlin 1992; *Falterbaum/Beckmann,* Buchführung und Bilanz[15], Bonn/Achim 1993; *B. Knobbe-Keuk,* Bilanz- und Unternehmenssteuerrecht[9], Köln 1993; *Moxter,* Bilanzrechtsprechung[3], Tübingen 1993; *H. Weber-Grellet,* Bilanzsteuerrecht[3], Münster 1993; zfbf-Sonderheft 32/93: Ökonomische Analyse des Bilanzrechts, mit Beiträgen von *Wagner, Busse von Colbe, Schneider, Moxter, Walz, Ballwieser* und *Schreiber.*

1. Einführung

300 § 4 I 1 EStG, der durch Verweisung auch für die Gewinnermittlung nach § 5 I EStG gilt, bestimmt:

„Gewinn ist der Unterschiedsbetrag zwischen dem Betriebsvermögen am Schluß des Wirtschaftsjahrs und dem Betriebsvermögen am Schluß des vorangegangenen Wirtschaftsjahrs, vermehrt um den Wert der Entnahmen und vermindert um den Wert der Einlagen."[1]

176 BT-Drucks. 11/2157, 137. Zur entsprechenden Neufassung der LStR 1990, *K. J. v. Bornhaupt,* Abgrenzung Werbungskostenersatz zu Auslagenersatz und durchlaufenden Geldern im Lohnsteuerrecht, StuW 90, 46; *W. Drenseck,* FR 89, 261; *J. Giloy,* BB 89, 2082; *Albert/Heitmann,* FR 89, 425; *W. Apitz,* StBp. 90, 34.

1 Genauer muß es heißen: „Wert des Betriebsvermögens" statt „Betriebsvermögen". § 16 II EStG spricht zutreffend vom „Wert des Betriebsvermögens".

Betriebsvermögen ist hier[2], ebenso wie in § 16 II EStG, als **Betriebsreinvermögen** (Eigenkapital) zu verstehen (nicht, wie in § 6 I 1 EStG, als Wirtschaftsgüter des Betriebsvermögens im Gegensatz zu Wirtschaftsgütern des Privatvermögens). § 4 I 1 EStG verlangt den **Vergleich zweier Eigenkapitalgrößen,** deren Differenz um die Einlagen und Entnahmen korrigiert werden muß, weil die Vermögensmehrung durch Einlagen keine durch den Betrieb verursachte (erwirtschaftete) Vermögensmehrung ist und die Vermögensminderung durch Entnahmen keine durch den Betrieb verursachte Vermögensminderung ist.

Die Ermittlung des Betriebsreinvermögens oder Eigenkapitals geschieht durch die **Bi- 301**
lanz (Jahresabschluß-Bilanz). Betriebsreinvermögen ist die Differenz zwischen der Summe der Aktiva und der Summe der Passiva (soweit diese nicht Eigenkapital darstellen).

Bilanz 31. 12. 00

Aktiva	Betriebsreinvermögen oder Eigenkapital oder Kapitalüberschuß 400 000 DM
1 000 000 DM	Passiva 600 000 DM

Bilanz 31. 12. 01

Aktiva	Betriebsreinvermögen oder Eigenkapital oder Kapitalüberschuß 600 000 DM
1 100 000 DM	Passiva 500 000 DM

Übersteigen die Passiva die Aktiva, ergibt sich kein Betriebsreinvermögen (Kapitalüber- 302
schuß), sondern ein auf der Aktivseite auszuweisender „nicht durch Eigenkapital gedeckter Fehlbetrag" (§ 268 III HGB betr. Kapitalgesellschaften), kurz: **Kapitalfehlbetrag** oder negatives Kapital. Man spricht auch von (buchmäßiger) „Überschuldung" oder „Unterbilanz". Hat sich der Kapitalfehlbetrag von einem auf das andere Jahr vermindert, so ist (ebenfalls) ein Gewinn erwirtschaftet worden.

§ 4 I 1 EStG spricht nur von „Gewinn". Stellt sich beim Betriebsvermögensvergleich 303
zweier Stichtage heraus, daß das Reinvermögen (der Kapitalüberschuß) sich vermindert oder daß der Kapitalfehlbetrag sich erhöht hat, so handelt es sich um einen **Verlust.**

§ 268 I 1 HGB spricht neutral von Jahresergebnis (= Jahreserfolg) und unterscheidet Jahresüberschuß (= Gewinn) und Jahresfehlbetrag (= Verlust).

In dem skizzierten Beispiel ergibt der Vergleich: Das Betriebsreinvermögen hat sich im Laufe des Jahres 01 von 400 000 DM auf 600 000 DM vermehrt. Der Gewinn beträgt also 200 000 DM. Dabei wird unterstellt, daß es keine Entnahmen und keine Einlagen gegeben hat.

Weitere Beispiele: Wurde im Jahre 01 nichts entnommen und nichts eingelegt, so ergeben sich folgende Gewinne/Verluste als Betriebsvermögensdifferenz, wenn der Wert des Betriebsvermögens (+ = Eigenkapital oder Reinvermögen; – = nicht durch Eigenkapital gedeckter Fehlbetrag) betrug:

2 Anders in § 6 I EStG.

	DM	DM	DM
31. 12. 00	+ 30 000	– 90 000	– 30 000
31. 12. 01	+ 90 000	– 30 000	– 90 000
Gewinn (+)/Verlust (–)	+ 60 000	+ 60 000	– 60 000
31. 12. 00	+ 90 000	– 90 000	– 30 000
31. 12. 01	– 30 000	+ 30 000	+ 90 000
Gewinn (+)/Verlust (–)	– 120 000	+ 120 000	+ 120 000

304 Die Veränderungen des Betriebsvermögens, die der Betriebsvermögensvergleich am Ende des Jahres sichtbar macht, werden durch einzelne Geschäftsvorfälle im Laufe des Jahres verursacht. Diese einzelnen Geschäftsvorfälle werden in der Buchführung festgehalten.

Der Geschäftsvorfall kann das Reinvermögen vermehren, vermindern oder zugleich vermehren und vermindern; er kann erfolgswirksam (ergebniswirksam, ergebnisrelevant) oder erfolgsneutral (ergebnisunwirksam, ergebnisirrelevant) sein.

305 Die Wertzugänge (einer Periode), die nicht Einlagen sind, bezeichnet man als Erträge; die Wertabgänge, die nicht Entnahmen sind, bezeichnet man als Aufwendungen. Gewinn läßt sich danach auch definieren als der Unterschied zwischen Erträgen und Aufwendungen einer Periode (eines Wirtschaftsjahres).

§ 242 HGB schreibt vor, daß der Kaufmann für den Schluß eines jeden Geschäftsjahres aufzustellen hat

- die **Bilanz** (§ 242 I HGB),
- die **Gewinn- und Verlustrechnung**[3], d. h. eine Gegenüberstellung der Erträge und Aufwendungen (§ 242 II HGB).

306 Bilanz und Gewinn- und Verlustrechnung bilden zusammen den Jahresabschluß (§ 242 III HGB).

Da die Erträge Vermögensmehrungen, die Aufwendungen Vermögensminderungen sind, muß der Vergleich von Erträgen und Aufwendungen zu dem gleichen Ergebnis führen wie der bilanzielle Betriebsvermögensvergleich. Darauf beruht die **doppelte Buchführung.** In ihr wird der Jahreserfolg (Gewinn, Verlust) zum einen in der Bilanz, zum anderen in der Gewinn- und Verlustrechnung – sie könnte auch Rechnung der Erträge und Aufwendungen heißen – ermittelt. Ist die Summe aller Ertragsposten des Jahres höher als die Summe aller Aufwendungsposten, so ergibt sich ein Gewinn. Ist die Summe aller Aufwendungsposten des Jahres höher als die Summe aller Ertragsposten, so ergibt sich ein Verlust.

Der durch Betriebsvermögensvergleich ermittelte Gewinn muß zur Ermittlung des „steuerpflichtigen“ Gewinns um die steuerfreien Betriebseinnahmen, insb. Sanierungsgewinn (§ 3 Nr. 66 EStG) und Zinsen i. S. des § 3a EStG, gekürzt werden. Für den Verlust gilt Entsprechendes.

2. Prinzipielle Maßgeblichkeit der Handelsbilanz

Literatur: *K. Barth,* Die Entwicklung des deutschen Bilanzrechts, Bd. II 1: Steuerrecht, Stuttgart 1955, 221 ff.; *L. Müller,* Die Maßgeblichkeit der Handelsbilanz für die Steuerbilanz im deutschen Bilanzsteuerrecht, Diss. rer. pol. Köln 1967; *V. Kluge,* Das Maßgeblichkeitsprinzip, Diss. Berlin 1969; *D. Schneider,* Sieben Thesen zum Verhältnis von Handels- und Steuerbilanz, DB 70, 1697; *Birgelen,* Die Beeinträchtigung der handelsrechtlichen Gestaltungsfreiheit durch das Steuerrecht, Diss. Zürich 1970; *Dziadkowski,* Die Elemente des Steuerbilanz-Gewinns, Diss. Köln 1973; *Alsheimer,* Einhundert Jahre Prinzip der Maßgeblichkeit der Handelsbilanz für die Steuerbilanz, ZfB 74, 841; *Freericks,* Bilanzierungsfähigkeit und Bilanzierungspflicht in Handels- und Steuerbilanz, Köln u. a. 1976; *Saelzle,* Steuerbilanzziele und Maßgeblichkeitsprinzip, AG 77, 181; *A. Weber,* Das Verhältnis von Handelsbilanz und Steuerbilanz, Diss. Freiburg (Schweiz) 1978; *Pausch,* Von der Steuer- zur Handelsbilanz – geschichtlich betrachtet, DStZA 79, 59; *Döllerer,* Gedanken zur „Bilanz im

3 Dazu die Kommentierungen der §§ 275 ff. HGB. Diese Vorschriften gelten für Kapitalgesellschaften. Zum Mindestinhalt der Gewinn- und Verlustrechnung für Einzelkaufleute und Personenhandelsgesellschaften s. *Förschle/Kropp,* DB 89, 1037 ff.; 1096 ff.

Rechtssinne", JbFSt. 1979/80, 195; *Beisse*, Handelsbilanzrecht in der Rechtsprechung des BFH – Implikationen des Maßgeblichkeitsgrundsatzes, BB 80, 637; *Pohl*, Die Entwicklung des ertragsteuerlichen Maßgeblichkeitsprinzips, Diss. Köln 1983; *Beisse*, Zum Verhältnis von Bilanzrecht und Betriebswirtschaftslehre, StuW 84, 1 ff.; *Tanzer*, Die Maßgeblichkeit der Handelsbilanz für die Bewertung in der Steuerbilanz, DStJG Bd. 7 (1984), 55; *Mathiak*, StbJb. 1986/87, 79; *Biergans*, Einkommensteuer und Steuerbilanz[4], München 1988, 147 ff.; *Merkert*, DStZ 88, 142; *Küting/Haeger*, DStR 88, 159; *Rombach*, Das Maßgeblichkeitsprinzip im System einkommensteuerlicher Gewinnermittlung, Pfaffenweiler 1988; *Krieger*, Der Grundsatz der Maßgeblichkeit . . . , in: FS für *Döllerer*, Düsseldorf 1988, 327; *Döllerer*, BB 88, 238; *A. Bordewin*, DStR 88, 668; *F. Wassermeyer*, StbKongrRep. 1988, 89; *D. Dziadkowski*, WPg 88, 409; *J. Thiel*, DB 89, 537; *Weilbach*, DB 89, 1299; *Schildbach*, BB 89, 1443; *K.-H. Mittelsteiner*, in: FS für *Wöhe*, München 1989, 279; *Raupach* u. *Sarrazin*, in: Mellwig/Moxter/Ordelheide (Hrsg.), Handelsbilanz und Steuerbilanz, Wiesbaden 1989, 105, 145; *Lause/Sievers*, BB 90, 24; *D. Schneeloch*, DStR 90, 51; *ders.*, DStR 90, 96; *Geitner/Heim/Hollfelder*, StStud 90, 327; *A. Raupach*, Von der Maßgeblichkeit der Handelsbilanz für die steuerliche Gewinnermittlung zur Prädominanz des Steuerrechts in der Handelsbilanz, BFuP 90, 515; *T. Stobbe*, Die Verknüpfung handels- und steuerrechtlicher Rechnungslegung, Maßgeblichkeitsausprägungen de lege lata et ferenda, Berlin 1991; *ders.*, DStR 91, 53 ff., 162 ff.; *Gail/Greth/Schuhmann*, Die Maßgeblichkeit der Handelsbilanz für die Steuerbilanz in den Mitgliedstaaten der Europäischen Gemeinschaft, DB 91, 1389; *J. Schulze-Osterloh*, Handelsbilanz und steuerrechtliche Gewinnermittlung, StuW 91, 284; *H. Bolanz*, Die Ausprägungen des Maßgeblichkeitsprinzips, StStud 91, 286; *H.-J. Pezzer*, Bilanzierungsprinzipien als sachgerechte Maßstäbe der Besteuerung, DStJG 14 (1991), 3; *F. Wassermeyer*, Die Maßgeblichkeit der Handelsbilanz für die Steuerbilanz und die Umkehr dieses Grundsatzes, DStJG 14 (1991), 29; *H. Niessen*, Der Grundsatz der Maßgeblichkeit der Handels- für die Steuerbilanz und das europäische Bilanzrecht, RIW 92, 292; *A. Haller*, Der Grundsatz der Maßgeblichkeit der Handels- für die Steuerbilanz, Ein wesentlicher Grund für die mangelnde Harmonisierung der Jahresabschlußerstellung in Europa, RIW 92, 43; *D. Dziadkowski*, Verhältnis von Handelsbilanz und Steuerbilanz, in: Castan/Heymann/Müller/Ordelheide/Scheffler, Beck'sches Handbuch der Rechnungslegung, Loseblatt, München, B 120; *N. Herzig*, Verlängerte Maßgeblichkeit und Bilanzpolitik, DB 92, 1053; *B. Knobbe-Keuk*, Bilanz- und Unternehmenssteuerrecht[9], Köln 1993, § 2; *K. Tipke*, Die Steuerrechtsordnung, Bd. II (StRO II), Köln 1993, 614 f.; *H. Weber-Grellet*, Maßgeblichkeitsschutz und eigenständige Zielsetzung der Steuerbilanz, DB 94, 288.

§ 5 I EStG macht den Betriebsvermögensvergleich von den **handelsrechtlichen Grundsätzen ordnungsmäßiger Buchführung** abhängig (Prinzip der Maßgeblichkeit der Handelsbilanz für die Steuerbilanz). 307

Der Betriebsvermögensvergleich nach § 4 I EStG ist ebenso wie der nach § 5 I EStG auf „Grundsätze ordnungsmäßiger Buchführung" (GoB) angewiesen (dazu bereits Rz. 189). GoB sind hauptsächlich handelsrechtliche, nämlich die im HGB kodifizierten Normen. Die Verweisung auf einige Bilanzierungsvorschriften des HGB in § 141 I 2 AO ist unvollständig. Wer den Gewinn nach § 4 I EStG wegen Buchführungspflicht oder freiwillig ermittelt, benötigt zunächst das komplette HGB-Normensystem der Buchführung und des Jahresabschlusses. Dieses HGB-Normensystem wird ggf. durch spezielle GoB (insb. für Landwirte, vgl. § 6 I Nr. 2 Satz 4 EStG) ergänzt.

§ 5 I 1 EStG bezieht sich expressis verbis nicht auf die Handelsbilanz schlechthin, sondern nur auf die **Handelsbilanzansätze,** denen „handelsrechtliche Grundsätze ordnungsmäßiger Buchführung" zugrunde liegen. Damit rezipiert das Steuerrecht ein System ordnungsmäßiger Rechnungslegung, um eine sachgerechte Maßgröße für die gleichmäßige Verteilung der Steuerlasten zu gewinnen. Die GoB sollen nämlich den ökonomisch zutreffenden Gewinn bestimmen, der ohne Gefährdung des Unternehmens ausgeschüttet werden kann. Eine solche Maßgröße ordnungsmäßiger Rechnungslegung ist prinzipiell auch geeignet, das für die Steuerzahlung disponible Einkommen mitzubestimmen. Die Maßgeblichkeitsnorm des § 5 I 1 EStG ist daher **Fiskalzwecknorm**; der Konnex zwischen Handelsbilanz und Steuerbilanz soll die Maßgröße steuerlicher Leistungsfähigkeit ökonomisch zutreffend konkretisieren. Dies setzt allerdings voraus, daß die im HGB normierten GoB so fortgebildet werden, daß ihr materieller Inhalt mit dem Lei- 308 stungsfähigkeitsprinzip vereinbart werden kann, was insb. bei den Bilanzierungswahlrechten problematisch ist (s. unten Rz. 327 ff.).

309 Daher wird der Maßgeblichkeitsgrundsatz verfehlt, wenn der Konnex zwischen Handelsbilanz und Steuerbilanz auch auf Sozialzwecknormen erstreckt wird. Der Gesetzgeber verfälscht den durch die GoB gewonnenen Leistungsfähigkeitsindikator, indem er **Steuerverschonungssubventionen** gewährt. Damit entfällt auch der Grundgedanke des Maßgeblichkeitsprinzips, so daß Steuerbilanzpositionen, die auf Sozialzwecknormen beruhen, in den Konnex zwischen Handels- und Steuerbilanz grundsätzlich nicht miteinbezogen werden dürften (zur sog. umgekehrten Maßgeblichkeit s. Rz. 330 ff.).

Die Anknüpfung der steuerrechtlichen Gewinnermittlung an die handelsrechtliche Gewinnermittlung geschieht auch aus **Vereinfachungsgründen**; diese waren der historische Anlaß des Maßgeblichkeitsprinzips. Vereinfachungsmaßnahmen sind zulässig, um das Recht praktikabel zu machen. Sie dürfen die Steuerbemessungsgrundlage, die sich an der wirtschaftlichen Leistungsfähigkeit orientieren muß, nicht wesentlich verfälschen. Dagegen muß sich das Einkommensteuergesetz absichern. Folglich begrenzt es die Maßgeblichkeit handelsrechtlicher Bilanzierung durch zahlreiche Vorschriften (dazu unten Rz. 323 ff.). Diese Vorschriften sollen für Besteuerungszwecke die ursprünglich sehr weiten Bilanzierungsspielräume der Kaufleute eindämmen. Durch das Bilanzrichtlinien-Gesetz ist 1985 das Bilanzrecht im HGB kodifiziert worden. Je stärker die dadurch eingeleitete Rechtsentwicklung Bilanzierungswillkür beschneidet, desto geringer wird das Bedürfnis nach steuerlicher Begrenzung des Bilanzrechts.

Zur **Steuererklärung** gestattet § 60 II EStDV folgende zwei Alternativen: Der Steuerpflichtige kann der Steuererklärung eine nicht angepaßte Handelsbilanz beifügen, die dann mit Zusätzen und Anmerkungen zu versehen ist (§ 60 II 1 EStDV); er kann aber auch eine den steuerlichen Vorschriften entsprechende Bilanz beifügen. § 60 II 2 EStDV bezeichnet diese Bilanz als „Steuerbilanz“. Die Steuerbilanz kann zusätzlich zur Handelsbilanz angefertigt werden. In der Praxis pflegen jedoch Kaufleute ihre Handelsbilanz von vornherein so zu gestalten, daß sie den steuerlichen Vorschriften entspricht. Eine solche sog. Einheitsbilanz bleibt Handelsbilanz. §§ 247 III, 254, 273, 279 II, 280 II, 281 HGB lassen zu, daß die Handelsbilanz an die Steuerbilanz angepaßt werden darf.

3. Grundsätze ordnungsmäßiger Buchführung und Bilanzierung

Literatur: *H. W. Kruse,* Grundsätze ordnungsmäßiger Buchführung, Rechtsnatur und Bestimmung[3], Köln 1978; *Bauch/Pfitzer,* Handels- und Steuerbilanzen[3], Heidelberg 1986, 50 ff.; *J. Lang,* Grundsätze ordnungsmäßiger Buchführung I, II, in: Handwörterbuch unbestimmter Rechtsbegriffe im Bilanzrecht des HGB, Köln 1986, 221 ff.; *Baetge,* Grundsätze ordnungsmäßiger Buchführung, DB 86, Beilage 26; *Leffson,* Die Grundsätze ordnungsmäßiger Buchführung[7], Düsseldorf 1987; *B. Knobbe-Keuk,* Bilanz- und Unternehmenssteuerrecht[7], Köln 1993, § 3; *Schmidt/Weber-Grellet,* EStG[13], München 1994, § 5 Anm. 13, 14.

310 Das Handelsgesetzbuch kodifiziert das Recht der Buchführung und Bilanzierung (Buchführung i. w. S.) nicht abschließend. Es bedient sich auszufüllender **unbestimmter Rechtsbegriffe** und verweist an mehreren Stellen (§§ 238 I, 239 IV, 241, 243 I, 256, 257 III HGB) auf die Grundsätze ordnungsmäßiger Buchführung (die selbst auch ein unbestimmter Rechtsbegriff sind). Das Recht der Buchführung/Bilanzierung ist somit ein offenes System, das es dem Rechtsanwender ermöglicht, unbestimmte Rechtsbegriffe mit Hilfe von Prinzipien zu konkretisieren (soweit das nicht im Gesetz selbst schon geschieht) und das Recht an die Vielgestaltigkeit und Veränderlichkeit des Wirtschaftslebens anzupassen.

311 „Grundsätze ordnungsmäßiger Buchführung“ ist der zentrale unbestimmte Rechtsbegriff des Buchführungs- und Bilanzrechts. Der Inhalt dieser Grundsätze ist verantwortlich vom Rechtsanwender, insb. vom **Richter,** zu bestimmen. Finanzrichter haben als Vorfrage über diesen Begriff zu entscheiden. Die von Handelsrechtlern begründete Lehre, der Handelsbrauch ordentlicher, ehrenwerter Kaufleute bestimme verbindlich, was der Inhalt der Grundsätze ordnungsmäßiger Buchführung sei, der Richter habe diesen Inhalt lediglich induktiv aufzuklären, wird allmählich durch die von *Döllerer*[4] und *Leffson*[5] begründete Lehre überwunden, wonach die Grundsätze ordnungsmäßiger

4 *Döllerer,* BB 59, 1217 ff.

Buchführung vom Rechtsanwender **deduktiv** entsprechend den Zwecken der Rechnungslegung zu ermitteln seien[6]. Auch die Vertreter der deduktiven Methode sprechen sich allerdings zum Teil dafür aus, den Kaufmannsbrauch ohne Verbindlichkeit mit in die Erwägungen einzubeziehen[7]. Da das neue Recht zwischen „Grundsätzen ordnungsmäßiger Buchführung" und „vernünftiger kaufmännischer Beurteilung" (§§ 253 I 2, III 3, IV; 286 II, III Nr. 2 HGB) unterscheidet, kann angenommen werden, daß die Bestimmung der Grundsätze ordnungsmäßiger Buchführung den Rechtsanwendern, insb. den Richtern, überlassen werden soll, nicht dem Kaufmann. Der Hinweis, die Grundsätze seien am Gesetzeszweck, am Bilanzzweck zu entwickeln, sieht sich dem Einwand ausgesetzt, es gebe keinen einheitlichen Bilanzzweck[8]. Die gesetzlichen Regelungen und die ihnen zugrundeliegenden, u. U. gegeneinander abzuwägenden Einzelgrundsätze (s. Rz. 312 ff.) sind jedoch dicht genug. Sie setzen den Richter instand, jeden Zweifelsfall sachgerecht entscheiden zu können, ohne auf unsichere Umfrageergebnisse zurückgreifen zu müssen[9].

4. Einzelgrundsätze ordnungsmäßiger Buchführung und Bilanzierung

Die folgenden anerkannten Einzelgrundsätze sind über § 5 I 1 EStG und § 141 I 2 AO auch im 312
Steuerrecht zu beachten, soweit nicht Spezialvorschriften des Steuerrechts entgegenstehen. Dabei kann zwischen formellen und materiellen Grundsätzen unterschieden werden.

(1) **Formelle Grundsätze**

(a) Nach § 238 I 2, 3 HGB, entsprechend § 145 I AO[10], gilt:

„Die Buchführung muß so beschaffen sein, daß sie einem sachverständigen Dritten innerhalb angemessener Zeit einen Überblick über die Geschäftsvorfälle und über die Lage des Unternehmens vermitteln kann. Die Geschäftsvorfälle müssen sich in ihrer Entstehung und Abwicklung verfolgen lassen."

Die Buchungen sind vollständig, richtig, zeitgerecht und geordnet vorzunehmen (§ 239 II HGB, § 146 I 1 AO). Jeder zu verbuchende Geschäftsvorfall verlangt einen Beleg; keine Buchung ohne Beleg (s. § 257 I Nr. 4 HGB).

(b) Der Jahresabschluß (die Bilanz) ist klar und übersichtlich aufzustellen (§ 243 II 313
HGB). Die Form der Darstellung, insb. die Gliederung der aufeinanderfolgenden Bilanzen und Gewinn- und Verlustrechnungen, ist grundsätzlich beizubehalten (§ 265 I HGB betr. Kapitalgesellschaften; Grundsatz ordnungsmäßiger Buchführung i. S. des § 243 I HGB). Verschiedene Posten der Bilanz sowie Aufwendungen und Erträge der Gewinn- und Verlustrechnung dürfen nicht miteinander verrechnet werden (§ 246 II HGB), sog. Bruttoprinzip. Die Vermögensgegenstände und Schulden sind grundsätzlich einzeln, nicht saldiert, zu bewerten (§ 252 I Nr. 3 HGB).

Formell ordnungsmäßige Bücher und Bilanzen begründen eine Richtigkeitsvermutung (s. § 158 AO). Hingegen kann das Ergebnis einer formell ordnungsmäßigen Buchführung verworfen werden, soweit die Buchführung mit an Sicherheit grenzender Wahrscheinlichkeit materiell unrichtig ist (BFH BStBl. 92, 55).

---

5 *Leffson,* Die Grundsätze ordnungsmäßiger Buchführung[7], Düsseldorf 1987, 28 ff.; *ders.,* WPg 73, 582 ff.

6 So auch die Kommentare zu § 149 AktG a. F. von *Adler/Düring/Schmaltz*[4], Tz. 20; *Geßler/Hefermehl/Eckardt/Kropff,* Anm. 11; *Mellerowicz,* Anm. 2; *Beisse,* StuW 84, 5, 7 f.; *ders.,* StVj 89, 295; *Schmidt/Weber-Grellet,* EStG[13], § 5 Anm. 13 m. w. N.

7 Dazu *H. W. Kruse,* Grundsätze ordnungsmäßiger Buchführung[3], Köln 1978, 103 ff.; *ders.,* in: FS für Leffson, Düsseldorf 1976, 65; *Beisse,* (Fn. 6); *J. Lang,* in Handwörterbuch unbestimmter Rechtsbegriffe im Bilanzrecht des HGB, Köln 1986, 234 ff.; *B. Knobbe-Keuk,* Bilanz- und Unternehmenssteuerrecht[9], Köln 1993, 41 ff.

8 *D. Schneider,* StuW 83, 141, 157 ff.

9 *J. Thiel,* Bilanzrecht[4], Heidelberg 1990, 106.

10 Die Vorschriften der Abgabenordnung gelten für Steuerpflichtige, die nicht nach Handelsrecht zur Buchführung und Bilanzierung verpflichtet sind. Im übrigen ergänzen sie die handelsrechtlichen Vorschriften.

(2) **Materielle Grundsätze**

314 (a) **Prinzip der Wahrheit und Vollständigkeit:** Die Buchungen müssen sachlich richtig sein (§ 239 II HGB, § 146 I 1 AO). Das entspricht dem Prinzip der Wahrheit. Die Buchungen müssen vollständig sein (§ 239 II HGB, § 146 I 1 AO). In die Bilanz sind die bilanzierungsfähigen Vermögensgegenstände, Schulden und Rückstellungen sowie die Rechnungsabgrenzungsposten grundsätzlich vollständig aufzunehmen (§ 246 I HGB); sie dürfen nicht weggelassen oder fingiert werden. Das entspricht dem Prinzip der Vollständigkeit als einem Ausfluß des Prinzips der Wahrheit.

315 (b) **Prinzip der Bilanzidentität und Bilanzkontinuität:** Das Prinzip der Bilanzidentität (oder Bilanzkongruenz) verlangt die Übereinstimmung der Posten der Jahreseröffnungsbilanz mit denen der Schlußbilanz des Vorjahres (§ 252 I Nr. 1 HGB). Daraus entsteht die sog. Zweischneidigkeit der Bilanz mit der Folge, daß sich eine zu niedrige oder zu hohe Bewertung in den Folgejahren ausgleicht[11]. Das Prinzip der – materiellen – Bilanzkontinuität verlangt, daß an einer einmal gewählten Bilanzierungs- oder Bewertungsmethode festgehalten wird (s. § 252 I Nr. 6 HGB); dadurch soll die Vergleichbarkeit der Jahresabschlüsse gewährleistet werden[12].

316 (c) **Vorsichtsprinzip** (§ 252 I Nr. 4 HGB): Es besagt, daß unsichere Erwartungen nicht zu berücksichtigen sind. Dadurch wird die Haftungssubstanz erhalten und werden überhöhte Gewinnentnahmen sowie übermäßige Steuerbelastungen vermieden. Ausfluß des Vorsichtsprinzips sind die Unterprinzipien „Realisationsprinzip“ und „Imparitätsprinzip“.

317 (aa) **Realisationsprinzip:** Es dürfen nur realisierte Gewinne ausgewiesen werden (§ 252 I Nr. 4, letzter Hs. HGB). Das heißt: Die bloße Wertsteigerung ruhender Vermögensgegenstände wird nicht erfaßt. Die Gewinnrealisierung tritt erst ein, wenn der Unternehmer seine Lieferung oder sonstige Leistung erbracht hat und somit seine Forderung geltend machen kann. Bei Veräußerung tritt an die Stelle des gelieferten Vermögensgegenstandes der i. d. R. höhere Erlös. Dadurch realisiert sich die Gewinnspanne und evtl. auch eine im Buchwert des gelieferten Vermögensgegenstandes enthalten gewesene stille Reserve. Ausführlich dazu Rz. 402 ff.

318 (bb) **Imparitätsprinzip:** Vorhersehbare Risiken und Verluste sind auch dann zu berücksichtigen, wenn sie noch nicht realisiert (daher Imparität oder Ungleichbehandlung zur Gewinnrealisierung), aber vorhersehbar sind (s. § 252 I Nr. 4 HGB)[13]. M. a. W.: Verluste werden – obwohl das Geschäft noch schwebt – bereits berücksichtigt, sobald sie drohen, d. h. verursacht sind. Das geschieht durch Rückstellung (§ 249 I 1 HGB).

Beispiel: Im November 01 schließen A und B einen Kaufvertrag über die Lieferung von 10 000 l Öl für Ende Januar 02 zum Preise von 0,65 DM/l ab. Am Bilanzstichtag (31. 12. 01) beträgt der Einkaufspreis nur noch 0,60 DM/l. B (der Käufer, als Händler) muß in Höhe der Differenz von 500 DM wegen des drohenden Verlustes aus dem schwebenden Geschäft eine Rückstellung bilden.

319 Während bloße (nicht realisierte) Wertsteigerungen eines Vermögensgegenstandes nicht erfaßt werden, werden **Wertminderungen** schon vor der Realisierung berücksichtigt. Vermögensgegenstände sind grundsätzlich mit den Anschaffungs- oder Herstellungskosten anzusetzen, ohne Rücksicht auf Wertsteigerungen vor ihrem Ausscheiden (§§ 252 I

11 Über Bilanzenzusammenhang und Rechtskraft/Verjährung, Inst. FuSt (Bearbeiter *Hahn*), Brief Nr. 237, Bonn 1984; *Stadie*, StuW 85, 105 ff. S. auch Rz. 448 ff.

12 S. hierzu *Söffing*, DB 87, 2598; *Claussen*, DB 88, 921.

13 Dazu *Döllerer*, Die Grenzen des Imparitätsprinzips – Bilanzrechtliche Möglichkeiten, künftige Verluste vorwegzunehmen, StbJb. 1977/78, 129 ff.; *Heibel*, Handelsrechtliche Bilanzierungsgrundsätze und Besteuerung – Eine Analyse der erfolgsteuerlichen Implikationen des Realisationsprinzips und des Imparitätsprinzips, Köln 1981; *K. H. Wacket*, Realisations- und Imparitätsprinzip bei monetärer Interpretation von Warenbeschaffung und -absatz, BB 90, 239.

Nr. 4, 253 I, 255 I HGB). Wertminderungen (über die Berücksichtigung durch normale Abschreibungen hinaus) sind beim Umlaufvermögen jedoch zu berücksichtigen (§ 253 III 1, 2 HGB; strenges Niederstwertprinzip), während sie beim Anlagevermögen berücksichtigt werden können (§ 253 II 3 HGB; gemildertes Niederstwertprinzip). Diese **Niederstwertprinzipien** schränken die Bewertungswahlrechte des § 6 I Nrn. 1, 2 EStG über das Maßgeblichkeitsprinzip ein (s. unten Rz. 380).

(cc) Aus dem Vorsichtsprinzip folgen ferner: 320

- das Verbot der Aktivierung nicht entgeltlich erworbener immaterieller Anlagewerte (§ 248 II HGB);
- das Verbot der Aktivierung eines selbstgeschaffenen Firmenwerts (§ 248 II HGB);
- die Beschränkung, die für den Ansatz von aktiven Rechnungsabgrenzungsposten besteht (§ 250 I 1 HGB).

(d) **Nominalwertprinzip:** Handelsbilanz und Steuerbilanz beruhen auf einer nominellen, d. h. sich am Nennwert orientierenden Geldrechnung. Es gilt das Nominalwertprinzip. Dazu oben Rz. 56 f. 321

Werden verbrauchte Güter nur in Höhe ihrer tatsächlichen Anschaffungskosten zu Aufwand, obwohl die Wiederbeschaffungskosten infolge Preissteigerungen gestiegen sind, so entstehen in Höhe der Differenz (Wiederbeschaffungspreise ./. Anschaffungspreise der verbrauchten Güter) **Scheingewinne.** Eine Besteuerung solcher Scheingewinne führt zum Substanzverzehr, wenn die Erträge nach Abzug der Steuern auf den Gewinn nicht mehr ausreichen, die Ersatzbeschaffung zu finanzieren. Die Scheingewinnbesteuerung wird gemildert durch die Bewertung gleichartiger Wirtschaftsgüter des Vorratsvermögens nach der sog. **Lifo** (Last in = first out)-Methode: Die zuletzt angeschafften oder hergestellten Wirtschaftsgüter gelten als zuerst verbraucht oder veräußert (§ 6 I Nr. 2a EStG)[14]. Die Besteuerung der Scheingewinne mildert auch der Importwarenabschlag (§ 80 EStDV)[15].

Stichtagsprinzip[16]: Ein technisches Prinzip ist das Stichtagsprinzip. Danach kommt es für die Bilanzierung auf die Verhältnisse am Abschlußstichtag an (§ 252 I Nr. 3 HGB; Ausnahme: § 253 III 3 HGB). Der Jahresabschluß ist nach § 243 III HGB innerhalb der einem ordnungsmäßigen Geschäftsgang entsprechenden Zeit (spätestens 1 Jahr nach dem Abschlußstichtag[17]) aufzustellen. Bis zum Abschlußstichtag entstandene Risiken und Verluste sind auch dann zu berücksichtigen, wenn sie erst zwischen Abschlußstichtag und dem Tag der Bilanzaufstellung bekanntgeworden sind (§ 252 I Nr. 4 HGB). 322

5. Grenzen der Maßgeblichkeit handelsrechtlicher Bilanzierungsregeln für das Steuerrecht

Die Regel des § 5 I EStG wird von zahlreichen Ausnahmen durchbrochen, welche zur Folge haben, daß eine steuerrechtliche Vorschrift die handelsrechtliche Regel zurück- 323

14 Dazu die Kommentierungen zu § 256 HGB; *Schnier,* Zur Bewertung des Vorratsvermögens in der Bilanz (Lifo-Methode), Diss. rer. pol. Göttingen 1969; *Wolter,* Die Eliminierung von Scheingewinnen des Vorratsvermögens in der Handels- und Steuerbilanz, Frankfurt/Bern/Las Vegas 1979; *Herzig* (Hrsg.), Vorratsbewertung nach der Lifo-Methode ab 1990, Köln 1990; *Herzig/Casper,* DB 91, 557; *E. Mayer-Wegelin,* BB 91, 2256; *H. Kronenwett,* FR 91, 286. Bis 1989 war die Lifo-Methode nur für bestimmte Edelmetalle gestattet (§ 74a EStDV a. F., s. § 84 III EStDV).

15 Dazu *Freidank,* Preissteigerungsrücklage, Importwarenabschlag oder Lifo-Methode?, BB 88, 1995. Die Preissteigerungsrücklage nach § 74 EStDV a. F. ist durch das StRefG 1990 abgeschafft worden.

16 Dazu *E. Kammann,* Stichtagsprinzip und zukunftsorientierte Bilanzierung, Köln 1988.

17 Vgl. BFH BStBl. 84, 227; *Budde/Kunz,* in: Beck'scher Bilanz-Kommentar[2], München 1990, § 243 HGB Anm. 93. Für Kapitalgesellschaften gelten die Aufstellungsfristen in § 264 I HGB (3 Monate; kleine K.: bis 6 Monate). Für große Einzelkaufleute und Personenhandelsgesellschaften gilt die 3-Monats-Frist des § 5 I PublG.

drängt. Dabei sind grundsätzlich zwei Ebenen auseinanderzuhalten. Zu unterscheiden ist nämlich zwischen

(1) der Frage, was als Wirtschaftsgut in der Bilanz zu aktivieren oder zu passivieren ist (Ob der Bilanzierung), und

(2) der Frage, wie ein zu bilanzierendes Wirtschaftsgut zu bewerten ist (Wie der Bilanzierung; Bewertung – unter Berücksichtigung der Abschreibungsvorschriften).

324 Grundsätzlich bestimmt sich das **Ob der Bilanzierung** nach Handelsrecht. Ausnahmsweise modifizieren steuerliche Vorschriften den Ansatz entgeltlich erworbener immaterieller Anlagegüter (§ 5 II EStG: Aktivierungsgebot; § 248 II HGB: lediglich Aktivierungsverbot für nicht entgeltlich erworbene immaterielle Anlagegüter) sowie den Ansatz von Rückstellungen (dazu unten Rz. 346 ff.) und Rechnungsabgrenzungsposten (§ 5 V EStG, s. unten Rz. 352 ff.).

325 Demgegenüber wird das **Wie der Bilanzierung** relativ detailliert durch die steuerrechtlichen Bewertungsvorschriften in den §§ 6, 6a III–V, 7, 7a–7g EStG festgelegt, so daß die handelsrechtlichen Regeln der Bilanzierung hauptsächlich im Bereich der Bewertung durchbrochen werden.

326 Der Grundsatz der Gesetzmäßigkeit der Besteuerung gebietet, daß die Maßgeblichkeit handelsrechtlicher GoB gemäß § 5 I 1 EStG immer dort Platz greift, d. h. nicht begrenzt wird, wo das Steuergesetz das Handelsrecht nicht ausdrücklich außer Kraft setzt. Dort gilt zunächst unstreitig eine Bindung an handelsrechtliche Bilanzierungsgebote und -verbote. Wo das Handelsrecht das Ob und/oder das Wie der Bilanzierung **zwingend** vorschreibt und eine steuerrechtliche Vorschrift nicht entgegensteht, gilt die handelsrechtliche Bilanzierung für die Steuerbilanz.

327 Gewährt das Handelsrecht ein **Wahlrecht,** so gebietet u. E. § 5 I 1 EStG, daß ein in der Handelsbilanz ausgeübtes Wahlrecht auch für die Steuerbilanz maßgeblich ist, sofern steuerrechtliche Vorschriften nicht entgegenstehen[18]. Dieser Auffassung widersprach in Bezug auf **Bewertungswahlrechte** erst BFH BStBl. 94, 176 (s. unten Rz. 376), während der BFH seit dem Beschluß des GrS vom 3. 2. 1969 (BStBl. 69, 291) in st. Rspr.[19] zu den **Ansatzwahlrechten** annimmt, daß

(a) dem handelsrechtlichen Aktivierungswahlrecht ein steuerrechtliches **Aktivierungsgebot** entspreche. Danach muß in der Steuerbilanz das Disagio einer Verbindlichkeit (Aktivierungswahlrecht nach § 250 III HGB) aktiviert werden.

(b) dem handelsrechtlichen Passivierungswahlrecht ein steuerrechtliches **Passivierungsverbot** entspreche, soweit nicht auch das Steuerrecht ein Wahlrecht zuläßt. D. h.: Rückstellungen, die handelsrechtlich nur gebildet werden dürfen (§ 249 I 3, II HGB), dürfen steuerrechtlich nicht berücksichtigt werden.

328 Streitig ist, ob **Bilanzierungshilfen**[20], insb. das handelsrechtliche Aktivierungswahlrecht für Aufwendungen zur Ingangsetzung eines Geschäftsbetriebs (§ 269 HGB), in der

18 Ebenso *H. W. Kruse,* StbJb. 1976/77, 113; *Kammann,* StuW 78, 108 ff.; *Zweigert,* Inst. FuSt Heft 121; *B. Knobbe-Keuk,* Bilanz- und Unternehmenssteuerrecht[9], Köln 1993, 21 ff.

19 BFH GrS BStBl. 69, 291; BFH BStBl. 71, 601; 71, 704; 80, 297; 80, 741; 83, 375. Weitere Nachweise bei *Schmidt/Weber-Grellet,* EStG[13], § 5 Anm. 12a.

20 Dazu *Commandeur/Commandeur,* DB 88, 661; *W. Busse v. Colbe,* Bilanzierungshilfe, in: Leffson/Rückle/Großfeld (Hrsg.), Handwörterbuch unbestimmter Rechtsbegriffe im Bilanzrecht des HGB, Köln 1986, 86 ff.; *Dziadkowski,* BB 80, 1515; *ders.,* BB 82, 1336; *S. Kudert,* Bilanzierungshilfen und sonstige Bilanzhilfsposten im Handelsrecht, Bergisch Gladbach/Köln 1989; *Maul,* AG 80, 233; *Richter,* StuW 88, 149; *Schmidt/Weber-Grellet,* EStG[13], § 5 Anm. 12a, bb (m. w. N.); *K.-R. Veit,* Der derivative Firmenwert als Bilanzierungshilfe, DB 89, 1093.

Steuerbilanz zu aktivieren sind. Die h. M.[21] verneint die Wirtschaftsgut-Eigenschaft (s. unten Rz. 341) und daher die Aktivierung. U. E. sind Rechtsprechungs- und Verwaltungspraxis nicht befugt, das Maßgeblichkeitsprinzip über die bestehenden einkommensteuerrechtlichen Vorschriften hinaus einzuschränken. Handelsrechtliche Wahlrechte können aus der Steuerbilanz nur durch Gesetz eliminiert werden.

Handelsrechtliche Wahlrechte sind insoweit mit dem Leistungsfähigkeitsprinzip zu vereinbaren, als sie Ausfluß ökonomisch notwendiger Ermessensspielräume (**Ermessenswahlrechte**) oder sachgerechter Vereinfachung der Rechnungslegung (**Vereinfachungswahlrecht**) sind[22]. Derartige Wahlrechte verfälschen den Gewinn nicht. Sie entkomplizieren lediglich die periodengenaue Rechnungslegung und gewähren dem Unternehmer Spielraum zu entscheiden, welcher Periode er positive bzw. negative Erfolgsbeiträge zuordnen will. Insb. liefert der unbestimmte Rechtsbegriff der vernünftigen kaufmännischen Beurteilung[23] (§§ 253 I 2, III 3, IV; 286 II, III Nr. 2 HGB) einen geeigneten Maßstab, handelsrechtliche Wahlrechte so zu interpretieren, daß sie nicht willkürlich ausgeübt werden können. Jedenfalls hängt die Vereinbarkeit handelsrechtlicher Wahlrechte mit dem Leistungsfähigkeitsprinzip entscheidend davon ab, ob diese die willkürliche Bildung stiller Reserven zulassen. 329

6. Umkehrung der Maßgeblichkeit der Handelsbilanz für die Steuerbilanz (§ 5 I 2 EStG)

Literatur: *A. Bordewin*, DStR 88, 668; *D. Dziadkowski*, WPg 88, 409; *W. Gail*, in: W. Gail (Hrsg.), Probleme der Rechts- und Steuerberatung in mittelständischen Unternehmen, Köln 1988, 77; *Küting/Haeger*, BB 88, 591; *Mathiak*, DStR 88, 274; *G. Söffing*, DB 88, 241, 297; *A. Wahl*, DStR 88, 375; *D. Dziadkowski*, DB 89, 437; *B. Haeger*, Der Grundsatz der umgekehrten Maßgeblichkeit in der Praxis, Stuttgart 1989; *Leucht*, DB 89, 2237; *Raupach* u. *Sarrazin*, in: Mellwig/Moxter/ Ordelheide (Hrsg.), Handelsbilanz und Steuerbilanz, Wiesbaden 1989, 105, 145; *Schildbach*, BB 89, 1443; *ders.*, BFuP 89, 123; *J. Thiel*, DB 89, 537; *Lause/Sievers*, BB 90, 24; *J. P. Meincke*, StuW 90, 15; *Raupach*, BFuP 90, 515; *D. Schneeloch*, DStR 90, 51, 96; *J. Thiel*, Bilanzrecht[4], Heidelberg 1990, 98 ff.; *F. Wagner*, StuW 90, 3; *Förschle/Hildebrand*, DStR 91, 1441; *P. J. Schmidt*, WPg 91, 605; *T. Stobbe*, DStR 91, 53 ff., 162 ff.; *ders.*, StuW 91, 17; *F. Wassermeyer*, DStJG Bd. 14 (1991), 29; *A. Bordewin*, DB 92, 291; *M. Henscheid*, BB 92, 98; *ders.*, BB 92, 1243; *V. Sarrazin*, DB 92, 849; *B. Knobbe-Keuk*, Bilanz- und Unternehmenssteuerrecht[9], Köln 1993, 28 ff.

Die Maßgeblichkeit der „handelsrechtlichen Grundsätze ordnungsmäßiger Buchführung" für die Steuerbilanz (§ 5 I 1 EStG) ist in der Vergangenheit als globale Maßgeblichkeit der Handelsbilanz für die Steuerbilanz fehlinterpretiert worden. Dadurch wurde gegen den Wortlaut und Zweck des Gesetzes, ein sachgerechtes Normensystem in die steuerrechtliche Gewinnermittlung zu rezipieren, ein Konnex zwischen Handelsbilanz und Steuerbilanz hergestellt, der auch die subventionellen Steuervergünstigungen erfaßt (s. Rz. 309). Dieser Konnex liefert den Ansatzpunkt für die Umkehrung des Maßgeblichkeitsgrundsatzes: Steuervergünstigungen in Gestalt von Bewertungsfreiheiten (erhöhte Absetzungen, Sonderabschreibungen, steuerfreie Rücklagen) sollen nur dann in Anspruch genommen werden können, wenn der zu niedrige Wert auch in der Handelsbilanz angesetzt wird. 330

21 BFH BStBl. 54, 109; 55, 221; BdF BB 70, 652; *Döllerer*, BB 87, Beilage 12, 13; *Schmidt/Weber-Grellet*, EStG[13], § 5 Anm. 31 (Ingangsetzungskosten). A. A. *B. Knobbe-Keuk*, Bilanz- und Unternehmenssteuerrecht[9], Köln 1993, 25 f.; *Tanzer*, DStJG Bd. 7 (1984), 68.

22 Dazu *Bauer*, BB 81, 766; *ders.*, Grundlagen einer handels- und steuerrechtlichen Rechnungspolitik der Unternehmung, Wiesbaden 1981; *J. Lang*, DStJG Bd. 4 (1981), 83/84. Vgl. auch *D. Birk*, NJW 84, 1325, sowie *Clemm/Nonnenmacher*, Die Steuerbilanz – ein fragwürdiger Besteuerungsschlüssel?, in: FS für v. Wallis, Bonn 1985, 227. Zur verfassungsrechtlichen Zulässigkeit von Wahlrechten s. § 4 Rz. 160.

23 Dazu *Westermann*, Vernünftige kaufmännische Beurteilung, in: Handwörterbuch unbestimmter Rechtsbegriffe im Bilanzrecht des HGB, Köln 1986, 351 ff.

331 Eine solche Umkehrung des Maßgeblichkeitsprinzips hat zur Folge, daß über die subventionstechnisch erforderliche Verfälschung des Steuerbilanzgewinnes hinaus auch ohne Notwendigkeit die Handelsbilanz deformiert wird. Gleichwohl entschied sich der Gesetzgeber trotz der **Kritik** des Schrifttums[24] für die gesetzliche Verankerung der insb. von der Finanzverwaltung praktizierten und folglich auch im Bundesfinanzministerium vertretenen **Umkehrmaßgeblichkeit.**

332 So schuf das **Bilanzrichtlinien-Gesetz** in den §§ 247 III 1, 2; 254 HGB die Rechtsgrundlagen für die Übernahme der steuerbilanziellen Unterbewertungen. Nachdem der BFH[25] gegen die Finanzverwaltung entschieden hatte, daß die Rücklage nach § 6b EStG nicht an die Beibehaltung der niedrigeren Bewertung in der Handelsbilanz gebunden ist, wurde auf Vorschlag des BMF mit dem Bilanzrichtlinien-Gesetz zunächst die punktuelle Regelung des § 6 III EStG eingeführt. Nach dieser bis 1989 (§ 52 VII 3 EStG) geltenden Vorschrift war der niedrigere Handelsbilanzansatz Voraussetzung für die Inanspruchnahme erhöhter Absetzungen, Sonderabschreibungen, Abschreibung geringwertiger Wirtschaftsgüter (§ 6 II EStG), für die Übertragung stiller Reserven nach § 6b EStG, für den Importwarenabschlag (§ 80 EStDV) und die Lifo-Bewertung bestimmter Edelmetalle nach dem bis 1989 geltenden § 74a EStDV (s. Rz. 321, Fn. 14).

333 Seit **1990** (§ 52 Vb EStG) gilt die mit Art. 1 Nr. 4 Wohnungsbauförderungsgesetz (BGBl. I 89, 2408) eingeführte generelle Norm des **§ 5 I 2 EStG:** „Steuerrechtliche Wahlrechte bei der Gewinnermittlung sind in Übereinstimmung mit der handelsrechtlichen Jahresbilanz auszuüben“[26]. Zu beachten ist, daß § 5 I 2 EStG nicht für handelsrechtliche Wahlrechte gilt, so daß die oben (s. Rz. 323 ff.) dargelegten Grenzen der Maßgeblichkeit durch § 5 I 2 EStG nicht berührt werden.

334 § 5 I 2 EStG gilt für einkommensteuerrechtliche Ansatz- und Bewertungswahlrechte. Er gilt nicht nur für die o. g. subventionellen Steuervergünstigungen, sondern z. B. auch für die Wahl und Gestaltung linearer/degressiver AfA, Bewertungen des Vorratsvermögens (insb. Lifo-Verfahren nach § 6 I Nr. 2a EStG) und Wertaufholungen[27].

7. Einzelheiten des Betriebsvermögensvergleichs

7.1 Bilanz

335 Der Betriebsvermögensvergleich nach §§ 4 I, 5 I EStG – Vergleich zweier Betriebsreinvermögen – setzt voraus, daß das Betriebsreinvermögen am Anfang und am Schluß des

24 *L. Woerner,* Das Verhältnis von Handels- und Steuerbilanz bei Inanspruchnahme subventioneller Steuervergünstigungen, BB 76, 1569; *W. Freericks,* Bilanzierungsfähigkeit und Bilanzierungspflicht in Handels- und Steuerbilanz, Köln/Berlin/Bonn/München 1976, 292 ff.; *D. Rückle,* Normative Theorie der Steuerbilanzpolitik, Wien 1983, 191 ff.; *B. Knobbe-Keuk,* Bilanz- und Unternehmenssteuerrecht[9], Köln 1993, 28 ff.; *J. Lang,* in: Leffson/Rückle/Großfeld (Hrsg.), Handwörterbuch unbestimmter Rechtsbegriffe im Bilanzrecht des HGB, Köln 1986, 229 ff.; *D. Dziadkowski,* BB 86, 329; *ders.,* WPg 88, 409; *ders.,* DB 89, 437; *Merkert/Koths,* BB 85, 1765; *dies.,* DStR 87, 508; *W. Gail,* in: W. Gail (Hrsg.), Probleme der Rechts- und Steuerberatung in mittelständischen Unternehmen, Köln 1988, 77; *W. Mathiak,* DStR 88, 274; *J. P. Meincke,* StuW 90, 15, sowie die Analyse der ökonomischen Wirkungen von *F. W. Wagner,* StuW 90, 3.

25 BFH BStBl. II 1986, 324. Vgl. auch BFH BB 90, 823.

26 Die Regelung „Steuerrechtliche Ansatz- oder Bewertungswahlrechte sind in Übereinstimmung mit der handelsrechtlichen Jahresbilanz auszuüben“ sollte bereits mit dem StRefG 1990 eingeführt werden (Entwurf der Fraktionen der CDU/CSU und FDP, BT-Drucks. 11/2157 v. 19. 4. 1988, 5; Begründung: 139). Aus lediglich sprachlichen Gründen wurde der Text auf „steuerrechtliche Wahlrechte“ verkürzt.

27 Zu Einzelheiten s. *B. Haeger,* Der Grundsatz der umgekehrten Maßgeblichkeit in der Praxis, Stuttgart 1989; *Lause/Sievers,* BB 90, 24; *Schneeloch,* DStR 90, 51, 96.

Gewinnermittlungszeitraums durch Anfangs- und Schlußbilanz (Jahresabschlußbilanz) festgestellt wird. Die Anfangsbilanz entspricht der Schlußbilanz des vorangegangenen Ermittlungszeitraums (s. Rz. 315).

In der Bilanz ist das Betriebsvermögen in Teilvermögenseinheiten zerlegt, und zwar in die Vermögensgegenstände der Aktivseite sowie in die Schulden und Rückstellungen der Passivseite. Außerdem kennt die Bilanz Rechnungsabgrenzungsposten.

Übersteigt der Wert der Aktivposten den Wert der Passivposten, so ist die Differenz Betriebsreinvermögen oder Eigenkapital. Übersteigt der Wert der Passivposten den Wert der Aktivposten, so ist der Differenzbetrag auf der Aktivseite gesondert unter der Bezeichnung „Nicht durch Eigenkapital gedeckter Fehlbetrag" auszuweisen (so der Terminus des § 268 III HGB).

§ 246 HGB schreibt vor, daß die Bilanz sämtliche Vermögensgegenstände, Schulden und 336
Rechnungsabgrenzungsposten enthalten muß und daß Posten der Aktivseite nicht mit Posten der Passivseite verrechnet werden dürfen. § 266 III HGB spricht statt von Schulden von Verbindlichkeiten (Schulden = Verbindlichkeiten). Das Steuerrecht spricht statt von Vermögensgegenständen von Wirtschaftsgütern (dazu unten Rz. 338 ff.). Nach § 247 I HGB sind in der Bilanz das Anlage- und das Umlaufvermögen, das Eigenkapital, die Schulden sowie die Rechnungsabgrenzungsposten gesondert auszuweisen und hinreichend aufzugliedern. § 266 HGB gilt nur für Kapitalgesellschaften.

Beispiel einer Bilanzgliederung mit Aktiv- und Passivposten

Aktivseite	*Passivseite*
A. Anlagevermögen I. Immaterielle Vermögensgegenstände II. Sachanlagen 1. Grundstücke und Bauten 2. Maschinen, technische und andere Anlagen, Betriebs- und Geschäftsausstattung 3. Geleistete Anzahlungen und Anlagen im Bau III. Finanzanlagen 1. Beteiligungen 2. Wertpapiere, Ausleihungen	A. Eigenkapital
B. Umlaufvermögen I. Vorräte 1. Roh-, Hilfs- und Betriebsstoffe 2. Unfertige Erzeugnisse 3. Fertige Erzeugnisse und Waren 4. Geleistete Anzahlungen II. Forderungen und sonstige Vermögensgegenstände 1. Forderungen aus Lieferungen und Leistungen 2. Sonstige Forderungen und Vermögensgegenstände III. Wertpapiere IV. Flüssige Mittel	B. Rückstellungen C. Verbindlichkeiten 1. Verbindlichkeiten gegenüber Kreditinstituten 2. Verbindlichkeiten aus Lieferungen und Leistungen 3. Verbindlichkeiten aus der Annahme gezogener und der Ausstellung eigener Wechsel 4. Andere Verbindlichkeiten
C. Rechnungsabgrenzungsposten	D. Rechnungsabgrenzungsposten

337 Für die **Gewinnermittlung** sind folgende Fragen zu beantworten:

(1) Was ist von wem als Vermögensgegenstand (Wirtschaftsgut) anzusetzen?

(2) Welche Vermögensgegenstände (Wirtschaftsgüter) gehören zum Betriebsvermögen?

(3) Sind Rechnungsabgrenzungsposten anzusetzen?

(4) Wie sind die Vermögensgegenstände (Wirtschaftsgüter) zu bewerten?

7.2 Wirtschaftsgüter des Betriebsvermögens

7.2.1 Wirtschaftsgüter und andere Bilanzposten

Literatur: *Schrader,* Zu den Auswirkungen des Aktiengesetzes 1965 auf das Bilanzsteuerrecht, DB 66, 1144; *Kühnl,* Bilanzierungs- und Bewertungsvorschriften des Aktiengesetzes vom 6. 9. 1965 und ihre Auswirkungen auf die steuerliche Gewinnermittlung, Diss. Würzburg 1967; *M. Weber,* Zur Lehre vom Wirtschaftsgut, Diss. Köln, Berlin 1968/69; *Chmielewicz,* Wirtschaftsgut und Rechnungswesen, ZfbF 69, 85; *Littmann,* Zur Tragweite der neugefaßten §§ 5, 6 EStG, DStR 69, 321; *R. Thiel,* Die Bilanzierungsnormen des Aktienrechts und ihre Bedeutung für die Steuerbilanz, StbJb. 1969/70, 255, 273; *ders.,* Das Gesetz zur Änderung der §§ 5 und 6 EStG, FR 69, 165; *O. H. Jacobs,* Das Bilanzierungsproblem in der Ertragsteuerbilanz, Zur Lehre vom Wirtschaftsgut, Stuttgart 1971; *Freericks,* Bilanzierungsfähigkeit und Bilanzierungspflicht in Handels- und Steuerbilanz, Köln u. a. 1976; *H. W. Kruse,* Grundsätze ordnungsmäßiger Buchführung[3], Köln 1978, 193 ff.; *Söffing,* Zum Begriff Wirtschaftsgut, JbFSt. 1978/79, 199; *Woerner,* JbFSt. 1978/79, 228; *Döllerer,* Droht eine neue Aktivierungswelle?, BB 80, 1333; *Häcker,* Der steuerliche Begriff „Wirtschaftsgut“, Berlin 1980; *Ley,* Der Begriff „Wirtschaftsgut“ und seine Bedeutung für die Aktivierung[2], Bergisch Gladbach 1987; *Meyer-Scharenberg,* Vermögensgegenstands- und Wirtschaftsgutbegriff, StStud 88, 299; *H. Kußmaul,* Ertragsteuerliche Bedeutung des Begriffs „Wirtschaftsgut“, in: FS für Wöhe, München 1989, 253; *J. Thiel,* Bilanzrecht[4], Heidelberg 1990, 143 ff.; *J. Schulze-Osterloh,* Der Ausweis von Aufwendungen nach dem Realisations- und dem Imparitätsprinzip, in: FS für K. Forster, Düsseldorf 1992, 654; *B. Knobbe-Keuk,* Bilanz- und Unternehmenssteuerrecht[9], Köln 1993, 86; *L. Woerner,* Zeitliche Zuordnung von Forderungen und Verbindlichkeiten in der Bilanz, Wirtschaftliche Entstehung statt wirtschaftlicher Verursachung, StVj 93, 193; *Schmidt/Weber-Grellet,* EStG[13], München 1994, § 5 Anm. 16 ff.

338 Das Handelsrecht bezeichnet die aktiven Bilanzposten als Vermögensgegenstände (s. insb. §§ 240 I, 246 I HGB). Das Steuerrecht hingegen verwendet den Begriff Wirtschaftsgüter. Da § 141 I 2 AO und § 5 I EStG die Maßgeblichkeit des Handelsbilanzrechts anordnen, ergibt sich insoweit, daß der Begriff ‚Wirtschaftsgut‘ inhaltsgleich ist mit dem Begriff ‚Vermögensgegenstand‘.

Oft wird darauf hingewiesen, daß der **Vermögensgegenstand-Begriff** des Handelsrechts enger sei als der Wirtschaftsgut-Begriff des Steuerrechts. Anders als der Wirtschaftsgut-Begriff verlange der Vermögensgegenstand-Begriff, daß der Gegenstand separat verkehrsfähig, einzelveräußerbar sei[28]. Indessen ist auch der Vermögensgegenstand-Begriff keineswegs gesichert. Handelsrechtliche Rechtsprechung existiert praktisch nicht. In der **Literatur** ist insb. strittig, ob es auf eine konkrete oder eine abstrakte Einzelveräußerbarkeit ankommt[29]. Schwierigkeiten ergeben sich auch daraus, daß § 266 II HGB unter A I 2 den Geschäfts- oder Firmenwert, der nicht einzelveräußerbar ist, als Vermögensgegenstand erfaßt.

339 Nach der bisherigen Rechtsprechung des **Bundesfinanzhofs** sind Wirtschaftsgüter Sachen und Rechte im bürgerlich-rechtlichen Sinne sowie sonstige wirtschaftliche Vorteile (für den Betrieb), die durch Aufwendungen erlangt sind, nach der Verkehrsauffassung

---

28 Dazu *H. Roland,* Der Begriff des Vermögensgegenstandes i. S. der handels- und aktienrechtlichen Rechnungslegungsvorschriften, Göttingen 1980.

29 Ausführliche Darstellung des Streitstandes bei *Küting/Weber* (Hrsg.), Handbuch der Rechnungslegung[3], Stuttgart 1990, II, Rnrn. 164 ff.

selbständig bewertbar sind und dem Betrieb einen über das Ende des Wirtschaftsjahres hinausgehenden Nutzen zu bringen versprechen[30].

Diese für aktive Wirtschaftsgüter geltende Definition wird auf Passiva (Wirtschaftslasten, Verbindlichkeiten) entsprechend angewendet (BFH BStBl. 80, 297).

Steuerpflichtige pflegen ein Interesse an einem engen Wirtschaftsgut-Begriff zu haben. Wer nämlich ein Wirtschaftsgut anschafft oder herstellt, kann die Anschaffungs- oder Herstellungskosten nicht sogleich gewinnmindernd behandeln. Dem Vermögensabgang der Anschaffungs- oder Herstellungskosten steht der Vermögenszugang eines Wirtschaftsguts gegenüber.

Begriffe können niemals freischwebend bestimmt werden. Da sie einem Zweck dienen, ist nach dem **handelsrechtlichen Bilanzzweck** zu fragen, dem der Begriff „Vermögensgegenstand" dienen soll. Dabei ist insb. auf den **Bilanzzweck des Gläubigerschutzes** abzustellen. Nur was ein Gläubiger *verwerten* kann, kann als Vermögensgegenstand angesetzt und bewertet werden. Für die Gläubigerbefriedigung kommt es aber nicht durchweg auf die Einzelveräußerbarkeit an[31]. Bei den sonstigen wirtschaftlichen Vorteilen, die keine Sachen oder Rechte sind (z. B. ungeschützte Erfindungen, Know-how, faktische Nutzungsmöglichkeiten) spielt die Einzelveräußerungsfähigkeit indessen deshalb eine Rolle, weil diese Vorteile abgegrenzt werden müssen vom Geschäftswert, einem nicht einzelveräußerungsfähigen Sammelposten für wirtschaftliche Vorteile, die keine selbständigen Vermögensgegenstände sind. Diese Abgrenzung setzt eine hinreichend sichere Konkretisierung der sonstigen wirtschaftlichen Vorteile voraus, und diese Konkretisierung ist nur möglich, wenn auf die abstrakte Einzelveräußerungsfähigkeit abgestellt wird[32]. 340

Wirtschaftsgüter/Wirtschaftslasten sind insb. auch Forderungen und Verbindlichkeiten (Schulden).

Zweifelhaft ist, ob Rechnungsabgrenzungsposten (§ 5 V EStG), Rückstellungen (§§ 5 III, IV; 6a EStG) und Bilanzierungshilfen (s. oben Rz. 328) Wirtschaftsgüter/Wirtschaftslasten beinhalten. Handels- und Steuerbilanz sind per definitionem Vermögensübersichten (§§ 4 II EStG, 242 I HGB), demnach grundsätzlich statisch angelegt. Jedoch sind dem GoB-Normensystem eben auch die Periodisierung der Erfolgsrechnung (s. oben Rz. 191) und deshalb dynamische Elemente immanent. Die **dynamische Bilanztheorie**[33] will durch eine möglichst genaue periodische Zuordnung der positiven und negativen Erfolgsbeiträge die Vergleichbarkeit der Periodenergebnisse herstellen; der Kaufmann soll darüber informiert werden, ob es mit seinem Unternehmen bergauf oder bergab geht. Einen Gleichstand gibt es im Wirtschaftsleben nicht; das Statische ist ihm überhaupt fremd. Daher wäre es sachfremd, den Vermögensbegriff in der Manier einer Amtsstubeninventur zu entwickeln. Vielmehr muß dort, wo das Handels- und Steuerbilanzrecht dynamische Bilanzierung zuläßt, der unbestimmte Rechtsbegriff des Wirtschaftsguts dynamisch interpretiert werden, so wie auch das Wirtschaftsgut durch Abschreibungen dynamisch bewertet wird. Das bedeutet: Rechnungsabgrenzungsposten, Rückstellungen und Bilanzierungshilfen sind ebenso wie Abschreibungen dynamische Bilanznormen, die aber durch wirtschaftsgutorientierte Interpretation mit dem Charakter einer Vermögensbilanz in Übereinstimmung zu bringen sind[34]. Demzufolge sollten Rechnungsabgrenzungsposten, Rückstellungen und Bilanzierungshilfen wie z. B. die Ingangset- 341

30 BFH BStBl. 69, 291 (GrS); 70, 35; 70, 178; 74, 132; 75, 443, 445; 75, 809; 76, 13; 76, 450; 79, 399, 401; 80, 687 f.; 82, 695; 84, 825; 90, 794; 94, 164 (Mietereinbauten).

31 Vgl. *Budde/Kofahl*, in: Beck'scher Bilanz-Kommentar[2], München 1990, § 247 HGB Rnr. 16; *J. Thiel*, Bilanzrecht[4], Heidelberg 1990, 146 f.

32 Differenzierend daher *J. Thiel* (Fn. 31), 139 ff.; *Schmidt/Weber-Grellet*, EStG[13], § 5 Anm. 16b, tritt offenbar für die Fortsetzung der bisherigen BFH Rechtsprechung ein.

33 Grundlegend *Schmalenbach*, Die Abschreibung, ZfhF Bd. 3 (1908/09), 81; *ders.*, Grundlagen dynamischer Bilanzlehre, ZfhF Bd. 13 (1919), 1; *ders.*, Dynamische Bilanz[4], Leipzig 1926. Dazu insb. *Moxter*, Bilanzlehre, Bd. I[3], Wiesbaden 1984, 29 ff.

34 Dazu ausführlich *J. Lang*, Die Bemessungsgrundlage der Einkommensteuer, Köln 1981/88, 285 f., 297 f., 366 f., 381 f., 402 f. m. w. N. Zu den besonders strittigen Bilanzierungshilfen s. das in Fn. 20 zit. Schrifttum.

zungsaufwendungen des Geschäftsbetriebs (§ 269 Satz 1 HGB) als am Bilanzstichtag konkretisierte Vermögensvorteile oder -nachteile (Wirtschaftslasten) interpretiert werden.

342 Aufwendungen auf ein bereits vorhandenes Wirtschaftsgut sind nur zu aktivieren, wenn es sich um **Herstellungsaufwand** handelt. Er ist gegeben, wenn die Substanz eines vorhandenen Wirtschaftsgutes vermehrt (z. B. Gebäudeanbau), die Wesensart (insb. die Verwendungsfähigkeit) eines Wirtschaftsgutes verändert oder seine Lebensdauer nicht unerheblich verlängert wird (wie bei einer Generalüberholung). Dienen die Aufwendungen hingegen nur dazu, ein Wirtschaftsgut zu erhalten (instand zu halten), wird die Substanz nicht vermehrt, die Wesensart nicht verändert, die Lebensdauer nicht verlängert, so handelt es sich um **Erhaltungsaufwand;** er ist sofort (voll) abzugsfähig[35]. Werden hingegen nach dem Erwerb des Wirtschaftsguts (insb. eines Gebäudes) im Verhältnis zum Kaufpreis hohe Aufwendungen gemacht, durch die das Wesen des Wirtschaftsguts verändert, sein Nutzungswert erheblich erhöht oder seine Nutzungsdauer erheblich verlängert wird, so liegt zu aktivierender anschaffungsnaher Herstellungsaufwand vor[36].

343 Wirtschaftsgüter sind insoweit nicht bilanzierungsfähig (aktivierungs-, passivierungsfähig), als ein **Bilanzierungsverbot** (Aktivierungs-, Passivierungsverbot) besteht.

Ein Aktivierungsverbot sieht § 248 II HGB (entsprechend § 5 II EStG) vor: „Für immaterielle Vermögensgegenstände des Anlagevermögens, die nicht entgeltlich erworben (= angeschafft) wurden, darf ein Aktivposten nicht angesetzt werden." Das ist ein Ausfluß des Vorsichtsprinzips.

344 **Immaterielle Wirtschaftsgüter**[37] sind besonders unsichere Werte. Ob und wie lange sie verwertet werden können, ist oft sehr ungewiß. Es ist bisher weder hier noch im Ausland gelungen, sicher abzugrenzen, was immaterielle Wirtschaftsgüter sind. Der angloamerikanische Begriff intangible assets (nicht greifbare Güter) ist auch nicht erhellender. Nicht alle unkörperlichen Wirtschaftsgüter werden zu den immateriellen gerechnet, z. B. nicht Forderungen, Gesellschaftsanteile, Wertpapiere und sonstige Finanzanlagen.

§ 266 II HGB nennt (unter A I) als immaterielle Vermögensgegenstände: Konzessionen, gewerbliche Schutzrechte und ähnliche Rechte und Werte sowie Lizenzen an solchen Rechten und Werten, Geschäfts- oder Firmenwert, geleistete Anzahlungen. Erfaßt werden insb.: Patente, Markenrechte, Urheberrechte, Verlagsrechte, ungeschützte Erfindungen, Gebrauchsmuster, Fabrikationsverfahren

35 Dazu *Kleinjohann,* Zur Abgrenzung von Herstellungs- und Erhaltungsaufwand in der Steuerbilanz, Göttingen 1986; R. 157 EStR 1993.

36 BFH GrS BStBl. 66, 672; BFH BStBl. 90, 53; 90, 130; 90, 286; 92, 285; R. 157 V EStR 1993; *U. Prinz,* FR 90, 632; *H. Helmschrott,* StStud 91, 97. Instandsetzungsarbeiten, auch sog. Schönheitsreparaturen können im Rahmen einer umfassenden Renovierung und Modernisierung anschaffungsnaher Aufwand sein (BFH BStBl. 92, 28; 92, 30; 92, 285; 92, 940, dazu *B. Paus,* DStZ 92, 269). Zur jüngsten Rspr. *J. Anders,* Stbg 92, 218; *B. Heuermann,* DB 92, 600.

37 Dazu *Meis,* Rechtsgrundsätze bei der Bilanzierung von immateriellen Werten, Diss. rer. pol. Köln 1935; *Mutze,* Aktivierung und Bewertung immaterieller Wirtschaftsgüter nach Handelsrecht und Steuerrecht, Berlin 1960; *Stapf,* Immaterielle Anlagewerte und aktive Rechnungsabgrenzungsposten, Diss. Würzburg 1968; *Uelner,* Besteuerung immaterieller Wirtschaftsgüter, StKongrRep. 1975, 95; *H. W. Kruse/Beisse,* Aktivierungsfragen, JbFSt. 1978/79, 172 ff.; *Moxter,* BB 78, 821; BB 78, 1804; BB 79, 1102; *George,* Immaterielle Wirtschaftsgüter in Handels- und Steuerbilanz[7], Freiburg i. Br. 1979; *Hauter,* StbJb. 1980/81, 197 ff.; *Lamers,* Aktivierungsfähigkeit und Aktivierungspflicht immaterieller Werte (Diss. rer. pol. Bamberg), München 1981; *Pfeiffer,* Das immaterielle Wirtschaftsgut, Diss. iur. Augsburg 1982 (Zusammenfassung in StuW 84, 326); *Eibelshäuser,* Immaterielle Anlagewerte in der höchstrichterlichen Finanzrechtsprechung, Diss. rer. pol. Frankfurt, Wiesbaden 1983; *Schmidt/Weber-Grellet,* EStG[13], § 5 Anm. 21, 31; *Ströfer,* BB 82, 1087, 1092; *H.-J. Glade,* Immaterielle Anlagewerte in Handelsbilanz, Steuerbilanz und Vermögensaufstellung, Bergisch Gladbach 1991; R. 31a EStR 1993.

und sonstiges Know-how, Belieferungsrechte, Mineralgewinnungsrechte, Güterfernverkehrsgenehmigungen (BFH BStBl. 90, 15) und Software (BFH BStBl. 87, 728; DB 90, 1442)[38].

Der BFH sieht **Nutzungsrechte** wie das Nießbrauchsrecht als immaterielle Wirtschaftsgüter an, wenn der Rechtsinhaber eine rechtlich gesicherte Position erlangt, die ihm gegen seinen Willen nicht mehr entzogen werden kann[39].

Passiva (Wirtschaftslasten) sind Verbindlichkeiten und Rückstellungen[40]. Sie sind bewer- 345
tungsfähige rechtliche oder tatsächliche Vermögensnachteile oder wirtschaftliche Lasten (Belastungen). Während die Verbindlichkeit eine rechtliche Last ist, trifft dies für Rückstellungen nicht zu; die Rückstellung berücksichtigt aber Lasten, die am Stichtag bereits wirtschaftlich verursacht sind. Die Dogmatik der wirtschaftlichen Verursachung harrt noch der Bewältigung durch die Bilanz- und Steuerrechtswissenschaft[41]. Ob eine solche Bewältigung überhaupt möglich ist, ist nicht sicher, zumal auch wirtschaftliche Verursachung nicht monokausal zu sein pflegt.

§ 249 I 1, 2 HGB schreibt **Rückstellungen** zwingend vor für: 346

- ungewisse Verbindlichkeiten; hierunter fallen auch die Pensionsverbindlichkeiten;
- drohende Verluste aus schwebenden Geschäften;
- unterlassene Aufwendungen für Instandhaltung, die im folgenden Geschäftsjahr innerhalb von drei Monaten nachgeholt werden;
- Gewährleistungen, die ohne rechtliche Verpflichtung (aus Kulanz) erbracht werden.

---

38 Dazu ausf. *T. Stapperfend,* Die steuer- und bilanzrechtliche Behandlung von Software, Köln 1991, 15 ff.

39 BFH BStBl. 78, 386; 79, 401; 80, 244; 81, 68; 82, 594; 83, 735; 83, 739. – Anders *Groh,* BB82, 133; *C. Trzaskalik,* StuW 84, 126; *D. Meyer,* Einkommensteuerliche Behandlung des Nießbrauchs und anderer Nutzungsüberlassungen, Herne/Berlin 1984, 284 ff., 317 f.; *ders.,* DB 84, 2429; *Stadie,* DB 84, 578, mit unterschiedlichen Gründen. S. im weiteren *Fabri,* Grundsätze ordnungsmäßiger Bilanzierung entgeltlicher Nutzungsverhältnisse, Bergisch Gladbach 1987; *Kußmaul,* Nutzungsrechte an Grundstücken in Handels- und Steuerbilanz, Hamburg 1987; *Mathiak,* Zur Bilanzierung dinglicher Rechtsverhältnisse, in: FS für Döllerer, Düsseldorf 1988, 397; *J. Thiel,* Die Bilanzierung von Nutzungsrechten, DStJG 14 (1991), 161; *T. Stapperfend,* Die Bilanzierung entgeltlicher Nutzungsrechte bei Einmalzahlung, FR 93, 525.

40 Literatur bis 1986 s. 12. Aufl., S. 288 (Fn. 39). Literatur ab 1987 *allgemein* zu Rückstellungen: *Döllerer,* DStR 87, 67; *Eibelshäuser,* BB 87, 860; *Groh,* BB 88, 27; *ders.,* BB 88, 1919; *Jacobs,* DStR 88, 238; *B. Knobbe-Keuk,* Bilanz- und Unternehmenssteuerrecht[9], Köln 1993, 114 ff.; *Kupsch,* DB 89, 53; *Kraus,* Rückstellungen in der Handels- und Steuerbilanz, Bergisch Gladbach 1987; *ders.,* StuW 88, 133; *Küting/Kessler,* DStR 89, 655, 693; *K.-P. Naumann,* Die Bewertung von Rückstellungen in der Einzelbilanz nach Handels- und Ertragsteuerrecht, Düsseldorf 1989; *J. Thiel,* Bilanzrecht[4], Heidelberg 1990, 169 ff.; *Ritzrow,* StStud 87, 197; *Schmidt/Weber-Grellet,* EStG [13], § 5 Anm. 38 ff.; *Uelner,* in: Mellwig/Moxter/Ordelheide, Handelsbilanz und Steuerbilanz, Wiesbaden 1989, 87; *W. Werner,* StbKongrRep. 1989, 307, *J. Baetge* (Hrsg.), Rückstellungen in der Handels- und Steuerbilanz, Düsseldorf 1991; *N. Herzig,* Rückstellungen als Instrument der Risikovorsorge in der Steuerbilanz, DStJG Bd. 14 (1991), 199. *Einzelfragen:* Zur Abzinsung von Rückstellungen s. *Groh,* BB 88, 1919; *ders.,* in: Mellwig/Moxter/Ordelheide, 119; *H. Hahn,* Inst. „Finanzen und Steuern" Nr. 289, Bonn 1990; *Hartung,* BB 90, 313; *Küting/Kessler,* DStR 89, 723; zu Aufwandrückstellungen s. *Kußmaul,* DStR 87, 675; *H.-D. Fumi,* Steuerrechtliche Rückstellungen für Dauerschuldverhältnisse, Zur Passivierung von Verpflichtungen aus Arbeitsverträgen, Köln u. a. 1991; *H. Kessler,* Rückstellungen und Dauerschuldverhältnisse, Neue Ansätze zur Lösung aktueller Passivierungsfragen in der Handels- und Steuerbilanz, Stuttgart 1992; zu Rückstellungen für drohende Verluste aus schwebenden Geschäften insb. BFH BStBl. 93, 441 (Berufsausbildungsverhältnisse); *G. Felix,* BB 93, 892; *Küting/Kessler,* DStR 93, 1045.

41 S. zuletzt *L. Woerner,* Zeitliche Zuordnung von Forderungen und Verbindlichkeiten in der Bilanz, Wirtschaftliche Entstehung statt wirtschaftlicher Verursachung, StVj 93, 193; *ders.,* BB 94, 246; *N. Herzig,* Die rückstellungsbegrenzende Wirkung des Realisationsprinzips, in: FS für L. Schmidt, München 1993, 209.

347 Das Einkommensteuergesetz enthält keine dem § 249 HGB entsprechende allgemeine Rückstellungsvorschrift; es regelt vielmehr nur punktuell einzelne Rückstellungen. Demnach ist das Handelsbilanzrecht für die Bildung von Rückstellungen in der Steuerbilanz maßgeblich mit Ausnahme der punktuellen Einschränkungen; dabei ist zu beachten, daß nach der Rechtsprechung **Rückstellungswahlrechte** (§ 249 I 3, II HGB) steuerrechtlich zu einem Passivierungsverbot führen (s. Rz. 327). Für folgende Rückstellungen gelten steuerrechtliche **Sondervorschriften:**

348 – Rückstellungen wegen Verletzung fremder Patent-, Urheber- oder ähnlicher Schutzrechte dürfen erst gebildet werden, wenn der Rechtsinhaber Ansprüche wegen der Rechtsverletzung geltend gemacht hat oder mit einer Inanspruchnahme wegen der Rechtsverletzung ernsthaft zu rechnen ist (§ 5 III EStG enthält ein Beispiel für hinreichende Konkretisierung einer Wirtschaftslast);

349 – Rückstellungen für die Verpflichtungen zu einer Zuwendung anläßlich eines **Dienstjubiläums** dürfen nur gebildet werden, wenn das Dienstverhältnis mindestens 10 Jahre bestanden hat, das Dienstjubiläum das Bestehen eines Dienstverhältnisses von mindestens 15 Jahren voraussetzt und die Zusage schriftlich erteilt ist (§ 5 IV EStG)[42]. § 5 IV EStG ist durch StRefG 1990 eingeführt worden, nachdem der BFH (BStBl. 87, 845) entschieden hatte, daß rechtsverbindlich zugesagte Jubiläumszuwendungen ungewisse Verbindlichkeiten i. S. des § 249 I 1 HGB seien, für die Rückstellungen auch in der Steuerbilanz gebildet werden müßten. § 52 VI EStG sieht die Auflösung der bereits gebildeten Rückstellungen vor und ordnet ein Rückstellungsverbot bis einschließlich 1992 an. U. E. durchbrechen §§ 5 IV, 52 VI EStG gleichheitssatzwidrig das Nettoprinzip. Finanzpolitische Erwägungen (Finanzierung der Steuerreform 1990) reichen u. E. nicht aus, Verletzungen des Nettoprinzips zu rechtfertigen. Insb. ist das temporäre Rückstellungsverbot nicht zu rechtfertigen. Die Fünfzehn- und die Zehnjahresgrenze sind willkürlich. Hingegen ist das Erfordernis einer schriftlichen Zusage als Merkmal der Nachteilskonkretisierung ebenso wie § 6a I Nr. 3 EStG zu rechtfertigen.

350 – § 6a EStG: Handelsrechtlich muß für **Pensionszusagen** als ungewisse Verbindlichkeiten eine Rückstellung nach § 249 I 1 HGB gebildet werden. Über den Maßgeblichkeitsgrundsatz besteht steuerrechtlich ebenfalls Passivierungspflicht. § 6a EStG läuft insoweit leer[43]. Bei Zahlung der Pension wird die Rückstellung aufgelöst. Eine Rückstellung kommt, soweit die Zusage einem Fremdvergleich standhält, auch für die Arbeitnehmer-Ehefrau in Betracht[44]. Rückstellungen zugunsten eines Mitunternehmers einer Personengesellschaft werden nicht anerkannt[45]. Für Gesellschafter-Geschäftsführer einer Kapitalgesellschaft hingegen können Rückstellungen gebildet werden; bei beherrschenden Gesellschaftern ist jedoch davon auszugehen, daß der Versorgungsfall erst mit dem 65. Lebensjahr eintritt (BFH BStBl. 80, 304; 82, 612).

351 **Rückstellungen für Umweltschäden** dürfen nach BFH BStBl. 93, 891, erst gebildet werden, wenn die die Verpflichtung begründenden Tatsachen der zuständigen Fachbehörde bekanntgeworden sind oder dies noch unmittelbar bevorsteht. Diese Entscheidung knüpft an die Rspr. zur Bildung von Rückstellungen für ungewisse *öffentlich-rechtliche Verpflichtungen* an, die eine Rückstellung erst zuläßt, wenn ein bestimmtes Handeln durch Gesetz oder Verwaltungsakt innerhalb eines bestimmten Zeitraums vorgeschrieben ist und das Handlungsgebot sanktionsbewehrt und damit durchsetzbar ist (BFH BStBl. 89, 893; 92, 600; 92, 1010, s. auch R. 31c EStR 1993). Diese Rspr. verschärft BFH BStBl. 93, 891, insofern, als eine Rückstellung auch dann zu versagen ist, wenn das Gesetz eine umgehend zu erfüllende Verpflichtung zur Beseitigung von Umweltschäden konkret anordnet, der Steuerpflichtige den Umweltschaden oder das wirkliche Ausmaß des Umweltschadens der Behörde nicht mitteilt. Die von der Rspr. aufgestellten Kriterien der Konkretisierung

---

42 Dazu BMF BStBl. 87, 770; 93, 898, *Küting/Weber,* BB 88, 2280; *Bode/Grabner,* DB 88, 2061; *Siegel,* BB 89, 182; *Stuhrmann,* DB 88, 1967; *Hartung,* BB 89, 736; *ders.,* BB 89, 1723; *Werner,* StbKongrRep. 1989, 307. Zur Kritik insb. *Döllerer,* BB 88, 238; *B. Knobbe-Keuk,* BB 88, 1086; *Höfer/Reiners,* BB 88, 2064; *Slomma,* DStZ 89, 277; *E. R. Grabner,* DB 94, 237.

43 Dazu *Schmidt/Seeger,* EStG[13], § 6a Anm. 2; *B. Knobbe-Keuk* (Fn. 40), 132 ff.; *J. Thiel* (Fn. 40), 181.

44 BFH BStBl. 90, 1044; *Schmidt/Seeger,* EStG[13], § 6a Anm. 9 (m. w. Nachw.).

45 BFH BStBl. 67, 222; 73, 298; 75, 437.

konstituieren eine *Sonderbehandlung öffentlich-rechtlicher Verpflichtungen,* die sich bei den Umweltverpflichtungen noch weiter vom maßgeblichen Handelsrecht entfernt[46].

Rechnungsabgrenzungsposten[47] dienen der periodischen Gewinnabgrenzung. Als Aktiv- und Passivposten bewirken sie, daß jeder Periode nur die in ihr verursachten Aufwendungen und Erträge zugeordnet werden. Zum dynamischen Charakter dieser Zuordnung, s. Rz. 341. 352

§ 250 I 1, II HGB; § 5 V EStG schränken die Zulässigkeit von Rechnungsabgrenzungsposten dahin ein, daß nur angesetzt werden dürfen und müssen: 353

(1) auf der **Aktivseite:** Ausgaben vor dem Abschlußstichtag, soweit sie Aufwendungen für eine bestimmte Zeit[48] nach diesem Tag darstellen **(transitorische Aktiva);** es wird im voraus ausgegeben, was wirtschaftlich in das nächste Jahr gehört, weil dann erst die Gegenleistung empfangen wird (transitorisch = hinübergehend = die Auswirkung der Ausgabe wird in das nächste Jahr transferiert);

(2) auf der **Passivseite:** Einnahmen vor dem Abschlußstichtag, soweit sie Ertrag für eine bestimmte Zeit[48] nach diesem Tag darstellen **(transitorische Passiva);** es wird im voraus vereinnahmt, was wirtschaftlich in das nächste Jahr gehört, weil erst dann die Gegenleistung erbracht wird.

Antizipative Posten der Rechnungsabgrenzung (Ausgaben und Einnahmen, die erst nach dem Bilanzstichtag anfallen, wirtschaftlich aber zur Periode vor dem Bilanzstichtag gehören) sind nicht zulässig; statt dessen sind Forderungen oder Verbindlichkeiten anzusetzen. Beispiel: Mietzahlung für Dezember geht erst im folgenden Jahr ein. Zum Bilanzstichtag ist eine Mietforderung zu aktivieren. 354

Ferner sind nach § 5 V 2 EStG (§ 250 I 2 HGB: „dürfen") auf der Aktivseite – wie Rechnungsabgrenzungsposten – anzusetzen: als Aufwand berücksichtigte Zölle und Verbrauchsteuern, soweit sie auf am Abschlußstichtag auszuweisende Wirtschaftsgüter (Vermögensgegenstände) des Vorratsvermögens entfallen, sowie als Aufwand berücksichtigte Umsatzsteuer auf am Abschlußstichtag auszuweisende Anzahlungen[49]. 355

Bilanzieren muß das Wirtschaftsgut derjenige, dem es zuzurechnen ist. Nach h. M.[50] ergeben sich die **Zurechnungsregeln** aus den handelsrechtlichen Grundsätzen ordnungsmäßiger Buchführung, weil § 5 I 1 EStG als *lex specialis* den allgemeinen Zurech- 356

46 S. *Herzig/Köster,* DB 91, 53; *S. Eilers,* DStR 91, 101; *G. Crezelius,* DB 92, 1353; *ders.,* Rückstellungen bei Umweltmaßnahmen, Stuttgart 1993; *A. Bordewin,* DB 92, 1097; *P. Bartels,* BB 92, 1095; *ders.,* BB 92, 1311; *ders.,* Umweltrisiken im Jahresabschluß, Frankfurt 1992; *M. Achatz,* DStJG 15 (1993), 160, 163 ff.; *R. Elschen,* DB 93, 1097; *B. Knobbe-Keuk* (Fn. 40), 122 f. (Sonderanforderungen bei öffentlich-rechtlichen Verpflichtungen); *T. Siegel,* BB 93, 326; *M. Groh,* DB 93, 1833; *M. Nieland,* BB 94, 247, 249 f.; *M. Loose,* FR 94, 137.

47 *Bense,* Die aktive Rechnungsabgrenzung von Vertriebskosten in der Steuerbilanz, Diss. Köln 1965; *Pütz,* Die Rechnungsabgrenzung in der Steuerbilanz (Diss. Köln), Düsseldorf 1966; *Stapf,* Immaterielle Anlagewerte und aktive Rechnungsabgrenzungsposten, Diss. Würzburg 1968; ferner *J. Thiel* (Fn. 40), 161 ff.; *B. Knobbe-Keuk* (Fn. 40), 135 ff.; *Moxter,* Bilanzrechtsprechung[3], Tübingen 1993, 58 ff., 121 ff.; *Rose,* StbJb. 1983/84, 141 ff.; *Fuchs,* Die transitorischen Rechnungsabgrenzungsposten, Bergisch Gladbach 1987; *Niemann,* Zeitliche Bestimmtheit bei Rechnungsabgrenzungsposten, Inst. FuSt Brief 268, Bonn 1987; *D. Meyer-Scharenberg,* DStR 91, 754; *M. Ritzow,* StWa 92, 81.

48 Dazu m. w. Nachw. *Herzig/Söffing,* Rechnungsabgrenzungsposten und die Lehre vom Mindestzeitraum, BB 93, 465.

49 Zur näheren Erklärung (mit Nachweisen) *J. Thiel* (Fn. 40), 166 ff.; *B. Knobbe-Keuk* (Fn. 40), 139 f.

50 *B. Knobbe-Keuk* (Fn. 40), 87 ff.; *J. Thiel* (Fn. 40), 140; *P. Fischer,* HHS, AO, § 39 Anm. 17; Tipke/*Kruse,* AO, § 39 Tz. 4a; HHR, EStG, § 5 Anm. 53. Ausf. *T. Stobbe,* BB 90, 518; *Körner/Weiken,* BB 92, 1033, 1037 ff.

nungsvorschriften des § 39 AO vorgeht. Indessen wird angenommen, daß sich die GoB weitgehend mit den Regeln des § 39 AO decken[51].

7.2.2 Betriebsvermögen

Literatur: *Altorfer,* Geschäftsvermögen und Privatvermögen im Einkommensteuerrecht, Diss. St. Gallen 1959; *B. Münch,* Die steuerliche Problematik des gewerblichen Betriebsvermögens, Düsseldorf 1967; *Pralle,* Das gewillkürte Betriebsvermögen bei der Gewinnermittlung, Diss. Göttingen 1969; *Uelner,* Notwendiges und gewillkürtes Betriebsvermögen, StKongrRep. 1973, 101; *Woerner,* Steuerliche Fragen der Abgrenzung des Betriebsvermögens bei der Einkommensteuer, StbJb. 1974/75, 321; *ders.,* Die Zurechnung von Wirtschaftsgütern zum Betriebsvermögen . . ., StbJb. 1978/79, 201; *Merten,* Die einkommensteuerliche Abgrenzung des Betriebsvermögens vom Privatvermögen beim Einzelunternehmer, FR 79, 365; *Wassermeyer,* in: Söhn (Hrsg.), Die Abgrenzung der Betriebs- oder Berufssphäre von der Privatsphäre, DStJG Bd. 3 (1980), 315; *Söffing,* Gewillkürtes Betriebsvermögen, StbJb. 1980/81, 451; *Uelner,* Betriebsvermögen-Privatvermögen, StbKongrRep. 1981, 47; *Kanzler,* Die Abgrenzung zwischen Betriebs- und Privatvermögen bei Land- und Forstwirten, Inf. 81, 361; *Stoll,* Das Betriebsvermögen im Bilanzsteuerrecht, in: Gassner/E. Pointner (Hrsg.), Bilanz und Rechnungswesen, Wien 1981, 255 ff.; *Wendt,* Gewillkürtes Betriebsvermögen bei Land- und Fortswirten, Inf. 83, 249; *J. Thiel,* Bilanzrecht[4], Heidelberg 1990, 124 ff.; *Woerner,* Notwendiges und gewillkürtes Betriebsvermögen – eine überholte Unterscheidung?, StbJb. 1989/90, 207; *B. Knobbe-Keuk,* Bilanz- und Unternehmenssteuerrecht[9], Köln 1993, 63 ff; *Schmidt/Heinicke,* EStG[13], München 1994, § 4 Anm. 20–47.

357 Für Zwecke des Betriebsvermögensvergleichs dürfen in der Bilanz nur Wirtschaftsgüter des Betriebsvermögens erfaßt werden. Eine Antwort auf die Frage, unter welchen Voraussetzungen Wirtschaftsgüter zum Betriebsvermögen gehören, gibt das Einkommensteuergesetz jedoch nicht.

In § 247 II HGB heißt es: „Beim Anlagevermögen sind nur die Gegenstände auszuweisen, die *bestimmt sind, dauernd dem Geschäftsbetrieb zu dienen.*" Diese Vorschrift kann als „handelsrechtlicher Grundsatz ordnungsmäßiger Buchführung" (§ 5 I 1 EStG) herangezogen werden.

358 Rechtsprechung und Verwaltung (s. R. 13 I EStR 1993) unterscheiden notwendiges und gewillkürtes Betriebsvermögen einerseits und notwendiges Privatvermögen andererseits. Danach werden Wirtschaftsgüter wie folgt zugeordnet:

Zum **notwendigen Betriebsvermögen** gehören Wirtschaftsgüter, wenn und soweit sie unmittelbar für eigene betriebliche Zwecke genutzt werden. Sie müssen objektiv erkennbar zum unmittelbaren Einsatz im Betrieb selbst bestimmt sein; dabei ist auf die tatsächliche konkrete Funktion im Betrieb abzustellen, die der Unternehmer dem Wirtschaftsgut zugewiesen hat (BFH BStBl. 91, 829, 830, m. w. Nachw.). Eine lediglich potentielle, geplante Funktionszuweisung genügt nicht; dem Wirtschaftsgut muß definitiv eine betriebliche Funktion zugewiesen sein (sog. *endgültige* Funktionszuweisung, s. BFH BStBl. 91, 829). Unabhängig von der tatsächlichen oder beabsichtigten Nutzung gehören Wirtschaftsgüter, die im Betrieb angeschafft oder hergestellt worden sind, zum Betriebsvermögen (BFH BStBl. 90, 128, 129). Demnach begründet der betriebliche Anschaffungs-/Herstellungsvorgang die betriebliche Funktion des Wirtschaftsguts. Sind jedoch die Wirtschaftsgüter für private Zwecke angeschafft oder hergestellt worden, so ist in dem Zeitpunkt vollzogener Anschaffung oder Herstellung ein privates Wirtschaftsgut anzunehmen und eine Entnahme zu buchen. Die Rspr. hat Schwierigkeiten, den Begriff „notwendig" zu bestimmen. Nach BFH BStBl. 87, 430; 91, 830, müsse sich das Wirtschaftsgut, wenn auch nicht „unentbehrlich" oder notwendig i. S. von „erforderlich", so doch in gewisser Weise auf den Betriebsablauf beziehen und ihm zu dienen bestimmt sein. M. E. ist das Merkmal „notwendig" kausalrechtlich zu verstehen: Die tatsächliche

51 *P. Fischer, H. W. Kruse* und *J. Thiel* (Fn. 50); BFH BStBl. 71, 133, 136; 79, 399, 401.

konkrete Funktion des Wirtschaftsguts läßt nur eine Zuordnung zum Betriebsvermögen zu, d. h. die Zuordnung zum Privatvermögen ist kausalrechtlich nicht zu begründen.

Zum **gewillkürten Betriebsvermögen** rechnen Rspr. und Verwaltung (s. R. 13 I EStR 1993) Wirtschaftsgüter, die weder dem notwendigen Betriebsvermögen noch dem notwendigen Privatvermögen (s. Rz. 361) angehören. Wirtschaftsgüter des gewillkürten Betriebsvermögens sind zwar im Unterschied zu Wirtschaftsgütern des notwendigen Betriebsvermögens nicht unmittelbar zum Einsatz im Betrieb bestimmt, stehen jedoch in einem gewissen objektiven Zusammenhang mit dem Betrieb und sie sind geeignet und durch **Widmungsakt** des Unternehmers bestimmt, den Betrieb zu fördern. Der Widmungsakt kann durch Ausweis in Buchführung und Bilanz sowie durch jedes (konkludente) Verhalten des Unternehmers geschehen, mit dem dieser seinen Willen unmißverständlich bekundet, daß das Wirtschaftsgut mittelbare betriebliche Funktion haben soll (BFH BStBl. 94, 172, 173). Auf diese Weise können dem Betriebsvermögen insb. Mietgrundstücke, Bankguthaben, Bargeld, Beteiligungen und Wertpapiere durch Widmungsakt (insb. Aktivierung in der Bilanz) zugeordnet werden. 359

Rspr. und Verwaltung[52] lassen gewillkürtes Betriebsvermögen bei der **vereinfachten Gewinnermittlung** nach § 4 III EStG grundsätzlich nicht zu. Diese Praxis ist gesetzwidrig, da § 4 III EStG keinen anderen Betriebsvermögensbegriff anordnet als den des § 4 I EStG; sie steht im übrigen auch im Widerspruch zu der Judikatur, daß die betriebliche Widmung des Wirtschaftsguts nicht notwendig durch Bilanzierung zu erfolgen hat. 360

Zum **notwendigen Privatvermögen** gehören Wirtschaftsgüter, deren tatsächliche konkrete Funktion nur eine Zuordnung zum Privatvermögen zuläßt (Beispiel: Wohnung, Wohnungseinrichtung, Schmuck, Kleidung, soweit nicht typische Berufskleidung), die also weder die Kriterien des notwendigen noch des gewillkürten Betriebsvermögens erfüllen. Tatsächlich geht es bei der Anwendung des § 4 I EStG nicht um die Abgrenzung von Betriebsvermögen zu Privatvermögen, sondern um die Unterscheidung des Betriebsvermögens vom Nicht-Betriebsvermögen. Der Begriff des Privatvermögens ist kein gesetzlicher. 361

Gemischt genutzte bewegliche Wirtschaftsgüter sind entweder Betriebsvermögen oder Privatvermögen. Sie werden dem Betriebsvermögen zugeordnet, wenn sie zu mehr als 50 v. H. betrieblich genutzt werden; sie werden dem Privatvermögen zugeordnet, wenn sie zu weniger als 10 v. H. betrieblich genutzt werden; bei einem betrieblichen Nutzungsanteil von 10 v. H. – 50 v. H. wird dem Steuerpflichtigen ein Wahlrecht zugebilligt (s. R. 13 I EStR 1993). *Gemischt genutzte Grundstücke* hingegen gehören anteilig nach ihrer Nutzung zum Betriebs- oder Privatvermögen, es sei denn, daß der betriebliche Nutzungsanteil ganz minimal ist (s. R. 13 III–XIV EStR 1993)[53]. 362

Die abstrakte Einteilung in notwendiges Betriebsvermögen, gewillkürtes Betriebsvermögen und notwendiges Privatvermögen schadet mehr, als daß sie nützt. Ob ein Wirtschaftsgut zum Betriebsvermögen oder zum Privatvermögen gehört, kann nur unter **Berücksichtigung der konkreten Verhältnisse** beurteilt werden. Jedes Wirtschaftsgut kann nämlich je nach Situation zum Betriebs- oder zum Privatvermögen gehören. So kann z. B. ein Unternehmer mit Wirtschaftsgütern handeln, die typischerweise zum Privatvermögen gehören, etwa mit Schmuck. Gewillkürtes Betriebsvermögen kann es ebensowenig geben wie gewillkürte Betriebsausgaben. In der Frage, ob ein Wirtschaftsgut eine betriebliche Funktion haben kann, hat der Unternehmer zwar einen Beurteilungsspielraum, er darf aber nicht willkürlich entscheiden. 363

52 BFH BStBl. 64, 455; 76, 663; 83, 101; R. 16 VI EStR 1993. Bedenken äußert BFH BStBl. 94, 172, 173, m. w. Nachw.

53 Einzelheiten: *Schmidt/Heinicke*, EStG[13], § 4 Anm. 20 – 47; *N. Neu*, StStud 90, 175; *G. Rudloff*, FR 92, 565.

364 Nicht gefolgt werden kann insb. der Auffassung, gewillkürtes Betriebsvermögen setze keine betriebliche Funktion dieses Vermögens voraus, sondern werde allein durch Aufnahme des Wirtschaftsguts in die Buchführung und Bilanz, durch **buchmäßigen Widmungsakt** also, begründet. Buchführung und Bilanz müssen die Wirklichkeit widerspiegeln; umgekehrt geht es nicht. Sieht man von §§ 17, 23 EStG ab, so werden Vermögenswertänderungen (insb. infolge Veräußerungen, Wertschmälerungen) nur bei Wirtschaftsgütern des Betriebsvermögens erfaßt. Die unterschiedlichen Rechtsfolgen kann der Steuerpflichtige nicht durch bloßen Buchführungsakt nach Art eines freien Wahlrechts – etwa: schlechte Aktien ins Betriebsvermögen, gute Aktien ins Privatvermögen – auslösen.

365 Die Zuordnung des Vermögens zur Betriebs- oder Privatsphäre ist denn auch in den letzten Jahren neu durchdacht worden[54]. Die **Zuordnungskriterien** können keine anderen sein als die für die Abgrenzung der Erwerbsaufwendungen von den Privataufwendungen (dazu oben Rz. 227 ff.)[55]. Danach ist maßgeblich, ob das Vermögen (das Wirtschaftsgut) *im konkreten Fall betrieblichen (s. auch § 247 II HGB) oder privaten Zwekken* zu dienen bestimmt ist. Es dient betrieblichen Zwecken, wenn es für den Betrieb angeschafft/hergestellt oder dem Betrieb durch Einlage (§ 4 I 5 EStG) zugeführt *und* für den Betrieb verwendet oder genutzt wird, wenn mit ihm im Betrieb – in Gewinnerzielungsabsicht – gewirtschaftet wird[56].

366 *L. Woerner*[57] versucht die Unterscheidung zwischen notwendigem und gewillkürtem Betriebsvermögen **beweistechnisch** zu rechtfertigen. Wenn aber die Unterscheidung beweistechnisch begründet ist, dann kann es keine *materiell*rechtlich unterschiedlichen Kategorien des Betriebsvermögens geben. Besonders rechtfertigt die Art der Gewinnermittlung keinen unterschiedlichen Umfang des Betriebsvermögens, so daß der Ausschluß von gewillkürtem Betriebsvermögen bei der vereinfachten Gewinnermittlung nach § 4 III EStG nicht die Konservierung der unterschiedlichen Kategorien[58], sondern die Vereinheitlichung des Betriebsvermögensbegriffs nahelegt. Dies gebietet auch der Grundsatz der Gesamtgewinngleichheit (s. Rz. 453).

367 Betrieblichen Zwecken dienen können Wirtschaftsgüter zum einen dadurch, daß sie **unmittelbar** bei der Produktion, im Handel oder im Dienstleistungsbetrieb usw. eingesetzt werden, zum anderen aber auch dadurch, daß ihre **Nutzung** (insb. durch Kapitalanlage, Vermietung) dem Betriebserfolg dient. Wirtschaftsgüter können einem Betrieb auch als Reservevermögen oder zur Sicherheit dienen. Auch §§ 20 III, 21 III EStG gehen davon aus, daß Vermögen durch seine Anlage oder Vermietung zu Betriebsvermögen werden *kann,* wenn die Nutzung betrieblichen Zwecken dient. Allein durch *Bilanzierung* und Vermietung wird ein Wirtschaftsgut aber nicht zu Betriebsvermögen. Auch die Eignung als Sicherheit genügt nicht, da privates Vermögen ebenso Sicherheit bietet. Wirtschaftsgüter gehören nicht zum Betriebsvermögen, wenn lediglich deren Wertminderung im Betriebsvermögen berücksichtigt werden soll.

54 Dazu die Neuansätze bei *Merten,* FR 79, 367 ff.; *Wassermeyer,* in: Söhn (Hrsg.), Die Abgrenzung der Betriebs- oder Berufssphäre von der Privatsphäre, DStJG Bd. 3 (1980), 315 ff.; *Stoll,* Das Betriebsvermögen im Bilanzsteuerrecht, in: Gassner/E. Pointner (Hrsg.), Bilanz und Rechnungswesen, Wien 1981, 255 ff.; *Uelner,* StbKongrRep. 1981, 47 ff.; *Leingärtner,* FR 83, 214; *Wacker,* in: FS für Scherpf (hrsg. von L. Fischer), Wiesbaden 1983, 88 ff.; *Schmidt/Heinicke,* EStG[13], § 4 Anm. 26; *B. Knobbe-Keuk* (Fn. 40), 63 ff.; FG Köln EFG 80, 586.

55 Diesen Zusammenhang arbeitet *Stoll* besonders deutlich heraus: Angeschafften oder hergestellten Wirtschaftsgütern stehen Betriebsausgaben (= durch den Betrieb veranlaßte Ausgaben) gegenüber. Daraus ergibt sich, daß auch die Anschaffung oder Herstellung „durch den Betrieb veranlaßt" (§ 4 IV EStG) sein muß (s. *Stoll* [Fn. 54], 258 f., 262 f., 265 f.).

56 Zum objektiven betrieblichen Zusammenhang bei gewillkürtem Betriebsvermögen s. *Schmidt/Heinicke,* EStG[13], § 4 Anm. 32c (m. w. N.): Die Rspr. unterwirft zunehmend auch den Begriff des gewillkürten Betriebsvermögens den allgemeinen Kausalitätskriterien.

57 Notwendiges und gewillkürtes Betriebsvermögen – eine überholte Unterscheidung?, StbJb. 1989/90, 207.

58 Dies scheint *L. Woerner* (Fn. 57), 229 ff., von der Rspr. zu erwarten.

Die Praxis, bewegliche Wirtschaftsgüter nur *zur Gänze* entweder dem Betriebsvermögen oder dem Privatvermögen zuzuordnen, ist eine Vereinfachungstechnik, die ebenfalls überprüft werden muß. Es wäre technisch nicht schwieriger, aber angemessener, gemischt genutzte Wirtschaftsgüter im voraus nach (geschätzten) Nutzungsanteilen aufzuteilen[59].

Wird ein Wirtschaftsgut nicht mehr betrieblich verwendet oder genutzt, so ist es damit 368 dem Betrieb **entnommen** (Entnahmehandlung durch Unterlassen der Verwendung oder Nutzung für den Betrieb). Wird ein Wirtschaftsgut, das bisher dem Privatvermögen zugehörte, für den Betrieb verwendet oder genutzt, so ist es damit eingelegt.

7.2.3 Entnahmen und Einlagen

Beim Betriebsvermögensvergleich ist der Wert der Entnahmen hinzuzurechnen, der 369 Wert der Einlagen ist abzurechnen (§§ 4 I 1, 5 VI EStG). Das ist deshalb erforderlich, weil Gewinn nur ist, was durch den Betrieb erwirtschaftet worden ist. Was entnommen wird, ist im Betrieb erwirtschaftet worden, folglich zu erfassen. Was eingelegt wird, kommt von außen in den Betrieb, ist nicht im Betrieb erwirtschaftet worden, folglich nicht zu erfassen.

Entnahmen sind alle Wirtschaftsgüter (Barentnahmen, Waren, Erzeugnisse, Nutzungen 370 und Leistungen), die der Steuerpflichtige dem Betrieb für sich, für seinen Haushalt oder für andere **betriebsfremde Zwecke** im Laufe des Jahres entnommen hat (so § 4 I 2 EStG).

§ 4 I 2 EStG definiert mangelhaft. Zu unterscheiden ist zwischen **Substanzentnahmen** (Entnahmen von Wirtschaftsgütern) und Entnahmen von Nutzungen und Leistungen. Wer ein Wirtschaftsgut nutzt, entnimmt nicht das Wirtschaftsgut selbst. Wer eine Dienstleistung erbringen läßt, entnimmt kein Wirtschaftsgut. Somit besteht der gewinnerhöhende „Wert der Entnahme" (§ 4 I 1 EStG) nicht in einem Substanzwert, sondern in den für betriebsfremde Zwecke aufgewendeten Kosten, diese müssen aus dem zu versteuernden Gewinn herausgerechnet werden. Demnach sind Entnahmen von Nutzungen und Leistungen **Kostenkorrekturentnahmen** (zu deren Bewertung s. Rz. 381).

Beispiele für Entnahmen: Ein Möbelhändler gibt seiner Ehefrau aus der Ladenkasse Geld für den Haushalt (Barentnahme), er schenkt seiner Tochter eine Möbelgarnitur aus dem Laden (Sachentnahme), er benutzt einen zum Betriebsvermögen gehörenden Pkw privat (Nutzungsentnahme). Ein Kaufmann läßt einen im Betrieb angestellten Boten in seinem Privatgarten arbeiten (Leistungsentnahme). Ein Arzt versorgt (ärztlich) unentgeltlich seine Ehefrau oder einen Freund (Sachentnahme von Medikamenten; keine Leistungsentnahme, da der Arzt nicht als Unternehmer handelt).

Die Entnahme muß durch ein **Handeln** (Tun, Dulden, Unterlassen) verursacht sein, das 371 *betriebsfremden* Zwecken dient. Schlüssiges Verhalten genügt (z. B. ein Wirtschaftsgut wird nicht mehr für den Betrieb verwendet oder genutzt). Das Verhalten muß aber *eindeutig* auf eine Entnahmehandlung schließen lassen (dazu näher m. w. N. BFH BStBl. 90, 128).

Umgekehrt liegen **Einlagen** vor, wenn Wirtschaftsgüter dem Betrieb im Laufe des Wirt- 372 schaftsjahres von außen zugeführt werden (§ 4 I 5 EStG). Anders als § 4 I 2 EStG erwähnt § 4 I 5 EStG „Nutzungen und Leistungen" nicht. BFH GrS BStBl. 88, 348, verneint die Einlagefähigkeit von Nutzungen[60]; er bestätigt aber die Rechtsprechung, wonach bei betrieblicher Mitbenutzung privater Wirtschaftsgüter die auf die betriebliche Nutzung entfallenden Kosten als Einlage abgesetzt werden können (analog zur Entnahme *Kostenkorrektureinlage*).

59 Dazu *Merten*, FR 79, 372 f.; *Stoll* (Fn. 54).

60 Dazu *K. Erftmeyer,* Die Nutzungseinlage im Steuerrecht, Bestandsaufnahme und Kritik der BFH-Rechtsprechung, Köln 1991.

Beispiele: Betriebliche Nutzung eines nicht bilanzierten Pkw im Umfang von 20 Prozent. In diesem Umfange sind die Pkw-Aufwendungen einschließlich AfA als Einlage absetzbar. Gehört der Pkw nicht dem Unternehmer, sondern einem Dritten (z. B. der Ehefrau), und der Dritte überläßt das Fahrzeug unentgeltlich zu Nutzung, dann liegt sog. **Drittaufwand** vor (s. oben Rz. 221 f.). Da der Unternehmer den Aufwendungstatbestand nicht verwirklicht, kann auch keine Einlage angenommen werden. Es besteht nur die Möglichkeit, mit dem Dritten einen Mietvertrag zu schließen, damit die Pkw-Aufwendungen als Betriebsausgaben berücksichtigt werden können.

373 Entnahmen oder Einlagen liegen auch vor, wenn diese durch unangemessene Rechtsgestaltungen oder **Scheingestaltungen** verdeckt sind (*verdeckte Entnahmen oder Einlagen*[61]).

Beispiel: Eine Unterhaltszahlung wird als Arbeitslohn kaschiert.

Eine Entnahme liegt nicht vor, wenn ein Steuerpflichtiger ein Wirtschaftsgut des Privatvermögens zu Unrecht bilanziert hat. Er muß es nur erfolgsneutral „ausbuchen“.

7.2.4 Bewertung von Wirtschaftsgütern, von Einlagen und Entnahmen

Literatur (mit ausführlicher Darstellung): *Raupach* (Hrsg.), Werte und Wertermittlung im Steuerrecht, DStJG Bd. 7 (1984), mit Beiträgen von *Tanzer, Mathiak, Doralt, Wassermeyer, Strobl, Clemm, Gassner;* Kommentare zu § 6 EStG; *J. Thiel,* Bilanzrecht[4], Heidelberg 1990, 195 ff.; *B. Knobbe-Keuk,* Bilanz- und Unternehmenssteuerrecht[9], Köln 1993, 152 ff.

374 Das Ergebnis des Betriebsvermögensvergleichs i. S. der §§ 4 I, 5 I EStG hängt nicht nur davon ab, was als Bilanzposten aktiviert oder passiviert und was als Einlage/Entnahme behandelt wird, sondern wesentlich auch davon, wie die Bilanzposten, die Einlagen und Entnahmen *bewertet* werden.

Die Bewertungsvorschriften hängen eng mit der Gewinnrealisierung zusammen. Das Prinzip der Bewertung mit den Anschaffungs-/Herstellungskosten (§ 6 I Nrn. 1, 2 EStG) führt, wenn der Verkehrswert steigt, zu stillen Reserven. Da die Wertsteigerung über die Anschaffungs-/Herstellungskosten hinaus nicht erfaßt wird, werden die stillen Reserven i. d. R. erst bei der Veräußerung steuerlich erfaßt; anders bei der Entnahme und der Betriebsaufgabe. Dazu Rz. 438 ff.

Für die Bewertung gelten prinzipiell nicht die handelsrechtlichen Grundsätze ordnungsmäßiger Buchführung, da sie Unterbewertungen zulassen (s. auch § 253 IV HGB), sondern – s. §§ 4 I 6, 5 VI EStG – die Regeln der §§ 6, 7 EStG, *hilfsweise* die Vorschriften des Bewertungsgesetzes (s. § 1 BewG)[62]. § 6 EStG operiert mit folgenden **Wertbegriffen:**

375 a) **Anschaffungskosten** (§ 6 I Nr. 1 Satz 1, Nr. 2 Satz 1 EStG)[63]: § 6 EStG enthält keine Definition.

§ 255 I HGB, der zur Lückenfüllung herangezogen werden kann, definiert: „Anschaffungskosten sind die Aufwendungen, die geleistet werden, um einen Vermögensgegenstand zu erwerben und ihn in einen betriebsbereiten Zustand zu versetzen, soweit sie dem Vermögensgegenstand einzeln zugeordnet werden können. Zu den Anschaffungskosten gehören auch die Nebenkosten sowie die nachträglichen Anschaffungskosten. Anschaffungspreisminderungen sind abzusetzen.“

---

61 S. hierzu *Hellwig,* Verdeckte Gewinnausschüttung und verdeckte Entnahme . . ., in: FS für Döllerer, Düsseldorf 1988, 205; *Döllerer,* BB 88, 1789.

62 Abweichend *M. Tanzer,* DStJG Bd. 7 (1984), 55 ff.

63 Dazu *W. Mathiak,* Anschaffungs- und Herstellungskosten, DStJG Bd. 7 (1984), 97; *D. Ordelheide,* Zu den Anschaffungsnebenkosten nach Handels- und Steuerrecht, in: FS für G. Felix, Köln 1989, 223; *R. Beiser,* Sind verlorene Skonti Anschaffungskosten oder Finanzierungsaufwand?, DStR 91, 174; *H. Söhn,* Anschaffungskosten/Herstellungskosten und Betriebsausgabenbegriff, StuW 91, 270; *A. Moxter,* Bilanzrechtsprechung[3], Tübingen 1993, 132 ff.; *G. Wichmann,* Bemerkungen zum Anschaffungsbegriff im Einkommensteuerrecht, BB 93, 2349; *Schmidt/Glanegger,* EStG[13], § 6 Anm. 20–35; R. 32a EStR 1993.

Nebenkosten im Zusammenhang mit den eigentlichen Anschaffungskosten: insb. Provisionen, Lade- und Transportkosten, Transportversicherungskosten, Eingangsfrachten, Zölle, Grunderwerbsteuer, Gerichts- und Notarkosten; *nicht:* Finanzierungskosten (sie sind Gegenleistung für die Darlehnsüberlassung), prinzipiell nicht: umsatzsteuerrechtliche Vorsteuerbeträge, s. § 9b EStG.

Preisminderungen: insb. Rabatte, Skonti, Boni, Kaufpreisminderungen.

Wird ein Wirtschaftsgut gegen **Leibrente** angeschafft, so bestehen die Anschaffungskosten in dem versicherungsmathematischen Barwert der Rente im Zeitpunkt der Anschaffung (BFH BStBl. 70, 807); die Rentenverpflichtung ist zu passivieren.

Wird ein **Grundstück mit Gebäude** (zwei Wirtschaftsgüter) zu einem Gesamtkaufpreis erworben, so ist der Kaufpreis nach dem Verhältnis der Teilwerte *aufzuteilen.* Äußerst umstritten ist die Behandlung des Erwerbs eines Grundstücks mit Gebäude, das *abgebrochen* werden soll. Die Rechtsprechung (BFH GrS BStBl. 78, 620; BFH BStBl. 82, 385) hält – je nach Lage des Falles – auch die **Abbruchkosten** für (zu aktivierende) Anschaffungskosten des Grundstücks[64].

Beim **Tausch** bestehen die Anschaffungskosten im gemeinen Wert des hingegebenen Wirtschaftsguts (§§ 1, 9 BewG)[65].

b) **Herstellungskosten** (§ 6 I Nr. 1 Satz 1, Nr. 2 Satz 1 EStG)[66]: § 6 EStG enthält keine eigene Definition. Jedoch übernahm der Gesetzgeber durch Bilanzrichtlinien-Gesetz vom 19. 12. 1985 (BGBl. I 85, 2355) R. 33 EStR 1993 in § 255 II, III HGB und brachte damit zum Ausdruck, daß er einen **grundlegenden Bewertungsbegriff** im Handels- und Steuerrecht vereinheitlichen wollte (vgl. BT-Drucks. 10/317, 88). Damit stimmt nach dem ausdrücklich erklärten Willen des Gesetzgebers der handelsrechtliche Herstellungskostenbegriff des § 255 II HGB mit dem des § 6 EStG überein (so auch BFH GrS BStBl. 90, 830, 833), so daß § 5 VI EStG die Maßgeblichkeit der Handelsbilanz für die Steuerbilanz nicht einschränkt. Danach sind Herstellungskosten i. S. d. § 6 EStG i. V. m. § 255 II 1, 2 HGB die Aufwendungen, die durch den Verbrauch von Gütern und die Inanspruchnahme von Diensten für die Herstellung eines Vermögensgegenstands, seine Erweiterung oder für eine über seinen ursprünglichen Zustand hinausgehende wesentliche Verbesserung entstehen. Dazu gehören die *Materialkosten,* die *Fertigungskosten* und die *Sonderkosten* der Fertigung[67]. Vertriebskosten dürfen nicht in die Herstellungskosten einbezogen werden (§ 255 II 6 HGB). 376

Nach § 255 II 3 HGB dürfen bei der Berechnung der Herstellungskosten auch angemessene Teile der notwendigen Materialgemeinkosten[68], der notwendigen Fertigungsgemeinkosten[69] und des Wertverzehrs des Anlagevermögens, soweit er durch die Fertigung veranlaßt ist, eingerechnet werden. Diese **handelsrechtlichen Bewertungswahlrechte** führen nach Auffassung des IV. Senats (BFH BStBl. 94, 176) zu steuerrechtlichen **Akti-**

---

64 Dazu kritisch *B. Knobbe-Keuk,* Bilanz- und Unternehmenssteuerrecht[9], Köln 1993, 172 f.; *Schürer-Waldheim,* StuW 83, 217.

65 Dazu *Wassermeyer,* DStJG Bd. 7 (1984), 169 ff.; *Groh,* Der Erfolgsmaßstab beim Tausch, in: FS für Döllerer, Düsseldorf 1988, 157.

66 *W. Meier,* Der einkommensteuerliche Herstellungswert, Berlin/Stuttgart 1951; *van der Velde,* Herstellungskosten in der Kostenrechnung und in der Steuerbilanz[3], Stuttgart 1960; *Bange,* Der Begriff der Herstellungskosten in der Handels- und Steuerbilanz, Diss. Würzburg 1970; *Pieper,* Steuerliche Herstellungskosten, Wiesbaden 1975; *Döllerer,* JbFSt. 1976/77, 202; *W. Mathiak* (Fn. 63), 128 ff.; *H. Söhn* (Fn. 63); *A. Moxter* (Fn. 63), 153 ff.; *Schmidt/Glanegger,* EStG[13], § 6 Anm. 40–44; R. 33 EStR 1993. Zu den durch BFH BStBl. 94, 176, entschiedenen Bewertungswahlrechten insb. *S. Seeger,* StbJb. 1987/88, 91; *J. Schulze-Osterloh,* StuW 89, 242, 243 f.; *ders.* StuW 91, 284, 289; *S. Wilhelm,* BB 91, 1151; *T. Stobbe,* FR 94, 105.

67 Z. B. Kosten für Entwürfe, Modelle, Spezialwerkzeuge.

68 Z. B. Kosten der Lagerhaltung, der Prüfung und des Transports des Fertigungsmaterials.

69 Z. B. Kosten der Fertigungsvorbereitung, Raumkosten, Energiekosten, Kosten der Hilfs- und Betriebsstoffe, Reparaturkosten im Fertigungsbereich, Gewerbekapital- und Grundsteuer auf die Fertigungsanlagen, Versicherungsprämien und Kosten der Betriebsführung, der Unfallfürsorge und des Lohnbüros im Fertigungsbereich.

vierungsgeboten, ebenso wie dies bisher zu den Ansatzwahlrechten judiziert worden ist (s. oben Rz. 327). Damit unterläuft der IV. Senat gegen BFH GrS BStBl. 90, 833, die auch die Bewertungswahlrechte einschließende Entscheidung des Gesetzgebers für die Begriffseinheit von Handelsrecht und Steuerrecht. Mit der Legalisierung des R. 33 EStR 1993 in § 255 II HGB und der dadurch dokumentierten Entscheidung des Gesetzgebers für die handels- und steuerrechtliche Begriffseinheit wurde der steuerrechtliche Begriff der Herstellungskosten modifiziert und die ursprüngliche Gesetzwidrigkeit[70] der in R. 33 EStR 1993 zugelassenen Wahlrechte beseitigt. BFH BStBl. 94, 176, erscheint insb. auch unhaltbar im Hinblick auf § 255 II 4 HGB. Nach dieser Vorschrift brauchen Kosten der allgemeinen Verwaltung sowie Aufwendungen für soziale Einrichtungen des Betriebs, für freiwillige soziale Leistungen und für betriebliche Altersversorgung nicht eingerechnet zu werden. Wenn derartige Aufwendungen in der Steuerbilanz aktiviert werden müssen, kann dies zu Überbewertungen und demzufolge zu einer übermäßigen Besteuerung nach der Leistungsfähigkeit führen. § 255 II 3, 4 HGB postuliert also mit dem Leistungsfähigsprinzip zu vereinbarende ökonomisch notwendige Ermessensspielräume (s. *K. Tipke,* StRO I, 509 f., m. w. Nachw.), die ursprünglich (und gegen das Gesetz) selbst von der Finanzverwaltung hingenommen worden sind.

Abzugrenzen von den Herstellungskosten sind die für *Wesen* und *Substanz* eines Wirtschaftsguts *nicht wirksamen* Aufwendungen. Sie sind sofort abzugsfähig, entweder als *Erhaltungsaufwand* (s. Rz. 342) oder als *vergebliche/verlorene Aufwendungen* (Beispiel BFH GrS BStBl. 90, 830: Vorauszahlungen für Bauleistungen, die wegen Konkurses des Bauunternehmers nicht erbracht werden).

Zinsen für Fremdkapital gehören nicht zu den Herstellungskosten. Zinsen für Fremdkapital, das zur Finanzierung der Herstellung eines Vermögensgegenstands verwendet wird, dürfen angesetzt werden, soweit sie auf den Zeitraum der Herstellung entfallen; in diesem Falle gelten sie als Herstellungskosten des Vermögensgegenstands (§ 255 III HGB).

377 c) **Teilwert** (§ 6 I Nr. 1 Satz 2, Nr. 2 Satz 2, Nrn. 4, 5, 7 EStG)[71]: Das ist der Betrag, den ein Erwerber des ganzen Betriebes im Rahmen des Gesamtkaufpreises für das einzelne Wirtschaftsgut ansetzen *würde,* dabei ist davon auszugehen, daß der Erwerber den Betrieb fortführt (§ 6 I Nr. 1 Satz 3 EStG).

Die Bewertung mit dem Teilwert beruht auf der Vorstellung, daß der Wert der Wirtschaftsgüter des Betriebsvermögens wesentlich von der Ertragskraft des Betriebes abhängt und in einem arbeitenden, rentablen Betrieb höher liegt als der Liquidationswert. Dem Teilwert des Steuerbilanzrechts entspricht der Tageswert des Handelsbilanzrechts[72]. Die Kritik am Teilwert betrifft vor allem dessen Unbestimmtheit, nicht seine Angemessenheit im Rahmen des Gesetzeszwecks.

Oberes Richtmaß des Teilwerts ist der **Wiederbeschaffungswert** (= was zur Wiederbeschaffung aufgewendet werden muß); er gilt insb. für Wirtschaftsgüter des Umlaufvermögens. Unteres Richt-

70 Dazu Vorauflage S. 301; *W. Mathiak* (Fn. 63), 111 ff.; *S. F. Seeger* (Fn. 66), 106 ff. Der Auffassung von *J. Schulze-Osterloh* (Fn. 66), die Wahlrechte in § 255 II, III HGB verstießen gegen GoB, vermag ich nicht zu folgen, weil § 255 II, III HGB gesetzliche GoB konstituieren. Dem Kaufmann wird die Möglichkeit eingeräumt, das *für ihn richtige* Periodenergebnis zu bestimmen.

71 Dazu *A. Schnitzler,* Teilwert und gemeiner Wert im Einkommensteuergesetz und im Reichsbewertungsgesetz, Diss. Münster 1936; *A. Jacob,* Das Bewertungsproblem in den Steuerbilanzen, Wiesbaden 1961; *Maaßen,* Der Teilwert im Steuerrecht, Köln 1968; *Horch,* Zum Begriff des Teilwerts, Diss. Bern 1970; *P. Scherpf,* in: FS für Barth, Stuttgart 1971, 75 ff.; *Feldt,* Die Problematik neuerer betriebswirtschaftlicher Teilwertlehren, Diss. München 1971; *Luhmer,* Zur Logik des Teilwerts, ZfbF 85, 1051 ff.; *Doralt,* Der Teilwert als Anwendungsfall des Going-Concern-Prinzips, Eine Kritik an der Teilwertkritik, DStJG Bd. 7 (1984), 142 ff.; *Gümbel,* ZfbF 87, 131; *Schult/Richter,* DStR 91, 1261; *T. Siegel,* DStR 91, 1477; *Schult/Richter,* DStR 92, 208; *A. Moxter,* Bilanzrechtsprechung[3], Tübingen 1993, 204 ff.; *Schmidt/Glanegger,* EStG[13], § 6 Anm. 50–62; R. 35a EStR 1993.

72 *Doralt,* DStJG Bd. 7 (1984), 141 ff.

maß ist der **Einzelveräußerungspreis** (= was sich bei der Veräußerung des einzelnen Wirtschaftsgutes erzielen läßt), er kommt in Betracht für überflüssige Güter. Die Rechtsprechung hat die Vermutung aufgestellt, daß der Teilwert im Zeitpunkt der Anschaffung den Anschaffungskosten entspreche; diese Vermutung gilt nicht bei Fehlmaßnahmen (BFH BStBl. 89, 269; 89, 274; 90, 119).

7.2.5 Allgemeine Bewertungsvorschriften

Hinsichtlich der Bewertung der *einzelnen* (Grundsatz der Einzelbewertung[73]) Wirtschaftsgüter sowie der Entnahmen und Einlagen bestimmt § 6 EStG folgendes: 378

a) Wirtschaftsgüter des **Anlagevermögens,** die (durch Ge- oder Verbrauch) *der Abnutzung unterliegen,* sind mit den Anschaffungs- oder Herstellungskosten, vermindert um die Absetzung für Abnutzung (AfA) nach § 7 EStG (s. Rz. 386 ff.), anzusetzen. Ist der Teilwert niedriger, so *kann* wahlweise dieser Wert oder ein Zwischenwert angesetzt werden (§ 6 I Nr. 1 Sätze 1, 2 EStG).

Anlagevermögen: Wirtschaftsgüter, „die bestimmt sind, *dauernd* dem Geschäftsbetrieb zu dienen" (s. § 247 II HGB). Sie müssen abnutzbar sein. Das gilt für den Geschäfts- oder Firmenwert (§ 7 I 3 EStG, s. Rz. 387) und folgende Sachanlagen i. S. des § 266 Abs. 2 A II HGB: Bauten, technische Anlagen und Maschinen, andere Anlagen, Betriebs- und Geschäftsausstattung.

Beispiel: Steuerpflichtiger schafft einen Pkw für 20 000 DM an. Nutzungsdauer: 5 Jahre. Jährlich werden 4000 DM abgesetzt. Nach zwei Jahren beträgt der Buchwert 12 000 DM. Da ein neues Modell herausgekommen ist, beträgt der Teilwert aber nur noch 8000 DM. Der Pkw kann mit 8000 DM bewertet werden.

Steigt der Teilwert (insb. bei Gebäuden), so darf bei Wirtschaftsgütern, die bereits am Schluß des vorangegangenen Wirtschaftsjahres zum Anlagevermögen gehört haben, der Bilanzansatz nicht über den letzten Bilanzansatz hinausgehen (§ 6 I Nr. 1 Satz 4 EStG). Nicht realisierte Gewinne werden also nicht erfaßt.

b) Wirtschaftsgüter des **nicht abnutzbaren Anlagevermögens** und Wirtschaftsgüter des **Umlaufvermögens** sind mit den Anschaffungs- oder Herstellungskosten anzusetzen. Statt dessen *kann* auch der niedrigere Teilwert angesetzt werden. Bei Wirtschaftsgütern, die bereits am Schluß des vorangegangenen Wirtschaftsjahres zum Betriebsvermögen gehört haben, kann in den folgenden Wirtschaftsjahren der Teilwert auch dann angesetzt werden, wenn er höher ist als der letzte Bilanzansatz; jedoch darf über die Anschaffungs- oder Herstellungskosten nicht hinausgegangen werden (§ 6 I Nr. 2 Satz 3 EStG). Anders als im Falle a) darf eine früher vorgenommene Teilwertabschreibung also rückgängig gemacht werden bis zur Grenze der Anschaffungs- oder Herstellungskosten. Nur insoweit werden auch nicht realisierte Gewinne erfaßt. Eine Besonderheit besteht für Landwirte; sie dürfen im Rahmen ordnungsmäßiger Buchführung uneingeschränkt den höheren Teilwert ansetzen (§ 6 I Nr. 2 letzter Satz EStG), zumal bei Vieh. 379

Nicht abnutzbares Anlagevermögen: Insb. Grund und Boden, Beteiligungen[74], Wertpapiere, Ausleihungen und sonstige Finanzanlagen[75].

---

73 § 252 I Nr. 3 HGB: „Die Vermögensgegenstände und Schulden sind zum Abschlußstichtag einzeln zu bewerten." Dazu *Budde/Geißler,* in: Beck'scher Bilanzkommentar[2], München 1990, § 252 HGB Anm. 22 ff. Handels- und steuerrechtlich sind bei der Bewertung des Vorratsvermögens folgende Ausnahmen vom Grundsatz der Einzelbewertung zugelassen: *Gruppen- oder Sammelbewertungen* (§§ 240 IV; 256 Satz 2 HGB; R. 36 IV EStR 1993); *Festbewertung* (§§ 240 III; 256 Satz 2 HGB; R. 36 V EStR 1993); *Durchschnittsbewertung* (R. 36 III Satz 2–3 EStR 1993); *Lifo-Methode* (§ 256 Satz 1 HGB; ab 1990: § 6 I Nr. 2a EStG, s. Rz. 321, m. Nachw. in Fn. 14; R. 36a EStR 1993). Einzelheiten: *B. Knobbe-Keuk,* Bilanz- und Unternehmenssteuerrecht[9], Köln 1993, 165 ff.; *J. Thiel,* Bilanzrecht[4], Heidelberg 1990, 228 ff.; *P. Glanegger,* Bewertungseinheit und einheitliches Wirtschaftsgut, in: FS für L. Schmidt, München 1993, 145.

74 Dazu *E. Weber,* Grundsätze ordnungsmäßiger Bilanzierung für Beteiligungen, Düsseldorf 1980; *B. Knobbe-Keuk,* Gesellschaftsanteile in Handels- und Steuerbilanz, AG 79, 293. Zum Ausweis

Umlaufvermögen: Wirtschaftsgüter, die nicht bestimmt sind, dauernd dem Geschäftsbetrieb des Unternehmens zu dienen, sondern umgesetzt oder verbraucht werden sollen. Dazu gehören Vorräte (Roh-, Hilfs- und Betriebsstoffe, unfertige Erzeugnisse, fertige Erzeugnisse und Waren sowie auf Vorratsvermögen geleistete Anzahlungen), Forderungen[76], Wertpapiere (auch: nicht verbriefte Anteile an Unternehmen, soweit nicht Anlagevermögen), flüssige Mittel (Schecks, Kassenbestand, Bundesbank- und Postgiroguthaben, Guthaben bei Kreditinstituten).

Zu § 6 I Nr. 2a EStG (Lifo-Verfahren zur Bewertung des Vorratsvermögens) s. oben 321.

380 *Zu a), b):* Soweit § 6 I Nr. 1 Satz 2, Nr. 2 Sätze 2, 3 EStG *Kann*-Vorschriften (= **Wahlrechte**) enthält, setzt sich innerhalb des Ermessensspielraums dieser Vorschriften die Handelsbilanz-Maßgeblichkeit wieder durch. Im Handelsrecht gilt für die Bewertung des Anlagevermögens (s. § 253 II HGB) und des Umlaufvermögens (s. § 253 III HGB) das **Niederstwertprinzip,** d. h. der niedrigere von den genannten Wertansätzen *ist* anzusetzen bzw. *darf* angesetzt werden. Das gilt kraft Maßgeblichkeitsprinzips auch für das Steuerrecht.

c) **Verbindlichkeiten**[77] sind mit den Anschaffungskosten oder dem Teilwert anzusetzen (§ 6 I Nr. 3 i. V. m. Nr. 2 EStG).

Die gesetzliche Verweisung in Nr. 3 auf den Begriff der Anschaffungskosten ist verunglückt, weil der in § 255 I HGB normierte Begriffsinhalt der Anschaffungskosten für die Bewertung von Verbindlichkeiten nicht paßt. Handelsrechtlich sind Verbindlichkeiten zu ihrem **Rückzahlungsbetrag** anzusetzen und Rentenverpflichtungen, für die eine Gegenleistung nicht mehr zu erwarten ist, zu ihrem *Barwert* anzusetzen (§ 253 I 2 HGB). Mit diesen GoB wird der Begriff der Anschaffungskosten bei der steuerbilanziellen Bewertung der Verbindlichkeiten ausgefüllt (vgl. R. 37 I EStR 1993). Der Grundsatz, daß Verbindlichkeiten mit dem Rückzahlungsbetrag zu passivieren sind, verbietet die Abzinsung unverzinslicher oder besonders niedrig verzinslicher Schulden[78].

381 d) *Entnahmen* (s. auch Rz. 439 ff.) und *Einlagen* sind prinzipiell mit dem Teilwert anzusetzen (§ 6 I Nr. 4 Satz 1 und Nr. 5 Satz 1 Halbsatz 1 EStG); es gibt jedoch folgende Ausnahmen bei

aa) **Entnahmen:** Die Bewertung zum Teilwert setzt die Entnahme bilanzierungsfähiger Wirtschaftsgüter voraus, so daß bezüglich der Entnahmen von Nutzungen und Leistungen eine Gesetzeslücke besteht. Entsprechend dem Kostenkorrekturzweck des Entnahmetatbestandes (s. Rz. 370) sind Entnahmen von Nutzungen und Leistungen mit den tatsächlichen Selbstkosten des Steuerpflichtigen zu bewerten (BFH BStBl. 90, 8).

---

der Beteiligung an einer Personengesellschaft in der Bilanz eines einem Gesellschafter gehörenden Gewerbebetriebs s. BFH BStBl. 86, 333 (verneinend); bejahend: *B. Knobbe-Keuk* (Fn. 73), 225 f.; *W. Reiß*, StuW 86, 232, 253; *F. Wrede*, FR 90, 293 (m. w. N.).

75 BFH BStBl. 82, 189; 82, 652; 82, 758.

76 Dazu *Schäfer*, Grundsätze ordnungsmäßiger Bilanzierung für Forderungen[2], Düsseldorf 1977. Geldforderungen sind nach Maßgabe des § 6 I Nr. 2 EStG mit den Anschaffungskosten oder dem niedrigeren Teilwert zu bewerten. Als Anschaffungskosten ist i. d. R. der *Nennwert* anzusetzen, und zwar auch bei unverzinslichen oder niedrig verzinslichen Darlehensforderungen (so BFH BStBl. 90, 117; 90, 639, dazu *M. Groh,* StuW 91, 297, und FS für L. Schmidt, München 1993, *H. Weber-Grellet,* 161, *H. Clemm,* 177, 185 f., *A. Moxter,* 195, 200 f.). Der Ansatz des niedrigeren Teilwerts kommt insb. bei Forderungsausfall und bei Forderungen in ausländischer Währung in Betracht. Bestrittene Forderungen sind überhaupt erst zu bilanzieren, wenn der Streit rechtskräftig entschieden oder einvernehmlich beigelegt ist (s. BFH BStBl. 91, 213).

77 Dazu *Hüttemann*, Grundsätze ordnungsmäßiger Bilanzierung für Verbindlichkeiten[2], Düsseldorf 1976; *B. Knobbe-Keuk* (Fn. 73), 229 ff.; *J. Thiel* (Fn. 73), 222 ff.

78 Dazu *Clemm/Nonnenmacher,* in: Beck'scher Bilanzkommentar[2], München 1990, § 253 HGB Anm. 63; *Stobl,* Zur Abzinsung von Verbindlichkeiten und Rückstellungen für ungewisse Verbindlichkeiten, in: FS für Döllerer, 1988, 615; *H. Weber-Grellet* (Fn. 76), 196 f.; *Schmidt/-Glanegger,* EStG[13], § 6 Anm. 90i. Krit. gegen die h. M.: *J. P. Meincke,* Gilt im Bilanzsteuerrecht ein Abzinsungsverbot für Darlehensschulden?, in: FS der Rechtswissenschaftlichen Fakultät zur 600-Jahr-Feier der Universität zu Köln, 1988, 293.

§§ 6 I Nr. 4 Satz 2–4; 52 XV EStG gestatten Entnahmen zum Buchwert und stellen damit aus *subventionellen* Gründen stille Reserven steuerfrei. § 6 I Nr. 4 Satz 2 und 3 EStG betrifft gemeinnützige Sachspenden. § 6 I Nr. 4 Satz 4 ist durch das Wohnungsbauförderungsgesetz (BGBl. I 89, 2408) eingeführt worden und soll Betriebsgrundstücke für Sozialwohnungen aktivieren. § 52 XV EStG i. d. F. des StRefG 1990 und des WBauFG fördert das Wohneigentum[79].

bb) **Einlagen:** § 6 I Nr. 5 Satz 1 Halbsatz 2 Buchstaben a, b EStG begrenzt die Bewertung auf die 382
Anschaffungs- oder Herstellungskosten (nach § 6 I Nr. 5 Satz 2 EStG zu kürzen um die AfA), wenn das Wirtschaftsgut innerhalb von drei Jahren vor dem Einlagezeitpunkt angeschafft oder hergestellt (Buchstabe a) oder eine wesentliche Beteiligung i. S. des § 17 EStG eingelegt (Buchstabe b) worden ist. Buchstabe a soll verhindern, daß Wirtschaftsgüter bei steigenden Preisen entnommen und nach dem Preisanstieg zum höheren Zeitwert wieder eingelegt und danach veräußert werden. Buchstabe b soll die Versteuerung des § 17 EStG sichern, die durch Einlage der wesentlichen Beteiligung in ein Betriebsvermögen und anschließender Veräußerung umgangen werden könnte.

§ 6 I Nr. 5 Satz 3 EStG regelt schließlich die identische Bewertung von Einlage und Entnahme, wenn in den vorerwähnten Fällen (§ 6 I Nr. 5 Satz 2 EStG) das eingelegte Wirtschaftsgut zuvor entnommen worden ist.

Bei *Eröffnung eines Betriebs* ist § 6 I Nr. 5 EStG entsprechend anzuwenden (§ 6 I Nr. 6 EStG).

e) Bei **unentgeltlichem Erwerb** von *einzelnen Wirtschaftsgütern* – aus betrieblichen 383
Gründen (sonst Einlage!) – gilt § 7 II EStDV: Danach sind die fiktiven Anschaffungskosten anzusetzen[80].

Ob eine Ermächtigung zu § 7 II EStDV vorliegt, ist zumindest zweifelhaft. Verneint man das, kommt man über § 1 BewG zum Teilwert (§ 10 BewG).

f) Bei **entgeltlichem Erwerb eines Betriebs,** Teilbetriebs oder Mitunternehmeranteils 384
sind die Wirtschaftsgüter mit dem *Teilwert,* höchstens mit den Anschaffungs- oder Herstellungskosten anzusetzen (§ 6 I Nr. 7 EStG). Bei *unentgeltlichem* Erwerb eines Betriebes (z. B. durch Schenkung, Erbschaft) hat der Rechtsnachfolger an die vom Rechtsvorgänger angesetzten Werte anzuknüpfen (§ 7 I EStDV)[80].

g) Besondere Vorschriften bestehen für den Fall der **Betriebsaufgabe** (§ 6 III EStG): 385
Veräußerungspreis bzw. gemeiner Wert ist anzusetzen.

7.2.6 Abschreibungen und Zuschreibungen

Literatur: *Albach,* Die degressive Abschreibung, Wiesbaden 1967; *Dietz,* Die Normierung der Abschreibung in Handels- und Steuerbilanz, Opladen 1971; *Costede,* Grundfragen der Absetzungsbefugnis wegen Abnutzung, StuW 86, 44; *Schneeloch,* Abschreibungen und Zuschreibungen, Einzelfragen zur Handels- und Steuerbilanz, WPg 88, 661; *ders.,* Abschreibungen im Rahmen vernünftiger kaufmännischer Beurteilung, DStR 88, 759; *Jakob/Wittmann,* Von Zweck und Wesen steuerlicher AfA, FR 88, 540; *Küting,* Zur Problematik der steuerrechtlichen Abschreibungen gem. § 254 HGB, in: FS für Wöhe, München 1989, 203; *B. Knobbe-Keuk,* Bilanz- und Unternehmenssteuerrecht[9], Köln 1993, 186 ff.; *J. Thiel,* Bilanzrecht[4], Heidelberg 1990, 235 ff.

Bei der Gewinnermittlung sind die Vorschriften über die Absetzung für Abnutzung 386
(AfA) oder Substanzverringerung (§§ 7 ff. EStG) zu befolgen (§§ 4 I 6, 4 III 3, 5 VI EStG).

(1) **AfA**

a) Unter dem Aspekt der Gewinnermittlung durch Vermögensvergleich läßt § 6 I Nr. 1 EStG Absetzungen für Abnutzung auf Wirtschaftsgüter des Anlagevermögens zu, die der Abnutzung unterliegen. Es ist für ein Jahr jeweils nur der Teil der Anschaffungs-

79 Zu § 6 I Nr. 4 Satz 2–4 EStG: *Schmidt/Glanegger,* EStG[13], § 6 Anm. 98, zu § 6 I Nr. 4 Satz 4 EStG: *Biergans,* FR 90, 169; *Seithel,* DStR 90, 373, und zu § 52 XV EStG ausf. u. krit. m. w. N. *Schmidt/Drenseck,* EStG[13], § 10e Anm. 3h.

80 Dazu *B. Knobbe-Keuk,* StuW 78, 226, 229; s. auch *C. Trzaskalik,* StuW 79, 97 ff.

oder Herstellungskosten abzusetzen, der bei gleichmäßiger Verteilung dieser Kosten auf die Gesamtdauer der Verwendung oder Nutzung auf ein Jahr entfällt (Absetzung für Abnutzung in gleichen Jahresbeträgen; § 7 I 1 EStG). Zugleich werden durch das AfA-Verfahren die Anschaffungs- oder Herstellungskosten auf die Jahre der Nutzung des Wirtschaftsguts verteilt[81].

Beispiel: Ein Unternehmer schafft eine Maschine für 10 000 DM an. (Voraussichtliche) Nutzungsdauer: zehn Jahre. Da an die Stelle der 10 000 DM (Aktivposten: Kasse oder Bank) die Maschine (als Aktivposten) tritt, ändert sich das Vermögen nicht. Es ändert (vermindert) sich erst durch die Abnutzung (Entwertung) der Maschine.

387 **Abschreibungsfähig** sind nur abnutzbare Wirtschaftsgüter, also abnutzbare Gebrauchsgegenstände (Pkw, Büroeinrichtung etc.), keine Wirtschaftsgüter, die im Wert steigen wie z. B. Kunstgegenstände[82], nur Gebäude, nicht auch der Grund und Boden, so daß die AfA es gebietet, Gebäude sowie Grund und Boden als selbständige Wirtschaftsgüter zu behandeln. Im weiteren sind auch Gebäudebestandteile, wenn sie vom Gebäude funktionsverschieden sind oder im wirtschaftlichen Eigentum des Mieters stehen, selbständige und gesondert abschreibungsfähige Wirtschaftsgüter (vgl. § 7 Va EStG), so z. B. Mietereinbauten oder -umbauten (s. BFH BStBl. 94, 164 m. w. Nachw.). Abschreibungsfähig sind immaterielle Wirtschaftsgüter, seit 1987 insb. auch der **Geschäfts- oder Firmenwert** (s. § 7 I 3 EStG), sowie **Nutzungsrechte**[83] (Nießbrauch, dingl. Wohnrecht, Erbbaurecht, obligatorisches Nutzungsrecht, Beispiel: Unternehmer errichtet auf fremdem Grund und Boden ein Gebäude. Das Nutzungsrecht ist in der Bilanz als materielles Wirtschaftsgut zu aktivieren und die Herstellungskosten auf die mit dem Eigentümer vereinbarte Nutzungsdauer nach § 7 I EStG zu verteilen. Bei vereinbarter Nutzung für die Lebensdauer des Gebäudes AfA analog § 7 IV, V EStG). Im Falle unentgeltlicher Überlassung eines Wirtschaftsguts zur Nutzung kann allerdings der Nutzende subjektiv nicht abschreibungsberechtigt sein (s. Rz. 398).

388 Wird ein bewegliches Wirtschaftsgut in der ersten Jahreshälfte angeschafft, so gewährt die Finanzverwaltung aus Vereinfachungsgründen die volle **Jahres-AfA;** wird es in der zweiten Jahreshälfte angeschafft, so läßt sie die halbe Jahres-AfA zu (R. 44 II EStR 1993).

Unterläßt der Steuerpflichtige es versehentlich oder irrtümlich, die zulässige AfA anzusetzen, so ist der zu hohe Restbuchwert auf die verbleibende Nutzungsdauer zu verteilen; anders, wenn Unterlassung und Nachholung der AfA nur dazu dienen sollen, die Jahressteuern zu manipulieren[84].

389 b) Die Verwendung oder Nutzung muß sich erfahrungsgemäß auf mehr als ein Jahr (sog. betriebsgewöhnliche Nutzungsdauer) erstrecken (§ 7 I 1 EStG). Das BMF gibt **AfA-Tabellen** heraus, aus denen die betriebsgewöhnliche Nutzungsdauer der aufgeführten Wirtschaftsgüter zu entnehmen ist[85]. Die Finanzgerichte sind an die AfA-Tabellen nicht

81 Allgemein zur AfA: *Jakob/Wittmann,* FR 88, 540.

82 Zur AfA wegen technischer Abnutzung eines antiken Schreibtisches s. BFH BStBl. 86, 355. Dazu *H. Lück,* Antiquitäten im Steuerrecht, DStZ 90, 216; *ders.,* DStZ 91, 322.

83 BFH BStBl. 70, 382 (Abstandzahlung eines Mieters); 74, 481 (Nießbrauch); 77, 595 (entgeltlich erworbenes Mietrecht); 78, 386; 79, 38; 79, 399; 79, 401; 80, 244; 81, 68; 81, 295, 297; 81, 299; 82, 594; 83, 735; 84, 202; 92, 67 (Vorbehaltsnießbraucher); 94, 319, 320; HHR, EStG, § 7 Anm. 121; *Schmidt/Drenseck,* EStG[13], § 7 Anm. 2 f; *J. Thiel* (Fn. 73), 150 ff.; *ders.,* DStJG 14 (1991), 183 ff.

84 Dazu BFH BStBl. 66, 88 f.; 67, 386; 81, 255.

85 *BMF* (Hrsg.), Handausgabe „AfA-Tabellen" (Vertrieb: Stollfuß-Verlag, Bonn). Zur Anwendung der amtlichen Handausgabe im ehemaligen Gebiet der DDR und Berlin (Ost) *BMF* BStBl. I 90, 725.

gebunden (BFH BStBl. 92, 1000). Entgegen dieser Entscheidung setzt die Verwaltung für private Pkw keine betriebsgewöhnliche Nutzungsdauer von acht Jahren an. In BStBl. I 92, 734; 93, 483, ist vielmehr eine für Betriebs- und Privat-Pkw einheitliche Nutzungsdauer von fünf Jahren festgelegt (s. bereits Rz. 263). Die betriebsgewöhnliche Nutzungsdauer des Geschäfts- oder Firmenwerts ist durch § 7 I 3 EStG auf 15 Jahre festgesetzt worden.

c) § 7 EStG regelt verschiedene **AfA-Methoden,** die der Steuerpflichtige wählen kann. 390
Demnach gewährt § 7 EStG steuerrechtliche Wahlrechte, die der Steuerpflichtige nach § 5 I 2 EStG in Übereinstimmung mit der handelsrechtlichen Jahresbilanz auszuüben hat (vgl. auch BFH BStBl. 90, 681). Zu unterscheiden sind folgende AfA-Methoden:

aa) AfA **in gleichen Jahresbeträgen** (lineare AfA); die Anschaffungs- oder Herstellungskosten werden gleichmäßig auf die voraussichtliche Nutzungsdauer verteilt (§ 7 I 1, 2 EStG). Für Gebäude gilt die Sonderregel des § 7 IV EStG;

bb) nur für bewegliche Güter: AfA **nach Maßgabe der Leistung,** wenn der Umfang der auf einzelne Jahre entfallenden Leistung nachgewiesen wird (§ 7 I 4 EStG);

Beispiel: Voraussichtliche Gesamtleistung eines Kfz: 100 000 km. Steuerpflichtiger fährt im ersten Jahr 15 000 km, im zweiten Jahr 25 000 km, im dritten Jahr 30 000 km. – Absetzen kann er im ersten Jahr 15 v. H., im zweiten Jahr 25 v. H., im dritten Jahr 30 v. H. der Anschaffungskosten etc.

cc) AfA **in fallenden Jahresbeträgen** (degressive AfA); sie kann dem Umstand Rech- 391
nung tragen, daß ein Wirtschaftsgut in den ersten Jahren der Nutzung schneller veraltet als in den folgenden. Die steuerliche Inanspruchnahme der degressiven AfA setzt ihren Ansatz in der Handelsbilanz voraus (BFH BStBl. 90, 681).

Degressive AfA ist vorgesehen für bewegliche Wirtschaftsgüter (§ 7 II EStG) und für Gebäude, Gebäudeteile und Eigentumswohnungen (§ 7 V, Va EStG);

Beispiel: Steuerpflichtiger schafft Anfang 1984 eine Maschine für 10 000 DM an. Voraussichtliche Nutzungsdauer: zehn Jahre.

	lineare AfA: 10 v. H. der Anschaffungs- oder Herstellungskosten		degressive (Buchwert-)AfA: 20 v. H. (Höchstsatz 30 v. H.) vom jeweils verbleibenden Buchwert	
	Buchwert	AfA	Buchwert	AfA
1. 1. 1984	10 000		10 000	
31. 12. 1984	9 000	1 000	8 000	2 000
31. 12. 1985	8 000	1 000	6 400	1 600
31. 12. 1986	7 000	1 000	5 120	1 280
31. 12. 1987	6 000	1 000	4 096	1 024
31. 12. 1988	5 000	1 000	3 277	819

dd) Absetzung wegen **außergewöhnlicher** (einen erhöhten Werteverzehr auslösender) 392
Abnutzung (§ 7 I 5 EStG), und zwar wegen *technischer* (z. B. durch mehrschichtige Nutzung, Beschädigung, Zerstörung, etwa durch Brand, Hochwasser) oder *wirtschaftlicher* (z. B. durch neue Erfindungen, Modewechsel, neues Modell) Abnutzung – entsprechend dem Grad der Abnutzung. Zulässig ist dies nur für Wirtschaftsgüter, für die die AfA nicht degressiv bemessen wird (§ 7 II 4 EStG).

Mit einer Teilwertabschreibung läßt sich eventuell das gleiche erreichen. Für die Absetzung wegen außergewöhnlicher Abnutzung ist aber unerheblich, ob und inwieweit der Teilwert gesunken ist.

393 d) Für **Gebäude** sind Sonderregeln zu beachten (§ 7 IV, V EStG), die nach § 7 Va EStG auf Gebäudeteile, die selbständige *unbewegliche* Wirtschaftsgüter sind, sowie auf Eigentumswohnungen und auf im Teileigentum stehende Räume entsprechend anzuwenden sind. Auch für Nutzungsrechte kommt eine analoge Anwendung der Vorschriften in § 7 IV, V EStG in Betracht (s. Rz. 387).

Die degressive AfA nach § 7 V EStG ist zwar nach BFH BStBl. 94, 322, keine erhöhte Absetzung, demnach keine Steuervergünstigung i. S. d. § 7a EStG (s. Rz. 397). Indessen wird sie vom Gesetzgeber wie eine Lenkungsmaßnahme, ihre Auswirkung wie eine frei verfügbare Finanzmasse behandelt, so daß die Fassungen des § 7 V EStG, insb. die Abschreibungssätze immer wieder verändert werden[86].

394 (2) **Absetzung wegen Substanzverringerung**

Bei Bergbauunternehmen, Steinbrüchen und anderen abbau- oder ausbeutungsfähigen Betrieben, bei denen die Substanz verbraucht wird, kann auf der Grundlage der Anschaffungskosten linear abgesetzt werden; zulässig sind aber auch Absetzungen entsprechend dem Substanzverzehr (§ 7 VI EStG).

Beispiel: Steuerpflichtiger erwirbt Kiesvorkommen für 50 000 DM. Geschätztes Gesamtvolumen: 500 000 cbm. Beträgt die Förderung im ersten Jahr 50 000 cbm = 10 v. H., so können 10 v. H. von 50 000 DM = 5000 DM abgesetzt werden.

395 (3) **Bewertungsfreiheiten**

Wird dem Steuerpflichtigen abweichend von den Grundregeln des § 7 EStG ein niedrigerer Ansatz zugestanden, so spricht man von Sofortabschreibung, Sonderabschreibung, erhöhter Absetzung. Sie wird gewährt aus Vereinfachungs- und/oder wirtschaftspolitischen Gründen.

396 a) **Sofortabschreibung aus Vereinfachungsgründen:** Nach § 6 II EStG können die Anschaffungs- oder Herstellungskosten für bewegliche abnutzbare Wirtschaftsgüter des Anlagevermögens, die selbständig nutzbar und bewertbar sind, sogleich zur Gänze als Betriebsausgaben abgesetzt werden, wenn die Kosten für das einzelne Wirtschaftsgut 800 DM nicht übersteigen (sog. geringwertiges Wirtschaftsgut). *Systematisch* gehört § 6 II EStG zu § 7 EStG. BFH BStBl. 84, 312, hat § 6 II EStG auf *Einlagen* entsprechend angewendet.

397 b) Die allgemein in § 7a EStG geregelten *Sonderabschreibungen* und *erhöhten Absetzungen* sind wirtschaftslenkende Steuervergünstigungen (s. § 20 Rz. 18 ff.).

398 (4) **Subjektive Abschreibungsberechtigung**

Abschreibungsberechtigt ist, wer das abschreibungsfähige Wirtschaftsgut zur Erzielung von Einkünften einsetzt. Dies ist insb. der Fall, wenn das Wirtschaftsgut dem Betriebsvermögen zuzuordnen ist, d. h. das Wirtschaftsgut dem Steuerpflichtigen zuzurechnen ist (s. Rz. 365) und es vom Steuerpflichtigen betrieblich genutzt wird. Die subjektive Abschreibungsberechtigung setzt kein zivilrechtliches oder wirtschaftliches Eigentum voraus (BFH BStBl. 82, 454; 83, 627; 92, 67; 94, 319, 320). So kann insb. der **Inhaber eines Nutzungsrechts** abschreibungsberechtigt sein (s. Rz. 387, sowie BFH BStBl. 90, 888, und zur AfA-Befugnis eines Vorbehaltsnießbrauchers BFH BStBl. 92, 67, bestätigt durch BFH BStBl. 94, 319, 320); dabei wird das Nutzungsrecht und nicht das belastete

86 Die Fassung des EStG 1981 wurde geändert durch 2. Haushaltsstrukturgesetz v. 22. 12. 1981 (BGBl. I 81, 1523), sodann Änderungen durch Gesetz v. 19. 12. 1985 (BGBl. I 85, 2434), durch Gesetz v. 30. 6. 1989 (BGBl. I 89, 1267), durch StandOG v. 13. 9. 1993 (BGBl. I 93, 1569) und durch StMBG vom 21. 12. 1993 (BGBl. I 93, 2310). Zu den erstmaligen Anwendungen der diversen Fassungen s. §§ 52 VIII EStG 1985; 52 IXa EStG 1993.

Wirtschaftsgut abgeschrieben. Indessen muß der Inhaber des Nutzungsrechts neben dem Tatbestand der Einkunftserzielung auch den Aufwendungstatbestand verwirklichen; ist dies nicht der Fall, so liegt nach der jüngsten Rspr. des BFH (s. Rz. 222, dort Fn. 47) nichtabziehbarer sog. Drittaufwand vor. Demnach spricht die Rspr. (BFH BStBl. 90, 888; 92, 67; 94, 319, 320) die AfA nur dem zu, der die Anschaffungs- oder Herstellungskosten getragen hat (z. B. BFH BStBl. 92, 67: Vorbehaltsnießbraucher).

Indessen ist auch gegen diese Rspr. einzuwenden, daß der Inhaber des Nutzungsrechts durch den Wertverzehr des Gebäudes nicht belastet wird, so daß auch er den Aufwendungstatbestand nicht verwirklicht. Die Anschaffungs- und Herstellungskosten sind nicht für den Nießbrauch, sondern für das (weggeschenkte) Eigentum aufgewendet worden[87]. Auch hieran zeigt sich, daß das Drittaufwand-Problem dogmatisch folgerichtig und zugleich mit befriedigenden Ergebnissen kaum zu lösen ist; das Beste für die Verwirklichung des objektiven Nettoprinzips und die Vermeidung eines Dummensteuereffekts wäre es, Drittaufwand und **Dritt-AfA per Gesetz** zuzulassen (s. Rz. 224). 399

Die Abspaltung eines abschreibungsfähigen Nutzungsrechts vom Eigentum ist zu unterscheiden von der **unentgeltlichen Übertragung desselben Wirtschaftsguts,** z. B. die Übertragung von Eigentum (anstelle der Einräumung des Nießbrauchs am Eigentum) oder die Übertragung des Nießbrauchs. In diesen Fällen tritt der Rechtsnachfolger, wenn das Wirtschaftsgut nicht zu einem Betriebsvermögen gehört, gem. § 11d EStDV in die „Fußstapfen" seines Rechtsvorgängers und führt dessen AfA fort. Als Rechtsnachfolger i. S. d. § 11d EStG war bisher auch der **Vermächtnisnießbraucher** anerkannt[88]. Jedoch hat BFH BStBl. 94, 319[89], entschieden, daß dem Vermächtnisnießbraucher die AfA-Befugnis nicht zustehe, weil die vom Erblasser getragenen Anschaffungs-/Herstellungskosten nach dessen Tode nicht dem Vermächtnisnehmer, sondern dem Erben als Gesamtrechtsnachfolger des Erblassers zuzurechnen seien. Folge: Der Erbe ist Rechtsnachfolger i. S. d. § 11d EStDV, ist aber gleichwohl nicht AfA-befugt, weil er während des Vermächtnisnießbrauchs mit dem Wirtschaftsgut keine Einkünfte erzielen kann (ungeschickte Rechtsgestaltung!, s. Rz. 224). BFH BStBl. 94, 319, unterscheidet die Rechtspositionen des Eigentums und des Nießbrauchs fein säuberlich, was die Rspr. zum Vorbehaltsnießbrauch nicht leistet (s. Rz. 399). Wird ein Wirtschaftsgut des Betriebsvermögens unentgeltlich aus betrieblichem Anlaß übertragen, so ergibt sich die AfA-Bemessungsgrundlage des Empfängers aus § 7 II EStDV. Bei privatem Anlaß hat der Zuwendende eine Entnahme zu buchen; die AfA des Empfängers bemißt sich nach dem Entnahmewert (R. 43 VI EStR 1993). Die AfA wird auch fortgeführt nach § 7 I EStDV in den Fällen der Betriebs/Teilbetriebs-/Mitunternehmer-Anteilsübertragung (s. unten Rz. 424 ff.). 400

(5) **Zuschreibungen** 401

Zuschreibungen sind in Gestalt sog. **Wertaufholungen** nach Maßgabe des § 6 I Nr. 1 Satz 4 und Nr. 2 Satz 3 EStG zulässig. Diese Vorschriften räumen dem Steuerpflichtigen das **Wahlrecht** ein, den Wertansatz von Wirtschaftsgütern auf den Teilwert zu erhöhen; es dürfen jedoch höchstens die Anschaffungs- oder Herstellungskosten angesetzt werden. Im Falle von Einlagen bzw. einer Betriebseröffnung ergibt sich die Obergrenze aus dem nach § 6 I Nrn. 5, 6 EStG an die Stelle der Anschaffungs- oder Herstellungskosten tretenden Wert, der um die AfA zu vermindern ist (§ 6 I Nr. 1 Satz 4 EStG). Für das

87 *Schmidt/Drenseck,* EStG[13], § 7 Anm. 3e (5): „Es fällt auf, daß der BFH nicht etwa eine Abschreibung auf das Nießbrauchsrecht zubilligt, sondern eine AfA auf das mit dem Vorbehaltsnießbrauch belasteten Wirtschaftsgut. Auf der Linie der zur Einlage von Nutzungsrechten ergangenen Rspr. hätte es nahegelegen, eine AfA auf ein Nießbrauchsrecht zu gewähren (Abschreibung wie ein materielles Recht)."

88 So der Nießbrauchserlaß BMF BStBl. I 84, 561, Tz. 51; *L. Schmidt,* FR 82, 598; *Schmidt/Drenseck,* EStG[13], § 7 Anm. 3e (9); *R. Stephan,* LBH, EStG, § 21 Rn. 23.

89 Zur Anwendung des Urteils BMF BStBl. I 94, 258.

abnutzbare Anlagevermögen ist das Wertaufholungswahlrecht durch das Wohnungsbauförderungsgesetz (BGBl. I 89, 2408) eingeführt worden.

Das steuerrechtliche Wertaufholungswahlrecht ist nach § 5 I 2 EStG in Übereinstimmung mit der handelsrechtlichen Jahresbilanz auszuüben. Handelsrechtlich sind Wertaufholungen zulässig, wenn die Gründe für Abschreibungen nicht mehr bestehen. §§ 253 V; 254 Satz 2 HGB räumen ein Wahlrecht zwischen Beibehaltung des Wertansatzes und Wertaufholung ein[90].

8. Gewinn- und Verlustrealisierung

Literatur: *Maute,* Die steuerliche Behandlung von Ersatzbeschaffungen, Diss. rer. pol. Bern 1964; *L. Neumann,* Gewinnrealisierung im Steuerrecht, Diss. rer. pol. Köln 1964; *U. Niemann,* Probleme der Gewinnrealisierung innerhalb des Konzerns, Diss. Köln 1968; *Salditt,* Verlagerung von Wirtschaftsgütern in die auslandsbelegene Betriebstätte eines einheitlichen Unternehmens, Grundsätzliches zur steuerlichen Realisation stiller Reserven, Diss. Köln 1969; *Luckey,* Steuerliche Gewinnrealisierung bei Umwandlung von Unternehmungen und Übertragung einzelner Wirtschaftsgüter, Wiesbaden 1977; *Döring,* Zur Vereinbarkeit des Realisationsprinzips mit dem Prinzip der Gleichmäßigkeit der Besteuerung, DStR 77, 271; *R. Thiel,* Das Umwandlungssteuerrecht im Wandel der Zeiten, in: FS für Flume II, Köln 1978, 281; *Bordewin* und *Raupach,* Einschlägige Gewinnrealisierungsprinzipien bei Transaktionen zwischen Personengesellschaften und ihren Gesellschaftern, in: Kruse (Hrsg.), Die Grundprobleme der Personengesellschaft im Steuerrecht, DStJG Bd. 2 (1979), 67, 87; *Luckey,* Gewinnrealisierung bei Unternehmungsumwandlung und bei Übertragung einzelner Wirtschaftsgüter, StuW 79, 129; *G. Felix,* Zur Gewinnrealisierung, StbKongrRep. 1980, 129; *Pietschmann,* Gewinnrealisierung und Veräußerung, insb. der Zeitpunkt der Gewinnrealisierung, DStR 80, 645; *Uelner,* Probleme der Gewinnrealisierung, in: Bericht über die Fachtagung 1980 des Instituts der Wirtschaftsprüfer, Düsseldorf 1980, 131; *Ruppe* (Hrsg.), Gewinnrealisierung im Steuerrecht, DStJG Bd. 4 (1981), mit Beiträgen von *Tipke, Beisse, Lang, Luik, Clemm, Trzaskalik, Widmann, Stoll, J. Thiel, Schaumburg; Heibel,* Handeslrechtliche Bilanzierungsgrundsätze und Besteuerung, Köln 1981; *M. Reich,* Die Realisation stiller Reserven im Bilanzsteuerrecht, Zürich 1983 (schweiz. Habilitationsschrift); *Moxter,* Das Realisationsprinzip – 1884 und heute, BB 84, 1780; *B. Knobbe-Keuk,* Besteuerung stiller Reserven mit und ohne Gewinnrealisierung, DStR 85, 494; *dies.,* StbKongrRep. 1985, 69; *Kobs,* Änderungen der Unternehmensformen im Bilanzsteuerrecht[5], Herne/Berlin 1986; *Burmester,* Probleme der Gewinn- und Verlustrealisierung, Baden-Baden 1986; *Wassermeyer,* StbKongrRep. 1986, 69; *Lüders,* Der Zeitpunkt der Gewinnrealisierung im Handels- und Steuerbilanzrecht, Köln 1987; *Pelka,* FR 87, 321; *Woerner,* BB 88, 769; *Spori,* ASA Bd. 57 (1988), 65 ff.; *R. Euler,* Grundsätze ordnungsmäßiger Gewinnrealisierung, Düsseldorf 1989; *Hörger/Stobbe,* Die Zuordnung stiller Reserven beim Ausscheiden eines Gesellschafters einer Personengesellschaft, DStR 91, 1230; *T. Siegel,* Stille Reserven beim Unternehmens- oder Anteilsverkauf, Geschäftswert und Teilwert, DStR 91, 1477; *F. Pach-Hanssenheimb,* Die Verstrickung von Wirtschaftsgütern in die deutsche Steuerhoheit, Baden-Baden 1991; *B. Knobbe-Keuk,* Bilanz- und Unternehmenssteuerrecht[9], Köln 1993, 244 ff., 268 ff.; *F. Wassermeyer,* Die Übertragung von Wirtschaftsgütern unter Vermeidung der Aufdeckung stiller Reserven, BB 94, 1.

8.1 Prinzipien der Gewinn- und Verlustrealisierung

402 Das Jahresergebnis der Steuerbilanz hängt wesentlich von den Prinzipien ab, nach denen Erträge und Aufwendungen in einer Periode anzusetzen sind. Im Unterschied zu den Überschußrechnungen nach den §§ 4 III; 8 ff. EStG gelten nicht das *Zuflußprinzip* und das *Abflußprinzip* (§ 11 I 1, II 1 EStG; Rz. 192 ff.), sondern ein System handelsrechtlicher und spezifisch steuerrechtlicher Prinzipien der Gewinn- und Verlustrealisierung, die festlegen, *wann* ein Gewinn oder Verlust erwirtschaftet ist.

90 Dazu *Harms/Küting/Weber,* DB 86, 653; *Küting,* DStR 89, 227, 270.

a) Kraft der Maßgeblichkeit der *handelsrechtlichen GoB* für die Steuerbilanz (s. Rz. 307 ff.) wird das steuerbilanzielle Periodenergebnis zunächst durch das **Realisationsprinzip** und das **Imparitätsprinzip** bestimmt. 403

Nach dem bereits oben (s. Rz. 317) angesprochenen Realisationsprinzip (§ 252 I Nr. 4 letzter Halbsatz HGB) werden Wertsteigerungen bis zum Zeitpunkt der Realisation nicht in der Bilanz ausgewiesen. Insoweit bilden sich bis zum Realisationszeitpunkt die sog. **stillen Reserven** (s. Rz. 410 f.). § 252 I Nr. 4 letzter Halbsatz HGB läßt den Realisationszeitpunkt offen; insoweit wird diese Vorschrift durch GoB konkretisiert (s. Rz. 408).

Vor dem durch GoB bestimmten Realisationszeitpunkt dürfen keine Gewinne, wohl aber nach dem *Imparitätsprinzip* Verluste und vorhersehbare Risiken in der Bilanz ausgewiesen werden (§ 252 I Nr. 4 HGB; s. Rz. 318 f.). Dies geschieht insb. durch Rückstellungen für ungewisse Verbindlichkeiten und für drohende Verluste aus schwebenden Geschäften (s. Rz. 346 ff.).

Der imparitätische Ausweis von Gewinnen und Verlusten entspricht dem übergeordneten **Vorsichtsprinzip,** das die Haftungssubstanz des Unternehmens erhalten, überhöhte Gewinnentnahmen und übermäßige Steuerbelastungen vermeiden will (s. Rz. 316).

b) Realisationsprinzip und Imparitätsprinzip als Unterprinzipien des handelsrechtlichen Vorsichtsprinzips harmonisieren durchaus mit den *spezifisch steuerrechtlichen Prinzipien.* Wie bereits oben (§ 8 Rz. 33) ausgeführt, gehört das Realisationsprinzip zu den *Fundamentalkonkretisierungen des Markeinkommens.* Die **Markteinkommensteuer** erfaßt grundsätzlich nur das erwirtschaftete Einkommen. Dadurch erstreckt sich der Steuerzugriff grundsätzlich nur auf liquides Einkommen. Die Gefahr falscher Bewertung nicht realisierten Vermögenszuwachses wird vermieden. Realisationsprinzip und Imparitätsprinzip verhüten grundsätzlich Substanzbesteuerung, indem Vermögen nur insoweit zur Besteuerung freigegeben wird, als es in seinem Bestand gefestigt und nicht durch absehbare künftige Ereignisse gefährdet ist. 404

Dem Vorzug einer *vorsichtigen* Besteuerung, die dem verfassungsrechtlichen Übermaßverbot Rechnung trägt, steht allerdings der Nachteil **unvollständiger Erfassung** steuerlicher Leistungsfähigkeit gegenüber. Daher bedürfen die handelsrechtlichen Grundsätze der Gewinn- und Verlustrealisierung dort *steuerspezifischer* Ergänzung, wo die vollständige Erfassung des erwirtschafteten Einkommens nicht gewährleistet ist: In den Fällen der Entnahme, der Betriebsaufgabe, der Überführung von Wirtschaftsgütern in das Ausland, etc. müssen nämlich die stillen Reserven abgerechnet werden, die in der Erwerbssphäre erwirtschaftet worden sind; zumindest handelt es sich um Steigerungen im Betriebsvermögen, die nach der Konzeption des Gewinnbegriffs in § 4 I EStG der Erwerbssphäre zuzuordnen sind. Dazu haben sich folgende *steuerspezifische Prinzipien der Gewinn- und Verlustrealisierung* herausgebildet:

aa) **Prinzip der Buchwertverknüpfung**[91]: Solange die stillen Reserven steuerlich erfaßt bleiben, kann die Bewertung der Wirtschaftsgüter beibehalten, d. h. können die Buchwerte steuerneutral fortgeführt werden. Das Prinzip der Buchwertverknüpfung greift in folgenden Fällen Platz: 405

– Das stille Reserven enthaltende Vermögen wird **unentgeltlich** übertragen. Eine Wertaufdeckung durch Leistungsaustausch findet hier nicht statt, so daß es das durch das Markteinkommensprinzip konkretisierte Übermaßverbot rechtfertigt, die Buchwerte selbst beim Übergang stiller Reserven auf andere Steuerrechtssubjekte beizubehalten (s. §§ 7 I; 11d EStG, s. Rz. 424 f.).

91 Dazu *B. Knobbe-Keuk,* Bilanz- und Unternehmenssteuerrecht[9], Köln 1993, 786 ff.; *J. Lang,* Die Bemessungsgrundlage der Einkommensteuer, Köln 1981/88, 353 ff.

– Das stille Reserven enthaltende Vermögen wird **umstrukturiert.** In diesen Fällen kann der Steuerzugriff den Effekt haben, daß der Umstrukturierungsprozeß gestört oder gar verhindert wird. Eine solche Besteuerung zur Unzeit rechtfertigt ihren Aufschub (s. Rz. 415 ff.) und auch den Übergang stiller Reserven auf andere Steuerrechtssubjekte (z. B. geregelt durch das Umwandlungssteuergesetz, s. Rz. 429 ff.).

406 bb) **Prinzip der Steuerentstrickung**[92]: Im Zeitpunkt des Ausscheidens aus der Steuerverstrickung wird es erforderlich, die stillen Reserven steuerlich als ultima ratio abzurechnen (s. Rz. 438). Gegen das Entstrickungsprinzip wird eingewendet, daß es keine Stütze im Steuergesetz fände[93].

8.2 Gewinnrealisierung bei entgeltlicher Leistung

407 Der verfassungsrechtliche Inhalt des Realisationsprinzips, der den Steuergesetzgeber anweist, die Besteuerung nach der Leistungsfähigkeit *wirtschaftlich maßvoll* zu gestalten, dabei die Besteuerung auf *möglichst sichere Werte* abzustellen und nach dem Grundsatz der Verhältnismäßigkeit von mehreren möglichen Werten einen hinreichend sicheren Wert auszuwählen[94], führt zunächst in gleicher Weise wie das *handelsrechtliche Vorsichtsprinzip* zu einem **Realisationsaktprinzip,** d. h. zu einem *prinzipiellen Vorrang* der Realisationswerte, die durch Leistungsaustausch, durch Umsatzakt entstehen.

408 Im Falle eines Umsatzaktes kommen grundsätzlich drei **Realisationszeitpunkte** in Betracht: der Zeitpunkt des *Vertragsabschlusses,* der *Leistung* und schließlich der *Bezahlung des Entgelts.*

Beispiel: Autohändler verkauft im März ein Auto. Im Juli wird das Auto geliefert. Im August überweist der Kunde den Kaufpreis. Frage: Wann ist der Verkaufsgewinn erwirtschaftet? Im März, Juli oder August? Der sicherste Zeitpunkt ist die Bezahlung des Entgelts, im Beispielsfalle die Gutschrift des Kaufpreises auf dem Bankkonto. Gleichwohl hat sich der GoB entwickelt, bei der *Leistung* den Gewinn auszuweisen. Im Beispielsfalle wird die Kaufpreisforderung im Zeitpunkt der Lieferung aktiviert und als Ertrag, der Buchwert des Autos als Aufwand gebucht. Damit ist im Juli der Gewinn realisiert.

409 Bis zum Zeitpunkt der Leistung als dem Realisationszeitpunkt ist ein **schwebendes Geschäft**[95] anzunehmen. Solange ein Geschäft schwebt, ist ein Gewinnausweis nicht zulässig. Wohl aber müssen nach dem Imparitätsprinzip (s. oben Rz. 318 f.) für drohende Verluste aus schwebenden Geschäften Rückstellungen gebildet werden (§ 249 I 1 HGB)[96]. Risiken, die dem Geschäft nach der Leistungserbringung durch den Verkäufer, jedoch vor dem Zufluß der Gegenleistung noch anhaften, können durch Wertberichtigung des Erfüllungsanspruchs berücksichtigt werden. § 11 I EStG gilt nicht (s. § 11 I 4 EStG).

---

92 Dazu *F. Salditt,* Verlagerung von Wirtschaftsgütern in die auslandsbelegene Betriebstätte eines einheitlichen Unternehmens: Grundsätzliches zur steuerlichen Realisation stiller Reserven, Diss. Köln 1969; *K. Tipke,* StuW 72, 264; *Hellwig,* DStR 79, 335; *Schaumberg,* DStJG Bd. 4 (1981), 247; *Halfar,* FR 85, 582; *Schöne,* FR 85, 582; *B. Knobbe-Keuk* (Fn. 91), 277 f.; *Debatin,* BB 90, 826; *F. Wassermeyer,* BB 94, 1.

93 BFH BStBl. 72, 455; 76, 246; *K. Tipke,* StuW 72, 264; *B. Knobbe-Keuk* (Fn. 91), 277 f.

94 Dazu *J. Lang* (Fn. 91), 344 ff.

95 Dazu *Friederich,* Grundsätze ordnungsmäßiger Bilanzierung für schwebende Geschäfte[2], Düsseldorf 1976; *Bieg,* Schwebende Geschäfte in Handels- und Steuerbilanz, Frankfurt/Bern 1977; *Heibel,* Handelsrechtliche Bilanzierungsgrundsätze und Besteuerung, Köln 1981; *G. Crezelius,* in: FS für Döllerer, Düsseldorf 1988, 81; *Nieskens,* FR 89, 537; *Woerner,* in: Mellwig/Moxter/Ordelheide, Handelsbilanz und Steuerbilanz, Wiesbaden 1989, 33.

96 Der drohende Verlust ist ein Unterfall des vorhersehbaren Verlustes i. S. des § 252 I Nr. 4 HGB. Dazu grundsätzlich *Baetge/Knüppe,* Vorhersehbare Risiken und Verluste, in: Handwörterbuch unbestimmter Rechtsbegriffe im Bilanzrecht des HGB, Köln 1986, 394 ff.

Da nicht realisierte Wertzuwächse nicht erfaßt werden, können sich **stille Reserven** bilden. Stille Reserve ist der Unterschiedsbetrag zwischen Buchwert und höherem gemeinen Wert (Verkehrswert) oder Teilwert eines Wirtschaftsguts. Im Zeitpunkt der Leistung wird die stille Reserve aufgedeckt und steuerlich erfaßt. 410

Stille Reserven entstehen insb. durch

- legale Nichtberücksichtigung von Wertzuwächsen infolge des Anschaffungs- oder Herstellungskostenprinzips des § 6 I Nrn. 1, 2 EStG;
- legale erhöhte Absetzungen oder Sonderabschreibungen (s. § 20 Rz. 19 f.);
- legale Sofortabschreibung von geringwertigen Wirtschaftsgütern (s. Rz. 396);
- illegale oder sonst übermäßige Maßnahmen, wie übermäßige Absetzung für Abnutzung, zu niedrige Teilwertansätze, überhöhte Rückstellungen[97];
- inflationäre Erscheinungen.

Gewinnrealisierung ist grundsätzlich auch dann anzunehmen, wenn ein **Tausch** vorliegt, das Veräußerungsentgelt also nicht in Bargeld, sondern in Sachwerten oder in Dienstleistungen besteht (wegen Ausnahmen s. unten). Die Anschaffungskosten (§ 6 I Nrn. 1, 2 EStG) bestehen dann in dem Verkehrswert (= gemeinen Wert) des hingegebenen Wirtschaftsguts[98]. 411

Bei über die Steuerperiode hinausgehender, **langfristiger Auftragsfertigung**[99] entstehen bis zur Auftragsbeendigung und -abrechnung erhebliche Probleme aus dem technischen Periodizitätsprinzip (s. Rz. 44 ff.). Obwohl Aufwendungen und Erträge sich wirtschaftlich auf einen bestimmten Auftrag beziehen, können sie auf verschiedene Jahre entfallen. Die nicht aktivierbaren Kosten führen zu Aufwendungen, die Erträge entstehen erst in einem späteren Jahr bei Beendigung des Gesamtauftrags. M. a. W.: Erheblichen Verlusten folgen in späteren Jahren um so höhere Gewinne. Die Schwankungen der Bemessungsgrundlage können wegen des progressiven Tarifs nachteilig sein. Die Rechtsprechung hat (dogmatisch ungesichert) eine angemessene Verteilung des Gewinns auf die einzelnen Jahre der Auftragsfertigung (Bauperiode) zugelassen[100]. (Entgeltliche) *Teilleistungen* führen nach h. M. zur Gewinnrealisierung, wenn es sich um selbständig abgrenzbare Leistungen handelt, die zum Bilanzstichtag fertiggestellt und vom Empfänger abgenommen sind. Es zeigt sich auch hier, daß das strenge Periodizitätsprinzip nur in Verbindung mit einer *allgemeinen* Härteklausel tragbar ist. 412

§ 16 I EStG enthält **Sondertatbestände der Veräußerung**, nämlich der Veräußerung des ganzen Betriebs, eines Teilbetriebs, einer 100%igen Beteiligung an einer Kapitalgesellschaft, eines Mitunternehmeranteils und des Anteils eines persönlich haftenden Gesellschafters einer KG auf Aktien. Wie die stillen Reserven zu erfassen sind, ergibt sich aus § 16 II EStG (s. auch §§ 14, 14a, 18 III EStG). 413

Über Gewinnrealisierung bei Veräußerung von Anteilen an Personengesellschaften und bei Ausscheiden von Personengesellschaftern s. *B. Knobbe-Keuk*, Bilanz- und Unternehmenssteuerrecht[9], Köln 1993, 897 ff., 902 ff. 414

97 Dazu *Heinen*, Handelsbilanzen[12], Wiesbaden 1986, 324 ff.

98 BFH GrS BStBl. 59, 30; 60, 492; 70, 743; 75, 58; *Wassermeyer*, DStJG Bd. 7 (1984), 169 ff.; *Groh*, Der Erfolgsmaßstab beim Tausch, in: FS für Döllerer, Düsseldorf 1988, 157 ff.

99 Dazu *Paal*, Realisierung sog. Teilgewinne aus langfristigen, auftragsbezogenen Leistungen im Jahresabschluß der AG, Düsseldorf 1977; *Backhaus*, ZfbF 80, 347 ff.; *Clemm*, Grundprobleme der Gewinn- und Verlustrealisation bei langfristiger Auftragsfertigung und langfristiger Vermietung, DStJG Bd. 4 (1981), 117 ff.; *Pickert*, Die steuerbilanzielle Behandlung unfertiger Beratungsleistungen beim Unternehmensberater, Berlin 1989.

100 BFH BStBl. 76, 541.

8.3 Aufschub der Besteuerung stiller Reserven

415 Unter bestimmten Voraussetzungen wird die Besteuerung der stillen Reserven aufgeschoben, obwohl eine Leistung erbracht worden ist oder jedenfalls das Vorsichtsgebot entfallen ist.

416 Der Aufschub geschieht nicht selten auch dadurch, daß die Fortführung der stillen Reserven bei einem anderen Rechtssubjekt zugelassen wird. Das Anschaffungskostenprinzip (§ 6 I Nrn. 1, 2 EStG) wird beim Anschaffenden dann nicht angewendet. Da es sich um Sonderfälle handelt, sind sie unter Rz. 424 ff. behandelt.

417 a) **Tausch von Wirtschaftsgütern:** Eine Gewinnrealisierung wird, obwohl eine ausdrückliche gesetzliche Regelung fehlt, verneint, wenn bei wirtschaftlicher Betrachtung ein Wirtschaftsgut gegen ein anders (nämliches) getauscht wird, das *art-, funktions- und wertgleich* ist (BFH GrS BStBl. 59, 29, 30, sog. Tauschgutachten, betreffend den Tausch von Anteilen an Kapitalgesellschaften). Die Rechtsprechung hat sich nicht immer streng an die Grundsätze des Tauschgutachtens gehalten, sondern auch bei bloß tauschähnlichen Vorgängen die Gewinnrealisierung verneint (s. BFH BStBl. 76, 748; s. andererseits aber BFH BStBl. 79, 412, der es ablehnt, die Grundsätze des Tauschgutachtens auf einen Grundstückstausch anzuwenden)[101]. Die Beschränkung auf den Tausch von Anteilen an Kapitalgesellschaften ist indessen inkonsequent.

418 b) Scheidet ein Wirtschaftsgut im Laufe eines Wirtschaftsjahres *infolge höherer Gewalt* (z. B. Brand, Diebstahl) oder infolge bzw. zur Vermeidung eines behördlichen Eingriffs (z. B. Enteignung) gegen Entschädigung aus dem Betriebsvermögen aus und wird im Laufe *desselben* Wirtschaftsjahres ein **Ersatzwirtschaftsgut** angeschafft, so kann die stille Reserve auf das Ersatzwirtschaftsgut übertragen werden. Das ist ein von der Rechtsprechung entwikkelter Grundsatz, der sich heute gewohnheitsrechtlich verfestigt haben soll[102].

Beispiel: Bei einem Gewerbetreibenden verbrennt eine Maschine, die mit 5000 DM zu Buche steht. Die Feuerversicheung zahlt eine Entschädigung von 10 000 DM. Damit ist ein Gewinn von 5000 DM realisiert. Im gleichen Jahr wird als Ersatz eine neue Maschine für 15 000 DM angeschafft. Die Ersatzmaschine ist mit den Anschaffungskosten abzüglich der die verbrannte Maschine betreffenden stillen Reserve zu aktivieren (15 000 – 5000 = 10 000 DM). Damit ist die stille Reserve von 5000 DM wieder hergestellt.

419 Wird die Ersatzbeschaffung *nicht in demselben Jahr* durchgeführt, ist sie aber ernstlich geplant, so darf als Passivposten eine **„steuerfreie Rücklage für Ersatzbeschaffung"** in Höhe der stillen Reserve gebildet werden. Im Zeitpunkt der Ersatzbeschaffung ist die Rücklage durch Übertragung auf das Ersatzwirtschaftsgut – dessen Buchwert wird entsprechend niedriger als die Anschaffungskosten angesetzt – aufzulösen.

420 c) § 6b EStG[103] gestattet bei der Veräußerung bestimmter, in § 6b I 1 EStG abschließend aufgezählter Anlagegüter (s. § 6b IV Nr. 2 EStG) die Übertragung der stillen Reserven

---

101 Dazu *R. Thiel,* DB 58, 1431 ff.; *Albach,* StbJb. 1970/71, 287 ff.; *Bredeck,* Zur steuerlichen Gewinnverwirklichung beim Tausch, Diss. Münster 1965; *E. Blümich,* Betriebswirtschaftliche Beurteilung handelsrechtlicher und steuerrechtlicher Grundsätze der Gewinnrealisierung beim Tausch von Anteilsrechten, Berlin 1973; Sec. 1031 I. R. C. betr. exchange of property of a like kind.

102 Dazu BFH BStBl. 82, 568, 569; 83, 371; 85, 250; BVerfG BB 88, 1716; R. 35 II EStR 1993; *P. Burkert,* Übertragung stiller Reserven auf Ersatzwirtschaftsgüter, Diss. Köln 1963; *Vodrazka,* StuW 75, 317 ff.; *ders.,* StuW 76, 51 ff.; Sec. 1033 I. R. C. betr. involuntary conversions.

103 Dazu *J. Thiel,* DStJG Bd. 4 (1981), 183 ff.; *W. Schön,* Gewinnübertragungen bei Personengesellschaften nach § 6b EStG, Köln 1986. Durch das StRefG 1990 wurde die Übertragung stiller Reserven nach § 6b EStG erheblich eingeschränkt (dazu *B. Neufang,* DB 89, 453), durch das Wohnungsbauförderungsgesetz (BGBl. I 89, 2408) besonders bezüglich der Unternehmensbeteiligungsgesellschaften wieder erweitert (dazu *D. Pauka,* DB 90, 195 f.).

auf Reinvestitionsgüter des Anlagevermögens (s. § 6b IV Nr. 3 EStG), die in § 6b I 2 EStG aufgeführt sind. Bei einer **Reinvestition** im Wirtschaftsjahr der Veräußerung oder in dem der Veräußerung vorangegangenen Wirtschaftsjahr werden die stillen Reserven steuerneutral durch Abzug des Veräußerungsgewinns von den Anschaffungs-/Herstellungskosten des Reinvestitionsguts übertragen (§ 6b I EStG). Bei einer späteren Reinvestition wird die Versteuerung der stillen Reserven durch Bildung einer gewinnmindernden Rücklage aufgeschoben (§ 6b III 1 EStG). § 6b III 2 EStG begrenzt den Übertragungszeitraum auf die dem Wirtschaftsjahr der Veräußerung nachfolgenden 4 Wirtschaftsjahre (neu hergestellte Gebäude: 6 Wirtschaftsjahre, § 6b III 3 EStG). Diese Fristen verlängern sich bei städtebaulichen Sanierungs- oder Entwicklungsmaßnahmen um drei Jahre (§ 6b VIII 1 Nr. 1 EStG).

421 In **vollem Umfang** können die stillen Reserven bei der Veräußerung von Grund und Boden, Gebäuden, Aufwuchs auf/Anlagen im Grund und Boden sowie bei der Veräußerung von Anteilen an Kapitalgesellschaften durch Unternehmensbeteiligungsgesellschaften übertragen werden. Im übrigen können die stillen Reserven nur **zur Hälfte** übertragen werden, so bei der Veräußerung von abnutzbaren beweglichen Wirtschaftsgütern mit einer betriebsgewöhnlichen Nutzungsdauer von mindestens 25 Jahren, von Schiffen, lebendem Inventar land- und forstwirtschaftlicher Betriebe und von Anteilen an Kapitalgesellschaften, wenn der Veräußerer keine Unternehmensbeteiligungsgesellschaft ist[104].

422 Zu a–c: Der Aufschub der Besteuerung stiller Reserven bei dem Tausch von Wirtschaftsgütern, der Ersatzbeschaffung und nach § 6b EStG beruht auf dem bereits oben (Rz. 405) erwähnten Gedanken, Umstrukturierungen des Anlagevermögens steuerlich nicht zu stören oder zu verhindern. Das Übermaßverbot wird hier durch das Markteinkommensprinzip konkretisiert. Werden (betriebsnotwendige) Wirtschaftsgüter durch gleichartige, die gleiche betriebliche Funktion erfüllende Wirtschaftsgüter ersetzt, so dienen die Veräußerungen nicht dem Zweck, Gewinne zu erwirtschaften, sondern es sollen die Bedingungen für das Erwirtschaften verbessert werden[105]. Der Aufschub der Besteuerung stiller Reserven dient im Rahmen wirtschaftlich maßvoller Besteuerung nach der Leistungsfähigkeit der **Erhaltung der Erwerbsgrundlagen.** Im Falle der Versteuerung stiller Reserven würden nämlich die Erwerbsgrundlagen partiell entzogen, was im Falle der Rücklage für Ersatzbeschaffung besonders deutlich wird.

423 Grundsätzlich dient auch § 6b EStG dem Grundsatz, Umstrukturierungen steuerlich zu schonen. Daher könnte § 6b EStG als Fiskalzwecknorm qualifiziert werden, die das Leistungsfähigkeitsprinzip wirtschaftlich maßvoll konkretisiert. Indessen versteht der Gesetzgeber § 6b EStG nicht nur als Regelung, die die Substanzbesteuerung des Anlagevermögens verhindern will[106], sondern auch als Steuervergünstigung, die ökonomisch sinnvolle Anpassungsprozesse der Wirtschaft fördern, den Veräußerungsverkehr bestimmter Anlagegüter beleben und die Finanzierungsmöglichkeiten der

104 Vgl. die Übersicht in § 20 Rz. 37.

105 *J. Lang,* DStJG Bd. 4 (1981), 94; s. auch BT-Drucks. IV/2400, 62: Das Anlagevermögen sei „seinem Wesen nach nicht zur Gewinnerzielung durch Veräußerung bestimmt"; *Uelner,* DStZA 64, 364: Die strukturelle Änderung der Substanz des Anlagevermögens sei nicht selbst Gewinnverwirklichung, sondern diene dazu, die Gewinnverwirklichung als den eigentlichen Zweck des Unternehmens besser ermöglichen zu können; *Wöhe/Bieg,* Grundzüge der Betriebswirtschaftlichen Steuerlehre[2], München 1984, 27: „Als Periodengewinn im betriebswirtschaftlichen Sinne bezeichnet man den Geldbetrag, der dem Betrieb pro Periode höchstens entzogen werden darf, wenn er in der Lage sein soll, die zur Erzielung dieses Geldbetrags verbrauchten Produktionsfaktoren durch gleiche oder andere Faktoren zu ersetzen, um sicherzustellen, daß die Fähigkeit des Betriebes, auch in den folgenden Perioden entsprechende Gewinne zu erzielen, nicht vermindert wird." Dazu auch *D. Schneider,* ZfbF 63, 457 ff.; *ders.,* ZfbF 68, 1 ff.; *Wegmann,* Der ökonomische Gewinn, Wiesbaden 1970; *Lippmann,* Der Beitrag des ökonomischen Gewinns zur Theorie und Praxis der Erfolgsermittlung, Düsseldorf 1970; *Känzig,* ASA Bd. 41 (1972/73), 91; *v. Wallis,* DStZA 81, 487; *Moxter,* BB 84, 1785.

106 BT-Drucks. IV/2400, 62. Dazu *J. Thiel* (Fn. 103), 189 ff.; *W. Schön* (Fn. 103), 6 ff.

Unternehmen verbessern will[107]. Die Ausgestaltung des § 6b EStG als **Sozialzwecknorm** erklärt, warum die Übertragung stiller Reserven nicht allgemein für das langfristig angelegte Anlagevermögen zugelassen ist, sondern nur für bestimmte Anlagegüter, teils in vollem, teils in beschränktem Umfange und mit unterschiedlichen Fristen. Zu den §§ 6b, 6c EStG im weiteren s. § 20 Rz. 36 f.

8.4 Übergang stiller Reserven auf andere Steuerrechtssubjekte[108]

424 a) Die Besteuerung nach der persönlichen Leistungsfähigkeit gebietet es grundsätzlich, daß jede natürliche Person ihr eigenes Einkommen versteuert. Mit diesem Gebot ist die Übertragung stiller Reserven auf andere Rechtssubjekte nicht zu vereinbaren[109]. Gleichwohl lassen § 7 I EStDV, das Umwandlungssteuergesetz und nicht ausdrücklich gesetzlich geregelte Fälle die intersubjektive Übertragung stiller Reserven zu. Diese Einschränkung der Besteuerung nach der persönlichen Leistungsfähigkeit ist durch das Markteinkommensprinzip und das Übermaßverbot gerechtfertigt. Das **Prinzip der Buchwertverknüpfung** (s. Rz. 405) verhindert die Substanzbesteuerung des ruhenden Vermögens und modifiziert das Leistungsfähigkeitsprinzip sachgerecht[110].

425 b) § 7 I EStDV schreibt die Buchwertverknüpfung für die **unentgeltliche Übertragung** von Betrieben, Teilbetrieben und Mitunternehmeranteilen vor. Diese Vorschrift grenzt Zuwendungsvorgänge systemgerecht aus dem Markteinkommenstatbestand aus. Da der Zuwendende keinen Gewinn verwirklicht, beruht § 7 I EStDV auf einer zutreffenden Auslegung des einkommensteuerrechtlichen Gewinnbegriffs (vgl. BFH GrS BStBl. 90, 837, 854).

426 Bei **teilentgeltlicher Übertragung** von Betriebsvermögen müßte der Vorgang ebenso wie in den Fällen der §§ 17, 23 EStG (s. Rz. 200) in ein voll entgeltliches und voll unentgeltliches Geschäft aufgespalten werden, damit der einkommensteuerbare Teil des Geschäfts exakt abgegrenzt ist. Der BFH (s. BStBl. 93, 436, 436, m. w. N.) und die h. M. im Schrifttum vertreten jedoch die sog. **Einheitstheorie**, nach der das ermäßigte Entgelt den Veräußerungsgewinn des § 16 II EStG bestimmt. Damit werden die stillen Reserven partiell übertragen. Liegt das Entgelt unter den Buchwerten des übertragenen Betriebsvermögens, so sind die Buchwerte nach § 7 I EStDV fortzuführen; der Unterschiedsbetrag ist Zuwendung, kein erwirtschafteter Verlust![111]

427 In den Fällen der **Erbauseinandersetzung** hat der Große Senat des BFH in seinem Beschluß vom 5. 7. 1990 (BStBl. 90, 837) die These, Erbfall und Erbauseinandersetzung bildeten ertragsteuerlich eine Einheit, zu Recht aufgegeben und damit den Weg zur Gleichbehandlung von Betriebsvermögen und Privatvermögen eröffnet[112]. Danach sind Erbfall und Erbauseinandersetzung grundsätzlich als zwei verschiedene Rechtsvorgänge anzusehen. Der Erbfall ist der nicht einkommensteuerbare Zuwendungsakt; auf ihn folgen die einkommensteuerrechtlich relevanten Vorgänge: Miterben eines

107 BT-Drucks. IV/2400, 62 ff.; IV/3189, 6; 11/2157, 141; *J. Thiel* (Fn. 103), 189 ff., und *W. Schön* (Fn. 103), 6 ff. Die Änderungen des § 6b EStG durch StRefG 1990 und Wohnungsbauförderungsgesetz (Fn. 103) sollen eine Steuersubvention einschränken bzw. wieder erweitern.

108 Dazu insb. *C. Trzaskalik* und *S. Widmann,* in: DStJG Bd. 4 (1981), 145 ff., 163 ff.

109 Daher gegen § 7 I EStDV insb. *C. Trzaskalik,* StuW 79, 96; *ders.* (Fn. 108).

110 Vgl. *J. Lang* (Fn. 91), 362 ff.

111 Zur teilentgeltlichen Übertragung von Betriebsvermögen s. *Autenrieth,* StVj 89, 83; *G. Felix,* FR 87, 601; *Groh,* StuW 84, 217; *Herzig,* StbJb. 1987/88, 231; *ders.,* FR 88, 85; *M. Kemmer,* Teilentgeltliche Rechtsgeschäfte in der Einkommensteuer, München/Wien 1987; *B. Knobbe-Keuk,* StbJb. 1986/87, 129; *dies.,* in: FS für Döllerer, Düsseldorf 1988, 315 ff.; *Märkle,* StbJb. 1987/88, 309; *Richter,* in: FS für Felix, Köln 1989, 345; *W. Reiß,* FR 90, 381; *L. Schmidt,* EStG[13], § 16 Anm. 7.

112 Zur Entwicklung der Rspr. und zum GrS BStBl. 90, 837, s. *Groh,* DB 90, 2135; *G. Felix,* KÖSDI 90, 8279; *ders.,* BB 90, 2085; *Herzig/Müller,* DStR 90, 359; *Söffing,* DB 89, Beilage 12; *Costede,* StVj 89, 41; *W. Flume,* DB 90, 2390; *Lehmann,* FR 90, 265; *J. P. Meincke,* NJW 91, 198.

Unternehmens haben bis zur Auseinandersetzung der Erbengemeinschaft mitunternehmerische Einkünfte. Die Auseinandersetzung des Unternehmens ist nach den Grundsätzen der Realteilung zu vollziehen (s. Rz. 436 f.). Soweit das Zugewendete aufgeteilt wird, gelten die Regeln für die *unentgeltliche* Übertragung von Wirtschaftsgütern: Die Steuerwerte werden nach Maßgabe der §§ 7 I, 11d EStDV von den Rechtsnachfolgern fortgeführt. Soweit sich die Erbauseinandersetzung nicht in der Aufteilung des Zugewendeten erschöpft, können *entgeltliche* Rechtsgeschäfte (Veräußerungs- und Anschaffungsgeschäft) vorliegen, die bei dem Veräußernden zur Gewinnrealisierung und bei dem Erwerbenden zu (abschreibungsfähigen) Anschaffungskosten führen. Die Einzelheiten sind in BMF BStBl. 93, 62 mit vielen Beispielen erläutert[113].

Beispiele zum sog. Mischnachlaß: Erben sind A und B je zur Hälfte. Zum Nachlaß gehört ein Betrieb (Wert 1 Mio. DM) und privater Grundbesitz (Wert 1 Mio. DM). Wenn A den Betrieb und B den privaten Grundbesitz erhalten, wird lediglich das Zugewendete aufgeteilt. A führt die Werte nach § 7 I EStDV und B die Werte nach § 11d EStDV. Variante: Der Wert des privaten Grundbesitzes beträgt nur 500 000 DM, so daß A an B eine Abfindung von 250 000 DM bezahlt. Da A und B jeweils im Wert von 750 000 DM am Gesamtnachlaß (Wert: 1,5 Mio. DM) beteiligt sind, erwirbt A den Betrieb zu drei Vierteln unentgeltlich und zu einem Viertel entgeltlich. Bei einem Buchwert des Betriebs von 400 000 DM führt A die Buchwerte nach § 7 I EStDV in Höhe von 300 000 DM fort; der restliche Buchwert von 100 000 DM wird durch Anschaffungskosten in Höhe von 250 000 DM ersetzt, so daß A die Buchwerte um 150 000 DM auf 550 000 DM aufzustocken hat. B veräußert an A ein Viertel des Betriebs und hat einen Veräußerungsgewinn von 150 000 DM (250 000 DM ./. 100 000 DM) zu versteuern.

Im thematischen Kontext mit der Erbauseinandersetzung hat der Große Senat (BStBl. 90, 847) auch 428
grundsätzlich über die **vorweggenommene Erbfolge** (d. s. Vermögensübertragungen unter Lebenden mit Rücksicht auf die künftige Erbfolge) entschieden. In der Entscheidung werden *vier Arten von Leistungen*, die im Zusammenhang mit einer vorweggenommenen Erbfolge stehen, wie folgt beurteilt: **Versorgungsleistungen** werden grundsätzlich als unentgeltlich und privat qualifiziert. Sie stellen weder Veräußerungsentgelt noch Anschaffungskosten dar, sondern sind wiederkehrende Bezüge (§ 22 Nr. 1 EStG) und Sonderausgaben (§ 10 I Nr. 1a EStG)[114]. Ein voll entgeltlicher[115] Vorgang in Gestalt einer betrieblichen Veräußerungsrente liege nur vor, wenn der Wert des Betriebs, Teilbetriebs oder des Mitunternehmeranteils kaufmännisch ausgewogen sei und die Parteien eine Veräußerung auch wollten. Zwischen nahen Angehörigen spreche unabhängig von den übertragenen Werten eine widerlegbare Vermutung für eine private Versorgungsrente (BFH BStBl. 86, 51; 92, 465). Hingegen werden **Abstandszahlungen** an den Übertragenden, sog. **Gleichstellungsgelder** (Ausgleichszahlungen an Miterben etc.) und die **Übernahme von Verbindlichkeiten** als Veräußerungsentgelte und Anschaffungskosten qualifiziert[116].

c) Das **Umwandlungssteuergesetz**[117] verwirklicht das Prinzip der Buchwertverknüp- 429
fung wie folgt:

---

113 S. im weiteren *R. Seer,* Die einkommensteuerliche Behandlung der Erbauseinandersetzung und der vorweggenommenen Erbfolge, StStud 92, 414; *R. Märkle,* Die teilentgeltliche Betriebsübertragung im Rahmen der vorweggenommenen Erbfolge, DStR 93, 1005; *ders.,* Probleme der Erbauseinandersetzung bei im Nachlaß befindlichen Personengesellschaftsanteilen, DStR 93, 1616, und zu BMF BStBl. I 93, 62: *H. Hörger,* DStR 93, 37; *J. P. Meincke,* NJW 93, 976; *W. Mitschke,* FR 93, 149; *Wacker/Franz,* BB-Beilage 5/93; *G. Stuhrmann,* Die neuen Erlasse zur Erbauseinandersetzung und zur vorweggenommenen Erbfolge, Köln 1993; *A. Meyer,* DStR 94, 153; *R. Stephan,* DB 94, 397.

114 Krit. zu BFH GrS BStBl. 90, 847; 92, 78; *H. Weber-Grellet,* Veräußerung – Versorgung – Unterhalt, Unter welchen Voraussetzungen können Versorgungsleistungen als Sonderausgaben abgezogen werden?, DStR-Beihefter zu 31/93.

115 GrS BStBl. 90, 951 ff., negiert bei Vermögensübertragungen gegen Versorgungsrente (Beispiel: Übergabe eines Bauernhofs) Teilentgeltlichkeit (dazu krit. unten Rz. 581). Der Vorgang sei entweder in vollem Umfange als entgeltlich oder im vollen Umfange als unentgeltlich zu qualifizieren.

116 Ausf. zu BFH GrS BStBl. 90, 847, mit zahlreichen Beispielen BMF BStBl. I 93, 80; *R. Seer* (Fn. 113), 419 ff.; *A. Obermeier,* Ertragsteuerliche Behandlung der vorweggenommenen Erbfolge, DStR 93, 77; *G. Stuhrmann* (Fn. 113), 99 ff.; *R. Stephan* (Fn. 113), 400 ff.

117 S. § 11 Rz. 90 ff.; *Herrmann/Heuer/Raupach,* EStG/KStG, Bd. 14; *Loos,* Umwandlungs-Steuergesetz 1969[2], Düsseldorf 1974; *Meyer-Arndt,* Steuerbegünstigt umwandeln, Heidelberg

aa) Wird ein Betrieb, Teilbetrieb oder Mitunternehmeranteil in eine **Kapitalgesellschaft** eingebracht (Sacheinlage) und erhält der Einbringende neue Anteile, so darf die aufnehmende Kapitalgesellschaft nach § 20 II UmwStG das eingebrachte Betriebsvermögen grundsätzlich mit den Buchwerten, mit den Teilwerten oder mit Zwischenwerten ansetzen. An den Wertansätzen bei der Kapitalgesellschaft hat sich die Bewertung beim Einbringenden nach § 20 IV 1 UmwStG zu orientieren.

430 Wird der **Buchwert** angesetzt, so entsteht kein Veräußerungsgewinn, die stillen Reserven werden nicht aufgedeckt. Erst wenn die Anteile an der Kapitalgesellschaft (sog. einbringungsgeborene Anteile) ganz oder zum Teil veräußert werden sowie in einigen Entstrickungsfällen, tritt nach § 21 UmwStG Gewinnrealisierung ein. Werden etwa alle Anteile veräußert, so besteht der Gewinn in der Differenz zwischen Veräußerungserlös und Buchwert im Zeitpunkt der Einbringung des Betriebsvermögens in die Kapitalgesellschaft (§§ 21 I 1, 20 IV UmwStG). Auf den Gewinn ist der ermäßigte Steuersatz nach § 34 EStG, ferner § 16 IV EStG anzuwenden (bei natürlichen Personen). Der Einbringende kann jedoch auch vor der Anteilsveräußerung jederzeit die zur Gewinnrealisierung führende Aufdeckung der stillen Reserven beantragen (§ 21 II 1 Nr. 1 UmwStG). Es ist dann gem. § 21 II 2 UmwStG als fiktiver Veräußerungserlös der gemeine Wert der Beteiligung anzusetzen.

431 Wird der **Teilwert** angesetzt (§ 20 II 1 u. 6 UmwStG), so werden die stillen Reserven aufgedeckt. Es ergibt sich ein Veräußerungsgewinn in Höhe der Differenz zwischen Buch- und Teilwert (§ 16 II EStG; zu beachten ist der Freibetrag nach § 16 IV EStG). Der Gewinn unterliegt dem ermäßigten Steuersatz nach § 34 EStG; die spätere Veräußerung der Anteile ist nur steuerbar in den Fällen der §§ 17, 23 EStG (vgl. § 21 IV UmwStG).

432 Wird ein **Zwischenwert** angesetzt, so ist der sich ergebende Gewinn ebenfalls nur mit dem ermäßigten Steuersatz nach § 34 EStG zu versteuern; der Freibetrag nach § 16 IV EStG wird indessen nicht gewährt (§ 20 V 2 UmwStG). Bei späterer Veräußerung des Anteils ist die Differenz zwischen Veräußerungspreis und Zwischenwert zu versteuern (§§ 21 I 1, 20 IV UmwStG); §§ 34 I, 16 IV EStG sind anwendbar. Jederzeitiger Antrag auf Aufdeckung der stillen Reserven ist auch hier möglich.

433 bb) Wird ein Betrieb, Teilbetrieb oder Mitunternehmeranteil in eine **Personengesellschaft** eingebracht, so bestehen ebenfalls (wie zu aa) die Möglichkeiten der Einbringung des Betriebsvermögens zu Buchwerten, zu Teilwerten oder zu Zwischenwerten (s. § 24 UmwStG).

434 d) Werden einzelne Wirtschaftsgüter in eine Kapitalgesellschaft eingebracht, so nimmt die Praxis (s. auch BFH BStBl. 76, 748) einen gewinnrealisierenden Vorgang an, bei Einbringung in eine Personengesellschaft verneint sie ihn (z. T. in entsprechender Anwendung des § 24 UmwStG; aber wo ist die Lücke im Gesetz?).

435 e) Über Gewinnrealisierung bei Umwandlung und Verschmelzung von **Kapitalgesellschaften** s. § 11 Rz. 93 ff.; über Gewinnrealisierung bei Betriebsaufspaltung s. § 17 Rz. 12 ff.

436 f) Weder im Umwandlungssteuergesetz noch im Einkommensteuergesetz geregelt ist die sog. **Realteilung.** Sie ist die Kehrseite der Einbringung von Einzelunternehmen in Personengesellschaften; sie besteht darin, daß die Gesellschafter einer Personengesellschaft den Betrieb der Gesellschaft auflösen, die Wirtschaftsgüter real untereinander verteilen und

1970; *Widmann/Mayer,* Umwandlungsrecht[2], Bonn 1981; *Fleischmann,* Das Umwandlungssteuergesetz 1969 im Rahmen der Harmonisierungsbestrebungen, Diss. Würzburg 1971; *Kobs,* Änderungen der Unternehmensformen im Bilanzsteuerrecht[5], Herne/Berlin 1986; *Luckey,* Steuerliche Gewinnrealisierung bei Umwandlung von Unternehmungen und Übertragung einzelner Wirtschaftsgüter, Wiesbaden 1977; *Glade/Steinfeld,* Umwandlungssteuergesetz 1977[3], Herne/Berlin 1980; *Flämig,* Die steuerliche Belastung der Umwandlung von Gesellschaften, JuS 79, 625 ff.; *J. Patt,* Steuerentstrickung ohne Ertragsteuerbelastung mit Hilfe des UmwStG?, DStR 93, 1389.

mit diesen Wirtschaftsgütern je eigene Betriebe (Einzelunternehmen) weiterführen. Geschieht die Realteilung entsprechend den Anteilen am Gesellschaftsvermögen und führen die Gesellschafter als Einzelunternehmer die Buchwerte fort, so brauchen sie – so die Praxis – die in der Gesellschaft entstandenen stillen Reserven nicht zu versteuern.

Eine Gewinnrealisierung wird auch dann nicht angenommen, wenn die stillen Reserven 437
nicht entsprechend den Anteilen der Gesellschafter aufgeteilt werden; anders, wenn dem bei der Realteilung Benachteiligten ein sog. **Spitzenausgleich** gewährt wird[118].

Allerdings hat BFH BStBl. 82, 456, ein Wahlrecht zugestanden: Die stillen Reserven brauchen (wenn ihre spätere Erfassung gesichert ist) nicht versteuert zu werden, sie können aber versteuert werden.

8.5 Ausnahmsweiser Zugriff auf stille Reserven als ultima ratio

Nach den verfassungsrechtlich geprägten Inhalten des Markteinkommens- und des Rea- 438
lisationsprinzips ist das Abwarten der Realisierung eine eigentumsschonende, wirtschaftlich maßvolle Maßnahme, die jedoch im Ergebnis dazu führen kann, daß die im Betriebsvermögen gespeicherten stillen Reserven nicht versteuert werden. Das sowohl am Leistungsfähigkeitsprinzip als auch am Übermaßverbot ausgerichtete System ertragsteuerlicher Realisation sichert sich dadurch gegen Besteuerungslücken ab, daß es mit der Besteuerung nicht realisierter Gewinne bis zum letztmöglichen Zeitpunkt des steuerlichen Zugriffs auf die stillen Reserven wartet. Die Besteuerung der nicht realisierten Gewinne ist also ultima ratio. Diesem Konzept entspricht das erwähnte (s. Rz. 406) **Entstrickungsprinzip:** Solange die stillen Reserven steuerlich erfaßt bleiben, kann die Realisation abgewartet und können Buchwerte fortgeführt werden; erst im Zeitpunkt des Ausscheidens aus der Steuerverstrickung wird es erforderlich, als ultima ratio nicht realisierte Werte abzurechnen. So erklären sich die Vorschriften über Entnahme und Betriebsaufgabe sowie §§ 12, 13 VI KStG; § 21 II UmwStG; § 6 AStG. Im einzelnen:

(1) Entnahme zum Teilwert (§§ 4 I 2, 6 I Nr. 4 Satz 1 EStG). 439

Wieweit der Entnahmebegriff den Zugriff erlaubt, ist umstritten[119]. Entnahmen sind Wertabgaben zu betriebsfremden Zwecken (s. § 4 I 2 EStG). Was „betriebsfremd" ist, soll davon abhängen, was unter **„Betrieb"** zu verstehen ist. Darüber gibt es verschiedene Auffassungen:

Die Vertreter des weiten Betriebsbegriffs grenzen die betriebliche Sphäre lediglich von der Privatsphäre ab, fassen also sämtliche Einzelbetriebe und Betriebstätten zu einem Betrieb zusammen. Daraus folgt dann, daß keine Entnahme vorliegt, wenn ein Wirtschaftsgut von einem Einzelbetrieb des Steuerpflichtigen in einen anderen überführt wird.

Die Vertreter des engen Betriebsbegriffs sehen jeden Einzelbetrieb, gleich, ob derselben Einkunftsart oder verschiedenen Einkunftsarten angehörend, als Betrieb an. Die Überführung eines Wirtschaftsguts von einem Einzelbetrieb in einen anderen Einzelbetrieb ist danach in jedem Fall Entnahme.

Die Vertreter des mittleren Betriebsbegriffs sehen die Einzelbetriebe ein und derselben Einkunftsart als Betrieb an, die Betriebe verschiedener Einkunftsarten dann, wenn es sich um Einkunftsarten mit gleicher Gewinnermittlung handelt, so daß die Möglichkeit der Besteuerung der stillen Reserven beim Übergang eines Wirtschaftsguts in einen Betrieb anderer Einkunftsart erhalten bleibt.

---

118 Ausführlich zur Realteilung *B. Knobbe-Keuk*, Bilanz- und Unternehmenssteuerrecht[9], Köln 1993, 852 ff.; *Müller*, Die Realteilung von Mitunternehmerschaften, Diss. Augsburg 1991; *M. Groh*, WPg 91, 620; *A. Bordewin*, DStZ 92, 353; *Jakob/Hörmann/Wittmann*, DStR 92, 1149, sowie zuletzt BFH BStBl. 92, 385; FR 93, 463.

119 Dazu auch *K. Friauf*, StbJb. 1975/76, 369; *G. Felix*, StbKongrRep. 1980, 148 ff.

440 Wenn es die Aufgabe des Entnahmebegriffs ist, stille Reserven (in einem letztmöglichen Augenblick) zu erfassen, dann muß der Entnahmebegriff und damit der Betriebsbegriff dementsprechend **teleologisch** aufgefaßt werden[120]. Jedoch hat sich gezeigt, daß die Begriffsgrenzen nicht immer eine teleologische Entscheidung zulassen. Es gibt Fälle,

441 a) in denen an sich – welchem Betriebsbegriff man auch folgt – eine Entnahme vorliegt, ein Zugriff auf die stillen Reserven jedoch noch nicht geboten ist, weil sie auch später noch erfaßt werden können. Durch § 4 I 3 EStG ist bereits entschieden: Ein Wirtschaftsgut wird nicht dadurch entnommen, daß der Steuerpflichtige von der Gewinnermittlung nach § 4 I (§ 5 I) EStG zur Gewinnermittlung nach § 4 III oder § 13a EStG übergeht. Problematisch ist allerdings auch die Frage, unter welchen Voraussetzungen man von der Möglichkeit späterer Erfassung der stillen Reserven sprechen kann. Die Großzügigkeit der Rechtsprechung scheint insoweit eher noch zuzunehmen;

442 b) in denen eine Entnahme – will man den Begriff nicht vollends strapazieren – nicht vorliegt, ein Zugriff auf die stillen Reserven jedoch geboten wäre, weil ihre Erfassung später nicht mehr möglich ist.

Gesetzesänderungen, Abschluß oder Änderung von Doppelbesteuerungsabkommen und Änderung der Rechtsprechung können die Möglichkeit des Zugriffs auf stille Reserven beeinflussen. Sie sind oder bewirken aber keine Entnahmen. Auch die Überführung in einen ausländischen Betrieb (eine **ausländische Betriebsstätte**) ist keine Entnahme, da nichts für betriebsfremde Zwecke entnommen wird. Im übrigen ist in einem solchen Fall nach den Regeln der Doppelbesteuerungsabkommen (entsprechend Art. 7 II OECD-Musterabkommen) der bei einer Veräußerung entstehende Gewinn/Verlust auf inländische und ausländische Betriebsstätten aufzuteilen[121].

443 (2) **Betriebsaufgabe** = Totalentnahme (§§ 14, 14a III, 16 III, 18 III EStG):

Betriebsaufgabe liegt vor, wenn alle wesentlichen Betriebsgrundlagen eines ganzen Betriebs oder eines Teilbetriebs (s. Rz. 493) in einem einheitlichen Vorgang einzeln an verschiedene Erwerber veräußert (Abgrenzung zur Betriebs- und Teilbetriebs*veräußerung*) oder teilweise veräußert und teilweise in ein anderes Vermögen oder ganz in ein anderes Vermögen überführt werden, so daß dadurch der Betrieb als selbständiger Organismus des Wirtschaftslebens zu bestehen aufhört[122]. Die Einheitlichkeit des Vorganges kennzeichnet die „Totalentnahme“ und grenzt die Betriebsaufgabe zu Entnahmen und Veräußerungen während des lebenden Betriebs ab; die Steuerermäßigung des § 34 II Nr. 1 EStG ist auch nur zu rechtfertigen, wenn die stillen Reserven zusammengeballt realisiert werden. Die Betriebsaufgabe kann auf freiwilligem Entschluß oder auf Zwang (z. B. auf einem Berufsverbot) beruhen. Sie kann eine Liquidation darstellen, bei der ein Teil der Betriebsgrundlagen veräußert, ein anderer Teil in das Privatvermögen überführt wird. Die wesentlichen Betriebsgrundlagen können auch ganz in das Privatvermögen, z. B. in das private Einkunftserzielungsvermögen überführt werden, indem der Betrieb verpachtet wird[123]. Eine vorübergehende Verpachtung führt mangels einer Betriebsaufgabeerklärung nicht zur Betriebsaufgabe (BFH BStBl. 93, 36). Die Betriebsaufgabe kann auch darin bestehen, daß die wesentlichen Betriebsgrundlagen in ein anderes *Betriebs*ver-

---

120 Rechtsprechungsnachweise und Kritik bei *Schmidt/Heinicke*, EStG[13], § 4 Anm. 52–55.

121 Dazu *Baranowski*, Besteuerung von Auslandsbeziehungen, Herne/Berlin 1978, 105 ff.; *Uelner*, in: Bericht über die Fachtagung 1980 des Instituts der Wirtschaftsprüfer, Düsseldorf 1980, 139 ff.; *Schaumburg*, DStJG Bd. 4 (1981), mit Nachweis der abw. Rechtsprechung; *K. Vogel*, DBA[2], München 1990, Art. 7 Tz. 90 ff.

122 BFH BStBl. 87, 342; 89, 602, 604; 89, 874; 91, 512, 513; *W. Weiß*, KS, EStG, § 16 Rnrn. F 1 ff.; *L. Schmidt*, EStG[13], § 16 Anm. 30; R. 139 EStR 1993.

123 Zur Betriebsverpachtung vgl. BFH GrS BStBl. 64, 124; BFH BStBl. 85, 456, und zum Wahlrecht, ohne Realisierung der stillen Reserven weiter Unternehmer zu bleiben s. R. 139 V EStR 1993.

mögen überführt, z. B. in eine Kapitalgesellschaft eingebracht werden (BFH BStBl. 91, 512, 513). Schließlich begründet die Auslegung des § 16 III EStG nach dem Entstrickungsprinzip Betriebsaufgabe, wenn der Betrieb in das Ausland verlegt wird[124].

Die Rechtsprechung (BFH BStBl. 75, 168; 87, 342; 93, 36) verneint Betriebsaufgabe bei **Strukturwandel** (z. B. vom Gewerbebetrieb zum landwirtschaftlichen Betrieb/vom freiberuflichen Betrieb zum Gewerbebetrieb) und bei Übergang zur **Liebhaberei** (BFH BStBl. 82, 381). Die Rechtsprechung läßt sich davon leiten, daß der Steuerpflichtige bei Strukturwandel und bei Übergang zur Liebhaberei einerseits keinen Veräußerungserlös erzielt, aus dem er die Steuern zahlen könnte, andererseits aber die stillen Reserven unter steuerlicher Kontrolle bleiben, so daß sie bei einer späteren Veräußerung erfaßt werden können (Entstrickungsprinzip!). 444

Nach § 16 III EStG werden die stillen Reserven durch Ansatz der Veräußerungspreise und des gemeinen Werts der nicht veräußerten Wirtschaftsgüter im Zeitpunkt der Betriebsaufgabe aufgedeckt. Hingegen werden die Buchwerte fortgeführt bei *unentgeltlichem* Übergang des Betriebs, Teilbetriebs oder Mitunternehmeranteils (§ 7 I EStDV). Für die Einbringung eines Betriebs, Teilbetriebs oder Mitunternehmeranteils in eine Kapital- oder Personengesellschaft gelten die Sondervorschriften der §§ 20; 24 UmwStG. 445

(3) §§ 12, 13 VI KStG; § 21 II UmwStG; § 6 AStG. 446

Zu (1) – (3): Das Operieren mit den Begriffen „Entnahme" und „Betriebsaufgabe" ist nicht selten ein Behelf. Eine allgemeine Vorschrift, die den steuerlichen Zugriff auf stille Reserven im letztmöglichen Augenblick anordnet, gibt es (leider) nicht. Jedoch liegt es nahe, von den Einzelvorschriften auf ein **allgemeines Entstrickungsprinzip** zu schließen, die Einzelvorschriften als Ausfluß dieses Prinzips anzusehen. Gegen die Anwendung eines solchen Prinzips in Lückenfällen zum Nachteil des Steuerpflichtigen wenden sich die Vertreter des steuerverschärfenden Analogieverbots (dazu § 4 Rz. 184 ff.). Auch wenn man der Auffassung vom Analogieverbot nicht folgt: Das Prinzip und seine Durchbrechung sind im Gesetz recht unsicher artikuliert. Rechtssicherheit verlangt aber Prinzipiensicherheit (*K. Tipke*, StRO I, 228). 447

9. Bilanzberichtigung, Bilanzänderung[125]

Der Steuerpflichtige darf[126] seine dem Finanzamt eingereichte Bilanz berichtigen, wenn ein Bilanzansatz gegen zwingende steuerbilanzielle Vorschriften verstößt (§ 4 II 1 EStG). Bei einer **Änderung der höchstrichterlichen Rechtsprechung** wird der Bilanzansatz in der Bilanz fehlerhaft, in der die Änderung der Rechtsprechung erstmals berücksichtigt werden kann (BFH BStBl. 93, 392). Soll ein zulässiger Bilanzansatz durch einen zulässigen anderen ersetzt werden, so kommt eine Bilanzänderung in Betracht; sie ist nur mit Zustimmung des Finanzamts zulässig (§ 4 II 2 EStG). Einer beantragten Bilanzänderung hat das Finanzamt im allgemeinen zuzustimmen, wenn sich die tatsächlichen Grundlagen, von denen der Steuerpflichtige bei der Ausübung eines Wahlrechts ausgegangen ist, nach Einreichung der Bilanz erheblich verändert haben[127]. Das Wahlrecht darf für die Einkommensteuer nicht anders ausgeübt werden als für die Gewerbesteuer[128]. 448

---

124 Dazu ausf. *W. Weiß* (Fn. 122), F 66 ff.

125 Dazu Schmidt/*Heinicke*, EStG[13], § 4 Anm. 135–144; *B. Knobbe-Keuk* (Fn. 91), 55 ff.; *J. Thiel*, Bilanzrecht[4], Heidelberg 1990, 266 ff.; *H.-J. v. Beckerath*, Bilanzberichtigung und Bilanzänderung, DStJG 14 (1991), 65; R. 15 EStR 1993.

126 Bei Fehlerhaftigkeit zu Lasten des Fiskus muß die Steuererklärung nach § 153 AO berichtigt werden (s. Rz. 191).

127 BFH BStBl. 52, 57; 83, 512; 76, 417, 418; 90, 125; 92, 959. S. auch R. 15 III EStR.

128 BFH BStBl. 90, 195; 92, 958.

449 Eine Bilanzberichtigung/-änderung ist nicht mehr zulässig, wenn sich der Bilanzansatz bereits in einem Bescheid ausgewirkt hat, der (nach §§ 129, 172 ff. AO) nicht mehr korrigiert werden kann, oder wenn der sich bei einer Bilanzberichtigung ergebende höhere Steueranspruch bereits **verjährt** ist. Jedoch ist nach BFH BStBl. 90, 1044, ein unrichtiger Bilanzansatz in der ersten Schlußbilanz richtigzustellen, in der dies unter Beachtung der für den Eintritt der Bestandskraft und der Verjährung maßgeblichen Vorschriften möglich ist; dabei ist die Korrektur grundsätzlich erfolgswirksam vorzunehmen.

Beispiel: In 01 wird eine Forderung von 50 000 DM nicht aktiviert. Die Änderung des Bescheids 01 ist nicht mehr zulässig; die Änderung des Bescheids 02 ist noch zulässig. In 03 wird der Fehler vom Außenprüfer aufgedeckt. Die Bilanzen 01, 02 und 03 sind unrichtig. Die Forderung ist bereits in der Schlußbilanz 02 zu aktivieren.

450 Dieses Verfahren verletzt die Bestandskraft und evtl. die Verjährungsvorschriften. Der Fehler betrifft einen Jahresbescheid, der nicht mehr korrigiert werden kann, oder einen verjährten Anspruch. Das Korrekturverbot oder die Verjährung wird jedoch dadurch umgangen, daß der Fehler in ein Jahr transportiert wird, für das der Bescheid noch korrigiert werden kann oder dessen Anspruch noch nicht verjährt ist. Das ist u. E. unzulässig.

IV. Vereinfachte Gewinnermittlung nach § 4 III EStG

Literatur: *Kalb-Arnold,* Die Gewinnermittlung nach § 4 Abs. 3 EStG, Diss. Würzburg 1969; *K. Offerhaus,* Einzelfragen zur vereinfachten Gewinnermittlung durch Überschußrechnung, BB 77, 1493; *Schoor,* Die Gewinnermittlung nach § 4 III EStG, FR 82, 505; *Söffing,* Die Gewinnermittlung durch Überschußrechnung (Sonderdruck NSt.), Berlin/Bielefeld/München 1983; *Hansch,* Rechtsmethodische Probleme des § 4 Abs. 3 EStG . . ., Diss. Köln 1985; *Segebrecht,* Die Einnahme-Überschußrechnung nach § 4 Abs. 3 EStG[6], Herne/Berlin 1986; *Groh,* Zur Struktur der betrieblichen Überschußrechnung, FR 86, 393; *J. Lang,* Die Bemessungsgrundlage der Einkommensteuer, Köln 1981/88, 448 ff.; *Saam,* Die vereinfachte Gewinnermittlung, StStud 90, 86.

451 a) **Persönliche Voraussetzungen:** Steuerpflichtige Unternehmer, die nicht gesetzlich verpflichtet sind, Bücher zu führen und regelmäßig Abschlüsse zu machen (insb. sog. Kleingewerbetreibende und Freiberufler), haben folgende Alternativen:

- Sie können freiwillig bilanzieren. Dann gelten die Vorschriften für den Betriebsvermögensvergleich (§ 5 I EStG und § 4 I EStG i. V. m. § 4 III 1 EStG). Für Land- und Forstwirte gilt § 13a II 1 Nr. 1 EStG.
- Bilanzieren sie nicht, dann greift die vereinfachte Gewinnermittlung nach § 4 III EStG Platz, wenn sich der Steuerpflichtige nach außen erkennbar für die Gewinnermittlung nach § 4 III EStG entschieden hat; ansonsten ist der Gewinn auf der Grundlage des § 4 I EStG zu schätzen (BFH BStBl. 90, 287; s. Rz. 204). Land- und Forstwirte haben die Alternative zwischen § 13a EStG und § 4 III EStG (s. § 13a II 1 Nr. 2 EStG).

452 b) **Grundsätzlicher Inhalt des § 4 III EStG:** Nach § 4 III 1 EStG ist als Gewinn (oder Verlust) der Überschuß der Betriebseinnahmen (oder Betriebsausgaben) über die Betriebsausgaben (oder Betriebseinnahmen) anzusetzen. Zweck des § 4 III EStG ist es zunächst, die Gewinnermittlung gegenüber der Bilanzierung zu vereinfachen; es gelten die Prinzipien der sog. Kassenrechnung: **Zuflußprinzip** (§ 11 I EStG) und **Abflußprinzip** (§ 11 II EStG). Dazu oben Rz. 192 ff.

453 Jedoch ist der allgemeine Gewinnbegriff des § 4 I EStG auch für Gewinneinkünfte verbindlich, die durch Kassenrechnung nach § 4 III EStG ermittelt werden. Es gilt der

Grundsatz der **Gesamtgewinngleichheit**[129]. Demnach dürfen sich allenfalls Unterschiede in der Höhe der jährlichen Gewinne und Verluste ergeben. Diese Unterschiede folgen zwangsläufig aus den Unterschieden zwischen nicht periodenglättender Kassenrechnung und periodenglättender Bilanzierung (s. oben Rz. 191). Abgesehen von der durch die technische Vereinfachung ausgelösten Periodenverschiebung muß § 4 III EStG aber den gleichen Totalgewinn (Gewinn von der Eröffnung bis zur Veräußerung oder Aufgabe des Betriebs) erfassen wie die in § 4 I EStG niedergelegte bilanzielle Gewinnermittlung.

Der Zweck der gleichen Totalgewinnermittlung (§ 4 III i. V. m. I EStG) ist bei der **Auslegung** und **Lückenausfüllung** zu berücksichtigen. Das bedeutet zumindest, daß Grundbegriffe der Gewinnermittlung identisch zu interpretieren sind. Das gilt insb. für den Begriff des *Betriebsvermögens.* So ist es mit dem Grundsatz der Gesamtgewinngleichheit nicht zu vereinbaren, wenn gewillkürtes Betriebsvermögen bei der Gewinnermittlung nach § 4 III EStG nicht zugelassen wird (s. oben Rz. 360). Verfehlt ist die Auffassung des BFH (BStBl. 85, 517; 90, 17; 91, 13), Angehörige von freien Berufen könnten Betriebsvermögen nur entsprechend den Erfordernissen ihres Berufs bilden. Entgegen BFH BStBl. 91, 13, gehört der Goldvorrat eines Zahnarztes auch dann zum Betriebsvermögen, wenn er längere Zeit in der Praxis gehortet wird. Es handelt sich um Wirtschaftsgüter, die durch einen betrieblichen Vorgang angeschafft worden und dadurch Betriebsvermögen geworden sind (s. Rz. 358). Erst durch Entnahme verliert das Zahngold die Qualität von Betriebsvermögen. 454

Sofern § 4 III EStG Lücken aufweist, müssen diese so ausgefüllt werden, daß der gleiche Totalgewinn erreicht wird wie bei der bilanziellen Gewinnermittlung. Was § 4 III EStG nicht ausdrücklich erfaßt, ist dementsprechend wie eine Betriebseinnahme oder -ausgabe zu behandeln.

c) **Betriebseinnahmen und -ausgaben in der Kassenrechnung:** Während die Bilanz- und Buchführungstechnik die Vermögensumschichtungsketten des Wirtschaftens relativ genau nach den GoB verzeichnet, trifft die Überschußrechnung als Kassenrechnung eine Auswahl, um den Vereinfachungszweck zu verwirklichen. Sie verzichtet grundsätzlich auf die Darstellung von Vermögensumschichtungen und beschränkt sich nach Möglichkeit auf die Erfassung jener Geschäftsvorfälle, die am einfachsten zu handhaben sind und zugleich die Vermögenslage sicher darstellen. 455

Beispiel: Schafft der bilanzierende Kaufmann Ware auf Ziel an, so aktiviert er diese Ware mit den Anschaffungskosten (Buchung 1: Wareneinkauf und Vorsteuer an Verbindlichkeiten). Bei Bezahlung ist die Verbindlichkeit auszubuchen (Buchung 2: Verbindlichkeiten an Bank). Bei Lieferung der Ware auf Ziel wird der Gewinn (Differenz zwischen Anschaffungskosten und dem Nennwert der Forderung) realisiert (Buchung 3: Forderungen an Warenverkauf und Umsatzsteuer). Der Kunde bezahlt die Ware (Buchung 4: Bank an Forderungen), Banküberweisung lt. USt-Voranmeldung (Buchung 5: Umsatzsteuer an Bank). Die doppelte Buchführung erfaßt also fünf Geschäftsvorfälle mit zwölf Kontenbewegungen.

Anders die **Überschußrechnung** nach § 4 III EStG: Hier wird nicht die Ware selbst erfaßt, sondern nur der bei Anschaffung gezahlte Kaufpreis (Betriebsausgabe) und der bei Veräußerung erhaltene Kaufpreis (Betriebseinnahme). Die Umsatzsteuer ist Bestandteil der Betriebseinnahme (kein durchlaufender Posten i. S. des § 4 III 2 EStG, s. BFH BStBl. 75, 441; FG Hamburg EFG 90, 624), die Vorsteuer Bestandteil der Betriebsausgabe. Umsatz- und Vorsteuerbeträge werden sodann neben der Überschußrechnung für die USt-Voranmeldung aufgezeichnet. Die Zahlung an das FA ist Betriebsausgabe, die Vergütung Betriebseinnahme.

---

129 Grundsätzlich BFH BStBl. 75, 526, 528. Dazu näher *J. Lang,* Die Bemessungsgrundlage der Einkommensteuer, Köln 1981/88, 448 ff. Vgl. auch BFH GrS BStBl. 90, 830, 834, 835; BFH BStBl. 94, 172, 173.

456 Um Einfachheit zu verwirklichen, wählt die Kassenabrechnung nach § 11 EStG vorrangig die Geldzugänge und -abgänge aus **(Prinzip der Geldrechnung)**. Forderungen, Verbindlichkeiten und Sachbezüge werden grundsätzlich nur dann berücksichtigt, wenn sich der Zu- und Abfluß von Wirtschaftsgütern nicht in der Vereinnahmung und Verausgabung von Geld niederschlägt[130]. Dieser subsidiäre Rückgriff auf Vermögenszugänge und -abgänge, die nicht in Geld bestehen, verkompliziert die Überschußrechnung im Interesse der Vollständigkeit. Insb. können schwierige Bewertungsprobleme zu lösen sein.

Beispiel: Ein Zahnarzt tauscht im Rahmen seiner Geschäftsbeziehungen bei einer Scheideanstalt Zahngoldabfälle aus Gebißerneuerungen gegen Feingold, das für Schmuck der Ehefrau verwendet wird. Nach BFH BStBl. 86, 607, genügt es, wenn der Wert des Feingoldes als Betriebseinnahme angesetzt wird. Die übrigen Vorgänge (Zugang der Zahngoldabfälle bei Gebißerneuerung[131], Eintausch der Zahngoldabfälle gegen Feingold, Entnahme des Feingoldes) müssen bei der Überschußrechnung nicht verbucht werden.

457 **Durchlaufende Posten** werden nicht erfaßt (§ 4 III 2 EStG). Geldeinlagen sind keine Betriebseinnahmen, Geldentnahmen sind keine Betriebsausgaben. Einnahmen aus der Veräußerung von Wirtschaftsgütern des Betriebsvermögens, Zinsen und andere Erträge des Betriebsvermögens, auch Honorarvorschüsse sind Betriebseinnahmen.

Wie Betriebseinnahmen/-ausgaben werden folgende Vorgänge behandelt: Wird ein Wirtschaftsgut veräußert, das zuvor eingelegt worden ist **(Sacheinlage)**, so muß von der Betriebseinnahme „Veräußerungserlös" der Wert der Sacheinlage abgezogen werden (wie eine Betriebsausgabe), da sonst ein zum Teil nicht erwirtschafteter Gewinn erfaßt würde. – Wird ein für den Betrieb angeschafftes Wirtschaftsgut entnommen, nachdem die Anschaffungskosten als Betriebsausgabe behandelt worden sind, so muß der Wert der **Sachentnahme** als Betriebseinnahme behandelt werden, damit der volle Abzug der Anschaffungskosten rückgängig gemacht wird. – Wird ein noch nicht voll abgeschriebenes Wirtschaftsgut veräußert, getauscht oder entnommen, so ist der Veräußerungserlös, der gemeine Wert des hingegebenen Gutes oder der Teilwert (entsprechend § 6 I Nr. 4 EStG) als Betriebseinnahme oder wie eine Betriebseinnahme, der Restbuchwert wie eine Betriebsausgabe zu behandeln[132].

Darlehnsgewährung und Darlehnsaufnahme sowie Darlehnsrückzahlungen werden nicht als Betriebsausgaben/Betriebseinnahmen behandelt. Das ist deshalb richtig, weil das **Darlehn** nicht im Betrieb erwirtschaftet wird. Fällt die Forderung des Darlehnsgebers auf Rückzahlung des Darlehns aus, so ist dies gleichwohl nicht irrelevant, wenn der Verlust wesentlich mit dem Betrieb zusammenhängt[133]. Unter diesen Voraussetzungen ist auch der Verlust von Geld zu berücksichtigen.

458 d) **Anwendung des § 11 EStG:** Bei der Verwirklichung des Zufluß- und des Abflußprinzips (s. oben Rz. 192 ff.) greift die Kassenrechnung grundsätzlich diejenigen Geschäftsvorfälle heraus, durch welche der Steuerpflichtige die wirtschaftliche Verfügungsmacht über das Wirtschaftsgut[134] möglichst sicher erwirbt oder verliert.

Beispiele: Warenverkauf auf Ziel (s. oben Rz. 455): Der bilanzierende Kaufmann weist den Gewinn bei Lieferung der Ware, also vor Bezahlung der Ware, aus. Die damit vernachlässigte

---

130 Vgl. BFH BStBl. 75, 441, 442; 75, 526, 528; 86, 607 (zu FG Hamburg EFG 84, 447): § 4 III EStG bedeute, „daß Ertrag und Aufwand aus erfolgswirksamen Vorgängen schon oder erst bei Eingang oder Ausgang der dadurch verursachten Zahlungen erfaßt werden. Hiervon muß abgegangen werden, wenn solche Vorgänge nicht mit Zahlungen, sondern allein mit dem Zu- und Abgang von Sachgütern verbunden sind; diese Zu- und Abgänge müssen als Betriebseinnahmen und Betriebsausgaben behandelt werden . . ." (BFH BStBl. 86, 607). Dazu grundsätzlich *M. Groh,* Zur Struktur der betrieblichen Überschußrechnung, FR 86, 393. S. auch *J. Lang* (Fn. 129), 453 ff.

131 Vgl. *Schmidt/Seeger,* EStG[13], § 18 Anm. 27.

132 BFH BStBl. 72, 271.

133 BFH BStBl. 72, 334; 76, 380.

134 BFH BStBl. 75, 776; 81, 305; 82, 139; 83, 755.

Unsicherheit der Forderung vermeidet die Überschußrechnung[135]. Bezahlt der Kunde mit Scheck, so ist Zuflußzeitpunkt die Scheckübergabe, sofern der Scheck sofort eingelöst werden kann[136]. Bei Banküberweisung ist die Betriebseinnahme im Zeitpunkt der Gutschrift auf dem Bankkonto anzusetzen[137]. Die Verpflichtung zur Rückzahlung tangiert den Zufluß i. S. d. § 11 I 1 EStG nicht (BFH BStBl. 90, 287).

Abflußzeitpunkte gemäß § 11 II 1 EStG sind bei Zahlung mit Scheck wie bei Einnahmen die Scheckübergabe[138], bei Banküberweisung der Eingang des Überweisungsauftrages bei der Bank[139].

e) **Abweichungen vom Zufluß- und Abflußprinzip:** 459

aa) Zunächst sind die bereits oben (Rz. 195) erwähnten Abweichungen vom Zufluß- und Abflußprinzip in § 11 I 2, II 2 EStG zu beachten.

Beispiel: Zahlungen einer Kassenärztlichen Vereinigung an einen Kassenarzt sind regelmäßig wiederkehrende (Betriebs-)Einnahmen i. S. des § 11 I 2 EStG. Leistet die Kassenärztliche Vereinigung im Januar für Dezember des Vorjahres Abschlagszahlungen, so sind diese dem Vorjahr zuzurechnen[140].

bb) § 4 III 3, 4 EStG enthält **Sonderregelungen,** die eine übermäßige Verzerrung der Periodenergebnisse unterbinden sollen (s. oben Rz. 195). Anschaffungs- oder Herstellungskosten für nicht abnutzbare Anlagegüter sind erst im Zeitpunkt der Veräußerung oder der Entnahme als Betriebsausgaben zu berücksichtigen (§ 4 III 4 EStG). Die Anschaffungs- oder Herstellungskosten für abnutzbare Anlagegüter, die sich länger als ein Jahr verwenden oder nutzen lassen (z. B. Einrichtungsgegenstände, Maschinen) werden auf die Jahre der Verwendung oder Nutzung verteilt (§ 4 III 3 i. V. mit § 7 EStG). Der Wortlaut des § 4 III 3 EStG verweist nur auf § 7 EStG. Indessen ist § 6 II EStG entsprechend anwendbar. Eine Teilwertabschreibung ist nicht zugelassen. § 5 II EStG gilt nicht. Bei betrieblich veranlaßtem „Verlust" eines abnutzbaren Anlageguts ist § 7 I EStG anzuwenden. Eine Wertminderung des Umlaufvermögens wird nicht berücksichtigt. 460

f) **Aufzeichnungspflichten:** § 4 III 5 EStG schreibt lediglich Verzeichnisse für die nicht abnutzbaren Wirtschaftsgüter des Anlagevermögens vor, also nicht die Aufzeichnung der Betriebseinnahmen und Betriebsausgaben. Für Umsatzsteuerzwecke sind jedoch die Einnahmen aufzuzeichnen (§ 22 UStG). Die Aufzeichnung der Betriebsausgaben empfiehlt sich aus Beweisgründen, zur Vermeidung der Schätzung. Aufwendungen i. S. des § 4 Nrn. 1–5, 7 EStG sind nach § 4 VII EStG aufzuzeichnen[141]. Kleingewerbetreibende müssen den Wareneingang und -ausgang aufzeichnen (§§ 143, 144 AO). S. ferner §§ 6 II 4, 6c II EStG. 461

g) **Wechsel der Gewinnermittlungsart:** Beim Übergang von der Ermittlung nach den §§ 4 I, 5 I EStG zu der nach § 4 III EStG oder umgekehrt sind im Übergangszeitpunkt Hinzurechnungen bzw. Abrechnungen erforderlich, damit einerseits der gesamte Gewinn erfaßt wird, andererseits aber Doppelerfassungen vermieden werden[142]. 462

---

135 Daher plädiert *D. Schneider,* Steuerbilanzen, Wiesbaden 1978, 61 ff., dafür, den bilanziellen Realisationszeitpunkt wie bei der Überschußrechnung anzusetzen.

136 BFH BStBl. 81, 305; *W. Apitz,* FR 85, 290.

137 BFH BStBl. 71, 97.

138 BFH BStBl. 69, 76; Abschnitt 116 II 3 EStR.

139 BFH BStBl. 86, 453; 87, 673; *E. R. Hirsch,* FR 86, 316 Abschnitt 116 II 2 EStR.

140 BFH BStBl. 87, 16. Vgl. auch FG Rheinland-Pfalz EFG 88, 421; *Horlemann,* DB 87, 1711; *Tehler,* DB 87, 1168.

141 Vgl. hierzu BFH BStBl. 88, 611; 88, 613.

142 *Plöger,* Wechsel in der Gewinnermittlungsart, Achim 1963; *Pietz,* Die Gewinnkorrektur beim Wechsel der einkommensteuerlichen Gewinnermittlungsart, Diss. Mainz 1969; *Kalb-Arnold,* Die Gewinnermittlung nach § 4 Abs. 3 EStG – ihre Darstellung und die Problematik beim

463 h) Der oben (Rz. 415 ff.) behandelte **Aufschub der Besteuerung stiller Reserven** ist auch im Falle der Gewinnermittlung nach § 4 III EStG zulässig (§ 6c EStG, R. 41d EStR 1993).

V. Ermittlung der Überschußeinkünfte (§§ 8–9a EStG)

464 a) Überschußeinkünfte (§ 2 II Nr. 2 EStG) sind die Einkünfte aus nichtselbständiger Arbeit, aus Kapitalvermögen, aus Vermietung und Verpachtung sowie die sonstigen Einkünfte i. S. des § 22 EStG (§ 2 I Nrn. 4–7 EStG). Bei diesen Einkunftsarten wird nach § 2 II Nr. 2 EStG der Unterschiedsbetrag der Einnahmen i. S. des § 8 EStG und der Werbungskosten i. S. des § 9 EStG ermittelt. Zu den Werbungskostenpauschalen des § 9a EStG s. oben Rz. 281 ff. Überschußeinkünfte können (was der Wortlaut des § 2 II Nr. 2 EStG nicht zum Ausdruck bringt) positiv (Überschuß der Einnahmen über die Werbungskosten) oder negativ (Überschuß der Werbungskosten über die Einnahmen) sein. Der Begriff „Gewinn" wird bei Überschußeinkünften nicht verwendet, wohl aber der Begriff „Verlust".

465 b) Die Ermittlung der Überschußeinkünfte ist ebenso wie die Überschußrechnung nach § 4 III EStG ausgerichtet an den Prinzipien des Zuflusses und Abflusses (§ 11 EStG); sie ist **Kassenrechnung,** die vorrangig eine Geldrechnung ist (s. Rz. 193 f., 456 f.). Auch die Einnahmen-/Werbungskosten-Überschußrechnung verwirklicht das Zufluß- und das Abflußprinzip nicht puristisch, denn es gelten i. V. mit § 9 I 3 Nr. 7 EStG[143] die Abschreibungsvorschriften sowie § 11 I 2, II 2 EStG. Insoweit stimmen die Überschußrechnungen nach § 4 III EStG und nach §§ 8 ff. EStG überein. Durch StRefG 1990 ist nunmehr geklärt, daß § 6 II EStG auch für Überschußeinkünfte gilt (§ 9 I 3 Nr. 7 Satz 2 EStG). Der sofortige Werbungskostenabzug bei abnutzbaren Arbeitsmitteln, die nicht mehr als 800 DM gekostet haben, vergrößert den Geltungsbereich des Abflußprinzips (§ 11 II 1 EStG) gegenüber den Abschreibungsvorschriften.

Besondere Abweichungen vom Zufluß- und vom Abflußprinzip erfordert der **Lohnsteuerabzug.** Laufender Arbeitslohn gilt in dem Kalenderjahr als bezogen, in dem der Lohnzahlungs- bzw. Lohnabrechnungszeitraum endet (§§ 11 I 3, 38a I 2 EStG).

466 c) Im Unterschied zu § 4 III i. V. mit I EStG erfaßt jedoch die Überschußrechnung nach den §§ 8 ff. EStG nicht den erwirtschafteten Reinvermögenszugang, sondern nur die **Quelleneinkünfte**. Das bedeutet, daß mit Ausnahme der Einkünfte i. S. d. §§ 17; 22 Nr. 2; 23 EStG (s. Rz. 197 ff.) Veräußerungseinkünfte, Substanz- und Wertverluste im Bereich des sog. Stammvermögens (s. oben Rz. 181) in die Überschußrechnung nach den §§ 8 ff. EStG nicht miteinbezogen werden[144].

467 d) **Einnahmen** i. S. des § 8 EStG: Einnahmen sind nach § 8 I EStG alle Güter, die in Geld oder Geldeswert (= Wirtschaftsgüter) bestehen, und dem Steuerpflichtigen im Rahmen einer der Einkunftsarten zufließen. Diese Kausalitätsformulierung wird nach dem Veranlassungsprinzip interpretiert[145]. Demnach liegen Einnahmen i. S. des § 8 I

Übergang zum und vom Vermögensvergleich, Diss. Würzburg 1969; *Segebrecht,* Wechsel der Gewinnermittlungsarten[4], Herne/Berlin 1977; *K. Offerhaus,* BB 77, 1500; *Zierlein,* Der Wechsel der Gewinnermittlung, Diss. rer. pol. Frankfurt 1981; *G. Holler,* Der Wechsel der Gewinnermittlungsart im Einkommensteuerrecht, Konstanz 1992; R. 17 EStR 1993.

143 Dazu *Hirsch,* Die Einordnung des § 9 I 3 Nr. 7 EStG in das System der Überschußrechnung, DStR 88, 197 (m. w. N.).

144 Dazu ausführlich *J. Lang,* Die Bemessungsgrundlage der Einkommensteuer, Köln 1981/88, 493 ff.

145 Dazu Rz. 227 ff. Kritisch *G. Crezelius,* KS, EStG, § 8 Rnrn. A 7 ff.

EStG vor, wenn sie durch das Dienstverhältnis (h. M.[146]), durch die Überlassung von Kapitalvermögen, durch Vermietung und Verpachtung oder eine andere vermögensverwaltende Tätigkeit veranlaßt sind.

Einnahmen, die nicht in Geld bestehen, bezeichnet das Gesetz als **Sachbezüge** (§ 8 II EStG). 468
Sachbezüge des Arbeitnehmers sind alle vermögenswerten Vorteile, die durch das Dienstverhältnis veranlaßt sind, also nur den Arbeitnehmern des Gebers (der sich dabei Institutionen wie Einkaufsringe, Wohnungsgesellschaften etc. bedienen kann) gewährt werden. Sachbezüge sind dabei insb. der freie oder verbilligte Bezug von Kleidung, Wohnung, Heizung, Beleuchtung, Kost, Deputaten und die in § 8 III EStG geregelten Personalrabatte[147].

Der Bewertungsmaßstab für die Sachbezüge wurde durch StRefG 1990 neu geregelt. Sachbezüge sind mit den **üblichen Endpreisen am Abgabeort** (bisherige Formulierung: übliche Mittelpreise des Verbrauchsorts) anzusetzen (§ 8 II 1 EStG). Die Neufassung soll klarstellen, „daß nicht etwa ein Durchschnittsbetrag ermittelt werden muß, sondern der tatsächliche Preis, der üblicherweise im allgemeinen Geschäftsverkehr vom Letztverbraucher gefordert wird. Andererseits soll anstelle des Verbrauchsorts künftig der Abgabeort maßgebend sein. Durch diese Änderung wird insbesondere sichergestellt, daß Sachbezüge aus einem Dienstverhältnis einheitlich nach den Verhältnissen an dem Ort bewertet werden können, an dem der Arbeitgeber diese Sachbezüge seinen Arbeitnehmern verschafft“ (BT-Drucks. 11/2157, 141).

§ 8 III 2 EStG gewährt einen **Personalrabatt-Freibetrag** von 2400 DM für Waren oder Dienstlei- 469
stungen des Arbeitgebers[148]. Der Gesetzgeber erkannte: „Die bisherige Steuerfreiheit von Belegschaftsrabatten ist mit dem Gebot der Gleichmäßigkeit der Besteuerung und mit dem Grundsatz der Besteuerung nach der wirtschaftlichen Leistungsfähigkeit nur schwer zu vereinbaren“[149]. „Steuerfrei“ waren indessen die Personalrabatte nur aufgrund fehlenden Gesetzesvollzugs. Das Gesetz besteuert Personalrabatte seit jeher, so daß ein Handlungsbedarf des Gesetzgebers nicht bestand[150]: Die Einführung eines neuen Steuerprivilegs für eine bestimmte Gruppe von Steuerpflichtigen konterkariert die von der Steuerreform 1990 angestrebten Ziele der Steuergleichheit und des Abbaus ungerechtfertigter Steuervergünstigungen.

e) **Werbungskosten** i. S. des § 9 EStG: Werbungskosten sind nach dem oben 470
(Rz. 227 ff.) dargelegten Veranlassungsprinzip Aufwendungen, die durch Einkünfte i. S. des § 2 I Nrn. 4–7 EStG erwirtschaftende Tätigkeiten (nichtselbständige Arbeit, Vermietung, Verpachtung u. a. vermögensverwaltende Tätigkeiten) veranlaßt sind. Es kommt also grundsätzlich nicht darauf an, ob die Aufwendungen zur Erwerbung, Sicherung und Erhaltung von Einnahmen (§ 9 I 1 EStG) geleistet wurden. Entgegen dem Wortlaut des § 9 I 1 EStG können auch Aufwendungen trotz gesicherter Einnahmen und bei Veranlassung durch die Erwerbstätigkeit auch nachträgliche Aufwendungen[151] (s. Rz. 233) Werbungskosten sein.

146 A. A. *J. Lang* (s. Rz. 405 Fn. 91).

147 Dazu *D. Birk*, HHR, § 8 EStG Anm. 76 ff.; *ders.*, FR 90, 237; *Albert/Heitmann*, FR 90, 657; *J. Christ*, DB 89, 346; *Giloy*, BB 89, 122; *Glenk*, Beiheft zu DStR 89/19; *Kloubert*, FR 89, 103; *Reuter*, StVj 90, 237; *D. Birk*, FR 90, 237; *J. Henkel*, DStR 92, 165.

148 So die Interpretation des § 8 III EStG durch BFH BStBl. 93, 356 (dazu *K. J. v. Bornhaupt*, Rabattgewährung und Rabattfreibetrag bei Arbeitnehmern im Konzernbereich, BB 93, 912), mit dem Ergebnis, daß Leistungen von dritter Seite i. S. d. § 38 I 2 EStG, insb. Leistungen von Konzernmüttern der Arbeitgeberin (§ 8 III EStG enthält keine Konzernklausel) ohne Anwendung des Rabattfreibetrages zu versteuern sind, weil nicht der Arbeitgeber geleistet habe. Zur steuerlichen Behandlung solcher Dritt-Rabatte auch BMF BStBl. I 93, 814.

149 BT-Drucks. 11/2157, 142.

150 Dazu *K. Offerhaus*, DStJG Bd. 9 (1986), 117 ff. Durch diesen u. a. Beiträge von *Offerhaus* sind die Personalrabatte in die steuerpolitische Diskussion geraten. Auf den Druck der Interessenverbände reagierte der Gesetzgeber mit einem Steuerprivileg. Der baden-württembergische Ministerpräsident machte seine Zustimmung zur Steuerreform 1990 von einer großzügigen Regelung der Personalrabatte abhängig.

151 Die Auffassung von BFH BStBl. 83, 373; 84, 29; 91, 15, daß Schuldzinsen, die auf die Zeit nach Beendigung einer vermögensverwaltenden Tätigkeit entfallen, keine nachträglichen Werbungs-

471 Wie bereits zu c) ausgeführt, ist bei der Ermittlung der Überschußeinkünfte deren quellentheoretischer Charakter zu beachten. Demnach sind **Vermögensstammaufwendungen** mit Ausnahme der Werbungskosten i. S. des § 23 IV 1 EStG keine Werbungskosten[152]. Mithin ist bei der Anwendung des § 9 I 2 EStG zu prüfen, ob Aufwendungn nach dem Veranlassungsprinzip dem Stammvermögen und seiner Risikosphäre zuzuordnen sind. Kapitalverluste durch Konkurs und Absinken des Marktpreises sind keine Werbungskosten bei den Einkünften aus Kapitalvermögen[153]. Die laufenden Verlustbeteiligungen des **stillen Gesellschafters** bis zur Höhe der Einlage (§ 232 II 1 HGB) sind den Quelleneinkünften zuzuordnen; die Aufwendungen des stillen Gesellschafters sind Werbungskosten i. S. des § 9 I 2 i. V. mit § 20 I Nr. 4 EStG (BFH BStBl. 88, 186). Geht die Einlage des stillen Gesellschafters infolge Konkurs oder Liquidation verloren, so liegt ein an sich einkommensteuerlich irrelevanter Vermögensverlust vor. Da jedoch § 20 I Nr. 4 Satz 2 EStG ein negatives Kapitalkonto zuläßt, hat der Gesetzgeber das Quellenprinzip bei der stillen Beteiligung durchbrochen. Diese Prinzipdurchbrechung erweitert den Werbungskostenbegriff auf Einlageverluste und Nachschüsse des stillen Gesellschafters. Laufende Kosten der Vermögensverwaltung werden i. d. R. als Werbungskosten bei den Quelleneinkünften berücksichtigt, sofern die Zuordnung zur Stammvermögenssphäre nicht auf der Hand liegt (Beispiel: Erfolgsunabhängiges Verwalterentgelt, das auf Wertsteigerung des verwalteten Vermögens entfällt, gehört nicht zu den Werbungskosten[154]). Kosten im Zusammenhang mit der Veräußerung von vermieteten Grundstücken (BFH BStBl. 90, 464; 90, 465; 90, 775) und von Wertpapieren (BFH BStBl. 89, 934) sind keine Werbungskosten. Der BFH judiziert in diesem schwierigen Abgrenzungsbereich nicht widerspruchsfrei: Der BFH läßt Aufwendungen zum Werbungskostenabzug zu, die eigentlich Vermögensstammaufwendungen darstellen, so in vollem Umfange Kosten eines Wertpapierdepots, obgleich neben den steuerpflichtigen Einnahmen auch steuerfreie Vermögensvorteile erzielt werden (BFH BStBl. 93, 832) und nach Auffassung des BFH kausalrechtlich auf das einzelne Wertpapier abzustellen ist (s. Rz. 270). Im weiteren bejaht BFH GrS BStBl. 90, 830, Abziehbarkeit verlorener Anzahlungen auf Bauleistungen; m. E. handelt es sich um Stammvermögensaufwendungen. Schließlich versagt der BFH den Werbungskostenabzug widersprüchlich: Während die Rspr. den Schuldzinsenabzug bei Erbfall- und Zugewinnausgleichsschulden verneint (s. Rz. 270), bejaht BFH FR 93, 804, den Steuerabzug von Zinsen eines Kredits zur Finanzierung eines scheidungsbedingten Versorgungsausgleichs bei den Einkünften i. S. d. § 22 Nr. 1 EStG. Abgesehen davon, daß der Einkünftedualismus dogmatisch überhaupt schwerlich in den Griff zu bekommen ist, hängt die dogmatische Unsicherheit der Rspr. auch damit zusammen, daß die Kriterien für Werbungskosten im Bereich des sog. **Einkunftserzielungsvermögens**[155] ungeklärt sind (s. bereits Rz. 254, 267, 270).

472 § 9 EStG stellt der allgemeinen Definition des § 9 I 1 EStG durch § 9 I 3 Nrn. 1–7, II EStG **besondere Tatbestände** an die Seite („Werbungskosten sind auch"). Das „auch" läßt offen, ob die Tatbestände des § 9 I 3 Nrn. 1–7 EStG als (illustrative) Unterfälle des allgemeinen Werbungskostenbegriffs (§ 9 I 1 EStG) aufgefaßt werden sollen oder ob selbständige Tatbestände anzunehmen sind. Legt man § 9 EStG verfassungskonform (dem Gleichheitssatz entsprechend) in der Weise aus, daß er dem § 4 IV EStG entspricht, so müssen die Tatbestände des § 9 I 3 Nrn. 1–7 EStG so interpretiert werden, daß sie dem allgemeinen Werbungskostenbegriff entsprechen. Das § 4 IV EStG nämlich keine dem § 9 I 3 Nrn. 1–7 EStG entsprechenden Tatbestände aufführt, müssen diese Tatbestände gleichheitssatzkonform auch aus dem § 4 IV EStG herausinterpretiert werden können. Im Falle des § 9 EStG kann dann nicht anders verfahren werden, d. h. die

kosten i. S. d. §§ 9 I 1, 2; 20; 21 EStG seien, weicht von der allgemeinen Dogmatik ab, weil derartige Schuldzinsen Folgekosten eines zum Zwecke der Kapitalüberlassung oder Vermietung aufgenommenen Darlehens sind. Wird allerdings das Darlehen einem neuen Zweck zugeführt, dann wird der Kausalzusammenhang mit der (früheren) Erwerbstätigkeit durch die neue Veranlassung verdrängt, deshalb i. E. zutreffend BFH BStBl. 91, 15.

152 Dazu *J. Lang* (Fn. 144); *ders.*, DStJG Bd. 9 (1986), 53 ff.

153 Dazu *Schmidt/Heinicke*, EStG[13], § 20; Anm. 3.

154 BFH BStBl. 89, 16 (dazu *Pöllath/Wenzel*, DB 89, 2448). Zum Werbungskostenabzug von Verwaltungskosten eines Kapitalvermögens *R. E. Kessler*, FR 91, 342.

155 Dazu ausf. *M. Alt*, Das Überschußvermögen im Einkommensteuerrecht, Eine Untersuchung zur Rolle des Vermögens bei den Überschußeinkünften, Heidelberg 1994.

Einzeltatbedstände des § 9 I 3 Nrn. 1–7 EStG müssen möglichst aus § 9 I 1 EStG herausinterpretiert werden können.

Die einzelnen Tatbestände in § 9 I 3 EStG: 473

(1) **Schuldzinsen, Renten** und **dauernde Lasten,** soweit sie durch eine Einkunftsart-Tätigkeit veranlaßt sind.

Will ein Steuerpflichtiger mit einem fremdfinanzierten Wirtschaftsgut sowohl Quelleneinkünfte als auch Veräußerungseinkünfte (z. B. im Falle der Aktienspekulation mit Fremdmitteln) erwirtschaften, so müssen die Schuldzinsen entsprechend der Doppelveranlassung aufgeteilt werden. Eine Aufteilung ist auch dann durchzuführen, wenn der Steuerpflichtige ein Mietgrundstück wegen zu erwartender Wertsteigerungen erwirbt. Im Hinblick auf die praktischen Schwierigkeiten der Aufteilung neigt die Rechtsprechung des BFH dazu, die Doppelveranlassung zu negieren und den vollen Schuldzinsenabzug bei den Quelleneinkünften zuzulassen[156].

(2) **Abgaben vom Grundbesitz,** soweit der Grundbesitz der Erwerbstätigkeit dient.

(3) **Beiträge zu Berufsständen** und sonstigen Berufsverbänden (s. Rz. 256).

(4) **Aufwendungen für Fahrten** zwischen Wohnung und Arbeitsstätte (s. Rz. 259).

(5) Notwendige **Mehraufwendungen** wegen einer aus beruflichem Anlaß begründeten doppelten Haushaltsführung (s. Rz. 258).

(6) **Aufwendungen für Arbeitsmittel** (s. Rz. 254).

(7) **Absetzungen für Abnutzung** und für Substanzverringerung (§ 9 I 3 Nr. 7 Satz 1 EStG) und Abschreibung geringwertiger Wirtschaftsgüter (Anschaffungs-/Herstellungskosten bis 800 DM) im Jahr der Anschaffung/Herstellung bzw. des Nutzungsbeginns (§§ 9 I 3 Nr. 7 Satz 2 i. V. m. 6 II 1–3 EStG)[157].

Nach st. Rspr. des BFH[158] enthält § 9 I 3 Nr. 7 EStG eine rechtsbegründende Ausnahme 474
von der quellentheoretischen Ausgrenzung des Stammvermögens. Demgegenüber wird im Schrifttum[159] überwiegend die Auffassung vertreten, die Anschaffungs-/Herstellungskosten seien ohne § 9 I 3 Nr. 7 EStG in vollem Umfange im Zeitpunkt der Verausgabung abziehbar. In der Tat verwirklicht diese Ansicht konsequent das Ideal der Überschußrechnung und wäre dann richtig, wenn das Stammvermögen *nicht* auszugrenzen wäre, sondern wenn entsprechend dem Werbungskostenabzug der Anschaffungs-/Herstellungskosten alle Veräußerungsentgelte in der Überschußrechnung anzusetzen wären[160]. Da eine derart umfassende Überschußrechnung aber mit dem geltenden **quellentheoretischen Konzept der Überschußeinkünfte** nicht zu vereinbaren ist, bedarf es der Regelung in § 9 I 3 Nr. 7 EStG; sie begründet mit der Modifikation der Quelleneinkünfte insofern ein Steuerprivileg, als dem Werbungskostenabzug keine Versteuerung von Veräußerungsentgelten gegenübersteht. Das bedeutet, daß Abschreibungen bei den Überschußeinkünften im Unterschied zu den Gewinneinkünften nicht durch spätere Ver-

156 Dazu *Schmidt/Drenseck,* EStG[13], § 9 Anm. 4, sowie *Schmidt/Heinicke,* EStG[13], § 20 Anm. 55 „Schuldzinsen".

157 Zur Anwendung des § 6 II 1–3 EStG bei Arbeitsmitteln s. Abschnitt 44 III LStR, im Falle der Umwidmung eines Wirtschaftsguts von der privaten zur beruflichen Nutzung s. Rz. 254.

158 BFH GrS BStBl. 78, 620; BFH BStBl. 78, 455; 79, 38; 79, 551; 83, 410; *v. Bornhaupt,* KS, EStG, § 9 Anm. DB 97 ff.

159 *Prinz,* HHR, EStG, § 9 Anm. 586 ff.; *Schmidt/Drenseck,* EStG[13], § 9 Anm. 11a; *Jakob/Wittmann,* FR 88, 547 f.

160 So das Konzept der Cash-Flow-Steuer (s. § 4 Rz. 117), und der Vorschlag einer Sparbereinigung der Einkünfte aus Privatvermögen in: *J. Lang,* Entwurf eines Steuergesetzbuchs, Schriftenreihe des BMF, Heft 49, Bonn 1993, § 123.

steuerung der stillen Reserven rückgängig gemacht werden. Das macht insb. die degressive Gebäude-AfA im Privatvermögen so vorteilhaft.

475 Die Begriffe Anschaffungs-/Herstellungskosten sind **einheitlich** für alle Einkunftsarten, insb. inhaltsgleich für Gewinn- wie für Überschußeinkünfte zu interpretieren[161]. Das gilt zum einen für die Abgrenzung des Anschaffungs-/Herstellungsaufwandes zu den als Erwerbsaufwendungen abziehbaren Erhaltungsaufwendungen[162] und zum anderen für die Abgrenzung zu den vergeblichen Aufwendungen, die im Bereich der Gewinneinkünfte Aufwand darstellen, und daher auch als Werbungskosten abziehbar sein müssen[163].

476 Zur Gleichstellung mit der betrieblichen AfA im Falle der Umwidmung eines Wirtschaftsguts von der privaten zur beruflichen Nutzung s. Rz. 254.

G. Die einzelnen Einkunftsarten

I. Einführung in das Einkunftsartenrecht

477 Zu welcher Einkunftsart die Einkünfte im einzelnen Fall gehören, bestimmt sich nach den §§ 13 bis 24 EStG (§ 2 I 2 EStG). Betrachtet man das in den §§ 13 bis 24 EStG näher umschriebene Spektrum der Einkunftsarten, so hat man, jedenfalls prima facie, den Eindruck, es mit einem empirischen, lebensnahen, der sozialen und wirtschaftlichen Realität entnommenen **Einkünfte-Katalog** zu tun zu haben, der dazu gedacht ist, den Einkommensbegriff praktikabel zu illustrieren. Dagegen wäre nichts einzuwenden, wenn diese illustrierende Typologie der sieben Einkunftsarten die gleichmäßige und vollständige Erfassung der Einkünfte sowie deren gleichmäßige steuerliche Belastung nicht beeinträchtigte. Realiter haben wir es jedoch mit einem zerklüfteten Einkunfts*arten*recht zu tun, das die einzelnen Einkünfte unvollständig erfaßt, unterschiedlich quantifiziert und unterschiedlich steuerlich belastet[1].

478 Daher ist die **Zuordnung** von Einkünften zu einer Einkunftsart von höchster **Relevanz,** und zwar

a) wegen unterschiedlicher Einkünfteermittlungsarten (Einkünftedualismus, § 13a EStG) und Steuererhebungsarten (§§ 37; 38 ff.; 43 ff., 50a EStG);

---

161 BFH GrS BStBl. 90, 835; *Jakob/Wittmann,* FR 88, 549 f.

162 S. Rz. 342. Zur Abgrenzung des Erhaltungsaufwandes zum Herstellungsaufwand/anschaffungsnahem Aufwand bei den Einkünften aus Vermietung und Verpachtung s. BFH GrS BStBl. 66, 672; BFH BStBl. 85, 690; 90, 53; 90, 130; BFH/NV 90, 436; 91, 32; BFH BStBl. 92, 28; 92, 30; 92, 285; 92, 940; R. 157 EStR 1993; *Grube,* DStR 89, 159; *ders.,* DStZ 89, 495; *Obermeier,* DStR 90, 409; *Söffing,* StVj 89, 163; *U. Prinz,* FR 90, 632; *H. Helmschrott,* StStud 91, 97; *B. Heuermann,* DB 92, 600; *J. Anders,* Stbg 92, 218.

163 BFH GrS BStBl. 90, 830; *Jakob/Wittmann,* FR 88, 547.

1 Dazu *F. Klein,* Einkommensteuerliche Ungleichartigkeiten und Ungleichwertigkeiten der Einkunftsarten, StuW 51, 475; *Parczyk,* Die tatbestandsmäßige Zuordnung von Lebenssachverhalten unter eine der sieben Einkunftsarten des geltenden Einkommensteuerrechts – ein Qualifikations-, kein Quantifizierungsproblem, StuW 67, 723; *Littmann,* Einkommen und Einkünfte – gesetzessystematische Abgrenzung, DStR 62, 17; *ders.,* Einkommen, Einkünfte, Einkunftsarten – Einzelheiten zur gesetzlichen Unterscheidung, DStR 62, 41; *ders.,* Die gesetzliche Ordnung der Einkunftsarten in der Einkommensteuer, DStR 62, 94; *Giloy,* Zur Symmetrie der Einkunftsarten, FR 78, 205; *Merkenich,* Die unterschiedlichen Arten der Einkünfteermittlung im deutschen Einkommensteuerrecht, Berlin 1982; *J. Lang,* Die Bemessungsgrundlage der Einkommensteuer, Köln 1981/88, 218 ff.; *Jehner,* DStR 90, 6; *A. Koller,* Abgrenzung von Einkunftstatbeständen im Einkommensteuerrecht, München/Wien 1993.

b) wegen unterschiedlicher Werbungskostenpauschbeträge und Vorsorgepauschalen (§§ 9a, 10c III EStG);

c) wegen unterschiedlicher Freibeträge und Freigrenzen bei einzelnen Einkunftsarten (s. §§ 13 III, 14a, 16 IV, 17 III, 18 III 2, 19 II, 20 IV, 23 IV, 24a EStG) und unterschiedlicher Behandlung von Altersbezügen (§§ 19 II, 22 Nr. 1, 24a EStG);

d) wegen Verlustausgleichs- und Verlustabzugsbeschränkungen (nur) bei gewissen Einkunftsarten (§§ 2a, 15 IV, 15a, 22 Nr. 3 letzter Satz, 23 IV letzter Satz, 50 II EStG);

e) wegen Steuervergünstigungen oder Praktikabilitätserleichterungen, die auf einzelne Einkunftsarten beschränkt sind (z. B. §§ 32c; 34b; 34e EStG); Steuerbefreiungen nach §§ 3, 3a, 3b EStG;

f) wegen Zusatzbelastung durch andere Steuern, insb. durch die Gewerbesteuer. Die Zusatzbelastung der gewerblichen Einkünfte wird durch die Tarifbegrenzung des § 32c EStG unzureichend ausgeglichen, so daß neue Ungleichheiten entstehen (s. Rz. 747 f.).

g) wegen der Notwendigkeit, die beschränkt steuerpflichtigen Einkünfte richtig zuzuordnen (s. § 49 EStG). Die Frage, ob Einkünfte Inlandseinkünfte sind, hängt von der Einkunftsart ab.

Die Differenzierungen sind zum Teil verdächtig, dem *Gleichheitssatz* zu widersprechen[2].

479 Die Kompliziertheit des deutschen Einkommensteuerrechts erwächst wesentlich daraus, daß an die einzelnen Einkunftsarten **je besondere Vergünstigungen oder Belastungen** angehängt werden, Einkommen also nicht gleich Einkommen ist, Einkommen nicht als qualitativ gleichwertig behandelt wird. Daraus erklären sich die auffallend vielen Aufsätze und die mehr als 3 000 veröffentlichten BFH-Urteile zu §§ 13–24 EStG. Den historischen Fortschritt von der Schedulensteuer zur Gesamteinkommensteuer (s. oben Rz. 1) macht das zersplitterte Einkunftsartenrecht rückgängig. Das schert die Politiker offensichtlich nicht, denn nach ihrer Auffassung ist der **Grundsatz der synthetischen Einkommensteuer** „Kein Wert an sich“[3]. Es wird nach Berufsbildern schematisiert (Unternehmer, Arbeitnehmer, Rentner, Nichtrentner). So bekommt ein Arbeitnehmer eine ungerechtfertigt hohe Werbungskostenpauschale von 2 000 DM (§ 9a Satz 1 Nr. 1 EStG) und einen zu großzügig bemessenen Personalrabatt-Freibetrag von 2 400 DM (§ 8 III 2 EStG). Der Unternehmer, z. B. ein Kioskbetreiber, muß die Erträge penibel aufzeichnen und sämtlich versteuern. Der Fortschritt, der darin liegt, daß man die Leistungsfähigkeit am Einkommen exakt messen kann, wird preisgegeben zugunsten sozialideologischer Klischees. Der Abbau von Steuersubventionen für ein gerechteres Steuersystem wird nicht ohne Sozialklassifikation des Steuerschuldners verfolgt, sondern nach den Bereichen der **„Unternehmensbesteuerung“** und **„Arbeitnehmerbesteuerung“**[4]. Der Blick wird verstellt auf die Rechtslage, daß natürliche Personen und nicht Berufsgruppen Steuerschuldner der Einkommensteuer sind (so etwa, wenn man dafür eintritt, daß die Landwirtschaft keinesfalls mehr Einkommensteuern zahlen dürfe, was Steuerprivilegien wie die §§ 13 III, 13a EStG zu heiligen Kühen macht, die vor jedweder Reform geschützt sind).

Zusätzliche Zweifelsfragen ergeben sich bei gemischter Tätigkeit[5].

480 Nach wie vor ist es prinzipiell irrelevant, ob der Steuerpflichtige seine Einkünfte unter mehr oder weniger Aktivität, Anstrengung, Begabung, Intelligenz, Vitalität, Willenskraft, Gestaltungskraft, Phantasie oder Risikobereitschaft erzielt. Insoweit werden etwa Einkünfte aus gewerblicher, künstlerischer oder wissenschaftlicher Leistung gleich behandelt; das **Markteinkommen** wird jeweils als **Leistungseinkommen** angesehen. Verluste und Gewinne aus den verschiedenen Einkunftsarten werden grundsätzlich ausgeglichen (s. indessen Rz. 66 f.). Allerdings taucht in der steuerpolitischen Diskussion gelegentlich auch die Forderung auf, Arbeitnehmern müsse durch „Steuervergünstigungen“ gewährt werden, was sie bei Lohntarifverhandlungen nicht erhalten hätten.

---

2 Dazu umfassend *K. Tipke*, Steuergerechtigkeit in Theorie und Praxis, Vom politischen Schlagwort zum Rechtsbegriff und zur praktischen Anwendung, Köln 1981, 65 ff. (über Einkommensteuer-Ungerechtigkeiten); *ders.*, StRO II, 593 ff.

3 BT-Drucks. 12/5016, 79 (zu § 32c EStG). S. *R. Wendt*, Steuerreform durch Tarifbegrenzung für gewerbliche Einkünfte als Rechtsproblem, FR 93, 1, sowie *J. Lang*, Einkommensteuer – quo vadis?, FR 93, 661, 664.

4 Zur Gruppen- statt Individualgerechtigkeit *K. Tipke*, Steuergerechtigkeit (Fn. 2), 66 f.

5 Dazu *Rose*, DB 80, 2464 ff.; *L. Schmidt*, FR 84, 71 f.; *Schmidt/Seeger*, EStG[13], § 2 Anm. 11c.

Der für die Einkommenserzielung benötigte Zeitaufwand und die Zeit, zu der die Arbeit geleistet wird, werden grundsätzlich nicht berücksichtigt. Dieser Grundsatz wird nur noch durch §§ 3 Nr. 26, 3b EStG durchbrochen.

II. Gewinneinkünfte (§ 2 II Nr. 1 EStG)

1. Einkünfte aus Land- und Forstwirtschaft (§§ 2 I Nr. 1, 13–14a EStG)

Literatur: *Felsmann/Pape,* Einkommensbesteuerung der Land- und Forstwirte, 3 Bde., Bonn (Loseblatt) seit 1983; *Leingärtner/Zaisch,* Die Einkommenbesteuerung der Land- und Forstwirtschaft[2], München 1991; zur neueren Rechtsprechung *H.-J. Kanzler,* FR 88, 593; *ders.,* FR 89, 697; *G. Gmach,* Inf. 90, 76, 102; *ders.,* FR 90, 729; *ders.,* FR 91, 645; *Märkle/Hiller,* Die Einkommensteuer bei Land- und Forstwirten[6], Stuttgart/München/Hannover 1992; *G. Gmach,* FR 93, 761; *K.-H. M. Bauer,* Inf. 94, 135.

Zur land- und forstwirtschaftlichen Einkunftsart s. R. 124–128a; 135; 204–212 (zu § 34b EStG) EStR 1993.

1.1 Abgrenzung der Einkünfte aus Land- und Forstwirtschaft

481 Die Land- und Forstwirtschaft erfüllt zunächst die Merkmale eines Gewerbebetriebs (§ 15 II EStG). Was die Land- und Forstwirtschaft von der gewerblichen Bodenbewirtschaftung abhebt, ist die sog. **Urproduktion,** die natürliche (nicht bauliche, industrielle, spekulative) Bewirtschaftung des Bodens und die Verwertung der dadurch gewonnenen Erzeugnisse pflanzlicher oder tierischer Art[6]. Können die Einkünfte nicht mehr wesentlich auf die Bodenbewirtschaftung zurückgeführt werden, so sind gewerbliche Einkünfte[7] (Ferien- und Sporthotelbetrieb, Fuhrbetrieb, gewerbliche Tierhaltung und Tierzucht) oder Einkünfte aus Vermietung und Verpachtung (Vermietung von Ferienwohnungen im Bauernhaus, Verpachtung eines Bauernhofs durch einen Erwerber, der den Hof nicht bewirtschaftet hat)[8] anzunehmen. § 13 I 2 EStG i. V. m. §§ 51; 51a BewG grenzt typisierend die im Verhältnis zur landwirtschaftlichen Nutzfläche übermäßige Tierzucht und Tierhaltung aus der Landwirtschaft aus (zu Einzelheiten s. R. 124a EStR 1993).

482 Die **Einkünfte aus Land- und Forstwirtschaft** sind gegenüber den Einkünften aus Gewerbebetrieb durch den Freibetrag nach § 13 III EStG und durch die Gewinnermittlung nach § 13a EStG privilegiert. Land- und Forstwirte sind nicht gewerbesteuerpflichtig, was u. a. mit der höheren Belastung durch die Grundsteuer gerechtfertigt wird (vgl. §§ 9 Nr. 1; 12, III Nr. 1 GewStG). Das Verlustausgleichs- und -abzugsverbot für die **gewerbliche Tierhaltung** nach § 15 IV EStG soll die traditionelle, mit der Bodenwirtschaft verbundene Tierhaltung schützen[9]. Daher erfaßt § 15 IV EStG nicht die originär gewerbliche Tierzucht, wie z. B. die Tierhaltung in einem Zirkus. § 15 IV EStG ist u. E. mit dem Gleichheitssatz und in Gestaltung einer Regelung der Berufsausübung auch mit Art. 12 GG nicht zu vereinbaren (a. A. BFH BStBl. 88, 264). Das Verlustausgleichs- und -abzugsverbot verletzt gravierend das Nettoprinzip. Das Ziel, die traditionelle Landwirtschaft zu schutzen, rechtfertigt nicht die Übermaßbesteuerung der gewerblichen Tierzüchter und Tierhalter. Schon gar nicht leuchtet ein, daß Pelztierzüchtern das Nettoprinzip verweigert werden kann (BFH BStBl. 88, 264), während Kükenzüchtern das Verlustausgleichs- und -abzugsverbot zugestanden

---

6 Nach BFH BStBl. 79, 246; 89, 416, 418, ist Landwirtschaft die planmäßige Nutzung der natürlichen Kräfte des Bodens zur Erzeugung und Verwertung von Pflanzen und Tieren.

7 Zur Abgrenzung Landwirtschaft – Gewerbebetrieb *Felsmann,* Inf. 78, 467; *Leingärtner,* Inf. 81, 121; *Märkle,* Inf. 89, 512; BFH BStBl. 89, 111 (landwirtschaftlich: Pensionsreitpferdehaltung); BFH BStBl. 89, 416, 418/419 (landwirtschaftlich: Vermietung von Reitpferden); BFH BStBl. 89, 284 (Gewerbebetrieb bei Verkauf fremder Produkte).

8 Dazu BFH BStBl. 89, 863; *v. Schönberg,* FR 90, 532.

9 BT-Drucks. VI/1934; VI/2315; BFH BStBl. 90, 152.

wird (BFH BStBl. 90, 152). Im übrigen gehört § 15 IV EStG in den § 13 EStG: Nicht eigentlich die gewerbliche, sondern die nach dem Maßstab traditioneller Landwirtschaft übermäßige Tierzucht und Tierhaltung wird durch ein Verlustausgleichs- und -abzugsverbot diskriminiert.

Wegen des Zusammenhangs mit der Landwirtschaft sind auch Einkünfte aus einem landwirtschaftlichen **Nebenbetrieb** landwirtschaftliche Einkünfte (§ 13 II Nr. 1 Satz 1 EStG). Als Nebenbetrieb gilt ein Betrieb, der dem land- und forstwirtschaftlichen Hauptbetrieb zu *dienen* bestimmt ist (§ 13 II Nr. 1 Satz 2 EStG). Dies trifft zu, wenn folgende Voraussetzungen erfüllt sind: 483

a) Die Landwirtschaft muß die ausschließliche oder hauptsächliche Grundlage für den Nebenbetrieb sein. Das ist sie, wenn die im Nebenbereich be- oder verarbeiteten Produkte zu mehr als 50 v. H. in der eigenen Landwirtschaft gewonnen worden sind oder wenn das in Substanzbetrieben Gewonnene zu mehr als 50 v. H. in der eigenen Landwirtschaft verwendet oder verwertet wird.

   Beispiele: Be- und Verarbeitungsbetriebe: Molkereien, Käsereien, Brennereien, Keltereien, Sägewerke; Substanzbetriebe: Sand- und Kiesgruben, Steinbrüche, Torfstiche.

b) Der Nebenbetrieb muß nach der Verkehrsauffassung ein Betrieb der Landwirtschaft sein, anders ausgedrückt: im Bereich der Landwirtschaft liegen (BFH BStBl. 66, 193); es darf sich nicht um einen selbständigen Gewerbebetrieb handeln. Daher gehören nicht zur Landwirtschaft: Gastwirtschaften, Schlachtereien, Brauereien, Bäckereien.

c) Der Nebenbetrieb muß dem Hauptbetrieb untergeordnet sein (BFH BStBl. 71, 287).

Aus der bloßen **Verbindung** eines landwirtschaftlichen Betriebs **mit einem anderen Betrieb** nur durch die Person des Eigentümers und durch kapitalmäßige Verflechtung kann die Eigenschaft eines Nebenbetriebs nicht hergeleitet werden. Andererseits darf der Nebenbetrieb gegenüber dem Hauptbetrieb weder rechtlich noch wirtschaftlich selbständig sein. Rechtlich selbständig ist ein Betrieb, wenn der dienende Betrieb einem anderen als dem Inhaber des Hauptbetriebs, z. B. einer Körperschaft, gehört. Daher kann eine Genossenschaftsbrennerei nicht Nebenbetrieb sein (RFH RStBl. 40, 488). Hingegen ist eine rechtliche und wirtschaftliche Unterordnung unter mehrere Hauptbetriebe möglich, wenn der dienende Betrieb von mehreren Landwirten als Personengesellschaft betrieben wird (RFH RStBl. 39, 573). 484

S. zum landwirtschaftlichen Nebenbetrieb auch R. 135 III EStR 1993 und die Erlasse BStBl. 71 I, 324; 72 I, 352.

Forstwirtschaft ist die Bewirtschaftung von Wald zur Gewinnung und Verwertung von Walderzeugnissen. 485

Einen Betrieb der Land- und Forstwirtschaft bildet auch die *gemeinschaftliche Tierhaltung* (§ 13 I Nr. 1 letzter Satz EStG; §§ 34 VIa, 51a BewG; dazu R. 124a IV EStR 1993).

Zur Land- und Forstwirtschaft gehören ferner – hier bei beliebigem Zukauf – Binnenfischerei, Teichwirtschaft, Fischzucht für Binnenfischerei und Teichwirtschaft, Imkerei und Wanderschäferei, ferner die Jagd, wenn sie mit der Land- und Forstwirtschaft zusammenhängt (§ 13 I Nrn. 2, 3 EStG).

Die Land- und Forstwirtschaft kann auch in Form der **Mitunternehmerschaft** betrieben werden (§ 13 V i. V. mit § 15 I 1 Nr. 2 EStG; s. unten Rz. 500 ff.

Zu den Einkünften aus Land- und Forstwirtschaft gehören auch Gewinne, die bei der **Veräußerung oder Aufgabe** eines land- oder forstwirtschaftlichen Betriebs oder Teilbetriebs oder eines Anteils an einem land- und forstwirtschaftlichen Betriebsvermögen erzielt werden (s. § 14 EStG).

1.2 Einheitswertabhängige Gewinnermittlung für nicht buchführungspflichtige Land- und Forstwirte (§ 13a EStG)

486 Die einheitswertabhängige Gewinnermittlung für nicht buchführungspflichtige Land- und Forstwirte nach Durchschnittssätzen führt unstreitig zu Ergebnissen, durch die nur ein **Bruchteil des wirklichen Gewinns** erfaßt wird.

§ 13a EStG in der seit 30. 6. 1980 geltenden Fassung läßt zu, daß etwa drei Viertel aller landwirtschaftlichen Betriebe den Gewinn in Anknüpfung an den Einheitswert nach Durchschnittssätzen ermitteln dürfen. Vorläufer dieser Vorschrift waren die VOL von 1949 (eine VO, die von BFH BStBl. 64, 602, wegen Verstoßes gegen den Gleichheitssatz für verfassungswidrig erklärt wurde), das GDL von 1965 und § 13a EStG i. d. F. von 1974, der für verfassungswidrig gehalten und vom Nds. FG EFG 79, 28, dem Bundesverfassungsgericht präsentiert wurde: Das FG sah mit Recht den **Gleichheitssatz** sowohl im Verhältnis zu anderen Steuerpflichtigen als auch im Verhältnis der Landwirte untereinander als verletzt an (a. A. *Barth*, BB 79, 1546, 1695). Da der Kläger seine Klage vor dem Nds. FG zurücknahm, wurde der Entscheidung durch das Bundesverfassungsgericht die Grundlage entzogen. S. inzwischen auch Schlesw.-Holst. FG EFG 81, 571. BFH BStBl. 84, 198, weist darauf hin, daß nicht die Durchschnittssatzermittlung an sich verfassungsrechtlich bedenklich sei, sondern der Ansatz bewußt zu niedriger Werte im Rahmen dieser Ermittlungsmethode, der unstreitig nur zur Erfassung eines Bruchteils des wirklichen Gewinns führe.

Um einerseits dem verfassungsrechtlichen Verdikt zu entgehen, andererseits der Landwirtschaft aber das in der Vorschrift steckende Subventionsvolumen zu erhalten, hat der Gesetzgeber durch Gesetz vom 25. 6. 1980, BGBl. I 80, 732 (geltend seit 30. 6. 1980) die längsten und kompliziertesten Vorschriften des EStG geschaffen: §§ 13a i. V. mit 34e EStG.

487 Der Gewinn wird nur dann **nach Durchschnittssätzen** ermittelt, wenn keine Buchführungspflicht besteht (dazu § 141 AO), der Ausgangswert nicht mehr als 32 000 DM beträgt und die Tierbestände bestimmte Höchstgrenzen, i. d. R. drei Vieheinheiten je Hektar, nicht übersteigen.

Ausgangswert ist der Vergleichswert (evtl. mit Zu- und Abschlägen) der selbstbewirtschafteten landwirtschaftlichen Nutzung (ohne Sonderkulturen). Zum Ausgangswert gehören ferner die Vergleichswerte der Sonderkulturen sowie die Werte der Nebenbetriebe, des Abbaulandes und des Geringstlandes, wenn die Summe dieser Werte 2 000 DM nicht übersteigt. Durch die Neufassung der Vorschrift (höherer Grundbetrag, höhere Bewertung der Arbeitsleistung mitarbeitender Familienangehöriger) soll der Gewinn je nach Betriebsgröße in Höhe zwischen 44% und 76% des wahren Gewinns erfaßt werden.

Landwirte, die die Voraussetzungsdaten des § 13a EStG überschreiten, aber nicht nach § 141 AO buchführungspflichtig sind, können den Gewinn nach § 4 III EStG oder auch nach § 4 I EStG ermitteln; tun sie dies nicht, ist der Gewinn zu schätzen[10].

Aus Gründen der Rechtssicherheit muß das Finanzamt die **Nichtanwendbarkeit des § 13a EStG** dem Steuerpflichtigen rechtzeitig vor Beginn des Wirtschaftsjahres mitteilen.

Bei der Anwendung des § 13a EStG bleiben an der Obergrenze des Anwendungsbereichs bei der landwirtschaftlichen Nutzung Gewinnanteile von durchschnittlich über 7 000 DM unerfaßt. Zum Ausgleich ist auch den Landwirten, die den Gewinn nach § 4 I, III EStG ermitteln, ein Vorteil gewährt worden: durch Ermäßigung der Steuerschuld um bis zu 2 000 DM nach § 34e EStG[11].

§§ 13a, 34e EStG enthalten enorme Subventionen[12] für die Landwirtschaft. Daß die Subventionen sachgerecht nach dem individuellen Bedürfnis zugemessen sind, wird sich schwerlich dartun lassen.

---

10 Freiwillige Gewinnermittlung nach § 4 I EStG oder nach § 4 III EStG ist immer zulässig (§ 13a II EStG).

11 Zur Rechtslage im einzelnen *Kutscher*, FR 80, 449 ff.; Inf. 81, 73 ff.; BB 80, 1675 ff.; *Schindler*, BB 80, 1420 ff.; *Kasten*, Inf. 84, 465 ff.; *Freund*, Inf. 86, 105.

12 Dazu krit. insb. *K. Tipke*, StRO II, 606 (m. w. N.).

2. Einkünfte aus Gewerbebetrieb (§§ 2 I Nr. 2, 15–16 EStG)

2.1 Allgemeine Begriffsbestimmung[13]

Eine Begriffsbestimmung des Gewerbebetriebs enthält § 15 II EStG; dieser geht auf § 1 I GewStDV zurück; § 1 I GewStDV beruhte seinerseits auf der Rechtsprechung des preußischen OVG und des RFH[14]. 488

Nach § 15 II EStG setzt der Begriff „Gewerbebetrieb" folgende Merkmale voraus:

a) eine **Betätigung** (Tätigkeit), die ursächlich ist für den wirtschaftlichen Erfolg (s. auch Rz. 122);

b) **Selbständigkeit** der Tätigkeit (Handeln auf eigene Rechnung und Gefahr); der Begriff stimmt mit dem des Umsatzsteuerrechts überein (s. S. 13 Rz. 108 f.); Gegensatz: Unselbständigkeit der Tätigkeit (s. Rz. 550 ff.);

c) **Nachhaltigkeit** der Tätigkeit (berufsmäßige oder länger dauernde, also fortgesetzte Tätigkeit oder Tätigkeit mindestens mit Wiederholungsabsicht); der Begriff der Nachhaltigkeit stammt aus dem Umsatzsteuerrecht (§ 2 I 3 UStG; s. S. 13 Rz. 106 f.); Gegensatz: gelegentlich (s. § 22 Nr. 3 EStG);

d) **Gewinnerzielungsabsicht** oder **Gewinnabsicht,** d. h. Absicht, wirtschaftliche Vorteile zu erzielen[15]; dadurch ergibt sich insbesondere eine Abgrenzung zur „Liebhaberei" und zur gemeinnützigen Tätigkeit;

Die Gewinnerzielungsabsicht kann Nebenzweck sein (§ 15 II 3 EStG); die Absicht muß sich auf die Erzielung einer Vermögensmehrung durch gewerbliche Betätigung beziehen; eine Minderung der Einkommensteuer ist keine solche Vermögensmehrung (§ 15 II 2 EStG), da sie nicht wesentlich auf der gewerblichen Betätigung beruht;

e) **Teilnahme** am allgemeinen **wirtschaftlichen Verkehr** (= Erwirtschaften durch Auftreten nach außen; Teilnahme am Markt), s. Rz. 123;

f) **negativ:** *keine* Land- und Forstwirtschaft (§ 13 EStG) oder selbständige Arbeit (§ 18 EStG) oder – wie dem § 15 II EStG hinzuzufügen ist – Vermögensverwaltung (Verwaltung von Kapitalvermögen, Vermietung/Verpachtung; s. § 14 Satz 3 AO)[16], mit anderen Worten: §§ 13, 18, 20, 21 EStG sind Spezialvorschriften zu § 15 EStG.

Die Definition stellt den Rechtsanwender vor erhebliche Anwendungsschwierigkeiten[17]: 489

Jedes Merkmal kann für sich Schwierigkeiten bereiten. „Gewinnerzielungsabsicht" vermag nur von „Liebhaberei" und „gemeinnütziger Tätigkeit" abzugrenzen. Alle Begriffsmerkmale treffen auch auf die Landwirtschaft und die selbständige Arbeit zu, daher die ausdrückliche Ausgrenzung dieser Tätigkeiten. Auch wer Vermögen verwaltet (§§ 20, 21 EStG), beteiligt sich selbständig und nachhaltig mit Überschuß- oder Vorteilserzielungsabsicht am wirtschaftlichen Verkehr. In Grenzfällen ist entscheidend, ob der Steuerpflichtige wirtschaftliche Vorteile *hauptsächlich* dadurch erzielt, daß er *Vermögen umschichtet* (etwa dadurch, daß er mit Grundstücken oder Wertpapieren[18] handelt) –

---

13 Dazu *Schmidt-Liebig,* Der Gewerbebetrieb in der Einkommen- und Gewerbesteuer, BB 84, Beil. 14; *Steisslinger,* Der Gewerbebetrieb im Handels- und Steuerrecht, 1989.

14 OVGSt 6, 385; 7, 418, 421; 10, 382 f.; RFHE 28, 21, 26.

15 S. Rz. 124 ff.

16 Zur Abgrenzung des Gewerbebetriebs zur Vermögensverwaltung s. BFH GrS BStBl. 84, 751, 762 f.; BFH BStBl. 88, 65; 89, 729; *K. Tipke,* Grundstücksveräußerung im Steuerrecht, Gewerbebetrieb oder Vermögensverwaltung?, Köln 1974; *Schmidt-Liebig* (Fn. 13); *J. Lang,* StbKongrRep. 1988, 49, sowie die in Fn. 114 (Rz. 571) zit. Literatur.

17 So auch BFH BStBl. 68, 775, 776.

18 Zur Gewerblichkeit von Wertpapiergeschäften BFH insb. gegenüber der Vermögensverwaltung BFH BStBl. 91, 66; 91, 631; 91, 802; R. 137 IX EStR 1993; *K. Weber,* DStZ 91, 353. In dem von BFH BStBl. 91, 802, als Gewerbebetrieb entschiedenen Falle des leitenden Bankangestellten, der strafbar zu Lasten seines Arbeitgebers Wertpapiergeschäfte betreibt, liegen m. E. Einkünfte aus nichtselbständiger Arbeit vor (s. unten Rz. 553).

dann **Gewerbebetrieb** oder ob er wirtschaftliche Vorteile hauptsächlich dadurch erzielt, daß er *Vermögen zur* (i. d. R. längerfristigen) *Erhaltung und Fruchtziehung anlegt* – dann **Vermögensverwaltung** (s. Rz. 559, 571 f.).

Da die Einkunftsarten grundsätzlich gleichwertig sind, sind teleologische Unterscheidungskriterien nicht vorhanden. Die Abgrenzung der Einkunftsarten wird vielmehr durch historisch vorfixierte Tätigkeitsbilder mitbestimmt. Dies zwingt zu einer **typologischen** (s. § 5 Rz. 45) **Interpretation des § 15 II EStG**[19]. Demnach kann die Rechtsfolge nicht allein durch eine formallogische Subsumtion unter die Begriffsmerkmale des § 15 II EStG gewonnen werden. Vielmehr ist zusätzlich danach zu fragen, ob ein Sachverhalt, der den Tatbestand einer selbständigen, nachhaltigen und mit Gewinnerzielungsabsicht ausgeübten Tätigkeit erfüllt, dem Typus des Gewerbebetriebs zugeordnet werden kann. Die Rechtsprechung stellt dabei auf das **„Gesamtbild der Betätigung"** und die **„Verkehrsauffassung"** ab[20]. Eine solche typologische Abgrenzung nach dem „Gesamtbild der Betätigung" und der „Verkehrsauffassung" ist in § 15 EStG nur innerhalb der betrieblichen Einkunftsarten ausdrücklich geregelt, indem der zweite Halbsatz des § 15 II 1 EStG Land- und Forstwirtschaft sowie selbständige Arbeit aus der gewerblichen Betätigung ausscheidet. Die Abgrenzung des Gewerbebetriebs gegenüber der Vermögensverwaltung kann nur durch *typologisch restriktive* Auslegung der Merkmale in § 15 II EStG gewonnen werden[21]. Dabei gebietet die Gesetzmäßigkeit, daß ein Gewerbebetrieb grundsätzlich nur bejaht werden kann, wenn *sämtliche Merkmale* des § 15 II EStG erfüllt sind. Die formallogische Subsumtion unter diese Merkmale bedeutet häufig Subsumtionsleerlauf, weil auch die private Vermögensverwaltung eine selbständige und nachhaltige Beteiligung am allgemeinen wirtschaftlichen Verkehr darstellt. Demnach kommt es wesentlich darauf an, den quellentheoretischen Typus der Fruchtziehung vom Gewerbebetrieb abzuschichten. Zur Abgrenzung des Gewerbebetriebs zum Grundstückshandel s. Rz. 571 f.

490 Der Gewerbetreibende ist (wie der Landwirt, Forstwirt, Selbständige) Unternehmer. Unternehmer ist nach der st. Rspr. zur Mitunternehmerschaft (s. Rz. 500 f.), wer Unternehmerinitiative entfaltet und Unternehmerrisiko trägt. Auch diese beiden Merkmale prägen den Typus „Gewerbebetrieb". Sie sind insb. relevant für die Abgrenzung gewerblicher Einkünfte zu Einkünften eines stillen Gesellschafters (§ 20 I Nr. 4 EStG) und für die Zurechnung gewerblicher Einkünfte (s. Rz. 154).

Die Qualifizierung von Einkünften als gewerbliche ist auch über das Einkommensteuergesetz hinaus von Bedeutung, weil Gewerbetreibende auch gewerbe- und umsatzsteuerpflichtig sind; eine rechtliche Bindung an die einkommensteuerliche Qualifizierung besteht jedoch nicht.

2.2 Überblick über die Arten der gewerblichen Einkünfte

491 § 15 I EStG differenziert die Einkünfte aus Gewerbebetrieb in:

a) **Einkünfte aus gewerblichen Einzelunternehmen** (Satz 1 Nr. 1);

Verpachtet der Steuerpflichtige seinen Betrieb, ohne eindeutig dessen Aufgabe zu erklären, so nimmt die Rechtsprechung Fortsetzung der gewerblichen Tätigkeit an (BFH GrS BStBl. 64, 124). Dazu Rz. 443.

492 b) **Einkünfte aus Mitunternehmerschaften** (Satz 1 Nr. 2). Das sind nach dem Gesetzeswortlaut die Gewinnanteile und Sondervergütungen der Gesellschafter einer OHG, einer KG (auch GmbH & Co. KG) oder einer anderen Gesellschaft, bei der der Gesellschafter als *Mitunternehmer* anzusehen ist (BGB-Gesellschaft, Partenreederei, atypische stille Gesellschaft, s. Rz. 500 ff.).

c) **Einkünfte der persönlich haftenden Gesellschafter einer KG auf Aktien** (Satz 1 Nr. 3).

d) **nachträgliche Einkünfte i. S. des § 15 I 1 Nrn. 2, 3** (Satz 2)

---

19 *Schmidt-Liebig* (Fn. 13); *J. Lang* (Fn. 16), 51 ff. (m. w. Nachw.).

20 Vgl. BFH GrS BStBl. 84, 751, 763; BFH BStBl. 88, 65, 66. Krit. gegen diese Rspr. *K. Tipke* (Fn. 16), 27 ff.; *Schmidt-Liebig*, StuW 77, 302 ff.; *Rose*, BB 80, 2464.

21 *J. Lang* (Fn. 16), 53 f. (m. w. Nachw.).

§ 16 I, III EStG (dazu R. 139 EStR 1993) hebt bestimmte Einkünfte aus Gewerbebetrieb von **anderen Einkünften** aus Gewerbebetrieb ab, nämlich 493

– Gewinne aus der Veräußerung (= entgeltliche Übertragung) eines ganzen Gewerbebetriebs oder eines gewerblichen Teilbetriebs an einen Erwerber;

– Gewinne aus der Veräußerung einer 100%igen – zum Betriebsvermögen gehörigen – Beteiligung an einer Kapitalgesellschaft (dem Teilbetrieb gleichgestellt); gehört die Beteiligung zum Privatvermögen, so ist zu prüfen, ob §§ 17, 23 EStG zutreffen;

– Gewinne aus der Veräußerung des Anteils eines Mitunternehmers i. S. des § 15 I 1 Nr. 2 EStG und aus der Veräußerung des Anteils eines Komplementärs einer KG auf Aktien i. S. des § 15 I 1 Nr. 3 EStG.

– Gewinne aus der Aufgabe des Gewerbebetriebs oder Teilbetriebs[22]. Zur Definition der (Teil-)betriebsaufgabe s. bereits oben Rz. 443.

Durch § 16 EStG wird die **Steuerbarkeit gewerblicher Einkünfte nicht erweitert**[23]. Sie ergibt sich bereits aus dem an der Reinvermögenszugangstheorie orientierten Tatbestand der §§ 2 II Nr. 1; 15 EStG, den die §§ 4 ff. EStG zu quantifizieren haben; dementsprechend ist auch die Legaldefinition des allgemeinen Gewinnbegriffs in § 4 I zu interpretieren. Ohne § 16 EStG würde der Gewinn des letzten Wirtschaftsjahrs den Veräußerungsgewinn einschließen. Auch der Betriebsaufgabegewinn ist als „Totalentnahme" (s. Rz. 443) erfaßt; der *gemeine Wert* (§ 16 III 4, 5 EStG) ist der richtige Wert, weil der Teilwert bei Zerschlagung des Betriebs nicht mehr zutrifft. Dieses Ergebnis wäre allerdings nur durch teleologische Reduktion des § 6 I Nr. 4 EStG zu gewinnen. Die konstitutive Bedeutung des § 16 EStG besteht darin, die Versteuerung zusammengeballter stiller Reserven zur Vermeidung einer progressionsbedingten übermäßigen Steuerbelastung einer ermäßigten Besteuerung zuzuführen. § 16 IV EStG gewährt einen Freibetrag von 30 000 DM (ab dem 55. Lebensjahr: 120 000 DM), der durch Veräußerungsgewinne von mehr als 100 000 DM (ab dem 55. Lebensjahr: 300 000 DM) aufgezehrt wird. Der danach steuerpflichtige Veräußerungsgewinn unterliegt nach Maßgabe des § 34 I, II Nr. 1 EStG dem *halben Steuersatz.*

3. Einkünfte aus selbständiger Arbeit (§§ 2 I Nr. 3, 18 EStG)

Literatur: *W. S. Schick,* Die freien Berufe im Steuerrecht, Köln 1973; *Erdweg,* Zur Abgrenzung der freiberuflichen von der gewerblichen Tätigkeit, FR 78, 417; *Hummes,* Die rechtliche Sonderstellung der freien Berufe im Vergleich zum Gewerbe, Diss. Göttingen 1979; *Grube,* Zum Unternehmensberater als Freiberufler, StuW 81, 34; *Wolff-Diepenbrock,* Zur Begriffsbestimmung der ‚Katalogberufe' und der ihnen ähnlichen Berufe in § 18 Abs. 1 Nr. 1 EStG, DStZA 81, 333; *Rainer,* Grenzbereiche zwischen freier Berufstätigkeit und Gewerbe, KÖSDI 84, 5516; Abschnitte 136, 142 ff. EStR 1990.

Die Zuordnung zu § 18 EStG bedeutet zugleich: Gewinnermittlung nach § 4 III (oder § 4 I) EStG; keine Gewerbesteuerpflicht; s. auch § 96 BewG. 494

§ 18 EStG unterscheidet *drei* Gruppen von selbständiger Arbeit. Davon ist die freiberufliche Tätigkeit die wichtigste.

Erfaßt werden:

22 Im Gesetz nicht ausdrücklich geregelt. Rspr. und Verwaltung (s. R. 139 III EStR 1993) schließen die Lücke durch teleologische Extension des § 16 III EStG.

23 So die h. M., z. B. *L. Schmidt,* EStG[13], § 16 Anm. 2; HHR, EStG, § 2 Anm. 4 (m. w. N.). A. A. *B. Knobbe-Keuk,* Bilanz- und Unternehmenssteuerrecht[9], Köln 1993, 777; *W. Reiß,* KS, EStG, § 16 Rnrn. A 31 ff.

a) Die **freiberufliche Tätigkeit** (§ 18 I Nr. 1 EStG). Sie erfüllt alle Merkmale der gewerblichen Tätigkeit, wird aber durch § 15 II EStG ausdrücklich aus der gewerblichen Tätigkeit ausgeklammert. Die vorübergehende Tätigkeit i. S. des § 18 II EStG ist auch nachhaltige Tätigkeit. Gelegentliche Tätigkeit fällt unter § 22 Nr. 3 EStG.

Die **Abgrenzung** der freiberuflichen zur gewerblichen Tätigkeit ist in Grenzfällen schwierig. Kennzeichnend für den freien Beruf sind oft: Ausbildung auf höherem Niveau und dementsprechend eigene geistige Leistung. Überwiegend handelt es sich um akademische Berufe.

Im Beschluß des BVerfG BStBl. 78, 125, 130, werden als Abgrenzungsmerkmale hervorgehoben: „... der persönliche Einsatz bei der Berufsausübung, der Charakter des jeweiligen Berufs, wie er sich in der allgemeinrechtlichen und berufsrechtlichen Ausgestaltung und in der Verkehrsanschauung darstellt, die Stellung und Bedeutung des Berufs im Sozialgefüge, die Qualität und Länge der erforderlichen Berufsausbildung". Die Rechtsprechung des BFH hat keine Definition, auch keinen Typus herausgearbeitet, sondern sich an die Aufreihung von Tätigkeiten und Berufen im Gesetz gehalten. Gemeinsame Kriterien freiberuflicher Tätigkeit enthalten allerdings die Sätze 3 und 4 in § 18 I Nr. 1 EStG.

495 Nach § 18 I Nr. 1 EStG haben Einkünfte aus freier Berufstätigkeit:

- *wissenschaftlich, künstlerisch*[24], *schriftstellerisch, unterrichtend oder erzieherisch tätige Personen* (Abgrenzung nach Tätigkeitsinhalten);
- *Heilberufe*, nämlich Ärzte, Zahnärzte, Tierärzte, Heilpraktiker, Dentisten, Krankengymnasten; *rechts- und wirtschaftsberatende Berufe*, nämlich Rechtsanwälte, Notare, Patentanwälte, Wirtschaftsprüfer, Steuerberater, beratende Volks- und Betriebswirte, vereidigte Buchprüfer und Bücherrevisoren, Steuerbevollmächtigte; *naturwissenschaftlich-technisch orientierte Berufe*, nämlich Vermessungsingenieure, Ingenieure, Handelschemiker, Architekten; *Journalisten* und Bildberichterstatter; *Dolmetscher* und Übersetzer; Lotsen (Abgrenzung von Berufsgruppen nach Berufsinhalten);
- den aufgeführten Berufen (sog. Katalogberufen) *ähnliche Berufe*. In Betracht kommt die Ähnlichkeit mit einem einzelnen aufgeführten Beruf oder mit mehreren aufgeführten Berufen. Ähnlichkeit liegt vor, wenn die typischen Merkmale des ähnlichen Berufs Katalogberufsmerkmalen gleichen[25].

Zu § 18 I Nr. 1 EStG sind bisher etwa 700 BFH-Entscheidungen veröffentlicht worden. Dabei geht es zum einen um die **Abgrenzung einer Katalogberufstätigkeit zur gewerblichen Betätigung** (Beispiel: Betreuung von Bauherrengemeinschaft durch Rechtsanwälte/Steuerberater, s. BFH BStBl. 89, 797; 90, 534), zum anderen darum, ob ein **„ähnlicher Beruf"** vorliegt. Keinen „ähnlichen Beruf" i. S. d. § 18 I Nr. 1 EStG, sondern ein Gewerbe üben aus z. B. Berufssportler, Makler, Werbefachleute, Gebrauchsgraphiker, Mode- und Werbefotografen, Detektive, Fotomodelle, Zahnersatzhersteller, Dentisten. Dauerproblematisch sind insb. die Ähnlichkeit eines Berufs mit denen beratender Volks- und Betriebswirte[26] und mit Ingenieur-/Architektenberufen[27]. Probleme ergeben sich auch bei gemischter Tätigkeit[28]. Der enorme Rechtsprechungsaufwand dient nicht der Steuergerechtigkeit; das Gesetz zwingt vielmehr den Richter dazu, seine intellektuelle Kapazität für Steuerungleichheit zu verschwenden.

---

24 Dazu *Heuer*, DStR 83, 638; *ders.*, Besteuerung der Kunst[2], Köln 1984, 131 ff.; FG Schleswig-Holstein EFG 90, 257.

25 BFH BStBl. 81, 118; 81, 193; *M. K. Kempermann*, FR 90, 535.

26 Dazu *Grube*, StuW 81, 34; *G. Felix*, KÖSDI 89, 7736. Freiberuflichkeit verneint BFH für Finanz- und Kreditberater (BStBl. 88, 666), für Finanzanalysten (BStBl. 89, 24), für Marktforschungsberater (BStBl. 89, 212) und für Bausparkassenaktionsleiter (BStBl. 89, 965).

27 BFH bejaht ingenieurähnlichen Beruf für Kfz-Sachverständigen (BStBl. 89, 198) und für Hochbautechniker, der sich die theoretischen Kenntnisse in der Praxis erworben hat (BStBl. 90, 64; zur Problematik der sog. Autodidakten s. *M. K. Kempermann*, FR 90, 535). Zur Gewerblichkeit anspruchsloser Konstrukteurtätigkeit BFH BStBl. 90, 73.

28 Dazu ausf. *Rose*, DB 80, 2464 ff.; *Rainer*, KÖSDI 84, 5516. Die gemischte Tätigkeit einer Sozietät begründet Einkünfte aus Gewerbebetrieb nach § 15 III Nr. 1 EStG.

An der freien Berufstätigkeit ändert sich nichts durch die **Mithilfe fachlich vorgebildeter Arbeitskräfte;** Voraussetzung ist allerdings, daß der Freiberufler gegenüber den Mithelfenden aufgrund eigener Fachkenntnisse *leitend* und *eigenverantwortlich* tätig wird; eine Vertretung im Falle vorübergehender Verhinderung steht dem nicht entgegen (§ 18 I Nr. 3, 4 EStG). 496

Die freiberufliche Tätigkeit kann auch von Mitunternehmerschaften (*Sozietäten* von Freiberuflern) ausgeführt werden (§ 18 V EStG). Bürogemeinschaften sind keine Mitunternehmerschaften[29].

b) Die **Tätigkeit der Einnehmer einer staatlichen Lotterie,** wenn sie nicht Gewerbetreibende sind (§ 18 I Nr. 2 EStG). 497

c) Die **sonstige selbständige Arbeit** (§ 18 I Nr. 3 EStG). Es handelt sich – wie die gesetzlichen Beispiele zeigen – um nebenberufliche, vorübergehende (aber nachhaltige) Tätigkeiten, z. B. Testamentsvollstreckung, Vermögens-, Konkurs-, Vergleichsverwaltung, Aufsichtsratstätigkeit, Tätigkeit als Vormund, Pfleger, Treuhänder. Gelegentliche Tätigkeit fällt unter § 22 Nr. 3 EStG. 498

Zu den Einkünften aus selbständiger Arbeit gehört auch der Gewinn, der bei der **Veräußerung des Vermögens** oder eines selbständigen Teils des Vermögens oder eines Anteils am Vermögen erzielt wird, das der selbständigen Arbeit dient; der Veräußerung steht die Aufgabe gleich (§ 18 III EStG). 499

4. Einkünfte von Mitunternehmern (§§ 15 I 1 Nr. 2, III; 15 a; 13 V; 18 IV EStG)

Literatur: Kommentare zu § 15 EStG; *H. W. Kruse* (Hrsg.), Die Grundprobleme der Personengesellschaft im Steuerrecht, DStJG Bd. 2 (1979), mit Beiträgen von *Tipke, Stoll, Kruse, Bordewin, Raupach, Knobbe-Keuk, Schulze-Osterloh: H. Weber-Grellet,* Die Gesamthand im Einkommensteuerrecht, DStR 82, 699; *ders.,* DStR 83, 16; *W. Reiß,* Ertragsteuerliche Behandlung von Gesamthandsbeteiligungen und Beteiligungserträgen, StuW 86, 232; *W. Mellwig,* Der Mitunternehmergewinn einer wirtschaftlichen Einheit, in: FS für G. Döllerer, Düsseldorf 1988, 411; *Jakob/Hörmann,* Zur Einkünfteerzielungsabsicht bei gemeinsamer wirtschaftlicher Betätigung – Zugleich ein Beitrag zur steuerrechtlichen Dogmatik von Personengesellschaften, FR 90, 33; *J. M. Mössner,* Grundfälle zur Besteuerung von Mitunternehmerschaften, JuS 90, 638; *J. Thiel,* Bilanzrecht[4], Heidelberg 1990; *M. Best,* Einkunftequalifikation und Gewinnermittlung bei Personengesellschaften, DStR 91, 1545; *J. Hottmann,* Besteuerung der Personengesellschaften, StStud 92, 250 ff., 387 ff.; 1993, 70 ff., 101 ff.; *Lange/Grützner/Kussmann/Reiß,* Personengesellschaften im Steuerrecht[4], Herne/Berlin 1993; *B. Knobbe-Keuk,* Bilanz- und Unternehmenssteuerrecht[9], Köln 1993, 361 ff.; *H. Weber-Grellet,* Bilanzsteuerrecht[3], Münster 1993, 225 ff., sowie in: FS für L. Schmidt, München 1993: *J. Lang,* Zur Subjektfähigkeit von Personengesellschaften im Einkommensteuerrecht, 291; *J. Schulze-Osterloh,* Zivilrechtliche Theorien in der neueren Rechtsprechung des BFH zum Ertragsteuerrecht, 307.

4.1 Zweistufige Behandlung der Einkünfte von Mitunternehmern

Subjekte der Einkommensteuer sind die natürlichen Personen (§ 1 EStG), demnach die Gesellschafter und Mitunternehmer einer Personengesellschaft i. S. d. § 15 I Nr. 2 EStG, *nicht die Gesellschaft als solche.* Gleichwohl ist nach der jüngeren Rspr. des BFH[30] in 500

29 Dazu *Paus,* Inf. 85, 265; *ders.,* DStZ 86, 120; *G. Felix,* DStR 85, 363; *Korn,* StbKongrRep. 1985, 305; BFH BStBl. 89, 727, zur Abgrenzung der eigenverantwortlichen Tätigkeit von der gewerblichen Tätigkeit im Rahmen einer GbR von Bauingenieuren.

30 BFH BStBl. 76, 744; 76, 748; 77, 145; 81, 164; 84, 751, 761/762; BFH GrS BStBl. 91, 691, 699 ff. Die Rspr. des RFH (dazu *E. Becker,* Grundlagen der Einkommensteuer, Berlin 1940, 102 ff.) und des BFH praktizierte bis Anfang der siebziger Jahre die sog. ***Bilanzbündeltheorie***, nach der die Bilanz der Gesellschaft steuerrechtlich als die Zusammenfassung der Gesellschafterbilanzen

Übereinstimmung mit der modernen Gesamthandslehre, die der Personengesellschaft Teilrechtsfähigkeit zuerkennt[31], die **zivilrechtliche Rechtszuständigkeit der Gesellschaft** anzuerkennen; somit stellt die Rspr. heute im wesentlichen auf die sog. „Einheit der Gesellschaft" ab[32]. Dieser Judikatur wird man insofern zustimmen können, als die gesamthänderische Bindung wirtschaftliche Vorgänge und Zustände konstituiert, die auch steuerrechtlich beachtlich sind (s. § 1 Rz. 20). Indessen zwingt die Subjekteigenschaft der Gesellschafter und Mitunternehmer nach § 1 EStG dazu, daß im Ergebnis Einkünfte einer *einzelnen* natürlichen Person aus einer gemeinsamen Erwerbstätigkeit[33] zu bestimmen sind. Dies geschieht auf folgenden zwei Stufen:

501 – Auf der **ersten Stufe** sind die Einkünfte zu *qualifizieren,* welche die Personengesellschaft kraft ihrer partiellen Subjektivität erwirtschaftet. Zunächst verwirklicht die Betätigung der *Gesellschaft* den Einkünftetatbestand (BFH GrS BStBl. 84, 761 f.; BFH BStBl. 91, 345, 346); diese Betätigung ist unter die Tatbestandsmerkmale der Einkunftsart und der Zurechnung zu subsumieren. Gegenstand der Einkünfte*ermittlung* auf der ersten Stufe ist der **Gewinnanteil** (§ 15 I Nr. 2 EStG), d. i. der Anteil des Gesellschafters und Einkommensteuersubjekts am Gesamtgewinn der Mitunternehmerschaft; dabei sind die in sog. *Ergänzungsbilanzen* einzelner Mitunternehmer ausgewiesenen Wertkorrekturen der Gesellschaftsbilanz miterfaßt (s. Rz. 528, 535 f.).

502 – Auf der **zweiten Stufe** stellen sich die (i. e. dogmatisch noch ungeklärten[34]) Fragen der **Qualifikation** von Einkünften bezüglich der Person eines Gesellschafters neu: Die Einkünfte eines Gesellschafters können nicht steuerbar sein, weil er persönlich infolge Sonderaufwendungen keine Gewinnerzielungsabsicht hat[35]. Oder die Einkünfte der Gesellschaft und der Gesellschafter können verschiedenen Einkunftsarten zuzurechnen sein (sog. *Zebragesellschaft*[36]). So können die Einkünfte der Gesellschaft als Einkünfte aus Vermietung und Verpachtung und die eines Gesellschafters als gewerbliche Einkünfte zu qualifizieren sein[37]. Die Einkünfte*ermittlung* auf der zweiten Stufe erfaßt den außerhalb der Gesamthand erwirtschafteten Teil der Einkünfte des einzelnen Mitunternehmers, sein *Sonderbetriebsvermögen* und seine *Sondervergütungen* i. S. d. § 15 I Nr. 2 EStG (s. Rz. 541 ff.).

---

aufgefaßt wurde. Diese Theorie ging konsequent von der Steuersubjekteigenschaft des Gesellschafters aus und basierte wesentlich auf der These, daß Einzelunternehmer und Mitunternehmer gleichzubehandeln seien. Auf wachsende Kritik stieß die Negation der gesamthänderischen Verbundenheit; s. *K. Meßmer,* StbJb 1972/73, 127; *G. Söffing,* StbJb 1976/77, 241; *H. Kurth,* StuW 78, 1; 78, 203; *J. Thiel,* Bilanzrecht[4], Heidelberg 1990, 271 F.; *H. Weber-Grellet,* Bilanzsteuerrecht[3], Münster 1993, 225.

31 Dazu m. w. Nachw. *G. E. Beuniger,* Die BGB-Gesellschaft als Rechtssubjekt im Wirtschaftsverkehr, Voraussetzungen und Grenzen, Köln 1991.

32 Dazu *Jakob/Hörmann,* FR 90, 33; *K. Meßmer,* FR 90, 205; *M. Best,* DStR 91, 1545; *W. Jakob,* Einkommensteuer, München 1991, 234 f.; *L. Schmidt,* EStG[13], § 15 Anm. 36c; *J. Lang,* in: FS für L. Schmidt, München 1993, 291.

33 Dazu *O. Beierl,* Die Einkünftequalifikation bei gemeinsamer Betätigung im Einkommensteuerrecht, Berlin 1987; *G. Pferdmenges,* Einkünfteerzielungsabsicht, Eine steuerrechtliche Analyse unter besonderer Berücksichtigung von Personengesellschaften, Düsseldorf 1990; *Jakob/Hörmann,* FR 90, 33.

34 Vgl. *M. Groh,* Gewinnerzielungsabsicht und Mitunternehmerschaft, DB 84, 2424; *G. Pferdmenges* (Fn. 33), 179 ff.; *H. J. Herrmann,* StuW 89, 97, 99 ff.; *Jakob/Hörmann,* FR 90, 33, 37 (offengelassen das Verhältnis von „gemeinsamer Absicht" und „individueller Absicht").

35 Es ist also zu differenzieren zwischen der Gewinnerzielungsabsicht auf der Ebene der Gesellschaft und der Gewinnerzielungsabsicht auf der Ebene der Gesellschafter (vgl. *M. Groh,* Fn. 34).

36 Dazu *L. Schmidt,* EStG[13], § 15 Anm. 45 (m. zahlr. Nachw.); s. auch BMF-Schreiben v. 29. 4. 1994, BStBl. I 94, 282 f.

37 Zur Ermittlung der Einkünfte aus einer sog. Zebragesellschaft s. *L. Schmidt,* EStG[13], Anm. 45a, bb.

4.2 Qualifikation und Zurechnung der Einkünfte von Mitunternehmern

4.2.1 Zum Begriff des Mitunternehmers

Literatur: *M. Groh,* Die Kriterien der Mitunternehmerschaft, BB 82, 1229; *B. Knobbe-Keuk,* Gesellschaft und Mitunternehmerschaft, StuW 86, 106; *Woerner,* Einschränkung des Mitunternehmerbegriffs durch den BFH, BB 86, 704; *Jakob,* Die Mitunternehmerschaft in der Form der sog. atypischen Gesellschaft, BB 86, 1615; *Baier,* Das Verhältnis von Gesellschaft und Mitunternehmerschaft in § 15 Abs. 1 Nr. 2 EStG, FR 86, 309; *Schwichtenberg,* Kann nur ein Gesellschafter Mitunternehmer sein?, DB 87, 304; *ders.,* Mitunternehmerschaft als Interpretationsaufgabe, DStZ 87, 230; *Meßmer,* Die Gesellschafter und der Mitunternehmer des § 15 Absatz 1 Nr. 2 EStG, in: FS für Döllerer, Düsseldorf 1988, 429; *Schmidt-Liebig,* Grenzbereiche von Einkunftsqualifikation, Einkunftszurechnung, Unternehmer- und Mitunternehmerbegriff – ausgelotet am Beispiel der ehelichen Gütergemeinschaft, StuW 89, 110; *Hardt,* Miterben als Milunternehmer, DStR 89, 93; *Meßmer,* Rechtssubjekte im Rahmen der Besteuerung gemäß § 15 Abs. 1 Nr. 2 EStG, FR 90, 205; *Westerfelhaus,* KG und steuerliche Mitunternehmerschaft, DB 90, 1531; *G. Crezelius,* Der Mitunternehmerbegriff – ein Chamäleon?, in: FS für L. Schmidt, München 1993, 355.

Die Qualifikation von Einkünften i. S. d. § 15 I Nr. 2 EStG hängt wesentlich davon ab, ob der Steuerpflichtige die Merkmale eines *Mitunternehmers* erfüllt. Der Mitunternehmerbegriff hat zwei Funktionen: Zum einen grenzt er die **Erwerbs- von der Privatsphäre,** insb. die Mitunternehmerschaft von einem verdeckten Unterhaltsverhältnis (s. Rz. 525) ab. Zum anderen unterscheidet er die Einkünfte i. S. d. § 15 I Nr. 2 EStG von **anderen Einkunftsarten,** z. B. von Einkünften eines typisch stillen Gesellschafters, der Einkünfte aus Kapitalvermögen i. S. d. § 20 I Nr. 4 EStG erzielt. 503

Die jüngere Rspr. des BFH[38] knüpft an den **Begriff des Gesellschafters** in § 15 I Nr. 2 EStG an und leitet daraus einen *zivilrechtlich* orientierten Begriffsinhalt des Mitunternehmers ab. So kann nach BFH GrS Mitunternehmer nur sein, wer „zivilrechtlich Gesellschafter einer Personengesellschaft ist oder – in Ausnahmefällen – eine diesem wirtschaftlich vergleichbare Stellung innehat" (BStBl. 84, 768). Dazu nennt der Große Senat beispielhaft Gesamthandsgemeinschaften in Form von Erben- und Gütergemeinschaften sowie Bruchteilsgemeinschaften. Auf der Grundlage einer zivilrechtlichen Betrachtung hat der Große Senat auch die sog. **mehrstöckige Personengesellschaft** anerkannt: Nach BFH GrS BStBl. 91, 691, können auch Personenhandelsgesellschaften und mitunternehmerisch tätige Gesellschaften bürgerlichen Rechts Gesellschafter und Mitunternehmer i. S. d. § 15 I Nr. 2 EStG mit der Folge sein, daß die Gesellschafter der Obergesellschaft *nicht auch* Mitunternehmer der Untergesellschaft sind[39]. Hingegen ist den sog. **faktischen** oder **verdeckten Mitunternehmerschaften** die steuerliche Anerkennung zu versagen, wenn ihnen weder ein (verdecktes) Gesellschaftsverhältnis noch ein wirtschaftlich vergleichbares Gemeinschaftsverhältnis zugrunde liegt[40]. 504

38 Grundlegend BFH GrS BStBl. 84, 751 (Aufgabe der Gepräge-Rechtsprechung); 91, 691 (mehrstöckige Personengesellschaft); BFH BStBl. 94, 282 (verdeckte Mitunternehmerstellung).

39 Krit. zu BFH GrS BStBl. 91, 691 *J. Lang,* StuW 91, 205, 208; 92, 21; *A. Raupach,* StuW 91, 278; *R. Seer,* StuW 92, 35; *L. Schmidt,* DStR 91, 505; *ders.,* EStG[13], § 15 Anm. 94, und *J. Schulze-Osterloh,* Zivilrechtliche Theorien in der neueren Rechtsprechung des BFH zum Ertragsteuerrecht, in: FS für L. Schmidt, München 1993, 307.

40 BFH BStBl. 86, 10; 94, 282, 284; *L. Schmidt,* EStG[13], § 15 Anm. 51; *B. Knobbe-Keuk,* Bilanz- und Unternehmenssteuerrecht[9], Köln 1993, 384 ff.; *H. J. Priester,* Die faktische Mitunternehmerschaft – ein gesellschaftsrechtliches Problem, in: FS für L. Schmidt, München 1993, 331 (m. w. N.), 353: „eine faktische Mitunternehmerschaft gibt es nicht. Die Anwendung von § 15 Abs. 1 S. 1 Nr. 2 EStG hängt immer davon ab, daß ein Gesellschaftsverhältnis vorliegt. Ein solches kann jedoch in Gestalt einer verdeckten Innengesellschaft zwischen dem betroffenen Dritten und der unternehmenstragenden Gesellschaft gegeben sein . . .".

505 Der den *gesamten* Tatbestand des § 15 I Nr. 2 EStG abdeckende Begriff ist nicht der des Gesellschafters, sondern der des Mitunternehmers. Der **Mitunternehmerbegriff** enthält die Merkmale, mit denen die in Rz. 503 aufgeführten Abgrenzungsfunktionen entsprechend der spezifischen Eigenart der Einkünfte i. S. d. § 15 I Nr. 2 EStG zu verwirklichen sind. Maßgeblich ist zuerst die *Teleologie des Steuerrechts,* nach der der Mitunternehmertatbestand im Einkünftekatalog zu verorten und von der Privatsphäre abzugrenzen ist. Von diesem **steuerrechtlichen Ausgangspunkt** ist sodann danach zu fragen, welche **Zivilrechtsformen** in welcher Weise einer mitunternehmerischer Betätigung zuzuordnen sind; danach sind auch die Lücken des § 15 I Nr. 2 EStG zu schließen und dem § 15 I Nr. 2 EStG die von seinem Wortlaut nicht erfaßten Mitunternehmer-Gemeinschaften, insb. die Mitunternehmer-Erbengemeinschaften (s. oben Rz. 427) zuzuordnen. Geht man hingegen vom Zivilrecht oder gar nur von der zivilrechtlichen Figur des Gesellschafters aus, so begibt man sich in die Gefahr, den Zweck des Steuergesetzes aus dem Auge zu verlieren. So gewann die Entscheidung BFH GrS BStBl. 91, 691, zur mehrstökkigen Personengesellschaft ein Ergebnis, das ohne Reaktion des Gesetzgebers durch § 15 I Nr. 2 Satz 2 EStG (dazu Rz. 545) die massenhafte Umgestaltung schlichter Personengesellschaften in doppelstöckige Personengesellschaften ausgelöst hätte. Das Steuerrecht wird nicht nur seiner Teleologie beraubt; teleologisch desorientiert deformiert es auch das Gesellschaftsrecht[41].

506 Mitunternehmer i. S. d. § 15 I Nr. 2 EStG ist, wer als Gesellschafter einer Personengesellschaft oder (den Wortlaut des § 15 I Nr. 2 EStG ergänzend:) als Teilhaber einer wirtschaftlich vergleichbaren Gemeinschaft **Mitunternehmerrisiko** trägt und **Mitunternehmerinitiative** entfalten kann[42]. Das Gesellschafts-, Gemeinschafts-, Treuhandverhältnis oder sonstige Rechtsverhältnis sowie die einzelnen zivilrechtlichen Gestaltungen der verschiedenen Vertragsbeziehungen im Außen- und Innenverhältnis müssen danach beurteilt werden, ob sie dem Einkommensteuerschuldner folgende Grundvoraussetzungen des steuerlichen Mitunternehmertatbestandes vermitteln, erstens die *rechtliche,* nicht nur rein faktische Beteiligung an einer Gesellschaft oder Gemeinschaft (BFH BStBl. 94, 282 ff.), und zweitens die Merkmale des Mitunternehmerrisikos und der Mitunternehmerinitiative. Der Einkommensteuerschuldner ist also Mitunternehmer i. S. d. § 15 I Nr. 2 EStG, wenn er auf Grund einer rechtlichen Stellung als Gesellschafter oder Gemeinschafter Mitunternehmerrisiko trägt und Mitunternehmerinitiative entfalten kann.

507 Als Merkmale des Mitunternehmer*risikos* werden angesehen: Beteiligung am laufenden Gewinn und Verlust, Beteiligung auch an den (realisierten) stillen Reserven des Anlagevermögens, Auseinandersetzungsanspruch (bei Ausscheiden oder Liquidation), der sich auch auf die stillen Reserven des Anlagevermögens einschließlich des Firmenwerts erstreckt, persönliche Haftung. Als Merkmale der Mitunternehmer*initiative* werden angesehen: Beteiligung an oder Einfluß auf Unternehmensentscheidungen, insb. Geschäftsführungsbefugnisse und Vertretungsrechte; evtl. aber auch bloße Stimm-, Kontroll- oder

41 *J. Schulze-Osterloh* (Fn. 39), 314, äußert die Hoffnung, „daß die Rechtsprechung des Bundesfinanzhofs insgesamt den steuerrechtlichen Ausgangspunkt der ihm aufgetragenen Rechtsfindung nicht verliert und zivilrechtliche Wertungen nur insoweit in die Entscheidung einfließen läßt, als dies durch den jeweiligen steuerrechtlichen Tatbestand gefordert wird." Schließlich kehrt BFH GrS BStBl. 91, 691, 702, zur Teleologie des Steuerrechts zurück: „Wegen des Grundsatzes der Gleichmäßigkeit der Besteuerung ist das Steuerrecht in besonderem Maße gehalten, wirtschaftlich gleiche Tatbestände auch gleich zu behandeln. Maßgebend für die steuerrechtliche Qualifizierung muß der wirtschaftliche Gehalt der Betätigung der Personengesellschaft sein, nicht die Rechtsform der Gesellschaft oder der – die Rechtsform beeinflussende – Umfang ihrer Tätigkeit."

42 BFH GrS BStBl. 84, 751, 768 f.; BFH BStBl. 85, 85; 85, 363; 86, 10; 86, 455; 86, 599; 86, 798; 86, 802; 88, 62; 89, 705, 94, 282; R. 138 III EStR 1993.

Widerspruchsrechte (dies selbst dann, wenn sie keinerlei Einfluß auf die Geschäftsführung und ihr Risiko geben); Tätigkeit auf eigene Rechnung (BFH BStBl. 89, 414).

Nach BFH GrS BStBl. 84, 751, 768 f., kann insb. auch ein **Treuhandverhältnis,** das die Mitgliedschaft in einer Personengesellschaft zum Gegenstand hat, die Mitunternehmereigenschaft vermitteln. Gesellschafter ist zivilrechtlich der Treuhänder und nicht der Treugeber. Gleichwohl ist der Treugeber Mitunternehmer, weil der Treuhänder seine Rechte und Pflichten als Gesellschafter für den Treugeber wahrnimmt und dem Treugeber auf Grund des Treuhandvertrages weisungsunterworfen ist. Dadurch wird eine Rechtsstellung des Treugebers begründet, nach der er *gesellschaftsrechtlich* Risiko trägt und Initiative entfalten kann. 508

4.2.2 Zweistufige Qualifikation der Einkünfte von Mitunternehmern

a) **Qualifikation steuerbarer Einkünfte:** Wie bereits ausgeführt (Rz. 500 ff.), ist bei der Qualifikation der Einkünfte von Mitunternehmern infolge der zivilrechtlichen Rechtszuständigkeit der Personengesellschaft *zweistufig* zu verfahren: Es ist zunächst auf der **Ebene der Gesellschaft** zu prüfen, ob die Merkmale steuerbarer Einkünfte erfüllt sind. Gewinnerzielungsabsicht der *Gesellschaft* ist erforderlich für die Qualifikation von Einkünften i. S. d. § 15 I Nr. 2 EStG. Für diese Qualifikation ist es unerheblich, ob auch Gewinnerzielungsabsicht auf der Ebene des Gesellschafters vorliegt (BFH GrS BStBl. 84, 770). Hat aber ein einzelner Gesellschafter persönlich so hohe Aufwendungen, daß bei ihm Gewinnerzielungsabsicht zu verneinen ist, so ist die Steuerbarkeit der Einkünfte auf der **Ebene des Gesellschafters** zu verneinen. Die infolge der persönlichen Aufwendungen entstandenen Verluste sind weder ausgleichs- noch abzugsfähig. 509

b) **Qualifikation der Einkunftsart:** Die Einkunftsart ist ebenfalls zunächst auf der *Ebene der Gesellschaft* zu bestimmen. Das hat der BFH besonders deutlich zur Anwendung der **Drei-Objekt-Grenze** entschieden, deren Überschreiten zur Annahme gewerblichen Grundstückshandels führen kann (s. Rz. 571): So betätigt sich eine Personengesellschaft nicht als gewerblicher Grundstückshändler, wenn sie nicht mehr als drei Grundstücksobjekte erwirbt und im zeitlichen Zusammenhang mit dem Erwerb wieder veräußert, obgleich an der Gesellschaft Gesellschafter beteiligt sind, deren Geschäfte die Drei-Objekt-Grenze überschreiten[43]. In derartigen Fällen liegt die bereits oben (Rz. 502) erwähnte Zebragesellschaft vor: Gesellschafter, deren Grundstücksgeschäfte zusammengerechnet die Drei-Objekt-Grenze überschreiten, haben Einkünfte aus Gewerbebetrieb, die übrigen Gesellschafter erzielen Einkünfte aus Vermietung und Verpachtung. 510

Demnach steht die Qualifikation der Einkünfte auf der Ebene der Gesellschaft unter dem Vorbehalt, daß sich die Einkünfte endgültig erst auf der Ebene des Gesellschafters zuordnen lassen, denn schließlich unterliegen allein die vom Gesellschafter erzielten Einkünfte der Einkommensteuer, so daß abschließend zu klären ist, welche Art von Einkünften der *Gesellschafter* erzielt. Die Einkünftequalifikation auf der Ebene der Gesellschafter gewinnt besonders dann Bedeutung, wenn die Einkunftsart nach Merkmalen der persönlichen Qualifikation zu bestimmen ist wie in den Fällen **freiberuflicher Betätigung.** Haben sich in einer Gesellschaft Personen zusammengeschlossen, von denen nur ein Teil die persönlichen Qualifikationsmerkmale als Ingenieur, Architekt, 511

43 BFH BStBl. 90, 637; 91, 345 (Gesellschafter ist an mehreren Personengesellschaften beteiligt, die zusammengenommen die Drei-Objekt-Grenze überschreiten, dazu *L. Schmidt,* DStR 91, 309); 92, 283; 93, 668 (Vorlagebeschluß zur Zusammenrechnung von Verkäufen einer GbR und eines Gesellschafters, dazu *M. Jung,* DStR 93, 1581); *B. Gast-de Haan,* Gewerblicher Grundstückshandel durch Beteiligung an BGB-Gesellschaften, DStZ 92, 289.

Rechtsanwalt, Steuerberater etc. erfüllt, so sind die Einkünfte aus der Gesellschaft entgegen der Auffassung des BFH[44] nicht bei allen Gesellschaftern als gewerbliche Einkünfte anzusehen; vielmehr erzielen die i. S. d. § 18 I Nr. 1 EStG qualifizierten Gesellschafter Einkünfte aus selbständiger Arbeit[45].

4.2.3 Zurechnung der Einkünfte von Mitunternehmern[46]

512 Eng verknüpft mit der Qualifikation der Einkünfte von Mitunternehmern ist die Frage der Einkünftezurechnung. Bezüge können innerhalb eines Personenverbandes nicht isoliert beurteilt werden, so daß eine bestimmte Einkünftequalifikation meistens auch eine bestimmte Einkünftezurechnung nach sich zieht.

Beispiele: Eine gewerbliche Personengesellschaft zwischen Vater und Kindern wird steuerlich nicht anerkannt. Folgen: Die Kinder haben keine Einkünfte, sondern Unterhaltsbezüge. Dem Vater sind als Alleinunternehmer die gesamten Einkünfte aus Gewerbebetrieb (§ 15 I Nr. 1 statt Nr. 2 EStG) zuzurechnen. Bei der Korrektur einer unangemessenen, Unterhaltsleistungen verdeckenden Gewinnverteilung wird auch die Zurechnung von Einkünften korrigiert. Wird der Treugeber nicht als Mitunternehmer einer Immobilienfonds-Gesellschaft mit Einkünften aus Vermietung und Verpachtung anerkannt, so werden ihm *diese* Einkünfte nicht zugerechnet; stattdessen kann er aber Einkünfte aus Kapitalvermögen als Darlehensgeber oder stiller Gesellschafter haben[47].

513 Die Zweistufigkeit der Einkünfteprüfung exemplifizieren besonders die Fälle der persönlichen Zurechnung von **Einkünften bei Treuhandverhältnissen**[48]**:** Es ist zunächst auf der ersten Stufe zu eruieren, welche Einkünfte die Gesellschaft hat. Sodann stellt sich auf der zweiten Stufe die Frage, *wem diese* Einkünfte der Gesellschaft zuzurechnen sind, wer z. B. bei Immobilieninvestitionen in den neuen Bundesländern an Sonderabschreibungen nach Fördergebietsgesetz (s. § 20 Rz. 6) partizipiert. Da Einkünfte der Gesellschaft nur ihren Mitunternehmern zugerechnet werden können, hängt die Zurechnung der von der Gesellschaft erwirtschafteten Einkünfte von der Verwirklichung des Mitunternehmertatbestandes ab. Dabei ist es nicht erforderlich, daß das Zurechnungssubjekt selbst am Markt teilnimmt. Vielmehr geht es um die mitunternehmerische Zuordnung der Betätigung, welche die Gesellschaft ausgeübt hat. Diese Zuordnung kann *allein durch ein Innenverhältnis* begründet werden, wie das Treuhandverhältnis zeigt: Der Treugeber ist Zurechnungssubjekt für die auf der ersten Stufe qualifizierten Einkünfte der Gesellschaft, wenn ihm das Treuhandverhältnis eine Rechtsstellung vermittelt, nach der er gesellschaftsrechtlich Risiko trägt und Initiative entfalten kann (s. Rz. 508; BFH BStBl. 93, 540 m. w. N.).

514 Für die Beurteilung derartiger mitunternehmerkonstituierenden Innenverhältnisse kann der **Rechtsgedanke des § 39 II Nr. 1 Satz 1 AO** herangezogen werden. Dieser besagt, daß die subjektive Zurechnung nicht an die zivilrechtliche Rechtszuständigkeit, hier die

44 BFH BStBl. 85, 584; BFH/NV 87, 508; 91, 319; *L. Schmidt*, EStG[13], § 15 Anm. 45b.

45 So die h.M. im Schrifttum: *G. Felix*, DStR 85, 363; *Herzig/Kessler*, DB 85, 2528, 2529; *E. Strobl*, JbFSt 85/86, 295; *K. Korn*, StbKongrRep. 85, 305; *B. Paus*, DStZ 86, 120.

46 Dazu *A. Schmidt-Liebig*, Grenzbereiche von Einkunftsqualifikation, Einkunftszurechnung, Unternehmer- und Mitunternehmerbegriff – ausgelotet am Beispiel der ehelichen Gütergemeinschaft; *Lang/Seer*, Die persönliche Zurechnung von Einkünften bei Treuhandverhältnissen, FR 1992, 637; *D. Wüllenkemper*, Zurechnung von Einkünften bei Verteilungsstreitigkeiten zwischen Gemeinschaftern und Gesellschaftern, FR 93, 389; *L. Schmidt*, EStG[13], § 15 Anm. 47 ff.

47 S. BFH IX R 269/87 vom 27. 1. 93, DStR 93, 830; *Lang/Seer* (Fn. 46); *H. J. Herrmann*, DB 92, 2104, 2108 f.

48 Dazu BFH BStBl. 89, 722 (zur Mitunternehmerschaft bei Treugebern einer Publikumsgesellschaft); BFH (Fn. 47); BFH BStBl. 93, 538 (zur Mitunternehmerschaft bei Treugebern einer Verlustzuweisungsgesellschaft), und ausf. m. w. N. *Lang/Seer* (Fn. 46).

zivilrechtliche Gesellschafterstellung des Treuhänders, sondern an das **wirtschaftliche Herrschaftsverhältnis** anzuknüpfen hat[49]. Demnach muß das Treuhandverhältnis als wirtschaftliches Herrschaftsverhältnis ausgestaltet sein, damit dem Treugeber auch tatsächlich die Mitunternehmereigenschaft vermittelt ist.

Schließlich ist kein Mitunternehmer, dessen Beteiligung an einer Gesellschaft rechtlich oder tatsächlich **befristet** ist, so daß dadurch eine Teilhabe an der von der Gesellschaft erstrebten Betriebsvermögensmehrung, insb. an den stillen Reserven ausgeschlossen ist (s. BFH GrS BStBl. 84, 751, 770). Die Einkünfte der Gesellschaft sind dem Inhaber der befristeten Beteiligung nicht auf der zweiten Stufe zuzuordnen. Der befristet Beteiligte kann nicht steuerbare Einkünfte oder Einkünfte aus Kapitalvermögen haben. 515

4.3 Arten der Mitunternehmerschaft

a) § 15 I 1 Nr. 2 EStG erfaßt nur die **gewerbliche Mitunternehmerschaft.** Das ergibt sich (jedenfalls für Personengesellschaften) nunmehr ausdrücklich aus § 15 III Nr. 1 EStG. Für landwirtschaftliche Mitunternehmerschaften gilt § 13 V EStG, für freiberufliche Mitunternehmerschaften § 18 IV EStG. Ist eine Personengesellschaft *auch* gewerblich tätig, so gilt sie in vollem Umfang als Gewerbebetrieb (§ 15 III Nr. 1 EStG). Eine Personengesellschaft, die keine Vermehrung ihres Vermögens erstrebt (keine Gewinnerzielungsabsicht hat), sondern lediglich Steuerersparnisse für ihre Gesellschafter „produzieren" will, fällt nicht unter §§ 13 V; 15 I 1 Nr. 2; 18 IV EStG (§ 15 II 2 EStG; BFH GrS BStBl. 84, 751, 765). 516

b) Von § 15 III Nr. 1 EStG macht § 15 III Nr. 2 EStG jedoch eine *Ausnahme;* sie betrifft die sog. **gewerblich geprägte Personengesellschaft**[50]. Sind bei einer tatsächlich land- und forstwirtschaftlich, freiberuflich oder vermögensverwaltend tätigen Personengesellschaft ausschließlich eine oder mehrere Kapitalgesellschaften persönlich haftende Gesellschafter und sind nur diese oder Nichtgesellschafter zur Geschäftsführung befugt, so gilt die Tätigkeit der Personengesellschaft voll als gewerbliche. Eine gewerblich geprägte Personengesellschaft als persönlich haftender Gesellschafter steht einer Kapitalgesellschaft gleich. 517

§ 15 III Nr. 2 EStG knüpft an die frühere *Gepräge*rechtsprechung des BFH (s. BFH BStBl. 72, 799; 73, 405) an. Diese Rechtsprechung hatte BFH GrS BStBl. 84, 751, 762, aufgegeben, ihm folgend BFH BStBl. 85, 291; 85, 372; 85, 434. Daraufhin hat jedoch der Gesetzgeber rückwirkend[51] durch § 15 III Nr. 2 EStG die alte Rechtslage wiederhergestellt[52]. Danach können die Steuerpflichtigen die Einkunftsart insoweit weiterhin selbst gestalten.

c) Eine weitere von der Rechtsprechung kreierte *Ausnahme* betrifft die **Betriebsaufspaltung** (dazu § 17 Rz. 12 ff.). 518

Im Falle einer Betriebsaufspaltung wird die Vermietung/Verpachtung des Anlagevermögens durch das Besitzunternehmen statt als Vermietung/Verpachtung als gewerbliche Tätigkeit angesehen, wenn die Gesellschafter des Besitzunternehmens in der Lage sind, ihren Willen auch in der Betriebsgesellschaft durchzusetzen (s. § 17 Rz. 16). Die anfechtbare Rechtsprechung ist bisher leider nicht zu der Erkenntnis durchgestoßen, daß die

---

49 Vgl. BFH BStBl. 89, 414, 416; BFH GrS BStBl. 91, 691, 700; *Lang/Seer,* FR 92, 638 f.; a.A. BFH (Fn. 47), DStR 93, 831.

50 Dazu *Herzig/Kessler,* DStR 86, 451 ff., 643 ff., *Bordewinn,* FR 87, 1; *Groh,* DB 87, 1006; *Uelner,* in: FS für Döllerer, Düsseldorf 1988, 661; *Jakob,* in: FS für Felix, Köln 1989, 111; *G. Pickert,* StStud 93, 395.

51 Nach BFH BStBl. 86, 811 verfassungsrechtlich zulässig.

52 Vgl. BT-Drucks. 10/3663, 6; 10/4513, 64.

Ursache für die Friktionen in dem u.E. verfassungswidrigen Einkünftedualismus (s. Rz. 181 ff.) begründet liegt.

519 d) Bei Anwendung des Mitunternehmerbegriffs ergeben sich Schwierigkeiten bei der Einordnung des **Kommanditisten.** Der typische Kommanditist ist bloßer Kapitalgeber. Er ist zur Geschäftsführung nicht befugt (§ 164 HGB). Das Kontrollrecht des § 166 HGB gewährt ihm keine Unternehmerinitiative.

Doch konnte die Rechtsprechung den typischen Kommanditisten schwerlich wie einen typischen stillen Gesellschafter (§ 20 I Nr. 4 EStG) behandeln. Der Kommanditist ist nur in § 15 I 1 Nr. 2 EStG, nicht in § 20 I Nr. 4 EStG erwähnt. Den Gesetzgeber mag seinerzeit bei der Zuordnung zu § 15 I 1 Nr. 2 EStG bewogen haben, daß der Kommanditist insofern (nach außen) am wirtschaftlichen Verkehr teilnimmt, als er im Handelsregister eingetragen ist. Die Kommanditgesellschaft ist (auch) sein Unternehmen, nicht ein fremdes Unternehmen. Der Gewinn- und Verlustanteil des Kommanditisten wird wie der des Komplementärs auf Grund der Bilanz der Gesellschaft ermittelt. Der Rechtsprechung ging es allerdings insb. darum, die stillen Reserven und den Firmenwert bei Veräußerung des Kommanditanteils (s. § 16 I Nr. 2 EStG) zu erfassen.

Die Rechtsprechung[53] hat die Kommanditgesellschaft durch einen zum Gesellschaftsrecht zurückweisenden Satz erfaßt: Eine Mitunternehmerschaft liegt schon dann, aber auch *immer nur dann* vor, wenn die Gesellschaft das **gesetzliche Regelstatut der Vorschriften über die Personengesellschaft** mindestens annähernd erfüllt, wenn also von den abdingbaren Vorschriften des BGB/HGB nicht wesentlich abgewichen wird. Eine Kommanditgesellschaft, die den §§ 161 ff. HGB annähernd entspricht, ist danach stets Mitunternehmerschaft.

520 e) Wird die Kommanditgesellschaft als Mitunternehmerschaft erfaßt, zumal weil auf diese Weise bei einer Veräußerung eines Kommanditanteils stille Reserven und ein Firmenwert erfaßt werden (s. § 16 I Nr. 2 EStG), so lag es für die Rechtsprechung[54] nahe, auch den **atypischen stillen Gesellschafter** dem § 15 I 1 Nr. 2 EStG zuzuordnen. Dieser Rechtsprechung trägt § 20 I Nr. 4 EStG Rechnung.

521 f) Die Anerkennung des negativen Kapitalkontos von Kommanditisten (Berücksichtigung der Verluste über die Einlage hinaus) prädestinierte die Kommanditgesellschaft als **Verlustzuweisungsgesellschaft.** Auf solche Verlustzuweisungsgesellschaften reagierte der Gesetzgeber mit § 15a EStG[55]. Diese Vorschrift trifft allerdings auch die normale Kommanditgesellschaft. Nach § 15a EStG wird der Anteil am Verlust einer KG dem Kommanditisten zwar zugerechnet; soweit jedoch ein **negatives Kapitalkonto** des Kommanditisten entsteht oder sich erhöht, darf der Verlust weder mit anderen Einkünften ausgeglichen noch nach § 10d EStG abgezogen werden. Heftig umstritten ist, ob sich der Wert des Kapitalkontos i. S. d. § 15a EStG nur auf die in Rz. 501 ausgeführte erste Stufe der Gewinnermittlung (Gesellschaftsbilanz und Ergänzungsbilanz) erstreckt, oder ob das Sonderbetriebsvermögen, also die zweite Stufe der Gewinnermittlung (s. Rz. 502) miteinzubeziehen ist. BFH BStBl. 92, 167 (mit zahlr. Nachw.) hat sich für die erstgenannte Auffassung entschieden: Maßgeblich für das Kapitalkonto des Kommanditisten

53 Nachweise bei *L. Schmidt,* EStG[13], § 15 Anm. 56b; s. auch BFH GrS BStBl. 84, 751; *B. Knobbe-Keuk,* Bilanz- und Unternehmenssteuerrecht[9], Köln 1993, 382.

54 Seit RFHE 18, 162 im Anschluß an *E. Becker,* StuW 25, 1604 ff. – Die atypische stille Gesellschaft ist auch dem Gesellschaftsrecht bekannt (dazu *Aulinger,* Die atypische stille Gesellschaft, Düsseldorf 1965; *Rasner,* Die atypische stille Gesellschaft – ein Institut des Gesellschaftsrechts, Bielefeld 1961; Kommentare zu §§ 230–237 HGB; BGHZ 7, 174; 8, 157). – S. auch *Döllerer,* StbJb. 1987/88, 289; *Schwedhelm,* Die GmbH & Still als Mitunternehmerschaft, Köln 1987; *Ehlers/Busse,* DB 89, 448.

55 *B. Knobbe-Keuk,* Die gesetzliche Regelung des negativen Kapitalkontos des Kommanditisten – eine Mißgeburt, NJW 1980, 2557. S. i.e. die Kommentare zu § 15a EStG und krit. insb. *B. Knobbe-Keuk,* Bilanz- und Unternehmenssteuerrecht[9], Köln 1993, 482 ff.

i. S. von § 15a EStG könne nur die Steuerbilanz der Gesellschaft und ggf. eine Ergänzungsbilanz sein, nicht aber die sog. Gesamtbilanz der Mitunternehmerschaft (BStBl. 92, 170)[56].

§ 15a EStG gilt entsprechend bei der **stillen Beteiligung** (§ 20 I Nr. 4 Satz 2 EStG)[57] und bei **Einkünften aus Vermietung und Verpachtung** (§ 21 I 2 EStG)[58]. Nachdem § 15a EStG seit dem 1. 1. 1991 uneingeschränkt in den neuen Bundesländern und in Ost-Berlin gilt, gibt es schlechterdings keine Rechtfertigung mehr für die Unanwendbarkeit des § 15a EStG nach § 15a BerlinFG bei erhöhten Absetzungen für Investitionen in West-Berlin nach den §§ 14 ff. BerlinFG. 522

g) Die **Familien-Personengesellschaft**[59] ist besonders geeignet, ein Familien-Realsplitting (s. Rz. 102 ff.) herzustellen. Deshalb begegnen ihr Rechtsprechung und Steuerverwaltung mit besonderem Mißtrauen. Es gelten die bereits oben (Rz. 164) aufgeführten Kriterien für die steuerliche Anerkennung von Verträgen zwischen Familienangehörigen. So muß zunächst der Gesellschaftsvertrag *zivilrechtlich wirksam* geschlossen sein. Die zivilrechtliche Wirksamkeit des Gesellschaftsvertrages gilt als Indiz für die Ernsthaftigkeit des Gesellschaftsverhältnisses (s. Rz. 164). Bei dem Abschluß des Gesellschaftsvertrages mit Minderjährigen ist insb. darauf zu achten, daß nach § 1822 Nr. 3 BGB die *vormundschaftliche Genehmigung* erteilt und nach § 1909 BGB ein *Ergänzungspfleger* bestellt ist. 523

Ist der Gesellschaftsvertrag wirksam zustandegekommen, so kann die steuerliche Anerkennung der Mitunternehmerschaft daran scheitern, daß die *Ausgestaltung* des Gesellschaftsverhältnisses dem sog. **Fremdvergleich** nicht standhält. Besonders neigt die Rspr. zum Kind-Kommanditisten dazu, die Familien-Personengesellschaft zu diskriminieren, indem sie den Angehörigen die Gestaltung dispositiven Gesellschaftsrechts weitgehend versagt und ihnen ein bestimmtes Gesellschafterbild vorschreibt[60]. Das handelsgesetzliche Regelungsstatut des Kommanditisten wird vor allem bei der schenkweisen Aufnahme eines Angehörigen in die Gesellschaft zum Maßstab[61]. Der Gesellschaftsvertrag muß auch *tatsächlich durchgeführt* werden; dabei bedarf es keines Dauerpflegers (BStBl. 81, 101). 524

Schließlich prüfen Rechtsprechung und Verwaltung[62] unabhängig von der Anerkennung der Familiengesellschaft als solcher, ob die **Gewinnverteilung angemessen** ist. Dabei erkennen Rechtsprechung und Verwaltung[63] bei schenkweise begründeten Kommanditanteilen minderjähriger Kinder eine durchschnittliche Rendite von nicht mehr als 15 Prozent des Realwerts der Beteiligung als noch angemessen an und weisen darüber hinausgehende Beträge dem Vater als Komplementär zu. Die **15-Prozent-Grenze** wird 525

56 Dazu *Blaurock/Berninger,* JZ 92, 614; *F. J. Haas,* DStZ 92, 655; *L. Schmidt,* DStZ 92, 702; *Prinz/Thiel,* DStR 93, 341; *G. Söffing,* DStR 93, 1541.

57 Dazu *M. Groh,* Das negative Kapitalkonto des stillen Gesellschafters, in: FS für L. Schmidt, München 1993, 439.

58 Zur Anwendung des § 15a EStG bei einer BGB-Gesellschaft mit Einkünften aus Vermietung und Verpachtung: BFH FR 93, 609 (im Anschluß an BFH BStBl. 1988, 5: §§ 15a V Nr. 2; 21 I 2 EStG verletzten weder Gleichheitssatz noch Übermaßverbot) und BFH FR 93, 612.

59 Dazu i.e. *B. Knobbe-Keuk,* (Fn. 55), 505 ff.; *L. Schmidt,* EStG[13], § 15 Anm. 119–139; *W. Schütte,* Die Familiengesellschaft im Einkommensteuerrecht, Baden-Baden 1986; *A.-W. Arndt,* Die Familiengesellschaft im Einkommensteuerrecht, StStud 91, 17; *R. Märkle,* Angehörige als Darlehensgeber, stille Gesellschafter, Kommanditisten, BB-Beilage 2/1993; R. 138a EStR 1993.

60 Vgl. dazu die Kritik von *B. Knobbe-Keuk* (Fn. 55), 510 ff.

61 Dazu *R. Seer,* DStR 88, 600; *Westerfelhaus,* DB 90, 1531; *L. Schmidt* (Fn. 59), Anm. 123; *R. Märkle* (Fn. 59), 8 f.; R. 138a II-IV EStR 1993.

62 Vgl. *L. Schmidt* (Fn. 59), Anm. 131; R. 138a V EStR 1993.

63 BFH GrS BStBl. 73, 5; BFH BStBl. 80, 473; 87, 54, 56; R. 138a V 6 EStR 1993.

im Schrifttum[64] zu Recht abgelehnt. Entgegen R. 138a V 2 EStR 1993 ist die Rechtsgrundlage nicht § 42 AO; es gelten vielmehr die allgemeinen Zurechnungsregeln: Es kommt darauf an, ob der dem Kind zugewiesene Gewinnanteil den *Gesellschaftsvertrag* vollzieht, dessen Gewinnverteilungsklausel als solche angemessen sein, d. h. dem Fremdvergleich standhalten muß, oder ob die Gewinnzuweisung durch die gesellschaftsvertraglich vereinbarte Gewinnverteilung nicht abgedeckt ist; nur in letzterem Fall kann es sich um eine verdeckte Einkommensverwendung (Schenkung, Unterhaltszahlung) handeln.

4.4 Ermittlung der Einkünfte von Mitunternehmern

Literatur: *Döllerer,* Die Bilanzen der Personenhandelsgesellschaft und ihrer Gesellschafter – Chaos oder System?, DStZ 80, 259; *Woerner,* Ertragsteuerliche Auswirkungen von Leistungsbeziehungen zwischen Personengesellschaften und ihren Gesellschaftern . . ., StbKongrRep. 1982, 193; *Schulze zur Wiesche,* Gewinnermittlung und Gewinnfeststellung bei Personengesellschaften, Köln 1982; *R. Thiel,* Die Gesamtbilanz der Mitunternehmerschaft, StuW 84, 104; *W. Reiß,* Ertragsteuerliche Behandlung von Gesamthandsbeteiligungen und Beteiligungserträgen, StuW 86, 232; *Lehmann,* Betriebsvermögen und Sonderbetriebsvermögen, Wiesbaden 1988; *ders.,* Die Betriebsvermögenslehre der Mitunternehmergemeinschaften, StStud 90, 3; *M. Regniet,* Ergänzungsbilanzen bei der Personengesellschaft. Sonderbilanzen der Gesellschafter und Wertkorrekturen der Gesellschaftsbilanz, Köln 1990; *Dreissig,* Ausgewählte Probleme bei Ergänzungsbilanzen, BB 90, 958; Institut der Wirtschaftsprüfer (Hrsg.), Personengesellschaft und Bilanzierung, IdW-Symposion, Düsseldorf 1990; *J. Thiel,* Bilanzrecht[4], Heidelberg 1990, 270 ff.; *A. Uelner,* Ergänzungs- und Sonderbilanzen, DStJG 14 (1991), 139; *A. Raupach,* Konsolidierte oder strukturierte Gesamtbilanz der Mitunternehmerschaft mit oder ohne korrespondierende Bilanzierung?, DStZ 92, 692; *H. Gschwendtner,* Ergänzungsbilanz und Sonderbilanz II in der Rechtsprechung des BFH, DStR 93, 817; *Lange/Grützner/Kussmann/Reiß,* Personengesellschaften im Steuerrecht[4], Herne/Berlin 1993, 122 ff.; *B. Knobbe-Keuk,* Bilanz- und Unternehmenssteuerrecht[9], Köln 1993, 415 ff., 437 ff.; *H. Weber-Grellet,* Bilanzsteuerrecht[3], Münster 1993, 225 ff.; *L. Schmidt,* EStG[13], München 1994, § 15 Anm. 65–108; *Budde/Förschle,* Sonderbilanzen, München 1994.

4.4.1 Zweistufige Ermittlung der Einkünfte von Mitunternehmern

526 a) **Rechtsgrundlagen** der Ermittlung von Mitunternehmereinkünften sind die allgemeinen Gewinnermittlungsvorschriften der §§ 4 ff. EStG i. V. m. § 15 I 1 Nr. 2 EStG. Die §§ 4 ff. EStG sind insofern lückenhaft verfaßt, als sie auf die Gewinnermittlung *einzelner* natürlicher Personen zugeschnitten sind. Daher werden die §§ 4 ff. EStG durch § 15 I 1 Nr. 2 EStG spezifiziert. Diese Vorschrift bestimmt **zwei Komponenten** der Mitunternehmereinkünfte, erstens den **Gewinnanteil,** d. i. der Anteil am Gewinn der Gesellschaft, also der *gesamthänderisch* erwirtschaftete Teil der Mitunternehmereinkünfte, und zweitens **Sondervergütungen,** d. s. außerhalb der gesamthänderischen Bindung erwirtschaftete Bezüge des Mitunternehmers. Sie beruhen auf besonderen, neben dem Gesellschaftsvertrag bestehenden vertraglichen Beziehungen zwischen Gesellschaft und Gesellschafter (BFH GrS BStBl. 91, 698). § 15 I 1 Nr. 2 S. 1 EStG nennt beispielhaft Vergütungen für Tätigkeiten des Gesellschafters im Dienst der Gesellschaft, für Darlehen und die sonstige Überlassung von Wirtschaftsgütern.

527 b) Der **Sondervergütungstatbestand** hat zunächst **Qualifikationsfunktion:** § 15 I 1 Nr. 2 EStG will nämlich mit dem Blick auf die Gewerbeertragsteuer die Schmälerung gewerblicher Einkünfte verhindern, indem die Vergütungen als Betriebsausgaben der Gesellschaft abgezogen und sodann beim Gesellschafter als nichtgewerbliche Bezüge aus

64 *J. Danzer,* Die Steuerumgehung, Köln 1981, 155 ff.; *Raupach/Schenking,* in: HHR, EStG, § 2 Anm. 171; *L. Osterloh,* Gesetzesbindung und Typisierungsspielräume bei der Anwendung der Steuergesetze, Baden-Baden 1992, 373 ff.; *B. Knobbe-Keuk* (Fn. 55), 513 ff.

selbständiger/nichtselbständiger Arbeit oder Vermögensverwaltung besteuert werden[65]. Dieser Qualifikationszweck des Sondervergütungstatbestandes unterscheidet die Besteuerung des Mitunternehmers grundlegend von der Besteuerung der Kapitalgesellschaft, die dadurch gekennzeichnet ist, daß Verträge zwischen Gesellschaft und Gesellschaftern nach dem sog. **Trennungsprinzip** prinzipiell auch steuerlich respektiert werden (s. § 11 Rz. 6). Zudem hat der Sondervergütungstatbestand **Ermittlungsfunktion:** Er erweitert die Ermittlung der Mitunternehmereinkünfte auf den *außerhalb der Gesamthand* erwirtschafteten Teil der Mitunternehmereinkünfte. Diesen Regelungszweck bringt der Sondervergütungstatbestand aber nur bruchstückhaft zum Ausdruck, so daß die Auffassungen darüber, wie die Mitunternehmereinkünfte zu ermitteln sind, die dem Gewinnanteil, d. h. dem Anteil am gesamthänderisch erwirtschafteten Gewinn hinzuzufügen sind, erheblich divergieren.

c) Aus den beiden Komponenten des § 15 I 1 Nr. 2 EStG ergibt sich folgende **Zweistufigkeit der Gewinnermittlung,** für die im übrigen die §§ 4 ff. EStG anzuwenden sind: 528

aa) Auf der ersten Stufe wird der **Gewinnanteil** als Teil des **gesamthänderisch erwirtschafteten Gewinns** ermittelt und demzufolge aus der *Gesellschaftsbilanz* abgeleitet. Die Gesellschaftsbilanz stellt das Gesamthandsvermögen dar und ist nach Maßgabe des § 5 I EStG aus der *Handelsbilanz* abgeleitet. *Sondervorgänge* (z. B. der Eintritt eines neuen Gesellschafters) oder *personenbezogene Regelungen* (wie z. B. Steuervergünstigungen) können dazu führen, daß der in der Gesellschaftsbilanz ausgewiesene Anteilswert zu korrigieren ist. Dies geschieht in einer sog. **Ergänzungsbilanz**[66]. Die Ergänzungsbilanz ist Teil der Gesellschaftsbilanz. Sie weist zusammen mit der Gesellschaftsbilanz den steuerlich zutreffenden Wert des Anteils am Gesamthandsvermögen aus. Die Ergänzungsbilanz ist in die Ermittlung des Gewinnanteils einzubeziehen. Mithin besteht der Gewinnanteil i.S.d. § 15 I 1 Nr. 2 Satz 1 EStG aus dem Anteil an dem in der Gesellschaftsbilanz ausgewiesenen Gewinn oder Verlust, der nach Satzung, gesetzlichen Vorschriften und Gewinnverteilungsbeschluß den einzelnen Gesellschaftern zugewiesen wird, sowie dem Ergebnis einer etwaigen Ergänzungsbilanz.

bb) Auf der zweiten Stufe ist sodann der **außerhalb der Gesamthand** erwirtschaftete 529
Gewinn des einzelnen Mitunternehmers zu ermitteln. Grundlage der Gewinnermittlung auf der zweiten Stufe ist das **Sonderbetriebsvermögen**[67]. Zum Sonderbetriebsvermögen gehören alle Wirtschaftsgüter, die der Vermögenssphäre des *Gesellschafters* zuzuordnen sind und die der Gesellschafter zur Erwirtschaftung seines Gewinns aus der Gesellschaft einsetzt. Das Sonderbetriebsvermögen wird in *Sonderbilanzen* dargestellt, die den wirtschaftlichen Erfolg der außerhalb der Gesamthand erbrachten Leistungen des Gesellschafters erfaßt. Der Sonderbilanzgewinn oder -verlust resultiert aus Sondererträgen und Sonderaufwendungen; sie werden entsprechend der allgemeinen Gewinnermittlungsterminologie als *Sonderbetriebseinnahmen* und *Sonderbetriebsausgaben* bezeichnet. Sonderbetriebseinnahmen sind hauptsächlich die *Sondervergütungen* i. S. d. § 15 I 1 Nr. 2 EStG (s. Rz. 544 ff.).

---

65 S. BFH GrS BStBl. 91, 691, 697 f.; *H. Kurth,* StuW 78, 1; *H. W. Kruse,* Gewinnanteil und Sondervergütungen der Gesellschafter von Personengesellschaften de lege lata und de lege ferenda, DStJG 2 (1979), 37, 47 ff., 55 ff.

66 Dazu *M. Regniet,* Ergänzungsbilanzen bei der Personengesellschaft, Sonderbilanzen der Gesellschafter und Wertkorrekturen der Gesellschaftsbilanz, Köln 1990; *A. Uelner,* Ergänzungs- und Sonderbilanzen, DStJG 14 (1991), 139; *H. Gschwendtner,* Ergänzungsbilanz und Sonderbilanz II in der Rechtsprechung des BFH, DStR 93, 817.

67 Dazu *A. Uelner* (Fn. 66), 144 ff.; *L. Schmidt,* EStG[13], München 1994, § 15 Anm. 75 ff.; *B. Knobbe-Keuk,* Bilanz- und Unternehmenssteuerrecht[9], Köln 1993, 440 ff; *W. Schön,* Zum Stande der Lehre vom Sonderbetriebsvermögen, DStR 93, 185.

530 cc) Umstritten ist, auf welche Weise der auf der ersten Stufe ermittelte Gewinnanteil und das auf der zweiten Stufe ermittelte Sonderbilanzergebnis in dem **Gesamtgewinn des Mitunternehmers** zusammenzufassen sind. *G. Döllerer*[68] hat die Theorie einer **konsolidierten Gesamtbilanz** entwickelt, nach der der Rechnungskreis der Gesellschaft und der des Gesellschafters zu einer wirtschaftlichen Einheit mit der Konsequenz zusammengefaßt werden, daß die Rechtsbeziehungen zwischen Gesellschaft und Gesellschafter bilanziell nicht oder nicht vollständig erfaßt werden. Dies widerspricht dem Konzept, die partielle Rechtsfähigkeit der Personengesellschaft grundsätzlich anzuerkennen.

531 Demgegenüber geht die von BFH GrS BStBl. 91, 697[69] bestätigte Methode, Gewinnanteil und Sonderbilanzergebnis zu addieren (sog. **additive Gewinnermittlung**), grundsätzlich von der bilanziellen Beachtlichkeit der Rechtsbeziehungen zwischen Gesellschaft und Gesellschafter aus. Indessen würde die reine Lehre von der bilanziellen Rechtssubjektivität der Personengesellschaft das Trennungsprinzip verwirklichen, das der Steuergesetzgeber der Kapitalgesellschaft vorbehalten hat (s. oben Rz. 527 und § 11 Rz. 6). Aus diesem Grunde praktiziert die h. M. die additive Methode mit sog. **korrespondierender Bilanzierung,** die einerseits die Rechtssubjektivität der Personengesellschaft respektiert, aber andererseits auch dem Erfordernis steuerschuldnerbezogener Gewinnermittlung Rechnung trägt[70]. Die Methode korrespondierender Bilanzierung sorgt dafür, daß sich die Werte der betroffenen Bilanzen nicht überschneiden, Lücken der Einkünfteermittlung nicht entstehen, und Normen einkommensteuerrechtlicher Gewinnermittlung beachtet bleiben. In dieser Weise bringt die Methode korrespondierender Bilanzierung nicht zuletzt auch die Gleichbehandlung von Einzel- und Mitunternehmern gegenüber der „Einheit der Gesellschaft" (s. Rz. 500) angemessen zur Geltung. Schließlich liefert die Notwendigkeit periodenidentischer Wertekorrespondenz die dogmatische Grundlage dafür, die Ermittlung des **Gesamtgewinns der Mitunternehmerschaft** (Gewinnanteil und korrespondierendes Sonderbilanzergebnis) einheitlich dem Betriebsvermögensvergleich nach den §§ 4 ff. EStG zu unterwerfen (s. Rz. 533).

4.4.2 Einzelheiten zur ersten Stufe der Einkünfteermittlung

532 a) **Gesellschaftsbilanz,** Maßgeblichkeit der Handelsbilanz und Bilanzierungspflicht: Die Ermittlung des Gewinnanteils setzt zunächst voraus, daß der *Gewinn der Gesellschaft* ermittelt wird. Hierfür sind die §§ 4 ff. EStG wegen ihres Zuschnitts auf die einzelne natürliche Person lückenhaft verfaßt. Der Wortlaut der einkommensteuerlichen Vorschriften spricht weder eine Gesellschaftsbilanz noch eine Ergänzungsbilanz an. Damit wird Raum für Richterrecht, für richterliche Bilanzlehren geschaffen, die kollegial in die höchstrichterliche Rechtsprechung übernommen werden.

533 Maßgeblich für die Gesellschaftsbilanz (Steuerbilanz erster Stufe) ist nach § 5 I EStG die **Handelsbilanz der Gesellschaft.** Die **handelsrechtliche Buchführungspflicht** erstreckt sich allein auf die Gesellschaftsbilanz; nur der Personenhandelsgesellschaft als solcher,

68 Die Steuerbilanz der Personenhandelsgesellschaft als konsolidierte Bilanz einer wirtschaftlichen Einheit, DStZA 74, 211; *ders.*, DStZA 76, 435; *ders.*, JbFSt 1978/79, 322; *ders.*, in: FS für W. Flume, Bd. II, Köln 1978, 43 ff.; *ders.*, DStZ 80, 259; *ders.*, 83, 179. Eine Theorie der strukturierten Gesamtbilanz hat *A. Uelner*, JbFSt 1978/79, 311 ff.; *ders.*, JbFSt 1979/80, 338 ff.; *ders.* (Fn 66), 147, entwickelt.

69 Im Anschluß an *H. W. Kruse* (Fn. 65), 47 ff. Vgl. auch BFH BStBl. 81, 164, 167; 86, 58; 88, 883; *L. Schmidt*, EStG[13], § 15 Anm. 66c.

70 Dazu *W. Reiß*, StuW 86, 245 ff.; *S. Sieker*, Eigenkapital und Fremdkapital der Personengesellschaft, Gesellschaftsrecht, Steuerrecht, Bilanzierungsfragen, Köln 1991, 93 ff.; *J. Lang*, in: FS für L. Schmidt, München 1993, 299 ff.; *L. Schmidt* (Fn. 69), und krit. gegen die korrespondierende Bilanzierung insb. *A. Raupach*, DStZ 92, 692 ff.

nicht dem einzelnen Gesellschafter obliegt die handelsrechtliche Buchführungspflicht[71]. Daher besteht keine handelsrechtliche Buchführungspflicht zur Erstellung von Ergänzungs- und Sonderbilanzen. Die Begründung der **steuerlichen Buchführungspflicht** mit § 141 AO[72] überzeugt nicht, weil diese Vorschrift die Buchführungspflicht nur bezüglich der dort niedergelegten Grenzen konstituiert, nicht jedoch den sachlichen Umfang der Buchführung im allgemeinen erweitert. Die Erweiterung der Buchführungspflicht läßt sich aber auf § 5 I EStG i. V. m. § 15 I 1 Nr. 2 EStG stützen: Nach dem Wortlaut des § 5 I EStG ist der Betriebsvermögensvergleich zwar nur für die Gesellschaftsbilanz angeordnet. Da jedoch die Mischung von Betriebsvermögensvergleich (§§ 5 I EStG) und Überschußrechnung (§ 4 III EStG) Zusammenballungs- oder Minderungseffekte bei den in § 15 I 1 Nr. 2 EStG zusammenhängend geregelten Einkünften bewirken würde, die mit dem Regelungszweck des § 15 I 1 Nr. 2 EStG nicht zu vereinbaren sind (so *A. Raupach,* DStZ 92, 697), sind die gesamten Einkünfte i. S. d. § 15 I 1 Nr. 2 EStG im Wege lückenausfüllender Anwendung des § 5 I EStG dem Ermittlungstypus der Bilanzierung (s. Rz. 189 ff.) zu unterwerfen, damit insb. auch die erforderliche Wertekorrespondenz von Gesellschafts- und Gesellschaftervermögen (s. Rz. 531) verwirklicht werden kann.

Die Handelsbilanz der Gesellschaft wird durch die **steuerlichen Gewinnermittlungsvorschriften** (§§ 4 ff. EStG) modifiziert. Insb. sind in der Steuerbilanz der Gesellschaft nur die Wirtschaftsgüter ausgewiesen, die nach den allgemeinen Regeln dem Betriebsvermögen zuzuordnen sind. *Gewillkürtes Betriebsvermögen* läßt die Rspr. (BFH BStBl. 91, 789; 91, 800) allerdings *nicht* zu. Abweichend von der Handelsbilanz erfaßt die Steuerbilanz der Gesellschaft keine in der Handelsbilanz ausgewiesenen Grundstücke des Gesamthandsvermögens, die von den Gesellschaftern privat genutzt werden[73]. 534

b) **Ergänzungsbilanzen** (Schrifttum s. Fn. 66) werden hauptsächlich erforderlich bei dem Erwerb eines Mitunternehmeranteils und bei der Inanspruchnahme personenbezogener Steuervergünstigungen. Bei dem Erwerb des Mitunternehmeranteils liegen die Anschaffungskosten i. d. R. über dem Buchwert des Mitunternehmeranteils in der Gesellschaftsbilanz, d. h. es sind bei der Veräußerung stille Reserven aufgedeckt worden. In der Ergänzungsbilanz ist der Mehrbetrag der Anschaffungskosten zum Buchwert in der Steuerbilanz der Gesellschaft zu aktivieren. Dies geschieht zunächst dadurch, daß die anteiligen stillen Reserven in der Ergänzungsbilanz bis zum Teilwert der Wirtschaftsgüter, die in der Gesellschaftsbilanz aktiviert sind, aufgedeckt werden. Reicht die Summe der Teilwerte nicht aus, so ist der verbleibende Differenzbetrag zum Kaufpreis als derivativer Firmenwert in der Ergänzungsbilanz anzusetzen. 535

Umstritten ist die Behandlung der **Reinvestitionsrücklage** nach § 6b EStG. Die Rspr. behandelt sie als *personenbezogene Steuervergünstigung*[74]; danach ist die Rücklage anteilig (§ 39 II Nr. 2 AO) in der Ergänzungsbilanz zu passivieren. Die auf den Mitunternehmer-Anteil bezogene Interpretation des § 6b EStG ist insb. relevant für die *Besitzzeit* i. S. d. § 6b IV Nr. 2 EStG und für die Möglichkeiten der Übertragung stiller Reserven zwischen Gesellschafts- und Gesellschaftervermögen (s. R. 41b VIII EStR 1993). Überträgt z. B. der Gesellschafter eine § 6b-Rücklage seines Einzelunternehmens auf ein von der Gesellschaft angeschafftes Wirtschaftsgut, so hat die Gesellschaft das Wirtschaftsgut mit den vollen Anschaffungskosten zu aktivieren. Zum Ausgleich muß nun in der 536

71 Vgl. *B. Knobbe-Keuk,* Bilanz- und Unternehmenssteuerrecht[9], Köln 1993, 415, 442.

72 BFH BStBl. 91, 401; 92, 797. Dazu krit. *B. Knobbe-Keuk* (Fn. 71), 442.

73 BFH BStBl. 75, 804; 88, 418; BMF vom 20. 12. 77 (Mitunternehmererlaß), BStBl. I 78, 8, Tz. 9. Dazu krit. *B. Knobbe-Keuk* (Fn. 71), 415 f.

74 BFH BStBl. 81, 84; 87, 782. Gegen die Rspr. und für die gesellschaftsbezogene Interpretation des § 6b EStG insb. *B. Knobbe-Keuk* (Fn. 71), 417 ff.; *W. Schön,* Gewinnübertragungen bei Personengesellschaften nach § 6b EStG, Köln 1986.

Ergänzungsbilanz ein Passivposten gebildet werden, der zusammen mit dem Aktivposten in der Gesamtbilanz den Wert ergibt, der unter Berücksichtigung des § 6b EStG anzusetzen und fortzuschreiben ist.

537 c) Die **Gewinnverteilung** wird zunächst durch das *Gesellschaftsrecht* (gesetzliche Vorschriften, Satzung, Gewinnverteilungsbeschluß) bestimmt, jedoch *steuerrechtlich* modifiziert. Es werden dem gesellschaftsrechtlich bestimmten Gewinnanteil die steuerlichen Mehr- und Minderergebnisse hinzugerechnet, und zwar jeweils dem Gesellschafter, dem die Steuerfolge z. B. einer Entnahme oder nichtabziehbaren Aufwendung (§ 4 V EStG) zuzuordnen ist[75]. Bei Familienpersonengesellschaften wird die Gewinnverteilung korrigiert, um unterhaltsrechtlich begründete Einkommensverwendungen auszusondern (s. Rz. 525).

538 d) Nach alledem vollzieht sich die Ermittlung des gesamthänderisch erwirtschafteten Gewinnanteils in folgenden Schritten:

- Ausgangsgröße ist die aus der **Handelsbilanz** abgeleitete **Steuerbilanz** der Personengesellschaft (Steuerbilanz erster Stufe), die das *Gesamthandsvermögen* ausweist.
- Der in Gesellschaftsbilanz ausgewiesene Gewinn oder Verlust ist nach Gesellschaftsrecht und Steuerrecht auf die **einzelnen Gesellschafter** zu verteilen.
- Schließlich ist der dem Gesellschafter zugewiesene Anteil am Gewinn oder Verlust der Gesellschaft bei erfolgswirksamer Veränderung der in der **Ergänzungsbilanz** ausgewiesenen Werte zu korrigieren. Das Ergebnis ist der auf der ersten Stufe zu ermittelnde **Gewinnanteil i. S. d. § 15 I 1 Nr. 2 EStG.**

4.4.3 Einzelheiten zur zweiten Stufe der Einkünfteermittlung

539 a) Wie bereits ausgeführt (Rz. 531), besteht der **Gesamtgewinn der Mitunternehmerschaft** aus der *Addition* des gesamthänderisch erwirtschafteten *Gewinnanteils* i. S. d. § 15 I 1 Nr. 2 EStG (s. Rz. 538) und des in der **Sonderbilanz (Steuerbilanz der zweiten Stufe)** ausgewiesenen Gewinns oder Verlustes; dabei sind die Ansätze in Gesellschaftsbilanz und Sonderbilanz nach der bereits erwähnten (s. Rz. 531) Methode *korrespondierender* Bilanzierung aufeinander abzustimmen.

540 Während die Ermittlung der Mitunternehmereinkünfte auf der ersten Stufe immerhin noch an die Handelsbilanz der Gesellschaft und an die gesellschaftsrechtliche Gewinnverteilung anknüpft, wird auf der zweiten Stufe der Boden des Zivilrechts weitgehend verlassen[76]. Die bereits oben (Rz. 529) genannten Begriffe der zweiten Stufe (Sonderbilanz/-betriebsvermögen/-betriebseinnahmen/-vergütungen/-ausgaben) und die Methode korrespondierender Bilanzierung (Rz. 531) beruhen auf der **steuerspezifischen Bestimmung der Mitunternehmereinkünfte** in § 15 I 1 Nr. 2 EStG; dabei schließt der Sondervergütungstatbestand insb. das bei Kapitalgesellschaften geltende Trennungsprinzip aus (s. Rz. 527).

541 b) **Sonderbetriebsvermögen** (s. Rz. 529, Literatur in Fn. 67): Die in der *Sonderbilanz* auszuweisenden Wirtschaftsgüter des Sonderbetriebsvermögens sind die der Vermögenssphäre des *Gesellschafters* zuzuordnenden Wirtschaftsgüter, die der Gesellschafter zur Erwirtschaftung von Einkünften i. S. d. § 15 I 1 Nr. 2 EStG einsetzt.

aa) Zuordnung des Wirtschaftsguts zur **Vermögenssphäre des Gesellschafters:** Nach dem Mitunternehmererlaß (BMF BStBl. I 78, 8, Tz. 11) sind Sonderbetriebsvermögen

75 Dazu *B. Knobbe-Keuk* (Fn. 71), 429 ff.; *J. Lang*, in: FS für L. Schmidt, München 1993, 301 f.

76 Vgl. dazu insb. die dogmatischen Gegenpositionen von *B. Knobbe-Keuk*, Bilanz- und Unternehmenssteuerrecht[9], Köln 1993, § 11.

nicht nur die dem Gesellschafter *allein* gehörenden Wirtschaftsgüter, sondern auch Wirtschaftsgüter, die einer neben der Gesellschaft bestehenden Bruchteils-/Gesamthandsgemeinschaft gehören, an der ein Gesellschafter, mehrere oder gar alle Gesellschafter beteiligt sind. Sind an der Bruchteils-/Gesamthandsgemeinschaft auch Nicht-Gesellschafter beteiligt, so kann das Wirtschaftsgut nur insoweit Sonderbetriebsvermögen sein, als es anteilig auf die Gesellschafter entfällt (BFH BStBl. 58, 262; BMF BStBl. I 78, 8, Tz. 12).

bb) **Betriebsvermögenseigenschaft** des Wirtschaftsguts: Die Rspr. knüpft zunächst an die allgemeine Betriebsvermögensterminologie (s. Rz. 358 ff.) an; dabei kann der Gesellschafter im Unterschied zur Gesellschaftsbilanz (s. Rz. 534) auch *gewillkürtes* Sonderbetriebsvermögen bilden[77]. Sodann unterscheidet die st. Rspr. des BFH[78] speziell für die Mitunternehmerschaft zwei Kategorien von Sonderbetriebsvermögen: Wirtschaftsgüter, die geeignet und objektiv erkennbar bestimmt sind, dem *Betrieb der Personengesellschaft* zu dienen **(Sonderbetriebsvermögen I)** und Wirtschaftsgüter, die der *Beteiligung des Mitunternehmers* zu dienen bestimmt **(Sonderbetriebsvermögen II)**. So gehört z. B. die Beteiligung des Kommanditisten an der Komplementär-GmbH einer GmbH & Co. KG zum Sonderbetriebsvermögen II mit der Folge, daß die Ausschüttungen der GmbH als Sonderbetriebseinnahmen zu behandeln sind. Mit dem Sonderbetriebsvermögen II überschreitet der BFH die allgemeine Begriffsbestimmung des Betriebsvermögens. Dafür liefert § 15 I 1 Nr. 2 EStG keine ausreichende Rechtsgrundlage, denn diese Vorschrift setzt die Überlassung von Wirtschaftsgütern an die Gesellschaft voraus; hierdurch wird die kausalrechtliche Anknüpfung an die Tätigkeit der *Gesellschaft* bestätigt[79]. 542

c) **Sondererträge/Sonderaufwendungen:** Der *rein steuerrechtlich* kreierte Jahresabschluß (s. Rz. 306) der zweiten Stufe umfaßt neben der Sonderbilanz die *Gewinn- und Verlust-Rechnung* mit den Sondererträgen und Sonderaufwendungen der *Gesellschafter*, die kausalrechtlich durch die allgemeine Gewinnermittlungsterminologie bestimmt werden, demnach **Sonderbetriebseinnahmen** und **Sonderbetriebsausgaben** heißen. Gemäß den oben (Rz. 206 ff.) dargelegten Grundsätzen sind Sonderbetriebseinnahmen/-ausgaben alle Bezüge und Aufwendungen, die ihre Veranlassung in der *Beteiligung* an der *Personengesellschaft* haben[80]; dabei wird die Veranlassung in Übereinstimmung mit dem Sonderbetriebsvermögen I und II abgegrenzt. Bei dem Ansatz von Betriebseinnahmen/-ausgaben ist zu beachten, daß wegen der oben (Rz. 533) dargelegten Erweiterung der Buchführungspflicht § 11 EStG (s. Rz. 192 ff.) unanwendbar ist; es gelten vielmehr die *bilanziellen* Regeln über Erträge und Aufwendungen[81]. § 11 EStG ist nur anzuwenden, wenn die Gesellschaft nicht buchführungspflichtig ist und ihren Gewinn nach Maßgabe des § 4 III EStG ermittelt. 543

Der Begriff der Sonderbetriebseinnahmen wird insb. durch den bereits oben (Rz. 527) behandelten **Sondervergütungstatbestand** in § 15 I 1 Nr. 2 EStG spezifiziert; er verengt die gemischte Veranlassung durch eine mehrere Einkunftsarten berührende Erwerbstätigkeit auf die gewerbliche Mitunternehmerschaft. Dieser Qualifikationszweck 544

77 S. BFH BStBl. 76, 180; 77, 150; 80, 119; 91, 401; 93, 21; 93, 328, 330 f.; *L. Schmidt*, EStG[13], § 15 Anm. 80. Krit. *B. Knobbe-Keuk* (Fn. 71), 445 f.; *W. Schön* (Fn. 67), 187.

78 BFH BStBl. 77, 69; 79, 554; 80, 40; 86, 55; 86, 838; 89, 37; 89, 890; 90, 677; 91, 789, 790; 93, 328, 329.

79 Krit. zum Sonderbetriebsvermögen II insb. *W. Jakob*, DB 80, 2354, 2359 f.; *B. Knobbe-Keuk* (Fn. 71), 444 f.; *W. Schön* (Fn. 67), 186 f.

80 So die st. Rspr., z. B. BFH BStBl. 76, 188; 80, 119; 86, 304; 89, 343, 344; *A. Bordewin*, Sonderbetriebseinnahmen und Sonderbetriebsausgaben bei Personengesellschaften, NWB Fach 3, 7401; *L. Schmidt*, EStG[13], München 1994, § 15 Anm. 96–99.

81 Vgl. BFH BStBl. 87, 553; 89, 881; *M. Groh*, DB 87, 1006, 1012; *A. Bordewin* (Fn. 80), 7405; *L. Schmidt* (Fn. 80), Anm. 96.

des Sondervergütungstatbestandes impliziert nach BFH GrS BStBl. 91, 698; BFH BStBl. 92, 798, 800, das Ziel der Gleichstellung von Mitunternehmer und Einzelunternehmer[82], jedoch nach BFH GrS BStBl. 91, 698, *nur,* soweit die Gleichstellung mit der zivilrechtlichen Rechtszuständigkeit der Personengesellschaft vereinbart werden kann.

545 Diese Einschränkung wird die Rspr. i.e. noch zu klären haben. Jedenfalls gab die Entscheidung des BFH GrS BStBl. 91, 691, zur **mehrstöckigen Personengesellschaft** zunächst eine gesellschaftsrechtlich kontraproduktive Antwort, die der Gesetzgeber umgehend korrigieren mußte, um die massenhafte Umgestaltung schlichter Personengesellschaften in mehrstöckige Personengesellschaften zu verhindern[83]: Die durch StÄndG 1992 eingeführte Regelung des § 15 I 1 Nr. 2 *Satz 2* EStG stellt den *mittelbar* über eine oder mehrere Personengesellschaften beteiligten Gesellschafter dem unmittelbar beteiligten Gesellschafter gleich, wenn er durch eine ununterbrochene Mitunternehmerkette mit der die Vergütung leistenden Gesellschaft verbunden ist[84]. Damit hat der GrS eine gesetzliche Regelung provoziert, die von der Dogmatik des Gesellschaftsrechts weiter wegführt als die vom GrS BStBl. 91, 701 f., abgelehnte Annahme einer Sondervergütung der Obergesellschaft: Vermietet der Gesellschafter einer Obergesellschaft ein Grundstück an die Untergesellschaft oder tritt der Obergesellschafter in die Dienste der Untergesellschaft, so leistet er auch einen Beitrag für die Obergesellschaft[85]. Danach wäre de lege lata der Weg zu der Lösung eröffnet worden, die von der Untergesellschaft geleistete Vergütung als *mittelbar* von der Obergesellschaft bezogene und dem Gewinnanteil hinzuzurechnende Vergütung zu behandeln. Diese Lösung beruht auf einem teleologischen Verständnis des Sondervergütungstatbestandes, ohne daß dadurch die Rechtssubjektivität der Personengesellschaft in Frage gestellt oder die Bilanz der Obergesellschaft berührt werden müßte[86]. Die Schwierigkeiten, die der GrS in einer solchen Lösung erblickte, dürften weit geringer sein als die Schwierigkeiten mit der technokratisch-komplizierten, dogmatisch lückenhaften Neuregelung des § 15 I 1 Nr. 2 Satz 2 EStG.

546 Im Prinzip bildet der Fall der mehrstöckigen Personengesellschaft einen leading case zu einer am Qualifikationszweck orientierten **kausalrechtlichen Interpretation des Sondervergütungstatbestandes,** insb. zur Tragweite der von *L. Woerner* begründeten, von Rspr. und Verwaltung praktizierten sog. **Beitragstheorie**[87]**:** Danach liegt eine Sondervergütung vor, wenn die von der Gesellschaft vergütete Leistung des Gesellschafters **durch das Gesellschaftsverhältnis veranlaßt** ist (BFH BStBl. 79, 757, 763, 767; 82, 192; 83, 570, 571), und zwar in dem Sinne, daß die honorierte Leistung bei *wirtschaftlicher* Betrachtung als Beitrag zur Erreichung oder Verwirklichung des Gesellschaftszwecks anzusehen ist (BFH BStBl. 79, 757, 762). Entsprechend dem Qualifikationszweck des

82 Unter Hinweis auf BFH GrS BStBl. 91, 691, 698, konstatiert BFH BStBl. 92, 799, 800: „Um die Mitunternehmer einer Personengesellschaft dem Einzelunternehmer anzunähern, der keine Verträge mit sich selbst schließen kann, werden die Vergütungen nach § 15 Abs. 1 (Satz 1) Nr. 2 EStG dem Gewinn des Gesellschafters aus der Gesellschaft hinzugerechnet . . .“

83 Zu BFH GrS BStBl. 91, 691 s. das oben (Fn. 39) zit. Schrifttum sowie *M. Groh,* DB 91, 879; *K.W. Schwichtenberg,* FR 91, 270; *G. Crezelius,* JZ 91, 546; *A. Graf,* DStZ 91, 520; *D. Meyer-Scharenberg,* DStR 91, 919; *G. Söffing,* FR 91, 253; *ders.,* FR 92, 185; *H. Hahn,* DStZ 92, 161. Zum Vorlagebeschluß BFH BStBl. 90, 168: *A. Schmidt,* DStR 90, 164.

84 Zu dieser Neuregelung *R. Seer,* StuW 92, 35; *Ebenroth/Wilburger,* BB 92, 1043; *D. Schulze zur Wiesche,* StBp. 92, 248; *A. Bordewin,* NWB Fach 3, 8319; *A. Söffing,* DStZ 93, 587.

85 So bereits *L. Woerner,* StKongrRep. 82, 193, 205 ff.

86 BFH GrS BStBl. 91, 701, meinte, daß nach dem Gesetzeswortlaut nur unmittelbar beteiligte Gesellschafter Beiträge leisten könnten. Nach der auch von *L. Woerner* (Fn. 85) vertretenen Auffassung leistet den Beitrag gegenüber der *Ober*gesellschaft der unmittelbar beteiligte Gesellschafter; dieser bezieht jedoch seine Vergütung mittelbar von der Untergesellschaft, so daß es um die de lege lata interpretationsfähige Form des Beziehens (mittelbar oder unmittelbar) geht. Ähnlich auch der Gesetzesvorschlag von *M. Groh,* DB 91, 884 („. . . Vergütungen, die der Gesellschafter von der Gesellschaft oder einer, an der diese unmittelbar oder mittelbar beteiligt ist, . . . bezogen hat.“).

87 Dazu *L. Woerner,* BB 74, 592; *ders.,* BB 75, 645; *ders.,* StbKongrRep. 82, 193; BFH BStBl. 83, 570, 571 (m. w. Nachw.), im Prinzip bestätigt auch durch BFH GrS BStBl. 91, 701 f.; Mitunternehmererlaß (Fn. 73), Tz. 81 ff.; BMF BStBl. I 82, 384.

Sondervergütungstatbestandes ist es gleichgültig, ob die Vergütung auf Gesellschaftsvertrag oder auf einem *anderen Vertrag* (Darlehens-, Dienst-, Werkvertrag etc.) beruht (s. Mitunternehmererlaß, Tz. 81). Im Falle eines anderen Vertrages bejaht BFH BStBl. 79, 757, 763; 83, 570, 571, gesellschaftliche Veranlassung auch dann, wenn die Leistungen des Gesellschafters *der Sache nach der Verwirklichung* des Gesellschaftsverhältnisses dienen, wobei es unerheblich ist, ob auch ein Nichtgesellschafter entsprechende gleichartige Leistungen gegenüber der Gesellschaft erbringt oder erbringen könnte.

d) Die bereits oben (Rz. 531) behandelte **korrespondierende Bilanzierung** (Literatur in 547 Fn. 70) greift insb. Platz, um die vom Gesetzgeber angeordneten Folgen des Sondervergütungstatbestandes zu sichern. Insoweit haben handelsrechtliche GoB gegenüber dem Steuergesetz besonders im Hinblick auf die Gleichbehandlung von Einzelunternehmer und Mitunternehmer zurückzutreten. So behandelt die h.M.[88] **Darlehen** zwischen Gesellschaft und Gesellschaftern nicht als Fremd-, sondern als Eigenkapital des Darlehensgebers. M.E. wird dadurch die Gleichbehandlungsthese überspannt. Der Sondervergütungstatbestand will die Zinsen als gewerbliche Bezüge erfassen; darüber hinaus fordert er nicht zwingend, daß das besondere Schicksal einer Darlehensverbindlichkeit, z. B. die von BFH BStBl. 93, 714, entschiedene wechselkursbedingte Wertminderung einer Fremdwährungsforderung unberücksichtigt bleibt. M.E. sind also Darlehensverbindlichkeiten in der Gesellschaftsbilanz und Darlehensforderung in der Sonderbilanz auszuweisen, weil das Steuergesetz die Abweichung von den handelsrechtlichen GoB nicht gebietet, so daß die Gleichbehandlung von Einzelunternehmer und Mitunternehmer der Rechtsgrundlage entbehrt.

Anders verhält es sich mit **Pensionszusagen** der Gesellschaft auf Grund eines mit dem 548 Gesellschafter geschlossenen Dienstvertrages. Unstreitig ist, daß für diese Pensionszusage in der Steuerbilanz der Gesellschaft gem. § 6a EStG eine Rückstellung gebildet werden kann. Indessen ordnet der Sondervergütungstatbestand an, daß Pensionszahlungen an den Gesellschafter oder die Witwe des Gesellschafters als Tätigkeitsvergütungen zu erfassen sind und daher als Aufwand im Gesamtgewinn der Mitunternehmerschaft nicht wirksam werden dürfen; insoweit haben auch handelsrechtliche GoB zurückzutreten. M.E. muß die Pensionsrückstellung in der *Sonderbilanz des begünstigten Gesellschafters* durch Ausweis einer Versorgungsforderung kompensiert werden, weil sich der Sondervergütungstatbestand auf die Person des begünstigten Gesellschafters bezieht; dabei tritt das Imparitätsprinzip gegenüber dem Zweck des Steuergesetzes zurück. Dementsprechend ist der Aufwand der Pensionsrückstellung und gegebenenfalls der Ertrag ihrer Auflösung im Rahmen der steuerlichen Gewinnverteilung nur dem begünstigten Gesellschafter zuzuordnen[89].

e) **Gewinnrealisierung bei der Übertragung von Wirtschaftsgütern** zwischen Gesell- 549 schaft und Gesellschafter[90]: Der Sondervergütungstatbestand erfaßt nicht die Veräuße-

88 BFH BStBl. 93, 714, 715 (m. w. Nachw.), von *A. Raupach*, DStZ 92, 698, als „absolut herrschende Meinung" bezeichnet. S. hingegen die überzeugenden Argumente von *S. Sieker* (Fn. 70), 81 ff.

89 Zu den verschiedenen Lösungen s. *B. Knobbe-Keuk* (Fn. 71), 472 ff. (Rückstellung in der Steuerbilanz der Gesellschaft ohne Kompensation; Versteuerung der Pensionszahlungen vom Gesellschafter im Jahr des Zuflusses); *A. Raupach*, DStZ 92, 698; *L. Schmidt*, EStG[13], München 1994, § 15 Anm. 90c, und ausf. *D. Gosch*, Die Personengesellschaft und die Pensionszusage, DStZ 94, 193.

90 Dazu *B. Knobbe-Keuk* (Fn. 71), § 11 III; *L. Schmidt*, (Fn. 89), Anm. 100 ff.; Mitunternehmererlaß (Fn. 73), Tz. 21-80; *T. Rödder*, Erfolgsneutrale Übertragung eines Wirtschaftsguts aus dem Gesamthandsvermögen in ein Sonderbetriebsvermögen gegen Minderung von Gesellschaftsrechten, DB 92, 953.

rung von Wirtschaftsgütern zwischen Gesellschaft und Gesellschaftern, so daß grundsätzlich die allgemeinen Gewinnrealisierungsregeln (s. Rz. 402 ff.) mit der Maßgabe gelten, daß die Fortführung der Buchwerte bei der Übertragung von Wirtschaftsgütern zwischen Gesellschaft und Gesellschafter, also eine intersubjektive Übertragung stiller Reserven zugelassen ist. Bei Veräußerungen zu fremdüblichen Bedingungen tritt *volle Gewinnrealisierung* ein (BFH BStBl. 77, 415). Bei der Übertragung von Wirtschaftgütern gegen die Gewährung von Gesellschaftsrechten liegen Sacheinlagen auf Grund eines tauschähnlichen Geschäfts vor (BFH BStBl. 88, 374). Wird das Wirtschaftsgut dem Sonderbetriebsvermögen oder anderem Betriebsvermögen entnommen, so hat der Gesellschafter das Wahlrecht zwischen Fortführung des Buchwertes oder Ansatz des Teilwertes. Wird ein Wirtschaftsgut gegen Gewährung von Gesellschaftsrechten und gegen sonstiges Entgelt übertragen (*gemischter Fall*), so kann die Personengesellschaft das Wirtschaftsgut im Umfange der Gewährung von Gesellschaftsrechten mit dem anteiligen Buchwert oder einem Zwischenwert ansetzen[91].

III. Überschußeinkünfte (§ 2 II Nr. 2 EStG)

1. Einkünfte aus nichtselbständiger Arbeit (§§ 2 I Nr. 4, 19, 19a EStG)

Literatur: *W. Boeck*, Der Arbeitslohn im Lohnsteuerrecht, Diss. Köln 1968; *Brenne*, Der Begriff „Arbeitnehmer" im Steuerrecht – insbesondere sein Verhältnis zu dem Begriff „Arbeitnehmer" im Arbeitsrecht, Diss. Köln 1969; *Haberkorn*, Der Arbeitsentgeltbegriff nach Sozialversicherungs- und Lohnsteuerrecht, Köln u. a. 1971; *Zach*, Die Besteuerung des Arbeitslohns, Diss. Regensburg 1975; *Prange*, Zur Identität der Grundtatbestände des Arbeits-, Beschäftigungs- und Dienstverhältnisses im Arbeits-, Sozialversicherungs- und Lohnsteuerrecht, Diss. Göttingen 1975; *W. Jakob*, Steuern vom Einkommen I, Stuttgart u. a. 1980, 195 ff.; *K. Offerhaus*, Was gehört zum Arbeitslohn?, BB 82, 1061; *ders.*, DB 85, 565; *J. Lang*, Die Einkünfte des Arbeitnehmers – Steuersystematische Grundlegung, in: Stolterfoht (Hrsg.), Grundfragen des Lohnsteuerrechts, DStJG Bd. 9 (1986), 15; *K. Offerhaus*, Gesetzlose Steuerbefreiungen im Lohnsteuerrecht, in: Stolterfoht (a. a. O.), 117; *M. Weiss*, Die Besteuerung der Arbeitnehmer, in: FS für FHF Baden-Württemberg, Stuttgart 1989, 63; *S. Temminghoff*, Lohnsteuerpflichtige Zuwendungen an Arbeitnehmer, Köln 1989; *v. Bornhaupt*, Zehn Jahre Rechtsprechung des VI. Senats des BFH zu steuerpflichtigen Einkünften aus nichtselbständiger Arbeit – Rückblick und Ausblick –, DStZ 90, 496; *Offerhaus/Schmidt*, Lohnsteuerrecht für Arbeitgeber[2], München 1990; *J. Giloy*, Reizpunkte des Lohnsteuerrechts, StVj 91, 44; *R. Sunder-Plassmann*, Rechtsprechung zum Lohnsteuerrecht, StuW 91, 186; *W. Drenseck*, Möglichkeiten der Arbeitnehmer zur Einsparung von Lohnsteuer, BB-Beilage 1/91.

550 Einkünfte aus nichtselbständiger Arbeit erzielen **Arbeitnehmer.** Nach § 1 I 1 LStDV sind Arbeitnehmer Personen, die in öffentlichem oder privatem Dienst angestellt oder beschäftigt sind oder waren und die aus diesem Dienstverhältnis oder einem früheren Dienstverhältnis *Arbeitslohn* beziehen. Zu den Arbeitnehmern gehören also auch die **Pensionäre,** insb. beamtete Pensionäre mit Versorgungsbezügen i. S. des § 19 I Nr. 2, II EStG, ferner nach § 1 I 2 LStDV die Rechtsnachfolger von Arbeitnehmern, insb. die **Witwen.**

551 Nach fiskalischer Bedeutung und der Vielzahl der Arbeitnehmer sind die Einkünfte aus nichtselbständiger Arbeit die praktisch wichtigste Einkunftsart. Die Einkommensteuer wird durch **Quellenabzug vom Arbeitslohn** erhoben (§§ 38 ff. EStG, s. unten Rz. 766). Diese Quellensteuer heißt *Lohnsteuer* (§ 38 I EStG). Von dem Einkommensteueraufkommen 1992 in Höhe von 300,1 Mrd. DM (s. oben § 8, Rz. 19) entfällt auf das Lohnsteueraufkommen 247,3 Mrd. DM. Mehr als 90 v. H. der Einkommensteuerpflichtigen beziehen Einkünfte aus nichtselbständiger Arbeit.

91 A. A. die h. M. S. *L. Schmidt* (Fn. 89), Anm. 101d (m. w. N.).

Arbeitnehmer ist, wer nach Art, Ort und Zeit seiner Tätigkeit den Weisungen eines anderen, des Dienstherrn, unterliegt. Es handelt sich um einen **Typusbegriff** (s. § 5, Rz. 45). Charakteristika: Schulden der Arbeitskraft; Eingliederung in den Betrieb eines anderen; in der Regel nur *ein* Auftraggeber; Aufsicht; Weisungsgebundenheit; Wahrnehmung fremder Interessen; geregelte Arbeits- und Urlaubszeit; kein Unternehmerrisiko, sondern gleichmäßige, erfolgsunabhängige Vergütung (aber Tantieme möglich); Aufwendungsersatz; Auftraggeber stellt Arbeitsraum und Arbeitsmittel zur Verfügung; Teilnahme an betrieblichen Sozialleistungen; Altersversorgung; Einbehaltung von Lohnsteuer und Sozialversicherungsbeiträgen[92]. 552

Die nichtselbständige unterscheidet sich von der selbständigen Tätigkeit der Gewerbetreibenden, Landwirte und Freiberufler danach *nicht* durch den *Inhalt* der Tätigkeit, sondern durch die *Modalitäten* der Ausübung der Tätigkeit.

Die Zuordnung von *Arbeitern, Angestellten und Beamten* zu den Arbeitnehmern macht im allgemeinen keine Schwierigkeiten. Häufige Streitfälle sind: Handelsvertreter, Musiker, Funk- und Fernsehkünstler, Sportler, Mannequins, Fotomodelle.

Das Steuerrecht anerkennt auch ernstliche, wirklich durchgeführte Arbeitsverhältnisse zwischen Eheleuten sowie zwischen Eltern und Kindern (Rz. 163 ff.).

Arbeitslohn sind Bezüge, die **aus einem Dienstverhältnis**[93] zufließen (§ 2 I 1 LStDV): 553 laufende oder einmalige Bezüge, Barbezüge oder Sachbezüge, insb. Personalrabatte (s. Rz. 468 ff.), Bezüge mit oder ohne Rechtsanspruch, auch von Dritten gewährte Bezüge (vgl. § 38 I 2 EStG) wie z. B. Trinkgelder (vgl. § 3 Nr. 51 EStG); Werbungskostenersatz (vgl. § 3 Nrn. 12, 13, 16, 30–32 EStG), durchlaufende Gelder und Auslagenersatz (vgl. § 3 Nr. 50 EStG)[94], Bezüge mit oder ohne Rechtsanspruch. Das Gesetz erwähnt besonders Gratifikationen und Tantiemen. **Gratifikationen** werden aus besonderem Anlaß gewährt (wie Weihnachtsgeld, Urlaubsgeld). **Tantiemen** werden nach dem Geschäftsergebnis (Gewinn, Umsatz) bemessen.

Früher rechnete die Rechtsprechungs- und Verwaltungspraxis die sog. **Annehmlichkeiten** (z. B. Gelegenheitsgeschenke, Essenszuschüsse, Werksarzt, Betriebskindergarten, Sportanlagen) als im Arbeitgeberinteresse liegend nicht zum Arbeitslohn. Infolge der Kritik[95] an derartigen „gesetzlosen Steuerbefreiungen" definierte die Rspr. den Arbeitslohn neu und qualifiziert seitdem jeden durch das *individuelle Dienstverhältnis veranlaßten geldwerten Vorteil* als Arbeitslohn[96]. Wird allerdings der Vorteil im *ganz überwie-* 554

---

92 Ausführlich zum Begriff des Arbeitnehmers *J. Lang,* DStJG Bd. 9 (1986), 22 ff.

93 So die st. Rechtsprechungs- und Verwaltungspraxis: BFH BStBl. 83, 39; 83, 712; 88, 726, 728 (m. w. Nachw.); 90, 711; 91, 337; 94, 255; Abschnitt 70 LStR. A.A. *J. Lang,* DStJG Bd. 9 (1986), 50 ff.; *K. Tipke,* StRO II, 628 f.; *H.-J. Brick,* Einnahmen aus nichtselbständiger Arbeit außerhalb des Dienstverhältnisses?, Frankfurt/M u. a. 1992: §§ 8 I, 19 EStG erfassen alle Einnahmen, die durch die nichtselbständige Erwerbstätigkeit veranlaßt sind, also auch Einnahmen, die *kein* Arbeitslohn sind und daher nicht dem Lohnsteuerabzug unterliegen, besonders die Einnahmen aus *vertrags- und treuwidrigem Verhalten,* z. B. Bestechungsgelder, Erträge aus treuwidrigen Geschäften eines leitenden Bankangestellten (BFH BStBl. 91, 802, s. Fn. 18), Streikgelder. BFH BStBl. 71, 138; 82, 552, bejahte die Steuerbarkeit von Streikgeldern. Diese Rspr. ist durch BFH BStBl. 91, 337, aufgegeben worden. Dazu *K. J. v. Bornhaupt,* Streikunterstützung einkommensteuerfrei, NWB Fach 6, 3325; *B. Knobbe-Keuk,* Einkommensteuerpflicht gewerkschaftlicher Streikzahlungen, DB-Beilage Nr. 6/92.

94 Dazu insb. *v. Bornhaupt,* Abgrenzung Werbungskostenersatz zu Auslagenersatz und durchlaufenden Geldern im Lohnsteuerrecht, StuW 90, 46; *K. Offerhaus,* Werbungskostenersatz künftig regelmäßig steuerpflichtiger Arbeitslohn, BB 88, 1796; *ders.,* Auslagenersatz – Werbungskostenersatz unter besonderer Berücksichtigung der Entwicklung des Arbeitslohnbegriffs, BB 90, 2017.

95 S. S. 354 der Vorauflage, sowie m. zahlr. Nachw. *J. Lang,* DStJG Bd. 9 (1986), 61 f.; s. auch *K. Tipke,* StRO II, 629 ff.

96 Grundlegend BFH BStBl. 83, 39, 41, im weiteren BFH BStBl. 85, 164 (Essensfreibetrag); 85, 529; 85, 532 (Betriebsveranstaltungen); 85, 641 (Gelegenheitsgeschenke); 92, 655 (Betriebsveranstaltungen); 93, 840 (Übernahme von Rotary-/Tennis-Club-Beiträgen); 94, 254 (Verlosung); 94, 256

genden eigenbetrieblichen Interesse des Arbeitgebers[97] gewährt oder gar (wie z. B. bei Vorsorgeuntersuchungen) als unerwünschter Vorteil aufgedrängt, so verneint die Rspr. nach wie vor Arbeitslohn, jedoch nur in wesentlich engeren Grenzen als die frühere Rspr. zu den sog. Annehmlichkeiten. Gleichwohl sollte die verbleibende Restriktion des Arbeitslohnbegriffs im Gesetz verankert werden, damit die „gesetzlose Steuerbefreiung" endgültig der Vergangenheit angehört.

Beispiele nicht steuerbare Vorteile: Zuwendungen bei Betriebsveranstaltungen, wenn die Aufwendungen 150 DM je teilnehmenden Arbeitnehmer nicht überschreiten[98], sog. Aufmerksamkeiten, d. s. Sachzuwendungen bis 60 DM (Abschnitt 73 LStR), Vorsorgeuntersuchungen (BFH BStBl. 83, 39), berufliche Fort- oder Weiterbildungsleistungen des Arbeitgebers (Abschnitt 74 LStR), Leistungen zur Verbesserung der Arbeitsbedingungen, z. B. die Bereitstellung von Aufenthalts- und Erholungsräumen sowie von betriebseigenen Dusch- und Badeanlagen (Abschnitt 70 III Nr. 1 LStR).

555 Zu den Einkünften aus nichtselbstständiger Arbeit gehören auch die **Versorgungsbezüge aus früheren Dienstverhältnissen** (§ 19 I Nr. 2, II EStG; § 2 II Nr. 2 LStDV), z. B. Pensionen (Ruhegelder), Witwengelder.

Solche Leistungen beruhen oft auf **Versorgungszusagen** des Arbeitgebers. Die Kapitalansammlung auf Grund der Versorgungszusage ist mangels Zufließens (§ 11 EStG) nicht bereits Arbeitslohn (§ 2 II Nr. 3 Satz 4 LStDV). Anders, wenn Zukunftssicherungsleistungen bereits gegenwärtig zufließen (s. § 2 II Nr. 3 Satz 1 bis 3 LStDV), wie der Arbeitgeberanteil an der Sozialversicherung und vermögenswirksame Leistungen (§ 13 VII des 5. VermBG). Der Arbeitgeberanteil an der Sozialversicherung ist allerdings nach § 3 Nr. 62 EStG steuerfrei. Versorgungs*renten* (aus gesetzlicher oder privater Rentenversicherung) sind wiederkehrende Bezüge i.S. des § 22 Nr. 1 Buchst. a EStG. Sie werden nicht für geleistete Dienste gewährt, sondern auf Grund eines durch Beiträge begründeten Rentenrechts.

2. Einkünfte aus Privatvermögen

556 Der Einfluß der Quellentheorie (s. oben Rz. 50) hat die Einkünfte aus Privatvermögen (Nicht-Betriebsvermögen) aufgespalten in

- **laufende Quelleneinkünfte** (§§ 20; 21; 22 Nrn. 1, 1a, 3, 4 EStG) und in
- **Einkünfte aus der Veräußerung von privatem Stammvermögen** (§§ 17, 22 Nr. 2, 23 EStG). Nach der Quellentheorie fallen diese Veräußerungseinkünfte nicht in den Einkommensbegriff und dürften folglich auch nicht zu besteuern sein. Ihre Besteuerung ist das Ergebnis eines politischen Kompromisses zwischen Quellentheorie und Reinvermögenszugangstheorie.

2.1 Quelleneinkünfte aus Privatvermögen

2.1.1 Einkünfte aus der Überlassung von Vermögen zur Nutzung (§§ 20, 21 EStG)

557 §§ 20, 21 EStG wollen Einkünfte erfassen, die durch Überlassung von Vermögen zur Nutzung entstehen; § 14 AO spricht von Vermögensverwaltung. Das Einkommensteuergesetz erfaßt nicht pauschal alle Einkünfte auf Grund des zur Nutzung überlassenen

---

(Ersatz von Schäden während einer Dienstreise). Zum Wandel der Rspr. insb. *K. Offerhaus,* Gesetzlose Steuerbefreiungen im Lohnsteuerrecht?, DStJG Bd. 9 (1986), 117.

97 Krit. zu dem Merkmal des „ganz überwiegenden eigenbetrieblichen Interesses" *J. Lang* (Fn. 95), 62 f. (m. w. N.).

98 BFH BStBl. 92, 655 (m. w. N.); Abschnitt 72 LStR; *Popp/Albert,* DB 84, 632; *K. Offerhaus,* DB 85, 1908; *Albert/Heitmann,* DB 86, 2568; *U. Albert,* FR 92, 533.

Vermögens, vielmehr enumerieren §§ 20, 21 EStG diese Einkünfte durch Verwendung der Terminologie des Zivilrechts, insb. des Gesellschaftsrechts, Wertpapierrechts, Versicherungsrechts, Miet- und Pachtrechts. Daraus ergeben sich Auslegungsprobleme.

Von der (befristeten) Überlassung von Vermögen zur Nutzung ist die (endgültige) Überlassung der Vermögenssubstanz, insb. durch Veräußerung, zu unterscheiden. §§ 20, 21 EStG erfassen nur die **Nutzungsentgelte,** sie berücksichtigen nicht die realisierten Wertsteigerungen oder -schmälerungen der Vermögenssubstanz (Ausnahmen: §§ 17, 23 EStG). 558

§§ 20, 21 EStG erfassen nicht Einkünfte aus Betriebsvermögen (§§ 20 III, 21 III EStG).

2.1.1.1 Einkünfte aus Kapitalvermögen (§§ 2 I Nr. 5, 20 EStG)

a) **Einnahmen aus Kapitalvermögen** (§ 20 EStG) erzielt, wer Kapitalvermögen gegen Entgelt zur Nutzung überläßt[99]. Gemäß dem quellentheoretischen Konzept der Überschußeinkünfte (s. oben Rz. 181) erfaßt § 20 EStG *nicht die Wertveränderungen der Kapitalanlage*[100], des Kapital-*Stammvermögens.* Hingegen sind Vermögensmehrungen, die bei wirtschaftlicher Betrachtung Entgelt für die Kapitalnutzung sind, Einnahmen aus Kapitalvermögen[101]. Diese Abgrenzung der erwirtschafteten Quellenbezüge zu den nicht steuerbaren Vermögensmehrungen des Stammvermögens wird insb. konkretisiert durch die ab 1994 geltenden Vorschriften in § 20 I Nr. 7, II EStG; diese Vorschriften faßte das **StMBG**[102] neu, um die Verlagerung von Quellenbezügen in das nicht steuerbare Stammvermögen zu verhindern. Der Katalog des § 20 I EStG führt auf 559

- **§ 20 I Nrn. 1–3 EStG: Bezüge aus Kapitalgesellschaften,** Erwerbs- und Wirtschaftsgenossenschaften (§ 20 I Nr. 1 EStG), d. s. dem Steuerpflichtigen zugeflossene Gewinnanteile, Dividenden, offene und *verdeckte Gewinnausschüttungen* (s. § 11 Rz. 50 ff.), Ausbeuten u. a. Bezüge i. S. d. § 20 II EStG, Bezüge auf Grund von Kapitalherabsetzung und Liquidationen (§ 20 I Nr. 2 EStG), sowie gem. § 20 I Nr. 3 EStG die anzurechnende oder zu vergütende *Körperschaftsteuer im Anrechnungsverfahren* (s. § 11 Rz. 3 f., 140 ff.). *Rückzahlungen von Einlagen* sind keine steuerbaren Einnahmen (§ 20 I Nr. 1 S. 3 EStG); dies entspricht dem **allgemeinen Grundsatz,** daß Kapitalrückzahlungen nicht zu den erwirtschafteten und damit zu versteuernden Erträgen gehören. Einkünfte i. S. d. § 20 I Nr. 1–3 EStG sind dem *Anteilseigner* zuzurechnen (§ 20 IIa EStG); 560
- **§ 20 I Nr. 4 EStG:** Einnahmen aus der Beteiligung an einem Handelsgewerbe als **typischer stiller Gesellschafter** (der atypische stille Gesellschafter ist Mitunternehmer mit Einkünften i. S. d. § 15 I 1 Nr. 2 EStG) und aus (nicht mitunternehmerischen) **partiarischem Darlehen;**
- **§ 20 I Nrn. 5–7 EStG: Zinsen** aus **Hypotheken** und **Grundschulden,** Renten aus **Rentenschulden** (§ 20 I Nr. 5 EStG), Zinsen aus den Sparanteilen einer **Lebensversicherung** (§ 20 I Nr. 6 EStG) sowie nach dem ab 1994 geltenden § 20 I Nr. 7 EStG Erträge aus **sonstigen Kapitalforderungen jeder Art,** wenn die Rückzahlung des Kapitalvermögens oder ein Entgelt für die Überlassung des Kapitalvermögens zur Nutzung zugesagt oder gewährt worden ist, auch wenn die Höhe des Entgelts von einem ungewissen Ereignis abhängt; dies gilt unabhängig von der Bezeichnung und der zivilrechtlichen Ausgestaltung der Kapitalanlage. § 20 I Nr. 7 EStG erfaßt 561

---

99 BFH BStBl. 90, 532; 92, 174; *R.-D. Scholtz,* FR 77, 25; *ders.,* DStZ 90, 523; *F. Wassermeyer,* StuW 88, 283; *F. Seibold,* StuW 90, 165; *ders.,* DStR 91, 1273.

100 BFH BStBl. 83, 410; 89, 934; 93, 602; *Schmidt/Heinicke,* EStG[13], München 1994, § 20 Anm. 3a, bb.

101 BFH BStBl. 80, 116; 82, 540 (abgezinster Sparkassenbrief); 88, 252 (Ausgabegeld); 91, 300; 92, 174 (Zerobonds); 92, 1032; 93, 602 (m. w. N.).

102 Gesetz vom 21. 12. 93 (BGBl. I 93, 2310; BStBl. 94, 50). Dazu *R. Franz,* Das Mißbrauchsbekämpfungs- und Steuerbereinigungsgesetz, BB-Beilage 3/1994, 4 ff.; *F. Scheuerle,* DB 94, 445 ff., 502 ff.

zunächst Zinsen aus Einlagen und Guthaben bei Kreditinstituten, Zinsen aus Wertpapieren, aus Darlehen und Kapitalforderungen jeder Art. Darüber hinaus will die Neufassung des § 20 I Nr. 7 i. V. m. II EStG insb. die sog. **Finanzinnovationen** erfassen; es handelt sich um die Gestaltung von Finanzanlagen, deren Erträge im Grenzbereich des nicht steuerbaren Stammvermögens liegen[103].

– **§ 20 I Nr. 8 EStG: Diskontbeträge** von Wechseln und Anweisungen einschließlich der Schatzwechsel.

Ein Teil der Erträge i. S. d. § 20 EStG wird durch *Quellenabzug* (sog. **Kapitalertragsteuer**) besteuert (s. §§ 43 ff. EStG).

562 b) Das bereits oben (§ 4 Rz. 71) behandelte Zinssteuer-Urteil des BVerfG vom 27. 6. 1991 (BVerfGE 84, 239) veranlaßte den Gesetzgeber zur **Neuregelung der Zinsbesteuerung.** Das **Zinsabschlaggesetz** vom 9. 11. 1992[104] verzehnfachte den **Sparer-Freibetrag** (§ 20 IV EStG) auf 6 000 DM (zusammenveranlagte Ehegatten: 12 000 DM) und führte ab 1. 1. 1993 einen Quellenabzug (sog. **Zinsabschlag)** auf Kapitalerträge i. S. d. § 20 I Nr. 7 EStG (s. Rz. 561) von 30 (bei *Tafelgeschäften:* 35) Prozent ein (§§ 43a Nr. 4 i. V. m. 43 I Satz 1 Nr. 7, 8, Satz 2 EStG)[105]. Erst ab 1. 1. 1994 wurden Stückzinsen und Erträge aus der Veräußerung von ab- oder aufgezinsten Wertpapieren (§ 20 II Nr. 3, 4 EStG) in den Zinsabschlag miteinbezogen. Der Quellenabzug bemißt sich grundsätzlich nach den *vollen Kapitalerträgen ohne jeden Abzug* (§ 43a II 1 EStG), in den Fällen des § 20 II Nr. 4 EStG nach der *Marktrendite* (§ 43a II 3 EStG: Unterschied zwischen Anschaffungskosten und Veräußerungsentgelt)[106]. Steuer*ausländer* unterliegen nicht dem Zinsabschlag (s. § 43 III EStG). Der Steuerabzug kann nach Maßgabe des § 44a EStG durch *Freistellungsauftrag, NV-Bescheinigung* oder *Unternehmensbescheinigung* abgewehrt werden. Der Zinsabschlag hat *keine abgeltende* Wirkung; er ist auf die ESt/KSt anrechenbar und die quellenbesteuerten Kapitaleinkünfte müssen in der Steuererklärung deklariert werden.

---

103 Einzelheiten: *H. Heuer,* StuW 92, 313; *ders.,* DStR 93, 1322; *Eisele/Knobloch,* DStR 93, 577 ff., 617 ff.; BMF BStBl. 94, 50, sowie das Schrifttum zum StMBG (s. Fn. 102). Aus ökonomischer Sicht *F.W. Wagner,* DB 92, 2405. Mit Wirkung v. 1. 1. 1989 waren bereits nach dem StRG 1990, BGBl. I 88, 1093, erfaßt: die ab/-aufgezinsten Wertpapiere (§ 20 II Nr. 4, a EStG), u. a. die *Zero-Bonds* und *stripped Bonds* (dazu *R.-D. Scholz,* FR 88, 113; *ders.,* FR 88, 289; *N. Krawitz,* FR 90, 561; *G. Bruschke,* DStZ 92, 585). Bei den nunmehr durch § 20 I Nr. 7 i.V.m. II EStG erfaßten Finanzinnovationen handelt es sich um *Anlagen mit besonderer Zinsausstattung* (Kombizins-, Gleitzinsanleihen oder Festzinsanleihen mit getrennt handelbaren Zinsscheinen, um *Anlagen mit Optionsscheinen* (Capped Warrants, Range Warrants) und um Kapitalanlagen mit *ungewissem Kapitalertrag,* aber *garantierter Rückzahlung* des überlassenen Vermögens (Grois, Giros, MEGA-Zertifikate, Iglus, Clous). § 20 I Nr. 7 i.V.m. II EStG erfaßt nur Anlagen, bei denen entweder der Zins oder die Kapitalrückzahlung ungewiß ist. Rein *spekulative* Anlagen, bei denen Zins *und* Kapitalrückzahlung ungewiß sind, unterliegen wie bisher nicht dem § 20 EStG.

104 BGBl. 92, 1853. Gesetzentwurf der Bundesregierung: BT-Drucks. 12/2501; Bericht des Finanzausschusses: BT-Drucks. 12/2736; *F.-C. Zeitler,* DStZ 92, 513; BMF vom 26. 10. 1992, BStBl. 92, 693; *K. Lindberg,* Das Zinsabschlaggesetz, Die Besteuerung des Kapitalertrags ab 1. 1. 1993, München 1992; *ders.,* DStR 92, 1493; *J. Giloy,* FR 92, 605; *H.J. Rendels,* DStR 92, 1037; *Marquard/Hagenbucher,* DB 92, 2265; *A. Beranek,* StStud 92, 447; *Harenberg/Irmer,* NWB Fach 3, 8411; *R.E.Keßler,* BB 93, 183; *M. Streck,* DStR 93, 341; *U. Döring,* DB 93, 49 (mit Quellensteuersätzen im internationalen Vergleich).

105 Ausgenommen sind nach § 43 I Nr. 7, b Satz 4 EStG Interbankgeschäfte, Sichteinlagen/Bausparguthaben mit Verzinsung von nicht mehr als 1 v. H., durch Arbeitnehmer-Sparzulage/Wohnungsbauprämie geförderte Bausparguthaben, Bagatellerträge (nicht mehr als 20 DM p.a.).

106 Sog. Nettolösung, die durch das StMBG erweitert und modifiziert wurde. Dazu *F. Scheuerle,* DB 94, 502 ff.

563 c) Die Zinsbesteuerung ist nach wie vor als **verfassungswidrig** zu beurteilen[107]. Der Sparer-Freibetrag ist auch im Hinblick auf die von BVerfGE 84, 282, registrierte „gesteigerte Inflationsanfälligkeit" des Kapitalvermögens nicht zu rechtfertigen, zumal die Inflation in Relation zum eingesetzten Kapital berücksichtigt werden müßte, was ein von der Größe des Kapitalvermögens unabhängiger Freibetrag nicht zu leisten vermag. Die Beibehaltung des § 30a AO angesichts der Tatsache, daß die Kapitalvermögen zum großen Teil nach Luxemburg u. a. Finanzplätze verbracht worden sind, untergräbt das von BVerfGE 84, 273, herausgestellte Verifikationsprinzip (s. § 4 Rz. 71).

564 Indessen ist bei einer erneuten **Reform** zu bedenken, daß die uneingeschränkte Erfassung der Zinseinkünfte die inflationsbedingte Substanzbesteuerung des Kapitalvermögens verschärfen würde. Zinsen sind weitgehend Beiträge zur Werterhaltung des Kapitalvermögens; die Besteuerung nach dem Nominalwertprinzip verletzt hier gravierend das Leistungsfähigkeitsprinzip, das ein **Realwertprinzip** ist[108]. Die nach wie vor bestehende „rechtliche Misere der Zinsbesteuerung" (*K. Tipke,* BB 89, 157) zeigt am deutlichsten die Unverträglichkeit einer reinen Kapitalorientierung der Einkommensteuer mit dem Leistungsfähigkeitsprinzip (s. § 4 Rz. 113 ff.). Entgegen BVerfGE 50, 57, ist das verfassungsrechtliche Bedürfnis unabweisbar, die Geldentwertung bei der Besteuerung der Kapitaleinkünfte zu berücksichtigen; dies kann durch Sparbereinigung der Einkommensteuer (Steuerabzug der reinvestierten Zinsen/Besteuerung des Entsparens) geschehen (s. § 4 Rz. 116), ohne daß dadurch die währungspolitische Funktion des Nominalwertprinzips (s. Fn. 108) gestört wird[109]. Der Sparer-Freibetrag, der auch konsumierte Zinsen steuerfrei stellt, kann entfallen. Schließlich erfaßt die Sparbereinigung der Einkommensteuer im Ergebnis auch sämtliche Vermögensmehrungen, so daß die infolge der Ausgrenzung von Stammvermögen bei den sog. Finanzinnovationen übermäßige Verkomplizierung der Kapitaleinkünfte eleminiert ist.

565 d) Den **An- und Verkauf von Wertpapieren** ordnet die Rechtsprechungs- und Verwaltungspraxis (anders als den An- und Verkauf von Immobilien, s. Rz. 571) regelmäßig der Vermögensverwaltung zu (R. 137 IX EStR 1993, s. aber oben Rz. 489, dort Fn. 18). Die permanente Umschichtung der Wertpapierbestände gehört nach dieser Auffassung zur Pflege des Stammvermögens, so daß ein Gewerbebetrieb erst bei Vorliegen besonderer Umstände gegeben ist, z. B. beim An- und Verkauf von Wertpapieren auf fremde Rechnung.

---

107 Zu Rechtslage und Literatur vor dem Zinssteuer-Urteil des BVerfG von 1991 s. Vorauflage S. 356 f. Danach: *K. Tipke,* FR 91, 480; *ders.,* StRO II, 659 ff.; *G. Felix,* FR 91, 389; *J. Giloy,* FR 91, 482; *I. Graffe,* DStZ 91, 553; *B. Paus,* DStZ 91, 618; *G. Rößler,* DStZ 91, 657; *P. Bilsdorfer,* Inf 91, 395; *ders.,* BB 91, 1455; *ders.,* StStud 91, 379; *Carl/Klos,* JuS 92, 292; *G. Wüst,* DStR 91, 1577; *W. Ehrenforth,* BB 91, 2125; *C.-P. Frees,* wistra 92, 14. Zum Zinsabschlaggesetz *W. Jakob,* DStR 92, 893; *D. Birk,* StVj 93, 97.

108 Eindringlich *K. Tipke,* StRO I, 503 ff. Hingegen hat BVerfG vom 9. 12. 1978, BVerfGE 50, 57, mit Rücksicht auf das Nominalwertprinzip als einem tragenden Ordnungsprinzip der Geldrechnung und Währungsordnung entschieden, daß die nominelle Besteuerung der Kapitaleinkünfte mit dem Grundgesetz zu vereinbaren sei. Verfassungswidrigkeit bejahen insb. *H. H. v. Arnim,* Die Besteuerung von Zinsen bei Geldentwertung, Wiesbaden 1978 (mit zahlr. Nachw.); *K. H. Friauf,* StuW 75, 260; *K. Vogel,* NJW 79, 1158.

109 Zu den verschiedenen ökonomischen Alternativen *M. Rose,* Reform der Besteuerung des Sparens und der Kapitaleinkommen, Zur Neuregelung der Zinsbesteuerung aus der Sicht einer konsum- und damit marktorientierten Neuordnung des Gesamtsteuersystems, BB-Beilage 5/92; *D. Dziadkowski,* Zur künftigen Ausgestaltung der Zinsbesteuerung, Plädoyer für eine partielle Steuerbefreiung in Höhe des Spareckzinses. In die falsche Richtung einer noch stärkeren Unvereinbarkeit mit dem Leistungsfähigkeitsprinzip weist der Vorschlag einer Sollzinsbesteuerung von *J. Hackmann,* Die Durchsetzung der Zinsbesteuerung, FinArch Bd. 49 (1991/92), 3 ff.; *ders.,* BB-Beilage 11/92.

2.1.1.2 Einkünfte aus Vermietung und Verpachtung (§§ 2 I Nr. 6, 21 EStG)

566 § 21 EStG erfaßt die Einkünfte aus der befristeten (= „zeitlich begrenzten", s. § 21 I Nr. 3 EStG) Überlassung von *Sach-* oder Realvermögen zur Nutzung. Jedoch ist der Katalog (unbewegliches Vermögen, Sachinbegriffe, Rechte) nicht vollständig. *Einzelne* bewegliche Sachen werden nicht durch § 21 EStG, sondern durch § 22 Nr. 3 EStG erfaßt.

567 § 21 EStG verwendet zwar zivilrechtliche Begriffe, die Rechtsprechung versteht unter Vermietung/Verpachtung jedoch **zeitlich begrenzte** (s. ausdrücklich § 21 I Nr. 3 EStG) **Überlassung zur Nutzung.** Ob das Nutzungsverhältnis ein obligatorisches oder dingliches ist, ist unerheblich.

568 Auch die entgeltliche Einräumung eines **Nießbrauchs** oder **dinglichen Wohnrechts** ist „Vermietung/Verpachtung" i. S. des § 21 EStG[110]. Der Gegensatz zur zeitlich begrenzten ist die zeitlich unbegrenzte Überlassung; sie ist wirtschaftlich Veräußerung durch Aufgabe der Substanz. Für die Abgrenzung zeitlich begrenzte/unbegrenzte Überlassung kommt es auf die zivilrechtliche Einkleidung nicht an.

569 Erfaßt werden die Einnahmen (auch Vorauszahlungen, sog. verlorene Zuschüsse; Ersatz von Aufwendungen) aus:

- Vermietung/Verpachtung von **unbeweglichem Vermögen** = zeitlich begrenzte Überlassung von unbeweglichem Vermögen zur Nutzung (s. § 21 I Nr. 1 EStG),

  insb. von Grundstücken, Gebäuden, Gebäudeteilen, Schiffsregister-Schiffen, Rechten, die den Vorschriften des Bürgerlichen Rechts über Grundstücke unterliegen (z. B. Erbbaurecht, Erbpachtrecht, Mineralgewinnungsrecht).

- Vermietung/Verpachtung von **Sachinbegriffen,** insb. von beweglichem Betriebsvermögen (§ 21 I Nr. 2 EStG).

  Sachinbegriff ist eine Vielheit beweglicher Sachen, die nach ihrer wirtschaftlichen oder technischen Zweckbestimmung zusammengehören (s. auch § 260 BGB)[111]. Beispiele: Landwirtschaftliches Inventar, Büroeinrichtung des Freiberuflers, Instrumentarium eines Arztes, Wohnungseinrichtung, Bibliothek, Mobiliar eines Zimmers. Die Erwähnung des Betriebsvermögens ist irreführend; gemeint ist wohl die Vermietung/Verpachtung von Sachgesamtheiten (des früheren Betriebsvermögens) nach Aufgabe des Betriebs.

- Zeitlich begrenzter Überlassung von **Rechten** (§ 21 I Nr. 3 EStG). Die zeitlich unbegrenzte Überlassung ist wirtschaftlich Übertragung (Abtretung) des Rechts; sie wird nicht erfaßt.

  Erfaßt werden sollen insb. Einkünfte aus der Verwertung des durch Rechtsgeschäft oder im Erbgang erworbenen (kulturellen) **Urheberrechts,** aus der **Lizenz** gewerblicher Schutzrechte (Patente, Gebrauchs-, Geschmacksmuster, Warenzeichen), aus der Überlassung von nicht geschütztem technischen Erfahrungswissen (Know-how)[112]. Die Einkünfte aus der Verwertung des Urheber- oder Schutzrechts durch den Urheber oder Erfinder selbst sind freiberufliche Einkünfte. Soweit gewerbliche Schutzrechte und Know-how Wirtschaftsgüter eines Betriebsvermögens sind (dies ist regelmäßig der Fall), sind die Einkünfte aus der Nutzungsüberlassung Einkünfte aus Gewerbebetrieb (s. § 21 III EStG)[113].

570 § 21 I Nr. 4 EStG stellt klar, daß Einkünfte aus der Veräußerung von Miet-/Pachtzinsforderungen auch dann Miet-/Pachteinkünfte sind, wenn die Einkünfte **im Veräußerungspreis von Grundstücken** enthalten sind und die Miet-/Pachtzinsen sich auf einen Zeitraum beziehen, in dem der Veräußerer noch Besitzer war.

---

110 Dazu BFH BStBl. 79, 332; 90, 1026; *L. Schmidt,* FR 78, 538.

111 Dazu *Kantenwein/Melcher,* FR 85, 233.

112 Dazu *Knoppe,* Die Besteuerung der Lizenz- und Know-how-Verträge[2], Köln 1972; *Böhme,* Die Besteuerung des Know-how, München/Berlin 1967; *K. Gerlach,* Besteuerung des Know-how, Diss. München 1966; s. auch *Stumpf,* Der Know-how-Vertrag, Heidelberg 1970 (zivilrechtlich).

113 *Mohr,* Die Besteuerung der Erfinder und Erfindungen, München 1985.

Im Falle der **Betriebsaufspaltung** sieht die Rechtsprechung die Vermietung/Verpachtung des Anlagevermögens durch das Besitzunternehmen als gewerblichen Vorgang an (dazu § 17 Rz. 12 ff.).

Der Tatbestand der Vermietung/Verpachtung kann auch von mehreren Personen gemeinsam erfüllt werden. Auch **Personengesellschaften,** die sich auf Vermietung/Verpachtung beschränken, haben Miet-/Pachteinkünfte, nicht gewerbliche Einkünfte, es sei denn, es läge der Sonderfall des § 15 III EStG vor.

Abgrenzung zum Gewerbebetrieb[114]: Die Abgrenzung der Vermietung/Verpachtung zum Gewerbebetrieb ist schwierig, weil auch die Vermietungs-/Verpachtungstätigkeit eine selbständige und nachhaltige Beteiligung am allgemeinen wirtschaftlichen Verkehr darstellt, mithin die Merkmale des § 15 II 1 EStG erfüllt. Wesentlich für die Abgrenzung ist die quellentheoretische Natur der Überschußeinkünfte (s. oben Rz. 181): Nach st. Rspr. des BFH[115] ist private Vermögensverwaltung anzunehmen, solange sich die Tätigkeit noch als Nutzung von Grundbesitz durch Fruchtziehung aus zu erhaltender Substanz darstellt; hingegen liegt Gewerbebetrieb vor, wenn nach dem Gesamtbild der Betätigung die *Umschichtung von Vermögenswerten und deren Verwertung als Vermögenssubstanz* in den *Vordergrund* tritt. Hierzu bedient sich der BFH einer ausgeprägt typisierenden Zuordnung: Vermögensverwaltung liegt *stets* vor, wenn nicht mehr als drei Objekte **(3-Objekt-Grenze)** veräußert werden[116]; dabei ist noch nicht abschließend geklärt, was unter einem Objekt i. S. dieser Rspr. zu verstehen ist[117]. Werden mehr als drei Objekte veräußert, so sind zwei Fristen von ausschlaggebender Bedeutung. Bei Anschaffung und Veräußerung **innerhalb von fünf Jahren** (enger zeitlicher Zusammenhang i. d. Rspr.) wird regelmäßig gewerblicher Grundstückshandel angenommen[118]. Wird die Frist von fünf Jahren überschritten, so bedarf es besonderer Umstände der Gewerblichkeit, z. B. eine dem Baumarkt nahe Berufstätigkeit als Architekt, Makler etc. oder eine höhere Zahl von Veräußerungen, die den Aspekt der Umschichtung verstärkt (BFH BStBl. 90, 1061). Sind bebaute Grundstücke *mindestens zehn Jahre* vermietet oder zu eigenen Wohnzwecken genutzt worden, so ist kein gewerblicher Grundstückshandel anzunehmen (BMF BStBl. 90, 884, Tz. 2), weil die Fruchtziehung des Stammvermögens dominiert. 571

Mit unterschiedlicher steuerlicher Leistungsfähigkeit haben derartige Abgrenzungen nichts zu tun; sie provozieren Aufsatzflut (s. Fn. 114) und Hunderte von Gerichtsentscheidungen, ohne daß damit die Qualität des Steuerrechts verbessert würde. Somit wird allzuviel juristische Kapazität verschwendet, wenn der Gesetzgeber den Rechtsanwender zu Abgrenzungen innerhalb steuerlich gleichwertiger Erwerbstätigkeiten zwingt. Der 572

114 Dazu BMF BStBl. I 90, 884. Schrifttum ab 1991: *A. Beater,* StuW 91, 33 (Abgrenzung anhand des Quellengedankens); *E. Biergans,* StBp. 91, 193; *Streck/Schwedhelm,* DStR 91, 237; *H. Jehner,* DStR 91, 565; *E. Zacharias,* DStR 91, 861; *C. Mahlow,* DB 91, 1189; *Fleischmann/Meyer-Scharenberg,* BB 91, 955; *F. Enneking,* FR 91, 259; *H. Bitz,* FR 91, 438; *B. Paus,* Inf 91, 196; *R. Freudenberg,* Inf 91, 289; *H. Weber-Grellet,* DStZ 91, 390; *G. Söffing,* DB 92, 1846; *W. Reiß,* FR 92, 364 (Bruchteilsgemeinschaften); *A. Schmidt-Liebig,* BB 93, 904; *W. Jakob,* in: FS für L. Schmidt, München 1993, 115. Zu Personengesellschaften *D. Schulze zur Wiesche,* DB 91, 1088; *B. Paus,* DStZ 91, 740 (3-Objekt-Grenze); *R. Benz,* DB 92, 654; *N. Hörmann,* BB 92, 191; *B. Gast-de Haan,* DStZ 92, 289.

115 Z. B. BStBl. 88, 244; 90, 1052; 91, 844; 92, 135, 136; 93, 668, 670.

116 BFH BStBl. 88, 244; 88, 277; 88, 293; 90, 1051; 90, 1053; 90, 1054; 92, 135, s. auch oben Rz. 510 (Fn. 43); BMF BStBl. I 90, 884, 885 f.

117 BMF BStBl. 90, 885, behandelt Eigentumswohnungen, Ein- und Zweifamilienhäuser als ein Objekt. Bei anderen Objekten (Mehrfamilienhäuser, Büro-, Hotel-, Fabrik- oder Lagergrundstücken) könnten auch weniger als vier Veräußerungsvorgänge einen gewerblichen Grundstückshandel begründen. Nach BFH/NV 91, 304, zweifelhaft. BFH BStBl. 92, 1007, stellt auf die bewertungsgesetzliche wirtschaftliche Einheit bzw. auf den Wirtschaftsgutbegriff ab.

118 BFH BStBl. 88, 293; 90, 637; 92, 135; 92, 1007; 93, 668, 670; BMF BStBl. I 90, 887.

vom BFH eingeschlagene Weg der Typisierung versagt in den Fällen **gescheiterter Vermietung:** Schafft ein Steuerpflichtiger Grundstücke zum Zwecke der Vermietung an und muß er diese nach kurzer Zeit wieder veräußern, weil die Finanzierung zusammenbricht oder weil sich Wohnungen nicht vermieten lassen, so liegt die Aufgabe einer Vermietungstätigkeit und kein gewerblicher Grundstückshandel vor[119].

573 Die Besteuerung des Nutzungswerts der **selbstgenutzten Wohnung** (bisher §§ 21 II, 21a EStG) ist seit dem Veranlagungszeitraum 1987 entfallen[120]. Die komplizierte Übergangsregelung (§ 52 XXI EStG) wird hier nicht berücksichtigt.

2.1.2 Sonstige Quelleneinkünfte (§ 22 Nrn. 1, 1a, 3, 4 EStG)

2.1.2.1 Überblick

574 Sonstige Einkünfte sind nicht etwa alle Einkünfte, die von §§ 2 I Nrn. 1–6; 13–21 EStG nicht erfaßt sind, sondern nur die Einkünfte i. S. des § 22 EStG (s. § 2 I Nr. 7 EStG). § 2 I Nr. 7 i. V. mit § 22 Nrn. 1, 1a EStG erfaßt die **wiederkehrenden Einkünfte** aus nicht übertragbaren, persönlichen Rechten.

Unter § 22 Nrn. 1, 1a EStG fallen vor allem **Unterhaltsbezüge** und private **Renten.** Unterhaltsbezüge und zugewendete Renten sind nicht erwirtschaftet. Wenn man freilich Renten als Bezüge versteht, die auf einem Stammrecht und damit auf einem Vermögenswert beruhen, kann man auch in Renten Vermögenseinkünfte sehen. Österreich hat die Sozialversicherungsrenten den Einkünften aus nichtselbständiger Arbeit zugeordnet. In der BR Deutschland werden sie von § 22 Nr. 1 EStG als Leibrenten erfaßt, obwohl ihnen kein Stammrecht (mehr) zugrunde liegt (s. Rz. 582).

Da man **Abgeordnetenbezüge** wegen des spezifischen Charakters der Abgeordnetentätigkeit den §§ 18, 19 EStG nicht zuordnen mochte, werden sie durch § 22 Nr. 4 EStG erfaßt. Adäquater gewesen wäre die Plazierung zwischen §§ 18, 19 EStG.

§ 22 Nr. 3 EStG erfaßt hilfsweise (noch nicht erfaßte) **Einkünfte aus Leistungen,** z. B. Einkünfte aus gelegentlichen (nicht nachhaltigen) Vermittlungen und aus der Vermietung beweglicher Sachen.

2.1.2.2 Wiederkehrende Bezüge (§ 22 Nrn. 1, 1a EStG)

Literatur: *H. Söhn,* Ertragsanteilsbesteuerung von Leibrenten (§ 22 Nr. 1 Satz 3 Buchst. a EStG), StuW 86, 324, 326; *P. Fischer,* Über Renten und Rentenbesteuerung, StuW 88, 335; *K.-G. Loritz,* Wiederkehrende Bezüge, insb. Renten und dauernde Lasten, StVj 91, 195; *E. Schult,* Die Rentenanlage – ein Steuersparmodell?, StuW 91, 348; *U. Ramcke,* Dingliche Lasten im Einkommensteuerrecht, Baden-Baden 1991; *Jansen/Wrede,* Renten, Raten, Dauernde Lasten[10], Herne/Berlin 1992; *D. Niepoth,* Renten und rentenähnliche Leistungen im Einkommensteuerrecht, Wiesbaden 1992; *P. Fischer,* Renten und dauernde Lasten bei Vermögensübertragungen – Zum Beschluß des Großen Senats vom 15. 7. 1991, DStR-Beihefter 17/1992; *E. Biergans,* Renten und Raten in ESt und Steuerbilanz[4], München 1993; *K. Korn,* Vermögensübertragungen gegen Renten, Raten und Nutzungsrechte, StVj 93, 133; *S. Martin,* Renten und andere wiederkehrende Leistungen bei Vermögensübertragungen, BB 93, 1773; *H. Weber-Grellet,* Veräußerung – Versorgung – Unterhalt, DStR-Beihefter 31/1993; *R. Stephan,* Fragen zur neuesten Rentenrechtsprechung des BFH, DB 93, 194; *B. Katterbe,* Private Renten in der neueren Rechtsprechung des BFH, FR 93, 623; *R. Seithel,* Die Folgerechtsprechung des BFH über Renten und dauernde Lasten im Anschluß an die Entscheidungen des Großen Senats des BFH, BB 93, 474; *Biergans/Koller,* Vermögensübertragungen gegen private Versorgungsleistungen, DStR 93, 741; *dies.,* Wiederkehrende Zahlungen im Zusammenhang mit

119 Zur Umstrukturierung, Verkleinerung oder Beendigung der Vermögensverwaltung s. *J. Lang,* StbKongrRep. 88, 49.

120 Gesetz vom 15. 5. 1986, BGBl. I 86, 730. Materialien: BT-Drucks. 10/3633; 10/5208. Dazu *H. Nieskens,* Die Konsumgutlösung im Bereich der Immobilienbesteuerung. Eine systematische Studie unter verfassungsrechtlichen Gesichtspunkten, Frankfurt/Bern/New York/ Paris 1989.

kauf- und darlehensähnlichen Vereinbarungen, DStR 93, 875; *K. Tiedtke/T. Weimer,* Die Besteuerung von Renten . . ., StStud-Beilage 4/1993; *P. Fischer,* Kontinuität und Fortentwicklung des Steuerrechts der wiederkehrenden Leistungen, DB 93, 1002; *ders.,* Wiederkehrende Bezüge und Leistungen, Kommentierte Fallsammlung zur Besteuerung von Renten und dauernden Lasten, München 1994; *G. Rose,* Betrieb und Steuer, Erstes Buch: die Ertragsteuern[13], Wiesbaden 1994, 100 ff.

a) **Wiederkehrende Bezüge** sind Einnahmen in Geld oder Geldeswert, die nicht Kauf- 575
preisraten sind und die einer Person aufgrund eines bestimmten Verpflichtungsgrundes (Gesetz, Vertrag, Testament) oder wenigstens auf Grund eines einheitlichen Entschlusses für eine gewisse Zeit periodisch wiederkehrend zufließen (BFH BStBl. 79, 133, 134).

Nicht erforderlich ist, daß die wiederkehrenden Einnahmen jeweils gleich hoch sind und daß sie in gleichmäßigen Abständen zufließen, wenngleich auch eine gewisse Regelmäßigkeit erforderlich ist.

Bezüge **aufgrund dauernder Lasten** sind spezielle wiederkehrende Bezüge. Sie bestehen 576
in Geld oder geldwerten Bezügen, die jemand längere Zeit (mindestens 10 Jahre) erhält und nicht bloß auf einheitlichem Beschluß beruhen, sondern auf besonderem Verpflichtungsgrund (Vertrag, Gesetz, Testament).

§§ 9 I 3 Nr. 1, 10 I Nr. 1a EStG erwähnen die dauernden Lasten besonders, § 22 Nr. 1 erwähnt nur wiederkehrende Bezüge, nicht aber eigens Bezüge aufgrund dauernder Lasten. Obwohl in §§ 9 I 3 Nr. 1, 10 I Nr. 1a EStG die dauernden Lasten neben den Renten erwähnt werden, ist die Rente ein Unterbegriff der dauernden Last. Auch für Zeitrenten wird nämlich eine Mindestlaufzeit von 10 Jahren verlangt (BFH BStBl. 63, 563).

Renten sind dauernde Lasten, für die folgende Besonderheiten gelten: Sie beruhen auf 577
einem selbständig nutzbaren Recht, dem Rentenrecht oder Rentenstammrecht; das Stammrecht ist die von der eigentlichen Geschäftsgrundlage abgelöste (von der causa abstrahierte) Quelle der Renteneinkünfte; die Einkünfte kehren regelmäßig wieder, sind gleichmäßig hoch (zahlen- oder wertmäßig), bestehen in Geld oder in sonstigen vertretbaren Sachen und werden auf Lebensdauer eines Berechtigten, Verpflichteten oder eines Dritten (Leibrente) oder für eine bestimmte Dauer, mindestens für 10 Jahre (Zeitrente), gewährt. Danach sind *keine* Renten solche Bezüge, die nicht regelmäßig wiederkehren oder nicht gleichmäßig hoch sind. Das sind sie nicht, wenn Hohe und Dauer der Bezüge von der Bedürftigkeit des Empfängers oder Leistungsfähigkeit des Gebers, von variablen Größen wie Gewinn oder Umsatz abhängen oder wenn sie dem **Vorbehalt der Anpassung nach § 323 ZPO** unterliegen. Eine Bezugnahme auf § 323 ZPO ist aber weder erforderlich noch ausreichend; vielmehr muß im Wege der Vertragsauslegung ermittelt werden, ob eine dem § 323 ZPO gleichwertige Änderungsmöglichkeit vereinbart worden ist (s. BFH GrS BStBl. 92, 78, 83; BFH BStBl. 92, 499; 93, 15; 94, 21).

b) Der Tatbestand des § 22 Nr. 1 EStG ist **subsidiär** gegenüber den Einkünftetatbestän- 578
den des § 2 I Nrn. 1–6 EStG (§ 22 Nr. 1 Satz 1 EStG). Wer Wirtschaftsgüter des Betriebsvermögens, einen Betrieb, Teilbetrieb oder Mitunternehmeranteil gegen Rente veräußert, hat *Gewinn*einkünfte. Ausgenommen sind die **Versorgungsrenten gegen Geschäftsübergabe,** bei denen der BFH wiederkehrende Bezüge i. S. d. § 22 Nr. 1 EStG annimmt, weil der Vorgang als unentgeltlich beurteilt wird (s. Rz. 584). Im Falle der **Betriebsveräußerung gegen Leibrente** hat der Steuerpflichtige ein Wahlrecht zwischen steuerbegünstigter Sofortversteuerung des Rentenbarwerts nach den §§ 16; 34 EStG mit anschließender Ertragsanteilsbesteuerung nach § 22 Nr. 1 Satz 3, a EStG und Versteuerung als nachträgliche Betriebseinnahmen nach den §§ 15; 24 Nr. 2 EStG (s. R. 139 XI EStR 1993). Versorgungsbezüge der Beamten und ihrer Hinterbliebenen sind Einkünfte aus *nichtselbständiger Arbeit* (§§ 19 I Nr. 2; 24 Nr. 2 EStG). Hingegen unterfallen die **Renten der Sozialversicherungen** dem Tatbestand des § 22 Nr. 1 EStG.

579 c) Der Tatbestand der wiederkehrenden Bezüge ist dogmatisch schwer in den Griff zu bekommen, weil sein **historischer, quellentheoretisch fundierter Inhalt**[121] in zweierlei Hinsicht aus dem oben (Rz. 40 ff.) dargelegten Konzept der Einkommensteuer ausbricht: Zum einen erfaßt der historische Tatbestand auch *nicht erwirtschaftete* Bezüge, insb. Unterhaltsbezüge (s. bereits oben Rz. 97); zum anderen *vermischt* er damit die für das Einkommensteuerobjekt (s. Rz. 40, 42) fundamentale Abgrenzung zwischen Erwerbs- und Konsumsphäre, durchbricht die Zweistufigkeit der Bemessungsgrundlage (s. Rz. 42) und *verwischt* die Grenze zwischen Einkommensteuer- und Erbschaft-/Schenkungsteuerobjekt, indem erbschaft- und schenkungsteuerpflichtige Zuwendungen in die Einkommensteuerpflicht gezogen werden. Die Systemwidrigkeit des historischen Tatbestands gipfelt in dem von *P. Fischer*[122] erkannten „Paradoxon eines unentgeltlichen Vorganges mit Gegenleistung".

580 Nun gibt es nicht nur die historische Auslegungsmethode (s. § 5 Rz. 57). Die Rechtsprechung hat es durchaus in der Hand, auch den Tatbestand der wiederkehrenden Bezüge auf **erwirtschaftete Einkünfte** zu begrenzen[123] und die Einkommensteuerpflicht (mit Ausnahme der in § 22 Nr. 1 Satz 2; Nr. 1a EStG ausdrücklich erfaßten Unterhaltsbezüge) konsequent nur für erwirtschaftete Bezüge bzw. für die erwirtschafteten Teile von Bezügen zu erfassen, private Schadensersatzrenten ebenso wie einmalige private Schadensersatzleistungen als *nicht steuerbar* zu behandeln[124] und auch sonst so zu judizieren, daß wirtschaftlich gleichartige Vorgänge möglichst gleiche oder zumindest ähnliche Rechtsfolgen auslösen, zumindest keine Rechtsfolgensprünge stattfinden. Dabei ist insb. zu beachten, daß aus der Verknüpfung des § 22 Nr. 1a EStG mit den §§ 9 I 3 Nr. 1; 10 Nr. 1, 1a EStG **nicht** auf ein **allgemeines Korrespondenzprinzip,** das mit dem Grundsatz der Individualbesteuerung nicht zu vereinbaren ist (s. Rz. 24), geschlossen werden darf (so auch BFH BStBl. 89, 779, 780 f., m. w. N.): So führt ein Abzug von Leistungen nach den §§ 9 I 3 Nr. 1; 10 Nr. 1a EStG nicht notwendig zu ihrer Versteuerung nach § 22 Nr. 1 EStG und die Versteuerung nicht notwendig zu einem Steuerabzug[125]. Eine vom Grundsatz der Individualbesteuerung abweichende Korrespondenz ist nur in den Fällen von **Leibrenten** (§§ 9 I 3 Nr. 1 Satz 2; 10 I Nr. 1a Satz 2 EStG) und des **Realsplittings für geschiedene/dauernd getrennt lebende Ehegatten** (§§ 10 I Nr. 1; 22 Nr. 1a EStG, s. oben Rz. 95/96) angeordnet.

581 Die Beschränkung des § 22 Nr. 1 EStG auf die erwirtschafteten Einkünfte bietet insb. auch den dogmatischen Ausgangspunkt, um bei den durch **Leistungsaustausch** erworbenen Einkünften den erwirtschafteten Betrag von der *Vermögensumschichtung* und *Kapitalrückzahlung* abzuschichten. Dazu ist im Tatbestand des **Ertragsanteils** (§ 22 Nr. 1 Satz 3, a EStG) ein *allgemeiner Rechtsgedanke* positiviert[126], der für *alle Gegenleistungsrenten*

121 Dazu ausf. *P. Fischer,* KS, EStG, § 22 Rnrn. A 71 ff.

122 (Fn. 121) Rnr. B 377.

123 So auch *P. Fischer* (Fn. 121), Rnr. B 29, in Übereinstimmung mit *J. Lang,* Die Bemessungsgrundlage der Einkommensteuer, Köln 1981/88, 49 ff.; *P. Fischer,* Wiederkehrende Bezüge und Leistungen, München 1994, 11 f.

124 So auch *P. Fischer* (Fn. 121), Rnr. B 442 ff. (m. w. N.); *ders.* (Fn. 123), 179 f., gegen BFH BStBl. 79, 133.

125 Beispiele: Grabpflegeaufwendungen (vgl. BFH BStBl. 89, 779) können als Sonderausgaben abziehbar sein, obgleich die Einkommensteuerpflicht des Beerdigten erloschen ist. Umgekehrt können nach der Bestimmung des § 22 Nr. 1 Satz 2 EStG Unterhaltsbezüge steuerpflichtig sein, obgleich die Unterhaltsaufwendungen nicht abgezogen werden konnten.

126 Hierzu hebt BFH GrS BStBl. 92, 78, 83, hervor, daß der steuerliche Leibrentenbegriff auf die „steuerrechtliche Zwecksetzung – Sonderung der Vermögensumschichtung von einem steuerbaren Zinsanteil – zugeschnitten" sei. Die „vom Einkommensteuerrecht verlangte Trennung der Vermögensumschichtung vom Rentenertrag ist in allen Fällen zu beachten, in denen

eine einheitliche Lösung liefern könnte. Hingegen unterscheidet die **Rechtsprechung des Bundesfinanzhofs**[127], insb. vertieft durch die Beschlüsse des Großen Senats vom 5. 7. 1990 (BStBl. 90, 847) und vom 15. 7. 1991 (BStBl. 92, 78) zwischen **Veräußerungsrenten** auf der Grundlage von kauf- und darlehensähnlichen Verträgen und **Versorgungsrenten gegen Vermögensübergabe,** insb. gegen Hof- und Geschäftsübergabe[128]. In beiden Fällen handelt es sich um Gegenleistungsrenten mit Anschaffungskosten des Rentenempfängers, bei denen *einheitlich* Vermögensumschichtung, Kapitalrückzahlung und Zinsanteil als Bezüge i. S. d. § 22 Nr. 1 EStG abgegrenzt werden müßten, zumal der Tatbestand des § 22 Nr. 1 EStG eine historische Differenzierung der Gegenleistungsrenten nicht erkennen läßt. Statt dessen verneint der Große Senat (BStBl. 90, 852; 92, 78) bei Vermögensübergabe-Renten Veräußerungsentgelt und Anschaffungskosten; der Vorgang sei als *voll unentgeltlich* zu beurteilen, es sei denn, die Parteien hätten bei kaufmännischer Ausgewogenheit von Leistung und Gegenleistung ein entgeltliches Geschäft gewollt (s. bereits oben Rz. 428). Demzufolge behandelt der Große Senat die Übergabe-Renten beim Geber in vollem Umfange als Sonderausgaben (§ 10 I Nr. 1a EStG) und beim Empfänger in vollem Umfange als wiederkehrende Bezüge i. S. d. § 22 Nr. 1 EStG. Diese Negation des Leistungsaustauschs ist m. E. mit dem Gleichheitssatz nicht zu vereinbaren[129].

d) Nach alledem ist eine **gleichmäßige Erfassung** der erwirtschafteten wiederkehrenden Bezüge nur gewährleistet, wenn nach wiederkehrenden Bezügen *ohne und mit Kapitalrückzahlung* (nach vorangegangener Vermögensumschichtung mit Anschaffungskosten des Empfängers) unterschieden wird[130]. Das bedeutet, daß der *quellentheoretische Gehalt* der wiederkehrenden Bezüge dogmatisch den übrigen Überschußeinkünften anzugleichen ist. Das Rentenstammrecht ist das außerhalb der Steuerbarkeit plazierte **Stammvermögen** der Renten-Quelleneinkünfte. Wer also aus (bereits einkommenversteuertem) Vermögen Renten-Stammvermögen erwirbt, hat Anschaffungskosten. Soweit der Geber einen Gegenwert erhält, hat er keine Sonder*ausgaben* nach § 10 I Nr. 1a EStG (vgl. BFH BStBl. 92, 803; 94, 19). 582

---

gleichmäßige Leistungen von der Lebensdauer abhängen und dadurch ein vom Zinsfuß und von der Lebensdauer beeinflußter Ertrag bzw. Zinsaufwand zu erfassen ist."

127 Vorzüglich aufgehellt durch *P. Fischer,* Wiederkehrende Bezüge und Leistungen (Fn. 123), 45 ff. Krit. zu dieser Rspr. *K.-G. Loritz,* StVj 91, 195; *D. Niepoth,* DB 91, 249; *B. Paus,* FR 92, 33; *L. Schmidt,* FR 92, 548; *R. Stephan,* DB 93, 194; *K. Korn,* StVj 93, 133; *S. Martin,* BB 93, 1773; *H. Weber-Grellet,* DStR-Beihefter 31/1993; *R. Stephan,* DB 93, 194; *B. Katterbe,* FR 93, 623; *R. Seithel,* BB 93, 474; *Biergans/Koller,* DStR 93, 741; *dies.,* DStR 93, 875; *H. Richter,* DStR 93, 1439; Schmidt/*Heinicke,* EStG[13], München 1994, § 22 Anm. 17.

128 Zur Begründung dieser Unterscheidung insb. BFH GrS 90, 847; 92, 78, sowie BFH BStBl. 94, 19; *P. Fischer* (Fn. 123), 46/47: Mit dem StNOG 1954 habe sich der Gesetzgeber gegen die vom Regierungsentwurf vorgeschlagene *Einheitslösung für alle wiederkehrenden Bezüge* entschieden. Der Regierungsentwurf eines StNOG 1954, BT-Drucks. II/481, 85 ff., wollte alle lebenslänglich wiederkehrenden Leistungen nur mit ihrem Ertragsanteil berücksichtigt wissen. Nach dem Scheitern dieses Entwurfs habe BFH BStBl. 65, 706, anerkannt, daß der Gesetzgeber die Vermögensübergabe gegen Versorgungsleistungen der dauernden Last zuweisen wollte und habe damit den Grundstein für ein steuerrechtliches Sonderrecht der Vermögensübergabe gegen Versorgungsleistungen gelegt.

129 A. A. BVerfG FR 93, 157: Das „Paradoxon eines unentgeltlichen Vorganges mit Gegenleistung" sei ein verfassungsrechtlich nicht zu lösendes einfach-rechtliches Problem.

130 Im Ansatz also zutreffend die von BFH BStBl. 94, 21, herausgestellte Unterscheidung zwischen „wiederkehrenden Leistungen im Austausch mit einer Gegenleistung, bei denen eine Verrechnung mit dem Wert der Gegenleistung vorzunehmen war, und anderen wiederkehrenden Leistungen".

583 aa) **Wiederkehrende Bezüge ohne Kapitalrückzahlung** sind Bezüge, die entweder nicht durch *Einsatz von Kapital* erwirtschaftet oder die entgegen dem Markteinkommensprinzip überhaupt nicht erwirtschaftet worden sind.

(1) Nicht erwirtschaftet sind **Unterhaltsbezüge:** Für sie gilt zunächst *allgemein,* daß sie *nicht steuerbar* sind und daß der Geber die Unterhaltsleistungen nach § 12 Nr. 2 EStG nicht absetzen kann. *Systemwidrige Ausnahmen* ordnet § 22 Nr. 1 Satz 2; Nr. 1a EStG an (s. bereits oben Rz. 95 ff.). Die mißglückte (s. Rz. 97) Vorschrift in § 22 Nr. 1 Satz 2 EStG ordnet die Steuerpflicht der Unterhaltsbezüge an, wenn der Geber *nicht unbeschränkt* einkommen-/körperschaftsteuerpflichtig ist. So sind z. B. Unterhaltsbezüge von Studenten, deren Eltern im Ausland wohnen, steuerpflichtig. Die Verwaltung verweigert die Steuererhebung aus Billigkeitsgründen (R. 166 EStR 1993); ein sachlicher Billigkeitsgrund ist indessen nicht gegeben, weil der Gesetzgeber diese Art systemwidriger Besteuerung bewußt angeordnet hat. Die systemgerechte Haltung der Verwaltung sollte jedoch den Gesetzgeber endlich veranlassen, den Tatbestand des § 22 Nr. 1 EStG ausdrücklich auf erwirtschaftete Einkünfte zu beschränken[131]. Für **staatliche Unterhaltsbezüge**[132] gibt es i. d. R. eine *sachliche Steuerbefreiung* (Fiskalzwecknorm, soweit systemwidrig nicht erwirtschaftete Bezüge steuerfrei gestellt werden): § 3 Nrn. 11 (z. B. Sozialhilfe, Wohngeld, Leistungen nach BAFöG), 24 (Kindergeld[133]), 42 (Fulbright-Stipendien), 44 (Stipendien zur Förderung der Forschung und Kunst[134]) EStG.

584 (2) Allein durch **Arbeit** erwirtschaftete Bezüge sind in voller Höhe im Zeitpunkt des Zuflusses (§ 11 I EStG) zu versteuern. Diese Regel ist nur bei den **Versorgungsbezügen** i. S. d. § 19 I Nr. 2 EStG (zur Subsidiarität des § 22 Nr. 1 EStG s. Rz. 578) verwirklicht, allerdings modifiziert durch den Versorgungs-Freibetrag in § 19 II EStG. Bei den nach § 22 Nr. 1 Satz 3, a EStG nur mit dem *Ertragsanteil* besteuerten **Sozialversicherungsrenten** wird trotz des Sonderausgabenabzugs (§ 10 I Nr. 2a EStG) und trotz der sachlichen Steuerbefreiung der Arbeitgeber-Beitragsanteile (§ 3 Nr. 62 EStG) unterstellt, der Arbeitnehmer habe die Rente *allein* durch Einsatz eigenen, bereits einkommenversteuerten Kapitals erwirtschaftet. Hieraus resultiert die Gleichheitssatzwidrigkeit der Besteuerung von Alterseinkünften (s. Rz. 599 ff.).

585 (3) Große Rechtsverwirrung und Willkür der Rechtsprechung herrscht bei den **privaten Versorgungsrenten,** wenn *unterstellt* wird, sie seien *ohne Kapitaleinsatz* erwirtschaftet worden. Systematisch gibt es zu den Arbeitsrenten (s. Rz. 584) nur noch folgende zwei Alternativen: Entweder sind sie weder durch Arbeit noch durch Kapitaleinsatz erwirtschaftet worden, dann handelt es sich um *nicht steuerbare Unterhaltsbezüge* (s. Rz. 583), oder sie sind durch Kapitaleinsatz erwirtschaftet worden, dann müssen die oben (Rz. 582) dargelegten Rechtsfolgen der Vermögensumschichtung gewonnen werden.

---

131 Formulierung: „Einkünfte aus wiederkehrenden Bezügen, soweit diese erwirtschaftet sind und nicht zu den in § 2 I Nr. 1 bis 6 bezeichneten Einkunftsarten gehören". § 22 Nr. 1 Satz 2 EStG müßte ersatzlos gestrichen werden.

132 Unterhaltsbezüge i. S. d. § 3 Nr. 11, 44 EStG sind nach dem Normzweck dieser Vorschriften auch dann steuerfrei, wenn sie von *ausländischen* staatlichen Institutionen gewährt werden. Die u. a. von HHR, EStG, § 3 Anm. 78, vertretene Auffassung läßt sich weder aus Wortlaut noch Zweck des Gesetzes entnehmen.

133 Die Verwaltung gewährt aus Billigkeitsgründen eine „gesetzlose Steuerbefreiung" für Kinderzulagen ausländischer Staaten (R. 6 EStR 1993, z. B. die französischen allocations familiales).

134 Fiskalzwecknorm nur bei Ausbildungsstipendien. Soweit das Stipendium in die konkrete Berufstätigkeit eines Forschers oder Künstlers fällt, liegt eine durch das Gemeinwohl gerechtfertigte Sozialzwecknorm vor, die nach der hier (s. Fn. 132) vertretenen Auffassung auch Stipendien ausländischer Institutionen erfaßt. Nach der oben (Rz. 553) dargelegten Rechtsprechungs- und Verwaltungspraxis sind die Stipendien eines angestellten Forschers keine Einnahmen i. S. d. § 19 EStG, so daß nur der Tatbestand des § 22 Nr. 1 EStG Platz greift.

Indessen **negiert** die Rechtsprechung den **Kapitaleinsatz** mit den Konsequenzen des *vollen Sonderausgabenabzugs* nach § 10 I Nr. 1a EStG und der *vollen Versteuerung der Bezüge* nach § 22 Nr. 1 EStG in den Fällen von **Versorgungsrenten gegen Vermögensübergabe** (s. Rz. 581)[135] und in einigen Fällen von **Zeitrenten,** bei denen eine Ertragsanteilbesteuerung nach § 22 Nr. 1 Satz 3, a EStG wegen Nichterfüllung des Leibrentenbegriffs ausscheidet. *P. Fischer* (Fn. 123, 85) weist zu Recht daraufhin, daß der Begriff der Zeitrente überflüssig ist. Es geht nicht um den Gegensatz Leibrente = Ertragsanteilsbesteuerung und Zeitrente = Vollbesteuerung, sondern allein um die Frage, ob wiederkehrende Bezüge mit oder ohne Kapitaleinsatz erwirtschaftet worden sind, eine Vermögensumschichtung zu berücksichtigen ist oder nicht. Der Rspr. fehlt ein klarer Orientierungsmaßstab. 586

Beispiele: Zeitrenten als Gegenleistung für die Hingabe von Privatvermögen (Wertpapiere, Eigenheim) behandelt BFH BStBl. 70, 541; BFH/NV 93, 87, als Kaufpreisraten. U. E. muß hier der Zinsanteil herausgerechnet werden, entweder als Bezüge i. S. d. § 20 I Nr. 7 EStG mit Sparer-Freibetrag (§ 20 IV EStG) oder bei mehr als 10jähriger Laufzeit als Bezüge i. S. d. § 22 Nr. 1 EStG. Versicherungs-Zeitrenten behandelt die Rspr. z. T. nur als Kapitalrückzahlung, z. T. als voll nach § 22 Nr. 1 EStG zu versteuernde Unterhaltszeitrente (dazu *P. Fischer,* Fn. 132, 86 f.). M. E. muß hier schon in Übereinstimmung mit § 20 I Nr. 6 EStG stets der Zinsanteil herausgerechnet werden.

bb) **Wiederkehrende Bezüge mit Kapitalrückzahlung** sind zunächst von den *Kaufpreisraten* abzugrenzen. Hierfür ist zunächst die Dauer der wiederkehrenden Bezüge maßgeblich. Die Grenze setzt i. d. R. die *10-Jahres-Frist* als Voraussetzung für den Begriff der dauernden Last[136]. Sodann bestimmt der Begriff der *dauernden Last,* ob der Empfänger überhaupt mehr bekommen als er hingegeben hat. Ist dies zu verneinen, so liegen weder Sonderausgaben (§ 10 I Nr. 1a EStG) beim Geber noch erwirtschaftete Einkünfte i. S. d. § 22 Nr. 1 EStG vor. Den Vorgang beurteilt die Rspr. zutreffend als *Vermögensumschichtung* bzw. *Austausch vermögenswerter Leistungen,* bei dem eine wirtschaftliche Belastung des Gebers i. S. einer Sonderausgabe nicht eintritt; dazu hat die Rspr. die sog. **Wertverrechnungslehre** entwickelt[137]. 587

Beispiele: Verzicht auf Zugewinnausgleich gegen „Leibrente" (BFH BStBl. 86, 674). Unterhaltskauf: Eltern geben dem Sohn einen Geldbetrag gegen „Leibrente", die abgezinst weniger wert ist als der Geldbetrag (BFH BStBl. 85, 709). Grabpflegeaufwendungen aufgrund testamentarischer Auflage aus geerbtem Vermögen (BFH BStBl. 89, 779, s. auch BFH BStBl. 92, 612, 615). Entgelte aus Nutzungsüberlassungen, z. B. Erbbauzinsen (BFH BStBl. 90, 13; 91, 175). BFH BStBl. 92, 803; 94, 19, verneint dauernde Last, wenn jemand Vermögen gegen Versorgungsleistungen erwirbt und sich der Veräußerer den Nießbrauch vorbehält, weil eine Vermögensübergabe (s. oben Rz. 581) nicht vorliege. M. E. ist der Wert des nießbrauchbelasteten Vermögens zu verrechnen.

Erhält jedoch der Empfänger, wenn seine Leistung und der abgezinste Betrag der wiederkehrenden Bezüge gegenübergestellt werden, **mehr als er hingegeben** hat, so genügt es nicht mehr, lediglich eine Vermögensumschichtung festzustellen. Es muß vielmehr dann auch der *Zinsanteil* herausgerechnet werden[138]. 588

---

135 Dazu BFH GrS, zit. in Rz. 581. Zu Einzelfragen: BFH BStBl. 91, 450; 91, 791; 91, 793; 91, 794; 92, 499; 92, 526; 92, 736; 92, 803; 93, 23; 93, 31; 93, 98; 94, 19; *G. Theilacker,* Vorweggenommene Erbfolge im Einkommensteuerrecht, Stuttgart 1993; *J. Staiger,* Betriebsübertragung gegen wiederkehrende Zahlungen, Köln 1992; im weiteren zu Betriebsübertragungen: *B. Paus,* Inf. 92, 275; *H. W. Schoor,* DStZ 93, 225.

136 Umstritten bei der abgekürzten Leibrente (s. § 55 II EStDV). Dazu *Schmidt/Heinicke,* EStG[13], München 1994, § 22 Anm. 11.

137 Dazu *P. Fischer,* Wiederkehrende Bezüge und Leistungen (Fn. 123), 77 ff. (Von der Wertverrechnung zur generellen Trennung von Zins und Vermögensumschichtung/Tilgung).

138 Dazu BFH BStBl. 92, 990; 93, 298; *P. Fischer,* Wiederkehrende Bezüge und Leistungen (Fn. 123), 83 f.

589 Im Falle von **Leibrenten** greift die gesetzliche Typisierung des § 22 Nr. 1 Satz 3, a, Satz 3 EStG Platz[139]. Die Leibrente bildet den klassischen Fall der Rente *mit Kapitalrückzahlung,* bei der nur der Ertragsanteil erwirtschaftet ist. BFH GrS BStBl. 92, 78, 81, orientiert den Leibrentenbegriff zu Recht nicht mehr rein am bürgerlichen Recht[140], was schon im Hinblick auf die öffentlich-rechtlichen Sozialversicherungsrenten zweifelhaft ist. Er deutet vielmehr den Begriff der Leibrente als *steuerrechtlichen Funktionsbegriff* (so *P. Fischer,* Wiederkehrende Bezüge und Leistungen [Fn. 123], 22 f.), der den steuerbaren Zinsanteil von der Vermögensumschichtung absondert (s. Fn. 126).

2.1.2.3 Abgeordnetenbezüge (§ 22 Nr. 4 EStG)

590 Die Abgeordnetenbezüge waren früher steuerfrei (die Abgeordneten hatten sich selbst befreit). Diesen Zustand hat BVerfGE 40, 296, für verfassungswidrig erklärt. Da es schwierig ist, die Abgeordnetentätigkeit den Einkunftsarten der §§ 15, 18, 19 EStG zuzuordnen, erfaßt § 22 Nr. 4 EStG die Bezüge aufgrund der Abgeordnetengesetze des Bundes und der Länder als Einkünfte sui generis.

Erfaßt werden nur Diäten und vergleichbare Bezüge, nicht echte Aufwandsentschädigungen (s. auch BT-Drucks. 7/5531, 9).

2.1.2.4 Einkünfte aus – nicht nachhaltigen – Leistungen (§ 22 Nr. 3 EStG)

591 Leistung ist jedes Tun, Dulden oder Unterlassen, das Gegenstand eines entgeltlichen Vertrages sein kann. Das Gesetz nennt als Beispiele: gelegentliche (= nicht nachhaltige) Vermittlung, Vermietung beweglicher Gegenstände (§ 22 Nr. 3 EStG)[141].

Beispiele: Vermietung einer Schreibmaschine (§ 21 I Nr. 2 EStG trifft nicht zu, da Schreibmaschine kein Sachinbegriff); gelegentliche Vermittlung eines Geschäfts; gewerbsmäßige Unzucht[142]; Aufgabe einer Wohnung gegen Entgelt[143]; Einräumung eines Vorkaufsrechts gegen Entgelt; entgeltlicher Verzicht auf Rechte; gelegentliche Leistungen gegen Schmier-, Schweige- oder Bestechungsgelder.

Die Vorschrift will nur den Nutzungs-, nicht den Veräußerungsbereich erfassen. Veräußerungen fallen nicht darunter (s. insoweit §§ 22 Nr. 2, 23 EStG; Umkehrschluß aus diesen Vorschriften). § 22 Nr. 3 EStG erfaßt nicht Differenz- und Devisentermingeschäfte (s. Rz. 129).

2.2 Einkünfte aus der Veräußerung von Privatvermögen

2.2.1 Einkünfte aus der Veräußerung wesentlicher Beteiligungen an Kapitalgesellschaften (§ 17 EStG)

592 Wie bereits oben (Rz. 556) angesprochen, erfaßt § 17 EStG Einkünfte aus der Veräußerung von **privatem Stammvermögen,** und zwar Gewinne/Verluste aus der Veräußerung von Anteilen an einer Kapitalgesellschaft, wenn der Veräußerer innerhalb der letzten fünf Jahre am Kapital der Gesellschaft zu mehr als einem Viertel beteiligt war (§ 17 I EStG). Die von § 17 EStG erfaßte Beteiligung an einer Kapitalgesellschaft gehört zum privaten Stammvermögen, mit dem Quelleneinkünfte i. S. des § 20 EStG erwirtschaftet werden. Gehört die Beteiligung zu einem Betriebsvermögen, fällt sie nicht unter § 17 EStG.

---

139 Die Tabelle wurde neugefaßt nach FKPG vom 23. 6. 1993, BGBl. I 93, 944.

140 Vgl. hierzu *R. Welter,* Wiederkehrende Leistungen im Zivilrecht und im Steuerrecht, Berlin 1984.

141 Dazu *B. Keuk,* DB 72, 1130.

142 BFH GrS BStBl. 64, 500; BFH BStBl. 70, 620; u. E. liegt bei Selbständigkeit gewerbliche Tätigkeit (§ 15 EStG) vor; s. auch *Brezing,* StuW 71, 171.

143 BFH BStBl. 67, 251.

Systematisch gehören also die von § 17 EStG erfaßten Veräußerungseinkünfte in den Bereich der Überschußeinkünfte. Den systematischen Zusammenhang zwischen den §§ 17 und 20 EStG betonen die Rechtsprechung des BVerfG und des BFH[144]. Die Zuordnung zu den Einkünften aus Gewerbebetrieb ist wegen des Privatvermögenscharakters der Beteiligung widersprüchlich und verfehlt.

Die **Fünfjahresfrist** soll verhindern, daß die Besteuerung durch Teilveräußerungen vermieden wird. Im übrigen setzt § 17 I 1 EStG voraus, daß die innerhalb eines Veranlagungszeitraumes veräußerten Anteile **1 v. H. des Gesellschaftskapitals** übersteigen. Bei unentgeltlichem Erwerb (Erbschaft, Schenkung) wird dem Veräußerer die Beteiligung des Rechtsvorgängers nach Maßgabe des § 17 I 4 EStG zugerechnet[145]. Der (entgeltlichen) Anteilsveräußerung wird es gleichbehandelt, wenn eine Kapitalgesellschaft aufgelöst wird oder wenn ihr Kapital herabgesetzt und an die Anteilseigner zurückgezahlt wird, soweit die Rückzahlung nicht als Dividende gilt (§ 17 IV EStG). Der durch StÄndG 1992 vom 25. 2. 1992, BGBl. I 92, 297, eingefügte § 17 I 2 EStG stellt die **verdeckte Einlage einer wesentlichen Beteiligung** in eine Kapitalgesellschaft der Veräußerung einer wesentlichen Beteiligung gleich[146]. In diesem Falle tritt der gemeine Wert der Anteile an die Stelle des Veräußerungspreises (§ 17 II 2 EStG). 593

Liegen die Voraussetzungen des § 17 EStG vor, so werden **Gewinne** und **Verluste** (sie sind ausgleichs- und abzugsfähig) erfaßt. Der Veräußerungsgewinn i. S. des § 17 EStG ist tarifbegünstigt nach § 34 I, II Nr. 1 EStG. 594

Das Verhältnis der §§ 15, 16 I Nr. 1, 17, 23 I Nr. 1b EStG zueinander ist ungereimt und unter dem Aspekt gleichmäßiger Besteuerung nach der Leistungsfähigkeit nicht einsichtig.

Wird ein zum **Betriebsvermögen** gehörender Anteil an einer Kapitalgesellschaft mit Gewinn oder Verlust veräußert, so wird der Gewinn/Verlust in jedem Falle berücksichtigt (§ 15 i. V. mit §§ 4 I, 5 I EStG). Gehört ein solcher Anteil zum **Privatvermögen,** so wird der Gewinn/Verlust nur berücksichtigt, wenn der Anteil mehr als ein Viertel beträgt (warum?). Das fordert bei Gewinnerwartung dazu heraus, den Anteil unter ein Viertel, bei Verlusterwartung dazu heraus, ihn über ein Viertel zu manipulieren. Im Falle des § 23 EStG ist ein Verlustausgleich bzw. -abzug i. d. R. unzulässig (§ 23 IV 3 EStG). Wird ein zum Betriebsvermögen gehörender Anteil mit Gewinn veräußert, so wird der ermäßigte Steuersatz nur gewährt, wenn der Anteil das gesamte Nennkapital erfaßt (§ 16 I Nr. 1 i. V. mit § 34 I, II Nr. 1 EStG); wird ein zum Privatvermögen gehörender Anteil veräußert, so wird der ermäßigte Steuersatz bereits gewährt, wenn der Anteil mehr als ein Viertel beträgt (§ 17 I 1, 2 i. V. mit § 34 I, II Nr. 1 EStG).

Über die Konkurrenz § 17–§ 23 EStG s. Rz. 615.

Ausführlicher zu § 17 EStG *B. Knobbe-Keuk,* Bilanz- und Unternehmenssteuerrecht[9], Köln 1993, 916 ff., und *L. Schmidt,* EStG[13], § 17.

2.2.2 Einkünfte aus Spekulationsgeschäften (§§ 22 Nr. 2, 23 EStG)

Während Einkünfte aus der Veräußerung privater (= nichtbetrieblicher) Wirtschaftsgüter regelmäßig nicht erfaßt werden, ordnet § 22 Nr. 2 EStG für sog. Spekulationsgeschäfte eine Ausnahme an. 595

Spekulationsgeschäfte sind (s. § 23 EStG):

a) Veräußerungsgeschäfte, bei denen der **Zeitraum zwischen Anschaffung und Veräußerung** beträgt:

144 BVerfGE 27, 111, 127; BFH BStBl. 86, 596, 598.

145 Dazu BFH BStBl. 72, 322.

146 § 17 I 2 EStG ist Reaktion auf BFH BStBl. 89, 271, das die verdeckte Einlage nicht als Veräußerung beurteilte. Dazu krit. *B. Knobbe-Keuk,* Bilanz- und Unternehmenssteuerrecht[9], Köln 1993, 921.

bei Grundstücken und grundstücksgleichen Rechten: nicht mehr als zwei Jahre;

bei anderen Wirtschaftsgütern, insb. bei Wertpapieren[147]: nicht mehr als sechs Monate;

b) Veräußerungsgeschäfte, bei denen die **Veräußerung** der Wirtschaftsgüter **früher** erfolgt als der Erwerb.

596 Für die **Fristberechnung** kommt es nach der Rechtsprechung nicht auf die dinglichen, sondern auf die obligatorischen Geschäfte an (z. B. auf die Kaufverträge, nicht auf Auflassung und Eintragung im Grundbuch). BFH BStBl. 67, 73; 70, 806; 74, 606, haben auch bindendes Verkaufsangebot für relevant gehalten. Durch diese Deutung sollen Manipulationen verhindert werden. Anschaffung liegt nicht vor, wenn der Veräußerer den Gegenstand kraft Gesetzes und/oder unentgeltlich (z. B. durch Erbschaft, Vermächtnis, Schenkung) erworben hatte. Maßgeblich ist dann die Frist zwischen Anschaffung durch den Erblasser (Schenker) und Verkauf durch den Erben (Beschenkten), s. BFH BStBl. 64, 647; 77, 145. Veräußert ein Steuerpflichtiger ein Grundstück innerhalb von zwei Jahren, hat er es aber in der Zwischenzeit bebaut, so ist nur der Grund und Boden zu berücksichtigen; Bebauung ist Herstellung, nicht Anschaffung (BFH BStBl. 77, 384). Enteignung ist keine Veräußerung.

Der Tatbestand des § 23 I EStG ist allerdings erst vollendet, wenn das Veräußerungsgeschäft auch dinglich erfüllt ist.

Eine **Spekulationsabsicht** braucht nicht vorgelegen zu haben. Folglich ist der Gegenbeweis, daß es an solcher Absicht gefehlt habe, irrelevant[148].

2.2.3 Zur gleichmäßigen Besteuerung betrieblicher und privater Veräußerungseinkünfte

Literatur: *Fasselt,* Wertsteigerungen und Veräußerungsgewinne als steuerpflichtiges Einkommen, Diss. Köln 1948, 68 ff.; *E. Höhn,* Die Besteuerung der privaten Gewinne, Diss. Zürich, Winterthur 1955; *Altorfer,* Geschäftsvermögen und Privatvermögen im Einkommensteuerrecht, Veröffentlichungen der Handels-Hochschule St. Gallen, Reihe A, Heft 53, Zürich und St. Gallen 1959; *Antal,* Vijftien jaar discussie over een belasting van privevermogenswinsten, Smeetsbundel, Deventer 1967; Gutachten zur Reform der direkten Steuern des *Wissenschaftlichen Beirats beim BdF,* Schriftenreihe des BdF, Heft 9, Bonn 1967, 23 ff.; *Krause-Nehring,* Die steuerliche Behandlung der langfristigen capital gains und losses im Bundessteurrecht der USA, Diss. Berlin 1972, insb. 196 ff.; *Mennel,* Die Besteuerung von Veräußerungsgewinnen im internationalen Vergleich, DStZA 73, 89 ff.; *Oesch,* Die steuerliche Behandlung der Wertzuwachsgewinne auf dem beweglichen Privatvermögen, Diss. Bern 1975; *Weininger,* Die Besteuerung von Bodenwertsteigerungen im geltenden Recht und die Probleme von Bodenwertzuwachssteuern, Diss. Berlin 1975; Der Begriff der „capital gains" in den verschiedenen Ländern, Cahiers de droit fiscal international Vol. LXI b; *Döring,* Veräußerungsgewinne und steuerliche Gerechtigkeit, Diss. Saarbrücken 1977, Frankfurt/Bern 1977; *Lang,* Die Bemessungsgrundlage der Einkommensteuer, Köln 1981/82, 501 ff.; *Merkenich,* Die unterschiedlichen Arten der Einkünfteermittlung im deutschen Einkommensteuerrecht, Berlin 1982; *Lang,* Reformentwurf zu Grundvorschriften des Einkommensteuergesetzes, Köln 1985; *ders.,* Die einfache und gerechte Einkommensteuer, Köln 1987; *T. Durchlaub,* Zur Steuerpflicht der Gewinne aus der Veräußerung von Privatvermögen, Berlin 1993; *K. Tipke,* Die Steuerrechtsordnung, Bd. II (StRO II), Köln 1993, 643 ff.

597 Wie bereits oben (Rz. 185) ausgeführt, hat das BVerfG[149] das **duale System** prinzipieller Zulassung betrieblicher Veräußerungseinkünfte und prinzipieller Nichterfassung priva-

147 Die Ausnahmevorschrift des § 22 II EStG a. F. ist durch StMBG vom 21. 12. 93, BGBl. I 93, 2310, wegen Unvereinbarkeit mit EG-Recht gestrichen worden; sie stellte Einkünfte aus der Veräußerung von Schuld- und Rentenverschreibungen inländischer Schuldner sowie in einem inländischen Grundbuch eingetragene Forderungen steuerfrei.

148 Gebilligt von BVerfGE 26, 302 ff.

149 BVerfGE 26, 302, 310 ff.; 27, 111 ff.; 28, 227 ff. Dazu krit. *K. Tipke,* StRO II, 645 ff.; *J. Lang,* Die Bemessungsgrundlage der Einkommensteuer, Köln 1981/82, 501 ff. Gegen die Besteuerung privater Veräußerungseinkünfte insb. *T. Durchlaub,* Zur Steuerpflicht der Gewinne aus der Veräußerung von Privatvermögen, Berlin 1993.

ter Veräußerungseinkünfte bisher nicht beanstandet. Inzwischen setzt sich aber auch bei deutschen Juristen die Auffassung durch, daß die **gleichmäßige Besteuerung aller Veräußerungseinkünfte** für die Verwirklichung der Steuergleichheit **unabdingbar** ist. Der 57. Deutsche Juristentag hat mit beachtlicher Mehrheit folgenden Beschluß gefaßt: „Gewinne und Verluste aus der Veräußerung von vermieteten und verpachteten Grundstükken sowie von Kapitalvermögen sind unter Einführung großzügiger Freigrenzen einkommensteuerlich zu berücksichtigen. Die Regelung über Spekulationsgewinne entfällt. Persönlich genutzte Wirtschaftsgüter bleiben von der Besteuerung ausgenommen[150].

Mit dem prinzipiellen Bekenntnis zur gleichmäßigen Besteuerung aller Veräußerungseinkünfte hat 598 sich der 57. Deutsche Juristentag einer Auffassung angeschlossen, die für Ökonomen im In- und Ausland seit langem selbstverständlich ist. Für einen erheblichen Teil wirtschaftlicher Fehlgestaltungen (Bauherrenmodelle, steuerinduzierte Betriebsaufspaltungen etc.) ist die Wurzel des Übels die prinzipielle Nichterfassung privater Veräußerungseinkünfte. Sie trägt auch wesentlich bei zum unangemessenen Einfluß des Steuerrechts auf Gesellschaftsformen, die **Deformierung des Gesellschaftsrechts** durch Besteuerung. Z. B. ist die Kapitalgesellschaft dadurch privilegiert, daß ihre Rechtsform es ermöglicht, Steigerungen des Unternehmenswerts in den nicht steuerbaren Bereich zu verlagern. Der 57. Deutsche Juristentag knüpft wie *P. Kirchhof* (Fn. 150) zutreffend an das **Markteinkommensprinzip** an. Danach ist die Gleichmäßigkeit der Besteuerung hergestellt, wenn die Einkünfte aus *der Veräußerung von privatem Erwerbsvermögen*[151] ebenso wie die Einkünfte aus der Veräußerung von Betriebsvermögen besteuert werden. Die Ausgrenzung der privaten Konsumsphäre ist einkommensteuersystematisch konsequent und erforderlich, weil sich in der privaten Konsumsphäre eine *gleichmäßige* Besteuerung der Veräußerungseinkünfte faktisch und praktisch nicht verwirklichen läßt. Insb. lassen sich Veräußerungsverluste von der durch den Konsum veranlaßten Wertminderung der Wirtschaftsgüter nicht abgrenzen. Unerläßlich ist es allerdings, daß mit der Reform der Besteuerung von Veräußerungseinkünften das Problem der **Scheingewinnbesteuerung** gelöst wird[152].

3. Unterschiedliche Besteuerung der Alterseinkünfte

Literatur: *Brümmerhoff,* Die Einkommensbesteuerung der Sozialversicherungsrenten, StuW 79, 219; *Welter,* Die Besteuerung von Renten aus der gesetzlichen Rentenversicherung, § 22 Nr. 1 Buchst. a EStG) und das Gleichbehandlungsgebot (Art. 3 Abs. 1 GG), StuW 80, 332; Gutachten der Sachverständigenkommission Alterssicherungssysteme, 4 Bde., Bonn 1983; *W. Zeidler,* Verfassungsrechtliche Fragen zur Besteuerung von Familien- und Alterseinkommen, StuW 85, 1; *Wissenschaftlicher Beirat beim BMF,* Gutachten zur einkommensteuerlichen Behandlung von Alterseinkünften, Schriftenreihe des BMF, Heft 38, Bonn 1986; *H. Söhn,* Abzug von Rentenversicherungsbeiträgen als Sonderausgaben (§ 10 Abs. 1 Nr. 2 EStG) und Ertragsanteilsbesteuerung von Leibrenten (§ 22 Nr. 1 Satz 3 Buchst. a EStG), StuW 86, 324; *D. Birk,* Altersvorsorge und Alterseinkünfte im Einkommensteuerrecht, Verfassungsrechtliche Vorgaben, gesetzliche Regelungen, Neuordnungsmodelle, Köln 1987; *Maier,* Reform der Besteuerung der Alterseinkünfte, in: FS für FHF Baden-Württemberg, Stuttgart 1989, 87; *D. Birk,* Die Reform der Besteuerung der Alterseinkünfte, StbKongrRep. 90, 39; *W. Brandt,* Steuerrechtliche Erfordernisse im Rahmen der Harmonisierung gesetzlicher Alterssicherungssysteme, Diss. Darmstadt 1991; *B. Saß,* Überlegungen zur Neuregelung der Besteuerung von im Alter bezogenen Einkünften, FR 93, 217; *K. Tipke,* Die Steuerrechtsordnung, Bd. II (StRO II), Köln 1993, 663 ff.

Ebenso wie die unterschiedliche Besteuerung der Veräußerungseinkünfte gehört die 599 unterschiedliche Besteuerung der Alterseinkünfte zu den Hauptaufgaben der **Einkommensteuer-Fundamentalreform.** BVerfGE 54, 11, hat den Gesetzgeber 1980 verpflich-

---

150 NJW 88, 3006. Auch *P. Kirchhof,* Gutachten F zum 57. Deutschen Juristentag, München 1988, 31, empfiehlt, Einkünfte aus der Veräußerung privaten Erwerbsvermögens einkommensteuerlich zu erfassen. Damit wird die in *P. Kirchhof,* KS, EStG, § 2 Rnrn. A 665, 676, vertretene Auffassung (dazu kritisch die 11. Aufl., S. 201) wesentlich modifiziert.

151 Dazu *J. Lang,* Entwurf eines Steuergesetzbuchs, BMF-Schriftenreihe Heft 49, Bonn 1993, 138 f., 170 ff., §§ 109 I Nr. 2, IV; 122.

152 Dazu *T. Durchlaub* (Fn. 149), 72 ff. Zu Lösungsansätzen s. *J. Lang* (Fn. 151), 170 ff.

tet, die gleichmäßige Besteuerung der Alterseinkünfte zu verwirklichen. Hierfür ist aber die dem Gesetzgeber zur Verfügung stehende Zeit nach dem Beschluß vom 24. 6. 1992 (BVerfGE 86, 369) noch nicht abgelaufen; dabei hebt das BVerfG besonders die Erschwerung der ohnehin schon sehr komplizierten Reform mit eminenten Auswirkungen durch die deutsche Einheit hervor (BVerfGE 86, 380 f.). Durch ein jahrzehntelanges Hinausschieben der Reform wird aber die Lage nicht weniger kompliziert. Im Gegenteil: Daß mit der großen **Rentenreform 1992**[153] die Besteuerung nicht mitreformiert wurde, zwingt dazu, gleichheitssatzwidrige Besteuerungsbedingungen weiterhin im Rentenwert (§ 68 SGB VI) zu berücksichtigen. Es werden falsche Rentenwerte in eine Zeit fortgeschrieben, in der wegen Überalterung der Versicherten das Verhältnis zwischen Beitragszahlern und Rentnern immer ungünstiger, demzufolge die Umstellung immer schwieriger werden wird.

Alterseinkünfte werden wie folgt unterschiedlich besteuert:

600 a) **Sozialversicherungsrenten** werden (als Leibrenten) nur mit dem Ertragsanteil versteuert (§ 22 Nr. 1 EStG). Die Befreiung des Kapitalanteils ist deshalb nicht gerechtfertigt, weil die Beiträge zur Sozialversicherung nicht versteuert werden: Der Arbeitnehmer-Beitragsanteil ist (begrenzt) abzugsfähig nach § 10 I Nr. 2a EStG; der Arbeitgeber-Beitragsanteil ist beim Arbeitgeber Betriebsausgabe, beim Arbeitnehmer Einkunft aus nichtselbständiger Arbeit, jedoch steuerfrei nach § 3 Nr. 62 EStG. Daher wäre es konsequent, die gesamte Rente (Ertrags- und Kapitalanteil) zu versteuern (soweit durch die Rente nicht Krankheits- oder Unfallkosten abgegolten werden)[154]. § 22 Nr. 1 EStG erfaßt aber nur den Ertragsanteil. Da der sich aus der Tabelle zu § 22 Nr. 1 EStG ergebende Ertragsanteil zu niedrig ist[155], ist auch der reale Ertragsanteil noch zum Teil steuerfrei. Da die Höhe der Sozialversicherungsrenten begrenzt ist, sind faktisch nur die Spitzenrenten nicht steuerfrei.

601 b) Mit Rücksicht auf die partielle Besteuerung der Renten bleiben von den **Versorgungsbezügen** i. S. des § 19 I Nr. 2 EStG (insb. den **Beamtenpensionen**) 40 v. H., höchstens 6 000 DM steuerfrei (§ 19 II EStG). Hier wird versucht, einen großen Fehler (a) durch einen zusätzlichen kleineren Fehler auszugleichen.

602 c) Zum Ausgleich dafür, daß Pensionen und Leibrenten nur zum Teil steuerlich erfaßt werden (BT-Drucks. 7/1470, 279), erhalten Steuerpflichtige über 64 Jahre, deren Alterseinkünfte nicht in Pensionen oder Leibrenten bestehen (aber auch Pensionäre und Rentner, die noch andere Einkünfte haben), nach § 24a EStG einen **Altersentlastungsbetrag** in Höhe von 40 v. H. des Arbeitslohns und der positiven Summe der übrigen Einkünfte, höchstens 3 720 DM. Arbeitnehmer werden gegenüber den Beziehern anderer Einkunftsarten zusätzlich dadurch begünstigt, daß nicht die Nettogröße „Einkünfte", sondern die Bruttogröße „Arbeitslohn" Maßstab für den Altersentlastungsbetrag ist. Begünstigt wird auch, wer Verluste erwirtschaftet hat, weil nur positive Einkünfte in die Bemessungsgrundlage einzubeziehen sind. § 24a EStG ist also arbeitnehmer- und verlustfreundlich gestaltet; insofern gleicht er die beiden zu (a) und (b) dargelegten Fehler wiederum fehlerhaft aus.

---

153 Gesetz zur Reform der gesetzlichen Rentenversicherung vom 18. 12. 1989 (Rentenreformgesetz 1992), BGBl. I 89, 2261.

154 Dazu *Lamers,* Intertemporale Einkommenstransfers, Diss. rer. pol. Münster 1975; *H. Söhn,* StuW 86, 324 ff.; *Wissenschaftlicher Beirat,* BMF-Schriftenreihe Heft 38, Bonn 1986. – Nach österreichischem Einkommensteuerrecht gehören die „Pensionen" aus der gesetzlichen Sozialversicherung zu den Einkünften aus nichtselbständiger Arbeit (§ 25 I Nr. 3 öEStG), die Versicherungsbeiträge sind Werbungskosten (§ 16 I Nr. 4 öEStG).

155 Tabelle i. d. F. des FKPG vom 23. 6. 1993, BGBl. I 93, 944.

d) Danach werden die Alterseinkünfte allgemein, wenn auch **keineswegs gleichmäßig**[156], **begünstigt.** Abgesehen davon, daß es überhaupt zweifelhaft ist, ob die wirtschaftliche Leistungsfähigkeit im Alter herabgesetzt ist, sind keine stichhaltigen Rechtfertigungsgründe für die ungleichmäßige Behandlung der Alterseinkünfte ersichtlich[157]. 603

e) Die ungleichmäßige Besteuerung der Alterseinkünfte macht sich auch beim **Versorgungsausgleich nach der Scheidung** bemerkbar. 604

Durch den Versorgungsausgleich nach der Scheidung (§§ 1587 ff. BGB) wird den Eheleuten nach der Scheidung ein Ausgleich der während der Ehe erwirtschafteten Anrechte auf Altersversorgung gewährt. Auszugleichen ist das Versorgungsgefälle, das durch eine Gegenüberstellung der von den Eheleuten während der Ehe erwirtschafteten Versorgungswerte ermittelt wird. Das Gesetz unterscheidet Wertausgleich (§§ 1587a ff. BGB), schuldrechtlichen Versorgungsausgleich (§§ 1587f ff. BGB) und Ausgleich durch Parteivereinbarung (§§ 1408 II, 1587o BGB). Im Zweifel wird der Ausgleich durch Wertausgleich vollzogen; er besteht darin, daß für den Ausgleichsberechtigten in Höhe der ausgleichspflichtigen Versorgungsdifferenz eine Anwartschaft in der gesetzlichen Rentenversicherung begründet wird, und zwar nachrangig durch Rentensplitting, Quasi-Splitting, Einzahlung von Beiträgen. Hat der ausgleichspflichtige Partner eine Beamtenpension zu erwarten, so wird seine Versorgungsanwartschaft gekürzt, während der berechtigte Partner eine Gutschrift in der gesetzlichen Rentenversicherung erhält. Da die Beamtenpensionen nur durch den Versorgungsfreibetrag (§ 19 II EStG) begünstigt werden, die Renten aber bloß mit dem Ertragsanteil zu versteuern sind (s. oben), erhält der Berechtigte auf diese Weise eine höhere Nettoversorgung als der Verpflichtete[158]. Auch das zeigt, daß die Einkommensbesteuerung der Alterseinkünfte nicht stimmig ist.

f) Das **Bundesverfassungsgericht** (BVerfGE 54, 11) hat indessen entschieden: Die unterschiedliche Besteuerung der Beamtenpensionen und der Sozialversicherungsrenten sei jedenfalls in den Jahren 1969/70 mit dem Gleichheitssatz vereinbar gewesen. Die Erfassung nur des Renten-Ertragsanteils sei gerechtfertigt, weil die Versicherten der Sozialversicherung aus ihrem Arbeitsverdienst Beiträge für ihre Altersversorgung entrichteten, was Beamte nicht täten. Inzwischen hätten die Verhältnisse in der Sozialversicherung sich aber durch den **Übergang vom Anwartschaftsdeckungsverfahren zum Umlageverfahren** in einer Weise geändert, daß die Besteuerung der Alterseinkünfte reformiert werden müsse. *Wann* allerdings die Reform von Verfassungs wegen *geboten* ist, steht nach dem oben (Rz. 599) zit. Beschluß des BVerfG in den Sternen. 605

g) M. E. gibt es zu dem u. a. auch vom Wissenschaftlichen Beirat (Fn. 154) empfohlenen **Modell der Vollbesteuerung**[159] keine Alternative: Die Beiträge zur Altersversorgung sind als Erwerbsaufwendungen abzuziehen[160], weil das für die Zukunftsvorsorge verwendete 606

156 Dazu die Tabellen bei *Koch*, DStZ 81, 5 f.

157 Dazu Gutachten *Rupp/v. Zezschwitz/v. Olshausen*, Zur Ungleichheit in der Einkommensbesteuerung der Versorgungsbezüge und Sozialrenten, Mainz 1970; vgl. auch *Jüsgen*, DStZA 72, 281 ff.; *Friauf*, DStZA 74, 51 ff.; Gutachten der „Treuarbeit", BT-Drucks. 7/5569; *P. Kirchhof*, Schriftenreihe des Deutschen Sozialgerichtsverbandes, Bd. XVII, 127 ff.

158 Dazu und zu weiteren Steuerproblemen des Versorgungsausgleichs *D. Krüger*, Steuerfolgen ehelicher Güterrechtsgestaltungen, München 1978; *Ruland/Tiemann*, Versorgungsausgleich und steuerliche Folgen der Ehescheidung, München 1977; *Meincke*, StbKongrRep. 1978, 389 ff.; *ders.*, StbKongrRep. 1980, 349 ff.; *Stuhrmann*, DStR 81, 529; s. auch schon BB 77, 1041; DStR 77, 468; NJW 77, 2137; StbJb. 1977/78, 243; DB 79, 955; StbJb. 1980/81, 408; *Kanzler*, DStR 90, 405, 408.

159 Nach Auffassung von *K. Tipke*, StRO II, 667 f. (m. w. N.), entspricht dieses Modell „am ehesten dem Leistungsfähigkeitsprinzip". Vgl. auch *H. Söhn*, StuW 86, 324; *K. Brandt*, Steuerrechtliche Erfordernisse im Rahmen der Harmonisierung gesetzlicher Alterssicherungssysteme, Diss. Darmstadt 1991, 175 ff.

160 Vgl. *J. Lang* (Fn. 151), § 120 III Nr. 4. Nach BFH BStBl. 86, 747, sind Beiträge eines Arbeitnehmers zur gesetzlichen Rentenversicherung keine vorab entstandenen Werbungskosten zur Erlangung späterer sonstiger Einkünfte nach § 22 Nr. 1 Satz 3, a EStG. Der Werbungskostenabzug paßt in der Tat nicht zum System der Ertragsanteilsbesteuerung, weil diese von Rückzahlung bereits versteuerten Einkommens ausgeht (s. Rz. 589).

Einkommen *keine aktuelle* Leistungsfähigkeit mißt. Dementsprechend sind die Bezüge voll zu versteuern[161]. Diese Form der Besteuerung von Alterseinkünften fügt sich auch nahtlos in das inflationsneutrale, alle Vorsorgeformen gleichbehandelnde Konzept der oben (§ 4 Rz. 116 ff.) dargelegten Sparbereinigung der Einkommensteuer ein. Früher oder später wird sich das Modell der Vollbesteuerung ohnehin aufdrängen, weil die Beiträge infolge der erwähnten (Rz. 599) Überalterung der Versicherten so stark ansteigen werden, daß sie nicht mehr aus unversteuertem Einkommen finanziert werden können.

IV. Gemeinsame Vorschriften zu allen Einkunftsarten

607 Gemeinsame Vorschriften zu allen Einkunftsarten enthält § 24 EStG. Er ergänzt die §§ 13–23 EStG.

§ 24 Nr. 1 EStG erfaßt Entschädigungen, die an die Stelle von Einnahmen i. S. des § 2 I Nrn. 1–7 EStG treten **(Surrogate).** Die Surrogate sind der Einkunftsart zuzuordnen, zu der die surrogierten Einnahmen gehört hätten.

§ 24 Nrn. 1a, b EStG gehen ineinander über. Erfaßt werden z. B. Entschädigungen für Konkurrenzverzicht und Produktionseinstellung, Entlassungsentschädigung (s. aber § 3 Nr. 9 EStG).

Die Entschädigungen i. S. des § 24 Nr. 1 EStG sind tarifbegünstigt nach § 34 II Nr. 2 EStG.

608 **§ 24 Nr. 2 EStG** erfaßt Einkünfte aus einer ehemaligen (be-)steuerbaren Einkunftsquelle; auch solche, die dem Rechtsnachfolger zufließen.

Die Vorschrift hat (soweit sie nicht den Rechtsnachfolger betrifft), nur klarstellende Bedeutung. Hinsichtlich des Rechtsnachfolgers wirkt sie wie eine **konstitutive Zurechnungsvorschrift.** Die vom Rechtsvorgänger erwirtschafteten Einkünfte werden dem Rechtsnachfolger zugerechnet.

609 **§ 24 Nr. 3 EStG** erfaßt **Nutzungsvergütungen** für die erzwungene Inanspruchnahme von Grundstücken für **öffentliche Zwecke** und einschlägige Entschädigungen; er ergänzt § 21 EStG, der nur die vertragliche Überlassung von Grundstücken erfaßt.

Die Vergütungen und Entschädigungen i. S. des § 24 Nr. 3 EStG sind tarifbegünstigt nach § 34 II Nr. 3 EStG, soweit sie für einen Zeitraum von mehr als drei Jahren nachgezahlt werden (s. Rz. 750 f.).

V. Konkurrenzen mehrerer Einkunftsarten

610 Der Begriff „Gewerbebetrieb" (§ 15 II EStG) ist so weit gefaßt, daß die Land- und Forstwirtschaft (§ 13 EStG) und die selbständige Tätigkeit (§ 18 EStG) wieder ausgegrenzt werden mußten. Daraus ergibt sich: §§ 13, 18 EStG gehen § 15 EStG vor. Ein Gewerbebetrieb liegt auch nicht vor, wenn lediglich Vermögen zum Zwecke der Nutzung verwaltet wird (s. Rz. 488 f., 565, 571).

Betätigt sich eine Personengesellschaft nicht nur, aber auch gewerblich, so wird ihre Tätigkeit insgesamt als gewerbliche behandelt (s. § 15 III Nr. 1 EStG).

---

161 Vgl. *J. Lang* (Fn. 151), § 108 Nr. 2. Soweit allerdings Beiträge aus versteuertem Einkommen geleistet werden, muß deren Rückzahlung als Kapitalrückzahlung von der Steuerpflicht ausgenommen werden, weil insoweit keine erwirtschafteten Einkünfte vorliegen. Vgl. *B. Saß*, FR 93, 217, 219 ff.; *K. Tipke,* StRO II, 667 f. Wegen der Kompliziertheit des von *B. Saß* empfohlenen Modells der Teilbesteuerung ist aber der volle Abzug der Beiträge (entweder als Erwerbsaufwendungen oder als Sonderausgaben) zu empfehlen, damit uneingeschränkt von der Finanzierung der Alterseinkünfte aus unversteuertem Einkommen ausgegangen und demzufolge die volle Besteuerung der Bezüge gerechtfertigt werden kann.

§§ 20 III; 21 III; 22 Nr. 1 Satz 1, Nr. 3 Satz 1; 23 III EStG bezwecken, daß die Einkunftsarten des § 2 Nrn. 1–3 EStG – der Hinweis auf Nrn. 4–6 ist praktisch nicht weittragend – den übrigen Einkunftsarten in gewisser Hinsicht vorgehen. Erfaßt werden sollen insb. die Fälle, in denen zum Betriebsvermögen (dazu Rz. 338 ff.) gehörige Wirtschaftsgüter Dritten zur Nutzung überlassen werden. Die Verwertung von Betriebsvermögen durch Nutzungsüberlassung führt also zu Einkünften nach § 2 I Nrn. 1–3 EStG.

Im einzelnen ergibt sich aus §§ 20 III; 21 III; 22 Nr. 1 Satz 1, Nr. 3 Satz 1; 23 III EStG folgendes:

a) Einkünfte sind nicht als solche aus Kapitalvermögen zu qualifizieren, wenn sie bereits 611
den Einkünften aus Land- und Forstwirtschaft, aus Gewerbebetrieb, aus selbständiger Arbeit oder aus Vermietung und Verpachtung zugehören (§ 20 III EStG). § 20 III EStG regelt nicht ausdrücklich das Verhältnis der Einkünfte aus Kapitalvermögen zu den Einkünften aus nichtselbständiger Arbeit. Nach BFH BStBl. 90, 532, gibt es **keine Subsidiarität der Kapitaleinkünfte** gegenüber den Einkünften aus nichtselbständiger Arbeit. Vielmehr sei maßgebend, welche Einkunftsart im Einzelfall im Vordergrund stehe.

Beispiele: Landwirt L erhält Zinsen aus betrieblichem Bankguthaben: Die Zinsen sind Einnahmen aus Landwirtschaft, nicht aus Kapitalvermögen. – Zugleich hat L ein privates Sparguthaben: Die Zinsen daraus sind Einnahmen aus Kapitalvermögen.

Gewerbetreibender G hält im Betriebsvermögen Aktien: Die Dividenden daraus sind Einnahmen aus Gewerbebetrieb, nicht aus Kapitalvermögen.

Schlossermeister S hat zwei Sparguthaben. Das eine gehört zum Betriebsvermögen, das andere zum Privatvermögen: Die Zinsen aus dem betrieblichen Sparguthaben sind gewerbliche Einnahmen, die Zinsen aus dem privaten Sparguthaben sind Einnahmen aus Kapitalvermögen.

b) Einkünfte aus **Vermietung und Verpachtung** sind anderen Einkunftsarten zuzu- 612
rechnen, soweit sie zu diesen gehören (§ 21 III EStG).

Beispiel: Ein Gewerbetreibender vermietet ein zum Betriebsvermögen gehörendes Gebäude oder eine Sachgesamtheit des Betriebsvermögens: Der Mietzins gehört zu den Einkünften aus Gewerbebetrieb (§§ 5 I, 15 I, 21 III EStG). § 21 I Nr. 2 EStG mit seinem Hinweis auf das Betriebsvermögen ist irreführend.

c) Einkünfte aus **wiederkehrenden Bezügen** und aus **Leistungen** sind den anderen 613
Einkunftsarten zuzurechnen, soweit sie zu diesen gehören (§ 22 Nr. 1 Satz 1, Nr. 3 Satz 1 EStG).

Beispiele: Ein Kaufmann veräußert ein Betriebsgrundstück gegen eine Leibrente: Einkünfte aus Gewerbebetrieb, kein Fall des § 22 Nr. 1 EStG (s. § 22 Nr. 1 Satz 1: „soweit"). Dazu auch Rz. 578.

Das Kapitalkonto des Gesellschafters einer OHG ist bei dessen Ausscheiden aus Altersgründen 0, so daß er keinen Abfindungsanspruch hat. Die verbleibenden Gesellschafter gewähren ihm jedoch, um das Ansehen des Betriebs (betriebliche Veranlassung) nicht zu gefährden, eine lebenslange Versorgungsrente. Es handelt sich um nachträgliche gewerbliche Betriebseinnahmen (§ 15 I 2 EStG).

Ein Rechtsanwalt gestattet, daß eine Schreibmaschine seines Büros von einem benachbarten Büro entgeltlich mitbenutzt wird: Einnahmen aus selbständiger Arbeit, kein Fall des § 22 Nr. 3 EStG.

Ein Pensionär schreibt nachhaltig (nicht bloß gelegentlich) gegen Honorar Zeitungsartikel: Einnahmen aus freier Berufstätigkeit (§ 18 I Nr. 1 EStG), kein Fall des § 22 Nr. 3 EStG (kein Konkurrenzfall).

d) **Spekulationsgeschäfte** liegen nicht vor, wenn Wirtschaftsgüter veräußert werden, 614
deren Wert bei anderen Einkunftsarten erfaßt wird (§ 23 III EStG).

Beispiel: Ein Gewerbetreibender veräußert ein Betriebsgrundstück

1. vor Ablauf von zwei Jahren;
2. nach Ablauf von zwei Jahren.

Auf die Spekulationsfrist kommt es nicht an; es liegen in beiden Fällen Einkünfte aus Gewerbebetrieb vor.

615 e) Umstritten war das **Verhältnis des § 23 EStG zu § 17 EStG.** Nachdem sich BFH BStBl. 92, 292, der h. M. im Schrifttum (s. Vorauflage S. 375, dort Fn. 149) angeschlossen und entgegen früherer Rspr. (BFH BStBl. 70, 400; 74, 706) § 17 EStG den Vorrang vor den §§ 22 Nr. 2; 23 EStG eingeräumt hatte, reagierte zunächst die Verwaltung mit einem Nichtanwendungserlaß (BStBl. I 93, 300), sodann in rechtsstaatlich bedenklicher Weise (s. § 5 Rz. 27) der Gesetzgeber: Durch **StMBG** vom 21. 12. 93, BGBl. I 93, 2310, wurde ab 1994 die fiskalisch motivierte Regelung des § 23 III 2 EStG eingeführt, die §§ 22 Nr. 2; 23 EStG den Vorrang gegenüber § 17 EStG einräumt.

616 f) Über die Zuordnung von **Mischaktivitäten** ausführlich *G. Rose,* DB 80, 2464 ff.

617–699 Einstweilen frei.

H. Private Abzüge

1. Allgemeines zu den privaten Abzügen

700 a) **Zweck der privaten Abzüge:** Private Abzüge mindern die Bemessungsgrundlage der Einkommensteuer auf den Stufen des § 2 IV, V EStG und dienen grundsätzlich dem Zweck, den indisponiblen Teil des Markteinkommens aus der Besteuerungsgrundlage zu eliminieren (dazu bereits § 4 Rz. 113; § 9 Rz. 41, 42, 68 ff.). Diesen Zweck verwirklicht aber das geltende Einkommensteuergesetz durch ein Konglomerat privater Abzüge nur sehr unvollkommen[1]. Es besteht ein erheblicher Handlungsbedarf des Gesetzgebers, das **subjektive Nettoprinzip** zu verwirklichen. Außerdem ist auch die Maßgröße subjektiver Leistungsfähigkeit von Sozialzwecknormen durchsetzt. Das gilt insb. für den Bereich der **Sonderausgaben** (§§ 10–10e EStG). Grundsätzlich sind Sonderausgaben unvermeidbare Privatausgaben und daher die diesen Abzug zulassenden Vorschriften Fiskalzwecknormen zur Eliminierung des indisponiblen Einkommens[2]. Die §§ 10a, 10b, 10e EStG enthalten indessen Steuervergünstigungen. § 10d EStG gehört in die Maßgröße objektiver Leistungsfähigkeit.

701 b) Auf den Stufen des § 2 IV, V EStG dürfen **keine Erwerbsaufwendungen** abgezogen werden. Die Frage der Abzugsfähigkeit von Erwerbsaufwendungen entscheidet das Gesetz grundsätzlich bei der Ermittlung von Einkünften. §§ 10 I Einleitungssatz, 33 II 2 EStG stellen klar, daß Aufwendungen, die begrifflich zu den Betriebsausgaben oder Werbungskosten gehören, weder als Sonderausgaben noch als außergewöhnliche Belastungen abgezogen werden können.

Das **Abzugsverbot des § 12 EStG** gilt grundsätzlich nur für die Maßgröße objektiver Leistungsfähigkeit[3]. Dies ergibt sich aus dem Einleitungssatz des § 12 EStG. Insb. gilt nicht das Aufteilungs- und Abzugsverbot des § 12 Nr. 1 Satz 2 EStG (BFH BStBl. 86, 894; 90, 901, 902). Daher sind bei gemischter Veranlassung die Aufwendungen *aufteilbar.*

Beispiel: Wird ein häusliches Arbeitszimmer teils beruflich, teils zu Ausbildungszwecken i. S. d. § 10 I Nr. 7 EStG genutzt, können die Aufwendungen entsprechend aufgeteilt abgezogen werden[4].

---

1 *K. Tipke,* StuW 71, 16 f.; *J. Lang,* Die Bemessungsgrundlage der Einkommensteuer, Köln 1981/88, 71 ff.
2 Dazu grundsätzlich *H. Söhn,* KS, EStG, § 10 Rnr. A 17.
3 *J. Lang* (Fn. 1), 77 ff.; *H. Söhn,* KS, EStG, § 10 Rnr. A 18.
4 BFH BStBl. 90, 901; FG Düsseldorf DStR 82, 630, ließ nur den anteiligen Sonderausgabenabzug zu und versagte den Werbungskostenabzug, weil das Arbeitszimmer nicht ausschließlich beruflich genutzt worden war.

c) Der **Zeitpunkt des Abzugs** richtet sich nach der Zahlung. Es gilt § 11 II EStG (BFH BStBl. 86, 284; 92, 550, 551, für Sonderausgaben; BFH BStBl. 82, 744; 88, 814, 816, für außergewöhnliche Belastungen). Indessen besteht im Bereich der persönlichen Abzüge insofern eine Lücke, als die **Erstattung** und **Rückzahlung** von Aufwendungen nicht geregelt ist[5]: Negative Sonderausgaben und negative außergewöhnliche Belastungen kennt das Gesetz nicht. § 11 I EStG ist auf die Erstattung und Rückzahlung von Aufwendungen, die nach den §§ 10; 33 ff. EStG abgezogen worden sind, nicht anwendbar. 702

d) Das Erstattungs- und Rückzahlungsproblem läßt sich de lege lata (de lege ferenda s. Fn. 5) nur über den **Aufwendungsbegriff** lösen: Aufwendungen i. S. d. §§ 10; 33 ff. EStG liegen nur vor, wenn der Steuerpflichtige *wirtschaftlich belastet* ist, d. h. der Aufwendung *keine Gegenleistung* bzw. *kein Gegenwert* gegenübersteht; es gilt abweichend von § 11 EStG das **Belastungsprinzip**[6]. Allerdings wird der Aufwendungsbegriff unterschiedlich praktiziert: Bei den **außergewöhnlichen Belastungen** werden die Erstattung und Rückzahlung im Abflußjahr der Aufwendung *aufwendungsmindernd* berücksichtigt; das Belastungsprinzip bestimmt lediglich die *Höhe* des Abzugsbetrages, nicht hingegen den *Abzugszeitpunkt*, der nach § 11 II EStG anzusetzen ist (BFH BStBl. 82, 744; 88, 814, 816). Erstattungen und Rückzahlungen sind *rückwirkende Ereignisse* i. S. d. § 175 I Nr. 2 AO, so daß eine Korrektur bestandskräftiger Steuerbescheide möglich ist, wenn die Aufwendung i. S. d. § 33 EStG sehr viel später erstattet/zurückgezahlt wird. 703

Bei den **Sonderausgaben** werden Erstattungen und Rückzahlungen nicht wie bei den außergewöhnlichen Belastungen *einheitlich nach dem Belastungsprinzip* berücksichtigt. Nach diesem Prinzip folgerichtig wird der Spendenabzug bei der Rückzahlung von Spenden rückwirkend (§ 175 I Nr. 2 AO) versagt (str.). Hingegen werden **Kirchensteuererstattungen** im Erstattungsjahr mit der gezahlten Kirchensteuer i. S. d. § 10 I Nr. 4 EStG verrechnet. Eine derartige Verrechnung mit *gleichartigen* Aufwendungen im Erstattungsjahr ist im Gesetz nicht hinreichend positiviert. Wohl ist der Tatbestand der „gezahlten Kirchensteuer“ als Saldo interpretierbar, so daß nur der Unterschiedsbetrag von Zahlung und Erstattung absetzbar ist. Bestand jedoch z. B. wegen Kirchenaustritts *keine Kirchensteuerpflicht*, so ist der Steuerpflichtige nicht wirtschaftlich belastet (BFH BStBl. 75, 350). Die Erstattung führt daher nicht zur Minderung des Sonderausgabenabzugs im Erstattungsjahr, sondern wegen Nichterfüllung des Aufwendungsbegriffs zur Korrektur des Sonderausgabenabzugs im Zahlungsjahr[7]. Im übrigen sehen §§ 10 V EStG; 30; 31 EStDV eine **Nachversteuerung** vor für 704

- den steuerschädlichen Einsatz von **Lebensversicherungen** zur Sicherung/Tilgung von Policendarlehen (§ 10 V Nr. 1 EStG i. d. F. des StÄndG 1992);
- die vorzeitige Rückzahlung von Einmalbeiträgen zu **freiwilligen Rentenversicherungen** (§ 10 V Nr. 2 EStG) und für
- die Auszahlung, Rückzahlung, Abtretung oder Beleihung von Bausparsummen vor Ablauf einer Zehnjahresfrist seit Abschluß des **Bausparvertrags** (§ 10 V Nr. 3 EStG).

5 Dazu *D. Wüllenkemper,* Rückfluß von Aufwendungen im Einkommensteuerrecht, Köln 1987, 113 ff. Vgl. auch *J. Lang,* Entwurf eines Steuergesetzbuchs, BMF-Schriftenreihe Heft 49, Bonn 1993, § 106 I: Die Summe der Privatbezüge und Privatabzüge besteht aus . . .3. der Erstattung und Rückzahlung von Aufwendungen, die der Steuerschuldner nach Vorschriften über Privatabzüge abgezogen hat.

6 Dazu m. w. N. *J. Lang* (Fn. 1), 518 ff.; *D. Wüllenkemper* (Fn. 5), 115 ff.; *Schmidt/Heinicke,* EStG[13], München 1994, § 10 Anm. 3b, *Schmidt/Drenseck,* EStG[13], München 1994, § 33 Anm. 4d, 4e (Belastungsprinzip). S. auch oben (Rz. 587) zur Wertverrechnungslehre des BFH bei dauernden Lasten.

7 Dazu m. w. N. *W. Traxel,* Als Sonderausgaben absetzbare „gezahlte Kirchensteuer“ (§ 10 Abs. 1 Nr. 4 EStG), DStZ 94, 74.

705 e) Die **persönliche Abzugsberechtigung** ergibt sich aus dem Aufwendungsbegriff: Abzugsberechtigt ist derjenige, der durch die Aufwendung *wirtschaftlich belastet* ist, also den Aufwendungstatbestand subjektiv verwirklicht. Bei Zahlungen *Dritter* verhält es sich wie bei Erwerbsaufwendungen (s. oben Rz. 221 ff.). Es müssen die Fragen, *wer* den Aufwendungstatbestand verwirklicht und *wer* Mittel zuwendet für Aufwendungen eines Zuwendungsempfängers, geklärt werden. So ist im Falle von Haftpflichtversicherungen i. S. d. § 10 I Nr. 2, a EStG danach zu fragen, wer gegenüber der Versicherungsgesellschaft zur Beitragszahlung verpflichtet ist. Dies ist regelmäßig der **Versicherungsnehmer** (s. Rz. 223), so daß dieser wirtschaftlich belastet ist und demzufolge den Aufwendungstatbestand verwirklicht. Zahlt ein Vater Beiträge für die Unfall- und Sozialversicherung des Sohnes, so liegt eine Zuwendung an den durch den Prämienanspruch wirtschaftlich belasteten Sohn und lediglich *Abkürzung des Zahlungsweges* (s. Rz. 223) vor. *Der Sohn* ist entgegen BFH BStBl. 89, 683, abzugsberechtigt. Eine Abzugsberechtigung des Vaters könnte nur dann in Betracht kommen, wenn der Vater die wirtschaftliche Belastung durch Übernahme einer Zahlungsverpflichtung gegenüber der Versicherungsgesellschaft auf sich genommen hätte. Die zivilrechtliche Rechtszuständigkeit ist steuerrechtlich zu beachten, solange sie die für den Aufwendungstatbestand maßgebliche wirtschaftliche Belastung begründet (vgl. Rz. 222).

2. Abzugsfähigkeit sog. Sonderausgaben (§§ 10, 10b, 10c EStG)

Literatur: *H. Söhn*, Sonderausgaben (§ 10 EStG) und Besteuerung nach der Leistungsfähigkeit, StuW 85, 395; *H. Söhn*, KS, EStG, § 10; *ders.*, Verfassungsrechtliche Bindungen bei der Beschränkung der Abzugsfähigkeit von Vorsorgeaufwendungen durch Höchstbeträge, StuW 90, 356.

706 Sonderausgaben (§§ 10; 10b EStG), für die § 10c EStG **Pauschalierungen** vorsieht, sind durchweg private – notwendige oder sozialadäquate – Aufwendungen unterschiedlicher Art (für Renten i. S. des § 10 I Nr. 1a EStG gilt das nicht; Fremdkörper)[8]. Die Aufwendungen betreffen überwiegend die eigene Person, zum Teil aber auch andere Personen (Nrn. 1, 7).

§ 10 I Nrn. 1, 2–7 EStG geht § 12 Nr. 2 EStG vor; § 12 Nr. 2 EStG geht § 10 I Nr. 1a EStG vor (s. Einleitungssatz des § 12 EStG, wo § 10 I Nr. 1a EStG nicht erwähnt ist).

Sonderausgaben sind insb.:

707 a) **Unterhaltsleistungen an den geschiedenen oder getrennt lebenden Ehegatten,** jedoch nur unter bestimmten Voraussetzungen (§ 10 I Nr. 1 EStG; dazu Rz. 95 f.).

b) Auf besonderen Verpflichtungsgründen beruhende **Rentenleistungen und dauernde Lasten** (§ 10 I Nr. 1a EStG), die (s. Einleitungssatz des § 10 EStG) nicht als Betriebsausgaben oder Werbungskosten (s. § 9 I Nr. 1 EStG) zu berücksichtigen sind.

Vgl. zu den Begriffen „Renten" und „dauernde Lasten" Rz. 576 f., 587 f.

708 c) **Vorsorgeaufwendungen** (§ 10 I Nrn. 2, 3 EStG), das sind

- **Beiträge zu Kranken-, Unfall- und Haftpflichtversicherungen,** zu den **gesetzlichen Rentenversicherungen** und an die **Bundesanstalt für Arbeit;**
- Beiträge zu folgenden **nicht fondsgebundenen Versicherungen** auf den Erlebens- oder Todesfall:
  - Risikoversicherungen, die nur für den Todesfall eine Leistung vorsehen;
  - Rentenversicherungen ohne Kapitalwahlrecht;

8 Dazu näher *H. Söhn*, StuW 85, 395 f.

- Rentenversicherungen mit Kapitalwahlrecht gegen laufende Beitragsleistung, wenn das Kapitalwahlrecht erst nach 12 Jahren (oder später) ausgeübt werden kann;
- Kapitalversicherungen gegen laufende Beitragsleistung mit Sparanteil, wenn der Vertrag für mindestens 12 Jahre abgeschlossen worden ist.

Durch Neufassung des § 10 I Nrn. 2, 3 EStG hat der Gesetzgeber sich bemüht, nur noch Aufwendungen für die echte Altersversorgung zum Abzug zuzulassen, nicht aber allgemeine Kapitalansammlungen (BT-Drucks. 7/1470, 287). Die Abgrenzung ist jedoch schwierig, wie insb. § 10 I Nr. 3 EStG zeigt.

Durch das StÄndG 1992 vom 25. 2. 1992, BGBl. I 92, 297, ist die Verwendung von **Lebensversicherungen zur steuergünstigen Finanzierung** erheblich eingeschränkt worden[9]: Nach §§ 10 II 2; 10 I Nr. 6 Satz 3 EStG sind der **Sonderausgabenabzug** von Lebensversicherungen sowie die **Steuerfreiheit von Zinsen** nach § 20 I Nr. 6 Satz 2 EStG grundsätzlich ausgeschlossen, wenn die Lebensversicherung zur Tilgung oder Sicherung eines Darlehens verwendet wird, dessen Finanzierungskosten Betriebsausgaben oder Werbungskosten sind; ausgenommen sind langfristige Investitionen, Direktversicherungen und Betriebsmittelkredite (s. i. e. § 10 II 2, a–c EStG). Es handelt sich um eine den Sonderausgabenabzug erheblich verkomplizierende Maßnahmegesetzgebung gegen sog. **„Zinsaufblähungsmodelle“**, mit der allenfalls Symptome einer ökonomisch fehlkonstruierten Einkommensteuer (s. § 4 Rz. 116 ff.) kuriert werden, nicht die Wurzel des Übels angegangen wird. 709

- 50 v. H. **Beiträge an Bausparkassen** zur Erlangung von Baudarlehen (§ 10 I Nr. 3 EStG). 710

Diese Rechtslage gilt ab 1990. Die Beschränkung des Sonderausgabenabzuges hängt mit der Rücknahme der Bausparförderung, insb. auch mit der **Absenkung der Wohnungsbauprämie** zusammen (BT-Drucks. 11/2157, 144). Das Streichen der bisherigen Begrenzung in § 10 I Nr. 3 Satz 2 EStG bewertet der Gesetzgeber als Vereinfachungsmaßnahme (BT-Drucks. 11/2157, 144). Zur wahlweisen Inanspruchnahme der Wohnungsbauprämie s. § 10 IV EStG.

Nach § 10 II Nr. 2 EStG müssen die Versicherungs- oder Bausparbeiträge an Versicherungsunternehmen oder Bausparkassen mit Sitz in einem EU-Mitgliedstaat und Konzession im Inland oder Gemeinschaftsgebiet[10] oder an einen Sozialversicherungsträger geleistet werden. 711

Die Abzugsfähigkeit von Vorsorgeaufwendungen soll dem Vorsorgebedürfnis Rechnung tragen (BVerfGE 45, 104, 134; 68, 143, 153). Allerdings handelt es sich hier um **Zukunftsinvestitionen,** deren Erträge später versteuert werden müßten. Erst dann ist dem Leistungsfähigkeitsprinzip exakt entsprochen. Der Sonderausgabenabzug der Vorsorgeaufwendungen liefert den Einstieg in eine allgemeine Sparbereinigung der Einkommensteuer, die nicht bestimmte Vorsorgeaufwendungen privilegiert und spätere Einkünfte unbesteuert läßt, sondern den Steuerabzug von Ersparnissen generalisiert und dafür aber im Zeitpunkt des Entsparens lückenlos besteuert, demnach die steuerliche Leistungsfähigkeit intertemporal vollständig erfaßt (s. hierzu § 4 Rz. 117 ff.). 712

Vorsorgeaufwendungen können nach Maßgabe des § 10 III EStG nur bis zu bestimmten **Höchstbeträgen** (dreiteiliges Schema: Vorwegabzug für Versicherungen 6 000 DM/Ehegatten 12 000 DM; Grundhöchstbetrag 2 610 DM/5 220 DM; hälftiger Höchstbetrag, das sind 50 v. H. des Grundhöchstbetrags) abgezogen werden[11]. Für Arbeitnehmer sieht § 10c EStG eine **Vorsorgepauschale** vor. 713

---

9 Zu Einzelheiten des § 10 II EStG i. d. F. des StÄndG 1992 gibt es nicht weniger als drei BMF-Schreiben (BStBl. I 93, 10; 93, 406; 93, 901). Dazu *H.-G. Horlemann,* Inf 93, 49; *R. Wakker,* DB-Beilage Nr. 4/93. Krit. insb. *J. Dahm,* DStZ 93, 385 (Erwiderung von *H.-G. Horlemann,* DStZ 93, 513); *D. E. Meyer-Scharenberg,* DStR 92, 309; *ders.,* DStR 93, 825; *ders.,* DStR 93, 1768; *ders.,* Finanzierung mit Lebensversicherungen, München 1993; *Meyer-Scharenberg/Fleischmann,* DStR-Beihefter 4/93.

10 Durch StMBG vom 21. 12. 1993, BGBl. I 93, 2310, ist § 10 II EStG dem EG-Recht angepaßt worden. Zur Verletzung von EG-Recht durch die bisherige Regelung s. Vorauflage S. 378; EuGH RIW 92, 334; 93, 777; 93, 955; HFR 93, 735.

11 § 10 III EStG ist durch StMBG vom 21. 12. 1993, BGBl. I 93, 2310, vereinfacht worden. Warum sich der Gesetzgeber nicht einer wirklich einfachen Regelung zugewandt hat, ist nicht zu verstehen.

d) **Gezahlte Kirchensteuer** (§ 10 I Nr. 4 EStG).

714 Da das Existenzminimum diese Aufwendung nicht berücksichtigt, ist die Zulassung zum Abzug (als zusätzliches kulturelles oder ethisches Existenzminimum) gerechtfertigt. Die Beschränkung des Abzugs auf deutsche Kirchensteuer (durch die Rechtsprechung) verletzt u. E. Art. 3 I GG.

e) Zinsen nach den §§ 233a, 234, 237 AO

715 Dieser Sonderausgabenabzug wurde mit der **Verzinsung von Steuernachforderungen** und Steuererstattungen (§ 233a AO) durch StRefG 1990 eingeführt. Die Zinsen nach den §§ 233a, 234, 237 AO sind vom Abzugsverbot in § 12 Nr. 3 EStG ausgenommen. Zinsen auf hinterzogene Steuern nach § 235 AO sind nicht abziehbar, auch wenn sie betrieblich veranlaßt sind (§ 4 V Nr. 8a EStG).

716 f) **Steuerberatungskosten** (§ 10 I Nr. 6 EStG), soweit sie nicht Betriebsausgaben/Werbungskosten sind (s. Einleitungssatz zu § 10 EStG).

Steuerberatungskosten sind auch die Aufwendungen für die Anschaffung von Steuerfachliteratur (BFH BStBl. 89, 865) sowie Kosten eines Unfalles während einer Fahrt zum Steuerberater (BFH BStBl. 89, 967). Keine Steuerberatungskosten sind die Aufwendungen für die Verteidigung in einem Steuerstrafverfahren (BFH BStBl. 90, 20).

717 g) (Vorsorge-)**Aufwendungen für die Berufsausbildung** oder Weiterbildung in einem nicht ausgeübten Beruf (dies gilt sowohl für den Steuerpflichtigen als auch dessen Ehegatten) bis zu Höchstgrenzen, nicht Aufwendungen für die Allgemeinbildung (§ 10 I Nr. 7 EStG).

Als Berufsausbildung wird auch die Ausbildung in Schulen und Hochschulen angesehen. Weiterbildungskosten sind Werbungskosten oder Betriebsausgaben, wenn sie einen ausgeübten Beruf betreffen.

718 h) Durch das Gesetz zur Änderung des StRefG 1990 vom 30. 6. 1989 (BGBl. I 89, 1267) ist ein Sonderausgabenabzug von Aufwendungen für ein **hauswirtschaftliches Beschäftigungsverhältnis** in § 10 I Nr. 8 EStG eingeführt worden. Danach können Hausgehilfinnenkosten bis zu 12 000 DM pro Jahr abgesetzt werden, wenn Pflichtbeiträge zur gesetzlichen Rentenversicherung entrichtet werden und zum Haushalt zwei Kinder (bei Alleinstehenden genügt ein Kind) unter zehn Jahren oder eine hilflose Person i. S. d. § 33b VI EStG gehören. Dieser Sonderausgabenabzug ist als arbeitsmarktpolitische Maßnahme gedacht (BT-Drucks. 11/4688, 10 ff.); er berücksichtigt nur sehr bedingt zwangsläufigen Unterhaltsaufwand der gehobenen Lebensführung und ist nicht zu rechtfertigen, solange das EStG zwangsläufige Unterhaltsverpflichtungen nicht realitätsgerecht berücksichtigt.

719 i) Durch das Kultur- und Stiftungsförderungsgesetz vom 13. 12. 1990 (BGBl. I 90, 2775) ist der in § 10 I Nr. 9 EStG geregelte Sonderausgabenabzug für **Schulgelder** eingeführt worden. Es können 30 v. H. des Entgelts für die Unterbringung eines Kindes in einer staatlich genehmigten oder einer nach Landesrecht anerkannten allgemeinbildenden Ergänzungsschule als Sonderausgaben abgesetzt werden. Da diese Vorschrift vornehmlich die zum Teil sehr kostspieligen Landerziehungsheime erfaßt, berücksichtigt sie ebenso wie § 10 I Nr. 8 EStG Aufwand der gehobenen Lebensführung und begünstigt nicht zuletzt auch Eltern, die ihre Kinder in ein Internat geben, um ihre eigenen gesellschaftlichen Bedürfnisse ungehindert befriedigen zu können.

k) **Ausgaben zur Förderung gemeinnütziger Zwecke** und Beiträge/**Spenden an politische Parteien** (§ 10b EStG). Dazu § 21 Rz. 14 ff.

720 l) *W. Drenseck* (DStR 93, 1429) fordert die **Wiedereinführung des allgemeinen Schuldzinsenabzugs,** der durch StÄndG 73 (BGBl. I 73, 677) abgeschafft worden war. Die gegenwärtige Gesetzeslage sei besonders wegen der Gestaltungsmöglichkeiten bei den Gewinneinkünften (zu den

Zwei/Drei-Konten-Modellen[12] s. Rz. 269) mit dem Gleichheitssatz nicht zu vereinbaren. Ob Zinsen unvermeidbare Aufwendungen i. S. d. oben (Rz. 69 ff.) dargelegten privaten Nettoprinzips sind, hängt davon ab, *welcher Bedarf* fremdfinanziert wird. Kein verfassungsrechtliches Bedürfnis besteht für den Abzug von Zinsen, wenn Urlaubsreisen und Konsumgüter des gehobenen Lebensbedarfs fremdfinanziert werden (so auch *W. Drenseck*, DStR 93, 1435). Hauptsächlich geht es um die **Fremdfinanzierung von Eigenheimen,** die in Bezug auf das Wohnen zum existenznotwendigen Lebensbedarf gehören. Da aber der Erwerb von Eigenheimen oft den bedeutendsten Teil familiärer Vermögensbildung bildet, darf der Nutzen der Fremdfinanzierung nicht unerfaßt bleiben. Im Ergebnis führt also die Forderung von *W. Drenseck* zur Wiedereinführung der Nutzungsbesteuerung nach § 21 II EStG, und zwar ohne die Privilegierung des § 21a EStG[13].

3. Außergewöhnliche Belastungen (§§ 33, 33a, 33b, 33c EStG)

Literatur: *J. Lang*, Die Bemessungsgrundlage der Einkommensteuer, Köln 1981/88, 579 ff.; *Jakob/Jüptner*, Zur Zwangsläufigkeit außergewöhnlicher Belastungen, StuW 83, 206; *U. Wolf*, Der Aufwendungsbegriff in § 33 EStG, Frankfurt 1990; *R. Sunder-Plassmann*, Neuere Rechtsprechung des Bundesfinanzhofs zu § 33 EStG, DStR 92, 1301; *H.-J. Kanzler*, Grundfragen zum Abzug außergewöhnlicher Belastungen, FR 93, 691; *K. Tipke*, Die Steuerrechtsordnung, Bd. II (StRO II), Köln 1993, 702 ff.

a) Nach § 33 EStG können auf Antrag zwangsläufige außergewöhnliche Aufwendungen 721
vom Gesamtbetrag der Einkünfte abgezogen werden, soweit sie die in § 33 III EStG bestimmte **zumutbare Belastung** übersteigen.

§ 33 EStG ist **keine Tarifvorschrift;** sie gehört vielmehr in das System der privaten Abzüge und ist daher tatbestandstechnisch richtig auf einer Stufe mit den Sonderausgaben geregelt (§ 2 IV EStG, s. Rz. 105)[14]. Demnach soll sie das **allgemeine private Nettoprinzip** (s. Rz. 69 ff.) verwirklichen, und zwar deckt sie im System der privaten Abzüge (s. Rz. 77) den außergewöhnlichen Lebensbedarf ab, der infolge außergewöhnlicher Umstände über dem regelmäßig gegebenen Lebensbedarf liegt[15].

Der historische Zweck des § 33 EStG einer Billigkeitsvorschrift ist insofern überholt, als nach heutigem Verständnis § 33 EStG keine atypischen Einzelfälle regelt, die das Einkommensteuersystem abstrakt nicht berücksichtigt (s. § 22 Rz. 329 f.). § 33 EStG ist vielmehr Grundvorschrift zur **Berücksichtigung subjektiver Leistungsfähigkeit** und damit dem Einkommensteuersystem immanent[16]. Daher ist die Anrechnung einer zumutbaren Belastung (§ 33 III EStG) ebensowenig gerechtfertigt wie bei anderen privaten Abzügen (z. B. nach §§ 10, 32, 33a ff. EStG) oder (im Bereich des objektiven Nettoprinzips) bei Erwerbsaufwendungen. Auch hat die Definition außergewöhnlicher Aufwendungen (= größere Aufwendungen als der überwiegenden Mehrzahl der Steuerpflichtigen gleicher Einkommens- und Vermögensverhältnisse und gleichen Familienstands erwachsen) ihren Ursprung im verfehlten Billigkeitsgedanken. Sie ist nicht praktikabel und wird von der Rechtsprechung auch nicht exakt praktiziert.

Nach § 33 II 1 EStG erwachsen dem Steuerpflichtigen die Aufwendungen **zwangsläufig,** 722
wenn er sich ihnen aus rechtlichen, tatsächlichen oder sittlichen Gründen nicht entziehen

---

12 Zwei/Drei-Konten-Modelle sind Symptome der sparfeindlichen, kapitalorientierten Einkommensteuer. In einem System der sparbereinigten Einkommensteuer (s. § 4 Rz. 116 ff.) werden sie wegen der globalen Erfassung der Vermögensbildung überflüssig.

13 Die Besteuerung des Nutzungswerts mit uneingeschränktem Kreditkostenabzug und Versteuerung der Veräußerungseinkünfte ist dem System der sparbereinigten Einkommensteuer (s. Fn. 12) immanent. S. *J. Lang* (Fn. 5), §§ 109 I Nr. 4; 124.

14 Gl. A. *Schmidt/Drenseck*, EStG[13], § 33 Anm. 1; *H.-J. Kanzler*, FR 93, 693 f. S. auch BFH BStBl. 89, 779, 782.

15 Dazu *J. Lang* (Fn. 1), 579 ff.

16 Dazu *J. Lang* (Fn. 1), 581 f.

kann. Ob Aufwendungen zwangsläufig sind, hängt davon ab, ob das Ereignis, insb. das Handeln, durch das sie ausgelöst worden sind, zwangsläufig war. Da Aufwendungen kausal nicht durch eine Ursache ausgelöst zu werden pflegen, kommt es darauf an, die **wesentliche Ursache** (Ereignis) herauszufinden. Damit ergibt sich eine Parallele zum Abzug von Erwerbsaufwendungen (s. Rz. 217 f.). Außerdem verlangt § 33 II 1 EStG, daß die Aufwendungen den Umständen nach **notwendig** sind und einen **angemessenen Betrag** nicht übersteigen.

723 Es muß eine **Belastung** (durch Aufwendungen) eingetreten sein. Es muß das laufende Einkommen belastet worden sein, nicht ausreichend ist Vermögensbelastung, denn die Jahres-Bemessungsgrundlage muß sich reduziert haben. Die Aufwendungen müssen außergewöhnlich und zwangsläufig sein. Die Zwangsläufigkeit ist auch zu verneinen, wenn die Aufwendungen hätten angespart werden können und üblicherweise angespart werden.

Beispiel: Aussteuern, Ausstattungen und die Aufwendungen für die Gründung eines Hausstands und die vorauszusehende Beschaffung einer Wohnung werden üblicherweise angespart. Folglich darf ein Steuerpflichtiger mit hohem Einkommen einschlägige Aufwendungen auch dann nicht als außergewöhnliche Belastung absetzen, wenn er die Aufwendungen nicht aus angespartem Vermögen macht, sondern aus dem laufenden Einkommen.

Hauptanwendungsfälle des § 33 EStG: (Nicht ersetzte) Aufwendungen im Zusammenhang mit: Krankheit; Kur bei Kurbedürftigkeit; Wiederbeschaffung unentbehrlicher Güter nach Brand, Diebstahl, Unwetterkatastrophen u. ä.; Beerdigung, soweit nicht durch den Nachlaß gedeckt; Geburt; Strafprozeß nach Freispruch; Scheidung; Umzug nach Kündigung des Vermieters[17].

Die Auffassung des BFH, daß der außergewöhnlichen Aufwendung prinzipiell kein Gegenwert gegenüberstehen dürfe, verfehlt den Zweck des § 33 EStG. Der Gegenwert ist für die Steuerzahlung nicht disponibel[18].

724 b) Die §§ 33a–33c EStG sind tatbestandstechnisch außergewöhnliche Belastungen. Sie berücksichtigen indessen keinen außergewöhnlichen Lebensbedarf, sondern regelmäßig **Aufwendungen des Grund- und Mehrbedarfs.** Bezüglich der pauschalen Berücksichtigung des Mehrbedarfs infolge Ausbildung, Alter und Körperbehinderung weist das Steuerrecht Gemeinsamkeiten mit dem Sozialhilferecht auf (s. §§ 23; 24 BSHG)[19]. Systematisch sind folgende Tatbestände zu unterscheiden:

725 aa) § 33a I EStG regelt den **allgemeinen Unterhaltsabzug,** der dann Platz greift, wenn für die unterhaltene Person kein Anspruch auf Kinderfreibetrag besteht (s. Rz. 729). § 33a I EStG hängt rechtssystematisch nicht nur mit der Kinder-Grundbedarfvorschrift des § 32 VI EStG (s. Rz. 92), sondern auch mit dem Grundfreibetrag (§ 32a I Nr. 1 EStG) zusammen, der den existenznotwendigen Grundbedarf im allgemeinen berücksichtigt (s. Rz. 81 f.). Der Zweck des § 33a I EStG, den zwangsläufigen (§ 33 II EStG) regelmäßigen Grundbedarf abzugelten, gestattet es, neben § 33a I, V EStG den z. B. durch Krankheit veranlaßten außergewöhnlichen Lebensbedarf nach § 33 EStG geltend zu machen.

726 bb) § 33a II EStG gewährt einen den Kinderfreibetrag aufstockenden **Ausbildungsfreibetrag** und berücksichtigt dadurch regelmäßigen Ausbildungsmehrbedarf des Kindes (s. Rz. 737).

cc) Nach § 33a III 1 Nr. 1 EStG sind Aufwendungen für eine **Haushaltshilfe** bis zum Höchstbetrag von 1 200 DM abziehbar, wenn der Steuerpflichtige oder sein nicht dauernd getrennt lebender Ehegatte das 60. Lebensjahr vollendet hat. Es handelt sich um altersbedingten Mehrbedarf. Im übrigen berücksichtigen die Höchstbeträge des § 33a III 1 EStG (1 200 DM/1 800 DM) Mehrbedarf wegen **Krankheit** und **Behinderung.** § 33a III 2 EStG gewährt Höchst-

17 ABC der abzugsfähigen Aufwendungen bei *Schmidt/Drenseck*, EStG[13], § 33 Anm. 8.

18 Vgl. hierzu die Rezensionen von *K. Tipke,* StuW 74, 347; 75, 158; s. auch *Jakob/Jüptner*, StuW 83, 206 ff.

19 Dazu *J. Lang* (Fn. 1), 205 f., 549 ff.; *M. Lehner,* Einkommensteuerrecht und Sozialhilferecht, Tübingen 1993, 169 ff., 271 ff.

beträge von 1 200 DM/1 800 DM für **Heimunterbringungskosten,** und zwar ab VZ 1990 ohne Verknüpfung mit § 33a III 1 EStG, so daß auch jüngeren, nicht pflegebedürftigen Steuerpflichtigen der Steuerabzug zusteht.

dd) § 33b I–III EStG gewährt **Körperbehinderten** einen nach dem Grade der Behinderung ansteigenden Pauschbetrag (600 DM–7 200 DM). Auch hier handelt es sich um einen Steuerabzug für laufenden und typischen Mehrbedarf, so daß neben dem Pauschbetrag Kosten des außergewöhnlichen Lebensbedarfs wie z. B. Krankheitskosten nach § 33 EStG abgezogen werden können. 727

Der **Hinterbliebenen-Pauschbetrag** (§ 33 b IV EStG) deckt keinen Mehrbedarf ab. Er ist als Sozialzwecknorm zu beurteilen. Mit der Übertragung des Behinderten-Pauschbetrages und des Hinterbliebenen-Pauschbetrages von Kindern auf Eltern (§ 33b V EStG) und mit dem **Pflege-Pauschbetrag** (§ 33b VI EStG) werden Unterhaltsaufwendungen berücksichtigt.

ee) Zum Abzug von **Kinderbetreuungskosten** nach § 33c EStG s. Rz. 739.

d) **Konkurrenzen Sonderausgaben/außergewöhnliche Belastungen:** § 33 II 2 EStG schließt Sonderausgaben auch dann von Abzügen nach den §§ 33–33c EStG aus, wenn sie sich steuerlich nicht ausgewirkt haben[20]. Eine Ausnahme gilt für Berufsausbildungskosten i. S. d. § 10 I Nr. 7 EStG und Hausgehilfinnenkosten i. S. d. § 10 I Nr. 8 EStG. In diesen Fällen ist zuerst der Sonderausgabenabzug zu prüfen. Soweit die Aufwendungen im Rahmen der Höchstbeträge in § 10 I Nr. 7, 8 EStG steuerwirksam abgezogen werden können, scheiden sie bei der Anwendung der §§ 33–33c EStG aus. Soweit die Aufwendungen (einschließlich der Aufwendungen für den Ehegatten nach § 10 I Nr. 7 Satz 3 EStG[21]) die Höchstbeträge überschreiten, können sie nach den §§ 33–33c EStG abgezogen werden. 728

Beispiel: Hausgehilfinnenkosten in Höhe von 16 000 DM kann eine Alleinstehende bis zu 12 000 DM nach § 10 I Nr. 8 EStG und den Rest von 4 000 DM nach § 33c EStG abziehen[22].

4. Unterhaltsabzüge

Das geltende Steuerrecht gewährt dem Verpflichteten für den Lebensbedarf des Berechtigten folgende Abzüge: 729

a) Der als außergewöhnliche Belastung geregelte und daher bereits dort (Rz. 725) erwähnte allgemeine Unterhaltsabzug (§ 33a I EStG) berücksichtigt den **existenznotwendigen Grundbedarf** des Berechtigten, den der Verpflichtete zwangsläufig i. S. d. § 33 II EStG zu tragen hat. Er greift grundsätzlich nicht Platz, soweit das EStG an anderer Stelle den existenznotwendigen Grundbedarf des Berechtigten berücksichtigt. So setzt § 33a I EStG voraus, daß für den Berechtigten **kein Anspruch auf einen Kinderfreibetrag** (§ 32 VI EStG) besteht. Ferner konsumiert das **Ehegattensplitting** in § 32a V EStG (s. Rz. 94) den allgemeinen Unterhaltsabzug (BFH GrS BStBl. 89, 164). Liegen die Voraussetzungen der §§ 26–26b; 32a V EStG nicht vor, so ist der allgemeine Unterhaltsabzug nach § 33a I EStG nicht ausgeschlossen. Daher können z. B. Unterhaltsleistungen an einen im Ausland lebenden Ehegatten nach § 33a I EStG abgezogen werden (BFH GrS BStBl. 89, 164). Unterhaltsleistungen an den geschiedenen oder dauernd getrennt lebenden Ehegatten können nach § 33a I EStG berücksichtigt werden, wenn sich die Ehegatten auf das Realsplitting nach den §§ 10 I Nr. 1; 22 Nr. 1a EStG nicht einigen können[23]. Liegen die Voraussetzungen des § 10 I Nr. 1 EStG vor, so entfällt § 33a I EStG gemäß § 33 II 2 EStG.

---

20 So die h. M. (dazu m. w. Nachw. *H.-J. Kanzler*, HHR, EStG, § 33 Anm. 203 ff.).
21 Dazu *H.-J. Kanzler* (Fn. 20), Anm. 207.
22 Abschnitt 101 VI 5 LStR 1993.
23 Für ein solches „Wahlrecht" Bericht des Finanzausschusses, BT-Drucks. 8/2201, 23.

730 § 33a I EStG knüpft an die Definition der **Zwangsläufigkeit** in § 33 II EStG an. Damit erstreckt sich § 33a I EStG nicht nur auf **rechtliche,** sondern auch auf **sittliche Unterhaltspflichten.** Die Rechtsprechung tendiert zu Recht dazu, § 33a I EStG auf rechtliche Unterhaltspflichten zu beschränken[24]. Solange nämlich die gesetzlich zwangsläufigen Unterhaltsverpflichtungen nicht realitätsgerecht berücksichtigt sind und die Einheit der Rechtsordnung zwischen Steuerrecht und Unterhaltsrecht nicht hergestellt ist, läßt sich eine Ausdehnung der Unterhaltsabzüge auf die (häufig auch kaum zu verifizierende) Sittenordnung schwerlich rechtfertigen. § 33a I 4 EStG enthält eine Sonderregelung für im Ausland lebende Unterhaltsempfänger: Die Aufwendungen müssen nach den Verhältnissen des Wohnsitzstaats notwendig und angemessen sein. Hingegen ist die Zwangsläufigkeit i. S. d. § 33 II EStG nach inländischen Maßstäben zu beurteilen.

731 Der allgemeine Unterhaltsabzug ist auf einen **Höchstbetrag** von 6 300 DM begrenzt (§ 33a I 1 Nr. 2 EStG). Eine Begrenzung auf 4 104 DM sieht § 33a I 1 Nr. 1 EStG für Personen vor, die das 18. Lebensjahr noch nicht vollendet haben oder für die der Steuerpflichtige die Voraussetzungen des § 33a II EStG (Ausbildungsfreibetrag) erfüllt. Die **unterhaltene Person** darf kein oder nur geringes Vermögen besitzen (§ 33a I 2 EStG). Hat die unterhaltene Person **Einkünfte** (nach BFH BStBl. 92, 900 Einkünfte i. S. d. § 2 I EStG, und zwar nach BFH BB 93, 2139, mit krit. Anm. *B. Sangmeister,* einschließlich § 21 II EStG) oder (nicht erwirtschaftete) **Bezüge,** die zur Bestreitung des Unterhalts bestimmt oder geeignet sind, so vermindern sich die Höchstbeträge von 4 104/6 300 DM um die Summe, die sich aus den Einkünften/Bezügen abzüglich 4 500 DM p. a. und (ohne anrechnungsfreien Betrag anzusetzenden) Ausbildungshilfen ergibt, die der unterhaltenen Person aus öffentlichen Mitteln oder von mit öffentlichen Mitteln finanzierten Förderungseinrichtungen gewährt worden sind. Dieser uneinsichtig kompliziert und willkürlich geregelte Anrechnungsmodus ist ab 1994 durch **StMBG** vom 21. 12. 93, BGBl. I 93, 2310, eingeführt worden. Es läßt sich auf sehr viel einfachere und zugleich genauere Weise erreichen, daß das Existenzminimum nur einmal steuerfrei gelassen wird (s. Rz. 103).

732 b) Der **Unterhalt für Kinder** wird durch den *Kinderfreibetrag* (§ 32 VI EStG) und diverse sog. *kindbedingte Erleichterungen* berücksichtigt (s. bereits Rz. 91). Die allgemeinen Vorschriften zur einkommensteuerlichen Berücksichtigung von Kindschaftsverhältnissen enthält § 32 EStG. Dort sind der (vom § 2 BKGG abweichende) *Kindbegriff* (§ 32 I EStG) sowie die sonstigen *allgemeinen Voraussetzungen* zur Berücksichtigung von Kindern (§ 32 III, IV EStG) geregelt.

733 aa) Der vom Einkommen (§ 2 V EStG) abzuziehende **Kinderfreibetrag** ist in einem sog. *dualen System* mit dem Kindergeld nach dem BKGG[25] verknüpft (dazu kritisch bereits Rz. 92) und beträgt ab 1992 4104 DM, wenn die Eltern zusammenveranlagt werden, im übrigen für jeden Elternteil 2052 DM (§ 32 VI 1, 2 EStG). Der volle Kinderfreibetrag von 4104 DM ist auch einem einzelnen Elternteil zu gewähren, wenn der andere Elternteil

---

24 Z. B. zu Aufwendungen für das Studium von Geschwistern BFH BStBl. 89, 280, und zu Aufwendungen an den Partner einer eheähnlichen Gemeinschaft BFH BStBl. 90, 294; 90, 886; 91, 518 (homosexuelle Lebensgemeinschaft), sowie zuletzt BFH BStBl. 94, 442: Der BFH erkennt sittliche Zwangsläufigkeit nur an, wenn die Bedürftigkeit eines Partners gemeinschaftsbedingt ist oder wenn besondere Umstände vorliegen, die die Unterhaltsgewährung bei Würdigung der gesamten Umstände als unausweichlich erscheinen lassen. Gemeinschaftsbedingte Bedürftigkeit bejaht BFH BStBl. 94, 442, wenn der arbeitslose Partner keine Arbeitslosenhilfe wegen seines Zusammenlebens mit dem Stpfl. erhält.

25 Bundeskindergeldgesetz i. d. F. der Bekanntmachung vom 31. 1. 1994, BGBl. I 94, 168, kommentiert insb. von *Schieckel/Brandmüller,* Loseblattkommentar und Sammlung des gesamten Kindergeldrechts des Bundes und der Länder.

vor Beginn des Kalenderjahrs verstorben ist oder nicht während des ganzen Kalenderjahrs unbeschränkt einkommensteuerpflichtig gewesen ist (§ 32 VI 3 Nr. 1 EStG). Der volle Kinderfreibetrag steht auch Steuerpflichtigen zu, die das Kind allein adoptiert haben oder zu denen das Kind allein in einem Pflegekindschaftsverhältnis steht (§ 32 VI 3 Nr. 2 EStG).

Nachdem BFH BStBl. 90, 898; 92, 896, aufgrund verfassungskonformer Interpretation des § 33a I EStG auch Aufwendungen für die nach § 32 II EStG a. F. ausgeschlossenen **Auslandskinder** als nach § 33a I EStG abzugsfähig entschied, bezog der Gesetzgeber die Auslandskinder durch **StMBG** vom 21. 12. 1993, BGBl. I 93, 2310, in die Regelung des Kinderfreibetrags ein. § 32 II EStG wurde zwar ersatzlos gestrichen, jedoch wurde in § 32 VI 4 EStG die Regelung des § 33a I 4 EStG (s. Rz. 730) transportiert: Nach § 32 VI 4 EStG kann bei Auslandskindern ein Kinderfreibetrag nur abgezogen werden, soweit er nach den Verhältnissen des Staates, wo das Kind wohnt, *notwendig* und *angemessen* ist. Durch eine derartige Sonderregelung im Bereich von Kinderfreibeträgen bleibt das Auslandskind weiterhin gleichheitssatzwidrig diskriminiert. 734

Auf Antrag wird nach § 32 VI 5 EStG der Kinderfreibetrag übertragen, wenn im wesentlichen *nur ein Elternteil* seiner Unterhaltspflicht nachkommt. In diesem Falle steht dem das Kind unterhaltenden Elternteil der volle Kinderfreibetrag von 4 104 DM zu. Nach Maßgabe des § 32 VI 5–7 EStG ist die **Übertragung des Kinderfreibetrages** auch *einvernehmlich* möglich. Diese Dispositionsbefugnis über den Kinderfreibetrag verstellt den Blick auf den Normzweck des Kinderfreibetrages als einer **Existenzminimumpauschale für das Kind** (s. Rz. 92). Der Kinderfreibetrag ist keine handelbare Steuervergünstigung. Die einvernehmliche Übertragungsmöglichkeit ist als verfassungswidrig zu beurteilen, weil durch die Übertragung die Indikation steuerlicher Leistungsfähigkeit verfälscht wird. 735

bb) Die Funktion einer Grundbedarf-Pauschale hat auch der **Haushaltsfreibetrag** (§ 32 VII EStG), der Alleinstehenden mit mindestens einem Kind gewährt wird. Er beträgt identisch mit dem Grundfreibetrag 5 616 DM. Mit diesem Betrag ist der um das Kindergeld gekürzte sozialhilferechtliche Grundbedarf für das erste Kind realitätsgerecht berücksichtigt, so daß ein zusätzlicher Kinderfreibetrag nicht mehr zu rechtfertigen ist. Nicht sachgerecht ist die Orientierung am Erwachsenen-Existenzminimum des § 32a I Nr. 1 EStG. 736

cc) **Mehrbedarf des Kindes** wird durch den **Ausbildungsfreibetrag** (§ 33a II EStG) berücksichtigt. Der Ausbildungsfreibetrag setzt Aufwendungen des Steuerpflichtigen für die Berufsausbildung eines Kindes voraus (§ 33a II 1 EStG) und beträgt 1 800 DM für ein Kind unter 18 Jahren bei auswärtiger Unterbringung (§ 33a II 1 Nr. 1 EStG), 2 400 DM für ein volljähriges Kind und 4 200 DM für ein auswärtig untergebrachtes volljähriges Kind (§ 33a II 1 Nr. 2 EStG). Der Ausbildungsfreibetrag ist grundsätzlich mit der Kinderfreibetragsregelung verknüpft (§ 33a II 1 EStG), so daß der Ausbildungsfreibetrag insb. auch **Auslandskindern** (s. Rz. 734) gewährt wird. Nach § 33a II 2 EStG wird der Ausbildungsfreibetrag **auch ohne Kinderfreibetragsberechtigung** für Kinder (einschließlich Auslandskinder) bis zur Vollendung des 29. Lebensjahrs gewährt, wenn das Kind Grundwehr- oder Zivildienst geleistet hat. BVerfG vom 26. 1. 94 (BB 94, 407) hat den Ausbildungsfreibetrag als verfassungsmäßig mit der Begründung erkannt, daß die Aufwendungen für die Berufsausbildung von Kindern nicht so behandelt werden müßten wie die Aufwendungen für die Sicherung des Existenzminimums; sie seien Investitionen der Eltern in die Zukunft der Kinder. Dieser Aspekt ist m. E. für die Minderung steuerlicher Leistungsfähigkeit der Eltern irrelevant, so daß das Urteil des BVerfG nicht zu überzeugen vermag. 737

738 dd) Regelmäßiger **Mehrbedarf** entsteht auch infolge **Krankheit** und **Körperbehinderung des Kindes.** Diesen Mehrbedarf berücksichtigen die §§ 33a III; 33b V, VI EStG (s. Rz. 726 f.).

739 ee) **Alleinstehenden** gewährt § 33c EStG den Abzug von **Kinderbetreuungskosten** bis 4000 DM für das erste Kind und zusätzlich 2000 DM für jedes weitere Kind, soweit die Aufwendungen wegen Erwerbstätigkeit (§ 33c I Nr. 1 EStG) oder wegen Behinderung/Krankheit (§ 33c I Nr. 2, 3 EStG) des Steuerpflichtigen erwachsen. § 33c EStG ist eingeführt worden, nachdem BVerfG vom 3. 11. 1982 (BVerfGE 61, 319) entschieden hatte, daß berufstätigen Alleinstehenden mit Kindern zusätzlicher zwangsläufiger Betreuungsaufwand entstehe, der die wirtschaftliche Leistungsfähigkeit mindere und deshalb steuerlich berücksichtigt werden müsse. Erwachsen Aufwendungen wegen Erwerbstätigkeit, so liegen nach dem Veranlassungsprinzip Erwerbsaufwendungen vor, deren Abzug (§ 33c I Nr. 1 EStG) im System der privaten Abzüge fehlplaziert ist. Das Veranlassungsprinzip gilt auch für **berufstätige Ehepaare,** so daß deren Ausschluß von § 33c I Nr. 1 EStG zwar der Auffassung des BVerfG entspricht, gleichwohl sachlich nicht zu rechtfertigen ist[26]. § 33c I Nr. 2, 3, II EStG diskriminiert die in intakter Ehe lebenden Steuerpflichtigen. Die Behinderung oder Erkrankung der erziehenden Person erzeugt zwangsläufigen Mehrbedarf, unabhängig vom Zustand der Ehe. Die Delegation der Erziehungsarbeit an den Partner kann nicht einfach unterstellt werden. Sie kann z. B. dann nicht möglich sein, wenn auch der Partner krank oder behindert ist (durch § 33c V EStG berücksichtigt) oder wenn er erwerbstätig ist (durch § 33c EStG nicht berücksichtigt). Nach BFH BStBl. 92, 814, sind die Kinderbetreuungskosten *nicht um die zumutbare Belastung* (§ 33 III EStG) zu kürzen[27].

J. Einkommensteuertarif

Literatur: *v. Wiese,* Das Prinzip der Progression in der Einkommensteuer, in: Festgabe für Schanz II, Tübingen 1928, 261; *Kipke,* Beiträge zur Lehre vom Steuertarif, Jena 1931; *Wickerey,* Agenda for Progressive Taxation, New York 1947; *Föhl,* Kritik der progressiven Einkommensbesteuerung, FinArch. Bd. 14 (1953/54), 88; *Krelle,* Zur Wirkung der progressiven Einkommensbesteuerung, FinArch. Bd. 16 (1955/56), 22; *K. Schmidt,* Die Steuerprogression, Basel/Tübingen 1960; *Kirchgässner,* Die Entwicklung der Einkommensteuer-Progression in der BR Deutschland, FinArch. Bd. 43 (1985), 328; *Ammann/Fuhrmann,* Die mathematischen Zusammenhänge des Einkommensteuertarifs, BB 87, Beil. 18; *Petersen,* Wer trägt die Einkommensteuerlast?, Aufkommensentwicklung und Verteilungswirkungen der Lohn- und Einkommensteuer 1965–1990, Stuttgart/Berlin/Köln/Mainz 1988; *Seidl/Schmidt,* Die numerische Ermittlung der Parameter von Steuertarifen aus Opfergleichheitsprinzipien aufgrund vorgegebener Steueraufkommenserfordernisse, in: Seidl (Hrsg.), Steuern, Steuerreform und Einkommensverteilung, Berlin, Heidelberg 1988, 49; *v. Stern,* Inflationsbedingte heimliche Steuererhöhungen bei bisherigen und beim neuen Einkommensteuertarif T 90, DStZ 89, 576; *R. Lieb,* Direkte Steuerprogression, Geschichtliche Entwicklung und kritische Würdigung ihrer Begründungen, Wiesbaden 1992; *JustFuSt,* Zur Notwendigkeit der Reform des Einkommensteuertarifs – zugleich ein Beitrag zur Diskussion um eine „Gerechtigkeitslücke" –, Bonn 1994.

26 *Klatt,* DB 85, 298; *F. Klein,* DStR 87, 779, 782; *J. Lang,* StuW 84, 130 f.; *Schmidt/Glanegger,* EStG[13], § 33c Anm. 1; *K. Tipke,* StbKongrRep. 1983, 53. A. A. BFH BStBl. 90, 70.

27 Die Verwaltung wendet dieses Urteil über den entschiedenen Einzelfall hinaus nicht an (BMF BStBl. I 92, 545; R. 195 V EStR 93).

1. Der linear-progressive Normaltarif

Auf das zu versteuernde Einkommen als Einkommensteuer-Bemessungsgrundlage (§§ 2 V, 32a I 1 EStG) wird der Tarif angewendet (§ 32a EStG). Aus dem Tarif ergibt sich, mit welcher Steuerquote der für disponibel gehaltene Teil des Einkommens belegt werden soll. Erfaßt die Bemessungsgrundlage mehr oder weniger als das disponible Einkommen, so wird der Tarif unwahr[1]. Im Abschnitt „Tarif" (§§ 32–34b EStG) stehen allerdings – falsch plaziert – auch Vorschriften, die die Bemessungsgrundlage betreffen: §§ 32; 32a I Nr. 1, V, VI; 33; 33a; 33b; 33c; 34 III EStG. 740

Es läßt sich weder wirtschaftswissenschaftlich noch rechtswissenschaftlich beweisen, welcher Tarif „richtig" ist. Der **progressive Tarif** ist bereits 1891 in Preußen eingeführt worden (0,67 bis 4 v. H.). Die Überzeugung, daß die Besteuerung progressiv zu sein habe, reicht in das 18. Jahrhundert zurück und hat vor allem durch die sozialen Konflikte des 19. Jahrhunderts im Wandel von der feudalistischen Agrargesellschaft zur Industriegesellschaft Auftrieb erfahren. Grundlage der Rechtfertigung war die sog. **Opfertheorie,** die *Jean Jacques Rousseau* 1755 wegweisend in seinem „Discours sur l'économie politique" entworfen hat. Er legte dar, daß die Steuer nach der Größe des Vermögens abgestuft werden müßte. Je größer das Vermögen sei, desto entbehrlicher werde es. Der progressive Tarif ist ein Instrument sozialstaatlicher Umverteilung (s. § 4 Rz. 201). Er wirkt leistungshemmend und ist wesentliche Ursache für die Verkomplizierung des Einkommensteuerrechts. Aus diesen Gründen sind die progressiven Tarife in den meisten Ländern (insb. auch in Schweden) stark vereinfacht worden, so daß der deutsche Einkommensteuertarif im internationalen Vergleich bereits die seltene Ausnahme darstellt. Die Progression ist fehlplaziert, wenn sie schon im Bereich von Durchschnittseinkommen ansetzt. Deshalb sollte der Gesetzgeber sicherstellen, daß nur eine Minderheit mit hohen und höchsten Einkommen progressiv besteuert wird[2]. 741

Die in § 32a EStG festgelegte Struktur des Einkommensteuertarifs ist durch die **Steuerreform 1990** in einen **linear-progressiven Tarif** (s. nachstehendes Schaubild, Rz. 743) umgestaltet worden. Dieses „Kernstück" (BT-Drucks. 11/2157, 116) der Steuerreform 1990 ist zu recht einhellig begrüßt worden. 742

Ein progressiver Tarif ist grundsätzlich sozial gerecht (dazu § 4 Rz. 201), und unter diesem **Gerechtigkeitsaspekt** läßt sich u. E. ein linear-progressiver Tarif am besten rechtfertigen. Gleichwohl hat der 57. Deutsche Juristentag[3] zutreffend beschlossen: „Die Steuerreform 1990 bringt bei der Einkommensteuer, insbesondere mit dem linear-progressiven Tarif, einen Fortschritt gegenüber dem bisherigen Zustand. Die Aufgabe aber, das Einkommensteuerrecht um der Lastengleichheit und der Einfachheit der Besteuerung willen neu zu ordnen, besteht auch nach der Steuerreform fort". Die Reform der lückenhaften, die wirkliche Leistungsfähigkeit nicht ausweisenden Bemessungsgrundlage ist mißglückt. Verfassungsrechtlich und steuersystematisch hätte insb. die Reform der Maßgröße subjektiver Leistungsfähigkeit Vorrang vor der Tarifreform gehabt, denn solange die Bemessungsgrundlage falsch ist, ist auch der Tarif unwahr und falsch.

Der **ab 1990 geltende Tarif** ist nach § 32a I EStG wie folgt aufgebaut: 743

- bis 5 616 DM 0 v. H. (Grundfreibetrag, der in die Bemessungsgrundlage gehört, s. Rz. 86);
- von 5 617 DM bis 8 153 DM 19 v. H. (untere Proportionalzone);
- von 8 154 DM bis 120 041 DM die linear-progressive Zone;
- von 120 042 DM an 53 v. H. (sog. obere Proportionalzone).

1 Dazu *Boris Bittker,* Effective Tax Rates: Fact or Fancy?, University of Pennsylvania Law Review 74, 740 ff.

2 In meinem „Entwurf eines Steuergesetzbuchs" (BMF-Schriftenreihe Heft 49, Bonn 1993) empfehle ich in § 103 in Anlehnung an den neuen Tarif in Schweden einen sog. Scheibentarif, der 80 v. H. der Steuerpflichtigen proportional mit 30 v. H. des zu versteuernden Einkommens (implizite realitätsgerechtes Existenzminimum) besteuert.

3 Sitzungsbericht N zum 57. Deutschen Juristentag, München 1988, 211.

Einkommensteuertarife 1988 und 1990

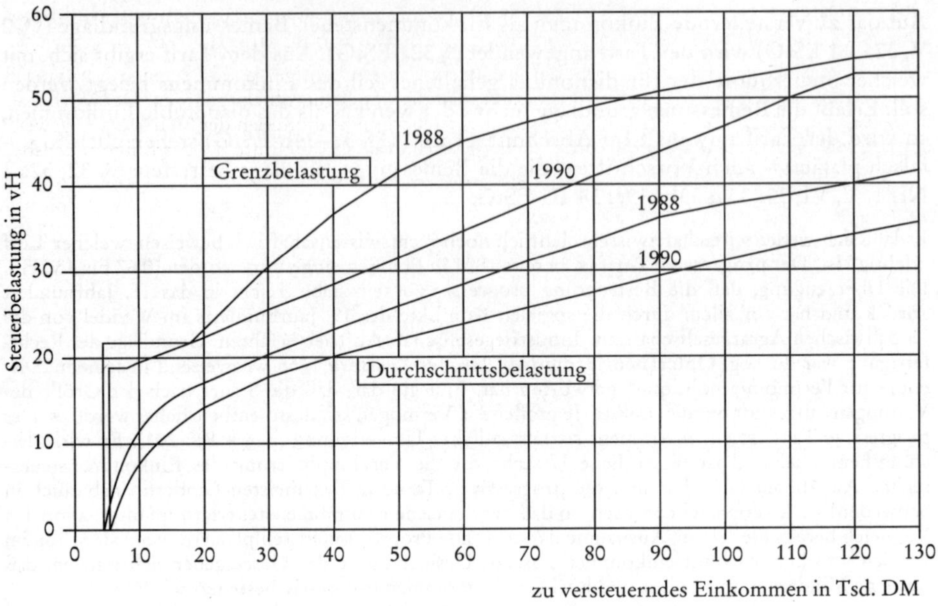

Im einzelnen kann der Steuersatz den dem Gesetz als Anlagen beigefügten Tabellen entnommen werden (Anlage 1: Grundtabelle; Anlage 2: Splittingtabelle; dazu § 32a IV, V EStG).

Die Durchschnittsbelastung ist immer geringer als die Spitzenbelastung (Belastung des Zuwachses). Daher sind Durchschnittssteuersatz und Spitzensteuersatz (Marginalsteuersatz, margo = Rand) zu unterscheiden.

744 Soweit der Tarif der Geldentwertung nicht angepaßt wird, findet eine **„kalte Progression"**, eine **„heimliche Steuererhöhung"** statt, d. h. es wachsen infolge der zum Ausgleich der Geldentwertung vorgenommenen Einkommens- und Lohnerhöhungen immer mehr Steuerpflichtige in den höheren Tarif hinein, ohne daß der Gesetzgeber eine entsprechende Entscheidung trifft[4].

Theoretisch kann der Tarif der **inflationären Entwicklung** auf verschiedene Weise angepaßt werden:

- durch eine **gesetzliche Indexierung**, d. h. durch eine gesetzlich angeordnete, automatische Anpassung des Tarifs und der persönlichen Freibeträge (Grundfreibetrag, familiäre Freibeträge) bei bestimmten Mindesterhöhungen des Lebenshaltungskostenindex. So verfahren Dänemark, die Niederlande, einige Schweizer Kantone, Kanada und die USA;
- durch eine Verpflichtung der Regierung, ab bestimmten Mindesterhöhungen des Lebenshaltungskostenindex der „kalten Progression" durch **Anpassung des Tarifs** und der persönlichen Freibeträge Rechnung zu tragen. So verfahren Frankreich und Luxemburg;
- durch eine **Überprüfung des Tarifs** und der persönlichen Freibeträge entweder jährlich oder in Mehrjahreszeiträumen, ohne daß bindende Regeln aufgestellt werden. So verfahren insb. Großbritannien, Irland, Norwegen, Schweden und die Schweiz[5].

4 Dazu Inst. FuSt Brief 227, Heimliche Steuererhöhungen, Bonn 1983; *V. Stern,* DStZ 89, 576.

5 Dazu *Wild,* DB 72, 840; *L. Müller,* StKongrRep. 1975, 387; *H.-G. Petersen,* Personelle Einkommensbesteuerung und Inflation, Diss. rer. pol. Kiel 1977; Inflation und Besteuerung, IFA-Cahiers LXIIa, Amsterdam 1977; *Bächli,* Nominalwertprinzip und Inflation in der Einkommensbesteuerung (Kalte Progression), Diss. Zürich 1978. Vgl. auch IFA-Bulletin 81, 51; 83, 259. – Zur Schweiz s. Steuer-Revue 83, 547.

Sind bei unbeschränkt Steuerpflichtigen nach einem Abkommen zur Vermeidung der Doppelbesteuerung die aus dem ausländischen Vertragsstaat stammenden Einkünfte steuerfrei, so ist nach § 32b EStG der **Progressionsvorbehalt** zu beachten. 745

Der Progressionsvorbehalt will verhindern, daß ein Steuerpflichtiger dadurch einen Tarifvorteil erhält, daß seine Einkünfte zum Teil nicht zum inländischen Steuerobjekt gehören. Der Vorbehalt besteht darin, daß auf das nach § 32a I EStG zu versteuernde Einkommen der Steuersatz angewendet wird, der sich ergibt, wenn die (ordentlichen) ausländischen Einkünfte bei der Einkommensberechnung einbezogen werden.

Beispiel (für das Jahr 1993)

Inlandseinkommen in A	14 000 DM
steuerfreie ausländische Einkünfte in B	6 000 DM
Gesamteinkommen	20 000 DM
Einkommensteuer darauf	2 943 DM

Das entspricht einem Durchschnittssatz von 14,71 v. H. Demnach beträgt die Einkommensteuer 14,71 v. H. von 12 000 DM = 2 059 DM, die Tabellensteuer auf 14 000 DM hingegen nur 1 642 DM.

Aufgrund der verschiedenen Formulierungen in den Doppelbesteuerungsabkommen war erhebliche Rechtsunsicherheit darüber entstanden, ob der Progressionsvorbehalt lediglich zu einer entsprechenden Regelung in innerdeutschen Gesetzen ermächtige oder ob er die Regelung selbst darstelle. Diese Rechtsunsicherheit beseitigt § 32b EStG.

Nach § 32b I Nr. 1a EStG gilt der Progressionsvorbehalt auch für bestimmte, nach § 3 EStG steuerfreie **Lohnersatzleistungen.** § 32b I Nr. 1a EStG ist durch StRefG 1990 erheblich erweitert worden.

2. Ausnahmen vom Normaltarif

Der chaotisierende, das Steuerrecht beliebig manipulierende Gesetzgeber (s. § 4 Rz. 1 ff.), der notwendigen Einkommensteuer-Fundamentalreform unfähig, schuf in den §§ 32c; 32d EStG zwei **Sondertarife,** die im bisherigen Einkommensteuerrecht kein Vorbild haben und durch einzigartige Privilegierung bzw. Diskriminierung einer bestimmten gesellschaftlichen Gruppe gekennzeichnet sind, also Musterfälle gleichheitssatzwidriger Gruppenungleichheit (s. § 4 Rz. 73) darstellen. Im weiteren konstituieren auch **Steuerermäßigungen** Ausnahmen vom Steuertarif. Dabei sind zu unterscheiden *Steuersatz- oder Tarifermäßigungen* (§§ 34; 34b EStG) und *Steuerbetragsermäßigungen* (§§ 34c, 34e–g, 35 EStG). 746

2.1 Sondertarife für Gewerbetreibende (§ 32c EStG) und Niederstverdiener (§ 32d EStG)

a) § 32c EStG **begrenzt den Tarif für gewerbliche Einkünfte** auf 47 v. H. § 32c EStG wurde mit StandOG vom 13. 9. 1993, BGBl. I 93, 1569, eingeführt und ist als Übergangslösung bis zu einer wirklichen Reform gedacht (BT-Drucks. 12/4487, 25); er soll zum einen die Sonderbelastung der gewerblichen Einkünfte ausgleichen, zum anderen die Spreizung zwischen dem Spitzensteuersatz der Einkommensteuer und dem Körperschaftsteuersatz vermeiden (BT-Drucks. a. a. O.). Gemäß dem erstgenannten Normzweck bestimmt § 32c II EStG die begünstigten gewerblichen Einkünfte *gewerbesteuerlich.* Der Tarif wird durch einen **Tarifabschlag** (§ 32c I EStG) begrenzt; dieser besteht in dem Unterschiedsbetrag zwischen dem auf die gewerblichen Einkünfte entfallenden Grundtabellen-Betrag und dem Grundtabellen-Betrag für 100 224 DM zuzüglich 47 v. H. des 100 224 DM übersteigenden Teils der gewerblichen Einkünfte (§ 32c IV EStG). Für zusammenveranlagte Ehegatten sieht § 32c V EStG eine Halbierung der Bemessungsgrößen für den Tarifabschlag mit anschließender Verdoppelung vor. 747

748 § 32c EStG verletzt den **Gleichheitssatz**[6]. Er durchbricht ohne tragfähige Rechtfertigung das Prinzip der synthetischen Gesamteinkommensteuer, alle Einkünfte einem einheitlichen Tarif zu unterwerfen, und wirft die Einkommensteuer in die Schedulenbesteuerung zurück (s. oben Rz. 1)[7]. Eine mit dem Gleichheitssatz zu vereinbarende Beseitigung der Zusatzbelastung mit Gewerbesteuer läßt sich nur mit der sehr viel einfacheren Anrechnung der Gewerbesteuer auf die Einkommensteuer erreichen. Auch kann die Anpassung des Einkommensteuer-Spitzensatzes an den Körperschaftsteuersatz nicht isoliert für gewerbliche Einkünfte bewerkstelligt werden. Die verfassungswidrigen Reparaturmaßnahmen an der bestehenden Lastenungleichheit verstärken das Bedürfnis nach einer Reform, welche die Gewerbesteuer abschafft und die **unternehmensformneutrale Besteuerung** verwirklicht[8].

749 b) Der **Sondertarif für Niederstverdiener** (§ 32d EStG[9]) ist bereits oben (Rz. 82 ff.) kritisch betrachtet worden. Obgleich die Regelung vom BVerfG relativ konkret vorgegeben wurde, ist sie als verfassungswidrig zu beurteilen. Die in Rz. 82 genannten Beträge reichen nicht aus, um den „in der Rechtsgemeinschaft anerkannten Mindestbedarf" (BVerfGE 87, 153, Leitsatz 2) abzudecken. Im weiteren bewirken die Hinzurechnungen in § 32d II EStG **gleichheitssatzwidrige Diskriminierungen** der Niederstverdiener (vgl. Rz. 83) und schließlich ergeben sich im Übergang zum Normaltarif Grenzsteuerbelastungen von 50–62 v. H. (s. *H.-J. Kanzler,* Fn. 9, Anm. 14) und damit **Progressionssprünge,** die nach BVerfGE 87, 170, unzulässig sind.

2.2 Steuersatzermäßigungen

750 a) § 34 I, II EStG sieht einen ermäßigten Steuersatz vor für **außerordentliche Einkünfte** (Veräußerungsgewinne i. S. d. §§ 14, 14a I, 16, 17, 18 III EStG; Entschädigungen i. S. d. § 24 Nr. 1 EStG; Nutzungsvergütungen und Zinsen i. S. d. § 24 Nr. 3 EStG, soweit sie für einen Zeitraum von mehr als drei Jahren nachgezahlt werden). Der ermäßigte Steuersatz beträgt die Hälfte des durchschnittlichen Steuersatzes, der sich ergäbe, wenn die tarifliche Einkommensteuer nach dem gesamten zu versteuernden Einkommen zuzüglich der dem Progressionsvorbehalt unterliegenden Einkünfte zu bemessen wäre (s. das Berechnungsbeispiel in Abschnitt 198 EStR 1990). Diese Steuerermäßigung ist auf außerordentliche Einkünfte bis 30 Mio. DM anzuwenden. Der diesen Betrag überschreitende Teil der außerordentlichen Einkünfte unterliegt dem Normaltarif[10].

Eine Tarifermäßigung ist insofern prinzipiell gerechtfertigt, weil in der Regel **stille Reserven** realisiert werden, die sich im Laufe der Jahre angesammelt haben. Auf diese Weise werden Härten gemildert, die sich aus dem strengen Kalenderjahr-Prinzip ergeben. Nicht gerechtfertigt erscheint eine Limitierung nur auf bestimmte langfristig erwirt-

---

6 Ausf. *R. Wendt,* Steuerreform durch Tarifbegrenzung für gewerbliche Einkünfte als Rechtsproblem, FR 93, 1. Verletzung des Gleichheitssatzes bejahen auch *K. Tipke,* StuW 93, 8, 12; *D. Gosch,* Beihefter zu DStR 6/94; *R. Seer,* StuW 93, 137 f.; *J. Lang,* StbJb. 93/94, 9, 17 ff.; *Schmidt/Glanegger,* EStG[13], München 1994, § 32c Anm. 2.

7 Die Auffassung der Regierungsparteien, der Grundsatz der synthetischen Gesamteinkommensteuer sei „kein Wert an sich" (Bericht des Finanzausschusses, BT-Drucks. 12/5016, S. 79) dokumentiert die Meinung, mit der Einkommensteuer zugunsten von Gruppeninteressen willkürlich hantieren zu können.

8 Vgl. *J. Lang,* StbJb. 93/94, 14 ff.; *ders.,* Entwurf eines Steuergesetzbuchs, BMF-Schriftenreihe Heft 49, Bonn 1993, S. 179 ff., §§ 150 ff. (Unternehmensteuer); *K. Tipke,* StRO III, 1025 ff. (Entwicklung einer Unternehmensteuer).

9 Hierzu insb. die Kommentierungen von *H.-J. Kanzler,* HHR, EStG, § 32d (März 1994); *Schmidt/Glanegger* (Fn. 6), § 32d EStG.

10 Zur Neuregelung des § 34 EStG i. d. F. des Steuerreformänderungsgesetzes vom 30. 6. 1989 (BGBl. I 89, 1267) *Herzig/Schiffers,* DB 89, 2442; *Schulze zur Wiesche,* FR 89, 445.

schaftete Einkünfte. Diese Limitierung führt zum ewigen Streit darüber, ob es sich lediglich um separate Wirtschaftsgüter handelt oder um einen Teilbetrieb. Besser würde auf den Zeitraum der Zugehörigkeit zum Betriebsvermögen abgestellt.

Die Einschränkung des § 34 EStG durch das StRefG 1990 erhöht die Gefahr einer übermäßigen Besteuerung. Anstatt evidente Steuerprivilegien zu streichen, griff der Steuergesetzgeber auf eine unter dem Leistungsfähigkeitsaspekt gerechtfertigte Regelung zu.

b) § 34 III EStG ordnet keinen ermäßigten Steuersatz an, er läßt aber zu, daß in Fällen 751
der Entlohnung einer mehrjährigen Tätigkeit nicht das Zuflußprinzip angewendet wird, sondern die Einkünfte auf die (höchstens drei) Tätigkeitsjahre verteilt werden. Somit betrifft die im Abschnitt „Tarif" falsch plazierte Norm in Wirklichkeit die **periodische Zuordnung der Bemessungsgrundlage.**

c) § 34b EStG sieht einen ermäßigten Steuersatz für **außerordentliche Einkünfte aus Forstwirtschaft** (außerordentliche Nutzungen aus wirtschaftlichen Gründen, z. B. Kalamitätsnutzungen) vor[11].

d) Steuersatzermäßigungen enthielten auch die sog. **Erfinder-Verordnungen**[12]. Diese Verordnungen galten bis 31. 12. 1988.

2.3 Steuerbetragsermäßigungen bei Auslandseinkünften[13]

a) Anrechnung der ausländischen (der Einkommensteuer entsprechenden) Steuer auf die 752
deutsche Einkommensteuer, wenn kein die Doppelbesteuerung vermeidendes Doppelbesteuerungsabkommen besteht (§ 34c EStG);

b) Festsetzung der Steuer in einem Pauschbetrag für beschränkt Steuerpflichtige (§ 50 VII EStG).

2.4 Steuerbetragsermäßigung bei Erbschaftsteuerbelastung

Sind bei der Ermittlung des Einkommens Einkünfte berücksichtigt worden, die im 753
Veranlagungszeitraum oder in den vorangegangenen vier Veranlagungszeiträumen als Erwerb von Todes wegen der Erbschaftsteuer unterlegen haben (wohl Festsetzung der Erbschaftsteuer erforderlich), so wird auf **Antrag** die um sonstige Steuerermäßigungen gekürzte tarifliche Einkommensteuer, die auf diese Einkünfte anteilig entfällt, ermäßigt (§ 35 EStG).

Der Erbschaftsteuer unterliegen einerseits, will man terminologisch exakt sein, keine „Einkünfte". 754
§ 35 EStG will Fälle erfassen, in denen der Erblasser die Einkünfte durch Überschußrechnung (§§ 2 II Nr. 2, 4 III EStG) ermittelt hat und in denen im Zeitpunkt des Erbfalls noch unerfüllte, **nicht einkommenversteuerte** (s. § 11 EStG) **Forderungen** bestanden. In solchen Fällen fällt die Einkommensteuer erst beim Erben an. Indessen, da die Einkommensteuerschuld im Zeitpunkt des Erbfalls noch nicht entstanden war, kann diese Schuld auch nicht den Erwerb von Todes wegen mindern. Damit Steuerpflichtige mit Überschußrechnung (§§ 2 II Nr. 2, 4 III EStG) nun nicht gegenüber

---

11 Dazu *v. Reden-Lütcken,* Die Besteuerung der außerordentlichen Einkünfte aus Forstwirtschaft, Diss. Göttingen 1971.

12 Gesetz vom 20. 2. 1969, BGBl. I 69, 141 i. V. m. § 4 VO vom 30. 5. 1951, BGBl. I 51, 387, und § 2 VO vom 6. 6. 1951, BGBl. I 51, 388; dazu *Streck,* StuW 74, 126; *Felix/Stahl,* Erfinder in der Besteuerungspraxis[2], Köln 1981. Zum Auslaufen der Erfindervergünstigungen am 31. 12. 1988: *Gaul,* BB 88, 2098; *Korn,* KÖSDI 88, 7417, und BT-Drucks. 11/3101 (Verlängerungsantrag der SPD-Bundestagsfraktion).

13 Dazu *Flick,* Steuerermäßigung bei ausländischen Einkünften, Bergisch Gladbach 1959; *H. Richter,* Steuervergünstigungen bei Zuzug aus dem Ausland, Köln 1971; *Andresen,* Das Wesen der Pauschbesteuerung, Diss. Köln 1961.

anderen Steuerpflichtigen benachteiligt werden, dürfen sie die Einkommensteuer um das Erbschaftsteuer-Mehr ermäßigen.

Die Ermäßigungstechnik des § 35 EStG ist folgende: Zuerst wird die Einkommensteuer errechnet, die auf die „erbschaftsteuerbelasteten Einkünfte" entfällt; diese Einkommensteuer wird dann um den Hundertsatz der tatsächlichen Erbschaftsteuerbelastung ermäßigt.

§ 35 Sätze 1, 2 EStG gelten nicht, soweit Erbschaftsteuer nach § 10 I Nr. 1a EStG abgezogen wird (§ 35 Satz 3 EStG). Erklärung: Nach § 23 ErbStG besteht für **Renten** und andere **wiederkehrende Nutzungen** und **Leistungen** das **Wahlrecht,** die Erbschaftsteuer statt vom Kapitalwert jährlich im voraus vom Jahreswert zu entrichten. Diese jährlichen Zahlungen sieht der BFH als dauernde Lasten i. S. d. § 10 I Nr. 1a EStG an, so daß sich die Einkommensteuer bereits auf diese Weise ermäßigt[14].

2.5 Andere Steuerbetragsermäßigungen

755 Die neu eingefügten §§ 34e, 34f, 34g EStG enthalten Subventionen bzw. Prämien[15], also *Sozialzwecknormen.*

3. Zur Ehegattenbesteuerung

Literatur: *J. Lang,* Die Bemessungsgrundlage der Einkommensteuer, Köln 1981/88, 620 ff.; *ders.,* Familienbesteuerung, StuW 83, 103, 112; *K. Tipke,* Neuordnung der Familienbesteuerung, StbKongrRep. 1983, 40; *K. Tipke/J. Lang,* Zur Reform der Familienbesteuerung, StuW 84, 127; *Böckenförde,* Steuergerechtigkeit und Familienlastenausgleich, StuW 86, 335; *P. Kirchhof,* Der Schutz von Ehe und Familie: Essener Gespräche, Bd. 21, Münster 1986, 11 ff., 26 f.; *J. E. Gotthardt,* Die Ehegattenbesteuerung, Ein Reformvorschlag unter Berücksichtigung der Erfahrungen im Vereinigten Königreich von Großbritannien und Nordirland, Diss. Mainz 1992; *A. Waterkamp,* Ehegattenveranlagung und Freizügigkeit in der Europäischen Gemeinschaft, Köln u. a. 1993; *K. Tipke,* Die Steuerrechtsordnung, Bd. I (StRO I), Köln 1993, 379 ff.

756 Ehegatten, die beide unbeschränkt einkommensteuerpflichtig sind und nicht dauernd getrennt leben und bei denen diese Voraussetzungen zu Beginn des Veranlagungszeitraumes vorgelegen haben oder im Laufe des Veranlagungszeitraumes eingetreten sind, räumt § 26 I 1 EStG[16] ein **Wahlrecht** zwischen **Zusammenveranlagung** (§ 26b EStG, s. a) und **getrennter Veranlagung** (§ 26a EStG, s. b) ein. Für den Veranlagungszeitraum der Eheschließung können die Ehegatten auch die besondere Veranlagung nach § 26c EStG wählen. Geben die Ehegatten keine Erklärung ab, so wird unterstellt, daß die Ehegatten die Zusammenveranlagung wählen (§ 26 III EStG).

757 a) **Zusammenveranlagung:** Nach § 26b EStG werden die zusammenveranlagten Ehegatten „gemeinsam als Steuerpflichtiger" behandelt. Diese Formulierung des Gesetzes ist insofern verunglückt, als die Steuersubjekteigenschaft nicht partiell aufgehoben werden kann. Entweder ist der Ehegatte Einkommensteuersubjekt oder er ist es nicht. Der einzelne Ehegatte ist und bleibt auch im Falle der Zusammenveranlagung Einkommensteuersubjekt und -schuldner, denn es werden die Einkünfte eines jeden Ehegatten auch bei der Zusammenveranlagung getrennt ermittelt und zugerechnet (s. Rz. 165). Nach § 44 I AO ist jeder einzelne Ehegatte **Gesamtschuldner** der Einkommensteuer, zu der die Ehegatten zusammenveranlagt werden. Die Gesamtschuld kann nach §§ 268 ff. AO aufgeteilt werden. Jeder zusammenveranlagte Ehegatte kann gegen den Einkommensteu-

14 Dazu *Klotz,* DStZA 74, 347; *B. Keuk,* DB 73, 634; zum verfehlten dogmatischen Ansatz *C. Trzaskalik,* StuW 79, 112.

15 Zu § 34e EStG *Kutscher,* FR 80, 449; *Josten,* Inf. 80, 457; *Scholtz,* Inf. 81, 1; *Freund,* Inf. 80, 529.

16 Es besteht ein Wahlrecht (§ 26 I 1 EStG). Nach BGH HFR 77, 297 = StRK EStG 1975 § 26 R. 1 muß der Ehegatte der Zusammenveranlagung zustimmen, wenn er dadurch selbst keine Nachteile hat.

erbescheid Einspruch einlegen und klagen; der andere Ehegatte ist nach h. M. notwendig beizuladen (§ 60 III FGO).

Nach § 32a V EStG beträgt die tarifliche Einkommensteuer das Zweifache des Steuerbetrags, der sich für die Hälfte ihres gemeinsam zu versteuernden Einkommens ergibt (sog. **Splitting**)[17]. 758

Bis 1957 wurden die Einkünfte der Ehegatten so zusammengerechnet, als handle es sich um die Einkünfte einer Person. Auf diese Weise wurden Eheleute durch den progressiven Tarif gegenüber (zwei) Alleinstehenden benachteiligt[18]. Diese die Eheleute diskriminierende Art der Zusammenveranlagung hatte BVerfGE 6, 55, wegen Verstoßes gegen Art. 6 GG für verfassungswidrig erklärt (s. § 4 Rz. 216). In den Gründen hatte es erwähnt, daß das damals in den USA geltende Splitting verfassungsmäßig sei. Daraufhin entschloß sich der Gesetzgeber, das Splitting auch in der Bundesrepublik Deutschland einzuführen[19].

Das Ehegattensplitting berücksichtigt die **Erwerbs- und Verbrauchsgemeinschaft** der *intakten Durchschnittsehe* und ist insofern *keine Steuervergünstigung* (so BVerfGE 61, 319, 345 f., zit. in Rz. 94)[20]. Es handelt sich allerdings um eine *relativ großzügige Typisierung*, die auf die einzelnen Güterstände keine Rücksicht nimmt; diese konstituieren aber nur z. T. die vom Gesetzgeber angenommene Erwerbs- und Verbrauchsgemeinschaft. Das BVerfG bezieht sich auf den *gesetzlichen* Güterstand der **Zugewinngemeinschaft** (§§ 1363 ff. BGB) und den **Versorgungsausgleich** (§§ 1587 ff. BGB)[21]. 759

Bei der Zugewinngemeinschaft wird der Zugewinn, den die Ehegatten in der Ehe erzielen, ausgeglichen, wenn die Zugewinngemeinschaft endet (§§ 1363, 1371 ff. BGB). Während der Ehe besteht *Gütertrennung* (§§ 1363 II 1; 1364 BGB) mit den vom BVerfG (Fn. 21) zit. Beschränkungen. Infolge der getrennten Vermögensverwaltung (§ 1364 BGB) kann der Anspruch auf Zugewinn und damit die Teilhabe am während der Ehe erwirtschafteten Einkommen dadurch unterlaufen werden, daß in der Endphase einer scheiternden Ehe das Vermögen verbraucht bzw. beiseitegeschafft wird. Daher begründet die Zugewinngemeinschaft nur bedingt eine Erwerbs- und Verbrauchsgemeinschaft. Diese ist exakt verwirklicht durch die **Errungenschaftsgemeinschaft** nach den §§ 13 ff. Familiengesetzbuch der ehemaligen DDR[22], was acht Familienverbände veranlaßt hat, die Errungenschaftsgemeinschaft als Voraussetzung für das Ehegatten-Splitting vorzu- 760

17 Dazu Splittingtabelle Anlage 2 zum EStG.

18 Ausführlich zur Entwicklung der Haushaltsbesteuerung in Deutschland *J. Becker*, Der „Grundsatz der Individualbesteuerung“ im deutschen Einkommensteuerrecht, Diss. Münster 1970.

19 Dazu BT-Drucks. III/260, 32 ff.

20 Ausf. hierzu mit rechtsvergleichenden Hinweisen *K. Tipke*, StRO I, 377 ff.; *W. Lingemann*, Das rechtliche Konzept der Familienbesteuerung, Köln 1994, 166 ff., sowie die vor Rz. 756 zit. Dissertationen von *J. E. Gotthardt* und *A. Waterkamp*.

21 BVerfGE 61, 346: Das Splitting stehe „auch in Einklang mit den Grundwertungen des Familienrechts. Die Institute des Zugewinnausgleichs und neuerdings des Versorgungsausgleichs lassen den Grundsatz erkennen, daß das während der Ehe Erworbene gemeinschaftlich erwirtschaftet ist (vgl. BT-Drucks. III/260, 34; 7/1470, 222: Splitting als Reflex der Zugewinngemeinschaft; vgl. die Stellungnahme der Bundesregierung in diesem Verfahren). Ferner ist durch die gegenseitige Verpflichtungsbefugnis (§ 1357 BGB) und die Beschränkungen der Verwaltungsbefugnis der Ehegatten (§§ 1365 bis 1367, 1369 BGB) auch während der Ehe dem Gedanken der ehelichen Wirtschaftsgemeinschaft familienrechtlich Rechnung getragen.“

22 Vgl. dazu BMF BStBl. I 92, 542 (Ertragsteuerliche Folgen aus der Änderung des ehelichen Güterrechts im Beitrittsgebiet); *W. Lingemann* (Fn. 20), 174 ff.; *A. M. Broudré*, Der Übergang des gesetzlichen ehelichen Güterstands in den neuen Bundesländern von der Errungenschaftsgemeinschaft zur Zugewinngemeinschaft und die Folgen für die Besteuerung, DB 92, 447; *H. Hahn*, Einkommensteuerrechtliche Frage im Zusammenhang mit der Eigentums- und Vermögensgemeinschaft nach dem Recht der ehemaligen DDR, DStZ 92, 362.

schlagen[23]. Auch die ehevertragliche **Gütergemeinschaft** (§§ 1415 ff. BGB) rechtfertigt uneingeschränkt das Ehegattensplitting, während in den Fällen der **Gütertrennung** (§ 1414 BGB) das Ehegattensplitting nicht zu rechtfertigen ist[24]. Das Ehegattensplitting büßt auch seine Rechtfertigung ein, wenn ehevertraglich der **Versorgungsausgleich** ausgeschlossen wird (§ 1408 II BGB).

761 Indessen vermag allein das Eherecht die sachgerechte Besteuerung von Ehegatten nicht zu bestimmen. Auch im Falle einer Gütertrennung hat der Ehegatte einen **Unterhaltsanspruch** (§§ 1360 ff. EStG), der bei einer getrennten Besteuerung der Ehegatten berücksichtigt werden müßte. Darüber hinaus entspricht es der *Realität der intakten Durchschnittsehe* (so BVerfG, zit. in Rz. 94), daß Eheleute gemeinschaftlich konsumieren und Vermögen bilden, daß besonders im Falle des Erwerbs eines **Eigenheims** beide Ehegatten als Miteigentümer eingetragen werden. Die ideologische, auch pseudowissenschaftliche Argumentation mit dem sog. Millionärsgattinneneffekt, mit „kuchenfressenden Pelztierchen" (in England spricht man vom „coffee-morning wives")[25] verkennt, daß die Fälle der Millionärsgattinen in der Gesamtzahl der zusammenveranlagten Ehen verschwinden und daß es verfassungsrechtlich unzulässig ist, eine notwendig typisierende Regelung an nur sehr vereinzelt vorkommenden Ausnahmefällen auszurichten. Eine pauschale sog. **Kappung des Ehegattensplittings** ist verfassungswidrig, weil sie die tatsächlichen wirtschaftlichen Verhältnisse einer mehr oder weniger großen Zahl von Ehen negiert, das Ehegattensplitting wie eine politisch frei verfügbare Steuervergünstigung nach ideologischem Gutdünken (davon hängt die Einkommenshöhe der Kappung ab) manipuliert[26]. Eine präzisere Berücksichtigung ehelicher Verhältnisse könnte nur an den Unterschieden des ehelichen Güterrechts festmachen. Dann ist aber zu befürchten, daß Eheleute sich gegenseitig unter Steuergestaltungsdruck setzen, die Kautelarjurisprudenz der Ehegattenverträge aufblüht und letztlich wieder die Eheleute die Dummen sind, die keine Gestaltungsmöglichkeiten haben.

762 Das Splittingverfahren nach § 32a V EStG verdoppelt den **Grundfreibetrag** (§ 32a I Nr. 1 EStG). Die **Verdoppelung** ist wegen der Haushaltsersparnis nicht zu rechtfertigen[27]. Die Kosten zusammenlebender Personen sind pro Person gerechnet geringer als die Alleinstehender. Die Haushaltsersparnis wird im Sozialhilferecht durch einen niedrigeren Regelsatz für die Haushaltsangehörigen berücksichtigt. Dementsprechend müßte auch der zweite Grundfreibetrag niedriger angesetzt werden.

---

23 Bad Boller Beschlüsse vom 15. 4. 1992, StuW 92, 195, 196: „Die bestehende Gütertrennung während der Ehe in dem gesetzlichen Güterstand der Zugewinngemeinschaft entspricht nicht der vom Steuergesetzgeber angenommenen Erwerbs- und Verbrauchsgemeinschaft. Daher ist das Ehegattensplitting nur unter der Voraussetzung beizubehalten, daß zunächst im gesetzlichen Güterstand die Erwerbs- und Verbauchsgemeinschaft durch eine entsprechende Reform des Eherechts verwirklicht wird. Der vom Steuergesetzgeber angenommenen Erwerbs- und Verbrauchsgemeinschaft entspricht die Errungenschaftsgemeinschaft in Gestalt der Eigentums- und Vermögensgemeinschaft nach dem Recht der ehemaligen DDR. Die eherechtlich normierte Errungenschaftsgemeinschaft ist sodann als Tatbestandsvoraussetzung für das steuerliche Ehegattensplitting zu statuieren."

24 Gl. A. *K. Vogel*, DStR 77, 182; *K. Tipke*, StRO I, 394. A. A. *J.-P. Meincke*, StbKongrRep. 80, 334 ff.

25 Dazu die Nachw. von *K. Tipke*, StRO I, 384 f. Wissenschaftlich unlauter ist es auch, wenn bei Darstellungen des Ehegattensplittings der aktuelle Erkenntnisstand und insb. BVerfGE 61, 319, unterschlagen werden (so *R. Donath*, zit. vor Rz. 68, S. 406–408).

26 Gl. A. *K. Tipke*, StbKongrRep. 83, 39, 50 f.; *ders.*, StRO I, 393; *A. Waterkamp* (Fn. 20), 265 ff.

27 Dazu *Böckli*, Steuer-Revue 78, 98; *J. Lang*, Die Bemessungsgrundlage der Einkommensteuer, Köln 1981/88, 631 ff. (m. w. Nachw.). Vgl. auch *H. Buob*, DStZ 92, 422.

Unsystematisch ist auch das sog. **Gadensplitting,** das bei Verwitweten über das Bestehen der Ehe hinaus noch eine Zeitlang weitergewährt wird (§ 32a VI Nr. 1 EStG), ohne daß mehrere Personen am Einkommen partizipieren. 763

b) **Getrennte Veranlagung:** Im Falle getrennter Veranlagung unterliegt das Einkommen eines jeden Ehegatten dem Grundtarif (§ 32a I–IV EStG). Jeder Ehegatte hat die von ihm erwirtschafteten Einkünfte selbst zu versteuern (§ 26a I EStG). Sonderausgaben werden bei dem abgezogen, der sie geleistet hat. Außergewöhnliche Belastungen (§§ 33 bis 33c EStG) werden bei jedem Ehegatten zur Hälfte abgezogen, und zwar unabhängig davon, wer die Zahlungen geleistet hat (§ 26a II 1 EStG). Nach dieser Vorschrift können jedoch die Ehegatten eine andere Aufteilung beantragen. Im übrigen enthält § 26a II, III EStG Sondervorschriften zu §§ 7b; 10a; 10d; 10e; 33b V; 34f EStG und zu § 15b Berlinförderungsgesetz. 764

K. Zum Verfahren

Die Einkommensteuer ist **Veranlagungssteuer,** d. h. die Steuer wird durch schriftlichen Bescheid festgesetzt (§ 25 EStG; §§ 155 ff. AO). Das Ermittlungsverfahren ist in §§ 78 ff., 134 ff., 140 ff. AO geregelt. Die Veranlagung geschieht nach Ablauf des Veranlagungszeitraums, d. h. des Kalenderjahrs (s. § 25 EStG). Jedoch haben die Steuerpflichtigen vierteljährlich (10. 3.; 10. 6.; 10. 9.; 10. 12.) **Vorauszahlungen** zu leisten, die prinzipiell nach den Verhältnissen der Vergangenheit bemessen werden (§ 37 EStG). 765

In drei Fällen wird statt der Veranlagung ein **Quellenabzug** durchgeführt, nämlich: 766

a) Bei der **Lohnsteuer** (§§ 38 ff. EStG)[28]. Die Gemeinde stellt für Arbeitnehmer Lohnsteuerkarten aus (§ 39 EStG). Die Lohnsteuerkarte ist Grundlagenbescheid i. S. des § 179 AO; sie steht unter Vorbehalt der Nachprüfung (§ 39 III b 4 EStG); auf ihr können bestimmte Freibeträge eingetragen werden (§ 39a EStG[29]). Lohnsteuerschuldner ist der Arbeitnehmer (§ 38 II 1 EStG). Der Arbeitgeber hat die Lohnsteuer jedoch anzumelden, einzubehalten und abzuführen (§§ 38 ff., 41a–c EStG); er handelt dabei als Organ der Finanzverwaltung[30]. In bestimmten Fällen ist eine Pauschalierung der Lohnsteuer[31] zulässig (§§ 40a f. EStG; Teilzeitbeschäftigte: § 40a EStG; Zukunftssicherungsleistungen: § 40b EStG). Über die Rechtslage kann der Arbeitgeber sich durch Anrufungsauskunft vergewissern (§ 42e EStG). Die Einbehaltung und Abführung der Lohnsteuer werden durch Außenprüfungen kontrolliert (§ 42f EStG). Der Arbeitgeber haftet unter bestimmten Voraussetzungen für die einzubehaltende, abzuführende Lohnsteuer (§ 42d

28 Dazu *Rinner,* Die Lohnsteuer, Theorie und Technik beim Steuerabzug vom Arbeitslohn, Berlin 1929; *Riepen,* Die Rechtsstellung des Arbeitgebers im Lohnsteuerabzugsverfahren, Stuttgart 1967; *Mösch,* Über die Erhebung der Lohnsteuer durch den Arbeitgeber, Diss. Erlangen/Nürnberg 1968; *Stolterfoht,* Lohnsteuer und Lohnsteuerabführungspflicht nach dem EStG 1975, Baden-Baden 1975; *Janke,* Das Verhältnis der Lohnsteuer zur veranlagten Einkommensteuer, Diss. Köln 1982; *W. Schick,* Grundfragen des Lohnsteuerverfahrens, München 1983; *H. Schäfer,* Die Dreiecksbeziehung zwischen Arbeitnehmer, Arbeitgeber und Finanzamt beim Lohnsteuerabzug, Berlin 1990.

29 Zu verfassungswidrigen Benachteiligungen durch § 39a I EStG s. *W. Drenseck,* StuW 91, 232.

30 Dazu *W. Schick* (Fn. 28), 8 ff.; *F. W. Kloubert,* Rechtliche Stellung des Arbeitgebers beim Lohnsteuerabzug (Diss. Bochum 1987), Köln u. a. 1988. – Über Abwehrmaßnahmen des Arbeitnehmers bei unberechtigter Einbehaltung von Lohnsteuer *Giloy,* BB 84, 2104.

31 *K. J. Wagner,* Die Pauschalierung der Lohn- und Lohnkirchensteuer, Köln 1988; *M. J. Thomas,* DStR 92, 837 ff., 896 ff.

EStG)[32]; er ist berechtigt, nach Maßgabe des § 42b EStG einen Lohnsteuer-Jahresausgleich durchzuführen. Im übrigen ist der Lohnsteuer-Jahresausgleich (§§ 42; 42a EStG a. F.) durch StÄndG 1992 vom 25. 2. 1992, BGBl. I 92, 297, abgeschafft worden. An seine Stelle ist die sog. **Ausgleichsveranlagung** nach § 46 II Nr. 8 EStG getreten.

767 b) Bei der **Kapitalertragsteuer** (§§ 43 ff. EStG):

aa) Die normale Kapitalertragsteuer von 25 v. H. (§ 43a I Nr. 1 EStG) wird auf Dividenden u. ä. Bezüge i. S. des § 20 I Nrn. 1, 2 EStG, Zinsen aus Wandelanleihen, Gewinnobligationen und Genußrechten sowie Einnahmen aus stiller Beteiligung (§ 43 I Nrn. 1–3 EStG) erhoben.

bb) Ab 1. 1. 1993 wird auf Zinsen u. a. Kapitalerträge i. S. d. § 20 I Nr. 7 EStG der sog. **Zinsabschlag** von 30 (bei Tafelgeschäften: 35) v. H. erhoben (s. Rz. 562).

768 cc) Schließlich gibt es noch eine abgeltende Kapitalertragsteuer von 30 v. H. (sog. **Kuponsteuer:** §§ 43 I Nr. 6, 43a I Nr. 3, 45b EStG) für Zinsen aus Wertpapieren, die zwischen 1952 und 1955 auf der Grundlage des 1. Gesetzes zur Förderung des Kapitalmarktes (BGBl. I 52, 793) ausgegeben worden sind. Die Bedeutung der sog. Kuponsteuer ist gering geworden.

769 Lohnsteuer und Kapitalertragsteuer sind Arten der Einkommensteuer, keine selbständigen Steuern. Ob über den Quellenabzug hinaus eine Veranlagung durchzuführen ist oder auf Antrag durchgeführt werden kann, ergibt sich aus § 46 EStG. Bei einer Veranlagung werden die einbehaltenen Abzugsbeträge angerechnet (§ 36 II EStG). Im allgemeinen kontrolliert das Finanzamt den Quellenabzug durch eine Prüfung an Ort und Stelle (§ 42f EStG; §§ 193 ff. AO).

c) In bestimmten Fällen der **beschränkten Einkommensteuerpflicht** (s. § 50a EStG).

d) Die auf Kapitalerträgen i. S. des § 20 I Nrn. 1 und 2 EStG lastende **Körperschaftsteuer** (sog. Ausschüttungsbelastung, § 27 I KStG) wird auf die Einkommensteuer des Ausschüttungsempfängers angerechnet (§§ 36 II Nr. 3, 36a–e EStG). Die Körperschaftsteuer wirkt insoweit wie eine Quellensteuer. Dazu § 11 Rz. 4.

32 Dazu W. *Schick*, BB 83, 1041; *Gast-de Haan*, DStJG Bd. 9 (1986), 141 ff.; *M. J. Thomas* (Fn. 31).

§ 10 Kirchensteuer

Literatur: *Giese,* Deutsches Kirchensteuerrecht, Stuttgart 1910 (Nachdruck: Amsterdam 1965); *Engelhardt,* Die Kirchensteuer in der Bundesrepublik Deutschland, Bad Homburg v. d. H./Berlin/Zürich 1968; *Marré-Hoffacker,* Das Kirchensteuerrecht im Land Nordrhein-Westfalen, Kommentar, Münster 1969; *Marré,* Das kirchliche Besteuerungsrecht, in: Friesenhahn/Scheuner i. V. mit Listl (Hrsg.), Handbuch des Staatskirchenrechts der Bundesrepublik Deutschland, 2. Bd., Berlin 1975, 5 ff.; *Link,* Art. „Kirchensteuer", in: Kunst/Herzog/Schneemelcher (Hrsg.), Evgl. Staatslexikon[2], Stuttgart/Berlin 1975, Sp. 1238 ff.; *Marré,* Die Kirchenfinanzierung in Kirche und Staat der Gegenwart. Die Kirchensteuer im internationalen Umfeld kirchlicher Abgabensysteme und im heutigen Sozial- und Kulturstaat Bundesrepublik Deutschland, Essen 1982; *P. Kirchhof,* Ehe und Familie im staatlichen und kirchlichen Steuerrecht, in: Essener Gespräche zum Thema Staat und Kirche, Bd. 21, Münster 1986; *ders.,* Die Einkommensteuer als Maßstab für die Kirchensteuer, DStZ 86, 25; *Damkowski,* Kirchensteuer in glaubensverschiedenen Ehen, DÖV 87, 705; *Giloy/König,* Kirchensteuerrecht und Kirchensteuerpraxis in den Bundesländern[2], Stuttgart 1988; *ders.,* Die Steuerreform aus kirchensteuerlicher Sicht, FR 88, 43; *Ott/Dix,* Ermittlung der Kirchensteuerschuld bei glaubensverschiedenen Ehen, DStZ 90, 142; *H. Engelhardt,* Die Kirchensteuer in den neuen Bundesländern, Köln 1991 (Rezension von *C. Meyer,* FR 92, 44); *W. Spliesgart,* Die Einführung der Kirchensteuer in den neuen Bundesländern, NVwZ 92, 1155; *Giloy/König,* Kirchensteuerrecht in der Praxis, Neuwied u. a. 1993.

a) **Staatliche Rechtsquellen** des Kirchensteuerrechts liegen im Bundesverfassungsrecht – in Art. 140 GG i. V. mit Art. 137 VI WRV –, im Landesverfassungsrecht und im einfachen Landesrecht, nämlich in den Kirchensteuer-(Rahmen-)gesetzen der Bundesländer und in den dazu erlassenen Durchführungsverordnungen[1]. Für das Gebiet der ehemaligen DDR gilt ab 1. 1. 1991 kraft Einigungsvertrag das „Gesetz zur Regelung des Kirchensteuerwesens" (BStBl. I 90, 717 ff.). Dieses Gesetz ist noch von der DDR erlassen worden (s. Vorauflage S. 185); es gilt entsprechend den Landeskirchensteuergesetzen als Landesrecht fort (Art. 9 V des Einigungsvertrages). Gemeinsame staatlich-kirchliche Rechtsquellen finden sich in Staatskirchenverträgen auf Bundes- und Landesebene. **Kirchliche Rechtsquellen** sind die (staatlich anerkannten bzw. genehmigten) Kirchensteuerordnungen und die Kirchensteuer-Hebesatzbeschlüsse der steuerberechtigten Religionsgemeinschaften. Art. 80 I GG gilt nicht für Ermächtigungen an Kirchen in staatlichen Kirchensteuergesetzen (BVerfG DStZE 87, 37). 1

Das kirchliche Besteuerungsrecht ist im Gesamtzusammenhang der verfassungsrechtlichen Ordnung des Verhältnisses von Staat und Kirche durch die von Art. 140 GG inkorporierten Art. 136 ff. WRV zu sehen, die „vollgültiges Verfassungsrecht der Bundesrepublik geworden" sind und „gegenüber den anderen Artikeln des Grundgesetzes nicht etwa auf einer Stufe minderen Ranges" stehen[2]. Es fügt sich nach verbreiteter Meinung systemadäquat in die fördernden Beziehungen des demokratischen Sozial- und Kulturstaates zu den Gruppen seiner pluralen Gesellschaft ein[3]. 2

b) Das **Kirchensteuerschuldverhältnis** besteht zwischen den als Körperschaften des öffentlichen Rechts organisierten Religionsgesellschaften (Art. 137 VI WRV i. V. m. 3

1 Abgedruckt derzeit in der Beck'schen Textausgabe „Steuergesetze II", ONrn. 500 ff.; demnächst abgedruckt in „Steuergesetze I".

2 BVerfGE 19, 206, 219.

3 *Kewenig,* Das Grundgesetz und die staatliche Förderung der Religionsgemeinschaften, in: Essener Gespräche zum Thema Staat und Kirche, Bd. 6, Münster 1972, 17, 21 ff.; *Hollerbach,* Die Kirchen unter dem Grundgesetz, VVDStRL Bd. 26 (1968), 57 ff., 89 f.; *Scheuner,* Kirchensteuer und Verfassung, ZRP 69, 196; *Herzog,* in: Maunz/Dürig/Herzog, Grundgesetz, Kommentar, Art. 4 Rnrn. 13 ff.; *Schlaich,* Neutralität als verfassungsrechtliches Prinzip, Tübingen 1972, 210, 215 ff., 242 f.; *v. Campenhausen,* Staatskirchenrecht, München 1973, 150 ff.; *Link,* Kirchensteuer, in: Kunst/Herzog/Schneemelcher (Hrsg.), Evgl. Staatslexikon[2], Berlin 1975, Sp. 1244; *Marré,* Besteuerungsrecht, in: Friesenhahn/Scheuner i. V. mit Listl (Hrsg.), Handbuch des Staatskirchenrechts, 2. Bd., Berlin 1975, 10 f.

Art. 140 GG) und den Angehörigen dieser Religionsgemeinschaften. Dabei erkennt der Staat die kirchenrechtlichen Mitgliedschaftsregelungen innerhalb der Schranken der für alle geltenden Gesetze auch für den staatlichen Rechtsbereich als verbindlich an[4]. Art. 137 VI WRV i. V. m. Art. 140 GG räumt den Religionskörperschaften das Recht ein, die Kirchensteuer nach Maßgabe der landesrechtlichen Bestimmungen zu erheben. Dies bedeutet, daß die landesrechtlichen Kirchensteuergesetze den *Rahmen* des Steuerschuldverhältnisses, insb. die Kirchensteuerpflicht und die Erhebungsform regeln. Dieser Rahmen wird sodann durch die Kirchensteuerordnungen der Religionskörperschaften (z. B. des Bistums Berlin, der Evangelischen Kirche der Kirchenprovinz Sachsen, einer jüdischen Kultusgemeinde) weiter ausgefüllt. Über die Art und die Höhe der zu erhebenden Kirchensteuer beschließt die nach der kirchlichen Steuerordnung zuständige Körperschaft oder kirchliche Stelle (z. B. § 6 des o. a. ostdeutschen KiStG), z. B. die evangelischen Landessynoden.

4 c) **Kirchensteuerpflichtig** sind alle Angehörigen einer kirchensteuerberechtigten Körperschaft, die ihren Wohnsitz oder gewöhnlichen Aufenthalt im Geltungsbereich eines Kirchensteuergesetzes haben. Die Kirchensteuerpflicht endet durch Tod, Wegzug und durch Kirchenaustritt nach Maßgabe der geltenden staatlichen Vorschriften. Bei Kirchenaustritt endet die Kirchensteuerpflicht regelmäßig mit Ablauf des Monats, der auf den Monat folgt, in dem die Erklärung wirksam geworden ist (z. B. § 5 II Nr. 3 des ostdeutschen KiStG)[5]. Nach geltendem Staatskirchenrecht kann ein Kirchenmitglied sich nicht durch Kirchenaustritt unter Aufrechterhaltung der Religionszugehörigkeit der Kirchensteuerpflicht entziehen[6].

5 Art. 2 I; 4 I GG verbieten dem Staat, einer Religionsgesellschaft hoheitliche Befugnisse gegenüber Nichtmitgliedern zu verleihen[7]. Da nur natürliche Personen kirchenangehörig sein können, ist die Heranziehung **juristischer Personen** zur Kirchensteuer unzulässig. Das **Verbot der Besteuerung von Nichtmitgliedern** betrifft insb. die Zusammenveranlagung von Ehegatten (s. Rz. 757 ff.), wenn ein Ehegatte keiner Religionsgemeinschaft angehört oder wenn die Ehegatten verschiedenen Konfessionen angehören. Gehört nur ein Ehegatte einer steuerberechtigten Kirche an, so erhebt die steuerberechtigte Kirche die Kirchensteuer nur auf der Basis der in der Person des Mitglieds verwirklichten (anteiligen) Bemessungsgrundlage (z. B. § 8 KiStG-Ost).

6 d) **Erhebungsformen:** Regelmäßig kann die Kirchensteuer nach den Kirchensteuergesetzen (z. B. § 6 des ostdeutschen KiStG) als Zuschlag zur Einkommensteuer einschließlich Lohnsteuer, als Zuschlag zur Vermögensteuer, als Zuschlag zu den Grundsteuermeßbeträgen sowie – in Ergänzung des Zuschlagsystems – als Kirchgeld und nach kircheneigenem Steuertarif erhoben werden.

7 Die bedeutsamste und allgemein erhobene Art der Kirchensteuer ist die **Kirchensteuer vom Einkommen**[8]. Sie beträgt gegenwärtig in den meisten Ländern 9 v. H., sonst 8 v. H. der Einkommensteuerschuld. Die Höhe der Kirchensteuer kann durch Mindestbeträge gesichert werden. Bei hohen Einkommen kann der Kirchensteuersatz (auf Antrag) in den

4 BVerfGE 30, 421 f.; *Engelhardt,* Die Kirchensteuer . . ., Bad Homburg v. d. H./Berlin/Zürich 1968, 63 ff., 71 ff.; *ders.,* Der Austritt aus der Kirche, Frankfurt a. M. 1972, 21 ff.; *Maunz,* in: Maunz/Dürig/Herzog, Grundgesetz, Kommentar, Art. 140 GG/Art. 137 WRV Rnrn. 38 ff., 49; *Marré* (Fn. 3), 27 ff.

5 Dazu BVerfGE 44, 37.

6 *Engelhardt,* Austritt (Fn. 4), 20, 39 ff., 45; *Marré* (Fn. 3), 29 ff.

7 BVerfGE 19, 206 ff., 268, 273; 44, 37 ff.

8 Zur Berechnung der Einkommen- und Kirchensteuer-Gesamtbelastung s. *Haase,* BB 89, 1241.

meisten Ländern auf 3–4 v. H. gekappt werden. Die Bemessungsgrundlage der Kirchensteuer ergibt sich aus § 51a EStG, der als Bundesgesetz zwar nicht unmittelbar gilt, auf den jedoch landeskirchenrechtlich verwiesen wird. Zu den Kinderfreibeträgen in § 51a EStG ist anzumerken, daß von Verfassungs wegen der Kinderfreibetrag in § 32 VI EStG das Existenzminimum des Kindes realitätsgerecht berücksichtigen muß (s. Rz. 91 ff.). Genügt der Kinderfreibetrag in § 32 VI EStG den verfassungsrechtlichen Anforderungen, so bedarf es einer Aufstockung des Kinderfreibetrages in § 51a EStG nicht mehr.

Umstritten ist die Erhebung der Kirchensteuer, wenn die **Lohnsteuer pauschaliert** (§§ 40 ff. EStG) erhoben wird[9]. Die Frage ist, ob die pauschal erhobene Lohnsteuer (Einzelheiten: koordinierte Ländererlasse, BStBl. I 90, 773 ff.) als Unternehmensteuer zu charakterisieren ist, die als Bemessungsgrundlage für die mitgliedsbezogene Kirchensteuer auszuscheiden hat. Der BFH[10] hat zutreffend entschieden, daß die pauschal erhobene Steuer **nur verfahrensrechtlich „Unternehmensteuer"** sei, die allein vom Arbeitgeber erhoben und geschuldet (§ 40 III 2 EStG) werde. Materiell-rechtlich bleibe sie Steuer des Arbeitnehmers und Kirchenmitglieds. Gleichwohl stellt die pauschal erhobene Steuer nicht die individuelle Steuerschuld der einzelnen Arbeitnehmer dar. Dem Vereinfachungszweck der Pauschalierungsvorschriften entsprechend, ist die pauschal erhobene Steuer notwendig durch eine Generalisierung und Entpersonalisierung gekennzeichnet. 8

Viele Religionskörperschaften erheben ein **Kirchgeld** (216–4800 DM) im Falle glaubensverschiedener Ehen von dem verdienenden Ehegatten für den nichtverdienenden Ehegatten. 9

e) Verwaltet wird die Kirchensteuer gegenwärtig von den **Finanzämtern;** Ausnahme: Bayern, wo zwar die Kirchenlohnsteuer von den Arbeitgebern einbehalten und an die Finanzämter abgeführt, die Kircheneinkommensteuer aber von den Kirchen selbst verwaltet wird. 10

Nach überwiegender, vom Bundesverfassungsgericht[11] bestätigter Meinung[12] hält sich die in den Kirchensteuergesetzen der Länder und in Staatskirchenverträgen vorgesehene und zusammen mit der staatlichen Lohnsteuer vorgenommene **Einbehaltung und Abführung der Kirchenlohnsteuer durch die Arbeitgeber** einschließlich der Arbeitgeberhaftung entsprechend § 42d EStG im Rahmen der Verfassung. Der – ohne Rücksicht auf seine Konfessionszugehörigkeit in Pflicht genommene – Arbeitgeber wird nicht auf kirchliche, sondern auf staatliche Anordnung hin tätig. Er leistet seine Dienste nicht den Kirchen, sondern dem Staat, der damit seinerseits seiner Verfassungspflicht nachkommt, den Kirchen die Steuererhebung „aufgrund bürgerlicher Steuerlisten" zu ermöglichen. Wie beim Lohnsteuerabzug handelt der Arbeitgeber bei der Einbehaltung und Abführung der Kirchenlohnsteuer seiner kirchenangehörigen Arbeitnehmer als „Beauftragter des Steuerfiskus" und als „Hilfsorgan der staatlichen Finanzverwaltung". Diese vom Arbeitgeber dem Staat geleisteten Dienste sind insofern neutral, als die Kirchensteuern nicht speziell einer bestimmten Religionsgemeinschaft, sondern generell allen Religions- und Weltanschauungsgemeinschaften zufließen, soweit bei ihnen die Voraussetzungen

9 Dazu *Kruse,* FR 85, 1, 3 ff.; *Starck,* DStR 89, 3; *Wagner,* FR 90, 97; *F. Sterner,* DStR 91, 1240.

10 BStBl. 90, 993. S. auch VG Braunschweig FR 90, 124; VG Berlin FR 90, 126 (m. Anm. *Meilicke*).

11 BVerfGE 44, 103 ff.; BVerfG HFR 88, 583.

12 *Rüfner,* Zur Frage der Verfassungsmäßigkeit der Kirchensteuer, NJW 71, 15 ff., 18 f.; *Maunz* (Fn. 4), RNr. 50; *Hoffmann-Riem,* Zur Mitwirkung der Arbeitgeber bei der Erhebung der Kirchensteuer, StuW 73, 90 ff.; *Marré* (Fn. 3), 41 ff.; *Link* (Fn. 3), Sp. 1241. S. ferner einerseits VG Frankfurt a. M. BB 69, 1521 f.; andererseits BFH BStBl. 75, 841; BFH BStBl. 76, 104; BayVerfGH JZ 68, 179 ff. mit zust. Anm. v. *Scheven;* FG Hamburg EFG 73, 450.

für das Besteuerungsrecht vorliegen. Auch die **Eintragung** der Religionszugehörigkeit auf der **Lohnsteuerkarte** ist verfassungsmäßig (BVerfGE 49, 375).

11 Kirchensteuerstreitfragen unterliegen gemäß § 40 VwGO der Nachprüfung durch die staatlichen **Verwaltungsgerichte,** soweit sie nicht durch (Bundes- oder Landes-)Gesetz ausdrücklich anderen Gerichten zugewiesen sind, wie das in einigen Ländern durch die Eröffnung des Finanzrechtsweges geschehen ist.

§ 11 Körperschaftsteuer*

Rechtsgrundlagen: Körperschaftsteuergesetz; Körperschaftsteuer-Durchführungsverordnung (abgedruckt in Beck'sche Sammlung der Steuergesetze I).

Literatur: Kommentare: *Herrmann/Heuer/Raupach,* Einkommensteuer- und Körperschaftsteuergesetz mit Nebengesetzen, Bde. 15–17, Köln (Loseblatt); *Lademann,* Kommentar zum Körperschaftsteuergesetz, Stuttgart/München/Hannover (Loseblatt); *Gail/Goutier/Grützner,* Körperschaftsteuergesetz 1977, Herne/Berlin (Loseblatt); *Frotscher/Maas,* Kommentar zum Körperschaftsteuergesetz, Freiburg i. Br. (Loseblatt); *M. Streck,* Körperschaftsteuergesetz mit Nebengesetzen[3], München 1991.

Lehr- und Handbücher: *D. Schneider,* Körperschaftsteuer, in: Handbuch der Finanzwissenschaft, Bd. II[3], Tübingen 1980, 509 ff.; *K. Tipke,* Die Steuerrechtsordnung, Bd. II (StRO II), Köln 1993, 723 ff.; *B. Knobbe-Keuk,* Bilanz- und Unternehmenssteuerrecht[9], Köln 1993, 558 ff.

Zum Körperschaftsteuergesetz 1920/1922: *Evers,* Kommentar zum Körperschaftsteuergesetz in der Fassung vom 30. März 1920/8. April 1922, Berlin 1923; zum Körperschaftsteuergesetz 1925: *Evers,* Kommentar zum Körperschaftsteuergesetz vom 10. August 1925[2], Berlin 1927; zum Körperschaftsteuergesetz 1934: *Mirre/Dreutter,* Das Körperschaftsteuergesetz vom 16. Oktober 1934, München/Berlin 1939. – Zur Entwicklung der Körperschaftsteuer *Rasenack,* Die Theorie der Körperschaftsteuer, Berlin 1974.

Zum Anrechnungsverfahren s. unten F. (Rz. 140 ff.).

A. Allgemeine Charakterisierung

Die Körperschaftsteuer führt zu einem an die Rechtsform anknüpfenden Dualismus der „Unternehmensbesteuerung" der Einzelunternehmen und der Personengesellschaften einerseits sowie der Kapitalgesellschaften und sonstigen Körperschaften andererseits. 1

Wird zunächst der (nicht ausgeschüttete und der ausgeschüttete) Gewinn bei der *Körperschaft* mit *Körperschaftsteuer* belastet, der ausgeschüttete Gewinn dann bei dem Anteilseigner (Aktionär, Gesellschafter einer GmbH usw.) nochmals mit Einkommensteuer, so ergibt sich eine **Doppelbelastung.** Die volle Doppelbelastung Körperschaftsteuer/Einkommensteuer (sog. klassisches System) versucht man (formal-)juristisch damit zu rechtfertigen, daß Körperschaft und Anteilseigner je für sich Rechtssubjekte seien[1].

In Deutschland wurde das klassische Doppelbelastungssystem durch das Körperschaftsteuergesetz 1920 eingeführt[2]. Es führte zu bloß an der Rechtsform, nicht an wirtschaftlicher Leistungsfähigkeit orientierten Abweichungen in der Steuerbelastung.

Dieses klassische System besteht z. Z. in folgenden Ländern[3]: Luxemburg, Dänemark, Niederlande[4], Schweiz[5], Schweden, USA[6]; seit 1992 auch in Belgien.

---

* Bearbeiter des Abschnitts „Körperschaftsteuer" ist Richter am Bundesfinanzhof Dr. *Heinz-Jürgen Pezzer.*

1 Dazu *K. Tipke,* StRO II, 723 ff.; *Stolterfoht,* Zum Verhältnis der Körperschaftsteuer zur Einkommensteuer, in: FS für L. Schmidt, München 1993, 497 ff.

2 Zur geschichtlichen Entwicklung s. *B. Knobbe-Keuk,* Bilanz- und Unternehmenssteuerrecht[9], Köln 1993, 558 ff.

3 Einen Überblick über ausländisches Körperschaftsteuerrecht geben *Langhein,* Körperschaftsteuerliche Bemessungsgrundlage und Innenfinanzierungsmöglichkeiten von Kapitalgesellschaften in der Europäischen Gemeinschaft, Diss. rer. pol. Hamburg 1984; *Meichssner,* Die Besteuerung der Kapitalgesellschaftsgewinne im internationalen Vergleich und Wege zu einer Verbesserung dieser Besteuerung, Köln 1982; *Lutz,* Die Körperschaftsteuer in der Europäischen Gemeinschaft, Diss. rer. pol. Mainz 1984, Pfaffenweiler 1984; *Wisser,* Überlegungen zu einem gemeinsamen Körperschaftsteuersystem für die Mitgliedstaaten der Europäischen Gemeinschaft, Diss. rer. pol. Hamburg 1991, Frankfurt/M. 1992; *Schwarzkopf,* Die Problematik unterschiedlicher Körperschaftsteuersysteme innerhalb der EG, Diss. rer. pol. Freiburg 1992, Frankfurt/M. 1993;

Die Bundesrepublik Deutschland hatte von 1953 bis 1976 die Folgen der Doppelbelastung durch einen gespaltenen Tarif gemildert (ab 1958 15 v. H. für Ausschüttungen, Regelsteuersatz 51 v. H.).

In Österreich gilt seit 1989 ein einheitlicher ausschüttungsunabhängiger Körperschaftsteuersatz von 30 v. H.; zur Vermeidung der Doppelbelastung wird beim Anteilseigner die Einkommensteuer für offene Gewinnausschüttungen halbiert[7].

Griechenland vermeidet die Doppelbelastung seit 1992 durch Steuerbefreiung der Ausschüttung beim Empfänger[8]. Großbritannien[9], Irland, Portugal, Spanien[10], Japan und Kanada[11] kennen eine Teilanrechnung der Körperschaftsteuer auf die Einkommensteuer des Anteilseigeners. In Italien[12] gilt seit 1977 ein Vollanrechnungssystem, in Norwegen seit 1992, in Frankreich seit 1993. Die EG-Kommission hat 1975 in einem Richtlinienentwurf zur Harmonisierung der Körperschaftsteuersysteme ein Teilanrechnungsverfahren vorgeschlagen[13], diesen Vorschlag aber 1990 wieder zurückgenommen[14]. Die Harmonisierungsbemühungen werden sich in Zukunft wohl nur noch auf die für den Binnenmarkt unerläßlichen Einzelfragen konzentrieren, aber kaum mehr auf die materielle Angleichung der Körperschaftsteuersysteme[15].

2 Der Gesetzgeber der Bundesrepublik Deutschland hat sich durch das Körperschaftsteuergesetz 1977 – ab 1. 1. 1977 – für die **Vollanrechnung** der Körperschaftsteuer auf den ausgeschütteten Gewinn entschieden. Das heißt: Das Körperschaftsteuergesetz belastet im Ergebnis nur noch den nicht ausgeschütteten (thesaurierten) Gewinn der Körperschaft mit Körperschaftsteuer. Ausgeschütteter Gewinn hingegen wird letztlich nur beim Anteilseigner (Ausschüttungsempfänger) mit dessen Einkommensteuer belastet (wenn der Anteilseigner eine Körperschaft ist: mit deren Körperschaftsteuer). Damit ist die Doppelbelastung des ausgeschütteten Gewinns mit Körperschaftsteuer *und* Einkommensteuer beseitigt.

Die Doppelbelastung mit Vermögensteuer besteht allerdings weiter. Gleiches gilt für die Gewerbesteuer, wenn der Anteilseigner die Beteiligung im Betriebsvermögen hält: Ausschüttung und Steueranrechnung erhöhen seinen Gewerbeertrag, die Beteiligung erhöht sein Gewerbekapital[16].

3 Das Gesetz bedient sich folgender Technik: Bei der ausschüttenden Körperschaft werden auf den ausgeschütteten Gewinn 30 v. H.[17] Körperschaftsteuer erhoben. Das bedeutet

---

Mennel, Steuern in Europa, USA, Kanada und Japan, Herne/Berlin (Loseblatt); *J. Lang* (Hrsg.), Unternehmensbesteuerung in EU-Staaten, DStJG Bd. 16 (1994).

4 *Van Raad*, AG 92, 115.

5 *Cagianut/Höhn*, Unternehmungssteuerrecht[3], Bern 1993, 87 ff.; *Rihm*, RIW 93, 742.

6 Dazu Nachweise bei *K. Tipke*, StRO II, 726.

7 *Heidinger*, StuW 89, 90 und DStZ 92, 456.

8 *Mennel* (Fn. 3), Griechenland, 28 ff.

9 *Möllering/Mohr*, Steuerführer Großbritannien, Herne 1986 (Loseblatt), Teil 3, 40 ff.; *Herzig*, StuW 90, 24 f.

10 *Carrobé Gené*, AG 91, 226.

11 Dazu *Hoyer*, RIW 83, 185, 189.

12 *Fantozzi/Mayr/Müller-Dott*, Das neue italienische Körperschaftsteuerrecht, München 1979; *Fantozzi*, AG 92, 258; *Hüttemann*, StuW 94, 163.

13 BT-Drucks. 7/3981.

14 BR-Drucks. 360/90.

15 Vgl. dazu *K. Vogel*, StuW 93, 380; *Crezelius/Knobbe-Keuk*, JbFSt. 1992/93, 33; *Saß*, DB 93, 113; *Grotherr*, DStR 92, 1388 und IStR 93, Beihefter zu Heft 1; *Koop*, Zur Gewinnbesteuerung von Körperschaften in der EG, Tübingen 1993; *Thümler*, Körperschaftsteuerliches Anrechnungsverfahren und internationales Steuerrecht, Diss. rer. pol. Bamberg 1993, Frankfurt/M. 1994; ferner der Bericht des von der EG-Kommission eingesetzten sog. Ruding-Ausschusses in DB 92, Beilage 5; *Fantozzi*, Besteuerung von Gesellschaften – Die Entwicklung der Steuerharmonisierung der direkten Steuern innerhalb der EG, in: FS für Karl Beusch, Berlin/New York 1993, 167.

16 Die beste Lösung bestünde in der Abschaffung der Vermögensteuer und Umgestaltung der Gewerbesteuer zu einer Betriebsgewinnsteuer; s. dazu *Lang*, StuW 89, 16 f.; *ders.*, StuW 90, 123; Gutachten des Wissenschaftlichen Beirats beim BMF zur Reform der Unternehmensbesteuerung, BMF-Schriftenreihe, Heft 43, Bonn 1990, Tz. 72 ff.; *K. Tipke*, StRO II, 788, 807, 845; *Wendt*, StuW 92, 66. Mindestens sollte die Doppelbelastung abgeschafft werden (*Giloy*, DStZ 89, 552).

17 Die Doppelbelastung wäre auch dann vollständig beseitigt, wenn auch auf den ausgeschütteten Gewinn der normale Steuersatz von 45 v. H. angewendet und die sich daraus ergebende Bela-

gegenüber dem normalen Steuersatz von 45 v. H. zunächst eine Entlastung von 15 v. H. Die verbleibende Belastung von 30 v. H. wird dadurch beseitigt, daß sie auf die Einkommensteuer des Anteilseigners angerechnet wird. Wird der Anteilseigner nicht zur Einkommensteuer veranlagt, so wird ihm die Körperschaftsteuer vergütet. Der Anteilseigner erhält den Kapitalertrag also zu 70 v. H. von der ausschüttenden Körperschaft und zu 30 v. H. durch Steueranrechnung oder Steuervergütung vom Finanzamt. Daher gehört auch der anzurechnende oder zu vergütende Steuerbetrag beim Anteilseigner zu den Einkünften aus Kapitalvermögen (§ 20 I Nr. 3 EStG).

Beispiel:

Gewinn vor Abzug der Körperschaftsteuer	100
Körperschaftsteuer auf den ausgeschütteten Gewinn (Ausschüttungsbelastung)	30
verbleibende Barausschüttung (Bardividende)	70
Einkünfte aus Kapitalvermögen des Anteilseigners (70 + 30)	100
bei einem Einkommensteuersatz von z. B. 40 v. H. beträgt die Einkommensteuer des Anteilseigners	40
Anrechnung der die Ausschüttung vorbelastenden Körperschaftsteuer	30
endgültige Einkommensteuerschuld	10

Dem Anteilseigner verbleiben danach 70 – 10 = 60; die Einkommensteuerbelastung beträgt 40 (40 v. H.).

Folgende Skizze soll den Vorgang veranschaulichen:

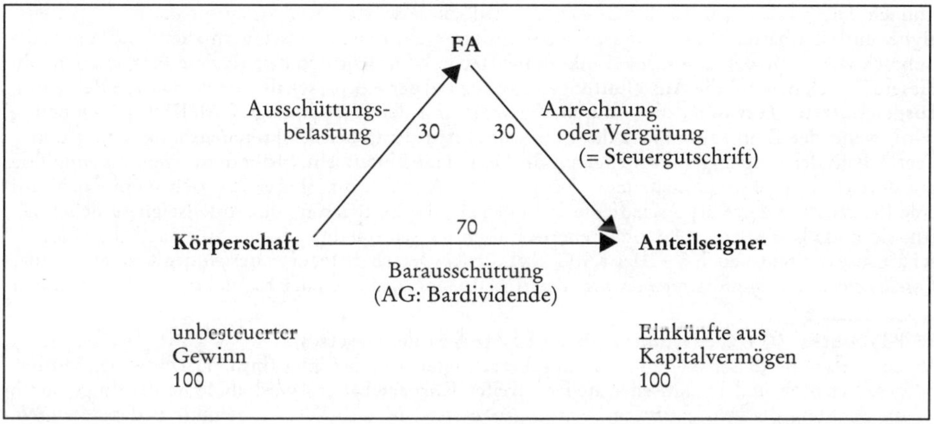

stung beim Anteilseigner angerechnet würde. Dann betrüge die *Bar*ausschüttung an den Anteilseigner jedoch nur 55 v. H. des ausgeschütteten Gewinns, die übrigen 45 v. H. der Ausschüttung bekäme der Anteilseigner durch Anrechnung oder Vergütung vom Finanzamt. Eine Barausschüttung von nur 55 v. H. würde aber für Anteilseigner, bei denen die Ausschüttung nicht nach § 20 EStG zu versteuern ist und die daher nicht zur Anrechnung berechtigt sind (z. B. Betriebe von Körperschaften des öffentlichen Rechts und ausländische Anteilseigner, s. § 51 KStG), eine erhebliche Ertragseinbuße bedeuten und vom Beteiligungserwerb abhalten. Obwohl die übrigen Anteilseigner, weil anrechnungsberechtigt, im Ergebnis keinen Nachteil erleiden würden, wenn die Barausschüttung niedriger, dafür die Steuergutschrift aber entsprechend höher wäre, könnte auch bei dieser Gruppe der Entschluß zum Beteiligungserwerb beeinflußt werden, zum einen wegen der Phasenverschiebung zwischen Ausschüttung und Anrechnung, zum anderen wegen der negativen optischen Wirkung einer niedrigen Barausschüttung.
Indessen hat der Wissenschaftliche Beirat beim BMF erneut einen einheitlichen Steuersatz (für einbehaltene und ausgeschüttete Gewinne) zur Diskussion gestellt (BMF-Schriftenreihe, Heft 39, Bonn 1987, 13 ff.).

Zur Vermeidung von Mißverständnissen: Der Anteilseigner erhält die Steueranrechnung von dem für ihn zuständigen Finanzamt, nicht von dem für die Körperschaft zuständigen Finanzamt. Dies zeigt die folgende Skizze; sie soll außerdem den Anrechnungsmechanismus beim Anteilseigner verdeutlichen.

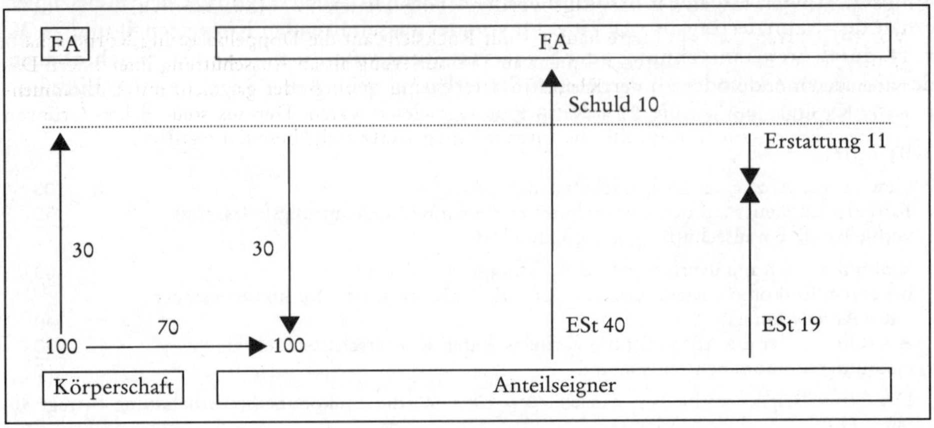

4 Die Doppelbelastung ausgeschütteter Gewinne hätte auf der Ebene der Körperschaft auch durch Steuerbefreiung oder durch Abzug der Ausschüttungen als Betriebsausgaben beseitigt werden können. Diese Lösungen hat der Gesetzgeber jedoch verworfen, weil sie automatisch *alle* Anteilseigner entlastet hätten[18]. Die Entlastung soll indessen nur den Anteilseignern zugute kommen, die unbeschränkt von der *deutschen* Einkommensteuer oder Körperschaftsteuer erfaßt werden. Zu diesem Zweck bewirkt die Ausschüttungsbelastung bei der Körperschaft eine **vorläufige Belastung ausgeschütteter Gewinne,** die – durch Verweigerung der Anrechnung (§ 51 KStG) – endgültig wird, wenn der Empfänger nicht der unbeschränkten deutschen Einkommensbesteuerung unterliegt[19]. Falls der Empfänger die Steuer auf die Dividende hinterzieht, bleibt diese ebenfalls endgültig mit Ausschüttungskörperschaftsteuer belegt[20]. Die Ausschüttungsbelastung zielt damit nicht auf eine Besteuerung der Körperschaft, sie soll vielmehr die Besteuerung des Anteilseigners sicherstellen, sie notfalls ersetzen. Obwohl steuertechnisch als selbständiger Steuertatbestand der Körperschaft ausgestaltet (s. auch § 8 III 1 KStG), hat die Körperschaftsteuer *materiell* den Charakter einer *Quellensteuer auf die Kapitaleinkünfte* des Anteilseigners, ähnlich der Kapitalertragsteuer[21]. Daher

---

18 BT-Drucks. 7/1470, 329, 380 re. Sp. zu § 52 (= § 51 des Gesetzes).

19 Die Belastung dieser nicht anrechnungsberechtigten Anteilseigner (insb. ausländischer Muttergesellschaften und inländischer steuerbefreiter Körperschaften) wird ab 1994 allerdings durch die Senkung der Ausschüttungsbelastung von 36 v. H. auf 30 v. H. gemildert (dazu *Rendels,* DStR 93, 1089, 1092).

20 Die Gesamtbelastung mit Körperschaftsteuer (30 v. H.) und Kapitalertragsteuer (25 v. H. auf die Bardividende von 70 = 17,5 v. H.) beträgt 47,5 v. H., so daß bei einem höheren individuellen Grenzsteuersatz des Anteilseigners nach wie vor ein Anreiz besteht, Dividenden nicht zu erklären. Dies dürfte einer der Gründe dafür sein, daß die Anrechnung der Körperschaftsteuer nur zu 50 bis 60 v. H. in Anspruch genommen wird (vgl. *Pfremm,* Handelsblatt vom 4. 3. 1983).

21 *H.-J. Pezzer,* Die rechtssystematischen Grundlagen der verdeckten Gewinnausschüttung nach der Körperschaftsteuerreform, Diss. Köln 1986, zugleich erschienen unter dem Titel: Die verdeckte Gewinnausschüttung im Körperschaftsteuerrecht, Köln 1986, 2 ff.; ebenso *Ault,* International Issues in Corporate Tax Integration, Law and Policy in International Business, Vol. 10, No. 2, 1978, 464 Fn. 14; *Flämig,* JuS 77, 153; *B. Knobbe-Keuk* (Fn. 2), 565 f. m. w. N.; *Friauf,* StbJb. 1979/80, 551; *M. Streck,* Körperschaftsteuergesetz[3], München 1991, § 8 Anm. 55; *Mannhold,* StuW 80, 136 f.; *Weindl,* Probleme der verdeckten Gewinnausschüttung im neuen Körperschaftsteuergesetz, Diss. Regensburg 1981, 31; *Schwochert,* GmbHR 87, 313; a. A. BFH BStBl. 87, 509; *Döllerer,* BB 83, 1; *ders.,* GmbHR 87, 26, 133; in anderen Entscheidungen unterscheidet der BFH (BStBl. 82, 10; 82, 402) zwischen der tatbestandlichen Anknüpfung („Rechtsnatur") und der wirtschaftlichen Wirkung („wie eine Vorauszahlung auf die Einkommensteuer"); s. auch *Metz,* Das Körperschaftsteuergesetz 1977. Eine Kritik aus gesetzgebungstechnischer Sicht, zugleich ein Beitrag zur juristischen Steuertechnik, Diss. Freiburg 1981, 191 f.

ist nur die Körperschaftsteuer auf thesaurierte Gewinne eine echte Steuer auf das Einkommen der juristischen Person[22].

Es soll aber nicht nur die Doppelbelastung als solche, es sollen zugleich auch deren Folgewirkungen möglichst beseitigt werden[23] (BT-Drucks. 7/1470, 326 ff.): 5

- Vor 1977 waren Großaktionäre häufig – mit Rücksicht auf die Doppelbelastung Körperschaftsteuer/(hohe) Einkommensteuer – mehr an Thesaurierung als an Ausschüttung interessiert. Das widersprach den Interessen der Kleinaktionäre, die nur gering oder gar nicht mit Einkommensteuer belastet und auf die Ausschüttungen angewiesen waren. Der aus steuerlichen Gründen bestehende **ausschüttungspolitische Interessengegensatz** sollte beseitigt werden;
- vor 1977 war die Deckung des Kapitalbedarfs der Körperschaft durch Fremdfinanzierung deshalb vorteilhafter als die Deckung des Kapitalbedarfs durch Eigenkapital (Beteiligung von Anteilseignern), weil gezahlte Kreditzinsen als Betriebsausgaben den Gewinn der Körperschaft mindern und nur beim Empfänger (Gläubiger) versteuert werden, während die „Verzinsung" des Eigenkapitals (die Ausschüttung) steuerlich doppelt belastet war. Durch die Beseitigung der Doppelbelastung sollte die **Kapitalstruktur der Körperschaften** verbessert werden. Eine völlige Gleichbehandlung von Eigenkapital- und Fremdkapitalfinanzierung ist allerdings nicht erreicht worden, weil die Körperschaft auf Eigenkapital Vermögensteuer entrichten muß[24];
- die **Wahl der Unternehmensform** soll möglichst **steuerneutral** sein, nicht mehr durch steuerliche Erwägungen beeinflußt werden. Insb. soll gesellschaftsrechtlichen Gestaltungen, die nur der Vermeidung der Doppelbelastung dienen – wie GmbH & Co. KG und Doppelgesellschaften –, ihre steuerliche Relevanz möglichst genommen werden[25].

Die Besteuerung der Kapitalgesellschaften ist dadurch gekennzeichnet, daß Verträge zwischen Gesellschaft und Gesellschaftern prinzipiell auch steuerlich respektiert werden (sog. **Trennungsprinzip**). 6

Die Anteilseigner stehen der Kapitalgesellschaft wie fremde Dritte gegenüber (Sphärentrennung). Daraus ergeben sich gegenüber dem Einzelunternehmen und der Personengesellschaft (s. dazu § 9 Rz. 488 ff.) Vorteile beim Betriebsausgabenabzug (s. dazu § 9 Rz. 227 ff.). Wird ausnahmsweise die Sphärentrennung negiert, so spricht man von Durchgriff[26].

B. Steuersubjekte

Steuersubjekte der Körperschaftsteuer (§ 1 I KStG) sind: 7

a) **Kapitalgesellschaften** (AGen[27], KGen auf Aktien[28], GmbH[29], bergrechtliche Gewerkschaften[30]);

---

22 Deshalb hätte eine erhöhte Kapitalertragsteuer anstelle der körperschaftsteuerlichen Ausschüttungsbelastung die systematisch beste Lösung dargestellt. Ihr stand jedoch das Doppelbesteuerungsrecht entgegen (s. z. B. Art. 10 II OECD-Muster-DBA).

23 Inzwischen hat sich gezeigt, daß die beabsichtigten Wirkungen der Körperschaftsteuerreform nicht eingetreten sind (dazu im einzelnen *B. Knobbe-Keuk*, GmbHR 87, 129 ff.).

24 Dazu *Bähr*, JbFSt. 1977/78, 407; *Bierich*, ZfB 79, 235 ff.; *Jacobs*, StbKongrRep. 1985, 54.

25 Dieses Ziel ist ebenfalls nicht erreicht; s. dazu unten §§ 16, 17 und die dort angegebene Literatur.

26 Dazu *A. Raupach*, Der Durchgriff im Steuerrecht, München 1968; *Bauschke*, BB 75, 1322.

27 Dazu *Raiser*, Recht der Kapitalgesellschaften[2], München 1992, 29 ff.; *Friedewald*, Die personalistische Aktiengesellschaft, Diss. Bonn 1990, Köln 1991; *H. P. Westermann*, ZHR 156, 203; ferner aus Schweizer Sicht *Margairaz/Merkli*, Die Besteuerung der Aktiengesellschaft in der Schweiz, Bern 1979; *Ulrich*, Die Besteuerung der Familienaktiengesellschaften, Diss. Zürich 1980.

28 *Elschenbroich*, Die KG auf Aktien, Diss. rer. pol. Köln 1956, Wiesbaden 1959; *Menzel*, StuW 71, 204; *Schlütter*, StuW 78, 295; *Meier*, BlStSozArbR 85, 300; *Lenz*, Publikums-KG und KG auf Aktien, Diss. München 1986; *Graf*, Die Kapitalgesellschaft & Co. KG auf Aktien, Diss. Augsburg 1991, Heidelberg 1993.

b) **Erwerbs- und Wirtschaftsgenossenschaften**[31];

c) **Versicherungsvereine auf Gegenseitigkeit;**

d) **sonstige juristische Personen des privaten Rechts;**

e) **nichtrechtsfähige Vereine**[32], **Anstalten, Stiftungen**[33] **und andere Zweckvermögen des privaten Rechts**[34];

Zu a)–e):

8 Das Gesetz knüpft an die **Rechtsform** an. Deshalb sind alle *juristischen Personen* des privaten Rechts (oben a–d) stets Körperschaftsteuersubjekte. *Nichtrechtsfähige* Perso-

---

29 *Pereles,* Die Besteuerung der Gesellschaften mbH, Diss. Würzburg 1918; *Caspary,* Die Einmanngesellschaft, Diss. Köln 1928; *Zimmermann,* Die Einmanngesellschaft im Steuerrecht, Diss. Münster 1933, Berlin 1933; *Roeckerath,* Die Einmanngesellschaft, Diss. Köln 1938; *Wacke,* Die Einmanngesellschaft im Steuerrecht, Zeitschrift für das gesamte Handels- und Konkursrecht, Bd. 106 (1938), Hefte 1, 2; *Fritze,* Die GmbH im Lichte des Steuerrechts, Diss. Münster 1939; *Wiebke,* Die Einmanngesellschaft, Diss. Köln 1940; *Kreh,* Die körperschaftsteuerliche Selbständigkeit der Einmann-GmbH, Diss. München 1964; *H. M. Schmidt* (Hrsg.), Pro GmbH, mit Beiträgen von *H. P. Westermann, Eder, Hesselmann, Geßler, K. Koch, Sarrazin, R. Fischer, Döllerer, Winter, Raupach,* Köln 1980; *Baums,* StuW 80, 298; *Centrale für GmbH* (Hrsg.), Das neue GmbH-Recht in der Diskussion, mit Beiträgen von *Deutler, Raiser, Ulmer, Schmidt, Hesselmann, Tillmann,* Köln 1981; *U. Niemann,* Die Familien-GmbH nach der Körperschaftsteuerreform, Inst. FuSt, Brief 229, Bonn 1983; *Roth* (Hrsg.), Das System der Kapitalgesellschaften im Umbruch – ein internationaler Vergleich, Köln 1990; *Lutter/Ulmer/Zöllner* (Hrsg.), FS 100 Jahre GmbH-Gesetz, Köln 1992.

30 S. § 163 Bundesberggesetz; *Boldt/Weller,* Bundesberggesetz, Berlin/New York 1984, Erg. Bd. 1992.

31 *Friedel,* Die Besteuerung der eingetragenen Genossenschaften, Diss. Halle-Wittenberg, Berlin 1934; *Friedr. Klein,* in: Seraphim, Vom Wesen der Genossenschaften und ihre steuerliche Behandlung, Neuwied 1951, 153; *Floto,* Untersuchungen zur These von der steuerlichen Minderbelastung der Wareneinzelhandelsgenossenschaften im gegenwärtigen deutschen Steuerrecht, Diss. Köln 1971; *Stoll,* Die Besteuerung der Genossenschaften, Wien 1972; *Zülow/Schubert/Rosiny,* Die Besteuerung der Genossenschaften[7], München 1985; *P. Kirchhof,* Die Eigenständigkeit der Genossenschaft als Steuerrechtssubjekt, Tübingen 1980; *ders.,* Die Genossenschaft im Schnittpunkt von Gesellschaftsrecht und Steuerrecht – Zur Qualifikation der Mitgliederförderung als Betriebsausgabe oder verdeckte Gewinnausschüttung, in: Freundesgabe für Erik Boettcher, Tübingen 1984, 119; *Stoll* (Hrsg.), Die Gewinnbesteuerung der Erwerbs- und Wirtschaftsgenossenschaften, Wien 1985; vgl. auch Fn. 59.

32 *Hagedorn,* Zur Frage der Körperschaftsteuerpflicht der Börsen, Diss. Köln 1958; *Hauber,* Steuerrecht der Vereine[5], Ludwigshafen 1981; *Märkle,* Der Verein im Zivil- und Steuerrecht[8], Stuttgart/München/Hannover 1992; *Troll,* Besteuerung von Verein, Stiftung und Körperschaft des öffentlichen Rechts[3], München 1983; *Sauter/Schweyer/Waldner/Röseler,* Der eingetragene Verein[15], München 1994; *Weber/Endlich,* BB 81, 1330; *Enders,* MDR 81, 984; *Schleder,* Steuerrecht der Vereine[2], Herne/Berlin 1993.

33 Dazu *Steuck,* Die Stiftung als Rechtsform für wirtschaftliche Unternehmen – Ihre Struktur und Besteuerung, Berlin 1967; *Holzschuh,* Die Stiftung als Rechtsform für erwerbswirtschaftliche Unternehmen in rechtlicher, steuerlicher und betriebswirtschaftlicher Sicht in der BRD und in den USA, Diss. rer. pol. Würzburg 1970; *O. Hahn/A. Schindler,* Die Besteuerung der Stiftungen[2], Baden-Baden 1977; *Berndt,* Stiftung und Unternehmen[4], Herne/Berlin 1986; *Troll* (Fn. 32); *Schrumpf,* Familienstiftung im Steuerrecht, Köln 1979; *Karpen,* Gemeinnützige Stiftungen im pluralistischen Rechtsstaat, Frankfurt a. M. 1980; *Hennerkes/Binz/Sorg,* Die Stiftung als Rechtsform für Familienunternehmen, DB 86, 2217, 2269; *Hennerkes,* StbJb. 1984/85, 122; *Binz,* StbJb. 1987/88, 145; *Pöllath,* DStJG Bd. 10 (1987), 159, 171 ff.; vgl. auch Fn. 34.

34 Dazu *G. Schmidt,* Zum Begriff des „Zweckvermögens" in Rechts- und Finanzwissenschaft, VerwArch. Bd. 60 (1969), 295 ff., und Bd. 61 (1970), 60 ff.; *M. Streck,* Die Steuerpflicht nichtrechtsfähiger Stiftungen und anderer Zweckvermögen, StuW 75, 135 ff.; *Breuninger/Orth/Prinz/Raupach,* Vereine, Stiftungen, Trusts und verwandte Rechtsformen als Instrumente des Wirtschaftsverkehrs, JbFSt. 1993/94, 341.

nenvereinigungen und Vermögensmassen des privaten Rechts (oben e) sind dagegen nach § 3 I KStG nur dann körperschaftsteuerpflichtig, wenn ihr Einkommen weder nach dem Körperschaftsteuergesetz noch nach dem Einkommensteuergesetz unmittelbar bei einem anderen Steuerpflichtigen zu versteuern ist. Damit ist auf den vorrangig zu prüfenden § 15 I 1 Nr. 2 EStG hingewiesen (s. § 9 Rz. 500).

Der Große Senat des BFH (BStBl. 84, 756 ff.) hat – entgegen anderen Auffassungen in der Literatur[35] – eine Publikums-GmbH & Co. KG weder als Kapitalgesellschaft i. S. des § 1 I Nr. 1 KStG noch als nichtrechtsfähigen Verein i. S. des § 1 I Nr. 5 KStG oder nichtrechtsfähige Personenvereinigung i. S. des § 3 I KStG qualifiziert[36]. Die Einordnung als Körperschaftsteuersubjekt scheitert daran, daß die GmbH & Co. KG zivilrechtlich eine Personengesellschaft ist, deren Einkünfte nach § 15 I 1 Nr. 2 EStG den Gesellschaftern zuzurechnen sind.

Dies entspricht der im Körperschaftsteuerrecht ursprünglich getroffenen[37] und anläßlich der Körperschaftsteuerreform erneut bekräftigten[38] gesetzgeberischen Entscheidung, an die zivilrechtliche Rechtsform anzuknüpfen.

Der Referentenentwurf zum Steuerentlastungsgesetz 1984 sah vor, durch eine Änderung von § 15 I 1 Nr. 2 EStG und § 1 I Nr. 5 KStG die Möglichkeit zu eröffnen, kapitalistisch verfaßte Publikums-Personengesellschaften als Körperschaftsteuersubjekte zu behandeln[39]. Dieses Vorhaben sollte möglichst nicht wieder aufgegriffen werden. Die Durchbrechung der strikten Anknüpfung an die Rechtsform würde im geltenden Körperschaftsteuerrecht einen kaum zu rechtfertigenden Systembruch bedeuten und zudem schwer lösbare Abgrenzungsprobleme schaffen. Die gebotene gleichmäßige Besteuerung aller Unternehmensformen ist **de lege ferenda** nur durch die Einführung einer allgemeinen rechtsformunabhängigen Unternehmensteuer zu erreichen[40].

Die Anknüpfung an die Rechtsform ist problematisch, wenn das im Werden begriffene 9
Gebilde bereits vor seiner juristischen Entstehung tätig wird: Die in der Phase bis zur *Errichtung* (durch Abschluß des Gesellschaftsvertrages oder der Satzung) bestehende **Vorgründungsgesellschaft** ist entsprechend der zivilrechtlichen Qualifikation als BGB-Gesellschaft bzw. OHG kein Steuersubjekt i. S. des § 1 I KStG, sondern Mitunternehmerschaft i. S. des § 15 I 1 Nr. 2 EStG. Die in der Gründungsphase zwischen *Errichtung* und *Registereintragung* bestehende **Vorgesellschaft** wird zivilrechtlich überwiegend als Gesellschaft sui generis aufgefaßt, die im wesentlichen nach dem Recht der künftigen juristischen Person behandelt wird. Dementsprechend werden auch im Steuerrecht auf die Vorgesellschaft diejenigen Vorschriften angewendet, die nach der Registereintragung für die juristische Person gelten[41].

35 *Kappe,* Abschreibungsgesellschaften und negativer Kapitalanteil, Diss. Göttingen 1972; *Walz,* Steuergerechtigkeit und Rechtsanwendung, Heidelberg/Hamburg 1980, insb. 407 ff.; *ders.,* Empfiehlt sich eine rechtsformunabhängige Besteuerung der Unternehmen?, Gutachten F zum 53. DJT, München 1980, 95 ff.; *ders.,* StRK-Anm. EStG (bis 1974) § 15 Ziff. 1 R. 95; s. auch *Boles/Walz,* GmbHR 86, 435.

36 Ebenso *L. Schmidt,* FR 80, 482; *Quast,* FR 81, 26; *Groh,* BB 82, 1233 f.; *Sauer,* StRK-Anm. EStG 1975 § 15 Abs. 1 Nr. 2 R. 4; *H. Klein,* GmbHR 82, 285 f.; *Jurkat,* GmbHR 83, 225 ff.; s. ferner *Erdweg,* FR 84, 601; *Andreas,* Die steuerliche Qualifikation körperschaftlich strukturierter Personengesellschaften und kapitalistisch beteiligter Personengesellschafter, Diss. Gießen 1984; *Walz,* JZ 85, 192; *Schulze-Osterloh,* DStJG Bd. 5 (1982), 241, 253 f.; *ders.,* JbFSt. 1985/86, 232; *Döllerer,* StuW 88, 20; rechtsvergleichend zum Recht der USA: *Schwochert,* GmbHR 84, 101; *Boles/Walz,* GmbHR 86, 435; s. ferner *Wanner,* Zu den Kriterien der Körperschaftsteuersubjektivität, in: FS für Jakob, Augsburg 1991, 97 ff.

37 Dazu *Evers,* Kommentar zum KStG 1925[2], Berlin 1927, Einleitung 27 f.

38 BT-Drucks. 7/1470, 326.

39 Angeblich handelte es sich lediglich um eine Klarstellung; dazu *Sarrazin,* FR 84, 105; *Jurkat,* GmbHR 83, 224; kritisch *B. Knobbe-Keuk,* StbJb. 1983/84, 85 ff.

40 Dazu *K. Tipke,* StRO II, 1025 ff. und die Nachweise oben Fn. 16.

41 BFH BStBl. 90, 91 hat sich der geänderten Terminologie des BGH angepaßt, s. dazu *H.-J. Pezzer,* StuW 90, 260; *W. Wassermeyer,* DStR 91, 734; s. ferner *Baumgartner,* Die Vorgesellschaft der Aktiengesellschaft im Steuerrecht, Diss. rer. pol. Erlangen-Nürnberg 1972; BFH

Wie die (seit 1. 1. 1981) für die GmbH zulässige **Einmann-Gründung** zu behandeln ist, ist schon zivilrechtlich problematisch[42]. Richtig dürfte es sein, auch für die Einmann-Gründung zwischen dem Zeitraum bis zur Errichtung, in dem ein Einzelunternehmen besteht, und der Gründungsphase zu unterscheiden. Nach der Errichtung ist bereits ein körperschaftlich organisiertes Gebilde vorhanden, für das der Gründer einen fest abgegrenzten, verselbständigten Teil seines Vermögens zur Verfügung hält[43]. Dies rechtfertigt es, jedenfalls steuerrechtlich, von einer Vorgesellschaft zu sprechen und sie als Körperschaftsteuersubjekt zu behandeln. Andernfalls ergäbe sich auch eine kaum zu rechtfertigende Ungleichbehandlung gegenüber den GmbH-Gründungen, an denen mehrere Gründer beteiligt sind.

10 Für die **Beendigung** eines Körperschaftsteuersubjekts gilt folgendes: Die Körperschaft besteht auch nach ihrer Löschung im Handelsregister fort, solange sie zivilrechtlich besteht, d. h. noch über bilanzierungs- und bewertungsfähige Vermögensgegenstände verfügt[44].

f) Betriebe gewerblicher Art von juristischen Personen des öffentlichen Rechts[45];

11 Dazu bestimmt **§ 4 KStG** (inhaltlich):

Betriebe gewerblicher Art von juristischen Personen des öffentlichen Rechts sind alle Einrichtungen, die einer nachhaltigen wirtschaftlichen Tätigkeit zur Erzielung von Einnahmen außerhalb der Land- und Forstwirtschaft dienen und die sich innerhalb der Gesamtbetätigung der juristischen Person wirtschaftlich herausheben[46]. Die Absicht, Gewinn zu erzielen, und die Beteiligung am allgemeinen wirtschaftlichen Verkehr sind nicht erforderlich (Abs. 1). Ein Betrieb gewerblicher Art ist auch dann Steuersubjekt, wenn er selbst juristische Person des öffentlichen Rechts ist (Abs. 2).

Zu den Betrieben gewerblicher Art gehören auch Betriebe, die der Versorgung der Bevölkerung mit Wasser, Gas, Elektrizität oder Wärme, dem öffentlichen Verkehr oder dem Hafenbetrieb dienen (Abs. 3).

Als Betrieb gewerblicher Art gilt auch die Verpachtung[47] eines solchen Betriebs (Abs. 4).

BStBl. 73, 568, dazu Anm. *Stolterfoht,* StRK-Anm. KStG 1934–1975 § 1 R. 74; *Henninger,* GmbHR 74, 269; *Römer,* Die steuerrechtliche Behandlung der Vorformen der Kapitalgesellschaften, Diss. Göttingen 1978; *Schuhmann,* GmbHR 81, 196; *Endres,* Die Besteuerung gesellschaftsrechtlicher Vermögensübertragungen, Diss. rer. pol. Mannheim, Frankfurt a. M./Bern 1982, 18 ff.; *B. Knobbe-Keuk* (Fn. 2), 572 ff.; abw. *Heckmann,* DB 76, 980; ferner aus gesellschaftsrechtlicher Sicht: *W. Flume,* in: FS für v. Caemmerer, Tübingen 1978, 517; *Huber,* in: FS für Fischer, Berlin/New York 1979, 263; BGHZ 80, 129 mit Anm. *K. Schmidt,* NJW 81, 1345, und *W. Flume,* NJW 81, 1753; *K. Schmidt,* GmbHR 82, 6; *Fleck,* GmbHR 83, 5; *Schröder,* Die Einmann-Vorgesellschaft, Rechtsträgerschaft und Gläubigerschutz, Baden-Baden 1990.

42 Dazu einerseits *Ulmer,* BB 80, 1001; andererseits *Gersch/Herget/Marsch/Stützle,* GmbH-Reform 1980, Stuttgart/Wiesbaden 1980, Tz. 139 ff.; *Baums,* StuW 80, 301; *Geßler,* BB 80, 1389; *Mayer,* JbFSt. 1981/82, 403 f.; s. ferner *John,* BB 82, 505.

43 *Gersch/Herget/Marsch/Stützle* (Fn. 42), Tz. 141; *Baums* (Fn. 42).

44 BFH BStBl. 87, 308, 310; 90, 468.

45 Dazu *Selmer/Schulze-Osterloh,* DÖV 78, 381; *Friedrich/Kupsch* (Hrsg.), Die Besteuerung öffentlicher Unternehmen, Baden-Baden 1981; *Louis,* Die Besteuerung der öffentlichen Unternehmen und Einrichtungen der Daseinsvorsorge, Diss. Göttingen 1981; *Ruppe,* in: Funk (Hrsg.), Die Besorgung öffentlicher Aufgaben durch Privatrechtssubjekte, Wien 1982, 143 ff.; *Meßmer,* Der Betrieb gewerblicher Art im Körperschaftsteuerrecht – ein Stiefkind des Gesetzgebers –, in: FS für v. Wallis, Bonn 1985, 341; *Riegler,* Besteuerung öffentlicher Betriebe 1920–1989, Baden-Baden 1990 (Materialsammlung); *Lang/Seer,* Die Besteuerung der Drittmittelforschung, Schriftenreihe des Deutschen Hochschulverbandes, Heft 58, 1992 (Kurzfassung BB 93, 262); *Seer,* DStR 92, 1751, 1790.

46 Dazu BFH BStBl. 79, 748 f.; 90, 870.

47 Dazu BFH BStBl. 79, 717 f.; 83, 386; dazu *Winter,* StRK-Anm. KStG 1934–1975 § 1 R. 86; zur Verpachtung von Hoheitsbetrieben s. *Buciek,* DStZ 85, 113; s. ferner BFH BStBl. 90, 870.

Zu den Betrieben gewerblicher Art gehören nicht Betriebe, die überwiegend der Ausübung der öffentlichen Gewalt dienen **(Hoheitsbetriebe).** Für die Annahme eines Hoheitsbetriebs reichen Zwangs- oder Monopolrechte nicht aus (Abs. 5).

Betriebe gewerblicher Art von juristischen Personen des öffentlichen Rechts werden besteuert, weil sie mit privaten gewerblichen Unternehmen konkurrieren. Das Steuerrecht will wettbewerbsneutral sein. Der Konkurrenzschutz ist allerdings insofern lückenhaft, als er sich nicht auf den landwirtschaftlichen Sektor bezieht. Echter Wettbewerb (demgegenüber Neutralität in Betracht kommen kann) liegt nur vor, wenn der Markt offen ist, Vertragsfreiheit besteht, Angebot und Nachfrage den Preis bestimmen, Gewinnmaximierung erstrebt wird.

Jedenfalls sind die öffentliche Gewalt ausübenden (hoheitlichen) Betriebe danach keine Betriebe gewerblicher Art. Die Eingriffsverwaltung ist hoheitlich tätig und wird nicht besteuert. Da die Eingriffsverwaltung mit Steuermitteln durchgeführt wird, fehlt es an einem steuerbaren Tatbestand (Einkommen). Bei gemischter Tätigkeit kommt es auf das Überwiegen an (s. § 4 V KStG: „überwiegend“, teleologisch unbefriedigend). Die nicht unzweifelhafte Frage der Zuordnung von Versorgungsbetrieben (denen gegenüber relativer Annahmezwang besteht) löst § 4 III KStG dahingehend, daß er die wichtigsten Versorgungszweige dem gewerblichen Sektor zuordnet[48].

Steuersubjekt ist der *einzelne* Betrieb gewerblicher Art (so früher h. M.; davon erstmals abweichend BFH BStBl. 74, 391: die juristische Person sei Steuersubjekt). Es soll ausgeschlossen werden, daß mehrere Betriebe gewerblicher Art Gewinne und Verluste untereinander ausgleichen können. Dieses Ergebnis läßt sich indessen auch durch Zusammenschluß mehrerer Betriebe erreichen[49]. 12

Das Urteil BFH BStBl. 74, 391, das übrigens im Ergebnis dem Gesetzeszweck gerecht wird, differenziert nicht scharf zwischen **(steuerrechtlicher) Rechtsfähigkeit** und **Handlungsfähigkeit.** Das Steuerrecht braucht durchaus nicht den Rechtsfähigkeitsregeln anderer Rechtsgebiete zu folgen und tut es ja auch nicht (s. etwa Umsatzsteuer, Gewerbesteuer; ferner § 2 Nr. 2 KStG); s. dazu § 16 Rz. 1 ff. Nach der neueren Rechtsprechung wäre es folgerichtig, im Verhältnis zwischen der juristischen Person als Steuersubjekt und ihrem Betrieb gewerblicher Art die Regeln über Entnahmen und Einlagen anzuwenden[50]. BFH BStBl. 79, 193, zieht diese Konsequenz jedoch nicht: Für die Einkommensermittlung werde der Betrieb gewerblicher Art gewissermaßen (!) verselbständigt. Vereinbarungen und sonstige Geschäftsvorfälle sowie Spenden i. S. des § 9 Nr. 3 KStG zwischen Eigenbetrieb und Trägerkörperschaft seien steuerrechtlich anzuerkennen. Das Einkommen ist so zu ermitteln, „als ob der Betrieb gewerblicher Art im Verhältnis zur Trägerkörperschaft ein selbständiges Rechtssubjekt wäre“[51]. Dies zeigt, daß die Rechtsprechung im Grunde allein auf die steuerrechtliche Handlungsfähigkeit abzielt.

g) Juristische Personen des öffentlichen Rechts, soweit sie sich als Kapitalgeber betätigen.

Auch soweit juristische Personen des öffentlichen Rechts keinen Betrieb gewerblicher Art unterhalten, sind sie steuerpflichtig „mit den inländischen Einkünften, von denen ein Steuerabzug vorzunehmen ist“ (§ 2 Nr. 2 KStG); diese beschränkte Steuerpflicht betrifft die Einkünfte aus Kapitalvermögen, für die Kapitalertragsteuer abzuführen ist (§ 43 EStG). 13

---

48 Zur Abgrenzung des gewerblichen Betriebs vom hoheitlichen Betrieb s. *Laule,* Die Körperschaftsteuerfreiheit für Hoheitsbetriebe . . ., DStZ 88, 183; *Altehoefer,* in: FS für L. Schmidt, München 1993, 677; teleologisch überzeugend BFH BStBl. 88, 910; 90, 95, 866.

49 Dazu *W. Schmidt,* Die Konzentration der Eigenbetriebe und deren steuerliche Behandlung in betriebswirtschaftlicher Sicht, Diss. rer. pol. Köln 1968; *Hofmeister,* Zur Ertragsbesteuerung inländischer juristischer Personen des öffentlichen Rechts mit mehreren Betrieben gewerblicher Art, in: FS für L. Schmidt, München 1993, 691; BFH BStBl. 90, 242; 92, 432.

50 *Rader,* BB 77, 1444.

51 BFH BStBl. 83, 147 m. Anm. *Klempt,* DStZ 83, 262; s. aber auch BFH BStBl. 84, 496 m. Anm. *Klempt,* DStZ 84, 571: Miet- und Pachtverträge werden nicht anerkannt, wenn sie die wesentliche Grundlage des Betriebs gewerblicher Art betreffen.

14 **Verbundene Unternehmen** (§ 15 AktG), insb. Konzernunternehmen (§ 18 AktG), bleiben selbständige Körperschaftsteuer-Subjekte[52].

15 Je nachdem, ob eine Körperschaft, Personenvereinigung oder Vermögensmasse ihre *Geschäftsleitung* oder ihren *Sitz* im Inland oder im Ausland hat, ist sie **unbeschränkt oder beschränkt steuerpflichtig** (§§ 1; 2 Nr. 1 KStG); es werden als Steuerobjekt sämtliche Einkünfte oder nur die inländischen Einkünfte erfaßt (§§ 1 II; 2 Nr. 1 KStG; § 49 EStG).

16 **Nach ausländischem Recht gegründete Gesellschaften** sind Körperschaftsteuersubjekte, wenn ihre rechtliche Struktur und ihre wirtschaftliche Position der einer deutschen Körperschaft entsprechen. Die Rechtsfähigkeit **ausländischer Gesellschaften** beurteilt sich grundsätzlich nach internationalem Privatrecht[53].

17 **Subjektiv befreit** von der Körperschaftsteuer sind insb. (§ 5 KStG):

a) Bundespost (dazu *Luttermann,* StuW 93, 141), Bundeseisenbahnvermögen;

b) Kreditanstalten des öffentlichen Rechts;

c) Pensions-, Sterbe-, Kranken- und Unterstützungskassen unter bestimmten Voraussetzungen (dazu auch § 6 KStG);

d) Berufsverbände[54] und politische Parteien;

e) Steuersubjekte, die gemeinnützigen[55], mildtätigen oder kirchlichen[56] Zwecken dienen, allerdings nur, soweit sie keinen wirtschaftlichen Geschäftsbetrieb (Ausnahme: sog. Zweckbetrieb[57]) unterhalten[58];

f) bestimmte Erwerbs- und Wirtschaftsgenossenschaften[59].

Diese Aufzählung ist weder erschöpfend, noch nennt sie alle Voraussetzungen der jeweiligen Befreiungen.

---

52 Dazu *L. Müller,* Die Konzerne im Handels- und Steuerrecht, DStR 75, 3 ff.; *Harms/Küting,* Perspektiven der Konzernbesteuerung, BB 82, 445; *Rupp,* Die Ertragsbesteuerung nationaler Konzerne, Frankfurt a. M./Bern/New York 1983, 212 ff., will, ausgehend von der Regelung über die Organschaft, die Ergebnisse der Gliedgesellschaften des Konzerns zusammenrechnen und diesen letztlich wie ein Einheitsunternehmen behandeln.

53 Dazu *Salditt,* StuW 71, 191 ff.; *Kluge,* DStR 76, 365; *Wurster,* FR 80, 588; *ders.,* RIW/AWD 81, 679; *Lehner,* RIW 88, 201; BFH BStBl. 88, 588 m. Anm. *Maas,* StRK-Anm. KStG 1977 § 2 Nr. 1 R. 1; *B. Knobbe-Keuk,* JbFSt. 1990/91, 69; zur Körperschaft ausländischen Rechts mit Geschäftsleitung im Inland s. FG Düsseldorf EFG 87, 202; BFH BStBl. 92, 972 m. Anm. *B. Knobbe-Keuk,* DB 92, 2070; *Ebenroth,* RIW 92, 998.

54 Dazu *Schlieder,* Die steuerrechtliche Behandlung der Berufs- und Wirtschaftsverbände, Diss. Köln 1960; *Blecker,* Die Besteuerung der Berufsverbände ohne öffentlich-rechtlichen Charakter, Diss. rer. pol. Mannheim 1971.

55 Dazu *J. Lang,* StuW 87, 221; *ders.,* DStZ 88, 18; *ders.,* StbJb. 1988/89, 251; *Bauer,* FR 89, 61; *J. Martens,* Die Besteuerung wirtschaftlicher Aktivitäten im Amateursport, Diss. Kiel 1988, Berlin 1989; *Kießling/Buchna,* Gemeinnützigkeit im Steuerrecht[5], Achim 1994; BFH BStBl. 79, 482, 488, 491, 492, 495, 496 mit Anm. HFR 79, 376; BStBl. 84, 844; 85, 106; FG Nürnberg EFG 86, 621; s. ferner unten § 20 (Gemeinnützigkeits- und Spendenabzugsrecht).

56 Dazu *Mack,* Die kirchliche Steuerfreiheit in Deutschland, Stuttgart 1916, Nachdruck 1965.

57 Dazu BFH BStBl. 86, 831; 90, 724.

58 Dazu *Troll,* DB 79, 418; *Herbert,* Der wirtschaftliche Geschäftsbetrieb des gemeinnützigen Vereins, Köln 1988; *Scholtz,* Wirtschaftlicher Geschäftsbetrieb, in: FS für L. Schmidt, München 1993, 707; BFH BStBl. 83, 27; 86, 88; 86, 92 mit Anm. HFR 86, 197; BFH BStBl. 90, 550 mit Anm. *Jost,* DB 91, 518, BFH BStBl. 92, 103; 92, 693.

59 Dazu *Kropp,* Die steuerliche Begünstigung der Genossenschaften im Körperschaftsteuergesetz, Diss. rer. pol. Köln 1933; *Helpenstein,* Steuerbegünstigung der Genossenschaften im Körperschaftsteuergesetz und Rechtsprechung, VJSchrStFR Bd. 6 (1933), 85; *Rauhe,* Kapitaldividende und Warenrückvergütung im Körperschaftsteuerrecht. Eine Studie zum Problem der steuerlichen Behandlung von Genossenschaften, Diss. Göttingen 1970; s. auch Fn. 31.

Die Befreiungen gelten *nicht* für die Kapitalertragsteuer (§ 5 II Nr. 1 KStG, § 43 EStG; s. auch § 2 Nr. 2 KStG) und für ausländische Steuersubjekte (§§ 5 II Nr. 3; 2 Nr. 1 KStG); außerdem müssen auch befreite Steuersubjekte ihre Gewinnausschüttungen mit Körperschaftsteuer in Höhe von 30 v. H. vorbelasten (§§ 5 II Nr. 2; 27 KStG). 18

C. Steuerobjekt

I. Einkommen als Steuerobjekt, zu versteuerndes Einkommen als Bemessungsgrundlage

Steuerobjekt ist das Einkommen, Bemessungsgrundlage ist das zu versteuernde Einkommen des Steuersubjekts im Kalenderjahr (§ 7 I–III KStG) vor Verteilung (Ausschüttung) an die Gesellschafter (§ 8 III KStG). Das KStG definiert den Einkommensbegriff nicht, sondern verweist, auch für die Gewinnermittlung, auf die Vorschriften des Einkommensteuergesetzes und auf Spezialvorschriften des Körperschaftsteuergesetzes (§ 8 I KStG). 19

Wie die Einkommensteuer (§ 9 Rz. 44 ff.) ist auch die Körperschaftsteuer eine **periodische Steuer;** sie wird nach dem Jahreseinkommen bemessen und veranlagt (§ 7 III–IV KStG). 20

In der Terminologie der Wirtschaftswissenschaften kann eine Körperschaft kein Einkommen haben, da danach Einkommen erst entsteht, wenn Ertragsteile einem privaten Haushalt zufließen und ihm als Kaufkraft zur privaten Verfügung stehen. Das Unternehmen der Körperschaft wirft danach vielmehr Ertrag ab; die Körperschaftsteuer ist Ertragsteuer. Der Steuergesetzgeber ist an diese Terminologie indessen nicht gebunden.

Was als Einkommen gilt, bestimmt sich hauptsächlich nach dem Einkommensteuergesetz, insb. nach § 2 EStG. 21

Was nach dem Einkommensteuergesetz nicht steuerbar ist, etwa Lotterieeinkünfte oder (negative) Einkünfte aus Liebhaberei, wird auch vom Körperschaftsteuergesetz nicht erfaßt. § 8 II KStG qualifiziert nur Einkünfte i. S. des § 2 I EStG als gewerbliche, nicht aber nicht steuerbare Einkünfte (s. auch BFH BStBl. 70, 470).

II. Befreiungen

Objektiv (sachlich) befreit sind: 22

a) Mitgliedsbeiträge (§ 8 VI KStG)[60];

b) Gewinne aus Anteilen an einem nicht steuerbefreiten Betrieb gewerblicher Art einer juristischen Person des öffentlichen Rechts (§ 8 V KStG).

Motiv: Vermeidung der Mehrfachbesteuerung der nicht in das Anrechnungsverfahren einbezogenen Ausschüttungen von Betrieben gewerblicher Art von juristischen Personen des öffentlichen Rechts.

c) bestimmte Gewinne aus Beteiligungen an ausländischen Gesellschaften (§ 8b KStG; s. *Hundt*, DB 93, 2048, 2098; *Förster,* DB 94, 385; *Krehbühl,* DB 94, 496):

– Ausschüttungen inländischer Tochtergesellschaften an ihre inländische Muttergesellschaft, soweit sie dabei steuerfrei vereinnahmte ausländische Einkünfte an die Muttergesellschaft weiterleiten (§ 8b I, § 30 II Nr. 1, § 28 V, § 40 Nr. 1 KStG);

60 Dazu *Schlieder,* Die steuerrechtliche Behandlung der Berufs- und Wirtschaftsverbände, Diss. Köln 1960; *Podlinski,* Die Mitgliederbeiträge im Körperschaftsteuerrecht, Diss. Köln 1960; BFH BStBl. 90, 550.

- Gewinne aus der Veräußerung von Auslandsbeteiligungen, wenn sich darin wirtschaftlich die steuerfrei auszuschüttenden Gewinne der ausländischen Tochtergesellschaft niederschlagen (§ 8b Abs. 2 KStG);
- bestimmte Ausschüttungen ausländischer Gesellschaften an die inländische Betriebsstätte einer ausländischen Körperschaft (§ 8b Abs. 4 KStG).

III. Ermittlung des Einkommens[61]

1. Allgemeines

23 Die Ermittlung des Einkommens geschieht nach den Vorschriften des Einkommensteuergesetzes und den §§ 8 ff. KStG (§ 8 I KStG).

Da Kapitalgesellschaften, die hier allein berücksichtigt werden, lediglich Einkünfte aus Gewerbebetrieb haben (§ 8 II KStG) und Sonderausgaben (mangels Privatsphäre; s. allerdings § 9 Nr. 3 KStG) nicht möglich sind, gilt prinzipiell folgendes: **Steuerbares Einkommen** (§§ 7; 8 I KStG) = Einkünfte aus Gewerbebetrieb (§ 8 II KStG; § 2 I 1 Nr. 2 EStG) = Gewinn (§ 2 II Nr. 1 EStG) = aus der Handelsbilanz abgeleitetes Steuerbilanzergebnis (§ 5 EStG), modifiziert durch die §§ 8 ff. KStG (§ 8 I KStG).

1.1 Ermittlung des Bilanzgewinns

24 Aufgrund des § 5 I EStG gilt der Grundsatz der Maßgeblichkeit der Handelsbilanz (s. § 9 Rz. 307 ff.) auch für die Gewinnermittlung von Kapitalgesellschaften. Die **Grundsätze ordnungsmäßiger Bilanzierung** sind inzwischen einheitlich für alle Unternehmensformen gesetzlich fixiert[62] (§§ 238 ff. HGB). Zusätzlich enthält das HGB ergänzende Vorschriften für Kapitalgesellschaften (§§ 264 ff. HGB) und Genossenschaften (§§ 336 ff. HGB). Spezialgesetze regeln rechtsformspezifische Besonderheiten (§§ 150 ff. AktG, §§ 42 f. GmbHG). Für **Kapitalgesellschaften** schreibt § 266 HGB folgende Bilanz vor:

25 **Bilanzgliederung mit Aktiv- und Passivposten**

Aktivseite

A. Anlagevermögen
  I. Immaterielle Vermögensgegenstände:
    1. Konzessionen, gewerbliche Schutzrechte und ähnliche Rechte und Werte sowie Lizenzen an solchen Rechten und Werten;
    2. Geschäfts- oder Firmenwert;
    3. geleistete Anzahlungen;
  II. Sachanlagen:
    1. Grundstücke, grundstücksgleiche Rechte und Bauten einschließlich der Bauten auf fremden Grundstücken;
    2. technische Anlagen und Maschinen;

Passivseite

A. Eigenkapital
  I. Gezeichnetes Kapital;
  II. Kapitalrücklage;
  III. Gewinnrücklagen:
    1. gesetzliche Rücklage;
    2. Rücklage für eigene Anteile;
    3. satzungsmäßige Rücklagen;
    4. andere Gewinnrücklagen;
  IV. Gewinnvortrag/Verlustvortrag;
  V. Jahresüberschuß/Jahresfehlbetrag.
B. Rückstellungen:
    1. Rückstellungen für Pensionen und und ähnliche Verpflichtungen;

---

61 Dazu auch *Lerchl*, Einkommensverwendungen und Einkommensbesteuerung, Diss. rer. pol. München 1968, 129 ff.; *Lohaus*, Abziehbare und nicht abziehbare Aufwendungen im Körperschaftsteuerrecht, Diss. Münster 1988; *Thiel/Eversberg*, DStR 93, 1881; *Weber-Grellet*, DStR 94, 12.

62 Dazu oben *§ 9, Rz. 307 ff.*; ferner *Wrenger/Wilting*, Der Jahresabschluß der kleinen GmbH nach neuem Bilanzrecht, Karlsruhe 1988; *Buchner*, Rechnungslegung und Prüfung der Kapitalgesellschaft, Stuttgart 1990; *Schulze-Osterloh*, DStJG Bd. 14 (1991), 123 ff.; *Groh*, BB 93, 1882.

3. andere Anlagen, Betriebs- und Geschäftsausstattung;
4. geleistete Anzahlungen und Anlagen im Bau;

III. Finanzanlagen:
1. Anteile an verbundenen Unternehmen;
2. Ausleihungen an verbundene Unternehmen;
3. Beteiligungen;
4. Ausleihungen an Unternehmen, mit denen ein Beteiligungsverhältnis besteht;
5. Wertpapiere des Anlagevermögens;
6. sonstige Ausleihungen.

B. Umlaufvermögen:

I. Vorräte:
1. Roh-, Hilfs- und Betriebsstoffe;
2. unfertige Erzeugnisse, unfertige Leistungen;
3. fertige Erzeugnisse und Waren;
4. geleistete Anzahlungen;

II. Forderungen und sonstige Vermögensgegenstände:
1. Forderungen aus Lieferungen und Leistungen;
2. Forderungen gegen verbundene Unternehmen;
3. Forderungen gegen Unternehmen, mit denen ein Beteiligungsverhältnis besteht;
4. sonstige Vermögensgegenstände;

III. Wertpapiere:
1. Anteile an verbundenen Unternehmen;
2. eigene Anteile;
3. sonstige Wertpapiere;

IV. Schecks, Kassenbestand, Bundesbank- und Postgiroguthaben, Guthaben bei Kreditinstituten.

C. Rechnungsabgrenzungsposten.

2. Steuerrückstellungen;
3. sonstige Rückstellungen.

C. Verbindlichkeiten:
1. Anleihen, davon konvertibel;
2. Verbindlichkeiten gegenüber Kreditinstituten;
3. erhaltene Anzahlungen auf Bestellungen;
4. Verbindlichkeiten aus Lieferungen und Leistungen;
5. Verbindlichkeiten aus der Annahme gezogener und der Ausstellung eigener Wechsel;
6. Verbindlichkeiten gegenüber verbundenen Unternehmen;
7. Verbindlichkeiten gegenüber Unternehmen, mit denen ein Beteiligungsverhältnis besteht;
8. sonstige Verbindlichkeiten, davon aus Steuern, davon im Rahmen der sozialen Sicherheit.

D. Rechnungsabgrenzungsposten.

Für die **GmbH & Co.** ist das Gliederungsschema nicht verbindlich. Sie wird nicht der GmbH gleichgestellt, sondern wie andere Personengesellschaften behandelt, für die – ebenso wie für Einzelunternehmen – keine spezielle Bilanzgliederung vorgeschrieben ist. 26

Kleine Kapitalgesellschaften (§ 267 I HGB) brauchen nur eine verkürzte Bilanz aufzustellen (§ 266 I 3 HGB). 27

Gegenüber der Bilanz eines Einzelkaufmanns oder einer Personengesellschaft weist die Bilanz der Kapitalgesellschaft Besonderheiten auf. Ein konstitutives Merkmal der Bilanz von Kapitalgesellschaften ist das *feste* Kapital (Nominal- oder Nennkapital), sog. **„Gezeichnetes Kapital"** i. S. des § 272 I HGB; es wird bei der AG als **Grundkapital,** bei der GmbH als **Stammkapital** bezeichnet und umfaßt den Nennbetrag der von der Gesellschaft ausgegebenen Aktien (§ 6 AktG) oder den Gesamtbetrag der von den Gesellschaftern zu leistenden Stammeinlagen (§§ 3 I Nrn. 3, 4, 5 GmbHG). Dieses feste Kapital ändert sich nicht durch Gewinne und Verluste, sondern nur aufgrund einer förmlichen Entscheidung über Kapitalerhöhung oder -herabsetzung. Es bildet die grundsätzlich 28 konstante Kapitalsubstanz der Gesellschaft, die durch Ausschüttungen nicht angetastet werden darf.

Das **Eigenkapital** (Betriebsvermögen) einer Kapitalgesellschaft umfaßt neben dem gezeichneten Kapital die Rücklagen, den Gewinnvortrag und den Jahresüberschuß (§ 266 III HGB). Rücklagen sind die **Kapitalrücklage** und die **Gewinnrücklagen.** Die Kapitalrücklage (§ 272 II HGB) enthält alle Einlagen von Gesellschaftern, die nicht gezeichnetes Kapital sind. Die Gewinnrücklagen (§ 272 III HGB) sind aus dem Ergebnis gebildet worden. Sie umfassen die gesetzliche Rücklage, gesellschaftsvertragliche oder satzungsmäßige Rücklagen und andere Gewinnrücklagen. Die **gesetzliche Rücklage** wird für Aktiengesellschaften aufgrund besonderer Vorschriften gebildet (§ 150 I, II AktG). Gesetzliche Rücklage und Kapitalrücklage dürfen nur für bestimmte Zwecke verwendet werden (§ 150 III, IV AktG); sie erfüllen aufgrund der strengen Bestimmungen über ihre Bildung und Auflösung praktisch nur die Funktion einer Kapitalreserve zur Abdeckung von Verlusten. Die **gesellschaftsvertraglichen/satzungsmäßigen** und **anderen Gewinnrücklagen** sind für die Gesellschaft disponibel. Sie bilden das Sammelbecken für nicht ausgeschüttete (= thesaurierte) Gewinne (s. § 58 AktG): Der **Gewinnvortrag** *(Verlustvortrag)* ist das Ergebnis früherer Perioden, über dessen Verwendung noch nicht abschließend entschieden ist.

29 Der **Jahresüberschuß** *(Jahresfehlbetrag)* ist das Ergebnis der jeweiligen Periode. Er ergibt sich aus der *Gewinn- und Verlustrechnung* als Überschuß der Erträge über die Aufwendungen (oder der Aufwendungen über die Erträge). § 275 HGB stellt für die Gewinn- und Verlustrechnung das Gesamtkostenverfahren oder das Umsatzkostenverfahren zur Wahl.

Für die **Gewinn- und Verlustrechnung nach dem Gesamtkostenverfahren** schreibt § 275 II HGB folgende Gliederung vor:

1. Umsatzerlöse
2. Erhöhung oder Verminderung des Bestands an fertigen und unfertigen Erzeugnissen
3. andere aktivierte Eigenleistungen
4. sonstige betriebliche Erträge
5. Materialaufwand:
   a) Aufwendungen für Roh-, Hilfs- und Betriebsstoffe und für bezogene Waren
   b) Aufwendungen für bezogene Leistungen
6. Personalaufwand:
   a) Löhne und Gehälter
   b) soziale Abgaben und Aufwendungen für Altersversorgung und für Unterstützung, davon für Altersversorgung
7. Abschreibungen:
   a) auf immaterielle Vermögensgegenstände des Anlagevermögens und Sachanlagen sowie auf aktivierte Aufwendungen für die Ingangsetzung und Erweiterung des Geschäftsbetriebs
   b) auf Vermögensgegenstände des Umlaufvermögens, soweit diese die in der Kapitalgesellschaft üblichen Abschreibungen überschreiten
8. sonstige betriebliche Aufwendungen
9. Erträge aus Beteiligungen, davon aus verbundenen Unternehmen
10. Erträge aus anderen Wertpapieren und Ausleihungen des Finanzanlagevermögens, davon aus verbundenen Unternehmen
11. sonstige Zinsen und ähnliche Erträge, davon aus verbundenen Unternehmen
12. Abschreibungen auf Finanzanlagen und auf Wertpapiere des Umlaufvermögens
13. Zinsen und ähnliche Aufwendungen, davon an verbundene Unternehmen
14. Ergebnis der gewöhnlichen Geschäftstätigkeit
15. außerordentliche Erträge
16. außerordentliche Aufwendungen
17. außerordentliches Ergebnis
18. Steuern vom Einkommen und vom Ertrag
19. sonstige Steuern
20. Jahresüberschuß/Jahresfehlbetrag.

Aktiengesellschaften weisen in ihren Bilanzen nicht den Jahresüberschuß, sondern den **Bilanzgewinn** aus, der zur Verteilung an die Aktionäre bestimmt ist (§ 58 IV AktG). Er ist aus dem Jahresüberschuß wie folgt abzuleiten (§ 158 I AktG): 30

Jahresüberschuß
\+ Gewinnvortrag aus dem Vorjahr
\+ Entnahmen aus Gewinnrücklagen
– Einstellungen in Gewinnrücklagen (bei Gewinnthesaurierung)
Bilanzgewinn

Die GmbH und die KGaA haben ein **Wahlrecht,** entweder den Jahresüberschuß oder den Bilanzgewinn auszuweisen (§ 268 I HGB). 31

Einstweilen frei. 32–34

1.2 Spezielle körperschaftsteuerrechtliche Vorschriften zur Einkommensermittlung

Ausgangsgröße für die Einkommensermittlung nach § 8 I KStG ist der Jahresüberschuß. 35
Bei seiner Ermittlung sind indessen die nach § 10 KStG **nichtabziehbaren Ausgaben** (dazu Rz. 72) **als Aufwendungen** berücksichtigt worden. So werden z. B. nichtabziehbare Steuern, wenn sie bereits durch Bescheid festgesetzt sind, als Verbindlichkeiten, wenn sie noch nicht festgesetzt, aber schon entstanden sind, als Rückstellungen ausgewiesen. Zur Ermittlung des Einkommens sind deshalb die nichtabziehbaren Ausgaben außerhalb der Bilanz dem Jahresüberschuß wieder hinzuzurechnen.

Ebeno wie im Einkommensteuerrecht (s. § 9 Rz. 205 ff.) ist auch für die körperschaftsteuerliche Einkommensermittlung die betriebliche von der außerbetrieblichen Sphäre abzugrenzen (§ 4 IV EStG; § 8 I KStG). Im Gegensatz zur natürlichen Person ist die betriebsfremde Sphäre der Körperschaft zweigeteilt: Aufwendungen können mit Rücksicht auf das Gesellschaftsverhältnis gewährt werden; dann handelt es sich um die **Verteilung von Einkünften**[63] (s. § 8 III 1 KStG). Derartige Aufwendungen mindern das Einkommen nicht (§ 8 III 2 KStG) und lösen als **Gewinnausschüttungen** die Rechtsfolgen des Anrechnungsverfahrens aus (§§ 27 ff. KStG, dazu Rz. 140 ff.). Daneben gibt es betriebsfremde Aufwendungen, die nicht notwendig durch das Gesellschaftsverhältnis veranlaßt sind (z. B. Spenden i. S. § 9 I Nr. 2 KStG, Aufwendungen für durch die Verfassung vorgeschriebene Zwecke i. S. § 10 Nr. 1 KStG). Sie mindern ebenfalls das Einkommen nicht[64], bleiben aber vom Anrechnungsverfahren unberührt. Sie sind systematisch mit der einkommensteuerlichen **Einkünfteverwendung** vergleichbar. Insoweit ist dieser Terminus auch im Körperschaftsteuerrecht angebracht[65]. 36

Bei dem Betriebsvermögensvergleich sind Vermögensmehrungen aufgrund von **Kapitalerhöhungen** (z. B. Erhöhung des Grundkapitals durch Ausgabe neuer Aktien) und **Gesellschaftereinlagen**[66], da nicht von der Gesellschaft erwirtschaftet, (wie Einlagen) abzurechnen. 37

63 *H.-J. Pezzer* (Fn. 21), 50 ff.

64 Abgesehen von Sondervorschriften wie § 9 I Nr. 2 KStG, der nicht abziehbare Ausgaben ausnahmsweise in begrenztem Umfang zum Abzug zuläßt.

65 S. *H.-J. Pezzer* (Fn. 21), 50 ff.; zum Teil a. A. *Wassermeyer,* DB 87, 1113, 1114; *Schuck,* FR 92, 537; *Thiel/Eversberg,* DStR 93, 1881; *Weber-Grellet,* DStR 94, 12, 15 ff.; BFH BStBl. 93, 799.

66 *Döllerer,* Verdeckte Gewinnausschüttungen und verdeckte Einlagen bei Kapitalgesellschaften[2], Heidelberg 1990; *Hußmann,* Verdeckte Einlagen im Körperschaftsteuer- und Gesellschaftsteuerrecht, Diss. rer. pol. Nürnberg 1976; *B. Otto,* Die Anwendbarkeit der Begriffe „Einlagen" und „Entnahmen" des Einkommensteuergesetzes bei der Gewinnermittlung von Kapitalgesellschaften, Diss. rer. pol. Berlin 1976; *Groh,* in: FS für Flume, Bd. II, Köln 1978, 71; *Gassner,* DStJG Bd. 7 (1984), 249, 259, 268; *ders.,* in: FS für v. Wallis, Bonn 1985, 309; *Döllerer,* in: FS für v. Wallis, Bonn 1985, 239; *Brenner,* StbJb. 1984/85, 129; *Wassermeyer,* StbJb. 1985/86, 213;

38 Schuldrechtliche Verträge zwischen Kapitalgesellschaft und Gesellschaftern werden körperschaftsteuerrechtlich prinzipiell anerkannt (sog. **Trennungsprinzip**). Es muß aber stets geprüft werden, ob ein Zufluß oder ein Abfluß seine Veranlassung statt im behaupteten Schuldverhältnis nicht in Wahrheit im Gesellschaftsverhältnis hat. So kann statt einer auf einer schuldrechtlichen Vereinbarung beruhenden Betriebseinnahme eine im Gesellschaftsverhältnis wurzelnde *verdeckte Einlage*[66] anzunehmen sein, und es kann umgekehrt statt einer auf einer schuldrechtlichen Vereinbarung beruhenden Betriebsausgabe eine im Gesellschaftsverhältnis wurzelnde *verdeckte Gewinnausschüttung* = Einkommensverteilung (s. unten Rz. 50 ff.) anzunehmen sein.

39 Der BFH macht die Zulässigkeit von **Pensionsrückstellungen** für beherrschende Gesellschafter-Geschäftsführer von Kapitalgesellschaften nicht nur von einer rechtswirksamen Pensionsvereinbarung, sondern auch davon abhängig, daß ein hohes Maß von Wahrscheinlichkeit für die Inanspruchnahme der Gesellschaft spricht. Die Ernsthaftigkeit der Pensionierung wird bei einem beherrschenden Gesellschafter-Geschäftsführer mit dem Erreichen des 65. Lebensjahres bejaht (BFH BStBl. 82, 615 f.; dazu *Stuhrmann*, BB 83, 48).

40 Voraussetzung für den **Verlustabzug nach § 10d EStG** ist bei einer Körperschaft, daß sie nicht nur rechtlich, sondern auch wirtschaftlich mit der Körperschaft identisch ist, die den Verlust erlitten hat. Wirtschaftliche Identität liegt insb. dann nicht vor, wenn mehr als drei Viertel der Anteile an einer Kapitalgesellschaft übertragen werden und die Gesellschaft ihren Geschäftsbetrieb mit überwiegend neuem Betriebsvermögen wieder aufnimmt (§ 8 IV KStG). Diese Regelung soll verhindern, daß die Anteile an verlustbehafteten Kapitalgesellschaften zu dem Zweck übertragen werden, die Verluste mit Gewinnen eines anderen Unternehmens zu verrechnen (sog. Mantelkauf)[67].

41 Körperschaften, die nicht in das Anrechnungsverfahren einbezogen sind, Erwerbs- und Wirtschaftsgenossenschaften sowie land- und forstwirtschaftliche Vereine erhalten einen **Freibetrag** (§§ 24, 25 KStG)[68].

42–49 Einstweilen frei.

2. Verdeckte Gewinnausschüttungen

Literatur: *Ballerstedt*, Kapital, Gewinn und Ausschüttung bei Kapitalgesellschaften, Tübingen 1949; *Fröhlich*, Die verdeckte Gewinnausschüttung, München 1968; *Meßmer*, Die Fiktion im Steuerrecht – Bräuche und Mißbräuche –, StbJb. 1977/78, 117; *Pott*, Die Führung von Verlustunternehmen als verdeckte Gewinnausschüttung, StuW 79, 321; *Kupsch*, Zur Problematik der verdeckten Gewinnausschüttung bei öffentlichen Unternehmen, in: Friedrich/Kupsch (Hrsg.), Die Besteuerung öffentlicher Unternehmen, Baden-Baden 1981, 363; *Weindl*, Probleme der verdeckten Gewinnausschüttung im neuen Körperschaftsteuergesetz, Diss. Regensburg 1981; *B. Knobbe-Keuk*, Betriebe gewerblicher Art von juristischen Personen des öffentlichen Rechts und der Tatbestand der verdeckten Gewinnausschüttung, StuW 83, 227; *J. Lang*, Besteuerung verdeckter Gewinnausschüttungen bei verbundenen Unternehmen, JbFSt. 1984/85, 515; *ders.*, FR 84, 629; *Gassner*, DStJG Bd. 7 (1984), 245, 247, 264; *Woerner*, in: FS für v. Wallis, Bonn 1985, 327; *H.-J. Pezzer*, Die rechtssystematischen Grundlagen der verdeckten Gewinnausschüttung nach der Körperschaftsteuerreform, Diss. Köln 1986, zugl. erschienen unter dem Titel: Die verdeckte Gewinnausschüttung im

---

Groh, DB 88, 514, 571; *Kronenberg*, Zur Abgrenzung zwischen Einlage und Betriebseinnahme im Körperschaftsteuerrecht, Diss. Göttingen 1986; *Selder*, Die Einlage von Nutzungen und Leistungen im Einkommen- und Körperschaftsteuerrecht, Diss. Augsburg 1986, 136 ff.; *Meyer-Scharenberg*, StuW 87, 11; *Döllerer*, BB 88, 1789 und DStR 89, 331; BFH BStBl. 88, 348 m. Anm. *L. Schmidt*, FR 88, 166; BFH BStBl. 89, 633; *Wassermeyer*, DStR 90, 163; *Wismeth*, FR 90, 275; *Beiser*, StuW 91, 136; *Döllerer*, in: FS für L. Schmidt, München 1993, 523.

67 Dazu *K. Tipke*, StuW 88, 276; *Döllerer*, StuW 88, 206; *Streck/Schwedhelm*, FR 89, 154; *Herzig*, StbKongrRep. 1989, 76; *Thiel*, GmbHR 90, 223.

68 Dazu BFH BStBl. 85, 634; 90, 470.

Körperschaftsteuerrecht, Köln 1986; *Wassermeyer,* GmbHR 86, 26; *Meyer-Scharenberg,* StuW 87, 15; *Wassermeyer,* DB 87, 1113; *ders.,* DStR 87, 484; *Hellwig,* in: FS für Döllerer, Düsseldorf 1988, 205; *Wassermeyer,* GmbHR 89, 298; *ders.,* FR 89, 218; *Döllerer,* Verdeckte Gewinnausschüttungen und verdeckte Einlagen bei Kapitalgesellschaften[2], Heidelberg 1990; *Maas,* StVj 90, 42; *H.-J. Pezzer,* StuW 90, 259, 264; *ders.,* AG 90, 365; *Scholtz,* FR 90, 321; *ders.,* FR 90, 350; *ders.,* FR 90, 386; *Wassermeyer,* DStR 90, 158; *ders.,* FR 90, 1; *U. Niemann,* Die Angemessenheit der Bezüge geschäftsführender Gesellschafter einer GmbH[6], Köln 1991; *Tries,* Verdeckte Gewinnausschüttungen im GmbH-Recht, Diss. Heidelberg 1990, Köln 1991; *B. Knobbe-Keuk,* Bilanz- und Unternehmenssteuerrecht[9], Köln 1993, 642 ff.; *J. Lange,* Verdeckte Gewinnausschüttungen[6], Herne/Berlin 1993; *Meyer-Arndt,* GmbHR 93, 469; *Thiel,* DStR 93, 1801; *Wassermeyer,* StVj 93, 208; *Meyer-Arndt,* GmbHR 94, 34; *Wassermeyer,* GmbHR 94, 27; *Westerfelhaus,* GmbHR 94, 224; *Zacher,* DStR 94, 138; *Schulze-Osterloh,* StuW 94, 131.

2.1 Rechtfertigung der Erfassung verdeckter Gewinnausschüttungen durch die Körperschaftsteuer

Wie ausgeführt, sind schuldrechtliche (nicht-gesellschaftsrechtliche) Beziehungen zwischen Kapitalgesellschaft und Gesellschaftern prinzipiell anzuerkennen. Gerade in diesem Verhältnis ist aber sorgfältig zu prüfen, ob die schuldrechtliche Vereinbarung nicht bloß eine gesellschaftsrechtliche Beziehung verdeckt. Die **Ausschüttungsbelastung** in Höhe von 30 v. H. soll wie eine Quellensteuer die Besteuerung des an den *Anteilseigner* fließenden Kapitalertrages sicherstellen (s. oben Rz. 4). Dieser Zweck gilt gleichermaßen für offene wie für verdeckte Ausschüttungen und erfordert es, verdeckte Gewinnausschüttungen ebenfalls der Ausschüttungsbelastung zu unterwerfen, sie also voll in das Anrechnungsverfahren einzubeziehen. 50

Dadurch wird z. B. verhindert, daß Gewinne an beschränkt steuerpflichtige oder steuerbefreite Anteilseigner ohne jede Steuerbelastung ausgeschüttet werden können.

Dagegen verfolgt die Erfassung der verdeckten Gewinnausschüttung bei der **Gesellschaft** keinen eigenständigen körperschaftsteuerlichen Zweck.

Wird eine verdeckte Gewinnausschüttung nachträglich festgestellt, ist sie aber beim Empfänger bereits **unter einer anderen Einkunftsart besteuert** worden (z. B. das überhöhte Geschäftsführergehalt unter den Einkünften aus nichtselbständiger Arbeit oder die überhöhte Pachtzahlung unter den Einkünften aus Vermietung und Verpachtung), so ist der Zweck des Anrechnungsverfahrens erreicht. Der Anwendungsbereich des § 8 III 2 KStG und der §§ 27 ff. KStG ist deshalb durch **teleologische Reduktion** so einzuschränken, daß in derartigen Fällen auf die verdeckte Gewinnausschüttung nachträglich keine Körperschaftsteuer mehr erhoben wird[69]. 51

Dagegen wird eingewandt (insb. *Wassermeyer,* Fn. 69): Die durch eine verdeckte Gewinnausschüttung bewirkte Einkommenserhöhung (§ 8 III 2 KStG) und Ausschüttung (§ 27 III 2 KStG; s. Rz. 54) könnten in verschiedenen Jahren anfallen und jeweils deren verwendbares Eigenkapital (s. Rz. 144 ff.) beeinflussen. Zudem seien von Fall zu Fall unterschiedlich belastete Teilbeträge des verwendbaren Eigenkapitals betroffen. Außerdem falle beim Gesellschafter gemäß § 20 I Nr. 3 EStG zusätzliche Einkommensteuer auf das Anrechnungsguthaben (s. Rz. 165 ff.) an. Deshalb bedeute es für die Höhe der insgesamt zu erhebenden Steuer einen Unterschied, ob der Gesellschafter-Geschäftsführer Gehalt (§ 19 EStG) oder eine verdeckte Gewinnausschüttung (§ 20 I Nr. 1 Satz 2 EStG) erhalte.

Dies alles ist richtig. Deshalb ist es auch nicht verwunderlich, daß der BFH und die h. M. in der Literatur insoweit die buchstabengetreue Gesetzesauslegung vorziehen. Damit ist aber die Frage nicht beantwortet, ob es tatsächlich dem **Gesetzeszweck** entspricht, für eine an den Anteilseigner geflossene verdeckte Gewinnausschüttung auch dann **bei der Gesellschaft** Körperschaftsteuer

69 Dazu im einzelnen *H.-J. Pezzer* (Fn. 21), 12 ff. und AG 90, 367; ebenso FG Düsseldorf EFG 86, 578; a. A. BFH BStBl. 87, 508; *Wassermeyer,* DB 87, 1117 f.; *ders.,* DStR 87, 488; *ders.,* GmbHR 94, 27, 31 f.; *Döllerer,* GmbHR 87, 26, 134; *B. Knobbe-Keuk* (Fn. 2), 565 in Fn. 26.

nachzuerheben und – mit der zusätzlichen Belastungsfolge des § 20 I Nr. 3 EStG – beim Gesellschafter anzurechnen, wenn dieser die empfangene Ausschüttung bereits versteuert hatte. Das körperschaftsteuerliche Anrechnungsverfahren ist nicht um der Feinheiten der Gliederungsrechnung willen erfunden worden. Die Gliederung des verwendbaren Eigenkapitals ist nicht Selbstzweck, sondern ein rechentechnisches Instrumentarium zur Verwirklichung des Regelungszwecks, der darin besteht, die Doppelbelastung abzuschaffen und Gewinnausschüttungen letztlich allein beim Empfänger mit dessen individueller Einkommensteuer zu belasten. Ist dieses Ziel bereits erreicht, verliert die Gliederungstechnik insoweit ihren Sinn, auch wenn sich durch den Verzicht auf die gliederungsrechtliche Erfassung der verdeckten Gewinnausschüttung eine andere Zusammensetzung des verwendbaren Eigenkapitals ergibt. Sinngemäß dasselbe gilt für die zusätzliche Besteuerung des Anrechnungsguthabens **beim Gesellschafter.** Sie ist lediglich eine Sekundärfolge des Anrechnungsverfahrens. Wenn Körperschaftsteuer erhoben worden ist und im Falle der Ausschüttung angerechnet wird, so bedeutet die Anrechnung einen zusätzlichen wirtschaftlichen Vorteil, der – als Folge der Anrechnung – als zusätzliches Einkommen des Gesellschafters zu erfassen ist. Wenn aber die verdeckte Gewinnausschüttung beim Empfänger bereits besteuert worden ist und damit die Nacherhebung von Körperschaftsteuer und ihre Anrechnung ihre Berechtigung verloren haben, so verliert auch die Zurechnung zusätzlichen Einkommens nach § 20 I Nr. 3 EStG ihre Grundlage. Diese Lösung führt zwar gegenüber der buchstabengetreuen Gesetzesanwendung zu einer abweichenden Gesamtsteuerbelastung. Sie hat aber den Vorteil, daß dem Gesellschafter letztlich nur das an Einkommen zugerechnet wird, was von der Gesellschaft insgesamt an ihn ausgeschüttet worden ist. Dieses wirtschaftliche Gesamtergebnis entspricht der Behandlung offener Ausschüttungen: Von einem durch die Gesellschaft erwirtschafteten und zur Ausschüttung bestimmten Gewinn vor Körperschaftsteuer von 100 erhält der Gesellschafter bei offener Ausschüttung 70 unmittelbar als Bardividende und 30 mittelbar in Form des Anrechnungsguthabens (s. Rz. 143).

2.2 Voraussetzungen der verdeckten Gewinnausschüttung

52 Die **ältere Rechtsprechung** hat folgende Definition aufgestellt: Eine verdeckte Gewinnausschüttung liegt vor, wenn die Gesellschaft ihrem Gesellschafter außerhalb der gesellschaftsrechtlichen Gewinnverteilung einen Vermögensvorteil zuwendet, den sie bei Anwendung der Sorgfalt eines ordentlichen und gewissenhaften Geschäftsleiters[70] einem fremden Dritten, der nicht Gesellschafter ist, unter sonst gleichen Umständen nicht zuwenden würde[71].

53 Unabhängig von der allgemeinen Definition nahm die ältere Rechtsprechung aber auch dann eine verdeckte Gewinnausschüttung an, wenn eine Kapitalgesellschaft Leistungen an einen *beherrschenden* Gesellschafter erbringt, die nicht auf einer *im voraus getroffenen klaren und eindeutigen* (nicht notwendig schriftlichen) *Vereinbarung* beruhen[72] (sog. **Nachzahlungsverbot**).

54 Mit Rücksicht auf die durch die Körperschaftsteuerreform 1977 geänderte gesetzliche Ausgangslage hat der **BFH** die Definition der verdeckten Gewinnausschüttung variiert. Danach ist zwischen verdeckten Gewinnausschüttungen i. S. § 8 III 2 KStG und anderen Ausschüttungen i. S. § 27 III 2 KStG zu unterscheiden[73]. Eine verdeckte Gewinnausschüttung i. S. § 8 III 2 KStG ist bei einer Kapitalgesellschaft eine **Vermögensminderung** *(verhinderte Vermögensmehrung),* die **durch das Gesellschaftsverhältnis veranlaßt** ist, sich auf die Höhe des Einkommens auswirkt und in keinem Zusammenhang mit

70 Dazu *Wassermeyer,* GmbHR 86, 29; *Woerner,* in: FS für v. Wallis, Bonn 1985, 327; *Becker,* StbJb. 1985/86, 381; *H.-J. Pezzer* (Fn. 21), 41.

71 BFH BStBl. 67, 626 (früher st. Rspr.); dazu *H.-J. Pezzer* (Fn. 21), 39 ff.

72 BFH BStBl. 76, 734; 77, 173; 78, 660; 79, 687 f.; dazu *Woerner* (Fn. 70); *H.-J. Pezzer* (Fn. 21), 45; *Barth,* BB 77, 636 und DB 77, 2157, 2199, 2252, 2300, 2348; *Brezing,* FR 77, 463; *Bügler,* Die Behandlung der Familiengesellschaft im Steuerrecht, Diss. rer. pol. Mannheim 1979, 253 ff.; *Tiedtke,* DStR 93, 933, 937.

73 BFH BStBl. 89, 633; 89, 857.

einer offenen Ausschüttung steht[74]. Bei einem beherrschenden Gesellschafter ist eine Veranlassung durch das Gesellschaftsverhältnis auch dann anzunehmen, wenn es an einer klaren und von vornherein abgeschlossenen Vereinbarung darüber fehlt, ob und in welcher Höhe ein Entgelt von der Kapitalgesellschaft gezahlt werden soll[75].

Diese Formulierungen des BFH bedeuten in mehrfacher Hinsicht einen **rechtssystematischen Fortschritt**[76]: Zum einen ist der entscheidende systematische Ansatzpunkt der Besteuerung verdeckter Gewinnausschüttungen für die Begriffsbestimmung nutzbar gemacht worden: Es geht um die **Veranlassung durch das Gesellschaftsverhältnis** (Gegensatz: Veranlassung durch den Betrieb, § 4 IV EStG i. V. mit § 8 I KStG). Notwendige Folgerung daraus ist, daß das Merkmal der „Sorgfalt eines ordentlichen und gewissenhaften Geschäftsleiters", welches bisher dominierend war, an Gewicht verliert. Es hat danach nur noch die Funktion einer Denkhilfe zur Würdigung der einzelnen Indizien, nicht mehr die Funktion eines materiellen Tatbestandsmerkmals[77]. 55

Als weitere Neuerung fällt auf, daß der BFH nun auch Leistungen an einen beherrschenden Gesellschafter, die nicht auf klaren und im voraus getroffenen Vereinbarungen beruhen und deshalb als verdeckte Gewinnausschüttungen qualifiziert werden, mit Hilfe des Merkmals „Veranlassung durch das Gesellschaftsverhältnis" charakterisiert. Damit sind alle Formen der verdeckten Gewinnausschüttung unter einem einheitlichen rechtssystematischen Ausgangspunkt zuammengefaßt[78].

Systematisch lassen sich die Voraussetzungen der verdeckten Gewinnausschüttung folgendermaßen bestimmen: Gemäß § 8 I KStG i. V. mit § 2 I EStG ergeben die Einkünfte, die die Körperschaft **erzielt,** das Einkommen. § 8 III 1 KStG stellt den Grundsatz auf, daß die **Verteilung von Einkommen** (genauer: von Einkünften) an die Anteilseigner das Einkommen der Körperschaft nicht mindert. 56

Die Körperschaft kann ihre Einkünfte offen nach gesellschaftsrechtlichen Vorschriften oder in verdeckter Form verteilen. Die verdeckte Einkünfteverteilung (= verdeckte Gewinnausschüttung, s. § 8 III 2 KStG) führt dazu, daß die Körperschaft einen **zu niedrigen Jahresüberschuß** ausweist, weil sie eine Zuwendung an den Anteilseigner (z. B. das überhöhte Gehalt *zu Unrecht als Betriebsausgabe behandelt* oder weil sie zugunsten des Anteilseigners *auf Betriebseinnahmen verzichtet* hat (z. B. durch Gewährung eines zinslosen Darlehens, Verkauf von Wirtschaftsgütern zu marktunüblich niedrigen Preisen etc.).

Derartige Vorgänge, die sich bei der Körperschaft ergebnismindernd auswirken, sind entweder der *betrieblichen Sphäre der Körperschaft* **(Sphäre der Einkünfteerzielung)** oder der **Sphäre der Einkünfteverteilung** an die Anteilseigner zuzuordnen. Die Grenzlinie entspricht prinzipiell derjenigen zwischen Betriebs- und Privatausgaben im Einkommensteuerrecht[79] (s. dazu § 9 Rz. 227 ff.). Ebenso wie Aufwendungen einer natürlichen Person durch *Handlungen* (oder Unterlassungen) verursacht werden, die beruflich oder privat *motiviert* sind, beruflichen oder privaten *Zwecken* dienen (s. § 9 Rz. 206 ff.), werden Vorgänge, die den Jahresüberschuß der Körperschaft mindern, durch Handlungen (oder Unterlassungen) verursacht, die *betrieblich oder nicht betrieblich motiviert*

74 BFH BStBl. 89, 632; 89, 855.
75 BFH BStBl. 84, 673; 89, 632.
76 A. A. *Scholtz,* FR 90, 321, 350, 386; *Döllerer,* Verdeckte Gewinnausschüttungen und verdeckte Einlagen bei Kapitalgesellschaften[2], Heidelberg 1990, 30: Die neue Begriffsbestimmung bringe sachlich nichts Neues.
77 Vgl. *Wassermeyer,* FR 89, 219 f.
78 Zu den Konsequenzen *H.-J. Pezzer,* StuW 90, 265.
79 *Wassermeyer,* GmbHR 86, 27; *ders.,* FR 89, 219; *H.-J. Pezzer* (Fn. 21), 65.

sind (betrieblichen oder betriebsfremden Zwecken dienen). Während die nicht betrieblichen Motive (Zwecke) im Einkommensteuerrecht nur allgemein als „privat“ bezeichnet werden können, lassen sich im Körperschaftsteuerrecht die betriebsfremden Zwecke zum Teil konkret benennen: Abgesehen von den Fällen der Einkünfteverwendung (z. B. §§ 9 I Nr. 2, 10 Nr. 1 KStG) geht es stets darum, dem Anteilseigner einen wirtschaftlichen Vorteil als Gegenleistung für die Kapitalüberlassung, als Kapitalertrag, zuzuwenden.

Jedoch bedeutet nicht jede Gewährung eines wirtschaftlichen Vorteils an den Anteilseigner eine Einkünfteverteilung; denn auch diese Gewährung kann betrieblich motiviert sein, einem betrieblichen Zweck dienen.

Beispiele:

a) Die Körperschaft kauft vom Lieferanten Waren zu Preisen, die höher als marktüblich sind, weil der Lieferant seit langem pünktlich und zuverlässig qualitativ einwandfreie Ware liefert; diese Lieferbeziehung soll gepflegt werden, u. a. damit der Lieferant nicht Konkurrenten der Körperschaft beliefert.

b) Die Körperschaft erläßt einem Schuldner, der sich in wirtschaftlichen Schwierigkeiten befindet, einen Teil einer Forderung, um den Ruin des Schuldners zu verhindern und so den Rest der Forderung zu retten.

Ist in diesen Fällen der Lieferant oder der Schuldner ein Anteilseigner, so erhält er zwar einen wirtschaftlichen Vorteil; gleichwohl liegt keine verdeckte Gewinnausschüttung vor, da die Zuwendung betrieblich motiviert ist.

57 Danach ergibt sich folgende **Definition der verdeckten Gewinnausschüttung:** Verdeckte Gewinnausschüttungen liegen vor, wenn Handlungen (oder Unterlassungen), die den Jahresüberschuß der Körperschaft mindern, dazu bestimmt sind, dem Anteilseigner einen wirtschaftlichen Vorteil zu verschaffen, ohne daß diese Zuwendung betrieblich motiviert ist (betrieblichen Zwecken dient).

58 Welches Motiv einer Handlung im Einzelfall zugrunde liegt, ist keine Rechtsfrage, sondern eine Frage der *Tatsachenfeststellung,* eine **Beweisfrage**[80]. Bei der Tatsachenfeststellung muß – wenn die Anhörung des Handelnden keine Klarheit ergibt – aufgrund objektiver Umstände auf die subjektiven Voraussetzungen der verdeckten Gewinnausschüttung (Motivation, Zweck) geschlossen werden (Indizienbeweis, s. § 22 Rz. 208).

59 Die jeweils **maßgebende Handlung** (oder Unterlassung) ist in der Regel die des Organs der Körperschaft[81].

Der Körperschaft sind aber auch Handlungen des Anteilseigners zuzurechnen, der selbst nicht Organ (Vorstand, Geschäftsführer) ist, wenn die Handlungen mit Zustimmung des Organs geschehen (im Falle der Unkenntnis jedenfalls mit dessen mutmaßlicher Zustimmung). Nicht mehr der Körperschaft zurechenbar sind jedoch ohne Kenntnis des Organs begangene strafbare Handlungen des Anteilseigners (z. B. Unterschlagung, Untreue), die das Organ nicht billigen könnte, ohne sich selbst strafbar oder gegenüber der Gesellschaft schadensersatzpflichtig zu machen[82]. Eine verdeckte Gewinnausschüttung kann dann aber darin liegen, daß die Körperschaft den ihr gegen den Anteilseigner zustehenden Schadensersatzanspruch nicht geltend macht.

60 Eine verdeckte Gewinnausschüttung kann auch in der Verschaffung eines **mittelbaren wirtschaftlichen Vorteils** bestehen, sei es, daß die Gesellschaft den Vorteil einer Person gewährt, die dem Gesellschafter *„nahesteht“*[83] (z. B. einem Verwandten oder einer vom

---

80 Dazu insb. *Birkenfeld,* Beweis und Beweiswürdigung im Steuerrecht, Diss. Köln 1973; *Rönitz,* DStJG Bd. 3 (1980), 297 ff.; *Weber-Grellet,* StuW 81, 48; s. ferner § 22 Rz. 203 ff.; speziell für verdeckte Gewinnausschüttungen s. *H.-J. Pezzer* (Fn. 21), 81 ff.; *Wassermeyer,* FR 89, 223; *Eppler,* DStR 88, 339; a. A. *Döllerer* (Fn. 76), 96 f.

81 BFH BStBl. 93, 351, 352; *Döllerer* (Fn. 76), 64.

82 *W. Flume,* DB 93, 1945; a. A. *Wassermeyer,* DB 93, 1948; *ders.,* StVj 93, 208, 220.

83 Dazu *Hahnhäuser,* Verdeckte Gewinnausschüttung an Nichtgesellschafter, Diss. Köln 1964, Düsseldorf 1965; *Wassermeyer,* FR 89, 221.

Gesellschafter beherrschten anderen Gesellschaft), sei es, daß die Gesellschaft eine Aufgabe wahrnimmt, zu deren Erfüllung der Gesellschafter rechtlich verpflichtet gewesen wäre oder der er sich nicht hätte entziehen können.

61 Es ist unerheblich, in welche Form der Vorteil gekleidet ist. In der Praxis überwiegen **Austauschverträge,** bei denen der Wert der Leistung der Gesellschaft den Wert der Gegenleistung des Gesellschafters übersteigt. Anschaulich sind die in Abschn. 31 III KStR aufgeführten Beispiele für verdeckte Gewinnausschüttungen:

Ein Gesellschafter führt Vorstandsgeschäfte und erhält dafür ein unangemessen hohes Gehalt.

Eine Gesellschaft zahlt an einen Gesellschafter besondere Umsatzvergütungen[84] neben einem angemessenen Gehalt.

Ein Gesellschafter erhält ein Darlehen von der Gesellschaft zinslos oder zu einem außergewöhnlich geringen Zinsfuß.

Ein Gesellschafter erhält von der Gesellschaft ein Darlehen, obwohl schon bei der Darlehenshingabe mit der Uneinbringlichkeit gerechnet werden muß (dazu BFH BStBl. 90, 795).

Ein Gesellschafter gibt der Gesellschaft ein Darlehen zu einem außergewöhnlich hohen Zinsfuß.

Ein Gesellschafter liefert an die Gesellschaft Waren oder erwirbt von der Gesellschaft Waren oder sonstige Wirtschaftsgüter zu ungewöhnlichen Preisen oder erhält besondere Preisnachlässe und Rabatte.

Ein Gesellschafter verkauft Aktien an die Gesellschaft zu einem höheren Preis als dem Kurswert, oder die Gesellschaft verkauft Aktien an einen Gesellschafter zu einem niedrigeren Preis als dem Kurswert.

Eine Gesellschaft übernimmt zum Vorteil eines Gesellschafters eine Schuld oder sonstige Verpflichtung, z. B. eine Bürgschaft.

Eine Gesellschaft verzichtet auf Rechte, die ihr einem Gesellschafter gegenüber zustehen.

Ein Dritter, der nicht nur für die Gesellschaft, sondern auch für einen Gesellschafter persönlich tätig ist, erhält eine Gesamtvergütung, die die Gesellschaft als Kosten verbucht.

62 Umstritten ist, ob eine verdeckte Gewinnausschüttung auch dann vorliegt, wenn der Anteilseigner neben dem Betrieb der Körperschaft auf eigene Rechnung geschäftlich tätig wird (sog. **Wettbewerbsverbot**[85]).

63 Es kommt in Sonderfällen auch in Betracht, daß Verträge zwischen Gesellschaft und Gesellschafter **Scheingeschäfte** (§ 41 II AO) sind oder wegen **Steuerumgehung** (§ 42 AO) nicht anerkannt werden können – mit der Folge, daß durch die Gesellschaft auf den Gesellschafter „durchgegriffen" wird[86].

Die normale verdeckte Gewinnausschüttung ist jedoch kein Unterfall des § 42 AO. § 42 AO setzt voraus, daß eine *Rechts*gestaltung gewählt wird, die gegenüber den wirtschaftlichen Vorgängen oder Zuständen (wirtschaftlicher Hintergrund) unangemessen ist. Die verdeckte Gewinnausschüttung (als Rechtsgestaltung) ist aber dem wirtschaftlichen Hintergrund gegenüber angemessen.

64 Ab 1994 gelten **Vergütungen für Fremdkapital,** das eine Kapitalgesellschaft von einem nicht zur Anrechnung berechtigten Anteilseigner (s. § 51 KStG, unten Rz. 168) erhalten hat, unter bestimmten weiteren Voraussetzungen als verdeckte Gewinnausschüttungen, wenn der Anteilseigner wesentlich (zu mehr als 25 v. H.) beteiligt ist (§ 8a KStG[87]).

84 Dazu BFH BStBl. 78, 234, mit abl. Anm. von *Ranft,* StRK-Anm. KStG 1934–1975 § 6 Abs. 1 S. 2 R. 234; FG Hamburg EFG 84, 517.

85 S. *Thiel,* GmbHR 92, 338; *H.-J. Pezzer,* StuW 92, 270; *Hoffmann,* DStR 93, 87; *Buyer,* BB 93, 2057; *F. Wassermeyer,* GmbHR 93, 329, 639; *U. Niemann,* in: FS für Rose, Wiesbaden 1991, 387; *Döllerer,* BB 93, 1498.

86 Dazu *A. Raupach,* Der Durchgriff im Steuerrecht, München 1968.

87 S. *N. Herzig,* DB 94, 110, 168; *Meilicke,* DB 94, 117; *Hey,* RIW 94, 221; *Köster,* RIW 94, 310.

2.3 Rechtsfolgen der verdeckten Gewinnausschüttung

65 Die körperschaftsteuerlichen Rechtsfolgen der verdeckten Gewinnausschüttung sind zweischichtig:

a) Verdeckte Gewinnausschüttungen mindern das Einkommen nicht (§ 8 III 2 KStG). Weist die Gesellschaft infolge einer verdeckten Gewinnausschüttung einen zu niedrigen Jahresüberschuß aus, so muß die verdeckte Gewinnausschüttung diesem wieder hinzugerechnet werden. Die daraus resultierende Einkommenserhöhung löst Körperschaftsteuer in Höhe der Tarifbelastung von 45 v. H. aus.

b) Verdeckte Gewinnausschüttungen sind Ausschüttungen i. S. der Vorschriften des Anrechnungsverfahrens (§§ 27 I, III 2; 28 II 2 KStG). Für sie ist daher die Ausschüttungsbelastung herzustellen. Die damit verbundenen Probleme sind im Zusammenhang mit dem Anrechnungsverfahren (Rz. 160) dargestellt.

66–69 Einstweilen frei.

3. Besondere Vorschriften über den Abzug von Ausgaben

70 **Abziehbar** sind insb. auch:

– zum Teil abweichend vom Einkommensteuergesetz –

a) **Gewinnanteile** und **Geschäftsführervergütungen** für persönlich haftende Gesellschafter einer KG auf Aktien (§ 9 I Nr. 1 KStG). Sie sind Einkünfte aus Gewerbebetrieb der Gesellschafter (§ 15 I 1 Nr. 3 EStG).

b) **Ausgaben zur Förderung** mildtätiger, kirchlicher, religiöser, wissenschaftlicher oder anerkannter *gemeinnütziger Zwecke* jeweils in bestimmter Höhe; jedoch darf es sich nicht um verdeckte Gewinnausschüttungen handeln[88] (§ 9 I Nr. 2 KStG; s. auch § 10b EStG).

c) **Rückvergütungen** der Erwerbs- und Wirtschaftsgenossenschaften an ihre Mitglieder, soweit im Mitgliedergeschäft erwirtschaftet (§ 22 KStG).

71 *zu b):*

Der **Entwurf des Körperschaftsteuerreformgesetzes 1977** behandelte in § 9 II **Spenden** als Betriebsausgaben oder Werbungskosten[89]. Diese Fassung ist jedoch nicht Gesetz geworden; sie wäre auch systematisch verfehlt gewesen. Spenden sind grundsätzlich der außerbetrieblichen Sphäre zuzuordnen[90]. Sie sind nur dann Betriebsausgaben (oder Werbungskosten), wenn sie betrieblich (oder beruflich) veranlaßt sind, also z. B. Werbezwecken dienen[91]. Auch wirtschaftspolitische, berufsständische oder berufsfördernde wissenschaftliche Zielsetzungen können eine betriebliche Veranlassung darstellen[92]. Die Förderung allgemeiner politischer Ziele, etwa der Erhaltung und Förderung der allgemeinen politischen und wirtschaftlichen Rahmenbedingungen, reicht dagegen für eine betriebliche Veranlassung nicht aus[93]. Auch gibt es bei Unternehmensspenden keine Vermutung für eine betriebliche Veranlassung[94]. BFH BStBl. 82, 178 hat die Vorschrift des § 11 Nr. 5 KStG a. F. (entspricht § 9 Nr. 3 KStG 1977, § 9 I Nr. 2 KStG 1994) „wie" eine Gewinnermittlungsvorschrift angesehen und dementsprechend entschieden, daß Spenden den Gewinn mindern und einen vortragsfähigen Verlust erhöhen. Daraus schließen *Kohlmann/Felix*[95], daß Spenden von Kör-

88 Dazu BFH BStBl. 79, 192; 83, 150; 90, 237; 92, 849.

89 BT-Drucks. 7/1470, 173 sowie die Begründung, 344.

90 *J. Lang*, StuW 84, 29 m. w. N.; *H.-J. Pezzer* (Fn. 21), 52.

91 *Nestle*, BB 71, 951; *Winter*, StRK-Anm. KStG a. F. § 11 Ziff. 5 R. 13; *Koch*, Inst. FuSt, Brief 223, Bonn 1983, 7; vgl. auch *J. Lang*, JbFSt. 1983/84, 211, 222.

92 Vgl. BFH BStBl. 82, 466 f.; BFH DStZ 85, 49; *v. Wallis*, DStZ 83, 136; *Kohlmann/Felix*, DB 83, 1060 m. w. N.; *Reuter*, DStR 83, 636 f.; *Frick*, BB 83, 1337 f.; a. A. *Gérard*, FR 84, 254.

93 BFH BStBl. 88, 221 f.; a. A. *H. List*, BB 84, 465 f.

94 A. A. *Reuter*, DStR 83, 636 f.

95 DB 83, 1061.

perschaften stets „geborene körperschaftsteuerspezifische Betriebsausgaben“ darstellen, daß sie nicht dem außerbetrieblichen Bereich, sondern dem betrieblichen Bereich zugeordnet sind. Dem ist nicht zu folgen. Aufwendungen, die betrieblich veranlaßt sind, mindern den Gewinn. Daraus zu schließen, daß alle Aufwendungen, die kraft gesetzlicher Vorschrift steuerlich den Gewinn mindern, dem betrieblichen Bereich zuzuordnen sind, bedeutet eine Vertauschung von Voraussetzung und Rechtsfolge. Die gewinnmindernde Wirkung von Spenden nach § 9 KStG beruht auf der Besonderheit des Körperschaftsteuerrechts, daß es dort keine Sonderausgaben gibt, das heißt, daß Gewinn und Einkommen grundsätzlich übereinstimmen (vgl. BFH, a. a. O.). Über den betrieblichen Charakter von Spenden und sonstigen nach § 9 KStG abziehbaren Aufwendungen ist damit aber noch nichts gesagt. Vielmehr ist die betriebliche Veranlassung der Ausgaben jeweils im Einzelfall vorrangig zu prüfen. Ist die Betriebsausgabeneigenschaft gegeben, so sind die Aufwendungen unbeschränkt abziehbar. Nur wenn die Aufwendungen Einkünfteverwendung darstellen, greift § 9 I Nr. 2 KStG ein.

Demgegenüber hat BFH BStBl. 88, 218, 221 f. offengelassen, ob Körperschaften eine außerbetriebliche Sphäre (Sphäre der Einkünfteverwendung) haben. Er entnimmt aus § 9 KStG ein allgemeines Abzugsverbot für Spenden, welche die vorgeschriebenen Höchstbeträge übersteigen, auch wenn sie Betriebsausgabencharakter haben[96].

Allgemein zum Gemeinnützigkeits- und Spendenabzugsrecht s. § 21.

Nichtabziehbar sind insb.:

a) Aufwendungen für die Erfüllung von Zwecken, die dem Körperschaftsteuersubjekt **durch Stiftungsgeschäft, Satzung** oder **sonstige Verfassung vorgeschrieben** sind, es sei denn, daß es sich um Zwecke i. S. des § 9 I Nr. 2 KStG handelt (§ 10 Nr. 1 KStG). 72

Es handelt sich nicht um Betriebsausgaben, sondern um Einkommensverwendungen. Da § 10 Nr. 1 KStG Aufwendungen, die den Gegenstand des Unternehmens betreffen, nicht erfassen will, ist die Bedeutung der Vorschrift für Kapitalgesellschaften gering; sie betrifft insb. Stiftungen und andere Zweckvermögen.

b) Steuern vom Einkommen und sonstige **Personensteuern** (insb. Vermögensteuer), die Umsatzsteuer für den Eigenverbrauch sowie auf diese Steuern entfallende Nebenleistungen (§ 10 Nr. 2 KStG – entsprechend § 12 Nr. 3 EStG).

Zur Umsatzsteuer für den Eigenverbrauch: Eigenverbrauch kommt bei Kapitalgesellschaften nur in Form nichtabziehbarer Betriebsausgaben i. S. des § 4 V, VII EStG in Betracht (s. dazu §§ 1 I Nr. 2c, 10 IV Nr. 3 UStG).

c) **Geldstrafen,** sonstige vermögensrechtliche Rechtsfolgen mit überwiegendem Strafcharakter und Leistungen zur Erfüllung von Auflagen oder Weisungen[97] (§ 10 Nr. 3 KStG – entsprechend § 12 Nr. 4 EStG).

d) **Aufsichtsratsvergütungen** und sonstige mit der Überwachungstätigkeit zusammenhängende Aufwendungen, jedoch nur zur Hälfte (§ 10 Nr. 4 KStG).

Aufsichtsratsvergütungen sind Betriebsausgaben. Durch die systematisch nicht gerechtfertigte[98] Beschränkung des Abzugs auf die Hälfte soll überhöhten (s. auch § 113 AktG) Aufsichtsratsvergütungen entgegengewirkt werden. Die pauschale Maßnahme ist verfassungsrechtlich nicht gerechtfertigt[99].

Sonderausgaben kennt das Körperschaftsteuergesetz nicht (s. allerdings § 9 I Nr. 2 KStG), außergewöhnliche Belastungen ebenfalls nicht. 73

Einstweilen frei. 74–79

96 Dazu Anmerkungen von *Woerner,* BB 87, 807; *ders.,* BB 88, 394; *G. Felix,* FR 88, 152.
97 Dazu *J. Lang,* StuW 85, 10; BFH BStBl. 86, 845.
98 *K. Tipke,* NJW 80, 1082; *ders.,* Steuergerechtigkeit in Theorie und Praxis, Köln 1981, 101.
99 So auch *v. Mangoldt/Klein/Starck,* GG[3], Art. 3 Abs. 1 R. 76.

4. Besondere Fälle der Gewinnrealisierung und ihres Aufschubs[100]

4.1 Liquidation

Literatur: *Sundermann*, Die Besteuerung des Liquidationsgewinns durch die Körperschaftsteuer, Diss. Köln 1955; *Balthasar*, Die Reservenbesteuerung bei der Verlegung juristischer Personen, Bern/Frankfurt a. M. 1973; *Herzig*, Liquidation von Kapitalgesellschaften im körperschaftsteuerlichen Anrechnungsverfahren, FR 79, 289; *ders.*, StuW 80, 19; *ders.*, GmbHR 87, 149; *Luik*, DStJG Bd. 4 (1981), 109 ff.; *Endres*, Die Besteuerung gesellschaftsrechtlicher Vermögensübertragungen, Diss. rer. pol. Mannheim, Frankfurt a. M./Bern 1982, 124; *Förster*, Die Liquidationsbilanz[2], Köln 1988; *Sarx*, Zur Abwicklungs-Rechnungslegung einer Kapitalgesellschaft, in: FS für Forster, Düsseldorf 1992, 547; *K. Schmidt*, Liquidationsergebnisse und Liquidationsrechnungslegung im Handels- und Steuerrecht, in: FS für L. Schmidt, München 1993, 227; *B. Knobbe-Keuk*, Bilanz- und Unternehmenssteuerrecht[9], Köln 1993, 935.

80 Werden bestimmte unbeschränkt steuerpflichtige Körperschaften (Kapitalgesellschaften, Erwerbs- und Wirtschaftsgenossenschaften, Versicherungsvereine auf Gegenseitigkeit) zum Zwecke der Verteilung des Vermögens aufgelöst und abgewickelt, so gewährleistet § 11 KStG, daß die bisher nicht realisierten Gewinne bei der letzten sich bietenden Gelegenheit versteuert werden (Liquidationsteuer). Gewinnermittlungszeitraum für den **Liquidationsgewinn** ist die Zeit vom Schluß des der Auflösung vorangegangenen Wirtschaftsjahres bis zur Beendigung der Abwicklung; er soll drei Jahre nicht überschreiten (§ 11 I 2 KStG). Der Liquidationsgewinn wird durch Vermögensvergleich (Abwicklungs-Endvermögen ./. Abwicklungs-Anfangsvermögen) ermittelt. Abwicklungs-Endvermögen ist das zur Verteilung kommende Vermögen, vermindert um die im Abwicklungszeitraum zugeflossenen steuerfreien Vermögensmehrungen (§ 11 III KStG). Deshalb erfaßt der Liquidationsgewinn auch die stillen Reserven.

Da verteilte Liquidationsgewinne wie normale Gewinnausschüttungen ins Anrechnungsverfahren einbezogen sind (§ 20 I Nr. 2 EStG; § 41 I KStG), muß auch für sie die Ausschüttungsbelastung hergestellt werden. Dieses Ziel ist nur zu erreichen, wenn die Gesellschaft, bevor sie die Liquidationsgewinne an die Anteilseigner verteilt, eine Eigenkapitalgliederung gem. §§ 29, 30 KStG[101] aufstellt, in der die Liquidationsgewinne berücksichtigt sind[102]. § 29 KStG sieht dies allerdings nicht vor: Er knüpft an die jährliche Steuerbilanz an; eine solche ist für den Zeitpunkt der Verteilung des Liquidationsgewinns aber nicht vorgeschrieben.

Indessen ergibt sich aus § 28 II 2 KStG, daß auch für diesen Zeitpunkt eine Eigenkapitalgliederung aufzustellen ist[103].

4.2 Verlegung der Geschäftsleitung ins Ausland

Literatur: *Jung*, Die Verlegung der Geschäftsleitung und des Sitzes deutscher Kapitalgesellschaften oder von Betriebsstätten ins Ausland unter besonderer Berücksichtigung des französischen und belgischen Niederlassungs- und Steuerrechts, Diss. rer. pol. Mannheim 1968; *Balthasar*, Die Reservenbesteuerung bei der Verlegung juristischer Personen, Bern/Frankfurt a. M. 1973; *B. Knobbe-Keuk*, Bilanz- und Unternehmenssteuerrecht[9], Köln 1993, 937.

81 Scheidet eine Körperschaft oder Vermögensmasse aus der unbeschränkten Steuerpflicht aus, weil sie ihre Geschäftsleitung oder ihren Sitz ins Ausland verlegt, so bewirkt § 12

100 Dazu *Ruppe* (Hrsg.), Gewinnrealisierung im Steuerrecht, DStJG Bd. 4 (1981), mit Beiträgen u. a. von *K. Tipke, Beisse, J. Lang, Luik, Clemm, Trzaskalik, Widmann, J. Thiel, Stoll, Schaumburg; Endres,* Die Besteuerung gesellschaftsrechtlicher Vermögensübertragungen, Diss. rer. pol. Mannheim, Frankfurt a. M./Bern 1982; *Herzig,* Die Realteilung von Kapitalgesellschaften im Ertragsteuerrecht, DB 86, 1401; *ders.*, GmbHR 87, 141; *Brenner,* in: Schulze-Osterloh (Hrsg.), Rechtsnachfolge im Steuerrecht, DStJG Bd. 10 (1987), 182 ff.

101 Dazu unten Rz. 144 ff.

102 *Herzig*, FR 79, 294.

103 *M. Streck*, Körperschaftsteuergesetz[3], München 1991, § 28 Anm. 6.

KStG, daß die stillen Reserven zum letztmöglichen Zeitpunkt aufgedeckt und versteuert werden. Die Vorschrift verweist auf § 11 KStG mit der Maßgabe, daß an die Stelle des Abwicklungs-Endvermögens **der gemeine Wert des vorhandenen Vermögens** tritt (§ 12 I 1, 2 KStG).

§ 12 II KStG erfaßt die stillen Reserven in gleicher Weise, wenn die inländische Betriebsstätte einer beschränkt steuerpflichtigen Körperschaft aufgelöst, ins Ausland verlegt oder ihr Vermögen auf einen anderen übertragen wird[104].

4.3 Subjektive Steuerbefreiung

Scheidet eine steuerpflichtige Körperschaft, Personenvereinigung oder Vermögensmasse 82
aus der Steuerpflicht überhaupt aus, weil sie subjektiv steuerbefreit ist, so hat sie eine **Schlußbilanz** aufzustellen, in der die Wirtschaftsgüter regelmäßig mit dem **Teilwert** anzusetzen sind (§ 13 I, III KStG). Dadurch werden auch in diesen Fällen die bislang nicht versteuerten Gewinne noch von der Steuer erfaßt.

Wird umgekehrt ein **bisher steuerbefreites Steuersubjekt** körperschaftsteuerpflichtig, so stellt § 13 II, III KStG sicher, daß die während der Steuerfreiheit entstandenen stillen Reserven unversteuert bleiben[105]. Korrespondierend ordnet § 30 III KStG an, daß das während der Steuerfreiheit entstandene verwendbare Eigenkapital beim Teilbetrag des § 30 II Nr. 4 KStG (Einlagen) zugeordnet wird; s. dazu unten Rz. 146.

Einstweilen frei. 83–89

4.4 Umwandlung und Verschmelzung

Literatur: *Luckey,* Steuerliche Gewinnrealisierung bei Umwandlung von Unternehmungen und Übertragung einzelner Wirtschaftsgüter, Wiesbaden 1977 (Extrakt in StuW 79, 129); *R. Thiel,* Das Umwandlungssteuerrecht im Wandel der Zeiten, in: FS für W. Flume, Bd. II, Köln 1978; 281; *Widmann/Mayer,* Umwandlungsrecht, Bonn (Loseblatt); *Widmann,* DStJG Bd. 4 (1981), 168; *ders.,* BB 82, 1354; *ders.,* Gewinnrealisierungen durch Ausgleichszahlungen . . ., StbJb. 1985/86, 113; *Brezing,* DStJG Bd. 10 (1987), 195; *Widmann,* Das Verhältnis von Handels- und Steuerrecht beim Wechsel der Rechtsform eines Unternehmens, in: FS für Döllerer, Düsseldorf 1988, 721; *N. Herzig,* GmbHR 87, 144; *B. Knobbe-Keuk,* Bilanz- und Unternehmenssteuerrecht[9], Köln 1993, 941; *Widmann,* Der Wechsel der Unternehmensform in seinen Auswirkungen auf das Anrechnungsverfahren, in: FS für L. Schmidt, München 1993, 555; *Dehmer,* Umwandlungsrecht, Umwandlungsteuerrecht, München 1994.

Dissertationen: *Krönke,* Die Umwandlung von Familien-Aktiengesellschaften im Körperschaft- und Einkommensteuerrecht, Diss. rer. pol. Frankfurt a. M. 1936, Düren 1937; *Senghaas,* Die handels- und steuerrechtliche Behandlung der stillen Reserven bei der unechten Fusion und der echten Fusion von Mutter- und Tochtergesellschaften, Diss. rer. pol. München 1965; *Mohr,* Die Behandlung von Einbringung und Fusion im Steuerrecht der Vereinigten Staaten verglichen mit dem deutschen Recht, Diss. Köln 1970; *Endres,* Die Besteuerung gesellschaftsrechtlicher Vermögensübertragungen, Diss. rer. pol. Mannheim, Frankfurt a. M./Bern 1982, 78 ff.

Zur Reform: Zur Zeit befinden sich Entwürfe für ein grundlegend neues Umwandlungs- 90
gesetz und ein neues Umwandlungsteuergesetz im Gesetzgebungsverfahren.

Diese Gesetze sollen die Umwandlungsmöglichkeiten erweitern und steuerlich erleichtern; u. a. soll die Möglichkeit der **Spaltung** von Kapitalgesellschaften eröffnet werden. Vgl. *Fritz,* Die Spaltung von Kapitalgesellschaften, Diss. Freiburg 1991, Köln 1991; *N. Herzig* (Hrsg.), Besteuerung der Spaltung von Kapitalgesellschaften, 3. Kölner Steuerkonferenz, Köln 1992; *Wochinger,* DB 92, 163; *Mertens,* Umwandlung und Universalsukzession . . ., Diss. Kiel 1992, Heidelberg 1993; *Rödder,* DStR 93, 1349; *Müller-Gatermann,* WPg 93, 723; BT-Drucks. 12/6885.

---

104 Dazu *Thimmel/Fuchs,* DB 79, 1054; *J. Thiel,* GmbHR 94, 277.
105 Dazu *Selchert,* DStR 85, 195.

Die folgende Darstellung gibt das bei Drucklegung geltende Recht wieder.

4.4.1 Handelsrechtliche Grundlagen

91

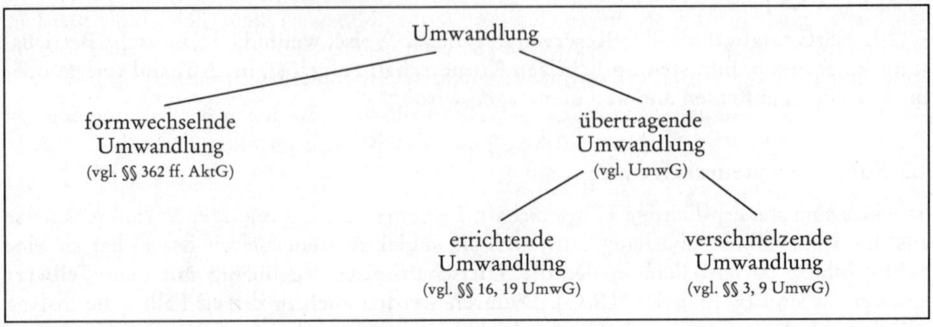

Erläuterung: Von der Auflösung eines Unternehmens und der (sich anschließenden) Einzelübertragung der Gegenstände eines Unternehmens ist die **Umwandlung** zu unterscheiden. Unterschieden werden die formwechselnde Umwandlung und die übertragende Umwandlung.

Bei der **formwechselnden Umwandlung** ändert sich nur die äußere Rechtsform des Unternehmens, nicht hingegen der Rechtsträger. Vermögen wird nicht übertragen. Die formwechselnde Umwandlung ist folglich steuerlich irrelevant.

Die **übertragende Umwandlung** führt hingegen dazu, daß an die Stelle des bisherigen Rechtsträgers ein neuer Rechtsträger tritt, auf den das Vermögen im Wege der Gesamtrechtsnachfolge übergeht. Wird der neue Rechtsträger gleichzeitig mit der Umwandlung (s. §§ 16, 19 UmwG) geschaffen, so handelt es sich um eine errichtende Umwandlung; besteht hingegen der neue Rechtsträger bereits, so handelt es sich um eine verschmelzende Umwandlung (s. §§ 3, 9 UmwG)[106].

92

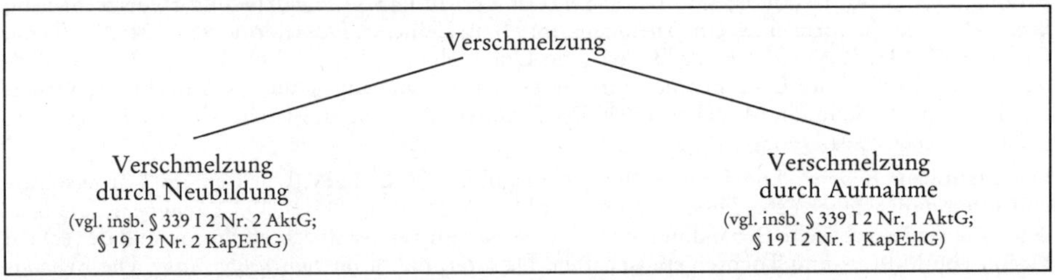

Die **Verschmelzung (Fusion)** ist die Vereinigung von zwei oder mehreren Kapitalgesellschaften zu einer Kapitalgesellschaft unter Ausschluß der Abwicklung. Wird die Gesellschaft gleichzeitig mit der Verschmelzung geschaffen, so handelt es sich um eine **Verschmelzung durch Neubildung;** besteht sie hingegen schon, so handelt es sich um eine **Verschmelzung durch Aufnahme**[107].

---

106 Zu den einzelnen Umwandlungsmöglichkeiten s. die Zusammenstellung bei *Widmann/Mayer,* Umwandlungsrecht, Bonn (Loseblatt), Einführung UmwG Rz. 7, 12.

107 Zu den einzelnen Verschmelzungsmöglichkeiten s. die Zusammenstellung bei *Widmann/ Mayer* (Fn. 106), Einführung UmwG Rz. 16; zu den Verschmelzungsmöglichkeiten für die GmbH s. *Baums,* StuW 80, 307; *Gersch/Herget/Marsch/Stützle,* GmbH-Reform 1980, Stuttgart/Wiesbaden 1980, Tz. 434 ff.; zu den Änderungen durch das Verschmelzungsrichtlinie-Gesetz s. *Priester,* NJW 83, 1459.

4.4.2 Steuerliche Folgen der Umwandlung und Verschmelzung

Ebenso wie §§ 11–13 I, III KStG in den dort genannten Fällen will das Umwandlungsteuergesetz im Falle der Verschmelzung und Umwandlung grundsätzlich sicherstellen, daß bisher noch nicht versteuerte Gewinne (stille Reserven) steuerlich erfaßt werden. Dieser Grundsatz wird allerdings teilweise durchbrochen, um eine wirtschaftlich sinnvolle Änderung der Unternehmungsform nicht steuerlich zu erschweren. 93

Das Umwandlungsteuergesetz regelt in §§ 1–19 alle Fälle, in denen das Vermögen einer Körperschaft i. S. des § 1 I Nrn. 1–3 KStG im Wege der Gesamtrechtsnachfolge übertragen wird (§ 1 UmwStG).

Zu unterscheiden ist zwischen dem Vermögensübergang auf eine Personengesellschaft oder eine natürliche Person (Umwandlung nach dem ersten Abschnitt des Umwandlungsgesetzes, erfaßt in §§ 3–13 UmwStG) und dem Vermögensübergang auf eine andere Körperschaft (Verschmelzung nach §§ 339 ff. AktG, §§ 19 ff. KapErhG, §§ 93a ff. GenG, §§ 44a ff. VAG, erfaßt in §§ 14–16 UmwStG).

4.4.2.1 Vermögensübertragung auf eine Personengesellschaft oder eine natürliche Person (§§ 3–13 UmwStG)

Die übertragende Körperschaft muß ihre Wirtschaftsgüter in der steuerlichen Schlußbilanz für das letzte Wirtschaftsjahr regelmäßig mit dem Teilwert ansetzen (§ 3 UmwStG). Dadurch werden bei ihr die stillen Reserven aufgedeckt. Der so entstehende **Übertragungsgewinn** ist jedoch gem. § 4 UmwStG **steuerbefreit.** 94

Die übernehmende Personengesellschaft muß die übernommenen Wirtschaftsgüter mit dem in der Schlußbilanz der übertragenden Körperschaft ausgewiesenen Wert bilanzieren (**Buchwertverknüpfung;** § 5 I UmwStG). Der Unterschiedsbetrag zwischen diesem Wert und dem Buchwert der Anteile an der übertragenden Körperschaft bildet den Übernahmegewinn oder Übernahmeverlust der Personengesellschaft (§ 5 V UmwStG). 95

Somit werden die aufgelösten stillen Reserven **nur bei den Gesellschaftern der übernehmenden Personengesellschaft** von der Einkommensteuer oder, wenn die Gesellschafter Körperschaften sind, von der Körperschaftsteuer erfaßt. 96

Die Steuerschuld kann zinslos auf höchstens zehn Jahre gestundet werden (§ 7 UmwStG).

Haben zwischen umgewandelter Körperschaft und Übernehmerin Rechtsbeziehungen bestanden, so erlöschen bestehende Forderungen und Verbindlichkeiten infolge der durch die Umwandlung eintretenden Vereinigung der Vermögen (Konfusion). Waren die Wertansätze von Forderungen und Verbindlichkeiten unterschiedlich hoch, z. B. infolge Wertberichtigung der Forderungen, so kann ein sog. Umwandlungsfolgegewinn entstehen, der gem. § 8 I UmwStG durch eine steuerfreie Rücklage neutralisiert werden kann. Die Besteuerung wird dadurch allerdings nur in die Zukunft verlagert, weil die Rücklage in den folgenden drei Jahren gewinnerhöhend aufgelöst werden muß (§ 8 II UmwStG).

Bei der Umwandlung ausscheidende Minderheitsgesellschafter erhalten grundsätzlich nach § 12 UmwG eine Barabfindung. Ein dadurch entstehender Abfindungsgewinn kann, wenn die Anteile zum Betriebsvermögen des ausscheidenden Gesellschafters gehört haben, durch Bildung einer nach § 6b III EStG steuerfreien Rücklage neutralisiert werden; vgl. § 17 UmwStG.

Für die Übertragung auf eine natürliche Person gelten die vorstehend beschriebenen Regelungen entsprechend (§ 11 UmwStG). 97

Ebenso wie ausgeschütteter Gewinn durch § 36 II Nr. 3 EStG wird der Übernahmegewinn durch § 12 UmwStG von der Körperschaftsteuer entlastet, indem die Körperschaftsteuer, die auf dem verwendbaren Eigenkapital der übertragenden Körperschaft lastet, auf die Steuerschuld der Gesellschafter der übernehmenden Personengesellschaft oder auf die Steuerschuld der übernehmenden natürlichen Person angerechnet wird. Der Systematik des Anrechnungsverfahrens entspre- 98 chend muß der anrechenbare Betrag dem Übernahmegewinn hinzugerechnet werden (§ 5 III UmwStG).

4.4.2.2 Vermögensübertragung auf eine andere Körperschaft

99 Ist die Übernehmerin eine Körperschaft, so hat die übertragende Körperschaft in ihrer Schlußbilanz die Wirtschaftsgüter mit dem **Wert der** für ihre Übertragung gewährten **Gegenleistung** (§ 14 I 1 UmwStG) oder, wenn keine Gegenleistung gewährt wird, mit dem **Teilwert** anzusetzen (§ 14 I 2 UmwStG).

Auf *Antrag* kann sie jedoch gem. § 14 II UmwStG die **alten Buchwerte** fortführen, wenn

- sichergestellt ist, daß die stillen Reserven später bei der übernehmenden Körperschaft versteuert werden (das ist z. B. nicht der Fall, wenn die Übernehmerin steuerbefreit ist) und
- eine Gegenleistung nicht oder wenn sie in Form von Gesellschaftsrechten erbracht wird.

Aufgrund des Antragsrechts des § 14 II UmwStG besteht somit ein **Wahlrecht,** ob die stillen Reserven direkt bei der übertragenden Körperschaft versteuert werden oder ob sie auf die Übernehmerin übergehen sollen, so daß dort ihre steuerliche Erfassung auf ungewisse Zeit aufgeschoben bleibt.

100 Um die stillen Reserven nicht bei der übertragenden und bei der übernehmenden Körperschaft doppelt zu besteuern, ist bei der übernehmenden Körperschaft der Übernahmegewinn i. S. des § 5 V UmwStG steuerbefreit (§ 15 II 1 UmwStG).

Die stillen Reserven werden allerdings insoweit steuerlich erfaßt, als die tatsächlichen Anschaffungskosten der Anteile an der übertragenden Körperschaft ihren Buchwert übersteigen (§ 15 II 2–4 UmwStG).

101–109 Einstweilen frei.

D. Zurechnung: Organschaft

Literatur: *David,* Die Organgesellschaft im Reichssteuerrecht, Berlin 1933; *Schulze-Schlutius,* Die Organtheorie, Essen 1955; *Rüdt,* Rechtsnatur und aktienrechtliche Probleme der Organschaft, Diss. Köln 1958; *Krollmann,* Organschaft im Steuerrecht, Diss. Köln 1960; *Oskierski,* Organschaftstheorie und Unternehmensbesteuerung, Diss. Köln 1964; *Bruns,* Die gesetzliche Regelung der körperschaftsteuerrechtlichen Organschaft unter besonderer Berücksichtigung ihrer Wirkungen, Diss. rer. pol. Mannheim 1974; *Jurkat,* Die Organschaft im Körperschaftsteuerrecht, Heidelberg 1975; *Sonnenschein,* Organschaft und Konzerngesellschaftsrecht, Bielefelder Habilitationsschrift 1976, Baden-Baden 1976; *Jurkat/Krebs,* Die körperschaftsteuerliche Organschaft nach dem KStG 77, JbFSt. 1977/78, 344, 379; *Niemann,* Die Organschaft zu einer Personengesellschaft und die Organschaft zu mehreren Unternehmen, Köln 1977; *Beusch,* Die Besteuerung der Konzerne als wirtschaftliche Einheit in internationaler Sicht – Ein Überblick –, in: FS für Flume, Bd. II, Köln 1978, 21; *L. Schmidt/Müller/Stöcker,* Die Organschaft im Körperschaftsteuer-, Gewerbesteuer- und Umsatzsteuerrecht[4], Herne/Berlin 1993; *A. Weber,* Die konsolidierte Besteuerung von Konzernen in den USA – Vorbild für ein deutsches Konzernsteuerrecht? –, DStZA 79, 146; *Stender,* Die wirtschaftlichen Grundlagen der ertragsteuerlichen Organschaft, Passau 1980; *Klempt,* Betriebsaufspaltung und Organschaft, DStZ 81, 188; *Schwend/Hall,* Voraussetzungen für die Anerkennung der gewerbesteuerlichen Organschaft, DStR 84, 99; *Dötsch/Buyer,* Teilwertabschreibung auf Organbeteiligungen, DB 91, 10; *Wassermeyer,* Teilwertabschreibung bei Organschaft . . ., StbJb. 1992/93, 219; *Knepper,* Die körperschaftsteuerliche Organschaft – Nahtstellen zwischen Handels- und Steuerrecht, in: FS für L. Schmidt, München 1993, 725; *Döllerer,* Verlustübernahme im Konzern – Eine verdeckte Einlage?, in: FS für L. Schmidt, 523; *Crezelius,* Organschaft und Ausland, in: FS für Beusch, Berlin/New York 1993, 153; *B. Knobbe-Keuk,* Bilanz- und Unternehmenssteuerrecht[9], Köln 1993, 696.

Die Organschaft ist eine **wirtschaftliche Unternehmenseinheit,** eine „Fusion" im wirtschaftlichen Sinne, eine Verschmelzung wirtschaftlicher Interessen. Die Organschaft dient der Verrechnung von Gewinnen und Verlusten im Organkreis[108]. Die Institution „Organschaft" erleichtert die Bildung von Konzernen und trägt dazu bei, daß der wirtschaftlich und politisch weniger erwünschte Schritt zu rechtlicher Fusion nicht getan wird. 110

Verpflichtet sich eine AG oder KG auf Aktien mit Geschäftsleitung und Sitz im Inland (Organgesellschaft) durch einen **Gewinnabführungsvertrag** (§ 291 I AktG), ihren ganzen Gewinn an ein anderes inländisches gewerbliches Unternehmen (Organträger) abzuführen, so ist das Einkommen der Organgesellschaft unter bestimmten Voraussetzungen dem Organträger zuzurechnen (§ 14 KStG). 111

Während im Umsatzsteuerrecht lediglich der Organträger Steuersubjekt ist (sog. Einheitstheorie), hat sich im Körperschaftsteuerrecht die sog. **Zurechnungstheorie** durchgesetzt, wonach die Organgesellschaft auch selbst Steuersubjekt bleibt, ihr Einkommen lediglich dem Organträger zuzurechnen ist. Da die Zurechnungstheorie mancherlei Zweifel aufwirft, hätte es an sich für den Körperschaftsteuergesetzgeber nahegelegen, sich ebenfalls der Einheitstheorie anzuschließen, zumal die in § 14 KStG angeordnete Zurechnung ohnehin nur deklaratorisch ist, weil nämlich der Gewinnabführungsvertrag als Organisationsvertrag bewirkt, daß das vom Organ erwirtschaftete Ergebnis rechtlich unmittelbarer Bestandteil des Einkommens des Organträgers wird[109].

Die **körperschaftsteuerliche Organschaft** ist, anders als die umsatzsteuerliche und die gewerbesteuerliche Organschaft, durch die Rechtsprechung (m. E. ohne ausreichende Rechtsgrundlage) entwickelt worden. Erst als zweifelhaft geworden war, ob das Richterrecht bereits zu Gewohnheitsrecht erstarkt sei, ist sie durch Gesetz vom 15. 8. 1969 durch den damaligen § 7a in das Körperschaftsteuergesetz eingefügt worden. Im ausländischen Recht ist die Organschaft durchweg unbekannt. Sie ist – gemessen an der prinzipiellen Anknüpfung an die Rechtsform (s. § 1 I KStG) – unsystematisch. Dem Gesetzgeber steht es allerdings frei, die Rechtsform-Anknüpfung aus wirtschaftlichen Gründen zu durchbrechen. Die Organschaft (mit Ergebnisabführung) ist insofern ein steuerliches Unikum, als es sonst nicht zulässig ist, daß durch Vertragsgestaltung das Steuerobjekt von einem Steuersubjekt zum anderen geschoben wird. Dogmatisch ist diese Institution, so wie der Gesetzgeber sie ausgestaltet hat, schwerlich zu bewältigen. Das beweist die umfängliche Literatur.

Beteiligte des Organverhältnisses sind Organträger und Organgesellschaft. 112

Organträger (Organmutter, Organgesellschaft, beherrschendes Unternehmen) kann sein eine natürliche Person, eine nicht steuerbefreite Körperschaft, eine Personenvereinigung oder Vermögensmasse sowie eine Personengesellschaft[110] (§ 14 Nr. 3 KStG). Organträger kann auch eine aus mehreren „Müttern" gebildete BGB-Gesellschaft sein (Mehrmütterorganschaft)[111]. 113

Organgesellschaft (Organ, Organtochter, Tochtergesellschaft, Schachteltochter, beherrschtes Unternehmen) kann eine AG oder eine KG auf Aktien mit Geschäftsleitung und Sitz im Inland sein (§ 14 Einleitungssatz KStG), unter den weiteren Voraussetzungen des § 17 KStG[112] auch eine andere Kapitalgesellschaft. 114

Die Organgesellschaft muß nach dem Gesamtbild der Verhältnisse finanziell, wirtschaftlich und organisatorisch in das Unternehmen des Organträgers **eingegliedert** sein (§ 14 Nrn. 1, 2 KStG): 115

a) **Finanziell:** Die Mehrheit der Stimmrechte an der Organgesellschaft muß dem Organträger zustehen, unmittelbar oder mittelbar (über Mehrheitsbeteiligungen), §14 Nr. 1 KStG.

108 Dazu *H. Weber*, DB 76, 1784.
109 Dazu *H. Schaumburg*, StuW 71, 123.
110 Dazu *Jansen/Stübben*, DB 84, 1499.
111 Dazu *L. Schmidt*, GmbHR 71, 233; *Rottnauer*, DB 91, 27; BFH BStBl. 94, 124.
112 Dazu BFH BStBl. 81, 384 mit Anm. *Klempt*, DStZ 81, 327.

§ 14 Nr. 1 Satz 2 KStG läßt zwar ausdrücklich eine mittelbare Beteiligung genügen, wenn jede der Beteiligungen, auf denen die mittelbare Beteiligung basiert, die Mehrheit der Stimmrechte gewährt; er schließt jedoch die Möglichkeit aus, die erforderliche Stimmenmehrheit durch Zusammenrechnung der unmittelbaren und der mittelbaren Beteiligung zusammenzubringen. Die Stimmenmehrheit muß sich entweder allein aus einer unmittelbaren Beteiligung oder allein aus einer mittelbaren Beteiligung ergeben.

b) **Organisatorisch:** Leitung und Überwachung der Geschäftstätigkeit müssen beim Organträger liegen. Bei der Organgesellschaft muß eine vom Willen des Organträgers abweichende Willensbildung ausgeschlossen sein. Die organisatorische Eingliederung ist stets gegeben, wenn die Organgesellschaft durch einen Beherrschungsvertrag i. S. des § 291 I AktG die Leitung ihres Unternehmens dem Unternehmen des Organträgers unterstellt hat oder wenn die Organgesellschaft eine nach §§ 319–327 AktG eingegliederte Gesellschaft ist (§ 14 Nr. 2 KStG)[113].

c) **Wirtschaftlich** (§ 14 Nr. 2 Satz 1 KStG): Die beherrschte Gesellschaft muß in die Unternehmensstruktur des beherrschenden Unternehmens eingeordnet sein und dessen gewerbliche Tätigkeit wirtschaftlich fördern oder ergänzen (Beispiele: Einkaufs-/Verkaufsgesellschaft; Produktions-/Vertriebsgesellschaft)[114]. Die neuere Rechtsprechung nimmt eine wirtschaftliche Eingliederung schon dann an, wenn der Organträger einer eigenen gewerblichen Tätigkeit nachgeht (u. U. auch in einer anderen Branche als die Organgesellschaft), daneben die Leitungsmacht über die Tätigkeit des abhängigen Unternehmens ausübt und beide Unternehmen nach einer einheitlichen Gesamtkonzeption geführt werden, die auch in dem Zweck bestehen kann, den Gesamtgewinn zu maximieren oder einen Risikoausgleich zu erreichen[115].

116 Organträger und Organgesellschaft müssen unbeschränkt steuerpflichtig sein (§ 14 Einleitungssatz und Nr. 3 KStG; s. aber auch § 18 KStG).

117 Ein Organträger kann sich mehrere Organgesellschaften eingliedern.

118 **Gewinnabführungsvertrag**[116]: Allerdings bewirkt ein Organverhältnis körperschaftsteuerlich für sich nichts. Hinzu kommen muß ein Gewinnabführungsvertrag zwischen Organgesellschaft und Organträger für mindestens fünf Jahre über den ganzen Gewinn (§ 14 Einleitungssatz und Nr. 4 KStG).

119 Kommen Organverhältnis und Gewinnabführungsvertrag zusammen, so ist das Einkommen (auch negatives) der Organgesellschaft dem Organträger zuzurechnen (§ 14 Einleitungssatz KStG). Die Organgesellschaft hat ihr Einkommen aber in Höhe der geleisteten Ausgleichszahlungen (s. §§ 304, 305 AktG) und der darauf entfallenden Ausschüttungsbelastung i. S. des § 27 KStG selbst zu versteuern (§ 16 Satz 1 KStG). Ist die Ausgleichsverpflichtung vom Organträger erfüllt worden, so hat die Organgesellschaft die Summe der geleisteten Ausgleichszahlungen (zuzüglich Ausschüttungsbelastung) anstelle des Organträgers zu versteuern (§ 16 Satz 2 KStG)[117].

§ 16 KStG will gewährleisten, daß die Ausgleichszahlungen wie Gewinnausschüttungen mit der Ausschüttungsbelastung i. S. des § 27 KStG vorbelastet werden. Da Organträger auch ein der Einkommensteuer unterliegender Steuerpflichtiger sein kann, hat der Gesetzgeber sich dafür entschieden, die auf die Ausgleichszahlungen entfallende Körperschaftsteuer einheitlich bei der Organgesellschaft zu erheben.

---

113 Dazu *Winterling,* Das Konzernrecht im Aktiengesetz von 1965 und das Konzernsteuerrecht, Diss. Würzburg 1968.

114 Zur wirtschaftlichen Eingliederung bei Holdinggesellschaften und Betriebsaufspaltung s. *Dornfeld/Telkamp,* StuW 71, 67.

115 BFH BStBl. 76, 390; dazu *Jurkat,* JbFSt. 1977/78, 347; *Krebs,* JbFSt. 1977/78, 380; *Mangold,* StuW 78, 173; s. ferner BFH BStBl. 89, 668; 90, 23, 26 f., m. Anm. *H.-J. Pezzer,* StuW 90, 266.

116 Dazu *Herrmann/Winter,* FR 82, 262; *Knepper,* BB 82, 2061; *Esch,* BB 86, 272; gesellschaftsrechtlich: OLG Düsseldorf NJW 82, 284; *Timm,* BB 81, 1491; *Ebenroth/Müller,* BB 91, 358; *Krieger,* DStR 92, 432.

117 Dazu *Palitzsch,* BB 78, 952; *Löhlein,* BB 78, 1156; *Jurkat,* JbFSt. 1977/78, 353; *Schröder,* FR 81, 269.

Gewinne, die durch Auflösung vorvertraglicher unversteuerter stiller Rücklagen der Organgesellschaft entstehen, gehören zu dem dem Organträger zuzurechnenden Einkommen (s. BFH BStBl. 71, 73). § 14 KStG ist hingegen nicht anwendbar, wenn die Organgesellschaft vorvertraglich versteuerte freie Rücklagen zugunsten des an den Organträger abzuführenden Gewinns auflöst. Verpflichtet sich der Organträger zum Ausgleich vorvertraglicher Verluste der Organgesellschaft, so wird der Verlustausgleich als Einlage behandelt (s. BFH BStBl. 55, 187). 120

Auch der im Zeitraum der Abwicklung erzielte Gewinn ist von der Organgesellschaft zu versteuern, da er nicht Gegenstand der vertraglichen Gewinnabführungspflicht ist (s. BFH BStBl. 71, 411). 121

Verluste, die in der vororganschaftlichen Zeit bei der Organgesellschaft angefallen sind, darf diese ab Wirksamwerden des Gewinnabführungsvertrages nicht mehr vortragen; § 10d EStG ist nicht mehr anwendbar (§ 15 Nr. 1 KStG). 122

Die Vorschriften von **Abkommen zur Vermeidung der Doppelbesteuerung,** nach denen die Gewinnanteile aus der Beteiligung an einer ausländischen Gesellschaft außer Ansatz bleiben, sind nur anzuwenden, wenn der Organträger zu den durch diese Vorschriften begünstigten Steuerpflichtigen gehört (§ 15 Nr. 2 KStG). 123

Sind bei der Organgesellschaft die Voraussetzungen für **Tarifermäßigungen** erfüllt, so sind die Tarifermäßigungen beim Organträger anzuwenden (Einzelheiten in § 19 KStG). 124

Einstweilen frei. 125–129

E. Tarif

Der Steuersatz für **einbehaltene** (thesaurierte) **Gewinne** beträgt im Regelfall, insb. für Kapitalgesellschaften sowie für Erwerbs- und Wirtschaftsgenossenschaften, 45 v. H. des zu versteuernden Einkommens (§ 23 I KStG). 130

Er ist – unter dem Wettbewerbsdruck der Steuersenkungen in den ausländischen Steuerrechtsordnungen – von zunächst (1977) 56 v. H. ab 1990 auf 50 v. H. und **ab 1994** auf **45 v. H.** gesenkt worden. Er entsprach ursprünglich – im Interesse der Wettbewerbs- und Rechtsformneutralität (dazu § 16 Rz. 3) dem Spitzensteuersatz der Einkommensteuer, liegt aber heute noch 2 v. H. unter dem Spitzensteuersatz der Einkommensteuer für gewerbliche Einkünfte (§ 32c EStG; dazu § 9 Rz. 747 f.).

Jedoch wird für **ausgeschüttete Gewinne** eine Ausschüttungsbelastung von 30 v. H. hergestellt (§§ 23 V, 27 ff. KStG), s. dazu unten Rz. 143 ff. 131

§ 23 II KStG sieht für die Körperschaften i. S. des § 1 I Nrn. 3–6 KStG, bei denen Gewinnausschüttungen nicht vorkommen können oder deren Gewinnabführung zu keiner Entlastung von der Körperschaftsteuer (s. §§ 27, 43 KStG) führt, einen ermäßigten Steuersatz von 42 v. H. vor. 132

Ab 1995 wird auch zur Körperschaftsteuer ein **Solidaritätszuschlag** erhoben (s. *Dötsch*, DB 93, 1440). 133

Einstweilen frei. 134–139

F. Anrechnungsverfahren

Literatur: *Greif*, Körperschaftsteuerreform und Anrechnungsverfahren. Auswirkungen und Beurteilung des Anrechnungsverfahrens aus der Sicht der betriebswirtschaftlichen Steuerlehre, Diss. Mannheim 1976; *A. Raupach*, Die Systematik der Grundvorschriften des Körperschaftsteuerlichen Anrechnungsverfahrens (§§ 20, 36 EStG, §§ 27, 41, 43 KStG), FR 78, 570; *Tillmann*, Das neue Körperschaftsteuerrecht der GmbH[2], Köln 1978; *Mannhold*, Anrechnungsverfahren und Steuerrechtsprechung bei Gültigkeit der „Durchgriffsthese", StuW 80, 135; *Metz*, Das Körperschaftsteuergesetz 1977. Eine Kritik aus gesetzgebungstechnischer Sicht, zugleich ein Beitrag zur juristischen

Steuertechnik, Diss. Freiburg 1981; *Maenner,* Grundfragen des körperschaftsteuerlichen Anrechnungsverfahrens, Diss. rer. pol. München 1981, Gelsenkirchen 1982; *Glade,* Die Auswirkungen von Kapitalveränderungen einer GmbH auf die Körperschaftsteueranrechnung, GmbHR 83, 173; *Dötsch/Eversberg/Jost/Witt,* Die Körperschaftsteuer, Stuttgart 1984 (Loseblatt); *B. Knobbe-Keuk,* Bilanz- und Unternehmenssteuerrecht[9], Köln 1993, 603.

Materialien: BT-Drucks. 7/1470; 7/1722; 7/5303; 7/5310; zur Entstehungsgeschichte und zum Gesetzgebungsverfahren im einzelnen s. *F. Jung,* WM 77, 94.

I. Einführung

S. zunächst Rz. 3 ff.

140 Das Körperschaftsteuergesetz 1977 belastet im Ergebnis **nur die thesaurierten** (nicht ausgeschütteten) **Gewinne** einer Körperschaft mit Körperschaftsteuer. Ausgeschüttete Gewinne werden letztlich nur beim Ausschüttungsempfänger (Anteilseigner) mit Einkommensteuer oder, wenn der Ausschüttungsempfänger eine Körperschaft ist, mit Körperschaftsteuer belastet.

141 Die Entlastung ausgeschütteter Gewinne von der Körperschaftsteuer geht technisch so vor sich, daß zunächst bei der Körperschaft ausgeschüttete Gewinne exakt mt 30 v. H. Körperschaftsteuer belastet werden (sog. **Ausschüttungsbelastung**). Die Herstellung dieser Belastung ist im Vierten Teil des KStG (§§ 27 ff.) geregelt. Beim Ausschüttungsempfänger wird die Ausschüttungsbelastung wieder rückgängig gemacht, indem sie auf dessen Einkommensteuerschuld angerechnet oder ihm erstattet oder vergütet wird. Dieser Vorgang ist zum Teil im Körperschaftsteuergesetz (§§ 49, 51, 52), überwiegend aber im Einkommensteuergesetz (§§ 36 ff.) geregelt.

Den Vorschriften über das Anrechnungsverfahren liegt zwar eine systematische Konzeption zugrunde, sie sind aber so kompliziert und in einer so ungelenken Sprache abgefaßt, daß sie aus sich selbst kaum verständlich sind. Wer sich einarbeiten will, ist auf außergesetzliche Informationsquellen angewiesen. Dem Gesetzestext selbst kann sich mit Erfolg nur zuwenden, wer sich dessen Inhalt bereits anderweitig angeeignet hat. Aufgrund der Schwerverständlichkeit des Gesetzes pflegt sich die Besteuerungspraxis in erster Linie an den **amtlichen Erklärungsvordrucken** und **Verwaltungsvorschriften** zu orientieren, die deshalb eine noch stärkere normative Wirkung als in anderen Bereichen des Steuerrechts entfalten und das Gesetz faktisch substituieren. Gemessen am Prinzip der Gesetzmäßigkeit der Besteuerung ist dies bedenklich. Zum gegenwärtig diskutierten Modell eines vereinfachten Anrechnungsverfahrens s. Fn. 124.

II. Subjektiver und objektiver Anwendungsbereich der Anrechnung

142 In das Anrechnungsverfahren sind subjektiv **alle unbeschränkt steuerpflichtigen Körperschaften** einbezogen, die Leistungen (insb. Gewinnausschüttungen) erbringen, die bei den Empfängern Einnahmen aus Kapitalvermögen i. S. des § 20 I Nrn. 1, 2 EStG[118] sind (§§ 27, 43 KStG), und zwar objektiv in bezug auf diese Leistungen (§§ 27, 41 I KStG).

Danach sind einbezogen: inländische Kapitalgesellschaften (§§ 1 I Nr. 1, 27 I KStG), Erwerbs- und Wirtschaftsgenossenschaften (§§ 1 I Nr. 2, 43 KStG i. V. mit § 20 I Nr. 1 oder 2 EStG) sowie sonstige Körperschaftsteuersubjekte, die regelmäßig Gewinne ausschütten und so strukturiert sind, daß die Mitgliedschaftsrechte einer kapitalmäßigen Beteiligung wirtschaftlich gleichstehen.

Danach sind *nicht* einbezogen: ausländische Körperschaftsteuersubjekte, Betriebe gewerblicher Art von juristischen Personen des öffentlichen Rechts (§ 1 I Nr. 6 KStG; ihre Ausschüttungen werden –

118 Ob die Einnahmen gem. § 20 III EStG einer anderen Einkunftsart zuzuordnen sind, ist dabei ohne Bedeutung.

steuertechnisch einfacher – durch Steuerbefreiung nach § 8 V KStG entlastet) und Stiftungen (weil deren Leistungen an die Destinatare nicht unter § 20 I Nrn. 1, 2 EStG fallen, sondern unter § 22 EStG). Gleichwohl ergibt sich für Stiftungen im Regelfall keine Doppelbelastung, weil die Bezüge aufgrund einer freiwillig begründeten Rechtspflicht gewährt und deshalb von § 22 Nr. 2 EStG nicht erfaßt werden (BT-Drucks. 8/3165, 6 f., 11 f.; *Hennerkes*, StbJb. 1984/85, 123).

III. Herstellung der Ausschüttungsbelastung bei der Körperschaft

1. Änderung der Körperschaftsteuer je nach Vorbelastung des ausgeschütteten Gewinns

Um eine Belastung der Ausschüttungen mit 30 v. H. Körperschaftsteuer zu erreichen, 143
genügt es nicht, die Ausschüttungen lediglich einem Steuersatz von 30 v. H. zu unterwerfen. Der ausgeschüttete Gewinn kann nämlich aus der **Gewinnrücklage** stammen (s. Rz. 28) und entweder mit 45 v. H. vorbelastet oder steuerermäßigt besteuert oder steuerfrei geblieben sein. Das muß berücksichtigt werden. Daher schreibt § 27 I KStG vor: Es *mindert* oder *erhöht* sich die Körperschaftsteuer der ausschüttenden Kapitalgesellschaft um den Unterschiedsbetrag zwischen der körperschaftsteuerlichen Vorbelastung (= „Tarifbelastung") und der Ausschüttungsbelastung des für die Ausschüttung verwendeten Gewinns. Den für die Ausschüttung verwendeten Gewinn bezeichnet § 27 I KStG als „Eigenkapital, das nach § 28 als für die Ausschüttung verwendet gilt".

Beispiel einer Minderung:

Gewinn vor Abzug der Körperschaftsteuer	100
./. Tarifbelastung	45
Differenzbetrag, der für die Ausschüttung verwendet werden kann	55
Körperschaftsteuerminderung auf 30 v. H. gemäß § 27 I KStG	15
ausschüttbarer Betrag = Barausschüttung	70

Beispiel einer Erhöhung:

Gewinn vor Abzug der Körperschaftsteuer	100
./. Tarifbelastung (z. B. bei Steuerbefreiungen)	0
Differenzbetrag, der für die Ausschüttung verwendet werden kann	100
Körperschaftsteuererhöhung zur Herstellung der Ausschüttungsbelastung von 30 v. H.	30
ausschüttbarer Betrag = Barausschüttung	70

Folgende gegenüber der Darstellung in Rz. 3 verfeinerte Skizze soll den Regelfall (Steuerminderung) verdeutlichen (Tb = Tarifbelastung, Ab = Ausschüttungsbelastung, Stm = Steuerminderung):

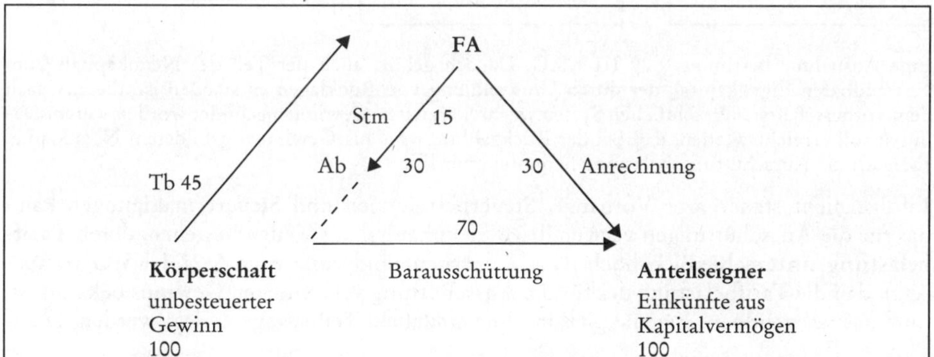

Für die Ausschüttung laufender Gewinne hat diese Rechnung an sich nur theoretischen Charakter, weil die Steuerschuld von vornherein nur in Höhe der Ausschüttungsbelastung von 30 v. H. entsteht. Zur exakten Ermittlung der Ausschüttungsbelastung werden ausgeschüttete Gewinne jedoch so behandelt, als wären auf sie vor der Ausschüttung zunächst die allgemeinen Tarifvorschriften angewendet worden, d. h. Tarifbelastung i. S. des § 27 I KStG ist insoweit die Belastung, die bei Thesaurierung entstanden wäre.

2. Statistische Erfassung aller noch nicht ausgeschütteten Gewinne: das verwendbare Eigenkapital

144 Da sich die Körperschaftsteuer nach § 27 I KStG bei der Ausschüttung sowohl thesaurierter als auch laufender Gewinne mindert oder erhöht, müssen sämtliche noch nicht ausgeschütteten Gewinne (= „für Ausschüttungen verwendbares Eigenkaptal“, § 29 II KStG)[119] erfaßt werden.

§ 29 I KStG definiert das Eigenkapital als „das in der Steuerbilanz ausgewiesene Betriebsvermögen“ (gemeint: Betriebsreinvermögen; s. § 9 Rz. 300), das sich *ohne* die Steueränderung nach § 27 KStG und *ohne* Verringerung um die im Wirtschaftsjahr erfolgten Ausschüttungen ergeben würde, die nicht auf einem Gewinnverteilungsbeschluß für ein abgelaufenes Wirtschaftsjahr beruhen. Diese Abweichungen zwischen dem Eigenkapital i. S. des § 29 I KStG und der Steuerbilanz beruhen auf folgenden Gründen: Die Änderung der Körperschaftsteuer ist zwar in der Steuerbilanz zu berücksichtigen, im Eigenkapital, das Grundlage der Steueränderung sein soll, aber noch nicht. Auch können Gewinnausschüttungen, die das laufende Jahr betreffen, insb. verdeckte Gewinnausschüttungen (dazu Rz. 50 ff.) und Vorabausschüttungen, im verwendbaren Eigenkapital, von dem sie erst im folgenden Jahr abgerechnet werden (§ 28 II 2 KStG), noch nicht berücksichtigt sein. Das Eigenkapital i. S. des § 29 I KStG muß daher in einer Nebenrechnung ermittelt werden.

145 Nach § 29 II 1 KStG ist das für Ausschüttungen verwendbare Eigenkapital durch **Aufteilung des Eigenkapitals** zu ermitteln. Für Ausschüttungen verwendbares Eigenkapital ist der Teil des Eigenkapitals, der das Nennkapital übersteigt (§ 29 II 2 KStG).

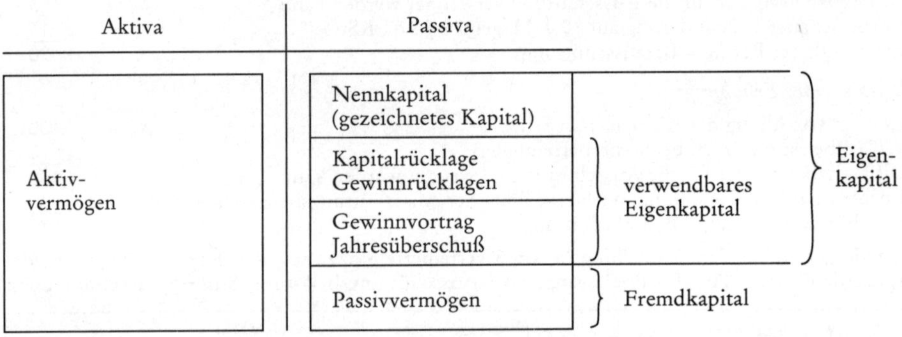

Eine Ausnahme bestimmt § 29 III KStG: Danach gehört auch der Teil des Nennkapitals zum verwendbaren Eigenkapital, der durch Umwandlung von Rücklagen entstanden ist, die aus nach dem körperschaftsteuerrechtlichen Systemwechsel erzielten Gewinnen gebildet worden waren. Dadurch soll erreicht werden, daß bei der Rückzahlung von aus Gewinnen gebildetem Nennkapital ebenfalls die Ausschüttungsbelastung hergestellt wird[120].

146 Infolge nicht steuerbarer Vorgänge, Steuerbefreiungen und Steuerermäßigungen kann das für die Ausschüttungen verwendbare Eigenkapital aus Teilen bestehen, deren **Tarifbelastung unterschiedlich** hoch ist. Da die Steueränderung nach § 27 I KStG voraussetzt, daß die Tarifbelastung des für die Ausschüttung verwendeten Gewinns bekannt ist, muß das verwendbare Eigenkapital in seine einzelnen Teilbeträge zerlegt werden. Dem-

---

119 Dazu *N. Herzig,* BFuP 77, 326; *Jurkat,* StbKongrRep. 1977, 283; *A. Raupach,* StbJb. 1979/80, 423; *Gassner/Widmann,* JbFSt. 1980/81, 279; *Wassermeyer,* DB 92, 108.

120 Dementsprechend gehören Rückzahlungen dieser Teile des Nennkapitals (Kapitalrückzahlungen) beim Anteilseigner zu den Einkünften aus Kapitalvermögen (§ 20 I Nr. 2 EStG).

entsprechend schreibt § 30 I 1 KStG eine **Gliederung des Eigenkapitals**[121] **entsprechend seiner Tarifbelastung** zum Schluß eines jeden Wirtschaftsjahres vor. Die einzelnen Teilbeträge sind aus der Gliederung für das vorangegangene Wirtschaftsjahr abzuleiten. Die Gliederung des verwendbaren Eigenkapitals muß also – in einer Nebenrechnung außerhalb der Steuerbilanz – ständig fortgeschrieben werden (§ 30 I 2 KStG). In ihr sind folgende Teilbeträge auszuweisen (§ 30 I 3 KStG):

1. *ungemildert* (mit 45 v. H.) belastete Eigenkapitalteile;
2. *mit 30 v. H.* belastete Eigenkapitalteile;
3. *unbelastete Eigenkapitalteile,* d. h. Vermögensmehrungen, die der Körperschaftsteuer nicht unterliegen oder die das Eigenkapital vor dem Systemwechsel erhöht haben.

Der **unbelastete Teilbetrag** ist nach § 30 II KStG weiter zu unterteilen in

a) Eigenkapitalteile, die nach dem Systemwechsel aus ausländischen Einkünften entstanden sind, sowie die nach § 8b KStG (s. Rz. 22) außer Ansatz bleibenden Beträge; Ausschüttungen daraus führen nicht zur Steuererhöhung nach § 27 KStG (§ 40 Satz 1 Nr. 1 KStG).

b) sonstige Vermögensmehrungen, die der Körperschaftsteuer nicht unterliegen und nicht unter c oder d einzuordnen sind;

c) verwendbares Eigenkapital, das vor dem Systemwechsel entstanden ist;

d) nach dem Systemwechsel geleistete Einlagen der Anteilseigner, die das verwendbare Eigenkapital erhöht haben (s. dazu § 40 Satz 1 Nr. 2 KStG).

Eigenkapitalteile, die aus thesaurierten Gewinnen früherer Jahre unter der Geltung höherer Steuersätze (s. Rz. 130) gebildet worden sind, werden für eine Übergangszeit gesondert aufgeführt und vorrangig für Ausschüttungen verwendet: der mit 56 v. H. belastete Teilbetrag bis Ende 1994; der mit 50 v. H. belastete Teilbetrag bis Ende 1998; danach sind sie auf die anderen Teilbeträge aufzuteilen (s. § 54 XI, XIa, b KStG).

Da es verschiedene **Steuerermäßigungen** gibt, müßte die in § 30 KStG vorgeschriebene Gliederung an sich eine Vielzahl unterschiedlich belasteter Eigenkapitalteile ausweisen. Zur Vereinfachung schreibt § 32 KStG jedoch folgende Grobeinteilung vor: Eigenkapitalteile, deren Tarifbelastung niedriger ist als die Ausschüttungsbelastung, sind in einen nicht belasteten und in einen mit 30 v. H. belasteten Teilbetrag *aufzuteilen*[122] (§ 32 II Nr. 1 KStG). Eigenkapitalteile, deren Tarifbelastung mehr als 30 v. H. beträgt, werden in einen mit 30 v. H. belasteten und in einen ungemildert belasteten Teilbetrag *aufgespalten*[123] (§ 32 II Nr. 2 KStG). Somit enthält die Gliederung des für Ausschüttungen verwendbaren Eigenkapitals **endgültig nur drei Belastungsgruppen:** den ungemildert belasteten, den in Höhe der Ausschüttungsbelastung (30 v. H.) belasteten und den unbelasteten Teilbetrag (der nach § 30 II KStG weiter zu unterteilen ist). 147

Zur Diskussion steht die Vereinfachung der Eigenkapitalgliederung[124].

Für Kapitalgesellschaften, die **erstmals eine Gliederung** des verwendbaren Eigenkapitals aufstellen, schreibt § 30 III KStG vor, daß das in der Eröffnungsbilanz auszuweisende Eigenkapital, soweit es das Nennkapital übersteigt, dem Teilbetrag i. S. § 30 II Nr. 4 KStG zuzuordnen ist. Folglich führt die Ausschüttung von verwendbarem Eigenkapital, das vor der erstmaligen Gliederung entstanden ist, weder zu einer Erhöhung der Körperschaftsteuer (§ 40 Satz 1 Nr. 2 KStG) noch zu Kapitaleinkünften des Anteilseigners (§ 20 I Nr. 1 Satz 2, 3 EStG). 148

Diese Vorschrift betrifft außer allen Neugründungen insb. Kapitalgesellschaften, die von der beschränkten zur unbeschränkten Steuerpflicht wechseln oder durch Umwandlung aus einem Betrieb gewerblicher Art einer juristischen Person des öffentlichen Rechts entstanden sind. Besondere Bedeutung hat sie für Körperschaften in der ehemaligen DDR.

---

121 Dazu *N. Herzig,* BFuP 77, 326; *Jurkat,* StbKongrRep. 1977, 288; *Raupach,* StbJb. 1979/80, 429.

122 Dazu *E.-M. Einig,* Steuerermäßigungen im Körperschaftsteuerrecht bei Kapitalgesellschaften, Diss. rer. pol. Würzburg 1984.

123 S. Fn. 122; zum Rechengang der Aufteilung s. Abschn. 86 ff. KStR.

124 Dazu *Maas,* BB 85, 45; *Herzig,* GmbHR 85, 37; *Jost,* DB 86, Beilage 3; *Sarrazin,* DStZ 86, 235; zum Vergleich der Modelle s. *Dötsch,* DB 87, 1858; *Singbartl/Dötsch/Hundt,* DB 88, 1871; *Dötsch,* DB 88, 2426; *Brenner,* in: IDW-Steuerfachtagung '88, Düsseldorf 1988, 67 ff.

3. Reihenfolge der Verwendung der einzelnen Eigenkapitalteile

149 Für die Minderung oder Erhöhung der Körperschaftsteuer nach § 27 I KStG ist es erforderlich, daß festgelegt wird, welchem Teil (Teilbetrag) des für Ausschüttungen verwendbaren Eigenkapitals der ausgeschüttete Gewinn entstammt: Nach § 28 III 1 KStG gelten die mit Körperschaftsteuer belasteten Teilbeträge des Eigenkapitals *grundsätzlich in der in § 30 KStG geregelten Reihenfolge* als für die Ausschüttung verwendet. Daraus (und aus den Übergangsregelungen des § 54 XI 4, XIa 5) folgt:

Zuerst gilt der **am höchsten** (noch bis 1994: mit 56 v. H.) **belastete Teilbetrag** als verwendet, **dann folgt** der **nächst niedriger** (noch bis 1998: mit 50 v. H.) belastete Teilbetrag, dann der mit 45 v. H. belastete, danach der mit 30 v. H. belastete und zuletzt der nicht belastete Teilbetrag. Diese Regelung ist für das Körperschaftsteuersubjekt am günstigsten, weil sie es vorrangig in den Genuß der Steuerminderung nach § 27 I KStG bringt. Die Steuererhöhung zur Herstellung der Ausschüttungsbelastung für Ausschüttungen aus dem nicht belasteten Eigenkapitalteil tritt erst ein, wenn zuvor die belasteten Teilbeträge für Ausschüttungen aufgebraucht worden sind. Auf diese Regelung verweist § 27 I KStG, indem er den ausgeschütteten Gewinn als „Eigenkapital, das nach § 28 als für die Ausschüttung verwendet gilt", bezeichnet. Für den Fall der Nennkapitalrückzahlung wird § 28 III KStG durch § 41 II KStG ergänzt; danach gilt der Teil des Nennkapitals als zuerst zurückgezahlt, der zum verwendbaren Eigenkapital gehört (s. § 29 III KStG).

150 Nach § 28 III 2 KStG ist **aus der Tarifbelastung eines Teilbetrages abzuleiten, in welcher Höhe** er als für eine **Ausschüttung** verwendet gilt.

Das ist so zu verstehen: In welcher Höhe ein Teilbetrag des Eigenkapitals in Anspruch genommen werden muß, um eine bestimmte Barausschüttung abzudecken, hängt davon ab, wie hoch dieser Teilbetrag mit Körperschaftsteuer vorbelastet ist. Wird aus dem mit 45 v. H. **belasteten Teilbetrag** des Eigenkapitals ausgeschüttet, so erhöht sich der Betrag, der bar ausgeschüttet werden kann, um die nach § 27 I KStG eintretende Steuerminderung. Dem entspricht § 28 VI 1 KStG, wonach auch die Körperschaftsteuerminderung als für die Ausschüttung verwendet gilt. Um einen Betrag von 70 aus dem mit 45 v. H. Körperschaftsteuer belasteten Teilbetrag des Eigenkapitals ausschütten zu können, wird von diesem Teilbetrag des Eigenkapitals also nur ein Betrag von 55 benötigt. Der Differenzbetrag zwischen 70 und 55 wird durch die Körperschaftsteuerminderung von 15 abgedeckt.

Umgekehrt verhält es sich mit den **unbelasteten Teilbeträgen** des Eigenkapitals i. S. § 30 II Nr. 2 und 3 KStG. Um aus ihnen eine Ausschüttung zu ermöglichen, muß nicht nur der auszuschüttende Betrag, sondern auch die nach § 27 I KStG eintretende Körperschaftsteuererhöhung abgedeckt werden. Das ergibt sich aus § 28 VI 2 i. V. mit § 31 I Nr. 1 KStG. Nach § 31 I Nr. 1 KStG ist die Körperschaftsteuererhöhung von dem Teilbetrag abzuziehen, auf den sie entfällt. Nach § 28 VI 2 KStG kann nur der nach Abzug der Steuererhöhung verbleibende Teilbetrag ausgeschüttet werden. Dadurch wird verhindert, daß der betreffende Eigenkaptial-Teilbetrag negativ wird. Um z. B. aus dem nicht belasteten Teilbetrag einen Betrag von 70 ausschütten zu können, wird also aus diesem Teilbetrag des Eigenkapitals ein Betrag von 100 benötigt. Die Differenz von 30 (100 – 70) muß an das Finanzamt abgeführt werden.

Um zu berechnen, wieviel von einem bestimmten Teilbetrag des verwendbaren Eigenkapitals erforderlich ist, um eine Barausschüttung von bestimmter Höhe abzudecken, lassen sich die Werte aus dem Rechenbeispiel zur Steuerminderung (Rz. 143) als Prozentzahlen verwenden und zueinander ins Verhältnis setzen. Mit Hilfe der so gewonnenen Brüche können Multiplikatoren abgeleitet[125] werden, die auch die Ermittlung weiterer Größen (erzielbare Barausschüttung bei vorgegebenem Eigenkapital, Steuerminderung und -erhöhung) ermöglichen.

125 Zur gesetzlichen Grundlage der verschiedenen Berechnungsweisen s. *Meyer-Arndt,* DB 77, 1017.

Im einzelnen gilt: 151

a) bei einer **Tarifbelastung von 56/50/45 v. H.** (Steuerminderung):

		56 v. H. (bis 1994)	50 v. H. (bis 1998)	45 v. H.
Gesuchte Größe	Bekannte Größe	Multiplikator		
verwendbares Eigenkapital	Barausschüttung	$\frac{44}{64}=\frac{11}{16}$	$\frac{50}{64}=\frac{25}{32}$	$\frac{55}{70}=\frac{11}{14}$
Barausschüttung	verwendbares Eigenkapital	$\frac{64}{44}=\frac{16}{11}$	$\frac{64}{50}=\frac{32}{25}$	$\frac{70}{55}=\frac{14}{11}$
Steuerminderung	Barausschüttung	$\frac{20}{64}=\frac{5}{16}$	$\frac{14}{64}=\frac{7}{32}$	$\frac{15}{70}=\frac{3}{14}$
Steuerminderung	verwendbares Eigenkapital	$\frac{20}{44}=\frac{5}{11}$	$\frac{14}{50}=\frac{7}{25}$	$\frac{15}{55}=\frac{3}{11}$

b) bei einer **Tarifbelastung von 0 v. H.** (Steuererhöhung):

Gesuchte Größe	Bekannte Größe	Multiplikator
verwendbares Eigenkapital	Barausschüttung	$\frac{100}{70}$
Barausschüttung	verwendbares Eigenkapital	$\frac{70}{100}$
Steuererhöhung	Barausschüttung	$\frac{30}{70}$
Steuererhöhung	verwendbares Eigenkapital	$\frac{30}{100}$

c) bei einer **Tarifbelastung von 30 v. H.**:

Eine Körperschaftsteueränderung nach § 27 I KStG tritt nicht ein. Die Barausschüttung und der dafür verwendete Eigenkapitalteil stimmen überein.

Einstweilen frei. 152–154

4. Sondervorschriften

Eine besondere Regelung besteht für die Gliederung des Eigenkapitals einer **Organschaft** (§§ 36, 37 KStG)[126]: Nach § 14 KStG ist das Einkommen der Organgesellschaft dem Organträger zuzurechnen. § 36 KStG bestimmt folgerichtig, daß die bei der Organgesellschaft entstandenen Vermögensmehrungen **dem Organträger zur Bildung seines verwendbaren Eigenkapitals zuzurechnen** sind. Dazu zählen auch die Vermögensmehrungen, die nicht an den Organträger abgeführt werden, sondern zur Rücklagenbildung bei der Organgesellschaft verbleiben. Für diese **Rücklagen** hat der Organträger in seiner Steuerbilanz einen **aktiven Ausgleichsposten** anzusetzen, damit Steuerbilanz und Eigenkapitalgliederung abgestimmt bleiben. Dem Organträger **nicht zugerechnet** werden jedoch die Beträge, die die Organgesellschaft nach § 16 KStG selbst zu versteuern hat, sowie die Beträge, die den Gewinn der Organgesellschaft unberührt lassen (Einlagen und durch Gesamtrechtsnachfolge erworbenes Vermögen). Die dem Organträger zuzurechnenden Vermögensmehrungen werden dementsprechend bei der Bildung des verwendbaren Eigenkapitals der Organgesellschaft prinzipiell nicht berücksichtigt (§ 37 I KStG). 155

126 Dazu Fn. 117 sowie *Jurkat,* JbFSt. 1977/78, 357; *Schönberger,* DB 78, 1003; *Krebs,* DB 79, 1526, 1574; *Dötsch,* DB 80, 271; *Curtius-Hartung,* in: FS für Rose, Wiesbaden 1991, 311; *Rohler,* DB 93, 654; *Dötsch,* DB 93, 752.

Die der Organgesellschaft nach der Gewinnabführung verbleibenden Rücklagen bilden jedoch einen Teil des Eigenkapitals (§ 29 I KStG). Da diese Rücklagen nach § 36 KStG ebenfalls zum verwendbaren Eigenkapital des Organträgers gehören und ihre Steuerbelastung sich folglich nur beim Organträger auswirkt, muß sichergestellt sein, daß ihre spätere Abführung oder Ausschüttung durch die Organgesellschaft weder beim Organträger noch bei den Anteilseignern steuerliche Wirkungen auslöst. Deshalb werden Rücklagen der Organgesellschaft nach § 37 II 1 KStG wie Einlagen i. S. des § 30 II Nr. 4 KStG behandelt (s. § 40 Satz 1 Nr. 2 KStG). Ist der an den Organträger abgeführte Betrag höher als der von der Organgesellschaft erwirtschaftete Gewinn, wird also Vermögenssubstanz abgeführt, so gelten die bei der Organgesellschaft gebildeten Rücklagen vorrangig als hierfür verwendet (§ 37 II 2 KStG).

Sondervorschriften[127] regeln ferner die Behandlung von Gewinnen, die **vor Inkrafttreten des KStG 1977** entstanden sind (§ 30 II Nr. 3 KStG; s. auch § 27 I, II KStG). Danach bleibt die Doppelbelastung bestehen (s. allerdings auch § 41 III KStG): von Einlagen (§ 30 II Nr. 4 KStG; s. auch § 40 Satz 1 Nr. 2 KStG und § 20 I Nr. 1 Satz 3 EStG), von nicht abziehbaren Ausgaben[128] i. S. § 10 KStG (§ 31 KStG), von Verlusten, Verlustvortrag und Verlustrücktrag (§ 33 KStG), des Erlasses von Körperschaftsteuer aus Billigkeitsgründen (§ 34 KStG)[129], von Ausschüttungen, die das verwendbare Eigenkapital übersteigen (§ 35 KStG[130], der § 27 I KStG ergänzt), der ausschüttungsbedingten Wertminderungen von Anteilen, die ein anrechnungsberechtigter von einem nichtanrechnungsberechtigten Anteilseigner erworben hat (§ 50c EStG)[131], der Umwandlung von Kapitalgesellschaften (§§ 38, 42 KStG; § 12 UmwStG).

156–159 Einstweilen frei.

5. Verdeckte Gewinnausschüttungen im Anrechnungsverfahren

160 Verdeckte Gewinnausschüttungen (dazu oben Rz. 50 ff.) sind „andere Ausschüttungen" i. S. § 27 III 2 KStG. Nach der neueren Rechtsprechung des BFH[132] ist zwischen einer verdeckten Gewinnausschüttung i. S. § 8 III 2 KStG einerseits und einer **anderen Ausschüttung i. S. § 27 III 2 KStG** andererseits zu unterscheiden. Beiden ist gemeinsam, daß sie eine bei der Kapitalgesellschaft eintretende Vermögensminderung voraussetzen, die durch das Gesellschaftsverhältnis veranlaßt ist und in keinem Zusammenhang mit einer offenen Ausschüttung steht. Die verdeckte Gewinnausschüttung i. S. § 8 III 2 KStG setzt zusätzlich voraus, daß die Vermögensminderung auch das Einkommen verändert. Umgekehrt verlangt sie nicht, daß die der Vermögensminderung entsprechenden Mittel bei der Kapitalgesellschaft abfließen. Die andere Ausschüttung i. S. § 27 III 2 KStG stellt dagegen auf die Einkommensminderung nicht ab. Entscheidend kommt es insoweit nur darauf an, daß die der Vermögensminderung bei der Kapitalgesellschaft entsprechenden Mittel auch tatsächlich abfließen. Dies entspricht dem rechtssystematischen Grundcharakter der Ausschüttungsbelastung als einer Quellensteuer auf die Kapitaleinkünfte des Gesellschafters (dazu oben Rz. 4). Ihr Sicherungszweck greift nicht schon bei der Verminderung des Gesellschaftsvermögens ein, sondern erst dann, wenn die Mittel aus dem Vermögen der Gesellschaft tatsächlich abfließen.

127 Einzelheiten bei *H.-J. Pezzer,* StuW 76, 317 ff.

128 Dazu *Kantenwein,* FR 78, 336; *E.-M. Einig* (Fn. 122), 106 ff.; *Mayer-Wegelin,* DB 85, 1757; kritisch *Krüger,* FR 86, 343.

129 Dazu *H.-J. Pezzer,* StuW 77, 9.

130 Dazu *N. Herzig,* BB 78, 490, 799; *Jünger,* BB 78, 709; *Garbe,* DB 80, 2475; *Meyer-Arndt,* DB 81, 15.

131 Dazu *Dötsch,* DStR 80, 189; DB 80, 1562; *Krebs,* BB 80, 1257; *Rathmann,* DB 80, 800; *Neyer/F. Becker,* RIW/AWD 80, 635; *Söffing/Wrede,* FR 80, 397; *Littmann,* DStZ 81, 355.

132 BFH BStBl. 89, 857; *F. Wassermeyer,* GmbHR 89, 298.

Für die **Rechtsfolgen** der verdeckten Gewinnausschüttung hat das Anrechnungsverfahren neue Probleme aufgeworfen[133]. Setzt man den dem Anteilseigner zugewendeten Vorteil der Bardividende gleich, muß die Körperschaft für die verdeckte Gewinnausschüttung die Ausschüttungsbelastung herstellen und 30 v. H. der Bruttodividende (= $^3/_7$ oder 42,86 v. H. der verdeckten Gewinnausschüttung) zusätzlich an das Finanzamt abführen (§§ 8 III 2; 27 I, III 2 KStG). Das Einkommen des Anteilseigners erhöht sich um die entsprechende Steuergutschrift (§ 20 I Nr. 3 EStG), die er auf seine Steuerschuld anrechnen kann (§ 36 II Nr. 3 EStG). Die Aufdeckung einer verdeckten Gewinnausschüttung begünstigt also nochmals deren Empfänger **zu Lasten der Körperschaft,** indem sie zu einer zwangsweisen Erhöhung der Ausschüttung in Form der Steuergutschrift führt[134]. Um dieses Ergebnis zu vermeiden, ist vorgeschlagen worden[135], die verdeckte Zuwendung an den Anteilseigner als Bruttodividende zu behandeln und sie zu **zerlegen** in einen **Baranteil** und einen **Steueranteil** von 30 v. H., den die Körperschaft an sich an das Finanzamt hätte abführen müssen. Diesen müsse der Anteilseigner an die Körperschaft zurückzahlen und bekomme ihn statt dessen im Wege der Steueranrechnung vom Finanzamt.

Für diese Lösung spricht, daß die Gesamtzuwendung an den Anteilseigner auf die Höhe der verdeckten Gewinnausschüttung beschränkt bleibt und nicht durch das Anrechnungsverfahren noch erhöht wird. Dagegen ist allerdings einzuwenden, daß die verdeckte Gewinnausschüttung, die dem Anteilseigner unmittelbar von der Körperschaft zugewendet wird, wirtschaftlich der Bardividende entspricht. Für eine gleich hohe offene Barausschüttung hätte die Körperschaft ebenfalls einen Körperschaftsteuerbetrag in Höhe von $^3/_7$ oder 42,86 v. H. der Ausschüttung abführen müssen. Die Aufspaltung der verdeckten Gewinnausschüttung in einen Bar- und einen Steueranteil bedeutet deshalb eine fiktive Umqualifizierung der tatsächlichen Verhältnisse, für die eine Stütze im Gesetz nicht ersichtlich ist[136].

Fraglich ist, ob die verdeckte Gewinnausschüttung insgesamt oder wenigstens die durch ihre Aufdeckung verursachte zusätzliche Begünstigung des Anteilseigners mit Mitteln des Zivilrechts, durch entsprechende **Rückgewähransprüche,** ausgeglichen werden kann[137]. Ein bürgerlich-rechtlicher Anspruch auf Rückzahlung besteht nicht[138]. Ein gesellschaftsrechtlicher Rückgewähranspruch besteht nach §§ 62 I, 57 I AktG allenfalls für Aktiengesellschaften[139], für sonstige Körperschaften kann ein Rückgewähranspruch durch Satzungsklauseln[140] begründet werden[141]. Nur ausnahmsweise kommt ein Anspruch aufgrund der gesellschaftsrechtlichen Treuepflicht in Betracht[142]. Bei der Prüfung von Ansprüchen ist stets zu berücksichtigen, daß sich die Voraussetzungen der verdeckten Gewinnausschüttung im Zivilrecht und im Steuerrecht nicht decken[143].

Einstweilen frei. 161–164

---

133 Dazu *H.-J. Pezzer* (Fn. 21), 112; *Brezing,* DB 76, 2079; *Fasold,* DB 76, 1886; DStR 76, 634; *Schulze zur Wiesche,* GmbHR 76, 282; *N. Herzig,* StuW 76, 325; *ders.,* FR 77, 237, 405; *ders.,* FR 81, 261; *Brezing,* FR 77, 261; *Hoffmann,* BB 77, 239; *Wittstock,* DStR 77, 694; *R. Thiel,* FR 77, 267; *Gutschick,* Zur Problematik der Behandlung verdeckter Gewinnausschüttungen nach der Körperschaftsteuerreform, Inst. FuSt, Heft 117, Bonn 1978, m. w. N. auf S. 9; *B. Knobbe-Keuk,* Bilanz- und Unternehmenssteuerrecht[9], Köln 1993, 664 ff. m. w. N.; *Döllerer,* BB 79, 58; *Weindl,* Probleme der verdeckten Gewinnausschüttung im neuen Körperschaftsteuergesetz, Diss. Regensburg 1981.

134 Ein Vorteil ergibt sich allerdings nur, wenn man den Anteilseigner isoliert betrachtet.

135 *Fasold,* DB 76, 1886; *ders.,* DStR 76, 634; *ders.,* DStR 78, 368; *Brezing,* DB 76, 2080; *ders.,* FR 77, 261 f.; *B. Knobbe-Keuk,* StuW 77, 157 f.; *dies.* (Fn. 133), 667.

136 *H.-J. Pezzer* (Fn. 21), 114.

137 Dazu *H.-J. Pezzer* (Fn. 21), 188; vgl. auch *R. Thiel,* FR 77, 270 f.; *Lempenau,* BB 77, 1209; *B. Knobbe-Keuk* (Fn. 133), 671 ff.; *U. Niemann,* Inst. FuSt, Nr. 304, Bonn 1991; *Seeger,* StVj. 92, 249.

138 *Gutschick* (Fn. 133), 78; s. auch *Wellnhofer,* FR 78, 258.

139 *Letters,* JbFSt. 1978/79, 430; *Döllerer,* BB 79, 61; *ders.,* DStR 80, 399.

140 Dazu *Meyer-Arndt,* JbFSt. 1979/80, 297; *L. Schmidt,* JbFSt. 1979/80, 314; *Theisen,* GmbHR 80, 132, 182; *Lagemann,* Die Steuerklausel, Diss. Gießen 1979; *U. H. Schneider,* ZGR 85, 302; *Zenthöfer,* DStZ 87, 185, 217, 273.

141 *Döllerer* (Fn. 139); einschränkend jedoch BFH BStBl. 84, 725 f. mit abl. Anm. *Brezing,* DB 84, 2059, und zust. Anm. *L. Schmidt,* FR 84, 540; ablehnend auch *Döllerer,* BB 86, 97; *H.-J. Pezzer* (Fn. 21), 194; restriktiv ferner BFH BStBl. 87, 733; 89, 1029.

142 *H.-J. Pezzer* (Fn. 21), 189, 193.

143 *H.-J. Pezzer* (Fn. 21), 190, 192; *U. H. Schneider,* ZGR 85, 280.

IV. Anrechnung der Ausschüttungsbelastung auf die Steuerschuld des Anteilseigners

Literatur: *Richter,* Die Besteuerung der ausgeschütteten (Körperschafts-)Gewinne bei den Anteilseignern, DStR 77, 81; *B. Knobbe-Keuk,* Bilanz- und Unternehmenssteuerrecht[9], Köln 1993, 605; *Widmann,* Körperschaftsteuer-Anrechnung und Verfahrensrecht, FR 89, 227.

165 Nach § 36 II Nr. 3 EStG kann der Anteilseigner die Körperschaftsteuer in Höhe von $^3/_7$ der Bardividende, also in Höhe der Ausschüttungsbelastung von 30 v. H. des unversteuerten Gewinns, auf seine Einkommensteuerschuld anrechnen (Ausnahme: § 36d EStG). Dadurch wird die nach §§ 27 ff. KStG sich ergebende Ausschüttungsbelastung beim Anteilseigner beseitigt, der ausgeschüttete Gewinn somit völlig von der Körperschaftsteuer entlastet.

Die Anrechnung ist auch zulässig, wenn die Körperschaft die geschuldete Körperschaftsteuer *nicht entrichtet* hat (§ 36 II Nr. 3 Satz 3 EStG). Eine Ausnahme gilt insoweit nach § 36a EStG: Fall des beherrschenden Einflusses oder der wesentlichen Beteiligung[144].

166 Wird der Anteilseigner *nicht* zur Einkommensteuer *veranlagt,* so wird ihm die anrechenbare Körperschaftsteuer **vom Bundesamt für Finanzen vergütet** (§ 36b EStG).

Die Vergütung kann unter erleichterten Voraussetzungen in Anspruch genommen werden, wenn ein *Kreditinstitut* den Antrag auf Vergütung in Vertretung des Anteilseigners stellt (§ 36c I EStG), wenn eine Kapitalgesellschaft oder ein von ihr bestellter Treuhänder die Vergütung für *Einnahmen* aus Anteilen *ihrer Arbeitnehmer* beantragt (§ 36c II Nrn. 1, 2 EStG) und wenn eine *Genossenschaft* die Vergütung anstelle ihrer Mitglieder für Einnahmen aus den Genossenschaftsanteilen beantragt (§ 36c II Nr. 3 EStG). Anteilseignern, die Arbeitnehmer der Kapitalgesellschaft oder Mitglieder der Genossenschaft sind, wird die Vergütung anstelle der Anrechnung auch dann gewährt, wenn die Anteilseigner zur Einkommensteuer veranlagt werden, sofern die Barausschüttung nicht mehr als 100 DM im Jahr beträgt (§ 36d EStG).

167 Ist der Anteilseigner eine **Personengesellschaft,** so ist die Behandlung des Anrechnungsanspruchs problematisch, weil die Anrechnung nicht bei der Personengesellschaft – die kein Einkommensteuersubjekt ist – stattfinden kann, sondern nur bei ihren Gesellschaftern[145]. Da die Beteiligung zum Betriebsvermögen der Personengesellschaft zählt, ist der mit der Dividende verknüpfte Anrechnungsanspruch eine Betriebseinnahme, die allerdings dem Gesellschafter persönlich zusteht. Das Anrechnungsguthaben gehört daher in das Sonderbetriebsvermögen (dazu § 9 Rz. 541 ff.) des Gesellschafters[146].

168 Die Anrechnung soll nur solchen Anteilseignern zugute kommen, die die Ausschüttung voll versteuern müssen; das Anrechnungsverfahren will nämlich nur die Doppelbelastung Körperschaftsteuer/Einkommensteuer aufheben, nicht aber die steuerliche Belastung gänzlich beseitigen.

Daher erhalten **keine Anrechnung oder Vergütung** (§ 51 KStG): Anteilseigner, bei denen die *Einnahmen* i. S. des § 20 I Nrn. 1–3, II Nr. 2a EStG *steuerfrei* sind; steuerbefreite Anteilseigner[147], die *nur der Kapitalertragsteuer* unterliegen (§§ 51, 50 I Nr. 1 KStG); *beschränkt steuerpflichtige Anteilseigner*[148], wenn die Einkünfte aus den Anteilen nicht in einem inländischen gewerblichen

144 Kritisch zur Frist des § 36a II EStG: *Selchert,* DB 84, 1002.

145 Dazu *Maul,* DB 81, 1104; *Simon,* DB 81, 1895; *Meilicke/Maul,* DB 82, 291; *Nauss,* DB 82, 1681, 1733; *Schlotter,* DB 83, 188; *Selchert,* BB 84, 888; FG Köln EFG 83, 133; FG München BB 85, 34 mit zust. Anm. *Döllerer,* BB 85, 36.

146 *B. Knobbe-Keuk* (Fn. 2), 606; *Selchert,* BB 84, 888.

147 Zur Situation steuerbefreiter Stiftungen s. *K. Vogel* und *K. Neuhoff,* DB 80, Beilage 11; s. ferner *Leisner,* StuW 84, 244.

148 Dazu kritisch *Böckli,* Archiv für Schweizerisches Abgaberecht 78, 161; *ders.,* StuW 79, 1 ff. (aus doppelbesteuerungsrechtlicher Sicht); zur Frage der Diskriminierung ausländischer Anteilseigner s. *A. Raupach,* JbFSt. 1977/78, 436; *Manke,* JbFSt. 1977/78, 452; *Görlich,* FR 78, 367; vgl. auch *H. Kaiser,* StbKongrRep. 1980, 192.

oder land- und forstwirtschaftlichen Betrieb angefallen sind (§§ 51, 50 I Nr. 2 KStG; § 50 V 2 EStG).

Für diese nicht zur Anrechnung berechtigten Anteilseigner – vor allem ausländische Muttergesellschaften, inländische (gemeinnützige) steuerbefreite Körperschaften, Kirchen, Gewerkschaften – ist die Ausschüttungsbelastung von 30 v. H. endgültig. Hinzu kommt die Kapitalertragsteuer. Um diese Belastung zu vermeiden, sind nicht anrechnungsberechtigte Anteilseigner dazu übergegangen, ihre Körperschaften mit möglichst wenig Eigenkapital auszustatten und ihnen zur Finanzierung statt dessen Fremdkapital (z. B. in Form von Gesellschafter-Darlehen oder stillen Beteiligungen) zu überlassen. Die Zinsen hierfür sind Betriebsausgaben und bleiben deshalb im Inland steuerfrei. Dem hat der Gesetzgeber ab 1994 durch **§ 8a KStG** Grenzen gesetzt (s. oben Rz. 64).

Nach § 49 KStG gelten §§ 36 ff. EStG auch für die Anrechnung auf die Körperschaft- 169
steuer.

Einstweilen frei. 170–174

V. Verfahrensvorschriften

Voraussetzung für die Anrechnung oder Vergütung ist die Vorlage einer von der Körper- 175
schaft nach amtlichem Muster ausgestellten Bescheinigung (§ 36 II Nr. 3 Satz 4 Buchst. b EStG; §§ 44–46 KStG).

Die sehr detaillierten §§ 44–46 KStG sollen Mißbräuche und Manipulationen im Anrechnungsverfahren, zumal im Zusammenhang mit unzutreffenden Bescheinigungen, verhindern.

Die Vergütung nach § 36b EStG setzt zusätzlich den Nachweis voraus, daß der Anteilseigner unbeschränkt steuerpflichtig ist und voraussichtlich nicht zur Einkommensteuer veranlagt wird (§ 36b II EStG).

§ 47 KStG schreibt vor, daß einige besonders wichtige Besteuerungsgrundlagen gesondert festzustellen sind.

§ 12 Bewertungsgesetzabhängige Steuerarten

A. Bewertung nach dem Bewertungsgesetz*

Rechtsgrundlagen: Bewertungsgesetz (BewG) abgedruckt in Beck'sche Sammlung der Steuergesetze I unter Nr. 200.

Verwaltungsvorschriften: Im Bewertungsrecht spielen Richtlinien (etwa BewRGr, VStR – abgedruckt in Beck'sche Sammlung der Steuerrichtlinien unter Nrn. 200 und 220) eine besondere Rolle. BewRGr sowie VStR „behandeln Zweifelsfragen und Auslegungsfragen von allgemeiner Bedeutung, um eine einheitliche Anwendung des Bewertungsrechts und des Vermögensteuerrechts durch die Behörden der Finanzverwaltung sicherzustellen" (so etwa VStR 93 BStBl. I 93, Sondernr. 2, 5). Daß die BFH-Rechtsprechung (etwa BStBl. 88, 935) sie zu allgemeinverbindlichen Quasi-Rechtsnormen „erhoben" hat, hat wohl tatsächliche Gründe: Die Gerichte müßten, würden sie sich nicht auf die Richtlinien stützen, laufend Sachverständige bemühen. Zudem veröffentlicht die Finanzverwaltung im Bundessteuerblatt I wichtige Werte, etwa Kurse von Wertpapieren (vgl. § 113 BewG) sowie Stichtagswerte von Goldmünzen und Edelmetallbarren (vgl. BStBl. I 94, 222).

Literatur: *Horschitz/Groß*, Bewertungsrecht und Vermögensteuer[7], Stuttgart 1992; *Falterbaum/Barthel/Hübner*, Bewertungsrecht/Vermögensteuer, Achim 1994; *Haar/ Wittenmayer*, Lehrbuch Bewertungsrecht und Vermögensteuer[4], Herne/Berlin 1994; *Moench/Glier/Knobel/Viskorf*, Bewertungs- und Vermögensteuergesetz[2], Herne/Berlin 1994; *Rössler/Troll* (Bearbeiter: *Troll/Halaczinsky/Teß*), Bewertungsgesetz und Vermögensteuergesetz[16], München 1994.

Schürer-Waldheim, Wertbegriffe im österreichischen Abgabenrecht, Wien 1978; *K. Vogel*, Verkehrswert, Ertragswert und andere Werte, DStZ/A 79, 28; *A. Raupach* (Hrsg.), Werte und Wertermittlung im Steuerrecht, DStJG Bd. 7 (1984), mit Beiträgen von *Meincke, Busse von Colbe, Uelner, Mark, Nolte, Hofmann; K. Tipke*, Die Steuerrechtsordnung, Bd. II (StRO II), Köln 1993, „Zur Rechtfertigung der Wert-Bemessungsgrundlage", 846.

Speziell zu den Einheitsbewertungen: Wündisch, Das Unternehmen Potemkin – Gedanken zu der Einheitsbewertung der Grundstücke, FR 65, 427; *ders.*, Nochmals: Das Unternehmen Potemkin, FR 67, 132; *P. Kirchhof*, Die Steuerwerte des Grundbesitzes, Köln 1985; *M. Balke*, Über Grundstücks-Einheitswerte, StuW 87, 364; *Wiss. Beirat beim BdF*, Die Einheitsbewertung in der Bundesrepublik Deutschland, BMF-Schriftenreihe Heft 41, Bonn 1989; *Meyding*, Überlegungen zur möglichen Abschaffung der Vermögensteuer und der Einheitsbewertung, DStR 91, 1270; *Sangmeister*, Die verfassungsrechtlich „offensichtlich unhaltbare" Erhebung einheitswertabhängiger Steuern, DStZ 91, 581; *Höll*, Die Einheitsbewertung und ihre Bewertungsmaßstäbe, DB 93, 2053; *Jakob*, Möglichkeiten einer Vereinfachung der Bewertung des Grundbesitzes sowie Untersuchung einer befristeten Anwendung von differenzierten Zuschlägen zu den Einheitswerten, BMF-Schriftenreihe Heft 48, Bonn 1993; *Schelle/Schemmel*, Die Einheitsbewertung des Grundbesitzes, Stellungnahme des Karl-Bräuer-Instituts des Bundes der Steuerzahler, Heft 76, Wiesbaden 1993; *Simon/Cors/Troll*, Handbuch der Grundstückswertermittlung[3], München 1993; *Wolf*, Der Weg zu neuen Einheitswerten oder ihren Alternativen, DStR 93, 541; *G. Rose*, Einheitsbewertung und Vermögensteuer, StbJb. 1993/94, 101 ff.; *M. Balke*, Über das erbschaftsteuerliche Bewertungschaos, mit kritischen Bemerkungen zu BVerfG (1 BvL 25/88) BStBl. 94, 133, StJ 94; *Christoffel*, Einheitsbewertung des Grundbesitzes und Grundsteuerrecht in den neuen Ländern, Herne/Berlin 1994; *Glier*, Einheitsbewertung des Betriebsvermögens ab 1993, Herne/Berlin 1994; *Herzig/Kessler*, Übernahme der Steuerbilanzwerte in die Vermögensaufstellung – Bilanzpolitische und steuerrechtliche Auswirkungen, DStR 94, Beihefter zu Heft 12.

1. Einführung

1 Wer ein eigenes Unternehmen mit Betriebsvermögen betreibt und/oder Privatvermögen (eigenes Grundstück, Wertpapiere, Goldbarren) besitzt, zahlt – wenn das Gesamtvermögen bestimmte Freibeträge überschreitet – Vermögensteuer; der Betriebsinhaber daneben noch Gewerbesteuer. Ein grundvermögender Steuerpflichtiger zahlt zusätzlich Grund-

* Bearbeiter des Abschnitts „Bewertung nach dem Bewertungsgesetz" ist Richter am FG Dr. *Michael Balke.*

steuer. Der Erbe eines wertvollen Nachlasses zahlt Erbschaftsteuer. Der Schenker kann – neben dem Beschenkten – schenkungsteuerpflichtig sein. Das (steuerliche) Bewertungsgesetz enthält insbesondere für die Vermögensteuer, Gewerbesteuer, Grundsteuer sowie Erbschaft- und Schenkungsteuer gleichermaßen geltende Bewertungsregeln für Wirtschaftsgüter, die nicht in deutschem Geld bestehen. Mit dem Bewertungsgesetz wendet der Gesetzgeber die mathematische Technik des „Vor-die-Klammer-Ziehens“ an; das Bewertungsgesetz ist der allgemeine Bewertungsteil für die bewertungsgesetzabhängigen Steuerarten.

Durch das Bewertungsgesetz werden vor allem **für die Substanz-Ertragsteuern** (s. § 8 Rz. 43 f.) einheitliche Vorschriften geschaffen. Sie sind zur Verwaltungsvereinfachung und zur Vermeidung widersprüchlicher Entscheidungen gedacht. Hauptgegenstand des Bewertungsgesetzes sind Vorschriften zur Ermittlung von Einheitswerten. **Einheitswerte** sind Werte, die einheitlich für mehrere Steuerarten gelten; über den Wertmaßstab sagt der Begriff nichts aus. 2

Der **Hauptanwendungsbereich** des Bewertungsgesetzes ergibt sich aus § 1 (betr. allgemeine Bewertungsvorschriften), § 17 (betr. besondere Bewertungsvorschriften) BewG. Danach gilt das Bewertungsgesetz **uneingeschränkt für die Vermögensteuer** (§§ 1, 17 I, III 1 BewG; § 4 VStG). 3

Die allgemeinen Bewertungsvorschriften (Erster Teil) gelten im übrigen allgemein für die von den Finanzbehörden verwalteten, **bundesrechtlich geregelten Steuern,** soweit nicht Spezialvorschriften vorgehen (§ 1 II BewG). Sie gelten daher prinzipiell insb. auch für die Erbschaftsteuer (§ 12 I ErbStG) und die anderen in § 17 II BewG genannten Steuern (§ 17 III BewG). Den Vorschriften des Bewertungsgesetzes vorgehende Spezialvorschriften sind z. B. §§ 6, 8 II EStG.

Die Einheitswertvorschriften des Bewertungsgesetzes (Zweiter Teil, Erster Abschnitt) gelten – außer für die Vermögensteuer (§ 17 I BewG) – auch für die Grundsteuer (§ 17 II BewG; § 13 GrStG), für die Gewerbesteuer (§ 17 II BewG; § 12 GewStG), für die Erbschaft- und Schenkungsteuer (§ 17 II BewG; § 12 II–V ErbStG), in Sonderfällen für die Grunderwerbsteuer (bei fehlender Gegenleistung – § 17 II BewG; §§ 8 II, 10 GrEStG) und vereinzelt für die Einkommensteuer (bei der Durchschnittsbesteuerung bestimmter Land- und Forstwirte – § 13a EStG). Vermögensteuer, Erbschaft- und Schenkungsteuer, Grundsteuer und Gewerbe-(kapital-)steuer werden auch als einheitswertabhängige Steuern oder als **Einheitswertsteuern** bezeichnet.

Mit § 17 I BewG korreliert § 4 I Nr. 1 VStG i. V. mit §§ 114–120 BewG. Mit § 17 II BewG korrelieren §§ 13 GrStG; 12 GewStG; 12 II–V ErbStG; 8 II, 10 GrEStG. § 17 BewG hat **keine** selbständige Bedeutung. 4

Danach ist in folgender **Reihenfolge** zu prüfen:

1. Gibt es anzuwendende spezielle Bewertungsvorschriften außerhalb des Bewertungsgesetzes, etwa §§ 6, 8 II EStG?
2. Gelten besondere Bewertungsvorschriften des Zweiten Teils des Bewertungsgesetzes?
3. Wenn die Fragen 1 und 2 zu verneinen sind: Es gelten die allgemeinen Bewertungsvorschriften des Ersten Teils des Bewertungsgesetzes (s. auch §§ 1 II, 17 III BewG).

   § 17 III BewG will sagen: Soweit §§ 19–121 BewG lückenhaft sind, also keine Bewertungsvorschrift enthalten, sind §§ 1–16 BewG anzuwenden.

2. Zum Begriff „Bewerten“

Die Vermögensteuer sowie die Erbschaft- und Schenkungsteuer knüpfen oft, die Grundsteuer sogar ausschließlich an den Wert von Gütern an, die nicht in Geld bestehen. Diese 5

Wirtschaftsgüter müssen bewertet, d. h. in einem **Geldbetrag der aktuellen, deutschen Währung** angesetzt werden, um davon die Steuern, insbesondere die sog. Sollertragsteuern, die auch als Substanzsteuern bezeichnet werden, errechnen zu können. Denn von einer Bemessungsgrundlage, die nicht in einem Geldbetrag besteht, können Steuern, also Geldleistungen, nicht erhoben werden. Mit anderen Worten bedeutet „Bewerten“, einem Wirtschaftsgut, das nicht in Geld besteht, einen Geldbetrag zuzumessen. Z. B. sind demnach etwa Aktien und Grundstücke, nicht hingegen aktuelles, inländisches Bargeld zu bewerten.

3. Bewertung als Tatfrage und Rechtsproblem

6 Die Deutsche Steuerjuristische Gesellschaft (DStJG) hat sich auf ihrer Jahrestagung 1983 in Salzburg drei Tage lang mit dem Thema „Werte und Wertermittlung im Steuerrecht“ auseinandergesetzt. Der 1984 erschienene Jahresband umfaßt knapp 500 Druckseiten und enthält Stellungnahmen von 20 Referenten (aus den Steuerwissenschaften und der Steuerpraxis) ausschließlich zu steuerrechtlichen Bewertungsproblemen[1]. Allein diese Tatsache mag belegen, welch großem Problemdruck ein Rechtsanwender ausgesetzt ist, der – innerhalb eines gesetzlich vorgegebenen Rahmens – zu bewerten hat.

7 Wer sich die Umschreibung des zentralen Begriffs des Bewertungsrechts, des **„gemeinen“ Werts** (= Verkehrswert, § 9 BewG), unbefangen vor Augen hält, mag die „Preisermittlung“, damit die Bewertung eines Wirtschaftsguts, allein als tatsächliches Problem, als Tatfrage auffassen. Die Frage „Wieviel ist ein Wirtschaftsgut wert?“ wird jedoch durch die vielen Vorschriften des Besonderen Teils des Bewertungsgesetzes, insbesondere durch die Bestimmungen zur Einheitsbewertung, weitgehend von der Wirklichkeit losgelöst. Hier herrscht nicht die oft zitierte „normative Kraft des Faktischen“, sondern die Bewertungsnorm bestimmt den steuerlich maßgebenden Wert mitunter **weitgehend ohne Rücksicht auf den tatsächlichen Marktwert.** So werden wirtschaftliche Probleme der Wertfindung durch Bewertungsnormen zu (gekünstelten) Rechtsproblemen umqualifiziert[2].

8 Das Ergebnis dieser Umqualifizierung ist, vor allem im Bereich der **Grundbesitzbewertung,** von erheblichem Gewicht. Steuerlich gefragt sind nicht die relativ einfachen, realitätsnahen Preisfindungsmethoden der professionellen Immobilien-Wertermittler (etwa „öffentlich bestellte und vereidigte Sachverständige für Grundstückswerte“, Banker, Brandversicherer, Immobilienmakler), die einen funktionierenden Grundstücksmarkt gewährleisten. Stattdessen bevorzugt der Staat zeitferne und äußerst komplizierte Grundbesitz-Einheitswertverfahren. Die steuerlichen Grundbesitzwerte werden für die alten Bundesländer immer noch nach den Wertverhältnissen zum 1. 1. 1964, für die neuen Länder sogar nach denen v. 1. 1. 1935 (zuzüglich kaum merklicher Zuschläge) bemessen. So erfaßt der steuerlich maßgebende Grundbesitzwert oft nur $^1/_{10}$ des wirklichen Werts[3].

4. Grundprinzipien des Bewertungsgesetzes

9 Das Bewertungsgesetz ist das Steuergesetz, nach dem die Steuerwerte der Wirtschaftsgüter, die von den bewertungsgesetzabhängigen Steuerarten erfaßt sind, ermittelt werden. Fragt man nach den Bewertungsgrundsätzen, so sind **vier Ermittlungsschritte** aufzuzeigen:

1 *A. Raupach* (Hrsg.), Werte und Wertermittlung im Steuerrecht, DStJG Bd. 7 (1984).
2 Dazu näher *Meincke*, Bewertung als Rechtsproblem, DStJG Bd. 7 (1984), 7.
3 S. ausf. Rz. 53.

a) Was ist zu bewerten? (= **Frage nach dem Bewertungsobjekt**)

b) Wem ist das zu Bewertende zuzurechnen? (= **Frage nach der Zurechnung des Bewertungsobjekts**)

c) Wie ist zu bewerten? (= **Frage nach dem Bewertungsverfahren**)

d) Wann ist zu bewerten? (= **Frage nach dem Bewertungsstichtag**).

Zu a) „Was ist zu bewerten?“:

Zu bewerten sind grundsätzlich **„wirtschaftliche Einheiten“.** Was als wirtschaftliche Einheit gilt – so der Gesetzgeber in § 2 I 1 BewG – richtet sich nach den Anschauungen des Verkehrs. Die örtliche Gewohnheit, die tatsächliche Übung, die Zweckbestimmung und die wirtschaftliche Zusammengehörigkeit der einzelnen Wirtschaftsgüter sind zu berücksichtigen (§ 2 I 3, 4 BewG). 10

Die wirtschaftliche Einheit kann aus mehreren **Untereinheiten,** sie kann auch aus **mehreren Wirtschaftsgütern** bestehen. Land- und forstwirtschaftliche Betriebe (s. § 33 I BewG), Grundstücke (s. § 70 I BewG), gewerbliche Betriebe sind wirtschaftliche Einheiten (s. § 19 I BewG); Betriebsgrundstücke, die zu einem gewerblichen Betrieb gehören, sind wirtschaftliche Untereinheiten (s. § 19 III Nr. 1b BewG). Gebäude auf fremdem Grund und Boden gelten als selbständige Einheiten (§ 70 III BewG). 11

Mehrere Wirtschaftsgüter können eine wirtschaftliche Einheit nur bilden, wenn sie demselben Eigentümer gehören (§ 2 II BewG; s. dazu auch § 3 BewG i. V. mit § 39 II Nr. 2 AO; Ausnahme: § 26 BewG für Ehegatten).

Soweit keine Spezialvorschriften gelten (s. § 2 III BewG), sind die wirtschaftlichen Einheiten **als Ganzes** zu bewerten (§ 2 I 2 BewG, **Grundsatz der Gesamtbewertung**). Von diesem Grundsatz macht § 98a BewG eine Ausnahme: Die Wirtschaftsgüter des Betriebsvermögens sind einzeln zu bewerten; s. auch § 109 BewG. 12

Wirtschaftliche Einheiten, Untereinheiten oder Wirtschaftsgüter sind nicht zu bewerten, wenn sich übersehen läßt, daß die Bewertung sich steuerlich nicht auswirkt, etwa wegen Nichtbesteuerbarkeit oder Steuerbefreiung (s. § 19 IV BewG).

zu b) „Wem ist das zu Bewertende zuzurechnen?“:

Für die **Zurechnung** ist grundsätzlich § 39 AO zu beachten. Danach gilt folgender Grundsatz: Steuerlich „schlägt“ der wirtschaftliche den zivilrechtlichen Eigentümer. 13

S. im übrigen allgemein § 3 BewG i. V. mit § 39 II Nr. 2 AO (Zurechnung bei Bruchteils- und Gesamthandseigentum), § 26 BewG (Zurechnung bei Ehegatten und fortgesetzter Gütergemeinschaft; dazu §§ 119 I, 120 BewG). S. auch speziell §§ 34 IV–VII, 70 II, 94 I BewG.

Über Zurechnung bei bedingtem oder befristetem Erwerb oder bei bedingter oder befristeter Last s. §§ 4–8 BewG. Über Zurechnung von Mitunternehmervermögen s. § 97 I Nr. 5 BewG. Über Zurechnung von GmbH-Anteilen bei Nießbrauchsvorbehalt: BFH/NV 88, 745 sowie OLG Karlsruhe DB 88, 2398.

Zu c) „Wie ist zu bewerten?“:

Diese Frage zielt ab auf das anzuwendende Bewertungsverfahren, auf die Wertermittlungsmethode. Der fundamentale Begriff des Bewertungsgesetzes ist der **„gemeine Wert“,** auch Verkaufswert oder Verkehrswert genannt. 14

Gemeiner Wert ist der Preis, der im gewöhnlichen Geschäftsverkehr nach der Beschaffenheit des Wirtschaftsgutes bei einer Veräußerung zu erzielen wäre (§ 9 II 1 BewG). Dabei sind alle Umstände, die den Preis beeinflussen, zu berücksichtigen; ungewöhnliche oder persönliche Verhältnisse jedoch nicht (da sie den gemeinen Wert nicht repräsentieren). Als persönliche Verhältnisse werden auch Verfügungsbeschränkungen angesehen (§ 9 II 2, 3, III BewG). 15

16 Die anderen Wertbegriffe des Bewertungsgesetzes – *Teilwert* (§ 10 BewG), *Kurswert* (§ 11 I BewG), *Rücknahmepreis* (§ 11 IV BewG), *Nennwert* (§ 12 I BewG), *Rückkaufswert* (§ 12 IV BewG), *Kapitalwert* (§§ 13 ff. BewG), *Ertragswert* (§§ 36, 76 I i. V. mit §§ 78 ff. BewG) und *Sachwert* (§ 76 II, III BewG) – gelten weithin als besondere Verkörperungen (als Unterarten) des gemeinen Werts[4]; den durchgängigen Ansatz mit dem gemeinen Wert soll auch der Gleichheitssatz gebieten.

BVerfGE 23, 242, 256: „Das Bewertungsgesetz enthält als Grundsatz die Bewertung mit dem gemeinen Wert. Dieser Maßstab erscheint im Bewertungsrecht auch von der geregelten Materie her vorgegeben. Als der in einem Geldnennbetrag ausgedrückte Preis eines Wirtschaftsgutes deckt er sich grundsätzlich mit dem Maßstab, nach welchem auch das Geldvermögen zur Vermögensteuer herangezogen wird (Nennbetrag). An einem solchen einmal gewählten und der Natur der Sache entsprechenden Grundsatz für die Bewertung geldwerten Vermögens muß der Gesetzgeber, will er nicht gegen den Gleichheitssatz verstoßen, folgerichtig festhalten. Hierfür spricht auch die Erwägung, daß kein anderer Bewertungsmaßstab ersichtlich ist, der die ihm zukommende Funktion, eine gerechte und gleichmäßige Besteuerung zu gewährleisten, erfüllen könnte. In Erkenntnis dieses Systemzusammenhangs hat der Gesetzgeber auch im Bewertungsgesetz 1965 an dem Prinzip gleicher Wertmaßstäbe grundsätzlich festgehalten."

17 Allerdings ist der gesetzliche Ertragswert durchweg **niedriger als der Verkehrswert.** Das liegt daran, daß lediglich ein Ausschnitt des Nutzens (= laufender Ertrag) eines Vermögensgegenstandes erfaßt wird. Wertsteigerungen durch z. B. ständig wachsende Baukosten und Wertbeständigkeit durch Unabhängigkeit von der Inflation bleiben als wertbildende Faktoren oft außer Betracht.

Gewichtige Stimmen[5] betonen nun als allgemeines Bewertungsziel für die sog. Soll-Ertragsteuern (etwa Vermögen-, Grund-, Gewerbekapitalsteuern) die Ermittlung eines Ertragswerts, der vom Verkehrswert (nach unten) abweicht. Es sei nicht einzusehen, warum bei Steuern, die aus dem Ertrag zu zahlen seien, der Verkehrswert Steuerbemessungsgrundlage sein soll. Soll-Ertragsteuern seien nach Ertragswerten zu berechnen.

18 Nach anderer Auffassung[6] überzeugt das – hier skizzierte – weitverbreitete Ertragswert- und Besteuerungsverständnis nicht. Denn zum Ertrag einer Sache zählten nicht nur die laufenden Erträge (etwa Mieten oder Dividenden), sondern vielmehr **jeglicher Nutzen,** den der Vermögensgegenstand einem jeden Eigentümer vermitteln kann. Mithin decke sich der richtig verstandene Ertragswert immer mit dem Verkehrswert. Auch *Aristoteles* sei bereits von der Identität von Tausch- (= Verkehrs-) und Gebrauchswert (= Ertragswert) ausgegangen; er habe nicht von verschiedenen Werten, sondern lediglich von unterschiedlichen Verwendungsmöglichkeiten eines jeden Besitzstücks gesprochen[7]. Im übrigen leuchte schon der Denkansatz, ein Gegenstand sei mit mehreren, allgemein gültigen Werten ausgestattet, nicht ein. Denn, da Geld anerkanntermaßen ein *Tausch*mittel sei, werde beim Bewerten, also beim „Ausdrücken eines Gegenstandes in Geld" gedanklich ein Verkehrsakt, ein *Tausch* unterstellt. Anders gewendet bedeute „bewerten" immer: Sich einen Tausch vorstellen und die Höhe des Tauschmittels (des Geldbetrags) bestimmen. Somit gebe es neben dem Verkehrswert keinen weiteren allgemein gültigen Wert, lediglich (unbrauchbare) Wertfiktionen. Der Umstand, daß bei Befolgung der

4 Zu den unterschiedlichen Wertbegriffen: BFHE 108, 393, 411 ff.

5 Vgl. u. a. *K. Vogel,* DStZ/A 79, 28; *P. Kirchhof,* Die Steuerwerte des Grundbesitzes, Köln 1985; *K. Tipke,* StRO II, 850 – Tipke stellt die Diskussion „zwischen Verkehrswert und Ertragswert" umfassend dar. Dazu auch BVerfG BStBl. 94, 133 und Besprechungsaufsatz von *M. Balke,* StJ 94.

6 Vgl. *M. Balke,* StJ 94; *ders.,* Einheitswert oder Verkehrswert für Grundbesitz . . ., Berlin 1984, 98 ff.

7 Nachweise bei *M. Balke,* StJ 94.

Ideen der Ertragswert-Verfechter unverzinslich gehortetes Sparvermögen sowie Goldbarren mit Ertragswerten von 0 DM steuerlich anzusetzen seien, verdeutliche die Sachungerechtigkeit einer **Ertragsausschnitts-Bewertung**[8].

Da nach dem Bewertungsgesetz für die **verschiedenen Vermögensarten** unterschiedli- 19
che Bewertungsmethoden angewandt werden, ist es wichtig, die zu bewertenden Wirtschaftsgüter den richtigen Vermögensarten zuzuordnen. Folgende Vermögensarten werden unterschieden:

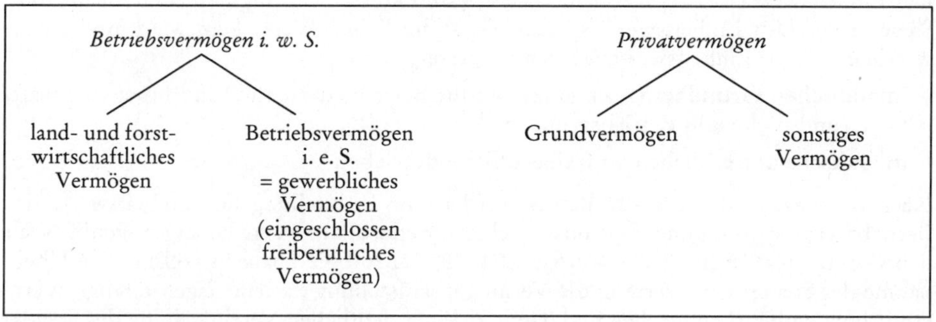

Zu d) „Wann ist zu bewerten?“:

Die Bewertung nach dem Bewertungsgesetz bezieht sich immer auf einen bestimmten 20
Stichtag (§§ 106, 112 BewG); i. d. R. auf den 1. 1. bzw. 31. 12. eines Jahres.

Die Einheitswerte für die wirtschaftlichen Einheiten des Betriebsvermögens werden 21
allgemein festgestellt **(Hauptfeststellung)** in Zeitabständen von je drei Jahren (§ 21 I 1 Nr. 2 BewG). Abweichend von § 21 I BewG fand die letzte Hauptfeststellung der Einheitswerte des Betriebsvermögens zum 1. 1. 1993 statt, die nächsten werden wohl zum 1. 1. 1995 und zum 1. 1. 1999 erfolgen (BGBl. I 91, 1322, 1336; I 93, 944, 973). Innerhalb des Zwischenzeitraumes werden die Einheitswerte des Betriebsvermögens durch **Fortschreibungen** (Wert-, Art-, Zurechnungs- oder Fehlerbeseitigungsfortschreibung – dazu § 22 BewG) sowie durch **Nachfeststellungen** an die tatsächlichen Verhältnisse angepaßt. Eine Besonderheit gilt für *Betriebsgrundstücke:* Diese sind nicht periodisch neu zu bewerten, sondern wie Grundvermögen nach den Wertverhältnissen v. 1. 1. 1964, für die neuen Bundesländer sogar noch nach denen v. 1. 1. 1935, zuzüglich kaum merklicher Zuschläge (§§ 99, 121a, 133 BewG).

Die Hauptfeststellung der **Grundbesitz-Einheitswerte** soll nach § 21 I 1 Nr. 1 BewG in 22
Zeitabständen von je 6 Jahren erfolgen. Nach Art. 2 I 3 des Bewertungsänderungsgesetzes von 1965 gilt jedoch etwas anderes: Der Zeitpunkt der auf die Hauptfeststellung 1964 folgenden nächsten Hauptfeststellung der Einheitswerte des Grundbesitzes wird abweichend von § 21 BewG durch besonderes Gesetz bestimmt. Das angekündigte besondere Gesetz ist bis heute nicht ergangen. Die derzeitige Gesetzeslage ist also die, daß die geringen Grundbesitz-Einheitswerte nach den Wertverhältnissen 1. 1. 1964, für die neuen Bundesländer sogar noch nach denen v. 1. 1. 1935, zuzüglich kaum merklicher Zuschläge (§§ 121a, 133 BewG), weiterhin gelten (das gilt auch für Fortschreibungen und

8 Auf die Problematik eines „verengten Ertragswertverständnisses“ macht auch *Jakob* (Möglichkeiten einer Vereinfachung der Bewertung des Grundbesitzes . . ., BMF-Schriftenreihe Heft 48, Bonn 1993, 56 f., 59) aufmerksam. Auch *K. Tipke,* StRO II, 796, rechtfertigt eine grundsätzliche Besteuerbarkeit von Vermögensgegenständen, obwohl sie keine „laufenden Erträge“ abwerfen, da „ohnehin i. d. R. mit Wertsteigerungen und Ertragsrealisierung im Falle der Veräußerung“ gerechnet werde.

Nachfeststellungen) und dem betrieblichen wie dem privaten Grundbesitzer Steuervorteile bescheren (dazu näher Rz. 52 ff.).

5. Einheitsbewertung, Privat- und Betriebsgrundstücke, Betriebsvermögen, sonstiges Vermögen, Gesamtvermögen

5.1 Allgemeines

23 Der Einheitswert ist ein einheitlicher Wert bestimmter Bewertungseinheiten für mehrere Steuerarten. Der Einheitswert ist also ein **steuerlicher Wert,** kein Marktpreis, kein wirklicher Wert. Einheitswerte werden festgestellt für:

- **inländischen Grundbesitz,** im einzelnen für Betriebe der Land- und Forstwirtschaft, für Grundstücke und Betriebsgrundstücke;
- **inländische gewerbliche** und **freiberufliche Betriebe**[9].

24 Nach dem neugefaßten § 109 BewG werden zur Feststellung des Einheitswerts des Betriebsvermögens nunmehr grundsätzlich die **Steuerbilanzwerte** herangezogen[10]. Nach den Gesetzesmaterialien (BT-Drucks. 12/1108, 72) soll die „nahezu vollständige Übernahme der Steuerbilanzwerte in die Vermögensaufstellung . . . eine eigenständige Wertermittlung entbehrlich machen und damit zu einer deutlichen Vereinfachung des Steuerrechts beitragen". Nach *Glier*[11] wird dieses Vereinfachungsziel „nur mit Einschränkungen erreicht; denn der Grundsatz, daß die Steuerbilanzwerte zu übernehmen sind, wird vielfach durchbrochen. Zudem bestehen für bilanzierende . . . und nicht bilanzierende Steuerpflichtige weitgehend unterschiedliche Bewertungsmaßstäbe, was zu einer differenzierten steuerlichen Behandlung dieser beiden ‚Besteuerungsgruppen' führt".

25 Die **Einheitswerte des Betriebsvermögens** werden alle 3 bzw. 4 Jahre, also einigermaßen zeitnah, ermittelt. Hingegen werden die **Einheitswerte des Grundbesitzes** (einschließlich der betrieblichen Grundstücke) nach den Wertverhältnissen zum 1. 1. 1964 bzw. 1. 1. 1935 festgestellt. Der Gesetzgeber hat sich bisher zu einer allgemeinen Anpassung des steuerlichen Grundbesitz-Wertniveaus an die Wirklichkeit nicht entschließen können; für Grundstücke und Betriebsgrundstücke (nicht für Betriebe der Land- und Forstwirtschaft!) sind die Einheitswerte 1964 mit einem Zuschlag von 40 v. H. (für die Werterhöhung 1. 1. 1964 bis 1. 1. 1970)[12] versehen worden; bei der Grundsteuer gilt der Zuschlag nicht (§ 121a BewG).

Die mitunter drastischen steuerlichen Belastungsunterschiede, die die unterschiedlichen Bewertungsniveaus der einzelnen Vermögensarten auslösen, verdeutlichen die im Kapitel „Erbschaftsteuer" (Rz. 110 ff.) niedergelegten Beispiele.

5.2 Bewertung des land- und forstwirtschaftlichen Vermögens

26 Das land- und forstwirtschaftliche Vermögen – landwirtschaftliche Betriebe (§§ 33, 34, 50–52 BewG), forstwirtschaftliche Betriebe (§§ 33, 34, 53–55 BewG), Weinbaubetriebe (§§ 33, 34, 56–58 BewG), gärtnerische Betriebe (§§ 33, 34, 59–61 BewG) und sonstige

9 Ab dem 1. 1. 1993 sind Einheitswerte für Mineralgewinnungsrechte (dazu § 19 I Nr. 3 BewG a. F.) nicht mehr anzuwenden; zur Bewertung von Bodenschätzen vgl. Abschn. 51, 67 II VStR.

10 *Herzig/Kessler* (DStR 94, Beihefter zu Heft 12, 3) betonen unter Hinweis auf das Preußische Ergänzungsgesetz v. 14. 7. 1893 (Preußische Gesetzessammlung 1893, 134), daß der Gedanke, die Steuerbilanzwerte als Bemessungsgrundlage für die Vermögensteuer zu übernehmen, keinesfalls neu ist.

11 Einheitsbewertung des Betriebsvermögens ab 1993, Herne/Berlin 1994, 5.

12 Vgl. BT-Drucks. 6/3418, 106 zu § 121a BewG.

land- und forstwirtschaftliche Betriebe (§ 62 BewG) – wird mit dem **Ertragswert** bewertet (§ 36 BewG).

Ertragswert ist das **18fache** des durchschnittlichen, nachhaltig erzielbaren **Reinertrags** des Betriebes (das entspricht einer potentiellen Rendite von 100 : 18 = 5,5 v. H.). Dabei werden gemeinübliche Verhältnisse unterstellt (insb. ordnungsmäßige, schuldenfreie Bewirtschaftung mit entlohnten, fremden Arbeitskräften, § 36 II BewG) und die natürlichen und wirtschaftlichen Ertragsbedingungen berücksichtigt (§ 36 III BewG). Gebäude, Betriebsmittel usw. werden prinzipiell nicht besonders bewertet, sondern in den Ertragswert einbezogen (§ 33 II BewG). Soweit die Betriebsmittel freilich in Zahlungsmitteln, Geldschulden und Überbeständen bestehen, werden sie besonders bewertet (§ 33 III BewG). Soweit die Gebäude zum Wohnteil gehören, werden sie wie das Grundvermögen bewertet (§ 47 BewG).

Der Ertragswert wird durch ein vergleichendes Verfahren ermittelt (§§ 37 ff. BewG). Es werden besonders ausgewählte Betriebe oder Betriebsteile (Hauptbewertungsstützpunkte, ergänzt durch Landes- und Ortsbewertungsstützpunkte) nach dem Ertragswertverfahren bewertet, und es werden dann sog. **Vergleichszahlen** ermittelt. Die Vergleichszahlen der übrigen Betriebe werden durch Vergleich mit den Vergleichszahlen der Bewertungsstützpunkte ermittelt. Die Vergleichszahlen werden nach einem jeweils durch Gesetz bestimmten Schlüssel in Ertragswerte umgerechnet.

Kann ein vergleichendes Verfahren nicht durchgeführt werden, so ist der Ertragswert unmittelbar nach der Ertragsfähigkeit zu ermitteln **(Einzelertragswertverfahren)**, § 37 II BewG.

Sonderbestimmungen gelten für forstwirtschaftliche, weinbauliche, gärtnerische und sonstige land- und forstwirtschaftliche Nutzungen, etwa Imkerei (s. §§ 55, 57 f., 60 f., 62 II BewG) sowie für das land- und forstwirtschaftliche Vermögen im Beitrittsgebiet (s. §§ 125 ff. BewG – vgl. insb. den „Ersatzwirtschaftswert", §§ 125 II–VII, 126, 127 BewG). 27

5.3 Bewertung des Grundvermögens

Für die Bewertung des Grundvermögens existieren besondere Richtlinien (BewRGr). Der Begriff „Grundvermögen" (§ 68 BewG) darf nicht mit dem Begriff **„Grundbesitz"** verwechselt werden. Der Begriff „Grundbesitz" ist der **Oberbegriff;** er erfaßt land- und forstwirtschaftliche Betriebe, Betriebsgrundstücke und Grundvermögen (= Privatgrundstücke); s. § 19 I Nr. 1 BewG, auch § 2 GrStG. M. a. W.: Zum Grundvermögen gehört nur solcher Grundbesitz, der weder land- und forstwirtschaftliches Vermögen noch Betriebsgrundstück ist (s. auch § 68 I BewG). 28

Das Grundvermögen (Grund und Boden einschließlich der wesentlichen Bestandteile, insb. Gebäude[13], und des Zubehörs, ausgenommen Bodenschätze, Maschinen und sonstige Betriebsvorrichtungen[14]; Erbbaurecht; Wohnungs- und Teileigentum; s. § 68 BewG) wird nach unterschiedlichen Verfahren bewertet: 29

a) **Unbebaute Grundstücke** (§ 72 BewG) einschließlich **baureifer Grundstücke** (§ 73 BewG) sind mit dem gemeinen Wert zu bewerten (§ 9 BewG); da keine besonderen Bewertungsvorschriften existieren (§ 17 III BewG), ist § 9 BewG anzuwenden (s. Abschn. 7 I BewRGr).

   Zur Ermittlung der gemeinen Werte von unbebauten Grundstücken führen die Bewertungsfinanzämter Bodenpreis- und Richtwertkarten in Landkartenform (Muster: BStBl. II 57, 43). Die Richtwertkarten können beim Finanzamt eingesehen werden.

b) Für Grundstücke im **Zustand der Bebauung, Erbbaurecht, Wohnungseigentum** und **Teileigentum, Gebäude auf fremdem Grund und Boden** s. die Sondervorschriften der §§ 91–94 BewG.

13 Zum Begriff „Gebäude" BFH BStBl. 86, 787; 87, 551; 88, 847.
14 Zum Begriff „Betriebsvorrichtungen" BFH BStBl. 87, 551; 88, 440.

c) **Bebaute Grundstücke** (Mietwohngrundstücke, Geschäftsgrundstücke[15], gemischtgenutzte Grundstücke[16], Einfamilienhäuser[17], Zweifamilienhäuser[11], sonstige bebaute Grundstücke[18]) werden mit dem **Ertragswert** (§ 76 I BewG) oder dem **Sachwert** (§ 76 II, III BewG) bewertet.

30 Die **Grundstücksarteneinteilung** (§ 75 BewG) steht im Abschnitt Grundvermögen. Man fragt sich daher, wie Geschäftsgrundstücke und gemischtgenutzte Grundstücke Grundvermögen (s. § 68 I a. E. BewG) sein können. In Wirklichkeit bezweckt der falsch plazierte § 75 BewG eine Einteilung (und Bewertung, s. § 76 BewG) nach Grundstücksarten ohne Rücksicht darauf, ob das Grundstück zum Grundvermögen oder zum Betriebsvermögen gehört. Der Begriff Betriebsgrundstück (§ 99 BewG) ist für die Bewertung irrelevant (s. § 99 III BewG). Das Einfamilienhaus einer AG ist Betriebsgrundstück, zu bewerten ist es als Einfamilienhaus. Überläßt ein Betriebsinhaber ein Mietwohnhaus Angestellten als Mietwohnungen, so handelt es sich um ein Betriebsgrundstück, das als Mietwohngrundstück zu bewerten ist. Vermietet ein Privatmann ein Grundstück zur Nutzung für gewerbliche Zwecke, so ist dieses Grundstück als Geschäftsgrundstück zu bewerten; Betriebsgrundstück ist dieses Grundstück nicht, da es nicht eigenen gewerblichen Zwecken dient (s. § 99 BewG).

31 Bei dem **Ertragswertverfahren** (§§ 78 ff. BewG) wird der Grundstückswert (Bodenwert, Gebäudewert, Wert der Außenanlagen) durch die Anwendung eines Vervielfältigers (§ 80 BewG, Anlagen 3–8 zum BewG) auf die **Jahresrohmiete** (§ 79 BewG) ermittelt (§ 78 BewG). Bei eigengenutzten, ungenutzten, zu einem von der üblichen Miete um mehr als 20 v. H. abweichenden Mietzins oder unentgeltlich überlassenen Grundstücken ist die übliche Miete in Anlehnung an die Jahresrohmiete zu schätzen (§ 79 II BewG). Zur Schätzung der Rohmiete steht den Finanzämtern ein Mietspiegel zur Verfügung; er kann von den Steuerpflichtigen eingesehen werden. Sind vergleichbare Objekte nicht vorhanden, so kann die **Kostenmiete** angesetzt werden, wenn sie erzielbar wäre. Die Vervielfältiger sind abhängig von Gemeindegröße, Baujahr und Grundstücksart. Besondere Umstände können zu einer Ermäßigung oder Erhöhung des sich so ergebenden Wertes führen (§§ 81, 82 BewG). Dem Ertragswertverfahren liegt der Gedanke zugrunde, daß der gemeine Wert eines Grundstücks durch seinen nachhaltig erzielbaren Reinertrag bestimmt wird. Aus Gründen der Praktikabilität geht das Bewertungsgesetz jedoch vom Rohertrag (Jahresrohmiete) aus; die pauschalierten Kosten werden durch den Vervielfältiger berücksichtigt. Insofern besteht der Einheitswert doch in einer pauschalierten Kapitalisierung des Reinertrags. Im allgemeinen fallen die Vervielfältiger mit steigender Gemeindegrößenklasse, weil die Bewirtschaftungskosten mit zunehmender Gemeindegröße steigen. Art. 2 I 2 BewÄndG 1965 bestimmt, daß bei öffentlich geförderten Bauten auch nach der Mietpreisfreigabe die preisgebundenen Jahresrohmieten weiterhin anzusetzen sind. BFH BStBl. 78, 446 hat darin zutreffend einen Verstoß gegen den Gleichheitssatz erblickt[19].

32 Das **Sachwertverfahren** gilt insb. für Häuser, „die sich durch besondere Gestaltung oder Ausstattung“ wesentlich von den nach § 76 I BewG zu bewertenden Häusern unterscheiden (§ 76 III Nr. 1 BewG). Erfaßt werden sollen offenbar „Luxusbauten“, für die sich keine den Herstellungskosten entsprechende Miete erzielen läßt.

Bei dem Sachwertverfahren sind zur Ermittlung des Grundstückswertes der **Bodenwert,** der **Gebäudewert** und der **Wert der Außenanlagen** zusammenzurechnen (§ 83 Satz 1 BewG); der sich so ergebende Ausgangswert ist durch Anwendung einer Wertzahl an den gemeinen Wert anzugleichen (§§ 83 Satz 2, 90 I BewG). Bei der Ermittlung des Gebäudewerts wird an die Herstellungskosten angeknüpft (§ 85 BewG).

Das FG Rheinland-Pfalz EFG 81, 613, hielt das Sachwertverfahren für Einfamilienhäuser (das zu Werten führt, die um mehr als 100% über den Werten des Ertragswertverfahrens liegen) für verfassungswidrig (wegen Verstoßes gegen Art. 3 I GG). Das FG Rheinland-Pfalz DStZ 83, 185 (mitgeteilt von *Rößler*) hielt die VO zu § 90 II BewG wegen Verstoßes gegen Art. 3 I GG für

15 § 75 III BewG; s. auch § 99 III BewG; zum „Vorrang des Ertragswertverfahrens bei Geschäftsgrundstücken“ s. *Flore*, DStR 94, 276.

16 § 75 IV BewG; s. auch § 99 III BewG.

17 Über die Abgrenzung Einfamilienhaus/Zweifamilienhaus BFH BStBl. 86, 320; 87, 594; BFH/NV 88, 222; 88, 770; BFH BStBl. 90, 531; zur Abgrenzung von Ein- und/oder Zweifamilienhäusern zu gemischtgenutzten Grundstücken BFH BStBl. 86, 448; 87, 104.

18 §§ 74, 75 BewG.

19 BVerfGE 65, 168 ff. hat die BFH-Vorlage aus formellen Gründen abgelehnt.

nichtig. Das Bundesverfassungsgericht hat jedoch durch Urt. v. 10. 2. 1987 (BVerfGE 74, 182) entschieden, § 76 I, III Nr. 1 BewG sei mit dem Gleichheitssatz vereinbar, soweit das Sachwertverfahren zu höheren Einheitswerten führe als das Ertragswertverfahren.

Da die Grundbesitz-Einheitswerte sich teils noch auf den Stichtag 1. 1. 1964, teils auf den 1. 1. 1935 beziehen, sind sie gänzlich überholt. Daran ändern auch die kaum merklichen Zuschläge (§§ 121a, 133 BewG)[20] nichts (s. dazu näher Rz. 52). 33

Das Dilemma des Bewertungsdualismus Grundbesitzeinheitswerte/andere Werte zeigt sich deutlich, wenn ein Grundstück noch nicht (wirtschaftlich) übereignet worden ist, aber – bei nicht mehr schwebendem Geschäft (nach geleisteter Zahlung) – bereits die Verpflichtung zur Übereignung oder der Anspruch auf Übereignung besteht. Die Verpflichtung zur und der Anspruch auf Übereignung eines Grundstücks sind nicht mehr auf dem niedrigen Einheitswert (so noch BFH BStBl. 78, 398), sondern mit wirklichen Werten anzusetzen (BFH BStBl. 91, 620; Abschn. 62 VStR).

5.4 Bewertung des Betriebsvermögens

Betriebsvermögens-Inhaber müssen dem Finanzamt zwecks Ermittlung des Einheitswerts zum Bewertungsstichtag eine **Vermögensaufstellung** einreichen (§ 28 BewG, Abschn. 25 VStR). Die Finanzverwaltung geht von einer regelmäßigen „Bestandsidentität zwischen Steuerbilanz und Vermögensaufstellung" (Abschn. 27 II VStR) aus. In der Tat gehören zum Betriebsvermögen grundsätzlich alle Teile eines Gewerbebetriebes i. S. des § 15 I–II EStG, die bei der steuerlichen Gewinnermittlung zum Betriebsvermögen gehören (s. § 95 I 1 BewG). Allerdings wird der sog. **Grundsatz der Bestandsidentität** nach der Liste des Abschn. 27 II VStR in neun Fällen durchbrochen. Im übrigen gilt z. B. die 50 v. H.-Regel, wonach das ganze Grundstück nicht zum Betriebs-, sondern zum Grundvermögen gehört, wenn das Grundstück nur zur Hälfte seines Werts oder zu einem geringeren Teil dem Gewerbebetrieb dient (§ 99 II 2 BewG, Abschn. 27 III VStR). Der angebliche „Grundsatz" der Bestandsidentität ist also in Wirklichkeit nur eine „Teil"-Bestandsidentität von Steuerbilanz und Vermögensaufstellung[21]. 34

Dem Gewerbebetrieb steht die **Ausübung eines freien Berufes** i. S. des § 18 I Nr. 1 EStG gleich (§ 96 I BewG). 35

Betriebsvermögen sind insb. alle Wirtschaftsgüter, die Kapitalgesellschaften, Erwerbs- und Wirtschaftsgenossenschaften, Mitunternehmerschaften (OHG, KG usw.) oder gewerblich geprägten Personengesellschaften gehören (§ 97 I BewG). 36

Wirtschaftliche Einheit ist der *einzelne* gewerbliche Betrieb. Ein Steuerpflichtiger kann mehrere Betriebe haben. Jedoch werden die gewerblichen Betriebe von Kapitalgesellschaften, Genossenschaften und Mitunternehmerschaften als wirtschaftliche Einheit behandelt. Sie bilden *einen* gewerblichen Betrieb (§ 97 I BewG). 37

Die Wirtschaftsgüter müssen *dem Betriebsinhaber gehören* (§§ 95 I, 97 I BewG). Ausnahme: Zum gewerblichen **Betrieb einer Mitunternehmerschaft** gehören auch die Wirtschaftsgüter, die im Eigentum eines, mehrerer oder aller beteiligten Gesellschafter stehen und bei der steuerlichen Gewinnermittlung zum Betriebsvermögen der Gesellschaft gehören; diese Zurechnung geht anderen Zurechnungen vor. Das gilt auch für Forderungen und Schulden zwischen der Gesellschaft und einem Gesellschafter, soweit es sich nicht um Forderungen und Schulden aus dem regelmäßigen Geschäftsverkehr zwischen der Gesellschaft und einem Gesellschafter oder aus der kurzfristigen Überlassung von 38

20 Die Rechtsgrundlagen und Verwaltungsanweisungen zur Einheitswertfeststellung des Grundvermögens im Beitrittsgebiet sind in Anlage A der BewRGr zusammengestellt.
21 Dazu umfassend *Herzig/Kessler*, DStR 94, Beihefter zu Heft 12, 5 ff.

Geldbeträgen an die Gesellschaft oder einen Gesellschafter handelt (vgl. § 97 I Nr. 5 Sätze 2 u. 3 BewG).

39 Der Einheitswert des Betriebsvermögens wird in der Weise ermittelt, daß die Summe der Werte der Besitzposten **(Rohbetriebsvermögen)** um die Summe der Werte der Schuldposten (§ 103 BewG) gekürzt wird (§ 98a BewG). Übersteigen die Werte der Schuldposten die der Besitzposten (Wirtschaftsgüter), so ergibt sich ein *negativer* Einheitswert.

40 Den Mitunternehmern eines gewerblichen Betriebs ist ihr Anteil am Einheitswert zuzurechnen (s. §§ 110 I Nr. 3 letzter Satz; 3, 19 III Nr. 2 BewG; zur Aufteilung s. Abschn. 32, 33 VStR)[22].

41 Die einzelnen Wirtschaftsgüter (**Grundsatz der Einzelbewertung;** Abweichung von § 2 I 2 BewG) sind „vorbehaltlich" anderer Regelungen mit den **Steuerbilanzwerten** anzusetzen (§ 109 I BewG). § 109 III–IV BewG durchbricht das Steuerbilanzwert-Programm in einigen Fällen[23]. Folgende Bewertungsmaßstäbe ergeben sich für Steuerpflichtige mit Gewinnermittlung nach §§ 4 I, 5 EStG:

42

I. Besitzposten	Bewertungsart	Rechtsgrundlage im BewG	VStR Abschnitt
Betriebsgrundstücke			
– nach Grundvermögensart	durch Einheitswert festzustellender Wert, mit Zuschlägen anzusetzen	§§ 109 III 1; 19 I Nr. 1; 99 III; §§ 68 ff.; 121a; 133	36
– nach Art des land- und forstwirtschaftlichen Vermögens	durch Einheitswert festzustellender Ertragswert bzw. Ersatzwirtschaftswert	§§ 109 III 1; 19 I Nr. 1; 99 III; §§ 33 ff.; §§ 125 II–VII, 126, 127	36
Beteiligungen an gewerblichen Personengesellschaften	Anteil am Einheitswert des gewerblichen Betriebs der Personengesellschaft	§ 110 I Nr. 3 letzter Satz; §§ 3; 19 I Nr. 2, III Nr. 2	52 30 ff.
Notierte Wertpapiere und Zero-Bonds	Kurswert	§§ 109 IV; 11; 113[24]	3, 58 I
Investmentanteile	Rücknahmepreis	§§ 109 IV; 11 IV, 113	3 VII
Nichtnotierte Anteile an Kapitalgesellschaften	gemeiner Wert[25]	§§ 109 IV; 11 II, III; 113a; VO v. 19. 1. 77 BStBl. I 37	73, 4–16*
Recht auf Erbbauzins	Kapitalwert	§§ 109 IV 2, 13–15	20–21
Alle anderen Besitzposten einschließlich geringwertige Wirtschaftsgüter (insb. bewegliches Sachanlagevermögen, Betriebsvorrichtungen, Vorratsvermögen, immaterielle Wirtschaftsgüter, Forderungen auf Sachleistungen)	Steuerbilanzwert (= Bewertungsidentität)	§ 109 I	47 Nr. 10

* Sog. Stuttgarter Verfahren betreffend – dazu *Moench*, ZEV 94, 23.

22 Dazu *B. Knobbe-Keuk*, Bilanz- und Unternehmenssteuerrecht[9], Köln 1993, 971 ff.

23 Zum sog. Grundsatz der Bewertungsidentität mit seinen Durchbrechungen: *Herzig/Kessler*, DStR 94, Beihefter zu Heft 12, 10 ff.; speziell zur Nichtübernahme der Rücklage für Ersatzbeschaffung nach Abschnitt 35 EStR, dazu Abschnitt 41 IV 4 VStR, *Dautzenberg/Heyeres*, DStR 94, 124.

24 Wegen der zum 1. 1. 1990 maßgeblichen Kurse und Rücknahmepreise s. BStBl. I 90, Sondernr. 3; zum Begriff „Kurs" BFH BStBl. 90, 490.

25 *Hetzel*, Reformüberlegungen zum Stuttgarter Verfahren im internationalen Vergleich (Diss. rer. oec. Bochum 1987), Köln 1988.

II. Schuldposten	Bewertungsart	Rechtsgrundlage im BewG	VStR Abschnitt
Verpflichtung zur Zahlung des Erbbauzinses	Kapitalwert	§ 109 IV 2, 13–15	20–21
Sonstige Schuldposten und Lasten (u. a. Rückstellungen, jedoch grds. **keine** Rücklagen)	Steuerbilanzwert	§§ 103, 109 I	41

43 Bei **nichtbilanzierenden Gewerbetreibenden** sowie **freiberuflich Tätigen** werden die Wirtschaftsgüter des abnutzbaren Anlagevermögens grundsätzlich mit den ertragsteuerlichen Werten angesetzt (§ 109 II–III BewG; vgl. auch die Übersicht zu den Bewertungsgrundsätzen der Besitz- und Schuldposten im einzelnen in Abschn. 48, 42 VStR).

44 **Schachtelbeteiligungen** bleiben zur Vermeidung einer Doppelbesteuerung unter bestimmten Voraussetzungen steuerfrei (§ 102 BewG)[26].

45 Bei der Vermögensteuer wird der Einheitswert des Betriebsvermögens (etwa der Einheitswert einer ärztlichen Praxis) nach Abzug eines Freibetrages von 500 000 DM nur noch mit 75 v. H. angesetzt. Der Gesetzgeber will mit dieser Regelung sog. **Risikokapital** (im Gegensatz zur sog. passiven Vermögensanlage, z. B. Sparvermögen) begünstigen (§ 117a BewG; BT-Drucks. 10/336). Unter bestimmten Voraussetzungen gilt der Betriebsvermögensfreibetrag von 500 000 DM auch für Erbschaftsteuerzwecke (vgl. § 13 IIa ErbStG)[27].

Beispiel: Der Einheitswert einer ärztlichen Praxis beträgt 700 000 DM. Bei der Berechnung des vermögensteuerlichen Gesamtvermögens sind 500 000 DM als Freibetrag abzusetzen. Die verbleibenden 200 000 DM gehen dann nur mit 75 v. H., also mit 150 000 DM, in die steuerliche Bemessungsgrundlage ein.

5.5 Bewertung des sonstigen Vermögens

46 Die Zentralnormen des sonstigen Vermögens sind die §§ 110, 111 BewG; hieraus ergibt sich, was zum sonstigen Vermögen und was nicht dazu gehört. Immer dann, wenn Wirtschaftsgüter nicht dem land- und forstwirtschaftlichen, dem Grundvermögen oder dem Betriebsvermögen zugerechnet werden können, ist anhand der genannten Normen die Zugehörigkeit zum sonstigen Vermögen zu prüfen. Nach dem **Katalog des § 110 BewG** gehört u. a. folgendes zum sonstigen Vermögen: inländische und ausländische Zahlungsmittel, Spareinlagen und sonstige verzinsliche und unverzinsliche Kapitalforderungen, Aktien, Erfindungen und Urheberrechte, noch nicht fällige Ansprüche aus Lebens- und Kapitalversicherungen, Edelmetalle, Edelsteine, Schmuck- und Kunstgegenstände (s. aber § 110 I Nr. 12 Satz 3 BewG).

§ 110 I BewG enthält zwar keine abschließende Aufzählung, er erfaßt aber **alle wesentlichen Wirtschaftsgüter.** § 111 BewG enthält eine abschließende Aufzählung der Wirtschaftsgüter, die aus dem sonstigen Vermögen ausgeklammert werden, eine Art Existenzminimum. Zu den eliminierten Wirtschaftsgütern gehören insb.: auf einem Arbeitsverhältnis beruhende Renten, Sozialversicherungsansprüche, Beamtenpensionsansprüche, Hausrat und andere bewegliche körperliche Gegenstände (soweit nicht § 110 I Nrn. 9–12 BewG zutrifft). Besonders schwierig ist die Abgrenzung von Luxusgegenständen (§ 110 I Nr. 11 BewG; dazu Abschn. 68 VStR)[28].

26 Dazu *B. Knobbe-Keuk*, Bilanz- und Unternehmenssteuerrecht[9], Köln 1993, 967 ff.; zum „richtigen“ Verfahren für den Streit um das sog. Schachtelprivileg: BFH BStBl. 94, 150.

27 Dazu *G. Felix*, BB 94, 477.

28 Sport-Pferde können Luxusgegenstände sein: BFH BStBl. 94, 201.

47 Faktisch hat die Finanzverwaltung kaum Möglichkeiten, Zahlungsmittel, Bankguthaben, Wertpapiere, (in der Privatwohnung aufbewahrten) Schmuck und Kostbarkeiten zu erfassen.

48 Bei Anwendung der §§ 110, 111 BewG ist besonders auf die **Freibeträge** (§§ 110 I Nrn. 2, 6c, II, III; 111 Nrn. 7a, 9 BewG) und **Freigrenzen** (§ 110 I Nrn. 8, 9, 10, 11, 12, III BewG) zu achten.

49 Die Vorschriften über das sonstige Vermögen (§§ 110–113a BewG) enthalten keine speziellen Bewertungsvorschriften; es gelten daher die Bewertungsvorschriften des allgemeinen Teils (§§ 9, 11–16 BewG)[29].

Sachforderungen und **Sachschulden** sind mit dem gemeinen Wert (§ 9 I BewG) zu bewerten (dazu BFH BStBl. 91, 620; 91, 749; Abschn. 62 VStR; a. A. noch BFH BStBl. 78, 398).

5.6 Gesamtvermögen

50 Die Werte der vier Vermögensarten werden zusammengezogen (§ 114 BewG). Die Summe wird um **Schulden und sonstige Abzüge** gekürzt (§ 118 BewG), soweit sie nicht bereits bei der Ermittlung des Betriebsvermögens abgezogen worden sind (s. §§ 118 I; 103–104 BewG). Der Schuldenabzug wird durch § 118 II, III BewG limitiert. Auch im Vermögensteuerrecht gilt also das **Nettoprinzip.**

Ehegattenvermögen und Kindesvermögen werden zusammengerechnet (§ 119 BewG).

6. Bewertungs-Besonderheiten für das Beitrittsgebiet

51 In dem Gebiet der fünf neuen Länder, der einstigen DDR, gelten für eine Übergangszeit besondere Bewertungsvorschriften, die als 4. Teil dem Bewertungsgesetz angefügt sind (§§ 125 ff. BewG)[30]. Bei dem land- und forstwirtschaftlichen Vermögen spielt der **„Ersatzwirtschaftswert“** ab dem 1. 1. 1991 eine besondere Rolle (§§ 125 II, 126, 127 BewG). Besonders bemerkenswert ist der Rückgriff auf die Grundbesitz-Einheitswerte von 1935; je nach Grundstücksart werden die 35er Werte zu 100 v. H. bis zu 600 v. H. der Besteuerung zugrunde gelegt (§ 133 BewG). In Anlage A der BewRGr sind die Rechtsgrundlagen und Verwaltungsanweisungen zur Einheitswertfeststellung des Grundvermögens speziell für das Beitrittsgebiet zusammengestellt.

7. Stand und Kritik an den Einheitsbewertungen

7.1 Zur Einheitsbewertung des Grundbesitzes

52 Bei der Einführung der Einheitsbewertung im Jahre 1925 sollte jeweils zum 1. 1. eines jeden Jahres für alle in Frage kommenden Steuerarten ein einheitlicher Grundbesitz-Steuerwert festgestellt werden. Dieses Vorhaben ist so jedoch nie in die Tat umgesetzt worden. Grundbesitz-Einheitsbewertungen fanden zunächst statt nach den Wertverhältnissen 1925, 1928 und 1931. Die Ergebnisse der Hauptfeststellung zum 1. 1. 1935 galten dann bis Ende 1973 – also 39 Jahre lang[31]. An sich wäre nach § 21 BewG 1934 sechs Jahre später, also zum 1. 1. 1941, die nächste Hauptfeststellung fällig gewesen. Sie ist jedoch wegen des Krieges bis auf weiteres verschoben worden. 1950 begannen im Finanzmini-

29 Zur steuerlichen Bewertung von Briefmarkensammlungen nach dem MICHEL-Katalog: *Maier,* DB 94, 655.

30 Vgl. auch Einigungsvertrag v. 31. 8. 1990, BStBl. I 90, 656, 677 ff.; Auszug abgedruckt in Beck'sche Sammlung der Steuergesetze I unter „Vor 1“.

31 Zur Geschichte der Einheitsbewertung *M. Balke,* StuW 84, 351.

sterium die Vorarbeiten zur Neubewertung des Grundbesitzes. Ein Sachverständigenausschuß gab 1955 ein Gutachten über die Bewertung des Grundvermögens ab. In der Folgezeit scheiterten zwei Gesetzentwürfe; der zweite erreichte nicht einmal das Parlament. Der dritte Anlauf im Sommer 1963 gelang, nachdem zuvor BFH BStBl. III 64, 602 (zur VOL) ein verfassungsrechtliches Warnzeichen gesetzt hatte. Im Jahre 1965 wurde das **BewG 1965** verabschiedet. Als Stichtag für die Hauptfeststellung wurde der 1. 12. 1964 festgesetzt. Jedoch wurden die Einheitswerte per 1. 1. 1964 erst ab 1. 1. 1974 der Besteuerung zugrunde gelegt. Über einen **Termin für eine neue Hauptfeststellung** – er muß gesetzlich bestimmt werden (s. Art. 2 I 3 BewÄndG 1965, der u. E. verfassungswidrig ist) – ist noch nichts bekannt; allerdings haben BVerfG BStBl. 76, 637 und BFH BStBl. 78, 446, 451; 86, 782 den Gesetzgeber verfassungsrechtlich verwarnt. Der Versuch, wenigstens unbebaute, baureife Grundstücke zeitnah und realistisch zu bewerten (Entwurf eines Teilhauptfeststellungsgesetzes 1983, BT-Drucks. 9/1648; 9/1673), ist gescheitert[32]. Bisher ist es bei der pauschalen Einheitswertaufstockung nach § 121a BewG geblieben. Schon vor Jahren hat die Finanzverwaltung beschlossen, in absehbarer Zeit keine Neubewertung durchzuführen, da das dafür erforderliche Personal fehle (BT-Drucks. 10/1938, 3), obwohl Personalmangel kein sachlicher Grund zur Rechtfertigung von Gleichheitssatzverletzungen ist.

Die Bundesregierung hat eine Kaufpreisuntersuchung angefertigt, die sich auf das gesamte Gebiet der alten Bundesländer erstreckt und den Zeitraum 1. 1.–30. 4. 92 umfaßt. 53
Dabei wurden alle Kauffälle aufgegriffen, die ausschließlich eine Zurechnungsfortschreibung (§ 22 II BewG) im Gefolge hatten und einen typischen Einheitswert-/Verkehrswertvergleich erwarten ließen. Die Untersuchung ergab folgendes durchschnittliches Einheitswert-/Verkehrswertverhältnis[33]:

– Einfamilienhäuser	
Ertragswertverfahren	12,49 v. H.
Sachwertverfahren	20,58 v. H.
– Zweifamilienhäuser	
Ertragswertverfahren	11,67 v. H.
Sachwertverfahren	25,51 v. H.
– Mietwohngrundstücke	
Ertragswertverfahren	11,50 v. H.
Sachwertverfahren	15,56 v. H.
– Geschäftsgrundstücke	
Ertragswertverfahren	15,23 v. H.
Sachwertverfahren	20,60 v. H.
– Gemischt-genutzte Grundstücke	
Ertragswertverfahren	ca. 14 v. H.
Sachwertverfahren	ca. 18 v. H.
– Eigentumswohnungen	
Ertragswertverfahren	12,68 v. H.
Sachwertverfahren	13,21 v. H.
– Unbebaute Grundstücke	8,95 v. H.

Eine *neue Hauptfeststellung* ist seit langem *nicht* vorgesehen, obwohl der Gesetzgeber selbst in § 21 Ia BAFöG eine bestimmte Gewinnermittlung nach Grundbesitz-Einheitswerten (§ 13a EStG) als *nicht wirklichkeitsnah* auffaßt und obwohl BVerfGE 65, 160, 170 (1. Senat), eine „intensive Störung des Verhältnisses von Einheits- und Verkehrswerten" bemerkte. Am 21. 10. 1986 ließ der 1. Senat des Bundesverfassungsgerichts über die 54

32 Dazu *Schmid*, DStZ 82, 214; *Göb*, KStZ 82, 81; *Braun*, BB 82, 482.
33 Vgl. *W. Jakob* (Fn. 8), 65, mit ausf. Darstellung früherer Untersuchungen (62 f.).

Einheitsbewertung des Grundbesitzes debattieren[34]. In der Entscheidung v. 10. 2. 1987 (BVerfGE 74, 182 ff.) ging das Gericht indes nicht auf die Verfassungswidrigkeit der Grundbesitz-Einheitsbewertung ein[35] (dem folgend BVerfG BStBl. 90, 103 – Kammerbeschluß). Dagegen untersagte der 2. Senat des Bundesverfassungsgerichts mit seiner Entscheidung v. 26. 4. 1988 (BVerfGE 78, 132 ff. – zu einem anderen Rechtsgebiet) die Bezugnahme auf die nicht zeitnahen Grundbesitz-Einheitswerte bei der zivilrechtlichen Bewertung von bestimmten Pflichtteilsansprüchen; das BGB strebe „bei der Berechnung erbrechtlicher Ausgleichsansprüche die Verwirklichung der Einzelfallgerechtigkeit an".

55 Das **FG Hamburg** hatte Mitte 1988 wegen der drastisch voneinander abweichenden Bewertungsgrundsätze innerhalb des Erbschaftsteuerrechts einen **Vorlagebeschluß** gefaßt (EFG 88, 586). Ende 1993, also mehr als 5 Jahre danach, erklärte der 1. Senat des BVerfG (BStBl. 94, 133) diese Vorlage für unzulässig, insb. weil sich das FG zu „undifferenziert" auf den Gleichheitssatz des Art. 3 I GG berufen habe. An anderer Stelle[36] wurde umfassend begründet, warum diese höchstrichterliche Entscheidung mehr als eine bloße Enttäuschung war für diejenigen, die mehr an Steuergerechtigkeit und weniger an Gerichtsförmelei interessiert sind; insb. frustierte der 1. Senat den Kläger des Ausgangsverfahrens, der nicht mehr als ein Grundbesitz-Erbe erhielt, gleichwohl – aufgrund der eklatanten Bewertungsunterschiede – erheblich mehr Erbschaftsteuer zahlen mußte.

56 Der Hoffnung, der Gesetzgeber werde doch noch aus eigener Kraft den dringend erforderlichen Schritt in Richtung Einheit der Bewertungs- und Steuerrechtsordnung tun, erteilte erst kürzlich die **Bundesregierung** mit der Verweigerung einer Gesetzesinitiative eine weitere Absage: Es sei zur Zeit „wenig sinnvoll, vor einer zu erwartenden grundsätzlichen Entscheidung des Bundesverfassungsgerichts . . . Beschlüsse über das ‚ob' und ‚wie' einer künftigen Besteuerung des Grundbesitzes zu fassen" (BT-Drucks. 12/6692, 16). Die nichtrichterliche Staatsgewalt fordert also höchstselbst *Richterdruck ohne Aufschub!* Zu hoffen bleibt, daß die demnächst vom 2. Senat des **BVerfG** zu treffende **Grundbesitzbewertungs-Entscheidung** endlich für mehr Bewertungs- und Belastungsgleichheit sorgen wird.

7.2 Zur Einheitsbewertung des Betriebsvermögens

57 Neben dem ab 1. 1. 1993 neugefaßten § 109 BewG[37], wonach bei der Vermögen- und Erbschaftsteuer grundsätzlich das Betriebsvermögen nur noch mit den geringen Steuerbilanzwerten berücksichtigt wird, gibt es weitere auf das Betriebsvermögen **begrenzte Steuervergünstigungen.** § 117a BewG bevorzugt die Inhaber von Betriebsvermögen für Vermögensteuerzwecke. Erstens wird bei der Ermittlung des Gesamtvermögens ein Freibetrag von 500 000 DM gewährt. Zum zweiten erfährt das den Freibetrag übersteigende Betriebsvermögen einen weiteren **Bewertungsabschlag von 25 v. H.** Mit der Einfügung des § 13 IIa ErbStG wird auch mit Wirkung ab dem 1. 1. 1994 bei der Erbschaftsteuer ein **Betriebsvermögensfreibetrag** in Höhe von 500 000 DM vergeben. Daneben existiert noch eine **spezielle Steuer-Stundungsvorschrift** für Betriebserwerber, wonach die auf das Betriebsvermögen entfallende Erbschaftsteuer bis zu 7 Jahren gestundet werden kann, falls dies zur Erhaltung des Betriebs notwendig ist (§ 28 ErbStG)[38].

34 Dazu Bericht von *M. Balke,* FR 86, 631 f.

35 Dazu kritisch *M. Balke,* StuW 87, 364 ff.

36 Vgl. *M. Balke,* StJ 94; zur Problematik mit Nachdruck *Sangmeister,* DStZ 91, 581.

37 Für das Beitrittsgebiet bleiben die in § 136 BewG niedergelegten Vergünstigungen bis zum 1. 1. 1995 bestehen – dazu *Rendels,* DStR 93, 1089, 1092.

38 Bei Erwerben von Todes wegen sogar zinslose Stundung (§ 28 I 2 ErbStG)! Ab 1. 1. 1995 halbiert sich der Vermögensteuersatz bei natürlichen Personen soweit in dem steuerpflichtigen

Nach Ansicht der Bundesregierung liegt kein **Verstoß gegen das Gleichbehandlungsgebot** des Art. 3 GG vor, wenn andere Vermögensarten von den Betriebsvermögens-Begünstigungen ausgeschlossen sind. Die Wirtschaft, so steht es in der Gesetzesbegründung zu § 117a BewG, müsse spürbar entlastet werden, die Bildung von Risikokapital gefördert werden (BT-Drucks. 10/336; 12/4158, 47). Mit Blick auf die Vermögensteuer meint auch der II. Senat des BFH, daß der Gesetzgeber – so wörtlich – „mit dieser wirtschaftspolitisch begründeten Lenkungsmaßnahme zur Förderung der Investitionsbereitschaft und zur Verbesserung der wirtschaftlichen Rahmenbedingungen den vom GG eingeräumten Gestaltungsspielraum . . . in verfassungsrechtlich zulässiger Weise genutzt (hat)" (BFH BStBl. 91, 685). Nach Auffassung der Finanzverwaltung ist die erweiterte Begünstigung sowie die vereinfachte Ermittlung des Betriebsvermögens ein Beitrag zur Entlastung von Steuerbürgern, Steuerberatern, Finanzverwaltung und letztlich auch der Finanzgerichtsbarkeit (BMF-Finanznachrichten v. 13. 3. 1992, 27/92, 1). 58

Bei Lichte betrachtet ist indes die **Steuersubventionierung,** der gezielte Steuereinnahmeverzicht bei der Vermögen- und Erbschaftsteuer, verfassungsrechtlich nicht haltbar, da die Inhaber von Betriebsvermögen ohne sachgerechte Gründe, also **willkürlich,** bevorzugt werden. Tatsache ist, daß die Steuerbilanz als wirkliche Übersicht über das bestehende Vermögen ungeeignet ist. Zum einen werden Zuschreibungen aufgrund von Wertzuwächsen nicht vorgenommen. Zweitens führen z. B. die Sonderabschreibungen (oftmals schon die normalen Abschreibungen) zur Bildung von stillen, besser: verdeckten Reserven. Zum dritten sind Teilwertabschreibungen, die ertragsteuerlich in der Vergangenheit einmal zu Recht vorgenommen worden waren, bei Wegfall des Abschreibungsgrundes nicht zu korrigieren. Durch diese Art des Versteckens wirtschaftlicher Leistungsfähigkeit wird die Basis geschaffen für **Steuersparmodelle,** die zunächst die ermäßigte Besteuerung der Gewinne aus der Auflösung stiller (verdeckter) Reserven ganzer Betriebe (vgl. § 34 EStG) und danach das Ausnutzen hoher Abschreibungsvolumina zur Ertragsteuer-Einsparung zum Inhalt haben[39]. 59

Die **neuen Wertansätze** für die betriebliche Vermögensaufstellung führen nach einem vergleichenden Beispiel aus der Literatur[40] dazu, daß ein Einheitswert des Betriebsvermögens in Höhe von bisher rund 1,5 Mio. DM neuerdings nur noch rund 0,75 Mio. DM, also lediglich die Hälfte, betragen wird. Mithin beinhaltet auch das bloße Heranziehen der Steuerbilanzwerte für Vermögen- und Erbschaftsteuerzwecke, im Vergleich zum sonstigen Vermögen (etwa Sparguthaben), eine **gravierende Falschbewertung** zugunsten einer bestimmten Gruppe von Steuerbürgern[41]. 60

Die Steuerfreistellungsregelungen des § 117a BewG und des § 13 IIa ErbStG verschärfen die **Privilegierung der Inhaber von Betriebsvermögen** und die damit verbundene Diskriminierung der Inhaber sonstigen Vermögens. Die pauschalen „Risiko" Bewertungs- 61

Vermögen land- und forstwirtschaftliches Vermögen, Betriebsvermögen und Wirtschaftsgüter i. S. des § 110 I Nr. 3 BewG (etwa Aktien) enthalten sind. Dies bedeutet – neben dem inzwischen ebenfalls gespaltenen Einkommensteuertarif (dazu § 9 Rz. 746 ff.) – einen weiteren Rückfall in die Schedulenbesteuerung (dazu § 9 Rz. 1).

39 Dazu *Trompeter,* Die Übernahme der Steuerbilanzwerte in die Vermögensaufstellung – Der Todesstoß für Auflösungsmodelle?, DB 93, 1047. Trompeter geht es um die Optimierung einer steuerartenübergreifenden Steuerminimierung. Im Ergebnis beklagt er die Schwierigkeiten einer Steuergestaltung, die einerseits die vollen ertragsteuerlichen Vorteile durch Buchwertaufstokkung (geringe Belastung des Auflösungsgewinns/hohes Abschreibungsvolumen) erhalten, andererseits das Steuergeschenk des neugefaßten § 109 BewG (grundsätzliche Übernahme der niedrigen Steuerbilanzwerte in die Vermögensaufstellung) in toto vereinnahmen will.

40 Vgl. *Heinen,* INF 92, 241.

41 Dazu auch kritisch *Meincke,* ErbStG[10], München 1994, § 12 Anm. 4.

abschläge widersprechen im übrigen einem Grundprinzip des steuerlichen Bewertungsrechts, nämlich der gleichmäßigen Bewertung nach dem gemeinen Wert (= Verkehrswert) des § 9 BewG. Im zu ermittelnden Verkehrswert einer Sache spiegeln sich alle Vor- und Nachteile des Bewertungsobjekts wider. Dazu zählen auch bestehende oder nicht vorhandene wirtschaftliche Risiken. So berücksichtigen die genannten Paragraphen, in unzulässiger Weise, den Abwertungsfaktor „Risiko“ ein zweites Mal. Dagegen ist etwa für die Inhaber von Spar- und Wertpapiervermögen keinerlei Falschbewertung vorgesehen. Warum soll aber derjenige, dessen Leistungsfähigkeit allein in sonstigem Vermögen verkörpert ist, einen höheren Teil seines Soll-Einkommens zahlen?

62 Die **Finanzverwaltung,** die eine Steuerentlastung und Steuervereinfachung sowie die (angebliche) Befriedung von Streitfeldern betont, ignoriert die teils neuen (§ 109 BewG), teils bereits seit langem angelegten (§ 117a BewG) verfassungsrechtlichen Verwerfungen, die insbesondere Steuerberater mit ihren Mandanten, Finanzbeamte und Finanzrichter belasten[42]. Wenn Bundesregierung und Bundestag meinen, die Wettbewerbsfähigkeit deutscher Unternehmen durch Steuerverzicht stärken zu müssen, dann dürfen sie nicht zum Mittel der alleinigen Eindämmung der Vermögen- und Erbschaftsteuer auf Betriebsvermögen greifen, sondern müssen – zur Wahrung des Rechts – die genannten Steuern für alle Steuerbürger gleichmäßig reduzieren bzw. abschaffen[43].

7.3 Wege aus dem Bewertungschaos

63 Die Einheitsbewertung muß, soll sie mit der tatsächlichen Wertentwicklung Schritt halten und nicht mit irrealen Werten operieren, **zeitnah** sein. Das ist die Einheitsbewertung des Grundbesitzes – wie gezeigt – bisher nie gewesen. Zudem ist die komplizierte Einheitsbewertung, so wie sie angelegt ist, charakterisiert durch ein Gemengsel von Feinarbeit und ganz unbestimmten Prämissen. Der Gipfel der Grundbesitz-Falschbewertung ist die partielle Anwendung der Einheitswerte nach den Wertverhältnissen v. 1. 1. 1935. Insgesamt besteht zur Zeit folgende Lage: Das land- und forstwirtschaftliche Vermögen, das Grundvermögen und die Betriebsgrundstücke werden mit **antiquierten Einheitswerten** belegt. Das Betriebsvermögen wird durch das Heranziehen der niedrigen Steuerbilanzwerte, durch Betriebsvermögens-Freibetrag und weiteren pauschalen Bewertungsabschlag abgewertet. Dagegen ist für das sonstige Vermögen (etwa Wertpapier- und Sparvermögen) keinerlei Falschbewertung und/oder ins Gewicht fallende Steuerfreistellung vorgesehen.

Die fast ausweglos erscheinende Bewertungssituation zwingt wohl dazu, die Einheitsbewertungen aufzugeben und den größten Teil der bewertungsgesetzabhängigen Steuerarten (Vermögensteuer, Grundsteuer, Gewerbekapitalsteuer) abzuschaffen.

64 Für Erbschaft- und Schenkungsteuerzwecke könnte die Masse der Grundbesitz-Bewertungsfälle durch eine **generelle Selbsteinschätzung** durch die Steuerpflichtigen mit Angabe der Brandversicherungs- und Bodenrichtwerte abgedeckt werden. Zur Kontrolle kämen **Plausibilitätsprüfungen durch Finanzbeamte** in Frage, die den Grundstücksmarkt kennen. Im Streitfall könnten **unabhängige Gutachterausschüsse** für Grundstückswerte in den Gemeinden beauftragt werden. Kaum ein Steuerpflichtiger dürfte dann so verwegen sein, seine Angaben an dem irrealen, noch geltenden Einheitswertni-

---

42 Vgl. etwa BFH BStBl. 91, 685 – zur unterschiedlichen Besteuerung von Betriebsvermögen und sonstigem Vermögen.

43 In diesem Sinne für die Vermögensteuer: Gutachten der Kommission zur Verbesserung der steuerlichen Bedingungen für Investitionen und Arbeitsplätze (*Goerdeler*-Kommission), BMF-Schriftenreihe Heft 46, Bonn 1991, 92 ff.

veau zu orientieren. So dürfte selbst die finanzamtliche Übernahme der nicht geprüften Angaben (= kein Verwaltungsmehraufwand!) schon den Ansatz realistischerer Werte nach sich ziehen. Da die Gutachten der gemeindlichen Bewertungsausschüsse, gerade auch bei Interessengegensatz, weitestgehend Anerkennung finden, besteht begründete Hoffnung, daß fast alle Streitigkeiten um die Grundbesitzbewertung nach Verkehrswerten außergerichtlich erledigt werden könnten[44]. Wenn Banker, Versicherer und Makler die Frage „Wieviel ist ein Grundstück wirklich wert?" beantworten können, dann wird die Finanzverwaltung dies in den relativ wenigen Fällen der Erbschaft- und Schenkungsteuer auch bewältigen können[45].

Für Erbschaft- und Schenkungsteuerzwecke dürfte das Betriebsvermögen nicht mehr mit den zu niedrigen Steuerbilanzwerten angesetzt werden. Die anderen Privilegierungen der Betriebsvermögens-Erwerber (§§ 13 IIa, 28 ErbStG) müßten entweder gestrichen oder auf alle Vermögens-Erwerber ausgedehnt werden (s. auch Rz. 173).

Einstweilen frei. 65–69

B. Vermögensteuer*

Rechtsgrundlagen: Vermögensteuergesetz (VStG) – in letzter Fassung abgedruckt in Beck'sche Sammlung der Steuergesetze I unter Nr. 220.

Verwaltungsvorschriften: U. a. Vermögensteuer-Richtlinien (VStR) – abgedruckt in Beck'sche Sammlung der Steuerrichtlinien unter Nr. 220.

Literatur: Vgl. insb. Literaturübersicht im Kapitel „Bewertung nach dem Bewertungsgesetz" (§ 12 vor Rz. 1); *Enneccerus,* Vermögensteuer, fundierte Einkommensteuer oder Erbschaftsteuer?, Marburg 1893; *D. Schneider,* Zur Rechtfertigung von Erbschaft- und Vermögensteuer, StuW 79, 38; *Helmert,* Die Rechtfertigung der Vermögensteuer, FR 87, 615 (kritisch zu *Jacobi,* FR 87, 413); *Schelle,* Vermögensteuer – Ein Störfaktor im Steuersystem, Stellungnahme des Karl-Bräuer-Instituts des Bundes der Steuerzahler, Heft 71, Wiesbaden 1990; *Moench,* Zur Diskussion: Muß sich Reichtum wieder lohnen? – Überlegungen zur möglichen Abschaffung der Vermögensteuer, DStR 91, 606; *Meyding,* Ist eine verfassungskonforme Vermögensbesteuerung überhaupt möglich?, DStR 92, 1113; *K. Tipke,* Die Steuerrechtsordnung, Bd. II (StRO II), Köln 1993, „Zur Rechtfertigung der Vermögensteuer", 768 ff.

1. Einführung

Der Steuergesetzgeber fördert einerseits die Vermögensbildung durch Steuervergünstigungen. Andererseits wird das Vermögen ab einer bestimmten Größe aber auch besteuert. Nicht selten treffen Steuervergünstigung und -belastung zusammen. So sind Steuerpflichtige, bei denen die Vermögensbildung durch § 10e EStG oder durch den hohen Sparerfreibetrag des § 20 IV EStG (6000 DM) gefördert wird, nicht selten zugleich vermögensteuerpflichtig. 70

44 Ausführlicher *M. Balke,* Einheitswert oder Verkehrswert für Grundbesitz . . ., Berlin 1984, 72 ff., 84 ff.; *K. Tipke* (StRO II, 762) gibt denen, die meinen, eine zeitnahe Ermittlung von Grundstückswerten ließe sich nicht praktizieren, zu bedenken, daß im Ausland die Verkehrswerte für Erbschaftsteuerzwecke weithin geschätzt werden; im übrigen würden mehrere Erben, die sich über einen Grundbesitz-Nachlaß auseinandersetzen müßten, den wahren Grundbesitzwert schon aufdecken – in diesem Sinne auch *J. Lang,* StuW 94, 1.

45 Zum erbschaftsteuerlichen Grundbesitz-Bewertungschaos *M. Balke,* StJ 94.

* Bearbeiter des Abschnitts „Vermögensteuer" ist Richter am FG Dr. *Michael Balke.*

71 Es ist unbestritten, daß die Vermögensteuer prinzipiell den **Vermögensertrag** belasten soll, **nicht** die **Vermögenssubstanz.** Der Vermögensertrag wird aber auch schon durch die Einkommensteuer und, soweit es sich um Erträge aus Gewerbebetrieb und Grundvermögen handelt, durch die Gewerbesteuer und die Grundsteuer belastet. An diesem Tatbestand setzen die Argumente pro und contra Vermögensteuer vornehmlich an.

Hauptargumente

72

pro Vermögensteuer	*contra Vermögensteuer*
Die Vermögensteuer wolle den Ertrag, nicht die Substanz belasten, und zwar den „mühelosen", nicht auf Arbeit beruhenden Ertrag.	Dieses Prinzip lasse sich besser durch die Einkommensteuer realisieren. Ja, es sei inkonsequent, neben einer Einkommensteuer Vermögensteuer zu erheben, denn die Erhaltung des Anfangsvermögens sei Voraussetzung dafür, daß überhaupt Einkommen vorliege.
Die Vermögenserträge („fundiertes Einkommen") begründeten eine besondere Leistungsfähigkeit; sie seien sicherer als andere Erträge, weil sie den Wechselfällen des Lebens weitgehend entzogen seien. Der Vermögende habe mehr persönliche Freiheiten, insb. mehr Freizeitpotential.	Das Geldvermögen werde durch Entwertung bedroht, das Sachvermögen durch staatliche Maßnahmen, insb. auch durch Streik, Krieg und Kriegsfolgen. Das Einkommen von Arbeitnehmern sei durch soziale Sicherung garantiert (insb. Sozialversicherungsrenten, Beamtenpensionen). Das Freizeitpotential der Vermögenden sei faktisch oft geringer als das der Arbeitnehmer. Das Vermögen entstamme durchweg versteuertem Einkommen. Werfe das Vermögen Ertrag ab, so sei dieser wieder der Einkommensteuer unterworfen. Halte man es für angezeigt, den Ertrag aus Vermögen stärker zu belasten als Arbeitseinkommen, so könne das durch die Einkommensteuer geschehen.
Die Vermögensteuer sei eine Kontrollsteuer zur Einkommensteuer; wer Einkommensteuer hinterziehe, werde komplementär von der Vermögensteuer erfaßt.	Die Vermögensteuer treffe nicht nur die Steuerhinterzieher, sondern alle „Vermögenden"; sie alle mit einer Vermögensteuer zu „bestrafen", weil einige wenige Einkommensteuer hinterzögen, sei Übermaß. Wer Einkommensteuer hinterziehe, verstehe es überdies meist auch, die Vermögensteuer zu hinterziehen. Er müsse dies sogar, wolle er nicht auffallen (wer etwa die Zinsen nicht versteuere, könne auch sein Sparguthaben und seine Wertpapiere nicht zur Vermögensteuer erklären).
Die Vermögensteuer habe eine Nachholfunktion, da nicht das gesamte Einkommen, aus dem Vermögen gebildet werde, mit Einkommensteuer belastet sei.	Es sei systematisch richtig, das gesamte Einkommen korrekt zur Einkommensteuer heranzuziehen, insb. auch die Einkommen der Landwirte und die Einkommen aus der Veräußerung privaten Vermögens. Im übrigen erfasse die Vermögensteuer aus versteuertem Einkommen gebildetes Vermögen ebenso wie aus nicht versteuertem Einkommen gebildetes Vermögen.
Die Vermögensteuer sei eine Art vorausgezahlte Erbschaftsteuer, sie entlaste die Erben.	Es sei widersprüchlich, die Vermögensteuer zugleich als Ergänzungssteuer zur Einkommensteuer und als Vorauszahlung auf die Erbschaftsteuer zu erklären.
Die Vermögensteuer diene der Vermögensumverteilung und damit dem Sozialstaatsprinzip.	Die Umverteilung lasse sich besser durch eine progressive Einkommensteuer und durch die Erbschaftsteuer erreichen.

Die Vermögensteuer sei eine Ergänzungssteuer zur Umsatzsteuer. Wer sein Einkommen nicht konsumiere, sondern (Geld-)Vermögen bilde, könne zwar der Umsatzsteuer ausweichen, er müsse aber anstelle der Umsatzsteuer Vermögensteuer zahlen.

Die Vermögensteuer könne zur Erzielung eines ausreichenden Steueraufkommens nicht entbehrt werden.

Die aktuelle Vermögensteuer sei nicht als Ergänzung zur Umsatzsteuer gedacht. Durch die Vermögensbildung sei die Umsatzbesteuerung nur aufgeschoben. Wer sein Vermögen auflöse und konsumiere, habe Umsatzsteuer zu zahlen.

Innerhalb der EU erhöben Italien, Belgien und Großbritannien keine Vermögensteuer. Auch diese Länder verfügten über ein ausreichendes Steueraufkommen.

Die Vermögensteuer auf Betriebsvermögen sei ungerechtfertigt. Sie zwinge den Unternehmer zu unnötigen Überwälzungskämpfen. Die Vermögensteuer benachteilige deutsche Unternehmer im Wettbewerb mit Ausländern, die der Vermögensteuer nicht unterlägen.

Die verschiedenen Begründungsversuche der Vermögensteuer – Ergänzung zur Einkommensteuer, vorausgezahlte Erbschaftsteuer, Ergänzung zur Umsatzsteuer – zeigen hinlänglich die **Schwierigkeiten der rationalen Begründung** der Vermögensteuer. Das Vermögen bietet sich für den Zugriff des Fiskus geradezu an, weil eben bei den Vermögenden „etwas zu holen" ist. Eine Rechtfertigung liegt darin jedoch nicht. 73

Nach einer umfassenden Analyse sämtlicher bekannten Rechtfertigungsversuche der Vermögensteuer kommt *K. Tipke* (StRO II, 768 ff., 786 f., 808) zu dem Ergebnis, daß die Vermögensteuer abgeschafft werden sollte[1]; für eine Vermögensteuer neben der Einkommen- und Umsatzsteuer gebe es, alles in allem, **keine durchschlagenden Rechtfertigungsgründe.** Einer Vermögensteuer als Vermögensertragsteuer würde es allenfalls entsprechen, Vermögenseinkünfte bei der Einkommensteuer mit einem Zuschlag zu belegen. Hier gehe der Gesetzgeber aber gerade den umgekehrten Weg, indem er Kapitaleinkünfte (§ 20 EStG) durch einen hohen Freibetrag sonderentlaste.

2. Steuersubjekte

Steuersubjekte sind 74

a) natürliche Personen (§ 1 I Nr. 1 VStG), dazu § 9 Rz. 20 ff.;

b) Subjekte des Körperschaftsteuerrechts (§ 1 I Nr. 2 VStG, der im wesentlichen dem § 1 I KStG entspricht; s. daher § 11 Rz. 7 ff.).

Während die sog. Doppelbelastung Körperschaftsteuer/Einkommensteuer durch das Anrechnungsverfahren beseitigt worden ist (s. § 11 Rz. 1 ff., 140 ff.), hat der Gesetzgeber sich zu einer **Beseitigung der sog. Vermögensteuer-Doppelbelastung** (noch) nicht entschließen können[2]. Daher wird weiterhin vorgetragen: 75

Die Kapitalgesellschaften haben ihr Vermögen zu versteuern, die Anteilseigner (Teilhaber) aber dasselbe Vermögen in Form der Anteile noch einmal. Die Anteilseigner sind also wegen der Vermögensteuerbelastung ihrer Anteile auf Ausschüttungen angewiesen.

Ist eine Kapitalgesellschaft an einer anderen Kapitalgesellschaft zu mindestens 10 v. H. beteiligt, so greift das **Schachtelprivileg** des § 102 BewG ein und sorgt dafür, daß aus der Zweifachbelastung keine Mehrfachbelastung wird. Die Abhängigmachung des Schachtelprivilegs von einer mindestens 10%igen Beteiligung ist nicht sachgerecht. 76

1 In Österreich ist dies bereits geschehen (s. *K. Tipke*, Stbg. 94, 162, 165).

2 Dazu mit einem konkreten Vorschlag zur Beseitigung der sog. Doppelbelastung *Krohne/Mönter*, Inst. FuSt., Brief 219, Bonn 1982.

77 *Keine* Vermögensteuersubjekte sind die **Personengesellschaften** und **Gemeinschaften des Zivilrechts;** deren Vermögen wird lediglich über die an der Gesellschaft oder Gemeinschaft Beteiligten erfaßt (s. § 3 BewG), so daß es insoweit nicht zu einer sog. Doppelbelastung des Vermögens kommt. Die Kapitalgesellschaften und ihre Gesellschafter werden vermögensteuerlich also nach wie vor im Verhältnis zu den Personengesellschaften und ihren Gesellschaftern anders behandelt. Der Freibetrag nach § 117a I BewG kann bei Personengesellschaften, anders als bei Kapitalgesellschaften, entsprechend der Zahl der Gesellschafter mehrfach ausgenutzt werden.

78 Die subjektiven Befreiungen (§ 3 VStG) decken sich im wesentlichen mit dem Befreiungskatalog des Körperschaftsteuergesetzes (§ 5 KStG).

79 Wie Einkommen- und Körperschaftsteuergesetz so unterscheidet auch das Vermögensteuergesetz zwischen unbeschränkter (§ 1 VStG) und beschränkter Steuerpflicht (§ 2 VStG). Das wirkt sich auch bei der Vermögensteuer auf das erfaßte Objekt aus (§ 4 VStG). § 6 VStG gilt nur für unbeschränkt Steuerpflichtige; s. im übrigen die Unterscheidungen in §§ 8 I, II; 9 Nrn. 1, 2 VStG, ferner § 14 VStG. Den §§ 34c EStG, 26 I KStG entspricht § 11 VStG.

Diese Darstellung berücksichtigt im folgenden nur die unbeschränkte Steuerpflicht.

3. Steuerobjekt, Befreiungen, Bemessungsgrundlage

80 Steuerobjekt ist das **besteuerbare Vermögen.** Wie bei der Einkommensteuer so kommt es auch hier einerseits darauf an, das *Steuergut* möglichst voll zu erfassen und nicht Vermögensteile, die ebenfalls Ertrags- und Leistungsfähigkeit verkörpern, definitorisch auszuklammern; andererseits müssen Scheinwerte eliminiert werden.

§ 4 I Nr. 1 VStG erklärt zur Bemessungsgrundlage das Gesamtvermögen (= **„Weltvermögen"**, BFH BStBl. 88, 808, 809) i. S. der §§ 114 bis 120 BewG. Es ist auf volle 1000 DM nach unten abzurunden (§ 4 II VStG).

Das Gesamtvermögen setzt sich zusammen aus folgenden Vermögensarten (§ 18 BewG): *land- und forstwirtschaftliches Vermögen* (§§ 33 ff. BewG); *Grundvermögen* (§§ 68 ff. BewG), *Betriebsvermögen* (§§ 95 ff. BewG) und *sonstiges Vermögen* (§§ 110 ff. BewG); s. im übrigen § 114 BewG. Dazu Rz. 23 ff.

81 Ist Betriebsvermögen, für das ein Einheitswert festgestellt worden ist, insgesamt positiv, so bleibt es bei der Ermittlung des Gesamtvermögens bis zu einem Betrag von 500 000 DM vermögensteuerfrei; der übersteigende Teil ist mit 75 v. H. anzusetzen (§ 117a I BewG). Land- und forstwirtschaftliches Vermögen sowie Grundvermögen „zeichnen" sich durch erhebliche Unterbewertungen „aus"; dazu Rz. 52 ff.

82 Die **„Lücken"** (nicht Gesetzeslücken im technischen Sinne) **in der Erfassung** des vollen Steuergutes ergeben sich vor allem aus §§ 110 I, 111 BewG. Sie können nur zum Teil gerechtfertigt werden. Ein wesentlich weiterer Vermögensbegriff als im Vermögensteuergesetz findet sich z. B. in § 88 BSHG und in §§ 27 ff. BAFöG.

83 Bei der Bewertung des Gesamtvermögens sind die Wirtschaftsgüter, für die ein Einheitswert festzustellen ist (s. § 19 BewG), mit den **festgesetzten Einheitswerten** anzusetzen (§ 114 III BewG; s. auch § 121a BewG). Das gilt für alle Vermögensarten, nur nicht für das sonstige Vermögen, da es nur mit einer Steuer, der Vermögensteuer, belastet ist (s. insoweit allerdings § 180 I Nr. 3 AO). Der Gesetzgeber hat zur unterschiedlichen Belastung der Inhaber verschiedener Vermögensarten nicht nur unterschiedliche Steuersätze (s. § 10 Nr. 1 VStG ab 1. 1. 1995) eingeführt, sondern auch die Erfassung nur mit einem Teil des Werts angeordnet (s. §§ 115–117a BewG). Auf diese Weise werden in Steuersatz- und Bewertungsvorschriften Befreiungen versteckt.

84 § 110 I, II BewG enthält **Freibeträge** und **Freigrenzen** für mehrere dort enumerierte Wirtschaftsgüter-Gruppen des sonstigen Vermögens. Die Freibeträge und Freigrenzen werden entsprechend der Anzahl der Mitglieder der Veranlagungsgemeinschaft vervielfacht (§ 110 III BewG). Dazu s. u. Rz. 89 ff.

Die Werte der vier Vermögensarten werden zusammengefaßt (s. § 114 BewG). Von der **Summe** werden die Schulden abgezogen, soweit sie nicht als Betriebsschulden bereits bei der Ermittlung des Betriebsvermögens abgezogen worden sind (s. §§ 118 I, 103–104 BewG). Der **Schuldenabzug** wird durch § 118 II, III BewG limitiert. Über die **Zurechnung** des Vermögens s. § 5 Rz. 110 ff.; Rz. 13. 85

Vom (nur zum Teil erfaßten) Gesamtvermögen (§ 4 VStG) sind bei natürlichen Personen **persönliche Freibeträge** (§ 6 VStG) abzuziehen. Dadurch ergibt sich das steuerpflichtige (oder zu versteuernde) Vermögen (§ 9 Nr. 1a VStG). 86

Die persönlichen Freibeträge betragen nach § 6 I, II VStG:

a) für den **Steuerpflichtigen** selbst: 70 000 DM (ab 1. 1. 1995: 120 000 DM);

b) für **Ehegatten** bei Zusammenveranlagung: 140 000 DM (ab 1. 1. 1995: 240 000 DM);

c) für jedes **Kind,** das mit einem Steuerpflichtigen oder mit den Ehegatten (Eltern) zusammenveranlagt (§ 14 VStG) wird: weitere 70 000 DM (ab 1. 1. 1995: 120 000 DM). Zusammenveranlagung setzt Haushaltsgemeinschaft voraus.

   Der Gesamtfreibetrag für Ehegatten mit zwei Kindern bei Zusammenveranlagung beträgt also: 280 000 DM. – Hat ein Kind zwischen 18 und 27 Jahren kein Vermögen oder Vermögen unter 70 000 DM, so empfiehlt es sich, nach Möglichkeit die Zusammenveranlagung nach § 14 II VStG zu beantragen, um den Freibetrag von 70 000 DM (voll) ausnutzen zu können. Für das Kind wird bei Zusammenveranlagung der Freibetrag auch gewährt, wenn es kein eigenes Vermögen hat (s. u. Rz. 89 ff.).

d) Daneben gibt es Alters- und Schwerbehindertenfreibeträge (s. § 6 III VStG).

Von **Körperschaften, Personenvereinigungen** und **Vermögensmassen** (§ 1 I Nr. 2 VStG) wird Vermögensteuer nur erhoben, wenn das Gesamtvermögen (§ 4 VStG) mindestens 20 000 DM beträgt (§§ 8 I, 9 Nr. 1b VStG), mit anderen Worten: die Freigrenze von 19 999 DM übersteigt. 87

Erwerbs- und Wirtschaftsgenossenschaften sowie Vereinen, die Land- und Forstwirtschaft betreiben, wird für die ersten 10 Jahre nach der Gründung ein Freibetrag von 100 000 DM gewährt (§ 7 VStG).

Zur Vermögensteuerfreistellung bei der Nacherklärung von Kapitalvermögen in der Zeit v. 13. 10. 1987 bis zum 31. 12. 1990 vgl. Vorauflage, S. 471, 473 f. 88

4. Vermögensteuerliche Zusammenveranlagung

Das Vermögensteuergesetz sieht vor, daß bei unbeschränkter Steuerpflicht aller Beteiligten (dies meint: die Beteiligten haben ihren Wohnsitz oder gewöhnlichen Aufenthalt im Inland) folgende Personen zusammen veranlagt werden (s. § 14 VStG): 89

- **Ehegatten,** wenn sie nicht dauernd getrennt leben,
- **Ehegatten und Kinder** oder Einzelpersonen und Kinder, wenn diese eine **Haushaltsgemeinschaft bilden** und die Kinder das 18. Lebensjahr noch nicht vollendet haben.

Auf **gemeinsamen Antrag** werden bei unbeschränkter Steuerpflicht aller Beteiligten ferner Ehegatten oder Einzelpersonen zusammen veranlagt:

- mit unverheirateten oder von ihren Ehegatten dauernd getrennt lebenden **Kindern,** die das 18., aber noch nicht das 27. Lebensjahr vollendet haben, wenn die Antragsteller eine Haushaltsgemeinschaft bilden und die Kinder sich noch in der Berufsausbildung befinden oder ein freiwilliges soziales Jahr im Sinne des Gesetzes zur Förderung eines freiwilligen sozialen Jahres oder ein freiwilliges ökologisches Jahr nach dem Gesetz zur Förderung eines freiwilligen ökologischen Jahres ableisten. Die Zusammenveranlagung wird nicht dadurch ausgeschlossen, daß die Berufsausbildung durch die Einberufung zum gesetzlichen Grundwehrdienst oder Zivildienst unterbrochen ist. Haben die Kinder das 27. Lebensjahr vollendet, so ist die Zusammenveranlagung nur zulässig, wenn der Abschluß der Berufsausbildung durch Umstände verzögert worden ist, die keiner der Antragsteller zu vertreten hat. Als ein solcher Umstand ist stets die Ableistung des gesetzlichen Grundwehrdienstes oder Zivildienstes anzusehen;

- mit **Kindern,** wenn diese wegen körperlicher, geistiger oder seelischer **Behinderung** dauernd außerstande sind, sich selbst zu unterhalten.

90 Die Zusammenveranlagung führt zur **Zusammenrechnung** der Vermögen aller Beteiligten. Freibeträge und Freigrenzen bei der Ermittlung des sonstigen Vermögens werden entsprechend der Anzahl der Beteiligten vervielfacht. Die bei getrennter Veranlagung nicht ausgenutzten persönlichen Freibeträge (etwa bei vermögenslosen Kindern) werden bei der Zusammenveranlagung mit über den Freibeträgen liegenden Vermögen der Familienangehörigen verrechnet, damit „gerettet". Ebenso können Schulden der vermögenslosen Beteiligten verrechnet werden.

91 Fazit: Die Zusammenveranlagung ist – wie gezeigt – **in erster Line vorteilhaft;** der proportionale Tarif ist mit Blick auf Einzel- oder Zusammenveranlagung steuerneutral; persönliche Nachteile können allenfalls dadurch entstehen, daß die Zusammenveranlagten untereinander ihre Vermögensverhältnisse offenbaren müssen, was gegenüber „großen" Kindern zuweilen ein Problem sein kann[3].

Die Abhängigmachung der Zusammenveranlagung mit Kindern von einer **Haushaltsgemeinschaft** ist unter dem Leistungsfähigkeitsaspekt **nicht sachgerecht.** Die sachgerechte Frage lautet: Wieviele Personen müssen von dem Vermögen, genauer: vom Ertrag des Vermögens, leben oder unterhalten werden? (s. auch § 14 II Nr. 2 VStG, der ausdrücklich auf den Unterhalt abstellt). Ein Kind, das außerhalb des Haushalts zu unterhalten ist, benötigt mehr und nicht weniger. Warum soll dann mehr Vermögensteuer gezahlt werden? Nach § 6 VStG bleiben für jeden Zusammenveranlagten 70 000 DM (ab 1. 1. 1995: 120 000 DM) steuerfrei; wegen Unterhaltsverpflichtung, z. B. gegenüber Kindern, die nicht zum Haushalt gehören, können jedoch höchstens 20 000 DM abgezogen werden (§ 118 III 1 BewG). Die negative Wirkung verstärkt sich noch durch § 110 III BewG. – Ehegatten, die eine gemeinsame Unterhaltsverpflichtung haben, also nur eine Verpflichtung, können 40 000 DM statt 20 000 DM abziehen (§ 118 III 2 BewG). Auch das ist nicht sachgerecht. Die Freibeträge bewirken insoweit eine indirekte Progression, als bei steigender Bemessungsgrundlage die effektive Steuerbelastung steigt und der Einfluß der Freibeträge sich verringert.

5. Steuersatz, Verfahren, Berechnungsbeispiel

92 Auf das um die persönlichen Freibeträge verminderte Gesamtvermögen, das steuerpflichtige Vermögen, besser: das zu versteuernde Vermögen, wird ein **proportionaler Steuersatz** angewendet. Der Steuersatz beträgt:

- **bei natürlichen Personen:** 0,5 v. H. pro Jahr, ab 1. 1. 1995 1 v. H.; der Steuersatz von 1 v. H. halbiert sich ab 1. 1. 1995, soweit in dem steuerpflichtigen Vermögen land- und forstwirtschaftliches Vermögen, Betriebsvermögen und Wirtschaftsgüter i. S. des § 110 I Nr. 3 (etwa Aktien) enthalten sind (§ 10 Nr. 1 VStG). Dies bedeutet, neben dem inzwischen ebenfalls gespaltenen Einkommensteuertarif (s. § 9 Rz. 746 ff.), einen weiteren Rückfall in die Schedulenbesteuerung (s. § 9 Rz. 1).
- **bei Körperschaften:** 0,6 v. H. pro Jahr (§ 10 Nr. 2 VStG).

93 Die Vermögensteuer wird für 3 Jahre allgemein festgesetzt (§ 15 I 1 VStG). Der letzte **Hauptfeststellungszeitpunkt** war abweichend von § 15 I 1 VStG der 1. 1. 1993, die

3 Der BFH (BStBl. III 64, 414; 64, 598; II 68, 332) hat die Vermögensteuer-Zusammenveranlagung für verfassungsmäßig gehalten.

nächsten werden wohl der 1. 1. 1995 und der 1. 1. 1999 sein (BGBl. I 91, 1322, 1336; I 93, 944, 973). Größeren Vermögensverschiebungen innerhalb des Zwischenzeitraums versucht die Finanzverwaltung mit **Neu-** und **Nachveranlagungen** gerecht zu werden.

Wie die Vermögensteuer berechnet wird, soll folgender Fall verdeutlichen: 94

Beispiel: Der Arzt A betreibt zum Bewertungsstichtag 1. 1. 1995 (bzw. 31. 12. 1994) eine eigene Praxis; der Einheitswert des Betriebsvermögens beträgt 1 Mio. DM. Für sein Privatgrundstück ist ein Einheitswert in Höhe von 100 000 DM festgestellt (Verkehrswert = 500 000 DM). A hält ein Aktienpaket mit Börsenkurs zum Bewertungsstichtag in Höhe von 225 500 DM. Sein Bankguthaben beträgt 500 DM, außerdem hat er 300 DM in bar. A ist verheiratet und hat zwei Kinder im Alter von 5 und 8 Jahren. Ehegatte und Kinder haben jeweils Barvermögen in Höhe von 500 DM. Nachstehend wird die Vermögensteuer für die zusammen zu veranlagende Familie A ermittelt.

Der Einheitswert des Betriebsvermögens in Höhe von 1 Mio. DM wird nach § 117a BewG lediglich mit 375 000 DM (Freibetrag 500 000 DM, Rest zu 75 v. H.) angesetzt. Nicht der Verkehrswert des Privatgrundstücks von 500 000 DM, sondern der Einheitswert zuzüglich eines Zuschlags von 40% (§ 121a BewG), also 140 000 DM, werden berücksichtigt. Das geringe Bankguthaben des A sowie die kleineren Barbeträge der Familie fallen unter die Freigrenze von 1000 DM des § 110 I Nr. 2 BewG, die mit der Zahl der an der Zusammenveranlagung Beteiligten zu vervielfachen ist (§ 110 III BewG). Die Aktien sind nach Abzug eines Freibetrags von 40 000 DM (10 000 DM je Person – § 110 II, III BewG) mit 185 500 DM einzurechnen. Das anzusetzende Gesamtvermögen beträgt danach (auf volle 1000 DM nach unten abgerundet) 700 000 DM (375 000 DM + 140 000 DM + 185 500 DM ./. 500 DM für die Abrundung). Von diesem Gesamtvermögen von 700 000 DM sind die persönlichen Freibeträge von 480 000 DM (120 000 DM pro Person – § 6 I, II VStG) abzusetzen, so daß ein zu versteuerndes Vermögen von 220 000 DM übrigbleibt. Nach Anwendung der unterschiedlichen Steuersätze des § 10 Nr. 1 VStG (0,5 v. H. vom Betriebsvermögen- und Aktienanteil, der hier 80 v. H. des gesamten zu versteuernden Vermögens beträgt, = 880 DM; 1 v. H. vom Grundvermögensanteil = 440 DM) ergibt sich für 1995–1998 eine Vermögensteuerschuld in Höhe von 1320 DM pro Jahr.

6. Sondervorschriften für das Beitrittsgebiet

In dem Gebiet der fünf neuen Länder, der einstigen DDR, gelten für eine Übergangszeit 95
Sondervorschriften (§§ 24b, 24c VStG). Vgl. auch zu Bewertungs-Besonderheiten im Beitrittsgebiet Rz. 51.

Einstweilen frei. 96–109

C. Erbschaft- und Schenkungsteuer*

Rechtsgrundlagen: Erbschaftsteuer- und Schenkungsteuergesetz (ErbStG); Erbschaftsteuer-Durchführungsverordnung (ErbStDV) – in letzter Fassung abgedruckt in Beck'sche Sammlung der Steuergesetze I unter Nrn. 250, 260.

Verwaltungsvorschriften: Vgl. Beck'sche Sammlung der Steuerrichtlinien unter Nrn. 250/2–250/4.

Literatur: *Kommentare: Kapp/Ebeling*[11], Köln (Loseblatt); *Moench/Kien-Hümbert,* Neuwied/Kriftel/Berlin (Loseblatt); *Troll,* München (Loseblatt); *Meincke*[10], München 1994; *Petzoldt*[2], Herne/Berlin 1986. Eine Aufstellung der Kommentare zu den älteren Gesetzesfassungen und neuerer Dissertationen zum Erbschaft- und Schenkungsteuerrecht enthält *Meincke,* Einf. Anm. 16. Zur Entstehung des ErbStG 1974 vgl. 11. Auflage, S. 370.

Lehr- und Handbücher: Kapp/Ebeling (Grune), Handbuch der Erbengemeinschaft und Erbauseinandersetzung im Zivil- und Steuerrecht, Köln (Loseblatt), Teil II; *Wöhe,* Betriebswirtschaftliche

* Bearbeiter des Abschnitts „Erbschaft- und Schenkungsteuer" ist Richter am FG Dr. *Michael Balke.*

Steuerlehre I/1[6], München 1988, 432; *Crezelius,* Steuerrecht BT, München 1991, 305; *Schulze zur Wiesche,* Lehrbuch der Erbschaftsteuer[3], Herne/Berlin 1991; *Ebenroth,* Erbrecht, München 1992, 921 mit den Kapiteln „Deutsches Erbschaftsteuerrecht", „Deutsches Internationales Erbschaftsteuerrecht und Europäische Rechtsordnungen" sowie „Zusammenfassende Gestaltungshinweise"; *Hofmann*[4], Erbschaft- und Schenkungsteuer, Stuttgart u. a. 1993; *Schaumburg,* Internationales Steuerrecht, Köln 1993, § 8; *K. Tipke,* Die Steuerrechtsordnung, Bd. II (StRO II), Köln 1993, „Zur Rechtfertigung der Erbschaft- und Schenkungsteuer", 745; *Kussmann,* Schenken, Erben, Steuern, Bonn 1994; *B. Schulz,* Erbschaftsteuer/Schenkungsteuer[5], Achim 1994.

Reformvorschläge: Hofmann, Die Anwendung der Einheitswerte bei der Erbschaftsteuer, in: Raupach (Hrsg.), Werte und Wertermittlung im Steuerrecht, DStJG Bd. 7 (1984), 377; *M. Balke,* Einheitswert oder Verkehrswert für Grundbesitz im Erbschaftsteuer- und Schenkungsteuerrecht? – Theoretische und praktische Argumente, Berlin 1984; *Klein-Blenkers,* Die Bedeutung subjektiver Merkmale im Erbschaftsteuer- und Schenkungsteuerrecht, Berlin 1991 (mit Überlegungen de lege ferenda, 131); *Goerdeler/Dann/Crezelius/Glos/Haase/Häfele/Meyding/Pohmer/Rind (Funk/Mittelsten Scheid),* Gutachten der Kommission zur Verbesserung der steuerlichen Bedingungen für Investitionen und Arbeitsplätze, BMF-Schriftenreihe, Heft 46, Bonn 1991, 95 ff.; *Bacher,* Einheitsbewertung beim Erbfall und Artikel 6 Abs. 5 Grundgesetz – Verfassungsmäßigkeit und Reformvorschläge, BB 92, 2333; *Jülicher,* Zusammenrechnung mehrerer Erwerbe nach § 14 ErbStG, Der Gesetzgeber ist gefordert, Berlin 1993; *Barth/Wagenitz,* Der Entwurf eines Gesetzes zur erbrechtlichen Gleichstellung nichtehelicher Kinder, ZEV 94, 79; *M. Balke,* Über das erbschaftsteuerliche Grundbesitz-Bewertungschaos, StJ 94; vgl. weitere Nachweise in der Vorauflage, S. 474.

Beratungsrichtlinien zur Erbschaftsteuer- und Schenkungsteuerentlastung: *Felix,* StJ 94.

1. Einführung

110 Darüber, daß die Erbschaft- und Schenkungsteuer (künftig kurz: Erbschaftsteuer) gerechtfertigt sei, besteht heute im Grunde kein Streit mehr. Freilich genügt zur **Rechtfertigung** nicht der Hinweis der Fiskalisten, daß die Erbschaft eine „leicht anzapfbare, ergiebige Steuerquelle" sei. Dieser rein fiskalistischen Motivation fehlt, wie immer, das moralische Minimum, die ethische Grundlage. Überholt ist die Auffassung, die Erbschaftsteuer sei die Gegenleistung an den Staat dafür, daß dieser das Erbrecht (z. Z. durch Art. 14 GG) garantiere.

111 Die Erbschaftsteuer wird hauptsächlich mit der **Notwendigkeit einer Umverteilung** gerechtfertigt: Die Erbschaftsteuer sei geeignet, Startungleichheiten in der Wettbewerbswirtschaft und durch die freie Marktwirtschaft ausgelöste Spannungen zu mildern. Eine fühlbare oder merkliche Erbschaftsteuer sei auch schon deshalb angezeigt, weil der Erwerb aus einer Erbschaft den Charakter des Mühelosen, Unverdienten habe.

Gegen die Umverteilungszielsetzung durch eine merkliche Erbschaftsteuer wird geltend gemacht: Es entstünden durch die Erbschaftsbesteuerung volks- und betriebswirtschaftliche Nachteile. Betriebswirtschaftlich sinnvolle Einheiten würden zerschlagen, insb. werde der Mittelstand geschädigt, das selbständige Unternehmertum abgelöst durch Vermögenszusammenballungen in Kapitalgesellschaften; der Anreiz zur wirtschaftlichen Leistung gehe verloren. Die Umverteilung durch die Erbschaftsteuer habe verfassungsrechtliche Grenzen, die sich insb. aus Art. 14, 19 II GG ergäben[1].

112 Nach einer umfassenden Analyse sämtlicher bekannten Rechtfertigungsversuche kommt *K. Tipke* (StRO II, 745 ff., 767) zu dem Ergebnis, daß sich die Erbschaft- und Schenkungsteuer doppelt rechtfertigen läßt: Zum einen sei sie eine **Leistungsfähigkeitssteuer.** Der Erbe oder Beschenkte werde durch die Erbschaft oder Schenkung bereichert und dadurch leistungsfähiger. Wirtschaftlich sei das durch Erbschaft oder Schenkung Erworbene (zugewendetes) Einkommen. Zum zweiten habe die Erbschaftsteuer auch eine **Umverteilungsfunktion,** wobei der Umverteilungseffekt allerdings gering sei.

1 Quellen der hier skizzierten sowie weiterer Rechtfertigungsversuche sind umfassend bei *K. Tipke* (StRO II, 745 ff.) nachgewiesen.

In der Tat ist die Erbschaftsteuer keine Erbnachlaßsteuer, keine letzte Vermögensteuer des Erblassers und als solche, entgegen der höchstrichterlichen Einschätzung[2], zuvörderst keine „Substanzsteuer", sondern eine **Erbanfallsteuer**[3]. Es wird also nicht die Nachlaßmasse als solche besteuert (sog. **Tote-Hand-Steuer**), sondern der Erbanfall, die Bereicherung[4], beim *einzelnen* Erben[5]. Das, was beim Erben (oder Beschenkten) anfällt, ist insgesamt Ertrag, gleichgültig ob der Erbanfall in einem Geldbetrag, einem Goldbarren oder einem Grundstück besteht. In Anbetracht von Erbschaftsteuer-Höchstsätzen von 35 v. H. in Steuerklasse I und 70 v. H. in Steuerklasse IV (§ 19 I ErbStG) könnte (ähnlich wie bei der Einkommensteuer mit einem Höchststeuersatz von 53 v. H.) allenfalls von einer Erbschaftsbesteuerung in die „Substanz" eines (ohne Mühe erworbenen) Einkommens gesprochen werden. Von der Erbschaftsteuer als wirklicher **Substanzsteuer** kann mithin nur die Rede sein, wenn das Steuerobjekt (zugewendetes Einkommen) völlig losgelöst vom Steuersubjekt (Erben) betrachtet wird[6]. Eine solche, rein auf das Steuerobjekt gerichtete Betrachtung hat jedoch keinen Wert. Sie widerspricht dem Grundsatzgebot der Steuergerechtigkeit, wonach die Besteuerung nach der **wirtschaftlichen Leistungsfähigkeit des Steuersubjekts** auszurichten ist[7]. Der höchstrichterliche Argumentations-Ausgangspunkt (BVerfG BStBl. 94, 113 zu einem Erbschaftsteuerfall) einer (angeblichen) Besteuerung „aus der Substanz" ist nicht ziel-, sondern fehlführend. M. a. W.: Die Erbschaftsteuer hat zuvörderst eine Ergänzungsfunktion zur Einkommensteuer[8]. Erbschaft- und Einkommensteuer liegen auf derselben Ebene[9]. Dagegen ist die „Substanzsteuer"-Argumentation des 1. Senats des BVerfG (BStBl. 94, 133) ohne Substanz. 113

b) Die **Schenkungsteuer** ist der Erbschaftsteuer grundsätzlich gleichgestellt (vgl. § 1 II ErbStG)[10]. Trotzdem gibt es mitunter Besteuerungsunterschiede[11]. 114

---

2 BVerfG BStBl. 94, 133.

3 Vgl. *Meincke*[10], § 1 Anm. 8; *Moench/Kien-Hümbert* (Loseblatt), Einf. Rz. 9, Stand 1/1994.

4 Vgl. *Kapp/Ebeling* (Loseblatt), Einl. Rz. 4 (Stand 2/1992), § 12 Rz. 2, 7 (Stand 1/1993).

5 Nur übergangsweise (von 1919 bis 1923) war die Erbschaftsteuer auch als Nachlaßsteuer ausgestaltet – dazu *Moench/Kien-Hümbert* (Loseblatt), Einf. Rz. 12 ff. (Stand 1/1994). Allerdings kann über § 21 I 1 ErbStG ausländische Nachlaßsteuer angerechnet werden (s. BFH BStBl. 90, 786, 787). Zur Entwicklung der Erbschaftsbesteuerung während der letzten hundert Jahre *Timm,* FinArch. Bd. 42 (1984), 553.

6 *K. Tipke* (StRO II, 525 ff.) beschreibt die „Formallehre vom Steuertatbestand und ihre Unergiebigkeit für die Steuerrechtfertigung".

7 BVerfG BStBl. 84, 357, 359.

8 So *M. Balke,* Einheitswert oder Verkehrswert für Grundbesitz im Erbschaftsteuer- und Schenkungsteuerrecht? Theoretische und praktische Argumente, Berlin 1984, 109 – zustimmend u. a. *Wöhe,* Betriebswirtschaftliche Steuerlehre, Bd. I/1[6], München 1988, 431; *K. Tipke* (StRO II, 1019) bezeichnet die Erbschaft- und Schenkungsteuer als „Annexsteuer" zur Einkommensteuer. Daneben dient die Erbschaftsteuer, ähnlich wie die progressive Einkommensteuer, der (mittelbaren) Umverteilung – dazu *J. Lang,* Entwurf eines Steuergesetzbuches, BMF-Schriftenreihe Heft 49, Bonn 1993, 27, 120. Die Umverteilungsfunktion der Erbschaftsteuer kann selbstverständlich nur „mittelbar" (einerseits Steuerabzug, andererseits zugeteiltes Staatsgeld) sein, da – wie *Meincke*[10], Einf. Anm. 1, zu Recht betont – die Erbschaftsteuer lediglich abzieht, nicht aber auch zuteilt.

9 I. d. S. auch *Meincke*[10], Einf. Anm. 3, der mit Recht auf § 35 EStG (= Milderungsregelung zur Doppelbelastung ErbSt/ESt) hinweist; a. A. BFH BStBl. 87, 175, 177; umfassend zur Problematik *Jesse,* Liegen die Einkommensteuer und die Erbschaft- und Schenkungsteuer auf „verschiedenen Ebenen"?, Berlin 1992.

10 Zur Ergänzungsfunktion der Besteuerung von Schenkungen *Oberhauser*, Erbschaft- und Schenkungsteuern, in: Handbuch der Finanzwissenschaft, Bd. II[3], 1980, 487, 500 f. (m. w. N.).

11 Vgl. *Naarmann,* Das Verhältnis der Schenkungsteuer zur Erbschaftsteuer, Diss. Köln 1985 – dazu Besprechung von *Balke,* StuW 87, 371.

115 c) Das Gesetz von 1974 hat insbesondere eine Anpassung und Änderung der Freibeträge, vier statt fünf Steuerklassen, einen neuen Tarif (der kleine und mittlere Erwerbe schont, größere stärker belastet), den Wegfall verschiedener Steuervergünstigungen, die Schließung mehrerer Gesetzeslücken und die Verschärfung der erbschaftsteuerlichen Behandlung von Familienstiftungen und -vereinen gebracht. Materialien: BT-Drucks. 6/3418, 10 ff., 44 f., 46 f., 59 ff. = 7/78, 11 ff.; 7/1329; 7/1333; 8/3688.

116 d) Die **allgemeinen Auslegungsregeln** (s. § 5 Rz. 48 ff.) gelten auch für die Auslegung des Erbschaftsteuergesetzes. Soweit das Gesetz unmittelbar an das Bürgerliche Gesetzbuch anknüpft (insbesondere durch zahlreiche Klammer-Bezugnahmen), übernimmt es das Vorverständnis des Bürgerlichen Rechts[12]. Die enumerative BGB-Anknüpfung erhöht die Rechtssicherheit, sie führt aber auch leicht zu Gesetzeslücken (gemessen am Prinzip, durch Erbfälle und Schenkungen ausgelöste Bereicherungen zu erfassen).

117 Die allgemeinen Regeln zu den **unwirksamen Rechtsgeschäften** (§ 41 AO) gelten auch im Erbschaftsteuerrecht (BFH BStBl. 82, 28).

2. Steuerobjekt

118 Gegenstand der Erbschaftsbesteuerung sind durch Erwerbe von Todes wegen, durch Schenkungen unter Lebenden oder durch Zweckzuwendungen ausgelöste (unentgeltliche) Bereicherungen. Der Erbschaftsteuer unterliegt ferner in Zeitabständen von je 30 Jahren das Vermögen einer **Familienstiftung** bzw. eines **Familienvereins.** Das Erbschaftsteuerrecht schafft neben dem Haupttatbestand der Erwerbe von Todes wegen eine Reihe von Ersatztatbeständen. Die Ersatztatbestände sollen die *Umgehung* der Erbschaftsteuer verhindern[13].

Im einzelnen werden erfaßt:

119 **2.1** Der **Erwerb von Todes wegen** (§§ 1 I Nr. 1, 3 ErbStG), insb.:

a) der Erwerb durch Erbanfall (§ 1922 BGB: d. h. aufgrund gesetzlicher Erbfolge, Testaments, Erbvertrags), aufgrund **Erbersatzanspruchs** (§§ 1934a ff. BGB), durch **Vermächtnis** (§§ 2147 ff. BGB), durch (geltend gemachten) **Pflichtteilsanspruch** (§§ 2303 ff. BGB);

b) der Erwerb durch **Schenkung auf den Todesfall** (§ 2301 BGB)[14].

120 Als Schenkung auf den Todesfall gilt es auch, wenn beim Tode eines Gesellschafters einer Personal- oder Kapitalgesellschaft dessen **Anteil aufgrund des Gesellschaftsvertrags** auf den oder die anderen Gesellschafter (so bei Personalgesellschaften) oder auf die Gesellschaft (so bei Kapitalgesellschaften) übergeht, soweit der Anteilswert (s. § 12 ErbStG) Abfindungsansprüche Dritter übersteigt (§ 3 I Nr. 2 Satz 2 ErbStG; s. auch den entsprechenden § 7 VII ErbStG). Seit dem 1. 1. 1993 haben §§ 3 I Nr. 2 Satz 2, 7 VII ErbStG an Bedeutung erheblich verloren, da nunmehr die Steuerwerte etwa für Beteiligungen an einer OHG deshalb geringer sein werden, weil die Wirtschaftsgüter des

---

12 Dazu *Meincke,* JuS 76, 693; *ders.,* StuW 78, 352; *Crezelius,* Erbschaft- und Schenkungsteuer in zivilrechtlicher Sicht, Herne/Berlin 1979 (dazu Besprechung von *Meincke,* StuW 80, 66); *ders.,* Steuerrechtliche Rechtsanwendung und allgemeine Rechtsordnung, Herne/Berlin 1983, 179 (dazu Besprechung von *K. Tipke,* NJW 84, 2081); *Kapp* hält es mit Hinweis auf BVerfGE 67, 70 ff. für denkbar, daß die *wirtschaftliche Betrachtungsweise* auch im Erbschaftsteuerrecht mehr in den Vordergrund rückt, BB 84, 1413, 1414 – a. A. wohl BFH BStBl. 83, 179.

13 Zur Behandlung von Versicherungsleistungen vgl. BFH BStBl. 94, 36 sowie kritische Besprechung von *Bolz,* KFR 94, F. 10 ErbStG § 3, 1/94, 111; *Gebel,* UVR 93, 141; *Rödder,* DStR 93, 781.

14 Schenkung auf den Todesfall setzt nach BFH BStBl. 91, 181, voraus, daß die Zuwendung zu einer (bürgerlich-rechtlichen) Bereicherung führt und daß die Beteiligten sich über die Unentgeltlichkeit der Zuwendung einig sind.

Betriebsvermögens zum größten Teil nach den geringen Steuerbilanzwerten zu berücksichtigen sind (s. § 12 V ErbStG und Rz. 24, 36 ff., 57 ff.)[15].

Der Fall einer nur aus zwei Personen bestehenden Gesellschaft, die durch das Ausscheiden einer Person erlischt, wird nach BFH BStBl. 92, 925, 928, nunmehr durch §§ 3 I Nr. 2 Satz 2, 7 VII ErbStG erfaßt[16].

§ 3 II Nrn. 2–7 ErbStG behandelt einige (seltener vorkommende) *mittelbare* Erwerbe von Todes wegen, insb. Erwerb aufgrund der **Vollziehung einer Auflage** (§ 1940 BGB), der **Erfüllung einer Bedingung, Abfindungen** für die Ausschlagung einer Erbschaft oder für den **Verzicht auf den Pflichtteil,** und zwar so, als handle es sich um eine Zuwendung unmittelbar vom Erblasser. 121

Wird eine **Zugewinngemeinschaft** (§ 1363 BGB) durch den Tod eines Ehegatten beendet und Zugewinn nicht nach § 1371 II BGB ausgeglichen (m. a. W. statt der güterrechtlichen Abwicklung nach § 1371 II BGB die **erbrechtliche Lösung** nach § 1371 I BGB gewählt) so gilt beim überlebenden Ehegatten der Betrag, den er im Falle des § 1371 II BGB als Ausgleichsforderung hätte geltend machen können, nicht als Erwerb i. S. des § 3 ErbStG. Bei der Berechnung dieses Betrages bleiben von den Vorschriften der §§ 1373 bis 1383 und 1390 BGB abweichende güterrechtliche Vereinbarungen unberücksichtigt. Die Vermutung des § 1377 III BGB findet keine Anwendung. Wird die Zugewinngemeinschaft durch Ehevertrag vereinbart, gilt als Zeitpunkt des Eintritts des Güterstandes (§ 1374 I BGB) der Tag des Vertragsabschlusses[17]. Soweit der Nachlaß des Erblassers bei der Ermittlung des als Ausgleichsforderung steuerfreien Betrages mit einem höheren Wert als dem Steuerwert angesetzt worden ist, gilt höchstens der dem Steuerwert des Nachlasses (s. § 12 ErbStG) entsprechende Betrag nicht als Erwerb i. S. des § 3 ErbStG (§ 5 I ErbStG). 122

Beispiel: Das Vermögen des verstorbenen Ehemannes hat einen Verkehrswert von 400 000 DM, einen Steuerwert (§ 12 ErbStG) von 300 000 DM. Das Anfangsvermögen hatte einen Verkehrswert von 100 000 DM. Der Zugewinn beträgt also 300 000 DM. Die überlebende Ehefrau hat keinen Zugewinn erzielt. Sie könnte bei güterrechtlicher Abwicklung eine Ausgleichsforderung von 150 000 DM geltend machen. Diese würde nicht zum besteuerbaren Erwerb gehören (§ 5 II ErbStG). Wählt sie die erbrechtliche Lösung nach § 1371 I BGB, so bleibt ein Betrag in Höhe der (fiktiven) Ausgleichsforderung unerfaßt, allerdings (u. a. nach BFH BStBl. 93, 510) nur im Verhältnis Verkehrswert/Steuerwert[18], also mit drei Vierteln von 150 000 DM = 112 500 DM.

2.2 Die **Schenkungen unter Lebenden** (§ 1 I Nr. 2 ErbStG), und zwar nicht nur Schenkungen im bürgerlich-rechtlichen Sinne, sondern überhaupt jede *freigebige* Zuwendung, die den Bedachten bereichert (s. § 7 ErbStG). 123

15 Dazu *Moench/Kien-Hümbert* (Loseblatt), § 3 Rz. 93, Stand 1/1994.

16 *Meincke*, ErbStG[10], § 3 Anm. 63.

17 Der BFH hatte die erbschaftsteuerliche Wirksamkeit des rückwirkend vereinbarten Güterstandes der Zugewinngemeinschaft bejaht: etwa BFH BStBl. 89, 897; 93, 739. Die Finanzverwaltung hatte zunächst mit Nichtanwendungserlassen dagegengehalten: etwa BStBl. I 89, 429; dann allerdings die Anwendung freigegeben: BStBl. I 93, 804. Nun hat der Gesetzgeber mit einem Nichtanwendungsgesetz (StMBG) mit Wirkung ab 1. 1. 1994 reagiert und die hier wiedergegebenen Sätze 2 bis 4 des § 5 I ErbStG neugefaßt, wonach die rückwirkend auf den Zeitpunkt der Eheschließung zivilrechtlich zulässige Vereinbarung der Zugewinngemeinschaft und die dadurch bewirkte Erhöhung der fiktiven Zugewinnausgleichsforderung erbschaftsteuerlich nicht mehr (ab 1. 1. 1994) anzuerkennen ist. *Moench/Kien-Hümbert* (Loseblatt, § 5 Rz. 31, Stand 1/1994) meinen, daß die Neuregelung ab 1. 1. 1994 auch die Fälle erfaßt, in denen vor dem 1. 1. 1994 ein Rückwirkungsvertrag i. S. der BFH-Rechtsprechung geschlossen wurde und der Erbfall nach dem 1. 1. 1994 eintritt. Zu § 5 I ErbStG bei grenzüberschreitendem Sachverhalt: *v. Oertzen*, ZEV 94, 93.

18 A. A. *Meincke*[10], § 5 Anm. 46; *ders.*, StuW 81, 219, 221 sowie DStR 86, 135, 139 f.

Überträgt der künftige Erblasser (etwa der Vater) Vermögen bereits zu Lebzeiten auf seine künftigen Erben, so liegt der steuerliche Vorteil dieser **„vorweggenommenen Erbfolge“**[19] vor allem darin, daß Erträge aus dem zugewendeten Vermögen unmittelbar dem künftigen Erben als Vermögensinhaber zugerechnet werden. Was der künftige Erbe auf diese Weise an Erträgen originär erhält, unterliegt später nicht mehr der Erbschaftsteuer. Hinzu kommen die sich i. d. R. als Folge der Progressionsmilderung ergebenden einkommensteuerlichen Vorteile (s. § 9 Rz. 740 ff.).

124 Dem allgemeinen Tatbestand des § 7 I Nr. 1 ErbStG sind eine Reihe von Tatbeständen angefügt, die der Ergänzung oder Klarstellung dienen.

Der Tatbestand der **„Schenkungen unter Lebenden“** ist lang. Ihn durchzuprüfen, ist immer dann angezeigt, wenn jemand Werte erhält (wenn ihm Werte zuwachsen), für die er keine Leistung erbracht hat, s. insb. § 7 I Nrn. 4–7, 9 ErbStG. Die Gewährung zinslosen Darlehns fällt darunter (BFH BStBl. 79, 631), ebenso Wertpapierzinsen (Stückzinsen) als „ein im Verkehr anerkannter Vermögensgegenstand“ (BFH BStBl. 85, 73, 74).

125 Während eine Schenkung ein (beiderseitiges) Einverständnis über die Unentgeltlichkeit voraussetzt, bedarf es bei der **freigebigen Zuwendung** (§ 7 I Nr. 1 ErbStG) nur „des Willens zur Unentgeltlichkeit“ auf seiten des Zuwendenden[20]. Für die Beurteilung, ob ein sog. *Bereicherungswille* vorliegt, kommt es in erster Linie auf die individuelle Bewertung des Zuwendenden an, denn „ohne einen konkreten Willen zur schenkweisen Zuwendung gibt es keine Freigebigkeit“(so *Meincke*[10], § 7 Anm. 93). Richterliches Ermittlungsziel muß die Erforschung des *wirklichen* Willens sein, nicht eines (möglicherweise) davon abweichenden (aus zufällig bekannten Umständen abgeleiteten) objektivierten Zuwendungswillens[21].

126 Der Tatbestand der Schenkung wird nicht dadurch ausgeschlossen, daß die Schenkung **zur Belohnung** oder **unter Auflage** (dazu BFH BStBl. 89, 524; 89, 814; Ländererlasse BStBl. I 89, 445) gemacht oder in die Form eines lästigen Vertrages gekleidet wird (§ 7 IV ErbStG). Dadurch sollen Manipulationen ausgeschlossen werden. Beim Durchgangserwerb liegt allerdings keine Schenkung vor, da es an der Bereicherung fehlt (s. BFH BStBl. 94, 128).

127 **Ausstattungen an Abkömmlinge** (§ 1624 BGB) sind Schenkungen unter Lebenden i. S. des § 7 ErbStG[22]. Dagegen waren bisher **„unbenannte“ (besser: „ehebedingte“) Zuwendungen** als Ausgleich für geleistete Mitarbeit des Ehegatten oder als angemessene Beteiligung an den Früchten des ehelichen Zusammenlebens nicht steuerbar (so BFH BStBl. 85, 159; 86, 265, 267; Ländererlasse BStBl. I 88, 513; BGHZ 65, 320 folgend). Diese Rechtsprechung hat der BFH jüngst aufgegeben und qualifiziert unbenannte (ehebedingte) Zuwendungen nunmehr grundsätzlich als freigebige Zuwendungen i. S. d. § 7 I Nr. 1 ErbStG[23]. Die Rechtsprechungswende will – ohne Rücksicht auf das Familienrecht – dem Umstand Rechnung tragen, daß der Gesetzgeber den sog. vorweggenommenen Zugewinnausgleich – wie die Korrekturvorschrift des § 29 I Nr. 3 ErbStG zeigte – im Grundsatz für steuerbar gehalten habe.

128 Wenn bei einem gegenseitigen Vertrag Leistung und Gegenleistung in einem **evidenten Mißverhältnis** stehen, liegt eine **gemischte Schenkung** vor[24].

---

19 Der Begriff „vorweggenommene Erbfolge“ wird nunmehr auch im Erbschaftsteuergesetz (s. § 13 IIa S. 1 Nr. 2 ErbStG) verwendet.

20 Dazu ausführlich *Klein-Blenkers,* Die Bedeutung subjektiver Merkmale im Erbschaftsteuer- und Schenkungsteuerrecht, Berlin 1992, 100 ff., 123 (zustimmende Besprechung von *Moench,* StVj 93, 356).

21 *I. d. S. Meincke*[10], § 7 Anm. 91 ff.; a. A. etwa *J. Schulze-Osterloh,* StuW 77, 122 sowie Vorauflage, 479. Der hier, im Anschluß an *Meincke,* vertretene Ermittlungsansatz schließt die Anwendung von verfahrensrechtlichen Beweiserleichterungen (etwa „prima facie“, BFH BStBl. 91, 181, 183 a. E.) nicht aus.

22 Dazu *Ebenroth,* Erbrecht, München 1992, Rz. 781, 1357.

23 BFH BStBl. 94, 366, 367 ff.; folgend die Finanzverwaltung, BStBl. I 94, 297; dazu *G. Albrecht,* ZEV 94, 149 ff.; *F. Dötsch,* DStR 94, 638 ff.; kritisch: *Meincke*[10], § 7 Anm. 85 ff.; *Felix,* BB 94, 1342 ff.

24 S. BGH NJW 81, 1956; BFH BStBl. 87, 80; 91, 181, 183.

Beispiel: Ein Kind erhält von seinem Vater teils entgeltlich (1 000 000 DM), teils unentgeltlich Grundbesitz im Verkehrswert von 5 000 000 DM (anzusetzender Einheitswert 1 000 000 DM) übertragen. Nach herkömmlicher Ansicht wird die vom Kind zu leistende Zahlung von 1 000 000 DM von dem Ansatz des Grundbesitzes mit dem maßgebenden Einheitswert (1 000 000 DM) abgezogen, so daß Schenkungsteuer danach nicht zu zahlen ist. Folgt man dagegen der aktuellen BFH-Rechtsprechung[25], so muß das Rechtsgeschäft in einen entgeltlichen und einen unentgeltlichen Teil zerlegt werden (Argumentation ex § 7 I Nr. 1 ErbStG mit der Formulierung: „. . . soweit der Bedachte . . . bereichert wird")[26]. Für den vorliegenden Fall bedeutet das, daß unter Berücksichtigung des Grundbesitz-Verkehrswertes $^4/_5$ unentgeltlich und $^1/_5$ entgeltlich übertragen werden. Besteuerungsgrundlage sind dann $^4/_5$ des Einheitswerts (800 000 DM) ./. persönlicher Freibetrag von 90 000 DM. Die Schenkungsteuer beträgt danach 63 900 DM (9 v. H. von 710 000 DM). – Dieses Ergebnis ist überwiegend (wohl nicht nur wegen der in der Tat angreifbaren Begründung) auf Ablehnung gestoßen[27].

Als **Schenkung unter Lebenden** gilt auch:

- die Schenkung einer **Beteiligung an einer Personengesellschaft,** in deren Gesell- 129
schaftsvertrag bestimmt ist, daß der neue Gesellschafter bei **Auflösung** der Gesellschaft oder im Falle eines vorherigen Ausscheidens nur den Buchwert seines Kapitalanteils erhält; soweit die Bereicherung den Buchwert übersteigt, gilt sie als auflösend bedingt erworben (§ 7 V ErbStG)[28].

  § 7 V ErbStG will die Fälle erfassen, in denen der neue Gesellschafter (meist sind es Kinder) voll am Gewinn beteiligt wird, so daß ihm auch die Teile des Gewinns zufließen, die aus den offenen oder stillen Reserven erwirtschaftet werden. Soweit die Reserven in den Jahren nach der Schenkung gewinnerhöhend aufgelöst werden, partizipiert der neue Gesellschafter ohnehin über die Gewinnbeteiligung an den Reserven. Sollte die Gesellschaft jedoch aufgelöst werden oder der Gesellschafter vor Auflösung ausscheiden, bevor die im Zeitpunkt der Schenkung vorhandenen Reserven aufgelöst sind, kann der Beschenkte nach § 5 II BewG eine Berichtigung der ursprünglichen Veranlagung nach dem tatsächlichen Wert der ursprünglichen Bereicherung beantragen. – Haben die Eltern V und M, bisherige Gesellschafter einer KG, ihrem Sohn S einen Kommanditanteil geschenkt, aber im Gesellschaftsvertrag mit ihm vereinbart, daß er beim Ausscheiden aus der Gesellschaft nur mit dem Buchwert des Kapitalkontos abgefunden werde, so besteht die Bereicherung des Sohnes nicht nur im Buchwert des eingeräumten Kapitalkontos, sondern auch – insoweit auflösend bedingt – in dem anteiligen Wert der stillen Reserven. Sofern beim Ausscheiden oder bei Auflösung der Gesellschaft die im Zeitpunkt der Schenkung vorhandenen Reserven noch vorhanden sein sollten und folglich V und M zufallen, kann S Berichtigung des Schenkungsteuerbescheids nach § 5 II BewG verlangen;

- das **Übermaß an Gewinnbeteiligung,** das sich ergibt, wenn eine Beteiligung an einer 130
Personengesellschaft mit einer Gewinnbeteiligung ausgestattet wird, die insb. der Kapitaleinlage, der Arbeits- oder der sonstigen Leistung des Gesellschafters für die Gesellschaft nicht entspricht oder die einem fremden Dritten üblicherweise nicht eingeräumt würde (§ 7 VI ErbStG); es soll verhindert werden, daß dem Beschenkten

---

25 BFH BStBl. 82, 83; 82, 714; 89, 524; gleichlautende Ländererlasse BStBl. I 89, 445.

26 Der österreichische VwGH (Finanzrechtliche Erkenntnisse/Beilage zur ÖStZ 88, 371, 372) erkennt dagegen, daß „ein einheitlicher Schenkungsvorgang nicht zum Zweck der Schenkungsteuerbemessung aufgespalten werden" kann. Bei der GrESt bringt es der auch für die ErbSt zuständige BFH-Senat hingegen fertig, mehrere Rechtsgeschäfte als „einheitlichen Erwerbsgegenstand" darzustellen und so auch dort die Steuerbemessungsgrundlage erheblich zu erweitern (vgl. etwa BFH BStBl. 91, 465; BFH/NV 94, 339); zur Kritik s. *Balke,* StJ 93, 13, 34 ff. sowie StJ 94; dazu auch § 14, Rz. 4 ff.

27 Statt vieler *Meincke*[10], § 7 Anm. 31 ff.; *ders.,* ZEV 94, 17 – dort krisitiert *Meincke* zutreffend den Entscheidungsstil des 2. BFH-Senats als „überaus knapp, fast wortkarg und insgesamt zitatenarm" sowie als „autoritativ" (22, 23).

28 Dazu *B. Schulz,* in: Schlutius (Hrsg.), Gesellschaften und Gesellschafter im Steuerrecht, FS Nordkirchen, Bonn 1986, 221 ff.; *Schulze zur Wiesche,* DStZ 87, 339, 341 ff.; *Moench,* DStR 89, 594; *Troll,* BB 90, 674. Zum Gegenstand der Schenkung bei Hingabe von Geld zwecks Erwerbs einer Beteiligung: Hess. FG EFG 90, 433.

über eine erhöhte Gewinnbeteiligung ein nicht besteuerbarer Vermögensvorteil zugewendet werden kann[29] (vgl. BT-Drucks. 6/3418, 60);

131 – die beim Ausscheiden eines Gesellschafters (einer Personal- oder Kapitalgesellschaft) eintretende **Bereicherung der anderen Gesellschafter oder der Gesellschaft** (§ 7 VII ErbStG). § 7 VII ErbStG und § 3 I Nr. 2 Satz 2 ErbStG entsprechen einander und sind ab 1. 1. 1993 gleichermaßen unbedeutend geworden (s. daher Rz. 120). § 7 VII ErbStG erfaßt die Fälle, in denen die Bereicherung bei Ausscheiden zu Lebzeiten eintritt[30].

132 Als Schenkung unter Lebenden gilt es nicht, wenn eine **Zugewinngemeinschaft** (§ 1363 BGB) **unter Lebenden** güterrechtlich (s. § 1371 II BGB) abgewickelt wird (§ 5 II ErbStG)[31].

133 Die Steuerpflicht der Schenkung unter Lebenden setzt voraus, daß die Zuwendung ausgeführt ist (s. § 9 I Nr. 2 ErbStG). Sie ist ausgeführt, wenn die Rechtsposition des Beschenkten bürgerlich-rechtlich gesichert ist[32]. Dabei soll nach BFH BStBl. 83, 179 nicht Voraussetzung sein, daß der Beschenkte *wirtschaftlicher Eigentümer* ist.

134 **2.3** Die **Zweckzuwendungen** (§ 1 I Nr. 3 ErbStG): Das sind Zuwendungen von Todes wegen oder freigebige Zuwendungen unter Lebenden, die mit der *Auflage* verbunden sind, *zugunsten eines bestimmten Zwecks* (etwa eines sozialen) verwendet zu werden, oder die von der Verwendung zugunsten eines bestimmten Zwecks abhängig sind, soweit hierdurch die Bereicherung des Erwerbers gemindert wird (§ 8 ErbStG).

Die Eigenart einer Zweckzuwendung besteht darin, daß das Zugewandte nicht einer bestimmten Person und deshalb auch nicht dem Interesse des Zuwendenden, sondern einem objektiv bestimmten Zweck zugute kommen soll (RT-Drucks. 1/4856, 13 zum ErbStG 1922). Nach Auffassung der Finanzverwaltung (BB 86, 250, 251; DB 86, 621) ist im Falle einer Zuwendung für politische Zwecke eine Zweckzuwendung gegeben; Steuerschuldner sei etwa die mit der Ausführung der Zweckzuwendung beschwerte Vereinigung. Nach BFH BStBl. 87, 861 liegt eine Zweckzuwendung dagegen „nicht vor, wenn der Bedachte ein Sparguthaben mit der Auflage erhält, die zu Lebzeiten mit dem Erblasser vereinbarte Pflege seines Grabes zu besorgen"; vgl. auch BFH BStBl. 91, 161: Pflege eines Pudels.

135 **2.4** Das **Vermögen einer Stiftung** (s. §§ 80 ff. BGB), sofern sie wesentlich im Interesse einer Familie oder bestimmter Familien errichtet ist *(Familienstiftung)*, und **eines Vereins** (s. §§ 21 ff. BGB), dessen Zweck wesentlich auf die Bindung von Vermögen im Interesse einer Familie oder bestimmter Familien gerichtet ist *(Familienverein)*, und zwar in Zeitabständen von je 30 Jahren (§ 1 I Nr. 4 ErbStG), beginnend 30 Jahre nach dem ersten Übergang von Vermögen auf die Stiftung oder den Verein, jedoch bei bereits bestehenden Stiftungen oder Vereinen frühestens beginnend am 1. 1. 1984 (s. § 9 I Nr. 4 ErbStG).

136 Ein Erblasser kann die Zersplitterung seines Vermögens dadurch verhindern, daß er es auf eine Stiftung überträgt. Das Stiftungsvermögen wird natürlichen Personen (über Anteile) nicht zugeordnet, die Stiftung gehört sich selbst. Der Übergang von Vermögen auf eine Stiftung ist ein besteuerbarer Vorgang, gleich, ob der Übergang von Todes wegen oder unter Lebenden geschieht (§§ 3 II Nr. 1, 7 I Nr. 8 ErbStG). Früher war nach einem solchen Übergang das Stiftungsvermögen so lange – eventuell über viele Generationen hinweg – der Erbschaftsteuer entzogen, bis die Stiftung aufge-

29 Zur Ermittlung der Bereicherung (des Übermaß-Wertes) s. Ländererlasse v. 10. 3. 1976, BStBl. I 76, 145, 146; *Meincke*[10], § 7 Anm. 133 ff.

30 Nach *Kleinehr*, Die Anwendbarkeit des § 7 Abs. 7 ErbStG bei allseitigen Buchwert-Abfindungsvereinbarungen in Gesellschaftsverträgen der Personengesellschaften, Diss. Mannheim 1981, 189, knüpft § 7 VII ErbStG „an eine tatsächlich gegebene objektive Bereicherung an". Das FG München (EFG 90, 433) hat die Verfassungsmäßigkeit des § 7 VII ErbStG untersucht und bejaht.

31 Dazu *Meincke*, DStR 86, 135, 138 ff.

32 Zur Grundstücksschenkung BFH BStBl. 91, 320; *Bolz*, UVR 91, 183.

hoben wurde (s. § 7 I Nr. 9 ErbStG). Um zu verhindern, daß durch eine solche Übertragung auf die „tote Hand" Erbschaftsteuervorteile erzielt werden, unterwirft § 1 I Nr. 4 ErbStG das Vermögen von Familienstiftungen (und entsprechenden Vereinen; sog. Geliebtenstiftungen werden nicht erfaßt) in Abständen von je 30 Jahren einer turnusmäßigen Erbschaftsbesteuerung.

Dabei wird in Anlehnung an den üblichen Generationswechsel ein Erbfall mit einem Erblasser, der zwei Kinder hinterläßt, konstruiert; mithin sind die entsprechenden Freibeträge und Steuersätze anzuwenden (vgl. § 15 II 3 ErbStG). Die Steuerschuld kann nach § 24 ErbStG verrentet und/oder nach § 28 II ErbStG gestundet werden. Eine Auflösung für inländische (dazu BFH BStBl. 90, 221) Familienstiftungen und -vereine bis zum 31. 12. 1983 war besonders begünstigt (Art. 7 ErbStRG)[33].

Diese Erbersatzsteuer (oder Ersatzerbschaftsteuer) wurde als verfassungsrechtlich bedenklich[34] 137
beurteilt, weil durch sie für einen eng umgrenzten Kreis von juristischen Personen eine Tote-Hand-Steuer eingeführt wurde, obwohl mit dieser Belastung die dahinter stehenden natürlichen Personen getroffen werden sollen. Nach BVerfGE 63, 312 indessen ist die Erbersatzsteuer verfassungsgemäß.

Die Frage, ob es gerechtfertigt ist, die Erbersatzsteuer nur von Familienstiftungen und -vereinen, nicht aber von **Nichtfamilienstiftungen** zu erheben, hat das Bundesverfassungsgericht nicht erörtert. Insoweit hat der Gesetzgeber die zu Recht eingeführte Erbersatzsteuer nicht lückenlos ausgestaltet.

2.5 Befreiungen

Es bestehen zahlreiche Steuerbefreiungen. Die wichtigsten davon sind:

a) **Persönliche Freibeträge** (§ 16 ErbStG i. V. mit § 15 ErbStG). Sie betragen: 138

für den Ehegatten (und zwar auch dann, wenn keine Abkömmlinge vorhanden sind)	250 000 DM
für Kinder[35] und Enkel, die in Steuerklasse I fallen	90 000 DM
für Enkel, die nicht in Steuerklasse I fallen	50 000 DM
für Personen der Steuerklasse III	10 000 DM
für Personen der Steuerklasse IV	3 000 DM

Die Freibeträge beziehen sich auf den **Erwerb von einem bestimmten Erblasser** oder Schenker. Folglich können Eltern (wenn beide Elternteile Vermögen besitzen) jedem Kind ein Vermögen mit einem Steuerwert von 90 000 DM steuerfrei zuwenden. Da zeitlich aufeinanderfolgende Erwerbe, die innerhalb von **zehn Jahren** anfallen und von derselben Person stammen, zusammenzurechnen sind (§ 14 ErbStG), gelten die Freibeträge jeweils für diesen Zeitraum. Sie sind nach Ablauf dieser Zeit erneut zu gewähren. Infolgedessen können alle zehn Jahre die Freibeträge ausgenutzt werden. Die Folge ist eine Milderung der Erbschaftsteuerprogression. Vater und Mutter können den Kindern etwa alle zehn Jahre je 90 000 DM steuerfrei schenken (s. auch Rz. 167).

b) **Besonderer Versorgungsfreibetrag für Ehegatten und Kinder** (§ 17 ErbStG) 139

Dem überlebenden Ehegatten steht neben dem persönlichen Freibetrag (§ 16 I Nr. 1 ErbStG) ein besonderer Versorgungsfreibetrag von 250 000 DM zu. Hat der Ehegatte aus Anlaß des Todes des Erblassers Anspruch auf nicht der Erbschaftsteuer unterliegende Versorgungsbezüge, so ist der Freibetrag um den Kapitalwert (§ 14 BewG) der Versorgungsbezüge zu kürzen (§ 17 I 2 ErbStG).

Kindern steht für Erwerbe von Todes wegen ein nach dem Alter gestaffelter besonderer Versorgungsfreibetrag von höchstens 50 000 DM und mindestens 10 000 DM zu. Auch insoweit ist eine Kürzung wegen nicht der Erbschaftsteuer unterliegender Versorgungsbezüge vorgesehen (Einzelheiten in § 17 II ErbStG).

33 Kritisch zur Mindestbesteuerung des § 15 II Satz 2 ErbStG *Meincke*[10], § 15 Anm. 25.
34 Dazu eingehend *Meincke*, StuW 82, 169 m. w. N.; *Felix*, DStZ 82, 355; *Sorg*, BB 83, 1620.
35 Nach einem Beschluß der 1. Kammer des 1. Senats des Bundesverfassungsgerichts ist eine Gleichstellung von Kindern und Ehegatten bei den Freibeträgen verfassungsrechtlich nicht geboten (DStZE 88, 277).

Der Erbschaftsteuer nicht unterliegende Versorgungsbezüge sind **Bezüge der Hinterbliebenen** eines Beamten, Hinterbliebenenbezüge aus der Sozialversicherung oder aus einer berufsständischen Pflichtversicherung, gesetzlich geregelte Bezüge der Hinterbliebenen von Abgeordneten und nach der neueren BFH-Rechtsprechung[36] auch vertragliche Hinterbliebenenbezüge aus einem Arbeitsverhältnis des Erblassers.

Durch die **Kürzung des Versorgungsfreibetrages,** die die Wirkung einer begrenzten indirekten Besteuerung haben kann, sollte nach den Gesetzesmaterialien (BT-Drucks. 6/3418, 70 f.)

- „die unterschiedliche erbschaftsteuerliche Behandlung der auf Gesetz beruhenden Versorgungsbezüge einerseits und der auf einem privaten Anstellungsvertrag beruhenden Versorgungsbezüge andererseits im Grundsatz beseitigt" und
- „gleichzeitig auch denjenigen Hinterbliebenen ein angemessener Ausgleich gewährt werden, denen aus Anlaß des Todes des Erblassers keine oder nur geringe Versorgungsbezüge zustehen".

Da auch die auf Arbeits-/Dienstvertrag beruhenden Versorgungsbezüge nicht mehr der Erbschaftsteuer unterliegen[37], geht der erste Teil der Gesetzesbegründung nun ins Leere (das spricht gegen die aufgeführte[38] BFH-Rechtsprechung); der zweite Teil behält jedoch weiterhin seine Gültigkeit, damit § 17 ErbStG seine Existenzberechtigung (s. BFH BStBl. 83, 19).

Im Hinblick auf das Besteuerungsgut (= Zuwachs an wirtschaftlicher Leistungsfähigkeit) ist es allerdings kaum zu rechtfertigen, daß **Versorgungsbezüge,** die **kraft Gesetzes** (zum Teil auch **kraft Vertrages**) gezahlt werden, nicht der Erbschaftsteuer unterliegen[39]. Der Versorgungsempfänger erhält nämlich – nicht anders als ein Erbe von Mobilien und Immobilien – einen Vermögenszuwachs. Die Kürzung des Versorgungsfreibetrages berührt nur den Rentner, der zusammen mit seinem Versorgungsanspruch noch weitere (erhebliche) Vermögenswerte erwirbt. Dagegen erhält der Erwerber anderer Vermögensposten zwar den Versorgungsfreibetrag, dieser kommt aber bei einem beträchtlichen Vermögensübergang nicht über eine *Trostpflasterfunktion* hinaus. BFH BStBl. 83, 19, 21 behauptet jedoch, es sei verfassungsrechtlich nicht geboten, die Höhe des Versorgungsfreibetrages an den höchsten Hinterbliebenenbezügen zu orientieren. Zumindest die Ausdehnung der erbschaftsteuerlichen Freistellung von Versorgungsbezügen (vgl. BFH BStBl. 81, 715) sollte unterbleiben (i. d. S. BFH BStBl. 83, 775; 86, 265, 267; BFH/NV 86, 96)[40].

140 c) Nach BFH BStBl. 83, 114 wird der überlebende Partner einer **nichtehelichen Lebensgemeinschaft** erbschaftsteuerrechtlich einem überlebenden Ehegatten *nicht* gleichgestellt (so auch BVerfG BStBl. 84, 172)[41]. Die Ehegattenfreibeträge stehen ihm danach nicht zu.

141 d) Für Erwerbe, die der **beschränkten Steuerpflicht** (§ 2 I Nr. 3 ErbStG) unterliegen, beträgt der Freibetrag (anstelle des Freibetrags nach § 16 I ErbStG) 2000 DM (§ 16 II ErbStG).

142 e) **Sachliche Befreiungen** ergeben sich aus §§ 13, 18 ErbStG (erhebliche Abweichungen von §§ 110, 111 BewG!). Steuerfrei sind insb.:

- Hausrat sowie Kunstgegenstände und Sammlungen bei Personen der Steuerklassen I und II bis zum Betrag von 40 000 DM, bei Personen der Steuerklassen III und IV bis zum Betrag von 10 000 DM. Für andere bewegliche körperliche Gegenstände gibt es einen Freibetrag von 5000 DM in den Steuerklassen I, II, einen Freibetrag von 2000 DM in den Steuerklassen III, IV;
- Grundbesitz, Kunstgegenstände und Sammlungen, deren Erhaltung im öffentlichen Interesse liegt, unter bestimmten Voraussetzungen bis zu 100 v. H. des Wertes;
- das gesetzliche Vermächtnis nach § 1969 BGB (der sog. Dreißigste);

36 Vgl. BFH BStBl. 81, 715; 82, 27; modifiziert durch: BVerfGE 79, 106, 120; BFH BStBl. 90, 322; 90, 325; bestätigt durch BVerfG BStBl. 94, 547; dazu auch *Schuhmann,* UVR 93, 104.

37 S. Fn. 36.

38 S. Fn. 36.

39 Zustimmend *Crezelius,* Steuerrecht BT, München 1991, 334.

40 Vgl. auch *Meincke*[10], § 17 Anm. 14 f.

41 Dazu kritisch *Meincke*[10], § 17 Anm. 5; vgl. auch Rz. 162.

- Zuwendungen unter Lebenden zum Zwecke des angemessenen Unterhalts oder zur Ausbildung des Bedachten;
- die üblichen Gelegenheitsgeschenke (z. B. Hochzeits-, Weihnachtsgeschenke);
- der Verzicht auf die Geltendmachung des Pflichtteilsanspruchs oder des Erbersatzanspruchs;
- Zuwendungen zu ausschließlich kirchlichen, gemeinnützigen oder mildtätigen Zwecken;
- Zuwendungen an politische Parteien.

Zu den steuerbefreiten Zuwendungen an politische Parteien (§ 13 I Nr. 18 ErbStG) gehören nicht die Wahlkampfzuwendungen an Kandidaten für ein neu zu wählendes Parlament[42]. Solche Wahlkampfunterstützungen sind auch keine steuerbefreiten „Anfälle an den Bund" bzw. „Anfälle, die ausschließlich Zwecken des Bundes dienen" (§ 13 I Nr. 15 ErbStG), da die Zuwendungsempfänger lediglich Wahlkandidaten (also noch nicht einmal Mitglieder) des neu zu wählenden und neu zu konstituierenden Parlaments sind[43]. 143

Unter bestimmten Voraussetzungen erhalten **Betriebsvermögens-Erwerber** einen Freibetrag in Höhe von 500 000 DM, der bei Veräußerung innerhalb von fünf Jahren nach Erwerb wieder entfällt (§ 13 IIa ErbStG; Rz. 57 ff., 64)[44]. 144

Nach § 13 III 2 ErbStG kann der Erwerber in bestimmten Fällen auf die sachliche Steuerbefreiung verzichten. Dies ist insbesondere von Bedeutung für die bewertungsrechtlich privilegierten Grundstücke, die mit Schulden belastet übertragen werden (dazu Rz. 156). Der sich bewertungsrechtlich ergebende Schuldenüberhang soll mit weiterem Erwerb verrechnet werden können[45]. 145

3. Steuersubjekte

Steuersubjekte (Steuerschuldner) der Erbschaftsteuer ist (§ 20 ErbStG): 146

a) wer etwas von Todes wegen erwirbt;

b) wer schenkweise etwas erwirbt oder etwas verschenkt; **Beschenkter** und Schenker sind Gesamtschuldner (§ 44 AO); die **Erfassung des Schenkers,** dessen Leistungsfähigkeit sich durch die Schenkung mindert, ist unter dem Leistungsfähigkeitsaspekt nicht gerechtfertigt, sie ist rein fiskalisch motiviert[46]; nach BFH BStBl. 88, 188 kann das Finanzamt von dem Schenker – als Gesamtschuldner – selbst dann Schenkungsteuer fordern, wenn gegenüber dem Beschenkten schon ein bestandskräftiger und eine zu geringe Steuer ausweisender Schenkungsteuerbescheid ergangen ist;

c) bei einer Zweckzuwendung: der **mit der Ausführung der Zuwendung Beschwerte;** unter dem Leistungsfähigkeitsaspekt müßte herangezogen werden, wer durch die Zuwendung bereichert ist;

d) in den Fällen des § 1 I Nr. 4 ErbStG: die **Stiftung** oder der **Verein.**

e) Erwerber kann auch eine **Gesamthandsgesellschaft** (OHG, KG, GbR) sein (Änderung einer jahrzehntelangen Rechtsprechung durch BFH BStBl. 89, 237)[47].

---

42 Dazu Erlaß des FinMin. NW v. 14. 11. 1985, DVR 86, 21.

43 A. A. *G. Felix*, DVR 86, 18.

44 *G. Felix* (BB 94, 477) sieht (wegen der Kompliziertheit dieser erbschaftsteuerlichen Befreiungsregelung) die Zeit heranreifen, „in der die einschlägigen Berufsordnungen Fachsteuerberater für Steuerfreibeträge und Fachanwälte für Steuerfreibeträge zulassen müssen" (481); vgl. auch *Odenthal*, ZEV 94, 26; *Schauhoff*, ZEV 94, 154; *Gebel*, UVR 94, 172; *Lang*, StbJb. 1993/94, Köln 1994, 9, 30.

45 Dazu *Moench/Kien-Hümbert* (Loseblatt), § 13 Rz. 111, Stand 1/1994.

46 *Tipke* (StRO II, 753) bezeichnet dies als (unzulässige) „Verkehrsteuer-Reminiszenz".

47 Im Anschluß an *Meincke*[10], § 20 Anm. 4.

147 Der **Vorerbe** wird wie der Vollerbe behandelt (§ 6 I ErbStG; s. auch § 20 IV ErbStG). Der **Nacherbe** wird prinzipiell so behandelt, als habe er vom Vorerben erworben (§ 6 II ErbStG); seine Anwartschaft gehört nicht zu seinem Nachlaß (§ 10 IV ErbStG). Durch diese Doppelbelastung der Erbschaft wird vom Zivilrecht abgewichen. Bürgerlich-rechtlich ist der Nacherbe Erbe des Erblassers (§§ 2100, 2139 BGB).

148 Zurechnung im **Sonderfall der fortgesetzten Gütergemeinschaft:** Im Falle der Fortsetzung einer ehelichen Gütergemeinschaft (§§ 1483 ff. BGB) wird der Anteil des verstorbenen Ehegatten am Gesamtgut so behandelt, als wenn er ausschließlich bei den anteilsberechtigten Abkömmlingen angefallen wäre; es wird dadurch abweichend von § 1483 I 2 BGB ein Erbfall konstruiert. Im Falle des Todes eines anteilsberechtigten Abkömmlings gehört dessen Anteil am Gesamtgut abweichend von § 1490 Satz 1 BGB zu seinem Nachlaß. Als Erwerber des Anteils gelten diejenigen, denen der Anteil nach § 1490 Sätze 2 und 3 BGB zufällt (§ 4 ErbStG).

Spezialfälle der **Haftung** regelt § 20 III–VII ErbStG[48].

4. Inländische Steuergewalt

149 Die Erbschaftsteuerpflicht ist unbeschränkt, d. h. sie erstreckt sich auf den **gesamten in- und ausländischen Erbanfall**[49], wenn der Erblasser zur Zeit seines Todes oder der Erwerber zur Zeit der Entstehung der Steuer ein Inländer ist – oder wenn beide an den genannten Stichtagen Inländer sind. Als Inländer gelten insb. natürliche Personen mit Wohnsitz oder Aufenthalt bzw. Körperschaften mit Sitz oder Geschäftsleitung im Inland (Einzelheiten in § 2 ErbStG). Das **Anti-Doppelbesteuerungs-Recht** der Erbschaftsteuer ist im Vergleich zu den zahlreichen Regelungen auf dem Gebiet der Einkommen- und Körperschaftsteuer unterentwickelt[50]. Zu kritisieren ist, daß erst die einzelnen nationalen weltweiten Bereicherungsprinzipien zu der Doppelbesteuerung führen, die dann in einem zweiten Schritt durch Anti-Doppelbesteuerungsabkommen mühsam abzubauen sind. Sinnvoller wäre es, schon im ersten Schritt – bei der Festlegung dessen, was letztlich zu versteuern ist – ein bescheideneres Besteuerungsprinzip zu kreieren.

Inländer sind auch deutsche Staatsangehörige, die sich nicht länger als 5 Jahre dauernd im Ausland aufgehalten haben, ohne im Inland einen Wohnsitz zu haben (§ 2 I Nr. 1 b ErbStG). Bei Wohnsitzverlegung in ein sog. Steueroasenland besteht nach Ablauf der 5 Jahre noch für weitere 5 Jahre eine erweiterte beschränkte Steuerpflicht (§§ 2 I, 4 AStG).

Die **beschränkte Steuerpflicht** erstreckt sich auf das **Inlandsvermögen** i. S. des § 121 II BewG (§ 2 I Nr. 3 ErbStG).

5. Steuerbemessungsgrundlage, Stichtag

5.1 Allgemeines

150 Steuerbemessungsgrundlage der Erbschaftsteuer ist der **Wert der Bereicherung** des Erwerbers, soweit diese nicht steuerfrei ist (§ 10 I 1 ErbStG).

151 Bei Erwerben von Todes wegen sind vom Wert des Vermögensanfalls die **Nachlaßverbindlichkeiten** abzuziehen (§ 10 I 2 ErbStG), insb. (nicht-betriebliche) Schulden des

48 Zur Garantenstellung des Vermögensverwahrers (§ 20 VI 2 ErbStG) BFH BStBl. 94, 116 sowie *Petzoldt*, KFR 94 F. 10 ErbStG § 20, 1/94, 113.

49 Zur Erbschaftsteuer bei Auslandsanlagen: *Fischer*, BB 84, 1033. Zu den Erbschaftsteuersystemen in den EG-Ländern: *Wacker*, Intertax 83, 60. Zur Erbschaft- und Schenkungsteuer bei Auslandsbeziehungen *Boochs*, DVR 87, 178; speziell zur „deutsch-amerikanischen Nachlaßplanung“: *Helman*, RIW 90, 684; *Ebenroth*, Erbrecht, München 1992, 997 ff.

50 Dazu die Übersicht von *Meincke*[10], § 2 Anm. 14 ff.

Erblassers[51], **Verbindlichkeiten,** die sich **aus der letztwilligen Verfügung** des Erblassers ergeben (Belastung mit Vermächtnis, Auflagen gegenüber Dritten, geltend gemachten Pflichtteilsansprüchen, Erbersatzansprüchen), Bestattungs- und Grabpflegekosten (Einzelheiten in § 10 III, V ErbStG). Abzugsfähig sind auch **vorweggenommene Erwerbskosten,** nämlich Zuwendungen, die der Erbe zu Lebzeiten des Erblassers an diesen als Gegenleistung für eine vertraglich vereinbarte Erbeinsetzung erbracht hat (BFH BStBl. 84, 37). Unter bestimmten Voraussetzungen vermindert eine Erblasserschuld aus Pflegeleistungen (über den Pauschbetrag des § 13 I Nr. 9 ErbStG, 2000 DM) die Bemessungsgrundlage[52].

§ 25 ErbStG beinhaltet bzgl. bestimmter Nutzungs- und Rentenlasten **Abzugsverbote** 152
und **Stundungsvorschriften**[53].

Nicht abzugsfähig sind Schulden und Lasten, die in wirtschaftlichem Zusammenhang mit Vermögensgegenständen stehen, die nicht der Erbschaftsteuer unterliegen (s. § 10 VI ErbStG), und die Erbschaftsteuer selbst (§ 10 VIII ErbStG).

Der *Wert der Bereicherung* ist grundsätzlich nach den Vorschriften des Ersten Teils des 153
Bewertungsgesetzes zu ermitteln (§ 12 I ErbStG i. V. mit § 9 BewG = **Verkehrswert**), und zwar grundsätzlich auf den Stichtag der Entstehung der Steuer (§ 11 i. V. mit § 9 ErbStG). Das **Stichtagsprinzip** muß unter Leistungsfähigkeitsgesichtspunkten mit dem **Bereicherungsprinzip** in Einklang stehen. Bewertungsstichtag sollte danach durchgängig der Zeitpunkt sein, in dem der Bereicherte erstmals die tatsächliche Verfügungsmöglichkeit über den erlangten Gegenstand erhält[54]. Inländischer Grundbesitz ist mit dem (veralteten) *Einheitswert* anzusetzen, der im Zeitpunkt der Entstehung der Steuer vorliegt (§ 12 II ErbStG). Unter den Voraussetzungen des § 12 III, IV ErbStG können Einheitswertfeststellungen allein für Zwecke der Erbschaft- und Schenkungsteuer erforderlich werden. Wegen der Bewertung des Betriebsvermögens s. § 12 V ErbStG (Rz. 24, 36 ff., 57 ff.). Für nichtnotierte Anteile an Kapitalgesellschaften gelten spezielle Stichtags- und Bewertungsvorschriften (§ 12 I a ErbStG)[55].

Beispiel zu § 12 IV ErbStG: Der Gegenstand einer Schenkung ist der reale Teil eines Grundstücks. Im Zeitpunkt der Entstehung der Steuer (§ 9 I Nr. 2 ErbStG) ist eine neue wirtschaftliche Einheit entstanden. Mithin ist nach § 12 IV ErbStG ein Einheitswert allein für die Berechnung der Schenkungsteuer festzustellen (BFH BStBl. 88, 741).

Nach BFH BStBl. 83, 329, 331 (s. auch BFH BStBl. 92, 669) beschränkt sich die Besteue- 154
rung des Erbfalls beim Alleinerben notwendig auf den Wert der Erbschaft: Folgerichtig könne bei der Besteuerung einer **Mehrheit von Erben** nur der Anteil des einzelnen Miterben an dem durch den Erbfall in Gesamthandseigentum übergegangenen Nachlaß, bewertet mit seinem steuerlichen Wert, als Obergrenze angesetzt werden. Eine **Teilungsanordnung des Erblassers** sei für die Erbschaftsbesteuerung ohne Bedeutung (a. A. noch BFH BStBl. 77, 640). Diese Sichtweise verstellt den Blick auf das Besteuerungsgut. Es kommt nicht darauf an, welchen steuerlichen Wert der Nachlaß hat; allein der einzelne Vermögensanfall ist zu besteuern und folglich zu bewerten. Der österreichische VwGH

51 Auch vom Erblasser herrührende Steuerschulden, die sog. Erblassersteuern, dazu *Moench,* DStR 85, 551, 552 f. Betriebliche Schulden sind bereits im Einheitswert des Betriebsvermögens erfaßt, der die Besteuerung zugrunde gelegt wird (§ 12 V ErbStG). Zur Bewertung von Nachlaßverbindlichkeiten: *Jestädt,* ZEV 94, 161. Zur Behandlung von Erwerbsnebenkosten bei Schenkungen: FinMin Saarland, StEd 94, 451.

52 Dazu *Meincke*[10], § 10 Anm. 49; *Moench/Kien-Hümbert* (Loseblatt), § 10 Rz. 58 ff., Stand 11/1992.

53 Dazu *Schuhmann,* UVR 91, 172; *Sosnitza,* UVR 92, 77.

54 So auch *Meincke*[10], § 9 Anm. 2 ff. m. w. N.

55 Dazu *Moench,* ZEV 94, 23; *Halaczinsky,* StStud 94, 107; Ländererlaß Saarland, StEd. 94, 307.

(Finanzrechtliche Erkenntnisse/Beilage zur ÖStZ 84, 436, 437) formuliert: „Der Festsetzung der Erbschaftsteuer (kann) nur der tatsächliche und nicht ein fiktiver Sachverhalt zugrunde gelegt werden." Der II. Senat des BFH will mit seiner neueren Rechtsprechung offenbar **Unterschiede im Bewertungsniveau** einebnen (zu den selbst gesetzten Grenzen der Einebnungsbemühungen s. BFH BStBl. 87, 101, 102). Hierdurch wird jedoch nicht die Wurzel des Übels, nämlich die Abhängigkeit von der Grundbesitz-Einheitsbewertung mit weitreichenden Ungerechtigkeiten (dazu folgender Abschnitt), beseitigt. Vielmehr entstehen so zusätzliche Verwerfungen des Erbschaftsteuerrechts.

5.2 Grundbesitz-Einheitswerte und Erbschaftsteuer

155 Die niedrigen, wirklichkeitsfremden Einheitswerte des Grundbesitzes sind als Erbschaftsteuer-Bemessungsgrundlage auf Dauer nicht haltbar. Dafür ist der Inhalt und die Wucht der Kritik zu stark (dazu Rz. 52 ff.). Die Folgen der erheblichen Unterbewertung – damit der **Privilegierung der Grundbesitz-Erben** bzw. der **Diskriminierung der Sparvermögen-Erben** – veranschaulichen folgende Beispiele:

Beispiel 1: Mutter M verschenkt an Tochter T ein Grundstück mit einem Verkehrswert in Höhe von 450 000 DM. Der anzusetzende Einheitswert beträgt 90 000 DM. Schenkungsteuer fällt hier nicht an, da von den maßgeblichen Einheitswert ein Freibetrag in Höhe von 90 000 DM abzuziehen, demnach die Bemessungsgrundlage 0 DM ist. Dagegen sind 25 200 DM (= 7 v. H. von 360 000 DM) an Schenkungsteuer zu zahlen, wenn M der T 450 000 DM in Sparvermögen schenkweise überträgt.

Beispiel 2: Der Erblasser hinterläßt ein **nichteheliches** und ein **eheliches** Kind. Der Nachlaß besteht aus Grundvermögen mit einem Verkehrswert in Höhe von 1 Mio. DM. Der maßgebende Einheitswert beträgt 180 000 DM. Das nichteheliche Kind hat nach §§ 1934 a, 1934 b BGB einen Erbersatzanspruch in Höhe von 500 000 DM. Dieser Anspruch wird bei Geltendmachung mit seinem Nennwert (§§ 12 I ErbStG i. V. mit 12 I BewG), also – nach Abzug des persönlichen Freibetrages in Höhe von 90 000 DM (§ 16 I Nr. 2 ErbStG) – mit 410 000 DM, der Besteuerung zugrunde gelegt. Nach Steuerklasse I (§§ 15 I, 19 I ErbStG) ergibt sich hiernach für das nichteheliche Kind eine Steuerlast in Höhe von 30 750 DM.

Die Steuerberechnung für das eheliche Kind führt dagegen zu einem völlig anderen Ergebnis. Von dem anzusetzenden Einheitswert (180 000 DM) für das Grundvermögen wird nach § 10 I, V Nr. 2 ErbStG der Erbersatzanspruch (500 000 DM) des nichtehelichen Kindes als Nachlaßverbindlichkeit abgezogen, so daß das eheliche Kind – auch ohne Inanspruchnahme des persönlichen Freibetrages – von der Erbschaftsteuer freigestellt ist.

Hinterläßt dagegen der Verstorbene statt eines nichtehelichen und eines ehelichen Kindes entweder zwei eheliche oder zwei nichteheliche Kinder, so ist hier allein der Einheitswert des Grundbesitzes (bzw. je $^1/_2$ von 180 000 DM) maßgebend; die §§ 1934 a, 1934 b BGB finden nämlich nur dann Anwendung, wenn neben ehelichen Abkömmlingen des Erblassers oder neben dem überlebenden Ehegatten des Erblassers nichteheliche Kinder vorhanden sind. Die Folge ist, daß nach Abzug der persönlichen Freibeträge von jeweils 90 000 DM die jeweilige Steuerlast 0 DM beträgt.

156 Bei **fremdfinanziertem** Grundbesitz können sich die Begünstigungseffekte für Grundbesitzer noch erheblich verstärken: Die mit dem Grundbesitz zusammenhängenden Belastungen werden voll zum Abzug zugelassen. Dies führt im Ergebnis oft zur Nichtbesteuerung des Grundbesitzes und anderer Vermögensgegenstände, die von den Grundstückslasten noch mit umfaßt bleiben (dazu 12. Aufl. S. 472 – nach dem dort gebildeten Beispiel kann ein Vermögen im Verkehrswert von 16 Mio. DM erbschaftsteuerfrei übertragen werden).

157 Darüber hinaus ziehen die von den Verkehrswerten erheblich nach unten abweichenden Einheitswerte beträchtliche **Abgrenzungsprobleme** nach sich, weil erst durch die unterschiedliche Bewertung die Frage nach dem genauen Erb- oder Schenkungsgegenstand akut wird.

Beispiel: Schenkt ein Vater seinem Kind ein Grundstück (Verkehrswert 450 000 DM; maßgebender Einheitswert 90 000 DM), so ergibt sich nach Abzug des persönlichen Freibetrages von 90 000 DM ein steuerpflichtiger Erwerb von 0 DM und demgemäß eine Schenkungsteuerschuld von 0 DM.

25 200 DM an Schenkungsteuer sind zu zahlen, wenn der Vater statt Grundvermögen 450 000 DM in Spar- oder Wertpapiervermögen verschenkt.

Dagegen ergibt sich wiederum eine Schenkungsteuerschuld von 0 DM, wenn der Vater seinen Kind die **Anschaffungskosten** von 450 000 DM für ein bestimmtes Grundstück zur Verfügung stellt (vgl. BFH BStBl. 79, 533), denn dann gilt die Geldschenkung als Grundstücksschenkung und folglich ist der maßgebende Einheitswert des zu erwerbenden Grundstücks anzusetzen.

Streit besteht nun allerdings darüber, wie genau das Grundstück bestimmt sein muß, für dessen Anschaffung das Geld hingegeben wird[56].

Wie **willkürlich, zufällig** und **kaum vermeidbar** eine Erbschaftsteuerbelastung aufgrund der chaotischen Bewertungsanordnungen des § 12 ErbStG mitunter sein kann, macht auch noch ein dramatischer Gerichtsfall aus Niedersachsen deutlich[57]: 158

Beispiel: Ein Starfighter stürzte auf ein bewohntes Hausgrundstück. So wurde durch staatliches Handeln ein Erbfall ausgelöst. Die Erben mußten entsprechend der derzeitigen Gesetzeslage die von der Bundeswehr erlangte finanzielle Entschädigung für das zerstörte Wohnhaus nach dem Nennwert der Entschädigung voll versteuern. Den Erben blieb verständlicherweise unklar, warum nun gerade sie aus dem Kreis der begünstigten Wohnhaus-Erben auszugrenzen waren.

Unter dem Aspekt der Besteuerung nach der Leistungsfähigkeit ergeben sich **Ungleichbehandlungen** zwischen Grundbesitz-Erben und Erben anderer Vermögensposten einerseits und, da die verschiedenen Grundstücksarten nicht nach einheitlichem Maßstab bewertet werden (dazu § 12 Rz. 28 ff., 52 ff.), unter Grundbesitz-Erben andererseits. Nach *M. Balke*[58] sollte wegen Art. 3, 6 V, 2 I GG der Grundbesitz-Einheitswert bei der Erbschaftsteuer durch den **Verkehrswert** ersetzt werden. 159

6. Tarif

Die Höhe der Steuerbelastung hängt – neben den oben aufgeführten Befreiungstatbeständen – zum einen ab vom **Verwandtschaftsgrad**[59] oder von der **Heirat,** zum anderen vom **Umfang des Erwerbs.** Die aufgrund Abstammung oder Ehe gegebene persönliche Nähe des Bereicherten zum Erblasser oder Schenker verringert die Steuerlast. So kann die Bereicherung eines Kindes des Erblassers erbschaftsteuerfrei, hingegen die wertgleiche Bereicherung eines Dritten mit 10 000 DM oder mehr belastet sein. Diese Tarifgestaltung 160

56 Zur Meinungsvielfalt *Meincke*[10], § 7 Anm. 19 ff.; *Moench* (DStR 90, 335) verspottet geistreich das sog. Rechtsinstitut der mittelbaren Grundstücksschenkung – zur Einschätzung des Moench-Beitrags als „Persiflage" vgl. *K. Tipke*; StRO II, 758; zur „mittelbaren Grundstücksschenkung" im Zusammenhang mit § 10 e EStG vgl. § 20 Rz. 40; zur Grundstücksschenkung an das verheiratete Kind: *Moench*, DStR 94, 607; *Moench/Kien-Hümbert* (Loseblatt), § 7 Rz. 42c, Stand 4/1994.

57 Diesen Prozeß (Az. III 389/89 des Nds. FG) beendeten die Beteiligten in 1993 durch Erledigungserklärungen.

58 Einheitswert oder Verkehrswert für Grundbesitz im Erbschaftsteuer- und Schenkungsteuerrecht? Theoretische und praktische Argumente, Berlin 1984, 92 ff. Zur Abkoppelung der Erbschaftsteuer von der Grundbesitz-Einheitsbewertung ausf. *Balke* a. a. O., 92 ff. (dazu 11. Auflage, S. 385 f.); zur verfassungsrechtlichen Problematik der Grundbesitz-Einheitsbewertung vgl. auch Rz. 52 ff. und BVerfG BStBl. 94, 133 – dazu Besprechungsaufsatz von *M. Balke,* StJ 94; speziell zu Art. 6 V GG: *Bacher,* BB 92, 2333; *Barth/Wagenitz,* ZEV 94, 79.

59 Vgl. dazu auch die Sonderregeln der §§ 3 II; 6 II 1, 2 ErbStG (betr. *Nacherben*).

entspricht wohl – genau wie die Festlegung der persönlichen Freibeträge nach §§ 16, 17 ErbStG – dem Gefühl, daß das Vermögen „als der Familie gehörig" anzusehen sei[60].

161 Das Erbschaftsteuerrecht berücksichtigt danach die bürgerlich-rechtlichen Eigentumsverhältnisse nicht vollends. Es hebt sich stellenweise hinsichtlich der Verwandtschaftsverhältnisse auch von bürgerlich-rechtlichen Vorgaben ab. So bleibt das von einem Dritten **adoptierte, leibliche Kind** des Erblassers – entgegen § 1755 BGB – erbschaftsteuerrechtlich ein Kind des Verstorbenen (vgl. § 15 I a ErbStG – dazu BFH BStBl. 86, 613, 615). Danach schlägt die tatsächliche Abstammung eines Kindes, trotz nachträglicher Veränderung der rechtlichen Verhältnisse, erbschaftsteuerrechtlich durch. Konsequent wäre es in diesem Sinne, auch das leibliche Kind eines sog. **nichtehelichen Vaters** in jedem Falle als Kind des Erzeugers anzuerkennen[61].

Beispiel: A und B sind verheiratet. A bekommt von C ein Kind. Nach § 1591 II BGB wird B, nicht C, als Vater des Kindes vermutet. Zwischen B und dem Kind besteht ein rechtliches, zwischen C und dem Kind ein tatsächliches Kindschaftsverhältnis. Das Kind wird von B und C reich beschenkt. Beide Schenkungen müßten nach dem günstigen Kindtarif der Steuerklasse I (§ 15 I ErbStG) besteuert werden.

162 Es bestehen **vier Steuerklassen** (§ 15 ErbStG). In die einzelnen Klassen fallen insbesondere:

Steuerklasse I: Ehegatte[62], Kinder, Stiefkinder;

Steuerklasse II: Enkel und Urenkel, Eltern und Voreltern bei Erwerb von Todes wegen;

Steuerklasse III: Eltern und Voreltern (soweit nicht Steuerklasse II zutrifft), Geschwister, Abkömmlinge ersten Grades von Geschwistern, Stiefeltern, Schwiegerkinder[63], Schwiegereltern, geschiedene Ehegatten[64];

Steuerklasse IV: alle übrigen Erwerber, das sind insb. alle juristischen Personen, wie Stiftungen usw.[65], und die Zweckzuwendungen.

---

60 So *Enneccerus*, Vermögensteuer, fundierte Einkommensteuer oder Erbschaftsteuer?, Marburg 1893, 45. Nach BFH BStBl. 83, 114, 116 ist die Steuerklasseneinteilung nach § 15 ErbStG nicht willkürlich; dazu auch FG Hamburg EFG 87, 37.

61 A. A. FG München EFG 87, 255; vgl. auch *Meincke*[10], § 15 Anm. 6 b).

62 Der überlebende Partner einer *nichtehelichen Lebensgemeinschaft* wird einem Ehegatten erbschaftsteuerrechtlich nicht gleichgestellt (BFH BStBl. 83, 114; BVerfG BStBl. 84, 172; 90, 103; 90, 764).

63 Nach BFH BStBl. 89, 898 zählen dazu auch Stiefschwiegerkinder.

64 Die Partner einer für nichtig erklärten Ehe sind geschiedenen Ehegatten gleichgestellt, BFH BStBl. 87, 174. Nach FG Bad. Württ. (EFG 85, 249) kann die Anwendung der Steuerklasse III auf Verlobte aus sachlichen Billigkeitsgründen geboten sein.

65 Bei Errichtung einer *Familienstiftung* ist der Besteuerung das Verwandtschaftsverhältnis des nach der Stiftungsurkunde entferntest Berechtigten zum Stifter zugrunde zu legen. Bei Auflösung einer Stiftung gilt als Schenker der Stifter. Der Besteuerung ist jedoch mindestens der sich nach Steuerklasse II ergebende Tarif zugrunde zu legen. Bei Erhebung der Erbersatzsteuer für Familienstiftungen wird der doppelte Freibetrag für Kinder gewährt. Die Steuer wird nach dem Steuersatz der Steuerklasse I festgesetzt, der für die Hälfte des zu versteuernden Vermögens gelten würde (§ 15 II ErbStG); vgl. auch Rz. 135 ff.

Die **Steuersätze** betragen (§ 19 I ErbStG): 163

Wert des steuerpflichtigen Erwerbs (§ 10) bis einschließlich Deutsche Mark	Vomhundertsatz in der Steuerklasse			
	I	II	III	IV
50 000	3	6	11	20
75 000	3,5	7	12,5	22
100 000	4	8	14	24
125 000	4,5	9	15,5	26
150 000	5	10	17	28
200 000	5,5	11	18,5	30
250 000	6	12	20	32
300 000	6,5	13	21,5	34
400 000	7	14	23	36
500 000	7,5	15	24,5	38
600 000	8	16	26	40
700 000	8,5	17	27,5	42
800 000	9	18	29	44
900 000	9,5	19	30,5	46
1 000 000	10	20	32	48
2 000 000	11	22	34	50
3 000 000	12	24	36	52
4 000 000	13	26	38	54
6 000 000	14	28	40	56
8 000 000	16	30	43	58
10 000 000	18	33	46	60
25 000 000	21	36	50	62
50 000 000	25	40	55	64
100 000 000	30	45	60	67
über 100 000 000	35	50	65	70

Es handelt sich um einen in doppelter Hinsicht **progressiven Tarif.** Die Steuer steigt mit der Höhe des Erwerbs und mit der Steuerklasse von 3 v. H. auf 70 v. H. Die in der Tabelle genannten Sätze sind **Effektivsätze,** nicht Marginalsätze (im Gegensatz zum Einkommensteuertarif) (s. § 9 Rz. 743 ff.). Zu beachten ist die Begrenzung (Steuerkappung durch Stufenübergangsregelung) gemäß § 19 III ErbStG. 164

§ 27 ErbStG sieht **Steuerermäßigungen** zwischen 10 v. H. und 50 v. H. für Fälle vor, in denen bei Personen der Steuerklassen I, II von Todes wegen Vermögen anfällt, das in den letzten zehn Jahren bereits von Personen der Steuerklassen I, II erworben und versteuert worden ist[66]. Steuerermäßigungen können sich auch i. V. mit anderen Gesetzen ergeben, so mit § 8 Schutzbaugesetz (BGBl. I 65, 1232), nicht mit § 35 Satz 1 Reichsheimstättengesetz (BFH BStBl. 87, 867). 165

Kleinbeträge bis 50 DM werden nicht festgesetzt (§ 22 ErbStG). Über Anrechnung ausländischer Erbschaftsteuer s. § 21 ErbStG[67]. 166

Über die Berechnung der Steuer, wenn mehrere innerhalb der letzten zehn Jahre von derselben Person stammende Erwerbe zu berücksichtigen sind, s. § 14 ErbStG[68]. 167

Steuervermeidung: Durch „Zwischenschaltung" von „näherverwandten Personen" können günstigere Steuerklassen[69], durch Aufteilung der Zuwendung auf mehrere Perso- 168

66 Dazu *Steiger,* DVR 84, 147, 162 mit Berechnungsbeispiel.
67 Zum Zeitpunkt der Währungsumrechnung: BFH BStBl. 91, 521 und *Blanke,* DB 94, 116.
68 Dazu umfassend *Jülicher,* Zusammenrechnung mehrerer Erwerbe nach § 14 ErbStG, Der Gesetzgeber ist gefordert, Berlin 1993.
69 Zur sog. Kettenschenkung vgl. BFH BStBl. 94, 128.

nen kann eine Progressionsmilderung erreicht werden. Diese Steuerersparnisse lassen sich in besonders gelagerten Fällen auch nachträglich durch Ausschlagung der Erbschaft erzielen. Jedoch ist eine Gesetzesumgehung i. S. des § 42 AO wirkungslos (dazu § 5 Rz. 95 ff.). Mittel, die Steuerklasse I zu erreichen, sind Heirat und Adoption. Solange Bewertungsunterschiede bestehen (s. § 12 Rz. 52 ff.) wird die „richtige Vermögensstruktur als Mittel der Erbschaftsteuervermeidung" (so *Ebenroth*, Erbrecht, München 1992, 1045 f.) eingesetzt werden[70].

7. Zum Verfahren

169 Jeder der Erbschaftsteuer unterliegende Erwerb ist **binnen drei Monaten** dem Finanzamt anzuzeigen (§ 30 I ErbStG).

Einer **Anzeige** bedarf es nicht, wenn der Erwerb auf einer vom Gericht, vom Notar oder vom deutschen Konsul eröffneten Verfügung von Todes wegen beruht und sich aus der Verfügung das Verhältnis des Erwerbers zum Erblasser unzweifelhaft ergibt oder wenn eine Schenkung unter Lebenden oder eine Zweckzuwendung gerichtlich oder notariell beurkundet ist (§ 30 III ErbStG).

Es bestehen **Anzeigepflichten** von Vermögensverwahrern (insb. Kreditinstituten), Vermögensverwaltern, Versicherungsunternehmen, Gerichten, Behörden, Beamten und Notaren (§§ 33, 34 ErbStG; §§ 5–14 ErbStDV). Bei Verletzung der Anzeigepflicht droht Geldbuße (§ 33 IV ErbStG)[71].

170 Der Erlaß des FinMin. NW v. 4. 7. 1986 (StEK ErbStG 1974 Vor § 1 Nr. 8) informiert im einzelnen über Ermittlungs-, Festsetzungs-, Erhebungsverfahren und „Steuerüberwachung". Das Erbschaftsteuer-Finanzamt ist bei umfangreichen Vermögensübergängen verpflichtet, sog. **Kontrollmitteilungen** (dazu § 22 Rz. 261 ff.) an die für das Einkommen und Vermögen zuständigen Finanzämter des Erblassers sowie an die des Erwerbers zu senden (FinMin.-Erlaß der Länder v. 17. 2. 1986, BStBl. I 86, 82)[72] . *Felix*[73] meint, die sich aus § 33 I ErbStG i. V. mit dem Erlaß v. 17. 2. 1986 ergebende „Totalüberwachung" habe seit der Einführung des § 30 a AO („Schutz von Bankkunden") durch das Steuerreformgesetz v. 25. 7. 1988 (BGBl. I 88, 1093) „keine Rechtsgrundlage mehr". Indes ist die „neuorganisierte Nichtkontrolle" der Kapitaleigner nach § 30 a AO verfassungsrechtlich äußerst bedenklich (i. d. S. auch BVerfG BStBl. 91, 654, 668).

171 Das Finanzamt kann die **Abgabe einer Steuererklärung** verlangen (§ 31 ErbStG). Sind **Testamentsvollstrecker** oder **Nachlaßverwalter** eingeschaltet, so haben diese Personen die Steuererklärung abzugeben (§ 31 V ErbStG), der Steuerbescheid ist ihnen bekanntzugeben, und sie haben für die Bezahlung der Erbschaftsteuer zu sorgen (§ 32 I ErbStG); hierdurch werden jedoch Testamentsvollstrecker oder Nachlaßverwalter nicht zu Steuerschuldnern (dazu BFH BStBl. 86, 704, 706). Für die Bekanntgabe von Steuerbescheiden für Steuerschulden, die in der Person des Erblassers entstanden sind, gilt § 32 I 1 ErbStG nicht, BFH BStBl. 88, 120.

Mitunter wird erst nach Jahren – nach Auffinden des richtigen Testaments – entdeckt, daß das Finanzamt einen Nichterben besteuert hat. Hierdurch können sich eine Vielzahl verfahrensrechtlicher Schwierigkeiten ergeben[74].

---

70 Vgl. etwa *G. Felix*, StJ 94; *ders.*, KÖSDI 94, 9649; zur „Erbschaftsteuerplanung des Unternehmers in der Steuerberatungspraxis": *Flick*, DStR 93, 929; s. auch *G. Felix*, KÖSDI 92, 8902.

71 Dazu *App*, StVj 90, 101.

72 Dazu *Kien-Hümbert*, DStR 87, 792; *Carl/Klos*, StVj 90, 16.

73 BB 88, 2011, 2012; im Sinne von *G. Felix* auch *Kottke*, BB 92, 1694.

74 Dazu *Bock*, DStZ 87, 564.

8. Billigkeitsregelungen

Gehört zum Erwerb Betriebsvermögen oder land- und forstwirtschaftliches Vermögen, so ist die darauf entfallende Erbschaftsteuer auf Antrag bis zu 7 Jahren insoweit zu stunden, als dies zur **Erhaltung des Betriebs** notwendig ist; bei Erwerben von Todes wegen erfolgt diese **Stundung** zinslos (§ 28 I ErbStG). 172

Die Billigkeitsregelungen der §§ 163 (abweichende Festsetzung von Steuern aus Billigkeitsgründen), 222 (Stundung – nach Ermessen) und 227 (Erlaß) AO sind das allgemeine steuerrechtliche Instrumentarium zur Schaffung von Einzelfall-Gerechtigkeit, besser: Einzelfall-Barmherzigkeit, in Härtefällen. Diese Vorschriften gelten selbstverständlich auch für das Erbschaft- und Schenkungsteuerrecht. Eine Sonderregelung für eine bestimmte Vermögensart ist nicht notwendig. Unter dem Aspekt des Gleichheitssatzes wäre es konsequent, die **Sonderregelung des § 28 ErbStG** entweder aufzuheben oder auf alle Vermögensarten auszudehnen. Mit Blick auf erhaltenswerte Einheiten des Betriebs- und/oder Privatvermögens sollte die Ausdehnung des § 28 ErbStG auf alle Vermögensarten favorisiert werden. Eine nur einseitige Beibehaltung oder gar Erweiterung des § 28 ErbStG – etwa als sog. Mittelstandskomponente – wäre jedenfalls nicht sachgerecht, daher abzulehnen (s. auch Rz. 57 ff., 64). 173

9. Sondervorschriften für das Beitrittsgebiet

In dem Gebiet der fünf neuen Länder, der einstigen DDR, gelten für eine Übergangszeit die Sondervorschriften des § 37 a ErbStG (Einigungsvertrag v. 31. 8. 1990, BStBl. I 90, 656, 682). Diese Sondervorschriften etwa zur Bewertung, zum Zeitpunkt der Entstehung der Steuerschuld, zur Fälligkeit und Stundung sind erstmals auf Erwerbe anzuwenden, für die die Steuer **nach dem 31. 12. 1990** entstanden ist oder entsteht (§ 37 a I ErbStG – vgl. dazu BMF-Schreiben vom 23. 10. 1990, DStR 90, 682; Ländererlaß v. 22. 1. 1991, BStBl. 91, 142). Vgl. auch zu Bewertungs-Besonderheiten im Beitrittsgebiet Rz. 51, 95. 174

Einstweilen frei. 175–179

D. Realsteuern (§ 3 II AO)

I. Grundsteuer*

Rechtsgrundlagen: Grundsteuergesetz (GrStG) – in letzter Fassung abgedruckt in Beck'sche Sammlung der Steuergesetze I unter Nr. 420.

Verwaltungsvorschriften: u. a. Grundsteuer-Richtlinien (GrStR) – abgedruckt in Beck'sche Sammlung der Steuerrichtlinien unter Nr. 420.

Literatur: *Gürsching/Stenger*, Grundsteuergesetz, Loseblatt, München/Berlin; *Christoffel*, Einheitsbewertung des Grundbesitzes und Grundsteuerrecht in den neuen Ländern, Herne/Berlin 1994; *K. Tipke*, Die Steuerrechtsordnung, Bd. II (StRO II), Köln 1993, „Zur Rechtfertigung der Grundsteuer", 809; *Troll*, Grundsteuergesetz[6], München 1991; *Halaczinsky*, Grundsteuer-Kommentar, Herne/Berlin 1990.

Zur Entstehung des GrStG 1973: Vgl. 11. Aufl., 434.

Reformvorschlag: Drosdzol, Baulandsteuer und Bodenwertsteuer – Neue Perspektiven für die Grundsteuer?, DStZ 94, 205.

---

* Bearbeiter des Abschnitts „Grundsteuer" ist Richter am FG Dr. *Michael Balke*.

1. Einführung

180 Die Regierungsbegründung BT-Drucks. 6/3418, 49, 88 versucht, die Grundsteuer zum einen pauschal „gesellschaftspolitisch“, zum anderen speziell „bodenordnungspolitisch“ (Erhöhung der Mobilität des Bodenmarkts) zu rechtfertigen. Nach der Rechtsprechung des Bundesverfassungsgerichts zielt die Grundsteuer auf die durch den Besitz sog. fundierten Einkommens vermittelte Leistungskraft (BVerfGE 65, 325, 353).

181 In der Literatur werden folgende Gründe für und wider die Grundsteuer geltend gemacht:

pro Grundsteuer	*contra Grundsteuer*
Die Grundsteuer sei als Gemeindesteuer (Art. 106 VI GG; § 1 GrStG) besonders geeignet; denn der Grundbesitz verursache für die Gemeinden besondere Lasten (Äquivalenzgedanke). Mit der Grundsteuer könnten die Gemeinden die nötigen Infrastrukturmaßnahmen treffen.	Nicht nur der Grundbesitz verursache für die Gemeinden Lasten, und der Grundbesitz belaste auch Bund und Länder. Die Grundstückseinheitswerte seien kein adäquater Maßstab zur Abgeltung von Gemeindelasten. Adäquater seien Infrastrukturbeiträge aller Gemeindebürger.
Grund und Boden verkörperten eine besondere Leistungsfähigkeit.	Diese Leistungsfähigkeit werde bereits durch Einkommensteuer und Vermögensteuer abgeschöpft.
Da viele Landwirte keine Einkommensteuer zahlten, sei die Grundsteuer eine geeignete Nachholsteuer zur Einkommensteuer.	Die Grundsteuer sei als Nachholsteuer ungeeignet, da sie alle Landwirte treffe, auch die mit Einkommensteuer belasteten, insb. die buchführungspflichtigen Landwirte.
Als Sollertragsteuer halte die Grundsteuer zu ertragbringender Nutzung an, insb. zu bauplanmäßiger Nutzung.	Die Grundsteuer werde oft zur Substanzsteuer, zur konfiskatorischen Steuer. Das Streben nach möglichst hohem Ertrag sei nicht für alle Grundstücksarten erwünscht.
Durch die Grundsteuer würden leistungslose Wertsteigerungen abgeschöpft.	Zwischen leistungslosen und leistungsbedingten Wertsteigerungen lasse sich schwer differenzieren. Für die Erfassung von durch die Infrastruktur ausgelösten Wertsteigerungen sei die Grundsteuer zu pauschal. Es sei inkonsequent, leistungslose Wertzuwächse nur bei Grund und Boden, nicht bei anderem Vermögen (etwa Aktien) zu erfassen. Realisierte Wertzuwächse müsse die Einkommensteuer erfassen. Das Verfahren der Einheitsbewertung des Grundbesitzes habe sich nicht bewährt (s. Rz. 28 ff., 52 ff.).
Die Grundsteuer sei ein Äquivalent dafür, daß realisierte Gewinne aus der Veräußerung privater Grundstücke nicht erfaßt würden.	Wenn dies der Zweck der Grundsteuer sei, dürften nur private Grundstücke (außer im Falle des § 23 EStG) mit Grundsteuer belastet werden.
Die Grundsteuer steigere die Mobilität des Grundstücksmarkts.	Die Grundsteuer veranlasse hauptsächlich sozial schwache Grundbesitzer zur Veräußerung. Sie wirke auch insofern unsozial, als sie das Mietpreisniveau erhöhe.

182 Wie die Vermögensteuer, so ist auch die Grundsteuer **nicht** als **Substanzsteuer** gedacht. Sie soll aus dem Ertrag aufgebracht werden. Der **Grundstücksertrag** wird also neben der Einkommensteuer und der Vermögensteuer noch mit der Grundsteuer belastet, ohne daß dafür eine überzeugende Rechtfertigung gegeben wird. Jedoch kommt es für die Grundsteuer nicht auf den Ist-Ertrag an, sondern auf einen am Einheitswert orientierten

(Grundstücksbelastungen nicht berücksichtigenden) **Soll-Ertrag.** Es handelt sich also um eine *rohe Merkmalsbesteuerung.* Die Ertragsorientiertheit ergibt sich auch aus § 33 GrStG, der einen Steuererlaß wegen wesentlicher Ertragsminderung vorsieht.

Zur **Rechtfertigung** der Grundsteuer s. oben § 8 Rz. 44[1]. 183

2. Steuerobjekt, Befreiungen

Steuerobjekt ist der (im Gebiet einer Gemeinde belegene, § 1 I, II GrStG) Grundbesitz, 184
nämlich Betriebe der Land- und Forstwirtschaft, Betriebsgrundstücke und private Grundstücke (§ 2 GrStG).

Es wird nicht der Grundbesitz eines Steuerschuldners in seiner Totalität besteuert, sondern die **jeweilige wirtschaftliche Einheit,** d. h. der einzelne land- und forstwirtschaftliche Betrieb, das Betriebsgrundstück oder Privatgrundstück, und zwar Grund und Boden und eventuell aufstehende Gebäude. Zu den Grundstücken zählen auch grundstücksgleiche Rechte, wie Erbbaurecht, Wohnungseigentum (s. § 68 BewG).

Befreit von der Grundsteuer ist insb. Grundbesitz der öffentlichen Hand[2], Grundbe- 185
sitz, der unmittelbar für gemeinnützige oder mildtätige Zwecke genutzt wird, Grundbesitz von Kirchen, Religionsgemeinschaften, Dienstgrundstücke der Geistlichen und Kirchendiener der Religionsgemeinschaften[3], Grundbesitz, der den Zwecken der Wissenschaft, der Erziehung, des Unterrichts oder dem Zweck eines Krankenhauses dient (s. § 3 GrStG; §§ 4 ff. GrStG enthalten Erweiterungen und Einschränkungen des § 3 GrStG).

Um die Grundsteuerbefreiung zu ermitteln, ist zu fragen: Wem gehört das Grundstück? 186
Wer nutzt es? Welchen Zwecken dient es? In besonders gelagerten Fällen ist noch zu prüfen, ab wann das Grundstück einem steuerbegünstigten Zweck dient; z. B. wird nach BFH BStBl. 86, 191 ein Grundstück erst dann für einen steuerbegünstigten Zweck „hergerichtet" (s. § 7 Satz 2 GrStG), damit grundsteuerfrei, wenn mit den Bauarbeiten auf dem Grundstück begonnen wird, nicht schon mit der Bauplanung.

3. Steuersubjekte

Steuersubjekte **(Steuerschuldner)** sind diejenigen, denen das Steuerobjekt bei der Fest- 187
stellung des Einheitswerts zugerechnet wird (§ 10 I GrStG; dazu Rz. 13). Wird jemandem ein Erbbaurecht, ein Wohnungserbbaurecht oder ein Teilerbbaurecht zugerechnet, so ist er auch Schuldner der Grundsteuer für die wirtschaftliche Einheit des belasteten Grundstücks (§ 10 II GrStG). Wird das Steuerobjekt mehreren Personen zugerechnet, so sind sie **Gesamtschuldner** (§ 10 III GrStG).

Anders als die Vermögensteuer kennt die Grundsteuer *keine persönlichen Freibeträge.*

4. Periodizität

Die Grundsteuer ist eine periodische Steuer; sie wird grundsätzlich **jährlich** erhoben 188
(§ 27 GrStG). Es sind Vorauszahlungen zu leisten (§§ 28 ff. GrStG).

---

1 Zu den Rechtfertigungsversuchen im einzelnen *K. Tipke,* StRO II, 809 ff., 820.

2 Über die Grundbesteuerung von Gemeindegrundstücken *Kohorst,* Die Besteuerung der Gemeindebetriebe, Diss. Würzburg 1965, 28, 67 ff.; zur Steuerbefreiung von Botschafts-Grundbesitz BFH BStBl. 90, 189; von öffentlichen Parkplätzen und Parkhäusern BStBl. I 93, 989; von Häfen BFH BStBl. 94, 123; von gemeinnützigem Wohnraum BFH BStBl. 94, 415.

3 Eine schwerlich zu rechtfertigende Vergünstigung; zum Begriff „Dienstgrundstück" BFH BStBl. 87, 722; s. auch BFH BStBl. 90, 190 und als Reaktion auf die einengende BFH-Rechtsprechung die erweiternde gesetzliche Neufassung (BT-Drucks. 12/4158, 46 f.).

5. Bemessungsgrundlage, Hebesatz

189 Bei der Berechnung der Grundsteuer ist von einem Steuermeßbetrag auszugehen. Dieser ist durch Anwendung eines Tausendsatzes **(Steuermeßzahl)** auf den Einheitswert zu ermitteln, der nach dem Bewertungsgesetz im Veranlagungszeitpunkt für das Steuerobjekt maßgebend ist (§ 13 I GrStG).

190 Die auf die Einheitswerte per 1. 1. 1964 anzuwendenden Steuermeßzahlen betragen (§§ 14, 15 GrStG):

für Betriebe der Land- und Forstwirtschaft	6,0 v. T.
für bebaute Grundstücke allgemein	3,5 v. T.
für Einfamilienhäuser	
a) für die ersten 75 000 DM des Einheitswerts	2,6 v. T.
b) für den Rest des Einheitswerts	3,5 v. T.
für Zweifamilienhäuser	3,1 v. T.
für unbebaute Grundstücke	3,5 v. T.

Die Grundstückseinheitswerte berücksichtigen keine Grundstücksbelastungen. Diese sind – anders als etwa für die Vermögensteuer – unerheblich.

191 Die Anwendung der Steuermeßzahl auf den Einheitswert ergibt den *Steuermeßbetrag.* Erstreckt sich das Steuerobjekt über mehrere Gemeinden, so ist der Steuermeßbetrag zu zerlegen und den beteiligten Gemeinden zuzuteilen (§§ 22–24 GrStG; **Zerlegungs-** und **Zuteilungsverfahren:** §§ 185 ff. AO).

192 Auf den Meßbetrag wendet die Gemeinde den **Hebesatz,** einen Hundertsatz, an (s. §§ 25, 26 GrStG). Die Hebesätze für land- und forstwirtschaftlichen Grundbesitz sind meist niedriger (sog. Grundsteuer A) als die für gewerbliche und Wohnungsgrundstücke (sog. Grundsteuer B). In 1989 lag der durchschnittliche Hebesatz bei 229 v. H. (Grundsteuer A) bzw. bei 360 v. H. (Grundsteuer B)[4].

Beispiel: Einheitswert eines Grundstücks in Hamburg beträgt 20 000 DM. Steuermeßzahl beträgt 3,5 v. T. Daraus ergibt sich ein Steuermeßbetrag von 70, bei einem Hebesatz von 400 v. H. (vgl. BStBl. I 88, 173) eine Grundsteuer von 280 DM.

193 Ist bei Betrieben der Land- und Forstwirtschaft und bei bebauten Grundstücken der normale Rohertrag des Steuerobjekts um mehr als 20 v. H. gemindert und hat der Steuerschuldner die Minderung des Rohertrags nicht zu vertreten (etwa Zahlungsunfähigkeit des Mieters), so wird die Grundsteuer in Höhe des Prozentsatzes *erlassen,* der vier Fünfteln des Prozentsatzes der Minderung entspricht (Einzelheiten ergeben sich aus § 33 GrStG[5]. BFH BStBl. 89, 13 qualifiziert den Begriff **„unbillig" in § 33 I 2 GrStG** – anders als die entsprechenden Begriffe in §§ 163, 227 AO – als unbestimmten Rechtsbegriff, dessen Anwendung der vollen gerichtlichen Nachprüfung unterliegt.

194 Die Grundsteuer ruht als **öffentliche Last** auf dem Grundbesitz (s. § 12 GrStG), so daß ein Grundstückserwerber – als dinglich Haftender – für Grundsteuerrückstände des Veräußerers in Anspruch genommen werden kann (dazu BVerwG BStBl. 87, 475); zur persönlichen Haftung des Erwerbers: § 11 II GrStG, VG Düsseldorf ZKF 88, 254.

---

4 Dazu Inst. FuSt., Bericht über das 41. Geschäftsjahr (1989), Bonn 1990.

5 Dazu Abschn. 38 ff. GrStR; zum Grundsteuererlaß im Organkreis: BFH BStBl. 90, 448; zum Grundsteuererlaß wegen Minderausnutzung eines gewerblichen Grundstücks: BVerwG BStBl. 89, 1042; zum Grundsteuererlaß für denkmalgeschützte Häuser: *Hundt/Nenstiel,* ZKF 94, 26.

6. Zum Verfahren

Die Finanzbehörden teilen den Inhalt des Grundsteuermeßbescheids den Gemeinden mit, denen die Grundsteuerfestsetzung, der **Erlaß des Grundsteuerbescheids,** obliegt (dazu § 184 III AO). Die Gemeinden können die Grundsteuer durch öffentliche Bekanntmachung für diejenigen Steuerschuldner festsetzen, die für das Kalenderjahr die gleiche Grundsteuer wie im Vorjahr zu entrichten haben (§ 27 III 1 GrStG); nach Auffassung des Bundesverwaltungsgerichts verstößt diese **vereinfachte Steuerfestsetzung** samt Bekanntmachung nicht gegen Art. 19 IV GG, da lediglich „vorinformierte Bürger" betroffen seien (BStBl. 87, 472, 474). 195

7. Sondervorschriften für das Beitrittsgebiet

In dem Gebiet der fünf neuen Länder, der einstigen DDR, gelten Sondervorschriften, die als Abschnitt VI dem Grundsteuergesetz angefügt sind (Einigungsvertrag v. 31. 8. 1990, BStBl. I 90, 656, 683). Zu beachten sind Sondervorschriften zum land- und forstwirtschaftlichen Vermögen (§ 40 GrStG), zur Bemessung der Grundsteuer für Grundstücke nach dem Einheitswert 1935 (§ 41 GrStG), zur Bemessung der Grundsteuer für Mietwohngrundstücke und Einfamilienhäuser nach einer Ersatzbemessungsgrundlage (§ 42 GrStG), zur Steuerfreiheit für neugeschaffene Wohnungen (§ 43 GrStG), zur Steueranmeldung (§ 44 GrStG), zur Fälligkeit von Kleinbeträgen (§ 45 GrStG) sowie zur Zuständigkeit der Gemeinden (§ 46 GrStG). Vgl. auch zu Bewertungs-Besonderheiten im Beitrittsgebiet Rz. 51, 95. 196

Einstweilen frei. 197–249

II. Gewerbesteuer*

Rechtsgrundlagen: Gewerbesteuergesetz i. d. F. der Bekanntmachung v. 21. 3. 1991 (BGBl. I 91, 814), zuletzt geändert durch Gesetz v. 27. 12. 1993 (BGBl. I 93, 2378); Gewerbesteuer-Durchführungsverordnung i. d. F. der Bekanntmachung v. 21. 3. 1991 (BGBl. I 91, 831), zuletzt geändert durch die Vierte ÄndVO v. 17. 12. 1993 (BGBl. I 93, 2172).

Die Gewerbesteuer-Richtlinien i. d. F. der GewStR 1990 (BStBl. 90 I, Sondernr. 2) sind Verwaltungsvorschriften zum Gewerbesteuergesetz.

Literatur: *Kommentare: Blümich,* EStG/KStG/GewStG, Bd. 4, München (Loseblatt); *Lenski/Steinberg,* Gewerbesteuergesetz, 2 Bde., Köln (Loseblatt); *Mittelbach/Stöwe/Zöller,* Das Gewerbesteuerrecht, 2 Bde., Ludwigshafen (Loseblatt); *Withol/Bittner,* Gewerbesteuer, Frankfurt (Loseblatt); *Meyer-Scharenberg/Popp/Woring,* Gewerbesteuer-Kommentar, Herne/Berlin 1989; *Glanegger/Güroff,* Gewerbesteuergesetz[3], München 1994.

Monographien: Zitzelsberger, Grundlagen der Gewerbesteuer, Köln 1990; *K. Tipke,* Die Steuerrechtsordnung, Bd. II (StRO II), S. 821 ff.

Lehrbücher/Lernbücher: Vocke, Gewerbesteuer, Stuttgart u. a. 1977; *G. Rose,* Die Substanzsteuern[7], Wiesbaden 1988, 137; *Petzold,* Gewerbesteuer[3], München/Wien 1988; *Spangemacher,* Gewerbesteuer[11], Achim 1993; *Knobbe-Keuk,* Bilanz- und Unternehmenssteuerrecht[9], Köln 1993, 722–776 und 973–979; *G. Rose,* Die Ertragsteuern[13], Wiesbaden 1994, 202; *IdW,* Hdb. der Unternehmensbesteuerung (HdU)[2], Düsseldorf 1994, Kap. H (Gewerbesteuerrecht).

1. Einführung

Die Gewerbesteuer versucht man – als **Gemeindesteuer** – damit zu rechtfertigen, daß die Gewerbebetriebe für die Gemeinden unmittelbare und mittelbare Lasten verursachen 250

* Den Abschnitt „Gewerbesteuer" hat Dr. *Manfred Orth,* Rechtsanwalt, Steuerberater und Wirtschaftsprüfer, überarbeitet.

(Erschließung von Baugelände, Schaffung von Verkehrsflächen und Parkplätzen, Mitfinanzierung des Nahverkehrs, Feuerschutz, Bau und Unterhaltung von Straßen, Schulen, Krankenhäusern, Sport- und Grünanlagen, kulturellen Einrichtungen, Umweltschutzmaßnahmen etc. – Äquivalenzprinzip)[1]. Die Gewerbesteuerlast wird, soweit möglich, auf andere überwälzt, auch auf Gemeindefremde[2].

Um zu Gewerbesteuereinnahmen zu kommen, mußten bis 1969 alle Gemeinden danach streben, möglichst viele Gewerbebetriebe anzusiedeln. Das führte dazu, daß nur allzuoft Gewerbe- und Wohngebiete zu wenig getrennt wurden. Andere Gemeinden suchten den Mangel an Gewerbebetrieben durch höhere Hebesätze auszugleichen. Eine Gewerbesteuer mit unterschiedlichen Hebesätzen ist jedoch nicht wettbewerbsneutral. Die Abhängigkeit des Steueraufkommens von Anzahl und Größe der Gewerbebetriebe führte zu unerträglichen Steuerkraftunterschieden, zu Steuerwüsten in armen, zu Steueroasen in reichen Gemeinden[3].

251 Daher ist durch Art. 106 V, VI GG i. d. F. v. 12. 5. 1969, BGBl. I 69, 359, und das Gemeindefinanzreformgesetz v. 8. 9. 1969, BGBl. I 69, 1587[4] die Rechtslage dahin geändert worden, daß die Gemeinden einen Anteil am Aufkommen der Einkommensteuer erhalten, dafür aber einen Teil des Gewerbesteueraufkommens an Bund und Länder abzuführen haben **(Gewerbesteuerumlage)**[5]. Nach einer zweistufigen Senkung der Gewerbesteuerumlage ergibt sich für 1992 folgende Gewichtung: GewSt (brutto) 44,8 Mrd. DM ./. GewSt-Umlage 6,9 Mrd. DM = GewSt (netto) 37,9 Mrd. DM + ESt-Gemeindeanteil 40,9 Mrd. DM[6]; s. auch Rz. 291.

Während bis dahin insb. nur die Freibeträge erhöht worden waren, hat das Steueränderungsgesetz 1979 v. 30. 11. 1978, BGBl. I 78, 1849, einige wesentliche Änderungen gebracht: Neben einer erneuten Erweiterung der Freibetragsregelungen (s. Rz. 286) sind mit Wirkung ab Erhebungszeitraum 1980 die Mindestgewerbesteuer (s. § 17a GewStG a. F.) und die sog. Lohnsummensteuer, die von den Gemeinden fakultativ erhoben werden konnte (s. §§ 6 II, 23 ff. GewStG a. F.)[7], abgeschafft worden. Auch sog. pragmatische Reformvorschläge der Unternehmenssteuerreformkommission (s. u. 8 a. E.) sind nicht aufgegriffen worden. Lediglich für das Beitrittsgebiet wurde die Gewerbekapitalsteuer bis einschließlich 1995 ausgesetzt. Damit ist die Gewerbesteuer zur **Sondersteuer für Großbetriebe** (nur noch ca. 42 v. H. der Gewerbebetriebe nach dem Gewerbeertrag und 16% nach dem Gewerbekapital) mit inadäquaten Bemessungsgrundlagen denaturiert. Die Tatsache, daß ein Grenzausgleich nicht möglich ist, benachteiligt die deutsche Wirtschaft unangemessen. Die Gewerbesteuer ist zwar als Realsteuer im Grundgesetz ausdrücklich erfaßt (Art. 106 VI GG) und vom Bundesverfassungsgericht (BVerfGE 13, 290; 13, 331; 19, 101, 112; 21, 54, 63; 26, 1, 7) bisher

---

1 Begründung zum Gewerbesteuergesetz 1936 in RStBl. 37, 693, 696; BT-Drucks. VI/3418, 51; BVerfGE 19, 101, 112; 21, 54, 65 f.; 26, 1, 11; s. auch BVerfGE 13, 331, 348; *Flämig*, DStJG Bd. 12 (1989), 33, 36 ff., *Zitzelsberger*, Grundlagen der Gewerbesteuer, Köln 1990, 146 ff.; *Tipke*, StRO II, § 17.

2 Wer z. B. irgendwo im Lande einen Mercedes-Benz-Pkw kauft, kann mit Gewerbesteuer der Stadt Sindelfingen anteilig belastet werden, obwohl er mit dieser Stadt in der Regel nicht das geringste zu tun haben wird.

3 Z. B. hatte 1990 eine der steuerkräftigsten Gemeinden der Bundesrepublik, nämlich Sindelfingen, mit 2.585,61 DM Gewerbesteueraufkommen pro Einwohner ein 18mal so hohes pro Einwohner/Gewerbesteueraufkommen wie die steuerschwächste Gemeinde (mit mehr als 20 000 Einwohnern), nämlich Baesweiler mit 141,03 DM pro Einwohner (Statistisches Jahrbuch Deutscher Gemeinden 78. Jg. 1991, hrsg. v. Deutschen Städtetag, 428 ff.); zum Hebesatzgefälle s. auch Rz. 291.

4 Im Anschluß an das Gutachten der Kommission für die Finanzreform in der Bundesrepublik Deutschland von 1966 (Stuttgart 1966) und das Gutachten zum Gemeindesteuersystem und zur Gemeindesteuerreform in der Bundesrepublik Deutschland sowie die Stellungnahme zum Finanzreformgesetz des Wissenschaftlichen Beirats beim BdF v. 16. 3. 1968/25. 5. 1968 (Schriftenreihe des BdF, Heft 10, Bonn 1968).

5 Dazu § 3 Rz. 38 ff.

6 S. Monatsberichte der Deutschen Bundesbank 11/1992 Stat. Teil, 60–62.

7 Dazu s. auch BVerwG BStBl. 84, 236.

akzeptiert worden. Jedoch gibt es auch **verfassungswidrige Verfassungsnormen** (s. *Wendt,* BB 87, 1257 ff., 1677 ff., aber auch *Zitzelsberger* [Fn. 1], 168 ff.).

2. Steuerobjekt

Die Gewerbesteuer belastet – als Besteuerungsgut[8] – die Erträge von gewerblichen Unternehmen, und zwar schafft das Gewerbesteuergesetz ein mixtum compositum aus Ist- und Soll-Ertrag. Der **Bemessungsfaktor „Gewerbeertrag"** geht vom Ist-Ertrag aus und „objektiviert" ihn durch Hinzurechnungen und Kürzungen. Der Bemessungsfaktor **„Gewerbekapital"** ist Soll-Ertragselement (und zwar zusätzliches, denn natürlich hat der Faktor „Kapital" auch schon zum Ist-Ertrag beigetragen). Die Berücksichtigung mehrerer (verschiedener) Bemessungsfaktoren soll die Gleichmäßigkeit der Besteuerung erhöhen und zur Konjunkturunabhängigkeit des Gewerbesteueraufkommens beitragen (s. RT-Drucks. 1937 Nr. 42, RStBl. 37, 693 f.). Jedoch erklärt das Gewerbesteuergesetz nicht die Erträge gewerblicher Unternehmen zum **Steuerobjekt,** sondern den **Gewerbebetrieb selbst** (§§ 2, 35a GewStG; BFH BStBl. 91, 358). Diese antiquierte Anknüpfung hängt mit dem Real- oder Objektsteuercharakter der Gewerbesteuer zusammen, damit, daß die „objektive" Ertragskraft des Gewerbebetriebs belastet werden soll. Allerdings kennt das Gesetz auch subjektive Durchbrechungen, so in §§ 8 Nr. 9, 10a Satz 3 GewStG und im Freibetrag nach § 11 I 3 GewStG (s. auch Rz. 267 ff., zur Berücksichtigung der Ergänzungsbilanzen und Sonderbilanzen von Mitunternehmern). 252

Steuerobjekte sind der stehende Gewerbebetrieb (§ 2 I 1 GewStG) und der Reisegewerbebetrieb (§ 35a GewStG), nicht die freie Berufstätigkeit und die Vermögensverwaltung[9].

2.1 Stehender Gewerbebetrieb

Stehender Gewerbebetrieb ist jeder Gewerbebetrieb, der kein Reisegewerbebetrieb ist (§ 1 GewStDV). Der Gewerbesteuer unterliegt er, soweit er im Inland betrieben wird (§ 2 I 1 GewStG), d. h. soweit für ihn im Inland eine Betriebsstätte (§ 12 AO) unterhalten wird (§ 2 I 3 GewStG)[10]. 253

Gewerbebetrieb ist ein gewerbliches Unternehmen i. S. des Einkommensteuergesetzes (§ 2 I 2 GewStG). Mit dem Steuerentlastungsgesetz 1984 v. 22. 12. 1983 (BGBl. I 83, 1583) ist in § 15 II EStG eine **Legaldefinition des Gewerbebetriebs** aufgenommen worden. § 15 II 1 EStG stimmt im wesentlichen mit dem früheren § 1 I 1 GewStDV überein[11]. **Abgrenzungsschwierigkeiten** haben die Gerichte ständig beschäftigt. Die teleologisch-prinzipielle Frage nach einer Gemeindebelastung bleibt dabei i. d. R. ausgeklammert[12]. Dieser Rechtfertigungsgrund wird offenbar heute nicht mehr ernst genommen[13].

8 Dazu § 7 Rz. 22.

9 *J. Fettel,* Der Gewerbebetrieb als Objekt der Besteuerung bei der Gewerbesteuer, in: FS für P. Scherpf, Berlin 1968, 123 ff.

10 Zur Zurechnung von im Ausland erbrachten Leistungen und zur Aufteilung des Gewerbeertrags grds. nach der sog. direkten Methode BFH BStBl. 85, 405; zu Gewinnen aus der Veräußerung von Anteilen an einer ausländischen Kapitalgesellschaft BFH BStBl. 85, 160; s. ferner § 2 VII GewStG.

11 Zu beiden Vorschriften BFH GrS BStBl. 84, 762 f.; § 1 I GewStDV war bereits durch den ab dem Veranlagungszeitraum 1983 geltenden § 15 II EStG n. F. gegenstandslos geworden, ist aber erst mit Ablauf des Erhebungszeitraums 1985 gestrichen worden.

12 S. aber auch BFH BStBl. 81, 481, 484.

13 Symptomatisch insoweit BVerfGE 46, 224, 236 f.; kritisch hierzu *Orth,* StuW 79, 77; s. aber *Schnädter,* KStZ 85, 168.

Der Kükensortierer ist Gewerbetreibender, der Fahrlehrer ist Freiberufler, der Vermieter eines großen Wohnblocks ist Vermögensverwalter; obwohl der Kükensortierer die Gemeinde weniger belasten dürfte als der Fahrlehrer, wird er zur Gewerbesteuer herangezogen, der Fahrlehrer wird es hingegen nicht. Ob ein sog. Zahnpraktiker gewerbesteuerpflichtig ist oder nicht, soll davon abhängen, ob er den Zahnersatz selbst einpaßt (dann dem Dentisten ähnlich, folglich Freiberufler, s. § 18 I Nr. 1 EStG) oder nicht (dann dem Zahntechniker ähnlich und Gewerbetreibender, so BFH BStBl. III 65, 692). Der auf Inventuren spezialisierte Unternehmensberater ist kein freiberuflicher beratender Betriebswirt (§ 18 I Nr. 1 EStG), da nur auf einem Spezialgebiet des beratenden Betriebswirts tätig (so BFH BStBl. 69, 164). Irgendein teleologischer Bezug zur durch den Beruf ausgelösten Gemeindebelastung ist nicht zu erkennen[14].

Von der Rechtsform des Unternehmens ist es abhängig, welche ergänzenden einkommensteuer- und gewerbesteuerrechtlichen Tatbestandsvoraussetzungen für einen Gewerbebetrieb zu beachten sind:

254 (1) **Einzelunternehmen** können nur kraft gewerblicher Tätigkeit i. S. des § 15 II EStG Gewerbebetrieb und damit gewerbliche Unternehmen i. S. des § 15 I 1 Nr. 1 EStG sein[15].

255 (2) **Mitunternehmerschaften** (OHG, KG und andere Gesellschaften, z. B. BGB-Gesellschaften, atypische stille Gesellschaften[16], Partenreedereien – s. auch § 9 Rz. 500 ff. –, bei denen die Gesellschafter als Unternehmer [Mitunternehmer] anzusehen sind) können kraft gewerblicher Tätigkeit und/oder kraft Fiktion Gewerbebetrieb sein:

(a) Soweit Mitunternehmerschaften ein gewerbliches Unternehmen (§ 15 I 1 Nr. 1 und II EStG) betreiben, sind sie kraft Tätigkeit gewerbesteuerpflichtig. Daß der Gesellschafter zugleich Mitunternehmer ist (§ 15 I 1 Nr. 2 EStG), hat insoweit nur für den sachlichen Umfang der Steuerpflicht Bedeutung[17].

Die **Personenhandelsgesellschaften** (OHG, KG) unterhalten i. d. R. ein gewerbliches Unternehmen[18]. **Besitzpersonengesellschaften** im Rahmen einer Betriebsaufspaltung üben eine gewerbliche Tätigkeit aus, ihre Vermietung und Verpachtung ist nicht mehr als Vermögensverwaltung anzusehen; die Rechtsprechung zur **Betriebsaufspaltung**[19] gilt daher auch nach Aufgabe der **Gepräge-Rechtsprechung**[20] (s. jetzt aber § 15 III EStG) fort[21]. Bei der **atypisch stillen Gesellschaft** als Innengesellschaft ohne Gesellschaftsvermögen soll die gewerbliche Tätigkeit des Inhabers des Handelsgeschäftes ausreichen[22].

256 (b) Durch **Fiktionen**[23] wird die Gewerbesteuerpflicht von Personengesellschaften ausgedehnt, begründet oder ausgeschlossen:

(aa) Als Gewerbebetrieb gilt in vollem Umfang die mit Einkünfteerzielungsabsicht unternommene **Tätigkeit einer OHG, KG oder anderen Personengesellschaft** (z. B. einer BGB-Gesellschaft, nicht aber z. B. einer atypischen stillen Gesellschaft[24], wenn man davon ausgeht, daß die Vorschrift „Personengesellschaft" begriffsgleich mit dem Gesellschaftsrecht[25] verwendet), wenn die Gesell-

---

14 Dazu *Hummes,* Die rechtliche Sonderstellung der freien Berufe im Vergleich zum Gewerbe, Diss. Göttingen 1979. Speziell zur Einordnung der Unternehmensberater *Grube,* StuW 81, 34 ff.

15 Zum sachlichen Umfang eines Gewerbebetriebs s. BFH/NV 87, 55.

16 Str.: *B. Knobbe-Keuk,* Bilanz- und Unternehmenssteuerrecht[9], Köln 1993, 757.

17 S. BFH GrS BStBl. 84, 751; s. auch Rz. 267 ff. und Rz. 283 ff.

18 Dazu *B. Knobbe-Keuk,* JbFSt. 1975/76, 175, 178 ff. ferner *Hönle,* DB 81, 1007, und *Budde,* FR 81, 1.

19 BFH GrS BStBl. 72, 63; s. ferner § 17 Rz. 12 ff.

20 BFH GrS BStBl. 84, 751.

21 BFH BStBl. 86, 296.

22 BFH BStBl. 86, 311; BdF BStBl. I 87, 765; OFD Ffm. DStZ/E 87, 374; s. auch *Goller,* DStR 82, 485; *G. F. Hoffmann,* DB 84, 2379; *Unvericht,* DStR 87, 413; *Pauka,* DB 87, 603 *Binger,* DB 88, 414; *Zacharias/Suttmeyer/Rinnewitz* DStR 88, 128; *Ehlers/Busse,* DB 89, 448.

23 So BT-Drucks. 10/3663, 8.

24 Vgl. *L. Schmidt,* EStG[13], § 15 Anm. 42 b, aa.

25 Vgl. *Baumbach/Duden/Hopt,* HGB[28], 1989, Einl. vor § 105, insb. Anm. 3 D (stille Gesellschaft ist keine Personengesellschaft).

schaft – neben anderen Tätigkeiten (z. B. freie Berufstätigkeit, Landwirtschaft oder Vermögensverwaltung) – auch eine gewerbliche Tätigkeit i. S. des § 15 I 1 Nr. 1 EStG ausübt (§ 15 III Nr. 1 EStG). § 15 I 1 Nr. 2 EStG wird in diesem Zusammenhang nicht ausdrücklich genannt, gilt aber für die gewerbliche Tätigkeit unmittelbar und für andere Tätigkeiten z. T. entsprechend (§§ 13 V, 18 V EStG).

Die Verweisung auf § 15 III Nr. 1 EStG tritt ab dem Erhebungszeitraum 1986 (§ 36 I GewStG) an die Stelle der bisherigen gewerbesteuereigenen Regelung in § 2 II Nr. 1 GewStG a. F., die nicht nur Personengesellschaften, sondern sämtliche Mitunternehmerschaften erfaßte (s. a. BFH BStBl. 90, 319, 320: „§ 2 II Nr. 1 GewStG [a. F.] ist mit wenigen sprachlichen Änderungen als § 15 III Nr. 1 ins EStG übernommen worden"). Dem Gewerbesteuerrecht ist damit auch die Verweisungsmöglichkeit auf § 2 II Nr. 1 GewStG a. F. genommen worden; statt dessen wird nunmehr in bisher verweisenden Vorschriften das eigene **Tatbestandsmerkmal „Personengesellschaft"** verwandt (§§ 5 I 3, 11 I 3 GewStG). Dadurch ist in den genannten Vorschriften eine Regelungslücke für diejenigen Gesellschaften entstanden, deren Gesellschafter als Unternehmer (Mitunternehmer) anzusehen sind[26], die aber keine Personengesellschaften sind (z. B. die atypische stille Gesellschaft); auch BFH BStBl. 90, 319, 320, spricht nur für gewerblich tätige Personengesellschaften von einem deckungsgleichen Anwendungsbereich von § 2 II Nr. 1 GewStG a. F. und § 15 III Nr. 1 EStG.

(bb) Als Gewerbebetrieb gilt in vollem Umfang auch die mit Einkünfteerzielungsabsicht unter- 257
nommene Tätigkeit einer sog. **gewerblich geprägten Personengesellschaft** (insb. der Kapitalgesellschaft & Co. KG einschließlich mehrstöckiger Gesellschaften), die keinerlei gewerbliche Tätigkeit i. S. des § 15 I 1 Nr. 1 und II EStG ausübt (§ 15 III Nr. 2 EStG).

Die Aufgabe der Gepräge-Rechtsprechung galt auch für das Gewerbesteuerrecht[27]. Nach deren inhaltlicher Wiedereinführung durch den Gesetzgeber (s. § 9 Rz. 517, § 17 Rz. 10) unterliegen gewerblich geprägte Personengesellschaften i. S. des § 15 III Nr. 2 EStG „aus Gründen des Vertrauensschutzes" (s. BT-Drucks. 10/4513, 25) für Erhebungszeiträume vor 1986 nicht der Gewerbesteuer, soweit Bescheide doch nicht bestandskräftig sind oder unter dem Vorbehalt der Nachprüfung stehen (§ 36 II GewStG [1986] – abweichend von § 52 XVIII EStG)[28].

(cc) Als Gewerbebetrieb gilt grundsätzlich **nicht die Tätigkeit von Arbeitsgemeinschaften** (§ 2a GewStG).

(dd) Das „Ergebnis der Tätigkeit" einer **Europäischen Wirtschaftlichen Interessenvereinigung** (EWIV) „wird nur bei ihren Mitgliedern besteuert" (Art. 40 VO [EWG] Nr. 2137/85, ABl. EG Nr. L 199 v. 31. 7. 1985). § 5 I 4 GewStG sieht deshalb vor, daß bei der EWIV die Mitglieder selbst als Gesamtschuldner für die Gewerbesteuer in Anspruch zu nehmen sind (Abschn. 37a GewStR). Dies deswegen, weil unabhängig von der steuerlichen Gemeinschaftsregelung[29] für die ab 1. 7. 1989 zur Verfügung stehende Rechtsform EWIV, auf die im übrigen die für eine OHG geltenden Vorschriften entsprechend anzuwenden sind (§ 1 des EWIV-AusführungsG v. 14. 4. 1988 [BGBl. I 88, 514]), von der FinVerw. und Teilen des Schrifttums die Gewerbebetriebseigenschaft der EWIV bejaht wird (BMF DB 89, 354)[30].

(3) **Kapitalgesellschaften** (z. B. AG, KGaA, GmbH), **Erwerbs- und Wirtschaftsgenos-** 258
senschaften und **Versicherungsvereine auf Gegenseitigkeit** gelten – unabhängig von der Art der Tätigkeit – stets und in vollem Umfang als Gewerbebetrieb[31] (§ 2 II GewStG).

---

26 Zur Grenzziehung BFH GrS BStBl. 84, 751, 768; 85, 363; 86, 10; BFH/NV 85, 79; 85, 100.

27 BFH BStBl. 85, 372; 85, 434; BFH/NV 87, 323.

28 Zu den Folgen dieser bis 1985 befristeten GewSt-Befreiung für die Anwendung von § 10a und § 8 Nr. 8/§ 9 Nr. 2 GewStG s. FinMin. Bad.-Württ., DB 87, 513.

29 S. *Scriba*, Die Europäische wirtschaftliche Interessenvereinigung, Heidelberg 1988, 178.

30 Vgl. *Weimar/Delp*, WPg 89, 97; *Autenrieth*, BB 89, 305, 309 f.; *Krabbe*, DB 85, 2585; a. A. *Hamacher*, FR 86, 557; keine abschließende Aussage bei *Ganske*, DB 85, Beilage 20; *Sass*, DB 85, 2266.

31 Das soll eine Typisierung zum Zwecke der Verwaltungsvereinfachung sein (RT-Drucks. IV (1928)/586, 110; s. auch BFH BStBl. III 63, 69 f.); BFH GrS BStBl. 84, 763, spricht auch insoweit von einer Fiktion, BFH BStBl. 90, 76, dagegen von einer Unterstellung in Form einer unwiderlegbaren Vermutung.

Organgesellschaften[32] gelten als Betriebstätten des Organträgers, sind also für die Dauer der Organschaft kein Gewerbetreibender i. S. eines selbständigen Gewerbesteuerobjektes (§ 2 II 2 GewStG; zur Steuersubjekteigenschaft: s. zu 3.)[33]. Gewerbeertrag und Gewerbekapital werden bei Organträger und Organgesellschaft allerdings getrennt ermittelt, dann zusammengerechnet und dem Organträger zugerechnet[34]. Gewinnabführungsvertrag ist nicht erforderlich[35]. Organgesellschaft kann auch eine ausländische Kapitalgesellschaft mit inländischer Betriebstätte sein[36]; eine GmbH & Co. KG kann nicht Organgesellschaft sein[37].

Kapitalgesellschaften i. S. des § 2 II GewStG sind auch solche ausländischen Gesellschaften, die ihrem Wesen nach inländischen Kapitalgesellschaften entsprechen[38]. Für ihre Gewerbesteuerpflicht mit inländischen Betriebstätten (s. auch § 2 VI GewStG) gilt die im ESt- und KSt-Recht entwickelte sog. isolierende Betrachtungsweise nicht[39].

259 (4) Als Gewerbebetrieb gilt auch die Tätigkeit der sonstigen juristischen Personen des privaten Rechts **(rechtsfähige Vereine, Stiftungen, Anstalten)** und der **nichtrechtsfähigen Vereine,** soweit sie einen wirtschaftlichen Geschäftsbetrieb (ausgenommen Land- und Forstwirtschaft) unterhalten (§ 2 III GewStG; § 14 AO)[40].

(5) Unternehmen von **juristischen Personen des öffentlichen Rechts** sind gewerbesteuerpflichtig, wenn sie als stehende Gewerbebetriebe[41] anzusehen sind (§ 2 I GewStDV)[42].

2.2 Reisegewerbebetrieb

260 Reisegewerbebetrieb ist ein Gewerbebetrieb, dessen Inhaber nach der Gewerbeordnung einer Reisegewerbekarte bedarf. Gewerbesteuerpflichtig ist er, soweit er im Inland betrieben wird (§ 35a GewStG; § 35 GewStDV).

2.3 Mehrheit von Gewerbebetrieben

261 Unterhält eine natürliche Person (nebeneinander oder nacheinander) mehrere gleichartige[43] Betriebe, die eine **wirtschaftliche Einheit** bilden (= wirtschaftlich, finanziell und organisatorisch innerlich zusammenhängend, je nach Gleichartigkeit/Ungleichartigkeit der Tätigkeiten und Nähe/Entfernung der Ausübung), so liegt nach h. M. **ein Steuerobjekt** vor[44]; handelt es sich hingegen, insb. wegen Verschiedenartigkeit der Betriebe, um

32 Dazu § 11 Rz. 110 ff. Für eine Gleichbehandlung unselbständiger Personen- und Kapitalgesellschaften de lege ferenda *Budde,* FR 81, 1, und *Hönle,* DB 86, 1246.

33 BFH BStBl. 90, 916, 918; zu den Auswirkungen eines Konkurses auf die Organschaft *Keller,* BB 83, Beilage 4.

34 BFH BStBl. 68, 807; 69, 629; 77, 701; 83, 427; 86, 73; 90, 916, 918; Abschn. 17 I GewStR; zur Mehrmütterorganschaft s. BFH BStBl. 94, 124.

35 Dazu *Schwendler,* Gewerbesteuerrechtliche Probleme der Betriebsaufspaltung und Organschaft, Diss. Köln 1963.

36 Vgl. BFH BStBl. 79, 447. Zur gewerbesteuerlichen Behandlung ausländischer Unternehmen BFH BStBl. 81, 220.

37 S. BFH/NV 88, 116.

38 BFH BStBl. 79, 447; 81, 220.

39 BFH BStBl. 83, 77, m. krit. Anm. *G. Felix,* StRK-Anm. GewStG § 2 Abs. 2 R. 1.

40 S. auch BFH BStBl. 84, 451; s. auch *Seifart/Orth,* Hdb. d. StiftungsR, 1987, § 37 Rdn. 210, zu den Tatbestandsvoraussetzungen des wirtschaftl. Geschäftsbetriebs.

41 Die Gewerbesteuerpflicht der Unternehmen von juristischen Personen des öffentlichen Rechts ist also nicht deckungsgleich mit deren Körperschaftsteuerpflicht (§§ 1 I Nr. 6, 4 KStG), da letztere – im Gegensatz zu § 15 II EStG – auch ohne Gewinnerzielungsabsicht und Beteiligung am allgemeinen wirtschaftlichen Verkehr entsteht (§ 4 I 2 KStG); zu den verschiedenen Organisationsformen von Betrieben der öffentl. Hand BFH BStBl. 85, 223.

42 Dazu *Kohorst,* Die Besteuerung der Gemeindebetriebe, Diss. Würzburg 1965, 28 ff., 58 ff., 66 f.

43 S. auch BFH BStBl. 81, 746 mit Anm. *Wolff-Diepenbrock,* DStZ 82, 63.

44 S. auch BFH BStBl. 89, 901.

mehrere wirtschaftliche Einheiten, so wird jede Einheit für sich als Steuerobjekt behandelt (s. Abschn. 19 I, II GewStR)[45]. Dies gilt auch beim Zusammentreffen eines stehenden Gewerbebetriebes mit einem Reisegewerbebetrieb, jedoch mit der Subsidiaritätsregel des § 35a II 2 GewStG. Es gilt ferner entsprechend für mehrere Unternehmen einer juristischen Person des öffentlichen Rechts. Dagegen bilden nach h. M. mehrere Gewerbebetriebe einer[46] Mitunternehmerschaft[47] und einer Kapitalgesellschaft immer eine Einheit. Darin steckt, gemessen an den Folgen, sicher keine Sachgerechtigkeit. Es wäre jedenfalls sachgerechter, auch bei einer Mehrheit gewerblicher Betätigungen einer natürlichen Person stets von einem einheitlichen Gewerbebetrieb auszugehen.

Die Folgen: **Verluste** können nur innerhalb ein und desselben Gewerbebetriebs ausgeglichen und vorgetragen werden. Jeder Gewerbebetrieb erhält einen **Freibetrag;** also je mehr Gewerbebetriebe, desto mehr Freibeträge.

Gegen die h. M. stellt sich mit guten Gründen *R. Schumacher* insofern, als er – gestützt auf die Auffassung, die Gewerbesteuer wolle die objektive Leistungsfähigkeit messen, die sich in der gewerblichen Tätigkeit ausdrücke – annimmt, auch mehrere gewerbliche Tätigkeiten einer natürlichen Person bildeten stets einen einheitlichen Gewerbebetrieb[48].

2.4 Beginn und Ende der Besteuerung

Die unterschiedliche gewerbesteuerliche Behandlung der Unternehmen je nach Rechtsform (s. Rz. 253 ff.) schlägt sich auch in einem unterschiedlichen Beginn und Ende ihrer Steuerpflicht nieder[49]: **Bei Einzelgewerbetreibenden** beginnt die Steuerpflicht erst mit **Erfüllung aller Voraussetzungen eines Gewerbebetriebs** i.S. des § 15 II EStG und endet bereits mit **Aufgabe der werbenden Tätigkeit,** d. h. **mit Beginn der Liquidation** (s. a. § 4 GewStDV)[50]. Dies gilt auch für Mitunternehmerschaften, allerdings mit der Besonderheit, daß die Aufnahme einer gewerblichen Tätigkeit eine Personengesellschaft in vollem Umfang gewerbesteuerpflichtig werden läßt (s. Rz. 256 ff.); dies gilt ferner für juristische Personen des öffentlichen Rechts mit ihren gewerbesteuerpflichtigen Unternehmen. 262

Bei Kapitalgesellschaften, Erwerbs- und Wirtschaftsgenossenschaften sowie **Versicherungsvereinen auf Gegenseitigkeit** beginnt die Steuerpflicht mit **Erlangung der Rechtsfähigkeit** (Registereintragung bzw. aufsichtsbehördliche Erlaubnis) oder aufgrund einer bereits vorher aufgenommenen, auf (nicht notwendigerweise gewerbliche, s. § 8 II KStG) Einkünfteerzielung gerichteten Tätigkeit und endet mit dem Erlöschen der Rechtsfähigkeit, d. h. **erst nach Abschluß der Liquidation** (BFH BStBl. 88, 70; 90, 91 u. 1073; Abschn. 21 II und 22 III GewStR). Gewerblich geprägte Personengesellschaften i. S. des § 15 III Nr. 2 EStG (s. Rz. 257) sind den Kapitalgesellschaften gleichzubehandeln, gewerblich tätige Kapitalgesellschaften & Co. KG dagegen den Mitunternehmerschaften (BFH BStBl. 80, 658; 82, 707; 85, 433; 86, 527; Abschn. 22 I 2 GewStR). 263

---

45 S. auch FG München EFG 87, 367; *Horn,* BB 84, 134; *Milatz,* BB 85, 522.

46 Der Zusammenfassung *mehrerer* Mitunternehmerschaften mit den gleichen Mitunternehmern zu einer *Unternehmenseinheit* hat BFH BStBl. 80, 465 in Abweichung von seiner bisherigen Rechtsprechung die Anerkennung versagt; dazu *M. Orth,* StRK-Anm. GewStG § 2 Abs. 2 Ziff. 1 R. 17; s. auch Abschn. 19 III GewStR; zu dem Sonderfall einer unselbständigen Personengesellschaft s. *Hönle,* DB 81, 1007, und *Budde,* FR 81, 1.

47 S. aber auch BFH BStBl. 83, 425; dazu *M. Orth,* StRK-Anm. GewStG § 2 Abs. 1 Rz. 396, 3 f.; s. auch *ders.,* DStR 83, 398; BFH/NV 93, 684.

48 StuW 87, 111.

49 S. auch *H. Müller,* Die persönliche und sachliche GewSt-Pflicht unter besonderer Berücksichtigung von Beginn und Ende der StPflicht, Diss. Tübingen 1986; *Korn,* KÖSDI 88, 7099.

50 S. auch *Woltmann,* DB 87, 2008.

Sonstige juristische Personen des privaten Rechts und nichtrechtsfähige Vereine werden mit ihren wirtschaftlichen Geschäftsbetrieben den Einzelgewerbetreibenden und Mitunternehmerschaften entsprechend behandelt (s. Abschn. 21 III und 22 IV GewStR). Bloß vorübergehende Unterbrechungen des Betriebs heben die Gewerbesteuerpflicht nicht auf (§ 2 IV GewStG). Nicht nur vorübergehende Unterbrechungen lassen zwar die Gewerbesteuerpflicht, nicht aber die Unternehmensidentität entfallen (BFH BStBl. 86, 528)[51].

3. Steuersubjekte

264 Steuersubjekt (Steuerschuldner) ist der Unternehmer, für dessen Rechnung (d. h. zugleich: für dessen Risiko) ein Gewerbe tatsächlich[52] betrieben wird (§ 5 I 1, 2 GewStG). Unternehmer sind im Fall gewerblich tätiger **Personengesellschaften** die **Gesellschafter,** nicht die Gesellschaft (BFH BStBl. 93, 616). Danach hat die Steuerschuldnerschaft gewerblich tätiger Personengesellschaften nach § 5 I 3 GewStG rechtsbegründende Bedeutung[53]. Für die **EWIV** bliebe es dagegen nach § 5 I 4 GewStG bei der Steuerschuldnerschaft der Mitglieder (Gesellschafter), s. a. oben Rz. 257. Die Begründung (Beendigung) eines Organschaftsverhältnisses soll nicht die Beendigung (Neubegründung) der Steuerpflicht der jetzigen (bisherigen) Organgesellschaft bewirken[54], sondern nur dazu führen, daß „die Steuerpflicht . . . für die Dauer der Organschaft dem Organträger zugerechnet" wird (BFH BStBl. 90, 916; Abschn. 17 II GewStR). Die Fortdauer der Steuerpflicht der Organgesellschaft entspricht dem Körperschaftsteuerrecht[55] und weicht ab vom Umsatzsteuerrecht (s. § 11 Rz. 110 ff., § 13 Rz. 109).

265 **Steuererklärungen** sind vom Steuerschuldner für jeden (einzelnen) Gewerbebetrieb abzugeben (§ 14a GewStG; § 25 GewStDV)[56]. Für Organgesellschaften (= Betriebstätten, s. Rz. 258) sind eigene Steuererklärungen abzugeben (§ 25 I Nr. 2 GewStDV), allerdings vom Organträger (= Unternehmer/Steuerschuldner).

Die persönlichen Befreiungen von der Gewerbesteuer (§ 3 GewStG) sind an die Befreiungen nach § 5 KStG angelehnt[57].

4. Bemessungsfaktoren, Bemessungsgrundlage

4.1 Bemessungsfaktoren

266 Bemessungsgrundlage der Gewerbesteuer ist der **einheitliche Gewerbesteuermeßbetrag** (§ 14 GewStG). Er ergibt sich auf der Basis mehrerer Bemessungsfaktoren (Besteue-

51 Zur Betriebs- und Teilbetriebsverpachtung im GewStRecht s. *Veigel,* DB 87, 2222.

52 Unerheblich ist, auf wessen Namen der Betrieb angemeldet und/oder im Handelsregister eingetragen ist.

53 Dazu *M. Orth,* Interperiodische Verlust-Kompensation im Gewerbesteuerrecht, Frankfurt a. M./Bern/Cirencester U. K. 1980, 180 ff. und 196 ff. sowie StRK-Anm. GewStG § 10 a R. 33, S. 4 f.; *Zitzelsberger* (Fn. 1), 259 ff.; speziell zur atypischen stillen Gesellschaft BFH BStBl. 86, 311; BFH/NV 87, 393; 90, 591; 94, 327; DB 94, 1602; BMF BStBl. I 87, 765: Steuerschuldner ist der Inhaber des Handelsgeschäfts; von ihm sind als Gewerbeertrag auch die Gewinnanteile der atypischen stillen Gesellschafter zu versteuern (s. ferner Fn. 15 und 120); zur Beendigung der persönlichen Gewerbesteuerpflicht beim Rechtsformwechsel Einzelunternehmen/Personengesellschaft s. BFH BStBl. 89, 664.

54 Zu den Konsequenzen vgl. *Kussin,* DB 79, 715 (Nrn. 7, 13, 20, 23 f.).

55 Abweichung jedoch hinsichtlich vor- und nachorganschaftlicher Verluste, s. § 15 Nr. 1 KStG; BFH BStBl. 56, 91; FG Münster EFG 85, 622; FG Sch.-Holst. EFG 88, 82.

56 Zur Steuererklärungspflicht der Besitzgesellschaft im Rahmen einer Betriebsaufspaltung s. BFH BStBl. 85, 199.

57 Dazu § 11 Rz. 17.

rungsgrundlagen, § 6 GewStG), und zwar quantifiziert das Gesetz die Ertragskraft des Gewerbebetriebs durch Berücksichtigung der Faktoren Gewerbeertrag **(Ist-Ertragsfaktor)** und Gewerbekapital **(Soll-Ertragsfaktor).** Da der Gesetzgeber sich als Besteuerungsgut einen Betrieb vorstellt, der nur mit eigenen Wirtschaftsgütern und ohne Fremdkapital arbeitet (d. h. fremdes Kapital „objektiv" nicht zur Kenntnis genommen wird), werden Gewerbeertrag und Gewerbekapital durch Hinzurechnungen und Kürzungen modifiziert.

4.1.1 Gewerbeertrag (§ 7 GewStG): Die Basis für den Gewerbeertrag ist der nach den Vorschriften des Einkommensteuergesetzes/Körperschaftsteuergesetzes zu ermittelnde Gewinn aus dem Gewerbebetrieb, der bei der Ermittlung des Einkommens anzusetzen ist. 267

Nicht berücksichtigt werden allerdings[58] **vorweggenommene Betriebsausgaben**[59] einerseits und **Veräußerungs- oder Aufgabegewinne** i. S. des § 16 EStG[60] oder des § 21 I UmwStG 1977[61] andererseits[62] bei denjenigen Steuerpflichtigen, deren Steuerpflicht eine gewerbliche Tätigkeit voraussetzt. Dies gilt daher nicht für Kapitalgesellschaften, Erwerbs- und Wirtschaftsgenossenschaften sowie Versicherungsvereine auf Gegenseitigkeit (s. Rz. 258, 263); aber auch bei ihnen sind diejenigen Besteuerungsgrundlagen nicht zu berücksichtigen, die erst von der Summe der Einkünfte (s. § 24b EStG a. F.), dem Gesamtbetrag der Einkünfte (s. § 10 I Nr. 5, § 10d EStG) oder dem Einkommen (s. §§ 24 und 25 KStG) abzuziehen sind, ferner nicht Gewinne/Verluste aus der Veräußerung von Anteilen an einer Personengesellschaft (Abschn. 41 GewStR). Zu Ausnahmen bei den Kürzungen s. unten Rz. 280 ff.

Nicht berücksichtigt werden ferner bei allen Steuerpflichtigen diejenigen einkommensteuerlichen Vorschriften, die bestimmte Verluste aus Gewerbebetrieb vom **allgemeinen Verlustausgleich** und **Verlustabzug** ausschließen (§§ 15 IV, 15a EStG; Abschn. 40 I Nrn. 4 und 5 GewStR).

Die Gewerbesteuer selbst ist eine „durch den Betrieb veranlaßte Aufwendung" (§ 4 IV EStG). Die Gewerbesteuer mindert daher nicht nur die Einkommen- und Körperschaftsteuer, sondern (wegen Reduzierung des Gewerbeertrags) auch die Gewerbesteuer selbst[63].

---

58 Allgemein zur Ermittlung des Gewerbeertrags nach den Vorschriften des EStG *Glanegger,* FR 90, 469; generell gegen grundsätzliche Abweichungen *Schnädter,* FR 85, 551.

59 BFH BStBl. 78, 23; BFH/NV 92, 797, und *Liepelt,* StBp. 86, 30; dazu kritisch *Ritter,* FR 78, 397, 401.

60 BFH BStBl. III 62, 438; 64, 248; II 71, 182; 88, 374; 90, 699; dazu kritisch *R. Thiel,* StRK-Anm. GewStG § 7 R. 65. Gewerbesteuerlich systemwidrig ist die Behandlung von Veräußerungsgewinnen als laufender Gewinn, soweit auf der Seite des Veräußerers und auf der Seite des Erwerbers dieselben Personen Unternehmer oder Mitunternehmer sind (§ 16 II 3 EStG, § 24 III 3 UmwStG); dazu *F. Schultz,* DStR 94, 521. Der Gewinn aus der Veräußerung der 100%igen Beteiligung an einer Kapitalgesellschaft wird jedoch erfaßt (BFH BStBl. 72, 468; 72, 470; 81, 220; 85, 160; 93, 188).

61 BFH BStBl. 82, 738; s. jedoch auch Abschn. 40 I Nr. 1 Satz 14 GewStR.

62 Ausgleichszahlungen an Handelsvertreter nach § 89 b HGB sollen dagegen auch dann zum Gewerbeertrag gehören, wenn die Beendigung des Vertragsverhältnisses mit der Aufgabe des Betriebs zusammenfällt, BFH BStBl. 73, 786; 81, 97 (die gegen dieses Urteil gerichtete Verfassungsbeschwerde wurde nicht zur Entscheidung angenommen, DB 81, 1487); BFH/NV 90, 188; zu Ausgleichszahlungen an Kommissionsagenten in entsprechender Anwendung des § 89 b HGB s. BFH BStBl. 87, 570.

63 Zur rechnerischen Seite dieser Interdependenz für die Ermittlung der Gewerbesteuerrückstellung s. Abschn. 22 II EStR und BFH BStBl. 84, 554 (Rechtsanspruch des Steuerpflichtigen auf Anwendung der sog. 9/10-Methode, die ab 1993 durch die 5/6-Methode ersetzt wird, weil der durchschnittliche Gewerbesteuerhebesatz angestiegen ist, R 20 II EStR 1993); *Rose,* Die Ertragsteuern[13], Wiesbaden 1994, 4 C 3; *Balmes,* DStR 80, 607; *Rieger,* DStR 82, 30; *Mihatsch,* NWB F. 5, 931; *Schmithausen,* DB 86, 1794; *Schoor,* BBK F. 13, 3437; *Bachem,* BB 92, 460 s. auch *Biber,* BB 81, 1388 (Umstellung des Wirtschaftsjahres), und *Ruppert,* FR 81, 53, 77 (Berechnung von GewSt-Umlagen im Organkreis); *Stolz,* BB 85, 264; *Jost,* DB 85, 1864 und DB 89, 2305; *Pingel,* DStR 85, 658 (Berechnung der GewSt-Rückstellung bei Zerlegung). S. ferner Fn. 117 zur Berechnung bei Anwendung des Staffeltarifs.

268 Bei Personengesellschaften legt bislang die h. M. – obwohl die **Personengesellschaft** als solche besteuert wird (§ 5 I 3 GewStG)[64] – nicht nur den Gewinn der Gesellschaft (§ 7 GewStG: „aus dem Gewerbebetrieb“) zugrunde, sondern sie bezieht auch die **Sonderbetriebseinnahmen und -ausgaben der Gesellschafter** sowie die **Sondervergütungen an die Gesellschafter** mit ein[65]; sie erfaßt damit die Summe der gewerblichen Einkünfte der Gesellschafter i. S. des Einkommensteuerrechts, die sich aus der Steuerbilanz der Gesellschaft sowie etwaigen Ergänzungsbilanzen[66] und Sonderbilanzen für einzelne Mitunternehmer ergeben[67]. Die in § 8 Nr. 1 GewStG (Darlehenszinsen/-entgelte) und § 8 Nr. 7 GewStG (Miet- und Pachtzinsen) vorgesehenen Hinzurechnungen laufen danach insoweit leer. Die Einbeziehung der Tätigkeitsvergütungen[68] ist auch unter den Kritikern der h. M. umstritten[69]; streitig ist auch, ob sie durch den – mit der Nichtabzugsfähigkeit des Unternehmerlohns erklärten[70] – Freibetrag nach § 11 I 3 GewStG neutralisiert werden darf und kann[71]. Sieht man in § 15 I 1 Nr. 2 EStG ein Abzugsverbot, so ist die Einbeziehung der Tätigkeitsvergütungen gerechtfertigt.

269 Seit Einführung des **körperschaftsteuerlichen Anrechnungsverfahrens** (s. § 11 Rz. 140 ff.) erhöht die anzurechnende Körperschaftsteuer bei anrechnungsberechtigten Anteilseignern, die ihre Beteiligung an einer unbeschränkt steuerpflichtigen Kapitalgesellschaft im Betriebsvermögen ihres Gewerbebetriebs halten, den Gewinn aus Gewerbebetrieb[72] (§ 20 I Nr. 3, III EStG)[73] und damit auch den Gewerbeertrag (§ 7 GewStG)[74]. Dies gilt auch, wenn die Beteiligung von einer Personengesellschaft gehalten wird[75].

---

64 Dazu Rz. 255 ff.

65 S. BFH BStBl. 81, 220; 81, 621; 90, 436; BFH/NV 89, 439.

66 BFH BStBl. 86, 350.

67 Ausführlicher § 9 Rz. 526 ff.; zur Verfassungsmäßigkeit der Einbeziehung des SBV II s. BVerfG v. 22. 12. 1992, WM 93, 508; zur Kritik s. *B. Keuk*, StuW 74, 26 ff. und JbFSt. 1975/76, 185 ff. sowie *B. Knobbe-Keuk*, Bilanz- und Unternehmenssteuerrecht[9], Köln 1993, 758 ff.; *Kruse*, DStJG Bd. 2 (1979), 37 ff.; 51 f.; *Jacobs*, ZGR 80, 289, 310 ff.; *Zitzelsberger* (Fn. 1), 263 (jedoch auch unter Hinweis auf die gesetzgeberische Wertentscheidung in § 97 I Nr. 5 Satz 2 BewG); andererseits *Woerner*, BB 74, 594 ff.; *Stoll*, DStJG Bd. 2 (1979), 5 ff.; 25, 27; *K. Tipke*, NJW 80, 1079, 1082; *Walz*, Empfiehlt sich eine rechtsformunabhängige Besteuerung der Unternehmen?, Gutachten F zum 53. DJT, München 1980, 107 f.; *Authenrieth*, DStZ 88, 120.

68 Vgl. zuletzt BFH BStBl. 79, 284; die gegen dieses Urteil gerichtete Verfassungsbeschwerde ist nicht zur Entscheidung angenommen worden. Vgl. BFH HFR 79, 388; s. aber auch BFH BStBl. 84, 431 (Versorgungsleistungen an die Witwe eines verstorbenen Gesellschafters – Nichtanwendungserlaß BStBl. I 84, 377), bestätigt durch BFH BStBl. 85, 212 (ab 1986 s. § 15 I 2 EStG).

69 Ablehnend *H. W. Kruse*, DStJG Bd. 2 (1979), 52; bejahend *B. Knobbe-Keuk* (Fn. 67), 760 ff.; zu beiden *M. Orth*, StRK-Anm. GewStG § 10 a R. 33, 3.

70 Vgl. z. B. BT-Drucks. 8/3243, 8: „Die Freibetragsregelung trägt . . . dem Umstand Rechnung, daß der Gewerbeertrag den sog. 'Unternehmerlohn' mit umfaßt“; s. aber auch DStZ/E 86, 82; *Rendels*, DStR 88, 237 (de lege ferenda für Abziehbarkeit eines Unternehmerlohns bis zu 100 000 DM).

71 Dazu unterschiedlich *K. Tipke*, NJW 80, 1079, 1083; *Walz* (Fn. 67), 108; *B. Knobbe-Keuk* (Fn. 67), 760 ff.; *dies.*, Empfiehlt sich eine rechtsformunabhängige Besteuerung der Unternehmen?, Sitzungsbericht O zum 53. DJT, München 1980, 22 ff.; *Jacobs*, ZGR 80, 289, 311 f., und die steuerrechtliche Abteilung des 53. DJT (NJW 80, 2505, 2508, 2513 f.) plädieren de lege ferenda für den vollen Abzug der Geschäftsführergehälter bzw. des Unternehmerlohns und die Streichung des Freibetrags; *Haller*, DB 72, 1984 und *H. W. Kruse*, DStJG Bd. 2 (1979), 66, hingegen für deren (hälftige) Hinzurechung bei Kapitalgesellschaften – s. dazu auch *K. Tipke*, NJW 80, 1083, Fn. 23; *Schnädter*, FR 85, 661.

72 S. auch HFA des IdW, Stellungnahme 2/77, WPg 77, 463 (3.).

73 S. auch Abschn. 154 IV EStR.

74 BFH BStBl. 91, 877; de lege ferenda für eine diese Gewerbeertragserhöhung neutralisierende Kürzungsvorschrift *Müller/Dott*, BB 76, 1552; dies ablehnend *B. Knobbe-Keuk* (Fn. 67), 751.

75 *A. Raupach*, FR 78, 578; *Selchert*, BB 84, 888; *Döllerer*, in: FS für Stimpel, Berlin/New York 1985, 729; a. A. FG Köln EFG 83, 133, im Anschluß an *Simon*, BB 81, 135; im Ergebnis abgelehnt durch BFH BStBl. 91, 877.

Komplizierte, die Rechtsprechung immer wieder beschäftigende Hinzurechnungen und Kürzungen sollen den Gewinn objektivieren, die „objektive" Ertragskraft – abstrahiert vom jeweiligen Rechtsträger oder Steuersubjekt – erfassen (s. § 7 GewStG; dazu Begründung RStBl. 37, 693, 695 f.). Gewerbesteuerlich ist hinzuzurechnen, was einkommensteuerlich als Betriebsausgabe abgezogen worden ist. **Hinzurechnungsgebot = Abzugsverbot**[76]. Die Hauptrolle spielen in der Praxis § 8 Nrn. 1 und 7 GewStG. 270

Kritisch ist zu fragen: Warum stellt sich der Gesetzgeber einen Betrieb vor, den es in Wirklichkeit nicht gibt (einen Betrieb, der nur mit eigenen Wirtschaftsgütern, ohne Fremdkapital arbeitet)? Was ist das für eine Objektivierung, die an der Wirklichkeit des individuellen Betriebs vorbeisieht? Das Schlagwort **„Objektsteuercharakter"** vermag die Sachgerechtigkeit der Objektsteuerregel nicht zu erklären. Warum ist der auf Fiktionen aufbauende Objektsteuercharakter sachgerecht[77]? Die Gerichte haben solche Fragen bisher nicht gestellt, sondern das Gesetz nur positivistisch angewendet.

Die Hinzurechnungen und Kürzungen sind hier nur kursorisch dargestellt. Näheres bei *B. Knobbe-Keuk,* Bilanz- und Unternehmenssteuerrecht[9], Köln 1993, 736 ff., und *G. Rose,* Die Ertragsteuern[13], Wiesbaden 1994, 195 ff.; *IdW,* Hdb. der Unternehmensbesteuerung[2], Düsseldorf 1994, H RdNr. 176 ff.; speziell zu denjenigen wegen betrieblicher Nutzung fremder Wirtschaftsgüter s. *Bestgen* (Fn. 76); speziell zu Dauerschulden und Dauerschuldzinsen s. *Herden,* BB 83, Beilage 9; *Zitzelsberger* (Fn. 1), 241 ff.

(1) Hinzuzurechnen sind insb.: 271

a) **Zinsen/Entgelte für Dauerschulden** (§ 8 Nr. 1 GewStG; dazu Abschn. 47 GewStR): Das sind Zinsen auf Fremdkapital, das insb. der nicht nur vorübergehenden Verstärkung der Betriebskapitals dient, sowie – ab Erhebungszeitraum 1990 – sonstige Entgelte[78] für derartige Schulden (gewinnabhängige Vergütungen für z. B. partiarische Darlehen, Genußrechte und Gewinnobligationen sowie ein Damnum, das Zinskorrekturfunktion hat[79]). Schulden mit einer Laufzeit von weniger als drei Monaten werden als laufende Schulden, Schulden mit einer Laufzeit von mehr als einem Jahr als Dauerschulden (widerlegbar) vermutet[80]. Dient der Kredit der Finanzierung von Anlagevermögen[81], so

76 Kritik: *W. Berger,* Der Begriff des gewerbesteuerpflichtigen Ertrags in Recht und Rechtsprechung und seine Kritik, Diss. rer. pol. Köln 1932; *J. Fettel,* Der Gewerbebetrieb als Objekt der Besteuerung bei der Gewerbesteuer, in: FS für P. Scherpf, Berlin 1968, 123 ff. Zu § 9 Nr. 1 GewStG *Uhlmer,* Die Begünstigung der Grundstücksgesellschaft nach § 9 Ziff. 1 GewStG, Diss. Göttingen 1968; zu § 8 Nr. 1 GewStG *Friauf,* Die Hinzurechnung von Dauerschulden bei Kreditinstituten und der allgemeine Gleichheitssatz, StuW 71, 18; *Bestgen,* Die gewerbesteuerlichen Hinzurechnungs- und Kürzungsvorschriften wegen der betrieblichen Nutzung fremder Wirtschaftsgüter, Diss. Mainz 1978 (Zusammenfassung in StuW 81, 23 ff., 106 ff., 261 ff. und 346 ff.); Inst. FuSt., Vorschläge zur weiteren Strukturverbesserung der GewSt, Brief 208, Bonn 1981.

77 Dazu kritisch auch *D. Schneider,* Grundzüge der Unternehmensbesteuerung[5], Wiesbaden 1990, 174 ff.

78 Der Oberbegriff *Entgelt* wurde wegen des bisher von der Rspr. angenommenen engen Zinsbegriffs (s. BFH BStBl. 84, 623; BFH/NV 85, 49) eingeführt (s. BT-Drucks. 11/2157, 175).

79 S. dazu BFH BStBl. 88, 252.

80 Heranrücken des Fälligkeitszeitpunkts oder vorzeitige Rückzahlung lassen eine Dauerschuld nicht zu einer kurzfristigen Verbindlichkeit werden (BFH BStBl. 86, 415; 92, 257); zum Dauerschuldcharakter des Kontokorrentkredits Abschn. 47 VIII GewStR; s. auch BFH BStBl. 77, 843; 81, 219; 81, 223; 84, 379; 90, 1081 und *G. Schneider,* FR 79, 300; zu ständig revolvierten Wechselkrediten BFH BStBl. 78, 651; 84, 213; 84, 376; 90, 1077, 1079 f.; 91, 251; FG Köln EFG 90, 71 (rkr.); Abschn. 47 IX GewStR; *Meier,* StBp. 89, 187; zu länger als zwölf Monate gewährten Zwischenkrediten BFH BStBl. 80, 660; HFR 81, 21; Abschn. 47 V 4–6 GewStR und *Seeger,* DStR 81, 32; zur Vorfälligkeitsentschädigung s. FG Bad.-Württ. EFG 88, 588; *Laudan,* DB 85, 308; *Muhler,* FR 88, 524; zu Swap-Geschäften s. OFD Kiel WPg 90, 542; *Wagner,* IWB Fach 3 Gr. 5 S. 73; *Franken,* BB 89, 2301.

81 Einschränkend nunmehr BFH BStBl. 79, 151; 82, 73; Abschn. 47 IV 11 GewStR; dazu *Lohmar,* DB 80, 807 und *Seeger* (Fn. 80).

wird eine Dauerschuld vermutet, betrifft er das Umlaufvermögen, so wird eine laufende Schuld vermutet[82]. Verbindlichkeiten, die wirtschaftlich mit der Gründung oder dem Erwerb des Betriebs (Teilbetriebs) oder eines Anteils am Betrieb oder mit einer Erweiterung oder Verbesserung des Betriebs zusammenhängen (s. § 8 Nr. 1, 1. Altern. GewStG), sollen auch dann hinzuzurechnen sein, wenn sie kurzfristig sind[83]. Verbindlichkeiten, die mit dem laufenden Geschäftsverkehr zusammenhängen, sind nicht bereits deshalb Dauerschuld, weil ihre Laufzeit mehr als 12 Monate beträgt (BFH/NV 90, 391).

272 Motiv: Es soll nicht darauf ankommen, ob der Ertrag mit Eigen- oder mit Fremdkapital erzielt wurde. Das langfristige Fremdkapital wird daher wie Eigenkapital behandelt[84]. Nur langfristiges Fremdkapital zu berücksichtigen, ist freilich nicht konsequent. Auch ist es nicht konsequent, nur Zinsen, nicht aber andere Aufwendungen zur Beschaffung eines Kredits, hinzuzurechnen.

Schuldverhältnisse sowohl mit einem als auch **mit verschiedenen Kreditgebern** werden grundsätzlich einzeln beurteilt (BFH BStBl. 89, 900; 91, 474). Daher kann ein Gewerbetreibender z. B. bei mehreren Banken Kontokorrent-Kredite in Anspruch nehmen und die Abwicklung der Kredite – bis zur Grenze der Steuerumgehung – „so steuern", daß mindestens zeitweilig auf jedem Konto ein Guthaben entsteht (s. BFH BStBl. 77, 843; 81, 219). Ein **Mißbrauch rechtlicher Gestaltungsmöglichkeiten** (§ 42 AO) kann auch vorliegen, wenn ein Kredit für einen kurzen Zeitraum um den Bilanzstichtag mit Eigenmitteln abgedeckt wird (BFH BStBl. 85, 680; s. ferner BFH/NV 87, 324; FG Nürnberg EFG 85, 136; FG Bremen EFG 85, 358; FG Rhl.-Pf. EFG 87, 198). Verbindlichkeiten gegenüber verschiedenen Kreditgebern werden von BFH BStBl. 90, 915 – ohne Rückgriff auf § 42 AO – als eine Schuld i. S. des § 8 Nr. 1 GewStG beurteilt, wenn sie wirtschaftlich eng zusammenhängen und durch Vereinbarungen zwischen den Kreditgebern und zwischen ihnen und dem Kreditnehmer derart miteinander verknüpft sind, daß gerade die Verknüpfung dem Kreditnehmer die längerfristige Nutzung von Kreditmitteln sichert.

Die Hinzurechnung ist ab Erhebungszeitraum 1984 beschränkt auf die **Hälfte der Dauerschuldzinsen/-entgelte** (Art. 4 des HaushaltbegleitG 1983)[85].

Die **Umqualifizierung** von Vergütungen für eine Gesellschafter-Fremdfinanzierung in **verdeckte Gewinnausschüttungen** (§ 8 a KStG; s. § 11 Rz. 64) gilt nur für die Körperschaftsteuer, nicht dagegen für die Gewerbesteuer. Die Rechtsfolgen des § 7 GewStG werden insoweit durch die Kürzung nach § 9 Nr. 10 GewStG rückgängig gemacht.

273 b) **Betriebliche Renten** (Leib-, Zeitrenten) und **dauernde Lasten,** die mit der Gründung oder dem Erwerb des Betriebs (Teilbetriebs[86]) oder eines Betriebsanteils zusammenhängen (§ 8 Nr. 2 Satz 1 GewStG[87]. Dies gilt auch für nachträgliche Betriebserweiterungen. § 8 Nr. 2 GewStG ist lex specialis zu § 8 Nr. 1 GewStG[88].

Motiv: Zahlungen, die nur deshalb geleistet werden, weil der Betriebsinhaber bei Gründung oder bei Erwerb des Betriebs Verbindlichkeiten übernommen hat, schmälern nicht die „objektive Er-

82 Zur maßgebenden Bedeutung des Zeitmoments in „Grenzfällen" zwischen Anlage- und Umlaufvermögen BFH BStBl. 59, 430 (Filmherstellung); BFH BStBl. 81, 481, und Abschn. 47 VII 3 Nr. 1 GewStR (Leasinggegenstände), kritisch dazu *Jurkat,* BB 81, 1197.

83 BFH BStBl. 71, 750 f.; 76, 789; 79, 151; 81, 621; 82, 73; 93, 843; dazu Kritik von *Rose/Telkamp,* StuW 76, 135; a. A.: *H.-J. Beck,* DStR 78, 14; s. auch *B. Keuk,* StuW 75, 353; *Popp,* DB 77, 2069; *Lohmar,* DB 80, 807; *Ott,* BB 80, 140; *Hundertmark,* BB 80, 458.

84 Dazu RStBl. 37, 693, 696. – BVerfGE 26, 1: Hinzurechnung nicht verfassungswidrig (sachgerecht und hinreichend bestimmt).

85 Kritisch dazu Jahresgutachten 1982/83 des Sachverständigenrates, BT-Drucks. 9/2118, Ziff. 324, und Abteilung Wirtschaftsrecht des 55. DJT (NJW 84, 2671, 2679).

86 Zum Begriff des Teilbetriebs s. BFH BStBl. 80, 51.

87 Zur Abgrenzung § 8 Nr. 2/§ 12 II Nr. 1 GewStG vom Anwendungsbereich des § 8 Nr. 7 GewStG s. BFH/NV 88, 522; zur Einbeziehung von Erbbauzinsen s. BFH BStBl. 88, 70 mit krit. Anm. *L. Schmidt,* FR 88, 51 (Subsumtion unter § 8 Nr. 7 und nicht unter § 8 Nr. 2 GewStG); zur Betriebsveräußerung unter Zurückbehaltung von Verbindlichkeiten s. BFH BStBl. 92, 919.

88 So FG München EFG 90, 643, rkr.; a. A. FG Köln EFG 84, 362; dagegen zutreffend *B. Meyer,* BB 85, 52.

tragskraft eines Betriebs im Vergleich zu einem entsprechenden anderen Betrieb und sind daher hinzuzurechnen"[89].

c) **Gewinnanteile eines (typischen) stillen Gesellschafters** (§ 8 Nr. 3 GewStG)[90]. 274

Auch diese Hinzurechnung dient dazu, den mit Fremdkapital arbeitenden Betrieb dem Betrieb gleichzustellen, der mit Eigenkapital finanziert wird[91]. Dementsprechend erhöhen Verlustanteile eines stillen Gesellschafters einen Verlust i. S. des § 7 GewStG[92]. § 8 Nr. 3 GewStG ist lex specialis gegenüber § 8 Nr. 1 GewStG geworden, nachdem die letztgenannte Vorschrift ab 1990 auch gewinnabhängige Vergütungen für Fremdkapital erfaßt (s. o.).

d) **Gewinnanteile** und **Geschäftsführungsvergütungen** persönlich haftender Gesellschafter einer KGaA (§ 8 Nr. 4 GewStG). 275

§ 8 Nr. 4 GewStG ist eine **Korrekturvorschrift** zu § 9 Nr. 2 KStG (BFH BStBl. 65, 418; 89, 881). Durch die Hinzurechnung der Geschäftsführungsvergütung wird insoweit eine **Gleichbehandlung mit den Mitunternehmerschaften** bewirkt, obwohl die KGaA eine Kapitalgesellschaft ist (s. § 2 II GewStG). Ist der persönlich haftende Gesellschafter seinerseits gewerbesteuerpflichtig, so wird eine Doppelbelastung durch die Kürzung nach § 9 Nr. 2 b GewStG vermieden. Soweit bei ihm Betriebsausgaben im Zusammenhang mit der KGaA-Geschäftsführung entstehen, kann es auch zu einer Doppelentlastung kommen, weil diese Aufwendungen bei der KGaA nicht nach § 8 Nr. 4 GewStG hinzugerechnet werden (BFH BStBl. 91, 253, m. Anm. *Gosch,* FR 91, 345).

e) Die **Hälfte der Miet- und Pachtzinsen für Anlagegüter**[93] (außer Grundbesitz[94], s. § 9 Nr. 1 GewStG), § 8 Nr. 7 GewStG. 276

Motiv: Es soll eine Gleichbehandlung mit Betrieben erreicht werden, die mit eigenen (nicht gemieteten oder gepachteten) Wirtschaftsgütern arbeiten (s. auch Begründung RStBl. 37, 693, 696). Da nicht der (gedachte) Rohertrag (den die Anlagegüter abwerfen), sondern der Reinertrag hinzugerechnet werden soll, wird pauschal die Hälfte der Miet- und Pachtzinsen angesetzt. § 8 Nr. 7 GewStG ist lückenhaft. Ähnliche Aufwendungen, etwa für gewerbliche Schutzrechte oder Know-how, dürfen nach h. M. nicht hinzugerechnet werden (Analogieverbot)[95].

f) Die **Anteile am Verlust einer in- oder ausländischen Mitunternehmerschaft** (§ 8 Nr. 8 GewStG). 277

§ 8 Nr. 8 GewStG betrifft den Fall, daß zum Betriebsvermögen die Beteiligung an einer Personengesellschaft gehört. Dieser Verlust entstammt einem fremden Betrieb, der selbst der Gewerbesteuer unterliegt[96]. Er soll, ebenso wie der Gewinn (s. § 9 Nr. 2 GewStG), eliminiert werden.

g) Ausgaben Körperschaftsteuerpflichtiger i. S. des § 9 Nr. 3 b und c KStG **(Spenden an politische Parteien und Wählervereinigungen)**, § 8 Nr. 9 GewStG.

---

89 Zu den Renten, die aufgrund von Pensionsverpflichtungen übernommen werden, BFH BStBl. 79, 266.

90 Zur Abgrenzung gegenüber dem partiarischen Darlehen BFH BStBl. 84, 373; 84, 623.

91 Zur Kritik an der völligen Hinzurechnung der Gewinnanteile gegenüber der nunmehr hälftigen Hinzurechnung von Dauerschuldzinsen *Ch. Schmidt,* DB 84, 424; entsprechendes gilt für die nur hälftige Hinzurechnung der übrigen gewinnabhängigen Vergütungen ab 1990.

92 Dazu Abschn. 53 II GewStR.

93 Dazu *Bestgen* (Fn. 76); s. auch BFH BStBl. 86, 304 und *W. Meilicke,* RIW 85, 801.

94 Zur Behandlung von Substanzausbeuteverträgen BFH BStBl. 90, 388; *Sigloch/Mayr,* Inf. 79, 97 ff., 124 ff.

95 Dazu BFH BStBl. 65, 230; 73, 412; das Know-how als Pacht behandelnd: *Pfaff,* BB 74, 565. Kritisch zum Analogieverbot hier § 4 Rz. 184 ff.

96 Soweit § 36 II GewStG a. F. die 1977 eingeführte Hinzurechnung der Verluste aus ausländischen Personengesellschaften rückanknüpfend bereits ab dem Erhebungszeitraum 1972 für anwendbar erklärte, war die Vorschrift wegen Verstoßes gegen das Rückanknüpfungsverbot (s. § 4, Rz. 170 ff.) verfassungswidrig. Einzelheiten dazu bei *M. Orth* (Fn. 53), 139 ff.

Ab Erhebungszeitraum 1991 sind sämtliche Spenden, die nach § 9 Nr. 2 KStG bei der Körperschaftsteuer abziehbar sind (s. § 11 Rz. 70), nunmehr auch bei der Gewerbesteuer abziehbar. Unterschiede bestehen noch in der rechtstechnischen Ausgestaltung des Spendenabzugs (s. a. *Pauka,* DB 92, 1208). Bis zum Erhebungszeitraum 1990 waren gewerbesteuerlich nur Spenden zur Förderung wissenschaftlicher Zwecke abziehbar. Die Ausdehnung des gewerbesteuerlichen Spendenabzugs ist mit dem Kultur- und StiftungsförderungsG vom 13. 12. 1990, BGBl. I 90, 2775, eingeführt worden. Demgegenüber hatte sich die Gemeinnützigkeitskommission noch für eine völlige Streichung des gewerbesteuerlichen Spendenabzugs ausgesprochen[97]. Bei Spenden von Personengesellschaften will die FinVerw. für die Qualifikation als *Großspende* (mit 7jähr. Vortrag) darauf abstellen, ob die Spende insgesamt und nicht der Spendenanteil des einzelnen Gesellschafters 50 000 DM übersteigt (OFD Münster DB 93, 760).

278 h) **Ausschüttungsbedingte Teilwertabschreibungen und Ersatztatbestände** i. S. des § 8 Nr. 10 GewStG, sofern die Gewinnausschüttung nach dem gewerbesteuerlichen Schachtelprivileg (s. Rz. 282) nicht der Gewerbesteuer unterliegt (anwendbar auf Gewinnminderungen, die auf Gewinnausschüttungen nach dem 23. 6. 1988 zurückzuführen sind, § 36 Abs. IV GewStG). *Abführungsbedingte* Teilwertabschreibungen des Organträgers in einem gewerbesteuerlichen Organkreis fallen zwar nicht unter das Abzugsverbot des § 8 Nr. 10 GewStG, sind aber gleichwohl nach § 2 II 2 GewStG bei der Gewerbeertragsermittlung des Organkreises zu neutralisieren[98].

i) **Nachforderungs-, Stundungs- und Aussetzungszinsen auf nichtabziehbare Steuern** i. S. des § 10 Nr. 2 KStG ab Erhebungszeitraum 1990 (§ 8 Nr. 11 GewStG). Die Hinzurechnung dieser Zinsen bei Körperschaftsteuerpflichtigen erfolgt der Gleichbehandlung mit natürlichen Personen und Personengesellschaften wegen, weil bei letzteren diese Zinsen nicht bei der Gewinnermittlung, sondern nur als Sonderausgaben abziehbar sind und damit nicht den Gewerbeertrag mindern.

279 j) **Ausländische Steuern** vom Einkommen, die nach der Neufassung des § 34c EStG (bereits) bei der Ermittlung der Einkünfte abgezogen werden, mindern (nunmehr) grundsätzlich auch den Gewerbeertrag (§ 7 GewStG). Sie sind dem Gewinn aus Gewerbebetrieb aber hinzuzurechnen (= Abzugsverbot), soweit sie auf Gewinne oder Gewinnanteile entfallen, die bei der Ermittlung des Gewerbeertrags außer Ansatz gelassen werden (ausl. Betriebsstätten) oder nach § 9 GewStG (Schachteldividenden) gekürzt werden (§ 8 Nr. 12 GewStG).

Einschränkungen zu b, c, e, h: Bei Zahlung von Renten und dauernden Lasten, Gewinnanteilen eines stillen Gesellschafters sowie Miet- und Pachtzinsen (§ 8 Nrn. 2, 3, 7 GewStG) ist der Abzug jedoch zulässig (also keine Hinzurechnung), soweit die Beträge beim Empfänger zur Steuer nach dem Gewerbeertrag heranzuziehen sind. Dadurch soll eine **gewerbesteuerliche Doppelbelastung** verhindert werden; ein unverständliches Prinzip, zumal es sich um verschiedene Steuerobjekte handelt und die objektive Ertragskraft des Gewerbebetriebs nicht unterschiedlich beeinflußt wird. § 8 Nr. 1 GewStG freilich folgt diesem Prinzip nicht, so daß gleiche Fälle ungleich behandelt werden[99]; auch § 8 Nr. 10 GewStG läßt unberücksichtigt, ob „gekaufte Rücklagen“ schon als Veräußerungsgewinn der GewSt unterlegen haben[100].

---

97 S. Gutachten der Unabhängigen Sachverständigenkommission zur Prüfung des Gemeinnützigkeits- und Spendenrechts (Schriftenreihe des BdF, Heft 40, Bonn 1988), 229–231, 262–264 und 283.

98 BFH DStR 94, 613 f.; Abschn. 42 I 11 GewStR.

99 Wie fast jede andere, so hat BVerfGE 26, 1, 12 auch diese Durchbrechung gebilligt. – § 8 Nrn. 5, 6 GewStG sind allerdings von BVerfGE 13, 290; 13, 331 für verfassungswidrig erklärt worden.

100 S. *Herzig/Hötzel,* DB 88, 2265.

(2) **Kürzungen des Gewinns und der Hinzurechnungen** sind durch § 9 GewStG vorgeschrieben. Durch die Kürzungen soll vor allem vermieden werden, daß Erträge, die bereits an anderer Stelle gewerbesteuerlich erfaßt worden sind, noch einmal erfaßt werden. 280

a) Da der **Betrieb mit eigenem Grundbesitz** dem Betrieb mit fremdem Grundbesitz (der die Miete/Pacht abziehen kann) gleichgestellt werden soll, wird die Summe des Gewinns und der Hinzurechnungen um 1,2 v. H. des Einheitswerts (per 1. 1. 1964 + 40 v. H., s. § 121a BewG) des zum Betriebsvermögen gehörenden Grundbesitzes gekürzt (§ 9 Nr. 1 Satz 1 GewStG)[101]. Hier wird die Gleichstellung also nicht durch Hinzurechnung (beim Betrieb mit fremdem Grundbesitz), sondern durch Kürzung (beim Betrieb mit eigenem Grundbesitz) erreicht[102].

Zur wahlweise alternativen Kürzung um den Teil des Gewerbeertrags, der auf die Verwaltung und Nutzung des eigenen Grundbesitzes entfällt, s. § 9 Nr. 1 Sätze 2–4 GewStG, zuletzt geändert durch StBereinigungsG v. 19. 12. 1985 (BGBl. I 85, 2536); zur alten Fassung s. BVerfG HFR 69, 348; BFH BStBl. 76, 431; 80, 77; 80, 470; 80, 662; 82, 477; BFHE 145, 71[103]; BStBl. 87, 603; 90, 76 und 1075; 92, 738; 94, 46[104].

b) § 9 Nr. 2 GewStG[105] ist das Gegenstück zu § 8 Nr. 8 GewStG. Zu den Grenzen des Anwendungsbereichs bei **Beteiligungen an** ausländischen **Personengesellschaften** s. BFH BStBl. 91, 444 (US-Limited Partnership). 281

c) § 9 Nr. 2b GewStG korrespondiert mit § 8 Nr. 4 GewStG.

Durch diese Kürzungsvorschrift soll auch für **Gewinnanteile einer KGaA** (= Kapitalgesellschaft) eine gewerbesteuerliche Doppelbelastung ebenso vermieden werden wie nach § 9 Nr. 2 GewStG für Gewinnanteile von Mitunternehmerschaften. § 9 Nr. 2b GewStG ist insoweit lex specialis zu § 9 Nr. 2 und 2a GewStG.

d) § 9 Nr. 4 GewStG ist das Gegenstück zu § 8 Nr. 7 GewStG.

§ 9 Nr. 5 GewStG bewirkt – entsprechend § 8 Nr. 9 GewStG für Körperschaften –, daß auch bei Einzelunternehmen und Personengesellschaften sämtliche **Spenden** i. S. des § 10b I EStG gewerbesteuerlich abziehbar sind. Soweit bei der Einkommensteuer ein (bis zu zweijähriger) Rücktrag von sog. Großspenden erfolgt (s. § 21, Rz. 11), werden diese Ausgaben bei der Gewerbesteuer im Jahr ihrer Leistung oder den folgenden 7 Erhebungszeiträumen abgezogen.

Bis zum Erhebungszeitraum 1990 einschließlich waren auch für Einzelunternehmen und Personengesellschaften gewerbesteuerlich nur Spenden zur Förderung wissenschaftlicher Zwecke abziehbar (s. oben zu § 8 Nr. 9 Rz. 277).

f) § 9 Nrn. 2a, 7 und 8 GewStG schaffen ein **gewerbesteuerrechtliches Schachtelprivileg** (ab Erhebungszeitraum 1984 Senkung der Beteiligungsgrenze von 25 v. H. auf 10 v. H.). Das gewerbesteuerliche Schachtelprivileg[106] hat mit der Einführung des körperschaftsteuerlichen Anrechnungsverfahrens (= Wegfall des bisher über § 7 GewStG wirkenden körperschaftsteuerlichen Schachtelprivilegs) eine eigenständige Bedeutung erhalten. Abschn. 62b II GewStR verzichtet bei einer im Laufe eines Erhebungszeitraums 282

101 Gebilligt von BVerfGE 26, 1, 13.

102 Zur gewerbesteuerlichen Behandlung von Grundstücksunternehmen *Hofbauer,* DStR 83, 598.

103 Dazu auch *Durchlaub,* DB 83, 2599; *Steinberg,* FR 86, 639.

104 Zu den sich aus der Ausdehnung der GewSt-Befreiung auf Grundstücksveräußerungsgewinne ergebenden Gestaltungsmöglichkeiten s. *Korn,* KÖSDI 88, 7108.

105 S. auch *Lehwald,* DStR 82, 18; ferner BFH BStBl. 86, 72 (zur KGaA), sowie FG Bad.-Württ. EFG 86, 466 und *Kraushaar,* DB 86, 2302 (zur entspr. Anwendung auf einen Übertragungsgewinn).

106 Dazu *Palitzsch,* StBp. 78, 109.

beginnenden Steuerpflicht auf das Tatbestandsmerkmal „Beteiligung zu Beginn des Erhebungszeitraums" in § 9 Nrn. 2a und 7 GewStG (Billigkeitsmaßnahme). Das Schachtelprivileg gilt jedoch nur für **Beteiligungserträge,** nicht für Gewinne aus der Veräußerung der Beteiligung[107].

g) § 9 Nr. 3 GewStG soll sowohl **positive** als auch **negative Gewerbeerträge** erfassen und führt daher im letzteren Fall zu einer Hinzurechnung. Für § 9 Nr. 2b GewStG soll entsprechendes gelten (s. IdW, HdU[2], H RdNr. 314).

h) Zur Kürzung nach § 10a GewStG **(Gewerbeverlust)** s. Rz. 288.

Ergänzung zu (1)e und (2)b, c, f, g: Das mit diesen Vorschriften u. a. verfolgte Prinzip, die auf ausländische Betriebstätten sowie Beteiligungen an ausländischen Personen- und Kapitalgesellschaften entfallenden Betriebsergebnisse gewerbesteuerrechtlich nicht zu erfassen (§ 2 I 1 GewStG: „im Inland betrieben"), ist nicht durchgängig realisiert: Bei Beteiligungen an Kapitalgesellschaften bleiben Gewinne nur bei Schachtelbeteiligung frei[108] (Ausnahme: KGaA, s. c), Verluste (z. B. durch Teilwertabschreibung der Beteiligung) werden sogar uneingeschränkt hinzugerechnet[109].

283 **4.1.2 Gewerbekapital** (§ 12 GewStG): Basis für das Gewerbekapital ist der nach den Vorschriften des Bewertungsgesetzes ermittelte **Einheitswert** des Betriebs (s. Rz. 34 ff.), der auf den letzten Feststellungszeitpunkt vor dem Ende des Erhebungszeitraums lautet (§ 12 I GewStG)[110].

Diese Anknüpfung bewirkt, daß auch in Verlustjahren eine Gewerbesteuerschuld entsteht, da Meßbeträge auf positives Gewerbekapital und negativen Gewerbeertrag nicht saldiert werden. Dadurch kann es zur **Substanzbesteuerung** kommen. Die Affinität zur Substanzbesteuerung wird noch dadurch verstärkt, daß Dauerschuldzinsen/-engelte den Gewerbeertrag nicht mindern. Die Substanzbesteuerung kann durch Billigkeitsmaßnahmen vermieden werden. § 33 GrStG enthält einen allgemeinen Grundsatz[111].

284 Der Einheitswert ist durch **Hinzurechnungen** und **Kürzungen** zu modifizieren (§ 12 II–IV GewStG). Die Hinzurechnungen bezwecken, das gesamte im Betrieb eingesetzte Kapital (einschließlich Fremdkapital) zu erfassen. Die Kürzungen bezwecken, eine doppelte Belastung derselben Vermögensteile durch Realsteuern zu vermeiden.

Hinzuzurechnen sind insb. Dauerschulden, soweit sie den Freibetrag von 50 000 DM[112] übersteigen (§ 12 II Nr. 1 GewStG), und zwar ab Erhebungszeitraum 1984 nur noch zur Hälfte (im Erhebungszeitraum 1983 zu 60 v. H., davor zur Gänze)[113], (kapitalisierte) Rentenverpflichtungen, Einlagen typischer stiller Gesellschafter und fremde (nicht im Einheitswert enthaltene) Wirtschaftsgüter. Es wird ferner ein nationales und internationales Schachtelprivileg gewährt (§ 12 III Nrn. 2a, 4 und 5 GewStG; s. auch Rz. 282 und BFH BStBl. 84, 221; dazu *Sarrazin,* FR 84, 499, BFH BStBl. 85, 678).

Durch die Kürzungen (§ 12 III GewStG) werden Vermögensteile aus dem Gewerbekapital ausgeschieden, die bereits der Grundsteuer (so die Betriebsgrundstücke) oder die bereits in einem anderen Betrieb der Steuer nach dem Gewerbekapital unterliegen.

Ausführlicher zu den Hinzurechnungen und Kürzungen *B. Knobbe-Keuk,* Bilanz- und Unternehmenssteuerrecht[9], Köln 1993, 974 ff., und *G. Rose,* Die Substanzsteuern[7], Wiesbaden 1988, Teil 15; *IdW,* Hdb. der Unternehmensbesteuerung[2], Düsseldorf 1994, H RdNr. 359 ff.; speziell zu

---

107 S. BFH BStBl. 72, 468; 72, 470; 85, 160; 93, 131; zu EK 04-Ausschüttungen s. *M. Orth,* DB 93, 2152; zu Liquidationsraten s. BFH BStBl. 91, 372 mit Anm. *Gosch,* StuW 92, 350.

108 S. auch *K. Tipke,* NJW 80, 1079, 1083.

109 Dazu *M. Orth* (Fn. 53), 133 ff., 150 f.

110 Zur bis 1985 geltenden Regelung des Gewerbekapitals bei Eintritt in die Steuerpflicht s. § 23 GewStDV; BFH BStBl. 80, 491 mit Anm. DB 81, 298; zur Rechtslage ab 1986 s. Fn. 114.

111 S. aber auch BVerwG BStBl. 84, 236 zur Lohnsummensteuer (Einziehung nicht deshalb sachlich unbillig, weil ein Gewerbebetrieb über mehrere Jahre Verluste erwirtschaftet hat und die Steuer deshalb aus der Substanz entrichtet werden muß).

112 Dazu s. auch *Repohl,* BB 84, 781.

113 Zu den Auswirkungen s. auch *Theurer,* BB 83, 1717 (betr. Pensionszusagen); *Kruschwitz,* DB 83, 2585 (betr. Verschuldung der Kapitalgesellschaften).

denjenigen wegen betrieblicher Nutzung fremder Wirtschaftsgüter s. *Bestgen* (Fn. 76), zur Dauerschuldeigenschaft von Rückstellungen am Beispiel der Heimfallrückstellungen s. *Armbrust,* DB 82, 1022.

4.2 Bemessungsgrundlage: Einheitlicher Steuermeßbetrag

Auf die einzelnen Bemessungsfaktoren (Besteuerungsgrundlagen), den maßgebenden Gewerbeertrag (§ 10 GewStG) und das maßgebende Gewerbekapital (§ 12 V GewStG)[114], werden die jeweiligen Steuermeßzahlen angewendet. Hieraus ergeben sich die Steuermeßbeträge nach dem Gewerbeertrag und dem Gewerbekapital[115]. Die **Steuermeßzahlen** betragen: 285

- grundsätzlich[116] 5 v. H. des Gewerbeertrags (§ 11 II GewStG),
- grundsätzlich 2 v. T. des Gewerbekapitals (§ 13 II GewStG).

Für **natürliche Personen** und **Personengesellschaften** gilt ab 1993 für Gewerbeerträge bis 96 000 DM folgender **Staffeltarif** (§ 11 II Nr. 1 GewStG): Die Steuermeßzahl steigt für je 24 000 DM von 1 v. H. bis 4 v. H.[117].

Jedoch sind die Besteuerungsgrundlagen zunächst um Freibeträge zu kürzen. Sie betragen: 286

beim **Gewerbeertrag:** 48 000 DM für natürliche Personen und Personengesellschaften (§ 11 I 3 Nr. 1 GewStG)[118, 119]. Kapitalgesellschaften sind also benachteiligt, soweit es sich nicht um eine KapGes. & atypisch Still handelt (BFH BStBl. 94, 327[120] v. 10. 11. 93).

beim **Gewerbekapital:** 120 000 DM (§ 13 I 3 GewStG)[121].

---

114 Die bislang in § 10 III GewStG vorgesehene Umrechung des Gewerbeertrags auf einen Jahresbetrag in den Fällen, in denen der für seine Ermittlung maßgebende Zeitraum weniger (Beginn oder Ende der Steuerpflicht) oder mehr als 12 Monate (Umstellung des Wj.) betragen hat, ist mit dem Steuerbereinigungsgesetz 1986 v. 19. 12. 1985, BGBl. I 85, 2436, mit Wirkung ab dem Erhebungszeitraum 1986 gestrichen worden. Dementsprechend ist die Gewerbekapitalsteuer ab 1986 als reine Stichtagsabgabe ausgestaltet worden, d. h. für die Steuerpflicht sind allein die Verhältnisse zu Beginn des Erhebungszeitraums maßgebend (§ 12 V GewStG).

115 Mit der Abkehr vom Umrechnungsverfahren (s. Fn. 114) sind auch die Regelungen mit Wirkung ab dem Erhebungszeitraum 1986 gestrichen worden, daß sich bei nicht während des gesamten Erhebungszeitraumes bestehender Steuerpflicht die aus dem umgerechneten Gewerbeertrag und aus dem Gewerbekapital abgeleiteten Steuermeßbeträge zeitanteilig ermäßigten (§§ 11 VI, 13 IV GewStG a. F.; OFD Ffm. DB 87, 558: grds. keine Billigkeitsregelung für Übergangsfälle). Die Ausgestaltung der Gewerbekapitalsteuer als reine Stichtagsabgabe hat ferner den Hilfswert bei Betriebseröffnung im Laufe des Erhebungszeitraums (§ 23 GewStDV a. F.) gegenstandslos werden lassen (Streichung mit Wirkung ab Erhebungszeitraum 1986; zur Unwirksamkeit des § 23 GewStDV für vorangegangene Erhebungszeiträume s. FG Hamburg EFG 87, 576).

116 Ausnahmen: § 11 III – IV GewStG.

117 Zur Berechnung der GewSt-Rückstellung s. *Pauka,* DB 92, 1837; *König/Künkel/Stegmaier,* DStR 92, 922; *Béranek,* BB 92, 1832; *Gerl,* DStR 93, 141 und 736; *Bachem,* DStR 93, 736; *Stüttgen,* DB 93, 950; *Binz/Vogel,* BB 93, 1710; *Mielke,* DB 93, 2446; *Pasch,* DB 94, 343; *Wültmeier/Friedrich,* BB 93, 2351.

118 Bis 1977 bereits Staffeltarif der Steuermeßzahlen; von 1978–1979 Freibetrag von 24 000 DM, von 1980–1993: 36 000 DM.

119 Für Unternehmen i. S. des § 2 III und des § 3 Nrn. 5, 6, 9 und 15 bis 18 GewStG sowie für Unternehmen von juristischen Personen des öffentl. Rechts gilt (ab 1990) ein Freibetrag von 7500 DM (§ 11 I 3 Nr. 2 GewStG) anstelle der Freigrenze von 5000 DM (bis 1989).

120 Gegen die Freibetragsgewährung ab dem Erhebungszeitraum 1986 bestehen Bedenken (s. o. Rz. 256); der Urteilsfall betraf die EZ 1978–1980.

121 Freigrenze von 3000 DM bis 1953 und von 6000 DM bis 1977; von 1978–1980 Freibetrag von 60 000 DM.

Da jeder „Betrieb“ den Freibetrag erhält, können Vorteile erreicht werden durch Aufspaltung in mehrere (ungleichartige) Betriebe (die Betriebsgesellschaft ist i. d. R. Kapitalgesellschaft).

Durch Zusammenrechnung der Steuermeßbeträge, die sich auf der Grundlage des Gewerbeertrags und des Gewerbekapitals ergeben, wird ein einheitlicher Steuermeßbetrag gebildet (§ 14 GewStG; § 184 AO)[122].

5. Periodizität

287 Die Gewerbesteuer ist eine periodische Steuer. Die Bemessungsgrundlage wird für den Erhebungszeitraum nach dessen Ablauf festgesetzt (§ 14 II 1 GewStG). **Erhebungszeitraum** ist das Kalenderjahr (§ 14 II 2 GewStG)[123]. Er stimmt grundsätzlich mit dem Bemessungszeitraum für die Ermittlung des Gewerbeertrags überein (vgl. § 10 GewStG); dagegen wird das Gewerbekapital stichtagsbezogen ermittelt (vgl. § 12 V GewStG).

Ebenso wie das Einkommen- und Körperschaftsteuerrecht mildert auch das Gewerbesteuerrecht die Härten des Periodizitätsprinzips durch die Möglichkeit eines nunmehr auch zeitlich unbegrenzten (bisher: fünfjährigen) **Vortrags sog. Fehlbeträge** (= um Hinzurechnungen und Kürzungen modifizierte Verluste) innerhalb der Besteuerungsgrundlage „Gewerbeertrag“ (§ 10a GewStG – „Gewerbeverlust“)[124]. Die Höhe der vortragsfähigen Fehlbeträge ist gesondert festzustellen (erstmals zum Schluß des Erhebungszeitraums 1990).

288 Voraussetzung ist allerdings, daß nicht nur **Unternehmer-**[125] (im Einkommen- und Körperschaftsteuerrecht: Personen-), sondern auch **Unternehmensgleichheit**[126] gegeben ist. Dazu Abschn. 68 V–VII GewStR[127]. Mit dem Steuerbereinigungsgesetz 1986 v. 19. 12. 1985 (BGBl. I 85, 2436) ist das Tatbestandsmerkmal der Gewinnermittlung nach § 5 EStG in § 10a GewStG mit Wirkung ab Erhebungszeitraum 1975 (§ 36 III GewStG a. F.) gestrichen worden (zu den Grenzen der Rückwirkung s. a. FG Berlin EFG 90, 646, nrkr.). Durch die damit verbundene Streichung des Tatbestandsmerkmals „bei Gewerbetreibenden“ ist nach BFH GrS BStBl. 93, 616, gleichwohl nicht die Rechtsgrundlage für das Erfordernis der Unternehmergleichheit weggefallen. Daher führt ein **Unternehmerwechsel** nicht nur in den Fällen des Betriebsübergangs im ganzen, sondern auch in den Fällen des Wechsels einzelner Gesellschafter einer Personengesellschaft, zur (anteiligen) Versagung des gewerbesteuerlichen Verlustvortrags. Umgekehrt bleibt danach der gewerbesteuerliche Verlustvortrag erhalten, sofern ein Einzelunternehmer seinen Gewer-

---

122 Zu einem Klagerecht der Gemeinden im Steuermeßverfahren s. *Söhn,* StuW 93, 354.

123 Ein abgekürzter Erhebungszeitraum gilt bei nicht während des gesamten Kalenderjahres bestehender Gewerbesteuerpflicht (§ 14 II 3 GewStG).

124 Nach der Änderung des § 36 V GewStG (i. d. F. des Steuerreformgesetzes 1990) durch Art. 6 des Haushaltsbegleitgesetzes 1989 gilt der zeitlich unbegrenzte Verlustvortrag erstmals für Fehlbeträge des Erhebungszeitraums 1985, s. auch BdF BStBl. I 88, 320; *Pauka,* DB 88, 2275; *Sarrazin,* DStR 88, 639.

125 S. auch BFH BStBl. 83, 427; dazu *M. Orth,* StRK-Anm. GewStG § 10a R. 36; BFH BStBl. 85, 334; FG München EFG 85, 306 mit Anm. *Heinicke,* FR 85, 651; FG Münster EFG 85, 622.

126 S. auch BFH BStBl. 83, 425; dazu *M. Orth,* StRK-Anm. GewStG § 2 Abs. 1 R. 396; BFH BStBl. 85, 403.

127 Einzelheiten zur bisherigen Rechtslage bei *Bethmann,* Die Problematik des gewerbesteuerlichen Betriebsbegriffs. Dargestellt am Beispiel der gewerbesteuerlichen Verlustkompensation, Frankfurt a. M./Thun 1979; *ders.,* StuW 79, 332; *M. Orth,* Interperiodische Verlust-Kompensation im Gewerbesteuerrecht, Frankfurt a. M./Bern/Cirencester U. K. 1980; speziell zum Gewerbeverlust bei Personengesellschaften BFH BStBl. 78, 348; dazu *Ritter,* FR 78, 401; *L. Schmidt,* FR 78, 254; *B. Knobbe-Keuk,* StuW 78, 267; *M. Orth,* StRK-Anm. GewStG § 10a R. 33; *Braun,* BB 85, 1593; *Curtius-Hartung,* StbJb. 1985/86, 9; *Schumacher,* StuW 87, 111; s. ferner Fn. 125, 126.

bebetrieb in eine Personengesellschaft einbringt. Dies stützt der BFH nunmehr auf § 10a Satz 2 (ab 1990: Satz 3) i. V. mit § 2 V GewStG sowie auf den Zweck des § 10a GewStG[128]. Diese Grundsätze gelten auch, soweit Anteile an Personengesellschaften durch Gesamtrechtsnachfolge **(Erbfall)** übergehen (BFH BStBl. 94, 331). Die körperschaftsteuerliche Versagung des Verlustabzugs in Fällen des sog. **Mantelkaufs** (§ 8 IV KStG) gilt für den Gewerbeverlust nach § 10a GewStG entsprechend (§ 10a Satz 4 GewStG)[129]. Ein Rücktrag von Fehlbeträgen ist aus Haushaltsgründen nicht zugelassen worden[130]; verfassungsrechtlich ist dies nicht zu beanstanden[131].

6. Zerlegung des einheitlichen Steuermeßbetrages

Hat ein Gewerbebetrieb Betriebsstätten[132] in mehreren Gemeinden oder erstreckt sich 289
eine Betriebstätte über mehrere Gemeinden, so ist der einheitliche Steuermeßbetrag in die auf die beteiligten Gemeinden entfallenden Anteile zu zerlegen und jeder Gemeinde ihr Anteil zuzuteilen (§ 28 GewStG; Verfahren: §§ 185 ff. AO)[133]. Die Zerlegung findet auch in Fällen der Organschaft statt, da die Organgesellschaft als Betriebsstätte gilt (§ 2 II 2 GewStG). Zerlegungsmaßstäbe: §§ 29 ff. GewStG[134].

7. Hebesatz-Anwendung

Auf den einheitlichen Steuermeßbetrag wendet die Gemeinde den Hebesatz an. Der 290
Hebesatz ist eine durch Beschluß der Gemeindevertretung festgesetzte Größe (dazu § 16 GewStG)[135]. Er ist ein limitierter Hundertsatz, der sich nach dem **Steuerbedarf der Gemeinde** richtet[136] (Hebesatzgefälle 1994: Frankfurt 515 v. H. und Berlin 300[137]; gewogener Durchschnittssatz 1991: 364 v. H.[138]).

---

128 Zum bislang abweichenden Meinungsstand s. die Nachw. in der 12. Aufl. S. 498 Fn. 125; kritisch zur bisherigen Rspr. BFH (BStBl. 90, 436), *Söffing*, FR 90, 342 f.; *Finkbeiner*, DStZ 90, 529 ff., und KÖSDI 90, 8056; zustimmend *Glanegger*, FR 90, 469, 476; zu den verfassungsrechtlichen Aspekten von BFH BStBl. 93, 616 s. *Finkbeiner*, DB 93, 2201; kritisch zu den gewerbesteuerlichen Aspekten s. *Söffing*, DB 94, 747; speziell zu den Auswirkungen für Gesellschafterwechsel bei Personengesellschaften s. *M. Orth*, DB 94, 1313 ff.

129 Erstmals anwendbar auch für Erhebungszeiträume vor 1990, wenn die Rechtsgeschäfte, die zum Verlust der wirtschaftlichen Identität geführt haben, nach dem 23. 6. 1988 abgeschlossen worden sind (§ 36 VI GewStG).

130 Hiergegen *M. Orth* (Fn. 127), 49 ff. und 230 ff., mit einem Gesetzesvorschlag für einen Rücktrag von Fehlbeträgen; s. auch *Mennacher*, DStR 80, 284. Die im Gesetzgebungsverfahren zum Steuerentlastungsgesetz 1984 von den Spitzenverbänden der Wirtschaft erneut angeregte Erstreckung des Verlustrücktrags auf die Gewerbesteuer ist nicht aufgegriffen worden (s. BT-Drucks. 10/716, 4).

131 S. BFH BStBl. 90, 1083.

132 S. auch BFH BStBl. 82, 241; 82, 624.

133 S. auch BFH BStBl. 88, 201; 88, 292; *Seitrich*, DStZ 85, 401.

134 Bei der Zerlegung nach dem Verhältnis der Arbeitslöhne war zwischenzeitlich eine Anpassung des fiktiven Unternehmerlohns in § 31 V GewStG an die Fortschreibung des Freibetrags in § 11 I 3 GewStG (s. Rz. 286) unterblieben; mit Wirkung ab 1986 ist der Betrag in § 31 V GewStG über den in § 11 I 3 GewStG hinaus auf 50 000 DM erhöht worden.

135 Dazu *Depiereux*, BB 84, 436.

136 Dazu *Schäfers*, Die Festsetzung des Gewerbesteuer-Hebesatzes durch die Gemeinden, Diss. Münster 1964; *Schnorr*, Das Hebesatzrecht der Gemeinden, Diss. Münster 1973; *Fedden*, Zur Problematik der Verkoppelung und Genehmigung der Realsteuerhebesätze, Diss. Kiel 1974.

137 Statistisches Jahrbuch Deutscher Gemeinden (Fn. 3), 434 ff.

138 S. Statistisches Jahrbuch 1993, 570; s. auch Inst.FuSt, Brief 310, Bonn 1992, 6: 398 v. H. bei Gemeinden mit mehr als 50 000 Einwohnern.

Beispiel:

Einheitlicher Steuermeßbetrag	560 DM
Hebesatz 400 v. H.	
Gewerbesteuer 560 x 4 =	2240 DM

Auf eine Gleichmäßigkeit der Gewerbebesteuerung in den verschiedenen Gemeinden soll es nicht ankommen[139].

8. Gewerbesteuerreformbestrebungen

291 Die Gewerbesteuer ist, insb. von der Theorie, seit langem als nicht sachgerecht erkannt worden; auch aus der Praxis ist ihrer Abschaffung oder Modifizierung immer wieder das Wort geredet worden[140]. Tatsächlich ist es bereits zu erheblichen Erosionen gekommen. Zum finanz- bzw. haushaltspolitischen Stellenwert der Gewerbesteuer: **Gewerbesteueraufkommen 1992** (netto) 37,9 Mrd. DM (s. zu Rz. 251) = 40,6 v. H. der Gemeindesteuereinnahmen (93,4 Mrd. DM) und 15,8 v. H. der gesamten Gemeindeeinnahmen (240 Mrd. DM)[141].

Die Gemeinden sehen in der Abschaffung der Gewerbesteuer und des Hebesatzrechts einen Eingriff in ihre **Autonomie.** Die Bundesregierung hat wiederholt **Finanzbedarfsgründe** geltend gemacht (BT-Drucks. VI/3418, 35 ff., 44 f., 47 ff., 107 ff., sowie 8/2118, 76; ZKF 88, 262 f.; s. auch *Koch,* DStZA 78, 3 ff., 8). Die Gewerkschaften sind der Ansicht, der Ersatz der Gewerbesteuer durch Umsatzsteuer oder Einkommensteuer würde Unternehmer entlasten und Arbeitnehmer und Verbraucher stärker belasten. Vertreter der Industrie sehen in der Gewerbesteuer ein nützliches Vehikel, Einfluß auf die Gemeinden nehmen zu können.

292 In den letzten Jahren ist eine Reihe **neuer Reformvorschläge** gemacht worden. Im wesentlichen können folgende Modelle unterschieden werden:

(1) Ersatz der Gewerbesteuer durch eine **Wertschöpfungssteuer** (Wissenschaftlicher Beirat beim BMF[142], Sachverständigenrat zur Begutachtung der gesamtwirtschaftlichen Entwicklung[143], Kronberger Kreis[144], Deutscher Städtetag[145]).

(2) Ersatz der Gewerbesteuer durch eine **Beteiligung der Gemeinden an der Umsatzsteuer,**

(a) nach dem Schlüssel Gewerbekapital und Lohnsumme ohne Hebesatzrecht der Gemeinden (Inst. „Finanzen und Steuern"[146]),

---

139 BVerfGE 21, 54, 68 f.; s. auch BVerfGE 10, 354, 371; 12, 139, 143; 12, 319, 324.

140 *Grass,* Unruhige Gewerbesteuer, StKongrRep. 1965, 116; *Hartz,* Reform oder Abschaffung der Gewerbesteuer, StKongrRep. 1966, 237; Gutachten des *Wiss. Beirats,* Schriftenreihe des BdF, Heft 10, Bonn 1968, 20 ff., 27; s. auch *K. Littmann,* Art. „Gewerbesteuer", in: Handwörterbuch der Sozialwissenschaften, Berlin/Göttingen/Heidelberg 1964; Inst. FuSt, Zur Steuerreform, Die Realsteuern, Heft 100, Bd. 2, Bonn 1972 (s. aber auch Gewerbesteuer-Reform, Brief 162, Bonn 1976); *Wöhe,* Die Gewerbesteuer – Ein Stiefkind der Steuerreform, in: FS für W. Haubrichs[2], Bad Wörishofen 1977, 127; *D. Schneider,* Grundzüge der Unternehmensbesteuerung[5], Wiesbaden 1990, 174 ff.; *K. Tipke,* NJW 80, 1083; *ders.,* StuW 80, 292 f.; *Jacobs,* ZGR 80, 289, 306 ff.; *Flämig,* ZRP 80, 244; *Trzaskalik,* StRK-Anm. GewStG § 10a R. 32, 5 ff.; *Bestgen,* StuW 81, 23 ff.; *Löhning,* ZRP 85, 157, 159; *K. Tipke,* StRO II, § 17.

141 Monatsberichte der Deutschen Bundesbank 11/1993, 70–72.

142 Gutachten zur Reform der Gemeindesteuern in der Bundesrepublik Deutschland, Schriftenreihe des BMF, Heft 31, Bonn 1982.

143 Sondergutachten „Zur wirtschaftlichen Lage im Oktober 1982", BT-Drucks. 9/2027, Tz. 79 f.; Jahresgutachten 1984/85, BT-Drucks. 10/2541, Tz. 470; 1988/89, BT-Drucks. 11/3478 Tz. 275 f. und 429 ff.

144 Vorschläge zu einer „Kleinen Steuerreform", hrsg. vom Frankfurter Institut für wirtschaftspolitische Forschung, Heft 2/1983; s. auch *Engels,* WPg 83, 665; Frankfurter Institut für wirtschaftspolitische Forschung, Argumente zur Wirtschaftspolitik, Heft 17/1988.

145 S. Der Städtetag 86, 776; dazu *Dziadkowski,* BB 87, 342.

146 Brief 211, Bonn 1982.

(b) nach dem Schlüssel Beschäftigungszahl und/oder Nettoumsatz (Karl-Bräuer-Institut des Bundes der Steuerzahler[147]),

Varianten:

(c) Beteiligung der Gemeinden an der Umsatzsteuer durch Abzug der Gewerbesteuer von der Umsatzsteuer (Aufrechnungsmodell des Deutschen Industrie- und Handelstages[148]),

(d) Beteiligung der Gemeinden an der Umsatzsteuer unter Aufrechterhaltung einer Restgewerbesteuer (*Ritter*[149]),

(e) Beteiligung der Gemeinden an der Umsatzsteuer und Umformung der Gewerbesteuer in eine Gemeindeertragsteuer auf die Gewinneinkünfte und Einkünfte aus Vermietung und Verpachtung (*Kremer*[150]) oder Einführung eines Hebesatzrechts auf Gemeindeeinkommensteuer (Nds. FinMin. *B. Breuel*),

(f) Beteiligung der Gemeinden an der Umsatzsteuer und Übertragung der Ertragshoheit für eine modifizierte Kfz-Steuer und erhöhte Grundsteuer von den Ländern auf die Gemeinden (*Klatt*[151]),

(3) Ersatz der Gewerbesteuer durch eine **kommunale Verbrauchsteuer**[152],

(4) Ersatz der Gewerbesteuer durch eine **Gemeindeeinkommensteuer**[153],

(5) Ersatz der Gewerbesteuer durch eine **Cash-Flow Steuer**[154],

(6) **Beibehaltung der Gewerbesteuer und Teilanrechnung** (z. B. bis zu einem Hebesatz von 200 v. H.) auf die Körperschaft-/Einkommensteuer bzw. Umsatzsteuer (Landesregierung Rheinland-Pfalz[155]; Kräfte der CDU),

(7) **„Revitalisierung der Gewerbesteuer"**/Modifizierung und Ausdehnung auf die freien Berufe (Klaus-Dieter-Arndt-Stiftung e. V.[156]).

Zur Reformdiskussion ferner *Krause,* BB 82, 2038; *Beichelt,* DStZ 83, 375 (zum Hearing der FDP-Kommission „Föderalismus und Finanzverfassung"); *Weinberger,* KStZ 84, 41; *Zitzelsberger,* DStZ 84, 294; *Koglin,* KStZ 85, 25; KStZ 85, 126; *Zitzelsberger,* Neuerliche Entwicklungstendenzen der Gewerbesteuer und Reformvorschläge, Bonn 1985; *Karrenberg,* ZKF 86, 170 (aus der Sicht der Gemeinden); *Dziadkowski,* StuW 87, 330 (Gesamtübersicht über die Reformvorschläge); *Lang,* StuW 89, 3; *ders.,* StuW 90, 107, 123 f.; *B. Knobbe-Keuk,* DB 89, 1303; *Zitzelsberger* (Fn. 1), 292 ff.

U. E. ist der **Vorschlag des Karl-Bräuer-Instituts** vorzuziehen. Die Gemeinden sind auch ohne Hebesatzrecht finanzautonom. Sie sind **finanzautonom,** wenn sie die zur Erfüllung ihrer Aufgaben nötigen Mittel erhalten. Insoweit gilt für die Gemeinden nichts anderes als für die Länder. Die Gemeinden sind nicht autonom, wenn große Industriebetriebe maßgeblich die Hebesatzpolitik beeinflussen oder sonst die Gewerbesteuer als Vehikel für die Durchsetzung von Sonderinteressen benutzen. – Das **Äquivalenzprinzip** ist auch im Gemeindesteuerbereich weder sachgerecht noch praktikabel. Die Kausalbeziehungen zwischen Steuerlasten und Gemeindelasten sind wenig geklärt. Die insb. von Industriebetrieben ausgelösten Effekte wirken weit über die Gemeindegrenzen hinaus. Die Gewerbesteuer-Bemessungsgrundlagen sind indessen auch unter dem Aspekt des 293

147 Abbau und Ersatz der Gewerbesteuer, Heft 57, Wiesbaden 1984, 34 ff. S. auch Steuervereinfachung, Heft 60, Wiesbaden 1986, 108 ff.
148 Gewerbesteuer auf neuem Kurs, DIHT Heft 201, Bonn 1982.
149 BB 83, 389 ff.; Der Gemeindehaushalt 83, 188 ff.
150 StuW 83, 55.
151 DStZ 86, 224.
152 S. dazu Wiss. Beirat beim BMF (Fn. 140), 82 ff., 143; Karl-Bräuer-Institut (Fn. 147), 91 ff.; *Weinberger,* KStZ 84, 43.
153 S. *Wendt,* BB 87, 1677, 1680.
154 *Richter/Wiegard,* StuW 90, 40; *Cansier,* BB 90, 253.
155 LT-Drucks. 10/2185 v. 25. 2. 1986; *Scholz,* BB 88, Beilage 11.
156 Schriftenreihe Heft 8, Bonn 1986; zu den Auswirkungen auf die Honorarforderungen von Freiberuflern s. *Schult,* DB 88, 769.

Äquivalenzprinzips nicht sachgerecht. Eine Sonderbelastung nur des Gewerbes ist mit dem Äquivalenzprinzip nicht vereinbar. Die Gewerbebetriebe erbringen ihre Leistungen auch im Interesse der Konsumenten. Da Gemeinden auch für Minderbemittelte zu sorgen haben, muß es Bürger geben, die die durch sie ausgelösten Lasten mittragen. Aus diesen Gründen ist das **Leistungsfähigkeitsprinzip** auch für die Gemeindesteuern sachgerecht. Die Hinzurechnungen nach §§ 8, 12 GewStG (sie gehören zum Hauptkonfliktstoff des Steuerrechts) verletzen das Leistungsfähigkeitsprinzip und sind auch aus dem Äquivalenzprinzip nicht zu erklären. – Der **Vorschlag des Wissenschaftlichen Beirats** versucht u. E. vergeblich, dem Äquivalenzprinzip gerecht zu werden. Er ist aber auch zu kompliziert und (in den nicht durchdachten Details) mit vielen neuen Anwendungsproblemen belastet. Die Durchführung würde erheblich hinter dem Ideal zurückbleiben[157]. – Die Tatsache, daß die **meisten Länder der EU keine Gewerbesteuer** kennen[158] oder sie abschaffen (Österreich), beweist hinlänglich, daß der Finanzbedarf auch ohne sie gedeckt werden kann, und zwar sachgerechter.

294 Die **„Kommission zur Verbesserung der steuerlichen Bedingungen für Investitionen und Arbeitsplätze“** hat sich nicht in der Lage gesehen, den Konflikt zwischen den widerstreitenden Interessen der Unternehmen und der Gemeinden in der Kürze der Zeit befriedigend zu lösen. Als pragmatische Lösung wird in den im Dezember 1990 vorgelegten Thesen eine Abschaffung der Gewerbekapitalsteuer, die Verbreiterung der Bemessungsgrundlage für die Gewerbeertragsteuer durch Hinzurechnung sämtlicher Zinsaufwendungen bei gleichzeitiger Halbierung der Steuermeßzahl auf 2,5% und die Abschaffung der von den Gemeinden an Bund und Länder abzuführenden Gewerbesteuerumlage vorgeschlagen.

9. Vereinheitlichung des Gewerbesteuerrechts im vereinigten Deutschland

295 Im vereinigten Deutschland hat das Gewerbesteuerrecht folgende Entwicklung genommen:

9.1 Entwicklung bis zum 30. 6. 1990

296 a) **DDR-Steuerrecht:** Nach dem Gewerbesteuergesetz der DDR[159] unterlag der Gewerbesteuer jeder Gewerbebetrieb, soweit er in der DDR betrieben wurde. Das GewStG-DDR fand jedoch keine Anwendung auf staatliche Einrichtungen, volkseigene Betriebe und Kombinate sowie gleichgestellte Betriebe, sozialistische Genossenschaften, private Handwerker, Betriebe mit staatlicher Beteiligung sowie private Industrie-, Bau-, Verkehrs- und Handelsbetriebe, soweit in ihren Preisen bzw. Handelsspannen Gewerbesteuer nicht kalkuliert bzw. nicht berücksichtigt war[160].

Das Gewerbesteuerrecht der DDR entsprach weitgehend dem der Bundesrepublik: Besteuerungsgrundlagen waren der Gewerbeertrag und das Gewerbekapital. Die Steuermeßzahlen betrugen 5% für den Gewerbeertrag (mit einem Staffeltarif für Personenunternehmen) und 2‰ für das Gewerbekapital. Der auf den einheitlichen Steuermeßbetrag anzuwendende Hebesatz betrug einheitlich 400%. Abweichungen zum Gewerbesteuerrecht der BRD waren z. B. die Hinzurechnung von Vergütungen an wesentlich beteiligte

157 Kritisch auch *Dziadkowski*, StuW 87, 91.
158 S. BdF-Info zur Finanzpolitik des Auslands, IWB Fach 10 Gruppe 2, 659, Übersicht 7 (10. 10. 1988); *Zitzelsberger* (Fn. 1), 72 ff.
159 GewStG i. d. F. v. 18. 9. 1970 GBl.-DDR Sonderdruck Nr. 672 v. 2. 11. 1970.
160 Zur Bedeutung der Besteuerung in der DDR vgl. *Polaschewski*, StVj 90, 254 ff.

Gesellschafter-Geschäftsführer von Kapitalgesellschaften und das Fehlen eines gewerbesteuerlichen Verlustvortrags.

Die sog. **Joint-Venture-Verordnung** v. 25. 1. 1990[161] sah keine Sonderregelung für das GewStG-DDR vor, insbes. wurde der fünfjährige Verlustvortrag (§ 29 II der VO) nicht auch für die Gewerbesteuer eingeführt. 297

Das GewStG-DDR war unmittelbar nicht Gegenstand des Steueränderungsgesetzes v. 6. 3. 1990[162]. Mittelbar wirkten sich jedoch auch auf die Besteuerung des Gewerbeertrags die Änderungen der steuerlichen Gewinnermittlungsvorschriften im EStG[163] aus, da Gewerbeertrag nach § 7 GewStG-DDR der Gewinn aus Gewerbebetrieb war, der nach den Vorschriften des EStG und KStG zu ermitteln war, vermehrt und vermindert um die in § 8 (Hinzurechnungen) und § 9 (Kürzungen) bezeichneten Beträge.

Durch **Gesetz zur Gründung und Tätigkeit privater Unternehmen und über Unternehmensbeteiligungen** v. 7. 3. 1990[164] und § 3 I und § 5 IX der dazu ergangenen 1. DVO wurde eine zweijährige Befreiung reprivatisierter Unternehmen u. a. von der Steuer auf Gewerbeertrag und Gewerbekapital eingeführt[165].

b) **BRD-Steuerrecht:** Soweit Gewerbeertrag und Gewerbekapital eines im Inland betriebenen Gewerbebetriebs einer Betriebstätte in der DDR zuzurechnen waren, unterlagen sie in der BRD nicht der Gewerbesteuer (§ 2 VI, § 12 IV Nr. 2, § 28 I 3, § 34 I 2; § 35a I GewStG). Dementsprechend konnten **Gewerbeverluste,** die in DDR-Betriebstätten entstanden waren, in der BRD nicht berücksichtigt werden (Abschn. 68 X GewStR). Ergänzende Regelungen galten nach § 7 GewStDV für Gewerbebetriebe mit Geschäftsleitung in der DDR und einer oder mehreren Betriebstätte(n) in der BRD sowie für die Verlegung der Geschäftsleitung von der DDR in die BRD und umgekehrt. 298

Einkünfte der in § 49 EStG bezeichneten Art, die in der DDR bezogen worden waren, blieben nach § 3 Nr. 63 EStG **steuerfrei.** Diese Steuerbefreiung galt nach § 7 GewStG (i. V. mit § 8 I KStG) auch für das Gewerbesteuerrecht, wurde allerdings durch die genannten Spezialvorschriften verdrängt, soweit eine Betriebstätte in der DDR unterhalten wurde[166]. Soweit § 49 EStG als sachliches Anknüpfungsmerkmal keine Betriebstätte voraussetzt[167], stellt sich nach der Neufassung des § 3 Nr. 63 EStG mit Wirkung ab dem Veranlagungszeitraum 1989[168] die Frage, ob die Gewerbesteuerfreiheit in der BRD die Heranziehung zur Gewerbesteuer in der DDR voraussetzt.

Erstmals für den Erhebungszeitraum 1990 bzw. für Wirtschaftsjahre, die in diesem Erhebungszeitraum enden, sieht das **DDR-Investitionsgesetz v. 26. 6. 1990**[169] für Investitionen in Kapitalgesellschaften in der DDR folgende steuerliche Erleichterungen vor, die nach § 3 DDR-IG auch für die Ermittlung des Gewerbeertrags gelten: 299

---

161 VO über die Gründung und Tätigkeit von Unternehmen mit ausländischer Beteiligung in der DDR v. 25. 1. 1990, GBl. I 90, 16.
162 GBl.-DDR I 90, 136, 138.
163 Einzelheiten dazu *Fuest/Kroker,* StuW 90, 274 ff.
164 GBl.-DDR I 90, 141.
165 Vgl. Arbeitshinweise des Min. d. Fin.-DDR v. 22. 8. 1990, BStBl. I 90, 546, 561, mit dem Hinweis des BMF, daß sich diese Steuerbefreiung auf das Jahr 1990 beschränkt.
166 S. auch Abschn. 39 V GewStR.
167 S. auch *Flick-Pistorius,* DStR 90, 196 ff., die jedoch unter F. unerörtert läßt, welche Bedeutung § 3 Nr. 63 EStG für die Gewerbesteuer hat; dazu *Voigt,* WPg 90, 392 ff.
168 StReformG 1990 v. 25. 7. 1988, BGBl. I 88, 1093, BStBl. I 88, 224.
169 BGBl. I 90, 1143, BStBl. I 90, 311.

(1) Bei Überführung von Wirtschaftsgütern aus einem inländischen Betrieb brauchen **stille Reserven** nicht bereits im Zeitpunkt der Überführung aufgedeckt zu werden. § 1 DDR-IG läßt die Bildung einer steuerfreien Rücklage zu[170].

(2) Bei Beteiligungen von mindestens 10% können **Anlaufverluste der Tochtergesellschaften** bei der inländischen Besteuerung im Zeitpunkt ihrer Entstehung durch Bildung einer steuerfreien Rücklage berücksichtigt werden (§ 2 DDR-IG).

Für Investitionen in Betriebstätten in der DDR gilt:

(3) **Gewerbeverluste aus DDR-Betriebstätten** können im Jahr ihrer Entstehung vom in der BRD steuerpflichtigen Gewerbeertrag abgezogen werden; sie sind ihm in den folgenden Erhebungszeiträumen hinzuzurechnen, soweit in der DDR-Betriebstätte ein positiver Gewerbeertrag entsteht (§ 9a GewStG i. d. F. des § 5 DDR-IG).

Kapitalgesellschaften und Betriebstätten müssen mit ihren Tätigkeiten die Voraussetzungen einer sog. **erweiterten Aktivitätsklausel** erfüllen[171].

9.2 Entwicklung vom 1. 7. bis 31. 12. 1990

300 a) **DDR-Steuerrecht:** Die **Aufhebung spezieller Steuerbefreiungsvorschriften** mit § 20 StAnpG vom 22. 6. 1990[172] führte dazu, daß bisher ausgesprochene Gewerbesteuerbefreiungen für ausgewählte Gruppen oder die Festsetzung der Gewerbesteuer in einem pauschalen Betrag aufgehoben wurden. Demzufolge waren ab 1. 7. 1990 wieder in vollem Umfang gewerbesteuerpflichtig: Produktionsgenossenschaften, Handwerker, Kreditgenossenschaften, Einzelhändler und Gastwirte, Gewerbetreibende, für die aufgrund des Ministerratsbeschlusses vom 12. 2. 1976 die Gewerbesteuer in einem pauschalen Betrag festgesetzt wurde. Die in § 18 StAnpG vorgesehene Befreiung der typischen Staatsbetriebe von der Körperschaftsteuer soll auch auf die Gewerbesteuer angewandt werden[173].

301 Die **Übernahme der steuerlichen Gewinnermittlungsvorschriften** der §§ 4–7 EStG-BRD ab 1. 7. 1990 mit dem StAnpG v. 22. 6. 1990 sowie die steuerlichen Vorschriften aus dem **Gesetz über die DM-Eröffnungsbilanz** (§§ 50 ff.)[174] bewirkten mittelbar wiederum Rechtsänderungen für die Ermittlung des Gewerbeertrags.

Unmittelbar angesprochen wird die Gewerbesteuer in der **Selbstberechnungsverordnung für Abschlagszahlungen** v. 27. 6. 1990[175] und in der **Verordnung über die Zahlung von Steuern** der in Kapitalgesellschaften umgewandelten ehemaligen volkseigenen Kombinate, Betriebe und Einrichtungen im 2. Halbjahr 1990 vom 27. 6. 1990[176]. Umstritten ist, ob bei den zuletzt genannten Gewerbebetrieben und denjenigen, für die zum 1. 7. 1990 die bisherige Gewerbesteuerbefreiung weggefallen ist, für 1990 Gewerbekapitalsteuer entstanden ist, weil der erste Einheitswert des Betriebsvermögens erst zum 1. 1. 1991 festgestellt wird[177].

170 Vorläufer war die Verwaltungsanweisung BMF BStBl. I 90, 354, die bereits für die Überführung von Wirtschaftsgütern nach dem 1. 11. 1989 galt.
171 Einzelheiten bei *Runge,* IWB Fach 3 Gr. 1, 1273.
172 GBl.-DDR I Sonderdruck Nr. 1427.
173 Vgl. Arbeitshinweise des Min. d. Fin.-DDR v. 12. 7. 1990, BStBl. I 90, 333 Ziff. 4; kritisch dazu *M. Schulz,* NWB-DDR spezial 28/90, 4.
174 Vgl. Einigungsvertrag vom 31. 8. 1990, Anl. II Kap. III D (BGBl. II 90, 1169).
175 GBl.-DDR I 90, 616.
176 GBl.-DDR I 90, 618.
177 Vgl. *M. Schulz,* NWB-DDR spezial 28/90, 4; 34/90, 5.

Gewerbebetriebe, die im gesamten Kalenderjahr 1990 bestanden haben, haben zwei **Wirtschaftsjahre** (1. 1.–30. 6. 1990 und 1. 7.–31. 12. 1990), für die jeweils eine steuerliche Gewinnermittlung zu erfolgen hat (§ 53 DMBilG).

b) **BRD-Steuerrecht:** Keine spezielle Regelungen für den Zeitraum 1. 7.–31. 12. 1990.

9.3 Entwicklung seit dem 1. 1. 1991

a) DDR-Steuerrecht: An die Stelle des GewStG-DDR tritt ab 1. 1. 1991 das **GewSt-Recht der BRD** (Art. 8 und 9 Einigungsvertrag und Anl. I Kap. IV B II 14, 20 und 21). 302

b) BRD-Steuerrecht: Die Vorschriften des GewStG-BRD, die DDR-Betriebstätten oder DDR-Einkünfte zum Gegenstand hatten (s. oben Rz. 298), werden aufgehoben.

§ 10a GewStG ist auch auf Gewerbeverluste aus DDR-Betriebstätten anzuwenden, die ab Erhebungszeitraum 1990 entstanden waren, sofern nicht in 1990 von § 9a GewStG Gebrauch gemacht wurde (s. oben Rz. 298) (§ 36 Va GewStG).

Bis zur Festsetzung von Vorauszahlungen sind u. a. die bisherigen Abschlagszahlungen (s. oben Rz. 301) als Gewerbesteuervorauszahlungen zu leisten, ohne daß es dazu eines Steuerbescheides oder einer besonderen Aufforderung bedarf[178].

Die **steuerfreie Rücklage nach § 1 DDR-IG** kann nur noch gebildet werden für Wirtschaftsgüter, die vor dem 1. 1. 1992 überführt wurden. Die steuerfreie Rücklage nach § 2 DDR-IG kann nur noch gebildet werden, wenn der Erwerb der Anteile an der Tochtergesellschaft vor dem 1. 1. 1992 stattgefunden hat und der Verlust der Tochtergesellschaft weder bei ihr im Wege des (körperschaftsteuerlichen) Verlustrücktrags abgezogen noch bei der Muttergesellschaft als Verlust einer Organgesellschaft in die Einkommensermittlung des Organkreises einbezogen wurde[179].

178 Einigungsvertrag vom 31. 8. 1990, Anl. I Kap IV B II 15 (BGBl. II 90, 974).
179 Einigungsvertrag vom 31. 8. 1990, Anl. I Kap IV B II 22 (BGBl. II 90, 974).

§ 13 Umsatzsteuer*

Rechtsgrundlagen: 6. Richtlinie zur Harmonisierung der Umsatzsteuern v. 17. 5. 1977, 77/338/EWG, ABl. EG 1977 Nr. L 145; Richtlinie v. 16. 12. 1991 zur Ergänzung des gemeinsamen Mehrwertsteuersystems ... im Hinblick auf die Beseitigung der Steuergrenzen 91/680/EWG, ABl. EG Nr. L 376 v. 31. 12. 1991, 1; Umsatzsteuergesetz 1993 v. 27. 4. 1993 (BGBl. I 93, 565) mit zahlr. Änderungsgesetzen (s. Beck'sche Sammlung der Steuergesetze I 500); Umsatzsteuer-DurchführungsVO 1993 v. 27. 4. 1993 (BGBl. I 93, 600) mit Änderungen (s. Beck'sche Sammlung der Steuergesetze I 510).

Verwaltungsvorschriften: Umsatzsteuer-Richtlinien 1992 v. 25. 2. 1992 (BStBl. I Sondernr. 1).

Rechtsprechung: Zuständig für Umsatzsteuerrechtstreitigkeiten ist in letzter Instanz der BFH (V., VII. und XI. Senat). Seine wichtigen Entscheidungen sind in der amtlichen Sammlung (BFHE) und im Bundessteuerblatt (BStBl.), Teil II veröffentlicht. Für die Auslegung von Gemeinschaftsrecht der EG ist der Europäische Gerichtshof (EuGH) zuständig. Seine Entscheidungen werden in der amtlichen Sammlung (EuGHE) und im Amtsblatt ABl. EG) veröffentlicht. Dringend erforderlich ist eine vollständige Veröffentlichung aller zu Steuersachen ergehenden Entscheidungen im BStBl.

Literatur: *Kommentare* von *Hartmann/Metzenmacher,* Berlin (Loseblatt); *Plückebaum/Malitzky,* Köln/Berlin/Bonn/München (Loseblatt); *Sölch/Ringleb/List,* München (Loseblatt); *Rau/Dürrwächter/Flick/Geist,* Köln (Loseblatt); *Schüle/Teske/Wendt,* Wiesbaden (Loseblatt); *Vogel/Reinisch/Hoffmann,* Freiburg (Loseblatt); *Bunjes/Geist*[4], München 1993.

Lehr- und Lernbücher: Dziadkowski, Umsatzsteuer[3], München/Wien 1990; *Jakob,* Umsatzsteuer, München 1992; *Völkel/Karg,* Umsatzsteuer[4], Stuttgart 1993; *Sauerland/Schmidt/Lippross,* Umsatzsteuer[18], Achim 1994.

Zur Geschichte: Popitz, UStG-Kommentar[2], Berlin 1921; *H. Franke,* Die Geschichte der Reichs-Umsatzsteuer, Diss. rer. pol. Köln 1941; *Grabower/Herting/Schwarz,* Die Umsatzsteuer – Ihre Geschichte und gegenwärtige Gestaltung im In- und Ausland[2], Köln/Berlin/Bonn/München 1962; *Salch,* Umsatzsteuerreform und Finanzverfassung, Diss. Würzburg 1965, 1 f., 119 ff.

Zur Entstehung des Umsatzsteuergesetzes 1967: Heilmann, Die Umsatzsteuerreform in der Bundesrepublik Deutschland (zugleich eine Fallstudie zur steuerpolitischen Willensbildung in einer parlamentarischen Demokratie), Bern/Frankfurt a. M. 1975; *Pohmer/Flugmann-Hohlstein,* 25 Jahre Nettoumsatzsteuer in Deutschland, UR 93, 37.

A. Charakterisierung der Umsatzsteuer

1. Die Umsatzsteuer als Verbrauchsteuer

Literatur: *Tipke,* Die Umsatzsteuer im Steuersystem, UStR 72, 2; *Söhn,* Die Umsatzsteuer als Verkehrsteuer und/oder Verbrauchsteuer, StuW 75, 1; *Tipke,* Umsatzsteuer – Verkehrsteuer und/oder Verbrauchsteuer, DStR 83, 595; *Philipowski,* Umsatzsteuer: Verbrauch- oder Verkehrsteuer?, UStKongrBericht 1985, 183 ff.; *Tehler,* Die Umsatzsteuer als angewandte Verkehr- und/oder Verbrauchsteuer, Diss. Köln 1986; *Walden,* Die Umsatzsteuer als indirekte Verbrauchsteuer, Diss. Essen, Berlin 1988; *Reiß,* Der Belastungsgrund der Umsatzsteuer und seine Bedeutung für die Auslegung des Umsatzsteuergesetzes, DStJG Bd. 13 (1990), 3; *Janssen,* Die Umsatzsteuer als Verkehr- und/oder Verbrauchsteuer, DStZ 90, 35; *Tipke,* Die Steuerrechtsordnung, Bd. II (StRO II), Köln 1993, 886 ff.

1 Der Bundesfinanzhof hat 1973 zum Sinn der Umsatzsteuer bemerkt: „Die meisten Verkehrsteuern einschließlich der Umsatzsteuer haben keinen tieferen Sinn als den, dem Staat Geld zu bringen[1]." Dieser **Fiskalzweck,** den per definitionem alle Steuern haben, erklärt aber nicht, warum zur Erzielung von Staatseinnahmen gerade eine Umsatzsteuer erhoben wird. Auch zur Rechtsanwendung

* Den Abschnitt „Umsatzsteuer" hat Prof. Dr. *Wolfram Reiß* überarbeitet, auf den neuesten Stand gebracht und ergänzt.

1 BFH BStBl. 73, 94, 96.

darf der Fiskalzweck nicht herangezogen werden. Jedoch kann für die Rechtsanwendung die Frage erheblich sein, ob der Unternehmer oder der Verbraucher belastet werden soll.

Die Umsatzsteuer ist eine Verbrauchsteuer, sie ist die **allgemeine Verbrauchsteuer.** Das Einkommen wird zweimal besteuert, einmal bei seiner Entstehung durch die Einkommensteuer und zum zweiten bei seiner Verwendung durch Verbrauchsteuern (s. § 8 Rz. 30 ff.). Dadurch gleichen sich die Vor- und Nachteile der Einkommensteuer und der Umsatzsteuer zum Teil aus. Die Einkommensverwendung, der Verbrauch i. w. S., ist ebenso wie das Einkommen ein geeigneter Maßstab der steuerlichen Leistungsfähigkeit. Das Leistungsfähigkeitsprinzip ist die übergreifende Fundamentalregel, die auch das Umsatzsteuerrecht trägt und dafür sorgt, daß es nicht zu einem aparten Teil des Steuerrechts wird.

Allerdings werden die **Verbraucher aus Praktikabilitätsgründen nicht direkt** besteuert. Das Umsatzsteuergesetz hält sich *technisch* an die Unternehmer, die Lieferungen und sonstige Leistungen ausführen. Die Unternehmer dürfen die **Umsatzsteuer aber überwälzen;** führen sie steuerpflichtige Lieferungen oder sonstige Leistungen aus, so berechnen sie die Umsatzsteuer gesondert (s. § 14 UStG). Soweit Umsatzsteuer auf Unternehmer überwälzt wird, entlasten diese sich durch den sog. **Vorsteuerabzug** (§ 15 UStG). Die Unternehmer sollen nämlich in ihrer Eigenschaft als Unternehmer nicht mit Umsatzsteuer belastet werden; Steuerträger sollen die Verbraucher sein. Bemessungsgrundlage ist, was der Verbraucher für die Leistung aufwendet. Das ist nicht bloß eine finanzpolitische oder finanzwissenschaftliche Idee, sondern eine Idee, die das Umsatzsteuergesetz in seltener Klarheit in geltendes Recht umgesetzt hat. Mit anderen Worten: **Steuergut** (s. § 7 Rz. 23 ff.) der Umsatzsteuer sind die Aufwendungen oder Einkommensverwendungen der Verbraucher. Allerdings, darin ist den Verkehrsteuerpositivisten beizupflichten, steht im Umsatzsteuergesetz nicht expressis verbis: „Achtung! Dies ist eine Verbrauchsteuer!" Aus §§ 1 I Nrn. 2, 4; 10 I 2 („Leistungsempfänger"); 14; 15 UStG läßt sich das **Verbrauchsteuerprinzip** aber induktiv sicher entnehmen.

Vom Steuergut ist das **technische Steuerobjekt** zu unterscheiden: Steuerobjekt sind insbesondere die entgeltlichen Leistungen der Unternehmer. Die Steuertypologie (s. § 8, Rz. 20 ff.), der Steuerartenvergleich und die Gesetzesauslegung (s. § 5 Rz. 48 ff.) sind nicht an einem technischen Tatbestand, sondern teleologisch am Steuergut zu orientieren.

Die **Verbrauchsteuerauffassung** hat sich in der Literatur[2] und der Rechtsprechung der Finanzgerichte klar durchgesetzt. Der **Europäische Gerichtshof**[3] versteht die Umsatzsteuer uneingeschränkt als Verbrauchsteuer. Der **Bundesfinanzhof** kann sich immer noch nicht davon trennen, mit der **Leerformel**[4] **vom maßgeblichen Verkehrsakt** im Ergebnis meist zutreffende Entscheidungen zu begründen[5]. Die Berufung auf den Verbrauchsteuercharakter ist nicht eine beliebige Methode des Interpreten, um textungebunden seinem Vorverständnis Geltung zu verschaffen. Vielmehr geht es darum, bei der Gesetzesauslegung im Rahmen der Auslegungsgrenzen, wie sie sich aus dem objek-

---

2 In diesem Sinne verbrauchsteuerorientiert *Tipke,* UStR 72, 2, 3 f.; *ders.,* DStR 83, 595; *Söhn,* StuW 75, 1 ff.; *Tehler,* DStR 83, 215; *Krautwald,* Ungelöste Probleme im Rahmen der Umsatzbesteuerung, Frankfurt a. M./Bern 1982, 7 ff.; *Kirchhof,* HWStR[2], 1434; *Walden,* Die Umsatzsteuer als indirekte Verbrauchsteuer, Diss. Essen, Berlin 1988; *Ruppe/Achatz,* Sachleistungen an Arbeitnehmer in umsatzsteuerlicher Sicht, Wien 1985, 69 ff.; *Söhn,* in: FS für v. Wallis, Bonn 1985, 443 ff.; *Tehler,* Die Umsatzsteuer als angewandte Verkehr- und/oder Verbrauchsteuer, Diss. Köln 1986; *Ebke,* A Statute in Search of a Purpose, in: FS für O. L. Walter, Osnabrück 1988, 215 ff., 224 f.; *Stadie,* Das Recht des Vorsteuerabzugs, Köln 1989; *Reiß,* DStJG Bd. 13 (1990), 3; *Tipke,* StRO II, 893 ff.; *Crezelius,* Steuerrecht II, 357 ff.; *Jakob,* Umsatzsteuer, 4 ff.; ablehnend *Weiß,* DStJG Bd. 7 (1984), 351; *Hübner,* UR 85, 6; *Philipowski,* UStKongrBericht 1985, 183; *Weiß,* UR 93, 329 (333).

3 EuGH UR 82, 243 mit Abl. Anm. *Weiß,* UR 82, 246; EuGH UR 89, 373.

4 *Reiß,* DStJG Bd. 13 (1990), 27.

5 BFH BStBl. 88, 1017, 1019 u. 89, 580, 582.

tivierten Wortlaut ergeben, dem Sinnzusammenhang dadurch Rechnung zu tragen, daß der Zweck einer **Belastung des Endverbrauchers** berücksichtigt wird. Dem ist der Bundesfinanzhof nicht immer gerecht geworden[6].

Bereits technisch knüpfen § 1 I Nrn. 2, 4 UStG nicht an Verkehrsakte an, sondern an Realakte (Entnahme, Einfuhr). Man hat diese Tatbestände lange als **fiktive Verkehrsakte** („Leistung an sich selbst") erklärt („Fiktionstheorie")[7]. Aber es gibt keinen sinnvollen, sachlich einleuchtenden Grund für die Besteuerung fiktiver Akte. Ebenso vermag die **Realakttheorie**[8], wonach beim Eigenverbrauch die reale Wertabgabe besteuert wird, nicht zu befriedigen. Die Anknüpfung an den Realakt ist nicht signifikant. Das Schlafen ist auch ein Realakt, gleichwohl wird es nicht mit Umsatzsteuer belegt.

Sowohl die Besteuerung des Eigenverbrauchs als auch der Einfuhr und des Erwerbs erklären sich zwanglos daraus, daß der nichtunternehmerische Verbrauch, die Einkommensverwendung für nichtunternehmerische Zwecke, den Belastungsgrund abgeben. Dasselbe gilt für die Besteuerung des innergemeinschaftlichen Erwerbs neuer Fahrzeuge nach § 1b UStG.

Zusammengefaßt: Die Umsatzsteuer besteuert Vorgänge *nicht* deshalb, *weil* sie Verkehrsakte oder Realakte eines Unternehmers sind oder *weil* sie einen Leistungsaustausch darstellen. Ihre technischen Anknüpfungen dienen grundsätzlich nur dazu, die **Verbraucher** zu belasten. Die Erklärung der Steuer teils als Verkehrsteuer, teils als Realaktsteuer dringt nicht zum eigentlichen Wesen dieser Steuer vor und erweckt zu Unrecht den Eindruck eines Mischcharakters.

Die partielle Ersetzung zivilrechtlicher Begriffe durch sog. steuerrechtliche Wirtschaftsbegriffe (z. B. „Lieferung") geht auf *Popitz* zurück. Über ihn ist die Gesetzgebung bis heute **terminologisch** nicht hinausgekommen. Ohne *Popitz* hätte die Terminologie des Umsatzsteuergesetzes wahrscheinlich noch immer den Stand der zivilrechtlichen Terminologie der sog. besonderen Verkehrsteuergesetze (s. z. B. § 1 GrEStG 1983).

Die Umsatzsteuer ist eine **indirekte Steuer,** da sie überwälzt wird. Die Umsatzsteuer ist ergiebig, ihre Erhebung ist relativ einfach. Bei den Tatbeständen des Eigenverbrauchs, der Einfuhr und des innergemeinschaftlichen Erwerbs erfolgt eine direkte Besteuerung beim Verbraucher.

Die Umsatzsteuer nimmt keine Rücksicht auf die persönlichen Verhältnisse[9]. Je höher der Verbrauch einer Familie ist, desto größer ist die Umsatzsteuerbelastung. Im Durchschnitt nimmt die Belastung mit der Größe der Familie zu. Allerdings gibt es ermäßigte Steuersätze für lebensnotwendige Güter.

2 Im Sinne der Abgabenordnung gehört die Umsatzsteuer – mit Ausnahme der Einfuhrumsatzsteuer (Verbrauchsteuer, s. § 21 I UStG) – nicht zu den Verbrauchsteuern im technischen Sinne. Daher beträgt die **Festsetzungsfrist** nach § 169 II Nr. 2 AO vier Jahre. Die einfache Änderungsmöglichkeit nach § 172 I Nr. 1 AO ist nicht anwendbar[10].

2. Die Umsatzsteuer als „Mehrwertsteuer" mit Vorsteuerabzug

3 Die meisten dem Verbrauch oder Gebrauch dienenden Gegenstände durchlaufen eine Reihe von Phasen oder Stadien, wenn sie vom Fabrikanten zum Verbraucher gelangen.

---

6 *Woerner,* DStJG Bd. 13 (1990), 247, 252.

7 Dazu *Dziadkowski,* BB 81, 746 f. u. BB 82, 2097; *Widmann,* UStKongrBericht 1982/83, 58.

8 *Weiß,* StbKongrRep. 1981, 131, 139; *ders.,* UStR 82, 184; *ders.,* UR 84, 57, 58 („Realakt-Theorie"); s. auch BFH BStBl. II 84, 169.

9 Zur Problematik der Sozialverträglichkeit und der Belastung des existenznotwendigen Lebensbedarfes *Lang,* StuW 90, 126.

10 BFH BStBl. 87, 95.

An den Fabrikanten werden, damit er die Ware produzieren kann, meist Roh- und Halbstoffe umgesetzt.

Umsatzsteuern können sein: einphasig (Fabrikanten- oder Produktionssteuer, Grossistensteuer, Einzelhandelssteuer), mehrphasig oder allphasig.

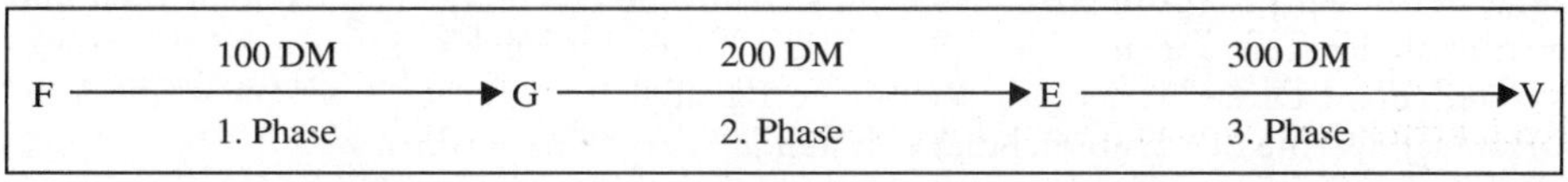

Im obigen Beispiel liefert der Fabrikant F Ware für 100 DM an den Großhändler G, der Großhändler G liefert die nämliche Ware für 200 DM an den Einzelhändler E, der Einzelhändler E liefert die nämliche Ware für 300 DM an den Verbraucher V. Die Pfeile zeigen die Richtung an, in die das Entgelt fließt.

Die (kumulative) **Allphasen-Brutto-Umsatzsteuer** (in Kraft bis 31. 12. 1967) wirkte wie folgt:

a) **Jeder Umsatz** eines Unternehmers im Inland wurde der Umsatzsteuer unterworfen, im Beispiel also die Lieferungen F an G, G an E und E an V.

b) Bemessungsgrundlage für die Steuer war das jeweils vereinnahmte **Brutto-Entgelt** ohne Abzüge, daher Brutto-Umsatzsteuer. Die Anzahl der von einer Ware auf ihrem Produktions- und Verteilungsweg durchlaufenden Phasen war also ausschlaggebend für die Höhe der Gesamtbelastung der Ware (Kumulationswirkung).

Die sog. **Kumulationswirkung** der Allphasen-Brutto-Umsatzsteuer verletzte die Wettbewerbsneutralität. Die Versuche, die Zahl der Phasen zu reduzieren, führte zu Bestrebungen, den Groß- und Einzelhandel auszuschalten, oder dazu, mehrere Phasen in demselben Unternehmen zu vereinigen. Diesem Zweck diente insb. die Organschaft (s. Rz. 109). Wegen der durch die Allphasen-Brutto-Umsatzsteuer ausgelösten Wettbewerbsvorteile kam es zu Verfassungsbeschwerden, die vom BVerfG zugelassen wurden (BVerfGE 18, 1).

Zur **Herstellung der Wettbewerbsneutralität**[11], allerdings zugleich auch zum Zwecke der Harmonisierung der Umsatzsteuer innerhalb der EU und zur Ermöglichung eines exakten Grenzausgleichs, ist am 1. 1. 1968 eine **Allphasen-Netto-Umsatzsteuer mit Vorsteuerabzug** eingeführt worden[12]. Diese Steuer ist (formell) ebenfalls eine Allphasen-Steuer (s. § 1 UStG). Sie ist keine echte Mehrwertsteuer; denn Bemessungsgrundlage ist nicht der jeweilige Mehrwert, sondern das jeweilige Gesamtentgelt (*ohne* Umsatzsteuer). Jedoch darf der Unternehmer von der Umsatzsteuerschuld die in der Vorphase auf ihn überwälzte Umsatzsteuer im Wege des sog. Vorsteuerabzugs absetzen (s. § 15 UStG). Das hat zur Folge, daß im Ergebnis nur der Nettoumsatz = „Mehrwert“ – in den nachfolgend skizzierten Beispielen jeweils 100 DM – belastet wird.

Immer dann, wenn die vom Gesetz intendierte Überwälzung (s. § 14 UStG) der Steuer auf den Phasennächsten gelingt, ist der Unternehmer wirtschaftlich nicht mit Umsatzsteuer belastet,

- weil die Steuer, die in der Vorphase auf ihn überwälzt worden ist, im Wege des Vorsteuerabzugs (s. § 15 UStG) an ihn vergütet wird (s. Rz. 122 f.);
- weil er die Steuer, die er selbst schuldet, überwälzen kann (s. § 14 UStG; dazu Rz. 122 f.); gelingt die Überwälzung ausnahmsweise nicht, so kommt ein Billigkeitserlaß in Betracht (s. § 22 Rz. 329 ff.).

Wirtschaftlich trägt die Umsatzsteuer der **private** (nichtunternehmerische) **Verbraucher;** er ist zwar kein Umsatzsteuerschuldner, wohl aber **Umsatzsteuerträger;** denn nur

11 Dazu BT-Drucks. IV/1590, 25.
12 Dazu Bericht zu BT-Drucks. V/1581.

Unternehmer können den Vorsteuerabzug geltend machen (§ 15 UStG), nicht private Verbraucher (s. Rz. 122).

Eine Steuer, die den Verbrauch (Konsum) belastet, führt bei einer **Erhöhung des Steuersatzes** selbstverständlich zu einer **Verringerung** des für Konsumausgaben zur Verfügung stehenden **Einkommens.** Dies kann sich auf die Nachfrage negativ auswirken und trifft dann den Leistungen anbietenden Unternehmer mit Rückwirkungen auf sein Angebotsverhalten. Diese betriebswirtschaftliche Banalität rechtfertigt indes nicht, die Umsatzsteuer als eine den Unternehmer belastende Steuer einzuordnen[13].

Das folgende Beispiel soll den Vorgang veranschaulichen:

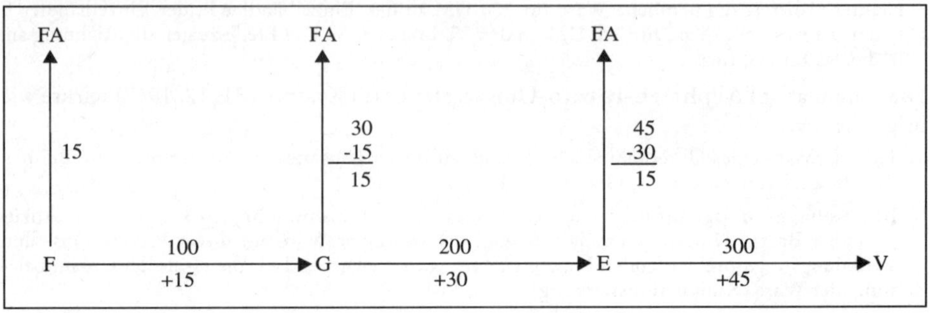

Zur obigen Skizze: F liefert einen Gegenstand für 100 DM an G. Da der Normalumsatz mit 15 v. H. Umsatzsteuer belastet ist, stellt er dem G über den Kaufpreis hinaus 15 DM Umsatzsteuer offen in Rechnung. Die 15 DM, die F neben dem Kaufpreis von G erhält, führt F an das Finanzamt (FA) ab; G erhält sie im Wege des Vorsteuerabzugs von seinem FA zurück.

G liefert den nämlichen Gegenstand an E weiter für 200 DM; er stellt dem E neben dem Kaufpreis 30 DM Umsatzsteuer in Rechnung (15 v. H.). Die 30 DM, die er von E erhält, führt er an das FA ab; E erhält sie im Wege des Vorsteuerabzugs von seinem FA zurück.

E liefert den nämlichen Gegenstand an den Endverbraucher V. Neben dem Kaufpreis von 300 DM berechnet er 45 DM (15 v. H.) Umsatzsteuer. Diese erhält er von V und führt sie an das FA ab. Als Nichtunternehmer kann V keinen Vorsteuerabzug geltend machen (s. § 15 I UStG). Das FA behält also die 45 DM endgültig.

Es handelt sich um ein vereinfachtes Beispiel. Die vielfach begleitenden Umsatzverflechtungen (Einkauf von Hilfsgütern, Investitionsgütern und Inanspruchnahme von Werk- und Dienstleistungen) werden in dem Beispiel nicht berücksichtigt.

Das skizzierte Beispiel zeigt, daß die Mehrwertsteuer **materiell** eine **Einzelhandelssteuer** ist; die Kreisläufe G – F – FA – G und E – G – FA – E sind leerläufig.

4 Der Vorsteuerabzugsberechtigte macht den Vorsteuerabzug nicht bei dem für den leistenden Vertragspartner zuständigen FA geltend, sondern bei dem für ihn selbst **zuständigen FA.** Die obige Skizze zeigt auch, daß der Betrag von 45 DM **fraktioniert** wird. Das FA erhält von F, G und E je 15 DM endgültig; diese Beträge braucht es nicht mehr herauszugeben.

Die Einschaltung nicht nur des E, sondern aller Unternehmer in der Kette, wird wie folgt gerechtfertigt:

(a) Eine Einzelhandelssteuer eröffne erhebliche Steuerhinterziehungsmöglichkeiten; sie mache jedenfalls umständliche Prüfungen darüber notwendig, inwieweit im Großhandel oder im Einzelhandel (d. H. an einen Endverbraucher) geliefert worden sei.

13 So aber *Krüger,* UR 88, 65 f.; verfehlt auch *Zimmermann,* StuW 93, 231, 234, der die Umsatzsteuer als der Gewerbesteuer vergleichbare Wertschöpfungssteuer (Mehrwert) qualifiziert. Vgl. dazu Rz. 10 f.

(b) Wer die Vorsteuer reklamiere, werde genötigt sein, auch seine Umsätze richtig zu deklarieren, da durch Aufschläge auf die Vorumsätze auf die Höhe der Umsätze geschlossen werden könne.

(c) Da die Steuer fraktioniert werde (s. letzte Skizze), übten die Unternehmer zugunsten des FA eine Inkassofunktion aus.

(d) Das Verfahren sei aus psychologischen Gründen geboten[14].

Zu beachten ist, daß der Fiskus trotz Fraktionierung erst mit dem Endumsatz an den Verbraucher materiell ein Umsatzsteueraufkommen erzielt. Bis dahin gleichen sich auch zeitlich die Umsatzsteuer der vorhergehenden Stufen und die Vorsteuer aus.

Das Verfahren ermöglicht auch einen exakten **Grenzausgleich beim Export.** Dabei wird der Exportumsatz steuerfrei gelassen (§ 4 Nr. 1 UStG), der Vorsteuerabzug bleibt aber erhalten (§ 15 III Nr. 1 UStG). Dadurch gelangt die Ware unbelastet von inländischer Umsatzsteuer auf den Auslandsmarkt. Sie wird dort mit ausländischer (Einfuhr-)Umsatzsteuer belastet. Dies entspricht dem Bestimmungslandprinzip, wonach die Besteuerung dort stattfinden soll, wo der Verbrauch stattfindet. 5

B. Umsatzsteuer im Europäischen Binnenmarkt

1. Beeinflussung des nationalen Umsatzsteuerrechts durch Gemeinschaftsrecht

Literatur: *Birkenfeld,* Deutsches Umsatzsteuerrecht und Umsatzsteuerrecht der EG, UR 89, 329; *Probst,* Übereinstimmung zwischen Umsatzsteuergesetz und 6. EG-Richtlinie sowie richtlinienkonforme Auslegung des Umsatzsteuergesetzes, DStJG Bd. 13 (1990), 137; *ders.,* Zur unmittelbaren Wirkung von EG-Richtlinien, UR 90, 302; *Pernice,* Gemeinschaftsverfassung und Grundrechtsschutz – Grundlagen, Bestand und Perspektiven, NJW 90, 2409; *Jarass,* Voraussetzung der innerstaatlichen Wirkung des EG-Rechts, NJW 90, 2420; *Rupp,* Verfassungsprobleme auf dem Weg zur Europäischen Union, ZRP 90, 1; *Lohse/Spetzler,* Umsatzsteuer in nationaler und europäischer Sicht, StVj 90, 274; *Klezath,* Die Entwicklung der Umsatzsteuer bei der Verwirklichung des einheitlichen Binnenmarktes, DStJG Bd. 13 (1990), 67; *di Fabio,* Richtlinienkonformität als ranghöchstes Normauslegungsprinzip, NJW 90, 947; *Menner,* Die Umsatzsteuerharmonisierung in der EG, Köln 1992; *Rau,* Umsatzsteuer und Binnenmarkt, USt-Kongreßbericht 1992, 17; *Birkenfeld,* Verwaltungsvorschriften im Umsatzsteuerrecht und Gemeinschaftsrecht, UR 93, 271; *Reiß,* Der Bundesfinanzhof im Spannungsfeld nationalen und supranationalen Umsatzsteuerrechts, UR 93, 336; *Schön,* Die Auslegung europäischen Steuerrechts, Köln 1993.

a) Rechtsgrundlage für das Umsatzsteuerrecht ist einerseits das UStG und die aufgrund gesetzlicher Ermächtigung erlassene UStDV. Die **Gesetzgebungskompetenz** für das Umsatzsteuerrecht liegt beim Bund (Art. 105 II GG). Das **Aufkommen** steht Bund und Ländern gemeinsam zu, wobei die Aufteilung durch Bundesgesetz zu bestimmen ist (Art. 106 III GG; sog. Gemeinschaftsteuer). Die **Verwaltung** der Umsatzsteuer erfolgt – mit Ausnahme der Einfuhrumsatzsteuer – durch die Länder (Art. 108 II GG). 6

b) Das nationale Umsatzsteuerrecht wird andererseits in besonderem Maße durch das **Gemeinschaftsrecht der EU** beeinflußt. Nach Art. 99 EGV sind die Rechtsvorschriften über die Umsatzsteuern innerhalb der EG zu harmonisieren, soweit dies für das Funktionieren des Binnenmarktes notwendig ist. Der Binnenmarkt wird in Art. 8a EGV als Raum ohne Binnengrenzen, in dem der freie Verkehr von Waren, Personen, Dienstleistungen und Kapital gewährleistet ist, umschrieben. Die **Harmonisierung** erfolgt durch Bestimmungen des Rates auf Vorschlag der Kommission. Nach Art. 189 EGV können zur Erfüllung der Aufgaben u. a. Verordnungen und Richtlinien erlassen werden. Die Verordnung hat allgemeine Geltung. Sie ist auch für den Bürger verbindlich und gilt unmittelbar in jedem Mitgliedstaat (Art. 189 II EGV). Die Richtlinie ist für jeden Mitgliedstaat hinsichtlich des zu erreichenden Zieles verbindlich, überläßt jedoch den innerstaatlichen Stellen die Wahl der Form und der Mittel (Art. 189 III EGV). 7

14 Dazu Schriftlicher Bericht des Finanzausschusses zu BT-Drucks. V/1581, Allg., Nr. 3.

In Ausfüllung dieser Artikel des EG-Vertrages sind inzwischen mehrere Richtlinien zum Umsatzsteuerrecht in den Mitgliedstaaten ergangen. Von besonderer Bedeutung ist die sogenannte **6. Richtlinie zum gemeinsamen Mehrwertsteuersystem**[15]. Diese enthält detaillierte Angaben zum Gegenstand der Steuer (Steuerbarkeit), zu Befreiungen, zur Bemessungsgrundlage und zum Vorsteuerabzug. Lediglich der Steuersatz wurde nicht harmonisiert. Im übrigen bestehen noch geringfügige Unterschiede bei den Befreiungsmöglichkeiten. Die Notwendigkeit der Harmonisierung auch hinsichtlich der Bemessungsgrundlage ergab sich insbesondere auch deshalb, weil die Gemeinschaft die Finanzierungsbeiträge der Mitgliedstaaten durch eigene Mittel ersetzt (Art. 199–201 EGV). Zur Zeit stehen der EG 1,4% der einheitlichen Bemessungsgrundlage zu[16]. Diese sind aus dem Bundesanteil abzuführen.

Die 6. Richtlinie wurde durch die Binnenmarktrichtlinie v. 16. 12. 1991[17] ergänzt. Diese beseitigt innerhalb der Gemeinschaft bei Fortbestehen nationaler Umsatzsteuerhoheit die Grenzabfertigung für die Einfuhr und Ausfuhr zwischen EU-Staaten (s. aber unten Rz. 10 ff.).

8 c) Das **Verhältnis zwischen den EG-Umsatzsteuerrichtlinien und dem nationalen Umsatzsteuerrecht** erscheint kompliziert, weil verschiedene Fragenkreise nicht auseinandergehalten werden.

Erstens geht es darum, ob die Richtlinien nur von Bedeutung für die Mitgliedstaaten (genauer für ihre Organe) sind oder auch für den Bürger. Dies wird unter dem Stichwort der sogenannten **unmittelbaren Wirkung** von EG-Richtlinien abgehandelt. Hier ist die Rechtslage nach der Rechtsprechung des EuGH eindeutig. Richtlinien können keine Verpflichtung für den Bürger begründen[18]. Dies entspricht dem auch gemeinschaftsrechtlich geltenden Verfassungsgrundsatz, wonach Eingriffe in Freiheit und Eigentum nur durch (materielles) Gesetz begründet werden dürfen. Deshalb bedürfen steuerbegründende Richtlinien der **Umsetzung durch innerstaatliches Gesetz.** Davon zu unterscheiden ist die Frage, ob der Steuerpflichtige sich darauf „berufen" kann, daß das nationale Recht zu seinen Ungunsten von der Richtlinienregelung abweicht. Dies wird vom EuGH in nunmehr ständiger Rechtsprechung bejaht[19]. Voraussetzung ist, daß die entsprechende Richtlinienbestimmung unbedingt[20] und hinreichend klar ist. Der Sache nach handelt es sich darum, daß der Mitgliedstaat sich treuwidrig[21] verhält, wenn er aus einer **gemeinschaftswidrigen Umsetzung** der Richtlinien in nationales Recht Vorteile zieht. Außerdem wird auf diese Weise der Bürger in den Dienst genommen, um die praktische Durchsetzung der gemeinschaftlichen Rechtsordnung zu sichern[22].

Zweitens geht es darum, für welche Organe der Mitgliedstaaten die Richtlinien verbindlich sind. Dabei ist davon auszugehen, daß die Richtlinie sich an den Mitgliedstaat insgesamt wendet. Sie ist daher von allen für diesen Staat handelnden Organen zu beachten. Dies betrifft den **Gesetzgeber,** die **Gerichte** und die **Exekutive.** Daraus folgt für den nationalen Gesetzgeber die Verpflichtung, Richtlinien inhaltlich übereinstimmend in nationales Gesetzesrecht umzusetzen[23]. Gerichte[24] und Verwaltung[25] ihrerseits haben die Gesetze **richtlinienkonform** auszulegen. Diese Verpflichtung folgt bereits aus dem Gemeinschaftsrecht[26].

---

15 V. 17. 5. 1977, Nr. 77/388 EWG, ABl. EG 1977, Nr. L 145, 1.

16 Beschluß über eigene Mittel v. 24. 6. 1988, ABl. Nr. L 185/24.

17 Richtlinie zur Ergänzung des gemeinsamen Mehrwertsteuersystems . . . ABl. EG Nr. L 376, 1 (91/680/EWG).

18 EuGH v. 12. 5. 1987 Rs 372/374/85, RIW 88, 231 und v. 8. 10. 1987 Rs 80/86, HFR 88, 594.

19 EuGH v. 2. 2. 1984 Rs 70/83, EuGHE 84, 1075; v. 26. 2. 1986 Rs 152/84, RIW 86, 739; v. 14. 7. 1988 Rs 207/87, HFR 88, 541; v. 27. 6. 1989 Rs 50/88, UR 89, 373.

20 EuGH v. 5. 2. 1981 Rs 154/80, UR 81, 100; *Seeger,* UStKongrBericht 1985, 33, 37; EuGH v. 25. 5. 1993 Rs C – 193/91, BStBl. II 93, 812.

21 *Jarass,* NJW 90, 2420; Generalanwalt *Mischo* in EuGHE 87, 3669 („estoppel, venire contra factum proprium").

22 *Probst,* UR 90, 302; zum Sanktionscharakter BVerfGE 75, 233.

23 BVerfG NJW 90, 974.

24 EuGHE 88, 4636; BVerfGE 75, 223 = NJW 88, 2173 = UR 88, 25; BFH BStBl. 89, 122; 88, 557, 643.

25 EuGH v. 22. 6. 1989 Rs 103/88, RIW 90, 407; s. a. *Probst,* UR 90, 302; a. A. zu Unrecht *Lohse/Spetzler,* StVj 90, 274.

26 EuGHE 84, 1891; 88, 4636, 4689; BVerfGE 73, 339 und BVerfGE 75, 223; *Jarras,* NJW 90, 2420.

d) Von der richtlinienkonformen Auslegung zu unterscheiden ist die Frage, wie zu verfahren ist, wenn das nationale Gesetzesrecht den Richtlinien nicht entspricht. Die richtlinienkonforme Auslegung findet ihre Grenze am Wortlaut des Gesetzes. Eine richtlinienkonforme Auslegung gegen Wortlaut und Sinn des Gesetzes ist ebensowenig zulässig wie bei der parallelen Problematik der verfassungskonformen Auslegung[27]. Anders als dort kann allerdings eine autoritative Klärung nicht durch das BVerfG herbeigeführt werden, weil dieses nur über die Vereinbarkeit mit dem GG entscheidet (Art. 100 GG)[28]. Der EuGH seinerseits entscheidet nach Art. 177 EGV nur über die **Auslegung des Gemeinschaftsrechtes,** nicht über die **Vereinbarkeit nationalen Rechtes mit dem Gemeinschaftsrecht**[29]. Da dem Gemeinschaftsrecht jedoch der **Anwendungsvorrang**[30] zukommt, muß eine **Verwerfungskompetenz** der nationalen Fachgerichte bestehen. Allerdings kann dies nur in Frage kommen, wenn zuvor der EuGH im **Vorlageverfahren nach Art. 177 EGV** über die Auslegung des Gemeinschaftsrechtes entschieden hat[31]. Die entgegengesetzte Auffassung[32] steht weder mit Art. 177 EGV noch mit innerstaatlichem Verfassungsrecht im Einklang. Nur über die Vorlage an den EuGH kann auch eine einheitliche Auslegung innerhalb der EG gesichert werden[33]. Nach einer Entscheidung des EuGH[34] müssen allerdings sowohl Gerichte als auch Verwaltungsbehörden[35] dem EuGH-Spruch entgegenstehendes nationales Recht unbeachtet lassen. 9

Der **Gesetzgeber** ist verpflichtet, das gemeinschaftsrechtswidrige Gesetz zu ändern. Dies ist auch verfassungsrechtlich geboten. Der Bürger hat Anspruch darauf, aus dem Gesetz seine steuerlichen Pflichten und Rechte zu erfahren und nicht erst durch Studium der EuGH-Entscheidungen oder gar der BMF-Schreiben. Gegen diesen Grundsatz verstößt der deutsche Gesetzgeber z. B., indem er den Eigenverbrauchstatbestand nicht Art. 5 VI und 6 IIa 6. EG-Richtlinie in der Auslegung des EuGH anpaßt[36], sondern dies per BMF-Schreiben[37] erledigen läßt. Dies ist eine partielle Abdankung des Gesetzgebers zugunsten der Verwaltung, die auch durch Art. 23 GG nicht gedeckt ist.

Völlig verfehlt ist es, wenn angenommen wird, daß durch **Verwaltungsvorschriften** steuerliche Pflichten begründende Richtlinien in auch den Bürger bindendes Recht umgesetzt werden dürften[38]. Zwar läßt Art. 189 (III) EGV dem Mitgliedstaat die Wahl der Form und der Mittel. Das nationale Verfassungsrecht gebietet jedoch nach Art. 20 III GG eine gesetzliche Regelung. Der EuGH[39] hat inzwischen entschieden, daß sich ein säumiger Mitgliedstaat nicht auf die **Rechtsbehelfsfristen** berufen kann, solange der Bürger wegen nicht ordnungsgemäßer Umsetzung von Richtlinien von seinen Rechten keine Kenntnis erlangen konnte. Auch für die Umsatzsteuer gilt nichts Abweichendes. Der Bürger darf nicht auf Verwaltungsvorschriften[40] und Loseblattkommentare[41] zum UStG verwiesen werden, um seine Rechte und Pflichten zu kennen.

---

27 S. *Woerner,* DStJG Bd. 13 (1990), 254; *Probst,* DStJG Bd. 13 (1990), 141; EuGHE 84, 1891; *Pernice,* NJW 90, 2416.
28 BVerfGE 73, 339 (Solange II).
29 *Birkenfeld,* UR 89, 329, 336; EuGH UR 87, 20, 21 (rechte Spalte).
30 BVerfGE 75, 223; zur Problematik s. *Rupp,* ZRP 90, 1; *di Fabio,* NJW 90, 947; *Scholz,* NJW 90, 941.
31 Dazu BVerfG NJW 88, 2173 = UR 88, 25.
32 *Probst,* UR 90, 302; s. auch *di Fabio,* NJW 90, 947.
33 BVerfG NJW 88, 1456; zum Verstoß gegen Art. 101 GG bei willkürlicher Nichtvorlage BVerfGE 75, 223 und NJW 88, 2173.
34 Dazu *Vedder,* NJW 87, 526, der sich zu Recht gegen „hausgemachte“ Auslegung wehrt.
35 So auch BMF BStBl. I 90, 35 (Eigenverbrauch); a. A. *Lohse/Spetzler,* StVj 90, 274.
36 EuGH v. 27. 6. 1989 Rs 50/88, UR 89, 373; EuGH C – 193/91, BStBl. II 93, 812.
37 UStR 1992 Abschn. 155 Abs. 2.
38 So aber *Birkenfeld,* UR 93, 271, 276.
39 EuGH v. 25. 7. 1991 Rs C – 208/90, EuGHE 1991, I –4292 = UR 93, 315.
40 So aber *Birkenfeld,* UR 93, 271, 278.
41 So aber *Lohse,* UR 93, 288, 290.

2. Binnenmarkt und Umsatzsteuer

Literatur: *Forst,* Die 6. EG-Richtlinie zur Harmonisierung der Umsatzsteuer und Probleme ihrer Umsetzung, UR 89, 264; *Kraeusel,* Vollendung des Binnenmarktes und Annäherung der indirekten Steuern, UVR 90, 3; *Haufler,* Die Abschaffung der Steuergrenzen im gemeinsamen Markt: EG-Vorschläge 1989 und alternative Lösungen, UVR 90, 131; *Faltlhauser,* Der aktuelle Stand der Harmonisierung der Mehrwertsteuer in der EG, StuW 91, 324; *Kraeusel,* Die Übergangsregelung für die Besteuerung des Waren- und Dienstleistungsverkehrs zwischen den Mitgliedstaaten, UVR 92, 97, 129; *Schlienkamp,* EG-Binnenmarktrichtlinie v. 16. 12. 1991: Endgültige Regelung zur Änderung des gemeinsamen Mehrwertsteuersystems, UR 92, 157, 189; *Kraeusel,* Das Umsatzsteuer-Binnenmarktgesetz (UStBG), UVR 92, 257; *Widmann,* Das Umsatzsteuer-Binnenmarktgesetz, UR 92, 249; *Nieskens,* Das Umsatzsteuer-Binnenmarktgesetz, BB 92, Beil. 17; *Noll/Rödder,* Das neue Umsatzsteuerrecht des Exports und Imports, Düsseldorf 1992; *Knobbe-Keuk,* Der Binnenmarkt ohne Steuergrenzen – eine Mogelpackung, IWB 1993, Heft Nr. 1; *Langer,* Neue Änderungen bei der befristeten umsatzsteuerrechtlichen Übergangsregelung ab 1. 1. 1993, DB 93, 602; *Nieskens,* Die Richtlinie 92/111 des Rates v. 14. 12. 1992 (sog. Vereinfachungsrichtlinie), BB 93, 623; *Dziadkowski,* Dauernde Übergangsregelung oder Neuregelung der Umsatzbesteuerung im Binnenmarkt, UR 93, 344; *ders.,* Vorsteuerabzug und Binnenmarkt, StuW 93, 169; *Schlienkamp,* Änderungen des Umsatzsteuergesetzes durch das Mißbrauchsbekämpfungs- und Steuerbereinigungsgesetz, UR 94, 93, 133; *Viegener,* Richtlinienkonformität des UStG in Deutschland und Frankreich, UR 94, 18; *Nieskens,* Die innergemeinschaftliche funktionsändernde Werkleistung, UR 94, 57; *N. Dautzenberg/R. Heyerer,* Das Umsatzsteuersystem im Europäischen Binnenmarkt, NWB-Beilage 3/1994.

10 Der durch die **Einheitliche Europäische Akte** eingeführte Art. 7a EGV (damals Art. 8a EWGV) gebietet die Herstellung eines Binnenmarktes bis zum 31. 12. 1992. Der Binnenmarkt umfaßt einen **Raum ohne Binnengrenzen,** in dem der freie Verkehr von Waren, Personen, Dienstleistungen und Kapital gemäß den Bestimmungen dieses (EG-)Vertrages gewährleistet ist. Das Binnenmarktkonzept stellt eine Weiterentwicklung des Gemeinsamen Marktes dar. Bereits dem Gemeinsamen Markt lag die Konzeption der Schaffung binnenmarktähnlicher Verhältnisse zugrunde. Nach der Rechtsprechung des EuGH[42] stellt der Gemeinsame Markt auf die Beseitigung aller Hemmnisse im innergemeinschaftlichen Handel mit dem Ziel der Verschmelzung der nationalen Märkte zu einem einheitlichen Markt ab, dessen Bedingungen denen eines wirklichen Binnenmarktes möglichst nahe kommen. Bereits nach der Grundkonzeption des Gemeinsamen Marktes bestand neben der Abschaffung von Zöllen (Art. 12 ff. EGV) und zollgleichen Abgaben das Verbot der steuerlichen Diskriminierung für grenzüberschreitende Waren- und Dienstleistungsbewegungen innerhalb der Mitgliedstaaten. Die Binnenmarktkonzeption geht darüber hinaus. Kernbestandteil des Binnenmarktes ist der **Wegfall von Grenzkontrollen** an den Binnengrenzen der Mitgliedstaaten. Für den Bereich der Umsatzsteuer, der Verbrauchsteuern und der sonstigen indirekten Steuern sieht Art. 99 EGV vor, daß durch einstimmig zu beschließende Bestimmungen des Rates eine Harmonisierung der Rechtsvorschriften erfolgt, soweit diese Harmonisierung für die Errichtung und das Funktionieren des Binnenmarktes erforderlich ist.

Im Anschluß an das sog. **Weißbuch der Kommission zur Vollendung des Binnenmarktes** wird mit der Binnenmarktkonzeption auch die Vorstellung von einer **Beseitigung der Steuergrenzen** verbunden[43]. Eine vollständige Beseitigung der Steuergrenzen innerhalb der Staaten der Gemeinschaft ist der Sache nach jedoch ausgeschlossen, solange die Steuerhoheit weiterhin bei den Mitgliedstaaten liegt und nicht innerhalb der EU ein einziges Umsatzsteuergesetz gilt. Auch bei vollständiger inhaltlicher Übereinstimmung der nationalen Umsatzsteuergesetze der Mitgliedstaaten aufgrund der Harmonisierung stellen sich keine mit den binnenstaatlichen Verhältnissen identischen Verhältnisse ein. Denn bei einem grenzüberschreitenden Waren- und Dienstleistungsverkehr stellt sich

42 EuGHE 82, 1409 („Gaston Schul").
43 V. 14. 6. 1985, (KOM) 85, 310 endg.

dann – anders als bei binnenstaatlichen Vorgängen – zumindest die Frage, welches der inhaltlich übereinstimmenden nationalen Umsatzsteuerrechte anzuwenden ist, ggf. sind auch beide anzuwenden. Da die Einführung des Binnenmarktes erkennbar nicht zu einer Beseitigung der Steuerhoheit der Mitgliedstaaten vor allem auch hinsichtlich der Aufkommenshoheit führen soll, kann von einer Beseitigung der Steuergrenzen auch auf dem Gebiet der Umsatzsteuer keine Rede sein. Gleichwohl ist es verfehlt, die Beseitigung der bisherigen Grenzabfertigungen für umsatzsteuerliche Zwecke und ihre Ersetzung durch andere Kontrollmechanismen wegen des Fortbestehens von nationalen Steuergrenzen als bloße Mogelpackung[44] anzusehen. Vielmehr ist dem Fortbestehen der nationalen Steuerhoheit insbesondere bezüglich der Aufkommensverteilung zwischen den Mitgliedstaaten durch ein Verfahren Rechnung zu tragen, das auch ohne Grenzkontrollen ermöglicht, dem **Mitgliedstaat des Verbrauches** das betreffende Umsatzsteueraufkommen zuzuweisen. Aus der Sicht der betroffenen Bürger und Unternehmer muß gewährleistet werden, daß die Umsatzsteuerbelastung nicht nach der Herkunft der Ware oder Dienstleistung differiert. Spiegelbildlich dazu steht die Forderung nach der **Wettbewerbsneutralität der Umsatzsteuer.** Eine Differenzierung in der umsatzsteuerlichen Belastung des Endverbrauchers je nach dem Herkunftsstaat der Leistungserbringung führt zu Wettbewerbsverzerrungen zwischen den anbietenden Unternehmern. Dies wiederum verändert den Charakter der Umsatzsteuer. Sie würde – der Gewerbesteuer ähnlich – zu einer den Produzenten der Leistung belastenden Produktionssteuer, deren Abwälzung auf den Konsumenten bei ungleichen Bedingungen für den leistungserbringenden Unternehmer nur unvollkommen gelingen kann.

2.1 Bestimmungslandprinzip versus Ursprungslandprinzip

Im binnenstaatlichen Bereich wird nach dem Prinzip der Nettoumsatzsteuer mit Vorsteuerabzug allein der Endverbraucher entsprechend der von ihm für den Bezug von Leistungen getätigten Aufwendungen mit Umsatzsteuer wirtschaftlich belastet. Die Systematik des Vorsteuerabzuges gewährleistet, daß bei gleich hohen Aufwendungen des Endverbrauchers die Belastung mit Umsatzsteuer für jeden Endverbraucher gleich hoch ist. Nur die **vom Endverbraucher wirtschaftlich zu tragende Umsatzsteuer** wird auch für den Staat als Fiskus **aufkommenswirksam.** Umsätze, die zwischen vorsteuerabzugsberechtigten Unternehmern getätigt werden, führen zu keinem Steueraufkommen des Staates. Das System des Vorsteuerabzuges gewährleistet binnenstaatlich zugleich die Wettbewerbsneutralität der Umsatzsteuer. Da allein die Umsätze auf der Endstufe an den nicht vorsteuerabzugsberechtigten Endverbraucher aufkommenswirksam sind, hängt die Umsatzsteuerbelastung allein von der Höhe der Aufwendungen auf der Endstufe ab. Umsätze auf den Vorstufen zwischen vorsteuerabzugsberechtigten Unternehmern beeinflussen hingegen nicht die endgültige Umsatzbelastung. Die Nettoumsatzsteuer mit Vorsteuerabzug ist daher nicht konzentrationsfördernd. Die endgültige und allein aufkommenswirksame Umsatzsteuerbelastung des Verbrauchers auf der Endstufe hängt nicht von der Anzahl der Vorstufenumsätze zwischen Unternehmen ab. Aus Sicht der Unternehmer als technischer Steuerschuldner und Steuereinsammler gehen daher von der Umsatzsteuer keine wettbewerbsverzerrenden Einflüsse aus. 11

Im grenzüberschreitenden Waren- und Dienstleistungsverkehr ist die Frage zu beantworten, ob der Endverbraucher mit der **Umsatzsteuer des Ursprungslandes** der Leistung oder mit der **Umsatzsteuer des Bestimmungslandes** der Leistung belastet werden soll. Damit korrespondiert zugleich die Frage, welchem der beteiligten Staaten das Um- 12

44 *Knobbe-Keuk*, IWB 93, Heft 1 (Fach 2 S. 619).

satzsteueraufkommen zusteht. Dabei hat sich international unbestritten das **Bestimmungslandprinzip** durchgesetzt. Nach dem Bestimmungslandprinzip trägt der Verbraucher die Umsatzsteuer des Staates, in dem der Endverbrauch stattfindet. Diesem Staat steht auch allein das Umsatzsteueraufkommen zu. Im Herkunfts- oder Ursprungsland der Leistung ist entweder von vornherein nicht zu besteuern oder von einer bisherigen Besteuerung vollständig zu entlasten. Der Idee einer den Endverbraucher belastenden Steuer auf den Konsum wird allein das Bestimmungslandprinzip gerecht. Nur auf diese Weise werden die Verbraucher nach dem Maße ihrer getätigten Aufwendungen gleichmäßig mit Umsatzsteuer belastet, ungeachtet der Herkunft der Leistung. Zugleich enthält das Bestimmungslandprinzip eine **sachgerechte Zuteilung des Steueraufkommens** zwischen den beteiligten Staaten. Bei einer den Endverbrauch belastenden Steuer ist allein die Zuweisung an den Staat sachgerecht, in dem der Endverbrauch stattfindet. Aus der Sicht der leistungserbringenden Unternehmer gewährleistet schließlich allein das Bestimmungslandprinzip die Wettbewerbsneutralität der Umsatzsteuer. Sie werden auf dem relevanten Markt des Bestimmungslandes gleichbehandelt.

13 Nach dem **Ursprungslandprinzip** wird der Verbraucher mit der Umsatzsteuer des Herkunftslandes der Leistung belastet. Diesem verbleibt auch das entsprechende Steueraufkommen. Der Importstaat verzichtet auf eine Besteuerung. Das Ursprungslandprinzip kann die Wettbewerbsneutralität der Umsatzbesteuerung nicht gewährleisten. Auf dem allein relevanten Markt des Bestimmungslandes haben diejenigen Unternehmer einen Wettbewerbsvorteil, die ihre Leistungen aus einem Ursprungsland mit niedrigem Umsatzsteuerniveau erbringen. Um wettbewerbsfähig zu bleiben, werden Unternehmer aus Staaten mit höherem Steuerniveau wirtschaftlich einen Teil der Umsatzsteuerbelastung selbst zu tragen haben. Damit verändert die Umsatzsteuer ihren Charakter als allein den Endverbraucher wirtschaftlich belastende Steuer. Das Ursprungslandprinzip für die Umsatzbesteuerung ist international zu Recht vollständig verabschiedet. Es begünstigt **exportstarke Staaten** durch die unzutreffende Verteilung des Steueraufkommens. Im Verhältnis etwa zwischen den Industriestaaten und den Entwicklungsländern ist es völlig inakzeptabel. Dem Ursprungslandprinzip liegt die Konzeption zugrunde, daß der vom Unternehmer geschaffene **Mehrwert das Steuergut** sei. Daher gebühren die Steuern dem Staat, in dem der Mehrwert (die Leistung) geschaffen worden sei, nicht dem Staat, in dem der Verbrauch stattfinde. Tatsächlich ist das Steuergut der Umsatzsteuer die **Leistungsfähigkeit des Verbrauchers,** die sich in den von ihm getätigten Aufwendungen für den Verbrauch der Leistung ausdrückt.

14 Die **technische Durchführung** des Bestimmungslandprinzipes ist bisher mit **Grenzkontrollen** verbunden gewesen und bleibt dies auch im Verhältnis zu Drittstaaten. Technisch entlastet der Exportstaat von seiner Umsatzsteuer, indem er die **Ausfuhr steuerfrei** stellt, während der Importstaat die **Einfuhr** steuerlich in gleicher Höhe **wie einen binnenstaatlichen Umsatz** belastet. Auch beim grenzüberschreitenden Warenverkehr bleibt das Prinzip unangetastet, daß eine endgültige Umsatzsteuerbelastung erst eintritt, wenn ein Verbrauch auf der Endstufe stattfindet. Erfolgt die Einfuhr durch einen vorsteuerabzugsberechtigten Unternehmer, wird die durch die Erhebung der Einfuhrumsatzsteuer eintretende scheinbare Umsatzsteuerbelastung dadurch ausgeglichen, daß ihm in gleicher Höhe ein Vorsteuerabzug gewährt wird. Eine tatsächliche Belastung mit der Umsatzsteuer des Bestimmungslandes tritt erst mit dem Umsatz an den Endverbraucher bei diesem ein. Erst dann wird die Umsatzbesteuerung auch für den Staat aufkommenswirksam.

Importeur = Unternehmer

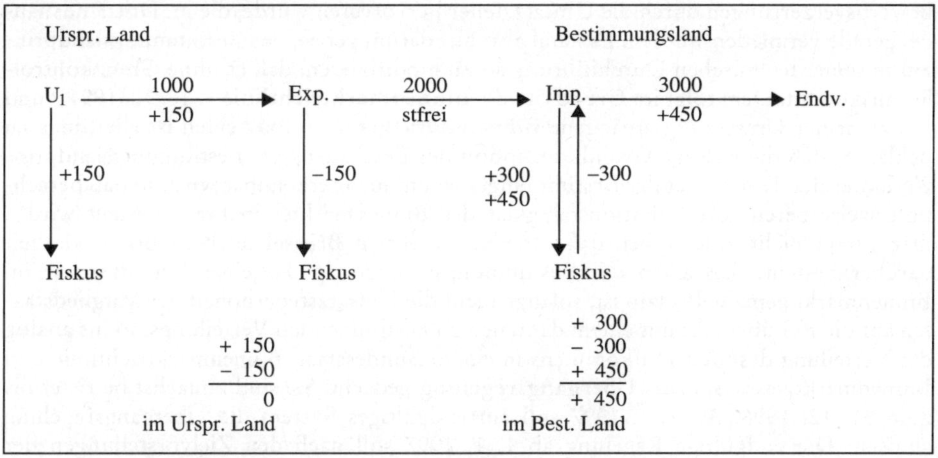

Ist der Einführende zugleich der Endverbraucher, so stellt bereits die Einfuhrumsatzsteuer die **endgültige Belastung des Endverbrauchers** dar:

Importeur = Endverbraucher

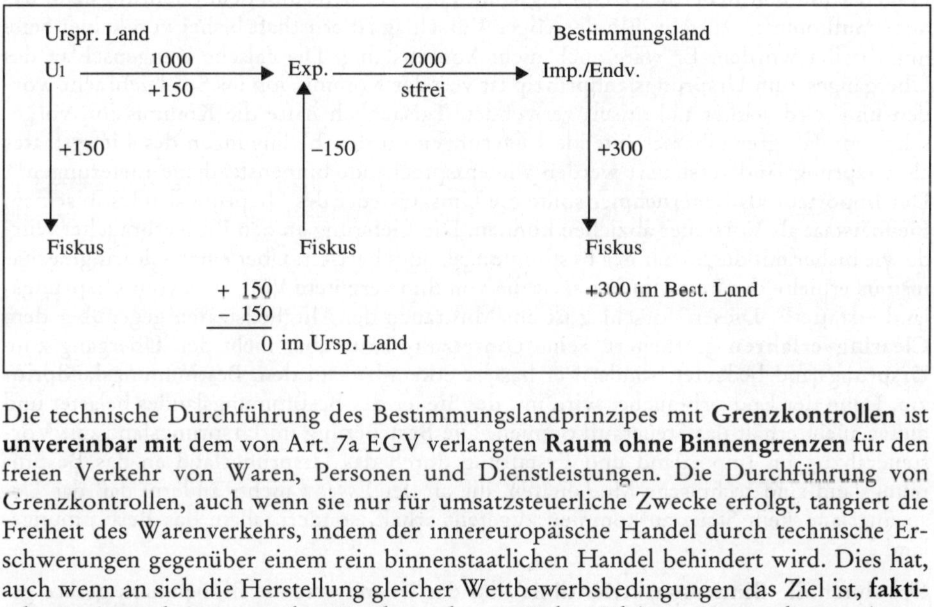

Die technische Durchführung des Bestimmungslandprinzipes mit **Grenzkontrollen** ist **unvereinbar mit** dem von Art. 7a EGV verlangten **Raum ohne Binnengrenzen** für den freien Verkehr von Waren, Personen und Dienstleistungen. Die Durchführung von Grenzkontrollen, auch wenn sie nur für umsatzsteuerliche Zwecke erfolgt, tangiert die Freiheit des Warenverkehrs, indem der innereuropäische Handel durch technische Erschwerungen gegenüber einem rein binnenstaatlichen Handel behindert wird. Dies hat, auch wenn an sich die Herstellung gleicher Wettbewerbsbedingungen das Ziel ist, **faktische Beeinträchtigungen des Wettbewerbs** zur Folge. Kleinere Unternehmer mit nur gelegentlichen grenzüberschreitenden Umsätzen könnten sich wegen der Formalitäten gehindert sehen, als Ex- oder Importeure tätig zu werden. Vor allem sind Grenzkontrollen **unvereinbar mit dem freien Personenverkehr.** Sie sind auch unverhältnismäßig, da sie sich notwendig auch auf Personen erstrecken müßten, die weder ex- noch importieren. De facto sind sie auch schon vor dem 1. 1. 1993 an den Binnengrenzen der Mitgliedstaaten undurchführbar gewesen. Daraus ist aber nicht zu folgern, daß im Binnenmarkt ein Übergang zum **Ursprungslandprinzip** erforderlich sei, während es im Verhältnis zu Drittstaaten beim **Bestimmungslandprinzip** bleibt. Dies wäre ein katastrophaler Rück- 15 schritt, der im Handel- und Dienstleistungsverkehr zwischen den Mitgliedstaaten Wettbewerbsverzerrungen durch die Umsatzsteuer hervorrufen würde, die im Drittlandshandel gerade vermieden werden. Es kann also nur darum gehen, das Bestimmungslandprinzip in seiner technischen Durchführung so zu modifizieren, daß es ohne Grenzkontrollen auskommt. Dem folgt im Grundsatz die **Binnenmarktrichtlinie** v. 16. 12. 1991[45] und das zu seiner Umsetzung ergangene **Binnenmarktgesetz**[46]. Bei beiden ist allerdings zu beklagen, daß die richtige Grundkonzeption des Festhaltens am Bestimmungslandprinzip hinter der Technizität der Bestimmungen kaum mehr erkennbar wird, so daß berechtigterweise bereits die Funktionsfähigkeit des Binnenmarktes in Frage gestellt wird[47]. Dazu trägt nicht zuletzt bei, daß offenbar weder in Brüssel noch in Bonn Klarheit darüber besteht, daß allein das Bestimmungslandprinzip das einer Umsatzsteuer im Binnenmarkt gemäße Prinzip ist, solange nicht die Umsatzsteuerhoheit der Mitgliedstaaten auf die EG übergeht mit einem dann neu zu bestimmenden Verteilungsmodus analog der Verteilung des Steueraufkommens in einem Bundesstaat. Binnenmarktrichtlinie und Binnenmarktgesetz sind als **Übergangsregelung** gedacht. Sie sind zunächst befristet bis zum 31. 12. 1996. Ab 1. 1. 1997 soll ein endgültiges System die Übergangsregelung ablösen. Die endgültige Regelung ab 1. 1. 1997 soll nach den Zielvorstellungen der Kommission angeblich einen **Übergang zum Ursprungslandprinzip** bringen. Dies ist auch das von der Bundesregierung verfolgte Ziel[48]. Tatsächlich handelt es sich hier um mangelnde begriffliche Klarheit. Einen Übergang zum Ursprungslandprinzip wird es zum 1. 1. 1997 nicht geben. Dem Ursprungslandprinzip ist immanent, daß der Endverbraucher mit der Steuer des Ursprungslandes belastet wird und dem Ursprungsland das Steueraufkommen zusteht. Ein derartiger Vorschlag ist ernsthaft bisher von keiner Seite unterbreitet worden. Er wäre auch nicht konsensfähig. Der falsche Zungenschlag des Überganges zum Ursprungslandprinzip ist von der Kommission ins Spiel gebracht worden und wird seither unkritisch verwendet. Tatsächlich hatte die Kommission vorgeschlagen, daß grenzüberschreitende Lieferungen zu den Bedingungen des Lieferstaates als Ursprungsland versteuert werden wie entsprechende binnenstaatliche Lieferungen[49]. Der Importeur als Unternehmer sollte die Umsatzsteuer des Ursprungslandes in seinem Heimatstaat als Vorsteuer abziehen können. Die Lieferung an den Endverbraucher würde wie bisher mit der Steuer des Bestimmungslandes belastet. Über einen Clearingmechanismus erhielte der Bestimmungsstaat die von ihm vergütete Vorsteuer vom Ursprungsland erstattet[50]. Dieser Vorschlag ist am Mißtrauen der Mitgliedstaaten gegenüber dem **Clearingverfahren** gescheitert. Seine Umsetzung hätte aber nicht den Übergang zum Ursprungsland bedeutet, sondern er basiert erkennbar auf dem Bestimmungslandprinzip. Denn der Endverbraucher wird mit der Steuer des Bestimmungslandes belastet und dieses allein erhält das Steueraufkommen. Die Besteuerung im Ursprungsland mit Vorsteuerabzug im Importland und Erstattung durch das Ursprungsland an das Bestimmungsland sind technische Modalitäten, die an der Essenz nichts ändern, daß das Ursprungsland kein Steueraufkommen zugeteilt erhält, sondern allein das Bestimmungsland.

16 Das durch die **Binnenmarktrichtlinie** und das sie umsetzende Binnenmarktgesetz geschaffene **Übergangssystem** folgt im wesentlichen dem **Bestimmungslandprinzip.** Nur

45 ABl. 91, L 376/1.
46 V. 25. 8. 1992, BGBl. I 92, 1548 = BStBl. I 92, 552.
47 *Jakob,* Nachtrag, S. 6.
48 *Waigel,* UR 93, 1, 2.
49 Vorschlag zur Änderung der 6. RL v. 7. 8. 1987, ABl. 87, C 252/2.
50 Zum Clearingsystem vgl. KOM (87) 323 endg. v. 4. 8. 1987.

in Randbereichen gibt es einen echten Übergang zum Ursprungslandprinzip. Dabei ist von der technischen Durchführung her grob wie folgt zu differenzieren:

Im **kommerziellen Leistungsverkehr** zwischen Unternehmern befreit das Ursprungsland wie bisher den Leistenden von der Umsatzsteuer unter Gewährung von Vorsteuerabzug (**innergemeinschaftliche Lieferung** und gleichgestellte Vorgänge). Der Erwerber unterliegt im Bestimmungsland anstelle der Einfuhrumsatzsteuer der **Erwerbsteuer.** Wird die Leistung zur Ausführung einer steuerpflichtigen innerstaatlichen Leistung im Bestimmungsland verwendet, ist die Erwerbsteuer vom Erwerber als Vorsteuer abzugsfähig. Erst durch den weiteren Umsatz an den Endverbraucher kommt es zur endgültigen Belastung mit der Steuer des Bestimmungslandes. Das Verfahren gleicht bis auf den Wegfall der Grenzkontrollen der Behandlung der Ausfuhrlieferungen und der Besteuerung der Einfuhr im Verhältnis zu Drittstaaten. De facto wird der Wegfall der Grenzabfertigung und der damit verbundenen Nachweis- und Kontrollmechanismen durch in das Unternehmen verlagerte neue Nachweis-, Erklärungs- und Kontrollmechanismen ersetzt. 17

Im nichtkommerziellen Leistungsverkehr mit Nichtunternehmern wird das Bestimmungslandprinzip auf technisch unterschiedlichen Wegen aufrechterhalten. Ist der Empfänger eine juristische Person, befreit das Ursprungsland wie beim kommerziellen Leistungsverkehr. Das Bestimmungsland besteuert den Erwerb. Bereits hierdurch wird die endgültige Belastung mit der Steuer des Bestimmungslandes herbeigeführt. Ist der Empfänger eine natürliche Person, wird der **Ort der Lieferung in das Bestimmungsland verlegt,** wenn die Ware vom Unternehmer zu ihm befördert oder versendet wird. Die Besteuerung erfolgt dann nur im Bestimmungsland. Im Unterschied zur Erwerbsbesteuerung hat allerdings der aus dem Ursprungsland leistende Unternehmer und nicht der Erwerber die Steuer zu deklarieren und zu entrichten. 18

Bei sogenannten **Abhollieferungen durch Nichtunternehmer** als natürliche Personen kann der leistende Unternehmer – anders als bei **Versendungslieferungen** – nicht wissen, ob die Ware im Ursprungsland verbleibt oder in das Bestimmungsland gelangt. Auf der anderen Seite ist eine Bestätigung durch Grenzkontrollen nicht mehr möglich. Eine allgemeine Deklarationspflicht im Bestimmungsland für private natürliche Personen ist praktisch nicht durchführbar. Daher kann hier eine Besteuerung im Bestimmungsland nicht sichergestellt werden. Für die Abhollieferungen befreit daher das Ursprungsland nicht, während das Bestimmungsland nicht besteuert. Für diesen Bereich, der umfangmäßig nur einen unbedeutenden Teil des innergemeinschaftlichen Handels ausmacht, ersetzt das **Ursprungslandprinzip** das Bestimmungslandprinzip. 19

Selbst insoweit wird noch eine Ausnahme zugunsten des Bestimmungslandprinzipes beim innergemeinschaftlichen Erwerb neuer Fahrzeuge gemacht. Der **Erwerb neuer Fahrzeuge** durch jeden Erwerber unterliegt immer der **Erwerbsbesteuerung im Bestimmungsland** und die Lieferung wird im Ursprungsland befreit. 20

2.2 Kommerzieller innergemeinschaftlicher Handel

2.2.1 Befreiung der innergemeinschaftlichen Lieferung

Nach §4 Nr. 1b i. V. mit § 6a UStG wird die innergemeinschaftliche Lieferung befreit. Im innergemeinschaftlichen Handel tritt diese Befreiung an die Stelle einer Ausfuhrbefreiung nach § 4 Nr. 1a i. V. mit § 6 UStG. Durch die Befreiung wird die innergemeinschaftliche Lieferung vollständig von der Umsatzsteuer der Bundesrepublik als Ursprungsland entlastet. Denn nach § 15 Abs. 3 Nr. 1 UStG bleibt trotz Steuerfreiheit der 21

Vorsteuerabzug erhalten. Der **Steuerbefreiung in der Bundesrepublik** korrespondiert die **Erwerbsbesteuerung in einem anderen Mitgliedstaat** der EU.

Tatbestandsmäßig setzt die innergemeinschaftlich befreite Lieferung voraus:

- Die **Lieferung** erfolgt durch einen **Unternehmer.** Der **Ort** der Lieferung liegt gemäß § 3 VI, VII UStG im **Inland.**
- Der Gegenstand gelangt vom Inland in das übrige **Gemeinschaftsgebiet.**
- Der **Abnehmer** erwirbt den Gegenstand für sein Unternehmen oder er ist juristische Person.
- Der **Erwerb** durch den Abnehmer unterliegt der **Erwerbsbesteuerung** in einem anderen Mitgliedstaat.

Problematisch ist aus der Sicht des liefernden Unternehmers, wie er nachweisen soll, ob der Erwerber der Erwerbsbesteuerung im anderen Mitgliedstaat unterliegt. Das Gesetz fordert ausdrücklich einen **Nachweis (Buch- und Belegnachweis).** Der Erwerbsbesteuerung unterliegen grundsätzlich Unternehmer und juristische Personen. Als Nachweis kommt praktisch nur der Hinweis auf die dem Abnehmer in dem anderen Mitgliedstaat verliehene Umsatzsteuer-Identifikationsnummer in Betracht. **USt-IdNrn.** werden nur an der Erwerbsteuer unterliegende Personen erteilt, bzw. an Personen, die innergemeinschaftlich befreite Lieferungen ausführen, vgl. § 27a UStG. Der Lieferant kann sich vom Bundesamt für Finanzen bestätigen lassen, ob die ihm von seinem Abnehmer mitgeteilte USt-IdNr. zutreffend ist, § 18e UStG. Wird er von seinem Abnehmer getäuscht, bleibt die Steuerfreiheit erhalten. § 6a IV UStG gewährt insoweit Vertrauensschutz. Die Steuer wird dann vom Abnehmer geschuldet. Der Lieferant ist nach § 14a UStG verpflichtet, dem Abnehmer eine **Rechnung** unter Angabe seiner eigenen USt-IdNr. zu erteilen. Diese wird zu Nachweiszwecken im Bestimmungsland des Erwerbs benötigt.

22 Für Zwecke der Befreiung wird der Lieferung und Werklieferung die **funktionsändernde Werkleistung** gleichgestellt, § 6a II Nr. 2 i. V. mit § 3 I Nr. 2 UStG. Eine funktionsändernde Werkleistung liegt vor, wenn durch eine Werkleistung aus dem Stoff des Auftraggebers ein Gegenstand neuer Funktion hergestellt wird. Bloße Reparaturen erfüllen dieses Merkmal nicht[51]. Inzwischen werden aber nach § 4 Nr. 1c UStG nicht funktionsändernde Werkleistungen und Begutachtungen ebenfalls befreit, wenn der Auftraggeber eine USt-IdNr. besitzt und voll vorsteuerabzugsberechtigt ist. Hier dient die nur befristet bis zum 31. 12. 1994 eingeführte Befreiung, der keine Erwerbsbesteuerung entspricht, der Vermeidung des Vorsteuervergütungsverfahrens, auf das der ausländische Auftraggeber sonst verwiesen wäre (vgl. §§ 61 ff. UStDV). Diese Art von **Differenzierungen** machen das **Umsatzsteuerrecht ungenießbar.**

23 Ebenfalls als steuerbefreite Lieferung wird das **innergemeinschaftliche Verbringen** eines Gegenstandes an sich selbst vom Inland in einen Mitgliedstaat behandelt, § 6a II Nr. 1 i. V. mit § 3 Ia Nr. 1 UStG. Hier liegt an sich weder ein Leistungsaustausch noch eine Entnahme aus dem Unternehmen vor. Die Befreiung als fiktive innergemeinschaftliche Lieferung verfolgt allein den Zweck, eine Entlastung von der Umsatzsteuer des Ursprungslandes zu ermöglichen bei gleichzeitiger Belastung mit der Umsatzsteuer des Bestimmungslandes durch die dort vorzunehmende Erwerbsbesteuerung. Dadurch soll insbesondere verhindert werden, daß Unternehmer die in der Gemeinschaft weiterhin bestehenden unterschiedlichen Vorsteuerabzugsregelungen durch die Verbringung von Gegenständen von einem Mitgliedstaat in einen anderen Mitgliedstaat ausnutzen.

---

51 Vgl. BMF BStBl. I 1993, 913; kritisch *Nieskens,* UR 94, 57.

Beispiel: U unterhält eine Betriebsstätte sowohl in Deutschland als auch in Belgien. U erwirbt in Deutschland für sein Unternehmen einen PKW und erhält dort den vollen Vorsteuerabzug. Den PKW verbringt er sodann zur dauernden Verwendung in seine Betriebsstätte nach Belgien, wo der Vorsteuerabzug für PKW auf 50 v. H. begrenzt ist. Durch §§ 3 Ia Nr. 1, 6a II Nr. 1 UStG wird ein innergemeinschaftlicher Erwerb in Belgien fingiert. Die deshalb in Belgien anfallende Erwerbsteuer kann U dort nur zu 50 v. H. als Vorsteuer abziehen.

2.2.2 Besteuerung des innergemeinschaftlichen Erwerbs

Die Besteuerung des innergemeinschaftlichen Erwerbs ersetzt im grenzüberschreitenden Handel der Mitgliedstaaten die gegenüber Drittstaaten erfolgende **Besteuerung der Einfuhr.** Die Erwerbsbesteuerung stellt wie die Besteuerung der Einfuhr sicher, daß die Endverbraucher (oder wie Endverbraucher behandelte Unternehmer) mit der Steuer der Bundesrepublik als dem **Bestimmungsland** belastet werden. Mit der Besteuerung des Erwerbs in der Bundesrepublik korrespondiert die Befreiung als innergemeinschaftliche Lieferung in einem anderen Mitgliedstaat. Tatbestandlich setzt der innergemeinschaftliche Erwerb im Inland, § 1 I Nr. 5 UStG, nach § 1a UStG voraus: 24

- Der Liefergegenstand muß **aus dem Gebiet eines Mitgliedstaates in das Inland** gelangen. Für den Erwerbstatbestand gehören auch die Freihäfen und Gewässer und Watten im Sinne des § 1 III UStG zum Inland. Nach § 3d Satz 2 UStG wird fiktiv auch dann ein Erwerb im Inland angenommen, wenn der Gegenstand zwar in ein anderes Mitgliedsland gelangt, aber vom Erwerber eine deutsche USt-IdNr. verwendet wurde. Dies ist eine subsidiäre Besteuerung, die aufzuheben ist, wenn die Erwerbsbesteuerung im richtigen Bestimmungsland nachgewiesen wird.
- Der Erwerber muß **Unternehmer oder juristische Person** sein. Bestimmte Unternehmer und die juristischen Personen werden von der Erwerbsbesteuerung ausgenommen, wenn sie nur geringfügige Erwerbe tätigen. Geringfügig sind Erwerbe, die pro Kalenderjahr die **Erwerbsschwelle von 25 000 DM** nicht überschreiten. Maßgebend sind die Erwerbe im laufenden Jahr aufgrund einer Prognose. Die Erwerbsschwelle ist nur für Unternehmer mit ausschließlich zum Ausschluß von Vorsteuerabzug führenden steuerfreien Umsätzen, für Kleinunternehmer nach § 19 I UStG, für pauschalierende Landwirte nach § 24 UStG und für juristische Personen von Bedeutung. Diese sogenannten **„Halbunternehmer"** werden bei Unterschreiten der Erwerbsschwelle **wie private Abnehmer** behandelt, die grundsätzlich nicht der Erwerbsbesteuerung unterliegen. Das Gesetz räumt den „Halbunternehmern" allerdings die Möglichkeit ein, freiwillig zur Erwerbsbesteuerung zu optieren. Soweit danach keine Erwerbsbesteuerung bei den Halbunternehmern eingreift, erfolgt auch keine Befreiung als innergemeinschaftliche Lieferung im anderen Mitgliedstaat.
- Der **Lieferant** muß ein **Unternehmer** sein, der gegen Entgelt die Lieferung ausführt. Ausgenommen werden die Lieferungen von Kleinunternehmern, die im Ursprungsmitgliedstaat entsprechend der Regelung des § 19 UStG nicht besteuert werden. Deren Lieferungen werden entsprechend der Regelung des § 19 UStG wie die Lieferungen von Nichtunternehmern behandelt. Es handelt sich dabei um eine Vereinfachungsregelung wegen Geringfügigkeit.

Nach § 1a II Nr. 2 UStG wird auch die Inanspruchnahme einer **funktionsändernden Werkleistung (sog. innergemeinschaftliche Lohnveredelung)** beim Auftraggeber als **innergemeinschaftlicher Erwerb** besteuert. Der durch die funktionsändernde Werkleistung entstandene Mehrwert soll im Bestimmungsland versteuert werden. Damit korrespondierend verwirklicht umgekehrt der Werkunternehmer (Auftragnehmer) in dem anderen Mitgliedstaat eine dort befreite innergemeinschaftliche Lieferung (vgl. § 6a II Nr. 2 UStG). Eine funktionsändernde Werkleistung liegt vor, wenn der Auftragnehmer 25 aus Material, das der Auftraggeber ihm ausgehändigt hat, einen neuen Gegenstand schafft, der bis dahin nicht existierte.

Beispiel[52]: Unternehmer U in Deutschland läßt bei Unternehmer F in Frankreich aus eigenem Material ein Spezialfahrrad fertigen. F schickt daraufhin das Spezialfahrrad zu U nach Deutschland. U verwirklicht in Deutschland den Erwerbstatbestand nach §§ 1 I Nr. 5, 1a II Nr. 2, 3d S. 1 UStG. Umgekehrt tätigt F eine in Frankreich steuerbefreite innergemeinschaftliche Lieferung (Pendant zu §§ 4 Nr. 1b, 6a II Nr. 2 UStG).

26 Als Erwerb wird auch das **unternehmensinterne Verbringen** eines Gegenstandes aus dem übrigen Gemeinschaftsgebiet in das Inland behandelt, § 1a II Nr. 1 UStG. Damit korrespondiert die Befreiung dieses Tatbestandes als innergemeinschaftliche Lieferung im Mitgliedstaat, aus dem verbracht wird (s. dazu Rz. 23). Das innergemeinschaftliche Verbringen wird insoweit fiktiv als eine Lieferung gegen Entgelt behandelt, § 3 Ia Nr. 1 UStG. Die Erwerbsbesteuerung ist konsequent im Sinne des Bestimmungslandprinzipes. Sie entspricht der Einfuhrbesteuerung im Falle eines innerunternehmerischen Verbringens aus einem Drittland. Von der Erwerbsbesteuerung **ausgenommen** wird lediglich ein Verbringen zu einer **vorübergehenden Verwendung.** Das Merkmal ist höchst unklar. Nach dem zugrundeliegenden Art. 28a Vb der 6. Richtlinie sind von der Erwerbsbesteuerung z. B. ausgenommen die Verbringung von Werkzeugen zur Ausführung von Werkleistungen. Ein endgültiges Verbringen liegt im allgemeinen vor, wenn der Gegenstand mehr als 24 Monate im Inland verbleibt. Die klassischen Anwendungsfälle für das Verbringen sind die **Überführung** von Anlagegütern **in eine inländische Betriebsstätte** des Unternehmens (s. dazu das Beispiel in Rz. 23) und die **Verbringung von Waren zur Veräußerung in das Inland,** wenn erst im Inland die Lieferung erfolgt.

27 Die Erwerbssteuer kann von einem vorsteuerabzugsberechtigten Unternehmer sofort als **Vorsteuer** abgezogen werden, § 15 I Nr. 3 UStG. Insoweit dient die **Erwerbsbesteuerung** wie die Besteuerung der Einfuhr nur als **technisches Vehikel,** die Besteuerung im Bestimmungsland Bundesrepublik sicherzustellen. Die eigentliche Belastung mit der binnenländischen Umsatzsteuer tritt erst bei Weiterlieferung im Inland an einen Endverbraucher ein. Lediglich wenn der Erwerber nicht oder nicht voll vorsteuerabzugsberechtigt ist, führt mangels Vorsteuerabzug bereits die Erwerbsteuer zur Belastung mit der inländischen Umsatzsteuer. Wird der im Inland erworbene Gegenstand seinerseits zur Ausführung einer steuerfreien innergemeinschaftlichen Lieferung oder einer Ausfuhrlieferung verwendet, ist bereits der Erwerb befreit, § 4b Nr. 4 UStG. Diese Befreiung ist für das deutsche Recht völlig überflüssig, weil die notwendige Entlastung auch über den **Vorsteuerabzug** erreicht würde. Sie beruht darauf, daß in einigen EU-Staaten der Vorsteuerabzug erst zeitlich verzögert gewährt wird (in Frankreich die décalage).

2.2.3 Das innergemeinschaftliche Reihengeschäft

28 Ein innergemeinschaftliches Reihengeschäft[53] liegt vor, wenn der Liefergegenstand von einem Mitgliedstaat in einen anderen gelangt und mehr als zwei Personen an dem Vorgang beteiligt sind. Dabei verschafft der erste Lieferant in der Reihe dem letzten Abnehmer unmittelbar die Verfügungsmacht an dem Gegenstand (s. § 3 II UStG und unten Rz. 48). Zur Regelung der **grenzüberschreitenden innergemeinschaftlichen Reihengeschäfte** hat der deutsche Gesetzgeber mit Wirkung vom 1. 1. 1993 drei neue Regelungen in das Umsatzsteuergesetz aufgenommen:

52 Zu weiteren Einzelheiten der innergemeinschaftlichen Lohnveredelung s. ausf. BMF BStBl. I 93, 913 ff.

53 Dazu *Gast,* UR 93, 109; BMF BStBl. I 93, 291; *Nieskens,* BB 93, 623.

(1) **Erwerberfiktion** (§ 1a I Nr. 1 S. 2 UStG): Als Erwerber gilt jeweils, wer das Umsatzgeschäft mit einem im Gebiet eines anderen Mitgliedstaates oder im Drittlandsgebiet ansässigen Lieferer abgeschlossen hat.

(2) **Ortsfiktion** für **Lieferungen** (§ 3 VIIIa UStG, dazu Rz. 77): Gelangt der Gegenstand aus dem Gebiet eines Mitgliedstaates in das Gebiet eines anderen Mitgliedstaates, so gelten die jeweils *auf einen innergemeinschaftlichen Erwerb folgenden* Lieferungen als im Gebiet des Mitgliedstaates ausgeführt, in dem der vorhergehende innergemeinschaftliche Erwerb den Vorschriften der Besteuerung unterliegt.

(3) **Ortsbestimmung** für **innergemeinschaftliche Erwerbe** (§ 3d UStG, dazu Rz. 81): Ein innergemeinschaftlicher Erwerb wird grundsätzlich in dem Mitgliedstaat bewirkt, in dem sich der Gegenstand am Ende der Beförderung oder Versendung befindet (§ 3d S. 1 UStG). Verwendet der Erwerber bei der Lieferung jedoch eine ihm von einem anderen Mitgliedstaat erteilte Umsatzsteuer-Identifikationsnummer (USt-Id-Nr.), so gilt der Erwerb bis zum Beweis des Gegenteils in diesem Mitgliedstaat als bewirkt (s. § 3d S. 2 UStG).

Danach ist beim innergemeinschaftlichen Reihengeschäft ein *mehrfacher Erwerb in mehreren Mitgliedstaaten* möglich.

Beispiel: F (Frankreich) veräußert Ware an B (Belgien), dieser an D_1 (Deutschland), dieser an D_2 (Deutschland). Die Unternehmer verwenden jeweils die ihnen vom Sitzstaat erteilte USt-IdNr. F versendet die Ware unmittelbar an D_2. – F tätigt in Frankreich eine dort befreite innergemeinschaftliche Lieferung an B (vgl. §§ 4 Nr. 1b, 6a I UStG). B verwirklicht in Belgien einen steuerbaren innergemeinschaftlichen Erwerb (vgl. §§ 1 I Nr. 5, 1a I UStG), der aber dort steuerbefreit ist (vgl. § 4b Nr. 4 UStG). B liefert in Belgien (vgl. § 3 VIIIa UStG) innergemeinschaftlich befreit an D_1 (vgl. §§ 4b Nr. 1b, 6a I UStG). D_1 verwirklicht in Deutschland (§ 3d UStG) einen innergemeinschaftlichen Erwerb (§§ 1 I Nr. 5, 1a I UStG), da er den Liefervertrag mit dem in Belgien ansässigen Lieferanten abgeschlossen hat. D_1 liefert schließlich steuerpflichtig im Inland (§§ 1 I Nr. 1, 3 VIIIa UStG) an D_2. D_2 ist nicht innergemeinschaftlicher Erwerber, da er den Liefervertrag mit D_1 abgeschlossen hat und dieser in keinem anderen Mitglied- oder Drittstaat ansässig ist.

Die deutsche Regelung deckt sich in ihrer Ausgestaltung nicht mit den Vorgaben der 29
6. EG-Richtlinie (Art. 28a Ia, 28b Teil A II, 28c Teil E Nr. 3, Art. 21 Nr. 1a, Art. 22 IIIb, IVc, VIb der 6. EG-Richtlinie in der Fassung der Änderungsrichtlinie v. 14. 12. 92, ABl. Nr. L 384, 47) für sog. **Dreiecksgeschäfte,** an denen drei Unternehmer in drei Mitgliedstaaten beteiligt sind. Der *wesentliche Unterschied* zwischen beiden Regelungen ist aber nur *technischer Natur*[54]. Ziel beider Regelungen ist es, die nicht im Bestimmungsland ansässigen Mittelspersonen (im Beispielsfall B) von einer Steuerschuldnerschaft im Bestimmungsland zu entlasten. Dem Auftrag, bis zum 30. 6. 1993 eine übereinstimmende verbindliche Regelung für Reihengeschäfte zu treffen, ist der Rat leider bisher noch nicht nachgekommen[55].

2.2.4 Sonstige Leistungen im Binnenmarkt

Bei der Erbringung grenzüberschreitender **sonstiger Leistungen** konnte dem Bestim- 30
mungslandprinzip schon vor der Einführung des Binnenmarktes **nicht** durch **Grenzkontrollen** zum Zwecke der Besteuerung der Einfuhr Rechnung getragen werden. Hier erfolgt die Abgrenzung der Steuerhoheiten zugunsten des Bestimmungslandes von vornherein durch die **Regelungen über den Ort** der sonstigen Leistung. Dabei sind Kompromißlösungen erforderlich, weil der Ort des Verbrauches sich weder exakt festlegen läßt, auf jeden Fall aber nicht kontrollierbar wäre. Besondere Regelungen im Binnenmarkt beschränken sich daher auf sonstige Leistungen, die etwas mit der Güterbewegung über

54 Zu den Abweichungen der EG-Regelung für sog. Dreiecksgeschäfte gegenüber der deutschen Regelung s. BMF BStBl. I 93, 291, 293; *Nieskens,* BB 93, 623, 630 ff.; *Kraeusel,* UVR 93, 289; *Viegener,* UR 94, 18.

55 Vgl. *Schlienkamp,* UR 94, 6, 7.

die Grenzen zu tun haben. Für die **innergemeinschaftliche Güterbeförderung** und damit zusammenhängende Leistungen, wie das Be- und Entladen sowie die Vermittlung solcher Leistungen, wird der Ort der Leistung in das Mitgliedsland verlagert, dessen USt-IdNr. der Empfänger der Leistung verwendet, § 3b III Satz 2, IV, VI Satz 2 UStG. Diese Regelung dient allein dem Zweck, dem Empfänger den **Vorsteuerabzug in seinem Heimatland** zu ermöglichen, weil ein grenzüberschreitender Vorsteuerabzug nicht möglich ist. Die Regelung wird durch die Befreiung nach § 4 Nr. 1c Doppelbuchstabe bb ergänzt. Dieser befreit **rein inländische Beförderungsleistungen** und damit zusammenhängende Leistungen, wenn sich daran unmittelbar eine innergemeinschaftliche Beförderung anschließt. Hier soll das Vorsteuervergütungsverfahren durch eine im Ursprungsland ausgesprochene Befreiung verhindert werden. Eben demselben Zweck dient die **Befreiung** der **nicht funktionsändernden Werkleistung** und der Begutachtung eines Gegenstandes nach § 4 Nr. 1c Doppelbuchstabe aa UStG, der nach der Bearbeitung oder Begutachtung wieder in den anderen Mitgliedstaat gelangt. Für die **Vermittlungsleistungen,** insbesondere die Vermittlung von Lieferungen, folgt § 3a II Nr. 4 Satz 2 UStG wiederum dem **Prinzip der Ortsverlagerung** in den **Mitgliedstaat,** dessen **USt-IdNr.** der Empfänger der Vermittlungsleistung verwendet.

Beispiel: V in Belgien vermittelt für D (Deutschland) in Belgien eine Lieferung des D an F in Frankreich. Die Lieferung wird in Belgien ausgeführt. Wenn D gegenüber V seine deutsche USt-IdNr. verwendet, erbringt V seine Leistung an D in Deutschland. D kann die ihm von V in Rechnung zu stellende deutsche Umsatzsteuer in Deutschland als Vorsteuer abziehen. Allerdings hat er dann auch das Abzugsverfahren nach §§ 51 f. UStDV durchzuführen. Vermieden wird, daß D sich mit dem belgischen Fiskus auseinandersetzen muß.

2.3 Nichtkommerzieller innergemeinschaftlicher Handel

31 Die Behandlung grenzüberschreitender **Lieferungen an Endverbraucher** stellt das eigentliche Problem für die Aufrechterhaltung des Bestimmungslandprinzipes in einem Binnenmarkt ohne Grenzabfertigung dar. Da eine **Besteuerung der Einfuhr** im Wege der Grenzabfertigung **nicht mehr** stattfinden kann, muß nach Ersatzlösungen gesucht werden. Eine allgemeine Erwerbsbesteuerung bei Nichtunternehmern kann nicht in Betracht kommen. Sie ist faktisch weder durchführbar noch kontrollierbar. Es zeigt sich hier die Grundproblematik der Umsatzsteuer, die den Endverbraucher zwar zum Steuerträger, aber nicht zum Steuerschuldner macht.

Die bisherige Ausnahme von diesem Grundsatz bei der Besteuerung der Einfuhr auch durch Nichtunternehmer ist im Binnenmarkt nicht mehr möglich. Bei der Lösung ist aber zu differenzieren. Soweit die grenzüberschreitende Lieferung durch den Unternehmer im Wege der Beförderung oder Versendung an den Abnehmer im anderen Mitgliedstaat erfolgt, kann dem Charakter der Umsatzsteuer als einer indirekten Verbrauchsteuer entsprechend, der Unternehmer zum Steuerschuldner des Bestimmungslandes gemacht werden. Dies scheidet aus, wenn der Abnehmer den Liefergegenstand im Herkunftsland abholt. Hier fehlt dem leistenden Unternehmer jede Möglichkeit der Kontrolle, wohin der Liefergegenstand gelangt.

2.3.1 Versendungslieferungen an Nichtunternehmer[56]

32 Wird der **Liefergegenstand** vom Unternehmer **in** einen **anderen Mitgliedstaat befördert oder dahin versendet,** ist die Lieferung gemäß § 3c UStG in diesen Mitgliedstaat als dem Bestimmungsland ausgeführt. Der Unternehmer hat dann dort die steuerlichen Pflichten zu erfüllen. Im Herkunftsland ist eine Befreiung nicht erforderlich, weil die Lieferung von vornherein nicht als dort ausgeführt gilt. Gleichwohl bleibt im Herkunfts-

56 Dazu *Kraeusel,* UR 93, 365.

land der Vorsteuerabzug für den Bezug von Vorleistungen erhalten. § 3c UStG erreicht auf technisch anderem Wege als über die Befreiung der Lieferung und die Erwerbsbesteuerung beim Erwerber ebenfalls, daß die Besteuerung im Bestimmungsland stattfindet. Die **Problematik des § 3c UStG** liegt darin, daß der leistende Unternehmer **im Bestimmungsland steuerliche Pflichten** zu erfüllen hat und dies nicht bei seinem heimischen Finanzamt erledigen kann. Darüber hinausgehend fehlen für das Bestimmungsland jegliche **Kontrollmöglichkeiten.**

§ 3c UStG setzt tatbestandsmäßig voraus, daß der **Abnehmer** der Lieferung eine **natürliche Person** als Nichtunternehmer (= Endverbraucher) ist. Diesen gleichgestellt werden juristische Personen als Nichtunternehmer, die kein reguläres Vorsteuerabzugsrecht haben (sog. **Halbunternehmer,** u. a. Kleinunternehmer und pauschalierende Landwirte). Vorrang hat insoweit aber die Erwerbsbesteuerung. Daher erfolgt die Gleichstellung nur, wenn diese Halbunternehmer wegen Unterschreitens der Erwerbsschwelle des jeweiligen Mitgliedstaates nicht der Erwerbsbesteuerung unterliegen (s. § 3c II Nr. 2 S. 1 UStG). Für die Bundesrepublik beträgt die Erwerbsschwelle 25 000 DM. EG-rechtlich sind 10 000 ECU vorgeschrieben. 33

Wegen der Problematik, daß der leistende Unternehmer nicht in seinem Heimatland die steuerlichen Pflichten des Bestimmungslandes erfüllen kann, ist für die Anwendung des § 3c UStG das Überschreiten einer sogenannten **Lieferschwelle** erforderlich. Diese beträgt für die Bundesrepublik 200 000 DM. Für die übrigen Mitgliedstaaten wird sie von diesen national festgelegt. Sie darf 35 000 ECU nicht unterschreiten und 100 000 ECU nicht überschreiten. Abzustellen ist darauf, ob die Lieferschwelle im vorangegangenen Jahr oder im laufenden Jahr überschritten wurde, bzw. wird. Ist dies nicht der Fall, erfolgt eine Besteuerung im Ursprungsland ohne Befreiung. Maßgebend ist die Summe der Entgelte für die Lieferungen in das jeweilige Mitgliedsland. 34

2.3.2 Abhollieferungen

Lieferungen im Inland an Privatpersonen, bei denen der Liefergegenstand **vom Abnehmer** über die Grenze in einen anderen Mitgliedstaat **befördert oder versendet** wird, sind im **Inland** zu besteuern. Weder findet wie bei Versendungslieferungen gemäß § 3c UStG eine Verlagerung des Lieferortes in das Bestimmungsland statt, noch erfolgt dort eine Erwerbsbesteuerung. Im Ursprungsland erfolgt deshalb auch keine Befreiung als innergemeinschaftliche Lieferung. Den Privatpersonen gleichgestellt werden juristische Personen und Unternehmer ohne Vorsteuerabzug (sog. Halbunternehmer), wenn sie wegen Unterschreitens der Erwerbsschwelle nicht der Erwerbsbesteuerung unterliegen. 35

2.3.3 Lieferung und Erwerb neuer Fahrzeuge[57]

Bei Lieferung an Privatpersonen und sog. Halbunternehmer unterhalb der Erwerbsschwelle findet demnach nur bei Abhollieferungen und Versendungslieferungen unterhalb der Lieferschwelle die Besteuerung im Ursprungsland statt. Bei Lieferungen an Unternehmer und Halbunternehmer oberhalb der Erwerbsschwelle wird über die Erwerbsbesteuerung die Besteuerung im Bestimmungsland gesichert. Für die **Lieferung neuer Fahrzeuge an Privatpersonen** und **Halbunternehmer** unterhalb der Erwerbsschwelle soll wegen der Bedeutung dieser Gegenstände für den Verbraucher, für das Steueraufkommen der Mitgliedstaaten und zur Vermeidung von Wettbewerbsverzerrungen **in jedem Falle eine Erwerbsbesteuerung** im Bestimmungsland stattfinden. Deshalb ist nach § 1a V UStG auch bei einem Erwerb durch Halbunternehmer unterhalb der 36

57 Dazu *Georgy,* UR 93, 8; BMF UR 93, 239.

Erwerbsschwelle und nach § 1b UStG auch bei durch Privatpersonen als Endverbraucher einer Erwerbsbesteuerung vorgesehen. Korrespondierend damit wird die Lieferung neuer Fahrzeuge in einen anderen Mitgliedstaat immer als **innergemeinschaftliche Lieferung** befreit, § 6a I Nr. 2c UStG. Dies gilt selbst dann, wenn der Lieferant Nichtunternehmer ist, § 2a UStG. Konsequenterweise steht dem liefernden Nichtunternehmer dann auch der **Vorsteuerabzug** zu, § 15 IVa UStG. Die Neuheit eines Fahrzeuges bestimmt sich nach seinem Alter seit erstmaliger Inbetriebnahme und nach der Betriebsleistung, § 1b III UStG. Für Kraftfahrzeuge gelten 6 Monate und 6000 km (5. Gesetz zur Änderung des Umsatzsteuergesetzes und anderer Gesetze 1994).

2.4 Das innergemeinschaftliche Kontrollverfahren[58]

37 Das für die Ausfuhrbefreiung und die Einfuhrbesteuerung bisherige Kontrollverfahren durch Grenzkontrolle seitens der Zollbehörden wird durch ein eigenständiges Kontrollsystem ersetzt. Grundpfeiler dieses innergemeinschaftlichen Kontrollsystems sind die **USt-IdNr.**, § 27a UStG, und die **zusammenfassende Meldung,** § 18a–18e UStG. Jeder Teilnehmer am innergemeinschaftlichen Handel, der als Lieferant oder Erwerber in Betracht kommt, erhält in dem betreffenden Mitgliedstaat eine USt-IdNr. Wird er in mehreren Mitgliedstaaten tätig, erhält er auch von jedem Mitgliedstaat eine USt-IdNr. Soweit er innergemeinschaftlich befreite Lieferungen tätigt, hat er diese unter Angabe der USt-IdNr. des Erwerbers zu deklarieren. Die beteiligten Finanzverwaltungen tauschen über ein **EDV-gestütztes Kontrollsystem** diese Daten aus, so daß kontrolliert werden kann, ob einer innergemeinschaftlich befreiten Lieferung ein korrespondierender Erwerb entspricht. Darüber hinaus sind auch **Einzelauskunftsersuchen** zulässig[59].

2.5 Zukünftige Weiterentwicklung

38 Die als Übergangsregelung bis zu einer ab **1. 1. 1997 geplanten Neuordnung** eingeführten Bestimmungen des Binnenmarktgesetzes und der ihr zugrundeliegenden Binnenmarktrichtlinie sind von einer kaum zu überbietenden technischen Kompliziertheit. Zumindest für kleine und mittlere Unternehmen üben sie eher eine abschreckende Wirkung aus, so daß sie deren erwünschte Teilnahme am innergemeinschaftlichen Handel eher erschweren. Die Gleichbehandlung der Verbraucher an einem bestimmten Ort ist den Gesetzesverfassern nicht in den Blick gekommen. Unter der mißverständlichen Flagge eines angeblichen **Überganges zum Ursprungslandprinzip** soll die **Kommission**[60] und eine vom BMF als **Ursprungslandkommission**[61] bezeichnete Expertengruppe eine endgültige Regelung auszuarbeiten. Dabei soll in Wahrheit zutreffend bezüglich der **Aufkommensverteilung am Bestimmungslandprinzip** festgehalten werden und lediglich **steuertechnisch das Ursprungslandprinzip** verwirklicht werden[62]. Eine **endgültige Lösung** muß demgemäß auf dem **Bestimmungslandprinzip** basieren. Die Eckdaten einer derartigen Lösung können nur sein:

- Die **Steuersätze** sind so **anzugleichen,** daß für private Empfänger kein Sog ausgeübt wird, unmittelbar in einem anderen Mitgliedstaat einen Direkterwerb vorzunehmen;

58 Dazu *Forst,* UR 93, 339.

59 Das Verfahren ist in der Verordnung Nr. 218/92, ABl. EG 92, Nr. L 24, 1, über die Zusammenarbeit auf dem Gebiet der indirekten Besteuerung geregelt.

60 Vgl. Art. 28e 6. RL; *Dziadkowski,* UR 93, 344.

61 BMF-Nachrichten 34/93, UR 93, 194.

62 Vgl. *Dziadkowski,* UR 93, 344, 345; Gutachten der Ursprungslandkommission, Schriftenreihe BMF, Bonn, Heft 52 (1994).

– Im **kommerziellen Handel** wird ein **grenzüberschreitender Vorsteuerabzug** gewährt[63]. Das Ursprungsland erstattet diesen im Wege eines Clearing-Verfahrens dem Bestimmungsland. Eine Befreiung im Ursprungsland und eine Erwerbsbesteuerung im Bestimmungsland entfällt.
– Bei **Versendungs- und Beförderungslieferungen** an private Endverbraucher in einem anderen EG-Staat ist das **Bestimmungsland** der **Steuergläubiger.** Die Umsätze sind aber vom Unternehmer im Ursprungsland beim heimischen Fiskus zu deklarieren. Es erfolgt in einem Clearing-Verfahren die Weiterleitung des Aufkommens an das Bestimmungsland. Bei einer Angleichung der Steuersätze könnte dies sogar in der Weise geschehen, daß formell das Recht des Ursprungslandes angewendet wird.

Eine Weiterentwicklung in diese Richtung setzt selbstverständlich eine enge Zusammenarbeit der Finanzverwaltungen und gegenseitiges Vertrauen in die Arbeit der Finanzverwaltungen der anderen Mitgliedstaaten voraus. Davon muß in einem Binnenmarkt aber ausgegangen werden.

C. Steuerobjekt

Steuerobjekt der Umsatzsteuer oder steuerbar (besteuerbar) sind folgende Umsätze: 39

(1) Lieferungen und sonstige **Leistungen,** die ein **Unternehmer** im **Inland gegen Entgelt im Rahmen seines Unternehmens** ausführt (§ 1 I Nr. 1 UStG; dazu die ergänzenden Klarstellungen durch § 1 I Nr. 1 Sätze 2a, b UStG);

Aus diesem Tatbestand des **Leistungsaustausches** wird nunmehr die **Geschäftsveräußerung im ganzen** gegen Entgelt an einen anderen Unternehmer ausdrücklich ausgenommen, § 1 Ia UStG. Der Erwerber wird quasi für die Anwendung des materiellen Umsatzsteuerrechtes als mit dem Veräußerer identisch angesehen (zur unentgeltlichen Übertragung s. Rz. 63).

(2) der **Eigenverbrauch** im **Inland** (§ 1 I Nr. 2 UStG), einschließlich **Gesellschafterverbrauch** (§ 1 I Nr. 3 UStG);
(3) die **Einfuhr** von Gegenständen (§ 1 I Nr. 4 UStG).
(4) der **innergemeinschaftliche Erwerb** (§ 1 I Nr. 5 UStG).

Diese Umsätze sind **steuerbar. Nicht steuerbar** sind z. B. **Leistungen** (§ 1 I Nr. 1 UStG)

– die **nicht von einem Unternehmer im Rahmen des Unternehmens** ausgeführt werden, oder
– die **nicht im Inland** ausgeführt werden, oder
– die **unentgeltlich** ausgeführt werden; denn ihnen steht keine Aufwendung (keine Einkommensverwendung) des Leistungsempfängers gegenüber.

Die Tatbestände des § 1 I Nrn. 1, 2 UStG sind nicht kumulativ, sondern nur alternativ erfüllbar. Sie schließen sich aus: Entweder wird „im Rahmen des Unternehmens" oder es wird „für Zwecke außerhalb des Unternehmens" gehandelt[64]. Ein Konkurrenzproblem kann daher nicht entstehen.

63 Vgl. dazu u. a. *Meyding,* Umsatzsteuer und Binnenmarkt, Baden-Baden 1991, 152 f.; *Parsche,* Europäische Harmonisierung und Clearingverfahren, München 1991.
64 So auch *Söhn,* StuW 75, 17 f.

Allerdings sind **Doppelmotivationen** denkbar. So kann bei einer entgeltlichen Leistung das Entgelt aus privaten/nichtunternehmerischen Gründen verbilligt sein. Hier greift dann ergänzend die Bestimmung über die Mindestbemessungsgrundlage ein (s. Rz. 115).

Steuerbare Umsätze können sein: steuerfrei oder steuerpflichtig. Steuerbare Umsätze, die nicht steuerfrei sind, sind zu versteuern (sie sind steuerpflichtig).

1. Entgeltliche Leistungen von Unternehmen im Inland (§ 1 I Nr. 1 UStG)

1.1 Leistungen (Lieferungen und sonstige Leistungen)

40 Da die Umsatzsteuer nicht den Unternehmer als solchen treffen will, aber bei ihm technisch anknüpft, bedarf es eines technischen Anknüpfungsvehikels: das ist i. d. R. die Leistung des Unternehmers an einen anderen. Das Gesetz unterscheidet Lieferungen und sonstige Leistungen; auch diese Unterscheidung hat aber nichts mit dem Wesen der Umsatzsteuer zu tun (verkannt von Autoren, die das Wesen einer Steuer vordergründig aus Begriffen ableiten).

Was unter **„Leistung"** zu verstehen ist, wird in Anlehnung an das Bürgerliche Recht entschieden, das den Begriff „Leistung" in § 241 BGB verwendet. Danach ist Leistung jedes vom Willen eines Rechtssubjekts beherrschte Verhalten (Tun, Dulden, Unterlassen), das zum Gegenstand des Wirtschaftsverkehrs gemacht wird, insb. Gegenstand eines Schuldverhältnisses sein kann. Leistung ist der **Oberbegriff** von Lieferung und sonstiger Leistung.

Die Leistung ist das **Erfüllungsgeschäft,** nicht das dem Erfüllungsgeschäft (der Leistung) zugrunde liegende obligatorische Geschäft (Kauf-, Werk-, Werklieferungs-, Dienstvertrag etc.); dieses obligatorische Geschäft wird auch als **Umsatzgeschäft** bezeichnet (s. § 3 II UStG).

Das Telos der Umsatzsteuer verlangt jedoch eine Einschränkung: Die **Bezahlung** einer Leistung mit Geldmitteln ist zwar zivilrechtlich ebenfalls Leistung. Im umsatzsteuerlichen Sinne stellt sie jedoch keine Leistung dar, weil Geld kein verbrauchsfähiges Gut ist, sondern allein das technische Mittel, um einen Güter- und Dienstleistungsverbrauch zu finanzieren. Die Geldzahlung (Bar- und Buchgeld) stellt daher nur Gegenleistung/Entgelt dar. Dagegen liegen beim Tauschvorgang zwei umsatzsteuerliche Leistungen (zwei Umsätze) vor.

Ausdrücklich erfaßt werden auch solche **Leistungen,** die **aufgrund gesetzlicher oder behördlicher Anordnung** ausgeführt werden oder nach gesetzlicher Vorschrift als bewirkt gelten (§ 1 I Nr. 1 Satz 2a UStG). Unerheblich ist es danach, ob das Gesetz oder eine Behörde den Steuerpflichtigen zu einer Leistung rechtlich veranlaßt oder zwingt. Lieferungen aufgrund von Zwangsverkäufen oder Zwangsvermietungen sind folglich Leistungen. Daher liegt auch bei der **Zwangsversteigerung** eine Lieferung des Schuldners an den Ersteigerer vor, obgleich die Verschaffung der Verfügungsmacht auf dem hoheitlichen Zuschlag beruht[65]. Falls Schuldner und Ersteigerer Unternehmer sind, ist die Lieferung zu versteuern und steht dem Ersteigerer der Vorsteuerabzug zu. Leistungen, die kraft gesetzlicher Vorschrift als bewirkt gelten, sind solche, die vom Gesetz fingiert werden, weil der Leistungsverpflichtete die Erfüllung der Leistungsverpflichtung unterlassen hat. Entscheidend ist, daß der Leistungsempfänger für eine bewirkte oder als bewirkt geltende Leistung ein Entgelt erbracht hat. Dabei kann Entgelt auch sein, was aufgrund eines im öffentlichen Recht wurzelnden Anschluß- und Benutzungsbeitrages geschuldet wird[66].

41 Eine Leistung kann nur **von einem Rechtssubjekt erbracht werden,** sei es aus eigenem Antrieb, sei es auf gesetzliche oder behördliche Anordnung, sei es kraft Fiktion. **Keine Leistung** liegt vor, wenn **Vermögen kraft Gesetzes übergeht,** etwa eine Erbschaft. Es mangelt an einem vom Willen beherrschten Verhalten. Im übrigen fehlt es bei Erbschaften am Entgelt.

---

65 BFH BStBl. II, 86, 500.
66 BFH BStBl. II, 88, 473.

Beruht der Übergang kraft Gesetzes allerdings seinerseits auf willentlichem Verhalten, wie bei Umwandlungen und Verschmelzungen[67], läßt sich der Leistungscharakter nicht verneinen.

Auch **Teilleistungen** sind zu berücksichtigen. Sie liegen vor, wenn für bestimmte Teile einer wirtschaftliche teilbaren Leistung das Entgelt gesondert vereinbart ist (§ 13 I Nr. 1a Sätze 2, 3 UStG). Wirtschaftlich teilbar ist eine Leistung nur, wenn sie auch bei Ausbleiben der Gesamtleistung einen Wert hat.

Das Gesetz hebt von den Leistungen (Oberbegriff) die Lieferungen besonders ab. Es 42
unterscheidet **Lieferungen und sonstige Leistungen** (s. § 3 UStG); dies ist insb. wegen der (nach Lieferungen und sonstigen Leistungen differenzierenden) Sonderbestimmungen über den Leistungsort (§§ 3 VI–VIII; 3a UStG) von Bedeutung, ferner, weil einige Vorschriften sich nur auf Lieferungen beziehen, andere nur auf sonstige Leistungen.

Obwohl die Umsatzsteuer nicht an das Verpflichtungsgeschäft, sondern an das **Erfüllungsgeschäft** anknüpft, muß, wer Umsatzsteuerrecht anwendet, meist auf das Verpflichtungsgeschäft (Kauf, Tausch, Werkvertrag, Werklieferungsvertrag, Dienstvertrag, Miet-/Pachtvertrag, Maklervertrag usw.) rekurrieren, um sicher beurteilen zu können, wer (Unternehmer oder nicht) an wen was (steuerfrei oder nicht) wo (im In- oder Ausland) gegen welches Entgelt geleistet hat.

Ob das zivilrechtliche Verpflichtungsgeschäft und/oder das Erfüllungsgeschäft (mit dem 43
die Leistung erbracht wird) gesetzwidrig, sittenwidrig oder sonst unwirksam ist, ist irrelevant, wenn die Leistung tatsächlich erbracht wird (s. §§ 40, 41 AO).

Allerdings hat der **EuGH** entschieden, daß sowohl die Einfuhr als auch der innerstaatliche **Handel mit Drogen,** soweit er illegal und strafbar ist, nicht der Umsatzbesteuerung unterliegt[68]. Diese Rechtsprechung stößt in der deutschen Literatur[69] auf nahezu einhellige Ablehnung. Zum Teil wird gefordert, dem EuGH jedenfalls für reine Inlandsumsätze die Gefolgschaft zu versagen[70]. Die Kritik ist jedoch unbegründet. Die Harmonisierung der Steuern nach Art. 99 EGV vermittels Richtlinien erfaßt auch sogenannte reine Inlandssachverhalte. Eine unterschiedliche Behandlung der Einfuhr und der Inlandsumsätze ist nicht zu rechtfertigen. In der Sache verkennt die Kritik, daß die Umsatzsteuer den Konsumenten und nicht den Händler belastet. Die Umsatzsteuer ist weder geeignet, noch dazu bestimmt, das Strafrecht mit einer quasi steuerlichen Sanktion zu flankieren, noch eine Gewinnabschöpfung beim Dealer vorzunehmen. Hier ist allein mit den strafrechtlichen Instituten des Verfalls und der Einziehung (vgl. §§ 73 f. StGB) zu helfen.

Der umsatzsteuerliche Begriff der Leistung (Lieferung oder sonstige Leistung) ist daher dahin einzuengen, daß Leistungen, die der Art nach generell gesetzeswidrig sind, die ohne Verstoß gegen strafrechtliche Verbotsnormen von niemandem erbracht werden können, nicht der Besteuerung unterliegen.

Den Leistungsempfänger, der eine Lieferung empfängt, nennt das Gesetz **Abnehmer;** 44
den Leistungsempfänger, der eine sonstige Leistung empfangt, nennt das Gesetz **Auftraggeber.**

Für die Beurteilung der Frage, ob **eine Lieferung oder eine Vermittlungsleistung** vorliegt, spielt insb. eine Rolle, ob der Unternehmer handelt:

(1) **im eigenen Namen für eigene Rechnung** (das tut der Eigenhändler; er führt Lieferungen aus);

67 BFH BStBl. 64, 464; 58, 271; 76, 518; UR 80, 185; BFH/NV 86, 500; *Reiß,* StVj 89, 103, 108 f.; zur Kritik s. aber *Tipke,* DB 68, Beilage Nr. 17; *Seer,* DStR 88, 367; *Schaumburg,* StuW 73, 15.

68 EuGH v. 28. 2. 1984 Rs 294/82, HFR 84, 444; v. 5. 7. 1988 Rs 269/86 und 289/86, UR 89, 18, 312.

69 *Widmann,* UR 89, 10; *Weiß,* UR 89, 311; *Dziadkowski,* StVj 89, 337; *ders.,* UVR 90, 195; *Lohse/Spetzler,* StVj 90, 274.

70 So *Weiß, Dziadkowski, Lohse/Spetzler* (Fn. 69).

(2) **im eigenen Namen für fremde Rechnung** (das tut der Kommissionär; er führt Lieferungen aus, s. § 3 III UStG);

(3) **im fremden Namen für fremde Rechnung** (das tut der Agent; er liefert nicht, sondern erbringt eine sonstige Leistung, eine Vermittlungsleistung; Steuerbemessungsgrundlage ist seine Provision);

(4) **im fremden Namen für eigene Rechnung** (sog. **unechte Agentur**). Der entweder ohne Vollmacht als falsus procurator handelnde „Agent" oder der zwar mit Vollmacht, aber auf eigene Rechnung handelnde scheinbare Vermittler wird selbst als Lieferer behandelt[71].

Die Abgrenzung zwischen der echten und der unechten Agentur spielte insbesondere im Gebrauchtwagenhandel eine große Rolle.

Inzwischen ist durch die Einführung einer Margenbesteuerung Abhilfe geschaffen (s. Rz. 119).

1.1.1 Lieferungen

1.1.1.1 Begriff, Grundformen

45 Lieferungen sind Leistungen[72], durch **die der Unternehmer** oder in seinem **Auftrag ein Dritter den Abnehmer** oder **in dessen Auftrag einen Dritten** befähigt, im eigenen Namen über einen **Gegenstand** zu verfügen, sog. Verschaffung der Verfügungsmacht (§ 3 I UStG).

Gegenstände i. S. des § 3 I UStG sind **Sachen** (= körperliche Gegenstände, s. § 90 BGB) aller Art (wie Waren, Grundstücke, Maschinen, Sachgesamtheiten) und **sonstige Wirtschaftsgüter,** die im Verkehr wie Sachen umgesetzt werden (wie Wasser, Dampf, Gas, Elektrizität, Kernkraft), **nicht Rechte** oder Berechtigungen (Beispiel: Übertragung eines Aufführungsrechts oder eines Patentausnutzungsrechts; sie ist eine sonstige Leistung)[73].

Der Geschäftswert wird trotz fehlender Körperlichkeit als Liefergegenstand behandelt[74].

46 Die **Verschaffung der Verfügungsmacht** wird dadurch bewirkt, daß der Abnehmer in die Lage versetzt wird, wie ein „wirtschaftlicher Eigentümer" zu agieren, so daß ihm der Gegenstand i. S. des § 39 AO zugerechnet wird[75]. Da rechtliches und wirtschaftliches Eigentum im allgemeinen zusammenfallen (s. § 39 I AO), wird die Verfügungsmacht jedenfalls durch die Eigentumsübertragung nach §§ 873, 929, 930, 931 BGB oder mit der Übergabe eines Traditionspapiers – Konnossement, Ladeschein, Orderlagerschein – (§ 363 HGB) verschafft. Aufgrund von § 39 II Nr. 1 AO ergeben sich jedoch **Abweichungen.** Die wichtigsten sind: Lieferung unter Eigentumsvorbehalt (§ 455 BGB) ist Lieferung; Verpfändung und Sicherungsübereignung sind keine Lieferungen; beim Leasing kann Lieferung vorliegen[76], Verschaffung des Eigenbesitzes (= Verschaffung der tatsächlichen Herrschaft über den Gegenstand und Herrschaftswille des Abnehmers) ist Lieferung[77].

---

71 BFH BStBl. 87, 657; 88, 153; 88, 1017; *Mößlang,* DStR 90, 67.

72 Zum Zusammenhang zwischen Leistungs- und Lieferungsbegriff vgl. *Giesberts,* UStR 76, 61 f.

73 Zur Abgrenzung Lieferung – sonstige Leistung in Grenzfällen BFH BStBl. 74, 261; 76, 515; 77, 270.

74 BFH BStBl. 89, 430; s. auch *Seer,* UR 90, 297.

75 Zum gleichen Ergebnis dürfte man kommen, wenn man mit *Giesberts,* in: Rau/Dürrwächter/Flick/Geist, UStG, § 3 Anm. 121, annimmt, daß die wirtschaftliche Substanz endgültig auf den Abnehmer übergehen und gerade der Sachwert übertragen werden müsse. Vgl. auch Fn. 73.

76 BGH BStBl. 71, 34.

77 Zum Lieferungsbegriff, zumal in Grenzfällen (Sicherungsübereignung, Verpfändung, Lieferung unter Eigentumsvorbehalt, Zwangsvollstreckung), *Giesberts,* UStR 76, 61 ff. Aus der Rspr. zur Sicherungsübereignung s. BFH BStBl. 87, 741 (zwei Lieferungen bei Verwertung).

In Zweifelsfällen ist zu bedenken, daß es nicht darauf ankommt, eine zum Umsatz fähige wirtschaftliche Kraft des Unternehmers festzustellen, sondern daß es nur um ein geeignetes Vehikel zur **Steuerüberwälzung auf den Abnehmer** geht.

Die Verfügungsmacht kann wie folgt verschafft werden (§ 3 I UStG):

(1) **dem Abnehmer selbst** (Beispiel: Der Händler übergibt der Kundin die Ware);

(2) **dem Abnehmer durch einen Dritten im Auftrag des Unternehmers** (Beispiel: Der Händler läßt einer Kundin den Liefergegenstand unmittelbar durch seinen Lieferer übersenden);

(3) **einem Dritten im Auftrag des Abnehmers** (Beispiel: Kunde läßt Blumenstrauß durch das Blumengeschäft unmittelbar seiner Frau schicken).

Diese Grundformen sind erschöpfend. Allerdings kann die Unternehmerkette länger sein, wie dies beim Reihengeschäft (s. unten) der Fall sein kann.

1.1.1.2 Sonderregeln

a) **Kommissionsgeschäft** (§§ 383 f. HGB): Der Kommissionär handelt im eigenen Namen, aber für fremde Rechnung. Für das Umsatzsteuerrecht bestimmt § 3 III UStG: Beim Kommissionsgeschäft liegt zwischen dem Kommittenten und dem Kommissionär eine Lieferung vor. Bei der Verkaufskommission gilt der Kommissionär als Abnehmer des Kommittenten, bei der Einkaufskommission der Kommittent als Abnehmer des Kommissionärs. 47

Zu beachten ist, daß der Kommissionär umsatzsteuerlich (nur) eine Lieferung erbringt und keine sonstige Leistung in Form der Geschäftsbesorgung. Die Gegenleistung besteht bei der Einkaufskommission im Ersatz der Aufwendungen (z. B. Kaufpreis) und der vereinbarten Provision; bei der Verkaufskommission erhält der Kommittent als Gegenleistung für die Lieferung an den Kommissionär den Kaufpreis (Herausgabe des Erlangten) abzüglich der vereinbarten Provision.

Die Lieferungen des Kommissionärs und des Kommittenten finden zur gleichen Zeit und am selben Ort statt[78].

Literatur: *Bolk/Reiß,* Zur umsatzsteuerlichen Behandlung des Kommissionsgeschäftes und seiner Bilanzierung, DStZ 80, 385 ff. (insb. zum Zeitpunkt der Lieferung); *Schön,* Die Kommission im Umsatzsteuerrecht, UR 88, 1 ff.; *Giesberts,* Ableitungen aus dem Leistungsbegriff für die Beurteilung des Kommissionsgeschäftes im Umsatzsteuerrecht, UR 88, 137 ff.

b) **Mehrzahl von Lieferungen bei Reihengeschäft:** Schließen **mehrere** Unternehmer über **denselben** Gegenstand Umsatzgeschäfte ab und erfüllen sie diese Geschäfte dadurch, daß der erste Unternehmer dem letzten Abnehmer in der Reihe unmittelbar die Verfügungsmacht verschafft, so gilt die Lieferung an den letzten Abnehmer gleichzeitig als Lieferung eines jeden Unternehmers in der Reihe (§ 3 II UStG). Wesentliche Merkmale des Reihengeschäfts sind danach: mehrere Unternehmer; mehrere Umsatzgeschäfte dieser Unternehmer über denselben Gegenstand; eine Warenbewegung; gleichwohl mehrere Lieferungen desselben Gegenstands. 48

Beispiel:

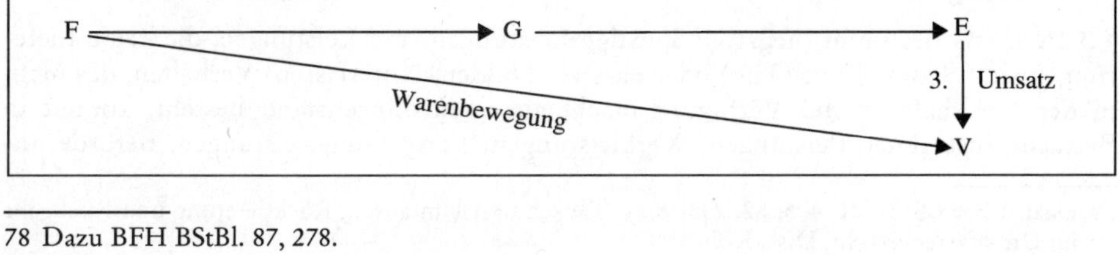

78 Dazu BFH BStBl. 87, 278.

V bestellt beim Einzelhändler E ein Fernsehgerät. Einzelhändler E hat das gewünschte Gerät nicht vorrätig. Er fährt mit V zum Großhändler G, wo das gewünschte Stück soeben vergriffen ist. G bestellt es daher beim Fabrikanten F mit dem Auftrag, das Gerät unmittelbar an V zu versenden und zu befördern.

Es liegen hier **drei** Umsatzgeschäfte über denselben Gegenstand vor (zwischen F und G, G und E, E und V), aber es findet nur **eine** Warenbewegung statt. Aufgrund von § 3 II UStG sind drei Lieferungen anzunehmen.

Für Lieferungen im Reihengeschäft gilt die Regel, daß alle Lieferungen zur selben Zeit erfolgen. Zum innergemeinschaftlichen Reihengeschäft s. Rz. 28 und Rz. 76, 77.

1.1.1.3 Rücklieferung und Rückgabe[79]

49 Kauft ein Unternehmer von Abnehmer einen Gegenstand, den er früher geliefert hat, zurück, so muß der Abnehmer in Erfüllung des Rückkaufs eine weitere Lieferung ausführen, die Rücklieferung. Hin- und Rücklieferung sind **je ein Umsatz.** Davon ist der Fall zu unterscheiden, daß der Kaufvertrag rückgängig gemacht und der gelieferte Gegenstand zurückgegeben wird, während der Käufer sein Geld zurückerhält. Bei **Rückgängigmachung des Kaufvertrages** (s. unten) erweist sich die „Lieferung" als bloß tatsächliche Hingabe. Der actus contrarius zur Hingabe ist die Rückgabe. Auch sie ist lediglich ein tatsächlicher Akt (s. übernächsten Absatz). Zur umsatzsteuertechnischen Abwicklung der Rückgabe s. § 17 II Nr. 3 UStG.

50 Ein Fall der Rückgabe und nicht der Rücklieferung ist der sog. **Umtausch.** Beim Umtausch wird die erste Lieferung rückgängig gemacht. Der Abnehmer erhält aber nicht den Kaufpreis zurück, sondern muß statt dessen einen anderen Liefergegenstand erwerben. Im Ergebnis liegt dann lediglich eine Lieferung vor. Der ursprüngliche Vertrag wird aufrechterhalten, lediglich der Liefergegenstand ausgetauscht. Bei Kaufpreisänderungen sind Zuzahlungen bzw. Rückzahlungen Änderungen der Bemessungsgrundlage, die nach § 17 UStG zu berücksichtigen sind.

Hingabe/Rückgabe liegt dann vor, wenn der Vertrag, aufgrund dessen geliefert wurde, oder die Lieferung selbst **rückgängig gemacht** wird, weil der Vertrag oder die Lieferung i. S. des § 41 I 1 AO unwirksam war oder (insb. durch Anfechtung, Rücktritt, Wandlung wegen Sachmangels, Geltendmachung des Eigentumsvorbehalts) unwirksam wurde. Durch die Rückgabe dokumentieren die Parteien, daß sie das Rechtsgeschäft (auch wirtschaftlich) nicht bestehen lassen wollen. Umsatzsteuertechnisch geschieht die Rückabwicklung über § 17 II Nr. 3 UStG. Der Lieferer korrigiert seine Umsatzsteuerschuld, der Lieferungsempfänger den Vorsteuerabzug. Beides geschieht nicht rückwirkend, sondern erst im Besteuerungszeitraum der Rückgängigmachung der Lieferung.

Unter dem Aspekt einer Einkommensverwendungsteuer ist die Unterscheidung zwischen Rücklieferung und Rückgängigmachung der Lieferung problematisch. Nicht vertretbar ist es jedenfalls, vertraglich vereinbarte Umtauschrechte umsatzsteuerlich nicht zu beachten. Erfolgt der Umtausch erst nach längerer Zeit, ist vielmehr darauf zu achten, inwieweit für die zwischenzeitliche Nutzung ein Entgelt zu entrichten ist, weil dann insoweit eine sonstige Leistung (Nutzungsüberlassung) neben der Neulieferung und Rückgängigmachung der Altlieferung vorliegt.

1.1.2 Sonstige Leistungen

51 § 3 IX UStG bestimmt (negativ): Sonstige Leistungen sind Leistungen, die keine Lieferungen sind. Jedes aktive (Tun) oder passive (Dulden, Unterlassen) Verhalten, das nicht in der Verschaffung der Verfügungsmacht an einem Gegenstand besteht, kommt in Betracht, insb. Dienstleistungen, Werkleistungen, Vermittlungsleistungen, Beförderun-

---

79 Dazu BFH BStBl. 81, 495; 82, 233; *Bley*, Tausch und Umtausch, Rücklieferung und Rückgabe im Umsatzsteuerrecht, Diss. Köln 1987.

gen, Speditionsleistungen, Vermietungen und Verpachtungen, Darlehnsgewährungen, Verzichtleistungen, Übertragungen von Rechten und anderen wirtschaftlichen Vorteilen (Gegensatz: Gegenstände, Sachen); vgl. auch § 3a IV UStG.

Die **Übertragung von Rechten** betrifft keinen Gegenstand, ist daher sonstige Leistung. Sind Rechte in Gegenständen verkörpert (z. B. Beförderungsrecht in Fahrkarte, Mitgliedschaftsrecht in Aktie), so kommt es darauf an, ob das wirtschaftliche Interesse an dem Materialwert des Gegenstandes selbst oder an dem darin verbrieften Recht überwiegt. Dem Erwerber einer Fahrkarte oder einer Aktie geht es nicht um den Materialwert der Urkunde. Daher liegen sonstige Leistungen vor. Geistige Leistungen sind sonstige Leistungen auch dann, wenn sie auf Plänen oder Zeichnungen oder in Manuskripten festgehalten sind.

Besorgt ein Unternehmer für Rechnung eines anderen im **eigenen** Namen eine sonstige Leistung **(Leistungseinkauf betr. sog. Leistungskommission),** so sind die für die besorgte Leistung geltenden Vorschriften auf die Besorgungsleistung entsprechend anzuwenden (§ 3 XI UStG).

Strittig ist dagegen, wie es zu beurteilen ist, wenn eine Zwischenperson im eigenen Namen, aber für fremde Rechnung eine sonstige Leistung erbringt **(Leistungsverkauf).** Nach der Rechtsprechung soll der Umsatz der Zwischenperson zugerechnet werden. Zugleich soll die Zwischenperson an den Hintermann eine Geschäftsbesorgungsleistung erbringen. Dagegen leiste der Hintermann nicht an die Zwischenperson[80].

1.1.3 Regeln für gemischte Leistungen

Außer reinen Lieferungen und reinen sonstigen Leistungen gibt es auch **Mischvorgänge,** 52
die sowohl Lieferungs- als auch Leistungselemente enthalten.

a) **Werklieferung/Werkleistung:** Als Lieferung ist eine Leistung dann anzusehen, wenn es sich um eine **Werklieferung** handelt, d. h. wenn der Unternehmer die **Be- oder Verarbeitung eines Gegenstandes** übernommen hat und dabei Stoffe verwendet, die er selbst beschafft hat, vorausgesetzt, daß es sich bei den Stoffen nicht nur um Zutaten oder sonstige Nebensachen handelt (§ 3 IV UStG). Hat der Unternehmer die be- oder verarbeiteten Stoffe hingegen nicht selbst beschafft, so liegt eine **Werkleistung** und damit eine sonstige Leistung vor; die Verwendung eigener Zutaten oder Nebensachen fällt nicht ins Gewicht.

Beispiele: Kunde wählt beim Schneider einen Anzugstoff aus und beauftragt den Schneider, ihm daraus einen Anzug anzufertigen; der Anzugstoff ist keine bloße Zutat oder Nebensache. Daher liegt Werklieferung = Lieferung vor.

Kunde bringt selbstbeschafften Anzugstoff zum Schneider und beauftragt ihn, daraus einen Anzug anzufertigen. Der Schneider verwendet bloß eigene Zutaten und Nebensachen (Futter, Garne, Knöpfe). Daher liegt Werkleistung = sonstige Leistung vor.

Zu beachten ist, daß nach § 3 IV 2 UStG im Gegensatz zum BGB, § 946 i. V. mit § 94 BGB, der Grund und Boden nicht als alleinige Hauptsache angesehen wird. **Bauhandwerker,** die ihre Materialien bei der Errichtung von Bauwerten verwenden, erbringen daher **Werklieferungen.**

Die Qualifizierung als Werklieferung und damit als Lieferung hat insb. Bedeutung für den Leistungsort (s. § 3 VI–VIII UStG).

Bei einer Werkleistung bestimmt sich hingegen der Leistungsort nach § 3a II Nr. 3c UStG, bzw. § 3a II Nr. 1c UStG. Funktionsändernde Werkleistungen werden im innergemeinschaftlichen Handel allerdings als Lieferungen behandelt, § 3 Ia Nr. 2 UStG (s. Rz. 22, 25).

b) **Primat der Hauptleistung:** Enthält ein wirtschaftlich zusammenhängender Vorgang 53
Elemente aus mehreren Leistungen, die für sich umsatzsteuerlich verschieden zu behandeln wären, so gilt nach der Rechtsprechung[81] das Primat der Hauptleistung in dem Sinne, daß die Nebenleistung (etwa Beförderung, Verpackung, Montage) das umsatzsteuerliche Schicksal (Steuerpflicht oder Steuerfreiheit, Steuersatz) der Hauptleistung

80 BFH BStBl. 84, 389, 393, 395; 84, 537; dagegen aber *Reiß,* StuW 87, 351, 359; *Friedl,* UR 87, 65; *Forgách,* DStZ 87, 575.

81 Umfassende Darstellung von *Giesberts,* in: Rau/Dürrwächter/Flick/Geist, UStG, § 3 Anm. 78 ff., 323 ff.

teilt. Dieser Satz ist freilich nicht systematisch-teleologisch abgeleitet, sondern mit einer **freischwebenden „wirtschaftlichen Betrachtungsweise"** begründet worden.

Die Frage nach der Selbständigkeit der Nebenleistung gewinnt insb. dort an Bedeutung, wo es um die Abgrenzung zwischen Steuerfreiheit und Steuerpflicht der Leistungen geht. Dort wird gemeinhin nicht nach dem Zweck der Befreiung gefragt, sondern ohne Maßstab ein bestimmter Sachverhalt zur wirtschaftlichen Einheit erklärt oder postuliert, daß die Nebenleistung ihrem „wirtschaftlichen Gehalt nach" als Lieferung zu beurteilen sei. Das ist die abzulehnende, weil vom Gesetzeszweck abgelöste, freiflottierende wirtschaftliche Betrachtungsweise.

Die Rechtsprechung ist daher auf dem richtigen Wege, wenn sie diesen angeblichen Grundsatz des Umsatzsteuerrechtes mehr und mehr einschränkt, wie es inzwischen für den vom Lieferanten gewährten Kredit (steuerfrei nach § 4 Nr. 8a UStG) geschehen ist[82].

1.1.4 Sonderbestimmungen über den Leistungsgegenstand kraft wirtschaftlicher Betrachtungsweise

a) Gehaltslieferung (Sonderfall der Lieferung)

54 Hat ein Abnehmer dem Lieferer die Nebenerzeugnisse oder Abfälle, die bei der Bearbeitung oder Verarbeitung des ihm übergebenen Gegenstandes entstehen, zurückzugeben, so beschränkt sich die Lieferung auf den Gehalt des Gegenstandes an den Bestandteilen, die dem Abnehmer verbleiben (§ 3 V 1 UStG); sie erfaßt nicht die Nebenerzeugnisse oder Abfälle.

Beispiel: Landwirt überläßt einer Zuckerfabrik eine Ladung Zuckerrüben. Er läßt sich die nach dem Entzug des Zuckers zurückbleibenden Rübenschnitzel vereinbarungsgemäß zurückgeben. – Hier werden nicht Rüben hin- und Schnitzel zurückgeliefert; vielmehr liegt (wirtschaftlich) nur eine Lieferung des Zuckergehalts an die Fabrik vor.

Andere Beispiele: Lieferung des Fettgehalts von Milch, des Stärkegehalts von Kartoffeln, des Ölgehalts von Raps, des Schwefelgehalts von Schwefelkies.

Nach § 3 V 2 UStG ist nicht erforderlich, daß der Lieferer die aus **seinen eigenen** Gegenständen stammenden Nebenerzeugnisse oder Abfälle zurückerhält; es genügt, wenn er Nebenerzeugnisse oder Abfälle **gleicher Art** zurückerhält, wie sie bei der Be- oder Verarbeitung der hingegebenen Gegenstände in dem Be- oder Verarbeitungsbetrieb regelmäßig anfallen.

b) Umtauschmüllerei (Sonderfall der Leistung)

55 Überläßt ein Unternehmer einem Auftraggeber, der ihm einen Stoff zur Herstellung eines Gegenstandes übergeben hat, anstelle des herzustellenden Gegenstandes einen **gleichartigen** Gegenstand, wie er ihn in **seinem** Unternehmen aus solchem Stoff herzustellen pflegt, so gilt die Leistung des Unternehmers als Werkleistung, wenn das Entgelt für die Leistung nach Art eines Werklohns unabhängig vom Unterschied zwischen dem Marktpreis des empfangenen Stoffes und dem des überlassenen Gegenstandes berechnet wird (§ 3 X UStG), sog. Umtauschmüllerei.

§ 3 UStG erfaßt Fälle, die sich **äußerlich als Tauschvorgänge** darstellen, **wirtschaftlich aber als Werkleistung gewollt sind,** zumal das Entgelt nach Art eines Werklohns berechnet wird.

Beispiel: Landwirt bringt **Roggengetreide** zur Mühle und erhält vom Müller eine dem angelieferten Getreide entsprechende Menge gemahlenen Roggens (aus fremdem Getreide) unter Berechnung eines Werklohns für die Mahlleistung. – Werkleistung gemäß § 3 X UStG; anders, wenn der Landwirt gemahlenen **Weizen** zurückerhalten hätte.

Andere Beispiele: Umtauschspinnerei, Umtauschmosterei, Umtauschweberei.

c) Materialgestellung oder -beistellung

56 Ist ein Unternehmer mit der Herstellung eines Werks beauftragt, beschafft der Auftraggeber aber den (Haupt-)Stoff ganz (Material**gestellung**) oder zum Teil (Material**beistellung**) selbst (im eigenen Namen und für eigene Rechnung), so nimmt der gestellte oder beigestellte Stoff am Leistungsaustausch nicht teil.

---

82 BFH BStBl. 81, 197, s. auch Abschn. 29, 29a UStR; vgl. aber zutreffend BFH BStBl. 93, 360 zu Barzahlungsrabatten.

Beispiel: A beauftragt den Bauunternehmer B zum Bau eines Hauses. Die erforderlichen Steine beschafft A selbst. Sie werden zum Bau verwendet. – Es liegt keine Lieferung der Steine durch A an B vor. Die Werklieferung des B an A erfaßt das fertige Haus exklusive Steine.

Grundsätzlich ist es erforderlich, daß das gestellte oder beigestellte Material tatsächlich zur Werkherstellung verwendet wird. Allerdings ist nach der Rechtsprechung auch dann noch eine **(echte) Materialbeistellung** anzunehmen, wenn der vom Auftraggeber zur Verfügung gestellte Stoff gegen gleichartigen (und gleichwertigen) Stoff eingetauscht wird (Gedanke des § 3 V 2, X UStG)[83].

Liegt eine anzuerkennende Materialgestellung oder -beistellung mangels Stoffidentität nicht vor, so führt die angebliche (unechte) Beistellung zu einem Tausch mit Baraufgabe. Die Gegenleistung für die Werklieferung besteht dann in der Gegenlieferung und der Zahlung des Werklohnes[84].

Wegen des Vorsteuerabzugs hat die Materialgestellung oder -beistellung im Unternehmensbereich keine erhebliche Bedeutung mehr[85].

1.2 Entgeltliche Leistung, Leistungsaustausch, Tausch

Literatur: *Tehler,* Der Begriff „Leistungsaustausch" im Umsatzsteuerrecht, DStR 83, 215; *Söhn,* Der Leistungsaustausch im Umsatzsteuerrecht, in: FS für v. Wallis, Bonn 1985, 439; *Ruppe/Achatz,* Sachleistungen an Arbeitnehmer in umsatzsteuerlicher Sicht, Aktuelle Beiträge zum österr. Abgabenrecht, Heft 11, Wien 1985; *Tipke,* StRO II, Köln 1993, 911 ff.

Für eine reine Einkommensverwendungssteuer würde es genügen, daß Einkommen (oder Vermögen) verwendet wird. Die Umsatzsteuer greift aber nur dann ein, wenn der Aufwender für seine Aufwendung **eine Leistung** erhält oder erhalten hat. Die Anknüpfung an die Leistung als technisches Vehikel hat der Gesetzgeber als nicht entbehrlich angesehen. Die Anknüpfung an die Leistung ist das technische Mittel, um den Verbrauch von Gütern und Dienstleistungen nach Maßgabe des dafür aufgewendeten Einkommens/Vermögens zu besteuern. Folglich wird die Schenkung von Geld nicht besteuert, weil zwar Einkommen verwendet wird, aber kein Verbrauch von Gütern und Dienstleistungen stattfindet. Die Schadensersatzleistung wird nicht besteuert, weil die Einkommensverwendung nicht an einen willentlichen Verbrauch anknüpft. Sie ist daher kein Maßstab für die wirtschaftliche Leistungsfähigkeit des Schädigers[86]. 57

1.2.1 Grundsätzliches zum Leistungsaustausch

Es muß sich um eine Leistung **gegen Entgelt** handeln, um einen Leistungsaustausch zwischen einem Unternehmer, der die Leistung bewirkt, und dem Leistungsempfänger. Der **Empfänger der Leistung** (Abnehmer, Auftraggeber) braucht **kein Unternehmer** zu sein, denn es soll letztlich gerade der private Verbraucher (Aufwender) belastet werden. 58

Dem Leistungsaustausch liegt meist ein gegenseitiger Vertrag zugrunde. Erforderlich ist das aber nicht. Es genügt, daß **Leistung** und **Gegenleistung** in Wechselbeziehung miteinander stehen, final oder kausal **miteinander verknüpft,** voneinander abhängig sind. Unter dem Verbrauchsteueraspekt kommt es darauf an, daß der **Leistungsempfänger** etwas aufwendet, **um** die Leistung zu erhalten (final) oder weil er eine Leistung erhalten hat (kausal).

Der Wortlaut des § 10 I 2 UStG („**um** die Leistung **zu** erhalten") ist extensiv zu deuten; er meint **auch: „weil** geleistet worden ist") sowie in § 1 I Nr. 1b UStG („. . . für die die Empfänger . . . keinen besonders berechnetes Entgelt aufwenden")[87].

---

83 BFH BStBl. 66, 257; 71, 355; Abschn. 27 UStR.

84 BFH BStBl. 71, 77.

85 Vorteilhaft kann die Beistellung nur noch für solche Auftraggeber sein, die als Nichtunternehmer nicht zum Vorsteuerabzug berechtigt sind, oder die nach § 24 UStG versteuern, oder die ihre Vorsteuern nach einem Durchschnittssatz berechnen, oder die steuerfreie Umsätze unter Wegfall des Vorsteuerabzugs ausführen; dazu *Mathiak,* UStR 71, 163 ff.

86 A. A. *Stadie,* Das Recht des Vorsteuerabzugs, Köln 1989, 301 f.; wie hier *Tipke,* StRO II, 914.

87 Den kausalen Zusammenhang lassen genügen: Art. 11 A Ia der 6. EG-Richtlinie; Art. 26 des belgischen Code de la taxe sur la valeur ajoutée; Art. 266 des französischen Code général des

Ein Leistungsaustausch liegt daher auch vor, wenn der Empfänger eines Geschenks sich mit einem „Gegengeschenk“ revanchiert. Die **Einklagbarkeit des Entgelts** ist unerheblich; auch die Erfüllung einer Naturalobligation kann Entgelt sein. Zum Entgelt gehört auch der Aufwendungsersatz (§§ 662, 670 BGB)[88]. Das Entgelt muß nicht vom Leistungsempfänger erbracht werden (§ 10 I 3 UStG).

Auf die **Angemessenheit** oder **Üblichkeit** der Gegenleistung kommt es unter dem Verbrauchsteueraspekt nicht an. Entscheidend ist, was der Verbraucher als Leistungsempfänger **wirklich** aufwendet[89].

Erfolgt aus nichtunternehmerischen Gründen eine verbilligte Leistungsabgabe, so ist dem nichtunternehmerischen Verbrauch durch den leistenden Unternehmer durch Anwendung der Mindestbemessungsgrundlage (§ 10 V UStG) Rechnung zu tragen.

59 Der **Bundesfinanzhof** (V. Senat) sieht den Leistungsaustausch entgegen der hier vertretenen Auffassung vom Unternehmer her; kausale Verknüpfung läßt er nicht genügen. Auf „der Seite des leistenden Unternehmers“ soll „ein Verhalten erforderlich“ sein, „das auf den Erhalt einer Gegenleistung im Austausch gegen die erbrachte Leistung abzielt oder geeignet ist, eine Vergütung für die erbrachte Leistung auszulösen“. Der Unternehmer muß danach – „zweckgerichtet“ – „erkennbar nur um der Gegenleistung willen“ leisten oder „in der erkennbaren Erwartung auf eine Gegenleistung“[90]. Der Bundesfinanzhof wird mit dieser – freischwebenden – Einengung der **Verbrauchsteueridee** des Gesetzes nicht gerecht.

Demgegenüber sieht der **EuGH**, wie schon der **RFH** als Besteuerungsgrundlage alles an, was als „Gegenleistung für den geleisteten Dienst“ erhalten wird[91]. Er differenziert zu Recht nicht zwischen Entgelt i. S. des § 1 I 1 UStG und Bemessungsgrundlage i. S. des § 10 I UStG. Ein unmittelbarer Zusammenhang zwischen Leistung und Gegenleistung besteht danach, wenn der Leistende **wegen der Leistung** eine Gegenleistung erhält. Von einer Finalität auf seiten des Leistenden ist keine Rede. Verfehlt ist allerdings, daß der EuGH ein Rechtsverhältnis bzw. eine Vereinbarung hinsichtlich der Leistungserbringung verlangt[92].

1.2.2 Tauschumsätze

60 Während die Hingabe von Geld als Gegenleistung selbst keine steuerbare Leistung ist, wird nach geltendem Recht **die als Gegenleistung ausgeführte Lieferung** oder sonstige Leistung als steuerbare Leistung angesehen. Es handelt sich hier um einen **Tausch** oder um einen **tauschähnlichen Umsatz** (§ 3 XII UStG).

---

impôts; Art. 13 des italienischen Gesetzes über imposta sul valore aggiunto; § 10 Finance Act 1972 Teil I des Vereinigten Königreichs; Art. 8 des niederländischen Wet op de omzetbelasting; Art. 29 des luxemburgischen loi concernant la taxe sur la valeur ajoutée.

88 Unklar BFH BStBl. 94, 56 für Kostenersatz bei PKW-Nutzung durch Gesellschafter. Vertretbar ist, daß es hier an der Leistung fehlte. Die Geschäftsführung ohne Auftrag ist jedenfalls Leistung an den Geschäftsherrn.

89 Verfehlt allerdings BFH BStBl. 88, 210. Was der Leistungsempfänger causa societatis aufwendet, wendet er gerade nicht wegen der Leistung auf und auch nicht, um diese zu erhalten. Das auch im materiellen Ergebnis anstößige Urteil (Erschleichung einer überhöhten Subvention nach dem BFG) ist Ausfluß der mangelnden teleologischen Berücksichtigung des Verbrauchsteuercharakters der Umsatzsteuer.

90 BFH BStBl. 81, 495 mit Anm. *Weiß,* UStR 81, 149; BFH BStBl. 81, 775; s. auch *Weiß,* UStR 82, 163 („finale Theorie“); *ders.,* StbKongrRep. 1981, 131 ff.; BFH BStBl. 88, 640; 88, 643; die BFH-Rechtsprechung ablehnend *Reiß,* StuW 83, 368 f.; *Tehler,* DStR 83, 215 ff.; 506 mit Erwiderung *Weiß,* DStR 83, 505; *Söhn,* in: FS für v. Wallis, Köln 1985, 439 ff.; *Tipke,* StRO II, 913.

91 RFH-Gutachten RFHE 42, 253, 254 f.; s. auch RFHE 44, 328 f.; EuGH v. 5. 2. 1981 Rs 154/80, EuGHE 81, 445; v. 23. 11. 1988 Rs 230/87, UR 90, 307 mit ablehnender Anm. *Weiß.*

92 EuGH v. 3. 3. 94 – Rs C 1693, BB 94, 1132 für Straßenmusik auf öffentlichen Wegen.

Tausch: Das Entgelt für eine Lieferung besteht in einer Lieferung (§ 3 XII 1 UStG). **Tauschähnlicher Umsatz:** Das Entgelt für eine sonstige Leistung besteht in einer Lieferung oder sonstigen Leistung (§ 3 XII 2 UStG) oder umgekehrt.

Sind bei einem Tauschvorgang auf beiden Seiten Unternehmer beteiligt, führt der Tausch zu zwei steuerbaren Umsätzen. Dem **Charakter der Umsatzsteuer als Verbrauch- und Einkommensverwendungsteuer** entsprechend ist für die Bemessungsgrundlage jeweils der (gemeine) Wert der Gegenleistung maßgebend (§ 10 II 2 UStG), weil sich daraus die Höhe des verwendeten Einkommens/Vermögens ergibt. Es liegt auch ein zweifacher Verbrauch vor.

Ebenso wie der Tausch wird die Hingabe an Zahlungs Statt behandelt. Sie liegt vor, wenn anstelle einer ursprünglich in Geld vereinbarten Gegenleistung eine Lieferung oder sonstige Leistung als Gegenleistung erbracht wird.

1.2.3 Sachzuwendungen an Arbeitnehmer

Im Anschluß an die (frühere) Rechtsprechung[93] und entsprechend der 6. EG-Richtlinie 61
stellt **§ 1 I Nr. 1b UStG** klar, daß ein Leistungsaustausch auch vorliegt, wenn ein Unternehmer **Leistungen an seine Arbeitnehmer** oder deren Angehörige **aufgrund des Dienstverhältnisses** ausführt, für die die Leistungsempfänger **kein besonders berechnetes Entgelt** aufwenden; § 1 I Nr. 1b UStG erfaßt **nicht Aufmerksamkeiten**[94] (§ 1 I Nr. 1b Satz 2 UStG).

Nach verwirrenden Schwankungen[95], die in der Verkennung des **verbrauchsteuerlichen Charakters der Umsatzsteuer** begründet waren, sieht der BFH nunmehr zutreffend[96] den Tatbestand als erfüllt an, wenn die Leistung von seiten des Arbeitgebers aus betrieblichen Gründen (wegen des Dienstverhältnisses) erbracht wird und beim Arbeitnehmer der Befriedigung privater Bedürfnisse dient. Dies trägt dem Verbrauchsteueraspekt Rechnung[97].

Beispiele: Überlassung eines Pkw für private Fahrten oder Fahrten Wohnung/Arbeitsstätte; Gewährung kostenloser Mittagsmahlzeiten.

Der BFH erachtet im Ergebnis zutreffend sogenannte **Zuwendungen im überwiegend eigenbetrieblichen Interesse** als nicht steuerbar[98]. Dies gilt auch dann, wenn die Zuwendung reflexartig dem Arbeitnehmer zugute kommt[99].

Beispiel: Überlassung von Arbeitsmitteln/Arbeitskleidung, Bereitstellung von Sozialräumen und Parkplätzen, Fortbildungsmaßnahmen.

Die Unterscheidung zwischen steuerbaren Zuwendungen im betrieblichen Interesse und nicht steuerbaren Zuwendungen im überwiegend eigenbetrieblichen Interesse hängt in der Luft, weil der BFH den entscheidenden teleologischen Auslegungsgesichtspunkt verschweigt und statt dessen annimmt, § 1 I Nr. 2b UStG fingiere einen nicht vorhandenen Leistungsaustausch.

---

93 BFH BStBl. 75, 255.

94 Die Verwaltung versteht die Aufmerksamkeiten als Synonym zu den Annehmlichkeiten des Lohnsteuerrechts (vgl. Abschn. 12 UStR); s. aber *Mößlang*, DStZ 87, 419.

95 BFH BStBl. 81, 495; 83, 391; 84, 686; 84, 688; 84, 806; 84, 808; 85, 538.

96 BFH BStBl. 88, 643; 88, 651.

97 Ausführlich zur Dogmatik *Söhn*, StuW 76, 250 ff.; *ders.*, in: FS für v. Wallis, Bonn 1985, 439, 440 ff.; *Tehler*, Die Umsatzsteuer als angewandte Verkehr- und/oder Verbrauchsteuer, Diss. Köln 1986, 102 ff.; *Ruppe/Achatz* (Fn. 2); *Brock*, Die Umsatzsteuerbarkeit betrieblicher Sozialzuwendungen, Diss. Passau 1987.

98 Fn. 96; BFH/NV 89, 267.

99 BFH BStBl. 84, 688.

Tatsächlich fehlt es bei der sogenannten eigenbetrieblichen Zuwendung regelmäßig bereits an der Leistung und jedenfalls an der **Einkommensverwendung des Arbeitnehmers.** Aus der maßgeblichen Sicht des Leistungsempfängers wird der Unterschied deutlich. Nur soweit die Zuwendung **Entlohnungscharakter** hat, steht ihr umgekehrt die Arbeitsleistung als Einkommensverwendung gegenüber[100]. Aus der verfehlten Perspektive des „Leistenden" liegen so oder so Maßnahmen im ausschließlichen eigenbetrieblichen Interesse vor.

Aufmerksamkeiten sind demgegenüber Zuwendungen von geringem Umfang mit Entlohnungscharakter, deren Befreiung sich allenfalls unter dem Gesichtspunkt der Unerheblichkeit rechtfertigen läßt[101].

1.2.4 Einzelfälle zum Leistungsaustausch

62 Der nach § 1 I Nr. 1 UStG steuerbare Umsatz ist gekennzeichnet durch die Merkmale der Leistung und des für die Leistung aufgewendeten Entgelts. Fehlt es entweder bereits an der Leistung oder aber an einem mit dieser in einer Wechselbeziehung stehenden Entgelt, so ist der Steuertatbestand des § 1 I Nr. 1 UStG nicht erfüllt. Man spricht insoweit vom fehlenden Leistungsaustausch. In der umsatzsteuerlichen Diktion haben sich die irreführenden Begriffspaare echt und unecht gebildet, wobei echt das Fehlen eines Leistungsaustausches und unecht die Bejahung bedeuten soll. Diese Etikettierung ist ohne jeden Erkenntniswert und überdies verwirrend, weil sie teilweise im Gegensatz zur zivilrechtlichen Begriffsbildung steht. Sie sollte daher aufgegeben werden.

1.2.4.1 Erbschaft/Erbauseinandersetzung/vorweggenommene Erbfolge

63 Der Vermögensübergang aufgrund einer Erbschaft erfolgt nicht durch Leistung. Nach herrschender Auffassung soll der Erbe, falls er nicht selbst die Unternehmereigenschaft begründet, das Unternehmensvermögen nicht steuerbar veräußern oder zum privaten Gebrauch verwenden können[102]. Dem ist nicht zu folgen[103].

Ebenfalls wird die **Erbauseinandersetzung** als nicht steuerbarer privater Vorgang angesehen[104]. Es ist jedoch zu differenzieren. Das Ausscheiden aus der Erbengemeinschaft gegen Geld ist mangels Leistung nicht steuerbar. Übernimmt der ausscheidende Miterbe jedoch Unternehmensvermögen, sollte von einem Leistungaustausch zwischen der Erbengemeinschaft als Unternehmer und dem Ausscheidenden ausgegangen werden[105]. Nur so läßt sich ein unbelasteter Endverbrauch einerseits und eine Belastung des Erwerbs für das eigene Unternehmen andererseits vermeiden.

Wird ein Unternehmen unter Lebenden im Wege der Schenkung übertragen (sog. **vorweggenommene Erbfolge**), so fehlt es an einer Gegenleistung des Beschenkten. Der BFH verneint insoweit zutreffend einen Leistungaustausch, bejaht aber einen **Eigenverbrauch,** weil aus der Sicht des Schenkenden nicht aus unternehmerischen, sondern aus privaten Motiven gehandelt werde[106].

Die Entscheidung ist durch die Einfügung des **§ 1 Ia UStG ab 1994** obsolet. Danach werden entgeltliche und unentgeltliche Geschäftsveräußerungen ausdrücklich aus der

100 *Brock* (Fn. 97), 111 f.; 144 f.; *Reiß,* DStJG Bd. 13 (1990), 28.
101 Kritisch *Brock* (Fn. 97), 188 f.; *Mößlang* (Fn. 94).
102 RFH StuW 36 II Nr. 306; BFH BStBl. 71, 121; Abschn. 19 UStR.
103 *Reiß,* StVj 89, 103, 125 f.; *Giesberts,* in: Rau/Dürrwächter/Flick/Geist, UStG, § 2 Rnr. 559; *Probst,* UR 88, 272; *ders.,* UR 92, 221; *Jakob,* Umsatzsteuer, 103.
104 Vgl. RFH RStBl. 35, 877; auch RStBl. 35, 863.
105 *Reiß* (Fn. 103), 118 f.; *Jakob,* Umsatzsteuer, 103.
106 BFH BStBl. 87, 655; vgl. aber *Schön,* UR 93, 291.

Steuerbarkeit ausgenommen. Es verbleibt allerdings zutreffend bei einem Eigenverbrauch, wenn der Beschenkte das Unternehmen nicht fortführt. Bei Fortführung setzt der Erwerber das Unternehmen des Veräußerers fort. Spätestens diese gesetzgeberische Änderung sollte Anlaß geben, die These von der Unvererblichkeit der Unternehmereigenschaft aufzugeben.

1.2.4.2 Schadensersatz[107] und Vertragsstrafe

Wer Schadensersatz leistet, tut das nicht, weil er eine Leistung empfangen hat, sondern weil er einen Schaden verursacht hat. Folglich liegt **kein Leistungsaustauschverhältnis** vor. Da jedoch in der Praxis mitunter auch dann von Schadensersatz gesprochen wird, wenn es sich um einen Leistungsaustausch handelt, kommt es auf die bloße Verwendung des Wortes „Schadensersatz" oder „Entschädigung" nicht an. Es muß im Einzelfall geprüft werden, ob eine Leistung erbracht wurde. 64

Beispiel: Ein gewerblicher Mieter erklärt sich bereit, vor Ablauf der Mietzeit die gemieteten Räume aufzugeben. Der Vermieter zahlt ihm eine Räumungsentschädigung. – Es liegt ein Leistungsaustausch vor, denn der Mieter gibt gegen Entgelt sein Nutzungsrecht auf[108].

Beispiel: A, Inhaber einer Kfz-Werkstatt, vermietet auch Pkw. B, der einen Pkw von A gemietet hat, beschädigt diesen schuldhaft; Schaden: 2000 DM. – 1. Variante: A repariert den Wagen, B zahlt 2000 DM Schadensersatz an A (kein Leistungsaustausch, keine Umsatzsteuer); 2. Variante: B beauftragt A mit der Reparatur; er erhält von A seine Reparaturrechnung über 2000 DM (Leistungsaustausch, Umsatzsteuer). Der Fall wird nicht anders behandelt, als habe B die Reparatur von einer beliebigen Werkstatt ausführen lassen.

Beim **Schadensersatz wegen Nichterfüllung** aus Vertrag ist zu differenzieren. Hat der vertragstreue Partner seine Leistung erbracht und erhält er anstelle der vereinbarten Gegenleistung Schadensersatz, so liegt ein Leistungsaustausch vor. Dagegen fehlt es am Leistungsaustausch, wenn der vertragstreue Partner wegen der Nichterfüllung auch seinerseits nicht leistet und Schadensersatz wegen Nichterfüllung in Höhe der Differenz verlangt.

Ein Ersatz des **Verzugsschadens** wegen verspäteter Erbringung der Gegenleistung ist kein Teil des Entgelts[109], denn die Aufwendung erfolgt nicht wegen der Leistung, sondern wegen der verspäteten Erbringung der Gegenleistung.

Vertragsstrafen, die vom Leistungsempfänger neben der Gegenleistung zu erbringen sind, haben **Schadensersatzcharakter,** gehören also nicht zum Entgelt[110]. Sind sie anstelle der Erfüllung zu zahlen, so ist wie beim Schadensersatz wegen Nichterfüllung zu differenzieren. Erbringt der Geschädigte seine Leistung nicht und verlangt die Vertragsstrafe, so liegt kein Leistungsaustausch vor. 65

Beispiel: Wegen Annahmeverzuges tritt der Verkäufer vom Kaufvertrag zurück und verlangt die vereinbarte Vertragsstrafe von 10 v. H. des Kaufpreises (anstelle der Erfüllung).

Hat der Leistende wegen Schlechterfüllung oder verspäteter Erfüllung eine Vertragsstrafe zu leisten, so mindert diese das Entgelt. Die entgegenstehende Auffassung der Verwaltung ist verfehlt[111], denn die Leistung verdient wegen der Schlechterfüllung ein geringeres Entgelt und der Leistungsempfänger wendet auch weniger Einkommen auf.

107 *Schön,* Unmöglichkeit und Umsatzsteuer, StuW 86, 385; *Giesberts,* Umsatzsteuer, Vorsteuerabzug und Schadensersatz, NJW 73, 181; *Amman,* Umsatzsteuer und Schadensersatz, UR 87, 162; Abschn. 3 UStR.

108 Nach der Rspr. des EuGH vom 15. 12. 1993 C – 63/92, UVR 94, 115 ist der Umsatz allerdings als „Vermietung von Grundstücken" nach Art. 13 B b 6. RL befreit.

109 EuGH UStR 82, 159.

110 Vgl. BFH BStBl. 87, 228.

111 Vgl. Abschn. 3 II UStR; wie hier *Jakob,* Umsatzsteuer, 108.

Beispiel: Ein Bauunternehmer muß wegen verspäteter Erstellung des Bauwerkes eine Vertragsstrafe von 10 000 DM zahlen, so daß er anstelle des vereinbarten Werklohnes von 238 000 DM nur 228 000 DM erhält. Die Gegenleistung beträgt nur 228 000 DM.

Die differenzierte Behandlung des Schadensersatzes und der Vertragsstrafe ist unter dem Gesichtspunkt einer Einkommensverwendungsteuer für den Verbrauch gerechtfertigt. In den Fällen des sog. echten Schadensersatzes wird zwar Einkommen verwendet, aber nicht für den Verbrauch von Gütern und Dienstleistungen. Die Schadensersatzpflicht knüpft nicht an einen willentlichen Güterbezug an, sie ist daher auch kein Indiz für wirtschaftliche Leistungsfähigkeit.

Exkurs zum Zivilrecht: Ist ein Geschädigter zum Vorsteuerabzug berechtigt, so umfaßt der zivilrechtliche Schadensersatz nicht die Umsatzsteuer[112].

1.2.4.3 Mitgliedsbeiträge an Vereine

66 Vereine wollen im Interesse ihrer Mitglieder den Vereinszweck erfüllen. Dazu erheben sie Mitgliedsbeiträge. Die **Praxis** differenziert wie folgt zwischen **echten** und **unechten** Beiträgen[113].

Mitgliedsbeiträge, die ein Verein satzungsgemäß von seinen Mitgliedern zur Erfüllung der **allgemeinen,** im **Gesamtinteresse aller Mitglieder liegenden Aufgaben,** zur Erfüllung des Vereinszwecks, erhebt, sind danach **kein Entgelt,** das im Wege des Leistungsaustauschs hingegeben wird **(echte Mitgliedsbeiträge).** Es soll eine **„Leistungsvereinigung“** zum Zwecke der Erfüllung des Vereinszwecks vorliegen. Diese Voraussetzungen werden im allgemeinen angenommen, wenn die Beiträge nach einem für alle Mitglieder verbindlichen, in gleicher Weise geltenden Maßstab, etwa nach der Leistungsfähigkeit der Mitglieder, erhoben werden. Mit anderen Worten: Ein Leistungsaustausch wird verneint, wenn der Mitgliedsbeitrag unabhängig davon erhoben wird, ob und in welchem Umfang das Mitglied von den Einrichtungen und Leistungen des Vereins Gebrauch macht.

Wirtschaftliche Vereine zumal pflegen indessen nicht selten **Sonderleistungen** an einzelne oder alle Mitglieder zu erbringen und die Beitragshöhe nach der **individuellen** Leistung für das Mitglied zu bemessen (oder umgekehrt die Leistung nach dem Beitrag) oder Sonderleistungsentgelte (unechte Mitgliedsbeiträge) zu erheben. Das Sonderleistungsentgelt kann auch verdeckt im Mitgliedsbeitrag stecken. In solchen Fällen eines **unechten Mitgliedsbeitrags** wird ein **Leistungsaustausch** angenommen.

Beispiele: Ein Hauseigentümerverein erteilt seinen Mitgliedern Auskünfte und verlangt dafür ein Sonderleistungsentgelt. – Leistungsaustausch.

Schallplattenclubs und Buchgemeinschaften erheben Beiträge und gewähren entsprechend dem Beitrag Schallplatten oder Bücher. – Unechter Mitgliedsbeitrag, Leistungsaustausch.

Die zivilrechtliche Differenzierung nach Leistungsvereinigung und Leistungsaustausch ist von der **Idee der Besteuerung der Einkommensverwendung** her nicht gerechtfertigt. Sowohl durch den echten als auch durch den unechten Mitgliedsbeitrag wird Einkommen verwendet. Das Vereinsmitglied schenkt dem Verein i. d. R. auch den echten Mitgliedsbeitrag nicht; es gehört dem Verein an, um von dessen Leistungen profitieren zu können[114].

112 BGH NJW 82, 1864; a. A. *Stadie,* Das Recht des Vorsteuerabzugs, Köln 1989, 301 f.

113 BFH BStBl. 85, 176; 85, 559; 86, 153, 154; EuGH Rs 102/86, UR 89, 275; Abschn. 4 UStR.

114 Dazu ausführlicher *Söhn,* StuW 75, 164, 168 f.; kritisch auch *Doralt/Ruppe,* Grundriß des österreichischen Steuerrechts I[4], Wien 1989, 292; *Reiß,* StuW 87, 351; *Rau,* UR 87, 127; *Schön,* DStJG Bd. 13 (1990), 81, 111 f.; *Tipke,* StRO II, 915.

1.2.4.4 Gesellschafterbeiträge

Literatur: *Stadie,* Der Mitunternehmer im Umsatzsteuerrecht, UR 86, 137; *Reiß,* Gesellschafter und Gesellschafterbeitrag im Umsatzsteuerrecht UR 88, 298; *Seer,* Die umsatzsteuerliche Behandlung der Umwandlung von Einzelunternehmen, Personen- und Kapitalgesellschaften, DStR 88, 367; *Schön,* Personengesellschaften und Bruchteilsgemeinschaften im Umsatzsteuerrecht, DStJG Bd. 13 (1990), 81; *Blanke,* Umsatzsteuerrechtliche Behandlung von Gesellschafterbeiträgen bei Personengesellschaften, Köln 1991; *Behrens,* Umsatzsteuerbarkeit von Zuwendungen zwischen Gesellschaft und Gesellschafter, München 1992.

67 Besteht der Beitrag des Gesellschafters in einer das Vermögen der Gesellschaft erhöhenden **Sacheinlage**[115], liegt für den Gesellschafter eine Einlage gegen Entgelt vor. Diese ist auch steuerbar, wenn der Gesellschafter die Leistung als Unternehmer[116] erbringt.

Eine **Bareinlage** ist umsatzsteuerlich keine Leistung. Die Gesellschaft ihrerseits soll durch Einräumung der Gesellschaftsrechte eine nach § 4 Nr. 8f UStG steuerfreie Leistung erbringen[117].

68 Erbringt der Gesellschafter an seine Gesellschaft sonstige Leistungen durch **Nutzungsüberlassung oder Dienstleistungen,** wird danach differenziert, ob er dafür ein gewinnunabhängiges **Sonderentgelt** erhält (sog. **unechter Beitrag**)[118] oder nicht (sog. **echter Beitrag**)[119]. Im letzteren Falle fehlt es am Entgelt, denn der Gewinnanteil ist nicht Entgelt[120] für die Beitragsleistung.

In der Praxis spielen vor allem die Fälle einer Pkw-Überlassung durch den Gesellschafter eine Rolle. Hier eröffnet nur die Annahme eines Leistungsaustausches gegen Sonderentgelt den Weg zum Vorsteuerabzug für den Gesellschafter[121]. Die vom BFH vorgenommene Differenzierung von Nutzungsüberlassung gegen Sonderentgelt und bloßer Kostenerstattung für Aufwendungen im Zusammenhang mit der Geschäftsführung[122] werden sich als Streitquelle erster Güte erweisen. Der BFH übersieht, daß eine Leistung nicht nur in der Nutzungsüberlassung besteht, sondern auch in der Durchführung von Fahrten für die Gesellschaft.

Problematisch ist, ob das Telos der Umsatzsteuer, unternehmerischen Verbrauch durch Vorsteuerabzug zu entlasten, nicht gebietet, den Gesellschafter hinsichtlich seiner echten Beiträge immer als Unternehmer zu behandeln[123].

1.2.4.5 Zuschüsse[124]

69 Bei sogenannten Zuschüssen ist problematisch, ob sie

115 Str. ist, worin das Entgelt besteht: nach der Rspr. im Erwerb von Gesellschaftsrechten, RFH RStBl. 35, 373; BFH BStBl. 81, 189; nach *Schön,* weil der Beitrag causa solvendi anstelle einer sonst geschuldeten Beitragsleistung in Geld erfolgt, DStJG Bd. 13 (1990), 107; m. E. besteht das Entgelt in der Wertsteigerung des Gesellschaftsrechtes, StVj 89, 103, 115, s. dort auch zur Behandlung des Ausscheidens gegen Sachwertabfindung = entgeltliche Leistung der Gesellschaft.

116 Soll nach *Schön* (Fn. 115) wegen des Dauerverhältnisses Gesellschaft immer zu bejahen sein. A. A. BFH BStBl. 87, 512.

117 BFH BStBl. 88, 506; 76, 265; BFH UStR 76, 187 mit Anm. *Weiß;* a. A. *Schön* (Fn. 115) *Reiß,* UR 88, 302; *Blanke,* 77 f., 85 f.; vgl. auch BFH BStBl. 92, 637 zum Treuhandkommanditisten.

118 BFH BStBl. 68, 702; 70, 233 (Pacht/Miete/Lizenz); vgl. aber BFH BStBl. 80, 622 (Geschäftsführer).

119 BFH BStBl. 76, 265; 84, 231; 88, 646; 89, 580; vgl. aber BFH BStBl. 90, 757.

120 BFH (Fn. 119); *Reiß,* UR 88, 300; a. A. *Schön* (Fn. 115), da Beitrag immer causa solvendi; a. A. auch *Behrens,* 253 f.

121 BFH BStBl. 93, 529; 93, 530 (XI. Senat).

122 BFH BStBl. 94, 56 (V. Senat).

123 Dazu *Stadie,* DStJG Bd. 13 (1990), 191 m. w. N.; a. A. *Reiß,* DStJG Bd. 13 (1990), 34 f.

124 *Rüttinger,* DB 89, 2460; *Fischer,* UR 89, 270.

a) ein Entgelt für eine **Leistung an den Zuschußgeber,**

b) Entgelt eines Dritten/des Zuschußgebers für eine **Leistung an einen** (anderen) **Empfänger** oder

c) **kein Entgelt** für eine Leistung sind **(sog. echter Zuschuß).**

Die Abgrenzung kann schwierig sein. Der **BFH** verfehlt allerdings schon vom Ansatzpunkt her eine zutreffende Lösung, indem er darauf abstellt, ob der Unternehmer **final** zur Erlangung eines Zuschusses tätig wurde[125]. Allein maßgebend kann sein, ob der Zuschußgeber Entgelt aufwendet, um eine an ihn oder einen Dritten erbrachte Leistung zu honorieren, oder ob der „Zuschuß" losgelöst von einer Leistung erfolgte, um den Unternehmer zu fördern[126].

1.3 Leistungen von Unternehmern im Rahmen des Unternehmens

70 Steuerbar sind grundsätzlich nur Leistungen von Unternehmern. Zum Unternehmerbegriff s. Rz. 103 f. Die Leistung muß „im Rahmen des Unternehmens" erfolgen.

Der Gegensatz zu „im Rahmen des Unternehmens" ist: „außerhalb des Rahmens des Unternehmens" oder, wie § 1 I Nr. 2 UStG formuliert: „für Zwecke außerhalb des Unternehmens". Diese beiden gegensätzlichen Tatbestandsmerkmale bewirken, daß § 1 I Nr. 1 UStG und § 1 I Nr. 2 UStG sich ausschließen. Doppelmotivationen sind allerdings möglich.

Im Rahmen des Unternehmens fallen nicht nur die Leistungen an, die in den Geschäftszweig des Unternehmens fallen, die sog. **Grundgeschäfte,** sondern auch die **Hilfs- und Nebengeschäfte.**

Hilfsgeschäfte sind solche, die der Geschäftsbetrieb üblicherweise mit sich bringt (z. B. Veräußerung überzähligen Betriebsinventars; Veräußerung eines zum Betriebsvermögen gehörenden Pkw; Veräußerung von im Betrieb angefallenem Schrott).

Nebengeschäfte sind solche, die sich nicht notwendig aus dem eigentlichen Geschäftsbetrieb ergeben, aber mit der Haupttätigkeit wirtschaftlich zusammenhängen (z. B. Steuerberater übernimmt Testamentsvollstreckung für Nachlaß des verstorbenen Mandanten). I. d. R. erfüllen solche Nebengeschäfte allerdings auch schon für sich (d. h., wenn die Haupttätigkeit nicht einbezogen wird) den Tatbestand des § 1 I Nr. 1 UStG.

1.4 Ort der Leistung[127], insbesondere Leistungen im Inland oder Ausland

71 Steuerbar sind nur Leistungen im Inland (§ 1 I Nr. 1 UStG), nicht Leistungen im Ausland. Die Begriffe ‚Inland' und ‚Ausland' werden definiert in § 1 II 1, 2 UStG.

Ob eine Leistung im Inland oder im Ausland vorliegt, hängt davon ab, **wo** die Leistung erbracht wird. Zu fragen ist: **wo? – nicht: wohin?** Danach kommt es darauf an, ob der Ort der Leistung im Inland oder im Ausland liegt. Ob der Leistende deutscher Staatsangehöriger ist und wo er seinen Wohnsitz oder Sitz hat, ist für die Steuerbarkeit unerheblich, wenn der Umsatz im Inland ausgeführt wird (§ 1 II 3 UStG).

Durch die Beschränkung auf Umsätze im Inland wird regelmäßig vermieden, daß Umsätze im In- und Ausland doppelt besteuert werden. Dem Verbrauchsteuercharakter entspricht das **Bestimmungslandprinzip** (s. dazu ausf. Rz. 11 ff.). Die einmalige Besteuerung soll dort stattfinden, wo der Endverbrauch erfolgt. Überschneidungen werden durch Befreiungen, z. B. für die Ausfuhr, ausgeglichen. Soweit die nationalen Umsatz-

---

125 BFH BStBl. 88, 471; 88, 792; 89, 638.

126 So zutreffend BFH BStBl. 86, 723; 87, 228; 90, 708; vgl. auch BMF BStBl. I 94, 187 zu Forschungs- und Entwicklungszuschüssen; *Lang/Seer,* StuW 93, 47 (Drittmittelforschung).

127 *Widmann,* DStJG Bd. 13 (1990), 119; *Mattausch,* UStKongrBericht 1988/89, 87 ff.

steuerrechte hinsichtlich des Ortes der Leistung übereinstimmende Regelungen aufweisen, kann es daher zu einer Doppelbesteuerung nicht kommen. Aus Gründen der Praktikabilität kann für den Ort aber nicht unmittelbar an den Endverbrauch angeknüpft werden, sondern es werden Regeln für den Ort der Leistung aufgestellt, die an erkennbare äußere Merkmale anknüpfen.

Wegen der Besonderheiten des Binnenmarktes s. Rz. 10–38.

1.4.1 Inland/Ausland/Gemeinschaftsgebiet/Drittland

Das **Inland** umfaßt mit Wirkung vom 1. 1. 1991 das Gebiet der Bundesrepublik 72
Deutschland einschließlich der fünf neuen Länder und ganz Berlin.

Ausdrücklich ausgenommen sind die Gebiete von Büsingen (Schweizer Zollanschluß) und Helgoland. Diese gehören auch EG-rechtlich nicht zum Gemeinschaftsgebiet, Art. 3 III 6. RL. Innerstaatlich werden die Freihäfen und Gewässer und Watten zwischen Hoheitsgrenze und Strandlinie teils als Ausland, § 1 II UStG, teils als Inland, § 1 III, behandelt. Diese verwirrende Regelung verfolgt den Zweck, einerseits Umsätze zwischen Unternehmern in den o. a. Gebieten von der Besteuerung auszunehmen, andererseits aber einen unbelasteten Letztverbrauch in diesen Gebieten auszuschließen. § 1 III Nr. 4 und 5 UStG betreffen allerdings Sonderfälle, die nichts mit einem Letztverbrauch zu tun haben. Hier geht es darum, daß Freihafenunternehmer für Unternehmer im Inland tätig werden. EG-rechtlich gehören diese Gebiete uneingeschränkt zum Gemeinschaftsgebiet.

Ausland sind alle Gebiete, die nicht Inland sind. Dazu gehören auch die österreichischen 73
Hoheitsgebiete Jungholz und Mittelberg. Nur für Zwecke der Einfuhrumsatzsteuer sind diese Gebiete wie Inland zu behandeln, § 1 II 4 UStG. Dies ist dadurch begründet, daß diese Gebiete als „deutsches" Zollgebiet (sog. **Zollanschluß**) behandelt werden.

Das **Gemeinschaftsgebiet,** § 1 IIa UStG, umfaßt das Gebiet aller Mitgliedstaaten der EU 74
einschließlich des Inlandes. Das Gemeinschaftsgebiet ohne Inland wird als **übriges Gemeinschaftsgebiet** bezeichnet. Umsätze zwischen dem Inland und dem übrigen Gemeinschaftsgebiet unterliegen den in das UStG eingearbeiteten besonderen Regeln über den Binnenmarkt (s. Rz. 10–38). Es handelt sich regelmäßig um Buchstaben-Paragraphen (z. B. § 1a–c, § 2a, § 3 Ia, Va, VIIIa, §§ 3c–e). **Drittlandsgebiet** ist das Gebiet, das nicht Gemeinschaftsgebiet ist, § 1 IIa 3 UStG. Zu beachten ist danach, daß der Begriff **Ausland** das **übrige Gemeinschaftsgebiet und** das **Drittlandsgebiet** umfaßt. Die Unterscheidung von Drittlands- und übrigem Gemeinschaftsgebiet ist insbesondere bedeutsam für die Ausfuhrbefreiung (nur Drittland) und die Einfuhrbesteuerung (nur Drittland) und die Erwerbsbesteuerung sowie die innergemeinschaftliche Lieferung (nur übriges Gemeinschaftsgebiet und Inland). Übereinstimmend sind aber Umsätze im Ausland (Drittland und übriges Gemeinschaftsgebiet) nicht nach deutschem Recht steuerbar.

1.4.2 Ort der Lieferung

Für Lieferungen lautet die Grundregel: Eine Lieferung wird dort ausgeführt, **wo** sich der 75
zu liefernde Gegenstand zur Zeit der Verschaffung der Verfügungsmacht befindet (§ 3 VI UStG).

Sonderregeln enthält § 3 VII UStG für die Fälle der Beförderung und Versendung des Liefergegenstandes.

Befördern: Der liefernde Unternehmer **transportiert** (s. § 3 VII 2 UStG: „jede Fortbewegung") den Gegenstand **selbst** (auch durch Arbeitnehmer) zum Empfänger. Beim Beförderungsgeschäft **gilt** die Lieferung mit Beginn der Beförderung als ausgeführt (§ 3 VII 1 UStG). Ort der Lieferung ist der Ort, an dem die Beförderung beginnt.

Versenden: Der liefernde Unternehmer **läßt** die Beförderung des Gegenstands zum Empfänger durch einen selbständigen Beauftragten (Frachtführer, z. B. Eisenbahn, Post, Transportunternehmen, oder Verfrachter, z. B. Reeder) ausführen, oder er läßt die Beförderung durch einen Spediteur (§ 407 HGB) besorgen (§ 3 VII 4 UStG). Versenden = befördern lassen. Beim Versendungsgeschäft gilt die Lieferung an den Abnehmer mit der Übergabe des Gegenstandes an den mit der Beförderung beauftragten Unternehmer als ausgeführt (§ 3 VII 3 UStG). Lieferungsort ist also der Ort dieser Übergabe.

§ 3 VII UStG hat i. V. mit § 3 VI UStG nur Bedeutung für die Ortsbestimmung und i. V. mit § 13 I Nr. 1a UStG für die Entstehung der Steuerschuld. Dagegen wird nicht das Vorliegen einer Lieferung fingiert, wenn es tatsächlich nicht zur Verschaffung der Verfügungsmacht kommt[128]. Für dieses Verständnis spricht Art. 8 6. EG-Richtlinie. Fraglich ist allerdings, ob in den Fällen des **Gefahrenüberganges beim Versendungsverkauf** nach § 447 BGB nicht bereits mit Gefahrübergang durch Übergabe an die Transportperson geliefert ist[129].

Danach ergibt sich für Beförderungs- und Versendungslieferungen jeweils als Lieferort der Ort, an dem mit dem Transport begonnen wird, während beim Abholen der Ort der Übergabe maßgebend ist. Dadurch wird sichergestellt, daß sich i. d. R. unabhängig von der Art des Transportes zum Empfänger derselbe Ort ergibt.

76 § 3 VIII UStG räumt bei **Einfuhrlieferungen aus Drittlandsgebiet** allerdings ein **Wahlrecht** ein, durch das § 3 VII UStG modifiziert wird. Danach wird der Ort in das Einfuhrland verlagert, wenn der Lieferant Schuldner der Einfuhrumsatzsteuer ist. Dies kann der Lieferant durch entsprechende Erklärungen bei der Einfuhr selbst bestimmen. Diese Regelung erleichtert insbesondere bei Reihengeschäften (s. Rz. 48) die Abwicklung, weil dem Importeur die Möglichkeit gegeben wird, die Einfuhrumsatzsteuer als Vorsteuer abzuziehen (§ 15 I Nr. 2 UStG) und dafür seinerseits die Lieferung an den Endabnehmer zu versteuern[130].

Durch die Sonderregelung des § 3 VIII UStG kann es entgegen der Grundregel bei **Reihengeschäften** zu einem **unterschiedlichen Lieferort** kommen:

Beispiel: Importeur I in Dresden kauft Ware bei B in Prag und weist diesen an, die Ware unmittelbar zum Käufer K in Köln zu befördern. I ist Schuldner der deutschen Einfuhrumsatzsteuer. B liefert im Reihengeschäft nicht steuerbar in Prag an I (§§ 3 VII, 3 VI, 3 II, 3 I UStG), aber I liefert steuerbar im Inland an K (§§ 3 VIII, 3 II, 3 I UStG).

77 Für das **innergemeinschaftliche Reihengeschäft** (s. Rz. 28) bestimmt § 3 VIIIa UStG, daß die auf den Erwerb folgenden Lieferungen in dem Mitgliedstaat ausgeführt werden, in dem der Erwerb zu besteuern ist. Abweichend von der Grundregel des gleichen Lieferortes für alle Lieferungen im Reihengeschäft, wie sie bei binnenstaatlichen Reihengeschäften gilt, fallen auch hier die Lieferorte auseinander.

Beispiel: Importeur I in Aachen kauft Ware bei B in Brüssel und weist diesen an, die Ware unmittelbar an K in Köln zu versenden. B liefert im Zwischengeschäft aus deutscher Sicht nicht steuerbar, aus belgischer Sicht mit befreiter innergemeinschaftlicher Lieferung, in Belgien, § 3 II, 3 VII, 3 VI UStG. I tätigt im Inland einen Erwerb, §§ 1a, 3d Satz 1 UStG und liefert im Inland an den K, § 3 VIIIa UStG.

§ 3 VIII a UStG ist **EG-konform.** Auch nach der 6. RL erfolgt die dem Erwerb nachfolgende Lieferung im Land, in dem der Erwerb besteuert wird, d. h. im Bestimmungsland.

---

128 So *Nieskens,* UR 90, 1; *Schön,* StuW 86, 385, 388; a. A. BFH BStBl. 93, 731; *Lippross,* DStR 92, 566.

129 Unzutreffend verneint von BFH BStBl. 93, 731, 734, der deshalb in § 3 VII UStG nicht nur eine Fiktion des Lieferortes, sondern auch der Lieferung selbst sieht; ebenso *Lippross,* DStR 92, 566, 569; *Schön,* StuW 86, 385; bejahend *Nieskens,* UR 90, 1, 3; vgl. zur bilanziellen Nichtzurechnung beim Käufer BFH BStBl. 89, 21.

130 Dazu *Schwarze,* StbKongrRep. 1980, 91, 96 ff.

Nicht EG-konform ist die Anwendung des § 3d Satz 2 UStG i. V. mit § 3 VIIIa (s. Rz. 29).

Sonderregelungen für innergemeinschaftliche Lieferungen enthalten bezüglich der Ortsbestimmung §§ 3c und 3e UStG. § 3c UStG verlagert bei **Versendungs/Beförderungslieferungen** durch den Lieferer an einen Nichtunternehmer oder einen nicht der Erwerbsbesteuerung unterliegenden Halbunternehmer den Ort der Lieferung in das Bestimmungsland (s. Rz. 32). § 3e UStG bestimmt den Abgangsort des Beförderungsmittels zum Lieferort, wenn während einer innergemeinschaftlichen Beförderung ein Gegenstand geliefert wird, der nicht zum Verzehr an Ort und Stelle bestimmt ist. 78

1.4.3 Ort der sonstigen Leistung

Während eine Lieferung an einem bestimmten Ort bewirkt wird, kann eine **sonstige Leistung an verschiedenen Orten** erbracht werden. Im Interesse der Rechtssicherheit enthält § 3a UStG[131] eine detaillierte Regelung mit dem **Grundsatz**: Eine sonstige Leistung wird an dem **Ort** ausgeführt, von dem aus der Unternehmer sein Unternehmen betreibt. Wird die sonstige Leistung von einer Betriebstätte ausgeführt, so gilt die Betriebstätte als der Ort der sonstigen Leistung (§ 3a I UStG). 79

Die Grundregel des § 3a I UStG ist faktisch die Ausnahme; sie dient der Vereinfachung; sie kann jedoch zu unangemessenen Auswirkungen führen, da sie unberücksichtigt läßt, wo sich der Leistungserfolg auswirkt. So können Unternehmer das Unternehmen oder eine Betriebstätte in das Ausland verlegen und von dort aus in das Inland hineinwirken. Daher enthält **§ 3a II–IV UStG rechtliche Ausnahmeregelungen von § 3a I UStG,** die faktisch die meisten Fälle sonstiger Leistungen erfassen.

§ 3a II Nr. 1 UStG: Für sonstige Leistungen im Zusammenhang mit einem Grundstück kommt es auf die **Lage des Grundstücks** an.

§ 3a II Nr. 3 UStG: Bei bestimmten, im einzelnen aufgezählten Leistungen kommt es auf den **Ort der jeweiligen Tätigkeit** an.

§ 3a III, IV UStG führt eine Reihe von Leistungen an Unternehmer auf, für die es auf den Ort ankommt, an dem der **Leistungsempfänger sein Unternehmen** betreibt.

Aufgrund § 3a III 4 UStG geht § 3a II UStG dem § 3a III, IV UStG vor.

Die Grundidee ist es, den Ort anhand von Merkmalen der sonstigen Leistung dahin zu legen, wo vermutlich der **Verbrauch** stattfindet. Soweit dies jedoch dazu führen könnte, daß eine Erfassung de facto nicht mehr überprüfbar ist, wird an den leicht feststellbaren Ort des Leistenden angeknüpft. Der einmaligen Erfassung im „falschen" Staat wird der Vorrang vor der befürchteten „Nichterfassung" im Bestimmungsland eingeräumt.

Für **innergemeinschaftliche Güterbeförderungen,** dazugehörige Nebenleistungen und für die Vermittlung derartiger Leistungen enthalten § 3b III–VI UStG Sonderregelungen. Bedeutsam ist die Verlagerung des Ortes in den Mitgliedstaat, dessen USt-IDNr. der Empfänger der Leistung verwendet. Dasselbe gilt nach § 3a III Nr. 4 UStG bei anderen **Vermittlungsleistungen.** Der Grund für diese Regelung liegt darin, einen grenzüberschreitenden Vorsteuerabzug im Vergütungsverfahren zu vermeiden (s. Rz. 30). Für Güterbeförderungen im innergemeinschaftlichen Verkehr legt § 3b III im übrigen abweichend von der Grundregel der Aufteilung nach § 3b I UStG fest, daß der Ort am Beginn der Beförderung liegt. 80

131 Dazu *Schwarze,* JbFSt. 1980/81, 60 ff.; *Widmann,* DStJG Bd. 13 (1990), 119.

1.4.4 Ort des innergemeinschaftlichen Erwerbs

81 Die Grundregel für den Ort des innergemeinschaftlichen Erwerbs ergibt sich aus § 3d Satz 1 UStG. Der Ort befindet sich in dem Mitgliedstaat, in dem sich der Liefergegenstand **am Ende der Beförderung** oder Versendung befindet, gleichgültig, ob diese durch den Lieferer oder den Abnehmer erfolgen. Dies entspricht dem Bestimmungslandprinzip (s. Rz. 28 f.), dessen Durchsetzung die Erwerbsbesteuerung dient. § 3d Satz 2 UStG bestimmt subsidiär, daß der Erwerb bis zum Nachweis der Besteuerung im richtigen Bestimmungsland in dem Mitgliedstaat bewirkt gilt, dessen USt-IdNr. der Erwerber gegenüber dem Lieferanten verwendete. Dies dient allein der Kontrolle, weil das Kontrollsystem auf dem Zusammenwirken von **USt-IdNr. und zusammengefaßter Meldung** beruht (s. Rz. 37). Zu beachten ist, daß Lieferort und Ort des Erwerbs notwendigerweise auseinanderfallen. Für den Lieferort ist der Abgangsort, für den Erwerb der Bestimmungsort maßgebend. Die Verwaltungsauffassung, den § 3d Satz 2 UStG zur Lösung der Problematik des Reihengeschäftes zu instrumentalisieren (s. Rz. 28, 29), wird sich in der EU nicht durchsetzen lassen.

2. Eigenverbrauch im Inland

Literatur: *Wohlschlegel,* Die Besteuerung des Eigenverbrauchs, Diss. Köln 1973 (Zusammenfassung in StuW 74, 139); *Söhn,* Die Umsatzsteuer als Verkehrsteuer und/oder Verbrauchsteuer, StuW 75, 11; *ders.,* Die Harmonisierung der Umsatzsteuern in der Europäischen Gemeinschaft, StuW 76, 13 ff.; *Jakob,* Umsatzsteuer, München 1992, 158 ff.; *Tipke,* Steuerrechtsordnung, Bd. II (StRO II) Köln 1993, 915 ff.

82 Auch der Eigenverbrauchstatbestand erweist die Umsatzsteuer als **Verbrauchsteuer.** Der „Eigenverbrauch" ist ein notwendiger Ergänzungstatbestand.

Verkehrsteuerrechtlich kann die Erfassung des Eigenverbrauchs nicht erklärt werden, denn der Eigenverbrauch ist kein Akt des Rechtsverkehrs.

Der **Eigenverbrauchstatbestand** belastet die **Einkommensverwendung des Unternehmers** für außerunternehmerischen Verbrauch. Soweit die Einkommensverwendung durch **Versagung des Vorsteuerabzuges** bereits belastet ist, bedarf es keiner Besteuerung des Eigenverbrauches. Eine erneute Besteuerung würde im Gegenteil den Unternehmer schlechterstellen als einen Nichtunternehmer. Die 6. EG-Richtlinie bestimmt daher in Art. 5 VI und 6 IIa, daß bei der Entnahme und der Verwendung von Gegenständen für unternehmensfremde Zwecke eine Besteuerung nur stattfinden darf, wenn beim Erwerb ein Vorsteuerabzug möglich war. Das deutsche Recht entspricht dem nicht. Der **EuGH** hat inzwischen entschieden, daß Art. 6 IIa 6. EG-Richtlinie unmittelbar anwendbar ist mit Anwendungsvorrang vor entgegenstehendem nationalen Recht[132].

Beispiel: U erwirbt von einem Nichtunternehmer einen PKW, den er zu 90 v. H. für unternehmerische Zwecke und zu 10 v. H. für private Zwecke verwendet. Da er wegen des Erwerbs von einem Nichtunternehmer keinen Vorsteuerabzug hatte, darf die AfA – im Gegensatz zu den mit Vorsteuer belasteten laufenden Betriebskosten – nicht in die Bemessungsgrundlage für den Eigenverbrauch i. S. d. § 1 I Nr. 2b UStG einbezogen werden (s. Art. 6 IIa 6. EG-Richtlinie). Auch die Entnahme des PKW insgesamt darf nach Art. 5 VI 6. EG-Richtlinie entgegen § 1 I Nr. 2a UStG nicht besteuert werden.

Im einzelnen war strittig[133], welche weiteren Folgen aus dem Urteil zu ziehen sind.

Inzwischen hat der EuGH in einem weiteren Urteil entschieden, daß Art. 6 IIa 6. EG-Richtlinie die Besteuerung als Verwendungseigenverbrauch auch insoweit ausschließt, als

---

132 EuGH vom 27. 6. 1989, Rs 50/88, HFR 89, 518; s. auch BFH BStBl. 92, 267.

133 S. u. a. *Widmann,* UR 89, 375; *Lohse,* DStR 89, 502; *Spetzler,* DB 89, 2055; BMF BStBl. I 90, 35; *Schlienkamp,* BB 90, 757; FG München EFG 90, 79.

zwar beim Erwerb des Gegenstandes ein Vorsteuerabzug möglich war, aber in die Verwendung Leistungen eingehen, bei denen kein Vorsteuerabzug möglich ist[134].

Beispiel: Nutzung eines Pkw, bei dessen Anschaffung zutreffend Vorsteuer abgezogen wurde. Für die Nutzung fallen auch Kosten aus der Kfz-Steuer, der Garagenmiete (steuerfrei) und der Versicherung (steuerfrei) an. Diese Kosten dürfen nicht in die Bemessungsgrundlage für den Eigenverbrauch einbezogen werden.

Die 6. EG-Richtlinie ist so zu verstehen, daß **Fremdleistungen,** die den Unternehmer nicht zum **Vorsteuerabzug** berechtigen (z. B. Garagenmiete), auch nicht in die Eigenverbrauchsbesteuerung einbezogen werden. Umgekehrt ist eine Einbeziehung erforderlich, soweit ein Vorsteuerabzug möglich war. Verfehlt ist der Vergleich zum Mieter oder Pächter[135]. Vielmehr ist bei Fremdleistungsbezug von vornherein mit dem Nichtunternehmer zu vergleichen, der die Fremdleistung bezieht.

Zu beachten ist, daß Art. 6 II b 6. EG-Richtlinie die Besteuerung der Entnahme von Dienstleistungen nicht von einem vorherigen Vorsteuerabzug abhängig macht. Dies ist teleologisch zutreffend. Denn die Arbeitsleistung wird, da unselbständig ausgeübt, nicht besteuert. Die Besteuerung wird nachgeholt, wenn der Unternehmer die mit Hilfe der Arbeitsleistung erstellten Güter veräußert. Dann muß beim Eigenverbrauch insoweit das gleiche gelten. Daher unterliegt der Einsatz von Betriebspersonal für private Zwecke des Unternehmers weiterhin der **Eigenverbrauchsbesteuerung**[136].

Diese differenzierte Behandlung der Eigenverbrauchsbesteuerung mit Rücksicht auf das 83
Vorliegen oder Nichtvorliegen eines Vorsteuerabzuges erschließt sich nicht aus dem Wortlaut des deutschen Gesetzes. Vielmehr besagt der Wortlaut der §§ 1 Nrn. 2a, 2b; 10 IV Nrn. 1, 2 UStG das Gegenteil. Die Finanzverwaltung wendet gleichwohl mittlerweile Art. 5 VI und Art. 6 IIa 6. EG-Richtlinie als vorrangiges Gemeinschaftsrecht unmittelbar an (s. BMF, BStBl. I 93, 912; 94, 194). Mit einer richtlinienkonformen Auslegung hat dies jedoch nichts mehr zu tun. Vielmehr ist das Gesetz insoweit richtlinienwidrig. Nunmehr ist der Gesetzgeber gefordert, die Gesetzeslage dem abweichenden Gemeinschaftsrecht anzupassen. Ein Verwaltungserlaß reicht dazu nicht aus.

§ 1 I Nr. 2 UStG unterscheidet drei Arten des Eigenverbrauchs:

2.1 Entnahmeeigenverbrauch

Entnahmeeigenverbrauch ist die **Entnahme von Gegenständen** aus dem Unternehmen 84
für **Zwecke, die außerhalb des Unternehmens liegen** (§ 1 I Nr. 2a UStG), sog. Entnahmetatbestand. Gegensatz: Zwecke "im Rahmen des Unternehmens" (§ 1 I Nr. 1 UStG). Verkürzt läßt sich der Gegensatz ausdrücken mit: (Handlungen) für private[137] Zwecke einerseits und betriebliche/berufliche Zwecke andererseits (s. auch § 9 Rz. 370).

Beispiele: Ein Delikateßwarenhändler entnimmt seinem Laden Wein für den privaten Haushalt. – Ein Kohlenhändler entnimmt seinem Kohlenlager Kohlen für seine Privatwohnung. – Ein Bauunternehmer entnimmt ein von seinem Unternehmen errichtetes schlüsselfertiges Wohnhaus (BFH BStBl. 84, 169).

Entnimmt ein Unternehmer (Händler) Gegenstände aus seinem Unternehmen, so zeigt sich **nachträglich,** daß er insoweit die Gegenstände **nicht für sein Unternehmen**, sondern für seine privaten Bedürfnisse erworben hat. Wer für private Bedürfnisse etwas erwirbt, darf die Vorsteuer

134 EuGH vom 25. 5. 1993, BStBl. II. 93, 812; vgl. BMF BStBl. I 93, 912.
135 So aber *Widmann*, UR 89, 375 und UR 90, 258.
136 BFH BStBl. 93, 885.
137 Bei juristischen Personen des öffentlichen Rechts liegt auch der *hoheitliche* Tätigkeitsbereich „außerhalb des Rahmens des Unternehmens". Hoheitliche Tätigkeit ist Tätigkeit für Zwecke außerhalb des Unternehmens.

nicht abziehen (§ 15 I UStG). Im Zeitpunkt des Erwerbs weiß der Unternehmer aber i. d. R. noch nicht, ob und evtl. was und wieviel er privat verbraucht. Also darf er in solchen Fällen zunächst davon ausgehen, daß er alles „für sein Unternehmen" erwirbt, und folglich die Vorsteuern voll abziehen. Im **Zeitpunkt der Entnahme** wird der Vorsteuerabzug dann nicht auf den Zeitpunkt des Abzugs rückgängig gemacht, sondern es wird der Eigenverbrauch besteuert. Im Ergebnis steht der Entnehmer dadurch so da, als hätte er die entnommenen Gegenstände beim vorangegangenen Einkauf für das Unternehmen sogleich für private Zwecke erworben.

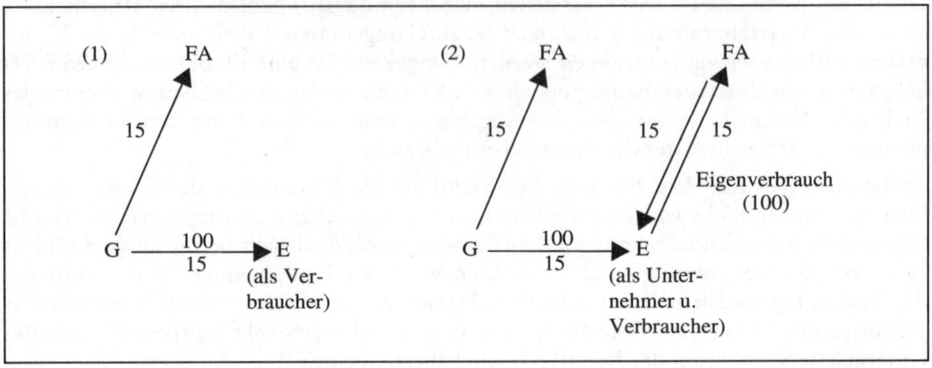

Würde man dem Einzelhändler, soweit er privat entnimmt, keinen Vorsteuerabzug zugestehen, so betrüge die Belastung 15 DM(¹). Tatsächlich wird der Vorsteuerabzug gewährt, da das privat Entnommene für das Unternehmen eingekauft worden ist. Die Eigenverbrauchsbesteuerung führt aber auch zu einer Belastung von 15 DM.

Die Unterscheidung „außerhalb des Unternehmens" – „im Rahmen des Unternehmens" (oder nichtunternehmerisch – unternehmerisch motiviert) spielt insb. eine Rolle, wenn **Dritte beteiligt** sind. Eigenverbrauch kann nämlich nicht nur dem Unternehmer selbst, sondern auch Dritten zugute kommen. Andererseits kann der Unternehmer auch unentgeltliche (nach § 1 I Nr. 1 Satz 1 UStG nicht steuerbare) Leistungen zu unternehmerischen Zwecken an Dritte erbringen. Maßgeblich für die Entscheidung, ob Eigenverbrauch oder unentgeltliche Leistung vorliegt, ist der Zweck („innerhalb oder außerhalb des Unternehmens").

Beispiele: Antiquitätenhändler schenkt seinem Freund zum Geburtstag (privat) eine alte Uhr. – Eigenverbrauch, da ein Zweck „außerhalb des Unternehmens" verfolgt wird (§ 1 I Nr. 2a UStG).

Unternehmer überläßt Verbrauchern zum Zwecke der Werbung ein Sortiment von Artikeln. – Kein Eigenverbrauch, sondern unentgeltliche Lieferungen, da ein „Zweck innerhalb des Unternehmens" oder „im Rahmen des Unternehmens" verfolgt wird.

Der Entnahmeeigenverbrauch setzt voraus, daß der entnommene Gegenstand vorher zum Unternehmen gehört hat. Wird ein Gegenstand vom Unternehmer von vornherein für außerunternehmerische Zwecke erworben, so erfolgt die Belastung des Endverbrauchs bereits durch die Versagung des Vorsteuerabzugs gemäß § 15 I UStG. Ein (anschließender) Entnahmeeigenverbrauch findet dann nicht mehr statt. Die Entscheidung einer **Zuordnung zum Unternehmen** fällt **beim Erwerb**[138]. Bei beabsichtigter ausschließlicher außerunternehmerischer Verwendung liegt auch bei Erwerb branchentypischer Gegenstände kein Erwerb für das Unternehmen vor. Bei gemischtgenutzten Gegenständen kann der Unternehmer eine Zuordnungsentscheidung treffen, soweit weder die unternehmerische noch die außerunternehmerische Verwendung völlig untergeordnet sind[139]. Zwischen der Behandlung als Unternehmensvermögen und als Betriebsvermögen besteht keine Kongruenz.

138 BFH BStBl. 88, 747.
139 BFH BStBl. 88, 649; BFH BStBl. 93, 810.

Beispiel: Bauunternehmer errichtet privates Einfamilienhaus. Dabei verwendet er teilweise früher für das Unternehmen eingekauftes Material (Eigenverbrauch nach § 1 I Nr. 2a UStG), teilweise erst jetzt erworbenes Material (kein Vorsteuerabzug nach § 15 I UStG), Baumaschinen und eigene Leute (Eigenverbrauch nach § 1 I Nr. 2b UStG).

Mehrere Entnahmen von Gegenständen und von sonstigen Leistungen sind nicht zu einem einheitlichen Eigenverbrauch zusammenzufassen[140]. Der schon bei Leistungen problematische Begriff der Einheitlichkeit der Leistung (s. Rz. 53) ist nicht auf den Eigenverbrauch zu übertragen.

2.2 Sonstige Leistungen im Rahmen des Unternehmens, die Zwecken außerhalb des Unternehmens dienen (§ 1 I Nr. 2b UStG).

Erfaßt werden sollen nicht etwa nur Leistungen an Dritte i. S. des § 3 IX UStG (wie der mißverständliche Wortlaut annehmen lassen kann), sondern Nutzungs- und Leistungsentnahmen jeder Art[141]. Zu „Zwecken außerhalb des Unternehmens" s. oben Rz. 84. 85

Beispiele: Gewerbetreibender nutzt einen zum Betriebsvermögen (zum Unternehmen) gehörenden Pkw auch privat, oder er überläßt diesen Pkw auch seinem Sohn für Privatfahrten. Ein in einem Gärtnereibetrieb beschäftigter Arbeitnehmer wird beauftragt, auch den Privatgarten des Gärtnereiinhabers umzugraben.

Behandelt ein Arzt sich selber, streicht ein Maler seine Privatwohnung, führt ein Rechtsanwalt für sich selbst einen Prozeß, so läßt sich ebenfalls eine „sonstige Leistung" annehmen. Belastet werden solche Leistungen mangels Kosten aber nicht (s. § 10 IV Nr. 2 UStG). Die eigene Arbeitsleistung wird nicht als Kostenfaktor angesehen.

Benutzt ein Unternehmer das dem Unternehmen dienende Telefon für Privatgespräche, so sah die Rechtsprechung § 1 I Nr. 2b UStG als erfüllt an. Sie berücksichtigte nicht teleologisch (durch teleologische Reduktion), daß das Telefonieren nicht mit Umsatzsteuer belastet ist, weil die Leistungen der Bundespost insoweit nicht steuerbar sind (§ 2 III UStG).[142]. Diese verfehlte Rechtsprechung hat der BFH nunmehr nach langem Widerstreben wohl unter dem Eindruck der Rspr. des EuGH (s. Rz. 82) aufgegeben[143].

2.3 Nichtabziehbare Aufwendungen

Aufwendungen eines Unternehmers, die nach § 4 V Nrn. 1–7, VII; 12 Nr. 1 EStG nicht als Betriebsausgaben behandelt werden dürfen (s. § 9 Rz. 271 ff.) – **ausgenommen Geldgeschenke** – werden ebenfalls als Eigenverbrauch besteuert (§ 1 I Nr. 2c UStG; sog. Aufwendungstatbestand, in praxi auch als **Verschwendungstatbestand** bezeichnet). Voraussetzung ist auch hier, daß der Eigenverbrauch im Inland stattfindet. 86

Da unterstellt wird, daß es sich um unternehmerisch veranlaßte Aufwendungen handelt, hat der Unternehmer zunächst das Recht, die hierauf entfallende **Vor-Umsatzsteuer** nach § 15 UStG als Vorsteuer abzusetzen. Der mit § 4 V, VII EStG verfolgte Zweck wird auf diese Weise zum Teil aber wieder vereitelt; um das zu verhindern, wird über § 1 I Nr. 2c UStG der Vorteil aus dem Vorsteuerabzug rückgängig gemacht. In Wirklichkeit hat § 4 V 1–5, 7 EStG die gleiche Wurzel wie § 12 Nr. 1 Satz 2 EStG (s. § 9 Rz. 250 ff., 271 ff.).

Konsequenterweise werden daher auch nach § 12 Nr. 1 EStG private Aufwendungen als Eigenverbrauch nach § 1 I Nr. 2c UStG versteuert, nachdem der BFH hier den Vorsteuerabzug zugelassen hat[144].

140 BFH (Fn. 138).

141 BFH BStBl. 84, 499 ff.

142 BFH BStBl. 87, 42; BMF BStBl. I 90, 35; ab 1996 ist die Bundespost auch mit den Telefonleistungen steuerbar, BStBl. I 90, 213.

143 BFH BStBl. 94, 200; BMF BStBl. I 94, 194.

144 BFH BStBl. 86, 216; 87, 688; einen Tiefpunkt dieser Rspr. stellt BFH BStBl. 94, 274 dar, wonach ein Karnevalsprinz als Unternehmer Vorsteuern für die Bekleidung, Ausstattung, Wagenbau und Bewirtungsempfänge abziehen kann. Zutreffend dagegen BFH BStBl. 93, 810.

Die Regelung ist allerdings unnötig kompliziert und führt auch zu Unabgestimmtheiten innerhalb der EU, weil andere EU-Staaten in diesen Fällen den Vorsteuerabzug versagen.

Beispiel: Erwerb eines Geschenkes im Inland für Geschäftsfreund im Ausland. Dort erfolgt Übergabe. Vorsteuerabzug im Inland gemäß § 15 I UStG, aber kein steuerbarer Eigenverbrauch nach § 1 I Nr. 2c UStG im Inland. Auch im Ausland erfolgt keine Besteuerung.

Es wäre daher vorzuziehen, wenn die Bundesrepublik sich hier anpassen würde und nach dem Vorbild des § 4 V, VII EStG den Vorsteuerabzug versagen würde. Unabgestimmt ist die Regelung, wonach **Bewirtungsaufwendungen** ertragsteuerrechtlich nur zu 80 v. H. abgezogen werden dürfen, umsatzsteuerrechtlich aber ein voller Vorsteuerabzug ohne Besteuerung als Eigenverbrauch gewährt wird.

Praktisch besonders bedeutsam ist § 4 V Nr. 6 EStG i. V. mit § 9 I Nr. 4 EStG: Die Differenz zwischen den tatsächlichen Pkw-Aufwendungen und den limitiert abziehbaren Aufwendungen (0,70 DM pro Tag und Entfernungskilometer) ist Eigenverbrauch. Diese Regelung ist nicht zwingend, aber zulässig. § 4 V Nr. 6 EStG ist eine Lenkungsvorschrift, folglich insoweit auch § 1 I Nr. 2c UStG.

2.4 Ort des Eigenverbrauches

87 Erfaßt wird nur der Eigenverbrauch **im Inland.** Eine ausdrückliche Regelung über den Ort des Eigenverbrauches enthält das UStG nicht. Für die Gegenstandsentnahme sind § 3 VI und § 3 VII UStG, für die Leistungsentnahme § 3a I[145] und II UStG anzuwenden. Dies folgt bereits aus der Gleichstellung mit Lieferungen und Dienstleistungen gegen Entgelt in der 6. EG-Richtlinie. § 3a III und § 3 VIII UStG sind unanwendbar, weil sie auf Eigenschaften des Empfängers abstellen. Bei Eigenverbrauch nach § 1 I Nr. 2c UStG ist maßgebend, wo die Aufwendungen tatsächlich getätigt wurden.

3. Gesellschafterverbrauch (§ 1 I Nr. 3 UStG)

88 Nach § 1 I Nr. 3 UStG sind steuerbar auch die Leistungen, die Körperschaften und Personenvereinigungen i. S. des § 1 I Nrn. 1–5 KStG, nichtrechtsfähige Personenvereinigungen sowie Gemeinschaften im Inland (s. Rz. 71) im Rahmen ihres Unternehmens (s. Rz. 70) an ihre Anteilseigner, Gesellschafter, Mitglieder, Teilhaber oder diesen nahestehende Personen ausführen und für die die Leistungsempfänger **kein Entgelt** aufwenden.

Die Vorschrift ist **dogmatisch überflüssig,** da Eigenverbrauch nicht nur vorliegt, wenn ein Einzelunternehmer etwas „für Zwecke außerhalb des Unternehmens" entnimmt, sondern auch, wenn das durch Körperschaften oder Personengesellschaften geschieht.

Die RFH/BFH-Rechtsprechung hat aber bis 1983 einen Eigenverbrauch verneint, weil Personen- und Kapitalgesellschaften keine Privatsphäre hätten.

1983 hat auch der BFH (BStBl. 84, 169)[146] sich die Auffassung zu eigen gemacht, daß – auch – Gesellschaften Eigenverbrauch haben könnten. Den von ihm selbst verursachten § 1 I Nr. 3 UStG hat der BFH (mit Recht) für überflüssig erklärt.

Beispiel: Gleichgültig, ob ein Einzelunternehmer seiner Tochter unentgeltlich aus seinem Möbeleinzelhandelsgeschäft einen Schrank schenkt oder eine OHG oder eine GmbH, die einen Möbelhandel betreibt, der Tochter des Gesellschafters einen Schrank schenkt, es liegt in allen drei Fällen ein Eigenverbauch nach § 1 I Nr. 2a UStG vor, denn die Unentgeltlichkeit beruht auf außerunternehmerischen Motiven.

---

145 Offengelassen von BFH BStBl. 89, 163 (Pkw-Nutzung im Ausland); s. auch *Widmann,* DStJG Bd. 13 (1990), 136.

146 So bereits *Söhn,* StuW 77, 352 f.; *Trzaskalik,* StRK UStG § 5 Abs. 1 R. 87.

Da § 1 I Nr. 3 UStG nach der zutreffenden Rechtsprechungsänderung leerläuft, hätte er vom Gesetzgeber gestrichen werden sollen. § 1 I Nr. 3 UStG wird zum Teil dahingehend interpretiert, daß § 1 I Nr. 3 UStG nur die **unentgeltlichen Leistungen aus unternehmerischem Anlaß**[147] erfasse. Hingegen soll die unentgeltliche Leistung aus außerunternehmerischen Gründen (vGA oder Entnahme) nur einen Eigenverbrauch i. S. d. § 1 I Nrn. 2a, b UStG darstellen. Dies ist nicht nur angesichts der geschichtlichen Entwicklung absurd. Die unternehmerisch veranlaßte unentgeltliche Leistung der Gesellschaft stellt **keinen Endverbrauch** dar. Sie darf daher überhaupt nicht besteuert werden, abgesehen von § 1 I Nr. 2c UStG. Die entgegengesetzte Auslegung verstößt gegen die 6. EG-Richtlinie. Danach dürfen unentgeltliche Leistungen nicht besteuert werden, es sei denn, sie erfolgten für unternehmensfremde Zwecke (**„purposes other than his business“**).

4. Einfuhr (§ 1 I Nr. 4 UStG)

Einfuhr ist das Verbringen von Gegenständen aus einem Drittlandsgebiet in das Inland, ein tatsächlicher Vorgang, kein Akt des Rechtsverkehrs. Einführen können auch Nichtunternehmer (private Verbraucher). Die Regelung ist konsequent, weil nämlich gerade die privaten Verbraucher durch die Umsatzsteuer belastet werden sollen. Auch § 1 I Nr. 4 UStG spricht also für den **Verbrauchsteuercharakter** der Umsatzsteuer. Die an § 1 I Nr. 4 UStG anknüpfende Steuer wird als **Einfuhrumsatzsteuer** bezeichnet. Quantitativ ist § 1 I Nr. 4 UStG kein Nebentatbestand, denn das Aufkommen an Einfuhrumsatzsteuer liegt kaum unter dem Umsatzsteueraufkommen aus § 1 I Nrn. 1–3 UStG. 89

Wegen des Ersatzes der EUSt durch die Erwerbsteuer im innergemeinschaftlichen Handel wird das Aufkommen der EUSt allerdings sinken. Außerdem ist zu bedenken, daß es sich weitgehend wegen des Vorsteuerabzuges für Unternehmer nicht um echtes verbleibendes Aufkommen handelt.

Die Einfuhrumsatzsteuer ist eine **Verbrauchsteuer** i. S. der Abgabenordnung (§ 21 I UStG); sie wird von den **Bundes(zoll)behörden** verwaltet (Art. 108 I GG).

Für eine umfassende Verbrauchsteuer (Aufwandsteuer) ist es unerheblich, ob etwas für Inlands- oder für Auslandsware aufgewendet wird.

Die Belastung der eingeführten Ware mit inländischer Umsatzsteuer (Einfuhrumsatzsteuer), sog. Bestimmungslandprinzip, dient dazu, die Auslandswaren den Inlandswaren gleich zu belasten. Die Umsatzsteuersysteme und Umsatzsteuersätze der einzelnen Länder sind unterschiedlich. Im Verhältnis mehrerer Staaten zueinander sollen Waren aber nur mit der Umsatzsteuer des Landes belastet werden, in dem sie verbraucht oder verwendet werden (vgl. auch Art. 95, 96 EGV). Dazu ist eine Entlastung und Belastung der Ware im grenzüberschreitenden Verkehr erforderlich. Um eingeführte Ware umsatzsteuerlich genauso zu belasten wie inländische Ware, geschieht folgendes: Das Ursprungsland entlastet die Ware bei der Ausfuhr von der Umsatzsteuer (s. Rz. 14); das Bestimmungsland belastet die Ware so, daß das inländische Umsatzsteuer-Niveau erreicht wird[148].

Die Entlastung von der Umsatzsteuer des Exportlandes funktioniert nicht, wenn der Gegenstand von einem **Nichtunternehmer** entgeltlich oder unentgeltlich erworben wird. Dieser kann die ihm in Rechnung gestellte Umsatzsteuer nicht abziehen. In der sog. **Gaston-Schul-Rechtsprechung**[149] hat der EuGH entschieden, daß der einführende Staat zur Vermeidung einer Behinderung des innergemeinschaftlichen Warenverkehrs die sogenannte ausländische **„Restmehrwertsteuer“** auf

147 *Widmann*, UStKongrBericht 1988/89, 217, 221; dagegen zutreffend *Lohse*, UStKongrBericht 1988/89, 167, 177 f.; *Jakob*, Umsatzsteuer, 226.

148 Dazu *H. Möller*, Ursprungs- und Bestimmungslandprinzip, FinArch. Bd. 27 (1968), 385, 387 ff.; Internationale Probleme auf dem Gebiet der Umsatzbesteuerung, IFA-Cahiers LXVIIb, Amsterdam 1983.

149 EuGH vom 5. 5. 1982 Rs 15/81, UR 82, 242; EuGH vom 21. 5. 1985 Rs 47/84, UR 86, 180; vom 23. 1. 1986 Rs 39/85, UR 86, 183; dazu *Schlienkamp*, UR 89, 170 und *Reiß*, DStJG Bd. 13 (1990), 30.

die Einfuhrumsatzsteuer anrechnen muß. Dies war eine Notlösung, die mit der Einführung der umsatzsteuerlichen Binnenmarktbesteuerung (s. Rz. 10 f.) entfällt. Das Problem bleibt im Verhältnis zu Drittländern bestehen. Hier ist eine Lösung nicht in Sicht.

Für Zwecke der Einfuhr wird das österreichische Hoheitsgebiet Jungholz und Mittelberg wie Inland behandelt. Es wird auch als Teil des Zollgebietes der Gemeinschaft behandelt. Nach dem Beitritt Österreichs zur EU wird sich die Sonderstellung insoweit erledigen.

5. Innergemeinschaftlicher Erwerb (§ 1 I Nr. 5 UStG)

90 Im innergemeinschaftlichen Handel gibt es keine Einfuhrbesteuerung mehr. Diese wird der Sache nach weitgehend durch die Erwerbsbesteuerung ersetzt (s. Rz. 10 f.).

6. Objektive Steuerbefreiungen (Inlandssachverhalte)

6.1 Begünstigter der Befreiungen

91 § 4 UStG enthält einen Katalog von Befreiungstatbeständen. Durchweg handelt es sich um objektive Befreiungen; nur § 4 Nr. 19 UStG enthält eine subjektive Befreiung.

Da die Umsatzsteuer als **allgemeine Verbrauchsteuer** den Verbraucher, nicht den Unternehmer belasten will, kann man von einer echten Befreiung nur sprechen, wenn der Verbraucher entlastet werden soll und entlastet wird.

Da die Besteuerung des Verbrauchs jedoch durch **Anknüpfung an Umsätze der Unternehmer** erfolgt, muß auch die Befreiung technisch an Umsätze der Unternehmer anknüpfen. Dies ist so lange unbedenklich, wie die Wettbewerbslage den Unternehmer zwingt, die Befreiung an den Verbraucher weiterzugeben. Auch hierbei können jedoch – anders als bei der Einkommensteuer – die individuellen Verhältnisse des Verbrauchers nicht berücksichtigt werden. Die Befreiung kommt also gleichermaßen dem leistungsfähigen wie dem leistungsschwachen Verbraucher zugute. Daher lassen sich Befreiungen nur nach der Art der Leistung rechtfertigen, wenn der Bezug dieser Leistung begünstigt werden soll, z. B. aus sozialpolitischen Gründen[150].

Verfehlt ist es jedoch, wenn die Begünstigung an die **Person des Leistenden** knüpft, wie § 4 Nr. 19 UStG, oder an die **einkommensteuerliche Qualifikation der Einkünfte,** wie § 4 Nr. 14 UStG. Entscheidend darf nur die Art der Leistung sein, wie sie sich aus der Sicht des Verbrauchers darstellt. Begünstigt wird dann eine bestimmte Art des Verbrauchs.

Die Befreiungen sind überwiegend aus sozial-, kultur- oder wirtschaftspolitischen Gründen eingeführt worden.

Auch für lebensnotwendige Güter besteht keine Steuerfreiheit. Das ist zwar dann nicht erforderlich, wenn das Einkommensteuer-Existenzminimum entsprechend hoch ist und das Einkommen über dem einkommensteuerlichen Existenzminimum liegt. Wird dieses Existenzminimum aber nicht erreicht, so bedeutet es, daß auch Steuerpflichtige, deren Einkommen unter dem Existenzminimum liegt, mit Steuern (Verbrauchsteuern) belastet werden[151].

6.2 Grundstücksüberlassungen

92 a) Steuerfrei ist insb. auch die **Vermietung und Verpachtung** von Grundstücken und die Überlassung von grundstücksgleichen Rechten (§ 4 Nr. 12a UStG)[152].

---

150 Gegen die verbrauchsteuer-systemfremden Umsatzsteuervergünstigungen der *Wissenschaftliche Beirat,* in: Der Wissenschaftliche Beirat beim Bundesministerium der Finanzen, Tübingen 1974, 136, 262 f.; s. ferner die Systemkritik von *Söhn,* StuW 76, 17 ff.

151 S. dazu Vorschlag von *Lang,* StuW 90, 126, aber auch *Reiß,* DStJG Bd. 13 (1990), 6 mit Hinweis auf *Popitz,* UStG[2], 1921, Einl. II B (S. 49) zur Rückvergütung von Umsatzsteuer nach § 14 UStG 1919 (unpraktikabel, 1920 wieder gestrichen!); *Tipke,* StRO II, 922.

152 Der Miet- und Pachtaufwand ist zwar nicht mit Umsatzsteuer belastet, wohl aber mit Grundsteuer, die auf Mieter/Pächter überwälzt wird.

Diese Vorschrift wollte ursprünglich nur die Verteuerung der Wohnungsmieten verhindern (s. schon RFH RStBl. 20, 359); sie ist, weit darüber hinausgreifend, 1966 aber damit gerechtfertigt worden, daß die Finanzverwaltung sich nicht in der Lage sehe, alle privaten Vermieter/Verpächter zu erfassen (BT-Drucks. IV/1590, 37).

Der Vereinfachungseffekt wird erkennbar nicht erreicht. Im Gegenteil zwingt die Vorschrift zu **diffizilen Auslegungen,** weil sie an zivilrechtliche Begriffe wie Grundstück und Vermietung[153] anknüpft. Hinzu kommt, daß die Befreiung bei Leistungen an Unternehmer wegen des Ausschlusses des Vorsteuerabzuges nicht sachgerecht ist und deshalb Optionsmöglichkeiten geschaffen werden mußten (vgl. § 9 UStG).

Nicht befreit ist nach § 4 Nr. 12 Satz 2 UStG die Vermietung von Betriebsvorrichtungen, die Vermietung von Parkgelände für Fahrzeuge sowie zur hotelartigen Unterbringung einschließlich Camping. Es wäre ein wesentlicher Beitrag zur Steuervereinfachung, wenn positiv bestimmt würde, daß lediglich die **Überlassung zu Wohnzwecken** befreit wird. Der **Vereinfachungseffekt** ist schon über § 19 I UStG zu erreichen.

b) Soweit Grundstücksüberlassungen nicht aufgrund schuldrechtlicher Verträge erfolgen, sondern aufgrund **dinglicher Nutzungsrechte** (z. B. Nießbrauch, Grunddienstbarkeiten), befreit § 4 Nr. 12c UStG die Leistungen. Dies ist konsequent, denn unter dem Gesichtspunkt des **Verbrauchs** ist es belanglos, ob die Grundstücksnutzung auf einem schuldrechtlichen Vertrag oder einem dinglichen Nutzungsrecht beruht. Für die Überlassung eines **Erbbaurechts**[154] folgt die Befreiung bereits aus § 4 Nr. 9a UStG.

c) Der EuGH[155] legt den Begriff der Vermietung von Grundstücken gemäß Art. 13 B b 6. RL weit aus. Befreit ist danach auch die gegen Entschädigung erfolgende vorzeitige Auflösung des Mietvertrages durch den Mieter. Dem ist durch richtlinienkonforme Auslegung des § 4 Nr. 12 UStG Rechnung zu tragen.

6.3 Heilberufliche, soziale und kulturelle Leistungen

Steuerfrei sind ferner grundsätzlich die Umsätze aus der **Tätigkeit als Arzt, Zahnarzt** 93
oder aus anderen heilberuflichen Tätigkeiten (§ 4 Nr. 14 UStG; s. dazu ergänzend § 4 Nrn. 15, 16, 17, 18 UStG).

§ 4 Nr. 14 UStG will – **verbrauchsteuerkonform** – nicht die Heilberufe begünstigen, sondern die Patienten. Daher ist § 4 Nr. 14 UStG auch anzuwenden, wenn eine Arztwitwe die Praxis durch einen Artzvertreter fortführen läßt (a. A. BFH E 133, 396).

Kulturelle Leistungen werden durch § 4 Nr. 20–22 UStG, Leistungen an Jugendliche im Zusammenhang mit deren Unterbringung und Verpflegung nach § 4 Nr. 23–25 UStG befreit. Soweit dabei an die Person des Leistenden, z. B. jur. Person des öffentlichen Rechts, angeknüpft wird, soll dies lediglich einen Mißbrauch verhüten. Gleichwohl ist eine solche Anknüpfung nicht unproblematisch.

§ 4 Nr. 27 prämiert die Gestellung von land- und forstwirtschaftlichen Arbeitskräften, Betriebshelfern und Haushaltshilfen aus sozialpolitischen Gründen und die Gestellung von Mitgliedern geistlicher Genossenschaften für gemeinnützige Zwecke. § 4 Nr. 26 befreit die ehrenamtliche Tätigkeit.

6.4 Umsätze des Geld- und Kreditverkehrs

Steuerfrei sind auch bestimmte Umsätze im Geld- und Kreditverkehr[156], **Umsätze über** 94
Wertpapiere und Gesellschaftsanteile, nämlich:

153 S. BFH BStBl. 81, 228 (Hallenschwimmbad); 87, 659 (Golfplatz); Abschn. 85, 86, 76–81 UStR; BStBl. 92, 758 (Tennishalle); BFH BStBl. 93, 808 (Kegelbahn).
154 Dazu BFH BStBl. 88, 744.
155 EuGH vom 15. 12. 1993 C 63/93, UVR 94, 115.
156 Dazu *Philipowski,* Die Umsatzbesteuerung der Bank- und Geldgeschäfte, Köln 1973.

- Gewährung von **Kredit,** auch durch Lieferanten[157] (§ 4 Nr. 8a UStG);
- **Umsätze von Zahlungsmitteln,** die nicht wegen ihres Metallgehaltes oder Sammlerwertes umgesetzt werden (§ 4 Nr. 8b UStG);
- **Umsätze** im Geschäft **mit Geldforderungen** und **Wertpapieren** und die **Vermittlung** dieser Umsätze. Nicht befreit ist die Einziehung von Forderungen und die Verwaltung/Verwahrung von Wertpapieren (§ 4 Nr. 8c, e UStG);
- **Umsätze von Anteilen** und **Vermittlung** der Umsätze von Anteilen an Gesellschaften (wie OHG, KG, GmbH) und anderen Vereinigungen (wie Genossenschaften, Versicherungsvereinen auf Gegenseitigkeit) (§ 4 Nr. 8f UStG);
- **Übernahme von Verbindlichkeiten, Bürgschaften** und ähnlichen **Sicherheiten** (§ 4 Nr. 8g UStG)[158];
- **typische Bankumsätze,** wie Vermittlung und Verwaltung von Krediten, Vermittlung von Umsätzen in gesetzlichen Zahlungsmitteln, Zahlungs- und Überweisungsverkehr (§ 4 Nr. 8a, b, d, e UStG).

Die Befreiung der genannten Umsätze beruht darauf, daß die Leistungen typischerweise nicht zu einem privaten Verbrauch von Gütern und Dienstleistungen führen, sondern allenfalls einen solchen vorbereiten.

6.5 Befreiungen wegen Konkurrenz zu besonderen Verkehrsteuern

95 Steuerbefreit sind folgende Umsätze, die unter **spezielle Verkehrsteuergesetze** fallen (d. h. nach diesen speziellen Gesetzen steuerbar sind):

- Umsätze, die unter das **Grunderwerbsteuergesetz** fallen (§ 4 Nr. 9a UStG);
- Umsätze, die unter das **Rennwett- und Lotteriegesetz** fallen (§ 4 Nr. 9b UStG);
- Leistungen von Versicherungsunternehmen aufgrund eines Versicherungsverhältnisses i. S. des **Versicherungsteuergesetzes** und die Verschaffung von Versicherungsschutz für andere Personen (§ 4 Nr. 10 UStG), insb. durch Prämienzahlung zugunsten Dritter;

Zweck dieser Vorschriften ist es, die **Doppelbelastung** mit Umssatzsteuer und (besonderen) Verkehrsteuern zu vermeiden. Die teleologische Auslegung muß über die unterschiedliche Fassung der Tatbestände des Umsatzsteuergesetzes einerseits und der Verkehrsteuergesetze andererseits (Anknüpfung an das obligatorische statt an das dingliche Geschäft; Anknüpfung an das Entgelt statt an die Leistung) hinwegsehen.

Die Befreiungsvorschrift des § 4 Nr. 9a UStG erreicht dieses Ziel allerdings nur noch unvollkommen (s. § 14 A. Grunderwerbsteuer, Rz. 1 ff.).

Ein Vorgang, der unter ein im Befreiungskatalog erfaßtes Verkehrsteuergesetz fällt, ist auch dann umsatzsteuerfrei, wenn er **verkehrsteuerfrei** ist.

Beispiel: Die Lieferung eines Grundstückes unter Verwandten gerader Linie ist nach § 3 Nr. 6 GrEStG von der Grunderwerbsteuer befreit. Gleichwohl bleibt es auch bei der Befreiung nach § 4 Nr. 9a UStG.

Daraus, daß die Kreditgewährung (Sparen), die Anschaffung von Wertpapieren und die Beteiligung an Gesellschaften nicht mit Umsatzsteuer belastet sind (s. oben Rz. 94), ergibt sich: Belastet werden der Konsum und die private Investition, **nicht belastet** wird die **Vermögensbildung** durch Sparen, Wertpapierbesitz und Beteiligung. Die Verwendung von Einkommen/Vermögen für die Anschaffung von Grundbesitz unterliegt grundsätzlich der Grunderwerbsteuer.

157 BFH BStBl. 81, 197; Abschn. 28a UStR; vgl. aber BFH BStBl. 93, 360 (Rabatt), und EuGH vom 27. 10. 1993 Rs C – 281/91, UR 94, 73 (Verzinsung Kaufpreis vor Lieferung keine Kreditgewährung).

158 BFH BStBl. 90, 401.

Der Steuergesetzgeber wartet also bis zum **Entsparen.** Allerdings wird, wer nicht konsumiert, evtl. mit Vermögensteuer belegt. Wird das gebildete Vermögen bis zum Tode nicht dem Konsum zugeführt, so fällt im übrigen Erbschaftsteuer an.

6.6 Ausschluß des Vorsteuerabzuges und Option

Trotz der Befreiungen wird der Verbraucher nicht vollständig von inländischer Umsatz- 96 steuer entlastet. § 15 II Nr. 1 UStG schließt nämlich für Unternehmer den Vorsteuerabzug aus, wenn der Unternehmer den Eingangsumsatz zur Ausführung eines steuerfreien Umsatzes verwendet. Der Unternehmer wird daher die nichtabziehbare Vorsteuer auf seinen Abnehmer abwälzen (wegen der Problematik s. Rz. 132).

Beispiel: Der Arzt kann die auf der Anschaffung von medizinischen Geräten beruhende Umsatzsteuer nicht als Vorsteuer abziehen. Er wird sie also im Preis für die nach § 4 Nr. 14 UStG steuerbefreiten ärztlichen Leistungen auf den Patienten abwälzen.

Bei Umsätzen innerhalb der Unternehmerkette können Befreiungen sogar zu einer effektiven Höherbelastung führen (s. Rz. 132). Deshalb sieht § 9 UStG vor, daß für bestimmte befreite Umsätze an andere Unternehmer zur Steuerpflicht optiert werden kann (s. Rz. 138).

6.7 Befreiung nach § 4 Nr. 28 UStG

Im Zusammenhang mit dem Ausschluß des Vorsteuerabzuges nach § 15 II Nr. 1 UStG 97 steht die Befreiungsvorschrift des § 4 Nr. 28 UStG. Danach sind die Lieferung, der Entnahmeeigenverbrauch und die Verwendung für außerunternehmerische Zwecke (Eigenverbrauch nach § 1 I Nr. 2b UStG) steuerfrei, wenn der Gegenstand im übrigen nur für den Vorsteuerabzug ausschließende steuerfreie Tätigkeiten verwendet wurde bzw. wird. Damit wird eine **Kumulation von Umsatzsteuer** verhindert bzw. eine nachträgliche **Korrektur des Vorsteuerabzuges** überflüssig. Der private Endverbrauch wird im Ergebnis durch die Versagung des Vorsteuerabzuges belastet.

Beispiel: Ein Arzt erwirbt einen Pkw für die Praxis, den er auch privat nutzt. Ein Vorsteuerabzug aus der Anschaffung steht ihm nicht zu (§ 15 II Nr. 1 UStG). Die private Nutzung ist steuerfrei nach § 4 Nr. 28b UStG. – Nach 2 Jahren veräußert er den Pkw (oder schenkt ihn seiner Tochter). Die Lieferung (der Eigenverbrauch nach § 1 I Nr. 2a UStG) ist steuerfrei nach § 4 Nr. 28a UStG.

§ 4 Nr. 28 UStG bedarf im Zusammenhang mit der ohnehin fälligen gesetzlichen Neugestaltung der Eigenverbrauchsbestimmung einer Neuregelung (s. Rz. 82, 83).

7. Steuerbefreiungen (Auslandsberührung)

Die Steuerbefreiungen des § 4 Nr. 8–28 UStG betreffen reine Inlandssachverhalte. Es 98 geht darum, daß der inländische Endverbraucher aus im einzelnen unterschiedlichen Gründen (s. Rz. 91–97) nicht mit Umsatzsteuer belastet werden soll (s. aber Rz. 96). Davon zu unterscheiden sind Steuerbefreiungen, die gewährleisten sollen, daß der Verbrauch im Ausland nicht der deutschen Umsatzsteuer unterliegt. Hier geht es um die **Verwirklichung des Bestimmungslandprinzipes**[159] (s. Rz. 10 ff.). Die Befreiung ist hier das technische Vehikel, um den bezüglich des Ortes der Leistung zu weit gefaßten Besteuerungstatbestand zurückzunehmen. Kennzeichen dieser Befreiungen ist zwingend der **Erhalt des Vorsteuerabzuges** gemäß § 15 III UStG. Trotz Befreiung des Umsatzes

159 Vgl. dazu *Mesenberg,* Die außenwirtschaftliche Wirkung der deutschen Umsatzsteuerreform, Inst. FuSt Brief 102, Bonn 1968; *Gründler,* Die Mehrwertsteuer im Außenhandel, Köln 1967; *Haufler,* UVR 90, 131.

im Ursprungsland soll wegen des Endverbrauchs im Bestimmungsland vollständig von der Umsatzsteuer des Ursprungslandes entlastet werden. Die Behandlung dieser grenzüberschreitenden Vorgänge erweist, daß die Umsatzsteuer keine „Mehrwertsteuer" im Sinne der Belastung des Wertschöpfungsprozesses des Unternehmens[160] ist.

7.1 Ausfuhrumsätze

99 a) Die Befreiungen der Ausfuhrlieferungen (§ 4 Nr. 1a UStG i. V. mit § 6 UStG), der Lohnveredelungen an Gegenständen der Ausfuhr (§ 4 Nr. 1 UStG i. V. mit § 7 UStG) sowie der Umsätze i. S. des § 4 Nr. 2 UStG i. V. mit § 8 UStG und des § 4 Nrn. 3, 5 UStG sind keine Steuervergünstigungen, sondern dem System der Umsatzsteuer immanent. Es soll **nur der inländische Verbrauch** mit Umsatzsteuer belastet werden.

Daher ist die Befreiung auch dann zu gewähren und der Vorsteuerabzug zulässig, wenn die Ausfuhr gegen strafbewehrte nationale und internationale **Embargovorschriften** verstößt[161].

Eine **Ausfuhrlieferung,** § 4 Nr. 1a i. V. mit § 6 UStG, und eine Lohnveredelung an Gegenständen der Ausfuhr, § 4 Nr. 1a i. V. mit § 7 UStG, ist nur noch **im Verhältnis zu Drittlandsgebiet** technisch möglich. Im innergemeinschaftlichen Handel tritt an deren Stelle die innergemeinschaftlich befreite Lieferung.

100 b) Außerhalb des UStG werden wie Ausfuhrumsätze behandelt: Leistungen an **Nato-Truppen** und ziviles Gefolge, an **Dienststellen der Vereinigten Staaten für Verteidigungsaufgaben** und an die **Alliierten Hauptquartiere** (vgl. § 26 V UStG i. V. mit den dort genannten Bestimmungen und § 15 III Nr. 1 UStG). Obwohl hier ein Verbrauch im Inland stattfindet, sollen die Entsendestaaten wegen der Besonderheit der Aufgaben vollständig von deutscher Umsatzsteuer entlastet werden. Eine ergänzende Befreiung für Leistungen an andere Vertragsparteien des Natovertrages findet sich in § 4 Nr. 7a UStG.

7.2 Innergemeinschaftlich befreite Umsätze

101 Im innergemeinschaftlichen Handel und Dienstleistungsverkehr ist an die Stelle der Ausfuhrbefreiung die Befreiung der **innergemeinschaftlichen Lieferung,** § 4 Nr. 1b i. V. mit § 6a UStG getreten (s. Rz. 21 f.). Zu beachten ist, daß die funktionsverändernde Lohnveredelung als Lieferung behandelt wird (Rz. 22). Nicht funktionsverändernde Werkleistungen und Begutachtungen körperlicher Gegenstände für Auftraggeber, die eine USt-IdNr. verwenden, werden nach § 4 Nr. 1c UStG befreit, obwohl im anderen Mitgliedstaat keine Erwerbsbesteuerung stattfindet. Vermieden werden soll hier eine ansonsten notwendige Vorsteuervergütung an den Auftraggeber. Eben demselben Zweck dient die Befreiung nach § 4 Nr. 1c bb UStG für rein inländische Beförderungen, während für die tatsächlich grenzüberschreitende innergemeinschaftliche Beförderung nicht die Befreiung nach § 4 Nr. 3a UStG gilt (nur für Beförderungen von und in Drittlandsgebiet), aber der Ort in das Bestimmungsland verlagert wird (Rz. 30).

7.3 Befreiung der Einfuhr und des Erwerbs

102 § 5 UStG sieht für bestimmte Fälle vor, daß die Einfuhr von Gütern **aus Drittlandsgebiet** befreit wird. Dabei handelt es sich z. T. um Befreiungen wegen Geringfügigkeit, § 5 II Nr. 1, 2, 8 UStG, z. T. um Gleichstellung mit der Behandlung im Inland erbrachter

160 Verkannt von *Zimmermann,* StuW 93, 231 (234).

161 EuGH vom 2. 8. 1993 Rs 111/92, UVR 93, 305.

Leistungen, § 5 I Nr. 1 und 2 UStG, um rein technische Vereinfachungen, § 5 I Nr. 3, § 5 II Nr. 3, 4, 5 UStG. In allen Fällen kommt es nicht zu einem (bedeutsamen) Endverbrauch.

Für den **innergemeinschaftlichen Erwerb** aus Mitgliedstaaten enthält § 4b UStG eine dem § 5 I UStG korrespondierende Befreiungsvorschrift. Die **Sonderregelung** ist erforderlich, weil im Binnenmarkt an die Stelle der Einfuhrbesteuerung die Erwerbsbesteuerung getreten ist (s. Rz. 17). Der innergemeinschaftliche Erwerb durch diplomatische Missionen, zwischenstaatliche Einrichtungen und Streitkräfte anderer Natovertragsparteien als der Bundesrepublik wird nach § 1c I UStG bereits aus der Besteuerung ausgenommen.

D. Steuersubjekte

1. Unternehmer als Steuersubjekte

Literatur: *Popitz,* HdF, Bd. 2, Jena 1927, 180 ff.; *ders.,* Kommentar zum UStG[3], Berlin 1928; *Schmidt-Liebig,* Die natürliche Person als umsatzsteuerlicher Unternehmer, StuW 78, 137; *Brezing,* Wandlungen des Unternehmerbegriffs, UStKongrBericht 1982, 83, 25 (freischwebende Begriffsdarstellung ohne teleologischen Bezug); *Tehler,* Die Umsatzsteuer als angewandte Verkehr- und/oder Verbrauchsteuer, Diss. Köln 1986; *Bunjes,* Zum subjektiven Element des Unternehmerbegriffs, UR 88, 307; *Schaub,* Der umsatzsteuerliche Unternehmerbegriff, Diss. München 1988; *Stadie,* Das Recht des Vorsteuerabzugs, Köln 1989, 29 f.; *Rose,* Neue Entwicklungen um den umsatzsteuerlichen Unternehmerbegriff, StbJb. 1989/90, 27; *Dziadkowski,* Zum Unternehmerbegriff des Umsatzsteuergesetzes, StVj 89, 326; *Giesberts,* Der Unternehmer: Ein „Händler am Markt?“, UR 89, 257; *Wagner,* Vorsteuerabzug bei Gesellschaftsgründungen, UStKongrBericht 1991/92, 63; *Birkenfeld,* Beginn, Abwicklung und Ende des Unternehmens, UR 92, 29; *Giesberts,* Zur Qualifizierung des Unternehmerbegriffs, UR 93, 279; *Klenk,* Die Funktion des Unternehmers im Mehrwertsteuersystem, UR 93, 284; *Ebke/Andrees,* Der Unternehmer im deutschen und europäischen Umsatzsteuerrecht, EWS 93, 346; *Winter,* Erfolgloser Unternehmer und Vorsteuerabzugsrecht, UR 93, 411; *Tipke,* Die Steuerrechtsordnung, Bd. II (StRO II), Köln 1993, 918; *Mößlang,* Der Unternehmerbegriff des deutschen Umsatzsteuergesetzes und die Harmonisierung, UR 94, 10.

a) Steuersubjekte (Steuerschuldner) der Umsatzsteuer sind grundsätzlich **Unternehmer** 103
(§§ 1 I Nrn. 1, 2, 3; 13 II UStG). Wegen Ausnahmen s. Rz. 111.

Der Unternehmerbegriff ergibt sich aus § 2 UStG. Nach § 2 I UStG ist Unternehmer, wer eine **gewerbliche oder berufliche Tätigkeit** selbständigt ausübt. Gewerblich oder beruflich ist jede **nachhaltige Tätigkeit** zur Erzielung von Einnahmen, auch wenn die Absicht, Gewinn zu erzielen, fehlt oder eine Personenvereinigung nur gegenüber ihren Mitgliedern tätig wird.

Erfaßt wird danach nicht nur die Tätigkeit der Gewerbetreibenden und der Freiberufler, sondern insb. auch die der Landwirte und der Vermieter/Verpächter (s. auch § 4 Nr. 12 UStG). Das Gesetz ist insoweit mißverständlich. Dieser weite Begriff ist **verbrauchsteuer-teleologisch** gerechtfertigt.

Der **Unternehmerbegriff** hat folgendes zu leisten: 104

1. Da Steuerträger der nichtunternehmerische Leistungsempfänger ist, der Einkommen verwendet, muß der Unternehmerbegriff so weit gefaßt werden, daß der normale Bezug von Leistungen durch Endverbraucher mit Umsatzsteuer belastet wird. Daher ist es verfehlt, den Unternehmerbegriff durch **subjektive Merkmale**[162] einengen zu wollen. Ebenfalls abzulehnen sind Versuche, die sogenannte **Vermögensverwaltung**[163] prinzipiell auszuschließen. Auch wer entgeltlich fremdes Vermögen nutzt, wendet Einkommen für den Verbrauch auf.

---

162 So aber *Bunjes,* UR 88, 307; zutreffend *Ebke/Andrees,* EWS 93, 350.

163 So aber *Kempke,* UR 86, 114; vgl. dagegen EuGHE 90, 4363 (Erbbaurecht).

2. Andererseits ist zu berücksichtigen, daß die Besteuerung der Einkommensverwendung durch die Umsatzsteuer **praktikabel** bleiben muß. Darauf beruht es überhaupt, daß die Steuer beim Unternehmer als **Steuereinsammler** und nicht beim Verbraucher erhoben wird. Daher ist den Vorschlägen nicht zu folgen, die jede entgeltliche Erbringung von Leistungen bereits als unternehmerisch ansehen wollen und lediglich nach dem Vorbild des § 19 I UStG eine Umsatzgrenze einführen wollen[164]. Im Prinzip ist der Unternehmerbegriff sowohl in **Art. 4 6. EG-Richtlinie** als auch in § 2 UStG zutreffend umschrieben, wenn über die berufliche Tätigkeit hinaus **auch die nachhaltige Vermögensnutzung**[165] zur Erzielung von Einnahmen erfaßt wird. Ob darüber hinaus auch in leicht nachprüfbaren Fällen gelegentliche Umsätze, z. B. Grundstückslieferungen, erfaßt werden sollen, ist keine Frage des Prinzips[166]. Bei der gegenwärtigen Gesetzeslage mit eigener Grunderwerbsteuer besteht dazu kein Bedürfnis.

3. Der Unternehmerbegriff sollte dagegen nicht mit der Frage befrachtet werden, wie die **Endverbrauchsbesteuerung beim Unternehmer selbst** zu sichern ist. Dies ist durch eine sachgerechte Interpretation des Merkmales **„für sein Unternehmen“**[167] bei § 15 I UStG zu leisten, bzw. durch eine sachgerechte Interpretation der **Eigenverbrauchstatbestände.**

105 b) **Unmaßgeblichkeit der Unternehmensform:** Es kommt nicht auf die Unternehmensform an, sondern auf die unternehmerische Tätigkeit, auf die Fähigkeit, selbständig Leistungen zu erbringen. Unternehmer können sein:

(a) **natürliche Personen** (Einzelunternehmer);

(b) **nicht rechtsfähige Personenvereinigungen,** denn sie erbringen ebenfalls selbständig Leistungen (s. § 124 HGB);

in Betracht kommen nicht nur OHG, KG, BGB-Gesellschaft, echte Arbeitsgemeinschaft, sondern alle Gebilde mit einer gewissen Organisation und dem Willen zur wirtschaftlichen Betätigung (Beispiel: Der Betriebsrat eines Unternehmens betreibt eine Kantine)[168].

Innengesellschaften (z. B. stille Gesellschaften, Meta-Gesellschaften, Gewinnpools, Bürogemeinschaften) sind keine Unternehmer.

Die Gesellschafter selbst sind in ihrer Eigenschaft als Gesellschafter keine Unternehmer (**neben** dem Unternehmen „Gesellschaft“);

(c) **juristische Personen** des Privatrechts (z. B. AG, GmbH, e. V., Genossenschaft);

(d) **juristische Personen des öffentlichen Rechts,** allerdings nur im Rahmen ihrer Betriebe **gewerblicher** Art und ihrer **land- und forstwirtschaftlichen Betriebe** (§ 2 III 1 UStG; dazu kasuistisch ergänzend § 2 III 2 UStG)[169].

§ 2 III UStG wird dem **Verbrauchsteuergedanken** nur zum Teil gerecht. Unter dem Verbrauchsteueraspekt müßten *alle* entgeltlichen Versorgungsleistungen der öffentlichen Hand erfaßt werden. Die Art der Tätigkeit der öffentlichen Hand, ob hoheitlich oder gewerblich, sollte unerheblich sein[170]. Dem entspricht allerdings auch Art. 4 V 6. RL nicht[171].

---

164 So aber *Tehler,* UVR 89, 353; s. auch *Tehler,* Die Umsatzsteuer als angewandte Verkehr- und/oder Verbrauchsteuer, Diss. Köln 1986.

165 Zur Kritik des Merkmales *Dziadkowski,* StVj 89, 326 m. w. N.; *Giesberts,* UR 89, 257; *Weiß,* UR 85, 65; *Giesberts,* UR 93, 279 (281).

166 Zutreffend daher BFH BStBl. 87, 744 (Briefmarkensammler); 87, 752 (Münzsammler); ablehnend *Mößlang,* UR 94, 10 (13); vgl. auch BFH BStBl. 93, 379.

167 Dazu *Rose,* StbJb. 1989/90, 27, 47 f.

168 *Schön,* DStJG Bd. 13 (1990), 81 ff. verweist zutreffend darauf, daß auch zivilrechtlich Außengesellschaften bzw. Vereine vorliegen.

169 *Tehler,* Die juristischen Personen des öffentlichen Rechts in der Umsatzsteuer, DVR 86, 162 ff., 178 ff.; *Wagner,* Umsatzsteuer und öffentliche Hand, DStJG Bd. 13 (1990), 59 ff.; *ders.,* UR 93, 301.

170 Gl. A. *Söhn,* StuW 76, 1, 8 ff.; *Brezing,* UStKongrBericht 1982/83, 25, 48, sieht in der Erfassung der hoheitlichen Tätigkeit „einen ganz entscheidenden Bruch mit der deutschen Rechtstradition“; er sieht offenbar nicht, daß die technisch-positivistische Tradition des Verkehrsteuerdenkens einem Verbrauchsteuergesetz nicht gerecht werden kann; dagegen zutreffend auch *Wagner* (Fn. 169); s. auch *Stoll,* Umsatzbesteuerung gewinnloser Betriebe der öffentlichen

1.1 Nachhaltige Tätigkeit zur Erzielung von Einnahmen

Es muß sich um eine Tätigkeit handeln. Die Tätigkeit muß zur Erzielung von Einnahmen vorgenommen werden. Das Gesetz definiert ausdrücklich jede nachhaltig zur Erzielung von Einnahmen ausgeübte Tätigkeit als **gewerbliche oder berufliche Tätigkeit.** Für den Unternehmerbegriff ist daher konstituierend, daß die Tätigkeit auf die Erbringung von **Leistungen im Leistungsaustausch** gerichtet ist[172]. Die Unternehmereigenschaft setzt daher grundsätzlich ein nachhaltiges Tätigwerden im Leistungsaustausch voraus. Unternehmer kann daher unabhängig von der Rechtsform nicht sein, wer eine Tätigkeit entfaltet, die nicht auf Leistungserbringung an andere gerichtet ist[173]. An einer Leistungserbringung an andere fehlt es z. B. bei Gesellschaftern, die sich auf das Halten der Beteiligung beschränken. Dies gilt auch für sog. vermögensverwaltende Holdinggesellschaften[174]. 106

Problematisch ist aber, ob für die Unternehmereigenschaft genügt, daß die Tätigkeit auf einen nachhaltigen Leistungsaustausch gerichtet ist oder ob es **tatsächlich** zu einem nachhaltigen Leistungsaustausch kommen muß. Der BFH legt § 2 UStG nunmehr so aus, daß Unternehmer nur sein kann, wer im Endeffekt tatsächlich im Leistungsaustausch nachhaltig tätig wird[175]. Die dafür gegebene Begründung kann allerdings nur als zynisch bezeichnet werden und als falsch. Dem **„erfolglosen Unternehmer"** müsse der Vorsteuerabzug versagt werden, weil das Umsatzsteuergesetz auf Einnahmen des Staates abziele. Nach dem Umsatzsteuersystem verbleibe dem Staat die vom Unternehmer zu entrichtende Steuer. Diese ergebe sich als Differenz von Ausgangsteuer und Vorsteuerabzug. Falsch ist, daß der BFH die Differenz von Ausgangsteuer und Vorsteuerabzug als das Entscheidende ansieht. Das ist bloße Technik. Solange kein Umsatz an den Endverbraucher stattgefunden hat, ist das Steueraufkommen insgesamt gleich Null, mögen bei den Unternehmern auch noch so viele zu entrichtende Differenzen entstanden sein. Mit dieser Argumentation dürfte es keine Vorsteuervergütungen bei Vorsteuerüberhang geben. Zynisch ist die nackte **Verweisung auf den Einnahmeerzielungszweck.** Der Staat als Räuberbande. Auch eine richtlinienkonforme Auslegung des § 2 UStG erzwingt ein solches Ergebnis nicht. Art. 4 I und II 6. RL lassen sich zwanglos auch dahin verstehen, daß Steuerpflichtiger auch ist, wer die genannten Tätigkeiten im Hinblick auf ernsthaft beabsichtigte Leistungen gegen Entgelt ausübt. Entgegenstehen könnte allerdings Art. 17 II 6. RL, der für den Vorsteuerabzug eine Verwendung für Zwecke der besteuerten Umsätze verlangt. Auch hier läßt der Wortlaut aber die vom telos der Umsatzsteuer gebotene Auslegung zu, daß die **Zweckbestimmung** genügt, nicht aber zwingend ein besteuerter Umsatz erforderlich ist[176]. Die Versagung des Vorsteuerabzuges bei erfolgloser Unternehmensgründung kontrastiert merkwürdig mit der Zulassung des Vorsteuerabzuges für die Anschaffung von Kostümen für Karnevalsprinzen und dessen Bewirtungskosten[177]. Dies ist die Folge einer frei schwebenden Betrachtungsweise, die nicht nach dem Besteuerungszweck fragt.

Hand, in: FS für Wenger, Wien 1983, 479 ff.; EuGH vom 17. 10. 1989 Rs 231/87 u. 129/88, UR 90, 273; BFH BStBl. 90, 868.

171 Vgl. dazu *Wagner,* UR 93, 301; EuGHE 91, 4247; EuGHE 85, 2655; EuGHE 89, 3233.

172 *Giesberts,* UR 93, 279 (281).

173 BFH BStBl. 80, 622; *Rose,* StbJb. 1989/90, 36 f.; EuGH vom 1. 4. 1982 Rs 89/81, UR 82, 246.

174 BFH BStBl. 88, 557; 89, 122; EuGHE 1991, 3111 = UR 93, 119 mit Anm. *Weiß; Ebke/Andrees,* EWS 93, 346.

175 BFH BStBl. 93, 564; 94, 278; ebenso *Mößlang,* UStKongrBericht 1988/89, 210; *Wagner,* StuW 91, 61; *Birkenfeld,* UR 90, 33; *Weiß,* UR 87, 209, 212.

176 Wie hier im Ergebnis *Giesberts,* StuW 91, 175, 178; *Stadie,* Vorsteuerabzug, 55; *Lück,* DStZ 94, 231; *Winter,* UR 93, 411.

177 BFH BStBl. 94, 274.

Unstrittig beginnt die Unternehmereigenschaft bereits mit **Vorbereitungs- und Gründungshandlungen**[178]. Daher ist der Vorsteuerabzug bereits begründet, wenn Leistungen empfangen werden, die der Ausführung von Leistungen im Leistungsaustausch dienen sollen.

Kommt es später nicht zu einem nachhaltigen Leistungsaustausch, soll nach der verfehlten Rechtsprechung des BFH die Unternehmereigenschaft mit Rückwirkung für die Vergangenheit entfallen. Richtigerweise ist die Besteuerung des Endverbrauches aber dadurch zu sichern, daß für noch nicht verbrauchte Leistungen nunmehr die Besteuerung als Eigenverbrauch stattzufinden hat. Im übrigen hat es mangels Endverbrauches mit dem Vorsteuerabzug sein Bewenden.

107 Das **Merkmal der Nachhaltigkeit** dient nicht der Einengung des Unternehmerbegriffes, sondern im Gegenteil der Erfassung auch solcher Leistungen, die sich als „private" Vermögensverwaltung darstellen. § 2 I 3 UStG ist daher im Einklang mit Art. 4 6. Richtlinie und der geschichtlichen Entwicklung so zu lesen, daß i. S. des UStG **auch** jede nachhaltige Tätigkeit als beruflich anzusehen ist. In der Regel genügt bereits die Prüfung der Nachhaltigkeit. Dies kann aber bei Personenzusammenschlüssen zur Erledigung eines bestimmten Auftrages, z. B. Arbeitsgemeinschaft des Baugewerbes, anders sein.

Nachhaltig ist eine Tätigkeit, wenn mehrere gleichartige Handlungen unter Ausnutzung derselben Gelegenheit oder desselben dauernden Verhältnisses vorgenommen werden oder wenn ein Dauerverhältnis geschaffen wird[179].

Absicht der Erzielung von Einnahmen genügt, Absicht der Gewinnerzielung ist nicht erforderlich. Daher kann auch die Liebhabertätigkeit i. S. des Einkommensteuerrechts und die gemeinnützige Tätigkeit unternehmerisch sein (s. allerdings zum Vorsteuerabzug Rz. 127). Das ist konsequent i. S. der Verbrauchsteueridee.

Typisch private Verwertungshandlungen müssen ausgeschlossen werden, wenn der Unternehmerbegriff seine Funktion erfüllen soll, eine **Besteuerung des Verbrauches** praktikabel zu machen. Das Merkmal der Nachhaltigkeit ist daher nicht schematisch anzuwenden, sondern wertend. Dabei ist in Zweifelsfällen entscheidend, ob der Anbieter sich an den allgemeinen Markt wendet, auf dem sich der Verbraucher typischerweise eindeckt[180]. Dabei ist auch zu bedenken, daß bei privaten Verwertungshandlungen normalerweise eine Belastung bereits bei Erwerb der Gegenstände durch das fehlende Vorsteuerabzugsrecht stattgefunden hat.

1.2 Selbständige Tätigkeit

108 Die nachhaltige Tätigkeit im Leistungsaustausch muß selbständig ausgeübt werden. § 2 II Nr. 1 UStG enthält nur eine Definition der **Un**selbständigkeit. Unselbständig sind natürliche Personen, soweit sie einem Unternehmen so eingegliedert sind, daß sie den Weisungen des Unternehmers – zu ergänzen: nach Ort, Art, Zeit – zu folgen verpflichtet sind. Es kommt nicht auf das Außenverhältnis an, nicht darauf, wie jemand sich nach außen geriert, sondern auf die vorhandene oder fehlende Abhängigkeit im **Innenverhältnis.** Der Begriff (Typus-Begriff, s. § 5 Rz. 45 ff.) der Selbständigkeit oder Unselbständigkeit (natürlicher Personen) des Umsatzsteuerrechts ist identisch mit dem des Einkommensteuer- und Gewerbesteuerrechts (s. § 9 Rz. 488, 552).

---

178 EuGH vom 14. 2. 1985 Rs 268/83, UR 85, 199.

179 BFH BStBl. 69, 282; 79, 530 (sog. Jahreswagenverkaufsurteil); s. aber BFH BStBl. 86, 874 (Wettbewerb); BFH BStBl. 91, 776 (Jahreswagen).

180 Vgl. BFH BStBl. 85, 173 (Hobbysport); 87, 744 (Briefmarken); 87, 752 (Münzen); vgl. aber BFH BStBl. 93, 379 (ererbte Sammlung); *Giesberts,* UR 93, 279 und *Mößlang,* UR 94, 10 zur Bedeutung der Nachhaltigkeit.

Die Tätigkeit eines Unselbständigen ist dem Unternehmer zuzurechnen, für den der Unselbständige tätig ist.

Die Technik, nur Selbständige zu Schuldnern der Umsatzsteuer zu deklarieren, führt dazu, daß unter dem **Verbrauchsteueraspekt** eine Lücke (keine Gesetzeslücke) entsteht. Wer sich etwa für den Privathaushalt Dienstboten hält, wendet für diese Dienstboten etwas auf aus seinem Einkommen oder Vermögen. Gleichwohl wird diese Aufwendung nicht mit Umsatzsteuer belastet, da die Dienstboten unselbständig, folglich keine Umsatzsteuerschuldner sind, die berechtigt wären, auf den Dienstherren Umsatzsteuer zu überwälzen. Der Gesetzgeber hat die Erfassung Unselbständiger als Steuerschuldner technisch für zu schwierig gehalten[181].

Als **unselbständig** wird auch die **Organgesellschaft** behandelt, d. h. eine juristische Person, die nach dem Gesamtbild der tatsächlichen Verhältnisse finanziell, wirtschaftlich und organisatorisch in ein Unternehmen eingegliedert ist (§ 2 II Nr. 2 UStG). Wegen des Begriffs der Organschaft s. § 11 Rz. 110 ff. Die Umsätze der Organgesellschaft werden dem Organträger zugerechnet, als Umsätze des Organträgers angesehen. Innerhalb des Organkreises werden keine Umsätze ausgeführt. Das gilt allerdings nur für das Inland (§ 2 II Nr. 2 Sätze 2–4 UStG). Da die Organschaft den Vorzug, auf diese Weise Umsatzsteuer zu sparen, durch Einführung des Vorsteuerabzugs verloren hat, beschränken sich ihre umsatzsteuerlichen Vorzüge im wesentlichen nur noch auf eine technische Vereinfachung[182]. Materielle Vorteile können sich nur im Zusammenhang mit Systemwidrigkeiten des Gesetzes ergeben[183]. Die Sonderbehandlung der Organschaft hat im idealen Mehrwertsteuersystem keine Berechtigung[184]. Der BFH bejaht (verfehlterweise) für die Betriebsaufspaltung Organschaft[185]. 109

1.3 Unternehmenseinheit; keine Unternehmereinheit

Das Unternehmen umfaßt „die **gesamte gewerbliche oder berufliche Tätigkeit des Unternehmers**" (§ 2 I 2 UStG). Daraus folgt, daß ein Unternehmer immer nur *ein* Unternehmen haben kann. Mehrere „Betriebe", „Betriebstätten" oder „Firmen" desselben Unternehmers bilden umsatzsteuerrechtlich *ein* Unternehmen, eine Unternehmenseinheit. Das gilt auch, wenn der Gegenstand der Betriebe ein ganz unterschiedlicher ist (etwa Gastwirtschaft und Autoreparaturwerkstatt). 110

Zwischen den einzelnen Unternehmensteilen (Teilbetrieben) kann weder ein Leistungsaustausch stattfinden, noch führt die Überführung von Gegenständen aus einem Bereich in den anderen zu einem Eigenverbrauch.

2. Ausnahmen: Nichtunternehmer als Steuersubjekte und Steuerschuldner

Schuldner der **Einfuhrumsatzsteuer** (§ 1 I Nr. 4 UStG) können nicht nur Unternehmer, sondern auch Private (Nichtunternehmer) sein. Das entspricht der Idee der Verbrauchsbesteuerung. 111

Beim **innergemeinschaftlichen Erwerb** können juristische Personen § 1a I Nr. 2b, III und beim Erwerb neuer Fahrzeuge auch natürliche Personen als Privatpersonen den Tatbestand verwirklichen. Auch dies belegt den Charakter als Verbrauchsteuer.

---

181 Begründung des Entwurfs eines UStG, RT-Drucks. 1914/18 Nr. 1461, 25 f.; Nr. 1745, 3 f.; im Auszug abgedruckt bei *Popitz,* UStG 1918, Berlin 1918, 9, 22 f.; *Söhn,* StuW 75, 4 f.; *ders.,* StuW 76, 7.

182 *List,* Die Bedeutung der Organschaft in der Mehrwertsteuer, UStR 69, 145.

183 Dazu Rz. 132, 133.

184 *Söhn,* StuW 76, 1, 5 f.; *Reiß,* Die umsatzsteuerliche Organschaft – eine überholte Rechtsfigur, StuW 79, 343; zu den Haftungsproblemen vgl. *Probst,* BB 87, 1992 ff.

185 BFH BStBl. 94, 129 (vgl. demgegenüber für KSt und GewSt BFH BStBl. 89, 668; 90, 24).

Schuldner der Umsatzsteuer ist ferner, wer **nicht Unternehmer** ist und gleichwohl zu Unrecht **in einer Rechnung gesondert Umsatzsteuer** ausweist (§ 14 III UStG).

Nach § 6a IV UStG kann auch ein **privater Abnehmer** einer fälschlich als **innergemeinschaftlich befreiten Lieferung** behandelten Leistung Steuerschuldner sein.

E. Bemessungsgrundlage (§ 10 UStG)

1. Entgelt beim Leistungsaustausch

112 Bei **Lieferungen und sonstigen Leistungen** wird der Umsatz nach dem Entgelt bemessen (§ 10 I 1 UStG). Entgelt ist alles, was der Leistungsempfänger aufwendet, um die Leistung zu erhalten, jedoch abzüglich der Umsatzsteuer (§ 10 I 2 UStG). Die Anknüpfung an die Aufwendung des Leistungsempfängers ist konsequenter Ausdruck der Tatsache, daß die Umsatzsteuer den **Verbraucher, dessen Einkommensverwendung** belasten will.

Die Formulierung „um . . . zu erhalten" (§ 10 I 2 UStG) ist teleologsich mißglückt. Es genügt, daß etwas „für die Leistung" (so zutreffend § 10 I 3 UStG) gewährt wird (s. dazu Rz. 58).

Zum Entgelt gehört auch, was **ein anderer als der Leistungsempfänger dem Unternehmer(!)** für die Leistung (entgeltauffüllend) gewährt (§ 10 I 3 UStG). Nicht zum Entgelt gehören Beträge, die der Unternehmer im Namen und für Rechnung eines anderen vereinnahmt und verausgabt (durchlaufende Posten), s. § 10 I 5 UStG. Ausländische Werte sind in DM umzurechnen (dazu § 16 VI UStG).

Das Entgelt vermindet sich durch Boni, Skonti, Rabatte[186]; es erhöht sich durch Preisaufschläge, freiwillige Sonderhonorare, Trinkgelder an Unternehmer (z. B. selbständige Taxifahrer). Zum Entgelt gehört auch der Auslagenersatz (soweit nicht durchlaufender Posten vorliegt).

Maßgebend ist das **tatsächlich aufgewendete Entgelt,** soweit es dem Unternehmer (Steuereinsammler) zufließt. Lediglich **verfahrenstechnisch** wird für die Entstehung der Steuerschuld (§ 13 I Nr. 1a UStG) bereits an die Ausführung des Umsatzes gegen **vereinbartes Entgelt** angeknüpft **(Sollbesteuerung).** Wird der Sollbetrag letztlich nicht vereinnahmt, bedarf es der Korrektur (§ 17 I und II Nr. 1 UStG). Bestimmten Unternehmern kann auf Antrag die Versteuerung nach vereinnahmten Entgelten gestattet werden (§ 20 UStG; **Istbesteuerung**).

2. Tauschgeschäfte

113 Beim **Tausch** (§ 3 XII 1 UStG), bei **tauschähnlichen Umsätzen** (§ 3 XII 2 UStG) und bei **Hingabe an Zahlungs Statt** gilt der **Wert** jedes Umsatzes als Entgelt für den anderen Umsatz (§ 10 II 2 UStG). Maßgeblich ist (über § 1 BewG) der gemeine Wert i. S. des § 9 BewG, d. h. der übliche Verkaufspreis. Besteht die Gegenleistung in einer Rente, so ist der Kapitalwert anzusetzen (s. §§ 13–16 BewG). § 10 II 2 UStG enthält nur eine Ausführung des § 10 I 2 UStG.

Die Besonderheit besteht lediglich darin, daß die Gegenleistung nicht in Geld besteht und daher bewertet werden muß. Der Wertmaßstab des gemeinen Wertes (= üblicher Veräußerungspreis) ist verbrauchsteuerkonform, denn er kennzeichnet zutreffend das aufgewendete Vermögen/Einkommen. Aus diesem Grunde ist bei der **Hingabe an Zahlungs Statt** auch nicht der vereinbarte Geldpreis, sondern die tatsächliche Aufwendung maßgebend.

---

186 BFH BStBl. 93, 360; keine Preisminderungen stellen Kreditkartenprovisionen dar, EuGH v. 25. 5. 1993, Rs C–18/92, UR 94, 72.

3. Eigenverbrauch und unentgeltliche Leistungen an Arbeitnehmer

In den Fällen des Eigenverbrauchs, der Leistungen an Arbeitnehmer und des **Gesellschafterverbrauchs** fehlt es an einem Entgelt oder jedenfalls an einem fixierten Entgelt. § 10 IV UStG arbeitet daher mit folgenden Ersatzwerten: **Einkaufspreis zuzüglich Nebenkosten** oder **Selbstkosten** bei der Gegenstandsentnahme, jeweils nach den Preisverhältnissen im Zeitpunkt der Entnahme. Dasselbe gilt für Lieferungen an Arbeitnehmer ohne besonderes Entgelt. **Kosten** bei „sonstigen Leistungen" (Nutzungs-, Leistungsentnahmen) und bei sonstigen Leistungen an Arbeitnehmer und Gesellschafter usw.; **Aufwendungen** bei Aufwendungen i. S. des § 1 I Nr. 2c UStG i. V. mit § 4 V Nrn. 1–7, VII; 12 Nr. 1 EStG. Die eigene Arbeitsleistung des Unternehmers gehört nicht zu den Kosten. 114

Die verfehlte Anknüpfung an den einkommensteuerlichen Teilwert ist aufgegeben worden. Zugleich wurde das Gesetz nunmehr richtlinienkonform umgesetzt. Für die Gegenstandsentnahme wird verbrauchsteuerkonform der Wiederbeschaffungspreis im Zeitpunkt der Entnahme angesetzt. In dieser Höhe wendet der Unternehmer für seinen nichtunternehmerischen Verbrauch Einkommen auf. Bei den Leistungen an Arbeitnehmer ist dies der Wert, den die Arbeitsleistung für den Unternehmer hat. Die Bemessungsgrundlage bestätigt, daß der Gesetzgeber die Zuwendung nach § 1 I Nr. 2b UStG als Leistungsaustausch versteht.

Weder zum Einkaufspreis noch zu den Selbstkosten dürfen kalkulatorische Kosten, wie der Unternehmerlohn, oder ein Gewinnaufschlag gerechnet werden. Die Selbstkosten sind insbesondere bei selbst hergestellten Gegenständen anzusetzen. Maßgebend ist auch hier die **tatsächliche Einkommensverwendung**[187].

Auch bei dem nach § 10 IV Nr. 2 UStG vorgesehenen Ansatz der Kosten kommt es auf die **tatsächlichen Aufwendungen** des Unternehmers an, nicht auf den üblichen Normalpreis. Dies wird im Regelfall zu einem niedrigeren Ansatz führen. Sollten jedoch die Aufwendungen über dem üblichen Preis liegen, z. B. private Nutzung eines Flugzeuges des Unternehmens, so kommt es auf die tatsächlichen Kosten an[188].

Zu den Kosten gehören die zurechenbaren **Einzelaufwendungen ungekürzt** und die **fixen Kosten anteilig**[189]. Eine Anlehnung an die ertragsteuerlichen Betriebsaufwendungen oder Werbungskosten ist nur insoweit möglich, als diese die reale Vermögensminderung zutreffend erfassen. Mit dem Verbrauchsteuercharakter unvereinbar ist es, aus konjunkturpolitischen Gründen gewährte Sonderabschreibungen, erhöhte Absetzungen oder eine steuerfreie Rücklagenbildung zu berücksichtigen[190].

4. Mindestbemessungsgrundlage[191]

Nach § 10 V UStG sind die Bemessungsgrundlagen für den Eigenverbrauch bzw. für unentgeltliche Leistungen an Arbeitnehmer als *Mindest*bemessungsgrundlage anzusetzen, wenn von Unternehmern an ihnen **nahestehende Personen oder Arbeitnehmer** entgeltlich Leistungen erbracht werden. Der Grund für diese Bestimmung liegt darin, daß wegen des Vorliegens eines Leistungsaustausches i. S. des § 1 I Nr. 1 UStG weder ein Eigenverbrauch nach § 1 I Nr. 2a und b UStG, ein Gesellschafterverbrauch nach § 1 I Nr. 3 UStG noch eine Zuwendung ohne besonderes Entgelt i. S. des § 1 I Nr. 1b UStG angenommen werden kann. Damit wären die Bemessungsgrundlagen des § 10 IV UStG unanwendbar, wenn ein niedriges Entgelt vereinbart wird. § 10 V UStG soll einerseits **Umgehungen verhindern** und trägt andererseits der Tatsache Rechnung, daß Leistungen doppelt motiviert sein können. Der Unternehmer kann zur Erzielung von Entgelt 115

187 S. aber *K. Söhn,* StuW 76, 22 u. *ders.,* DStZ 87, 367 f.

188 BFH BStBl. 80, 671.

189 Dazu *K. Söhn,* DStZ 87, 367, 372.

190 *Philipowski,* Die „entstandenen Kosten" in § 10 Abs. 4 Nr. 2 UStG, DB 85, 722 ff.; *K. Söhn,* DStZ 87, 367, 371; *W. Reiß,* DVR 86, 133; a. A. Abschn. 155 II UStR.

191 Dazu *Toth,* Mindestbemessungsgrundlagen des deutschen Umsatzsteuerrechtes, Göttingen 1992.

(unternehmerisch) leisten und zugleich aus privaten/nichtunternehmerischen Gründen das Entgelt verbilligt festsetzen. Insoweit liegt dann ein **Endverbrauch des Unternehmers** vor. Dem trägt § 10 V UStG dadurch Rechnung, daß mindestens die Bemessungsgrundlage angesetzt wird, die bei unentgeltlicher Leistungsabgabe anzusetzen wäre. Für entgeltliche Leistungen an Arbeitnehmer gilt entsprechendes, weil er mit der entlohnten Arbeitsleistung Einkommen verwendet hat.

Es handelt sich daher bei § 10 V UStG materiell um eine **Ergänzungsvorschrift zur Besteuerung des Eigenverbrauches** bzw. der Leistungen an Arbeitnehmer. § 10 V UStG ist daher nicht anwendbar, wenn das Unterschreiten der Bemessungsgrundlagen des § 10 IV UStG nicht außerunternehmerisch motiviert ist bzw. nicht durch die Arbeitnehmereigenschaft motiviert ist. Dies ist insbesondere dann der Fall, wenn der Unternehmer **Leistungen zum marktüblichen Entgelt** wie an jeden fremden Dritten auch an eine mit ihm verwandte Person oder an einen Gesellschafter abgibt[192].

5. Erwerb und Einfuhr

116 Beim entgeltlichen Erwerb stellt das Entgelt, § 10 I 1 UStG, beim innergemeinschaftlichen Verbringen innerhalb des Unternehmens der Einkaufspreis zzgl. Nebenkosten, bzw. die Selbstkosten die Bemessungsgrundlage dar, § 10 IV Nr. 1 UStG.

Bei der Einfuhr aus Drittländern stellt nach § 11 I UStG der Zollwert die Bemessungsgrundlage dar. Der Zollwert leitet sich aus dem Entgelt ab.

6. Umsatzsteuer und Bemessungsgrundlage

117 In keinem Fall gehört die Umsatzsteuer selbst zur Bemessungsgrundlage (§ 10 I 2, II 3, IV letzter Satz UStG).

Sie ist daher aus den Geldaufwendungen des Leistungsempfängers, beim Tausch und Eigenverbrauch aus dem gemeinen Wert herauszurechnen (s. Rz. 120). Einkaufspreis, Selbstkosten und Kosten stellen hingegen schon die Bemessungsgrundlage ohne Umsatzsteuer dar.

7. Änderung der Bemessungsgrundlage

118 Ändert sich die Bemessungsgrundlage **nachträglich** – etwa durch erfolgreiche Anfechtung, Wandlung, Minderung, Rücktritt, Gerichtsentscheidung, nachträgliche Gewährung von Boni, Skonti oder durch Forderungsausfall –, so hat der Unternehmer, der den Umsatz ausgeführt hat, den geschuldeten Steuerbetrag, der Unternehmer, an den dieser Umsatz ausgeführt worden ist, den in Anspruch genommenen **Vorsteuerabzug** zu korrigieren. Fällt die Änderung der Bemessungsgrundlage in einen anderen Voranmeldungszeitraum oder in ein anderes Kalenderjahr, so ist keine Berichtigung ex tunc vorzunehmen; der Ausgleich wird dadurch herbeigeführt, daß Steuerbetrag und Vorsteuerabzug zu dem Zeitpunkt berichtigt werden, in dem die Änderung der Bemessungsgrundlage eingetreten ist (wegen Einzelheiten s. § 17 UStG).

---

192 Vgl. dazu *Reiß*, Umsatzsteuer-Mindestbemessungsgrundlage, Marktpreis und Vorsteuerabzug, BB 85, 1724; *Söhn*, DStZ 87, 367, 371; FG Münster EFG 85, 468; FG Köln EFG 86, 314. Um dieses Ergebnis zu erreichen, bedarf es keiner gesetzlichen Änderungen (so aber *Widmann*, BB 87, 522), sondern es folgt aus der gebotenen verbrauchsteuerlichen Interpretation des § 10 V UStG, der entgegen der Kritik eine gelungene Vorschrift ist. Der BFH ist einer Entscheidung durch die überflüssige Vorlage an den EuGH bisher ausgewichen, BFH UR 1992, 298 mit Anm. *Reiß*, UR 93, 336, 337.

8. Differenz(Margen)besteuerung[193]

In Umsetzung der sog. Gebrauchtwarenrichtlinie 94/5/EG[194] wird durch das Gesetz zur Änderung des Umsatzsteuergesetzes und anderer Gesetze 1994 die sog. Differenz(Margen)besteuerung für Gebraucht*wagen* (§ 25a UStG) ab 1. 1. 1995 allgemein auf Gebraucht*waren* ausgedehnt. § 25a UStG enthält dann eine **Sonderregelung** hinsichtlich der **Bemessungsgrundlage** für **Gebrauchtwaren.** Die Vorschrift ist systematisch falsch plaziert. Sie gehört zu § 10 UStG, der von der Bemessungsgrundlage handelt. 119

Abweichend von § 10 UStG wird in den Fällen des § 25a UStG die Umsatzsteuer nicht nach den Aufwendungen/dem Preis bemessen, sondern nach der **Differenz zwischen dem Verkaufspreis und dem Einkaufspreis** (sog. Marge). Die Umsatzsteuer ist wie bei § 10 I UStG herauszurechnen.

Beispiel: Autohändler A erwirbt für 3450 den Gebrauchtwagen des Beamten B. Er veräußert ihn für 4600 an Rentner R. Es entsteht lediglich eine Umsatzsteuer von 150, nämlich (4600 – 3450 = 1150) : 1,15 = 1000 Bemessungsgrundlage.

Im Ergebnis wird der Wiederverkäufer durch den **Abzug des Vorumsatzes** so gestellt, als hätte ihm aus dem Erwerb der Ware ein Vorsteuerabzug zugestanden. Durch die Neuregelung soll der Wettbewerbsnachteil gewerblicher Gebrauchtwarenhändler gegenüber einem Verkauf von Privaten beseitigt werden. Die Neuregelung ist vom Grundsätzlichen her zu begrüßen. Sie macht – von Sonderfällen abgesehen – die vorgetäuschten **Agenturvereinbarungen überflüssig.** Insbesondere ist es damit auch wieder möglich, bei Neuwagenkauf den alten Wagen in Zahlung zu nehmen, wie es der zivilrechtlichen Interessenlage entspricht.

Im Einzelnen setzt § 25a UStG voraus, daß der Gegenstand durch einen Unternehmer erworben wird, der es seinerseits weiterveräußern will (Wiederverkäufer). Der Veräußerer darf keine Umsatzsteuer schulden (Nichtunternehmer/Kleinunternehmer/befreite Lieferung). Der Erwerb muß im Gemeinschaftsgebiet erfolgen.

Die letzte Voraussetzung vermeidet einen Verstoß gegen Art. 95 EGV für den innergemeinschaftlichen Handel. Allerdings bleibt die Gebrauchtware dann mit der Steuer des Ursprungslandes belastet, und das Bestimmungsland erhält nur die Steuer auf die Marge. Die Differenzbesteuerung als Methode des Vorwegumsatzsteuerabzugs erweist sich als ungeeignet für einen Grenzausgleich. Daher findet § 25a UStG auf die Lieferung neuer Fahrzeuge auch keine Anwendung, weil hier uneingeschränkt das Bestimmungslandprinzip gelten soll.

Bei Weiterlieferung an einen anderen Unternehmer kann der Wiederverkäufer auf § 25a UStG verzichten und statt dessen nach § 10 I UStG versteuern. Dies ist vorteilhaft, wenn der Erwerber wegen des Vorsteuerabzuges bereit ist, die Umsatzsteuer zusätzlich zu zahlen.

Wird von § 25a UStG Gebrauch gemacht, darf die Umsatzsteuer nicht offen ausgewiesen werden, so daß der **Erwerber keinen Vorsteuerabzug** hat. Bei einem Verstoß gegen das Verbot ist nach Auffassung der Verwaltung § 14 III UStG anzuwenden[195].

193 Zu § 25a UStG s. u. a. *Stadie*, UR 90, 203 (die vom Verf. befürwortete Analogie und rückwirkende Anwendung im Wege verfassungskonformer Auslegung verstößt gegen Art. 100 I GG); *Langer*, UVR 90, 201; *Widmann*, DB 90, 1057; *Freikamp*, BB 90, 898; *Dziadkowski*, DStR 90, 123; *Hässel*, UR 89, 303.

194 ABl. EG 1994 Nr. L 60/16.

195 Abschn. 276a UStR.

Ebenfalls nur mit der Marge werden die **Leistungen der Reiseveranstalter**[196] an Nichtunternehmer nach § 25 UStG versteuert. Sie dürfen aus Reisevorleistungen anderer Unternehmer keinen Vorsteuerabzug in Anspruch nehmen. Die Leistungen des Reiseveranstalters werden als eine einheitliche Leistung zusammengefaßt, die immer am Ort des Reiseveranstalters als erbracht gilt.

F. Steuersätze

120 § 12 UStG kennt nur zwei Steuersätze.

Seit dem 1. 1. 93 beträgt der **Regelsteuersatz** 15 v. H. (§ 12 I UStG) und der **ermäßigte Steuersatz** 7 v. H. (§ 12 II UStG). Die Umsatzsteuer ist aus Bruttopreisen wie folgt herauszurechnen:

Bruttopreis × 0,1304 = Steuerbetrag des Regelsteuersatzes;

Bruttopreis × 0,0654 = Steuerbetrag des ermäßigten Steuersatzes.

Ableitungen: 15 : 115 = 0,1304; 7 : 107 = 0,0654.

Der ermäßigte Steuersatz wirkt wie eine Teilbefreiung; wegen der Wirkung s. daher Rz. 132.

Der ermäßigte Steuersatz nach § 12 II Nrn. 1, 2 UStG gilt für die in der **Anlage zum Umsatzsteuergesetz** aufgeführten Gegenstände (sonstige Leistungen, außer Vermietungen, sind nicht begünstigt), die sich in sechs Gruppen aufteilen lassen:

- land- und forstwirtschaftliche Erzeugnisse;
- Futtermittel, Düngemittel;
- Nahrungsmittel einschließlich bestimmter Getränke (außer für den Verzehr an Ort und Stelle, s. § 12 II Nr. 1 Satz 2 UStG; dazu näher unten);
- Waren des Buchhandels und Druckereierzeugnisse;
- Kunstgegenstände und Sammlungsstücke;
- Körperersatzstücke u. ä.

Der ermäßigte Steuersatz gilt nicht für Lieferungen von Speisen und Getränken zum **Verzehr** an **Ort und Stelle** (§ 12 II Nr. 1 UStG).

BFH BStBl. 83, 349 hat den Vorläufer zum gleichlautenden § 29 UStDV für ungültig erklärt. Das Bundesfinanzministerium hat den Gesetzgeber veranlaßt, die Regelung des in der Tat nicht eben sinnvollen § 29 UStDV in das Gesetz (§ 12 II Nr. 1 Satz 3 UStG) aufzunehmen. Nunmehr kommt es also wieder auf die unter verbrauchsteuerlichen Aspekten irrelevante Fragestellung an, ob besondere Vorrichtungen zum Verzehr bereitgehalten werden oder nicht und was solche Vorrichtungen sind. Dies ist ein abschreckendes Beispiel für mißbräuchliche Einwirkung auf den Gesetzgeber zur Abwehr mißliebiger BFH-Rechtsprechung[197].

Dem ermäßigten Steuersatz unterliegen ferner die in § 12 II Nrn. 3–10 UStG aufgeführten Lieferungen, sonstigen Leistungen und Eigenverbrauchstatbestände.

Für die Lieferung und den Eigenverbrauch von land- und forstwirtschaftlichen Erzeugnissen gelten Sondersätze (s. Rz. 143).

196 Zu § 25 UStG *Hässel*, Umsatzsteuer bei Reiseleistungen, München 1981; wegen weiterer Einzelheiten Abschn. 272–276 UStR.

197 Zur verfassungsrechtlichen Problematik: *Selmer*, StuW 78, 321.

121 Innerhalb des Binnenmarktes steht die dringend erforderliche **Harmonisierung der nationalen Steuersätze** noch aus. Allerdings werden durch die Steuersatzrichtlinie[198] für Normalumsätze ein Mindestsatz von 15% und für ermäßigte Umsätze ein Mindestsatz von 5% vorgeschrieben. Dies ist ein notwendiger Schritt in die richtige Richtung. Durch die Festschreibung von Mindestsätzen kann zumindest ein verfehlter sogenannter Wettbewerb der Staaten mit in Wahrheit wettbewerbsverfälschenden Wirkungen begrenzt werden. Die RL enthält allerdings noch zu viele Ausnahmen.

G. Vorsteuerabzug

Literatur: Beiträge von *R. Geist* (Die Tatbestandsvoraussetzungen des Vorsteuerabzugs), *Dziadkowski* (Ausschluß des Vorsteuerabzugs und Vorsteueraufteilung), *Hallerbach* (Berichtigung des Vorsteuerabzugs nach § 15a UStG) in UStKongrBericht 1985, 75, 103, 135; *Mößlang,* Zur Bedeutung des Tatbestandsmerkmals „für sein Unternehmen" in § 15 I UStG 1980 für den Vorsteuerabzug des Unternehmers, UStKongrBericht 1988/89, 207; *Theisen,* Vorsteuerabzug bei gemischter Verwendung, UStKongrBericht 1988/89, 139; *Stadie,* Das Recht des Vorsteuerabzugs, Köln 1989; *ders.,* Probleme der Vorsteuer, DStJG Bd. 13 (1990), 179; *Dziadkowski,* Vorsteuerabzug und Binnenmarkt, StuW 93, 169.

1. Grundsatz des Vorsteuerabzugs

1.1 Vorsteuerabzug für Unternehmer

122 Durch die Anwendung des Steuersatzes auf die Bemessungsgrundlage (Summe der im Kalenderjahr = Veranlagungszeitraum ausgeführten Umsätze, s. § 16 I UStG) ergibt sich die Steuerschuld (über deren Entstehung s. § 13 UStG).

Von der im Besteuerungszeitraum entstandenen Steuer kann der Unternehmer jedoch die im selben Zeitraum angefallene Vorsteuer abziehen (§§ 15 I, 16 II UStG). Vorsteuer ist dabei die dem Unternehmer von anderen Unternehmern in Rechnung gestellte Umsatzsteuer oder die für die Einfuhr entrichtete Einfuhrumsatzsteuer. Der Vorsteueranspruch stellt der Sache nach einen **Steuervergütungsanspruch** dar. Die nach Verrechnung mit der Steuerschuld verbleibende Zahlungsverpflichtung wird als **Zahllast** bezeichnet. Übersteigt der Vorsteueranspruch die Umsatzsteuerschuld, so ist ein Überschuß zu vergüten (vgl. § 18 III UStG).

Der Vorsteueranspruch des Unternehmers ist das **Herzstück der Allphasen-Netto-Umsatzsteuer** (s. Rz. 3 f.). Durch das Institut des Vorsteuerabzuges wird sichergestellt, daß der unternehmerische Verbrauch von Gütern und Dienstleistungen nicht endgültig mit Umsatzsteuer belastet wird. Die durch die Berechnung im Preis oder die Entrichtung von Einfuhrumsatzsteuer eintretende Belastung mit Unmsatzsteuer wird durch die Gewährung des Vorsteuerabzuges für Unternehmer wieder aufgehoben. Für Nichtunternehmer oder bei einem Bezug für die nicht unternehmerische Sphäre verbleibt es hingegen bei der Belastung (= Besteuerung des Endverbrauches).

123 Der Vorsteuerabzug ist an folgende **generelle Voraussetzungen** geknüpft:

a) **Empfang** einer Lieferung/sonstigen Leistung oder **Einfuhr** eines Gegenstandes oder innergemeinschaftlicher Erwerb,

b) der Leistende muß **Unternehmer** sein (entfällt bei Einfuhr).

---

198 Richtlinie 92/77, ABl. 92, Nr. L 316/1. Zur Geschichte *Schlienkamp,* UR 93, 3.

Beim innergemeinschaftlichen Erwerb durch Verbringen fehlt ein Leistender, im übrigen muß er mit Ausnahme des Erwerbs neuer Fahrzeuge ebenfalls Unternehmer sein, § 1a I Nr. 3a, § 2a UStG entsprechend;

c) die Leistung/Einfuhr muß **für das Unternehmen des Empfängers** ausgeführt werden.

Der private Fahrzeuglieferer, § 2a UStG, im innergemeinschaftlichen Verkehr wird wie ein Unternehmer behandelt und ist ebenfalls vorsteuerabzugsberechtigt, § 15 IVa UStG.

d) Vorliegen einer Rechnung über die Leistung mit **offenem Steuerausweis/Nachweis der Entrichtung der Einfuhrumsatzsteuer.**

Keiner Rechnung bedarf es für den Abzug der Erwerbsteuer als Vorsteuer, § 15 I 3 UStG.

1.2 Leistung von einem anderen Unternehmer

124 Ein Vorsteuerabzug ist, bei rein innerstaatlichen Vorgängen, nur möglich, wenn ein anderer Unternehmer eine Leistung i. S. des § 1 I Nr. 1 UStG erbracht hat. Ein **guter Glaube** an das Vorliegen dieser Merkmale wird nicht geschützt[199].

Beispiele: Unternehmer U zahlt wegen Nichtabnahme eines bestellten Lkw's dem Autohändler A die vereinbarte Nichtabnahmeentschädigung von 10% des Kaufpreises. A verlangt und berechnet Umsatzsteuer (fälschlicherweise; vgl. Rz. 64). Mangels Leistung des A kein Vorsteuerabzug für U.

Beamter B veräußert an Autohändler U seinen Gebrauchtwagen, wobei er wahrheitswidrig dem U versichert, Unternehmer zu sein. Mangels Unternehmereigenschaft des B kein Vorsteuerabzug für U.

Diese Regelung ist vom Ausgangspunkt her konsequent. Da nur die Leistungen von Unternehmern der Umsatzsteuer unterliegen, korrespondiert damit umgekehrt die Regelung, daß **nur Leistungen von Unternehmern** zum **Vorsteuerabzug** berechtigen. Die Tatsache, daß nur der Erwerb von Unternehmern zum Vorsteuerabzug berechtigt, führt jedoch dann zu Wirkungen, die im Widerspruch zum inneren System der Umsatzsteuer stehen, wenn der erworbene Gegenstand früher bereits einmal wegen eines Erwerbs von einem Unternehmer der Umsatzsteuer unterlegen hat.

Beispiel: Ein privater Uhrensammler kauft bei einem Antiquitätenhändler eine alte Standuhr zum Preise von 11 500 DM (10 000 DM + 1500 DM USt). Nach einiger Zeit verkauft er diese Uhr an ein Möbelgeschäft zum Preise von 11 500 DM. Das Möbelgeschäft veräußert die Uhr an eine Privatperson für 11 500 DM zuzüglich 15 Prozent USt, d. s. 1725 DM, weiter. In dem Kaufpreis von 13 225 DM sind 32,25 Prozent USt (1500 DM + 1725 DM) enthalten[200]. Die Problematik wird sich mit der Umsetzung der Gebrauchtwarenrichtlinie ab 1. 1. 1995 entschärfen[201].

1.3 Leistung/Einfuhr für das Unternehmen

125 a) Eine Leistung für das Unternehmen setzt zunächst einmal voraus, daß der Unternehmer überhaupt der **Leistungsempfänger** ist. Wer Leistungsempfänger ist, entscheidet

---

199 *Reiß,* BB 81, 1632 ff.; BFH BStBl. 89, 250.

200 EuGH UR 90, 274, erkennt in dieser Kumulation der USt keine Verletzung von Gemeinschaftsrecht. Zu dem nunmehr durch § 25a UStG geregelten Gebrauchtwagenhandel s. *Pohmer/Bea,* BB 74, 128; *Söhn,* StuW 76, 30 f.; *Walz/Wienstroh,* BB 84, 1693, 1700 ff.; *Klüglich,* DB 86, 2204.

201 ABl. 94, Nr. L 60/16, umgesetzt in nationales Recht ab 1. 1. 1995 durch Gesetz zur Änderung des Umsatzsteuergesetzes und anderer Gesetze 1994.

sich nach dem Willen des Leistenden. Sofern, wie regelmäßig, die Leistung auf einem schuldrechtlichen Vertrag beruht, will der Leistende an seinen Vertragspartner leisten, weil er ihm gegenüber zur Erfüllung verpflichtet ist. Kommt die Leistung im Endeffekt einem Dritten zugute, so beruht dies auf einer Weiterleistung des Empfängers. Leistungsempfänger ist daher der aus dem schuldrechtlichen Vertrag berechtigte Gläubiger[202].

b) Die Leistung muß **für das Unternehmen** des Leistungsempfängers ausgeführt worden sein (§ 15 I Nr. 1 UStG). Anders gewendet: Der Leistungsempfänger muß die Leistung „im Rahmen seines Unternehmens" (Ausdrucksweise des § 1 I Nr. 1 UStG), „für Zwecke innerhalb des Unternehmens" (s. § 1 I Nr. 2 UStG) bezogen haben. 126

Bezieht ein Unternehmer **mehrere (aufteilbare) Gegenstände,** die zum Teil für private Zwecke, zum Teil für sein Unternehmen bestimmt sind, so ist die Vorsteuer entsprechend aufzuspalten; nur der auf das Unternehmen entfallende Teil darf abgezogen werden. Handelt es sich hingegen um nicht aufteilbare Gegenstände (z. B. Kraftfahrzeuge), dann ist der Vorsteuerabzug in vollem Umfange zulässig, wenn die unternehmerische Nutzung von nicht ganz untergeordneter Bedeutung ist. Der Effekt des vollen Vorsteuerabzugs wird über den Eigenverbrauchstatbestand rückgängig gemacht.

Beim **Bezug einheitlicher Gegenstände zu gemischter Verwendung** soll der Unternehmer ein **Zuordnungsrecht**[203] zum unternehmerischen Bereich oder zum außerunternehmerischen Bereich haben, sofern objektiv der Zusammenhang zum Unternehmen nicht völlig unwesentlich ist. Für ein solches Zuordnungsrecht gibt es weder eine gesetzliche Grundlage, noch läßt es sich verbrauchsteuerteleologisch rechtfertigen. Richtig ist allein, daß die Inanspruchnahme des Vorsteuerabzuges eine Befugnis des Unternehmers ist, keine Pflicht. Nimmt er den Vorsteuerabzug nicht vor, bedarf es allerdings keiner Besteuerung eines Verwendungs- oder Entnahmeeigenverbrauchs.

Strittig ist, ob ein **Gebäude,** das teilweise für unternehmerische Zwecke, teilweise für außerunternehmerische Zwecke genutzt wird, ein einheitlicher Gegenstand ist (Folge: private Nutzung = steuerfreier Eigenverbrauch nach §§ 1 I Nr. 2b, 4 Nr. 12a UStG) oder ob entsprechend der ertragsteuerlichen Behandlung von mehreren Gegenständen/Wirtschaftsgütern auszugehen ist (Folge: Vorsteuerabzug nur für den unternehmerischen Teil nach § 15 I Nr. 1 UStG)[204].

c) Eine Leistung wird nicht für das Unternehmen ausgeführt, wenn sie der Ausübung eines **Hobbys** dient. Der Hobbyist ist **Endverbraucher;** die an ihn erbrachten Leistungen dienen der **Einkommensverwendung,** nicht der Einkommenserzielung. 127

Wird das Hobby innerhalb eines Unternehmens ausgeübt, dann ist der Vorsteuerabzug im Hobbybereich zu versagen[205]. Entgegen der BFH-Rechtsprechung ist bei Leistungen, die nicht abgrenzbar privat und zugleich unternehmerisch veranlaßt sind, der Vorsteuerabzug ganz zu versagen[206]. Auch für Karnevals- und Faschingsprinzen als Unternehmer gilt nichts anderes[207].

Werden **Freizeitgegenstände** zur Verbilligung der Kosten der privaten Lebensführung (oder auch zur Erlangung des Vorsteuerabzuges) entgeltlich zur Nutzung überlassen, ist

---

202 BFH BStBl. 84, 231; 87, 233, 236; problematisch ist, ob dies auch bei Handeln für fremde Rechnung gilt, dazu *Stadie,* DStJG Bd. 13 (1990), 181 einerseits und *Reiß,* UR 88, 76 andererseits.

203 BFH BStBl. 86, 216; 88, 649; *Mößlang,* UStKongrBericht 1988/89, 211 f.

204 Offengelassen von BFH BStBl. 87, 350; s. auch *Giesberts,* UR 87, 93; *Rüttinger,* UR 87, 102. Der BFH hat die Frage inzwischen dem EuGH zur Entscheidung vorgelegt, BFH UR 92, 273. Es ist damit zu rechnen, daß der EuGH die Teilbarkeit bejahen wird, vgl. EuGH vom 6. 5. 1992 Rs C 20/91, UR 92, 271.

205 BFH BStBl. 87, 735 (Jagdgesellschaft).

206 BFH BStBl. 86, 216; s. aber jetzt § 1 I Nr. 2c UStG i. V. mit § 12 Nr. 1 EStG.

207 BFH BStBl. 94, 274 sieht das anders.

hinsichtlich der Leistungserbringung die Unternehmereigenschaft zu bejahen, aber gleichwohl ein Erwerb für das Unternehmen zu verneinen[208]. Ein anteiliger Vorsteuerabzug hat weder eine gesetzliche Grundlage, noch ist er verbrauchsteuerlich geboten[209]. Der Hobbyist ist im Gegenteil verbrauchsteuerkonform mit der Umsatzsteuer aus der Anschaffung zu belasten. Eine Abwälzung auf die Mieter der Freizeitgegenstände findet nicht statt. Die Belastung mit Umsatzsteuer ist schon zur Herstellung der Wettbewerbsneutralität gegenüber gewerblichen Vermietern geboten[210].

Auch sogenannte **Erwerbsgesellschaften** können für außerunternehmerische Zwecke erwerben. Dazu gehört, wie bei natürlichen Personen, der Erwerb und das **Halten von Beteiligungen** an anderen Gesellschaften[211].

d) Darauf, daß die Vor-Leistung in **Nachleistungen** eingegangen ist, kommt es nicht an.

Der Gesetzgeber hat den Vorsteuerabzug nicht im strikten Sinne von einem Mehrwert abhängig gemacht. Der Vorsteuerabzug hängt insb. nicht davon ab, daß die Leistung, in die der Vorumsatz eingehen soll, bereits ausgeführt und berechnet worden ist. Der Vorsteuerabzug ist darüber hinaus auch zulässig, wenn die bezogene Ware untergeht (etwa durch Verderb, Diebstahl, Brand)[212]. Der Unternehmer soll eben nicht mit Vorsteuern belastet werden. Wird ein langlebiges Wirtschaftsgut erworben, so ist – ohne Rücksicht auf die Dauer der Nutzung und des Werteverzehrs – die gesamte Vorsteuer im Zeitpunkt der Rechnungserteilung abziehbar.

Beispiel: Ein Professor kauft sich drei Bücher, um sie für die Erstattung eines Gutachtens zu verwenden. Die Vorsteuer kann er auch dann abziehen, wenn er das Gutachten erst im nächsten Jahr erstattet.

128 e) Auch die **Einfuhrumsatzsteuer** kann nur von einem Unternehmer abgezogen werden, und zwar nur für Gegenstände, die für das Unternehmen eingeführt worden sind[213] (§ 15 I Nr. 2 UStG). Die Einfuhrumsatzsteuer muß entrichtet worden sein (nicht erforderlich ist, daß das durch den abzugsberechtigten Unternehmer geschehen ist).

Bei der Erwerbsteuer ist neben Unternehmern ausnahmsweise der private Fahrzeuglieferer nach § 2a, § 15 IVa UStG vorsteuerabzugsberechtigt.

1.4 Rechnung mit offenem Steuerausweis

129 a) Die Steuer muß in Rechnungen i. S. des § 14 UStG gesondert in einem Betrag ausgewiesen sein (§ 15 I Nr. 1 UStG). Daß der leistende Unternehmer eine Steuer schuldet und die geschuldete Steuer errechenbar ist, genügt danach nicht. Daher kann jeder Unternehmer von dem Vorunternehmer eine Rechnung (Begriff: § 14 IV UStG) verlangen, in der die Steuer auf den steuerpflichtigen Umsatz gesondert ausgewiesen ist (§ 14 I UStG). Wie die Rechnung im einzelnen beschaffen sein muß, ergibt sich aus § 14 I 2 UStG und §§ 31, 32 UStDV. Vereinfachungen und andere Sonderregeln bestehen aufgrund der Ermächtigung des § 14 VI UStG für Rechnungen über **Kleinbeträge** bis 200 DM (§ 33 UStDV) und für **Fahrausweise** (§ 34 UStDV).

208 So zutreffend BFH BStBl. 88, 916, 918 (Flugzeug); *Mößlang* (Fn. 203); BFH BStBl. 93, 810 (Motorsportler).
209 A. A. *Stadie*, Das Recht des Vorsteuerabzugs, Köln 1989, 99; wie hier BFH BStBl. 93, 810.
210 Verkannt von BFH BStBl. 90, 801 – über eine Besteuerung des Eigenverbrauches wird die private Nutzung/Verbrauch weder zeitlich noch dem Umfang nach angemessen belastet, wenn sogenannte „Leerzeiten" nicht berücksichtigt werden, unzutreffend BMF BStBl. I 94, 195.
211 BFH BStBl. 807, 512; 88, 557; 89, 122; *Schön*, DStJG Bd. 13 (1990), 94; EuGHE 91, 3111.
212 Art. 20 I b 6. EG-Richtlinie läßt insoweit unterschiedliche Regelungen in den EG-Staaten zu.
213 Der einführende Unternehmer muß Verfügungsmacht am Einfuhrgegenstand haben, BFH BStBl. 93, 473.

Eine **Gutschrift** des Leistungsempfängers steht der Rechnung gleich (§ 14 V UStG)[214]. Der BFH hat teleologisch zutreffend entschieden, daß ein Vorsteuerabzug auch aus solchen Rechnungen zulässig ist, die entgegen § 14 I UStG die Leistung rechtlich unzutreffend qualifizieren, wenn nur eine **eindeutige Identifikation** möglich ist[215] und dadurch nachprüfbar ist, ob es sich um eine Leistung für das Unternehmen handelt. In praxi handelt es sich um die **Fälle verschleierter unerlaubter Arbeitnehmerüberlassung.** Die Gewährung des Vorsteuerabzuges bei einem nachweisbaren Bezug für das Unternehmen ist keine Subvention. Umgekehrt ist die Versagung des Vorsteuerabzuges nicht das adäquate Mittel, um Verstöße gegen das Arbeitnehmerüberlassungsgesetz zu ahnden.

Strittig ist, ob die Vorsteuern **geschätzt** werden dürfen, wenn sie sich nicht aus Rechnungen i. S. des § 14 UStG ergeben, wie es § 15 I Nr. 1 UStG verlangt[216].

b) Da der Fiskus damit rechnen muß, daß alle gesondert in der Rechnung ausgewiesenen Steuerbeträge zum Vorsteuerabzug verwandt werden, der Fiskus aber nicht im Wege des Vorsteuerabzuges etwas herausgeben soll, was er nicht bekommen hat, ist bestimmt: 130

(1) Hat der Unternehmer in der Rechnung (oder Gutschrift) einen **höheren Steuerbetrag** ausgewiesen als den geschuldeten – etwa 15 v. H. statt 7 v. H. Steuern –, so schuldet er nach § 14 II 1 UStG auch den Mehrbetrag (denn der Nach-Unternehmer darf diesen Betrag geltend machen). § 14 II 1 UStG ist auch anwendbar, wenn trotz Nichtsteuerbarkeit oder Steuerfreiheit eines Umsatzes eine Steuer angesetzt wird[217]. Wird der zunächst in der Rechnung ausgewiesene, falsche Steuerbetrag berichtigt, so ist auch der Vorsteuerabzug zu berichtigen (§ 14 II 2 UStG i. V. mit § 17 I UStG).

(2) Weist jemand in der Rechnung den Steuerbetrag gesondert aus, obwohl er dazu nicht berechtigt ist, weil

- er gar keine Leistung ausgeführt hat **(Erteilung von Luft- oder Scheinrechnungen)** oder
- er sonst zum gesonderten Ausweis der Steuer nicht berechtigt ist, etwa weil er **kein Unternehmer** ist oder weil er **Kleinunternehmer** ist (§ 19 I 3 UStG),

so schuldet er den Betrag (§ 14 III UStG)[218].

Beispiel: Ein Beamter veräußert seinen Pkw an einen Gewerbetreibenden. Er weist in der Rechnung die Steuer gesondert aus, wozu er nicht berechtigt ist. Obwohl er kein Unternehmer ist, schuldet er nunmehr die ausgewiesene Steuer (§ 14 III UStG). Gleichwohl darf nach dem Wortlaut des § 15 I Nr. 1 UStG der Gewerbetreibende den ausgewiesenen Betrag nicht als Vorsteuer abziehen, da er ihm nicht von einem Unternehmer in Rechnung gestellt worden ist.

§ 14 III UStG, auch als „Strafvorschrift" bezeichnet, schießt über das Ziel hinaus, verletzt das Übermaßverbot. Eine **Ausfall-Gefährdungshaftungsvorschrift** würde genügen[219].

---

214 BFH BStBl. 82, 309; 82, 312 versucht, die freie Wahl zwischen Rechnung und Gutschrift unter Rückgriff auf das Zivilrecht einzuschränken; dazu *Padberg,* in: Festgabe für Felix, Köln 1989, 239 ff.

215 BFH BStBl. 88, 688; 88, 694; 88, 700; BFH BStBl. 93, 205; 93, 384.

216 *Tipke,* UStR 83, 105.

217 BFH BStBl. 81, 547; *Reiß,* StuW 83, 376 f.

218 BFH BStBl. 80, 283, 287; 81, 547; 82, 229; *Reiß,* StuW 83, 376 f.

219 *Schmitz,* UR 84, 203 und *Tehler,* Die Umsatzsteuer als angewandte Verkehr- und/oder Verbrauchsteuer, Diss. Köln 1986, 190 ff. (s. auch *ders.,* UR 85, 1), halten § 14 III UStG für verfassungswidrig. Dem ist das BVerfG nicht gefolgt, BVerfG 2 BvR 271/92, Inf. 92, 431. Zu § 14 III s. auch BFH BStBl. 94, 277 m. w. N. In Härtefällen sind Billigkeitsmaßnahmen angezeigt, BFH BStBl. 80, 283; BVerfG Inf. 92, 431.

1.5 Vorsteuerabzug aus der Mindestbemessungsgrundlage

131 Nach § 14 I 3 UStG ist der Unternehmer auch **bei verbilligten Leistungen** an nahestehende Personen zum Ausweis der Mindestbemessungsgrundlage, bzw. bei **unentgeltlichen Gesellschaftsleistungen** zum Ausweis der Bemessungsgrundlage und der Umsatzsteuer verpflichtet. Dadurch soll dem **Empfänger** auch insoweit der Vorsteuerabzug ermöglicht werden, wenn er die Leistung für sein Unternehmen empfängt.

Beispiel: Die Ehefrau vermietet unter Verzicht auf die Steuerbefreiung nach § 9 UStG ein Grundstück an den Ehemann für unternehmerische Zwecke. Vereinbart ist mit Rücksicht auf das nahe Verhältnis eine monatliche Miete von 1000 DM zzgl. 150 DM USt. Die Mindestbemessungsgrundlage nach § 10 V Nr. 1 UStG i. V. mit § 10 IV Nr. 2 UStG beträgt 2000 DM (Kosten, vgl. Rz. 115).

Obwohl der Empfänger nur mtl. 150 DM Umsatzsteuer aufzuwenden hat, steht ihm ein Vorsteuerabzug von 300 DM zu, da er eine Rechnung über 2000 DM zzgl. 300 DM Umsatzsteuer verlangen kann. Gleiches gilt, wenn ein Gesellschafter seiner Gesellschaft einen Gegenstand verbilligt überläßt.

Die Neuregelung wird damit begründet, daß auf diese Weise eine **systemwidrige Belastung unternehmerischen Verbrauches** mit Umsatzsteuer vermieden werde[220]. Wenn dies zuträfe, ist es unverständlich, weshalb eine Rechnungserteilung nur in den Fällen des Gesellschafterverbrauchs und der Mindestbemessungsgrundlage, nicht aber allgemein in den Fällen des Eigenverbrauches (§ 1 I Nr. 2 UStG) zugelassen wird. So wird auch noch die unentgeltliche Leistungsabgabe eines Einzelunternehmers anders als die einer Gesellschaft behandelt. Dies ist auf keinen Fall zu rechtfertigen.

Die Regelung beruht auf einem prinzipiellen Mißverständnis der Umsatzsteuer. Besteuert wird die **Einkommensverwendung für den nichtunternehmerischen Verbrauch.** Bei Eigenverbrauch, Gesellschafterverbrauch und in den Fällen der Mindestbemessungsgrundlage verwendet der Unternehmer als Zuwendender Einkommen/Vermögen und nicht der Zuwendungsempfänger. Die Besteuerung ist überhaupt nur gerechtfertigt, weil die **Zuwendung selbst der nichtunternehmerische Verbrauch** ist. Daran ändert sich durch die unternehmerische Verwendung beim Empfänger nichts. Die Entlastung nichtunternehmerischen Verbrauches durch Gewährung eines Vorsteuerabzuges widerspricht dem mit dem UStG bisher und der 6. EG-Richtlinie immer noch verfolgten Ziel einer umfassenden Besteuerung der Einkommensverwendung für den Endverbrauch[221].

2. Ausschluß des Vorsteuerabzugs für Unternehmer

2.1 Ausschluß des Vorsteuerabzugs bei steuerfreien Umsätzen

132 a) Vom Vorsteuerabzug ausgeschlossen ist nach § 15 II Nr. 1 UStG die Vorsteuer auf Leistungen und auf die Einfuhr, die der Unternehmer zur **Ausführung steuerfreier Umsätze** verwendet.

Den steuerfreien Umsätzen stehen **gleich:**

220 Vgl. Entwurf Steuerreformgesetz 1990, BR-Drucks. 100/88, 109 ff.; *Dziadkowski,* UR 88, 237 ff.; *Widmann,* BB 90, 249, 250; *Friedl,* Abzug der Vorsteuer für unentgeltliche oder verbilligte Lieferungen und sonstige Leistungen an einen anderen Unternehmer, UR 87, 346 ff.; *ders.,* Wertabgabetheorie und Abzug der Umsatzsteuer auf den Eigenverbrauch als Vorsteuer, UR 88, 209; *Widmann,* UR 88, 10; *Rüttinger,* UR 88, 143; *Stadie,* Die unentgeltliche Veräußerung eines Wirtschaftsguts an einen anderen Unternehmer im Umsatzsteuerrecht, StuW 87, 273.

221 *Reiß,* UR 90, 243; a. A. *Jakob,* Umsatzsteuer, 174, der verkennt, daß nicht Unternehmen besteuert werden und auch nicht der Konsum, sondern Unternehmer in ihrer Eigenschaft als individuelle Konsumenten mit ihren Aufwendungen.

- nicht steuerbare Umsätze außerhalb des Erhebungsgebietes, die steuerfrei wären, wenn sie im Erhebungsgebiet ausgeführt würden (§ 15 II Nr. 2 UStG);
- unentgeltliche nicht steuerbare Leistungen, die steuerfrei wären, wenn sie gegen Entgelt ausgeführt würden (§ 15 II Nr. 3 UStG).

Der prinzipielle Verlust des Vorsteuerabzugs bei steuerfreien Leistungen war schon in der **Zweiten Harmonisierungs-Richtlinie des Rates der EWG** v. 11. 4. 1967 (ABl. EG 67, 1303) vorgesehen. Die **6. EG-Richtlinie** hat an diesem Prinzip festgehalten. Im Bericht des Finanzausschusses des Bundestages (zu BT-Drucks. V/1581, 15) heißt es dazu: „Der Ausschuß hat die . . . Versagung des Vorsteuerabzugs für steuerbefreite Unternehmer in erster Linie aus steuerpolitischen Erwägungen für notwendig gehalten, . . ." Was der Ausschuß steuerpolitisch erwogen hat, kommt nicht zum Ausdruck. Tatsächlich ist der Verlust des Vorsteuerabzugs im steuerfreien Bereich systemwidrig.

Da das Gesetz prinzipiell die Unternehmer durch Vorsteuerabzug entlastet, ist es inkonsequent, das bei steuerfreien Leistungen nicht zu tun. **Vorsteuerabzugsrecht** und **Ausführung steuerpflichtiger Umsätze** hängen nicht miteinander zusammen und dürfen folglich auch nicht miteinander verknüpft und verkoppelt werden. Die Entlastung des nur aus technischen Gründen eingeschalteten Unternehmers ist essentiell: Belastet werden sollen nur die privaten Verbraucher. Die Versagung des Vorsteuerabzugs führt zunächst zu Belastungen des Unternehmers; der Unternehmer wird allerdings versuchen, sich seine Gewinnspanne zu erhalten, indem er den Preis um den Betrag der nicht abzugsfähigen Vorsteuern erhöhen wird. Dadurch kann für den Unternehmer ein Wettbewerbsnachteil entstehen. Handelt es sich um eine Befreiung in der letzten Phase, so wird die Befreiung des Verbrauchers partiell aufgehoben; handelt es sich um eine Befreiung (nur) in der Zwischenphase, so wird der Verbraucher nicht weniger, sondern stärker belastet als mit dem Normalsatz[222].

Umsatzkette mit Steuerbefreiung in der Zwischenphase

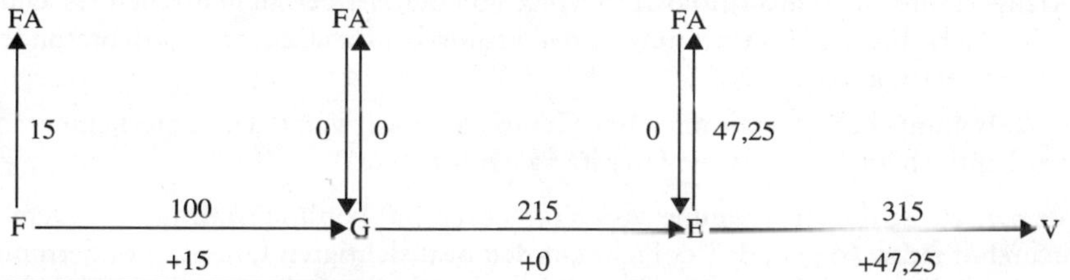

G wird mit 15 DM belastet. Gelingt es ihm nicht, diesen Betrag – verdeckt – auf E zu überwälzen, so bleibt er belastet, obwohl er als Unternehmer nach der Intention des Gesetzes nicht belastet werden soll. Gelingt ihm die Überwälzung, so wird E den Mehrbetrag auf seinen Verkaufspreis gegenüber V aufschlagen; es erhöht sich also die Bemessungsgrundlage entsprechend (im Beispiel um 15 DM). Die von V zu tragende Steuer erhöht sich von 45 DM auf 62,25 (15 + 47,25) DM, auf einen höheren Steuersatz also. Es entsteht also eine **prinzipwidrige Kumulation.** Das FA erhält trotz der Befreiung (nicht weniger, sondern) mehr Steuern.

Auch der **Vereinfachungsgedanke** rechtfertigt jedenfalls keine Steuerbefreiung auf der Zwischenstufe von Unternehmer an Unternehmer.

222 Ausführliche Begründung durch *K. M. Teichmann,* Der Verlust des Vorsteuerabzugs im steuerfreien Bereich der Mehrwertsteuer, Diss. Köln 1975 (Zusammenfassung in StuW 75, 189 ff.), und durch *Söhn,* StuW 76, 1, 24 f., 26 f.; s. ferner *Dziadkowski,* DStZ 85, 419; *ders.,* UStKongrBericht 1985, 103, 120 f.; *Tehler,* Die Umsatzsteuer als angewandte Verkehr- und/oder Verbrauchsteuer, Diss. Köln 1986, 150 ff.; a. A. *Stadie* (Fn. 209), 8 ff.; dazu *Reiß,* DStJG Bd. 13 (1990), 25.

133 b) Ausnahmsweise tritt der **Ausschluß vom Vorsteuerabzug** bei Ausführung bestimmter steuerfreier Umsätze **nicht** ein, insbesondere nicht bei **Ausfuhrumsätzen** und innergemeinschaftlichen Lieferungen (§ 15 III UStG). Dies entspricht dem **Bestimmungslandprinzip.** Diese Regelung ist für eine konsequente Endverbrauchsteuer allein systemgerecht. Sie sollte für alle Steuerbefreiungen gelten. Soweit eine Belastung des Endverbrauchers bei den bisherigen Steuerbefreiungen ohne Vorsteuerabzug intendiert ist, sind die Befreiungen abzuschaffen und statt dessen ggf. ein ermäßigter Steuersatz einzuführen. Nur auf diese Weise läßt sich eine gewollte Steuerbelastung exakt der Höhe nach bestimmen und eine **Steuerkumulation** vermeiden. Von dem systematisch verfehlten Vorsteuerausschluß gehen unnötigerweise Konzentrationsbestrebungen im Banken- und Versicherungsbereich aus.

2.2 Teilweiser Ausschluß vom Vorsteuerabzug (Mischfälle)

134 Verwendet der Unternehmer einen für sein Unternehmen gelieferten oder eingeführten Gegenstand oder eine sonstige Leistung **nur zum Teil zur Ausführung von Umsätzen,** die den Vorsteuerabzug ausschließen, so ist der Teil der jeweiligen Vorsteuerbeträge nicht abziehbar, der den zum Ausschluß vom Vorsteuerabzug führenden Umsätzen wirtschaftlich zuzurechnen ist. Der Unternehmer darf die nicht abziehbaren Teilbeträge sachgerecht schätzen (§ 15 IV UStG).

Beispiel: Bei der Errichtung eines Gebäudes sind 60 000 DM Vorsteuern in Rechnung gestellt worden. Das Gebäude wird zu $^2/_3$ der Fläche für Bürozwecke des Unternehmers (Ausführung steuerpflichtiger Lieferungen und nach § 4 Nr. 1 UStG steuerfreier Exportlieferungen) und zu $^1/_3$ für eine nach § 4 Nr. 12a UStG steuerfreie Vermietung genutzt. $^1/_3$ = 20 000 DM sind nach § 15 IV UStG i. V. mit § 15 II Nr. 1 UStG vom Vorsteuerabzug ausgeschlossen.

Der sachgerechte **Aufteilungsmaßstab** hängt von der Art der zu beurteilenden Umsätze ab, z. B. Fläche bei Gebäudenutzung, km-Leistung bei Fahrzeugen, Betriebsstunden bei Maschinennutzung usw.

Einer Aufteilung bedarf es immer bei **Gemeinkosten,** wenn der Unternehmer neben steuerpflichtigen auch steuerfreie Umsätze ausführt.

135 Problematisch ist die Zurechnung von Vorsteuern bei **Fehlmaßnahmen**[223]. Dem Bundesfinanzhof ist zu folgen, daß es nicht auf den beabsichtigten Umsatz, sondern nur auf die **tatsächlich ausgeführten Umsätze** ankommen kann. Geht aber die Fehlmaßnahme tatsächlich in keinen Umsatz ein, muß wie bei Gemeinkosten aufgeteilt werden, notfalls nach dem Verhältnis der Entgelte. Zur Problematik von Fehlgründungen von Unternehmen s. Rz. 106.

3. Berichtigung des Vorsteuerabzugs (§ 15a UStG)

136 a) § 15a UStG trägt der Tatsache Rechnung, daß sich die Verhältnisse, die für den Vorsteuerabzug maßgebend waren, im Laufe der Jahre ändern können. Dann findet eine Korrektur des Vorsteuerabzugs (zugunsten oder zuungunsten) des Unternehmers statt. Wird ein Wirtschaftsgut angeschafft, dessen Nutzungsdauer sich auf mehrere Jahre erstreckt, so sind für den Vorsteuerabzug zunächst die Verhältnisse im Kalenderjahr der erstmaligen Verwendung maßgebend. Der Vorsteuerabzug ist entweder vollständig gegeben (**Verwendung für Umsätze,** die den Vorsteuerabzug nicht ausschließen), gar nicht gegeben (**Verwendung für Ausschlußumsätze,** § 15 II UStG) oder teilweise gegeben (**Verwendung für Mischumsätze,** § 15 IV UStG). Tritt insoweit nach dem Kalenderjahr

223 BFH BStBl. 89, 60; 90, 345; *Völkel*, UR 90, 175; *Stadie* (Fn. 209), 164 f.

der erstmaligen Verwendung eine Änderung ein, so erfolgt eine Vorsteuerkorrektur nach § 15a UStG. Änderungen werden allerdings nur dann berücksichtigt, wenn sie innerhalb des Berichtigungszeitraumes eintreten. Dieser beträgt für Grundstücke, grundstücksgleiche Rechte und Gebäude auf fremdem Boden 10 Jahre, für alle übrigen Wirtschaftsgüter 5 Jahre, soweit nicht die Verwendungsdauer ohnehin kürzer ist.

Für **jedes Kalenderjahr** der Änderung innerhalb des Berichtigungszeitraumes ist von einem Zehntel bzw. Fünftel der auf das Wirtschaftsgut entfallenden Vorsteuerbeträge auszugehen, sofern nicht der Zeitraum der tatsächlichen Verwendung kürzer ist. Entsprechend dem durch Vergleich mit dem Erstjahr zu ermittelnden Umfang der Änderung wird für Änderungsjahre ein zusätzlicher Vorsteueranspruch gewährt oder umgekehrt eine Kürzung des Vorsteuerabzuges durchgeführt. Da der Umfang der Änderung erst nach Ablauf des Kalenderjahres feststeht, erfolgt die Berücksichtigung jeweils in der Jahresveranlagung, nicht bei den Voranmeldungen.

Beispiel: Seit dem 1. 1. 01 wird ein Gebäude zu 50% für steuerfreie, zu 50% für steuerpflichtige Umsätze genutzt. Ab dem 1. 1. 03 wird es zu 100% für steuerpflichtige Umsätze genutzt. Ab dem 1. 1. 10 wird es zu 100% für steuerfreie Umsätze genutzt. Für die Errichtung fielen 100 000 DM Vorsteuern an.

Für 01 ergibt sich nach § 15 IV UStG i. V. mit § 15 II Nr. 1 UStG ein Vorsteuerabzug von 50% = 50 000 DM. Für jedes Jahr von 03 bis 09 ergibt sich eine Änderung durch zusätzlichen Vorsteuerabzug in Höhe von 50% × $^1/_{10}$ von 100 000 DM = 5000 DM. Für das Jahr 10 ergibt sich eine Kürzung in Höhe von 50% × $^1/_{10}$ von 100 000 DM = 5000 DM (denn: Erstjahr: 50% abzugsfähige Vorsteuer, im Jahre 10: 0%).

Die Änderungen ab dem Jahre 11 bleiben unberücksichtigt, weil sie außerhalb des Berichtigungszeitraumes liegen.

b) Eine Vorsteuerkorrektur nach § 15a UStG ist auch bei **Veräußerung** oder **Entnahme eines Wirtschaftsgutes** innerhalb des Berichtigungszeitraumes durchzuführen, wenn dieser Umsatz anders als die Verwendung im Erstjahr (bei Veräußerung oder Entnahme im Erstjahr anders als die Verwendung bis zur Ausführung dieses Umsatzes) zu beurteilen ist (vgl. § 15a IV–VI UStG). Die Korrektur ist dann bereits im Voranmeldungszeitraum der Veräußerung/Entnahme durchzuführen. 137

Beispiel: Ein Gebäude wird ab 1. 1. 01–30. 6. 01 zu 60% für steuerpflichtige, zu 40% für steuerfreie Umsätze verwendet. Am 1. 7. 01 wird es steuerfrei nach § 4 Nr. 9a UStG veräußert. Bei einer angefallenen Vorsteuer von insgesamt 100 000 DM ergibt sich nach § 15 IV UStG zunächst ein Vorsteuerabzug von 60% = 60 000 DM.

Nach § 15a V, VI UStG ist der Vorsteuerabzug für den Voranmeldungszeitraum 7/01 um 60% (jetzt steuerfrei = 0%) × $^1/_{10}$ von 100 000 × 9$^1/_2$ Jahre = 57 000 DM zu kürzen. Für 01 ergibt sich letztlich ein Vorsteuerabzug von 3000 DM. Das entspricht – verteilt auf 10 Jahre – einer 60%igen steuerpflichtigen Nutzung in 6 Monaten.

Während bei der Entnahme aus dem Unternehmen § 15a UStG anwendbar ist, soll umgekehrt § 15a UStG nicht anwendbar sein, wenn ein Wirtschaftsgut zunächst für **außerunternehmerische Zwecke** erworben wurde und erst später für das Unternehmen verwendet wird. Dafür spricht in der Tat der Wortlaut des § 15a I, IV UStG. Teleologisch ist dies jedoch eine verfehlte gesetzliche Entscheidung, die korrigiert werden sollte[224]. Nach der Rechtsprechung des EuGH läßt allerdings auch Art. 20 II 6. RL keine Korrektur zu[225].

224 Vgl. dazu *Giesberts*, UR 87, 93 und *Stadie*, UR 87, 101; *ders.*, DStJG Bd. 13 (1990), 193; *Probst*, DStJG Bd. 13 (1990), 162; *Lechner*, DStJG Bd. 13 (1990), 52; FG München UR 90, 255; *Widmann*, UR 90, 258.

225 EuGH vom 11. 7 1991 Rs C 97/90, UR 91, 291.

4. Vorsteuerabzug bei Verzicht auf die Steuerbefreiung

138 Da sich Nachteile insb. bei den Befreiungen nach § 4 Nrn. 8a–g, 9a, 12, 13, 19 UStG ergeben können, bestimmt § 9 I UStG, daß Unternehmer, die solche steuerfreien Umsätze an **andere Unternehmer** für deren Unternehmen ausführen, die steuerfreien Umsätze als steuerpflichtig behandeln können (sog. **Option**). Diese Wahlmöglichkeit ist nicht verbrauchsteuerkonform. § 9 I UStG überläßt es dem Unternehmer, ob der Verbraucher mit einer Steuer belastet wird oder nicht. Dadurch wird die Gesetzmäßigkeit der Besteuerung verletzt.

Wenn schon an der systemwidrigen Versagung des Vorsteuerabzuges (s. Rz. 132) festgehalten werden soll, so müßte § 9 UStG durch eine Regelung ersetzt werden, wonach bei Umsätzen an Unternehmer für deren Unternehmen die Steuerbefreiung prinzipiell nicht eingreift.

Die **Verzichtserklärung** kann auf einen einzelnen Umsatz beschränkt werden.

Beispiel: Hausbesitzer H vermietet Geschäftsräume an den Einzelhändler E. Die Vermietung ist steuerfrei nach § 4 Nr. 12a UStG. Wegen hoher Reparaturen am Haus hat H Reparaturrechnungen erhalten, in denen 5000 DM Vorsteuern ausgewiesen sind. H kann diese Vorsteuern grundsätzlich nicht abziehen (§ 15 II Nr. 1 UStG). Er muß den Betrag auf den Mietpreis aufschlagen. Verzichtet H auf die Steuerbefreiung, so kann er die 5000 DM als Vorsteuern abziehen. Er braucht den Betrag dann nicht auf den Mietpreis aufzuschlagen. Zwar muß er nun die Vermietung versteuern, aber E kann die auf der Vermietung lastende Umsatzsteuer als Vorsteuer abziehen. Der Verzicht auf die Befreiung erweist sich als günstig, wenn die Vorsteuer höher ist als die Steuerschuld.

Die Blindenwerkstatt B liefert steuerfrei nach § 4 Nr. 19b UStG Körbe für 10 000 DM an den Wiederverkäufer W. W liefert die Körbe für 20 000 DM an Verbraucher weiter. B waren Vorsteuern von 500 DM in Rechnung gestellt worden. B kann die Vorsteuern grundsätzlich nicht abziehen, sondern sie nur auf den Preis aufschlagen. W schuldet 15 v. H. von 20 000 DM = 3000 DM Umsatzsteuer. Das ergibt eine Gesamt-Umsatzsteuerbelastung von 500 + 3000 DM = 3500 DM. Bei Verzicht auf die Befreiung kann B die Vorsteuern von 500 DM von der Umsatzsteuerschuld von 1500 DM (15 v. H. von 10 000 DM) abziehen (Rest: 1000 DM). W kann von der Umsatzsteuerschuld von 3000 DM Vorsteuern von 1500 DM abziehen (Rest: 1500 DM). Gesamt-Umsatzsteuerbelastung: 500 DM (= dem B berechnete Vorsteuern) + 1000 DM + 1500 DM = 3000 DM.

139 Nach § 9 II UStG ist bei allen Grundstücksüberlassungen ein **Verzicht** auf die Steuerbefreiungen nach § 4 Nr. 12 UStG (schuldrechtliche und dingliche Nutzungsüberlassungen) und § 4 Nr. 9a UStG (Erbbaurecht) auch bei Überlassung an einen Unternehmer nicht möglich, wenn dieser das Grundstück seinerseits zu Umsätzen verwendet, die den Vorsteuerabzug ausschließen, insbesondere also zu **steuerfreien Leistungen.** Damit sind nunmehr nicht mehr nur Zwischenvermietungen zu Wohn- und hoheitlichen Zwecken ausgeschlossen zur Erlangung des Vorsteuerabzuges, sondern auch Vermietungen etwa an Ärzte, Banken und Versicherungen. Zur Übergangsregelung vgl. § 27 II UStG.

H. Zum Verfahren

140 Obgleich die Umsatzsteuer an den einzelnen Umsatz anknüpft, handelt es sich um eine periodische (Jahres-)Steuer (§ 16 I UStG). Besteuerungszeitraum ist das **Kalenderjahr.** Die Umsatzsteuer ist eine Veranlagungssteuer. Der steuerpflichtige Unternehmer hat jedoch die Steuer selbst zu berechnen. Dabei sind alle Steuern zu berücksichtigen, die im Kalenderjahr entstanden sind (dazu § 13 I UStG).

Den Vorsteuerabzug macht der Unternehmer nicht bei dem Finanzamt des Vorlieferanten geltend, sondern bei dem für ihn **zuständigen Finanzamt,** und zwar dadurch, daß er von der Umsatzsteuerschuld die Vorsteuer abzieht (§ 16 II 1 UStG: „absetzt"); der

Differenzbetrag ergibt die Zahllast. Übersteigt der Vorsteuerabzug die Steuerschuld, so hat das Finanzamt die Differenz zu vergüten.

Beispiel:	01	02
Umsatzsteuerschuld	120 000 DM	80 000 DM
Von anderen Unternehmen in Rechnung gestellte Umsatzsteuer (Vorsteuer)	64 000 DM	94 000 DM
	56 000 DM	– 14 000 DM

Für 01 sind 56 000 DM zu zahlen (Zahllast), für 02 hat das Finanzamt 14 000 DM zu vergüten.

Zu berücksichtigen sind nur die Vorsteuern, die im Besteuerungszeitraum angefallen sind. Dazu ist erforderlich, daß bereits eine Rechnung mit offenem Steuerausweis vorliegt und die Leistung ausgeführt worden ist oder bereits vor Ausführung der Leistung gezahlt wurde (§ 16 II UStG i. V. mit § 15 I Nr. 1 UStG), bzw. daß die Einfuhrumsatzsteuer entrichtet worden ist (§ 16 II 3, 4 UStG).

Da der Unternehmer die Steuer selbst zu berechnen hat, handelt es sich um eine **Steueranmeldung.** Die Steueranmeldung steht einer Steuerfestsetzung (unter dem Vorbehalt der Nachprüfung) durch das Finanzamt gleich. Einer besonderen Steuerfestsetzung durch das Finanzamt durch Steuerbescheid bedarf es daher nur, wenn das Finanzamt die Steuer abweichend von der Anmeldung festsetzt (s. § 150 I 2 AO i. V. mit § 18 III UStG, §§ 167, 168 AO).

Bereits vor Ablauf des Kalenderjahres hat der Unternehmer **monatliche Voranmeldungen** abzugeben und dementsprechende Vorauszahlungen zu leisten. Die Vorauszahlungen werden am 10. Tage nach Ablauf des Voranmeldungszeitraums fällig (§ 18 I UStG; wegen eines längeren Voranmeldungszeitraumes s. § 18 II UStG). Bei der Voranmeldung handelt es sich wie bei der Jahresanmeldung um eine Steueranmeldung, d. h. eine Steuerfestsetzung unter dem Vorbehalt der Nachprüfung. Für die **Errechnung der Vorauszahlungszahllast** gelten dieselben Grundsätze wie bei der Jahreserklärung. Zu berücksichtigen sind die entstandenen Steuern (§ 13 I UStG) und die angefallenen Vorsteuern (§ 16 II UStG). 141

Für den Regelfall (sog. **Sollversteuerung**) entsteht die Steuer mit Ablauf des Kalendermonats, in dem die Leistung ausgeführt wurde, auch wenn noch keine Zahlung erfolgte. Bei Zahlung vor Ausführung der Leistung entsteht die Steuer bereits mit Ablauf des Voranmeldungszeitraumes der Zahlung (sog. **Mindestistbesteuerung**).

J. Sonderregelungen

1. Kleinunternehmer (§ 19 UStG).

Für sog. Kleinunternehmer gilt eine Sonderregelung. Die für Umsätze i. S. des § 1 I Nrn. 1–3 UStG geschuldete Umsatzsteuer wird nicht erhoben, wenn der in § 19 I 2 UStG bezeichnete Umsatz (zzgl. Steuer) im vorangegangenen Kalenderjahr 25 000 DM nicht überstiegen hat und im laufenden Kalenderjahr 100 000 DM voraussichtlich nicht übersteigen wird. § 19 UStG findet nur auf inländische Unternehmer Anwendung. 142

Der Kleinunternehmer i. S. des § 19 I UStG hat **keine Umsatzsteuer** zu entrichten. Ihm steht aber auch **kein Vorsteuerabzug** zu, und er ist nicht zum gesonderten Umsatzsteuerausweis in einer Rechnung berechtigt. – Option für die Normalbesteuerung ist möglich (§ 19 II UStG). Unter dem Verbrauchsteueraspekt ist § 19 I UStG nicht zu rechtfertigen. Er kann auch die Wettbewerbsneutralität verletzen[226].

226 *Tehler,* StuW 83, 232 ff.

Kleinunternehmer unterliegen der Erwerbsbesteuerung, wenn sie die **Erwerbsschwelle** überschreiten, § 1a III UStG. Ihre Lieferungen sind nicht als innergemeinschaftliche Lieferungen befreit.

2. Besteuerung der Land- und Forstwirte[227]

143 Land- und Forstwirte sind **Unternehmer** i. S. des § 2 UStG. § 24 UStG legt jedoch abweichend von § 12 UStG besondere Steuersätze von 5% bis 15% fest, wobei der **Regelsteuersatz 9%** beträgt (§ 24 I Nr. 3 UStG). Zugleich wird die Vorsteuer pauschaliert in Prozentsätzen der Bemessungsgrundlage für die ausgeführten Umsätze. Vorsteuerpauschalierung und Kürzungsbetrag bewirken, daß für den Regelfall keine Zahllast verbleibt. Durch diese **Subvention** über die Preisberechnung[228] sollen die Einkommensverluste der Landwirte ausgeglichen werden, die durch die EG-Agrarmarktsanierung entstanden sind. § 24 UStG entbehrt jeder verbrauchsteuerlichen Rechtfertigung[229].

227 Dazu *Rüttinger*, Umsatzsteuer in der Land- und Forstwirtschaft, Loseblattkommentar, St. Augustin.

228 Vgl. bereits *v. Zezschwitz*, Preisregulierung durch Mehrwertsteuer – ein verfassungswidriger Formenmißbrauch?, StuW 71, 26.

229 S. *Reiß*, UStKongrBericht 1988/89, 43, 70 f.

§ 14 Spezielle Verkehrsteuern*

Literatur: *Daumke/Schulze zur Wiesche,* Lehrbuch der Erbschaftsteuer und der Verkehrsteuern[3], Herne/Berlin 1990; *Bischof/Heinz/Kopp,* Verkehrsteuern[3], Achim 1992; *Rose,* Die Verkehrsteuern[11], Wiesbaden 1993; *K. Tipke,* Die Steuerrechtsordnung, Bd. II (StRO II), Köln 1993.

A. Grunderwerbsteuer

Rechtsquellen: Grunderwerbsteuergesetz 1983 vom 17. 12. 1982, zuletzt geändert durch das Standortsicherungsgesetz vom 13. 9. 1993 (BGBl. I 93, 2310), (abgedruckt in Beck'sche Sammlung der Steuergesetze I); Materialien: BT-Drucks. 9/251; 9/2104; 9/2114. Dazu Einführungserlaß vom 21. 12. 1982, BStBl. I 82, 968.

Literatur: Kommentare: *Boruttau/Egly/Sigloch,* Kommentar zum Grunderwerbsteuergesetz[13], München 1992; *R. Hofmann,* Grunderwerbsteuer-Kommentar[6], Herne/Berlin 1990.

Zur **Einführung** in das Grunderwerbsteuergesetz 1983 *Moench/Merl,* DStR 83, 63; *Forst,* DStZ 83, 78; *Sigloch,* NJW 83, 1817.

Einführung: Das Grunderwerbsteuerrecht war von Kriegsende bis 1969 Landesrecht. 1

Seit 1970 unterliegt die Grunderwerbsteuer der konkurrierenden Gesetzgebung des Bundes. Der Bund hat am 17. 12. 1982 das Grunderwerbsteuergesetz 1983 erlassen. Das Gesetz ersetzte das zersplitterte Landesrecht durch einheitliches Bundesrecht und beseitigte die Vielzahl der Befreiungen weitgehend. Dadurch wurde das Grunderwerbsteuerrecht wesentlich vereinfacht. Wegen des Wegfalls der vielen Befreiungen konnte der Grunderwerbsteuersatz von 7 v. H. auf 2 v. H. gesenkt werden. Durch die Reform hat sich das Steueraufkommen erhöht, sind die Verwaltungskosten aber gesenkt worden[1].

Die Grunderwerbsteuer besteuert die **Grundstücksumsätze.** Sie stellt der Sache nach eine **Sonderumsatzsteuer** dar. Konsequenterweise böte sich an, die Grunderwerbsteuer in die Umsatzsteuer zu integrieren. Dem stünde auch nicht entgegen, daß die Grunderwerbsteuer nicht an einen Umsatz durch einen Unternehmer anknüpft[2]. Bereits die 6. EG-Richtlinie sieht die Einbeziehung der Lieferung von Neubauten und Baugrundstücken auch durch **Nichtunternehmer** in die Umsatzsteuer vor (Art. 4 IIIa und b). Die Grunderwerbsteuer erfaßt darüber hinausgehend aber auch jeden anderen Grundstücksumsatz, sei es durch Unternehmer oder Nichtunternehmer. 2

Im übrigen spiegelt die Grunderwerbsteuer einen älteren Entwicklungsstand der Umsatzsteuer wider. Wie bei der alten Umsatzsteuer ohne Vorsteuerabzug wird bei jedem Grundstücksumsatz erneut Grunderwerbsteuer erhoben. Es geht damit ein Kumulierungseffekt einher.

Geht man von der faktischen Überwälzung aus, wird die Einkommensverwendung des Erwerbers besteuert. Letztlich wird auch der Grundstückserwerber, wenn er das Grundstück zur Leistungserbringung nutzt, die Grunderwerbsteuer auf den Endverbraucher im Preis abwälzen.

Die sich aus dem Belastungsgrund der Einkommensverwendung ergebende Konkurrenz von Umsatzsteuer und Grunderwerbsteuer wird allerdings häufig nicht gesehen, weil nach dem Belastungsgrund einer Steuer nicht gefragt wird[3].

So will *Fischer*[4] sich mit der „schlichten Erkenntnis" begnügen, daß die Grunderwerbsteuer kraft der positiven Entscheidung des Gesetzgebers auf dem Grunderwerbe liege. Besteuert werde der

* Den Abschnitt „Spezielle Verkehrsteuern" hat Prof. Dr. *Wolfram Reiß* überarbeitet.

1 S. *Blechinger,* DVR 88, 146.

2 Dazu *U. Bauer,* Steuersystematisches Postulat und steuertechnische Möglichkeit der Integration der Grunderwerbsteuer in die Umsatzsteuer, Diss. Köln 1974.

3 BFH BStBl. 90, 181, 182; 90, 590, 592. Die Rede ist vom System und Zweck der Grunderwerbsteuer, ohne diese zu kennzeichnen.

4 *Boruttau/Egly/Sigloch,* Vorbem. Rnr. 61 f., 716 f.

Rechtsvorgang um des Rechtsvorganges der Rechtsänderung willen. Besteuert werde der Erwerb, was auch immer dessen Bedeutung sein möge.

Daher seien auch Sicherungs- und Treuhanderwerbe uneingeschränkt zu besteuern. Einen Vorsteuerabzug brauche es bei der Grunderwerbsteuer nicht zu geben, da auch das UStG bei Unternehmern einen Vorsteuerausschluß kenne. Abgesehen von dessen Fragwürdigkeit bleibt dabei außer Betracht, daß bei der Grunderwerbsteuer der „Ausschluß" auch dann eintritt, wenn das erworbene Grundstück grunderwerbsteuerpflichtig weiterveräußert wird. Letztlich verbleibt als Rechtfertigung für die Grunderwerbsteuer deren angebliches Lenkungsziel, einem unerwünschten spekulativen Zwischenhandel mit Grundstücken entgegenzuwirken, weil Grundstücke keine Handelswaren seien. Aber dies ist abwegig. Soweit speziell an Wohngrundstücke gedacht ist, ist darauf hinzuweisen, daß die GrESt nicht lediglich diesem Zweck dienende Grundstücke betrifft. Auch insoweit ist dem Gesetzgeber nicht zu unterstellen, daß er das Behalten, aber nicht den Erwerb (vgl. z. B. § 10e EStG) von Eigenheimen begünstigt. Mit dem Ausschluß des Vorsteuerabzuges für Wohnzwecken dienende Grundstücke wird die einmalige Belastung des Endkonsumenten mit der Grunderwerbsteuer systematisch zutreffend erreicht. Für eine Belastung des unternehmerischen Erwerbs – soweit keine Abwälzung stattfindet – besteht jedoch mangels Einkommensverwendung kein Anlaß. Nun soll allerdings die Grunderwerbsteuer nach *Fischer* gerade keine den Aufwand des Erwerbers belastende Steuer sein, sondern der Besteuerungszweck sich auf den Erwerb zu dessen Wert richten[5]. Was aber ist die Rechtfertigung für die den Erwerber treffende Belastung, wenn nicht die in der Einkommensverwendung sich ausdrückende Leistungsfähigkeit[6], da Lenkungszwecke nicht ersichtlich sind?

Speziell bei den technisch an Akte des Rechtsverkehrs anknüpfenden **Verkehrsteuern** genügt offenbar die Ergiebigkeit bereits als Rechtfertigung. Dazu gehören allerdings die leicht zu erfassenden Grundstücksumsätze. Eine moderne Version des **Bewertungsgedankens** von *Mirre* stellt die Auffassung dar, Verkehrsteuern belasteten ein freiwillig einer Neubewertung unterworfenes Gut und vermittelten dem Staat eine Teilhabe am Entgelt[7]. Soweit dies nicht nur eine Beschreibung im Tatsächlichen ist, ist ein Bezug zu einer **Besteuerung nach Indikatoren der Leistungsfähigkeit** nicht erkennbar. Tatsächlich belastet die Grunderwerbsteuer die Einkommensverwendung durch den Erwerber des Grundstückes und/oder den Mieter/Pächter. Weshalb die Einkommensverwendung für den Erwerb von Grundstücken oder Grundstücksnutzungen anders zu besteuern ist als bei Erwerb anderer Güter, ist allerdings kaum erklärlich. Zu rechtfertigen wäre lediglich eine **ergänzende Funktion zur Umsatzsteuer,** wo diese aus technischen Gründen auf die Leistungen von Unternehmern beschränkt ist, sowie eventuell eine Privilegierung hinsichtlich der Wohnbedürfnisse. Gerade dies würde aber eine doppelte Belastung mit Grunderwerbsteuer und Umsatzsteuer verbieten. Das geltende Grunderwerbsteuerrecht entspricht diesem Postulat nur höchst unvollkommen, soweit über die **Befreiung des § 4 Nr. 9a UStG** eine gleichzeitige Belastung mit Umsatzsteuer und Grunderwerbsteuer ausgeschlossen ist.

3 Da das Steueraufkommen aus der Grunderwerbsteuer nach Art. 106 II Nr. 4 GG den Ländern zusteht, ist an eine technische Einbeziehung der Grunderwerbsteuer in die Umsatzsteuer vorläufig nicht zu denken. Dies entbindet aber den Bundesgesetzgeber nicht davon, **störende Unabgestimmtheiten zwischen** der **Grunderwerbsteuer** einerseits und der **Umsatzsteuer** andererseits zu beseitigen. Dabei müssen die Vorgaben der 6. EG-Richtlinie zur Umsatzsteuer beachtet werden. Diese erlaubt zur Zeit noch die Befreiung der Lieferung von Neubauten einschließlich Grund und Boden und von Baugrundstücken auch durch Unternehmer (Art. 28 IIIb i. V. mit Anl. F Nr. 16 6. EG-Richtlinie).

Die Errichtung von Bauwerken sowie sonstige Lieferungen und Leistungen von Bauunternehmern und anderen Unternehmern im Zusammenhang mit der Errichtung von Bauwerken ohne gleichzeitige Lieferung eines Grundstückes durch diese Personen ist jedoch zwingend der Umsatzsteuer zu unterwerfen[8]. Umgekehrt befreit Art. 13 B g und h 6. RL die Lieferung von Altbauten mit Grundstück sowie die Lieferung unbebauter Grundstücke außer Baugrundstücken.

Soll an der Grunderwerbsteuer als Sonderumsatzsteuer für Grundstücksumsätze festgehalten werden, müßte zumindest eine **Doppelbesteuerung mit Grunderwerbsteuer und Umsatzsteuer** aus-

5 *Fischer* (Fn. 4), Rnr. 28, 718.
6 Dazu *K. Tipke,* StRO II, 937.
7 So *Kirchhof,* Gutachten für den 57. DJT, München 1988, F 13.
8 EuGH HFR 86, 487; BFH BStBl. 87, 145; *Schwakenberg,* UR 86, 100.

geschlossen werden. Geradezu anstößig ist, daß Umsatzsteuer und Grunderwerbsteuer in den Fällen der Steuerpflicht nach beiden Gesetzen in die Bemessungsgrundlage mit einbezogen werden. Auf diese Weise wird Umsatzsteuer von der Grunderwerbsteuer und umgekehrt erhoben[9].

Da die EG-rechtlichen Vorgaben für die Umsatzsteuer zu beachten sind, kann eine gänzliche oder teilweise Doppelbesteuerung nur in der Weise ausgeschlossen werden, daß bei der Grunderwerbsteuer solche Umsätze, die nach dem UStG steuerpflichtig sind, aus dem Besteuerungstatbestand oder jedenfalls aus der Bemessungsgrundlage ausgeschlossen werden.

1. Steuerobjekt

1.1 Steuerbare Erwerbsvorgänge

Der eigentliche Grundtatbestand des GrEStG findet sich im § 1 II GrEStG. Danach unterliegen der Grunderwerbsteuer Rechtsvorgänge, die es einem anderen rechtlich oder wirtschaftlich ermöglichen, ein inländisches Grundstück auf eigene Rechnung zu verwerten. Durch die Grunderwerbsteuer soll der **Erwerb der wirtschaftlichen Verfügungsmacht** über Grundstücke besteuert werden. Dieser Tatbestand wird jedoch durch die Gesetzestechnik eher verdunkelt als erhellt. 4

Das Gesetz regelt in § 1 GrEStG Fälle, die auf einen **zivilrechtlichen Eigentumsübergang** abzielen, und ergänzt diesen Tatbestand in § 1 II GrEStG um den Übergang der **wirtschaftlichen Verwertungsbefugnis** ohne Eigentumsübertragung sowie in § 1 III GrEStG um den Sonderfall der **Anteilsvereinigung bei Gesellschaften.** Gleichwohl sind die Grundstücksumsätze nicht lückenlos erfaßt[10]. Es würde sich empfehlen, § 1 GrEStG terminologisch an § 1 I Nr. 1 UStG anzupassen und die „Lieferung von Grundstücken" sowie die „sonstige Leistung von Erbbaurechten" zu besteuern. Dadurch könnte der Bandwurm des § 1 GrEStG wesentlich verkürzt werden, der gerade wegen seiner detaillierten Aufzählung zu Umgehungen reizt.

Soll die rein erhebungstechnische Anknüpfung bereits an den **Abschluß des kausalen Verpflichtungsgeschäftes** beibehalten werden, so dürfte auch dies keine unüberwindlichen Formulierungsschwierigkeiten bereiten. Anzuknüpfen ist dann an Rechtsgeschäfte oder Rechtsvorgänge, die die Verpflichtung zur Lieferung von Grundstücken oder zur Einräumung, Übertragung von Erbbaurechten begründen. Daß die Regelungen des § 1 I und II GrEStG der Rechtssicherheit und Geschäftseinfachheit[11] dienen, wird durch die Rechtsprechung des BFH zu Mißbrauchsfällen und zum einheitlichen Vertragswerk ausreichend widerlegt (s. unten Rz. 7, 20).

1.1.1 Eigentumserwerb und schuldrechtlicher Vertrag

Wirtschaftliche Verfügungsmacht über ein Grundstück hat nach der Rechtsordnung, soweit nicht einschränkende schuldrechtliche Vereinbarungen bestehen, der Eigentümer. § 1 I Nr. 3 GrEStG unterwirft daher den Eigentumserwerb als den klassischen Anwendungsfall der Erlangung von Verfügungsmacht der Grunderwerbsteuer. Lediglich aus Gründen der **Steuererhebungstechnik** knüpft § 1 I Nr. 1 GrEStG aber nicht erst an den Eigentumsübergang an, sondern bereits an den **Abschluß schuldrechtlicher Verträge,** die den Anspruch auf Eigentumserwerb (Übereignung) begründen. Auf diese Weise soll gesichert werden, daß die Steuer möglichst frühzeitig erhoben werden kann. Außerdem läßt sich die effektive Erhebung der Steuer sichern, indem die Grundbucheintragung von 5

9 BFH BStBl. 80, 620; FinMin. Nds., DB 81, 1165; kritisch insoweit zu Recht *Kirchhof,* HStR IV, 87, 158.

10 Vgl. *Möllinger,* DVR 70, 67.

11 So *Fischer* (Fn. 4), Rnr. 720 im Anschluß an die Begründung zum GrEStG 1940 (RStBl. 1940, 387).

einer **Unbedenklichkeitsbescheinigung des Finanzamtes** abhängig gemacht wird, vgl. § 22 GrEStG. Daß letztlich aber der Eigentumsübergang, genauer der Übergang der Verwertungsbefugnis, besteuert werden soll, folgt aus § 1 I Nr. 3 GrEStG. Wenn dem Eigentumserwerb weder ein schuldrechtlicher Vertrag noch eine dingliche Auflassung (§ 1 I Nr. 2 GrEStG) vorausging, wird unmittelbar der Eigentumserwerb besteuert. Aus demselben lediglich erhebungstechnischen Grund wird beim Erwerb in der Zwangsversteigerung nicht erst an den Zuschlag, sondern bereits an die Abgabe des Meistgebotes angeknüpft (§ 1 I Nr. 4 GrEStG)[12].

Im einzelnen umfaßt § 1 I GrEStG die folgenden steuerbaren Erwerbsvorgänge:

1.1.1.1 Kaufverträge und andere schuldrechtliche Verträge (§ 1 I Nr. 1 GrEStG)

6 Der Grunderwerbsteuer unterliegt danach in erster Linie der Kaufvertrag über inländische Grundstücke oder ein anderes Rechtsgeschäft, das den Anspruch auf Übereignung begründet (§ 1 I Nr. 1 GrEStG)[13].

Der Steuertatbestand wird bereits mit dem Abschluß des schuldrechtlichen Vertrages begründet. Da Voraussetzung ist, daß ein **Anspruch auf Übereignung** entsteht, muß der Vertrag grundsätzlich zivilrechtlich wirksam sein. § 41 AO ist zwar anwendbar. Das „wirtschaftliche Ergebnis" des Bestehens eines Anspruches auf Übereignung trotz zivilrechtlicher Unwirksamkeit wegen eines Formmangels kann aber nur dann vorliegen, wenn zumindest nach außen der Anschein eines formgültigen Vertrages erweckt wird, aufgrund dessen eine Auflassung erfolgen könnte[14].

7 Da der Grunderwerbsteuer sowohl **Kaufverträge über unbebaute als auch bebaute Grundstücke** unterliegen, muß mit Rücksicht auf den Umfang der Bemessungsgrundlage entschieden werden, was Gegenstand des Vertrages ist. Dabei kann, da bereits an den Abschluß des schuldrechtlichen Vertrages angeknüpft wird, weder auf den Zustand des Grundstückes im Zeitpunkt des Eigentumsübergangs noch auf den Zustand bei Vertragsabschluß abgestellt werden.

Vielmehr ist maßgeblich, ob der Erfüllungsanspruch des Erwerbers auf ein unbebautes oder ein bebautes Grundstück gerichtet ist. Die Rechtsprechung stellt dafür maßgeblich auf die **Sicht des Erwerbers** ab.

Ausgangspunkt dieser Rechtsprechung, aber nicht mehr darauf beschränkt, ist die typische Situation beim Erwerb von Teileigentum im sogenannten **Bauherrenmodell.** Dem Bauherren wird der Abschluß eines Bündels von Verträgen angeboten, u. a. Kauf eines Grundstücksteiles und Werkverträge mit den Bauhandwerkern. I. d. R. ist ein Initiator eingeschaltet, der als Treuhänder fungiert oder einen solchen bereitstellt. Dem Bauherren verbleibt zumeist faktisch nur die Möglichkeit, sämtliche Verträge, wie bereits vom Initiator vorbereitet, abzuschließen. Die Rechtsprechung faßt das **Vertragsgeflecht** in diesen Fällen zusammen[15]. Sie behandelt es insgesamt als **„ein Rechtsgeschäft"**, das den Anspruch auf Übereignung eines bebauten Grundstücks(teiles) begründet.

Die Einheitlichkeit des Vertragsgeflechtes trotz zivilrechtlich mehrerer Verträge auch mit verschiedenen Vertragsparteien auf der Veräußererseite, z. B. Grundstücksverkäufer und Bauhandwerkern, soll sich daraus ergeben können, daß

12 Dazu *Huber-Krebs,* Konformität von Privat- und Steuerrecht unter besonderer Berücksichtigung des Grunderwerbsteuerrechts, Diss. rer. pol. München 1966.

13 Amtliche Begründung RStBl. 40, 388: Der Kaufvertrag sei für die am Grundstücksgeschäft Beteiligten der wichtigste Vorgang. Er lege das Geschäft inhaltlich bindend fest.

14 BFH BStBl. 89, 989.

15 BFH BStBl. 89, 333, 685; BStBl. 90, 440; BStBl. 92, 357; 93, 163; 93, 197.

- sie nach den vertraglichen Bestimmungen **ausdrücklich** in ihrem Bestand voneinander abhängig gemacht werden;
- die Auslegung ergibt, daß sie nach dem **Willen der Parteien** miteinander stehen oder fallen[16];
- auch ohne den Willen der Parteien ein so **enger objektiver Zusammenhang** besteht, daß objektiv ein bebautes Grundstück Leistungsgegenstand ist[17].

Da Besteuerungsgrund die Einkommensverwendung des Erwerbers ist, ist es zutreffend, aus seiner Perspektive zu entscheiden, ob ein **bebautes Grundstück Leistungsgegenstand** ist. Entgegen der Kritik[18] ist auch nicht zu beanstanden, daß der BFH letztlich danach entscheidet, ob dem Erwerber durch einen Initiator Grundstück und Bauleistungen nur zusammen angeboten werden oder ob umgekehrt die Erwerber sich zunächst zusammenschließen und ihrerseits dann erst Bauaufträge erteilen[19]. Es ist schon fraglich, ob überhaupt ein Gegensatz zur zivilrechtlichen Betrachtung besteht[20]. Zutreffend ist jedenfalls für das Steuerrecht, daß die Verwirklichung des Steuertatbestandes nicht davon abhängig gemacht werden darf, ob zivilrechtlich aufgrund **steuertechnischer Klauseln** eine Trennung der Verträge vereinbart wurde, wenn dieser Trennung für den Regelfall gerade keine Bedeutung zukommt.

Zutreffend hat das Bundesverfassungsgericht[21] daher eine Verfassungsbeschwerde gegen diese Rechtsprechung des BFH zurückgewiesen, die eine am Zivilrecht orientierte Auslegung des § 1 GrEStG verlangte. **Steuerrecht** und **Zivilrecht** sind **nebengeordnete gleichrangige Rechtsgebiete.** Für die Grunderwerbsteuer ist maßgebend der wirtschaftliche Erfolg des Erwerbs im bebauten Zustand, gleichgültig durch welche zivilrechtliche Gestaltung er bewirkt wurde. Von einem Erwerb im bebauten Zustand kann allerdings keine Rede sein, wenn zwischen Grundstücksveräußerer und Bauhandwerkern keinerlei Verbindung bestehe, sondern diese vom Erwerber unabhängig ausgewählt werden können. Dies gilt auch bei einer Vertragsübernahme[22].

Problematisch ist vielmehr die Folge der **Doppelbelastung mit Umsatzsteuer** und 8
Grunderwerbsteuer für den Erwerber. Die Befreiungsvorschrift des § 4 Nr. 9a UStG darf nicht angewendet werden[23]. Die **Leistungen der Bauhandwerker** werden daher mit Umsatzsteuer und Grunderwerbsteuer belegt, wobei sich jeweils die Bemessungsgrundlage noch um den Steueranteil erhöht. Diese **systemwidrige Doppelbelastung** der Einkommensverwendung kann nur dadurch vermieden werden, daß gesetzlich aus der Bemessungsgrundlage für die Grunderwerbsteuer solche Bestandteile ausgenommen werden, die bereits der Umsatzsteuer unterliegen. Die Doppelbelastung ist der systematische Kritikpunkt, nicht die vermeintliche Nichtbeachtung zivilrechtlicher Vorgaben. Das BVerfG sieht in dieser Doppelbelastung des Erwerbers allerdings keinen Verfassungsverstoß[24]. Die Problematik wird sich erneut stellen, wenn nach Ablauf der Übergangszeit (Rz. 3) die Lieferung von Neubauten und Baugrundstücken durch Unternehmer der Umsatzsteuer zu unterwerfen ist. Soll dann für den privaten Erwerb neben der 15%igen Umsatzsteuer noch GrESt erhoben werden.

---

16 BFH BStBl. 82, 330, 741; 90, 443.
17 BFH BStBl. 90, 181, 183, 230, 590; s. auch *Pagels,* UVR 90, 233; *Schuhmann,* UVR 90, 76.
18 *Jehner,* DStR 89, 169, 600, 625; *Wagner,* BB 86, 465.
19 BFH BStBl. 89, 986; vgl. auch BFH BStBl. 93, 308; 94, 48.
20 Vgl. aber *Flume,* DB 90, 1432.
21 BVerfG BStBl. 92, 212. Kritisch dazu *Jehner,* DStR 92, 485; *Wagner,* BB 92, 245; *Meincke,* StuW 92, 188.
22 BFH BStBl. 94, 48; vgl. auch BFH BStBl. 93, 308.
23 BFH BStBl. 87, 145 und EuGH HFR 86, 487; BFH BStBl. 91, 737; BFH BStBl. 92, 206.
24 BVerfG BStBl. 92, 212 unter Berufung auf BVerfG HFR 1989, 153 = UR 88, 280.

9 **Andere schuldrechtliche Rechtsgeschäfte** sind z. B. **Gesellschaftsverträge,** wenn die Gesellschafter als Beitrag Grundstücke an die Gesellschaft zu übereignen haben, oder Tauschverträge.

Bei einem **Tauschvertrag** über Grundstücke liegen zwei grunderwerbsteuerbare Vorgänge vor (§ 1 V GrEStG). Das ist konsequent, denn jeder der Vertragspartner verwendet Einkommen/Vermögen zum Erwerb des jeweils anderen Grundstückes. Problematisch ist hier wie überhaupt bei der Grunderwerbsteuer die mangelnde Entlastung durch einen quasi Vorsteuerabzug für den Fall der unternehmerischen Verwendung der Grundstücke.

Obwohl an das Verpflichtungsgeschäft angeknüpft wird, der Umsatz sich aber im Erfüllungsgeschäft manifestiert, spricht § 4 Nr. 9a UStG von „Umsätze(n), die unter das Grunderwerbsteuergesetz fallen".

Der gewollten und notwendigen Vermeidung der Doppelbelastung ist dadurch Rechnung zu tragen, daß als unter das Grunderwerbsteuergesetz fallender Umsatz auch derjenige angesehen wird, bei dem bereits das Verpflichtungsgeschäft zur Ausführung des Umsatzes der Grunderwerbsteuer unterliegt.

10 Kommt es nicht zum Eigentumsübergang, weil der **Vertrag rückgängig** gemacht wird, so wird eine Steuer nicht mehr festgesetzt oder eine bereits erfolgte Steuerfestsetzung aufgehoben (§ 16 GrEStG). Die komplizierte Regelung des § 16 GrEStG ist nur deshalb notwendig, weil aus Gründen der Erhebungstechnik bereits an den Abschluß des schuldrechtlichen Vertrages angeknüpft wird. Sind die dort genannten Fristen von 2 Jahren seit Entstehung des Steueranspruches bis zur Rückgängigmachung überschritten und besteht kein Rechtsanspruch auf Rückgängigmachung, so wird gegebenenfalls zweimal Grunderwerbsteuer erhoben, obwohl ein Übergang der Verwertungsbefugnis gerade nicht stattgefunden hat. Dieses teleologisch unzutreffende Ergebnis ist die Folge der verfehlten Verknüpfung steuertechnischer Erhebungserleichterung mit der Ausgestaltung des Besteuerungstatbestandes.

Folge der Verwechslung von Essenz und Form ist es auch, wenn der Grunderwerbsteuer auch Verträge unterworfen werden, die zwar auf einen zivilrechtlichen Eigentumsübergang abzielen, aber wie die Sicherungsübereignung gerade nicht zu einem Übergang der wirtschaftlichen Verwertungsbefugnis führen[25].

1.1.1.2 Die Auflassung (§ 1 I Nr. 2 GrEStG)

11 Der rechtsgeschäftliche Eigentumserwerb an Grundstücken vollzieht sich durch Einigung (Auflassung) und Eintragung (§§ 873, 925 BGB). § 1 I Nr. 2 GrEStG behandelt demzufolge bereits die Auflassung als steuerbaren Tatbestand, falls nicht ein schuldrechtlicher Vertrag voranging. Da dies regelmäßig der Fall ist, kommt dem Tatbestand des § 1 I Nr. 2 GrEStG keine große praktische Bedeutung zu. Bei einem formnichtigen Vertrag kann der Tatbestand wegen § 313 Satz 2 BGB Bedeutung gewinnen[26].

1.1.1.3 Der Eigentumserwerb (§ 1 I Nr. 3 GrEStG)

12 § 1 I Nr. 3 GrEStG besteuert den Eigentumserwerb, falls kein schuldrechtliches Geschäft und auch keine Auflassung vorausging. Der Eigentumserwerb als **Regelfall des Erwerbes wirtschaftlicher Verfügungsmacht** über ein Grundstück soll besteuert werden. Obgleich § 1 I Nr. 3 und § 1 II GrEStG die eigentlichen Besteuerungstatbestände darstellen,

---

25 So aber BFH BStBl. III 56, 93; *Fischer,* Boruttau/Egly/Sigloch, § 1 Rnr. 173; vgl. auch Sächs. FinMin. UVR 93, 159.

26 S. dazu aber BFH BStBl. 89, 989.

ist wegen der technischen Vorverlagerung der Besteuerung bereits auf den Abschluß schuldrechtlicher Verträge die Steuerbarkeit nach § 1 I Nr. 3 GrEStG die Ausnahme.

Unter § 1 I Nr. 3 GrEStG fällt der Erwerb aufgrund **hoheitlicher Enteignung.** Ebenfalls unter § 1 I Nr. 3 GrEStG fällt der Eigentumserwerb bei **Umwandlungen** nach dem Umwandlungsgesetz[27] und durch **Verschmelzungen**[28] von Kapitalgesellschaften (§§ 339 f. AktG und §§ 19 f. KapErhG). § 1 I Nr. 3 GrEStG erfaßt auch den **Eigentumserwerb des letzten Gesellschafters** einer Personengesellschaft durch **Anwachsung nach § 738 BGB.** Aus Gesamthandseigentum wird dann Einzeleigentum. Bei Ausscheiden eines Gesellschafters aus einer mehrgliedrigen Gesellschaft liegt jedoch für die übrigen Gesellschafter kein Erwerb nach § 1 I Nr. 3 GrEStG vor, solange die Gesellschaft selbst erhalten bleibt. Da die Identität der Gesellschaft erhalten bleibt, fehlt es an einem Eigentumswechsel[29].

Der von § 1 I Nr. 3 GrEStG ebenfalls erfaßte Eigentumserwerb durch Erbschaft ist nach § 3 Nr. 2 GrEStG befreit. Ebenfalls befreit ist der Erwerb im Flurbereinigungsverfahren und im Umlegungsverfahren[30]. Eine hoheitlich veranlaßte bloße Vermögensumschichtung von Grundvermögen rechtfertigt auch keine Besteuerung unter dem Gesichtspunkt der Einkommensverwendung.

1.1.1.4 Das Meistgebot (§ 1 I Nr. 4 GrEStG)

§ 1 I Nr. 4 GrEStG besteuert bereits die Abgabe des Meistgebotes. Dies entspricht der steuertechnischen Anknüpfung an den Abschluß des schuldrechtlichen Vertrages. Da dem Übergang des Eigentums im Zwangsversteigerungsverfahren immer ein Meistgebot vorausgeht (§ 81 ZVG), nimmt § 1 I Nr. 3 GrEStG den Eigentumserwerb im Zwangsversteigerungsverfahren aus. Teleologisch zutreffend hat der BFH entschieden, daß eine **Rückgängigmachung** des Erwerbs vorliegt, wenn der Meistbietende seine Verpflichtung nicht erfüllt und deshalb eine **Wiederversteigerung** durchgeführt wird[31]. Obwohl „ein Rechtsgeschäft“ nicht vorliegt, ist § 16 II Nr. 3 GrEStG entsprechend anzuwenden. 13

1.1.1.5 Abtretung von Übereignungsansprüchen und Rechten aus Kaufangeboten

§ 1 I Nrn. 5–7 GrEStG erfassen die Abtretung von Übereignungsansprüchen, von Rechten aus einem Kaufangebot[32] und von Ansprüchen aus dem Meistgebot[33]. Auch hier wird nicht erst an die Abtretung selbst, sondern bereits an die schuldrechtlichen Verträge angeknüpft, die den Anspruch auf Abtretung begründen. Der Sache nach handelt es sich darum, daß durch diese Akte eine **Verwertung** des Grundstückes schon **vor dem Erwerb** stattfindet. Es liegt eine dem Reihengeschäft bei der Umsatzsteuer vergleichbare Situation vor. Die zweimalige Erfassung mit Grunderwerbsteuer soll nicht dadurch umgangen werden können, daß bereits vor Eigentumsübertragung der Berechtigte seinen Übereignungsanspruch überträgt. Dies ist teleologisch zutreffend, denn **wirtschaftlich** findet eine **zweimalige Verwertung** statt; durch den Eigentümer an seinen Vertragspartner und durch diesen an den jetzigen Erwerber, auch wenn dinglich nur ein Eigentumswechsel erfolgt. 14

27 BFH BStBl. 89, 466; s. a. *Weber,* DB 89, 71.
28 BFH BStBl. 79, 683; s. a. *Kussmann,* DVR 87, 2; BFH BStBl. 92, 418.
29 BFH BStBl. 89, 803.
30 Dazu *Pagels,* UVR 89, 332.
31 BFH BStBl. 89, 150.
32 Zum zivilrechtlichen Inhalt s. BFH BStBl. 75, 86; BFH BStBl. 82, 269.
33 Vgl. BFH BStBl. 85, 339.

Von den jeweiligen Erwerbern wird auch Einkommen verwendet. Bei der Abtretung von Kaufangeboten ist erforderlich, daß das Kaufangebot dem Berechtigten zu dessen Nutzen eingeräumt wurde, so daß er das Grundstück zum eigenen Nutzen verwerten konnte, z. B. durch den Abschluß von Dienst- oder Werkverträgen zur Bebauung[34]. Bloße Maklergeschäfte fallen nicht unter § 1 I Nrn 6 und 7 GrEStG[35]. Besteuert wird der Handel mit Kaufangeboten.

Bemessungsgrundlage ist, was der Erwerber des Angebotes dem Benennenden zahlt. Fehlt es daran, wird die Steuer nach § 8 II Nr. 1 GrEStG i. V. mit § 121a BewG mit 140% des Einheitswertes des Grundstückes bemessen[36].

1.1.2 Übergang der Verwertungsbefugnis

15 Da das Gesetz terminologisch keine Fortschritte bringt, sondern weiterhin an zivilrechtliche Begriffe anknüpft, schafft es auch **Umgehungsmöglichkeiten**[37]. Diese werden unvollkommen durch § 1 II GrEStG aufgefangen. Weil das Gesetz in § 1 I GrEStG den speziellen Anwendungsfall der Erlangung wirtschaftlicher Verwertungsbefugnis durch Erlangung des zivilrechtlichen Eigentums, bzw. den Abschluß eines auf dessen Erlangung abzielenden obligatorischen Vertrages bereits erfaßt hat, wird in § 1 II GrEStG nur noch der Erwerb der Verwertungsbefugnis als steuerbar geregelt, wenn dieser nicht auf der Begründung eines Anspruches auf Übereignung beruht. Hierunter fallen alle vertraglichen Vereinbarungen und ihre Durchführungen, die einem Nichteigentümer Besitz, Nutzungen und den Zugriff auf die Substanz durch Veräußerung und Zueignung des Erlöses ermöglichen, z. B. die Einräumung einer unwiderruflichen Verkaufsermächtigung mit der Abrede, daß der Verkaufserlös dem Nichteigentümer gebühren soll, oder die Überlassung eines Grundstückes zur Nutzung an eine Gesellschaft mit der Abrede, daß im Innenverhältnis das Grundstück als Gesellschaftsvermögen behandelt werden soll. § 1 II GrEStG ist daher immer anwendbar, wenn ein Grundstück einem zivilrechtlichen Nichteigentümer zu wirtschaftlichem Eigentum i. S. des § 39 II AO überlassen wird.

Dies ist insbesondere bei **atypischen Maklerverträgen** zu bejahen. Dabei wird dem Vermittler schuldrechtlich die Möglichkeit eingeräumt, das ihm zivilrechtlich nicht als Eigentümer gehörende Grundstück auf eigene Rechnung zu veräußern. Auch wenn ausnahmsweise dem Vermittler keine Vollmacht erteilt wurde, der Grundstückseigentümer sich aber schuldrechtlich gebunden hat, die Verträge abzuschließen, ist ein Übergang der Verwertungsbefugnis zu bejahen[38]. Ob von der übergegangenen Verwertungsbefugnis Gebrauch gemacht wird, ist belanglos[39].

Beim Erwerb durch einen **Treuhänder** soll dessen Erwerb nach § 1 I Nr. 1 GrEStG und zugleich der Erwerb des Treugebers nach § 1 II GrEStG der Grunderwerbsteuer unterliegen[40]. Da eine Einkommensverwendung nur durch den Treugeber vorliegt, sollte der Erwerb durch den Treuhänder nicht besteuert werden. Dieser erlangt auch gerade nicht die wirtschaftliche Verfügungsbefugnis. Die Gesetzesfassung verdunkelt den Belastungsgrund, wenn sie nach § 1 I GrEStG den zivilrechtlichen Eigentumserwerb scheinbar ohne Ausnahme besteuern läßt und § 1 II GrEStG nur ergänzend eingreift. Wenn aber § 1 II GrEStG den Erwerb wirtschaftlicher Verfügungsmacht auch ohne Eigentumserwerb besteuert, muß umgekehrt gelten, daß der Erwerb des Eigentums ohne Erwerb der wirtschaftlichen Verfügungsmacht nicht zu besteuern ist.

---

34 BFH BStBl. 80, 525; 82, 269; 89, 984; 93, 453.

35 BFH BStBl. 89, 52.

36 BFH BStBl. 89, 984.

37 Dazu *Jehring,* Die Umgehungstatbestände des Grunderwerbsteuerrechts in der Rechtsprechung des Reichsfinanzhofs, Diss. Göttingen 1939; *Pilgrim,* Die Besteuerung der Zwischengeschäfte im Grunderwerbsteuerrecht, Diss. Köln 1961, Düsseldorf 1962. Vgl. auch *Schmitz,* DVR 84, 134.

38 BFH BStBl. 89, 52; s. auch BFH BStBl. 86, 417 (befristete Vollmacht).

39 A. A. BFH BStBl. 89, 52.

40 BFH BStBl. 86, 28, 89, 157; Ländererlaß BStBl. I 84, 378.

Stellt ein **Gesellschafter ein Grundstück** „seiner" Personengesellschaft **zur Nutzung** zur Verfügung, ist der Tatbestand des § 1 II GrEStG nicht erfüllt. Anders ist es allerdings, wenn vereinbart wird, daß das Grundstück im Innenverhältnis der Gesellschafter wie gemeinsames Eigentum behandelt wird[41].

1.1.3 Anteilsvereinigung[42]

Im § 1 III GrEStG wird die Vereinigung **aller Anteile einer Gesellschaft** in einer Hand oder in der Hand von herrschenden und abhängigen Unternehmen als Grundstückserwerb behandelt, wenn zum Vermögen der Gesellschaft ein Grundstück gehört. Beim Erwerb vollständigen Anteilsbesitzes, sei es durch Erwerb aller Anteile (§ 1 III Nrn. 3 und 4 GrEStG) oder der fehlenden Anteile (§ 1 III Nrn. 1 und 2 GrEStG), behandelt das Gesetz den Vorgang so, als sei ein Grundstück erworben worden. Verhindert werden soll, daß die Grunderwerbsteuer dadurch umgangen werden kann, daß anstelle der Veräußerung des Grundstückes die Anteile an Gesellschaften veräußert werden, womit mittelbar der Gesellschafter auch das Grundstück erwirbt. Gleichwohl stellt das Gesetz nicht auf eine Umgehung ab, sondern erfaßt prinzipiell die Anteilsvereinigung. § 1 III GrEStG erfaßt sowohl die Anteile von **Kapitalgesellschaften** als auch von **Personengesellschaften.** Bei letzteren ist die Vereinigung aller Anteile in einer Hand allerdings bereits nach § 1 I Nr. 3 GrEStG steuerbar, denn die Anteilsvereinigung führt zum Untergang der Personengesellschaft und damit zum Eigentumsübergang des Grundstükkes auf den Erwerber. § 1 III GrEStG ist daher praktisch nur auf Kapitalgesellschaften und in dem **Ausnahmefall** der Vereinigung von Anteilen an Personengesellschaften in der Hand eines herrschenden Unternehmens anwendbar[43]. Technisch knüpft § 1 III GrEStG wie bereits § 1 I GrEStG primär an den schuldrechtlichen Vertrag und erst sekundär an den Anteilsübergang an. 16

Die Anteilsvereinigung kann auch durch einen **Erbfall**[44] oder die **Einziehung von Anteilen**[45] verwirklicht werden. Zu einer Anteilsvereinigung kommt es auch, wenn die Anteile zum einen Teil unmittelbar von einer Person, zum anderen Teil mittelbar über eine Gesellschaft, an der diese Person zu 100% beteiligt ist, gehalten werden[46]. Erwirbt dann diese Person von der beherrschten Gesellschaft die restlichen Anteile, führt dies nicht erneut zu einer Anteilsvereinigung[47].

1.2 Grundstück

Die im § 1 GrEStG erfaßten Erwerbsvorgänge müssen sich auf ein **inländisches Grundstück** beziehen. Dafür ist nach § 2 I GrEStG der Grundstücksbegriff des bürgerlichen Rechts maßgebend. Grundstücke sind danach der Grund und Boden einschließlich der Bestandteile. Dazu gehören insbesondere auch die **Gebäude.** Der Grunderwerbsteuer unterliegen daher auch bebaute Grundstücke. 17

Abweichend vom Zivilrecht gehören **Betriebsvorrichtungen nicht** zum Grundstück i. S. des GrEStG (§ 2 I 2 Nr. 1). Dies führt dazu, daß bei Veräußerung eines Grundstükkes mit Betriebsvorrichtungen die Steuerbefreiung des § 4 Nr. 9a UStG nicht auf die Lieferung der Betriebsvorrichtungen anwendbar ist.

41 BFH BStBl. 76, 30.
42 Dazu *Martin*, DB 85, 2169.
43 Zur Anteilsveräußerung im Organkreis, BFH BStBl. 88, 682.
44 BFH BStBl. 88, 785.
45 BFH BStBl. 88, 959; 90, 390.
46 BFH BStBl. 88, 550.
47 BFH BStBl. 94, 123.

Umgekehrt stehen nach § 2 II GrEStG **Erbbaurechte und Gebäude auf fremdem Grund und Boden** den Grundstücken gleich. Der Grunderwerbsteuer unterliegt daher sowohl die Bestellung als auch die Übertragung eines Erbbaurechtes[48]. Gebäude auf fremdem Grund und Boden sind gegeben, wenn sie bereits zivilrechtlich Scheinbestandteile (§ 95 BGB) sind oder wenn trotz zivilrechtlichen Eigentums des Grundstückseigentümers wirtschaftliches Eigentum eines Dritten besteht, z. B. des Pächters[49]. Im letzteren Falle ist die Übertragung des wirtschaftlichen Eigentums nach § 1 II GrEStG steuerbar.

1.3 Befreiungen

18 **Von der Besteuerung ausgenommen** sind insb.:

(1) Grundstückserwerbe bis zu 5000 DM (§ 3 Nr. 1 GrEStG);

(2) Grundstückserwerbe durch **Erbfolge** oder Schenkung (s. § 3 Nr. 2 GrEStG); dadurch wird die Doppelbelastung Grunderwerbsteuer – Erbschaftsteuer ausgeschaltet. Ohnehin fehlt es bei Erbgang oder Schenkung an einer Gegenleistung. § 3 Nr. 2 Satz 2 GrEStG ist verfassungskonform dahin auszulegen, daß bei belastet erworbenem Vermögen im Ausmaß der Belastung neben der Schenkungsteuer keine Grunderwerbsteuer zu erheben ist[50];

(3) Grundstückserwerbe zur **Teilung des Nachlasses** (§ 3 Nr. 3 GrEStG);

(4) Grundstückserwerbe durch **Ehegatten,** frühere Ehegatten im Rahmen der Vermögensauseinandersetzung nach der Scheidung sowie durch in gerader Linie Verwandte und deren Ehegatten (§ 3 Nrn 4–6 GrEStG):

(5) der Erwerb eines zum Gesamtgut gehörenden Grundstücks durch Teilnehmer an einer fortgesetzten Gütergemeinschaft zur **Teilung des Gesamtguts** (§ 3 Nr. 7 GrEStG);

(6) Grundstücks**rück**erwerbe durch **Treugeber** (§ 3 Nr. 8 GrEStG);

(7) § 4 Nr. 4–6 GrEStG nehmen bestimmte Erwerbsvorgänge in den neuen Bundesländern bis zum 1. 1. 1996 von der Besteuerung aus.

2. Steuersubjekte:

19 Steuersubjekt (Steuerschuldner) sind i. d. R. die am Erwerbsvorgang beteiligten Vertragsteile: Erwerber und Veräußerer (§ 13 Nr. 1 GrEStG; zu Sonderfällen § 13 Nrn. 2–5 GrEStG).

Steuersubjekt können dabei nicht nur natürliche und juristische Personen sein. Wie in der Umsatzsteuer kommen als Steuersubjekte bei der Grunderwerbsteuer auch die **nichtrechtsfähigen Personengesellschaften** in Betracht. Daher ist es auch möglich, daß es zwischen Personengesellschaften und ihren Gesellschaftern zu grunderwerbsteuerbaren Vorgängen kommt, wenn Grundstücke vom Gesellschafter auf die Personengesellschaft oder umgekehrt übertragen werden. Den Besonderheiten der **gesamthänderischen Bindung** tragen die §§ 5 und 6 GrEStG insoweit Rechnung, als sie eine **partielle Steuerbefreiung** aussprechen. Bei der Übertragung von einer Gesamthand und auf eine (andere) Gesamthand wird die Steuer insoweit nicht erhoben, als der Veräußerer bzw.

---

48 Vgl. BFH BStBl. 82, 625; BFH BStBl. 93, 766 (Verlängerung steuerbar).

49 S. dazu *Reiß,* StuW 87, 122, 125.

50 BVerfGE 67, 71 zur Auflagenschenkung nach § 25 ErbStG; vgl. auch BFH BStBl. 92, 420; *Möllinger,* UVR 93, 109; zum Erwerb aufgrund Vermächtnisses, BFH BStBl. 93, 765 (fragwürdig bzgl. der Behandlung des Kaufpreises).

Erwerber am Vermögen der Gesamthand beteiligt ist. Darüber hinaus hält die Rechtsprechung die Befreiungsvorschriften des § 3 Nrn. 4 und 6 GrEStG auch bei Übertragungen von und auf eine Gesamthand für anwendbar[51].

Beispiel: Vater und Sohn gründen eine OHG. Der V bringt ein Grundstück ein. Der Abschluß des Gesellschaftsvertrages ist steuerbar nach § 1 I Nr. 1 GrEStG. Es tritt aber eine Befreiung nach § 5 II GrEStG ein, soweit der V an der OHG beteiligt ist und nach § 3 Nr. 6 GrEStG, soweit S an der OHG beteiligt ist.

§ 6 IV GrEStG schränkt zur Vermeidung von Umgehungen die Befreiung des § 6 I–III GrEStG beim Übergang von einer Gesamthand ein, soweit der Anteil an der Gesamthand innerhalb von 5 Jahren vor dem Erwerbsvorgang erworben wurde.

Über diese gesetzgeberische Einschränkung hinaus sind die §§ 5, 6 GrEStG zu einer Quelle der Auseinandersetzung wegen angeblichen oder tatsächlichen Mißbrauchs i. S. des § 42 AO geworden[52]. 20

Ausgangspunkt ist dabei, daß die **Gesamthand** einschließlich der Erbengemeinschaft selbst als **Grunderwerbsteuersubjekt** behandelt wird. Der bloße **Wechsel im Personenbestand** durch Anteilsübertragung erfüllt keinen Grunderwerbsteuertatbestand, da er nicht auf die Übereignung eines Grundstückes auf ein anderes Rechtssubjekt gerichtet ist[53].

Die Rechtsprechung hält zutreffend bereits die Befreiungsvorschrift des § 5 GrEStG nicht für anwendbar, wenn die Übertragung des Grundstückes auf die Gesamthand nach einem vorgefaßten Plan nur erfolgt, um anschließend durch eine Übertragung der Gesellschaftsanteile den neuen Gesellschaftern den Erwerb des Grundstückes zu ermöglichen[54].

Ein **Mißbrauch nach § 42 AO** wird angenommen, wenn das Vermögen der Gesamthand[55] einschließlich der Erbengemeinschaft[56] nur aus Grundstücken besteht und anstelle einer Veräußerung des Grundstückes durch die Gesamthand die Gesellschaftsanteile bzw. die Miterbenanteile übertragen werden.

Zur Erfassung der Steuerschuldner dienen Anzeigepflichten der Gerichte, Behörden und Notare sowie der Beteiligten (§§ 18, 19 GrEStG).

3. Bemessungsgrundlage und Steuersatz

3.1 Bemessungsgrundlage

Bemessungsgrundlage ist prinzipiell der Wert der Gegenleistung (§§ 8, 9 GrEStG). 21

Zur **Gegenleistung** rechnet jede Leistung, die der Erwerber **kausal wegen des Erwerbes** des Grundstückes dem Veräußerer oder einem von diesem benannten Dritten erbringt[57]. Ebenfalls gehören dazu Leistungen Dritter an den Veräußerer, die kausal wegen des Erwerbsvorganges erbracht werden. Der Umfang der Gegenleistung ist danach ebenso **wie das Entgelt bei der Umsatzsteuer** zu bestimmen. Wie beim UStG die Umsatzsteuer, so gehört im GrEStG die Grunderwerbsteuer nicht ihrerseits zur Bemessungsgrundlage (§ 9 III GrEStG).

51 BFH BStBl. 65, 670.
52 Vgl. BFH BStBl. 80, 598; 83, 138, 429; 86, 109; 86, 620; 87, 394.
53 BFH BStBl. 89, 803; 90, 446.
54 BFH BStBl. 83, 138, 429; 88, 736; 89, 201, kritisch *Schmitz,* DVR 84, 134 und *Meilicke,* StVj 89, 182; BFH BStBl. 91, 374; 91, 376; 92, 204.
55 BFH BStBl. 87, 394; 89, 628, 803; BFH BStBl. 90, 446 (verneinend); 92, 202; 93, 197.
56 BFH BStBl. 75, 834; 86, 620.
57 BFH BStBl. 88, 898; 89, 685; 90, 186.

Der grunderwerbsteuerliche Begriff der Gegenleistung ist danach weiter als der zivilrechtliche Begriff beim gegenseitigen Vertrag[58]. Die in **§ 9 I und II GrEStG** erfolgende Aufzählung von Bestandteilen der Gegenleistung ist nicht abschließend. Die **kasuistische Aufzählung** ist eher verwirrend als hilfreich. Sie sollte nach dem Vorbild des § 10 I UStG ersetzt werden.

Bei **Kauf und Tausch** gehören übernommene **Verbindlichkeiten** schon zivilrechtlich zur Gegenleistung. Ein Tauschgegenstand ist mit dem gemeinen Wert zu bewerten. Dem Veräußerer **vorbehaltene Nutzungen,** z. B. Nießbrauch, Wohnrecht, sind ebenfalls Teil der Gegenleistung.

Beruht der Eigentumsübergang auf Gesetz oder einem Hoheitsakt, gehören auch kraft Gesetzes zu erbringende Leistungen zur Gegenleistung (vgl. § 9 II 2 GrEStG). Bei **Umwandlungen und Verschmelzungen** gehören zur Gegenleistung die übergehenden Schulden und die (untergehenden) Gesellschaftsrechte[59].

Beim Meistgebot durch einen Gläubiger gehört – neben dem Meistgebot – auch der Betrag zur Gegenleistung, in dessen Höhe der Gläubiger nach § 114a ZVG als befriedigt gilt[60].

Erwirbt der Gesellschafter einer Personengesellschaft von dieser ein Grundstück unter dem Verkehrswert, z. B. zum Buchwert, soll die Schmälerung des Wertes seiner Gesellschaftsrechte keine Gegenleistung sein[61].

Wenn **keine Gegenleistung** vorhanden ist, wird die Steuer vom Wert des Grundstücks berechnet (§ 8 II GrEStG). Grundsätzlich ist der **Einheitswert** zzgl. 40 v. H. anzusetzen (§ 10 GrEStG; § 121a BewG).

Diese Vorschrift ist systemfremd. Wenn für ein Grundstück nichts aufgewendet worden ist, kann auch keine Einkommensverwendungsteuer erhoben werden. Die Erhebung verstößt gegen den Gleichheitssatz[62]. Der Gleichheitssatz verlangt eine konsequente, durchgängige Anwendung des Grundprinzips. Rechtfertigungsgründe sind nicht ersichtlich[63]. Daß nicht die Einkommensverwendung des Veräußerers besteuert werden soll, folgt daraus, daß § 3 Nr. 2 GrEStG Schenkungen befreit.

Der Ansatz des Grundstückswertes ist allerdings gerechtfertigt in den Fällen der Anteilsvereinigung (§ 8 II Nr. 2 GrEStG), denn hier kann der für Anteile aufgewendete Kaufpreis nicht maßgebend sein, weil mit ihm nicht nur der Erwerb des Grundstückes abgegolten wird. **Verzerrungen** treten hier nur wegen der **unzulänglichen Einheitswerte** auf.

3.2 Steuersatz

22 Der Steuersatz beträgt 2 v. H. (§ 11 I GrEStG).

58 BFH BStBl. 90, 228.

59 BFH BStBl. 89, 466; BFH BStBl. 92, 418.

60 BFH BStBl. 86, 148; 90, 228; s. auch *Rödder,* DStZ 88, 562.

61 BFH BStBl. 90, 186. Das Urteil ist mit BFH BStBl. 89, 466 kaum zu vereinbaren.

62 *Schaumburg,* Umwandlung und Verschmelzung im Verkehrsteuerrecht, Berlin 1974, 81 ff.

63 Zwar enthält die Begründung zum Grunderwerbsteuergesetz 1940, RStBl. 40, 387 ff., 405 Ausführungen darüber, daß die Anwendungsfälle einer Besteuerung nach dem Wert selten seien, jedoch nicht darüber, wodurch eine solche Besteuerung gerechtfertigt sei.

B. Kapitalverkehrsteuern

Durch das **Finanzmarktförderungsgesetz**[64] ist das Kapitalverkehrsteuergesetz aufgehoben worden. Die Aufhebung erfolgte für die Börsenumsatzsteuer mit Wirkung zum 1. 1. 1991 und für die Gesellschaftsteuer mit Wirkung ab 1. 1. 1992. Auf die Vorauflage wird verwiesen. 23

C. Wechselsteuer

Die Wechselsteuer ist durch das Finanzmarktförderungsgesetz mit Wirkung ab 1. 1. 1991 aufgehoben. 24

D. Versicherungsteuer

Rechtsquellen: Versicherungsteuergesetz i. d. F. v. 24. 7. 1959, zuletzt geändert durch StMBG v. 21. 12. 1993, BGBl. I 93, 2310 (abgedruckt in Beck'sche Sammlung der Steuergesetze I); Erlaß des Niedersächsischen Ministers der Finanzen DStZ/E 89, 21.

Literatur: *Bernbeck,* Versicherungsteuer (Loseblatt), Frankfurt a. M. seit 1960; *Gambke/Flick,* Versicherungsteuergesetz[4], Köln/Berlin/Bonn/München 1966; *Högenauer,* Die Versicherungsteuer im System des Mehrwertsteuerrechts, UR 71, 145; *Hicks,* Steuerbare Versicherungsverhältnisse und Versicherungsentgelte bei der Versicherungsteuer, DVR 85, 35; *ders.,* Befreiungstatbestände bei der Versicherungsteuer, DVR 87, 68.

Einleitung: Die Versicherungsteuer besteuert den Versicherungsaufwand. Der **Aufwandcharakter** wird freilich, wie auch bei anderen Verkehrsteuern, häufig nicht erkannt[65]. 25

Die Versicherungsteuer auf die Unfall- und Haftpflichtversicherung trifft einen Aufwand, der nach § 10 EStG z. T. als Sonderausgabe behandelt wird; freilich läßt die Verwaltungspraxis neben den Prämien auch die Versicherungsteuer zum Sonderausgabenabzug zu.

Die Konkurrenz zur Umsatzsteuer wird dort durch eine Befreiung nach § 4 Nr. 10 UStG beseitigt. Freilich wird der Versicherungsnehmer durch den Vorsteuerausschluß der Versicherungsgesellschaften mittelbar auch mit Umsatzsteuer belastet. Dies betrifft sogar die unternehmerisch veranlaßten Versicherungen. Der Abschluß eines Versicherungsvertrages soll einerseits steuerliche Leistungsfähigkeit offenbaren, andererseits soll es darauf für eine Verkehrsteuer nicht ankommen[66]. Kurz gesagt, die Versicherungsteuer entbehrt jeder Rechtfertigung[67]. Als Lenkungsteuer kommt sie ebenfalls nicht in Betracht, denn es gilt wohl nicht, private Vorsorge zu behindern.

Steuerobjekt: Der Steuer unterliegt die Zahlung des Versicherungsentgelts aufgrund eines Versicherungsverhältnisses (§ 1 VersStG): Prämien, Beiträge, Vorbeiträge, Vorschüsse, Nachschüsse, Umlagen, Eintrittsgelder, Gebühren und Nebenkosten (s. § 3 VersStG)[68]. 26

Der Sache nach wird damit die Inanspruchnahme der in der Wagnisübernahme liegenden Leistung des Versicherers besteuert. Die sich dadurch gegenüber der Umsatzsteuer ergebende Konkurrenz wird durch die Steuerbefreiung des § 4 Nr. 10a UStG zutreffend

64 V. 22. 2. 1990, BGBl. I 90, 266 = BStBl. I 90, 152.

65 Etwa *Gambke/Flick,* Versicherungsteuergesetz[4], Köln/Berlin/Bonn/München 1966, 25; *Greiff,* Reichsstempelgesetz v. 3. 7. 1913, Berlin 1914, 736.

66 Steuerreformkommission 1971, BFM Schriftenreihe Heft 17, 786.

67 *K. Tipke,* StRO II, 946, 950.

68 *H. Ehlers,* Versicherungsteuer und der Begriff der Versicherung im Versicherungsteuerrecht, Diss. Hamburg 1968; *Klingmüller,* Zum Begriff der Versicherung im Steuerrecht, VersR 69, 579.

vermieden. Es verbleibt allerdings mangels Vorsteuerabzugs das systemwidrige Ergebnis, daß der unternehmerische Verbrauch mit Versicherungsteuer belastet wird.

Viehversicherungsprämien und andere betriebliche Versicherungen sind Betriebsausgaben. Ihre Belastung mit einer Versicherungsteuer ist gänzlich systemwidrig.

Steuerfrei ist die Zahlung des Versicherungsentgelts u. a. für Rückversicherungen, Lebensversicherungen, Krankenversicherungen, Pensionsversicherungen, Sozialversicherungen, Viehversicherungen mit Versicherungssummen bis 7500 DM u. a. m. (s. § 4 VersStG).

Steuersubjekt (Steuerschuldner) und Steuerträger ist der Versicherungsnehmer (§ 7 VersStG), gleich, ob er Unternehmer oder Privater ist. Zu entrichten hat die Steuer aber für Rechnung des Versicherungsnehmers der Versicherer. Der Versicherer überwälzt die Steuer in der Prämienrechnung offen auf den Versicherten.

Steuerbemessungsgrundlage ist prinzipiell das Versicherungsentgelt (§ 5 VersStG).

Steuersatz: Der Regelsatz beträgt 12 v. H. (ab 1. 1. 1995 15 v. H.) des Entgelts (§ 6 I VersStG).

Für Unfallversicherungen mit Prämienrückgewähr beträgt der Steuersatz 2,4 v. H. (ab 1. 1. 1995 3 v. H.) des Entgelts (§ 6 II Nr. 5 VersStG). Damit wird der Ähnlichkeit zur insgesamt steuerbefreiten Lebensversicherung Rechnung getragen. Anstelle einer anteiligen Befreiung wird ein ermäßigter Steuersatz angewendet.

E. Feuerschutzsteuer

Rechtsquellen: Feuerschutzgesetz i. d. F. v. 21. 12. 1979, BGBl. I 79, 2353, zuletzt geändert durch StMBG v. 21. 12. 1993, BGBl. I 93, 2310 (abgedruckt in Beck'sche Sammlung der Steuergesetze I).

Literatur: *Hicks,* Gesamtdarstellung der Feuerschutzsteuer, DVR 86, 2; *ders.,* DVR 88, 147.

27 **Einleitung:** Die Feuerschutzsteuer ist eine Zwecksteuer: Sie wird zur Förderung des Feuerlöschwesens und des vorbeugenden Brandschutzes – neben der Versicherungsteuer – erhoben.

Steuerobjekt ist die Entgegennahme von Versicherungsentgelten (§ 2 FeuerschStG) aus Feuerversicherungen und ähnlichen Versicherungen (§ 1 FeuerschStG).

Steuersubjekt (Steuerschuldner) ist der Versicherer (das Feuerversicherungsunternehmen), § 5 FeuerschStG. Er überwälzt die Steuer aber auf die Versicherten (Unternehmer oder Nichtunternehmer). Die Versicherten sind die Steuerträger.

Der technische Unterschied zur Versicherungsteuer besteht darin, daß hier an die Entgegennahme von Versicherungsentgelten gegenüber der Zahlung von Versicherungsentgelten angeknüft wird und der Versicherer Steuerschuldner ist, während es bei der Versicherungsteuer der Versicherungsnehmer ist. Der Sache nach wird hier wie dort die Inanspruchnahme der Leistung des Versicherers besteuert. Es liegt erkennbar eine **Doppelbelastung** desselben Aufwandes vor. Eine Rechtfertigung hierfür ist nicht erkennbar. Der Gesetzgeber[69] – und ihm folgend z. T. die Literatur[70] – scheint die Rechtfertigung schon darin zu erblicken, daß einmal der Versicherungsnehmer, einmal der Versicherer zum Schuldner erklärt wird. Dies ändert aber nichts daran, daß Steuerträger in beiden Fällen der Versicherungsnehmer ist.

---

69 Vgl. Begründung zum FeuerschStG, RStBl. 39, 244 ff.

70 *Hicks,* DVR 86, 2; *Bischoff/Heinz/Kopp,* Verkehrsteuern, 268.

Steuerbemessungsgrundlage ist das vereinnahmte Versicherungsentgelt (Einzelheiten in § 3 FeuerschStG). Die Versicherungsteuer gehört nicht dazu.

Steuersatz: 8 v. H. (§ 4 FeuerschStG).

F. Rennwett- und Lotteriesteuer

Rechtsquellen: Rennwett- und Lotteriegesetz v. 8. 4. 1922, zuletzt geändert durch Gesetz v. 20. 12. 1993, BGBl. I 93, 2254 (abgedruckt in Beck'sche Sammlung der Steuergesetze I).

Literatur: *E. Schmitz,* Rennwett- und Lotteriesteuer für die Praxis, Düsseldorf 1951; *Klenk,* Zur Entstehungsgeschichte und zum Charakter der Lotteriesteuer, DVR 77, 18; *Meier,* Umsatzsteuerpflichtige und umsatzsteuerfreie Vorgänge, die unter das Rennwett- und Lotteriesteuergesetz fallen, UR 87, 151; *Hicks,* Steuerbare Tatbestände bei der Rennwett- und Lotteriesteuer, UVR 1991, 45.

Einleitung: Die Rennwett- und Lotteriesteuer soll die zufallsbedingte Bildung unverdienten Ver- 28
mögens erschweren. Das Gesetz verdankt seine Entstehung der „Spiellust im Volke"; es soll den „Spieltrieb" als Steuerquelle nutzbar machen und unverdientes Vermögen erfassen (so jedenfalls *E. Schmitz,* a. a. O., 7). Abgesehen davon, daß dieser Zweck nur unvollkommen erreicht wird, paßt die Begründung nur schlecht zu einer Einkommensverwendungsteuer (s. dazu § 4 Nr. 9b UStG). Systematisch und konsequent wäre es, die Zufallsgewinne, und zwar alle (im Quellenverfahren), zum einen der Einkommensteuer und die Wettumsätze zum anderen der Umsatzsteuer zu unterwerfen.

Steuerobjekt der **Rennwettsteuer** ist das Wetten am Totalisator und beim Buchmacher anläßlich öffentlicher Pferderennen und anderer öffentlicher Leistungsprüfungen für Pferde (§§ 10, 11 RennwLottG).

Steuerobjekt der **Lotteriesteuer** sind im Inland veranstaltete öffentliche (= genehmigungspflichtige) Lotterien und Ausspielungen (§ 17 RennwLottG)[71].

Das Spielen an Spielautomaten wird nicht von der Rennwett- und Lotteriesteuer, sondern von der Umsatzsteuer und überdies in den meisten Ländern von der Vergnügungsteuer (Spielautomatensteuer) erfaßt[72].

§ 18 RennwLottG befreit u. a. Lotterien und Ausspielungen zu gemeinnützigen, mildtätigen und kirchlichen Zwecken mit einem Gesamtpreis bis zu 75 000 DM.

Die Konkurrenz zur Umsatzsteuer wird durch die Befreiung nach § 4 Nr. 9b UStG beseitigt.

Steuersubjekt (Steuerschuldner) der Rennwettsteuer ist der Unternehmer des Totalisators oder der Buchmacher (§ 13 RennwLottG). Steuersubjekt der Lotteriesteuer ist der Veranstalter (§ 19 RennwLottG), bei ausländischen Losen der Einbringer oder der erste Empfänger (§ 21 III RennwLottG).

Steuerbemessungsgrundlage und Steuersatz: Die Rennwettsteuer beträgt $16^2/_3$ v. H. des Wetteinsatzes (§§ 10 I, 11 I RennwLottG).

Die Lotteriesteuer beträgt 20 v. H. des Nennwertes der Lose ausschließlich der Steuer = $16^2/_3$ v. H. des Verkaufspreises und bei ausländischen Losen 25 v. H. des planmäßigen Preises (§§ 17 Satz 3; 21 I RennwLottG). Steuerbeträge bis 5 DM werden nicht festgesetzt (VO v. 1. 3. 1961, BGBl. I 61; 138).

---

71 Dazu auch *Möllinger,* DVR 77, 162 ff.; *ders.,* DVR 79, 54 ff.; *ders.,* DVR 88, 101; *Weißmann,* DVR 78, 130 ff.

72 S. z. B. Hamburger Spielgerätesteuer, GVBlHA 88, 97 und dazu BFH BStBl. 90, 510 (Lenkungssteuer/Aufwandsteuer/Einkommensverwendungsteuer).

G. Kraftfahrzeugsteuer

Rechtsquellen: Kraftfahrzeugsteuergesetz i. d. F. der Bekanntmachung vom 24. 5. 1994, BGBl. I 94, 1102, vorher zuletzt geändert durch StMBG v. 21. 12. 1993, BGBl. I 93, 2310 (abgedruckt in Beck'sche Sammlung der Steuergesetze I); Erlaß des Niedersächsischen Ministers der Finanzen DStZ/E 89, 21.

Literatur: *Strodthoff,* Kommentar zur Kraftfahrzeugsteuer (Loseblatt); *Klein/Olberts,* Kommentar zur Kraftfahrzeugsteuer[2], Neuwied/Darmstadt 1987; *Kleinsteuber,* Die Kraftfahrzeugsteuer als Mittel der Verkehrspolitik, Diss. Erlangen 1968; *Dickertmann,* Maßnahmen für den Umweltschutz im Rahmen des bestehenden Steuersystems. Eine Bestandsaufnahme, in: K. Schmidt, Öffentliche Finanzen und Umweltpolitik, Bd. I, Berlin 1988, 91, 129 f.; *Rodi,* Umweltsteuern, Baden-Baden 1993; *Halaczinsky,* Kraftfahrzeugsteuerrecht: Entwicklungen im Jahre 1992, UVR 92, 112.

Einleitung: Die Kraftfahrzeugsteuer ist 1906 als **Luxusaufwandsteuer** eingeführt worden.

29 Sie läßt sich als **direkte Konsumsteuer** qualifizieren[73]. Allerdings werden bereits seit 1922 auch dem gewerblichen Einsatz dienende Kraftfahrzeuge besteuert. Maßgebend war und ist insoweit der **Äquivalenzgedanke.** Die Steuer stellt einen Ausgleich für die Beanspruchung öffentlicher Straßen dar. Es handelt sich weiterhin **nicht** um eine **Gebühr,** weil keine echte Bemessung nach dem Umfang der Benutzung erfolgt. In neuerer Zeit spielt zunehmend zusätzlich der Gedanke des Umweltschutzes eine Rolle[74]. Ausdruck dieser Tendenz sind befristete Befreiungen sowie günstigere Steuersätze für schadstoffarme Personenkraftwagen.

Durch die Änderungen des Steuermißbrauchbekämpfungsgesetzes werden die Tarife für Nutzfahrzeuge nunmehr auch von der Schadstoff- und Geräuschemission abhängig gemacht[75].

30 Das **Aufkommen** aus der Kfz-Steuer steht nach Art. 106 II Nr. 3 GG den **Ländern** zu. Demgegenüber steht das Aufkommen aus der Mineralölsteuer nach Art. 106 I Nr. 2 GG dem Bund zu. Geplant ist außerdem ab 1. 1. 1995 die Einführung einer Straßenbenutzungsgebühr für Nutzfahrzeuge auf Autobahnen[76].

31 Soweit die Kraftfahrzeugsteuer auch gewerbliche Nutzfahrzeuge belastet, kommt ihr eine den Wettbewerb beeinflussende Bedeutung zu. Dies spielt insbesondere innerhalb des Binnenmarktes eine Rolle, nachdem der freie Dienstleistungsverkehr nicht mehr durch Schutzvorschriften zugunsten innerstaatlicher Beförderungsunternehmer behindert werden darf. Angesagt ist daher eine Gesamtharmonisierung der verkehrsspezifischen Steuern und Abgaben innerhalb der EU. Dabei kann die Kraftfahrzeugsteuer nicht außer Betracht bleiben.

32 Nach § 1 II KraftStG sind auf die Kfz-Steuer die Vorschriften der AO für Besitz- und Verkehrsteuern anzuwenden. Die Rechtsprechung rechnet die Kfz-Steuer zu den **Verkehrsteuern**[77]. Aus dieser Qualifikation Rechtsfolgen für die Auslegung[78] oder die Un-

---

73 *Lang,* StuW 90, 107, 127. Vgl. auch *Förster,* Die Verbrauchsteuern, Diss. Münster, Heidelberg 1989, 124 f.

74 *Dickertmann,* in: K. Schmidt, Öffentliche Finanzen und Umweltpolitik, Bd. I, Berlin 1988, 122 ff., 129 ff.; *Gosch,* StuW 90, 203; *Franke,* StuW 90, 217; *Teufel,* ZRP 88, 373; BFH BStBl. 90, 929; *Rodi,* Umweltsteuern, 1993, 83; *Dickertmann,* DStJG Bd. 15 (1993), 33, 45; *Flockermann,* DStJG Bd. 15 (1993), 67, 79; *Lersner,* DStJG Bd. 15 (1993), 103, 110; *Lang,* DStJG Bd. 15 (1993), 115, 127.

75 V. 21. 12. 1993, BGBl. I 93, 2310 = BStBl. I 94, 50; Begründung BT-Drucks. 12/5630, 91, 95.

76 S. BT-Drucks. 12/5630, 91.

77 BFH BStBl. 73, 807; 86, 763.

78 S. *Reiß,* DStJG Bd. 13 (1990), 15.

möglichkeit eines Steuererlasses[79] herleiten zu wollen, ist abwegig. Der Charakter als Rechtsverkehrsteuer soll sich daraus ergeben, daß an den öffentlich-rechtlichen **Akt der Zulassung** angeknüpft werde[80]. Wie der Tatbestand der widerrechtlichen Benutzung nach § 1 I Nr. 3 KraftStG zeigt, ist die Kfz-Steuer aber nicht einmal vom technischen Anknüpfungspunkt her in vollem Umfang als Verkehrsteuer zu qualifizieren, abgesehen von der **Irrelevanz** einer solchen Aussage **für den Belastungsgrund.**

Steuerobjekt (§§ 1, 2 KraftStG) ist: 33

a) das Halten eines Kraftfahrzeugs oder eines Kraftfahrzeuganhängers zum Verkehr auf öffentlichen Straßen; ob das gehaltene Kraftfahrzeug benutzt wird, ist irrelevant (§ 1 I Nr. 1 und 2 KraftStG);

b) die widerrechtliche Benutzung eines Kraftfahrzeugs oder Kraftfahrzeuganhängers auf öffentlichen Straßen (§ 1 I Nr. 3 KraftStG);

c) die Zuteilung eines Kennzeichens für Probe- und Überführungsfahrten mit Kraftfahrzeugen oder Kraftfahrzeuganhängern (§ 1 I Nr. 4 KraftStG).

Das **Halten des Kraftfahrzeuges** knüpft an das verkehrsrechtliche Recht auf Benutzung öffentlicher Straßen an, bei zulassungspflichtigen Fahrzeugen an die **Zulassung** (§ 1 StVG, § 18 StVZO). Eigentum und Besitz eines Fahrzeuges begründen nicht die Steuerbarkeit. Die Benutzung eines zulassungspflichtigen, aber nicht zugelassenen Fahrzeuges auf öffentlichen Straßen ist jedoch als widerrechtliche Benutzung nach § 1 I Nr. 3 KraftStG steuerpflichtig[81]. Ein **widerrechtliches Benutzen** liegt nur vor, wenn ein Fahrzeug ohne Zulassung benutzt wird. Ob die Benutzung gegenüber dem Halter oder Eigentümer berechtigt ist, ist belanglos. Kraftfahrzeuge sind maschinell angegetriebene und nicht an Gleise gebundene Landfahrzeuge (§ 1 II StVG).

Steuerbefreit sind bestimmte Gruppen von Kraftfahrzeugen, u. a. Kraftfahrzeuge der öffentlichen Hand im Dienst der Bundeswehr, der Polizei, des Zollgrenzdienstes, für den Einsatz nur im Wegebau, in der Straßenreinigung, im Feuerwehrdienst, zur Krankenbeförderung; Kraftomnibusse; Kraftfahrzeuganhänger hinter steuerbefreiten Kraftfahrzeugen; Zugmaschinen für die Land- und Forstwirtschaft, vor allem die selbstfahrenden Arbeitsmaschinen; gebietsfremde Fahrzeuge bei nur vorübergehendem Aufenthalt (§ 3 KraftStG). 34

§ 3a I KraftStG befreit das Halten eines Fahrzeuges für hilflose, blinde oder außergewöhnlich gehbehinderte **Schwerbeschädigte.** Andere Schwerbeschädigte, die in ihrer Bewegungsfähigkeit im Straßenverkehr erheblich beeinträchtigt sind, erhalten nach § 3a II KraftStG eine Steuerermäßigung von 50 v. H.

Die Finanzämter sind an die Entscheidungen der Versorgungsämter hinsichtlich der Art und des Grades der Schwerbehinderung gebunden.

§§ 3d bis 3f KraftStG befreien das Halten **schadstoffarmer Personenkraftwagen** für eine begrenzte Zeit, abhängig von Hubraum und Zulassungsdatum. Das Gesetz ordnet unterschiedliche Befreiungsvoraussetzungen für Elektrofahrzeuge (§ 3d KraftStG), Pkw mit Selbstzündungsmotor (§ 3e KraftStG) und andere schadstoffarme Pkw (§ 3f KraftStG) an.

Mit Ausnahme der Steuerbefreiung nach § 3d KraftStG kommen die Steuerbefreiungen für nach dem 31. 7. 1992 erstmalig zugelassene Fahrzeuge nicht mehr in Betracht. Bei einem Halterwechsel bleibt die Befreiung bis zum Ablauf der Begünstigungsfrist bestehen.

---

79 So aber *Strodthoff*, Einführung, Anm. 6.

80 *Egly/Mößlang*, Kraftfahrzeugsteuer, Herne/Berlin 1981, 89; zweifelnd *Bischoff/Heinz/Kopp*, 162.

81 BFH BStBl. 86, 763.

Für ausländische Fahrzeuge werden nach § 3 Nr. 13–16 KraftStG bestehenden Befreiungen durch das Genfer Abkommen[82] und durch Doppelbesteuerungsabkommen ergänzt. Europarechtlich geboten werden die rein innerstaatlichen Einsätze von Nutzfahrzeugen aus anderen Ländern der EU als nicht steuerbar behandelt[83].

35 **Steuersubjekt** (Steuerschuldner) ist, für wen ein Kraftfahrzeug zugelassen ist; bei Zuteilung eines Kennzeichens für Probe- und Überführungsfahrten der, dem das Kennzeichen zugeteilt ist; bei widerrechtlicher Benutzung oder bei im Ausland zugelassenen Kraftfahrzeugen der Benutzer (s. § 7 KraftStG).

36 **Steuerbemessungsgrundlage** ist entweder (so bei Personenkraftwagen mit Hubkolbenmotoren) der **Hubraum,** bei anderen Fahrzeugen (insb. Lastkraftwagen, Fahrzeugen mit Wankelmotor) das höchtzulässige Gesamtgewicht des Fahrzeugs, bei Kraftfahrzeugen mit einem zulässigen Gesamtgewicht über 3500 kg zusätzlich noch Schadstoff- und Geräuschemission (§ 8 KraftStG).

37 Die **Steuersätze** sind differenziert (s. § 9 KraftStG). Bei Personenkraftwagen mit Hubkolbenmotor hängt der Steuersatz davon ab, ob der Pkw schadstoffarm oder bedingt schadstoffarm[84] ist, und, sofern beide Merkmale nicht zutreffen, vom Tage der erstmaligen Zulassung. Für Dieselpersonenkraftwagen gelten höhere Steuersätze (§ 9 I Nr. 2 KraftStG). Die nach Gesamtgewicht berechnete Steuer ist progressiv gestaffelt (§ 9 I 3 KraftStG).

Die höheren Steuersätze bei Dieselkraftpersonenwagen sollen die geringere Belastung mit Mineralölsteuer ausgleichen. Für Nutzfahrzeuge ab 3500 kg Gesamtgewicht wird nach Schadstoffklassen und Geräuschklassen differenziert. Die Steuer ist zum Ausgleich von Wettbewerbsnachteilen gegenüber anderen Staaten der EU erheblich gesenkt worden[85].

Für Elektrofahrzeuge ermäßigt sie sich auf 50 v. H. (§ 9 II KraftStG).

38 **Verfahren:** Die Steuer ist eine periodische; sie ist jeweils für ein Jahr im voraus zu entrichten. Bei halbjährlicher oder vierteljährlicher Entrichtung (nur zulässig, wenn die Jahressteuer mehr als 1000 DM bzw. mehr als 2000 DM beträgt) wird ein Aufgeld von 3 v. H. bzw. 6 v. H. erhoben. In bestimmten Fällen kann die Steuer auch tageweise entrichtet werden (s. § 11 III, IV KraftStG).

Die Steuer wird nach § 12 KraftStG von den nach § 17 II FVG zuständigen Finanzämtern festgesetzt.

82 V. 18. 5. 1956, BGBl. II 60, 2398 = BStBl. I 61, 5 (befreit vorübergehende Nutzung zu privatem Gebrauch).

83 Vgl. Richtlinie 93/89 v. 25. 10. 93, ABl. EG, L 279, 32 und § 1 Nr. 2 S. 2 KraftStG i. d. F. des Gesetzes zur Änderung des UStG und anderer Gesetze.

84 Zur verfassungsrechtlichen Zulässigkeit BFH BStBl. V 90, 929 u. BFH/NV 91, 843.

85 Von maximal 11 000 DM auf 3500 DM, vgl. BT-Drucks. 12/5630, 95.

§ 15 Spezielle Verbrauch- und Aufwandsteuern

Literatur: *Hieggelke,* Die subjektive Aufwendungsbesteuerung, ihr Wesen und ihre Bedeutung im Steuersystem, Diss. Jena 1928; *B. Schmidt,* Die Verbrauchsteuern aus nationaler Sicht und im Rahmen der Harmonisierung, StKongrRep. 1973, 363; *Hansmeyer,* Steuern auf spezielle Güter, Handbuch der Finanzwissenschaft, Tübingen 1980, Bd. II[3], 709 ff.; *G. Nicolaysen,* Fördergewinne und Verbrauchsteuern, Stuttgart u. a. 1981; *Birk/Förster,* Kompetenzrechtliche Grenzen des Gesetzgebers bei der Regelung der Verbrauchsteuer, DB 85, Beil. 17; *H. W. Kruse* (Hrsg.), Zölle, Verbrauchsteuern, europäisches Marktordnungsrecht, DStJG Bd. 11 (1988); *Doralt/Ruppe,* Grundriß des österreichischen Steuerrechts, Bd. II[2], Wien 1988, 111 ff.; *J. Förster,* Die Verbrauchsteuern, Geschichte, Systematik, finanzverfassungsrechtliche Vorgaben, Diss. Münster, Heidelberg 1989; *Peters,* Das Verbrauchsteuerrecht, München 1989; *J. Eschenbach,* Die kommunalen Verbrauch- und Aufwandsteuern – Versuch einer klarstellenden Bestandsaufnahme, KStZ 90, 121, 147; *K. Friedrich,* Das neue Verbrauchsteuerrecht ab 1993, DB 92, 2000; *H. Jatzke,* Das neue Verbrauchsteuerrecht im EG-Binnenmarkt, BB 93, 41; *ders.,* Das neue Verbrauchsteuerrecht in der Bundesrepublik Deutschland unter besonderer Berücksichtigung der Verbrauchsteuerharmonisierung in der EG, InstFuSt Brief Nr. 322, Bonn 1993; *A. Beermann,* Das Verbrauchsteuer-Binnenmarktgesetz, DStZ 93, 257; *H. J. Rendels,* Schwerpunkte des Verbrauchsteuer-Binnenmarktgesetzes, DStZ 93, 113; *K. Tipke,* Die Steuerrechtsordnung, Bd. II (StRO II), Köln 1993, 953 ff., 1008 ff.

Sammelwerke: Beck'sche Sammlung Zölle und Verbrauchsteuern; Vorschriftensammlung Bundesfinanzverwaltung (VSF), Stoffgebiet Verbrauchsteuern (Inhalt: Gesetze, Verordnungen, Richtlinien, Merkblätter und Entscheidungen der Finanzgerichtsbarkeit).

1. Überblick

Verbrauch- und Aufwandsteuern (dazu § 8 Rz. 51 f.) sind 1

- auf **kommunaler Ertragsebene** die örtlichen Verbrauch- und Aufwandsteuern (Art. 105 IIa GG), das sind insb. die Getränkesteuer, die Vergnügungssteuer, die Hundesteuer, die Schankerlaubnissteuer, die Jagd- und Fischereisteuer sowie die Zweitwohnungsteuer;
- auf **Landesertragsebene** die Biersteuer (Art. 106 II Nr. 5 GG);
- auf **Bundesertragsebene** folgende Verbrauchsteuern i. S. d. Art. 106 I Nr. 2 GG: Tabak-, Branntwein-, Schaumwein-, Zwischenerzeugnis-, Mineralöl- und Kaffeesteuer.

Die bereits oben (§ 2 Rz. 52) zit. Richtlinie 92/12/EWG über das allgemeine Verbrauchsteuersystem u. a. Richtlinien zu Struktur, Steuersätzen und Verfahren (s. *H. Jatzke,* BB 93, 41, 42 f.) sind mit dem Gesetz zur Anpassung von Verbrauchsteuer- und anderen Gesetzen an das Gemeinschaftsrecht sowie zur Änderung anderer Gesetze **(Verbrauchsteuer-Binnenmarktgesetz)** vom 21. 12. 1992 (BGBl. I 92, 2150) umgesetzt worden. Entsprechend den EG-rechtlichen Vorgaben (s. § 2 Rz. 52) werden nur die wichtigsten Verbrauchsteuern, nämlich die auf Mineralöl, Tabak, Alkohol und alkoholhaltige Getränke harmonisiert. Andere Verbrauchsteuern können national eingeführt oder beibehalten werden, sofern sie zu keinen Grenzformalitäten führen. Das gilt insb. für die ohnehin nicht unter das Harmonisierungsgebot fallenden *örtlichen* Verbrauch- und Aufwandsteuern (s. § 2 Rz. 52). Das Verbrauchsteuer-Binnenmarktgesetz faßt folgende Gesetze neu: Tabaksteuergesetz, Biersteuergesetz, Gesetz über das Branntweinmonopol, Gesetz zur Besteuerung von Schaumwein und Zwischenerzeugnissen (SchaumwZwStG), Mineralölsteuergesetz, Kaffeesteuergesetz. Die sog. kleinen Verbrauchsteuern auf Salz, Zucker, Leuchtmittel und Tee sind zum 1. 1. 1993 abgeschafft worden. 2

2. Steuerobjekte

3 Technisch setzen fast alle Verbrauchsteuern nicht beim Verbraucher an, sondern beim **Hersteller** oder **Importeur.** Die Steuerschuld entsteht regelmäßig

a) durch den tatsächlichen Übergang der belasteten Ware aus dem Herstellungsbetrieb in den freien Verkehr;

b) durch Verbrauch der belasteten Ware im Betrieb;

c) durch Einfuhr der belasteten Ware.

Folgende Waren werden belastet:

4 a) **Tabakwaren**[1] (Zigaretten, Zigarren, Zigarillos, Rauchtabak) und den Tabakwaren gleichgestellte Erzeugnisse (s. § 3 TabStG); Kau- und Schnupftabak, Zigarettenhüllen, Zigarettenpapier und Rohtabak unterliegen nicht mehr der Tabaksteuer bzw. sind steuerfrei.

5 b) **Bier** (s. Biersteuergesetz 1993 i. d. F. des Verbrauchsteuer-Binnenmarktgesetzes); alkoholfreies Bier und alkoholfreier Malztrunk werden von der Steuer freigestellt; entalkoholisiertes Bier wird ermäßigt besteuert.

6 c) **Branntwein;** das Gesetz über das Branntweinmonopol besteht nunmehr aus zwei Teilen, von denen der erste Teil das Monopolrecht und der zweite Teil die Besteuerung von Branntwein und branntweinhaltigen Waren regelt. Zur Besteuerung der Likörweine sowie der weinhaltigen und weinähnlichen Getränke wurde die neue Verbrauchsteuer auf „Zwischenerzeugnisse" eingeführt (s. Rz. 7). Die Harmonisierung führte zur Abschaffung der Besteuerung von Alkohol zur Verwendung von Kosmetika, Arznei- und Lebensmitteln.

7 d) **Schaumweine** (Champagner, Qualitätsschaumweine u. a. schäumende gegorene Getränke, z. B. Obst- und Fruchtschaumweine) und **Zwischenerzeugnisse** (s. Rz. 6, z. B. Sherry, Portwein, Madeira), s. SchaumwZwStG; **Wein** wird in Deutschland und in den meisten anderen EU-Staaten nicht besteuert, wohl aber in Frankreich, wo die Steuererhebung auch mit dem Zweck der Qualitätskontrolle verknüpft ist[2].

8 e) **Mineralöl**[3] (Kraftstoffe: Benzin, Diesel, Flüssiggase, Erdgas u. a. Kohlenwasserstoffe, sowie Heizöle). Kraftstoffe aus nachwachsenden Rohstoffen (sog. Biokraftstoffe) unterliegen nicht der Mineralölsteuer. Leichtes Heizöl wird zur Verhinderung des Mißbrauchs als Kraftstoff für Dieselmotoren mit Rotfarbstoff und Furfurol gekennzeichnet.

9 f) **Kaffee,** und zwar Röstkaffee, Auszüge, Essenzen und Konzentrate aus Kaffee; bei kaffeehaltigen Waren unterliegt auch der in ihnen enthaltene Kaffeeanteil der Steuer (sog. Anteilbesteuerungen).

10 Der Verbrauchsbesteuerung liegt **kein rationales System** zugrunde, die Objekte sind unter dem Aspekt des Steuerertrags ausgewählt worden, nicht etwa nach dem Grad der Sozialnützlichkeit oder Sozialschädlichkeit. Die Besteuerung unentbehrlicher, lebensnotwendiger Güter macht ein Ausweichen auf nicht besteuerte Substitute unmöglich. Die Besteuerung von Massenverbrauchsgütern ist ergiebiger als die Besteuerung von Luxus-

1 S. *W. J. Zimmermann,* Die Tabaksteuer, Instrument der fiskalischen Einnahmeerzielung und der gesellschaftlichen Verbrauchslenkung, Geschichtliche Entwicklung, internationaler Vergleich und Reformperspektiven, Frankfurt u. a. 1987; *F. Ossenbühl,* Verfassungsrechtliche Grenzen einer Erhöhung der Tabaksteuer, StuW 88, 349; *F. Kirchhof,* Die steuerliche Doppelbelastung der Zigaretten, Ein Beitrag zur Kumulation und Kaskadenwirkung der Umsatz- und der Verbrauchsteuer, Berlin 1990; *M. Bongartz,* Die Auswirkungen der Verbrauchsteuerharmonisierung auf das Tabaksteuerrecht, ZfZ 93, 370.

2 Deutschland hat sich seit Beginn der Harmonisierungsbestrebungen gegen eine EG-weite Weinsteuer ausgesprochen. Zum Streit um die Weinsteuer *H. Jatzke,* InstFuSt Brief Nr. 322, Bonn 1993, 86 ff.; *M. Grünberg,* Die Weinsteuer und ihre Harmonisierung in den Europäischen Gemeinschaften, Diss. Mannheim 1992.

3 Dazu *Schädel/Langer/Gotterbarm,* Mineralölsteuer und Mineralölzoll, Loseblatt, Berlin/Frankfurt.

gütern. Aber das erklärt noch nicht, weshalb nur bestimmte Massenverbrauchsgüter besteuert werden. Auch der Zufall dürfte bei der Entstehung eine gewisse Rolle gespielt haben. Die Schaumweinsteuer ist vor dem 1. Weltkrieg zur Flottenfinanzierung eingeführt worden. Einer Abschaffung oder Systematisierung steht entgegen, daß der Gesetzgeber sich auch dann schwer von einer alten Steuer trennt, wenn sie sich als überholt erweist. An das Rechtssprichwort „Cessante ratione legis cessat ipsa lex" hält sich der Steuergesetzgeber nicht. „Die fiskalischen Ansprüche bilden in der Tat das durchschlagende Argument für die Erhaltung dieser fossilen Phänomene des Steuerwesens[4]."

Betroffen von der ungleichmäßigen Verbrauchsbesteuerung sind in erster Linie die **Konsumenten.** Soweit es sich um konkurrierende oder substituierende Waren handelt, sind darüber hinaus aber auch die **Hersteller** oder **Lieferanten** betroffen. Wenngleich sich der Gesetzgeber auch den Verbraucher als Steuerträger denkt, so kann doch die Steuer, genauer: der um die Steuer erhöhte Preis, je nach Nachfrageelastizität, einen mehr oder weniger hohen Umsatzrückgang bewirken. Der Nachteil wird in der Regel vom Substitutionsgrad abhängen. Wird die Steuer nicht nach dem Wert des Objekts, sondern nach der Menge bemessen, so können im übrigen Wettbewerbsverzerrungen auftreten, wenn die artgleichen Güter zu verschiedenen Preisen, etwa je nach Qualität, gehandelt werden. 11

Steuerfrei ist in der Regel: 12

(1) die **Ausfuhr** der Ware durch den Hersteller. Dadurch wird – wie bei der Umsatzsteuer-Ausfuhrlieferung – erreicht, daß die Ware steuerfrei in das Ausland gelangt; dort pflegt sie dem ausländischen Verbrauchsteuerniveau angepaßt zu werden (sog. **Bestimmungslandprinzip**). Exportiert nicht der Hersteller, sondern ein Ausfuhrhändler, so kommt eine **Verbrauchsteuervergütung** an den exportierenden Händler (auf den die Verbrauchsteuer überwälzt worden ist) in Betracht. Sie ist indessen nicht für alle Waren vorgesehen;

(2) das **Verbringen** in einen anderen Herstellungsbetrieb zur weiteren Verarbeitung.

3. Steuersubjekt

Steuersubjekt (Steuerschuldner) ist der inländische Produzent oder der Importeur (Zollbeteiligte). 13

Vorausgesetzt wird die Überwälzung der Steuer im Preis. Die Fälligkeit der Steuer kann (soweit die Steuergesetze es bestimmen) durch sog. **Zahlungsaufschub** (§ 223 AO) so weit hinausgeschoben werden, daß der Steuerschuldner in der Regel in der Lage ist, die Steuer aus dem vom Abnehmer gezahlten Entgelt aufzubringen. In bestimmten Fällen kann die Fälligkeit allerdings auch vorverlegt werden (s. § 221 AO).

4. Steuerbemessungsgrundlage

Steuerbemessungsgrundlage ist die Menge oder der Wert der Gegenstände. Bei Anknüpfung an die Menge nimmt bei gleicher Konsummenge die prozentuale steuerliche Belastung mit steigenden Verkaufspreisen ab. Wer sich teure Ware zu leisten vermag, zahlt relativ weniger Steuer. So ist zum Beispiel teurer Schaumwein relativ weniger belastet als billiger. 14

---

4 *K. Littmann*, Hamburger Jahrbuch für Wirtschafts- und Gesellschaftspolitik, Jg. 9 (1964), 124.

5. Verfahren

15 Die Herstellungsbetriebe haben Buchführungs- und Anmeldepflichten, sie müssen besondere Bücher führen. Die aus dem Herstellungsbetrieb entfernten Gegenstände sind periodisch, in der Regel monatlich, der Zollstelle anzumelden. Die Herstellungsbetriebe werden durch die Steueraufsicht überwacht (§§ 209 ff. AO).
Die Tabaksteuer ist eine Banderolensteuer.

6. Konkurrenz zur Umsatzsteuer

16 Die Verbrauchsteuern werden neben der Umsatzsteuer erhoben, obwohl auch die Umsatzsteuer eine Verbrauchsteuer ist. Die Tatsache, daß die Umsatzsteuer als Verkehrsteuer eingeordnet zu werden pflegt (dazu § 8 Rz. 27 f., § 13 Rz. 1), mag den Steuerjuristen den Blick dafür versperrt haben, daß hier eine Konkurrenz vorliegt. Tatsächlich ist neben der Umsatzsteuer als allgemeiner Verbrauchsteuer für die speziellen Verbrauchsteuern kein Platz.

17 Als Einkommensverwendungsteuern müssen die Verbrauchsteuern im Zusammenhang mit der Umsatzsteuer gesehen werden. Sie wirken so, als würde eine **erhöhte Umsatzsteuer** erhoben. Für diese Zusatzbelastung bedarf es jeweils einer Rechtfertigung. Eine Sonderbelastung von Genußmitteln, wie Alkohol und Tabak, mit Verbrauchsteuern oder einem besonderen Umsatzsteuer-Steuersatz läßt sich gesundheitspolitisch motivieren. Die Mineralölsteuer läßt sich, soweit es sich um den Verbrauch als Treibstoff oder Schmierstoff handelt, ausnahmsweise mit Äquivalenzgesichtspunkten rechtfertigen (vgl. auch § 4 Rz. 87); für die Verwendung als Heizöl gilt das freilich nicht.

Viertes Kapitel: Besteuerung der Unternehmen*

§ 16 Grundsätzliche Unterschiede in der Besteuerung von Personenunternehmen und Kapitalgesellschaften

Literatur: *Pohmer,* Einflüsse der Besteuerung auf die Unternehmensformen, ZfB 64, 679; *L. Schmitt,* Die Unternehmensform in Betriebswirtschaftslehre und Steuerrecht, Eine Untersuchung über den betriebswirtschaftlichen Begriff der Unternehmungsform und seine Bedeutung im Steuerrecht mit dem Versuch einer Ordnung auf dem Gebiet der Unternehmungsbesteuerung, Diss. rer. pol. München 1966; *G. Rose,* Die Steuerbelastung der Unternehmung, Grundzüge der Teilsteuerrechnung, Wiesbaden 1973; *K. Barth,* Die Steuern als gestaltende Faktoren im deutschen Gesellschaftsrecht, in: FS für Duden, München 1977, 37; *Eggesiecker/Schweigert,* Anleitung für Steuerbelastungsvergleiche: GmbH, Personengesellschaft oder GmbH & Co. KG?, Köln 1978; *Wagner/Dirrigl,* Die Steuerplanung der Unternehmung, Stuttgart/New York 1980, 187 ff.; *F. W. Wagner,* Grundsätzliche Anmerkungen zu Irrtümern und Mängeln steuerlicher Rechtsformvergleiche, DStR 81, 243; *Siegel,* Steuerwirkungen und Steuerpolitik in der Unternehmung, Würzburg/Wien 1982; *K. Barth,* Die Wahl der Rechtsform für eine deutsche Unternehmung als Entscheidung in den Zwängen des Gesellschafts- und Steuerrechts, in: FS für Scherpf, Wiesbaden 1983, 125 ff.; *Burk,* Rechtsform und Umwandlungsbesteuerung. Ein betriebswirtschaftlicher Steuerbelastungsvergleich der Alternativen GmbH und OHG, Berlin 1983; *Kopp,* Rechtsformabhängige Belastungsdifferenzen als Ansatzpunkt einer Reform der Unternehmensbesteuerung, Gelsenkirchen 1983; *Brönner,* Die Besteuerung der Gesellschaften, des Gesellschafterwechsels und der Umwandlungen[16], Stuttgart 1988; *Jacobs/Scheffler,* Unternehmensbesteuerung und Rechtsform, Handbuch und EDV-gestützter Belastungsvergleich der Besteuerung von Unternehmen unterschiedlicher Rechtsformen, München 1988; *A. Graß,* Unternehmensformneutrale Besteuerung, Berlin 1991; *Herzig/Kessler,* Steuerorientierte Wahl der Unternehmensform: GmbH, OHG, GmbH & Co. und Betriebsaufspaltung, GmbHR 92, 232; *Heidemann,* Rechtsformwahl für Ein-Mann-Unternehmen, Düsseldorf 1992; *Krüger,* Zweckmäßige Wahl der Unternehmensform[5], Bonn 1992; *Rose,* Betriebswirtschaftliche Steuerlehre[3], Wiesbaden 1992; *B. Knobbe-Keuk,* Bilanz und Unternehmenssteuerrecht[9], Köln 1993; *Seer,* Rechtsformabhängige Unternehmensbesteuerung – Kritische Bestandsaufnahme der derzeitigen Rechtslage, StuW 93, 114; *K. Tipke,* Die Steuerrechtsordnung, Band II (StRO II), Köln 1993; *Herzig/Kessler,* Steuerorientierte Wahl der Unternehmensrechtsform nach dem Standortsicherungsgesetz – Entlastung der Personenunternehmen und Diskriminierung der Kapitalgesellschaft, DStR 94, 219, 261; *Herzig/Schiffers,* Rechtsformwahl unter Beachtung der laufenden Besteuerung und von aperiodischen Besteuerungstatbeständen, unter besonderer Berücksichtigung des StandOG und FKPG, StuW 94, 103; *Pickert,* Steuerbelastungsvergleich zwischen einer Kommanditgesellschaft und einer Gesellschaft mit beschränkter Haftung unter Berücksichtigung des FKPG und des StandOG, DStR 94, 473, 516; *Wassermeyer* (Hrsg.), Grundfragen der Unternehmensbesteuerung, DStJG Bd. 17, Köln 1994.

A. Einführung

Dem geltenden Steuerrecht liegt **kein einheitliches, geschlossenes System der Unternehmensbesteuerung** zugrunde. Die Umsatzsteuer erfaßt Unternehmerumsätze lediglich aus steuertechnischen Gründen. Im übrigen wird das Unternehmen als solches durchweg nicht als Steuerrechtssubjekt erfaßt[1]. Steuerrechtssubjekte sind vielmehr regelmäßig natürliche oder juristische Personen[2]. Der Steuergesetzgeber folgt der zivilrechtli- 1

* Bearbeiter des 4. Kapitels: Dipl.-Kfm. *Heinrich Montag.*

1 Zur Steuerrechtsfähigkeit der Unternehmung insb. *Dornfeld,* Die Steuerfähigkeit der Unternehmung, Diss. rer. pol. Köln 1966.

2 Zur Subjektfähigkeit von Personengesellschaften im Einkommensteuerrecht insb. *J. Lang,* in: Raupach/Uelner (Hrsg.), Ertragsbesteuerung, FS für Ludwig Schmidt, München 1993, 291.

chen Unterscheidung der Rechtssubjekte und zieht aus der zivilrechtlichen Rechtsfähigkeit juristischer Personen prinzipiell auch steuerrechtliche Konsequenzen[3].

2 Die **Anknüpfung an das Zivilrecht** ist indessen nicht Selbstzweck, sondern nur ein Hilfsmittel zur Erfassung wirtschaftlicher Sachverhalte und als Beitrag zur „Einheit der Rechtsordnung" mit der Teleologie des Steuerrechts nur insoweit zu vereinbaren, als sie bei gleicher wirtschaftlicher Leistungsfähigkeit zu einer gleichen Belastung und nicht zu einer Verletzung des Gleichheitssatzes führt[4]. Die Forderung nach einer rechtsformneutralen Besteuerung ist insofern die Forderung nach einer gleichmäßigen Besteuerung nach der wirtschaftlichen Leistungsfähigkeit[5]. Es geht darum, daß ein Unternehmen nicht lediglich aufgrund seiner zivilrechtlichen Struktur anders besteuert werden darf als ein vergleichbares Konkurrenzunternehmen anderer Rechtsform. Denn die unterschiedliche steuerliche Behandlung gleicher wirtschaftlicher Leistungsfähigkeit verändert die Wettbewerbsrelationen und indiziert dadurch eine Verletzung des Gleichheitssatzes.

3 Mit der Körperschaftsteuerreform 1977 hat sich auch der Gesetzgeber zu einem wettbewerbsneutralen Steuerrecht bekannt[6]. Nach wie vor kann jedoch von **Neutralität** weder bei der Körperschaftsteuer noch bei den übrigen Steuerarten auch nur ansatzweise die Rede sein[7]. Im Gegenteil: Die anhaltende Diskussion um die Reform der Unternehmensbesteuerung[8] zeigt, daß auf eine eingehende Analyse der steuerlichen Behandlung der einzelnen Rechtsformen nicht verzichtet werden kann. Diese Analyse eröffnet nicht nur der steuerrechtlichen Vertragsgestaltung[9] ein weites Betätigungsfeld; sie trägt gleichzeitig dazu bei, den Bemühungen um eine einheitliche Konzeption zur Verwirklichung des Leistungsfähigkeitsprinzips im Rahmen der Unternehmensbesteuerung eine objektive Argumentationsgrundlage zu geben.

4 Im Rahmen der Besteuerung von Unternehmen knüpft das Steuerrecht an die unterschiedlichen Rechtsformen an, die das Zivilrecht für die rechtliche Strukturierung der Unternehmen vorsieht[10]. Die zivilrechtliche Abgrenzung zwischen Personenhandelsgesellschaften als Gesamthandsgemeinschaften einerseits und Kapitalgesellschaften als Körperschaften andererseits bestimmt auch das Steuerrecht, so daß die Ansatzpunkte und Konsequenzen einer **rechtsformabhängigen Unternehmensbesteuerung** in ihren Grundzügen bei der unterschiedlichen Behandlung von Personen- und Kapitalgesellschaften sichtbar werden. Bestrebungen, die auftretenden Vorteile der Grundtypen zu kombinieren und gleichzeitig ihre Nachteile zu vermeiden, finden ihren Niederschlag in Unternehmensformen, die nicht mit dem zivilrechtlichen Ordnungsrahmen **einer**

3 Wie die Organschaftsregelungen sich in dieses Konzept einfügen, ist umstritten; s. § 11 Rz. 111.

4 Vgl. § 4 Rz. 81 ff.

5 Vgl. dazu insb. *J. Lang,* StuW 90, 107, 112, 115; *ders.,* Entwurf eines Steuergesetzbuchs, Schriftenreihe des BMF, Heft 49, Bonn 1993, 95, 130; *K. Tipke,* StRO II, 1025 ff., 1030. Darüber hinaus auch *Schmölders,* Finanzpolitik[3], Berlin/Heidelberg/New York 1970, 358 ff., Gutachten der Steuerreformkommission 1971, Schriftenreihe des Bundesministeriums der Finanzen, Heft 17, Bonn 1971, 31, 303 ff.; außerdem insb. *Tillmann,* GmbHR 77, 252; *Kofler,* Die körperschaftsteuerlichen Reformvorschläge und ihre Beurteilung in betriebswirtschaftlicher Sicht, Diss. Wien 1978; *O. H. Jacobs,* Unternehmensrechtsform und Besteuerung nach der KSt-Reform 1977, in: Betriebswirtschaftslehre und Recht, hrsg. von Heigl/Uecker, Wiesbaden 1979, 379 ff.; *Schipporeit,* Grundsätze und Möglichkeiten einer Unternehmungsteuer, München 1979; *Jacobs,* ZGR 80, 298 ff.; *Wöhe,* ZfbF 80, 519 ff.; *Kopp,* Rechtsformabhängige Belastungsdifferenzen als Ansatzpunkt einer Reform der Unternehmensbesteuerung, Gelsenkirchen 1983.

6 BT-Drucks. 7/1470, 327 f.

7 Das Gutachten des Wissenschaftlichen Beirats zur Reform der Unternehmensbesteuerung beim BMF, Schriftenreihe des BMF, Heft 43, Bonn 1990, 36 f., geht demgegenüber davon aus, daß bei der Körperschaftsteuer „nahezu perfekte Neutralität" erreicht ist.

8 Rz. 57 ff.

9 Zur Bedeutung der steuerrechtlichen Vertragsgestaltung *Lang,* StuW 76, 79 ff.; *G. Rose,* Zur Anwendung der Teilsteuerrechnung bei praktischen Aufgabenstellungen aus dem Bereich der steuerlichen Kautelarjurisprudenz, in: FS für Flume, Bd. II, Köln 1978, 257 ff.

10 Vgl. dazu auch *Rose/Glorius,* Unternehmensformen und -verbindungen, Wiesbaden/Köln 1992.

Rechtsform übereinstimmen, sondern sich aus **mehreren** Rechtsformen zusammensetzen[11].

5 Mit dem Ziel, zunächst die grundsätzlichen Unterschiede in der Besteuerung der Personen- und Kapitalgesellschaften offenzulegen, beziehen sich die folgenden Ausführungen zur laufenden Besteuerung und zu den steuerlichen Folgen praktisch besonders bedeutsamer Sondervorgänge ausschließlich auf Unternehmensformen, die mit der zivilrechtlichen Ordnungsstruktur übereinstimmen. In diesem Rahmen werden bei den Personengesellschaften als Mitunternehmerschaften i. S. des § 15 I 1 Nr. 2 EStG nur **OHG** und **KG**[12], bei den Kapitalgesellschaften ausschließlich **AG** und **GmbH** berücksichtigt; die KGaA bleibt außer Betracht[13]. Auf die Besonderheiten von Familiengesellschaften wird nicht eingegangen[14].

B. Unterschiede in der laufenden Besteuerung von Personenunternehmen und Kapitalgesellschaften

1. Besteuerungsunterschiede bei einzelnen Steuerarten

1.1 Vermögensteuer

6 a) **Steuerpflicht:** Gemäß § 1 I VStG sind neben natürlichen Personen auch Kapitalgesellschaften vermögensteuerpflichtig[15]. Dadurch kumuliert sich bei der Beteiligung an einer Kapitalgesellschaft die Vermögensteuer, weil das Betriebsvermögen sowohl bei der Kapitalgesellschaft selbst als auch bei den beteiligten Gesellschaftern der Vermögensteuer unterliegt und insofern – anders als bei der Körperschaftsteuer – keine Anrechnungsmöglichkeit besteht. Eine Mehrfachbelastung tritt lediglich insoweit nicht ein, als die Voraussetzungen für die Anwendung des Schachtelprivilegs nach § 102 BewG erfüllt sind. Personengesellschaften sind demgegenüber selbst nicht vermögensteuerpflichtig. Vermögensteuerpflichtig sind lediglich die beteiligten Gesellschafter, denen das Betriebsvermögen über die einheitliche und gesonderte Feststellung des Vermögens anteilig zugerechnet wird (§§ 179 I, II 2, 180 I Nr. 1 AO; § 19 III Nr. 2 BewG).

7 b) **Sonderbetriebsvermögen:** Bei einer Kapitalgesellschaft gehören grundsätzlich nur die Wirtschaftsgüter zum Betriebsvermögen, die im Eigentum der Gesellschaft stehen. Wirtschaftsgüter, die die Gesellschafter der Gesellschaft zur Nutzung überlassen, gehören bei der Gesellschaft nicht zum Betriebsvermögen. Bei Personengesellschaften sind die entsprechenden Wirtschaftsgüter, insb. auch Forderungen und Verbindlichkeiten

11 Dazu auch *Dornfeld* (Fn. 1), 48 ff.

12 Dazu § 9 Rz. 516 ff.

13 Zur Besteuerung der KGaA: *Elschenbroich,* Die KG auf Aktien, Diss. rer. pol. Köln 1956; *G. Graß,* Die Besteuerung der Kommanditgesellschaft auf Aktien, Diss. jur. München 1969; *Menzel,* StuW 71, 204; *Schlütter,* StuW 78, 295; *Binz/Sorg,* BB 88, 2041; *Theisen,* DB 89, 2191.

14 Dazu u. a. *Groh,* DStJG Bd. 1 (1979), 97 ff.; *Wienke,* Der Einfluß der Besteuerung auf die unternehmerischen Entscheidungen bei Familienpersonengesellschaften, Diss. Saarbrücken 1978; *Bügler,* Die Behandlung der Familiengesellschaft im Steuerrecht, Diss. rer. pol. Mannheim 1979; *Kittl,* Gewinnverteilung bei Familienpersonengesellschaften, München 1979; *Mannhold,* BB 79, 1813; *Sudhoff,* Das Familienunternehmen, München 1980; *Ulrich,* Die Besteuerung der Familiengesellschaft, Zürich 1980; *Widmann,* DStR 80, 522; *Langenfeld/Gail,* Handbuch der Familienunternehmen, Köln (Loseblatt); *Schulze zur Wiesche,* WPg 87, 433; *Felix* u. a., Steuerberatung der Familie, Köln 1987/88; *Hennerkes/May,* DB 88, 483; *Kleeberg,* BB 89, 2448; *L. Schmidt,* EStG[13], § 15 Anm. 119 ff., mit weiteren Nachweisen.

15 Vgl. dazu oben § 12 Rz. 74 ff.; außerdem *Christoffel,* GmbHR 93, 766.

zwischen der Gesellschaft und einem Gesellschafter, demgegenüber als Sonderbetriebsvermögen bei der Ermittlung des Betriebsvermögens zu berücksichtigen (§§ 95, 97 I Nr. 5 BewG).

8 c) **Pensionsrückstellungen:** Bei einer Kapitalgesellschaft sind Pensionsrückstellungen für geschäftsführende Gesellschafter zulässig, während die entsprechenden Rückstellungen für Gesellschafter einer Personengesellschaft nicht anerkannt werden[16].

9 d) **Freibetrag:** Bei einer Kapitalgesellschaft wird das positive Betriebsvermögen bei der Ermittlung des Gesamtvermögens nach Abzug eines Freibetrages in Höhe von maximal DM 500 000,– zu 75 v. H. angesetzt (§ 117a I BewG). Bei einer Personengesellschaft ist der Freibetrag in Höhe von DM 500 000,– demgegenüber bei jedem einzelnen Gesellschafter zu berücksichtigen[17].

10 e) **Anteilswert:** Als Wert ihrer Beteiligung wird den Gesellschaftern einer Personengesellschaft der anteilige Einheitswert des Betriebsvermögens zugerechnet (§ 19 III Nr. 2 BewG). Die Gesellschafter einer Kapitalgesellschaft haben demgegenüber als Anteilswert den Kurswert (§ 11 I BewG) oder den gemeinen Wert (§ 11 II BewG) anzusetzen; in die Bewertung gehen hier neben der Vermögenssubstanz auch die Ertragsaussichten ein, so daß der Anteilswert den Einheitswert des Betriebsvermögens vielfach übersteigt[18].

11 f) **Steuersätze:** Bei Kapitalgesellschaften wird das steuerpflichtige Vermögen mit einem Steuersatz von 0,6 v. H. versteuert. Für natürliche Personen gilt bis einschließlich 1994 ein Steuersatz von 0,5 v. H. Ab 1995 beträgt der Regelsteuersatz jedoch 1 v. H. und wurde damit verdoppelt[19]. Der ermäßigte Steuersatz von 0,5 v. H. gilt insb. für Betriebsvermögen und Anteile an Kapitalgesellschaften weiterhin, so daß insoweit keine Mehrbelastung eintritt (§ 10 Nr. 1 und 2 VStG). Eine Mehrbelastung ergibt sich jedoch in bezug auf die Wirtschaftsgüter, die die Gesellschafter einer Kapitalgesellschaft zur Nutzung überlassen, weil insoweit kein Betriebsvermögen vorliegt.

1.2 Gewerbekapitalsteuer

12 a) **Anteilswert:** Der Wert der Beteiligung an einer Personengesellschaft unterliegt bei einem gewerbesteuerpflichtigen Gesellschafter gemäß § 12 III Nr. 2 GewStG nicht erneut der Gewerbesteuer. Bei der Beteiligung an einer Kapitalgesellschaft kommt eine Kürzung demgegenüber nur unter den Voraussetzungen des § 12 III Nr. 2a GewStG (Schachtelprivileg) in Betracht.

13 b) **Sonderbetriebsvermögen:** Der Gesellschaft zur Nutzung überlassene Wirtschaftsgüter eines Gesellschafters gehören nach § 97 I Nr. 5 Satz 2 BewG grundsätzlich zum Betriebsvermögen der Personengesellschaft. Sie gehen deshalb über § 12 I GewStG unmittelbar in das Gewerbekapital ein, während bei der Kapitalgesellschaft eine Hinzurechnung lediglich im Rahmen des § 12 II Nr. 1 GewStG erfolgt. Kurzfristige Gesellschafter-

16 Vgl. dazu § 95 I BewG, R. 41 IX, X EStR 1993.

17 Zum damit verbundenen Diskriminierungseffekt für Kapitalgesellschaften insb. *Seer,* StuW 93, 114, 126.

18 Vgl. Abschn. 73 ff. VStR 1993. Dazu auch *Christoffel,* GmbHR 93, 715; mit Recht kritisch insb. *Seer,* StuW 93, 114, 127.

19 Vgl. dazu auch *Ritter,* BB 94, 77. Die partielle Verdoppelung der Vermögensteuer für natürliche Personen ist um so unverständlicher, als die grundsätzliche Kritik an ihrer Existenzberechtigung ständig zunimmt. Dazu insb. *K. Tipke,* StRO II, 771; *ders.,* BB 1994, 437, 441; *J. Lang,* Entwurf eines Steuergesetzbuchs, BMF-Schriftenreihe – Heft 49, Bonn 1993, 122; und oben § 12 Rz. 71 ff.

kredite unterliegen nach § 12 II GewStG bei der Kapitalgesellschaft im Gegensatz zur Personengesellschaft nicht der Gewerbekapitalsteuer[20].

1.3 Einkommen-/Kirchen-/Körperschaftsteuer

a) **Gewinnanteile:** Die Gewinnanteile aus der Beteiligung an einer Personengesellschaft gehören gemäß § 15 I Nr. 2 EStG zu den Einkünften aus Gewerbebetrieb; sie sind unabhängig davon, ob sie einbehalten werden oder den Gesellschaftern zufließen, in vollem Umfang im Jahr ihrer Entstehung zu versteuern. Nach Einführung der Tarifbegrenzung für gewerbliche Einkünfte (§ 32c EStG)[21] unterliegen die Gewinnanteile aus einer Personengesellschaft bis einschließlich 1994 bei natürlichen Personen unter Berücksichtigung der Kirchensteuer einer Spitzenbelastung von 49,15 v. H.[22]. Ab 1995 ergibt sich unter Berücksichtigung des Solidaritätszuschlags[23] in Höhe von 7,5 v. H. einschließlich Kirchensteuer eine Spitzenbelastung in Höhe von 52,53 v. H.[24]. 14

Bei Kapitalgesellschaften beträgt die Körperschaftsteuer demgegenüber für thesaurierte Gewinne bis einschließlich 1994 höchstens 45 v. H. Ab 1995 erhöht sich die Belastung unter Berücksichtigung eines Solidaritätszuschlags in Höhe von 7,5 v. H. auf 48,38 v. H. Für Gewinnausschüttungen ist bei einer Kapitalgesellschaft zunächst nur die Ausschüttungsbelastung von 30 v. H. herzustellen (§ 27 I KStG), die sich durch den Solidaritätszuschlag ab 1995 im Ergebnis auf 32,25 v. H. erhöht. Die Ausschüttungen werden voll erst nach dem Zufluß beim Gesellschafter besteuert[25]. 15

b) **Verlustanteile:** Das Anrechnungsverfahren geht von der eigenständigen Steuerpflicht der Kapitalgesellschaft aus und rechnet den Anteilseignern die Ergebnisse der Kapitalgesellschaft nicht anteilig zu. Abgesehen von der Organschaft mit Gewinnabführungsvertrag[26] können die bei einer Kapitalgesellschaft anfallenden Verluste den Anteilseignern daher grundsätzlich nicht zugerechnet, sondern nur von der Kapitalgesellschaft selbst im Wege des Verlustabzugs (§§ 8 I, IV, V KStG; 10d EStG) verrechnet werden[27]. Die Verluste einer Personengesellschaft werden den Gesellschaftern demgegenüber grund- 16

---

20 Vgl. auch Abschn. 76 I, 47 GewStR.

21 Zu den begründeten verfassungsrechtlichen Bedenken insb. *Wissenschaftlicher* Beirat beim BMF, BMF-Dokumentation 2/93, S. 9 f.; *Lang*, StbJb. 1993/94, 9 ff.; *L. Schmidt/Glanegger*, EStG[13], München 1994, § 32c, Anm. 2; *Tipke*, StuW 93, 8, 12 f.; *Wendt*, FR 93, 1; außerdem auch *Gorski*, DStZ 93, 613; *Rösel/Depping*, DStZ 93, 417; *Gosch*, DStR 94, Beihefter zu Heft 6. A. A. *Rendels*, DStR 93, 1056; *Zeitler*, BB 93, 1706. Zu technischen Einzelheiten insb. auch *Pasch*, DB 93, 2293; *Schlarb*, BB 94, 40; *Wittmann*, BB 94, 44; zu Gestaltungsüberlegungen insbesondere *Paus*, INF 93, 421.

22 Da die Kirchensteuer grundsätzlich von der Höhe der Einkommensteuerschuld abhängt, erhöht sie den individuellen Einkommensteuersatz. Eine getrennte Behandlung von Einkommen- und Kirchensteuer ist daher nicht erforderlich. Bei einem Einkommensteuersatz e und einem Kirchensteuersatz k ergibt sich der zusammengefaßte Einkommensteuer-/Kirchensteuersatz z nach der Formel: $z = (1 + k) \times e/(1 + k \times e)$. Zur Ableitung der Formel *Rose*, Betriebswirtschaftliche Steuerlehre[3], Wiesbaden 1992, 46 f. Die Kappung der Kirchensteuer und § 51a EStG bleiben unberücksichtigt.

23 Zu den Belastungswirkungen des Solidaritätszuschlags insb. auch *Schult/Hundsdoerfer*, DB 94, 285; *Rüter/Reinhardt*, DStR 94, 1023.

24 Vgl. dazu auch unten Fn. 65.

25 Zu den Konsequenzen für die Ausschüttungspolitik insb. *Heidemann*, DB 93, 2501; *Schultz*, DB 93, 2193; *Herzig/Kessler*, DStR 94, 219, 261, 264; *Kussel*, DB 94, 552; *Robisch*, DStR 94, 334; *D. Schneider*, DB 94, 541; *Eggesiecker*, GmbHR 94, 364.

26 Dazu auch § 11 Rz. 118 f.

27 Zu möglichen Verlustverwertungsstrategien insb. *Heidemann*, INF 90, 491; *Layer*, Verlustverwertung zur Sanierung von Kapitalgesellschaften, Berlin 1990; *Kräußlein*, Ertragsteuerliche Verlustkompensationsstrategien in Krisenunternehmen, Köln 1992; *Dreißig*, StbJb. 1993/94, S. 255 ff.

sätzlich unmittelbar zugerechnet, so daß den Gesellschaftern im Rahmen des § 15a EStG neben dem Verlustausgleich auch der Verlustabzug offensteht[28].

17 c) **Steuerfreie Erträge:** Eine Kapitalgesellschaft, die steuerfreie oder tarifbegünstigte Erträge an ihre Gesellschafter ausschüttet, muß auch für diese Erträge gemäß § 27 I KStG grundsätzlich die Ausschüttungsbelastung herstellen. Abgesehen von der Sonderbehandlung für steuerfreie Auslandserträge[29] wirken sich die übrigen Befreiungs- oder Vergünstigungsvorschriften daher nur während der Thesaurierung in der Kapitalgesellschaft aus. Die entsprechenden Steuervergünstigungen kommen den Anteilseignern demnach anders als bei der Beteiligung an einer Personengesellschaft nicht zugute.

18 d) **Leistungsvergütungen:** Die rechtlichen Beziehungen zwischen einer Gesellschaft und ihren Gesellschaftern sind nicht auf die gesellschaftsrechtliche Ebene beschränkt, sie können auch auf besonderen schuldrechtlichen Verträgen beruhen[30]. Die (angemessenen) Vergütungen im Rahmen eines schuldrechtlichen Leistungsaustauschs, sog. Leistungsvergütungen, sind bei einer Kapitalgesellschaft als Betriebsausgaben abzugsfähig[31]. Sie führen bei den Gesellschaftern i. d. R. zu Einkünften i. S. der §§ 18–21 EStG und damit u. a. zur Berücksichtigung der einschlägigen Pausch- oder Freibeträge[32]. Bei einer Personengesellschaft mindern die Leistungsvergütungen i. S. des § 15 I 1 Nr. 2 EStG den Gewinn indessen nicht[33]. Sie gehören bei den Gesellschaftern zu den Einkünften aus Gewerbebetrieb; Pausch- oder Freibeträge kommen insoweit nicht in Betracht.

19 e) **Sonderbetriebsvermögen:** Wirtschaftsgüter, die der Personengesellschaft von einem Gesellschafter zur Nutzung überlassen werden, gehören zum Sonderbetriebsvermögen des Gesellschafters[34]. Das hat zur Folge, daß bei Veräußerung dieser Wirtschaftsgüter der Veräußerungsgewinn, bei Beendigung der Nutzungsüberlassung der Entnahmegewinn zu versteuern ist. Bei der Beteiligung an einer Kapitalgesellschaft gehören die entsprechenden Wirtschaftsgüter demgegenüber grundsätzlich zum Privatvermögen; Veräußerungsgewinne werden daher nur im Rahmen der §§ 17, 23 EStG erfaßt.

20 f) **Pensionsrückstellungen** werden für Gesellschafter einer Personengesellschaft einkommensteuerlich nicht anerkannt[35], während für die tätigen Gesellschafter von Kapitalgesellschaften lediglich in Ausnahmefällen Einschränkungen gelten[36].

---

28 Dazu insb. *Baumhoff,* StbJb. 1993/94, 267 ff.; vgl. auch *Bordewin,* DStR 94, 673.

29 Vgl. dazu insb. die Begründung BT-Drucks. 7/1470, 323 ff.; darüber hinaus insb. *Brezing,* GmbHR 87, 152; *Herzig,* StuW 90, 22, 30; *Haase/Roßmayer,* DStR 91, 1126; *Pumbo,* DB 92, 1993; *Cattelaens,* StuW 93, 249; *Zeitler/Krebs,* DB 93, 1051; *Hundt,* DB 93, 2048; *Zeitler,* Die Besteuerung ausländischer Einkünfte einer Kapitalgesellschaft bei Weiterausschüttung in: Raupach/Uelner (Hrsg.), Ertragsbesteuerung, FS für Ludwig Schmidt, München 1993, 639; *Krebühl,* DB 94, 496. Im einzelnen dazu auch § 18 Rz. 5.

30 Dazu insb. *Sander,* Die Ertragsteuerbelastung des Leistungsaustausches zwischen Unternehmung und Unternehmer, Versuch einer Quantifizierung mit Hilfe der Teilsteuerrechnung, Diss. rer. pol. Köln 1972.

31 Zum umgekehrten Fall des Leistungsaustausches bei Darlehenszinsen, die ein Gesellschafter an eine Personengesellschaft zahlt, insb. *Crezelius,* JbFSt. 1990/91, 244, 248; *Wüllenkemper,* BB 91, 1904; *Völschau,* DStR 94, 189.

32 Vgl. z. B. §§ 9a; 20 IV EStG.

33 Dazu ausf. § 9 Rz. 544 ff.

34 Dazu § 9 Rz. 541 f.

35 BFH BStBl. 67, 222; 75, 437; 84, 431; R. 41 VIII EStR 1993; *Scholtz,* DStZ 85, 211; L. Schmidt/*Seeger,* EStG[13], § 6a Anm. 8; zur Diskussion um die Bedeutung des handelsrechtlichen Passivierungsgebotes nach § 249 I 1 HGB: *Bordewin,* DB 87, 15; *Sieveking,* DB 87, 1267; *Sarrazin,* DB 87, 2540; *Weber-Grellet,* DB 88, 625.

36 BFH BStBl. 80, 304, 305; 82, 612. Vgl. auch R. 41 X EStR 1993, Abschn. 36 KStR; BMF BStBl. I 82, 988; *Weber-Grellet,* DB 88, 625; *Borst,* BB 89, 38; *Höfer/Kisters-Kölkes,* BB 89, 1157; *Baer,* BB 89, 1529; L. Schmidt/*Seeger,* EStG[13], § 6a Anm. 7.

1.4 Gewerbeertragsteuer

a) **Anteile am Gewinn oder Verlust** aus der Beteiligung an einer Personengesellschaft unterliegen bei einem gewerbesteuerpflichtigen Gesellschafter gemäß §§ 8 Nr. 8, 9 Nr. 2 GewStG nicht erneut der Gewerbesteuer. Gewinnausschüttungen einer Kapitalgesellschaft werden bei einem gewerbesteuerpflichtigen Gesellschafter demgegenüber nur dann nicht nochmals erfaßt, wenn die Voraussetzungen des § 9 Nr. 2a GewStG (Schachtelprivileg) erfüllt sind. 21

b) **Leistungsvergütung** i. S. des § 15 I 1 Nr. 2 EStG gehen bei einer Personengesellschaft über § 7 GewStG unmittelbar in den Gewerbeertrag ein; bei Kapitalgesellschaften kommt eine Erfassung lediglich im Rahmen des § 8 GewStG in Betracht. Geschäftsführervergütungen und Zinsen für kurzfristige Gesellschafterkredite unterliegen demnach ausschließlich bei einer Personengesellschaft der Besteuerung; Miet- und Pachtzinsen für nicht in Grundbesitz bestehende Wirtschaftsgüter des Sonderbetriebsvermögens werden bei der Kapitalgesellschaft gegenüber der Personengesellschaft nur zur Hälfte erfaßt (§ 8 Nr. 7 GewStG). Die Aufwendungen, die beim Gesellschafter im Zusammenhang mit den Leistungsvergütungen entstehen, mindern bei der Personengesellschaft als Sonderbetriebsausgaben auch den Gewerbeertrag; bei der Kapitalgesellschaft kommt eine entsprechende Entlastung nicht in Betracht. 22

c) **Gesellschaftergrundstücke:** Während bei einer Personengesellschaft § 9 Nr. 1 GewStG auch für das in Grundbesitz bestehende Sonderbetriebsvermögen der Gesellschafter anzuwenden ist, ist eine derartige Kürzung bei einer Kapitalgesellschaft nicht möglich. 23

d) Für **Personengesellschaften** wurde durch § 11 I Nr. 1 GewStG[37] mit Wirkung ab 1993 ein **Freibetrag** in Höhe von DM 48 000,– eingeführt. Über diesen Freibetrag hinaus wird die Belastung durch gestaffelte Meßzahlen bis zum Betrag von DM 144 000,– entsprechend § 11 II Nr. 1 GewStG schrittweise angehoben[38]. Bei **Kapitalgesellschaften** ist die Gewerbeertragsteuer demgegenüber ohne Berücksichtigung eines Freibetrages ausschließlich auf Basis der höchsten Meßzahl von 5 v. H. zu ermitteln (§ 11 II Nr. 2 GewStG). 24

2. Zusammenfassende Darstellung der Besteuerungsunterschiede

2.1 Notwendigkeit

Die isolierte Betrachtung einzelner Steuerarten und Rechtsnormen (vgl. Rz. 6 ff.) zeigt zwar die wesentlichen steuergesetzlichen Ursachen für die unterschiedliche Behandlung von Personen- und Kapitalgesellschaften auf und bildet insoweit auch die Grundlage für die Prüfung des Gleichheitssatzes. Die isolierte Anknüpfung an einzelne Steuerarten und Rechtsnormen bringt jedoch keine hinreichende Transparenz in die **wirtschaftlichen Auswirkungen.** In Anbetracht eines interdependenten und kumulativen Steuerartenrechts[39] wird die Belastung der Größen, die der Gesetzgeber als Indikatoren wirtschaftli- 25

---

37 *Beranek,* BB 92, 1832; *König/Kunkel/Stegmaier,* DStR 92, 922; *Bachem,* DStR 93, 736; *Binz/Vogel,* BB 93, 1710; *Gerl,* DStR 93, 141, 736; *Mielke,* DB 93, 2446; *Seer,* StuW 93, 118. Abgesehen von den sachlichen Bedenken, die in diesen Beiträgen völlig zu Recht gegen eine Sonderbehandlung von Personenunternehmen vorgebracht werden, zeigt allein die Zahl der bisherigen Veröffentlichungen, welche Probleme sich bei der technischen Umsetzung der Neuregelung ergeben, die insofern einmal mehr die angeblichen Bemühungen um eine Vereinfachung des Steuerrechts konterkariert.

38 Vgl. dazu auch unten Fn. 50.

39 Vgl. dazu insb. *G. Rose,* Die Steuerbelastung der Unternehmung, Grundzüge der Teilsteuerrechnung, Wiesbaden 1973, 35 f.

cher Leistungsfähigkeit betrachtet und daher besteuert, vielmehr erst dann in vollem Umfange sichtbar, wenn das begrenzte Denken in einzelnen Steuerarten und einzelnen gesetzlichen Vorschriften aufgegeben wird und die Besteuerungswirkungen in ihrer Gesamtheit unmittelbar auf die der Besteuerung zugrunde liegenden wirtschaftlichen Größen bezogen werden[40]. Allein die **Globalbetrachtung** schafft eine umfassende Bezugsbasis für die wirtschaftlich vorhandenen Anknüpfungspunkte der Besteuerung. Diese Betrachtung gibt, unabhängig von der scharfen rechtlichen Unterscheidung der Steuerarten, Aufschluß über die effektive Gesamtbelastung wirtschaftlicher Vorgänge. Dadurch wird das tatsächliche Ausmaß der steuerlichen Erfassung der wirtschaftlichen Leistungsfähigkeit eines Unternehmens sichtbar; Bemühungen um die Verwirklichung des Leistungsfähigkeitsprinzips im Rahmen eines historisch gewachsenen, vornehmlich am Finanzbedarf orientierten Steuersystems erhalten eine aussagefähige Grundlage. Darüber hinaus treten auch die Ansatzpunkte vorteilhafter steuerrechtlicher Vertragsgestaltung deutlich hervor.

2.2 Ermittlung der Gesamtbelastung mit Hilfe der Teilsteuerrechnung

26 Welche Gesamtbelastung sich aus der Existenz mehrerer Steuerarten für einzelne ökonomische Größen ergibt, läßt sich mit Hilfe der Teilsteuerrechnung aussagekräftig und exakt veranschaulichen[41].

Im Rahmen dieses Verfahrens werden die steuerrechtlichen Bemessungsgrundlagen der einzelnen Steuerarten in betriebswirtschaftlich definierte **Bemessungsgrundlagenteile** zerlegt. Diese Bemessungsgrundlagenteile werden unter Berücksichtigung der Steuerfaktoren, die die Tarifvorschriften der einzelnen Steuerarten beinhalten, zur Bildung von Steuerart-Grundgleichungen für das spezifische Untersuchungsobjekt herangezogen. Die Zusammenfassung der Steuerart-Grundgleichungen führt zur Gesamtbelastungsgleichung. Aus der Zusammenfassung der dabei für die einzelnen Bemessungsgrundlagenteile auftretenden Steuerfaktoren entstehen in einem weiteren Schritt die sog. Multifaktoren, die die Wirkung aller in die Betrachtung einbezogenen Steuerarten auf den entsprechenden Bemessungsgrundlagenteil wiedergeben. Aus den Multifaktoren entstehen durch das Einsetzen der konkreten Werte der Steuerfaktoren die Teilsteuersätze, die die prozentualen Be- und Entlastungswirkungen der betreffenden Bemessungsgrundlagenteile zum Ausdruck bringen.

Im Rahmen der laufenden Besteuerung von Einkommen und Vermögen setzt sich die **Gesamtbelastung** eines Unternehmens grundsätzlich aus Einkommensteuer, Kirchensteuer, Körperschaftsteuer, Gewerbesteuer, Vermögensteuer und Grundsteuer[42] zusammen. Ab 1. 1. 1995 ist zusätzlich der Solidaritätszuschlag zu berücksichtigen[43].

Um die daraus resultierenden Belastungswirkungen exakt, aussagekräftig und operational auf einzelne ökonomische Größen beziehen zu können, ist es unerläßlich, unterschiedliche wirtschaftliche

---

40 So auch aus betriebswirtschaftlicher Sicht *G. Rose* (Fn. 39), 54 f. Vgl. allerdings BFH BStBl. 75, 668.

41 Zur Konzeption und den Anwendungsmöglichkeiten der Teilsteuerrechnung grundlegend *G. Rose,* Betriebswirtschaftliche Steuerlehre, Eine Einführung für Fortgeschrittene[3], Wiesbaden 1992, 38 ff.; *ders.,* Untersuchungen über die Steuerbelastung der Unternehmung, DB 68, Beil. 7; *ders.* (Fn. 39), 56 ff.; *ders.* (Fn. 9), 257; *ders.,* Einführung in die Teilsteuerrechnung, BFuP 79, 293. Zur Anwendung des Verfahrens bei der Rechtsformwahl darüber hinaus insb. *G. Rose,* DB 76, 1873; *Krause,* DB 77, 505; *Kurth/Grass,* BFuP 79, 340; *Wagner/Dirrigl,* Die Steuerplanung der Unternehmung, Stuttgart/New York 1980, 187 ff.; *Siegel,* Steuerwirkungen und Steuerpolitik in der Unternehmung, Würzburg/Wien 1982, 42 ff.; *Burk,* Rechtsform und Umwandlungsbesteuerung. Ein betriebswirtschaftlicher Steuerbelastungsvergleich der Alternativen GmbH und OHG, Bielefeld/Berlin/München 1983; *Schreiber,* Rechtsformabhängige Unternehmensbesteuerung, Köln 1987, 17. Vgl. außerdem die Nachweise bei *Kurth,* BFuP 79, 355, 363 f.

42 Die Grundsteuer ist zwar grundsätzlich rechtsformunabhängig, zur Ermittlung der Gesamtbelastung ist ihre Einbeziehung jedoch unerläßlich. Vgl. dazu auch *Kaefer,* Grundlagen und Modelle zu Steuerbelastungsanalysen und -vergleichen mit Hilfe der automatischen Datenverarbeitung, Köln 1974, 202 ff.; *Montag,* StuW 77, 231 ff.; *Kurth/Grass,* BFuP 79, 350; *Seiler,* DB 79, 659.

43 Vgl. Solidaritätszuschlaggesetz 1995 vom 23. 6. 1993, BGBl. I 93, 944, 975.

Sachverhalte in unterschiedlichen Bemessungsgrundlagenteilen zu erfassen und Überschneidungen zwischen den Bemessungsgrundlagenteilen zumindest bei den Basisgrößen zu vermeiden. Gegenüber der üblichen Definition der Bemessungsgrundlagenteile[44] scheint es daher geboten, auf die Zusammenfassung unterschiedlicher Gewinnbestandteile und der Leistungsvergütungen im sog. **„Reinertrag"**[45] zu verzichten. Da der Reinertrag neben dem in der Unternehmung zur Reinvestition verbleibenden Gewinn auch die den Anteilseignern zufließenden Gewinnanteile und die Leistungsvergütungen umfaßt, ist er eine Mischgröße, die es im Widerspruch zum Grundanliegen der Teilsteuerrechnung nicht zuläßt, den Ausschüttungen und Leistungsvergütungen die exakten Be- oder Entlastungswirkungen in einer *einzigen* Wirkungsziffer zuzuordnen[46].

Um diesen Systembruch zu vermeiden, ist es zunächst erforderlich, allein vom handelsrechtlichen Jahresüberschuß auszugehen und diese Größe nicht durch die Hinzurechnung der Leistungsvergütungen mit dem einschlägigen Bemessungsgrundlagenteil zu vermischen. Da der Jahresüberschuß nicht nur für Investitionszwecke im Unternehmen zur Verfügung steht, sondern den Gesellschaftern auch zu anderen, unternehmensfremden Zwecken überlassen werden kann, ist bei der Definition der Bemessungsgrundlagenteile insofern ebenfalls eine Differenzierung erforderlich.

Folglich ist von folgenden **Bemessungsgrundlagenteilen** auszugehen[47]: 27

- **„Unverteilter Jahresüberschuß"**, d. h. der Teil des handelsrechtlichen Jahresüberschusses vor Abzug einbezogener Steuern, der den Gesellschaftern nicht zufließt: bei einer Kapitalgesellschaft der nicht ausgeschüttete, bei einer Personengesellschaft der nicht entnommene handelsrechtliche Jahresüberschuß vor Abzug von Steuern;
- **„Bargewinnanteil"**, d. h. der an die Gesellschafter fließende Gewinnanteil: bei einer Kapitalgesellschaft die Gewinnausschüttung einschließlich des Anrechnungsguthabens, jedoch vor Abzug der Kapitalertragsteuer; bei einer Personengesellschaft der entnommene Gewinn;
- **„Leistungsvergütungen"**, d. h. angemessene Vergütungen für Leistungen der Gesellschafter, die auf schuldrechtlichen Verträgen beruhen;
- **„Einkommensteuerliche Modifikationen"**, d. h. die Abweichungen des Steuerbilanzgewinns vom handelsrechtlichen Jahresüberschuß vor Abzug von Steuern; insb. Sonderabschreibungen, steuerfreie Erträge, nichtabzugsfähige Betriebsausgaben;
- **„Körperschaftsteuerliche Modifikationen"**, d. h. die Abweichungen des Steuerbilanzgewinns vom körperschaftsteuerlichen Einkommen (vgl. §§ 9, 10 KStG);
- **„Gewerbeertragsteuerliche Modifikationen"**, d. h. Hinzurechnungen und Kürzungen nach §§ 8, 9 GewStG mit Ausnahme von § 9 Nr. 1 GewStG[48];
- **„Gesellschaftsgrundstücke"**, d. h. der Einheitswert der im Eigentum der Gesellschaft stehenden Grundstücke;
- **„Gesellschaftergrundstücke"**, d. h. der Einheitswert der der Gesellschaft von Gesellschaftern zur Nutzung überlassenen Grundstücke;

44 Dazu grundlegend *G. Rose* (Fn. 39); *ders.*, Betriebswirtschaftliche Steuerlehre (Fn. 41), 48 f.

45 Dazu insb. *G. Rose* (Fn. 39), 82 ff.; *ders.*, Betriebswirtschaftliche Steuerlehre (Fn. 41), 51 ff.

46 Vgl. z. B. *G. Rose,* Betriebswirtschaftliche Steuerlehre, (Fn. 41), 124. Leistungsvergütungen führen bei einer Kapitalgesellschaft zwar gegenüber dem Reinertrag zu einer Entlastungwirkung, *tatsächlich* entfällt auf die Leistungsvergütungen aber gerade *keine* Belastung. Wenn die auf den Leistungsvergütungen beruhenden Steuerwirkungen allein im Bemessungsgrundlagenteil L zum Ausdruck kommen und nicht auch in den „Reinertrag" einbezogen werden, müßte sich für den Multifaktor $t_{(k)2}$ stets Null ergeben.

47 Soweit sich aus den vorangegangenen Ausführungen und aus der Einbeziehung der Grundsteuer keine Änderungen ergeben, vgl. auch *G. Rose,* Betriebswirtschaftliche Steuerlehre (Fn. 41), 48 ff. Gegenüber der Terminologie von G. Rose wurde allerdings teilweise auch die Bezeichnung der Bemessungsgrundlagenteile geändert.

48 Der entsprechenden Kürzungsvorschrift wird bei der Bildung der Gewerbesteuer-Grundgleichung gesondert Rechnung getragen. Vgl. *Montag,* StuW 77, 232 f.

- **„Einheitswertzuschlag"** nach § 121a BewG (getrennt für Gesellschafts- und Gesellschaftergrundstücke);
- **„Sonstiges Gesellschaftsvermögen"**, d. h. der Einheitswert des nicht in Grundbesitz bestehenden Vermögens, das sich im Eigentum der Gesellschaft befindet;
- **„Sonstiges Gesellschaftervermögen"**, d. h. der bewertungsrechtliche Ansatz des nicht in Grundbesitz bestehenden Vermögens, das Gesellschafter der Gesellschaft zur Nutzung überlassen;
- **„Anteilswertmodifikationen"**, d. h. die Differenz zwischen dem Kurswert der Anteile an einer Kapitalgesellschaft und dem Einheitswert des Betriebsvermögens der Gesellschaft;
- **„Vermögensteuerliche Modifikationen"**, d. h. die Differenz zwischen dem Einheitswert des Betriebsvermögens und dem für Vermögensteuerzwecke anzusetzenden Vermögen (insb. die Kürzung des Einheitswerts des Betriebsvermögens nach § 117a BewG, bei Personengesellschaften für jeden Gesellschafter gesondert);
- **„Gewerbekapitalsteuerliche Modifikation"**, d. h. die Hinzurechnungen und Kürzungen nach § 12 II, III GewStG mit Ausnahme von § 12 II Nrn. 1, 2 und III Nr. 1 GewStG[49];
- **„Gewerbeertragsteuerlicher Freibetrag"** nach § 11 I Nr. 1 GewStG[50];
- **„Gewerbekapitalsteuerlicher Freibetrag"** nach § 13 I 3 GewStG;
- **„Vermögensteuerliche Freibeträge"**;
- **„Einkommensteuerliche Freibeträge"**.

---

49 Den entsprechenden Hinzurechnungen und Kürzungen wird bei der Bildung der Gewerbesteuer-Grundgleichung gesondert Rechnung getragen.

50 Aufgrund der neu eingeführten Meßbetragsstaffel für gewerbliche Personenunternehmen ergibt sich bei der Gewerbesteuer eine Anfangsprogression, die sich bei der Teilsteuerrechnung im Rahmen des gewerbeertragsteuerlichen Freibetrags berücksichtigen läßt. Vgl. dazu grundlegend bereits *G. Rose*, Die Steuerbelastung der Unternehmung, Wiesbaden 1973, 108 ff. Danach besteht im Bereich der Meßbetragsstaffel zwischen Gewerbeertrag und dem gewerbeertragsteuerlichen Freibetrag im Rahmen der Teilsteuerrechnung die in der nachstehenden Tabelle dargestellte Beziehung:

Gewerbeertrag (in DM)		Steuermeßzahl	Freibetrag (in DM)	
Tarifstufe	kumuliert		stufenabhängiger Anteil	kumuliert
bis 48 000	48 000	0%	5/5 × 48 000 = 48 000	48 000
weitere 24 000	72 000	1%	4/5 × 24 000 = 19 200	67 200
weitere 24 000	96 000	2%	3/5 × 24 000 = 14 400	81 600
weitere 24 000	120 000	3%	2/5 × 24 000 = 9 600	91 200
weitere 24 000	144 000	4%	1/5 × 24 000 = 4 800	96 000

Während innerhalb der Meßbetragsstaffel zusätzliche Berechnungen erforderlich sind (vgl. dazu im einzelnen Fn. 37), läßt sich der in der Meßzahlenstaffel liegende Vorteil dann, wenn der Gewerbeertrag über DM 144 000 liegt, ohne komplexe Zusatzberechnungen durch den Ansatz eines Freibetrages in Höhe von DM 96 000 berücksichtigen. Da der Gewerbeertrag bereits um die Gewerbeertragsteuer gemindert ist, während die Teilsteuerrechnung demgegenüber von Bemessungsgrundlagenteilen vor Berücksichtigung von Steuern ausgeht, erhöht die Gewerbeertragsteuer den Schwellenwert, von dem an der Freibetrag in Höhe von DM 96 000 berücksichtigt werden kann. Der Schwellenwert ergibt sich bei einem bestimmten Hebesatz H allgemein durch die Berechnung:
144 000 DM + (48 000 DM × 5 v. H. × Hebesatz H).
Daraus ergibt sich bei einem Hebesatz von 400% ein Schwellenwert von DM 153 600.

Tabelle 1 28

Steuer- und Hebesätze der einzelnen Steuerarten	
Körperschaftsteuer[51]	45,000%
Einkommensteuer (allgemein)[52]	53,000%
Einkommensteuer (gewerblich)[53]	47,000%
Kirchensteuer[54]	9,000%
Solidaritätszuschlag[55]	7,500%
Vermögensteuer (KapGes)[56]	0,600%
Vermögensteuer (natürliche Personen allgemein)[57]	1,000%
Vermögensteuer (natürliche Personen ermäßigt)[58]	0,500%
Hebesatz GewSt[59]	400%
Hebesatz GrSt[60]	300%

Tabelle 2

Kombinierte Steuerfaktoren	
Gewerbeertragsteuer[61]	16,667%
Gewerbekapitalsteuer[62]	0,800%
Grundsteuer[63]	1,050%
ESt/KiSt/SolZ[64]	58,934%
ESt/KiSt/SolZ[65]	52,533%
KSt/SolZ[66]	48,375%

51 Vgl. § 23 I KStG. Der Ausschüttungssteuersatz von 30 v. H. ist bei der gewählten Definition der Bemessungsgrundlagenteile im Ergebnis ohne Bedeutung, weil die Gesamtbelastung von Gesellschaft und Gesellschafter ermittelt wird und der Ausschüttungssteuersatz insofern auf die individuelle Einkommensteuerbelastung des Gesellschafters hochgeschleust wird.

52 Grundlage der Berechnungen ist der Einkommensteuerspitzensatz von 53 v. H. nach § 32a Abs. 1 EStG. Die Tariffreibeträge sind ggf. im einkommensteuerlichen Freibetrag zu berücksichtigen. Dazu im einzelnen *G. Rose,* Betriebswirtschaftliche Steuerlehre (Fn. 41), 58 ff.

53 Spitzenbelastung für gewerbliche Einkünfte nach § 32c EStG. Vgl. dazu auch oben Fn. 21.

54 Vgl. dazu § 10.

55 Vgl. § 4 SolZG 1995.

56 Vgl. § 10 Nr. 2 VStG.

57 Vgl. § 10 Nr. 1 VStG mit einem Regelsteuersatz von 1 v. H. und einem ermäßigten Steuersatz in Höhe von 0,5 v. H. für land- und forstwirtschaftliches Vermögen, Betriebsvermögen und Wirtschaftsgüter i. S. d. § 100 I Nr. 3 BewG.

58 Vgl. Fn. 57.

59 Dieser exemplarische Wert muß bei konkreten Steuerbelastungsvergleichen durch den tatsächlichen Gewerbesteuerhebesatz ersetzt werden.

60 Dieser exemplarische Wert muß bei konkreten Steuerbelastungsvergleichen durch den tatsächlichen Grundsteuerhebesatz ersetzt werden.

61 Der Steuerfaktor für die Gewerbeertragsteuer berücksichtigt die Abzugsfähigkeit der Gewerbeertragsteuer bei der eigenen Bemessungsgrundlage („bei sich selbst") ausgehend von einem Hebesatz H von 400 v. H. und einer Meßzahl M von 5 v. H. Allgemein gilt die Formel: $M \times H/(100 + 5H)$. Zur Berücksichtigung der Meßbetragsstaffel für gewerbliche Personenunternehmen vgl. oben Fn. 50.

62 Der Steuerfaktor für die Gewerbekapitalsteuer ergibt sich als Produkt aus einem angenommenen Hebesatz in Höhe von 400 v. H. und der Meßzahl für das Gewerbekapital in Höhe von 2 v. T. (§ 13 II GewStG).

63 Der Steuerfaktor für die Grundsteuer ergibt sich als Produkt aus dem angenommenen Hebesatz in Höhe von 300 v. H. und der Meßzahl in Höhe von 3,5 v. T. (§ 15 I GrStG).

64 Kombinierter Steuerfaktor für Einkommensteuer, Kirchensteuer und Solidaritätszuschlag unter Zugrundelegung des allgemeinen Einkommensteuerspitzensatzes in Höhe von 53 v. H. Die Berechnung erfolgt ausgehend von einem Einkommensteuersatz e, einem Kirchensteuersatz k und einem Solidaritätszuschlag z nach der Formel: $e\,(1 + k + z)/(1 + e \times k)$. Vgl. für früheres Recht entsprechend *G. Rose,* Die Steuerbelastung der Unternehmung, Wiesbaden 1973, 74 f.

Tabelle 3

Teilsteuersätze und Teilsteuerdifferenzsätze für Personen- und Kapitalgesellschaften ab 1995			
Bemessungsgrundlagenteil	Kapitalgesellschaft einschließlich Gesellschafter	Gewerbliche Personengesellschaft	Differenzsätze
Unverteilter Jahresüberschuß	56,979%	60,444%	– 3,465%
Bargewinnanteil	65,778%	60,444%	5,334%
Leistungsvergütungen	58,934%	60,444%	– 1,510%
Einkommensteuerliche Modifikationen	56,979%	60,444%	– 3,465%
Körperschaftsteuerliche Modifikationen	56,979%	0,000%	56,979%
Gewerbeertragsteuerliche Modifikationen	8,604%	7,911%	0,693%
Gesellschaftsgrundstücke	1,279%	0,820%	0,459%
EW-Zuschlag Gesellschaftsgrundstücke	0,997%	0,405%	0,592%
Sonstiges Gesellschaftsvermögen	1,444%	0,816%	0,628%
Gesellschaftergrundstücke	1,431%	0,820%	0,611%
EW-Zuschlag Gesellschaftergrundstücke	1,000%	0,405%	0,595%
Sonstiges Gesellschaftervermögen	1,344%	0,816%	0,528%
Anteilswertmodifikationen	0,500%	0,000%	0,500%
Vermögensteuerliche Modifikationen	0,600%	0,500%	0,100%
Gewerbekapitalsteuerliche Modifikationen	0,344%	0,316%	0,028%
Gewerbeertragsteuerlicher Freibetrag	0,000%	– 7,911%	7,911%
Gewerbekapitalsteuerlicher Freibetrag	– 0,344%	– 0,316%	– 0,028%
Vermögensteuerlicher Freibetrag	– 1,000%	– 1,000%	0,000%
Einkommensteuerlicher Freibetrag	– 58,934%	– 58,934%	0,000%

29 Für die Bemessungsgrundlagenteile ergeben sich für Kapitalgesellschaften und ihre Gesellschafter einerseits und gewerbliche Personengesellschaften andererseits ab 1. 1. 1995 die in Tabelle 3 dargestellten Teilsteuersätze[67]. Die entsprechenden Teilsteuerdifferenzsätze zeigen die prozentualen Belastungsunterschiede zwischen Personen- und Kapitalgesellschaft. Positive Werte der Differenzsätze zeigen eine Mehrbelastung der Kapitalgesellschaft an, negative Werte eine Mehrbelastung der Personengesellschaft. Grundlage der Berechnungen sind die in Tabelle 1 dargestellten Steuer- und Hebesätze für die einzelnen Steuerarten und die daraus resultierenden, in Tabelle 2 zusammengestellten Steuerfaktoren, in denen die Belastungswirkungen einzelner Steuer- und Hebesätze zur Vereinfachung der Rechenschritte kombiniert werden.

Zu den Teilsteuersätzen und den Teilsteuerdifferenzsätzen, die sich aus Tabelle 3 ergeben, ist im wesentlichen folgendes festzuhalten[67a]:

65 Kombinierter Steuerfaktor für Einkommensteuer, Kirchensteuer und Solidaritätszuschlag unter Berücksichtigung des Spitzensteuersatzes für gewerbliche Einkünfte in Höhe von 47 v. H. Zur Berechnung vgl. Fn. 64.

66 Kombinierter Steuerfaktor für Körperschaftsteuerthesaurierungssatz k und Solidaritätszuschlag z. Allgemein gilt die Formel: $k + k \times z$.

67 Für die Mitwirkung bei der PC-gestützten Ermittlung der Teilsteuersätze danken wir Herrn Dipl.-Finanzwirt *Martin Koch*.

67a Zu den im folgenden angesprochenen Belastungsunterschieden nach früherem Recht vgl. die Vorauflage, S. 621.

a) Die **Gewinnanteile** unterliegen in der Personengesellschaft unabhängig davon, ob sie als unverteilter Jahresüberschuß im Unternehmen verbleiben oder als Bargewinnanteile entnommen werden, einer Spitzenbelastung von 60,444 v. H. Bei der Kapitalgesellschaft führen die Abweichung des kombinierten Steuerfaktors für Körperschaftsteuer und Solidaritätszuschlag vom kombinierten Steuerfaktor für Einkommen-/Kirchensteuerspitzensatz/Solidaritätszuschlag und die daraus resultierende unterschiedliche Entlastungswirkung der Gewerbeertragsteuer für den unverteilten Jahresüberschuß zu einer Minderbelastung von 3,465 v. H.[68]. 30

b) Für die **Bargewinnanteile** entsteht bei der Kapitalgesellschaft im Gegensatz zu früherem Recht insb. deshalb eine erhebliche Mehrbelastung, weil die Tarifbegrenzung auf 47 v. H. bei den Gewinnausschüttungen nicht zur Anwendung kommt. 31

c) **Leistungsvergütungen** werden bei der Kapitalgesellschaft mit 58,934 v. H. belastet. 32
Da diese Vergütungen bei der Personengesellschaft unmittelbar in den Gewerbeertrag eingehen, ergibt sich insoweit, als die Leistungsvergütungen bei der Kapitalgesellschaft keine gewerbeertragsteuerlichen Modifikationen auslösen, für die Personengesellschaft eine Mehrbelastung von 1,51 v. H.[69]. Im Vergleich zum früheren Recht ist die Mehrbelastung erheblich zurückgegangen, weil der ermäßigte Steuersatz für gewerbliche Einkünfte bei der Kapitalgesellschaft nicht zur Anwendung kommt.

d) Da **körperschaftsteuerliche Modifikationen** nur bei der Kapitalgesellschaft auftreten 33
können, entsteht insoweit eine Mehrbelastung von 56,979 v. H.

e) Das **Gesellschaftsvermögen** wird bei der Kapitalgesellschaft insb. wegen der vermö- 34
gensteuerlichen Erfassung bei der Gesellschaft und beim Gesellschafter grundsätzlich erheblich höher belastet als bei der Personengesellschaft[70]. Verschärft wird diese Mehrbelastung der Kapitalgesellschaft durch die Anteilswertmodifikationen, die nur bei der Beteiligung an einer Kapitalgesellschaft auftreten und insoweit zu einer Mehrbelastung von 0,5 v. H. führen.

f) **Gesellschaftergrundstücke** und die entsprechenden Einheitswertzuschläge werden 35
bei den Gesellschaftern einer Kapitalgesellschaft insb. deshalb höher belastet als bei der Personengesellschaft, weil für dieses Vermögen der allgemeine Vermögensteuersatz in Höhe von 1 v. H. gilt.

g) **„Sonstiges Gesellschaftervermögen"** geht bei der Personengesellschaft unmittelbar, 36
bei der Kapitalgesellschaft über § 12 II Nrn. 1, 2 GewStG in das Gewerbekapital ein. Die entsprechende Mehrbelastung der Kapitalgesellschaft ist insb. auf die Anwendung des allgemeinen Vermögensteuersatzes in Höhe von 1 v. H. zurückzuführen. Die darüber hinausgehende Belastungsdifferenz beruht auf der geringeren Entlastungswirkung, die sich für die Gewerbekapitalsteuer aufgrund des niedrigeren Steuerfaktors für Körperschaftsteuer/Solidaritätszuschlag gegenüber dem kombinierten Steuerfaktor für gewerbliche Einkünfte/Kirchensteuer/Solidaritätszuschlag ergibt.

---

68 Diese Belastungsunterschiede ergeben sich bei der hier gewählten Definition der Bemessungsgrundlagenteile unmittelbar aus dem Vergleich der Teilsteuersätze. Würde der „Reinertrag" dem Vergleich zugrunde gelegt, so wären weitere Rechenschritte erforderlich. Vgl. dazu *Kurth/Grass*, BFuP 79, 343, Fn. 10.

69 Differenzierter dazu *Sander*, Die Ertragsteuerbelastung des Leistungsaustausches zwischen Unternehmung und Unternehmer, Diss. rer. pol. Köln 1972; *Krause*, DB 77, 505; *Kurth/Grass*, BFuP 79, 346 ff.

70 Ausführlich *Bitz*, Die Ermittlung der vermögensabhängigen Steuerbelastung der Unternehmung mit Hilfe der Teilsteuerrechnung, Diss. rer. pol. Köln 1972.

37 h) Der **„gewerbeertragsteuerliche Freibetrag“**[71] kommt nur bei Personengesellschaften zur Anwendung, so daß für die Kapitalgesellschaft eine Mehrbelastung entsteht. Die Mehrbelastungen bei den „gewerbekapitalsteuerlichen Modifikationen“ und dem „gewerbekapitalsteuerlichen Freibetrag“ sind auf die Abweichung des kombinierten Steuerfaktors für Körperschaftsteuer/Solidaritätszuschlag und die daraus resultierende geringere Entlastungswirkung der Gewerbekapitalsteuer zurückzuführen.

38 Insgesamt gesehen ergibt sich bei den **ertragsbezogenen Bemessungsgrundlagenteilen** trotz der Einführung des Solidaritätszuschlags aufgrund der Tarifbegrenzung für gewerbliche Einkünfte einerseits und der Absenkung der Tarifbelastung für Kapitalgesellschaften andererseits im Vergleich zu der Steuerbelastung der Jahre vor 1994 tendenziell eine Steuerentlastung. Eine massive und diskriminierende Steuermehrbelastung ergibt sich jedoch in bezug auf die Bargewinnanteile bei einer Kapitalgesellschaft.

39 Bei den **vermögensbezogenen Bemessungsgrundlagenteilen** ergibt sich im Vergleich zur Rechtslage vor 1994 wegen der niedrigeren Ertragsteuersätze und der daraus resultierenden geringeren Entlastungswirkung der Gewerbekapitalsteuer tendenziell eine leichte Steuermehrbelastung. Während dieser geringe Anstieg sich bei der Personengesellschaft sowohl auf das Gesellschaftsvermögen als auch auf das Gesellschaftervermögen erstreckt, ergibt sich bei dem Gesellschaftervermögen bei der Kapitalgesellschaft insb. aufgrund der entsprechenden Verdoppelung der Vermögensteuersätze eine weitere massive Steuermehrbelastung. Dadurch ist der frühere Substanzsteuervorteil, der sich bei Ausgliederung von Wirtschaftsgütern aus dem Gesellschaftsvermögen ergab, weitestgehend entfallen.

C. Unterschiede in der Besteuerung von Sondervorgängen

40 Die Unterschiede in der steuerrechtlichen Behandlung von Personen- und Kapitalgesellschaften zeigen sich nicht nur bei der laufenden Besteuerung. Sie treten auch bei der Besteuerung von Sondervorgängen auf, wie aus der beispielhaften Untersuchung einiger solcher Vorgänge im folgenden hervorgeht.

1. Gründung

1.1 Grunderwerbsteuer

41 Grundstückstransaktionen zwischen Personen- oder Kapitalgesellschaften und ihren Gesellschaftern sind grundsätzlich gemäß § 1 I Nr. 1 GrEStG steuerbar. Die Steuer beträgt gemäß § 11 I GrEStG 2 v. H. des Werts der Gegenleistung. Bei Transaktionen zwischen einer Personengesellschaft und ihren Gesellschaftern wird die Steuer jedoch, anders als bei Kapitalgesellschaften, insoweit nicht erhoben, als die Gesellschafter am Vermögen der Gesamthand beteiligt sind (§§ 5, 6 GrEStG)[71a].

1.2 Einkommen-/Kirchen-/Körperschaftsteuer

42 Personen- und Kapitalgesellschaften werden bei einer **Bargründung** in der Regel gleich behandelt. Unterschiede können sich bei der Gründung jedoch dann ergeben, wenn der Gesellschafter im Rahmen einer **Sachgründung** Wirtschaftsgüter aus einem anderen

71 Vgl. dazu insb. auch oben Fn. 50.
71a Vgl. dazu insb. *Viskorf,* DStR 94, 6.

Betriebsvermögen in die Gesellschaft einlegt. Während die Personengesellschaft das Wirtschaftsgut mit dem fortgeführten Buchwert, dem Teilwert oder einem Zwischenwert ansetzen und dadurch die Gewinnrealisierung beim Gesellschafter ganz oder teilweise vermeiden kann[72], ist die volle Gewinnrealisierung für den Gesellschafter einer Kapitalgesellschaft außer in den Fällen des Tauschgutachtens[73] und außerhalb des § 20 UmwStG zwingend.

1.3 Gewerbesteuer

43 Bei Personengesellschaften **beginnt** die Gewerbesteuerpflicht in dem Zeitpunkt, in dem erstmals alle Voraussetzungen eines Gewerbebetriebs erfüllt sind. Der Zeitpunkt der Eintragung ins Handelsregister ist für den Beginn bedeutungslos[74].

Bei Kapitalgesellschaften beginnt die Steuerpflicht demgegenüber grundsätzlich mit der Eintragung ins Handelsregister; auf Art und Umfang der Tätigkeit kommt es von diesem Zeitpunkt an nicht mehr an[75]. Gewerbesteuerpflicht besteht daher auch dann, wenn die Kapitalgesellschaft nicht gewerblich tätig wird. Die vor Eintragung ins Handelsregister bestehende **Vor- oder Gründergesellschaft** bildet nach der Rechtsprechung des BFH zusammen mit der später eingetragenen Kapitalgesellschaft einen einheitlichen Steuergegenstand, wenn sie bereits vor der Eintragung nach außen tätig wird[76].

2. Umwandlung[77]

2.1 Einkommen-/Kirchen-/Körperschaftsteuer

44 Bei der Umwandlung einer Personengesellschaft in eine Kapitalgesellschaft[78] kann die Kapitalgesellschaft das eingebrachte Betriebsvermögen mit seinem **Buchwert,** dem **Teilwert** oder einem **Zwischenwert** ansetzen (§ 20 II UmwStG) und dadurch eine Gewinnrealisierung ganz oder teilweise vermeiden. Auf einen bei der Sacheinlage entstehenden **Veräußerungsgewinn** ist im Rahmen des § 34 I EStG ein ermäßigter Steuersatz anzuwenden[79], beim Teilwertansatz darüber hinaus der Freibetrag des § 16 IV EStG (s. § 20 V UmwStG). Im Gegensatz dazu unterliegt der **Übertragungsgewinn** bei der Umwandlung einer Kapitalgesellschaft in eine Personengesellschaft zwar nicht der Körperschaftsteuer (§ 4 UmwStG), die übernehmende Personengesellschaft hat die übertragenen

72 BFH BStBl. 76, 748; BdF BStBl. I 78, 8, 14, Tz. 57 ff.

73 BFH BStBl. III 59, 30; dazu insb. *Wassermeyer,* DB 90, 855.

74 Vgl. Abschn. 21 I GewStR; außerdem BFH BStBl. 78, 23.

75 Vgl. Abschn. 21 II GewStR; RFH RStBl. 39, 543; BFH BStBl. 61, 66; 63, 69; 77, 10; 77, 668.

76 BFH BStBl. 60, 319; 77, 561. Dazu auch *Baumgartner,* Die Vorgesellschaft der Aktiengesellschaft im Steuerrecht, Diss. rer. pol. Erlangen-Nürnberg 1972, 153 ff.; *Römer,* Die steuerrechtliche Behandlung der Vorformen der Kapitalgesellschaften. Eine Untersuchung über die Körperschaftsteuer-, Vermögensteuer- und Gewerbesteuerpflicht der Kapitalgesellschaften im Gründungsstadium, Diss. rer. pol. Göttingen 1978, 148 ff.

77 Vgl. dazu die Literaturhinweise in § 11 vor Rz. 90, außerdem *Costede,* GmbHR 80, 13, 43; *Schulze zur Wiesche,* GmbHR 81, 60, 88; *Burk,* Rechtsform- und Umwandlungsbesteuerung. Ein betriebswirtschaftlicher Steuerbelastungsvergleich der Alternativen GmbH und OHG, Berlin/Bielefeld/München 1983; *Heinemann,* KÖSDI 83, 5224; *Felix/Stahl,* DStR 86, Beihefter zu Heft 3; *Herzig,* StuW 88, 342; *Balser, Bokelmann u. a.,* Umwandlung, Verschmelzung, Vermögensübertragung, Freiburg i. Br. 1990; *Förster,* Umstrukturierung deutscher Tochtergesellschaften im Ertragsteuerrecht, Düsseldorf 1991; *Hügel,* Verschmelzung und Einbringung, Wien/Köln 1993; *Schwedhelm,* Die Unternehmensumwandlung, Köln 1993.

78 Dazu auch *Schürmann/Beyer,* ZGR 81, 58; *Wiesler,* StuW 82, 26; *Korn,* KÖSDI 87, 6841; *Felix,* KÖSDI 90, 8173.

79 Vgl. dazu insb. auch *Herzig/Schiffers,* DB 89, 2441.

Wirtschaftsgüter jedoch mit dem Teilwert anzusetzen (§§ 3, 5 I UmwStG) und den Übernahmegewinn (§ 5 V UmwStG) zu versteuern. Freibeträge oder eine Ermäßigung des Steuersatzes kommen insofern nicht in Betracht[80].

2.2 Gewerbeertragsteuer

45 Bei der Umwandlung einer Kapitalgesellschaft in eine Personengesellschaft unterliegt der Übertragungsgewinn (§ 4 UmwStG) zwar grundsätzlich der Gewerbesteuer (§ 18 I UmwStG), stille Reserven in einer Beteiligung der umgewandelten Kapitalgesellschaft an einer Personengesellschaft werden jedoch nicht besteuert[81]. Ein bei der übernehmenden Gesellschaft entstehender Übernahmegewinn (§ 5 V UmwStG) wird darüber hinaus zu einem Drittel erfaßt, soweit er auf Anteile entfällt, die nicht nach § 6 III UmwStG als in das Betriebsvermögen eingelegt gelten, und soweit er den Unterschiedsbetrag zwischen den tatsächlichen Anschaffungskosten der Anteile und deren Buchwert übersteigt (§ 18 II UmwStG)[82]. Ein bei der Umwandlung einer Personengesellschaft in eine Kapitalgesellschaft entstehender Veräußerungsgewinn wird demgegenüber grundsätzlich nicht besteuert[83].

3. Anteilsveräußerung

3.1 Einkommen-/Kirchen-/Körperschaftsteuer

46 Der Gewinn aus der Veräußerung einer Beteiligung an einer Personengesellschaft wird gem. § 16 I Nr. 2 EStG unabhängig von der Beteiligungshöhe beim Ausscheidenden erfaßt. Er unterliegt nach Abzug des anteiligen Freibetrags[84] (§ 16 IV EStG) im Rahmen des § 34 EStG dem ermäßigten Steuersatz, soweit eine Veräußerung an Dritte erfolgt (§ 16 II 3 EStG)[85].

47 Bei der Veräußerung von Anteilen an einer Kapitalgesellschaft, die in einem gewerblichen Betriebsvermögen gehalten werden, gehört der Veräußerungsgewinn grundsätzlich zum

80 Der Entwurf eines Gesetzes zur Änderung des Umwandlungssteuerrechtes (BT-Drucks. 12/7263) läßt demgegenüber beim Vermögensübergang von einer Körperschaft auf eine Personengesellschaft im Wege der Gesamtrechtsnachfolge die Fortführung der Buchwerte in der steuerlichen Schlußbilanz der übertragenden Körperschaft zu, wenn die spätere Besteuerung der stillen Reserven bei den Gesellschaftern der übernehmenden Personengesellschaft sichergestellt ist. Damit wird ein wesentliches Umwandlungshindernis abgebaut, was insb. im Hinblick auf die massiven Mehrbelastungen, die sich aufgrund der zwischenzeitlichen Rechtsänderungen bei Kapitalgesellschaften ergeben können, nur zu begrüßen ist. Vgl. dazu im einzelnen *Müller-Gatermann*, WPg 93, 723; *Rödder*, DStR 93, 1349; *Hügel*, Reform des Umwandlungssteuerrechts, in: DStJG Bd. 17 (1994), 69 ff.; zur Reform des Umwandlungsrechts, vgl. insb. IDW, WPg 92, S. 613; IDW (Hrsg.), Reform des Umwandlungsrechts, Düsseldorf 1993; *Ganske*, Die Reform des Umwandlungsrechts, in: DStJG Bd. 17 (1994), 43 ff. Ob die Reform des Umwandlungs- und Umwandlungssteuerrechts gelingt, hängt aber offensichtlich entscheidend davon ab, ob eine Einigung über die Mitbestimmungsfrage möglich ist. Dies ist ein weiterer Beleg dafür, wie die politischen Parteien versuchen, sachfremde Interessen mit steuerpolitischen Mitteln durchzusetzen.

81 BFH BStBl. 90, 699.

82 Nach dem Entwurf eines Gesetzes zur Änderung des Umwandlungsteuerrechts (BT-Drucks. 12/7263) soll der Buchwertansatz nach § 3 UmwStG-Entwurf auch bei der Gewerbesteuer gelten. Damit wäre auch insoweit grundsätzlich eine erfolgsneutrale Umwandlung einer Kapitalgesellschaft in eine Personengesellschaft möglich. Vgl. im einzelnen auch Fn. 80.

83 Vgl. Abschn. 40 I Nr. 1 GewStR; *Widmann/Mayer*, Umwandlungsrecht, Bonn 1980 ff. (Loseblatt), § 20 UmwStG Rz. 7301 ff.

84 Dazu BFH BStBl. 80, 566; 80, 721.

85 Im einzelnen zu den entsprechenden Änderungen durch das Mißbrauchsbekämpfungs- und Steuerbereinigungsgesetz *Schulze zur Wiesche*, DB 94, 344.

laufenden Gewinn, so daß weder ein Freibetrag noch ein ermäßigter Steuersatz gewährt wird. §§ 16 IV, 34 II Nr. 1 EStG sind lediglich bei einer Beteiligungsquote von 100% anwendbar (§ 16 I Nr. 1 EStG). Im Privatvermögen werden die Gewinne aus der Veräußerung einer Beteiligung an einer Kapitalgesellschaft nur bei wesentlicher Beteiligung (§ 17 EStG) oder bei einem Spekulationsgeschäft (§§ 22 Nr. 2; 23 I Nr. 1b EStG) besteuert.

3.2 Gewerbeertragsteuer

a) **Veräußerungsgewinne** i. S. der §§ 16, 17 EStG gehören grundsätzlich nicht zum Gewerbeertrag[86]. Bei der Veräußerung eines **Mitunternehmeranteils** oder einer **privaten Beteiligung an einer Kapitalgesellschaft** fällt daher keine Gewerbeertragsteuer an. Dies gilt auch für Gewinne aus der Veräußerung von Mitunternehmeranteilen, die eine Kapitalgesellschaft bei einer Einbringung nach § 24 UmwStG erworben hat. Es handelt sich nicht um einen laufenden Gewinn, so daß die allenfalls denkbare Erfassung bei der Personengesellschaft nicht in Betracht kommt[87]. Für die steuerverschärfende Hinzurechnung zum Gewerbeertrag der veräußernden Kapitalgesellschaft, die die Finanzverwaltung vornimmt[88], fehlt die Rechtsgrundlage[89]. 48

Im Gegensatz dazu gehören **Gewinne aus der Veräußerung einer Beteiligung an einer Kapitalgesellschaft** grundsätzlich zum Gewerbeertrag. Erfaßt wird nach herrschender Meinung auch der Gewinn aus der Veräußerung einer **100%igen Beteiligung** an einer Kapitalgesellschaft[90], obwohl die Fiktion des § 16 I Nr. 1 EStG auf einer **wirtschaftlichen Gleichstellung** mit einem Teilbetrieb beruht[91] und für eine unterschiedliche gewerbesteuerliche Beurteilung, insbesondere auch im Hinblick auf die Entwicklung des Gewerbesteuergesetzes[92], keine Rechtfertigung besteht[93]. Nach herrschender Meinung kommt eine Besteuerung jedoch nur dann nicht in Betracht, wenn mit der Veräußerung der Beteiligung auch der Gewerbebetrieb des Veräußerers eingestellt wird[94]. 49

b) **Gewerbeverlust:** Bei einer Kapitalgesellschaft bleibt ein Gewerbeverlust (§ 10a GewStG) von einer Änderung der Beteiligungsverhältnisse unberührt. Wird ein Mitunternehmeranteil veräußert, kann ein Gewerbeverlust nur insoweit abgezogen werden, als die Gesellschafter, die den Betrieb fortführen, vor der Änderung der Beteiligungsverhältnisse am Gewinn der Gesellschaft beteiligt waren[95]. Mit der Änderung des § 10a GewStG durch das Steuerbereinigungsgesetz 1986[96] ist nach Auffassung des BFH[97] insofern keine Änderung der Rechtslage verbunden. 50

86 BFH BStBl. 62, 438; 64, 248; 71, 182; 82, 707.
87 Dazu allgemein BFH BStBl. 90, 699.
88 Abschn. 41 II 5 GewStR.
89 Kritisch dazu auch *Glanegger/Güroff*, GewStG[3], München 1994, § 2 Anm. 187.
90 BFH BStBl. 78, 100; 93, 131; Abschn. 40 I Nr. 1 Satz 14 GewStR.
91 Vgl. BT-Drucks. IV 3189, 6.
92 Dazu mit Recht kritisch *Glanegger/Güroff*, GewStG[3], München 1994, § 7 Anm. 55, 14 f., mit Hinweis auf die einschlägigen Gesetzesfassungen und -begründungen.
93 Vgl. dazu nunmehr insb. auch *Rose*, FR 93, 253.
94 BFH BStBl. 72, 468.
95 Vgl. insb. BFH BStBl. 66, 374; 78, 348; 81, 748; 85, 334; Abschn. 68 VII GewStR.
96 Dazu FG Bad.-Württ. EFG 87, 133; *Orth*, FR 86, 81; *Kraushaar*, DStZ 87, 255; *Wesling*, DB 86, 1894; *ders.*, DB 87, 1321; *Autenrieth*, DStZ 87, 412; *Lenski/Steinberg*, GewStG (Loseblatt), § 10a Anm. 11. Andererseits Hess. FG EFG 87, 132; *Pauka*, DB 87, 655; *Unvericht*, DStR 87, 413; *Glanegger/Güroff*, GewStG[3], München 1994, § 10a Anm. 12.
97 BFH BStBl. 90, 436; BFH GrS 93, 616. Kritisch dazu mit Recht *Söffing*, FR 90, 339, 342; *Finkbeiner*, DStZ 90, 529; *Woring*, DB 92, 2005; *Finkbeiner*, DB 93, 2201; *Glanegger/Güroff*, GewStG[3], München 1994, § 10a Anm. 12; zu den praktischen Schlußfolgerungen *Orth*, DB 94, 1313.

4. Erbfall und Schenkung[98]

4.1 Einkommen-/Kirchen-/Körperschaftsteuer

51 Die unentgeltliche Übertragung eines Mitunternehmeranteils führt nach herrschender Auffassung[99] gemäß § 7 I EStDV beim bisherigen Betriebsinhaber nicht zur Gewinnrealisierung, die stillen Reserven können auf den Rechtsnachfolger übertragen werden[100]. Im Gegensatz dazu gehören Beteiligungen an einer Kapitalgesellschaft in der Regel zu den Wirtschaftsgütern i. S. des § 7 II EStDV, die Übertragung stiller Reserven kommt insofern grundsätzlich nicht in Betracht. Die Anwendung des § 7 I EStDV dürfte nur bei einer 100%igen Beteiligung (Teilbetrieb) möglich sein.

4.2 Gewerbeertragsteuer

52 Bei einer Kapitalgesellschaft bleibt der Gewerbeverlust im Erbfall oder bei einer Schenkung von einem Gesellschafterwechsel unberührt. Tritt demgegenüber bei einer Personengesellschaft durch Erbfall oder Schenkung ein Gesellschafterwechsel ein, kann ein vorhandener Gewerbeverlust von den ursprünglichen Gesellschaftern nur entsprechend ihrer Beteiligungsquote im Verlustentstehungsjahr genutzt werden[101].

4.3 Erbschaft- und Schenkungsteuer[102]

53 Beim unentgeltlichen Übergang eines Anteils an einer Personengesellschaft[103] wird das Betriebsvermögen grundsätzlich mit dem anteiligen Einheitswert erfaßt (§ 12 V ErbStG; §§ 95 ff. BewG)[104]. Nach § 13 IIa ErbStG ist dabei für Erwerbe, die nach dem 31. Dezember 1993 erfolgen (§ 37 X ErbStG) ein Freibetrag von bis zu DM 500 000 zu berücksichtigen[105]. Die darauf entfallende Erbschaft- und Schenkungsteuer ist dem Erwerber auf Antrag bis zu sieben Jahre insoweit zu stunden, als dies zur Erhaltung des Betriebs notwendig ist (§ 28 ErbStG)[106]. Die Beteiligung an einer Kapitalgesellschaft wird demgegenüber mit dem Kurswert oder dem gemeinen Wert erfaßt (§ 12 I ErbStG, § 11 BewG). Eine Stundung nach § 28 ErbStG kommt nur dann in Betracht, wenn die Beteiligung zum Betriebsvermögen gehört.

---

98 Vgl. dazu insb. auch *Felix,* DStR 87, 145; *Flick,* DStR 93, 929; *Bauer,* Erbschaftsteuerberatung bei Unternehmensvermögen, in: Herzig (Hrsg.), Betriebswirtschaftliche Steuerlehre und Steuerberatung, Wiesbaden 1991, 3.

99 Dazu auch § 9 Rz. 425.

100 Zu den besonderen Fragen bei der ertragsteuerlichen Behandlung der vorweggenommenen Erbfolge und der Erbengemeinschaft vgl. im einzelnen BFH BStBl. 90, 837; 90, 847; BMF BStBl. I 93, 62; 93 I, 80. Darüber hinaus oben § 9 Rz. 427. Zur ertragsteuerlichen Behandlung der vorweggenommenen Erbfolge darüber hinaus insb. *Beiser,* DStR 91, 333; *Förster/Heyeres,* BB 91, 1458; *Meincke,* NJW 91, 198; *Mundt,* DStR 91, 698. Zur ertragsteuerlichen Behandlung der Erbengemeinschaft und der Erbauseinandersetzung *Felix,* KÖSDI 90, 8279; *Brandenberg,* DB 91, 404; *Groh,* DB 91, 724; *Märkle/Franz,* BB 91, Beilage 5; *Paus,* DStZ 91, 225; *Ruban,* DStR 91, 65; *G. Söffing,* DB 91, 773, 828; *Wacker/Franz,* BB 93, Beilage 5; *Märkle,* DStR 94, 769.

101 Vgl. BFH BStBl. 66, 374; Abschn. 68 VII GewStR. Vgl. auch BFH BStBl. 90, 436.

102 Vgl. dazu insb. auch *Rödder,* DB 93, 2137.

103 Zu den internationalen Aspekten, insb. *D. Hueck,* Internationale Erbschaftsteuerprobleme bei der Vererbung von Anteilen an Personengesellschaften, München 1993.

104 Dazu ausführlich *B. Knobbe-Keuk,* Bilanz- und Unternehmenssteuerrecht[9], Köln 1993, 997 ff.

105 Vgl. dazu insb. *Felix,* BB 94, 477; *ders.,* KÖSDI 94, 9878; *Lang,* StbJb. 1993/94, 9, 30.

106 Vgl. *Beinert,* StbJb. 1976/77, 224; *Ebeling,* JbFSt. 1977/78, 203.

5. Liquidation[107]

5.1 Einkommen-/Kirchen-/Körperschaftsteuer

Bei der Liquidation einer Kapitalgesellschaft ist für den Abwicklungsgewinn (§ 11 KStG) die Ausschüttungsbelastung insoweit herzustellen, als verwendbares Eigenkapital i. S. von § 29 KStG als verwendet gilt (§ 41 I KStG, § 20 I Nr. 2 EStG)[108]. Beim Anteilseigner werden Liquidationserlös und Anrechnungsguthaben im Rahmen des Privatvermögens als Einkünfte aus Kapitalvermögen voll erfaßt (§ 20 I Nrn. 2, 3 EStG), im Rahmen des Betriebsvermögens kommen lediglich bei einer 100%igen Beteiligung der Freibetrag des § 16 IV EStG und der ermäßigte Steuersatz des § 34 EStG in Betracht[109]. Im Gegensatz dazu werden die entsprechenden Aufgabegewinne (§ 16 III EStG) bei der Beteiligung an einer Personengesellschaft durch §§ 16 IV, 34 EStG unabhängig von der Höhe der Beteiligung begünstigt[110]. 54

5.2 Gewerbesteuer

a) **Steuerpflicht:** Die Gewerbesteuerpflicht endet bei einer Kapitalgesellschaft nicht (wie bei der Personengesellschaft) bereits mit der Beendigung (d. h. mit der Einstellung) der gewerblichen Tätigkeit[111], sondern erst mit der letzten Abwicklungshandlung[112]. Anders als bei Personengesellschaften unterliegt das Vermögen damit grundsätzlich bis zur Verteilung an die Gesellschafter der Gewerbekapitalsteuer; der während der Abwicklung entstehende Gewinn unterliegt bei der Kapitalgesellschaft der Gewerbeertragsteuer. 55

b) **Liquidationsgewinn:** Sind die anteiligen Liquidationsraten, die ein Gewerbetreibender aus seiner Beteiligung an einer Kapitalgesellschaft erhält, höher als der Buchwert der Beteiligung, unterliegt der Liquidationsgewinn als laufender Gewinn im Gewerbebetrieb des Gesellschafters der Gewerbeertragsteuer. Selbst bei der Aufgabe eines Teilbetriebs in Form einer 100%igen Beteiligung an einer Kapitalgesellschaft kommt nach der Rechtsprechung des BFH eine Besteuerung wohl nur dann nicht in Betracht, wenn mit der Auflösung der Kapitalgesellschaft auch der Gewerbebetrieb des Gesellschafters eingestellt wird[113]. Bei der Auflösung einer Personengesellschaft hingegen sind die Gewinne i. S. des § 16 III EStG nicht zu versteuern[114]. 56

D. Reform der Unternehmensbesteuerung

Literatur[115]: *Schipporeit,* Grundsätze und Möglichkeiten einer Unternehmungsteuer, München 1979; *Flämig,* Rechtsformneutrale Besteuerung der Unternehmen?, ZRP 80, 237; *Jacobs,* Empfiehlt sich eine rechtsformunabhängige Besteuerung der Unternehmung?, ZGR 80, 289; *Schipporeit,* Ziele und Möglichkeiten einer Unternehmungsteuer, StuW 80, 190; *Tipke,* Zur Problematik einer rechtsformunabhängigen Besteuerung der Unternehmen, NJW 80, 1079; *Walz,* Empfiehlt sich eine rechts-

107 Dazu umfassend *Herzig,* Die Beendigung eines unternehmerischen Engagements als Problem der Steuerplanung, Habilitationsschrift, Köln 1981.
108 Vgl. dazu insb. *Herzig,* BB 79, 173; *ders.,* DB 79, 1007; *ders.,* FR 79, 289.
109 Vgl. *Erdweg,* HHR, EStG, § 16 Anm. 126.
110 Zu den daraus resultierenden Gestaltungsmöglichkeiten *Herzig,* FR 80, 37; *ders.,* StuW 80, 239; *Seutter,* Unternehmensaufgabe und Ertragsteuern, Köln u. a. 1981.
111 Vgl. RFH RStBl. 38, 910; 38, 911; 39, 5; 41, 386; Abschn. 22 I GewStR. Dazu auch *Sarrazin,* Lenski/Steinberg, GewStG (Loseblatt), § 2 Anm. 3.
112 Vgl. RFH RStBl. 39, 543; 40, 116; 40, 435; BFH BStBl. 80, 658; Abschn. 22 III GewStR.
113 Vgl. BFH BStBl. 72, 468; 72, 470; 78, 100; Abschn. 40 I Nr. 1 Satz 14 GewStR.
114 Vgl. Abschn. 39 III, 40 I Nr. 1 GewStR. Dazu auch Fn. 86.
115 Zur älteren Literatur vgl. 13. Auflage, S. 628.

formunabhängige Besteuerung der Unternehmen?, Gutachten für den 53. Deutschen Juristentag, München 1980; *H. Weber,* Zu einigen rechtspolitischen Grundfragen der Besteuerung selbständiger Unternehmen, JZ 80, 545; *Wöhe,* Der Einfluß der Besteuerung auf die Wahl der Unternehmensform, ZfbF 80, 519; *B. Knobbe-Keuk/K. Littmann,* Empfiehlt sich eine rechtsformunabhängige Besteuerung der Unternehmen?, Verhandlungen des 53. Deutschen Juristentages, Sitzungsbericht O, München 1980; *Heidinger,* Nochmals: Für und Wider Betriebsteuer, StuW 82, 268; *Elschen,* Die Betriebsteuer – von niemandem gewünscht und doch wünschenswert, StuW 83, 318; *Kopp,* Rechtsformabhängige Belastungsdifferenzen als Ansatzpunkt einer Reform der Unternehmensbesteuerung, Gelsenkirchen 1983; *Elschen,* Institutionale oder personale Besteuerung von Unternehmensgewinnen?, Habilitationsschrift, Bochum 1986; *Schreiber,* Rechtsformabhängige Besteuerung? Eine Kritik des Verhältnisses von Einkommen- und Körperschaftsteuer auf der Grundlage eines Modells für mehrperiodige Steuerbelastungsvergleiche, Köln 1987; *Jacobs/Scheffler,* Unternehmensbesteuerung und Rechtsform, Handbuch und EDV-gestützter Belastungsvergleich der Besteuerung von Unternehmen unterschiedlicher Rechtsformen, München 1988, 81 ff.; *Lang,* Reform der Unternehmensbesteuerung, StuW 89, 3; *Kronberger Kreis,* Reform der Unternehmensbesteuerung, Bd. 18 der Schriftenreihe des Frankfurter Instituts für wirtschaftspolitische Forschung, Frankfurt 1989; *W. Ritter,* Reform der Unternehmensbesteuerung aus der Sicht der Wirtschaft, StuW 89, 319; *D. Schneider,* Reform der Unternehmensbesteuerung aus betriebswirtschaftlicher Sicht, StuW 89, 328; *B. Knobbe-Keuk,* Möglichkeiten und Grenzen einer Unternehmenssteuerreform, DB 89, 1303; *G. Heidinger,* Reform der Unternehmensbesteuerung als Voraussetzung für eine horizontale Gerechtigkeit, in: FS für G. Stoll, Wien 1990, 53; *M. Korth,* Reformgedanken zur Unternehmensbesteuerung, Stbg. 90, 126; *J. Lang,* Reform der Unternehmensbesteuerung auf dem Weg zum europäischen Binnenmarkt und zur deutschen Einheit, StuW 90, 107; *M. Rose,* Strategieorientierte Reform der Unternehmensbesteuerung, StVj 90, 1; *Wiss. Beirat beim BMF,* Gutachten zur Reform der Unternehmensbesteuerung, BMF-Schriftenreihe, Heft 43, Bonn 1990; *D. Schneider,* Zwei Gutachten zur Reform der Unternehmensbesteuerung, StuW 91, 354, Gutachten der Kommission zur Verbesserung der steuerlichen Bedingungen für Investitionen und Arbeitsplätze, BMF-Schriftenreihe, Heft 46, Bonn 1991; *A. Graß,* Unternehmensformneutrale Besteuerung, Berlin 1992; *N. Kaiser,* Konsumorientierte Reform der Unternehmensbesteuerung, Heidelberg 1992; *Wendt,* Reform der Unternehmensbesteuerung aus europäischer Sicht, StuW 92, 66; *D. Schneider,* Investition, Finanzierung und Besteuerung[7], Wiesbaden 1992; *B. Knobbe-Keuk,* Bilanz- und Unternehmenssteuerrecht[9], Köln 1993; *J. Lang,* Entwurf eines Steuergesetzbuchs, BMF-Schriftenreihe, Heft 49, Bonn 1993; *Seer,* Rechtsformabhängige Unternehmensbesteuerung, Kritische Bestandaufnahme der derzeitigen Rechtslage, StuW 93, 114; *Tipke,* Die Steuerrechtsordnung, Band II (StRO II), Köln 1993, 1025 ff.; *D. Schneider,* Hochsteuerland Deutschland 1994/95, DB 94, 541.

57 Obwohl die Notwendigkeit für eine grundlegende Reform der Unternehmensbesteuerung bereits seit langem anerkannt ist und sich auch der Gesetzgeber grundsätzlich dazu bekannt hat, sind die **bisherigen Reformversuche** eher ernüchternd. Der Gesetzgeber hat zwar mit der Abschaffung der Kapitalverkehrsteuern und der Übernahme der Steuerbilanzwerte in die Vermögensaufstellung erste Schritte in die richtige Richtung vollzogen. Gleichzeitig wurden jedoch, z. B. mit der unterschiedlichen Absenkung des Körperschaftsteuersatzes auf thesaurierte Gewinne einerseits und des Einkommensteuerspitzensatzes andererseits, der isolierten Absenkung des Einkommensteuersatzes für gewerbliche Einkünfte oder der partiellen Anhebung des Vermögensteuersatzes für natürliche Personen Neuregelungen eingeführt, deren Systemkonformität stark umstritten ist. Unabhängig von der Einengung der finanzpolitischen Handlungsspielräume aufgrund der Notwendigkeit, die deutsche Einheit zu finanzieren, drängt sich der Eindruck auf, daß zumindest z. Z. politisch nicht die Bereitschaft besteht, ein am Leistungsfähigkeitsprinzip orientiertes Gesamtkonzept für die Unternehmensbesteuerung zu verwirklichen.

58 Um einen Ausweg aus dem bestehenden Dilemma finden zu können, muß sich zunächst die allgemeine Erkenntnis durchsetzen, daß es mit aktionistischen, mehr oder weniger zufälligen, fragmentarischen und kasuistischen Eingriffen in die bestehenden Regelungsbeziehungen nicht getan ist. Denn es ist sicher, daß die Reformbedürftigkeit der Unternehmensbesteuerung nicht allein in der prinzipiellen **Anknüpfung an zivilrechtliche Rechtsformen** begründet ist. Mit der Existenz **standortabhängiger Belastungsunter-**

schiede, dem **Belastungsgefälle** zwischen Betriebs- und Privatvermögen und der **ertragsunabhängigen** Besteuerung bestehen vielmehr weitere Strukturfehler, die aufgrund ihrer Interdependenzen isoliert nicht zu beseitigen sind, sondern eine umfassende Neuorientierung erforderlich machen[116].

Steuersystematisch kann die zivilrechtliche Rechtsform bei dieser Neuorientierung selbst im Hinblick auf die **Einheit der Rechtsordnung** lediglich insoweit Anknüpfungspunkt für die Besteuerung sein, als sich in ihr wirtschaftliche Leistungsfähigkeit verkörpert[117]. Führt die Anknüpfung an das Zivilrecht hingegen dazu, daß wirtschaftlich gleiche Sachverhalte ungleich und wirtschaftlich ungleiche Sachverhalte gleich besteuert werden, muß das Steuerrecht sich vom Zivilrecht lösen und eigenständige Ordnungsstrukturen schaffen[118]. 59

Im Rahmen einer **grundlegenden Reform** der Unternehmensbesteuerung ist ertragsteuerlich sicherlich insoweit eine Abkehr vom Zivilrecht geboten, als es um die Besteuerung einbehaltener Unternehmensgewinne geht. **Thesaurierte Gewinne** sind sowohl für die Gesellschafter einer Kapitalgesellschaft als auch für die Gesellschafter einer Personengesellschaft weder rechtlich noch wirtschaftlich disponibel, so daß es sich verbietet, diese Erträge den Gesellschaftern zuzurechnen und sie nach deren individuellen Besteuerungsmerkmalen steuerlich zu erfassen[119]. Es erscheint vielmehr sachgerecht und geboten, thesaurierte Erträge **rechtsformunabhängig** einer besonderen, beim Gesellschafter **anrechenbaren Betrieb- oder Unternehmensteuer** zu unterwerfen[120] und der besonderen Sozialfunktion investierten Vermögens sowie den Erfordernissen einer internationalen Harmonisierung dabei durch eine **niedrige Proportionalbesteuerung** Rechnung zu tragen[121]. Mit der *Öffnung* einer solchen Betrieb- oder Unternehmensteuer *für die private Vermögensverwaltung* und der *einheitlichen Erfassung von Veräußerungsgewinnen* könnte die **gleichmäßige Erfassung** der Einkünfte aus **betrieblicher und privater Investitionstätigkeit** sichergestellt werden[122], während die progressive Einkommensteuer den Charakter einer Konsumeinkommensteuer gewinnen würde[123]. 60

Für die **Gewerbesteuer** als eine der Hauptursachen für die heute bestehenden Besteuerungsunterschiede bliebe bei einer einheitlichen Erfassung der Einkünfte aus Investitionstätigkeit keine Berechtigung mehr[124]. 61

---

116 Dazu *Lang,* StuW 89, 3; *Lang,* Entwurf eines Steuergesetzbuchs, BMF-Schriftenreihe, Heft 49, Bonn 1993, 150 ff.; *Tipke,* StRO II, 1025 ff.

117 Vgl. dazu insb. *Tipke,* NJW 80, 1079, 1084; *ders.,* Entwurf eines Steuergesetzbuchs (Fn. 116), 1030 ff.

118 Vgl. *Lang,* StuW 89, 6 ff.; *ders.,* Entwurf eines Steuergesetzbuchs (Fn. 116) hat dazu ein grundlegendes Konzept entwickelt.

119 Vgl. *Flume,* Die Betriebsertragsteuer als Möglichkeit der Steuerreform, DB 71, 692; *Lang,* StuW 89, 8 ff.; *ders.,* Entwurf eines Steuergesetzbuchs (Fn. 116), 131 ff.

120 Vgl. dazu im einzelnen mit weiteren Nachweisen *Lang,* Entwurf eines Steuergesetzbuchs (Fn. 116), 179 ff.

121 Vgl. dazu im einzelnen *Lang,* Entwurf eines Steuergesetzbuchs (Fn. 116), 132 ff.; *ders.,* StuW 89, 9 ff., *ders.,* StuW 90, 107, 119 f. Dazu auch unten § 18.

122 Im einzelnen dazu *Lang,* Entwurf eines Steuergesetzbuchs (Fn. 116); *ders.,* StuW 89, 10 ff. Damit entfällt eines der Hauptargumente, das bislang gegen die Betriebsteuer hervorgebracht wurde. Darüber hinaus ergibt sich auch ein erheblicher Vereinfachungseffekt, weil die Abgrenzung zwischen privater Vermögensverwaltung und Gewerbebetrieb sowohl für die laufende Besteuerung als auch für die Erfassung von Veräußerungsgewinnen keine Bedeutung mehr hat. Vgl. dazu auch *Seidl,* StuW 89, 350.

123 Dazu im einzelnen *Lang,* Entwurf eines Steuergesetzbuchs (Fn. 116), 131 ff.

124 Zur Notwendigkeit einer Abschaffung der Gewerbesteuer und zu den diskutierten Alternativlösungen vgl. auch § 12 Rz. 291 ff. Die Finanzautonomie der Gemeinden könnte verfassungskonform insb. durch eine Beteiligung der Gemeinden an der Umsatzsteuer und ggf. an der Unternehmensteuer Rechnung getragen werden.

62 Damit entfiele zugleich die Rechtfertigung dafür, **Leistungsvergütungen** zwischen einer Personengesellschaft und ihren Gesellschaftern entgegen der zivilrechtlichen Gestaltung steuerlich die Anerkennung zu versagen. Angemessene Leistungsvergütungen und Sozialleistungen an die Gesellschaft mindern das Unternehmensergebnis ebenso wie Zahlungen an die Gesellschafter einer Kapitalgesellschaft oder an fremde Dritte. Sie stehen im Unternehmen nicht für Investitionszwecke zur Verfügung, so daß eine Erfassung durch die Unternehmensteuer, die insoweit – anders als die heutige Behandlung – in völliger Übereinstimmung mit der zivilrechtlichen Wertung steht, nicht erfolgt.

63 Realistischerweise ist jedoch davon auszugehen, daß ein auf dem **Betriebsteuergedanken** basierendes Gesamtkonzept für die Unternehmensbesteuerung trotz seiner systematischen Geschlossenheit politisch auf erhebliche Widerstände stoßen wird.

64 Konkrete Fortschritte dürften in bezug auf die Reform der Unternehmensbesteuerung daher eher beim weiteren **Abbau der Substanzsteuerbelastung** möglich sein. Die Übernahme der Steuerbilanzwerte in die Vermögensaufstellung hat zwar zu Entlastungseffekten geführt und außerdem einen wesentlichen Vereinfachungseffekt gebracht[125]. Sachgerecht wäre darüber hinaus jedoch die völlige Abschaffung der Gewerbekapitalsteuer und der Vermögensteuer auf Betriebsvermögen[126].

65 Nach Abschaffung der Kapitalverkehrsteuern erstreckt sich der gesetzgeberische Handlungsbedarf bei den Verkehrsteuern vor allem auf die **Grunderwerbsteuer,** die als spezielle Verbrauchsteuer auch den Erwerb von Grund und Boden durch Unternehmen belastet. Diese Belastung widerspricht dem Verbrauchsteuergedanken eklatant, zumal die Investitionstätigkeit von Unternehmen bei der Umsatzsteuer als allgemeiner Verbrauchsteuer zutreffenderweise nicht belastet wird. Die Erhebung der Grunderwerbsteuer ist im Unternehmensbereich daher sachlich nicht zu rechtfertigen[127].

---

125 Dazu im einzelnen *Herzig,* DB 92, 1053; *Schult,* DB 92, 2152; *Heinhold,* DBW 93, 331; *Trompeter,* DB 93, 1047; *Herzig/Kessler,* DStR 94, Beihefter zu Heft 12; *Schult/Henning,* DStR 94, 405.

126 Vgl. dazu im einzelnen *Lang,* Entwurf eines Steuergesetzbuchs (Fn. 116), 122; *Tipke,* StRO II, 768 ff.

127 Ebenso *Tipke,* BB 94, 437, 442; und oben § 14 Rz. 2.

§ 17 Besteuerung zusammengesetzter Unternehmensformen

In Anbetracht der bestehenden Unterschiede bei der Besteuerung von Personen- und Kapitalgesellschaften hat der Versuch, die steuerlichen Vorteile der vom Gesetzgeber vorgegebenen Rechtsformen zu kombinieren und gleichzeitig ihre Nachteile zu vermeiden, nichts von seiner wirtschaftlichen Bedeutung verloren. Er findet seinen Niederschlag in Unternehmensformen, die nicht mit dem zivilrechtlichen Ordnungsrahmen einer Rechtsform übereinstimmen, sondern sich aus mehreren Rechtsformen zusammensetzen und in ihrer steuerlichen Behandlung zumindest partiell Besonderheiten gegenüber den zivilrechtlichen Grundtypen aufweisen. 1

A. GmbH & Co. KG

Literatur: *Sudhoff,* Der Gesellschaftsvertrag der GmbH & Co.[5], München 1980; *v. Armansperg,* Die Abschreibungsgesellschaft, München 1983; *Kobs,* Bilanzierung und Buchführung bei der GmbH & Co. KG in steuerlicher Sicht[4], Herne/Berlin 1983; *Hennerkes/Binz,* Die GmbH & Co.[7], München 1984; *Sauer,* Die Publikums- und Kommanditgesellschaft[2], Berlin 1989; *Brönner/Rux/Wagner,* Die GmbH & Co. KG in Recht und Praxis[6], Freiburg i. Br. 1992; *Hesselmann/Tillmann,* Handbuch der GmbH & Co.[17], Köln 1991; *Binz,* GmbH & Co.[8], München 1992; *Fichtelmann,* Die GmbH & Co. KG im Steuerrecht[7], Heidelberg 1994.

Die GmbH & Co. KG ist handelsrechtlich eine Personengesellschaft. Alleiniger Komplementär der KG ist in der Regel eine GmbH, so daß sich für die beteiligten natürlichen Personen eine vollständige Haftungsbeschränkung ergibt. Sind die Gesellschafter der Komplementär-GmbH in gleicher Höhe auch als Kommanditisten an der KG beteiligt, liegt eine GmbH & Co. KG im engeren Sinne vor. 2

Für die Besteuerung dieser Unternehmensform[1] gelten grundsätzlich die allgemeinen Regeln, so daß sich die Vorteile von GmbH und Personengesellschaft durch entsprechende Vertragsgestaltung zumindest teilweise kombinieren lassen. Bedeutsam ist vor allem die **Vermeidung einer Mehrfachbelastung bei der Vermögensteuer** (bei gleichzeitiger Haftungsbeschränkung) und die **unmittelbare Verlustzurechnung für die Gesellschafter.** Gegenüber der grundsätzlichen Behandlung von Personen- und Kapitalgesellschaften sind jedoch im wesentlichen die folgenden Besonderheiten zu beachten. 3

1. Einkommen-/Kirchen-/Körperschaftsteuer

a) **Steuerpflicht:** Mit dem Beschluß des Großen Senats[2] hat der BFH klargestellt, daß eine GmbH & Co. KG auch dann nicht Körperschaftsteuersubjekt ist, wenn sie als sog. Publikums-KG organisiert ist und insoweit körperschaftliche Strukturen aufweist[3]. Steu- 4

1 Vgl. zu Publizitätsgesichtspunkten *Heinemann,* KÖSDI 83, 5224; *Felix,* KÖSDI 85, 6044; *Hesselmann,* BFuP 85, 129; *Willemer,* BB 85, 1459; *Lachnit/Freidank,* DB 86, 1081; *Felix/Stahl,* DStR 86, Beihefter zu Heft 3; *Scheidle,* BB 86, 2065; *Tillmann,* DB 86, 1319; *Streim/Klaus,* BB 94, 1109.

2 BFH BStBl. 84, 751. Vgl. dazu auch *Erdweg,* FR 84, 601; *Groh,* WPg 84, 655; *Korn,* KÖSDI 84, 5718; *Bruse,* FR 85, 86; *Herzig,* BB 85, 741; *Schellenberger,* DStR 85, 163; *Wollny,* DStR 85, 163; *Streck,* DStR 86, 3.

3 Anders noch die Stellungnahme der Finanzverwaltung in BFH BStBl. 81, 272, 273. Vgl. auch *Uelner,* JbFSt. 1980/81, 359 f.; DStZ 80, 363; *Walz,* StRK-Anm. EStG § 15 Ziff. 1 R. 95.

ersubjekte sind vielmehr die natürlichen (§ 1 EStG) und juristischen Personen (§ 1 KStG), die als Gesellschafter an der KG beteiligt sind.

5 b) **Einkunftsart:** Nach der Aufgabe der Geprägetheorie durch den BFH[4] hat der Gesetzgeber die Grundsätze der früheren Rechtsprechung mit der Einführung des § 15 III Nr. 2 EStG gesetzlich verankert[5]. Die Tätigkeit einer GmbH & Co. KG, bei der ausschließlich Kapitalgesellschaften persönlich haftende Gesellschafter sind und bei der nur diese Kapitalgesellschaften oder Nichtgesellschafter zur Geschäftsführung befugt sind, *gilt* demnach auch dann als Gewerbebetrieb, wenn die Tätigkeit der Gesellschaft an sich nicht unter § 15 I 1 Nr. 1 EStG fällt.

6 c) **Betriebsvermögen:** Die Anteile der Komplementär-GmbH sind grundsätzlich Sonderbetriebsvermögen II der KG[6], was nach Auffassung des Bundesverfassungsgerichts verfassungsrechtlich unproblematisch erscheint[7]. Veräußerungsgewinne sind insofern als gewerbliche Einkünfte zu versteuern. Sonderbetriebsvermögen liegt allerdings nur vor, wenn sich die GmbH auf die Geschäftsführung für die KG beschränkt oder wenn ein daneben bestehender Gewerbebetrieb von ganz untergeordneter Bedeutung ist[8].

7 d) **Gewinnverteilung:** Da die GmbH & Co. KG Personengesellschaft ist, wird ihr Gewinn einheitlich festgestellt und auf die Gesellschafter verteilt (§§ 179, 180 AO). Wenn die Gesellschafter in der Lage sind, ihre gleichlaufenden Interessen in der KG und der GmbH gemeinsam zu verwirklichen, ist die Angemessenheit der Gewinnverteilung zu überprüfen[9]. Wird dabei die GmbH benachteiligt, liegt eine verdeckte Gewinnausschüttung vor[10].

8 e) **Geschäftsführergehälter:** Übt ein GmbH-Gesellschafter, der zugleich Kommanditist einer gewerblichen GmbH & Co. KG ist, die Geschäftsführung der GmbH aus, so erkennt der BFH das Vertragsverhältnis zwischen GmbH und Gesellschafter nicht an; das Geschäftsführergehalt ist zwar bei der GmbH Betriebsausgabe, gehört beim Gesellschafter-Geschäftsführer jedoch nicht zu den Einkünften aus nichtselbständiger Arbeit, sondern als Vergütung der KG zu den Einkünften aus Gewerbebetrieb[11].

2. Vermögensteuer

9 Mit der Einführung des § 97 I Nr. 5 BewG wurde die **Geprägetheorie** rückwirkend (§ 124 BewG) auch im Bewertungsgesetz gesetzlich verankert. Entsprechend der ertragsteuerlichen Regelung hat die GmbH & Co. KG daher auch dann Betriebsvermögen,

---

4 Vgl. Fn. 2.

5 Dazu *Bordewin,* BB 85, 1548; *Dedner,* BB 85, 1722; *Flume,* DB 85, 1152; *Hennerkes/Binz,* BB 85, 2161; *B. Knobbe-Keuk,* BB 85, 941, 1903; *Schulze zur Wiesche,* DB 85, 2221; *Zeitler,* DB 85, 301; *Christoffel/Dankmeyer,* DB 86, 347; *Hennerkes/Binz,* BB 86, 235; *Herzig/Kessler,* DStR 86, 643; *Korn,* KÖSDI 86, 6221; *Groh,* DB 87, 1007; *Uelner,* Die gewerblich geprägte Personengesellschaft, in: FS für Döllerer, Düsseldorf 1988, 661; *L. Schmidt,* EStG[13], § 15 Anm. 46.

6 BFH BStBl. 68, 152; 76, 188; 91, 510; 92, 937, dazu insb. auch *L. Schmidt,* EStG[13], § 15 Anm. 114.

7 Beschluß vom 22. 12. 1992, GmbHR 93, 452; HFR 93, 327.

8 Vgl. BFH BStBl. 86, 55, 57; 91, 510; dazu auch *L. Schmidt,* EStG[13], § 15 Anm. 114.

9 Vgl. dazu insb. *L. Schmidt,* EStG[13], § 15 Anm. 116.

10 Vgl. auch BFH BStBl. 77, 467; 77, 477; 77, 504. Dazu insb. *L. Schmidt,* StbKongrRep. 1977, 68 ff.

11 BFH BStBl. 60, 408; HFR 65, 364; BStBl. 68, 579; 72, 530; 89, 877. Ablehnend dazu insb. *K. Barth,* Die steuerliche Behandlung der Bezüge des Kommanditisten, der für die GmbH die Geschäftsführung der KG übernimmt, in: FS für Scherpf, Bielefeld 1968, 317 ff. Vgl. dazu auch *L. Schmidt,* EStG[13], § 15 Anm. 115.

wenn sie kein gewerbliches Unternehmen betreibt. Die Anteile an der Komplementär-GmbH gehören nur dann zum Sonderbetriebsvermögen der KG, wenn sich die GmbH auf die Geschäftsführung für die KG beschränkt oder wenn ein daneben bestehender Gewerbebetrieb von ganz untergeordneter Bedeutung ist[12].

3. Gewerbesteuer

a) **Steuerpflicht:** Nach § 2 I 2 GewStG ist ein Gewerbebetrieb ein gewerbliches Unternehmen im Sinne des Einkommensteuergesetzes. Damit gelten die Geprägegrundsätze des § 15 III Nr. 2 EStG auch im Gewerbesteuergesetz. 10

b) **Geschäftsführergehälter:** Erhält ein Kommanditist, der zugleich Geschäftsführer der Komplementär-GmbH ist, für diese Geschäftsführertätigkeit eine Vergütung, so unterliegt diese Vergütung der Gewerbeertragsteuer[13]. 11

B. Betriebsaufspaltung

Literatur[14]: *Felix* (Hrsg.), Kölner Handbuch der Betriebsaufspaltung und Betriebsverpachtung[3], Köln 1978 mit Nachträgen 1979 und 1983; *Heinemann/Korn*, Beratungsbuch zur Gründung von Betriebsaufspaltungen, Köln 1980; *Inst. FuSt,* Die Steuerbelastung bei Betriebsaufspaltung nach der Körperschaftsteuerreform im Vergleich zur Steuerbelastung bei der Personengesellschaft und der Kapitalgesellschaft, Heft 119, Bonn 1980; *Brandmüller,* Betriebsaufspaltung, Freiburg i. Br. 1983 (Loseblatt); *Rose,* Die Betriebsaufspaltung – eine ideale Rechtsformkonstruktion für mittelständische Unternehmungen?, in: FS für Peter Scherpf, Wiesbaden 1983, 167; *Brandmüller,* Die Betriebsaufspaltung nach Handels- und Steuerrecht[5], Heidelberg 1985; *Knoppe,* Betriebsverpachtung, Betriebsaufspaltung, Pachtverhältnisse gewerblicher Betriebe im Steuerrecht[7], Düsseldorf 1985; *Lothmann,* Steueroptimale Nutzungsüberlassung von Grundstücken an den eigenen Gewerbebetrieb, DStR 85, 135; *Herzig/Kessler,* Neue Tendenzen der Betriebsaufspaltungs-Rechtsprechung, DB 86, 2402; *Schneeloch,* Die Betriebsaufspaltung weiterhin ein Mittel der betrieblichen Steuerpolitik?, DStR 86, Beihefter zu Heft 10; *Wendt,* Fragen zur Betriebsaufspaltung, StbJb. 1986/87, 51; *Dehmer,* Die Betriebsaufspaltung[2], München 1987; *Herzig* u. a., StbKongr Rep. 1987, 447; *Kern,* Die Aufspaltung mittelständischer Unternehmen in ein Besitz- und Betriebsunternehmen, Bergisch Gladbach/Köln 1987; *Kaligin,* Die Betriebsaufspaltung[2], Berlin 1988; *Ranft,* Grenzfälle der Betriebsaufspaltung, DStZ 88, 79; *Kessler,* Typologie der Betriebsaufspaltung, Wiesbaden 1989; *Schulze zur Wiesche,* Die Betriebsaufspaltung, WPg 89, 329; *Marx,* Steuervermeidende Sachverhaltsgestaltungen mittels zivilrechtlicher Vermögenssonderungen, StuW 90, 151; *Söffing,* Die Betriebsaufspaltung[2], Stuttgart 1990; *Donath,* Die Betriebsaufspaltung, Heidelberg 1991; *Schneeloch,* DStR 91, 955, 990; *Korn,* Unerwünschte und erwünschte Betriebsaufspaltung, KÖSDI 92, 9077; *Beisse,* Die Betriebsaufspaltung als Rechtsinstitut, in: Raupach/Uelner (Hrsg.), Ertragsbesteuerung, FS für Ludwig Schmidt, München 1993, 455; *Becker/Günkel,* Betriebsaufspaltung über die Grenze, in: Raupach/Uelner (Hrsg.), Ertragsbesteuerung, FS für Ludwig Schmidt, München 1993, 483; *Fichtelmann,* Betriebsaufspaltung im Steuerrecht[8], Heidelberg 1993; *Brandmüller,* Die Betriebsaufspaltung nach Handels- und Steuerrecht[6], Heidelberg 1994; *Märkle,* Neue Rechtsprechung zur Betriebsaufspaltung (Stand 1. 1. 1994), BB 94, 831; *Schulze zur Wiesche,* Die Betriebsaufspaltung in der BFH-Rechtsprechung der letzten beiden Jahre, GmbHR 94, 98.

Eine Betriebsaufspaltung (Betriebsteilung, Doppelgesellschaft oder auch Doppelunternehmen) ist dadurch gekennzeichnet, daß eine Person oder eine Personengruppe (das Besitzunternehmen) Anlagevermögen an eine Personen- oder Kapitalgesellschaft (das Betriebsunternehmen) verpachtet oder es dem Betriebsunternehmen auf andere Weise 12

12 BFH BStBl. 85, 241; 86, 615; 88, 23.
13 Vgl. Fn. 12; BFH BStBl. 79, 284.
14 Zur älteren Literatur vgl. auch 12. Auflage, S. 609.

zur Nutzung überläßt[15]. Ist das Betriebsunternehmen eine Personengesellschaft, liegt eine mitunternehmerische Betriebsaufspaltung vor[16].

13 Die Betriebsaufspaltung zwischen einer Besitzpersonengesellschaft und einer Betriebskapitalgesellschaft entsteht durch die Ausgründung einer Kapitalgesellschaft aus einer Personengesellschaft **(echte Betriebsaufspaltung)**, durch die Neugründung zweier rechtlich selbständiger Gesellschaften **(unechte Betriebsaufspaltung)** oder durch die Abspaltung einer Personengesellschaft aus einer Kapitalgesellschaft **(umgekehrte Betriebsaufspaltung)**. Steuerlich ist die Betriebsaufspaltung vor allem aus folgenden Gründen interessant: Wie bei einem reinen Personenunternehmen tritt für die Besitzgesellschaft grundsätzlich keine Kumulation der Vermögensteuer ein, Verluste der Besitzgesellschaft werden unmittelbar zugerechnet, und erbschaftsteuerlich sind bei der Besitzgesellschaft nur die Substanzwerte zu erfassen. Wie bei einer reinen Kapitalgesellschaft sind die Geschäftsführungsvergütungen der Betriebsgesellschaft abzugsfähig, für Gesellschafter-Geschäftsführer der Betriebsgesellschaft können Pensionsrückstellungen gebildet werden, und etwaige Gewinnthesaurierungen bei der Betriebsgesellschaft unterliegen ab 1990 im Vergleich zum Einkommen- und Kirchensteuerspitzensatz lediglich dem niedrigeren Körperschaftsteuersatz[17]. Umgekehrt fallen Gewinnausschüttungen der Betriebsgesellschaft an den Besitzgesellschafter unter die Tarifbegrenzung des § 32c EStG.

Im übrigen gelten gegenüber der grundsätzlichen Behandlung von Personen- und Kapitalgesellschaften im wesentlichen die folgenden Besonderheiten:

1. Einkommen-/Kirchen-/Körperschaftsteuer

14 a) **Einkunftsart:** Miet- und Pachtverträge zwischen einer Kapitalgesellschaft und ihren Gesellschaftern werden i. d. R. steuerrechtlich anerkannt. Bei personeller und sachlicher Verflechtung zwischen Besitz- und Betriebsunternehmen nimmt der BFH jedoch keine Vermögensverwaltung i. S. des § 14 AO an, sondern geht davon aus, daß sich das Besitzunternehmen über die Kapitalgesellschaft am allgemeinen wirtschaftlichen Verkehr beteiligt (§ 15 II EStG) und daher mit seinen **Pachteinnahmen gewerbliche Einkünfte** erzielt[18]. An dieser Beurteilung, die vom BVerfG grundsätzlich gebilligt wurde[19], hält der BFH auch nach dem Beschluß des Großen Senats zur GmbH & Co. KG noch fest[20], so daß eine gesetzliche Regelung, die die Grundsätze der Betriebsaufspaltung klarstellen sollte, nicht erfolgt ist[21].

15 Zur Gestaltung des Pachtvertrages *Carlé*, KÖSDI 87, 6852; zu weiteren zivilrechtlichen Fragen darüber hinaus *Ebenroth/Wilken*, BB 93, 305; *Keßler*, GmbHR 93, 541.

16 Zur Behandlung der mitunternehmerischen Betriebsaufspaltung z. B. BFH BStBl. 76, 750; 80, 94; 81, 738; 82, 60; 82, 662; 83, 136; 85, 522. Vgl. auch *Felix* (Hrsg.), Kölner Handbuch der Betriebsaufspaltung und Betriebsverpachtung[3], Köln 1978 mit Nachträgen 1979 und 1983, Tz. 2, 341 ff.; *Heinemann/Korn*, Beratungsbuch zur Gründung von Betriebsaufspaltungen, Köln 1980, Tz. 37 ff.; *Costede*, StuW 82, 14, 22 ff.; *Schulze zur Wiesche*, GmbHR 82, 260; *Wendt*, GmbHR 83, 20; *ders.*, GmbHR 84, 19; *L. Schmidt*, EStG[13], § 15 Anm. 146.

17 Vgl. dazu auch *L. Schmidt*, EStG[13], § 15 Anm. 141. Zur Steuerbelastung der Gewinnthesaurierung in der Betriebsgesellschaft oben § 16 Rz. 28.

18 Vgl. insb. BFH BStBl. 72, 63; 81, 39; BVerfG BStBl. 69, 389; 85, 475. Dazu *Streck*, FR 73, 304; *Costede*, StuW 77, 208; *B. Knobbe-Keuk*, StbJb. 1980/81, 335; *Costede*, StuW 82, 14; *Barth*, DB 85, 510; *List*, GmbHR 85, 401; *Döllerer*, GmbHR 86, 165; *L. Schmidt*, EStG[13], § 15 Anm. 140 ff. Vgl. auch Abschn. 137 V EStR.

19 BVerfG BStBl. 69, 389; 85, 475.

20 BFH BStBl. 86, 296. Vgl. auch *Felix*, DStZ 84, 575; *Märkle/Kröller*, BB 84, 2118.

21 Vgl. BR-Drucks. 165/85; BT-Drucks. 10/4513; zum Gesetzentwurf: *Barth*, BB 85, 1861; *Bordewin*, BB 85, 1555; *Flume*, DB 85, 115; *IDW*, WPg 85, 339; *B. Knobbe-Keuk*, BB 85, 945; *Schulze zur Wiesche*, WPg 85, 579.

15 Eine *sachliche* Verflechtung von Besitz- und Betriebsunternehmen liegt dann vor, wenn das überlassene Wirtschaftsgut für die Betriebsgesellschaft **eine der wesentlichen Betriebsgrundlagen** ist[22]. Diese Voraussetzung ist bei **Grundstücken,** die dem Betriebsunternehmen zur Nutzung überlassen werden, dann erfüllt[23], wenn das Betriebsunternehmen bei der Betriebsführung auf diese Grundstücksnutzung angewiesen ist und das Grundstück insofern eine besondere wirtschaftliche Bedeutung hat[24]. Die besondere wirtschaftliche Bedeutung ist insb. dann gegeben, wenn die Betriebsführung durch die Lage des Grundstücks bestimmt wird[25], das Grundstück auf die Bedürfnisse des Betriebs zugeschnitten ist[26], oder das Betriebsunternehmen den Betrieb aus anderen innerbetrieblichen Gründen nicht ohne ein derartiges Grundstück fortführen könnte.

16 Die *personelle* Verflechtung ist dann gegeben, wenn die an Besitz- und Betriebsunternehmen beteiligten[27] natürlichen Personen einen **einheitlichen geschäftlichen Betätigungswillen** haben, d. h.: wenn die Personen, die das Besitzunternehmen beherrschen, in der Lage sind, ihren Willen auch in der Betriebsgesellschaft durchzusetzen[28]. Bei der Beurteilung der personellen Verflechtung darf nach dem Beschluß des BVerfG vom 12. 3. 1985[29] nicht mehr von der widerlegbaren Vermutung ausgegangen werden, Eheleute verfolgten gleichgerichtete Interessen. Eine Zusammenrechnung von **Anteilen der Eheleute** ist insofern nur in den Fällen gerechtfertigt, in denen nur an einem der Unternehmen beide Eheleute beteiligt sind und zusätzlich zur ehelichen Lebensgemeinschaft Beweisanzeichen vorhanden sind, die für die Annahme einer personellen Verflechtung durch gleichgerichtete Interessen sprechen[30]; dementsprechend ist grundsätzlich auch bei minderjährigen Kindern zu verfahren[31]. Bei einer Gütergemeinschaft liegt die personelle Verflechtung dann vor, wenn sowohl das Betriebsgrundstück als auch die Mehrheit der Anteile an der Betriebsgesellschaft zum Gesamtgut gehören[32].

17 b) **Gewinnrealisierung:** Werden im Rahmen einer echten Betriebsaufspaltung Wirtschaftsgüter der Personengesellschaft gegen Gewährung von Gesellschaftsrechten auf die Kapitalgesellschaft übertragen, so ist die Auflösung der in diesen Wirtschaftsgütern vorhandenen stillen Reserven nach Auffassung der Finanzverwaltung grundsätzlich nicht erforderlich[33].

18 c) **Betriebsvermögen:** Da die Anteile an der Betriebskapitalgesellschaft unmittelbar der gewerblichen Betätigung des Besitzunternehmens dienen, gehören sie bei der Besitzper-

---

22 Vgl. BFH 70, 17; 73, 869; 89, 1014; 93, 718.

23 Vgl. dazu insb. *Jestädt,* BB 92, 1189; *Kanzler,* FR 92, 591; *Kempermann,* StuW 92, 81, 86; *Korn,* KÖSDI 92, 9033, 9037; *Kempermann,* FR 93, 593; *Schulze zur Wiesche,* GmbHR 94, 98, 99; *Braun,* GmbHR 94, 232.

24 Vgl. dazu insb. die BFH-Urteile, BStBl. 91, 336; 92, 334; 92, 347; 92, 830; 93, 233; 93, 245; 93, 718.

25 BFH BStBl. 92, 723.

26 BFH BStBl. 92, 830; BFH/NV 92, 313.

27 Zur Betriebsaufspaltung aufgrund *faktischer* Beherrschung insb. BFH BStBl. 90, 500. Vgl. auch *L. Schmidt,* EStG[13], § 15 Anm. 144; BMF BStBl. I 89, 39, gegen BFH BStBl. 89, 96.

28 BFH BStBl. 72, 63; außerdem u. a. BStBl. 86, 296; 87, 120; 89, 363; 89, 1014; 93, 1034; 94, 466. Zu Stimmrechtsbindungsvereinbarungen: *Fichtelmann,* DStZ 90, 371.

29 BStBl. 85, 475; vgl. dazu *Felix,* KÖSDI 85, 5976; *Herzig/Kessler,* DB 86, 2402; BdF BStBl. I 85, 537.

30 BFH BStBl. 86, 62; 86, 362; 86, 611; BFH DB 86, 2161. Dazu auch *Herzig/Kessler,* DB 86, 2402; BdF BStBl. I 86, 537; *Unvericht,* DB 89, 995.

31 Vgl. *Woerner,* BB 85, 1616 f.; *Brandis,* FR 86, 9; *L. Schmidt,* EStG[13], § 15 Anm. 145; *Kuhfus,* GmbHR 90, 401.

32 Vgl. BFH BStBl. 93, 876.

33 BdF BStBl. I 85, 97; darüber hinaus auch BFH DB 93, 1802, HFR 93, 565.

sonengesellschaft in der Regel ebenso zum Sonderbetriebsvermögen[34] wie die Wirtschaftsgüter, die ein Gesellschafter des Besitzunternehmens dem Betriebsunternehmen unmittelbar überläßt[35]. Beim Besitzunternehmen in Form des Einzelunternehmens liegt notwendiges Betriebsvermögen vor[36]. Dementsprechend sind Gewinnausschüttungen an den Gesellschafter des Besitzunternehmens Einkünfte aus Gewerbebetrieb und fallen unter die Tarifbegrenzung des § 32c EStG.

19 d) **Pachtvertrag:** Während die Vereinbarung eines überhöhten Pachtzinses[37] bei der Betriebskapitalgesellschaft zu verdeckten Gewinnausschüttungen führen kann, wird ein zu niedriger Pachtzins grundsätzlich steuerlich anerkannt. Führt die Nutzungsüberlassung jedoch dazu, daß das Besitzunternehmen auf Dauer Verluste erleidet, liegt eine verdeckte Einlage vor[38].

Eine korrespondierende Bilanzierung bei Besitz- und Betriebsunternehmen ist entgegen der früheren Rechtsprechung[39] nicht erforderlich[40].

20 e) **Wegfall der personellen oder sachlichen Voraussetzungen:** Entfallen die Voraussetzungen einer Betriebsaufspaltung, liegt nach Auffassung des BFH[41] bezüglich des Besitzunternehmens regelmäßig eine Betriebsaufgabe (§ 16 III EStG) vor: Die zum Betriebsvermögen des Besitzunternehmens gehörenden Wirtschaftsgüter werden mit dem Wegfall der Voraussetzungen notwendiges Privatvermögen; stille Reserven werden also sofort realisiert. Ob ggf. die Grundsätze über die gewerbliche Betriebsverpachtung anzuwenden sind, ist offen[42].

2. Gewerbesteuer

21 a) **Steuerpflicht:** Da das Besitzunternehmen nach Auffassung des BFH[43] keine Vermögensverwaltung, sondern eine gewerbliche Tätigkeit ausübt, unterliegt es ebenso wie das Betriebsunternehmen der Gewerbesteuer. Eine gewerbesteuerliche Organschaft zwischen Besitz- und Betriebsgesellschaft liegt nach der ständigen Rechtsprechung des BFH regelmäßig nicht vor[44].

22 b) **Erweiterte Gewerbeertragskürzung:** Ob und inwieweit bei der Betriebsaufspaltung die erweiterte Kürzung des Gewerbeertrags nach § 9 Nr. 1 Satz 2 GewStG möglich ist, hängt nach Auffassung des BFH entscheidend davon ab, welche Rechtsform das Besitzunternehmen hat[45]. Wird das Besitzunternehmen als Personengesellschaft geführt, kommt die Kürzung nach Auffassung des BFH nicht in Betracht, weil die Verpachtung

---

34 BFH BStBl. 60, 513; 70, 302; 82, 60; 89, 714; 91, 713. Dazu insb. auch *Korn,* KÖSDI 92, 9077.
35 BFH BStBl. 75, 781; 78, 378; 80, 356.
36 BFH BStBl. 89, 714.
37 Vgl. BFH BStBl. 77, 679; außerdem *Kleineidam/Seutter,* StuW 89, 250.
38 BFH BStBl. 60, 513; 71, 411; zur verdeckten Einlage s. § 9 Rz. 373.
39 BFH BStBl. 66, 147; 75, 700. Vgl. dazu insb. *Felix* (Fn. 16), Tz. 164 ff.; *Glade,* GmbHR 81, 268; *Wörner,* Die „korrespondierende Bilanzierung" von Wirtschaftsgütern bei der Betriebsaufspaltung – zur Problematik einer wertenden Betrachtungsweise bei der Auslegung von Gesetzen, in: FS für Döllerer, Düsseldorf 1988, 741. Zum Zeitpunkt der Aktivierung von Dividendenansprüchen *Hoffmann,* DStR 93, 558.
40 Entsprechend auch BFH BStBl. 89, 714.
41 BFH BStBl. 84, 474; 89, 363; BFH FR 94, 18 (DStR 93, 1780; DB 93, 2511). Dazu auch *Schoor,* DStZ 92, 788; *Döllerer/Thurmayr,* DStR 93, 1465.
42 Vgl. dazu BFH FR 94, 18.
43 Vgl. Fn. 18. Dazu insb. *Keuk,* DB 74, 205.
44 BFH BStBl. 88, 456 m. w. N.
45 Vgl. dazu im einzelnen *Glanegger/Güroff,* GewStG[3], § 9 Nr. 1, Anm. 26. Darüber hinaus insb. BFH BStBl. 73, 686; 73, 688.

des Grundbesitzes durch das Besitzunternehmen nicht den Charakter einer Vermögensverwaltung hat. Handelt es sich beim Besitzunternehmen dagegen um eine Kapitalgesellschaft, ist die Kürzung möglich.

3. Vermögensteuer

a) **Betriebsvermögen:** Da die Grundsätze zur steuerrechtlichen Beurteilung der Betriebsaufspaltung auch im Bewertungsrecht gelten[46], gehören die Wirtschaftsgüter des Besitzunternehmens, insb. die Anteile an der Betriebsgesellschaft[47], zum Betriebsvermögen[48]. Ob bei der Bewertung der Anteile ein Abschlag für fehlendes Anlagevermögen möglich ist[49], ist nicht abschließend geklärt[50]. 23

b) **Pachtvertrag:** Die Ansprüche aus dem Pachtverhältnis wurden früher bei Besitz- und Betriebsunternehmen korrespondierend bilanziert[51]. Im Hinblick auf die ertragsteuerliche Änderung der Rechtsprechung[52] dürfte diese Auffassung wohl auch bewertungsrechtlich nicht mehr haltbar sein. 24

C. GmbH (AG) & Stille Gesellschaft

Literatur[53]: *Costede,* Mitunternehmerschaft und Betriebsaufspaltung bei der GmbH & Still – Dogmatische und methodische Probleme des einkommensteuerlichen Dualismus –, StuW 77, 208; *Costede,* Steuerrechtsfragen der GmbH & Still, StuW 83, 308; *Post/Hoffmann,* Die stille Beteiligung am Unternehmen der Kapitalgesellschaft[2], Berlin 1984; *Sudhoff/Sudhoff,* Stille Beteiligung an einer GmbH und die Umwandlung dieser Beteiligung, GmbHR 84, 77; *Schulze zur Wiesche,* Die GmbH & Still, Eine alternative Unternehmungsform, Wiesbaden 1984; *Schwedhelm,* Die GmbH und Still als Mitunternehmerschaft, Köln 1987; *Döllerer,* Die atypische stille Gesellschaft in der neuesten Rechtsprechung des BFH, StbJb. 1987/88, 289; *Binger,* Einkommen- und Gewerbesteuer bei der atypisch stillen Gesellschaft, DB 88, 414; *Paulick/Blaurock,* Handbuch der stillen Gesellschaft[4], Köln 1988; *Stüttgen,* Die stille Beteiligung an der gewerblichen Familien-GmbH, Diss. Köln, Düsseldorf 1988; *Ehlers/Busse,* Die steuerliche Vermögenszuordnung bei der atypisch stillen Gesellschaft, DB 89, 448; *Fleischer/Thierfeld,* Stille Gesellschaft im Steuerrecht, Achim 1990; *Hense,* Die stille Gesellschaft im handelsrechtlichen Jahresabschluß, Düsseldorf 1990; *Blaurock,* Die GmbH & Still im Steuerrecht, BB 92, 1969; *Stutzmann,* Die Betriebsprüfung bei der atypisch stillen Gesellschaft, StBp 93, 31.

Als stille Gesellschaft i. S. der §§ 230 ff. HGB wird grundsätzlich auch die Beteiligung am Handelsgewerbe einer GmbH oder AG anerkannt[54]: Der stille Gesellschafter[55] leistet eine Vermögenseinlage[56] in das Vermögen der Kapitalgesellschaft und erhält dafür einen 25

46 BFH BStBl. 70, 302; 72, 518.
47 BFH BStBl. 73, 438.
48 BFH BStBl. 61, 333; 73, 438.
49 Abschn. 79 III VStR.
50 Dazu *Felix* (Fn. 16), Tz. 209 f.
51 Vgl. *Felix* (Fn. 16), Tz. 208.
52 Vgl. Fn. 39.
53 Zur älteren Literatur 12. Auflage, S. 613.
54 BFH BStBl. 54, 336; 56, 11; 65, 119; 66, 197; 69, 690; 77, 155.
55 Zur Abgrenzung der stillen Gesellschaft gegenüber einem partiarischen Darlehen insb. BFH BStBl. 88, 62; BGH GmbHR 92, 747; *Lienau/Lotz,* DStR 91, 618; *Schön,* ZGR 90, 220; *Blaurock,* EWiR 92, 1111.
56 Zur Einlage des Stillen insb. auch *Schmid/Hamann,* DStR 92, 950; *Groh,* Das negative Kapitalkonto des stillen Gesellschafters, in: Raupach/Uelner (Hrsg.), Ertragsbesteuerung, FS für Ludwig Schmidt, München 1993, 439.

Anspruch auf Gewinnbeteiligung. Unterschieden wird steuerrechtlich zwischen typischer und atypischer stiller Gesellschaft. Während bei der **typischen stillen Gesellschaft** das tasächliche Verhältnis zwischen den Vertragsparteien dem handelsrechtlichen Typus entspricht und nicht über eine Kapitalbeteiligung mit gewinnabhängiger Verzinsung hinausgeht[57], hat der **atypische stille Gesellschafter** aufgrund der Vereinbarungen im Gesellschaftsvertrag entweder maßgeblichen Einfluß auf die Geschäftsführung oder Anspruch auf eine Beteiligung an den realisierten stillen Reserven, d. h. Unternehmerinitiative oder Unternehmerrisiko. Die atypische stille Gesellschaft wird daher im Gegensatz zur typischen stillen Gesellschaft als Mitunternehmerschaft angesehen[58].

1. Grunderwerbsteuer

26 Erbringt der (typische oder atypische) stille Gesellschafter seine Vermögenseinlage durch Übertragung eines Grundstücks oder wird bei der Auseinandersetzung ein Grundstück übertragen, so fällt grundsätzlich Grunderwerbsteuer an (§ 1 GrEStG)[59]. Die Anwendung der §§ 5, 6 GrEStG kommt nicht in Betracht, da die stille Gesellschaft keine Gesamthandsgemeinschaft ist.

2. Vermögensteuer

27 a) In der **typischen stillen Gesellschaft** sind die Vermögenseinlage und die Gewinnansprüche des Stillen am Ende des Geschäftsjahres i. d. R. mit dem Steuerbilanzwert als Betriebsschulden der GmbH (AG) abzugsfähig[60]. Wenn sich die stille Beteiligung nicht im Betriebsvermögen befindet, gehört sie beim Gesellschafter zum sonstigen Vermögen (§ 110 I Nr. 1 BewG). Sie ist grundsätzlich mit dem Nennwert zu bewerten (§ 12 I BewG), eine Bewertung mit dem gemeinen Wert kommt nur in Betracht, wenn besondere Umstände dies begründen[61].

28 b) In der **atypischen stillen Gesellschaft** als Mitunternehmerschaft (§ 97 I Nr. 5 BewG) gehören Einlage und Gewinnanteil des stillen Gesellschafters zum Einheitswert des Betriebsvermögens. Dieser Einheitswert wird dem Stillen anteilig als Betriebsvermögen zugerechnet (§ 110 I Nr. 3 Satz 2 BewG)[62].

29 Da mit der Begründung einer stillen Gesellschaft kein Gesamthandsvermögen entsteht, bleibt das **Schachtelprivileg** (§ 102 BewG) bei der Kapitalgesellschaft als Geschäftsinhaberin unberührt. Eine Schachtelbeteiligung wird daher bei der Ermittlung des Einheitswerts im Gegensatz zu anderen Mitunternehmerschaften[63] nicht angesetzt. Mit der Zurechnung des Einheitswerts kommt dem atypischen Stillen die Steuerbefreiung anteilig zugute[64]. Dies gilt auch dann, wenn der Stille – z. B. als natürliche Person – nicht zu den in § 102 BewG genannten Begünstigten gehört. Wenn die Voraussetzungen des § 102 BewG erfüllt sind, weil insb. die erforderliche unmittelbare Beteiligung vorliegt, bleibt für eine **steuerverschärfende Hinzurechnung bei der Einheitswertermittlung** entge-

---

57 BFH BStBl. 75, 34.

58 BFH BStBl. 81, 424; 86, 311; DB 94, 125; vgl. dazu insb. auch *L. Schmidt*, EStG[13], § 15 Anm. 58 ff.; dazu auch § 9 Rz. 520.

59 BFH BStBl. 75, 363.

60 Vgl. §§ 95, 109 BewG, Abschn. 47 Nr. 10 VStR. Bei nichtbilanzierenden Steuerpflichtigen ist der Teilwert anzusetzen, vgl. BFH BStBl. 71, 642; 73, 472; Abschn. 48 Nr. 17 VStR.

61 Vgl. Abschn. 61 VStR.

62 Vgl. auch BStBl. I 89, 45. Zur Bedeutung von § 97 I Nr. 5 BewG vgl. *Paulick/Blaurock*, Handbuch der stillen Gesellschaft[4], Köln 1988, 499.

63 BFH BStBl. 67, 32; 74, 598; 74, 645; 88, 761.

64 Zutreffend ausdrücklich die Finanzverwaltung in BStBl. I 89, 452.

gen der kurzfristig geänderten Auffassung der Finanzverwaltung[65] *ohne gesetzliche Grundlage* kein Raum.

3. Einkommen-/Kirchen-/Körperschaftsteuer

Da die **atypische stille Gesellschaft** als Mitunternehmerschaft betrachtet wird, gelten die Ausführungen zur Besteuerung der übrigen Personengesellschaften grundsätzlich entsprechend[66]. Betrieblich genutzte Wirtschaftsgüter, die dem Inhaber des Handelsgeschäfts gehören, sind jedoch kein **Sonderbetriebsvermögen.** Sie entsprechen vielmehr dem Gesellschaftsvermögen einer Personengesellschaft mit Gesamthandseigentum[67]. Sonderbetriebsvermögen kann sich nur dann ergeben, wenn der Stille der Gesellschaft neben seiner Einlage Wirtschaftsgüter zur Nutzung überläßt. In diesem Fall besteht das Betriebsvermögen der Mitunternehmerschaft aus dem Betriebsvermögen des Geschäftsinhabers und dem Sonderbetriebsvermögen des Stillen. Ob die Anteile eines stillen Gesellschafters, der gleichzeitig als Gesellschafter an der GmbH beteiligt ist, Sonderbetriebsvermögen sind, ist noch nicht abschließend geklärt[68]. 30

Für die **typische stille Gesellschaft** gilt im wesentlichen folgendes:

a) Da die stille Beteiligung i. d. R. keine verdeckte Einlage darstellt[69], sind die **Gewinnanteile** des typischen stillen Gesellschafters bei der Gewinnermittlung der Kapitalgesellschaft grundsätzlich als **Betriebsausgaben** (§ 4 IV EStG) abzugsfähig. Ist der Stille gleichzeitig Gesellschafter der GmbH, ist die Angemessenheit der Gewinnverteilung in der stillen Gesellschaft im Hinblick auf verdeckte Gewinnausschüttungen zu überprüfen. Bei dieser Prüfung sind die für Familiengesellschaften entwickelten Regeln grundsätzlich nicht maßgeblich[70]. 31

Wenn die stille Beteiligung nicht zum Betriebsvermögen des Anteilseigners gehört, führen die Gewinnanteile im Jahr des Zuflusses zu Einkünften aus Kapitalvermögen (§ 20 I Nr. 4 EStG). Die Einkommensteuer wird durch Abzug vom Kapitalertrag (Kapitalertragsteuer) erhoben (§§ 43 I Nr. 3, 43a I Nr. 1 EStG). 32

Bei **beschränkt steuerpflichtigen Anteilseignern** gilt die Einkommensteuer mit dem Kapitalertragsteuerabzug als abgegolten (§ 50 V EStG). Die stille Beteiligung war daher in der Vergangenheit für nichtanrechnungsberechtigte Anteilseigner[71] ein geeignetes Mittel, um die nach der Körperschaftsteuerreform bestehende Doppelbelastung ihrer Gewinnanteile zu vermeiden[72]. Durch die Einführung des § 8a KStG haben sich insoweit Einschränkungen ergeben[73]. 33

---

65 Vgl. BStBl. I 90, 364.

66 Dazu § 9 Rz. 520.

67 BFH BStBl. 84, 820. Dazu auch *Döllerer,* DStR 85, 295; *L. Schmidt,* EStG[13], § 15 Anm. 58b; *Paulick/Blaurock* (Fn. 62), 391.

68 Vgl. dazu *Blaurock,* BB 92, 1969, 1977; *Walter,* DStZ 94, 113, 114.

69 BFH BStBl. 76, 226. Vgl. dazu auch *Post/Hoffmann,* Die stille Beteiligung am Unternehmen der Kapitalgesellschaft[2], Berlin 1984, 147; *Streck,* KStG[3], München 1991, § 8 Anm. 42.

70 Dazu BFH BStBl. 73, 650; 78, 427; 80, 477; 82, 387. Vgl. auch *Döllerer,* ZGR 77, 504; *Heinemann,* KÖSDI 80, 3890; *Döllerer,* ZGR 81, 560; *Costede,* StuW 83, 308, 313; *Bitsch,* GmbHR 83, 56; *Streck,* KStG[3], München 1991, § 8 Anm. 150; *Paulick/Blaurock* (Fn. 62), 461; L. Schmidt/*Heinicke,* EStG[13], § 20 Anm. 33.

71 Dazu insb. *Wohlschlegel,* FR 76, 243; *Görlich,* RIW/AWD 78, 730; *Haas,* RIW/AWD 78, 581; *von Mettenheim,* RIW/AWD 78, 511; *Böckli,* StuW 79, 1.

72 Vgl. *Moebus,* DStR 77, 705; *Vesely/Kumpf,* RIW/AWD 77, 309; *Hoffmann,* DB 79, 1195.

73 Vgl. dazu im einzelnen *Herzig,* StuW 93, 237; *B. Knobbe-Keuk,* DB 93, 60; *Frotscher,* IStR 94, 201; *Herzig,* DB 94, 110, 168; *Köster,* RIW 94, 310.

34 b) **Laufende Verluste,** die sich aufgrund gesellschaftsrechtlicher Verlustbeteiligung ergeben können, sind bis zur Höhe der Einlage als Werbungskosten abzugsfähig[74]. Ist der stille Gesellschafter über seine Einlage hinaus am Verlust beteiligt, gilt § 15a EStG entsprechend (§ 20 I Nr. 4 Satz 2 EStG)[75]. Darüber hinausgehend ist jedoch ein Verlust der Einlage durch Konkurs oder Liquidation als privater Vermögensverlust nicht abzugsfähig[76].

35 c) Die Beteiligung des stillen Gesellschafters gehört ebenso wie die Wirtschaftsgüter, die er der Kapitalgesellschaft auf schuldrechtlicher Basis überläßt, grundsätzlich zum Privatvermögen, so daß **Veräußerungsgewinne** nur im Rahmen der §§ 17, 23 EStG erfaßt werden (vgl. auch BFH BStBl. 81, 465). Erhält der Stille dagegen vom Geschäftsinhaber eine Abfindung, die seine Einlage übersteigt, so gehört der Mehrerlös nach § 20 II Nr. 1 EStG grundsätzlich zu den Einkünften aus Kapitalvermögen[77].

36 d) Wenn der Stille seine Einlage durch Dienstleistungen erbringt[78], gehören die **Dienstleistungsvergütungen** grundsätzlich zu den Einkünften i. S. des § 20 I Nr. 4 EStG (s. BFH BStBl. 53, 58).

4. Gewerbesteuer

37 a) Bei der typischen stillen Gesellschaft ist der **Inhaber des Handelsgeschäfts** Schuldner der Gewerbesteuer. Die Gewinnanteile und die Vermögenseinlage des stillen Gesellschafters werden lediglich im Rahmen der §§ 8 Nr. 3, 12 II Nr. 1 GewStG erfaßt.

38 b) Eine **Mitunternehmerschaft** ist gemäß § 5 I 3 GewStG subjektiv gewerbesteuerpflichtig[79]. Der BFH[80] geht jedoch bei der atypischen stillen Gesellschaft davon aus, daß allein der Inhaber des Handelsgeschäfts Schuldner der Gewerbesteuer ist und der objektiven Gewerbesteuerpflicht für die Gewinnanteile und Vergütungen des stillen Gesellschafters durch entsprechende Hinzurechnungen zum Gewerbeertrag Rechnung getragen werden muß.

74 RFH RStBl. 33, 1078; FG Düsseldorf EFG 57, 363; FG München EFG 81, 341; BFH BStBl. 88, 186; *Döllerer,* BB 81, 1315; L. Schmidt/*Heinicke,* EStG[13], § 20 Anm. 35b.

75 Dazu auch § 9 Rz. 521.

76 FG München EFG 81, 341; *Söffing,* FR 82, 445; L. Schmidt/*Heinicke,* EStG[13], § 20 Anm. 35d.

77 Vgl. BFH BStBl. 84, 580; dazu *L. Schmidt,* FR 84, 396; vgl. auch L. Schmidt/*Heinicke,* EStG[13], § 20 Anm. 36; *Schulze zur Wiesche,* GmbHR 84, 320.

78 Auch Dienstleistungen können Vermögenseinlagen i. S. des § 230 HGB sein. Vgl. BFH BStBl. 65, 558; 65, 560; 68, 356; 72, 187; 84, 373.

79 Vgl. z. B. BFH BStBl. 84, 63.

80 BFH BStBl. 86, 311; vgl. auch *Döllerer,* DStR 85, 295; *Paulick/Blaurock* (Fn. 62), 479; *Unvericht,* DStR 87, 413; *Zacharias/Suttmeyer/Rinnewitz,* DStR 88, 128; *Ehlers/Busse,* DB 89, 448.

§ 18 Harmonisierung der Unternehmensbesteuerung in der Europäischen Gemeinschaft

Literatur: *Telkamp,* Betriebstätte oder Tochtergesellschaft im Ausland, Wiesbaden 1975; *Lenz,* Außensteuerrecht und Organisationsstruktur, Steuerliche Beteiligungsstruktur und Sachzielplanung einer deutschen internationalen Unternehmung, Frankfurt/Bern 1982; *K. Vogel* (Hrsg.), Grundfragen des internationalen Steuerrechts, DStJG Bd. 8, Köln 1985; *Flick,* Unternehmensplanung für den europäischen Binnenmarkt – Steuerliche Aspekte, DStR 89, 557; *K. Esser,* Standortfaktor Unternehmensbesteuerung, ZfbF 90, 157; *Debatin,* Unternehmensorganisationsstrukturen im Gemeinsamen Markt aus steuerlicher Sicht, BB 91, 947; *L. Fischer,* Die Reform des Unternehmenssteuerrechts in den wichtigsten Industriestaaten – Übereinstimmungen und Unterschiede, in: Herzig (Hrsg.), Betriebswirtschaftliche Steuerlehre und Steuerberatung, Wiesbaden 1991, 217; *O. H. Jacobs,* Internationale Unternehmensbesteuerung[2], München 1991; *G. Rose,* Grundzüge des internationalen Steuerrechts[2], Wiesbaden 1991; *Herzig,* Steuerorientierte Grundsatzprobleme einer Kapazitätserweiterung im Ausland, in: Corsten/Köhler (Hrsg.), FS für Werner Kern, Stuttgart 1992; *V. Kluge,* Das internationale Steuerrecht[3], München 1992; *Mössner* u. a., Steuerrecht international tätiger Unternehmen, Köln 1992, 149; *K. Vogel,* Doppelbesteuerungsabkommen[2], München 1990; *L. Fischer,* Europäisches Gemeinschaftsrecht und Steuerberatung in Deutschland, DStR 93, 1928; *Herzig,* Steuergestaltung im Binnenmarkt, DB 93, 1; *B. Knobbe-Keuk,* Bilanz- und Unternehmenssteuerrecht[9], Köln 1993, 310; *Rädler,* Perspektiven der Unternehmensbesteuerung im Binnenmarkt, StbJb. 1992/93, 31; *Ritter,* Steuerrechtliche Rahmenbedingungen für den Wirtschaftsstandort Deutschland, BB 93, 297; *Saß,* Steuerharmonisierung in der EG-Perspektive für eine Harmonisierung der Körperschaftsteuer und der Gewinnermittlung, DB 93, 113; *Schaumburg,* Internationales Steuerrecht, Köln 1993; *Vogel,* Harmonisierung des Internationalen Steuerrechts in Europa als Alternative zur Harmonisierung des (materiellen) Körperschaftsteuerrechts, StuW 93, 380; *Voß,* Europäisches und nationales Steuerrecht, StuW 93, 155; *Endres,* Steuerliche Aspekte der europäischen Integration, RIW 94, 572; *J. Lang* (Hrsg.), Unternehmensbesteuerung in EU-Staaten, DStJG Bd. 16, Köln 1994; *Streu,* Die Vorteilhaftigkeit von ausländischer Betriebstätte und Tochtergesellschaft nach dem Standortsicherungsgesetz, IStR 94, 45.

A. Grundstruktur der Unternehmensbesteuerung bei Auslandsbeteiligungen

Die Rechtsformabhängigkeit der Unternehmensbesteuerung beschränkt sich nicht allein auf das Inland. Sie setzt sich vielmehr auch bei Auslandsbeziehungen fort, weil die Unternehmensbesteuerung nicht nur bei den nationalen Normen des deutschen Außensteuerrechts, sondern auch bei den nationalen Normen im Ausland[1] sowie bei den bilateralen und supranationalen Normen des internationalen Steuerrechts primär und grundsätzlich an den einzelnen Rechtsformen ansetzt, in denen sich die unternehmerische Tätigkeit zivilrechtlich vollzieht. Aus der **Kombination inländischer Rechtsformen** und den entsprechenden **Rechtsformen im Ausland** ergibt sich eine **Vielzahl von Gestaltungsmöglichkeiten** mit höchst unterschiedlichen Steuerfolgen, wobei der Abgrenzung von Personen- und Kapitalgesellschaften auch bei Auslandsbeziehungen entscheidende Bedeutung zukommt. 1

Während **Kapitalgesellschaften** gesellschafts- und steuerrechtlich regelmäßig auch im Ausland als **selbständige Rechtssubjekte** behandelt werden[2] und dementsprechend in den Doppelbesteuerungsabkommen subjektiv abkommensberechtigt sind[3], sind **Perso-** 2

1 Vgl. dazu im einzelnen *J. Lang* (Hrsg.), Unternehmensbesteuerung in EU-Staaten, DStJG Bd. 16 (1994), insb. das Resümee von *dems.,* 300 ff.

2 Vgl. *Henkel,* in: Mössner u. a., Steuerrecht international tätiger Unternehmen, 454 ff.

3 Vgl. Art. 1 und 3 OECD-MA. Dazu im einzelnen *Vogel,* DBA[2], München 1990, Art. 3 Rz. 1 ff., darüber hinaus insb. auch *Debatin,* BB 89, Beilage 3.

nengesellschaften im Ausland im allgemeinen **keine selbständigen Rechtssubjekte** und dementsprechend auch in den bestehenden DBA regelmäßig selbst nicht abkommensberechtigt[4]. Dieser grundsätzlichen Differenzierung entsprechend hat die Rechtsformwahl auch und gerade bei der Gestaltung von Auslandsbeziehungen entscheidende Bedeutung für die laufende Besteuerung und die Besteuerung von Sondervorgängen, was die nachfolgende Darstellung der wesentlichen steuerrechtlichen Grundstrukturen bei der Beteiligung inländischer Personen- und Kapitalgesellschaften an Auslandsgesellschaften[5] bestätigt[6].

1. Laufende Besteuerung bei der Beteiligung von Inlandsgesellschaften an ausländischen Personen- und Kapitalgesellschaften

1.1 Behandlung von Gewinnen[7]

3 Bei der **Beteiligung an einer ausländischen Personengesellschaft** sind die inländischen Gesellschafter grundsätzlich **im Ausland** mit den Einkünften der Personengesellschaft **steuerpflichtig,** wenn die ausländische Personengesellschaft im Ausland selbst nicht subjektiv steuerpflichtig ist[8]. Die Einkünfte sind auf Grund der Zuteilungsnorm des Art. 7 OECD-Musterabkommen den konkreten Normen des ausländischen Staates entsprechend zu versteuern[9].

4 **Im Inland** sind die entsprechenden Einkünfte freigestellt[10]. Bei der Beteiligung einer inländischen Personengesellschaft mit natürlichen Personen ist dabei im Inland lediglich der **Progressionsvorbehalt** nach § 32b EStG zu berücksichtigen. Die Steuerfreiheit bleibt grundsätzlich auch dann erhalten, wenn die entsprechenden Auslandsgewinne nicht im Unternehmen investiert, sondern entnommen werden.

5 Bei der **Beteiligung einer inländischen Kapitalgesellschaft an einer ausländischen Personengesellschaft** bleibt die Freistellung im Ergebnis demgegenüber nur dann erhalten, wenn die entsprechenden Einkünfte bei der Kapitalgesellschaft selbst thesauriert oder an eine andere Kapitalgesellschaft ausgeschüttet werden (§ 8b I, II, 40 I Nr. 1 KStG)[11]. Erfolgt eine Weiterausschüttung an natürliche Personen, ist die Ausschüttungsbelastung zwar nicht mehr herzustellen (§ 40 I Nr. 1 KStG)[12]. Der Anteilseigner hat andererseits jedoch keinen Anrechnungsanspruch, so daß im Ergebnis eine Besteuerung entsprechend seinen individuellen Verhältnissen erfolgt.

---

4 Vgl. dazu *Debatin* (Fn. 3), 8 ff.; *Vogel* (Fn. 3), Art. 1 Rz. 18 ff., Art. 3 Rz. 20 ff.; *Greif,* in: Mössner u. a., Steuerrecht international tätiger Unternehmen, 417 ff.

5 Vgl. dazu auch *Telkamp,* Betriebstätte oder Tochtergesellschaft im Ausland, Wiesbaden 1975, 92 ff.; *Streu,* Die Vorteilhaftigkeit von ausländischer Betriebstätte und Tochtergesellschaft nach dem Standortsicherungsgesetz, IStR 94, 45.

6 Der folgende Überblick zeigt lediglich wesentliche Grundstrukturen auf, die sich bei Vorliegen eines DBA ergeben. Dabei wird exemplarisch von den Regeln des OECD-MA ausgegangen, während bei konkreten Sachverhalten von den individuellen Doppelbesteuerungsabkommen auszugehen ist oder die unilateralen Regeln zur Vermeidung der Doppelbesteuerung anzuwenden sind. Außerdem muß im Einzelfall auch die konkrete Behandlung im Ausland berücksichtigt werden. Weiterführend insb. *Jacobs,* Internationale Unternehmensbesteuerung[2]; *Mössner* u. a., Steuerrecht international tätiger Unternehmen; *Schaumburg,* Internationales Steuerrecht.

7 Vgl. dazu insb. auch *Streu* (Fn. 5), IStR 94, 45.

8 Vgl. dazu im einzelnen *Vogel,* DBA[2], Art. 1, Rz. 18 ff.

9 Vgl. dazu im einzelnen *Vogel,* DBA[2], Art. 7.

10 Vgl. Art. 23 A OECD-MA. Vgl. im einzelnen dazu die Abkommensübersichten bei *Vogel,* DBA[2], Art. 23.

11 Vgl. dazu im einzelnen *Henkel,* DB 93, 893; *Hundt,* DB 93, 2048, 2098; *Wolff,* IStR 93, 401; *Förster,* DB 94, 385; *Krebühl,* DB 94, 496.

12 Vgl. dazu im einzelnen oben § 11.

6 Bei der Beteiligung inländischer Personen- oder Kapitalgesellschaften an einer ausländischen Kapitalgesellschaft wird der **Gewinn der ausländischen Gesellschaft** aufgrund subjektiver Steuerpflicht zunächst im Ausland besteuert. Gewinnausschüttungen unterliegen im Ausland regelmäßig nur einem begrenzten Quellensteuerabzug[13], im übrigen erfolgt die Besteuerung beim Anteilseigner[14].

7 Sind Personengesellschaften mit natürlichen Personen als Anteilseigner beteiligt, wird die **ausländische Quellensteuer** auf die deutsche Einkommensteuer angerechnet[15], so daß die Ausschüttungen im Ergebnis den individuellen Verhältnissen beim Anteilseigner entsprechend besteuert werden.

8 Bei der Beteiligung inländischer Kapitalgesellschaften sind die **Ausschüttungen im Inland** steuerfrei, wenn die Voraussetzungen des internationalen Schachtelprivilegs erfüllt sind[16] und die entsprechenden Erträge bei der Gesellschaft thesauriert oder an Kapitalgesellschaften ausgeschüttet werden[17]. Bei einer Weiterausschüttung an natürliche Personen wird die Steuerfreiheit im Ergebnis rückgängig gemacht, und es erfolgt eine Besteuerung nach den individuellen Verhältnissen beim Gesellschafter, wobei jedoch die ausländische Quellensteuer nicht auf die Einkommensteuer des Gesellschafters angerechnet werden kann[18].

13 Vgl. Art. 10 II OECD-MA. Vgl. dazu im einzelnen *Vogel,* DBA[2], Art. 10 Rz. 29 ff.

14 Vgl. Art. 10 I OECD-MA. Dazu im einzelnen *Vogel,* DBA[2], Art. 10 Rz. 12 ff.

15 Vgl. Art. 23 B OECD-MA i. V. m. § 34c EStG.

16 Vgl. Art. 23 A OECD-MA, § 8b KStG. Erforderlich ist eine Beteiligungsquote von mind. 10% und regelmäßig auch eine aktive Tätigkeit der ausländischen Gesellschaft. Im einzelnen dazu *Vogel,* DBA[2], Art. 23 Rz. 96 ff.; *Ritter,* BB 94, 509.

17 Vgl. §§ 8b I, II, 40 I Nr. 1 KStG. Im einzelnen dazu *Henkel,* DB 93, 893; *Hundt,* DB 93, 2048; *Ketterer/Pumbo,* IStR 93, 289; *Müller-Gatermann,* FR 93, 381; *Zeitler/Krebs,* DB 93, 1051; *Grefe,* DStR 94, 440; *Ritter,* BB 94, 509.

18 Vgl. oben Rz. 5.

Behandlung von Gewinnen bei Beteiligung einer Inlandsgesellschaft an einer Auslandsgesellschaft

Beteiligung Inlandsgesellschaft an Auslandsgesellschaft		INLAND	
		Personengesellschaft	**Kapitalgesellschaft**
AUSLAND	**Personengesellschaft**	· Besteuerung im Ausland gem. Art. 7 OECD-MA und ausländischem Steuerrecht · Freistellung im Inland gem. Art. 23A OECD-MA mit Progressionsvorbehalt (§ 32b EStG)	· Besteuerung im Ausland gem. Art. 7 OECD-MA und ausländischem Steuerrecht · Freistellung im Inland gem. Art. 23A OECD-MA, d. h. Steuerfreiheit bei Thesaurierung und Ausschüttung an Kapitalgesellschaft, bei Weiterausschüttung an natürliche Personen individuelle Besteuerung beim Anteilseigner
	Kapitalgesellschaft	· Besteuerung des Gewinns der Auslandsgesellschaft gemäß ausländischem Steuerrecht im Ausland (Art. 1, 3, 7 OECD-MA) · Besteuerungsrecht für Ausschüttungen im Ausland begrenzt auf beschränkten Quellensteuerabzug (Art. 10 OECD-MA) · Besteuerungsrecht für Ausschüttungen im Inland mit Anrechnung der ausl. Quellensteuer (Art. 10, 23B OECD-MA; § 34c EStG)	· Besteuerung des Gewinns der Auslandsgesellschaft gemäß ausländischem Steuerrecht im Ausland (Art. 1, 3, 7 OECD-MA) · Besteuerungsrecht für Ausschüttungen im Ausland begrenzt auf beschränkten Quellensteuerabzug (Art. 10 OECD-MA) · Besteuerungsrecht für Ausschüttungen im übrigen grundsätzlich im Inland (Art. 10 OECD-MA) – Schachteldividenden: grundsätzlich Freistellung auf Grund internationalen Schachtelprivilegs (DBA, § 8b KStG), d. h. Steuerfreiheit bei Thesaurierung und Ausschüttung an Kapitalgesellschaft, bei Weiterausschüttung an natürliche Personen individuelle Besteuerung beim Anteilseigner – Sonstige Ausschüttungen: Körperschaftsteuerpflicht mit Anrechnung der ausländischen Quellensteuer (Art. 23B OECD-MA; §§ 26 KStG, 34c EStG)

1.2 Berücksichtigung von Verlusten

Bei der **Beteiligung an ausländischen Personengesellschaften** sind Verluste im Inland – 9
korrespondierend zur Steuerfreistellung für Gewinne – grundsätzlich nicht verrechenbar. Sie werden nur im Rahmen des **negativen Progressionsvorbehalts** berücksichtigt[19]. Auf Antrag können die entsprechenden Verluste jedoch nach § 2a III EStG unter bestimmten Voraussetzungen auch im Inland angesetzt werden[20].

Bei der **Beteiligung an einer ausländischen Kapitalgesellschaft** kommt eine unmittelba- 10
re Berücksichtigung von Verlusten demgegenüber grundsätzlich nicht in Betracht. Verluste einer ausländischen Kapitalgesellschaft sind indirekt vielmehr nur ausnahmsweise dann zu berücksichtigen, wenn die Voraussetzungen für eine **Teilwertabschreibung** erfüllt sind, weil es sich nicht um übliche Anlaufverluste handelt, sondern Fehlmaßnahmen vorliegen[21].

Berücksichtigung von Verlusten bei Beteiligung einer Inlandsgesellschaft an einer Auslandsgesellschaft

Beteiligung Inlandsgesellschaft an Auslandsgesellschaft		I N L A N D	
		Personengesellschaft	**Kapitalgesellschaft**
A U S L A N D	**Personengesellschaft**	· Berücksichtigung im Ausland gem. Art. 7 i. V. m. Art. 23 OECD-MA und ausländischem Steuerrecht · Freistellung im Inland mit negativem Progressionsvorbehalt (Art. 23A OECD-MA, § 32b EStG) · Auf Antrag Berücksichtigung der ausl. Verluste im Inland gem. § 2a III EStG	· Berücksichtigung im Ausland gem. Art. 7 i. V. m. Art. 23 OECD-MA und ausländischem Steuerrecht · Freistellung im Inland (Art. 23A OECD-MA, § 32b EStG) · Auf Antrag Berücksichtigung der ausl. Verluste im Inland gem. § 2a III EStG i. V. m. § 8 I KStG
	Kapitalgesellschaft	· Berücksichtigung im Ausland gem. Art. 1, 3, 7 OECD-MA und ausländischem Steuerrecht · Im Inland keine Berücksichtigung von ausl. (negativen) Einkünften · Ggf. Teilwertabschreibung auf Beteiligungsansatz möglich (§ 6 I Nr. 1 EStG)	· Berücksichtigung im Ausland gem. Art. 1, 3, 7 OECD-MA und ausländischem Steuerrecht · Im Inland keine Berücksichtigung von ausl. (negativen) Einkünften · Ggf. Teilwertabschreibung auf Beteiligungsansatz möglich (§ 6 I Nr. 1 EStG; § 8b II KStG)

19 Vgl. BFH BStBl. 83, 382; *Schmidt,* EStG[13], § 2 Anm. 15b, § 2a Anm. 25.

20 Vgl. dazu im einzelnen *Schmidt,* EStG[13], § 2 Anm. 25 ff.; *Greif,* in: Mössner u. a., Steuerrecht international tätiger Unternehmen, 446 ff.

21 Vgl. dazu im einzelnen BFH BStBl. 89, 274; dazu insb. *Herzig* (Hrsg.), Bewertung von Auslandsbeteiligungen, Köln 1992.

2. Steuerrechtliche Behandlung von Sondervorgängen bei der Beteiligung von Inlandsgesellschaften an ausländischen Personen- und Kapitalgesellschaften

2.1 Übertragung von Wirtschaftsgütern

11 Werden bei der **Beteiligung an einer ausländischen Personengesellschaft** Wirtschaftsgüter aus einem inländischen Betriebsvermögen auf die Auslandsgesellschaft übertragen, stellt sich die Frage, ob eine Entstrickung eintritt und damit eine sofortige Gewinnrealisierung erfolgt[22]. Systematisch konsequent ist es, einen Gewinn erst bei einer späteren Veräußerung zu realisieren und im Zeitpunkt der Überführung in der Steuerbilanz des Anteilseigners in Höhe der Differenz zwischen Buchwert und Verkehrswert einen Ausgleichsposten anzusetzen und über die Abschreibung bzw. bei der Veräußerung erfolgswirksam aufzulösen[23].

12 Werden Wirtschaftsgüter des Betriebsvermögens auf eine **ausländische Kapitalgesellschaft** übertragen, tritt demgegenüber nach der Rechtsprechung des BFH unabhängig davon, ob die Übertragung als tauschähnlicher Vorgang mit[24] oder als verdeckte Einlage ohne[25] Gewährung von Gesellschaftsrechten erfolgt, eine **Gewinnrealisierung** ein. Eine Gewinnrealisierung erfolgt nur dann nicht, wenn die Voraussetzungen für die Anwendung des sogenannten Tauschgutachtens vorliegen[26], d. h. die ins Ausland überführten und die dafür erhaltenen Wirtschaftsgüter (insb. Beteiligungen) wert-, art- und funktionsgleich und damit wirtschaftlich identisch sind[27].

13 Ist eine inländische Personen- oder Kapitalgesellschaft als Anteilseignerin an einer ausländischen Kapitalgesellschaft in einem anderen Staat der EG beteiligt, erfolgt eine Gewinnrealisierung darüber hinaus auch dann nicht, wenn Anteile an einer EG-Kapitalgesellschaft nach § 20 VI UmwStG[28] in die ausländische Kapitalgesellschaft eingebracht werden. Bei der Beteiligung einer inländischen Kapitalgesellschaft an einer EG-Kapitalgesellschaft ist darüber hinaus auch die Einbringung eines Betriebs oder Teilbetriebs[29] nach § 20 VIII UmwStG begünstigt[30].

---

22 Vgl. dazu allgemein oben § 9 Rz. 406, darüber hinaus insb. *Schaumburg*, Internationales Steuerrecht, 161 ff.

23 Vgl. BMF BStBl. I 90, 72; dazu *Schaumburg*, Spezielle Gewinnrealisierungsprobleme im außensteuerlichen Kontext, in: Ruppe (Hrsg.), Gewinnrealisierung im Steuerrecht, DStJG Bd. 4 (1981), 247 ff., 249 ff.; *Debatin*, BB 90, 826; *Kramer*, StuW 91, 151 ff., 159 ff.; *Pach-Hanssenheimb*, BB 92, 2115 ff., 2121 ff.; *Schröder*, in: Mössner u. a., Steuerrecht international tätiger Unternehmen, Köln 1992, 223 ff.; *Schaumburg*, Internationales Steuerrecht, 784 ff.

24 Vgl. BFH BStBl. 76, 748; 88, 374; darüber hinaus insb. *Wassermeyer*, DB 90, 855.

25 Vgl. BFH BStBl. 87, 705; 88, 348, 354, kritisch dazu insb. *Henkel*, in: Mössner u. a., Steuerrecht international tätiger Unternehmen, 467.

26 Vgl. dazu BFH BStBl. 59, 30, 32 ff.

27 Vgl. dazu insb. auch *Wassermeyer*, DB 90, 855; *Zeitler*, NWB Fach 3, 7351; *Wassermeyer*, DStR 92, 57.

28 Vgl. dazu unten Rz. 25.

29 Zum Einfluß des EG-Rechts auf den Teilbetriebsbegriff *Herzig*, IStR 94, 1 ff.

30 Vgl. dazu unten Rz. 25.

Übertragung von Wirtschaftsgütern ins Ausland bei Beteiligung einer Inlandsgesellschaft an einer Auslandsgesellschaft

Beteiligung Inlandsgesellschaft an Auslandsgesellschaft		I N L A N D	
		Personengesellschaft	**Kapitalgesellschaft**
A U S L A N D	**Personengesellschaft**	• Im Inland grundsätzlich Gewinnrealisierung; Besteuerung kann wahlweise durch Bildung von Ausgleichsposten auf Nutzungsdauer bzw. bis zur Veräußerung hinausgeschoben werden • Im Ausland Aktivierung nach dortigem Recht	• Im Inland grundsätzlich Gewinnrealisierung; Besteuerung kann wahlweise durch Bildung von Ausgleichsposten auf Nutzungsdauer bzw. bis zur Veräußerung hinausgeschoben werden • Im Ausland Aktivierung nach dortigem Recht
	Kapitalgesellschaft	• Im Inland grundsätzlich Gewinnrealisierung; Buchwertverknüpfung ist nur möglich bei Anwendung des Tauschgutachtens oder wenn Anteile an einer EU-Kapitalgesellschaft nach § 20 VI UmwStG in EG-Kapitalgesellschaft eingebracht werden • Im Ausland Aktivierung nach dortigem Recht	• Im Inland grundsätzlich Gewinnrealisierung; Buchwertverknüpfung ist nur möglich bei Anwendung des Tauschgutachtens oder wenn Anteile an einer EU-Kapitalgesellschaft nach § 20 VI UmwStG in EG-Kapitalgesellschaft eingebracht werden oder eine Einbringung von Betrieben oder Teilbetrieben nach § 20 VIII UmwStG erfolgt • Im Ausland Aktivierung nach dortigem Recht

2.2 Veräußerungsvorgänge

14 Bei der Beteiligung an einer ausländischen Personengesellschaft unterliegen Gewinne aus der Veräußerung der Beteiligung regelmäßig **im Ausland** der **Besteuerung**[31]. Bei den Gesellschaftern im Inland sind die entsprechenden Veräußerungsgewinne regelmäßig freigestellt[32]. Ein positiver Progressionsvorbehalt besteht anders als bei laufenden Einkünften nicht[33]. Während die Steuerfreistellung bei einer Personengesellschaft unabhängig von der Gewinnverwendung im Inland erhalten bleibt, tritt bei einer inländischen Kapitalgesellschaft nur dann keine Steuerbelastung ein, wenn die entsprechenden Gewinne thesauriert oder an eine andere inländische Kapitalgesellschaft ausgeschüttet werden. Erfolgt eine Gewinnausschüttung an natürliche Personen, tritt im Ergebnis eine den Verhältnissen beim Anteilseigner entsprechende Besteuerung ein[34].

15 Gewinne aus der Veräußerung von Anteilen an einer ausländischen Kapitalgesellschaft werden im Sitzstaat der Gesellschaft regelmäßig nicht besteuert. Die **Besteuerung** erfolgt in der Regel **im Wohnsitzstaat des Anteilseigners**[35].

31 Vgl. dazu Art. 13 I OECD-MA. Im einzelnen dazu *Vogel,* DBA[2], Art. 13 Rz. 28 ff.
32 Vgl. Art. 23 A OECD-MA. Im einzelnen dazu *Vogel,* DBA[2], Art. 23 Rz. 76 ff.
33 Vgl. § 32b II Nr. 2 EStG.
34 Vgl. im einzelnen oben Rz. 5.
35 Vgl. Art. 13 IV OECD-MA. Im einzelnen dazu *Vogel,* DBA[2], Art. 13 Rz. 76 ff.

16 Werden Anteile an einer ausländischen Kapitalgesellschaft durch eine **inländische Personengesellschaft** veräußert, unterliegt der Veräußerungsgewinn daher den **individuellen Verhältnissen der Gesellschafter** der Personengesellschaft entsprechend im Inland der Besteuerung.

17 Bei einer inländischen **Kapitalgesellschaft** unterliegt der Gewinn aus der Veräußerung einer Beteiligung an einer ausländischen Kapitalgesellschaft **im Inland grundsätzlich** der **Körperschaftsteuer.** Die entsprechenden Veräußerungsgewinne bleiben nach § 8b II KStG jedoch dann außer Ansatz, wenn Gewinnausschüttungen dieser Gesellschaft nach einem **Abkommen zur Vermeidung der Doppelbesteuerung,** nach § 8b V KStG oder nach § 26 II, III KStG begünstigt wären[36]. Eine Besteuerung der Veräußerungsgewinne erfolgt nur dann, wenn eine Weiterausschüttung an natürliche Personen erfolgt. Bei einer Thesaurierung des Veräußerungsgewinns in der Gesellschaft oder bei einer Ausschüttung an eine andere Kapitalgesellschaft bleibt die Steuerfreiheit erhalten[37].

Veräußerungsvorgänge bei Beteiligung einer Inlandsgesellschaft an einer Auslandsgesellschaft

Beteiligung Inlandsgesellschaft an Auslandsgesellschaft		I N L A N D	
		Personengesellschaft	**Kapitalgesellschaft**
A U S L A N D	**Personengesellschaft**	• Im Ausland i. d. R. Besteuerung des Veräußerungsgewinns gem. Art. 13 II OECD-MA und ausländischem Steuerrecht • Im Inland i. d. R. Freistellung des Veräußerungsgewinns ohne Progressionsvorbehalt (Art. 23A OECD-MA, § 32b II Nr. 2 EStG)	• Im Ausland i. d. R. Besteuerung des Veräußerungsgewinns gem. Art. 13 II OECD-MA und ausländischem Steuerrecht • Im Inland i. d. R. Freistellung des Veräußerungsgewinns (Art. 23A OECD-MA), d. h. Steuerfreiheit bei Thesaurierung und Ausschüttung an Kapitalgesellschaft, bei Weiterausschüttung an natürliche Person individuelle Besteuerung beim Anteilseigner
	Kapitalgesellschaft	• Im Ausland i. d. R. keine Besteuerung des Veräußerungsgewinns (Art. 13 IV OECD-MA) • Im Inland Besteuerung des Veräußerungsgewinns gem. Art. 13 IV OECD-MA	• Im Ausland i. d. R. keine Besteuerung des Veräußerungsgewinns (Art. 13 IV OECD-MA) • Im Inland grundsätzlich Besteuerung nach Art. 13 IV OECD-MA, aber Steuerbefreiung bei Schachtelbeteiligungen nach § 8b II KStG, d. h. Steuerfreiheit bei Thesaurierung und Ausschüttung an Kapitalgesellschaft, bei Weiterausschüttung an natürliche Person individuelle Besteuerung beim Anteilseigner

36 Vgl. dazu im einzelnen *Henkel,* DB 93, 893; *Hundt,* DB 93, 2048, 2098; *Wolff,* IStR 93, 401; *Förster,* DB 94, 385; *Krebühl,* DB 94, 496.

37 Vgl. dazu oben Rz. 8.

B. Harmonisierungsnotwendigkeit und Harmonisierungsziele

Mit der Schaffung des europäischen Binnenmarktes zum 1. 1. 1993 verbindet sich das Ziel, einen Wirtschaftsraum zu schaffen, der ohne Binnengrenzen den freien Verkehr von Waren, Personen, Dienstleistungen und Kapital gewährleistet (Art. 7a II EGV)[38]. Daß dieses Ziel im Bereich der Unternehmensbesteuerung bislang noch nicht erreicht ist, ist bei der aufgezeigten **rechtsformorientierten Grundstruktur grenzüberschreitender Unternehmensbesteuerung** klar. Klar ist auch, daß sich die Schwächen einer rechtsformabhängigen Unternehmensbesteuerung im Inland verstärken, wenn sie mit den ebenfalls rechtsformabhängig geprägten Steuerrechtsnormen im Ausland[39] sowie den bilateralen und multilateralen Normen des internationalen Steuerrechts zusammentreffen. 18

Als Folge der bestehenden Verknüpfungen und Interdependenzen ergeben sich Wettbewerbsverzerrungen, die der Freiheit des Warenverkehrs, der Dienstleistungen, der Freiheit des Personenverkehrs und des Kapitalverkehrs entgegenstehen und damit die **Grundfreiheiten des Binnenmarktes** beeinträchtigen[40]. 19

Aufgrund dieser Beeinträchtigungen besteht bereits seit langem ein grundsätzlicher Konsens über die Notwendigkeit, die Unternehmensbesteuerung in der EU zu harmonisieren[41]. Anders als bei den indirekten Steuern (Art. 99 EGV) besteht jedoch **kein ausdrücklicher Harmonisierungsauftrag.** Die Kompetenz für eine Harmonisierung ergibt sich vielmehr lediglich aus Art. 100, 100a II EGV mit der Maßgabe, das Einstimmigkeitsprinzip zu wahren und sich auf die Bereiche zu beschränken, die sich unmittelbar auf die Errichtung und das Funktionieren des Gemeinsamen Marktes auswirken. 20

In diesem Rahmen haben sich die konkreten Ziele im Laufe der Zeit gewandelt, weil die früher angestrebte umfassende Harmonisierung insb. aufgrund der engen Verflechtung der direkten Steuern mit den nationalen Rechts- und Gesellschaftsordnungen der Mitgliedstaaten und der zwangsläufig erforderlichen Eingriffe in die Souveränität der Einzelstaaten erhebliche nationale Widerstände ausgelöst und kaum zu Fortschritten geführt hat[42]. Die **Kommission** ist daher im Jahr 1990 mit den **„Leitlinien zur Unternehmensbesteuerung“**[43] entsprechend Art. 3b EGV zugunsten des Subsidiaritätsprinzips und des Erforderlichkeitsprinzips von dem ursprünglichen systematischen Harmonisierungskonzept abgerückt. Danach geht es nunmehr 21

---

38 Vgl. dazu im einzelnen oben § 2 Rz. 49 ff.

39 Dazu im einzelnen die Übersichten in *J. Lang,* Unternehmensbesteuerung in EU-Staaten, DStJG Bd. 16 (1994).

40 Vgl. dazu im einzelnen die Ergebnisse der Ruding Kommission: Report of the Committee of Independent Experts (Onno Ruding, chairman; Donal de Buitléir, Jean-Louis Descours, Lorenzo Gascon, Carlo Gatto, Kenn Messere, Albert Rädler, Frans Vanistendael) on Company Taxation, Commission of the European Communities, Office for Official Publications of the European Communities, Brussels/Luxembourg 1992. Zum Ruding-Bericht ausf. *A. J. Rädler,* Perspektiven der Unternehmensbesteuerung im Binnenmarkt, StbJb. 1992/93, 31; darüber hinaus insb. auch *Vanistendael,* EC Tax Review 92, 3; *Mc. Lare,* EC Tax Review 92, 13; *B. Knobbe-Keuk,* EC Tax Review 92, 39; *Thömmes,* Intertax 92, 524.

41 Vgl. das von der EG-Kommission veröffentlichte „Programm zur Harmonisierung der direkten Steuern“, Bulletin der EG, Supplement 8/1967.

42 Vgl. dazu insb. *J. Lang,* in: J. Lang, Unternehmensbesteuerung in EU-Staaten, DStJG Bd. 16 (1994), 300 ff.

43 Dazu BR-Drucks. 360/90 und *Krebs,* BB 1990, 1949 ff.; *B. Knobbe-Keuk,* Bilanz- und Unternehmenssteuerrecht[9], 355 ff.; *Flockermann,* Weiterentwicklung des Steuerrechts, in: L. Fischer (Hrsg.), Besteuerung internationaler Konzerne, Forum der internationalen Besteuerung, Bd. 3, Köln 1993; darüber hinaus oben § 2 Rz. 50 ff.

um eine Beschränkung auf die Maßnahmen, die für den freien Verkehr innerhalb des Binnenmarktes bei grenzüberschreitenden Tätigkeiten unerläßlich sind[44].

22 Mit dieser Beschränkung wird die Notwendigkeit der Harmonisierung keineswegs in Frage gestellt, sondern lediglich ihre Zielrichtung pragmatisch verändert. Diese Veränderung ist sicher insoweit zu begrüßen, als dem **Einstimmigkeitserfordernis** mit einer Politik der kleinen Schritte eher Rechnung zu tragen ist und die Verständigung auf konkrete Maßnahmen daher erleichtert wird, wie das vom Rat am 23. 7. 1990 verabschiedete Paket der Fusionsrichtlinie, der Mutter-Tochter-Richtlinie und der Schiedsverfahrenskonvention zeigt[45]. Zu begrüßen ist darüber hinaus sicher auch, daß die Kommission mit der zunächst erforderlichen pragmatischen Beschränkung auf Einzelfragen die offenen Grundsatzfragen nicht aus den Augen verloren hat. Der **Auftrag an das *Ruding*-Komitee** mit der Frage, welche Wettbewerbsverzerrungen die Besteuerungsunterschiede zwischen den Mitgliedstaaten auslösen, ob diese Verzerrungen durch das Wechselspiel der Marktkräfte und den Steuerwettbewerb beseitigt werden können und welche besonderen Maßnahmen dazu auf Gemeinschaftsebene ggf. erforderlich sind[46], ist dafür ein Beleg und ein weiterer Schritt in die richtige Richtung. Denn die Ergebnisse des *Ruding*-Komitees bestätigen den bestehenden Handlungsbedarf[47] und werden insofern zumindest grundsätzlich von der Kommission akzeptiert[48].

23 Ob, inwieweit und wann diese grundsätzliche Akzeptanz auf Gemeinschaftsebene zu weiteren Fortschritten führt, ist im Hinblick auf das **Subsidiaritätsprinzip** und das **Erforderlichkeitsprinzip** noch nicht abzusehen, wobei insb. die **Harmonisierung der Gewinnermittlungsvorschriften** problematisch erscheint[49]. Abzusehen ist jedoch ein **Wettbewerb der nationalen Steuersysteme** mit dem Ziel, im internationalen Standortwettbewerb europataugliche Verhältnisse zu schaffen[50]. Aufgrund des Subsidiaritäts- und Erforderlichkeitsprinzips muß die Harmonisierungsinitiative dabei primär von den Mitgliedstaaten ausgehen, so daß sich gerade dort ein erheblicher Handlungszwang für eine Reform der Unternehmensbesteuerung ergibt, wo aufgrund nationaler Besonderheiten grundsätzliche Besteuerungsunterschiede zu den anderen Mitgliedstaaten bestehen.

24 Für die **Bundesrepublik Deutschland** ergibt sich daraus deshalb ein besonderes Dilemma, weil Personengesellschaften hier im Vergleich zu anderen Mitgliedstaaten eine wesentlich stärkere wirtschaftliche Bedeutung haben[51] und der besonderen steuerrechtlichen Behandlung der Personengesellschaften in der Bundesrepublik bei dem in der

---

44 Vgl. oben § 2 Rz. 51.

45 Vgl. oben § 2 Rz. 51, dazu im einzelnen unten Rz. 25 ff.

46 Vgl. oben Fn. 40. Zum weiteren strategischen Programm der Kommission in bezug auf die direkten Steuern *Schonewille*, EC Tax Review 94, 62.

47 Zu den Anforderungen, die sich aus dem Gemeinschaftsrecht und der Harmonisierung für die Steuerberatung ergeben, vgl. insb. *L. Fischer*, DStR 93, 1928; *Streck/Olgemüller*, DStR 93, 417.

48 Vgl. dazu die Mitteilung der EG-Kommission vom 26. 6. 1992, BR-Drucks. 540/92. Darüber hinaus insb. *Flockermann* (Fn. 43), 17; *B. Knobbe-Keuk* (Fn. 43), 336 ff.; *Rädler*, StbJb. 1992/93, 31 ff.; *Saß*, DB 93, 113.

49 Vgl. dazu insb. *Kreile*, DB 88, Beilage 18; *Zeitler/Jüptner*, BB 88, Beilage 17; *Anders*, BB 89, 1384; *Herzig*, Harmonisierung der steuerlichen Gewinnermittlung in der EG – Stellungnahme zu Überlegungen der EG-Kommission, in: FS für Vormbaum, Wiesbaden 1990, 195; *Rädler*, StbJb. 1992/93, 50 ff.; *Lang* (Fn. 42), 307 ff.

50 Vgl. dazu *Rädler*, Überlegungen zur Harmonisierung der Unternehmensbesteuerung in der Europäischen Gemeinschaft, in: J. Lang (Hrsg.), Unternehmensbesteuerung in EU-Staaten, DStJG Bd. 16 (1994), 276, 279; *B. Knobbe-Keuk* (Fn. 43), 337; *J. Lang* (Fn. 42), 299 ff.; *Menck*, IStR 93, 565.

51 Dazu insb. *Rädler* (Fn. 50), 278.

Gemeinschaft dominierenden Interesse an einer Harmonisierung der Körperschaftsteuersysteme kaum Rechnung zu tragen sein wird[52]. Der Abbau der bestehenden Besteuerungsunterschiede zwischen Personen- und Kapitalgesellschaften durch Schaffung einer **unternehmensformneutralen Unternehmensteuer** ist daher auch deshalb erforderlich, um die Europatauglichkeit der deutschen Unternehmensbesteuerung herzustellen und Wettbewerbsnachteile im Gemeinsamen Markt zu vermeiden[53].

C. Harmonisierungsmaßnahmen und Harmonisierungsvorschläge

Im einzelnen wurden im Rahmen der Harmonisierung der Unternehmensbesteuerung 25
auf Gemeinschaftsebene bislang folgende Maßnahmen beschlossen und vorgeschlagen:

1. Fusionsrichtlinie

Mit der Richtlinie des Rates vom 23. 7. 1990 über das gemeinsame Steuersystem für Fusionen, Spaltungen, die Einbringung von Unternehmensteilen und den Austausch von Anteilen, die Gesellschaften verschiedener Mitgliedstaaten betreffen (Fusionsrichtlinie)[54], soll die **Aufdeckung und Versteuerung stiller Reserven bei der Umstrukturierung grenzüberschreitend tätiger Unternehmen** in der EU vermieden werden, um hierdurch die Anpassung der Unternehmen an die Erfordernisse des Gemeinsamen Marktes, die Erhöhung ihrer Produktivität und eine Stärkung der Wettbewerbsfähigkeit auf internationaler Ebene zu ermöglichen[55]. Die Fusionsrichtlinie, die lediglich die Umstrukturierung von Kapitalgesellschaften begünstigt[56], wurde mit dem **Steueränderungsgesetz 1992** in bezug auf die Einbringung von Unternehmensteilen (§ 20 VIII UmwStG) und den Austausch von Anteilen (§ 20 VI UmwStG) in deutsches Recht umgesetzt[57]. In bezug auf Fusionen und Spaltungen, an denen Kapitalgesellschaften aus verschiedenen Mitgliedstaaten der EU beteiligt sind, ist eine Umsetzung bislang nicht erfolgt, weil der Gesetzgeber davon ausgeht, daß für die entsprechenden Vorgänge die zivilrechtlichen Grundlagen fehlen[58].

2. Mutter-Tochter-Richtlinie

Mit der Richtlinie des Rates vom 23. 7. 1990 über das gemeinsame Steuersystem der 26
Mutter- und Tochtergesellschaften verschiedener Mitgliedstaaten (Mutter-Tochter-

---

52 Dazu insb. *J. Lang* (Fn. 42), 300 ff. Zur Harmonisierung der Körperschaftsteuersysteme insb. *B. Knobbe-Keuk,* EC Tax Review 92, 22; *Grotherr,* DStR 92, 1388; *Rädler,* StbJb. 1992/93, 31, 51 ff.; *Tabaksblat,* Intertax 93, 16.

53 Vgl. dazu im einzelnen *J. Lang,* StbJb. 1993/94, 199; zur Frage der Standortsicherung durch das Standortsicherungsgesetz insb. *Schneider,* StuW 94, 121. Darüber hinaus dazu auch § 2, Rz. 53; § 16 Rz. 57 ff.

54 ABl. EG vom 20. 8. 1990, Nr. L 225, 1; dazu insb. *B. Knobbe-Keuk,* DB 91, 298; *Herzig/Dautzenberg,* DB 92, 1; *Herzig/Förster,* DB 92, 911, 959; *Saß,* DB 90, 2340; *Herzig/Förster,* DB 94, 1 ff.; *Herzig/Dautzenberg/Heyeres,* DB 91, Beilage 12; *Förster,* Umstrukturierung deutscher Tochtergesellschaften im Ertragsteuerrecht, Düsseldorf 1991, 133 ff.

55 Vgl. Präambel der Fusionsrichtlinie (Fn. 48).

56 Vgl. dazu insb. *B. Knobbe-Keuk,* DB 91, 304; *Herzig/Dautzenberg/Heyeres,* DB 91, Beilage 12, 16; *B. Knobbe-Keuk* (Fn. 43), 840 ff.; *Thiel,* GmbHR 94, 277 ff.

57 Vgl. dazu oben § 11 sowie Rz. 12; außerdem *Rödder,* IStR 94, 257.

58 Vgl. dazu die Begründung zum Steueränderungsgesetz 1992, BT-Drucks. 12/08, 80; *Kieschke,* DStZ 91, 293. Kritisch dazu insb. *Herzig/Förster,* DB 92, 959, 962.

Richtlinie)[59] soll die **Doppelbesteuerung von Gewinnen** vermieden werden, die von einer Tochtergesellschaft in der EU an ihre ebenfalls in der EU ansässige Muttergesellschaft ausgeschüttet werden. Zu diesem Zweck wird einerseits die Erfassung der Dividenden bei der Muttergesellschaft ausgeschlossen und andererseits die Quellensteuer im Staat der ausschüttenden Tochtergesellschaft beseitigt.

27 Soweit eine Umsetzung in das deutsche Recht erforderlich war, ist diese **Umsetzung** in bezug auf die Freistellung bei deutschen Muttergesellschaften durch den **partiellen Verzicht auf eine Aktivitätsklausel** in § 26 IIa KStG erfolgt[60]. In bezug auf die Beseitigung der Quellensteuer enthält die Mutter-Tochter-Richtlinie für die Bundesrepublik Deutschland eine Übergangsregelung bis Mitte 1996. Aufgrund des gespaltenen Körperschaftsteuertarifs kann bis zu diesem Zeitpunkt entsprechend § 44d I EStG eine Quellensteuer von 5 v. H. erhoben werden[61].

3. Schiedsverfahrens-Konvention

28 Mit dem Abkommen über die Beseitigung der Doppelbesteuerung im Falle einer Gewinnberechtigung bei Geschäftsbeziehungen zwischen verbundenen Unternehmen (Schiedsverfahrens-Konvention)[62] wird ein **Schlichtungsverfahren** für die Fälle geschaffen, in denen bilateral keine Verständigung über Gewinnberichtigungen zwischen verbundenen Unternehmen i. S. d. Art. 9 OECD-MA zustande gekommen ist. Die Konvention, die eine **Laufzeit von fünf Jahren** hat, verpflichtet die Mitgliedstaaten, die Doppelbesteuerung zu beseitigen. Sie ist insofern **obligatorisch** und geht damit grundsätzlich über das Verständigungsverfahren nach Art. 25 OECD-MA hinaus.

4. Weitere Harmonisierungsvorschläge

4.1 Quellensteuer bei Zinsen und Lizenzgebühren

29 Der Vorschlag für eine Richtlinie des Rates über die gemeinsame Besteuerungsregelung für Zahlungen von Zinsen und Lizenzgebühren zwischen Mutter- und Tochtergesellschaften[63] war ursprünglich allein auf die Abschaffung sämtlicher Quellensteuern bei Zahlungen von Zinsen und Lizenzgebühren zwischen Mutter- und Tochtergesellschaften verschiedener Mitgliedstaaten gerichtet. Zwischenzeitlich wurde der Vorschlag auch auf andere miteinander verbundene Gesellschaften und Personenunternehmen erweitert[64], was als Beitrag zur Rechtsformneutralität nur zu begrüßen ist[65].

4.2 Berücksichtigung von Verlusten

30 Mit dem Vorschlag für eine Richtlinie des Rates über eine Regelung für Unternehmen zur Berücksichtigung der Verluste ihrer in anderen Mitgliedstaaten belegenen Betrieb-

59 ABl. EG vom 20. 8. 1990, Nr. L 225, 6; vgl. dazu insb. *Saß*, DB 90, 2340, 2345; *B. Knobbe-Keuk* (Fn. 43), 341 ff.; zu neueren Entwicklungen *Saß*, DB 94, 1589.

60 Vgl. dazu im einzelnen *B. Knobbe-Keuk* (Fn. 43), 342.

61 Vgl. dazu im einzelnen *Krebs*, BB 90, 1945 f.; *Saß*, DB 90, 2340, 2346; *B. Knobbe-Keuk* (Fn. 43), 343 ff.

62 ABl. EG Nr. L 225 vom 20. 8. 1990; dazu im einzelnen *Saß*, DB 91, 984; *B. Knobbe-Keuk* (Fn. 43), 348 f.; *Schaumburg*, Internationales Steuerrecht, 485 ff.

63 ABl. EG vom 28. 2. 1991, Nr. C 53, 26.

64 Vgl. dazu *Flockermann* (Fn. 43), 18 f.

65 Zur früheren Kritik insb. *Thömmes*, IWB 1991, Fach 2, 517.

stätten und Tochtergesellschaften vom 28. 11. 1990[66] wurde ursprünglich eine einheitliche Regelung für die Berücksichtigung von Verlusten aus in EU-Mitgliedstaaten errichteten Betriebstätten und Tochtergesellschaften angestrebt. Dieser Vorschlag wurde zwischenzeitlich aufgrund von Initiativen einzelner Mitgliedstaaten jedoch auf **Betriebstättenverluste** eingeschränkt, obwohl diese Einschränkung den Erfordernissen und der Verwirklichung der Grundfreiheiten des Binnenmarktes nicht gerecht wird[67].

66 ABl. EG vom 28. 2. 1991, Nr. C 53, 30.

67 Vgl. dazu *B. Knobbe-Keuk*, EC TAX Review 92, 25 ff.; *dies.* (Fn. 43), 349 ff.; für die Einschränkung *Flockermann* (Fn. 43), 1, 19.

Fünftes Kapitel: Steuervergünstigungen

§ 19 Steuervergünstigungen als Sozialzwecknormen

Literatur: (s. § 4 vor Rz. 19) *K. Vogel,* Steuerrecht und Wirtschaftslenkung, JbFSt 1968/69, 225; *J. Lang,* Systematisierung der Steuervergünstigungen, Ein Beitrag zur Lehre vom Steuertatbestand, Berlin 1974; *D. Schneider,* Maß und Ausmaß der Steuervergünstigungen, DB 92, 1737; *D. Pohmer,* Die Steuern als Instrument der Staatsfinanzierung oder Wirtschaftslenkung? – Steuerpolitik im Spannungsfeld widerstreitender Ziele, DStZ 93, 577.

1 Die Steuergesetze enthalten nicht nur Fiskal-, sondern auch viele Sozialzwecknormen, die mehr oder minder **unsystematisch** – meist nach bloß technischen Gesichtspunkten – in die Steuergesetze eingebettet sind. Sozialzwecknormen sind lenkende (regulative, interventionistische) Normen, die sozialpolitisch (insb. redistributiv), wirtschaftspolitisch, kulturpolitisch etc., nicht fiskalisch motiviert sind. Die Abgrenzung von den Fiskalzwecknormen kann insb. in Grenzfällen schwierig sein (dazu § 4 Rz. 25 ff.).

Sozialzwecknormen können Steuerentlastungen (das ist die Regel), sie können aber auch zusätzliche Steuerbelastungen schaffen, etwa Verlustausgleichs- und -abzugsbeschränkungen. Man kann also zwischen Steuervergünstigungen und Steuersonderbelastungen oder Steuerbenachteiligungen unterscheiden. Hier werden nur die Steuervergünstigungen behandelt.

2 Die Steuervergünstigungen sind als sog. **indirekte Subventionen** *(Steuersubventionen)* zu unterscheiden von den **Direktsubventionen,** auch bezeichnet als *Finanzhilfen* oder *(Zweck)zuwendungen.* Direktsubventionen werden in einem öffentlich-rechtlichen Subventionsverhältnis gewährt; dieses gehört zum **Wirtschaftsverwaltungsrecht**[1]. Während die Steuervergünstigung lediglich als eines von vielen Merkmalen des Steuertatbestandes ausgestaltet ist und dem strengen eingriffsrechtlichen Gesetzesvorbehalt (s. § 4 Rz. 160) unterworfen ist, wird die Direktsubvention durch besonderen Verwaltungsakt festgesetzt, wobei die leistungsverwaltungsrechtlichen Anforderungen an die Gesetzmäßigkeit der Subvention geringer sind als im Steuerrecht. Als Rechtsgrundlage für die Subvention genügt der Ansatz im Haushaltsplan. I. d. R. ist es verwaltungstechnisch sehr viel einfacher, eine Steuersubvention, z. B. eine Sonderabschreibung in der Steuerbilanz geltend zu machen als eine Direktsubvention zu beantragen. Auch weil häufig der Vorteil einer Steuersubvention überschätzt wird, werden Steuersubventionen gegenüber Direktsubventionen bevorzugt. In ihren Zwecken sind indirekte und direkte Subventionen jedoch gleichgerichtet; sie sind als Instrument einer staatlichen Lenkung zu begreifen, die aufeinander abgestimmt sein sollten. Den systematischen Zusammenhang von indirekten und direkten Subventionen bringt § 12 III StabG zum Ausdruck, indem er die Bundesregierung verpflichtet, in den Subventionsbericht auch die Steuervergünstigungen aufzunehmen.

3 Während die Direktsubvention die originären Zwecke des Rechtsgebiets, in dem sie geregelt ist, verwirklicht, wirkt die Steuersubvention dem **Fiskalzweck** des Steuerrechts entgegen, verfälscht sie die Struktur des Steuerrechts. Bis heute fällt es der Praxis schwer,

1 Dazu mit zahlr. Nachw. insb. *R. Stober,* Handbuch des Wirtschaftsverwaltungs- und Umweltrechts, Stuttgart u. a. 1989, §§ 110; 111 (Subventionsrecht), sowie die Darstellung des Steuer- und Staatsrechtlers *H.-W. Arndt,* in: U. Steiner (Hrsg.), Besonderes Verwaltungsrecht[4], Heidelberg 1992, VII, Rnrn. 103 ff. Im weiteren *J.-P. Schneider,* Vertragliche Subventionsverhältnisse im Spannungsfeld zwischen europäischem Beihilferecht und nationalem Verwaltungsrecht, NJW 92, 1197.

die Steuervergünstigungen von den Fiskalzwecknormen abzuheben; dies zum Schaden der **Auslegung,** die sich am Normzweck orientieren muß, insoweit aber durch die bloß technische Normplazierung desorientiert wird[2]. Auch **teleologische Reduktionen** können angezeigt sein. So ist nicht einzusehen, daß § 30 AO auch für wirtschaftslenkende Steuervergünstigungen und im Gemeinnützigkeitsrecht gelten soll, während für offene wirtschaftslenkende Subventionen kein entsprechendes Geheimnis existiert. Auch § 40 AO paßt nicht zum Recht der Steuervergünstigungen. So bezweckt diese Vorschrift z. B. nicht, Schwarzbauten durch § 10e EStG zu prämiieren.

2 Dazu *Steindorff,* Politik des Gesetzes als Auslegungsmaßstab im Wirtschaftsrecht, in: FS für Larenz, München 1973, 217 ff.; s. auch *K. Tipke,* StuW 76, 162.

§ 20 Wirtschaftslenkende Steuervergünstigungen

1. Allgemeines

1 Die meisten wirtschaftslenkenden Steuervergünstigungen sind in das Einkommensteuergesetz eingebettet, ohne daß § 2 EStG etwas davon erkennen läßt. Dadurch, daß der **Einkommensbegriff des Einkommensteuergesetzes** alle Lenkungsnormen in sich aufnimmt, verliert der Begriff seine Neutralität und wird untauglich zur Übernahme in andere Gesetze. Dadurch, daß die *Kirchensteuer* an die Einkommensteuer anknüpft, nimmt sie auch an der einkommensteuergesetzlichen Wirtschaftslenkung teil.

2 Der in § 19 Rz. 2 angesprochenen Zweckidentität von Steuervergünstigungen und Direktsubventionen entsprechen Vorschriften, wenn sie beide Subventionsarten verknüpfen. So gewährt z. B. § 10 IV EStG ein Wahlrecht zwischen Sonderausgabenabzug und Prämie nach dem Wohnungsbau-Prämiengesetz. Es gibt auch **zahlreiche Sondergesetze,** die Steuerrecht und Subventionsrecht materiell oder zumindest verfahrenstechnisch verklammern, indem Direktsubventionen (Prämien, Zulagen) von den Finanzbehörden nach den Regeln der AO verwaltet werden und der Finanzrechtsweg nach § 33 I Nr. 4 FGO eröffnet ist. Solche Gesetze sind: 5. *Vermögensbildungsgesetz* i. d. F. vom 19. 1. 1989, BGBl. I 89, 137, zuletzt geändert durch Mißbrauchsbekämpfungs- und Steuerbereinigungsgesetz vom 21. 12. 1993 (BGBl. I 93, 2310); *Wohnungsbau-Prämiengesetz* i. d. F. der Bekanntmachung vom 30. Juli 1992 (BGBl. I 92, 1405) geändert durch Mißbrauchsbekämpfungs- und Steuerbereinigungsgesetz vom 21. 12. 1993 (BGBl. I 93, 2310); *Spar-Prämiengesetz* i. d. F. vom 10. 2. 1982, BGBl. I 82, 125, zuletzt geändert durch Gesetz vom 26. 6. 1985, BGBl. I 85, 1153; *Bergmanns-Prämiengesetz* i. d. F. vom 12. 5. 1969, BGBl. I 69, 434, zuletzt geändert durch Gesetz vom 7. 5. 1980, BGBl. I 80, 532; *Berlinförderungsgesetz* i. d. F. vom 2. 2. 1990, BGBl. I 90, 173; zuletzt geändert durch Mißbrauchsbekämpfungs- und Steuerbereinigungsgesetz vom 21. 12. 1993 (BGBl. I 93, 2310); *Entwicklungsländer-Steuergesetz* i. d. F. vom 21. 5. 1979, BGBl. I 79, 564, zuletzt geändert durch Gesetz vom 22. 12. 1981, BGBl. I 81, 1523; *Fördergebietsgesetz* i. d. F. vom 23. 9. 1993 (BGBl. I 93, 1654); *Auslandsinvestitionsgesetz* vom 18. 8. 1969, BGBl. I 69, 1214, zuletzt geändert durch Gesetz vom 25. 7. 1988, BGBl. I 88, 1093, 1122 (ab 1990 aufgehoben); *Gesetz über eine Investitionszulage für Investitionen in der Eisen- und Stahlindustrie* vom 22. 12. 1981, BGBl. I 81, 1523, 1557, zuletzt geändert durch Gesetz vom 19. 12. 1985, BGBl. I 85, 2436; *Gesetz über bauliche Maßnahmen zum Schutz der Zivilbevölkerung* vom 9. 9. 1965, BGBl. I 65, 1232, zuletzt geändert durch 5. ZuständigkeitsanpassungsVO vom 26. 2. 1993 (BGBl. I 93, 278); *Investitionszulagengesetz* 1993 vom 23. 9. 1993 (BGBl. I 93, 1650), zuletzt geändert durch das Grenzpendlergesetz vom 24. 6. 94 (BGBl. I 94, 1395, 1399).

2. Vergünstigungs-/Förderungsziele

3 Die Vergünstigungs- oder Förderungsziele sind vielfältig, sie werden mehr oder minder konkret, mehr oder minder vage und verschwommen bezeichnet (bis hin zu dem Motiv: „allgemeine wirtschaftspolitische Gründe"). Nicht selten werden kumulativ mehrere Ziele verfolgt, etwa Wirtschafts- und Sozialsubventionen miteinander vermixt.

Die wichtigsten Ziele sind:

4 **Förderung** einzelner Produktions- und Handelszweige und **Verbesserung der Branchenstruktur, Förderung bei Insolvenz:** Land- und Forstwirtschaft §§ 13 III, 13a, 14a, 34b I Nr. 1, III, 34e EStG; §§ 76–78 EStDV; § 5 I Nr. 14 KStG; § 3 I Nr. 7 VStG; § 3 Nrn. 8, 12, 14, 14a GewStG; § 3 Nr. 7 KraftfStG; betr. Kreditwirtschaft: § 5 I Nrn. 2, 2a KStG; § 3 Nrn. 2, 3 GewStG; § 3 I Nrn. 2, 2a VStG; betr. mittelständische Unternehmen und Kleinunternehmen: § 7g EStG; betr. Hausgewerbe-

treibende: § 11 III Nr. 1 GewStG; betr. kleine Hochsee- und Küstenfischereibetriebe: § 3 Nr. 7 GewStG; betr. Seeschiffahrt und Luftfahrt: §§ 82f i. V. mit 84 V EStDV; § 15a i. V. mit § 52 XIX 2 Nr. 4, 3 EStG; §§ 4 Nr. 2; 8 UStG; betr. Betriebe von Vertriebenen und politisch Verfolgten: §§ 7e, 18a EStG; § 6d EStG betr. Rücklage bei Erwerb von Betrieben, deren Fortbestand gefährdet ist.

Ausgleich von Standortnachteilen und **Verbesserung der Regionalstruktur:** FördergebietsG 5
i. d. F. vom 23. 9. 1993, BGBl. I 93, 1654; Investitionszulagengesetz.

Investitionsförderung: Berlinförderungsgesetz; §§ 6b, 7e, 7f, 7g, 10a EStG; bestimmte Wirtschafts- 6
güter betreffende erhöhte Absetzung und Sonderabschreibungen nach §§ 76 ff. EStDV; Investitionszulagengesetz i. d. F. vom 23. 9. 1993, BGBl. I 93, 1650, zuletzt geändert durch das Grenzpendlergesetz vom 24. 6. 1994, BGBl. I 94, 1395, 1399; FördergebietsG i. d. F. vom 23. 9. 1993, BGBl. I 93, 1654.

Kapitalmarktförderung, Konjunkturbelebung: Vermögensbildungsgesetze (dazu s. Fn. 6). 7

Beeinflussung der Preisbildung: § 4 Nrn. 14, 15, 18, 20, 23–25 UStG; § 3 Nr. 6 KraftStG. 8

Wohnungsbau- und Wohnungswirtschaftsförderung; Wohnungserhaltung: §§ 3 Nrn. 58, 68 (zur 9
Fortgeltung: § 52 II b; 7 IV, V; 6 I Nr. 4 Satz 4; 7c; 7h; 7i und 11a, 11b; 7k, 7b bzw. 10e mit § 34f; 10f EStG; §§ 82b, g, h, i EStDV; § 3 I Nrn. 13–16 i. V. mit § 25 I, III VStG; § 3 Nrn. 15 u. 17 und § 9 Nr. 1 Satz 2 GewStG; § 5 I Nrn. 10 u. 12 i. V. m. § 54 I, IV KStG; § 10 I Nr. 3 EStG.

Förderung bestimmter Arbeitstätigkeiten: § 3b EStG; ErfinderVOen; Bergmanns-Prämiengesetz. 10

Vermögensbildung: §§ 3 Nrn. 58, 68 (zur Fortgeltung: § 52 II b); 7b bzw. 10e mit § 34f EStG; 11
§ 19a EStG; Wohnungsbau-Prämiengesetz; Vermögensbildungsgesetze.

Förderung des wissenschaftlichen und technischen Fortschritts: ErfinderVOen; § 51 I Nr. 2 u 12
EStG; §§ 14 II Nr. 2; 19 III Nr. 1c BerlinFG.

Kunst- und Kulturförderung: §§ 3 Nr. 26; 6 I Nr. 4 Sätze 2 u. 5; 10b I EStG; § 9 Nr. 3a KStG; 13
§§ 3 Nr. 13; 8 Nr. 9; 9 Nr. 5 GewStG; §§ 101 Nr. 4; 110 Nrn. 5 u. 12; 115 BewG; § 3 I Nr. 4 VStG; §§ 13 Nr. 2; 29 I Nr. 4 ErbStG; §§ 4 Nrn. 20–22, 25 Satz 1c; 28; 12 Nr. 7 UStG.

Förderung des Umweltschutzes: § 82a EStDV. 14

3. Vergünstigungs- und Förderungstechniken

Finanzielle staatliche Unterstützungen, die zu einem bestimmten wirtschaftslenkenden 15
Zweck den Empfänger zu einem bestimmten wirtschaftlichen Verhalten (ohne marktwirtschaftliche Gegenleistung) veranlassen sollen, können gewährt werden durch:

3.1 Steuerliche Entlastung durch Steuervergünstigungen[1]

– Solche **an Unternehmer;** 16

sie werden mangels Offenlegung im Haushaltsplan und aufgrund unsystematischer Einstreuung in Steuergesetze auch als verschleierte, verdeckte, versteckte Subventionen, aber auch als Verschonungssubventionen bezeichnet; unklar bleibt nicht selten, ob Personengesellschaften oder deren Gesellschafter begünstigt werden sollen[2];

– solche **an Private.**

1 Gemeint sind wirtschaftslenkende Steuervergünstigungen. *J. Lang*, Systematisierung der Steuervergünstigungen, Berlin 1974, 117, 124, spricht von subventiven Steuervergünstigungen. – Die im Subventionsbericht vertretene Auffassung, „steuerliche" Sonderregelungen seien keine „Steuervergünstigungen", wenn sie die (weit) überwiegende Mehrzahl der Steuerpflichtigen begünstigten, ist unzutreffend; es kommt allein auf den Zweck der Sonder- oder Ausnahmenorm an, nicht auf die Zahl der Betroffenen.

2 Dazu *B. Knobbe-Keuk*, Die Personengesellschaft im Recht der Steuervergünstigungen, DStJG Bd. 2 (1979), 109 ff.; *W. Schön*, Gewinnübertragungen bei Personengesellschaften nach § 6b EStG, Köln 1986.

17 Steuervergünstigungen können beim Steuersubjekt (durch **subjektive Befreiungen**), beim Steuerobjekt (durch Einschränkungen des Steuerobjekts[3] und **objektive Befreiungen**[4]), bei der Steuerbemessungsgrundlage (insb. durch Schmälerung der Bemessungsgrundlage infolge erhöhter Absetzungen oder Sonderabschreibungen, Bildung steuerfreier Rücklagen, partieller Ermittlung des Gewinns oder Vermögens, Abzüge vom Gewinn durch Freibeträge oder durch Zulassung zum Sonderausgabenabzug), beim Steuersatz (durch Steuersatzermäßigung) und bei der Steuerschuld (durch Steuerschuldermäßigung, auch als Steuergutschrift bezeichnet) anknüpfen und auf diese Weise den Einnahmeverzicht bewirken.

Beispiele:

a) **Lenkungsbefreiungen:** z. B. § 3a EStG.

18 b) **Bewertungs- und Abschreibungsfreiheiten:** Es handelt sich um Bewertungen oder Abschreibungen, die von den Normalregeln der §§ 6, 7 EStG abweichen. Bei den Abschreibungsfreiheiten unterscheidet man erhöhte Absetzungen (Absetzungen, die an die Stelle der Absetzung nach § 7 EStG treten) und Sonderabschreibungen (Abschreibungen neben der Absetzung nach § 7 EStG). Diese Terminologie (s. § 7a EStG) ist jedoch nicht signifikant; sie wird auch nicht durchgehend verwendet. So sprechen die Überschriften zu §§ 7e, f EStG von Bewertungsfreiheit statt von Sonderabschreibung.

19 **Erhöhte Absetzungen** sind vorgesehen für vor dem 1. 1. 1987 angeschaffte oder hergestellte Einfamilienhäuser, Zweifamilienhäuser und Eigentumswohnungen (§ 7b EStG), für vorhandene Gebäudeflächen, die durch Aus- und Umbaumaßnahmen zu zusätzlichen Mietwohnungen umgewandelt werden (§ 7c EStG), sowie beim Neubau von Sozialwohnungen (§ 7k EStG), bei Modernisierungs- und Instandsetzungsmaßnahmen i. S. des § 177 des Baugesetzbuchs in einem förmlich festgelegten Sanierungsgebiet oder städtebaulichen Entwicklungsbereich (§ 7h EStG; § 82g EStDV), bei Baudenkmälern (§ 7i EStG; § 82i EStDV), für abnutzbare Wirtschaftsgüter des Anlagevermögens in Berliner Betriebstätten und für Häuser und Eigentumswohnungen in Berlin (§§ 14–15 BerlinFG), für Schutzbauten (§§ 7, 12 III SchutzbauG).

20 **Sonderabschreibungen** sind vorgesehen für bestimmte Wirtschaftsgüter in Betrieben von Vertriebenen und Verfolgten (§ 7e EStG), für abnutzbare Wirtschaftsgüter des Anlagevermögens privater Krankenhäuser (§ 7f EStG), zur Förderung kleiner und mittlerer Betriebe (§ 7g EStG), für bestimmte landwirtschaftliche Wirtschaftsgüter (§ 76 EStDV), für Wirtschaftsgüter des Kohlen- und Erzbergbaus (§ 81 EStDV), für bestimmte Handelsschiffe (§ 82f EStDV).

Erhebliche Bedeutung besitzt die auf das Gebiet der neuen Bundesländer (einschließlich des Landes Berlin) beschränkte Sonderabschreibung nach dem FördergebietsG. Begünstigt sind die Anschaffung und Herstellung von abnutzbaren beweglichen Wirtschaftsgütern des Anlagevermögens (§ 2 FördergebietsG) und von Baumaßnahmen (§ 3 FördergebietsG). Die Sonderabschreibung beträgt bis zu 50 v. H. der Anschaffungs- oder Herstellungskosten und kann nach Wahl im Investitionsjahr und in den vier darauffolgenden Jahren in Anspruch genommen werden (§ 4 FördergebietsG). Begünstigt sind Anschaffungen und Herstellungsarbeiten, die im Fördergebiet bis zum 31. 12. 1996 abgeschlossen werden (§ 8 FördergebietsG).

§ 7a EStG enthält allgemeine Regeln für erhöhte Absetzungen und Sonderabschreibungen, die durch Sonderregeln durchbrochen werden können; zu beachten ist insb. das **Kumulationsverbot** des § 7a V EStG.

21 c) **Steuerfreie, später gewinnerhöhend aufzulösende Rücklagen** (einschließlich Übertragung stiller Reserven): bei Veräußerung bestimmter Anlagegüter (§§ 6b III, 6c EStG); bei Erwerb von Betrieben, deren Fortbestand gefährdet ist (§ 6d EStG); zeitlich befristet für Reinvestitionen in den neuen Bundesländern (§ 6 FördergebietsG).

---

3 Beispiele: § 14 a EStG, § 117a BewG.

4 Dazu *Bayer,* StuW 72, 151 („Lenkungsbefreiungen"); *Babrowski,* Die Steuerbefreiung als Rechtsform der Subvention, Erscheinungsformen und verfassungsrechtliche Problematik, Diss. Tübingen 1976.

d) Bloß **partielle Ermittlung des Gewinns** (so bei nichtbuchführenden Landwirten, s. § 13a EStG), Eliminierung von Einkunftsteilen aus dem Arbeitslohn (§ 3 VO über die steuerliche Behandlung von Prämien für Verbesserungsvorschläge). 22

e) **Gewinnabzüge:** für die Anschaffung bestimmter landwirtschaftlicher Wirtschaftsgüter (§ 78 EStDV). 23

f) **Sonderausgabenabzug:** für nicht entnommenen Gewinn aus Vertriebenen-Betrieben (§ 10a EStG); für eine nach dem 31. 12. 1986 angeschaffte oder hergestellte Wohnung im eigenen Haus oder Eigentumswohnung, wenn selbstgenutzt (§ 10e EStG; § 15b BerlinFG). 24

g) **Bloß partieller Ansatz eines Wertes** nach dem Bewertungsgesetz (z. B. § 117a BewG). 25

h) **Steuersatzermäßigungen:** z. B. für bestimmte Arbeitstätigkeiten (§ 4 Nr. 3 Erfinder-VO v. 30. 5. 1951; § 2 I 2 Arbeitnehmer-Erfinder-VO vom 6. 6. 1951). 26

i) **Steuerschuldermäßigungen:** z. B. der Einkommensteuerschuld bei Inanspruchnahme des § 7b bzw. § 10e EStG ab zwei bzw. mit Kindern (§ 34f EStG), bei buchführenden Landwirten (§ 34e EStG). 27

Wirkung und Eignung der Steuervergünstigungen: Steuervergünstigungen durch Reduzierung der Bemessungsgrundlage können zu endgültiger Steuerentlastung führen; sie können aber auch lediglich wie eine zinslose Steuerstundung wirken, wie eine mit Zinsgewinn verbundene Liquiditätshilfe. Solche **Liquiditätshilfen** sind: erhöhte Absetzungen, Sonderabschreibungen, später aufzulösende Rücklagen. Nur soweit Einkommen und/oder Tarif zwischenzeitlich sinken, ergibt sich ein endgültiger Steuervorteil. In allen Fällen setzen Vergünstigungen, die an den Gewinn anknüpfen, Gewinn voraus. Sie verfälschen alle Bemessungsgrundlagen in Sozialgesetzen, die an den steuerlichen Gewinn oder das steuerliche Einkommen anknüpfen. Überhaupt sind angemessene Dosierungen nicht möglich. Alle Steuervergünstigungen, die die Bemessungsgrundlage der Einkommensteuer verkürzen, auch Lenkungsbefreiungen, Gewinnabzüge und Sonderausgaben, bewirken infolge des progressiven Tarifs, daß der Vergünstigungsvorteil – meist zielinadäquat und sachungerecht – mit zunehmenden Einkünften steigt[5]. Oft wird der Verhaltensspielraum nur wenig eingeengt. Diese Vergünstigungen wirken sich auch bei der Gewerbesteuer und bei der Kirchensteuer aus. **Steuerschuldermäßigungen** vermeiden die sich aus einem progressiven Tarif ergebende regressive Wirkung der Vergünstigung; sie können allerdings nur wirken, wenn sich eine Steuerschuld ergibt. Verlustunternehmen werden also ausgeschlossen. Auch Einkommensteuerschuldermäßigungen wirken sich bei der Kirchensteuer aus. Die Vergünstigungen können die Steuersätze in die Höhe treiben, sie verfälschen die effektiven Belastungssätze der Begünstigten; der Tarif auf eine durch Vergünstigungen reduzierte Bemessungsgrundlage bildet das Belastungsniveau falsch ab. 28

Über Verbrauch- und Aufwandsteuern (insb. die Umsatzsteuer) lassen sich, da die Steuern tendenziell auf die Verbraucher (Aufwender) überwälzt werden, Unternehmer und/oder Verbraucher begünstigen. Ist die Entlastung der Verbraucher beabsichtigt, so hängt der Effekt davon ab, ob die Unternehmer den Steuervorteil im Preis weitergeben. Das Interesse der Unternehmer an einer **Preissenkung** hängt davon ab, inwieweit sie selbst durch Erhöhung der Nachfrage von der Preissenkung profitieren. Das tun sie um so weniger, je starrer die Nachfrage ist; sie tun es um so mehr, je größer die Nachfrageelastizität ist. 29

---

5 Für die Abschaffung solcher Vergünstigungen daher Gutachten des Wiss. Beirats beim BdF zur Reform der direkten Steuern, Schriftenreihe des BdF, Heft 9 (1967), 21; Gutachten der Steuerreformkommission, Schriftenreihe des BdF, Heft 17 (1971), 551 f. (Tz. 437 ff.). S. auch *H. Vogel*, „Steuergeschenke-Steuervergünstigungen zu rechtfertigen oder abzubauen?“, StbJb. 1980/81, 49 ff.; *P. Kirchhof*, DStR 83, 284 f.; *ders.*, StuW 84, 299 f.; *ders.*, Gutachten F zum 57. Deutschen Juristentag, München 1988, 95; *Drenseck*, DStR 86, 380; *ders.*, NJW 87, 8 ff.; *Schmidt/Drenseck*, EStG[13], § 10e Anm. 2; *Wieland*, in: FS für W. Zeidler, Berlin/New York 1987, 753 f.; *D. Birk*, StuW 89, 217; *Handzik*, Wohneigentumsförderung nach § 10e EStG, Köln 1990, 32 f. mit Nachweisen in Fn. 145; *Ruppe*, HHR, Einf. ESt Anm. 57.

Steuervergünstigungen sind **haushaltsrechtlich** mindestens **problematisch,** weil sie das Bruttoprinzip durchbrechen, wonach der Haushaltsplan alle Einnahmen und Ausgaben enthalten muß (s. Art. 110 I GG; §§ 8 II, 12 I Haushaltsgrundsätzegesetz; §§ 11 II, 15 I Bundeshaushaltsordnung). Die Steuervergünstigungen schmälern als Einnahmeverzichte nur die Einnahmenseite des Haushalts. Die volkswirtschaftliche Steuerquote wird verfälscht.

30 Steuervergünstigungen sind nach Tendenz und Effekt für Öffentlichkeit und Parlamentarier oft schwer erkennbar, sie sind der **Erfolgskontrolle** im Rahmen der jährlichen Haushaltsberatungen entzogen. Sie lassen sich nur durch Schätzung quantifizieren. Steuerschuldverhältnis und Vergünstigungsverhältnis werden vermengt und einheitlich im Steuerbescheid erfaßt. Die quantitative Entlastung ist aus dem Steuerbescheid durchweg nicht ohne weiteres ersichtlich. Die zieladäquaten Möglichkeiten und die Wirkungen der Steuervergünstigungen werden durch die Möglichkeiten der Steuertechnik begrenzt.

31 Wirtschaftslenkende Steuervergünstigungen setzen – wie alle Subventionen – den **Marktmechanismus außer Kraft,** sie können Kapital fehlleiten, wettbewerbsverzerrend wirken, den Ausleseprozeß zu Lasten von Unternehmen stören, die ohne Subventionen auskommen; sie können Produktionsfortschritt hemmen und den notwendigen Strukturwandel verhindern. Vergünstigungsvorteil einerseits und betrieblicher Kostenaufwand/Verwaltungsaufwand andererseits können sich ausgleichen. Gleichwohl, auch Verbände, die sich zur Marktwirtschaft bekennen, pflegen an „ihren" Vergünstigungen zu hängen[6].

Steuervergünstigungen können das Steuerrechtsbewußtsein korrumpieren.

32 Trotz all dieser Nachteile werden die Steuervergünstigungen insb. von Politikern (auch Verbandsvertretern[7]) nicht selten präferiert, und zwar in allen Industriestaaten der Welt[8]. Nach den Vorstellungen der meisten Politiker zahlt sich der **Vergünstigungsabbau** politisch nicht aus. Wer durch Vergünstigungen/Subventionen Geld zu vergeben hat, besitzt politische Macht, kann etwas für seine Wähler herausschlagen. Die (optischen) Verkürzungen der Einnahmen und Ausgaben verringern das Haushaltsvolumen und die Ausgabensteigerungsrate. Die Steuerquote wird (scheinbar) gesenkt, das inflationsbedingte Anwachsen der Steuereinnahmen gebremst. Streitigkeiten um die Finanzierungszuständigkeiten werden vermieden; die Zuständigkeit ergibt sich aus der Verteilung des Steueraufkommens (Art. 106 GG). Punktuelle Änderungen von Steuergesetzen sind leichter durchzusetzen als Sondergesetze; sie sind dem Widerstand der nachteilig Betroffenen weniger ausgesetzt. Zudem scheinen viele Bürger auf eine Minderung der lästigen Steuer viel stärker zu reagieren als auf entsprechende Transferzahlungen oder Finanzhilfen. Wie die Beteiligung an Verlustzuweisungsgesellschaften zeigt, sind nicht eben wenige um eines versprochenen Steuervorteils willen bereit, über alle ökonomischen Nachteile hinwegzusehen, auch wenn diese den Steuervorteil mehr als aufwiegen.

Auch haben Steuervergünstigungen für den Bürger, anders als offene Subventionen, offenbar nicht den Ruch der Staatshilfe[9].

3.2 Zulagen und Prämien, die mit Steuereinnahmen verrechnet werden

33 Arbeitnehmersparzulage (§ 13 des 5. VermBG); Bergmannsprämie nach dem Gesetz vom 12. 5. 1969.

Diese Zulagen und Prämien vermeiden die Nachteile von Steuervergünstigungen, die gewinn- und steuerprogressionsabhängig sind.

6 Dazu auch *Tietmeyer,* Subventionen – Arznei oder Gift für die Marktwirtschaft im Strukturwandel?, Deutscher Steuerberatertag 1985, Protokoll, Bonn 1986, 49 ff.; *Jasper,* Zur Problematik von Subventionen als Instrument der Wirtschaftspolitik, Inst.FuSt Brief 259, Bonn 1986; *v. Stern/G. Werner,* Subventionsabbau, Notwendigkeit und Möglichkeiten, Wiesbaden 1987.

7 Instruktiv: Zur Sache 3/82, öffentliche Anhörung des Haushaltsausschusses des Dt. Bundestages zum 8. Subventionsbericht.

8 In den USA ist 1986 allerdings ein umfassender Abbau der Steuervergünstigungen gelungen (dazu *K. Tipke,* StuW 86, 150 ff.). Auch der Erfolg des Steuerreformgesetzes 1990 kann sich sehen lassen.

9 Kritische Beurteilung der Steuervergünstigungen auch durch *Ruppe,* HHR, Einf. ESt Anm. 57.

Obwohl im Zulagen- oder Prämienverfahren Steuerschuldverhältnis und Zulagenschuldverhältnis bzw. Prämienschuldverhältnis nicht vermengt werden, werden die Mittel für diese Zulagen oder Prämien jedoch dem Aufkommen an Einkommen-, Körperschaft- oder Lohnsteuer entnommen (§ 14 I des 5. VermBG; § 3 I 4 BergPG). Im Haushaltsplan werden die erwähnten Zulagen und Prämien ebenfalls nur durch Verkürzung der Einkommensteuer-/Körperschaftsteuer-/Lohnsteuereinnahmen berücksichtigt. Es bestehen folglich die oben zu 3.1 erwähnten haushaltsrechtlichen Bedenken.

3.3 Steuerunabhängige, von der Finanzverwaltung gewährte Transferzahlungen oder Finanzhilfen

Eine unmittelbare Subvention stellt die **Investitionszulage** nach dem Investitionszulagengesetz dar. Sie begünstigt nach §§ 1, 2 InvZulG 1993 die Anschaffung oder Herstellung von neuen beweglichen Wirtschaftsgütern des Anlagevermögens für das Gebiet der neuen Bundesländer (einschließlich des Landes Berlin). Für Investitionen, die nach dem 30. 6. 94 begonnen und vor dem 1. 1. 97 abgeschlossen werden, beträgt die Zulage 5 v. H. der Anschaffungs- oder Herstellungskosten (§§ 3 I Nr. 3b; 4; 5 I Nr. 3 InvZulG 1993). Sie erhöht sich für bestimmte Klein- und Mittelbetriebe auf 10 v. H. (s. § 5 III InvZulG 1993, eingeführt durch das Grenzpendlergesetz vom 24. 6. 1994, BGBl. I 94, 1395, 1399). Nicht begünstigt sind Personenkraftwagen und Luftfahrzeuge (§ 2 S. 1 Nrn. 2, 3 InvZulG 1993). 34

Eine weitere Transferleistung gewährt der Bund in Form der Wohnungsbauprämie nach dem WoPG. Sie soll die Bildung von privatem Wohnungseigentum fördern. Durch mangelhafte Anpassung der Einkommensgrenzen an die Geldwertentwicklung (§ 2a WoPG 1992: 27 000 DM [Ledige]/54 000 DM [Ehegatten] zu versteuerndes Einkommen) ist der Förderkreis sehr begrenzt. Zudem ist die Prämie wegen ihrer geringen Höhe (§ 3 WoPG: max. 800 DM/1600 DM p. a.) kaum geeignet, das Förderziel zu erreichen.

4. Zu einzelnen investitionsfördernden Steuervergünstigungen und Förderungsgesetzen

Es ist hier nicht möglich, alle wirtschaftslenkenden (wirtschaftsfördernden) Steuervergünstigungen (Steuersubventionen) zu behandeln. Der Abschnitt beschränkt sich daher auf den Aufschub der Gewinnrealisierung bei Reinvestition (§§ 6b; 6c EStG) sowie auf die Wohnungsbauförderung durch §§ 7b; 10e; 34f EStG. 35

Nicht nur die in Steuergesetze eingebetteten Steuervergünstigungsnormen, auch die selbständigen Förderungsgesetze bedienen sich der **Terminologie der Steuergesetze** (vor allem der §§ 4–7 EStG). Das hat den Vorteil, daß der Rechtsanwender es mit einer ihm vertrauten Rechtssprache zu tun hat, es hat aber auch den Nachteil, daß das Förderungsziel verfehlt werden kann, zumal dann, wenn ungeachtet des Förderungszwecks der EStG-vorgeprägte Wortlaut das A und O der **Auslegung** ist. Die Rechtssprache des Steuerrechts (es ist auch in den Förderungsgesetzen ständig vom Steuerpflichtigen die Rede) verführt dazu, in den Kategorien des Steuerbelastungstatbestandes zu denken. Das tun überwiegend auch die einschlägigen Kommentare (meist als Anhang zum Einkommensteuergesetz-Kommentar). Oft wird übersehen, daß Förderungsgesetze lückenhaft sein können und daß der Lückenausfüllung mindestens hier **kein Analogieverbot** entgegensteht. Signifikant für fast alle einschlägigen Vorschriften ist ihre weit überdurchschnittliche Länge.

Die einzelnen Förderungsgesetze pflegen die AO-Vorschriften über die **Vergütung** für anwendbar zu erklären. Sie entscheiden, ob bei Förderungserschleichung Subventionsbetrug (§ 264 StGB) oder Steuerhinterziehung (§ 370 AO) vorliegt.

4.1 Aufschub der Gewinnrealisierung bei Reinvestition (§§ 6b, 6c EStG)[10]

36 §§ 6b, 6c EStG bezwecken, daß Wirtschaftsgüter des Anlagevermögens, die nicht mehr benötigt werden oder infolge Standortverlagerungen oder Strukturveränderungen aufgegeben werden müssen, mit **verminderter Steuerbelastung** (nur 50 v. H. des realisierten Gewinns sind i. d. R. sofort zu versteuern) veräußert werden können, damit der restliche Veräußerungserlös voll zur Reinvestition, zur Rationalisierung oder Modernisierung von Produktionsanlagen zur Verfügung steht (BT-Drucks. IV/2400, 63 ff.; s. BR-Drucks. 193/64, 46).

§ 6b EStG sieht zwei Techniken vor, die Gewinnrealisierung zu vermeiden, nämlich den Abzug der stillen Reserven von den Anschaffungs- oder Herstellungskosten des Reinvestitionsobjekts und die Bildung einer steuerfreien Rücklage (s. schon § 9 Rz. 415 ff.).

37 Auf welche **Wirtschaftsgüter** die stillen Reserven des einzelnen veräußerten Wirtschaftsguts des Anlagevermögens – unter bestimmten Voraussetzungen – nach § 6b EStG übertragen werden können, ergibt sich aus der folgenden seit 1. 1. 1990 geltenden Übersicht:

von \ Übertragung auf	Grund und Boden	Aufwuchs Anlagen im Grund und Boden	Gebäude	abnutzb. bewegl. Anlagevermögen	Anteile an KapGes.*
Grund und Boden	100 v. H.	100 v. H.	100 v. H.	100 v. H.	–
Aufwuchs Anlagen im Grund und Boden	–	100 v. H.	100 v. H.	100 v. H.	–
Gebäude	–	–	100 v. H.	100 v. H.	–
abnutzb. bewegl. Anlagevermögen	–	–	–	50 v. H.	–
Schiffe	–	–	–	50 v. H.	–
Anteile an KapGes.	–	–	50/100* v. H.	50/100* v. H.	100* v. H.
Lebendes Inventar	–	–	–	50 v. H.	–

* Soweit es sich um Kapitalgesellschaftsanteile handelt, die von Unternehmensbeteiligungsgesellschaften i. S. des § 6b I Nr. 5 EStG angeschafft/veräußert werden.

4.2 Wohnungsbauförderung durch §§ 7b, 10e, 34f EStG

38 § 10e EStG als Nachfolgeregelung des § 7b EStG will es (vermögenspolitisch) möglichst vielen Bürgern erleichtern, Wohnungseigentum zu bilden und auf diese Weise die Eigentumsquote zu erhöhen; er will (städtebaupolitisch) darauf hinwirken, daß auch Altbauten in Städten erworben werden; schließlich will er steuerliche Hemmnisse bei Wohnort- und Arbeitsplatzwechsel abbauen (zu § 7b EStG s. BT-Drucks. 8/286, 8/453, 8/2554; zu § 10e EStG s. BT-Drucks. 10/3633, 10/5208).

10 Dazu Kommentare zu §§ 6b, 6c EStG; *R. Thiel,* Übertragung stiller Reserven, Kommentar zu § 6b EStG, Heidelberg 1965; *Rieden,* Die betriebswirtschaftliche Bedeutung der Übertragung stiller Rücklagen gemäß § 6b EStG, Diss. rer. pol. Köln 1972; *Vodrazka,* StuW 75, 317; *ders.,* StuW 76, 51; *Stahlschmidt,* Die Anwendbarkeit der Reinvestitionsvergünstigung nach § 6b EStG in Grenzfällen, Diss. Mainz 1970; *D. Schneider,* StuW 76, 197. – Zu § 6b in der Fassung des 2. Haushaltsstrukturgesetzes *Zeitler,* BB 82, 283; *Bauer,* BB 82, 529; *Siegel,* DB 83, 53; *W. Schön,* Gewinnübertragungen bei Personengesellschaften nach § 6b EStG, Köln 1986; *Wittmann,* DB 87, 1447.

Zum zeitlichen Anwendungsbereich der §§ 7b, 10e EStG: s. § 7b und § 52 XIV EStG. 39

Begünstigt sind **Bauherr** und **Erwerber.** Bei dem begünstigten Objekt muß es sich um eine inländische, zu eigenen Wohnzwecken genutzte Wohnung im eigenen Haus oder um eine selbstgenutzte Eigentumswohnung handeln (§ 10e I EStG). Begünstigt sind auch Ausbauten und Erweiterungen (§ 10e II EStG). § 10e IV, V EStG sieht eine **Objektbeschränkung** vor. Die Förderung ist seit dem 1. 1. 1992 zudem **einkommensabhängig** (§ 10e Va EStG). Die Einkommensgrenzen betragen 120 000 DM für Ledige und 240 000 DM für zusammenveranlagte Ehegatten und beziehen sich auf den Gesamtbetrag der Einkünfte. Sie werden für jedes Jahr des Förderzeitraumes neu überprüft.

Nach § 10e I 1 EStG kann der Bauherr bzw. der Erwerber einer fertiggestellten Wohnung im Jahr der Fertigstellung bzw. des Erwerbs und in den drei folgenden Jahren jeweils bis zu 6 v. H. der Summe aus Herstellungskosten bzw. Anschaffungskosten der eigengenutzten Wohnung und der Hälfte der Anschaffungskosten des dazugehörigen Grund und Bodens, höchstens jedoch 19 800 DM, wie Sonderausgaben abziehen. In den darauffolgenden vier Jahren reduziert sich der Fördersatz auf 5 v. H., maximal 16 500 DM. Bei Erwerbern, die die selbstgenutzte Wohnung nach Ende des zweiten auf die Fertigstellung folgenden Jahres anschaffen, reduziert sich nach § 10e I 4 EStG der Höchstbetrag auf 9000 DM (für die ersten vier Jahre) und auf 7500 DM (für die verbleibenden vier Jahre).

Außerdem können Aufwendungen, die bis zum Beginn der erstmaligen Nutzung der Wohnung entstehen und die unmittelbar mit dem Anschaffungs- bzw. Herstellungsvorgang zusammenhängen, wie Sonderausgaben abgezogen werden, sofern sie im Falle der Vermietung als (vorweggenommene) Werbungskosten anzusehen wären (§ 10e VI EStG).

Eine zusätzliche Förderung des selbstgenutzten Wohneigentums beinhaltet für die neuen Bundesländer § 7 FördergebietsG.

Die Vorschrift des § 10e EStG ist überaus kompliziert, kaum mehr vollziehbar und wirft eine Fülle von Zweifelsfragen auf[11]. Fraglich ist insb., ob die sog. **Vorkosten** (§ 10e VI EStG) in gleichem Umfang als Sonderausgaben abzugsfähig sind, wie es die Kosten vor Bezug als Werbungskosten nach § 7b EStG waren[12]. Dies ist u. E. grundsätzlich zu bejahen, da § 10e EStG nach dem Willen des Gesetzgebers lediglich eine Nachbildung der früheren Förderung des Wohneigentums nach § 7b EStG darstellt[13]. Nach Auffassung des BFH kann jedoch der unentgeltliche Einzelrechtsnachfolger weder die von seinem Rechtsvorgänger in Anspruch genommene Förderung (§§ 7b, 10e EStG) noch die von diesem getragenen Anschaffungs- oder Herstellungskosten in analoger Anwendung des § 11d I EStG fortführen[14]. 40

Durch Gesetz vom 25. 2. 1992, BGBl. I 92, 297, ist die Förderung des selbstgenutzten Wohneigentums auf solche Wohnungen im eigenen Haus ausgedehnt worden, die unentgeltlich zu Wohnzwecken (z. B. an Kinder) überlassen werden (§ 10h EStG).

Die **Kritik** bemängelt (zu Recht), daß, zusammenhängend mit dem progressiven Tarif, der Förderungseffekt mit steigendem Einkommen wächst[15]. 41

Nach § 34f II EStG ermäßigt sich die tarifliche Einkommensteuer bei Inanspruchnahme des § 10e EStG um 1000 DM für jedes Kind.

Der Wohnungsbau bzw. das Wohnen wird nicht nur durch §§ 10e, 34f EStG gefördert, sondern auch durch § 7 V EStG, Sozialhilfe, Wohngeld, Wohnungsgemeinnützigkeitsgesetz und sozialen Wohnungsbau. Dadurch kommt es zum Teil zu Überschneidungen und **Mehrfachförderungen.**

Darüber hinaus dient eine Vermögenspolitik, die darin besteht, jedem Ehepaar die Anschaffung oder den Erwerb von zwei Häusern von der Gemeinschaft der Steuerzahler zu subventionieren, nicht dem Gemeinwohl. Auch eine soziale Umverteilung liegt nicht vor. Da Ehepaare im selben

11 Zu Einzelheiten des § 10e EStG s. BMF BStBl. I 90, 626 ff.; 93, 827 ff.
12 Dazu s. BFH BStBl. 92, 886 ff.; 93, 704 ff.
13 S. BT-Drucks. 10/3633, 14.
14 S. BFH BStBl. 92, 295, 296; 736, 737 f.
15 S. hierzu *Schmidt/Drenseck*, EStG[13], § 10e Anm. 2.

Haus zu wohnen pflegen, ist es nicht erforderlich, für Eheleute zwei Häuser zu fördern. Das Wohnen gehört zur Privatsphäre, und seine Wohnbedürfnisse sollte jeder, der dazu in der Lage ist, selber finanzieren. Soweit § 10e EStG-Begünstigte die Vergünstigung durch die eigene Steuerbelastung finanzieren (der Staat gibt dem Steuerpflichtigen, was er ihm vorher genommen hat), liegt nur eine Scheinvergünstigung vor.

5. Prüfung von Steuervergünstigungen und Förderungsgesetzen auf ihre Rechtfertigung

5.1 Allgemeine Rechtfertigung

42 Steuervergünstigungen und Förderungen mit Steuermitteln führen dazu, daß der Steuerpflichtige nicht entsprechend seiner Leistungsfähigkeit belastet wird. Das allein führt aber nicht dazu, daß eine Vergünstigung oder Förderung ungerechtfertigt ist, andernfalls wären alle Vergünstigungen oder Förderungen ungerechtfertigt. Vergünstigungen sind im **Gemeinwohlinteresse** zulässig[16]. Das Gemeinwohl (öffentliches Wohl, öffentliches Interesse) ist ein unbestimmter Rechtsbegriff. Jeder Regierung, jedem Parlament ist insoweit ein gewisser **Beurteilungsspielraum** zuzugestehen. Je nachdem, ob man das Gemeinwohl unter konservativem, liberalem, sozialem oder „grünem" Aspekt sieht, können sich die Auffassungen, jedenfalls deren Akzente, verschieben. Maßnahmen, welche die Grundrechte (einschließlich der Grundrechte Dritter), insb. den Gleichheitssatz, verletzen, dienen niemals dem Gemeinwohl. Dem Gemeinwohl wird auch nicht gedient, wenn das angegebene Gemeinwohlziel aus tatsächlichen Gründen nicht erreicht werden kann, etwa weil eine angegebene Notlage, ein Bedürfnis gar nicht besteht. Allerdings hat der Gesetzgeber bei Lenkungsmaßnahmen prognostischen Spielraum. Die Furcht, die Stimme eigennütziger Wähler zu verlieren, ist kein Gemeinwohlmotiv, das eine Vergünstigung rechtfertigen kann; es ist ein Parteimotiv.

43 Die Vergünstigungs- oder Förderungsmaßnahme muß **erforderlich** und **geeignet** sein, das angegebene Gemeinwohlziel zu erreichen. Sie ist dazu nicht geeignet, wenn es Maßnahmen gibt, die mit geringerem Aufwand an Mitteln das verfolgte Gemeinwohlziel besser zu erreichen in der Lage sind. Sie ist ferner nicht geeignet, wenn der Subventionsvorteil im umgekehrten Verhältnis zum Förderungsbedürfnis steht, wie z. B. im Falle des § 10e EStG. Es fehlt dann an einer sachgerechten Bemessungsgrundlage[17]. Ferner muß die Maßnahme gegenüber etwaigen benachteiligten Dritten **verhältnismäßig** sein. Bei Ungeeignetheit, evtl. auch bei Unverhältnismäßigkeit der Maßnahme liegt zugleich Verschwendung (oder Verschenken) von Steuergeldern vor. Solche Verschwendung verletzt das Gemeinwohl[18].

44 Die **Bundesregierung** hat 1967 die ordnungspolitischen, gesamtwirtschaftlichen und finanzpolitischen Aspekte der Beurteilung von Steuervergünstigungen im 3. Subventionsbericht (BT-Drucks. VI/391, 4 ff.) dargestellt[19]. Im 9. Subventionsbericht (BT-Drucks. 10/352) ist ausgeführt, Subventionen i. w. S. müßten in einer Marktwirtschaft auf besondere Ausnahmefälle zum Ausgleich nicht hinnehmbarer Nachteile gesellschaftspolitischer, sozialpolitischer oder gesamtwirtschaftlicher Art beschränkt werden. Die Maßnahmen dürften lediglich ergänzen oder korrigieren, sie müßten grundsätzlich nach Ausmaß und Zeit begrenzt werden. Dazu bedürfe es der kritischen Überprüfung (a. a. O., 5). Vgl. auch den Subventionskodex der Länder vom 7. 7. 1982 (Anlage 10 zum 9. Subventionsbericht, BT-Drucks. 10/352, 310 f.).

---

16 So auch *Ruppe*, HHR, Einf. ESt Anm. 57; *Handzik*, Wohnungseigentumsförderung nach § 10e EStG, Köln 1990, 11 ff., 20 ff.

17 S. Fn. 5.

18 Dazu auch Gutachten zur Prüfung der steuerlichen Regelungen für gemeinnützige Wohnungs- und Siedlungsunternehmen, Schriftenreihe des BMF, Heft 35, Bonn 1985, 86 ff.; *Handzik* (Fn. 16), 28.

19 Vgl. auch den späteren Bericht von *Albrecht*, Subventionen, Problematik und Entwicklungen, Schriftenreihe des BMF, Heft 25, Bonn 1978.

Tatsächlich ist der **Abbau von Steuervergünstigungen und sonstigen Subventionen** von der jeweiligen Opposition oft gefordert, im Wahlkampf pauschal versprochen und nach der Wahl von der Regierung (ganz gleich, von welchen Parteien gestellt) nicht gehalten worden. Offenbar wird Opposition der Lobbies und Verlust von Wählerstimmen befürchtet. Die Lobbies pflegen, wenn sie betroffen sind, den Abbau von Steuervergünstigungen und sonstigen Subventionen als Verletzung des sozialen Besitzstandes anzuprangern und zu suggerieren, der einmal erreichte soziale Besitzstand sei vom Grundgesetz garantiert. Das ist selbstredend unzutreffend. Die Begünstigten haben einen gewissen Vertrauensschutz, aber keinen Anspruch auf Vergünstigungen ad infinitum[20]. Durch das Steuerreformgesetz 1990 ist immerhin ein bemerkenswerter Abbau von Steuervergünstigungen gelungen.

5.2 Verfassungsrechtliche Rechtfertigung

Literatur: *K. H. Friauf*, Verfassungsrechtliche Grenzen der Wirtschaftslenkung und Sozialgestaltung, Tübingen 1966; *K. Vogel*, Steuerrecht und Wirtschaftslenkung, JbFSt. 1968/69, 225; *P. Selmer*, Steuerinterventionismus und Verfassungsrecht, Frankfurt/M. 1972; *Kloepfer*, Steuerinterventionismus und Verfassungsrecht, StuW 72, 176; *K. Vogel*, Begrenzung von Subventionen durch ihren Zweck, in: FS für H. P. Ipsen, Tübingen 1977, 539; *Ruppe*, Das Abgabenrecht als Lenkungsinstrument der Gesellschaft und Wirtschaft und seine Schranken in den Grundrechten, Gutachten zum 8. österr. Juristentag, Bd. I, 1. Teil A, Wien 1982.

Steuervergünstigungen lassen sich nur aus dem **Gemeinwohlprinzip** rechtfertigen, auch aus dem damit zusammenhängenden Sozialstaatsprinzip (Art. 20 I GG). Art. 74 Nr. 11, 109 II GG geben dem Bund das Recht zur Wirtschaftslenkung – aus Gemeinwohlgründen. Die Kompetenz setzt die Gemeinwohlaufgabe voraus, ist im Interesse dieser Aufgabe geschaffen worden. Dient eine Vergünstigung keinem Gemeinwohlzweck, so ist sie unzulässiges Privileg oder Geschenk aus Steuermitteln. 45

Für Steuervergünstigungen als **indirekte Subventionen** oder **Verschonungssubventionen** gelten die gleichen Regeln wie für offene oder direkte Subventionen. „Eine verfassungsrechtliche Beurteilung des Subventionsrechts darf sich nicht auf den verwaltungsrechtlichen Subventionsbegriff, also auf die direkten staatlichen Leistungen beschränken, sondern muß subventionäre Steuervergünstigungen, d. h. die Subventionen in umfassender finanzrechtlicher Sicht, in Betracht ziehen . . . Die Gestaltungsfreiheit des Gesetzgebers ist die gleiche, wenn er eine Subvention steuerrechtlich konstruiert, wie wenn er sie als direkte staatliche Leistung bewirkt.“[21]

Das Rechtsstaatsprinzip verlangt, daß Steuervergünstigungen nicht im Übermaß gewährt werden. Das **Übermaßverbot** wirkt sich zwar hauptsächlich im Belastungs- oder Eingriffsrecht aus[22], es gilt aber für jedwedes staatliche Handeln[23], auch für Steuervergünstigungen[24]. 46

20 Literatur zum Subventionsabbau: DIHT 186, Subventionen abbauen, Vorschläge des DIHT, Bonn 1980; *H. Vogel*, Steuergeschenke – Steuervergünstigungen zu rechtfertigen oder abzubauen?, StbJb. 1980/81, 49 ff.; *Zitzelsberger*, Über die Schwierigkeiten mit dem Abbau von Steuersubventionen, StuW 85, 197 ff.; *Jasper*, Zur Problematik von Subventionen als Instrument der Wirtschaftspolitik, Inst.FuSt Brief 259, Bonn 1986; *V. Stern/G. Werner*, Subventionsabbau, Notwendigkeit und Möglichkeiten, Karl-Bräuer-Institut des Bundes der Steuerzahler, Wiesbaden 1987.

21 *V. Mangoldt/Klein/Starck*, Grundgesetz[3], München 1985, Art. 3 Rnr. 134; s. auch *W. Bilgery*, Die steuerrechtliche Vergünstigungsnorm im Lichte der Theorie vom Stufenbau . . ., Diss. Tübingen 1988, 99 („Erste Konsequenz ist, daß sich die Verfassungsmäßigkeit einer Steuervergünstigung nicht nach steuerrechtlichen Maßstäben bemißt.“).

22 *U. Scheuner*, VVDStRL Bd. 11 (1954), 58; *K. H. Friauf*, Verfassungsrechtliche Grenzen der Wirtschaftslenkung und Sozialgestaltung durch Steuergesetze, Tübingen 1966, 33 ff.; *K. Vogel*, Steuerrecht und Wirtschaftslenkung, JbFSt. 1968/69, 234; s. auch *P. Böckli*, Verfassungsrechtliche Anforderungen an die zur Konjunkturbeeinflussung erhobenen ‚Sonderabgaben‘, Zeitschrift für Schweizerisches Recht 75, 225, 241 ff.

Das Übermaßverbot[25] verletzen Steuervergünstigungen, sofern oder soweit sie für den angegebenen Gemeinwohlzweck **nicht erforderlich** oder **nicht geeignet**[26] sind. Außerdem dürfen Vergünstigungen nicht unverhältnismäßig sein, d. h. sie dürfen keine nachteiligen Folgen auslösen, die die vorteiligen überwiegen, materiell oder ideell[27].

Ebenso wie in der Beurteilung dessen, was dem Gemeinwohl dient, hat der Gesetzgeber Spielraum bei der Beurteilung der Frage, welche Mittel zur Erreichung eines bestimmten Gemeinwohlzwecks erforderlich und geeignet sind[28].

Die Erforderlichkeit und Eignung einer Vergünstigung kann durch Zeitablauf oder durch Veränderung der Umstände entfallen. Zwar gilt hier nicht „cessante ratione cessat lex"; die nicht mehr erforderliche, nicht mehr geeignete Vergünstigung muß aber aufgehoben werden.

47 Steuervergünstigungen müssen nicht nur einem Gemeinwohlzweck dienen und zur Erfüllung dieses Zwecks erforderlich und geeignet sein; sie müssen auch dem **Gleichheitssatz** entsprechen[29]. So wie es ein Gebot gleicher und ein Verbot ungleicher Belastung gibt, so besteht ein Gebot gleicher und ein Verbot ungleicher Begünstigung[30]. Zur Erfüllung des Gebots gleicher Begünstigung ist zweierlei zu beachten:

48 (1) Die **sachgerechte Auswahl des begünstigungswürdigen Personenkreises.** Er muß entsprechend dem Vergünstigungszweck ausgewählt werden, darf nicht beliebig bestimmt werden[31, 32].

---

23 *K. Stern,* Das Staatsrecht der Bundesrepublik Deutschland, Bd. I[2], München 1984, 862 m. w. N.

24 *K. Vogel,* in: FS für H. P. Ipsen, Tübingen 1977, 548, 553 (zu Subventionen aller Art); *P. Tettinger,* Gewerbearchiv 81, 108; *H. G. Ruppe,* Das Abgabenrecht als Lenkungsinstrument der Gesellschaft und Wirtschaft und seine Schranken in den Grundrechten, Gutachten Bd. I, 1. Teil A, Wien 1982, 70 ff., 78 ff.; Gutachten einer unabhängigen Kommission zur Prüfung der steuerlichen Regelungen für gemeinnützige Wohnungs- und Siedlungsunternehmen, Schriftenreihe des BMF Heft 35, 101 ff.

25 Allgemein zum Inhalt des Übermaßverbots *K. Stern* (Fn. 23), 861 ff. mit Nachweisen.

26 Dazu *Kloepfer,* Das Geeignetheitsgebot bei wirtschaftslenkenden Steuergesetzen, NJW 71, 1585; s. auch BVerfGE 27, 375, 390; 30, 250; s. auch *Handzik* (Fn. 16), 28 f.

27 S. auch *P. Kirchhof,* StuW 84, 309.

28 BVerfGE 16, 181 (betr. Sonderbesteuerung des Werkfernverkehrs), spricht von »objektiv untauglich", BVerfGE 19, 126 (betr. Kuponsteuergesetz), von „schlechthin ungeeignet", BVerfGE 30, 250, von „schlechthin untauglich".

29 S. schon *U. Scheuner,* VVDStRL Bd. 11 (1954), 56: „Der wichtigste Gesichtspunkt aber dürfte im Bereich der Wirtschaftslenkung die Gleichheit sein. Nur aus dem Gleichheitssatz lassen sich Hilfen gegen mangelnde Zuteilung, ungerechten Ausgleich oder ungleichmäßige Verteilung der Lasten gewinnen." – *D. Birk,* Steuerrecht I, München 1988, § 7 Rnrn. 16 f., 18 ff., unterscheidet zwischen Belastungs- und Gestaltungswirkungen der Steuer und mißt die Belastungswirkungen an Art. 3 GG, die Gestaltungwirkungen an Art. 12, 14 GG (ausführlicher in: *D. Birk,* Das Leistungsfähigkeitsprinzip als Maßstab der Steuernormen, Köln 1983; *Birk* folgend *G. F. Schuppert,* in: FS für W. Zeidler, Berlin/New York 1987, Bd. 1, 704 ff.). Wir kommen auch ohne die *Birk*sche Wirkungsdifferenzierung zu gleichen Ergebnissen. Sollte *Birk* allerdings meinen, Lenkungsnormen könnten nicht am Gleichheitssatz geprüft werden, so könnten wir dem nicht beipflichten. – Allgemein zum Gleichheitssatz als Schranke des Subventionsgesetzgebers *v. Münch,* AöR Bd. 85 (1960), 270; *Kreussler,* Der allgemeine Gleichheitssatz als Schranke des Subventionsgesetzgebers, Berlin 1972.

30 *Hesse,* AöR Bd. 77 (1951/52), 220 (Gebot gleicher Teilhabe); *W. Martens,* VVDStRL Bd. 30 (1972), 20, 21 f.; *v. Münch/Gubelt,* Grundgesetz-Kommentar[3], München 1985, Art. 3 Rnr. 9 a.E.

31 *V. Münch/Gubelt* (Fn. 30), Art. 3 Rnr. 65; s. auch *K. H. Friauf,* StuW 85, 136 f., zu dem – allerdings belastenden – § 2a EStG; s. ferner BVerfGE 17, 210.

32 Dem Gesetzgeber zuviel Raum gewährend *P. Selmer,* Steuerinterventionismus und Verfassungsrecht, Frankfurt/M. 1972, 356 ff., und *v. Mangoldt/Klein/Starck* (Fn. 21), Art. 3 Rnr. 134

(2) Die **sachgerechte Bemessungsgrundlage** für die Vergünstigung. In der Regel ist für wirtschaftslenkende Steuervergünstigungen das **Vergünstigungsbedürfnis**[33] der sachgerechte Maßstab. Wird die Bemessungsgrundlage hingegen in der Weise angelegt, daß die Vergünstigung mit zunehmendem Bedürfnis abnimmt und umgekehrt, so ist der Gleichheitssatz und mit ihm die Vergünstigungs- oder Subventionsgerechtigkeit verletzt[34]. 49

Wie kann der Steuerpflichtige sein „gleiches Recht" durchsetzen, wenn er meint, er sei zu Unrecht nicht in den Kreis der Begünstigten aufgenommen worden oder andere hätten die Vergünstigung zu Unrecht erhalten? Klagen und Verfassungsbeschwerden setzen voraus, daß der Kläger „in seinen Rechten verletzt" ist, daß der Beschwerdeführer „in seinen Grundrechten betroffen", also selbst betroffen ist. Das wird insb. in **Konkurrenzsituationen** angenommen. Nach dem hier vertretenen Verständnis des Gleichheitssatzes kann es darauf aber nicht ankommen. Vielmehr ist betroffen, wer nicht konsequent im Sinne der angewandten sachgerechten Regel behandelt wird. Wenn es bei ungleicher Belastung für die Anwendung des Gleichheitssatzes unerheblich ist, ob die ungleich Belasteten in einem Wettbewerbsverhältnis stehen, aus welchem Grunde sollte ein solches Wettbewerbsverhältnis bei ungleicher Begünstigung erheblich sein? Das Begehren der Beseitigung der Begünstigung Dritter wird als zulässig angesehen, wenn zugleich notwendig die Rechtsstellung des Klägers oder Beschwerdeführers verbessert wird[35].

Das wird insb. in **Wettbewerbssituationen** angenommen[36], weil in diesen Fällen die Vergünstigung die Berechtigten begünstigt, die nichtberechtigten Wettbewerber aber benachteiligt oder belastet.

Eine **gleichheitswidrige Privilegierung** pflegt allerdings auch das **Bundesverfassungsgericht** nicht dazu zu veranlassen, die Regelung auf die diskriminierte Gruppe auszudehnen. Sie wird nur dann einbezogen, wenn sich der Gleichheitsverstoß nur auf diese Weise beseitigen läßt[37]. Regelmäßig wird dem Gesetzgeber jedoch die Möglichkeit eingeräumt, zwischen Ausdehnung der Vergünstigung ihrer Abschaffung zu wählen. Das Verfassungsgericht begnügt sich dann mit der Feststellung der Verfassungswidrigkeit der angegriffenen Regelung und überläßt dem Gesetzgeber die Wahl zwischen Ausdehnung und Abschaffung. 50

Zu beklagen ist die von Gerichten gern gemachte Unterscheidung zwischen „bloß" wirtschaftlicher Benachteiligung und subjektivem Recht oder rechtlich geschützter Position. Warum soll die wirtschaftliche Benachteiligung, die den Gleichheitssatz verletzt, keine rechtlich zu schützende Position sein?

(„Art. 3 Abs. 1 wirkt sich nur dann auf Gewährung der Subvention aus, wenn sich Subventionierte und Nichtsubventionierte als Konkurrenten gegenüberstehen."); weniger eng wohl *W. Martens*, VVDStRL Bd. 30 (1972), 22.

33 Es hängt mit dem Vergünstigungszweck zusammen (dazu *v. Münch/Gubelt* [Fn. 30], Art. 3 Rnr. 14).

34 Dazu Fn. 29; s. auch *Handzik* (Fn. 16), 26 ff., 32 f.: § 10e EStG verletzt den Gleichheitssatz und das Sozialstaatsprinzip, weil er durch seine Regressionswirkung Bezieher höherer Einkommen relativ stärker entlastet als Steuerpflichtige mit niedrigem Einkommen.

35 BVerfGE 12, 362; 17, 371; 18, 12 f., 16 f.; 29, 221, 243; 43, 68.

36 BVerfGE 26, 91; 26, 109; 26, 116, 134 f.; 26, 141, 153; 26, 163, 168 f.; 35, 334; 39, 265. – Zu gleichheitswidrigen Privilegierungen ferner BVerfGE 9, 338, 342; 13, 248, 253; 13, 290, 296; 16, 27; 17, 210, 217; 18, 38, 45; 26, 79, 91; 26, 100, 109 f.; 26, 116; 28, 324, 347; 29, 245, 258; 29, 268, 273; 36, 321, 330; 49, 280, 283; 65, 104, 112 f.

37 Beispiele: BVerfGE 22, 163, 174 f.; 27, 220, 230 f.; 29, 1, 10; 29, 283; 303 f.

§ 21 Gemeinnützigkeits- und Spendenrecht

1. Gemeinnützigkeitsrecht

Literatur: *Kraft*, Die steuerrechtliche Gemeinnützigkeit, VJSchrStFR Bd. 6 (1932), 315; *Tipke*/Kruse, AO, zu §§ 51 ff. m. w. N.; *J. Lang*, Gemeinnützigkeitsabhängige Steuervergünstigungen, StuW 87, 221; *ders.*, StbJb. 1988/89, 251; Gutachten der Unabhängigen Sachverständigenkommission zur Prüfung des Gemeinnützigkeits- und Spendenrechts, BMF-Schriftenreihe Heft 40, Bonn 1988; *Bauer*, Die Steuerpflicht gemeinnütziger Körperschaften nach der Rechtsprechung des Bundesfinanzhofs, FR 89, 61; *C. Franz*, Grundlagen der Besteuerung gemeinnütziger Körperschaften bei wirtschaftlicher Betätigung, Berlin 1991; *R. Hüttemann*, Wirtschaftliche Betätigung und steuerliche Gemeinnützigkeit, Köln 1991; *Thiel/Eversberg*, Die neue Vereinsbesteuerung[2], Köln 1992; *J. Thiel*, Die zeitnahe Mittelverwendung – Aufgabe und Bürde gemeinnütziger Körperschaften, DB 92, 1900; *Kießling/Buchna*, Gemeinnützigkeit im Steuerrecht[5], Achim 1994; *J. Lang*, Gemeinnützigkeits- und Spendenrecht, in: WP-Handbuch der Unternehmensbesteuerung[2], Düsseldorf 1994, Kapitel T.

1 Die einzelnen Steuergesetze enthalten Vergünstigungen für Körperschaften, die **gemeinnützige, mildtätige** oder **kirchliche Zwecke** verfolgen (s. § 5 I Nr. 9 KStG; § 3 I Nrn. 4, 12 VStG; § 13 I Nrn. 16, 17 ErbStG; § 3 I Nrn. 3, 4 und § 4 Nr. 6 GrStG; § 3 Nrn. 6, 20b, c GewStG; § 116 BewG; § 4 Nrn. 16, 18, 22, 25 und § 12 II Nr. 8 UStG; § 7 I Nr. 1 KVStG). Sie legen den Inhalt dieser mehr oder minder unbestimmten Rechtsbegriffe aber nicht näher fest. Das tun die §§ 51 ff. AO; sie bilden den allgemeinen Teil des Gemeinnützigkeitsrechts.

Die Steuervergünstigungen wegen Verfolgung gemeinnütziger (§ 52 AO), mildtätiger (§ 53 AO) oder kirchlicher (§ 54 AO) Zwecke (künftig wird pars pro toto von gemeinnützigen Zwecken gesprochen) dienen dazu, die private selbstlose Förderung des Gemeinwohls zu stimulieren und zu prämieren und auf diese Weise den Fiskus und die staatlichen Bürokratien zu entlasten. Die begünstigten Zwecke müssen grundsätzlich unmittelbar (§§ 51, 57 AO), selbstlos (§§ 52 I, 53, 54 I, 55 AO; zu § 55 I Nr. 4 AO noch § 61 AO) und ausschließlich (§§ 51, 56 AO) verfolgt werden.

2 Gemeinnützigkeit ist ein unbestimmter, ausfüllungsbedürftiger Wertbegriff. Nach § 52 I 1 AO ist gemeinnützig die **Förderung der Allgemeinheit** auf materiellem, geistigem oder sittlichem Gebiet. Bei Aktivitäten, die zugleich fördern oder nützen und schaden (z. B. Motorsport mit Lärmbelästigung und Umweltbelastung), ist eine Güterabwägung vorzunehmen. § 52 I 2 AO will ausschließen, daß nur exklusive Kreise oder Sonderinteressen gefördert werden. Verfassungskonforme Auslegung läßt es angezeigt erscheinen, die Förderung der Allgemeinheit als „Förderung des Gemeinwohls" aufzufassen. Im allgemeinen fördert jeder Gewerbebetrieb die Allgemeinheit. Zur Förderung der Allgemeinheit muß aber die **Selbstlosigkeit** hinzukommen (dazu § 55 AO). Der Gewerbetreibende ist nicht selbstlos tätig, sondern eigennützig.

3 Eine absolut richtige Auffassung darüber, was gemeinnützig ist, gibt es nicht. Konservative, liberale, sozialistische und „grüne" Gemeinnützigkeitsvorstellungen weichen voneinander ab. Aktivitäten, die das Grundgesetz oder andere Gesetze (insb. Strafgesetze) verletzen, sind nicht gemeinnützig (BFH BStBl. 85, 106). Das Mittel entheiligt den Zweck!

Der (nicht abschließende) **Beispielskatalog des § 52 II AO** gibt eine Auslegungshilfe. Dabei kommt es allerdings nicht darauf an, ob eines der Beispiele zutrifft, es müssen stets auch die Voraussetzungen des § 52 I AO vorliegen. In der Praxis hat es allerdings meist mit der Zuordnung zu § 52 II AO sein Bewenden.

Die Unabhängige Sachverständigenkommission zur Prüfung des Gemeinnützigkeits- und Spendenrechts (Mehrheitsvotum) versteht unter gemeinnützigen Zwecken **Gemeinwohlzwecke.** Die Verfolgung von Gemeinwohlzwecken nimmt sie an, wenn es sich um Tätigkeiten handelt, die auch zu den Pflichtaufgaben des Staates oder der Kommunen gehören oder die geeignet oder erforderlich sind, die Lebensgrundlagen des Gemeinwesens zu festigen, zu sichern oder zu erhalten. Nicht zu den Gemeinwohlzwecken rechnet sie eigennützige Zwecke der Mitglieder, z. B. die Förderung von Hobbies, von Geselligkeit, überhaupt der Freizeitgestaltung der Mitglieder. Der Gesetzgeber ist jedoch einen anderen Weg gegangen. Er hat durch Vereinsförderungsgesetz vom 18. 12. 1989, BGBl. I 89, 2212, dem § 52 II AO eine Nr. 4 angefügt, durch die auch Freizeithobbies als Förderung der Allgemeinheit anerkannt werden, nämlich Tier- und Pflanzenzucht, Kleingärtnerei, Karneval/Fastnacht/Fasching, Amateurfunken, Modellflug und Hundesport. Worin die selbstlose Förderung der Allgemeinheit auf geistigem, sittlichen oder materiellen Gebiet in einem Teil dieser Fälle bestehen soll, ist nicht erfindlich[1].

Entgegen der Auffassung der Gemeinnützigkeitskommission hat der Gesetzgeber den *Sport* ausdrücklich als gemeinnützig bestätigt[2].

Körperschaften, die gemeinnützige Zwecke verfolgen, tun dies nicht immer ausschließ- 4
lich. Nicht selten verfolgen sie Nebenzwecke, nicht selten unterhalten sie **wirtschaftliche Geschäftsbetriebe.** Dadurch geraten sie in Konkurrenz zu der nicht steuerbegünstigten unternehmerischen Tätigkeit. Den Konflikt hat die Abgabenordnung dadurch gelöst, daß sie in §§ 56, 57 AO fordert, die steuerbegünstigten Zwecke müßten ausschließlich und unmittelbar verfolgt werden.

Das Gesetz läßt jedoch **Durchbrechungen der Ausschließlichkeit** zu. Rücklagenbil- 5
dung ist in Grenzen erlaubt (§§ 58 Nrn. 6, 7a, b; 63 IV AO). Schließt das Gesetz die Steuervergünstigung insoweit aus, als ein wirtschaftlicher Geschäftsbetrieb (§ 14 AO) unterhalten wird, so verliert die Körperschaft für die Werte (Vermögen, Einkünfte, Umsätze), die zu diesem Betrieb gehören, die Steuervergünstigung, soweit nicht ein Zweckbetrieb (§§ 65–68 AO) gegeben ist (§ 64 AO). Aus den Steuervergünstigungsvorschriften der Einzelgesetze und aus § 64 AO ergibt sich, daß die Körperschaft, die *auch* einen wirtschaftlichen Geschäftsbetrieb unterhält, die Steuervergünstigung *nicht* wegen § 56 AO *gänzlich* verliert, sondern *nur* bezüglich des wirtschaftlichen Geschäftsbetriebs. Somit hat das Gemeinnützigkeitsrechts es mit **drei Sektoren** zu tun: 1. mit dem **gemeinnützigen Sektor** i. e. S., 2. mit dem Sektor des **steuerbelasteten wirtschaftlichen Geschäftsbetriebs** (§ 64 i. V. mit § 14 AO) und 3. mit dem Sektor des **nicht steuerbelasteten Zweckbetriebs** (der auch ein wirtschaftlicher Geschäftsbetrieb ist, dazu §§ 65–68 AO). Der Gesetzgeber versucht auf diese Weise, einen Interessenausgleich zwischen der steuerbelasteten Privatwirtschaft und den gemeinnützigen Körperschaften zu schaffen, soweit diese mit der Privatwirtschaft konkurrieren (s. insb. § 65 Nr. 3 AO)[3].

§§ 59–63 AO enthalten formelle Vorschriften zur Gemeinnützigkeit.

2. Spendenrecht

2.1 Spenden für gemeinnützige Zwecke

Literatur: *Stolz,* Problematische Vorschriften über Spenden für gemeinnützige Zwecke, FR 78, 475; *Koch,* Die Vorschriften des Einkommensteuergesetzes und des Körperschaftsteuergesetzes über den Spendenabzug sind reformbedürftig, Inst. FuSt Brief 223, Bonn 1983; *Schleder,* Spendenabzug, DB 85, 1263; *ders.,* DB 86, 883; *Neuhoff,* Zum Spendenabzug, DB 86, 880; *Graf/Menzel,* Durchlaufspenden – der Verantwortungsbereich der Gemeinde als rechtlicher Spendenempfänger, DStZ 86, 315; *J. Thiel/Eversberg,* Das Vereinsförderungsgesetz und seine Auswirkungen auf das Gemeinnützigkeits- und Spendenrecht, DB 90, 395.

1 Dazu ausführlich *Tipke*/Kruse, AO, § 52 Tz. 21–29.
2 Dazu *Arndt/Immel,* Zur Gemeinnützigkeit des organisierten Sports, BB 87, 1153 ff.; *Herrnkind,* Die steuerliche Behandlung von Freizeitvereinen ..., DStZ 88, 547 ff., 581 ff.
3 Dazu ausführlich *J. Thiel/Eversberg,* DB 90, 344 ff.; *Tipke*/Kruse, AO, zu §§ 64–68.

6 Nach § 10b I EStG dürfen **Ausgaben** zur Förderung mildtätiger, kirchlicher, religiöser, wissenschaftlicher und der als besonders förderungswürdig anerkannten gemeinnützigen Zwecke begrenzt vom Gesamtbetrag der Einkünfte abgezogen werden. Diese Regelung gilt nach § 9 Nr. 2 KStG auch für Körperschaften; diese dürfen die Ausgaben vom Einkommen abziehen. S. ferner § 9 Nr. 5 GewStG.

Die Ausgaben zu den genannten altruistischen Zwecken werden (wenngleich auch nicht in der Gesetzessprache) als **Spenden** bezeichnet. Spenden sind unentgeltliche Zuwendungen oder Geschenke. Ein Leistungsaustausch schließt die Annahme einer Spende aus. Spenden sind schenkungsteuerfrei (§ 13 I Nrn. 16b, 17 ErbStG). Zur Abgrenzung Spenden – Betriebsausgaben BFH BStBl. 90, 237[4].

7 Durch das Spendenabzugsrecht soll der **private Altruismus** stimuliert werden. Zur Entlastung der öffentlichen Haushalte sollen über das Steueraufkommen hinaus weitere Mittel für altruistische Zwecke beschafft werden. Zu diesem Zweck wird zugelassen, daß Spenden – obwohl sie private Einkommensverwendungen sind – in Grenzen von der Steuerbemessungsgrundlage abgezogen werden können. Die Spendenabzugsvorschriften sind **Sozialzwecknormen** (s. § 4 Rz. 21), die den Spender prämieren. Daß wegen des progressiven Tarifs Spender mit höheren Einkommen (entsprechend der Höhe des Grenzsteuersatzes) stärker prämiert werden als Spender mit geringeren Einkommen, ist tragbar, da Spender – anders als Hausbauer im Falle des § 10e EStG – keinen Gegenwert erhalten. Durch die Spende wird die Leistungsfähigkeit des Steuerpflichtigen endgültig geschmälert.

8 Aufgrund § 51 I Nr. 1a EStG bestimmt § 48 I EStDV: „Für die Begriffe gemeinnützige, mildtätige, kirchliche, religiöse und wissenschaftliche Zwecke i. S. des § 10b des Gesetzes gelten die §§ 51–68 AO". § 51 I Nr. 2c EStG ermächtigt dazu, durch **RechtsVO** Vorschriften zu erlassen über eine Beschränkung des Spendenabzugs auf Zuwendungen an bestimmte Körperschaften sowie über eine Anerkennung gemeinnütziger Zwecke als *besonders* förderungswürdig. Die möglichen **Spendenempfänger** ergeben sich aus § 48 III EStDV. Wegen der **Anerkennung eines Spendenzwecks** als besonders förderungswürdig verweist § 48 II EStDV weiter auf eine allgemeine Verwaltungsvorschrift. Sie ist in R. 111 II EStR 1993 enthalten: Als besonders förderungswürdig anerkannt werden nur die in Anlage 7 EStR aufgeführten Zwecke. Aufgrund § 48 IV EStDV ist R. 111 II EStR 1993 ergangen. Aus § 8 I KStG ergibt sich, daß die Einkommensteuervorschriften auch für das Körperschaftsteuerrecht gelten. Der Gesamttatbestand des Spendenabzugs ergibt sich danach erst aus Gesetz, Rechtsverordnung und Verwaltungsvorschriften. Das macht die Rechtslage unübersichtlich. Terminologisch sind die Vorschriften nicht aufeinander abgestimmt.

9 Die **Ermächtigung des § 51 I Nr. 2c EStG** ist nicht hinreichend bestimmt i. S. des Art. 80 I 2 GG (a. A. jüngst BFH-Urt. v. 24. 11. 93, DStR 94, 783). Sie ist daher unwirksam, folglich ist auch § 48 II, III EStDV unwirksam. Die Weiterverweisung des § 48 II EStDV auf eine Verwaltungsvorschrift ist durch § 51 I Nr. 2c EStG nicht gedeckt. Die Regelung der besonderen Förderungswürdigkeit durch Verwaltungsvorschrift verletzt den **Grundsatz der Gesetzmäßigkeit der Verwaltung.** § 48 IV EStDV ist zu unbestimmt. Er läßt nicht erkennen, nach welchem sachgerechten Maßstab die durch § 48 II, III EStDV statuierte Sachgesetzlichkeit (abgesehen davon, daß die Vorschrift unwirksam ist) durchbrochen werden soll. Der auf § 48 IV EStDV gestützte Ausnahmekatalog der R. 111 II EStR 1993 beruht daher auf einem willkürlichen § 48 IV EStDV[5].

4 Dazu kritisch *H.-J. Pezzer*, StuW 90, 261 ff.

5 Zu den Ermächtigungsmängeln im Spendenabzugsrecht auch *Stolz*, FR 78, 475; *Koch*, Inst. FuSt Brief 223, 21 ff., 35 ff. m. w. N.; Gutachten der Unabhängigen Sachverständigenkommission zur

Spenden können sein: **Geldspenden** oder **Sachspenden** (s. zur Bewertung § 10 III 2, 3; § 6 I Nr. 4 EStG). Nicht abzugsfähig ist der Wert zugewendeter Nutzungen oder Leistungen (§ 10b III 1 EStG). Nach R. 111 I 2 EStR 1993 können **Mitgliedsbeiträge** nur abgezogen werden, wenn die Beiträge an eine Einrichtung gezahlt werden, die die Zuwendung unmittelbar entgegennehmen kann (s. dazu Rz. 12). Tatsächlich sind die satzungsmäßigen, laufenden Mitgliedsbeiträge keine altruistischen Zuwendungen. Ohnedies kann ihre Abzugsfähigkeit nicht davon abhängig sein, ob der Beitragsempfänger unmittelbar oder mittelbar spendenberechtigt (im steuerrechtlichen Sinne) ist. „Spenden" können verdeckte Beiträge sein. 10

Spenden können nur bis zur **Höhe** von 5 v. H. des Gesamtbetrags der Einkünfte oder 2 v. T. der Summe der gesamten Umsätze und der im Kalenderjahr aufgewendeten Löhne und Gehälter – als Sonderausgaben – abgezogen werden. Für wissenschaftliche, mildtätige und als besonders förderungswürdig anerkannte kulturelle Zwecke erhöht sich der Vomhundertsatz von 5 v. H. auf 10 v. H. (§ 10b I 1, 2 EStG). – Entsprechendes gilt für Körperschaften (s. § 9 Nr. 2 KStG). Einzelzuwendungen von mehr als 50 000 DM können, wenn sie diese Höchstsätze überschreiten, auf mehrere Veranlagungszeiträume zurück- und vorgetragen werden (§ 10b I 3, 4 EStG; § 9 Nr. 3a Sätze 3, 4 KStG). 11

Mit dem **Spendennachweis** befassen sich § 48 III Nrn. 1, 2 EStDV, R. 111 IV 3 EStR 1993 mit Anlage 4, ferner R. 111 V, VI EStR 1993.

Anlage 7 zu R. 111 I EStR 1993 schränkt die Abzugsfähigkeit in den Fällen der Nrn. 3, 4, 6, 7, 18–22, 24, 26 dadurch ein, daß – wohl zur besseren Kontrolle – der Empfänger der Zuwendungen eine juristische Person des öffentlichen Rechts oder eine öffentliche Dienststelle sein muß. Dadurch ergibt sich die Unterscheidung in **Direktspenden** und **Durchlaufspenden**. Die Durchlaufspenden gehen im allgemeinen an die Gemeinden; diese leiten die Spenden dann – nach Erteilung einer Spendenbescheinigung **(Spendenquittung)** an den Spender – an den Endempfänger, etwa einen Sportverein, weiter. Die Einschränkung der Abzugsfähigkeit in den oben genannten Fällen, m. a. W. die Unterscheidung von Direktspenden und Durchlaufspenden, ist durch § 48 II, III Nr. 2 EStDV (seine Gültigkeit hier unterstellt) nicht gedeckt. Die Rechtsgrundlagen für die Tätigkeit der Gemeinden sind unsicher[6]. Die Gemeinden können die Spendenabzugsberechtigung im übrigen nicht besser kontrollieren als die Finanzämter. 12

Zur „Vereinfachung" des Kontrollverfahrens ist durch BMF-Schreiben vom 3. 1. 1986 (BStBl. I 86, 52) das sog. **Listenverfahren** eingeführt worden: Die Spenden gehen danach unmittelbar an den bespendeten Verein. Sie werden dort auf einem separatem Konto gesammelt. Hat sich im Laufe der Zeit eine größere Spendensumme angesammelt, so überweist der Verein diese Summe an die Gemeinde und übersendet zugleich eine Liste mit den Namen der Spender und der von ihnen gespendeten Summe. Nach Erteilung der Spendenbescheinigungen überweist die Gemeinde die Spendensumme dann an den Verein zurück. 13

Entnahmen aus einem Betriebsvermögen zu Spendenzwecken können mit dem **Buchwert** statt mit dem Teilwert entnommen werden (§ 6 I Nr. 4 Sätze 2, 3); es wird also keine Gewinnrealisierung angenommen.

Prüfung des Gemeinnützigkeits- und Spendenrechts, BMF-Schriftenreihe Heft 40, Bonn 1988, 231 ff.

6 Dazu *Graf/Menzel*, DStZ 86, 315 ff.; Gutachten der Unabhängigen Sachverständigenkommission (Fn. 5), 266 ff.

2.2 Spenden zur Förderung des demokratischen Staatswesens (früher: Förderung „staatspolitischer Zwecke")

Litaratur: *Felix/Streck,* Inhalte und Tragweite der Reform der ertragsteuerlichen Abzugsfähigkeit staatspolitischer und staatsdemokratischer Ausgaben aufgrund der Novelle 1983 des Parteiengesetzes, DStZ 84, 79; s. auch die Literatur zu 2.3.

14 Ausgaben zur Förderung staatspolitischer Zwecke konnten nach § 49 EStDV in der bis 1983 geltenden Fassung nur abgezogen werden, wenn sie an eine **durch besondere RechtsVO anerkannte juristische Person** gegeben wurden, die ausschließlich staatspolitische Zwecke verfolgte und weder eine Partei war noch ihre Mittel für die unmittelbare oder mittelbare Unterstützung oder Förderung politischer Parteien verwendete.

Aufgrund des § 49 I EStDV a. F. sind sechs SpendenVOen ergangen, die in Abschnitt 112 EStR zusammengefaßt sind.

15 Mit Wirkung ab Veranlagungszeitraum 1984 ist § 49 EStDV aufgehoben worden (was die Geltung der SpendenVOen selbst unberührt läßt). Die Rechtslage hat sich dadurch aber nicht geändert. Was früher Förderung „staatspolitischer Zwecke" (§ 49 I EStDV a. F.) war, heißt jetzt: „Allgemeine Förderung des demokratischen Staatswesens" (s. jetzt § 52 II Nr. 3 AO). Der Begriff „staatspolitisch" war von 1984–88 identisch mit dem Begriff „parteipolitisch" (§ 10b II EStG a. F.; s. auch § 10b I 1 EStG a. F.); seit 1989 regelt § 10b II EStG n. F. die Abzugsfähigkeit von Spenden an politische Parteien ohne Bezugnahme auf übergeordnete Zwecke.

16 Förderung des demokratischen Staatswesens ist **Förderung des demokratischen Prinzips des Grundgesetzes,** insb. des Mehrparteiensystems und des parlamentarischen Regierungssystems mit freien, geheimen Wahlen, der Gewaltenteilung, der rechtsstaatlichen und abwehrbereiten Demokratie, im einzelnen auch des Eintretens für die Grundrechte, für Mehrheitsprinzip, Pluralismus und Toleranz gegenüber abweichenden Meinungen, für freie Meinungsäußerung und Pressefreiheit.

Gemeinnützige und staatspolitische (= das demokratische Staatswesen fördernde) Vereinigungen sind bis 1984 oft zu unzulässiger **Umwegfinanzierung** zugunsten von politischen Parteien eingesetzt worden (s. 11. Auflage, S. 581 ff.; die Umwegfinanzierung untersagt jetzt § 55 I Nr. 1 Satz 3 AO n. F.).

2.3 Spenden an politische Parteien

Literatur: bis 1984, s. 11. Auflage, S. 580. *V. Arnim,* Verfassungsfragen der Parteienfinanzierung, JA 85, 121, 207; de Boor/Pfeiffer/Schünemann (Hrsg.), Parteispendenproblematik (mit Beiträgen von *Dannecker/Friauf/J. Ipsen/Kohlmann/List/Offczors/Pfeiffer/Schünemann),* Köln 1986 (mit umfassendem Literaturnachweis); *Jakob* (Hrsg.), Die Förderung politischer Parteien über Spendensammelvereine, Protokoll eines Augsburger Universitätsseminars, Selbstverlag 1986; *Jakob/Jüptner,* Steuerfragen der mittelbaren Parteienfinanzierung über Organisationen, Stuttgart 1986 (mit umfassendem Literaturnachweis); ferner umfassender Literaturnachweis von *Horlemann,* DStZ 86, 35; *U. Volkmann,* Verfassungsrecht und Parteienfinanzierung, ZRP 92, 325 (zu BVerfGE 85, 264).

17 Nachdem BVerfGE 73, 40, einen Parteispendenabzug bis zu 100 000 DM zugelassen hatte, gewährten § 10b II EStG einen Sonderausgabenabzug bis 60 000 DM (zusammenveranlagte Ehegatten: 120 000 DM) und § 9 Nr. 3, b KStG einen Steuerabzug von 60 000 DM (s. Vorauflage S. 666). Das Urteil des BVerfG vom 9. 4. 1992, BVerfGE 85, 264, korrigierte einschneidend die von BVerfGE 73, 40, gesetzten verfassungsrechtlichen Vorgaben des Parteispendenabzugs. Es verwarf den hohen Parteispendenabzug mit der Begründung, daß ein solcher nur insoweit verfassungsrechtlich unbedenklich sei, als die abziehbaren Zuwendungen „innerhalb einer Größenordnung verbleiben, die für den durchschnittlichen Einkommensempfänger erreichbar ist" (BVerfGE 65, 316). Außer-

dem dürften Spenden von Körperschaften steuerlich überhaupt nicht begünstigt werden (BVerfGE 85, 315). Dieses wohl überzeugendste **Parteispenden-Urteil** ist mit dem Sechsten Gesetz zur Änderung des Parteiengesetzes und anderer Gesetze vom 28. 1. 1994, BGBl. I 94, 207, umgesetzt worden.

Für **natürliche Personen** läßt der geänderte **§ 10b II EStG** nur noch einen *Sonderausgabenabzug* von Mitgliedsbeiträgen und Spenden an politische Parteien bis zur Höhe von 3000 DM (zusammenveranlagte Ehegatten: 6000 DM) zu. Entsprechend dem Ziel, mit der steuerlichen Begünstigung breitere Bevölkerungsschichten zu erreichen, sind hingegen die Höchstbeträge der *Steuerermäßigung* in **§ 34g EStG** angehoben worden: Nach dieser Vorschrift darf die tarifliche Einkommensteuer um die Hälfte der geleisteten Mitgliedsbeiträge und Spenden an politische Parteien gemindert werden, und zwar nunmehr bis 1500 DM (zusammenveranlagte Ehegatten: 3000 DM) statt bisher bis 600 DM (1200 DM). Die Minderung der tariflichen Einkommensteuer um Beträge von 1500 DM/3000 DM ist also bei Zuwendungen in Höhe von 3000 DM/6000 DM möglich. Mit der Regelung des § 34g EStG soll erreicht werden, daß auch Steuerpflichtige mit einem Grenzsteuersatz unter 50 v. H. eine Steuervergünstigung von 50 v. H. erreichen können. Soweit § 34g EStG in Anspruch genommen wird, ist ein Sonderausgabenabzug nicht zulässig (§ 10b II 2 EStG). Der Parteispendenabzug für **Körperschaften** (§ 9 Nr. 3, b KStG a. F.) ist abgeschafft worden. 18

2.4 Haftung und Vertrauensschutz bei Spendenbestätigung (§§ 10b IV EStG; 9 III KStG)

Im Anschluß an die Empfehlungen der Unabhängigen Sachverständigenkommission (s. Fn. 5) schützen die §§ 10b IV EStG; 9 III KStG das Vertrauen des Spenders in die Richtigkeit der Bestätigung über Spenden und Mitgliedsbeiträge, es sei denn, der Spender erwirkte die Spendenbestätigung durch unlautere Mittel oder falsche Angaben oder dem Spender war die Unrichtigkeit der Spendenbestätigung bekannt oder infolge grober Fahrlässigkeit unbekannt. Wer vorsätzlich oder grob fahrlässig eine unrichtige Bestätigung ausstellt oder wer eine nicht steuerbegünstigte Verwendung der Spende veranlaßt, haftet für den Steuerausfall mit 40 v. H. des zugewendeten Betrags. 19

Sechstes Kapitel: Steuerverfahrensrecht*

§ 22 Durchführung der Besteuerung

A. Prinzipien des Steuerverfahrens

I. Gesetzmäßigkeit und Gleichmäßigkeit der Besteuerung

Literatur: *C. Lambrecht,* Normative Bindung und Sachverhaltserfassung, DStJG Bd. 12 (1989), 79; *T. Puhl,* Besteuerungsverfahren und Verfassung, DStR 91, 1141, 1173; *K. Tipke,* Gleichmäßigkeit der Steuerrechtsanwendung – Ein Postulat im Interesse der Solidargemeinschaft der Steuerzahler, in: H. Vogelgesang (Hrsg.), Perspektiven der Finanzverwaltung: Analysen und Prognosen im Spiegel von Wissenschaft und Praxis, Köln 1992, 95; *ders.,* Die Steuerrechtsordnung, Bd. III (StRO III), Köln 1993, § 27.

1. Rechtsstaatlicher Auftrag der Finanzbehörden

1 Nach § 85 AO haben Finanzbehörden „die Steuern nach Maßgabe der Gesetze gleichmäßig festzusetzen und zu erheben. Insbesondere haben sie sicherzustellen, daß Steuern nicht verkürzt, zu Unrecht erhoben oder Steuererstattungen und Steuervergütungen nicht zu Unrecht gewährt oder versagt werden."

Der Auftrag der Finanzbehörden ist rechtsstaatlich, nicht fiskalisch ausgerichtet. Deshalb hebt § 85 Satz 2 AO hervor, daß Finanzbehörden auch sicherzustellen haben, daß Steuern nicht zu Unrecht **erhoben** oder Steuererstattungen und Steuervergütungen nicht zu Unrecht versagt werden dürfen. Bei richtigem Verständnis handeln Finanzbehörden für die **Solidargemeinschaft der Steuerzahler**[1], in der jeder gegen jeden Anspruch auf Steuerehrlichkeit hat. Für die staatsbürgerliche Akzeptanz der Steuerpflicht ist das Bewußtsein unerläßlich, daß der Staat die Steuerpflicht auch gegenüber den anderen Bürgern durchsetzt.

2 Die Finanzbehörden sind prinzipiell nicht nur berechtigt, sondern auch verpflichtet („haben"), die gesetzlich geschuldeten Steuern einzubringen (**Legalitätsprinzip,** nicht Opportunitätsprinzip). BVerfGE 25, 216, 228, spricht von der Pflicht der Steuerbehörden zur Steuerfestsetzung und Steuerbeitreibung (dazu auch § 4 Rz. 161 ff.).

2. Untersuchungsgrundsatz als Verfahrensmaxime

3 Dem rechtsstaatlichen Auftrag der Finanzbehörden, Gesetzmäßigkeit und Gleichmäßigkeit der Besteuerung zu verwirklichen, ist der Untersuchungsgrundsatz adäquat, wonach die Finanzbehörden den Sachverhalt **von Amts wegen zu ermitteln** haben (§ 88 I AO): Die Behörde trägt die Verantwortung für die Sachaufklärung; sie bestimmt Art und Umfang der Ermittlungen; an das Vorbringen und an die Beweisanträge der Beteiligten ist sie nicht gebunden (§ 88 I 2 AO). Gebunden sind die Finanzbehörden allerdings an gestaltende Verwaltungsakte anderer Behörden; sie können diese nicht nachprüfen[2]. Bei der Sachaufklärung haben die Finanzbehörden *alle* für den Einzelfall bedeutsamen, auch

---

* Bearbeiter des Kapitels „Steuerverfahrensrecht" ist Wissenschaftlicher Assistent Dr. *Roman Seer.*

1 Dazu *K. Tipke,* in: H. Vogelgesang (Hrsg.), Perspektiven der Finanzverwaltung, Köln 1992, 95 ff.

2 Dazu *R. Wagner,* Die Bindung der Finanzbehörden und Finanzgerichte an Entscheidungen anderer Behörden und Gerichte, Diss. Würzburg 1966; *H. Paulick,* StbJb. 1964/65, 351 ff.

die für die Beteiligten günstigen Umstände zu berücksichtigen (§ 88 II AO); sie dürfen also nicht einseitig-fiskalisch verfahren.

Damit nach Möglichkeit niemand deshalb benachteiligt wird, weil er seine *verfahrens*rechtlichen Möglichkeiten nicht kennt, begründet § 89 AO (Sollvorschrift) eine gewisse **Fürsorge- oder Betreuungspflicht**, eine Pflicht zur Beratung und Auskunft über Verfahrensfragen. 4

Weit verbreitet ist die Vorstellung, daß der Untersuchungsgrundsatz durch die **Mitwirkungspflicht** der Beteiligten (§ 90 AO) eingeschränkt werde[3]. Diese Formulierung ist zumindest mißverständlich. Die Finanzbehörde bedient sich der Mitwirkung des Steuerpflichtigen und anderer Beteiligter als eines von mehreren Beweismitteln (s. §§ 26 I Nr. 2, II VwVfG, 92 S. 2 Nr. 1 AO) *zur Erfüllung ihrer Untersuchungspflicht*[4]. Die Mitwirkungspflicht der Beteiligten schränkt somit den Untersuchungsgrundsatz nicht ein, sondern ist ein Mittel zu dessen Verwirklichung. 5

3. Divergenz zwischen Anspruch und Wirklichkeit

Die Finanzverwaltung vermag ihren rechtsstaatlichen Auftrag vor allem infolge des bereits oben (§ 4 Rz. 1 ff.) geschilderten **Steuerchaos** nurmehr unzureichend erfüllen. Selbst der gewissenhafteste Finanzbeamte vermag die Kompliziertheit der Steuergesetze nicht mehr nachzuvollziehen. Dem **sprunghaften Anstieg der Arbeitslast** steht der **Exodus qualifizierter Fachkräfte** aus der Finanzverwaltung gegenüber[5]. Die Finanzverwaltung sucht den Ausweg aus diesem Dilemma in einem „maßvollen" bzw. **„ökonomischen" Gesetzesvollzug**[6]. Für den Regelfall wird davon ausgegangen, daß die Angaben der Steuerpflichtigen in den Steuererklärungen vollständig und richtig sind[7]. Der „ökonomische" Gesetzesvollzug äußert sich etwa dadurch, daß zwischen bedeutsamen und anderen Steuerfällen unterschieden wird[8]. Bei den nicht bedeutsamen Steuerfällen soll nur eine **überschlägige Schlüssigkeits- und Plausibilitätskontrolle der Steuererklärungen** erfolgen. Für bestimmte Besteuerungsgrundlagen wird auf die Vorlage von Einzelbelegen sogar gänzlich verzichtet[9]. Lediglich die sog. bedeutsamen Steuerfälle werden – soweit sie nicht einer Außenprüfung unterliegen – intensiv geprüft. Selbst bei diesen soll aber von einer Überprüfung des vorgetragenen Sachverhalts ganz abgesehen werden können, wenn der voraussichtliche Arbeitsaufwand nicht in einem angemessenen Verhältnis zu den möglichen steuerlichen Auswirkungen steht[10]. 6

J. Isensee[11] unterstellt die Besteuerung dem **ökonomischen Prinzip.** Da die Verwaltung nicht selbst über ihre Kapazität bestimmen könne, müsse ihr eine Notkompetenz des Inhalts zugestanden werden, ihre Aufgabe mit der vorhandenen Kapazität bei größtmöglicher Nähe zum Gesetz mög- 7

---

3 So etwa BFH BStBl. 89, 462, 464; *J. Martens,* StuW 81, 322, 323; *F. Klein/G. Orlopp,* AO[4], § 88 Anm. 1.

4 *H. Söhn,* HHSp, AO, § 88 Rz. 41; *R. Wittmann,* StuW 87, 35, 45; *Tipke/Kruse,* AO, § 90 Tz. 2; allgemein für das Verwaltungsverfahren *M. Nierhaus,* Beweismaß und Beweislast – Untersuchungsgrundsatz und Beteiligtenmitwirkung im Verwaltungsprozeß, Habil. Köln, München 1989, 279.

5 Vgl. *D. Riempp,* Entwicklungslinien der Finanzverwaltung aus der Sicht des Verwaltungspraktikers, in: H. Vogelgesang (Hrsg.), 26 ff.; *K. Tipke,* StRO III, 1198 ff.

6 Vgl. Anwendungserlaß zur AO, BStBl. I 87, 664, zu § 88 AO, Tz. 1.

7 So ausdrücklich der Anwendungserlaß zur AO (Fn. 6), zu § 88 AO, Tz. 2.

8 So etwa in Nordrhein-Westfalen lt. den sog. „Ergänzenden Bestimmungen zur Geschäftsordnung für die Finanzämter" (EB-FAGO). „Bedeutsame Steuerfälle" sollen solche sein, bei denen Bearbeitungsfehler unterschiedlichster Art erhebliche Steuerausfälle mit hoher Wahrscheinlichkeit erwarten lassen. Dies wird dort für die Einkommensteuer angenommen, wenn
– die Summe der positiven Einkünfte > 400 000 DM oder
– die Summe der negativen Einkünfte > 200 000 DM oder
– die Vermögensteuerschuld > 25 000 DM.

9 So in Tz. 3.2.4.1.6 der EB-FAGO NRW.

10 So in Tz. 3.2.4.2.3 der EB-FAGO NW.

11 *J. Isensee,* Die typisierende Verwaltung, Habil., Berlin 1976, insb. 155 ff., 188 ff.; s. auch schon *ders.,* StuW 73, 199 ff.

lichst ökonomisch zu erfüllen[12]. Dieser Auffassung kann nicht gefolgt werden[13]. Ein so verstandenes ökonomisches Prinzip benachteiligt vor allem die Steuerehrlichen und nimmt die Ungleichmäßigkeit der Besteuerung in Kauf. Gleichmäßigkeit würde verlangen, daß eine überforderte Finanzverwaltung gegenüber *allen* Steuerpflichtigen *in relativ gleichem Umfang* zurücksteckt. Gleichmäßigkeit der Besteuerung setzt gerade in einem Rechtsstaat eine *wirksame Kontrolle entsprechend dem Kontrollbedürfnis voraus*[14]. Dies hat das BVerfG in seinem richtungsweisenden Urteil v. 27. 6. 1991 zur Besteuerung der Einkünfte aus Kapitalvermögen (dazu bereits § 4 Rz. 71) treffend erkannt: „Hängt die Festsetzung einer Steuer von der Erklärung des Steuerschuldners ab, werden erhöhte Anforderungen an die Steuerehrlichkeit des Steuerpflichtigen gestellt. Der Gesetzgeber muß die Steuerehrlichkeit deshalb durch hinreichende, die steuerliche Belastungsgleichheit gewährleistende Kontrollmöglichkeiten abstützen. Im Veranlagungsverfahren bedarf das **Deklarationsprinzip** der Ergänzung durch das **Verifikationsprinzip.**"[15] Mit diesem Diktum verträgt es sich nicht, wenn der Untersuchungsgrundsatz in einen – am bloßen Ertragsinteresse orientierten – „ökonomischen" Gesetzesvollzug verfremdet wird.

II. Übermaßverbot als Schranke der Sachaufklärung

8 Zentraler Grundsatz rechtsstaatlichen Gesetzesvollzugs ist das Übermaßverbot (dazu § 4 Rz. 209 ff.). Sowohl die Verfahrenseinleitung (§ 86 AO) als auch die Ermittlungsmaßnahmen im (eingeleiteten) Verwaltungsverfahren müssen hinreichend veranlaßt sein[16]. Es würde das Übermaßverbot verletzen, wenn die Finanzbehörden im Rahmen von sog. Rasterfahndungen oder ähnlichen Ermittlungen „ins Blaue hinein" ermitteln dürften. Andererseits braucht aber auch kein Anfangsverdacht für eine objektive Steuerverkürzung im strafprozessualen Sinne (§ 152 II StPO) vorzuliegen. Vielmehr genügt es, daß nach den allgemeinen Erfahrungen der Finanzbehörde *Anhaltspunkte* dafür bestehen, daß *möglicherweise* eine Steuerschuld entstanden ist[17]. Die Finanzbehörden sind damit weder verpflichtet noch berechtigt, den Sachverhalt auf alle möglichen Ausnahmen hin zu erforschen, wenn keine hinreichenden Anhaltspunkte dafür vorliegen. Die Finanzbehörden *verletzen* jedoch ihre Sachaufklärungspflicht, wenn sie Tatsachen oder Aufklärungsmittel außer acht lassen, die sich ihnen in Anbetracht der Umstände des Einzelfalles aufdrängen mußten, etwa weil sich einschlägige Hinweise aus den Akten ergeben. Zu den Ausprägungen des Übermaßverbots im Ermittlungsverfahren s. unten Rz. 173, 193.

III. Grundsatz rechtlichen Gehörs

9 Das Recht auf Gehör ist ein aus dem Rechtsstaatsprinzip (Art. 20 III GG, dazu § 4 Rz. 50 ff.) herzuleitender allgemeiner Rechtssatz des Verwaltungsverfahrens. Ein umfassendes Recht auf Gehör ist indessen nur für das Gerichtsverfahren durch Art. 103 I GG verbürgt. Im Besteuerungsverfahren garantiert § 91 AO das Recht auf Gehör nur als Minimalrecht. Nach § 91 I 1 AO *soll*[18] dem Beteiligten die Gelegenheit gegeben werden, sich zu den entscheidungserheblichen Tatsachen zu äußern, bevor ein nicht begünstigender Verwaltungsakt gegen ihn erlassen wird. Die Ausgestaltung des § 91 I 1 AO als

12 Ähnlich *H. W. Arndt,* Praktikabilität und Effizienz, Habil., Köln 1983, 58 ff.
13 Ausf. dazu *K. Tipke,* StRO III, 1204 ff.
14 Ausf. *K. Tipke,* StRO III, 1204 ff.
15 2. Leitsatz in BVerfGE 84, 239.
16 *H. Söhn,* HHSp, AO, § 88 Rz. 50.
17 Vgl. BFH BStBl. 87, 484 ff. (Sammelauskunftsersuchen der Steuerfahndung an ein Kreditinstitut); BStBl. 88, 359, 361 (Auskunftsersuchen der Steuerfahndung an eine Tageszeitung wegen zweier Chiffre-Anzeigen), bestätigt durch BVerfG HFR 89, 440; BStBl. 91, 277, 278 (Auskunftsersuchen an eine Sparkasse zur Überprüfung privater Kontenbewegungen bei hohen Entnahmen).
18 Anders § 28 I 1 VwVfG: „*muß*".

Sollvorschrift bedeutet, daß vor dem Erlaß nichtbegünstigender Verwaltungsakte in der Regel rechtliches Gehör gewährt werden muß und nur in atypischen Ausnahmefällen, die denen des § 91 II AO ähnlich sind, versagt werden darf. Dies gilt insbesondere, wenn von dem in der Steuererklärung erklärten Sachverhalt zuungunsten des Steuerpflichtigen wesentlich abgewichen werden soll (§ 91 I 2 AO). Ein Anspruch, sich zu Rechtsfragen äußern zu können, besteht jedoch nicht.

§ 91 II, III AO sehen beispielhaft Fälle vor, in denen eine **Anhörung** unterbleiben darf. Praktisch wichtig ist § 91 II Nr. 3 AO als die Kehrseite des § 91 I 2 AO. Nicht unter § 91 II Nr. 4 AO fallen mittels EDV erstellte Steuerbescheide. § 91 II Nr. 5 AO will verhindern, daß die Vollstreckung wegen ihrer vorherigen Ankündigung vereitelt wird. Anders als § 29 VwVfG sieht die AO keinen Anspruch auf **Akteneinsicht** vor. Es liegt im pflichtgemäßen Ermessen (§ 5 AO) der Finanzbehörde, gleichwohl Akteneinsicht zu gewähren[19]. 10

Die Verletzung des § 91 AO ist ein **Verfahrensfehler,** der zur Rechtswidrigkeit, nicht aber zur Nichtigkeit des Verwaltungsakts führt[20]. Der Fehler ist jedoch nach § 126 I Nr. 3, II AO heilbar und bei gebundenen Verwaltungsakten gem. § 127 AO sogar unbeachtlich (dazu Rz. 112). Hat der Steuerpflichtige infolge unterbliebener Anhörung die Rechtsbehelfsfrist versäumt, gilt die Fristversäumnis für die Wiedereinsetzung in den vorigen Stand (§ 110 AO) als unverschuldet. 11

IV. Vertrauensschutzprinzip; Grundsatz von Treu und Glauben

Literatur (allgemein): *H. Vogel,* Treu und Glauben im Steuer- und Zollrecht, Freiburg i. Br. 1960; *J. Bunjes,* Die Bindung des Steuerpflichtigen an Treu und Glauben, Diss. Göttingen 1964; *P. Haas,* Vertrauensschutz im Steuerrecht, Diss. Saarbrücken 1988; *J. Beermann,* Verwirkung und Vertrauensschutz im Steuerrecht, Diss. Münster, Münster/New York 1991; *R. Kreibich,* Der Grundsatz von Treu und Glauben im Steuerrecht, Diss. Augsburg, Heidelberg 1992; *W. Schick,* HHSp, AO, Vorb. vor § 204; *Tipke/Kruse,* AO, § 4 Tz. 4 ff. und Vor § 204.

1. Rechtsstaatlichkeit des Vertrauensschutzes

Die h. M. leitet den Vertrauensschutzgedanken aus dem **Rechtsstaatsprinzip** des Art. 20 III GG (s. § 4 Rz. 54) und dessen Ausprägung der **Rechtssicherheit** ab[21]. Der Vertrauensschutzgrundsatz begründet u. a. die Bestandskraft von Verwaltungsakten (dazu Rz. 83), bindet die Verwaltung an Zusagen (dazu Rz. 14 ff.) und verbietet den Erlaß rückwirkender Gesetze und grundsätzlich auch einer rückwirkend verschärfenden Gesetzesanwendung (dazu § 4 Rz. 170 ff.). Allgemein formuliert vermag das Vertrauensschutzprinzip unter folgenden Voraussetzungen Bindungen der Finanzverwaltung gegenüber dem Steuerpflichtigen zu begründen[22]: 12

(1) Die Verwaltung muß ein ihr zurechenbares Vorverhalten gezeigt haben (sog. **Vertrauenstatbestand**);

(2) auf Grund dessen **(Kausalitätserfordernis)** der Steuerpflichtige

(a) vertraut **(Vertrauensbildung)** und

(b) vermögenswerte Dispositionen getätigt hat **(Vertrauensbetätigung).**

19 Kritisch *H. J. Hegelau,* Das Recht auf Akteneinsicht in Steuer- und Steuerstrafsachen, Inst.FuSt, Brief Nr. 267, Bonn 1987, 121 ff.

20 Zu den Rechtsfolgen ausf. *U. Knippel,* Rechtsfolgen fehlerhafter Anhörung im Verwaltungsverfahren, Diss. Münster, Berg. Gladbach 1987.

21 Ausf. *R. Kreibich,* Der Grundsatz von Treu und Glauben im Steuerrecht, Diss. Augsburg, Heidelberg 1992, 35 ff., mit umfangreichen Nachweisen aus der Rechtsprechung des BVerfG.

22 Vgl. *R. Kreibich* (Fn. 21), 43 f.

2. Ergänzung des rechtsstaatlichen Vertrauensschutzes durch den zivilrechtlichen Grundsatz von Treu und Glauben

13 Dieser rechtsstaatliche Vertrauensschutzgrundsatz wird im deutschen Verwaltungsrecht durch die Rezeption des zivilrechtlichen Grundsatzes von Treu und Glauben ergänzt. Der Grundsatz von Treu und Glauben ist *einerseits weiter, andererseits aber auch enger* als das Vertrauensschutzprinzip[23]. Der Grundsatz von Treu und Glauben reicht insoweit über den Vertrauensschutzgrundsatz hinaus, als er nicht nur das Vertrauen des Bürgers, sondern auch das der Behörde schützt. Treu und Glauben gebieten, daß im Steuerrechtsverhältnis **jeder** auf die berechtigten Belange des anderen angemessen Rücksicht nimmt und sich mit seinem früheren Verhalten, auf das der andere vertraut und aufgrund dessen er in einer irreparablen Weise disponiert hat, nicht in Widerspruch setzt (Grundsatz des *venire contra factum proprium*)[24]. Im Vergleich zum Vertrauensschutzprinzip erweist sich der Grundsatz von Treu und Glauben jedoch insoweit als enger, als er ein **konkretes Rechtsverhältnis** (z. B. Finanzbehörde – Steuerpflichtiger) voraussetzt. Er betrifft nicht abstrakte Rechtsverhältnisse (z. B. Gesetzgeber – Vielzahl von Bürgern)[25].

Der Grundsatz von Treu und Glauben kann nur ein Mittel gegen punktuelle unbillige Auswirkungen sein. Er darf nicht allgemein das Gesetz derogieren und Gefühlsjurisprudenz an die Stelle des Gesetzes setzen. Der Grundsatz von Treu und Glauben kann Steuerschulden weder zur Entstehung noch zum Erlöschen bringen; er kann das Steuerschuldverhältnis aber modifizieren. Er kann auch daran hindern, daß eine Forderung oder ein Recht geltend gemacht werden darf.

3. Zusage

Literatur: *K. Tipke,* Bindung an Zusagen und Auskünfte, StuW 62, 696; *M. Kampmann,* Die Erteilung von Rechtsauskünften durch die Finanzämter, Stuttgart 1963; *A. Monreal,* Auskünfte und Zusagen von Finanzbehörden, Berlin 1967; *G. Reifenrath,* Auskünfte und Zusagen im System des Verwaltungshandelns, Diss. Köln 1967; *H. B. Florig,* Die Bindung der Finanzverwaltung an Auskünfte und Zusagen, Diss. Würzburg 1968; *H. Müller,* Bindung an Auskünfte und Zusagen der Finanzbehörden, Diss. Frankfurt 1973; *N. v. Bomhard,* Auskunft und Zusage im Steuerrecht, Diss. Regensburg 1988, *G. Mayer,* Die Zusage nach der AO 1977, Diss. Tübingen, Berlin 1991.

14 Die *Zusage* ist eine verbindliche (verpflichtende) Erklärung über ein bestimmtes zukünftiges rechtliches Verhalten; sie ist danach **Verwaltungsakt** (s. auch Rz. 53). Da sich die Bindung bereits aus der Verwaltungsaktqualität ergibt, bedarf es der Berufung auf Treu und Glauben allerdings nicht.

15 In drei Fällen sieht das Gesetz Zusagen der Finanzbehörde vor:

(1) Zusage (das Gesetz spricht pleonastisch von verbindlicher Zusage) **im Anschluß an eine Außenprüfung** über die künftige steuerrechtliche Behandlung eines geprüften, im Prüfungsbericht dargestellten Sachverhalts bei ausreichendem Interesse (§§ 204–207 AO);

(2) Zusage einer Zollprüfungs- und Lehranstalt (ZPLA) der OFD über die Tarifstelle eines Zolltarifs, zu der eine Ware gehört (Art. 12 ZK, Art. 5–15 ZK-DVO, §§ 28–31 AZO: **„verbindliche Zolltarifauskunft"**);

(3) Zusage darüber, ob und inwieweit im einzelnen Fall Vorschriften über die Lohnsteuer anzuwenden sind (§ 42e EStG: **„Lohnsteueranrufungsauskunft"**)[26].

---

23 A. A. *R. Kreibich* (Fn. 21), 59, der den Grundsatz von Treu und Glauben als Subprinzip des Vertrauensschutzgrundsatzes versteht.

24 S. BFH BStBl. 89, 990.

25 *R. Kreibich* (Fn. 21), 48 ff.

26 Dazu Kommentare zu §42e EStG; *W. Schick,* HHSp, AO, Vor § 204 Rz. 96 ff.; Tipke/*Kruse,* AO, Vor § 204 Tz. 25 ff.

Der BFH hält die Lohnsteueranrufungsauskunft für eine bloße **Wissenserklärung** und für keinen Verwaltungsakt[27]. Dagegen spricht, daß die Auskunft für einen konkreten Einzelfall (unmittelbar aus § 42e EStG) **verbindlich** ist[28].

Die Terminologie – verbindliche Zusage, verbindliche Auskunft, Auskunft – ist nicht einheitlich. Nach verwaltungsrechtlicher Terminologie ist die Zusage stets eine verbindliche Erklärung (die Verbindlichkeit ist dem Zusagebegriff immanent); hingegen ist die Auskunft eine unverbindliche Äußerung. Die Zusage ist einseitig, sie ist keine Vereinbarung.

Auch über die drei im Gesetz ausdrücklich geregelten Fälle hinaus können die Finanzämter nach ihrem Ermessen Zusagen erteilen. Diese Befugnis ist ein Annex zur Entscheidungskompetenz[29]. Das Gesetz ist insoweit bewußt lückenhaft; es hat die Zusage nicht allgemein geregelt. 16

Die Finanzverwaltung hat durch BdF-Erlaß v. 24. 6. 1987[30] ihr **Ermessen** unter folgenden Voraussetzungen *eingeschränkt:* Der Steuerpflichtige muß in einem schriftlichen Antrag ein besonderes *Zusageinteresse* des Inhaltes darlegen, daß wirtschaftliche Dispositionen von der Zusage in einem konkreten, in der steuerrechtlichen Beurteilung zweifelhaften Sachverhalt abhängen. Dazu muß er ferner eine umfassende und in sich geschlossene Darstellung des Sachverhalts geben, das Rechtsproblem darlegen, seinen Rechtsstandpunkt begründen und die Rechtsfrage konkret formulieren. Die Finanzbehörde kann die Erteilung der Zusage ablehnen, wenn der Steuerpflichtige lediglich die Grenzen des Gestaltungsmißbrauchs und „Steuersparmodelle" ausloten will oder wenn zu dem Rechtsproblem in absehbarer Zeit eine gesetzliche Regelung, höchstrichterliche Entscheidung oder eine Verwaltungsanweisung zu erwarten ist.

Abweichend von der h. L. negiert der BFH für die **allgemeine Zusage** den Charakter eines Verwaltungsakts und leitet demzufolge die Bindungswirkung aus dem Grundsatz von Treu und Glauben her. Dabei hält er eine Auskunft des Finanzamts nur dann für verbindlich, wenn sie der für die spätere Veranlagung zuständige Beamte oder der Vorsteher erteilt hat[31]. Entgegen der Meinung des BFH kommt es für die Verbindlichkeit der Zusage jedoch nicht auf die innerbehördliche Aufgabenzuweisung auf einzelne Beamte an. Wenn man – wie hier – von der Rechtsnatur der Zusage als Verwaltungsakt ausgeht, ergibt sich dies bereits aus der Geltung der Erklärungstheorie (dazu Rz. 59)[32].

Wenn die Finanzbehörde dem Steuerpflichtigen die Zusage gemacht hat, sie wolle einen bestimmten Sachverhalt, den der Steuerpflichtige zu realisieren beabsichtigt, in bestimmter Weise besteuern, so darf sie keine höhere als die „zugesagte Steuer" geltend machen. Entsprechendes gilt, wenn die Freistellung von der Steuer zugesagt worden ist. Voraussetzung ist allerdings, daß der später verwirklichte Sachverhalt sich mit dem der Zusage zugrunde gelegten Sachverhalt deckt (**Erfordernis der Sachverhaltsidentität,** s. § 206 I AO). Da Zusagen Verwaltungsakte sind, können sie grundsätzlich nur unter den Voraussetzungen der §§ 130, 131 AO (dazu Rz. 454 ff.) zurückgenommen oder widerrufen werden[33]. §§ 206, 207 AO enthalten eine Sonderregelung *(lex specialis)* **für die Korrektur** 17

---

27 BFH BStBl. 79, 451, 453; ebenso *J. Giloy,* BB 77, 1139, 1140; *K. J. v. Bornhaupt,* DStR 80, 3, 4; *C. Trzaskalik,* KS, EStG, § 42e Rnr. B 12.

28 Die Rechtsnatur eines Verwaltungsakts bejahen deshalb ebenfalls *L. Schmidt/W. Drenseck,* EStG[13], § 42e Anm. 7; *N. v. Bomhard,* Auskunft und Zusage im Steuerrecht, Diss. Regensburg 1988, 116 ff.; *G. Mayer,* 59; *W. Schick,* HHSp, AO, Vor § 204 Rz. 99; Tipke/*Kruse,* AO, Vor § 204 Tz. 25.

29 *W. Schick,* HHSp, AO, Vor § 204 Rz. 7, 27; s. auch BFH BStBl. 81, 538; 83, 459.

30 BStBl. I 87, 474; dazu ausführlich *T. Kaligin* u. *W. Rieckmann,* DStZ 88, 367 ff., 396 ff., 426 ff.

31 BFH BStBl. 90, 274, 275 f.

32 Folgert man – wie der BFH – die Bindungswirkung allein aus dem Grundsatz von Treu und Glauben, dann besteht aber ebensowenig ein triftiger Grund, der innerorganisatorischen Zuständigkeitsverteilung Vorrang vor dem Vertrauensschutz einzuräumen, richtig *B. Hauber,* DB 91, 1640, 1642 f.

33 Vgl. BFH BStBl. 89, 149, zur Zolltarifauskunft; für die Zolltarifauskunft gilt als lex specialis seit dem 1. 1. 94 Art. 12 IV 2 ZK.

von Zusagen, die im Anschluß an eine Außenprüfung ergangen sind. Auf die Korrektur der im Gesetz nicht geregelten **allgemeinen Zusage** über eine **Steuerfestsetzung** sind die §§ 206, 207 AO entsprechend anwendbar, weil diese Vorschriften der Besonderheit einer Vorabregelung über eine Steuerfestsetzung eher gerecht werden als die §§ 130, 131 AO[34].

4. Tatsächliche Verständigung

Literatur: *Eichhorn*, Vereinbarungen im Steuerrecht, VJSchrStFR Bd. 5 (1931), 153; *K. Maaßen*, Regelungen mit dem Finanzamt, Köln 1959; *W. Schick*, Vergleiche und sonstige Vereinbarungen zwischen Staat und Bürger im Steuerrecht, München 1967; *H. J. Bauer*, Der „Vergleich" im Steuerveranlagungsverfahren, Diss. Heidelberg 1969; *J. Martens*, Vergleichsvertrag im Steuerrecht?, StuW 86, 97; *P. Rickli*, Die Einigung zwischen Behörde und Privaten im Steuerrecht, Diss. Basel 1987; *J. Sontheimer*, Der verwaltungsrechtliche Vertrag im Steuerrecht, Köln 1987; *K. Vogel*, Vergleich und Gesetzmäßigkeit der Verwaltung im Steuerrecht, in: FS für Döllerer, Düsseldorf 1988, 677; *A. Eich*, Die tatsächliche Verständigung im Steuerverfahren und Steuerstrafverfahren, Diss. Köln 1992; *S. Iwanek*, Aufhebung der Bindungswirkungen einer tatsächlichen Verständigung, DStR 93, 1394; *M. Streck*, Die tatsächliche Verständigung in der Praxis, StuW 93, 366; *W. Schick*, HHSp, AO, Vor § 204 Anm. 6; *Tipke/Kruse*, AO, § 201 Tz. 5.

18 Die Finanzbehörde darf auf die Erhebung der nach dem Gesetz geschuldeten Steuer nicht im Wege einer **Steuervereinbarung** ganz oder teilweise verzichten (s. § 4 Rz. 163). So widerspricht es dem Grundsatz der Gesetzmäßigkeit und Gleichmäßigkeit der Besteuerung, wenn eine Gemeinde sich gegenüber einem Unternehmen vertraglich verpflichtet, als Gegenleistung für dessen Ansiedlung im Gemeindegebiet die Gewerbesteuer für einen bestimmten Zeitraum zu erlassen. Ein derartiger öffentlich-rechtlicher Vertrag wäre unzulässig und nichtig[35].

19 Es treten aber eine Vielzahl von Fallgestaltungen auf, in denen es für die Finanzverwaltung alles andere als klar ist, in welcher Höhe der Steuerpflichtige eine Steuer schuldet. Trotz strikter Gesetzesbindung bestehen nicht selten erhebliche **Feststellungsspielräume** (insb. Schätzungs- und Bewertungsunsicherheiten), innerhalb derer es für die Finanzbehörde auch nach sorgfältiger Aufklärung nicht nur einen einzig zutreffenden, sondern eine gewisse Bandbreite von möglicherweise zutreffenden Sachverhalten gibt.

Beispiele: a) Im Zuge einer Außenprüfung beweist eine anhand der Wareneingangsrechnungen, Preislisten und der amtlichen Richtsatzsammlung erstellte Nachkalkulation, daß der Umsatz um 30–50% zu niedrig erklärt worden ist. b) Ein externer Betriebsvergleich zeigt, daß die Gesellschafter-Geschäftsführergehälter (GmbH) bei ähnlichen Unternehmen um 20–40% niedriger liegen. c) Die betriebsgewöhnliche Nutzungsdauer eines betrieblichen Wirtschaftsgutes beträgt (lt. den amtlichen AfA-Tabellen) 5–8 Jahre.

20 In solchen Fällen besteht zwischen der Finanzbehörde und dem Steuerpflichtigen ein erhebliches praktisches Bedürfnis, sich im Interesse der Streitvermeidung über die weitere steuerliche Behandlung des Problems zu einigen[36]. Die Rechtsprechung läßt eine sog. **tatsächliche Verständigung** zwischen den Beteiligten mit der Einschränkung zu, daß **nur** eine Verständigung über Ungewißheiten im *Sachverhalt,* nicht aber über Ungewißheiten in der *rechtlichen* Behandlung bindet[37]. Nach dem BFH folgt die Bindungswirkung der tatsächlichen Verständigung dabei aus dem Grundsatz von Treu und Glauben, wonach sich die Beteiligten nicht im Widerspruch zum eigenen Verhalten, auf das der andere vertraut und unwiderruflich disponiert hat, setzen dürfen[38]. Voraussetzung für

34 Ausf. zur Korrektur von Zusagen *N. v. Bomhard* (Fn. 28), 155 ff.

35 Vgl. zu diesen Verträgen BVerwGE 8, 329; 48, 166; BVerwG DVBl. 60, 106; DVBl. 64, 122.

36 Instruktiv zur Praxis *M. Streck,* StuW 93, 366 ff.

37 BFH BStBl. 85, 354, 357 f.; 91, 45, 46; 673, 674; BFH/NV 91, 846.

38 BFH BStBl. 91, 673, 675.

die Verbindlichkeit soll es aber sein, daß ein für die Steuerfestsetzung zuständiger Amtsträger die Vereinbarung für die Behörde eingeht[39].

Die Literatur qualifiziert die sog. tatsächliche Verständigung dagegen zunehmend als einen **öffentlich-rechtlichen (Vergleichs)-Vertrag** (dazu § 4 Rz. 166), der die Beteiligten nach dem Grundsatz „pacta sunt servanda" binden soll[40]. Ordnet man die tatsächliche Verständigung der Handlungsform des Verwaltungsvertrages zu, so bleibt gleichwohl klärungsbedürftig, unter welchen Voraussetzungen und in welchem Umfang die Verständigung Rechtsbindungen erzeugt[41]. 21

Die sog. tatsächliche Verständigung unterscheidet sich von der Zusage (dazu 3.). Die Zusage ist eine verbindliche Erklärung über ein *zukünftiges rechtliches* Verhalten. Dagegen will die tatsächliche Verständigung die Ungewißheit über einen *in der Vergangenheit* liegenden *Sachverhalt* beenden[42]. 22

5. Verwirkung

Literatur: *K. Krämer,* Die Verwirkung von Rechten unter besonderer Berücksichtigung des Steuerrechts, Diss. Würzburg 1964; *U. Rath,* Die Verwirkung im Steuerrecht, Diss. Bochum 1981; *W. Jakob,* Die Verwirkung von Steueransprüchen bei Spenden an politische Parteien über Spendensammelvereine, DB 85, Beilage 8; *A. Menzel,* Grundfragen der Verwirkung, dargestellt insb. anhand des öffentlichen Rechts, Diss. Mainz 1987; *D. Carl,* Die Verwirkung im Steuerrecht, DStZ 88, 529; *J. Beermann,* Verwirkung und Vertrauensschutz im Steuerrecht, Diss. Münster, Münster/New York 1991; *Tipke/Kruse,* AO, § 4 Tz. 67–69.

Verwirkung ist als Ausfluß des Grundsatzes von Treu und Glauben ein Sonderfall der unzulässigen Rechtsausübung wegen widersprüchlichen Verhaltens **(venire contra factum proprium)**. Verwirkung tritt ein, wenn ein Anspruchsberechtigter durch sein Verhalten beim Anspruchsverpflichteten einen Vertrauenstatbestand dergestalt geschaffen hat, daß nach Ablauf einer gewissen Zeit die Geltendmachung seines Rechts als illoyale Rechtsausübung empfunden werden muß[43]. Der Tatbestand der Verwirkung enthält damit zwei Merkmale: ein *Zeitmoment* (längere Untätigkeit des Berechtigten) **und** ein *Umstandsmoment.* Das Umstandsmoment besteht aus dem durch das Verhalten des Berechtigten beim Verpflichteten ausgelösten *Vertrauenstatbestand,* der beim Verpflichteten zu einer *Vertrauensfolge* geführt haben muß: Der Verpflichtete muß tatsächlich auf die Nichtgeltendmachung vertraut und weitergehend dieses Vertrauen durch wirtschaftliche Dispositionen ins Werk gesetzt haben[44]. 23

Beispiel:

Das Finanzamt hat über Jahre hinweg die Einkünfte eines beratenden Betriebswirts als Einkünfte aus selbständiger Tätigkeit (§ 18 EStG) eingestuft, so daß in die Kostenkalkulation des Betriebswirts keine Gewerbesteuer eingegangen ist. Damit hat das Finanzamt das Recht verwirkt, für die bereits abgeschlossenen Zeiträume Gewerbesteuermeßbescheide zu erlassen.

---

39 BFH BStBl. 91, 45, 46; gegen diese wenig überzeugende Einschränkung *Tipke*/Kruse, AO, § 85 Tz. 11.

40 So bereits früher *W. Schick,* Vergleiche und sonstige Vereinbarungen, 27 ff.; zur tatsächlichen Verständigung nunmehr *G. Rößler,* DB 85, 1861, 1862 f.; *ders.,* DB 91, 2458 ff.; *K. H. Knepper,* BB 86, 168, 169; *J. Sontheimer,* Der verwaltungsrechtliche Vertrag im Steuerrecht, Köln 1987, 53 ff.; *K. Vogel,* in: FS für Döllerer, 677, 680 ff.; *A. Eich,* Die tatsächliche Verständigung in Steuerverfahren und Steuerstrafverfahren, Diss. Köln 1992, 19 ff.; *A. v. Wedelstädt,* DB 91, 515; *S. Iwanek,* DStR 93, 1394 ff.; *G. Frotscher,* Schwarz, AO, § 201 Rdn. 2; s. nun auch FG Hamburg EFG 92, 379, 380; FG Baden-Württemberg EFG 1992, 706 f.

41 Hierzu s. neuerdings OFDen Hamburg u. Hannover v. 23. 3. 1989 u. v. 2. 7. 1992, StEK § 88 AO Nrn. 7, 10.

42 Zutreffend *A. Eich,* 22; *A. v. Wedelstädt,* DB 91, 515, 516.

43 Vgl. BFH BStBl. 79, 121, 124.

44 *W. Jakob,* DB 85, Beilage Nr. 8, S. 7; *D. Carl,* DStZ 88, 529, 533 ff.; *Tipke/Kruse,* AO, § 4 Tz. 67a.

24 Von der **Verjährung** und der **Ausschlußfrist** unterscheidet sich die Verwirkung durch das Umstandsmoment. Die Verwirkung ist folglich kein Unterfall der Verjährung, keine Mini-Verjährung. Das Signifikante, Essentielle des Verwirkungsgedankens ist die **Vertrauensschutz-Idee.** Der bloße Zeitablauf führt deshalb noch nicht zur Verwirkung. Der BFH hält das Zeitmoment in der Regel sogar für „von untergeordneter Bedeutung" und verneint selbst bei einer zehnjährigen (!) Untätigkeit des Finanzamtes die Verwirkung des Steueranspruchs[45]. Diese fiskalisch anmutende Rechtsprechung stuft indessen das Zeitmoment zu weit herab. Zwischen Zeitmoment und Umstandsmoment besteht vielmehr eine Wechselwirkung dergestalt, daß der Zeitablauf um so kürzer sein kann, je gravierender das Umstandsmoment zu beurteilen ist, und daß umgekehrt an das Umstandsmoment desto geringere Anforderungen gestellt zu werden brauchen, je länger der abgelaufene Zeitraum ist[46].

25 Da es auf die Sicht des Steuerpflichtigen ankommt, sind behördeninterne Angelegenheiten, insb. die Frage, ob die Behörde sich bewußt oder unbewußt, schuldhaft oder schuldlos untätig verhalten hat, irrelevant. Adressaten der Verwirkung sind die Beteiligten eines konkreten Steuerrechts- (Steuerschuld-, Steuerpflicht-) Verhältnisses, also sowohl Finanzbehörden als auch Steuerpflichtige. Gegenstand der Verwirkung können alle Rechte und Rechtspositionen (formelle wie materielle Rechte, Gestaltungsrechte) sein. Die Rechtsfolge der Verwirkung besteht darin, daß das Recht nicht mehr geltend gemacht werden kann (obwohl es nicht erloschen ist).

26–29 Einstweilen frei.

B. Organisation und Zuständigkeit der Finanzbehörden

I. Die Hierarchie der Finanzbehörden

Literatur: *J. Klos,* StStud 88, 36 ff.; *H. Wenzig,* Das Finanzamt: Einführung in die Organisation und Arbeitsweise, Köln 1989.

1. Der zweigleisige dreistufige Verwaltungsaufbau

30 Auf den Druck der alliierten Besatzungsmächte zurückgehend sieht das Grundgesetz im Gegensatz zur Weimarer Reichsverfassung in Art. 108 GG **keine einheitliche Bundesfinanzverwaltung** vor. Stattdessen trägt die Finanzverwaltung in starkem Maße föderale Züge. Während Zölle und bundesgesetzlich geregelte Verbrauchsteuern in der Verwaltungshoheit von Bundesfinanzbehörden liegen, werden die übrigen Steuern durch Landesfinanzbehörden teils im Auftrag des Bundes, teils in eigenen Angelegenheiten verwaltet (zur Steuerverwaltungshoheit s. § 3 Rz. 50). In Durchführung des Art. 108 GG regelt das Gesetz über die Finanzverwaltung (FVG) die Hierarchie der Finanzbehörden (zum Begriff s. § 6 AO) wie folgt:

31 (1) **Bundesfinanzbehörden** (§ 1 FVG)

a) Oberste Behörde: der Bundesminister der Finanzen (dazu § 3 FVG);

b) Mittelbehörden: die Oberfinanzdirektionen (dazu §§ 7 ff. FVG);

c) örtliche Behörden: die Hauptzollämter (einschließlich ihrer Dienststellen: Zollämter, Grenzkontrollstellen, Zollkommissariate) und die Zollfahndungsämter.

---

45 BFH BStBl. 87, 12, 13 f.; zu Recht kritisch *D. Carl,* DStZ 88, 529, 532; Tipke/*Kruse,* AO, § 4 Tz. 67b.

46 Ebenso *W. Jakob,* DB 85, Beilage 8, 7; *D. Carl,* DStZ 88, 529, 531; Tipke/*Kruse,* AO, § 4 Tz. 67b.

(2) **Landesfinanzbehörden** (§ 2 FVG) 32

a) Oberste Behörde: die für die Finanzverwaltung zuständige oberste Landesbehörde (Landesfinanzministerium, Finanzminister, Finanzsenator);

b) Mittelbehörden: die Oberfinanzdirektionen (dazu §§ 7 ff. FVG);

c) örtliche Behörden: die – über 700 – Finanzämter (dazu § 17 FVG).

Die als Mittelbehörden sowohl des Bundes als auch der Länder fungierenden **Oberfinanzdirektionen** sind janusköpfige Finanzbehörden. Sie unterhalten Abteilungen der Bundesverwaltung (z. B. Zoll- und Verbrauchsteuerabteilungen) und der Landesverwaltung (z. B. Besitz- und Verkehrsteuerabteilungen), die entsprechend mit Bundes- und Landesbeamten besetzt sind[1]. Der Zweck dieser in Art. 108 IV GG zugelassenen „Mischverwaltung“ besteht darin, die Einheitlichkeit der Steuerverwaltung und des Steuervollzuges zu sichern[2]. 33

Nicht in den dreistufigen Verwaltungsaufbau passen die **Bundesoberbehörden** (Bundesamt für Finanzen, Zollkriminalamt, dazu §§ 4 ff. FVG). Sie sind den Mittelbehörden nicht vorgeschaltet und nehmen eigenständige Aufgaben wahr. Da sie über keinen Verwaltungsunterbau verfügen, organisatorisch verselbständigt sind, aber den Weisungen des Finanzministers des Bundes unterliegen, sind sie weder eine oberste Finanzbehörde noch eine Mittelbehörde[3]. Auf Landesebene kann ein Rechenzentrum als Landesoberbehörde (dazu §§ 2 II, 6, 17 III FVG) organisiert sein. 34

2. Weisungsrechte

Oberste Finanzbehörde und Mittelbehörden üben in dem Verwaltungsaufbau die **Leitungsfunktion** in sachlicher, personeller und organisatorischer Hinsicht aus, m. a. W. Fachaufsicht, Dienstaufsicht und Organisation[4]. Die Landesfinanzverwaltungen sind dabei **nicht** etwa der Bundesfinanzverwaltung **nachgeordnet**[5]. Soweit die Landesfinanzbehörden jedoch Steuern im Auftrag des Bundes verwalten (Art. 108 III GG), besitzt der Bundesminister der Finanzen ausnahmsweise auch gegenüber den Landesfinanzbehörden nach Art. 108 III 2, 85 III GG ein Weisungsrecht. Die innerhalb der Finanzverwaltung erfolgenden Weisungen können den Einzelfall betreffen, aber ebenso genereller Natur sein (allgemeine Verwaltungsvorschriften[6]). Es lassen sich unterscheiden[7]: 35

- **Schreiben** des Bundesministers der Finanzen an die obersten Landesfinanzbehörden im Bereich der sog. Auftragsverwaltung i. S. d. Art. 108 III GG: Sie ergehen nach Anhörung und im überwiegenden Einverständnis der Länder zur einheitlichen Rechtsanwendung als allgemeine Weisungen[8]; 36
- **Erlasse** des Bundesministers der Finanzen und der Finanzminister (Finanzsenatoren) der Länder gegenüber ihren jeweils nachgeordneten Behörden;
- **Verfügungen** der Oberfinanzdirektionen: Als allgemeine Verfügungen (sog. Rundverfügungen) binden sie die Finanzämter des OFD-Bezirkes.

1 Lediglich der Oberfinanzpräsident ist Bundes- und Landesbeamter in einer Person, § 9 II 1 FVG.
2 *D. Birk,* Steuerrecht I, § 9 Rz. 25.
3 *Tipke*/Kruse, FVG, § 1, Tz. 1.
4 *Tipke*/Kruse, FVG, § 3, Tz. 1.
5 Vgl. BVerfGE 26, 338, 397.
6 Dazu § 5 Rz. 20 ff.
7 Vgl. *K. Tipke,* StRO III, 1163.
8 Umstritten ist, ob das Weisungsrecht des Bundesministers der Finanzen nach Art. 108 III 2, 85 III GG über Einzelweisungen hinausgehen darf, dazu *Müller,* DStZ 75, 467, 472 ff., *H. Weyhausen,* Steuerverwaltung und bundesstaatliche Verfassungsordnung, Diss. Köln 1982, 38 ff., 125 ff.; *K. Tipke,* StRO III, 1131.

Von diesen verwaltungsinternen Weisungen zu trennen sind die sog. **Richtlinien,** die von der Bundesregierung nach Art. 108 VII GG mit Zustimmung des Bundesrates als norminterpretierende allgemeine Verwaltungsvorschriften erlassen werden (dazu § 5 Rz. 23).

37 Die Weisungsbefugnis der leitenden Finanzbehörden berechtigen diese nicht zum **Selbsteintritt,** also insb. nicht zur Festsetzung und Einziehung von Steuern anstelle der örtlichen Finanzbehörden[9]. Außerdem kann das Aufsichtsrecht nicht weiter gehen als die Befugnis der angewiesenen Behörde selbst: Ist etwa das FA aufgrund der AO gehindert, einen Steuerverwaltungsakt zu erlassen, so vermag auch keine Weisung das FA dazu zu verpflichten[10].

II. Die Zuständigkeit der Finanzbehörden

38 Die Zuständigkeit legt den Geschäftskreis der Finanzbehörde fest und grenzt die Geschäftskreise der einzelnen Finanzbehörden gegeneinander ab[11]. Man unterscheidet

1. Sachliche Zuständigkeit

39 Sie betrifft den einer Behörde zugewiesenen Aufgabenkreis dem Gegenstand oder der Art nach, m. a. W. die Abgrenzung zu anderen oder andersartigen **Aufgaben.** Eine Unterart der sachlichen Zuständigkeit ist die **funktionelle (instanzielle) Zuständigkeit.** Sie betrifft die Frage, welche von verschiedenen Behörden **in derselben Sache** tätig zu werden hat; sie geht von verschiedenen behördlichen Funktionen innerhalb des Verfahrens aus und weist verschiedenen Behörden im Verfahren über **eine** Sache verschiedene Funktionen zu.

Beispiel: Finanzamt erläßt Steuerbescheid; Oberfinanzdirektion führt Dienst- und Fachaufsicht.

40 Die sachliche Zuständigkeit der Finanzbehörden ist nicht in der Abgabenordnung geregelt (s. § 16 AO), sondern im Gesetz über die Finanzverwaltung (FVG). Danach sind sachlich zuständig:

(1a) die **Hauptzollämter** (als örtliche Bundesbehörden) für die Verwaltung der Zölle; der Abgaben der EU und der bundesgesetzlich geregelten Verbrauchsteuern (einschl. Einfuhrumsatzsteuer und Biersteuer) und die zollamtliche Überwachung des Warenverkehrs über die Grenze (§ 12 FVG);

(1b) die **Finanzämter** (als örtliche Landesbehörden) für die Verwaltung der Steuern, deren Verwaltung nicht den Bundesfinanzbehörden oder den Gemeinden übertragen worden ist (§ 17 FVG); das sind im wesentlichen die Besitz- und Verkehrsteuern, ausgenommen die Festsetzung der Realsteuern (dazu (5));

(2) die **Oberfinanzdirektionen** (als Mittelbehörden) für die Leitung der Bundes- und Landesfinanzverwaltung im Oberfinanzbezirk (§ 8 FVG);

(3) das **Bundesamt für Finanzen** für die Mitwirkung an Außenprüfungen (s. § 19 FVG) und für Aufgaben, deren zentrale Erledigung zweckmäßig ist (§ 5 FVG)[12];

(4) der **Bundesminister der Finanzen** für die Leitung der Bundesfinanzverwaltung, die **oberste Landesfinanzbehörde** für die Leitung der Landesfinanzverwaltung (§ 3 FVG);

---

9 *Tipke*/Kruse, FVG, § 3 Tz. 2.

10 Ebenso *W. Jakob,* Abgabenordnung, § 3 Rz. 9.

11 *H. W. Kruse,* Steuerrecht I, § 41 III 1, 224; dazu ausführlich *H. Besendorfer,* Die Zuständigkeit in der Finanzverwaltung unter besonderer Berücksichtigung der Zuständigkeitsänderung, Diss. Erlangen-Nürnberg 1975.

12 Dazu *H.-D. Höppner,* Das Bundesamt für Finanzen: Stellung, Aufgaben und Bedeutung, Fin. Arch. Bd. 43 (1985), 106 ff.

(5) die **Gemeinden** (ausgenommen in den Stadtstaaten) für die Festsetzung der Realsteuern (s. Art. 108 IV 2 GG und die dazu ergangenen Übertragungsgesetze); die Festsetzung der Realsteuermeßbeträge ist den Gemeinden nicht übertragen worden (s. auch § 184 III AO).

Eine besondere Form der sachlichen Zuständigkeit bildet ferner die **verbandsmäßige Zuständigkeit.** Sie beschränkt den Geschäftskreis der Behörde auf die Angelegenheiten ihres Verbandes. Da die Zuständigkeit der Organe (Behörden) eines Verbandes nicht weitergehen kann als dessen Aufgabenbereich reicht, legt die Verbandskompetenz die äußerste Grenze der behördlichen Zuständigkeit fest[13]. Sie ist relevant für alle gebietsgebundenen Steuern, insb. für die Grund-, Gewerbe- und örtlichen Verbrauch- und Aufwandsteuern. 41

Beispiel: Eine Verletzung der verbandsmäßigen Zuständigkeit liegt vor, wenn die Gemeinde A gegen einen Gewerbetreibenden, dessen Betrieb im Gebiet der Nachbargemeinde B liegt, einen GewSt-Bescheid erläßt (vgl. §§ 1, 4 I GewStG).

Gegen die verbandsmäßige Zuständigkeit verstößt es jedoch *nicht,* wenn ein FA jenseits **der Grenzen seines Bundeslandes ermittelt**[14]. Da sich die Tätigkeiten vieler Steuerpflichtiger nicht auf ein einziges Bundesland beschränkt, würden ansonsten Zuständigkeitslücken („-oasen") entstehen, die auch nicht durch Maßnahmen der Amtshilfe (dazu Rz. 259 ff.) hinreichend aufgefüllt werden könnten. Dies widerspräche dem Grundverständnis der Abgabenordnung, die das Bundesgebiet als **Steuerverwaltungseinheit** ansieht und so eine den Gesetzesvollzug unnötig behindernde Komplizierung der Sachaufklärung verhindert.

Verstöße gegen die sachliche Zuständigkeit bewirken die Rechtswidrigkeit des Verwaltungsakts (s. §§ 130 II Nr. 1, 172 I Nr. 2b AO). Fehler in der funktionalen und in der verbandsmäßigen Zuständigkeit können sogar die Nichtigkeit des Verwaltungsakts (§§ 124 III, 125 AO) zur Folge haben. 42

2. Örtliche Zuständigkeit

Sie betrifft die Frage, *welche von mehreren sachlich zuständigen*[15] Behörden eines Verwaltungsgebietes zuständig ist, m. a. W. den **räumlichen Wirkungsbereich** einer Behörde, die räumliche Erstreckung der sachlichen Zuständigkeit. 43

Die örtliche Zuständigkeit ist in §§ 17–29 AO geregelt. Sie knüpft je nach Steuerart an Merkmale wie Wohnsitz (§ 8 AO), gewöhnlicher Aufenthalt (§ 9 AO), Ort der Geschäftsleitung (§ 10 AO) oder des Sitzes (§ 11 AO), Ort der Betriebsstätte (§ 12 AO) oder Belegenheit des Grundstücks an. 44

Ein Verwaltungsakt, der die Vorschriften über die örtliche Zuständigkeit verletzt, ist zwar rechtswidrig, aber nicht nichtig (§ 125 III Nr. 1 AO). Die Rechtswidrigkeit wegen örtlicher Unzuständigkeit ist rechtlich indessen unbeachtlich, wenn die Entscheidung in der Sache richtig ist (s. § 127 AO, dazu Rz. 112). 45

Einstweilen frei. 46–49

---

13 *W. Jakob,* StuW 72, 115, 118; *H. Weyhausen* (Fn. 8), 109 f.

14 Dazu *W. Jakob,* StuW 72, 115 ff.; *H. Weyhausen* (Fn. 8), 107 ff.; *K. Tipke*, StRO III, 1134.

15 Eine sachlich unzuständige Behörde kann nicht örtlich zuständig sein.

C. Der Steuerverwaltungsakt

Literatur: *W. Löwer,* Funktion und Begriff des Verwaltungsakts, JuS 80, 805; *H.-U. Erichsen,* Das Verwaltungshandeln, in: H.-U. Erichsen/W. Martens, Allgemeines Verwaltungsrecht[9], Berlin/New York 1992, §§ 11 ff.; *Tipke*/Kruse, AO, zu §§ 118–128; *P. Weides,* Verwaltungsverfahren und Widerspruchsverfahren[2], München 1992, § 2; *H. Maurer,* Allgemeines Verwaltungsrecht[9], München 1994, §§ 9 ff.

I. Bedeutung des Verwaltungsakts für das Besteuerungsverfahren

50 Der aus dem Verwaltungsrecht übernommene Begriff des Verwaltungsakts ist für das Besteuerungsverfahren von zentraler Bedeutung. Obwohl im Gesetz festgelegt ist, welche Ansprüche aus dem Steuerschuldverhältnis bestehen (s. § 37 AO), werden diese Ansprüche erst durch Verwaltungsakte konkretisiert. Der Verwaltungsakt dient der **rechtsstaatlichen Verbindlichkeit** des Verwaltungshandelns durch drei mit dieser Rechtsform verbundene Eigenschaften[1]:

(1) Der Verwaltungsakt darf nur aufgrund einer gesetzlichen Vorschrift aufgehoben oder geändert werden (Funktion der **materiellen Bestandskraft,** dazu Rz. 83).

(2) Der Verwaltungsakt wird nur dann *formell* bestandskräftig *(unanfechtbar),* wenn der durch den Verwaltungsakt Beschwerte nicht fristgemäß den jeweils zulässigen Rechtsbehelf (Einspruch, Beschwerde, Klage, dazu § 23 Rz. 7 f.) einlegt oder mit diesem endgültig erfolglos bleibt (Funktion des **Rechtsschutzes**).

(3) Der Verwaltungsakt ist die Grundlage *zwangsweiser Durchsetzung des Rechts* (Funktion der **Vollziehung**). Vollziehbar ist bereits der formell noch nicht bestandskräftige Verwaltungsakt (zur Aussetzung der Vollziehung s. § 23 Rz. 29 ff.).

Damit verfügt die Verwaltung über ein Instrument zur schnellen, wirksamen, zwangsweise durchsetzbaren und einseitigen rechtlichen Regelung von Sachverhalten. Gleichzeitig schafft diese rechtliche Handlungsform **Rechtssicherheit,** die gerade auch im Interesse der Steuerpflichtigen liegt.

II. Begriff und Typologie des Verwaltungsakts

1. Abgrenzung des Verwaltungsakts von anderen Handlungsformen

51 In wörtlicher Übereinstimmung mit §§ 35 S. 1 VwVfG, 31 S. 1 SGB X definiert § 118 S. 1 AO den Verwaltungsakt als hoheitliche Regelung eines Einzelfalls durch eine Verwaltungsbehörde mit unmittelbarer Außenwirkung[2]. Liegt die hoheitliche Maßnahme von Finanzbehörden auf dem Gebiet des *Steuer*rechts, so spricht man vom **Steuerverwaltungsakt.** Jedes einzelne Merkmal des Begriffs „Verwaltungsakt" enthält eine positive Aussage und dient seiner Abgrenzung zu anderen Handlungsformen:

1 S. *J. Lang,* Entwurf eines Steuergesetzbuches, BMF-Schriftenreihe, Heft 49, Bonn 1993, Rz. 812 ff.

2 So die nur sprachlich, nicht aber sachlich verkürzende Definition von *H. Maurer,* § 9 Rn. 5.

52

Begriffsmerkmal	**Ausgrenzung**
Behördliche Maßnahme	Handlung einer *Privat*person
hoheitlich (einseitig)	Handlung durch öffentlich-rechtlichen **Vertrag**
zur Regelung	*schlicht*hoheitliche Handlung (z. B. unverbindliche Rechtsauskunft, Realakt)
eines **Einzelfalles**	Rechts*norm* (Verordnung, Satzung), allgemeine Verwaltungsvorschrift (z. B. Richtlinien)
auf dem Gebiet des **öffentlichen Rechts**	**fiskalische** Handlung der Behörde (z. B. Anmietung eines Verwaltungsgebäudes, Kauf von Büromaterial)
mit **unmittelbarer Rechtswirkung nach außen**	behörden*interne* Weisung (z. B. OFD-Verfügung, FinMin-Erlaß)

53

Abgrenzungsbeispiele:

Einbehaltung der Lohnsteuer durch den Arbeitgeber	kein VA, da Arbeitgeber keine Finanzbehörde;
Mahnung (§ 259 AO)	kein VA mangels Regelungscharakter: nicht unmittelbar auf die Herbeiführung einer Rechtsfolge gerichtet;
Mitteilung der Finanzkasse über den Kontenstand (sog. Kassenmitteilung)	kein VA, nur Realakt, davon zu unterscheiden: sog. Abrechnungsbescheid n. § 218 II AO;
Ab- bzw. Anrechnungsverfügung zum Steuerbescheid	VA, da Regelung über die Anrechnung von Vorauszahlungen und Steuerabzugsbeträgen (BFH BStBl. 85, 216, 217; 87, 405, 406; 92, 956, 957);
Auskunfte (z. B. nach Art. 11 ZK), Erläuterungen	kein VA, keine Regelung;
Schlußbesprechung über das Ergebnis einer Außenprüfung	kein VA, sondern Realakt;
Prüfungsbericht über das Ergebnis einer Außenprüfung	kein VA, verbindliche Regelung wird erst durch den berichtsauswertenden Bescheid getroffen;
Verbindliche Zusage (allgemeine und in §§ 204 ff. AO, 42e EStG, Art. 12 ZK spezialgesetzlich geregelte Zusage)	VA, über bloße Wissenserklärung hinausgehend wird künftige Regelung zugesichert;
Mitteilung über den Beginn der Buchführungspflicht (§ 141 II 1 AO)	VA, Mitteilung löst den Beginn der Buchführungspflicht aus (Regelung, BFH BStBl. 83, 768);
Prüfungsanordnung (§ 196 AO)	VA, bestimmt Umfang der Außenprüfung (Regelung);
Anordnung zur Mitwirkung: z. B. Auskunftsersuchen (§ 93 II, V AO), Verlangen der Urkundenvorlage (§ 97 AO)	VA, begründet konkrete Handlungspflicht beim Adressaten;

Sog. NV-Verfügung (Nichtveranlagungs-Verfügung)	kein VA, nur interner Vermerk, daß eine Steuerfestsetzung nicht durchzuführen ist;
Sog. NV-Bescheid n. § 155 I 3 AO	NV-Verfügung wird zum VA, wenn Nichtveranlagung zur Steuer verbindlich nach außen hin erklärt wird;
Sog. NV-Bescheinigung (§§ 36b II, 44a II Nr. 2 EStG)	VA, da auf eine konkrete Rechtsfolge nach außen gerichtet (BFH BStBl. 92, 322, 324);
Ablehnung der Akteneinsicht, der Anhörung, der Auskunftserteilung, der Schlußbesprechung, des Prüfungsberichts	VA, Ablehnung trifft Regelung, auch wenn das Begehrte selbst kein VA ist;
Aufrechnung durch das FA	Kein VA (str.), bloße Willenserklärung außerhalb des Über-Unterordnungsverhältnisses FA-Bürger.

54 Richtet sich der Verwaltungsakt an einen nach allgemeinen Merkmalen bestimmten oder bestimmbaren Personenkreis, so spricht man von einer **Allgemeinverfügung** (§ 118 S. 2 AO). Sie spielt im Steuerrecht indessen praktisch kaum eine Rolle. Ein Beispiel für eine Allgemeinverfügung ist die an Kreditinstitute gerichtete allgemeine Aufforderung des Bundesamtes für Finanzen, die in § 45d EStG aufgeführten Angaben zu machen (s. BStBl. I 94, 226). Von der Allgemeinverfügung zu unterscheiden ist die an mehrere *bestimmte* Personen gerichtete (im Verwaltungsrecht sogenannte) **Sammelverfügung;** ein Beispiel für sie ist der zusammengefaßte Steuerbescheid gegenüber Gesamtschuldnern, insb. zusammenveranlagten Eheleuten (s. § 155 III AO, dazu Rz. 70 f). Im Rahmen einer Sammelverfügung werden häufig auch mehrere Verwaltungsakte gegenüber *derselben Person* erlassen, z. B. Steuerbescheid, Abrechnungsverfügung und Leistungsgebot. Die Zusammenfassung auf einem Formular ändert nichts daran, daß mehrere Verwaltungsakte vorliegen.

55 Bei Ansprüchen aus dem Steuerschuldverhältnis ist jeder Anspruch (s. § 6 Rz. 4 f., § 7 Rz. 1 f.) durch separaten Verwaltungsakt zu regeln. Bei periodischen Steuern bezieht sich der Anspruch i. d. R. auf ein Kalenderjahr. Der Verwaltungsakt verkörpert sich im **Entscheidungs- oder Verfügungssatz,** kurz als **Ausspruch** bezeichnet. Aus dem Ausspruch ergibt sich, ob der Verwaltungsakt rechtmäßig oder rechtswidrig ist. Die Gründe haben keine Bindungswirkung oder Verbindlichkeit.

Der Ausspruch muß hinreichend bestimmt sein (§ 119 I AO). Zur Bestimmung des Inhalts eines nicht eindeutigen Ausspruchs sind allerdings die Gründe heranzuziehen.

2. Typologie der Verwaltungsakte

56 Die Verwaltungsakte lassen sich wie folgt klassifizieren[3]:

(1) **Positive** (einem Begehren stattgebende) und **negative** (ein Begehren ablehnende);

(2) **rechtsfeststellende** (deklaratorische) oder **rechtsgestaltende** (konstitutive);

rechtsfeststellende Verwaltungsakte stellen gesetzlich vorgesehene Rechtsansprüche, Rechtsverhältnisse oder Steuerbemessungsgrundlagen fest (z. B. Steuerbescheid, Feststellungsbescheid); **rechtsgestaltende** Verwaltungsakte begründen, ändern oder beseitigen Rechtsansprüche oder Rechtsverhältnisse (z. B. Stundung, Billigkeitserlaß, Festsetzung eines Verspätungszuschlages und andere Ermessensentscheidungen);

(3) **nichtbegünstigende** und **begünstigende** Verwaltungsakte;

nichtbegünstigende Verwaltungsakte sind **belastende** Verwaltungsakte (z. B. Steuerbescheide, Mitwirkungsanordnungen, Ablehnung eines Begehren des Steuerpflichtigen); *begünstigende* Verwaltungsakte sind solche, die ein Recht oder einen rechtlich erheblichen Vorteil begründen oder bestätigen (s. § 130 II AO). Sie werden auch Erlaubnisse, Genehmigungen, Bewilligungen, Gestattungen, Zulassungen genannt;

die Unterscheidung spielt eine wesentliche Rolle in §§ 130, 131 AO (dazu Rz. 454);

3 Vgl. *Tipke*/Kruse, AO, § 118 Tz. 18 ff.

(4) **gebundene,** d. h. streng gesetzesakzessorische Akte, auf die ein Anspruch besteht (z. B. Steuerbescheide, Vergütungsbescheide) und **Ermessensakte** (z. B. Stundungen, Billigkeitserlasse);

die Untersuchung spielt eine Rolle in §§ 120 I, II, 128 III AO;

(5) Verwaltungsakte **ohne** und **mit Dauerwirkung;**

ohne: der Verwaltungsakt erschöpft sich in einmaliger Feststellung, Befolgung oder Vollziehung, z. B. Steuerbescheid;

mit: der Verwaltungsakt bringt das Rechtsverhältnis auf (kürzere oder längere) Dauer zum Entstehen, etwa durch Bewilligung, Genehmigung oder Zulassung (z. B. Bewilligung erleichterter Buchführung, Stundung, Zulassung als Steuerberater); der Widerruf „für die Zukunft" in § 131 II AO bezieht sich auf Dauer-Verwaltungsakte;

(6) **einseitige** (von Amts wegen ergehende) und **mitwirkungsbedürftige** (antragsbedürftige);

(7) **rechtmäßige** und **rechtswidrige;**

rechtmäßig ist ein Verwaltungsakt, wenn er aufgrund Gesetzes (= Rechtsnorm) ergangen ist und keine (materielle oder formelle) Gesetzesvorschrift (Rechtsnorm) verletzt; der rechtmäßige Verwaltungsakt kann nicht mit Rechtsbehelfen (zulässigerweise) angefochten und nur in wenigen Ausnahmefällen (§ 131 AO) widerrufen werden;

rechtswidrig (oder fehlerhaft) ist ein Verwaltungsakt, wenn ihm die gesetzliche (s. § 4 AO) Grundlage überhaupt fehlt oder eine bestimmte Grundlage zu Unrecht herangezogen worden ist; die Rechtswidrigkeit kann auch auf einem Verstoß gegen Verfahrensvorschriften beruhen; rechtswidrig sind auch Ermessensakte, die dem Zweck der Ermächtigung (§ 5 AO) nicht entsprechen; über die Folgen der Rechtswidrigkeit s. Rz. 109 ff.

(8) *vermögensrechtliche* und **nichtvermögensrechtliche;**

vermögensrechtliche Verwaltungsakte sind solche, die Geldleistungen betreffen (sog. **Geldverwaltungsakte**), insb. die Ansprüche aus dem Steuerschuldverhältnis feststellen;

nichtvermögensrechtliche Verwaltungsakte betreffen keine oder allenfalls mittelbar Geldleistungen; dazu gehören insb. Mitwirkungsverlangen i. S. d. §§ 93 ff. AO und belastende Anordnungen (Zwangsmittel) i. S. d. § 328 I AO.

III. Entstehung des Steuerverwaltungsaktes

1. Entstehungsphasen eines Steuerverwaltungsaktes

Der **Entstehungsprozeß** eines Steuerverwaltungsakts verläuft in **vier Phasen:** 57

(1) Willensbildung des Amtsträgers, der den Verwaltungsakt erlassen will;

(2) Willensäußerung des Amtsträgers, den Verwaltungsakt zu erlassen: behördeninterne Manifestation durch Abzeichnung des Schriftstücks und Weitergabe in den Geschäftsgang (sog. „Abwerfen");

(3) Absendung des Verwaltungsakts (z. B. durch Aufgabe zur Post);

(4) Bekanntgabe des Verwaltungsakts.

Der Zeitpunkt der internen Willensäußerung des Amtsträgers (2) bildet eine Zäsur für die Korrekturvorschriften der §§ 131 II Nr. 3, 173 I AO (dazu Rz. 412). Das Absenden des Verwaltungsakts (3) löst die im § 122 II Nr. 1 u. 2 AO enthaltenen gesetzlichen Zugangsvermutungen aus (dazu Rz. 62). Mit der Bekanntgabe (4) schließlich wird der Verwaltungsakt nach § 124 I AO wirksam (dazu Rz. 59). 58

2. Wirksamwerden des Steuerverwaltungsaktes

2.1 Geltung der Erklärungstheorie

Ein Verwaltungsakt (der nicht nichtig ist, dazu Rz. 110) wird **mit der Bekanntgabe** an den Betroffenen (§ 124 I 1 AO), nicht schon mit der Unterzeichnung oder mit der Aufgabe zur Post, nicht erst mit Eintritt der Unanfechtbarkeit **wirksam**. Er wird mit 59 dem *bekanntgegebenen Inhalt* wirksam (§ 124 I 2 AO), nicht mit dem abweichenden, zwar gewollten, aber nicht erklärten Inhalt[4]. Überholt ist damit für die AO 1977 die unter der RAO noch ganz überwiegend vertretene sog. Willenstheorie. Vielmehr gilt heute ebenso wie im allgemeinen Verwaltungsrecht und im Zivilrecht die sog. **Erklärungstheorie**[5]. Vor der Bekanntgabe an mindestens einen Betroffenen ist der Verwaltungsakt noch nicht entstanden, liegt noch gar kein Verwaltungsakt vor[6]. Bis dahin existiert nur ein bloßes Internum, das die Behörde noch ohne weiteres korrigieren oder gar gänzlich aufgeben kann. Dies ändert sich schlagartig mit der Bekanntgabe des Verwaltungsakts und dem damit verbundenen Wirksamwerden. Es hat zur Folge:

60 – grundsätzliche **Bindung** der Finanzbehörde an ihren Verwaltungsakt (s. § 124 II AO);
– **Vollziehbarkeit** des Verwaltungsakts, solange die Vollziehung nicht nach §§ 361 AO, 69 FGO ausgesetzt ist;
– Beginn des Laufs der **Rechtsbehelfsfrist** (§§ 355 I AO, 47 I, 54 I FGO).

2.2 Bekanntgabe des Steuerverwaltungsakts

Dazu ausf. Bekanntgabe-Erlaß des BMF, BStBl. I 91, 398 ff.

2.2.1 Zeitpunkt der Bekanntgabe

61 Die Bekanntgabe ist ein **willentlicher behördlicher Akt,** durch den die Finanzbehörde den Erklärungsempfänger vom Inhalt des Verwaltungsakts in Kenntnis setzt[7]. Die Bekanntgabe erfolgt in dem Zeitpunkt, in dem die behördliche Willenserklärung dem Empfänger *zugeht.* Ebenso wie im Zivilrecht ist sie dann zugegangen, wenn sie derart in den Machtbereich (z. B. Briefkasten, Wohnung, Postschließfach) des Bekanntgabeadressaten (zum Begriff Rz. 67) gelangt ist, daß diesem die **Kenntnisnahme** normalerweise **möglich** ist und nach der Verkehrsanschauung erwartet werden kann.

62 Eine bedeutsame Regel enthält § 122 II AO, wo eine **gesetzliche Vermutung** für den Zugang von *schriftlichen* Verwaltungsakten statuiert wird. Danach *gilt* ein schriftlicher Verwaltungsakt, der durch die Post übermittelt wird, im Inland mit dem dritten Tage und im Ausland nach Ablauf eines Monats nach Aufgabe zur Post (Einwurf in den Briefkasten, Einlieferung beim Postamt) als bekanntgegeben, außer wenn er nicht oder zu einem späteren Zeitpunkt zugegangen ist. Im Zweifel hat die Behörde den Zugang und den Zeitpunkt des Zugangs nachzuweisen.

63 Die **beweisrechtliche Stellung** der Finanzämter ist schwach. Sie haben oft bereits Schwierigkeiten, den Tag der Aufgabe zur Post nachzuweisen[8]. Bestreitet der Bekanntgabeadressat den Zugang *überhaupt,* dann reicht es für das Finanzamt nicht aus, den Zugang im Wege eines Anscheinsbeweises (dazu Rz. 209) zu beweisen[9]. Da der Bekanntgabeadressat nicht substantiiert darlegen kann, warum ihn ein Schriftstück nicht erreicht hat, muß das Finanzamt den Beweis nach den allgemeinen Beweisregeln (etwa durch einen Indizienbeweis, dazu Rz. 208) erbringen. Anders ist dies, wenn ein

4 BFH BStBl. 79, 606.
5 *R. Nothnagel,* Die Bekanntgabe von Verwaltungsakten im Steuerrechtsverhältnis, Diss. Köln 1983, 30 ff.; *S. Altfelder,* Integrierte Datenverarbeitung im Besteuerungsverfahren, Diss. Konstanz 1985, 53 ff.; *Tipke*/Kruse, AO, § 124 Tz. 5.
6 *H. Maurer,* § 9 Tz. 66; *Tipke*/Kruse, AO, § 124 Tz. 2.
7 *Tipke*/Kruse, AO, § 122 Tz. 1; zum Charakter des Verwaltungsakts als Willenserklärung s. *W. Kluth,* Rechtsfragen der verwaltungsrechtlichen Willenserklärung, NVwZ 90, 608 ff.; dagegen *U. Rüping,* Verwaltungswille und Verwaltungsakt, Diss. Bonn 1986, 31.
8 Exemplarisch der Fall BFH BStBl. 89, 695; ausführlich *G. Rößler,* DStZA 79, 451 ff.; *Tipke*/Kruse, AO, § 122 Tz. 23.
9 BFH BStBl. 89, 534 ff.; dazu *F. E. Harenberg,* DStR 90, 236 ff.

verspäteter Zugang geltend gemacht wird. Um in diesem Fall Zweifel i. S. d. § 122 II 2 AO hervorzurufen, muß der Bekanntgabeadressat durch substantiierte Erklärungen darlegen, daß er nicht rechtzeitig in den Besitz des Schriftstücks gelangt ist[10].

Will die Finanzbehörde Streit darüber vermeiden, ob ein abgesandter schriftlicher Verwaltungsakt auch angekommen ist, so kann sie ihn **förmlich zustellen** lassen (§ 122 V 1 Alt. 2 AO), z. B. durch die Post mit Zustellungsurkunde oder per Einschreiben mit Rückschein. 64

Bei der **Zustellung** handelt es sich um eine formelle Bekanntgabe nach den Vorschriften des Verwaltungszustellungsgesetzes (§ 122 V 2 AO), die für Vollstreckungsverwaltungsakte sogar gesetzlich vorgeschrieben ist (§ 122 V 1 Alt. 1 i. V. m. §§ 284 V 1, 309 II, 310 II, 321 II, 324 II 1 AO).

Über **öffentliche Bekanntgabe** s. § 122 III, IV i. V. m. §§ 149 I 3, 259 Satz 4 AO. 65

2.2.2 Inhalts- und Bekanntgabeadressat

Der Verwaltungsakt muß klar und bestimmt erkennen lassen, *wem* gegenüber der Einzelfall geregelt wird – oder m. a. W.: für wen er bestimmt ist, gegen wen er sich richtet, gegen wen er ergeht; kurz es muß der **Inhaltsadressat** oder Destinatär angegeben werden. Inhaltsadressat kann nur ein existierendes Rechtssubjekt sein. Die Bekanntgabe an sonstige Betroffene (Drittbetroffene, s. § 122 I 1 Alt. 2 AO) spielt im Steuerrecht keine wesentliche Rolle[11]. 66

Die Terminologie des Gesetzes wechselt: „bestimmt sein für" (§§ 122 I 1, 124 I 1 AO), „sich richten gegen" (§§ 78 Nr. 2, 179 II 1, 183 I 1 AO), „wirken gegenüber" (§ 182 II AO), „ergehen gegen" (§ 155 III 1 AO).

Bekanntzugeben ist der Verwaltungsakt grundsätzlich demjenigen Beteiligten, für den er bestimmt ist oder der von ihm sonst betroffen ist (§ 122 I 1 AO). Der Inhaltsadressat ist also regelmäßig auch der **Bekanntgabeadressat** oder Bekanntgabeempfänger. Jedoch gibt es Ausnahmen. Da die Kenntnisnahme des Bekanntgegebenen eine (passive) Verfahrenshandlung ist, die Handlungsfähigkeit voraussetzt, kann ein Verwaltungsakt nicht wirksam an Handlungsunfähige, insb. nicht an Kinder und juristische Personen, bekanntgegeben werden. Bekanntzugeben ist an die gesetzlichen Vertreter. § 122 I 2 AO verweist ergänzend auch auf § 34 II AO. 67

Beispiele: Der für ein dreijähriges Kind bestimmte Einkommensteuerbescheid ist an das Kind als Steuerschuldner (§ 1 EStG) zu richten (§ 157 I 2 AO, sog. *Inhalts*adressat). Er ist aber an die Eltern oder an einen Elternteil bekanntzugeben (§ 34 I AO; § 1629 I BGB, sog. *Bekanntgabe*adressat). Der eine Aktiengesellschaft betreffende Körperschaftsteuerbescheid ist an die Aktiengesellschaft als Steuerschulder (§ 1 I Nr. 1 KStG) zu richten (§ 157 I 2 AO). Er ist aber dem Vorstand der Gesellschaft (§ 78 AktG) bekanntzugeben.

Von der Bekanntgabe des Verwaltungsakts an den Bekanntgabeadressaten zu unterscheiden ist die Bekanntgabe an einen **Empfangsbevollmächtigten** (§§ 123, 183 AO) als rein **postalischer Empfänger.** Ganz allgemein kann das Finanzamt nach § 122 I 3 AO den Verwaltungsakt auch einem *Bevollmächtigten* (z. B. Steuerberater) bekanntgeben. 68

Da der Zweck der **Ermessensvorschrift** des § 122 I 3 AO dunkel ist, bestehen hinsichtlich der Ermessensausübung (s. § 5 AO) erhebliche **Rechtsunsicherheiten.** Nach der Rechtsprechung *soll* (d. h. für den Regelfall: muß) ein Steuerbescheid an den Steuerpflichtigen selbst bekanntgegeben werden, wenn eine schriftliche Empfangsvollmacht fehlt und der Steuerpflichtige nicht auf andere Weise zu erkennen gegeben hat, daß er eine Bekanntgabe an seinen Steuerberater wünscht[12]. Damit begibt sich die Rechtsprechung jedoch in einen Wertungswiderspruch zu § 80 III 1 AO, wonach sich die Finanzbehörde regelmäßig an den Bevollmächtigten wenden *soll.* Es ist wenig sinnvoll, daß 69

10 Dazu BFH BStBl. 90, 108 f.; *Tipke*/Kruse, AO, § 122 Tz. 23.
11 Dazu *Tipke*/Kruse, AO, § 122 Tz. 9.
12 BFH BStBl. 81, 3, 4; 88, 242.

sich die Finanzbehörde im laufenden Verfahren grundsätzlich an den Bevollmächtigten, bei der Bekanntgabe der wesentlichen Entscheidungen, den Verwaltungsakten, aber plötzlich an den Steuerpflichtigen halten soll. Dadurch besteht die Gefahr von Rechtsnachteilen, wenn der unkundige Steuerpflichtige seinen steuerlichen Berater nicht oder nicht rechtzeitig über den Erlaß des Steuerverwaltungsaktes informiert. Deshalb sollte die Ermessensvorschrift des § 122 I 3 AO übereinstimmend mit § 80 III 1 AO ausgelegt werden[13].

70 Wenn gegen mehrere Inhaltsadressaten gleichlautende Verwaltungsakte zu erlassen sind, besteht ein Bedürfnis nach verwaltungsökonomischer Zusammenfassung. Dem hat das Gesetz durch die Ermöglichung **zusammengefaßter Steuerbescheide** bei Gesamtschuldnern (§ 155 III AO) und **einheitlicher Feststellungen** bei Personenmehrheiten (§ 179 II 2 AO) Rechnung getragen. In diesen Fällen gestattet das Gesetz eine vereinfachte Bekanntgabe (§§ 155 IV, V, 183 AO).

71 Bei in einer Urkunde zusammengefaßten Steuerbescheiden gegen **Ehegatten** bzw. gegen Ehegatten und **Kinder** reicht es für die wirksame Bekanntgabe an *alle* aus, wenn ihnen der Sammelbescheid in einer Ausfertigung an die gemeinsame Anschrift übermittelt wird (§ 155 V 1 AO). Eine einzelne Bekanntgabe an die Beteiligten ist nur erforderlich, soweit sie dies beantragen oder der Finanzbehörde bekannt ist, daß zwischen den Beteiligten Meinungsverschiedenheiten bestehen (§ 155 V 2 AO).

72 Ein Bescheid über die gesonderte und einheitliche Feststellung des Gewinns oder des Vermögens einer Personengesellschaft wäre an sich allen Gesellschaftern einzeln bekanntzugegeben, um gegenüber allen Gesellschaftern wirksam zu werden. § 183 AO läßt es zu, daß der Feststellungsbescheid in einer Ausfertigung einem gemeinsamen Empfangsbevollmächtigten **mit Wirkung für und gegen alle Gesellschafter** bekanntgegeben wird (s. im einzelnen § 183 AO).

2.3 Fehler bei der Bekanntgabe des Steuerverwaltungsakts

2.3.1 Fehlender Bekanntgabewille

73 Die Rechtsprechung fordert für eine wirksame Bekanntgabe des Verwaltungsakts, daß die Bekanntgabe vom Willen der Finanzbehörde umfaßt sein muß. Der Bekanntgabewille wird bei abschließender Zeichnung der Aktenverfügung durch den zuständigen Amtsträger (z. B. Sachbearbeiter, Sachgebietsleiter)[14] gebildet. Fehlt diesem die Behörde repräsentierenden Amtsträger im Zeitpunkt der Bekanntgabe des Verwaltungsakts der Bekanntgabewille, dann soll die Bekanntgabe fehlschlagen, der Verwaltungsakt **keine Wirksamkeit** entfalten[15]. Dies soll auch dann gelten, wenn der Amtsträger seinen ursprünglichen Bekanntgabewillen vor der Bekanntgabe aufgibt. Für diesen Fall macht die Rechtsprechung aber aus **Vertrauensschutzgründen** die Einschränkung, daß der Aufgabewille klar und eindeutig, z. B. durch einen Vermerk in den Akten, dokumentiert sein muß[16].

Beispiel: Nach Zeichnung des sog. Eingabewertbogens erkennt der zuständige Sachbearbeiter, daß ihm bei der Bearbeitung der Steuererklärung ein Fehler unterlaufen ist. Um zu verhindern, daß der unrichtige Bescheid ergeht, weist er seinen Mitarbeiter in einem Aktenvermerk an, den Bescheid nicht abzuschicken. Einen Tag später übersieht der Mitarbeiter den Vermerk und versendet routinemäßig den Steuerbescheid.

74 Nach der Rechtsprechung ist der Steuerbescheid trotz äußerlicher Makellosigkeit mangels Bekanntgabewillens der Finanzbehörde nicht existent und entfaltet keinerlei Wirkungen (sog. **Scheinverwaltungsakt**), so daß das Finanzamt ohne weiteres einen neuen Steuerbescheid erlassen kann.

---

13 Zur Kritik s. *Tipke*/Kruse, AO, § 122 Tz. 21 m. w. N.

14 Die amtsinterne Zuständigkeit richtet sich nach der durch gleichlautende Erlasse v. 2. 12. 1985 der obersten Finanzbehörden der Länder neugefaßten Geschäftsordnung für die Finanzämter (FAGO), BStBl. I 85, 685 ff.

15 BFH BStBl. 85, 42 f.; 86, 832, 833 f.; 89, 344, 345; s. auch *T. Große,* DStZ 90, 348 ff.

16 BFH BStBl. 89, S. 344, 345.

Die Rechtsprechung vermag in Anbetracht der unter der AO 1977 gültigen **Erklärungstheorie** (s. Rz. 59) nicht zu überzeugen[17]. Der Bekanntgabeadressat kann als Empfänger dem Verwaltungsakt, noch dazu wenn dieser nach § 119 IV 1 AO ohne Unterschrift und Namenswiedergabe ergeht, den fehlenden Bekanntgabewillen nicht ansehen. Er darf darauf *vertrauen*, daß die nach außen hin ohne jegliche Einschränkung zum Ausdruck kommende Handlungsform des Verwaltungsaktes auch dem ernstgemeinten Willen der Behörde entspricht. § 124 I 2 AO enthält einen allgemeinen Rechtsgedanken, der nicht nur für den Inhalt eines Verwaltungsakts, sondern auch für dessen *Existenz* als solchen gilt. Die Wirksamkeit eines Verwaltungsaktes hängt danach nicht von der rein internen Willensbildung des Zeichnungsberechtigten, sondern von dem im **Empfängerhorizont** wahrnehmbaren Erscheinungsbild ab. Das Erklärungsrisiko für die von ihr als Organisationseinheit hervorgerufenen Handlungen trägt somit grundsätzlich die Finanzbehörde und nicht der Bekanntgabeadressat. Diese Risikoverteilung mag sich allenfalls dann ändern, wenn die nach außen hin als Verwaltungsakt erscheinende Erklärung der Finanzbehörde schlechthin nicht mehr **zugerechnet** werden kann, etwa weil eine zu Verfahrenshandlungen in keiner Weise beauftragte Person (z. B. Hausmeister, Telefonistin, Putzfrau) die Bekanntgabe bewirkt hat[18]. 75

2.3.2 Fehlerhafte Übermittlung

Die Bekanntgabe eines Verwaltungsaktes ist nur wirksam, wenn dieser dem richtigen Bekanntgabeadressaten zugeht. Die bisher h. M. nahm an, daß der Verwaltungsakt auf unmittelbarem Weg an den richtigen Empfänger gelangen müsse. Hiervon ist die Rechtsprechung nunmehr abgerückt. In zutreffender Anwendung des allgemeinen Rechtsgedankens des § 9 I VwZG nimmt sie an, daß ein erst auf einem Umweg (mittelbar) dem richtigen Bekanntgabeadressaten zugegangener Verwaltungsakt mit seinem dortigen tatsächlichen Zugang wirksam bekanntgegeben wird[19]. Denn § 9 I VwZG beruht auf der Überlegung, daß der Vorgang der Zustellung keinem Selbstzweck dient. Was sogar für die förmliche Zustellung nach dem VwZG gilt, muß erst recht für die einfache Bekanntgabe genügen. 76

Beispiel:

Der Postbote wirft den an A adressierten Steuerbescheid versehentlich in den Briefkasten des Nachbarn B. Zehn Tage später händigt B den Brief an A aus. Mit dem tatsächlichen Zugang bei A wird der Bekanntgabemangel in Anwendung des allgemeinen Rechtsgedankens des § 9 I VwZG geheilt und der Bescheid wirksam. Erst von diesem Zeitpunkt an beginnt die Rechtsbehelfsfrist für A zu laufen.

2.3.3 Bekanntgabefehler bei Personenmehrheiten

Wird ein inhaltsgleicher Verwaltungsakt gegenüber mehreren Beteiligten erlassen, bestehen Möglichkeiten einer vereinfachten Bekanntgabe (§§ 155 III–V, 183 AO, s. Rz. 70–72). Gerade diese Bekanntgabeerleichterungen bergen jedoch Fehlerquellen. 77

Beispiele: Die Eheleute A/B haben für den Veranlagungszeitraum 01 in einer gemeinsamen Steuererklärung die ESt-Zusammenveranlagung gewählt. Anfang des Jahres 02 ist B aus der ehelichen Wohnung ausgezogen. Gleichwohl sendet das Finanzamt den zusammengefaßten Einkommensteuerbescheid für 01 noch an die frühere gemeinsame Anschrift. – Aus der A, B und C-OHG ist C in 02 ausgeschieden. Gleichwohl sendet das Finanzamt den einheitlichen Gewinnfeststellungsbescheid für 01 allein an den Empfangsbevollmächtigten A.

§ 155 V 1 AO setzt voraus, daß im Bekanntgabezeitpunkt **tatsächlich** eine **gemeinsame Anschrift beider Ehegatten** besteht. Deshalb vermag § 155 V AO im Falle des Getrenntlebens keine wirksame Bekanntgabe des Steuerbescheides gegenüber dem verzogenen Ehegatten mehr zu begründen, selbst wenn das Finanzamt keine Kenntnis von der Trennung haben sollte. In diesem Fall kann ein 78

---

17 Zu Recht kritisch *S. Altfelder* (Fn. 5), 53 ff.; *Tipke*/Kruse, AO, § 122 Tz. 5.

18 Vgl. *R. Nothnagel* (Fn. 5), 179 ff.; *Tipke*/Kruse, AO, § 122 Tz. 5.

19 BFH BStBl. 89, 346, 347; BFH/NV 91, 2; ebenso *T. Große*, DStZ 90, 348, 352; *H.-P. Kortschak*, StStud 90, 125, 127; *Tipke*/Kruse, AO, § 122 Tz. 5.

zusammengefaßter Steuerbescheid nur gem. § 155 IV AO gegenüber beiden Ehegatten Wirksamkeit entfalten, wenn sie sich gegenseitig zum Empfang des Steuerbescheides mit Wirkung für und gegen den anderen bevollmächtigt haben und dieses Einverständnis trotz der Trennung fortbesteht[20]. Die Bekanntgabe des zusammengefaßten Einkommensteuerbescheides an die Adresse des A ist damit auch gegenüber B wirksam, wenn sie in der Steuererklärung ihr Einverständnis erklärt und es wegen ihres Auszuges gegenüber dem Finanzamt zwischenzeitlich nicht widerrufen hat[21].

79 Zwar ist die Empfangsbevollmächtigung bei der einheitlichen Feststellung nach § 183 II 1 AO nicht zulässig, wenn dem Finanzamt bekannt wird, daß die Gesellschaft nicht mehr existiert, ein Beteiligter ausgeschieden ist oder zwischen den Beteiligten ernstliche Meinungsverschiedenheiten bestehen. Der mit Wirkung vom 1. 1. 1986 eingefügte § 183 III AO läßt die Bekanntgabe an den Empfangsbevollmächtigten **trotz Kenntnis der Finanzbehörde** von den Verhältnissen in der Gesellschaft indessen noch zu, solange und soweit ein Beteiligter oder der Empfangsbevollmächtigte nicht widersprechen. Im Beispielsfall ist der Gewinnfeststellungsbescheid also auch mit Wirkung für und gegen den C wirksam bekanntgegeben worden, wenn weder der C noch der A *vor* der Bekanntgabe (s. § 183 III 2 AO) widersprochen haben.

2.3.4 Rechtsfolgen fehlerhafter Bekanntgabe

80 Die Rechtsfolge einer fehlerhaften Bekanntgabe eines Verwaltungsakts besteht darin, daß der Verwaltungsakt gegenüber dem Inhaltsadressaten nicht wirksam wird, diesem gegenüber gar nicht existiert (sog. **Nichtakt**). Wird ein inhaltsgleicher Verwaltungsakt nur einzelnen Beteiligten gegenüber nicht wirksam bekanntgegeben, so kann er aber gleichwohl den anderen Beteiligten gegenüber wirksam werden[22]. Es ist nicht etwa so, daß ein gegenüber mehreren Personen mit identischem Inhalt ergehender Bescheid (z. B. zusammengefaßter Steuerbescheid, einheitlicher Feststellungsbescheid) gegenüber allen Beteiligten erst dann seine Wirkung entfaltet, wenn er gegenüber allen wirksam geworden ist.

81 Die **Einheitlichkeit des Bescheides** (s. § 179 II 2 AO) betrifft den Entscheidungs*inhalt,* nicht aber die Bekanntgabe des Bescheides[23]. Deshalb kann die Rechtsbehelfsfrist durchaus auch nur für einzelne Beteiligte anlaufen. Die Einheitlichkeit der Entscheidung wird dadurch gewahrt, daß die anderen Beteiligten im Rechtsbehelfsverfahren hinzugezogen (§ 360 AO) bzw. beigeladen (§ 60 FGO) werden (dazu § 23 Rz. 33 ff., 169 ff.).

82 Darüber hinausgehend sieht die Rechtsprechung die fehlerhafte Bekanntgabe eines Steuerbescheides durch die fehlerfreie Bekanntgabe einer **nachfolgenden Einspruchsentscheidung** als „geheilt" an[24]. Dieser Rechtsprechung kann nur für die Fälle zugestimmt werden, in denen die fehlerfrei bekanntgegebene Einspruchsentscheidung sich nicht in einer bloßen Rechtsbehelfsabweisung erschöpft, sondern eine eigenständige, vollziehbare Regelung (z. b. Steuerfestsetzung) enthält[25]. Die Einspruchsentscheidung bildet dann den Erst-Verwaltungsakt, gegen den der Inhaltsadressat nicht einwenden kann, der ursprüngliche Verwaltungsakt sei mangels Bekanntgabe unwirksam (s. § 44 II FGO).

---

20 Das Einverständnis i. S. d. § 155 IV AO muß *ausdrücklich* erklärt werden, vgl. *G. Frotscher,* Schwarz, AO, § 155 Rdnr. 68; a. A. zu § 155 III AO a. F. noch BFH BStBl. 70, 839, 841; 85, 603, 604. Die Einkommensteuererklärungsvordrucke sehen heute regelmäßig eine ausdrückliche Einverständniserklärung der Ehegatten mit dem Inhalt des § 155 IV AO vor.

21 Ändert ein Beteiligter seine Meinung zum Einverständnis, dann trifft ihn die Obliegenheit, dies nach außen hin dem Finanzamt kundzutun.

22 BFH BStBl. 78, 600, 601 f.; 88, 410, 411; *H. W. Kruse,* DStR 74, 395, 398 f.; *H.-J. v. Beckerath,* DStR 83, 475, 477 f.; *Tipke*/Kruse, AO, § 124 Tz. 4; § 183 Tz. 3.

23 BFH BStBl. 88, 410, 411.

24 BFH BStBl. 90, 942, 943; 91, 49, 51; 92, 585, 586.

25 Vgl. *H. Gürsching,* DStR 88, S. 636 ff.; *H. Schuhmann,* DStZ 92, 623 ff.; *Tipke*/Kruse, AO, § 122 Tz. 8.

IV. Bestandskraft des Steuerverwaltungsakts

Literatur: *J. Braun,* Die präjudizielle Wirkung bestandskräftiger Verwaltungsakte, Frankfurt a. M. 1981; *Erichsen/Knoke,* Bestandskraft von Verwaltungsakten, NVwZ 83, 185; *F. Kopp,* Die Bestandskraft von Verwaltungsakten, DÖV 83, 320; *J. Ipsen,* Verbindlichkeit, Bestandskraft und Bindungswirkung von Verwaltungsakten, Die Verwaltung 1984, 169 ff.; *Domke,* Rechtsfragen der Bestandskraft von Verwaltungsakten, Diss. Mannheim 1989; *M.-J. Seibert,* Die Bindungswirkung von Verwaltungsakten, Diss. Bonn, Baden-Baden 1989; *Kollmann,* Zur Bindungswirkung von Verwaltungsakten, DÖV 90, 189; *Randak,* Bindungswirkung von Verwaltungsakten, JuS 92, 33; *M. Sachs,* in: Stelkens/Bonk/Sachs, VwVfG[4], § 43 Rdn. 5 ff.

1. Formelle und materielle Bestandskraft

Mit der Bekanntgabe wird der Steuerverwaltungsakt gegenüber dem Inhaltsadressaten wirksam. Davon zu unterscheiden ist seine **Bestandskraft.** Sie findet ihre verfassungsrechtliche Grundlage in dem Bedürfnis nach **Rechtssicherheit** als Ausdruck des Rechtsstaatsprinzips[26]. Angelehnt an die Terminologie des Prozeßrechts trennt das Verwaltungsrecht zwischen formeller und materieller Bestandskraft von Verwaltungsakten. **Formelle** Bestandskraft meint die (etwa mit Ablauf der Rechtsbehelfsfrist des § 355 I AO eintretende) *Unanfechtbarkeit* des Steuerverwaltungsaktes. Demgegenüber wird mit **materieller** Bestandskraft die *inhaltliche Verbindlichkeit* der Entscheidung umschrieben. Der Grad der materiellen Bestandskraft hängt davon ab, inwieweit die Finanzbehörde von dem Steuerverwaltungsakt wieder abweichen darf. 83

Ein unter dem Vorbehalt der Nachprüfung (§ 164 AO, dazu Rz. 283 ff.) erlassener Steuerbescheid entfaltet im Gegensatz zu einem endgültig ergangenen Steuerbescheid keine materielle Bestandskraft. Die Korrekturvorschriften der §§ 129–132, 172 ff. AO (dazu Rz. 381 ff.) sind Durchbrechungen der materiellen Bestandskraft der Steuerverwaltungsakte. 84

Steuerverwaltungsakte entfalten mit ihrer Bekanntgabe und damit bereits vor Eintritt der formellen Bestandskraft eine **Selbstbindungswirkung** für die erlassende Finanzbehörde[27]. Diese kann sich von dem Steuerverwaltungsakt auch vor seiner Unanfechtbarkeit nur noch dann lösen, wenn dies Korrekturvorschriften (§§ 129–132, 164 II, 165 II, 172 ff. AO) zulassen. 85

2. Grundlagen- und Folgebescheide

In einem *gestuften* Verwaltungsverfahren (dazu Rz. 150) besteht aus Gründen der Rechtssicherheit und Verfahrensvereinfachung das Bedürfnis, Entscheidungen *präjudizielle Wirkungen* beizumessen, wenn sie Vorfragen für nachfolgende Verwaltungsentscheidungen regeln. Die materielle Bestandskraft des ersten Verwaltungsakts (sog. **Grundlagenbescheid**) bewirkt, daß die durch ihn geregelte Vorfrage bei dem nachfolgenden Verwaltungsakt (sog. **Folgebescheid**) nicht mehr geprüft und entschieden wird. Vielmehr hat der Folgebescheid die in dem Grundlagenbescheid getroffene Regelung unabhängig von ihrer Rechtmäßigkeit zugrunde zu legen. 86

§§ 171 X, 182 I AO enthalten Legaldefinitionen der Begriffe „Grundlagen-" und „Folgebescheid" für den wesentlichsten Anwendungsbereich, die Steuerfestsetzung. Das rechtliche Phänomen „Grundlagen-Folgebescheid" beschränkt sich indessen hierauf nicht.

Einwendungen aus dem Grundlagenbescheid können *nicht* gegenüber dem Folgebescheid, Einwendungen aus dem Folgebescheid *nicht* gegenüber dem Grundlagenbescheid geltend gemacht werden (s. § 351 II AO). 87

26 S. BVerfGE 74, 129, 154.
27 S. *M. Sachs,* Stelkens/Bonk/Sachs, VwVfG[4], § 43 Rz. 101.

88 Grundlagenbescheide für Steuerbescheide (§ 171 X AO) sind u. a.: Feststellungsbescheide (z. B. §§ 180 AO, 10d III, 10e VII, 15a IV, 39 IIIb 4, 39a IV 1 EStG, 47 I KStG[28], 10a S. 2 GewStG; 12 III, IV ErbStG), Steuermeßbescheide (§ 184 I AO), Billigkeitsentscheidung nach § 163 AO[29].

89 Ein Steuerbescheid kann aber auch selbst Grundlagenbescheid für andere Folgebescheide sein: z. B. für Bescheide über **Zuschlagsteuern** (z. B. Kirchensteuer, Solidaritätszuschlag), für Zinsbescheide § 233a III, V AO), für Abrechnungsbescheide (§ 218 II AO), für Vollstreckungsverwaltungsakte (s. § 256 AO), für Aufteilungsbescheide (§§ 268 ff. AO).

90 Grundlagenbescheide können auch **Verwaltungsakte ressortfremder Behörden** sein: z. B. Bescheid des Versorgungsamtes über Schwerbehinderung (s. §§ 33b EStG, 65 EStDV), Bescheinigungen der Landes- und Gemeindebehörden n. §§ 7h II, 7i II, 7k II Nr. 5, III EStG.

Einkommen-, Körperschaftsteuer- und Gewinnfeststellungsbescheide sind *keine* Grundlagenbescheide im Verhältnis zum Gewerbesteuermeßbescheid[30].

91 In einem **gestuften Verwaltungsverfahren** können auch mehrere Grundlagenbescheide hintereinander geschaltet sein, so daß ein Folgebescheid *gleichzeitig* Grundlagenbescheid für einen weiteren Folgebescheid sein kann.

Beispiel:

Einheitswertbescheid über Betriebsgrundstück
(§§ 180 I Nr. 1 AO, 19 I Nr. 1 BewG)
Grundlagenbescheid

|

Folgebescheid
Einheitswertbescheid über gewerblichen Betrieb
(§§ 180 I Nr. 1 AO, 19 I Nr. 2 BewG)
Grundlagenbescheid

|

Folgebescheid
Vermögensteuerbescheid des Betriebsinhabers
(§ 155 I 1 AO).

92 Ein Folgebescheid i. S. d. § 182 I AO kann bereits erteilt werden, wenn ein Grundlagenbescheid noch nicht erlassen worden ist (s. § 155 II AO). Die in dem Grundlagenbescheid festzustellenden Besteuerungsgrundlagen können in einem solchen Fall nach § 162 III AO geschätzt werden. Im übrigen ist wegen der Verhältnisse zwischen Grundlagen- und Folgebescheid hinzuweisen auf §§ 175 I 1 Nr. 1, 361 III AO.

V. Anforderungen an die Ausgestaltung des Steuerverwaltungsakts

1. Inhaltliche Bestimmtheit

93 Ein Verwaltungsakt (genau: sein Ausspruch einschließlich etwaiger Nebenbestimmungen) muß inhaltlich hinreichend bestimmt sein (§ 119 I AO); das entspricht dem Rechtsstaatsprinzip. Zur inhaltlichen Bestimmtheit gehört auch, daß dem Verwaltungsakt zu entnehmen ist, gegen oder an wen er sich richtet, d. h. gegen wen er Rechtswirkungen entfalten soll (sog. Inhaltsadressat, s. Rz. 66). Mit anderen Worten: Der Ausspruch (evtl. auch die Nebenbestimmung) muß klar, eindeutig und widerspruchslos erkennen lassen,

28 Dazu BFH BStBl. 88, 962, 964; 89, 633, 635.
29 Dazu BFH BStBl. 88, 702, 705; 91, 427, 434; 91, 572, 573.
30 S. zuletzt BFH BStBl. 91, 244, 246.

wem gegenüber was festgestellt, von wem was verlangt oder wem was gewährt oder abgelehnt wird. Die Gründe sind dazu, soweit erforderlich, mit heranzuziehen.

Verwaltungsakte, die nicht hinreichend bestimmt sind, sind im allgemeinen *nichtig* (§ 125 AO); dies insb. dann, wenn sie nicht befolgbar sind (§ 125 II Nr. 2 AO). 94

Beispiel: Ein Steuerbescheid, der sich an einen verstorbenen Steuerschuldner als Inhaltsadressaten richtet, ist nichtig[31]. Erreicht der Steuerbescheid den Erblasser allerdings noch vor seinem Tode, ist der Steuerbescheid wirksam und es tritt nach § 45 I 1 AO Gesamtrechtsnachfolge ein.

Von der Nichtigkeit des Verwaltungsaktes wegen inhaltlicher Unbestimmtheit ist seine Unwirksamkeit wegen fehlerhafter Bekanntgabe (sog. Nichtakt, s. Rz. 80) zu unterscheiden. Auf letztere ist § 125 AO nicht anwendbar. 95

2. Form

Soweit nichts anderes vorgeschrieben ist, können Steuerverwaltungsakte schriftlich, mündlich oder in anderer Weise (stillschweigend, konkludent) ergehen (§ 119 II 1 AO). 96

Schriftform ist vorgeschrieben für Auskunftsersuchen, wenn der Auskunftspflichtige es verlangt (§ 93 II 2 AO), Steuerbescheide (§ 157 I AO), Feststellungsbescheide (§ 181 I 1 i. V. m. § 157 I AO), Zuteilungsbescheide (§ 190 S. 2 i. V. m. § 188 I AO), Haftungs- und Duldungsbescheide (§ 191 I 2 AO), Prüfungsanordnungen (§ 196 AO), verbindliche Zusagen aufgrund einer Außenprüfung (§ 205 I AO), Aufteilungsbescheide (§ 279 I 1 AO), Zwangsmittelandrohungen (§ 332 I 1 AO) und Vergütungsbescheide (§ 155 VI i. V. m. §§ 155 I, 157 I AO).

Ein mündlicher Verwaltungsakt ist bei berechtigtem Interesse auf unverzügliches Verlangen des Betroffenen schriftlich zu bestätigen (§ 119 II 2 AO).

Ein schriftlicher Verwaltungsakt muß die erlassende Behörde erkennen lassen und die Unterschrift oder die Namenswiedergabe des Behördenleiters (oder seines Vertreters oder Beauftragten) enthalten (§ 119 III AO). Letzteres gilt jedoch nicht für Steuerbescheide und andere schriftliche Verwaltungsakte, für die ein Formular verwendet wird oder die automatisch ergehen (§ 119 IV AO).

3. Begründung

Nach § 121 I AO ist ein schriftlicher oder ein schriftlich bestätigter Verwaltungsakt (gemeint sind der Ausspruch und etwaige Nebenbestimmungen) schriftlich zu begründen, soweit dies zu seinem Verständnis erforderlich ist. Die Begründung soll die Behörde veranlassen, sich an Gesetz und Verwaltungsvorschriften zu orientieren; sie soll den Bürger über die Sach- und Rechtslage informieren und ihn möglichst überzeugen; sie soll ihn evtl. in den Stand setzen, einen Rechtsbehelf einzulegen. 97

§ 121 II AO verzichtet für fünf Fälle (überwiegend solche, in denen ein rechtliches Interesse an schriftlicher Begründung fehlt) auf schriftliche Begründung. Für das Steuerrecht besitzen § 121 II Nrn. 1 u. 2 AO praktische Relevanz. Nicht unter § 121 II Nr. 3 AO fallen Steuerbescheide, die mittels EDV-Anlagen erstellt worden sind. Sie sind nicht gleichartig. Außerdem müssen nach § 157 II AO zur Begründung der Steuerfestsetzung die Besteuerungsgrundlagen angegeben werden. Einen Anwendungsfall des § 121 II Nr. 4 AO bildet der Vorbehalt der Nachprüfung, der nach § 164 I 1 AO keiner Begründung bedarf. 98

Ein rechtsfehlerhaft begründeter Verwaltungsakt ist nicht nichtig, sondern **rechtswidrig.** Er kann aber durch Nachholung der Begründung geheilt werden (s. § 126 I Nr. 2, II AO). Als Formfehler ist die fehlende Begründung sogar unbeachtlich, wenn keine andere Entscheidung in der Sache hätte getroffen werden können (§ 127 AO). Aufgrund der §§ 126, 127 AO läuft der Begründungszwang in seinem Wirkungsgrad weitgehend leer. 99

31 BFH BStBl. 93, 174, 176 f.

VI. Nebenbestimmungen

Literatur: *J. Schachel,* Nebenbestimmungen zu Verwaltungsakten, Berlin 1979; *H. J. Schneider,* Nebenbestimmungen und Verwaltungsprozeß, Berlin 1981; *H.-W. Laubinger,* Anfechtbarkeit von Nebenbestimmungen, VerwArch. Bd. 73 (1982), 345; *B. J. Fehn,* Die isolierte Auflagenanfechtung, DÖV 88, 202; *Hoenig,* Rechtsschutz gegen Auflagen, Diss., Bonn 1990; *H. Stadie,* Rechtsschutz gegen Nebenbestimmungen eines begünstigenden Verwaltungsakts, DVBl. 91, 613; *Tipke*/Kruse, AO, § 120.

100 § 120 AO ermöglicht es für die Finanzbehörden, durch Nebenbestimmungen zum Verwaltungsakt die Flexibilität der Finanzverwaltung zu erhöhen. Der Spielraum der Verwaltung erweist sich dabei als unterschiedlich weit, je nachdem, ob es sich um gesetzlich gebundene Verwaltungsakte oder Ermessensakte handelt. **Gesetzlich gebundene Verwaltungsakte** dürfen mit einer Nebenbestimmung nur versehen werden, wenn sie durch Rechtsvorschrift zugelassen ist oder wenn sie sicherstellen soll, daß die gesetzlichen Voraussetzungen des Verwaltungsakts erfüllt werden (§ 120 I AO).

Beispiele für Zulassung durch Rechtsvorschrift: Vorbehalt der Nachprüfung (§ 164 AO); Vorläufigkeitserklärung (§ 165 AO).

101 **Ermessensakten** dürfen folgende Nebenbestimmungen hinzugefügt werden (s. § 120 II AO):

102 (1) **Befristung** (§ 120 II Nr. 1 AO)

Durch Befristung wird bestimmt, daß eine Vergünstigung oder Belastung zu einem bestimmten Zeitpunkt beginnt, endet oder für einen bestimmten Zeitraum gilt. Geregelt wird m. a. W. Geltungsbeginn, Geltungsdauer oder Geltungsende.

103 (2) **Bedingung** (§ 120 II Nr. 2 AO)

Die Bedingung macht den Eintritt (aufschiebende Bedingung) oder den Wegfall (auflösende Bedingung) einer Vergünstigung oder Belastung von dem *ungewissen* Eintritt eines zukünftigen Ereignisses abhängig. Das Ereignis kann auch vom Willen des Betroffenen abhängen (unechte Bedingung). Beispiel: Buchführungserleichterung unter der auflösenden Bedingung, daß der Steuerpflichtige bestimmte Verpflichtungen nicht erfüllt.

104 (3) **Widerrufsvorbehalt** (§ 120 II Nr. 3 AO)

Der Widerrufsvorbehalt ist der behördliche Vorbehalt, den Verwaltungsakt zu widerrufen. Bei Widerrufsvorbehalt darf die Behörde den Verwaltungsakt widerrufen (§ 131 II Nr. 1 AO; § 130 II AO ist lückenhaft: bei Widerrufsvorbehalt darf – erst recht – zurückgenommen werden, s. Rz. 459). Der Widerruf darf nicht willkürlich, sondern nur nach den allgemeinen Ermessensregeln ausgesprochen werden.

105 (4) **Auflage** (§ 120 II Nr. 4 AO)

Die Auflage schreibt dem Begünstigten ein Tun, Dulden oder Unterlassen vor. Sie ist insb. abzugrenzen von der Bedingung. Während der aufschiebend bedingte Verwaltungsakt erst mit Bedingungseintritt inhaltlich wirksam wird, ist der mit einer Auflage verbundene Verwaltungsakt in seinem Bestand von ihrer Erfüllung unabhängig. Die Auflage ist statt dessen im Wege des Verwaltungszwangs vollstreckbar (§ 328 I AO). Die Behörde kann den Verwaltungsakt zudem mit ex nunc-Wirkung widerrufen, wenn die Auflage nicht erfüllt wird (§ 131 II Nr. 2 AO).

106 (5) **Auflagenvorbehalt** (§ 120 II Nr. 5 AO)

Der Auflagenvorbehalt ist der Vorbehalt einer *nachträglichen* Aufnahme, Änderung oder Ergänzung einer Auflage.

107 Die Verwaltungspraxis hält sich nicht immer an die gesetzliche Terminologie, so daß die Art der Nebenbestimmung nicht selten im Wege der **Auslegung** geklärt werden muß. Nach der Erklärungstheorie (Rz. 59) kommt es dabei nicht darauf an, was die Behörde gewollt hat, sondern wie der Empfänger die Erklärung unter den gegebenen Umständen verstehen mußte.

108 Heftig umstritten ist die Rechtsnatur der Nebenbestimmungen und die Frage des **Rechtsschutzes gegen Nebenbestimmungen**[32]. Nach der bisher herrschenden, aber

32 Einen Überblick über den aktuellen Streitstand geben *Hoenig,* Rechtsschutz gegen Auflagen, Diss. Bonn 1990, 6 ff.; *P. Stelkens,* Stelkens/Bonk/Sachs, VwVfG [4], § 36 Tz. 69 ff.

zunehmend in Frage gestellten Auffassung sind Befristung, Bedingung und Widerrufsvorbehalt unselbständiger Bestandteil des Verwaltungsakts (§ 120 II Nr. 1–3 AO: „werden erlassen mit“) und damit nicht selbständig anfechtbar[33]. Dagegen sollen Auflage und Auflagenvorbehalt selbständige Verwaltungsakte sein (§ 120 II Nr. 4 u. 5 AO: „werden verbunden mit“). Diese Unterscheidung vermag angesichts der Rechtsfolgen nicht zu überzeugen. Wäre die Auflage als Nebenbestimmung ein selbständiger, isoliert anfechtbarer Verwaltungsakt, dann müßte sie bei Rechtswidrigkeit auf eine Anfechtungsklage (dazu § 23 Rz. 74 f.) hin gem. § 100 I FGO kassiert werden, während der Verwaltungsakt mit dem Hauptausspruch bestehen bliebe. Dadurch würde der Behörde ein (auflagenloser) Verwaltungsakt aufoktroyiert, den sie ggf. weder erlassen mußte noch wollte. U. E. entspricht es dem *akzessorischen* Verhältnis von Hauptausspruch und Nebenbestimmung mehr, alle Nebenbestimmungen (einschl. Auflagen und Auflagenvorbehalte) als unselbständige *funktionelle Neben-Bestandteile* des Verwaltungsakts aufzufassen, zu dem sie erlassen bzw. mit dem sie verbunden werden[34]. Es bedarf daher grundsätzlich einer Verpflichtungsklage (dazu § 23 Rz. 76 ff.), um einen begünstigenden Verwaltungsakt von einer Auflage oder anderen Nebenbestimmung zu befreien[35].

Die Nebenbestimmungen dürfen nicht dem Zweck des Verwaltungsakts zuwiderlaufen (§ 120 III AO).

VII. Rechtswidrigkeit des Steuerverwaltungsakts

Grundsätzlich sind auch rechtswidrige (fehlerhafte) Verwaltungsakte **rechtswirksam**[36]. 109
Sie bleiben rechtswidrig, solange und soweit sie nicht von der Behörde zurückgenommen, widerrufen, auf Rechtsbehelf von der Rechtsbehelfsbehörde aufgehoben oder geändert werden (§ 124 II AO).

Anders verhält es sich bei **nichtigen Verwaltungsakten.** Nichtige Verwaltungsakte sind 110
unwirksam (§ 124 III AO), d. h. sie erzeugen keinerlei Wirkung. Auf die Nichtigkeit kann sich jedermann jederzeit berufen. Die Finanzbehörde kann die Nichtigkeit jederzeit (d. h. unbefristet) von Amts wegen feststellen; auf Antrag ist sie festzustellen, wenn der Antragsteller hieran (zumal aus Gründen der Rechtssicherheit) ein berechtigtes Interesse hat (§ 125 V AO). Im Prozeß kommt eine Feststellungsklage in Betracht (s. § 41 I FGO, dazu § 23 Rz. 87).

Nichtig sind solche Verwaltungsakte, die an einem **besonders schwerwiegendem Fehler** 111
(unerträgliche Rechtsverletzung!) leiden, soweit dies bei verständiger Würdigung aller in Betracht kommenden Umstände offenkundig ist (§ 125 I AO). § 125 AO sucht die Fälle der Nichtigkeit nicht nur durch die Generaldefinition des § 125 I AO zu bestimmen, sondern auch durch den Positiv-Katalog des § 125 II AO und den (klarstellenden) Negativkatalog des § 125 III AO. In den Fällen des § 125 II AO ist nicht mehr zu prüfen, ob die Voraussetzungen des § 125 I AO vorliegen („Ohne Rücksicht auf . . .“).

Fälle der Nichtigkeit sind im Steuerrecht selten. Auch die Fälle des § 125 II AO kommen kaum je vor. Verwaltungsakte, die zu unbestimmt sind (s. § 119 I AO), sind allerdings nichtig. Vgl. als Kontrast auch die nicht zur Nichtigkeit führenden Fälle des § 130 II AO.

33 Ebenso BFH BStBl. 90, 278, 279, im Bereich der gebundenen Verwaltungsakte für den Vorläufigkeitsvermerk.
34 Ausführlich dazu *Tipke*/Kruse, AO, § 120 Tz. 9, 11.
35 Eine Ausnahme besteht dann, wenn in Anwendung des Rechtsgedankens des § 125 IV AO der Gesamtverwaltungsakt *teilbar* ist, s. *Tipke*/Kruse, AO, § 120 Tz. 11.
36 Dazu *G. Meder*, Das Prinzip der Rechtmäßigkeitsvermutung, Berlin 1970.

112 Obwohl ein Verwaltungsakt auch rechtswidrig ist, wenn er gegen Verfahrens- oder Formvorschriften verstößt, sind die Sondervorschriften der **§§ 126, 127 AO** zu beachten[37]. § 126 AO läßt die **(rückwirkende) Heilung** bestimmter Verfahrens- oder Formfehler (praktisch bedeutsam sind nur § 126 I Nrn. 2, 3 AO) innerhalb bestimmter Fristen zu. Ist ein Verstoß gegen Verfahrens- oder Formvorschriften nicht nach § 126 AO heilbar oder ist er nicht nach § 126 AO geheilt worden, so greift § 127 AO ein. Danach kann die Aufhebung (durch Analogie zu ergänzen: Änderung) eines (nicht nichtigen) Verwaltungsakts wegen Verstoßes gegen Verfahrens- oder Formvorschriften vom Betroffenen nicht beansprucht werden, wenn keine andere Entscheidung *in der Sache* hätte getroffen werden können.

Verfahrens- und Formvorschriften haben danach keinen Selbstzweck. Sie dienen dazu, die richtige Entscheidung in der Sache zu finden. Ist das mit Sicherheit geschehen, ist der Betroffene nicht „beschwert". § 127 AO ist nur anwendbar, wenn *sicher feststeht,* daß der formelle Verstoß sich auf die Sachentscheidung nicht ausgewirkt hat. Er ist nicht anwendbar, wenn die Möglichkeit besteht, daß sachlich anders entschieden worden wäre. Auf **Ermessensentscheidungen** ist § 127 AO deshalb grundsätzlich nicht anwendbar[38]. Etwas anderes gilt ausnahmsweise im Falle einer Ermessensreduzierung auf Null. Dagegen findet § 127 AO auf **gebundene Entscheidungen** regelmäßig Anwendung. Besteht jedoch auf Tatbestandsseite für die Behörde ein Spielraum (z. B. bei Schätzungsentscheidungen), sind Verfahrens- und Formfehler auch bei gebundenen Steuerverwaltungsakten beachtlich, wenn ihr Einfluß auf die sachliche Entscheidung nicht ausgeschlossen werden kann[39]. Zur Fehlerhaftigkeit von Steuerverwaltungsakten läßt sich damit folgendes Schema aufstellen:

113

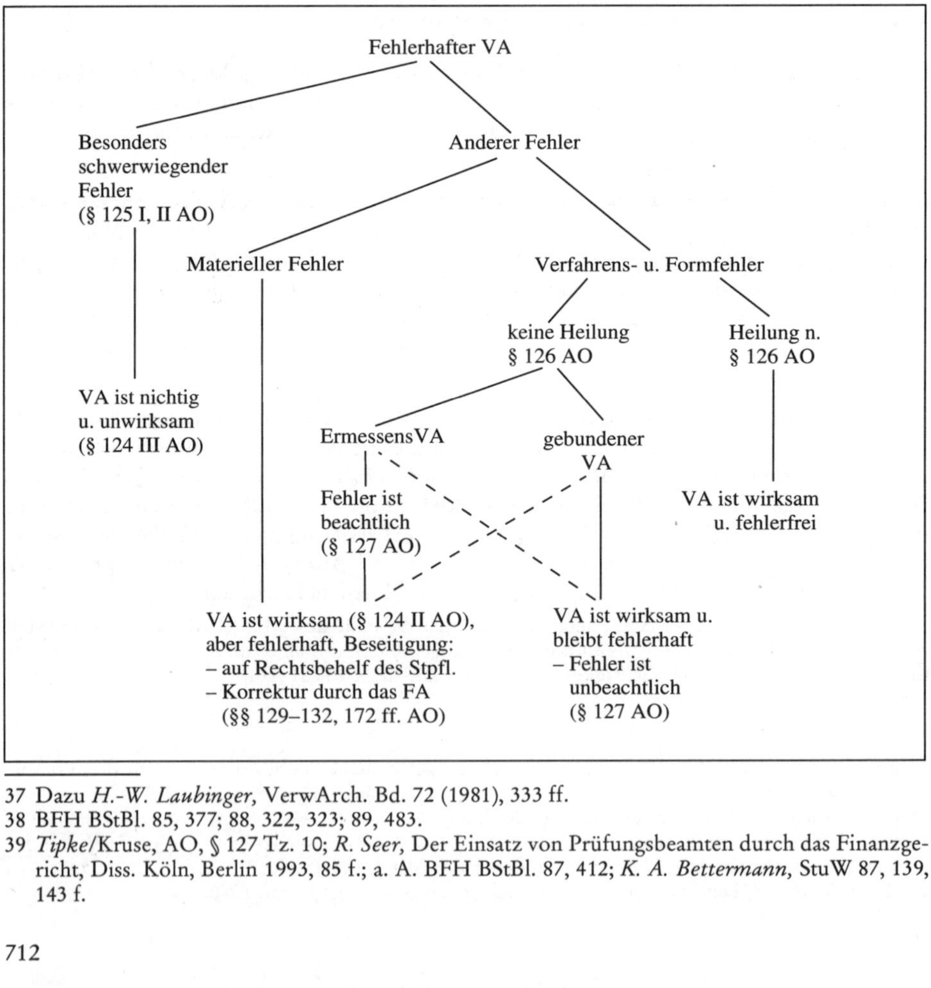

37 Dazu *H.-W. Laubinger,* VerwArch. Bd. 72 (1981), 333 ff.

38 BFH BStBl. 85, 377; 88, 322, 323; 89, 483.

39 *Tipke*/Kruse, AO, § 127 Tz. 10; *R. Seer,* Der Einsatz von Prüfungsbeamten durch das Finanzgericht, Diss. Köln, Berlin 1993, 85 f.; a. A. BFH BStBl. 87, 412; *K. A. Bettermann,* StuW 87, 139, 143 f.

VIII. Spezielle Steuerverwaltungsakte

1. Steuerbescheid

Steuerbescheid ist ein Steuerverwaltungsakt, durch den der gegen den Steuerschuldner gerichtete *Steueranspruch festgesetzt* wird (§ 155 I 1 AO). Er bedarf grundsätzlich der Schriftform (§ 157 I 1 AO)[40] und muß die festgesetzte Steuer nach Art und Betrag bezeichnen sowie den Steuerschuldner angeben. Er stellt damit verbindlich fest: 114

- den Steuerschuldner;
- die im Bescheid genannte Steuer nach Steuerart und -betrag;
- bei periodischen Steuern: den Bemessungs- oder Veranlagungszeitraum.

Der Steuerbescheid ist ein **rechtsfeststellender (deklaratorischer) Verwaltungsakt**[41]; nur wenn die festgesetzte Steuerschuld über die gesetzliche Steuerschuld hinausgeht, ist der Steuerbescheid insoweit rechtsgestaltend (konstitutiv).

Steuerbescheid ist auch der sog. **Freistellungsbescheid** (§ 155 I 3 Alt. 1 AO), durch den das Finanzamt verbindlich zum Ausdruck bringt, daß keine Steuer geschuldet wird: er lautet auf 0 DM. 115

Davon zu unterscheiden ist als rein interne Aktenverfügung die sog. **Nichtveranlagungs(NV)-Verfügung**, durch die festgestellt wird, daß die formellen Voraussetzungen für eine Veranlagung nicht vorliegen. Die NV-Verfügung kann aber zum Freistellungsbescheid werden (sog. **NV-Bescheid**), wenn sie dem Steuerpflichtigen bekanntgegeben wird. Zwar Verwaltungsakt, aber kein Freistellungsbescheid ist die sog. **NV-Bescheinigung** (§§ 36b II, 44a II Nr. 2 EStG), die nur vorläufigen Charakter besitzt[42]. 116

Die sog. **Besteuerungsgrundlagen**[43] bilden grundsätzlich einen *unselbständigen* Teil des Steuerbescheides und können nicht selbständig angefochten werden (§ 157 II AO). Etwas anderes gilt nur im Falle ihrer gesonderten Feststellung (§§ 179 ff. AO, dazu Rz. 121 ff.). 117

Das Steuerbescheidformular enthält als „Sammelbescheid" regelmäßig weitere Entscheidungen (Verwaltungsakte), die nicht Bestandteil des Verwaltungsakts „Steuerbescheid" sind. 118

Beispiel:

Festgesetzter Steuerbetrag	Steuerbescheid
Anrechnung von Quellensteuern (z. B. Lohn-, Kapitalertragsteuer) und von Vorauszahlungen	Anrechnungsverfügung
Aufforderung, den noch geschuldeten Steuerbetrag in einer bestimmten Frist auf ein bestimmtes Konto zu zahlen	Leistungsgebot
Berechnung der Bemessungsgrundlage für die Steuer, Besteuerungsgrundlagen	bloße Erläuterung (unselbständig, kein VA).

Daneben werden in der Praxis in dem „Sammelbescheid" als selbständige Verwaltungsakte u. a. aufgenommen: Festsetzung von sog. **Zuschlagsteuern** (z. B. Kirchensteuer, Solidaritätszuschlag), von Zinsen nach § 233a AO und von Verspätungszuschlägen.

Schulden mehrere Steuerpflichtige eine Steuer als Gesamtschuldner, so kann gegen sie ein **zusammengefaßter Steuerbescheid** ergehen, das soll heißen: Die Finanzbehörde kann 119

40 Zu den Besonderheiten des Zollverfahrens (Art. 59 ff. ZK) s. *R. Henke,* in: P. Witte, Zollkodex, München 1994, Kommentierung zu Art. 59 ff. ZK.
41 A. A. *P. Kirchhof,* NJW 85, 2977 f., 2980 ff.
42 BFH BStBl. 92, 322, 323 f.
43 Dazu *J. Martens,* StuW 93, 335 ff.

auf ein und demselben Formular die Steuer gegen alle Gesamtschuldner festsetzen, braucht den Inhalt nicht für jeden Gesamtschuldner zu wiederholen (s. § 155 III 1 AO, zur Bekanntgabe s. Rz. 70 ff.).

120 Dem Steuerbescheid ist eine **Rechtsbehelfsbelehrung** beizufügen (§ 157 I 3 AO). Fehlt sie oder wird sie unrichtig erteilt, ist der Bescheid gleichwohl rechtmäßig. Statt der Rechtsbehelfsfrist von einem Monat (§ 355 I 1 AO) läuft allerdings die Jahresfrist nach § 356 II AO. Für Steuerbescheide gelten besondere Korrekturvorschriften (§§ 172 ff. AO, dazu Rz. 394 ff.).

2. Feststellungsbescheid

Literatur: *H. W. Kruse*, Über Feststellungs- und Steuerbescheide an Gesamthandsgemeinschaften, DStR 74, 395; *H.-J. v. Beckerath*, Die einheitliche Feststellung von Einkünften im Veranlagungs- und Einspruchsverfahren, DStR 83, 475; *Dostert*, Die gesonderte Feststellung von Besteuerungsgrundlagen, Bielefeld 1988.

121 Abweichend von § 157 II AO werden die Besteuerungsgrundlagen durch Feststellungsbescheid **gesondert festgestellt,** soweit dies in § 180 AO oder sonst in Steuergesetzen bestimmt ist (§ 179 I AO). Ein Feststellungsbescheid ist Grundlagenbescheid für den auf ihm beruhenden Steuerbescheid (dazu Rz. 86 ff.). Ist die Besteuerungsgrundlage *mehreren* Personen zuzurechnen, so wird sie nicht nur gesondert, sondern zugleich auch **einheitlich** festgestellt (§ 179 II 2 AO). Die gesonderte Feststellung von Besteuerungsgrundlagen soll die Steuerfestsetzung vereinfachen und vereinheitlichen. Die Vereinfachung und Vereinheitlichung besteht darin, daß die Besteuerungsgrundlagen für verschiedene Steuern nur einmal ermittelt werden müssen (z. B. Einheitswerte) und gegenüber mehreren Steuerpflichtigen übereinstimmend (einheitlich) festgestellt werden können.

§ 180 AO führt (nicht abschließend) als gesondert festzustellende Besteuerungsgrundlagen auf:

122 (1) **Einheitswerte** nach Maßgabe des Bewertungsgesetzes (§ 180 I Nr. 1 AO i. V. m. § 19 BewG) = Werte, die einheitlich mehreren Steuern, den sog. Einheitswertsteuern (s. § 12 Rz. 3) zugrunde gelegt werden.

Zweck: Durch den Einheitswertbescheid soll vermieden werden, daß ein und dieselbe Vermögenseinheit, die Besteuerungsgrundlage für mehrere Steuern ist, je nach Steuerart unterschiedlich bewertet wird, obwohl denkgesetzlich nur *ein Wert* richtig sein kann. Zugleich ist die Konzentration zu einem einheitlichen Verfahren verwaltungsökonomisch.

Die Rspr. hält die in einem Einheitswertbescheid über ein Grundstück getroffenen Feststellungen über Art, Wert und Zurechnung jeweils für *selbständige Verwaltungsakte*[44], die unabhängig voneinander bestandskräftig und angefochten werden können. Diese (künstliche) Aufsplittung vermag jedoch nicht zu überzeugen, weil die Regelungsgegenstände eng miteinander zusammenhängen. So ist die Wertfeststellung ohne Zurechnungssubjekt nicht denkbar und wäre wegen Unbestimmtheit sogar nichtig[45].

Einheitswertbescheide wirken grundsätzlich *dinglich* auch gegenüber dem späteren Rechtsnachfolger (§ 182 II AO).

123 (2) **Der Einkommen- oder Körperschaftsteuer unterliegende Einkünfte,** wenn an den Einkünften oder mit ihnen im Zusammenhang stehenden anderen Besteuerungsgrundlagen *mehrere* Personen beteiligt sind, denen diese Einkünfte zuzurechnen sind (§ 180 I Nr. 2a AO[46], s. auch § 180 IV AO).

---

44 BFH BStBl. 83, 88, 89; 87, 292, 293.
45 Zur Kritik s. *Tipke*/Kruse, AO, § 180 Tz. 5.
46 Geändert durch Art. 26 des sog. Mißbrauchsbekämpfungs- und Steuerbereinigungsgesetzes (StMBG) vom 21. 12. 1993, BGBl. I 93, 2310.

Zweck: Durch die einheitliche Feststellung soll vermieden werden, daß gegenüber mehreren Beteiligten an ein und denselben Sachverhalt unterschiedliche Rechtsfolgen geknüpft werden. Ferner spielt der Gesichtspunkt der Verwaltungsökonomie eine Rolle. Dementsprechend findet keine einheitliche Feststellung statt, wenn die Höhe der Bemessungsgrundlage und ihre Aufteilung feststehen oder es sich um ein Fall von geringer Bedeutung handelt (§ 180 III Nr. 2 AO).

An Einkünften sind mehrere Personen beteiligt, wenn die Einkünfte aus einer *gemeinsamen Einkunftsquelle* stammen. An einer gemeinsamen Einkunftsquelle sind **Gesellschafter** (s. §§ 705 ff. BGB) und **Gemeinschafter** (s. §§ 741 ff. BGB) beteiligt. § 180 I Nr. 2a AO setzt nicht nur die Beteiligung mehrerer Personen voraus, sondern auch, daß die Einkünfte diesen Personen steuerlich *zuzurechnen* sind. Da die Einkünfte einer Kapitalgesellschaft der Gesellschaft selbst, nicht aber den Gesellschaftern zuzurechnen sind, ist § 180 I Nr. 2a AO nur auf Personengesellschaften anwendbar (deren Gesellschafter allerdings auch Kapitalgesellschaften sein können). Die Voraussetzungen des § 180 I Nr. 2a AO treffen vor allem im Falle der Mitunternehmerschaft zu (dazu § 9 Rz. 500 ff.).

Gegenstand der einheitlichen Feststellung sind Gewinneinkünfte (§ 2 I 1 Nr. 1–3 EStG) ebenso wie Überschußeinkünfte (§ 2 I 1 Nr. 4–7 EStG). Es sind im wesentlichen folgende Entscheidungen zu treffen:

(a) **dem Grunde nach:**

- ob nichtsteuerbare, steuerfreie oder steuerpflichtige Einkünfte vorliegen und welcher Einkunftsart sie zuzurechnen sind[47];
- welchen Personen die Einkünfte zuzurechnen sind;
- für nach dem 31. 12. 1994 beginnende Feststellungszeiträume[48] gilt dies auch für Besteuerungsgrundlagen, die keine Einkünfte sind, z. B. für von Personenmehrheiten geleistete, als Sonderausgaben abzugsfähige Spenden, Renten oder dauernde Lasten[49];
- ob ermäßigte Einkünfte i. S. d. § 34 EStG vorliegen und in welchem quotalen Umfang den Beteiligten ggf. der Freibetrag nach § 16 IV EStG zu gewähren ist[50];

(b) **der Höhe nach:**

- über Höhe und Anteil der Beteiligten an den Gesamteinkünften und – für nach dem 31. 12. 1994 beginnende Feststellungszeiträume – auch an anderen Besteuerungsgrundlagen (z. B. Sonderausgaben);
- nach der durch § 180 I Nr. 2a AO n. F. bestätigten h. M.[51] auch über die Sonderbetriebseinnahmen und -ausgaben *einzelner* Gesellschafter i. S. d. § 15 I 1 Nr. 2 Hs. 2 EStG;
- nach § 180 V AO n. F. schließlich über sonstige „einkünftebezogene" Vorgänge: z. B. über Höhe und Verteilung anrechenbarer Kapitalertrag- und Körperschaftsteuern (vgl. § 20 I Nrn. 1, 3 EStG)[52].

47 Vgl. BFH BStBl. 85, 676, 677; 86, 239, 240.

48 Zeitlicher Anwendungsbereich für die Neufassung des § 180 I Nr. 2a AO nach Art. 97 § 10b EGAO.

49 Für frühere Feststellungszeiträume besitzen derartige „Feststellungen" lediglich den Charakter von nachrichtlichen Mitteilungen ohne rechtliche Bindungswirkung, s. BFH BStBl. 91, 70 f.; 93, 11 f.

50 Dazu BFH BStBl. 86, 811, 815: Über die Höhe des Freibetrages wird erst im Veranlagungsverfahren entschieden, weil sie von persönlichen Verhältnissen (Lebensalter, dauernde Berufsunfähigkeit) des Steuerpflichtigen abhängt.

51 S. etwa BFH BStBl. 92, 4 f. m. w. N.; entgegen der h. M. verlangt der Zweck der §§ 179, 180 AO die Einbeziehung der Sondervergütungen jedoch gerade *nicht*, s. *B. Keuk*, StuW 74, 39 ff.; *Tipke*/Kruse, AO, § 180 Tz. 38a.

52 So bereits für vor dem 1. 1. 1995 beginnende Feststellungszeiträume vertreten von *H. Söhn*, HHSp, AO, § 180 Rz. 146, 155; *G. Frotscher*, Schwarz, AO, § 180 Rz. 23; dagegen bisher einschränkend BFH BStBl. 92, 187, 189, für anrechenbare ausländische Steuern i. S. d. § 34c I EStG: wegen des Charakters einer Tarifregelung sei über die Anrechnung der Steuer erst im Veranlagungsverfahren zu entscheiden.

Es kommt vor, daß mehrere Personen an einer Personengesellschaft beteiligt, andere Personen aber an einem Gesellschaftsanteil *unter*beteiligt sind. Für das Unterbeteiligungsverhältnis ist dann eine weitere gesonderte Feststellung zugelassen (§ 179 II 3 AO).

124 (3) (Nach dem Ermessen des Finanzamts festzustellende) Besteuerungsgrundlagen, insb. Einkünfte, wenn – ohne daß ein Gesellschafts- oder Gemeinschaftsverhältnis besteht –

a) **der Einkunftserzielung dienende Wirtschaftsgüter von mehreren Personen betrieben,** genutzt oder gehalten werden,

b) **gleichartige Rechtsbeziehungen zu demselben Dritten** (Treuhänder, Baubetreuer, Verwalter, Garantiegeber, Finanzierungsvermittler, o. ä.) **bestehen,** z. B. gleichartige Treuhand-, Baubetreuungs-, Bewirtschaftungs- oder Verwaltungsverträge. Dadurch werden insb. die Einkünfte der Feststellungsbeteiligten bei Bauherren- und Erwerbermodellen erfaßt. – S. § 180 II AO i. V. m. der RVO v. 19. 12. 1986, BGBl. I 86, 2663, BStBl. I 87, 2.

125 (4) Unternehmerische Einkünfte, wenn das für die gesonderte Feststellung zuständige **Finanzamt nicht auch für die Steuern vom Einkommen** zuständig ist (§ 180 I Nr. 2b AO).

Motiv: Auch wenn nicht mehrere Personen an diesen Einkünften beteiligt sind, ist die Gewinnermittlung dem Betriebs-, Belegenheits-, oder Tätigkeitsort-Finanzamt (s. § 18 I Nrn. 1–3 AO) besser möglich als dem Wohnsitzfinanzamt (s. § 19 I AO).

126 (5) Den Wert der der Vermögensteuer unterliegenden Wirtschaftsgüter (§§ 114–117a BewG) und den Wert der Schulden und sonstigen Abzüge (§118 BewG), wenn die **Wirtschaftsgüter,** Schulden und sonstigen Abzüge **mehreren Personen zuzurechnen** sind, die nicht zusammenveranlagt werden (§ 180 I Nr. 3 AO).

Motiv: Für die gesonderte Feststellung des Vermögens (§§ 114–118 BewG) besteht bei Zurechnung an mehrere Personen das gleiche Bedürfnis wie im Falle (2).

127 (6) Die gesonderte Feststellung ist aber auch in anderen Fällen vorgesehen: § 179 I AO i. V. m. §§ 10d III, 15a IV 1, 39 IIIb 4, 55 V 5 EStG; § 47 KStG; § 12 III, IV ErbStG; § 17 GrEStG; § 18 I AStG.

128 Begehren Personen eine gesonderte Feststellung, ist das Finanzamt (§ 18 AO) aber der Ansicht, die Voraussetzungen für eine solche gesonderte Feststellung lägen nicht vor (etwa weil keine Mitunternehmerschaft gegeben sei), so ist ein **negativer Feststellungsbescheid** zu erlassen (d. h. die begehrte Feststellung ist abzulehnen).

129 Auf gesonderte Feststellungen sind die Vorschriften über die Durchführung der Besteuerung entsprechend anzuwenden (§ 181 I 1 AO).

3. Steuermeßbescheid

130 Die Verwaltung der Gewerbesteuer und der Grundsteuer (**Realsteuern,** die den Gemeinden zustehen) ist – außer in den Stadtstaaten – in der Weise aufgeteilt, daß die Finanzämter die steuerrelevanten Sachverhalte (insb. Steuersubjekt und Steuerobjekt) ermitteln und im Anschluß daran durch Anwendung der Steuermeßzahl auf die Besteuerungsgrundlagen den Steuermeßbetrag festsetzen (s. § 12 Rz. 195, 290). Das geschieht im Steuermeßbescheid (§ 184 AO). Der Steuermeßbescheid ist Grundlagenbescheid i. S. d. § 171 X AO. Die Finanzbehörden teilen den Inhalt des Steuermeßbescheids den zuständigen Gemeinden mit (§ 184 III AO). Die Gemeinde legen die mitgeteilten Steuermeßbeträge zugrunde (§ 184 I i. V. m. § 182 I AO) und wenden darauf den jeweils beschlossenen Hebesatz an.

131 Die Verwaltung der Realsteuern bis zur Meßbetragsfestsetzung ist den Finanzbehörden zum einen deshalb übertragen, weil dadurch Doppelarbeit vermieden wird; die Finanzbehörden müssen die

Einkünfte aus Gewerbebetrieb ohnehin (für Zwecke der Einkommen- oder Körperschaftsteuer) feststellen sowie insb. für Zwecke der Vermögensteuer die Einheitswerte ermitteln. Zum anderen verfügen die Gemeinden oft nicht über Personal, das für solche Aufgaben qualifiziert wäre.

Erstreckt sich das Steuerobjekt über **mehrere Gemeinden,** so ist der Steuermeßbetrag durch **Zerlegungsbescheid** (§ 188 AO) den beteiligten Gemeinden zuzuteilen. Zum sog. **Zuteilungsbescheid** s. § 190 AO.

4. Steuervergütungsbescheid

132 Der Steuervergütungsbescheid setzt den Anspruch eines *Dritten* (des Steuerträgers bzw. Steuervergütungsgläubigers, § 43 S. 1 AO) auf Rückzahlung einer **zu Recht** vom Steuerschuldner gezahlten Steuer fest. Beispiele für Steuervergütungsansprüche (dazu § 7 Rz. 68 f.) sind der Vorsteueranspruch und das Körperschaftsteuer-Anrechnungsguthaben (§§ 36b–e EStG; §§ 49 I, 52 KStG). Entgegen seiner Rechtsnatur wird der Vorsteuerabzug von der Rspr.[53] indessen verfahrensrechtlich nur als unselbständige Besteuerungsgrundlage (Abzugsposten) zur Ermittlung der für den Besteuerungszeitraum zu zahlenden Umsatzsteuer behandelt (§§ 16 I, II, 18 I UStG).

Auf Steuervergütungsbescheide sind die für die Steuerfestsetzung geltenden Vorschriften sinngemäß anzuwenden (§ 155 VI AO).

5. Erstattungs- bzw. Rückforderungsbescheid

133 Von der Steuervergütung zu unterscheiden ist der Erstattungsanspruch (§ 37 II AO) auf Rückzahlung der **zu Unrecht,** d. h. ohne Rechtsgrund, erbrachten Leistung (dazu § 7 Rz. 70 f.). Einen besonderen Erstattungsbescheid kennt die AO 1977 nicht. Grundlage für die Verwirklichung von Erstattungsansprüchen sind ohne weiteres die in § 218 I AO genannten Verwaltungsakte und Steueranmeldungen[54].

134 Eines besonderen **Erstattungs- oder Rückforderungsbescheides** bedarf es aber, wenn dem Steuergläubiger ohne einen zwischengeschalteten Verwaltungsakt ein Erstattungsanspruch aufgrund von Doppel- bzw. Überzahlung oder fehlgeleiteter Zahlung entsteht. Rechtsgrundlage ist nach Ansicht der Rspr. § 218 II 2 AO[55].

6. Abrechnungsbescheid (§ 218 II AO)

135 Mit dem Abrechnungsbescheid entscheidet das Finanzamt über **Streitigkeiten,** die die Verwirklichung von Ansprüchen aus dem Steuerschuldverhältnis betreffen. Er hat *nur* die Feststellung zum Inhalt, ob eine bestimmte Zahlungsverpflichtung erloschen ist, d. h. wirksam gezahlt, aufgerechnet, erlassen, verjährt oder nach Vollstreckung erfüllt worden ist. Die Begründung der Zahlungsverpflichtung ist hingegen *nicht* Gegenstand des Abrechnungsbescheides; sie wird vorausgesetzt[56]. Es können deshalb gegen den Abrechungsbescheid keine Einwendungen erhoben werden, die sich gegen die Steuerfestsetzung selbst richten.

7. Haftungs- und Duldungsbescheid

Literatur: *H. Mösbauer,* Die Haftung für Steuerschuld, Köln u. a. 1990, 261 ff.; *E. Bax,* Die Haftung nach allgemeinem Abgabenrecht aus steuer- und verfassungsrechtlicher Sicht, Diss. Ham-

53 BFH BStBl. 77, 227, 229; 83, 612 f.; kritisch *H. Stadie,* Das Recht des Vorsteuerabzugs, Köln 1989, 261 ff.

54 BFH GrS BStBl. 86, 207, 211 f., BFH BStBl. 92, 713, 714; Tipke/*Kruse,* AO, § 218 Tz. 2a.

55 BFH BStBl. 86, 704, 705; BFH UR 89, 222, 223; präziser Tipke/*Kruse,* AO, § 218 Tz. 2b: § 218 II 2 AO analog.

56 BFH BStBl. 92, 781, 782.

burg, Baden-Baden 1992, 147 ff.; *W. Schick,* Haftung für Steuerschulden auf Grund Privatrechts, Köln 1993.

136 Der Haftungsbescheid ist der Steuerverwaltungsakt, durch den die Finanzbehörde den Haftungsschuldner (zum Haftungsanspruch § 7 Rz. 48 ff.) in Anspruch nimmt (§ 191 I 1 Alt. 1 AO). Er ist *kein* Steuerbescheid und diesem auch nicht gleichgestellt. Er beinhaltet eine **Ermessensentscheidung** darüber, welcher von mehreren Gesamtschuldnern in Anspruch genommen wird. Das *Auswahlermessen*[57] erstreckt sich auf die Auswahl zwischen Steuerschuldner und Haftungsschuldner, auch zwischen mehreren Haftungsschuldnern.

137 Der Haftungsbescheid bedarf der Schriftform (§ 191 I 2 AO). Um hinreichend inhaltlich bestimmt zu sein (§ 119 I AO), müssen *Haftungsschuldner* und *Haftungsschuld* nach Art, Betrag sowie Erhebungszeitraum angegeben werden. Zur Begründung (§ 121 AO) sind die *Ermessenserwägungen* darzulegen, insb. warum der Haftungsschuldner anstelle des Steuerschuldners oder anderer ebenfalls für die Haftung in Betracht kommender Personen in Anspruch genommen wird[58].

138 Die Haftungsschuld ist im Verhältnis zur Steuerschuld **akzessorisch** (s. § 7 Rz. 65). Jedoch ist die Akzessorietät nur **limitiert.** Andere Tatsachen als Erfüllung und Aufrechnung wirken nur für und gegen den jeweiligen Steuer- bzw. Haftungsschuldner (§ 44 II 3 AO). Deshalb hindert selbst die Bestandskraft des Steuerbescheides den Haftungsschuldner nicht, Einwendungen gegen die Rechtmäßigkeit des Steuerbescheides vorzubringen. Erlischt jedoch die Steuerschuld infolge von Festsetzungs-, Zahlungsverjährung oder Erlaß, darf auch kein Haftungsbescheid mehr ergehen (§ 191 V 1 AO); dies gilt nicht bei Haftung wegen Steuerhinterziehung oder Steuerhehlerei (§ 191 V 2 AO).

139 Voraussetzung für den Erlaß eines Haftungsbescheides ist grundsätzlich nicht die Festsetzung, sondern nur die **Entstehung** der Steuer oder steuerlichen Nebenleistung[59]. Eine Zahlungsaufforderung darf gegenüber dem Haftungsschuldner nach § 219 S. 1 AO indessen nur ergehen, soweit die Vollstreckung in das bewegliche Vermögen des Steuerschuldners ohne Erfolg geblieben ist oder aussichtslos erscheint (**Subsidiarität** der Haftung, zu wichtigen Ausnahmen s. § 219 S. 2 AO).

140 Die Vorschriften über die Festsetzungsverjährung (§§ 169–171 AO) sind auf den Haftungsbescheid sinngemäß anzuwenden, dabei gelten besondere Fristvorschriften (§ 191 III AO)[60].

141 Der **Duldungsbescheid** ist der Verwaltungsakt, durch den die Finanzbehörde eine kraft Gesetzes bestehende Verpflichtung durchsetzt, die *Vollstreckung* zu dulden (§ 191 I 1 Alt. 2 AO). Hierzu gehören nach h. M. auch Duldungspflichten anderer Gesetze, insbesondere die Duldungspflicht des Anfechtungsgegners nach § 7 AnfG[61].

142–149 Einstweilen frei.

---

57 Die Finanzbehörde besitzt dagegen grundsätzlich *kein Entschließungsermessen* dergestalt, daß sie auf den Erlaß des Haftungsbescheides verzichten kann, wenn beim Steuerschuldner „nichts zu holen ist", s. § 7 Rz. 66; ebenso *E. Bax,* Die Haftung nach allgemeinem Abgabenrecht . . ., Diss. Hamburg, Baden-Baden 1992, 166 ff.; vgl. auch BFH BStBl. 88, 176, 178.

58 BFH BStBl. 89, 219 f.

59 Der Wortlaut des § 191 I 1 AO („Steuer") ist insoweit zu eng, vgl. BFH BStBl. 87, 363; Tipke/*Kruse,* AO, § 191 Tz. 3; *H. Mösbauer,* Die Haftung für Steuerschuld, Köln u. a. 1960, 261 f.; *E. Bax* (Fn. 57), 151 f.

60 Dazu *L. Macher,* DStZ 84, 216 ff.

61 BFH BStBl. 88, 313 ff.; 88, 408, 409 f.

D. Verwaltungsverfahren im Steuerrecht

Literatur: *W. Schick,* Die Verfahren des Steuerrechts, StuW 92, 197.

I. Besteuerung im gestuften Verwaltungsverfahren

Da die Steuerfestsetzung mit Erlaß des Steuerbescheides ihren Abschluß findet, bilden die sich anschließende Steuererhebung und die Vollstreckung eigenständige Verwaltungsverfahren (s. § 9 VwVfG)[1]. Unbeschadet ihrer Eigenständigkeit stehen die genannten Verwaltungsverfahren jedoch nicht beziehungslos zueinander. Vielmehr setzt die Steuererhebung die Steuerfestsetzung (s. § 218 I AO), die Vollstreckung die Steuererhebung (in Form des Leistungsgebotes, § 254 I AO) voraus. Die Besteuerung erfolgt mithin in einem **gestuften Verwaltungsverfahren:** 150

Ermittlungsverfahren
zur Steuerfestsetzung
(§§ 85 ff., 134 ff., 149 ff. AO)

|

Festsetzungsverfahren
(§§ 155 ff., 179 ff. AO)

|

Erhebungsverfahren
(§§ 218 ff. AO)

|

Vollstreckungsverfahren
(§§ 249 ff. AO).

Nicht ganz eindeutig läßt sich die Position des **Ermittlungsverfahrens** in den Stufenaufbau einordnen. Wesentliche Vorschriften über das Ermittlungsverfahren befinden sich im Allgemeinen Teil der Verfahrensvorschriften (insb. in §§ 85–117 AO) und gelten daher für *alle* Verwaltungsverfahren. Ermittlungsverfahren münden deshalb nicht nur in die Steuerfestsetzung, sondern können ebenso innerhalb des Erhebungs- oder Vollstreckungsverfahrens geführt werden[2]. 151

Eigenständige Verwaltungsverfahren sind ferner u. a. Verfahren zur Aufhebung und Änderung des erlassenen Steuerbescheides (s. Rz. 381 ff.), außergerichtliche Rechtsbehelfsverfahren (dazu § 23 Rz. 9 ff.) und Steueraufsichtsverfahren (z. B. Außenprüfung, dazu Rz. 225 ff.). 152

II. Beteiligte des Besteuerungsverfahrens

1. Begriff des Beteiligten

Die AO unterscheidet zwischen den Beteiligten eines Verwaltungsverfahrens und „anderen Personen". Die Beteiligten besitzen einerseits bestimmte Verfahrensrechte (z. B. §§ 80, 84, 91, 96 II AO), unterliegen andererseits besonderen Mitwirkungspflichten 153

1 *H. Söhn,* HHSp, AO, § 78 Rz. 6.
2 S. nur BFH BStBl. 89, 537 f.

(z. B. §§ 90, 93 ff. AO). In dem vom Untersuchungsgrundsatz geprägten Besteuerungsverfahren ist Beteiligter gem. § 78 Nr. 2 AO jeweils der Adressat des beabsichtigten Steuerverwaltungsakts, also in erster Linie der Steuerpflichtige i. S. d. § 33 I AO. In selteneren Fällen ist der Beteiligte ein Antragsteller (§ 78 Nr. 1 AO) oder gar der Partner eines öffentlich-rechtlichen Vertrages (§ 78 Nr. 3 AO, z. B. im Falle des § 224a AO, s. § 4 Rz. 163 u. unten Rz. 321). Die das Verwaltungsverfahren durchführende Finanzbehörde ist *notwendiges Subjekt* des Verfahrens **(Verfahrensträgerin)** und damit keine Beteiligte[3]. Der unreflektiert in die AO übernommene Wortlaut des § 78 Nr. 1 AO („Antragsgegner") erweist sich deshalb als irreführend.

154 **„Andere Personen"**, die in einer fremden Steuersache zur Mitwirkung (nach §§ 93 I, 97 I, 99 I, 100 I AO) in Anspruch genommen werden, sind nicht Beteiligte dieses (fremden) Verwaltungsverfahrens. Sie werden aber gem. § 78 Nr. 2 AO Beteiligte eines weiteren (eigenen) Verwaltungsverfahrens, das sich auf das verfahrensabschließende Mitwirkungsverlangen (= Verwaltungsakt) beschränkt.

2. Beteiligungsfähigkeit

155 Beteiligungsfähigkeit ist die rechtliche Fähigkeit, als Subjekt an einem konkreten steuerlichen Verwaltungsverfahren beteiligt zu sein. Sie korrespondiert mit der **Parteifähigkeit** im Prozeßrecht und knüpft an die **Steuerrechtsfähigkeit** (dazu § 6 Rz. 14 ff.) an[4]. Steuerrechtsfähig sind neben natürlichen und juristischen Personen auch Gebilde, die nach Maßgabe des Steuerrechts Träger steuerlicher Rechte und Pflichten sind. Der Umfang der Steuerrechtsfähigkeit hängt von der jeweiligen Steuerart ab (s. § 6 Rz. 16).

Beispiel: Eine BGB-Gesellschaft ist zwar umsatzsteuer-, nicht aber körperschaftsteuerrechtsfähig. Für ein Körperschaftsteuer-Verwaltungsverfahren fehlt ihr daher die Beteiligungsfähigkeit.

3. Handlungsfähigkeit

Literatur: *H.-W. Laubinger*, Prozeßfähigkeit und Handlungsfähigkeit, in: FS für Ule, Köln u. a. 1987, 161.

156 Beteiligungsfähige Steuerrechtssubjekte müssen zusätzlich handlungsfähig sein, wenn sie materiell-rechtliche Handlungen[5] (Beispiel: Aufrechnungserklärung) oder Verfahrenshandlungen selbst bzw. durch Bevollmächtigte (§ 80 AO) wirksam vornehmen wollen. Die Handlungsfähigkeit (§ 79 AO) korrespondiert mit der **Prozeßfähigkeit** des Prozeßrechts.

157 Geschäftsunfähige (§ 104 BGB) und beschränkt geschäftsfähige (§ 106 BGB) natürliche Personen sind grundsätzlich handlungsunfähig. Für sie handeln in analoger Anwendung des § 34 I AO ihre gesetzlichen Vertreter (Eltern, § 1629 I BGB; Vormund, § 1773 I BGB). Hiervon macht § 79 I Nr. 2 AO eine Ausnahme für den gegenständlichen Bereich der §§ 112, 113 BGB.

Beispiel: Einen 17jährigen haben seine Eltern mit Genehmigung des Vormundschaftsgerichts ermächtigt, den Beruf eines Tennisprofis selbständig auszuüben. Für den Bereich der Umsatz- und Gewerbesteuer ist der Sohn *partiell* handlungsfähig, für die Bereiche der Einkommen- und Vermögensteuer hingegen nicht.

158 **Betreute** (volljährige) natürliche Personen sind nur insoweit handlungsunfähig, als der Einwilligungsvorbehalt nach § 1903 BGB reicht (§ 79 II, III AO)[6]. Betrifft der Einwilligungsvorbehalt

3 *H. Söhn*, HHSp, AO, § 78 Rz. 9; Tipke/*Kruse*, AO, § 78 Tz. 1.

4 *H. Söhn*, HHSp, AO, § 79 Rz. 7 ff.; Tipke/*Kruse*, AO, § 78 Tz. 9.

5 Dazu *U. Klemp*, Öffentlich-rechtliche Willenserklärungen Privater im Steuerrecht, Diss. Köln 1971; *V. Kurz*, StuW 79, 243 ff.; *D. Rönitz*, StbJb. 1980/81, 359 ff.

6 Gültig mit Wirkung vom 1. 1. 1992, eingeführt durch das Betreuungsgesetz vom 12. 9. 1990, BGBl. I 90, 2002.

einen Gegenstand des Besteuerungsverfahrens, handelt insoweit als gesetzlicher Vertreter der Betreuer (§ 1902 BGB).

Für nichtrechtsfähige Personenvereinigungen (z. B. nichtrechtsfähige Vereine, Personengesellschaf- 159
ten, § 79 I Nr. 3 AO spricht kurz von „Vereinigungen") haben deren Geschäftsführer, evtl. deren Mitglieder oder Gesellschafter, analog § 34 I, II AO zu handeln.

Soweit dem Rechtsträger aufgrund gesetzlicher Regelung, behördlicher oder gerichtlicher Anord- 160
nung oder letztwilliger Verfügung die Verwaltung seines Vermögens entzogen und einem Vermögensverwalter (z. B. Konkurs-[7], Zwangs-, Nachlaßverwalter, Nachlaßpfleger, Sequester, Testamentsvollstrecker) kraft Amtes übertragen worden ist, handelt der Vermögensverwalter (vgl. § 34 III AO).

4. Bevollmächtigung (gewillkürte Vertretung)

Literatur: *A. Spitaler,* Steuerberater und Finanzverwaltung, Köln 1949, Sonderheft Nr. 6 von FR 1949; *H. Hartisch,* Vertretung und Treuhand im Steuerrecht, Diss. Münster 1962; *P. H. Schöneberger,* Die Grenzen der Rechtsbesorgungsbefugnis des Steuerberaters nach dem Rechtsberatungsgesetz, Diss. Kiel 1976; *Chr. Flämig,* Steuerberater als Träger eines privatrechtlichen Amtes und ihre Stellung innerhalb des Steuerrechtsverhältnisses, StbKongrRep. 1979, 45; *ders.,* Steuerprotest und Steuerberatung, Köln 1979; *Cichon/Späth,* Bonner Handbuch der Steuerberatung, Bonn (Loseblatt, ab 1980); *C. Behrens,* Steuerberatung in der Europäischen Gemeinschaft, Diss. rer. pol. Göttingen 1982; *G. Felix,* Standort und Zukunft des steuerberatenden Berufs, DStZ 1984, 263; *P. Dahl,* Steuerberatungspraxis und Steuerberatungslehre in Europa, Diss. rer. pol. Köln 1986; *W. Späth,* Die zivilrechtliche Haftung des Steuerberaters[3], Bonn 1987; *G. Rose,* Vom privaten und öffentlichen Nutzen der Steuerberatung, DStR 87, Beilage zu Heft 3, 6; *ders.,* Einführung in den Beruf des Steuerberaters, Köln 1989; *H. Gehre,* Steuerberatungsgesetz[2], München 1991; *K. Tipke,* Die Steuerrechtsordnung, Bd. III (StRO III), Köln 1993, § 30, 1357 ff.

Am Besteuerungsverfahren Beteiligte können sich durch Bevollmächtigte vertreten las- 161
sen (§ 80 AO; dort zum Umfang der Vollmacht).

Zweck der Regelung: Die Regelung der Befugnis zur geschäftsmäßigen Hilfeleistung in Steuersachen soll dem Interesse der Steuerpflichtigen Rechnung tragen, sich bei Erledigung ihrer Steuerangelegenheit der Hilfe anderer Personen zu bedienen. § 80 V AO dient ferner dem Interesse der Allgemeinheit, daß nur solche Personen steuerrechtsberatend tätig werden, „denen die Bearbeitung öffentlicher Angelegenheiten ohne Sorge anvertraut werden kann". Im Interesse des Steueraufkommens, der Steuermoral und zum Schutz gesetzesunkundiger Steuerpflichtiger soll sichergestellt werden, daß nur solche Berater Steuerrechtsberatung betreiben, die dafür sachlich und persönlich zuverlässig sind. Es soll verhindert werden, daß Steuerpflichtige durch fehlerhafte Beratung unfähiger, ungeeigneter Berater geschädigt werden. Die Steuerrechtsberatung ist Steuerrechtspflege und damit ein „wichtiges Gemeinschaftsgut"[8].

Die Abgabenordnung zwingt zwar Laien nicht, sich eines sachkundigen Bevollmächtigten zu bedienen. Laien sind ohne solche Bevollmächtigte aber tatsächlich nicht in der Lage, ihre steuergesetzlichen Pflichten wirklich zu erfüllen (zur steuerstrafrechtlichen Seite unterlassener Information s. § 24 Rz. 26, 94).

Damit geschäftsmäßige Hilfeleistung in Steuersachen möglichst nur von *sachkundigen* 162
Personen geleistet wird, macht das Gesetz diese Hilfeleistung von der **„Befugnis" zur geschäftsmäßigen Hilfeleistung** abhängig; sie setzt (auch bei Steuerberatern) eine Prüfung voraus (§ 2 StBerG). Befugt sind insb. (§ 3 StBerG): Steuerberater, Steuerberatungsgesellschaften, Steuerbevollmächtigte[9], Rechtsanwälte, Wirtschaftsprüfer, Wirtschaftsprüfungsgesellschaften, vereidigte Buchprüfer und Buchprüfungsgesellschaften.

---

7 Über Buchführungs-, Bilanzierungs- und Steuererklärungspflichten des Konkursverwalters *B. Klasmeyer/B. Kübler,* BB 78, 369.

8 In diesem Sinne BVerfGE 54, 301, 315; 59, 302, 316.

9 Steuerberater und Steuerbevollmächtigte sind durch das 2. Gesetz zur Änderung des Steuerberatungsgesetzes vom 11. 8. 1972, BGBl. I 72, 1401, mit Billigung des BVerfG (BVerfGE 34, 252 ff.)

163 Die Angehörigen der steuerberatenden Berufe haben ihren Beruf unabhängig, eigenverantwortlich, gewissenhaft und verschwiegen auszuüben (s. insb. § 57 I StBerG).

Sie sind nicht Vertreter oder Treuhänder des Staates, sondern gegenüber Finanzbehörden und Mandanten unabhängige, eigenverantwortliche **Organe der Rechtspflege.** Sie haben eine wichtige Funktion im Rechtsstaat. Der Beruf verlangt Respekt vor der *Rechts*ordnung, die Beachtung von Gesetz und Recht, aber auch die aktive Mitwirkung daran, daß Gesetz und Recht sich durchsetzen. Damit haben die steuerberatenden Berufe zugleich eine *Kontroll*funktion gegenüber Behörden und Gerichten[10]. Berater in Steuersachen müssen sich nicht nur die zur Bearbeitung von Steuerfällen erforderlichen Kenntnisse des abstrakten Gesetzeswortlauts aneignen; sie müssen sich im Rahmen des Zumutbaren auch darüber informieren, wie das Gesetz durch den BFH und die Verwaltungsrichtlinien konkret gehandhabt wird. Sie sind aber keine devoten Richtlinienausführer (an die Richtlinien sind sie nicht gebunden) und dürfen rechtsfreie Räume und Lücken in den Steuergesetzen zugunsten ihrer Mandanten ausnutzen. Nicht gänzlich geklärt ist, ob Angehörige der steuerberatenden Berufe Abweichungen von der Rechtsprechung und von den Steuerrichtlinien in den Steuererklärungen nach geltendem Recht kenntlich zu machen haben (s. § 24 Rz. 24). Soweit Angehörige der steuerberatenden Berufe für ihre Mandanten Mitwirkungspflichten (§ 90 AO) erfüllen, sind sie – wie ihre Mandanten selbst – zur Wahrheit verpflichtet.

164 Der Auftrag der Steuerberater bezieht sich insb. auf Steuererklärungsberatung und/oder Steuergestaltungsberatung und/oder Rechtsbehelfsberatung. Die steuerberatenden Berufe haben kein Buchführungsprivileg[11].

165 Die Abgabenordnung enthält an zwei Stellen die Regel, daß das Verschulden des Bevollmächtigten dem Vertretenen zuzurechnen ist (§§ 110 I 2, 152 I 3 AO). Die Rspr. interpretiert die Regel ebenfalls in den offenbar lückenhaften § 173 I 1 Nr. 2 AO hinein[12].

Zur Bekanntgabe von Steuerverwaltungsakten an Bevollmächtigte, s. Rz. 68 f.

Steuerberater haben ihr Honorar nach der **Steuerberater-Gebührenverordnung** zu berechnen[13]. Über die zivilrechtliche **Haftung** des Steuerberaters für **falschen Rat,** s. *W. Späth,* Die zivilrechtliche Haftung des Steuerberaters[3], Bonn 1987.

166–169 Einstweilen frei.

E. Ermittlungsverfahren

I. Ermittlungsaufgabe und -befugnisse der Finanzbehörde

170 Im Ermittlungsverfahren gilt gem. § 88 I 1 AO der Untersuchungsgrundsatz (s. Rz. 3). Die Finanzbehörde *allein* trägt die Verantwortung für die Sachaufklärung und besitzt die **Verfahrensherrschaft.** Während für die Frage, *ob* ein steuerrelevanter Sachverhalt aufzuklären ist, das Legalitätsprinzip (§ 85 AO) gilt, entscheiden die Finanzbehörden nach pflichtgemäßen Ermessen, *in welcher Weise*, d. h. mit welchen Mitteln sie einen Sachverhalt erforschen (s. §§ 88 I 3, 92 AO)[1].

171 Jeder zur Sachaufklärung erfolgende Eingriff in Rechte der Beteiligten oder anderer Personen unterliegt dem **Vorbehalt des Gesetzes** (dazu § 4 Rz. 152 ff.). § 88 AO bietet für Eingriffe noch *keine* Rechtsgrundlage. § 88 AO weist den Finanzbehörden lediglich

---

zu einem einheitlichen Berufsstand zusammengeführt worden, dazu kritisch *K. Tipke,* StuW 71, 215 ff.; *ders.*, StRO III, 1362.

10 *W. Flämig,* StbKongrRep. 1979, 84: „Streiter für eine rechtsstaatliche Steuerrechtspflege".

11 BVerfG BStBl. 80, 706; 82, 281; dazu Erlasse BStBl. I 82, 586.

12 BFH BStBl. 83, 324, 84, 2, 3 f.; 84, 256, 257; kritisch und ablehnend Tipke/*Kruse,* AO, § 173 Tz. 31.

13 Dazu *Eckert/Böttcher,* Steuerberatergebührenverordnung[2], München 1989.

1 *H. Söhn*, HHSp, AO, § 88 Rz. 33.

die Aufgabe der Sachaufklärung zu (sog. **Kompetenzzuweisungsnorm**), ohne die zu deren Erfüllung vorgesehenen Mittel zu bezeichnen. Die Rechtsgrundlage für finanzbehördliche Eingriffsmaßnahmen liefern erst spezielle **Befugnisnormen** (insb. § 93 ff. AO).

II. Mitwirkungspflichten

Literatur: *K. Tipke,* Die Steuerrechtsordnung, Bd. III (StRO III), Köln 1993, § 27.

1. Allgemeiner Grundsatz (§ 90 AO)

Zur Erfüllung ihrer Aufgabe (s. § 85 AO) können oder müssen die Finanzbehörden sich der Mitwirkungspflichten der Steuerpflichtigen[2] und anderer Beteiligter bedienen (s. allgemein § 90 AO). Mitwirkungspflicht bedeutet die Pflicht zur Mitwirkung bei der Sicherung und Ermittlung des Sachverhaltes, insb. durch vollständiges, wahrheitsgemäßes Offenlegen der steuerrelevanten Tatsachen und Angabe bekannter Beweismittel. Für steuerrelevante Vorgänge außerhalb der Bundesrepublik ist eine gesteigerte Mitwirkungspflicht vorgesehen, insb. eine Beweismittelvorsorge- und Beschaffungspflicht (§ 90 II AO)[3]. 172

Die Aufforderung zur Mitwirkung ist ein Ermessens-Verwaltungsakt. Die Mitwirkung muß zur Aufklärung eines steuererheblichen Sachverhaltes geeignet, notwendig, verhältnismäßig, erfüllbar und zumutbar sein (s. auch § 4 Rz. 209 ff. u. oben Rz. 8). Die Aufforderung muß angeben, worin die Mitwirkung bestehen soll; sonst ist § 119 I AO verletzt. Wird die Mitwirkungspflicht verletzt, so kann die Finanzbehörde *Zwangsmittel* anwenden (§§ 328 ff. AO). Wenn die Finanzbehörde infolge der Mitwirkungspflichtverletzung die Besteuerungsgrundlagen trotz Ausschöpfung ihrer eigenen Erkenntnismittel nicht aufklären kann, hat sie diese zu *schätzen* (§ 162 AO, dazu Rz. 213 ff.). 173

2. Mitwirkung bei Erfassung der Steuerpflichtigen

Die gleichmäßige Besteuerung verlangt, daß nach Möglichkeit *alle* potentiellen Steuerpflichtigen von den Steuerverwaltungsbehörden erfaßt werden. Die Behörden können sich dazu nicht auf die Abgabe von Steuererklärungen verlassen, sondern müssen sich auch auf **Personenstands- und Betriebsaufnahmen** sowie auf spezielle **Anzeigepflichten** stützen. Dabei müssen Steuerpflichtige und Dritte (Gemeinden, Grundstückseigentümer, Meldebehörden) mitwirken (§ 134–139 AO). 174

Es liegt gem. § 134 III AO im Ermessen der jeweiligen Landesregierung, eine Personenstands- und Betriebsaufnahme durchführen zu lassen. Davon haben die Landesregierungen – soweit ersichtlich – in den letzten Jahrzehnten keinen Gebrauch mehr gemacht[4]. Der Grund hierfür liegt u. a. in einem falsch verstandenen Datenschutz-Gedanken – zum Nachteil der steuerehrlichen Bürger. 175

Eine derzeit praktische Relevanz besitzt hingegen die Mitteilungspflicht über die Eröffnung eines Gewerbebetriebes nach § 138 I AO gegenüber den die Realsteuern festsetzenden Gemeinden, die dies unverzüglich den Betriebsfinanzämtern (§§ 18 I Nr. 2, 22 I AO) mitzuteilen haben. In der Praxis ist es üblich, daß die Gemeinden einen Durchschlag der Gewerbeanzeige (§ 14 GewO) an das Finanzamt weiterleiten. 176

---

2 Dazu *S. Weber*, Die Mitwirkungspflichten nach der Abgabenordnung und die Verantwortung des Steuerpflichtigen für die Sachaufklärung, Diss. Münster 1992.

3 Dazu *A. Reuß,* Grenzen steuerlicher Mitwirkungspflichten. Dargestellt am Beispiel der erhöhten Mitwirkungspflicht des Steuerpflichtigen bei Auslandsbeziehungen, München 1979; *H. Wenzig*, DStZ 86, 375.

4 Zur Entstehungsgeschichte *Chr. Trzaskalik*, HHSp, AO, § 134 Rz. 1 f.

3. Buchführungs- und Aufzeichnungspflichten

177 Bestimmte Steuerpflichtige haben Bücher und Aufzeichnungen zu führen. Zu unterscheiden sind:

178 a) **Derivative** Buchführungspflicht (§ 140 AO):

§ 140 AO transformiert außersteuerliche Buchführungspflichten zu solchen des Steuerrechts. Die praktisch bedeutsamsten Buchführungspflichten finden sich im Handelsrecht (§§ 238 ff. HGB). Danach sind buchführungspflichtig: Mußkaufleute (§ 1 HGB); Sollkaufleute (§§ 2, 262 HGB: auch bereits vor ihrer Eintragung im Handelsregister); Kann-Kaufleute (§ 3 II HGB) und Formkaufleute (§ 6 HGB); nicht dagegen sog. Minderkaufleute (§ 4 HGB).

179 b) **Originäre** Buchführungspflicht (§ 141 AO): für gewerbliche Unternehmen und Land- und Forstwirte bei Überschreiten einer bestimmten Umsatz-, Vermögens- oder Gewinngrenze. § 141 AO ist gegenüber § 140 AO *subsidiär* (§ 141 I 1 letzter HS AO) und begründet deshalb nur für Minderkaufleute (§ 4 HGB) und Land- und Forstwirte eine originäre Buchführungspflicht. Über den *Beginn* der Buchführungspflicht s. § 141 II AO.

180 **Gewerbetreibende,** die nicht nach §§ 140, 141 AO buchführungspflichtig sind, müssen mindestens den Wareneingang und -ausgang aufzeichnen (§§ 143, 144 AO) und Aufzeichnungen für Umsatzsteuerzwecke machen (§ 22 UStG). **Freiberufler** trifft die Aufzeichnungspflicht für Umsatzsteuerzwecke nach § 22 UStG; sie sind nach der Abgabenordnung aber nicht verpflichtet, Bücher zu führen. Zur Vermeidung einer Schätzung müssen aber auch Freiberufler im Interesse einer Gewinnermittlung nach § 4 III EStG die (nicht privaten) Einnahmen und Ausgaben aufzeichnen.

181 §§ 145, 146 AO enthalten Vorschriften über die Beschaffenheit der Buchführung (der Aufzeichnungen). Die Finanzbehörden können in Härtefällen Erleichterungen bewilligen (§ 148 AO). § 147 AO ordnet für Bücher, Aufzeichnungen und andere beweiserhebliche Unterlagen eine **Aufbewahrungspflicht** von zehn bzw. sechs Jahren an. Die Verletzung der Buchführungspflicht rechtfertigt regelmäßig die Schätzung der Besteuerungsgrundlagen (§ 162 II 2 AO).

4. Steuererklärungen

Literatur: *W. Schick,* Die Steuererklärung, StuW 88, 301; *R.-W. Bos,* Die Steuererklärung im internationalen Vergleich – Bundesrepublik Deutschland, Großbritannien, USA, Kanada, Australien, Diss. Köln 1988 (Zusammenfassung in StuW 89, 267).

4.1 Verpflichtung zur Abgabe der Steuererklärung

182 Die AO regelt nicht, wer zur Abgabe einer Steuererklärung verpflichtet ist. § 149 I 1 AO überläßt diese Bestimmung den Einzelsteuergesetzen: insb. §§ 25 III EStG, 56, 60 EStDV; 49 KStG; 19 VStG; 18 III UStG; 14a, 35c GewStG, 25 GewStDV; 28 BewG; 31 ErbStG. Außerdem ist zur Abgabe einer Steuererklärung verpflichtet, wer von der Finanzbehörde zur Abgabe aufgefordert wird (§ 149 I 2–4 AO). Die Finanzbehörde darf jedoch nur auffordern, wenn die Möglichkeit einer Steuerschuld besteht (Übermaßverbot!), s. Rz. 8.

4.2 Form, Inhalt, Frist der Steuererklärung

183 In der Regel ist die Erklärung auf amtlich vorgeschriebenem Vordruck abzugeben (s. §§ 150 f. AO). Der Vordruck darf nur steuerrelevante Fragen enthalten (Übermaßverbot!). Die Steuererklärung ist nicht bloß *Wissens*erklärung[5], sondern erfordert zudem *rechtliche* Schlußfolgerungen (z. B. Einkünfte-, Werbungskostenqualifikation). Darüber

5 So aber BFH BStBl. 84, 13, 14.

hinausgehend enthält sie auch *Willens*erklärungen (z. B. Anträge nach §§ 33–33b EStG, Wahlrechte nach §§ 7 II, V, 26 I 1 EStG; Option nach § 9 UStG). Die Angaben in der Steuererklärung sind *wahrheitsgemäß* nach bestem Wissen und Gewissen zu machen (§ 150 II 1 AO). Die Wahrheitspflicht kann sich nur auf Tatsachen beziehen. Deshalb kann der Steuerpflichtige bzw. der Steuerberater grundsätzlich von der Rechtsauffassung der einschlägigen Rechtsprechung stillschweigend abweichen. Dabei darf er indessen keine Tatsachen unterdrücken, die auf der Basis der Rechtsprechung steuerlich relevant wären[6].

Der Ehegatte ist auch im Falle der Zusammenveranlagung *nicht* für Angaben verantwortlich, die den anderen Ehegatten betreffen[7]. Die gemeinsame Steuererklärung (§ 25 III 2 EStG) bildet lediglich die äußerliche Zusammenfassung zweier selbstständiger Erklärungen und begründet keine gegenseitige „Sippenhaft".

184 Soweit die Steuergesetze nichts anderes bestimmen, sind Steuererklärungen, die sich auf ein Kalenderjahr oder einen gesetzlich bestimmten Zeitpunkt beziehen, spätestens *fünf Monate danach* abzugeben; eine Sonderregelung gilt für Land- und Forstwirte (s. § 149 II AO). Die **Steuererklärungsfristen** können gem. § 109 I 1 AO verlängert werden. Für die laufenden jährlichen Veranlagungen geschieht dies allgemein durch gleichlautende Verwaltungsvorschriften der obersten Finanzbehörden der Länder (s. BStBl. I 94, 43 f.).

185 Eine Steuererklärung, in der der Steuerpflichtige die Steuer selbst zu errechnen hat, (z. B. § 18 I 1 UStG), heißt **Steueranmeldung** (§ 150 I 2 AO; s. auch §§ 167, 168 AO)[8].

186 Über die Notwendigkeit der **Unterschrift** s. § 150 III AO (i. V. m. Vorschriften der Einzelsteuergesetze, z. B. §§ 25 III 4, 5 EStG, 18 III 3 UStG). Nicht alle Steuererklärungen erfordern eine eigenhändige Unterschrift. Über Beifügung von Bilanz, Gewinn- und Verlustrechnung und Prüfungsberichten s. § 60 EStDV.

4.3 Verspätungszuschlag[9]

187 Gegen den, der entgegen seiner Verpflichtung eine Steuererklärung nicht oder nicht fristgemäß abgibt, *kann* (Ermessen!) ein Verspätungszuschlag festgesetzt werden, es sei denn, daß die Versäumnis entschuldbar erscheint (§ 152 I AO). Richtmaß für die Höhe des Zuschlags ist dessen Zweck: die Edukation zur künftigen pünktlichen Abgabe der Steuererklärung. Die zur Zweckerreichung erforderliche Zuschlagshöhe hängt danach ab von der Dauer der Fristüberschreitung, der Höhe des *Zahlungsanspruchs* (s. dazu etwa § 36 II EStG) und den aus der verspäteten Erklärung gezogenen Vorteilen, dem Grad des Verschuldens und der wirtschaftlichen Leistungsfähigkeit (§ 152 II 2 AO). Daß § 152 II 2 AO diese Gesichtspunkte *neben* dem Zweck des Verspätungszuschlages nennt, ist verfehlt. Um seinem Zweck gerecht zu werden, muß der Zuschlag die Dauer der Fristüberschreitung usw. berücksichtigen.

---

6 Ausführlich zu dem Problemkreis *K. Hanßen*, Steuerhinterziehung und leichtfertige Steuerverkürzung (§§ 370, 378 AO) durch Abweichen von der höchstrichterlichen Finanzrechtsprechung – insb. durch Steuerberater, Diss. Kiel, Frankfurt/M. u. a. 1984; *J. Krieger,* Täuschung über Rechtsauffassungen im Steuerstrafrecht, Diss. Kiel, Frankfurt/M. 1987; *K. Blumers,* DB 87, 807 ff.; *W. Irrgang*, DB 88, 781 f.; *J. Dickopf*, Steuerberatung und steuerstrafrechtliche Risiken, Diss. Köln, Düsseldorf 1991, 135 ff.; *Tipke*/Kruse, AO, § 150 Tz. 6.

7 S. *Tipke*/Kruse, AO, § 101 Tz. 2; § 149 Tz. 1; § 150 Tz. 10; *Chr. Trzaskalik*, HHSp, AO, § 149 Rz. 8 ff.; a. A. für die Frage des Verschuldens bei verspäteter Abgabe der Steuererklärung BFH BStBl. 87, 540, 541.

8 Zur Steueranmeldung *J. Martens*, StuW 71, 317 ff.

9 Dazu *H. Mösbauer,* BB 82, 1294 ff.

188 Zulässiger **Höchstbetrag:** 10 v. H. der *festgesetzten* Steuer oder des festgesetzten Meßbetrages, höchstens 10.000 DM (§ 152 II 1 AO). Deshalb darf ein Verspätungszuschlag nicht festgesetzt werden, wenn die *festgesetzte* Steuer 0 DM beträgt[10]. Bei Steuererklärungen für gesondert festzustellende Besteuerungsgrundlagen sind die steuerlichen Auswirkungen zu schätzen (§ 152 IV AO). Vorauszahlungen werden nicht berücksichtigt; die Praxis rechnet bei der Umsatzsteuer aber die Vorsteuer ab.

189 Der Verspätungszuschlag wird zwar regelmäßig *zusammen* mit der Steuer, dem Meßbetrag oder der gesondert festgestellten Besteuerungsgrundlage festgesetzt, die Festsetzung des Verspätungszuschlages ist gleichwohl *selbständiger* Verwaltungsakt (s. Rz. 118).

190 Die Festsetzung eines Verspätungszuschlags schließt es nicht aus, die Steuererklärungspflicht mit **Zwangsmitteln** (insb. durch *Zwangsgeld,* § 329 AO) durchzusetzen. Ebensowenig kollidiert der Verspätungszuschlag mit der *Vollverzinsung* (§ 233a AO) und der Erhebung von *Säumniszuschlägen* (§ 240 AO). Bei der Bemessung des Verspätungszuschlages ist aber der in Form der Verzinsung und des Säumniszuschlages erfolgte Ausgleich für gezogene wirtschaftliche Vorteile (§ 152 II 2 AO) mindernd zu berücksichtigen.

4.4 Berichtigungspflicht bei unrichtigen Steuererklärungen

191 Erkennt der *Steuerpflichtige* nachträglich, aber vor Ablauf der Festsetzungsfrist, daß die abgegebene Steuererklärung unrichtig oder unvollständig ist und daß es dadurch zu einer Verkürzung der Steuern kommen kann oder gekommen ist, ist er verpflichtet, dies anzuzeigen und die Erklärung zu korrigieren (s. § 153 I AO). Es muß sich um eine **nachträgliche Erkenntnis** handeln. § 153 I AO trifft nicht zu, wenn jemand von vornherein eine unzutreffende Steuererklärung abgeben und dadurch Steuern verkürzen wollte (Vorsatz); er braucht sich nicht selbst einer strafbaren Handlung zu bezichtigen. Berichtigt er sie gleichwohl, liegt eine strafbefreiende Selbstanzeige (§ 371 AO, dazu § 24 Rz. 54 ff.) vor. Die Berichtigungspflicht trifft auch Gesamtrechtsnachfolger und gesetzliche Vertreter (§ 153 I 2 AO), *nicht* aber gewillkürte Vertreter (z. B. Steuerberater, dazu Rz. 161)[11]. Allerdings gehört es zu den Pflichten eines Steuerberaters, den Steuerpflichtigen auf dessen Berichtigungspflicht aus § 153 AO hinzuweisen, wenn er die Unrichtigkeit der abgegebenen Steuererklärung erkennt.

Über Anzeigepflichten, wenn sich bestimmte Besteuerungsgrundlagen nachträglich ändern, s. § 153 II, III AO.

5. Spezielle Mitwirkungspflichten (§§ 93 ff. AO)

5.1 Umfang

192 Die Mitwirkungspflichten Beteiligter und anderer Personen werden durch die Befugnisnormen der §§ 93 ff. AO konkretisiert. Danach kann die Finanzbehörde insbesondere

- **schriftliche oder mündliche Auskünfte** jeder Art von den Beteiligten (§ 78 AO) oder anderen Personen (Dritten) **einholen** (§ 93 AO). Zur Möglichkeit einer eidlichen Vernehmung und einer eidesstattlichen Versicherung s. §§ 94, 95 AO.
- **Sachverständige zuziehen** (§ 96 AO), wenn die eigene Sachkunde nicht ausreicht[12]; in der Praxis spielt die Zuziehung von Sachverständigen keine größere Rolle.

---

10 BFH BStBl. 89, 955, 956.

11 A. A. in der strafrechtlichen Judikatur BGH DStZB 67, 32; OLG Koblenz wistra 83, 270; abzulehnen s. *Tipke*/Kruse, AO, § 153 Tz. 1a; *Chr. Trzaskalik*, HHSp, AO, § 153 Rz. 4.

12 Dazu *W. Skouris,* AöR Bd. 107 (1982), 215 ff.

- **Urkunden** von Beteiligten oder Dritten **vorlegen** lassen (§ 97 AO). Zu den Urkunden gehören auch Bücher, Aufzeichnungen und Geschäftspapiere. Deren Vorlage wird aber regelmäßig nur im Außenprüfungsverfahren verlangt.
- **Augenschein einnehmen** (§ 98 AO). Zu diesem Zweck kann sowohl gegenüber Beteiligten als auch gegenüber Dritten das **Betreten** von Grundstücken und Räumen angeordnet werden (§ 99 AO).
- **Wertsachen** zur Augenscheinseinnahme von Beteiligten oder Dritten vorlegen lassen (§ 100 AO).

Die auf §§ 93 ff. AO basierenden Mitwirkungsverlangen (Auskunfts-, Vorlage-, Duldungsersuchen) sind Verwaltungsakte.

5.2 Grenze: Übermaßverbot

Die Mitwirkungspflichten bestehen aber nicht unbeschränkt. Allgemein gilt, daß jedes 193
Verlangen zur Mitwirkung bei der Sachaufklärung geeignet, erforderlich und zumutbar (verhältnismäßig i. e. S.) sein muß (s. § 4 Rz. 209 ff.).

Nicht geeignet ist das Mitwirkungsverlangen, wenn damit das Ziel der Sachverhaltsaufklärung nicht erreicht werden kann. Nicht geeignet, weil *nicht erfüllbar*, ist das Mitwirkungsverlangen etwa dann, wenn die Auskunft aus eigenem Wissen nicht gegeben werden kann oder wenn Urkunden verlangt werden, über die der zur Mitwirkung Aufgeforderte selbst gar nicht verfügt. Der zur Mitwirkung Aufgeforderte braucht sich nicht bei Dritten zu informieren und Dritte nicht zur Herausgabe von Urkunden anzugehen.

Nicht erforderlich sind Mittel, die bereits nicht geeignet sind, die Erfüllung der Aufgabe des § 85 AO zu fördern, oder die das erforderliche Maß überschreiten, weil auch ein weniger eingreifendes Mittel zur Sachaufklärung ausgereicht hätte. Von mehreren geeigneten Mitteln muß dasjenige ausgewählt werden, das den Betroffenen am wenigsten belastet.

Unzumutbar, weil *unverhältnismäßig i. e. S.*, ist ein Verlangen, das zwar an sich erforderlich ist, das für den Betroffenen aber Nachteile auslösen würde, die außer Verhältnis zum zu erwartenden steuerlichen Erfolg stehen (z. B. Existenzgefährdung einerseits, nur geringe Mehrwertsteuer andererseits). Unzumutbar ist ferner ein Verlangen, das den Betroffenen in seiner Eigensphäre überfordert (z. B. durch Verletzung der Menschenwürde, insb. der Intimsphäre, von Persönlichkeitsrechten, überhaupt von Grundrechten i. S. des Grundgesetzes[13]; Gefährdung der wirtschaftlichen Existenz[14]).

Im einzelnen soll nach der Regelung der Abgabenordnung im Interesse der Erforderlichkeit, der 194
Verhältnismäßigkeit und der Zumutbarkeit folgende **Beweismittel-Abstufung** (Reihenfolge) beachtet werden:

- Die Vorlage von Büchern, Aufzeichnungen und Geschäftspapieren soll erst verlangt werden, wenn der Vorlagepflichtige eine Auskunft nicht erteilt hat, wenn die Auskunft unzureichend ist oder Bedenken gegen ihre Richtigkeit bestehen (§ 97 II 1 AO);
- andere Personen als die Beteiligten sollen erst dann zur Auskunft angehalten werden, wenn die Sachverhaltsaufklärung durch die Beteiligten nicht zum Ziel führt oder keinen Erfolg verspricht (§ 93 I 3 AO);
- eine Versicherung an Eides Statt soll nur gefordert werden, wenn andere Mittel zur Erforschung der Wahrheit nicht vorhanden sind, zu keinem Ergebnis geführt haben oder einen unverhältnismäßigen Aufwand erfordern (§ 95 I 2 AO)[15].

---

13 Dazu *F. v. Hammerstein*, Der verfassungsrechtliche Schutz der Privatsphäre im Steuerrecht, Diss. Heidelberg, Frankfurt a. M. u. a. 1993, 147 ff.

14 Dazu *J. Lücke*, Die (Un-)Zumutbarkeit als allgemeine Grenze öffentlich-rechtlicher Pflichten des Bürgers, Berlin 1973; *A. Reuß* (Fn. 3).

15 Zu weiteren Einzelheiten *Tipke*/Kruse, AO, § 93 Tz. 3, 4; § 95 Tz. 2; § 97 Tz. 5, 6; *H. Söhn*, HHSp, AO, § 88 Rz. 48 ff.

6. Mitwirkungsverweigerungsrechte

195 **6.1** Für **Beteiligte** ist grundsätzlich *kein* Mitwirkungsverweigerungsrecht vorgesehen. Sie können sich gegenüber der Finanzbehörde insb. auch nicht auf ein Bank-, Geschäfts- oder Betriebsgeheimnis berufen (Äquivalent ist das Steuergeheimnis!). Das Geschäfts- oder Betriebsgeheimnis kann jedoch im Rahmen des Ermessens (Unverhältnismäßigkeit, Unzumutbarkeit) berücksichtigt werden. Für Steuerpflichtige ist auch kein Auskunftsverweigerungsrecht wegen Gefahr der Strafverfolgung vorgesehen. Jedoch sind Zwangsmittel (§ 328 AO) gegen einen Steuerpflichtigen unzulässig, wenn er dadurch gezwungen würde, sich selbst wegen einer von ihm begangenen Steuerstraftat oder Steuerordnungswidrigkeit zu belasten; das gilt stets nach Eröffnung des Strafverfahrens (§ 393 I 2, 3 AO, dazu § 25 Rz. 13 f., 26).

196 **6.2** Die Mitwirkung durch Auskunft, Gutachtenerstattung, Urkundenvorlage etc. (s. §§ 101 ff., 104 AO) können nur bestimmte **Nichtbeteiligte**, hinsichtlich bestimmter Berufsgeheimnisse (Katalog des § 102 AO) ausnahmsweise auch Beteiligte, verweigern, nämlich

- Angehörige (§ 101 AO)[16],
- bestimmte Berufsangehörige zum Schutz des Berufsgeheimnisses:
  - Geistliche (§ 102 I Nr. 1, II AO); nicht von praktischer Bedeutung,
  - Abgeordnete (§ 102 I Nr. 2, II AO),
  - rechtsberatende, steuerberatende und wirtschaftsprüfende Berufe, Ärzte, Apotheker und Hebammen sowie deren Gehilfen (§ 102 I Nr. 3, II AO); nicht Tierärzte (s. BVerfGE 38, 312, 323 f.); nicht Sozialpädagogen und psychotherapeutisch tätige Personen (s. BVerfGE 33, 367, 385),
  - Mitarbeiter von Presse und Rundfunk zum Schutze des Pressegeheimnisses; das Pressegeheimnis erstreckt sich aber nicht auf den Anzeigenteil (§ 102 I Nr. 4 AO)[17]

Das Berufsgeheimnis erstreckt sich auf das, was dem Berufsangehörigen in seiner Berufseigenschaft anvertraut oder sonst bekanntgeworden ist. Es besteht für rechtsberatende, steuerberatende und wirtschaftsprüfende Berufe sowie Heilberufe nicht, wenn der Berufsangehörige von der Verpflichtung zur Verschwiegenheit entbunden worden ist (§ 102 III AO). *Das Berufsgeheimnis gilt in eigener wie in fremder Sache.*

197 **6.3** **Nichtbeteiligte** können die Mitwirkung ferner verweigern in bezug auf Fragen, deren Beantwortung sie selbst oder einen ihrer Angehörigen der Gefahr strafgerichtlicher Verfolgung oder eines Verfahrens nach dem Gesetz über Ordnungswidrigkeiten aussetzen würde (§ 103 AO)[18].

198 **6.4** Die in §§ 101–106 AO enthaltenen Mitwirkungsverweigerungsrechte sind abschließender Natur. Die Abgabenordnung kennt **kein Bankgeheimnis**[19] (s. auch § 105 I AO). Deshalb steht Angestellten von Banken und Sparkassen kein Auskunftsverweigerungsrecht bezüglich der beruflich erworbenen Kenntnisse zu[20]. § 33 ErbStG verpflichtet geschäftsmäßige Vermögensverwahrer, so auch Banken und Sparkassen, im Todesfalle des Vermögensinhabers dessen Vermögensbestand den Erbschaftsteuer-Finanzämtern mitzuteilen[21]. Ein „faktisches Bankgeheimnis" enthält indessen § 30a AO, mit dem der

---

16 Zum Begriff § 15 AO; dazu *K. Schmieta*, Der Begriff der Angehörigen i. S. der Steuergesetze und des Art. 6 GG, Diss. Hamburg 1971.

17 Dazu *W. Seiler*, Steueraufsicht und Chiffregeheimnis, Diss. München 1977; s. auch BFH BStBl. 80, 699; 88, 359, 363 f.; BVerfGE 64, 108, 114 ff.

18 Dazu *W. Reiß*, Besteuerungsverfahren und Strafverfahren, Habil. Bonn, Köln 1987, 51 ff.

19 Dazu *P. Selmer*, Steuerrecht und Bankgeheimnis, Hamburg 1981; *H. Herrler*, Mitwirkung der Banken bei der Besteuerung von Bankkunden, Köln 1984.

20 BFH BStBl. 93, 451, 452.

21 Dazu *Carl/Klos*, Das Informationsverfahren der Finanzverwaltung im Erbfall, StVj. 90, 16, 24 ff.

sog. **Bankenerlaß** von 1949 i. d. F. von 1979 (BStBl. I 79, 590) in das Gesetz übernommen worden ist[22]. Nach § 30a II AO dürfen Finanzbehörden von den Kreditinstituten zum Zwecke der allgemeinen Überwachung keine einmalige oder periodische Mitteilung von Konten bestimmter Art oder bestimmter Höhe verlangen. § 30a III 2 AO verbietet Außenprüfern, anläßlich der Außenprüfung bei Kreditinstituten Kontrollmitteilungen auszuschreiben.

Das BVerfG hat in dem Bankenerlaß und dessen gesetzlicher Kodifikation (§ 30a AO) ein **strukturelles Vollzugshindernis** für die Herstellung von Gesetzesanwendungsgleichheit (s. § 4 Rz. 71) gesehen und deshalb die Besteuerung der Kapitaleinkünfte für verfassungswidrig gehalten[23]. Der Intention des BVerfG-Urteils hätte es entsprochen, das strukturelle Vollzugsdefizit in Gestalt des § 30a AO einfach zu beseitigen. Der Gesetzgeber ist jedoch statt dessen einen anderen Weg gegangen. Unter Beibehaltung des § 30a AO hat er den Sparer-Freibetrag (§ 20 IV EStG) auf 6000 DM/Person verzehnfacht und eine Kapitalertragsteuer für Zinsen i. H. v. 30 bzw. 35 v. H. (§ 43a I Nr. 4a EStG) eingeführt[24]. Damit sollte einerseits den Anforderungen des BVerfG, das als Alternative zu einem Kontrollsystem auch eine Definitiv-Quellensteuer erwogen hatte, genügt und andererseits einer breiten Kapitalflucht in das Ausland begegnet werden[25]. Die Ungleichmäßigkeit der Besteuerung ist damit entgegen dem Auftrag des BVerfG jedoch *nicht* beseitigt worden[26]. Der nicht geringe Freibetrag schafft eine normative Ungleichheit gegenüber anderen Einkunftsarten. Ein gleichmäßiger Vollzug wird ebenfalls nicht gewährleistet[27]. Abgeschirmt durch § 30a AO schaffen viele unter bereitwilliger Hilfestellung der Banken ihr Geldvermögen in das benachbarte Ausland (z. B. Luxemburg, Österreich), um so der Quellenbesteuerung zu entgehen. Davon abgesehen sichert die Quellenbesteuerung nur eine Besteuerung von 30 bzw. 35 v. H. Soweit der individuelle Einkommensteuersatz darüber liegt, verhindert § 30a AO eine effiziente Kontrolle. Der Misere der Zinsbesteuerung kann u. E. nur dadurch wirksam begegnet werden, daß sich die Besteuerung auf den **nach Abzug der Inflationsrate verbleibenden Realzins** beschränkt[28]. Zur Sicherung des gleichmäßigen Vollzuges dieser maßvollen Besteuerung bedarf es dann aber eines zumindest stichprobenhaften Kontrollsystems, das möglichst von einer EG-weiten Quellenbesteuerung flankiert werden sollte. 199

7. Benennungsverlangen nach § 160 AO

Literatur: *R. Claßen*, Besteuerung des Unrechts, Diss. Bonn 1981.

Nach § 160 I 1 AO sind Schulden und andere Lasten, Betriebsausgaben, Werbungskosten und andere Ausgaben steuerlich regelmäßig nicht zu berücksichtigen, wenn der Steuerpflichtige dem Verlangen der Finanzbehörde nicht nachkommt, die Gläubiger/Empfänger genau zu benennen. § 160 I 1 AO will sicherstellen, daß nicht nur der steuermindernde Posten (Ausgabe, Schuld), sondern auch der korrespondierende steuererhöhende/-begründende Posten (Einnahmen, Forderung) beim Geschäftspartner erfaßt wird. Der alleinige Zweck besteht darin, Steuerausfälle beim Geschäftspartner zu verhindern[29]. Dazu statuiert § 160 I 1 AO eine Art **Gefährdungshaftung** des Steuerpflichtigen, indem er den Abzug unterbindet, wenn der Steuerpflichtige den Gläubiger/Empfänger 200

22 Durch das Steuerreformgesetz 1990, BGBl. I 88, 1093, 1127.

23 BVerfGE 84, 239, 278, vor allem wegen des Verbots von Kontrollmitteilungen.

24 Durch das sog. Zinsabschlaggesetz v. 9. 11. 1992, BGBl. I 92, 1853; dazu § 9 Rz. 562 ff.

25 Zu den Motiven BT-Drucks. 12/2736; BR-Drucks. 246/92, 24 ff.

26 S. oben § 9 Rz. 563, zutreffend *D. Birk*, StVj 93, 97, 101 ff.; a. A. offenbar *W. Jakob*, DStR 92, 893 ff.; *P. Bilsdorfer*, Inf. 92, 467 f.

27 Vgl. *K. Tipke*, Gleichmäßigkeit der Steuerrechtsanwendung, in: H. Vogelgesang (Hrsg.), Perspektiven der Finanzverwaltung, Köln 1992, 95, 125 ff.

28 S. oben § 9 Rz. 564 u. *K. Tipke*, StuW 93, 3, 11 f.; zum Modell einer sparbereinigten Bemessungsgrundlage der Einkommensteuer s. § 4 Rz. 116 ff. u. *J. Lang*, Entwurf eines Steuergesetzbuches, BMF-Schriftenreihe, Heft 49, Bonn 1993, Rz. 460 ff.

29 *K. Padberg*, FR 77, 591, 593; *R. Jüptner*, FR 85, 12; *Tipke*/Kruse, AO, § 160 Tz. 3.

nicht genau bezeichnet. § 160 AO ist demnach in Wirklichkeit keine Verfahrensvorschrift, sondern eine Vorschrift des materiellen Rechts.

201 § 160 I 1 AO sieht eine **zweistufige Ermessensentscheidung** vor:

1. Entscheidung der Finanzbehörde, *ob* es das Benennungsverlangen an den Steuerpflichtigen richten soll (*Entschließungsermessen*);
2. Entscheidung über die eigentliche Rechtsfolge (wenn der Steuerpflichtige dem Verlangen nicht nachkommt), ob und inwieweit der Abzug zu versagen ist (durch Sollvorschrift *eingeschränktes* Ermessen: „regelmäßig" ist der Abzug zu versagen).

Steht fest, daß der Empfänger die Forderungen oder Einnahmen versteuert hat oder bei ihm gar keine Steuer anfällt (der Steueranspruch also nicht gefährdet ist), ist § 160 I 1 AO nicht anzuwenden. Die „Inanspruchnahme" des Steuerpflichtigen wäre ein Ermessensfehlgebrauch, da die Vorschrift *keine Doppelbesteuerung* sowohl des Gläubigers als auch des Empfängers bezweckt[30]. Zweifel und Ungewißheiten gehen aber zu Lasten des Steuerpflichtigen.

202 Das Benennungsverlangen ist nach der Rspr. kein **Verwaltungsakt**[31]. Die Auffassung vermag nicht zu überzeugen, weil das Verlangen nach außen hin gerichtet ist und eine konkrete materiell-rechtliche Rechtsfolge auslöst[32].

Das Auskunftsverweigerungsrecht nach § 102 AO ist auch im Falle des § 160 AO zu beachten (§ 160 II AO).

III. Beweis

Literatur: *Tipke*/Kruse, AO, § 88 Tz. 8–12; *H. Söhn*, HHSp, AO, § 88 Rz. 11 ff., 74 ff.; *K. Ohlms*, Die Beweislast und die Verantwortung für die Aufklärung der Besteuerungsgrundlagen, Diss. Münster 1967; *K. Tipke*, In dubio pro fisco?, StbKongrRep. 1967, 39; *W. Birkenfeld*, Beweis und Beweiswürdigung im Steuerrecht, Diss. Köln 1973; *H. Weber-Grellet*, In dubio pro quo?, StuW 81, 48; *Hartmann/Cortrie*, Beweiswürdigung und Beweislast im Besteuerungsverfahren, Wpg 81, 165; *J. Martens*, Die eigenartige Beweislast im Steuerrecht, StuW 1981, 322; *G. Seeliger*, Beweislast, Beweisverfahren, Beweisarten und Beweiswürdigung im Steuerprozeß, Berlin 1981; *H. Meyer*, Beweislastprobleme im Steuerrecht, Diss. Augsburg 1988; *M. Nierhaus*, Beweismaß und Beweislast – Untersuchungsgrundsatz und Beteiligtenmitwirkung im Verwaltungsprozeß, Habil. Köln, München 1989; *L. Osterloh*, Gesetzesbindung und Typisierungsspielräume bei der Anwendung der Steuergesetze, Habil. Berlin, Baden-Baden 1992, 203–334.

1. Beweisbedürftigkeit

203 Gegenstand des Beweises sind Tatsachen[33]. Die Finanzbehörde darf nur solche Tatsachen ermitteln, die für die Besteuerung im konkreten Fall erheblich und aufklärungsbedürftig sind. *Nicht* aufklärungsbedürftig sind etwa allgemein bekannte oder sog. amtskundige und gesetzlich fingierte Tatsachen, auch wenn sie in Pauschbeträgen niedergelegt sind. Beweisbedürftig können auch sog. mittelbare Tatsachen sein, von denen erst auf eine unmittelbare erhebliche Tatsache geschlossen wird (sog. Hilfstatsachen, *Indizien*). Beweisanträge der Beteiligten, die für die Sachaufklärung erheblich sind, darf die Finanzbehörde grundsätzlich nicht ablehnen[34].

30 BFH BStBl. II 89, 995, 996.
31 BFH BStBl. 86, 537; 88, 927.
32 S. *Tipke*/Kruse, AO, § 160 Tz. 7.
33 Dazu *Tipke*/Kruse, AO, § 88 Tz. 5; *H. Söhn*, HHSp, AO, § 88 Rz. 11 ff.
34 Zu den Ausnahmen s. *Tipke*/Kruse, AO, § 92 Tz. 5.

2. Beweiserhebung

2.1 Beweismittel

Für das Ermittlungsverfahren der AO gilt der **Grundsatz des Freibeweises**, d. h. die Beweiserhebung der Finanzbehörde ist nicht auf die gesetzlichen Beweismittel beschränkt. Die Finanzbehörde bedient sich der Beweismittel, die sie nach pflichtgemäßem Ermessen zur Ermittlung des Sachverhaltes für erforderlich hält (§ 92 S. 1 AO). Beispielhaft zählt § 92 2 AO dazu die „klassischen" Beweismittel auf: 204

- Nr. 1: Auskünfte von den Beteiligten und anderen Personen einholen (= *Beteiligtenvernehmung*, *Zeugen*beweis);
- Nr. 2: Sachverständige zuziehen (*Sachverständigen*beweis);
- Nr. 3: Urkunden und Akten beiziehen (*Urkunden*beweis);
- Nr. 4: Augenscheinseinnahme.

Nicht ausdrücklich genannt sind: Inanspruchnahme von *Amtshilfe* (§§ 111 ff. AO); sog *Kontrollmitteilungen* innerhalb und zwischen den Finanzbehörden (z. B. § 194 III AO); *Mitteilungen* und *Anzeigen* anderer Behörden und Stellen (z. B. nach §§ 29 EStDV; 33, 34 ErbStG i. V. m. 5–14 ErbStDV; 18 GrdEStG; 12 FeuerschutzStG; 5 KraftStDV). 205

2.2 Beweisverfahren

Die Beweiserhebung durch die Finanzbehörde richtet sich nach §§ 93 ff. AO, die eine *Doppelfunktion* besitzen: Sie beinhalten Befugnis-(Ermächtigungs-)normen zur Durchsetzung von Mitwirkungspflichten gegenüber Beteiligten bzw. anderer Personen (s. Rz. 171) und regeln gleichzeitig den Vorgang der Beweisaufnahme. Der eigentlichen Beweiserhebung geht ein **Beweisersuchen** zeitlich voran, das gleichzeitig auch das Mitwirkungsverlangen darstellt. Das Beweisersuchen besitzt die Funktion, die eigentliche Beweiserhebung der Finanzbehörde vorzubereiten, und entspricht damit dem im gerichtlichen Verfahren beheimateten Beweisbeschluß[35]. Es hat den Charakter eines Verwaltungsakts (§ 118 AO) und bedarf zu seiner inhaltlich hinreichenden Bestimmtheit (§ 119 Abs. 1 AO) der Angabe eines konkreten, aufklärungsbedürftigen Beweis*themas*. 206

3. Beweiswürdigung[36]

Die erhobenen Beweise sind zu würdigen. Beweiswürdigung vor Beweiserhebung (sog. vorweggenommene Beweiswürdigung, dazu § 23 Rz. 188) ist unzulässig. Die Finanzbehörde entscheidet nach ihrer freien, aus dem Gesamtergebnis des Verfahrens gewonnenen Überzeugung (§ 96 I 1 FGO analog), sofern nicht spezielle gesetzliche Vorschriften in Ausnahmefällen „feste" Beweisregeln aufstellen. Die sog. **freie Beweiswürdigung** bezieht sich nicht auf die Rechtsüberzeugung. 207

Die Finanzbehörden können sich zur Feststellung des Sachverhaltes auch eines *mittelbaren* Beweises bedienen (sog. **Indizienbeweis**). Der Indizienbeweis schließt aufgrund von erwiesenen Tatsachen (Hilfstatsachen, Indizien) mit Hilfe der Logik, Lebenserfahrung, Sach- und Fachkunde auf die unmittelbar rechtserheblichen (Haupt-)Tatsachen. Der Indizienbeweis besitzt Überzeugungskraft, wenn andere Schlüsse aus den Indiztatsachen ernstlich nicht in Betracht kommen. 208

Davon zu unterscheiden ist der sog. **Anscheinsbeweis** (prima-facie-Beweis). Der Anscheinsbeweis kommt nur in Betracht bei typischen Geschehensabläufen. Er beruht auf der Erfahrung, daß 209

35 Dazu *R. Seer*, Der Einsatz von Prüfungsbeamten durch das Finanzgericht – Zulässigkeit und Grenzen richterlicher Sachaufklärung durch nichtrichterliche Personen, Diss. Köln, Berlin 1993, 67 f.

36 Dazu auch § 23 Rz. 188 ff.

gewisse Tatbestände bestimmte Folgen auslösen und daß umgekehrt bestimmte Folgen auf einen typischen Geschehensablauf hindeuten. Es muß ein bestimmter Tatbestand feststehen, der typischerweise auf eine bestimmte Ursache oder eine bestimmte Folge hinweist. Der Erfahrungssatz muß sich nach Voraussetzungen und Folgerungen klar formulieren lassen. Bloße Berufung auf die einfache Lebenserfahrung genügt nicht. Der Anscheinsbeweis kann durch den *Gegenbeweis* entkräftet werden (sog. *Erschütterungsbeweis*). Dazu ist *nicht* der *Beweis des Gegenteils* erforderlich. Vielmehr genügt es, anhand von konkreten Tatsachen die ernsthafte Möglichkeit eines atypischen Geschehensablaufs darzulegen.

210 Keine eigenständige Beweisart ist die in der Praxis zur Bewältigung der Massenverwaltung häufig gebrauchte sog. **Typisierung** (typisierende Betrachtungsweise). Ihre Zulässigkeit hängt davon ab, inwieweit durch sie eine materiell zutreffende und gleichmäßige Besteuerung gewährleistet ist (s. § 5 Rz. 22). Dabei ist die Frage der Zulässigkeit keine Frage der Beweiswürdigung, sondern der Reduzierung des *Beweismaßes* (s. Rz. 212)[37].

211 In Ausnahmefällen wird die freie Beweiswürdigung eingeschränkt durch gesetzliche Beweisregeln (**Beweisvermutungen**):

§ 158 AO statuiert eine *Rechts*vermutung zur Beweiskraft der Buchführung. § 158 AO begründet die gesetzliche Vermutung, daß formell ordnungsgemäß geführte Bücher ihre sachliche Richtigkeit haben[38]. Wenn das Finanzamt z. B. im Wege einer Schätzung (§ 162 AO) von dem Ergebnis einer formell ordnungsgemäßen Buchführung abweichen will, muß es deren sachliche Unrichtigkeit beweisen (Beweis des Gegenteils).

§ 159 AO: Rechte sind im Zweifel dem zuzurechnen, auf dessen Namen sie lauten; Sachen im Zweifel dem, der sie besitzt.

§ 161 AO: Werden Fehlmengen festgestellt, so wird vermutet, daß insoweit eine Verbrauchsteuerschuld entstanden ist.

Als Beweisregeln sind die §§ 158, 159, 161 AO im Abschnitt über die Steuerfestsetzung falsch plaziert. Entgegen seines äußeren Eindrucks beinhaltet der eine Art Gefährdungshaftung begründende (dazu Rz. 200) und deshalb ebenfalls deplazierte § 160 AO keine gesetzliche Beweisregel.

4. Beweismaß, Schätzung

212 In Übereinstimmung mit dem Prozeßrecht ist auch im Besteuerungsverfahren der Sachverhalt grundsätzlich nur dann als erwiesen anzusehen, wenn er mit an Sicherheit grenzender Wahrscheinlichkeit festgestellt werden kann (sog. *Regelbeweismaß*: die Zweifel müssen schweigen). Jedoch kann in der Realität dieses Regelbeweismaß durch eine Massenverwaltung, die jährlich millionenfach Steuerverwaltungsakte erläßt, schlechterdings nicht eingehalten werden. Deshalb begnügt sich die Finanzverwaltung bei ihrer täglichen Steuerveranlagungsarbeit – u. a. durch Anwendung *typisierender* Verwaltungsvorschriften – praktisch mit einem geringeren Wahrscheinlichkeitsgrad (bloße Glaubhaftmachung, überwiegende Wahrscheinlichkeit)[39].

213 Eine gesetzliche Beweismaßreduzierung auf die **größtmögliche Wahrscheinlichkeit** sieht der praktisch bedeutsame § 162 AO vor. Die Finanzbehörde hat nach § 162 I 1 AO die Besteuerungsgrundlagen zu schätzen, soweit sie sie nicht ermitteln oder berechnen kann. Die Ursache hierfür kann darin liegen, daß

– sicheres Ermitteln und Berechnen von Natur aus nicht möglich ist, z. B. in Bewertungsangelegenheiten;

---

37 Zutreffend *L. Osterloh*, Gesetzesbindung und Typisierungsspielräume, Habil. Berlin, Baden-Baden 1992, 219 f.; *dies.*, StuW 93, 342, 345.

38 BFH BStBl. 83, 618, 620; 84, 88, 90.

39 Umstr. ist, ob die Verwaltung hierzu legitimiert ist und welche Bindungswirkungen sich für das Gericht ergeben: s. etwa *K. Tipke*, StRO III, § 6, 1172 ff.; ausf. mit a. A. *L. Osterloh* (Fn. 37), 203 ff.; *dies.*, StuW 93, 342, 346 ff.

– der Steuerpflichtige Mitwirkungspflichten bei der Sachaufklärung verletzt hat (Beispiele in § 162 II AO) und Beweisverderber ist.

§ 162 II AO ist keine selbständige Vorschrift, sondern in Anknüpfung und im Zusammenhang mit § 162 I AO (verkürzt) wie folgt zu lesen: „Zu schätzen sind die Besteuerungsgrundlagen insbesondere dann, wenn sie deshalb nicht ermittelt oder berechnet werden können, *weil* der Steuerpflichtige seine Mitwirkungspflichten verletzt hat." Die Verletzung der Mitwirkungspflicht (z. B. Nichtabgabe oder unvollständige Abgabe einer Steuererklärung) berechtigt das Finanzamt nicht automatisch zur Schätzung. Vielmehr hat das Finanzamt zunächst alle Erkenntnismittel, deren Beschaffung und Verwertung ihm möglich und zumutbar ist, auszuschöpfen[40]. Dabei ist es aber nicht gehalten, die verweigerte Mitwirkung im Wege des Verwaltungszwangs durchzusetzen[41]. 214

Die Schätzung betrifft nur **Besteuerungsgrundlagen**; das sind Quantitäten („wieviel"), wie z. B. Gewinn, Umsatz, Vermögen, Gewerbeertrag. Nicht zu den Besteuerungsgrundlagen in diesem Sinne gehört der Grundsachverhalt („*ob* überhaupt"), grundsätzlich auch nicht die Steuer selbst[42]. Inhaltlich heißt schätzen: Schlußfolgerungen aus Faktoren oder Indizien in der Weise ziehen, daß (in bezug auf die Quantität) der Sachverhalt mit der größten Wahrscheinlichkeit zugrunde gelegt wird[43]. 215

Die Mitwirkungspflichtverletzung eines Beteiligten kann aber auch hinsichtlich eines sog. **Grundsachverhaltes** im Rahmen der Beweiswürdigung als selbständige Tatsache frei gewürdigt werden[44]. Besonders dann, wenn die aufzuklärende Tatsache in den Herrschaftsbereich des Steuerpflichtigen fällt und deshalb das Finanzamt auf dessen Mitwirkung angewiesen ist, können aus einer unberechtigten Mitwirkungsverweigerung für den Steuerpflichtigen ungünstige Schlußfolgerungen gezogen werden[45]. § 444 ZPO enthält hierfür den allgemeinen Rechtsgedanken, daß der „Beweisverderber" aus seinem pflichtwidrigen Verhalten keinen Vorteil ziehen darf. 216

5. Beweisverwertungsverbote

Literatur: *Tipke/Kruse*, AO, § 88 Tz. 7; *H. Söhn*, HHSp, AO, § 88 Rz. 108 ff.; *H. Rüping*, Beweisverbote als Schranken der Aufklärung im Steuerrecht, Köln 1981; *C.-E. Eberle*, Zum Verwertungsverbot für rechtswidrig erlangte Informationen im Verwaltungsverfahren, in: Gedächtnisschrift für W. Martens, Berlin/New York 1987, 351.

Obwohl die Sachaufklärung der gleichmäßigen Besteuerung zu dienen hat, ist im Steuerrecht ebensowenig wie im Strafrecht eine Sachaufklärung um jeden Preis zulässig. Im Anschluß an die vor allem im Strafprozeß entwickelte Lehre vom Beweisverwertungsverbot kann für die Verwertung von rechtswidrig erlangten Beweismitteln und Tatsachen im Besteuerungsverfahren wie folgt unterschieden werden[46]: 217

– **Verstöße gegen Grundrechte** und gegen Vorschriften, die Ausfluß von Grundrechten sind, lösen ein Verwertungsverbot aus. Dazu gehören Verstöße gegen § 136a StPO (Menschenwürde) 218

40 *H. Söhn*, HHSp, AO, § 88 Rz. 41 f.; *R. Wittmann*, StuW 87, 35, 45; *R. Seer*, (Fn. 35), 88 f.

41 BFH BStBl. 59, 10 f.; 66, 230 f.; *Tipke*/Kruse, AO, § 162 Tz. 4; a. A. *G. Rößler*, DStZ 88, 199, 200.

42 Ausführlich *Tipke*/Kruse, AO/FGO, § 162 AO Tz. 2a; § 96 FGO Tz. 8; *H. Söhn*, HHSp, AO, § 88 Rz. 81 m. w. N.; a. A. neuerdings insb. *J. Martens*, StuW 81, 322, 327 ff.; *S. Martin*, BB 86, 1021, 1030; einschränkend auch *L. Osterloh* (Fn. 37), 230 ff.

43 Zu Einzelheiten, insb. der Schätzungsmethoden: *R. Mittelbach*, Die Schätzung im Besteuerungsverfahren, Ludwigshafen 1961; *F. Reichel*, Die Schätzung der Besteuerungsgrundlagen, Heidelberg 1979; *K. Wittkowski*, Prüfungstechnik des Betriebsprüfers, Herne/Berlin 1987, 64 ff.; *Tipke*/Kruse, AO, § 162 Tz. 7 f.; zum Rechtsvergleich: *A. Lapidoth*, The Use of Estimation for the Assessment of Taxable Business Income, Amsterdam 1977.

44 *H. Söhn*, HHSp, AO, § 88 Rz. 88 ff.; *S. Martin*, BB 86, 1021, 1026; *M. Nierhaus*, Beweismaß und Beweislast, Habil. Köln, München 1989, 372 ff.

45 Insoweit zutreffend BFH BStBl. 89, 462, 464.

46 Vgl. *H. Söhn*, HHSp, AO, § 88 Rz. 115 ff.; *Tipke*/Kruse, AO, § 88 Tz. 7.

und gegen Mitwirkungsverweigerungsrechte der §§ 101 AO (Angehörige: Art. 6 I GG)[47], 102 I Nr. 4 AO (Rundfunk- und Pressewesen: Art. 5 GG), 105 AO (Brief-, Post-, Fernmeldegeheimnis: Art. 10 GG).

219 – **Verstöße gegen bloße Form- und Verfahrensvorschriften** führen nicht zu einem Verwertungsverbot, wenn die Finanzbehörde die Tatsachen und Beweismittel auch legal hätte gewinnen können (Rechtsgedanke des § 127 AO, dazu Rz. 112).

220 – Die **Verletzung sonstiger (zwingender) Vorschriften** kann, muß aber nicht ein Verwertungsverbot auslösen. Durch eine Analyse der jeweiligen Interessenlage und des Zwecks der jeweiligen Vorschrift ist abzuwägen, ob die durch die verletzte Vorschrift geschützten Werte oder Interessen höher zu veranschlagen sind als das Sachaufklärungsinteresse. Ein Verwertungsverbot ist u. E. anzunehmen bei Verstößen gegen §§ 99 II, 100 II, 103, 106, 393 I 2–4 AO (im einzelnen sehr str.).

221 Für Tatsachen und Beweismittel, die aufgrund einer selbständig anfechtbaren Ermittlungsmaßnahme (Verwaltungsakt) erlangt worden sind, besteht nach der Rechtsprechung nur dann ein Verwertungsverbot, wenn der Steuerpflichtige die rechtswidrige Ermittlungsmaßnahme angefochten hat[48].

6. Beweislastregeln in Fällen der Beweislosigkeit[49]

222 Es gibt Fälle, in denen das Finanzamt trotz Erfüllung seiner Ermittlungspflicht und freier Beweiswürdigung zu einer sicheren Feststellung des Sachverhaltes außerstande ist. Wenn zudem auch die Voraussetzungen für eine Beweismaßreduzierung nicht vorliegen, stellt sich die Frage, zu wessen Lasten das non-liquet geht. Sie entscheidet sich nach den **Regeln der objektiven Beweislast** *(Beweisfeststellungslast)*[50]. In Anlehung an die *Rosenbergsche* Normentheorie[51] trägt die Finanzbehörde grundsätzlich die objektive Beweislast für die steuerbegründenden Tatsachen (z. B. Einnahmen), der Steuerpflichtige dagegen für die steuermindernden Tatsachen (z. B. Werbungskosten, Betriebsausgaben, Sonderausgaben)[52]. Da die Verletzung der Mitwirkungspflichten durch den Steuerpflichtigen bei Erfüllung der Ermittlungspflichten der Finanzbehörde zu einer Beweismaßreduzierung führt (s. Rz. 213 ff.), kommt eine Beweislastentscheidung regelmäßig nur für folgende zwei Fallgruppen in Betracht[53]:

(1) bei einem non-liquet hinsichtlich einzelner *steuererhöhender* Sachverhalte, das *keinem feststellbaren Mitwirkungsmangel* zurechenbar ist;

(2) bei einem non-liquet hinsichtlich vom Steuerpflichtigen behaupteter *steuermindernder* Sachverhalte.

223 Die Finanzbehörde hat die Beweislast schließlich dafür, daß eine Vergünstigung widerrufen wird, ferner dafür, daß die tatsächlichen Voraussetzungen für die Anwendung einer belastenden Berichtigungsvorschrift (z. B. § 173 I Nr. 1 AO) vorliegen. Umgekehrt hat der Steuerpflichtige die Beweislast, wenn er einen Erstattungs- oder Vergütungsanspruch oder das Erlöschen eines Steueran-

47 Ebenso BFH BStBl. 91, 204, 205.

48 BFH BStBl. 84, 285 f.; 88, 165, 166 f.; 88, 183, 185.

49 Näheres bei *Tipke*/Kruse, AO/FGO, § 88 Tz. 11; § 96 FGO Tz. 17; *H. Söhn*, HHSp, AO, § 88 Rz. 151 ff.; *Weber-Grellet*, StuW 81, 48 ff.; *J. Martens*, StuW 81, 322 ff.; *Hartmann/Cortrie*, Wpg 81, 165 ff.; *L. Osterloh* (Fn. 37), 235 ff.

50 Im vom Untersuchungsgrundsatz geprägten Besteuerungsverfahren gibt es grundsätzlich keine subjektive Beweislast. Ausnahmen finden sich in den Einzelsteuergesetzen: z. B. §§ 4 V Nr. 2 S. 2; 7h II; 7i II; 10c I, II EStG; §§ 4 Nr. 3b S. 3; 4a I 1 Nr. 7; 6 IV 1; 6a III 1; 7 IV 1; 8 III 1; 9 II; 25 II 3 UStG.

51 *L. Rosenberg*, Die Beweislast auf der Grundlage des bürgerlichen Gesetzbuches und der Zivilprozeßordnung, 5. Aufl., München 1965, 98 ff.

52 BFH BStBl. 71, 220, 224; 76, 562, 563; *Tipke*/Kruse, FGO, § 96 Tz. 17.

53 S. *L. Osterloh* (Fn. 37), 249.

spruchs (etwa durch Aufrechnung, Verjährung, Billigkeitserlaß) geltend macht, wenn er einen begünstigenden Verwaltungsakt begehrt.

IV. Besondere Verfahren der Sachaufklärung

Besondere Verfahren der Sachaufklärung – zur Erfüllung der Aufgabe des § 85 AO – 224
sind Außenprüfung (§§ 193–207 AO), Steuerfahndung (§ 208 AO) und Steueraufsicht in Zoll- und Verbrauchsteuersachen (§§ 209–217 AO). Durch diese besonderen Verfahren haben die Finanzbehörden die Möglichkeit, das wenig effektive Verfahren „am grünen Tisch" des Amtszimmers an Ort und Stelle zu komplettieren.

1. Außenprüfung

Literatur: *Tipke*/Kruse, AO, zu §§ 193 ff.; ausführlichste Kommentierung von *W. Schick*, HHSp, AO, zu §§ 193 ff.; *K. Tipke*, Betriebsprüfung im Rechtsstaat, München 1968; *M. Garny*, Neuordnung der Außenprüfung in der Abgabenordnungsreform, Diss. Darmstadt 1973; *Schröder/Muuss*, Handbuch der steuerlichen Betriebsprüfung, Loseblattkommentar, Berlin ab 1977; *G. Frotscher*, Die steuerliche Außenprüfung[2], Heidelberg 1980; *F. J. Giesberts*, Die steuerliche Betriebs- und Außenprüfung[2], Bonn 1981; *H. Wenzig*, Die steuerliche Groß- und Konzernbetriebsprüfung, Köln 1985; *Könemann/Wendt*, Betriebsprüfung in der Praxis, Köln 1986; *O. Sauer*, Steuerliche Außenprüfung, München 1988; *Blumers/Frick/Müller*, Betriebsprüfungshandbuch, Loseblattkommentar, München ab 1988; *Kleine*, Das Berichtigungspotential der steuerlichen Betriebsprüfung; Bielefeld 1988; *Erhard/Wenzig*, Steuerliche Betriebsprüfung[6], Achim 1991; *M. Streck*, Die Außenprüfung[2], Köln 1993.

Verwaltungsanweisung: Allgemeine Verwaltungsvorschrift für die Betriebsprüfung – Betriebsprüfungsordnung BpO – vom 17. 12. 1987, BStBl. I 87, 802 ff.; dazu *Schmidtmann/Neupauer*, Betriebsprüfungsordnung, Kommentar, Herne/Berlin 1988.

1.1 Zweck der Außenprüfung

Die Außenprüfung ist ein spezielles Verwaltungsverfahren zur Erfüllung der den Finanz- 225
behörden in § 85 AO gesetzten Aufgabe, die Steuern nach Maßgabe der Gesetze gleichmäßig festzusetzen und zu erheben. Die Außenprüfung dient vornehmlich dem Ziel, Steuergerechtigkeit durch gerechte Vollziehung der Steuergesetze zu verwirklichen[54]. Dazu werden im Rahmen der Außenprüfung nach §§ 194 I 1, 199 I AO die für die Besteuerung maßgebenden tatsächlichen und rechtlichen Verhältnisse des Steuerpflichtigen ermittelt. Ihrem Wesen nach ist sie grundsätzlich auf die Aufklärung *aller* steuerlichen Verhältnisse eines oder mehrerer bestimmter Zeiträume bzw. eines oder mehrerer bestimmter Steuerarten gerichtet. Dadurch unterscheidet sie sich von Einzelermittlungsmaßnahmen i. S. d. §§ 93 ff. AO (dazu Rz. 192) und erweist sich als eine *umfassende und besonders intensive* finanzbehördliche Sachaufklärungsmaßnahme.

1.2 Zulässigkeitsvoraussetzungen

Es liegt im Ermessen der Finanzbehörde, *ob* es eine Außenprüfung durchführt. Unter 226
welchen tatbestandlichen Voraussetzungen das **Entschließungsermessen** der Finanzbehörde eröffnet ist, hängt von der Person des Steuerpflichtigen als Prüfungssubjekt ab:

– **Gewerbetreibende, Land- und Forstwirte, Freiberufler** (193 I AO): Die Außenprüfung (sog. 227
Betriebsprüfung) bedarf keiner besonderen Voraussetzung; die Prüfungsbedürftigkeit wird unwi-

54 BFH BStBl. 92, 220, 221.

derlegbar vermutet. Gegenstand einer auf § 193 I AO gestützten Außenprüfung kann auch die Frage sein, *ob* der Steuerpflichtige einen Betrieb unterhält[55].

228 – Dasselbe gilt für **Steuerentrichtungspflichtige**[56] (§ 193 II Nr. 1 AO): z. B. sog. Lohnsteueraußenprüfung beim Arbeitgeber, Kapitalertragsteuerprüfung beim Schuldner von Kapitalerträgen.

229 – **Andere Steuerpflichtige** unter der Voraussetzung, daß für die Besteuerung erhebliche Verhältnisse der Nachprüfung bedürfen und eine Prüfung an Amtsstelle nicht zweckmäßig ist (§ 193 II Nr. 2 AO): z. B. Personen mit erheblichen Überschußeinkünften aus Vermögen (Kapitalvermögen, Vermietung und Verpachtung). Ein Prüfungsbedürfnis besteht hier bereits dann, wenn die Finanzbehörde nach ihrer Erfahrung die Verwirklichung eines Besteuerungstatbestandes für möglich hält[57].

230 Nach der Rechtsprechung erstreckt sich die Außenprüfung bei Steuerpflichtigen i. S. d. § 193 I AO auch auf die Überschußeinkünfte (z. B. Einkünfte aus Kapitalvermögen, Vermietung und Verpachtung), ohne daß es insoweit den besonderen Voraussetzungen des § 193 II Nr. 2 AO bedarf[58]. U. E. verletzt diese Auslegung den Grundsatz der Gleichmäßigkeit der Besteuerung und führt zudem zu höchst ungereimten Ergebnissen[59].

231 Neben diesen tatbestandlichen Voraussetzungen ist bei der Ausübung des Entschließungsermessens das **Übermaßverbot** zu beachten. Es verbietet eine Außenprüfung, wenn deren Ergebnisse unter keinen Umständen für die Besteuerung erheblich sein können oder verwertet werden dürfen, insbesondere wenn

- feststeht, daß der Steueranspruch, der geprüft werden soll, bereits festsetzungsverjährt ist (s. § 169 ff. AO, dazu besonders § 171 IV AO);
- die Steueransprüche bereits durch Außenprüfung überprüft worden sind und keine Steuerhinterziehung oder leichtfertige Steuerverkürzung vorliegt (s. § 173 II AO)[60].

232 Die Zulässigkeit der Außenprüfung hängt jedoch *nicht* davon ab,

- daß der Verdacht einer Steuerstraftat oder einer Steuerordnungswidrigkeit besteht;
- daß eine Steuererklärung abgegeben worden ist;
- daß Bescheide vorliegen, die unter dem Vorbehalt der Nachprüfung ergangen sind[61].

1.3 Außenprüfung als Ermessensentscheidung

233 Die Außenprüfung kann eine oder mehrere Steuerarten, einen oder mehrere Besteuerungszeiträume umfassen, sich aber auch auf bestimmte abgrenzbare Sachverhalte aus einem Steuerabschnitt beschränken (§ 194 I 2 AO). Für die Finanzverwaltung ist es ein unmögliches Unterfangen, alle unter § 193 I AO fallenden Steuerpflichtige vollständig und gleichermaßen zu prüfen. Es liegt daher im **Auswahlermessen** der Finanzbehörde, *bei wem* (von mehreren Steuerpflichtigen) für welche Zeiträume und welche Steuerarten sie eine Außenprüfung durchführt[62]. Der Steuerpflichtige hat weder einen Anspruch auf Prüfung noch einen auf „Prüfungspause“. Die Finanzverwaltung hat ihren Ermessens-

---

55 BFH BStBl. 91, 278, 280: es müssen aber zumindest konkrete Anhaltspunkte für das Vorliegen des Betriebes gegeben sein.

56 Dazu § 6 Rz. 11, § 7 Rz. 10, 55.

57 Vgl. BFH BStBl. 87, 248, 250; 93, 146, 147.

58 BFH BStBl. 82, 208, 210; 85, 350, 351; 86, 437, 439; zustimmend *W. Schick*, HHSp, AO, § 193 Rz. 81; *J. Schmidt*, DStR 89, 669 ff.

59 Ausführlich *Tipke*/Kruse, AO, § 193 Tz. 5; *R. Seer*, DStR 87, 178 ff.

60 Mangels Anwendbarkeit des § 173 II AO ist eine Zweitprüfung in Zollsachen dagegen grundsätzlich zulässig, BFH BStBl. 89, 440, 441.

61 BFH BStBl. 85, 700, 701; 86, 36, 37; 87, 664, 665; 89, 4, 7.

62 Vgl. BVerfGE 16, 124, 128; BFH BStBl. 92, 220, 221.

spielraum indessen durch die **Betriebsprüfungsordnung** (BpO) v. 17. 12. 1987 selbst eingeschränkt (Selbstbindung der Verwaltung, dazu § 5 Rz. 26, 120).

Die Finanzverwaltung teilt die Betriebe in vier Größenklassen (§ 3 BpO) ein: Groß-, Mittel-, Klein- und Kleinstbetriebe[63]. Bei sog. Großbetrieben soll ein Prüfungszeitraum an den vorherigen Prüfungszeitraum anschließen (§ 4 II BpO: sog. *Anschlußprüfung*). Im Umkehrschluß aus § 4 II 1 BpO ist bei anderen Betrieben eine Anschlußprüfung nur zulässig, wenn ein sachlicher Grund (z. B. erhebliche Mehrsteuern bei der vorhergehenden Prüfung) besteht[64]. Bei diesen Betrieben soll der Prüfungszeitraum zudem nicht über die letzten drei Besteuerungszeiträume zurückreichen, für die vor der Bekanntgabe der Prüfungsanordnung Steuererklärungen abgegeben wurden (§ 4 III 1 BpO). § 4 III 2 BpO erlaubt eine Erweiterung des Prüfungszeitraums über drei Jahre hinaus, wenn mit nicht unerheblichen Steuernachforderungen/-erstattungen zu rechnen ist oder der Verdacht einer Steuerstraftat oder -ordnungswidrigkeit besteht. 234

Die **Prüfungsfrequenz** nimmt mit der Größenklasse ab und ist von Land zu Land verschieden. Nach *M. Streck*[65] betrug in den Jahren 1988 – 1991 der Prüfungsturnus 9,65 Jahre bei Mittelbetrieben und ca. 20 – 30 Jahre bei Klein- und Kleinstbetrieben. Die je nach Betriebsgröße unterschiedliche Prüfungsdichte wird für verfassungsrechtlich unbedenklich gehalten[66]. Dem kann unter Berücksichtigung des Gebots der Rechtsanwendungsgleichheit (Art. 3 I GG, dazu § 4 Rz. 70) nicht uneingeschränkt zugestimmt werden. Die Finanzbehörde hat u. E. für Kleinst-, Klein- und Mittelbetriebe sicherzustellen, daß nicht der Eindruck entsteht, es gäbe von vornherein prüfungsfreie Zeiträume[67]. Deshalb hat sie in unregelmäßigen Abständen außerhalb des routinemäßigen Prüfungsturnus bei diesen Betrieben Prüfungen durchzuführen, denen entweder ein konkreter Anlaß oder eine Zufallsauswahl zugrunde liegt. Gänzlich unzulässig ist es, die Betriebsprüfung zur „Wirtschaftsförderung“ oder „Standortsicherung“ zu vernachlässigen. 235

Die Außenprüfung bei einer **Personengesellschaft** umfaßt gem. § 194 I 3 AO (Muß-Vorschrift) auch die steuerlichen Verhältnisse der *Gesellschafter* insoweit, als diese für die zu überprüfenden einheitlichen Feststellungen (§§ 179, 180 AO) von Bedeutung sind (z. B. Sonderbetriebseinnahmen, -ausgaben). Allgemein *können* (Ermessen) die steuerlichen Verhältnisse von Gesellschaftern und Mitgliedern sowie von Mitgliedern der Überwachungsorgane (insb. von Aufsichtsratsmitgliedern) in die bei der Gesellschaft stattfindende Außenprüfung einbezogen werden, wenn es im Einzelfall zweckmäßig ist (§ 194 II AO, sog. **Erstreckungsprüfung**). Die Erstreckungsprüfung ist ein selbständiges Prüfungsverfahren, das nur aus Zweckmäßigkeitsgründen mit dem Prüfungsverfahren der Gesellschaft verbunden wird. 236

Im Zusammenhang mit der Prüfung der Steuerentrichtungspflicht können auch die Verhältnisse derjenigen mitgeprüft werden, auf die sich die Entrichtungspflicht bezieht (§ 194 I 4 AO; Lohnsteuerprüfung, Kapitalertragsteuerprüfung). 237

1.4 Prüfungsanordnung

Die schriftliche Prüfungsanordnung konkretisiert für den Steuerpflichtigen die **Duldungspflicht**, eine Außenprüfung hinzunehmen[68]. Gleichzeitig bestimmt sie den persönlichen, sachlichen und zeitlichen Umfang, den Rahmen der Außenprüfung. Die zeitliche Ausdehnung der Prüfung (dazu etwa § 4 III 2 BpO) erfolgt durch eine selbständige Prüfungsanordnung (sog. *Erweiterungsanordnung*). Die Angabe des Umfangs der Prüfung hat rechtliche Auswirkungen für §§ 164 III 3, 171 IV 1, 173 II, 200, 371 II Nr. 1a AO. 238

Die Prüfungsanordnung ist ein Verwaltungsakt und ergeht regelmäßig im Rahmen eines sog. *„Sammelbescheides“*, der *mehrere* Verwaltungsakte beinhaltet; mehrere Prüfungsanordnungen 239

63 Dazu BdF-Schreiben v. 15. 7. u. 25. 10. 1991, BStBl. I 91, 707, 934.
64 *G. Frotscher*, Schwarz, AO, § 194 Rz. 30.
65 *M. Streck*, Außenprüfung[2], Köln 1993, Rz. 111.
66 BFH BStBl. 90, 721, 724.
67 S. BFH BStBl. 92, 220, 223; *J. Thiel*, StuW 86, 1, 3.
68 BFH BStBl. 86, 21, 22; *M. Streck* (Fn. 65), Rz. 146.

(über mehrere Steuerarten und Besteuerungszeiträume), Anordnung über Beginn und Ort der Prüfung[69]. Die in dem „Sammelbescheid“ enthaltene Anordnung des Beginns und des Ortes der Prüfung sind dabei nicht Bestandteile der Prüfungsanordnung, sondern selbständige Verwaltungsakte.

240 Werden (zusammenveranlagte) Ehegatten geprüft, ist an jeden Ehegatten als selbständiges Prüfungssubjekt eine Prüfungsanordnung zu richten. Beide Prüfungsanordnungen können zwar in einer Urkunde zusammengefaßt werden, müssen aber an beide Ehegatten adressiert und bekanntgegeben werden (§ 155 V 1 AO gilt nur für Steuerbescheide, dazu Rz. 71)[70].

241 Eine auf § 193 I AO gestützte Prüfungsanordnung braucht regelmäßig nicht besonders *begründet* zu werden, es genügt der Hinweis auf die Rechtsgrundlage (§ 193 I AO), da ein Fall des § 121 II Nr. 2 AO vorliegt[71]. Wird die Prüfungsanordnung dagegen auf § 193 II Nr. 2 AO gestützt, bedarf es der Begründung, warum eine Prüfung an Amtsstelle unzweckmäßig ist. Die Prüfungsanordnung ist mit einer Rechtsbehelfsbelehrung zu versehen und dem Betroffenen grundsätzlich angemessene Zeit vor Prüfungsbeginn bekanntzugeben (s. §§ 196, 197 I AO). Werden wichtige Gründe glaubhaft gemacht – etwa Krankheit –, so ist der Prüfungsbeginn i. d. R. zu verschieben (§ 197 II AO).

242 Die Prüfungsanordnung (auch ihre Erweiterung) sowie die Festsetzung von Prüfungszeit- und -ort sind anfechtbar. Trotz eingelegten Rechtsbehelfs darf die Prüfung aber durchgeführt werden, wenn der Steuerpflichtige keine *Aussetzung der Vollziehung* (§ 361 AO) erreicht.

1.5 Prüfungsablauf

243 Der Prüfer hat sich bei Erscheinen zur Prüfung unverzüglich *auszuweisen* und den **Prüfungsbeginn** (Datum, Uhrzeit) *aktenkundig zu machen* (§ 198 AO), weil der Prüfungsbeginn den Ablauf der Festsetzungsfrist hemmt (§ 171 IV AO) und die Selbstanzeigemöglichkeit (§ 371 II Nr. 1a AO) abschneidet. Allerdings kommt es nach § 371 II Nr. 1a AO auf das Erscheinen des Prüfers an, nicht auf den Prüfungsbeginn. Die Zeitpunkte fallen jedoch nicht erheblich auseinander. Die Außenprüfung findet während der üblichen Geschäfts- oder Arbeitsstunden in den Geschäftsräumen statt[72]. Dem Prüfer ist ein geeigneter Raum als Arbeitsplatz zur Verfügung zu stellen (§ 200 II, III 1 AO). Ist kein geeigneter Geschäftsraum vorhanden, so kann der Steuerpflichtige wählen, ob er die Prüfung in seinen Wohnräumen zulassen oder auf eine Prüfung an Amtsstelle bestehen will (§ 200 II 1 AO)[73].

244 Der Prüfer darf Grundstücke und *Betriebs*räume betreten und besichtigen. Dabei soll der Betriebsinhaber oder sein Beauftragter hinzugezogen werden (§ 200 III AO). Wohnräume dürfen nicht betreten werden (s. auch § 99 I 3 AO). Der Steuerpflichtige hat bei der Sachaufklärung mitzuwirken, insb. Bücher, Aufzeichnungen und andere Unterlagen vorzulegen und die zum Verständnis der Unterlagen erforderlichen Erläuterungen selbst oder durch eine von ihm benannte Person zu geben. § 97 II 1 AO gilt nicht. Andere (nicht benannte) Betriebsangehörige können erst befragt werden, wenn der Steuerpflichtige und die von ihm benannten Personen nicht in der Lage sind, Auskünfte zu erteilen, oder deren Auskünfte zur Klärung des Sachverhaltes unzureichend oder nicht erfolgver-

69 BFH BStBl. 87, 408 f.; 89, 76, 77; 89, 483, 487; *Tipke*/Kruse, AO, § 196 Tz. 2; *W. Schick*, HHSp, AO, § 196 Rz. 37 ff.; krit. *H.-J. Wilcke*, StVj 90, 341, 347; *G. Frotscher*, Schwarz, AO, § 96 Rz. 4.

70 A. A. BFH BStBl. 82, 208, 209 f.: in der gemeinsamen Einkommensteuererklärung soll eine gegenseitige Empfangsvollmacht für die Prüfungsanordnung liegen; BFH BStBl. 89, 612, 615: § 155 V AO soll keine Ausnahmevorschrift, sondern ein allgemeiner Bekanntgabegrundsatz sein.

71 Vgl. BFH BStBl. 87, 664, 665; 89, 4, 5; 90, 721, 723; 92, 220, 221.

72 Zur Vereinbarkeit mit Art. 13 GG: BFH BStBl. 89, 180, 181 f.; BVerfGE 32, 54, 72 ff.

73 Art. 13 GG läßt eine Prüfung in den Privaträumen des Steuerpflichtigen nur mit dessen Zustimmung zu.

sprechend sind (§ 200 I 3 AO). Dadurch soll verhindert werden, daß Betriebsangehörige hinter dem Rücken des Inhabers „ausgefragt“, „ausspioniert“ werden.

Die im Rahmen der Außenprüfung vom Prüfer vorgenommenen einzelnen Handlungen sind gegenüber dem Steuerpflichtigen zumeist Realakte, zu deren Duldung der Steuerpflichtige bereits durch die Prüfungsanordnung verpflichtet worden ist. Ein Mitwirkungsverlangen i. S. d. § 200 I 2 AO erhält jedoch dann den Charakter eines Verwaltungsakts, wenn der Steuerpflichtige das Verlangen (etwa durch Wortwahl, Rechtsbehelfsbelehrung, Zwangsmittelhinweis) als eigenständige – auf bestimmte Rechtsfolgen abzielende – Regelung auffassen muß (*objektiver Empfängerhorizont*)[74]. Wenn demgegenüber die Rechtsprechung in jedem Mitwirkungsverlangen der Außenprüfung einen Verwaltungsakt sehen will[75], provoziert sie auf seiten des Steuerpflichtigen einen Rechtsverlust, weil dieser innerhalb eines Monates (§ 355 AO) das Mitwirkungsverlangen anfechten muß[76], um den Folgen der Bestandskraft zu entgehen (zum Verwertungsverbot Rz. 221). Ein Mitwirkungsverlangen gegenüber Dritten (§ 200 I 3 AO) beinhaltet indessen eine eigenständige Regelung und ist ein gegenüber dem Dritten erzwingbarer (§§ 328 ff. AO) Verwaltungsakt, den als (Dritt-)Betroffener auch der Steuerpflichtige selbst anfechten kann[77]. 245

Über Prüfungstechnik: *J. Ernst*, Indirekte Methoden der steuerlichen Betriebsprüfung, Bielefeld 1986; *K. Wittkowski*, Prüfungstechnik des Betriebsprüfers, Herne/Berlin 1987; *F. Schmidtmann*, Steuerliche Betriebsprüfung bei EDV-gestützten Buchführungen, Herne/Berlin 1987; *F. Erhard/H. Wenzig*, Steuerliche Betriebsprüfung[6], Achim 1991, 158 ff. 246

1.6 Rechtliches Gehör, Schlußbesprechung

Der Steuerpflichtige ist schon während der Prüfung – laufend – über die festgestellten Sachverhalte und die möglichen steuerlichen Auswirkungen zu unterrichten, wenn dadurch Zweck und Ablauf der Prüfung nicht beeinträchtigt werden (§ 199 II AO). Im übrigen ist über das Ergebnis der Prüfung eine **Schlußbesprechung** abzuhalten, es sei denn, daß sich nach dem Ergebnis der Prüfung keine Änderung der Besteuerungsgrundlagen ergibt oder daß der Steuerpflichtige auf die Besprechung verzichtet. Bei der Schlußbesprechung sind insb. strittige Sachverhalte sowie die rechtliche Beurteilung der Prüfungsfeststellungen und die steuerlichen Auswirkungen zu erörtern (§ 201 I AO). 247

Über das Ergebnis der Außenprüfung wird ein schriftlicher **Prüfungsbericht** mit der Darstellung der steuerrelevanten Prüfungsfeststellungen und der Änderung der Besteuerungsgrundlagen erstellt. Führt die Prüfung zu keinen steuerlichen Änderungen, so genügt es, wenn dies dem Steuerpflichtigen mitgeteilt wird. Auf Antrag hat die Finanzbehörde den Prüfungsbericht *vor* dessen Auswertung zu übersenden und dem Steuerpflichtigen Gelegenheit zur Stellungnahme zu geben (§ 202 II AO). 248

Eine Abweichung gilt für die abgekürzte Prüfung (§ 203 II 3 AO).

Schlußbesprechung und Prüfungsbericht sind *keine* Verwaltungsakte.

Zu den Voraussetzungen und Rechtsfolgen einer im Rahmen der Schlußbesprechung erzielten sog. *tatsächlichen Verständigung* s. Rz. 18 ff. Zur davon abzugrenzenden *Zusage* im Anschluß an eine Außenprüfung (§§ 204–207 AO) s. Rz. 15.

---

74 Vgl. *A. Schmidt-Liebig*, DStR 87, 571 ff.; *G. Frotscher*, Schwarz, AO, § 118 Rz. 7a; *W. Kuhfuß/R. Schmitz*, StuW 92, 333, 335.

75 In diese Richtung tendieren BFH BStBl. 84, 512, 513; 84, 790 f.; zurückhaltender BFH BStBl. 86, 2, 3.

76 Die Jahresfrist des § 356 II AO gilt nur für schriftliche Verwaltungsakte.

77 *W. Kuhfuß/R. Schmitz*, StuW 92, 333, 338 ff.

1.7 Verwertung der Prüfungsfeststellungen

249 Der Prüfungsbericht ist die Grundlage für die Änderung von Steuerbescheiden durch die *Veranlagungsstelle* des zuständigen Finanzamts. Ob aufgrund von Prüfungsfeststellungen Steuerbescheide oder Grundlagenbescheide korrigiert werden dürfen, ist eine Frage der Bestandskraft (§§ 164, 172 ff. AO). Besonders zu beachten sind §§ 164 III 3, 173 II AO).

Die Steuerfestsetzung kann auch durch die Prüfungsstelle selbst erfolgen (sog. *veranlagende Betriebsprüfung*). Soweit der Prüfungsdienst aber einer anderen Finanzbehörde angehört, bedarf es dazu eines Auftrages des für die Besteuerung zuständigen Finanzamtes (§ 195 S. 3 AO).

Zur Frage des *Verwertungsverbots* aufgrund einer rechtswidrigen Außenprüfung s. Rz. 217 ff.

1.8 Kontrollmitteilungen in der Außenprüfung

250 Werden anläßlich einer Außenprüfung Verhältnisse dritter Personen festgestellt, die steuerlich relevant sein können, so ist deren Auswertung – durch *Kontrollmitteilung* (Kontrollinformation) – zulässig (§ 194 III AO). Bei Außenprüfungen in Kreditinstituten dürfen keine Kontrollmitteilungen über Guthabenkonten oder Depots von Bankkunden ausgeschrieben werden (s. § 30a III AO, zur Kritik Rz. 199). Im übrigen s. zu Kontrollmitteilungen Rz. 262.

1.9 Besondere Arten von Außenprüfungen

251 § 203 AO ermöglicht eine sog. **abgekürzte Außenprüfung**, die von einer „normalen" Außenprüfung kaum abgegrenzt werden kann[78]. Eine auf die Steuerart der Umsatzsteuer beschränkte Außenprüfung ist die sog. Umsatzsteuer-Sonderprüfung[79].

252 Spezielle Außenprüfungen haben Rechtsgrundlagen in Einzelsteuergesetzen: *Lohnsteueraußen*prüfung (§ 42 f. EStG), *Kapitalertrag- und Körperschaftsteueranrechnungs*prüfung (§ 50b EStG), *Aufsichtsratsteuer*prüfung (§§ 73d II EStDV, 50a IV EStG), *Versicherungsteuer*prüfung (§ 10 II, III VersStG); *Feuerschutzsteuer*prüfung (§ 9 II, III FeuerschStG). Die Vorschriften der AO über die Außenprüfung sind für die Sonderprüfungen ergänzend zu den Spezialgesetzen heranzuziehen.

2. Steuerfahndung

Literatur: *W. Schick*, HHSp, AO, zu § 208 AO; *Tipke/Kruse*, AO, zu § 208; *W. Jakob*, Rechtsfragen der Organisation und Funktion des Steuerfahndungsdienstes, StuW 71, 297; *ders.*, Zuständigkeitsprobleme im Steuerfahndungsrecht, StuW 72, 115; *P. Küffner*, Doppelfunktion der Steuerfahndung, DStR 79, 243; *H. Rüping*, Steuerfahndung im Rechtsstaat, DStZ 80, 179; *M. Streck*, Das Recht des Verhältnisses von Steuer- und Strafverfahren, DStJG Bd. 6 (1983), 217; *E. Küster*, Das Steuerstrafrecht aus der Sicht der Steuerfahndung, DStJG Bd. 6 (1983), 253; *J. Klos*, Die Steuerfahndung, StStud 85, 322; *H. Mösbauer*, Steuerfahndung im Rechtsstaat, DStZ 86, 339; *M. M. Wendeborn*, Das Recht der Steuerfahndung gem. §§ 208, 404 AO, Diss. Hamburg, Frankfurt a. M. 1989; *M. Streck*, Die Steuerfahndung[2], Köln 1993.

253 Die Steuerfahndung (ebenso die Zollfahndung) besitzt nach ganz h. M. eine **Doppelaufgabe**: eine *steuerstraf*rechtliche (§§ 208 I 1 Nr. 1, 404 AO) und eine *steuerrechtliche* (§ 208 I 1 Nrn. 2, 3 AO)[80]. § 208 I 1 AO unterscheidet zwischen:

1. der Erforschung von Steuerstraftaten und Steuerordnungswidrigkeiten (Nr. 1);

---

78 Die Vorschrift ist mißglückt, s. *Tipke*/Kruse, AO, § 203 Tz. 2 f.

79 Dazu BFH BStBl. 87, 486.

80 Vgl. *Tipke*/Kruse, AO, § 208 Tz. 2 m. w. N.; a. A. *W. Schick*, HHSp, AO, § 208 Rz. 54 ff., der die beiden Aufgaben für unvereinbar hält und deshalb der Steuerfahndung *nur* die Strafverfolgungsaufgabe zuweist.

2. der Ermittlung der Besteuerungsgrundlagen im Zusammenhang mit der Erforschung von Taten i. S. von Nr. 1 (Nr. 2);
3. der Aufdeckung und Ermittlung unbekannter Steuerfälle (Nr. 3).

Die Nrn. 1, 2 hängen eng miteinander zusammen. Da Steuerstraftaten und -ordnungswidrigkeiten die Verletzung von Steuerrecht voraussetzen, ist der Steuerfahndung auch die Ermittlung der einschlägigen Besteuerungsgrundlagen übertragen worden.

Für den Bereich der Strafverfolgung (Nr. 1) besitzt die Steuerfahndung die Stellung einer 254
Steuerkriminalpolizei; Beamte der Steuerfahndung sind insoweit *Hilfsbeamte der Staatsanwaltschaft* (§ 404 AO). Im Steuerstrafverfahren verfügt die Steuerfahndung über die diesem Personenkreis in der Strafprozeßordnung zustehenden Ermittlungsbefugnisse (§§ 404 S. 2 Hs. 1, 399 II 2 AO, Hinweis in § 208 I 2 AO), insb. über das Recht des ersten Zugriffs (dazu § 25 Rz. 22). Bei Gefahr im Verzug kann sie beschlagnahmen (§ 98 I 1 StPO), Häuser und Wohnungen durchsuchen (§ 105 I 1 StPO), bei Flucht- oder Verdunkelungsgefahr sogar Personen vorläufig festnehmen (§§ 127 II, 112 StPO). Voraussetzung für das Handeln der Steuerfahndung im Steuerstrafverfahren ist, daß mindestens der *Anfangsverdacht* einer Steuerstraftat vorliegt (§§ 385 AO, 163 I i. V. m. 160 I StPO, dazu § 25 Rz. 11).

Davon unabhängig (§ 393 I 1 AO) besitzt die Steuerfahndung zur Ermittlung der Be- 255
steuerungsgrundlagen (Nrn. 2, 3) die Ermittlungsbefugnisse des Besteuerungsverfahrens, jedoch ohne die Einschränkungen der §§ 93 I 3, II 2; 97 II, III AO (§ 208 I 3 AO). Sie muß dabei das Zwangsmittelverbot (§ 393 I 2 AO) beachten.

Ihre Doppelfunktion berechtigt die Steuerfahndung *nicht*, nach dem Prinzip höchstmöglicher Auf- 256
klärungseffektivität *dysfunktional* Mittel des Steuerstrafverfahrens zur Ermittlung des Sachverhaltes für das Besteuerungsverfahren oder umgekehrt Mittel des Besteuerungsverfahrens zur Ermittlung des strafrechtlichen Sachverhaltes zu verwenden. Vielmehr besteht ein – aus dem Rechtsstaatsprinzip unmittelbar ableitbares – **Gebot der Zweckrichtigkeit** des Verfahrens, wonach die Steuerfahndung sich nur des für das jeweilige Verfahren vorgesehenen Mittels bedienen darf[81]. Weiterhin muß der Betroffene erkennen können, ob die Steuerfahndung steuerlich oder strafprozessual ermittelt. Insoweit besteht ein *Gebot der Klarheit.* Die primäre Aufgabe der Steuerfahndung liegt in der Strafverfolgung[82]. Läßt die Steuerfahndung den Betroffenen über den Zweck der Ermittlungen im unklaren, darf dieser (im Sinne einer *Vermutung*) davon ausgehen, daß die Steuerfahndung in ihrer Funktion als *Strafverfolgungsbehörde* handelt. Will die Steuerfahndung auf die Ermittlungsbefugnisse des Besteuerungsverfahrens zurückgreifen, muß sie sich deshalb ausdrücklich auf die hierfür geltenden Rechtsgrundlagen stützen[83].

§ 208 I 1 Nr. 3 AO enthält eine Maßnahme der **allgemeinen Steueraufsicht**[84]. § 208 I 257
Nr. 3 AO läßt Fahndungsmaßnahmen auch ohne den Verdacht einer Steuerstraftat oder -ordnungswidrigkeit zu, nämlich zur Aufklärung unbekannter Steuerfälle. Solche Aufklärung ist bereits zulässig, wenn unter Berücksichtigung der allgemeinen Erfahrungen der Finanzbehörden die *Vermutung* (d. h. die bloße Möglichkeit) besteht, daß ein Steuertatbestand verwirklicht worden ist[85]. Unbekannt sein können sowohl die Steuersubjekte als auch die Steuerobjekte. Die Steuerfahndung hat hier die Ermittlungsbefugnisse des Besteuerungsverfahrens.

81 *M. Streck*, DStJG Bd. 6 (1983), 217, 226 f.; abw. *M.M. Wendeborn,* Das Recht der Steuerfahndung gem. §§ 208, 404 AO, Diss. Hamburg, Frankfurt a. M. 1989, 171 ff., 177 ff.
82 S. Finanzausschuß, BT-Drucks. 7/4292 zu § 208 AO, 36.
83 *M. Streck*, DStJG Bd. 6 (1983), 217, 247; *R. Seer*, StB 87, 128 f.; ähnlich *M.M. Wendeborn* (Fn. 81), 178 ff.
84 BFH BStBl. 88, 359, 361; ausf. *M.M. Wendeborn* (Fn. 81), 75 ff.
85 BFH BStBl. 87, 484; 88, 359, 361 f.

Beispiel: In einer Tageszeitung entdeckt die Steuerfahndung eine Chiffre-Anzeige, in der ein wertvoller ausländischer Grundbesitz zum Verkauf angeboten wird. Die Steuerfahndung fordert den Zeitungsverleger auf, Namen und Anschrift des Inserenten mitzuteilen (§ 93 I 1 AO)[86].

§ 208 I 1 Nr. 3 AO berechtigt jedoch nicht zu Rasterfahndungen oder ähnlichen Ermittlungsmaßnahmen „ins Blaue hinein" (s. Rz. 8).

Die Befugnisse der allgemeinen Steueraufsicht (Nr. 3) sind bei Fahndungsmaßnahmen gegenüber Kreditinstituten durch § 30a II, V 2 AO eingeschränkt.

3. Steueraufsicht in besonderen Fällen[87]

258 Die Steueraufsicht (§ 209 ff. AO) betrifft Zölle und Verbrauchsteuern. Sie dient nicht der Ermittlung konkreter Sachverhalte, sondern der laufenden Kontrolle des Warenverkehrs über die Grenze und insb. des technischen Herstellungsprozesses im weitesten Sinne. Gegenstand der Steueraufsicht: s. § 209 AO. Hauptmittel der Steueraufsicht ist die sog. **„Nachschau"** (§ 210 AO) = sinnliche Wahrnehmung von steuerlich relevanten Gegenständen, Zuständen und Vorgängen. Mittels Durchführungsverordnungen (Rechtsverordnungen) kann u. a. die Entnahme von Warenproben zugelassen werden; Ermächtigungsgrundlage: § 212 I Nr. 8 AO.

V. Amtshilfe

Literatur: *Tipke/Kruse*, AO zu §§ 111–117; *H. Söhn*, HHSp, AO, zu §§ 111–117; *K. Meyer-Teschendorf*, Die Amtshilfe, JuS 81, 187; *B. Schlink*, Die Amtshilfe, Habil. Freiburg, Berlin 1982; *Wessel*, Verfassungs- und verfahrensrechtliche Probleme der Amtshilfe im Bundesstaat, Diss. Münster, Frankfurt a. M. u. a. 1983; *I. Nisipeanu*, Die Amtshilfe – Dargestellt an §§ 111–115 AO, Diss. Bochum 1989.

1. Amtshilfe im engeren Sinn

259 Nach Art. 35 I GG leisten sich alle Behörden (Verwaltungsbehörden und Gerichte) des Bundes und der Länder Amtshilfe. Die gegenseitige Amtshilfepflicht ist Ausdruck der Staatseinheit und notwendige Folge der föderalen Teilung der Staatsgewalt im Bundesstaat. Amtshilfe ist die *ergänzende* Hilfe einer Behörde, die sie *auf Ersuchen* einer anderen Behörde gewährt (§ 4 I VwVfG). Die ersuchende Finanzbehörde bleibt trotz der Amtshilfe „Herrin des Verfahren"; sie allein ist funktionell, sachlich und örtlich zuständig[88]. Die ersuchte Behörde hat nur die Durchführung der Amtshilfe zu verantworten (§ 114 AO). Das Amtshilfeersuchen ist eine verwaltungsinterne Maßnahme ohne Außenwirkung und kein Verwaltungsakt. Für das Besteuerungsverfahren wird die Amtshilfe *nationaler* Behörden durch §§ 111–115 AO konkretisiert, die Umfang und Grenzen der Amtshilfe bestimmen.

260 Eine stetig wachsende Bedeutung erfährt die **internationale Amtshilfe**. Während die grenzüberschreitenden Geschäftsbeziehungen und die internationale Verflechtung der Wirtschaft erheblich zugenommen haben, macht die Sachaufklärungskompetenz der Finanzbehörden nach völkerrechtlichen Grundsätzen an den nationalen Grenzen halt. Um dem Auftrag des § 85 AO gerecht werden zu können, ist daher ein internationaler Informationsaustausch zwischen den Finanzverwaltungen unerläßlich[89]. Deutsche Finanzbehörden können nach Maßgabe des nationalen Rechts (z. B. §§ 111–115 AO) ausländische Finanzbehörden um Amtshilfe ersuchen (§ 117 I AO). Ausländische Finanzbehörden müssen bzw. können daraufhin den deutschen Finanzbehörden Amtshilfe leisten,

86 BVerfG HFR 89, 440, 441 f.: Ein „Chiffre-Geheimnis" existiert nicht.
87 Dazu *M. Hann*, Die Steueraufsicht in besonderen Fällen, Diss. Mainz 1988.
88 *H. Söhn*, HHSp, AO, § 111 Rz. 6.
89 *H. Schaumburg*, Internationales Steuerrecht, Köln 1993, § 19, 850.

wenn sie aufgrund bilateraler Doppelbesteuerungsabkommen[90], aufgrund in innerstaatliches Recht umgesetzter EG-Richtlinien[91] oder aufgrund unmittelbar geltender EG-Verordnungen[92] dazu verpflichtet oder berechtigt sind. Dasselbe gilt im umgekehrten Verhältnis für die Amtshilfe, die deutsche Finanzbehörden den ausländischen Finanzbehörden gewähren (§ 117 II AO). Zur sog. *Kulanzauskunft* deutscher Finanzbehörden s. § 117 III AO.

Die zwischenstaatliche Amtshilfe ist nur *subsidiär* anzuwenden, d. h. zuvor sind die im innerstaatlichen Besteuerungsverfahren zur Verfügung stehenden Informationsquellen auszuschöpfen[93]. Vor Erteilung der Amtshilfe durch deutsche Finanzbehörden ist ein inländischer Beteiligter anzuhören (§§ 117 IV 3, 91 AO).

Zu weiteren Fragen des internationalen Auskunftsverkehrs, insb. zum Problem des Steuer- und Geschäftsgeheimnisses, s. außerdem: *K. H. Friauf*, Grenzen der Mitwirkungspflicht im Informations- und Auskunftsverkehr zwischen den Finanzbehörden verschiedener Länder, StbJb. 1984/85, 317 ff.; K. Vogel (Hrsg.), Internationale Steuerauskunft und deutsches Verfassungsrecht, München 1987, mit Beiträgen von *T. Menck, W. Ritter, H. H. Vogel, Blumerwitz* und *P. Oldiges; S. Eilers*, Das Steuergeheimnis als Grenze des internationalen Auskunftsverkehrs, Diss. Bonn, Köln 1987; *S. Duhnkrack*, Grenzüberschreitender Steuerdatenschutz, Frankfurt a. M. u.a. 1990; *Institut für Finanz- und Steuerrecht*, Osnabrück, Symposium zum internationalen Auskunftsverkehr in Steuersachen, 1990.

2. Sog. Spontanhilfe, Kontrollmitteilungen

Zur Amtshilfe im weiteren Sinn gehört die *ohne Ersuchen* erfolgende Unterstützung der Finanzbehörde durch andere Behörden (sog. **Spontanhilfe,** in gesteigerter Form: sog. automatische Hilfe). Ein Anwendungsfall der Spontanhilfe ist in § 116 AO normiert, der nationale Gerichte und Behörden verpflichtet, dienstlich erfahrene Tatsachen den Finanzbehörden mitzuteilen, wenn sie den Verdacht einer Steuerstraftat begründen[94]. 261

Zu den sog. Spontanhilfen zu rechnen sind die sog. **Kontrollmitteilungen,** wenn sie durch Behörden oder Gerichte erfolgen. Der Anwendungsbereich von Kontrollmitteilungen (kein gesetzlicher Ausdruck) ist aber weiter und umfaßt allgemein Mitteilungen und Anzeigen, die Behörden, Gerichte, Rundfunkanstalten, Notare, Kreditinstitute, Versicherungsunternehmen, Vermögensverwalter den Finanzämtern über steuerliche Verhältnisse Dritter in bestimmten Fällen zu machen haben (Beispiele: §§ 93a AO i. V. m. der Mitteilungsverordnung v. 7. 9. 1993[95]; § 29 EStDV; §§ 33, 34 ErbStG; § 18 GrdEStG; § 12 FeuerschStG, § 10a VersStG). Hinzu kommen Kontrollmitteilungen, die innerhalb bzw. zwischen den Finanzbehörden gemacht werden. Deren wichtigster Anwendungsfall sind die Kontrollmitteilungen der Außenprüfung (§ 194 III AO). Gesetzlich eingeschränkt wird diese innerbehördliche Kontrolle für Guthabenkonten und Depots von Bankkunden (§ 30a III AO, zur Kritik s. Rz. 199). Das Kontrollmitteilungswesen ist im internationalen Vergleich wenig ausgebaut[96]. 262

Spontanauskünfte erfolgen vermehrt auch im internationalen Auskunftsverkehr (sog. *internationale Kontrollmitteilungen*). Rechtsgrundlagen bilden hierfür insb. § 2 II, III EG-AHG und die sog. großen Auskunftsklauseln der Doppelbesteuerungsabkommen[97].

90 Dazu Art. 26 OECD-Musterabkommen: sog. Auskunftsklauseln.
91 Dazu das EG-Amtshilfe-Gesetz (EG-AHG) vom 19. 12. 1985, BGBl. I 85, 2436, 2441, in der Fassung des Verbrauchsteuer-Binnenmarktgesetzes vom 21. 12. 1992, BGBl. I 92, 2150, 2204 ff.
92 Zur Umsatzsteuer-Kontrolle s. Amtshilfe-Verordnung des EG-Rates vom 27. 1. 1992 (VO Nr. 218/92), Amtsblatt der EG L Nr. 24 vom 1. 2. 1992, 1.
93 *H. Schaumburg* (Fn. 89), 854 f.; *Tipke/Kruse*, AO, § 117 Tz. 2c.
94 Zu § 116 AO: *H. Pump*, wistra 87, 322 ff.; *R. Seer*, StuW 91, 165, 168 ff.
95 BGBl. I 93, 1554 ff. = BStBl. I 93, 799 ff.
96 *K. Tipke*, BB 86, 601 ff.
97 Dazu *H.-H. Heidner*, DStR 89, 526 ff.; *Carl/Klos*, DStR 92, 528 ff.

3. Datenschutz[98]

263 Amtshilfe und Kontrollmitteilungen können das **Recht auf informationelle Selbstbestimmung** (dazu § 4 Rz. 205) der durch die Weitergabe von Daten betroffenen Person berühren. Das BVerfG leitet aus Art. 1 I, 2 I GG den Schutz des Einzelnen gegen unbegrenzte Erhebung, Speicherung, Verwendung und Weitergabe seiner *personenbezogenen,* d. h. der auf seine Person bezogenen, individualisierten oder individualisierbaren Daten ab[99]. Der Schutz beschränkt sich dabei nicht auf die automatische Datenverarbeitung, sondern umfaßt auch andere personenbezogene Informationen einschließlich solcher, die sich in behördlichen Akten befinden[100].

264 Das Recht auf informationelle Selbstbestimmung ist indessen nicht schrankenlos gewährleistet. Im überwiegenden Allgemeininteresse, so auch der Besteuerung, muß der Einzelne Einschränkungen des Grundrechts hinnehmen, die aber ihrerseits auf einer gesetzlichen Grundlage beruhen müssen **(Gesetzesvorbehalt)**[101]. Wegen ihrer Unbestimmtheit bilden die §§ 111–115 AO (als bloße sog. „*Querschnittsnormen*“) keine gesetzlichen Ermächtigungen für den Datenaustausch, wenn ressortfremde Behörden den Finanzbehörden Amtshilfe leisten sollen[102]. Ressortfremde Behörden sind jedoch gegenüber Finanzbehörden zur Auskunft und Urkundenvorlage in den Fällen der §§ 93 I 2, 97 I 3 AO verpflichtet. Die §§ 93 I 2, 97 I 3 AO sind gesetzliche Ermächtigungen für den Eingriff in das Recht auf informationelle Selbstbestimmung und als solche hinreichend bestimmt[103].

265 Keiner besonderen gesetzlichen Ermächtigung bedarf der Informationsaustausch *innerhalb* der Finanzverwaltung, die von ihrer Aufgabe her als Einheit zu betrachten ist. Unabhängig von der Behördenorganisation können deshalb zwischen den verschiedenen Stellen der Finanzverwaltung *Kontrollmitteilungen* auch außerhalb des Anwendungsbereiches von § 194 III AO gefertigt werden. So ist es ohne weiteres zulässig[104], wenn die Erbschaftsteuerstellen aufgrund von Anzeigen nach §§ 33, 34 ErbStG den Veranlagungsbezirken den Umfang des vererbten Vermögens für Einkommensteuerzwecke mitteilen[105].

266–279 Einstweilen frei.

F. Festsetzungsverfahren

I. Arten der Steuerfestsetzung

1. Endgültige Steuerfestsetzung

280 Nach Abschluß der Sachaufklärung im Ermittlungsverfahren trifft die Finanzbehörde ihre Entscheidung über die steuerlichen Folgen. Dies geschieht grundsätzlich in Form

---

98 Dazu *E. Wied,* Verfassungsrechtlich gebotener Datenschutz im Steuerrecht, Diss. Marburg 1991; *F. v. Hammerstein,* Der verfassungsrechtliche Schutz der Privatsphäre im Steuerrecht, Diss. Heidelberg 1993.

99 Sog. Volkszählungsurteil BVerfGE 65, 1, 41 ff.; außerdem BVerfGE 67, 100, 143; ausführlich zum Recht auf informationelle Selbstbestimmung *K. Vogelgesang,* Grundrecht auf informationelle Selbstbestimmung?, Diss. Göttingen, Baden-Baden 1987.

100 BVerfGE 67, 100, 144; BVerfGE 78, 77, 84; *K. Vogelgesang* (Fn. 99), 56.

101 S. BVerfGE 65, 1, 44; *K. Vogelgesang* (Fn. 99), 60; *P. Kunig,* in I. v. Münch/P. Kunig, GG[4], Art. 2 Rz. 42; *Tipke*/Kruse, AO, § 111 Tz. 3e.

102 *B. Schlink,* Die Amtshilfe, 202 f.; *Jarass/Pieroth,* GG[2], Art. 35 Rz. 2; differenzierend *K. Vogelgesang* (Fn. 99), 227 ff.

103 Vgl. BVerfG HFR 89, 440 f.; s. auch *R. Seer,* StuW 91, 165, 167 f.

104 S. BFH BStBl. 92, 616, 617 f.

105 Zur Verwaltungspraxis s. gleichlautende Ländererlasse v. 17. 2. 1986, BStBl. I 86, 82.

eines **Steuerbescheides** (§ 155 I 1, 2 AO, dazu Rz. 114). Eine verbindliche negative Entscheidung über die Steuerfestsetzung ergeht entweder durch Freistellungsbescheid (§ 155 I 3 Alt. 1 AO: wenn keine Steuer geschuldet wird) oder durch ablehnenden Bescheid (§ 155 I 3 Alt. 2 AO: wenn z. B. ein nach § 46 II Nr. 8 EStG gestellter Antrag auf Steuerfestsetzung abgelehnt wird).

Einer Steuerfestsetzung bedarf es *nicht*, 281

(1) wenn der Steuerpflichtige die Steuer selbst zu berechnen hatte und zutreffend berechnet hat (§ 167 I 1 AO), so bei den sog. **Fälligkeitssteuern**, deren Fälligkeit kraft Gesetzes eintritt: z. B. Umsatzsteuer (§ 18 I–III UStG); Lohnsteuer (§ 41a EStG); Kapitalertragsteuer (§§ 44 I, 45a I EStG); Versicherungsteuer (§ 8 VersStG), besondere Verbrauchsteuern (vgl. § 5 MinÖStG, § 5 SchaumweinsteuerG);

(2) wenn die Steuer aufgrund gesetzlicher Verpflichtung durch Verwendung von **Steuerzeichen** oder **Steuerstemplern** entrichtet wird (so etwa bei der Tabaksteuer, § 8 I TabStG), vorausgesetzt, daß die Finanzbehörde die Steuer nicht abweichend festsetzen will (§ 167 I 2 AO);

(3) in den besonderen Fällen des § 156 I 1 Nr. 1, II AO.

Wenn der Steuerbescheid **endgültig**, d. h. ohne Vorbehalt der Nachprüfung erlassen 282
wird, tritt mit seiner Unanfechtbarkeit für den Inhaltsadressaten formelle und materielle Bestandskraft ein (dazu Rz. 83). Er kann dann nur noch unter den Voraussetzungen der §§ 172 ff. AO geändert werden (dazu Rz. 383 f.). Eine Steuerfestsetzung ist unzulässig, wenn die Festsetzungsfrist abgelaufen ist (dazu näher Rz. 296 f.).

2. Steuerfestsetzung unter dem Vorbehalt der Nachprüfung

§ 164 I AO läßt zu, daß die Steuern, solange der Steuerfall nicht abschließend geprüft ist, 283
unter dem Vorbehalt der Nachprüfung festgesetzt werden. Das heißt, das Finanzamt braucht nach Abgabe der Steuererklärung den Steuerfall nicht abschließend zu prüfen, sondern kann entweder die sich aus der Steuererklärung ergebenden Besteuerungsgrundlagen ohne weiteres übernehmen oder die Steuererklärung nur kursorisch prüfen. § 164 I AO suspendiert die Finanzbehörde von ihrer umfassenden Ermittlungspflicht (§ 88 AO), indem er die Steuerfestsetzung bereits ermöglicht, bevor die Sach- und Rechtslage abschließend geklärt ist[1]. § 164 AO enthält damit den gesetzgeberischen Versuch einer Antwort auf die tatsächliche Situation einer Massenverwaltung, die mit ihren knappen personellen Ressourcen faktisch nicht mehr in der Lage ist, für alle Steuerfälle ihren gesetzlichen Auftrag (§§ 85, 88 AO) zu erfüllen[2]. Der zur *Beschleunigung* erfolgende Vorbehaltsvermerk bedarf keiner Begründung (§ 164 I 1 AO); er muß aber für den Steuerpflichtigen klar aus dem Bescheid erkennbar sein.

§ 164 AO bezieht sich ausdrücklich nur auf die Steuerfestsetzung. Er ist kraft Verweisung aber auch 284
anwendbar auf Freistellungsbescheide (§ 155 I 3 AO), Vergütungsbescheide (§ 155 VI AO), Feststellungsbescheide (§ 181 I 1 AO), Steuermeßbescheide (§ 184 I 3 AO), Zerlegungsbescheide (§§ 185, 184 I 3 AO), Zuteilungsbescheide (§§ 190 I 2, 185, 184 I 3 AO) und Zinsbescheide (§ 239 I 1 AO).

Kraft Gesetzes hat die für Fälligkeitssteuern vorgesehene Abgabe einer Steueranmeldung (§ 150 I 2 AO) die Wirkung einer Steuerfestsetzung unter dem Vorbehalt der Nachprüfung (§ 168 I 1 AO)[3]. Dasselbe gilt für *Vorauszahlungsbescheide* (§ 164 I 2 AO) und für Eintragungen auf der Lohnsteuerkarte (§§ 39 IIIb 4, 39a IV 1 EStG).

Solange der Steuerfall nicht abschließend geprüft ist, *können* **(Ermessen!)** die Steuern 285
unter Vorbehalt der Nachprüfung festgesetzt werden. Unzulässig ist es, eine Steuerfest-

1 *Tipke*/Kruse, AO, § 155 Tz. 1.
2 Zum Problem des sog. „ökonomischen" Gesetzesvollzuges s. Rz. 6 f.
3 Dazu *Chr. Trzaskalik*, StuW 93, 371, 374 ff.

setzung trotz abschließender Prüfung unter den Vorbehalt der Nachprüfung zu stellen, um sich den Steuerfall „offen“ zu halten[4]. Nicht abschließend geprüft ist, wenn die Aufgabe des § 85 AO noch nicht erfüllt ist. Abschließende Prüfung kann jede Art von Sachverhaltsermittlung oder rechtlicher Prüfung sein; es muß sich nicht um eine Außenprüfung (§§ 193 ff. AO) handeln.

286 In der Verwaltungspraxis wird die Steuer insb. dann unter Vorbehalt der Nachprüfung festgesetzt, wenn der Steuerpflichtige der regelmäßigen **Außenprüfung** unterliegt (dazu Rz. 225 ff.) oder wenn beabsichtigt ist, eine Außenprüfung durchzuführen. Die eigentliche, abschließende Prüfung besorgt dann der Außenprüfer, so daß Doppelarbeit vermieden wird. Mit dem Vorbehalt der Nachprüfung werden in der ganz überwiegenden Praxis außerdem sog. **Schätzungsbescheide** versehen, die wegen Nichtabgabe der Steuererklärungen ergehen (s. § 162 II AO und oben Rz. 213 ff.)[5]. Es entspricht dem *Beschleunigungszweck* des § 164 AO, gerade dann zu einer raschen Steuerfestsetzung zu kommen, wenn der Steuerpflichtige seine Mitwirkungspflichten verletzt[6]. In den übrigen Fällen ergeht der Steuerbescheid dagegen regelmäßig „endgültig“[7].

287 § 164 AO verlangt nicht, daß überhaupt eine abschließende Prüfung stattfindet[8]. Weiß die Finanzbehörde allerdings schon im Zeitpunkt der Festsetzung, daß keine abschließende Prüfung erfolgen wird, so wird die Rechtssicherheit durch den Vorbehalt unnötig strapaziert; der Vorbehalt ist dann wegen Verletzung des Übermaßverbotes ermessensfehlerhaft. Unabhängig von einer abschließenden Prüfung entfällt der Vorbehalt nach § 164 IV 1 AO *automatisch* mit Ablauf der „regulären“ Festsetzungsfrist des § 169 II 1 AO[9].

288 Der Vorbehalt der Nachprüfung erfaßt stets den **ganzen Bescheid**. Er verhindert den Eintritt der materiellen Bestandskraft des Bescheides. Ohne daß die Voraussetzungen der §§ 172–175 AO vorliegen müssen, kann der Bescheid wegen aller in ihm enthaltenen Fehler tatsächlicher und/oder rechtlicher Art aufgehoben oder geändert werden (§ 164 II 1 AO). Der Änderungsbescheid kann seinerseits wiederum unter dem Vorbehalt der Nachprüfung ergehen, solange noch keine abschließende Prüfung stattgefunden hat[10]. Allerdings gilt die Vertrauensvorschrift des § 176 AO auch im Falle der (zuungunsten des Steuerpflichtigen erfolgenden) Änderung nach § 164 II 1 AO.

289 Der Steuerpflichtige kann die **Aufhebung oder Änderung** der Steuerfestsetzung jederzeit beantragen (§ 164 II 2 AO). Die Entscheidung hierüber kann jedoch bis zur abschließenden Prüfung des Falles (die allerdings innerhalb angemessener Frist vorzunehmen ist) hinausgeschoben werden (§ 164 II 3 AO). Der Antrag löst die Hemmung des Ablaufs der Festsetzungsfrist aus (§ 171 III 1 AO). Der Vorbehalt der Nachprüfung kann jederzeit aufgehoben werden (§ 164 III 1 AO). Die Finanzbehörde hat von dieser

---

4 *W. Schick*, StuW 88, 301, 329; *Chr. Trzaskalik*, StuW 93, 371, 372.

5 Zur Verwaltungspraxis s. etwa FinMin NRW, StEK AO 77 § 162 Nr. 23; ausf. *R. Seer*, Der Einsatz von Prüfungsbeamten durch das Finanzgericht, Diss. Köln, Berlin 1993, 87 m. w. N.

6 Die Bedenken von *H. Schuhmann*, DStZ 86, 161, 165 f.; *J. Martens*, StuW 88, 100, 105 ff., greifen nicht durch, vgl. *R. Seer* (Fn. 5), 91 ff.

7 Die in den sog. Grundsätzen zur Neuorganisation der Finanzämter und zur Neuordnung des Besteuerungsverfahrens (GNOFÄ) in der Fassung v. 4. 3. 1981, BStBl. I 81, 270 ff. (Verwaltungsvorschrift), unter 1.1. enthaltene Fallgruppeneinteilung wird – soweit ersichtlich – kaum mehr angewendet, vgl. für NRW Tz. 3.2.4.1.7 der Ergänzenden Bestimmungen (EB) zur FAGO.

8 So ausdr. die Reg.Begr. zum Entwurf der AO 1977, BT-Drucks., VI/1982, 148; *Tipke*/Kruse, AO, § 164 Tz. 3; a. A. *Kammann*, StuW 82, 149, 146 ff.

9 Nach § 164 IV 2 AO erlischt der Vorbehalt der Nachprüfung in bestimmten Fällen bereits *vor* Ablauf der Festsetzungsfrist: wenn sich die Festsetzungsfrist wegen leichtfertiger Steuerverkürzung oder Steuerhinterziehung auf 5 bzw. 10 Jahre verlängert (§ 169 II 2 AO); außerdem bei Eintritt der Ablaufhemmungen nach § 171 VII, VIII u. X AO (dazu Rz. 300).

10 Nach BFH BStBl. 84, 788, 789; 85, 448, 449, braucht dazu im Änderungsbescheid nicht einmal der Vorbehaltsvermerk aufgenommen zu werden. Die Rspr. geht erst dann von einem „endgültigen“ Änderungsbescheid aus, wenn der Vorbehalt *ausdrücklich* aufgehoben wird.

Möglichkeit Gebrauch zu machen, wenn sie erkennt, daß es zu einer abschließenden Prüfung nicht mehr kommen wird. Da die Aufhebung des Vorbehalts einer Steuerfestsetzung ohne Vorbehalt gleichsteht (§ 164 III 2 AO) ist gegen die Aufhebung des Vorbehalts der Einspruch gegeben (§ 348 I Nrn. 1, 2 AO). Nach einer (als abschließend gedachten) Außenprüfung ist der Vorbehalt aufzuheben, wenn sich Änderungen nicht ergeben (§ 164 III 3 AO). Dasselbe muß aber auch gelten, wenn sich Änderungen ergeben haben (Lücke im Gesetz).

3. Vorläufige Steuerfestsetzung, Aussetzung

Anders als § 164 AO entbindet § 165 AO die Finanzbehörde nicht von ihrer Amtser- 290
mittlungspflicht (§ 88 AO). Die Steuer darf nach § 165 I 1 AO nur vorläufig festgesetzt werden, *soweit* ungewiß ist, ob die Voraussetzungen für die Entstehung der Steuer eingetreten sind (**punktuelle Vorläufigkeit**). Eine vorläufige Steuerfestsetzung kommt dabei nur in Betracht, wenn trotz angemessener Aufklärungsbemühungen der Finanzbehörde eine Unsicherheit verbleibt, die entweder zur Zeit nicht oder nur unter unverhältnismäßig großen Schwierigkeiten beseitigt werden kann[11]. § 165 AO verfolgt den Zweck, dem Finanzamt eine im übrigen endgültige Steuerfestsetzung zu ermöglichen, obwohl ein *vorübergehendes* Hindernis *außerhalb der Sphäre der Finanzbehörde* besteht, welches das Finanzamt mit verhältnismäßigem Aufwand nicht ad hoc überwinden kann[12].

Bei dauernder Ungewißheit sind die Besteuerungsgrundlagen entweder zu schätzen (§ 162 AO, dazu Rz. 213) oder es greifen die Regeln der objektiven Beweislast (dazu Rz. 222).

Der Vorläufigkeitsvermerk ist eine **unselbständige Nebenbestimmung** und nicht isoliert 291
anfechtbar[13]. Er steht im **Ermessen** der Finanzbehörde und ist tatbestandlich daran gekoppelt, daß Voraussetzungen für die Entstehung einer Steuer ungewiß sind. Darunter fallen:

(1) Ungewißheiten über (äußere wie innere) *Tatsachen*, z. B. betriebsgewöhnliche Nutzungsdauer, Wert eines Wirtschaftsgutes; Einkünfteerzielungsabsicht (Liebhaberei)[14];

(2) Ungewißheiten über *nichtsteuerliche Rechtsverhältnisse* (als Vorfragen für die Besteuerung), z. B. schwebender Zivilprozeß über die Erbenstellung oder Gesellschafterposition des Steuerpflichtigen.

§ 165 I 2 AO in der Neufassung durch das Mißbrauchsbekämpfungs- und Steuerbereinigungsgesetz 292
v. 21. 12. 1993, BGBl. I 93, 2310, erweitert aus Gründen der Verfahrensökonomie die Möglichkeit einer Vorläufigkeitsfestsetzung, wenn

(1) ungewiß ist, ob und wann völkerrechtliche Verträge über die Besteuerung (z. B. Doppelbesteuerungsabkommen), die sich zugunsten des Steuerpflichtigen auswirken, für die Steuerfestsetzung wirksam werden,

(2) das BVerfG die Unvereinbarkeit eines Steuergesetzes mit dem Grundgesetz festgestellt (dazu § 23 Rz. 284) und den Gesetzgeber zu einer Neuregelung verpflichtet hat,

(3) die Vereinbarkeit eines Steuergesetzes mit höherrangigem Recht (insb. Verfassungsrecht) Gegenstand eines Verfahrens bei dem Europäischen Gerichtshof, dem BVerfG oder einem obersten Bundesgericht (insb. BFH) ist.

§ 165 I 2 Nr. 2, 3 AO n. F. liefern nun die gesetzliche Grundlage für den Vorläufigkeitsvermerk bei **Ungewißheiten über die Verfassungswidrigkeit von Steuergesetzesnormen**[15]. Dagegen berechti-

---

11 BFH BStBl. 90, 1043, 1044.

12 *R. Seer*, DStR 93, 307, 310.

13 BFH BStBl. 90, 278, 279.

14 BFH BStBl. 88, 234 f.; 90, 278, 280.

15 So bereits die bisherige Rspr. und Verwaltungspraxis, s. BFH BStBl. 91, 868; 92, 219 f.; BFH/NV 92, 153 f.; BMF-Schreiben, BStBl. I 92, 402 f., für nicht weniger als fünfzehn (!) verfassungsrechtlich zweifelhafte Regelungen; kritisch zu der Begründung der Rechtsprechung *P. Neckels*, DStZ 92, 391, 392 ff.; *Tipke*/Kruse, AO, § 165 Tz. 4; *R. Seer*, DStR 93, 307, 310 f.

gen Ungewißheiten rein *steuerrechtlicher* Art *nicht* zu einem Vorläufigkeitsvermerk. Es ist gerade die Aufgabe der Finanzbehörde, die Steuergesetze selbst auszulegen und anzuwenden. Dieser Verantwortung kann sie sich nicht im Wege des § 165 AO entziehen.

293 Zur Begründung (§ 121 I AO) und inhaltlichen Bestimmtheit (§ 119 I AO) der Ermessensentscheidung sind **Grund** und **Umfang** der Vorläufigkeit im Bescheid anzugeben (§ 165 I 3 AO). Der Umfang ist im Zweifel durch Auslegung zu ermitteln[16]. Der Vorläufigkeitsvermerk hat die Wirkung, daß *insoweit keine materielle Bestandskraft* des Bescheides eintritt. Die Finanzbehörde kann den Steuerbescheid insoweit aufheben oder ändern (§ 165 II 1 AO); dies aber nur aus Gründen, die im Zusammenhang mit der den Vorläufigkeitsvermerk auslösenden Besteuerungsgrundlage stehen[17]. Wird der vorläufige Bescheid aus anderen Gründen geändert, bleibt der Vorläufigkeitsvermerk auch dann bestehen, wenn er in dem nachfolgenden Änderungsbescheid nicht ausdrücklich wiederholt wird[18]. Ist die Ungewißheit beseitigt, *muß* (kein Ermessen!) der vorläufige Bescheid aufgehoben, geändert oder für endgültig erklärt werden (§ 165 II 2 AO), je nachdem, welche Folgerungen sich aus der Beseitigung der Ungewißheit ergeben.

Ist ungewiß, ob überhaupt eine Steuerschuld entstanden ist, so kommt **Aussetzung** (§ 165 I 4 AO) in Betracht.

§ 165 AO gilt ebenso wie § 164 AO nicht nur für die Steuerfestsetzung, sondern auch für bestimmte andere Steuerverwaltungsakte (s. Rz. 383 f.). Soweit der Vorläufigkeitsvermerk reicht, ist für die Festsetzungsfrist eine *Ablaufhemmung* vorgesehen (§ 171 VIII AO).

4. Abweichende Festsetzung aus Billigkeitsgründen

294 Ein Steuererlaß aus Billigkeitsgründen ist sowohl im Festsetzungsverfahren (§ 163 AO) als auch im Erhebungsverfahren (§ 227 AO, dazu unten Rz. 329 ff.) möglich. Im Bereich der Steuerfestsetzung erfolgt der Erlaß in einem **zweistufigen Verfahren:**

(1) Sog. Zulassungsverfahren: Entscheidung über die abweichende Steuerfestsetzung (Erlaß),

(2) Steuerfestsetzungsverfahren: darauffolgende erlaßkonforme Steuerfestsetzung.

295 Die Entscheidung über den Erlaß und die spätere Steuerfestsetzung bilden zwei selbständige Verwaltungsakte[19], die miteinander in einem „Sammelbescheid“ verbunden werden können (§ 163 I 3 AO). Der **Zulassungsbescheid** (§ 163 I AO) ist für den Steuerbescheid ein *Grundlagenbescheid* (dazu Rz. 86). Er selbst ist kein Steuerbescheid. Zur Zuständigkeit für die Erlaßentscheidung s. § 163 II 1 AO. Auf den Zulassungsbescheid als sonstigen Steuerverwaltungsakt sind nicht die Korrekturvorschriften der §§ 172 ff. AO, sondern die §§ 129–132 AO anwendbar (dazu Rz. 384).

Die tatbestandlichen Voraussetzungen der §§ 163, 227 AO sind identisch und werden im Abschnitt über das Erhebungsverfahren näher behandelt (s. Rz. 333 ff.).

II. Festsetzungsverjährung

1. Wirkung der Festsetzungsverjährung

296 Zur Herstellung von Rechtssicherheit und Rechtsfrieden bestimmt § 169 I 1 AO, daß eine Steuerfestsetzung sowie ihre Aufhebung oder Änderung nicht mehr zulässig ist, wenn die Festsetzungsfrist abgelaufen ist. *Materiell-rechtlich* führt der Eintritt der Festsetzungsverjährung zum *Erlöschen* des Anspruchs (§ 47 AO, dazu § 7 Rz. 7), gleich, ob es sich um einen Anspruch des Steuerberechtigten oder einen Anspruch gegen den

16 BFH BStBl. 89, 130 f.
17 BFH BStBl. 92, 588, 590 f.
18 BFH BStBl. 89, 9, 10.
19 BFH BStBl. 87, 682, 684; 89, 614, 616.

Steuerberechtigten handelt. Ein nach Ablauf der Festsetzungsfrist ergehender Steuerbescheid leidet zwar unter einem schwerwiegenden Fehler und ist *rechtswidrig*, mangels Offenkundigkeit dieses Fehlers ist er aber nicht nichtig[20]. Aus diesem Grund entsteht ein Erstattungsanspruch (§ 37 II AO, dazu § 7 Rz. 70 f.) nur, wenn der Bescheid (etwa nach Anfechtung) aufgehoben wird.

Von der Festsetzungsverjährung (§§ 169 ff. AO) ist die **Zahlungsverjährung** (§§ 228 ff. AO) zu unterscheiden (dazu Rz. 343).

2. Festsetzungsfristen

Es existieren vier unterschiedliche Festsetzungsfristen: 297

(1) *ein* Jahr für: Zölle, Verbrauchsteuern, Zoll- und Verbrauchsteuervergütungen (§ 169 II 1 Nr. 1 AO);

(2) *vier* Jahre für: die übrigen Steuern (Besitz- und Verkehrsteuern) und Steuervergütungen (§ 169 II 1 Nr. 2 AO); hierunter fällt auch die Umsatzsteuer, da sie für die AO nicht als Verbrauch-, sondern als Verkehrsteuer gilt[21];

(3) *fünf* Jahre für: alle leichtfertig verkürzten Steuern (§§ 169 II 2, 378 AO);

(4) *zehn* Jahre für: alle hinterzogenen Steuern (§§ 169 II 2, 370 AO).

Die verlängerten Festsetzungsfristen von fünf und zehn Jahren betreffen alle Steuerarten, also auch Zölle und Verbrauchsteuern, und gelten grundsätzlich unabhängig davon, ob der Steuerschuldner, dessen Beauftragter oder ein Dritter der Täter ist (§ 169 II 3 AO)[22]. Für die Anwendung der verlängerten Festsetzungsfristen kommt es darauf an, daß durch *irgendeine* Person der *objektive* und *subjektive* Tatbestand der leichtfertigen Steuerverkürzung oder Steuerhinterziehung verwirklicht worden ist[23]. Die verlängerten Festsetzungsfristen beziehen sich nur auf die hinterzogenen bzw. verkürzten Steuerbeträge (§ 169 II 2 AO: „soweit"), so daß es zu einer sog. *Teilverjährung* des Steueranspruchs kommen kann.

Die Festsetzungsfrist ist nach § 169 I 3 Nr. 1 AO gewahrt, wenn vor ihrem Ablauf der Steuerbescheid den Bereich der für die Steuerfestsetzung zuständigen Finanzbehörde verlassen hat (= mit Weitergabe zur Post). 298

3. Fristbeginn, Anlaufhemmung

Die Festsetzungsfrist beginnt grundsätzlich mit Ablauf des Kalenderjahres, in dem die Steuer entstanden ist (§§ 170 I, 38 AO). Da die Entstehung der Steuer von der Abgabe einer Steuererklärung unabhängig ist, hätte der Steuerpflichtig es in der Hand, die tatsächliche Festsetzungsfrist durch pflichtwidrige Nichtabgabe zu verkürzen. Um dies zu verhindern, sieht § 170 II 1 Nr. 1 AO eine praktisch sehr bedeutsame sog. **Anlaufhemmung** vor. Abweichend von § 170 I AO beginnt in Fällen, in denen auf Grund gesetzlicher Vorschrift eine Steuererklärung (-anmeldung, Anzeige) einzureichen ist, die Festsetzungsfrist erst mit Ablauf des Kalenderjahres zu laufen, in dem die Steuererklärung (-anmeldung, Anzeige) eingegangen ist. Um die Finanzbehörde zur Durchsetzung der Steuererklärungspflicht anzuhalten[24], begrenzt § 170 II 1 Nr. 1 AO die Anlaufhemmung jedoch auf den Ablauf des dritten Kalenderjahres, das auf das Entstehungsjahr folgt. 299

Beispiel: S gibt in 1994 seine Einkommensteuererklärung für 1992 ab: Fristbeginn nach § 170 I AO: 1. 1. 1993 (§§ 38 AO, 36 I EStG), jedoch Anlaufhemmung nach § 170 II 1 Nr. 1 AO: Fristbeginn erst am 1. 1. 1995 (§§ 25 III 1 EStG, 56 EStDV). Wenn S unter Mißachtung der

---

20 H. M., vgl. Tipke/*Kruse* , AO, Vor § 169 Tz. 2 m. w. N.

21 BFH BStBl. 87, 95.

22 Zur Exkulpationsmöglichkeit des § 169 II 3 Hs. 2 AO s. BFH BStBl. 89, 442 ff.

23 Dies beurteilen die für die Veranlagung zuständigen Finanzbehörden in eigener Zuständigkeit; Bestrafung oder Verhängung eines Bußgeldes wird nicht vorausgesetzt.

24 S. BFH BStBl. 91, 387.

gesetzlichen Verpflichtung gar keine Steuererklärung abgeben würde, läge der Fristbeginn auf dem 1. 1. 1996.

Die Anlaufhemmung gilt nicht für Zölle und Verbrauchsteuern[25]. Weitere Anlaufhemmungen finden sich in § 170 II 1 Nr. 2, III–VI AO.

4. Fristablauf, Ablaufhemmung

300 Der Fristablauf (dazu § 108 AO) wird in den in § 171 AO genannten Fällen ganz oder teilweise hinausgezögert (sog. **Ablaufhemmung**). Von praktischer Relevanz ist die Ablaufhemmung insb.:

- für Anträge, die die Steuerfestsetzung betreffen, und (außergerichtliche wie gerichtliche) **Rechtsbehelfe** (§ 171 III AO): *soweit* der Antrag bzw. der Rechtsbehelf reicht, läuft die Festsetzungsfrist frühestens dann ab, wenn über den Antrag/Rechtsbehelf unanfechtbar entschieden oder ein daraufhin erlassener Steuerbescheid unanfechtbar geworden ist.
- für die **Außenprüfung** (§ 171 IV AO): mit dem Beginn der Außenprüfung (§ 198 S. 2 AO) wird die Festsetzungsfrist für die geprüften Steuerarten und Besteuerungszeiträume[26] solange gehemmt, bis die auf Grund der Außenprüfung erlassenen Steuerbescheide unanfechtbar geworden oder nach Bekanntgabe einer Mitteilung i. S. des § 202 I 3 AO drei Monate verstrichen sind.
- für die **Steuer- und Zollfahndung** (§ 171 V AO): mit dem Beginn der Fahndung tritt eine Ablaufhemmung für die Steuern *insoweit* ein, als Ermittlungen geführt werden,
- für **hinterzogene und leichtfertig verkürzte Steuern** (§ 171 VII AO): *insoweit* endet die Festsetzungsfrist nicht, bevor strafprozessual die Verfolgungsverjährung (§ 78 III Nr. 4 StGB) eingetreten ist (dazu § 24 Rz. 53, § 25 Rz. 15)[27].
- für nach § 165 AO **vorläufige** und ausgesetzte **Steuerfestsetzungen** (§ 171 VIII AO): *insoweit* endet die Festsetzungsfrist nicht vor Ablauf eines Jahres, in den Fällen des § 165 I 2 Nrn. 1–3 AO nicht vor Ablauf von zwei Jahren, nachdem die Ungewißheit beseitigt ist *und* die Finanzbehörde hiervon positive Kenntnis[28] erhalten hat.
- für **Folgebescheide** (§ 171 X AO): gilt eine Ablaufhemmung bis zum Ablauf eines Jahres nach Bekanntgabe des *Grundlagenbescheides.*

Da die Hemmungstatbestände nur partielle Wirkung haben, tritt regelmäßig eine **Teilverjährung** ein. Die Hemmungstatbestände sind nebeneinander (*kumulativ*) anwendbar (z. B. § 171 IV u. X AO im Falle einer Außenprüfung bei einer Personengesellschaft).

III. Feststellungsverfahren

301 Für das dem Steuerfestsetzungsverfahren in bestimmten Fällen aus verfahrensökonomischen Gründen vorgeschaltete Feststellungsverfahren (s. Rz. 121 ff.) gelten die Vorschriften über die Steuerfestsetzung sinngemäß (§ 181 I 1 AO). Feststellungsbescheide können deshalb ebenso wie Steuerbescheide unter dem Vorbehalt der Nachprüfung (§ 164 AO) oder vorläufig (§ 165 AO) ergehen. Für die gesonderte Feststellung gilt eine eigene *Feststellungsverjährung*, die der Festsetzungsverjährung entspricht (§§ 181 I, 169 ff. AO)[29].

302–309 Einstweilen frei.

25 Zu den Verbrauchsteuern i. S. der AO zählt entgegen ihres materiellen Charakters *nicht* die Umsatzsteuer, vgl. auch § 8 Rz. 27.

26 Den *äußeren* Rahmen für den Umfang der Ablaufhemmung gibt die Prüfungsanordnung. Für Steuern, die dort nicht als Prüfungsgegenstand bestimmt sind, tritt keine Ablaufhemmung ein, s. BFH BStBl. 91, 824; 93, 425 f. Die Ablaufhemmung umfaßt die jeweils geprüfte Steuer, nicht nur die geprüften Sachverhalte, BFH BStBl. II 94, 377, 380.

27 Praktische Bedeutung kann § 171 VII AO aufgrund der Kürze der Verfolgungsverjährung nur für leichtfertige Steuerverkürzungen erlangen.

28 BFH BStBl. 93, 5, 7.

29 Zu Besonderheiten bei der Fristberechnung s. § 181 III–V AO.

G. Erhebungsverfahren

I. Verwaltungsakte mit Titelfunktion (§ 218 I AO) als Grundlage für die Verwirklichung von Ansprüchen aus dem Steuerschuldverhältnis

Gemäß § 218 I AO bilden bestimmte Verwaltungsakte die Grundlage für die Verwirklichung von Ansprüchen aus dem Steuerschuldverhältnis; demnach haben die in § 218 I AO ausgewählten Verwaltungsakte die **Funktion eines Titels.** Solche Titel sind der Steuerbescheid (ihm gleichgestellt die Steueranmeldung, § 218 I 2 AO), der Steuervergütungsbescheid, der Haftungsbescheid und Verwaltungsakte, durch die steuerliche Nebenleistungen festgesetzt werden. Die Titelverwaltungsakte bilden nicht nur die Grundlage für die Erhebung und Vollstreckung des Anspruchs, sondern gleichzeitig den *Rechtsgrund* für die Leistung, die zur Erfüllung des Anspruchs erbracht worden ist. Ohne Verwaltungsakt (als Titel) werden Säumniszuschläge (§ 240 AO) bereits kraft Gesetzes verwirklicht (§ 218 I 1 Hs. 2 AO). 310

II. Fälligkeit

1. Grundsätze

Die Fälligkeit betrifft den Zeitpunkt, von dem ab der Gläubiger eines Anspruchs aus dem Steuerschuldverhältnis von dem Schuldner die Leistung verlangen kann[1]. Vom Zeitpunkt der Fälligkeit an entstehen Säumniszuschläge (§ 240 I 1 AO). Die Fälligkeit ist ferner eine wesentliche Voraussetzung für Vollstreckung (§ 254 I 1 AO) und Aufrechnung (§ 226 AO). Sie richtet sich nach den Einzelsteuergesetzen (§ 220 I AO). Für die Veranlagungssteuern (Einkommen-, Körperschaft-, Gewerbe-, Vermögen-, Umsatzsteuer) ist in den Einzelsteuergesetzen bestimmt, daß Jahresabschlußzahlungen innerhalb eines Monats nach Bekanntgabe des Steuerbescheides zu entrichten sind (§§ 36 IV EStG, 49 I KStG, 20 II GewStG, 22 I VStG, 18 IV UStG). Fehlt es an einer besonderen gesetzlichen Regelung, so fällt die Fälligkeit des Anspruchs prinzipiell mit seiner Entstehung zusammen. Etwas anderes gilt, wenn in dem nach § 254 AO erforderlichen Leistungsgebot eine Zahlungsfrist eingeräumt worden ist (§ 220 II 1 AO). Ergibt sich der Anspruch aus der Festsetzung einer Steuer, einer Steuervergütung oder einer steuerlichen Nebenleistung und ist über die Fälligkeit im Einzelsteuergesetz nichts bestimmt, so tritt die Fälligkeit nicht vor Bekanntgabe der Festsetzung ein (§ 220 II 2 AO). § 221 AO läßt für besondere Verbrauchsteuern und für die Umsatzsteuer unter bestimmten Voraussetzungen eine Vorverlegung der Fälligkeit zu. 311

2. Hinausschieben der Fälligkeit

Die Fälligkeit kann hinausgeschoben werden durch Stundung (§ 222 AO) und Zahlungsaufschub (§ 223 AO). Dagegen soll die Aussetzung der Vollziehung (§ 361 II AO) die Fälligkeit des Anspruchs aus dem Steuerschuldverhältnis unberührt lassen[2]. Diese Auffassung der Rspr. erscheint jedoch bedenklich, weil in ihrer Konsequenz trotz Aussetzung der Vollziehung und ggf. neben Aussetzungszinsen (§§ 237 I 1, 238 I 1 AO: 0,5%/Monat) an sich auch noch Säumniszuschläge (§ 240 I 1 AO: 1%/Monat) entstehen 312

1 Tipke/*Kruse*, AO, § 220 Tz. 1.
2 So auf dem Boden der sog. *Vollziehbarkeitstheorie* BVerwGE 66, 218, 221 mit zust. Anmerkung v. *H. Söhn*, StRK-Anm. AO 1977 § 226 R 4; BFH BStBl. 88, 366, 269; 90, 352, 354; BFH/NV 88, 752, 754 f.

müßten[3]. Diese nicht sachgerechte Folge läßt sich auf der Basis der Rspr. nur vermeiden, indem man den Tatbestand des § 240 I 1 AO seinem Zweck als Druckmittel entsprechend während der Zeit der Aussetzung teleologisch reduziert[4].

313 Die Fälligkeit wird weder durch die einstweilige Einstellung oder Beschränkung der Vollstreckung (§ 258 AO) noch durch die Niederschlagung (§ 261 AO: Niederschlagung ist eine verwaltungsinterne Maßnahme) tangiert.

2.1 Stundung (§ 222 AO)

314 Ansprüche aus dem Steuerschuldverhältnis können **(Ermessensentscheidung)** unter zwei kumulativen Voraussetzungen ganz oder teilweise gestundet werden:

(1) Die Einziehung des Anspruchs bei Fälligkeit muß für den Schuldner eine besondere Härte bedeuten, d. h. sie muß im Zeitpunkt der Fälligkeit unbillig sein (zum Begriff der Billigkeit s. Rz. 333 ff.);

(2) der Anspruch darf durch die Stundung nicht gefährdet erscheinen.

315 Im Unterschied zum Billigkeitserlaß (§ 227 AO, dazu Rz. 329 ff.) ist bei der Stundung die Einziehung nicht dauerhaft, sondern **nur vorübergehend unbillig.** Ebenso wie beim Billigkeitserlaß wird bei der Stundung zwischen persönlichen und sachlichen Billigkeitsgründen unterschieden. Als sachlicher Billigkeitsgrund spielt in der Praxis der aus dem Grundsatz von Treu und Glauben abgeleitete Rechtsgedanke *„dolo facit, qui petit, quod statim redditurus est“* eine erhebliche Rolle. Steht dem fälligen Steueranspruch ein (z. B. durch Abgabe von Steuererklärungen) hinreichend konkretisierter, in naher Zukunft fälliger Erstattungsanspruch des Steuerpflichtigen gegenüber, dann ist aus diesem Rechtsgedanken heraus eine sog. *Verrechnungsstundung* (*technische* Stundung) zu gewähren[5].

Zu weiteren sachlichen und persönlichen Stundungsgründen s. Tipke/*Kruse,* AO, § 222 Tz. 7 ff.

316 Der Anspruch erscheint durch die Stundung als gefährdet, wenn er zu dem späteren Fälligkeitszeitpunkt nicht mehr oder nur noch mit Schwierigkeiten realisiert werden kann. Zur Sicherung des Steueranspruchs soll die Stundung in der Regel **nur auf Antrag** und **gegen Sicherheitsleistung** gewährt werden (§ 222 S. 2 AO). Gleichwohl ist die Sicherheitsleistung in der Praxis die Ausnahme. Zumindest kurzfristige und betragsmäßig geringe Stundungen werden ohne Sicherheitsleistung ausgesprochen.

§ 222 S. 3, 4 AO n. F. schließt nunmehr ausdrücklich eine Stundung von sog. **Abzugsteuern** (z. B. Lohnsteuer, Kapitalertragsteuer, dazu § 9 Rz. 766 ff.) im Interesse der Funktionsfähigkeit des Besteuerungsverfahrens aus[6].

317 Mangels Fälligkeit entstehen bei der Stundung keine Säumniszuschläge (i. H. v. 1%/Monat, § 240 I 1 AO). Statt dessen werden für die Dauer der gewährten Stundung **Zinsen** i. H. v. 0,5%/Monat erhoben (§§ 234 I, 238 I AO). Auf die Zinsen kann ganz oder teilweise verzichtet werden, wenn ihre Erhebung nach Lage des einzelnen Falles unbillig wäre (Zinsverzicht aus Erlaßgründen, § 234 II AO). Ein derartiger Zinsverzicht ist im Falle der sog. Verrechnungsstundung unter der Voraussetzung auszusprechen, daß der Gegenanspruch existiert und seinerseits nicht nach § 233a AO (dazu Rz. 350) verzinst wird[7].

3 S. Tipke/*Kruse,* AO, § 220 Tz. 5d; *Dumke,* Schwarz, AO § 361 Rz. 14.

4 Nach der Rspr. sind die Säumniszuschläge aus sachlichen Billigkeitsgründen zu erlassen (§ 227 AO, dazu Rz. 335), s. BFH BStBl. 79, 58, 60.

5 Vgl. BFH BStBl. 85, 194, 196; BFH/NV 90, 757, 758; 91, 146, 147; *B. Janssen,* DStZ 91, 77 f.

6 Eingeführt durch das Mißbrauchsbekämpfungs- und Steuerbereinigungsgesetz (StMBG) v. 21. 12. 1993, BGBl. I 93, 2310, unter Korrektur der anderslautenden Rspr. in BFH BStBl. 93, 479.

7 Tipke/*Kruse,* AO, § 234 Tz. 8; *B. Janssen,* DStZ 91, 77, 78.

2.2 Zahlungsaufschub (§ 223 AO)

Zahlungsaufschub ist nur für Zölle und Verbrauchsteuern vorgesehen. § 223 AO verweist auf die Einzelsteuergesetze. Der Anwendungsbereich der Vorschrift wird durch Art. 224–228 ZK als leges speciales erheblich eingeschränkt. Soweit in Verbrauchsteuergesetzen auf Zollgesetze verwiesen wird, gilt der Zollkodex auch für die jeweiligen Verbrauchsteuern[8]. Der Zahlungsaufschub hängt auch nach Art. 224 I, 225 ZK von einem Antrag und von einer Sicherheitsleistung ab. Der Grund für den Zahlungsaufschub besteht darin: Der Schuldner soll erst zahlen müssen, nachdem er den Zoll oder die Verbrauchsteuer im Kaufpreis überwälzt hat. 318

III. Erlöschen fälliger Ansprüche

Ansprüche aus dem Steuerschuldverhältnis erlöschen insb. durch Zahlung (§§ 224, 225 AO) oder durch Hingabe von Kunstgegenständen an Zahlungs Statt unter den besonderen Voraussetzungen des § 224a AO, außerdem durch Aufrechnung (§ 226 AO), Billigkeitserlaß (§§ 163, 227 AO; s. auch speziell § 234 II AO betr. Zinsen), Verjährung (§§ 169–171, 228–232 AO), ferner durch Eintritt der Bedingung bei auflösend bedingten Ansprüchen (s. § 50 AO). Dies bestimmt *§ 47 AO* (dazu bereits § 7 Rz. 7). Nur für die Zahlungsverjährung ist das Erlöschen in § 232 AO ein weiteres Mal angeordnet. 319

1. Zahlung (§§ 224, 225 AO)

Über Leistungsort, Art und Tag der Zahlung, s. §§ 224, 224a AO. Bei **Schecks** kommt es (vorausgesetzt, daß der Scheck eingelöst wird) auf den Tag des Scheckeingangs an (§ 224 II Nr. 1 AO); bei **Banküberweisungen** auf die Gutschrift durch die Empfängerbank. Schuldet ein Steuerpflichtiger mehrere Beträge und reicht bei freiwilliger Zahlung der bezahlte Betrag nicht zur Tilgung sämtlicher Schulden aus, so bestimmt § 225 AO die Reihenfolge der Tilgung. Die Erfüllung durch einen Gesamtschuldner wirkt auch für die übrigen Schuldner (§ 44 II 1 AO). Eine Zahlung unter Vorbehalt kennt die Abgabenordnung nicht. Der Vorbehalt ist auch keine Rechtsbehelfserklärung. 320

Erbschaft- und **Vermögensteuerschulden** können unter zahlreichen besonderen Voraussetzungen auch durch Hingabe von Kunstgegenständen an Zahlungs Statt erfüllt werden (s. dazu § 224a AO). 321

2. Aufrechnung (§ 226 AO)

Literatur: *M. Burmester,* Die Verrechnung von Steuerforderungen, Berlin 1977 (noch zu § 124 RAO); *J. Martens,* Aufrechnung und Verrechnungsvertrag im Steuerrecht, StuW 89, 69; *v. Feldmann,* Die Aufrechnung im BGB und im Steuerrecht, DStR 91, 222; *J. Bultmann,* Die Aufrechnung im Steuerrecht durch Umbuchungsmitteilung der Finanzverwaltung, DStZ 94, 174.

Die Aufrechnung gibt den Beteiligten die Möglichkeit, sich selbst durch einseitige Erklärung die Befriedigung ihres Anspruchs zu verschaffen (sog. *Selbstexekution*)[9]. Aufrechnen können sowohl Privatpersonen (insb. Steuerpflichtige) als auch Finanzbehörden. Die Aufrechnungserklärung der Finanzbehörde ist *kein* Verwaltungsakt, sondern eine bloße **Willenserklärung**[10]. 322

Für die Aufrechnung mit oder gegen Ansprüche aus dem Steuerschuldverhältnis gelten sinngemäß die Vorschriften des bürgerlichen Rechts, soweit nichts anderes bestimmt ist (§ 226 I AO). Daraus folgt, daß die Voraussetzungen der Aufrechnung (die Aufrechnungslage) grundsätzlich dem Bürgerlichen Gesetzbuch zu entnehmen sind. Danach setzt die Aufrechnung voraus: 323

8 Vgl. *F. Lichtenberg,* in Bail/Schädel/Hutter, Zollrecht, F 1 30, Einf., Tz. 4; Tipke/*Kruse,* AO, § 223 Tz. 2; beide zur EG-VO Nr. 1854/89 als Vorgängerin des Zollkodex.
9 Tipke/*Kruse,* AO, § 226 Tz. 1.
10 BFH BStBl. 87, 536; 88, 117; 90, 201.

324 (1) **Gegenseitigkeit** der Hauptforderung und der Gegenforderung (s. § 387 BGB).

*Haupt*forderung nennt man die Forderung des Gläubigers gegen den Schuldner, die Forderung, gegen die aufgerechnet wird; *Gegen*forderung nennt man die Forderung des Schuldners gegen den Gläubiger, die Forderung mit der aufgerechnet wird. Für die Aufrechnung gilt als Gläubiger oder Schuldner eines Anspruchs des Steuerberechtigten aus dem Steuerschuldverhältnis nicht nur die steuerberechtigte Körperschaft, sondern auch die Körperschaft, die die Steuer verwaltet (§ 226 IV AO). Es kommt also für die Beurteilung der Gegenseitigkeit – aus praktischen Gründen – auf die Verwaltungshoheit, nicht auf die Ertragshoheit an. Unerheblich ist, gegen welche öffentliche Kasse die Gegenforderung des Steuerpflichtigen besteht. So kann gegen den Steueranspruch auch mit einer gegen den Justizfiskus bestehenden Forderung aufgerechnet werden. Die Gegenseitigkeit kann durch Abtretung oder durch Schuldübernahme hergestellt werden.

325 (2) **Erfüllbarkeit** der Hauptforderung (s. § 271 BGB); **Fälligkeit** der Gegenforderung (s. § 387 BGB).

Damit ein Anspruch des Steuerpflichtigen auf *Erstattung* überzahlter Vorauszahlungen fällig wird, bedarf es der Festsetzung des Steueranspruchs (s. §§ 36 IV 2 EStG, 49 I KStG, 22 II VStG, 20 III GewStG). Zur Möglichkeit einer vorherigen sog. *Verrechnungsstundung* s. Rz. 315.

326 (3) **Gleichartigkeit** (§ 387 BGB). Das Gebot der Gleichartigkeit verlangt, daß auch die Gegenforderung eine Geldforderung ist.

327 (4) **Einschränkung** nur für **Steuerpflichtige:** bei Aufrechnung gegen Ansprüche aus dem Steuerschuldverhältnis muß die Gegenforderung *unbestritten* oder *rechtskräftig festgestellt* sein (§ 226 III AO).

Beispiel: Tischlermeister T rechnet gegen eine Vermögensteuerforderung mit einer Forderung gegen den Landesjustizfiskus auf, da er im Justizgebäude Richtertische erneuert habe. Die Forderung des Tischlers ist nicht rechtskräftig festgestellt. – Zwar liegt Gegenseitigkeit vor. Die Zulässigkeit der Aufrechnung hängt jedoch davon ab, ob die Justizbehörde die Gegenforderung bestreitet.

328 Die Aufrechnung durch einen **Gesamtschuldner** wirkt auch für die übrigen Gesamtschuldner (§ 44 II 1, 2 AO).

3. Billigkeitserlaß; Erstattung aus Billigkeitsgründen (§ 227 AO)

Literatur: *R. v. Groll*, HHSp, AO, § 227 AO; Tipke/*Kruse*, AO, § 227; *A. Hensel*, Die Abänderung des Steuertatbestandes durch freies Ermessen und der Grundsatz der Gleichheit vor dem Gesetz, VJSchrStFR Bd. 1 (1927), 39 ff.; *H.-U. Waiblinger*, Gesetzmäßigkeit und Ermessensfreiheit bei Steuerstundung und Steuererlaß (§§ 127 und 131 AO), Diss. Würzburg 1966; *T. v. Bodungen*, Rechtskraftdurchbrechung im Steuerrecht mittels Billigkeitserlasses nach § 131 AO, Diss. München 1968; *H. Leuer*, Der kommunalpolitisch motivierte Abgabenerlaß, Diss. Bochum 1968; *H. Rödel*, Der Begriff „unbillig" in § 131 AO, Diss. Mainz 1975; *J. Isensee*, Das Billigkeitskorrektiv des Steuergesetzes – Rechtfertigung und Reichweite des Steuererlasses im Rechtssystem des Grundgesetzes, in: FS für Flume, Bd. II, Köln 1978, 129 ff.; *H. Weber*, Steuererlaß und Steuerstundung als Subvention, Diss. Heidelberg, Berlin 1980; *P. Kirchhof*, Gesetz und Billigkeit im Abgabenrecht, in: FS für Scupin, Berlin 1983, 775 ff.; *I. Pernice*, Billigkeit und Härteklauseln im öffentlichen Recht, Baden-Baden 1991.

3.1 Grundgedanke des Erlasses

329 Der Steuererlaß bedarf wegen der verfassungsrechtlich fundierten Grundsätze der Gesetzmäßigkeit und Gleichmäßigkeit der Besteuerung ebenso einer **gesetzlichen Legitimation** wie der Eingriff, von dem er suspendiert[11]. Die hierfür erforderliche gesetzliche Grundlage bieten im Festsetzungsverfahren § 163 AO (dazu Rz. 294) und im Erhebungsverfahren § 227 AO. Dem Erlaß liegt folgender Gedanke zugrunde: Abstrakt

11 *R. v. Groll*, HHSp, AO, § 227 Rz. 30.

generelle Gesetze vermögen nur für eine generalisierende Gerechtigkeit zu sorgen, nicht selten gar nur für eine typisierende. **Billigkeit** ist demgegenüber *Gerechtigkeit oder Vernünftigkeit im Einzelfall.* Billigkeit mildert das für den Durchschnittsfall gedachte starre Recht im atypischen Einzelfall. Die Billigkeit durchbricht die abstrakte Regel und nimmt Rücksicht auf die konkrete Situation.

Jedoch soll durch § 227 AO **keine allgemeine Gesetzeskorrektur** für den Fall zugelassen 330
werden, daß eine gesetzliche Regel allgemein als unbillig empfunden wird. Überhaupt dürfen die Finanzbehörden (und -gerichte) nicht ihre Auffassung von Gerechtigkeit an die Stelle der Auffassung des Gesetzgebers von Gerechtigkeit setzen. Divergieren Gesetzeswortlaut und gesetzgeberische Wertung (oder Gesetzeszweck), so ist zunächst zu versuchen, durch teleologische Auslegung, teleologische Reduktion oder Lückenausfüllung (dazu § 5 Rz. 71 ff.) ein befriedigendes Ergebnis zu finden. Die Möglichkeit der Auslegung und Lückenausfüllung müssen ausgeschöpft werden, bevor ein Billigkeitserlaß in Betracht kommt. Bei allgemeiner Unbilligkeit kann es auch angezeigt sein zu prüfen, ob das Gesetz (etwa wegen Verstoßes gegen den Gleichheitssatz) verfassungswidrig ist.

3.2 Erlaß als Ermessensentscheidung

Seiner Struktur nach ist § 227 AO eine sog. **Koppelungsvorschrift,** die auf der Tatbestandsseite 331
einen *unbestimmten Rechtsbegriff* („nach Lage des Einzelfalls unbillige Einziehung") und auf der Rechtsfolgenseite eine *Ermessensermächtigung* enthält. Versteht man § 227 AO als Koppelungsvorschrift, ist der unbestimmte Rechtsbegriff gerichtlich voll nachprüfbar, während sich die Überprüfung der sich daran anschließenden Ermessensentscheidung auf Ermessensfehler beschränkt. Anders aber hat der Gemeinsame Senat der obersten Gerichtshöfe des Bundes (GmSOBG) – dogmatisch wenig überzeugend – in seiner Entscheidung vom 10. 10. 1971[12] zu § 131 I 1 RAO 1931 judiziert. Er hält die Erlaßnorm für eine *einheitliche Ermessensvorschrift,* weil der Begriff „unbillig" mit der Rechtsfolge „können" unlösbar verzahnt sei. Der BFH ist dieser Rechtsprechung auch für die Nachfolgevorschrift des § 227 AO gefolgt[13]. Jedoch bedeutet dies auch nach der Rspr. nicht, daß das Verwaltungsermessen im Sinne einer tatbestandslosen Ermessensvorschrift insgesamt nur anhand der Grenzen der §§ 5 AO, 102 FGO überprüfbar ist. Denn nach dem GmSOBG determiniert der unbestimmte Rechtsbegriff zugleich Inhalt und Grenzen der pflichtgemäßen Ermessensausübung.

Nach Streichung der §§ 163 II, 227 II AO durch das Mißbrauchsbekämpfungs- und Steuerbereini- 332
gungsgesetz v. 21. 12. 1993, BGBl. I 93, 2310, sind nur noch die Finanzämter für den Erlaß sachlich zuständig.

3.3 Billigkeitsgründe

Es kommt damit für den Erlaß entscheidend auf das Vorliegen der Unbilligkeit im 333
Einzelfall an. Gemeinhin wird zwischen zwei Arten der Unbilligkeit unterschieden: Unbilligkeit in der **Sache** und Unbilligkeit in der **Person** des Steuerschuldners.

3.3.1 Sachliche Unbilligkeit

Sachliche Unbilligkeitsgründe sind solche, die unabhängig von der Person des Schuldners 334
und unabhängig von seinen wirtschaftlichen Verhältnissen unmittelbar aus dem Gesetz (aus der Tatsache der Besteuerung als solcher) hervorgehen[14]. Es lassen sich im wesentlichen folgende Fallgruppen unterscheiden:

12 BStBl. 72, 603, 605 ff.
13 S. nur BFH BStBl. 90, 673, 675; 90, 1007; 91, 906, 907.
14 BFH BStBl. 81, 726, 727; 87, 612, 614; *R. v. Groll,* HHSp, AO, § 227 Rz. 126.

335 (1) **Zweckverfehlung:**

Sachliche Unbilligkeit kann vorliegen, wenn in einem atypischen Einzelfall die rechtliche Aussage des Gesetzes über den mit diesem verfolgten Zweck hinausreicht. Voraussetzung ist aber, daß der Tatbestand *nicht* bereits im Wege der Auslegung *durch teleologische Reduktion* (s. § 5 Rz. 75 f.) eingeschränkt werden kann. *Beispiele:* Erlaß von Säumniszuschlägen (§ 240 I AO) bei Überschuldung und Zahlungsunfähigkeit des Steuerschuldners[15], da der Säumniszuschlag in diesem Fall seine Funktion als Druckmittel eigener Art (dazu Rz. 366) verloren hat. Erlaß von Umsatzsteuer, weil es dem Unternehmer entgegen dem Zweck des UStG (dazu § 13 Rz. 1) nicht gelingt, die Steuer zu überwälzen[16]. Erlaß einer Substanzsteuer, die entgegen dem Zweck des Gesetzes (dazu § 8 Rz. 22) nicht aus dem Ertrag des Vermögens erbracht werden kann (für die Grundsteuer kodifiziert § 33 GrStG diesen Rechtsgedanken ausdrücklich).

336 (2) **Grundrechtseingriff:**

Sachliche Unbilligkeit kann vorliegen, wenn das Gesetz zwar selbst nicht grundrechtswidrig ist, die Erhebung des Steueranspruchs aber in einem atypischen Einzelfall Grundrechte des Steuerschuldners verletzt[17]. §§ 163, 227 AO dürfen dabei aber nicht als „Reparaturwerkzeuge" für ein verfassungswidriges Gesetz mißbraucht werden. *Beispiele:* Erlaß von Einkommen- und Vermögensteuer, wenn die Besteuerung von Kapitalerträgen nach Nominalwerten eine Person trifft, die allein von Zinsen leben muß[18]. Erlaß von Einkommensteuer, wenn ein beschränkt Steuerpflichtiger ausschließlich oder fast ausschließlich steuerbare Einkünfte erzielt und dessen persönliche Verhältnisse bei der Besteuerung nicht hinreichend berücksichtigt werden[19]. Erlaß von Kirchensteuer, wenn ihre Bemessung im Jahr des Kirchenaustritts zu einer unverhältnismäßigen, sachwidrigen Benachteiligung des Steuerpflichtigen führt[20]; *nicht* aber Erlaß von Steuern aus Gewissensgründen (etwa wegen Verwendung der Steuer zur Finanzierung des Wehretats)[21].

337 (3) **Vertrauensschutz:**

Ein sachlicher Billigkeitsgrund kann vorliegen, wenn durch Änderung der Gesetze oder der höchstrichterlichen Rechtsprechung Dispositionen des Steuerpflichtigen beeinträchtigt werden[22]. Wenn nach dem Besteuerungszweck einer Neuregelung bereits getroffene Dispositionen entwertet werden, muß in diesen atypischen Einzelfällen durch Billigkeitserlaß Vertrauensschutz gewährt werden[23]. Da von der Gesetzes- und Rechtsprechungsänderung häufig ein großer Personenkreis betroffen ist, kann das Bedürfnis nach einer allgemeinen Verwaltungsregelung entstehen (sog. *Übergangs- bzw. Anpassungsregelung*)[24]. Durch Übergangsregelungen soll ferner vermieden werden, daß ein Einzelner nur deshalb schlechter gestellt wird, weil sein Fall erst nach Bekanntwerden der neuen, die Verwaltungspraxis ändernden Rechtsprechung entschieden wird[25]. *Beispiele* für Übergangsregelungen: BStBl. I 92, 137; 93, 24 (zur verdeckten Gewinnausschüttung bei Verletzung von Wettbewerbsverboten s. § 11 Rz. 62); BStBl. I 93, 62 ff., Tz. 96 ff.; 80 ff., Tz. 48 ff. (zur Erbauseinandersetzung u. vorweggenommenen Erbfolge s. § 9 Rz. 427).

338 Der Steuererlaß wegen sachlicher Unbilligkeit ist *nicht* dazu bestimmt, die Folgen schuldhafter **Versäumnis eines Rechtsbehelfs** auszugleichen. Im allgemeinen ist es dem Steuerpflichtigen zuzumuten, die Festsetzung rechtzeitig zu überprüfen oder überprüfen zu lassen und ggf. mit den

15 BFH BStBl. 75, 727, 728; 84, 415, 416; 90, 673, 675.

16 S. auch BVerfGE 27, 375, 385.

17 Vgl. BVerfGE 16, 147, 177; 38, 61, 102; 43, 1, 12; 50, 57, 86; NJW 92, 168, 169.

18 BVerfGE 50, 57, 86.

19 BFHE 154, 38, 45 f.; FG Münster, EFG 94, 458 f.

20 BVerwG NJW 88, 1804, 1805.

21 BFH BStBl. 92, 303, 304; a. A. *P. Tiedemann,* Das Recht der Steuerverweigerung aus Gewissensgründen, Hildesheim u. a. 1991, 1. Kap., Rz. 44; 2. Kap., Rz. 33, 56 f., 66; *ders.,* StuW 88, 69, 72 f.; 92, 276 f.

22 S. GmSOBG BStBl. 72, 603, 609; BFH BStBl. 79, 455, 457; 91, 610, 613.

23 Vgl. BFH BStBl. 90, 261, 262; BFH GrS BStBl. 90, 817, 830; Tipke/*Kruse,* AO, § 227 Tz. 24.

24 Für derartige Verwaltungsvorschriften bestand früher eine ausdrückliche Rechtsgrundlage in § 131 II RAO; heute wird die Regelungsbefugnis der Verwaltung aus Art. 108 VII GG i. V. m. §§ 163, 227 AO abgeleitet, vgl. BFH BStBl. 81, 204, 206; BFH GrS BStBl. 90, 817, 830; 91, 572, 573.

25 S. BFH BStBl. 81, 319, 320 f.; 91, 610, 613.

gegebenen Rechtsbehelfen anzugreifen[26]. Bestandskräftige Steuerfestsetzungen können nur dann im Billigkeitsverfahren sachlich überprüft werden, wenn die Steuerfestsetzung offensichtlich (eindeutig) unrichtig ist *und* wenn es dem Steuerpflichtigen nicht möglich oder nicht zumutbar war, sich gegen die Fehlerhaftigkeit zu wehren[27].

3.3.2 Persönliche Unbilligkeit

Es entspricht der Gerechtigkeitsidee, daß der **Besteuerung nach der wirtschaftlichen Leistungsfähigkeit** (dazu § 4 Rz. 81 ff.) nicht nur generell, sondern auch im konkreten Einzelfall Rechnung getragen werden muß. Für das Steuerrecht folgert das BVerfG aus der Wertentscheidung des Grundgesetzes für Freiheit und Eigentum (Art. 2 I, 12 I, 14 I GG) und aus dem Schutz von Ehe und Familie (Art. 6 I GG), daß der Staat dem Steuerpflichtigen das Einkommen insoweit steuerfrei zu belassen hat, als es zur Schaffung der Mindestvoraussetzungen für ein menschenwürdiges Dasein der Familie des Steuerpflichtigen benötigt wird[28]. Deshalb ist die Besteuerung zumindest dann (persönlich) unbillig, wenn sie zu einer ernsthaften Gefährdung der wirtschaftlichen Existenz des Steuerpflichtigen und seiner Familie führt (sog. **Erlaßbedürftigkeit**)[29]. Dies wird angenommen, wenn ohne Billigkeitsmaßnahmen deren notwendiger Lebensunterhalt vorübergehend oder dauernd nicht mehr bestritten werden kann. 339

Beispiel: Einem alten, nicht mehr erwerbsfähigen Steuerpflichtigen ist wenigstens so viel von seinem Vermögen zu belassen, daß ihm und seiner Frau für den Rest des Lebens eine bescheidene Lebensführung ermöglicht wird. Wenn das Vermögen der Eheleute allein aus einem bisher geführten Betrieb besteht, ist von der auf einem Betriebsaufgabegewinn entfallenden Steuer so viel zu erlassen, daß der Steuerpflichtige eine Versicherung über sofort fällige Leibrentenbezüge gegen eine Einmalprämie – in dem für eine bescheidene Lebensführung notwendigen Umfang – abschließen kann[30].

Die Rechtsprechung macht den Erlaß aus persönlichen Billigkeitsgründen außerdem von der **„Erlaßwürdigkeit"** des Steuerpflichtigen abhängig. Der Steuerpflichtige soll dann „erlaßunwürdig" sein, wenn er die mangelnde Leistungsfähigkeit schuldhaft selbst herbeigeführt oder durch sein Verhalten in eindeutiger Weise gegen die Interessen der Allgemeinheit verstoßen hat[31]. Die Erlaßunwürdigkeit darf u. E. jedoch nicht aus irgendeinem Fehlverhalten in Staat und Gesellschaft abgeleitet werden; die Erlaßunwürdigkeitsgründe müssen vielmehr mit der Erlaßbedürftigkeit zusammenhängen *(Verbot der „sachfremden" Koppelung).* 340

Billigkeitsmaßnahmen müssen sich immer am Grundgedanken des Gesetzes orientieren, etwa an der Leistungsfähigkeit. **Erwägungen,** die unter steuergesetzlichem Aspekt **sachfremd** sind (etwa Parteizugehörigkeit), sind ermessensfehlerhaft. Ebensowenig enthalten §§ 163, 227 AO eine Ermächtigung zum Erlaß von Steuern aus wirtschafts-, sozialpolitischen oder anderen interventionistischen Gründen; Subventionierung durch Steuererlaß ist deshalb ausgeschlossen[32]. 341

---

26 Tipke/*Kruse,* AO, § 227 Tz. 21.
27 S. BFH BStBl. 81, 611; 88, 512, 513.
28 BVerfGE 87, 153, 169 ff., dazu ausf. oben § 9 Rz. 71 ff.
29 Ständ. Rspr., s. etwa BFH BStBl. 81, 726, 727; 87, 612, 614.
30 BFH BStBl. 81, 726, 728; 87, 612, 614.
31 Ständ. Rspr. seit BFH BStBl. 58, 153; s. BFH BStBl. 81, 726, 728; BFH/NV 88, 695, 697; 89, 432, 433.
32 BFH BStBl. 70, 696, 701; 72, 754, 757; 75, 51 f.; BVerfGE 48, 166, 168; *H. Weber,* Steuererlaß und Steuerstundung als Subvention, Berlin 1980, insb. 51 ff.

3.4 Billigkeitsmaßnahmen

342 § 227 Hs. 1 AO sieht als Billigkeitsmaßnahmen vor, den Anspruch aus dem Steuerschuldverhältnis ganz oder teilweise (sog. **Teilerlaß**) zu erlassen. § 227 Hs. 2 AO erweitert den Maßnahmenkatalog dahingehend, daß auch bereits entrichtete Beträge ganz oder teilweise *erstattet* oder angerechnet werden können. Die Tatsache der Zahlung spricht deshalb nicht a priori gegen die Erlaßbedürftigkeit des Steuerpflichtigen[33]. Vielmehr ist zu prüfen, ob die Einziehung des Anspruchs aus dem Steuerschuldverhältnis *im Zeitpunkt der Erfüllung* unbillig war[34].

4. Zahlungsverjährung

4.1 Verhältnis von Festsetzungs- und Zahlungsverjährung

343 Im Gegensatz zur RAO unterscheidet die AO 1977 zwischen **Festsetzungsverjährung** (§§ 169–171 AO, dazu Rz. 296 ff.) und **Zahlungsverjährung** (§§ 228–232 AO). Während die Festsetzungsverjährung die Finanzbehörde an der Festsetzung des zu beanspruchenden Betrages durch Verwaltungsakt einschließlich dessen Berichtigung hindert, betrifft die Zahlungsverjährung nur den *fälligen* Anspruch, den *Zahlungs*anspruch. Die Zahlungsverjährung gilt für *alle* Ansprüche aus dem Steuerschuldverhältnis, also nicht nur für Ansprüche des Steuerberechtigten, sondern auch für Ansprüche des Steuerpflichtigen. Wenn Ansprüche aus dem Steuerschuldverhältnis durch Verwaltungsakt festgesetzt oder angemeldet werden, unterliegen sie sowohl der Festsetzungs- als auch der Zahlungsverjährung. Die Zahlungsverjährung ist so ausgestaltet, daß sie regelmäßig erst nach der Festsetzungsverjährung eintritt (s. Schaubild, Rz. 346)[35].

4.2 Verjährungsfrist, Hemmung, Unterbrechung

344 Die Zahlungsverjährungsfrist beträgt *fünf Jahre* (§ 228 S. 2 AO). Es handelt sich um eine **Einheitsfrist** ohne Rücksicht auf die Art des Anspruchs und darauf, ob die Steuer hinterzogen oder leichtfertig verkürzt worden ist[36]. Sie beginnt grundsätzlich mit Ablauf des Kalenderjahres, in dem der Anspruch erstmals fällig geworden ist (§ 229 I 1 AO). § 229 I 2 AO enthält eine sog. *Anlaufhemmung.*

345 Die Zahlungsverjährung wird in den *enumerativ*[37] aufgeführten Fällen des § 231 I AO **unterbrochen.** Im Unterschied zur sog. *Ablaufhemmung* (§ 230 AO) schiebt sich die Frist bei der *Unterbrechung* nicht um einen bestimmten Zeitraum hinaus, sondern beginnt nach Ablauf der Unterbrechung *erneut* zu laufen (s. § 231 III AO). Die wichtigsten Unterbrechungstatbestände (s. § 231 I AO) sind: schriftliches Leistungsgebot (§ 254 I 1 AO), schriftliche Mahnung (§ 259 S. 1 AO), Stundung (§ 222 AO), Aussetzung der Vollziehung (§§ 361 II, III AO, 69 II FGO), Vollstreckungsaufschub (§ 258 AO), alle Vollstreckungsmaßnahmen, Konkursanmeldung (§ 251 III AO). Die Verjährung wird dabei nur in Höhe des Betrages unterbrochen, auf den sich die Unterbrechungshandlung bezieht (§ 231 IV AO). Zur Unterbrechungsdauer s. § 231 II AO.

---

33 Ebenso *R. v. Groll,* HHSp, AO, § 227 Rz. 335.
34 BFH BStBl. 77, 127, 129 f.; 87, 612, 615.
35 Zu einem (ungewollten) Ausnahmefall siehe *R. Ruban,* HHSp, AO, Vor § 228 Rz. 3.
36 Tipke/*Kruse,* AO, § 228 Tz. 2.
37 BFH BStBl. 90, 802.

4.3 Schaubild

346

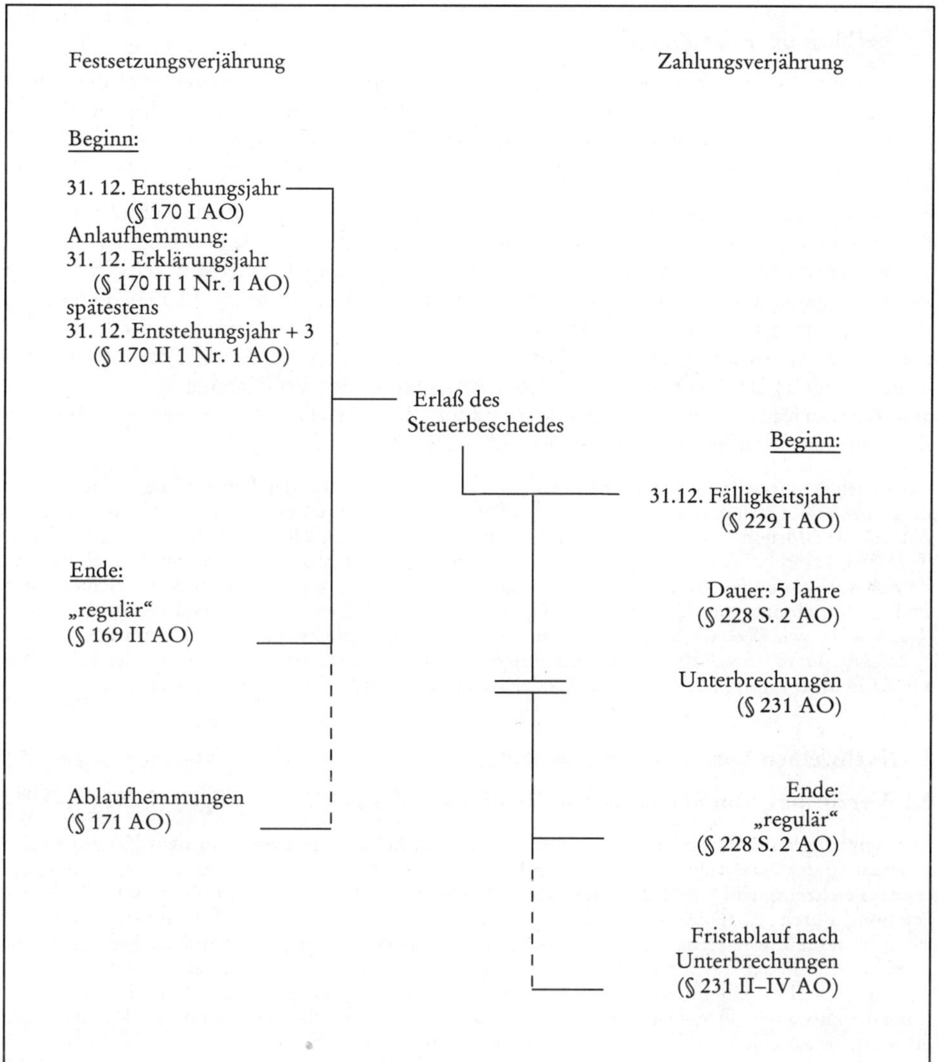

IV. Verzinsung, Säumniszuschlag

1. Überblick über das Zinssystem

347 Ansprüche aus dem Steuerschuldverhältnis werden nur verzinst, soweit dies gesetzlich vorgeschrieben ist (§ 233 S. 1 AO). Ansprüche auf steuerliche Nebenleistungen (§ 3 III AO) und die entsprechenden Erstattungsansprüche werden nicht verzinst (§ 233 S. 2 AO). Dies entspricht dem Zinseszinsverbot des § 289 S. 1 BGB.

348 Mit dem Steuerreformgesetz 1990 ist für bestimmte Veranlagungssteuern (Einkommen-, Körperschaft-, Vermögen-, Umsatz- und Gewerbesteuer) in § 233a AO eine (beschränkte) **Vollverzinsung** eingeführt worden[38]. Die Verzinsung betrifft die zeitliche Phase zwischen Entstehung und erstmaliger Fälligkeit *(Vorfälligkeitszins)*. Daneben sieht die AO 1977 nur eine sehr unvollkommen ausgestaltete Verzinsung in Einzeltatbeständen vor: Stundungszinsen (§ 234 AO), Hinterziehungszinsen (§ 235 AO), Zinsen auf Erstattungsbeträge (§ 236 AO) und Zinsen bei Aussetzung der Vollziehung (§ 237 AO). Zu den Konkurrenzen der einzelnen Tatbestände Rz. 362. Die Zinsen betragen für alle Zinstatbestände einheitlich 0,5%/vollen Monat (§ 238 I AO).

349 Ein in seiner wirtschaftlichen Auswirkung nicht zu unterschätzender Unterschied zwischen den Zinstypen ergibt sich indessen seit dem 1. 1. 1990 aufgrund der **ertragsteuerlichen Behandlung der Zinsen.** Nachforderungszinsen (§ 233a AO), Stundungszinsen (§ 234 AO) und Aussetzungszinsen (§ 237 AO) sind bei der Einkommensteuer als Sonderausgaben abzugsfähig, wenn sie nicht bereits Betriebsausgaben oder Werbungskosten darstellen (§ 10 I Nr. 5 EStG). Bei der Körperschaftsteuer sind sie Betriebsausgaben (§ 10 Nr. 2 KStG). *Nicht* abzugsfähig sind dagegen Hinterziehungszinsen (§ 235 AO), vgl. §§ 4 V Nr. 8a, 9 V, 10 I Nr. 5 EStG. Umgekehrt unterliegen Erstattungszinsen (§ 233a AO) und Prozeßzinsen auf Erstattungen (§ 236 AO) als Betriebseinnahmen oder Einkünfte aus Kapitalvermögen (§ 20 I Nr. 7 EStG) der Einkommen- oder Körperschaftsteuer.

2. Die einzelnen Verzinsungstatbestände

2.1 Verzinsung von Steuernachforderungen und Steuererstattungen (§ 233a AO)[39]

350 Der **Vorfälligkeitszins** soll den Liquiditätsvorteil des Schuldners bereits ab dem Zeitpunkt der Entstehung des Anspruchs abschöpfen und den entsprechenden Nachteil des Gläubigers ausgleichen. Gleichzeitig will § 233a AO verhindern, daß Steuerpflichtige, die eine hohe Abschlußzahlung erwarten, durch möglichst späte Abgabe ihrer Steuererklärungen sich einen ungerechtfertigten Zinsvorteil („zinslose Steuerstundung") verschaffen. Deshalb knüpft § 233a AO die Verzinsung an feste, von Einflüssen des Steuerpflichtigen unabhängige Zeitpunkte. Zur Verwaltungsvereinfachung sieht § 233a II 1 AO für den Zinsbeginn eine *Karenzzeit* von 15 Monaten[40] nach Ablauf des Kalenderjahres vor, in dem die Steuer entstanden ist. Der Zinslauf endet mit Wirksamkeit der Steuerfestsetzung; jedoch darf der Zinszeitraum nur höchstens vier Jahre betragen (§ 233a II 3 AO n. F.[41]).

351 Bei **Nachforderungszinsen** erfolgt die Zinsberechnung nach dem Prinzip der sog. **Sollverzinsung.** Maßgebend ist nach § 233a III 1 AO der *Unterschiedsbetrag* zwischen der festgesetzten Steuer und den anzurechnenden Steuerabzugs- und Vorauszahlungsbeträgen (sog. *Vorsoll*). Ob das Vorsoll tatsächlich abgeführt worden ist, bleibt für die Verzinsung ohne Belang. Die Nichtzahlung des Vorsolls löst allerdings Säumniszuschläge (§ 240 I 1 AO, dazu Rz. 366) aus.

---

38 BGBl. I 88, 1093, 1127.

39 Kritisch zur Vollverzinsung *H. W. Kruse*, FR 88, 1, 8; *H. Sebiger/J. Dechant*, in: Festgabe für Felix, Köln 1989, 365 ff.; *G. Felix*, StbKongrRep. 1989, 399 ff.; *K. J. Wagner*, FR 89, 390 ff.; *W. Spindler*, StVj 89, 341 ff.

40 Innerhalb dieses Zeitraumes soll nach der Vorstellung des Gesetzgebers die Masse der Veranlagungsfälle bereits erledigt sein, vgl. BT-Drucks. 11/2157, 195.

41 Zuletzt geändert durch das Grenzpendlergesetz vom 24. 6. 1994, BGBl. I 94, 1395, 1399.

352 Bei **Erstattungszinsen** liegt der Zinsberechnung dagegen das Prinzip der sog. **Istverzinsung** zugrunde (§ 233a III 3 AO). Verzinst wird hier der *zu erstattende* Betrag. Die Verzinsung beginnt frühestens ab dem Zeitpunkt, in dem die zu erstattende Steuer gezahlt worden ist.

353 **Berechnungsbeispiel (mit Korrektur der Steuerfestsetzung):**

ESt-Bescheid 1992 v. 20. 8. 1994 (Aufgabe zur Post)	100 000 DM
Vorauszahlungen 4 x 30 000 DM, pünktlich gezahlt	120 000 DM
Erstattung zugunsten des Steuerpflichtigen	20 000 DM
Erstattungszins für Zeitraum 1. 4.–23. 8. 94[42]	
4 volle Monate = 4 x 0,5% v. 20 000 DM =	400 DM

In 1996 wird eine Außenprüfung durchgeführt, der Zinsbescheid ist wie folgt zu ändern (§ 233a V AO):

berichtigter ESt-Bescheid 1992 v. 10. 7. 1996	150 000 DM
bisheriger ESt-Bescheid 1992 v. 20. 8. 1994	100 000 DM
neuer Unterschiedsbetrag (Sollverzinsung)	50 000 DM
Nachforderungszins für Zeitraum 1. 4. 1994–13. 7. 1996	
27 volle Monate = 27 x 0,5% v. 50 000 DM =	6 750 DM
./. Erstattungszinsen 1. 4.–23. 8. 1994 (s. § 233a V 3 AO)	400 DM
Berichtigte Zinsfestsetzung	6 350 DM.

Da der Rechtsgrund für den Erstattungszins nachträglich weggefallen ist, hat der Steuerpflichtige neben der Nachforderung i. H. v. 6350 DM auch den erhaltenen Erstattungszins i. H. v. 400 DM zurückzuzahlen (s. § 37 II 2 AO).

354 Eine Unzulänglichkeit der Vollverzinsungsregelung besteht darin, daß der Zinslauf von der **Bearbeitungsgeschwindigkeit** der Finanzbehörde abhängt. Verzögert sich die Bearbeitung der Steuererklärung in unvertretbarer und unbegründeter Weise, kommt im Einzelfall ein Erlaß von Nachforderungszinsen wegen sachlicher Unbilligkeit (§ 227 AO, dazu Rz. 335) in Betracht[43]. Voraussetzung hierfür ist aber der Nachweis, daß dem Steuerpflichtigen trotz der Verzögerung kein abschöpfbarer Zinsvorteil entstanden ist[44]. Außerdem wird zu berücksichtigen sein, ob es dem Steuerpflichtigen möglich und zumutbar war, einen Antrag auf Anpassung der Vorauszahlungen zu stellen.

2.2 Stundungszinsen (§ 234 AO)

355 Für die Dauer einer gewährten Stundung (§ 222 AO, dazu Rz. 314 ff.) werden Stundungszinsen erhoben.

2.3 Hinterziehungszinsen (§ 235 AO)

356 Die Regelung des § 235 AO bezweckt, beim *Nutznießer* einer Steuerhinterziehung dessen **Zinsvorteil abzuschöpfen**[45]. Zinsschuldner ist deshalb nicht unbedingt der Täter, sondern derjenige, zu dessen (steuerlichen) Vorteil die Steuern hinterzogen worden sind (§ 235 I 2 AO).

357 § 235 I 3 AO enthält eine besondere Regelung für die Fälle des Steuerabzugs (z. B. Lohn-, Kapitalertragsteuer) und der Verpflichtung zur Entrichtung von Steuern für Rechnung eines Dritten (z. B. Versicherungsteuer). Besteht die Steuerhinterziehung darin, daß diese Personen ihre Verpflichtung zur Abführung der einbehaltenen Steuer nicht erfüllt haben, dann geschah die Hinterziehung zu deren Vorteil. Dementsprechend sind sie auch Zinsschuldner. Anders ist dies dagegen bei gesetzlichen Vertretern, Vermögensverwaltern und Verfügungsberechtigten i. S. d. §§ 34, 35 AO. Dieser

42 Der Steuerbescheid wird am dritten Tag nach seiner Aufgabe zur Post wirksam, s. §§ 124 I 1, 122 II Nr. 1 AO.

43 Im einzelnen str., s. FG Rheinland-Pfalz EFG 92, 646 f.; FG Bremen EFG 93, 361 ff.; *M. Streck/A. Mack,* DStR 89, 119, 120 f.; *H. Krabbe,* DStR 91, 1042, 1043; *R. Sikorski,* DStR 91, Beihefter zu Heft 18, 11; a. A. *H. Specht,* B 92, 807.

44 Vgl. auch BFH BStBl. 94, 81, 82.

45 BFH BStBl. 89, 596, 597; 91, 781; 92, 9, 11.

Personenkreis fällt *nicht* unter § 235 I 3 AO, sondern unter § 71 AO[46]. Danach haften sie als Steuerhinterzieher für hinterzogene Steuern und Hinterziehungszinsen.

358 Die Erhebung von Hinterziehungszinsen setzt voraus, daß objektiv und subjektiv die Tatbestandsmerkmale einer **vollendeten Steuerhinterziehung** (§ 370 AO, dazu § 24 Rz. 20 ff.) verwirklicht worden sind[47]. Rechtfertigungs- und Schuldausschließungsgründe hindern die Entstehung des Zinsanspruchs; *nicht* aber persönliche Strafausschließungs- und Strafaufhebungsgründe (z. B. Selbstanzeige nach § 371 AO), Verfolgungsverjährung (§§ 78 ff. StGB) oder Tod des Täters[48]. Eine strafrechtliche Verurteilung des Steuerhinterziehers ist nicht erforderlich[49]. Vielmehr hat die Finanzbehörde – ohne Bindung an die Feststellungen des Strafgerichts – eigenverantwortlich zu beurteilen und ggf. zu ermitteln, ob eine Steuerhinterziehung objektiv und subjektiv vorliegt. Hierfür trägt sie die objektive Feststellungslast[50].

359 Verzinst wird der Steuerbetrag, soweit die Hinterziehung reicht. Der Zinslauf beginnt grundsätzlich mit dem Eintritt der Verkürzung oder der Erlangung des Steuervorteils (§ 235 II AO). Er endet mit Zahlung der hinterzogenen Steuer (§ 235 III 1 AO).

2.4 Prozeßzinsen auf Erstattungsbeträge und Steuervergütungen (§ 236 AO)

360 Erstattungsansprüche und Steuervergütungen des Steuerpflichtigen werden außerhalb der Vorfälligkeitsverzinsung des § 233a AO nur verzinst ab Rechtshängigkeit, d. h. mit Erhebung der Klage auf Herabsetzung der Steuer bei Gericht (§ 236 I 1 AO). Der Zinslauf endet mit dem Auszahlungstag. Die damit nur äußerst lückenhafte Verzinsung von Ansprüchen der Steuerpflichtigen ist unangemessen profiskalisch und führt zudem zu einem Wertungswiderspruch gegenüber § 237 AO, weil bei der Aussetzung der Vollziehung die Zinspflicht des Steuerpflichtigen bereits mit dem Eingang des außergerichtlichen Rechtsbehelfs beginnt (§ 237 II 1 AO)[51].

2.5 Aussetzungszinsen (§ 237 AO)

361 § 237 AO ist das Gegenstück zu § 236 AO und soll verhindern, daß außergerichtliche Rechtsbehelfsverfahren und Steuerprozesse ohne ernsthafte Erfolgsaussichten nur deshalb geführt werden, um die Zahlungspflicht zinslos hinauszuschieben[52]. Ist Aussetzung der Vollziehung (§ 361 II, III AO) gewährt worden und der Rechtsbehelf endgültig erfolglos geblieben[53], ist der ausgesetzte Steuerbetrag zu verzinsen (§ 237 I 1 AO). Aussetzungszinsen werden grundsätzlich erhoben vom Tag des Eingangs des außergerichtlichen Rechtsbehelfs bis zu dem Tag, an dem die Aussetzung endet (s. § 237 II AO).

2.6 Konkurrenz der Zinstatbestände

362 Um eine Zinskumulation zu vermeiden, enthalten die Zinsvorschriften der AO einige **Kollisionsregeln.** Da die Zinsläufe von Nachforderungszinsen (§ 233a AO) und Hinterziehungszinsen sich überschneiden können, ordnet § 235 IV AO die Anrechnung der Nachforderungszinsen auf die Hinterziehungszinsen an. Für den Zeitraum der Vollverzinsung werden Hinterziehungszinsen nicht festgesetzt[54]. Diese Regelung ist rechtspolitisch verfehlt, weil die anstelle der Hinterziehungszinsen anfallenden Nachforderungszinsen ertragsteuerlich abzugsfähig sind (s. Rz. 349) und damit das Abzugsverbot für Hinterziehungszinsen unterlaufen wird[55]. Hinterziehungszinsen werden

---

46 BFH BStBl. 91, 781 (für Geschäftsführer einer GmbH); 92, 163 f. (für Geschäftsführer einer KG); s. auch Tipke/*Kruse,* AO, § 235 Tz. 4.
47 BFH BStBl. 90, 343; 92, 9, 11.
48 BFH BStBl. 92, 9, 11; 92, 128, 131.
49 BFH BStBl. 74, 125, 126.
50 Dazu näher BFH BStBl. 92, 9, 11 ff.; 92, 128, 131 f.
51 Zu Recht kritisch Tipke/*Kruse,* AO, Vor § 233 Tz. 1.
52 BFH BStBl. 79, 712, 713.
53 S. dazu BFH BStBl. 92, 319, 320.
54 Tipke/*Kruse,* AO, § 233a Tz. 27.
55 Ebenfalls kritisch *H. W. Kruse,* FR 88, 1, 8.

außerdem nicht neben Stundungs- und Aussetzungszinsen erhoben (§ 235 III 2 AO). Insoweit fehlt es an der Kausalität der Steuerhinterziehung für die verzögerte Zahlung.

Überschneidungen sind ferner möglich zwischen Erstattungszinsen nach § 233a AO und Prozeßzinsen nach § 236 AO, da auch letztere eine Verzinsung vor Fälligkeit des aus der Gerichtsentscheidung resultierenden Erstattungsbetrages beinhalten. § 236a IV AO sieht deshalb die Anrechnung der Erstattungszinsen auf die Prozeßzinsen vor. Folglich haben Prozeßzinsen eine eigenständige Bedeutung praktisch nur noch für den Zeitraum nach Ablauf der 4-Jahres-Frist des § 233a II 3 AO. 363

Keine Mehrfachverzinsung zu befürchten ist im Verhältnis von Nachforderungszinsen (§ 233a AO) zu Stundungs- und Aussetzungszinsen. Sowohl Stundung als auch Aussetzung werden nämlich frühestens ab dem Zeitpunkt des Eintritts der gesetzlichen Fälligkeit des Steueranspruchs gewährt. Aussetzungs- und Stundungszinsen kollidieren ihrerseits ebenfalls nicht, weil sich Aussetzung und Stundung gegenseitig ausschließen. 364

3. Zinsbescheid (§ 239 AO)

Die Zinsen werden nach den Regeln für Steuerbescheide (§§ 155 ff. AO) durch Zinsbescheid festgesetzt. Jedoch gilt hier eine eigenständige Festsetzungsfrist von einem Jahr (§ 239 I 1 AO, zu Einzelheiten s. § 239 I 2, 3 AO). Durch das Mißbrauchsbekämpfungs- und Steuerbereinigungsgesetz v. 21. 12. 1993, BGBl. I 93, 2310, ist die **Akzessorität** der Zinsansprüche gegenüber dem jeweils verzinsten Hauptanspruch *erheblich gelockert* worden. Der Zinsbescheid ist nunmehr entgegen der bisherigen Rspr.[56] nicht mehr zu korrigieren, wenn nach Ende des Zinslaufes der Steuerbescheid geändert wird (s. im einzelnen §§ 234 I 2, 235 III 3, 236 V, 237 V AO n. F.)[57]. Etwas anderes gilt nur im Falle der Vollverzinsung (s. § 233a V AO n. F.). 365

4. Säumniszuschlag (§ 240 AO)

Von den Zinstatbeständen scharf zu unterscheiden ist der Säumniszuschlag. Er ist ein **Druckmittel ohne Strafcharakter** zur Durchsetzung *fälliger Steuern* und soll den Steuerpflichtigen zur pünktlichen Zahlung anhalten[58]. Nebenzweck des Säumniszuschlages ist der eines **Zinsersatzes** als Gegenleistung für das eigenmächtige Hinausschieben der Fälligkeit[59]. Trotz dieses Nebenzwecks ist der Säumniszuschlag *kein Zins;* im Gesetz sind Zins und Säumniszuschlag verschiedenen Unterabschnitten zugeordnet. 366

Der Säumniszuschlag wird für **jeden angefangenen Monat** der Säumnis (anders bei der Verzinsung: jeder vollendete Monat) i. H. v. 1% pro Monat (anders bei der Verzinsung: 0,5% pro Monat) des rückständigen Steuerbetrages bzw. der zurückzuzahlenden Steuervergütung erhoben (§ 240 I 1, 2 AO). Der Säumniszuschlag entsteht **kraft Gesetzes,** ohne daß es eines besonderen Verwaltungsakts (wie etwa bei der Verzinsung: des Zinsbescheides, § 239 AO) bedarf. Wird die zugrunde liegende Steuerfestsetzung korrigiert, so bleiben die bis dahin verwirklichten Säumniszuschläge nach § 240 I 4 AO unberührt. 367

Ein Säumniszuschlag wird bei einer Säumnis bis zu fünf Tagen nicht erhoben (sog. **Schonfrist,** § 240 III AO); die Schonfrist gilt jedoch nicht bei Tilgung der Steuerschuld durch Scheck oder Barzahlung (§ 240 III 2 AO[60]). 368

Der Säumniszuschlag soll sich mit Verzinsungstatbeständen nicht überschneiden. Deshalb werden Hinterziehungszinsen für einen Zeitraum, für den ein Säumniszuschlag verwirkt ist, nicht erhoben (§ 235 III 2 AO). Nachforderungszinsen (§ 233a AO) und Säumniszuschläge schließen sich im Regelfall aus, weil der Nachforderungszins als Vorfälligkeitszins dem Säumniszuschlag zeitlich 369

56 S. BFH BStBl. 92, 997, 998; BFH/NV 91, 212.

57 Unverständlich *A. v. Wedelstädt,* B 94, 9, 13, wo er die Gesetzesänderung als Ausdruck des Grundgedankens der Akzessorietät ansieht.

58 BFH GrS BStBl. 76, 262, 264; 87, 389, 391; 91, 906, 908.

59 Vgl. BFH BStBl. 85, 489, 492; 91, 864, 866; 91, 906, 908.

60 Satz 2 eingeführt mit Wirkung v. 1. 1. 1994 durch das Gesetz zur Umsetzung des Föderalen Konsolidierungsprogramms (FKP) v. 23. 6. 1993, BGBl. I 93, 944, 962.

vorangeht[61]. Soweit Aussetzungs- oder Stundungszinsen erhoben werden, ist ein Säumniszuschlag ausgeschlossen (s. oben Rz. 312).

370 **Zusammenfassendes Schema:** (Bsp. für Veranlagungssteuern)

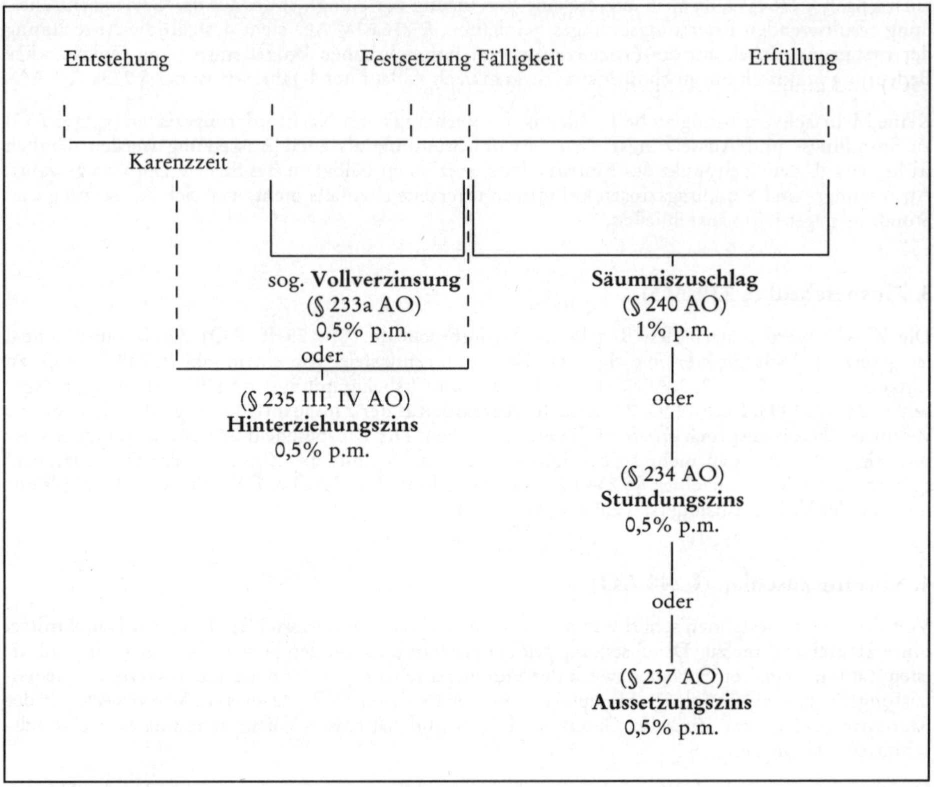

H. Vollstreckungsverfahren

Literatur: *M. App*, Verwaltungsvollstreckung, Köln u. a. 1989.

I. Besonderheit der Verwaltungsvollstreckung

371 Im Unterschied zum Zwangsverfahen nach der ZPO erfolgt die Vollstreckung nach der AO nicht durch unabhängige Justizorgane, sondern durch die Finanzbehörden selbst (§ 249 I 3 AO: durch Finanzämter und Hauptzollämter). Die Finanzbehörde bedarf für die zwangsweise Durchsetzung ihrer Forderung weder eines besonderen Vollstreckungstitels noch einer Vollstreckungsklausel i. S. d. ZPO. Die Finanzbehörde kann vielmehr die von ihr geschaffenen Verwaltungsakte (= Titel) *selbst* vollstrecken **(Selbstexekution).**

372 Als zusätzliche Voraussetzung für den Beginn der Vollstreckung nennt § 254 I 1 AO die *Fälligkeit* der geschuldeten Leistung und verlangt zudem i. d. R. ein *Leistungsgebot* (Aufforderung zur Lei-

61 Zu einem atypischen Ausnahmefall, in dem eine Überschneidung möglich ist, s. Tipke/*Kruse*, AO, § 233a Tz. 25. In einem derartigen Fall kommt ein (Teil-)Erlaß wegen sachlicher Unbilligkeit in Betracht (§ 227 AO, s. Rz. 335), ebenso BMF BStBl. I 93, 527.

stung). Das Leistungsgebot kann aber mit dem zu vollstreckenden Verwaltungsakt verbunden werden (§ 254 I 2 AO, s. für den Steuerbescheid Rz. 118). Zwischen dem zu vollstreckenden Verwaltungsakt und den Vollstreckungsverwaltungsakten besteht ein Grundlagen-Folgebescheid-Verhältnis (dazu Rz. 86 ff.). Einwendungen gegen den zu vollstreckenden Verwaltungsakt sind *außerhalb* des Vollstreckungsverfahrens mit den *hierfür* zugelassenen Rechtsbehelfen zu verfolgen (§ 256 AO).

Die AO unterscheidet zwischen der Vollstreckung wegen Geldforderungen (§§ 259–327 AO) und anderer Leistungen (§§ 328–336 AO). 373

II. Vollstreckung wegen Geldforderungen (§§ 259–327 AO)

Wird die Steuer oder eine andere Geldforderung der Finanzbehörde (s. die Fiktion des § 252 AO) im Erhebungsverfahren nicht gezahlt, erfolgt ihre Eintreibung im Vollstreckungsverfahren. Aufgrund des Gesetzmäßigkeitsprinzips (§ 85 AO) ist die Finanzbehörde grundsätzlich verpflichtet, dies zu tun. Hingegen liegt es in ihrem pflichtgemäßen *(Auswahl-)*Ermessen, *welche* zulässige Vollstreckungsmaßnahme sie im Einzelfall ergreift (s. dazu §§ 259 ff. AO). 374

III. Vollstreckung wegen anderer Leistungen als Geldforderungen (Zwangsmittel, §§ 328–336 AO)

Durch Zwangsmittel *können* (Ermessen!) insb. Leistungen (Tun, Dulden, Unterlassen) erzwungen werden, die als Beitrag zur Sachaufklärung zu erbringen sind, sog. Mitwirkungspflichten (dazu Rz. 172 ff.). Zwangsmittel sind in die Zukunft wirkende Beugemittel; sie sind keine Strafen oder Geldbußen. Ihre Anwendung setzt kein Verschulden voraus. In der Praxis der Finanzverwaltung spielen Zwangsmittel *keine große Rolle.* Im zentralen Bereich der Besteuerung pflegen die Finanzbehörden im Falle der Verletzung von Mitwirkungspflichten das Mittel der *Schätzung* (§ 162 AO, dazu Rz. 213 ff.) anzuwenden; die Schätzung setzt nämlich nicht den vorherigen Versuch voraus, die Mitwirkungspflichten zwangsweise durchzusetzen. 375

Gegen einen Steuerpflichtigen sind im Besteuerungsverfahren Zwangsmittel *unzulässig,* wenn er dadurch gezwungen wäre, sich selbst wegen einer von ihm begangenen Straftat oder Steuerordnungswidrigkeit zu belasten (§ 393 I 2 AO). Auch darf eine eidesstattliche Versicherung nicht erzwungen werden (§ 95 VI AO). 376

Als Zwangsmittel sind vorgesehen (§§ 328 ff. AO): 377

(1) **Zwangsgeld.** Es kommt in Betracht bei Nichtbefolgung einer Anordnung, die die Finanzbehörde im Besteuerungsverfahren auf gesetzlicher Grundlage getroffen hat. Das einzelne Zwangsgeld darf 5000 DM nicht überstreigen (§ 329 AO). Zwangsgeld kann bis zur Erzwingung der Leistung wiederholt werden; zu beachten ist § 335 AO. Bei Uneinbringlichkeit des Zwangsgeldes kommt Umwandlung in Haft bis zu zwei Wochen durch das Amtsgericht in Betracht (§ 334 AO). Das Zwangsgeld ist steuerliche Nebenleistung (§ 3 III AO) und damit Anspruch aus dem Steuerschuldverhältnis (§ 37 I AO).

(2) **Ersatzvornahme.** Sie dient der Durchsetzung *vertretbarer* Handlungen (§ 330 AO). Vertretbar sind Handlungen, die nicht vom Verpflichteten persönlich vorgenommen werden müssen und auch von einem anderen rechtlich vorgenommen werden dürfen und können. Beispiele für vertretbare Handlungen: Bilanzaufstellung durch Sachverständigen; Abholen der Bücher bei einer Fernbuchführung. 378

(3) **Unmittelbarer Zwang,** wenn das Zwangsgeld oder die Ersatzvornahme nicht zum Ziele führen oder untunlich (unzweckmäßig) sind (§ 331 AO). Unmittelbarer Zwang kommt insb. zur Durchsetzung unvertretbarer Handlungen in Betracht. Er besteht in der Anwendung körperlicher Gewalt oder in der Selbstvornahme durch die Behörde. Die Finanzbehörden dürfen sich der Amtshilfe (§§ 111 ff. AO) der Polizeibehörden bedienen. Beispiel: Erzwingung des Zutritts zur Außenprüfung. 379

380 Sämtliche drei Zwangsmittel müssen unter Fristsetzung zunächst **angedroht** werden (§ 332 I AO). Die Androhung kann dabei mit dem durchzusetzenden Verwaltungsakt verbunden werden (§ 332 II AO). Wird die Verpflichtung nach Festsetzung des Zwangsmittels erfüllt, so ist der Vollzug einzustellen (§ 335 AO), d. h.: das noch nicht gezahlte Zwangsgeld braucht nicht mehr entrichtet zu werden.

J. Korrektur von Steuerverwaltungsakten

Literatur: *Tipke/Kruse*, AO, § 129, Vor und zu §§ 130–132, §§ 172 ff.; *J. Thiel*, Probleme bei der Aufhebung oder Änderung von Steuerverwaltungsakten außerhalb des Rechtsbehelfsverfahrens, JbFfStR 1977/78, 97 ff.; *K. Goutier*, Die Änderung von Steuerverwaltungsakten nach der Abgabenordnung 1977, Diss. Saarbrücken 1982, Frankfurt a. M./Bern 1983; *L. Woerner/G. Grube*, Die Aufhebung und Änderung von Steuerverwaltungsakten[8], Stuttgart 1988.

I. Zweigleisigkeit des Korrektursystems

381 Steuerverwaltungsakte entfalten mit ihrer Bekanntgabe und Wirksamkeit (§ 124 I, III AO) eine *Selbstbindungswirkung* für die erlassende Finanzbehörde (s. Rz. 60). Zum Schutz des Vertrauens des Inhaltsadressaten (Begriff s. Rz. 66) kann sie die einmal getroffene Entscheidung nicht mehr beliebig ändern. Indessen garantiert das behördliche Verfahren insb. das Massenverfahren in Steuersachen, nicht in gleicher Weise wie etwa ein Gerichtsverfahren Rechtsrichtigkeit. Daher besteht grundsätzlich ein öffentliches Interesse an der Korrektur von Verwaltungsakten, die Gesetzmäßigkeit und Gleichmäßigkeit der Besteuerung verletzen. Es zeigt sich hier ein **Prinzipienwiderspruch** zwischen *Rechtssicherheit und Vertrauensschutz* einerseits und *materieller Rechtsrichtigkeit* andererseits. Diesen suchen die Korrekturvorschriften der AO aufzuheben[1].

382 Von der (Selbst-)Korrektur durch die Finanzbehörde zu unterscheiden ist die Anfechtung des Steuerverwaltungsakts durch den Betroffenen (dazu § 23). Sie ist grundsätzlich an Rechtsbehelfsfristen gebunden (§§ 355 I AO, 47 I FGO). Nach Unanfechtbarkeit des Steuerverwaltungsakts verbleibt dem Betroffenen nur die Möglichkeit, die Korrektur des Bescheides durch die Finanzbehörde anzuregen bzw. zu beantragen. Diese bedarf dann aber einer Grundlage in den Korrekturvorschriften.

383 Die Korrekturkonzeption der AO 1977 ist gespalten. Für *Steuerbescheide* und diesen *gleichgestellte* Bescheide knüpfen §§ 172 ff. AO an die Korrekturtradition der Reichsabgabenordnung an. Für *andere* Bescheide gelten §§ 130, 131 AO als Parallelvorschriften zu §§ 48, 49 VwVfG. Für beide Gruppen gleichermaßen Anwendung finden §§ 129, 132 AO. Es ergibt sich folgender **Korrekturdualismus:**

1 Tipke/*Kruse*, AO, Vor § 172 Tz. 2.

384

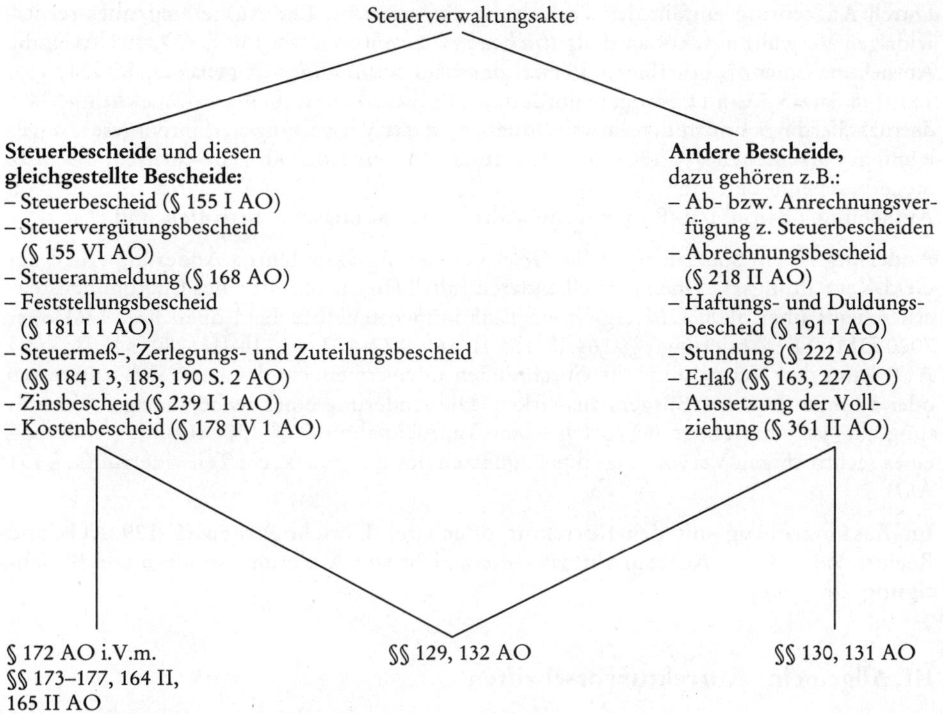

II. Korrekturterminologie

Die Abgabenordnung verwendet die Begriffe „Aufhebung", „Rücknahme", „Widerruf" und „Änderung". Sie sind hier unter dem Oberbegriff „Korrektur" zusammengefaßt. 385

Das Begriffsverständnis wird dadurch erschwert, daß die §§ 130, 131 AO und folglich auch ihre Terminologie ihr Vorbild in den §§ 48, 49 VwVfG haben, während die Terminologie der §§ 164 f., 172 ff. AO zum Teil der Tradition der Reichsabgabenordnung folgt. So kennen die §§ 130, 131 AO die Begriffe „Teilrücknahme" und „Teilwiderruf", nicht aber den Begriff „Änderung". Umgekehrt kennen die §§ 164 f., 172 ff. AO den Begriff „Änderung", nicht aber die Begriffe „Teilrücknahme" und „Teilwiderruf". In § 132 AO sind die Begriffe „Rücknahme", „Widerruf" und „Änderung" nebeneinandergestellt. Unter Berücksichtigung des Zwecks der Korrekturvorschriften ergibt sich folgende Terminologieübersicht:

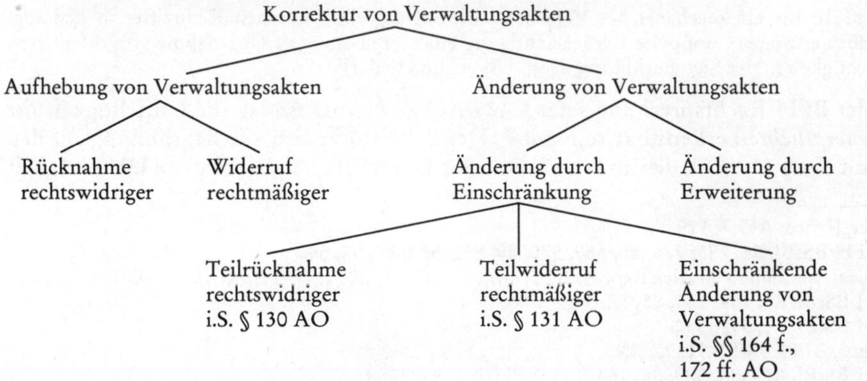

386 Durch **Aufhebung** entfällt der Verwaltungsakt ersatzlos. Die Aufhebung eines rechtswidrigen Verwaltungsakts wird als *Rücknahme* bezeichnet (§§ 130 I, 132, 133 AO); die Aufhebung eines rechtmäßigen Verwaltungsakts wird *Widerruf* genannt (§§ 131, 132, 133, 148 Satz 3 AO). Die Abgabenordnung hält diese Unterscheidung (Rücknahme/Widerruf) allerdings nur in den im wesentlichen an das Verwaltungsverfahrensgesetz angelehnten Vorschriften (§§ 130–133 AO) durch. In den Korrekturvorschriften, die insb. Steuerbescheide betreffen (§§ 164 II, 165 II, 172–177, 207 II AO), spricht sie nur von Aufhebung, obwohl i. d. R. nur rechtswidrige Verwaltungsakte betroffen sind.

387 **Änderung** ist ein Spezialbegriff für *Geld*-Verwaltungsakte. Durch Änderung erhält der Geld-Verwaltungsakt einen partiell anderen Inhalt (Beispiel: statt eines Einkommensteuerbescheids über 5800 DM ergeht ein Einkommensteuerbescheid über 3000 DM oder 7000 DM). Die Änderung (§§ 164 II, 165 II, 169, 172–177, 207 II–III, 280, 346 II, 351 I AO) kann den Verwaltungsakt einschränken oder erweitern; das kann sich zugunsten oder zuungunsten des Bürgers auswirken. Die Änderung eines rechtswidrigen Verwaltungsakts ist – mit anderen Worten – eine Teilrücknahme (s. § 130 AO), die Änderung eines rechtmäßigen Verwaltungsakts zugunsten des Bürgers ist ein Teilwiderruf (s. § 131 AO).

388 Im Zusammenhang mit der Korrektur offenbarer Unrichtigkeiten (§ 129 AO) und Rechtsfehlern (§ 177 AO) spricht das Gesetz nicht von Änderung, sondern von **Berichtigung.**

III. Allgemeine Korrekturvorschriften

1. Berichtigung offenbarer Unrichtigkeiten (§ 129 AO)

389 Sämtliche bundesdeutsche Verwaltungsverfahrensgesetze und Prozeßordnungen sehen die Berichtigungsmöglichkeiten wegen Schreibfehlern, Rechenfehlern und ähnlichen offenbaren Unrichtigkeiten vor (s. §§ 42 VwVfG, 129 AO, 38 SGB X, 118 I VwGO, 107 I FGO, 138 S. 1 SGG, 319 ZPO). Sie enthalten den allgemeinen **Rechtsgedanken,** daß die nach außen hin erfolgte Willensäußerung keinen Vertrauensschutztatbestand bildet, wenn der Sinn des Ausgedrückten von dem *erkennbar* Gewollten abweicht[2].

390 Tatbestandlich setzt § 129 AO einen Fehler voraus, der durch ein **mechanisches Versehen** (z. B. *Ver*rechnen, *Ver*schreiben, *Ver*wechseln, *Ver*greifen, Übersehen) gekennzeichnet ist. Nicht erfaßt werden sollen hingegen bewußte Denkfehler, die bei der Rechtsanwendung und Sachaufklärung unterlaufen[3]. Besteht die – nicht nur rein theoretische – *Möglichkeit* eines *Rechts*- oder *Tatsachen*irrtums, ist § 129 AO nicht anwendbar.

Beispiele für ein mechanisches Versehen[4]: Eintragung einer falschen Kennziffer in den sog. Eingabewertbogen[5], doppelte Berücksichtigung eines Freibetrages[6], Übernahme von offenbaren Unrichtigkeiten der Steuererklärung (sog. Übernahmefehler)[7].

391 Nach der BFH-Rechtsprechung setzt § 129 AO *nicht* voraus, daß die Unrichtigkeit *für den Steuerpflichten* **erkennbar** sein muß[8]. Der BFH stützt sich zur Begründung auf den Wortlaut des § 129 AO, der im Gegensatz zu § 42 VwVfG keine offenbare Unrichtigkeit

2 *Tipke*/Kruse, AO, § 129 Tz. 2a.
3 S. BFH BStBl. 84, 785, 786; 85, 569, 570; 89, 531, 532; 92, 52, 54.
4 Zu weiteren Fällen aus der Rspr. s. *W. Hering,* DStZ 84, 220 ff.; *W. Birkenfeld,* DStR 91, 729 ff.
5 BFH BStBl. 88, 164, 165; 92, 52, 54.
6 BFH BStBl. 89, 531, 532.
7 Dazu s. BFH BStBl. 91, 22, 23.
8 BFH BStBl. 87, 588, 589; 88, 164, 165; BFH/NV 89, 205 f.

„in" einem Verwaltungsakt, sondern eine offenbare Unrichtigkeit „beim Erlaß" eines Verwaltungsakts verlangt. Außerdem verweist er auf den (vermeintlichen) subjektiven Willen des Gesetzgebers[9].

Die Rechtsprechung vermag jedoch nicht zu überzeugen. Der durch die Anwendung des § 129 AO erfolgende Ausschluß des Vertrauensschutzes findet nur dann seine Rechtfertigung, wenn die Unrichtigkeit für den betroffenen Steuerpflichtigen erkennbar ist. Zwar braucht sie sich nicht aus dem Verwaltungsakt selbst, sondern kann sich auch aus anderen, dem Betroffenen bekannten oder zugänglichen Unterlagen ergeben („beim Erlaß"). Nicht ausreichend ist es aber, daß die Unrichtigkeit lediglich für den Sachbearbeiter oder Sachgebietsleiter des Finanzamtes offenbar ist. § 129 AO darf nicht so interpretiert werden, daß entgegen den Wirkungen der §§ 124 I 2, 155 I 2 AO im Ergebnis die überwundene sog. Willenstheorie (dazu Rz. 59) durch die Hintertür ein neues Anwendungsfeld erhält[10].

Die Berichtigung eines Steuerverwaltungsakts wegen offenbarer Unrichtigkeit liegt gem. § 129 S. 1 AO im *Ermessen* der Finanzbehörde. Bei ihrer Ermessensentscheidung hat sie das öffentliche Interesse an der Fehlerkorrektur gegen das Vertrauensinteresse des Steuerpflichtigen abzuwägen. Nur bei berechtigtem Interesse (insb. bei einem Fehler zu Ungunsten) des betroffenen Beteiligten *ist* zu berichtigen (§ 129 S. 2 AO: Ermessensreduzierung auf Null mangels Prinzipienwiderspruchs). 392

2. Sonstige allgemeine Korrekturvorschriften

Für **alle** Steuerverwaltungsakte gilt im übrigen: 393

(1) Keine Korrektur wegen Verfahrens- und Formfehlern, wenn keine andere Entscheidung in der Sache hätte getroffen werden können (§ 127 AO), dazu Rz. 112.

(2) Keine Korrektur, wenn ein rechtswidriger in einen rechtmäßigen Verwaltungsakt umgedeutet werden kann (§ 128 AO).

(3) Korrektur ist auch während des außergerichtlichen oder gerichtlichen Rechtsbehelfsverfahrens zulässig (§ 132 AO).

(4) Korrektur ist nur bis zum Ablauf der Festsetzungsverjährungsfrist (§ 169 I AO, dazu Rz. 296) zulässig, sofern eine solche besteht.

IV. Spezielle Korrekturvorschriften für Steuerbescheide und diesen gleichgestellte Steuerverwaltungsakte

1. Grundtatbestand des § 172 AO

§ 172 AO ist die Grundnorm über die Aufhebung und Änderung von Steuerbescheiden und diesen gleichgestellten Bescheiden. Bei der Korrektur wird als **ungeschriebenes Tatbestandsmerkmal** vorausgesetzt, daß der Bescheid **rechtswidrig** ist[11]. Nach § 172 I 1 AO können unter folgenden Voraussetzungen rechtswidrige Steuerbescheide und diesen gleichgestellte Bescheide korrigiert werden: 394

(1) **Unter Vorbehalt der Nachprüfung ergangene Bescheide** (§ 164 II 1 i. V. m. § 172 I 1 AO): solange der Vorbehalt wirksam ist[12]. 395

(2) **Vorläufige Bescheide** (§ 165 II i. V. m. § 172 I 1 AO): wenn die Ungewißheit beseitigt ist[13]. 396

9 BT-Drucks. 7/4292, 29.

10 Ebenso *R. Nothnagel*, StuW 84, 60 ff.; *H. Spanner*, HHSp, AO, § 129 Rz. 36–39; *Tipke*/Kruse, AO, § 129 Tz. 6; *G. Frotscher*, Schwarz, AO, § 129 Rz. 6 f.

11 *H. W. Kruse*, Steuerrecht I, § 15 III 2, 289.

12 Zum Vorbehalt der Nachprüfung s. Rz. 283 ff.

13 Zur Vorläufigkeit eines Bescheides s. Rz. 290 ff.

397 (3) **Bescheide über Zölle und Verbrauchsteuern:** uneingeschränkt (§ 172 I 1 Nr. 1 AO). Grund: Zoll- und Verbrauchsteuerverfahren sind summarische Massenabfertigungsverfahren durch untergeordnete Stellen; eine generelle Überprüfungsmöglichkeit ist daher wegen zu vieler Fehlermöglichkeiten nicht zu entbehren. Einen Ausgleich für die uneingeschränkte Korrekturmöglichkeit bietet die kurze Festsetzungsverjährungsfrist von einem Jahr (§ 169 II 1 Nr. 1 AO). Die Korrektur nach § 172 I 1 Nr. 1 AO liegt dabei im *Ermessen* der Finanzbehörde („darf"). Im Falle der Aufhebung oder Änderung des Bescheides zugunsten des Steuerpflichtigen ist bei der Ermessensausübung der Rechtsgedanke des § 173 I Nr. 2 S. 1 AO entsprechend heranzuziehen[14].

398 (4) Bescheide, die andere Steuern, d. h. **Besitz- und Verkehrsteuern,** betreffen, soweit sie nicht vorläufig oder unter dem Vorbehalt der Nachprüfung ergangen sind (§ 172 I 1 Nr. 2 AO):

399 a) Falls der Steuerpflichtige **zustimmt** oder soweit einem **Antrag** (einem sog. *schlichten* Antrag oder Rechtsbehelfsantrag) des Steuerpflichtigen der Sache nach **entsprochen** wird (volenti non fit iniuria!). *Zugunsten* des Steuerpflichtigen darf der Bescheid nur dann korrigiert werden, wenn der Steuerpflichtige vor Ablauf der Rechtsbehelfsfrist (gemeint: vor Eintritt der Unanfechtbarkeit des Bescheides) zustimmt oder den Antrag gestellt hat. Ansonsten würden die Rechtsbehelfsfristen unterlaufen.

400 Die nur punktuell wirkende sog. **schlichte Änderung** i. S. d. §172 I 1 Nr. 2a AO hat als Alternative zum Einspruch wegen erheblicher Nachteile[15] kaum praktische Bedeutung erlangt. Der (prozeßökonomische) Einsatzbereich der Korrekturvorschrift liegt vielmehr im Finanzgerichtsprozeß, weil § 172 I 1 Nr. 2a i. V. m. 132 AO den Erlaß eines (zur Prozeßerledigung führenden) Teilabhilfebescheides für das Finanzamt ermöglicht[16].

401 b) Soweit sie von einer **sachlich unzuständigen Behörde** erlassen worden sind (§ 172 I 1 Nr. 2b AO). Die Vorschrift entspricht § 130 II Nr. 1 AO. Es wird vermutet, daß von sachlich unzuständigen Behörden erlassene Bescheide (wegen Inkompetenz) rechtswidrig sind. § 127 AO gilt nicht.

402 c) Soweit sie **durch unlautere Mittel** (wie Täuschung, Drohung, Bestechung) *erwirkt* worden sind (§ 172 I 1 Nr. 2c AO). Die Vorschrift entspricht § 130 II Nr. 2 AO.

403 d) Soweit die Korrektur **sonst gesetzlich zugelassen** ist (§ 171 I 1 Nr. 2d AO). § 172 I 1 Nr. 2d Hs. 2 AO schließt ausdrücklich die Anwendung der §§ 130, 131 AO aus (Korrektur*dualismus,* s. Rz. 384). Als Grundtatbestand für Steuerbescheide und diesen gleichgestellte Bescheide bildet § 172 AO keine abschließende Regelung, sondern verweist auf die sonstigen gesetzlichen Korrekturnormen, insb. auf §§ 173–175a AO. Außerhalb der AO finden sich weitere Korrekturvorschriften in §§ 10d I 2, IV 4, 5; 36a III, IV EStG; 68c I EStDV; 35b GewStG; 5 II; 6 II; 7 II; 8; 24 I; 24a S. 2 BewG; 11 III 3; 12 IV 2; 18 VStG; 20, 21, 27 II GrStG; 25 II 2 UmwStG; 16 GrEStG.

2. Korrektur wegen nachträglich bekanntwerdender Tatsachen oder Beweismittel (§ 173 AO)

2.1 Grundgedanke der Vorschrift

404 Im Gegensatz zu seinem Vorgänger (§ 222 RAO) ermöglicht § 173 AO *keine Gesamtaufrollung* des Steuerfalls, sondern nur eine **punktuelle Korrektur** des Bescheides insoweit, als Tatsachen oder Beweismittel nachträglich bekanntwerden. § 173 AO löst den Prinzipienwiderspruch (Rz. 381), indem er die Durchbrechung der Bestandskraft in Beziehung zur Sachverhaltsaufklärung setzt:

14 BFHE 146, 18, 22; ausf. zu den Ermessenserwägungen Tipke/*Kruse,* AO, § 172 Tz. 4.
15 Nachteile sind dargestellt bei Tipke/*Kruse,* AO, § 172 Tz. 9; vgl. auch BFH BStBl. 94, 439, 441.
16 Dazu *D. Wüllenkemper,* DStR 89, 702 f.; *R. Seer,* Der Einsatz von Prüfungsbeamten durch das Finanzgericht, Diss. Köln, Berlin 1993, 101 ff.

(1) Der Bescheid ist nur zu korrigieren, soweit steuerlich relevante Tatsachen oder Beweismittel **nachträglich bekanntwerden.** Rechtssicherheit und Vertrauensschutz des Inhaltsadressaten gehen der materiellen Rechtsrichtigkeit vor, wenn die Finanzbehörde die Tatsachen oder Beweismittel bereits bei Erlaß des Bescheides hätte berücksichtigen können. 405

(2) Darüber hinausgehend darf der Bescheid *nicht* wegen nachträglich bekanntgewordener Tatsachen oder Beweismittel *zuungunsten* des Steuerpflichtigen korrigiert werden, wenn die Tatsachen oder Beweismittel der Finanzbehörde nur wegen **Verletzung ihrer Ermittlungspflicht** verborgen geblieben sind[17]. Rechtssicherheit und Vertrauensschutz des Inhaltsadressaten gehen der materiellen Rechtsrichtigkeit vor, wenn die Finanzbehörde die Tatsachen oder Beweismittel bei Erlaß des Bescheides in Erfüllung ihrer Aufklärungspflicht hätte ermitteln können. Die Rspr. entnimmt dieses *ungeschriebene Tatbestandsmerkmal* dem Grundsatz von Treu und Glauben (dazu Rz. 13). Diese Einschränkung des § 173 I Nr. 1 AO greift indessen nur ein, wenn der Steuerpflichtige seinerseits die ihn treffenden Mitwirkungspflichten in zumutbarer Weise erfüllt hat[18]. Sein Vertrauen ist nicht schutzwürdig, wenn er selbst seine Mitwirkungspflichten verletzt. 406

(3) Der Bescheid darf *nicht zugunsten* des Steuerpflichtigen korrigiert werden, wenn diesen ein **grobes Verschulden** daran trifft, daß die Tatsachen oder Beweismittel erst nachträglich bekanntwerden. Dem Rechtsfrieden wird gegenüber der materiellen Rechtsrichtigkeit zu Lasten des Steuerpflichtigen der Vorrang eingeräumt, wenn der Steuerpflichtige wegen Verletzung seiner Mitwirkungspflicht nicht schutzwürdig ist. 407

Nachträgliches Bekanntwerden von Tatsachen oder Beweismitteln setzt voraus, daß diese bei Erlaß bereits existent waren. Nachträglich *entstandene* Tatsachen oder Beweismittel unterfallen nicht § 173 AO, sondern § 175 I 1 Nr. 2 AO[19]. 408

2.2 Die Tatbestandsmerkmale der Vorschrift

§ 173 AO ist eine *Muß*vorschrift. Soweit ihre Tatbestandsmerkmale vorliegen, *ist* der Bescheid zu korrigieren. Folgende Tatbestandsmerkmale müssen erfüllt sein: 409

2.2.1 Tatsachen oder Beweismittel

Den Anlaß für die Korrektur bilden Tatsachen oder Beweismittel (dazu § 92 AO, s. Rz. 204 f.). Tatsachen sind Geschehnisse oder Zustände der Außenwelt (*äußere* Tatsachen) und Vorgänge des Seelenlebens (*innere* Tatsachen)[20]. Zu den Tatsachen werden außerdem die für eine steuerrechtliche Vorschrift *vorgreiflichen* Rechtsverhältnisse aus einem anderen Rechtsgebiet (z. B. Kauf, Miete) sowie ein Rechtsstreit darüber gerechnet[21]. 410

Negativ von den Tatsachen abzugrenzen sind bloße Schlußfolgerungen, insbesondere Schätzungen, Urteile der Logik und juristische Subsumtionen, die die steuerrechtliche Würdigung des Sachverhaltes betreffen[22]. Ebenfalls keine Tatsachen i. S. d. § 173 I AO sind die Verfassungswidrigkeit einer Steuergesetzesnorm und eine daraufhin erfolgende (rückwirkende) Gesetzesänderung[23]. 411

2.2.2 Nachträgliches Bekanntwerden

Nachträglich bekanntgewordene Tatsachen oder Beweismittel sind solche, die im Zeitpunkt des Erlasses des ursprünglichen Bescheides bereits vorhanden, aber noch unbekannt waren[24]. Nach der h. M. ist der Zeitpunkt maßgebend, in dem der für die Entschei- 412

17 Ständ. Rspr., s. BFH BStBl. 88, 115, 116; 88, 174, 176; 89, 259, 261; 89, 585, 589 f.; 90, 249, 251.
18 BFH BStBl. 88, 115, 116; 89, 585, 589.
19 S. BFH BStBl. 84, 786; 89, 75.
20 Tipke/*Kruse*, AO, § 173 Tz. 3.
21 BFH BStBl. 69, 445, 446; 84, 181 f.; BFH/NV 90, 1, 2; BFH DB 93, 865, 866.
22 S. BFH BStBl. 84, 181 f.; 89, 585, 587; BFH DB 93, 865, 866.
23 S. BFH BStBl. 94, 389, 391; *R. Seer*, DStR 93, 307, 312 f.; *M. Baum*, DStZ 93, 146, 147; a. A. v. *G. Felix*, FR 92, 693.
24 BFH BStBl. 88, 174 f.; 89, 75; 89, 438.

dung zuständige Beamte den Berechnungsboden oder den Eingabewertbogen unterzeichnet[25].

413 Das Gesetz sagt nicht, auf **wessen Kenntnis/Unkenntnis** es ankommt. Die h. M. stellt auf den Wissensstand der zur Bearbeitung des Steuerfalls organisatorisch berufenen Dienststelle des Finanzamtes ab[26]. Dementsprechend rechnet die Rspr. die Kenntnis eines Außenprüfers nur dann der Veranlagungsstelle zu, wenn die Tatsachen oder Beweismittel ihren Niederschlag im Prüfungsbericht gefunden haben[27]. Diese Rechtsprechung ist bedenklich, weil sie die Korrektur von der innerbehördlichen, für Außenstehende wenig transparenten Zuständigkeitsverteilung abhängig macht. Sachgerechter wäre eine Kenntniszuordnung nach der *Sphärenverantwortung*[28].

2.2.3 Rechtserheblichkeit

414 Die Tatsachen oder Beweismittel müssen gem. § 173 I AO zu einer höheren oder niedrigeren Steuer führen, d. h. steuerlich relevant (rechtserheblich) sein. Die Rspr. verneint die Rechtserheblichkeit, wenn das Finanzamt auch bei rechtzeitiger Kenntnis der Tatsache oder des Beweismittels mit an Sicherheit grenzender Wahrscheinlichkeit zu keiner anderen Steuer gelangt wäre[29]. Damit wird verhindert, daß ein Steuerpflichtiger nach Unanfechtbarkeit des Bescheides wegen einer zwischenzeitlich erfolgten Rechtsprechungsänderung Tatsachen nachschiebt, die bei Erlaß des ursprünglichen Steuerbescheides zu keiner anderen Steuerfestsetzung geführt hätten. Dieser Ausschluß erfordert den Nachweis einer zum Zeitpunkt des Bescheiderlasses veröffentlichten (BStBl.) und von der Verwaltung angewendeten höchstrichterlichen Rechtsprechung. Für den hypothetischen Geschehensablauf trägt die Finanzbehörde die Feststellungslast[30].

2.2.4 Negativmerkmale: Ermittlungspflichtverletzung und grobes Verschulden

415 Als ungeschriebenes Tatbestandsmerkmal fordert die Rspr. für eine *zuungunsten* des Steuerpflichtigen erfolgende Korrektur nach § 173 I Nr. 1 AO, daß das nachträgliche Bekanntwerden nicht auf einer Verletzung der den Finanzbehörden obliegenden Ermittlungspflicht beruht (s. o. Rz. 406). Umgekehrt verlangt § 173 I Nr. 2 S. 1 AO für eine Korrektur *zugunsten* des Steuerpflichtigen, daß ihn kein grobes Verschulden daran trifft, daß die Tatsachen oder Beweismittel erst nachträglich bekanntwerden.

416 **Grobes Verschulden** bedeutet Vorsatz und grobe Fahrlässigkeit[31]. Grobe Fahrlässigkeit ist anzunehmen, wenn der Steuerpflichtige die ihm nach seinen persönlichen Fähigkeiten und Verhältnissen zumutbare Sorgfalt in ungewöhnlichem Maße verletzt[32]. Grobe Fahrlässigkeit wird etwa angenommen, wenn der Steuerpflichtige eine im Steuererklärungsformular ausdrücklich gestellte, konkrete Frage nicht oder falsch beantwortet[33]. Überzogene Anforderungen stellt indessen die Finanzverwaltung im Anwendungserlaß zur AO[34], wenn sie grobe Fahrlässigkeit „im allgemeinen“ bereits für den Fall annimmt, daß der Steuerpflichtige einen ausdrücklichen Hinweis in einem ihm zugesandten Merkblatt der Finanzverwaltung mißachtet. Dazu bedarf es vielmehr einer genauen Begründung im Einzelfall[35].

---

25 BFH BStBl. 72, 82; 86, 241; 87, 416; dazu krit. Tipke/*Kruse*, AO, § 173 Tz. 25.

26 S. BFH BStBl. 84, 140, 143; 85, 492, 493; 88, 804, 806; 89, 259; 89, 263; BFH/NV 91, 353; 92, 221. Als bekannt gilt der gesamte Inhalt aller von der jeweiligen Dienststelle (z. B. Veranlagungsstelle) geführten Akten.

27 BFH BStBl. 85, 191, 192; 88, 804, 806.

28 S. Tipke/*Kruse*, AO, § 173 Tz. 16.

29 BFH GrS BStBl. 88, 180, 182 f.; 88, 715 f.; 91, 741, 742; BFH/NV 89, 77, 78; 89, 623, 624 f., kritisch dazu *J. Martens*, StuW 89, 365 ff.; *V. Mittmann*, DStZ 89, 505 ff.; Tipke/*Kruse*, AO, § 173 Tz. 13.

30 BFH BStBl. 91, 741 f.

31 BFH BStBl. 84, 2, 3; 93, 80, 81.

32 Ständ. Rspr. BFH BStBl. 89, 960, 961; 92, 65; 93, 80, 81.

33 BFH BStBl. 84, 693 f.; 86, 707, 711; 88, 863, 864; 89, 960, 961; 92, 65, 66.

34 BStBl. I 87, 664, 700: Nr. 4 zu § 173 AO.

35 S. BFH BStBl. 93, 80, 81; Tipke/*Kruse*, AO, § 173 Tz. 31.

Die Rspr. rechnet das **Verschulden des bevollmächtigten Steuerberaters** dem Steuerpflichtigen zu[36], obwohl § 173 I Nr. 2 AO dies – anders als §§ 110 I 2, 152 I 3 AO – nicht ausdrücklich vorsieht. Sie erkennt insoweit eine Gesetzeslücke und wendet auf § 173 I Nr. 2 AO den Zurechnungsgedanken der §§ 110 I 2, 152 I 3 AO als allgemeinen Rechtsgedanken entsprechend an. Der Rspr. kann u. E. trotz ihrer Begründungsschwächen im Ergebnis gefolgt werden. Andernfalls könnte der Steuerpflichtige seine Verantwortung für die Richtigkeit der Steuererklärung mit befreiender Wirkung auf den Steuerberater abwälzen. 417

Das grobe Verschulden des Steuerpflichtigen ist nach § 173 I Nr. 2 S. 2 AO **unbeachtlich,** wenn die Tatsachen oder Beweismittel in einem unmittelbaren oder mittelbaren Zusammenhang mit steuererhöhenden Tatsachen oder Beweismitteln (§ 173 I Nr. 1 AO) stehen. Dasselbe muß umgekehrt für eine Ermittlungspflichtverletzung des Finanzamtes im Falle des § 173 I Nr. 1 AO gelten, wenn die Tatsachen oder Beweismittel im Zusammenhang mit steuermindernden Tatsachen oder Beweismitteln stehen. 418

2.2.5 Negativmerkmal: Änderungssperre nach § 173 II AO

§ 173 II AO dient dem *Rechtsfrieden* und findet auf Korrekturen sowohl zuungunsten als auch zugunsten des Steuerpflichtigen Anwendung[37]. Aufgrund einer Außenprüfung ergangene Bescheide können nur in den Fällen der Steuerhinterziehung oder leichtfertigen Steuerverkürzung aufgehoben oder geändert werden (§ 173 II AO). Sie genießen eine **erhöhte Bestandskraft,** weil durch die Außenprüfung der Sachverhalt ausgiebig geprüft werden konnte[38]. Die Änderungssperre besteht nur insoweit, als der Bescheid aufgrund einer Außenprüfung ergangen ist. Maßgebend für deren Umfang ist der Inhalt der Prüfungsanordnung (ebenso wie für §§ 164 III 3, 171 IV 1 AO). Die Änderungssperre wird außerdem durch eine Mitteilung i. S. d. § 202 I 3 AO ausgelöst (§ 173 II 2 AO). 419

3. Korrektur wegen widerstreitender Steuerfestsetzung (§ 174 AO)

Lieteratur: *U. B. Brüning,* Die widerstreitende Steuerfestsetzung, Diss. Bochum 1989; *U. Furmanek,* Widerstreitende Steuerfestsetzungen, Diss. Münster 1992.

§ 174 AO will den Konflikt lösen, daß aus *einem* Sachverhalt für *mehrere* Bescheide unterschiedliche Schlußfolgerungen gezogen werden, die sich nach der gesetzlichen Wertung gegenseitig ausschließen. § 174 AO enthält **drei Tatbestandsgruppen:** 420

(1) *Mehrfach*berücksichtigung eines Sachverhaltes (§ 174 I, II AO);

(2) *Nicht*berücksichtigung eines Sachverhaltes (§ 174 III AO);

(3) *Folge*korrektur aufgrund eines Rechtsbehelfes bzw. Antrages (§ 174 IV, V AO).

3.1 Mehrfachberücksichtigung eines Sachverhaltes (§ 174 I, II AO)

Es lassen sich vier Fälle eines positiven Widerstreits zwischen mehreren Steuerbescheiden festhalten[39]: 421

(1) Der nämliche Sachverhalt wird *mehreren,* sich gegenseitig ausschließenden *Steuerarten* zugeordnet (sog. **positive Objektkollision**). Beispiel: Eine Zuwendung wird bei demselben Steuerpflichtigen in 01 sowohl der Einkommen- als auch der Erbschaftsteuer unterworfen. Dagegen kein Fall des § 174 I AO: Eine Einnahme wird bei ihm im Einkommensteuerbescheid 01 versehentlich doppelt erfaßt. 422

(2) Der nämliche Sachverhalt wird *mehreren Steuerschuldnern* zugeordnet, obwohl nur ein Steuerschuldner in Betracht kommt (sog. **positive Subjektkollision**). Beispiel: Dieselbe Einnahme wird sowohl bei A als auch bei B angesetzt. 423

36 BFH BStBl. 83, 324, 326 f.; 84, 2, 3 f.; 84, 256, 257; 88, 109, 110; 91, 124; a. A. Tipke/*Kruse,* AO, § 173 Tz. 31.

37 BFH BStBl. 87, 410, 411.

38 Tipke/*Kruse,* AO, § 173 Tz. 34.

39 S. Tipke/*Kruse,* AO, § 174 Tz. 1; *U. Furmanek,* Widerstreitende Steuerfestsetzungen, Diss. Münster 1992, 41 f.

424 (3) Der nämliche Sachverhalt wird bei einem Steuerschuldner in *mehreren Veranlagungszeiträumen,* also doppelt oder mehrfach, erfaßt (sog. **positive Periodenkollision**). Beispiel: Dieselbe Einnahme wird bei A sowohl in 01 als auch in 02 angesetzt.

425 (4) Ein Steuerschuldner wird von *mehreren Finanzämtern* wegen derselben Steuerschuld (mehrfach) herangezogen (sog. **positive Zuständigkeitskollision**). Beispiel: Sowohl Finanzamt X als auch Finanzamt Y veranlagen A in 01 zur Einkommensteuer.

426 Voraussetzung für die Korrektur nach § 174 I oder II AO ist es, daß sich die mehrfache Berücksichtigung des Sachverhaltes in den Bescheiden denknotwendigerweise *wechselseitig ausschließt*[40], d. h. zwischen den Bescheiden ein Verhältnis der **zwingenden Alternativität** besteht. § 174 I, II AO begründen somit keinen allgemeinen Anspruch auf sog. korrespondierende Behandlung zweier Steuerfälle[41].

Beispiel: Finanzamt X beurteilt eine Rentenzahlung bei dem Verpflichteten als dauernde Last und läßt den Sonderausgabenabzug demgemäß nach § 10 I Nr. 1a EStG in vollem Umfang zu. Finanzamt Y versteuert demgegenüber die Rentenzahlung beim Berechtigten rechtsirrig nur mit dem sog. Ertragsanteil (§ 22 Nr. 1 S. 3a EStG). – Es liegt kein Fall des § 174 II AO vor, weil der Sachverhalt „Rentenzahlung" nach dem Gesetz gerade nicht nur einmal, sondern zweimal (beim Berechtigten als Einnahme, beim Verpflichteten als Ausgabe) zu berücksichtigen ist.

427 § 174 I AO macht die Korrektur *zugunsten* des Steuerpflichtigen von einem Antrag abhängig. Zur Antragsfrist s. § 174 I 2 AO. Die Korrektur eines fehlerhaften Bescheides *zuungunsten* des Steuerpflichtigen erfolgt nach § 174 II 1 AO von Amts wegen. Aus *Vertrauensschutzgründen* läßt § 174 II 2 AO die Korrektur aber nur dann zu, wenn die fehlerhafte Berücksichtigung des Sachverhaltes auf einen Antrag oder einer Erklärung (z. B. Steuererklärung) des Steuerpflichtigen beruht.

3.2 Nichtberücksichtigung eines Sachverhaltes (§ 174 III AO)

428 § 174 III AO erfaßt die gleichen Kollisionsfälle wie § 174 I, II AO. Im Unterschied zu § 174 I, II AO ist der nämliche Sachverhalt jedoch nicht mehrfach, sondern umgekehrt *überhaupt nicht* steuerlich berücksichtigt worden (sog. **negative Kollision**). Ebenso wie bei § 174 I, II AO erfordert § 174 III AO hinsichtlich der Berücksichtigung des Sachverhaltes zwischen den Bescheiden ein Verhältnis der *zwingenden Alternativität.*

429 Die Nachholung, Aufhebung oder Änderung der Steuerfestsetzung ist nur zulässig, wenn die Finanzbehörde den Sachverhalt nicht berücksichtigt hat, weil (Kausalität!) sie davon ausging, der Sachverhalt sei in einem anderen Bescheid zu erfassen. Aus *Vertrauensschutzgründen* ist eine Korrektur des Steuerbescheides nur zulässig, wenn dies für den Steuerpflichtigen auch *erkennbar* war.

430 § 174 III AO ist eine **Ermessensvorschrift** („kann")[42]. Mangels Prinzipienwiderspruchs (dazu Rz. 381) *ist* regelmäßig eine Korrektur nach § 174 III AO durchzuführen, wenn der Fehler sich zugunsten des Steuerpflichtigen auswirkt (Ermessensreduzierung auf Null).

3.3 Folgekorrektur nach § 174 IV, V AO

431 Wird aufgrund eines Rechtsbehelfs oder eines Antrages (z. B. nach § 164 II 2 AO) ein wegen eines Rechtsirrtums fehlerhafter Bescheid *zugunsten* des Steuerpflichtigen geändert, so kann das Finanzamt für einen *anderen* Bescheid die zutreffenden steuerlichen Folgerungen ziehen. Die Vorschrift ist Ausfluß des Grundsatzes von Treu und Glauben. Der Steuerpflichtige, der eine Änderung eines Bescheides zu seinen Gunsten anstrebt, muß die mit der für ihn günstigen Entscheidung verbundenen Nachteile in Kauf nehmen[43]. Deshalb ist § 174 IV AO bei einer Korrektur von Amts wegen nicht anwendbar.

40 BFH BStBl. 85, 282 f.; 92, 126, 127.

41 S. BFH BStBl. 92, 126, 128; DB 94, 1223 f.; *U. B. Brüning,* Die widerstreitende Steuerfestsetzung, Diss. Bochum 1989, 43.

42 A. A. BFH BStBl. 86, 241, 243, wo § 174 III AO als Mußvorschrift interpretiert wird.

43 *G. Frotscher,* Schwarz, AO, § 174 Rz. 11.

432 In Fällen sog. Subjektkollision ist die Folgeänderung nach einem Rechtsbehelf sogar gegenüber **Dritten** zulässig (§ 174 V AO). Zu seinem Schutz muß der Dritte aber zu dem zuvor erfolgten Rechtsbehelfsverfahren hinzugezogen (§ 360 AO) oder beigeladen (§ 60 FGO) worden sein (§ 174 V 1 AO)[44].

433 Der Anwendungsbereich der § 174 IV, V AO ist nach h. M. dabei weiter als der von § 174 I–III AO. Im Gegensatz zu § 174 I–III AO erfordert § 174 IV AO **keine zwingende Alternativität**[45].

Beispiel: Der Rentenverpflichtete A erwirkt im Wege eines Rechtsbehelfes den Abzug der Rentenzahlung als dauernde Last (§ 10 I Nr. 1a EStG). Wenn der Rentenempfänger B zum Rechtsbehelfsverfahren hinzugezogen worden ist, kann bei ihm der Einkommensteuerbescheid nach § 174 IV, V AO im Sinne der vollen Versteuerung der dauernden Last (§ 22 Nr. 1 S. 3a EStG korrigiert werden.

434 Voraussetzung für die Anwendung des § 174 IV 1 AO ist, daß ein **Rechtsirrtum** der Finanzbehörde vorliegt. § 174 IV AO ist nicht anwendbar, wenn der Bescheid in Kenntnis seiner Unrichtigkeit erlassen wird. Dadurch wird der Finanzbehörde untersagt, sich die Voraussetzungen für die Änderung nach § 174 IV AO absichtlich zu verschaffen, indem sie bewußt einen unrichtigen Bescheid erläßt[46].

435 Die Folgekorrektur nach § 174 IV, V AO steht ebenso wie bei § 174 III AO im **Ermessen** der Finanzbehörde („kann"). Zur Änderungsfrist s. § 174 IV 3, 4 AO.

4. Korrektur von Folgebescheiden (§ 175 I 1 Nr. 1 AO)

436 Grundlagen- und Folgebescheide (dazu Rz. 86) stehen im Verhältnis der **Akzessorietät** zueinander. Soweit ein *Grundlagen*bescheid i. S. d. § 171 X AO erlassen oder korrigiert wird, ist nach § 175 I 1 Nr. 1 AO der *Folge*bescheid (§ 182 I AO) ebenfalls zu erlassen oder zu korrigieren. Die Änderung des Folgebescheides ist dabei selbst dann noch möglich, wenn der Grundlagenbescheid bei Erlaß des Folgebescheides bereits vorlag, das Finanzamt ihn aber zunächst noch nicht ausgewertet hat[47]. Zur Ablaufhemmung der Festsetzungsfrist (§ 171 X AO) s. Rz. 300.

5. Korrektur wegen rückwirkenden Ereignisses (§ 175 I 1 Nr. 2 AO)

Literatur: *G. D. Lauer,* Die Korrekturvorschrift des § 175 Abs. 1 Satz 1 Nr. 2 der Abgabenordnung, Diss. Köln, Berlin 1984; *Rust,* Das rückwirkende Ereignis im Steuerrecht, Diss. Bochum 1993 (nicht mehr ausgewertet).

437 Im Gegensatz zu § 173 I AO besteht der Anlaß für die Korrektur nach § 175 I 1 Nr. 2 AO nicht in einem Ereignis, das im Zeitpunkt des Bescheid-Erlasses bereits existent war, sondern in einem Ereignis, das erst später *(nachträglich)* eingetreten ist[48]. Während der Bescheid im Falle des § 173 I AO bereits bei seinem Erlaß rechtswidrig ist, ist der Bescheid im Falle des § 175 I 1 Nr. 2 AO zunächst rechtmäßig und wird erst mit Eintritt des späteren Ereignisses *(ex tunc)* rechtswidrig. Die beiden Korrekturvorschriften schließen sich deshalb gegenseitig aus[49].

438 Der **Ereignisbegriff** des § 175 I 1 Nr. 2 AO ist ebenso wie der Tatsachenbegriff des § 173 I AO *sachverhaltsbezogen*[50]. Dementsprechend fällt eine rückwirkende Änderung steu-

44 Ohne Rücksicht auf die Voraussetzungen der §§ 360 AO, 60 FGO ergibt sich die Zulässigkeit der Hinzuziehung/Beiladung bereits aus § 174 V 2 AO.
45 BFH BStBl. 88, 404, 405; 89, 539, 540; 92, 126, 128; BFH/NV 91, 16, 17; a. A. Tipke/*Kruse*, AO, § 174 Tz. 16a; *U. B. Brüning*, 32.
46 Vgl. BFH BFH/NV 90, 341, 343.
47 BFH BStBl. 84, 86, 87; 89, 792, 793; 92, 52, 53.
48 BFH BStBl. 88, 863, 864; 89, 75; 89, 957, 958; 91, 55, 56.
49 BFH BStBl. 88, 863.
50 S. BFH BStBl. 89, 75; 89, 957, 958; 91, 55, 56; 92, 472, 477; 479, 484.

errechtlicher Normen ebensowenig unter § 175 I 1 Nr. 2 AO wie ein Richterspruch des BVerfG[51]. Etwas anderes gilt indessen für außersteuerliche *(vorgreifliche)* Rechtsverhältnisse und Normen (s. bereits Rz. 410 zu § 173 AO).

439 Tatsachen als solche wirken sich grundsätzlich zu dem Zeitpunkt aus, in dem sie sich ereignen. Gleichwohl gibt es Fälle, in denen tatsächlichen Geschehnissen „steuerliche Wirkung für die Vergangenheit" beigemessen wird. Ob eine Tatsache diese Wirkung besitzt, beantwortet nicht § 175 I 1 Nr. 2 AO, sondern dessen schuldrechtliches (materielles) Pendant in Gestalt des § 41 I AO (dazu § 7 Rz. 15) oder das im Einzelfall anzuwendende speziellere Steuergesetz[52]. Es können im wesentlichen folgende Fallgruppen genannt werden:

440 (1) **Tatbestände zivilrechtlicher Rückwirkung.** Beispiele: Anfechtung (§ 142 I BGB), Beendigung schwebender Unwirksamkeit (§ 108 BGB), Widerruf (§§ 109, 130 BGB), Ausschlagung der Erbschaft (§ 1953 BGB); dagegen grundsätzlich *nicht* wegen *ex nunc-Wirkung:* Wandlung u. Minderung (§ 462 BGB), Rücktritt (§ 346 BGB), Eintritt einer auflösenden Bedingung (§ 158 II BGB), Wegfall der Geschäftsgrundlage.

§ 175 I 1 Nr. 2 AO erfaßt nur Fälle *dinglicher* Rückwirkung, nicht aber schuldrechtliche Verträge, die mit rückwirkender Kraft geschlossen werden[53].

441 (2) **Nichtsteuerrechtliche behördliche oder gerichtliche Entscheidungen mit rückwirkender Bindung.** Beispiele: Behördliche Bescheinigungen nach §§ 7i II; 7k II Nr. 5, III; 10g III EStG; Ehenichtigkeitserklärung (§ 23 EheG).

442 (3) Eintritt einer (steuerrechtlich) **auflösenden Bedingung i. S. d. § 175 II AO.** Beispiele: Nichteinhaltung von sog. Verbleibensfristen (z. B. in § 7g II 1 Nr. 2 EStG; § 2 Nr. 3 FördergebietsG; § 2 S. 1 InvZulG 1991); Verstoß gegen die satzungsmäßige Vermögensbindung im Gemeinnützigkeitsrecht (§ 61 III AO).

443 (4) **Nachträgliche Änderung sog. steuerlicher „Einmaltatbestände".** Beispiele: Nachträgliche Minderung/Erhöhung von Veräußerungsentgelten i. S. d. §§ 16, 17 EStG aufgrund von Wandlung/Minderung (§ 462 BGB)[54]. Während bei den *laufenden* Geschäftsvorfällen Veränderungen nur (noch) im Zeitpunkt des Eintritts ihrer *ex nunc-Wirkung* berücksichtigt werden können, wirkt bei einem punktuellen „Einmaltatbestand" die spätere Änderung steuerlich zurück.

444 (5) Heftig umstritten ist, ob sog. **Steuerklauseln**[55] steuerliche Rückwirkung besitzen können. Dies ist u. E. zu bejahen. Die Steuerpflichtigen benötigen ein Instrument, mit denen sie auf die immer größer werdende Unsicherheit des Steuerrechts und der Steuerrechtsanwendung reagieren können[56].

445 Als leges speciales gehen §§ 17 UStG, 16 GrEStG dem § 175 I 1 Nr. 2 AO vor. Zu einer Korrektur nach § 175 I 1 Nr. 2 AO führen indessen die Erlöschenstatbestände des § 29 I ErbStG.

446 § 175 I 2 AO enthält eine besondere **Anlaufhemmung,** wonach die Festsetzungsfrist erst mit Ablauf des Kalenderjahres beginnt, in dem das Ereignis eintritt. Diese Regelung gehört systematisch zu § 170 AO (dazu Rz. 299).

6. Unselbständige Korrektur von materiellen Fehlern (§ 177 AO)

447 §§ 172–175 AO ermöglichen nur eine **punktuelle Korrektur** und keine sog. Gesamtaufrollung. Dabei erwachsen die Besteuerungsgrundlagen grundsätzlich nicht in Bestands-

51 BFH BStBl. 91, 55, 57; *G. D. Lauer,* Die Korrekturvorschrift des § 175 Abs. 1 Satz 1 Nr. 2 der Abgabenordnung, Berlin 1984, 110 ff.; *R. Seer,* DStR 93, 307, 313 m. w. N.

52 BFH BStBl. 84, 786, 787; 92, 472, 477; 92, 479, 485.

53 S. BFH BStBl. 84, 53, 55 f.; 92, 472, 477; 92, 479, 485.

54 S. BFH GrS BStBl. 93, 894, 897, 901 ff.

55 Dazu ausf. § 7 Rz. 16.

56 Ebenso Tipke/*Kruse,* AO, § 41 Tz. 22.

kraft (s. Rz. 117). Daraus zieht § 177 AO die Konsequenz, daß im Rahmen der punktuellen Korrektur gegenläufige materielle Fehler (zum Begriff s. § 177 III AO n. F.[57]) saldiert werden können. § 177 I AO liegt der Gedanke der *Verfahrensökonomie* zugrunde. Die dort zur Saldierung zugelassenen Fehler könnte der Betroffene ansonsten im Rechtsbehelfsverfahren gegen den geänderten Bescheid geltend machen (s. § 351 I AO). § 177 II AO dient der *Gleichstellung* der materiellen Fehler im umgekehrten Fall der Korrektur zugunsten des Steuerpflichtigen[58]. § 177 AO ermöglicht so eine von der Hauptkorrektur abhängige *(akzessorische)*, umfangmäßig *beschränkte Wiederaufrollung* des Steuerfalles.

Den Umfang möglicher Saldierung bestimmen die *Hauptkorrekturnormen* (sog. **„aktive" Korrekturtatbestände)**, zu denen neben §§ 172–175a AO alle Korrekturvorschriften gehören, auf die in § 172 I 1 Nr. 2d AO Bezug genommen wird[59]. Hierzu muß auch § 129 AO gerechnet werden[60]. Keine Hauptkorrekturnormen sind aber §§ 164 II, 165 II AO (s. § 177 IV AO). Das Verhältnis zwischen einem aktiven Korrekturtatbestand und dem unselbständigen **(„passiven") Saldierungstatbestand** des § 177 AO[61] illustrieren folgende Beispiele: 448

Steuer lt. ursprünglichem Bescheid	14 000 DM
Steuer lt. Änderung nach § 173 I Nr. 1 AO	17 000 DM
Differenz	3 000 DM

In Höhe von 3000 DM können „autonome" (= nicht mit nachträglich bekannt gewordenen Tatsachen i. S. des § 173 I 1 Nr. 1 AO zusammenhängende) materielle Fehler korrigiert werden. Die Steuer darf aufgrund solcher Fehler aber nicht auf einen Betrag unter 14 000 DM herabgesetzt werden.

Steuer lt. ursprünglichen Bescheid	17 000 DM
Steuer lt. Änderung nach § 173 I Nr. 2 AO	14 000 DM
Differenz	3 000 DM

In Höhe von 3000 DM können „autonome" materielle Fehler korrigiert werden. Die Steuer darf aufgrund solcher Fehler aber nicht über einen Betrag von 17 000 DM hinaufgesetzt werden.

7. Vertrauensschutz nach § 176 AO

§ 176 AO schränkt die Korrekturvorschriften für drei Vertrauenstatbestände ein: 449

(1) Vertrauen in den Bestand eines förmlichen, nachkonstitutionellen **Gesetzes** (§ 176 I 1 Nr. 1 AO) oder eines vorkonstitutionellen Gesetzes oder einer im Range unterhalb des Gesetzes stehenden Rechtsnorm (§ 176 I 1 Nr. 2 AO). Geschützt wird das Vertrauen des Steuerpflichtigen aber nur, wenn das BVerfG oder im Falle des § 176 I 1 Nr. 2 AO ein oberstes Bundesgericht (Art. 95 I, III GG) die Norm für *verfassungswidrig* hält und nicht anwendet.

(2) Vertrauen in die **Rechtsprechung** der obersten Bundesgerichte (§ 176 I 1 Nr. 3 AO). § 176 I 1 Nr. 3 AO verbietet es, eine geänderte Rechtsprechung eines obersten Bundesgerichts zuungunsten des Steuerpflichtigen zu berücksichtigen, wenn für den Ursprungsbescheid die alte Rechtsprechung angewendet worden ist. Bei der geänderten Rechtsprechung muß es sich zwar nicht um eine „ständige" Rechtsprechung handeln, ein bloßes obiter dictum begründet u. E. aber noch keinen Vertrauensschutz[62]. „Angewandt" hat das Finanzamt die Rechtsprechung, wenn ihr der 450

57 Durch das sog. Mißbrauchsbekämpfungs- und Steuerbereinigungsgesetz v. 21. 12. 1993, BGBl. I 93, 2310, ist der Begriff „Rechtsfehler" durch den Begriff „materieller Fehler" ersetzt worden. Danach soll klargestellt werden, daß auch offenbare Unrichtigkeiten i. S. d. § 129 AO saldierungsfähig sind; a. A. zum bisherigen Recht BFH BStBl. 89, 531.

58 Tipke/*Kruse*, AO, § 177 Tz. 2.

59 Im einzelnen in Rz. 403 genannt.

60 S. Fn. 57.

61 Zur Saldierung s. außerdem BFH BStBl. 93, 823; 94, 77; *R. v. Groll*, StuW 93, 312, 316 ff.

62 S. BFH BStBl. 89, 421, 422 f.; a. A. Tipke/*Kruse*, AO, § 176 Tz. 5.

Bescheid *objektiv* entspricht. Auf die subjektive Kenntnis des zuständigen Amtsträgers kommt es nicht an.

451 (3) Vertrauen in den Bestand von bestimmten **allgemeinen Verwaltungsvorschriften** (§ 176 II AO): der Bundesregierung (sog. Richtlinien, Art. 108 VII GG), oberster Bundesbehörden (BMF-Schreiben, Art. 108 III, 85 III GG) und oberster Landesbehörden (Länder-Erlasse)[63]. Nach § 176 II AO darf nicht zuungunsten des Steuerpflichtigen berücksichtigt werden, daß ein oberstes Bundesgericht eine Verwaltungsanweisung „als nicht mit dem geltenden Recht im Einklang stehend bezeichnet" hat. Dies braucht das oberste Bundesgericht aber nur sinngemäß zum Ausdruck zu bringen[64]. Es genügt ein inhaltlicher Widerspruch zwischen der rechtlichen Aussage der Verwaltungsvorschrift einerseits und den Urteilsgründen andererseits.

452 § 176 AO findet auf alle Korrekturen der §§ 172 ff. AO, aber auch auf die in §§ 164 II, 165 II AO Anwendung. § 176 AO geht § 177 AO vor (§ 177 IV AO). Entsprechend gilt § 176 AO bei Fehlerfortschreibung (§ 22 III 2, 3 BewG) und Neuveranlagung (§ 16 II 2, 3 VStG).

453 § 176 AO verwirklicht den Vertrauensschutz nur höchst unzureichend. Unbefriedigend ist insbesondere, daß § 176 AO auf die Rechtslage im Zeitpunkt des Bescheid-Erlasses abstellt. Seine vertrauensschutzbedürftige Disposition hat der Steuerpflichtige aber bereits erheblich früher, nämlich im Zeitpunkt der Sachverhaltsverwirklichung, getroffen. Deshalb sollte für den Vertrauensschutz auf die in diesem Zeitpunkt bestehende Rechtslage abgestellt werden.

V. Korrekturvorschriften für andere Steuerverwaltungsakte

1. Überblick über die Regeln der §§ 130, 131 AO

454 *Anderen* Steuerverwaltungsakten, d. h. solchen, die weder Steuerbescheide noch diesen gleichgestellt sind (s. Beispiele in Rz. 384), sind die den §§ 48, 49 VwVfG nachgebildeten Korrekturnormen der §§ 130, 131 AO vorbehalten. §§ 130, 131 AO differenzieren zwischen rechtswidrigen und rechtmäßigen Verwaltungsakten einerseits und zwischen begünstigenden (Legaldefinition in § 130 II AO) und belastenden[65] Verwaltungsakten andererseits. Begünstigend ist ein (an sich belastender) Verwaltungsakt auch insoweit, als er keinen höheren Belastungsbetrag festsetzt. Das wirkt sich etwa aus bei Zwangsgeldfestsetzungen, Haftungsbescheiden und Verspätungszuschlägen[66].

Beispiel: Finanzamt setzt Verspätungszuschlag auf 100 DM fest. Obwohl der Zuschlag belastend wirkt, darf die Finanzbehörde den Zuschlag nicht nach § 130 I AO zurücknehmen und daraufhin (verbösernd) einen Zuschlag von 200 DM festsetzen. Vielmehr gilt § 130 II AO; die Zuschlagfestsetzung begünstigt den Betroffenen insoweit, als sie 100 DM *nicht übersteigt.*

455 Rücknahme/Widerruf eines belastenden Verwaltungsakts sind ihrerseits begünstigende Verwaltungsakte, so daß das Vertrauen in ihren Bestand nach §§ 130 II, 131 II AO geschützt wird[67]. Umgekehrt sind Rücknahme/Widerruf eines begünstigenden Verwaltungsakts ihrerseits belastende Verwaltungsakte.

---

63 Zur Unterscheidung s. § 5 Rz. 23 f. und oben Rz. 36.

64 BFH BStBl. 88, 40, 41; 89, 50, 52; 89, 198, 200; 93, 261, 262.

65 Das Gesetz verwendet statt dessen die umständlichere Wendung „nicht begünstigend" (s. § 131 I AO). Die Begriffsinhalte unterscheiden sich aber nicht, s. *M. Sachs,* Stelkens/Bonk/Sachs, VwVfG[4], § 49 Rz. 11; *P. Stelkens,* JuS 84, 930, 931 f.

66 S. *Tipke*/Kruse, AO, § 130 Tz. 3 m. w. N.

67 S. BFH BStBl. 85, 562, 563. Etwas anderes gilt dann, wenn die Aufhebung des belastenden Verwaltungsakts nur wegen *Form- oder Verfahrensfehler* erfolgt. In diesem Fall darf der Betroffene nur dann damit rechnen, daß die Finanzbehörde auf den Erlaß eines inhaltsgleichen (fehlerfreien) Bescheids verzichten will, wenn sie die Aufhebung ausdrücklich als *„ersatzlos"* kennzeichnet, s. BFH BStBl. 86, 779, 781; 90, 2, 3; *W. Hein,* DStR 87, 175 ff.

Rücknahme (§ 130 AO) und Widerruf (§ 131 AO) stehen im *Ermessen* der Finanzbehörde. 456
Neben der Entscheidung, *ob* der Verwaltungsakt überhaupt aufgehoben oder geändert werden soll *(Entschließungsermessen),* hat die Finanzbehörde bei der Rücknahme rechtswidriger Verwaltungsakte (§ 130 AO) zudem eine Ermessensentscheidung darüber zu treffen, ob die Rücknahme für die Vergangenheit (ex tunc) oder erst für die Zukunft (ex nunc) erfolgen soll. Es ergibt sich folgendes **Korrektursystem:**

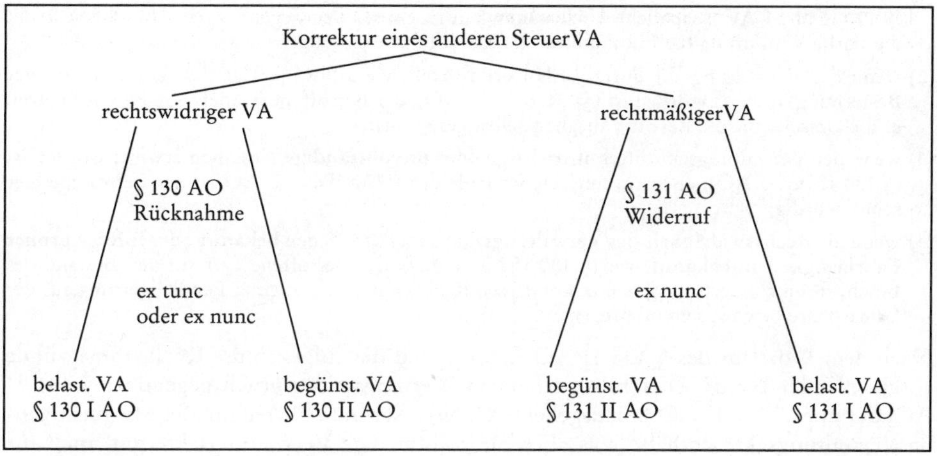

2. Rücknahme eines rechtswidrigen Steuerverwaltungsakts (§ 130 AO)

Literatur: *U. Knoke,* Rechtsfragen der Rücknahme von Verwaltungsakten, Diss. Münster, Berlin 1989.

2.1 Rücknahme eines belastenden Steuerverwaltungsakts (§ 130 I AO)

Bei der Rücknahme eines rechtswidrigen *belastenden* Verwaltungsakts ist eine Abwä- 457
gung zwischen materieller Rechtsrichtigkeit einerseits und dem Allgemeininteresse an Rechtssicherheit und Rechtsfrieden andererseits zu treffen[68]. Dabei muß in Rechnung gestellt werden, daß die Anwendung des § 130 I AO *nicht* dazu führen darf, die Wirkung der *Rechtsbehelfsfrist auszuhöhlen.* Deshalb ist die Ablehnung einer vom Steuerpflichtigen begehrten Rücknahme ermessensfehlerfrei, wenn dieser nur Umstände vorträgt, die er auch fristgerecht durch Rechtsbehelf hätte geltend machen können[69]. Umgekehrt *ist* der belastende Verwaltungsakt zurückzunehmen (Reduzierung des Entschließungsermessens auf Null), wenn von dem Steuerpflichtigen ein Rechtsbedarf unter Berücksichtigung aller Umstände des Falles billigerweise nicht erwartet werden konnte, etwa weil Gründe für ein Wiederaufgreifen des Verfahrens i. S. d. § 51 I VwVfG vorlagen (nachträgliche Änderung der Sach- oder Rechtslage zugunsten des Steuerpflichtigen, Auftauchen neuer Beweismittel, Wiederaufnahmegründe i. S. d. § 580 ZPO).

Die Rücknahme eines rechtswidrigen belastenden Verwaltungsakts *ohne Dauerwirkung* (s. Rz. 56) hat *ex tunc* zu erfolgen.

68 BFH BStBl. 89, 749, 751.
69 BFH BStBl. 91, 552, 553.

2.2 Rücknahme eines begünstigenden Steuerverwaltungsakts (§ 130 II AO)

458 Liegt ein rechtswidriger begünstigender Verwaltungsakt vor, so ist der **Prinzipienwiderspruch** zwischen materieller Rechtsrichtigkeit einerseits und Vertrauensschutz des Betroffenen andererseits aufzulösen. § 130 II AO räumt dem Gebot der materiellen Rechtsrichtigkeit nur in vier Fällen den Vorrang ein:

(1) wenn der Verwaltungsakt von einer **sachlich unzuständigen Behörde** erlassen worden ist (§ 130 II Nr. 1 AO); sachliche Unzuständigkeit ist ein schwerwiegender Fehler und begründet die starke Vermutung für Inkompetenz (s. Rz. 401);

(2) wenn der Verwaltungsakt durch **unlautere Mittel** (wie arglistige Täuschung, Drohung oder Bestechung) erwirkt worden ist (§ 130 II Nr. 2 AO); der Betroffene ist nicht schutzwürdig, weil er die Ursache für die Rechtswidrigkeit selbst gesetzt hat;

(3) wenn der Verwaltungsakt durch **unrichtige oder unvollständige Angaben** erwirkt worden ist (§ 130 II Nr. 3 AO); ebensowenig wie im Falle des § 130 II Nr. 2 AO ist der Betroffene hier schutzwürdig;

(4) wenn die **Rechtswidrigkeit** des Verwaltungsakts dem Betroffenen **bekannt oder infolge grober Fahrlässigkeit unbekannt** war (§ 130 II Nr. 4 AO); der Betroffene darf auf den Bestand des Bescheides nicht vertrauen, wenn ihm dessen Rechtswidrigkeit in einer Parallelwertung aus der Laiensphäre bewußt sein mußte.

459 Nach dem Wortlaut des § 130 II AO („nur“) sind die aufgezählten Rücknahmegründe abschließender Natur. Dies führt zu einem Wertungswiderspruch gegenüber § 131 II AO, der über § 130 II AO hinausgehend Widerrufsgründe für rechtmäßige begünstigende Verwaltungsakte enthält. Was aber für rechtmäßige Verwaltungsakte gilt, muß für rechtswidrige Verwaltungsakte *erst recht* gelten *(argumentum a minore ad maius)*[70].

460 Die Rücknahme eines begünstigenden Verwaltungsakts hat nach § 130 III 1 AO binnen einer **Jahresfrist** (Ausschlußfrist) zu erfolgen[71]. Sie beginnt im Zeitpunkt der *positiven Kenntnis* der Finanzbehörde von Tatsachen, die die Rücknahme des rechtswidrigen begünstigenden Verwaltungsakts rechtfertigen[72].

3. Widerruf eines rechtmäßigen Steuerverwaltungsakts (§ 131 AO)

Literatur: *H. Bronnenmeyer,* Der Widerruf rechtmäßiger begünstigender Verwaltungsakte nach § 49 VwVfG, Diss. Berlin 1994.

461 Das Bedürfnis nach einer Korrektur *rechtmäßiger* Verwaltungsakte leuchtet nicht ohne weiteres ein. Daher ist eine Erklärung angezeigt: Die Rechtmäßigkeit eines Verwaltungsakts wird nach den Verhältnissen im Zeitpunkt des Wirksamwerdens des Verwaltungsakts (dazu Rz. 59) beurteilt. Danach kann sich sowohl die Rechts- als auch die Sachlage ändern. Beide Umstände können sich auf *Dauerverwaltungsakte* auswirken. Ferner kommt in Betracht, daß rechtmäßige *Ermessensentscheidungen* (innerhalb des Ermessensspielraums) noch korrigiert werden (insb. bei Widerrufsvorbehalten nach § 120 II Nr. 3 AO). Auch bleibt ein Verwaltungsakt selbst dann rechtmäßig, wenn eine ihm hinzugefügte Auflage nicht erfüllt wird. Für diesen Fall ermöglicht § 131 II Nr. 2 AO die Korrektur.

---

70 S. BFH BStBl. 83, 187, 188; *Tipke*/Kruse, AO, § 130 Tz. 8a.

71 Die Jahresfrist gilt allerdings nicht im Falle des § 130 II Nr. 2 AO (unlautere Mittel), s. § 130 III 2 AO.

72 Zur Frage, auf wessen Kenntnis es innerhalb der Finanzbehörde ankommt, s. oben Rz. 413 zur vergleichbaren Problematik bei § 173 I AO. Zur im einzelnen sehr kontroversen Auslegung der Parallelvorschrift des § 48 IV VwVfG s. BVerwG GrS BVerwGE 70, 356 ff.; *M. Sachs,* Stelkens/Bonk/Sachs, VwVfG[4], § 48 Rz. 148 ff.

462 Der Widerruf ist *nur ex nunc* möglich. Das Gesetz stellt auch hier für den Widerruf unterschiedliche Anforderungen je nachdem, ob der Verwaltungsakt belastend oder begünstigend ist:

3.1 Widerruf eines belastenden Steuerverwaltungsakts (§ 131 I AO)

463 Durch den Widerruf eines rechtmäßigen Verwaltungsakts darf *kein rechtswidriger* Zustand geschaffen werden. Deshalb verbietet § 131 I AO den Widerruf, wenn ein Verwaltungsakt gleichen Inhalts erneut erlassen werden müßte (z. B. bei gebundenen Verwaltungsakten oder bei einer Ermessensreduzierung auf Null) oder aus anderen Gründen ein Widerruf unzulässig ist.

464 Die Finanzbehörde hat bei der Ermessensentscheidung über den Widerruf mit Rücksicht auf das Interesse der Allgemeinheit an Rechtssicherheit und Rechtsfrieden zu berücksichtigen, ob der Steuerpflichtige die für den Widerruf sprechenden Umstände nicht auch fristgerecht durch einen Rechtsbehelf hätte geltend machen können (s. bereits Rz. 457).

3.2 Widerruf eines begünstigenden Steuerverwaltungsakts (§ 131 II AO)

465 Die Korrektur eines rechtmäßigen Verwaltungsakts zu Lasten des Betroffenen tangiert das **Vertrauensschutzprinzip** in besonderem Maße. Deshalb läßt § 131 II AO den Widerruf eines rechtmäßigen begünstigenden Verwaltungsakts enumerativ nur in drei Fällen zu:

(1) wenn Widerruf zugelassen oder vorbehalten ist (s. § 131 II Nr. 1 i. V. m. § 120 I, II Nr. 3 AO),

(2) bei Nichterfüllung einer Auflage (s. § 131 II Nr. 2 i. V. m. § 120 I, II Nr. 4 AO, dazu Rz. 105),

(3) wenn die Finanzbehörde aufgrund *nachträglich* eingetretener Tatsachen berechtigt wäre, den Verwaltungsakt nicht zu erlassen, und wenn ohne den Widerruf das öffentliche Interesse gefährdet wäre (s. § 131 II Nr. 3 AO).

Beispiele: Dem Steuerpflichtigen wird die Steuerschuld wegen Zahlungsschwierigkeiten gestundet (§ 222 AO). Sechs Monate später erbt er ein großes Vermögen, so daß er die Schuld leicht begleichen kann. Die Finanzbehörde darf die Stundung widerrufen (§ 131 II Nr. 3 AO). – Es ist ohne Sicherheitsleistung die Vollziehung ausgesetzt (§ 361 II AO) oder gestundet (§ 222 AO) worden. Wenn sich die Vermögenslage des Steuerpflichtigen erheblich verschlechtert, kann die Behörde die Aussetzung oder Stundung widerrufen (§ 131 II Nr. 3 AO und anschließend Aussetzung oder Stundung gegen Sicherheitsleistung aussprechen.

§ 23 Rechtsschutz in Steuersachen*

Literatur: *Ziemer/Haarmann/Lohse/Beermann,* Rechtsschutz in Steuersachen, Loseblatt, Bonn seit 1978; *F. Gräber,* FGO[3], München 1993; *Schwarz,* FGO, Freiburg i. Br. 1993; Kommentare zur AO/FGO von *Hübschmann/Hepp/Spitaler; Kühn/Kutter/Hofmann*[16], Stuttgart 1990; *K. Tipke,* Die Steuerrechtsordnung, Bd. III (StRO III), Köln 1993, § 31; *Tipke/Kruse; M. Streck,* Der Steuerstreit[2], Köln 1994; *O. M. Sauer,* Wie führe ich einen Finanzgerichtsprozeß? Vorverfahren – Klageerhebung – Prozeß – Revision[3], Berlin u. a. 1994.

Zur *historischen* Entwicklung *W. Jäger,* Die Entwicklung des Rechtsmittelverfahrens vom 18. Jahrhundert bis zum Erlaß der Finanzgerichtsordnung v. 6. 10. 65, Diss. Marburg 1974; *P. Hoffmann-Fölkersamb,* Geschichte und Perspektiven des Rechtsbehelfsverfahrens auf dem Gebiet des Steuerrechts in Deutschland, Diss. Kiel, Frankfurt a. M. u. a. 1991.

Da die FGO der VwGO nachgebildet ist, können die Lehrbücher und Kommentare zur VwGO zur Lösung von Problemen ergänzend herangezogen werden.

A. Überblick über das Rechtsschutzsystem

I. Der Justizgewährleistungsanspruch des Art. 19 IV GG

1 Nach Art. 19 IV GG kann jeder, der durch die öffentliche Gewalt in seinen Rechten verletzt wird, den Rechtsweg (= Gerichtsweg) beschreiten. Art. 19 IV GG enthält damit eine Systementscheidung zugunsten des **Individualrechtsschutzes**[1]. Ein gerichtliches Verfahren ist unter Art. 19 IV GG daher **kein verlängertes Ermittlungs- und Veranlagungsverfahren**[2] mehr, in dem die Klage des Betroffenen lediglich die objektive Rechtmäßigkeitsüberprüfung des staatlichen Handelns anstößt. Vielmehr bildet nach Art. 19 IV GG allein die vom Kläger gerügte Rechtsverletzung den Gegenstand der Klage[3] und limitiert damit zugleich das gerichtliche Streitprogramm (dazu Rz. 162).

2 Die Rechtsweggarantie des Art. 19 IV GG erfordert, daß dem Rechtsverletzten **wirksamer (effektiver) Rechtsschutz** gewährt wird[4]. Wirksamer (effektiver) Rechtsschutz bedeutet Rechtsschutz innerhalb angemessener Zeit[5]. Das Gebot effektiven Rechtsschutzes erfordert deshalb die Möglichkeit eines *vorläufigen Rechtsschutzes* (dazu Rz. 210 ff.)[6].

3 Die Realisierung effektiven Rechtsschutzes wird in der Praxis durch die lange Verfahrensdauer der Steuerprozesse gefährdet[7]. Die durchschnittliche Verfahrensdauer bis zu einer Sachentscheidung betrug in den Jahren 1990–1992 bei den Finanzgerichten ca. 32 Monate[8] und beim BFH ca. 34 Monate[9]. Unter Berücksichtigung der Dauer des obligatorischen außergerichtlichen Rechtsbehelfsverfahrens (dazu Rz. 9 ff.) vergehen nicht selten zehn Jahre, bis ein finanzgerichtliches Verfahren letztinstanzlich abgeschlossen ist.

---

* Bearbeiter des Abschnitts „Rechtsschutz in Steuersachen" ist Wissenschaftlicher Assistent Dr. *Roman Seer.*

1 Zur Bedeutung der verfassungsrechtlichen Rechtsschutzgarantie des Art. 19 IV GG s. etwa *W.-R. Schenke,* JZ 88, 317 ff.

2 So der Charakter des sog. *Berufungsverfahrens* nach der RAO 1919/1931.

3 *W. Krebs,* in v. Münch/Kunig, GG[4], Art. 19 Rz. 58.

4 Ständ. Rspr. des BVerfG, vgl. BVerfGE 35, 263, 274; 65, 1, 70; 81, 123, 129.

5 BVerfGE 40, 237, 257; 55, 349, 369; *P. Kirchhof,* DStZ 89, 55, 58.

6 *W.-R. Schenke,* JZ 88, 317, 324 f.

7 Dazu ausführlich *D. Birk* (Hrsg.), Die Situation der Finanzgerichtsbarkeit, Münsteraner Symposion 1988, Köln 1989, mit Beiträgen von *P. Kirchhof, F. Klein, H. Reim* und *A. Raupach.*

8 Geschäftsbericht der Finanzgerichte in der Bundesrepublik Deutschland 1992, EFG 93, 490 ff.

9 Vgl. Jahresbericht des BFH für 1991, DStZ 92, 490.

Noch ungeklärt sind die **Rechtsfolgen** einer **überlangen Verfahrensdauer.** Das BVerfG hat sich bisher nicht veranlaßt gesehen, zu dieser Frage Stellung zu nehmen[10]. Der Bedeutung des Art. 19 IV GG ist es aber nicht angemessen, eine Verfahrensdauer von zehn Jahren und mehr sanktionslos zu tolerieren[11]. 4

Der überlangen Verfahrensdauer versucht die Gesetzgebung durch **Verfahrensbeschleunigungsnovellen** (zuletzt das FGO-Änderungsgesetz v. 21. 12. 1992[12]) zu begegnen[13]. Bei aller Sympathie für Verfahrensbeschleunigung muß aber verhindert werden, daß sie zur Beschränkung des Rechtsschutzes führt. Denn ein „kurzer Prozeß" ist ebenso rechtsstaatswidrig wie eine überlange Verfahrensdauer[14]. In dieser Richtung geben einzelne Neuerungen im FGO-Änderungsgesetz zu Bedenken Anlaß (dazu Rz. 70, 231). 5

II. Die verschiedenen Rechtswege

Es gibt keinen einheitlichen Rechts-(= Gerichts-)weg, sondern verschiedene Rechtswege mit in verschiedenen Prozeßordnungen geregelten Verfahren. Zum Schutz gegen behördliche Eingriffe sind Verwaltungsgerichte eingesetzt. In Steuersachen sind die Finanzgerichte als *besondere Verwaltungsgerichte* zur Entscheidung berufen (sog. *Finanzrechtsweg*, s. § 33 I FGO). Zu unterscheiden sind: 6

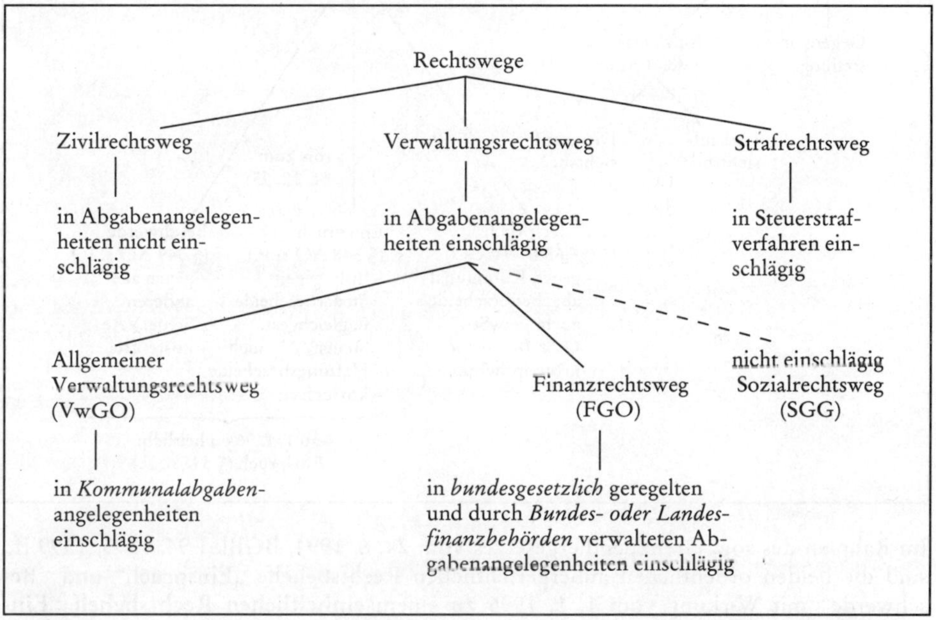

10 S. BVerfG HFR 86, 317; DB 87, 1722; StRK EStG 1975 § 5 Rückl. R 2; B 92, 1224; HFR 93, 37 f.; zur überlangen Verfahrensdauer in Steuerstrafverfahren s. BVerfG HFR 94, 345 ff.

11 So offenbar BFH BStBl. 92, 148, 149 ff.; anders *P. Kirchhof*, DStZ 89, 55, 59; *E. Stöcker*, DStZ 89, 367, 376 ff.; *H. Koepsell/D. Fischer-Tobies*, DB 92, 1370 ff.

12 BGBl. I 92, 2109 ff. Das FGO-Änderungsgesetz hat u. a. das befristete Gesetz zur Entlastung der Verwaltungs- und Finanzgerichtsbarkeit vom 31. 3. 1978, BGBl. 78, 446 ff., als Dauerrecht in die FGO übernommen.

13 Vergleichbare Beschleunigungsnovellen erfuhren auch die übrigen Verfahrensordnungen: s. 4. VwGO-ÄndG vom 17. 12. 1990, BGBl. I 90, 2809 ff.; Rechtspflege-Vereinfachungsgesetz vom 17. 12. 1990, BGBl. I 90, 2847 ff.; Rechtspflegeentlastungsgesetz vom 11. 1. 1993, BGBl. I 93, 50 ff.

14 *P. Kirchhof*, in Birk (Fn. 7), 9; *ders.*, DStZ 89, 55.

III. Die verschiedenen Rechtsbehelfe

1. Übersicht über die außergerichtlichen Rechtsbehelfe

7 Rechtsschutz in Steuersachen wird nicht nur durch gerichtliche, sondern auch durch außergerichtliche Rechtsbehelfe gewährt:

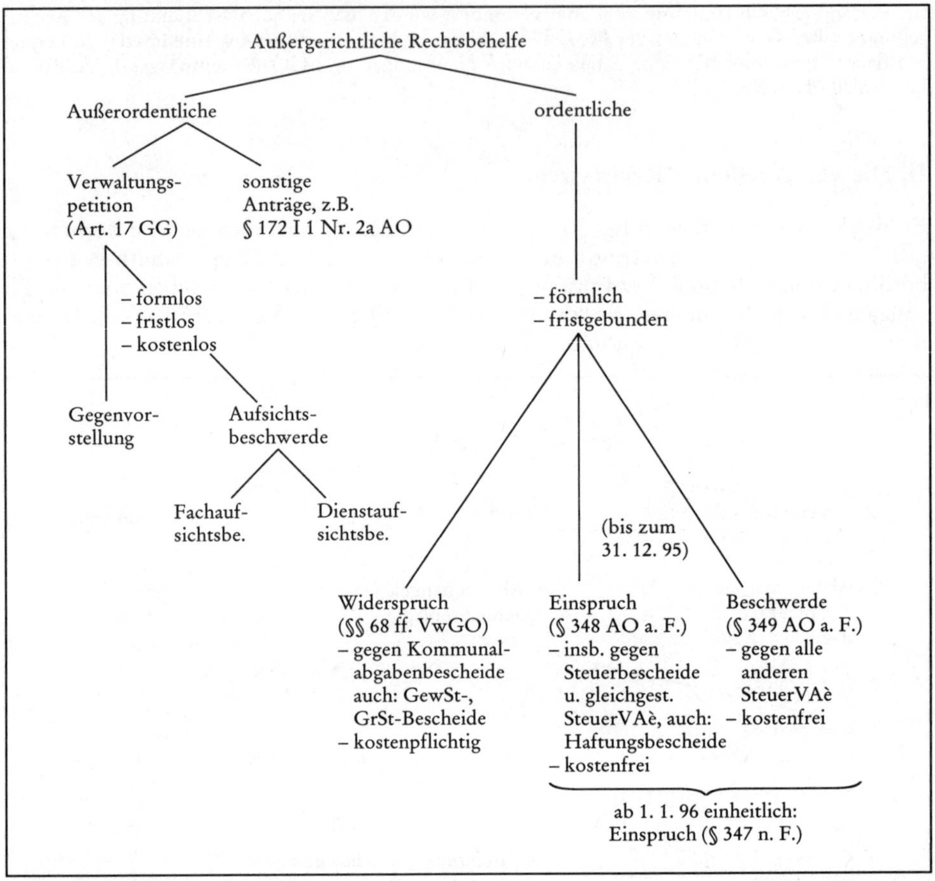

Im Rahmen des sog. Grenzpendlergesetzes vom 24. 6. 1994, BGBl. I 94, 1395, 1399 ff., sind die beiden ordentlichen außergerichtlichen Rechtsbehelfe „Einspruch“ und „Beschwerde“ mit Wirkung vom 1. 1. 1996 zu einem **einheitlichen Rechtsbehelf „Einspruch“** zusammengefaßt worden (s. §§ 347 AO n. F., 18 III EGAO).

2. Übersicht über die gerichtlichen Rechtsbehelfe

8 Unter den gerichtlichen Rechtsbehelfen hervorzuheben sind die **Klagen** und die sog. **Rechtsmittel** (Berufung, Revision, Beschwerde). Letztere sind durch **Suspensiveffekt** (= Hemmung des Eintritts der Rechtskraft) und **Devolutiveffekt** (Anfallwirkung: Begründung der Zuständigkeit der höheren Instanz für die Entscheidung) gekennzeichnet[15]. Es lassen sich unterscheiden:

15 *Tipke*/Kruse, FGO, Vor § 114 Tz. 1.

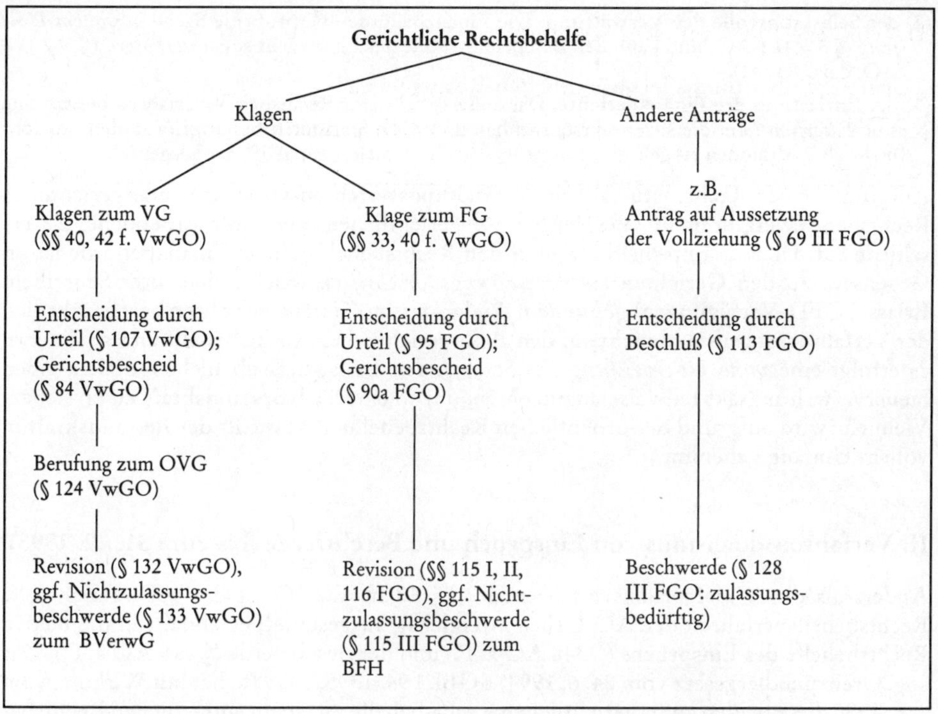

B. Außergerichtliches Rechtsbehelfsverfahren

Literatur: Kommentare zu §§ 347–368 AO: *G. Heyne,* Das Vorverfahren nach der VwGO, der FGO und dem SGG, Diss. Würzburg 1974; *P. Weides,* Verwaltungsverfahren und Widerspruchsverfahren[3], München 1993.

I. Zweck und Rechtsnatur des Rechtsbehelfsverfahrens

Das Steuerrecht ist Massenfallrecht. Die einzelnen Fälle können von den Finanzbehör- 9
den durchweg nicht so intensiv wie von den Gerichten geprüft werden. Der Prozentsatz unrichtiger Entscheidungen ist daher relativ hoch. Damit die Finanzgerichte nicht mit Klagen überschwemmt werden[1], wird der Steuerverwaltung in einem außergerichtlichen (ordentlichen) Rechtsbehelfsverfahren die Gelegenheit gegeben, die Fälle nochmals zu überprüfen. Das förmliche außergerichtliche Rechtsbehelfsverfahren in Steuersachen ist in §§ 347 ff. AO als leges speciales zum Widerspruchsverfahren der VwGO geregelt. Es besitzt den Charakter eines **(verlängerten) Verwaltungsverfahrens** und ist dem gerichtlichen Verfahren obligatorisch vorgeschaltet (sog. **Vorverfahren,** §§ 44–46 FGO). Als Verwaltungsverfahren dient das außergerichtliche Rechtsbehelfsverfahren – im Gegensatz zum gerichtlichen Verfahren (dazu Rz. 1 ff.) – nicht allein dem Individualrechtsschutz des Rechtsbehelfsführers, sondern *mehreren* Zwecken:

(1) dem **Rechtsschutz** des Rechtsbehelfsführers. Der Betroffene *allein* kann das Rechtsbehelfsverfahren in Gang setzen und durch Rücknahme (§ 362 AO) wieder beenden.

1 Nach der Einspruchsstatistik des BMF werden jährlich mehr als 2 Millionen Einsprüche bei den Finanzämtern eingelegt.

(2) der **Selbstkontrolle der Verwaltung.** Die Finanzbehörde überprüft die Sache *in vollem Umfang* (§ 367 II 1 AO) und kann den Bescheid im Falle des Einspruchs sogar *verbösern* (§ 367 II 2 AO, dazu Rz. 44).

(3) der **Entlastung der Finanzgerichte.** Das außergerichtliche Rechtsbehelfsverfahren besitzt eine sog. *Filterfunktion,* die sich rechtstatsächlich durch die Statistiken bestätigt. Von den pro Jahr mehr als 2 Millionen eingelegten Einsprüchen führen nicht einmal 3% zu Klagen[2].

10 Aufgrund seiner Rechtsnatur als ein Verwaltungsverfahren weist das außergerichtliche Rechtsbehelfsverfahren im Vergleich zum gerichtlichen Verfahren erhebliche Unterschiede auf. Die zur Entscheidung über den Rechtsbehelf befugte Finanzbehörde ist im Gegensatz zu den Gerichten an *Verwaltungsvorschriften* (Richtlinien, BdF-Schreiben, Erlasse, OFD-Verfügungen) *gebunden.* Anders als im Gerichtsverfahren beschränkt sich der Verfahrensgegenstand nicht auf den außergerichtlichen Rechtsbehelfsantrag, sondern es erfolgt eine *volle Überprüfung des Steuerfalles.* Es ist deshalb nicht möglich, einen Steuerverwaltungsakt teilweise anzufechten, um so eine Teil-Bestandskraft zu erreichen. Vielmehr wird aufgrund der ordentlichen Rechtsbehelfe der Eintritt der Bestandskraft in vollem Umfang gehemmt.

II. Verfahrensdualismus von Einspruch und Beschwerde (bis zum 31. 12. 1995)

11 Anders als das Widerspruchsverfahren der §§ 68 ff. VwGO ist das außergerichtliche Rechtsbehelfsverfahren der AO bisher **zweigleisig** ausgestaltet; es zerfällt in die beiden Rechtsbehelfe des Einspruchs (§ 348 AO a. F.) und der Beschwerde (§ 349 AO a. F.). Das sog. Grenzpendlergesetz vom 24. 6. 1994, BGBl. I 94, 1395, 1399 ff., hat mit Wirkung vom 1. 1. 1996 diese beiden außergerichtlichen Rechtsbehelfe zu einem einheitlichen Rechtsbehelf (**Einspruch,** § 347 AO n. F.) zusammengefaßt (dazu näher Rz. 15). Bis dahin bleibt der *Einspruch* nur statthaft gegen die *enumerativ* in § 348 I, II AO a. F. aufgezählten Steuerverwaltungsakte. Gegenüber *anderen* Steuerverwaltungsakten muß *Beschwerde* (§ 349 AO a. F.) eingelegt werden. **Bis zum 31. 12. 1995** ist damit zu unterscheiden:

12 **Einspruch** (§ 348 AO a. F.)

- Steuerbescheide und diesen gleichgestellte Bescheide (§ 348 I Nrn. 1, 2, 10 AO a. F.)
- Haftungs- u. Duldungsbescheide (§ 348 I Nr. 4 AO a. F.)
- Abrechnungsbescheide (§ 348 I Nr. 9 AO a. F.)
- verbindliche Zolltarifauskünfte u. verbindliche Zusagen n. § 204 AO (§ 348 I Nrn. 5, 6 AO a. F.)
- Aufteilungsbescheide (§ 348 I Nr. 8 AO a. F.)
- Selbständige VAè über Steuervergünstigungen (§ 348 I Nr. 3 AO a. F.)
- Kontingentbescheide nach dem Branntweinmonopolgesetz (§ 348 I Nr. 7 AO a. F.)
- Feststellung von Konkursforderungen u. -vorrechten (§ 348 I Nr. 11 AO a. F.).

Beschwerde (§ 349 AO a. F.)

Andere SteuerVAè, insb.:

- Mitwirkungsverlangen nach §§ 90 ff., 134 ff., 140 ff., 193 ff., 208, 209 ff. AO
- Prüfungsanordnungen (§ 196 AO)
- An- bzw. Abrechnungsverfügungen zum Steuerbescheid
- Festsetzung von Verspätungszuschlägen (§ 152 AO)
- Leistungsgebote (§ 254 I AO)
- Zwangsmittel (§§ 328 ff. AO)
- VollstreckungsVAè
- Ablehnung begünstigender VAè: z. B. Ablehnung von Anträgen auf Erlaß (§§ 163, 227 AO), Stundung (§ 222 AO), Aussetzung der Vollziehung (§ 361 AO), Erteilung einer allgemeinen verbindlichen Auskunft.

2 Vergleich der Einspruchsstatistik des BMF mit den jährlichen Klageeingangszahlen lt. den Geschäftsberichten der Finanzgerichte, s. etwa EFG 93, 490.

Nicht beschwerdefähig ist ein Verwaltungsakt, der selbst eine Rechtsbehelfsentscheidung darstellt. § 349 I 2 AO a. F. (§ 348 Nr. 1 AO n. F.) stellt klar, daß das Vorverfahren nicht ad infinitum verlängert werden kann. Nach dessen Abschluß kommt nur das Klageverfahren in Betracht (s. § 44 I FGO). 13

Einspruch und Beschwerde unterscheiden sich insbesondere dadurch, daß nur die Beschwerde einen **Devolutiveffekt**[3] besitzt. Über den Einspruch entscheidet grundsätzlich dieselbe Finanzbehörde, die auch den angefochtenen Verwaltungsakt erlassen hat (§ 367 I 1 AO). Im Falle einer Beschwerde ist die Ausgangsbehörde dagegen nur befugt, der Beschwerde ganz oder teilweise abzuhelfen (§ 368 I 1 AO a. F.)[4]. Soweit der Beschwerde nicht abgeholfen wird, entscheidet nach § 368 II 2 AO a. F. statt dessen die nächsthöhere Behörde (zumeist die Oberfinanzdirektion)[5]. 14

III. Einheitliches Einspruchsverfahren (ab 1. 1. 1996)

Die Trennung zwischen Einspruch und Beschwerde beruhte auf der Erwägung, daß es sich bei den beschwerdefähigen Verwaltungsakten weitgehend um *Ermessensentscheidungen* handelte, die sinnvollerweise von einer anderen (höheren) Verwaltungsbehörde vollinhaltlich überprüft werden sollten. Dagegen sollte es für die ganz überwiegend gebundenen und massenweise ergehenden Steuerverwaltungsakte des § 348 I AO a. F. ausreichend sein, wenn gegen sie gerichtete Einsprüche von der Ausgangsbehörde selbst beschieden werden. Die Aufspaltung des außergerichtlichen Rechtsbehelfsverfahrens erwies sich jedoch als wenig sachgerecht. Ein Bedürfnis nach Kontrolle der Verwaltungsentscheidung durch eine von der Ausgangsbehörde *getrennte* Verwaltungsinstanz kann für gebundene Verwaltungsakte ebenso formuliert werden wie für Ermessensverwaltungsakte. Unsicherheiten und Spielräume existieren nicht nur auf der Rechtsfolgenseite des Ermessens, sondern auch auf der Tatbestandsseite eines steuerlichen Rechtssatzes (z. B. in Bewertungs- und Schätzungsfragen). Zudem enthielt der eher zufällig erscheinende Katalog des § 348 I AO a. F. auch (z. B. in § 348 I Nr. 4 AO a. F.) Ermessensverwaltungsakte und führte zu erheblichen Abgrenzungsschwierigkeiten[6]. 15

Deshalb hat der Gesetzgeber den Vorschlag einer im Herbst 1988 vom BMF eingesetzten Arbeitsgruppe „Außergerichtliches Rechtsbehelfsverfahren" aufgegriffen und im sog. Grenzpendlergesetz v. 24. 6. 94, BGBl. I 94, 1395, 1399, Einspruch und Beschwerde mit Wirkung v. 1. 1. 1996 zu einem einheitlichen **außergerichtlichen Rechtsbehelf „Einspruch"** zusammengefaßt. Dies hat zur Folge, daß durch die Einlegung des Rechtsbehelfs ab dem 1. 1. 1996 *überhaupt kein Devolutiveffekt* mehr ausgelöst wid, die Ausgangsbehörde also auch in den bisherigen Beschwerdefällen voll und ganz über den Rechtsbehelf selbst entscheidet[7]. Unter dem Aspekt eines funktionsfähigen außergerichtlichen Rechtsschutzes erscheint es aber nicht unbedenklich, wenn die Ausgangsbehörde ihre eigenen Entscheidungen überprüft. Um eine unvoreingenommene, objektive Überprüfung der Sach- und Rechtslage zu gewährleisten, sollten deshalb nunmehr in allen Bundesländern wenigstens innerbehördlich sog. *Rechtsbehelfsstellen* geschaffen werden,

3 D. h., daß über den Rechtsbehelf die *nächsthöhere* Instanz (im Verwaltungsverfahren die nächsthöhere Behörde) entscheidet.
4 Dies entspricht der Regelung über den Widerspruch nach §§ 72, 73 VwGO.
5 Zum Behördenaufbau s. § 22 Rz. 30 ff.
6 S. etwa in BFH BStBl. 85, 216, 218; 88, 402 ff.; 89, 13.
7 Zum Devolutiveffekt s. Fn. 3. Zu den Motiven s. Bericht des Finanzausschusses, BT-Drucksache 12/7427, 35.

die – organisatorisch und personell von den übrigen Finanzamtsstellen getrennt – über den Einspruch entscheiden[8].

IV. Zulässigkeitsvoraussetzungen für Einspruch und Beschwerde

16 Nach § 358 S. 1 AO hat die zur Entscheidung über den Rechtsbehelf berufene Finanzbehörde zunächst zu prüfen, ob der Rechtsbehelf *zulässig* ist. Anknüpfend an das Prozeßrecht darf sich die Finanzbehörde daher nur dann *mit der Sache selbst* befassen, wenn die Zulässigkeitsvoraussetzungen **(Sachentscheidungsvoraussetzungen)** vorliegen[9]. Mangelt es an einer Sachentscheidungsvoraussetzung, so ist der Rechtsbehelf als unzulässig zu verwerfen (§ 358 S. 2 AO). Deshalb ist in diesem Fall auch eine Verböserung (§ 367 II 2 AO) ausgeschlossen. Da die Zuläsigkeitsvoraussetzungen der Rechtsbehelfe Einspruch und Beschwerde im wesentlichen mit denen für eine finanzgerichtliche Klage identisch sind, wird auf die Darstellung der Rz. 89 ff. verwiesen. Zur Vermeidung von Wiederholungen sollen an dieser Stelle nur etwaige Unterschiede aufgezeigt werden:

17 (1) **Zulässigkeit des Finanzverwaltungsweges** (§ 347 AO). § 347 AO entspricht § 33 FGO, s. daher Rz. 92 ff.

18 (2) **Statthaftigkeit des eingelegten Rechtsbehelfs** (§§ 348, 349 AO a. F. bis zum 31. 12. 1995: Einspruch oder Beschwerde? Ab dem 1. 1. 1996 n. § 347 I AO n. F.: Einspruch?). Die unrichtige Bezeichnung führt nicht zur Unzulässigkeit des Rechtsbehelfs (s. § 357 I 4 AO). Durch Auslegung ist das wirklich Gewollte zu erforschen; jenseits der Auslegungsgrenzen ist im Rahmen des Gewollten *Umdeutung* möglich.

19 (3) **Rechtsbehelfsbefugnis** (§§ 350–353 AO). Zur Einlegung eines Rechtsbehelfs ist befugt, wer geltend macht, durch einen Verwaltungsakt (die Ablehnung eines Verwaltungsakts ist selbst Verwaltungsakt) oder dessen Unterlassung (s. § 349 II AO a. F.; § 347 I 2 AO n. F.) *beschwert* zu sein (§ 350 AO). Die Beschwer geht über die *Rechtsverletzung* i. S. d. § 40 II FGO insoweit hinaus, als sie auch die Rüge fehlerhafter Anwendung einer Verwaltungsvorschrift und unzweckmäßiger Ermessensausübung umfaßt[10]. § 351 I AO stellt klar, daß ein Änderungsbescheid nur insoweit beschwert, als die Änderung reicht. Dementsprechend können Entscheidungen eines Grundlagenbescheides (dazu § 22 Rz. 86) nicht durch Anfechtung des Folgebescheides angegriffen werden (§ 351 II AO). Die §§ 350–352 AO korrespondieren mit §§ 40 II, 42, 48 FGO, s. daher Rz. 118 ff. Zur Neufassung der Einspruchs- und Klagebefugnis bei einheitlichen Feststellungen durch das sog. Grenzpendlergesetz v. 24. 6. 94, BGBl. I 94, 1395, 1400, s. unten Rz. 130 ff.

20 (4) **Beteiligtenfähigkeit.** Beteiligter eines Rechtsbehelfsverfahrens kann nur sein, wer auch *steuerrechtsfähig* ist (dazu § 6 Rz. 14 ff.).

21 (5) **Handlungsfähigkeit** (§ 365 I AO i. V. m. § 79 AO). Der Beschwerte muß auch zur Vornahme von Verfahrenshandlungen fähig sein, dazu § 22 Rz. 156 ff.

22 (6) Bei Einlegung des Rechtsbehelfs durch einen Angehörigen der steuerberatenden Berufe: Vorliegen einer **Vollmacht** (§ 365 I AO i. V. m. § 80 AO, dazu § 22 Rz. 161 ff.).

23 (7) **Kein Rechtsbehelfsverzicht** (s. § 354 I 3 AO). § 354 AO entspricht § 50 FGO, s. daher Rz. 152.

24 (8) **Wahrung der Rechtsbehelfsfrist** (s. § 358 S. 1 AO). Sie beträgt grundsätzlich *einen Monat* (§ 355 I AO). Die Untätigkeitsbeschwerde (§ 349 II AO a. F.; ab 1. 1. 1996 Untätigkeitsein-

8 In den alten Bundesländern (außer Hessen) existieren bereits heute innerhalb der Finanzämter spezielle Rechtsbehelfsstellen, die für die Bearbeitung der Einsprüche zuständig sind. Sie haben über den Einspruch zu entscheiden, wenn der Sachbearbeiter bzw. Sachgebietsleiter, der den Bescheid erlassen hat, dem Einspruch nicht abhilft.

9 S. BFH BStBl. 90, 561, 564; *Tipke*/Kruse, AO, § 358 Tz. 1.

10 *Tipke*/Kruse, AO, § 350 Tz. 2.

spruch, § 347 I 2 AO n. F.) ist unbefristet (§ 355 II AO). Die Frist *beginnt* nach § 355 I AO grundsätzlich mit Bekanntgabe des Verwaltungsakts (§ 122 AO, dazu § 22 Rz. 61 ff.). Zur Fristberechnung s. § 108 AO. Handelt es sich um einen *schriftlichen* Verwaltungsakt, läuft die Frist nicht, solange nicht eine zutreffende Rechtsbehelfsbelehrung erfolgt ist (§ 356 I AO); es gilt dann aber eine Höchstfrist von einem Jahr (§ 356 II AO). Für *mündliche* Verwaltungsakte bleibt es dagegen bei der Regelung des § 355 I AO. Die Rechtsbehelfsfrist ist nur dann gewahrt, wenn der Rechtsbehelf fristgemäß bei der *richtigen Behörde* eingeht (s. dazu § 357 II AO). Bei Fristversäumnis kann die Unzulässigkeit des Rechtsbehelfs nur dadurch verhindert werden, daß Wiedereinsetzung in den vorigen Stand (§ 110 AO) gewährt wird. Dabei sind §§ 126 III, 356 II AO zu beachten. Ist der Rechtsbehelf wegen Fristversäumnis unzulässig, muß geprüft werden, ob eine Korrektur des Verwaltungsakts nach §§ 130 ff., 172 ff. AO (dazu § 22 Rz. 381) in Betracht kommt. Die Korrektur kann vom Steuerpflichtigen angeregt werden.

(9) **Wahrung der Rechtsbehelfsform** (s. § 358 S. 1 AO). Die Rechtsbehelfe sind *schriftlich* einzureichen (ausreichend: Telegramm, Fernschreiben, Telefax oder Telebrief) oder zur Niederschrift zu erklären (§ 357 I 1, 3 AO). Der Rechtsbehelf braucht im Unterschied zur Klage (dazu Rz. 148) *nicht* unterschrieben zu sein. Es genügt, wenn aus dem Schriftstück hervorgeht, wer den Rechtsbehelf eingelegt hat (§ 357 I 2 AO). 25

Es gehört nicht zu den Zulässigkeitsvoraussetzungen, daß der Rechtsbehelf begründet und ein bestimmter Antrag gestellt wird. Zur Begründung des Rechtsbehelfs *sollen* (nicht müssen) Tatsachen und Beweismittel angeführt werden (§ 357 III 3 AO). Ferner *soll* angegeben werden, inwieweit der Verwaltungsakt angefochten und seine Aufhebung beantragt wird (§ 357 III 2 AO). Hierdurch tritt jedoch für die Finanzbehörde keine Beschränkung im Sinne einer Teilanfechtung ein, da sie die Sache in vollem Umfang erneut zu prüfen hat (s. Rz. 9). Mißverständlich ist dagegen § 357 III 1 AO, wonach der Verwaltungsakt, der angefochten wird, bezeichnet werden *soll.* Die Vorschrift darf nicht in dem Sinne mißverstanden werden, daß überhaupt nicht festzustehen bräuchte, welcher Verwaltungsakt angefochten wird. Da es keinen von einem Verwaltungsakt losgelösten Rechtsbehelf als solchen gibt, muß wenigstens *erkennbar* sein, *welcher* Verwaltungsakt angefochten werden soll[11]. Zur Möglichkeit der Fristsetzung für das Begründungsvorbringen nach § 364b AO n. F. s. Rz. 38. 26

(10) **Keine Rücknahme des Rechtsbehelfs** (§ 362 II 1 AO). Die Rücknahme hat den Verlust des *eingelegten* Rechtsbehelfs zur Folge. Es tritt der Zustand ein, als wäre das Verfahren gar nicht anhängig geworden. Es besteht daher die Möglichkeit, innerhalb der Rechtsbehelfsfrist erneut einen Rechtsbehelf einzulegen. Geht dieser aber erst nach Ablauf der Rechtsbehelfsfrist ein, ist er unzulässig. 27

V. Besonderheiten des Rechtsbehelfsverfahrens

1. Suspensiveffekt

1.1 Grundsatz des § 361 Abs. 1 AO

Durch die Einlegung des Rechtsbehelfs wird grundsätzlich nur der Eintritt der formellen Bestandskraft (dazu § 22 Rz. 83), nicht aber die Vollziehung des angegriffenen Verwaltungsakts gehemmt; es entfällt insb. nicht die Verpflichtung zur Zahlung der Steuer (s. § 361 I AO). Die Rechtsbehelfe des Einspruchs und der Beschwerde entfalten mithin nur einen **eingeschränkten Suspensiveffekt.** Die Regelung soll verhindern, daß die Finanzierung notwendiger öffentlicher Aufgaben nicht durch das bloße Einlegen von Rechtsbehelfen gefährdet wird. § 361 Abs. 1 AO geht dabei in seinem Anwendungsbereich über die für das allgemeine Verwaltungsrecht (Widerspruchsverfahren) geltende Parallelvorschrift des § 80 II Nr. 1 VwGO noch hinaus, indem er nicht nur für vermögensrechtliche Verwaltungsakte (sog. Geldverwaltungsakte), sondern für *alle* Steuerverwaltungsakte 28

11 *Tipke*/Kruse, AO, § 357 Tz. 7.

(also auch für nichtvermögensrechtliche Verwaltungsakte, z. B. Mitwirkungsverlangen) die sofortige Vollziehbarkeit anordnet.

1.2 Aussetzung der Vollziehung

29 Durch die sofortige Vollziehung des Steuerverwaltungsakts können für den Rechtsbehelfsführer erhebliche Nachteile entstehen, die durch ein späteres Obsiegen des Rechtsbehelfs ggf. nicht mehr rückgängig gemacht werden können. Das Gebot *effektiven* Rechtsschutzes (Art. 19 IV GG, dazu Rz. 2) verbietet es, daß ein gerichtlicher Rechtsschutz dadurch unwirksam wird, daß die Verwaltung durch die Vollziehung des angefochtenen Steuerverwaltungsakts vollendete Tatsachen schafft. Insoweit strahlt Art. 19 IV GG auf das außergerichtliche Rechtsbehelfsverfahren aus und gebietet die Möglichkeit vorläufigen Rechtsschutzes.

30 Den vorläufigen Rechtsschutz stellt § 361 II 1 AO her, indem er es in das **pflichtmäßige Ermessen** der Finanzbehörde stellt, *von Amts wegen* die Vollziehung des angefochtenen Verwaltungsakts ganz oder teilweise auszusetzen. Stellt der Rechtsbehelfsführer einen Antrag auf Aussetzung der Vollziehung, verdichtet sich das Entschließungsermessen der Finanzbehörde unter den Voraussetzungen des § 361 II 2 AO im Regelfall sogar zu einer Aussetzungspflicht („*soll*")[12]. § 361 AO entspricht für das finanzgerichtliche Klageverfahren § 69 FGO. In analoger Anwendung des § 69 III 3 FGO kann die Finanzbehörde bereits eingetretene Vollziehungsmaßnahmen mit der Folge aufheben (*Aufhebung* der Vollziehung), daß bereits vereinnahmte Beträge zu erstatten sind[13]. Zur Auslegung des § 361 II 2 AO und weiteren Einzelheiten s. unten Rz. 213 ff.

31 Noch weitgehend ungeklärt ist, ob ein Steuerverwaltungsakt vor der Bescheidung eines Aussetzungsantrages bereits vollzogen werden darf. Art. 19 IV GG verbietet es der Finanzbehörde, durch Vollzug des Verwaltungsakts ungeachtet des Aussetzungsantrages einfach vollendete Tatsachen zu schaffen. Für die Vollstreckung von Geldverwaltungsakten stellt die Finanzverwaltung in Nr. 5 Abs. 4 der sog. Vollstreckungsanweisung (VollstrA)[14] auf die voraussichtlichen Erfolgsaussichten des Antrages und der Gefahr einer Vereitelung des Steueranspruchs ab.

32 Soweit der Rechtsbehelf in der Hauptsache endgültig keinen Erfolg hat, sind Aussetzungszinsen i. H. v. 0,5% p. m. zu berechnen (§§ 237 I, 238 I AO). Zur Verzinsung s. ausf. § 22 Rz. 347 ff.

2. Hinzuziehung zum Verfahren (§ 360 AO)

33 Die Hinzuziehung hat ebenso wie die prozessuale Beiladung (§ 60 FGO) den Zweck, Dritte (die nicht Rechtsbehelfsführer sind) am Verfahren zu beteiligen (s. § 359 Nr. 2 AO), wenn diesen gegenüber die Entscheidung zweckmäßiger- oder gar notwendigerweise bindend sein soll oder muß. Die behördliche Rechtsbehelfsentscheidung entfaltet gegenüber dem Hinzugezogenen Bindungswirkung und ggf. Bestandskraft. Damit vermeidet die Hinzuziehung widersprüchliche Entscheidungen.

34 Der angestrebten Bindungswirkung der Rechtsbehelfsentscheidung entspricht es, daß der Hinzugezogene umgekehrt als Beteiligter dieselben Rechte geltend machen kann wie der Rechtsbehelfsführer (§ 360 IV AO). Allerdings hängt die Rechtsposition des Hinzugezogenen vom Verhalten des Rechtsbehelfsführers ab **(Akzessorietät)**. Nimmt letzterer seinen Rechtsbehelf zurück, kann der Hinzugezogene ihn nicht eigenständig fortführen.

Den Besonderheiten bei Publikumsgesellschaften trägt § 360 V AO n. F. mit Wirkung vom 1. 1. 1996 Rechnung (Parallelvorschrift im gerichtlichen Verfahren: § 60a FGO, dazu Rz. 170).

---

12 S. BFH GrS BStBl. 68, 199, 201; zu Ausnahmen von der Regel s. BFH BStBl. 91, 104, 105 f.; BVerfG HFR 92, 726.

13 BFH BStBl. 79, 698, 699; *Tipke*/Kruse, FGO, § 69 Tz. 36.

14 Allgemeine Verwaltungsvorschrift v. 13. 3. 1980, BStBl. I 80, 112, 114 f.

Die Rechtsbehelfsentscheidung ist den Beteiligten, so auch dem Hinzugezogenen, **bekanntzugeben** (§ 366 S. 1 AO). Als Betroffener kann er sie daraufhin selbständig im Klageverfahren anfechten. 35

In § 360 I, III AO wird zwischen **einfacher** und **notwendiger** Hinzuziehung unterschieden. Dies entspricht der Regelung in § 60 FGO, dazu Rz. 170 f. 36

3. Charakter eines verlängerten Verwaltungsverfahrens

Das außergerichtliche Rechtsbehelfsverfahren erweist sich als Fortsetzung des Verwaltungsverfahrens[15]. Die Finanzbehörde hat die Ausgangsentscheidung nicht nur in vollem Umfang auf ihre Recht- und Zweckmäßigkeit hin zu überprüfen, sondern außerdem den Sachverhalt aufzuklären. Deshalb gelten die Vorschriften über das Ermittlungsverfahren (dazu § 22 Rz. 170 ff.) sinngemäß (s. § 365 I, II AO). 37

Gleichzeitig unterliegt die Finanzbehörde aber auch einem *Beschleunigungsgebot.* Im Interesse der Beteiligten ist das verlängerte Verwaltungsverfahren unter Berücksichtigung der Verhältnisse im Einzelfall innerhalb einer angemessenen Zeit abzuwickeln. Diese Amtspflicht der Finanzbehörde wird dadurch gesichert, daß der Beteiligte bei unbegründeter Verfahrensverzögerung *Untätigkeitsklage* (s. § 46 FGO) erheben kann. 38

Zur Verfahrensbeschleunigung ist die Finanzbehörde ab dem 1. 1. 1996 nach § 364b I AO n. F. berechtigt, dem Einspruchsführer zur Angabe von Tatsachen, zur Erklärung über bestimmte klärungsbedürftige Punkte, zur Bezeichnung von Beweismitteln und zur Vorlage von Urkunden eine **Frist zu setzen.** Erklärungen und Beweismittel, die erst nach Ablauf der gesetzten Frist vorgebracht werden, *darf* die Finanzbehörde bei ihrer Entscheidung *nicht* mehr berücksichtigen (§ 364b II 1 AO n. F.: **obligatorische Präklusion**). Über diese scharfe Rechtsfolge ist der Einspruchsführer bei Fristsetzung zu belehren (§ 364b III AO). In einem späteren Prozeß *kann* das Finanzgericht nach Ablauf der Frist vorgebrachte Erklärungen und Beweismittel unter den Voraussetzungen des § 79b III FGO *zurückweisen* und ohne weitere Ermittlungen entscheiden (§ 76 III FGO n. F.). Damit soll verhindert werden, daß Steuerpflichtige das Rechtsbehelfsverfahren als zusätzliche „Fristverlängerungsinstanz" dazu mißbrauchen, um – ggf. erst nach Jahren – Steuererklärungen und sonstige relevante Erklärungen abzugeben (s. Finanzausschuß, BT-Drucksache 12/7427, 37 f.).

Die Überprüfungspflicht findet ihre Grenze im angefochtenen oder begehrten Verwaltungsakt als formellen Gegenstand des Rechtsbehelfs. Darüber hinausgehend ergibt sich eine wesentliche Einschränkung aus § 351 AO. Ein Verwaltungsakt, der einen formell bestandskräftigen Verwaltungsakt ändert, kann grundsätzlich nur insoweit angegriffen werden, als die Änderung reicht (§ 351 I AO). Denn Gegenstand des Rechtsbehelfs ist in diesem Fall *nur* die *Neuregelung* des Änderungsverwaltungsakts. Korrespondierend mit der Begrenzung der Rechtsbehelfsbefugnis des Betroffenen ist das Ermittlungsprogramm der Finanzbehörde gleichermaßen eingeschränkt. 39

Zur Aussetzung des Verfahrens s. § 363 AO und im übrigen § 74 FGO, dazu unten Rz. 192. 40

Auf Antrag eines Einspruchsführers *soll,* ohne Antrag kann die Finanzbehörde vor Erlaß einer Einspruchsentscheidung den Sach- und Rechtsstand mit dem Einspruchsführer mündlich erörtern (§ 364a I 1, 3 AO n. F.). Dazu kann die Finanzbehörde auch weitere Beteiligte laden, wenn sie dies für sachdienlich hält (§ 364a I 2 AO n. F.). Ziel des sog. **Erörterungstermins** (Parallele im Gerichtsverfahren: § 79 I 2 Nr. 1 FGO, dazu Rz. 177) ist es, eine einvernehmliche Erledigung des Einspruchsverfahrens zu fördern und damit zur Verfahrensbeschleunigung und Gerichtsentlastung beizutragen.

15 *Tipke*/Kruse, AO, § 365 Tz. 1.

VI. Abschluß des Rechtsbehelfsverfahrens

41 Die Finanzbehörde besitzt folgende Entscheidungsmöglichkeiten, um das Rechtsbehelfsverfahren zum Abschluß zu bringen:

42 (1) Einspruchsbehörde (= Ausgangsbehörde, § 367 I AO) bzw. Beschwerdebehörde (= nächsthöhere Behörde, § 368 II AO a. F.) **verwerfen** den Rechtsbehelf in einer förmlichen Rechtsbehelfsentscheidung (§ 366 AO) **als unzulässig** (§ 358 S. 2 AO).

43 (2) Einspruchs- bzw. Beschwerdebehörde **weisen** den Rechtsbehelf in einer förmlichen Rechtsbehelfsentscheidung (§ 366 AO) **als unbegründet zurück.**

44 Im Falle des Einspruchs kann die Finanzbehörde die Entscheidung – nach entsprechendem Hinweis und Anhörung – sogar „verbösern" (sog. **reformatio in peius,** § 367 II 2 AO). Durch den Hinweis auf die Verböserungsabsicht erhält der Rechtsbehelfsführer die Möglichkeit, den Einspruch zurückzunehmen. Für die Beschwerde sieht § 368 AO a. F. eine derartige Verböserung dagegen nicht vor.

45 (3) Der Rechtsbehelf erweist sich **im vollen Umfang als begründet.** Es bestehen folgende Möglichkeiten:

(a) Einspruchsbehörde bzw. *Ausgangs*behörde (§ 368 I 2 AO a. F.)[16] **helfen** dem Rechtsbehelf **in vollem Umfang ab,** indem sie den angefochtenen Verwaltungsakt antragsgemäß zurücknehmen, ändern oder erlassen (§§ 367 II 3, 368 I 2 i. V. m. § 132 AO). Einer förmlichen Rechtsbehelfsentscheidung (§ 366 AO) bedarf es in diesem Fall nicht.

(b) Einspruchs- bzw. Beschwerdebehörde **erlassen** eine **förmliche Rechtsbehelfsentscheidung** (§ 366 AO), in der sie den angefochtenen Verwaltungsakt antragsgemäß zurücknehmen, ändern oder erlassen (§§ 367 II 1, 368 II 2 AO)[17].

46 (4) Der Rechtsbehelf erweist sich **teilweise als begründet.** Es bestehen folgende Möglichkeiten:

(a) Einspruchsbehörde bzw. *Ausgangs*behörde (§ 368 I 2 AO a. F.)[18] **helfen** dem Rechtsbehelf **teilweise ab,** indem sie den angefochtenen Verwaltungsakt teilweise korrigieren oder in eingeschränktem Umfang erlassen (§§ 367 II 3, 368 I 2 i. V. m. § 132 AO). *Im übrigen* wird der Rechtsbehelf in einer *förmlichen Rechtsbehelfsentscheidung* (§ 366 AO) als unbegründet zurückgewiesen.

(b) Einspruchs- bzw. Beschwerdebehörde erlassen eine **förmliche Rechtsbehelfsentscheidung** (§ 366 AO), in der sie dem Rechtsbehelf *teilweise* stattgeben (§§ 367 II 1, 368 II 2 AO).

47 Steht der angefochtene Verwaltungsakt unter dem Vorbehalt der Nachprüfung (§ 164 AO, dazu § 22 Rz. 283 ff.) oder ist er teilweise vorläufig (§ 165 AO, dazu § 22 Rz. 290 ff.), können Vorbehalt bzw. Vorläufigkeitsvermerk in der Einspruchsentscheidung beibehalten werden. Sie bleiben betehen und sind weiterhin wirksam, wenn sie nicht in der Einspruchsentscheidung ausdrücklich aufgehoben werden[19].

48 Das außergerichtliche Rechtsbehelfsverfahren ist **kostenfrei**[20].

49–59 Einstweilen frei.

16 Ggf. auf *Anweisung* der nächsthöheren Beschwerdebehörde.

17 § 368 II 2 AO a. F. begründet die Entscheidungsbefugnis der Beschwerdebehörde sowohl für die Korrektur eines angefochtenen als auch für den Erlaß eines begehrten Verwaltungsakts, überzeugend *H. Haarmann,* H. Ziemer/H. Haarmann/Chr. Lohse/A. Beermann, Tz. 3742, 3744.

18 Auf *Anweisung* der nächsthöheren Beschwerdebehörde.

19 S. BFH BStBl. 84, 788; 85, 448; 89, 9, 10 f.

20 Dazu kritisch *J. Lüdicke,* Kostenerstattungsansprüche in steuer- und abgabenrechtlichen Vorverfahren, Diss. Köln 1986.

C. Gerichtliches Rechtsbehelfsverfahren

Literatur: Kommentare zur FGO und VwGO; *H.-J. Kanzler/H.-J. Wilcke,* Grundzüge des finanzgerichtlichen Verfahrens, StStud 92, 203; 248; 288; 330; 366; *M. Streck,* Der Steuerstreit[2], Köln 1994; *O. M. Sauer,* Wie führe ich einen Finanzgerichtsprozeß?[3], Berlin u. a. 1994.

I. Die Gerichtsverfassung der Finanzgerichtsbarkeit

1. Zweistufiger Gerichtsaufbau

Die Finanzgerichtsbarkeit ist die rechtsprechende Gewalt (Art. 92 GG) für die in § 33 I FGO genannten Streitigkeiten. Institutionell ist die Finanzgerichtsbarkeit im Verhältnis zu den anderen Gerichtsbarkeiten ein selbständiger und gleichrangiger Zweig der staatlichen Gerichtsbarkeit (s. Art. 95 I GG). Ausgeübt wird sie durch unabhängige (Art. 97 I GG), von den Verwaltungsbehörden getrennte, **besondere Verwaltungsgerichte** (§ 1 FGO)[1]. Dies sind in den Ländern die Finanzgerichte als obere Landesgerichte und im Bund der Bundesfinanzhof (§ 2 FGO). Die Finanzgerichte entscheiden im ersten Rechtszug als *Tatsacheninstanz* (s. § 35 FGO), während der Bundesfinanzhof seit Inkrafttreten des sog. FGO-Änderungsgesetzes am 1. 1. 1993 nur noch ausschließlich eine *Rechtsmittelinstanz* für Revisionen und Beschwerden gegen erstinstanzliche Entscheidungen der Finanzgerichte darstellt (§ 36 FGO). 60

2. Die Senatverfassung

In ihrer Eigenschaft als obere Landesgerichte verfügen die Finanzgerichte ebenso wie der Bundesfinanzhof über eine Senatsverfassung (§§ 5 II, 10 II FGO). Als Spruchkörper entscheiden die Senate des Finanzgerichts grundsätzlich in der Besetzung von drei Berufsrichtern und zwei ehrenamtlichen Richtern (§ 5 III 1 FGO)[2]. Bei Beschlüssen außerhalb der mündlichen Verhandlung (etwa nach § 69 III 1 FGO) und bei Gerichtsbescheiden (§ 90a FGO) wirken die ehrenamtlichen Richter jedoch nicht mit (§ 5 III 2 FGO). Als Rechtsmittelinstanz entscheiden die Senate des Bundesfinanzhofs grundsätzlich in der Besetzung von fünf Berufsrichtern; bei Beschlüssen außerhalb der mündlichen Verhandlung reduziert sich die Zahl jedoch auf drei Berufsrichter (§ 10 III FGO). 61

Das verfassungsrechtliche **Gebot des gesetzlichen Richters** (Art. 101 I 2 GG) erfordert, daß sowohl das erkennende Gericht (der Spruchkörper) als auch die zur Entscheidung im Einzelfall berufenen Richter von vornherein feststehen[3]. Dazu stellt das Präsidium des jeweiligen Gerichts (§§ 4 FGO, 21a GVG) zu Beginn des Geschäftsjahres einen sog. *Geschäftsverteilungsplan* (§§ 4 FGO, 21e I GVG) auf, der die Besetzung der Senate und – nach abstrakten Merkmalen – die Verteilung der Geschäfte auf die Senate regelt. *Innerhalb der Senate* verteilt der Vorsitzende Richter die Geschäfte nach pflichtgemäßem Ermessen (§§ 4 FGO, 21g I GVG). 62

Ist ein Senat mit *mehr als* der erforderlichen Zahl von Richtern *besetzt*[4], dann muß der Vorsitzende Richter zur Bestimmung des gesetzlichen Richters (Art. 101 I 2 GG) die Reihenfolge der Mitwir- 63

1 Materiell ist sie damit ebenso wie die Sozialgerichtsbarkeit eine besondere Verwaltungsgerichtsbarkeit.

2 Etwas anderes gilt, wenn der Rechtsstreit nach § 6 FGO auf den Einzelrichter übertragen worden ist (dazu Rz. 64 ff.).

3 BVerfGE 17, 294, 299; 18, 344, 349.

4 Derzeit sind z. B. alle Senate des Bundesfinanzhofes mit einem Richter, die Senate des Bundesgerichtshofes sogar mit zwei Richtern überbesetzt.

kung der einzelnen Senatsmitglieder an den Senatsentscheidungen in einem *Mitwirkungsplan* festlegen (s. §§ 4 FGO, 21g II GVG). Der Mitwirkungsplan hat dabei durch eine abstrakte Regelung (z. B. Zuordnung nach Anfangsbuchstaben, Eingang, Aktenzeichen oder Sachgebieten) sicherzustellen, daß Manipulationen ausgeschlossen sind (sog. *Abstraktionsprinzip*)[5].

3. Der sog. fakultative Einzelrichter (§ 6 FGO)[6]

64 Das FGO-Änderungsgesetz v. 21. 12. 1992[7] hat den *zweistufigen* Gerichtsaufbau beibehalten[8] und für die erstinstanzliche Tatsacheninstanz in Anlehnung an die Regelung des § 348 ZPO nunmehr den sog. *fakultativen* Einzelrichter (§ 6 FGO) eingeführt. Damit wird das einer Senatsverfassung immanente *Kollegialprinzip* zugunsten des **Einzelrichterprinzips** durchbrochen. Der Einzelrichter soll die Senate der Finanzgerichte von den weniger bedeutsamen Verfahren entlasten und so zu einer spürbaren Abkürzung der gegenwärtig zu langen Verfahrensdauer (dazu Rz. 3 ff.) führen[9]. § 6 I FGO stellt es in das *Ermessen* des Senats, den Rechtsstreit einem seiner Mitglieder als Einzelrichter zur Entscheidung zu übertragen. Jedoch soll der damit beabsichtigte Beschleunigungseffekt möglichst nicht zur Verminderung der durch ein Kollegialgericht verbürgten Qualität des Rechtsschutzes führen. Deshalb **verbieten** § 6 I u. II FGO – in Anlehnung an § 348 ZPO[10] – die **Übertragung** auf den Einzelrichter,

65 (1) wenn die Sache **besondere Schwierigkeiten rechtlicher oder tatsächlicher Art** aufweist (§ 6 I Nr. 1 FGO); damit sind nicht quantitative, sondern *qualitative* Probleme gemeint[11]; es muß sich um Schwierigkeiten handeln, die vom Kollegium vermutlich besser (sachgerechter, schneller) überwunden werden können als von dem zuständigen Einzelrichter[12];

(2) wenn die Sache **grundsätzliche Bedeutung** hat (§ 6 I Nr. 2 FGO); das Merkmal entspricht dem Revisionsgrund des § 115 II Nr. 1 FGO (dazu Rz. 235);

(3) wenn **bereits vor dem Senat mündlich verhandelt** worden ist (§ 6 II FGO); in diesem Fall ist keine spürbare Verfahrensbeschleunigung durch Übertragung auf den Einzelrichter mehr möglich, Ausnahme: Aufgrund der mündlichen Verhandlung ist zwischenzeitlich ein Vorbehalts-, Teil- oder Zwischenurteil ergangen.

---

5 Im einzelnen str., s. BFH BStBl. 92, 252, 254 f.; 260, 261 f.; Vereinigte Große Senate des BGH, BB 94, Beilage 11, 1 ff.; BVerwG NJW 87, 2031; *G. Geist,* Tipke/Kruse, FGO, § 4 Tz. 27; *G. Felix,* BB 91, 2413 ff.; *ders.,* BB 92, 1001 ff.; *G. Rößler,* DStZ 93, 83 f.; *B. Sangmeister,* DStZ 93, 396 ff.; *H.-R. Koch,* Gräber, FGO[3], § 4 Rz. 24.

6 Dazu *P.-G. Gramich,* DStR 93, 6 ff.; *K. D. Buciek,* DStR 93, 118 ff.; *G. Rößler,* DStZ 93, 97 ff.; *L. Kretzschmar,* BB 93, 545 ff.; *K. Tipke,* StuW 93, 213, 218 f.

7 BGBl. I 92, 2109 ff.

8 Zur Diskussion über die Einführung eines dreistufigen Gerichtsaufbaus s. etwa *H. Weber-Grellet,* DStZ 87, 20 ff.; *A. Raupach,* in: D. Birk (Hrsg.), Die Situation der Finanzgerichtsbarkeit, Köln 1989, 69 ff.; *P. Hoffmann-Fölkersamb,* Geschichte und Perspektiven des Rechtsbehelfsverfahrens auf dem Gebiet des Steuerrechts in Deutschland, Diss. Kiel, Frankfurt a. M. u. a. 1991, 94 ff.

9 Zu den Motiven für den sog. fakultativen Einzelrichter s. Stellungnahme des Bundesrats zum Regierungsentwurf, BT-Drucks. 12/1061, 27, und Begr. des Rechtsausschusses, BT-Drucks. 12/3676, 20. Nach der ursprünglichen Vorstellung des Bundesrates sollte die Übertragung auf den Einzelrichter sogar obligatorisch sein. Mit Rücksicht darauf, daß das Finanzgericht die einzige Tatsacheninstanz ist, hat der Rechtsausschuß des Deutschen Bundestages sich schließlich für eine Ermessensregelung entschieden (BT-Drucks. 12/3676, 20). Der als Vorbild dienende § 348 I ZPO enthält für die Übertragung einer Rechtssache von der Zivilkammer auf den Einzelrichter nunmehr statt einer Kann-Vorschrift eine Soll-Vorschrift (s. Gesetz zur Entlastung der Rechtspflege, BGBl. I 93, 50).

10 Die zu § 348 ZPO ergangene Rspr. und Literatur kann für die Auslegung des § 6 FGO ergänzend herangezogen werden.

11 S. *H.-R. Koch,* Gräber, FGO[3], § 6 Rz. 9.

12 *Tipke*/Kruse, FGO, § 6 Tz. 3.

Liegt keiner der genannten Ausschlußgründe vor, so *kann* der Senat die Rechtssache auf den Einzelrichter übertragen, er *muß* es aber *nicht*. Nach dem Sinn und Zweck des § 6 FGO hat er von der Übertragung auf den Einzelrichter Abstand zu nehmen, wenn dadurch der Beschleunigungszweck nicht oder nicht mehr erreicht werden kann. 66

Die Übertragung des Rechtsstreits hat die Wirkung, daß der Einzelrichter **an die Stelle** des Senats tritt. Er allein ist bis zum Abschluß des Verfahrens bzw. bis zur Rückübertragung auf den Senat (§ 6 III FGO) *erkennendes Gericht und gesetzlicher Richter* i. S. d. Art. 101 I 2 GG[13]. Die Übertragung des Verfahrens erfolgt *in vollem Umfang* und kann – von den Fällen der Abtrennung nach § 73 I FGO abgesehen – nicht auf ein Teilsegment beschränkt werden[14]. Durch die Übertragung auf den Einzelrichter wird dem Senat als Kollegium die Zuständigkeit für den Rechtsstreit *komplett entzogen.* Weder der Senat noch der Vorsitzende Richter besitzen ein Rückholrecht. Der Einzelrichter fällt nicht nur – wie es der Wortlaut des § 6 I FGO („zur Entscheidung") nahelegt – die Endentscheidung (durch Urteil oder Gerichtsbescheid). Vielmehr führt er auch die mündliche Verhandlung durch und trifft in Alleinverantwortung alle vorbereitenden wie verfahrensabschließenden Entscheidungen einschließlich der Nebenentscheidungen. 67

Der Einzelrichter kann nach Anhörung der Beteiligten die Rechtssache auf den Senat **zurückübertragen,** wenn sich aus einer wesentlichen Änderung der Prozeßlage ergibt, daß die Voraussetzungen der § 6 I Nrn. 1 u. 2 FGO nicht mehr vorliegen (§ 6 III 1 FGO). Eine erneute Übertragung auf den Einzelrichter ist danach ausgeschlossen (§ 6 III 2 FGO). 68

Sowohl der Übertragungs- als auch der Rückübertragungsbeschluß sind **unanfechtbar** (§ 6 IV 1 FGO)[15]. Weder die unterlassene noch die erfolgte Übertragung auf den Einzelrichter sind im Revisionsverfahren überprüfbar (§§ 6 IV 2, 124 II FGO). Der Beschleunigungszweck des § 6 FGO würde in sein Gegenteil verkehrt, wenn ein zusätzlicher Streit über die Berechtigung der Übertragungsentscheidung geführt werden könnte. 69

Ob der mit der Einführung des sog. fakultativen Einzelrichters beabsichtigte Beschleunigungseffekt ohne nennenswerte Einbuße an Rechtsschutzqualität eintreten wird, verbleibt abzuwarten. Die mit § 348 ZPO gemachten Erfahrungen können schon deshalb nicht ohne weiteres auf den FGO-Prozeß übertragen werden, weil das Finanzgericht – anders als das Landgericht – die einzige Tatsacheninstanz ist. In vielen Fällen wird der finanzgerichtliche Einzelrichter wegen Art. 1 Nr. 5 BFH-EntlG (dazu Rz. 230) praktisch *erste und letzte* gerichtliche *Instanz* ohne jegliche Streitwertbegrenzung sein. Dies erfordert von dem Einzelrichter ein Höchstmaß an richterlichem Verantwortungsbewußtsein für seine Entscheidungen. Ob ein Finanzrichter dieser Anforderung gerecht werden kann, wenn er niemanden mehr neben oder über sich hat und seine Leistung vor allem nach der Erledigungszahl beurteilt wird, ist u. E. eher skeptisch zu beurteilten[16]. Deshalb sollte der Senat von der Einzelrichterübertragung nur unter sorgfältiger Prüfung der Voraussetzungen der § 6 I Nrn. 1 u. 2 FGO Gebrauch machen. 70

Mit Einverständnis der Beteiligten *kann* auch außerhalb und ohne Bindung an die Voraussetzungen des § 6 FGO der Berichterstatter oder – falls ein solcher nicht bestellt ist – der Vorsitzende anstelle des Senats entscheiden (sog. **konsentierter Einzelrichter,** § 79a III, IV FGO, ebenso § 87a II, III VwGO). Diese weitere Abweichung von dem Kollegialprinzip ist unbedenklich, weil die Beteiligten es in der Hand haben, ob sie sich mit der Entscheidung des Einzelrichters statt des Senats begnügen wollen (volenti non fit iniuaria!). 71

---

13 S. *Tipke*/Kruse, FGO, § 6 Tz. 8; *H.-R. Koch,* Gräber, FGO[3], § 6 Rz. 18.

14 *Tipke*/Kruse, FGO, § 6 Tz. 8.

15 Nach gesetzlichen Vorschriften unanfechtbare Beschlüsse sind nur dann ausnahmsweise durch Beschwerde anfechtbar, wenn die Entscheidung mit der Rechtsordnung schlechthin unvereinbar ist (sog. *greifbare Gesetzwidrigkeit*), s. BGHZ 109, 41, 43 f.; für § 348 ZPO s. OLG Schleswig NJW 88, 69 f.

16 S. *K. Tipke,* StuW 93, 213, 220.

Zu weiteren Durchbrechungen des Kollegialprinzips im vorbereitenden Verfahren (§§ 79 ff. FGO) s. Rz. 179, 181.

72 Zur Gewährleistung des **gesetzlichen Richters** (Art. 101 I 2 GG) muß der im Fall der Übertragung zur Entscheidung des Rechtsstreits innerhalb des Senats berufene Einzelrichter bzw. der Berichterstatter nach abstrakten Merkmalen a priori festgelegt sein (s. Rz. 62 f.). Dies bestimmt der Vorsitzende Richter vor Beginn des Geschäftsjahres in dem *senatsinternen Mitwirkungsplan* (§§ 4 FGO, 21g II, III GVG).

II. Das Klagesystem der FGO

1. Überblick über das Klagensystem

73 Art. 19 IV GG gebietet **umfassenden** finanzgerichtlichen **Rechtsschutz** und verbietet damit zugleich, den Rechtsschutz in einem Enumerationsprinzip vom Vorliegen bestimmter Verwaltungsakte abhängig zu machen (so früher die RAO 1919/1931). Dem entspricht die FGO, indem sie in Anlehnung an die VwGO eine generalklauselartige Fassung des Finanzrechtswegs enthält (§ 33 I FGO, dazu Rz. 92 ff.) und den Rechtsschutz nicht auf die verwaltungsaktbezogenen Klagearten der Anfechtungs- und Verpflichtungsklage beschränkt (§§ 40, 41 FGO). Es sind folgende Klagearten im Überblick zu unterscheiden:

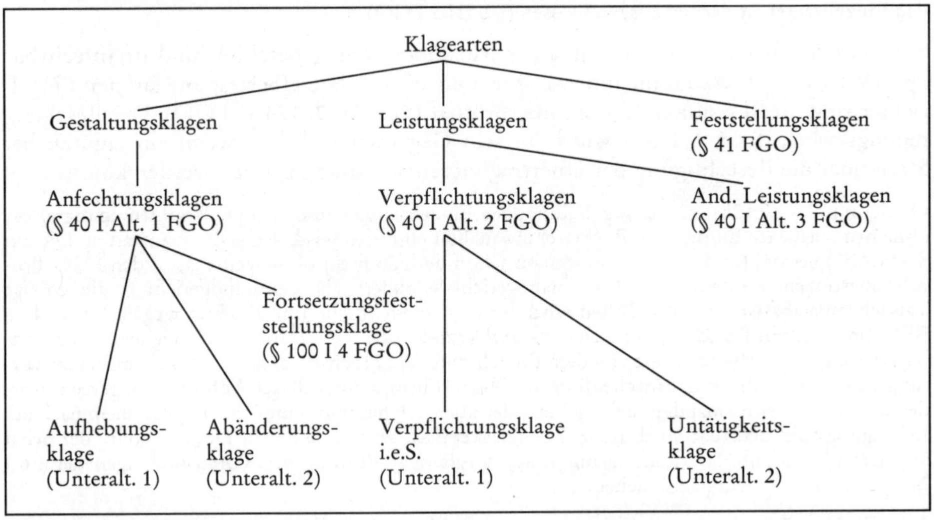

2. Die Klagearten im einzelnen

2.1 Anfechtungsklage (§ 40 I Alt. 1 FGO)

74 Die Anfechtungsklage – eine Gestaltungsklage (s. § 41 II FGO) – ist die typische Klage gegen Maßnahmen der Eingriffsverwaltung. Sie ist *verwaltungsaktbezogen* und grundsätzlich auf *Kassation* (Aufhebung) des angefochtenen Verwaltungsakts gerichtet (§ 40 I Alt. 1 Unteralt. 1 FGO). Bei *Geldverwaltungsakten* (zur Typologie s. § 22 Rz. 56) richtet sich das Rechtsschutzbegehren ganz überwiegend nicht auf die (vollständige) Aufhebung, sondern auf die (partielle) Änderung des Verwaltungsakts. Deshalb sieht § 40 I Alt. 1 Unteralt. 2 FGO in den Fällen des § 100 II FGO die sog. **Abänderungsklage** als Unterfall der Anfechtungsklage vor. Sie betrifft Geldbeträge festsetzende Verwaltungsakte (also vor allem Steuerbescheide) und auf diese bezogene Feststellungsbescheide (insb. Grundlagenbescheide nach §§ 179 ff. AO).

Ein Unterfall der Anfechtungsklage ist ferner die sog. **Fortsetzungsfeststellungsklage** (§ 100 I 4 FGO). Sie kommt in Betracht, wenn sich der angefochtene Verwaltungsakt vor der gerichtlichen Entscheidung erledigt hat und der Betroffene ein besonderes Interesse an der Feststellung der Rechtswidrigkeit des Verwaltungsakts besitzt. Über den Wortlaut des § 100 I 4 FGO hinausgehend kann sich der Verwaltungsakt *vor oder nach* Erhebung der Anfechtungsklage erledigt haben[17]. 75

Beispiel: Finanzamt erläßt gegen U eine Prüfungsanordnung (§ 196 AO). Trotz Beschwerde des U wird die Außenprüfung durchgeführt. U kann auch danach im Wege der Fortsetzungsfeststellungsklage die Rechtswidrigkeit des Verwaltungsakts feststellen lassen, um die Verwertung der Prüfungsergebnisse bei der Steuerveranlagung zu verhindern (zum Verwertungsverbot s. § 22 Rz. 217 ff.).

2.2. Verpflichtungsklage (§ 40 I Alt. 2 FGO)

Mit der Verpflichtungsklage wird der Erlaß eines bestimmten Verwaltungsakts begehrt. Sie erweist sich damit als die **verwaltungsaktbezogene Leistungsklage.** Unterarten der Verpflichtungsklage sind: 76

(1) **Verpflichtungsklage i. e. S.:** Sie ist gerichtet auf Verurteilung zum Erlaß eines *abgelehnten* Verwaltungsakts. Der Angriff richtet sich gegen einen ganz oder zum Teil negativen Verwaltungsakt. Jedoch wäre dem Kläger mit der bloßen Kassation der Ablehnung nicht geholfen. Die Verpflichtungsklage i. e. S. geht deshalb insoweit über die Anfechtungsklage hinaus, als sie neben Kassation den Erlaß eines bestimmten Verwaltungsakts als zusätzliche Leistung begehrt. 77

Bei *Geldverwaltungsakten* ist für die Abgrenzung Anfechtungs-/Verpflichtungsklage der systematische Zusammenhang von § 40 I Alt. 1 Unteralt. 2 FGO und § 100 II 1 FGO zu beachten. Existiert eine (und sei es mit 0) betragsmäßig *bezifferte Regelung* durch das Finanzamt, so ist ein nach oben oder unten gerichtetes Begehren mit der Anfechtungsklage in der Form der sog. *Abänderungsklage* (Rz. 74) zu verfolgen[18]. Eine Verpflichtungsklage kommt dagegen in Betracht, wenn ein Geldverwaltungsakt abgelehnt wird, ohne eine betragsmäßige Regelung zu treffen, z. B. bei Ablehnung einer einheitlichen Gewinnfeststellung, einer Zusammenveranlagung oder der Erteilung eines Umsatzsteuerbescheides[19]. 78

Weitere Beispiele für Verpflichtungsklagen: 79

Der Antrag auf Billigkeitserlaß i. S. d. § 227 AO wird ganz oder teilweise abgelehnt. Dagegen ist Verpflichtungsklage gegeben. – Der Antrag auf Änderung eines Steuerbescheides (§§ 172 ff. AO) wird abgelehnt. Dagegen ist Verpflichtungsklage gegeben[20].

(2) **Untätigkeitsklage** (nicht zu verwechseln mit der Klage nach § 46 FGO, dazu Rz. 106 ff.): Sie ist gerichtet auf Verurteilung zum Erlaß – eines infolge Untätigkeit der Verwaltung – *unterlassenen* Verwaltungsakts. Vorangehen muß die außergerichtliche *Untätigkeitsbeschwerde* (§ 349 II AO a. F., Ausnahme: § 349 III AO a. F.; ab 1. 1. 1996 ein *Untätigkeitseinspruch,* § 347 I 2 AO n. F.). 80

2.3 Sonstige (allgemeine) Leistungsklage (§ 40 I Alt. 3 FGO)

Der sonstige (allgemeine) Leistungsklage ist auf Verurteilung zu einer Leistung (Tun, Dulden oder Unterlassen) gerichtet, die *nicht* in einem Verwaltungsakt besteht. Beispiele: Allgemeine Leistungsklage auf Verurteilung zur Auskunftserteilung, zur Gewährung von Akteneinsicht, zur Abhaltung einer Schlußbesprechung, zur Erteilung eines Außenprüfungsberichts, zur Herausgabe eines hinterlegten Betrages, zur Zahlung von Prozeßzinsen. 81

---

17 S. BFH BStBl. 86, 435, 436; 88, 413, 414; 89, 483, 488; 90, 721, 722.
18 Ebenso *R. v. Groll,* Gräber, FGO[3], § 40 Rz. 16.
19 S. BFH BStBl. 70, 625; 73, 487, 489; 85, 303, 304 (GrS).
20 BFH BStBl. 83, 324, 329; 86, 245, 247.

82 Die sonstige Leistungsklage kann auch als **Unterlassungsklage** erhoben werden. Beispiele: Klage auf Unterlassung von Amtshilfe, Spontanauskünften, Kontrollmitteilungen oder Vollstreckungsmaßnahmen[21].

83 Wenn Grund zur Sorge besteht, daß vollendete, irreparable Tatsachen geschaffen werden, kann auch ein Rechtsschutzinteresse für eine **vorbeugende Unterlassungsklage** vorliegen.

84 Für die sonstige (allgemeine) Leistungsklage ist weder eine Klagefrist (§ 47 FGO) noch ein Vorverfahren (§ 44 I FGO) obligatorisch.

2.4 Feststellungsklage (§ 41 FGO)[22]

85 § 41 FGO bezweckt, eine Rechtsschutzlücke auszufüllen und ergänzt den Rechtsschutz durch Anfechtungs-, Verpflichtungs- und sonstiger Leistungsklage. Die Feststellungsklage ist gerichtet auf:

86 (1) Feststellung des Bestehens oder Nichtbestehens eines **Rechtsverhältnisses** (§ 41 I Alt. 1 FGO), das im Abgabenrecht wurzeln muß (s. § 33 FGO). Ein Rechtsverhältnis i. S. d. § 41 I AO ist das Steuerrechtsverhältnis, das sich in ein vermögensrechtliches Steuerschuldverhältnis und ein nichtvermögensrechtliches Steuerpflichtverhältnis unterteilt (s. § 6 Rz. 4–6). Aus diesem umfassenden Rechtsverhältnis resultierende einzelne Rechte oder Pflichten – nicht aber einzelne Rechtsfragen – sind ebenfalls Rechtsverhältnisse i. S. d. Vorschrift. Beispiele: Feststellung, ob ein Steuerpflichtverhältnis von der Art besteht, daß der Steuerpflichtige der Außenprüfung unterliegt. – Feststellung der Befugnis, die Berufsbezeichnung „Steuerberater" führen zu dürfen.

87 (2) Feststellung der **Nichtigkeit** eines Verwaltungsakts (§ 41 I Alt. 2 FGO). Durch die Feststellungsklage kann darüber hinaus auch die **Unwirksamkeit** eines Verwaltungsakts **wegen fehlerhafter Bekanntgabe** geltend gemacht werden[23].

Da es in aller Regel für den Kläger unsicher sein wird, ob der Verwaltungsakt wirklich nichtig ist, kann es sich empfehlen, hauptsächlich Anfechtungsklage[24] und nur hilfsweise Nichtigkeitsfeststellungsklage zu erheben.

88 Die Feststellungsklage ist an keine Klagefrist (§47 FGO) gebunden und erfordert kein Vorverfahren (§ 44 I FGO). Da aber § 41 FGO nicht bezweckt, die für Anfechtungs- und Verpflichtungsklage geltenden Sachurteilsvoraussetzungen leerlaufen zu lassen, ist die Feststellungsklage gegenüber den Gestaltungs- und Leistungsklagen *subsidiär* (§ 41 II FGO, Ausnahme: Nichtigkeitsfeststellungsklage). Des weiteren setzt die Feststellungsklage ein *eigenes berechtigtes* (nicht zwingend rechtliches, sondern ggf. auch rein wirtschaftliches) *Interesse* an der *alsbaldigen* Feststellung auf seiten des Klägers voraus (§ 41 I FGO). Aufgrund dieser Beschränkungen ist die praktische Bedeutung der Feststellungsklage im Steuerprozeß gering.

III. Zulässigkeit der Klage

89 Das Finanzgericht darf nur dann in die Sachprüfung über eine Klage eintreten, wenn die Zulässigkeitsvoraussetzungen **(Sachentscheidungsvoraussetzungen)** vorliegen[25]. Fehlt es an einer Sachentscheidungsvoraussetzung, ist die Klage durch *Prozeßurteil* (ohne Behandlung zur Sache) als *unzulässig abzuweisen*[26].

90 Die Entscheidung über die Zulässigkeit der Klage darf nicht aus prozeßökonomischen Gründen mit der Erwägung dahingestellt bleiben, daß die Klage jedenfalls unbegründet sei[27]. Denn das bei

21 Zu den Beispielen s. BFH BStBl. 73, 119; 84, 563, 564; 87, 92 f.
22 Dazu *Chr. Trzaskalik*, Die Rechtsschutzzone der Feststellungsklage im Zivil- und Verwaltungsprozeß, Berlin 1978.
23 BFH BStBl. 76, 606, 607; BFH/NV 89, 523, 524.
24 Zulässig s. BFH BStBl. 86, 42, 44; *Tipke*/Kruse, FGO, § 41 Tz. 3.
25 S. bereits oben Rz. 16 für das außergerichtliche Rechtsbehelfsverfahren.
26 BFH BStBl. 91, 242, 243.
27 Ebenso *R. v. Groll*, Gräber, FGO[3], Vor § 33 Rz. 7 f.

Unzulässigkeit ergehende Prozeßurteil erwächst – anders als ein Sachurteil – nur insoweit in *Rechtskraft* (dazu Rz. 263 ff.), als über die Zulässigkeitsvoraussetzungen entschieden worden ist. Des weiteren hat die Unzulässigkeit einer Klage regelmäßig zur Folge, daß auch eine spätere Verfassungsbeschwerde mangels Rechtswegerschöpfung (dazu Rz. 274) unzulässig ist[28].

Auch wenn die Klage zunächst nicht alle Zulässigkeitsvoraussetzungen erfüllt, kommt nicht in jedem Fall sogleich eine Klageabweisung in Betracht. Vielmehr sieht das Gesetz in einer Reihe von Fällen eine **Prozeßfürsorgepflicht** des Gerichts oder seines Vorsitzenden vor (s. §§ 65 II, 76 II FGO). 91

1. Zulässigkeit des Finanzrechtsweges[29]

Das Finanzgericht hat sich nur dann mit der Klage weiter zu befassen, wenn der Finanzrechtsweg gegeben ist. § 33 FGO sieht den Finanzrechtsweg vor: 92

(1) Für **öffentlich-rechtliche Streitigkeiten über Abgabenangelegenheiten** (§ 33 I Nr. 1 FGO). 93

Der Begriff „Abgabenangelegenheit" ist legaldefiniert in § 33 II 1 FGO. Im wesentlichen sind dies alle mit der Verwaltung (Ermittlung, Festsetzung, Erhebung, Beitreibung, Erstattung, Vergütung, Verzinsung, Rückforderung) von Abgaben zusammenhängenden Angelegenheiten; auch die Anwendung von Zwangsmitteln (§§ 328 ff. AO) und von Zuschlägen fällt darunter. Die Angelegenheit muß eine Abgabe betreffen, die der *Gesetzgebung des Bundes* unterliegt (s. Art. 105 GG) *und* durch *Bundes- oder Landesfinanzbehörden verwaltet* wird (s. Art. 108 GG). Die Verwaltung *kommunaler Steuern* durch die Gemeinden fällt deshalb nicht unter § 33 I Nr. 1 AO, so daß für in diesem Zusammenhang erhobene Klagen nicht der Finanzrechtsweg, sondern der Verwaltungsrechtsweg gegeben ist[30].

Ein gesplitteter Rechtsweg besteht bei den sog. **Realsteuern** (dazu § 2 Rz. 13; § 8 Rz. 21). Während die Realsteuermeßbescheide von den Finanzämtern festgesetzt werden, liegt die Festsetzung und Erhebung der Realsteuer im Zuständigkeitsbereich der Gemeinden. Dementsprechend teilt sich der Rechtsweg. 94

Beispiel: Ein Steuerpflichtiger fühlt sich in seinen Rechten verletzt durch a) einen rechtswidrigen Gewerbesteuermeßbescheid; b) einen rechtswidrigen Gewerbesteuerbescheid; c) eine rechtswidrige Ablehnung eines Antrages auf Erlaß der Gewerbesteuer (§ 227 AO). – Im Falle a) ist der Finanzrechtsweg, in den Fällen b) und c) ist der Verwaltungsrechtsweg gegeben, wenn nicht § 33 I Nr. 4 FGO zutrifft.

Keine Abgabenangelegenheiten sind **Straf- und Bußgeldangelegenheiten** (§ 33 III FGO). Für diese Angelegenheiten sind die ordentlichen Gerichte zuständig. **Finanzgerichte sind** also **keine Steuerstrafgerichte.** 95

Schwierigkeiten bei der Bestimmung des Rechtsweges ergeben sich für Maßnahmen der **Steuerfahndung** wegen ihrer Doppelzuständigkeit (dazu § 22 Rz. 253). Für den Rechtsweg kommt es entscheidend darauf an, in welcher Funktion und in welchem Verfahren die Steuerfahndung erkennbar tätig geworden ist (§ 22 Rz. 256). Wird sie *nach Einleitung* eines Steuerstraf- bzw. -ordnungswidrigkeitsverfahrens unter Hinweis auf dieses Verfahren tätig, dann ist für die Überprüfung der Steuerfahndungsmaßnahmen i. S. d. § 208 I Nr. 1 AO der *ordentliche Rechtsweg* gegeben. Insoweit handelt die Steuerfahndung ihrer Funktion nach als Justizbehörde (§§ 23 EGGVG, 404 S. 1 AO), so daß ihre Ermittlungsmaßnahmen als sog. *Justizverwaltungsakte* (Rechtsweg: zuständiges Oberlandesgericht, § 25 EGGVG) zu qualifizieren sind[31]. Die Rechtsprechung versagt den Finanzrechtsweg darüber hinaus auch für die im Zuge des Steuerstraf- bzw. -ordnungswidrigkeitsverfahrens erfolgenden steuerlichen Ermittlungsmaßnahmen (s. § 208 I Nr. 2 AO, dazu § 22 Rz. 255)[32]. Entgegen dieser Rspr. muß zumindest dann der Finanzrechtsweg bejaht werden, 96

28 BVerfG HFR 91, 111; 91, 722; 93, 327.
29 Dazu *K. F. Vogel*, Zur Zulässigkeit des Finanzrechtsweges in Abgrenzung zu anderen Verwaltungsrechtswegen, Diss. Köln 1968.
30 S. nur BFH BStBl. 90, 582, 583.
31 Vgl. *R. v. Groll*, Gräber, FGO[3], § 33 Rz. 15 f.
32 BFH BStBl. 83, 482, 483; BFH/NV 92, 254, 255.

wenn die Steuerfahndung sich selbst auf steuerliche Ermittlungsbefugnisse (z. B. §§ 90 ff. AO) beruft[33].

97 (2) Für **Nicht-Abgabenangelegenheiten** (§ 33 I Nr. 2 FGO), die von den **Zollbehörden** erledigt werden. Diese Vorschrift kann hier vernachlässigt werden.

98 (3) Für bestimmte **berufsrechtliche Streitigkeiten** über Angelegenheiten auf dem Gebiet des **Steuerberatungsgesetzes** (§ 33 I Nr. 3 FGO).

Das sind insb. Prüfungs- und Zulassungsangelegenheiten, nicht aber Disziplinar- und Beitragsangelegenheiten.

99 (4) Für **Streitigkeiten kraft Zuweisung** (§ 33 I Nr. 4 FGO).

Dem Finanzrechtsweg sind z. B. zugewiesen: Streitigkeiten nach dem Investitionszulagengesetz (§ 7 I 3 InvZulG 1991); dem Berlinförderungsgesetz (§ 29 VII BerlinFG); dem Vermögensbildungsgesetz (§ 14 VI des 5. VermBG); dem Wohnungsbauprämiengesetz (§ 8 III WoPG); in Kirchensteuersachen (in einigen Ländern, in anderen dagegen nicht); in Kommunalsteuersachen nur in Hamburg und Bremen. Zuweisungen der Kirchensteuer- und Kommunalsteuersachen finden sich in den landesrechtlichen Kirchensteuergesetzen und Ausführungsgesetzen zur Finanzgerichtsordnung[34].

100 Eine zu Unrecht im Finanzrechtsweg erhobene Klage *wäre an sich unzulässig.* Seit dem 1. 1. 1991 darf ein Finanzgericht jedoch nicht mehr die Klage als unzulässig abweisen, sondern hat nunmehr in einem Beschluß nach §§ 155 FGO, 17a II GVG nach Anhörung der Beteiligten die Unzulässigkeit des Rechtsweges auszusprechen und zugleich den Rechtsstreit an das zuständige Gericht des zulässigen Rechtsweges zu verweisen[35]. Der Beschluß ist mit der zulassungsbedürftigen Beschwerde zum BFH anfechtbar (§§ 128 ff., 155 FGO, 17a IV 4 GVG).

2. Zuständigkeit des Gerichts

101 Die **sachliche** Zuständigkeit im ersten Rechtszug liegt ausschließlich bei den Finanzgerichten (§ 35 FGO). Die **funktionelle** (zum Begriff s. § 22 Rz. 39) Zuständigkeit des Bundesfinanzhofs beschränkt sich nunmehr auf Rechtsmittelverfahren der zweiten Instanz (§ 36 FGO). **Örtlich** zuständig ist grundsätzlich das Finanzgericht, in dessen Bezirk die Behörde, gegen welche die Klage gerichtet ist, ihren Sitz hat.

102 Die sachliche und örtliche Zuständigkeit des Finanzgerichts wird durch eine nach Rechtshängigkeit (§ 66 FGO) eintretende Veränderung der sie begründenden Umstände nicht berührt (sog. **perpetuatio fori,** §§ 70 S. 1 FGO, 17 I 1 GVG). Ebenso wie im Falle des fehlenden Finanzrechtsweges darf das Finanzgericht die Klage nicht wegen Unzuständigkeit als unzulässig abweisen. Auch hier sieht das Gesetz nunmehr vor, daß das Finanzgericht per Beschluß seine Unzuständigkeit ausspricht und den Rechtsstreit von Amts wegen an das zuständige Finananzgericht verweist (§§ 70 S. 1 FGO, 17a II GVG)[36]. Der Beschluß ist aber *nicht* anfechtbar (§ 70 S. 2 FGO).

3. Statthafte Klageart

103 Der Kläger muß die richtige Klageart wählen. Wird eine unrichtige Klage erhoben, so wird diese jedoch nicht sogleich als unzulässig abgewiesen. Wer sich im Klagetyp *„vergreift"* und einen seinem wahren Rechtsschutzbegehren nicht adäquaten Antrag stellt,

---

33 Ebenfalls kritisch *G. Zeller,* DStZ 84, 330 ff.; *M. Streck,* Die Steuerfahndung[2], Rdn. 767; *Tipke*/Kruse, AO, § 208 Tz. 24.

34 Dazu die Übersicht bei *Tipke*/Kruse, FGO, § 33 Tz. 25 f.

35 Der frühere § 34 FGO ist durch das 4. VwGOÄndG vom 17. 12. 1990, BGBl. I 90, 2809, aufgehoben worden.

36 § 70 FGO ist zum 1. 1. 1991 durch das 4. VwGOÄndG v. 17. 12. 1990, BGBl. I 90, 2809, neu gefaßt worden.

wird nach § 76 II FGO vom Vorsitzenden über den Formfehler belehrt sowie auf den adäquaten Klagetyp und den sachdienlichen Antrag hingewiesen. Erweist sich jedoch der Kläger als nicht „belehrbar“, so ist die Klage wegen Wahl einer unstatthaften Klageart als *unzulässig* abzuweisen.

Zur Abgrenzung der Klagearten s. Rz. 74 ff.

4. Erfolgloses Vorverfahren (§ 44 I FGO)

4.1 Grundsatz des obligatorischen Vorverfahrens

§ 44 I FGO erhebt die erfolglose Durchführung des außergerichtlichen Rechtsbehelfs- 104
verfahrens (dazu Rz. 9 ff.) zu einer Sachurteilsvoraussetzung. Dazu muß aber dem Kläger überhaupt ein *statthafter* außergerichtlicher Rechtsbehelf (Einspruch oder Beschwerde) zur Verfügung gestanden haben. Da sich diese außergerichtlichen Rechtsbehelfe nur gegen Verwaltungsakte richten, sind die sonstige (allgemeine) Leistungsklage (§ 40 I Alt. 3 FGO) und die Feststellungsklage (§ 41 FGO) *ohne Vorverfahren* zulässig.

Die Sachurteilsvoraussetzung des erfolglos durchgeführten Vorverfahrens ist erfüllt, wenn es späte- 105
stens bis zum Schluß der mündlichen Verhandlung oder der Entscheidung abgeschlossen wird. Deshalb hält es die h. M. für ausreichend, wenn die Rechtsbehelfsentscheidung erst während des gerichtlichen Verfahrens ergeht und so die Klage in die Zulässigkeit „hineinwächst“[37].

4.2 Ausnahmen vom Vorverfahren

4.2.1 Sog. „Untätigkeitsklage“ (§ 46 FGO)[38]

Entgegen ihrer mißverständlichen Bezeichnung ist die sog. „Untätigkeitsklage“ keine eigene Klage- 106
art. Die Untätigkeit bildet vielmehr nur den *Anlaß*, nicht aber den Gegenstand der Klage nach § 46 FGO[39]. § 46 I FGO will besagen, daß eine *Anfechtungs- oder Verpflichtungsklage* unter den Voraussetzungen des § 46 I FGO trotz nicht abgeschlossenen Vorverfahrens zulässig ist[40]. Im Interesse eines wirksamen Rechtsschutzes (Art. 19 IV GG, dazu Rz. 2) läßt § 46 I 1 FGO eine Anfechtungs- oder Verpflichtungsklage auch ohne Abschluß des Vorverfahrens zu, wenn über den außergerichtlichen Rechtsbehelf *ohne Mitteilung eines zureichenden Grundes in angemessener Zeit sachlich nicht entschieden* worden ist. Die Fassung des § 46 FGO ist mißglückt, weil er gleich mehrere unbestimmte Rechtsbegriffe („angemessene Zeit“, „zureichender Grund“, „besondere Umstände des Falles“) enthält, die zu ganz erheblicher Rechtsunsicherheit und Einzelfallkasuistik führen.

Für die Zulässigkeit einer vor Abschluß des obligatorischen Vorverfahrens erhobenen Anfech- 107
tungs- oder Verpflichtungsklage ist zu unterscheiden, ob die Klage vor oder nach Ablauf einer **Frist von sechs Monaten** seit Einlegung des außergerichtlichen Rechtsbehelfs erhoben wird (s. § 46 I 2 FGO). Wird die Klage *vor* Ablauf dieses Sechsmonatszeitraums eingelegt, ist sie grundsätzlich mangels Vorverfahrens (§ 44 I FGO) unzulässig. Etwas anderes gilt nur, wenn besondere Umstände des Einzelfalles eine kürzere Frist gebieten. Nach h. M. muß die Sechsmonatsfrist erst bei Abschluß der mündlichen Verhandlung vor dem Finanzgericht oder – falls eine solche nicht durchgeführt wird – im Zeitpunkt der gerichtlichen Entscheidung abgelaufen sein[41]. Eine vor Ablauf der Sechsmonatsfrist erhobene Klage kann somit in die Zulässigkeit „hineinwachsen“.

---

37 BFH BStBl. 85, 521, 522; BFH/NV 91, 569, 571; *Tipke*/Kruse, FGO, § 44 Tz. 5; a. A. *R. v. Groll*, Gräber[3], FGO, § 44 Rz. 28 f., der § 44 I FGO als *Zugangsvoraussetzung* versteht.

38 Dazu *H. W. Arndt/H. Schäfer*, StVj 89, 151 ff.; *P. Weides/R. Bertrams*, StVj 90, 80 ff. mit einer Replik von *H. W. Arndt/H. Schäfer*, StVj 90, 93 ff.

39 Treffende Umschreibung von *R. v. Groll*, Gräber, FGO[3], § 46 Rz. 2.

40 *H. W. Arndt/H. Schäfer*, StVj 89, 151, 155; *Tipke*/Kruse, FGO, § 46 Tz. 1.

41 BFH BStBl. 78, 154, 155; 80, 49, 50; 82, 150, 152.

108 Wird die **Sechsmonatsfrist überschritten,** so ist zu differenzieren[42]:

- Hat die **Finanzbehörde** dem Kläger innerhalb der Sechsmonatsfrist für die Verzögerung *keinen* **Grund angegeben,** so ist die Klage ohne weiteres zulässig. Denn durch das Erfordernis der *Mitteilung* (§ 46 I 1 FGO) soll der Kläger von dem Risiko entbunden werden, selbst entscheiden zu müssen, ob ein (von der Finanzbehörde nicht mitgeteilter!) Grund für das bisherige Ausbleiben der Verwaltungsentscheidung vorliegt oder nicht.
- Hat die **Finanzbehörde** dem Kläger innerhalb der Sechsmonatsfrist für die Verzögerung **einen Grund angegeben,** so hängt die Zulässigkeit der Klage davon ab, ob der *angegebene Grund zureichend* ist oder nicht. Erweist sich der angegebene Grund als unzureichend, ist die Klage zulässig; andernfalls ist sie unzulässig. Zum Schutz des Klägers sind jedoch an die Verständlichkeit der Begründung strenge Anforderungen zu stellen.

109 Ist die Klage zulässig, *kann* das Gericht selbst eine Frist für den Abschluß des Vorverfahrens bestimmen und das Verfahren bis zum Ablauf dieser Frist aussetzen (s. § 46 I 3 Hs. 1 FGO). Wird dem außergerichtlichen Rechtsbehelf innerhalb dieser Frist stattgegeben oder der beantragte Verwaltungsakt innerhalb dieser Frist erlassen, so ist der Rechtsstreit in der Hauptsache erledigt (§ 46 I 3 Hs. 2 FGO). Ergeht eine negative oder gar keine Rechtsbehelfsentscheidung, so wird das Gerichtsverfahren fortgesetzt.

§ 46 I 2, 3 FGO gelten in den Fällen des § 349 III AO a. F. (§ 348 Nrn. 3, 4 AO n. F.) sinngemäß (§ 46 II FGO).

4.2.2 Sprungklage (§ 45 FGO)

110 Mit **Zustimmung der Behörde,** die über den außergerichtlichen Rechtsbehelf zu entscheiden hat, kann das Vorverfahren übersprungen werden[43]. Die Zustimmung der Behörde muß dabei innerhalb eines Monats nach Zustellung der Klageschrift dem Gericht gegenüber erklärt worden sein (§ 45 I 1 FGO).

111 Bis zum 31. 12. 1992 konnte im Wege der Sprungklage nur das Einspruchsverfahren, nicht aber das Beschwerdeverfahren übersprungen werden. Diese Einschränkung hat das FGO-Änderungsgesetz v. 21. 12. 1992 (BGBl. I 92, 2109) aufgegeben. Nunmehr besteht sowohl für die Anfechtungs- als auch für die Verpflichtungsklage die uneingeschränkte Möglichkeit der (zustimmungsbedürftigen) Sprungklage.

112 Trotz Zustimmung der Finanzbehörde kann das Gericht innerhalb von drei Monaten nach Akteneingang beim Gericht, spätestens innerhalb von sechs Monaten nach Klagezustellung die Klage an die zuständige Finanzbehörde zur Durchführung des Vorverfahrens abgeben. Die Abgabebefugnis ist an die Bedingung geknüpft, daß eine weitere Sachaufklärung notwendig und die Abgabe sachdienlich ist (§ 45 II 1 FGO n. F. in Anlehnung an den früheren Art. 3 § 2 FG-EntlG).

Stimmt die Finanzbehörde nicht zu oder gibt das Gericht die Klage ab, dann ist die Klage als außergerichtlicher Rechtsbehelf zu behandeln.

113 Die Sprungklage erspart Zeit und verhindert die Möglichkeit einer „Verböserung" (dazu Rz. 44). Bei Ermessensverwaltungsakten (z. B. Stundung, Erlaß) sollte der Rechtsbehelfsführer aber bedenken, daß das Gericht das Ermessen des Finanzamtes nur in eingeschränktem Umfang überprüfen kann (§ 102 FGO). Hinzu kommt, daß die Sprungklage – anders als das Vorverfahren – Kosten auslöst (dazu Rz. 258 ff.).

114 Im **Sicherungsverfahren** (Arrestverfahren, s. §§ 324–326 AO) kann die Sprungklage *ohne Zustimmung* der Finanzbehörde und *ohne Abgabeberechtigung* des Gerichts erhoben werden (§ 45 IV FGO).

42 Vgl. *P. Weides/H. Bertram,* StVj 90, 80, 87 ff.

43 Entsprechend seinem Beschleunigungszweck ist es nach § 45 FGO auch möglich, innerhalb der Rechtsbehelfsfrist vom bereits eingelegten Rechtsbehelf zur Sprungklage überzugehen, s. BFH BStBl. 73, 852, 853; *Tipke*/Kruse, FGO, § 45 Tz. 3.

5. Klagebefugnis (§ 40 II FGO)[44]

5.1 Anwendungsbereich und Funktion der Klagebefugnis

Art. 19 IV 1 GG garantiert den Zugang zu den Gerichten nur, wenn **subjektive Rechte** des Betroffenen tangiert sind. Dem trägt § 40 II FGO einfachgesetzlich Rechnung, indem er als Sachurteilsvoraussetzung die Klagebefugnis statuiert. Nach § 40 FGO bezieht sich das Erfordernis der Klagebefugnis auf die *Anfechtungsklage* (§ 40 II Alt. 1 FGO) und die *Leistungsklagen* (§ 40 II Alt. 2 FGO: Verpflichtungsklage, § 40 II Alt. 3 FGO: sonstige Leistungsklage). 115

Für die Feststellungsklage enthält § 41 I FGO als Parallele die Voraussetzung des **besonderen Feststellungsinteresses** (dazu Rz. 88). Klagebefugnis und Feststellungsinteresse sind beide Ausprägungen des sog. Rechtsschutzinteresses. 116

§ 40 II FGO verhindert sog. **Popularklagen,** die zur Wahrnehmung der Rechte Dritter (im eigenen Namen) oder eines Allgemeininteresses erhoben werden. Zur Klage ist nur befugt, wer geltend machen kann, selbst in seinen Rechten verletzt zu sein. Nur der Selbstbetroffene wird geschützt, nur ihn geht die Sache nach Auffassung des Gesetzgebers etwas an. Die Gewährleistung der objektiven Steuerrechtsordnung liegt in der Hand der Finanzverwaltung, nicht in der Hand der Steuerpflichtigen. 117

Deshalb sieht das Gesetz auch keine sog. Verbandsklage vor, bei der Verbände aus eigenem Recht steuerliche Interessen ihrer Mitglieder verfolgen.

5.2 Rechtsverletzung

In seinen Rechten **verletzt** ist insb., wem rechtswidrig, d. h. unter Verletzung von Rechtsnormen (einschl. der Grundrechte) eine Last (etwa durch rechtswidrigen Steuerbescheid) oder eine Pflicht (etwa durch rechtswidrigen Finanzbefehl) auferlegt oder eine Vergünstigung verweigert worden ist (etwa durch rechtswidrige Ablehnung eines Billigkeitserlasses) oder wessen Sphäre sonst nachhaltig betroffen worden ist. Die Verletzung von *Ermessensvorschriften* ist eine für das Gericht nur im beschränkten Umfang nachprüfbare (s. § 102 FGO) Rechtsverletzung. 118

Die Rechtsverletzung ist **dem Ausspruch des Verwaltungsakts zu entnehmen;** eine falsche Begründung macht den Verwaltungsakt nicht rechtswidrig, wenn der Ausspruch zutrifft. Dasselbe gilt, wenn unselbständige Besteuerungsgrundlagen (s. § 157 II AO) unzutreffend festgestellt werden, die Steuer aber richtig festgesetzt wird oder die selbständige Besteuerungsgrundlage (s. §§ 179 ff. AO) richtig festgestellt wird. 119

Beispiel: Im Einkommensteuerbescheid werden die gewerblichen Einkünfte zu hoch angesetzt. Der Fehler gleicht sich jedoch aus, weil Einkünfte aus Vermietung zu niedrig angesetzt sind. Es liegt keine Rechtsverletzung vor; auch nicht wegen der Gewerbesteuer, da der Ansatz der gewerblichen Einkünfte im Einkommensteuerbescheid für die Gewerbesteuer nicht verbindlich ist.

An einer Rechtsverletzung fehlt es grundsätzlich, wenn die **Steuer zu niedrig** oder auf **0 DM** festgesetzt wird. Eine Rechtsverletzung kann jedoch ausnahmsweise einmal vorliegen, wenn 120

- die Festsetzung für andere Behörden oder Stellen zu Lasten des Betroffenen verbindlich ist und *Tatbestandswirkung* (dazu § 22 Rz. 83 ff.) entfaltet[45];

---

44 Dazu *W. Hahn,* Die Beschwer im formellen Steuerrecht, Diss. Erlangen/Nürnberg 1973; *D. Kopei,* Klagebefugnis und Rechtsschutzbedürfnis für Anfechtungsklagen . . . nach der FGO, Diss. Heidelberg 1975; *D. Neumeyer,* Die Klagebefugnis im Verwaltungsprozeßrecht, Berlin 1979.

45 S. etwa BFH BStBl. 75, 382 f.

– wegen des Grundsatzes des *formellen Bilanzenzusammenhangs* zu befürchten ist, daß der Vorteil später in einen (noch größeren) Nachteil umschlägt[46].

121 Bei **Grundlagenbescheiden** (z. B. Feststellungsbescheiden, Einheitswertbescheiden, dazu § 22 Rz. 86 ff.) folgt bereits *allein* aus der rechtswidrigen Feststellung einzelner Besteuerungsgrundlagen die Rechtsverletzung[47]. Bei *Einheitswertbescheiden* kann die Rechtsverletzung in einer unrichten *Wert-*, *Art-* oder *Zurechnungsfest*stellung bestehen. Da die (steuerlichen) Auswirkungen einer rechtswidrigen Feststellung vielfältig sind, werden diese für die Frage nach der möglichen Rechtsverletzung des Klägers grundsätzlich nicht geprüft. Eine Ausnahme besteht nur für den Fall, daß ein Nachteil für den Kläger ganz sicher ausgeschlossen werden kann.

122 Die Rechtsverletzung kann sich auch daraus ergeben, daß der Bescheid zu Unrecht **unter dem Vorbehalt der Nachprüfung** (§ 164 AO) oder **vorläufig** (§ 165 AO) erlassen wird.

123 Eine praktisch sehr bedeutsame Einschränkung der Rechtsverletzung enthält § 42 FGO, der auf § 351 AO (dazu Rz. 19) verweist. § 351 I AO stellt klar, daß die Klagebefugnis des durch einen Änderungsbescheid Betroffenen **nicht weiter reichen** kann, **als seine Rechtsposition verändert** worden ist[48]. Der schon bestandskräftig geregelte, unveränderte Teil des Verwaltungsakts soll durch die Anfechtung des Änderungsbescheides im Interesse der Rechtssicherheit nicht mehr in Frage gestellt werden dürfen.

Beispiele:

Ursprünglicher ESt-Bescheid	2 000 DM
Gem. § 173 I Nr. 1 AO geänderter Bescheid	3 000 DM

Es kann nur Herabsetzung der Einkommensteuer auf 2.000 DM begehrt werden. Hinsichtlich der Begründung besteht indessen keine Bindung.

Ursprünglicher ESt-Bescheid	3 000 DM
Gem. § 173 I Nr. 2 AO geänderter Bescheid	2 000 DM

Es kann nur eine Heraufsetzung der Einkommensteuer auf 3.000 DM begehrt werden. In der Regel fehlt es für ein solches Begehren an der Beschwer (s. Rz. 120).

124 Ferner können Entscheidungen in einem Grundlagenbescheid nur durch Anfechtung dieses Bescheides, nicht auch durch Anfechtung des Folgebescheides angegriffen werden (§ 351 II AO i. V. m. § 42 FGO). Das heißt insb.: Ist ein Feststellungs- oder Steuermeßbescheid rechtswidrig, so muß insoweit der (die Beschwer auslösende) Feststellungs- oder Steuermeßbescheid angefochten werden; der Folgebescheid kann nicht angefochten werden. Bei Verstoß gegen § 42 FGO ist die Klage (insoweit) *unzulässig*[49].

5.3 Subjektive Betroffenheit des Klägers

125 Klagebefugt ist im Regelfall der **Inhaltsadressat** des Verwaltungsakts. Darüber hinaus können aber auch noch andere Personen (*Dritte*) klagebefugt sein, soweit sie durch den Inhalt des Verwaltungsakts *betroffen* sind.

Beispiele:

a) Das Finanzamt fordert eine Bank auf, Auskünfte über das Bankguthaben und die Zinseinkünfte des A zu geben. – A klagt wegen Verletzung des § 93 I 3 AO. A ist zur Klage befugt.

b) Ehegatten werden zusammenveranlagt; der Bescheid aber nur an den Ehemann bekanntgegeben. Die Ehefrau kann den rechtswidrigen Bescheid anfechten, da sie vom Inhalt des Bescheids betroffen ist; Anfechtung setzt keine Bekanntgabe (an die Ehefrau) voraus (s. auch § 22 Rz. 78).

---

46 S. BFH BStBl. 73, 323, 324 ff.; 80, 181, 184; 88, 286, 287.

47 S. *R. v. Groll*, Gräber, FGO[3], § 40 Rz. 92 ff., mit einem Überblick über die möglichen Rechtsverletzungen bei Feststellungsbescheiden.

48 S. ausführlich *L. Macher*, StuW 85, 33 ff.

49 S. ausf. *H. Söhn*, StuW 74, 50; a. A. BFH BStBl. 73, 24.

c) Das Finanzamt erläßt einen unrichtigen Haftungsbescheid gegen den Arbeitgeber wegen nicht einbehaltener Lohnsteuer (§ 42d EStG). Durch den Bescheid ist auch der Arbeitnehmer (als Steuerschuldner), für den der Arbeitgeber die Steuer abzuführen hat, in seinen Rechten verletzt.

Dritten kann im Steuerrecht eine Klagebefugnis ferner aus *Wettbewerbsgründen* erwachsen (sog. **Konkurrentenklage**[50]). Dazu muß der Kläger aber die Verletzung einer ihn schützenden (sog. *drittschützenden*) Norm anführen können. Hierzu zählen vor allem Vorschriften, die für eine *wettbewerbsneutrale* Besteuerung sorgen sollen (z. B. § 65 Nr. 3 AO; § 4 KStG; §§ 2 III, 5 II Nr. 2 UStG). Als drittschützende Normen kommen für den Konkurrenten darüber hinaus auch *Grundrechte* (insb. Art. 1, 2 I, 3, 12, 14 GG) in Betracht. 126

Die h. M. hat eine Verletzung in *eigenen* Rechten bisher verneint, wenn sich ein Steuerpflichtiger dadurch benachteiligt fühlt, daß die Finanzbehörde das belastende Steuergesetz nicht oder nicht in vollem Umfang ebenfalls auf *andere* Steuerpflichtige anwendet. Wenn andere im Vergleich zum Kläger – gemessen am Gesetz – zu günstig besteuert werden, soll dieser gleichwohl nicht in *seinen* Rechten verletzt sein. Argumentiert wird damit, daß es keine „Gleichheit im Unrecht" (dazu § 4 Rz. 72) gäbe[51] bzw. eine „Neidklage" unzulässig sei[52]. Diese Ansicht übersieht, daß im Steuerrecht die *Privilegierung der einen zugleich* auch immer die *Diskriminierung der anderen* bedeutet[53]. Denn der durch die Privilegierung der einen bewirkte Steuerausfall muß von der Solidargemeinschaft aller und damit auch der anderen Steuerzahler ausgeglichen werden. Wenn die Finanzbehörde A günstiger besteuert, als es das Gesetz vorsieht, dann verletzt sie nicht nur das objektive Recht, sie verletzt auch den gesetzmäßig besteuerten B in seinem Recht auf Gleichbelastung (Art. 3 GG)[54]. Dies muß zumindest dann gelten, wenn die unterschiedliche Besteuerung nicht nur auf im Massenverfahren jederzeit vorkommenden Vollzugsmängeln, sondern auf einem *strukturellen Vollzugsdefizit* (dazu § 22 Rz. 199) beruht[55]. 127

5.4 Vortrag zur Klagebefugnis („Geltendmachung")

§ 40 II FGO verlangt ebenso wie § 42 II VwGO, daß der Kläger seine Rechtsverletzung *geltend zu machen* hat. Dazu hat der Kläger **substantiiert darzulegen,** inwieweit der angefochtene Verwaltungsakt rechtswidrig sei und ihn in seinen Rechten verletze[56]. Erforderlich, aber auch ausreichend für die Klagebefugnis ist es, daß der Kläger substantiiert Umstände vorträgt, die seine Rechtsverletzung zumindest als *möglich* erscheinen lassen[57]. Negativ ausgedrückt fehlt die Klagebefugnis dann, wenn nach dem Klägervortrag offensichtlich und eindeutig eine Rechtsverletzung nach keiner rechtlichen Betrachtungsweise in Frage kommen kann[58]. Weitergehende, strengere Anforderungen verbieten sich im Hinblick auf die beschränkte Funktion der Klagebefugnis, Popularklagen auszuschließen (dazu Rz. 117)[59]. Die Sachurteilsvoraussetzung der Klagebefugnis erfordert deshalb auch *nicht,* daß die Klage *schlüssig*[60] sein muß. Ansonsten müßte bei feststehenden Sachverhalten die materielle Rechtmäßigkeitsprüfung im Rahmen der Zulässigkeit der Klage erfolgen. Sie ist aber gerade eine Frage der Begründetheit. 128

---

50 Dazu *B. Knobbe-Keuk,* BB 81, 565 ff.; *dies.,* BB 82, 385 ff.; *I. van Lishaut,* Die Konkurrentenklage im Steuerrecht, Diss. Köln, Frankfurt a. M. u. a. 1993; *K. Tipke,* StRO III, 1393 ff.; restriktiv bisher die Rspr: BFH BStBl. 85, 12, 13 ff.; 88, 67 ff.; FG Bremen EFG 91, 263 ff.; zur Konkurrentenklage im Verwaltungsrecht s. *P. M. Huber,* Konkurrentenschutz im Verwaltungsrecht, Münchener Habil., Tübingen 1991.

51 So noch BFH BStBl. 89, 836, 840.

52 *Chr. Trzaskalik,* DStJG Bd. 5 (1982), 315, 335 ff.

53 *K. Tipke,* StRO III, 1395; das Schweizerische Bundesgericht bejaht aus diesem Grund die Betroffenheit des Diskriminierten, s. BGE 109 Ia, 252 ff.; ASA 59 (1990/91), 733, 737.

54 So pointiert *K. Tipke* (Fn. 53).

55 Vgl. BVerfGE 84, 239, 272 f.

56 BFH GrS BStBl. 80, 99, 102.

57 S. etwa BVerwGE 60, 123, 125; BSG NJW 91, 2989; ausf. *Kopp,* VwGO[9], § 42 Rz. 98.

58 BFH BStB 71, 30, 31; 83, 51 f.; 84, 563, 564; 87, 346, 347; BVerwGE 60, 157, 160.

59 *Kopp,* VwGO[9], § 42 Rz. 98.

60 Zum Schlüssigkeitsbegriff des Prozeßrechts s. *Thomas/Putzo,* ZPO[18], Vorbem. § 253 Rn. 38; Zöller/*Stephan,* ZPO[18], Vor § 253 Rn. 23.

129 Rügt der Kläger eine Rechtsverletzung in unsubstantiierter Weise, dann hat der Vorsitzende in Erfüllung seiner **Prozeßfürsorgepflicht** auf eine Nachbesserung durch den Kläger hinzuwirken (§ 76 II FGO). Dafür kann er dem Kläger eine *Ausschlußfrist* nach § 65 II 2 FGO n. F. setzen, wenn es zugleich an einer hinreichenden Bezeichnung des Gegenstandes des Klagebegehrens (§ 65 I 1 FGO, dazu Rz. 149) fehlt[61].

5.5 Klagebefugnis bei Feststellungsbescheiden (§ 48 FGO)

130 In Übereinstimmung mit § 352 AO (dazu Rz. 19) enthält § 48 FGO Sonderregelungen zur subjektiven Klagebefugnis bei *einheitlichen Feststellungsbescheiden.* §§ 352 AO, 48 FGO sind im sog. Grenzpendlergesetz v. 24. 6. 94, BGBl. I 94, 1395 ff., inhaltsgleich neu gefaßt worden. Nach § 48 FGO n. F. ist *nicht jeder* Feststellungsbeteiligte klagebefugt. Zur Verfahrensvereinfachung und -vereinheitlichung (s. Finanzausschuß, BT-Drucksache 12/7427, 35 f.) schränkt § 48 FGO n. F. die Klagebefugnis der Beteiligten bei Personenmehrheiten vielmehr wie folgt ein:

131 (1) Klagebefugt ist hier grundsätzlich *nur die Gesellschaft/Gemeinschaft* als gesetzlicher Prozeßstandschafter der Gesellschafter/Gemeinschafter, vertreten durch den oder die Geschäftsführer (§ 48 I Nr. 1 FGO n. F., dessen Wortlaut ebenso wie der des § 48 I Nr. 3 FGO a. F. mißverständlich ist)[62]. Diese Beschränkung der Klagebefugnis sah § 48 I Nr. 3 FGO a. F. nur für Gewerbebetriebe vor. § 48 I Nr. 1 FGO n. F. erweitert die gesetzliche Prozeßstandschaft auf *alle* Personenmehrheiten, also insb. auch auf solche, die sich vermögensverwaltend betätigen[63].

Ergeht ein einheitlicher Feststellungsbescheid gegenüber einer Personengruppe, die keinen vertretungsberechtigten Geschäftsführer besitzt (z. B. Erbengemeinschaft), so ist nach § 48 II FGO n. F. der *Empfangsbevollmächtigte i. S. d. § 183 AO* (dazu § 22 Rz. 72) vertretungsberechtigt nach § 48 I Nr. 1 FGO n. F.

(2) Ist weder ein vertretungsberechtigter Geschäftsführer noch ein Empfangsbevollmächtigter i. S. d. § 183 AO (dazu im einzelnen §§ 48 II FGO n. F., 183 AO) vorhanden, ist jeder Gesellschafter/Gemeinschafter klagebefugt, gegen den der Feststellungsbescheid ergangen ist oder zu ergehen hätte (§ 48 I Nr. 2 FGO n. F.).

132 (3) Die *einzelnen* Gesellschafter/Gemeinschafter sind *im übrigen nur* klagebefugt,

a) wenn sie aus der Gesellschaft/Gemeinschaft *ausgeschieden* sind (§ 48 I Nr. 3 FGO n. F.)[64],

b) *soweit* es sich darum handelt, *wer* an dem festgestellten Betrag beteiligt ist und *wie* sich dieser auf die einzelnen Beteiligten verteilt (§ 48 I Nr. 4 FGO n. F. = § 48 I Nr. 1 FGO a. F.);

c) *soweit* die Frage einen Gesellschafter/Gemeinschafter *persönlich angeht,* z. B. Fragen des Sonderbetriebsvermögens (§ 48 I Nr. 5 FGO n. F. = § 48 I Nr. 2 FGO a. F.).

133 Nach § 48 FGO klagebefugte Feststellungsbeteiligte sind notwendig beizuladen (§ 60 III 1 FGO), wenn sie keine Klage erhoben haben. Ist jedoch die Klagebefugnis nach § 48 I FGO ausgeschlossen, so hat eine Beiladung zu unterbleiben (§ 60 III 2 FGO). Zur Begrenzung der Beiladung bei Publikumsgesellschaften s. § 60a FGO u. unten Rz. 170.

6. Beteiligten-, Prozeß-, Postulationsfähigkeit

134 **Beteiligtenfähigkeit** ist die Fähigkeit, Subjekt eines finanzgerichtlichen Prozeßverhältnisses zu sein. Sie entspricht der *Steuerrechtsfähigkeit* (dazu § 6 Rz. 14 ff.). Zum Kreis der Beteiligten s. § 57 FGO.

---

61 Darüber hinausgehend besteht die Möglichkeit einer Fristsetzung nach § 79b I FGO n. F.

62 So zu § 48 I Nr. 3 FGO a. F. BFH BStBl. 84, 15, 16; 89, 326, 327; 92, 559, 560.

63 So bereits zuvor in erweiternder Auslegung des § 48 I Nr. 3 FGO a. F. BFH BStBl. 85, 519; 87, 197.

64 So schon bisher die Rspr., s. BFH BStBl. 89, 145; 90, 1068.

Prozeßfähigkeit (§ 58 FGO) ist dagegen die Fähigkeit, alle Prozeßhandlungen *selbst* oder durch selbstgewählte Vertreter vor- bzw. entgegenzunehmen. Sie entspricht der *Handlungsfähigkeit* (dazu § 22 Rz. 156). 135

Der prozeßfähige Beteiligte ist vor den Finanzgerichten auch **postulationsfähig,** d. h. er kann dort selbst auftreten und Verfahrenshandlungen vornehmen. Er *kann* sich aber auch durch einen Angehörigen der steuerberatenden Berufe vertreten lassen (§ 62 I 1, II 2 FGO). Dagegen besteht vor dem Bundesfinanzhof nach Art. 1 Nr. 1 BFH-EntlG *Vertretungszwang.* Postulationsfähig sind dort Rechtsanwälte, Steuerberater oder Wirtschaftsprüfer. Finanzbehörden können sich darüber hinaus durch Beamte oder Angestellte, die die Befähigung zum Richteramt besitzen, vertreten lassen. 136

Bei Erhebung der Klage durch einen Angehörigen der steuerberatenden Berufe muß dem Gericht eine **schriftliche Vollmacht** eingereicht werden (§ 62 III 1, 2 FGO). Diese kann nachgereicht werden; der Vorsitzende oder der Berichterstatter können dafür eine Frist mit *ausschließender Wirkung* setzen (§ 62 III 3 FGO). 137

7. Wahrung der Klagefrist (§ 47 FGO)

Bei **Anfechtungs- und Verpflichtungsklagen** beträgt die Klagefrist einen Monat (§ 47 I FGO). Sie beginnt grundsätzlich mit der Bekanntgabe der Entscheidung über den außergerichtlichen Rechtsbehelf (§ 47 I 1 Hs. 1 FGO). Im Falle der Sprungklage (§ 45 FGO, dazu Rz. 110 ff.) und in den Fällen des § 349 III AO a. F. (§ 348 Nrn. 3, 4 AO n. F.) beginnt die Frist im Zeitpunkt der Bekanntgabe des Verwaltungsakts. Die Frist ist gewahrt, wenn die Klageschrift bis zum letzten Tag der Frist, 24 Uhr, dem zuständigen Finanzgericht zugeht, d. h. derart in ihren Machtbereich gelangt, daß sie Kenntnis nehmen kann. 138

§ 47 II FGO enthält eine gutgemeinte Erleichterung. Danach ist die Frist auch gewahrt, wenn die Klage rechtzeitig bei der Ausgangs- oder der Rechtsbehelfsbehörde *angebracht* wird. Die Rechtsprechung hat die Erleichterung jedoch durch eine weder zwingende noch sinnvolle Auslegung des Begriffs „angebracht“ in eine *Verfahrensfalle* verkehrt[65]. 139

Solange dem angefochtenen Verwaltungsakt bzw. der angefochtenen Rechtsbehelfsentscheidung keine ordnungsgemäße Rechtsbehelfsbelehrung beigefügt ist, läuft die Klagefrist nicht (§ 55 I FGO). Ist die Rechtsbehelfsbelehrung *unterblieben oder unrichtig erteilt* worden, so ist die Einlegung der Klage grundsätzlich aber nur innerhalb eines Jahres möglich (§ 55 II FGO). Entgegen seines Wortlauts gilt § 55 FGO dabei nicht nur für Anfechtungs-, sondern auch für Verpflichtungsklagen. 140

War der Kläger ohne Verschulden verhindert, die Klagefrist einzuhalten, so ist ihm auf Antrag *Wiedereinsetzung in den vorigen Stand* zu gewähren (s. §§ 56 FGO, 126 III AO). Verzögerungen der Briefbeförderung durch die Post können dem Kläger dabei nicht als Verschulden zugerechnet werden[66]. 141

Wird die Klagefrist versäumt und kann Wiedereinsetzung nicht gewährt werden, so ist die Klage unzulässig. Dagegen darf der Klageantrag einer rechtzeitig erhobenen Klage gegen einen Einkommensteuerbescheid regelmäßig auch noch *nach Ablauf* der Klagefrist *erweitert* werden[67]. 142

Sonstige (allgemeine) **Leistungsklagen und Feststellungsklagen** sind nicht fristgebunden. 143

---

65 S. BFH BStBl. 75, 337, 338; 78, 667, 669; 87, 575, 576; s. dazu die berechtigte Kritik von *K. Meßmer,* StuW 88, 223, 224 f.; *S. Woring,* DB 90, 149 ff.; *F. Burchardi,* DStR 91, 445 ff.; *P. Busl,* DStZ 91, 529 ff.; *Tipke*/Kruse, FGO, § 47 Tz. 13; *K. Tipke,* StRO III, 1390.
66 BVerfGE 53, 148, 151.
67 BFH GrS BStBl. 90, 327, 331 ff.

8. Richtiger Beklagter (sog. Passivlegitimation), § 63 FGO

144 Die *Anfechtungsklage* ist gegen die Behörde zu richten, die den ursprünglichen Verwaltungsakt erlassen hat (§ 63 I Nr. 1 FGO). *Verpflichtungsklage* und *sonstige (allgemeine) Leistungsklage* richten sich gegen die Behörde, die den beantragten Verwaltungsakt oder die andere Leistung unterlassen oder abgelehnt hat (§ 63 I Nr. 2 FGO). Bei der *Feststellungsklage* ist die Behörde die richtige Beklagte, der gegenüber die Feststellung des Bestehens oder Nichtbestehens eines Rechtsverhältnisses oder der Nichtigkeit eines Verwaltungsakts begehrt wird (§ 63 I Nr. 3 FGO). Klagegegner ist damit grundsätzlich das Finanzamt.

145 § 63 II FGO trifft eine Sonderregelung des Falles, daß die Zuständigkeit des Finanzamtes sich vor der Entscheidung über den außergerichtlichen Rechtsbehelf ändert.

146 Wird die falsche Behörde verklagt, ist die Klage *unzulässig*, wenn sie nicht geändert (s. § 67 FGO) wird[68].

9. Ordnungsmäßigkeit der Klageerhebung (§§ 64, 65 FGO)

147 § 64 I FGO ordnet für alle Klagearten *zwingend* die **Schriftform** an. Die Schriftform wird dabei auch durch Erklärung zur Niederschrift des Urkundsbeamten der Geschäftstelle gewahrt (§ 64 I Alt. 2 FGO). Der Schriftform genügt des weiteren die Klageerhebung durch Telegramm, Fernschreiber, Telebrief oder Telefax[69].

148 Die Rechtsprechung verlangt (außer beim Telegramm) eine eigenhändige Unterschrift, die als „individueller Schriftzug mit charakteristischen Merkmalen“ erkennbar sein muß[70]. In einigen der Urteile tritt eine Formenpendanterie zutage, die als „Buchstaben-Dogmatik“ satirische Züge annimmt[71]. Da es aber um eine Zulässigkeitsvoraussetzung (!) geht, ist dem Kläger bzw. dessen Prozeßbevollmächtigten dringend anzuraten, die Klageschrift mit einem leserlichen Namenszug abzuschließen.

149 Die Klage **muß enthalten** (§ 65 I 1 FGO): die Bezeichnung des Klägers und des Beklagten; bei Anfechtungsklagen auch des angefochtenen Verwaltungsakts und der außergerichtlichen Rechtsbehelfsentscheidung. Ferner *muß* die Klage den „Gegenstand des Klagebegehrens“ bezeichnen[72]. Danach hat der Kläger anzugeben, *was* (Gegenstand) er mit der Klage *begehrt*. Das Gericht muß durch substantiierten Klagevortrag in die Lage versetzt werden, die Grenzen der gerichtlichen Entscheidungsbefugnis (s. § 96 I 2 FGO) zu bestimmen[73].

150 Soweit diese **Muß-Inhalte** einer Klage **fehlen** oder **unzureichend** sind, hat der Vorsitzende oder der Berichterstatter den Kläger zu der erforderlichen Ergänzung innerhalb einer bestimmten Frist aufzufordern (§ 65 II 1 FGO). Er kann die Frist als *Ausschlußfrist* mit der Folge setzen, daß die Klage nach Ablauf der Frist *endgültig unzulässig* wird (§ 65 II 2 FGO).

151 Im übrigen *soll* der Kläger – über die Angabe des Streitgegenstandes hinaus – einen bestimmten Antrag stellen und die zur Begründung dienenden Tatsachen und Beweismittel angeben (§ 65 I 2, 3

---

68 BFH BStBl. 80, 331, 333.

69 S. BFH BFH BStBl. 83, 579 f.; 87, 717, 718; 91, 463 f.

70 Siehe im einzeln die Rechtsprechungsnachweise bei *R. v. Groll*, Gräber, FGO[3], § 64 Rz. 19 ff; mit ausführlicher Begründung gegen das Unterschriftsbedürfnis *M. Vollkommer*, Formstrenge und prozessuale Billigkeit, Habil., München 1973; dazu *K. Tipke*, StuW 75, 182.

71 Zu Recht kritisch *Tipke*/Kruse, FGO, § 64 Tz. 1b; *K. Tipke*, StRO III, 1390 f.

72 Der Begriff ist durch das FGO-ÄndG v. 21. 12. 1992, BGBl. I 92, 2109, 2110, eingeführt worden und soll – ohne sachliche Änderung – den dort bisher verwendeten (umstrittenen) Begriff des Streitgegenstandes ersetzen. Entgegen der Auffassung der Gesetzgebung (BT-Drucks. 12/1061, 14) schafft der neue Begriff keine Klarheit, zutr. *R. v. Groll*, Gräber, FGO[3], § 65 Rz. 32.

73 BFH GrS BStBl. 80, 99, 102.

FGO). Werden diese **Sollanforderungen** nicht erfüllt, so hat der Vorsitzende oder der Berichterstatter ebenfalls nach § 65 II 1 FGO zur Ergänzung eine Frist zu setzen. Zwar wird die Klage *nicht unzulässig,* wenn die Ergänzung ausbleibt. Es können sich aber für den Kläger Nachteile daraus ergeben, daß der Antrag den Rechtstreit quantitativ begrenzt (§ 96 I 2 FGO) und damit den Streitwert und die Kosten beeinflußt. Eine unzureichende Begründung der Klage beeinflußt zudem naturgemäß den Erfolg der Klage. Außerdem kann für die Angabe von Tatsachen und Beweismitteln die Fristsetzung nach § 65 II 1 FGO mit einer Fristsetzung nach § 79b I 1 FGO verbunden werden. Werden die Tatsachen und Beweismittel erst nach Ablauf der letztgenannten Frist vorgebracht, so können sie unter den Voraussetzungen des § 79b III FGO als *verspätet zurückgewiesen* werden.

Beispiele für ordnungsgemäße Klagen und Klageanträge finden sich bei *O. M. Sauer,* Wie führe ich einen Finanzgerichtsprozeß?[3], Berlin u. a. 1994; *Tipke*/Kruse, FGO, § 65 Tz. 5a, 8.

10. Negative Sachurteilsvoraussetzungen

10.1 Es darf kein **Klageverzicht**[74] vorliegen. Ist wirksam auf die Klage verzichtet worden, so ist die Klage *unzulässig* (§ 50 I 3 FGO). § 50 I 1 FGO will sicherstellen, daß nicht „ins Blaue hinein" verzichtet wird, daß der Steuerpflichtige vielmehr weiß, worauf er – auch betragsmäßig – verzichtet. Der Verzicht kann daher grundsätzlich erst *nach Erlaß des Verwaltungsakts* wirksam ausgesprochen werden (zur Steueranmeldung s. § 50 I 2 FGO). Der Verzicht darf keine weiteren Erklärungen beinhalten (§ 50 II FGO). 152

10.2 Die Klage darf nicht bereits **zurückgenommen** worden sein. Anders als im allgemeinen Verwaltungsprozeß (§ 92 VwGO) hat die Rücknahme einer fristgebundenen Klage den *Verlust der Klage* zur Folge (§ 72 II 1 FGO). Eine nach Rücknahme erneut erhobene Klage ist daher *unzulässig.* 153

10.3 Die Klage darf **nicht anderweitig rechtshängig** sein. Die Rechtshängigkeit der Klage (§ 66 FGO) löst eine *Sperrwirkung* aus. Eine Klage mit demselben Streitgegenstand (dazu Rz. 162) ist bei jedem anderen Gericht und bei demselben Gericht *unzulässig* (§§ 155 FGO, 17 I 2 GVG). 154

Einstweilen frei. 155–159

IV. Das Klageverfahren

1. Verfahrensgrundsätze

1.1 Untersuchungsgrundsatz

Literatur: *Tipke*/Kruse, FGO, § 76; *B. Kropshofer,* Untersuchungsgrundsatz und anwaltliche Vertretung im Verwaltungsprozeß, Diss. Mainz, Berlin 1979; *K. Redeker,* Untersuchungsgrundsatz und Mitwirkung der Beteiligten, DVBl. 81, 83 ff.; *M. Marx,* Die Notwendigkeit und Tragweite der Untersuchungsmaxime in den Verwaltungsprozeßgesetzen (VwGO, SGG, FGO), Diss. Gießen, Frankfurt a. M. u. a. 1985; *S. Martin,* Wechselwirkung zwischen Mitwirkungspflichten und Untersuchungspflicht im finanzgerichtlichen Verfahren, BB 86, 1021 ff.; *M. Nierhaus,* Beweismaß und Beweislast – Untersuchungsgrundsatz und Beteiligtenmitwirkung im Verwaltungsprozeß, Habil. Köln, München 1989.

Im Finanzgerichtsprozeß gilt der Untersuchungsgrundsatz (dazu bereits § 22 Rz. 3 ff.), das Gericht erforscht den Sachverhalt *von Amts wegen* (§ 76 I 1 FGO). Anders als im Zivilprozeß, wo allein die Parteien den Streitstoff in den Prozeß einführen (sog. Verhandlungs- oder Beibringungsgrundsatz), besitzt das Finanzgericht die Herrschaft über den Prozeßstoff und muß die für die Entscheidung erheblichen Tatsachen selbst ermit- 160

74 Dazu *M. Krauß,* Rechtsbehelfsverzicht und -rücknahme im Steuerstreit, Diss. München 1976.

teln. Das Gericht ist deshalb an das Vorbringen und an Beweisanträge der Beteiligten nicht gebunden (§ 76 I 5 FGO). Umgekehrt trifft das Gericht eine gewisse Prozeßfürsorgepflicht gegenüber den Beteiligten (s. §§ 65 II, 76 II FGO).

161 Jedoch verlangt der Untersuchungsgrundsatz nicht, daß das Finanzgericht nach Art eines Inquisators ohne Rücksicht oder Anhalt an das Vorbringen der Beteiligten auf das Geradewohl oder gar „ins Blaue hinein" zu erforschen hat[75]. Vielmehr bilden Finanzgericht und Beteiligte bei der Sachaufklärung eine Art „*Arbeitsgemeinschaft*"[76], die durch die Statuierung von **Mitwirkungspflichten** der Beteiligten (s. nur § 76 I 2–4 FGO) ihre rechtliche Ausgestaltung erfahren hat. Die Mitwirkungspflichten der Beteiligten sind Mittel, derer sich das Finanzgericht bedient, um *seine eigene* Untersuchungspflicht wirkungsvoll zu erfüllen[77]. Zwischen der Mitwirkung der Beteiligten und der Intensität der finanzgerichtlichen Sachaufklärung besteht dabei eine *faktische Wechselwirkung*[78]. Je weniger die Beteiligten mitwirken, um so weniger Anhaltspunkte stehen dem Finanzgericht zur Durchführung eigener Ermittlungen zur Verfügung und um so mehr schränkt sich das finanzgerichtliche Ermittlungsprogramm ein.

1.2 Offizial- und Dispositionsmaxime

Literatur: *J. Martens,* Das Anerkenntnisurteil im Steuerprozeß, StuW 68, 615 ff.; *J. Schröder,* Der Prozeßvergleich in den verwaltungsgerichtlichen Verfahrensarten, Berlin 1971.

162 Anders als im Strafprozeß liegt die Herrschaft über den Streitgegenstand[79] weitgehend bei den Beteiligten (sog. **Dispositionsmaxime, Verfügungsgrundsatz**). Der Kläger bestimmt mit seiner Klage, ob und in welchem Umfang das Gericht tätig werden darf. Er steckt mit seiner Klage (zum Mindestinhalt Rz. 149) mit bindender Wirkung für das Gericht und den Prozeßgegner das sog. *Streitprogramm*[80] ab. Das Gericht darf dabei über das Klagebegehren nicht hinausgehen (§ 96 I 2 FGO) und nicht zuungunsten des Klägers verbösern (*Verbot der reformatio in peius*[81]). Der Kläger kann die Klage unter bestimmten Voraussetzungen ändern (§ 67 FGO) und den Prozeß durch Klagerücknahme (§ 72 FGO) ganz beenden. Umgekehrt kann das beklagte Finanzamt den Streitgegenstand verändern, indem es den angefochtenen Bescheid aufhebt oder ändert (dazu § 68 FGO). Die Beteiligten können den Rechtsstreit schließlich *in der Hauptsache übereinstimmend für erledigt erklären* (s. § 138 FGO), gleichgültig ob die Hauptsache auch tatsächlich erledigt ist[82].

---

75 BFH BStBl. 71, 200, 201; *S. Martin,* BB 86, 1021, 1026.

76 S. *S. Martin,* BB 86, 1021; *Tipke*/Kruse, FGO, § 76 Tz. 2; *R. v. Groll,* Gräber, FGO[3], § 76 Rz. 2 f.

77 Siehe *M. Nierhaus,* Beweismaß und Beweislast, 278, und oben für das Besteuerungsverfahren § 22 Rz. 5.

78 Vgl. *Tipke*/Kruse, FGO, § 76 Tz. 7; *S. Martin,* BB 86, 1021, 1026; *R. Seer,* Der Einsatz von Prüfungsbeamten durch das Finanzgericht, Diss. Köln, Berlin 1993, 75 f., 89, 221.

79 Nach der herrschenden sog. *Saldierungstheorie* (BFH GrS BStBl. 68, 344, 347; 80, 99, 102) ist Streitgegenstand die Rechtsbehauptung des Klägers, er sei in seinen Rechten verletzt. Nach dieser Theorie können Fehler eines Verwaltungsakts, die sich zu Lasten des Klägers auswirken, mit Fehlern *saldiert* werden, die dem Finanzamt zugunsten des Klägers unterlaufen sind. Demgegenüber ist nach der sog. *Individualisierungstheorie* nur das einzelne – vom Kläger zu individualisierende – Besteuerungsmerkmal Streitgegenstand (s. *H. Müffelmann,* Die objektiven Grenzen der materiellen Rechtskraft steuergerichtlicher Urteile, Diss. Berlin 1965, 176; *H. H. Mösbauer,* Der Streitgegenstand im Steuerprozeß, Diss. Würzburg, Berlin 1975, 147, 187–193).

80 Begriff nach *G. Lüke,* JuS 61, 41, 43.

81 *R. v. Groll,* Gräber, FGO[3], § 96 Rz. 5; *Tipke*/Kruse, FGO, § 96 Tz. 21 a. E.

82 *R. Ruban,* Gräber, FGO[3], § 138 Rz. 11; *G. Geist,* Tipke/Kruse, FGO, § 138 Tz. 30.

Demgegenüber ist die **Offizialmaxime (Amtsgrundsatz)** im Finanzgerichtsprozeß nur schwach ausgebildet. Da der materielle Steueranspruch nicht zur Disposition der Beteiligten steht, sieht die FGO weder ein *Anerkenntnisurteil* (§ 307 ZPO) noch einen *Prozeßvergleich* (anders in §§ 106 VwGO, 101 SGG) vor. Die Wirkungen beider Institute lassen sich aber im Wege der Erledigungserklärung erreichen, so daß berechtigte Zweifel an der Notwendigkeit des Ausschlusses beider prozeßrechtlichen Institute bestehen. 163

1.3 Grundsatz der Mündlichkeit und Öffentlichkeit

Die FGO geht ebenso wie die anderen deutschen Verfahrensordnungen vom Grundsatz der *Mündlichkeit*[83] aus und schreibt deshalb vor, daß Entscheidungen grundsätzlich aufgrund mündlicher Verhandlung ergehen (§ 90 I 1 FGO). Die mündliche Verhandlung dient – gerade auch im Finanzgerichtsprozeß mit einer einzigen Tatsacheninstanz – der Gewährleistung einer qualitativ hochstehenden Sachaufklärung[84]. Nur durch die mündliche Verhandlung kann das Gericht sich einen persönlichen Eindruck von den Beteiligten verschaffen. Ohne mündliche Verhandlung vermögen sich die ehrenamtlichen Richter (§ 5 III 1 FGO) nicht zu informieren. 164

Das Mündlichkeitsprinzip wird in der FGO indessen derart oft **durchbrochen,** daß es praktisch zur Ausnahme geworden ist[85]. Eine mündliche Verhandlung ist *nur* für *Urteile* obligatorisch (§ 90 I 2 FGO) und kann auch dort mit Einverständnis der Beteiligten (§ 90 II FGO) unterbleiben. In geeigneten Fällen kann das Gericht oder der Einzelrichter (§ 6 FGO) ohne mündliche Verhandlung durch *Gerichtsbescheid* entscheiden (§ 90a I FGO). Dasselbe ist im vorbereitenden Verfahren (dazu Rz. 179) durch den Vorsitzenden oder den Berichterstatter möglich (§ 79a II, IV FGO). 165

Die mündliche Verhandlung ist grundsätzlich öffentlich (§ 52 I FGO, 169 GVG). Durch die Öffentlichkeit soll das Vertrauen in die Rechtspflege gestärkt werden (keine Geheimprozesse!). Das Gericht kann jedoch zur Wahrung des *Steuergeheimnisses* die Öffentlichkeit ausschließen (§§ 52 I FGO, 172 Nr. 2 GVG); auf Antrag des Steuerpflichtigen muß es dies sogar (§ 52 II FGO). 166

1.4 Grundsatz rechtlichen Gehörs (Art. 103 I GG)

Nach Art. 103 I GG hat vor Gericht jedermann Anspruch auf rechtliches Gehör. Das Recht auf Gehör ist für einen rechtsstaatlichen Prozeß unabdingbar und verhindert, daß dem Menschen „kurzer Prozeß" gemacht wird[86]. Einfachgesetzlich bestimmt § 96 II FGO deshalb, daß eine gerichtliche Entscheidung nur auf solche Tatsachen und Beweisergebnisse gestützt werden darf, zu denen die Beteiligten sich äußern konnten. Weitere Ausprägungen des Grundsatzes rechtlichen Gehörs sind: die Mitteilung nach § 75 FGO, das Akteneinsichtsrecht der Beteiligten (§ 78 FGO)[87], der Grundsatz der Beteiligtenöffentlichkeit bei der Beweisaufnahme (§ 83 FGO)[88] und die Erörterungspflicht nach § 93 I FGO. 167

Die Verletzung rechtlichen Gehörs ist ein **Verfahrensmangel** i. S. d. §§ 115 II Nr. 3, 119 Nr. 3 FGO und *absoluter Revisionsgrund* (dazu Rz. 237). 168

83 Ausf. *U. Fezer,* Die Funktion der mündlichen Verhandlung im Zivilprozeß und im Strafprozeß, 1970.
84 *H. Rudloff,* DStR 84, 392 ff.; *Tipke*/Kruse, FGO, § 90 Tz. 1.
85 S. *K. Tipke,* StuW 93, 213, 218.
86 BVerfGE 55, 1, 6; s. im einzelnen *Tipke*/Kruse, FGO, § 96 Tz. 22 ff.
87 Dazu *F. Gräber,* DStZ 80, 443 ff.; *H. J. Hegelau,* Das Recht auf Akteneinsicht in Steuer- und Steuerstrafsachen, Bonn 1987.
88 Dazu allg. *P. Höffmann,* Die Grenzen der Parteiöffentlichkeit, insbesondere beim Sachverständigenbeweis, Diss. Bonn 1989.

2. Beiladung (§§ 60, 60a FGO)

169 Die Beiladung bezweckt, Dritte, denen gegenüber die Entscheidung zweckmäßiger- oder notwendigerweise bindend sein soll oder muß, am Prozeß zu beteiligen[89]. Indem die **Rechtskraft** der gerichtlichen Entscheidung sich auf die Beigeladenen *erstreckt,* werden widersprüchliche Entscheidungen und Verfahrensvermehrungen in prozeßökonomischer Weise vermieden. § 60 FGO unterscheidet dabei zwischen *notwendiger* Beiladung (§ 60 III FGO) und *einfacher* Beiladung (§ 60 I FGO).

170 **Notwendig** beizuladen ist ein Dritter, wenn die Entscheidung auch ihm gegenüber *nur einheitlich* ergehen kann (§ 60 III 1 FGO). Darunter fällt insb. die einheitlich und gesonderte Feststellung von Einkünften (§§ 179 II 2, 180 I Nr. 2a AO) mit der Einschränkung, daß nur derjenige Beteiligte notwendig beizuladen ist, der nach § 48 FGO klagebefugt wäre (§ 60 III 2 FGO)[90].

Ein vereinfachtes Verfahren der notwendigen Beiladung ermöglichst der seit dem 1. 1. 93 geltende § 60a FGO bei mehr als 50 Beteiligten (Publikumsgesellschaften).

171 Eine *fakultative* (**einfache**) Beiladung sieht § 60 I FGO bei nicht notwendig beizuladenden Personen vor, deren rechtliche Interessen durch die Entscheidung berührt werden.

172 Durch die Beiladung wird der Dritte **Beteiligter** (§ 57 Nr. 3 FGO). Im Unterschied zu einem Streitgenossen (§ 59 FGO) steht er jedoch den Hauptbeteiligten nicht gleich. So kann er nicht verhindern, daß der Kläger die Klage zurücknimmt oder die Hauptsache für erledigt erklärt. Von dem Kläger abweichende Sachanträge kann nur der notwendig Beigeladene stellen (§ 60 VI 2 FGO).

173 Unterbleibt eine *notwendige* Beiladung, so liegt ein **Verfahrensfehler** i. S. d. § 115 II Nr. 3 FGO vor.

3. Sachaufklärung und Entscheidungsfindung durch das Gericht

3.1 Überblick über die Stationen der Sachaufklärung

174 Die finanzgerichtliche Sachaufklärung verläuft in **drei Phasen.** In einer *ersten* Phase sammelt das Gericht den Prozeßstoff anhand der Klageschrift (§ 65 I FGO) und der Stellungnahme der beklagten Finanzbehörde einschließlich der von dieser übersandten Akten (s. §§ 71, 77 FGO). In einer *zweiten* Phase bereitet der Vorsitzende oder der Berichterstatter die mündliche Verhandlung vor, indem er nach §§ 79–79b FGO alle Anordnungen trifft, die notwendig sind, um den Rechtsstreit möglichst in *einer* mündlichen Verhandlung zu erledigen[91]. Diese ersten beiden Phasen können als *vorbereitende Sachaufklärungsmaßnahmen* bezeichnet werden[92]. Hieran schließt sich – soweit noch erforderlich – in einer *dritten* Phase die *Beweiserhebung* (§§ 81 ff. FGO) an.

3.2 Vorbereitende Sachaufklärung

175 Die vorbereitende Sachaufklärung bezweckt, den Rechtsstreit entweder in *einem Erörterungstermin* (§ 79 I 2 Nr. 1 FGO) oder durch Gerichtsbescheid (§§ 79a II, 90a I FGO) oder möglichst in *einer* mündlichen Verhandlung (§ 90 I FGO) zu erledigen (sog. **Konzentrationsmaxime,** s. § 79 I FGO).

176 Durch den **Schriftsatzaustausch** (§§ 65 I, 71, 77 FGO) klärt sich für das Gericht, was zwischen den Beteiligten in *tatsächlicher Hinsicht* umstritten ist und welche (divergierenden) *Rechtsauffassungen* bestehen. An das Vorbringen der Beteiligten ist das Gericht aufgrund der Geltung des Untersuchungsgrundsatzes nicht gebunden (§ 76 I 5 FGO). Soweit der Sachverhalt zwischen den Beteilig-

89 *Tipke*/Kruse, FGO, § 60 Tz. 1.
90 Dazu im einzelnen *Tipke*/Kruse, FGO, § 60 Tz. 6; *H.-R. Koch,* Gräber, FGO[3], § 60 Rz. 48 ff.
91 Ist die Rechtssache bereits in einem frühen Stadium auf den Einzelrichter nach § 6 FGO übertragen worden, so trifft der Einzelrichter als Spruchkörper die vorbereitenden Maßnahmen.
92 Vgl. *R. Seer* (Fn. 78), 56 f.

ten unbestritten ist, ist das Gericht zur weiteren Nachforschung freilich nur verpflichtet, wenn aufgrund des Akteninhalts oder sonstiger Anhaltspunkte Veranlassung dazu besteht.

Nach § 79 I 1 FGO kann der Vorsitzende oder der Berichterstatter daraufhin alle Anordnungen treffen, die zur Erledigung des Rechtsstreits notwendig sind. Dazu zählt § 79 I 2 FGO (ebenso wie § 87 I 2 VwGO) einen beispielhaften Katalog von **vorbereitenden Maßnahmen** auf. Ein wichtiges prozeßförderndes Mittel ist der sog. *Erörterungstermin* (§ 79 I 2 Nrn. 1, 5 FGO)[93], der nicht nur an Gerichtsstelle, sondern auch vor Ort – z. B. in einem Finanzamt – abgehalten werden *kann.* Die mündliche Erörterung der Sach- und Rechtslage mit den Beteiligten führt sehr häufig zu einer *gütlichen Beilegung* des Rechtsstreits, indem sich die Finanzbehörde zur Änderung des angefochtenen Bescheids und der Kläger zur Klagerücknahme verpflichten. Der Vorsitzende/Berichterstatter kann zudem von den Beteiligten und anderen Personen Auskünfte (§ 79 I 2 Nrn. 2, 3 FGO) und die Vorlage von Urkunden (§ 79 I 2 Nrn. 2, 4 FGO) verlangen und Zeugen bzw. Sachverständige zur mündlichen Verhandlung laden (§ 79 I 2 Nr. 6 FGO). Die Auskunftseinholung ist dabei noch keine Beweiserhebung i. S. d. § 81 I FGO (Zeugenbeweis, Beteiligtenvernehmung), sondern nur vorbereitender Natur. 177

§ 79b FGO[94] (ebenso § 87b VwGO) sieht in Anlehnung an § 296 ZPO die Möglichkeit vor, den Beteiligten für die Auskunft und Urkundenvorlage zur *Beschleunigung und Konzentration* des Verfahrens **Fristen** zu setzen und ein *verspätetes Vorbringen zurückzuweisen* (sog. **Präklusion**). Die Möglichkeit der Zurückverweisung hat das sog. Grenzpendlergesetz v. 24. 6. 94, BGBl. I 94, 1395 ff., auf verspätetes Vorbringen im außergerichtlichen Einspruchsverfahren erweitert (§ 76 III FGO n. F. i. V. m. § 364b AO n. F., s. Rz. 26). 178

Kann der Rechtsstreit noch im Stadium des vorbereitenden Verfahrens erledigt werden, dann trifft zur Verfahrensvereinfachung nicht der Senat, sondern der Vorsitzende bzw. der Berichterstatter die erforderlichen Nebenentscheidungen (§ 79a I Nrn. 1–5, IV FGO)[95]. In einfach gelagerten (geeigneten) Fällen oder wenn eine Ausschlußfrist (z. B. § 65 II 2 FGO) ohne zureichenden Grund unbeachtet geblieben ist, kann der Vorsitzende/Berichterstatter den Rechtsstreit sogar in der Hauptsache ohne mündliche Verhandlung durch **Gerichtsbescheid** (§§ 79a II 1, 90a I FGO) entscheiden[96]. Als Rechtsbehelf kann hiergegen binnen eines Monates nach Zustellung des Gerichtsbescheides nur ein *Antrag auf mündliche Verhandlung* (vor dem Senat) gestellt werden (§ 79a II 2 FGO)[97]. 179

3.3 Beweiserhebung

Im Gegensatz zur vorbereitenden Sachaufklärung (§ 79 I FGO) erfolgt die Beweisaufnahme grundsätzlich nicht durch einen einzelnen Richter, sondern durch das Kollegialgericht gem. § 81 I 1 FGO im Rahmen der mündlichen Verhandlung[98]. 180

In geeigneten Fällen kann nunmehr[99] der Vorsitzende oder der Berichterstatter *schon vor der* mündlichen Verhandlung einzelne Beweise erheben, ohne daß es eines Senatsbeschlusses bedürfte (s. § 79 III 1 FGO). Als *geeigneten* Fall sieht es § 79 III 2 FGO an, wenn dies zur Vereinfachung der Verhandlung vor dem Gericht sachdienlich und von vornherein anzunehmen ist, daß das Gericht das Beweisergebnis *auch ohne unmittelbaren Eindruck* von dem Verlauf der Beweisaufnahme (zum Unmittelbarkeitsgrundsatz s. Rz. 185) sachgemäß zu würdigen vermag. Die in diesen Fällen schon bisher bestehende Möglichkeit der Übertragung der Beweiserhebung auf den sog. *beauftragten* Richter (§ 81 II Alt. 1 FGO) wird damit praktisch gegenstandslos. 181

93 Dazu näher *F. Wassermeyer,* DStZ 85, 159 ff.

94 Eingeführt durch das FGO-Änderungsgesetz (Fn. 7), ersetzt die bisherige Regelung des Art. 3 § 3 VGFGEntlG.

95 Die gegenüber dieser Regelung vom FG Rheinland-Pfalz EFG 93, 807 f., erhobenen verfassungsrechtlichen Bedenken greifen u. E. nicht durch.

96 Der voraussetzungslos gefaßte § 79a II FGO ist mißverständlich; klärend insoweit BT-Drucks. 12/1061, 16 f.; außerdem *Tipke*/Kruse, FGO, § 79a Tz. 3.

97 S. BFH BStBl. 94, 118 f.

98 Ist der Rechtsstreit nach § 6 FGO vom Senat auf den Einzelrichter zur Entscheidung übertragen worden, so führt naturgemäß der Einzelrichter die Beweiserhebung durch.

99 Seit Inkrafttreten des FGO-Änderungsgesetzes v. 21. 12. 1992 (Fn. 7) zum 1. 1. 1993.

182 Das Finanzgericht darf nur über die Tatsachen Beweis erheben, die *entscheidungserheblich* sind. Ob eine Tatsache entscheidungserheblich ist, hat es im Wege einer rechtlichen Subsumtion, der sog. **Schlüssigkeitsprüfung,** zu klären. Dabei prüft das Gericht die Rechtslage, wie sie sich bei Vorliegen der ggf. aufklärungsbedürftigen Tatsache ergeben würde. Nur wenn sich herausstellen sollte, daß der Ausgang des Rechtsstreits bei Vorliegen der Tatsache anders ausfallen würde als bei Nichtvorliegen der Tatsache, hat das Gericht den Beweis zu erheben.

183 Resultat der Schlüssigkeitsprüfung ist die Formulierung einer *konkreten Beweisfrage*. Sie mündet in einen **förmlichen Beweisbeschluß** (§§ 82 FGO, 358 ff. ZPO), der der eigentlichen Beweisaufnahme vorangeht[100]. In dem Beweisbeschluß sind die beweisbedürftigen Tatsachen und die Beweismittel konkret zu benennen (§§ 82 FGO, 359 Nrn. 1, 2 ZPO).

184 Als **Beweismittel** kommen insbesondere in Betracht (§ 81 I 2 FGO):

a) Zeugenbeweis (§ 82 FGO i. V. m. §§ 373 ff. ZPO, §§ 83–85 FGO, § 76 I 4 FGO i. V. m. § 93 III 2 AO);

b) Sachverständigenbeweis (§ 82 FGO i. V. m. §§ 402 ff. ZPO, §§ 83, 88 FGO, § 76 I 4 FGO i. V. m. § 99 AO);

c) Beteiligtenvernehmung (§§ 82 FGO i. V. m. §§ 450 ff. ZPO, § 83 FGO, § 76 I 4 FGO i. V. m. § 93 III 2 AO);

d) Urkundenbeweis (§§ 76 I 4, 85 S. 2 FGO i. V. m. § 97 I, III AO, §§ 86, 89 FGO);

e) Augenscheinsbeweis (§ 82 FGO i. V. m. §§ 371, 372 ZPO, §§ 76 I 4, 85 S. 2 FGO i. V. m. §§ 99, 100 AO).

Die umfangreichen Verweisungen sowohl auf die ZPO als auch auf die AO[101] erschweren den Überblick im Beweismittelrecht ganz beträchtlich und sollten zugunsten einer einheitlichen Regelung innerhalb der FGO aufgegeben werden.

185 Die *Beweisaufnahme* selbst unterliegt den Regeln des sog. *Strengbeweises,* d. h. es gilt insb. der Grundsatz der **Unmittelbarkeit der Beweisaufnahme**[102]. Das in § 81 I 1 FGO verankerte Prinzip der **formellen** Unmittelbarkeit fordert, daß der entscheidende Spruchkörper des Gerichts unter persönlicher Anwesenheit *aller* seiner Mitglieder die erforderlichen Beweise zu erheben hat. Das formelle Unmittelbarkeitsprinzip statuiert damit ein Verbot, gewissermaßen durch Auge oder Ohr eines Vertreters Kenntnis von den Beweisen zu erlangen.

186 Die in §§ 81 II, 79 III FGO statuierten *Ausnahmen* von dem formellen Unmittelbarkeitsprinzip stehen unter der Prämisse, daß von vornherein anzunehmen ist, daß die Beweisaufnahme durch ein einzelnes Mitglied des Senats (§§ 81 II Alt. 1, 79 III FGO) oder durch ein anderes Gericht (sog. *ersuchter* Richter, § 81 II Alt. 2 FGO) die Zuverlässigkeit der Sachaufklärung nicht beeinträchtigt (s. § 79 III 2 FGO).

187 Der Unmittelbarkeitsgrundsatz besitzt neben dem formellen auch einen **materiellen** Inhalt[103]. Nach ihm hat das Gericht von mehreren möglichen Beweismitteln dasjenige heranzuziehen, welches das tat-, sach- oder beweisthemanächste ist (*Prinzip des bestmöglichen Beweises*). Der materielle Unmittelbarkeitsgrundsatz verbietet es etwa, ohne Einverständnis der Beteiligten *anstelle* des (unmittelbaren) Zeugenbeweises einen (mittelbaren) Urkundenbeweis durch Einführung von polizeilichen, straf- oder familiengerichtlichen Vernehmungsprotokollen zu erheben[104].

100 Ein förmlicher Beweisbeschluß ist nur entbehrlich, wenn die Beweisaufnahme *sogleich* in der mündlichen Verhandlung durchgeführt werden kann, weil das Beweismittel *präsent* ist.

101 Zum Verhältnis der Verweisungen zueinander s. *R. Seer* (Fn. 78), 54 ff.

102 Zur Geltung des Unmittelbarkeitsgrundsatzes im Finanzgerichtsprozeß s. *G. Grube,* DStR 72, 522 ff.; *R. Seer* (Fn. 78), 207 ff.; *R. Rüsken,* BB 94, 761, 764 ff.

103 Dazu *R. Seer* (Fn. 78), 212 ff.

104 S. BFH BStBl. 72, 399, 400; 78, 311, 312; 85, 305, 306; 91, 806, 807 f.; *R. Rüsken,* BB 94, 761, 764 ff.

3.4 Beweiswürdigung[105]

188 Das Gericht entscheidet nach seiner **freien,** aus dem *Gesamtergebnis* des Verfahrens gewonnenen **Überzeugung** (§ 96 I 1, Hs. 1 FGO). Zum Gesamtergebnis gehört nicht nur die Beweisaufnahme, sondern auch die Stellungnahme der Beteiligten. Nur *erhobene* Beweise dürfen gewürdigt werden. Eine *vorweggenommene* Beweiswürdigung ist *unzulässig.* Ein Beweisantrag darf deshalb nicht mit der Begründung abgelehnt werden, daß die benannten Zeugen die Tatsachen (vermutlich) nicht bekunden würden oder unglaubwürdig seien. Ein Beweismittel darf vielmehr in Anlehnung an § 244 III–V StPO nur in bestimmten Fällen abgelehnt werden[106], z. B.

- wenn die Tatsache, die bewiesen werden soll, für die Entscheidung *unerheblich* ist, d. h. wenn es auf die Beweistatsache gar nicht ankommt;
- wenn das Beweismittel *unzulässig* ist. Bsp.: Tatsachen, die lt. Gesetz nur durch eine schriftliche Urkunde nachgewiesen werden dürfen, können nicht durch Zeugen bewiesen werden (so in §§ 4 V Nr. 2 S. 2, 10g II, 33b VII EStG, 65 EStDV).

189 *Freie* Beweiswürdigung[107] heißt: Es bestehen keine festen Regeln der Beweiswürdigung, etwa dahin, daß drei Zeugen, die a sagen, glaubwürdiger seien als (nur) zwei Zeugen, die b sagen. Andererseits bedeutet freie Beweiswürdigung auch *nicht Willkür.* Vielmehr sind bei der Beweiswürdigung die allgemeine Lebenserfahrung, die allgemeinen Denkgesetze sowie die speziellen Erfahrungsgesetze (Regeln der besonderen Sach- und Fachkunde) zu beachten; letztere müssen unter Umständen mit Hilfe von Sachverständigen ermittelt werden.

190 Ein Sachverhalt ist **erwiesen,** wenn er sich mit *an Sicherheit grenzender Wahrscheinlichkeit* feststellen läßt (s. § 22 Rz. 212). Soweit das Gesetz nur *Glaubhaftmachung* verlangt, genügt Sachverhaltsfeststellung mit überwiegender Wahrscheinlichkeit. Eine **Schätzung** (§ 162 AO) der Besteuerungsgrundlagen ist auch im Finanzgerichtsprozeß möglich (s. §§ 96 I 1, Hs. 2 FGO). Zur Schätzung s. § 22 Rz. 213 ff.

191 Kann eine Tatsache nicht erwiesen werden, so greifen die Regeln der Beweislosigkeit (*Regeln der* **objektiven Beweislast**) ein. Dazu bereits § 22 Rz. 222 f.

3.5 Aussetzung des Verfahrens (§ 74 FGO)

192 Hängt die Entscheidung vom Bestehen oder Nichtbestehen eines Rechtsverhältnisses ab, das sich in einem anderen gerichtlichen Verfahren im Streit befindet, dann kann das Finanzgericht den Rechtsstreit bis zur Erledigung des (*vorgreiflichen*) Rechtsstreits aussetzen (§ 74 FGO)[108]. Dieselbe Möglichkeit besteht, wenn das Rechtsverhältnis von einer noch ausstehenden behördlichen Entscheidung abhängt. Aus prozeßökonomischen Gründen läßt die Rspr. überdies die Aussetzung wegen solcher *Musterprozesse* zu, die vor dem *BVerfG* anhängig sind[109]. Dasselbe gilt für das außergerichtliche Rechtsbehelfsverfahren, wo die Finanzbehörde das Verfahren mit Zustimmung des Einspruchsführers *ruhen lassen* kann (so nunmehr ausdrücklich § 363 II AO n. F.).

4. Entscheidung des Gerichts

4.1 Entscheidungsinhalt

193 Ist eine *Anfechtungsklage* begründet, so hebt das Finanzgericht den angefochtenen Verwaltungsakt einschließlich der außergerichtlichen Rechtsbehelfsentscheidung (s. § 44 II

105 Dazu bereits § 22 Rz. 207 ff.
106 Ausf. *Tipke*/Kruse, FGO, § 81 Tz. 8.
107 Dazu *G. Walter,* Freie Beweiswürdigung, Habil., Tübingen 1979.
108 Ausf. dazu *A. Dabitz,* StVj 93, 108 ff.
109 BFH BStBl. 90, 986; 91, 641 f.; 92, 408, 410; 93, 240, 242; 93, 797, 798 f.

FGO) *ganz oder teilweise* auf (§ 100 I 1 Hs. 1 FGO: sog. **Kassation**). Die Finanzbehörde ist an die rechtliche Beurteilung und an die tatsächlichen Feststellungen des Gerichts gebunden (§ 100 I 1 Hs. 2 FGO) und kann nur insoweit einen neuen Verwaltungsakt erlassen, als dieser nicht im Widerspruch zu der gerichtlichen Entscheidung steht. Hat der Kläger gegen einen sog. *Geldverwaltungsakt* eine sog. *Abänderungsklage* (§ 40 I Alt. 1 Unteralt. 2 FGO, s. Rz. 74) erhoben, dann kann das Gericht den im Verwaltungsakt festgesetzten oder festgestellten Betrag *selbst ändern* (§ 100 II 1 FGO: sog. **Reformation**). Erfordert die rechnerische Ermittlung des festzusetzenden Betrages einen größeren Aufwand, so kann sich das Gericht auch darauf beschränken, den Rechenvorgang der Finanzbehörde zu überlassen und ihr nur die zu ändernden Besteuerungsgrundlagen mitzuteilen (§ 100 II 2 FGO)[110].

194 In Ausnahmefällen darf das Gericht den angefochtenen Verwaltungsakt und die außergerichtliche Rechtsbehelfsentscheidung aufheben, ohne in der Sache selbst zu entscheiden (§ 100 III 1 FGO). Es handelt sich um Fälle, in denen das Finanzamt umfangreiche Sachverhalte unter Verletzung seiner Ermittlungspflicht (§ 88 AO, s. § 22 Rz. 3 ff.) nicht oder nur sehr unzureichend aufgeklärt hat. Die Finanzgerichte sollen als Rechtsschutzinstanz die Verwaltungstätigkeit *überprüfen* und diese nicht anstelle der Finanzbehörden erstmals selbst durchführen. Die durch das FGO-Änderungsgesetz eingeführte Regelung ist jedoch mißglückt, weil sie ihren wesentlichen Anwendungsfall, die Schätzung wegen Nichtabgabe einer Steuererklärung, von der Kassation ohne Selbstentscheidung wieder ausnimmt (§ 100 III 2 FGO)[111]. Hier besteht aber nunmehr unter den Voraussetzungen des § 79b III FGO die Möglichkeit der Zurückverweisung des Vorbringens als verspätet (s. §§ 76 III FGO n. F., 364b AO n. F., s. oben Rz. 26, 178).

195 *Ermessens*verwaltungsakte darf das Gericht nur daraufhin überprüfen, ob die Finanzbehörde die gesetzlichen Grenzen des Ermessens überschritten oder von dem Ermessen in einer dem Zweck der Ermächtigung nicht entsprechenden Weise Gebrauch gemacht hat (s. §§ 102 FGO, 5 AO). Über Ermessensüberschreitung und -fehlgebrauch s. § 5 Rz. 119.

196 Ist eine *Verpflichtungsklage* erfolgreich, so verpflichtet das Finanzgericht die Finanzbehörde, den begehrten Verwaltungsakt zu erlassen, wenn die Sache spruchreif ist (§ 101 S. 1 FGO). An der Spruchreife fehlt es insb. bei *Ermessens*verwaltungsakten (s. § 102 FGO, anders im Falle der Ermessensreduzierung auf Null). In diesen Fällen spricht das Gericht gegenüber der Finanzbehörde die Verpflichtung aus, den Kläger unter Beachtung der Rechtsauffassung des Gerichts zu bescheiden (§ 101 S. 2 FGO: sog. **Bescheidungsurteil**).

197 Der Inhalt einer Entscheidung über eine *sonstige (allgemeine) Leistungsklage* (§ 40 I Alt. 3 FGO) oder eine *Feststellungsklage* (§ 41 FGO) ist gesetzlich nicht geregelt und richtet sich von Fall zu Fall nach dem konkreten Klagebegehren.

4.2 Entscheidungsformen

198 Die Entscheidung über Klagen erfolgt entweder durch **Urteil** (§ 95 FGO) oder durch **Gerichtsbescheid** (§§ 90a, 79a II FGO)[112]. Beide Entscheidungsformen unterscheiden sich wesentlich dadurch, daß das Urteil grundsätzlich auf einer mündlichen Verhandlung basiert (§ 90 I FGO), der Gerichtsbescheid dagegen nicht (§ 90a I FGO). Nach Spruchkörper differenziert, ergeben sich folgende Möglichkeiten für die Entscheidung über eine Klage:

---

110 Vgl. *J. Martens*, StVj 93, 32, 40.

111 Zum Problem umfangreicher finanzgerichtlicher Buchprüfungen bei Schätzungsbescheiden s. *R. Seer* (Fn. 78), 40 ff., 80 ff.

112 Der Gerichtsbescheid ist mit dem FGO-Änderungsgesetz (Fn. 7) zum 1. 1. 1993 eingeführt worden und ersetzt den früheren Vorbescheid.

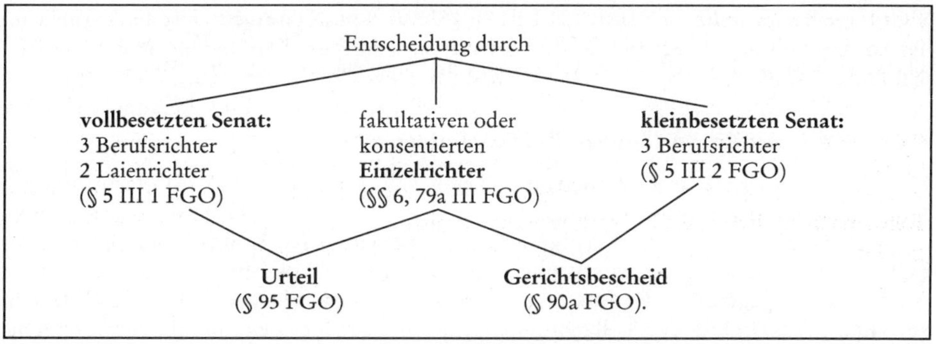

Die Form von Urteilen und Gerichtsbescheiden ist in § 105 FGO (i. V. m. § 106 FGO) geregelt. 199
Tatbestand und Entscheidungsgründe müssen spätestens fünf Monate nach der Entscheidungsverkündung schriftlich niedergelegt, von den Richtern besonders unterschrieben und der Geschäftsstelle übergeben worden sein[113]. Von der Darstellung der Entscheidungsgründe kann das Gericht absehen, wenn es der Begründung der Finanzbehörde folgt und dies in seiner Entscheidung feststellt (§ 105 V FGO)[114].

Eine Entscheidung des Gerichts in der Hauptsache erübrigt sich, 200

- wenn der Kläger die Klage zuvor **zurücknimmt.** Die Zurücknahme ist allerdings auch noch nach Ergehen des Urteils oder Gerichtsbescheides bis zum Eintritt der Rechtskraft mit Zustimmung des Beklagten möglich (§ 72 I FGO);
- wenn sich die Hauptsache zuvor **erledigt** hat, insb. wenn während des Verfahrens dem Antrag des Klägers durch Aufhebung oder Änderung des angefochtenen Verwaltungsakts von der Behörde stattgegeben worden ist (s. § 138 FGO, dazu Rz. 262)[115]. Wird mit dem Änderungsbescheid dem Klagebegehren nicht voll entsprochen, so ist § 68 FGO zu beachten[116]. Eine *übereinstimmende Erledigungserklärung* von Kläger und Beklagten beendigt (konstitutiv) die Rechtshängigkeit der Klage unabhängig davon, ob der Rechtsstreit tatsächlich erledigt ist[117].

Das Gericht hat in den genannten Fällen nur noch über die Kosten des Verfahrens zu entscheiden (§§ 135 ff., insb. § 138 FGO, dazu unten Rz. 258 ff.).

Einstweilen frei. 201–209

V. Vorläufiger Rechtsschutz

Literatur: *V. Dietz,* Die Voraussetzungen der gerichtlichen Vollziehungsaussetzung nach § 69 FGO, Diss. München 1971; *L. Schwarz,* Zwei Wege zur Aussetzung der Vollziehung im Steuerrecht: § 242 AO, § 69 FGO, Diss. Würzburg 1976; *H.-J. Papier,* Einstweiliger Rechtsschutz bei Abgaben, StuW 78, 332; *F. W. Roggan,* Der vorläufige Rechtsschutz gegen Feststellungs- und Folgebescheide, Diss. Göttingen 1981; *K. Finkelnburg/K. P. Jank,* Vorläufiger Rechtsschutz im Verwaltungsstreitverfahren[3], München 1986; *H.J. Kanzler,* Strukturfragen des einstweiligen Rechtsschutzes im finanzgerichtlichen Verfahren, StStud 88, 296; *F. Schoch,* Vorläufiger Rechtsschutz und Risikoverteilung im Verwaltungsrecht, Habil. Kiel, Heidelberg 1988; *ders.,* Grundfragen des verwaltungsgerichtlichen vorläufigen Rechtsschutzes, VerwArch. Bd. 82 (1991), 145; *D. Carl,*

113 So nunmehr GmSOGB, NJW 93, 2603 ff., in Auslegung des § 115 IV 3 VwGO.
114 Dazu BFH BStBl. 92, 1043: Die Bezugnahme setzt voraus, daß die außergerichtliche Rechtsbehelfsentscheidung selbst eine ausreichende Begründung enthält.
115 Dazu *D. Prömse,* Die Erledigung der Hauptsache im Verfahren nach der Finanzgerichtsordnung, Diss. Köln 1973.
116 Dazu BFH GrS BStBl. 72, 219 ff.; 73, 231 ff.; kritisch *Tipke*/Kruse, FGO, zu § 68; ausf. zur Neufassung des § 68 FGO durch das FGO-ÄndG 1993 s. *R. v. Groll,* DStR 94, 117 ff., 158 ff.
117 BFH BStBl. 68, 413 f.; 68, 742 f.; BFH/NV 91, 107; *G. Geist,* Tipke/Kruse, FGO, § 138 Tz. 30.

Vorläufiger Rechtsschutz im Steuerrecht, DB 91, 2615; *F. Busse,* Die Aussetzung der Vollziehung im Abgabenrecht, Diss. Regensburg 1991; *J. Rengers,* Vorläufiger Rechtsschutz gegen Steuerbescheide nach „freiwilliger" Zahlung, Aufrechnung und Steueranrechnung, Diss. Münster 1994.

1. Zweigleisigkeit des vorläufigen Rechtsschutzes

210 Das Gebot eines **wirksamen (effektiven) Rechtsschutzes** (Art. 19 IV GG) erfordert die Möglichkeit eines vorläufigen Rechtsschutzes[118]. Dazu stellt die FGO zwei *sich gegenseitig ausschließende* Wege zur Verfügung: die **Aussetzung der Vollziehung** (§ 69 II, III FGO) und den Erlaß einer **einstweiligen Anordnung** (§ 114 I FGO). Die einstweilige Anordnung ist gegenüber der Aussetzung der Vollziehung *subsidiär* (§ 114 V FGO). Die vorrangige Aussetzung der Vollziehung kommt in Betracht, wenn die Rechtsverletzung durch einen *vollziehbaren Verwaltungsakt* erfolgt und der *Suspensiveffekt* (dazu Rz. 28) des außergerichtlichen oder gerichtlichen Rechtsbehelfs *hergestellt* werden soll. Aussetzung der Vollziehung und einstweilige Anordnung sind beides **Nebenverfahren,** die sich für ihre Abgrenzung nach den jeweiligen Hauptsacheverfahren richten:

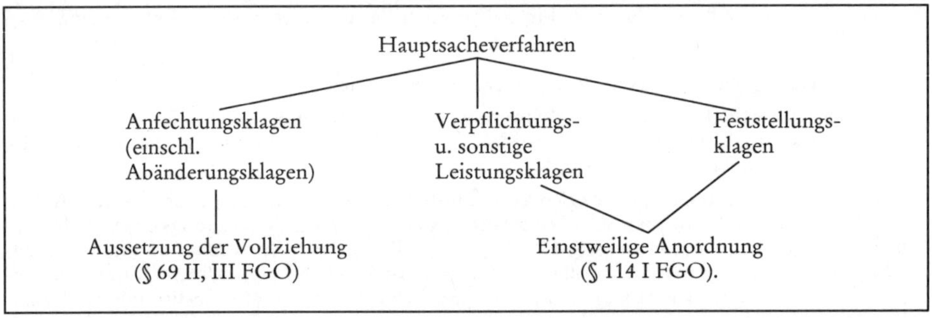

211 Von dieser **Konnexität** zwischen Klageart und vorläufigem Rechtsschutz macht die Rspr. im Wege richterlicher Rechtsfortbildung eine Ausnahme, soweit vorläufiger Rechtsschutz gegenüber einem *negativen Feststellungsbescheid* begehrt wird, der die einheitlich und gesonderte Feststellung von Einkünften ablehnt. Während in der Hauptsache eine Verpflichtungsklage statthaft ist, soll der vorläufige Rechtsschutz im Wege der Aussetzung der Vollziehung gewährt werden. Damit versucht die Rspr., zur Vermeidung von Wertungswidersprüchen diese Fälle dem restriktiven Anwendungsbereich der einstweiligen Anordnung (dazu Rz. 225 ff.) zu entziehen[119].

212 Wegen ihrer Eilbedürftigkeit sind die Verfahren des vorläufigen Rechtsschutzes **summarische Verfahren.** Dies bedeutet, daß sich der Prozeßstoff in tatsächlicher Hinsicht auf die sog. *präsenten Beweismittel* beschränkt und die entscheidungserheblichen Tatsachen vom Antragsteller lediglich *glaubhaft zu machen* sind (s. §§ 114 III, 115 FGO i. V. m. §§ 920 II, 294 ZPO). Dagegen darf die *rechtliche* Prüfung nicht in dem Sinne „summarisch" sein, daß sie nur oberflächlich erfolgt. Ob die rechtlichen Voraussetzungen für die Gewährung vorläufigen Rechtsschutzes vorliegen, ist vielmehr eindeutig festzustellen[120].

2. Aussetzung der Vollziehung

213 Weder durch Einlegung des außergerichtlichen Rechtsbehelfs (Einspruch, Beschwerde) noch durch Erhebung der Klage wird die Vollziehung des angefochtenen Verwaltungsakts grundsätzlich gehemmt (§§ 361 I AO, 69 I FGO, s. Rz. 28). Um den **Suspensivef-**

118 BVerfGE 46, 166, 178 f.; 65, 1, 70 f.; 79, 69, 74.
119 BFH GrS BStBl. 87, 637, 639 ff.; ausf. und krit. *F. Busse,* 127 ff.
120 Zutr. *H.-R. Koch,* Gräber, FGO[3], § 69 Rz. 107.

fekt in vollem Umfang **herzustellen,** kann der Rechtsbehelfsführer bzw. Kläger Aussetzung der Vollziehung beantragen (§§ 361 II 2 AO, 69 II 2, III FGO). Voraussetzung hierfür ist, daß ein vollziehbarer Verwaltungsakt angefochten wird. *Vollziehung* ist nicht nur die Erhebung oder Beitreibung (Vollstreckung), sondern *jeglicher Gebrauch der Wirkungen* eines Verwaltungsakts, *jede Verwirklichung des Inhalts* der behördlichen Maßnahme[121]. Vollziehbar ist deshalb auch ein *Grundlagenbescheid* (s. § 69 II 4, 5 FGO).

Nicht vollziehbar sind grundsätzlich Verwaltungsakte, die sich in einer *Negation* erschöpfen (z. B. *Ablehnung* von Stundung oder Erlaß). In diesen Fällen besteht das Mittel des vorläufigen Rechtsschutzes in einer einstweiligen Anordnung. Zur Ausnahme bei negativen Feststellungsbescheiden s. Rz. 211. 214

Der **Verfahrensweg** zur Aussetzung der Vollziehung gestaltet sich seit Inkrafttreten des FGO-Änderungsgesetzes vom 21. 12. 1992 zum 1. 1. 1993 wie folgt: 215

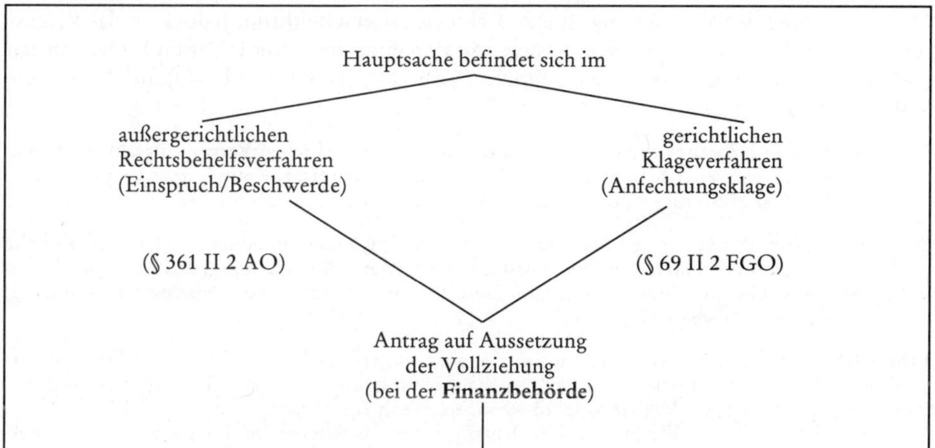

121 *Tipke*/Kruse, FGO, § 69 FGO Tz. 4.

216 Unabhängig davon, in welchem Stadium sich das Hauptsacheverfahren befindet, ist ein gerichtlicher Aussetzungsantrag grundsätzlich *nur zulässig*, wenn die Finanzbehörde *zuvor* einen entsprechenden Aussetzungsantrag (§§ 361 II 2 AO, 69 II 2 FGO) abgelehnt hat (§ 69 IV 1 FGO). Liegt die Ablehnung im Zeitpunkt der Antragstellung bei Gericht nicht vor, so ist der Antrag ohne weiteres als unzulässig abzuweisen[122]. Im Interesse eines effektiven Rechtsschutzes (Art. 19 IV GG) kann der Antrag ausnahmsweise jedoch auch ohne behördliche Ablehnung bei Gericht gestellt werden, wenn

217 (1) die Finanzbehörde über den Antrag ohne Mitteilung eines zureichenden Grundes in angemessener Frist sachlich nicht entschieden hat (§ 69 IV 2 Nr. 1 FGO); die Sechsmonatsfrist des § 46 I 2 FGO (dazu Rz. 107 f.) kann dabei für die Frage der Angemessenheit keinen Maßstab, sondern allenfalls die äußere Grenze bilden;

218 (2) die Vollstreckung droht (§ 69 IV 2 Nr. 2 FGO); sie droht nicht schon dann, wenn die Voraussetzungen des § 254 AO vorliegen; vielmehr muß das Finanzamt konkrete Vorbereitungshandlungen zur Vollstreckung getroffen haben, so daß es für den Steuerpflichtigen unzumutbar ist, noch einen Antrag an die Finanzbehörde zu stellen[123].

219 Die Aussetzung der Vollziehung ist eine **Ermessensentscheidung.** Jedoch ist das Ermessen eingeschränkt durch die generalisierende Regelung des § 69 II 2 FGO. Danach *soll* die Finanzbehörde bzw. das Finanzgericht (§ 69 II 2, III 1 Hs. 2 FGO) auf Antrag die Vollziehung aussetzen,

220 (1) wenn **ernstliche Zweifel an der Rechtmäßigkeit** des angefochtenen Verwaltungsakts bestehen: Sie liegen vor, wenn der Erfolg des Rechtsbehelfs in der Hauptsache mindestens so wahrscheinlich ist wie sein Mißerfolg[124]; dies ist nicht allein an der sog. h. M. zu messen;

221 (2) wenn die Vollziehung für den Betroffenen eine **unbillige,** nicht durch überwiegende öffentliche Interessen gebotene **Härte** zur Folge hätte. Dieser zweite Aussetzungsgrund ist in der Praxis unbedeutend und in seinem Anwendungsbereich (insb. in seiner Abgrenzung zur Stundung, dazu § 22 Rz. 314) wenig geklärt.

222 Ernstliche Zweifel können sich auch aus der **Verfassungswidrigkeit** der im konkreten Fall einschlägigen Rechtsnorm ergeben[125]. Trotz ernsthafter verfassungsrechtlicher Bedenken ist nach der Rspr. die Aussetzung der Vollziehung zu versagen, wenn schwerwiegende öffentliche Interessen (z. B. an einer geordneten öffentlichen Haushaltsführung) das Aussetzungsinteresse des Antragstellers überwiegen[126].

223 Ist der Verwaltungsakt bereits vollzogen, kann das Gericht die **Aufhebung der Vollziehung** (§ 69 III 3 FGO) anordnen. „Vollzogen" ist ein Verwaltungsakt auch dann, wenn aufgrund des Leistungsgebots im Steuer- und Vorauszahlungsbescheid „freiwillig", d. h. ohne Anwendung von Zwangsmitteln, gezahlt worden ist. Die Rspr. hat bisher die Aufhebung der Vollziehung bei Steuerbescheiden unzulässigerweise auf die Abschlußzahlung beschränkt und damit die Möglichkeit verneint, durch Aufhebung der Vollziehung eine (vorläufige) *Erstattung* von Vorauszahlungen und Steuerabzugsbeträgen zu bewirken[127]. Diese Rspr. führt zu dem grotesken Ergebnis, daß gesetzestreue Steuerschuldner „bestraft" werden[128]. Sie verkennt, daß mit seinem Erlaß der Jahressteuerbescheid und nicht mehr der Vorauszahlungsbescheid den Rechtsgrund für die Einbehaltung

---

122 Die h. M. versteht diese Voraussetzung – anders als das Vorverfahren in der Hauptsache (dazu Rz. 105) – nicht nur als Sachentscheidungs-, sondern sogar als *Zugangsvoraussetzung*, s. BFH BStBl. 80, 49; *Tipke*/Kruse, FGO, § 69 Tz. 16.

123 Dazu BFH BStBl. 85, 469 f.; 86, 236, 237 ff.

124 Vgl. BFH BStBl. 67, 182, 183 f.; 67, 533, 535; 68, 229; 87, 326, 327.

125 BVerfGE 12, 180, 186.

126 S. BFH BStBl. 88, 134, 136 f.; 91, 104, 105 f.; 92, 91, 92; s. dazu auch die Übungshausarbeit mit Musterlösung von *R. Seer*/*M. Klein*, StStud-Beilage 1/93.

127 BFH BStBl. 81, 35, 36 f.; 81, 767, 768 f.; 82, 657, 658 f.; 87, 179, 180; s. aber nunmehr den Vorlagebeschluß zum GrS, BStBl. 94, 38 ff.

128 Nach BFH BStBl. 81, 767, ist die Aussetzung der Vollziehung insoweit möglich, als festgesetzte und fällige Vorauszahlungsbeträge pflichtwidrig nicht abgeführt worden sind.

der Vorauszahlung bildet[129]. Ausgesetzt wird nicht die Vollziehung einer Abschlußforderung, sondern die Vollziehung (= das Gebrauchmachen, s. Rz. 213) des *festgesetzten Steuerbetrages.* Die Aussetzung/Aufhebung erfolgt deshalb unabhängig davon, ob Zahlungen geleistet oder Steuerabzugsbeträge einbehalten worden sind.

Die Aussetzung/Aufhebung der Vollziehung kann von einer Sicherheitsleistung abhängig gemacht werden (§ 69 II 3, III 3 FGO). Unterliegt der Antragsteller in der Hauptsache, dann ist die ausgesetzte Steuerschuld mit 0,5 % p. m. zu verzinsen (s. § 237 AO und oben § 22 Rz. 361). 224

3. Einstweilige Anordnung (§ 114 FGO)[130]

Eine einstweilige Anordnung kommt als komplementäres Instrument des vorläufigen Rechtsschutzes in den Fällen in Betracht, in denen die Aussetzung der Vollziehung unstatthaft ist (§ 114 V FGO). § 114 FGO ist ebenso wie § 123 VwGO der einstweiligen Verfügung (§§ 935, 940 ZPO) nachgebildet (s. § 114 III FGO). § 114 I FGO unterscheidet zwischen der sog. **Sicherungsanordnung** (§ 114 I 1 FGO) und der sog. **Regelungsanordnung** (§ 114 I 2 FGO). Die Anwendungsbereiche beider Anordnungsarten überschneiden sich, so daß ihre Unterscheidung eher verwirrt als erhellt und deshalb aufgegeben werden sollte. 225

Der Antrag auf Erlaß einer einstweiligen Anordnung ist nur erfolgreich, wenn der Antragsteller folgende *materiell-rechtlichen* Voraussetzungen glaubhaft machen kann (§§ 114 III FGO, 920 II, 294 ZPO):

(1) einen **Anordnungsanspruch;** er ist gleichbedeutend mit dem Recht oder dem Rechtsverhältnis, das im *Hauptsacheverfahren* Gegenstand des Klagebegehrens ist oder sein soll[131]; das Gericht prüft insoweit summarisch (dazu Rz. 212) die *Erfolgsaussichten in der Hauptsache;* 226

(2) einen **Anordnungsgrund.** Zusätzlich zu den Erfolgsaussichten muß ein Grund dafür vorliegen, daß das Hauptsacheverfahren nicht abgewartet werden kann. Es muß ein Individualrecht des Antragstellers gefährdet sein (§ 114 I 1 FGO) oder ein streitiges Rechtsverhältnis der vorläufigen Regelung bedürfen (§ 114 I 2 FGO). Nicht ausreichend sind Nachteile, die typischerweise mit der Steuerzahlungspflicht verbunden sind. **Beispiel** für einen Anordnungsgrund: Gefahr der Existenzvernichtung durch die Zwangsvollstreckung, Gefahr von Wettbewerbsnachteilen bei Auskunftserteilung gegenüber ausländischen Finanzbehörden. 227

Nach h. M. darf durch den Erlaß einer einstweiligen Anordnung die **Entscheidung im Hauptsacheverfahren** grundsätzlich **nicht vorweggenommen** werden[132]. Eine Ausnahme wird nur dann zugelassen, wenn die Versagung des vorläufigen Rechtsschutzes für den Antragsteller *unerträgliche (irreparable) Folgen* hätte. 228

An die Aussetzung der Vollziehung werden erheblich geringere Anforderungen gestellt als an die einstweilige Anordnung. Dies hat seine Ursache in dem (zusätzlichen) Erfordernis eines *Anordnungsgrundes,* der vom Antragsteller nur in selteneren Fällen glaubhaft gemacht werden kann. Dies erklärt das Bemühen der Rechtsprechung, den Anwendungsbereich der Aussetzung der Vollziehung zugunsten des Antragstellers auszudehnen (s. Rz. 211). Die Rspr. macht insoweit deutlich, daß ein erhebliches rechtspolitisches Bedürfnis nach Vereinheitlichung des vorläufigen Rechtsschutzes besteht[133]. 229

---

129 Zutr. *R. Hoffmann,* UStKongrBericht 1982/83, 189, 193 ff.; *R. v. Groll,* DStJG Bd. 9 (1986), 431, 455 ff.

130 Zu Einzelheiten s. Tipke/*Kruse,* FGO, zu § 114; *H.-R. Koch,* Gräber, FGO[3], zu § 114.

131 S. BFH BStBl. 71, 633, 634; 73, 123, 125; 84, 206, 208.

132 S. BFH BStBl. 80, 592; 84, 449, 450; 88, 67, 69; kritisch und ablehnend gegenüber dem Dogma des Vorwegnahmeverbots vor allem *F. Schoch,* Vorläufiger Rechtsschutz, 1402 ff.

133 Ebenso *F. Kopp,* ZRP 93, 457 ff.

VI. Rechtsmittel

Literatur: *H. Birkholz,* Die Revision im finanzgerichtlichen Verfahren[2], Stuttgart/Wiesbaden 1976; *G. Seeliger,* Die Revision im Steuerprozeß, Köln 1977; *Hermann,* Die Zulassung der Revision und die Nichtzulassungsbeschwerde im Steuerprozeß, Freiburg 1986; *F. Klein/R. Ruban,* Der Zugang zum Bundesfinanzhof, Heidelberg 1986; *B. Linnenbaum,* Probleme der Revisionszulassung wegen grundsätzlicher Bedeutung der Rechtssache, Bochum 1986; *P. Kummer,* Die Nichtzulassungsbeschwerde, Köln 1990; *R. Ruban,* Der Rechtsweg zum Bundesfinanzhof, StVj 91, 142; *M. Streck,* Der Steuerstreit[2], Köln 1994.

1. Überblick über das Rechtsmittelsystem

230 Als Rechtsmittel sieht die FGO **Revision** (§§ 115–127 FGO) und **Beschwerde** (§§ 128–132 FGO) zum Bundesfinanzhof vor. Die Revision richtet sich gegen Urteile und Gerichtsbescheide des Finanzgerichts (§§ 115 I, 90a II Nr. 1 FGO). Gegen andere finanzgerichtliche Entscheidungen (Beschlüsse) kommt die Beschwerde in Betracht (§ 128 I FGO). Nach Abschaffung der Streitwertrevision (§ 115 I Alt. 1 FGO) durch Art. 1 Nr. 5 BFH-EntlG[134] ist die Revision grundsätzlich *zulassungsabhängig* (§ 115 I Alt. 2, II FGO). Infolgedessen hat die *Nichtzulassungsbeschwerde* (§ 115 III FGO) als weiteres Rechtsmittel erheblich an Bedeutung zugenommen. In der Gerichtspraxis übertrifft ihre Zahl mittlerweile sogar die der Revisionen[135].

231 Wird in einem **Gerichtsbescheid** die Revision *nicht zugelassen,* dann hat der unterlegene Beteiligte ein *Wahlrecht,* anstelle der Nichtzulassungsbeschwerde zum BFH zunächst *mündliche Verhandlung* vor dem zur Entscheidung berufenen Spruchkörper des FG (vollbesetzter Senat oder Einzelrichter i. S. d. §§ 6, 79a III, IV FGO) zu beantragen (§ 90a II Nr. 2 FGO). Läßt das Finanzamt im Gerichtsbescheid dagegen die Revision zu, dann ist ein Antrag auf mündliche Verhandlung vor dem FG ausgeschlossen. Dies ist angesichts des Art. 6 I 2 MRK bedenklich, weil die Revision nur eine rechtliche, nicht aber eine tatsächliche Überprüfung eröffnet. Als einzige Tatsacheninstanz sollte das Finanzgericht deshalb von dem (ohne mündliche Verhandlung ergehenden) Gerichtsbescheid *keinen* Gebrauch machen, wenn zwischen den Beteiligten (auch) tatsächliche Umstände umstritten sind.

2. Revision

2.1 Zweck der Revision

232 Die Revision soll in erster Linie dem **Allgemeininteresse an der Fortbildung des Rechts und der Wahrung der Rechtseinheit** dienen. Daß dieser Zweck im Vordergrund steht, zeigt die erhebliche Beschränkung des Zugangs zum Bundesfinanzhof (Art. 1 Nr. 5 BFH-EntlG, § 115 I Alt. 2, II FGO) sowie die Eigenschaft der Revision als reine Rechtsinstanz (§ 118 II FGO)[136]. Daneben ermöglicht die Revision die *Verfahrensaufsicht* des Revisionsgerichts über die Instanzgerichte und dient damit zugleich dem *Beteiligteninteresse* an einer gerechten Entscheidung im Einzelfall.

2.2 Statthaftigkeit der Revision (§§ 115, 116 FGO)

233 Nicht jede durch Urteil oder Gerichtsbescheid ergehende Entscheidung des Finanzgerichts ist mit der Revision anfechtbar. Vielmehr können die Beteiligten nach Abschaffung

134 Die Geltung des BFH-EntlG ist durch Gesetz vom 20. 12. 1993, BGBl. I 93, 2236, bis zum 31. 12. 1996 verlängert worden.

135 Im Jahre 1992 wurden beim BFH lediglich 1228 Revisionen, aber 1525 Nichtzulassungsbeschwerden eingelegt, s. Jahresbericht des BFH für 1992.

136 Zutr. *R. Ruban,* Gräber, FGO[3], § 115 Rz. 1.

der Streitwertrevision (Art. 1 Nr. 5 BFH-EntlG) Revision nur in folgenden Fällen einlegen:

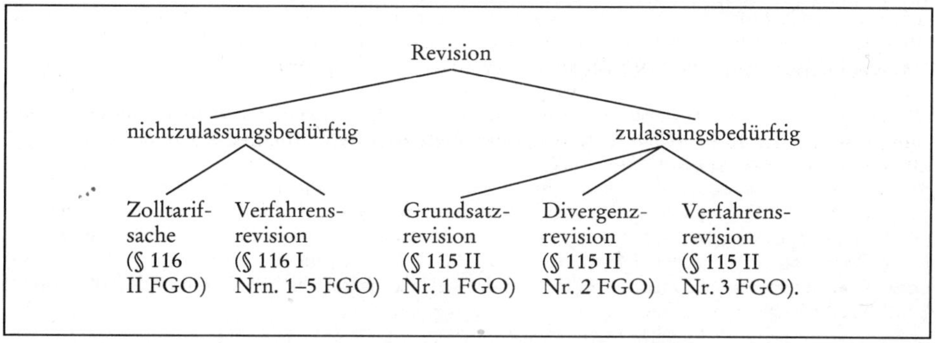

Da die Tatbestände der § 116 I Nr. 1–5 FGO nur selten erfüllt sind, ist die Revision 234
gegen ein Urteil oder einen Gerichtsbescheid in Steuersachen regelmäßig davon abhängig, daß das *Finanzgericht* sie *zuläßt* (§ 115 I Alt. 2 FGO). Dazu ist es in drei enumerativ aufgeführten Fällen verpflichtet:

(1) Die Rechtssache hat grundsätzliche Bedeutung (sog. **Grundsatzrevision,** § 115 II Nr. 1 FGO). 235
Die für die Beurteilung des Streitfalles maßgebliche Rechtsfrage muß das (abstrakte) Interesse der Allgemeinheit an der einheitlichen Entwicklung und Handhabung des Rechts berühren. Dazu muß die Rechtsfrage *klärungsbedürftig* (streitig, vom BFH noch nicht geklärt) *und* im Revisionsverfahren auch *klärbar* (für den Rechtsstreit entscheidungserheblich) sein.

(2) Die Entscheidung des FG *weicht* von einer Entscheidung des BFH *ab und beruht* auf dieser 236
Abweichung (sog. **Divergenzrevision,** § 115 II Nr. 2 FGO). Die Divergenzrevision ist ein qualifizierter Fall der Grundsatzrevision, in dem die grundsätzliche Bedeutung der Rechtssache unwiderlegbar vermutet wird. Eine Divergenz i. S. d. § 115 II Nr. 2 FGO liegt vor, wenn das FG einen, seine Entscheidung tragenden, abstrakten Rechtssatz aufgestellt hat, der von einem, ebenfalls tragenden, abstrakten Rechtssatz in einer Entscheidung des BFH abweicht[137]. Abweichungen durch sog. *obiter dicta* (beiläufige Bemerkungen) reichen damit nicht aus. Abweichungen gegenüber einer anderen Entscheidung eines FG begründen keine Divergenz-, sondern allenfalls eine Grundsatzrevision i. S. d. § 115 II Nr. 1 FGO.

(3) Die angefochtene Entscheidung *beruht* auf einem geltend gemachten Verfahrensmangel (**zulas-** 237
sungsbedürftige Verfahrensrevision, § 115 II Nr. 3 FGO). Verfahrensmängel sind Verstöße des Finanzgerichts gegen Vorschriften des *Gerichtsverfahrensrechts.* Nicht dazu gehören Verstöße gegen verfahrensrechtliche Vorschriften der AO. Die Zulassung der Revision wegen Verfahrensmängel wird regelmäßig erst auf eine Nichtzulassungsbeschwerde hin geprüft, da sich ein Finanzgericht des Verfahrensfehlers wohl kaum bereits bei Urteilserlaß bewußt sein wird. Die Zulassung nach § 115 II Nr. 3 FGO kann nur wegen solcher Verfahrensmängel beantragt werden, die *nicht* unter die *zulassungsfreie Verfahrensrevision* (§ 116 I FGO) fallen[138].

Beispiele: für Verfahrensmängel: Übergehen von Beweisanträgen, Verletzung des Rechts auf Gehör, Unterlassen notwendiger Beiladung, ungenügende Sachaufklärung, wenn sich dem Finanzgericht eine weitere Aufklärung aufdrängen mußte. Dagegen sind unrichtige Beweiswürdigung und Verstöße gegen Denk- oder Erfahrungssätze *materielle* Fehler, die nicht durch eine Verfahrensrevision gerügt werden können[139].

Verfahrensfehler, die nach §§ 155 FGO, 295 ZPO als *geheilt* anzusehen sind, begründen keine 238
Verfahrensrevision. Das Rügerecht geht hinsichtlich verzichtbarer Verfahrensvorschriften (dazu

137 BFH BStBl. 92, 671, 672.
138 BFH BStBl. 86, 679.
139 S. BFH BStBl. 88, 1022, 1024; 92, 671, 672.

gehören z. B.: Unmittelbarkeit der Beweisaufnahme, Beweisantragsrecht, Öffentlichkeit des Verfahrens) verloren, wenn der Rügeberechtigte in der auf den Verfahrensfehler folgenden mündlichen Verhandlung zur Sache verhandelt hat, ohne den Verfahrensfehler zu rügen.

2.3 Revisionsgründe (§ 118 FGO)

239 Die Revision kann nur darauf gestützt werden, daß die angefochtene Entscheidung auf der *Verletzung* (Nichtanwendung oder unrichtige Anwendung) von *Bundesrecht* (im Falle des § 33 I Nr. 4 FGO auch von Landesrecht) *beruhe* (§ 118 I FGO). Die Entscheidung beruht nicht auf einer Verletzung *materiellen* Rechts, wenn sie – aus anderen Gründen – im Ergebnis richtig ist (s. § 126 IV FGO). Dasselbe gilt bei einem fehlerhaften obiter dictum. Ist eine *formelle* Norm (Verfahrensnorm) verletzt, so muß die Verletzung für das Ergebnis der Entscheidung kausal sein. Diese Kausalität wird in den Fällen des § 119 FGO (nahezu gleichlautend mit § 116 I FGO) *unwiderlegbar vermutet.* Darunter fällt auch die Verletzung rechtlichen Gehörs (dazu Rz. 167 f., § 119 Nr. 3 FGO).

240 Der BFH ist als Revisionsinstanz **Rechtsinstanz,** *nicht Tatsacheninstanz.* Ihm dürfen keine neuen Tatsachen und Beweismittel vorgetragen werden. Anträge des sachlichen Rechts können nicht mehr gestellt, Wahlrechte nicht mehr ausgeübt werden. Der BFH ist an die *tatsächlichen Feststellungen des Finanzgerichts* gebunden (§ 118 II Hs. 1 FGO. Eine Ausnahme gilt, wenn die Sachverhaltsfeststellungen des FG aufgrund von *Verfahrensfehlern* zustande gekommen sind (§ 118 II Hs. 2 FGO).

2.4 Revisionsverfahren

241 Die Revision ist beim **Finanzgericht** (nicht beim Bundesfinanzhof!) **innerhalb eines Monats schriftlich** (telegrafisch genügt) einzulegen (d. h. auch: an das Finanzgericht zu adressieren) und spätestens **innerhalb eines weiteren Monats zu begründen** (§ 120 I 2 FGO). Die Frist für die Revisionsbegründung kann auf Antrag vom BFH-Senatsvorsitzenden verlängert werden (§ 120 I 2 FGO).

242 **Vertretungszwang:** Im Revisionsverfahren muß der Steuerpflichtige sich von einem Rechtsanwalt, Steuerberater oder Wirtschaftsprüfer vertreten lassen (Art. 1 Nr. 1 BFH-EntlG). Steuerbevollmächtigte, Steuerberatungs-/Wirtschaftsprüfungsgesellschaften und Lohnsteuerhilfevereine sind nicht vertretungsbefugt.

243 **Inhalt der Revision** (§ 120 II FGO): Die Revisionsschrift muß das *angefochtene Urteil* angeben. Die Revisionsschrift oder die Revisionsbegründungsschrift *muß* enthalten:

a) **einen bestimmten Antrag;**

b) **die Angabe der verletzten Rechtsnorm;** die Bezeichnung bestimmter Paragraphen ist nicht erforderlich. Für den Richter muß aber erkennbar sein, welche Norm der Revisionskläger für verletzt hält. So kann gerügt werden: Verletzung des Begriffs der Werbungskosten, Betriebsausgaben oder verdeckten Gewinnausschüttung. Sätze wie „gerügt wird die Verletzung materiellen Rechts", „das Finanzamt hat sich von falschen Schlüssen leiten lassen" oder „die Entscheidung des Finanzgerichts ist irrig, unrichtig, unhaltbar" reichen nicht aus.

c) **die Angabe der Tatsachen, die den Verfahrensmangel ergeben** (sofern ein solcher gerügt wird). Der fehlerhafte Verfahrensvorgang (z. B. Übergehen eines Beweisantrags, Verletzung des Rechts auf Gehör) ist genau zu beschreiben.

244 Für das Revisionsverfahren gelten die Vorschriften über das Verfahren im ersten Rechtszug sinngemäß, soweit sie dem Charakter der Revision als *Rechtsinstanz* nicht widersprechen (§ 121 S. 1 FGO). Im Gegensatz zum erstinstanzlichen Verfahren ist eine Übertragung des Rechtsstreits auf den Einzelrichter ausgeschlossen (s. §§ 6, 79a II–IV, 121 S. 2 FGO).

2.5 Entscheidung des Bundesfinanzhofes

Über die Revision entscheidet nach § 126 FGO „der Bundesfinanzhof"; gemeint ist der jeweils **zuständige Senat.** 245

Beim Bundesfinanzhof bestehen zur Zeit 11 Senate. Die Aufteilung der Geschäfte auf die einzelnen Senate geschieht durch den jährlichen *Geschäftsverteilungsplan* des Präsidiums (dazu Rz. 62), der in der Sammlung der Entscheidungen des Bundesfinanzhofes und im Bundessteuerblatt veröffentlicht wird.

Wird die Verletzung von Normen des materiellen Rechts gerügt, so ist der Bundesfinanzhof nicht darauf beschränkt, die Anwendbarkeit der gerügten Normen zu überprüfen. Innerhalb des Revisionsantrages kann er vielmehr das materielle Recht frei prüfen. Anders verhält es sich bei Verfahrensmängeln: Grundsätzlich kann er nur die geltend gemachten (= gerügten; auch die Mängel i. S. d. § 116 FGO müssen gerügt werden) Verfahrensmängel prüfen (§ 118 III FGO). 246

Der Senat besitzt folgende **Entscheidungsmöglichkeiten:** 247

(1) Er kann die Revision durch **Beschluß als unzulässig verwerfen** (§ 126 I FGO)[140].

(2) Er kann die Revision in der Besetzung von 5 Richtern in folgender Weise als **unbegründet zurückweisen** (§ 126 II FGO): 248

(a) durch *Beschluß,* wenn er sie einstimmig für unbegründet und eine mündliche Verhandlung für nicht erforderlich hält (Art. 1 Nr. 7 BFH-EntlG)[141],

(b) durch *Urteil* nach einer mündlichen Verhandlung, auf die die Beteiligten auch einverständlich verzichten können (§§ 121 S. 1, 90 FGO),

(c) als vorläufige Entscheidung durch *Gerichtsbescheid* ohne mündliche Verhandlung (§§ 121 S. 1, 90a I FGO). Innerhalb eines Monats nach dessen Zustellung können die Beteiligten noch Antrag auf mündliche Verhandlung stellen (§ 90a II Nr. 3 FGO).

(3) Er kann – wenn die Revision ganz oder zum Teil begründet ist – durch **Urteil** oder vorläufigen **Gerichtsbescheid** 249

(a) in der Sache selbst entscheiden (§ 126 III Nr. 1 FGO);

(b) die angefochtene FG-Entscheidung aufheben und die Sache zur anderweitigen Verhandlung und Entscheidung zurückverweisen (§ 126 III Nr. 2 FGO). Da der BFH *keine Tatsacheninstanz* ist, wird das vor allem nötig, wenn noch einzelne Tatsachenfeststellungen oder sogar das gesamte Verfahren (wegen eines Verfahrensmangels) nachgeholt werden muß. Das Finanzgericht, an das die Sache zurückverwiesen wird, ist an die rechtliche Beurteilung durch den Bundesfinanzhof gebunden (§ 126 V FGO)[142].

Die Entscheidung über die Revision braucht **nicht begründet** zu werden, soweit der BFH Verfahrensrügen für nicht durchgreifend hält. Dies gilt nicht für Rügen schwerwiegender Verfahrensmängel i. S. d. § 119 FGO (Art. 1 Nr. 8 BFH-EntlG). Einer Darlegung von Entscheidungsgründen bedarf es ferner nicht, wenn der BFH die Revision einstimmig durch Beschluß als unbegründet zurückweist. Es müssen lediglich die Voraussetzungen dieses Verfahrens im Beschluß festgestellt werden (Art. 1 Nr. 7 S. 3 BFH-EntlG)[143]. 250

140 Der Senat fällt den Beschluß nach einer mündlichen Verhandlung in der Besetzung von 5 Richtern, ohne mündliche Verhandlung dagegen in der Besetzung von nur 3 Richtern, s. § 10 III FGO.

141 Die Beteiligten sind vorher davon zu unterrichten und zu hören (Art. 1 Nr. 7 S. 2 BFH-EntlG).

142 Dazu *K. Tiedtke,* Die interprozessuale Bindungswirkung von Urteilen oberster Bundesgerichte, Berlin/New York 1976.

143 Der Verzicht auf die Begründungspflicht ist verfassungsrechtlich unbedenklich. Etwas anders gilt nur dann, wenn der Senat vom eindeutigen Wortlaut einer Rechtsnorm oder von der in der höchstrichterlichen Rechtsprechung bislang üblichen Auslegung einer Rechtsnorm abweicht, s. BVerfG, HFR 93, 202; 93, 466.

251 Will in einer Rechtsfrage ein Senat von der Entscheidung eines anderen Senats oder des Großen Senats *abweichen,* so entscheidet der **Große Senat** (§ 11 II FGO: sog. **Divergenzanrufung**). Die Vorlage ist aber nur zulässig, wenn der Senat, von dessen Entscheidung abgewichen werden soll, auf Anfrage des erkennenden Senats erklärt hat, daß er an seiner Rechtsauffassung festhält (§ 11 III 1 FGO). Der erkennende Senat *kann* ferner eine Frage von *grundsätzlicher Bedeutung* dem Großen Senat zur Entscheidung vorlegen, wenn nach seiner Auffassung die Fortbildung des Rechts oder die Sicherung einer einheitlichen Rechtsprechung dies erfordern (§ 11 IV FGO).

252 Die Hauptaufgabe des Großen Senats besteht in der **Sicherung einer einheitlichen Rechtsprechung,** die aufgrund von mittlerweile elf BFH-Senaten nicht immer gewährleistet sein kann. Zu diesem Zweck setzt sich der Große Senat seit dem 1. 1. 92 aus dem Präsidenten und je einem Richter der Senate, denen der Präsident nicht angehört, zusammen (§ 11 V FGO, also derzeit aus 11 Richtern).

3. Nichtzulassungsbeschwerde (§ 115 III FGO)

253 Die Nichtzulassung der Revision durch das Finanzgericht kann **selbständig** durch Beschwerde **innerhalb eines Monates** nach Zustellung des Urteils oder Gerichtsbescheides angefochten werden (§ 115 III 1 FGO). Die Nichtzulassungsbeschwerde besitzt sowohl Devolutiv- (§ 115 V 1 FGO) als auch Suspensiveffekt (§ 115 IV FGO) und ist daher nicht nur ein Rechtsbehelf, sondern ein **Rechtsmittel.** Sie ist nicht beim Bundesfinanzhof, sondern bei dem Finanzgericht, dessen Entscheidung angefochten werden soll, einzulegen (§ 115 III 2 FGO). Innerhalb der Frist von einem Monat muß nicht nur die Beschwerde erhoben, sondern auch die *Begründung* in der Form des § 115 III 3 FGO erfolgt sein. Fehlt es an der qualifizierten Begründung i. S. d. § 115 III 3 FGO, ist die Beschwerde als *unzulässig* zu verwerfen.

254 41% aller Nichtzulassungsbeschwerden scheitern bereits an ihrer mangelnden Zulässigkeit[144]. § 115 III 3 FGO verlangt, daß die grundsätzliche Bedeutung der Rechtssache *darzulegen* ist. Eine Divergenzrüge erfordert, daß die Divergenzentscheidung des BFH (Aktenzeichen, Datum, Fundstelle) und der divergierende abstrakte Rechtssatz *genau bezeichnet* werden. Dasselbe gilt bei der Verfahrensrüge hinsichtlich der Tatsachen, die den Verfahrensmangel ergeben. An dieser *substantiierten* Darlegung eines Zulassungsgrundes i. S. d. § 115 II FGO mangelt es vielen Nichtzulassungsbeschwerden[145].

255 Wenn das Finanzgericht der Nichtzulassungsbeschwerde nicht abhilft, hat der BFH durch **Beschluß** zu entscheiden (§ 115 V 1 FGO). Es entscheidet der zuständige Senat grundsätzlich (ohne mündliche Verhandlung) in der kleinen Besetzung von 3 Richtern (§ 10 III Hs. 2 FGO). Der Beschluß bedarf dabei keiner Begründung (Art. 1 Nr. 6 BFH-EntlG). Mit der Ablehnung des Beschlusses wird die finanzgerichtliche Entscheidung rechtskräftig (§ 115 V 3 FGO). Wird der Beschwerde stattgegeben, so beginnt mit Zustellung des Beschlusses an den Beschwerdeführer die Revisionsfrist.

4. Beschwerde (§ 128 FGO)

256 Gegen andere finanzgerichtliche Entscheidungen, die weder Urteile noch Gerichtsbescheide sind, steht den Beteiligten und sonst Betroffenen grundsätzlich das Rechtsmittel (zum Devolutiv- und Suspensiveffekt s. §§ 130 I, 131 FGO) der Beschwerde zur Verfügung (§ 128 I FGO). Die Beschwerde ist **binnen zweier Wochen** nach Bekanntgabe der

144 Gegenüber 25 % unzulässigen Revisionen, s. Jahresbericht des BFH für 1992.

145 Instruktiv zu häufigen Fehlern *A. v. Wedelstädt,* DB 91, 1899 ff.; *H. Schuhmann,* DStZ 92, 28 ff.; *M. Schmid,* DStR 93, 1284 ff.

Entscheidung beim abhilfeberechtigten Finanzgericht **schriftlich oder zur Niederschrift** einzulegen (§ 129 I FGO). Hilft das Finanzgericht nicht ab, entscheidet der Bundesfinanzhof durch *Beschluß*.

§ 128 II, IV FGO erklären eine Reihe von finanzgerichtlichen Entscheidungen für unanfechtbar[146]. Dazu gehören insb. die sog. prozeßleitenden Verfügungen und Kostenentscheidungen. Gegen Entscheidungen im *vorläufigen Rechtsschutz* steht den Beteiligten die Beschwerde nur zu, wenn sie in der Entscheidung in Anlehnung an § 115 II FGO zugelassen worden ist (§ 128 III FGO). Eine Nichtzulassungsbeschwerde ist nicht vorgesehen[147]. 257

VII. Kosten des Gerichtsverfahrens

Das finanzgerichtliche Verfahren ist „kostenpflichtig". Kosten sind nach § 139 I FGO: 258

a) die **Gerichtskosten** (Gebühren, Auslagen)[148]; Gerichtskosten sind öffentliche Abgaben für die Tätigkeit der Gerichte. Rechtsgrundlage für ihre Höhe und Erhebung ist das *GKG;* 259

b) die zur zweckentsprechenden Rechtsverfolgung notwendigen **Aufwendungen der Beteiligten** einschließlich der Kosten im Vorverfahren (s. § 139 III FGO). Für die *außergerichtlichen Kosten* gelten in erster Linie die Vorschriften der *BRAGO,* die nach § 45 StBGebV für Steuerberater/Steuerbevollmächtigte sinngemäß Anwendung finden. Aufwendungen zur zweckentsprechenden Rechtsverfolgung im *Vorverfahren* sind nur erstattungsfähig, wenn das Gericht die Zuziehung des Bevollmächtigten *für notwendig erklärt* (§ 139 III 3 FGO). Die Aufwendungen der *Finanzbehörden* werden *nicht* erstattet (§ 139 II FGO). 260

Als **oberster Grundsatz des Kostenrechts** gilt: Der *unterliegende* Beteiligte trägt die Kosten des Verfahrens. Diesen Grundsatz durchbricht § 137 FGO für den Fall der *Prozeßverschleppung*. Danach kann das Gericht (Ermessen!) die Kosten ganz oder teilweise auch dem obsiegenden Beteiligten auferlegen, wenn er die entscheidungserheblichen Tatsachen früher hätte geltend machen oder beweisen können (§ 137 S. 1 FGO). Allgemein bestimmt § 137 S. 2 FGO, daß Kosten, die ein Beteiligter verschuldet hat, diesem – ohne Rücksicht auf den Ausgang des Rechtsstreits – auferlegt werden können. Wenn ein Beteiligter teils obsiegt, teils unterliegt, sind die Kosten gegenseitig aufzuheben[149] oder verhältnismäßig zu teilen (§ 136 I 1 FGO). Bemessungsgrundlage für die Teilung ist der Streitwert[150]. Die Kosten eines ohne Erfolg eingelegten Rechtsmittels fallen demjenigen zur Last, der das Rechtsmittel eingelegt hat (§ 135 II FGO). Wer eine Klage oder ein Rechtsmittel zurücknimmt, hat ebenfalls die Kosten zu tragen (§ 136 II FGO). 261

Erledigt sich die Hauptsache vor der Entscheidung des Gerichts, so entscheidet das Gericht nach billigem Ermessen durch Beschluß über die Kosten (§ 138 I Hs. 1 FGO). Dabei ist der bisherige *Sach- und Streitstand* zu berücksichtigen (§ 138 I Hs. 2 FGO). Wenn jedoch die Erledigung darauf beruht, daß die Behörde den angefochtenen Verwaltungsakt zurücknimmt oder ändert, trägt die Behörde die Kosten (§ 138 II FGO). 262

---

146 Einen Katalog der mit Beschwerde anfechtbaren und nicht anfechtbaren Entscheidungen findet sich bei *R. Ruban,* Gräber, FGO[3], § 128 Rz. 4 ff.

147 Vgl. BFH BFH/NV 90, 240; 90, 252 (noch zum früheren Art. 1 Nr. 3 BFH-EntlG).

148 Dazu *F. Gräber,* DStR 78, 608 ff.

149 Dabei werden die Gerichtskosten je zur Hälfte geteilt und jeder Beteiligte trägt seine außergerichtlichen Kosten selbst (§ 136 I 2 FGO). Bei diesem Modus ist der durch einen Prozeßbevollmächtigten vertretene Kläger regelmäßig benachteiligt, weil der Finanzbehörde Aufwendungen ohnehin nicht erstattet werden (§ 139 II FGO) und die Finanzbehörde von den Gerichtskosten befreit ist (§ 2 I GKG).

150 Ausf. Streitwert-ABC bei *G. Geist,* Tipke/Kruse, FGO, Vor § 135, Tz. 103.

VIII. Rechtskraft (§ 110 FGO)

263 Urteile und Gerichtsbescheide werden mit Eintritt ihrer Unanfechtbarkeit **formell rechtskräftig** (z. B. mit Ablauf der Rechtsmittelfrist, Verwerfung der Nichtzulassungsbeschwerde, Zurückweisung der Revision). Nur formell rechtskräftige Entscheidungen werden *materiell* rechtskräftig, d. h. *binden* die Beteiligten und deren Rechtsnachfolger. Des weiteren binden materiell rechtskräftige Entscheidungen im Fall des § 48 I Nr. I, II FGO n. F. die nicht klagebefugten Gesellschafter/Gemeinschafter (dazu Rz. 130 f.) und – bei Publikumsgesellschaften – die nicht beigeladenen Gesellschafter i. S. d. § 60a FGO (s. § 110 I 1 Nrn. 2, 3 FGO n. F.).

264 Die **materielle Bindungswirkung** eines Urteils oder Gerichtsbescheids erstreckt sich nur soweit, als das Gericht über den Streitgegenstand[151] *selbst* entschieden hat. Dieser sog. **Entscheidungsgegenstand**[152] ist nicht mit dem Streitgegenstand identisch, sondern nur ein Teil dessen.

265 Deshalb befindet ein – die Klage als unzulässig abweisendes – *Prozeßurteil* verbindlich *nur* über bestimmte *Sachurteilsvoraussetzungen,* nicht aber über die materielle Rechtslage des Streits. Hebt ein Urteil einen Verwaltungsakt aus *formellen* Gründen auf, so wird das Finanzamt nicht daran gehindert, einen neuen, formell rechtmäßigen Verwaltungsakt zu erlassen[153].

266 Die Finanzbehörde darf einen Verwaltungsakt nach einem rechtskräftigen Sachurteil (bzw. einem Sach-Gerichtsbescheid) nur noch insoweit **korrigieren,** als über den Streitgegenstand nicht entschieden worden ist (§ 110 II FGO).

Eine Änderung wegen neuer Tatsachen oder Beweismittel (§ 173 AO) ist deshalb insoweit unzulässig, als der Entscheidungsgegenstand betroffen ist. § 110 II FGO hindert das Finanzamt ferner, einen unter dem Vorbehalt der Nachprüfung stehenden Steuerbescheid nach rechtskräftigem Urteil wegen einer abweichenden Rechtsauffassung nach § 164 II 1 AO zu korrigieren[154].

267–269 Einstweilen frei.

IX. Rechtsschutz in Verfassungssachen

Literatur: *R. Zuck,* Das Recht der Verfassungsbeschwerde[2], München 1988; *Chr. Gusy,* Die Verfassungsbeschwerde, Heidelberg 1988; *P. E. Hein,* Die Unvereinbarkeitserklärung verfassungswidriger Gesetze durch das Bundesverfassungsgericht, Diss. Bonn, Baden-Baden 1988; *Chr. Pestalozza,* Verfassungsprozeßrecht[3], München 1991; *K. Schlaich,* Das Bundesverfassungsgericht[2], München 1991; *E. Benda/E. Klein,* Lehrbuch des Verfassungsprozeßrechts, Heidelberg 1991.

270 In demselben Maße, wie in der jüngeren Vergangenheit die Sensibilität des BVerfG hinsichtlich der verfassungsrechtlichen Beurteilung von Steuergesetzen zugenommen hat, ist auch die Bedeutung des verfassungsprozessualen Rechtsschutzes gewachsen. In Steuersachen besitzen folgende Rechtsschutzwege praktische Relevanz:

1. Verfassungsbeschwerde (Art. 93 I Nr. 4a GG)

271 Das Mittel, mit dem der Steuerpflichtige selbst Verfassungsrechtsschutz durch das BVerfG erwirken kann, ist das der Verfassungsbeschwerde (Art. 93 I Nr. 4a GG, §§ 13

151 Dazu Fn. 78.
152 S. BFH BStBl. 90, 1032, 1033; *Tipke*/Kruse, FGO, § 110 Tz. 9; *R. v. Groll,* Gräber, FGO[3], § 110 Rz. 13.
153 BFH BStBl. 82, 524 f.
154 BFH BStBl. 90, 1032, 1033 f.

Nr. 8a, 90 ff. BVerfGG)[155]. Dazu muß der Steuerpflichtige geltend machen, durch die öffentliche Gewalt (insb. durch eine Entscheidung der Finanzverwaltung) in einem der *Grundrechte* oder in einem der in Art. 101, 103, 104 GG enthaltenen Rechte verletzt worden zu sein.

Der Beschwerdeführer muß **beschwerdebefugt** sein, d. h. er muß darlegen, in seinen Grundrechten verletzt zu sein. Dies bereitet dem Steuerpflichtigen Schwierigkeiten, wenn ein Gleichheitssatzverstoß (Art. 3 I GG) dadurch vorliegt, daß andere, mit ihm vergleichbare Steuerpflichtige privilegiert werden. Die steuerliche Privilegierung der einen Vergleichsgruppe bedeutet zugleich die steuerliche *Diskriminierung* der anderen Vergleichsgruppe (s. Rz. 127). Deshalb darf u. E. die Beschwerdebefugnis nicht mit dem Argument „keine Gleichheit im Unrecht" versagt werden. 272

Der Steuerpflichtige kann eine Entscheidung der Finanzbehörde (z. B. einen Steuerbescheid) grundsätzlich nicht unmittelbar durch Verfassungsbeschwerde beim BVerfG rügen. Nach dem **Grundsatz der Subsidiarität** [156] muß der Steuerpflichtige vielmehr zunächst den Rechtsweg zu den Fachgerichten (z. B. FG, BFH) erschöpfen (Art. 94 II 2 GG, § 90 II 1 BVerfGG). Dabei hat er im Interesse einer ordnungsgemäßen, fachgerichtlichen Vorprüfung den Verfassungsverstoß *bereits vor den Fachgerichten* darzulegen[157]. 273

Der Steuerpflichtige darf sich die verfassungsrechtlichen Rügen somit nicht für die Verfassungsbeschwerde „aufsparen", sondern muß sie bereits im Finanzgerichtsprozeß einführen. Dies empfiehlt sich auch, um eine *konkrete Normenkontrollvorlage* durch das FG oder den BFH nach Art. 100 I GG zu erwirken (dazu Rz. 280). Nach Ansicht des BVerfG verstößt die Verfassungsbeschwerde mangels *ordnungsgemäßer* Rechtswegerschöpfung ferner i. d. R. gegen den Grundsatz der Subsidiarität, wenn der BFH zuvor die Revision oder Nichtzulassungsbeschwerde *als unzulässig* verworfen hat (dazu Rz. 233 ff.)[158]. 274

Die Verfassungsbeschwerde ist **binnen eines Monats** nach Zustellung der (fachgerichtlichen) Entscheidung einzulegen und innerhalb dieser Frist auch zu begründen (s. §§ 93 I, 92 BVerfGG)[159]. 275

Die Verfassungsbeschwerde bedarf der **Annahme** zur Entscheidung (§ 93a I BVerfGG). Die Verfassungsbeschwerde *ist* nach § 93a II BVerfGG[160] zur Entscheidung anzunehmen, 276

a) soweit ihr **grundsätzliche verfassungsrechtliche Bedeutung** zukommt (*objektive* Funktion der Verfassungsbeschwerde), oder
b) wenn es **zur Durchsetzung der subjektiven Rechte** des Beschwerdeführers *angezeigt* ist (*subjektive* Rechtsschutzfunktion der Verfassungsbeschwerde).

Die grundsätzliche verfassungsrechtliche Bedeutung fehlt nicht schon immer dann, wenn eine einschlägige Rechtsprechung des BVerfG vorliegt. Vielmehr will § 93a IIa BVerfGG dem BVerfG die Möglichkeit belassen, seine Rechtsprechung zu ändern oder sich aus anderen Gründen mit seinem Umfeld sachlich auseinanderzusetzen[161]. Die Fassung des § 93a IIb BVerfGG („Angezeigtsein der Annahme") gibt der Kammer einen erheblichen Beurteilungsspielraum, der jedoch nicht als ein freies Annahmeermessen mißverstanden werden darf[162]. 277

Zur Klärung der Annahmefrage erfolgt eine **Vorprüfung durch Kammern,** die aus 3 Richtern bestehen (§§ 93a, 15a BVerfGG). Die Kammer kann durch *einstimmigen* Beschluß die Annahme 278

155 In 1992 insg. in 4214 Fällen erhoben worden, Zahlenangabe bei *E. Klein,* NJW 93, 2073.
156 Dazu *R. Warnke,* Die Subsidiarität der Verfassungsbeschwerde, Diss., Berlin 1993; *H. Posser,* Die Subsidiarität der Verfassungsbeschwerde, Diss. Münster, Berlin 1993.
157 Vgl. BVerfGE 59, 63, 82 f.; 63, 77, 78; 68, 376, 379 f.; 74, 102, 113: Die Verfassungsbeschwerde ist ansonsten *unzulässig.*
158 S. BVerfG HFR 93, 327.
159 BVerfGE 77, 275, 282.
160 Eingeführt durch das 5. Gesetz zur Änderung des BVerfGG vom 2. 8. 1993, BGBl. I 93, 1442.
161 *E. Klein,* NJW 93, 2073, 2074; *R. Zuck,* NJW 93, 2641, 2643.
162 Zutr. *E. Klein,* NJW 93, 2073, 2074: „Art. 94 II 2 GG ermächtigt nicht zu einer einfachgesetzlichen Denaturierung der Verfassungsbeschwerde als eines grundsätzlich auf sachliche Bescheidung gerichteten Rechtsbehelfs zur Verteidigung von Grundrechten."

der Verfassungsbeschwerde ablehnen (§ 93b S. 1 Alt. 1 BVerfGG). Die Entscheidung ergeht ohne mündliche Verhandlung, ist unanfechtbar und bedarf keiner Begründung (§ 93d I BVerfGG). Hält die Kammer die Verfassungsbeschwerde dagegen für angezeigt i. S. d. § 93a IIb BVerfGG und außerdem für offensichtlich begründet, dann kann sie der Verfassungsbeschwerde durch einstimmigen Beschluß neuerdings sogar selbst stattgeben (§ 93c I BVerfGG).

279 Nur etwa 3 % aller Verfassungsbeschwerden gelangen durch den Vorprüfungsfilter überhaupt zum Senat[163]. Gibt die Kammer der Verfassungsbeschwerde nicht statt oder lehnt sie deren Annahme nicht einstimmig ab, so entscheidet über die Annahme der *Senat* (s. § 93b S. 2 BVerfGG), der aus 8 Richtern besteht. Er nimmt sie nach § 93d III 2 BVerfGG zur Entscheidung an, wenn mindestens drei Richter der Annahme zustimmen.

2. Konkrete Normenkontrolle (Art. 100 I GG)

280 Der zweite Weg zur Erlangung verfassungsprozessualen Rechtsschutzes führt über die (konkrete) Normenkontrollvorlage eines Gerichts (z. B. FG, BFH) an das BVerfG (Art. 100 I GG, §§ 13 Nr. 11; 80 ff. BVerfGG)[164]. Die Fachgerichte haben die Gesetze zwar in vollem Umfang auch auf ihre Verfassungsmäßigkeit hin zu überprüfen. Ihnen ist es aber verwehrt, das Gesetz als verfassungswidrig (und nichtig) zu verwerfen. Das **Verwerfungsmonopol** liegt zur Wahrung der Rechtseinheit und zum Schutz des parlamentarischen Gesetzgebers *allein* beim BVerfG. Hält ein Gericht ein Gesetz, auf dessen Gültigkeit es bei der Entscheidung ankommt, für verfassungswidrig, so *hat* es das Verfahren auszusetzen und die Entscheidung des BVerfG einzuholen. Das Gericht muß dabei von der Verfassungswidrigkeit der Gesetzesnorm *überzeugt* sein; bloße Zweifel an der Verfassungsmäßigkeit reichen für die Vorlage noch nicht aus. Zur Begründung der Vorlage hat das Fachgericht darzulegen, warum es die Norm für verfassungswidrig hält und inwiefern dies für den Ausgang des Rechtsstreits *entscheidungserheblich* ist (§ 80 II BVerfGG, *konkrete* Normenkontrolle)[165].

281 Vor Erhebung einer Verfassungsbeschwerde sollte der Kläger versuchen, das Finanzgericht von der Verfassungswidrigkeit des Steuergesetzes zu überzeugen und eine Normenkontrollvorlage zum BVerfG *anregen* (s. Rz. 274).

282 Hält die *Finanzbehörde* eine Steuergesetzesnorm für verfassungswidrig, dann hat sie nur die Möglichkeit, dies gegenüber der ihr vorgesetzten Behörde zu *remonstrieren.* Ziel der Remonstration ist es, die Einleitung eines **abstrakten Normenkontrollverfahrens** i. S. d. Art. 93 I Nr. 2 GG durch die jeweilige Landes- oder die Bundesregierung zu bewirken. In der Praxis reagiert die Finanzverwaltung auf verfassungsrechtlich bedenkliche Steuergesetzesnormen mit dem Erlaß *vorläufiger* Bescheide (§ 165 AO, dazu § 22 Rz. 292).

3. Entscheidung des BVerfG

283 Gelangt das BVerfG zu der Überzeugung, daß die Gesetzesnorm gegen das Grundgesetz verstößt, so erklärt es sie grundsätzlich (*ex tunc* und *ipso iure*) für **nichtig** (§§ 78, 82 I, 95 III 1 BVerfGG). Die auf der nichtigen Steuergesetzesnorm beruhenden, bestandskräftigen Steuerverwaltungsakte bleiben indessen bestehen (§ 79 II 1 BVerfGG); lediglich ihre weitere Vollstreckung ist ausgeschlossen (§ 79 II 2 BVerfGG).

---

163 Zahlenangabe bei *E. Klein,* NJW 93, 2073.

164 In 1992 wurden insg. 137 Richtervorlagen registriert, Zahlenangabe bei *E. Klein,* NJW 93, 2073, 2076.

165 Die Zulässigkeit einer konkrete Normenkontrollvorlage wird nach dem 5. ÄndG zum BVerfGG, BGBl. I 93, 1142, ebenfalls durch die Vorprüfungskammern überprüft (s. §§ 15a II, 81a BVerfGG).

Die Kassation der verfassungswidrigen Steuergesetzesnorm beseitigt jedoch nur dann den Verfassungsverstoß, wenn es sich um einen *steuerbegründenden* Tatbestand handelt. Besteht der Verfassungsverstoß dagegen darin, daß das Steuergesetz *steuerentlastende Fiskalzwecknormen* (z. B. Kinder-, Grundfreibetrag) nur in unzureichender Höhe vorsieht, dann würde die Kassation dieser Normen die Verfassungswidrigkeit sogar noch vergrößern. Daher *erklärt* das BVerfG in diesen Fällen die Steuergesetzesnorm als **mit dem Grundgesetz für unvereinbar** (s. §§ 31 II 1, 79 I BVerfGG) und verpflichtet den Gesetzgeber, *ex tunc* einen verfassungsmäßigen Zustand herzustellen[166]. Eine Unvereinbarkeitserklärung erfolgt ferner in den Fällen des *gleichheitssatzwidrigen Begünstigungsausschlusses*[167], wenn dem Gesetzgeber mehrere Möglichkeiten zur Beseitigung des verfassungswidrigen Zustandes offenstehen. 284

Erfordern die verfassungsrechtlichen Mängel eines Steuergesetzes eine umfassende Neuregelung einer *schwierigen und komplexen Sachmaterie*, dann stellt das BVerfG fest, daß das Gesetz „noch verfassungsgemäß" sei, und *appelliert* an den Gesetzgeber, die Mängel – ggf. unter Fristsetzung – für die Zukunft zu beheben (sog. **Appellentscheidung**)[168]. 285

Die Entscheidung des BVerfG (durch den Senat) über Verfassungsbeschwerden und Normenkontrollanträge besitzt **Gesetzeskraft** (§ 31 II BVerfGG). 286

Einstweilen frei. 287–289

X. Rechtsschutz in Europasachen[169]

Das Gemeinschaftsrecht ist auf dem Gebiet der indirekten Steuern für die Auslegung des nationalen Rechts, insbesondere des Umsatzsteuerrechts, zum bestimmenden Faktor geworden (§ 13 Rz. 6 ff.). Aber auch im Anwendungsbereich der direkten Steuern nimmt die Bedeutung des Gemeinschaftsrechts angesichts des Zusammenwachsens der Märkte zu (s. § 2 Rz. 47 ff.). Die nationalen Gerichte, also auch die Finanzgerichte und der Bundesfinanzhof, haben das Gemeinschaftsrecht als Bestandteil des Bundesrechts anzuwenden (s. Art. 23, 25 GG, Art. 189 EGV). Die Steuerpflichtigen können somit die Verletzung des Gemeinschaftsrechts durch den nationalen Gesetzgeber und die Finanzbehörden vor den Finanzgerichten rugen. 290

Obwohl EG-*Richtlinien* nach Art. 189 III EGV nur an die Mitgliedstaaten gerichtet sind, kann sich ein Steuerpflichtiger vor den nationalen Gerichten *unmittelbar* auf eine EG-Richtlinie berufen, wenn die Richtlinienvorschrift inhaltlich unbedingt und hinreichend bestimmt erscheint (z. B. auf Art. der 6. EG-Richtlinie zur Harmonisierung der Rechtsvorschriften über die Umsatzsteuer, dazu § 13 Rz. 8 f.)[170]. 291

Die Steuerpflichtigen haben indessen *kein* der Verfassungsbeschwerde entsprechendes **Klagerecht zum EuGH**[171], der zur Wahrung des Rechts bei der Auslegung und Anwendung des EG-Vertrages berufen ist (Art. 164 EGV). 292

---

166 S. BVerfGE 61, 319, 356; 82, 60, 653. Wegen der weitreichenden Konsequenzen für die öffentliche Haushaltsführung hat das BVerfG in dem Grundfreibetrags-Beschluß der Unvereinbarkeitserklärung ausnahmsweise nur eine *ex-nunc-Wirkung* beigemessen, s. BVerfGE 87, 153, 178 ff.

167 S. BVerfGE 61, 138, 146; 74, 182, 195; im Steuerrecht zuletzt BVerfG BStBl. 94, 59.

168 S. BVerfGE 54, 11 (Besteuerung der Alterseinkünfte, ohne Fristsetzung); BVerfGE 84, 239 (Zinsbesteuerung, mit Fristsetzung).

169 Dazu *P. Kirchhof*, DStR 89, 551 ff.; *J. Schwarze*, NJW 92, 1065 ff.; *M. Schmid*, IStR 92, 108 ff.

170 S. EuGH HFR 82, 281; 88, 594; 89, 518, 519.

171 Nach Art. 173 IV EGV können Privatpersonen gegen sie betreffende Entscheidungen bestimmter Gemeinschaftsorgane Nichtigkeitsklage erheben. Dies gilt aber grundsätzlich nicht für EG-Verordnungen und EG-Richtlinien.

293 Um der Gefahr einer unterschiedlichen Auslegung des Gemeinschaftsrechts durch die nationalen Gerichte zu begegnen, weist der EG-Vertrag dem EuGH im sog. **Vorabentscheidungsverfahren** (Art. 177 EGV) die Aufgabe zu, das Gemeinschaftsrecht *einheitlich* auszulegen. Nach Art. 177 II EGV *können* die Finanzgerichte dem EuGH eine für den konkreten Rechtsstreit entscheidungserhebliche und ungeklärte Frage des Gemeinschaftsrechts vorlegen[172]. Als letztinstanzliches Gericht *muß* dies der BFH sogar tun (Art. 177 III EGV)[173]. Das Vorlageverfahren ist ein Zwischenverfahren, das vorrangig der objektiven Klärung des Gemeinschaftsrechts dient. Die Parteien des finanzgerichtlichen Rechtsstreits besitzen hier *keine eigenen Antragsrechte*.

172 Der EuGH ist gesetzlicher Richter i. S. d. Art. 101 I 2 GG, s. BVerfGE 73, 339, 366 ff.; dazu *P. Kirchhof*, DStR 89, 551 ff.

173 Unterläßt der BFH die Vorlage „in objektiv willkürlicher Weise“, liegt ein Verstoß gegen das Gebot des gesetzlichen Richters (Art. 101 I 2 GG) vor, der mit der Verfassungsbeschwerde beim BVerfG gerügt werden kann, s. BVerfGE 73, 339, 369; 75, 223, 245; *P. Kirchhof*, DStR 89, 551, 553 ff.

Siebentes Kapitel: Steuerstraf- und Steuerordnungswidrigkeitenrecht*

Literatur: *G. Kohlmann,* Steuerstraf- und Steuerordnungswidrigkeitenrecht einschließlich Verfahrensrecht, Kommentar zu den §§ 369–412 AO 1977, Köln (Loseblatt); HHSp, zu §§ 369–412 AO; *H. Leise/G. Dietz/E. Cratz,* Steuerverfehlungen, Kommentar, Frankfurt a. M. (Loseblatt); *K. Tipke,* StRO III, § 32, 1402; *G. Kohlmann* (Hrsg.), Strafverfolgung und Strafverteidigung im Steuerstrafrecht, DStJG Bd. 6 (1983); *K. Franzen/B. Gast-de Haan/E. Samson/W. Joecks,* Steuerstrafrecht mit Steuerordnungswidrigkeiten und Verfahrensrecht[3], München 1985; *G. Suhr/A. Naumann/P. Bilsdorfer,* Steuerstrafrecht-Kommentar[4] zu §§ 369–412 AO, Herne/Berlin 1986; *H. Mösbauer,* Steuerstraf- und Steuerordnungswidrigkeitenrecht (einschließlich Steuer- und Zollfahndung), München/Wien 1989; *W. Blumers/W. Göggerle,* Handbuch des Verteidigers und Beraters im Steuerstrafverfahren[2], Köln 1989; *J. Lammerding/R. Hackenbroch/A. Sudau,* Steuerstrafrecht[6], Achim 1993.

Zur internationalen **Rechtsvergleichung:** Über Tax avoidance, Tax evasion und Tax fraud, IFA-Bulletin 83, 441 ff.; 451 ff.; Tax avoidance/Tax evasion (Steuervermeidung/Steuerhinterziehung), IFA-Cahiers LXVIIIa (betr. Kongreß Venedig).

Spezialzeitschrift: Zeitschrift für Wirtschaft, Steuer, Strafrecht (wistra).

§ 24 Materielles Steuerstraf- und -ordnungswidrigkeitenrecht

A. Überblick über das System des Steuerstraf- und -ordnungswidrigkeitenrechts

I. Rechtfertigung eines Steuerstraf- und -ordnungswidrigkeitenrechts

1 Durch die Straf- und Bußgeldvorschriften der AO wird nach h. M. das öffentliche Interesse am rechtzeitigen und vollständigen Aufkommen der einzelnen Steuern, der **staatliche Steueranspruch,** geschützt[1]. Jedoch folgt die *Strafwürdigkeit* der Steuervergehen nicht nur aus einem Ungehorsam gegenüber dem Staat, sondern auch und gerade aus der damit verbundenen **Schädigung der ehrlichen Steuerzahler.** Die Steuerpflichtigen bilden eine *Solidargemeinschaft,* in der *jeder gegen jeden einen Anspruch auf Steuerehrlichkeit* besitzt (s. auch § 22 Rz. 1). Deshalb hat jeder ehrliche Steuerzahler einen Anspruch darauf, daß der Staat alle geeigneten und erforderlichen Mittel anwendet, damit *alle* Steuerpflichtigen ihren gesetzlichen Lastenanteil tragen[2]. Zu diesem Zweck flankieren Strafbestimmungen die Steuergesetze, um so der Realisierung der Steuerpflicht stärkeren Nachdruck zu verleihen.

2 Die Beschränkung der Sichtweise auf die Gefährdung des Steueranspruchs des (anonymen) Staates führt dazu, daß die Steuerhinterziehung weithin als „Kavaliersdelikt", ja sogar als eine Art von „Sport" angesehen wird. Insoweit ähnelt die Steuerhinterziehung dem Versicherungsbetrug, den die Bevölkerung in weiten Kreisen ebenfalls nicht als Schädigung der Mitversicherten, sondern als ein „cleveres Verhalten" einschätzt. Leider ist das derzeit geltende Steuerrecht nicht dazu angetan, hier eine Bewußtseinsänderung hervorzurufen. Solange Steuerbürger den Eindruck erhalten, in unserem real existierenden Steuerstaat gehe es nur um den Versuch jeder Gruppe, anderen Gruppen möglichst „viel aus der Tasche zu ziehen", wird sich bei ihnen keine Steuermoral einstellen können[3].

---

* Bearbeiter des Kapitels „Steuerstraf- und Steuerordnungswidrigkeitenrecht" ist Wissenschaftlicher Assistent Dr. *Roman Seer.*

1 So zum geschützten Rechtsgut des § 370 AO BGHSt 36, 100, 102 = wistra 89, 226, 227 f.

2 *K. Tipke,* StRO III, 1413.

3 *K. Tipke,* StRO III, 1408.

3 Die Eindämmung der auf breiter Front erfolgenden Steuerverkürzung[4] erfordert nicht nur eine Bewußtseinsänderung, sondern auch eine wirksame Bekämpfung der Steuervergehen. Die Straf- und Bußgeldtatbestände dürfen nicht nur auf dem Papier stehen, sondern müssen in der Praxis auch angewendet werden. Entsteht der Eindruck, daß eine Prüfung der Steuererklärungen und anderen besteuerungsrelevanten Unterlagen kaum mehr erfolgt (zum Problem des sog. *ökonomischen Gesetzesvollzuges* s. § 22 Rz. 6 f.) und eine festgestellte Pflichtverletzung nur noch selten sanktioniert wird, dann wird die Hemmschwelle für Steuervergehen stark herabgesetzt[5]. Nur wenn Steuerbetrüger angesichts eines effizienten Kontrollsystems auch befürchten müssen, entdeckt zu werden und in diesem Fall spürbare wirtschaftliche Nachteile zu erleiden, wird sich ihre Zahl merklich reduzieren[6].

II. Unterscheidung zwischen Steuerverfehlungen und allgemeinen Straftaten und Ordnungswidrigkeiten

4 §§ 369 I, 377 I AO definieren, welche Tatbestände *Steuer*straftaten und welche *Steuer*ordnungswidrigkeiten sind. Diese Unterscheidung ist von erheblicher Bedeutung, weil für *Steuer*verfehlungen (= Steuerstraftaten und Steuerordnungswidrigkeiten) besondere Verfahrensvorschriften gelten (so sind die *Finanzbehörden* hier für die Sachaufklärung zuständig, s. §§ 385 ff., 309 ff. AO, dazu § 25 Rz. 3, 50). Die §§ 369 I Nr. 1, 377 I AO grenzen als Steuerstraftaten und Steuerordnungswidrigkeiten rein *formal* nach ihrem Standort solche Taten und Zuwiderhandlungen aus, die nach den Steuergesetzen strafbar sind oder mit Geldbuße geahndet werden können. *Steuergesetze* sind dabei solche Rechtsnormen, die die Begründung oder Verwirklichung von Steueransprüchen i. S. d. § 3 AO regeln, also insb. die AO selbst (§§ 370 ff. AO). Den Kreis der Steuerstraftaten erweitern schließlich § 369 I Nrn. 2–4 AO.

5 Darüber hinaus erklären einige nicht-steuerliche Gesetze aus dem Prämien- und Subventionsrecht die Vorschriften des Steuerstraf- und -ordnungswidrigkeitenrechts ganz oder teilweise für entsprechend anwendbar: z. B. §§ 14 III des 5. VermBG, 8 II WoPG, 9 InvZulG.

III. Unterscheidung zwischen Steuerstraftaten und Steuerordnungswidrigkeiten

6 Es liegt grundsätzlich im kriminalpolitischen Ermessen des Gesetzgebers, wie er die Verletzung steuerlicher Pflichten sanktioniert. Mit den 2. AOStrafÄndG v. 12. 8. 1968, BGBl. I 68, 953, hat der Gesetzgeber das Steuerstrafrecht erheblich entkriminalisiert und stellt nur noch gravierende Pflichtverletzungen unter Strafe; weniger schwere erklärt er seitdem zu Ordnungswidrigkeiten. Dabei sind zu unterscheiden:

---

4 Die sog. Dunkelziffer, d. h. die Anzahl unentdeckter Steuerstraftaten, wird in der Praxis sehr hoch eingeschätzt, s. *E. Küster,* DStJG Bd. 6 (1983), 253 ff.; *M. Streck,* BB 84, 2205 ff.

5 Zutr. *J. M. Mössner,* DStZ 90, 132, 134: Ein Steuerbürger wird sich „als Dummer vorkommen" müssen, wenn er seine Pflichten erfüllt, „während andere verschont werden oder sich drücken".

6 Zu weiteren Ursachen der Steuerverkürzung s. *K. Tipke,* StRO III, 1405 ff.

7

Steuerverfehlungen

Steuerstraftaten (§ 369 I AO)	**Steuerordnungswidrigkeiten** (§ 377 I AO)
– Steuerhinterziehung (§ 370 AO) einschl. der Qualifikation des Schmuggels (§ 373 AO) – Steuerhehlerei (§ 374 AO) – § 23 Rennwett- u. Lotteriegesetz – Bannbruch (§§ 369 I Nr. 2, 372 AO) einschl. der Qualifikation des Schmuggels (§ 373 AO) – Steuerzeichenfälschung (§§ 369 I Nr. 3 AO, 148 ff. StGB) – Begünstigung eines Steuerstraftäters (§§ 369 I Nr. 4 AO, 257 StGB)	– Leichtfertige Steuerverkürzung (§ 378 AO) – Gefährdungstatbestände der §§ 379–383 AO – Unzulässiger Erwerb eines Steuererstattungs- od. Vergütungsanspruchs (§ 383 AO) – Sonstige Tatbestände, z. B. (§§ 19 BierStG, 94 TabStG, div. Zollbußgeldtatb.).
Strafe (Freiheits- oder Geldstrafe)	Geldbuße

8 Durch die Einstufung einer Steuerverfehlung als **(kriminelle) Steuerstraftat** wird ein ethisches Unwerturteil gefällt. Dagegen sollen als Steuerordnungswidrigkeiten ethisch indifferente oder den Rechtsgüterschutz nicht wesentlich tangierende Verstöße gegen allgemeine Ordnungsbelange (als bloßes **Ordnungsunrecht**) geahndet werden. In den Fällen der §§ 378–383 AO hat der Gesetzgeber entweder wegen der geringen Bedeutung des zu schützenden Rechtsgutes oder wegen der lediglich abstrakten Gefährlichkeit der Tat die Ahndung als Ordnungswidrigkeit für ausreichend angesehen. Ob damit die richtige Grenzziehung gefunden worden ist, erscheint zumindest für den Tatbedstand der leichtfertigen Steuerverkürzung (§ 378 AO) als zweifelhaft. Denn die Unterscheidung zwischen der (kriminellen) Steuerhinterziehung und der leichtfertigen Steuerverkürzung erweist sich als nur sehr *graduell* und hängt im wesentlichen davon ab, ob dem Täter der Vorsatz nachgewiesen werden kann[7] (dazu Rz. 43 ff., 92 ff.).

9 Die *Unterscheidung* zwischen Steuerstraftat und -ordnungswidrigkeit wirkt sich besonders in den **Rechtsfolgen** aus. Die Steuerstraftat kann eine *freiheitsentziehende* Sanktion in Gestalt der Freiheitsstrafe (§§ 369 II AO, 38, 39 StGB) nach sich ziehen, die Steuerordnungswidrigkeit dagegen nicht (§§ 377 II AO, 17, 18 OWiG). Die Geldbuße wird im Gegensatz zur Strafe nicht in das *Bundeszentralregister* eingetragen (s. § 4 Nr. 1 BZRG). Eine Steuerordnungswidrigkeit kann mit einer Geldbuße von höchstens 100 000 DM (§§ 378 II, 383 II AO), im Fall der sog. Gefährdungstatbestände sogar nur von höchstens 10 000 DM (§§ 379 IV, 380 II, 382 III AO) geahndet werden[8]. Dagegen kann eine Steuerstraftat mit einer Geldstrafe von maximal 3 600 000 DM (beim Höchsttagessatz von 360 Tagen, s. §§ 369 II AO, 40 I, II StGB, dazu Rz. 72 ff.) belegt werden[9].

7 S. näher *K. Tipke,* StRO III, 1414.

8 Die Geldbuße soll nicht nur die Zuwiderhandlung als solche ahnden, sonderen zudem den aus der Tat gezogenen wirtschaftlichen Vorteil abschöpfen. Reicht hierzu das Höchstmaß nicht aus, darf dieses nach §§ 377 II AO, 17 IV 2 OWiG überschritten werden.

9 Da die Geldstrafe einkommensabhängig ist (§ 40 II 2 StGB), muß sie aber nicht notwendigerweise über der vergleichbaren Geldbuße liegen. Die Abschöpfung eines aus der Tat gezogenen wirtschaftlichen Vorteils erfolgt nicht durch die Geldstrafe, sondern durch Anordnung des sog. *Verfalls* (§§ 369 II AO, 73 ff. StGB).

10 Leichtfertig verkürzte Steuern (§ 378 AO) werden im Gegensatz zu vorsätzlich hinterzogenen Steuern (§ 370 AO) nicht nach § 235 AO verzinst (zu den Hinterziehungszinsen, s. § 22 Rz. 356). Nur der Steuerhinterzieher (§ 370 AO), nicht aber der leichtfertige Steuerverkürzer (§ 378 AO) haftet nach § 71 AO (dazu § 7 Rz. 53).

11 Eine **Strafe** darf nur ein **Gericht** verhängen[10]. Zuständig sind hierfür – auch im Falle der Steuerstraftaten – die ordentlichen Strafgerichte (s. § 385 I AO i. V. m. §§ 24, 25, 74, 74c I Nr. 3 GVG)[11]. Dagegen liegt die Zuständigkeit für die Verhängung von **Geldbußen** im Zusammenhang mit Steuerordnungswidrigkeiten bei den Finanzbehörden (§ 409 AO).

12 Soweit in den Steuergesetzen nicht ausdrücklich etwas anderes geregelt ist, finden die allgemeinen Vorschriften des Straf- und Ordnungswidrigkeitenrechts Anwendung (§§ 369 II, 377 II AO). Die insoweit geltenden Grundsätze werden ausf. in den Lehrbüchern und Kommentaren zum allgemeinen Strafrecht erläutert, s. etwa *R. Maurach/H. Zipf*, Strafrecht, Allgemeiner Teil, Bd. 1[7], Heidelberg 1987; *H. H. Jescheck*, Lehrbuch des Strafrechts, Allgemeiner Teil[4], Berlin 1988; *C. Roxin*, Strafrecht, Allgemeiner Teil Bd. I, München 1992; *F. Haft*, Strafrecht, Allgemeiner Teil[5], München 1992; *J. Wessels*, Strafrecht, Allgemeiner Teil[21], Heidelberg 1991.

13–19 Einstweilen frei.

B. Die einzelnen Steuerstraftaten

I. Steuerhinterziehung (§ 370 AO)

Literatur: *C. Seckel*, Die Steuerhinterziehung, Lübeck 1978; *A. Paufler*, Die Steuerhinterziehung, Diss. rer. pol. Stuttgart 1983; *G. Dannecker*, Steuerhinterziehung im internationalen Wirtschaftsverkehr, Diss. Freiburg, Köln 1984; *V. Schneider*, Die historische Entwicklung des Straftatbestandes der Steuerhinterziehung, Diss. Köln 1987; *Chr. Suhr*, Rechtsgut der Steuerhinterziehung und Steuerverkürzung im Festsetzungsverfahren, Diss. Kiel, Frankfurt a. M. u. a. 1989.

1. Geschütztes Rechtsgut und Deliktscharakter

20 Die Steuerhinterziehung ist das **Zentraldelikt** des Steuerstrafrechts; die anderen Vorchriften ergänzen und vervollständigen den Rechtsgutschutz des § 370 AO. *Rechtsgut* ist nach h. M. das öffentliche Interesse am rechtzeitigen und vollständigen Aufkommen der einzelnen Steuern. Durch § 370 AO wird aber zugleich auch das Vermögen der ehrlichen Steuerschuldner geschützt. Denn je mehr Steuerpflichtige Steuern hinterziehen, um so stärker werden die (verbleibenden) ehrlichen Steuerpflichtigen zur Finanzierung des öffentlichen Haushaltes herangezogen (s. Rz. 1).

21 Die Steuerhinterziehung ähnelt dem in § 263 StGB geregelten Betrug (als „Steuerbetrug" gegenüber dem Staat und der Gemeinschaft der Steuerpflichtigen). Die Steuerhinterziehung ist zwar ein sog. *Erfolgsdelikt*, aber kein Verletzungsdelikt, sondern ein **konkretes Gefährdungsdelikt**[1]. Wie § 370 IV 1, 3 AO (dazu näher Rz. 38) zeigen, erfordert der tatbestandliche Erfolg einer Steuerhinterziehung nicht, daß das staatliche Vermögen

---

10 S. BVerfGE 22, 49, 73 ff., 80 f., wo es das früher geltende Strafbescheids- und Unterwerfungsverfahren der Finanzämter als verfassungswidrig verwarf.

11 Dies gilt auch für das *summarische* Strafbefehlsverfahren (§§ 407 ff. StPO), in dem die Finanzbehörden aber ein eigenes Antragsrecht nach § 400 Hs. 1 AO besitzen, s. § 25 Rz. 41 ff.

1 Das konkrete Gefährdungsdelikt unterscheidet sich vom Verletzungsdelikt dadurch, daß der tatbestandsmäßige Erfolg nicht in einer Schädigung des geschützten Handlungsobjektes liegen muß, sondern der Eintritt einer Gefahr, bei der die Möglichkeit einer Schadensverwirklichung nahe liegt, ausreicht, s. *H.-H. Jescheck*, Lehrbuch des Strafrechts[4], Allgemeiner Teil, Berlin 1988, § 26 II 2, 237 f.

tatsächlich geschädigt wird, vielmehr reicht dazu die (z. B. durch eine unrichtige Steuerfestsetzung bewirkte) konkrete Gefährdung des staatlichen Steueranspruchs aus.

Die Frage, ob eine „steuerlich erhebliche Tatsache" und eine „Steuerverkürzung" oder ein „ungerechtfertigter Steuervorteil" vorliegen, richtet sich nach den Vorschriften des materiellen Steuerrechts[2]. Deshalb hält die h. M. § 370 AO für einen sog. **Blankettstraftatbestand**[3]. 22

2. Objektiver Tatbestand

2.1 Tathandlung

§ 370 AO schützt das Steueraufkommen nicht generell gegen die bloße Nichterfüllung des Steueranspruchs, sondern nur gegen **bestimmte Angriffsarten** des Täters: 23

(1) wenn jemand der Finanzbehörde oder einer anderen Behörde über steuerlich erhebliche *Tatsachen* unrichtige oder unvollständige Angaben macht (§ 370 I Nr. 1 AO: durch *positives Tun*)[4];

(2) wenn die Finanzbehörde pflichtwidrig über steuerlich erhebliche *Tatsachen* in Unkenntnis gelassen wird (§ 370 I Nr. 2 AO: durch *Unterlassen*);

(3) wenn jemand pflichtwidrig Steuerzeichen (z. B. Tabaksteuerbanderolen, § 6 TabStG) oder Steuerstempler nicht verwendet (§ 370 I Nr. 3 AO: durch *Unterlassen*).

§ 370 I Nrn. 1, 2 AO stellen die Täuschung über *Tatsachen*, nicht aber das **Abweichen von einer Rechtsauffassung** der Verwaltung oder Rechtsprechung unter Strafe. Der Steuerpflichtige und sein steuerlicher Berater dürfen daher in der Steuererklärung eine abweichende Rechtsauffassung vertreten, solange sie dadurch nicht bewußt entscheidungserhebliche Tatsachen unterdrücken[5]. 24

Eine (versuchte) **Steuerumgehung** (§ 42 AO) kann nur dann als Steuerverkürzung bestraft werden, wenn der Täter der Finanzbehörde pflichtwidrig Tatsachen verschweigt, die die Finanzbehörde in Stand gesetzt hätten, eine Steuerumgehung anzunehmen und die Steuer höher festzusetzen[6]. 25

Täter des in § 370 I Nr. 1 AO normierten Tatbestandes kann nicht nur ein Steuerpflichtiger, sondern *jedermann,* also auch dessen Steuerberater[7], Angestellter (z. B. Buchhalter) oder gar ein Finanzbeamter[8] sein. Dagegen bilden die beiden *unechten Unterlassungsdelikte* der § 370 I Nrn. 2, 3 AO *Sonderdelikte*, die nur derjenige als Täter verwirklichen kann, der zur Mitteilung der steuerlich erheblichen Tatsachen oder zur Verwendung der 26

2 Nach BVerfGE 37, 201, 208 f.; BVerfG wistra 91, 175, genügt der Tatbestand des § 370 AO gleichwohl dem Bestimmtheitsgebot des Art. 103 II GG.

3 Vgl. BGHSt 20, 177, 180 f.; BGH wistra 82, 108, 109; *G. Kohlmann*, Steuerstrafrecht, Teil B, Rdn. 13 f.; *K. Franzen*/B. Gast-de Haan/E. Samson, Steuerstrafrecht[3], Einl., Rdn. 5; dazu kritisch *P. Backes,* Zur Problematik der Abgrenzung von Tatbestands- und Verbotsirrtum im Steuerstrafrecht, Diss. Köln 1981, 111 ff.; *E. Samson,* DStJG Bd. 6 (1983), 99, 105 ff.; *S. v. d. Heide*, Tatbestands- und Vorsatzprobleme bei der Steuerhinterziehung nach § 370 AO, Diss. Bochum 1986, 170 ff., 199 ff.: § 370 I Nr. 1 AO enthält sog. *normative* Tatbestandsmerkmale.

4 Dazu *B. Hilgers,* Täuschung und/oder Unkenntnis der Finanzbehörde – notwendige Voraussetzung der Strafbarkeit wegen Steuerhinterziehung?, Diss. Köln 1985.

5 Zum Problem s. *K. Hanßen,* Steuerhinterziehung und leichtfertige Steuerverkürzung (§§ 370, 378 AO) durch Abweichen von der höchstrichterlichen Finanzrechtsprechung – insbesondere durch Steuerberater?, Diss. Kiel, Frankfurt a. M. u. a. 1984; *J. Krieger,* Täuschung über Rechtsauffassungen im Steuerstrafrecht, Diss. Kiel 1987.

6 Dazu *K. Tipke,* StbJb. 1972/73, 509, 520 ff.; *Ulmer,* DStZ 86, 292 ff.; *H.-G. Meine,* wistra 92, 81 ff.

7 Ausf. zu Fragen der Strafbarkeit des Steuerberaters *J. Danzer,* DStJG Bd. 6 (1983), 67 ff.; *E. Schlüchter,* Steuerberatung im strafrechtlichen Risiko?, 1986; *J. Dickopf,* Steuerberatung und steuerstrafrechtliche Risiken, Diss. rer. pol. Köln, Düsseldorf 1991; *K. Tipke,* StRO III, 1428 ff.

8 Dazu *E. Giemulla,* Die Strafbarkeit des Steuerbeamten wegen Steuerhinterziehung nach der AO 1977, Diss. Köln 1979.

Steuerzeichen verpflichtet ist und sich dadurch in einer sog. *Garantenstellung* befindet. Die Garantenpflichten ergeben sich in erster Linie aus Gesetzen, insb. aus den Steuergesetzen. In der AO und den Einzelsteuergesetzen sind zahlreiche Mitteilungs-, Offenbarungs-, Anzeige-, Auskunfts- und ähnliche Pflichten normiert, die der finanzbehördlichen Sachaufklärung dienen. Alle diese steuerlichen Pflichten sind Garantenpflichten i. S. d. § 370 I Nr. 2 AO.

Beispiele für pflichtwidrige Unterlassungen i. S. d. § 370 I Nr. 2 AO: Nichtabgabe oder verspätete Abgabe von Steuererklärungen (dazu gehören auch Steueranmeldungen, s. § 22 Rz. 185); Verstoß gegen die Berichtigungspflicht nach § 153 AO (dazu § 22 Rz. 191); Nichterfüllung der Anzeigepflichten der §§ 137–139 AO (dazu § 22 Rz. 174).

27 § 370 I Nr. 2 AO stellt zwar die pflichtwidrige Nichtabgabe einer Steuererklärung (z. B. Lohnsteuer-, Umsatzsteueranmeldung) unter Strafe, *nicht* aber die unterlassene oder verspätete *Zahlung*. Der letztgenannte Pflichtverstoß wird nur für sog. *Abzugsteuern* (z. B. Lohn- und Kapitalertragsteuer) als Ordnungswidrigkeit nach § 380 AO geahndet (dazu Rz. 111 f.).

2.2 Taterfolg

28 Der Tatbestand des § 370 AO ist nur erfüllt, wenn durch eine der drei genannten Tathandlungen für den Täter oder eine andere Person **Steuern verkürzt** oder **ungerechtfertigte Steuervorteile** erlangt werden (§ 370 I Hs. 2 AO).

2.2.1 Steuerverkürzung

29 Die Steuerverkürzung setzt nicht voraus, daß es auch tatsächlich (und endgültig) zu einem Steuerausfall kommt. Vielmehr wird eine Steuer bereits dann verkürzt, wenn die *rechtzeitige und vollständige Verwirklichung des staatlichen Steueranspruchs*, d. h. der volle Ertrag der Steuer gefährdet wird[9]. § 370 IV 1 Hs. 1 AO drückt dies beispielhaft so aus, daß Steuern dann verkürzt sind, wenn sie nicht, nicht in voller Höhe oder nicht rechtzeitig[10] festgesetzt werden. Unerheblich ist dabei, ob die Steuerfestsetzung endgültig oder vorläufig oder unter dem Vorbehalt der Nachprüfung erfolgt. Eine nicht rechtzeitige Steuerfestsetzung liegt deshalb auch dann vor, wenn eine Steueranmeldung verspätet abgegeben wird (s. §§ 168 S. 1, 370 IV 1 Hs. 2 AO).

30 Für den Eintritt des Taterfolges durch Steuerverkürzung ist zwischen den sog. **Veranlagungssteuern** (z. B. Einkommen-, Körperschaft-, Gewerbe- und Vermögensteuer) und sog. **Fälligkeitssteuern** zu unterscheiden. Zu den Fälligkeitssteuern gehören insb. die sog. *Selbsterrechnungssteuern,* die der Steuerpflichtige – ohne daß es einer Festsetzung durch die Finanzbehörde bedarf – selbst berechnet und anmeldet (z. B. Umsatz-, Lohn-, Kapitalertrag-, Aufsichtsratsteuer, Steuerabzug bei Vergütungen für beschränkt Steuerpflichtige). Dagegen hängt bei den sog. Veranlagungssteuern die Erhebung der geschuldeten Steuer von der vorherigen Festsetzung durch die Finanzbehörde ab (s. § 220 II 2 AO).

31 Der tatbestandliche Erfolg tritt für eine **Veranlagungssteuer** nicht erst mit deren Fälligkeit, sondern bereits mit der *Festsetzung* des Steuerbetrages ein. Unter Festsetzung versteht die h. M.[11] die *Bekanntgabe* des Steuerbescheides (s. § 124 I AO, dazu § 22 Rz. 61 ff.).

---

9 Vgl. BGHSt 24, 178, 181; *G. Kohlmann,* Steuerstrafrecht, § 370 AO Rdn. 128; *Hübner,* HHSp, AO, § 370 Rz. 12a.

10 Dazu *P. Bilsdorfer,* DStJG Bd. 6 (1983), 155 ff.

11 Vgl. *G. Kohlmann,* Steuerstrafrecht, § 370 AO Rdn. 261.

Ein Problem ergibt sich, wenn der Täter die Steuerfestsetzung dadurch verhindert, daß er überhaupt keine Steuererklärung abgibt. Mangels Festsetzung könnte die Vollendung der Tat hier nie eintreten. Um dieses unbefriedigende Ergebnis zu vermeiden, bestimmt die h. M. den Zeitpunkt des Verkürzungserfolges nach dem hypothetischen Verlauf, den das Besteuerungsverfahren ohne das pflichtwidrige Verhalten voraussichtlich genommen hätte. Danach tritt die Steuerverkürzung in dem Zeitpunkt ein, in dem die *Veranlagungsarbeiten* im jeweiligen Veranlagungsbezirk des Finanzamtes spätestens *abgeschlossen worden wären*[12]. Dabei wird nach dem Grundsatz „in dubio pro reo" zugunsten des Steuerpflichtigen unterstellt, daß sein Fall als letzter bearbeitet worden wäre. Dasselbe gilt für den Fall einer verspäteten Abgabe der Steuererklärung für die Beurteilung der Frage, ob die Festsetzung verspätet erfolgt. 32

Bei den sog. **Selbstberechnungssteuern** ist die rechtzeitige und vollständige Verwirklichung des Steueranspruchs gefährdet und damit der Verkürzungserfolg eingetreten, wenn die Steuer zum Fälligkeitszeitpunkt (dazu §§ 220 I AO, 41a, 44 I 5, 45a, 50a V EStG, 18 UStG) nicht, nicht rechtzeitig oder nicht in der richtigen Höhe angemeldet wird[13]. 33

Die Verkürzung der Steuer kann auch noch *nach* der Steuerfestsetzung eintreten, nämlich durch Handlungen, die bewirken, daß die Beitreibung der Steuer verzögert oder verhindert wird[14]. 34

Beispiel: Der Steuerpflichtige täuscht Zahlungsunfähigkeit vor und erreicht Stundung oder einstweilige Einstellung der Vollstreckung.

2.2.2 Erlangung eines nicht gerechtfertigten Steuervorteils

§ 370 I Hs. 2 AO nennt als zweite Taterfolgsalternative neben der Steuerverkürzung die Erlangung eines ungerechtfertigten Steuervorteiles. Trotz vielfältiger Bemühungen lassen sich beide Alternativen nicht voneinander abgrenzen. Beide Begriffe richten sich übereinstimmend auf den Taterfolg der konkreten Gefährdung des staatlichen Steueranspruchs, beschreiben diesen dabei lediglich aus unterschiedlichen Blickwinkeln: die Steuerverkürzung kennzeichnet die Gefährdung des Steueranspruchs aus Sicht des Staates, der ungerechtfertigte Steuervorteil dagegen aus Sicht des Steuerpflichtigen. Deshalb liegt in der Steuerverkürzung gleichzeitig ein Fall des ungerechtfertigten Steuervorteils und umgekehrt. 35

Dagegen versucht die h. M. den Anwendungsbereich der Begriffe der Steuerverkürzung und des Steuervorteils voneinander gegenständlich abzugrenzen. Sie versteht unter einem Steuervorteil nur *besondere* Vorteile (d. h. besondere Erscheinungsformen der Steuerverkürzung)[15]. Als Steuervorteil sieht die h. M. – mit teilweise erheblichen Überschneidungen zur Steuerverkürzung – an: das Erschleichen von Stundung (§ 222 AO), Aussetzung der Vollziehung (§ 361 AO), Vollstreckungsaufschub (§ 258 AO), Erlaß (§ 227 AO); die Eintragung eines Freibetrages auf der Lohnsteuerkarte (§ 39a EStG); die Erlangung von Steuervergütungen (Vorsteuerabzug, Körperschaftsteueranrechnung) und von Steuererstattungen. 36

Von Bedeutung ist der Begriff des Steuervorteils indessen für die Abgrenzung der Steuerhinterziehung vom **Subventionsbetrug** (§ 264 StGB) und vom **Betrug** (§ 263 StGB)[16]. Besteht der tatbestandliche Erfolg einer Täuschungshandlung in einem ungerechtfertigten Steuervorteil, dann sind Subventionsbetrug und Betrug aufgrund der Spezialität der Steuerhinterziehung ausgeschlossen. 37

12 BGHSt 30, 122, 123; *G. Kohlmann*, Steuerstrafrecht, § 370 AO Rdn. 137.
13 *G. Kohlmann*, Steuerstrafrecht, § 370 AO Rdn. 143.
14 S. BGHSt 28, 371, 375 ff.
15 S. im einzelnen K. Franzen/B. Gast-de Haan/*E. Samson*/W. Joecks, Steuerstrafrecht[3], § 370 AO Rdn. 65 ff.; *Hübner*, HHSp, AO, § 370 Rz. 31 f.; *G. Kohlmann*, Steuerstrafrecht, § 370 AO Rdn. 104, 170 ff., m. w. N.; *J. Patzelt*, Ungerechtfertigte Steuervorteile und Verlustabzug im Steuerstrafrecht, Vollendung und Verjährungsbeginn bei der Steuerhinterziehung, Diss. Köln 1990, 65 ff.
16 Dazu ausf. *A. Fuhrhop*, Der Steuervorteilsbegriff i. S. des § 370 AO. Eine Abgrenzung zu dem Begriff des Vermögensvorteils i. S. des § 263 StGB und dem Begriff der Subvention i. S. des § 264 StGB, Diss. Kiel, München 1979.

Diesbezüglich stellt § 370 IV 2 AO klar, daß auch Steuervergütungen Steuervorteile i. S. d. § 370 I AO sind. Deshalb verwirklicht ein (tatsächlich existierender) Unternehmer selbst dann eine Steuerhinterziehung und keinen Betrug, wenn er sich Vorsteuervergütungen unter Vorspiegelung eines insgesamt erfundenen steuerlichen Vorgangs erschleicht[17].

2.2.3 Kompensationsverbot (§ 370 IV 3 AO)[18]

38 Durch die Steuerverkürzung braucht dem Fiskus kein Schaden zu entstehen (s. Rz. 21). Nach § 370 IV 3 AO ist es ohne Bedeutung, wenn die Steuer, die sonst (ohne Verkürzungshandlung) festgesetzt worden wäre, aus anderen Gründen hätte ermäßigt werden müssen. Nach h. M. soll § 370 IV 3 AO – im Interesse der Verwaltungsvereinfachung – vermeiden, daß der gesamte Steuerfall neu aufgerollt und der Steueranspruch auf seine Berechtigung hin in vollem Umfang überprüft werden muß[19]. Die Rechtsprechung interpretiert § 370 IV 3 AO freilich einschränkend: Das Kompensationsverbot wird *nicht* angewendet, wenn die steuermindernden Umstände *unmittelbar* mit den verschwiegenen, steuerbegründenden Tatsachen zusammenhängen und bei pflichtgemäßer Offenbarung ohne weiteres (automatisch) zu berücksichtigen gewesen wären.

Beispiel: Betriebsausgaben, die in unmittelbarem Zusammenhang mit verschwiegenen Betriebseinnahmen stehen, werden abgezogen[20]. Dagegen sollen dem Kompensationsverbot unterfallen: Vorsteuern bei nicht erklärten Umsätzen, selbst wenn sie diese übersteigen[21]; Verlustabzug nach 10d EStG[22].

39 U. E. verdeutlicht § 370 IV 3 AO den Charakter der Steuerhinterziehung als ein **konkretes Gefährdungsdelikt:** Zurückgehaltene, kompensatorische Umstände bleiben wegen konkreter Vermögensgefährdung unberücksichtigt, wenn sie unabhängig von der Steuerverkürzung in einem zweiten Akt noch steuermindernd hätten geltend gemacht werden können[23].

40 Das Kompensationsverbot bezieht sich nach § 370 IV 3 AO sowohl auf Steuerverkürzungen als auch auf ungerechtfertigte Steuervorteile.

2.3 Kausalität zwischen Tathandlung und Taterfolg

41 Die Tathandlung muß kausal für den Taterfolg sein. Daran mangelt es, wenn die Finanzbehörde den wahren Sachverhalt kannte. Tritt der Taterfolg nicht ein, kann allenfalls eine *versuchte* Tat vorliegen (dazu Rz. 50).

2.4 Verkürzung von EG- oder EFTA-Eingangsabgaben

42 Steuerhinterziehung liegt auch vor, wenn sich die Tat auf Eingangsabgaben (Zölle, Abschöpfungen, Verbrauchsteuern, Einfuhrumsatzsteuer) bezieht, die von einem anderen Mitgliedstaat der Europäischen Gemeinschaften verwaltet werden oder die einem Mitgliedstaat der Europäischen Freihandelsassoziation oder einem mit diesem assoziierten Staat zustehen (s. § 370 VI, VII AO).

---

17 So unter Aufgabe der früher anderslautenden Rspr. BGHSt 36, 100, 102 ff. = wistra 89, 226 f.; BGH wistra 90, 58.

18 Dazu *H.-G. Meine,* Das Vorteilsausgleichsverbot in § 370 IV 3 AO 1977, Diss. Köln 1984; *ders.,* wistra 91, 127 ff.

19 S. *G. Kohlmann,* Steuerstrafrecht, § 370 AO Rdn. 159; *P. Bilsdorfer,* DStZ 83, 447.

20 BGH wistra 88, 356; 91, 27, 28.

21 BGH wistra 85, 225; 91, 107 f.

22 BGH wistra 84, 183; dazu *L. Bublitz,* DStR 85, 653 ff.; *J. Patzelt* (Fn. 15), 110 ff.

23 S. K. Franzen/B. Gast-de Haan/*E. Samson*/W. Joecks, Steuerstrafrecht[3], § 370 AO Rdn. 46k.

3. Subjektiver Tatbestand, Irrtum

Die Steuerhinterziehung setzt in allen Tatbeständen ein **vorsätzliches Handeln** voraus. 43
Dabei reicht bedingter Vorsatz *(dolus eventualis)* aus. Eine besondere Absicht ist – anders als beim Betrug (§ 263 StGB) – nicht erforderlich. Grob fahrlässige (leichtfertige) Steuerverkürzung ist zwar nicht strafbar, stellt aber eine Ordnungswidrigkeit nach § 378 AO (dazu Rz. 90 ff.) dar.

Der Vorsatz muß sich auf *sämtliche* Tatbestandsmerkmale beziehen. Dazu ist es nicht 44
erforderlich, daß dem Täter in einer exakten juristischen Subsumtion die genauen steuerrechtlichen Folgen bewußt geworden sind[24]. Der Vorsatz wird aber ausgeschlossen, wenn der Täter – in der Parallelwertung in der Laiensphäre – auch nur über ein Merkmal des jeweiligen Tatbestandes des § 370 I AO irrt (sog. **Tatbestandsirrtum,** §§ 369 II AO, 16 I 1 StGB). In diesem Fall verbleibt nur die Möglichkeit einer Bestrafung wegen leichtfertiger Steuerverkürzung nach § 378 AO (s. §§ 369 II AO, 16 I 2 StGB).

Umstritten ist, ob ein **Irrtum über die Steuerrechtslage** ein Tatbestandsirrtum i. S. d. § 16 I 1 StGB 45
darstellt[25].

Beispiel: A ist der festen Überzeugung, daß die Wertpapiere, die er im Depot einer Bank in Luxemburg hält, in Deutschland zu keiner Steuer führen. Deshalb gibt er in seiner Einkommensteuererklärung die Wertpapiererträge nicht an. – Die in § 370 I AO enthaltenen Tatbestandsmerkmale „steuerlich erhebliche Tatsache" und „Steuerverkürzung/Steuervorteil" bedürfen einer näheren Konkretisierung durch die Einzelsteuergesetze (s. Rz. 22). Versteht man § 370 I AO in dem Sinne als *Blankettstraftatbestand,* daß die Normen der Einzelsteuergesetze *Teil* des Tatbestandes der Steuerhinterziehung sind, dann ist ein Irrtum über die Steuerrechtslage gleichbedeutend mit einem Irrtum über die Verbotsnorm des § 370 AO, also ein – den Vorsatz unberührt lassender – sog. **Verbotsirrtum** i. S. d. §§ 369 II AO, 17 StGB[26]. Danach hätte sich A im Beispielsfall einer vorsätzlichen Steuerhinterziehung nach § 370 I Nr. 1 AO schuldig gemacht, wenn er seinen Irrtum vermeiden konnte (s. § 17 S. 2 StGB).

Anders judiziert hingegen die Rspr. mit Billigung der steuerstrafrechtlichen h. L. Nimmt der 46
Steuerpflichtige an, daß die von ihm vorgenommene steuerliche Behandlung korrekt gewesen ist, so liegt nach ihr ein vorsatzausschließender **Tatbestandsirrtum** vor[27]. Damit behandelt die h. M. die Merkmale „steuerlich erhebliche Tatsachen" und „Steuerverkürzung/Steuervorteil" als sog. *normative* Tatbestandsmerkmale. Konsequenterweise müßte die Rspr. dann aber von der Vorstellung Abstand nehmen, daß § 370 I Nr. 1 AO einen Blankettstraftatbestand darstellt (dazu Rz. 22)[28].

Dagegen gehören zum Tatbestand eines unechten Unterlassungsdelikts nur die Merkmale der 47
Garantenstellung, nicht aber die Garantenpflicht selbst[29]. Deshalb führt im Falle der § 370 I Nrn. 2,

24 Ein bloßer *Subsumtionsirrtum* tangiert den Vorsatz nicht, s. *C. Roxin,* Strafrecht, Allgemeiner Teil, Bd. I, München 1992, § 12 II, Rdn. 85 ff.

25 Dazu ausf. *J. Bachmann,* Vorsatz und Rechtsirrtum im Allgemeinen Strafrecht und im Steuerstrafrecht, Diss. Kiel, Berlin 1993, 145 ff.

26 So *M. Maiwald,* Unrechtskenntnis und Vorsatz im Steuerstrafrecht, Heidelberg 1984, 15 ff.; *K. Tipke,* StRO III, 1424 ff. Dies ist auf der Basis der im allgemeinen Strafrecht geltenden h. L., die einen Irrtum über die blankettausfüllende Norm als Verbotsirrtum qualifiziert, konsequent, s. etwa *H.-H. Jescheck* (Fn. 1), § 29 V 3, 277 m. w. N.; *C. Roxin* (Fn. 24), § 12 II, Rdn. 95.

27 BGH NJW 80, 1005, 1006; BGH wistra 86, 174; 86, 220 f.; 89, 263, 264; BayObLG wistra 90, 202 f.; ebenso *H. Welzel,* NJW 53, 486 ff.; *P. Backes* (Fn. 3), 152 ff.; *ders.,* StuW 82, 253 ff.; *E. Samson,* DStJG Bd. 6 (1983), 99, 105 f.; *S. v. d. Heide* (Fn. 3), 204 ff.; *E. Schlüchter,* wistra 85, 43, 47; *W. Reiß,* wistra 87, 161, 163; *C. Roxin* (Fn. 24), § 12 II, Rdn. 91; *G. Kohlmann,* Steuerstrafrecht, § 370 AO Rdn. 224 ff.

28 *M. Maiwald* (Fn. 26), 16; *E. Schlüchter,* wistra 85, 43, 45 f., halten demgegenüber die Unterscheidung zwischen Blankettstraftatbestand und normativem Tatbestandsmerkmal für die Irrtumsproblematik für irrelevant.

29 Vgl. BGHSt 16, 155, 158; 19, 295, 298 f.; *H.-H. Jescheck* (Fn. 1), § 60 I, 575, m. w. N.

3 AO ein Irrtum über die – die Garantenpflicht begründende – Gebotsnorm zu einem sog. **Gebotsirrtum**, der in seiner Umkehrung ein *Verbotsirrtum* i. S. d. §§ 369 II AO, 17 StGB ist[30].

Beispiel: A eröffnet einen Gewerbebetrieb und erzielt steuerpflichtige Einkünfte. A gibt keine Einkommensteuererklärung ab, weil er glaubt, daß er erst auf Anforderung durch das Finanzamt dazu verpflichtet sei. A befindet sich in einem Gebotsirrtum (= umgekehrter Verbotsirrtum, § 17 StGB) über die Handlungspflicht nach §§ 149 AO, 25 III 1 EStG, 56 I EStDV.

4. Zeitliche Stadien der Tat

48 Es lassen sich folgende zeitliche Phasen einer Steuerhinterziehung unterscheiden:

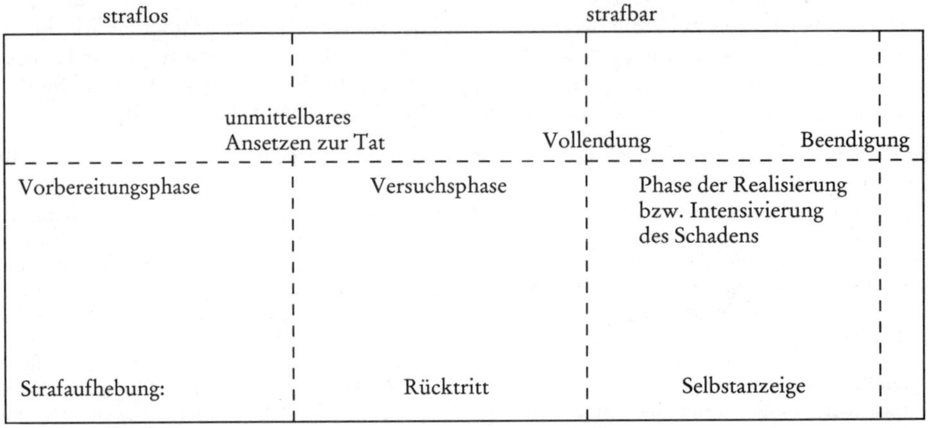

Die einzelnen Phasen der Steuerhinterziehung führen zu unterschiedlichen Rechtsfolgen.

49 **Vorbereitungshandlungen** zur Steuerhinterziehung sind *nicht strafbar*[31]. Zu den Vorbereitungshandlungen zählen: Ausstellen unrichtiger Belege (s. aber § 379 I 1 Nr. 1 AO), Falschbuchungen (s. aber § 379 I 1 Nr. 2 AO), Aufstellen falscher Bilanzen oder falscher GuV-Rechnungen, unrichtiges Ausfüllen des Steuererklärungsvordrucks (vor dessen Abgabe beim Finanzamt). In diesen Fällen liegt noch kein Versuch (= teilweise realisierte Tat, s. § 22 StGB) vor, weil noch nicht unmittelbar zu den Handlungen/Unterlassungen nach § 370 I Nrn. 1, 2 AO angesetzt worden ist.

50 Dagegen ist der **Versuch** der Steuerhinterziehung *strafbar* (§ 370 II AO).

Beispiel für den Übergang in das Versuchsstadium: Der Steuerpflichtige wirft die unrichtig ausgefüllte Steuererklärung in den Briefkasten des Finanzamtes.

Der Versuch kann milder als die vollendete Tat bestraft werden (§§ 369 II AO, 23 II, 49 I StGB). Während des Versuchsstadiums der Tat ist – unbeschadet der nach Vollendung der Tat einschlägigen Selbstanzeige (§ 371 AO, dazu Rz. 54 ff.) – Rücktritt nach §§ 369 II AO, 24 StGB möglich[32].

51 Zum Zeitpunkt der **Vollendung** der Tat bei Veranlagungs- und Fälligkeitssteuern s. Rz. 30 ff. Die vollendete Steuerhinterziehung begründet die Haftung nach § 71 AO (s. § 7 Rz. 53) und die Verzinsungspflicht nach § 235 AO (s. § 22 Rz. 356). Nach Vollendung der Tat kann gleichwohl noch Straffreiheit durch eine Selbstanzeige i. S. d. § 371 AO (dazu Rz. 54 ff.) erlangt werden.

52 Von der Vollendung ist die **Beendigung** der Tat zu unterscheiden. Beide Zeitpunkte können zusammenfallen, müssen es aber nicht. Sie fallen auseinander, wenn noch nach Vollendung das Folgeverhalten des Täters zu weiteren Beeinträchtigungen des Rechtsgutes beiträgt.

---

30 S. BGH wistra 86, 219, 220 a. E.; *E. Samson*, DStJG Bd. 6 (1983), 99, 106 ff.; *W. Reiß*, wistra 87, 161, 164; a. A. *G. Kohlmann*, Steuerstrafrecht, § 370 AO Rdn. 228: Irrtum über Garantenpflicht = Tatbestandsirrtum; krit. auch *E. Schlüchter*, wistra 85, 43, 49 f.

31 Zur Abgrenzung der straflosen Vorbereitungshandlung vom strafbaren Versuch s. *J. Höser*, Vorbereitungshandlung und Versuch im Steuerstrafrecht, Diss. Köln, Köln 1984.

32 BGH wistra 91, 223, 225.

Beispiele: Die Hinterziehung von Steuervorauszahlungen findet Eingang in den Jahressteuerbescheid; bei der Nichtabgabe einer Steuererklärung wird erst nach Abschluß der Veranlagungsarbeiten ein Schätzungsbescheid erlassen (s. Rz. 32).

Die **Verfolgungsverjährung** (§§ 369 II AO, 78 II Nr. 4 StGB = 5 Jahre für Steuerhinterziehung) beginnt erst im Zeitpunkt der *Beendigung* der Tat (§ 78a S. 1 StGB). In der Phase zwischen Vollendung und Beendigung ist noch eine **Teilnahme** (§§ 369 II AO, 26, 27 StGB) an der Steuerhinterziehung möglich[33]. 53

5. Selbstanzeige (§ 371 AO)

Literatur: *P. Pfaff,* Kommentar zur steuerlichen Selbstanzeige, Berlin 1977; *P. Holper,* Die steuerrechtliche Selbstanzeige – Ein Sonderfall des Rücktritts vom vollendeten Delikt, Diss. Würzburg 1981; *D. Kratzsch,* DStJG Bd. 6 (1983), 283; *D. Hoffschmidt,* Über die Rechtfertigung der strafbefreienden Selbstanzeige im Steuerstrafrecht (§ 371 AO), Diss. Bielefeld 1988; *Wassmann,* Die Selbstanzeige im Steuerrecht, 1991; *Chr. Löffler,* Grund und Grenzen der steuerstrafrechtlichen Selbstanzeige, Diss. Kiel, Baden-Baden 1992.

5.1 Rechtsnatur und Zweck der Selbstanzeige

Die Selbstanzeige ist ein Fall des nur ausnahmsweise strafbefreienden **Rücktritts von der vollendeten Tat**[34]. Ebenso wie der Rücktritt vom Versuch (§ 24 StGB) bildet die Selbstanzeige (§ 371 AO) einen *persönlichen Strafaufhebungsgrund,* der die bereits entstandene Strafbarkeit rückwirkend wieder beseitigt („wird straffrei")[35]. Als Teil des materiellen Strafrechts findet auf ihn der Grundsatz „in dubio pro reo" Anwendung. 54

Nach h. M. besitzt § 371 AO hauptsächlich einen **fiskalpolitischen Gesetzeszweck.** Es sollen durch die Straftat bisher verborgene, verheimlichte Steuerquellen erschlossen und so das Steueraufkommen vermehrt werden[36]. Die Tauglichkeit des Instruments der Straffreiheit zur Aufdeckung bisher unerkannter Steuerquellen ist u. E. eher skeptisch zu beurteilen[37]. Selbstanzeigen finden in der Praxis regelmäßig nur dann statt, wenn der Täter konkret die Entdeckung der Tat befürchtet, etwa weil eine Außenprüfung bevorsteht oder die Gefahr einer Fremdanzeige (z. B. wegen Differenzen mit Angestellten, Geschäftsfreunden oder mit dem Ehegatten im Scheidungsfalle) droht. In diesen Fällen ist die Finanzbehörde aber bereits aus eigener Kraft in der Lage, sich die Steuerquelle zu erschließen. Deshalb sollte die Selbstanzeige als ein Fall des Rücktritts von der vollendeten Steuerhinterziehung strafrechtsdogmatisch mit der *Strafzwecktheorie*[38] und dem **Gedanken der Wiedergutmachung**[39] gerechtfertigt werden anstatt mit dem bloßen Fiskalinteresse. 55

Die Selbstanzeige kann Dritten zugute kommen (§ 371 IV AO)[40]. Sie bewirkt nur Straffreiheit. Die Verzinsungspflicht nach § 235 AO bleibt unberührt (s. § 22 Rz. 358). 56

---

33 S. allgemein BGHSt 2, 344, 346; 6, 248, 251.

34 Als sog. *„tätige Reue"* wird das nach formeller Deliktsvollendung erfolgende Verhalten in einigen Vorschriften des besonderen Teils des StGB ebenfalls strafbefreiend oder strafmildernd berücksichtigt: z. B. §§ 83a, 87 III, 98 II, 99 III, 129 VI, 129a V, 158, 163 II, 239a IV, 239b II, 266a V, 310, 311c, 315 VI, 315b VI, 316a II, 316c IV, 330b StGB.

35 S. *H.-H. Jescheck* (Fn. 1), §§ 51 V 1, 52 II 2, 493 f., 498 f.

36 S. BGH NJW 74, 2293; BGHSt 29, 37, 40; BGH wistra 87, 342, 343; 91, 223, 225; *K. Franzen*/B. Gast-de Haan/E. Samson/J. Joecks, Steuerstrafrecht[3], § 371 AO Rdn. 11 ff.; *Engelhardt,* HHSp, AO, § 371 Rz. 18; *G. Kohlmann,* Steuerstrafrecht, § 371 AO Rdn. 18.

37 Zu Recht kritisch *Chr. Löffler,* Grund und Grenzen der steuerstrafrechtlichen Selbstanzeige, Baden-Baden 1992, 17 ff.

38 Dazu *H.-H. Jescheck* (Fn. 1), § 51 I, 486.

39 Dazu ausf. *Chr. Löffler* (Fn. 37), 167 ff.: Aufhebung des Strafbedürfnisses wegen *„normbestätigenden Nachtatverhaltens"*, 190.

40 Dazu *E. Samson,* wistra 90, 245 ff.; *T. Boelsen,* Die Regelung des § 371 Abs. 4 der Abgabenordnung 1977, Frankfurt a. M. u. a. 1994.

5.2 Positive Strafbefreiungsvoraussetzungen (§ 371 I, III AO)

57 § 371 AO macht die Straffreiheit von zwei positiven Handlungen abhängig:

(1) Der Täter muß im Fall des § 370 I Nr. 1 AO die unrichtigen oder unvollständigen Angaben berichtigten oder ergänzen und im Falle des § 370 I Nr. 2 AO die unterlassenen Angaben nachholen (§ 371 I AO = **Aufhebung des Handlungsunrechts**) *und*

(2) die zu seinen Gunsten hinterzogenen Steuern innerhalb einer ihm (vom Finanzamt nach Ermessen) gesetzten Frist nachzahlen (§ 371 III AO = **Aufhebung des Erfolgsunrechts**).

§ 371 AO nimmt den Strafanspruch zurück, weil der Täter oder Teilnehmer *zu einem rechtstreuen Verhalten zurückgefunden* (1) und den der Gemeinschaft entstandenen *Schaden wiedergutgemacht* (2) hat.

58 Die Selbstanzeige darf keine neuen Unrichtigkeiten oder Lücken enthalten. Kann der Steuerpflichtige mangels Aufzeichnungen keine exakten Angaben machen, so muß er alles in seinen Kräften Stehende tun, eine Schätzung zu ermöglichen. Eine bestimmte Form ist nicht vorgeschrieben, der Gebrauch des Wortes „Selbstanzeige“ nicht erforderlich. Auch konkludente Selbstanzeige ist möglich. So kann eine Selbstanzeige in der Abgabe einer Steuererklärung liegen, wenn der Steuerfall dem Finanzamt bisher nicht bekannt war; ebenso in der Abgabe einer richtigen USt-Jahreserklärung nach Abgabe falscher Voranmeldungen. Dagegen machen ein Antrag auf Außenprüfung oder die stillschweigende Steuernachzahlung keine Selbstanzeige aus.

5.3 Negative Strafbefreiungsvoraussetzungen (§ 371 II AO)

59 Zwar enthält § 371 AO – anders als § 24 I 1 StGB – *nicht ausdrücklich* das Merkmal der *Freiwilligkeit.* Jedoch schließt § 371 II AO die Straffreiheit der Selbstanzeige für bestimmte, abschließend geregelte **Fälle typisierter Unfreiwilligkeit** aus, in denen der Täter nicht aus eigenem Antrieb unter die Rechtsordnung zurückkehrt:

60 (1) Die Tat war im Zeitpunkt der Selbstanzeige ganz oder zum Teil bereits *entdeckt* und der Täter *wußte* dies oder *mußte* bei verständiger Würdigung der Sachlage damit *rechnen* (§ 371 II Nr. 2 AO).

61 Nach der Rspr. liegt **Tatentdeckung** erst dann vor, wenn bei vorläufiger Tatbewertung die Wahrscheinlichkeit der Tatverurteilung (= *hinreichender Tatverdacht* i. S. d. §§ 170 I, 203 StPO) besteht[41]. Dies führt zu erheblichen Friktionen insb. zum Ausschlußtatbestand des § 371 II Nr. 1b AO (Bekanntgabe der Einleitung eines Straf- und Bußgeldverfahrens), der lediglich einen Anfangsverdacht i. S. d. § 152 II StPO voraussetzt[42]. Da die „Entdeckung“ der Tat auch rücktrittsrechtlich das Anschauungsbeispiel für die Unfreiwilligkeit darstellt, sollte das im allgemeinen Strafrecht geltende Verständnis des Begriffs der „Entdeckung“ übernommen werden. Danach reicht es für die „Entdeckung“ aus, wenn ein anderer die Tat in ihren wesentlichen kriminellen Eigenschaften wahrgenommen hat und seine Kenntnis ausreicht, ein strafrechtliches Verfahren zu begründen[43].

62 Die Tat muß nicht von einer Finanzbehörde, sondern kann auch von anderen entdeckt werden. Dazu gehören aber nicht Angehörige des Täters und andere Personen seines Vertrauens.

63 (2) Dem Täter oder seinem Vertreter ist vor Abgabe der Selbstanzeige die *Einleitung eines Straf- und Bußgeldverfahrens* wegen der Tat *bekanntgegeben* worden (§ 371 II Nr. 1b AO).

64 Wird dem Täter die Einleitung eines die Tat betreffenden Straf- und Bußgeldverfahrens (dazu § 397 AO) bekannt, so befindet er sich in der **typischen Bestrafungsgefahr**, die auch im allge-

41 BGH wistra 83, 197; 85, 74; 88, 308; HFR 94, 165.

42 Die Rspr. wird ebenfalls abgelehnt von H. Leise/*G. Dietz*/E. Cratz, Steuerverfehlungen, § 371 AO, Rdn. 40, 40a; *Chr. Löffler* (Fn. 37), 256 ff.; *H. Dörn,* wistra 93, 169 f.

43 Vgl. *A. Eser,* A. Schönke/H. Schröder, Strafgesetzbuch[24], München 1991, § 24 StGB Rdn. 51.

meinen Rücktrittsrecht zur Annahme der Unfreiwilligkeit führt. Nach Einstellung des Verfahrens lebt die Möglichkeit der Selbstanzeige wieder auf.

(3) Vor Abgabe der Selbstanzeige ist ein *Amtsträger* der Finanzbehörde (§ 7 AO, z. B. Außenprüfer oder Steuerfahnder) zur steuerlichen Prüfung oder zur Ermittlung einer Steuerstraftat oder einer Steuerordnungswidrigkeit *erschienen* (§ 371 II Nr. 1a AO)[44]. 65

§ 371 II Nr. 1a AO *verlagert* die Sperrwirkung des § 371 II Nr. 2 AO (Tatentdeckung) auf einen Zeitpunkt *vor,* ab dem typischerweise die **konkrete Gefahr der Tatentdeckung** besteht. Das Gesetz nimmt typisierend an, daß eine Selbstanzeige nach dem Erscheinen des Prüfers aus Furcht vor bevorstehender Entdeckung der Tat und damit – im Sprachgebrauch des allgemeinen Rücktrittsrechts – unfreiwillig[45] erfolgt. Die Sperrwirkung vermeidet, daß der Täter die Selbstanzeige an den konkreten Prüfungsfeststellungen ausrichten kann. Die Sperrwirkung wird erst dann ausgelöst, wenn der Amtsträger zu einer *echten Prüfung* erscheint. Nicht ausreichend ist die bloße Prüfungsankündigung bzw. die Bekanntgabe der Prüfungsanordnung (§ 197 I AO). Der Umfang der Sperrwirkung wird nach h. M. durch die Kompetenz der Finanzbehörde und die Prüfungsanordnung gegenständlich begrenzt[46]. Nach Abschluß der Prüfung (d. h. nach Absenden des aufgrund der Prüfung ergehenden Steuerbescheides oder der Mitteilung nach § 202 I 2 AO) lebt die Selbstanzeigemöglichkeit wieder auf[47]. 66

Außerhalb des in § 371 II AO aufgeführten Kataloges handelt der sich selbst anzeigende Täter „freiwillig“. 67

6. Konkurrenzen, Fortsetzungszusammenhang

Verwirklicht der Täter mehrere Straftatbestände oder denselben Straftatbestand mehrfach, dann hängt der Umfang der Strafe davon ab, ob Tateinheit (sog. **Idealkonkurrenz,** § 52 StGB) oder Tatmehrheit (sog. **Realkonkurrenz,** § 53 StGB) vorliegt. Bei Tateinheit wird nur auf eine Strafe (s. § 52 StGB: nach dem schwersten Strafgesetz) erkannt, während im Falle von Tatmehrheit eine Gesamtstrafe gebildet wird, die über der verwirkten schwersten oder höchsten Einzelstrafe, aber unter der Summe der Einzelstrafen liegen muß (s. § 54 StGB). Verkürzt der Täter *verschiedene* Steuern, so geschieht dies regelmäßig in *Tatmehrheit.* Tateinheit kommt in diesem Fall nur ausnahmsweise in Betracht, wenn die Hinterziehungen durch dieselbe Erklärung oder durch mehrere, inhaltlich übereinstimmende Erklärungen in gleichzeitig abgegebenen Formblättern bewirkt werden[48]. 68

Beispiel: S gibt zusammen mit der Einkommensteuererklärung 1992 eine Vermögensteuererklärung auf den 1. 1. 1993 ab. In beiden Erklärungen verschweigt er pflichtwidrig den Wertpapierbestand und die Zinsen. Einkommen- und Vermögensteuerhinterziehung stehen im Verhältnis der Idealkonkurrenz (§§ 369 II AO, 52 I StGB) zueinander[49].

Eine **rechtliche Handlungseinheit i. S. d. § 52 StGB** bildete die sog. **fortgesetzte** Straftat[50]. Der Fortsetzungszusammenhang[51] führte zwar einerseits zur Anwendung des § 52 StGB, andererseits wurde aber der Beginn der Verfolgungsverjährung (§ 78a StGB) auf den Zeitpunkt der *Beendigung der letzten Einzeltat* hinausgeschoben. Dadurch konnte die für den Täter ungünstige Folge eintre- 69

44 Dazu *Westphahl,* Die strafbefreiende Selbstanzeige im Steuerrecht. Zum persönlichen Umfang der Sperrwirkung des § 371 Abs. 2 Nr. 1a AO beim Erscheinen im Betrieb, Diss. München 1987.
45 Vgl. *H.-H. Jescheck* (Fn. 1), § 51 III, 491.
46 So BGH wistra 88, 151; a. A. mit beachtlichen Ausführungen *Chr. Löffler* (Fn. 37), 238 ff.
47 So die h. M., s. *G. Kohlmann,* Steuerstrafrecht, § 371 AO Rdn. 146 m. w. N.
48 BGHSt 33, 163 ff. = wistra 85, 189 f.
49 S. BGH wistra 89, 267 f.
50 Dazu ausf. *G. Kohlmann,* FR 85, 517; *W. J. Klein,* Die negativen Rechtsfolgen des fortgesetzten Delikts im Strafrecht unter besonderer Berücksichtigung des Steuerstrafrechts, Diss. Köln 1986; *W. Bongartz,* Der Fortsetzungszusammenhang im Steuerstrafrecht, Diss. Köln, Frankfurt a. M. u. a. 1990; *T. Ditges/A. Graß,* DStR 92, 1001 ff.; *R. Schmitz,* wistra 93, 127 ff.
51 Zu den Voraussetzungen des Fortsetzungszusammenhangs nach der Rspr. s. BGHSt 36, 106, 109 f. = NJW 89, 1615; BGHSt 37, 45, 47 = NJW 90, 2697; BGHSt 38, 165, 166 = NJW 92, 1054; BGHSt 39, 256 = NJW 93, 2693.

ten, daß – bei isolierter Betrachtung – an sich verjährte Einzeltaten noch bestraft wurden. Der Fortsetzungszusammenhang führte im Einzelfall zu dem rechtsstaatlich überaus bedenklichen Ergebnis, daß Taten über mehrere Jahre oder gar Jahrzehnte (!) hinweg als rechtliche Handlungseinheit zusammengefaßt wurden und damit praktisch nicht verjährten[52].

70 Dieses rechtsstaatliche Defizit bewog die Rechtsprechung in der jüngeren Vergangenheit, die Voraussetzungen für die Annahme eines Fortsetzungszusammenhangs zu verschärfen[53]. Der anhaltenden Kritik folgend hat der Große Senat des BGH in dem grundlegenden Beschluß vom 3. 5. 1994 nunmehr die **Rechtsfigur** des Fortsetzungszusammenhangs unter sorgfältiger Abwägung der Vor- und Nachteile **ganz aufgegeben**[54]. Damit dürfen in Zukunft mehrere selbständige Begehungsakte nicht mehr zu einer einzigen „fortgesetzten" Tat verklammert werden, sondern sind als in *Tatmehrheit* zueinander stehende, eigenständige Taten zu behandeln.

71 Trifft eine Steuerhinterziehung (§ 370 AO) mit einer leichtfertigen Steuerverkürzung (§ 378 AO) zusammen, so wird bei **Tateinheit** allein wegen der Steuerhinterziehung bestraft (§§ 377 II AO, 21 I OWiG). Bei **Tatmehrheit** wird jede Tat nach den jeweils maßgebenden Vorschriften verfolgt.

7. Strafzumessung[55]

72 a) Die Steuerhinterziehung wird mit Freiheitsstrafe bis zu 5 Jahren oder mit Geldstrafe nach § 370 I AO bestraft. Wie dieser weite Strafrahmen im Einzelfall ausgefüllt werden muß, ist eine Frage der Strafzumessung, die sich nach §§ 369 II AO, 46 ff. StGB richtet. Das die Strafzumessung bestimmende Element besteht in der individuellen *Schuld* des Täters (sog. **Schuldmaßprinzip,** § 46 I 1 StGB). § 46 II 2 StGB enthält einen beispielhaften Katalog von *Strafzumessungstatsachen,* die das Strafmaß beeinflussen. Eine wichtige Strafzumessungstatsache bildet die vom Täter verschuldete Auswirkung der Steuerhinterziehung, also insb. die *Höhe der verkürzten Steuer.* Hierzu haben sich in der Praxis (uneinheitliche) Kataloge von **Strafrahmensätzen** entwickelt, wonach die Straf- und Bußgeldstellen der Finanzämter oder die Strafsachen-Finanzämter (dazu § 25 Rz. 7) sich bei Strafbefehlsanträgen (s. § 400 AO) richten[56]. Die Strafrahmensätze sind dabei *degressiv* gestaffelt, weil sich die persönliche Schuld des Täters nicht proportional zum entstandenen Schaden verhält.

Beispiel:

73 A hat vorsätzlich und schuldhaft 150 000 DM verkürzt.

Zone bis 20 000 DM:	Divisor 250 DM/Tagessatz =	80 Tagessätze,
Zone 20 001–100 000 DM:	Divisor 500 DM/Tagessatz =	160 Tagessätze,
Zone 100 001–150 000 DM:	Divisor 1000 DM/Tagessatz =	50 Tagessätze
„Richtwert"		290 Tagessätze.

In Anbetracht des Schuldmaßprinzips darf ein derartiger Strafrahmensatz-Katalog *nicht schablonenhaft* angewendet, sondern kann allenfalls – mit großer Vorsicht – als ein Ausgangswert betrachtet werden. Er muß dem individuellen Unrechtsgehalt und dem Grad des Verschuldens entsprechend im jeweiligen Einzelfall straferhöhend oder -mildernd angepaßt werden[57].

52 Plastisches Beispiel dafür im Falle von BGH wistra 88, 193 f.: Zeitraum von 27 Jahren für eine fortgesetzte Steuerhinterziehung!

53 Für das Steuerstrafrecht s. BGH wistra 89, 268; 91, 135, 136; 91, 272, 273; 92, 214; 93, 298, 299; NJW 93, 1692: Erfordernis einer sog. „*Institutionalisierung*" der Steuerhinterziehung.

54 NJW 94, 1663 ff. = wistra 94, 185 ff., unter ausführlicher Darstellung der Judikatur und des Schrifttums zum Fortsetzungszusammenhang; so jetzt auch der BGH v. 20. 6. 1994 – 5 StR 595/93 – umfassend für die Steuerhinterziehung (zur Veröffentlichung vorgesehen).

55 Dazu *H.-G. Meine,* Die Strafzumessung bei der Steuerhinterziehung, Heidelberg 1990; *ders.,* MSchrKrim. 80, 129 ff.; 82, 342 ff.; wistra 86, 94 ff.

56 Vgl. *H. Birmanns,* DStR 81, 647, 648; *W. Blumers,* wistra 87, 1, 4 f.; *H. Leise/G. Dietz/E. Cratz,* Steuerverfehlungen, § 369 AO Rdn. 64; *H.-G. Meine,* Die Strafzumessung bei der Steuerhinterziehung (Fn. 55), Rdn. 121, mahnt zu Recht an, daß die Dienstanweisungen wegen ihrer Bedeutung für die Praxis des Steuerstrafverfahrens amtlich veröffentlicht werden sollten.

57 Zu den einzelnen Strafzumessungstatsachen s. *G. Kohlmann,* Steuerstrafrecht, Teil B, Rdn. 178 ff.

Die **Geldstrafe** darf 360 Tagessätze nicht überschreiten (§ 40 I 2 StGB). Bei Tatmehrheit bilden 720 Tagessätze die Obergrenze (§ 54 II 2 StGB). Wenn damit der Unrechtsgehalt der Tat und die individuelle Schuld des Täters nicht angemessen gesühnt werden können, bleibt dem Gericht als Sanktionsmittel nur die Freiheitsstrafe. 74

Für die Bemessung der Geldstrafe ist in einem zweiten Schritt die **Höhe des Tagessatzes** nach dem *Grundsatz der Opfergleichheit* den wirtschaftlichen Verhältnissen des Täters entsprechend zu bestimmen (s. § 40 II 1 StGB)[58]. Dabei hat das Gericht in der Regel von dem durchschnittlichen *Tagesnettoeinkommen* des Täters (mind. 2 DM und max. 10 000 DM) auszugehen[59]. 75

Da die Höhe der Steuerverkürzung die Strafzumessung beeinflußt, muß sie genau festgestellt werden. Zwar sind **Schätzungen** nicht unzulässig, jedoch darf abweichend von § 162 AO nur der Mindestbetrag zugrunde gelegt werden, der mit an Sicherheit grenzender Wahrscheinlichkeit verkürzt worden ist (*in dubio minus*)[60]. Bei der Steuerverkürzung „auf Zeit" durch lediglich verspätete Steuerfestsetzung[61] darf als Verkürzungserfolg nur der entstandene „Verspätungsschaden" angesetzt werden. Steuerermäßigende Umstände, die dem Kompensationsverbot des § 370 IV 3 AO (dazu Rz 38 ff.) unterliegen, werden bei der Strafzumessung gleichwohl zugunsten des Täters berücksichtigt[62]. 76

b) § 370 III AO sieht eine **Strafschärfung** für besonders schwere Fälle der Steuerhinterziehung vor und nennt dazu vier (nicht abschließende) **Regelbeispiele,** die einen besonders schweren Fall *indizieren*[63]. In einem besonders schweren Fall liegt der Strafrahmen zwischen 6 Monaten und 10 Jahren Freiheitsstrafe. 77

c) Weitere **Strafverschärfungsgründe** enthält § 373 AO für die Hinterziehung von sog. *Eingangsabgaben* (= Zölle, Abschöpfungen, Einfuhrumsatzsteuer und Verbrauchsteuern, die an die Einfuhr anknüpfen). In den dort genannten Fällen ist eine Mindeststrafe von 3 Monaten Freiheitsstrafe vorgesehen, während die obere Grenze des Strafrahmens bei 5 Jahren Freiheitsstrafe verbleibt. Erfaßt werden: 78

(1) **Gewerbsmäßiger Schmuggel** = Gewerbsmäßige Hinterziehung von Eingangsabgaben (§ 373 I AO). Gewerbsmäßig handelt, wer sich durch wiederholte Begehung des Grunddelikts eine fortlaufende Einnahmequelle von (einiger) Dauer verschafft. Die Strafschärfung wird gerechtfertigt aus der sich in der Wiederholungsabsicht ausdrückenden, erhöhten Bereitschaft des Täters zu krimineller Betätigung und der damit verbundenen erhöhten Gefahr für das durch § 370 AO geschützte Rechtsgut (Parallelen: §§ 243 I Nr. 3, 260 I Nr. 2 StGB). 79

(2) **Gewaltsamer Schmuggel** = Hinterziehung von Eingangsabgaben, bei denen der Täter oder ein anderer Tatbeteiligter eine Schußwaffe, eine Waffe oder sonst ein Werkzeug oder Mittel bei sich führt, um den Widerstand eines anderen durch Gewalt oder Drohung mit Gewalt zu verhindern oder zu überwinden (§ 373 II Nrn. 1, 2 AO). Das Gesetz ordnet die Strafschärfung wegen der erhöhten objektiven Gefährlichkeit des Mittels bzw. der subjektiven Gefährlichkeit des Täters an (Parallelen: §§ 244 I Nrn. 1, 2, 250 I Nrn. 1, 2 StGB). 80

(3) **Bandenmäßiger Schmuggel** = Ausführung der Tat als Mitglied einer Bande, die sich zur fortgesetzten Begehung der Hinterziehung von Eingangsabgaben verbunden hat, unter Mitwirkung eines anderen Bandenmitglieds (§ 373 II Nr. 3 AO). Die Strafe wird erhöht, da das bandenmäßige Vorgehen der Tatausführung eine erhöhte Gefährlichkeit verleiht und in der gegenseitigen Verpflichtung der Bandenmitglieder sowie in der organisierten Kriminalität eine gesteigerte Gefahr für die Allgemeinheit zu sehen ist (Parallelen: §§ 244 II Nr. 3, 250 I Nr. 4, 260 I Nr. 2 StGB). 81

§ 373 AO findet nach der Rechtsprechung unter Hinweis auf den Wortlaut des § 370 VI AO keine Anwendung auf Eingangsabgaben, die von anderen Mitgliedstaaten der EG verwaltet werden[64]. 82

---

58 S. *P. Brandis,* Geldstrafe und Nettoeinkommen, Diss. Köln 1987, 3 f., 152 f.
59 Dazu ausf. *P. Brandis* (Fn. 58), 133 ff.
60 Dazu *H. Spiegel,* wistra 87, 48 ff.; *H. Dörn,* wistra 93, 50 ff.
61 Dazu *P. Bilsdorfer,* DStJG Bd. 6 (1983), 155 ff.
62 S. BGH wistra 85, 225; 88, 109; BayObLG wistra 90, 112.
63 Zu den Fällen im einzelnen s. *G. Kohlmann,* Steuerstrafrecht, § 370 AO Rdn. 326 ff.
64 S. BGH wistra 87, 293.

II. Bannbruch (§ 372 AO)

83 Bannbruch begeht, wer vorsätzlich Gegenstände einem Verbot zuwider einführt, ausführt oder durchführt (zu diesen Begriffen s. § 4 II Nrn. 3–5 AWG), ohne sie der zuständigen Zollstelle ordnungsgemäß anzuzeigen (§ 372 I AO). Die Aufnahme der Vorschrift in das Steuerstrafrecht erklärt sich daraus, daß die Einhaltung der (aus Sicherheits- oder Gesundheitsgründen, zu wirtschafts-, umwelt- oder kulturpolitischen Zwekken) überlassenen Verbote i. d. R. von *Zollbehörden* überwacht wird (s. z. B. § 46 AWG).

84 Die Tat wird wie eine Steuerhinterziehung bestraf, wenn sie nicht in anderen Vorschriften als Zuwiderhandlung gegen ein Einfuhr-, Ausfuhr- oder Durchfuhrverbot besonders mit Strafe oder Geldbuße bedroht ist (§ 372 II AO: Fall der *Subsidiarität*). Da all diese Verbote mit eigenen Straf- oder Bußgeldvorschriften bewehrt sind[65], wird zur Zeit nur noch das Verbot aus § 3 BranntwMonG erfaßt. Auf den Bannbruch i. S. d. § 372 AO finden die Strafschärfungsmerkmale des § 373 AO (s. Rz. 78 ff.) Anwendung.

III. Steuerhehlerei (§ 374 AO)

85 Steuerhehlerei begeht, wer vorsätzlich Erzeugnisse oder Waren, hinsichtlich derer Verbrauchsteuern oder Zoll (nicht Abschöpfungen) hinterzogen oder Bannbruch (§§ 372 II, 373 AO) begangen worden ist, ankauft oder sonst sich oder einem Dritten verschafft, sie absetzt oder absetzen hilft, um sich zu bereichern.

86 Der Tatbestand der Steuerhehlerei entspricht strukturell dem der *Sach*hehlerei (§ 259 StGB). Der durch § 374 AO erfaßte Unrechtsgehalt liegt in der Aufrechterhaltung bzw. Vertiefung der steuer- oder bannwidrig erlangten Rechtsposition durch i. d. R. einverständliches Zusammenwirken mit dem Vortäter.

Der Steuerhehler wird wie ein Steuerhinterzieher bestraft (§ 374 I AO). Handelt er gewerblich, so findet eine Strafschärfung nach §§ 374 I, 373 I AO Anwendung (dazu Rz. 78 ff.).

87–89 Einstweilen frei.

C. Die einzelnen Steuerordnungswidrigkeiten

I. Leichtfertige Steuerverkürzung (§ 378 AO)

90 Der Steuerhinterziehung (§ 370 AO) entspricht im Steuerordnungswidrigkeitenrecht als **Zentraltatbestand** die leichtfertige Steuerverkürzung. Ebenso wie § 370 AO dient § 378 AO dem Schutz des öffentlichen Interesses am rechtzeitigen und vollständigen Aufkommen der einzelnen Steuern, jedoch abweichend von § 370 AO auch dem Schutz vor *leichtfertiger* Beeinträchtigung oder Verletzung. Tathandlung und Tatobjekt stimmen mit dem objektiven Tatbestand des § 370 AO (dazu Rz. 23–25) überein. § 378 I 1 AO beschränkt indessen den Täterkreis auf Steuerpflichtige (zum Begriff s. § 6 Rz. 8) und Personen, die deren Angelegenheiten wahrnehmen. Aus dem Täterkreis des § 378 AO *ausgeschlossen* sind damit etwa Amtsträger (z. B. der Veranlagungsbeamte, Außenprüfer) und Auskunftspersonen i. S. d. § 93 AO.

---

65 S. die Übersicht bei *K. Franzen*/B. Gast-de Haan/E. Samson/W. Joecks, Steuerstrafrecht[3], § 372 AO Rdn. 20.

Der Begriff **„Wahrnehmung der Angelegenheiten eines Steuerpflichtigen"** wird *weit* ausgelegt. Es fallen darunter nicht nur Angehörige steuerberatender Berufe, sondern auch Angestellte und u. U. Angehörige des Steuerpflichtigen[1]. Bei den täterbezogenen Merkmalen „Steuerpflichtiger" und „die Angelegenheiten des Steuerpflichtigen Wahrnehmender" handelt es sich um *besondere persönliche Merkmale* i. S. d. § 9 I OWiG. Soweit Steuerberatungs- oder Wirtschaftsprüfungsgesellschaften tätig geworden sind, kommen als Täter deshalb die für die Gesellschaft eigenverantwortlich handelnden Personen in Betracht. Gegen die Steuerberatungs- und Wirtschaftsprüfungsgesellschaft kann aber u. U. eine Geldbuße nach § 30 OWiG verhängt werden. 91

Die unter den genannten Täterkreis fallende Person muß den objektiven Tatbestand des § 370 I AO **leichtfertig** verwirklicht haben. Der Begriff der Leichtfertigkeit wird im Strafrecht häufig verwendet (u. a. in §§ 97 II, 138 III, 176 IV, 177 III, 178 III, 239a III, 251, 264 III, 283 IV Nr. 2, 310b III, 311a III StGB) und meint einen *erhöhten* Grad an Fahrlässigkeit. Unter dem im Straf- und Ordnungswidrigkeitenrecht geltenden Schuldprinzip bedeutet der Begriff der Leichtfertigkeit[2]: 92

- auf der *Tatbestandsseite* = **grobe Fahrlässigkeit;** sie liegt vor, wenn die im Verkehr erforderliche Sorgfalt in besonders schwerem Maße verletzt worden ist;
- auf der *Schuldseite* = **individuelle Vorwerfbarkeit.** Der objektive Sorgfaltsverstoß muß dem Täter seinen persönlichen Fähigkeiten entsprechend auch *individuell besonders vorwerfbar* sein. Als Vergleichsmaßstab für die individuelle Vorwerfbarkeit dient das (gedachte) Verhalten anderer Steuerpflichtiger mit etwa gleicher Vorbildung, Ausbildung, betriebswirtschaftlicher und steuerrechtlicher Berufserfahrung.

Leichtfertigkeit umfaßt sowohl **unbewußte**[3] als auch **bewußte**[4] **Fahrlässigkeit.** Da der Begriff der Leichtfertigkeit keinen fest umrissenen Inhalt hat, kommt es für die *Abgrenzung gegenüber einfacher Fahrlässigkeit* vornehmlich auf die Umstände des Einzelfalles an und auf den Blickwinkel, aus dem die Schuld des Täters beurteilt wird. Verallgemeinernd lassen sich lediglich bestimmte *Indizien* formulieren, die die Anwendung des § 378 AO nahelegen. Auf der objektivierten Tatbestandsebene wird etwa in folgenden Fällen ein leichtfertiges Handeln indiziert[5]: 93

(1) Der Steuerpflichtige *verweigert sich* gänzlich der steuerlichen Erfassung.

(2) Der Steuerpflichtige *informiert sich nicht* über seine steuerlichen Pflichten. Zwar schreibt die Abgabenordnung nicht vor, daß steuerrechtliche Laien sich einen Steuerberater nehmen *müssen* (s. § 80 I 1 AO: „kann"). Gleichwohl nehmen die Strafgerichte bei Laien eine Informationspflicht an. Maßgebliche Bedeutung für deren Umfang kommt dem bisherigen Verkehr zwischen dem Steuerpflichtigen und der Finanzbehörde zu. Einschlägige Beanstandungen und Hinweise (z. B. anläßlich von Betriebsprüfungen) indizieren Leichtfertigkeit, wenn sie nicht beachtet werden und später der tatbestandliche Erfolg eintritt.

(3) Der Steuerpflichtige *delegiert* seine steuerlichen Pflichten *in unkontrollierter Weise.* Trotz Einschaltung eines Steuerberaters bei der Erfüllung seiner steuerlichen Pflichten handelt der Steuerpflichtige objektiv leichtfertig, wenn er die vom Steuerberater vorbereiteten Steuererklärungen ohne Plausibilitätskontrolle blindlings unterschreibt.

Zur **gewissenhaften Steuerberatung** (§ 57 I StBerG) gehört es, daß sich der Steuerberater in den von ihm behandelten Fällen nicht nur über den Gesetzeswortlaut, sondern auch über das durch die BFH-Rechtsprechung und die Steuerrichtlinien (allgemeine Verwaltungsvorschriften) konkretisierte Recht informiert. Deshalb handelt ein Steuerberater nach h. M. objektiv zumindest leichtfertig, wenn er einen auf der Grundlage von BFH-Rechtsprechung und Verwaltungspraxis steuerlich erheblichen Vorgang in der Steuererklärung verschweigt[6]. 94

1 S. *H. Rüping,* HHSp, AO, § 378 Rz. 18.
2 S. *H. Rüping,* HHSp, AO, § 378 Rz. 31.
3 D. h. der Täter erkennt die Tatbestandsverwirklichung nicht, weil er pflichtwidrig die nach den Umständen und seinen persönlichen Fähigkeiten mögliche und erforderliche Sorgfalt außer acht läßt.
4 D. h. der Täter erkennt zwar die Möglichkeit einer Tatbestandsverwirklichung, vertraut aber pflichtwidrig und vorwerfbar darauf, daß sie nicht eintreten werde.
5 Vgl. *H. Rüping,* HHSp, AO, § 378 Rz. 35 ff.
6 Zur steuerstraf- und -bußgeldrechtlichen Verantwortlichkeit des steuerlichen Beraters s. Rz. 26, Fn. 7.

95 Nicht selten wird die Tat nach § 378 AO geahndet, wenn zwar ein erheblicher, aber kein hinreichend zu erhärtender Vorsatz-Verdacht besteht. So gelingt es in zahlreichen Fällen nicht, den geltend gemachten Tatbestandsirrtum (dazu Rz. 44 ff.) hinreichend auszuräumen. Insoweit besitzt § 378 AO gewissermaßen die Funktion eines *Auffangtatbestandes.*

96 In Anlehnung an § 371 AO enthält § 378 AO ebenfalls die **Selbstanzeige als sog. Bußgeldbefreiungsgrund** für den Bereich der leichtfertigen Steuerverkürzung (§ 378 III AO). Die *positiven* Befreiungsvoraussetzungen decken sich mit denen der strafrechtlichen Selbstanzeige (dazu Rz. 57 f.). Von den *negativen* Befreiungsvoraussetzungen (dazu Rz. 59 ff.) enthält § 378 III AO nur den des § 371 II Nr. 1b) AO (= Bekanntgabe der Einleitung eines Straf- und Bußgeldverfahrens wegen der Tat). Von diesem Fall abgesehen ist eine Selbstanzeige bei einer leichtfertigen Steuerverkürzung im Gegensatz zur Steuerhinterziehung damit auch noch nach Entdeckung der Tat möglich[7].

97 Der **Ahndungsrahmen** beträgt im Falle der leichtfertigen Steuerverkürzung 5–100 000 DM (s. Rz. 9). Zu den Grundsätzen der Geldbußenzumessung s. § 17 III, IV OWiG. Sie entsprechen im wesentlichen denen für die Strafzumessung im StGB (dazu Rz. 72 ff.).

98 Die **Verfolgungsverjährung** beträgt abweichend von § 31 II Nr. 1 OWiG ebenso wie die der Steuerhinterziehung fünf Jahre (§ 384 AO). § 378 AO geht den Steuergefährdungstatbeständen (§§ 379–382 AO) als lex specialis vor.

II. Steuergefährdungen (§§ 379–382 AO)

1. Einführung

99 §§ 379–382 AO erfassen Verstöße, die das durch §§ 370, 378 AO geschützte Rechtsgut besonders gefährden, ohne daß eine Bestrafung oder Ahndung möglich wäre, weil es sich um **Vorbereitungshandlungen** handelt. Diese Vorbereitungshandlungen werden als Ordnungswidrigkeiten besonders geahndet. Dabei stellt der Versuch einer vorsätzlichen Steuergefährdung noch keine Ordnungswidrigkeit i. S. d. §§ 379–382 AO dar (s. §§ 377 II AO, 13 II OWiG).

100 Steuergefährdungen können mit einer Geldbuße von bis zu 10 000 DM geahndet werden (§§ 379 IV, 380 II, 381 II, 382 III AO). Der Zeitraum der Verfolgungsverjährung beträgt in den Fällen der §§ 379, 380 AO ebenso wie bei der leichtfertigen Steuerverkürzung fünf Jahre (§ 384 AO), in den Fällen der §§ 381, 382 AO dagegen nur zwei Jahre (§§ 377 II AO, 31 II Nr. 2 OWiG).

101 §§ 379–382 AO sind gegenüber §§ 370, 378 AO subsidiär (s. §§ 379 IV, 380 II, 381 II, 382 III AO).

2. Allgemeine Steuergefährdung (§ 379 AO)[8]

102 § 379 AO erfaßt in mehreren Tatbestandsalternativen **Vorbereitungshandlungen,** die es ermöglichen (d. h. abstrakt geeignet sind), eine Steuerverkürzung zu bewirken:

(1) **Ausstellung unrichtiger Belege** (§ 379 I Nr. 1 AO):

103 **Täter** kann *jeder* sein, der für sich oder einen Dritten einen Beleg ausstellt, dessen Verwendung es ihm oder einem Dritten ermöglicht, eine Steuerverkürzung zu bewirken. *Beleg* ist jedes (den Aussteller erkennen lassendes) Schriftstück, das aufgrund seines Inhalts dazu geeignet und bestimmt ist, eine steuerlich erhebliche Tatsache zu beweisen. Das sind nicht nur Buchungsunterlagen,

7 Daß § 378 III AO den Ausschlußgrund des § 371 II Nr. 2 AO nicht übernommen hat, beurteilt zu Recht kritisch *G. Kohlmann,* Steuerstrafrecht, § 378 AO Rdn. 98.

8 Dazu *H. Mösbauer,* wistra 91, 41 ff.

sondern auch sonstige Urkunden, z. B. Spendenquittungen, Rechnungen, Lieferscheine, Spesenabrechnungen, ärztliche Bescheinigungen, Kassenzettel.

In tatsächlicher Hinsicht *unrichtig* ist ein Beleg, wenn die in ihm enthaltenen Tatsachen nicht der Wahrheit entsprechen, d. h. wenn sie auf einen Lebenssachverhalt hinweisen, der sich so (oder überhaupt) nicht zugetragen hat. Anders als bei der Urkundenfälschung (§ 267 StGB) erfüllt damit auch die sog. schriftliche Lüge den Tatbestand des § 379 AO. 104

Beispiel: Gastwirt G stellt für ein am 25. 12. stattfindendes Weihnachtsessen der Familie U eine auf den 27. 12. (Werktag) vordatierte Bewirtungsrechnung aus.

Ausgestellt ist ein Beleg, wenn er in den Verfügungsbereich dessen gelangt, für den er bestimmt ist. Dies geschieht mit dem Zugang. Fremdbelege sind mithin noch nicht mit ihrer Herstellung zugleich bereits ausgestellt. Eigenbelege sind ausgestellt, wenn sie in den Geschäftsgang gegeben werden. 105

(2) **Verletzung von Buchführungs- oder Aufzeichnungspflichten** (§ 379 I Nr. 2 AO):

Es müssen nach Gesetz (i. S. von Rechtsnorm, § 4 AO: auch VO) buchungs- und aufzeichnungspflichtige Geschäftsvorfälle oder Betriebsvorgänge nicht oder in tatsächlicher Hinsicht unrichtig verbucht werden. Täter ist auch, wer nicht oder unrichtig verbuchen läßt. Durch den Tatbestand des Nichtverbuchens werden vor allem die sog. OR (Ohne Rechnung)-Geschäfte erfaßt. Geschäftsvorfälle betreffen den rechtsgeschäftlichen Leistungsverkehr mit Dritten, Betriebsvorgänge dagegen den innerbetrieblichen Bereich. 106

(3) **Verletzung der Pflicht zur Mitteilung bestimmter Auslandstatbestände** (§ 379 II Nr. 1 AO). Vgl. dazu § 138 II AO. 107

(4) **Kontenerrichtung auf falschem Namen** (§ 379 II Nr. 2 AO): 108

Geahndet wird die Zuwiderhandlung gegen § 154 I AO, der die Nachprüfung der steuerlichen Verhältnisse erleichtern will.

(5) **Zuwiderhandlung gegen eine Auflage** (§ 120 II Nr. 4 AO) **der besonderen Steueraufsicht i. S. d. §§ 209–217 AO** (§ 379 III AO): 109

Diese Vorschrift betrifft die besonderen Verbrauchsteuern und Zölle.

Die Gefährdungstatbestände des § 379 AO können vorsätzlich oder leichtfertig, im Fall des § 379 III AO auch lediglich einfach fahrlässig erfüllt werden. Als leges speciales gehen die besonderen Tatbestände der §§ 380–382 AO der Generalnorm des § 379 AO vor. 110

3. Gefährdung von Abzugsteuern (§ 380 AO)

Den Tatbestand verwirklicht, wer vorsätzlich oder leichtfertig seiner Verpflichtung, Steuerabzugsbeträge einzubehalten und abzuführen, nicht, nicht vollständig oder nicht rechtzeitig nachkommt. *Abzugsteuern* sind: Lohnsteuer, Kapitalertragsteuer, Vergütungsteuer bei beschränkt Steuerpflichtigen (§ 50a EStG). Das Einbehalten *und* Abführen ist eine *Gesamtpflicht.* Diese Pflicht verletzt auch, wer zwar einbehält, aber nicht abführt. 111

§ 380 I AO hat nur dann eigenständige Bedeutung, wenn der Verpflichtete (z. B. der Arbeitgeber) die nicht abgeführten Beträge rechtzeitig und vollständig angemeldet hat: andernfalls liegt bereits vorrangig Steuerhinterziehung oder leichtfertige Steuerverkürzung vor (§§ 370, 378 AO). 112

4. Gefährdung von Verbrauchsteuern (§ 381 AO)

Der Tatbestand des § 381 AO sanktioniert vorsätzliche oder leichtfertige Zuwiderhandlungen gegen bestimmte, in § 381 I Nrn. 1–3 AO näher bezeichnete Vorschriften, die der besonderen Steueraufsicht i. S. d. §§ 209–217 AO dienen. Voraussetzung ist, daß die jeweilige Norm des Verbrauchsteuerrechts ausdrücklich auf die Bußgeldvorschrift des § 381 AO verweist (§ 381 I Hs. 2 AO, sog. **Rückverweisung**). Derartige Rückverwei- 113 sungen enthalten z. B. §§ 24 BierStG, 29 MinöStG, 30 TabakStG, 29 SchaumwZwStG; 153 BranntwMonG.

114 § 381 AO ist für den Bereich der Verbrauchsteuereingangsabgaben gegenüber § 382 AO subsidiär (s. § 382 II AO).

5. Gefährdung von Eingangsabgaben (§ 382 AO)

115 § 382 AO dient der Sicherung des zollamtlichen Warenverkehrs über die Grenze. Den Tatbestand verwirklicht, wer als Pflichtiger oder bei der Wahrnehmung der Angelegenheiten eines Pflichtigen vorsätzlich oder fahrlässig bestimmten, in § 382 I Nrn. 1, 2 AO näher spezifizierten Vorschriften der Zollgesetze, den dazu erlassenen Rechtsverordnungen oder den Verordnungen des Rates oder der Kommission der Europäischen Union *vorsätzlich oder fahrlässig* zuwiderhandelt. Voraussetzung ist auch hier, daß die jeweilige Norm ausdrücklich auf die Bußgeldvorschrift des § 381 AO verweist (§ 382 I Hs. 2 AO). Derartige *Rückverweisungen* enthalten z. B. §§ 148a AZO, 148b AZO.

III. Unzulässiger Erwerb von Steuererstattungs- und Vergütungsansprüchen (§ 383 AO)

116 § 383 AO richtet sich gegen **Formen unseriöser Kreditvermittlung** auf dem Gebiet der Lohnsteuerhilfe. Bekämpft werden soll die insb. von einigen Lohnsteuerhilfevereinen (§§ 13 ff. StBerG) betriebene Praxis, sich von ihren Mitgliedern Erstattungsansprüche gegen eine betragsmäßig erheblich geringere Barauszahlung abtreten zu lassen (sog. unzulässige „Vorfinanzierung“ von Erstattungsansprüchen).

117 § 383 AO ist eine **Blankettvorschrift,** wonach derjenige den Tatbestand verwirklicht, wer entgegen § 46 IV 1 AO Erstattungs- oder Vergütungsansprüche erwirbt. Geahndet wird danach nur der *geschäftsmäßige* Erwerb von Ansprüchen. Ob das mit § 383 AO verfolgte Ziel erreicht wird, erscheint zweifelhaft. Da Banken nach § 46 IV 3 AO von dem Verbot ausgenommen sind, werden Lohnsteuerhilfevereine nunmehr im Namen eines Kreditinstituts sanktionslos als Kreditvermittler auftreten[9].

118 Nur vorsätzliche und vollendete Taten erfüllen den Tatbestand (s. §§ 377 II AO, 10, 13 II OWiG). Die Ordnungswidrigkeit kann mit einer Geldbuße bis zu 100 000 DM geahndet werden (§ 383 II AO). Die Tat unterliegt einer Verfolgungsverjährung von drei Jahren (§§ 377 II AO, 31 II Nr. 1 OWiG).

9 Dazu *D. Malms,* ZRP 81, 11, 12 ff.; *H. Rüping,* HHSp, AO, § 383 Rz. 4.

§ 25 Steuerstraf- und Steuerordnungswidrigkeitsverfahren*

A. Steuerstrafverfahren

I. Einführung

Zwar gelten nach § 385 I AO auch für das Steuerstrafverfahren grundsätzlich die allgemeinen Regeln des Strafverfahrens, namentlich die Strafprozeßordnung (StPO) und das Gerichtsverfassungsgesetz (GVG). Das Steuerstrafverfahren wird aber modifiziert durch die Spezialvorschriften der §§ 385 ff. AO. 1

Als unklar erweist sich dabei die Verweisung des § 385 I AO auf das Jugendgerichtsgesetz (JGG) als „allgemeines Gesetz". Denn im Gegensatz dazu begreift sich das JGG als das speziellere Gesetz gegenüber der AO (s. § 2 JGG). Dieses Paradoxon läßt sich nur dadurch auflösen, daß die Normen des JGG und der AO in eine praktische Konkordanz gebracht werden[1]. Deshalb bleibt zwar einerseits die Zuständigkeit der Finanzbehörde (dazu Rz. 3) auch im Verfahren gegen Jugendliche/Heranwachsende bestehen, andererseits ist es den Finanzbehörden aber auch in Steuerstrafsachen verwehrt, gegen Jugendliche einen Strafbefehl (dazu Rz. 41 ff.) zu beantragen (s. §§ 79 I, 105 I, 109 II 1 JGG). 2

II. Ermittlungsverfahren

1. Zuständigkeit zur Strafverfolgung

Das strafrechtliche Ermittlungsverfahren liegt grundsätzlich in der Hand der **Staatsanwaltschaft** als *Herrin des Ermittlungsverfahrens* (s. §§ 160, 161 StPO). Dieses *Ermittlungsmonopol* schränkt § 386 AO für das Steuerstrafverfahren ein. Aus Gründen der Verfahrensökonomie[2] tritt die **Finanzbehörde** bei der Verfolgung von Steuerstraftaten als Ermittlungsbehörde an die Stelle der Staatsanwaltschaft und nimmt deren Rechte und Pflichten im Ermittlungsverfahren wahr (s. §§ 386 I 1, II, 399 I AO). Das Ermittlungsverfahren wird von der Finanzbehörde selbständig und ohne Weisungsgebundenheit gegenüber der Staatsanwaltschaft durchgeführt, wenn die Tat 3

(1) *ausschließlich* eine **Steuerstraftat** (§ 386 II Nr. 1 AO),

(2) ein **Kirchensteuer- oder sonstiges Abgabenvergehen,** das an Besteuerungsgrundlagen, Steuermeßbeträge oder Steuerbeträge anknüpft (§ 386 II Nr. 2 AO), oder

(3) eine der Steuerstraftat gleichgestellte Tat (sog. **Analogtat**) ist. Hierunter fallen einmal sog. *Vorspiegelungstaten* i. S. d. § 385 II AO. Außerdem erklären häufig Vorschriften des Subventionsrechts die §§ 385 ff. AO für entsprechend anwendbar: s. etwa §§ 20, 29a II BerlinFG, 9 InvZulG, 14 III 2 5. VermBG, 8 II 2 WoPG, 5a II 2 BergPG.

Sachlich zuständig ist die Finanzbehörde, welche die betroffene Steuer verwaltet (§§ 386 I 2, 387 I AO). Das sind die Finanzämter für den Bereich der Besitz- und Verkehrsteuern, die Hauptzollämter für den Bereich der Zölle, Verbrauchsteuern und Abgaben der EU und das Bundesamt für Finanzen für den Bereich der § 5 I Nrn. 2, 3 FVG. 4

In allen anderen Fällen bleibt die Staatsanwaltschaft für das Ermittlungsverfahren *funktional* allein zuständig: 5

(1) wenn die Tat *nicht ausschließlich* eine Steuerstraftat darstellt, sondern zugleich andere Straftatbestände verletzt (arg. e § 386 II Nr. 1 AO),

(2) sobald gegen den Beschuldigten ein Haft- oder Unterbringungsbefehl erlassen ist (§ 386 III AO).

---

* Bearbeiter des Abschnitts „Steuerstraf- und Steuerordnungswidrigkeitenverfahren" ist Wissenschaftlicher Assistent Dr. *Roman Seer.*

1 S. *H. Rüping*, HHSp, AO, § 385 Rz. 10.

2 S. BT-Drucks. IV/2476, 17 zu Art. 1.

6 Die Staatsanwaltschaft bleibt auch für die Taten, deren Verfolgung in den Zuständigkeitsbereich der Finanzbehörde fallen, Herrin des Verfahrens. Denn sie kann die Strafsache *jederzeit* an sich ziehen (§ 386 IV 2 AO, sog. **Evokationsrecht**). Die Finanzbehörde kann die Sache auch von sich aus jederzeit an die Staatsanwaltschaft abgeben (§ 386 IV 1 AO). Umgekehrt kann die Staatsanwaltschaft die Sache in beiden Fällen im Einvernehmen mit der Finanzbehörde wieder zurückgeben (§ 386 IV 3 AO).

7 In ihrer Funktion als Strafverfolgungsbehörde können die Finanzbehörden als **Steuerstaatsanwaltschaften** bezeichnet werden[3]. Organisatorisch nehmen innerhalb des Finanzamtes die sog. *Straf- und Bußgeldstellen (StraBu-Stellen)* diese Aufgabe wahr. Hiervon zu unterscheiden sind die Dienststellen der Steuerfahndung (dazu § 22 Rz. 253 ff.) und die Zollfahndungsämter, die als *„Steuerpolizei"* und Vollzugsorgan für die Straf- und Bußgeldstellen tätig werden. Deren Beamte handeln mit den Befugnissen und in der Funktion als sog. **Hilfsbeamte der Staatsanwaltschaft** (s. §§ 404 S. 1 AO, 152 I GVG)[4].

8 Leitet die Staatsanwaltschaft die Ermittlungen selbst, so übernimmt die Finanzbehörde die Funktion einer Polizeibehörde (s. §§ 402 I, 399 II 2 AO: mit den Befugnissen von Hilfsbeamten der Staatsanwaltschaft).

9 Es ergibt sich damit folgendes **Zuständigkeitsschema**:

Finanzamt (StraBu) (§ 386 II AO/ Analogstraftat)	→ § 386 IV AO ←	**Staatsanwaltschaft** (e § 386 II AO/ § 386 III AO)
Weisungsbefugnis		Weisungsbefugnis
Hilfsorgane (Beamte = Hilfsbeamte der StA) – **Steuerfahndung** (§ 404 AO) – **Polizei** (§ 161 StPO)		**Hilfsorgane** (Beamte = Hilfsbeamte der StA) – **Steuerfahndung** (§ 404 AO) – **Polizei** (§ 161 StPO) – **Finanzamt** (§ 402 I AO)

2. Einleitung des Ermittlungsverfahrens

10 Im Steuerstrafverfahren gilt das **Legalitätsprinzip** (§§ 385 I AO, 152 II, 160 I StPO). Danach ist die Finanzbehörde (bzw. die Staatsanwaltschaft) zur Einleitung des Strafverfahrens *verpflichtet*, wenn sie – etwa durch Strafanzeige oder Strafantrag (dazu § 158 StPO), durch eigene (amtliche) Wahrnehmung, durch Mitteilung anderer Behörden oder auf andere Weise – Tatsachen erfährt, die den *Verdacht* einer Steuerstraftat rechtfertigen (§§ 386 I 1, 399 AO; §§ 152 II, 160 I StPO).

3 So *R. Weyand,* wistra 90, 4, 7.

4 In Niedersachsen und Nordrhein-Westfalen sind Straf- und Bußgeldstellen und Steuerfahndung zu einer selbständigen Behörde als sog. „Finanzämter für Steuerstrafsachen und Steuerfahndung" zusammengefaßt worden, vgl. VO vom 30. 11. 1981, Nds. GVBl. 81, 385 = BStBl. I 82, 225; VO v. 12. 9. 1986, GVBl. NW 86, 639 ff. = BStBl. I 87, 449 ff. Wegen der Verbindung von Steuerstaatsanwaltschaft und Steuerpolizei zu Recht krit. *M. Streck,* Die Steuerfahndung[2], Köln 1993, Rdn. 37; *G. Kohlmann,* Steuerstrafrecht, § 385 AO Rdn. 87.

Der Verdacht einer Straftat ist gegeben, wenn „zureichende tatsächliche Anhaltspunkte“ für die Tat vorliegen (sog. **Anfangsverdacht,** s. § 152 II StPO). Aus den tatsächlichen Anhaltspunkten muß mit einer gewissen (wenn auch zweifelhaften) Wahrscheinlichkeit auf eine Straftat geschlossen werden können. Sonst liegt eine bloße Vermutung vor; sie reicht zur Einleitung eines Strafverfahrens nicht aus. 11

Das Steuerstrafverfahren ist **eingeleitet,** sobald die Finanzbehörde (evtl. die Staatsanwaltschaft oder ihre Hilfsbeamten) eine Maßnahme (= jede Handlungsweise) getroffen hat, die erkennbar darauf abzielt, gegen jemanden wegen einer Steuerstraftat strafrechtlich vorzugehen (§ 397 I AO). 12

Mit der Einleitung des Ermittlungsverfahrens verändert sich die **Rechtsstellung** des Steuerpflichtigen in einschneidender Weise[5]. Während er im fortbestehenden Besteuerungsverfahren zur Mitwirkung verpflichtet bleibt, braucht er im Steuerstrafverfahren zu seiner Überführung nichts beizutragen (s. §§ 136 I 2, 163a III 2, IV 2 StPO, dazu Rz. 26). Diesen *Konflikt* versucht § 393 I 2 AO dadurch zu lösen, daß die Mitwirkung (auch) im Besteuerungsverfahren nicht mehr erzwungen werden darf[6]. Mit bekanntgegebener Einleitung des Steuerstrafverfahrens endet die Möglichkeit der Selbstanzeige (§ 371 II Nr. 1b AO). Außerdem wird die Verfolgungsverjährung unterbrochen (§ 78c I Nr. 1 StGB). 13

Wegen dieser einschneidenden rechtlichen Wirkungen ist die Einleitung unter Angabe des Zeitpunktes unverzüglich in den Akten zu vermerken (§ 397 II AO) und dem Beschuldigten mitzuteilen (§ 397 III AO). Spätestens mit Bekanntgabe der Einleitung des Strafverfahrens ist der Beschuldigte über sein Recht zur Aussageverweigerung (§§ 136 I 2, 163a IV 2 StPO) und darüber zu belehren, daß seine Mitwirkungspflichten im Besteuerungsverfahren nicht mehr erzwungen werden dürffen (§ 393 I 4 AO)[7]. 14

Ein Strafverfahren darf nicht mehr eingeleitet werden, wenn die Tat bereits verjährt ist. Die **Verjährung** ist *Verfolgungshindernis.* Sie beginnt, sobald die Tat beendet ist (§ 78a StGB). Sie beträgt in Steuerstrafsachen fünf Jahre (§ 78 III Nr. 4, IV StGB)[8]. Zu den Unterbrechungen s. § 78c StGB und § 376 AO. 15

In weniger schwerwiegenden Fällen und in Fällen mit Auslandsbeziehung ermöglicht das Gesetz Ausnahmen vom Legalitätsprinzip, indem es die Strafverfolgungsbehörden unter bestimmten Voraussetzungen zur Einstellung des Verfahrens ermächtigt (s. §§ 153 ff. StPO, 398 AO, sog. **Opportunitätsprinzip,** dazu noch Rz. 36 f.). 16

3. Befugnisse der Strafverfolgungsbehörden

Zur Sachverhaltserforschung dürfen die Finanzbehörde (StraBu-Stelle) bzw. die Staatsanwaltschaft (geeignete) Ermittlungen jeder Art selbst durchführen oder durch Beamte des Polizeidienstes (insb. der Steuerfahndung) durchführen lassen (s. § 161 StPO). Dazu gehört insb. die Vernehmung des Beschuldigten und der Zeugen (s. §§ 133 ff., 161a StPO). Darüber hinaus haben die Finanzbehörde (StraBu-Stelle), die Staatsanwaltschaft 17

5 Dazu *M. Streck,* DStJG Bd. 6 (1983), 217 ff.

6 Dazu s. *K. Rogall,* Der Beschuldigte als Beweismittel gegen sich selbst, Berlin 1977, 170 ff.; *M. Streck,* DStJG Bd. 6 (1983), 217, 241 ff.; *B. Rengier,* BB 85, 720 ff.; *W. Reiß,* Besteuerungsverfahren und Strafverfahren, Habil. Bonn, Köln 1987, 258 ff.; *R. Seer,* StB 87, 128 ff.; *Ch. Teske,* Die Abgrenzung der Zuständigkeiten und der Beweisverfahren im Besteuerungsverfahren und im Steuerstrafverfahren unter besonderer Berücksichtigung des § 393 AO de lege lata und de lege ferenda, Diss. Köln 1988, 256 ff.; *dies.,* wistra 88, 207 ff.; *S. Rüster,* Der Steuerpflichtige im Grenzbereich zwischen Besteuerungsverfahren und Strafverfahren, Diss. Berlin, Göttingen 1989, 32 ff., 138 ff.; *dies.,* wistra 88, 49 ff.

7 Ein Verstoß gegen die Belehrungspflichten führt zu einem *Verwertungsverbot* hinsichtlich der erteilten Auskünfte, s. BGH wistra 92, 1987; *G. Kohlmann,* Steuerstrafrecht, § 385 AO Rdn. 387 ff. m. w. N.

8 Lediglich im Falle des § 148 II StGB (Wiederverwendung bereits entwerteter Steuerzeichen) endet die Verfolgungsverjährung bereits nach drei Jahren (s. § 78 III Nr. 5 StGB).

und ggf. die Steuer- bzw. Zollfahndung (als Hilfsbeamte der Staatsanwaltschaft) insb. folgende spezifisch strafprozessuale Möglichkeiten:

a) **Sicherstellung von Gegenständen** (§§ 94 ff. StPO)

18 Zur Verfahrenssicherung durch Verhinderung von Beweisverlusten können Gegenstände sichergestellt werden, die als *Beweismittel* für die Untersuchung von Bedeutung sein können. Eine *formlose* Sicherstellung erfolgt, wenn der Gegenstand gewahrsamslos ist oder freiwillig herausgegeben wird (sog. amtliche *Inverwahrnahme*, § 94 I StPO). Eine *förmliche* Sicherstellung durch **Beschlagnahme** wird erforderlich, wenn der Gegenstand nicht freiwillig herausgegeben wird (§ 94 II StPO). Die Beschlagnahme erfolgt durch Überführung des Gegenstandes in amtlichen Gewahrsam oder durch Verhängung einer Verfügungsbeschränkung. Nimmt die Behörde den Gegenstand in Besitz, so entsteht ein öffentlich-rechtliches Verwahrungsverhältnis mit der Pflicht zur sorgfältigen Verwahrung[9]. Bestimmte Gegenstände können beschlagnahmefrei sein (§ 97 StPO)[10]. Zum Beschlagnahmeverfahren s. §§ 98 ff. StPO.

b) (die der Beschlagnahme häufig vorangehende) **Durchsuchung** nach §§ 102, 103 StPO[11].

19 Ihr Zweck besteht entweder in der Ergreifung des Verdächtigen (sog. *Ergreifungsdurchsuchung*) oder in der Erlangung von Beweismitteln (sog. *Ermittlungsdurchsuchung*). Als Durchsuchungsobjekte kommen Wohnungen und andere Räume, sowie Personen und Sachen in Betracht. Erfolgt die Durchsuchung bei einem *Unverdächtigen,* so werden an ihre Zulässigkeit *höhere* Anforderungen als im Falle der Durchsuchung bei einem *Verdächtigen* gestellt (s. § 103 StPO gegenüber § 102 StPO)[12]. Der Betroffene darf der Durchsuchung beiwohnen; bei Abwesenheit ist möglichst eine Ersatzperson hinzuzuziehen (§ 106 StPO). Zum Verfahren s. im übrigen §§ 104 ff. AO.

c) **Herstellung von Lichtbildern, Bildaufzeichnungen (Film- oder Videoaufnahmen) für Observationszwecke** und der **Einsatz sonstiger technischer Observationsmittel** (§ 100c I Nr. 1a u. 1b StPO)[13].

20 Es ist aber *unzulässig,* zur Verfolgung von Steuerstraftaten das nichtöffentlich gesprochene Wort durch Telefonüberwachung (§ 100a StPO) oder durch andere technische Mittel (z. B. sog. Wanzen, s. § 100c I Nr. 2 StPO) abzuhören und aufzuzeichnen[14].

21 d) **Vorläufige Festnahme** (§§ 127 ff. StPO), wenn die Voraussetzungen eines Haft- oder Unterbringungsbefehls vorliegen (§ 127 II StPO).

22 Beschlagnahme, Durchsuchung und vorläufige Festnahme dürfen die Finanzbehörde (durch StraBu-Stelle), die Staatsanwaltschaft und die Steuer- bzw. Zollfahndung nur bei **Gefahr im Verzuge** anordnen (s. §§ 98 I, 105 I, 127 II StPO)[15]. Ansonsten ist zur Anordnung der genannten Zwangsmaßnahmen allein der Ermittlungsrichter befugt; Staatsanwaltschaft und Finanzbehörde (StraBu-Stelle) besitzen insoweit nur Antragsrechte (s. § 162 StPO)[16]. *Gefahr im Verzuge* besteht, wenn die an sich erforderliche *richerliche* Anordnung nicht eingeholt werden kann, ohne daß der Zweck der Maßnahme gefährdet wird[17]. Die vorherige Anhörung des Betroffenen ist dabei grundsätzlich nicht erforderlich (s. § 33 IV StPO).

---

9 S. RGZ 108, 249, 251.

10 Dazu *H. Schäfer,* wistra 85, 12 ff.; *D. Bauwens,* wistra 85, 179 ff.; ausf. *F. Schreiber,* Die Beschlagnahme von Unterlagen beim Steuerberater – Eine Untersuchung zu § 97 StPO, Diss. Frankfurt, Köln 1993.

11 Zur Durchsuchung s. *H. Rüping,* DStJG Bd. 6 (1983), 267 ff.; *M. Streck,* in: M. Streck (Hrsg.), Steuerkontrolle 2, Köln 1984, 119 ff.: Überprüfung von Durchsuchungs- und Beschlagnahmeanordnungen.

12 Dazu etwa *G. Kohlmann,* Steuerstrafrecht, § 385 AO Rdn. 146 ff.

13 Eingeführt durch das Gesetz zur Bekämpfung des illegalen Rauschgifthandels und anderer Erscheinungsformen der organisierten Kriminalität (OrgKG) v. 15. 7. 1992, BGBl. I 92, 1302 ff.

14 Zum Problem der Verwertbarkeit von steuerstrafrechtlichen Zufallsfunden aus Telefonüberwachungen s. *R. Seer,* StuW 91, 165, 171 ff.

15 Wenn es sich um eine Postbeschlagnahme (§ 99 StPO) handelt, sind dazu nur die Staatsanwaltschaft oder die an ihre Stelle getretene Finanzbehörde (StraBu-Stelle) berechtigt (§ 100 I StPO).

16 *Kein* eigenes Antragsrecht haben die Steuer- und Zollfahndung, da sie nur Polizeibehörden sind.

17 Th. Kleinknecht/*L. Meyer-Goßner,* Strafprozeßordnung[41], Kommentar, München 1993, § 98 StPO Rdn. 6, m. w. N.

Untersuchungshaft kann gegen den Beschuldigten *nur* aufgrund eines *richterlichen* Haftbefehls angeordnet werden (§§ 112 ff. StPO). Voraussetzungen sind hierfür ein dringender Tatverdacht und ein sog. Haftgrund (Flucht, Fluchtgefahr, Verdunkelungsgefahr, s. § 112 II StPO). Den Antrag auf Erlaß eines Haftbefehls stellt die Staatsanwaltschaft (s. § 128 II 2 StPO) oder die an ihre Stelle getretene Finanzbehörde (durch die StraBu-Stelle), nicht aber die Steuer- oder Zollfahndung. Spätestens mit Erlaß des Haftbefehls geht die Zuständigkeit für die Strafverfolgung auf die Staatsanwaltschaft über (§ 386 III AO, s. Rz. 5). 23

4. Rechtsstellung des Beschuldigten im Ermittlungsverfahren

Die Befugnisse der Strafverfolgungsbehörden korrespondieren mit den **Rechten des Beschuldigten.** Der Beschuldigte hat folgende Rechte: 24

a) Der Beschuldigte darf **untätig** bleiben.

Auf eine Ladung hin muß er nur vor Gericht (s. §§ 133, 135 StPO) und vor der Staatsanwaltschaft bzw. der an ihre Stelle getretenen Finanzbehörde (StraBu-Stelle) erscheinen (s. 163a III 2 StPO). Keine Erscheinenspflicht besteht hingegen bei einer Ladung zur Vernehmung durch die Steuer- bzw. Zollfahndung. 25

Der Beschuldigte besitzt ein Aussageverweigerungsrecht und braucht sich nicht selbst zu belasten (Grundsatz des *nemo tenetur se ipsum accusare*)[18]. Aus seinem (vollständigen) Schweigen dürfen für den Strafprozeß keine nachteiligen Schlüsse gezogen werden[19]. 26

b) Der Beschuldigte darf sich **verteidigen**

- durch Einwände (§§ 136 II, 163a III StPO), 27
- durch Beweisanträge (§ 163a II StPO),
- durch Einschaltung eines Verteidigers oder Steuerberaters (§§ 137, 138 I StPO; § 392 AO).

Zum **Verteidiger** können *gewählt* werden[20]: 28

aa) im Ermittlungsverfahren der *Finanzbehörde:* Rechtsanwälte, Rechtslehrer an deutschen Hochschulen (§ 138 I StPO), Steuerberater, Steuerbevollmächtigte, Wirtschaftsprüfer, vereidigte Buchprüfer (§ 392 I Hs. 1 AO);

bb) im Ermittlungsverfahren der *Staatsanwaltschaft* oder des *Gerichts:* wie zu aa), jedoch können Steuerberater, Steuerbevollmächtigte, Wirtschaftsprüfer und vereidigte Buchprüfer nur gemeinschaftlich mit einem Rechtsanwalt oder einem Rechtslehrer an einer deutschen Hochschule zur Verteidigung zugelassen werden (§ 392 I Hs. 2 AO).

Im übrigen läßt § 138 II StPO mit *Genehmigung* des Gerichts auch die Wahl anderer Personen zu, also auch die Wahl eines Steuerberaters als Alleinverteidiger (s. auch § 392 II AO).

c) Der Beschuldigte hat ein **Recht auf Gehör** (für das gerichtliche Strafverfahren durch Art. 103 I GG garantiert, es ergibt sich im übrigen aus dem Rechtsstaatsprinzip, s. § 22 Rz. 9). Der Beschuldigte muß spätestens *vor* Abschluß der Ermittlungen vernommen werden, es sei denn, daß das Verfahren eingestellt werden soll (§ 163a I StPO, s. auch § 136 II StPO). 29

Darüber hinaus besitzen der Beschuldigte und sein Verteidiger bestimmte **Anwesenheitsrechte** bei *richterlichen* Untersuchungshandlungen (s. §§ 168c, 168d StPO). Dagegen besteht ein Anwesenheitsrecht (des Verteidigers) bei Ermittlungshandlungen der Staatsanwaltschaft oder der an ihrer 30

---

18 Ausf. zum Selbstbelastungsverbot im Steuerstrafverfahren s. *W. Reiß*, Besteuerungsverfahren und Steuerstrafverfahren, Habil. Bonn, Köln 1987.

19 Dagegen wird das *teilweise* Schweigen des Beschuldigten von der Rechtsprechung als Tatsache verwertet, s. BGHSt 20, 298, 300 f.; 32, 140, 145.

20 Dazu *G. Kohlmann*, StKongrRep. 1976, 285 ff.; *W. Blumers*, Steuerberater und Strafverteidigung, DStJG Bd. 6 (1983), 307 ff.; *H. J. Maas*, Probleme bei der gemeinschaftlichen Verteidigung durch Rechtsanwälte und Angehörige der steuerberatenden Berufe, Diss. Köln 1983.

Stelle handelnden Finanzbehörde (StraBu-Stelle) *nur* bei der Vernehmung des Beschuldigten (§§ 163a III 2, 168c I StPO).

31 Bei der Anordnung von Zwangsmaßnahmen (s. Rz. 18 ff.) besteht kein vorheriges Recht auf Gehör, wenn die vorherige Anhörung den Zweck der Anordnung gefährden würde (§ 33 IV StPO).

32 d) Der Beschuldigte (oder sein Verteidiger) kann die Aussetzung des Verfahrens bis zum Abschluß des Besteuerungsverfahrens (§ 396 AO) oder die Einstellung des Verfahrens (§§ 153 ff. StPO, 398 AO) oder die Nichterhebung der öffentlichen Klage (§ 170 II StPO) anregen. Aussetzung des Strafverfahrens ist nur angezeigt, wenn die steuerrechtlichen Vorfragen ungeklärt sind[21].

5. Abschluß des Ermittlungsverfahrens

33 Es lassen sich folgende Möglichkeiten unterscheiden:

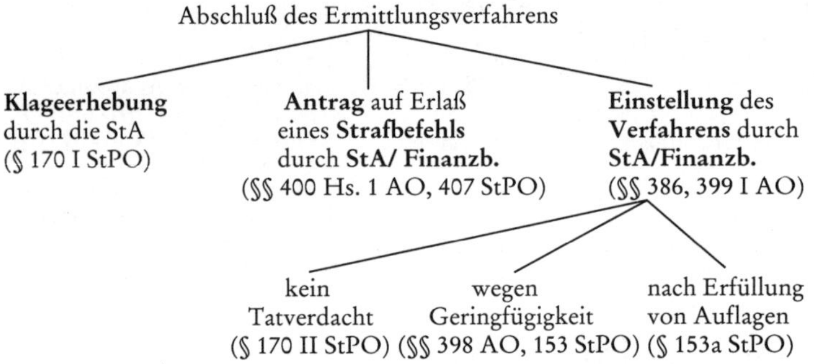

34 Die Stellung der Finanzbehörde als selbständiges Ermittlungsorgan *(Steuerstaatsanwaltschaft)* ist nach Abschluß der Ermittlungen erheblich eingeschränkt. Selbst dann, wenn sie die Ermittlungen selbständig geführt hat (s. § 386 II AO), kann sie *keine öffentliche Anklage* erheben. Hält sie eine solche für erforderlich, so hat sie vielmehr nach § 400 Hs. 2 AO die Akten der Staatsanwaltschaft vorzulegen, damit diese eigenverantwortlich über die Art des Verfahrensabschlusses entscheidet. Wenn die Finanzbehörde das Steuerstrafverfahren selbständig geführt hat, ist sie jedoch ebenso wie die Staatsanwaltschaft befugt, das Ermittlungsverfahren durch einen Strafbefehlsantrag (§§ 400 Hs. 1 AO, 407 ff. StPO) zu beenden oder das Verfahren einzustellen (s. § 399 I AO).

35 **Öffentliche Klage** und **Strafbefehlsantrag** kommen nur in Betracht, wenn ein *hinreichender Tatverdacht* (s. §§ 170 I, 203 StPO) besteht. Ein solcher Tatverdacht liegt vor, wenn nach dem gesamten Akteninhalt die Verurteilung des Beschuldigten mit Wahrscheinlichkeit zu erwarten ist. Besteht ein derartiger Tatverdacht nicht, ist das Verfahren einzustellen (s. § 170 II StPO).

36 Trotz Vorliegens eines hinreichenden Tatverdachts kann die Staatsanwaltschaft oder die an ihre Stelle getretene Finanzbehörde (StraBu-Stelle) das **Verfahren einstellen.** *Ohne Zustimmung* des für die Eröffnung des Hauptverfahrens zuständigen Gerichts ist dies bei der Steuerhinterziehung und sog. Anschlußtaten (Steuerhehlerei, Begünstigung) in *Bagatellsachen* möglich, bei denen nur eine geringe Steuerverkürzung/geringer Steuervorteil eingetreten ist, die Schuld des Täters als gering anzusehen wäre[22] und kein öffentliches Interesse an der Strafverfolgung besteht (s. § 398 AO als lex specialis zu § 153 I 2 StPO). Außerhalb dieser Bagatellsachen ist eine Einstellung *nur mit Zustimmung* des für die Eröffnung des Hauptverfahrens zuständigen Gerichts zulässig (s. §§ 153 I 1, 153a I StPO).

---

21 Zur Aussetzung nach § 396 AO s. *B. Gast-de Haan,* DStJG Bd. 6 (1983), 195 ff.; *dies.,* DStZ 83, 254; *G. Kohlmann,* in: FS Klug II, Köln 1983, 507 ff.; *J. Isensee,* NJW 85, 1007 ff.; *A. Wisser,* Die Aussetzung des Steuerstrafverfahrens gemäß § 396 AO und die Bindung des Strafrichters, Diss. Gießen, Pfaffenweiler 1992.

22 Das Gesetz verlangt nur eine hypothetische Schuldbeurteilung, s. BVerfGE 82, 106, 118.

Eine ganz erhebliche praktische Bedeutung besitzt die **Einstellung nach § 153a I StPO** (Einstellung nach Erfüllung von Auflagen). Dabei handelt es sich um Taten, bei denen das öffentliche Interesse an der Strafverfolgung durch Auflagen und Weisungen (s. den Katalog in § 153a I 1 Nrn. 1–4 StPO) beseitigt werden kann und die Schwere der Schuld dem nicht entgegensteht[23]. Erfüllt der Beschuldigte die Auflage (z. B. durch Zahlung eines Geldbetrages zugunsten einer gemeinnützigen Einrichtung oder der Staatskasse, s. § 153a I 1 Nr. 2 StPO), so tritt ein *beschränkter Strafklageverbrauch* ein (§ 153a I 4 StPO). Dagegen kann die Strafverfolgung bei einer Einstellung nach §§ 398 AO, 153 StPO jederzeit wieder aufgenommen werden. 37

III. Verfahren vor den Strafgerichten in Steuersachen

1. Zuständiges Strafgericht

Für die Steuerstrafsachen sind nunmehr in der ersten Instanz hauptsächlich die **Amtsgerichte** zuständig, weil in Steuerstrafsachen nur in wenigen Fällen mit einer Freiheitsstrafe von mehr als vier Jahren zu rechnen ist (s. §§ 391 AO, 24 I Nr. 2 GVG)[24]. Als Spruchkörper ist der *Strafrichter* (als Einzelrichter) sachlich zuständig, wenn keine höhere Strafe als eine Freiheitsstrafe von zwei Jahren zu erwarten ist (§ 25 Nr. 2 GVG)[25]. Bei höherer Straferwartung erfolgt die Anklage beim Schöffengericht, das grundsätzlich in der Besetzung von einem Berufsrichter und zwei Laienrichtern entscheidet (§§ 28, 29 I GVG). 38

Erhebt die Staatsanwaltschaft wegen der besonderen Bedeutung des Falles oder wegen eines erwarteten Strafmaßes von mehr als vier Jahren Freiheitsstrafe Anklage beim **Landgericht,** so entscheidet hierüber grundsätzlich die *Wirtschaftsstrafkammer* (§§ 74c I Nr. 3, 74 I, 24 I Nr. 3, II GVG) in der Besetzung von zwei oder drei Berufsrichtern und zwei Laienrichtern (§ 76 I, II GVG)[26]. 39

2. Öffentliche Klage vor den Strafgerichten

Zu einem Verfahren vor den Strafgerichten kommt es nur, wenn die Strafverfolgungsbehörde öffentliche Klage erhebt (sog. **Akkusationsprinzip**). Es sind dabei zwei Formen der öffentlichen Klage zu unterscheiden: 40

2.1 Strafbefehlsverfahren (§§ 407 ff. StPO)

Soweit Steuerstrafverfahren nicht eingestellt werden, werden sie überwiegend – statt durch Urteil nach mündlicher Hauptverhandlung – in einem **schriftlichen Verfahren** durch Strafbefehl erledigt. Antragsbefugt ist nicht nur die Staatsanwaltschaft, sondern auch die an ihre Stelle getretene Finanzbehörde (§§ 400 Hs. 1 AO, 407 ff. StPO). Anstelle einer Anklageerhebung i. S. d. § 170 I StPO *hat* die Strafverfolgungsbehörde in Steuerstrafsachen einen Strafbefehl *zu beantragen* (s. § 407 I 2 StPO „stellt"), wenn 41

(1) ein Vergehen vorliegt, das in die Zuständigkeit des Amtsgerichts (Strafrichter, Schöffengericht) fällt;

(2) als Sanktion eine Rechtsfolge i. S. d. § 407 II StPO zu erwarten ist; im Strafbefehlsverfahren kann neuerdings nicht nur eine Geldstraße (s. § 407 II Nr. 1 StPO), sondern auch eine Freiheits-

---

23 Zur Entlastung der Strafrechtspflege ist der Anwendungsbereich des § 153a StPO durch das Gesetz zur Entlastung der Rechtspflege vom 11. 1. 1993, BGBl. I 93, 50 ff. erweitert worden.

24 Die Strafgewalt der Amtsgerichte ist durch das Gesetz vom 11. 1. 1993 (Fn. 23) von drei auf vier Jahren Freiheitsstrafe ausgedehnt worden.

25 Der Zuständigkeitsrahmen des Strafrichters ist durch das Gesetz vom 11. 1. 1993 (Fn. 23) erheblich erweitert worden.

26 Ebenfalls geändert durch das Gesetz vom 11. 1. 1993 (Fn. 23).

strafe bis zu einem Jahr festgesetzt werden, wenn deren Vollstreckung zur Bewährung ausgesetzt wird und der Angeschuldigte einen Verteidiger hat[27];

(3) die Staatsanwaltschaft bzw. die an ihre Stelle getretene Finanzbehörde (StraBu-Stelle) nach dem wesentlichen Ergebnis der Ermittlungen eine Hauptverhandlung für nicht erforderlich hält (§ 407 I 2 StPO).

Die Voraussetzungen (1)–(3) müssen *kumulativ* erfüllt sein.

42 Der Vorteil dieses Verfahrens besteht in dessen rascher Erledigung und Diskretheit. Der Nachteil liegt darin, daß es nur **summarischen Charakter** (dazu § 23 Rz. 212) besitzt, da sich die Erkenntnisquellen des Gerichts auf den Akteninhalt beschränken und rechtliches Gehör erst nach Erlaß des Strafbefehls zu gewähren ist (s. § 407 III StPO). Der Strafrichter (bzw. der Vorsitzende des Schöffengerichts) setzt die beantragte Strafe durch Strafbefehl fest, wenn er aus dem Akteninhalt die Überzeugung gewonnen hat, daß sich der Angeschuldigte strafbar gemacht hat und die Strafe angemessen und ausreichend ist. Das **Amtsgericht** hat insgesamt folgende *Möglichkeiten:*

a) Es kann den Antrag als unzulässig oder unbegründet zurückweisen (s. § 408 II StPO);

b) es kann Hauptverhandlung anberaumen (s. § 408 III 2 StPO);

c) es kann das Verfahren mit Zustimmung der Strafverfolgungsbehörde und des Angeschuldigten einstellen (§§ 153 II, 153a II StPO u. a.);

d) es kann den Straffbefehl erlassen (§ 408 III 1 StPO); über den Inhalt des Strafbefehls s. § 409 StPO.

43 Gegen den Strafbefehl ist innerhalb zweiwöchiger Frist (§§ 409 I Nr. 7, 410 I StPO) als Rechtsbehelf der **Einspruch** gegeben. Bei rechtzeitigem Einspruch wird Termin zur Hauptverhandlung anberaumt (s. §§ 411–412 StPO)[28]. Wird kein rechzeitiger Einspruch eingelegt, so erwächst der Strafbefehl – wie ein Urteil – in Rechtskraft (§ 410 III StPO) und erzeugt Strafklageverbrauch.

2.2 Öffentliche Klage nach § 170 I StPO

44 Die Staatsanwaltschaft erhebt öffentliche Klage durch Einreichung einer Anklageschrift (zum Inhalt s. § 200 StPO), wenn die Voraussetzungen für einen Strafbefehl nicht vorliegen; in Steuerstrafsachen insb. dann, wenn die Staatsanwaltschaft nach dem Ergebnis der Ermittlungen eine **Hauptverhandlung** für erforderlich hält (s. § 407 I 2 StPO). Die Finanzbehörde besitzt in der Hauptverhandlung gewisse Mitwirkungsrechte (s. § 407 AO).

Zum Ablauf des weiteren Verfahrens und zu den Prinzipien des Strafprozesses muß auf die einschlägigen Lehrbücher und Kommentare zur StPO verwiesen werden: s. etwa *C. Roxin*, Strafverfahrensrecht[22], München 1991; *Kleinknecht/Meyer-Goßner*, Strafprozeßordnung mit GVG und Nebengesetzen[41], München 1993. Sehr instruktiv ist die mit Blick auf das Steuerstrafverfahren verfaßte Darstellung von *G. Kohlmann*, Steuerstrafrecht, § 385 AO Rdn. 312 ff.

45–49 Einstweilen frei.

---

27 Eingeführt durch das Gesetz vom 11. 1. 1993 (Fn. 23).

28 Nach BVerfGE 25, 158, 165, wird durch die Zulassung des Einspruchs mit anschließender Hauptverhandlung das Recht auf Gehör (Art. 103 I GG) gewahrt, dazu kritisch *G. Kohlmann*, Steuerstrafrecht, § 400 AO Rdn. 16 f.

B. Steuerordnungswidrigkeitenverfahren

I. Zuständigkeit

Das Verfahren in Ordnungswidrigkeiten ist nach der Entscheidung des Gesetzgebers primär ein **Verfahren der Verwaltungsbehörde.** Deshalb erklären §§ 409 S. 1, 410 I AO i. V. m. §§ 35, 36 I Nr. 1 OWiG die Finanzbehörde (StraBu-Stelle) sowohl für die *Verfolgung* als auch für die *Ahndung* von *Steuer*ordnungswidrigkeiten für grundsätzlich sachlich zuständig. Wegen der sachlichen Zuständigkeit im einzelnen verweist § 409 AO auf § 387 AO (dazu oben Rz. 4). Wegen der örtlichen Zuständigkeit verweist § 410 I Nr. 1 AO auf §§ 388–390 AO. 50

Ausnahmsweise kann die Staatsanwaltschaft für die Verfolgung der Steuerordnungswidrigkeit sachlich zuständig werden, wenn die Ordnungswidrigkeit im Zusammenhang mit einer Straftat steht (s. §§ 35 I, 40–42 OWiG). Die Abgabe des Verfahrens an die Staatsanwaltschaft kann aber unterbleiben, wenn es sich dabei um eine Steuerstraftat handelt, zu deren Verfolgung die Finanzbehörde (StraBu-Stelle) ebenfalls sachlich zuständig ist (s. § 386 II AO und Rz. 3). 51

II. Ermittlungsverfahren

1. Grundsätze des Ermittlungsverfahrens

Im Steuerordnungswidrigkeitenverfahren gilt im Gegensatz zum Steuerstrafverfahren nicht das Legalitätsprinzip, sondern das **Opportunitätsprinzip** (s. §§ 410 I AO, 47 I 1 OWiG). Danach entscheidet die Finanzbehörde nach pflichtgemäßen Ermessen über die Verfolgung. 52

Die Finanzbehörde besitzt als Verfolgungsbehörde grundsätzlich dieselben Rechte und Pflichten wie die Staatsanwaltschaft bei der Verfolgung von Straftaten (§ 46 II OWiG). Zu Hilfsbeamten der Staatsanwaltschaft erklärte Beamte (insb. der Steuer- und Zollfahndung) können eingesetzt werden (s. §§ 410 I Nr. 7, 399 II AO; § 53 II OWiG). 53

Hinsichtlich der Einleitung des Ermittlungsverfahrens verweist § 410 I Nr. 6 AO auf § 397 AO. Es gelten die gleichen Regeln wie für das Steuerstrafverfahren (dazu Rz. 12 ff.). Im übrigen gilt aufgrund der Verweisung des § 410 I Nr. 4 AO auf § 393 AO das über das Verhältnis Steuerstrafverfahren–Besteuerungsverfahren Ausgeführte sinngemäß (dazu Rz. 13). 54

Das Verfahren ist einzustellen, wenn bereits Verfolgungsverjährung eingetreten ist (zu den Verjährungsfristen s. im einzelnen § 24 Rz. 98, 100). Die Verjährungsfrist beginnt, sobald die tatbestandsmäßige Handlung beendet ist (§ 31 III OWiG und § 21 Rz. 53). 55

Die **Rechtsstellung des Betroffenen** im Steuerordnungswidrigkeitenverfahren entspricht im wesentlichen derjenigen im Steuerstrafverfahren (dazu Rz. 24 ff.). Wegen geringfügiger Abweichungen s. insb. § 55 OWiG. 56

2. Abschluß des Ermittlungsverfahrens

Die Finanzbehörde (StraBu-Stelle) besitzt folgende Möglichkeiten, das Ermittlungsverfahren in Steuerordnungswidrigkeiten abzuschließen: 57

a) Sie *stellt* das Verfahren *mangels hinreichenden Tatverdachts ein* (§§ 410 I AO, 46 I OWiG, 170 II 1 StPO).

b) Sie *stellt* das Verfahren trotz hinreichenden Tatverdachtes *aus Opportunitätserwägungen ein* (§§ 410 I AO, 47 I 2 OWiG). Dies geschieht in der Verwaltungspraxis regelmäßig, wenn der verkürzte Steuerbetrag (§ 378 AO) unter 3000 DM oder der gefährdete Abzugsbetrag (§ 380 AO) unter 5000 DM liegt[29].

c) Sie gibt die Sache wegen Zusammenhangs mit einer Straftat an die Staatsanwaltschaft ab (§§ 410 I AO, 41 OWiG).

d) Sie erläßt einen *Bußgeldbescheid* (§§ 410 I AO, 65 f. OWiG). Betrifft der Bußgeldbescheid einen Angehörigen der steuerberatenden Berufe im Zusammenhang mit dessen Berufsausübung, dann muß zuvor die Berufskammer gehört werden (s. § 411 AO).

III. Rechtsbehelf des Betroffenen

58 Gegen den Bußgeldbescheid kann der Betroffene innerhalb von zwei Wochen **Einspruch** bei der Finanzbehörde einlegen, die den Bescheid erlassen hat (§§ 410 I AO, 67 OWiG). Ist der Einspruch zulässig, überprüft die Finanzbehörde im sog. *Zwischenverfahren,* ob sie den Bußgeldbescheid aufrechterhält oder zurücknimmt (§ 69 II OWiG). Nimmt sie den Einspruch nicht zurück, so übersendet sie die Akten an die *Staatsanwaltschaft* (§ 69 III OWiG), die nunmehr „Herrin des Verfahrens" wird (§ 69 IV 1 OWiG). Wenn die Staatsanwaltschaft das Verfahren nicht einstellt und keine weiteren Ermittlungen für erforderlich hält, legt sie es dem *Richter am Amtsgericht* (Einzelrichter) zur Entscheidung vor (§ 69 IV 2 OWiG). Der Richter am Amtsgericht entscheidet im gerichtlichen *Hauptverfahren* über den Einspruch (nach einer Hauptverhandlung) durch Urteil oder (im Einverständnis der Beteiligten ohne Hauptverhandlung) durch Beschluß (s. §§ 71 ff. OWiG).

59 Die Finanzbehörde hat in der Hauptverhandlung gewisse Mitwirkungsrechte (§§ 410 I Nr. 11, 407 AO).

60 Als Rechtsmittel steht gegen die Entscheidung des Amtsgerichts die – mit der Revision in Strafsachen vergleichbare – *Rechtsbeschwerde* zum Oberlandesgericht zur Verfügung (s. §§ 79 ff. OWiG).

29 Vgl. Nr. 97 Abs. 3 der Anweisungen für das Straf- und Bußgeldverfahren (Steuer) der Länder (AStBV).

Stichwortverzeichnis

Zusammengestellt von Dipl. Volksw. Regina Schmitz

Die mager gedruckten Zahlen nach den Paragraphenangaben bezeichnen die Randzahlen, Hauptfundstellen sind fett gedruckt.

G

H

L

M

N

O

P

Q

S

U

V

Bitte beachten Sie
die nachfolgenden Verlagsanzeigen

Tipke/Lang, Steuerrecht, 14. Auflage

- Auf Seite ________ § ________ Rz. ________ Zeile ________ von oben/unten

muß es statt „ ____

____

____“

richtig heißen: „ ____

____

____“

- Sonstige Hinweise und Anregungen: ______________________

____

____

____

Tipke/Lang, Steuerrecht, 14. Auflage

- Auf Seite ________ § ________ Rz. ________ Zeile ________ von oben/unten

muß es statt „ ____

____

____“

richtig heißen: „ ____

____

____“

- Sonstige Hinweise und Anregungen: ______________________

____

____

____

Absender:

Verlag Dr. Otto Schmidt KG
– Lektorat –
Unter den Ulmen 96-98

50968 Köln

Absender:

Verlag Dr. Otto Schmidt KG
– Lektorat –
Unter den Ulmen 96-98

50968 Köln